Napoleon I.
im Spiegel der Karikatur

Napoléon Ier
vu à travers la caricature

Napoleon I
in the Mirror of Caricature

Napoleone I
visto attraverso la caricatura

Ein Sammlungskatalog
des Napoleon-Museums
Arenenberg
mit 435 Karikaturen
über Napoleon I.

Un catalogue de collection
du Musée Napoléon
d'Arenenberg
contenant 435 caricatures
de Napoléon Ier

A collection catalogue
of the Napoleon Museum
Arenenberg
with 435 cartoons
dealing with Napoleon I

Catalogo della collezione
del Museo napoleonico
di Arenenberg
con 435 caricature
su Napoleone I

Napoleon I. Napoléon Iᵉʳ Napoleon I Napoleone I

im Spiegel der Karikatur vu à travers la caricature in the Mirror of Caricature visto attraverso la caricatura

Verlag
Neue Zürcher Zeitung

Herausgegeben von Hans Peter Mathis	Publié sous la direction de Hans Peter Mathis	Published by Hans Peter Mathis	A cura di Hans Peter Mathis
Beiträge von Jérémie Benoit und Philippe Kaenel	Contributions de Jérémie Benoit et Philippe Kaenel	Essays by Jérémie Benoit and Philippe Kaenel	Contributi di Jérémie Benoit e Philippe Kaenel
Katalog von Philipp Gafner	Catalogue de Philipp Gafner	Catalogue by Philipp Gafner	Catalogo di Philipp Gafner
Redaktion von Michel Guisolan Valerio Ferloni und Salome Maurer	Rédaction de Michel Guisolan Valerio Ferloni et Salome Maurer	Edited by Michel Guisolan Valerio Ferloni and Salome Maurer	Redazione di Michel Guisolan Valerio Ferloni e Salome Maurer
Übersetzungen von Valerio Ferloni Hubertus von Gemmingen Fabienne Girardin Peter Loosli Margie Mounier Matilde Segre	Traductions de Valerio Ferloni Hubertus von Gemmingen Fabienne Girardin Peter Loosli Margie Mounier Matilde Segre	Translations by Valerio Ferloni Hubertus von Gemmingen Fabienne Girardin Peter Loosli Margie Mounier Matilde Segre	Traduzioni di Valerio Ferloni Hubertus von Gemmingen Fabienne Girardin Peter Loosli Margie Mounier Matilde Segre

Die Herausgabe dieses Werkes wurde ermöglicht durch grosszügige Beiträge folgender Institutionen:

Ulrico Hoepli-Stiftung, Zürich

Jubiläumsstiftung der CREDIT SUISSE GROUP

Galerie LE POINT der CREDIT SUISSE, Zürich

Lotteriefonds des Kantons Thurgau

Wir bedanken uns für diese Kulturförderung

La publication de cet ouvrage a été rendue possible grâce à la généreuse contribution des institutions suivantes:

Fondation Ulrico Hoepli, Zurich

Fondation du Jubilé du CREDIT SUISSE GROUP

Galerie LE POINT du CREDIT SUISSE, Zurich

Lotteriefonds des Kantons Thurgau

Nous les remercions pour cet encouragement à la culture

This publication has been made possible through the generous funding of the following institutions:

Ulrico Hoepli Foundation, Zurich

Anniversary Foundation of CREDIT SUISSE GROUP

CREDIT SUISSE LE POINT Gallery, Zurich

Lotteriefonds des Kantons Thurgau

We are most grateful for this support

La pubblicazione dell'opera è stata consentita da generosi contributi delle seguenti istituzioni:

Fondazione Ulrico Hoepli, Zurigo

Fondazione del Giubileo del CREDIT SUISSE GROUP

Galleria LE POINT del CREDIT SUISSE, Zurigo

Lotteriefonds des Kantons Thurgau

che ringraziamo per questo aiuto alla cultura

	Inhalt		Table des matières	
	Vorwort und Dank		Avant-propos et remerciements	8
1.1	Einleitung		Introduction	12
1.2	Zeittafel		Chronologie	16
2	*Beiträge*		*Contributions*	
2.1	Das Napoleon-Bild: Gleichförmigkeit und Ungleichförmigkeit		L'image de Napoléon: conformité et difformité	28
2.1.1	Die Ikone des Jahrhunderts		L'icône du siècle	28
2.1.2	Die europäische Karikatur zwischen zwei Jahrhunderten		La caricature européenne entre deux siècles	40
2.1.2.1	England		L'Angleterre	44
2.1.2.2	Frankreich		La France	50
2.1.2.3	Die deutschen Länder		Les Pays germaniques	56
2.1.3	«Für Napoleon, die dankbare Karikatur»		«A Napoléon, la caricature reconnaissante»	62
2.1.4	Geschichte und Geschichten in Bildern		L'Histoire et les histoires en estampes	66
2.2	Das offizielle Napoleon-Bild		L'image officielle de Napoléon	74
2.2.1	Die Allegorie		L'Allégorie	76
2.2.2	Die gegenwartsbezogene Malerei		La peinture à sujet contemporain	78
2.2.3	Die offiziellen Napoleon-Porträts		Les portraits officiels de Napoléon	86
2.3	Die französische Karikatur		La caricature française	94
2.4	Themen und Motive		Thèmes et motifs	100
2.4.1	Corpus Napoleoni		A propos du corpus	100
2.4.2	Der Allegorismus		L'allégorisme	104
2.4.3	Napoleons Körper		Le corps de Napoléon	106
2.4.4	Der Riese, der Zwerg und das Kind		Le géant, le gnome et l'enfant	110
2.4.5	Die satirische Menagerie		La ménagerie caricaturale	112
2.4.6	Der Teufel, die Hölle und der Tod		Le Diable, les Enfers et la Mort	114
2.4.7	Visionen und Bildprojektionen		Visions et projections	116
2.4.8	Symbolische Welt- und Landkarten		Mappemondes et cartes symboliques	118
2.4.9	Gesellschafts- und Kartenspiele		Spectacles et jeux	120
2.4.10	Umdeutungen von Wörtern und Bildern		Détournements de mots et d'images	122
2.4.11	Die Diener des Kaiserreiches		Les serviteurs de l'Empire	126
2.4.12	Napoleon und England		Napoléon et l'Angleterre	130
2.4.13	Der Russlandfeldzug		La campagne de Russie	132
2.4.14	Die Alliierten		Les Alliés	134
2.4.15	Der Zusammenbruch des Reiches		La chute de l'Empire	138
2.4.16	Die Hundert Tage		Les Cent-Jours	140
2.4.17	Napoleons doppeltes Exil		Les exils de Napoléon	142
3	*Katalog*		*Catalogue*	
3.1	Genese der Arenenberger Karikaturensammlung und Herkunft der Graphiken		Genèse de la collection de caricatures d'Arenenberg et provenance des gravures	148
3.2	Katalog der Arenenberger Napoleon-Karikaturen		Catalogue des caricatures de Napoléon au château d'Arenenberg	156
3.2.1	Englische Karikaturen		Caricatures anglaises	168
3.2.2	Französische Karikaturen		Caricatures françaises	358
3.2.3	Deutsche Karikaturen		Caricatures allemandes	518
4	*Anhang*		*Appendice*	
4.1	Anmerkungen zur napoleonischen Ikonographie		Notes concernant l'iconographie napoléonienne	630
4.2	Anmerkungen		Notes	632
4.3	Bibliographie		Bibliographie	652
4.4	Bildnachweis		Références iconographiques	653
4.5	Register		Registre	654
4.5.1	Verzeichnis der Zeichner, Stecher und Verleger		Index des dessinateurs, graveurs et éditeurs	654
4.5.2	Verzeichnis der Orte und Personen		Index des lieux et des personnes	656

	Contents list		Indice	
	Foreword and Acknowledgements		Prefazione e ringraziamenti	9
1.1	Introduction		Introduzione	13
1.2	Chronology		Cronologia	17
2	*Essays*		*Contributi*	
2.1	The Image of Napoleon: Conformity and Deformity		L'immagine di Napoleone: conformità e difformità	29
2.1.1	Icon of the Century		L'icona del secolo	29
2.1.2	European Caricature between two Centuries		La caricatura europea tra i due secoli	41
2.1.2.1	England		Inghilterra	45
2.1.2.2	France		Francia	51
2.1.2.3	The Germanic Countries		Paesi tedeschi	57
2.1.3	«To Napoleon, the grateful cartoon»		«A Napoleone, la caricatura riconoscente»	63
2.1.4	History and Stories in Prints		La Storia e le storie raccontate nelle stampe	69
2.2	The Official Image of Napoleon		L'immagine ufficiale di Napoleone	75
2.2.1	Allegory		L'allegoria	77
2.2.2	Paintings of Contemporary Subjects		La pittura su temi coevi	81
2.2.3	Official Portraits of Napoleon		I ritratti ufficiali di Napoleone	87
2.3	The Art of Caricature in France		La caricatura francese	95
2.4	Themes and Motifs		Temi e motivi	101
2.4.1	Notes on the Corpus Napoleoni		A proposito del Corpus Napoleoni	101
2.4.2	Allegorisation		L'allegorismo	103
2.4.3	Napoleon's Body		Il corpo di Napoleone	107
2.4.4	The Giant, the Dwarf, and the Child		Il gigante, lo gnomo e il bambino	109
2.4.5	The Satirical Menagerie		Il serraglio caricaturale	113
2.4.6	The Devil, Hell, and Death		Il diavolo, l'inferno e la morte	115
2.4.7	Visions and Projections		Visioni e proiezioni	117
2.4.8	Planispheres and Symbolic Maps		Mappamondi e carte simboliche	119
2.4.9	Shows and Games		Spettacoli e giochi	121
2.4.10	Diverted Words and Images		Distorsioni di parole e d'immagini	125
2.4.11	The Stewards of the Empire		I servitori dell'Impero	127
2.4.12	Napoleon and England		Napoleone e l'Inghilterra	131
2.4.13	The Russian Campaign		La campagna di Russia	133
2.4.14	The Allies		Gli alleati	135
2.4.15	The Fall of the Empire		La caduta dell'Impero	137
2.4.16	The Hundred Days		I Cento Giorni	139
2.4.17	Napoleon's Exiles		Gli esilî di Napoleone	141
3	*Catalogue*		*Catalogo*	
3.1	Genesis of the Arenenberg Cartoon Collection and Origin of the Prints		Genesi della collezione di Arenenberg e provenienza delle stampe	149
3.2	Catalogue of the Arenenberg Napoleon Cartoons		Catalogo delle caricature napoleoniche di Arenenberg	157
3.2.1	English Cartoons		Caricature inglesi	169
3.2.2	French Cartoons		Caricature francesi	359
3.2.3	German Cartoons		Caricature tedesche	519
4	*Appendix*		*Appendice*	
4.1	Note on Napoleonic Iconography		Nota sull'iconografia napoleonica	631
4.2	Footnotes		Note	633
4.3	Bibliography		Bibliografia	652
4.4	List of Illustrations		Fonti delle illustrazioni	653
4.5	Index		Indici analitici	654
4.5.1	Index of Draughtsmen, Engravers, and Publishers		Disegnatori, incisori, editori	654
4.5.2	Index of Sites and Persons		Nomi di luoghi e persone	656

Vorwort und Dank

Vreni Schawalder,
Regierungsrätin des Kantons Thurgau
Hans Peter Mathis,
Konservator des Napoleon-Museums Arenenberg

Das Schloss Arenenberg mit dem Napoleon-Museum, 1906 durch eine Schenkung der Kaiserin Eugénie an den Kanton Thurgau übergegangen, überrascht nicht nur durch seine schöne Lage, den Charme der Empireräume und die authentische Ausstattung, sondern auch durch seine reichhaltigen Sammlungen. Neben der historischen Bibliothek der Königin Hortense, der wissenschaftlichen Bibliothek, der Waffen- und Münzensammlung sowie der Autographenkollektion ist insbesondere das Kupferstichkabinett erwähnenswert. Es umfasst in Büchern und Einzelexemplaren Tausende von Blättern zur französischen Geschichte und zur Kulturgeschichte des 19. Jahrhunderts und bildet somit einen wertvollen Bildschatz. Von besonderer Bedeutung sind die Karikaturen aus dem Ersten Kaiserreich, die das Museum heute in einem Sammlungskatalog vorstellen kann.

Es erfüllt den Thurgauer Regierungsrat, der das Schloss Arenenberg liebevoll pflegt und gerne seinen Besuchern vorstellt, mit grosser Genugtuung, dass das vorliegende Werk verwirklicht werden konnte. Das opulente viersprachige Buch, seine überzeugende Gestaltung und der hervorragende Druck werden nicht nur einem interessierten Publikum und Wissenschaftern Freude bereiten und wertvolle Dienste leisten, sondern auch den Namen Arenenberg weiterum bekannt machen.

Wir möchten deshalb all jenen, die am Gelingen des Projekts beteiligt waren, unseren herzlichen Dank aussprechen. Dieser gebührt in erster Linie den grosszügigen Gönnern, die durch ihre finanziellen Beiträge die materielle Grundlage des Werkes gelegt haben. Es sind dies der Bundespräsident der Schweizerischen Eidgenossenschaft, Herr Flavio Cotti, Präsident der Ulrico Hoepli-Stiftung; Herr Rainer E. Gut, Präsident des Verwaltungsrates der CREDIT SUISSE GROUP

Avant-propos et remerciements

Vreni Schawalder,
conseillère d'Etat du canton de Thurgovie
Hans Peter Mathis,
conservateur du Musée Napoléon d'Arenenberg

Le château d'Arenenberg abrite le Musée Napoléon et a été légué au canton de Thurgovie en 1906 par l'impératrice Eugénie. Il étonne le visiteur par sa situation idyllique, le charme de ses salons Empire et l'authenticité de sa décoration, ainsi que par la richesse de ses collections. A côté de la bibliothèque historique de la reine Hortense, de la bibliothèque scientifique, des collections d'armes, de monnaies et d'autographes, on évoquera tout particulièrement le cabinet des estampes. Avec ses nombreux livres et exemplaires uniques, ses milliers de gravures témoignant de l'histoire de France et de la culture au XIXe siècle, il recèle un véritable trésor iconographique. Les caricatures du Premier Empire présentées dans ce catalogue, revêtent une importance particulière.

Le gouvernement du canton de Thurgovie, qui entretient le château d'Arenenberg et y accueille volontiers ses visiteurs, se félicite de la réalisation du présent livre. Edité en quatre langues, ce superbe ouvrage, avec sa présentation convaincante et l'excellence de son impression, réjouira les amateurs et les spécialistes. Il contribuera, en outre, à la réputation d'Arenenberg.

C'est pourquoi nous souhaitons ici remercier sincèrement tous ceux qui ont participé à la réussite de ce projet. Notre reconnaissance va en premier lieu aux mécènes qui, grâce à leur soutien financier, ont jeté les bases matérielles de l'ouvrage: Flavio Cotti, Président de la Confédération Suisse, Président de la Fondation Ulrico Hoepli; Rainer E. Gut, Président du Conseil d'Administration du CREDIT SUISSE GROUP, Président de la Fondation du Jubilé du CREDIT SUISSE GROUP; Hermann Bürgi, a. conseiller d'Etat thurgovien, et le Fonds de loterie du canton de Thurgovie.

Notre reconnaissance particulière va aux deux auteurs, Jérémie Benoit et Philippe Kaenel, qui ont assumé avec com-

Foreword and Acknowledgements

Vreni Schawalder,
Cantonal Councillor of the Canton of Thurgovia
Hans Peter Mathis,
Curator of the Arenenberg Napoleon Museum

The Arenenberg Castle, with its Napoleon Museum, was donated to the canton of Thurgovia by Empress Eugénie in 1906. Beyond its unusually beautiful location, and the charm of its Empire rooms reinstated with their original furnishings, the institution boasts a wealth of collections. These include the history library set up by Queen Hortense, an academic library, coin and arms collections, a collection of autographs, and, particularly noteworthy, a print cabinet. Thousands of prints on nineteenth-century French history and culture constitute a pictorial treasure trove preserved in books and as single prints. Of special significance are the cartoons originating with the First Empire, which the museum has now assigned to a collection catalogue.

The fact that the present volume has been realized provides great satisfaction to a cantonal executive council that cherishes the Arenenberg Castle, where visitors are proudly invited. This magnificent work in four languages, beautifully designed and printed, will not only provide enjoyment and precious information to an interested public and specialists alike, but will spread the name Arenenberg far and wide.

We are thus inspired to extend our heartfelt gratitude to all those who in one way or another contributed to the success of this project. This applies first and foremost to its patrons, whose financial support provided the material framework for the project:
Flavio Cotti, President of the Swiss Confederation, Chairman of the Ulrico Hoepli Foundation; Rainer E. Gut, Chairman of the Board of Directors of CREDIT SUISSE GROUP, Chairman of the Anniversary Foundation of CREDIT SUISSE GROUP; the former State Councillor Hermann Bürgi and the Lottery Fund of the Canton of Thurgovia.

Prefazione e ringraziamenti

Vreni Schawalder,
membro del governo cantonale turgoviese
Hans Peter Mathis,
conservatore del Museo napoleonico di Arenenberg

Il castello di Arenenberg col suo Museo napoleonico, oggi appartenente al canton Turgovia grazie a una donazione dell'imperatrice Eugenia, stupisce non soltanto per la sua bella posizione, il fascino dei locali in stile Impero e l'autenticità degli arredi, ma anche per le sue ricche collezioni. Oltre alla biblioteca storica della regina Ortensia, alla biblioteca scientifica, alla raccolta d'armi e di monete nonché a quella di autografi, va citato soprattutto il gabinetto delle stampe, che fra libri ed esemplari singoli comprende migliaia di incisioni sulla storia francese e sulla storia della cultura ottocentesche. Si tratta quindi di un tesoro iconografico prezioso; di particolare importanza sono le caricature del primo Impero, a cui oggi il museo può dedicare il presente catalogo.

Il fatto che questo libro si sia potuto realizzare riempie di grande soddisfazione il governo cantonale turgoviese, che cura amorosamente il castello di Arenenberg e lo presenta volentieri ai suoi visitatori. Con i suoi testi in quattro lingue, la sua grafica convincente e l'ottima qualità della stampa, questo magnifico volume non soltanto farà piacere e renderà servigi preziosi al pubblico interessato e agli studiosi, ma assicurerà notorietà anche al nome Arenenberg.

Vorremmo perciò ringraziare di cuore tutti coloro che hanno collaborato alla riuscita del progetto. Ciò vale anzitutto per i sostenitori, che con il loro contributo finanziario ne hanno fornito le basi materiali: Flavio Cotti, Presidente della Confederazione Svizzera, Presidente della Fondazione Ulrico Hoepli; Rainer E. Gut, Presidente del Consiglio d'Amministrazione del CREDIT SUISSE GROUP, Presidente della Fondazione del Giubileo del CREDIT SUISSE GROUP; Hermann Bürgi già Consigliere di Stato e il fondo lotterie del canton Turgovia.

und der Jubiläumsstiftung der CREDIT SUISSE GROUP; Herr alt Regierungsrat Hermann Bürgi und der Lotteriefonds des Kantons Thurgau.

Einen weiteren, besonderen Dank schulden wir den Autoren Jérémie Benoit und Philippe Kaenel, die sehr fachkundig den Aufsatzteil verfasst haben. Mit aussergewöhnlichem Engagement hat Philipp Gafner das Inventar der Karikaturen erstellt und den Katalogteil verfasst. Er trug die Hauptlast der Arbeit und hat die Aufgabe mit Bravour gelöst. Nicht weniger engagiert hat Michel Guisolan die Gesamtredaktion betreut, begleitet von Salome Maurer, Philipp Gafner, Valerio Ferloni und unter Mithilfe von Heidi Gubser, Christoph Rupp und Heinz Bothien.

Die umfangreichen und höchst anspruchsvollen Übersetzungsarbeiten haben mit Meisterschaft, Eleganz und Einfühlung bewältigt: Valerio Ferloni, Hubertus von Gemmingen, Fabienne Girardin, Peter Loosli, Margie Mounier (und ihre Mutter Hildegard Meyer) und Matilde Segre; ihnen gebührt unsere aufrichtige Anerkennung. In verdankenswerter Weise belieferten uns Bernard Chevallier, Chefkonservator des Musée national des châteaux de Malmaison et de Bois-Préau, Hela Baudis der Staatlichen Museen Schwerin, Paul Tanner, Leiter der Graphischen Sammlung der Eidgenössischen Technischen Hochschule Zürich, seine Mitarbeiterin Eva Korzija sowie John Mauerhofer, die Galerie Kornfeld in Bern und die Öffentliche Kunstsammlung Basel mit wissenschaftlichen Informationen. Die Mitarbeiterinnen und Mitarbeiter des Napoleon-Museums, die Bibliothekarin Esther Bächer, die Fotografin Edith Hauser und die Sekretärin Suzanne Henseleit sowie der Museologe Paul Krog lieferten wie stets zuverlässig die Infrastruktur zum Werk, während Manuel Mathis die Aufbereitung der Karikaturblätter besorgte: auch ihnen danken wir bestens.

Den gestalterischen und drucktechnischen Part übernahm mit gewohnter Brillanz und Perfektion die Wolfau-Druck Weinfelden mit Rudolf und Tilly Mühlemann und ihren Söhnen Kaspar und Christof. Herr Walter Köpfli vom renommierten Verlag Neue Zürcher Zeitung zeichnet freundlicherweise für den tadellosen Vertrieb des Buches verantwortlich. Allen sei der herzlichste Dank ausgesprochen.

pétence la partie rédactionnelle de l'ouvrage. Nous nous félicitons de l'engagement exceptionnel de Philipp Gafner, qui a dressé l'inventaire des caricatures et rédigé le catalogue. Il a porté sur ses épaules la partie la plus lourde du travail, et accompli sa tâche avec zèle. De manière non moins engagée, Michel Guisolan s'est chargé de la rédaction générale, secondé par Salome Maurer, Philipp Gafner, Valerio Ferloni et avec l'assistance de Heidi Gubser, Christoph Rupp et Heinz Bothien.

Valerio Ferloni, Hubertus von Gemmingen, Fabienne Girardin, Peter Loosli, Margie Mounier (avec l'aide de sa mère Hildegard Meyer) et Matilde Segre ont maîtrisé avec élégance et intuition le volumineux et exigeant travail de traduction; nous tenons à leur témoigner notre sincère reconnaissance. Bernard Chevallier, conservateur en chef du Musée national des châteaux de Malmaison et de Bois-Préau, Hela Baudis des Staatliche Museen Schwerin, Paul Tanner, responsable de la Graphische Sammlung der Eidgenössischen Technischen Hochschule Zürich, sa collaboratrice Eva Korzija et John Mauerhofer, ainsi que la Galerie Kornfeld à Berne et la Öffentliche Kunstsammlung Basel nous ont livré des informations scientifiques essentielles. Les collaboratrices et collaborateurs du Musée Napoléon, Esther Bächer, bibliothécaire, Edith Hauser, photographe, et Suzanne Henseleit, secrétaire, ainsi que Paul Krog, muséologue, ont fourni l'infrastructure nécessaire à l'élaboration du présent ouvrage, alors que Manuel Mathis s'est chargé de la préparation des gravures: nous les remercions également.

La conception et l'impression du livre ont été réalisées avec la perfection et le brio habituels par Wolfau-Druck Weinfelden, avec Rudolf et Tilly Mühlemann et leurs fils Kaspar et Christof. Monsieur Walter Köpfli des prestigieuses éditions de la Neue Zürcher Zeitung a accepté la responsabilité de la distribution irréprochable du livre. Nos sincères remerciements à tous.

Jakob Eggli, Schloss Arenenberg, um 1845

Special thanks go to the authors, Jérémie Benoit and Philippe Kaenel, whose expertise provided the main text of the book. We are most grateful as well to Philipp Gafner, for the deep commitment with which he compiled an inventory of the caricatures and drew up the catalogue; indeed, despite bearing the brunt of the project, he carried out this task with consummate skill. We are equally indebted to Michel Guisolan, who took on the job of editor-in-chief for the entire publication, in collaboration with Salome Maurer, Philipp Gafner, Valerio Ferloni, and with the assistance of Heidi Gubser, Christoph Rupp, and Heinz Bothien.

The extensive and highly demanding challenge of translating the text into various languages was accomplished with mastery, elegance, and empathy by Valerio Ferloni, Hubertus von Gemmingen, Fabienne Girardin, Peter Loosli, Margie Mounier (with the invaluable assistance of her mother, Hildegard Meyer) and Matilde Segre, all of whom we acknowledge with gratitude. We also profited greatly from the research data kindly provided by Bernard Chevallier, Head Curator of the Musée national des châteaux de Malmaison et de Bois-Préau, Hela Baudis of the Staatliche Museen Schwerin; Paul Tanner, director of the Graphische Sammlung der Eidgenössischen Technischen Hochschule Zürich, and his collaborator Eva Korzija; John Mauerhofer; as well as Galerie Kornfeld in Bern and Öffentliche Kunstsammlung Basel. We are beholden to the staff of the Napoleon Museum for providing the infrastructure vital to the project's concretisation: the librarian Esther Bächer, the photographer Edith Hauser, the secretary Suzanne Henseleit, and the museologist Paul Krog; we are also grateful to Manuel Mathis for preparing the prints for publication.

Finally, we would like to pay tribute to the printers Wolfau-Druck Weinfelden – Rudolf and Tilly Mühlemann and their sons Kaspar and Christof – who, with their usual mastery, provided the book's beautiful layout and typography. Credit is also due to Walter Köpfli of the well-known Verlag Neue Zürcher Zeitung, who kindly took on responsibility for the book's successful distribution.

Un altro ringraziamento particolare dobbiamo agli autori Jérémie Benoit e Philippe Kaenel, che con grande competenza hanno scritto la parte saggistica. Philipp Gafner ha profuso un impegno straordinario nel compilare l'inventario delle caricature e scrivere il relativo catalogo: doveva sostenere l'onere maggiore del lavoro, e ha svolto il suo compito con autentica bravura. Impegno non minore ha dimostrato Michel Guisolan nella redazione complessiva, assistito da Salome Maurer, Philipp Gafner e Valerio Ferloni; lo hanno aiutato anche Heidi Gubser, Christoph Rupp e Heinz Bothien.

Il lavoro di traduzione, vasto ed estremamente arduo, è stato compiuto con maestria, eleganza e sensibilità da Valerio Ferloni, Hubertus von Gemmingen, Fabienne Girardin, Peter Loosli, Margie Mounier (e sua madre Hildegard Meyer) e Matilde Segre, a cui va il nostro sincero apprezzamento. Siamo grati anche delle informazioni scientifiche che ci hanno fornito Bernard Chevallier (conservatore-capo del Musée national des châteaux de Malmaison et de Bois-Préau), Hela Baudis (degli Staatliche Museen Schwerin), Paul Tanner (direttore della Graphische Sammlung der Eidgenössischen Technischen Hochschule Zürich), la sua collaboratrice Eva Korzija, John Mauerhofer, la galleria Kornfeld di Berna e la Öffentliche Kunstsammlung Basel. Il personale del Museo napoleonico – la bibliotecaria Esther Bächer, la fotografa Edith Hauser e la segretaria Suzanne Henseleit nonché il museologo Paul Krog – ha provveduto con la consueta affidabilità all'infrastruttura dell'opera, mentre Manuel Mathis ha curato la preparazione delle caricature; ringraziamo di cuore anche loro.

Della parte grafica e della tecnica di stampa si è occupata con la consueta brillantezza e perfezione la Wolfau-Druck di Weinfelden (con Rudolf e Tilly Mühlemann nonché i loro figli, Kaspar e Christof); il signor Walter Köpfli, di una casa editrice rinomata come il Verlag Neue Zürcher Zeitung, provvede gentilmente a un'impeccabile distribuzione del volume. A tutti loro va il nostro grazie più sentito.

Einleitung

Hans Peter Mathis

Das Napoleon-Museum Arenenberg besitzt eine Karikaturensammlung über Napoleon I., die zu den interessantesten ihrer Art gehört. Die handlichen, meist radierten und kolorierten Blätter zeigen den Korsen auf fast allen Stationen seines bewegten Lebens, prangern seine Taten belächelnd, bissig bis gehässig an, versuchen, der Realität Napoleon Abbruch zu tun. Kaum eine Person der Weltgeschichte ist wohl mehr karikiert worden als Napoleon I. Seine Markenzeichen, der Zweispitz und die Hand im Revers, sind so einfach, dass sie jedermann erkennt; seine untersetzte Gestalt mit dem markanten Kopf ist auf simpelste Art abzubilden. Seine Taten haben immer wieder zu Widerspruch herausgefordert: Eine Form des (inoffiziellen) Widerspruchs war die Karikatur. Um die 1800 Blätter sind bekannt, die sich direkt oder indirekt mit der Gestalt und dem Wirken des Korsen beschäftigen. Etwa 450 sind in der Sammlung des Napoleon-Museums Arenenberg zu finden.

Die Schaffung von Karikaturblättern als Kunstgattung und insbesondere die Karikatur über Napoleon I. stösst bereits im 19. Jahrhundert auf wissenschaftliches Interesse und beflügelt die Autoren, sich systematisch mit den satirischen Blättern abzugeben. 1884 publizierte John Ashton sein Werk *English Caricature and Satire on Napoleon I*, und 1911 folgte die umfassende zweibändige Publikation von Alexander Broadley *Napoleon in Caricature 1795–1821*. In letzter Zeit kann wieder ein vermehrtes Interesse an der Erforschung der Karikatur festgestellt werden, das in der Schaffung der kürzlich erschienenen Werke von Catherine Clerc *La caricature contre Napoléon* sowie von Sabine und Ernst Scheffler *So zerstieben getraeumte Weltreiche. Napoleon I. in der deutschen Karikatur* ihren Ausdruck findet. Auch einige neuere Ausstellungen zu diesem Thema wie der *Anti-Napoléon* im Musée national des

Introduction

Hans Peter Mathis

Le Musée Napoléon d'Arenenberg possède une collection de caricatures de Napoléon Ier, comptant parmi les plus intéressantes du genre. Ces planches au format maniable, pour la plupart gravées et coloriées, présentent le Corse dans presque toutes les étapes de son existence mouvementée, dénoncent ses faits et gestes avec ironie, avec causticité, voire avec haine, tentent de déformer la réalité de l'Empereur. Peu de personnages historiques ont été autant caricaturés que Napoléon Ier. Ses signes distinctifs, son bicorne et sa main au gousset, sont aisément identifiables; sa stature massive et sa physionomie marquante peuvent être représentées très simplement. Ses actes ont de tout temps suscité l'hostilité: la caricature était une forme de protestation (inofficielle). On a recensé autour de 1800 gravures décrivant le personnage et les actes du Corse. Environ 450 d'entre elles se trouvent dans la collection du Musée Napoléon d'Arenenberg.

La création de gravures caricaturales en tant que genre artistique et la caricature napoléonienne en particulier ont éveillé, au XIXe siècle déjà, l'intérêt des spécialistes. Certains auteurs ont commencé à s'y consacrer systématiquement. En 1884, John Ashton a publié l'ouvrage *English Caricature and Satire on Napoleon I*, lequel a été suivi en 1911 par la vaste publication en deux volumes d'Alexander Broadley, *Napoleon in Caricature 1795–1821*. Récemment, on a constaté un regain d'intérêt à l'égard de la caricature, qui s'est concrétisé dans les ouvrages de Catherine Clerc *La caricature contre Napoléon*, et de Sabine et Ernst Scheffler *So zerstieben getraeumte Weltreiche. Napoleon I. in der deutschen Karikatur*. Diverses expositions consacrées à ce thème témoignent également de cette tendance, comme *L'Anti-Napoléon* au Musée national des châteaux de Malmaison et de Bois-Préau (1996) et *So zerstieben getraeumte Weltreiche* au Wilhelm-Busch-Museum de

Introduction

Hans Peter Mathis

The Arenenberg Napoleon Museum boasts a collection of cartoons on Napoleon I that is among the most interesting of its kind. Its artfully executed, mainly etched and colored prints show the Corsican at just about every stage in his eventful existence. They depict his acts with mockery that ranges from merely biting to vengeful, and that is clearly intended to disparage all trace of reality. Indeed, hardly any other world figure has ever been caricatured to such a degree. His trademark features – his bicorne and his hand under his coat lapel – are so simple as to be recognisable to all, while his stocky figure and prominent head can be depicted with the greatest ease. His acts repeatedly drew protest, and this protest, in its unofficial form, often was concretised in cartoons. Some 1800 prints dealing with the figure and effects of Napoleon I are known to exist; about 450 of them are to be found in the Arenenberg Napoleon Museum collection.

Once cartoon prints – in particular cartoons on Napoleon I – were accredited as a category of art, specialists already began taking an interest in them in the nineteenth century, and writers were incited to deal with satirical prints in a more systematic manner than before. In 1884, John Ashton published his *English Caricature and Satire on Napoleon I*; this publication was followed in 1911 by Alexander Broadley's comprehensive *Napoleon in Caricature 1795–1821*, in two volumes. Lately, renewed interest in research on satirical prints exists, as evidenced by several recently published works: *La caricature contre Napoléon* by Catherine Clerc, and *So zerstieben getraeumte Weltreiche. Napoleon I. in der deutschen Karikatur* by Sabine and Ernst Scheffler. Several recent exhibitions also testify to this trend, such as *L'Anti-Napoléon* exhibition at the Musée national des châteaux de Malmaison et de Bois-Préau (1996), and *So zerstieben getraeumte Welt-*

Introduzione

Hans Peter Mathis

Il Museo napoleonico di Arenenberg possiede una collezione di caricature su Napoleone I che è fra le più interessanti del genere. Le stampe – maneggevoli, per lo più incise all'acquaforte e colorate – mostrano il còrso in quasi tutte le tappe della sua vita movimentata, ne mettono alla berlina le azioni in modo sorridente, pungente e anche astioso, tentano di nuocere alla realtà napoleonica. Probabilmente nessun personaggio della storia mondiale è stato mai oggetto di tante caricature come l'imperatore francese: i suoi segni distintivi (il bicorno e la mano nel risvolto) sono così semplici che ognuno li riconosce, e la sua figura piccola e grassoccia, con testa vistosa, si può riprodurre in maniera molto semplice. Le gesta di Napoleone erano una continua sfida ai suoi oppositori; una forma di opposizione (non ufficiale) era la caricatura. Si conoscono press'a poco 1800 stampe direttamente o indirettamente legate alla figura e all'opera del còrso; la collezione del Museo napoleonico di Arenenberg ne comprende circa 450.

Le caricature come genere artistico, e in particolare quelle su Napoleone I, suscitarono l'interesse degli studiosi già nell'Ottocento, incoraggiandoli a occuparsi sistematicamente del settore. Risale al 1884 l'opera di John Ashton *English Caricature and Satire on Napoleon I*, al 1911 la vasta pubblicazione di Alexander Broadley in due volumi *Napoleon in Caricature 1795–1821*. Negli ultimi tempi si riscontra un interesse accresciuto allo studio della caricatura, come mostrano le opere *La caricature contre Napoléon*, di Catherine Clerc, e *So zerstieben getraeumte Weltreiche. Napoleon I. in der deutschen Karikatur*, di Sabine ed Ernst Scheffler; questa tendenza è confermata anche da qualche mostra recente sul tema, come *So zerstieben getraeumte Weltreiche* (Wilhelm-Busch-Museum, Hannover 1995) e *L'Anti-Napoléon* (Musée national

châteaux de Malmaison et de Bois-Préau (1996) und *So zerstieben getraeumte Weltreiche* im Wilhelm-Busch-Museum in Hannover (1995) belegen diesen Trend. Gleichzeitig mit dem Erscheinen dieses Buches findet in den Ausstellungsräumen «Le Point» der Credit Suisse in Zürich eine Ausstellung mit dem Titel *Napoleon. Karikatur und Wirklichkeit* statt, die einen Teil der Arenenberger Bestände zeigt.

Catherine Clerc hat in ihrem Werk *La caricature contre Napoléon* die wichtigsten Sammlungen von Karikaturen über den Kaiser aufgelistet. In dieser Aufzählung fehlt die Kollektion des Napoleon-Museums Arenenberg, einerseits weil sie nicht zu den Grosssammlungen dieser Welt gehört, andererseits weil sie bisher niemand bekannt gemacht hat. Dennoch besitzt die Arenenberger Sammlung besondere Vorzüge. Von Bedeutung ist, dass unter den Arenenberger Karikaturen Blätter dreier Sprachbereiche in gleichem Masse vertreten sind: englische, französische und deutsche, zu denen sich noch eine spanische gesellt. Innerhalb der Sprachgruppen sind sowohl die wichtigsten als auch die seltenen Blätter zu finden. Einige bislang in Wort und Bild unpublizierte Karikaturen befinden sich ebenfalls darunter, und berühmte Künstlernamen wie Gillray und Cruikshank sind allenthalben anzutreffen. Die Tatsache, dass die Arenenberger Blätter in Alben eingebunden und somit gut geschützt waren, hat sich auf den Erhaltungszustand und die Farbqualität der meist handkolorierten Blätter ausserordentlich positiv ausgewirkt. Die Arenenberger Sammlung vermittelt einen eindrücklichen und qualitätvollen Querschnitt durch die zeitgenössische Napoleon-Karikatur jener Länder, in denen sie hauptsächlich entstanden ist.

Diese Tatsachen und die Gelegenheit, dank grosszügigen Sponsoren und Gönnern die Arenenberger Sammlung erforschen und veröffentlichen zu können, waren Grund genug, den vorliegenden Sammlungskatalog zu verwirklichen. Dass dieser gleich viersprachig in einem Band erscheint, ist nicht nur gute helvetische Tradition, sondern auch eine Gepflogenheit des Napoleon-Museums, das sich durch seine Thematik bemüssigt fühlt, europäisch zu denken und zu handeln. Das Werk verfolgt in erster Linie drei Ziele: die wissenschaftliche Erforschung der Karikaturen über Napoleon I., der napoleonischen Ikonographie und des Geschichtsverständnisses einer Zeit, die zu den interessantesten und turbulentesten Europas gehört. Diese Epoche berührt auch direkt die Schweizer Geschichte, hat doch Napoleon mit der Umgestaltung des kleinen Landes zur Zeit der Helvetik wesentliche Impulse zur Entstehung der modernen Schweiz gegeben, deren 200jähriges Bestehen wir 1998 feiern.

André Raulin, Napoléon Ier, 1820

Hanovre (1995). Simultanément à la parution du présent ouvrage, une exposition aura lieu dans la salle «Le Point» du Crédit Suisse à Zurich, sous le titre *Napoléon. Caricature et réalité*; elle présente une partie des archives d'Arenenberg.

Dans son ouvrage *La caricature contre Napoléon*, Catherine Clerc répertorie les principales collections de caricatures sur l'Empereur. Son inventaire omet cependant de mentionner la collection du Musée Napoléon d'Arenenberg. D'une part, parce que celle-ci ne fait pas partie des grandes collections de ce monde, et d'autre part, parce qu'elle n'a jamais été portée à la connaissance du public. Néanmoins, la collection du Musée Napoléon dispose d'avantages particuliers. Très significatif: les caricatures d'Arenenberg comptent, à proportions égales, des gravures des trois régions linguistiques – anglaise, française et allemande – avec également un spécimen espagnol. A l'intérieur de ces groupes linguistiques, sont recensées les estampes les plus importantes et les plus rares, dont certaines n'ont jamais été publiées, et d'autres portent les signatures célèbres de Gillray ou Cruikshank. Les caricatures d'Arenenberg ont été reliées en albums et, de ce fait, bien protégées, ce qui a eu un effet extraordinairement positif sur l'état de conservation et la qualité chromatique des gravures pour la plupart coloriées à la main. La collection d'Arenenberg offre un aperçu impressionnant et de grande qualité de la caricature à l'époque napoléonienne, et ceci pour chacun des pays d'où proviennent principalement ces caricatures.

Ces différentes observations ainsi que l'opportunité – grâce à la générosité de nos donateurs et sponsors – d'étudier et de publier la collection d'Arenenberg, ont été à l'origine de la rédaction du présent catalogue. Celui-ci paraît en un volume et en quatre langues, ce qui ne répond pas seulement à une tradition bien helvétique, mais est également une coutume du Musée Napoléon qui, de par le thème qu'il traite, se sent le devoir de penser et agir en Européen. L'ouvrage poursuit trois objectifs principaux: l'étude scientifique des caricatures de Napoléon Ier et de l'iconographie napoléonienne, ainsi que la compréhension historique de l'une des époques les plus intéressantes et turbulentes qu'ait traversée notre continent. Cette période concerne directement l'histoire suisse puisque Napoléon, en réorganisant ce petit pays, a donné les impulsions essentielles à la formation de la Suisse moderne, dont nous fêterons en 1998 les deux cents ans d'existence.

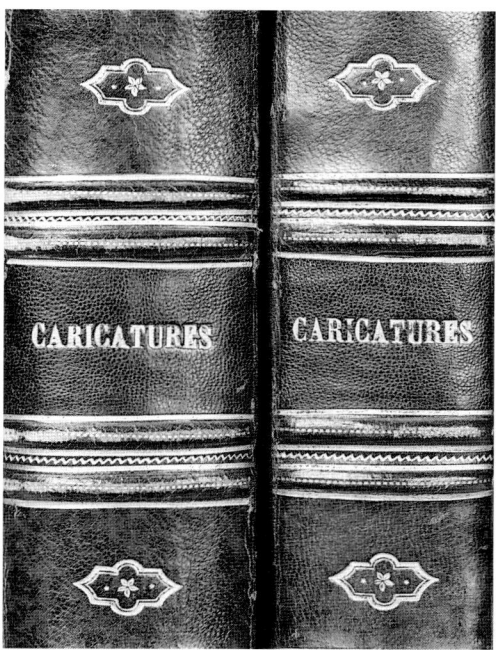

Karikaturen-Alben des Charles Ferdinand de Bourbon-Artois, Duc de Berry

reiche at the Wilhelm-Busch-Museum in Hannover, Germany (1995). And, in parallel with the publication of the present work, the Credit Suisse Zurich «Le Point» gallery is presenting a show entitled *Napoleon. Karikatur und Wirklichkeit*, which includes part of the Arenenberg holdings.

In her book *La caricature contre Napoléon*, Catherine Clerc has drawn up a list of the major collections of cartoons on the Emperor. Her enumeration fails to mention the Arenenberg Napoleon Museum Collection: on the one hand, the latter is not considered major within the global framework and, on the other, until now no one did anything about spreading its name. Nevertheless, the Arenenberg Collection presents special advantages. One significantly favorable feature is that it encompasses an equal share of prints representing each of the three linguistic realms, namely English, French, and German, joined by a work in Spanish. And each linguistic realm in turn comprises the most important as well as the rarest prints extant. The collection also boasts prints whose text and imagery have remained unpublished to date and which, in many cases, are by the hand of such famous artists as Gillray and Cruikshank. Moreover, the fact that the mainly hand-coloured Arenenberg prints were bound in albums and thus well-protected has been extremely positive with respect to their present state of conservation and colour quality. The Arenenberg Collection represents an impressive and high quality cross section of the contemporary caricatures of Napoleon I from the countries in which they mainly originated.

These features, together with the opportunity provided by the generosity of the project's sponsors and backers, constituted altogether ample reason for the realisation of the present collection catalogue. Its publication in a single four-language volume not only follows Swiss tradition, but remains true to the Napoleon Museum policy – given its subject matter – of thinking and dealing on European terms. The project targeted three main lines of interest, namely academic research on Napoleon I cartoons, Napoleonic iconography, and the historical context of one of Europe's most interesting and turbulent periods. Of course, that history is directly related to that of Switzerland, since reorganisation by Napoleon of this tiny land during Helvetic times lent impulse to the modernisation of a land whose 200th anniversary we celebrate in this year 1998.

des châteaux de Malmaison et de Bois-Préau, 1996). Contemporaneamente all'uscita di questo volume, la sede espositiva del Credit Suisse a Zurigo («Le Point») ospita una mostra dal titolo *Napoleon. Karikatur und Wirklichkeit*, che presenta una parte del fondo di Arenenberg.

Catherine Clerc, nella sua opera or ora citata, ha elencato le collezioni più importanti di caricature sull'imperatore. In tale elenco manca quella del Museo napoleonico di Arenenberg, sia perché non rientra nelle grandi collezioni mondiali sia perché finora non era stata divulgata; eppure questa raccolta vanta particolari pregi. Fatto di rilievo, anzitutto, essa comprende in uguale misura opere di tre gruppi linguistici (inglese, francese e tedesco, con un esemplare anche spagnolo); in ognuno dei tre gruppi sono rappresentate sia le caricature più importanti sia quelle rare. Inoltre alcune immagini e didascalie erano finora inedite, e nomi di artisti famosi come Gillray o Cruikshank ritornano un po' dappertutto; il fatto che i fogli fossero rilegati in album e quindi ben protetti, infine, ha influito in modo straordinariamente positivo sullo stato di conservazione e sulla qualità cromatica delle stampe (per lo più sono colorate a mano). La raccolta di Arenenberg, insomma, offre una panoramica suggestiva e d'alto livello qualitativo sulle caricature napoleoniche dell'epoca nei paesi in cui le singole stampe sono soprattutto eseguite.

Questi fatti, uniti alla possibilità di studiare e pubblicare la collezione grazie a sponsor e mecenati generosi, erano motivo sufficiente per decidere di allestire il presente catalogo; la sua pubblicazione in un volume quadrilingue rispecchia non solo una sana tradizione elvetica ma anche una prassi del Museo napoleonico di Arenenberg, che per la sua tematica si sente in obbligo di pensare e di agire su scala europea. L'opera ha soprattutto tre obiettivi di studio scientifico: le caricature su Napoleone I, l'iconografia napoleonica e la comprensione di un periodo storico che è fra i più interessanti e turbolenti in ambito europeo. Questo periodo interessa direttamente anche la storia della Svizzera: ristrutturando il piccolo paese, infatti, ai tempi della Repubblica elvetica Napoleone diede impulsi fondamentali a quella Svizzera il cui secondo centenario ricorre nel 1998.

Zeittafel

Jérémie Benoit

1763 (23. Juni) Geburt von Marie Josèphe Rose de Tascher de La Pagerie, der zukünftigen Kaiserin Joséphine, in Les Trois-Ilets (Martinique).
1769 (15. August) Geburt von Napoleone Buonaparte, dem zweiten Sohn von Carlo Buonaparte (1746–1785) und Letizia Ramolino (1750–1836), in Ajaccio.
1779 Eintritt Bonapartes in die Kadettenschule von Brienne.
1784 Eintritt in die Militärschule von Paris.
1785 Unterleutnant der Artillerie in Valence.

Die Revolution
1792 (10. August) Erstürmung der Tuilerien (Sturz der französischen Monarchie), an der Bonaparte teilnimmt.
1793 (18.–25. Februar) Versuch, die sardischen Vorinseln zu erobern, scheitert.
(18. Dezember) Rückeroberung von Toulon. Am 22. Dezember wird Bonaparte zum Brigadegeneral befördert.
1794 (27. Juli) Sturz Robespierres. Bonaparte wird im Fort Carré in Antibes unter Arrest gestellt.
1795 (5. Oktober) Am Tag des 13. Vendémiaire des Jahres IV schlägt Bonaparte den Royalisten-Aufstand in der Kirche Saint-Roch in Paris nieder.
(16. Oktober) Ernennung zum Divisionsgeneral.
(26. Oktober) Ernennung zum Oberbefehlshaber der Armee des Inneren.
1796 (9. März) Heirat mit Joséphine, der Witwe des 1794 guillotinierten Generals Alexandre de Beauharnais.

Erster Italienfeldzug
(11. März) Abreise zur Italienarmee, zu deren Ober-

Chronologie

Jérémie Benoit

1763 (23 juin) naissance de Marie Josèphe Rose de Tascher de La Pagerie, future impératrice Joséphine, aux Trois-Ilets (Martinique).
1769 (15 août) naissance à Ajaccio de Napoleone Buonaparte, 2ᵉ fils de Carlo Buonaparte (1746–1785) et de Letizia Ramolino (1750–1836).
1779 entrée de Bonaparte au collège militaire de Brienne.
1784 entrée à l'Ecole militaire de Paris.
1785 sous-lieutenant d'artillerie à Valence.

La Révolution
1792 (10 août) prise des Tuileries (chute de la monarchie française) à laquelle Bonaparte assiste.
1793 (18–25 février) expédition de Sardaigne, qui tourne court.
(18 décembre) prise de Toulon. Bonaparte nommé général de brigade le 22.
1794 (27 juillet) chute de Robespierre. Bonaparte incarcéré au Fort Carré d'Antibes.
1795 (5 octobre) journée du 13 vendémiaire an IV; Bonaparte écrase la rébellion royaliste à l'église Saint-Roch à Paris.
(16 octobre) général de division.
(26 octobre) général en chef de l'Armée de l'Intérieur.
1796 (9 mars) mariage avec Joséphine, veuve du général de Beauharnais, guillotiné en 1794.

Première campagne d'Italie
(11 mars) départ pour l'Armée d'Italie, dont il a été

Chronology

Jérémie Benoit

1763 (June 23) Birth of Marie Josèphe Rose de Tascher de La Pagerie, the future Empress Joséphine, in Les Trois-Ilets (Martinique).
1769 (August 15) Birth of Napoleone Buonaparte, second son of Carlo Buonaparte (1746–1785) and Letizia Ramolino (1750–1836), in Ajaccio.
1779 Bonaparte enrolled at Brienne Military School.
1784 Enrolled at Paris Military Academy.
1785 Commissioned second lieutenant in the artillery in Valence.

The Revolution
1792 (August 10) Mob attack on the Paris Tuileries palace (fall of the French monarchy) in which Bonaparte takes part.
1793 (February 18–25) Unsuccessful Sardinia expedition.
1793 (December 18) Dislodging of the British from Toulon. Bonaparte promoted to brigadier general on December 22.
1794 (July 27) Fall of Robespierre. Bonaparte imprisoned at Fort Carré in Antibes.
1795 (October 5) 13 Vendémiaire of the year IV: Bonaparte puts down Royalist insurrection at the Eglise Saint-Roch, Paris.
(October 16) Appointed major general.
(October 26) Appointed commander-in-chief of the army of the interior.
1796 (March 9) Bonaparte marries Joséphine, widow of General de Beauharnais (guillotined in 1794).

First Italian campaign
(March 11) Departure to join the Italian Army of which

Cronologia

Jérémie Benoit

1763 (23 giugno) La futura imperatrice Giuseppina (Marie Josèphe Rose de Tascher de La Pagerie, detta Joséphine) nasce a Les Trois-Ilets (Martinica).
1769 (15 agosto) Secondogenito di Carlo Buonaparte (1746–1785) e di Letizia Ramolino (1750–1836), Napoleone nasce ad Ajaccio.
1779 Entra nella scuola militare di Brienne.
1784 Entra nella scuola militare di Parigi.
1785 Diventa sottotenente d'artiglieria a Valence.

Rivoluzione francese
1792 (10 agosto) Bonaparte assiste alla presa delle Tuileries (caduta della monarchia francese).
1793 (18–25 febbraio) Spedizione fallita in Sardegna.
(18 dicembre) Presa di Tolone.
(22 dicembre) Nomina di Bonaparte a generale di brigata.
1794 (27 luglio) Caduta di Robespierre. Bonaparte è incarcerato nel Fort Carré di Antibes.
1795 (5 ottobre) Giornata del 13 vendemmiaio dell'anno IV, in cui Bonaparte stronca la rivolta realista davanti alla chiesa parigina di S. Rocco.
(16 ottobre) Diventa generale di divisione.
(26 ottobre) Diventa generale in capo dell'Armata dell'Interno.
1796 (9 marzo) Sposa Giuseppina, vedova del generale de Beauharnais (ghigliottinato nel 1794).

Prima campagna d'Italia
(11 marzo) Bonaparte si accinge a raggiungere l'Armata

befehlshaber er am 2. März ernannt worden war.
(12. April) Sieg über die Österreicher und Piemontesen unter General Argenteau bei Montenotte.
(21. April) Sieg über die Piemontesen unter General Colli bei Mondovi.
(28. April) Waffenstillstand von Cherasco mit den Piemontesen.
(10. Mai) Sieg über die Österreicher unter General Beaulieu bei Lodi.
(15. Mai) Einzug in Mailand.
(5. August) Sieg über die Österreicher unter General Würmser bei Castiglione.
(8. September) Sieg über die Österreicher unter General Würmser bei Bassano.
(17. November) Sieg über die Österreicher unter General Alvinzi bei Arcole.

1797 (14. Januar) Sieg über die Österreicher bei Rivoli.
(2. Februar) Kapitulation von Mantua.
(18. April) Vorfriede von Leoben (Österreich).
(17. Oktober) Friede von Campoformio mit Österreich.
(5. Dezember) Bonaparte kehrt nach Paris zurück.
(25. Dezember) Bonaparte wird zum Mitglied des Institut de France (Abteilung Mechanik) ernannt.

Ägyptenfeldzug
1798 (19. Mai) Einschiffung nach Ägypten.
(11. Juni) Einnahme von Malta.
(2. Juli) Einnahme von Alexandria.
(21. Juli) Sieg über die Mamluken von Murad Bey bei den Pyramiden.
(24. Juli) Einzug in Kairo.
(1. August) Admiral Nelson zerstört die französische Flotte bei Abukir.
(22. August) Gründung des Ägyptischen Instituts.
(21. Oktober) Aufstand von Kairo.

1799 (7. März) Einnahme von Jaffa.
(19. März – 20. Mai) Belagerung von Akkon (Syrien), das von Dschesa Pascha und dem englischen Kommodore Sidney Smith verteidigt wird.
(25. Juli) Sieg über die Türken von Mustafa Pascha bei Abukir.
(23. August) Bonaparte verlässt Ägypten; er stellt die Armee unter den Befehl von General Kléber, der 1800 ermordet wird. Die Franzosen ergeben sich 1801.

Das Konsulat
(9.–10. November) Staatsstreich vom 18. und 19. Brumaire des Jahres VIII. Bonaparte wird Erster Konsul der Republik. Emmanuel Joseph Siéyès und Roger Ducos, Zweiter und Dritter Konsul, werden rasch durch Jean-Jacques Cambacérès und Charles François Lebrun abgelöst.
(15. Dezember) Verkündigung der Verfassung des Jahres VIII, auf der das Konsulat gründet.
(22. Dezember) Einrichtung des Staatsrates.
(27. Dezember) Einrichtung des Senats.

1800 (1. Januar) Einrichtung des Tribunats und des Gesetzgebenden Körpers.
(13. Februar) Gründung der Banque de France.
(17. Februar) Einrichtung der Präfekturen.

Zweiter Italienfeldzug
(20. Mai) Überschreitung des Grossen St. Bernhard.

---

nommé commandant en chef le 2 mars.
(12 avril) victoire à Montenotte sur les Autrichiens et les Piémontais du général Argenteau.
(21 avril) victoire à Mondovi sur les Piémontais du général Colli.
(28 avril) armistice de Cherasco avec les Piémontais.
(10 mai) victoire à Lodi sur les Autrichiens du général Beaulieu.
(15 mai) entrée à Milan.
(5 août) victoire à Castiglione sur les Autrichiens du général Würmser.
(8 septembre) victoire à Bassano sur les Autrichiens du général Würmser.
(17 novembre) victoire à Arcole sur les Autrichiens du général Alvinzi.

1797 (14 janvier) victoire à Rivoli sur les Autrichiens.
(2 février) capitulation de Mantoue.
(18 avril) préliminaires de paix à Leoben (Autriche).
(17 octobre) paix de Campoformio avec l'Autriche.
(5 décembre) retour de Bonaparte à Paris.
(25 décembre) Bonaparte élu membre de l'Institut de France (section des arts mécaniques).

Campagne d'Egypte
1798 (19 mai) embarquement pour l'Egypte.
(11 juin) prise de Malte.
(2 juillet) prise d'Alexandrie.
(21 juillet) victoire des Pyramides sur les Mamelouks de Mourad Bey.
(24 juillet) entrée au Caire.
(1er août) l'amiral Nelson détruit la flotte française à Aboukir.
(22 août) création de l'Institut d'Egypte.
(21 octobre) révolte du Caire.

1799 (7 mars) prise de Jaffa.
(19 mars – 20 mai) siège de Saint-Jean d'Acre (Syrie) défendu par Djezza Pacha et le commodore Sidney Smith.
(25 juillet) victoire à Aboukir sur les Turcs de Mustapha Pacha.
(23 août) Bonaparte quitte l'Egypte, laissant l'armée aux ordres du général Kléber, assassiné en 1800. Les Français capituleront en 1801.

Le Consulat
(9–10 novembre) coup d'Etat des 18 et 19 brumaire an VIII. Bonaparte devient Premier Consul de la République. Emmanuel Joseph Siéyès et Roger Ducos, deuxième et troisième Consuls, sont vite remplacés par Jean-Jacques Cambacérès et Charles François Lebrun.
(15 décembre) proclamation de la Constitution de l'an VIII, fondant le Consulat.
(22 décembre) installation du Conseil d'Etat.
(27 décembre) installation du Sénat.

1800 (1er janvier) installation du Tribunat et du Corps Législatif.
(13 février) création de la Banque de France.
(17 février) création des préfectures.

Deuxième campagne d'Italie
(20 mai) franchissement du col du Grand Saint-Bernard.

	he was named commander-in-chief on March 2.
	(April 12) Victory over the Austrians and the Piedmontese under General Argenteau at Montenotte.
	(April 21) Victory over the Piedmontese under General Colli at Mondovi.
	(April 28) Armistice with the Piedmontese at Cherasco.
	(May 10) Victory over the Austrians under General Beaulieu at Lodi.
	(May 15) Bonaparte enters Milan.
	(August 5) Victory over the Austrians under General Würmser at Castiglione.
	(September 8) Victory over the Austrians under General Würmser at Bassano.
	(November 17) Victory over the Austrians under General Alvinzi at Arcole.
1797	(January 14) Victory over the Austrians at Rivoli.
	(February 2) Fall of Mantua.
	(April 18) Truce of Leoben (Austria).
	(October 17) Truce of Leoben sealed by Treaty of Campoformio with Austria.
	(December 5) Bonaparte returns to Paris.
	(December 25) Elected a member of the Institut de France (Mechanical Arts Section).

Egyptian campaign

1798	(May 19) Bonaparte sails for Egypt.
	(June 11) Takes Malta.
	(July 2) Takes Alexandria.
	(July 21) Victory over the Mamluks under Mourad Bey in the battle of the Pyramids.
	(July 24) Bonaparte enters Cairo.
	(August 1) Admiral Nelson defeats the French fleet in Aboukir Bay.
	(August 22) Creation of the Institute of Egypt.
	(October 21) Cairo uprising.
1799	(March 7) Bonaparte takes Jaffa.
	(March 19 – May 20) Lays siege to Saint-Jean d'Acre (Syria), where his troops are repelled by Djezza Pacha and commodore Sydney Smith.
	(July 25) Victory over the Turkish under Mustapha Pacha at Aboukir.
	(August 23) Bonaparte departs from Egypt, leaving General Kléber (who would be assassinated in 1800) in command of the army. The French would surrender in 1801.

The Consulate
(November 9–10) Coup d'état of 18/19 Brumaire of the year VIII: Bonaparte made First Consul of the Republic. The second and third consuls, resp. Emmanuel Joseph Siéyès and Roger Ducos, rapidly replaced by Jean-Jacques Cambacérès and Charles François Lebrun.
(December 15) Proclamation of the Constitution of the year VIII, establishing the Consulate.
(December 22) Council of State set up.
(December 27) Senate set up.

1800	(January 1) Tribunate and Legislative Body set up.
	(February 13) Bank of France created.
	(February 17) Prefectures created.

Second Italian campaign
(May 20) Bonaparte crosses the Grand-Saint-Bernard Pass.

---

	d'Italia, di cui è comandante in capo dal 2 marzo.
	(12 aprile) Vittoria su austriaci e piemontesi del generale Argenteau a Montenotte.
	(21 aprile) Vittoria sui piemontesi del generale Colli a Mondovi.
	(28 aprile) Armistizio di Cherasco con i piemontesi.
	(10 maggio) Vittoria sugli austriaci del generale Beaulieu a Lodi.
	(15 maggio) Entrata in Milano.
	(5 agosto) Vittoria sugli austriaci del generale Würmser a Castiglione.
	(8 settembre) Vittoria sugli austriaci di Würmser a Bassano.
	(17 novembre) Vittoria sugli austriaci del generale Alvinzi ad Arcole.
1797	(14 gennaio) Vittoria sugli austriaci a Rivoli.
	(2 febbraio) Capitolazione di Mantova.
	(18 aprile) Preliminari di pace a Leoben (Austria).
	(17 ottobre) Pace di Campoformio con l'Austria.
	(5 dicembre) Bonaparte ritorna a Parigi.
	(25 dicembre) È ammesso fra i membri dell'Istituto di Francia (sezione arti meccaniche).

Campagna d'Egitto

1798	(19 maggio) Imbarco per l'Egitto.
	(11 giugno) Presa di Malta.
	(2 luglio) Presa di Alessandria.
	(21 luglio) Vittoria sui mamelucchi di Murad bey alle piramidi.
	(24 luglio) Ingresso al Cairo.
	(1° agosto) L'ammiraglio Nelson distrugge la flotta francese ad Abukir.
	(22 agosto) Fondazione dell'Istituto d'Egitto.
	(21 ottobre) Rivolta del Cairo.
1799	(7 marzo) Presa di Giaffa.
	(19 marzo – 20 maggio) Assedio di San Giovanni d'Acri (Siria), difesa da Giazzar pascià e dal commodoro inglese Sydney Smith.
	(25 luglio) Vittoria sui turchi di Mustafà pascià ad Abukir.
	(23 agosto) Bonaparte lascia l'Egitto, affidando il comando dell'esercito al generale Kléber (assassinato nel 1800); i francesi capitoleranno nel 1801.

Consolato
(9–10 novembre) Colpo di Stato dei giorni 18/19 brumaio, anno VIII. Bonaparte diviene primo console della Repubblica; ben presto Emmanuel Joseph Siéyès e Roger Ducos (secondo e terzo console) sono sostituiti da Jean-Jacques Cambacérès e Charles François Lebrun.
(15 dicembre) Proclamazione della Costituzione dell'anno VIII, che istituisce il Consolato.
(22 dicembre) Insediamento del Consiglio di Stato.
(27 dicembre) Insediamento del Senato.

1800	(1° gennaio) Insediamento del Tribunato e del Corpo legislativo.
	(13 febbraio) Fondazione della Banca di Francia.
	(17 febbraio) Istituzione delle prefetture.

Seconda campagna d'Italia
(20 maggio) Passaggio delle Alpi al Gran San Bernardo.

(14. Juni) Sieg über die Österreicher unter General Mélas bei Marengo.
(24. Oktober) Scheitern der «Verschwörung der Dolche». Bonaparte schaltet die Jakobiner aus.
(3. Dezember) Sieg des Generals Moreau über die Österreicher unter Erzherzog Karl bei Hohenlinden.
(24. Dezember) Royalistischer Attentatsversuch mit «Höllenmaschine» in der Rue Saint-Nicaise.

1801 (9. Februar) Friede von Lunéville mit Österreich.
(15. Juli) Unterzeichnung des Konkordats. Wiedereröffnung der katholischen Kirchen in Frankreich.

1802 (29. Januar) Landung einer Militärexpedition unter General Leclerc auf der Insel Santo Domingo, um die Schwarzen unter Generalhauptmann Toussaint-Louverture zu unterwerfen. Kapitulation der Franzosen und Rückzug von der Insel im Juli 1809.
(25. März) Friede von Amiens mit England.
(19. Mai) Gründung des Ordens der Ehrenlegion.
(3. August) Verfassung des Jahres X, Konsulat auf Lebenszeit.

1803 (3. Mai) Verkauf von Louisiana an die Vereinigten Staaten.
(16. Mai) Bruch mit England.

1804 (29. Januar – 12. Juni) Royalistische Verschwörung unter Georges Cadoudal, der mit elf Chouans auf dem Schafott stirbt.
(15. Februar) Verhaftung des Generals Moreau, der 1813 in der Schlacht bei Dresden in den Rängen der Alliierten fällt.
(26. Februar) Verhaftung des Generals Pichegru, den man erdrosselt in seiner Zelle findet.
(21. März) Hinrichtung des Herzogs von Enghien.

Das Empire
(18. Mai) Napoleon Bonaparte ernennt sich zum Kaiser der Franzosen.
(19. Mai) Ernennung von 18 Marschällen, darunter Murat, Ney, Soult, Berthier, Davout, Lannes, Bessières, Masséna, Augereau und Bernadotte.
(20. Juli) Vorbereitungen im Lager von Boulogne für eine Landung in England.
(2. Dezember) Kaiserkrönung Napoleons I.

1805 (17. März) Napoleon zum König von Italien proklamiert.

Feldzug von 1805
(10. September) Angriff Österreichs auf Bayern.
(19. Oktober) Sieg über General Mack bei Ulm.
(21. Oktober) Niederlage der französisch-spanischen Flotte unter Admiral Villeneuve gegen Admiral Nelson bei Trafalgar.
(2. Dezember) Sieg in der Dreikaiserschlacht von Austerlitz.
(26. Dezember) Friede von Pressburg mit Österreich.

1806 (15. März) Einsetzung von Marschall Murat zum Erzherzog von Berg.
(30. März) Einsetzung von Joseph Bonaparte zum König von Neapel.
(5. Juni) Einsetzung von Louis Bonaparte zum König von Holland.
(12. Juli) Gründung des Rheinbundes.
(6. August) Verzicht Franz' II. auf die deutsche Kaiserkrone.

(14 juin) victoire à Marengo sur les Autrichiens du général Mélas.
(24 octobre) échec de la Conspiration des poignards. Bonaparte élimine les Jacobins.
(3 décembre) victoire du général Moreau à Hohenlinden sur les Autrichiens de l'archiduc Charles.
(24 décembre) attentat à la machine infernale de la rue Saint-Nicaise, tentative de complot royaliste.

1801 (9 février) paix de Lunéville avec l'Autriche.
(15 juillet) signature du Concordat. Rétablissement du culte catholique en France.

1802 (29 janvier) débarquement d'un corps militaire sous le général Leclerc dans l'île de Saint-Domingue pour discipliner les Noirs sous le capitaine-général Toussaint-Louverture. Capitulation des Français et retrait de l'île en juillet 1809.
(25 mars) paix d'Amiens avec l'Angleterre.
(19 mai) création de l'ordre de la Légion d'honneur.
(3 août) constitution de l'an X, adaptation de la constitution au Consulat à vie.

1803 (3 mai) vente de la Louisiane aux Etats-Unis.
(16 mai) rupture avec l'Angleterre.

1804 (29 janvier – 12 juin) complot royaliste de Cadoudal, guillotiné avec onze chouans.
(15 février) arrestation du général Moreau, tué dans les rangs des Alliés à la bataille de Dresde en 1813.
(26 février) arrestation du général Pichegru, trouvé ensuite étranglé dans sa cellule.
(21 mars) exécution du duc d'Enghien.

L'Empire
(18 mai) Napoléon Bonaparte proclamé empereur des Français.
(19 mai) nomination de 18 maréchaux, dont Murat, Ney, Soult, Berthier, Davout, Lannes, Bessières, Masséna, Augereau et Bernadotte.
(20 juillet) préparatifs au camp de Boulogne en vue d'un débarquement en Angleterre.
(2 décembre) sacre de Napoléon Ier.

1805 (17 mars) Napoléon proclamé roi d'Italie.

Campagne de 1805
(10 septembre) l'Autriche attaque la Bavière.
(19 octobre) victoire à Ulm sur le général Mack.
(21 octobre) l'amiral Nelson défait la flotte franco-espagnole de l'amiral Villeneuve à Trafalgar.
(2 décembre) victoire à Austerlitz sur l'armée austro-russe.
(26 décembre) traité de Presbourg avec l'Autriche.

1806 (15 mars) le maréchal Murat nommé grand-duc de Berg.
(30 mars) Joseph Bonaparte proclamé roi de Naples.
(5 juin) Louis Bonaparte proclamé roi de Hollande.
(12 juillet) création de la confédération du Rhin.
(6 août) François II contraint de déposer la couronne millénaire du Saint Empire Romain Germanique.

	(June 14) Victory over the Austrians under General Mélas at Marengo. (October 24) The «conspiracy of the daggers» fails: Bonaparte eliminates the Jacobins. (December 3) Victory under General Moreau over the Austrians under Archduke Charles, at Hohenlinden. (December 24) Rue Saint-Nicaise time bomb attack: royalist conspiracy attempt.
1801	(February 9) Treaty of Lunéville with Austria. (July 15) The Concordat is signed, reestablishing the Catholic form of worship in France.
1802	(January 29) Military force under General Leclerc lands on the island of Santo Domingo to discipline the black under Captain General Toussaint-Louverture. The French would surrender and leave the island in July 1809. (March 25) Treaty of Amiens with Great Britain. (May 19) Creation of the Order of the Legion of Honour. (August 3) Constitution of the year X: Constitution modified to make Bonaparte First Consul for life.
1803	(May 3) Sale of Louisiana to the United States. (May 16) Britain declares war on France.
1804	(January 29 – June 12) Royalist assassination plot by Cadoudal uncovered; the latter is guillotined with eleven of the Chouans he commanded. (February 15) Arrest of General Moreau, who would be killed serving in the ranks of the allies in the battle of Dresden in 1813. (February 26) Arrest of General Pichegru, who would later be found strangled in his cell. (March 21) Execution of the Duke of Enghien.

The Empire
(May 18) Napoleon Bonaparte proclaimed Emperor of France.
(May 19) 18 marshals appointed, including Murat, Ney, Soult, Berthier, Davout, Lannes, Bessières, Masséna, Augereau, and Bernadotte.
(July 20) Army assembled at Boulogne in preparation for an invasion of England.
(December 2) Napoleon I crowned Emperor.

1805	(March 17) Proclaimed King of Italy.

Campaign of 1805
(September 10) Austria attacks Bavaria.
(October 19) Victory over General Mack at Ulm.
(October 21) Admiral Nelson defeats Admiral Villeneuve's Franco-Spanish fleet at Trafalgar.
(December 2) Victory over the Austro-Russian troops at Austerlitz.
(December 26) Treaty of Pressburg with Austria.

1806	(March 15) Joachim Murat named grand duke of Berg. (March 30) Joseph Bonaparte proclaimed King of Naples. (June 5) Louis Bonaparte proclaimed King of Holland. (July 12) Creation of the Confederation of the Rhine. (August 6) Francis II obliged to consent to the formal end of the centuries-old Germanic Holy Roman Empire.

	(14 giugno) Vittoria sugli austriaci del generale Melas a Marengo. (24 ottobre) Fallisce la «cospirazione dei pugnali». Bonaparte elimina i giacobini. (3 dicembre) Vittoria del generale Moreau sugli austriaci dell'arciduca Carlo a Hohenlinden. (24 dicembre) Attentato della «macchina infernale» in rue Saint-Nicaise, tentativo di complotto realista.
1801	(9 febbraio) Pace di Lunéville con l'Austria. (15 luglio) Firma del Concordato, ripristino del culto cattolico in Francia.
1802	(29 gennaio) Sbarco di truppe guidate dal generale Leclerc a Santo Domingo, per neutralizzare i negri del generale Toussaint-Louverture. I francesi capitoleranno e lasceranno l'isola nel luglio 1809. (25 marzo) Pace di Amiens con l'Inghilterra. (19 maggio) Istituzione dell'ordine della Legion d'onore. (3 agosto) Costituzione dell'anno X, Consolato a vita.
1803	(3 maggio) Vendita della Luisiana agli Stati Uniti. (16 maggio) Rottura con l'Inghilterra.
1804	(29 gennaio – 12 giugno) Complotto realista di Cadoudal, ghigliottinato con undici insorti *(chouans)*. (15 febbraio) Arresto del generale Moreau, che cadrà a Dresda nelle file alleate (1813). (26 febbraio) Arresto del generale Pichegru, poi trovato strangolato nella sua cella. (21 marzo) Esecuzione del duca d'Enghien.

Impero
(18 maggio) Napoleone Bonaparte è proclamato imperatore dei francesi.
(19 maggio) Nomina di diciotto marescialli, fra cui Murat, Ney, Soult, Berthier, Davout, Lannes, Bessières, Masséna, Augereau e Bernadotte.
(20 luglio) Preparativi nel campo di Boulogne, in vista di uno sbarco in Inghilterra.
(2 dicembre) Incoronazione di Napoleone I.

1805	(17 marzo) Napoleone è proclamato re d'Italia.

Campagna del 1805
(10 settembre) L'Austria attacca la Baviera.
(19 ottobre) Vittoria sul generale Mack a Ulma.
(21 ottobre) Vittoria dell'ammiraglio Nelson sulla flotta franco-spagnola dell'ammiraglio Villeneuve a Trafalgar.
(2 dicembre) Vittoria sull'armata austro-russa ad Austerlitz.
(26 dicembre) Trattato di Presburgo con l'Austria.

1806	(15 marzo) Il maresciallo Murat è nominato granduca di Berg. (30 marzo) Giuseppe Bonaparte è proclamato re di Napoli. (5 giugno) Luigi Bonaparte è proclamato re d'Olanda. (12 luglio) Fondazione della Confederazione del Reno. (6 agosto) Francesco II è costretto a deporre la corona millenaria del Sacro Romano Impero.

Preussenfeldzug

(14. Oktober) Siege über die Preussen unter dem Herzog von Braunschweig und dem Fürsten zu Hohenlohe in der Doppelschlacht bei Jena und Auerstedt.
(27. Oktober) Einzug in Berlin.
(21. November) Dekret der Kontinentalsperre.

1807 (8. Februar) Sieg über die Russen unter General Bennigsen bei Eylau.
(14. Juni) Sieg über die Russen unter General Bennigsen bei Friedland.
(7. Juli) Friede von Tilsit mit Zar Alexander.
(22. Juli) Gründung des Grossherzogtums Warschau.
(16. August) Ernennung von Jérôme Bonaparte zum König von Westfalen.
(30. November) Einzug des Generals Junot in Lissabon.

Spanienfeldzug

1808 (2. Mai) Erhebung von Madrid.
(4. Juni) Einsetzung von Joseph Bonaparte zum König von Spanien.
(15. Juni) Einsetzung von Marschall Murat zum König von Neapel.
(22. Juni) Kapitulation des Generals Dupont in Bailén (Spanien).
(30. August) Kapitulation des Generals Junot in Sintra (Portugal).
(27. September) Fürstentag zu Erfurt, Allianzvertrag zwischen Napoleon und Zar Alexander I.
(4. Dezember) Erneute Einnahme von Madrid durch Napoleon.

Österreichfeldzug

1809 (8. April) Angriff Österreichs auf Bayern.
(April–Mai) Aufstände in Tirol (Andreas Hofer) und Norddeutschland (Ferdinand Schill).
(22. April) Sieg über Erzherzog Karl bei Eckmühl.
(22. Mai) Niederlage gegen Erzherzog Karl bei Aspern (Essling).
(6. Juli) Sieg über Erzherzog Karl bei Wagram; Verhaftung des Papstes Pius VII.
(14. Oktober) Friede von Schönbrunn.
(15. Dezember) Napoleon lässt die Ehe mit Joséphine ungültig erklären.

1810 (2. April) Napoleon heiratet Erzherzogin Marie-Louise von Österreich.
(9. Juli) Abdankung Louis Bonapartes; Anschluss Hollands an Frankreich.
(21. August) Wahl des Marschalls Bernadotte zum Kronprinz von Schweden.

1811 (20. März) Geburt des Sohns von Napoleon und Marie-Louise, der den Titel König von Rom erhält.

Russlandfeldzug

1812 (24. Juni) Die Grosse Armee überschreitet den Njemen.
(7. September) Sieg über Feldmarschall Kutusow bei Borodino.
(14. September) Einzug in Moskau.
(18. Oktober) Beschluss, sich aus Moskau zurückzuziehen.
(23. Oktober) Staatsstreich des Generals Malet in Paris.
(27. November) Übergang über die Beresina.
(18. Dezember) Ankunft Napoleons in Paris.

Campagne de Prusse

(14 octobre) victoires à Iéna et Auerstedt sur les Prussiens du duc de Brunswick et du prince de Hohenlohe.
(27 octobre) entrée à Berlin.
(21 novembre) décret du blocus continental.

1807 (8 février) victoire à Eylau sur les Russes du général Bennigsen.
(14 juin) victoire à Friedland sur les Russes du général Bennigsen.
(7 juillet) traité de Tilsit avec le tsar Alexandre.
(22 juillet) création du grand-duché de Varsovie.
(16 août) Jérôme Bonaparte proclamé roi de Westphalie.
(30 novembre) le général Junot entre à Lisbonne.

Campagne d'Espagne

1808 (2 mai) soulèvement de Madrid.
(4 juin) Joseph Bonaparte proclamé roi d'Espagne.
(15 juin) le maréchal Murat proclamé roi de Naples.
(22 juin) capitulation du général Dupont à Bailén (Espagne).
(30 août) capitulation du général Junot à Sintra (Portugal).
(27 septembre) entrevue d'Erfurt entre Napoléon et Alexandre Ier de Russie.
(4 décembre) capitulation de Madrid devant Napoléon.

Campagne d'Autriche

1809 (8 avril) l'Autriche attaque la Bavière.
(avril–mai) soulèvements en Tyrol (Andreas Hofer) et en Allemagne du Nord (Ferdinand Schill).
(22 avril) victoire à Eckmühl sur l'archiduc Charles.
(22 mai) défaite à Essling contre l'archiduc Charles.
(6 juillet) victoire à Wagram sur l'archiduc Charles; arrestation du pape Pie VII.
(14 octobre) traité de Vienne avec l'Autriche.
(15 décembre) divorce de Napoléon et de Joséphine.

1810 (2 avril) mariage de Napoléon et de Marie-Louise.
(9 juillet) abdication de Louis Bonaparte; réunion de la Hollande à la France.
(21 août) le maréchal Bernadotte élu prince héréditaire de Suède.

1811 (20 mars) naissance du fils de Napoléon et de Marie-Louise, roi de Rome.

Campagne de Russie

1812 (24 juin) la Grande Armée franchit le Niémen.
(7 septembre) victoire de la Moskova sur le feld-maréchal Koutouzov.
(14 septembre) entrée à Moscou.
(18 octobre) décision de quitter Moscou.
(23 octobre) coup d'Etat du général Malet à Paris.
(27 novembre) passage de la Bérézina.
(18 décembre) arrivée de Napoléon à Paris.

Prussian campaign
(October 14) Victory over the Prussians under the duke of Brunswick and the prince of Hohenlohe at the twin battles of Jena and Auerstedt.
(October 27) Napoleon enters Berlin.
(November 21) The Berlin Decree initiates the Continental System.

1807 (February 8) Victory over the Russians under General Bennigsen at Eylau.
(June 14) Victory over the Russians under General Bennigsen at Friedland.
(July 7) Treaty of Tilsit with the Tsar Alexander.
(July 22) Creation of the Grand Duchy of Warsaw.
(August 16) Jérôme Bonaparte proclaimed King of Westphalia.
(November 30) General Junot enters Lisbon.

Spanish campaign
1808 (May 2) Madrid uprising.
(June 4) Joseph Bonaparte proclaimed King of Spain.
(June 15) Marshal Murat proclaimed King of Naples.
(June 22) General Dupont surrenders at Bailén (Spain).
(August 30) General Junot surrenders at Sintra (Portugal).
(September 27) Meeting between Napoleon and Tsar Alexander I of Russia, at Erfurt.
(December 4) Madrid surrenders in the presence of Napoleon.

Austrian campaign
1809 (April 8) Austria attacks Bavaria.
(April–May) Uprisings in the Tyrol (Andreas Hofer) and North Germany (Ferdinand Schill).
(April 22) Victory over Archduke Charles at Eckmühl.
(May 22) Napoleon defeated by Archduke Charles at Essling.
(July 6) Victory over Archduke Charles at Wagram. Pope Pius VII imprisoned.
(October 14) Treaty of Vienna with Austria.
(December 15) Napoleon secures an annulment of his marriage with Joséphine.
1810 (April 2) Napoleon marries Archduchess Marie-Louise of Austria.
(July 9) Louis Bonaparte deposed; kingdom of Holland annexed by France.
(August 21) Marshall Bernadotte elected crown prince of Sweden.
1811 (March 20) A son is born to Napoleon and Marie-Louise (the «King of Rome»).

Russian campaign
1812 (June 24) Passage of the Neman River by the «Grande Armée».
(September 7) Victory over field marshall Kutuzov at the battle of Borodino.
(September 14) Napoleon enters Moscow.
(October 18) Decision to retreat from Moscow.
(October 23) Coup d'état by General Malet in Paris.
(November 27) Passage of the Berezina River.
(December 18) Napoleon arrives in Paris.

Campagna di Prussia
(14 ottobre) Vittorie sui prussiani del duca di Brunswick e del principe di Hohenlohe a Jena e ad Auerstedt.
(27 ottobre) Ingresso a Berlino.
(21 novembre) Decreto del blocco continentale.

1807 (8 febbraio) Vittoria sui russi del generale Bennigsen a Eylau.
(14 giugno) Vittoria sui russi del generale Bennigsen a Friedland.
(7 luglio) Trattato di Tilsit con lo zar Alessandro.
(22 luglio) Creazione del Granducato di Varsavia.
(16 agosto) Gerolamo Bonaparte è proclamato re di Vestfalia.
(30 novembre) Il generale Junot entra in Lisbona.

Campagna di Spagna
1808 (2 maggio) Insurrezione di Madrid.
(4 giugno) Giuseppe Bonaparte è proclamato re di Spagna.
(15 giugno) Il maresciallo Murat è proclamato re di Napoli.
(22 giugno) Capitolazione del generale Dupont a Bailén (Spagna).
(30 agosto) Capitolazione del generale Junot a Cintra (Portogallo).
(27 settembre) Incontro di Erfurt fra Napoleone e Alessandro I di Russia.
(4 dicembre) Capitolazione di Madrid davanti a Napoleone.

Campagna d'Austria
1809 (8 aprile) L'Austria attacca la Baviera.
(aprile–maggio) Insurrezioni nel Tirolo (Andreas Hofer) e nella Germania settentrionale (Ferdinand Schill).
(22 aprile) Vittoria sull'arciduca Carlo a Eckmühl.
(22 maggio) Disfatta sull'arciduca Carlo a Essling.
(6 luglio) Vittoria sull'arciduca Carlo a Wagram; arresto di papa Pio VII.
(19 ottobre) Trattato di Vienna con l'Austria.
(15 dicembre) Napoleone divorzia da Giuseppina.
1810 (2 aprile) Sposa Maria Luisa (Marie-Louise).
(9 luglio) Luigi Bonaparte abdica; l'Olanda è annessa alla Francia.
(21 agosto) Il maresciallo Bernadotte è nominato principe ereditario di Svezia.
1811 (20 marzo) Nasce il «re di Roma», figlio di Napoleone e di Maria Luisa.

Campagna di Russia
1812 (24 giugno) La Grande Armata varca il fiume Niemen.
(7 settembre) Vittoria sul feld-maresciallo Kutuzov alla Moscova.
(14 settembre) Entrata in Mosca.
(18 ottobre) Decisione di lasciare Mosca.
(23 ottobre) Colpo di Stato del generale Malet a Parigi.
(27 novembre) Passaggio della Beresina.
(18 dicembre) Arrivo di Napoleone a Parigi.

Sachsenfeldzug

1813 (2. Mai) Sieg über die Verbündeten bei Lützen.
(20. Mai) Sieg über General Wittgenstein bei Bautzen.
(21. Juni) Sieg des Herzogs von Wellington bei Vitoria: Franzosen aus Spanien vertrieben.
(26.–27. August) Sieg über die Verbündeten bei Dresden.
(16.–19. Oktober) Niederlage in der Völkerschlacht von Leipzig.
(4. November) Auflösung des Rheinbundes.

Frankreichfeldzug

1814 (29. Januar) Sieg über die Preussen unter Generalfeldmarschall Blücher bei Brienne.
(10. Februar) Sieg über die Russen unter General Olsufjew bei Champaubert.
(11. Februar) Sieg über die Russen unter General Sacken bei Montmirail.
(18. Februar) Sieg über die Österreicher bei Montereau.
(13. März) Sieg über die Russen bei Reims.
(30.–31. März) Einzug der Verbündeten in Paris.
(6. April) Abdankung Napoleons.
(10. April) Rückkehr der Bourbonen mit Ludwig XVIII., König von Frankreich und Navarra.
(4. Mai) Ankunft Napoleons auf Elba.
(1. November) Eröffnung des Wiener Kongresses.

Die Herrschaft der Hundert Tage

1815 (1. März) Landung Napoleons bei Cannes.
(16. Juni) Sieg über die Preussen unter Generalfeldmarschall Blücher bei Ligny.
(18. Juni) Niederlage von Waterloo gegen die Verbündeten.
(22. Juni) Zweite Abdankung Napoleons.

Exil auf St. Helena

(16. Oktober) Ankunft Napoleons auf St. Helena.
1821 (5. Mai) Tod Napoleons.

Campagne de Saxe

1813 (2 mai) victoire à Lützen sur les Alliés.
(20 mai) victoire à Bautzen sur le général Wittgenstein.
(21 juin) victoire du duc de Wellington à Vitoria: les Français chassés d'Espagne.
(26–27 août) victoire à Dresde sur les Alliés.
(16–19 octobre) défaite face aux Alliés à Leipzig.
(4 novembre) dissolution de la confédération du Rhin.

Campagne de France

1814 (29 janvier) victoire à Brienne sur les Prussiens du feld-maréchal Blücher.
(10 février) victoire à Champaubert sur les Russes du général Olsouviev.
(11 février) victoire à Montmirail sur les Russes du général Sacken.
(18 février) victoire à Montereau sur les Autrichiens.
(13 mars) victoire à Reims sur les Russes.
(30–31 mars) prise de Paris par les Alliés.
(6 avril) abdication de Napoléon.
(10 avril) retour des Bourbon avec Louis XVIII, roi de France et de Navarre.
(4 mai) arrivée de Napoléon à l'Ile d'Elbe.
(1er novembre) ouverture du Congrès de Vienne.

Les Cent-Jours

1815 (1er mars) Napoléon débarque au Golfe-Juan.
(16 juin) victoire à Ligny sur les Prussiens du feld-maréchal Blücher.
(18 juin) défaite à Waterloo contre les Alliés.
(22 juin) seconde abdication de Napoléon.

Exil de Sainte-Hélène

(16 octobre) arrivée de Napoléon à Sainte-Hélène.
1821 (5 mai) mort de Napoléon.

Saxon campaign

1813 (May 2) Victory over the Allies at Lützen.
(May 20) Victory over General Wittgenstein at Bautzen.
(June 21) The Duke of Wellington defeats the French at Vitoria and drives them from Spain.
(August 26–27) Victory over the Allies at Dresden.
(October 16–19) Defeated in the Battle of The Nations at Leipzig.
(November 4) Dissolution of the Confederation of the Rhine.

French campaign

1814 (January 29) Victory over the Prussians under field marshall Blücher at Brienne.
(February 10) Victory over the Russians under General Olsuviev at Champaubert.
(February 11) Victory of the Russians under General Sacken at Montmirail.
(February 18) Victory over the Austrians at Montereau.
(March 13) Victory over the Russians at Reims.
(March 30–31) The Allies take Paris.
(April 6) Napoleon abdicates.
(April 10) Return of the Bourbons in the person of Louis XVIII, King of France and of Navarra.
(May 4) Napoleon arrives on the island of Elba.
(November 1) The Congress of Vienna is convened.

The Hundred Days

1815 (March 1) Napoleon lands at Golfe-Juan.
(June 16) Victory over the Prussians under field marshall Blücher at Ligny.
(June 18) Napoleon crushed by the Allies at Waterloo.
(June 22) Napoleon abdicates for the second time.

Island of Saint Helena exile

(October 16) Napoleon arrives on the island of Saint Helena.
1821 (May 5) Death of Napoleon.

Campagna di Sassonia

1813 (2 maggio) Vittoria sugli alleati a Lützen.
(20 maggio) Vittoria sul generale Wittgenstein a Bautzen.
(21 giugno) Vittoria del duca di Wellington a Vitoria; cacciata dei francesi dalla Spagna.
(26–27 agosto) Vittoria sugli alleati a Dresda.
(16–19 ottobre) Disfatta francese a Lipsia.
(4 novembre) Scioglimento della Confederazione del Reno.

Campagna di Francia

1814 (29 gennaio) Vittoria sui prussiani del feld-maresciallo Blücher a Brienne.
(10 febbraio) Vittoria sui russi del generale Olsufiev a Champaubert.
(11 febbraio) Vittoria sui russi del generale Sacken a Montmirail.
(18 febbraio) Vittoria sugli austriaci a Montereau.
(13 marzo) Vittoria sui russi a Reims.
(30–31 marzo) Ingresso degli alleati a Parigi.
(6 aprile) Abdicazione di Napoleone.
(10 aprile) Ritorno dei Borboni con Luigi XVIII, re di Francia e di Navarra.
(4 maggio) Arrivo di Napoleone all'isola d'Elba.
(1° novembre) Apertura del Congresso di Vienna.

Cento Giorni

1815 (1° marzo) Sbarco di Napoleone al Golfe-Juan.
(16 giugno) Vittoria sui prussiani del feld-maresciallo Blücher a Ligny.
(18 giugno) Disfatta francese a Waterloo.
(22 giugno) Nuova abdicazione di Napoleone.

Esilio a Sant'Elena

(16 ottobre) Arrivo di Napoleone a Sant'Elena.
1821 (5 maggio) Morte di Napoleone.

Beiträge

Contributions

Essays

Contributi

Das Napoleon-Bild: Gleichförmigkeit und Ungleichförmigkeit

Philippe Kaenel

«Du herrschest über unsere Zeit, ob Engel oder Dämon,
Dein Adler trägt uns Röchelnde im Flug davon.
Sogar das Auge, das dich flieht, stösst überall auf dich.
In unseren Bildern ist dein Schatten übergross zu sehen,
Als wolltest du an der Jahrhundertschwelle Wache stehen,
Allgegenwärtiger Napoleon, blendend und fürchterlich.»
(Victor Hugo: Lui, *Les Orientales*, 1828)

2.1.1 Die Ikone des Jahrhunderts

Napoleon ist die Ikone des Jahrhunderts. Keine andere historische Gestalt war Gegenstand so vieler Darstellungen und vor allem satirischer Bilder. Angesichts dieser bereits zu seinen Lebzeiten zum Mythos gewordenen Figur wurden internationale Grössen wie Karl Marx, Napoleon III., Otto von Bismarck oder Adolf Hitler im Pantheon ikonographischer Berühmtheiten auf den zweiten Rang verwiesen. Ein Hut, eine Gestalt im Redingote und eine zwischen zwei Knöpfe geschobene Hand genügen heute, um die Person zu kennzeichnen. Ein einziges dieser aus dem 19. Jahrhundert übernommenen Merkmale reicht den gegenwärtigen Karikaturisten aus, um verstanden zu werden. Wie John Grand-Carteret meint, hat Napoleon «in der politischen Graphik gewissermassen die Rolle inne, die Christus in der sakralen Bildwelt spielt».[1]

In seinem Werk *Napoléon raconté par l'image* (1902) unternahm Armand Dayot den Versuch, eine Bilanz der unglaublichen Verbreitung dieser zugleich internationalen und vielgestaltigen Figur zu ziehen, die alle möglichen künstlerischen Gattungen erobert hat. Napoleon erscheint nicht nur in unzähligen Gemälden, Skulpturen, Medaillen und graphischen Blättern, sondern auch «auf dickbäuchigen Krügen, Flaschen, Tintenfässern, Aushängeschildern von Wein- und Tabakhändlern, Kerzenhaltern, Parfümfläschchen, Tabaktöpfen und Standuhren, die den Kaiser sitzend, stehend oder zu Pferd darstellen, des weiteren auf Waffeleisen, Billardtüchern, Vorhangkordeln, Tellern, Tabakdosen, Drehspiessen, Kaminplatten, Pinzetten und Zangen, die den erlauchten Herrscher in Hoch- oder Tiefrelief zeigen [...]. Hinzu kommen die Napoleon-Uhrenfutterale, die Napoleon-Klingeln, die Napoleon-Flaschen, die Napoleon-Drehspiesse, die Napo-

L'image de Napoléon: conformité et difformité

Philippe Kaenel

«Tu domines notre âge; ange ou démon, qu'importe?
Ton aigle dans son vol, haletants, nous emporte.
L'œil même qui te fuit te retrouve partout.
Toujours dans nos tableaux tu jettes ta grande ombre;
Toujours Napoléon, éblouissant et sombre,
Sur le seuil du siècle est debout.»
(Victor Hugo: Lui, *Les Orientales*, 1828)

2.1.1 L'icône du siècle

Napoléon est l'icône du siècle. Il n'est de figure historique qui ait suscité tant de représentations et notamment tant d'images satiriques. Des acteurs d'envergure internationale tels Karl Marx, Napoléon III, Bismarck ou Hitler en sont réduits à jouer les seconds rôles au panthéon des célébrités iconographiques, face à ce personnage devenu un mythe de son vivant. Un chapeau, une silhouette en redingote, une main glissée entre deux boutons résument aujourd'hui le personnage. Un seul de ces traits, hérités du XIXe siècle, suffisent au caricaturiste pour se faire comprendre aujourd'hui. Comme le suggère John Grand-Carteret, Napoléon tient «en quelque sorte dans l'estampe d'actualité politique, le rôle que le Christ joue dans l'imagerie religieuse».[1]

Armand Dayot, dans *Napoléon raconté par l'image* (1902) a esquissé une sorte de bilan de l'incroyable diffusion de cette figure à la fois internationale et polymorphe, qui a envahi tous les supports imaginables, des beaux-arts aux arts appliqués. Napoléon s'est non seulement démultiplié en peintures, sculptures, médailles ou gravures, mais encore «ce sont des pichets au large ventre, des bouteilles, des encriers, des enseignes de marchand de vin et de tabac, des chandeliers, des flacons d'odeurs, des pots à tabac, des pendules, figurant l'Empereur assis, debout, ou à cheval, des moules à gaufres, des blouses de billard, des embrasses de rideaux, des assiettes, des tabatières-chapeaux, des tournebroches, des plaques de cheminées, des pincettes, des tenailles..., où l'auguste figure de César apparaît en creux ou se détache en relief [...]. Puis ce sont des Napoléon-porte-montre, des Napoléon-sonnette, des Napoléons-gourde, des Napoléon-tournebroche, des Napoléon-cure-pipe, des Napoléon-portefeuille, des Napoléon-veilleuse,

The Image of Napoleon: Conformity and Deformity

Philippe Kaenel

«You dominate our era; angel or demon, what matter?
Your eagle bears us, breathless, aloft with him.
The very eye that flees you finds you everywhere.
In all our paintings your great shadow looms;
Napoleon forever, dazzling and sombre,
Standing on the threshold of the century.»
(Victor Hugo: Lui, *Les Orientales*, 1828)

2.1.1 Icon of the century

The image of Napoleon became the icon of the century. No other historical figure was represented so often and, especially, so frequently in satirical fashion. In the pantheon of iconographic celebrities, other players on the international scene – Karl Marx, Napoleon III, Bismarck or Hitler come to mind – could only play second fiddle to a figure already legendary while alive. Today, a cocked hat, a figure in frock coat, and a hand slid between two buttons sum the man up. Indeed, but a single one of those nineteenth-century features is enough for any cartoonist to make himself understood even nowadays. As John Grand-Carteret suggestively puts it, Napoleon is «to political prints rather like Christ is to religious imagery»[1].

Armand Dayot's *Napoléon raconté par l'image* (1902) provides a manner of summary of the incredibly widespread scope attained by this at once international and polymorphic figure, to be found on every type of support conceivable, and this from the fine arts to the applied arts. Napoleon was reduced not only to paintings, sculptures, medals or engravings but also to «large-bellied jugs, bottles, inkstands, wine and tobacco shop signs, candelabras, scent bottles, tobacco jars, clocks – with the emperor sitting, standing or on horseback – waffle irons, billiard room smocks, curtain tiebacks, dishes, hat-shaped snuffboxes, spits, firebacks, fire tongs, pincers…, with the imperial figure either engraved intaglio or made to stand out in relief […]. Not to mention Napoleon-shaped watch stands, bells, flasks, spits, pipe cleaners, wallets, night lights, thermometers… It is impossible to enumerate here all the industrial objects that – thanks to the naïve strivings of popular imagination – took on a Napoleonic shape; the list would be too long,» Dayot notes in conclusion, before quot-

Charles Louis Steuben (Baron de), Les huit époques de Napoléon

Bonaparte, premier consul

leon-Pfeifenreiniger, die Napoleon-Brieftaschen, die Napoleon-Nachtlampen, die Napoleon-Thermometer… Es ist ein Ding der Unmöglichkeit, alle industriell gefertigten Gegenstände aufzuzählen, die dank der Bemühungen der Volksphantasie napoleonische Formen annahmen. Die Liste wäre viel zu lang», schliesst Dayot und zitiert aus Henry Houssayes Werk *1815* den Satz: «Napoleon wird Symbol, Fetisch, Hausgott.»[2]

Symbol. Der zu Napoleon gewordene Bonaparte war sich der Symbolkraft der Bilder stets bewusst gewesen. Zum Konsul und 1804 zum Kaiser aufgestiegen, hatte er sich darum bemüht, die eigene Rechtmässigkeit durch eine auf seine Person zentrierte politische Propaganda zu festigen. Seine Feinde waren folglich bestrebt, diese Würde zu zerstören, indem sie ihn entstellten und die Grundfesten dieses symbolischen und ideologischen Gebäudes erschütterten und untergruben.

Fetisch. Die mit dem Bildnis Napoleons geschmückten Gegenstände strahlen eine beinahe magische Wirkung aus, die auf der Aura des exilierten Märtyrers beruht. Sogar sein Name wird 1814 zu einem fast beschwörenden Zeichen des Bündnisses. Ihn auszusprechen, heisst seine Person und Tatkraft präsent werden zu lassen, gleich den Parteigängern, die in den Cafés auf seine Rückkehr warten und «auf *seine Gesundheit* anstossen», die sich mit «Glauben Sie an Jesus Christus?» und «Ja, und an seine Auferstehung» auf den Strassen begrüssen.[3] Das Bild des Helden wird unter Deckeln, in Schatullenringen und in doppelbödigen Konfektdosen verborgen. Jede geheime Erscheinung seines Bildnisses gleicht einer profanen Auferstehung.

Hausgott. Im Jahre 1803 führte Jean-Antoine Gros' Gemälde, das Napoleon Christus gleich unter den Pestkranken von Jaffa zeigt, religiöse Anspielungen in eine Bildpropaganda ein, die vorzugsweise antiken Vorlagen folgte. Der Tag des heiligen Napoleon, der am 19. Februar 1806 eingeführt und am 15. August, dem Geburtstag des Kaisers, gefeiert wurde, verstärkte die religiösen Untertöne der Herrschaft und liess den Herrscher beinahe zu einem Heiligen werden. Bei den Römern gab es die Hausgötter oder Penaten, Familiengottheiten, die man von Wohnsitz zu Wohnsitz mitnahm. Im 19. Jahrhundert war es das Bildnis des Kaisers, dem in den Wohnungen der Untertanen oft ein guter Platz eingeräumt wurde. Als Objekt eines republikanischen Kultus, auf das sich

des Napoléon-thermomètre… Impossible d'énumérer ici tous les objets industriels ayant revêtu, sous les naïfs efforts de l'imagination populaire, des formes napoléoniennes. La liste en serait trop longue», conclut Dayot avant de citer les mots de Henry Houssaye dans son ouvrage intitulé *1815*: «Napoléon devient symbole, fétiche, dieu pénate.»[2]

Symbole. Bonaparte, devenu Napoléon, a toujours eu la conscience aiguë du pouvoir symbolique des images. Général devenu consul, puis enfin empereur en 1804, il s'est efforcé d'asseoir sa légitimité par une propagande politique centrée autour de sa personne. Ses ennemis, par conséquent, se sont employés à détruire cette dignité en le défigurant, en détournant et en minant les bases de cet édifice symbolique et idéologique.

Fétiche. Les objets portant l'effigie de Napoléon conservent une efficacité presque magique, qui découle de l'aura du martyr exilé. Son nom même devient, dès 1814, un signe de ralliement presque incantatoire. L'évoquer, c'est le rendre présent et actif, comme ces spectateurs qui, dans les cafés, aspirent à son retour, et «boivent à *sa santé*; quand ils s'abordent dans la rue: ‹Croyez-vous en Jésus-Christ?› Et le second répond: ‹Oui, et en sa résurrection›».[3] On cache la figure du héros sous des couvercles, sous des bagues mobiles, dans des bonbonnières à double fond. Chaque apparition secrète de sa figure prend valeur d'épiphanie profane.

Dieu pénate. En 1803, la toile de Jean-Antoine Gros, qui met en scène Napoléon et les pestiférés de Jaffa tel un Christ parmi les lépreux, introduit des résonances religieuses dans une iconographie propagandiste qui emprunte plus volontiers ses modèles à l'antiquité. La saint Napoléon, instaurée le 19 février 1806 et fêtée le 15 août, date de l'anniversaire du souverain, renforce les connotations religieuses du régime et tend à sacraliser celui que l'incarne. Chez les anciens Romains, les pénates sont ces dieux domestiques et tutélaires qui se transportaient de demeure en demeure. Au XIXe siècle, l'effigie de l'empereur figure souvent en bonne place dans les foyers populaires. Objet d'un culte républicain, sur lequel se fixent les nostalgies de la grandeur française, Napoléon a réussi, *post mortem*, le coup de force dont rêvent tous les despotes: non seulement contrôler l'espace public, mais imposer sa présence dans la vie domestique.

Au XIXe siècle, Napoléon se métamorphose en un véritable fantasme collectif. Par exemple, le journal populaire le

Saint Napoléon, Martyr

Napoleon auf dem Totenbett

ing Henry Houssaye in his work *1815*: «Napoleon is becoming a symbol, a fetish, a Penate god.»[2]

A symbol. Bonaparte, later known as Napoleon, was always keenly aware of the image's symbolic power. The general who became consul and finally – in 1804 – emperor, was at pains to establish his legitimacy through political propaganda based on his own person. Consequently, his enemies seized upon the dignity of his image to disfigure it, to divert it and, thus, to sap the symbolic and ideological construction at its very base.

A fetish. Objects bearing Napoleon in effigy retained an almost magic effectiveness stemming from the exiled martyr's aura. As of 1814, his name became a rallying cry of almost incantatory force. To invoke it was to render it present and active, in the fashion of those sect members who, awaiting his return, would people the cafes to «drink to *his health* and, upon meeting each other in the street, would cry out: ‹Do you believe in Jesus Christ?›, to which the other would reply: ‹Yes, and in his resurrection›»[3] People hid the hero's face under pot lids, sliding rings, candy boxes with false bottoms. Every secret apparition of his face took on the proportions of a secular epiphany.

A Penate god. In a painting by Jean-Antoine Gros in 1803, Napoleon is depicted among the plague-ridden people of Jaffa in the manner of Christ among the lepers. This work lent a religious twist to propagandist iconography generally more prone to taking its models from antiquity. Saint Napoleon's day, instituted on 19 February 1806, and celebrated on August 15 – date of the sovereign's birth – underscored the regime's religious implications and tended to render sacred the figure incarnating it. The ancient Romans worshipped the Penates, protective gods of the household whom they took with them from dwelling to dwelling. In the nineteenth century, effigies of the emperor often held a place of honour in the common man's home. As the object of a republican cult that became associated with the longing for French grandeur, Napoleon succeeded *post mortem* in accomplishing the dream of all despots: not only to have control over the public domain but to impose himself upon the realm of the private.

During the nineteenth century, Napoleon was transformed into a genuine collective fantasy. One example among others is an illustrated article that was the idea of Rodolphe Töpffer

lampade da notte, Napoleoni termometri… Impossibile enumerare qui tutti gli oggetti industriali che, in virtù degli sforzi ingenui dell'immaginazione popolare, hanno assunto forme napoleoniche. L'elenco sarebbe troppo lungo», così conclude Dayot prima di citare le parole dell'opera *1815* di Henry Houssaye: «Napoleone diviene simbolo, feticcio, nume tutelare della casa.»[2]

Simbolo. Diventato Napoleone, Bonaparte è sempre stato molto consapevole del potere simbolico delle immagini. Prima generale, poi console e infine imperatore nel 1804, si è sforzato di fondare la sua legittimità mediante una propaganda politica concentrata attorno alla sua persona. I suoi nemici, di conseguenza, si sono sforzati di distruggere questa dignità sfigurandolo, sottraendo e minando le basi di questo edificio simbolico e ideologico.

Feticcio. Gli oggetti che recano l'effige di Napoleone conservano un'efficacia quasi magica, derivante dall'aura di martire esiliato che lo circonda. Il suo stesso nome diventa, dopo il 1814, il segno di un ritrovato contatto ricco di incanto. Evocarlo è come renderlo presente e capace di agire, come fanno i suoi seguaci che, nei caffè, aspirano al suo ritorno e «bevono alla *sua salute*; e quando s'incontrano per strada si accostano con le parole: ‹Credete in Gesù Cristo?›. E l'altro risponde: ‹Sì, e nella sua resurrezione›»[3] Si nasconde l'immagine dell'eroe celandola sotto qualche coperchio, sotto anelli mobili, nelle bomboniere a doppio fondo. Ogni apparizione segreta della sua immagine assume il valore di un'epifania profana.

Nume tutelare della casa. Nel 1803 una tela di Jean-Antoine Gros, che rappresenta Napoleone fra gli appestati di Giaffa quale un Cristo fra i lebbrosi, introduce risonanze religiose in una iconografia propagandistica che prende volentieri a prestito i suoi modelli dall'antichità. La festa di S. Napoleone, istituita il 19 febbraio 1806 e festeggiata il 15 agosto (compleanno del sovrano), rafforza le connotazioni religiose del regime e tende a rendere sacra la persona di colui che lo incarna. Presso gli antichi romani, i penati erano quegli dei domestici e tutelari che ci si portava dietro da una casa all'altra. Nel XIX secolo l'immagine dell'imperatore si trova spesso in buona posizione nelle case della gente del popolo. Oggetto di un culto repubblicano, che offre un fondamento alle nostalgie della *grandeur* francese, Napoleone è riuscito, *post mortem*, a mettere a segno quel colpo di forza che è il sogno di tutti i

die ganze Sehnsucht der Franzosen nach Grösse richtete, vollbrachte Napoleon nach seinem Tod das Kunststück, von dem sonst alle Despoten lediglich träumen: Er kontrollierte nicht nur den öffentlichen Raum, sondern setzte seine Präsenz auch in der häuslichen Sphäre durch.

Im Laufe des 19. Jahrhunderts verwandelte sich Napoleon in ein regelrechtes kollektives Wahnbild. So veröffentlichte die volkstümliche Zeitschrift *Magasin pittoresque* 1841 einen von Rodolphe Töpffer angeregten illustrierten Artikel, in dem der Montblanc, von Mornex bei Genf aus gesehen, dem Profil mit dem berühmten Hut gleicht. «Ohne absolut genau zu sein, ist diese Ähnlichkeit so ausgeprägt, dass verschiedene Leute, danach gefragt, was sie hier sähen, spontan ‹der Kaiser› antworteten.» Der Zeitungsartikel schliesst: «Zweifellos liegt etwas, das die Einbildungskraft beflügelt, in dieser zufälligen Übereinstimmung zwischen zwei Kolossen.»[4] Ein objektiver Zufall, könnte man von unserem Standort im 20. Jahrhundert aus hinzufügen, da unser stereoskopischer Blick Mythos und Realität der Figur, die einander ablösen und sich gegenseitig verstärken, notwendigerweise zusammenführt. Auf diese Weise wird der gewöhnliche, schlichte Zweispitz durch Bildersprache und Vorstellungskraft zum Symbol. Er wird *zum Hut* schlechthin, zum Attribut der Legende.

Durch eine erstaunliche Umwandlung gewannen der Mythos und seine Symbole mehr Präsenz und Gegenwart als die Bezugsperson, die, unseren Blicken entzogen, im Dôme des Invalides in Paris beigesetzt ist. Selbst jene, die den Verstorbenen ein letztes Mal sahen, nahmen ihn bereits durch seine Legende verklärt wahr. Als 1840 im Verlauf der Expedition des Fürsten von Joinville, durch die der Leichnam repatriiert werden sollte, der Sarg auf der Insel St. Helena, wo er seit 1821 bestattet war, geöffnet wurde, beschrieb der Augenzeuge Emmanuel de Las Cases das Ereignis mit religiöser Inbrunst. Seine ausführliche Beschreibung des Leichnams hebt zwar gewisse zeitbedingte Zerfallserscheinungen hervor, betont jedoch den erstaunlichen Grad an Unversehrtheit. Die im Handschuh steckende Hand des Kaisers war noch biegsam, das Gesicht hatte «seine Regelmässigkeit voll bewahrt». «Nur die Nase hatte sich verändert. Der Arzt tastete das Gesicht ab; es erschien ihm hart, was ihn zu der Äusserung veranlasste, es wäre mumifiziert. Der Mund hatte seine Form bewahrt, die Lippen waren leicht geöffnet; zwischen ihnen waren drei Oberkieferzähne in hellem Weiss zu sehen. […] Die Augenbrauen waren noch nicht ausgefallen. Die Lider waren geschlossen und hatten einen Teil der Wimpern bewahrt… In der Tat, es war Napoleon, seines Lebens beraubt, doch unversehrt! Fast hätte man sagen können, es wäre für ihn immer noch der letzte Tag seiner arbeits- und gefahrenreichen Karriere…, der erste Tag der Ewigkeit.»[5] Selbst heute vermag die Totenmaske, die der Doktor Antommarchi am Tag nach dem Hinschied des exilierten Kaisers goss, beim Gedanken an den Verstorbenen einen Schauder in uns auszulösen. Mehr noch als andere Reliquien, wie Haarlocken oder Kleidungsstücke, die an verschiedenen Orten aufbewahrt werden, lässt dieser Gipsabdruck den ganzen Abstand erkennen, den die der realen Gestalt abgenommene Maske von der dicken Schicht ihrer Darstellungen trennt, selbst wenn es sich um die scheinbar getreuesten oder realistischsten Bilder handelt. Diese Maske ist ein körperloses Gespenst.

Die gesamte napoleonische Ikonographie ist durch diese Spannung zwischen wirklichem und fiktivem Körper gekennzeichnet,[6] eine Spannung, die die Karikatur stets von neuem thematisiert. Wie wurde aus dem jungen Korsen Nicolas Bonaparte, wie aus dem General Bonaparte der Kaiser Napoleon? Wie nahm er selbst seinen Körper wahr, wie schuf er

Magasin pittoresque publie, en 1841, un article illustré, suggéré par Rodolphe Töpffer, dans lequel le Mont-Blanc vu de Mornex près de Genève, ressemble au profil et au célèbre chapeau. «Sans être absolument exacte, cette ressemblance est tellement caractéristique qu'à plusieurs reprises lorsqu'on a demandé à l'improviste à diverses personnes: ‹Que voyez-vous là?› Elles ont aussitôt répondu: ‹L'Empereur›». Et le journal de conclure: «Il y a certainement quelque chose qui saisit l'imagination dans ce hasard d'un colosse qui en représente un autre.»[4] Hasard objectif, serait-on tenté d'ajouter avec notre œil du XXe siècle, dont la vision stéréoscopique entrecroise nécessairement le mythe et la réalité du personnage, l'un prenant le relais de l'autre, l'un redoublant l'autre. Ainsi, le simple et commun chapeau bicorne est rendu emblématique par l'imagerie et l'imaginaire. Il devient *le* chapeau, l'attribut de la légende.

Par une curieuse transmutation, le mythe et ses symboles ont acquis plus de présence, plus de réalité que le référent lui-même, caché à notre vue, scellé dans le tombeau des Invalides à Paris. Même ceux qui ont vu le corps pour la dernière fois, l'ont perçu à travers sa légende. En 1840, au cours de l'expédition du prince de Joinville organisée pour rapatrier le corps, lorsque le cercueil est ouvert sur l'île de Sainte-Hélène où il reposait depuis 1821, Emmanuel de Las Cases, témoin de la scène, décrit sa vision avec une religieuse émotion. Sa description minutieuse du corps relève les altérations du temps, mais insiste sur son étonnant état de conservation. La main gantée de l'empereur est encore souple, le visage a conservé «toute sa régularité». «Le nez seulement présentait une altération. Le docteur palpa le visage; il le trouva dur, ce qui lui fit dire qu'il était momifié. La bouche avait conservé sa forme, les lèvres était un peu entr'ouvertes; entre elles paraissaient trois des dents supérieures, d'une grande blancheur. […] Les sourcils n'étaient pas encore tombés. Les paupières étaient fermées: une partie des cils y tenaient encore… C'était bien Napoléon… Napoléon privé de vie, mais non détruit! On eût presque dit qu'il était encore à ce dernier jour de sa carrière de travaux et de périls…, au premier jour de l'éternité.»[5] Aujourd'hui, le masque mortuaire moulé par le docteur Antommarchi au lendemain du décès de l'empereur exilé peut encore nous donner le frisson du référent perdu. Plus que d'autres reliques comme les mèches de ses cheveux ou ses habits conservés en divers lieux, ce moulage de plâtre donne la mesure de tout ce qui sépare l'empreinte de la figure réelle de l'épaisseur de ses représentations, même de celles qui paraissent les plus fidèles, pour ne pas dire les plus réalistes. Ce masque est un fantôme sans corps.

Toute l'iconographie napoléonienne traduit cette tension entre corps réel et corps fictif,[6] une tension que thématise à satiété la caricature. Comment le jeune Corse Nicolas Bonaparte, comment le général Bonaparte devient-il Napoléon? Comment a-t-il perçu son propre corps et s'est-il construit une image personnelle? Les témoignages ne concordent pas toujours à ce propos. On le sait attaché à un certain réalisme, lorsqu'il rejette la statue de Canova qui le montre dans une nudité antique et apollonienne, ou lorsqu'il critique le manque de ressemblance de certaines figures issues de la Manufacture de Sèvres;[7] enfin, lorsqu'il refuse brutalement, en 1806, son portrait en costume impérial peint par Jacques Louis David: «C'est un portrait si mauvais, tellement rempli de défauts que je ne l'accepte point et ne veux l'envoyer dans aucune ville, surtout en Italie où ce serait donner une bien mauvaise idée de notre école.»[8] D'autre part, face à ce même David, il affiche son désintérêt pour le réalisme de ses portraits. Posant dans l'atelier du peintre en vue du fameux portrait équestre de

Horace Vernet, Napoléon sortant de son tombeau

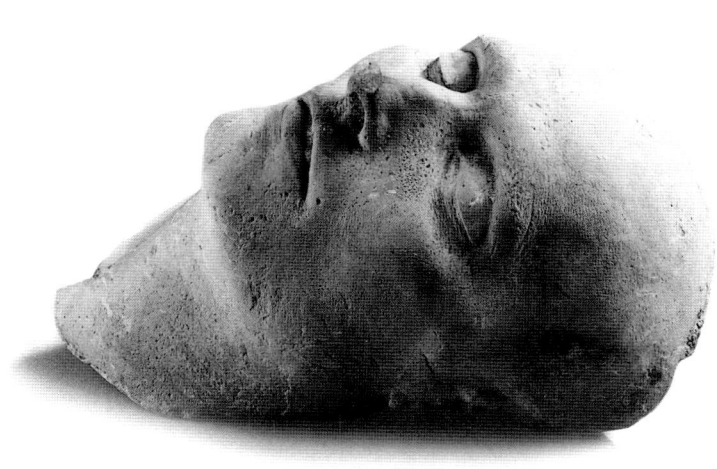

Francesco Antommarchi, Napoléon Ier, masque mortuaire

and appeared in 1841 in the popular magazine *Magasin pittoresque*: here the Mont-Blanc – as seen from Mornex near Geneva – is described in terms of its resemblance to the famous profile and cocked hat. «Without being altogether exact, this similarity is so striking that when different people were questioned at random upon several occasions: ‹What do you see there?›, they immediately replied: ‹the Emperor›.» The article ends with the statement that «there is certainly something that captures the imagination in a chance happening whereby one giant represents another.»[4] Objective chance, one is tempted to add from our twentieth-century vantage point: in our stereoscopic field of vision, the figure's mythical dimensions and its reality are perforce intertwined, one relaying the other, one intensifying the other. Thus imagery and imagination have made something emblematic of a simple and common cocked hat. It has become *the* hat, an attribute of the legend.

A strange transmutation brought the myth and its symbols more to life than the figure it stood for, hidden away in his tomb at the Invalides in Paris. Even those who got a last view of his body perceived him in terms of his legend. In 1840 the Prince de Joinville set out on an expedition to return Napoleon's body to Paris from the island of Saint Helena, where it had been at rest since 1821. The opening of the coffin was described with religious fervour by the writer Emmanuel de Las Cases, witness to the scene. His detailed description of the body, though noting the ravages of time, underscores its amazing state of conservation, commenting that the emperor's gloved hand remained supple, that his face retained «all its regularity». «Only the nose,» he goes on to say, «showed any alteration. The doctor palpated the face; he found it hard, which made him comment that it had mummified. The mouth had retained its shape, the lips were slightly apart; between them three upper teeth gleamed brightly white. […] The eyebrows had not yet fallen out. The eyelids were closed; some of the eyelashes still held onto them… It was indeed Napoleon… Napoleon deprived of life but far from destroyed! One could almost say that he was still – on the first day of eternity – on his last day of works and perilous undertakings.»[5] Today the mortuary mask done by the doctor Antommarchi the day after the exiled emperor's death can still provoke a shudder of excitement over the long since disappeared model.

despoti: non solo tenere sotto controllo lo spazio pubblico, ma imporre la propria presenza anche nella vita privata dei cittadini.

Nel XIX secolo Napoleone si trasforma in un autentico fantasma dell'immaginario collettivo. Nel 1841, per esempio, il giornale popolare *Magasin pittoresque* pubblica, dietro suggerimento di Rodolphe Töpffer, un articolo illustrato nel quale il Monte Bianco visto da Mornex, presso Ginevra, somiglia al profilo e al celebre cappello. «Senza essere assolutamente perfetta, questa somiglianza è talmente caratteristica che ripetutamente, quando si è domandato all'improvviso a persone diverse ‹Che cosa vedete?›, esse hanno risposto subito: ‹L'imperatore›». E il giornale conclude: «Al cospetto di questo colosso che per caso ne rappresenta un altro, vi è certamente qualche cosa che colpisce l'immaginazione.»[4] Un caso oggettivo, saremmo tentati di aggiungere noi dal nostro punto di vista del XX secolo, dove la visione stereoscopica incrocia necessariamente il mito e la realtà del personaggio, l'uno che rincorre l'altra, l'una che sorpassa l'altro. Cosicché il semplice e comune cappello a due punte diventa emblematico, grazie alla circolazione delle immagini e all'immaginario: diventa il cappello per antonomasia, l'attributo della leggenda.

Attraverso una curiosa trasmutazione, il mito e i suoi simboli hanno acquistato più presenza, più realtà dello stesso personaggio, celato al nostro sguardo, chiuso nella sua tomba agli Invalides di Parigi. Persino coloro che hanno visto il cadavere di Napoleone per l'ultima volta, ne hanno avuto percezione attraverso la sua leggenda. Allorché, nel 1840, durante la spedizione organizzata dal principe di Joinville per riportare in patria il corpo di Napoleone, venne aperta la bara sull'isola di Sant'Elena, dove giaceva dal 1821, Emmanuel de Las Cases, testimone della scena, descrive la visione con un'emozione religiosa. La sua descrizione minuziosa del cadavere fa rilevare le alterazioni del tempo, ma insiste sul suo stupefacente stato di conservazione. La mano guantata dell'imperatore è ancora flessibile, il volto ha conservato «tutta la sua regolarità». «Solo il naso presentava un'alterazione. Il dottore palpò il volto; lo trovò duro, cosa che gli fece dire che era mummificato. La bocca aveva conservato la sua forma, le labbra erano un poco aperte; attraverso queste apparivano tre denti superiori, molto bianchi. […] Le sopracciglia non erano ancora cadute. Le palpebre erano chiuse: una parte delle ciglia resisteva

Jacques Louis David, Portrait de Napoléon Ier en costume impérial

Napoléon «gros» à Sainte-Hélène

sich sein eigenes Bild? Die Zeugnisse stimmen in dieser Hinsicht nicht immer überein. Sein Hang zu einem gewissen Realismus ist bekannt; so lehnte er beispielsweise Canovas Statue ab, die ihn in seiner antiken und apollinischen Nacktheit darstellte, oder er kritisierte die mangelnde Ähnlichkeit einiger Figuren aus der Manufacture de Sèvres;[7] zudem wies er 1806 das von Jacques Louis David gemalte Bildnis im Krönungsornat mit harschen Worten zurück: «Das Porträt ist dermassen schlecht und derart fehlerhaft, dass ich es keinesfalls akzeptiere und in keine Stadt entsenden will, vor allem nicht nach Italien, wo unsere Schule einen ganz falschen Eindruck erwecken würde.»[8] Andererseits ist ihm der Realismus in Davids Porträts völlig gleichgültig. Als er 1800 für das berühmte Reiterbildnis, das ihn beim Überqueren des Grossen St. Bernhard zeigt (Musée national du château de Malmaison), im Atelier des Malers Modell stand, soll der ungeduldige General ausgerufen haben: «Modell stehen? [...] Wozu denn eigentlich? Glauben Sie, dass die berühmten Männer der Antike, von denen wir Bildnisse haben, Modell gestanden wären? – Doch ich male Sie für Ihr Jahrhundert, für die Menschen, die Sie gesehen haben, die Sie kennen; sie möchten, dass das Bildnis Ihnen ähnlich ist. – Ähnlich?... Ähnlichkeit erreicht man nicht durch die genaue Wiedergabe der Züge oder eines Schönheitsflecks auf der Nase. Man muss den Charakter der Physiognomie, das was sie beseelt malen. – Das eine schliesst das andere nicht aus. – Gewiss. Alexander hat Apelles nie Modell gestanden. Niemand will wissen, ob die Porträts berühmter Leute ähnlich sind. Es genügt, dass ihr Genius in ihnen lebt.»[9]

Wenn man diesem Zeugnis Glauben schenkt, legte Napoleon weniger Wert auf Ähnlichkeit als auf Wahrscheinlichkeit oder besser, *Angemessenheit* und Dekorum. Sein Porträt hatte die Würde des grossen Staatsmannes jenseits der physiognomischen Zufälligkeiten auszudrücken. In jedem Fall konnte sein wenig vorteilhaftes Äusseres – zahlreiche Zeitgenossen erwähnen seine geringe Körpergrösse, die zu dünnen Lippen oder die runden Augen – ein bisschen Idealisierung gut vertragen... In dieser Hinsicht gehen die Meinungen allerdings auseinander, denn nach einer ersten Modellsitzung im Dezember 1797 war David von der vornehmen Haltung des Generals sehr beeindruckt: «‹Oh! meine Freunde, was für einen schönen Kopf er hat! Er ist rein und gross und schön wie in

1800 qui le représente en train de franchir les Alpes au Grand-Saint-Bernard (Musée national du château de Malmaison), l'impatient général aurait déclaré: «Poser? [...] A quoi bon? Croyez-vous que les grands hommes de l'antiquité dont nous avons les images aient posé? – Mais je vous peins pour votre siècle, pour des hommes qui vous ont vu, qui vous connaissent; ils voudront vous trouver ressemblant. – Ressemblant?... Ce n'est pas l'exactitude des traits, un petit pois sur le nez, qui font la ressemblance. C'est le caractère de la physionomie, ce qui l'anime, qu'il faut peindre. – L'un n'empêche pas l'autre. – Certainement. Alexandre n'a jamais posé devant Apelle. Personne ne s'informe si les portraits de grands hommes sont ressemblants. Il suffit que leur génie y vive.»[9]

Si l'on en croit ce témoignage, ce qui importe à Napoléon, ce n'est pas tant la ressemblance que la vraisemblance, ou plutôt la *convenance* et le décorum. Son portrait doit exprimer la dignité du grand homme d'Etat par delà les contingences physionomiques. De toute façon, son physique assez peu avantageux – au dire de nombreux contemporains qui notent sa petite taille, ses lèvres trop minces, ses yeux ronds – pouvait assurément supporter une touche d'idéalisation... A ce sujet, les avis ne sont pas unanimes car David fut subjugué par le noble port du général lors d'une première séance de pose, en décembre 1797: «‹Oh! mes amis, quelle belle tête il a! c'est pur, c'est grand, c'est beau comme l'antique›, s'écrie le peintre devant ses élèves réunis, avant d'ajouter: ‹Ces maladroits graveurs italiens et français n'ont pas seulement eu l'esprit de faire une tête passable avec un profil qui donne une médaille ou un camée tout faits›.»[10]

Les premiers portraits du général sont en effet d'origine italienne, puis française. Ils se diffusent sous la forme de gravures et surtout de médailles qui, plus que tout autre support, ont contribué à fixer la physionomie de Bonaparte à l'échelon international. C'est probablement par le biais de cette iconographie métallique que les caricaturistes anglais ont pu délaisser les portraits entièrement imaginaires du général et créer le type de *Boney* qui signifie «osseux». En effet, la maigreur du personnage frappe tous ceux qui le voient lors des campagnes italiennes, tel Stendhal qui écrit: «Le jeune Bonaparte avait un très beau regard et qui s'animait en parlant. S'il n'avait pas été maigre jusqu'au point d'avoir l'air maladif et de faire de la peine, on eût remarqué des traits remplis de finesse. Sa bouche

Other relics exist: strands of hair or clothing pieces to be found at various sites. It is the plaster mould, however, that reveals how different the real face was from the coarseness of its reproductions, no matter how true-to-life. This mask is a ghost bereft of body.

All Napoleonic iconography translates this tension between the real and imaginary body,[6] and that tension appears in every conceivable guise in cartoons. How did the young Corsican citizen Nicolas Bonaparte, later the General Bonaparte, become Napoleon? How did he himself perceive his body and build it up into a personal image? The records show that opinions differed. We know he favoured a certain realism, leading him for instance to reject the nude statue by Canova that, obeying the canons of Antiquity, bestowed Apollonian grace to his body. He disdained various figurines put out by the Manufacture de Sèvres for their lack of verisimilitude.[7] And finally, in 1806, he vehemently rejected a portrait of himself in imperial garb by Jacques Louis David: «It is such a bad portrait, so full of flaws that I refuse to accept it or to send it to any city, especially in Italy where that would be to give a poor impression indeed of our school.»[8] Yet on the other hand, with respect to this same painter, Napoleon showed little regard for the realism of his portraits. While posing in David's studio for the famous equestrian portrait of 1800, where he is shown crossing the Alps at the Grand-Saint-Bernard (Musée national du château de Malmaison), he is said to have snorted impatiently: «Pose? [...] What for? Do you think the great men of Antiquity, whose portraits we have, posed? – But I am painting you for your century, for men who have seen you, who know you: they will want to see a resemblance. – Resemblance?... It's not a matter of how exact the features are – a pea on the nose – that achieves resemblance. It's the essential physiognomy, the soul, that must be painted. – One approach need not leave out the other. – Indeed. Alexander [the Great] never posed for Apelles. No one seeks to find out whether the portraits of great men are true-to-life. It is enough that their genius live on in them.»[9]

If this account is to be believed, what mattered to Napoleon was not so much a portrait's likeness as its likelihood or, should we say, its *suitability* and decorum. He wanted his portrait to express the dignity of a great statesman, in a manner transcending physiognomic contingencies. In any case, his rather less than attractive face (many of his contemporaries mentioned how small it was, how narrow the lips and how round the eyes) could certainly stand to be slightly idealised... There was no consensus on the matter: David, for one, was captivated by the general's noble stance when the latter first came to pose, in December 1797: «‹Oh! my friends, what a handsome head he has! It's pure, great, as beautiful as an antique!› the painter exclaimed to his grouped students, before adding: ‹Those clumsy Italian and French engravers weren't even smart enough to make a decent head of a profile that provides a ready-made medal or cameo›.»[10]

In effect, Italy was the land of origin for the first portraits of the general, followed by France. These were popularised in the form of prints and, especially, medals which, more than any other of the supports, contributed to making an internationally recognized icon of Napoleon's face. Most probably, it was this metal iconography that inspired English caricaturists to abandon the previously entirely imaginary portraits of the general in favour of their «Boney» character. For it was indeed his thinness that was especially striking to all those who caught sight of him during the Italian campaigns. Stendhal, for instance, wrote: «The young Bonaparte had a handsome expression that lit up when he spoke. Had it not been that

der Antike›, rief der Maler vor seinen versammelten Schülern aus und fügte hinzu: ‹Diesen ungeschickten italienischen und französischen Stechern fehlte es an Geist, einen annehmbaren Kopf zu schaffen mit einem Profil, das sich ausgezeichnet für eine Medaille oder Kamee eignete›.»[10]

Die ersten Bildnisse des Generals wurden tatsächlich in Italien und anschliessend in Frankreich geschaffen und in Form von Stichen und vor allem Medaillen verbreitet, die mehr als alle anderen Träger zur Fixierung der Physiognomie Napoleons in internationaler Hinsicht beitrugen. Vermutlich konnten die englischen Karikaturisten aufgrund dieser numismatischen Vorlagen auf die völlig erfundenen Porträts des Generals verzichten, um den Typus des *Boney* («knöchern») zu schaffen. Napoleons hagere Erscheinung war allen aufgefallen, die ihn während des Italienfeldzuges sahen. Stendhal beispielsweise beschreibt den «jungen Bonaparte» mit folgenden Worten: «[Er] hatte einen sehr schönen Blick, der sich im Gespräch belebte. Wäre er nicht so mager gewesen, dass er geradezu kränklich erschien und Mitleid hervorrief, so hätte man die Feinheit seiner Gesichtszüge erkennen können. Vor allem sein Mund hatte eine anmutige Form. Ein Maler, Schüler Davids, der zu Herrn N*** kam, wo ich dem General begegnete, sagte, dass seine Züge etwas Griechisches hätten, was mich mit Achtung vor ihm erfüllte.»[11] Den gleichen ästhetischen Eindruck hatte auch David. Offenbar war es für einen klassizistischen Künstler schwer, sich den modernen Helden, den neuen Caesar oder neuen Alexander, mit anderen Zügen vorzustellen.

Diese antikische Sehweise setzte sich vom 18. Brumaire (9. November 1799) an durch. Mit seiner Ernennung zum Ersten Konsul fand Bonaparte zu einer römisch-republikanischen *dignitas*, und auf den zahlreichen Medaillen, die nun geschlagen wurden, erhielt sein im Profil gezeigtes Bildnis idealisierende Züge, um es den griechisch-römischen Vorbildern anzunähern. Mehr und mehr opferte er sein langes Haar, das ihm bei der Rückkehr aus Italien bis auf die Schultern fiel. Am Ende des Konsulats schnitt er es noch kürzer, um eine mit ein paar Locken geschmückte Stirn zu präsentieren, so dass ihn seine Soldaten nun *le Tondu* («den Geschorenen»), nannten.[12] Seine Biographen gaben als Grund für diesen Wechsel den frühen Haarausfall an, den der Konsul kaschieren wollte. Eitelkeit? Möglich wäre es schon. Doch man könnte sich auch vorstellen, dass Bonaparte auf diese Weise versuchte, sein Aussehen mit dem antikisierenden offiziellen Bildnis in Übereinstimmung zu bringen: eine interessante Rückwirkung des fiktiven auf den realen Körper zu einem Zeitpunkt, da der zukünftige Kaiser die beiden immer stärker identifizierte – eine Gleichsetzung, die in den Krönungsfeierlichkeiten von 1804 eine weihevolle Bestätigung erhielt.

Das Empire ist ein Zwischenbegriff, der für die republikanische Ideologie (deren politische Vorstellungswelt durch die Aura des *Imperium Romanum* Glanz erhält) insofern akzeptierbar war, als es den Rahmen für eine individualisierte Macht bereitstellte, die offenbar nicht auf die Prinzipien der Monarchie zurückgriff. Allerdings betrieb Napoleon ein gefährliches Spiel mit seiner Legitimität, die nicht durch göttliches Recht, sondern durch das Volk begründet war, das gleiche Volk, das mit Erstaunen sah, wie sich sein General und Konsul in neue Gewänder aus Seide, Purpur und Gold kleidete.[13] Die Karikaturisten, allen voran die Engländer, machten sich ein Vergnügen daraus, diesen Regime- und Identitätswechsel ins Lächerliche zu ziehen. Unaufhörlich zeigten sie, dass der Kaiser, wie in Andersens Märchen *Des Kaisers neue Kleider*, eigentlich «nackt» war.

Von 1804 an wurden unzählige Werke im Dienst der Propaganda geschaffen: Gemälde, die aus Wettbewerben hervor-

surtout avait un contour plein de grâce. Un peintre, élève de David, qui venait chez M. N*** où je voyais le général, dit que ses traits avaient une forme grecque, ce qui me donna du respect pour lui.»[11] La même illusion esthétique va frapper David. En effet, pour un artiste d'obédience néoclassique, il était difficile de voir et d'imaginer le héros moderne, nouveau César ou nouvel Alexandre, sous d'autres traits.

Cette vision antique s'accuse à partir du 18 brumaire (9 novembre 1799). Nommé premier Consul, Bonaparte est investi d'une *dignitas* républicaine toute romaine alors que se multiplient les médailles qui le présentent de profil et qui tendent à idéaliser ses traits pour le rapprocher des modèles gréco-latins. Peu à peu, il sacrifie les cheveux qui tombaient encore sur ses épaules à son retour d'Italie. Vers la fin du Consulat enfin, il les coupe encore plus courts, mettant en relief un front garni de quelques mèches éparses, à tel point que ses soldats l'appellent alors *le Tondu*.[12] Ses biographes ont expliqué ce changement par la calvitie précoce que le consul se serait efforcé de masquer. Coquetterie? Peut-être. On pourrait également imaginer que Bonaparte tente par ce biais de se rapprocher de son image officielle antiquisante: intéressant retour du corps fictif sur le corps réel, à un moment où le futur Empereur identifie de plus en plus l'un à l'autre – une assimilation que les cérémonies du Sacre, en 1804, *consacrent* effectivement.

L'Empire est un moyen terme acceptable pour l'idéologie républicaine (dont l'imaginaire politique est éclairé par l'aura de l'*Imperium Romanum*), grâce à la mise en place d'un pouvoir individualisé qui ne retourne apparemment pas aux principes monarchiques. Toutefois, Napoléon joue dangereusement avec sa légitimité fondée non pas de droit divin, mais dans le peuple, ce même peuple qui voit avec surprise son général et consul parader dans ses nouveaux habits de satin, de pourpre et d'or.[13] Les caricaturistes, Anglais en tête, ne se priveront pas de ridiculiser ce changement de régime et d'identité. Ils n'auront de cesse de montrer, comme dans *Les habits neufs de l'Empereur*, le conte d'Andersen, que, justement, «l'Empereur est nu».

A partir de 1804, les œuvres de propagande se multiplient en peinture à travers des concours glorifiant ses conquêtes, par des ouvrages monumentaux comme l'Arc de Triomphe et la colonne Vendôme qui mime la colonne Trajane, et par la gravure mêlant portraits, scènes historiques et allégories. Dans ces années se codifie l'image que le XIXe siècle gardera de l'empereur avec grandes bottes, pantalons blancs, épée, redingote ornée de la Légion d'honneur et chapeau bicorne piqué d'une cocarde. A la même époque, son visage s'empâte, et son ventre s'arrondit. Au moment où Napoléon reprend ses fonctions de général des armées pour mener la désastreuse campagne de Russie en 1812, à la suite de la défaite de Leipzig, dite «bataille des Nations», l'année suivante, le corps réel semble reprendre le dessus sur le corps fictif.

Avec l'épisode de l'île d'Elbe, la parenthèse des Cent-Jours et l'exil définitif à Sainte-Hélène en 1815, l'iconographie de l'empereur déchu se scinde en deux. L'image de propagande napoléonienne, sous Louis XVIII, disparaît presque ou devient clandestine, tandis que la caricature anglaise bien sûr, mais aussi la française, l'allemande, l'italienne ou la russe se déchaînent contre le personnage, après avoir longtemps été soumises aux régimes de censure nationaux. Une nouvelle «bataille des Nations» se déroule dans ces années, sur le terrain des arts graphiques, avec les armes de la caricature. «Etrange destinée des choses humaines!», constate avec lucidité Grand-Carteret: «Dans cette lutte à coups de crayon et à coup de mitraille, ce furent les crayons qui eurent le dessus; le puissant

he was so skinny as to look sick and inspire pity, one would have noticed how delicate his features were. His mouth in particular was ever so gracefully curved. A painter who was a pupil of David's and whom I usually saw when he came to N***'s place, said his features looked Greek, which made me respect him.»[11] The same aesthetic illusion also impressed David. However, for an artist obeying Neo-Classic canons, it would have been difficult to see and imagine the modern hero – a new Caesar or Alexander the Great – with any other features.

This antique vision became more marked after Brumaire 18th (9 November 1799), when Bonaparte, named First Consul, was invested with an altogether Roman republican *dignitas*. From then on medals proliferated, showing him in profile and idealising his features to match the Greco-Latin models of old. Gradually he began shortening the shoulder-length hair he still displayed upon returning from Italy. Towards the end of the Consulate he cut it even shorter, highlighting a forehead bearing but a few stray strands, so that his soldiers took to calling him *le Tondu* (the closely-cropped one).[12] His biographers have attributed the change to the premature baldness the consul may have been seeking to conceal. For appearance's sake? Perhaps. Yet maybe more as an astute means of coming closer to the official «antiqued» image of himself. The interesting thing here is how the imaginary body gained the upper hand over the real one, just when the future emperor was increasingly identifying one with the other. This assimilation was actually *consecrated*, as was the title of emperor, by the coronation ceremony of 1804.

The Empire represented a compromise acceptable to republican ideology (politically inspired as it was by the *Imperium Romanum*), inasmuch as the individualised power set up showed no signs of harking back to monarchic principles. Nevertheless, Napoleon was playing a dangerous game in flaunting a legitimacy derived not by divine right but through the people, the very people who were so astonished to see their general and consul parading in his new satin garb in hues of purple and gold.[13] The caricaturists, with England in the lead, had no qualms over lampooning this change of regime and identity. Nor would they be satisfied until they had demonstrated, as in Andersen's fairy tale *The Emperor's New Clothes*, that, indeed, «the Emperor was naked».

Starting in 1804, there was a great increase in propaganda works: competitions for glorifying the Emperor's conquests spurred paintings, monumental works like the Arc de Triomphe and the Vendôme column (an imitation of the column of Trajan), as well as engravings intermingling portraits, historic scenes and allegories. These were the years when the image of the Emperor to be impressed upon the nineteenth century was first codified: the big boots, white trousers, sword, frock coat decorated with the Legion of Honour, and cocked hat stuck with a rosette. At the same time Napoleon's face was thickening and his belly rounding. It was when he again took up his duties as general of the troops – leading them in 1812 to the disastrous Russian military campaign, and the next year to another defeat in the so-called «Battle of the Nations» at Leipzig – that his real body again seemed to gain the upper hand over the imaginary one.

After his exile to the island of Elba, his parenthetical Hundred Days rule and final banishment to the island of Saint Helena in 1815, the vanquished Emperor's iconographic image became split into two. Under Louis XVIII, the Napoleonic propaganda image disappeared almost entirely or went underground, while the caricatural depiction of him by the English of course, but as well by the French, Germans, Italians

altro supporto, contribuiscono a fissare la fisionomia di Bonaparte a livello internazionale. È molto probabile che proprio la deformazione di questa iconografia metallica abbia portato i caricaturisti inglesi a permettersi ritratti del generale totalmente immaginari e a creare il tipo *Boney*, che significa «ossuto». In realtà la magrezza del personaggio colpisce tutti coloro che lo vedono nel corso delle campagne d'Italia. Stendhal scrive, per esempio: «Il giovane Bonaparte aveva uno sguardo bellissimo che si animava quando parlava. Se non fosse stato magro al punto da sembrare malato e da fare pena, si sarebbero potuti notare dei tratti assai fini. Soprattutto la bocca aveva un contorno pieno di grazia. Un pittore, allievo di David, che si recava anch'egli presso il signor N*** dove incontravo il generale, ebbe a dire che i suoi lineamenti avevano una forma greca, per la qual cosa mi sentii di rispettarlo.»[11] La stessa illusione estetica colpirà anche David. Per un artista di vocazione neoclassica, in realtà, era difficile vedere o immaginare gli eroi moderni – un nuovo Cesare o un nuovo Alessandro – con tratti diversi.

Questa visione di sapore antico si accentua dopo il 18 brumaio (9 novembre 1799). Nominato primo console, Bonaparte viene investito di una *dignitas* repubblicana tutta romana, mentre si moltiplicano le medaglie che lo presentano di profilo e che tendono a idealizzare i suoi tratti per renderli più aderenti ai modelli grecolatini. Poco per volta egli sacrifica i suoi capelli che, al ritorno dall'Italia, ancora gli scendono sulle spalle; verso la fine del Consolato, li taglia ancora più corti mettendo in rilievo una fronte decorata di qualche ciuffo sparso, tanto che i soldati allora lo chiamano *le Tondu*.[12] I suoi biografi hanno spiegato il cambiamento con una calvizie precoce che il console si sarebbe sforzato di mascherare. Civetteria? Forse. Ma si potrebbe anche pensare che Bonaparte, con questo artificio, tenti di avvicinarsi alla sua immagine ufficiale, che vuole essere di sapore antico: un interessante rinvio del corpo fittizio al corpo reale, in un momento in cui il futuro imperatore identifica sempre di più l'uno con l'altro (assimilazione che le cerimonie dell'incoronazione – il *Sacre* del 1804 – *consacreranno* definitivamente).

L'«Impero» è termine che ha un valore intermedio accettabile per l'ideologia repubblicana (il cui immaginario politico riflette l'aura dell'*Imperium Romanum*), grazie all'istituzione di un potere individualizzato che apparentemente non si rifà ai princìpi monarchici. Tuttavia Napoleone gioca pericolosamente con la sua legittimità, fondata non già sul diritto divino ma sul popolo: quello stesso popolo che con sorpresa vede il suo generale e console pavoneggiarsi nel nuovo abbigliamento di raso, porpora e oro.[13] I caricaturisti, in prima fila gli inglesi, non si lasceranno sfuggire l'occasione di mettere in ridicolo questo cambiamento di regime e di identità: non cesseranno di mostrare, come nel racconto di Andersen *I vestiti nuovi dell'imperatore*, che in effetti «l'imperatore è nudo».

Dal 1804 in poi si moltiplicano le opere di propaganda: nel campo della pittura attraverso concorsi per l'esecuzione di tele che glorificano le conquiste napoleoniche; in altri campi con opere monumentali come l'Arco di Trionfo o la colonna Vendôme (che mima quella Traiana), e con le incisioni che mescolano i ritratti con le scene storiche e allegoriche. In quegli anni si afferma l'immagine dell'imperatore – che si conserverà per tutto il XIX secolo – con grandi stivali, pantaloni bianchi, spada, redingote decorata con la Legion d'onore e cappello a due punte su cui è appuntata una coccarda. Nello stesso tempo il suo volto si gonfia e il suo ventre si arrotonda. Quando Napoleone riprende le sue funzioni di generale alla guida dell'esercito per condurre la disastrosa campagna di Russia nel 1812, seguita l'anno successivo dalla

gingen und Napoleons Eroberungszüge verherrlichten, Bauwerke wie der Arc de Triomphe und die Vendômesäule, die dem Vorbild der Trajanssäule in Rom folgte, oder graphische Blätter mit Bildnissen, historischen Szenen und Allegorien. In jenen Jahren entwickelte sich das Bild des Kaisers, das während des 19. Jahrhunderts bestimmend sein sollte: hohe Stiefel, weisse Hosen, Degen, mit der Ehrenlegion geschmückter Redingote und Zweispitz mit Kokarde. In der gleichen Zeit wurden Napoleons Gesicht und Bauch immer rundlicher. Nach dem verheerenden Russlandfeldzug von 1812, für den er erneut an die Spitze seiner Armee getreten war, und der «Völkerschlacht» von Leipzig im folgenden Jahr scheint der reale Körper wieder die Oberhand über den fiktiven zu gewinnen.

Mit dem ersten Exil auf Elba, dem Zwischenspiel der Hundert Tage und der endgültigen Verbannung nach St. Helena im Jahre 1815 teilt sich die Ikonographie des abgesetzten Kaisers in zwei Gruppen. Unter Ludwig XVIII. verschwand das offizielle Bild der napoleonischen Propaganda fast vollständig oder tauchte in den Untergrund ab, während vor allem die englischen, aber auch die französischen, deutschen, italienischen und russischen Karikaturisten mit allen Kräften gegen den verhassten Herrscher vom Leder zogen, nachdem sie jahrelang von der jeweiligen Zensur geknebelt worden waren. Eine zweite, mit den Waffen der Karikatur ausgetragene «Völkerschlacht» spielte sich in jenen Jahren im Bereich der Graphik ab. «Merkwürdiges Schicksal der menschlichen Angelegenheiten!» stellt John Grand-Carteret fest: «In diesem Kampf der Bleistifthiebe und Gewehrsalven trugen die Bleistifte den Sieg davon; der mächtige Kaiser, der ganze Armeen in die Flucht geschlagen und zahlreiche Staaten ins Wanken gebracht hatte, vermochte diese fliegenden Blätter nicht zu bezwingen.»[14]

Während seiner Herrschaft verfolgte Napoleon diesen Bilderkrieg mit grosser Aufmerksamkeit. Als 1802 der Friede von Amiens ausgehandelt wurde, soll er verlangt haben, dass die Pamphletisten, die seine Person oder Politik in den Schmutz gezogen hätten, mit grösster Strenge verfolgt würden.[15] In seinem Briefwechsel erkennt man die Bedeutung, die er den Druckerzeugnissen gab: «Lassen Sie Pamphlete und Zeitungsartikel schreiben, um die Meinung in diese Richtung zu lenken», schrieb er 1808 an Murat.[16] Seinem Polizeiminister Joseph Fouché hatte er 1805 mitgeteilt: «Unsere Zeitungen werden überall gelesen, vor allem in Ungarn. Lassen Sie Artikel schreiben, die den Deutschen und Ungarn klar machen, wie sehr sie durch die englischen Intrigen hinters Licht geführt werden.»[17] Mehrere an Fouché adressierte Schreiben befassen sich mit der Bildpropaganda, da dem Kaiser bewusst war, dass die Karikatur informiert, aber auch deformiert und vor allem desinformiert. So ordnete er 1809 an: «Lassen Sie die Zeitungen auf all das hinweisen; lassen Sie Karikaturen, volkstümliche Weisen und Lieder anfertigen; lassen Sie sie ins Deutsche und Italienische übersetzen, um sie in Italien und Deutschland zu verbreiten.»[18]

Die symbolische Macht der politischen Bildersprache wurde nicht überall gleich beurteilt. So bestritt der radikale englische Politiker William Cobbett, eine der Zielscheiben der Karikaturisten,[19] im Jahre 1808 die «reale» Wirksamkeit von Bildern, die er als einfache rhetorische Konstrukte einstufte: «Über Karikaturen lacht man. Sie brechen keine Knochen. Ich beispielsweise wurde dargestellt als Bulldogge, Wolf, Sansculotte, Nachtmahr, Bär, Stachelschwein, Drachen, Köter und in Amerika als Galgenstrick. Doch hier stehe ich, so gesund, als hätte es nie ein Zerrbild von mir gegeben. Tatsache ist, dass Karikaturen nichts weiter sind als rhetorische Figuren, die ein

T. donnant une leçon de grâce et de dignité impériale

Empereur qui avait mis en déroute des armées entières et bouleversé des Empires, ne put avoir raison de ces feuilles volantes.»[14]

Sous son règne, Napoléon lui-même fut très attentif à cette guerre des images. En 1802, au moment de la formulation du traité d'Amiens, il aurait demandé que les pamphlétaires portant atteinte à sa personne ou à sa politique soient traités avec la plus grande sévérité.[15] Sa correspondance montre l'importance qu'il attache aux imprimés: «Vous ferez faire des pamphlets et des articles de journaux pour diriger les esprits dans ce sens», écrit-il à Murat en 1808.[16] «Nos journaux sont lus partout, surtout en Hongrie. Faites faire des articles qui fasse connaître aux Allemands et aux Hongrois combien ils sont dupes des intrigues anglaises», écrit-il à son ministre de la police générale, Joseph Fouché, en 1805.[17] Plusieurs missives adressées à Fouché portent sur la propagande par l'image, car l'empereur n'ignore pas que la caricature informe, déforme et surtout désinforme: «Faites relever tout cela dans les journaux; faites des caricatures, des chansons, des noëls populaires; faites-les traduire en allemand et en italien, pour les répandre en Italie et en Allemagne», ordonne-t-il en 1809.[18]

La question du pouvoir symbolique de l'imagerie politique ne fait l'unanimité. En 1808 par exemple, l'une des cibles des caricaturistes, le politicien radical anglais William Cobbett,[19] conteste l'efficacité «réelle» des images en les classant comme de simples artifices rhétoriques: «Les caricatures sont faites pour divertir. Elles ne brisent pas les os. Moi par exemple, j'ai été représenté en bouledogue, en loup, en sans-culottes, en cauchemar, en ours, en porc-épic, en buse, en roquet et aux Amériques, en pendu. Et pourtant me voici, aussi solide que si aucune représentation ne m'avait jamais déformé. Le fait est que les caricatures ne sont rien de plus que des figures de rhétorique découlant du crayon.»[20] C'est oublier que les discours agissent et que les images frappent à tel point qu'elles modèlent notre perception du réel. Comment imaginer Napoléon sans songer à *Boney*? Ernst Kris et Ernst H. Gombrich notent à ce propos que «si la caricature est bonne, la victime en est réellement transformée à nos yeux. L'artiste nous apprend à la voir comme une caricature».[21]

La caricature exploite volontiers le principe de la déformation et de la distorsion de la réalité, parfaitement résumé par le jeu sur le patronyme. Bonaparte dont l'anagramme est

or Russians at last broke free from long-dating previous national censorship to spread like a fury against Napoleon. A new «battle of the nations» broke out at this time in the field of the graphic arts, with caricature as the choice of arms. «How strange is the destiny of man!», John Grand-Carteret states with clairvoyance: «In that battle where the blows exchanged alternated drawing pencil and machine gun, it was the drawing pencil that gained the upper hand; the powerful Emperor, who had put to flight whole armies and shattered whole empires, was unable to get the better of those broadsheets.»[14]

During his reign, Napoleon himself kept a sharp eye on this battle of images. In 1802, when the Treaty of Amiens was being drawn up, he is said to have requested that lampooners targeting his person or his politics be sanctioned with all due severity.[15] His correspondence testifies to the importance he attached to printed matter: «You will have tracts and newspaper articles drawn up to encourage this way of thinking», he wrote to Murat in 1808.[16] «Our newspapers are read everywhere, especially in Hungary. Have articles drawn up informing the Germans and Hungarians of the extent to which they are being fooled by the English intrigues», he instructed his minister of police, Joseph Fouché, in 1805.[17] Several letters addressed to Fouché deal with the subject of propaganda imagery, for the Emperor was not unaware of how cartoons inform, deform and above all misinform: «Pick it all out in the newspapers; make cartoons, songs, popular Christmas carols; have them translated into German and Italian to spread them throughout Italy and Germany», was the order he gave in 1809.[18]

Not everyone was of the same mind as to the symbolic power of political imagery. In 1808, for example, the radical English politician William Cobbett, a frequent target of caricaturists in his day,[19] contested the «real» impact of the images by classifying them as simple rhetorical devices: «Caricatures are things to laugh at. They break no bones. I for instance, have been represented as a bulldog, as a wolf, as a sansculotte, as a nightmare, as a bear, as a porcupine, as a kite, as a cur, and in America, as hanging upon the gallows. Yet, here I am, just as sound as if no misrepresentation of me had ever been made. The fact is, that caricatures are nothing more than figures of rhetoric proceeding from the pencil.»[20] This, however, is to overlook the extent to which speeches act and images strike – to the point of shaping our perception of reality. How can one imagine Napoleon without *Boney* coming to mind? Ernst Kris and Ernst H. Gombrich comment in this connection that «if the caricature fits, the victim *is* really transformed in our eyes. We learn through the artist to see him as a caricature».[21]

The art of caricature commonly makes its point by deforming and distorting reality, as illustrated in most exemplary manner in the play on words for our hero's name. Bonaparte in French becomes the anagram *Nabot paré*[22] (adorned dwarf). In English, it becomes *Boney*, at times *Bone-a-part*, while Napoleon is reduced to *Nap* or *Nappy*. At a time when the Empire was setting about consolidating its ideological buttressing and asserting itself through propaganda images (paintings, sculptures and, above all, medals or engravings), the cartoon rejoinder served to parody the official iconography by subverting its conformity. Napoleon was cast either in an antique and idealised mould, or else in more contemporary and human general terms. These two extremes, at opposite iconographic poles from each other, reflected Napoleon's twofold legitimacy: on the one hand, as a Caesar-figure and, on the other, as a revolutionary or, more aptly, popular figure. Cartoon artists sought to disclose their version of the Emperor's real face, striving to see through the man to reach the essence of his person by means of the «perfect deformation».[23]

Bleistift hervorgebracht hat.»²⁰ Doch wird dabei vergessen, dass Reden und Bilder unsere Wahrnehmung der Wirklichkeit durchaus verändern können. Wie kann man sich Napoleon vorstellen, ohne an *Boney* zu denken? Ernst Kris und Ernst H. Gombrich stellen in diesem Zusammenhang fest, dass «die Karikatur, wenn sie gelungen ist, das Opfer in unseren Augen tatsächlich verwandelt. Durch den Künstler werden wir dazu gebracht, es als Karikatur zu sehen.»²¹

Die Karikatur arbeitet vorzugsweise mit dem Prinzip der Verformung und Verzerrung der Wirklichkeit; ein Musterbeispiel dafür ist das Spiel mit den Namen. Bonaparte, dessen Anagramm *Nabot paré* («herausgeputzter Knirps») ergibt,²² wird bald zu *Boney*, bald zu *Bone-a-part*, während man Napoleon zu *Nap* oder *Nappy* verkürzt. In dem Augenblick, da sich die Ideologie des Empire festigt und mit Hilfe von Propagandabildern (Gemälde, Skulpturen und vor allem Medaillen und graphische Blätter) Anerkennung sucht, replizieren die Karikaturen, indem sie die offizielle Ikonographie parodieren. Die Gleichförmigkeit des offiziellen Bildes bewegt sich auf zwei Ebenen. Entweder wird Napoleon mit idealisierenden, antikischen Zügen dargestellt oder als General, das heisst, zeitgemässer und menschlicher. Diese beiden Darstellungsweisen bzw. Pole der Ikonographie verweisen auf die doppelte Legitimität des Herrschers, der sich zum einen auf die römischen Caesaren, zum anderen auf die Revolution oder, genauer, auf das Volk beruft. Die Karikaturisten bemühen sich folglich, das, was sie für das wahre Gesicht Napoleons halten, zu enthüllen. Um sein Wesen zu treffen, setzen sie das Mittel der «vollkommenen Ungleichförmigkeit»²³ ein. Das berühmte, künstlich zusammengesetzte Brustbild *Triumph des Jahres 1813*²⁴ und die satirischen Steckbriefe geben vor, ihn so zu zeigen, wie er *ist*: «Klein von Statur, untersetzt und von starkem Knochenbau, das Gesicht rund, und alle Züge von Gerechtigkeit, Mitleid und Erbarmen rein hinweggeschwollen und aufgedunsten. Dagegen finsterstieres, blutverlangendes, kleines schwarzes und blitzendes Auge, gebogne Nase, höhnisch aufgeworfnen Mund, dickes Kinn, schwarzes und struppigtes Haar.»²⁵

Hat die Satire ihre Ziele erreicht? Es ist schwer, eine eindeutige Antwort auf diese Frage zu geben. Die Wirksamkeit der Karikatur beruht schliesslich auf dem Glauben an die symbolische und fast magische Macht der Bilder. Zweifellos liegt etwas Exorzistisches im Lächeln oder Lachen, das diese Bilder hervorzurufen suchen, um gegen die «reale» – politische, wirtschaftliche, militärische – Macht zu kämpfen.

Paradoxerweise trug das grosse ikonographische *Korpus*, das Napoleons Körper ins Lächerliche zog, einzig dazu bei, die Aura seiner Person zu erhöhen. Unter den Schlägen ihrer lächerlichen Umkehrung ging die Legende nicht zugrunde. Die Karikatur verstärkte sogar die kollektiven Phantasmen, die 1816, anlässlich der Ausstellung des bei Waterloo in die Hände der Alliierten gefallenen Reisewagens Napoleons, in beispielhafter Weise in Erscheinung traten. Die mit ein paar persönlichen Gegenständen – Waffen, Geschirr, Kleider – angereicherte «Show» zog wahre Menschenmassen an: «Du kannst Dir nicht vorstellen, mit welchem Eifer die Engländer den Wagen in Augenschein nehmen; es ist eine unaufhörliche Prozession: Männer, Frauen und Kinder steigen durch den einen Wagenschlag ein, setzen sich einen Augenblick auf die Rückbank und steigen auf der anderen Seite wieder aus, nicht ohne sich einen zufriedenen Blick zuzuwerfen.»²⁶

Diese Handlung (Napoleons Platz einnehmen) und der «zufriedene Blick» sind mehrdeutig. Zum einen zeigen sie den Fetischismus der Londoner Bevölkerung und ihren Wunsch, durch den Kontakt mit den Objekten an der Aura des früheren

Nabot paré,²² devient tantôt *Boney*, tantôt *Bone-a-part*, tandis que Napoléon se voit réduit à *Nap* ou à *Nappy*. Au moment où l'idéologie de l'Empire se consolide et tend à s'imposer au moyen des images de propagande (tableaux, sculptures, et surtout médailles ou gravures), les caricatures répliquent en travestissant cette iconographie officielle. Elles jouent sur cette conformité qui s'élabore sur deux registres. En effet, Napoléon figure soit sous des traits antiques et idéalisés, soit il apparaît en général, de manière plus contemporaine et plus humaine. Ces deux normes de représentation, ces deux pôles de l'iconographie renvoient à la double légitimité du personnage, césarienne d'une part, révolutionnaire ou, plutôt, populaire d'autre part. Les caricaturistes vont donc s'employer à dévoiler ce qu'ils jugent être le vrai visage de l'empereur. Ils s'efforcent de percer l'essence de sa personne par le biais de la «*déformité* parfaite».²³ Le fameux buste composite intitulé *Triumph des Jahres 1813*²⁴ et les avis de recherche satiriques prétendent le montrer tel qu'il *est*: «De petite stature, trapu et d'ossature puissante, le visage rond, boursouflé, et les traits totalement dépourvus de toute justice, compassion et miséricorde. Tandis que les petits yeux noirs, sombres et fixes, assoiffés de sang, lancent des éclairs; le nez est busqué, la bouche méprisante, le menton épais, les cheveux noirs et hirsutes.»²⁵

La satire a-t-elle atteint ses objectifs? Il semble difficile de répondre à cette question de manière univoque. L'efficacité de la caricature repose en définitive sur la croyance dans le pouvoir symbolique et presque magique des images. Car il y a sans nul doute une partie d'exorcisme dans le sourire ou le rire qu'elles tentent de susciter, afin de lutter contre le pouvoir «réel» – politique, économique et militaire.

Paradoxalement, le vaste *corpus* iconographique moquant le corps de Napoléon n'a fait qu'amplifier l'aura du personnage. La légende n'est pas morte sous les coups de son envers risible. La caricature n'a fait que renforcer ces fantasmes collectifs qui se manifestent de manière exemplaire en 1816, à l'occasion de l'exposition de la voiture de campagne de Napoléon, prise à Waterloo. Assorti de quelques effets personnels – armes, vaisselle, vêtements – ce *show* soulève des foules: «Tu ne peux te figurer quel est l'empressement des Anglais à examiner cette voiture; c'est une procession sans fin: hommes, femmes, enfants montent par une portière, posent un instant sur le siège du fond, et descendent par l'autre portière en se regardant alors avec un air de satisfaction.»²⁶

Ce geste (prendre la place de Napoléon) et cet «air de satisfaction» sont profondément ambigus. D'un côté, ils traduisent le fétichisme de la population londonienne et son désir, à travers le contact des objets, de capter une partie de l'aura de leur propriétaire. Les heureux processionnaires de l'exposition de 1816 pourront en effet dire qu'ils *étaient là*, un peu comme ces touristes funèbres qui, de nos jours, profitent de se photographier lors de l'enterrement des chefs d'État. Inversement et simultanément, ce geste et cet «air» expriment également la volonté de désacraliser les reliques de l'empereur: dérision iconoclaste tout à fait analogue à celle qu'accomplit la caricature.²⁷ Cette profanation collective de l'intimité de Napoléon se lit comme une sorte de meurtre symbolique – liquidation toute imaginaire, car elle démontre, en fait, la vitalité de la légende.

2.1.2 *La caricature européenne entre deux siècles*

La caricature moderne naît dans la seconde moitié du XVIIIe siècle en Angleterre où deux traditions fusionnent.

The famous composite bust entitled *Triumph des Jahres 1813*[24] and the satirical wanted circulars claimed to present him as he *was*: «Small in stature, stocky and solidly built, a round face – any signs of compassion, fairness, and pity fully swollen away – and puffy. By contrast, a black and blazing, gloomily fixed and bloodthirsty eye, curved nose, scornfully thrown open mouth, fat chin, black and unkempt hair.»[25]

Did the satirists attain their objectives? There is no univocal reply to that question. In the last analysis, the effectiveness of caricature implies belief in the symbolic, almost magic power of images. For undoubtedly, the smile or laugh caricaturists sought to incite with their imagery was in part an act of exorcism countering «real» power, whether political, economic or military.

Paradoxically, the vast iconographic *corpus* of works ridiculing Napoleon physically did nothing but magnify his aura. Attacks on his idiosyncracies dealt no deathblow to his legend; quite to the contrary, the cartoons only strengthened the collective fantasies of the masses in respect to this figure. An example in point occurred in 1816 when Napoleon's campaign carriage, captured at Waterloo, went on display, together with a small assortment of his personal effects – a few arms, dishes and clothes. People took it as a show: «You cannot imagine how eager the English are to examine this carriage; they keep coming in an unending procession – men, women, children climbing up and in through one door, spending a second seated on the rear seat, and climbing back down through the other door to then exchange a look of satisfaction amongst themselves.»[26]

That gesture (sitting in Napoleon's seat) and «look of satisfaction» were deeply ambiguous. In one sense, they reflected the Londoners' fetishist bent, the idea that contact with objects could capture part of the aura of their owner. Those happy few who got to the 1816 exhibition could boast they had actually *been there*, much like today's funeral-circuit tourists who seize upon the burials of statesmen to be photographed *in situ*. At the same time, in an opposite sense, that gesture and «look» also denoted a desire to extinguish the sacred aura surrounding the emperor's relics. Here the iconoclastic derision is in altogether the same vein as that used for caricaturing.[27] Such collective profanation of Napoleon's intimacy suggests a kind of symbolic assassination – an imaginary elimination to be sure, since in fact it only served to underscore the very vitality of the legend.

2.1.2 *European Caricature between two Centuries*

The modern cartoon was born during the second half of the eighteenth century in England, where two traditions merged. The first of the two was of Italian origin; it took inspiration from the work of Pier Leone Ghezzi (1674–1755) who, as the first specialist in the field, regularly paid visit to the various courts of Europe where he disseminated grotesque physical representations rapidly to become all the rage. He sketched his drawings along deliberately crude and comical lines, freed of any anatomic and/or academic revisions. The second tradition, contributed by the Dutch, reverted to the propaganda images instigated by the Reformation and the Counter-Reformation. This approach inspired more painstakingly constructed imagery, often involving complex symbolism. The excessive deformation featured in the first category of satire is missing here; engravings of this sort were meant to be «read» as real political statements.

Besitzers teilzuhaben; die glücklichen Ausstellungsbesucher von 1816 konnten zu Recht stolz sein, *dabei gewesen* zu sein, ähnlich wie jene Beerdigungstouristen, die heute an Staatsbegräbnissen teilnehmen, um sich in der Reihe der Trauergäste ablichten zu lassen. Umgekehrt und gleichzeitig drücken Handlung und «Blick» aber auch den Versuch aus, die Reliquien des Kaisers zu entheiligen: eine ikonoklastische Verhöhnung, die der Wirkung der Karikatur sehr ähnlich ist.[27] Die gemeinschaftliche Entweihung der Intimität Napoleons lässt sich als eine Art Kollektivmord verstehen, eine vollkommen imaginäre Liquidation, da sie in Wirklichkeit die Vitalität der Legende beweist.

2.1.2 *Die europäische Karikatur zwischen zwei Jahrhunderten*

Die moderne Karikatur ging in der zweiten Hälfte des 18. Jahrhunderts in England aus der Verschmelzung zweier Traditionen hervor. Die erste dieser Überlieferungen war italienischen Ursprungs und gründete auf dem Werk von Pier Leone Ghezzi (1674–1755), dem ersten Spezialisten dieses Genres, der die Höfe Europas besuchte und mit einer Unzahl von Zeichnungen grotesker Gesichter eine wahre Mode ins Leben rief. Er schuf absichtlich grobe, possenhafte Skizzen, die sich über jede anatomische oder akademische Korrektheit hinwegsetzten. Die zweite, in Holland gepflegte Tradition, die auf die Bildprogramme der Reformation und der Gegenreformation zurückging, brachte hauptsächlich sorgfältig gestaltete und einem bestimmten Ziel verpflichtete Werke von oft komplexer Symbolik hervor. Die satirischen Blätter dieser Kategorie sind frei von übertriebenen Verzerrungen und lesen sich wie echte politische Pamphlete.

Von der Mitte des 18. Jahrhunderts an zeigte die Verbreitung des ursprünglich italienischen Ausdruckes *caricatura* – teils ins Englische, Französische und sogar Deutsche mit der etymologisch korrekten Bedeutung «Last, Bürde» übernommen (verwandt mit «Karren»), teils abweichend «caracatura», «carricature» oder «Karricatur» geschrieben –, dass die Gattung in den verschiedenen europäischen Ländern beliebt geworden und internationale Anerkennung gefunden hat. «Es ist eine Art Ausschweifung der Einbildungskraft, die man sich höchstens zur Zerstreuung erlauben sollte», ermahnt der Artikel der *Encyclopédie* von 1751. Wie viele andere zeigt auch diese Definition, dass man dem Genre mit Herablassung oder Verachtung begegnete.

Im 18. Jahrhundert war die Graphik vom Kupferstich bestimmt. Der auf volkstümliche Blätter und Buchschmuck beschränkte Holzschnitt wurde gegen Ende des Jahrhunderts durch den Engländer Thomas Bewick erneuert, der das der Länge nach aus dem Stamm geschnittene Brett durch einen quer aus dem Stamm gesägten «Stock» und das Messer als Werkzeug durch den Grabstichel ersetzte. Diese neue Holzstichtechnik sollte im 19. Jahrhundert den Bereich der Illustration beherrschen. Die vom Münchner Aloysius Senefelder 1796 erfundene Lithographie wurde erst zwanzig Jahre später in grösserem Massstab zur Reproduktion von Zeichnungen eingesetzt. Von 1830 an bildete der Steindruck jedoch das ideale Medium für die Karikatur.

Im Linienstich sind meist Radiertechnik und Grabstichelarbeit miteinander kombiniert. Beim Radieren lässt sich in den auf die Kupferplatte gelegten Ätzgrund rasch eine Zeichnung ziehen, bevor man die Platte ins Säurebad taucht. Die Schnelligkeit der Ausführung ist eine der Hauptbedingungen für die Karikatur, die stets unter dem Druck der Aktualität

La première, d'origine italienne, s'inspire de l'œuvre de Pier Leone Ghezzi (1674-1755), le premier spécialiste du genre, qui a fréquenté les cours d'Europe, essaimant des physionomies grotesques, et crée une véritable mode en la matière. Ses dessins se présentent comme des croquis volontairement grossiers et bouffons, dégagés de toute correction anatomique et académique. La seconde tradition, de filiation hollandaise, remonte à l'imagerie de propagande instaurée par la Réforme et la Contre-Réforme. Elle privilégie plutôt des œuvres à programme soignées, d'une symbolique souvent complexe. Les estampes satiriques de cette catégorie évitent les déformations excessives et se donnent à «lire» comme de véritables pamphlets politiques.

A partir de 1750, la diffusion du terme d'origine italienne *caricatura* – tantôt traduit en anglais, en français et même en allemand par le mot caricature, par le concept (plus étymologique) de «charge», tantôt orthographié «caracatura», «carricature» ou «Karricatur» – prouve que ce genre s'internationalise et s'acclimate aux différents pays d'Europe. «C'est une espece [sic] de libertinage d'imagination qu'il ne faut se permettre tout au plus que par délassement», note l'article de l'*Encyclopédie* en 1751. Cette définition, comme tant d'autres, révèle le regard méprisant jeté sur cette pratique.

Au XVIIIe siècle, la taille-douce domine les arts de la gravure. La xylographie ne survit guère que dans l'estampe populaire et dans le décor du livre. Il faut attendre la fin du siècle pour que l'Anglais Thomas Bewick la perfectionne en renonçant au bois *de fil* plus grossier (débité en planches et taillé au couteau) pour le bois *de bout*, gravé au burin, qui deviendra la technique principale de l'illustration au XIXe siècle. La lithographie, découverte par le Bavarois Aloysius Senefelder en 1796, ne sera vraiment utilisée pour reproduire des dessins qu'une vingtaine d'années plus tard. A partir de 1830, elle deviendra le médium par excellence de la caricature.

La taille-douce combine le plus souvent les effets de l'eauforte et du burin. La première permet de tracer rapidement un croquis sur la plaque de métal avant de la plonger dans un bain acide. Cette rapidité est une condition essentielle à la caricature qui doit répondre à la pression de l'actualité. Le burin travaille directement la planche de cuivre, parfois d'acier. Il permet d'accentuer les traits en creux, d'affiner le modelé et les valeurs. En principe, n'importe quel dessinateur, même amateur, peut exécuter lui-même une eau-forte. Il arrive pourtant fréquemment que le travail de la plaque soit confié à un graveur de reproduction professionnel, surtout lorsqu'il s'agit d'œuvres complexes ou de grande dimension.

Les estampes satiriques doivent leur efficacité à leur diffusion. Or, un cuivre permet l'impression à peu près «correcte» d'environ un millier d'épreuves. Quoique d'un maniement plus difficile, l'acier, dont l'usage se répand à la fin du XVIIIe siècle, favorise des tirages plus élevés, surtout lorsque les tailles sont reprises au burin après épuisement de la matrice. Vers 1800, d'autres techniques sont employées pour produire des effets ombrés ou veloutés comme le pointillé, la pointe-sèche ou la gravure à la roulette. L'aquatinte, inventée dans les années 1760, s'attache à rendre les volumes et les clairs-obscurs de manière plus étoffée et dramatique. De plus, nombre de caricatures sont coloriées à la main, pour souligner leur message à l'aide de la symbolique des couleurs, mais surtout pour attirer l'œil public. L'aquarelle va d'ailleurs rester d'usage dans la gravure satirique tout au long du XIXe siècle.

A la différence des autres catégories de la gravure comme le portrait, le paysage, le genre, l'histoire religieuse et la mythologie, la caricature politique dépend très étroitement de l'ac-

From 1750, the spread of the term *caricatura*, derived from the Italian, made it clear this skill was becoming international in scope and being adapted by the various countries of Europe. In some cases the Italian term was translated into English, French and even German by the word «caricature», in others more by the concept (etymologically closer) of charging (loading down), spelled «caracatura», «carricature» or «Karricatur». An article appearing in the *Encyclopédie* in 1751 exemplifies the widespread disdain towards this practice at the time: «It is a sort of libertinism of the imagination in which one should only indulge as a diversion.»

In the eighteenth century, most printmakers resorted to line-engraving, relegating xylography to popular works and book illustrations. It was only toward the century's end that the Englishman Thomas Bewick was to perfect the latter skill: by abandoning the less refined *side-grain wood* (cut along the fibre grain as planks and carved by knife) in favour of *end-grain wood* (cut across the fibre grain and engraved with a burin), he so improved the technique that it came to dominate the field of nineteenth-century illustration. The lithographic process, discovered by the Bavarian Aloysius Senefelder in 1796, would only come into use for reproducing drawings some twenty years later: as of 1830, this latter process was to become the preeminent medium for caricaturists.

Line-engraving generally combined the effects provided by etching and the burin. In etching, a sketch can be rapidly traced onto the metal plate before immersing it into an acid bath: the rapidity of the process is vital to cartoon-making, where the fleeting interest of the topics of the day imposes time limits. With a burin, the work can be done directly on the copper, or at times steel plate, and it is possible to accentuate features by cutting more or less deeply, to nuance the shading and values. As a rule, any draughtsman, even an amateur artist, could do his own etchings. Yet often the plate reproduction was entrusted to professional printmakers, especially when more complex or large-scale works were involved.

Satirical prints were effective in proportion to their circulation. Copper plates could produce about one thousand «decent» prints, whereas steel, which became more widespread at the end of the eighteenth century, – though a bit more delicate to handle – could produce larger editions, especially if the engraving was refreshed once the matrix was worn-out. By about 1800, graphic artists were resorting to other techniques to produce shaded or blurred effects, such as stipple-engraving, dry-point or engraving with a roulette. The engraving technique of aquatint, invented during the 1760s, produced more fleshed-out volumes and dramatic chiaroscuro effects. Furthermore, many of the cartoons were hand-coloured to underscore their message by means of colour symbolism and, above all, to catch the public eye. Watercolour was to remain a common adjunct to satirical engraving during the entire nineteenth century.

Topicality and censorship mattered less to certain categories of engravings – portraits, landscapes, genre depictions, religious history, and mythology – than to cartoon production, which they greatly affected. When considered chronologically and geographically, Napoleonic satirical iconography well exemplifies how unequal the quality level of print production was. Analysed from a qualitative viewpoint, the development of Napoleonic imagery lends insight into national traditions, or rather graphic practices. The Arenenberg Museum collection highlights these distinctively national features in their main lines, with a focus on French, English, and German developments which, together, provide an overall picture of European caricature between two centuries.

steht. Mit dem Grabstichel wird die Kupfer- oder gelegentlich Stahlplatte direkt bearbeitet, um die Furchen weiter zu vertiefen oder um Modellierung und Wertigkeiten zu verfeinern. Im Prinzip kann jeder Zeichner, auch der Amateur, selbst radieren. Dennoch kommt es häufig vor, dass die Bearbeitung der Platte einem professionellen Radierer oder Reproduktionsstecher überlassen wird, vor allem wenn es sich um komplexe oder grossformatige Werke handelt.

Die satirischen Stiche verdanken ihre Wirksamkeit ihrer weiten Verbreitung. Von einer Kupferplatte lassen sich fast tausend mehr oder weniger korrekt gedruckte Abzüge herstellen. Die Stahlplatte, die vom Ende des 18. Jahrhunderts an immer häufiger eingesetzt wird, ist zwar schwieriger zu bearbeiten, erlaubt jedoch eine höhere Auflage, vor allem wenn die Platte bei Abnützungserscheinungen nachgestochen wird. Um 1800 werden neue Techniken, wie Punzenstich, Kaltnadelradierung oder Roulettetechnik, entwickelt, um Schattierungen oder lavisartige Wirkungen zu erzielen. Die in den 1760er Jahren erfundene Tuschätzung oder Aquatinta dient vor allem dazu, Massen oder Helldunkeleffekte dramatischer und dichter wiederzugeben. Davon abgesehen, sind viele Karikaturen handkoloriert. Durch ihre Symbolik verstärken die Farben die Botschaft, wenn sie nicht schlicht den Blick der Käufer auf sich ziehen. Das Aquarell bleibt in der satirischen Graphik während des ganzen 19. Jahrhunderts in Gebrauch.

Im Unterschied zu anderen spezifischen Themen wie Porträt, Landschaft, Genreszenen, Religionsgeschichte oder Mythologie hängt die politische Karikatur eng mit dem Tagesgeschehen zusammen und ist häufig von der Zensur bedroht. Die ungleichen Produktionsbedingungen in zeitlicher und örtlicher Hinsicht sind in den satirischen Napoleon-Darstellungen deutlich zu erkennen. Was die Qualität betrifft, bilden sich im Laufe der Zeit Traditionen oder, genauer, nationale Gepflogenheiten heraus, deren Hauptmerkmale auch die Sammlung des Napoleon-Museums Arenenberg bestimmen. Englische, französische und deutsche Blätter ermöglichen es, sich ein Gesamtbild von der Entwicklung der europäischen Karikatur zwischen zwei Jahrhunderten zu machen.

2.1.2.1 England

Seit 1695, als das Parlament die Erneuerung des «Licensing Act» von 1664 ablehnte, besassen die englischen Schriftsteller und Künstler eine im übrigen Europa unbekannte Meinungsfreiheit. Es gab keine Vorzensur, Beschlagnahmungen und Prozesse waren eher selten. Die Stecher genossen zudem einen ungewöhnlichen Schutz dank eines Gesetzes über das künstlerische Eigentum, das 1735 vom Parlament verabschiedet worden war und unter dem Namen «Hogarth's Act» bekannt ist.

Dennoch waren die satirischen Blätter bis in die 1720er Jahre hinein meist holländischen Ursprungs. Der Brauch der «Grand Tour» oder Italienreise, der die jungen Engländer aus begüterten Familien in die Länder südlich der Alpen führte, machte sie auch mit der italienischen *caricatura* bekannt. Die Beliebtheit dieser Zeichnungen erhöhte sich weiter, als unter anderen der Londoner Händler Arthur Pond 1736 und 1747 Sammelwerke mit kontinentalen Reproduktionen unter dem Titel *A Set of Caricaturas* veröffentlichte. Die Zahl der englischen Verleger nahm rasch zu;[28] während sich ein florierender Markt für Karikaturen bildete, erschienen die ersten Handbücher, zum Beispiel die *Rules for Drawing Caricaturas: with an Essay on Comic Painting* von Francis Grose, das 1789 ver-

tualité d'une part, et de la censure d'autre part. Les inégalités de la production, au niveau chronologique et géographique, apparaissent clairement dans l'exemple de l'iconographie satirique napoléonienne. D'un point de vue qualitatif, on assiste à une évolution qui met en évidence des traditions, ou plutôt des pratiques nationales. Les lignes de force de ces particularités nationales transparaissent dans la collection du musée d'Arenenberg, autour des pôles français, anglais et allemands qui dessinent ensemble une image de la caricature européenne entre deux siècles.

2.1.2.1 L'Angleterre

Depuis 1695, date à laquelle le Parlement refuse de renouveler le «Licensing Act» de 1664, les écrivains et les artistes anglais jouissent d'une liberté d'expression inégalée en Europe. La censure préalable n'existe pas tandis que saisies et procès sont plutôt rares. De plus, les graveurs jouissent d'une protection exceptionnelle grâce à la loi sur la propriété artistique, adoptée par le Parlement en 1735 et appelée «Hogarth's Act».

Jusque dans les années 1720 toutefois, les estampes satiriques sont essentiellement d'importation hollandaise. A la même époque, le rituel du Grand Tour, qui conduit les Anglais de bonne famille au sud des Alpes, les familiarise avec la *caricatura* italienne. Cette mode est entre autres lancée par un marchand londonien, Arthur Pond, qui publie en 1736 et 1747 des albums de fac-similés continentaux intitulés *A Set of Caricaturas*. Les éditeurs anglais se multiplient[28] alors que se met en place un véritable marché de la caricature et que paraissent les premières réflexions pratiques sur le genre, tel l'ouvrage de Francis Grose, *Rules for Drawing Caricaturas: with an Essay on Comic Painting*, publié en 1789, réédité en 1791 et traduit en français en 1802. Aux amateurs de la première heure comme George Townshend (qui introduit le portrait caricatural politique en Angleterre), George M. Woodward ou George Bickham, succèdent, à partir des années 1790, de véritables professionnels tels James Gillray qui, après avoir publié ses planches de manière anonyme, les revendique en les signant régulièrement dès 1792.

Le volume de caricatures est proportionnel à l'intensité de l'actualité politique nationale et internationale.[29] Selon le catalogue des estampes satiriques conservées dans les collections du British Museum, environ huit mille planches ont paru entre 1770 et 1815, soit près du triple de la production globale répertoriée jusqu'alors. Ce phénomène s'explique par l'extraordinaire popularité de la caricature en Angleterre, qui frappe tant les voyageurs étrangers, par la radicalisation des tensions politiques internes entre les deux partis des Whigs et Tories et par la Révolution française, qui fournissent nombre de sujets aux dessinateurs.

Napoléon, vers 1800, devient véritablement la créature des caricaturistes anglais. En 1884, John Ashton répertorie trois cent cinquante planches qui le prennent pour cible; en 1895, Grand-Carteret en décrit trois cent soixante-cinq, tandis que Broadley en découvre près de mille en 1911, sur un total européen d'environ mille huit cents. La collection du musée d'Arenenberg, elle, renferme un bel ensemble de plus de cent cinquante pièces exécutées entre 1798 et 1821. Les artistes principaux y figurent, tels Isaac et George Cruikshank, James Gillray, Thomas Rowlandson, ainsi que des personnalités moins connues comme William Elmes, Charles Ansell, Lewis Marks ou William Heath.

2.1.2.1 England

In 1695, by refusing to renew the 1664 «Licensing Act», Parliament granted English writers and artists the greatest freedom of expression of all of Europe: prior censorship was inexistent and lawsuits were the exception. Moreover, engravers enjoyed special protection under «Hogarth's Act», a law on artistic copyrights voted by Parliament in 1735.

Nonetheless, until the 1720s, most satirical prints were imported from Holland. During that same era, the fashionable «Grand Tour» travel circuit south of the Alps allowed the upper class English to familiarise themselves with the Italian *caricatura*. This latter fashion was launched largely by the London tradesman Arthur Pond who, in 1736 and 1747, published an album of Continental cartoon facsimiles entitled *A Set of Caricaturas*. The number of English publishers grew steadily,[28] in parallel with an expanding market for cartoons. These developments invited the first practical commentaries on the art of caricature, such as *Rules for Drawing Caricaturas: with an Essay on Comic Painting*, by Francis Grose (a first edition in 1789, a second edition in 1791, and an edition in French in 1802). Pioneer enthusiasts such as George Townshend – the man who introduced political portrait caricatures to England, George M. Woodward or George Bickham were succeeded from the 1790s by real professionals such as James Gillray. Gillray started out publishing his plates anonymously but, as of 1792, he took to signing them on a regular basis.

The quantity of cartoons published reflects the intensity of the national and international political scene.[29] The catalogue of satirical prints held by the British Museum indicates that approximately eight thousand plates were published between 1770 and 1815, almost three times the worldwide production registered until then. This was a direct result of the vast popularity of cartoons in England, a phenomenon that struck many foreign visitors to that country. British cartoonists could draw from a wealth of subjects fuelled by the radicalised internal political tensions between the country's two parties, the Whigs and the Tories, and by the French Revolution.

Around 1800, Napoleon became a favourite with the English caricaturists. In 1884, John Ashton registered three hundred plates targeting him; in 1895, Grand-Carteret counted three hundred sixty-five; while by 1911, Broadley would count some one thousand out of a total of about one thousand eight hundred for all of Europe. As for the Arenenberg Museum collection, it comprises a handsome body of over one hundred and fifty works done between 1798 and 1821, with examples both by major British cartoonists such as Isaac and George Cruikshank, James Gillray, Thomas Rowlandson, and by lesser known contributors such as William Elmes, Charles Ansell, Lewis Marks, and William Heath.

Some of the works were done anonymously: this often transpires in their lesser graphic quality and more applied, mechanical line treatment. Then too, several of the engravings are not «originals» in the modern sense of the term. For instance, Woodward, a non-professional, had professional etchers such as Rowlandson do his work.[30] George Cruikshank took advantage of the double signatures to poke fun at Napoleonic propaganda painting: «DAVID pinxit – Etched by G. Cruikshank» is written at the bottom of an engraving entitled *The Hero's Return*, where a disfigured Napoleon is shown upon his return from Russia.[31]

Indisputably, Gillray, an outstanding draughtsman and etching artist, towered over his peers in the realm of turn-of-the-century English cartoon production. His highly

2.1.2.1 Inghilterra

A partire dal 1695, quando il Parlamento rifiuta di rinnovare il *Licensing Act* del 1664, scrittori e artisti inglesi godono di una libertà di espressione che non ha paragoni in Europa. La censura preventiva non esiste, anche sequestri e processi sono abbastanza rari. Le incisioni, inoltre, godono di una protezione eccezionale che deriva dalla legge sulla proprietà artistica, adottata dal Parlamento nel 1735 e denominata *Hogarth's Act*.

Tuttavia, fino agli anni '20 del XVIII secolo, le stampe satiriche sono soprattutto di importazione olandese. Nello stesso periodo, l'usanza rituale del *Grand Tour* a sud delle Alpi mette in contatto gli inglesi di buona famiglia con la caricatura italiana. La moda della caricatura viene lanciata fra l'altro da un mercante londinese, Arthur Pond, che pubblica nel 1736 e nel 1747 album di facsimile provenienti dal continente, intitolati *A Set of Caricaturas*. Gli editori inglesi si moltiplicano,[28] mentre si afferma un vero e proprio mercato della caricatura e compaiono le prime riflessioni pratiche attorno a questo genere, come l'opera di Francis Grose *Rules for Drawing Caricaturas: with an Essay on Comic Painting*, edita nel 1789, ripubblicata nel 1791 e tradotta in francese nel 1802. Ai dilettanti dei primi tempi, come George Townshend (che introduce in Inghilterra il ritratto politico caricaturale), George M. Woodward o George Bickham, a partire dagli anni '90 del XVIII secolo fanno seguito autentici professionisti come James Gillray, il quale, dopo aver pubblicato dapprima anonimamente le sue lastre, in seguito ne rivendica la paternità e poi le firma regolarmente dal 1792.

La quantità delle caricature è proporzionale all'intensità dell'attualità politica nazionale e internazionale.[29] Secondo il catalogo delle stampe satiriche conservate nelle collezioni del British Museum, tra il 1770 e il 1815 appaiono circa 8000 tavole, cioè quasi il triplo della produzione globale inventariata fino a quel momento. Il fenomeno si spiega con la straordinaria popolarità della caricatura in Inghilterra: una diffusione che impressiona molto i visitatori stranieri, colpiti dalla radicalizzazione delle tensioni politiche interne fra i due partiti dei Whigs e dei Tories e dalle reazioni alla Rivoluzione francese (due filoni tematici che forniscono ai disegnatori soggetti in quantità).

Attorno al 1800 Napoleone diventa veramente l'oggetto prediletto dei caricaturisti inglesi: nel 1884 John Ashton cataloga 350 tavole che lo assumono quale bersaglio; nel 1895 Grand-Carteret ne descrive 365, mentre Broadley ne trova quasi 1000 nel 1911, su un totale europeo di circa 1800. La collezione del museo di Arenenberg conserva un bel gruppo di oltre 150 pezzi eseguiti tra il 1798 e il 1821. Vi figurano gli artisti più importanti, come Isaac e George Cruikshank, James Gillray, Thomas Rowlandson, e altri personaggi meno noti come William Elmes, Charles Ansell, Lewis Marks o William Heath.

öffentlicht, 1791 neu aufgelegt und 1802 ins Französische übersetzt wurde. Auf die frühen Amateurzeichner wie George Townshend (der das politsatirische Porträt in England einführte), George M. Woodward oder George Bickham folgten in den 1790er Jahren echte Berufszeichner, wie James Gillray, der zuerst anonyme Blätter schuf, doch von 1792 an seine Werke regelmässig signierte und sich zu seinen frühen Arbeiten bekannte.

Die Zahl der Karikaturen steht in einem engen Verhältnis zur Aktualität des nationalen und internationalen politischen Geschehens.[29] Gemäss dem Katalog der im British Museum in London aufbewahrten satirischen Stiche sind zwischen 1770 und 1815 rund 8000 Blätter erschienen, das heisst, fast das Dreifache der gesamten bis dahin geschaffenen Produktion. Dieser Aufschwung hängt nicht nur mit der ungewöhnlichen Beliebtheit der Karikatur in England zusammen, die den meisten ausländischen Reisenden auffiel, sondern auch mit der Verschärfung der innenpolitischen Spannungen zwischen Whigs und Tories sowie mit der Französischen Revolution, die den Zeichnern zahlreiche Motive lieferte.

Um 1800 wurde Napoleon zur Lieblingsfigur der englischen Karikaturisten. Im Jahre 1884 registrierte John Ashton 350 Blätter, die sich mit Napoleon befassen, 1895 beschrieb Grand-Carteret 365 Zeichnungen, und 1911 zählte Broadley fast 1000 Werke (bei insgesamt ca. 8100 in ganz Europa). Die Sammlung des Napoleon-Museums Arenenberg umfasst eine repräsentative Gruppe von mehr als 150 Blättern aus den Jahren 1798–1821. Die wichtigsten Künstler sind darin vertreten, wie Isaac und George Cruikshank, James Gillray oder Thomas Rowlandson, aber auch weniger bekannte Personen, wie William Elmes, Charles Ansell, Lewis Marks und William Heath.

Anonyme Blätter weisen häufig eine geringere graphische Qualität und einen gröberen, mechanischen Strich auf. In verschiedenen Fällen handelt es sich nicht um «Originalgraphik» im heutigen Sinn. Der Amateur Woodward beispielsweise liess seine Zeichnungen von Berufsgraphikern wie Rowlandson radieren.[30] George Cruikshank seinerseits machte durch das Anbringen doppelter Signaturen die napoleonische Propagandamalerei lächerlich: «DAVID pinxit – Etched by G. Cruikshank» kann man unter dem *The Hero's Return* betitelten Blatt lesen, das einen entstellten Napoleon bei der Rückkehr aus Russland zeigt.[31]

Gillray, ein meisterlicher Zeichner und Radierer, beherrscht unumstritten die Produktion der englischen Karikatur um die Jahrhundertwende. Seine anspruchsvollsten Werke lassen einen bemerkenswerten Sinn für die zeichnerische Anlage, eine vollendete Behandlung der Physiognomien und eine graphische Virtuosität erkennen, die in der ungewöhnlich feinen Behandlung der Schatten und Volumen zutage tritt. Daneben erscheinen die Blätter von Rowlandson, George Cruikshank oder Elmes viel summarischer und possenhafter. Sie sind der italienischen Tradition der *caricatura* verpflichtet, während Gillrays Arbeiten verraten, dass ihr Urheber wie sein berühmter Vorgänger William Hogarth akademische Ambitionen hatte. Die beachtlichen Masse mancher Blätter (die berühmte satirische Darstellung von Napoleons Kaiserkrönung im Jahre 1804[32] ist fast 80 cm breit) sind ein deutlicher Hinweis auf dieses Streben nach *Auszeichnung*. Das Format der englischen Stiche ist im allgemeinen stark vereinheitlicht. Die Kupferplatten sind durchschnittlich 25 auf 35 cm gross. Je nach Bedarf sind sie auf die von Künstler und Verleger gewünschten Dimensionen zugeschnitten. Haben sie ihren Dienst getan, werden sie abgeschliffen und neu verwendet.

The Hero's Return

Certaines planches sont anonymes. Elles se reconnaissent souvent par leur qualité graphique inférieure, par un traitement plus appliqué et mécanique du trait. D'autres gravures ne sont pas «originales», au sens moderne du terme. Ainsi, l'amateur Woodward se fait graver par des professionnels de l'eau-forte comme Rowlandson.[30] De son côté, George Cruikshank profite des doubles signatures pour tourner en dérision la peinture de propagande napoléonienne: «DAVID pinxit – Etched by G. Cruikshank», lit-on au bas d'une gravure intitulée *The Hero's Return* et représentant Napoléon défiguré à son retour de Russie.[31]

Indiscutablement, Gillray, un prodige du dessin et de l'eau-forte, domine la production caricaturale anglaise au tournant du siècle. Ses œuvres les plus complexes dévoilent son sens de la mise en page, sa maîtrise des physionomies et sa virtuosité graphique qui éclate dans le traitement tout en finesse des ombres et des volumes. A ses côtés, les estampes de Rowlandson, de George Cruikshank ou de Elmes apparaissent plus sommaires et plus bouffonnes. Elles renvoient plus à la tradition italienne de la *caricatura*, tandis que Gillray, à travers ses gravures, montre qu'il avait des ambitions académiques, comme son illustre prédécesseur, William Hogarth. Les dimensions monumentales de certaines planches (la célèbre représentation satirique du couronnement de Napoléon en 1804[32] mesure près de 80 centimètres de longueur) révèlent cette volonté de *distinction*. A titre comparatif, les formats des estampes anglaises semblent assez standardisés. Les plaques de cuivre mesurent en moyenne 25 sur 35 centimètres. Suivant les cas, elles sont coupées aux dimensions souhaitées par l'artiste et par l'éditeur qui, une fois remboursé, les polit pour un nouvel usage.

L'inscription «Gillray del[ineavit] et f[ecit]» ou «Inv[enit]» indique que l'auteur a dessiné et «inventé» l'esquisse originale sur papier (rarement conservée) et exécuté le report sur cuivre. Lorsque la planche n'est pas signée ou que seule la mention «Gillray del.» figure, il se peut que la planche ait été exécutée et finie par un tiers. Ces estampes apparaissent souvent plus méticuleuses, avec leurs hachures soigneusement croisées.[33] Quel contraste avec certaines estampes de l'auteur, tracées avec brio et avec suprême négligence![34]

A la différence de Gillray, qui travaille pour Mrs Humphrey de St. James Street, certains artistes sont également leurs

The Grand Coronation Procession of Napoleone the 1st Emperor of France from the Church of Notre Dame December 2nd 1804

complex works reveal an innate sense for page layout, full mastery of physiognomic detail and a graphic virtuosity that bursts forth in his delicate manner of handling shading and volumes. By comparison, plates by Rowlandson, George Cruikshank or Elmes appear more cursory and buffoonish. These are more in the Italian line of *caricatura*, whereas Gillray's work shows that he harboured the same academic ambitions as his famous predecessor, William Hogarth. The monumental dimensions of some of his plates (the famous satirical representation of Napoleon's coronation in 1804[32] is almost eighty centimetres long) bespeak his will for *distinction*. Examined against this, the English plate formats in general seem quite standard in size. The copper plates came to twenty-five to thirty-five centimetres on average; in some cases, they were cut to the dimensions the artist and publisher wished. Once expenses were reimbursed, they could be polished for reuse.

The inscription «Gillray del[ineavit] et f[ecit]» or «Inv[enit]» indicates that the artist drew and «invented» the original sketch on paper (rarely conserved) and did the transfer onto copper. Unsigned plates, or ones marked merely «Gillray del.», may have been executed and finished by someone else: they often seem more meticulous, with painstaking cross-hatching.[33] What contrast they offer to the verve and dash of certain Gillray prints![34]

In contrast to Gillray, who worked for Mrs. Humphrey of St. James Street, some of the artists were also their own publishers, as the author of the print marked «Des[igne]d & Pub[lished] by J. Sidebotham 37 Nassau St.»[35] took pains to emphasise. For publicity purposes, the publishing site was often indicated together with the year, and sometimes month and day, of publication. Without any foolproof guarantee against counterfeits, dating their works afforded publishers a means of proving the originality – or at least the precedence – of their engravings. Indeed, with patriotism as a source of supply and caricature all the rage, competition amongst the publishers – Humphrey, Tegg, Fores, Ackermann, Holland, Knight – was most fierce. All were keen to capitalise on a prosperous market affording a livelihood not only to artists and professional reproduction engravers but as well to printers. The latter sometimes became associated even though the titles and captions of the works were generally etched in,

Alcune stampe sono anonime; si riconoscono spesso per la loro qualità scadente, per il tratto più studiato e meccanico. Alcune incisioni non sono «originali» nel senso moderno del termine. Così il dilettante Woodward fa incidere i suoi lavori da professionisti dell'acquaforte come Rowlandson.[30] Da parte sua, George Cruikshank approfitta della doppia firma per deridere la pittura propagandistica napoleonica: «DAVID pinxit – Etched by G. Cruikshank» si legge in fondo a un'incisione intitolata *The Hero's Return*, che rappresenta Napoleone sfigurato al ritorno dalla Russia.[31]

Gillray, un prodigio nell'arte del disegno e dell'acquaforte, è l'indiscutibile dominatore della produzione di caricature inglesi negli anni a cavallo tra i due secoli. Le sue opere più complesse rivelano un senso dell'impaginazione, una padronanza delle fisionomie e un virtuosismo grafico che si manifestano clamorosamente nel modo di trattare con grande finezza le ombre e i volumi. Al suo confronto le stampe di Rowlandson, di George Cruikshank o di Elmes appaiono più sommarie e più grottesche: si rifanno piuttosto alla tradizione italiana della caricatura, mentre Gillray, attraverso le sue incisioni, mostra di avere ambizioni accademiche, come il suo illustre predecessore William Hogarth. Le dimensioni monumentali di alcune tavole (la celebre rappresentazione satirica dell'incoronazione napoleonica del 1804[32] è lunga circa 80 centimetri) mettono in luce questa volontà di *distinguersi*. Di solito, infatti, i formati delle stampe inglesi sembrano piuttosto standard: le lastre di rame misurano mediamente 25×35 cm. A seconda dei casi, esse vengono tagliate nelle dimensioni desiderate dall'artista e dall'editore, il quale, una volta rientrato nelle spese, le leviga per riutilizzarle.

La scritta «Gillray del[ineavit] et f[ecit]» o «Inv[enit]» indica che l'autore ha disegnato e «inventato» lo schizzo originale su carta (che raramente si conserva) e lo ha poi riportato su rame. Quando la lastra non è firmata o porta solo la scritta «Gillray del.», può darsi che sia stata eseguita e finita da un'altra persona. Queste stampe appaiono di solito più curate nei particolari, con tratteggi incrociati in modo preciso.[33] Quale contrasto con certe stampe dell'autore, tracciate con brio e con suprema negligenza![34]

A differenza di Gillray, che lavora per Mrs Humphrey di St. James Street, alcuni artisti sono editori di se stessi, come sottolinea l'autore della stampa «Des[igne]d & Pub[lished]

Die Angabe «Gillray del[ineavit] et f[ecit]» oder «Inv[enit]» besagt, dass der Urheber die (selten erhaltene) Originalskizze auf Papier gezeichnet und «erfunden» sowie auf Kupfer übertragen hat. Ist das Blatt unsigniert oder trägt es einzig den Vermerk «Gillray del.», so wurde es vermutlich von einem dritten fertiggestellt. Diese Arbeiten sind häufig sorgfältiger, mit präzis gekreuzten Schraffierungen, ausgeführt.[33] Sie stehen in deutlichem Gegensatz zu eigenen Blättern des Autors, die mit Bravour und zugleich mit höchster Nachlässigkeit radiert sind.[34]

Im Unterschied zu Gillray, der für Mrs Humphrey in der St. James Street arbeitete, waren mehrere Künstler ihre eigenen Verleger, wie der Autor des Blattes «Des[igne]d & Pub[lished] by J. Sidebotham 37 Nassau St.» hervorhebt.[35] Zu Werbezwecken ist der Erscheinungsort häufig mit dem Jahr, seltener mit Monat und Tag der Veröffentlichung genannt. Durch die Datierung ihrer Erzeugnisse konnten sich die Verleger zwar nicht vollständig gegen Fälschungen schützen, doch immerhin nachweisen, dass sie die ersten bzw. im Besitz der Urfassung waren. Es herrschte ein erbitterter Konkurrenzkampf zwischen den Verlegern Humphrey, Tegg, Fores, Ackermann, Holland und Knight, die Vaterlandsliebe und Freude an Karikaturen zu klingender Münze zu machen suchten. Alle profitierten von einem florierenden Markt, der nicht nur Künstlern und Reproduktionsstechern ein gutes Einkommen sicherte, sondern auch den Druckern, die gelegentlich unter sich Geschäftsverbindungen eingingen. Auch wenn Titel und Bildlegenden in der Mehrzahl radiert wurden, kam es vor, dass man längere Texte in Buchdruck herstellte und folglich zwei verschiedene Pressen benötigte.[36]

Wer sind die Käufer der englischen Karikaturen? Man muss sich bewusst sein, dass London auf diesem Markt fast ein Monopol innehatte. Rund um das Zentrum der Macht und der Zeitungspresse zirkulierten die Neuigkeiten, die den Satirikern Nahrung boten. Das hektische Grossstadtleben förderte die Mund-zu-Mund-Propaganda und schürte die überschwengliche Begeisterung, die vor den Schaufenstern der Händler und Verleger gelegentlich zu einem beängstigenden Gedränge führte: «Während man dort [auf dem Kontinent] Kämpfe austrägt, um sein Hab und Gut und das nackte Leben vor dem grossen korsischen Agitator zu schützen, kämpft man hier darum, als erster Gillrays Karikaturen vor dem Geschäft von Herrn Ackermann zu Gesicht zu bekommen», schreibt ein Emigrant 1802 an Jacques Mallet du Pan, «es herrscht eine unbeschreibliche Aufregung, wenn eine neue Zeichnung erscheint, es grenzt an Wahnsinn. Man muss seine Fäuste zu Hilfe nehmen, um sich einen Weg zu bahnen. Und man versichert mir, dass täglich ganze Pakete dieser Karikaturen in alle Welt versandt werden.»[37]

Die Stiche erreichten also auf zwei Wegen ihr Publikum. Zum einen wurden sie auf der Strasse von Leuten aus allen Gesellschaftsschichten zur Kenntnis genommen und kommentiert, und die Verleger machten sich dieses Massenphänomen geschickt zunutze. So beleuchtete Rudolph Ackermann Rowlandsons Blatt *Bonaparte and Death*[38] von hinten mit einem Gaslicht, um die Aufmerksamkeit der Passanten auf sein Schaufenster zu lenken. Andererseits gelangten die Karikaturen in den Verkauf und fanden für durchschnittlich 6 Pence ihre Abnehmer. Aquarellierte Blätter waren um einiges teurer und für Personen mit bescheidenem Einkommen unerschwinglich.[39] Manchmal ist der Preis direkt auf dem Blatt angegeben: «Price one shilling coloured» liest der potentielle Käufer unter Elmes' berühmter Karikatur, die *Boney* beim Barbier zeigt; der Bart wird ihm von einer allegorischen Figur der Kälte geschoren, die einem Film von Georges Méliès entstiegen zu sein scheint.[40]

propres éditeurs, comme le souligne l'auteur de l'estampe «Des[igne]d & Pub[lished] by J. Sidebotham 37 Nassau St.».[35] A des fins publicitaires, le lieu d'édition figure fréquemment avec l'année, parfois le mois et le jour de parution. En datant leurs produits, les éditeurs, à défaut de pouvoir se protéger tout à fait des contrefaçons, se donnent les moyens de prouver l'originalité, ou du moins l'antériorité de leurs gravures. Car la concurrence est rude entre les éditeurs Humphrey, Tegg, Fores, Ackermann, Holland ou Knight qui exploitent les ressources du patriotisme et de la mode caricaturale. Tous exploitent un marché prospère qui fait vivre non seulement des artistes et des graveurs de reproduction professionnels, mais encore des imprimeurs qui parfois s'associent entre eux. En effet, bien que titres et légendes soient le plus souvent gravés à l'eau-forte, il arrive que des textes plus longs soient typographiés, et qu'ils impliquent la collaboration de deux types de presses.[36]

Quel est le public de ces caricatures? Il faut savoir que Londres détient presque un monopole en la matière. En effet, c'est autour du centre du pouvoir et des organes de presse que circule l'information inspirant les gravures pamphlétaires. De plus, la densité de la vie urbaine londonienne favorise le bouche-à-oreille et les engouements qui dégénèrent parfois en bousculades devant les vitrines des éditeurs-marchands: «Si l'on se bat là-bas [sur le Continent], pour défendre ses biens et sa personne contre le grand agitateur corse, on se bat ici à qui pourra le premier apercevoir les caricatures de Gillray devant le magasin de M. Ackermann», écrit un émigré à Jacques Mallet du Pan en 1802. «C'est un enthousiasme indescriptible quand le nouveau dessin apparaît; c'est presque de la folie. Il faut boxer pour arriver à se faire un passage. Et l'on m'affirme que, tous les jours, des ballots de ces caricatures sont expédiés au dehors.»[37]

Par conséquent, deux modes de consommation de ces estampes coexistent. D'une part, elles sont vues et commentées dans la rue par la population, toutes classes confondues. Les éditeurs tirent sciemment avantage de ces phénomènes de masse. Par exemple, Rudolph Ackermann utilise le gaz pour éclairer en transparence la planche de Rowlandson intitulée *Bonaparte and Death*[38] et capter l'attention des passants. D'autre part, les caricatures trouvent preneur pour la somme de six Pence en moyenne. Les épreuves aquarellées sont coûteuses, surtout pour des bourses populaires.[39] Leur prix figure parfois sur les épreuves: «Price one shilling coloured», apprend le client potentiel de la célèbre planche de Elmes représentant *Boney* rasé par une allégorie du Froid qui semble directement issue de l'univers cinématographique de Georges Méliès.[40]

Tout porte à croire que des collections se constituent très rapidement, par goût autant que par intérêt politique. Le fait n'est pas nouveau puisque, de 1737 à 1744, le Ministère des Affaires étrangères français rassembla des caricatures anglaises dans deux volumes assortis de traductions, de notes et d'explications.[41] Plus tard, le duc d'Orléans, futur Louis-Philippe, se montre amateur de satires anti-napoléoniennes lorsqu'il loge non loin des devantures de Samuel William Fores, l'un des principaux éditeurs de la capitale.[42] Voilà qui explique pourquoi les caricatures anglaises les plus prestigieuses du musée d'Arenenberg proviennent de deux recueils reliés aux armes de Charles Ferdinand, duc de Berry. En effet, il est probable que l'essentiel de ces planches est acquis pour l'agrément des conversations mondaines et pour l'ornement des intérieurs de l'aristocratie et de la bourgeoisie cultivée, grands consommateurs de l'estampe, cet art «moyen», depuis l'âge de Hogarth.[43]

John Bull Offering Little Boney Fair Play

General Frost Shaving Little Boney

since, from time to time, the longer texts were done by letterpress, implying the use of two types of presses.[36]

What sort of public enjoyed these cartoons? It is important to realise that, at the time, London more or less monopolised the field, since the information inspiring the lampoonists gravitated around the power and press centres. Moreover, the density of an urban conglomeration such as London encouraged the spread of rumours and fads that could sometimes degenerate into a showdown in front of a publisher-seller's windows. An emigrant writing to Jacques Mallet de Pan in 1802 explains: «If over there [on the Continent] people are fighting to defend their possessions and rights against the Corsican agitator, over here they are fighting in front of Mr. Ackermann's window to get a first glimpse of Gillray's cartoons. Every time a new drawing appears, they are indescribably enthusiastic, almost crazed. You have to box your way through the crowd. And I hear that, everyday, bundles of caricatures are being shipped off.»[37]

As a consequence, the prints were enjoyed in two parallel fashions. On the one hand, they were seen and discussed in the city streets by the general public of all classes, inspiring publishers to purposely underscore their crowd appeal. Rudolph Ackermann, for example, used gas to backlight Rowlandson's plate entitled *Bonaparte and Death*[38] and thus capture the attention of passersby. On the other hand, caricatures brought happiness to purchasers at the average price of six pence. Watercoloured prints were expensive, at least for the common man.[39] Their price was indicated on some of them: «Price one shilling coloured» was marked on the famous plate by Elmes representing *Boney* shaved by an allegory of the Cold, as if taken directly from the film world of Georges Méliès.[40]

There is all reason to believe that print collections grew most rapidly, spurred both by a taste for the genre and political interest. This was nothing new since, from 1737 to 1744, the French Foreign Office had compiled a two-volume anthology of English cartoons complete with translations, footnotes and explanations.[41] Later, the Duc d'Orléans (the future Louis-Philippe) was to wax enthusiastic over the anti-Napoleonic satires to which he was exposed by living in the proximity of the show windows of Samuel William Fores, a major London publisher of such works.[42] This is the reason the

by J. Sidebotham 37 Nassau St.».[35] Spesso con il luogo della pubblicazione figura l'anno, talvolta anche il mese e il giorno: lo scopo è pubblicitario. Datando i loro prodotti, gli editori, totalmente indifesi nei confronti delle contraffazioni, si procurano il modo di provare l'originalità, o per lo meno di mostrare la data anteriore delle loro incisioni. Infatti la concorrenza tra gli editori Humphrey, Tegg, Fores, Ackermann, Holland o Knight, che sfruttano le risorse del patriottismo e della moda delle caricature, è molto vigorosa. Tutti traggono profitto da un mercato prospero, che dà da vivere non solo agli artisti e agli incisori-riproduttori professionisti ma anche agli stampatori (talvolta associati fra loro). In effetti, sebbene i titoli e le iscrizioni siano quasi sempre incisi all'acquaforte, accade che testi più lunghi richiedano l'intervento della tipografia e comportino quindi la collaborazione di due tipi diversi di stampa.[36]

Qual è il pubblico di queste caricature? Bisogna dire che Londra occupa, in materia, una posizione di quasi monopolio. In realtà le informazioni che alimentano le incisioni-libello circolano attorno al centro del potere e agli organi di stampa. La densità della vita urbana londinese, inoltre, favorisce il pettegolezzo e gli entusiasmi esagerati, che talvolta degenerano in episodi di pigia pigia dinnanzi alle vetrine degli editori-venditori: «Se laggiù [sul continente] ci si batte per difendere i propri beni e la propria persona dal grande agitatore còrso, qui ci si batte per arrivare primi a vedere le caricature di Gillray davanti al negozio del signor Ackermann», scrive nel 1802 un emigrato a Jacques Mallet du Pan. «La comparsa di un nuovo disegno suscita un entusiasmo indescrivibile; è quasi la follia. Occorre fare a pugni per aprirsi un varco. E mi si dice che ogni giorno pacchi di queste caricature vengono spedite altrove.»[37]

Di conseguenza coesistono due modi diversi di fruizione di queste stampe. Da un lato esse vengono viste e commentate per strada dalla popolazione, senza distinzione fra le classi. Gli editori approfittano consapevolmente di questi fenomeni di massa: Rudolph Ackermann, ad esempio, usa il gas per illuminare in trasparenza la stampa di Rowlandson *Bonaparte and Death*[38] e catturare così l'attenzione dei passanti. D'altra parte le caricature trovano acquirenti per un prezzo medio di sei pence; quelle colorate ad acquerello sono costose, soprattutto per le tasche delle classi popolari.[39] Spesso il prezzo viene esposto sulle prove di stampa: «Price one shilling coloured»,

Allem Anschein nach wurden die Blätter schon früh gesammelt, sei es aus künstlerischem oder aus politischem Interesse. Das ist im übrigen kein neues Phänomen, denn bereits von 1737 bis 1744 hatte das französische Aussenministerium englische Karikaturen in zwei Bänden gesammelt und mit Übersetzungen, Anmerkungen und Erläuterungen versehen.[41] Ein fleissiger Sammler antinapoleonischer Karikaturen war der Duc d'Orléans, der spätere König Louis-Philippe, der in London in der Nähe der Auslage von Samuel William Fores wohnte, einem der wichtigsten Verleger der englischen Hauptstadt.[42] Dies ist der Grund, warum die schönsten englischen Karikaturen des Napoleon-Museums Arenenberg in zwei gebundenen Sammelwerken zu finden sind, die das Wappen von Charles Ferdinand Duc de Berry tragen. Vermutlich waren die meisten Blätter gekauft worden, um als Stoff für Salonplaudereien in aristokratischen oder grossbürgerlichen Häusern zu dienen, in denen seit Hogarth[43] die Hauptkäuferschaft für die «mittlere» Kunst der Graphik zu finden war.

2.1.2.2 Frankreich

Vor allem auf die Zensur ist zurückzuführen, dass die französische Karikatur des 18. Jahrhunderts nicht den gleichen Aufschwung erfuhr wie ihre englische Konkurrentin. Zahlreiche in Holland gedruckte Blätter schlüpften durch die Maschen der politischen Kontrolle, so dass man 1722 nicht umhin kam, eine Kommission zu bilden, «um die Stecher und Drucker, die Blätter gegen die Régence stachen und veräusserten, in letzter Instanz zu beurteilen».[44] Pamphlete gegen die Jesuiten, die Polemik um das Parlament und dessen Beziehungen zur Krone, die Angriffe gegen Persönlichkeiten wie Voltaire oder Satiren über Sitten und Moden zeugen von einer gewissen Vitalität der französischen Karikatur, die mehr der mit symbolischen Anspielungen arbeitenden holländischen Tradition folgte als der auf verzerrte Physiognomien spezialisierten italienischen Überlieferung.

In Paris waren zahlreiche englische Karikaturen zu finden, darunter auch masslose Blätter, wie Louis Petit de Bachaumont in seinen *Mémoires secrets* mit Erstaunen feststellte: «Aus England traf soeben ein politischer Stich ein, der seiner Kühnheit wegen kaum verkauft werden dürfte», notierte er am 27. November 1778, während unter dem Datum des 13. August 1778 vermerkt ist: «Man schuf eine politische Graphik, eine Karikatur im englischen Geschmack. […] Erstaunlicherweise wird dieser Stich, der nicht nur die Engländer beleidigt, sondern in dem auch Spanien eine erbärmliche Rolle spielt, hier öffentlich verkauft, zweifellos mit Zustimmung des Ministeriums.»[45]

Erst mit der Revolution entwickelte sich in Paris ein echter Markt für Karikaturen, vor allem im Quartier Latin, rund um den Palais-Royal und auf den Seinequais.[46] Einem Almanach von 1790 zufolge hatte der Händler Basset «dem Vaterland einen Dienst erwiesen, da er Karikaturen gegen die Aristokraten schuf», eine Tätigkeit, die durchaus erfreuliche Nebenwirkungen hatte, denn «zunächst mager und bleich wie ein *abbé* von heute, wurde er dick und fett wie ein *abbé* von einst».[47]

In den 1790er Jahren wurde die Karikatur ideologisch legitimiert. Revolutionäre und Konservative anerkannten gleichermassen ihre didaktische und politische Funktion, da das Bild die ungebildeten Leute (zwei Drittel der französischen Bevölkerung) einerseits rühre und erschüttere, andererseits belehre.

2.1.2.2 La France

La caricature française du XVIIIe siècle n'a pas connu l'essor de sa concurrente anglaise, pour des raisons de censure principalement. Bien des pièces éditées en Hollande passent à travers les mailles du contrôle politique, à tel point que, dès 1722, il devient nécessaire de créer une commission «pour juger en dernier ressort les graveurs et imprimeurs qui ont gravé et débité des estampes contre la Régence».[44] Les pamphlets contre les Jésuites, les polémiques autour du Parlement et de ses relations avec la Couronne, les charges dirigées contre des personnalités comme Voltaire, la satire de mœurs et des modes signalent une certaine vitalité de la caricature française qui suit la tradition hollandaise, plus emblématique, plutôt que la filiation italienne, jouant sur les déformations physionomiques.

De nombreuses caricatures anglaises sont diffusées à Paris, certaines outrancières, ce qui étonne Louis Petit de Bachaumont dans ses *Mémoires secrets*: «Il vient d'arriver d'Angleterre une gravure politique que sa hardiesse empêchera de mettre en vente», écrit-il le 27 novembre 1778. Le 13 août 1778, il note: «On a fait une gravure politique, caricature dans le goût anglais», puis constate: «Il est surprenant que cette estampe, injurieuse non-seulement aux Anglois, mais où l'Espagne joue un pietre [sic] rôle, se vende ici publiquement, et sans doute avec l'aveu du ministère.»[45]

Il faut attendre la Révolution pour que se développe un marché parisien de la caricature, localisé dans le quartier latin, vers le Palais-Royal et sur les quais de la Seine.[46] Un almanach de 1790 note en effet que le marchand Basset «a servi la Patrie en faisant des caricatures contre les Aristocrates» avant de révéler que cette spécialité est des plus profitables: «d'abord maigre et blême comme un abbé d'aujourd'hui, il devint gros et gras comme un abbé d'autrefois».[47]

Dès les années 1790, la caricature est investie d'une légitimité idéologique. Révolutionnaires et conservateurs s'accordent en effet pour lui reconnaître des vertus didactiques et politiques, car l'image émeut et agite les esprits illettrés (près des deux tiers de la population française). Elle est porteuse d'un enseignement. Ainsi, le 12 septembre 1793, «Le Comité de Salut public arrête que le député David sera invité à employer ses talents et les moyens qui sont en son pouvoir pour multiplier les gravures et les caricatures qui peuvent réveiller l'esprit public et faire sentir combien sont atroces les ennemis de la liberté et de la République».[48]

Au même moment, dès mars 1792, un catholique conservateur comme Boyer de Nîmes publie de manière périodique une *Histoire des caricatures de la révolte des Français* qui résume parfaitement la nouvelle conception du genre: «Les Caricatures ont été dans tous les temps un des grands moyens qu'on a mis en usage pour faire entendre au peuple des choses qui l'auraient pas assez frappé si elles eussent été simplement écrites. Elles servaient, même, à lui représenter, avant qu'il ne scût ni lire, ni écrire, différens objets qu'il importait de lui transmettre, et alors elles étaient pour lui, ce qu'elles sont encore à présent une *écriture parlée* […] On a observé que dans toutes les révolutions les caricatures ont été des employées pour mettre le peuple en mouvement et l'on ne saurait disconvenir que cette mesure ne soit aussi perfide que ses effets sont prompts et terribles. […] Mais s'il est à remarquer que les caricatures sont le thermomètre qui indique le degré de l'opinion publique, il est à remarquer encore que ceux qui savent maîtriser ses variations savent maîtriser aussi l'opinion publique.»[49]

Cette conception de la caricature est acquise après 1800. Le journal *Le Citoyen français*, en 1803, note que «ce langage muet parle à tous les yeux et traduit devant le tribunal de l'opi-

museum's most prestigious English cartoons come from the two anthologies bound under the coat of arms of Charles Ferdinand, Duke of Berry. For, in all probability, most of the plates were acquired as conversation pieces at social events, and as decoration for the residences of the aristocracy and cultivated upper classes, now avid acquirers of a genre that, since the age of Hogarth, had been considered a «medium» art.[43]

2.1.2.2 France

Eighteenth-century French cartoons did not blossom as fully as their English counterparts, mainly due to censorship. Many works published in Holland managed to slip through the loopholes in political control, obliging the government in 1722 to create a commission «as a court of last instance for judging engravers and printers having engraved and produced prints against the Regency».[44] The tracts against the Jesuits, the controversy over Parliament and its relations with the Crown, the charges against key figures such as Voltaire, the lampooning of the ethics and fashions of the day, all bore witness to the vitality of the genre in France. French caricatures took after the more emblematic Dutch tradition rather than the Italian approach and its focus on the deformation of outward appearances.

A number of English cartoons were circulated in Paris – some most excessive, judging from Louis Petit de Bachaumont's *Mémoires secrets*: «A political engraving that just came in from England is far too daring to go on sale», he wrote on 27 November 1778. On 13 August 1778 he commented: «They made a political engraving, a caricature in English taste»; adding: «It is surprising that this print, insulting not only to the English but casting Spain in such a paltry role, be on sale publicly here, and this no doubt with the ministry's backing.»[45]

It was not until the Revolution that a Parisian market for cartoons developed, located in the Latin Quarter, near the Palais-Royal and along the quays of the Seine.[46] An almanac dating from 1790 thus records that the dealer Basset «served his Country by drawing caricatures against the Aristocrats»; it then comments on how lucrative the specialty was: «from [being] skinny and pale like the abbé of our day, he turned fat and podgy like the abbé of old.»[47]

From the 1790s, cartoon drawings became an accepted vehicle for conveying ideological viewpoints. Revolutionaries and conservatives alike recognised the didactic and political value of caricature inasmuch as imagery could touch and stir the minds of the illiterate (two-thirds of the French population at the time). Cartoons could bring a lesson across. Thus, on 12 September 1793, the Comity of Public Safety decreed «that the Parliamentary deputy David is invited to use his talents and all the means within his power to multiply engravings and cartoons encouraging people to be public-spirited and impressing upon them how horrid are the enemies of freedom and the Republic».[48]

At that very time, as of March 1792, such a conservative Catholic as Boyer de Nîmes was putting out a *Histoire des caricatures de la révolte des Français* in several volumes. There we find a succinct description of how caricature had come to be considered: «Caricatures have always been one of the great means available to make the masses hear matters that might not have made enough of an impact had they merely been put into writing. They even served – when the masses could neither read nor write – as representations of what was important to convey; as such, they were, then as now, a

così viene informato il cliente potenziale della celebre tavola di Elmes in cui *Boney* è importunato da un'allegoria del freddo che sembra tratta direttamente dall'universo cinematografico di Georges Méliès.[40]

Tutto induce a ritenere che ben presto le caricature venissero raccolte, sia per gusto di collezione sia per interesse politico. La cosa non è nuova, giacché dal 1737 al 1744 il Ministero degli affari esteri francese aveva riunito due volumi di caricature inglesi con tanto di traduzione, note e spiegazioni.[41] Più tardi il duca d'Orléans, futuro Luigi Filippo, mostra interesse per le satire antinapoleoniche, ai tempi in cui abita non lontano dalle vetrine di Samuel William Fores, uno degli editori più importanti della capitale.[42] Ciò spiega come mai le caricature inglesi più prestigiose del museo di Arenenberg provengano da due raccolte legate allo stemma di Carlo Ferdinando, duca di Berry. È probabile, in realtà, che gran parte di queste tavole sia stata acquisita per il piacere delle conversazioni mondane e per decorare l'interno delle case dell'aristocrazia e della borghesia colta, grandi consumatrici di quell'arte «media» che è rappresentata, fin dai tempi di Hogarth,[43] appunto dalle stampe.

2.1.2.2 Francia

La caricatura francese del XVIII secolo non ha avuto lo stesso sviluppo della sua concorrente inglese, soprattutto per ragioni di censura. Un gran numero di pezzi pubblicati in Olanda passa attraverso le maglie del controllo politico, al punto che nel 1722 sarà necessario creare una commissione che «giudichi in ultima istanza le incisioni e gli incisori che hanno prodotto e smerciato stampe contro la Reggenza».[44] I libelli contro i gesuiti, le polemiche attorno al Parlamento e ai suoi rapporti con la Corona, le accuse dirette contro personaggi come Voltaire, la satira dei costumi e delle mode denotano una certa vitalità della caricatura francese (tributaria della tradizione olandese, più emblematica, piuttosto che della derivazione italiana, che gioca sulla deformazione delle fisionomie).

Numerose caricature inglesi si diffondono anche a Parigi, alcune di tono eccessivo, cosa che stupisce L. Petit de Bachaumont: il 27 novembre 1778 l'autore di *Mémoires secrets* scrive che «è appena giunta dall'Inghilterra un'incisione politica, il cui ardire ne impedirà la messa in vendita». Il 13 agosto 1778 egli annota: «Si è fatta un'incisione politica, una caricatura di gusto inglese», poi constata: «È sorprendente come questa stampa, ingiuriosa non solo per gli inglesi, ma nella quale anche la Spagna fa una figura meschina, si venda qui pubblicamente e senza dubbio con l'avallo del Ministero.»[45]

Bisogna arrivare alla Rivoluzione perché si sviluppi un mercato parigino della caricatura, localizzato nel Quartiere latino, attorno al palazzo reale e sulle rive della Senna.[46] Un almanacco del 1790, dopo avere in effetti riferito che il mercante Basset «ha servito la patria facendo caricature contro gli aristocratici», rivela che questa specialità è fra le più redditizie: «dapprima magro e pallido come un *abbé* dei nostri tempi, egli è diventato poi grosso e grasso come un *abbé* d'altri tempi».[47]

A partire dagli anni '90 del XVIII secolo, la caricatura conquista una sua legittimità ideologica. Rivoluzionari e conservatori concordano difatti nel riconoscerle virtù didattiche e politiche, perché l'immagine sovverte e agita gli spiriti degli illetterati (circa due terzi della popolazione francese). Essa veicola un insegnamento: così, il 12 settembre 1793, «il comitato

So beschloss der Wohlfahrtsausschuss am 12. September 1793, «dass der Abgeordnete David aufgefordert werde, die ihm zur Verfügung stehenden Talente und Mittel zur Schaffung einer Vielzahl von Zeichnungen und Karikaturen einzusetzen, die die Öffentlichkeit aufrütteln können und sie erkennen lassen, wie abscheulich die Feinde der Freiheit und der Republik sind».[48]

Etwas früher, im März 1792, hatte Boyer de Nîmes, ein katholischer Konservativer, damit begonnen, in mehreren Folgen eine *Histoire des caricatures de la révolte des Français* zu veröffentlichen, die die damals herrschende Auffassung über diese Gattung gut veranschaulicht: «Zu allen Zeiten waren die Karikaturen eines der wichtigen Mittel, um dem Volk Dinge näher zu bringen, die es in einfacher geschriebener Form nur ungenügend erfasst hätte. Sie dienten sogar dazu, diesem Volk, bevor es Lesen und Schreiben lernte, verschiedene Objekte vorzustellen, die ihm zu übermitteln wichtig war; so waren sie für es, was sie heute immer noch sind: eine *sprechende Schrift* […]. Wie man beobachten konnte, wurden die Karikaturen in sämtlichen Revolutionen verwendet, um das Volk aufzustacheln, und man kann nicht leugnen, dass diese Massnahme ebenso hinterlistig ist, wie ihre Folgen geschwind und schrecklich sind. […] Doch wenn zu bemerken ist, dass die Karikaturen das Thermometer sind, das den Grad der öffentlichen Meinung angibt, muss man gleichfalls feststellen, dass jene Leute, die ihre verschiedenen Formen zu meistern wissen, auch die öffentliche Meinung zu lenken verstehen.»[49]

Diese Auffassung war nach 1800 zum Allgemeingut geworden. Die Zeitschrift *Le Citoyen français* stellte 1803 fest, dass «diese stumme Sprache alle Augen anspreche und jene vor das Gericht der öffentlichen Meinung stelle, die dieser ungestraft trotzen zu können glauben».[50] Allerdings wurde bereits unter dem Konsulat und vor allem während der Zeit des Empire die öffentliche Meinung streng kontrolliert, wie die unzähligen Berichte der Geheimpolizei erkennen lassen. Die beanstandeten graphischen Blätter waren jedoch oft unauffindbar, wenn nicht gar erfunden: «Vergeblich liess ich nach der Hetzschrift *Manifeste de la Russie* suchen. Es ist nicht das erste Mal, dass man von Hetzschriften und Karikaturen sprach, die nie existiert haben», notierte der Polizeiminister Fouché am 18. September 1804.[51]

Gelegentlich gelang es jedoch der Zensur, eine ansehnliche Sammlung zu beschlagnahmen, wie jene des Marquis de Paroy im Jahre 1805 (vgl. den Beitrag von J. Benoit, S. 94 ff.). Die Geschichte der Verhaftung des Marquis ist ebenso symbolisch wie mehrdeutig und ironisch. Man überrascht ihn bei der Fertigstellung eines Blattes, auf dem Diogenes zu sehen ist, wie er seine Laterne löscht und auf den Kaiser zeigt. Hätte der kynische Philosoph den wahren Menschen gefunden, den er am hellichten Tag suchte? Die antinapoleonische Haltung des Autors widerlegt diese Hypothese. Eher handelt es sich um die satirische Umkehrung eines Bildthemas, das während der Revolution sehr beliebt geworden war.[52] Diogenes hat nicht den Menschen gefunden, sondern angesichts des Tyrannen verlöscht die Laterne, Sinnbild des Lichtes.

Es ist kaum möglich, diese Karikatur zu beurteilen, da der Stich vernichtet wurde und wir die Bildlegende, die den Sinn der Szene erhellt hätte, nicht kennen. Doch die Geschichte dieser polizeilichen Beschlagnahmung ist in verschiedener Hinsicht aufschlussreich. Technisch gesehen, handelte es sich um einen Stahlstich, der eine höhere Auflage ermöglichte: ein Beweis für die höchst subversiven Absichten des Verdächtigten, der überdies die «vollständige Sammlung all dessen, was seit 1793 in diesem Genre erschienen war» besass. Offen-

nion publique ceux qui croient pouvoir impunément la braver».[50] Or, déjà sous le Consulat, mais surtout sous l'Empire, l'opinion publique est étroitement contrôlée, comme l'indiquent les rapports de la police secrète, qui prolifèrent. Mais les gravures incriminées demeurent souvent insaisissables, sinon imaginaires: «C'est en vain que j'ai fait chercher le libelle intitulé *Manifeste de la Russie*. Ce n'est pas la première fois qu'on a parlé de libelles et de caricatures qui n'ont jamais existé», écrit le ministre de la police Fouché, le 18 septembre 1804.[51]

Parfois, cependant, il arrive que la censure mette la main sur un bel ensemble, comme celui du marquis de Paroy, en 1805 (voir l'étude de J. Benoit, p. 94 sqq.). L'épisode de l'arrestation du marquis s'avère aussi emblématique qu'ambigu et ironique. En effet, il est surpris alors qu'il termine une planche figurant Diogènes en train d'éteindre sa lanterne en désignant l'empereur. Le philosophe cynique aurait-il trouvé l'homme véritable qu'il cherchait en plein jour? Les opinions anti-napoléoniennes de l'auteur interdisent cette hypothèse. Il s'agit plutôt de l'inversion satirique d'un thème iconographique devenu populaire sous la Révolution.[52] Diogènes n'a pas trouvé l'homme, mais à la vue du tyran, la lanterne, symbole de lumière, s'éteint.

Il est difficile de juger de cette gravure puisque la planche fut évidemment détruite et que nous ne disposons pas de la légende qui devait expliciter le sens de la scène. Cet épisode de saisie policière apporte toutefois une série d'informations intéressantes. D'un point de vue technique, il s'agit d'une gravure sur acier, garantissant un tirage plus élevé: preuve des intentions fortement subversives de l'intéressé qui, de plus, possède «la collection complète de tout ce qui a paru en ce genre depuis 1793». Le marquis, de toute évidence, est un collectionneur motivé par des intentions politiques. Il n'y a pas à douter qu'il a utilisé les caricatures en sa possession en guise de modèles (il s'est certainement inspiré d'une estampe révolutionnaire figurant Diogènes). Les thèmes et les motifs voyagent ainsi, d'un bord politique à l'autre, se vidant de leur contenu pour reprendre une nouvelle charge idéologique.

L'anecdote relative au marquis de Paroy nous montre également un amateur en train d'exécuter une planche, à l'eau-forte très certainement. Les estampes françaises, à la différence des anglaises, ne sont en règle générale pas réalisées par des artistes chevronnés mais souvent par des marchands, des éditeurs ou des amateurs, quelquefois par des graveurs en taille-douce.[53] Avant la chute de l'empereur, les images plus critiques sont bien sûr anonymes. A quelques exceptions près (ainsi certaines planches copiées sur des modèles d'Outre-Manche),[54] elles se caractérisent par un style moins graphique et rapide, souvent plus maladroit, et toujours plus rigide. En ce qui concerne leur contenu, on serait tenté de trouver juste le jugement de cet Allemand de passage à Paris en 1804, qui constate que «sur vingt caricatures Françaises à peine en trouve-t-on une qui soit un peu spirituelle».[55]

A la différence de la production anglaise, les caricatures françaises ne sont pas datées et seul le dépôt légal donne des informations précises, ceci pour les planches les plus accordées au discours «officiel» ou dominant, surtout à partir de 1815. D'un point de vue technique, les matrices mesurent en moyenne une trentaine de centimètres. L'eau-forte, volontiers aquarellée, l'emporte très largement. La majeure partie des estampes du jour peut s'acquérir chez Martinet, rue du Coq, à Paris (Maison fondée en 1795); certaines épreuves sont vendues dans les échoppes de la rue Saint-Jacques, chez Genty par exemple; d'autres enfin se trouvent «à Paris, chez tous les Marchands de Nouveautés». De la Révolution à 1806, c'est notamment aux abords de la place Vendôme, dans l'ex-cou-

written [form of] speech [...]. We have noticed that cartoons have been used for every revolution to set the masses astir, and there is no denying that this measure is as treacherous as it is swift and dreadful in its effects. [...] But if we grant that cartoons are a thermometer giving the temperature of public opinion, we must also grant that those who master temperature changes also master public opinion.»[49]

This conception of caricature became the norm after 1800. In 1803, the newspaper *Le Citoyen français* commented: «This silent language speaks to all eyes, and brings before the court of public opinion those who think they can defy it with impunity.»[50] Already under the Consulate, but especially under the Empire, there was tight control on public opinion, as the numerous reports by the secret police make clear. But the engravings under attack often remained quite elusive, if not altogether imaginary: «I had them look up the satirical drawing entitled *Manifeste de la Russie* but in vain. This is not the first time I hear of satires and caricatures that never existed», complained the Minister of Police Fouché on 18 September 1804.[51]

Upon several occasions however the censors did make a good catch, such as the arrest of the Marquis de Paroy in 1805 (see the study by J. Benoit, p. 95ff.), a case as emblematic as it was ambiguous and ironic. This party was indeed caught red-handed in the final stages of a plate: Diogenes snuffing out his lamp while pointing at the emperor. Was it meant that the cynical philosopher had found the real man he sought in full daylight? An unlikely hypothesis in view of de Paroy's anti-Napoleonic opinions. More probably, it was a satirical reversal of an iconographic theme popularised during the Revolution:[52] Diogenes had not found the man but, upon sighting the tyrant, his lamp, symbol of light, went out.

It is hard to make anything of this engraving since the plate was of course destroyed; we have only the legend to clarify the work's meaning. In itself, however, its confiscation by the police furnishes some interesting information. Technically, we know it was an engraving on steel, guaranteeing a larger edition. This tends to confirm the concerned party's subversive intentions, all the more so since he boasts «the fullest collection of all that has been published of the sort since 1793». The marquis obviously was a politically-motivated collector. Without a doubt, he used the cartoons in his possession as models (he certainly must have taken inspiration from a revolutionary print portraying Diogenes). Thus the themes and motifs travelled about, changing sides and being emptied of their contents to then be charged with new ideological implications.

The Marquis de Paroy incident also reveals that it was an amateur who produced the plate, no doubt an etching. Generally speaking, and in contrast to English prints, French prints were not the product of confirmed artists but more often of dealers, publishers or enthusiasts, sometimes line-engravers.[53] With but few exceptions (such as certain plates copied from English models),[54] their work shows less graphic skill and speed of execution. They always appear more rigid. As to their contents, a German visitor to Paris in 1804 put it quite succinctly by commenting that «hardly one out of twenty French caricatures is the slightest bit witty».[55]

Unlike their English counterparts, French cartoons were undated; only the copyright registration provides any precise data *(dépôt legal)*. Moreover, such data exists mostly for those plates best adapted to the «official» or dominating political line, especially from 1815. Technical data supplies the matrix size: generally thirty centimetres. Etchings, preferably water-coloured, were by far the most popular. Most of the prints at

di salute pubblica stabilisce che il deputato David sia invitato a impiegare i suoi talenti e tutti i mezzi di cui dispone per moltiplicare le incisioni e le caricature che possano risvegliare il sentimento pubblico e far sentire quanto siano atroci i nemici della libertà e della Repubblica».[48]

Nello stesso periodo, fin dal marzo 1792, un cattolico conservatore come Boyer de Nîmes pubblica con cadenza periodica una *Histoire des caricatures de la révolte des Français* che riassume perfettamente il nuovo modo di concepire il genere: «In tutti i tempi le caricature sono state importanti mezzi utilizzati per far capire al popolo cose che, se fossero state semplicemente scritte, non lo avrebbero colpito abbastanza. Servivano anche a rappresentargli, ancor prima che sapesse leggere e scrivere, diverse realtà che era importante fargli conoscere, e allora le caricature erano per lui quello che sono ancora oggi, una *scrittura parlata* [...]. È stato rilevato che in tutte le rivoluzioni le caricature sono state impiegate per mettere in movimento il popolo, e non si può non convenire che questo strumento sia altrettanto perfido quanto i suoi effetti sono fulminei e terribili. [...] Ma se si può osservare che le caricature sono il termometro che segna la febbre dell'opinione pubblica, occorre anche notare che coloro i quali sanno padroneggiare i loro mutamenti sono anche in grado di padroneggiare l'opinione pubblica.»[49]

Tale modo di concepire la caricatura è acquisito a partire dal 1800. Il giornale *Le Citoyen français*, nel 1803, osserva che «questo linguaggio muto parla a tutti gli occhi e trascina di fronte al tribunale dell'opinione pubblica quelli che credono di poterla sfidare impunemente».[50] Ora, già sotto il Consolato ma soprattutto sotto l'Impero, l'opinione pubblica viene controllata strettamente, come mostrano i rapporti della polizia segreta, che si moltiplicano. Ma le incisioni incriminate rimangono spesso inafferrabili, se non immaginarie: «Invano ho fatto cercare il libello dal titolo *Manifeste de la Russie*. Non è la prima volta che si parla di libelli e di caricature che non sono mai esistite», scrive il ministro della polizia Fouché, il 18 settembre 1804.[51]

Talvolta, però, accade che la censura metta le mani su un bel malloppo, come quello del marchese de Paroy, nel 1805 (cfr. lo studio di J. Benoit, p. 95sgg.). L'episodio dell'arresto del marchese si rivela emblematico quanto ambiguo e ironico. In realtà egli viene sorpreso in procinto di terminare una lastra, in cui Diogene spegne la lanterna e indica l'imperatore. Il filosofo cinico avrebbe trovato il vero uomo che cercava in pieno giorno? Le opinioni antinapoleoniche dell'artista contrastano con questa ipotesi. Si tratta piuttosto dell'inversione satirica di un tema iconografico che era divenuto popolare durante la Rivoluzione.[52] Diogene non ha trovato l'uomo, ma alla vista del tiranno la lanterna, simbolo della luce, si spegne.

È difficile esprimere un giudizio su questa incisione, perché la lastra venne ovviamente distrutta e non disponiamo della didascalia che dovrebbe rendere esplicito il senso della scena. Da questo episodio di sequestro poliziesco si trae tuttavia una serie di informazioni interessanti. Sul piano tecnico si tratta di un'incisione su acciaio, tale da assicurare una tiratura maggiore: una prova dell'intenzione decisamente sovversiva dell'interessato, il quale, per di più, possiede «la collezione completa di quanto è uscito nello stesso genere a partire dal 1793». Con tutta evidenza, il marchese è un collezionista motivato da intenzioni politiche. Non ci sono dubbi che abbia usato le caricature in suo possesso come modelli (in questo caso si è certamente ispirato a una stampa rivoluzionaria che rappresentava Diogene). I temi e i motivi si spostano così da una sponda politica all'altra, vuotandosi dei loro contenuti iniziali per assumere una nuova carica ideologica.

sichtlich sammelte der Marquis aus politischen Absichten; er brauchte die in seinem Besitz befindlichen Karikaturen als Vorlagen (sicher liess er sich von einer revolutionären Diogenes-Zeichnung anregen). Die Themen und Motive wechselten also das politische Lager, indem man sie ihres Inhaltes entleerte und mit neuer ideologischer Bedeutung auflud.

Die Geschichte des Marquis de Paroy erzählt aber auch von einem Liebhaber, der mit der Herstellung einer Graphik, zweifellos einer Radierung, beschäftigt ist. Im Unterschied zu den englischen Karikaturen wurden die französischen Stiche gewöhnlich nicht von angesehenen Künstlern geschaffen, sondern meist von Händlern, Verlegern oder Liebhabern, gelegentlich von Linienstechern.[53] Vor dem Sturz des Kaisers erschienen die kritischeren Blätter ohne Namen. Abgesehen von ein paar Ausnahmen (zum Beispiel bestimmte Kopien englischer Vorlagen),[54] sind sie durch einen weniger graphischen und schnellen, oft ungeschickteren und stets steiferen Stil gekennzeichnet. Was ihren Inhalt betrifft, könnte man dem Urteil eines deutschen Reisenden beipflichten, der 1804 bei einem Aufenthalt in Paris feststellte, dass «man unter zwanzig französischen Karikaturen kaum eine findet, die etwas Geist hat».[55]

Im Unterschied zur englischen Produktion sind die französischen Karikaturen nicht datiert, und einzig das «dépôt légal», die gesetzlich vorgeschriebene Hinterlegung eines Belegexemplars, liefert genaue Informationen, allerdings nur für die Blätter, die, vor allem ab 1815, am wenigsten vom «offiziellen» oder vorherrschenden Diskurs abweichen. Die Platten haben eine durchschnittliche Seitenlänge von 30 cm. Am häufigsten sind Radierungen, die oft mit Aquarell koloriert werden. Die meisten aktuellen Blätter können bei Martinet in der Rue du Coq in Paris (1795 gegründet) erworben werden; einige Stiche werden in den Geschäften der Rue Saint-Jacques, zum Beispiel bei Genty, verkauft, andere findet man «à Paris, chez tous les Marchands de Nouveautés» (bei allen Pariser Neuheiten-Händlern). Von der Revolution bis 1806 fand in der Nähe der Place Vendôme, im ehemaligen Kapuzinerinnenkloster, «eine Freilichtausstellung von Karikaturen [statt], und die Liebhaber verpassten es nie, vorbeizuschauen, sich zu unterhalten und vor den Auslagen zu politisieren [...]».[56]

Ab 1814 versuchten verschiedene nationalistische und pronapoleonische Graphiken[57] den Strom von Satiren zu bekämpfen, der, von der polizeilichen Kontrolle befreit, den Markt überflutete. Zwischen den beiden Extremen, zwischen Verteidigung und Angriff, sind einige Blätter zu situieren, deren ideologische Botschaft mehrdeutig ist. So zeigt beispielsweise *Le Promethée de l'Isle S^{te}:-Héléne*[57b] einen Adler, der sich auf den feisten Körper des abgesetzten Kaisers stürzt. Neben ihm verwandelt sich die Fackel dessen, der den Menschen die Erkenntnis bringen wollte, in ein Symbol des Ruhms, bekrönt von einem Löschhütchen, das die Inschrift «Mont S^t. Jean» trägt, eine Anspielung auf die Niederlage bei Waterloo. Die Zeichnung präsentiert also einen Übermenschen, doch zugleich auch in aller Unbarmherzigkeit das Scheitern dieses Heros.

Die ersten antinapoleonischen Karikaturen waren teilweise ins Französische übersetzte englische oder deutsche Stiche, hauptsächlich Arbeiten von George Cruikshank und Johann Gottfried Schadow.[58] Nach 1815 wurden anonyme Werke oder die Verwendung von Pseudonymen immer seltener, da die von Napoleon drohende Gefahr für immer aus der Welt geschafft war. Einige zweitrangige Zeichner und Reproduktionsstecher, wie Henri Gérard Fontallard oder Pierre Joseph Moithey, signierten ihre Werke. Zu den anerkannten Künstlern gehören Pierre Audouin, der offizielle Porträts Bonapartes

Pierre Nolange Bergeret, Les musards de la rue du Coq

vent des Capucines que «se tenait l'exposition en plein air des caricatures, et les amateurs ne manquaient jamais de venir s'amuser et politiquer devant les collections [...]».[56]

A partir de 1814, plusieurs gravures nationalistes et pronapoléoniennes[57] s'efforcent de lutter contre le flot de satires qui, longtemps contenu par la surveillance policière, s'échappe avec une rare violence. Entre les deux extrêmes, entre la défense et l'offense, s'infiltrent parfois des planches dont le message idéologique s'avère fort ambigu. Par exemple, *Le Promethée de l'Isle S^{te}:-Héléne*[57b] montre un aigle qui s'acharne sur le corps rondouillard de l'ex-Empereur. A ses côtés, le flambeau de celui qui voulut apporter la connaissance aux êtres humains se transforme en symbole de la gloire, coiffé par un éteignoir sur lequel est inscrit «Mont S^t. Jean», allusion au désastre de Waterloo. En d'autres termes, la gravure donne l'image d'un surhomme, mais aussi de son échec sans rémission.

Les premières caricatures contre Napoléon se contentent parfois de traduire en français certaines estampes étrangères, anglaises ou allemandes, principalement les œuvres de George Cruikshank et Johann Gottfried Schadow.[58] Toutefois, dès 1815, l'anonymat ou l'usage de pseudonymes n'est plus de règle, puisque la menace napoléonienne est définitivement écartée. Quelques dessinateurs et graveurs de reproduction de second ordre tels Henri Gérard Fontallard ou Pierre Joseph Moithey signent leurs planches. Parmi les artistes reconnus, Pierre Audouin exécute des portraits officiels de Bonaparte avant de se reconvertir en graveur de Louis XVIII, et Pierre Marie Bassompierre Gaston, un élève de David, né en 1786, devient le portraitiste du duc de Berry et du roi; il enseigne le dessin à l'Ecole militaire de La Flèche dès 1816 tout en traçant des charges. En signant, ces artistes marquent leur allégeance à la royauté. Le fait signale également la renaissance du marché de la caricature en France et le soucis de la notoriété à laquelle donnent accès maintenant les estampes satiriques d'actualité.

En définitive, le style «français» de la caricature peut s'expliquer par l'«amateurisme» des exécutants, étant donné que le métier de caricaturiste n'existe pas sur le Continent. De plus, on imagine mal un artiste, dépendant des concours et des commandes de l'Etat, risquer ainsi sa carrière et sa tête. Enfin, cette rigidité révèle également la pratique dominante de la

Le Prométhée de l'île Sainte-Hélène

Et l'on revient toujours à ses premiers amours

the time could be purchased at Martinet's (established in 1795), rue du Coq, in Paris; some could be acquired at the little shops of rue Saint-Jacques, at Genty's for example, while still others were available «à Paris, chez tous les Marchands de Nouveautés» (in Paris, at all Novelty shops). From the time of the Revolution until 1806, it was in particular near Place Vendôme, in the Capuchin monastery, that «an open-air exhibition of cartoons was held, where enthusiasts never missed a chance to come enjoy themselves and talk about politics while browsing among the collections [...]».[56]

Starting in 1814, several nationalist and pro-Napoleonic prints[57] were published in an effort to counter the stream of satirical works that, after being held in check for some time by the police, burst forth with unusual violence. Between these two extremes, defence and attack, a few plates of a more ambiguous ideological nature filtered through, such as Le Prométhée de l'Isle S^{te}:-Héléne,[57b] with its eagle relentlessly attacking the bulky body of the ex-Emperor. Beside the eagle, the flame of he who wanted to grant knowledge to mankind is transformed into a symbol of glory, topped by a candle snuffer marked «Mont S^t. Jean» in allusion to the defeat at Waterloo. In other words, while the work presents a superman, it also depicts his irremediable failure.

For the most part, the early cartoons targeting Napoleon did no more than translate into French various foreign – English and German – prints, mainly works by respectively George Cruikshank and Johann Gottfried Schadow.[58] Soon however, from 1815, it became less fashionable to work anonymously and use pseudonyms, since the Napoleonic threat had become non-existent. Several lesser-known draughtsmen and reproduction engravers such as Henri Gérard Fontallard or Pierre Joseph Moithey began signing their plates. Among the better-known, Pierre Audouin did several official portraits of Bonaparte before becoming engraver to Louis XVIII, while Pierre Marie Bassompierre Gaston – born in 1786 and a student of David – became portraitist to the Duke of Berry and the King; he taught drawing at the Ecole militaire de La Flèche from 1816, while continuing to work on various caricatures. By apposing their signatures, these artists attested to their allegiance to the Crown. Their signatures also announced the rebirth of the market for cartoons in France, and rekindled ambitions for fame in the field of topical lampooning.

L'aneddoto relativo al marchese de Paroy ci mostra anche un dilettante in procinto di mettere a punto una lastra, con tutta probabilità un'acquaforte. Di solito le stampe francesi, diversamente da quelle inglesi, non sono relizzate da artisti sperimentati, ma più spesso da mercanti, da editori o da dilettanti, qualche volta da incisori in taglio dolce.[53] Prima della caduta dell'imperatore, le immagini più critiche sono ovviamente anonime. Fatta qualche eccezione (come alcune tavole copiate da modelli d'oltremanica),[54] le stampe francesi sono caratterizzate da uno stile meno grafico e immediato, spesso più maldestro e sempre più rigido. Per quanto concerne il contenuto, si è tentati di trovare corretto il giudizio di un tedesco di passaggio a Parigi nel 1804, il quale constata che «su venti caricature francesi, se ne trova a malapena una che sia un po' spiritosa».[55]

Diversamente che in Inghilterra, in Francia le stampe non sono datate; solo il deposito legale *(dépôt légal)* fornisce informazioni precise (limitatamente alle tavole più in linea con i discorsi «ufficiali» o di ispirazione dominante, soprattutto dal 1815 in poi). Dal punto di vista tecnico, le matrici misurano in media una trentina di centimetri; predomina decisamente l'acquaforte, spesso colorata all'acquerello. La maggior parte delle stampe di attualità si può acquistare da Martinet (impresa fondata nel 1795), nella parigina Rue du Coq; alcune stampe vengono vendute nelle bottegucce della Rue Saint-Jacques, per esempio da Genty; altre poi si possono trovare «à Paris, chez tous les Marchands de Nouveautés» (a Parigi, presso tutti i mercanti che vendono le ultime novità). Dai tempi della Rivoluzione fino al 1806, soprattutto dalle parti della Place Vendôme, nell'ex convento delle cappuccine, «si teneva l'esposizione all'aperto delle caricature e gli appassionati non mancavano di venire qui a divertirsi e a ragionare di politica di fronte alle collezioni [...]».[56]

A partire dal 1814, numerose incisioni nazionaliste e filo-napoleoniche[57] si sforzano di lottare contro la marea delle satire che, a lungo contenute dalla sorveglianza della polizia, esplodono con rara violenza. Fra i due estremi, tra la difesa e l'offesa, si inseriscono talvolta tavole il cui messaggio ideologico appare molto ambiguo. Per esempio, *Le Prométhée de l'Isle S^{te}:-Héléne*[57b] mostra un'aquila che si accanisce sul corpo grassoccio dell'ex imperatore. Ai lati, la fiaccola di colui che volle portare la conoscenza agli esseri umani si trasforma in

geschaffen hatte, bevor er sich als Graveur für Ludwig XVIII. betätigte, und Pierre Marie Bassompierre Gaston (geb. 1786), ein Schüler Davids, der Porträtmaler des Duc de Berry und des Königs wurde; er gab von 1816 an Zeichenunterricht an der Militärschule von La Flèche, ohne deswegen die Produktion von Karikaturen aufzugeben. Durch die Signatur ihrer Werke drückten diese Künstler ihre Verbundenheit mit dem Königtum aus. Zugleich macht dieses Faktum deutlich, dass der Markt französischer Karikaturen an Bedeutung gewann, und dass es nun möglich war, sich mit zeitkritischer Satire einen Namen zu machen.

Letzten Endes ist der «französische» Stil der Karikatur durch den Amateurstatus der Ausführenden gekennzeichnet, da es auf dem Kontinent keine Berufskarikaturisten gab. Man kann sich zudem schlecht einen Künstler vorstellen, der, von staatlichen Wettbewerben und Aufträgen abhängig, durch Karikaturen seine Karriere und seinen Kopf aufs Spiel setzte. Schliesslich lässt diese Steifheit auch die dominierende Praxis der Reproduktionsgraphik erkennen, die zum allgemeinen Gebrauch mechanisch gezogener Konturlinien sowie regelmässiger Schraffierungen und Gegenschraffierungen führte, um die Volumen der Originalaquarelle oder Lavierungen wiederzugeben.[59]

In der an französischen Karikaturen besonders reichen Sammlung des Napoleon-Museums Arenenberg spiegeln sich die Bedingungen der Zensur, denn die meisten Blätter stammen aus der Zeit zwischen 1813 und 1815, zwischen Niederlage und Exil. Die Werke lassen jedoch auch die Weltanschauung jener Personen erkennen, die sie sammelten; man sieht fast keine Beispiele für die staatliche Propagandagraphik, die während des Kaiserreiches gegen England und die Alliierten gerichtet war:[60] eine von Napoleon selbst geförderte Hetzaktion, um die Angriffe der britischen Presse und Satire zu kontern.[61]

2.1.2.3 Die deutschen Länder

Nach einer verhältnismässig freizügigen Periode unter König Friedrich II. führte das Edikt von 1788 erneut die Zensur in Preussen ein. Während der Revolution übten die meisten deutschen Staaten und Österreich eine scharfe Kontrolle über Presse und Graphik aus, die sich mit Napoleons Machtübernahme nochmals verschärfte. Zur inländischen Zensur kam in der Zeit des Empire der Druck der französischen Diplomaten hinzu, die mit Argwohn alles überwachten, was am Bild des Kaisers hätte kratzen können. Verschiedene polizeiliche und juristische Dokumente beweisen jedoch, dass die Vorzensur nicht sehr wirksam war. So verteidigte der Nürnberger Verleger Friedrich Campe 1811, der in diesem Bereich am aktivsten war, die Veröffentlichung von zwei Stichen, mit denen die satirischen Schriften von Wilhelm Rabener illustriert waren, indem er behauptete, niemand hätte ihn aufgefordert, solche Zeichnungen den Behörden vorzulegen, dass er dies jedoch stets mit den für das Volk bestimmten Werken getan hätte.[62]

Der «Fall Clar», der vor kurzem dokumentiert wurde,[63] bringt Informationen aus erster Hand über die Bedingungen der Karikatur in den deutschen Ländern zur Zeit des Empire. Am 18. Juni 1805 schrieb der Französische Gesandte am Preussischen Hof, Antoine de Laforest, an den Geheimen Botschaftsrat Paul Ludwig Le Coq, man habe in Hamburg einen «äusserst ungehörigen Kupferstich» gefunden, das Werk eines Berliner Stechers, August Clar, obwohl das Blatt

gravure de reproduction qui a généralisé l'usage un peu mécanique des contours linéaires, des tailles et des contretailles régulières qui s'efforcent de rendre les volumes des dessins originaux, lorsqu'ils sont esquissés à l'aquarelle ou au lavis.[59]

Le musée d'Arenenberg, particulièrement riche en charges françaises, est à l'image des conditions de la censure, puisque l'essentiel des épreuves de la collection datent des années 1813 à 1815, entre la défaite et l'exil. Par ailleurs, ces œuvres traduisent les choix idéologiques des personnes qui ont réuni ces épreuves, car l'on y trouve presqu'aucune trace des gravures de propagande d'Etat, dirigées contre l'Angleterre et les Alliés sous l'Empire:[60] une action pamphlétaire encouragée par Napoléon lui-même pour répondre aux offensives de la presse et de la satire britanniques.[61]

2.1.2.3 Les Pays germaniques

Après une période de relative clémence sous Frédéric II, l'édit de 1788 réinstaure avec force la censure en Prusse. Sous la Révolution, la plupart des Etats allemands ainsi que l'Autriche exercent un contrôle serré de la presse et de la gravure, qui s'intensifie avec la prise de pouvoir de Napoléon. Sous l'Empire, à la censure interne s'ajoutent les pressions des diplomates français qui surveillent de près tout ce qui pourrait égratigner l'image de l'empereur. Une série de documents policiers et juridiques apportent toutefois la preuve de l'efficacité très relative de la censure préventive. Ainsi, en 1811, Friedrich Campe, éditeur à Nuremberg, le plus actif dans le domaine, défend la publication de deux gravures qui illustrent les écrits satiriques de Wilhelm Rabener en affirmant qu'on ne lui a jamais demandé de soumettre de tels dessins aux autorités, mais qu'il l'a toujours fait pour les œuvres destinées aux classes populaires.[62]

L'«affaire Clar», récemment documentée,[63] apporte des informations de première main sur les conditions de la caricature en Allemagne à l'époque de l'Empire. Le 18 juin 1805, le conseiller d'ambassade prussien, Paul Ludwig Le Coq, reçoit une lettre de l'ambassadeur de France, Antoine de Laforest. Il informe Le Coq que l'on a trouvé à Hambourg une gravure offensante, œuvre d'un graveur berlinois, August Clar, bien que la planche indique Leipzig, pour brouiller les pistes. Mis en accusation, l'artiste affirme que l'idée originale n'est pas de lui mais d'un individu qui lui a passé commande, pour huit Louis d'or, de la gravure. De plus, l'étranger en question joint à son dessin original un texte de commentaire prouvant qu'il ne s'agit pas d'un pamphlet mais d'une estampe en l'honneur de Napoléon. Le commanditaire ne reparaissant pas, Clar décide de tirer la planche à une cinquantaine d'exemplaires, pour rentrer dans ses frais. Toujours selon ses dires, il la fait polir après usage. Interrogé, Clar ajoute qu'il ignorait les exigences de la censure, ayant édité de nombreuses caricatures de mœurs sans les soumettre au contrôle préalable des autorités.

Sans entrer dans les détails, l'affaire est intéressante à plus d'un titre. D'abord parce qu'elle dévoile les mécanismes de la censure, par l'intermédiaire des ingérences étrangères; ensuite parce qu'elle joue sur les ambiguïtés de l'allégorie et sur les malentendus qui peuvent se glisser entre une gravure et son commentaire.

Le texte original du fameux étranger se présente sous la forme d'une ébauche de dialogue entre badauds devant l'étalage d'un marchand, débats introduits par la phrase: «Certains la prennent pour une satyre, d'autres pas, cependant on l'achète et l'on en rit.» Clar a tiré de ce texte manuscrit

Ultimately, the «French» cartoon style can be attributed to the «amateurism» of those who produced them, since drawing cartoons was no profession on the Continent. And certainly, what's more, artists depending on state competitions and commissions could hardly have been expected to stake both career and life on the genre. The resulting rigidity also attests to the popularity of reproduction engraving techniques generalising the somewhat mechanical use made of linear contours, and the regular combination of crossed lines made in an attempt to capture the volumes of the original drawings done in watercolour or washes.[59]

The Arenenberg Museum, particularly well endowed with French works, shows the effects of censorship, since most of the collection prints date from the years 1813 to 1815, between Napoleon's defeat and his exile to the island of Elba. Of course, the collection also reflects choices made for ideological reasons by the people who assembled it. This will explain why none of the state propaganda prints directed against England and the Allies during the Empire[60] – a campaign Napoleon himself had encouraged as a counteroffensive to the British press and cartoons[61] – are to be found.

2.1.2.3 The Germanic Countries

After the «relative liberality» of Frederick II, the Edict of 1788 reestablished heavy censorship in Prussia. During the Revolution, most of the German states, and Austria, kept a tight rein on the press and engravings, even reinforcing that control when Napoleon came to power. Under the Empire, pressure from French diplomats, who kept out a sharp eye for the slightest blemish to their Emperor's image, further abetted internal censorship. Preventive censorship was however relatively ineffective, according to a series of police and legal documents. In 1811, for instance, the Nuremberg publisher Friedrich Campe – one of the most active in the field – defended the publication of two engravings illustrating the satirical writings of Wilhelm Rabener: he argued that he had never been asked to submit such drawings to the authorities, but that he always did so when publishing works destined for the common people.[62]

The recently documented «Clar affair»[63] provides firsthand information on the cartoon context in Germany during the Empire. On 18 June 1805, the Prussian embassy counsellor Paul Ludwig Le Coq received a letter from Antoine de Laforest, the French ambassador to Prussia. He was informed that an injurious engraving has been come across in Hamburg. The plate, which was the work of a Berlin engraver, August Clar, was marked Leipzig, no doubt to make it harder to trace. When confronted with an accusation, Clar claimed the original idea had not been his own but the brainchild of the person who, for eight louis d'or, had placed the order. Moreover, he further claimed, the stranger in question had attached to his original drawing a commentary proving that the work was not a lampoon but a print in Napoleon's honour. When his sponsor failed to show up, Clar decided to print out the plate in an edition of fifty, to break even with expenses. He further asserted that he had the plate polished after utilisation. When questioned, he replied that he was unaware of any censorship requirements because he had already published a great number of cartoons of manners without submitting them to the authorities for prior approval.

Any further details notwithstanding, this affair has much of interest in many respects. First of all because it reveals how

simbolo di gloria, coperta da uno spegnitoio sul quale sta scritto «Mont S.t Jean», allusione al disastro di Waterloo; in altri termini, l'incisione fornisce l'immagine di un superuomo, ma anche della sua sconfitta senza rimedio.

Le prime caricature contro Napoleone si accontentano talvolta di tradurre in francese alcune stampe straniere, inglesi o tedesche, in particolare le opere di George Cruikshank e di Johann Gottfried Schadow.[58] Tuttavia, dal 1815 in poi, l'anonimato o l'uso di pseudonimi non è più necessario, perché la minaccia napoleonica è definitivamente svanita. Qualche disegnatore o incisore di riproduzioni di second'ordine, come Henri Gérard Fontallard o Pierre Joseph Moithey, firma le sue tavole. Fra gli artisti più noti, Pierre Audouin esegue ritratti ufficiali di Bonaparte prima di riconvertirsi a incisore di Luigi XVIII, e Pierre Marie Bassompierre Gaston, allievo di David nato nel 1786, diventa il ritrattista del duca di Berry e del re; dal 1816 insegna disegno alla scuola militare di La Flèche, sempre continuando a eseguire anche caricature. Firmando, questi artisti sottoscrivono la loro fedeltà alla Corona; ma ciò sottolinea nello stesso tempo la rinascita del mercato della caricatura in Francia (e l'interesse per la notorietà, alla quale le stampe satiriche di attualità offrono ora l'accesso).

In definitiva, lo stile «francese» della caricatura trova modo di esprimersi grazie al «dilettantismo» degli esecutori, dato che sul continente il mestiere di caricaturista non esiste. Inoltre non è facile immaginare che un artista, le cui fortune dipendono dai concorsi e dalle ordinazioni dello Stato, metta a rischio la carriera e la testa per dedicarsi alla caricatura. La rigidità che si osserva in questa produzione, infine, è anche rivelatrice della pratica dominante dell'incisione-riproduzione: una pratica che ha generalizzato l'uso un po' meccanico dei contorni lineari, dei tagli e controtagli regolari che si sforzano di rendere i volumi dei disegni originali, quando sono schizzati all'acquerello o al lavis.[59]

Il museo di Arenenberg, particolarmente ricco di opere caricaturali francesi, rispecchia le condizioni imposte dalla censura, giacché il nucleo delle opere della collezione risale agli anni 1813–1815, tra la sconfitta e l'esilio. Tali opere esprimono, del resto, le scelte ideologiche delle persone che hanno raccolto queste stampe, giacché non vi è traccia delle incisioni di propaganda statale, dirette contro l'Inghilterra e gli alleati ai tempi dell'Impero:[60] un'azione diffamatrice, incoraggiata dallo stesso Napoleone per rispondere agli attacchi della stampa e della satira britannica.[61]

2.1.2.3 Paesi tedeschi

In Prussia, dopo un periodo di relativa clemenza ai tempi di Federico II, l'editto del 1788 instaura di nuovo la censura in termini pesanti. Ai tempi della Rivoluzione, la maggior parte degli Stati tedeschi e anche l'Austria esercitano un controllo severo sulla stampa e sulla grafica, controllo che si intensifica dopo la presa del potere da parte di Napoleone. Sotto l'Impero, alla censura interna si aggiungono le pressioni dei diplomatici francesi, che sorvegliano da vicino tutto ciò che potrebbe danneggiare l'immagine dell'imperatore. Una serie di documenti polizieschi e giuridici reca tuttavia la prova dell'efficacia assai relativa della censura preventiva. Così, nel 1811, Friedrich Campe, editore a Norimberga (il più attivo in questo ambito), difendendo la pubblicazione di due incisioni che illustrano gli scritti satirici di Wilhelm Rabener afferma che nessuno gli ha mai chiesto di sottoporre tali disegni alle autorità,

die Angabe «Leipzig» trägt, wohl «um die Herkunft zu verschleiern». Unter Anklage gestellt, erklärte Clar, dass «Idee und Zeichnung» nicht von ihm stammten, sondern von einem Fremden, der die Kupferplatte gegen 8 Louis d'Or bei ihm in Auftrag gab. Zur Originalzeichnung erhielt er vom Ausländer einen «Aufsatz, worin ganz deutlich ausgeführt war, dass dieses Blatt keine Schmähschrift, sondern vielmehr zum Lobe des K. Napoleon gereichen sollte». Da sich der Auftraggeber nicht mehr zeigte, beschloss Clar, fünfzig Abzüge zu drucken, um auf seine Kosten zu kommen. Die Platte schliff er nach Gebrauch ab. Gemäss seiner Aussage wusste Clar nicht, dass der Stich der Zensur unterworfen war, da er schon zahlreiche «Carricaturen» herausgegeben hätte, für die es nie eine «Authorisation einer höhern Behörde» brauchte.

Der Fall, auf den hier nicht näher eingegangen werden soll, ist in mehr als einer Hinsicht aufschlussreich. Zunächst einmal legt er die Mechanismen der Zensur bloss, die auf Druck von aussen zu arbeiten beginnt; er zeigt aber auch die Mehrdeutigkeit der Allegorie und die interpretatorische Kluft, die sich zwischen einem Stich und seinem Kommentar auftun können.

Der Originaltext des geheimnisvollen Unbekannten hat die Form eines Gespräches zwischen «Anschauern und Käufern» vor der Auslage eines Buchhändlers. Am Ende des ersten Abschnitts steht der Satz: «Einige halten es für eine Satyre, andre nicht, indessen wird es gekauft und belacht.» Clar hatte das Manuskript (das er während des Verhörs vorlegte) in einem eine Seite langen beschreibenden Kommentar zusammengefasst, den er, im gleichen Format wie die *Wirkungen und Ende der Rebellionen* untertitelte Zeichnung radiert, mit dieser verkaufte. Diese «harmlose, fast positive Erklärung» bildet einen scharfen Kontrast zum Bild, das sich als Satire auf die Kaiserkrönung von 1804 präsentiert: Der Kaiser thront auf einem Berg von Totenschädeln, und vor den Mündern der Untertanen hängen grosse Schlösser…

Nach der Völkerschlacht von Leipzig (1813) nahm die Zahl der satirischen Stiche in den Auslagen der Buchhändler zu. «Viele Carricaturen und sogenannten satirischen Kupferstiche beleidigen die Sitten und die sittliche Würde», stellten die Zensurbehörden fest und fragten, «ob alle dergleichen Carricaturen, welche eine politische Erinnerung oder Tendenz an sich tragen, überhaupt als nicht angemessen und bisher nicht üblich gewesen, zurückzuweisen [seien]».[64] Sehr geschickt gab der Aussenminister jedoch zu bedeuten, dass ein Verbot die geheime Macht der zensierten Stiche noch weiter verstärken würde.

Wie in Frankreich waren sich die deutschen Politiker und Intellektuellen der ideologischen und didaktischen Wirksamkeit der Stiche bewusst. In der von Johann Georg Meusel herausgegebenen Zeitschrift *Neue Miscellaneen* erschien 1799 ein anonymer Artikel «Ueber Carricatur», der darauf hinweist, die Ursache dafür, dass «schon der Name Carricatur bey vielen Personen von feinem Gefühl so verhasst ist, liegt darin, dass alles, was in diesem Fache erscheint, auf die ungereimteste Art, wider alle Regeln der Kunst und der schönen Natur verzerrt ist». Dennoch kann die Karikatur «Nutzen haben», da sie fähig ist, «den Geschmack zu verbessern, wenn sie dieses oder jenes, was wider allen Geschmack ist, mit einem feinen Witz lächerlich macht». Allerdings müssen dazu «alle Unanständigkeiten aus ihr verbannt werden» und den Figuren dürfen keine «unnatürlichen Dinge […] aus den Hälsen gehen» (die berühmten Sprechblasen). Sechs Jahre später, 1805, erscheint ein weiterer anonymer Artikel zur Verteidigung der Karikatur, des «Halbbruders der Satyre», der im Gegenteil behauptet, die Wirksamkeit des Bildes zähle unendlich viel mehr als das Dekorum.[65]

Johann Friedrich August Clar, Wirkungen und Ende der Rebellionen

(qu'il présente lors des audiences) une page de commentaire très descriptif. Gravé à l'eau-forte au format, le texte est vendu avec la planche incriminée qui s'intitule *Wirkungen und Ende der Rebellionen*. Or, ce commentaire élogieux, contredit l'image qui présente en effet tous les traits d'une satire du sacre de 1804, car l'empereur trône sur des crânes et les bouches du peuple réduites au silence par des cadenas…

En 1813, après la bataille de Leipzig, les gravures pamphlétaires envahissent peu à peu les devantures des marchands: «De nombreuses caricatures et estampes satiriques insultent les mœurs et la dignité morale», notent alors les autorités de censure qui demandent «si toutes ces caricatures qui portent en elles un souvenir ou une tendance politique, ne devraient pas être supprimées parce qu'elles ne sont pas convenables, ni conformes aux mœurs.»[64] Très habilement, le ministre des Affaires étrangères relève qu'une telle suppression rendrait justement le pouvoir occulte des estampes censurées encore plus fort.

Comme en France, les hommes de culture et de politique allemands ont conscience de l'efficacité soit idéologique, soit didactique des gravures. Dans l'article *Ueber Carricatur*, édité en 1799 par Johann Georg Meusel, l'auteur anonyme note combien «le seul nom de caricature est haï par nombre de personnes aux sentiments délicats», parce que le genre déforme la nature. Puis il remarque que la caricature peut se rendre utile en améliorant le goût et en attaquant les ridicules. Mais elle ne doit pas enlaidir la nature et utiliser les moyens bâtards de l'écriture (les fameuses «bulles»). En 1805, un article anonyme prend toutefois la défense de la charge, ce «demi-frère de la satire» en affirmant au contraire que l'efficacité de l'image compte infiniment plus que le décorum.[65]

A partir de 1798, la parution à Weimar et Rudolstadt de *London und Paris*, qui devient *Paris, Wien und London* (1811), *Paris und Wien* (1811–1813) puis *London, Paris und Wien* (1815), favorise la diffusion en Allemagne des informations politiques et des modèles iconographiques européens. Nombre de caricatures anglaises figurent dans cette publication, parfois dans une version édulcorée qui supprime les éléments trop spécifiques et trop nationaux. L'éditeur Campe, qui installe son officine en 1805 à Nuremberg, possède une collection de caricatures anglaises, acquises sur place. N'oublions pas que Ackermann, l'un des principaux marchands londo-

Das Lied vom Ende

censorship worked within, but as well without, the country. It also illustrates the play on ambiguities inherent to allegory, and the misunderstandings that could crop up between a work and its written commentary.

The famous stranger's original text presents itself as the outline of a dialogue between strollers who meet before a merchant's stand. The discussion starts out with the remark: «Some take it for satire and some don't, still it gets sold and laughed at». Clar used a very descriptive page of commentary that he took from this written text (presenting the latter during interviews): he had a standard-size etching made of it that he sold with the incriminated plate; it was entitled *Wirkungen und Ende der Rebellionen*. The flattering commentary is actually altogether at odds with the image, which in every respect resembles a satire of the 1804 coronation: the Emperor is shown lording over skulls and people whose mouths are padlocked to reduce them to silence.

In 1813, after the battle of Leipzig, satirical works began taking over the shop windows: «Many caricatures and so-called satirical copperplate prints are an insult to our mores and moral standards,» the censorship board commented; they wondered, «whether all such caricatures dealing with a political recollection or tendency, considered as inappropriate and up to now uncustomary, shouldn't be rejected».[64] Most adroitly, the Foreign Secretary pointed out that to do so would only heighten the hidden impact of the censored prints.

Just as in France, German people with a certain cultural and political background were aware of the ideological and didactic efficacy of such prints. In the 1799 article *Ueber Carricatur*, edited by Johann Georg Meusel, it is noted how «already the name carricatur is so hated by many people with refined tastes» because such works deform nature. He went on to say that cartoons could be usefully employed to improve tastes and attack the ridiculous. But that they should not serve to render nature ugly, nor should they resort to a bastardised means of writing (the famous «balloons»). An anonymous article of 1805 takes the opposite tack: referring to caricature as «satire's half-brother», the writer declares that an image's effectiveness matters far more than its decorum.[65]

The German public began getting a fuller picture of European political happenings and iconographic models when, as of 1798, the *London und Paris* was published in Weimar and

ma di averlo sempre fatto per le opere destinate alle classi popolari.[62]

«L'affaire Clar», che è stato documentato recentemente,[63] reca informazioni di prima mano sulla situazione della caricatura in Germania all'epoca dell'Impero. Il 18 giugno del 1805 il consigliere dell'ambasciata prussiana, Paul Ludwig Le Coq, riceve una lettera dall'ambasciatore di Francia, Antoine de Laforest. L'ambasciatore informa Le Coq che si ha trovato ad Amburgo una stampa offensiva, opera di August Clar (incisore che è berlinese, quantunque, a fini di depistaggio, la lastra indichi Lipsia come città di origine). Messo sotto accusa, l'incisore afferma che l'idea originale non è sua ma di un individuo che gli ha ordinato di eseguire l'incisione per otto luigi d'oro; inoltre lo straniero in questione ha corredato il disegno originale con un testo di commento, che dimostra non trattarsi di un libello ma di una stampa in onore di Napoleone. Poiché il committente non si fa più vedere, Clar decide di tirare una cinquantina di esemplari della tavola per coprire le spese sostenute; sempre secondo le sue affermazioni, fa levigare la lastra dopo averla usata. Interrogato, egli sostiene di essere stato all'oscuro delle esigenze della censura, avendo pubblicato numerose caricature di costume senza sottoporle preventivamente al controllo delle autorità.

Senza entrare nei particolari, l'*affaire* si rivela interessante sotto diversi aspetti. In primo luogo perché mette a nudo i meccanismi della censura per interposte ingerenze straniere; in secondo luogo perché la vicenda è giocata sulle ambiguità dell'allegoria e sui malintesi che possono infiltrarsi tra un'incisione e il suo commento.

Il testo originale del famoso straniero si presenta sotto forma di un abbozzo di dialogo tra babbei di fronte alla vetrina di un mercante, che inizia con la frase: «Alcuni la considerano una satira e altri no, eppure è comprata e fa ridere.» Da questo testo manoscritto, che Clar presenta alle udienze, egli ha tratto una pagina di commento assai descrittivo. Inciso all'acquaforte nel formato corrente, il testo viene venduto assieme alla tavola incriminata, che si intitola *Wirkungen und Ende der Rebellionen*. Ora, questo commento elogiativo contrasta con l'immagine, che in realtà presenta invece tutti i tratti di una satira della consacrazione del 1804, perché l'imperatore troneggia su teschi e le bocche del popolo sono ridotte al silenzio da lucchetti…

Nel 1813, dopo la battaglia di Lipsia, le incisioni che hanno sapore di pamphlets invadono a poco a poco le vetrine dei mercanti: «Molte caricature e cosiddette incisioni satiriche offendono i costumi e la dignità morale», notano le autorità incaricate della censura, che chiedono «se si debbano respingere, in generale, tutte le caricature siffatte che veicolino una reminiscenza o tendenza politica, in quanto sconvenienti e fin qui inusitate».[64] Molto abilmente, il ministro degli esteri osserva che una tale soppressione aumenterebbe ulteriormente il potere occulto delle stampe censurate.

Come in Francia, anche in Germania gli uomini di cultura e i politici sono consapevoli dell'efficacia sia ideologica sia didattica delle incisioni. Nel articolo *Ueber Carricatur*, pubblicato nel 1799 da Johann Georg Meusel, si osserva come «già il nome caricatura sia tanto inviso a molte persone di buoni sentimenti», dato che il genere deforma la natura. Egli nota poi che la caricatura può rendersi utile migliorando il gusto e attaccando gli aspetti ridicoli, ma non deve rendere brutta la natura e utilizzare i mezzi bastardi della scrittura (i famosi «fumetti»). Nel 1805, tuttavia, un articolo anonimo prende le difese della caricatura, «sorellastra della satira», affermando al contrario che l'efficacia dell'immagine conta infinitamente più dell'etichetta.[65]

Seit dem Jahr 1798, als in Weimar und Rudolstadt *London und Paris* erschien, das in der Folge zu *Paris, Wien und London* (1811), *Paris und Wien* (1811–1813) sowie *London, Paris und Wien* (1815) wurde, förderte diese Veröffentlichung die Verbreitung europäischer politischer Informationen und Bildervorlagen in Deutschland. Zahlreiche englische Karikaturen sind hier zu finden, teilweise in einer verharmlosten Fassung, in der allzu spezifische oder nationale Elemente ausgemerzt sind. Der Verleger, Campe, der seine Offizin 1805 in Nürnberg einrichtete, besass eine in England erworbene Sammlung von Karikaturen. Vergessen wir nicht, dass Ackermann, einer der wichtigsten Londoner Händler, aus Sachsen stammte und enge Beziehungen zu Deutschland bewahrte.[66] Nach der preussischen Niederlage 1806 floh er vor den französischen Armeen nach Norddeutschland, nachdem er seinen Bestand an Karikaturen in Leipzig verbrannt hatte. In der Folge scheint er den Londoner Behörden sogar angeboten zu haben, mit Ballons von England aus den Kontinent mit Karikaturen zu bombardieren![67]

Indirekt belegt das von Ackermann vorgeschlagene Verbreitungsmittel, dass die Karikaturen in Deutschland, anders als in England, keine fest verankerte Tradition besassen. Mehr als alle anderen waren die deutschen Kupferstecher von Gillray und Rowlandson beeinflusst, deren Thematik sie übernahmen und deren Stil sie gelegentlich nachzuahmen versuchten. Dieses Nacheifern kann bis zum Pastiche gehen, wie im Fall des Schweizers David Hess. Wie mehrere seiner Zeitgenossen (darunter Schadow) signierte er seine Blätter mit dem Namen Gillray, als Hommage und Gruss an den englischen Meister.

Unter den deutschen Verlegern scheint Campe in Nürnberg fast ein Monopol besessen zu haben; zumindest werden die Namen und Adressen möglicher Konkurrenten nur sehr selten auf den Blättern genannt – ein weiteres Kennzeichen, das die deutschen Karikaturen miteinander verbindet. Muss man daraus schliessen, dass sich die Verleger hinter einem anonymen Schutzschild versteckten? Jedenfalls zeigt dieses Faktum, dass ein spezialisierter Markt fehlte. Die staatliche und territoriale Zersplitterung der deutschen Länder liess kaum eine echte Konkurrenz entstehen, wie dies in London bei Fores, Ackermann, Humphrey und anderen der Fall war. Vermutlich wurden deshalb Stecher wie Clar zu ihren eigenen Verlegern, die ihre Produkte in den wichtigsten Städten absetzten. Aus diesem Grund sind die deutschen Stiche zudem verhältnismässig klein (durchschnittlich 15 cm Seitenlänge), eine deutsche Besonderheit, die mit dem Papierpreis, aber auch mit den Porti zusammenhängt.[68] Der dezentralisierte Markt (Berlin, Nürnberg und vor allem Leipzig und Weimar sind die wichtigsten Produktionsorte) erklärt des weiteren das Phänomen des Plagiats, das damals in den deutschsprachigen Ländern besonders weit verbreitet war. Das Blatt mit dem Titel *Pariser Carneval von 1814*,[69] eine wahre Blütenlese von Zitaten aus deutschen Karikaturen, veranschaulicht diese Praxis in beispielhafter Weise.

Wie in Frankreich geben der Sturz und das Exil des Kaisers dem deutschen Karikaturenmarkt einen neuen Aufschwung. Man denke beispielsweise an den berühmten «hieroglyphischen» Kopf Napoleons, betitelt *Triumph des Jahres 1813*, von dem in Berlin in einer Woche 20 000 Exemplare verkauft worden sein sollen, wenn man dem diesbezüglichen Hinweis auf einer englischen Kopie Glauben schenken kann.[70] Die zu Werbezwecken aufgeblähte Zahl betrifft ein Werk, dessen zahlreiche deutsche Kopien und Varianten dennoch eine unbestreitbare und aussergewöhnliche Verbreitung in ganz Europa belegen.

niens, est orginaire de Saxe et conserve des relations étroites avec l'Allemagne.[66] Après la défaite prussienne de 1806, il s'enfuit au nord de l'Allemagne à l'approche des armées françaises, après avoir brûlé son fonds de caricatures à Leipzig. Par la suite, il semble qu'il ait même proposé aux autorités londoniennes de bombarder le territoire de caricatures depuis des ballons lâchés depuis l'Angleterre![67]

Indirectement, le moyen de diffusion imaginé par Ackermann révèle que l'Allemagne ne jouit pas d'une tradition caricaturale aussi bien implantés qu'en Angleterre. Plus que tous autres, les graveurs germaniques sont fortement influencés par les Gillray ou Rowlandson, dont ils reprennent les thèmes, et dont ils essaient parfois d'imiter le style graphique. L'émulation va même jusqu'au pastiche dans le cas du Suisse David Hess. En effet, comme plusieurs de ses contemporains (notamment Schadow), il signe ses planches du nom de Gillray, en guise d'hommage et de clin d'œil au maître anglais.

Parmi les éditeurs germaniques, Campe, à Nuremberg, semble presque détenir un monopole, d'autant plus que les noms et les adresses de ses concurrents possibles figurent très rarement sur les épreuves: c'est là une autre caractéristique de ce corpus allemand de caricatures. Qu'en déduire si ce n'est que les éditeurs se protègent derrière le paravent de l'anonymat? Le fait trahit l'absence d'un marché spécialisé. En fait, l'éclatement des Etats et des cités germaniques ne favorise pas les effets de la concurrence qui stimule, à Londres, les Fores, Ackermann ou Humphrey. Face à cette situation, il est probable que les graveurs, comme Clar, s'éditent et se diffusent eux-mêmes dans les principales villes, d'où l'exigence de formats restreints. En effet, une bonne partie de ces estampes sont de dimensions plus réduites que d'ordinaire (une quinzaine de centimètres en moyenne): c'est là une particularité nationale, motivée par le coût du papier, mais aussi par les frais postaux.[68] Ce marché décentralisé (Berlin, Nuremberg et surtout Leipzig et Weimar sont les principaux lieux de production) explique également le phénomène du plagiat, qui semble particulièrement répandu dans les pays germaniques dans ces années. La planche intitulée *Pariser Carneval von 1814*,[69] véritable cortège de citations caricaturales extraites de gravures allemandes, résume cette pratique de manière tout à fait exemplaire.

Comme en France, la chute et l'exil de Napoléon donnent cependant un nouvel essor au marché de l'estampe satirique allemand, à l'exemple de la fameuse tête «hiéroglyphique» de Napoléon, le *Triumph des Jahres 1813*, qui, si l'on en croit l'inscription figurant sur une copie anglaise, se serait vendue à Berlin à vingt mille exemplaires en une semaine…[70] Ce chiffre exagéré à des fins publicitaires concerne une œuvre dont les nombreuses copies et variations allemandes prouvent néanmoins l'indiscutable et l'extraordinaire fortune européenne.

La collection d'Arenenberg contient le quart des quatre cent quatre-vingts planches (variantes incluses) dénombrées dans la publication la plus récente sur le sujet.[71] Toutes datent des années fastes, entre 1813 et 1815. De fortes différences stylistiques distinguent les œuvres de graveurs et d'artistes reconnus, tels Johann Michael Voltz ou Schadow, et la majorité du corpus. La rigidité de nombreuses épreuves, leurs maladresses formelles s'expliquent en effet par la morne méticulosité des graveurs et par l'amateurisme de nombreux dessinateurs.[72] De ce point de vue, la caricature allemande est sœur de la française.

Pariser Karneval von 1814

Rudolstadt. This publication – later to become *Paris, Wien und London* (1811), and then *Paris und Wien* (1811–1813) and, finally, *London, Paris und Wien* (1815) – featured many English cartoons, although often in a watered-down version sparing allusions that were all too specific or nationalistic. The magazine's publisher, Campe, set up headquarters in Nuremberg in 1805. He owned a collection of English cartoons which he had acquired over time and on the spot. In that connection, let us not forget that Ackermann, one of the main London cartoon dealers, came from Saxony and retained close ties with Germany.[66] Following upon Prussia's defeat in 1806, he had fled to northern Germany ahead of the approaching French armies, after having burned his collection of cartoons in Leipzig. Subsequently, he is said even to have suggested to the London authorities that the territory be bombarded with cartoons by balloons sent off from England![67]

Indirectly, Ackermann's suggestion reveals that the tradition of cartoon production in Germany was not as well established as in England. The Germanic engravers, more than any other producers, submitted to the influence of Gillray and Rowlandson, taking up their themes and at times imitating their graphic style. David Hess of Switzerland carried out such emulation to the point of pastiche: in similar fashion to several of his peers (notably Schadow), he would sign his plates with the name Gillray, as both a homage and a wink of the eye to that great English master.

Among the Germanic publishers, the above-mentioned Campe of Nuremberg held somewhat of a monopoly on the genre, all the more so since the names and addresses of his competitors only rarely appeared on the prints. This phenomenon is another characteristic proper to German cartoons as a whole. Our obvious deduction is that the publishers were seeking to protect themselves through such anonymity. The fact also discloses that no specialised market for these works existed. Indeed, the breakup of the Germanic states and cities was hardly inducive to the sort of competition stimulated in London by such artists as Fores, Ackermann and Humphrey. Given this state of affairs, engravers such as Clar probably published and distributed their own publications in the major cities, which would explain why small formats were the rule. Most of the prints are in fact reduced in size (about 15 centimetres on average) by comparison to normal. This is a trade-

Dal 1798 in poi, la comparsa a Weimar e a Rudolstadt di *London und Paris*, che diventa poi *Paris, Wien und London* (1811), e ancora *Paris und Wien* (1811–1813) e poi *London, Paris und Wien* (1815), favorisce la diffusione in Germania delle informazioni politiche e dei modelli iconografici europei. In questa pubblicazione compaiono numerose caricature inglesi, talvolta in una versione edulcorata che sopprime gli elementi troppo specifici e troppo nazionali. L'editore Campe, che si stabilisce con la propria tipografia a Norimberga nel 1805, possiede una collezione di caricature inglesi acquisite sul luogo. Non va dimenticato che Ackermann, uno dei più importanti mercanti londinesi, è originario della Sassonia e mantiene stretti rapporti con la Germania.[66] Dopo la disfatta prussiana del 1806, egli fugge nella Germania settentrionale all'avvicinarsi delle armate francesi, dopo aver bruciato le caricature che aveva in magazzino a Lipsia. Successivamente, sembra che abbia persino proposto alle autorità londinesi di bombardare di caricature il territorio invaso, facendole cadere da palloni lanciati dall'Inghilterra![67]

Indirettamente, il mezzo di diffusione immaginato da Ackermann rivela che la Germania non dispone di una tradizione caricaturale radicata come quella inglese. Più di tutti gli altri, gli incisori tedeschi sono fortemente influenzati da Gillray e Rowlandson, di cui riprendono i temi e di cui tentano talvolta di imitare lo stile grafico. L'emulazione giunge sino al limite del *pastiche* nel caso dello svizzero David Hess: in effetti, come numerosi suoi contemporanei (in particolare Schadow), egli firma le tavole con il nome di Gillray, come omaggio – e ammiccamento – al maestro inglese.

Campe, di Norimberga, fra gli editori tedeschi sembra quasi detenere un monopolio, tanto più che sulle stampe i nomi e gli indirizzi dei suoi possibili concorrenti appaiono molto raramente: ecco un'altra caratteristica di questo corpus tedesco di caricature. Che cosa si può dedurre dal fatto che gli editori si proteggono dietro il paravento dell'anonimato? La cosa tradisce l'assenza di un mercato specializzato. In effetti l'esplosione degli Stati e delle città tedesche non favorisce quella concorrenza da cui a Londra traggono stimolo editori come Fores, Ackermann o Humphrey. Data questa situazione, è probabile che gli incisori come Clar pubblichino e distribuiscano di persona nelle principali città; di qui l'esigenza di formati contenuti. Gran parte di queste stampe, infatti, si presenta con dimensioni più ridotte del normale (una quindicina di centimetri in media): si tratta di una particolarità nazionale, motivata dal costo della carta ma anche dalle spese postali.[68] E questo mercato decentrato (Berlino, Norimberga e soprattutto Lipsia e Weimar sono i luoghi principali di produzione) spiega parimenti il fenomeno del plagio, che sembra essere assai diffuso in quegli anni nei paesi tedeschi. La tavola intitolata *Pariser Carneval von 1814*,[69] autentica sfilata di citazioni caricaturali tratte da incisioni tedesche, riassume in maniera del tutto esemplare questo tipo di pratica.

Come in Francia, anche in Germania la caduta e l'esilio di Napoleone danno però nuovo slancio al mercato delle stampe satiriche, sull'esempio della famosa testa «geroglifica» di Napoleone (*Triumph des Jahres 1813*), della quale, a dar retta all'iscrizione che compare su una copia inglese, si sarebbero vendute 20 000 copie a Berlino in una settimana…[70] Questa cifra, esagerata a scopi pubblicitari, concerne un'opera le cui numerose copie e variazioni prodotte in Germania provano, nondimeno, un'indiscutibile e straordinaria fortuna europea.

La collezione di Arenenberg detiene un quarto delle 480 tavole (incluse le varianti) citate nella più recente pubblicazione sull'argomento.[71] Le date che esse recano sono tutte degli anni

Die Sammlung des Napoleon-Museums Arenenberg umfasst ein Viertel der 480 Stiche (inkl. Varianten), die in einer Untersuchung zusammengestellt sind.[71] Sie sind alle zwischen 1813 und 1815, in der Blütezeit der gegen Napoleon gerichteten Karikaturen, entstanden. Grosse stilistische Schwankungen unterscheiden die Werke angesehener Künstler, wie Johann Michael Voltz oder Schadow, von der Mehrheit des Corpus. Die Steifheit mancher Blätter und formale Ungeschicklichkeiten haben ihren Grund in der eintönigen Pedanterie der Stecher und dem Dilettantismus zahlreicher Zeichner.[72] In dieser Hinsicht sind die deutsche und die französische Karikatur eng miteinander verwandt.

2.1.3 «Für Napoleon, die dankbare Karikatur»

Ein deutscher Autor des letzten Jahrhunderts, von der Legende des Kaisers beeindruckt, stellte fest: «Im Allgemeinen eignet sich Napoleons Schicksal nicht zur Caricatur, es war zu grossartig tragisch, als dass eine humoristische oder spasshafte Behandlung desselben einen nicht anwidern sollte.»[73] Eduard Fuchs meinte dagegen zu Recht: «Napoleon in der Karikatur ist das erste grosse Kapitel der modernen politischen Satire. Als die mächtige Ouvertüre der politischen Karikatur steht es an der Schwelle des 19. Jahrhunderts.»[74] Einige Jahre zuvor hatte Grand-Carteret nicht ohne Ironie vorgeschlagen, man müsse ein neues Napoleon-Denkmal errichten, dessen Sockel die Inschrift zu tragen hätte: «Für Napoleon, die dankbare englische Karikatur», eine Anspielung auf die Inschrift, die den Giebel des Pantheon in Paris ziert.[75]

In der Geschichte der Bildsatire ist Napoleon unbezweifelbar die erste Figur europäischen Formats. Die Produktion von antinapoleonischen Karikaturen nahm internationale Dimensionen an, was sich unter anderem darin zeigt, dass Kopie und Zitat allgemein üblich wurden und einige Bildlegenden gleichzeitig in Russisch, Deutsch und Englisch angegeben sind.[76] George Cruikshank notierte auf mehreren Blättern: «copied from a Russian Print»,[77] ein Beweis für die beträchtliche Rolle, die die damaligen russischen Karikaturen in den westeuropäischen Ländern spielten.[78]

Das berühmte Profilbildnis Napoleons, dessen Urbild Voltz zugeschrieben wurde – es trägt den Titel *Wahre Abbildung des Eroberers. Triumph des Jahres 1813* – veranschaulicht in beispielhafter Weise diese «Internationale der Karikatur». Broadley fand Zeugnisse in neun Ländern: England, Frankreich, Deutschland, Italien, Russland, Holland, Schweden, Spanien *(Napoleon en el año 1814)*[79] und Portugal, ohne die verschiedenen Fassungen zu zählen, die im Inneren jedes einzelnen Landes zirkulierten.[80] Auf der Grundlage der von Achille Bertarelli durchgeführten Untersuchung führte er fünf italienische Fassungen auf, von denen je zwei in Berlin und Mailand veröffentlicht wurden. Sabine und Ernst Scheffler verzeichneten vor kurzem 23 deutsche Fassungen.[81] Sie schreiben die Erfindung des «Leichenkopfes» nicht mehr Voltz zu, sondern nennen die Gebrüder Henschel in Berlin als Urheber, bei denen im Dezember 1813 die erste Ausgabe erschien;[82] der Zeichner stützte sich laut S. und E. Scheffler auf einen seriösen Porträtstich von Gottfried Arnold Lehmann, der den Kaiser beim Einzug in Berlin gesehen hatte.

Auf der am weitesten verbreiteten deutschen «Urfassung» besteht Napoleons Gesicht bei näherem Hinsehen aus nackten Leichen; der Zweispitz erscheint als schwarzer Adler, dessen Auge von der Kokarde gebildet wird, während seine Krallen Haarlocken darstellen. Der Kragen wird zu einem

French Post Extraordinary from Moscow to Paris

mark national feature, motivated not only by the cost of paper but also by postal charges.[68] The market's decentralisation – Berlin, Nuremberg and above all Leipzig and Weimar were the main centres of production – rendered plagiarism particularly flagrant in the Germanic countries at the time. This comes across in exemplary fashion in, for example, *Pariser Carneval von 1814*,[69] a plate parading a whole series of caricatural quotations from other German engravings.

However, as was the case in France, Napoleon's defeat and exile lent new wings to the German market for satiric prints. Thus apparently some twenty thousand copies of the famous «hieroglyphic» head of Napoleon – the *Triumph des Jahres 1813* – were sold in a single week in Berlin.[70] This figure was somewhat blown up for publicity purposes, but the great number of German copies and variations of this print does prove beyond a doubt that a new European boom was underway.

The Arenenberg collection includes a quarter of the four hundred and eighty plates (including variations) listed in the most recent publication on the subject.[71] All these prints date from those fruitful years between 1813 and 1815. Major stylistic differences distinguish plates by recognised artists such as Johann Michael Voltz and Schadow, and the rest of the works that constitute a majority. The rigidity characterising many prints, a certain formal ineptitude, reflect the sombrely painstaking approach taken by the engravers and the amateurism of many of the draughtsmen.[72] In this respect, German cartoon production has much in common with the French.

2.1.3 «To Napoleon, the grateful cartoon»

A German author of the last century, in the grip of the Emperor's legend, claimed that «all in all, Napoleon's destiny is not suited for caricature; it was so tremendously tragic that having it handled humoristically or playfully can only disgust us».[73] At opposite poles to this point of view, Eduard Fuchs rightly claims: «Napoleon in caricature is the first major chapter in modern political satire. As the mighty overture to political caricature, it stands at the threshold of the 19th century.»[74] Just a few years before, Grand-Carteret had suggested tongue-in-cheek that a new statue of Napoleon be erected, with its pedestal inscribed: «To Napoleon, the grateful English cartoon», alluding to the inscription on the Pantheon pediment in Paris.[75]

Certainly Napoleon is the first major European figure in the history of satiric imagery. The internationalisation of cartoon production targeting Napoleon was reflected in the generalised incidence of copies and quotations, and in the fact that captions began appearing in Russian, German, and English.[76] Thus on several prints, George Cruikshank noted «copied from a Russian print»,[77] testifying to the far from negligible role Russian satiric prints played among Western countries.[78]

The famous bust of Napoleon in profile, attributed to Voltz and entitled *Wahre Abbildung des Eroberers. Triumph des Jahres 1813* fully illustrates the «internationality of caricature». Broadley was able to find trace of this bust in nine countries, namely in: England, France, Germany, Italy, Russia, Holland, Sweden, Spain *(Napoleon en el año 1814)*,[79] and Portugal, not to mention a number of variants circulating within each country.[80] Basing his information on research carried out by Achille Bertarelli, Broadley lists five versions in Italian, two of

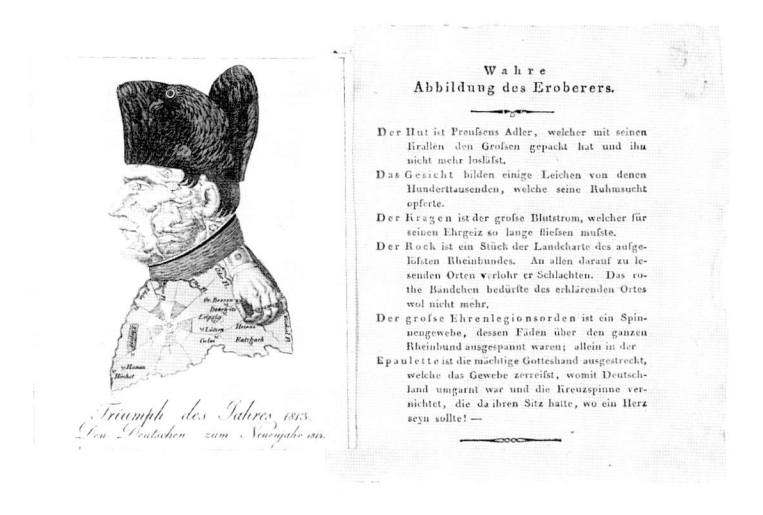

Triumph des Jahres 1813 – Den Deutschen zum neuen Jahr 1814

memorabili, tra il 1813 e il 1815. Grandi differenze stilistiche permettono di distinguere le opere di incisori e artisti rinomati, quali Johann Michael Voltz o Schadow, dal grosso del corpus. La rigidità e le goffaggini formali di numerose stampe si spiegano, in effetti, con la tetra meticolosità degli incisori e il dilettantismo di molti disegnatori;[72] da questo punto di vista la caricatura tedesca è sorella di quella francese.

2.1.3 «A Napoleone, la caricatura riconoscente»

Un autore tedesco del secolo scorso, influenzato dalla leggenda dell'imperatore, ebbe ad affermare che «in generale il destino di Napoleone non si presta alla caricatura; esso fu troppo grandiosamente tragico perché trattarlo in modo umoristico o scherzoso non susciti disgusto».[73] In contrasto con questa affermazione, Eduard Fuchs sostiene a ragione: «Napoleone in caricatura costituisce il primo grande capitolo della satira politica moderna. Come vigorosa *ouverture* della caricatura politica, tale capitolo si colloca sulla soglia del XIX secolo.»[74] Grand-Carteret, qualche anno prima, suggeriva, non senza ironia, che a Napoleone venisse eretta un'altra statua con questa iscrizione sul piedistallo: «A Napoleone, la caricatura inglese riconoscente» (allusione alla scritta sul frontone del Panthéon parigino).[75]

Indiscutibilmente, Napoleone è la prima figura di livello europeo nella storia delle stampe satiriche. La produzione caricaturale, che attorno al personaggio diventa internazionale, si traduce nel fenomeno generalizzato della copia e della citazione, ma anche di certe didascalie che figurano in russo, in tedesco e in inglese.[76] Su varie tavole di George Cruikshank appare la scritta: «copiata da una stampa russa»,[77] prova dell'importanza non trascurabile che aveva in quegli anni la stampa satirica russa nei paesi occidentali.[78]

Il famoso busto di profilo di Napoleone, attribuito a Voltz e intitolato *Wahre Abbildung des Eroberers. Triumph des Jahres 1813*, illustra in maniera esemplare questa «Internazionale della caricatura». Broadley ne ha reperito le tracce in nove paesi: Inghilterra, Francia, Germania, Italia, Russia, Olanda, Svezia, Spagna *(Napoleon en el año 1814)*[79] e Portogallo, senza contare le numerose varianti diffuse all'interno dei diversi

roten Strom oder See, die Epaulette zu einer Hand. An allen fünf Fingern stecken Ringe mit den Initialen der fünf verbündeten Länder (*England*, *Russland*, *Preussen*, *Schweden* und *Österreich*). Daumen und Zeigefinger halten den Faden eines Spinnennetzes, das die Stelle des Ordens der Ehrenlegion einnimmt. Der Uniformrock ist eine stilisierte europäische Landkarte mit den Namen deutscher Flüsse (Rhein, Oder, Elbe, Weser, Weichsel) und Städte als Erinnerung an die Schlachten, die zum «Triumph» des Jahres 1813 führten. Das auf das rote Ordensband gesetzte Erfurt ist *Ehrfort* (Wortspiel!) geschrieben, eine Anspielung auf den Kongress, der 1808 in dieser französischen Besatzungsstadt stattfand.

Für ihren «Leichenkopf» bedienten sich die Urheber eines bekannten Verfahrens, nach dem bereits die berühmten Köpfe von Giuseppe Arcimboldo (1530–1593) und das satirische Papstbildnis *Gorgoneum Caput* von Tobias Stimmer (1539–1584) gebildet sind und das ebenfalls während der Französischen Revolution Anwendung fand.[83] Es überlebte in der Gattung der «Vexierbilder», Zeichnungen mit Szenen oder Landschaften, in denen Personen versteckt sind, und bestimmte zudem um 1813 eine ganze Reihe von Stichen, die Napoleons Kopf oder Leib in ein Spiel mit Formen und Assoziationen einbeziehen. So kann man das Gesicht des Kaisers in einem Blumenstrauss oder zwischen zwei Bäumen entdecken, oder Napoleons Kopf verwandelt sich in eine Ruine oder eine Festung.[84]

Um 1815 zeigen einige Pamphlete, wie *L'Appollyon de l'Apocalypse ou la Révolution française prédite par Saint-Jean* von Würtz, dass der die Heuschrecken anführende Engel des Abgrundes (Abaddon, griech. Appollyon), wie der Gleichklang der Namen beweist, niemand anders als Napoleon ist.[85] So ordnet sich das zusammengesetzte Gesicht des Kaisers in die – während Mittelalter und Reformationszeit äusserst lebendige – Tradition der Wunder, Erscheinungen oder Geburten von Ungeheuern ein, Vorzeichen, die grosse Veränderungen ankündigen. Mehrere deutsche Fassungen des *Triumph des Jahres 1813* haben das Format einer Glückwunschkarte und tragen den Untertitel *Den Deutschen zum Neuenjahr*: Verheissung einer Zukunft ohne die lebensbedrohende Präsenz des französischen Tyrannen. Anders gesagt, vollzieht der «Leichenkopf» eine Art kollektiven Exorzismus, der um so wirksamer ist, als das Porträt die Physiognomie Napoleons sehr getreu wiedergibt. Hier erscheint er folglich, wie er *ist*: in seiner körperlichen und sinnbildhaften Realität.

Die Bedeutung dieser Karikatur liegt ebenfalls in den verschiedenen Erklärungen, die von den Zeitgenossen vorgeschlagen wurden. Die «Lektüre» der Zeichnung stellt in instruktiver Weise das Problem der Bildbotschaft und ihrer Vieldeutigkeit. Nach der «Erklärung» auf einem separaten Blatt, die von den Gebrüdern Henschel mit einer Neuauflage von 1814 verkauft wurde, symbolisiert der rote Kragen den Blutstrom, den Napoleons «Ehrgeiz so lange fliessen» liess, und die Epaulette ist die «mächtige Gotteshand […], welche das Gewebe zerreisst, womit Deutschland umgarnt war, und die Kreuzspinne vernichtet, die da ihren Sitz hatte, wo ein Herz seyn sollte».[86] In einer von Broadley zitierten englischen Fassung[87] versinnbildlicht der Kragen das Rote Meer, während die Spinne zum «Symbol der Wachsamkeit der Alliierten» wird, «die dieser Hand einen tödlichen Stich versetzt hatten». Einer weiteren patriotisch gefärbten englischen Erklärung zufolge stellt der Kragen den Rhein dar, während die Epaulette ein Sinnbild für Grossbritannien ist, «dessen Einfluss und Macht die Alliierten zusammenhält»; die Spinne dagegen deutet den Groll und das Gift in Bonapartes Herz an. Laut einer französischen Fassung symbolisiert die Epaulette die Hand

Das fürchterliche Raubnest oder die Ruine der grossen Kaiserburg des Universalmonarchen

sérieux, dessiné par Gottfried Arnold Lehmann, qui avait vu défiler l'Empereur à Berlin.

La version germanique «originale» la plus répandue montre le visage de Napoléon construit comme un puzzle à partir de corps nus. Son chapeau prend l'apparence d'un aigle noir dont l'œil est une cocarde tandis que ses griffes forment les cheveux. Le col devient une rivière ou une étendue d'eau rouge, l'épaulette une main dont les cinq doigts portent des bagues aux initiales des cinq nations alliées (*England*, *Russland*, *Preußen*, *Schweden* et *Österreich*). Le pouce et l'index tiennent le fil d'une toile d'araignée en guise de médaille de la Légion d'Honneur, posée sur un habit qui reproduit une sorte de carte européenne. On y lit les noms de cours d'eau allemands (Rhin, Oder, Elbe, Weser, Weichsel) et de villes signalant les batailles qui ont conduit au «triomphe» de l'année 1813. Parmi celles-ci, Erfurt, qui sert de ruban rouge à la décoration, est orthographiée *Ehrfort* (honneur disparu) allusion au congrès tenu dans cette place forte française en 1808.

Le procédé formel n'est en soi-même pas nouveau. On en trouve plusieurs exemples, que l'on songe aux célèbres têtes de Giuseppe Arcimboldo (1530–1593) et à la fameuse *Gorgoneum Caput* de Tobias Stimmer (1539–1584), portrait satirique du pape. La caricature de la Révolution française redécouvre également le procédé.[83] Ce jeu survit dans la mode des *Vexierbilder*, ces dessins-devinettes sous forme de scènes ou de paysages dans lesquels sont cachés des personnages. La formule est appliquée, vers 1813, dans toute une série de gravures prenant la tête ou le corps de Napoléon comme prétexte à un jeu de formes et d'associations. Ainsi, découvre-t-on le visage de l'empereur se profilant en creux dans un bouquet de fleurs ou entre deux arbres; ailleurs, sa tête se transforme en une ruine ou une citadelle.[84]

Vers 1815, certains pamphlets comme celui de Würtz intitulé *L'Appollyon de l'Apocalypse ou la Révolution française prédite par Saint-Jean* démontrent, homophonie à l'appui, que l'ange de l'abîme (Appollyon) en grec, n'est autre que Napoléon.[85] Ainsi, le faciès composite de l'Empereur s'inscrit dans la tradition – très vivante au Moyen Age et à l'époque de la Réforme – des prodiges, apparitions ou naissances monstreuses, présages de grands changements. Plusieurs éditions allemandes du *Triumph des Jahres 1813*, qui a le format d'une carte de vœux, portent comme sous-titre *Den Deutschen zum Neuenjahr*:

Rätselhafte Veilchen

which were published in Berlin and two in Milan. Recently, Sabine and Ernst Scheffler itemised twenty-three German variations.[81] Moreover, they no longer attribute the invention of this work to Voltz. On the basis of new sources of information, they refer to a first edition by the Henschel Brothers in Berlin, in December 1813;[82] they distinctly point out that the author of this cartoon took inspiration from a serious portrait drawn by Gottfried Arnold Lehmann, someone who had seen the Emperor parade in Berlin.

In any case, the most widespread Germanic version of the «original» shows Napoleon's face constructed like a puzzle made of naked bodies. His hat resembles a black eagle whose eye is a rosette and whose claws become the hair. The collar evokes a river or an expanse of red water, while the epaulette represents a hand whose five fingers feature rings with the initials of the five allies (*England*, *Russland*, *Preussen*, *Schweden* and *Österreich*). Between thumb and index finger he holds the thread of a spider web, an allusion to the Legion of Honour, which is apposed to the uniform jacket that represents a European map of sorts. The latter gives the names of German waterways (Rhein, Oder, Elbe, Weser, Weichsel) and cities where battles leading to the «triumph» of the year 1813 were fought. These include Erfurt, which serves as red ribbon to the decoration, and is spelled *Ehrfort* (honour gone) in reference to a congress held at this French stronghold in 1808.

The formal process used for this work is nothing new in itself. Several examples exist: Giuseppe Arcimboldo's (1530–1593) famous heads come to mind, as does Tobias Stimmer's (1539–1584) renowned *Gorgoneum Caput*, a satiric portrait of the pope. Revolutionary France also rediscovered this method.[83] This type of graphic play survived in the *Vexierbilder* (picture puzzles) fashion, where the scenes or landscapes that first meet the eye hide various figures. Towards 1813, this formula was applied to a whole series of engravings turning Napoleon's head or body into a play of various shapes and associations. For instance, here the Emperor's face transpires from a bouquet of flowers or between two trees, there his head merges with a ruin or citadel.[84]

Around 1815, certain satirical tracts – for instance, Würtz's *L'Appollyon de l'Apocalypse ou la Révolution française prédite par Saint-Jean* – used the homophonous play on names to render all the more vivid the comparison between the angel

paesi.[80] Sulla base delle ricerche di Achille Bertarelli, egli è in grado di enumerarne cinque versioni in italiano, di cui due pubblicate a Berlino e altre due a Milano. Recentemente, ventitré varianti tedesche sono state inventariate da Sabine ed Ernst Scheffler.[81] Questi autori non attribuiscono più l'invenzione dell'immagine a Voltz; sulla base di nuove fonti, segnalano una prima edizione pubblicata dai fratelli Henschel, a Berlino, nel dicembre del 1813,[82] e affermano chiaramente che l'autore di questa caricatura si è ispirato a un ritratto serio, disegnato da Gottfried Arnold Lehmann, il quale aveva visto sfilare l'imperatore a Berlino.

La versione tedesca «originale» più diffusa mostra il viso di Napoleone composto come un puzzle di corpi nudi. Il cappello prende le sembianze di un'aquila nera, il cui occhio è una coccarda mentre gli artigli formano i capelli. Il colletto diventa un fiume o una distesa d'acqua rossa, la spallina è una mano le cui cinque dita portano anelli con le iniziali delle cinque nazioni alleate (E per *England* [Inghilterra], R per *Russia*, P per *Prussia*, S per *Svezia* e Ö per *Österreich* [Austria]). Il pollice e l'indice tengono il filo di una ragnatela a mo' di medaglia della Legion d'onore, posata su un abito che riproduce una specie di carta d'Europa. Vi si leggono i nomi dei corsi d'acqua tedeschi (Reno, Oder, Elba, Weser, Vistola) e delle città sedi delle battaglie che hanno portato al «trionfo» dell'anno 1813. Fra queste Erfurt, che funge da nastro rosso della decorazione, viene scritta *Ehrfort* (cioè «onore scomparso»), con chiara allusione al congresso tenuto in questa piazzaforte francese nel 1808.

Il procedimento formale, in sé e per sé, non è nuovo. Se ne trovano numerosi esempi: basti pensare alle celebri teste di Giuseppe Arcimboldo (1530–1593) e al famoso *Gorgoneum Caput* di Tobias Stimmer (1539–1584), ritratto satirico del papa. La caricatura riscopre il procedimento anche durante la Rivoluzione francese;[83] il gioco sopravvive poi nella moda dei *Vexierbilder*, figure-rebus sotto forma di scene o di paesaggi nei quali sono nascoste figure umane. La formula viene applicata, attorno al 1813, in tutta una serie di incisioni che prendono la testa o il corpo di Napoleone come pretesto per un gioco di forme e di associazioni. Troviamo il volto dell'imperatore, per esempio, che si profila in trasparenza da un mazzo di fiori o tra due alberi; altrove la sua testa si trasforma in rovina o fortezza.[84]

Attorno al 1815, alcuni pamphlets come quello di Würtz dal titolo *L'Appollyon de l'Apocalypse ou la Révolution française prédite par Saint-Jean* dimostrano, con l'ausilio dell'omofonia, che l'angelo dell'abisso (Appollyon in greco), altri non è se non Napoleone;[85] cosicché la fisionomia composita dell'imperatore si inserisce nella tradizione – assai viva durante il Medioevo e ai tempi della Riforma – dei prodigi, delle apparizioni o delle nascite mostruose, presaghe di grandi cambiamenti. Parecchie edizioni tedesche del *Triumph des Jahres 1813*, che ha il formato di un biglietto di auguri, recano come sottotitolo *Den Deutschen zum Neuenjahr*, promessa di un avvenire affrancato dalla presenza del tiranno francese. In altri termini, l'incisione mostruosa realizza una sorta di esorcismo collettivo, tanto più efficace in quanto il profilo è molto fedele alla fisionomia di Napoleone; eccolo dunque *nella sua realtà*, allo stesso tempo fisica ed emblematica.

L'interesse di questa tavola è costituito anche dalle diverse interpretazioni proposte dai contemporanei. La «lettura» dell'incisione, infatti, pone in termini particolarmente vivaci il problema del messaggio iconico e della sua polisemia. Secondo la descrizione unita alla lastra dagli editori Henschel in una riedizione del 1814, il colletto rosso è simbolo del fiume di sangue che il tiranno ha fatto scorrere; la spallina rappre-

der Gerechtigkeit. Ein gereimter holländischer Kommentar schliesslich identifiziert den Adler des Zweispitzes als Wappentier Preussens, das Napoleon in seinen Klauen hält…[88]

In einigen Erklärungen wird die Karikatur als «hieroglyphenhaft» bezeichnet, ein Ausdruck, der den rätselhaften Charakter des Werkes hervorhebt. Die Bestandteile, aus denen sich das Bildnis zusammensetzt (Adler, Leichen, Spinne), führen einen *Diskurs*, der sich auf figürlicher und semantischer Ebene abspielt. Die Interpretation hat sich nicht nur mit nationalen Empfindlichkeiten, sondern auch mit dem Problem der Entzifferungscodes auseinanderzusetzen. Bestimmte Motive, wie Adler, Hand oder Spinne, gehören in den allgemeinen Motivschatz der Bildsymbolik, insbesondere in jenen der Heraldik. Allerdings ist keines dieser Symbole eindeutig, weder die Spinne als giftiges, aber auch wachsames Tier, noch der bald preussische, bald französische Adler. Andere Bestandteile sind «unmittelbar» verständlich, wie die nackten Leiber, die das Gesicht bilden: Opfer des tyrannischen Grössenwahns. Eine biblisch ausgerichtete «Lektüre» verbindet dagegen die Hand Gottes mit der Epaulette und das Rote Meer mit dem Kragen; die Leichen sind folglich die Soldaten, die durch die Verblendung des Pharaos ertranken.[89]

Erklärungen und Bildlegenden spielen somit eine entscheidende Rolle in der Karikatur der napoleonischen Zeit. Häufig wurden jedoch die Texte, die die Zeichnungen erläuterten, von der Bildungselite abgelehnt, wie der bereits erwähnte Aufsatz von 1799 zeigt, der von der Karikatur Zurückhaltung und die strikte Trennung von Bild und Text verlangt. Wer sich mit den Codes beschäftigt, stellt zugleich die Frage nach dem Kompetenz der potentiellen Empfänger.

Seit der Erfindung der Propagandagraphik in der Reformationszeit wurden die Flugblätter von Kolporteuren verbreitet, bevor sie in der Auslage spezialisierter Geschäfte oder in Kaffeestuben auflagen. Diese Orte trugen zur Bildung des öffentlichen Raums, dessen Neuordnung und Erweiterung seit der zweiten Hälfte des 18. Jahrhunderts Jürgen Habermas beschrieben hat.[90] In England wie in Frankreich oder Deutschland bieten die Geschäfte von Buch- und Stichhändlern dem «schaulustigen Auge des Publikums»[91] Bilder an, deren Verständnis vom visuellen und literarischen Bildungsniveau jedes einzelnen abhängt. Seit je hatte sich die satirische Graphik an ein heterogenes, mehr oder weniger gebildetes Publikum gewandt, für das die Massen, die sich vor den Schaufenstern der Händler drängen, ein gutes Beispiel sind. So ist die Karikatur eine *volkstümliche* Kunst, insofern sie in unterschiedlicher Weise durch Personen konsumiert wird, die ein breites soziales Spektrum abdecken. Vom 19. Jahrhundert an richtet sie sich immer mehr auf die Erwartungen des (überwiegend städtischen) *Bürgertums* aus, das fortan zu ihrem Hauptabnehmer wird und das öffentliche Leben beherrscht.

2.1.4 *Geschichte und Geschichten in Bildern*

In der Zeit zwischen dem Beginn der Französischen Revolution und dem Wiener Kongress schwankt die satirische Graphik zwischen zwei Verwendungen des Bildes.

Zum einen bezieht sie sich auf den traditionellen Bereich der Emblematik, auf die «kunstreichen Bilder», um den treffenden Ausdruck zu zitieren, den Père Claude François Menestrier 1684 geprägt hat.[92] Dieses Bildrepertoire setzt gewöhnlich eine aktivere und «gelehrtere» Lektüre voraus, obwohl zahlreiche Motive aus dem volkstümlichen Erfahrungsschatz stammen oder zum Allgemeingut geworden sind. So muss

promesse d'un avenir libéré de la présence du tyran français. En d'autres termes, la gravure monstrueuse réalise une sorte d'exorcisme collectif d'autant plus efficace que le profil est très fidèle à la physionomie de Napoléon. Le voici donc tel qu'il *est*, dans sa réalité à la fois physique et emblématique.

L'intérêt de cette planche réside aussi dans les diverses explications proposées par les contemporains. En effet, la «lecture» de la gravure pose de manière particulièrement vive le problème du message iconique et de sa polysémie. Selon le descriptif joint à la planche par les éditeurs Henschel dans une réédition de 1814, le col rouge symbolise le fleuve de sang que le tyran a fait couler, et l'épaulette figure la main de Dieu qui «déchire le tissu qui tenait l'Allemagne captive et détruit cet insect vénimeux, logé dans une place où aurait dû se trouver un cœur».[86] Dans une version anglaise citée par Broadley,[87] le collet symbolise la Mer Rouge tandis que l'araignée devient «l'emblème de la vigilance des alliés, qui ont infligé à cette main une piqûre mortelle». Une autre explication patriotique anglaise affirme que le col représente le Rhin, que les épaulettes illustrent la Grande-Bretagne «par l'influence et le pouvoir de laquelle les alliés sont unis», alors que l'araignée signale la rancœur et le venin du cœur de Bonaparte. Une version française affirme, quant à elle, que la main en forme d'épaulette est celle de la Justice. Enfin, un commentaire hollandais en vers assimile l'aigle du chapeau à l'animal héraldique de la Prusse qui tient Napoléon entre ses griffes…[88]

Certains commentaires qualifient la caricature de «hiéroglyphique», une désignation qui souligne le caractère énigmatique de l'œuvre. Les éléments qui la composent (aigle, corps, araignée) tiennent en effet un *discours* qui joue sur les niveaux figuratif et sémantique. L'interprétation de l'œuvre se heurte non seulement aux sensibilités nationales, mais encore au problème des codes de déchiffrement. En effet, certains motifs comme l'aigle, la main ou l'araignée sont issus du répertoire de l'emblématique en général et de l'héraldique en particulier. Toutefois, ces emblèmes sont loin d'être univoques, que l'on songe à l'araignée, créature soit vénimeuse, soit vigilante, ou encore à l'aigle, tantôt français tantôt prussien. D'autres détails se comprennent plus «spontanément», comme les corps nus formant le visage: les victimes de l'ambition du tyran. Une «lecture» d'orientation biblique associe évidemment la main de Dieu à l'épaulette, la Mer Rouge au col, et reconnaît par conséquent dans ces cadavres l'armée noyée par les ambitions de Pharaon.[89]

Commentaires et légendes jouent par conséquent un rôle capital dans la caricature de l'époque napoléonienne. Or, les textes qui précisent la lecture des œuvres, sont souvent mal reçus par les élites cultivées, comme le montre l'article allemand de 1799 qui exige de la caricature qu'elle demeure décente et qu'elle ne mélange pas les deux formes d'expression, iconique et linguistique (voir plus haut). Interroger les codes revient à poser la question de la compétence des destinataires potentiels.

Depuis l'invention de l'estampe de propagande à l'époque de la Réforme, les feuilles volantes ont toujours passé par l'intermédiaire des colporteurs, avant de trouver place dans les vitrines de boutiques spécialisées ou les cafés. Ces lieux ont contribué à façonner l'espace public dont Jürgen Habermas a décrit la restructuration et l'extension à partir de la seconde moitié du XVIIIe siècle.[90] En Angleterre comme en France ou en Allemagne, les magasins des éditeurs et de marchands d'estampes offrent à la «curiosité publique»[91] des images dont la compréhension dépend de la culture visuelle et littéraire de chacun. Depuis toujours la gravure satirique s'est adressée à un public hétérogène, plus ou moins lettré, à l'exemple de ces

of the bottomless pit (Apollyon) in Greek, and Napoleon.[85] Thus the Emperor's composite facies descends in a line from the marvels, spectres, and monstrous births premonitory of major changes in the world – a tradition already very much alive during the Middle Ages and the Reformation. Several German editions of *Triumph des Jahres 1813*, the size of a greeting card, are captioned *Den Deutschen zum Neuenjahr*: the promise of a future liberated from the presence of the French tyrant. In other words, the monstrous engraving represented a collective act of exorcism, all the more effective since the profile is so alike Napoleon's. The image is that of the genuine man, both physically and symbolically.

The varied explanations furnished for this work at the time are of great interest. How the poster was to be «read» implied a problem of interpreting its iconic message and multiple meanings. According to the publishers Henschel, who provided several explanatory remarks in an 1814 reprint of the work, the red collar symbolises the river of blood that the tyrant made flow, and the epaulette represents the hand of God «tearing apart the material holding Germany captive and destroying this venomous insect settled where the heart should be».[86] An English version to which Broadley refers,[87] would have the collar symbolise the Red Sea, while the spider becomes «the Emblem of the Vigilance of the Allies, who have inflicted on that Hand a deadly Sting». Another patriotic English explanation takes the collar for the Rhine River and the epaulettes for Great Britain, «by whose influence and power the Allies are bound together». In this version, the spider represents the rancour and venom in Bonaparte's heart. Still another version, a French one, would have the hand in the form of an epaulette be that of Justice. Finally, a Dutch commentary done in verse likens the hat/eagle to Prussia's heraldic animal holding Napoleon in its claws…[88]

Certain commentaries described the cartoon as «hieroglyphic», underscoring the work's mysterious aura. And it is a fact that the elements comprising the image (the eagle, body, spider) fuel a *discourse* between the work's figurative and semantic levels. Interpretations of the work not only had to take various national sensibilities into consideration, but also to pay heed to the problem of different decoding approaches. Some of the work's motifs – the eagle for instance, the hand or the spider – can be considered as both a generally accepted emblem and part of a specific heraldic insignia. Then too, the emblems themselves are most ambiguous. The spider can be thought of as either venomous or vigilant; the eagle as French or Prussian. Other details can be read more «spontaneously»: the naked bodies forming the face clearly represent the victims of the tyrant's ambition. Seen from a biblical standpoint, the associations that spring to mind are the hand of God for the epaulette, the Red Sea for the collar, and the army drowned due to the Pharaoh's ambitions for the corpses.[89]

Hence, the commentaries and captions belonging to the cartoons produced during the Napoleonic era played a capital role. But in fact, texts specifying how works were to be read often met with the disapproval of the more cultivated elite. A German article appearing in 1799 makes this clear: cartoons should remain decent, it stipulates, and not mix iconographic expression with linguistic expression (see above). The decoding process thus implied evaluating the competence of those for whom the works were destined.

Ever since their invention as propaganda prints during the Reformation, the broadsheets had been handled by pedlars. By now they were on display in the windows of specialised shops or in cafés. These sites contributed to creating a public space such as described by Jürgen Habermas, who explains

senta la mano di Dio che «strappa la tela che teneva prigioniera la Germania e distrugge questo insetto velenoso, annidato in un luogo dove avrebbe dovuto stare un cuore».[86] In una versione inglese citata da Broadley[87] il colletto simboleggia il Mar Rosso, mentre il ragno diventa «l'emblema della vigilanza degli alleati, che a quella mano hanno inflitto una puntura letale». Un'altra spiegazione patriottica inglese afferma che il colletto rappresenta il Reno, le spalline illustrano quella Gran Bretagna «grazie alla cui influenza e al cui potere gli alleati si sono messi insieme», mentre il ragno simboleggia il rancore e il veleno che stanno nel cuore di Bonaparte. Una versione francese spiega, da parte sua, che la mano-spallina è quella della giustizia; un commento olandese in versi, infine, assimila l'aquila del cappello all'animale araldico della Prussia che tiene Napoleone fra gli artigli…[88]

In alcuni commenti, la caricatura viene definita «geroglifica», a sottolineare il carattere enigmatico dell'opera. Gli elementi che la compongono (aquila, corpi, ragno) sviluppano in effetti un *discorso* che si muove ai livelli figurativo e semantico. L'interpretazione dell'opera si scontra non solo con le sensibilità nazionali, ma anche con il problema dei codici per decifrarla. Effettivamente alcuni elementi come l'aquila, la mano o il ragno sono tratti dal repertorio dell'emblematica in generale e da quello dell'araldica in particolare. Questi simboli, tuttavia, sono ben lunghi dall'essere univoci: basti pensare al ragno, creatura sia velenosa sia vigilante, oppure all'aquila, che è tanto francese quanto prussiana. Altri particolari si comprendono più «spontaneamente», come i corpi nudi che danno forma al volto: le vittime dell'ambizione del tiranno. Una «lettura» di orientamento biblico ovviamente associa la mano di Dio alla spallina e il Mar Rosso al colletto, riconoscendo di conseguenza in questi cadaveri l'esercito annegato per soddisfare le ambizioni del faraone.[89]

Commenti e iscrizioni svolgono, perciò, una funzione di importanza capitale nelle caricature dell'epoca napoleonica. Ora, i testi che puntualizzano la lettura delle opere sono accettati spesso malvolentieri dalle élites colte, come ci conferma l'articolo tedesco del 1799, già citato, nel quale si richiede che la caricatura sia decente e non mescoli le due forme di espressione, iconografica e linguistica. Interrogare i codici ci porta a porre il problema della competenza dei destinatari potenziali.

Fin dall'invenzione dell'incisione di propaganda (all'epoca della Riforma), i fogli volanti sono sempre passati per il tramite dei propagandisti, prima di trovare posto nelle vetrine dei negozi specializzati o nei caffè. Questi luoghi hanno contribuito a conformare lo spazio pubblico di cui Jürgen Habermas ha descritto la ristrutturazione e l'estensione a partire dalla seconda metà del XVIII secolo.[90] In Inghilterra come in Francia o in Germania, le botteghe degli editori e dei mercanti di stampe offrono «all'occhio curioso del pubblico»[91] immagini la cui comprensione dipende dalla cultura visiva e letteraria di ciascuno. Da sempre l'incisione satirica si è rivolta a un pubblico eterogeneo, più o meno letterato, sull'esempio delle folle che si accalcano di fronte alle vetrine dei mercanti. Pertanto, la caricatura risulta essere anche un'arte *popolare*, nel senso che è consumata in maniere diverse da un largo ventaglio di strati sociali. Con il XIX secolo, tuttavia, essa si orienta sempre più verso le attese della *borghesia* (soprattutto urbana), che diventa il suo principale cliente e che, d'ora in poi, svolge, per l'appunto, una funzione preponderante nella vita pubblica.

Head Runner of Runaways from Leipzig Fair

man nicht besonders belesen sein, um die Mechanismen der Tierfabel zu verstehen und über die Eigenschaften von Adler, Hase oder Löwe Bescheid zu wissen. Eine Anekdote von 1815, die Houssaye erzählt, veranschaulicht die Verstehensebenen der Emblematik. In Dole «schmückte ein Royalist sein Haus mit einem grossen Transparent, auf dem ein erlegter Adler unter einer Lilie zu sehen war; darunter stand: *Aquila rapax sub humile flore cadit*. Obwohl die Husaren kein Latein verstanden, hatten sie begriffen. Mit Steinwürfen zerstörten sie das Transparent und alle Fensterscheiben des Hauses.»[93]

In einer Zeit, da die Ikonographie eine Krise durchläuft,[94] da neue Themen auftauchen, Allegorie und Mythologie dagegen überholt erscheinen, findet die Sprache der Emblematik merkwürdigerweise im Bereich der Bildsatire einen Zufluchtsort, an dem sie sich zu erneuern vermag.[95] Allerdings ist diese neue Funktion nicht über alle Zweifel erhaben, da sie ein Genre betrifft, das in der Hierarchie der Kulturgüter weit unten steht. Tatsächlich verwandeln sich viele satirische Allegorien indirekt in Satiren der Allegorie. Sie schwanken zwischen der Ernsthaftigkeit der ideologischen Botschaft und der ironischen Distanzierung der Karikatur, die zitiert, parodiert und sich über ikonographische Bräuche und Traditionen lustig macht.

Zum anderen bezieht sich die napoleonische Karikatur immer mehr auf das Alltagsleben. Die Metapher der Laterna magica, das Bild Napoleons als «Rheinischer Courier» (eines der am meisten kopierten Motive in Europa),[96] der spielerische Umgang mit den Spielen (Schachspiel, Kartenspiel usw.), die Szenen, in denen Barbierstube, Menagerie, Schaukel, Alpträume und Löschhütchen[97] eine Rolle spielen, sind Zeugnisse für die Trivialisierung des Repertoires. Der Rückgriff auf das szenische Modell erleichtert das Verständnis der Bildbotschaft und zeigt zudem mit Humor aussergewöhnliche Persönlichkeiten in Alltagssituationen. Mit Bezugnahme auf den symbolischen Bereich kommen hier narrative Verfahren zur Anwendung, die auf Hogarth zurückgehen. Auf die moralisierenden *progresses* des englischen Sittenschilderers, die in mehreren Bildern die Lebensabschnitte bestimmter sozialer Typen zeigen, bezieht sich Woodward ganz offen in *The Progress of the Emperor Napoleon*, eine Karikatur, die Bonapartes Aufstieg von Korsika auf den Kaiserthron ins Lächerliche zieht.[98]

foules groupées devant les vitrines des marchands. Ainsi, la caricature est à la fois un art *populaire*, au sens où il est consommé de diverses manières par un large éventail social. A partir du XIXe siècle cependant, elle s'oriente de plus en plus vers les attentes de la *bourgeoisie* (surtout urbaine) qui devient son principal client et qui, justement, assume dès lors un rôle prépondérant dans la vie publique.

2.1.4 *L'Histoire et les histoires en estampes*

La gravure satirique, de la Révolution au Congrès de Vienne, oscille entre deux usages de l'image.

En premier lieu, elle fait appel au domaine traditionnel de l'emblématique, à ces «images ingénieuses», pour reprendre l'expression heureuse du père Claude François Menestrier en 1684.[92] Ce répertoire iconographique exige, en règle générale, une lecture plus active et plus «savante» – bien que nombre de motifs proviennent d'un savoir populaire et se soient banalisés. Par exemple, il ne faut pas se montrer particulièrement érudit pour apprécier les ressorts de la fable animale et reconnaître les qualités de l'aigle, du lièvre ou du lion. Un fait divers de 1815 rapporté par Houssaye illustre les niveaux de compréhension de l'emblématique. Ainsi, lorsqu'à Dole «un royaliste orne sa demeure d'un grand transparent représentant une aigle abattue sous une fleur de lys, avec cette légende: *Aquila rapax sub humile flore cadit*. Bien que peu latinistes, les hussards comprennent. Ils brisent à coups de pierre le transparent et toutes les vitres de la maison».[93]

A une époque où l'iconographie entre en crise,[94] où de nouveaux thèmes voient le jour, où l'allégorie et la mythologie paraissent de plus en plus désuètes, c'est curieusement dans le domaine de l'imagerie satirique que le langage de l'emblématique trouve refuge et qu'il se renouvelle.[95] Mais cet usage n'en demeure pas moins ambigu car il a pour support un genre méprisé dans la hiérarchie des biens culturels. De fait, nombre d'allégories satiriques se transforment, indirectement, en satires de l'allégorie. Elles oscillent entre le sérieux du message idéologique et le détachement ironique de la caricature, qui cite, qui parodie, qui se joue des pratiques et des traditions iconographiques.

En second lieu, la caricature napoléonienne se réfère de plus en plus à la vie quotidienne. La métaphore de la lanterne magique, l'image de Napoléon en courrier du Rhin (l'un des motifs les plus copiés en Europe),[96] le jeu sur les jeux (d'échec, de cartes,…), les scènes de rasage, de ménagerie, de balançoire, de cauchemars ou d'éteignoirs[97] témoignent de cette trivialisation du répertoire. Le recours au modèle scénique d'une part facilite la compréhension du discours par l'image, et d'autre part montre avec humour des personnages hors du commun, dans des situations de tous les jours. Face au registre symbolique se mettent en place des procédés narratifs dont la mode remonte à Hogarth et à ses *progresses* moralisateurs qui racontent, en plusieurs planches, les étapes de la vie de certains types sociaux. Woodward s'y réfère explicitement dans *The Progress of the Emperor Napoleon*, en se moquant de la carrière de Bonaparte propulsé de la Corse au trône.[98]

Ces scènes multiples, qui se suivent sur une même planche, signalent un changement plus profond dans l'histoire de la caricature européenne, changement dont Napoléon est le protagoniste principal et que la gravure des Gillray et Rowlandson ont si brillamment initié en prenant appui sur les figures de Charles James Fox, du premier ministre William Pitt ou du roi George III. En effet, la masse de gravures sur Napoléon,

how such space was restructured and extended as of the second half of the eighteenth century.⁹⁰ In Germany, as in France and in England, the shops belonging to the print publishers and dealers offered to the «avidly curious public eye»⁹¹ images that could only be understood according to each individual's visual and literary cultural level. Yet, from the start, satirical engravings were intended for heterogeneous crowds of unequally well-read enthusiasts, such as those who gathered before the shop windows. Therefore at the same time cartoons could be termed a *popular* art, in the sense that they were enjoyed in different ways by people of many social classes. Beginning in the nineteenth century, however, cartoon producers increasingly began catering to the expectations of the (especially urban) *bourgeoisie*, who had become their best customers and who, in fact, were thereafter taking over contemporary public life.

2.1.4 History and Stories in Prints

Satirical engraving during the period from the French Revolution to the Vienna Congress hesitated between two forms of imagery.

Firstly, the genre resorted to the traditional realm of the emblematic, reverting to what, in 1684, Father Claude François Menestrier so aptly termed «ingenious imagery».⁹² This iconographic repertoire generally required a more active and «knowledgeable» reading, although many of the motifs were of popular origin and had become quite commonplace. It took no special erudition, for example, to get the point of animal fables and recognise the traits of an eagle, hare or lion. A minor news event in 1815, reported by Houssaye, well illustrates this question of the level of emblematic comprehension. Thus, when in Dole «a royalist adorned his dwelling with a transparent work representing an eagle felled under a fleur-de-lis and bearing the caption *Aquila rapax sub humile flore cadit*, the hussars – though little versed in Latin – understood. They threw stones to destroy the motif and all the windows of the house.»⁹³

Strangely enough, at a time when iconography was entering upon a period of crisis⁹⁴ – when new themes were coming into being, while allegory and mythology found themselves increasingly outmoded – it was in the realm of satirical imagery that emblematic representation was to find refuge and even replenishment.⁹⁵ Nevertheless, imagery used to this end remained ambiguous, since it was based on a category of works generally scorned on the cultural scale of values. In actual fact, many satirical allegories became indirectly transformed into satires of allegories. They wavered between the serious tenor of their ideological message and the ironic detachment proper to caricature, a genre that quotes, parodies, and pokes fun at iconographic practices and traditions.

In the second place, Napoleonic caricature sought ever more to draw links with everyday life. The magic lantern metaphor, the image of Napoleon as a courier of the Rhine (one of the most frequently copied motifs in Europe),⁹⁶ the play on games (chess, cards,…), the shaving scenes, household scenes, menagerie scenes, seesaws, nightmares or candle snuffers,⁹⁷ all testify to the extent to which the repertoire had become commonplace. By availing themselves of the theatrical model, engravers made it easier for the iconographic discourse to be understood. It also allowed them to give vent to their humour by using ordinary everyday situations as settings for out-of-the-ordinary figures. The symbolic approach

Der schnelle Fussgänger

2.1.4 La Storia e le storie raccontate nelle stampe

Dalla Rivoluzione al congresso di Vienna, l'incisione satirica oscilla tra due modi diversi di usare l'immagine.

In primo luogo, essa attinge al campo tradizionale dell'emblematica, alle «immagini ingegnose», per riprendere una felice espressione del padre Claude François Menestrier (1684).⁹² Questo repertorio iconografico richiede, in generale, una lettura più attiva e più «colta», sebbene numerosi motivi siano derivati dalla cultura popolare e si siano banalizzati. Per esempio, non è necessario fare sfoggio di particolare erudizione per intendere i significati della favola animale e riconoscere le qualità dell'aquila, della lepre o del leone. Un episodio che risale al 1815, narrato da Houssaye, illustra quale fosse il livello di comprensione del linguaggio emblematico. Così, quando a Dole «un realista adorna la sua casa con un grande trasparente che rappresenta un'aquila abbattuta sotto un giglio, con la scritta *Aquila rapax sub humile flore cadit*, anche se poco conoscitori del latino, gli ussari capiscono. E distruggono a colpi di pietra il trasparente e tutti i vetri della casa».⁹³

In un'epoca in cui l'iconografia entra in crisi,⁹⁴ in cui si vengono affacciando nuove tematiche, in cui l'allegoria e la mitologia appaiono vieppiù desuete, si osserva curiosamente che il linguaggio dell'emblematica trova rifugio e si rinnova proprio nel campo dell'immagine satirica;⁹⁵ ma tale uso non è meno ambiguo, dato che si avvale come supporto di un genere disprezzato nella gerarchia dei beni culturali. In realtà numerose allegorie satiriche si trasformano, indirettamente, in satire dell'allegoria: oscillano tra la serietà del messaggio ideologico e il distacco ironico della caricatura, che cita, volge in parodia, sbeffeggia gli usi e le tradizioni iconografiche.

In secondo luogo, la caricatura napoleonica fa sempre più riferimento alla vita quotidiana. La metafora della lanterna magica, l'immagine di Napoleone «corriere renano» (uno dei motivi più copiati in Europa),⁹⁶ il gioco sui giochi (scacchi, carte ecc.), le scene con barbieri, animali vari, altalene, incubi o spegnitoi⁹⁷ sono la testimonianza di una certa trivializzazione del repertorio. Il ricorso al modello scenico facilita, per un verso, la comprensione del discorso grazie all'immagine, per un altro mostra con umorismo personaggi fuori del comune, facendoli apparire calati in situazioni quotidiane. A fronte del registro simbolico vengono attivati procedimenti

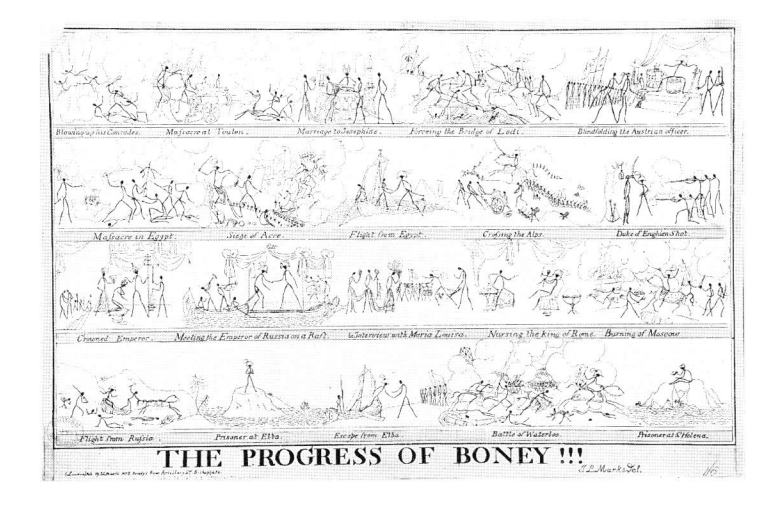

The Progress of Boney

Very Slippy Weather

Solche Szenenfolgen auf einem einzigen Blatt deuten einen tiefgreifenderen Wandel in der Geschichte der europäischen Karikatur an. Dieser Wandel, in dem Napoleon die Hauptrolle spielt, wird durch Bilder von Karikaturisten wie Gillray und Rowlandson, die sich dazu auf die Figuren von Charles James Fox, des Premierministers William Pitt oder des Königs Georg III. stützen, überzeugend in Gang gesetzt. Die gewaltigen Mengen an Napoleon-Karikaturen spiegeln die internationale Aktualität, fördern aber auch die Entstehung einer neuen Wahrnehmungsweise der Geschichte, die man als *narrativ* bezeichnen könnte. Napoleons *progresses* in Europa, seine Rückschläge, seine Privatgeschichten, seine Kleiderwechsel (vom General zum Kaiser) und die Dekorwechsel seiner Aktionen (von Ägypten bis Waterloo) verwandeln die Geschichte in eine Art Theaterfiktion oder, genauer, in ein *Feuilleton*, die journalistische und literarische Neuerfindung des 19. Jahrhunderts.

Nicht von ungefähr veröffentlichte Rowlandson während des Empire in einer Monatszeitschrift, *The Poetical Magazine*, die lächerlichen Abenteuer des Doktor Syntax, die ab 1812 in Sammelbänden erschienen und in ganz Europa mit Übersetzungen und Neuauflagen zu einem grossen Erfolg wurden. 1815 schuf George Cruikshank dreissig Stiche zur Illustration des satirischen Gedichts des Erfinders von Doktor Syntax, William Combe: *The Life of Napoleon: A Hudibrastic Poem in Fifteen Cantos, by Dr Syntax*. Im gleichen Augenblick wurde Napoleon zu einer Figur, auf deren Auftritte und Abenteuer das Publikum dichtgedrängt vor den Schaufenstern der Buchhändler wartete. Gillrays berühmter Stich *Very Slippy-Weather* (1808) zeigt einen solchen Auflauf vor der Handlung der Verlegerin Humphrey in St. James Street. Von hinten gesehen, betrachten Neugierige die Karikaturen, unter denen man, nebeneinander ausgestellt, zwei Napoleon-Stiche Gillrays, *Tiddy-Doll the great French Ginger-Baker* (1806) und *The King of Brobdingnag, and Gulliver* (1803),[99] erkennt. Man kann sich gut vorstellen, wie die Händler die Blätter nach Themen anordneten, die Napoleon-Karikaturen als Folge präsentierten und auf diese Weise narrative Gruppen bildeten, *progresses* oder Geschichten in Stichen, *histoires en estampes*, um den Ausdruck Rodolphe Töpffers zu zitieren, der das Genre Ende der 1820er Jahre erneuern sollte.[100] Es handelt sich jedoch nicht um irgendwelche Histörchen, sondern um die Historie,

tout en se faisant l'écho de l'actualité internationale, contribue à la formation d'une nouvelle perception historique que l'on pourrait appeler *narrative*. Les «progrès» de Bonaparte sur la scène européenne, ses déboires, ses relations familiales, ses changements de costume (du général à l'empereur) et les changements de décors de ses actions (de l'Egypte à Waterloo) transforment l'Histoire en une sorte de fiction théâtrale, ou, pour être plus précis, en *feuilleton*, cette innovation journalistique et littéraire du XIXe siècle.

C'est précisément sous l'Empire que Rowlandson publie dans un mensuel, *The Poetical Magazine*, les dérisoires aventures du Doctor Syntax, qui seront recueillies en volume dès 1812 et qui connaîtront un succès européen, attesté par des suites, des rééditions et des traductions. En 1815, George Cruikshank exécute trente gravures pour illustrer le poème satirique de l'inventeur du Doctor Syntax, William Combe: *The Life of Napoleon: a Hudibrastic Poem in Fifteen Cantos, by Dr Syntax*. Au même moment, Napoléon devient un personnage dont le public, attroupé devant les vitrines de marchands, attend les apparitions et suit les aventures. La célèbre gravure de Gillray intitulée *Very Slippy-Weather* (1808) met en scène un tel attroupement devant l'éditrice Humphrey, installée à St. James Street. Des badauds, de dos, regardent des planches, parmi lesquelles on reconnaît, placées côte à côte, *Tiddy-Doll the great French Ginger-Baker* (1806) et *The King of Brobdingnag, and Gulliver* (1803),[99] deux gravures de Gillray sur le thème de Napoléon. Et l'on imagine volontiers les marchands regroupant les gravures par thèmes, montrant en séquence la geste napoléonienne, et créant ainsi des ensembles narratifs, des *progresses*, des histoires: des «histoires en estampes», pour reprendre l'expression de Rodolphe Töpffer qui renouvelle le genre à la fin des années 1820.[100] Et il ne s'agit pas de n'importe quelles histoires. Mais c'est l'Histoire qui se déroule sous les yeux du public, de l'histoire européenne en train de se faire: «la postérité seule pourra juger de cet homme extraordinaire qui, tel Jupiter, imprime d'un clin d'œil le mouvement à des mondes», résume Kotzebue dans *Mes souvenirs de Paris en 1804*.[101]

La figure de Napoléon présente ainsi deux profils: celui de l'acteur essentiel de la réalité historique et du protagoniste par excellence de la fiction caricaturale autour de 1800. En définitive, la légende napoléonienne repose sur la valeur générale de

gave way to narrative procedures in the manner of Hogarth. In the latter's moralising «progresses», the different stages in the life of certain social types are narrated in several scenes. The allusions made by Woodward are most explicit: in *The Progress of the Emperor Napoleon*, he mocks Bonaparte for how he was propelled from Corsica to the throne.[98]

Such a suite of scenes developed on a single plate represents a very significant change in the history of European caricature. This new manner, brilliantly initiated by Gillray and Rowlandson in their engravings portraying such figures as Charles James Fox, the Prime Minister William Pitt or King George III, soon featured Napoleon as its central figure. And while the majority of the engravings targeting Napoleon faithfully mirrored the contemporary European political scene, at the same time they contributed to a new historic conception that might be termed *narrative*. Indeed, Bonaparte's «progresses» across the European stage, his setbacks, his family relations, his changes of costume (from general to emperor) and the varying backdrops to the events in his life (from Egypt to Waterloo) all turned history into a type of theatrical fiction. To be more exact, into a serial, that journalistic and literary innovation of the nineteenth century.

It was precisely during the Empire period that Rowlandson began publishing the humoristic adventures of Doctor Syntax, in the monthly *The Poetical Magazine*. Starting in 1812, these sequences were compiled into albums that became a great success in Europe, as attested by the sequels, reprints, and translations they inspired. In 1815, George Cruikshank did thirty engravings to illustrate a satirical poem by Doctor Syntax's inventor, William Combe: *The Life of Napoleon: a Hudibrastic Poem in Fifteen Cantos, by Dr Syntax*. Meanwhile, Napoleon was becoming quite the public figure; crowds would gather before the shop windows, impatiently awaiting new publications narrating his latest adventures. Gillray's famous print *Very Slippy-Weather* (1808) provoked just such a crowd in front of the publisher Humphrey's shop on St. James Street. All had turned their backs to the street the better to contemplate several plates set side-by-side and including two more by Gillray, ridiculing Napoleon: *Tiddy-Doll the great French Ginger-Baker* (1806) and *The King of Brobdingnag, and Gulliver* (1803).[99] It is easy to imagine the shop owners arranging the works in their windows by theme, with Napoleon in various poses forming a narrative ensemble, a «progress» or, in short, a story: «stories in prints» as Rodolphe Töpffer put it upon renewing with the genre in the late 1820s.[100] Not, however, just any stories. Rather, the public was being treated to the story of Europe, to History (if not HIS story) in the making. «Posterity alone will be able to judge this extraordinary man who, like Jupiter, moves worlds with but a wink of his eye,» Kotzebue maintains in *Mes souvenirs de Paris en 1804*.[101]

The Napoleon figure thus presents two profiles: one that takes up the main role in historic fact, and another as the hero par excellence of cartoon fiction around 1800. In the final analysis, the Napoleonic myth is based on that figure's overall value, and on the pecularities composing his person, as expressed by his physical body and his personal history. The legend derives its vitality and longevity from the superposition of fiction (the myth) and fact (anecdotes in his life). Thus he is never entirely associated with the figure of Christ as a model of the heroic gesture, a mode of association in several stages: hidden life (the Revolution), Epiphany (the Empire), martyrdom and death (Saint Helena) and, finally, the Resurrection (return of the Body).[102] Nor entirely with the superhuman traits of an Antichrist, of Apollo, the devil or an ogre. He did not descend from the heavens but arrived from Corsica, a

narrativi, secondo modalità risalenti a Hogarth e alle sue sequenze moralizzatrici che raccontano, in una successione di stampe, le tappe della vita di certi tipi sociali. Woodward vi fa esplicito riferimento in *The Progress of the Emperor Napoleon*, ove sbeffeggia la carriera che dalla Corsica fa ascendere Bonaparte al trono.[98]

Queste scene multiple, che si succedono su una stessa tavola, sono il segno di un cambiamento più profondo nella storia della caricatura europea, cambiamento di cui Napoleone è il protagonista principale e che le incisioni di Gillray e Rowlandson hanno avviato in modo tanto brillante ispirandosi alle figure di Charles James Fox, del primo ministro William Pitt o di re Giorgio III. In effetti la massa delle incisioni su Napoleone, pur riecheggiando l'attualità internazionale, favorisce il sorgere di una nuova percezione storica che si potrebbe chiamare *narrativa*. Le tappe della «carriera» di Napoleone sulla scena europea, le sue delusioni, i suoi rapporti familiari, i suoi cambiamenti di costume (da generale a imperatore) e la successione dei diversi scenari in cui hanno avuto luogo le sue azioni (dall'Egitto a Waterloo) trasformano la storia in una sorta di finzione teatrale, o, per essere più precisi, in un *feuilleton*, innovazione giornalistica e letteraria del secolo XIX.

Proprio in epoca imperiale Rowlandson pubblica su un mensile, *The Poetical Magazine*, le risibili avventure del dottor Syntax, che verranno raccolte in volume nel 1812 e riscuoteranno un successo europeo, documentato dalle numerose riprese, riedizioni e traduzioni. Nel 1815 George Cruikshank esegue trenta incisioni per illustrare il poema satirico di William Combe, inventore appunto del dottor Syntax *(The Life of Napoleon: a Hudibrastic Poem in Fifteen Cantos, by Dr Syntax)*; nello stesso periodo, Napoleone diventa un personaggio del quale il pubblico, assiepato di fronte alle vetrine dei mercanti, attende le apparizioni e segue le avventure. La celebre incisione di Gillray intitolata *Very Slippy-Weather* (1808) raffigura una folla di questo tipo in St. James Street, di fronte all'editrice Humphrey. Alcuni semplicioni, di spalle, guardano le stampe, fra cui si riconoscono, poste fianco a fianco, *Tiddy-Doll the great French Ginger-Baker* (1806) e *The King of Brobdingnag, and Gulliver* (1803),[99] due incisioni di Gillray sul tema di Napoleone. Non è difficile immaginare i mercanti che raggruppano le incisioni per temi, mostrando in sequenza le gesta di Napoleone e creando così insiemi narrativi, «carriere», storie: «storie su stampe», per riprendere l'espressione di quel Rodolphe Töpffer che rinnova il genere alla fine degli anni '20 del XIX secolo.[100] E non si tratta di storie qualsiasi, ma è la Storia che si svolge sotto gli occhi della gente, la storia d'Europa nell'atto stesso del suo farsi: «solo i posteri potranno giudicare quest'uomo straordinario che, quale novello Giove, in un batter d'occhio imprime il movimento a interi mondi», riepiloga Kotzebue in *Mes souvenirs de Paris en 1804*.[101]

La figura di Napoleone presenta così due profili diversi: quello dell'attore principale della realtà storica e quello del protagonista per eccellenza della finzione caricaturale attorno al 1800. In definitiva, la leggenda napoleonica ha il suo fondamento nel valore generale della figura e nell'irriducibile singolarità della persona, caratterizzata dal suo corpo e dalla sua storia personale, affettiva e familiare. La vitalità e la durata della leggenda sono il frutto di questa sovrapposizione del mitico e dell'aneddotico. In effetti Napoleone non è associato unicamente alla figura del Cristo modello di gesta eroiche, il cui percorso presenta diverse tappe: vita latente (Rivoluzione), epifania (Impero), martirio e morte (Sant'Elena), infine resurrezione (ritorno dei resti mortali).[102] Egli non è presentato

die sich vor dem Publikum abspielt, die zeitgenössische europäische Geschichte, die sich soeben ereignet: «Einzig die Nachwelt wird ein Urteil abgeben können über diesen aussergewöhnlichen Mann, der wie Jupiter mit einem Wink seiner Augen Welten in Bewegung setzt», stellt Kotzebue im Jahr 1804 fest.[101]

Die Figur Napoleons präsentiert sich auf diese Weise von zwei Seiten: als Hauptakteur der historischen Realität und als Hauptdarsteller der fiktionalen Karikatur um 1800. Letzten Endes gründet seine Legende auf der Gesamterscheinung seiner Figur und auf der unverwechselbaren Einzigartigkeit seiner Person, die zum einen physisch, zum anderen in ihrer persönlichen, affektiven und familiären Geschichte in Erscheinung tritt. Die Lebendigkeit und die Dauerhaftigkeit der Legende sind durch diese Überlagerung von Mythos und Anekdote bedingt. Napoleon lässt sich jedoch nicht allein auf die Christusfigur beziehen, das Vorbild des Heldenepos, das in mehreren Stufen abläuft: Leben in Verborgenheit (Revolution), öffentliches Auftreten (Kaiserreich), Martyrium und Tod (Sankt Helena) sowie schliesslich Auferstehung (Rückführung der sterblichen Überreste).[102] Napoleon erscheint nicht allein als die übermenschliche Figur des Antichrist, des gefallenen Engels Appollyon, des Teufels oder des Menschenfressers. Er ist nicht auf die Welt herabgestiegen, sondern schlicht von Korsika gekommen, wie die Karikaturisten ernüchternd in Erinnerung rufen, da sie das Grundprinzip jedes Mythos, die Verschleierung der Herkunft, in Frage stellen. Bonapartes Aktionen sind nicht so sehr jene der Olympischen Götter, als jene eines begabten, ehrgeizigen und alles in allem *bürgerlichen* Soldaten. Bezeichnenderweise setzte sich im 19. Jahrhundert die Figur des *Petit caporal*, des kleinen Feldwebels, des zugleich grossartigen und menschlichen Führers in der Schlichtheit und bürgerlichen Rechtschaffenheit seiner grauen Redingote durch.

Napoleon verkörpert mit anderen Worten den neuen Menschen, den die Revolution hervorgebracht hat. Der Sohn eines Provinzadvokaten ist das Musterbeispiel eines erfolgreichen Aufsteigers, eines *self-made man*, wie die Amerikaner später sagen sollten. Sein verblüffender sozialer Aufstieg vollzieht sich vor dem Horizont der imaginären Wunsch- und Vorstellungswelt des Kapitalismus, wobei auch der erhobene moralische Zeigefinger nicht fehlen darf, da die glanzvolle Karriere zugleich die verheerenden Folgen übertriebenen Ehrgeizes zu erkennen gibt. Sein Erfolg beflügelt die Erfolgsträume der nachfolgenden Generation («er war unsere einzige Religion», ruft Stendhal aus),[103] zumal sein Leben in einer der charakteristischsten Erzählformen, in den Bilderbogen von Epinal, moralisierend verklärt werden sollte: So stellt Napoleon die «Ikone des Jahrhunderts» dar.

sa figure et sur la singularité irréductible de sa personne caractérisée par son corps et son histoire personnelle, affective et familiale. La vitalité et la durabilité de la légende résultent de cette superposition du mythique et de l'anecdotique. En effet, Napoléon n'est pas uniquement associé à la figure du Christ modèle de la geste héroïque, qui compte plusieurs étapes: vie cachée (la Révolution), épiphanie (Empire), martyre et mort (Sainte-Hélène) puis enfin résurrection (le retour des Cendres).[102] Il n'apparaît pas uniquement sous les traits surhumains de l'Antéchrist, d'Apollon, du démon ou de l'ogre. Il n'est pas venu sur Terre, mais il a débarqué de Corse, ainsi que le rappellent prosaïquement les caricaturistes qui s'attaquent ainsi au principe même de tout mythe: l'effacement des origines. Les actions de Bonaparte sont moins celles des dieux de l'Olympe, que celles d'un militaire doué, ambitieux et, tout compte fait, *bourgeois*. Significativement, c'est en effet la figure du «Petit caporal», du meneur d'hommes à la fois grandiose et humain, dans la simplicité et la probité bourgeoise de sa redingote grise, qui s'impose au XIXe siècle.

En d'autres termes, Napoléon incarne l'homme nouveau, engendré par la Révolution. Ce fils de notaire de province devient en quelque sorte le modèle de la carrière réussie, du *self-made man*, diront plus tard les Américains. Sa prodigieuse ascension sociale est inscrite au firmament de l'imaginaire capitaliste, avec une touche morale indispensable puisque sa carrière met également en scène les conséquences des abus de l'ambition. Sa réussite sert d'autant mieux d'exemple aux rêves de réussite qui animent les enfants du Siècle («il fut notre seule religion», écrivit Stendhal)[103] que sa vie est alors moralisée par la narration sous une forme des plus caractéristique: l'imagerie d'Epinal. C'est en cela que Napoléon fait figure d'«icône du siècle».

Democracy or a Sketch of the Life of Bonaparte

highly prosaic fact underscored by his caricaturists in an effort to discredit the mythical dimension of his image: truly mythical heroes are bereft of any origins. Bonaparte's feats are less those of the gods of Olympus than of a talented, ambitious and – if the truth be said – *bourgeois* military man. Significantly, the image that became impressed upon the nineteenth century was of Napoleon in that very role: the *Petit caporal* – a leader of men seen in both a grandiose and human light, and in the bourgeois simplicity and uprightness afforded by his grey frock coat.

Taking this idea a step further, Napoleon incarnated the new man born of the French Revolution. Son of a provincial solicitor, he became somewhat of a model of success, a «self-made man» as the Americans would later say. His spectacular social ascension belongs to the imaginary universe conceived under capitalism, including as it did the indispensable moral touch of a career that was also obliged to deal with the consequences of misguided ambition. To the children of that Age, his success was the stuff of dreams («he was our only religion,» Stendhal wrote).[103] All the more so… because his life became *moralised* in being narrated in an ever so characteristic manner, bringing to mind the images of Epinal. It is in this context then, that Napoleon can be thought of as «the icon of the century».

unicamente con i tratti sovrumani dell'Anticristo, di Apollo, del demonio o dell'orco. Non è sceso sulla terra ma è sbarcato dalla Corsica, come ricordano prosaicamente i caricaturisti che attaccano in questo modo il principio stesso di ogni mito: la cancellazione delle origini. Le azioni di Bonaparte non sono tanto quelle degli dei dell'Olimpo quanto quelle di un militare dotato, ambizioso e, a conti fatti, *borghese*. Significativamente, è proprio la figura del «piccolo caporale», del capopopolo allo stesso tempo grandioso e umano, nella semplicità e nella probità borghese della sua redingote grigia, quella che si impone nel XIX secolo.

In altri termini, Napoleone incarna l'uomo nuovo, generato dalla Rivoluzione. Questo figlio di un notaio di provincia assurge in qualche modo a modello di una carriera riuscita, del *self-made man*, come diranno più avanti gli americani. La sua prodigiosa ascesa sociale si inscrive nel firmamento dell'immaginario capitalista, con un tocco morale indispensabile, perché la sua carriera mette anche in evidenza le conseguenze degli abusi di ambizione. Il suo successo esemplifica tanto meglio i sogni di successo dei figli del secolo («fu la nostra sola religione», scrive Stendhal),[103] in quanto la sua vita viene *moralizzata* dalla narrazione sotto una delle forme più caratteristiche: le stampe di Epinal. Ed è proprio in questa ottica che Napoleone appare come «l'icona del secolo».

Das offizielle Napoleon-Bild

Jérémie Benoit

«Bürger, die Revolution ist an die Prinzipien gebunden, unter denen sie begann: Sie ist beendet.» Mit diesen Worten verkündete Bonaparte die Ergebnisse des Plebiszits vom 24. Frimaire des Jahres VIII (15. Dezember 1799), durch die er nach seinem Staatsstreich vom 18. und 19. Brumaire (9.–10. November) offiziell in sein Amt als Erster Konsul eingesetzt wurde.

Nach den Ausschreitungen der «Terreur» (Schreckensherrschaft) und angesichts der Unfähigkeit des Direktoriums, Frankreich zu regieren, schlug Bonaparte einen dritten Weg vor: den Weg des auf den Prinzipien der Revolution gegründeten Gleichgewichts. Dabei hatte er jedoch weder mit den ihm feindlich gesinnten Jakobinern, die er 1800 teilweise ausschaltete, noch mit den Royalisten gerechnet, die 1804 mit Gewalt zurückgedrängt wurden (Verschwörung des Herzogs von Enghien). Gegenüber seinen Widersachern und dem verbündeten Europa bot sich dem jungen General bald nur noch die Lösung einer unumschränkten Einzelherrschaft. Um seine Macht zu festigen, setzte der Erste Konsul sehr rasch die Bildpropaganda ein. Als Kaiser verfeinerte er diese Methode, die allerdings nur langsam ihre Wirkung entfaltete. Bis 1804 ruhte die Regierung auf unsicheren Grundlagen. Das konsularische Frankreich war eine Republik, die jedoch auf einen einzigen Mann fixiert war.

Einzig das Kaisertum war imstande, die Überreste der Macht des französischen Volkes vollständig zu beseitigen. So entwickelte sich eine echte napoleonische Propaganda erst in den Jahren 1804–1814.

Die ersten Versuche, mit Bildern Werbung zu betreiben, schlugen ausnahmslos fehl. Als Spross der Republik wollte Bonaparte die Gewohnheiten der Künstler, für die die Freiheit zu den Grundwerten gehörte, nicht gesamthaft über den Haufen werfen.

L'image officielle de Napoléon

Jérémie Benoit

«Citoyens, la Révolution est fixée aux principes qui l'ont commencée: elle est finie». C'est en ces termes que Bonaparte proclamait les résultats du plébiscite du 24 frimaire an VIII (15 décembre 1799), qui l'installait officiellement Premier Consul, mieux que son coup d'Etat des 18 et 19 brumaire (9–10 novembre).

Après les excès de la Terreur et l'impuissance du Directoire à redresser la France, Bonaparte allait proposer une troisième voie, celle de l'équilibre, fondée sur les principes de la Révolution. C'était compter pourtant sans les opposants jacobins, éliminés en partie dès 1800, et les royalistes, violemment rejetés en 1804 (complot du duc d'Enghien). Face à ses détracteurs et à l'Europe coalisée, le jeune général n'eut bientôt plus d'autre solution que celle du régime personnalisé à outrance. Pour asseoir son pouvoir, le Premier Consul utilisa très rapidement la propagande par l'image. L'Empereur saisit naturellement cette technique, qui fut pourtant lente à être mise en place. Car jusqu'en 1804, les fondements du gouvernement furent extrêmement ambigus. La France consulaire était une République, mais identifiée à un homme.

Seul l'Empire parvint à éliminer ce qui restait de pouvoir national populaire en France. Ce ne fut en effet que dans les années 1804 à 1814 qu'une véritable propagande napoléonienne put se mettre en place.

Les premières tentatives de propagande en image furent toutes vouées à l'échec. Héritier de la République, Bonaparte ne bouscula pas directement les habitudes des artistes, pour lesquels la Liberté apparaissait comme un fondement essentiel.

Deux directions furent testées dès 1800. D'une part, la peinture à sujet contemporain, qui restait l'une des grandes problématiques de l'art depuis les débuts de la Révolution, d'autre part, l'allégorie.

The Official Image of Napoleon

Jérémie Benoit

«Citizens, the Revolution has been settled according to the principles by which it was instigated: it is finished.» Thus did Bonaparte proclaim the plebiscite results for 24 Frimaire of the year VIII (15 December 1799). These results, far more than his 18 and 19 Brumaire (November 9–10) coup d'état, lent official recognition to his role as First Consul.

After all the excesses of the Reign of Terror, and the Directory's subsequent incapacity to get the country back on its feet, Bonaparte was suggesting a third alternative: to seek a state of equilibrium along guidelines born of the Revolution. However, this was to overlook the strength both of the Jacobins, partially eliminated as of 1800, and the Royalists, brutally repelled in 1804 (Duke of Enghien's conspiracy). In the face of his many detractors and the coalition of European countries, the young general had no other solution than to personalise his government in the extreme. To better establish his power, the first consul rapidly resorted to propaganda images. This technique took a few years to develop – all the more so because, until 1804, the government rested on somewhat ambiguous foundations. Under the Consulate, France existed as a republic, but depended on a public figure for its identity.

Only the Empire was at last able to thoroughly divest the land of any remaining popular national power. Hence, it was not until the period from 1804 to 1814 that a valid Napoleonic propaganda campaign could be carried through.

First attempts at propaganda imagery were totally unsuccessful. As a spiritual son of the Republic, Bonaparte was loathe to interfere with the outlook of the country's artists, to whom «la Liberté» remained basic.

Zu Beginn des 19. Jahrhunderts wurden zwei Wege erprobt: auf der einen Seite die gegenwartsbezogene Malerei, die seit Anfang der Revolution künstlerische Probleme stellte, auf der anderen Seite die Allegorie.

2.2.1 *Die Allegorie*

Obschon die Künstler 1789 bereit waren, nach englischem Vorbild die wichtigsten Ereignisse der Revolution in Gemälden festzuhalten, zwang sie die politisch verworrene Situation der Jahre 1789–1800, im realitätsfernen Genre der Allegorie Zuflucht zu suchen. So stellte man das Volk als Herkules und die Nationalversammlung als Minerva, die Göttin der Weisheit usw., dar. Damit konnte man sich als Befürworter der Revolution zu erkennen geben, ohne sein Leben durch allzu entschiedene politische Ansichten aufs Spiel zu setzen. Diese verschwommene künstlerische Methode konnte allerdings den Ersten Konsul nicht zufriedenstellen; er wünschte, dass sein Bildnis der Bevölkerung direkt präsentiert würde. «Ich allein bin der Vertreter des Volkes», hatte er am Abend des 18. Brumaire erklärt, ein Ausspruch, der viel aussagt über sein Programm und den von ihm geplanten Bruch mit der parlamentarischen Revolution.

Am 26. Germinal des Jahres X (16. April 1802) erliess der Innenminister Jean-Antoine Chaptal eine Verfügung in Form eines «Aufrufes an alle Künstler der französischen Republik».[1] Der erste Artikel hielt fest, dass «alle Künste aufgefordert sind, die beiden Epochen des Friedens von Amiens und des Kultusgesetzes zu feiern». Medailleure, Bildhauer, Maler und Architekten waren eingeladen, sich am Wettbewerb zu beteiligen. Bis zum 15. Frimaire (6. Dezember) mussten Entwürfe, Skizzen und Modelle eingereicht werden, und die Werke wurden im Salon Carré des Louvre ausgestellt.[2] Obwohl Antoine Callet und Jean-Pierre Saint-Ours für ihre Konkordatsprojekte sowie Philippe Chéry und Anatole Devosge für ihre Skizzen zum Frieden von Amiens eine Auszeichnung erhielten, wurde kein Preis verliehen. Kein Entwurf hatte den Ersten Konsul befriedigt. Die Projekte blieben abstrakt, wie der Entwurf von Saint-Ours,[3] und enthielten – aus rein künstlerischen Gründen – keine Anspielung auf Bonaparte. Umgekehrt wollte Chéry offenbar den Anteil des Ersten Konsuls negieren.[4] Der republikanisch gesinnte Künstler scheint die Unterstützung Davids genossen zu haben, was erklärt, weshalb er ausgezeichnet wurde. Zu jener Zeit war Bonaparte noch gezwungen, auf seine Gegner Rücksicht zu nehmen.

Einige Künstler führten jedoch die Figur des Ersten Konsuls in ihre Komposition ein. So erscheint Bonaparte in Pierre-Joseph-Célestin François' Skizze zum Konkordat als Herkules (*Le Peuple*).[5] Der gemäss den Prinzipien der antiken Kunst unbekleidete Held musste jedoch den Ersten Konsul schockieren. Es geht dabei um die damals heiss diskutierte Frage des zeitgenössischen Gewandes, eine Debatte, die bereits im 18. Jahrhundert eingesetzt hatte. Die an der Antike geschulten Künstler waren dazu übergegangen, den griechischen oder römischen Helden gelegentlich, vor allem zur Zeit der Revolution, die Züge zeitgenössischer Persönlichkeiten zu verleihen.[6] Tatsächlich stand die damalige Zeit im Zeichen eines neuen Humanismus, da die Menschenrechte seit 1789 die göttliche Begründung der Gesellschaft abgelöst hatten. Aus diesem Grund hatte sich die abstrakte, idealistische Allegorie überlebt[7] und spielte, wie bereits erwähnt, nur noch aus Gründen politischer Strategie eine Rolle.[8] Bonaparte suchte sie vollends zu beseitigen: «Ich würde es begrüssen», stellte er fest, «wenn

2.2.1 *L'Allégorie*

Bien que les artistes aient dès 1789, sur le modèle anglo-saxon, très vite envisagé de peindre les grands événements de la Révolution, l'imbrication politique était telle durant les années 1789–1800, qu'ils se réfugièrent dans l'allégorie, genre artistique fort éloigné de la réalité. C'est ainsi que l'on représenta le Peuple sous les traits d'Hercule, l'Assemblée Nationale sous la forme de Minerve (la Sagesse), etc. C'était une façon de s'impliquer dans la Révolution sans pour autant risquer sa tête dans des engagements politiques trop tranchés. Cette méthode artistique diffuse ne pouvait cependant satisfaire le Premier Consul qui souhaitait que son image apparût directement aux yeux de tous. «Moi seul suis le représentant du Peuple», avait-il proclamé dès le soir du 18 brumaire. Cette phrase en disait long sur son programme, et sur la rupture qu'il envisageait avec la Révolution parlementaire.

Le 26 germinal an X (16 avril 1802), Jean-Antoine Chaptal, ministre de l'Intérieur, publia un arrêté[1] sous forme d'«Appel à tous les artistes de la République française», qui stipulait dans son article premier que «Tous les Arts sont appelés à célébrer les deux époques de la Paix d'Amiens et de la loi sur les cultes». Médaillistes, sculpteurs, peintres et architectes étaient invités à participer à ce concours. La remise des projets, esquisses et modèles, fut fixée au 15 frimaire (6 décembre), et les œuvres furent exposées dans le Salon Carré du Louvre.[2] Aucun prix ne fut décerné aux artistes, bien qu'Antoine Callet et Jean-Pierre Saint-Ours aient été récompensés pour leurs projets du Concordat, tandis que Philippe Chéry et Anatole Devosge l'étaient pour leurs esquisses sur la Paix d'Amiens. Aucune esquisse ne pouvait en effet satisfaire le Premier Consul. Elles demeuraient abstraites, comme le projet de Saint-Ours,[3] et ne faisaient aucunement allusion à Bonaparte. Ceci pour des raison purement artistiques. A l'inverse, l'idée de Chéry était, semble-t-il, de nier l'action du premier Consul.[4] L'artiste était républicain et semble avoir reçu le soutien de David, ce qui explique qu'il fut récompensé. C'était l'époque où Bonaparte devait encore ménager ses adversaires.

Certaines esquisses pourtant réintroduisaient la figure du premier Consul dans la composition. Ainsi en allait-il de l'esquisse de Pierre-Joseph-Célestin François sur le thème du Concordat, où Bonaparte apparaît sous les traits d'Hercule (*Le Peuple*).[5] Ce héros nu selon les principes de l'art antique ne pouvait que choquer le Premier Consul. Nous entrons là dans un débat très épineux à l'époque, celui du costume contemporain, débat qui trouvait ses origines au XVIIIe siècle. Formés à l'école de l'Antiquité, les artistes avaient pris pour habitude de célébrer les héros grecs ou romains, parfois, surtout pendant la Révolution, en les identifiant aux figures contemporaines.[6] Mais la période était en réalité un nouvel humanisme, puisque les Droits de l'Homme avaient, depuis 1789, supplanté les fondements divins de la société. L'allégorie, abstraite, idéaliste, devenait dès lors caduque.[7] Elle n'avait survécu, ainsi que nous l'avons dit, que pour des raisons de stratégie politique.[8] Bonaparte s'employa à la détruire. «J'aimerais beaucoup mieux qu'on habillât les gens tels qu'ils sont habituellement,» disait Napoléon, «que de les habiller d'un costume qui n'est pas le leur. Habillez […] les Grecs et les Romains comme ils l'étaient dans les temps anciens, mais habillez les Français de nos jours comme ils le sont au XIXe siècle. Faire autrement est chose ridicule et bizarre».[9]

Le débat fut assez semblable dans le domaine de la sculpture, et deux œuvres en particulier rappellent en effet les difficultés que rencontrèrent les artistes pour échapper aux modèles antiques. D'une part, Antonio Canova reçut commande

Jean-Pierre Saint-Ours, Allégorie du Concordat

François, Allégorie du Concordat

From 1800, artistic experimentation developed in two directions: paintings dealing with contemporary subjects (an approach that had already fueled a great deal of artistic debate since the start of the Revolution) and allegory.

2.2.1 Allegory

Since 1789, with an eye to keeping in step with the Anglo-Saxon models of the day, French artists increasingly sought to portray the major events of the Revolution in painting. However, the political situation rapidly became so tremendously complicated, in the period from 1789 to 1800, that they were inspired to seek refuge in allegory, an artistic device most removed from reality. Thus they took to representing the People in the person of Hercules, the National Assembly as Minerva (Wisdom), etc. It was a way of involving themselves in the Revolution without risking their lives by taking an all-too-outspoken political stand. Such a vague path of artistic expression could not, however, satisfy the First Consul's ambition to have an image of himself imprinted upon the people. «I alone represent the People», were his words at the end of the famous 18 Brumaire day: a declaration conveying in no uncertain terms the program he had in mind, and his intentions to break with the Revolutionary parliament.

On 26 Germinal of the year X (16 April 1802), Jean-Antoine Chaptal, Minister of the Interior, published a decree[1] that was a «Call to all the artists of the French Republic»; Article 1 stipulated that «all the arts are invited to extol the two periods of [resp.] the Treaty of Amiens and the law on religious worship.» Medal artists, sculptors, painters and architects were invited to participate in this competition. The deadline for submitting projects, studies and models was set for 15 Frimaire (Dec. 6); the works went on display at the Louvre's Salon Carré.[2] No prizes were awarded to any artists, although Antoine Callet and Jean-Pierre Saint-Ours were rewarded for works celebrating the Concordat, as were Philippe Chéry and Anatole Devosge for their studies on the Treaty of Amiens. It was a fact that none of the projects could meet with the First Consul's satisfaction, since they remained rather abstract – the project by Saint-Ours, for instance[3] – and, out of purely

2.2.1 L'allegoria

Benché fin dal 1789 gli artisti abbiano deciso, sul modello anglosassone, di dipingere i grandi eventi rivoluzionari, nel periodo 1789–1800 il groviglio politico è tale da indurli a rifugiarsi nell'allegoria, genere artistico ben lontano dalla realtà: il popolo viene quindi rappresentato coi tratti di Ercole, l'Assemblea nazionale con quelli di Minerva (la Saggezza), e così via. È un modo di prendere parte attiva alla Rivoluzione, senza però rischiare la testa con posizioni politiche troppo spiccate; questo metodo artistico diffuso, tuttavia, non può soddisfare il primo console, che vorrebbe la propria immagine esposta direttamente davanti a tutti. «Soltanto io sono il rappresentante del popolo», proclama Bonaparte la sera del 18 brumaio: un messaggio chiaro sul suo programma, ma anche sul suo progetto di rompere con la Rivoluzione parlamentare.

Il 26 germinale dell'anno X (16 aprile 1802) il ministro dell'interno, Jean-Antoine Chaptal, emana un decreto[1] sotto forma di «appello a tutti gli artisti della Repubblica francese»; l'articolo 1 stipula che «tutte le arti sono chiamate a celebrare le due epoche della pace di Amiens e della legge sui culti». Medaglisti, scultori, pittori e architetti vengono invitati a un concorso; la consegna dei progetti, schizzi o modelli è fissata al 15 frimaio (6 dicembre), le opere verranno esposte nel Salon Carré del Louvre.[2] Gli artisti non ricevono premi (benché Antoine Callet e Jean-Pierre Saint-Ours siano ricompensati per i progetti relativi al Concordato, Philippe Chéry e Anatole Devosge per gli schizzi sulla pace di Amiens). Nessuno dei bozzetti, in effetti, può soddisfare il primo console: tutti restano astratti, come il progetto di Saint-Ours,[3] e non accennano affatto a Bonaparte. Se ciò avviene per motivi puramente artistici, Chéry intende invece, a quanto sembra, negare l'azione del primo console;[4] l'artista, che è repubblicano, pare venga appoggiato da David. Si spiega in tal modo il compenso assegnatogli; è il periodo in cui Bonaparte deve ancora risparmiare gli avversari…

Certi schizzi, però, introducono sì nella composizione la figura del primo console. Così fa, per esempio, quello di Pierre-Joseph-Célestin François sul tema del Concordato, in cui Bonaparte appare coi tratti di Ercole (Le Peuple):[5] un eroe che – nudo com'è, secondo i dettami dell'arte antica – può

man die Leute in ihre gewöhnlichen Kleider steckte, anstatt ihnen ein völlig fremdes Gewand überzuziehen. Kleidet [...] die Griechen und Römer, wie es in der Antike üblich war, doch kleidet die heutigen Franzosen, wie sie es im 19. Jahrhundert tun. Alles andere ist lächerlich und bizarr.»[9]

Die gleiche Diskussion wurde auch im Bereich der Bildhauerei geführt. Zwei Werke vor allem zeugen von den Schwierigkeiten, die die Künstler zu überwinden hatten, um sich von den antiken Vorlagen zu befreien.

Am 25. März 1801 hatte Antonio Canova vom Präsidenten der Cisalpinischen Republik, Graf Sommariva, den Auftrag für eine Statue des durch die Siegesgöttin gekrönten Bonaparte erhalten; die Figur sollte ein Ehrenmal für die französische Armee in Mailand schmücken.[10] In eine Figur Napoleons als friedenbringender Mars[11] umgewandelt, gelangte die 1806 vollendete Statue 1811 nach Paris. Sie missfiel dem Kaiser, der es vorgezogen hätte, bekleidet dargestellt zu sein, während Canova ihm nach antiker Weise die Gestalt eines nackten Helden gegeben hatte. Dagegen verteidigte der Kunstkritiker Antoine Quatremère de Quincy das Werk im Namen des Ideals. Der Graben zwischen Kunst und Progapanda war offenbar unüberbrückbar.

Das zweite Beispiel ist die Napoleonstatue, die Denis Antoine Chaudet für die Spitze der Vendômesäule in Paris schuf und die ähnliche Probleme stellte. Immerhin war der Kaiser hier in eine griechische Chlamys gehüllt, so dass das Werk Zustimmung fand; zudem war die Statue so hoch plaziert, dass sie sich dem direkten Blick der Leute entzog.[12] Während des Empire zeigten die offiziellen Statuen denn auch Napoleon stets im kaiserlichen Krönungsornat, wie Claude Rameys *Napoléon*[12b] belegt. Einzig Chaudets Werk war wegen der antikisierenden Konzeption der Triumphsäule eine Ausnahme.

Der Zweck des Wettbewerbs von 1802 war die Wiederbelebung von Gedenkfeiern zeitgenössischer Ereignisse. Die Künstler hatten jedoch nicht Bonapartes politische Absichten erkannt, die er mit der Darstellung der realen Person verfolgte. Die Wettbewerbsform war dafür ungeeignet, und auf Empfehlung von Dominique Vivant Denon, dem Direktor der Museen, ersetzte sie der Kaiser 1804/1805 durch den Staatsauftrag oder direkte Ankäufe im Salon. So liess sich die Kunstförderung in dem von Napoleon gewünschten Sinn zur Festigung seiner Herrschaft einsetzen. Am 6. August 1805 führte der Kaiser in einem Schreiben an den Intendanten der Grossen Armee, Pierre Daru, aus: «Meine Absicht ist es, die Künste auf jene Themen zu verpflichten, die die Erinnerung an die Geschehnisse der letzten fünfzehn Jahre [1789] verewigen. Es ist beispielsweise erstaunlich, dass ich nicht erreichen konnte, dass die Gobelinswerkstatt die Heilsgeschichte beiseite liess und die Künstler mit der Darstellung der unzähligen Handlungen aller Art beauftragte, in denen sich die Armee und die Nation auszeichneten, Ereignisse, die zur Errichtung des Thrones führten».[13] Was Napoleon eigentlich wünschte, war die realistische Behandlung zeitgenössischer Sujets. So erklärte er: «Mir liegt am Herzen, dass die französischen Künstler den Ruhm Athens und Italiens auslöschen. An Ihnen liegt es, diese grossen Hoffnungen Wirklichkeit werden zu lassen».[14] In der Folge entwickelte sich ein regelrechtes Staatsmäzenatentum, das die Mehrheit der Künstler an die kaiserliche Macht band.

le 25 mars 1801 du comte Sommariva, président de la République Cisalpine, d'une statue de Bonaparte couronné par la Victoire, destinée à orner un monument à la gloire de l'Armée française à Milan.[10] Transformée en Napoléon représenté en Mars pacificateur,[11] l'œuvre achevée en 1806 arriva à Paris en 1811. Elle déplut à l'Empereur, qui aurait souhaité être vêtu, alors que Canova l'avait héroïsé à la manière antique, c'est-à-dire nu. Au contraire, le critique d'art Antoine Quatremère de Quincy défendit la statue au nom de l'idéal. L'incompréhension était totale entre l'art et la propagande.

La statue de Napoléon œuvre de Denis Antoine Chaudet, érigée au sommet de la colonne Vendôme à Paris, rencontra des difficultés similaires. Mais au moins l'Empereur était-il vêtu d'une chlamyde grecque, ce qui la fit accepter, d'autant plus qu'elle était placée très en hauteur, loin des regards directs.[12] En fait sous l'Empire, les statues officielles montreront désormais Napoléon en costume du Sacre, comme par exemple le *Napoléon* de Claude Ramey.[12b] Seule l'œuvre de Chaudet faisait exception, en raison de la conception antique de la colonne triomphale.

Le concours de 1802 n'avait eu pour objectif que de relancer les commémorations d'événements contemporains. Mais les artistes n'avaient pas compris les enjeux politiques que Bonaparte souhaitait voir représentés, c'est-à-dire sa personne réelle. La formule du concours n'était d'ailleurs pas adaptée, et dès 1804/1805, sous l'influence de Dominique Vivant Denon, Directeur des Musées, l'Empereur lui substitua la commande d'Etat, ou l'achat direct au Salon. C'était stimuler les arts dans le sens désiré par Napoléon pour imposer son régime. Le 6 août 1805, l'Empereur écrivait en effet à Pierre Daru, intendant de la Grande Armée: «Mon intention est de tourner spécialement les arts vers des sujets qui tendraient à perpétuer le souvenir de ce qui s'est fait depuis quinze ans [1789]. Il est étonnant, par exemple, que je n'aie pu obtenir que les Gobelins laissassent de côté l'histoire sainte, et occupassent enfin les artistes de cette foule d'actions de tout genre qui ont distingué l'armée et la nation, événements qui ont élevé le trône».[13] Ainsi, ce que voulait Napoléon, c'était le sujet contemporain traité dans la réalité. Car disait-il: «J'ai à cœur de voir les artistes français effacer la gloire d'Athènes et de l'Italie. C'est à vous de réaliser de si belles espérances».[14] Un véritable mécénat d'Etat se mit donc bientôt en place, qui rallia la majeure partie des artistes au pouvoir impérial.

2.2.2 *La peinture à sujet contemporain*

Sur le modèle anglo-saxon, la France révolutionnaire avait tenté, dès 1790, de mettre sur pied une peinture qui ne fut pas d'inspiration antique. Jacques Louis David, qui avait rencontré l'Américain John Trumbull à la veille de la Révolution, alors que celui-ci entreprenait de célébrer l'indépendance des Etats-Unis, avait été le premier à tenter l'aventure de la peinture contemporaine, en représentant *Le Serment du Jeu de paume*. Mais si en 1790, il était encore possible de peindre côte à côte des hommes aussi différents que Bailly, Mirabeau, Siéyès ou Robespierre, tendus ensemble dans un grand élan libertaire, dès 1792, cela était devenu bien difficile, et David avait été obligé d'abandonner sa peinture en raison de l'accélération des événements politiques.[15]

Les artistes cependant n'avaient pas renoncé à ce genre nouveau de la peinture. Le Premier Consul, qui le savait, encouragea la reprise du sujet contemporain, et de même qu'il l'avait fait avec l'allégorie, il institua un concours en l'an IX (1801),

artistic concern, were devoid of any allusion to Bonaparte. On the contrary, Chéry's idea seems to have been to deny the First Consul's undertaking.[4] He was however a republican and apparently had David's backing, which would explain why he was rewarded. At this point in time, Bonaparte still needed to humour his enemies.

In any case, several studies did reintroduce the figure of the First Consul to their compositions. Thus we have the study by Pierre-Joseph-Célestin François on the theme of the Concordat, where Napoleon emerges from under the features of Hercules (Le Peuple).[5] This naked hero figure, in the fashion of Antiquity, could not fail to shock the First Consul. The latter's reaction touched on what – since the eighteenth century – had been, and continued to be, a moot question, namely period costumes. The artists of the day had received a Classical training and were in the habit of extolling Greek or Roman heroes who at times – especially during the Revolution – became identified with contemporary figures.[6] But the period was actually characterised by a new humanism because, since 1789, the Rights of Man had come to replace the divine rights as the foundations of society. This development tended to outmode such an abstract and idealistic genre as allegory.[7] The only reason that the genre had lasted was, as already mentioned, for reasons of political strategy.[8] Bonaparte undertook to destroy that Classicist tendency, explaining «I would far rather have people be dressed as is customary, than in attire that is not theirs. Dress […] Greeks and Romans the way they looked in ancient times, but dress the French of our day the way they look in the nineteenth century. To do otherwise is ridiculous and odd.»[9]

Just about the same debate went on in the realm of sculpture. Two works in particular illustrate how difficult it was for the artists of the period to avoid the influence of ancient models. Antonio Canova was commissioned on 25 March 1801 by Count Sommariva, president of the Cisalpine Republic, for a statue of Bonapart crowned by Victory. The work was destined to decorate a monument erected in Milan to the glory of the French Army.[10] The artist transformed Napoleon into a pacifist Mars:[11] when the final product (the work was finished in 1806) arrived in Paris in 1811, it displeased the Emperor. The latter would much have preferred a dressed version of himself, whereas Canova had heroised him in the ancient fashion, that is to say in the nude. Taking the opposite viewpoint, the art critic Antoine Quatremère de Quincy defended the statue as a representation of the ideal. Art and propaganda thus stood worlds apart.

Similar problems arose with respect to a second work, a statue of Napoleon by Denis Antoine Chaudet, erected on top of the Paris Vendôme column. In this case the Emperor was at least clad in a Greek chlamys, which made the work acceptable, together with the fact that it was so highly placed as to avoid too direct a view.[12] In fact, during the Empire, the official statues all portrayed Napoleon in his coronation attire, as for example Claude Ramey's Napoléon.[12b] Chaudet's work was the only exception to the rule, and this was due to the classical conception of the triumphal column.

The 1802 competition had been set up for the sole purpose of reinstigating commemorations in honour of contemporary events. Artists however were slow to grasp the political stakes of how Bonaparte wished to be represented, that is to say as his real self. The competition formula proved unadapted to this purpose and, starting in 1804/1805, under the influence of Dominique Vivant Denon, Director of Museums, the Emperor replaced that idea with State commissions, or direct purchases at the Salons. This was to stimulate the arts along the

solo sconcertare il personaggio raffigurato. Entriamo qui in un dibattito allora molto spinoso, risalente al Settecento: quello del costume contemporaneo. Formati alla scuola dell'antichità, gli artisti sono avvezzi a celebrare gli eroi greci o romani – soprattutto durante la Rivoluzione – anche assimilandoli a figure della loro epoca;[6] ma quest'ultima è in realtà un nuovo umanesimo, perché dal 1789 i diritti dell'uomo hanno soppiantato i fondamenti divini della società. L'allegoria, astratta e idealista, da allora diventa caduca;[7] se sopravvive, come già detto, è solo per ragioni di strategia politica.[8] Bonaparte si sforza di distruggerla: «Preferirei di gran lunga che si vestisse la gente com'è vestita abitualmente, non con un costume che non è il suo. Vestite […] i greci e i romani com'erano abbigliati nei tempi antichi, ma i francesi dei nostri giorni come lo sono nell'Ottocento. Fare diversamente è ridicolo e bizzarro.»[9]

Il dibattito è piuttosto simile nel campo della scultura; soprattutto due opere ricordano, in effetti, le difficoltà incontrate dagli artisti per sfuggire ai modelli antichi. La prima è quella ordinata il 25 marzo 1801 ad Antonio Canova dal conte Sommariva, presidente della Repubblica cisalpina: una statua di Bonaparte coronato dalla Vittoria, che a Milano dovrebbe ornare un monumento alla gloria dell'esercito francese.[10] Trasformata in un Napoleone a mo' di «Marte pacificatore»,[11] l'opera è terminata nel 1806 e giunge a Parigi nel 1811, ma non piace all'imperatore: egli vorrebbe vedersi vestito, mentre Canova, eroicizzandolo all'antica, l'ha scolpito nudo. Il critico d'arte Antoine Quatremère de Quincy, viceversa, difende la statua in nome dell'ideale: fra arte e propaganda l'incomprensione è totale.

Difficoltà analoghe incontra un'altra statua di Napoleone, eseguita da Denis Antoine Chaudet e sistemata a Parigi in cima alla colonna Vendôme; poiché in questo caso, però, l'imperatore è almeno coperto da una clamide greca, l'opera viene accettata, tanto più che è posta molto in alto, lontano dagli sguardi diretti.[12] Sotto l'Impero, di fatto, d'ora in poi le statue ufficiali – per esempio quella eseguita nel 1813 da Claude Ramey[12b] – mostreranno Napoleone nel costume dell'incoronazione; unica eccezione, giustificata dalla tipologia antica della colonna trionfale, è proprio l'opera di Chaudet.

Il concorso del 1802 mira solamente a rilanciare le commemorazioni di eventi contemporanei, ma gli artisti non hanno compreso la posta politica in gioco che Bonaparte vorrebbe vedere rappresentata, cioè la sua persona; la formula del concorso, del resto, non è adatta. Dal 1804/1805, influenzato dal direttore dei musei francesi Dominique Vivant Denon, l'imperatore sostituisce al concorso l'incarico statale o l'acquisto diretto al Salone: un incentivo alle arti nel senso voluto da Napoleone per imporre il suo regime. Il 6 agosto 1805, in effetti, egli scrive all'intendente della Grande Armata, Pierre Daru: «È mia intenzione volgere specialmente le arti verso temi che tendano a perpetuare il ricordo di quanto si è fatto da quindici anni [1789] a questa parte. Stranamente, per esempio, non ho potuto ottenere che i Gobelins lasciassero stare la storia sacra e occupassero infine gli artisti con le moltissime azioni d'ogni genere che hanno distinto l'esercito e la nazione, eventi che hanno elevato il trono.»[13] Ciò che vuole Napoleone, quindi, è il soggetto contemporaneo trattato nella realtà: «Ho a cuore di vedere gli artisti francesi cancellare la gloria di Atene e dell'Italia. Tocca a voi realizzare speranze così belle.»[14] Di qui la rapida attuazione di un vero e proprio mecenatismo di Stato, che riconcilia col potere imperiale la maggior parte degli artisti.

2.2.2 Die gegenwartsbezogene Malerei

Entsprechend dem englischen Vorbild, hatte das revolutionäre Frankreich ab 1790 den Versuch unternommen, eine Malkunst zu entwickeln, die sich nicht an antiken Quellen anlehnte. Als erster liess sich Jacques Louis David mit seinem Bild *Le Serment du Jeu de paume* (Der Schwur im Ballhaus) auf das Wagnis ein, ein zeitgenössisches Geschehnis zu malen; am Vorabend der Revolution hatte er den Amerikaner John Trumbull kennengelernt, der damals damit beschäftigt war, die Unabhängigkeit der Vereinigten Staaten in einem Gemälde zu verherrlichen. War es jedoch im Jahre 1790 noch möglich gewesen, so verschiedenartige Persönlichkeiten wie Bailly, Mirabeau, Siéyès oder Robespierre, von mitreissendem Freiheitsgefühl getragen, Seite an Seite darzustellen, zwangen die sich ab 1792 überstürzenden politischen Ereignisse David, diese Art Malerei aufzugeben.[15]

Dennoch verzichteten die Maler nicht vollständig auf das neue Genre. Der Erste Konsul, der dies wohl wusste, ermutigte sie zur Behandlung zeitgenössischer Themen. Wie er es bereits mit der allegorischen Malerei getan hatte, veranstaltete er im Jahre IX (1801) einen Wettbewerb zum Gedächtnis an den Kampf um Nazareth in Galiläa, bei dem 1799 das 500köpfige Heer des Generals Junot dem Angriff von 6000 Türken getrotzt hatte. Vier Maler bewarben sich. Zwei von ihnen bildeten einen heftigen Gegensatz: Philippe Auguste Hennequin und Antoine Jean Gros. Der erste war Republikaner, der zweite seit dem Italienfeldzug 1796 ein Anhänger Bonapartes. Selbstverständlich war es Gros, der den Wettbewerb gewann. Doch Hennequin focht die Entscheidung an und verkündete, er werde sein Werk dem Volk präsentieren, nicht nur der von Junot präsidierten Jury, dem er vorwarf, die Entscheidung mit dem Säbel gefällt zu haben. Der Streit, der sich im folgenden entzündete, lässt sich heute nicht abschliessend beurteilen, da Hennequins Entwurf verschollen ist.[16] Am Ende wurde keines der beiden Werke ausgeführt. Bonaparte musste einmal mehr erfahren, dass der Wettbewerb ein ungeeignetes Mittel zur Verwirklichung seiner Absichten war, doch dürfte er auch erkannt haben, dass es besser wäre, sich selbst in den Vordergrund zu stellen, anstatt zweitrangiger Ereignisse zu gedenken.

Der Durchbruch der gegenwartsbezogenen Malerei erfolgte im Salon von 1804. Das vom Staat in Auftrag gegebene Gemälde *Les Pestiférés de Jaffa* (Die Pestkranken von Jaffa)[17] von Gros zeigte zum erstenmal ein direktes Bild des Staatschefs, obwohl Napoleon damals erst General war. Wichtig war vor allem die Ideologie, die das Bild vermittelte. Gros malte sein Bild kurz vor der Kaiserkrönung. Indem er auf das Thema des den französischen Königen zustehenden Gottesgnadentums zurückgriff, stellte der Künstler Bonaparte als heiligen Helden dar, der die königliche Geste der «touche des écrouelles» (Berührung der Skrofeln) ausführt und somit durch heilende Kräfte ausgezeichnet ist.

Kaum ein anderer Maler ging in ideologischer Hinsicht so weit wie Gros. David hob zwar in seinem vom Kaiser in Auftrag gegebenen Bild *Le Couronnement de Napoléon* oder *Le Sacre* (Die Krönung Napoleons)[18] die Feierlichkeit der Zeremonie vom 2. Dezember 1804 hervor, gab jedoch seine ursprüngliche Idee auf, Napoleon darzustellen, wie er sich selbst die Krone aufs Haupt setzte und dadurch gleichsam Gott herausforderte. War dies als Kritik gemeint? Bekanntlich hatte der Maler, ein ehemaliges Mitglied des Konvents, mehrmals Streit mit dem Kaiser, doch gab er mit diesem aussergewöhnlichen Gemälde seinen Widerstand auf; das Werk ist weniger ein ideologisches Bild als ein technisches

Pierre Gautherot, Napoléon blessé à Ratisbonne

pour célébrer le combat de Nazareth (Galilée), qui avait vu les 500 soldats du général Junot résister à l'assaut de 6000 Turcs en 1799. Quatre peintres se présentèrent. Deux s'opposèrent violemment: Philippe Auguste Hennequin et Antoine Jean Gros. Le premier était républicain, le second s'était attaché à Bonaparte depuis la campagne d'Italie en 1796. Ce fut lui, bien évidemment, qui remporta le concours. Mais Hennequin n'accepta pas le verdict et proclama qu'il allait présenter son œuvre devant le peuple, et non devant le seul jury présidé par Junot, qui fut accusé d'avoir tranché le débat avec son sabre. Une cabale s'ouvrit, mais nous sommes aujourd'hui incapables de juger l'événement, l'esquisse d'Hennequin ayant disparu.[16] Finalement, aucune des deux œuvres ne fut réalisée. Bonaparte devait ainsi apprendre que le système du concours était inadapté à ses désirs. D'autre part, il avait compris qu'il ne fallait pas commémorer des événements de second ordre, mais qu'il convenait qu'il se mit lui-même au premier plan.

Le triomphe de la peinture à sujet contemporain devait survenir au Salon de 1804. Résultat d'une commande d'Etat, *Les Pestiférés de Jaffa*[17] de Gros montrait pour la première fois une image directe du chef du gouvernement, bien qu'il ne fût alors que général. C'était surtout l'idéologie convoyée par l'œuvre qui était importante. Nous étions à quelque temps du Sacre lorsque Gros peignit son tableau. Reprenant la qualification du droit divin attribuée au rois de France, l'artiste représenta Bonaparte, héros sacré, touchant les écrouelles des pestiférés. Il était ainsi posé en homme providentiel.

Rarement les peintres allèrent aussi loin dans l'idéologie. David lui-même, lorsqu'il peignit *Le Couronnement de Napoléon (Le Sacre)*,[18] à la suite d'une commande de l'Empereur, s'il montra toute la solennité de la cérémonie du 2 décembre 1804, abandonna sa première idée qui était de représenter Napoléon se couronnant lui-même, comme dans un défi envers Dieu. Etait-ce une critique? On sait que le peintre, ancien conventionnel, avait eu plusieurs altercations avec l'Empereur, mais il finit par fléchir avec cette œuvre exceptionnelle, plutôt prouesse technique digne de la grandeur du régime, que véritable tableau idéologique.

Napoléon ne sut – ou ne voulut – guère choisir en effet entre les simples représentations et les œuvres plus politiques. Les artistes eurent ainsi, en un certain sens, une relative liberté

lines Napoleon wished in order to assert his regime. Hence on 6 August 1805, the Emperor was to write to Pierre Daru, quartermaster in the Grande Armée: «My intention is to sway the arts most especially towards subjects that tend to perpetuate the memory of what has been accomplished over the last fifteen years [1789]. It is surprising, for instance, that I have not been able to convince the Gobelins to leave their Bible stories aside and to at last turn to the many acts of all sorts distinguishing the army and the nation, events that have elevated the throne.»[13] What Napoleon wanted was to have contemporary subjects treated in realistic fashion. In his words, «I am keen on having French artists erase the glory of Athens and Italy. It is up to you to make my high hopes come true.»[14] State patronage soon became an established practice, a state of affairs that won many an artistic heart to the imperial cause.

Jacques Louis David, Le sacre de Napoléon

2.2.2 Paintings of Contemporary Subjects

Starting in 1790, Revolutionary France sought to encourage painting that, in a fashion similar to contemporary Anglo-Saxon production, found inspiration elsewhere than in Antiquity. The first artist to attempt a painting on a contemporary theme was Jacques Louis David, who set out to depict the *Serment du Jeu de paume* (Oath of the Jeu de Paume). David had met the American artist John Trumbull on the eve of the French Revolution (July 1789), when the latter was seeking to commemorate the independence of the United States of America. In 1790, it was still possible for David to paint men of such opposite political opinions as Bailly, Mirabeau, Siéyès, and Robespierre, as they stood side by side with libertarian ease. By 1792, this was fast becoming more difficult; indeed, David was obliged to abandon his painting in view of the acceleration in political developments.[15]

Nonetheless, artists in general continued to pursue this line of experimentation. The First Consul was aware of their endeavours to tackle contemporary themes and encouraged them to do so. As he had done for allegory, he set up a competition in the year IX (1801) for works extolling the battle of Nazareth (Galilee), where General Junot's 500 soldiers had repelled an attack by 6000 Turkish soldiers in 1799. Four painters participated, two of whom were violently opposed to each other, namely the republican Philippe Auguste Hennequin and Antoine Jean Gros, loyal to Bonaparte since the 1796 Italian campaign. Obviously, it was the latter who won the competition. Hennequin refused to accept the decision and proclaimed his intention to present his project to the people at large, rather than before a jury whose president, Junot, was said to have imposed the decision in favour of Gros at sword point. A conspiracy indeed was underfoot, but today it remains impossible to judge for ourselves, since Hennequin's study has since disappeared.[16] In the end, neither work was realised, making it clear to Bonaparte that the idea of a competition was not suitable to his ambitions. Moreover, he had come to understand that it was of no use to have events of secondary importance used as artistic themes, but rather that he himself should serve that purpose.

The triumph of paintings focussing on contemporary events was consecrated at the 1804 Salon. Fulfilling a state commission, Gros' *Les Pestiférés de Jaffa* (The Jaffa Plague-Stricken)[17] showed, for the first time, a direct image of the head of state, even though the latter was but a general at the time. What mattered most was the work's ideological message. The

2.2.2 La pittura su temi coevi

Fin dal 1790 la Francia rivoluzionaria tenta, sul modello anglosassone, di creare una pittura non ispirata all'antico. Jacques Louis David, che alla vigilia della Rivoluzione incontra l'americano John Trumbull quando questi incomincia a celebrare l'indipendenza degli Stati Uniti, è il primo a tentare l'avventura della pittura coeva, rappresentando il *Serment du Jeu de paume* (Giuramento della Pallacorda). Ma se nel 1790 è ancora possibile dipingere l'uno accanto all'altro uomini tanto diversi come Bailly, Mirabeau, Siéyès e Robespierre tesi insieme in un grande slancio libertario, dal 1792 la cosa è già molto difficile; l'accelerazione degli eventi politici costringe David ad abbandonare la sua opera.[15]

Gli artisti, tuttavia, non rinunciano a quel genere nuovo di pittura. Il primo console, che lo sa, li incoraggia a riprendere il soggetto contemporaneo; così come farà con l'allegoria, nell'anno IX (1801) egli istituisce un concorso per celebrare la battaglia di Nazareth (1799), in cui i cinquecento soldati del generale Junot hanno resistito all'assalto di seimila turchi. Si presentano quattro pittori, di cui due – Philippe Auguste Hennequin e Antoine Jean Gros – violentemente contrapposti; il primo è un repubblicano, il secondo si è legato a Bonaparte fin dalla campagna d'Italia del 1796. Vincitore del concorso, evidentemente, è Gros, ma Hennequin non accetta il verdetto e proclama che presenterà la sua opera al popolo, non davanti alla sola giuria di Junot (accusato di aver troncato il dibattito con la sciabola). Ne nasce una cabala (oggi però impossibile da giudicare, perché lo schizzo di Hennequin è scomparso);[16] alla fine nessuna delle due opere viene realizzata. Bonaparte impara, così, che il sistema del concorso è inadatto a soddisfare i suoi desideri; capisce, inoltre, che conviene puntare l'attenzione sul proprio personaggio, invece di commemorare episodi secondari.

La pittura su tema contemporaneo trionfa nel Salone del 1804. Un'opera di Gros commissionata dallo Stato, *Les Pestiférés de Jaffa* (Gli appestati di Giaffa),[17] rappresenta direttamente il capo del governo, benché nei panni soltanto di generale. L'importante è soprattutto l'ideologia trasmessa dal dipinto, eseguito poco prima dell'incoronazione: riprendendo la qualifica divina di taumaturgico attribuita al re di Francia, l'artista rappresenta un Bonaparte che, eroe consacrato, tocca

Meisterstück, das sich der Grossartigkeit der Herrschergewalt würdig erweist.

Napoleon war nicht imstande – oder er wollte es nicht –, zwischen einfachen und stärker politisch geprägten Darstellungen eine Wahl zu treffen. So behielten die Künstler in gewissem Sinn eine Aktions- und Interpretationsfreiraum für die durch Denons Vermittlung in Auftrag gegebenen Werke.

Einige Gemälde haben weder eine politische noch eine ideologische Botschaft. Dies gilt für die meisten Napoleon-Bilder. Einzig das Ereignis zählt, und durch das Ereignis die Grösse des Kaisers. Es geht allein darum, eine Episode des napoleonischen Epos zu schildern, wie beispielsweise das Bild *L'Entrevue entre Napoléon et François II après la bataille d'Austerlitz* (Das Treffen zwischen Napoleon und Franz II. nach der Schlacht von Austerlitz)[19] zeigt, das Pierre-Paul Prud'hon 1806 als für den Senat bestimmtes Auftragswerk malte.

Dagegen zeigen andere Bilder die markantesten Charaktereigenschaften des Kaisers. Grösse, Menschlichkeit, Heldenhaftigkeit und Grossmut werden durch die Darstellung bestimmter Ereignisse aus dem Leben des Herrschers ausgedrückt.

In *Napoléon blessé à Ratisbonne le 23 avril 1809* (Napoleon wird am 23. April 1809 in Regensburg verwundet),[20] einer dynamischen Komposition von Claude Gautherot, wird besonders der Mut des Kaisers, des unter dem Schutz der Götter stehenden Helden, hervorgehoben. Das für die Galerie de Diane in den Tuilerien in Auftrag gegebene Bild stellt dar, wie Napoleon während des entbehrungsreichen Österreichfeldzuges von 1809 einen gefährlichen Einsatz fast mit seinem Leben bezahlt hätte, zeigt aber auch, wie ihn sein heroisches Ertragen des körperlichen Schmerzes zum Ausnahmemenschen und Liebling der Götter machte.

Der Feldzug von 1809 war für Charles Meynier ein willkommener Anlass, um zu zeigen, wie nahe der Herrscher seinen Soldaten stand und wie erfolgreich er ihnen seine beinahe göttliche Energie einzuhauchen verstand. In dem Bild *Napoléon dans l'île de Lobau après la bataille d'Essling* (Napoleon auf der Insel Lobau nach der Schlacht bei Essling)[21] stellte der Maler den Helden mit schützend erhobenem Arm dar, eine Geste, die in den zahlreichen ausgestreckten Armen der verwundeten Soldaten eine Entsprechung findet. Dieses packende Gemälde war für sich allein ein Symbol für den Ruhm der Grossen Armee.

Napoleon wusste, wie er der Tapferkeit seiner Soldaten Ehre erweisen konnte. Jean-Baptiste Debrets Gemälde *Honneur au courage malheureux* (Ehre dem unglücklichen Mut),[22] das während des 19. Jahrhunderts die Napoleonlegende vergolden half, war ein Auftragswerk für den Palast des Gesetzgebenden Körpers. Debret zeigte Napoleons grosses Mitleid für Verletzte und Tote. Dieses Mitgefühl prägte auch einen Grundgedanken der kaiserlichen Macht, den der Kaiser selbst formulierte: «Tapferkeit und Ruhmesliebe sind bei den Franzosen ein Instinkt, eine Art sechster Sinn.» Ruhm und Ehre waren eines der dauerhaftesten Anliegen des Kaisers, mit dem es ihm gelang, dem fordernden Geist der Revolution eine neue Richtung zu geben. An die Stelle der unfruchtbaren Debatten der parlamentarischen Demokratie setzte Napoleon den Begriff der Ehre und die Idee der Waffenbruderschaft, mit deren Hilfe er die öffentliche Meinung für seine eigenen Zwecke einspannen konnte. In diesem Sinne waren die Kriege für den Kaiser eine Notwendigkeit. Diese Prinzipien erlaubten es zudem, die übergrosse Zahl der Franzosen, die seit 1789 die Reihen der Revolutionäre hatten anschwellen lassen, für andere Ideen zu gewinnen.

Einen noch eindeutigeren Ausdruck als in Debrets Bild fand der Gedanke des Mitleids in einem Wettbewerb, der zum

Antoine Jean Gros (Baron), La bataille d'Eylau

d'action et d'interprétation dans les œuvres qui leur étaient commandées par l'entremise de Denon.

Certains tableaux ne contiennent aucun message politique ou idéologique, comme c'est le cas pour la majorité des peintures napoléoniennes. Seul importe l'événement, et par là-même la grandeur de l'Empereur. Il ne s'agit que de retracer un épisode de l'épopée napoléonienne. Ainsi en est-il de *l'Entrevue entre Napoléon et François II après la bataille d'Austerlitz*, peinte par Pierre-Paul Prud'hon en 1806,[19] à la suite d'une commande destinée au Sénat.

En revanche, d'autres tableaux déclinèrent les traits les plus significatifs du caractère et de la personnalité de l'Empereur. Grandeur, humanité, héroïsme, magnanimité furent ainsi suggérés à travers certains événements de la vie du souverain.

Le héros protégé par les dieux fut en particulier traité par Claude Gautherot dans une composition très dynamique, illustrant le courage de l'Empereur: *Napoléon blessé à Ratisbonne le 23 avril 1809*.[20] Commandée pour la Galerie de Diane aux Tuileries, l'œuvre montrait comment durant la difficile campagne d'Autriche de 1809, Napoléon avait payé de sa personne au péril de sa vie, mais aussi comment sa dignité face à la douleur physique révélait un être d'exception, élu des dieux.

La campagne de 1809 avait aussi fourni à Charles Meynier l'occasion de montrer à quel point l'Empereur était proche de ses hommes et savait leur insuffler son énergie quasi divine. Peignant *Napoléon dans l'île de Lobau après la bataille d'Essling*,[21] l'artiste représentait le héros tendant le bras d'un geste protecteur, geste auquel répondaient en communion les bras tendus des soldats blessés. Cette peinture énergique était à elle seule un symbole à la gloire de la Grande Armée.

C'est que Napoléon savait rendre hommage à la valeur de ses soldats. Dans un tableau appelé à faire les beaux jours de la légende napoléonienne au cours du XIXe siècle, Jean-Baptiste Debret peignit *Honneur au courage malheureux*.[22] L'œuvre était le résultat d'une commande destinée au Palais du Corps Législatif. Debret montrait par cette peinture la pitié dont savait faire preuve Napoléon à l'égard des blessés et des morts. Mais cette pitié sous-tendait une conception fondamentale du pouvoir impérial, ainsi formulée par l'Empereur lui-même: «La vaillance, l'amour de la gloire sont chez les Français un instinct, une espèce de sixième sens». En effet, l'idée de gloire

painting, done some time after the coronation, reverts to the divine rights formerly attributed to the kings of France. Bonaparte, depicted as a sacred hero who dares touch the scrofula of the plague-ridden, is thus portrayed in the role of a guardian angel.

Rarely did painters attempt so much on an ideological level. In *Le Couronnement* ou *le Sacre* (The coronation of Napoleon)[18] – a work commissioned by the Emperor – the 2 December 1804 event was depicted by David with all due solemnity. Nevertheless, David did so only after abandoning an initial idea to portray Napoleon in the process of crowning himself, as if in defiance of God. Would that have been meant as criticism? We know that the painter, conventionally classical, had engaged in several arguments with the Emperor, although he did end up succumbing to the latter's will. The painting in question, which is a technically brilliant work altogether worthy of the regime's grandeur, represents an ideological masterpiece.

Napoleon never knew how – or never wanted – to distinguish between simple representations and more politically oriented works. His attitude granted artists a certain leeway in their interpretations of works commissioned through Denon.

Some of the paintings had no political or ideological message whatsoever; indeed, this holds true with respect to the majority of the Napoleonic paintings. All that mattered was the event which, in itself, disclosed the Emperor's greatness. This is illustrated by, among others, Pierre-Paul Prud'hon's 1806 depiction *L'Entrevue entre Napoléon et François II après la bataille d'Austerlitz* (The interview between Napoleon and François II after the battle of Austerlitz)[19] a work commissioned to decorate the Senate.

On the other hand, certain paintings underscored the most significant features of the Emperor's character and personality: they used different events in his life to suggest his grandeur, humanness, and generosity.

Napoleon's image as a hero protected by the gods was the particular theme of a most dynamic composition commissioned by the Galerie de Diane of the Tuileries and painted by Claude Gautherot. This work – *Napoléon blessé à Ratisbonne le 23 avril 1809* (Napoleon injured at Ratisbon on 23 April 1809)[20] – makes a point of showing how, during the difficult 1809 Austrian campaign, Napoleon exposed his body at the risk of his life; it also highlights the dignity he mustered while in pain, revealing an exceptional person, someone chosen by the gods.

The 1809 campaign provided Charles Meynier with inspiration as well. In his *Napoléon dans l'île de Lobau après la bataille d'Essling* (Napoleon on the island of Lobau after the battle of Essling),[21] Meynier chose to convey how close the Emperor was to his men, how he breathed almost divine energy into them. Napoleon is portrayed as a hero: he spreads out his arm in a protective gesture over injured soldiers, who reply by spreading out their own arms in a gesture of communion. This energetic painting alone serves as a symbol in celebration of the Grande Armée's glory.

Napoleon was most apt at valorising his soldiers. To fulfill a commission submitted by the Palais du Corps Législatif (parliamentary building), Jean-Baptiste Debret produced *Honneur au courage malheureux* (Honour to Unfortunate Courage),[22] a painting portraying the nineteenth-century Napoleonic myth in the best of lights. The work was meant to show the pity Napoleon felt for his injured and dead soldiers, even though his mercy was based on a fundamental concept he himself, as Emperor, had formulated: «For the French,

Gedächtnis der schrecklichen Schlacht von Eylau ausgeschrieben wurde; 20 000 Franzosen und 40 000 Soldaten, die der russische General Bennigsen befehligte, hatten das Gemetzel nicht überlebt. Als Napoleon am folgenden Tag auf das Schlachtfeld zurückkehrte, bestärkte die Unzulänglichkeit des Sanitäts- und Spitaldienstes seinen Willen, den Soldaten Ehre zu erweisen. Gros gewann den Wettbewerb und stellte sein Bild[23] im Salon von 1808 aus. Das heroische Gemälde zeigt Napoleon mit verzweifeltem Blick, umringt von seinen Marschällen Berthier, Murat, Davout und Bessières…, während Percy, der Chefchirurg der Grossen Armee, sich einem russischen Soldaten nähert, um ihn zu pflegen. Dem kaiserlichen Edelmut dankt voller Demut ein anderer Russe, indem er die Füsse des Kaisers küsst. Hätte man sich eine schönere Ehrung sämtlicher Kriegsopfer des Kaiserreiches vorstellen können? In gewisser Hinsicht illustrierte das Bild einen Gedanken Napoleons: «Die Geste eines geliebten Generals ist mehr wert als die schönste Rede.» So gab dieses Gemälde seine Funktion als Werk im Dienst der Propaganda unumwunden zu.

Mit Napoleons Grossmut stellten die Künstler einen weiteren Aspekt kaiserlicher Grösse in den Vordergrund. Das Gemälde *Bonaparte pardonnant aux révoltés du Caire* (Bonaparte begnadigt die Aufständischen in Kairo)[24] von Pierre Narcisse Guérin ist ein Musterbeispiel für Bilder dieses Typs. Im Salon von 1808 befassten sich drei weitere Werke mit einer intimeren Variante der kaiserlichen Grossherzigkeit: Louis Lafitte, Pierre Antoine Augustin Vafflard und Marguerite Gérard[25] stellten dar, wie Napoleon huldreich den Fürsten von Hatzfeld begnadigt. Das Sujet spielt auf eine Begebenheit an, die sich im Oktober und November 1806 anlässlich der Besetzung Berlins ereignete. Der Fürst, der an einer Verschwörung gegen Napoleon teilgenommen hatte, war zum Tod verurteilt worden. Seine im achten Monat schwangere Ehefrau warf sich dem Kaiser zu Füssen. Den Rest der Szene schildert Napoleon selbst in einem Brief, den er am 6. November 1806 an Joséphine schrieb: «Als ich ihr den Brief ihres Manns zeigte, rief sie unter Schluchzen mit grosser Empfindsamkeit und Naivität aus: Oh weh, das ist tatsächlich seine Handschrift […]. Ich sagte zu ihr: Nun denn, Madame, werfen Sie dieses Schreiben ins Feuer, denn ich bin nicht mehr willens genug, um Ihren Mann verurteilen zu lassen.»[26] Die kaiserliche Nachsicht beruhte allerdings auf kühler Berechnung. Napoleon konnte auf diese Weise nicht nur seine Grösse und Macht zur Schau stellen, sondern sich auch die Gunst der Frauen sichern, die seiner Meinung nach untertan, gehorsam, ergeben und treu zu sein hatten. Das Ereignis wurde zweckdienlich ausgewertet, findet man doch Darstellungen der Szene in Drucken und sogar auf Uhren.

So hatte sich eine Bildsprache herausgebildet, deren Aufgabe es war, die positive, glanzvolle Seite des Kaisers herauszustellen. Kein Gemälde hatte jedoch einen derart durchschlagenden Erfolg wie *La veille de la bataille de Wagram* (Am Vorabend der Schlacht von Wagram), ein Bild von Adolphe Roehn, das im Salon von 1810 ausgestellt war.[27] Das Werk, das unter dem Titel *Bivouac d'Austerlitz* (Biwak bei Austerlitz) weite Verbreitung fand, erscheint wie eine Synthese der Tugenden des Helden, die nicht direkt gezeigt, sondern angedeutet werden, um auf diese Weise besser als jede andere Abbildung den Napoleonmythos zu bekräftigen. In nächtlichem Halbdunkel, durch das die Rauchschwaden der Lagerfeuer ziehen, ist der Kaiser über seinen Gedanken eingenickt. Seine Marschälle betrachten ihn, der damals die Welt in seinen Händen hielt, aus respektvoller Distanz. Der sakrale Charakter kann kaum noch weiter verstärkt werden: Napoleon ist das von den Göttern inspirierte Geschöpf.

Charles Meynier, Retour de Napoléon dans l'île de Lobau

fut sans cesse au centre des préoccupations du régime. C'était par cette idée que l'Empereur était parvenu à détourner l'esprit revendicatif révolutionnaire. Aux discussions insolubles de la démocratie parlementaire, Napoléon avait substitué la notion de gloire, l'idée de fraternité par les armes qui détournaient et canalisaient l'opinion publique à son seul profit. La guerre fut en ce sens une nécessité pour l'Empereur. Ces principes permettaient aussi d'absorber le trop plein de la population française qui avait grossi les rangs des révolutionnaires à partir de 1789.

Mieux que dans le tableau de Debret, la notion de pitié fut abordée lors du concours institué pour commémorer la terrible bataille d'Eylau, où 20 000 Français restèrent sur le terrain mêlés aux 40 000 Russes du général Bennigsen. Retourné sur le champ de bataille le lendemain de l'affrontement, Napoléon avait constaté la déficience des services sanitaires et hospitaliers, et sa volonté avait été de rendre hommage aux soldats. Le concours fut remporté par Gros, qui exposa son œuvre au Salon de 1808.[23] Cette peinture sublime montre Napoléon, les yeux éperdus, entouré de ses maréchaux, Berthier, Murat, Davout, Bessières,… tandis que Percy, chirurgien en chef de la Grande Armée, s'approche d'un soldat russe pour le soigner. La noblesse de l'action impériale est saluée par l'extrême déférence d'un autre Russe qui baise les pieds du souverain. Quel plus bel hommage en effet pouvait être rendu à toutes les victimes des guerres de l'Empire que ce monument? En quelque sorte, ce tableau était l'illustration de cette réflexion de Napoléon: «Le geste d'un général aimé vaut mieux que la plus belle harangue». L'idée de propagande était ainsi très clairement définie dans cette œuvre.

Un autre aspect de la grandeur impériale fut aussi exploité par les artistes: la magnanimité. Pierre Narcisse Guérin donna avec son *Bonaparte pardonnant aux révoltés du Caire*,[24] l'archétype des tableaux évoquant ce trait de la grandeur impériale. Au même Salon (1808), une variante plus intimiste de cette thématique avait été abordée par trois artistes, Louis Lafitte, Pierre Antoine Augustin Vafflard et Marguerite Gérard,[25] qui illustrèrent un geste de clémence de Napoléon: le pardon accordé au prince de Hatzfeld. Le sujet faisait référence à un événement survenu lors de l'occupation de Berlin en octobre/novembre 1806. Le prince avait comploté contre Napoléon et se trouvait condamné à mort, lorsque son épouse, enceinte

Marguerite Gérard, La Clémence de Napoléon

Adolphe Roehn, Bivouac de Napoléon à Wagram

valiance, [and] love of glory are instinctive, like a sixth sense.» There was much truth in his declaration, for glory was among the main preoccupations of the regime. It was this idea that allowed Napoleon to divert the revolutionary claims of his people. He managed to substitue the idea of glory for the insoluble debates of a parliamentary democracy, to redirect and funnel public opinion in his own favour by promoting fraternity in arms. In a manner of speaking, the war was a necessity to the Emperor. Not to mention that these principles helped dwindle the surplus French population who had joined the ranks of the revolutionaries since 1789.

Pity became an even stronger theme in another context. The horrendous battle of Eylau had left 20 000 French soldiers lying dead on the battleground, mixed in with 40 000 of General Bennigsen's Russian soldiers. Returning there the next day, Napoleon was appalled at the lack of sanitary and hospital facilities. He wished to pay tribute to the soldiers and decided to set up a competition to commemorate the battle. It was Gros who took the prize; his sublime work, displayed at the Salon of 1808,[23] portrays a distraught Napoleon surrounded by his corps commanders Berthier, Murat, Davout, Bessières,... while Percy, the Grande Armée's chief surgeon, walks over to grant help to a Russian soldier. The nobility of the imperial gesture is acknowledged very deferentially by another Russian who kisses the sovereign's feet. What more touching homage could be paid to all the victims of the Empire's wars than such a monument? It might be said that the painting serves to illustrate Napoleon's thought to the effect that, «a gesture made by a beloved general is worth more than the most beautiful speech.» Certainly this work gives a clear definition of what constitutes propaganda.

Another facet of imperial grandeur, the Emperor's generosity, was also handled by several artists, but it is Pierre Narcisse Guérin's *Bonaparte pardonnant aux révoltés du Caire* (Bonaparte pardoning the Cairo rebels)[24] that represents the archetypal example thereof. At the same Salon (1808), three other artists had produced somewhat more intimist versions of the same theme: Louis Lafitte, Pierre Antoine Augustin Vafflard and Marguerite Gérard.[25] These artists showed a gesture of mercy accomplished by Napoleon: the pardon he granted Fürst von Hatzfeld. The motif is an allusion to an event that took place during the occupation of Berlin in October/

pubblica e incanalandola unicamente a suo favore. In questo senso la guerra è per lui una necessità; simili principî permettono, inoltre, di assorbire quell'eccesso demografico che in Francia, fin dal 1789, ingrossa i ranghi dei rivoluzionari.

Meglio che nella tela di Debret, il concetto di pietà ricompare nel concorso istituito per commemorare il terribile scontro di Eylau, in cui sono caduti ventimila francesi e i quarantamila russi del generale Bennigsen; tornato il giorno dopo sul campo di battaglia, Napoleone ha constatato le carenze dei servizi sanitari e ospedalieri, esprimendo la sua volontà di rendere omaggio ai soldati. Il concorso è vinto da Gros, che espone la propria opera al Salone del 1808;[23] questo quadro sublime mostra un Napoleone con gli occhi sconsolati, circondato dai suoi marescialli (Berthier, Murat, Davout, Bessières…), mentre Percy, capochirurgo della Grande Armata, si avvicina a un soldato russo per curarlo. La nobiltà dell'azione imperiale è salutata dall'estrema deferenza di un altro russo, che bacia i piedi del sovrano: quale omaggio più bello, in effetti, si poteva rendere a tutte le vittime delle guerre dell'Impero? La tela illustra, in un certo senso, la riflessione di Napoleone «Il gesto di un generale amato vale più dell'arringa più bella»; l'idea di propaganda, quindi, vi è definita in maniera chiarissima.

Anche un altro aspetto della grandezza imperiale è sfruttato dagli artisti: la magnanimità. Archetipo delle tele sul soggetto è *Bonaparte pardonnant aux révoltés du Caire* (Bonaparte che perdona i ribelli del Cairo),[24] di Pierre Narcisse Guérin. Nello stesso Salone del 1808 una variante più intimista sul tema è affrontata dai tre artisti Louis Lafitte, Pierre Antoine Augustin Vafflard e Marguerite Gérard,[25] che illustrano un gesto di clemenza: il perdono concesso da Napoleone al principe di Hatzfeld, episodio avvenuto durante l'occupazione di Berlino (ottobre/novembre 1806). Il principe, che ha complottato contro Napoleone, è stato condannato a morte; sua moglie, incinta di otto mesi, si getta ai piedi dell'imperatore, che il 6 novembre scrive a Giuseppina: «Quando le mostrai la lettera di suo marito, mi disse singhiozzando con profonda sensibilità e ingenuità: Ah! È proprio la sua scrittura [...]. Io le dissi: Ebbene, signora, gettate quella lettera nel fuoco e non sarò più abbastanza potente per far condannare vostro marito.»[26] In realtà la generosità del sovrano è calcolata: per lui non si tratta solo di dimostrare potere e grandezza, ma

Aufgrund seiner ausgezeichneten Menschenkenntnis und seiner Geschicktheit hatte der Kaiser die begabtesten Männer an sich binden können, indem er ihnen schmeichelte. Die jeweiligen Qualitäten seiner Marschälle und Generäle wusste er bestmöglich einzusetzen. Er vergass auch keinen seiner Diener, und selbst die Künstler erhielten zahlreiche Auszeichnungen, wie das Gros' Bild *Napoléon distribue des croix de la Légion d'honneur au Salon de 1808* (Napoleon verteilt die Kreuze der Ehrenlegion im Salon von 1808)[28] zeigt, der gleiche Salon, in dem er die *Bataille d'Eylau* (Schlacht von Eylau) ausstellte. Napoleon verstand es, besondere Begabungen zu erkennen. Hatte er nicht David, als dieser ihm im gleichen Salon *Le Sacre* (Die Kaiserkrönung) präsentierte, mit den Worten «Gegrüsst seid Ihr, David» gedankt und sich mit diesem Ausdruck der Bewunderung in Bescheidenheit vor dem Meisterwerk verneigt? Warum jedoch blieb Gros' Bild unvollendet? Den Auftrag dazu hatte der Künstler von den Malern selbst erhalten. War das Unternehmen zu kostspielig, oder mischte sich Denon in die Ausführung ein? Vermutlich passte das Bild nicht in die offizielle Förderungspolitik des Staates. Zudem konnte es den Kritikern des Empire Angriffsflächen bieten. War es nicht in gewissem Sinn Schmeichelei? Am Ende des Empire sollten die Karikaturisten mit besonderem Vergnügen all diese gold- und ordenbestückten Senatoren und Generäle attackieren, die wie Hunde um die Beine des Herrschers strichen. Zunächst jedoch durfte Napoleon nicht offenkundig werden lassen, bis zu welchem Grad er die Kunst beeinflusste. Zwar gab es ein paar Meisterwerke, die seiner Förderungspolitik zu verdanken waren, doch zeigten viele andere Werke eine eher mittelmässige Qualität. Die allgemeine künstlerische Meinung dürfte letzten Endes der Auffassung von Etienne Delécluze recht nahe gestanden haben, der behauptete, unter der Leitung von Denon, einer Art absoluter Minister der Künste, waren «die Natur, die Gattung und die Zahl der Bilder nichts weniger als der Zukunft der französischen Schule förderlich».[29] In Wirklichkeit war die während der Revolution lauthals geforderte Freiheit der Künstler in der Zeit des Empire stark eingeschränkt worden. Ansätze zu einer konsequenten Kunstpolitik waren zwar vorhanden, doch dienten sie einzig dazu, Napoleons Ruhm zu mehren, und gaben den Künstlern kaum eine Orientierungshilfe. Hatte die gegenwartsbezogene Malerei der Phantasie der Künstler einen gewissen Freiraum in Entwurf und Ausführung gelassen, so war das offizielle Erscheinungsbild des Herrschers weitaus schwieriger zu fassen und gab des öfteren zu harscher Kritik Anlass.

2.2.3 *Die offiziellen Napoleon-Porträts*

Nachdem sich während des Direktoriums vor allem die Graveure für die Figur des jungen siegreichen Generals begeistert hatten, begann Napoleon erst während des Konsulats, offizielle Porträts seiner selbst zu fördern. Die Bildnisse hatten zu verdeutlichen, dass die Herrschaft nun mit ihm zu identifizieren war, im Gegensatz zu den Allegorien der Republik, in denen das Volk den Platz des Herrschers eingenommen hatte. Im Unterschied zu den seine Taten verherrlichenden Darstellungen wurden die offiziellen Porträts von Malern und Bildhauern geschaffen.

Um im Jahre X (1802) die Ankunft des Ersten Konsuls in Lyon zu feiern, schuf Joseph Chinard eine Büste, die dem modernen Androkles, dem Erneuerer des Lyoner Wohlstandes, gewidmet war.[30] Das als Allegorie zu verstehende Werk

de huit mois, se précipita aux pieds de l'Empereur. Celui-ci raconta la scène dans une lettre à Joséphine du 6 novembre 1806: «Lorsque je lui montrai la lettre de son mari, elle me dit en sanglotant avec une profonde sensibilité et naïveté: Ah! c'est bien là son écriture [...]. Je lui dis: Eh! bien, Madame, jetez cette lettre au feu, je ne serai plus assez puissant pour faire condamner votre mari».[26] La générosité de l'Empereur était cependant toute calculée. Il s'agissait non seulement de révéler son pouvoir et sa grandeur, mais encore de s'attacher l'esprit des femmes, qu'il aimait soumises et obéissantes, dévoués et fidèles. Une exploitation rationnelle de l'événement fut mise en place, puisque le sujet se retrouva représenté en gravure et même sur des pendules.

Ainsi s'était constitué tout un répertoire iconographique mettant en évidence le côté positif, lumineux de l'Empereur. Aucune image cependant ne devait remporter un aussi vif succès que *La veille de la bataille de Wagram*, tableau d'Adolphe Roehn exposé au Salon de 1810.[27] L'œuvre, très rapidement diffusée sous le titre de *Bivouac d'Austerlitz*, apparaît comme la synthèse des qualités du héros. Non que celles-ci soient montrées. Au contraire elles sont suggérées, créant ainsi, mieux qu'aucune autre représentation, le mythe napoléonien. Dans une pénombre nocturne baignée par la fumée du feu de camp, l'Empereur s'est endormi sur ses pensées. A distance respectueuse, les maréchaux contemplent celui qui tenait alors le monde dans ses mains. La sacralité est ici poussée à son maximum: Napoléon est véritablement la créature inspirée des dieux.

Habile, connaissant parfaitement les hommes, l'Empereur sut s'attacher les plus talentueux d'entre eux en les flattant. Aussi recruta-t-il une pléiade de maréchaux et de généraux, dont il avait su mettre en valeur les qualités. Mais il n'oublia aucun de ses serviteurs, et les artistes reçurent aussi de nombreuses récompenses, ainsi que le rappela Gros dans son tableau *Napoléon distribue des croix de la Légion d'honneur au Salon de 1808*,[28] celui-là même auquel le peintre exposait sa *Bataille d'Eylau*. C'était assurément, de la part de Napoléon, reconnaître le génie. N'avait-il pas précisément remercié David lorsque celui-ci avait dévoilé *Le Sacre* à ce même Salon, en lui disant: «Je vous salue, David», manière admirative de s'effacer devant son chef-d'œuvre? Mais pour quelle raison le tableau de Gros demeura-t-il inachevé? Il s'agissait d'une commande des artistes au peintre lui-même. Etait-elle trop onéreuse, ou bien Denon intervint-il dans le processus de la commande? La peinture ne rentrait sans doute pas dans la politique officielle du mécénat d'Etat. Et il est vrai qu'elle pouvait laisser prise aux contradicteurs de l'Empire. N'était-elle pas flatterie en un certain sens? Les caricaturistes, à la fin de l'Empire, se feront en effet un plaisir d'attaquer ces sénateurs, ces généraux, couverts d'or et de décorations, assimilés à des chiens rampant aux pieds du souverain. Plus immédiatement, il était nécessaire pour Napoléon de ne pas trop montrer son influence sur l'art. Car, si quelques chef-d'œuvres brillèrent dans cette politique de mécénat, beaucoup d'autres peintures furent assez médiocres. Et l'opinion artistique générale devait finalement être assez proche de celle d'Etienne Delécluze, qui disait que sous la direction de Denon, sorte de ministre absolu des Arts, «la nature, le genre et le nombre des tableaux n'ont été rien moins que favorables à l'avenir de l'école française».[29] En réalité, la liberté des artistes, si hautement revendiquée sous la Révolution, avait quelque peu tourné court sous l'Empire. Une politique artistique s'était certes mise en place, mais elle n'avait eu pour objectif que de célébrer Napoléon, laissant souvent les peintres désorientés. Si la peinture à sujet contemporain avait cependant laissé une certaine marge

November of 1806. The prince had plotted against Napoleon and had been condemned to the death penalty when, suddenly, his wife – eight months pregnant – threw herself at Napoleon's feet. A letter dated 6 November 1806, from Napoleon to Joséphine, describes the scene: «When I showed her the letter from her husband, she said while weeping, and with great sensitivity and naïveté, ‹Ah yes, that is indeed his handwriting,› […]. And so I said, ‹Well, Madam, throw this letter into the fire – I will no longer be in a position to have your husband condemned.›»[26] Of course, the Emperor's generosity was altogether calculated. It was a matter not only of revealing his power and magnitude, but also of swaying women's opinion to his favour, for he expected of women that they be submissive and obedient, devoted and loyal. The subject was put to rational use since it reappeared in engravings and even on some clocks.

Thus an entire iconographic program was developed highlighting the positive and brighter aspects of the Emperor's person. The greatest success of all was achieved by *La veille de la bataille de Wagram* (On the Eve of the Battle of Wagram), a work by Adolphe Roehn displayed at the Salon of 1810.[27] The work, which rapidly became known under the title *Bivouac d'Austerlitz* (Bivouac of Austerlitz), gives the impression of providing a synthesis of the qualities constituting a hero. Not so much that they are shown but, on the contrary, they are suggested so that, better than in any other representation, the manner of expression itself contributes to the Napoleonic myth. In nocturnal half-light and bathed in the smoke of a campfire, the Emperor is depicted having fallen asleep while meditating. At a respectful distance, the marshals contemplate the figure of a man who, at the time, held the world in his hands. His sacredness reaches an apex here: Napoleon is truly a creature inspired by the gods.

Napoleon was well acquainted with his fellow men and adroit at using flattery to attract the loyalty of the most talented of them. Thus he recruited countless marshals and generals by valorising their qualities. Nor did he neglect the rest of those who rendered him service, including the artists on whom he lavished many rewards. His generosity with artists is illustrated by Gros in a work entitled *Napoléon distribue des croix de la Légion d'honneur au Salon de 1808* (Napoleon awarding Legion of Honour crosses at the Salon of 1808),[28] alluding to the very Salon where this artist had displayed his *Bataille d'Eylau* (Battle of Eylau). Certainly Napoleon's gesture was a mark of respect towards artistic genius. For, at that Salon, when David unveiled his *Le Sacre* (The coronation), Napoleon had bowed low before this masterpiece and addressed the artist with the phrase «I salute you, David». The question remains as to why Gros' painting was never completed? The very artists who were the subject of his work themselves had commissioned the painting from Gros. Did it become too expensive for them, or did Denon interfere with the negotiations? Most probably the painting did not fit in too well with official State patronage policy. It is a fact that it was vulnerable to being used by the enemies of the Empire, inasmuch as it represented a form of flattery. Indeed, towards the end of the Empire years, caricaturists began to enjoy attacking all the senators and generals decked out in gold and decorations, comparing them to dogs fawning at their sovereign's feet. It was of more immediate concern to Napoleon not to reveal too much of his influence on art since, although a few of the State-sponsored works were outstanding, the great majority were quite mediocre. In the last analysis, the artistic opinion in general at the time comes through in Etienne Delécluze's declaration to the effect that, under the direction of Denon,

anche di legare a sé l'animo delle donne, che egli ama sottomesse e ubbidienti, devote e fedeli. Il gesto verrà poi sfruttato razionalmente: la scena apparirà in incisioni e perfino su orologi a pendolo.

In tal modo si costituisce un intero repertorio iconografico che evidenzia il lato positivo, luminoso, di Napoleone. Nessuna immagine, però, avrà un successo così vivo come l'opera di Adolphe Roehn *La veille de la bataille de Wagram* (La vigilia della battaglia di Wagram), esposta al Salone del 1810.[27] Nota fin da subito col titolo *Bivouac d'Austerlitz* (Bivacco di Austerlitz), la tela sembra sintetizzare tutte le qualità dell'eroe: qualità, tuttavia, non mostrate bensì suggerite, quindi più adatte di ogni altra rappresentazione a creare il mito di Napoleone. In una penombra notturna inondata dal fumo del bivacco, l'imperatore si è addormentato sui suoi pensieri; i marescialli, a distanza rispettosa, contemplano colui che in quel momento ha in mano le sorti del mondo. La sacralità qui è spinta al massimo: Napoleone è davvero la creatura ispirata dagli dei.

Abile com'è, conoscitore perfetto degli uomini, l'imperatore sa legare a sé chi ha più talento, adulandolo; così recluta una pleiade di marescialli e generali (di cui sa valorizzare le qualità), ma non dimentica nessuno dei suoi servitori. Anche gli artisti ricevono molte ricompense, come ricorda Gros nel quadro *Napoléon distribue des croix de la Légion d'honneur au Salon de 1808* (Napoleone distribuisce croci della Legion d'onore nel Salone del 1808)[28] (la stessa sede in cui il pittore espone la *Bataille d'Eylau* – Battaglia di Eylau). È senz'altro, da parte di Napoleone, un riconoscere il genio: quando David nello stesso Salone ha tolto il velo al suo *Sacre* (Consacrazione), egli non l'ha ringraziato dicendo «Vi saluto, David», modo ammirativo di farsi piccolo davanti a quel capolavoro? Ma perché l'opera di Gros, ordinatagli dagli artisti premiati, rimane incompiuta? Forse è troppo onerosa, o nel processo dell'ordinazione interviene Denon? Certo la pittura non rientra nella politica ufficiale del mecenatismo statale, e del resto può fornire appigli agli avversari del regime: non è forse, in un certo senso, adulatoria? Alla fine dell'Impero, in effetti i caricaturisti godranno ad attaccare certi senatori, certi generali coperti d'oro e di decorazioni, assimilandoli a cani che strisciano ai piedi del sovrano. A scadenza più immediata, comunque, per Napoleone è necessario non mostrare troppo il suo influsso sull'arte; se infatti in quella politica mecenatesca brilla qualche capolavoro, molti altri quadri sono invece piuttosto mediocri. L'opinione artistica generale, inoltre, in fondo non dev'essere lontana da quella di Etienne Delécluze, secondo cui sotto la direzione di Denon, sorta di ministro assoluto delle arti, «la natura, il genere e il numero dei quadri sono stati tutt'altro che favorevoli al futuro della scuola francese».[29] In realtà la libertà degli artisti, tanto rivendicata ai tempi della Rivoluzione, si riduce a poca cosa sotto l'Impero: certo viene attuata una politica artistica, che però mira unicamente a celebrare Napoleone, quindi spesso disorienta i pittori. Se la pittura su temi contemporanei lascia loro un certo margine d'esecuzione e d'immaginazione, rappresentare l'immagine ufficiale del sovrano è un compito più difficile, che talvolta dà adito a critiche.

2.2.3 *I ritratti ufficiali di Napoleone*

Se fin dagli anni del direttorio gli incisori si entusiasmano per la figura del giovane generale vittorioso, il Bonaparte divenuto console comincia a incoraggiare, in quanto capo

D'après Antoine Denis Chaudet, Buste de Napoléon

verknüpfte Bonaparte mit der antiken Figur des Sklaven Androkles, der einem Löwen einen schmerzvollen Dorn aus der Pranke gezogen hatte. Die Marmorplastik wurde in der Wohnung des Präfekten aufgestellt, doch nicht als offizielles Bildnis verbreitet.

Man musste das Empire abwarten, bis das Bild Napoleons in zahlreichen Exemplaren reproduziert wurde. Die dazu ausgewählte Büste war von Chaudet für das kaiserliche Arbeitskabinett geschaffen worden. Unter Denons Leitung fertigte man zahlreiche Marmor- und Bronzekopien an, die für Präfekturen, Rathäuser und andere öffentliche Orte des Kaiserreiches bestimmt waren. Das Porträt zeigt einen weder allzu idealisierten noch allzu realistischen Napoleon und dürfte gerade deswegen grossen Erfolg gehabt haben. Andere Künstler versuchten, Chaudets Brustbild zu übertreffen, zum Beispiel François Joseph Bosio 1810 und Joseph Ruxthiel 1812,[31] doch keinem gelang es, die Ausgewogenheit von Chaudets Porträt zu erzielen.

Auch in der Malerei ging es darum, den vollkommenen Ausdruck für die Macht Napoleons zu finden. Als der Erste Konsul nach seiner Belgienreise 1803 mehrere ganzfigurige Bildnisse in Auftrag gab, die für die Städte des besuchten Landes bestimmt waren, befand sich die offizielle Ikonographie noch in der Anfangsphase. Die Porträts liessen keine grosse Einheitlichkeit in der Darstellung des Ersten Konsuls, sondern mehr den Stil und die Eigenart des jeweiligen Malers erkennen. So schuf Jean Auguste Dominique Ingres eine lineare, realitätsferne Figur, während Jean-Baptiste Greuze einen eher romantischen Bonaparte malte.[32] Die Reihe, zu der auch Joseph Marie Vien der Jüngere und Meynier Beiträge leisteten, war kaum gelungen. Da der Erste Konsul zudem 1804 Kaiser geworden war, verloren diese Porträts ohnehin ihre Aktualität. Die Uneinheitlichkeit der Bilder beruhte wohl auch auf dem Faktum, dass Bonaparte nur ungern Modell stand. Bekanntlich gewährte er David eine einzige dreistündige Sitzung, als dieser den jungen General 1797 porträtierte.[33] Der Künstler soll allerdings ausgerufen haben: «Oh, meine Freunde, was für einen schönen Kopf hat er! So rein, so gross, so schön wie ein antikes Haupt!»[34] Tatsächlich entsprach Napoleons Kopf dem antiken Ideal so gut, dass ein Künstler wie François Gérard ihn später als Musterbeispiel für die Vollkommenheit kaiserlicher Macht verwenden konnte. In seinem Bildnis

d'exécution et d'imagination aux artistes, la représentation officielle du souverain, son image, avait, quant à elle été plus difficile à saisir, et la critique s'était parfois fait jour.

2.2.3 *Les portraits officiels de Napoléon*

Si dès les années du Directoire, les graveurs s'étaient enthousiasmés pour la figure du jeune général victorieux, ce fut à partir du Consulat que Bonaparte, en tant que chef d'Etat, encouragea les représentations officielles de son portrait, montrant par là comment le gouvernement s'identifiait à lui, en rupture avec les images allégoriques de la République, où le Peuple remplaçait le souverain. La démarche, à l'inverse des images célébrant ses actions, fut l'œuvre aussi bien des peintres que des sculpteurs.

Dès l'an X (1802), pour célébrer la venue du Premier Consul à Lyon, Joseph Chinard réalisait un buste dédié à l'Androclès moderne, restaurateur de la prospérité lyonnaise.[30] L'œuvre se voulait allégorique, mettant en parallèle Bonaparte et la figure antique de l'esclave Androclès, qui avait ôté une épine enfoncée dans la patte d'un lion. Le marbre fut placé dans les appartements du préfet, mais il ne fut pas diffusé en tant qu'iconographie officielle.

Il fallut attendre l'Empire pour que l'image de Napoléon soit reproduite à de multiples exemplaires. Le buste choisi fut celui réalisé par Chaudet pour le Cabinet de l'Empereur, et qui fut, sous la direction de Denon, reproduit sous différentes formes soit en marbre, soit en bronze, destinées aux préfectures, mairies et autres lieux publics de l'Empire. Le portrait montrait un Napoléon ni trop idéalisé, ni trop réaliste, ce qui explique le succès de l'œuvre. D'autres artistes tentèrent de rivaliser avec ce buste, François Joseph Bosio en 1810 et Joseph Ruxthiel en 1812.[31] Mais aucun ne parvint à l'équilibre du portrait de Chaudet.

Le débat fut assez semblable en peinture. Il s'agissait là aussi de trouver l'image parfaite du pouvoir napoléonien. Si dès 1803, à la suite de son voyage en Belgique, le Premier Consul passait commande de plusieurs portraits en pied, destinés aux villes du pays visité, l'iconographie officielle n'était encore que balbutiante à cette époque. L'unité de ces portraits était en effet assez relative, et révélait plus le style et la manière de chaque peintre que la figure du Premier Consul. Ainsi Jean Auguste Dominique Ingres réalisa une figure désincarnée très linéaire, alors que Jean-Baptiste Greuze peignit un Bonaparte assez romantique.[32] La série, à laquelle participaient également Joseph Marie Vien le jeune et Meynier, ne fut guère une réussite. Mais il est vrai aussi que dès 1804, le Premier Consul devenait Empereur, reléguant ainsi ces portraits dans l'ombre. La seconde raison qui justifiait les écarts de ressemblance entre toutes ces représentations, tenait aussi au fait que Bonaparte n'aimait pas poser. On sait qu'il n'accorda qu'une unique séance de trois heures à David, lorsque celui-ci entreprit le portrait du jeune général en 1797.[33] Cependant, le grand artiste devait déclarer: «Oh! mes amis, quelle belle tête il a! C'est pur, c'est grand, c'est beau comme l'antique!»[34] Et en effet, la tête de Napoléon évoquait assez l'idéal antique pour que plus tard un artiste comme François Gérard ait pu en tirer la démonstration de la perfection du pouvoir impérial. Dans son portrait de *Napoléon en costume du Sacre*, le peintre reprit l'ancienne formule du portrait officiel des rois de France, mise au point par Hyacinthe Rigaud avec son Louis XIV (musée du Louvre). L'Empereur, dans tout l'apparat des symboles du régime, apparaît serein, bien que solennel. L'image dut plaire à Napoléon

that so-to-speak absolute Minister of the Arts, «the nature, genre and number of paintings were nothing if not less than favourable to the future of the French school.»[29] In effect, the artistic liberty so greatly boasted by the Revolution, had fallen somewhat short of those claims under the Empire. An artistic policy had indeed been established, but exclusively with an eye to extolling Napoleon, leaving artists somewhat disoriented. If they enjoyed a certain imaginative leeway while painting contemporary themes, they felt far more restricted in their efforts to grasp and convey the official image now being demanded by the State. Thus the first inklings of criticism began to seep through.

2.2.3 Official Portraits of Napoleon

Engravers had appreciated the face of their young and victorious general during the Directory period, but it was only with the start of the Consulate that Bonaparte himself began encouraging the production of official effigies. The idea was to show to what extent he and the government were one, in contrast to the allegorical images of the Republic, where the People were substituted for the sovereign. Unlike the works in celebration of his actions, these official portraits were executed not only by painters, but by sculptors also.

A first such bust was fashioned by the sculptor Joseph Chinard in the year X (1802), upon the occasion of a visit to Lyons by the First Consul.[30] Dedicated to the modern Androcles who had restored the city to its former prosperity, the work was deliberately allegorical, meant to draw a parallel between Bonaparte and that slave's legendary exploit of removing a thorn from a lion's foot. The marble bust was set on display in the prefect's residence, but was not yet released as an official iconographic model.

It was not until the Empire period that copies of Napoleon's image began being produced. The first bust selected to that end was one created by Chaudet for the Emperor's study: under Denon's direction, it was reproduced in both marble and bronze versions and distributed to the prefectures, town halls and other public sites of the Empire. The portrayal was neither overly idealistic nor overly realistic, which explains why the work was so popular. Other artists sought to compete with this bust – François Joseph Bosio in 1810 and Joseph Ruxthiel in 1812[31] – but neither attained the equilibrium of Chaudet's portrait.

A somewhat similar debate arose in painting over efforts to come up with the perfect image of Napoleonic power. Since 1803, following his trip to Belgium, the First Consul had commissioned several full-length portraits to be sent to various cities of the countries visited. At the time, however, official iconography was only at its beginnings. There was little overall unity among the portraits, which were far more representative of the individual painters' style and manner than of the subject figure. Hence we have a disembodied and most linear version by Jean Auguste Dominique Ingres, in contrast to the more romantic version done by Jean-Baptiste Greuze.[32] The series, which included a version by Joseph Marie Vien le jeune and another by Meynier, had little success. The fact is that beginning in 1804, when the First Consul became Emperor, these portraits were relegated to the sidelines. A second consideration, one that explains to some extent how unalike all the various representations were, is that Bonaparte did not like to pose. We know that he granted David but a single three-hour sitting when the latter sought to realise a portrait of the

François Gérard, Portrait de Napoléon en costume de sacre

di Stato, le rappresentazioni ufficiali del proprio ritratto; mostrando così che il governo s'identifica con lui, egli rompe con le immagini allegoriche della Repubblica, in cui il popolo prendeva il posto del sovrano. Diversamente dalle immagini dedicate alle sue azioni, i suoi ritratti sono eseguiti sia da pittori sia da scultori.

Fin dall'anno X (1802), per celebrare la venuta del primo console a Lione, Joseph Chinard realizza un busto dedicato all'Androcle moderno, restauratore della prosperità lionese:[30] volutamente allegorica, l'opera mette quindi in parallelo Bonaparte e la figura antica dello schiavo Androcle, che tolse una spina dalla zampa di un leone. Il marmo sarà poi collocato negli appartamenti del prefetto, ma non riprodotto nell'iconografia ufficiale.

Occorre attendere l'Impero perché l'immagine di Napoleone venga diffusa in parecchi esemplari. Il busto scelto – quello di Chaudet per il *cabinet* dell'imperatore – è riprodotto, sotto la direzione di Denon, in varie forme sia marmoree sia bronzee, destinate alle prefetture, ai municipi e ad altri luoghi pubblici dell'Impero; il ritratto ha successo perché mostra un Napoleone né troppo idealizzato né troppo realistico. Altri scultori – François Joseph Bosio nel 1810, Joseph Ruxthiel nel 1812[31] – tentano di competere con Chaudet, ma nessuno raggiunge l'equilibrio del suo busto.

Il dibattito è piuttosto simile in pittura: anche qui si tratta di trovare l'immagine perfetta del potere napoleonico. Se dal 1803, in seguito al suo viaggio in Belgio, Napoleone ordina vari ritratti in piedi per le città del paese visitato, a quell'epoca l'iconografia ufficiale è ancora ai primi passi. Quei ritratti, in effetti poco omogenei, rivelano più lo stile e la maniera del singolo pittore che la figura del primo console: Jean Auguste Dominique Ingres, per esempio, realizza una figura disincarnata molto lineare, mentre Jean-Baptiste Greuze dipinge un Bonaparte piuttosto romantico.[32] Quella serie di ritratti, cui partecipano anche Joseph Marie Vien le jeune e Meynier, non riesce molto bene; ma è anche vero che nel 1804 il primo console diventa imperatore, relegandola quindi nell'ombra. Il secondo motivo della scarsa somiglianza esistente fra tutte queste rappresentazioni dipende dal fatto che Napoleone non ama stare in posa: si sa che concede un'unica seduta di tre ore a David, quando questi inizia il ritratto del giovane generale nel 1797.[33] Eppure il grande artista dichiarerà: «Oh, amici

Napoléon en costume du Sacre (Napoleon im Krönungsornat) griff der Maler auf die traditionelle Formel des offiziellen Porträts der französischen Könige zurück, die Hyacinthe Rigaud mit seinem Bildnis Ludwigs XIV. (Musée du Louvre) vervollkommnet hatte. Der mit allen Herrschersymbolen ausgestattete Kaiser strahlt trotz aller Feierlichkeit Gelassenheit aus. Das Bildnis dürfte Napoleon gefallen haben, da das Werk mehrfach reproduziert wurde, als Ganzfigur[35] wie als Brustbild; denn es zeigte das Gleichgewicht zwischen Mensch und Macht, dessen Darstellung zu verbreiten dem Kaiser ein Anliegen war.

Mit Ingres und David hatten zwei andere Künstler einander entgegengesetzte Porträts geschaffen, die Gérard zu einem einzigen Bildtyp verschmolz. Ingres' Gemälde *Napoléon sur le trône impérial* (Napoleon auf dem Kaiserthron),[36] das für den Gesetzgebenden Körper bestimmt war, zeigte einen hieratischen, frontal gesehenen Kaiser, der die Kritiker im Salon von 1806 befremdete und als «bizarr» eingestuft wurde. Man hielt das Werk für «unerfreulich» und «gotisch», ein Ausdruck, der damals eine abwertende Bedeutung hatte. Eigentlich war es Ingres darum gegangen, den sakralen Aspekt des Helden zu zeigen, der mit allen Attributen der von Gott gegebenen Herrschermacht versehen war. Im Gegensatz dazu befasste sich David, dessen Streitigkeiten mit Napoleon bekannt sind, 1811/1812 aufgrund eines privaten Auftrages, den ihm ein schottischer Adliger, Alexander Douglas, der spätere Herzog von Hamilton, erteilt hatte, mit der Figur des Kaisers. Da zu jener Zeit Frankreich und England gegeneinander Krieg führten, war es ein eher merkwürdiges Ansinnen, das den Künstler gewiss nicht gleichgültig liess. David stellte *Napoléon dans son cabinet de travail* (Napoleon in seinem Arbeitskabinett) um vier Uhr früh dar, kurz vor der Musterung seiner Truppen, was dem Maler Gelegenheit bot, einen ermatteten, von langer Nachtarbeit gezeichneten Kaiser zu präsentieren. Ein menschliches Bild ohne Heldenallüren, sakralen Anspruch oder Gelassenheitspose. Das Werk zeigte gewissermassen die Grenzen der Bewunderung, an die Napoleon gewohnt war, und enthielt in gewissem Sinn zugleich eine Kritik am Kaiser.[37]

Vermutlich muss man in diesem Porträt auch eine Reaktion auf die beiden Zurückweisungen sehen, die David für zwei Bildnisse hatte hinnehmen müssen. Das eine, das Napoleon im Krönungsornat darstellte und für den Verhandlungssaal des Appellationsgerichts in Genua bestimmt war, wurde als zu heroisch, das andere, für den König von Westfalen geschaffen, als zu banal kritisiert.[38]

Wie viele ehemalige Jakobiner hatte sich David, wie bereits erwähnt, sehr früh für die Figur des jungen Generals begeistert. Aus diesem Grund war er sofort bereit, ein Reiterbildnis des Ersten Konsuls zu malen, das König Karl IV. von Spanien im Jahre 1800 bei ihm in Auftrag gab. Zu jener Zeit, nach der Schlacht von Marengo, erschien Bonaparte als Retter der Republik. Der epische Schwung des Reiters deutete die Hoffnung an, die die damaligen Demokraten in den jungen Führer setzten. Das Motiv des sich aufbäumenden Pferdes wurde offenbar von Bonaparte selbst vorgeschlagen. So verwandelte sich der Realismus des Porträts in die Symbolik des Heldentums, das dem soeben begonnenen napoleonischen Epos entsprach.[39] Drei Fassungen des synthetischen Werkes wurden von David selbst ausgeführt.[40]

Weitere Künstler erhielten Aufträge zu offiziellen Porträts. Als Entsprechung zu *Napoléon en costume du Sacre* (Napoleon im Krönungsornat) von Gérard malte Robert Lefèvre verschiedene Bildnisse des Kaisers in der Uniform eines Obersts der Gardegrenadiere. Weniger feierlich als die Werke von

car l'œuvre fut reproduite à de nombreux exemplaires, aussi bien en pied,[35] qu'en buste. C'était l'équilibre entre l'homme et son pouvoir que désirait précisément diffuser l'Empereur.

A l'inverse, deux artistes tirèrent l'image de Napoléon dans deux sens opposés, dont précisément Gérard effectuait la synthèse. D'un côté, Ingres, avec son *Napoléon sur le trône impérial*[36] destiné au Corps Législatif, représentait l'Empereur d'une manière hiératique, frontale, qui dérouta les critiques au Salon de 1806. On parla de bizarrerie. L'œuvre fut jugée désagréable et qualifiée de gothique, terme péjoratif à l'époque. En fait, ce qu'avait souhaité montrer Ingres, c'était l'aspect sacré du héros, vêtu de tous les attributs de sa puissance souveraine, d'origine divine. Au contraire, David, dont on connaît les démêlés avec Napoléon, s'attaqua à la figure de l'Empereur en 1811/1812, à la suite d'une commande privée émanant d'un noble écossais, Alexander Douglas, le futur duc de Hamilton. A une époque où la France était en guerre contre l'Angleterre, la démarche était pour le moins étrange, et ne laissa sans doute pas l'artiste indifférent. Peignant *Napoléon dans son cabinet de travail* à 4 heures du matin, alors qu'il s'apprête à passer les troupes en revue, David en profita pour montrer l'Empereur fatigué, les traits tirés par le travail. C'était l'homme. Ici, aucun héroïsme, aucune sacralité, pas de sérénité. L'œuvre révélait en quelque sorte les limites de l'admiration à laquelle Napoléon était habitué. En un certain sens, le tableau se voulait critique envers l'Empereur.[37]

Il était certainement le résultat de deux refus que l'artiste avait essuyé pour des portraits de Napoléon en costume du Sacre commandés l'un pour le tribunal de Gênes, jugé trop héroïque, l'autre pour le royaume de Westphalie, trop banal.[38]

Pourtant, comme nombre d'anciens Jacobins, David s'était très tôt enthousiasmé pour la figure du jeune général, ainsi que nous l'avons vu plus haut. Ce fut la raison pour laquelle il répondit avec empressement à la commande du roi d'Espagne, Charles IV, qui désirait posséder un portrait équestre du Premier Consul. C'était encore l'époque (1800), où après la victoire de Marengo, Bonaparte apparaissait comme le sauveur de la République. L'élan épique du cavalier signifiait bien l'espoir que les démocrates plaçaient alors en lui. L'idée du «cheval fougueux» fut, paraît-il, dictée par Bonaparte lui-même. Elle transformait ainsi le réalisme du portrait en un symbole de l'héroïsme, face à l'épopée qui s'ouvrait.[39] Trois répétitions de cette œuvre synthétique furent réalisées par David lui-même.[40]

D'autres artistes reçurent encore commande de portraits officiels. Pour répondre au *Napoléon en costume du Sacre* de Gérard, Robert Lefèvre avait peint de multiples portraits de l'Empereur en uniforme de colonel des grenadiers de la Garde. Moins solennelle que celle de Gérard, cette iconographie montrait un Napoléon plus humain, revêtu de la tenue qu'il arborait habituellement. Mais cette représentation ne possédait nullement l'esprit critique du tableau de David, dont elle était pourtant proche.[41]

En 1811 et 1812, à l'apogée de son règne, l'Empereur renouvela ses commandes du portrait officiel en costume du Sacre, et pour cela, il s'adressa à Lefèvre à nouveau et à Anne Louis Girodet. Si le premier ne parvint pas à égaler Gérard,[42] le second en revanche tenta de rénover l'iconographie de ce type de portrait, en déplaçant le personnage sur le côté. Toute la solennité du souverain mondial était ainsi suggérée, et ce d'autant mieux que Napoléon étendait le bras dans une attitude ample soulignant l'autocratisme.[43]

Ainsi, toute l'iconographie napoléonienne fut le fait de la volonté même de Napoléon, grandement aidé en cela par Denon. Elle se voulait équilibre, aussi bien dans les portraits

young general in 1797.³³ Nonetheless, the great artist was most enthused : «Oh! my friends, what a handsome head he has! It's pure, great, as beautiful as an antique!»³⁴ This was quite true, for Napoleon's head evoked enough of the classical ideal for an artist like François Gérard to subsequently use it to demonstrate the perfection of imperial power. In his portrait of *Napoléon en costume du Sacre* (Napoleon in his Coronation Attire), Gérard took up the ancient formula used for official portraits of the kings of France, such as it had been perfected by Hyacinthe Rigaud in his portrayal of Louis XIV (Musée du Louvre). The Emperor, fully garbed in the symbols of his office, appears serene if solemn. The image apparently pleased Napoleon for the work was reproduced several times over, both full-length³⁵ and as a bust. What Gérard had achieved here was exactly what the Emperor sought to convey, namely a balance between his person and his power.

Two other artists accomplished exactly the contrary, each targeting one or the other of the two opposite poles Gérard had combined. On the one hand, in a portrait for the parliament entitled *Napoléon sur le trône impérial* (Napoleon on the Imperial Throne),³⁶ Ingres presented the Emperor in a hieratic and frontal pose that critics at the Salon of 1806 found most disconcerting. It was considered an eccentricity, judged «offensive» and qualified as «gothic», a derogatory epithet at the time. Ingres had sought to convey the sacred aspect of his hero figure by having him bear all the attributes of sovereign power derived from divine rights. On the other hand, David, known to have been at variance with Napoleon on several occasions, took advantage in 1811/1812 of a commission by a Scotch noble, Alexander Douglas, later Duke of Hamilton, to attack the Emperor figure. His approach was all the more surprising because it took place just when France was at war with England. In his painting of Napoleon in his study at 4 a.m. (*Napoléon dans son cabinet de travail* – Napoleon in his study), when the Emperor was getting ready to inspect his troops, David shows a tired man whose features are marked by the effects of overwork: the man, rather than the Emperor. The portrait is devoid of any heroism, sacred aura or serenity and, as such, is barely at the limit of the sort of admiration to which Napoleon was accustomed. In a sense, the painting dared to be critical of the Emperor.³⁷

This portrait undoubtedly came about as a result of the artist's having faced the refusal of two of his portraits of Napoleon dressed for the Coronation: one portrait, meant for the court of Genoa, was considered too heroic and the other, for the kingdom of Westphalia, too commonplace.³⁸

Yet, very early on the young general's head enthused David (see above), as it had many former Jacobins. This explains his eagerness to accept a commission from the King of Spain, Charles IV, for an equestrian portrait of the First Consul. At the time – 1800, just after the battle of Marengo – Bonaparte was seen as the Republic's saviour. The epic and spirited aura of a cavalier represented all the hope the democrats placed in that man of the hour. Apparently, it was Bonaparte himself who contributed the idea of a «fiery horse», an element that transformed the realism of his portrait into a symbol of heroism in the face of the saga lying ahead.³⁹ David himself executed three reproductions of this synthesised work.⁴⁰

Other artists continued to be commissioned for official portraits. As a rejoinder to Gérard's *Napoléon en costume du Sacre* (Napoleon in his coronation attire), Robert Lefèvre had painted a series of portraits of the Emperor in his uniform as a colonel of the grenadiers of the Guard. He presented Napoleon in less solemn and more human terms than Gérard, dressing him in his everyday attire. Yet, his approach had none

miei, che bella testa ha! È pura, è grande, è bella come quelle dell'antichità!»³⁴ La testa di Napoleone, effettivamente, ricorda abbastanza l'ideale antico perché più tardi un artista come François Gérard possa dedurne la dimostrazione che il potere imperiale è perfetto: nel suo ritratto di *Napoléon en costume du Sacre* (Napoleone nel costume dell'incoronazione) egli riprende la vecchia formula del ritratto ufficiale dei re di Francia, messa a punto da Hyacinthe Rigaud con quello di Luigi XIV (oggi al Musée du Louvre). L'immmagine imperiale, solenne ma serena in tutta la pompa dei simboli di regime, deve piacere a Napoleone, perché viene riprodotta in molte copie, sia in piedi³⁵ sia come busto; ciò che il sovrano vuole trasmettere, infatti, è proprio l'equilibrio tra l'uomo e il suo potere.

Due artisti, viceversa, sviluppano l'immagine di Napoleone in due direzioni opposte, di cui quella di Gérard costituisce appunto la sintesi. Da un lato Ingres, col suo *Napoléon sur le trône impérial* (Napoleone sul trono imperiale)³⁶ per il Corpo legislativo, rappresenta l'imperatore in un atteggiamento ieratico, frontale, che sconcerta i critici al Salone del 1806; l'opera viene giudicata stravagante, sgradevole e gotica (termine allora peggiorativo). Ingres, in effetti, ha voluto mostrare l'aspetto sacro dell'eroe, vestito di tutti gli attributi della sua potenza sovrana, di origine divina. Quanto a David, di cui sono noti i litigi con Napoleone, egli affronta la figura dell'imperatore nel 1811/1812, su incarico privato del nobile scozzese Alexander Douglas, il futuro duca di Hamilton: incarico per lo meno strano quando la Francia è in guerra con l'Inghilterra, e che certo non lascia l'artista indifferente. Dipingendo un *Napoléon dans son cabinet de travail* (Napoleone nel suo studio) alle quattro del mattino, mentre si accinge a passare in rivista le truppe, David ne approfitta per mostrare un personaggio stanco, coi lineamenti tesi per la fatica: un uomo insomma senza traccia di eroismo, sacralità o serenità. L'opera rivela, per così dire, i limiti dell'ammirazione cui l'imperatore è abituato, e in un certo senso vuole essere critica nei suoi confronti.³⁷

Il quadro è il risultato, senza dubbio, dei due rifiuti subiti da David per due ritratti di Napoleone nel costume dell'incoronazione, l'uno (per il tribunale di Genova) giudicato troppo eroico, l'altro (per il Regno di Vestfalia) ritenuto troppo banale.³⁸

Eppure, come molti ex giacobini, David – l'abbiamo già visto – si entusiasma fin dai primi tempi per la figura del giovane generale; proprio per questo egli risponde con premura all'incarico del re di Spagna, Carlo IV, che vorrebbe un ritratto equestre del primo console. Siamo nel 1800, anno in cui Bonaparte, dopo la vittoria di Marengo, appare come il salvatore della Repubblica: lo slancio epico del cavaliere può ben significare le speranze poste in lui dai democratici. L'idea del «cavallo focoso» – dettata, a quanto sembra, proprio da Napoleone – trasforma quindi il realismo del ritratto in un simbolo d'eroismo, di fronte all'epopea che sta per cominciare.³⁹ Tre ripetizioni di quest'opera sintetica verranno realizzate dallo stesso David.⁴⁰

Ritratti ufficiali vengono ordinati anche ad altri artisti. In risposta all'opera di Gérard *Napoléon en costume du Sacre* (Napoleone nel costume dell'incoronazione), Robert Lefèvre ritrae più volte l'imperatore in uniforme di colonnello dei granatieri della guardia. Meno solenne di quella di Gérard, questa rappresentazione mostra un Napoleone più umano, nella tenuta che sfoggia abitualmente; vicina alla tela di David, non ne possiede però affatto lo spirito critico.⁴¹

Nel 1811 e nel 1812, all'apogeo del suo regno, l'imperatore ordina altri ritratti ufficiali nel costume dell'incoronazione, rivolgendosi nuovamente a Lefèvre e a Anne Louis Girodet.

Gérard, zeigte diese Reihe einen menschlicheren Napoleon, der seine Alltagsuniform trug. Die Darstellung stand zwar Davids Porträt nahe, hatte jedoch nichts von dessen kritischem Geist geerbt.[41]

Als der Kaiser 1811/1812 auf der Höhe seines Ruhms stand, gab er weitere offizielle Porträts im Krönungsornat in Auftrag und wandte sich dafür erneut an Lefèvre und an Anne Louis Girodet. Konnte es der erste kaum mit Gérard aufnehmen,[42] so versuchte der zweite die Bildsprache dieses Porträttyps zu erneuern, indem er die dargestellte Person aus der Bildmitte rückte. Die ganze Feierlichkeit des Weltenherrschers kam in der weit ausholenden Geste zum Ausdruck, mit der Napoleon seine unumschränkte Herrschaft andeutet.[43]

Die gesamte napoleonische Ikonographie beruhte, so lässt sich abschliessend feststellen, auf seinen eigenen Wünschen und Vorstellungen des Kaisers, in deren Umsetzung er von Denon unterstützt wurde. In erster Linie strebte sie nach Ausgewogenheit, in den Porträts wie in den Szenen mit bedeutenden Ereignissen der zeitgenössischen Geschichte. Die Bildsprache entwickelte sich jedoch im Laufe der Jahre weiter und zeigte nach 1812 immer mehr das autoritäre Auftreten des Helden, dessen Tugenden sie zu preisen hatte. In einem Umkehreffekt gab sie damit Anlass zur Karikatur. Die offiziellen Züge des Kaisers entsprachen dem Kanon der Antike und waren deswegen, gemäss einem Wort von David, nur schwer zu kritisieren. Dagegen verwandelte sich sein von Gautherot gepriesener draufgängerischer Mut in Feigheit, und die Verherrlichungen toter oder verletzter Soldaten wurden zu Bildern eines Zerstörers jungen Lebens und bluttrunkenen Menschenfressers. Mehr als die Person waren Napoleons Taten das bevorzugte Thema der Karikaturisten in allen europäischen Ländern. Dem positiven, glanzvollen Helden, den die staatliche Ikonographie des Empire ein Denkmal setzte, stellte die Karikatur die verderbenbringende Figur des Usurpators entgegen. Wie die offiziellen Künstler in ihren Werken Napoleons gute Eigenschaften in Szene setzten, zeigten die Karikaturisten die negativen Seiten des Abenteurers, um das Regime in seinen Grundfesten zu erschüttern. Dabei wurden sie wirksam durch die politischen und militärischen Irrtümer des Kaisers unterstützt, vor allem nach dem katastrophalen Russlandfeldzug von 1812.

Jacques Louis David, Napoléon in his study

que dans les représentations des événements du règne. Cependant, elle évolua avec le temps, et après 1812, elle révéla toujours plus l'autoritarisme du héros, dont elle célébrait les vertus. Par un jeu d'inversion, elle donna prise pourtant à la caricature. Si les traits officiels de la personne de l'Empereur, caractéristiques de l'Antique, selon le mot de David, furent difficilement critiquables, en revanche son courage physique, commémoré par Gautherot, devint lâcheté, par référence à d'autres événements, tout comme les célébrations des soldats morts ou blessés devinrent celles du dévoreur de jeunes vies, celles de l'Ogre assoiffé de sang. Plus que le personnage lui-même, ce furent ses actions qui firent le jeu des caricaturistes de toutes les nations de l'Europe. Au héros positif et lumineux qui fut le fait de l'iconographie étatique de l'Empire, la caricature opposa la figure maléfique de l'usurpateur. Et de même que les artistes officiels déclinèrent les qualités de Napoléon à travers leurs œuvres, les caricaturistes déclinèrent les défauts de l'aventurier. Il s'agissait de saper les fondements du régime. En cela, ils furent grandement aidés par les erreurs politiques et militaires de l'Empereur, surtout à partir de la désastrueuse campagne de Russie de 1812.

Anne Louis Girodet Trioson, Portrait de Napoléon

of the critical spirit pervading David's portrait, with which it nevertheless had much else in common.[41]

In 1811 and 1812, at the culmination of his reign, the Emperor once more commissioned several official portraits in his Coronation attire, turning to Lefèvre again, and to Anne Louis Girodet. The first of the two artists could not match Gérard's work,[42] whereas Girodet sought to renovate the iconography for this kind of portrait by setting the figure to the side of the picture. This suggests all the solemnity of a world sovereign, as is underscored by the autocratic expressivity of Napoleon's expansively outstretched arm.[43]

Thus, the entire Napoleonic iconography grew out of Napoleon's very intention, with considerable help from Denon. The idea behind the image was that of conveying equilibrium, both in the portraits and in the depictions of contemporary events. In time, however, this idea began to evolve and, from 1812, the hero's authoritarianism increasingly began being disclosed – and praised. By an effect of inversion, this image then became susceptible to being caricatured.

Although the Emperor's official features, qualified by David as worthy of Antiquity, hardly lent themselves to caricature, his physical courage, commemorated by Gautherot, could be turned into cowardice by allusion to other events. By the same token, Napoleon's valorisation of injured and dead soldiers could be transformed into an image of the Ogre who devours young lives. Indeed, more than the figure itself, it was Napoleon's actions that nourished cartoon production throughout Europe. Caricature replaced the positive and shining hero created for the purposes of the Empire's official iconography with the wicked figure of a usurper. Just as the official artists had enumerated all of Napoleon's qualities in their works, caricaturists now inventoried all his faults. Their idea was to sap the regime at its base. The Emperor greatly abetted that idea by all the political and military mistakes he committed, especially as of the disastrous Russian campaign of 1812.

Se il primo non riesce a eguagliare Gérard,[42] il secondo tenta invece di rinnovare quel genere di rappresentazione, spostando il personaggio sul lato del quadro: tutta la solennità del dominatore mondiale è così suggerita, tanto più che Napoleone tende il braccio in un gesto ampio che sottolinea la sua autocrazia.[43]

L'intera iconografia napoleonica, insomma, si rifà al volere stesso di Napoleone, in questo molto aiutato da Denon; pur ricercando l'equilibrio sia nei ritratti sia nelle rappresentazioni di eventi del regime, col tempo essa evolve e, dopo il 1812, rivela sempre più l'autoritarismo dell'eroe di cui celebra le virtù. Per un gioco d'inversione, tuttavia, essa si presta anche alla caricatura: se i tratti somatici ufficiali dell'imperatore (caratteristici dell'antichità, secondo David) sono difficilmente criticabili, viceversa il suo coraggio fisico, commemorato da Gautherot, diventa viltà nel contesto di altri episodi, così come le celebrazioni dei soldati caduti o feriti diventano quelle del divoratore di giovani vite, dell'orco assetato di sangue. Più che il personaggio stesso, sono le sue azioni a fare il gioco dei caricaturisti di tutti i paesi europei: all'eroe positivo e luminoso, che ben si presta all'iconografia statale dell'Impero, la caricatura oppone la figura malefica dell'usurpatore. Mentre gli artisti ufficiali, inoltre, illustrano le qualità di Napoleone attraverso le sue opere, i caricaturisti illustrano i difetti dell'avventuriero, per scalzare le fondamenta del regime; in ciò trovano un valido aiuto, soprattutto a partire dalla disastrosa campagna di Russia (1812), negli errori politici e militari dell'imperatore.

Die französische Karikatur

Jérémie Benoit

Im Unterschied zu den anderen europäischen Ländern vollzog sich die «Befreiung» Frankreichs im Zeichen eines politischen und ideologischen Kampfes, der vor allem von den Royalisten geführt wurde, selbst wenn sich einige Republikaner eine Zeitlang als ihre Verbündeten verstanden.[1] Dabei spielte die Karikatur für die geistige Vorbereitung auf die Rückkehr zur Monarchie eine gewichtige Rolle.

Aufgrund der berüchtigten Effizienz der vom ehemaligen Konventmitglied Joseph Fouché geleiteten Kaiserlichen Polizei konnte sich die französische Karikatur erst nach 1814 richtig entfalten.[2] Nachdem ein erster Versuch, das bonapartistische Regime zu stürzen (Verschwörung des Herzogs von Enghien), 1804 erstickt worden war, führte Fouché einen Überwachungsdienst der öffentlichen Meinung ein, dessen Tätigkeit sich dank des täglich von einem gewissen François geführten *Bulletin du ministère de la Police générale* genau verfolgen lässt. Anhand bestimmter Dokumente sind die Bemühungen der Karikaturisten zu erkennen, die staatlich oktroyierte Meinung zu entkräften und der Lächerlichkeit preiszugeben.

So kann man in einem Bericht des Polizeipräfekten vom 18. Fructidor des Jahres XIII (4. September 1805) folgendes lesen:[3] «Am 16. wurde ein Stichhändler verhaftet, bei dem man ein Blatt mit der Darstellung der Herzogin von Angoulême und Ludwig XVIII. deponiert hatte. Wie der Händler erklärte, hatte er sechs Stück verkauft und keine mehr vorrätig, doch erwartete er eine neue Lieferung. Als Besitzer dieser Blätter nannte er den Marquis de Paroy. Dieser wurde sofort verhaftet. Man fand bei ihm fünfzig Exemplare, die Kupferplatten und die vollständige Sammlung von allem, was in diesem Genre seit 1793 erschienen ist. Unter seinen Papieren waren Verse gegen Ihre Majestät und den Herrn Oberstallmeister

La caricature française

Jérémie Benoit

A l'inverse des autres pays d'Europe, la «libération» de la France se doubla d'une lutte politique et idéologique qui fut avant tout le fait des Royalistes, même si certains Républicains tendirent un temps à être leurs alliés.[1] La caricature joua sur ce point un rôle incontestable pour la préparation des esprits au retour de la monarchie.

En raison de la terrible efficacité de la Police Impériale, dirigée par l'ex-conventionnel Joseph Fouché, la caricature française ne put éclore véritablement qu'en 1814.[2] Après qu'une première tentative de déstabilisation du régime bonapartiste (complot du duc d'Enghien) eût été jugulée en 1804, Fouché organisa un service de surveillance de l'opinion publique dont on peut suivre l'évolution grâce au *Bulletin du ministère de la Police générale*, rédigé quotidiennement par un certain François. Certains documents permettent de repérer les efforts des caricaturistes pour contrecarrer l'opinion d'Etat.

Ainsi le 18 fructidor an XIII (4 septembre 1805),[3] dans un rapport du préfet de police, est-il écrit: «On a arrêté le 16 un marchand d'estampes, chez lequel on avait déposé une gravure représentant la duchesse d'Angoulême et Louis XVIII. Le marchand a déclaré qu'il en avait vendu six et qu'il ne lui en restait plus, mais qu'il en attendait d'autres. Il a désigné pour propriétaire de ces gravures le marquis de Paroy. Il a été arrêté de suite. On en a trouvé 50 chez lui, les cuivres, la collection complète de tout ce qui a paru en ce genre depuis 1793. Parmi ses papiers, on a trouvé des vers contre Sa Majesté et M. le grand écuyer [Caulaincourt], dont M. de Paroy est allié. Il est beau-frère de M. de Bondy, parent de M. de Sérent. On s'occupe de l'interrogatoire et de l'examen des papiers.»

Le bulletin du 13 vendémiaire an XIV (5 octobre 1805) relate l'interrogatoire et la fouille du marquis de Paroy.[4] On a découvert «qu'au moment même de son arrestation, il s'occupait à

The Art of Caricature in France

Jérémie Benoit

Contrary to the other European countries, France's «liberation» was accompanied by political and ideological infighting caused by the Royalists, notwithstanding certain republicans who for a time sought to ally themselves with the latter's cause.[1] Caricature indisputably played a major role in preparing the public mind for the return of the monarchy.

Given the Imperial Police's terrifying efficiency under the direction of the former National Convention member Joseph Fouché,[2] French caricature never really got underway until in 1814. After a first attempt on the Bonapartist regime (the Duke of Enghien's plot) was quelled in 1804, Fouché set up a monitoring service to keep tabs on public opinion. That program's progress was inscribed daily by a certain François in the *Bulletin du ministère de la Police générale*. Some of the documents make mention of the efforts pursued by cartoonists to thwart officially promoted opinions.

If we take for example a report by the chief of police dated 18 Fructidor of the year XIII (4 September 1805),[3] we read: «Arrest on the 16th of a print dealer who had been given an engraving portraying the Duchesse of Angoulême and Louis XVIII. The dealer claimed to have sold six, to have none left, but to be expecting several more. He identified as the owner of these engravings the Marquis de Paroy, whom we arrested on the spot. We found 50 [prints] at his place, together with the copper plates, the full collection of all that has been published of the sort since 1793. Among his papers we found poetry against His Majesty and the Grand Squire [Caulaincourt], of whom the M. de Paroy is an ally. He is the brother-in-law of the M. de Bondy, a relative of the M. de Sérent. We are currently proceeding with the cross-examination and inspection of his papers.»

La caricatura francese

Jérémie Benoit

La «liberazione» della Francia, al contrario di quella degli altri paesi europei, si accompagna a una lotta politica e ideologica che distingue soprattutto i monarchici, anche se certi repubblicani tendono per qualche tempo a essere loro alleati;[1] in questo campo la caricatura svolge un ruolo incontestabile, preparando gli animi al ritorno della monarchia.

Data la terribile efficacia della polizia imperiale, diretta dall'ex membro della Convenzione Joseph Fouché,[2] la caricatura non può fiorire prima del 1814. Soffocato un primo tentativo di destabilizzazione del regime bonapartista (complotto del duca d'Enghien, 1804), Fouché organizza un servizio di sorveglianza dell'opinione pubblica, di cui possiamo seguire gli sviluppi grazie al *Bulletin du ministère de la Police générale*, redatto quotidianamente da tale François; alcuni documenti, in effetti, permettono di individuare gli sforzi dei caricaturisti per contrastare la linea ufficiale.

In un rapporto del prefetto di polizia datato 18 fruttidoro dell'anno XIII (4 settembre 1805),[3] per esempio, si legge: «Il 16 è stato arrestato un mercante di stampe, che aveva in deposito un'incisione rappresentante la duchessa d'Angoulême e Luigi XVIII. Il mercante ha dichiarato di averne vendute sei e di esserne sprovvisto, ma di attenderne altre; ha indicato come proprietario delle incisioni il marchese de Paroy, che è stato subito arrestato. A casa sua sono state trovate 50 stampe, le lastre, la collezione completa di quanto è uscito nello stesso genere dal 1793. Fra le carte sono stati trovati versi contro Sua Maestà e contro il *grand écuyer* [Caulaincourt], di cui M. de Paroy è alleato. Egli è cognato di M. de Bondy, parente di M. de Sérent. Si sta procedendo all'interrogatorio e all'esame delle carte.»

Il 13 vendemmiaio dell'anno XIV (5 ottobre 1805), il bollettino riferisce l'interrogatorio e la perquisizione del marchese

[Caulaincourt], mit dem M. de Paroy verwandt ist. Er ist der Schwager von M. de Bondy, einem Blutsverwandten von M. de Sérent. Man befasst sich augenblicklich mit dem Verhör und der Durchsicht der Papiere.»

Das Bulletin vom 13. Vendémiaire des Jahres XIV (5. Oktober 1805) berichtet über Verhör und Hausdurchsuchung.[4] Man hatte dabei entdeckt, dass der Marquis de Paroy «im Augenblick seiner Festnahme damit beschäftigt war, einen Stahlstich zu vollenden, auf dem Diogenes dargestellt war, wie er seine Laterne löscht und das Porträt Seiner Majestät vorzeigt».

Der Bericht beweist, dass es in Paris geheime Werkstätten gab, in denen antinapoleonische Graphiken hergestellt wurden. Von 1813/1814 an nahm ihre Zahl zu, obwohl sie während der Hundert Tage wieder untertauchen mussten.

In ihren Bemühungen, das Regime zu erschüttern, wurden die französischen Karikaturisten offenbar am Ende des Empire durch den katholischen und royalistischen Geheimbund der «Chevaliers de la Foi» (Glaubensritter) unterstützt.[5] Der 1810 von Ferdinand de Bertier[6] gegründete Bund hatte sich zum Ziel gesetzt, das Ancien Régime durch ähnliche Mittel wieder an die Macht zu bringen, wie sie 1789 vermutlich zu dessen Sturz eingesetzt worden waren. Nach dem Muster eines angeblichen freimaurerischen Komplotts[7] zettelten die «Chevaliers» ebenfalls eine Verschwörung an. Mit einem geheimen Schwur trat man in den Bund ein und durchlief verschiedene Grade. Unter dem Deckmantel der Wohltätigkeit drangen Bertiers Ideen rasch in alle Gesellschaftsschichten ein. Am Ende des Empire spielten die «Chevaliers de la Foi» eine wichtige Rolle in der Verbreitung von Gerüchten und Verleumdungen, wie des Mythos von Napoleon als Kinderfresser, und zweifellos auch von Karikaturen.

Zur gleichen Zeit, da dieser Geheimbund immer mehr Anhänger fand, richtete Napoleon zur Festigung seiner unumschränkten Herrschaft die «Direction générale de l'Imprimerie et de la Librairie» (Generaldirektion für Druck- und Buchwesen) ein. Sie wurde dem Innenministerium angegliedert, das seit 1809 ebenfalls der Polizeiminister Fouché leitete. Die Bespitzelungs- und Überwachungsabsichten waren offenkundig: Es ging um eine verstärkte Knebelung der öffentlichen Meinung. Mit Dekret vom 5. Februar 1810[8] musste jede neue Veröffentlichung (Buch, Zeitung, Graphik) bei den Präfekturen angemeldet werden.

Die Meinungsfreiheit wurde auf diese Weise mit Füssen getreten, da «nichts gedruckt werden darf», wie Artikel 10 des Dekrets festhält, «das gegen die Pflichten der Untertanen und die Interessen des Staates verstösst». Mit einem weiteren Dekret vom 12. Februar 1810 wurde Joseph Marie Portalis, der Sohn des Kultusministers, zum «Directeur général de la Librairie» ernannt.[9]

Während der Hundert Tage geriet die Meinungsfreiheit trotz der liberalen Garantien, die den französischen Verfassungen von aussen aufgezwungen wurden, unter eine verstärkte Polizeikontrolle, da die «Direction générale de la Librairie» nun direkt dem Polizeiministerium unterstellt wurde.

Aufgrund des Depotsystems, das die Hinterlegung von Belegexemplaren vorschrieb, sind die französischen Karikaturisten paradoxerweise recht gut bekannt. Obwohl nur wenige Blätter signiert und datiert sind, kennt man dank der in den Pariser «Archives Nationales»[10] verwahrten Depotregister die Namen der Urheber der antinapoleonischen Stiche. Dies gilt allerdings nur für die royalistischen Perioden (Erste Restauration und Zeit nach Waterloo), da 1813/1814 und während der Hundert Tage die Blätter nur unter der Hand verbreitet wurden.

terminer sur acier un sujet représentant Diogène éteignant sa lanterne, en montrant le portrait de Sa Majesté».

Cet événement démontre qu'il existait donc dans Paris des ateliers clandestins de gravures anti-napoléoniennes. Ceux-ci durent bien évidemment se multiplier à partir de 1813/1814, jusqu'à ce que les Cent-Jours viennent les rejeter dans l'ombre.

A la fin de l'Empire, les caricaturistes français furent, semble-t-il, grandement aidés dans leur entreprise de déstabilisation, par l'association secrète catholique et royaliste des Chevaliers de la Foi.[5] Fondé en 1810 par Ferdinand de Bertier,[6] ce groupement s'était donné pour but de restaurer l'Ancien Régime par des moyens similaires à ceux qui l'avaient abattu, estimait-on, en 1789. A un prétendu complot maçonnique,[7] les Chevaliers de la Foi répondirent donc par le complot. On entrait en chevalerie selon divers degrés en prêtant un serment qui devait demeurer secret. Sous le couvert d'actes de bienfaisance, les idées de Bertier pénétrèrent rapidement les différentes couches de la société. Le rôle des Chevaliers de la Foi fut incontestable à la fin de l'Empire dans la diffusion des fausses nouvelles, en particulier du mythe de l'Ogre/Napoléon, et sans aucun doute de la caricature.

En même temps que se créait cette association secrète, Napoléon, par une idée de renforcement de son autocratisme, mettait sur pied la Direction générale de l'Imprimerie et de la Librairie, au sein du Ministère de l'Intérieur dirigé depuis 1809, en plus de la Police, par Fouché. L'esprit de tracasserie policière semblait évident: il s'agissait de verrouiller un peu plus l'opinion publique. Par décret du 5 février 1810,[8] toute nouvelle publication (livre, journal ou gravure) devait être déclarée auprès des préfectures.

La liberté d'expression fut ainsi totalement jugulée, car comme le rappelait l'article 10 de ce décret, «rien ne devait être imprimé qui puisse porter atteinte aux devoirs des sujets et à l'intérêt de l'Etat». Par décret du 12 février, Joseph Marie Portalis, fils du ministre des cultes, fut nommé Directeur général de la Librairie.[9]

Durant les Cent-Jours, et ce malgré les garanties libérales, extérieures, octroyées aux constitutions de l'Empire, un renforcement policier se manifesta sur l'opinion, puisque la Direction générale de la Librairie fut directement rattachée au Ministère de la Police.

Grâce pourtant au système des dépôts qui se mit alors en place, notre connaissance des caricaturistes français se trouve renforcée. Car, si peu de pièces sont signées et datées, les registres de dépôts conservés aux Archives Nationales de Paris[10] permettent de connaître les auteurs des pièces gravées contre Napoléon. Ceci bien entendu pour les périodes royalistes (Première Restauration et après Waterloo), car la diffusion sous le manteau fut la règle en 1813/1814 et durant les Cent-Jours.

Ainsi, par ce moyen, nous connaissons les œuvres de Desalles, *Dernier effort du Nain Jaune pour soutenir Nicolas*,[11] déposée le 3 août 1815, de Y. V. Lacroix, *C'est la Cravate a papa*,[12] déposée le 26 juillet 1815, ou encore de Jacques Louis Lecerf, *Le Robinson de l'Ile d'Elbe*,[13] déposée le 16 juillet 1814.

Le dépôt des caricatures anti-napoléoniennes cesse cependant brusquement en octobre 1815, et l'on ne relève plus, le 13 octobre, qu'une œuvre de Delacroix (*Les habitans de l'île Ste Hélène se révoltant contre Bonaparte*), et en décembre, une autre pièce due à Pierre Marie Bassompierre Gaston (*Gulliver dans l'île des Géants*).[14]

Ces aspects strictement historiques de la caricature française ne présument pas, bien entendu, de sa spécificité, que Catherine Clerc a parfaitement analysée.[15] En effet, à l'inverse de l'Angleterre en particulier, les caricaturistes français évitèrent de trop froisser le peuple, en rappelant les origines

The report of 13 Vendémiaire of the year XIV (5 October 1805) gives the details of that cross-examination and inspection,[4] specifying that «at the time of his arrest, he was finishing a steel plate depicting Diogene turning off his lamp while showing the portrait of His Majesty».

This incident proves that Paris did have its clandestine workshops where anti-Napoleonic engravings were being produced. This sort of workshop no doubt multiplied starting in 1813/1814, until the Hundred Days again forced them underground.

At the end of the Empire, French caricaturists seem to have received a great deal of support in their destabilising endeavours from the secret Royalist association of «Les Chevaliers de la Foi» (Knights of Faith).[5] This group was founded in 1810 by Ferdinand de Bertier[6] with an eye to restoring the Ancien Regime by resorting to the same methods as those that had toppled it over in 1789. Thus, in response to an alleged Masonic conspiracy,[7] the «Chevaliers de la Foi» came up with a conspiracy of their own. Knighthood was acquired at different levels by pledging an oath that was to remain secret. Under cover of charity work, Bertier's ideas soon infiltrated all layers of society. Certainly the «Chevaliers de la Foi» played a major role at the end of the Empire by spreading false rumours and, in particular, by impressing upon the public mind the myth – and no doubt the caricature – of Napoleon as an ogre.

In parallel to the development of the above-mentioned association, and for purposes of reinforcing his autocratic influence, Napoleon established the «Direction générale de l'Imprimerie et de la Librairie» (Printing and Book Trade Administration), under the auspices of the Ministry of the Interior which, in addition to the Police Department, Fouché directed since 1809. A spirit of police-like harassment reigned supreme, in an effort to keep an ever tighter lid on public opinion. A 5 February 1810 decree[8] required all new publications (books, newspapers or engravings) to be registered with the prefectures.

Freedom of expression was thus totally stifled, with the explicit purpose – dictated by Article 10 of the decree – that «nothing should be printed that could undermine the duties of the subjects and the interest of the State». A decree of February 12 secured the appointment of Joseph Marie Portalis, son of the Minister of Religious Worship, as «Directeur général de la Librairie».[9]

During the Hundred Days, and despite the liberal guarantees stipulated in the Empire constitutions, public opinion was reined in even more tightly by having the book trade administration linked directly to the police ministry.

However, it is thanks to the copyright registration system established at that time that we have a better knowledge of French cartoons. Few works were signed and dated, but the depository registrations at the Paris «Archives Nationales»[10] provide the names of the authors of engravings against Napoleon. This holds true of course for the Royalist periods (First Restoration and after Waterloo), since during the years 1813/1814 and the Hundred Days period, works circulated in an underground circuit only.

The depository register informs us of works by such engravers as Desalles: *Dernier effort du Nain Jaune pour soutenir Nicolas*,[11] registered on 3 August 1815; by Y. V. Lacroix: *C'est la Cravate a papa*,[12] on 26 July 1815; and Jacques Louis Lecerf: *Le Robinson de l'Ile d'Elbe*,[13] on 16 July 1814.

Registrations of anti-Napoleonic cartoons come to an abrupt stop in October 1815, with but one entry on October 13 for a work by Delacroix: *Les habitans de l'île Ste Hélène se révoltant contre Bonaparte*; and another in December for

de Paroy:[4] si è scoperto «che al momento stesso dell'arresto stava terminando su acciaio una scena con Diogene che spegne la lanterna, mentre mostra il ritratto di Sua Maestà».

Come dimostra questo episodio, esistono in Parigi ateliers clandestini di incisioni antinapoleoniche, che evidentemente devono moltiplicarsi a partire dal 1813/1814 (ma tornano nell'ombra durante i Cento Giorni).

Alla fine dell'Impero i caricaturisti francesi, a quanto sembra, nella loro opera di destabilizzazione sono molto aiutati dai Cavalieri della Fede (*Chevaliers de la Foi*), associazione segreta cattolica e monarchica.[5] Fondato nel 1810 da Ferdinand de Bertier,[6] il sodalizio intende restaurare l'Ancien Régime con mezzi simili a quelli che l'avrebbero abbattuto nel 1789 (un presunto complotto massonico),[7] cioè complottando a sua volta: gli adepti vi sono ammessi a diversi livelli gerarchici, prestando un giuramento che deve restare segreto. Mascherate da atti di beneficenza, le idee del de Bertier penetrano rapidamente nei vari strati sociali; in quegli anni i Cavalieri della Fede hanno un ruolo indiscusso nel diffondere notizie false – in particolare il mito del Napoleone orco – e senza dubbio anche caricature.

Proprio mentre nasce questa società segreta, l'imperatore, volendo rafforzare il proprio potere autocratico, istituisce la «direzione generale della stampa e del commercio librario» in seno al Ministero dell'interno (che dal 1809 è diretto anch'esso dal capo della polizia, Fouché). Lo spirito vessatorio-poliziesco sembra chiaro: si tratta di mettere un po' più sotto chiave l'opinione pubblica. Il decreto del 5 febbraio 1810[8] ordina che ogni nuova pubblicazione (libro, giornale o incisione) vada dichiarata alle prefetture.

La libertà d'espressione è così soffocata del tutto: come ricorda l'articolo 10 del testo, «non si può stampare nulla che possa violare i doveri dei sudditi e l'interesse dello Stato». Un decreto del 12 febbraio[9] nomina direttore generale del commercio librario Joseph Marie Portalis, figlio del ministro dei culti.

Durante i Cento Giorni, nonostante le garanzie liberali esterne concesse alle Costituzioni dell'Impero, il controllo poliziesco sull'opinione pubblica si rafforza, perché la direzione generale del commercio librario viene annessa direttamente al Ministero della polizia.

Grazie però al sistema dei depositi attuato in quella sede, oggi sappiamo qualcosa di più sui caricaturisti francesi: benché solo poche opere siano firmate e datate, i registri dei depositi conservati all'Archivio Nazionale di Parigi[10] indicano gli autori delle incisioni antinapoleoniche. Ciò vale, ovviamente, per i soli periodi realisti (prima Restaurazione e periodo dopo Waterloo): nel 1813/1814 e durante i Cento Giorni la diffusione è di norma clandestina.

Tramite i registri sappiamo, per esempio, che sono opera rispettivamente di Jacques Louis Lecerf, Y. V. Lacroix e Desalles le tre stampe *Le Robinson de l'Ile d'Elbe*,[11] *C'est la Cravate a papa*[12] e *Dernier effort du Nain Jaune pour soutenir Nicolas*,[13] depositate il 16 luglio 1814, il 26 luglio 1815 e il 3 agosto 1815.

La registrazione di tali caricature, però, cessa bruscamente nell'ottobre 1815: solo il 13 ottobre e in dicembre ne vengono depositate due, rispettivamente di Delacroix (*Les habitants de l'île Ste Hélène se révoltant contre Bonaparte*) e di Pierre Marie Bassompierre Gaston (*Gulliver dans l'île des Géants*).[14]

Questi aspetti strettamente storici della caricatura francese, beninteso, non sopravvalutano la sua specificità, perfettamente analizzata da Catherine Clerc.[15] In effetti, contrariamente soprattutto ai caricaturisti inglesi, quelli francesi evitano di urtare troppo il popolo ricordando le origini rivoluzionarie del governo imperiale: alle fonti repubblicane del

Auf diese Weise kennen wir Werke wie *Dernier effort du Nain Jaune pour soutenir Nicolas*[11] von Desalles (am 3. August 1815 deponiert), *C'est la Cravate a papa*[12] von Y. V. Lacroix (am 26. Juli 1815 deponiert) und *Le Robinson de l'Ile d'Elbe*[13] von Jacques Louis Lecerf (am 16. Juli 1814 deponiert).

Die Hinterlegung antinapoleonischer Karikaturen fand im Oktober 1815 ein abruptes Ende. Am 13. Oktober wurde nur noch ein Werk registriert, *Les habitans de l'île de Ste Hélène se révoltant contre Bonaparte* von Delacroix, im Dezember schliesslich ein Blatt von Pierre Marie Bassompierre Gaston, *Gulliver dans l'île des Géants*.[14]

Diese Hinweise auf die Geschichte der französischen Karikatur sagen kaum etwas aus über ihre Eigenarten, die Catherine Clerc ausführlich untersucht hat.[15] Im Gegensatz zu den Engländern vermeiden es die französischen Karikaturisten, das Volk zu stark zu beleidigen, indem sie an die revolutionären Ursprünge der kaiserlichen Herrschaft erinnern. Nur ein paar wenige Werke spielen auf die republikanischen Anfänge des Régime an, wie *les Trois Fédérés*[16] von Lacroix. Anders wie in Deutschland wird Napoleon zudem nur selten als Kriegs- und Todesgott präsentiert. Die Franzosen ziehen es vor, die Figur des Kaisers anzuschwärzen und ihn als Usurpator hinzustellen. Es geht letzten Endes nicht darum, die Herrschaftsform zu wechseln, sondern man wollte wieder einen Vertreter von Gottes Gnaden, König Ludwig XVIII., auf dem Thron sehen. Das Vorgehen der Karikaturisten verriet Geschick, und sie fanden für ihre Zeichnungen vor allem im Bereich der Politik ein weites Betätigungsfeld.

révolutionnaires du gouvernement impérial. On ne relève guère en effet que quelques œuvres rappelant les sources républicaines du régime, comme *les Trois Fédérés*[16] de Lacroix. De même, Napoléon fut rarement assimilé, comme en Allemagne, à un dieu de la guerre et de la mort. Les Français choisirent plutôt de noircir la figure de l'Empereur, considéré comme un usurpateur. Il ne s'agissait pas finalement de changer de régime, mais bien plutôt de replacer sur le trône un héritier de droit divin, le roi Louis XVIII. La manœuvre fut habile, et ce fut surtout, en effet, sur le terrain de la politique que s'exprima la caricature française.

Themes and Motifs

Jérémie Benoit JB
Philippe Kaenel PK

2.4.1 *Notes on the Corpus Napoleoni*

By definition, a *corpus* is a body of works built up to meet certain criteria. In this case however, we hardly know what ends were pursued by the private collections that provided the works held by the Arenenberg Napoleon Museum! Perhaps some people collected Napoleonic prints as a pastime, others out of a passionate interest in the man or in the history of the times. Or else, perhaps for purposes of illustrating their own political outlook, out of an appreciation for caricature, as an act of pure speculation. Or it may have been in a competitive spirit, since we have all reason to believe that these iconographic sets of works were collected very early, already during the first decades of the nineteenth century. In a cultural respect, no collection can be considered arbitrary or «innocent». The present catalogue of prints held by Arenenberg Castle – an outstanding collection all too little known by the public so far – is no exception to the rule.

To select, describe and reproduce works is one thing, but to arrange them into an organised corpus, a useful and usable ensemble, implies making some rather significant choices. How should these documents be presented? Best chronologically? Or geographically? Should anonymous works be considered separately from those attributed? Would classification by theme be preferable? But for what sort of readers: those enthused over the Napoleon figure itself, those specialising in caricature around 1800, or those for whom a crucial moment in European history holds particular interest?

To date, almost every corpus of satirical Napoleonic works has been drawn up *chronologically*, sometimes including regroupings by country. The first inventories to be compiled, namely by John Ashton (1884), John Grand-Carteret (1895),

Temi e motivi

Jérémie Benoit JB
Philippe Kaenel PK

2.4.1 *A proposito del Corpus Napoleoni*

I corpus sono, per definizione, raccolte rispondenti a fini particolari; le opere conservate al Museo napoleonico di Arenenberg, però, provengono da collezioni private di cui si sa pochissimo! I collezionisti di queste stampe su Napoleone le hanno raccolte forse per ozio, per passione, per interesse storico, per illustrare le proprie posizioni politiche, perché attratti dalla caricatura, per semplici fini speculativi o magari per spirito di emulazione (giacché si può supporre che simili raccolte iconografiche si formassero già piuttosto presto, nei primi decenni dell'Ottocento). In campo culturale, quindi, non esistono collezioni arbitrarie o «innocenti»; questo catalogo di stampe, che intende far conoscere il fondo straordinario di Arenenberg, non è un'eccezione alla regola.

Selezionare, descrivere e riprodurre opere è un conto, ma ordinarle in modo che il corpus sia organizzato, cioè utile e utilizzabile, implica scelte di un certo rilievo: come presentare queste centinaia di documenti? Con criteri cronologici oppure geografici, distinguendo fra opere anonime e attribuite o preferendo la classificazione per temi? E in quest'ultimo caso, per quali lettori? Per i cultori del personaggio Napoleone, per gli specialisti della caricatura intorno al 1800 o per gli storici interessati a quel periodo cruciale di storia europea?

La maggior parte delle raccolte satiriche su Napoleone pubblicate finora segue l'ordine *cronologico*, talvolta con raggruppamenti per paesi: ciò vale per gli inventari antichi di John Ashton (1884), John Grand-Carteret (1895) e Alexander Broadley (1911) come per quello, recentissimo, di Ernst e Sabine Scheffler (1995). L'opera di Catherine Clerc (1984) sceglie, più sommariamente, la classificazione per eventi; il catalogo di Jérémie Benoit (1996), molto selettivo, preferisce

Die meisten bisher veröffentlichten Corpora mit satirischen Napoleon-Darstellungen sind chronologisch und darüber hinaus gelegentlich nach Ländern geordnet, so zum Beispiel die grundlegenden Verzeichnisse von John Ashton (1884), John Grand-Carteret (1895), Alexander Broadley (1911) und zuletzt Ernst und Sabine Scheffler (1995). In sehr viel allgemeinerer Weise bezieht sich das Werk von Catherine Clerc (1984) auf bestimmte Ereignisse, während der stark auswählende Katalog von Jérémie Benoit (1996) einer thematischen Anordnung folgt.[2] Jedes Ordnungsprinzip hat seine Vor- und Nachteile. Um Hunderte von graphischen Blättern in all ihrer Vielfalt, Komplexität und Bedeutungsfülle erfassen zu können, braucht es notwendigerweise die Kombination verschiedener Annäherungsweisen. So ist eine Chronologie der Karikatur nur sinnvoll, wenn man sie zur politischen Geographie in Beziehung setzt, durch die das Zensurwesen und die Verbreitung der Bilder in den Vordergrund rücken. Da sich die Bildthemen in einem bestimmten Augenblick durchsetzen und häufig über streng kontrollierte Staatsgrenzen gelangen, lassen sich anhand von ihnen zudem Zeichenstile und satirische Traditionen in verschiedenen Ländern miteinander vergleichen.

Die absolute Bewältigung der Corpora ist eine Illusion. Es ist schlicht unmöglich, die Napoleon-Karikaturen in sämtlichen Details im Gedächtnis zu bewahren. Ein scheinbar nebensächliches und auf den ersten Blick unscheinbares Detail wird oft bedeutsam, wenn es in anderen Blättern wiederholt und variiert wird. Man könnte sich beispielsweise auf die Kleider Napoleons, auf seinen Haarschnitt oder sogar auf seinen Säbel konzentrieren und auf diese Weise ikonographische Untergruppen bilden, die zu Reflexionen über die Geschichte der Haarmode, der Kleidung, der Waffen oder allgemeiner des Bildes des Soldatenkaisers führen würden. Um eine solche Graphiksammlung zu erschliessen, müsste man Datenbanken schaffen, Objekte indexieren, Motive verteilen, Tabellen erarbeiten. Man müsste, kurz gesagt, mit den Karikaturen umgehen, als bildeten sie ein Kartenspiel, wobei Einsatz, Verlauf und Ausgang möglichst offen zu halten wären, um Sinn zu produzieren. In dieser Hinsicht erweist sich die absolute Beherrschung eines solchen Corpus als illusorisch; dennoch handelt es sich um eine Illusion, die für den Interpreten, der nach Synthese strebt, notwendig ist.

Schliesslich wäre es falsch, zu glauben, die Corpora wären vollständig und in sich geschlossen. So treten die Besonderheit und die Wirksamkeit der napoleonischen Karikatur nur hervor, wenn man zusätzlich andere Gattungen oder Medien heranzieht, wie die Malerei, Plastik, Numismatik oder die sogenannte seriöse Graphik; ebensowenig darf man zeitgenössische Texte, Pamphlete, Erzählungen oder Briefwechsel ausser acht lassen. Anspielungen, Zitate und Parodien kommen in diesen «sekundären», kritischen Bildern, in Hülle und Fülle vor.

Die Sammlung des Napoleon-Museums umfasst ungefähr einen Viertel des europäischen Corpus, von dem man sich mit Hilfe der wichtigsten Verzeichnisse von Grand-Carteret bis Scheffler ein Bild machen kann. Dieses Corpus ist insofern eine Fiktion, als es keine öffentliche noch private Sammlung gibt, die sämtliche Blätter enthalten würde. Dennoch ist das Napoleon-Corpus von Arenenberg eine der repräsentativsten Sammlungen der Welt, die ungewöhnlich reich mit französischen und deutschen Stichen dotiert ist, doch im Verhältnis dazu nur wenige englische Karikaturen umfasst.

Die folgenden, thematisch gegliederten Kapitel schlagen eine Reihe selektiver Betrachtungsweisen vor. Die gewählten Themen und Motive überschneiden sich häufig und lassen sich nach den beiden Polen der Geschichte und der Kunst-

Scheffler (1995). De manière plus sommaire, l'ouvrage de Catherine Clerc (1984) obéit au principe événementiel tandis que le catalogue très sélectif de Jérémie Benoit (1996) prend une orientation thématique. Chaque type de classement a ses avantages et désavantages.[2] Mais pour tenter de saisir ces centaines de gravures dans leur richesse, leur complexité et leur diversité, il faut nécessairement croiser les approches. En effet, la chronologie de la caricature ne prend de sens que par rapport à la géographie politique qui met en évidence les phénomènes de censure et de diffusion des images. De même, les thèmes iconographiques s'imposent à certains moments, et s'infiltrent volontiers à travers des frontières pourtant sévèrement contrôlées. Ils permettent ainsi de confronter les styles graphiques et satiriques des diverses nations.

La maîtrise absolue des corpus est une illusion. Il s'avère impossible de mémoriser les estampes satiriques napoléoniennes dans tous leurs détails. Tel élément, apparamment secondaire et insignifiant de prime abord, prend souvent sens lorsqu'il se trouve répété et varié dans d'autres gravures. Par exemple, on pourrait imaginer de se concentrer sur les habits de Napoléon, sur sa coupe de cheveux, sur son sabre même, et réunir ainsi des sous-ensembles iconographiques qui introduiraient des réflexions sur l'histoire de la coiffure, du costume, des armes ou, plus globalement, sur l'image de l'Empereur en soldat. Pour rendre compte d'une telle collection de gravures, il faudrait créer des bases de données, indexer les objets, distribuer les motifs, grouper les schémas de représentation: bref, jouer avec ces caricatures comme l'on jouerait aux cartes, avec pour objectif principal d'ouvrir autant que possible le jeu pour produire du sens. C'est en cela que la maîtrise absolue d'un tel corpus s'avère illusoire; mais il s'agit d'une illusion nécessaire pour l'interprète qui doit rechercher la synthèse.

Enfin, il est faux de croire que les corpus sont finis et clos sur eux-mêmes. Ainsi, la caricature napoléonienne n'apparaît dans sa particularité et son efficacité que lorsqu'on la compare à d'autre genres, à d'autres medium comme la peinture, la sculpture, la numismatique ou la gravure dite sérieuse, de même que l'on ne peut se passer des textes contemporains, pamphlets, récits ou correspondances. Allusions, citations et parodies abondent en effet dans ces images «secondes» et critiques, que sont les caricatures.

La collection du Musée Napoléon rassemble environ le quart du corpus européen tel que l'on peut se le figurer à partir des inventaires principaux, de Grand-Carteret à Scheffler. Ce corpus est une fiction, au sens où nulle collection privée et publique ne conserve le tout. Riche en gravures françaises et allemandes, mais proportionnellement pauvre en caricatures anglaises, la collection napoléonienne d'Arenenberg n'en demeure pas moins l'une des plus représentatives au monde.

Les chapitres thématiques qui suivent proposent une série de regards sélectifs. Les thèmes et les motifs choisis, se recoupent fréquemment et se répartissent selon deux pôles: celui de l'histoire d'un côté, et celui de l'histoire de l'art de l'autre. Les alliés, la campagne de Russie, les exils de Napoléon se réfèrent à des faits ou à des sujets historiques, tandis que les jeux de mots et d'image ou la ménagerie caricaturale renvoient plutôt à des motifs et à des formes artistiques. En fait, cette tension entre histoire et beaux-arts est l'essence même de la caricature.

Les dictionnaires nous apprennent qu'à l'origine, dans l'usage courant, «corpus» signifie le corps du Christ, soit l'hostie. C'est donc à une sorte de communion profane, aussi burlesque qu'indigeste, que vous convie le présent catalogue...

PK

Alexander Broadley (1911), and the recent one by Ernst and Sabine Scheffler (1995), all take this approach. In more condensed fashion, Catherine Clerc's (1984) work is organised by events, while a very selective catalogue by Jérémie Benoit (1996) is arranged by themes.² Of course, each sort of classification has its advantages and disadvantages. In order to capture the wealth, complexity, and diversity of all these hundreds of engravings, one has to cut across such categories. In effect, to class caricature chronologically only makes sense with respect to the political geography of each era, highlighting such factors as censorship and image circulation. By the same token, iconographic themes can sometimes be more instructive: they have a way of seeping through national boundaries no matter how well protected the borders be. Hence, those themes provide points of comparison for the graphic and satirical styles of different countries.

Total mastery of a corpus is, of course, an illusion. It has proven impossible to memorise every detail of the Napoleonic satirical prints: a certain detail may upon first glance appear secondary and insignificant, only to subsequently reveal itself meaningful by all the repetitions and/or variations of it in other engravings. For example, one could imagine concentrating on Napoleon's clothes, his hairdo, even his sabre. That would allow us to assemble iconographic sub-categories with information on the history of hairdos, period clothes, arms or, more generally, on the Emperor's image as a soldier. To do justice to such a collection of engravings, one would have to create data bases, index all the objects, consider the motifs under several headings, and rearrange various schemas. In short, one would have to deal with the cartoons as if they were playing cards, with an eye to opening the game as widely possible to make sense of it. This is just what makes total mastery over a corpus illusory, although that illusion is necessary to the interpreter called upon to come up with a synthesis.

Finally, it would be erroneous to consider a corpus as a body completed and self-sufficient. Thus, all that is distinctive and effectual about Napoleonic caricature only can be grasped by comparison to other genres, to other mediums such as painting, sculpture, numismatics, or what is considered serious engraving. In this same spirit, one could hardly do without all that contemporary essays, tracts, narratives and personal correspondence have to contribute. Indeed, allusions, quotes, and parodies abound in the «secondary source» and critical images that constitute and characterise caricature.

The Napoleon Museum collection comprises about one quarter of the European corpus, by reference to the main inventories from Grand-Carteret to Scheffler. Such a corpus is actually fictitious, since no private or public collection could encompass everything. This fact notwithstanding, the Napoleon Museum collection, with its wealth of French and German engravings and its abundant, if proportionately fewer holdings of English cartoons, remains one of the most representative collections in the world.

The thematic chapters to follow propose a series of selective gazes. The themes and motifs chosen frequently tie in with each other. They are considered in relation to two realms of development: historical context and art history. The allies, the Russian campaign, and Napoleon's exiles relate to historic facts and subjects, while the word and image plays and the caricatural menagerie have more to do with motifs and artistic forms. In point of fact, this tension between history and the fine arts is the very essence of caricature.

quella per temi.² Ogni tipo di raggruppamento presenta svantaggi e vantaggi, ma per tentare di cogliere queste centinaia di stampe nella loro ricchezza, complessità e diversità, occorre necessariamente combinare più tipi di approccio. La cronologia della caricatura, in effetti, assume un senso solo se collegata a una geografia politica che evidenzi i fenomeni di censura e di diffusione delle immagini; in certi periodi, d'altro canto, i temi iconografici s'impongono e varcano volentieri le frontiere (nonostante i severi controlli in vigore), permettendo così il confronto fra stili grafici e satirici di più nazioni.

È illusorio credere di poter «dominare» completamente i corpus: ricordare le stampe satiriche su Napoleone in ogni loro dettaglio risulta impossibile. Certi elementi apparentemente secondari, a prima vista irrilevanti, spesso assumono un significato quando si trovano ripetuti e con variazioni in altre stampe; in teoria, per esempio, ci si potrebbe concentrare sugli abiti del protagonista, sul taglio dei suoi capelli o perfino sulla sua sciabola, riunendo così sottoinsiemi iconografici che introdurrebbero riflessioni sulla storia dell'acconciatura, del costume, delle armi o, più globalmente, sull'immagine del Napoleone soldato. Per rendere conto di una tale collezione di stampe, però, occorrerebbe creare basi di dati, indexare gli oggetti, distribuire i motivi, raggruppare gli schemi di rappresentazione, insomma giocare con queste caricature come si farebbe con le carte, puntare soprattutto a «produrre significato» ampliando il gioco il più possibile. Proprio in tal senso il dominio assoluto di un simile corpus risulta illusorio; si tratta, però, di un'illusione necessaria per l'interprete costretto alla sintesi.

È un errore, infine, pensare che i corpus siano finiti e compiuti in se stessi. La caricatura napoleonica appare nella sua particolarità ed efficacia solo se messa in rapporto con altri generi, con altri mezzi d'espressione come pittura, scultura, numismatica o incisione «seria», senza trascurare neppure testi dell'epoca, libelli, narrazioni o corrispondenze: in effetti le caricature, immagini «seconde» e criptiche, pullulano di allusioni, citazioni e parodie.

La collezione del Museo napoleonico raduna circa un quarto del corpus europeo ipotizzabile in base agli inventari principali, da Grand-Carteret a Scheffler: corpus peraltro fittizio, nel senso che nessuna raccolta pubblica o privata lo conserva per intero. Ricca di caricature francesi e tedesche ma relativamente povera di stampe inglesi, quella di Arenenberg resta comunque una collezione napoleonica fra le più rappresentative al mondo.

I capitoli tematici seguenti propongono una serie di sguardi selettivi. Spesso i temi e motivi scelti s'intersecano e si ripartiscono intorno a due poli (storia da un lato, storia dell'arte dall'altro): gli alleati, la campagna di Russia e gli esilî di Napoleone si riferiscono a fatti o soggetti storici, mentre i giochi di parole e d'immagini o le figure di animali rinviano piuttosto a forme e motivi artistici. Essenza stessa della caricatura, di fatto, è questa tensione fra storia e belle arti.

I dizionari ci insegnano che in origine la parola *corpus*, nell'uso corrente, significava il corpo di Cristo, cioè l'ostia; questo catalogo, dunque, invita il lettore a una sorta di comunione profana, burlesca quanto indigesta… PK

2.4.2 *L'allegorismo*

Verso il 1800 il modo di pensare dei letterati resta profondamente segnato dall'analogia. Lo scrittore tedesco August von Kotzebue, che guarda con divertimento le caricature o gli

geschichte ordnen. Die Verbündeten, der Russlandfeldzug und Napoleons doppeltes Exil beziehen sich auf historische Ereignisse oder Themen, während Wort- und Bilderspiele oder die satirische Menagerie mehr auf künstlerische Formen und Motive verweisen. Diese Spannung zwischen Geschichte und Kunst macht das Wesen der Karikatur aus.

Wie die Wörterbücher uns belehren, bedeutet «corpus» ursprünglich den Leib Christi, das heisst die Hostie. Man könnte also behaupten, der vorliegende Katalog lade seine Leserinnen und Leser zu einer profanen, ebenso burlesken wie schwerverdaulichen Kommunion ein… PK

2.4.2 *Der Allegorismus*

Um 1800 war die Denkweise der Gebildeten noch weitgehend von der Analogie beherrscht. Während seiner Pariser Spaziergänge hörte August von Kotzebue, der mit Vergnügen Karikaturen anschaute und die Vorführungen der Laterna magica besuchte, auch den Strassenrednern zu. Eines Tages wohnte er einer Demonstration der Eigenschaften von Asbest bei. Der Redner tauchte etwas Amiant in den Strassendreck, warf das Stück ins Feuer und holte es zur Verblüffung der Schaulustigen völlig sauber wieder heraus. Einer der Franzosen, die neben dem deutschen Schriftsteller standen, verglich das Stück mit Frankreich, das durch die Revolution in den Dreck gezogen worden war: «Wie dieses ist es rein und erneuert aus dem Feuer hervorgegangen.»[1]

Hier soll der sogenannte *Allegorismus* von der Allegorie im strengen Sinn unterschieden werden. Er bezeichnet eine Ausdrucks- und Interpretationsweise, die den Objekten und Erzeugnissen des Menschen einen geheimen sittlichen oder politischen Sinn zuordnet. Diese in der religiösen Erziehung und der antiken Kultur wurzelnde Denkgewohnheit schliesst die gelehrte Praxis der *Allegorie* ein, ein seit der zweiten Hälfte des 18. Jahrhunderts oft kritisiertes Genre, das man, wie die ägyptischen Hieroglyphen, für «kalt» und «dunkel» hält.[2]

Als Diskurs, der auf dem Bild gründet, schöpft die Karikatur ausgiebig die Möglichkeiten der Emblematik aus.[3] Die Figur Napoleons schliesst sich häufig dem Zug traditioneller allegorischer Figuren wie Tod, Zeit, Elend oder Krieg an. *Sujet allégorique* lautet zu Recht der Titel einer französischen Karikatur von 1815, die darstellt, wie dem Kaiser mit seinem hasserfüllten Blick die abstossenden weiblichen Figuren der Zwietracht, des Krieges, der Ruhmsucht und des Elends folgen.[4] Angeführt wird der ganze Zug vom geigenspielenden Sieger Tod, der die Prozession zum Totentanz werden lässt. *An Allegory* lautet die Bildlegende einer ungewöhnlichen Karikatur. Eine Büste des (verbannten?) Napoleon warnt Europa vor den kriegstreibenden Machenschaften des «Kelmuc» (Kalmücken), das heisst Zar (Alexander I.?), der auf einem zum Krieg aufrufenden zweiköpfigen Adler sitzt. Einer der Köpfe des Raubvogels sperrt einen Truthahn (engl. «turkey») in einen Käfig ein, vermutlich eine Anspielung auf die russischen Pläne, sich das Osmanische Reich einzuverleiben, die seit dem Vertrag von Tilsit 1807 das europäische Gleichgewicht bedrohen.[5]

Die personifizierten Laster und Tugenden sind Teil eines Formenschatzes, mit dem um 1800 viele Leute vertraut sind. So lässt er sich um so leichter umdeuten. Im französischen Stich *L'Ambition et la Gourmandise Contemplant leurs Victimes* betrachten der Kaiser, der eine Mondkarte an sich drückt, und Cambacérès mit einer Gabel in der Hand die Exzesse ihrer Laster: europäische Hauptstädte und Lebensmittel.[6]

2.4.2 *L'allégorisme*

Vers 1800, le mode de pensée des lettrés demeure profondément marqué par l'analogie. Au cours de ses déambulations parisiennes, August von Kotzebue, qui regarde avec amusement les caricatures ou les spectacles de lanterne magique, écoute aussi les baratineurs publics, dont l'un fait un jour la démonstration des propriétés de l'asbeste. Il plonge un peu d'amiante dans la boue, jette ce morceau dans le feu et le ressort propre au grand étonnement des badauds. Un spectateur voisin de l'écrivain allemand compare aussitôt l'échantillon à la France, roulée dans la boue par la Révolution: «comme lui, elle est sortie du feu, pure & régénérée».[1]

Il faut toutefois distinguer ce que l'on pourrait appeler l'*allégorisme* de l'allégorie, au sens restreint du terme. Le premier terme désigne un mode d'expression et d'interprétation du monde, qui attribue aux objets et aux ouvrages de l'homme un sens caché, moral ou politique. Cette habitude mentale, produite par l'éducation religieuse et la culture antique, inclut la pratique savante de l'*allégorie*, un genre souvent critiqué depuis la seconde moitié du XVIIIe siècle, car on le juge «froid» et «obscure» comme les hiéroglyphes des Egyptiens.[2]

La caricature, véritable discours par l'image, exploite abondamment les ressorts de l'emblématique.[3] La figure de Napoléon se joint fréquemment au cortège des personnifications traditionnelles de la mort, du temps, de la misère ou de la guerre. *Sujet allégorique:* tel est justement le titre d'une gravure française de 1815 qui représente l'Empereur, les yeux exorbités de haine, entraînant sur ses pas les hideuses personnifications féminines de la discorde, de la guerre, de la renommée et de la misère.[4] Il est précédé par la Mort victorieuse, qui les conduit en jouant du violon, et qui transforme la procession en danse macabre. *An Allegory:* voici également la légende d'une caricature assez atypique. Un buste de Napoléon (exilé?) avertit l'Europe de prendre garde aux menées belliqueuses du «Kelmuc» (le Kalmouk), c'est-à-dire le tsar (Alexandre Ier?) chevauchant un aigle bicéphale qui appelle à la guerre. L'une des têtes de l'oiseau de proie est en train de mettre en cage un dindon («turkey» en anglais), allusion probable aux visées de la Russie sur l'empire Ottoman, qui menacent l'équilibre européen depuis les accords de Tilsit en 1807.[5]

Les personnifications des vices et des vertus font partie d'un répertoire connu d'un large public vers 1800. C'est pourquoi il est plus facilement détourné. La gravure française intitulée *L'Ambition et la Gourmandise Contemplant leurs Victimes* montre l'Empereur serrant une carte de la lune et Cambacérès fourchette en main en train de contempler les excès de leurs vices, capitales européennes et victuailles.[6]

De telles allégories, parodiques ou non, posent peu de problèmes de «lecture» en comparaison des gravures très hiéroglyphiques publiées par les éditeurs berlinois Henschel à la suite du succès phénoménal du *Triumph des Jahres 1813* (voir p. 60). Les planches de F. W. Rosmäsler fils intitulées *Cerberus, Davoust's Abschied von Hamburg, Endliches Schicksaal*[7] s'ingénient en effet à superposer les énigmes visuelles. On y trouve une surenchère de jeux optiques (le profil de Napoléon apparaît dans la queue d'un cerbère qui figure l'Empereur), de jeux calligraphiques (les lettres qui forment le nom du général Vandamme, par exemple, dessinent la patte du chien), d'attributs et d'emblèmes (chaînes, éclairs) et de jeux de mots, comme dans la légende qui exploite l'homophonie de Napoleon et de «Chamäleon».

The dictionary stipulates that originally, in everyday usage, «corpus» meant the body of Christ, the Host. The present catalogue could then represent an invitation to a secular communion in a burlesque and surfeit register...   PK

2.4.2 *Allegorisation*

In the literary world of the period around 1800, analogy played an important role... While strolling through Paris, the German writer August von Kotzebue liked to take in the caricatures in the store windows, the magic lantern productions and the street entertainers. Once he came across a sidewalk demonstration of the properties of asbestos: the performer would thrust a little of the mineral into mud and then throw the piece into the fire. Upon removal from the fire, the piece would be entirely clean, to the astonishment of the gawking onlookers. A spectator standing next to Kotzebue immediately thought to compare the sample to France, rolled in mud by the Revolution and, «like the sample, it came out of the fire pure and regenerated».[1]

A distinction should however be made between *allegorisation* and allegory in a more limited sense of the word. The first of the two terms represents a manner of expressing and interpreting the world that ascribes a hidden moral or political sense to the objects and to works produced by men. It is a mental outlook produced by religious education and ancient cultural principles, and includes the scholarly practice of *allegory*. Beginning in the second half of the eighteenth century, allegory was often criticised for being as «cold» and «obscure» as Egyptian hieroglyphics.[2]

Caricature, which is actually discourse through imagery, exploits the resources emblematic representation has to offer.[3] Thus the Napoleon figure is frequently depicted along with a whole parade of traditional personifications of Death, Time, Misery or War. *Sujet allégorique:* this is the very title of a French engraving published in 1815 and showing the Emperor, his eyes bulging with hate, dragging in his wake the hideous feminine personifications of Discord, War, Fame and Misery.[4] Playing the violin, and portrayed at the head of this procession, Victorious Death transforms the scene into a macabre dance. Another work, more atypical, is entitled *An Allegory*. A bust of Napoleon (in exile?) is depicted in the process of warning Europe to beware of the bellicose leads of the «Kelmuc» (Kalmuck), that is Tsar (Alexander I?), who appears astride a two-headed eagle calling for war. One of the heads of his bird of prey is seen caging a «turkey» – no doubt alluding to the ambitions of the Ottoman Empire, a threat to Europe since the treaties of Tilsit of 1807.[5]

The various personifications of man's vices and virtues belonged to a repertoire with which the general public was quite familiar around 1800. This fact made it all the easier to divert them to serve a cause. The French engraving entitled *L'Ambition et la Gourmandise Contemplant leurs Victimes* has the Emperor clasping a map of the moon and Cambacérès holding a fork in his hand, while both contemplate the excesses of their respective vices: European capitals and victuals.[6]

These sort of allegories, whether in parody or not, present but minor «reading» problems by comparison to the very hieroglyphic engravings published by the Berlin firm Henschel, following the phenomenal success of *Triumph des Jahres 1813* (see p. 61). The cartoons by F. W. Rosmäsler jr., under the headings *Cerberus, Davoust's Abschied von Hamburg, Endliches Schicksaal*[7] contrive to superimpose layers of visual

Sujet allégorique

Solche Allegorien, die parodistisch sein können, doch nicht müssen, sind verhältnismässig leicht zu «lesen» und zu verstehen, wenn man sie mit den verschlüsselten Blättern vergleicht, die die Berliner Gebrüder Henschel nach ihrem Riesenerfolg mit dem *Triumph des Jahres 1813* veröffentlichten (vgl. S. 60). In seinen Karikaturen *Cerberus, Davoust's Abschied von Hamburg* und *Endliches Schicksaal*[7] vervielfacht F. W. Rosmäsler der Jüngere die Bilderrätsel. Man findet ein Überangebot an optischen Spielen (Napoleons Profil erscheint im Schwanz eines Cerberus, der den Kaiser darstellt), an kalligraphischen Spielen (die Buchstaben, die beispielsweise den Namen des Generals Vandamme bilden, sind zu einer Pfote des Köters geformt), an Attributen und Sinnbildern (Ketten, Blitze) und an Wortspielen, wie in der Bildlegende, die den Gleichklang von Napoleon und Chamäleon ausnützt.

Dieses wahre Bilderrätsel ohne die zahlreichen Inschriften auf dem Stich, ohne die Bildlegende und vor allem ohne die mit dem Stich veröffentlichte lange Erklärung verstehen zu wollen, wäre ein mühsames Unternehmen.[8] Obwohl das letzte Blatt der Serie, *Endliches Schicksaal*, weniger kompliziert erscheint, gerät der heutige Betrachter unweigerlich ins Sinnieren, wenn er den sibyllinischen Kommentar des Urhebers liest: «Schlüsslich noch eine Allegorie, zu welcher, da sie sich von selbst ausspricht, kein Commentar nöthig ist»[9]...
                                                                  PK

2.4.3 Napoleons Körper

«Ei, der grosse Napoleon / Ist ein grosses Chamäleon»![1] Ein aussagekräftiger Reim, der den Sänger Desorgues teuer zu stehen kam: Er wurde auf Lebenszeit in eine Irrenanstalt gesteckt, weil er diesen Refrain gedichtet hatte. Dennoch hatte der Autor nicht unrecht, denn Bonapartes Äusseres erfuhr eine ganze Reihe von absichtlichen (Haarschnitt, Kleidung) und ungewollten Veränderungen (Aufgedunsenheit von Gesicht und Körper).

Um 1800 fiel es einem Betrachter schwer, Gesichter, denen er im Alltag oder in der Malerei begegnete, nicht mit dem Blick des Physiognomikers zu begutachten. Die *Physiognomischen Fragmente zur Beförderung der Menschenkenntnis und der Menschenliebe* des Zürcher Pfarrers Johann Caspar Lavater, die zwischen 1775 und 1778 erschienen, feierten in ganz Europa beachtliche Erfolge. Die eher theologisch als wissenschaftlich ausgerichtete Abhandlung bestärkte das kultivierte Publikum in der Idee, physische Merkmale wären der Ausdruck von sittlichen oder geistigen Tugenden oder Schwächen.

Lavater verurteilte die Karikatur aufgrund ihrer Übertreibungen, war jedoch gleichzeitig der Meinung, «Carricatur [sei] ein Vergrösserungsglass für blödere Augen». Für Napoleons Feinde allerdings waren solche Gläser überflüssig, da der Despot auch ohne sie ein auffälliges Äusseres hatte: «Er ist auffallend hässlich, ein dickes, aufgedunsenes, braunes Gesicht, dabei ist er korpulent, klein und ganz ohne Figur, seine grossen runden Augen rollen unheimlich umher, der Ausdruck seiner Züge ist Härte, er sieht aus wie die Inkarnation des Erfolges.»[2] Der Physiognomiker käme allerdings rasch ans Ende seines Lateins, wenn er versuchen wollte, Napoleons echte Persönlichkeit einzig anhand der von ihm bestehenden Karikaturen zu bestimmen. Fast alle Zeichner schufen sich ihr Napoleon-Bild nach – häufig tendenziösen – Vorlagen wie Medaillen, Stichen oder Gemälden. Eine Bestätigung dieser Feststellung erhält jeder, der sich die Blätter der

Le général Jacot ayant juré qu'on ne l'emmènerait pas vivant à Sainte-Hélène se décide enfin à se couper la gorge

Déchiffrer ce véritable rébus sans les nombreuses inscriptions sur la planche, sans sa légende et surtout sans le long descriptif publié avec l'estampe,[8] serait des plus ardus. Bien que la dernière gravure de la série, *Endliches Schicksaal*, apparaisse moins compliquée, le spectateur d'aujourd'hui, malgré tout, ne peut s'empêcher d'être songeur en lisant le commentaire sybillin de l'auteur: «Voici enfin encore une allégorie qui, étant donné qu'elle s'exprime par elle-même, ne nécessite aucun commentaire.»[9]...
                                                                  PK

2.4.3 Le corps de Napoléon

«Oui, le grand Napoléon / Est un grand caméléon»![1] Voilà une rime riche qui coûta fort cher au chansonnier Desorgues, incarcéré à vie dans un asile de fou pour avoir écrit ce refrain. L'auteur avait pourtant raison, car la physionomie de Bonaparte subit toute une série de changements volontaires (coupe de cheveux, habillement) et involontaires (empâtement de son visage et de son corps).

Vers 1800, le spectateur ne peut s'empêcher de scruter avec l'œil du physiognomoniste les visages rencontrés dans la nature et en peinture. Les *Physiognomische Fragmente zur Beförderung der Menschenkenntnis und Menschenliebe* du pasteur zurichois Johann Caspar Lavater, parus entre 1775 et 1778, connaissent un succès européen. Cette somme, plus théologique que scientifique, conforte le public cultivé de l'Europe dans l'idée que les caractéristiques physiques sont l'expression de défauts ou de qualités morales et intellectuelles.

Lavater condamne la caricature pour ses excès, mais en même temps, il considère qu'elle fonctionne comme une lentille grossissante («Carricatur ist ein Vergrösserungsglass für blödere Augen»). Or, pour les ennemis de Napoléon, de telles lentilles sont rendues inutiles par les traits suffisamment marquants du despote: «Il est remarquablement odieux, avec un visage épais, bouffi, sombre; il est corpulent, petit, sa silhouette est informe, il roule de gros yeux ronds inquiétants, ses traits expriment la dureté; il apparaît comme l'incarnation du succès.»[2] Le physiognomoniste perdrait toutefois son latin en tentant de déchiffrer la personnalité authentique de Napoléon à travers ses figures caricaturales seules. Presque

enigmas. They outdo themselves in optical trickery (Napoleon's profile emerges from the tail of a Cerberus representing the Emperor), calligraphic games (for instance, the letters forming General Vandamme's name trace a dog's paw), attributes and emblems (chains, strokes of lightening) and word plays, such as the caption based on the homophonous play between Napoleon and «chameleon».

To decipher what amounts to a real puzzle without the numerous inscriptions provided on the plate, without the headings and the long commentary published in conjunction with the print,[8] would be an arduous task. Although the last cartoon of the series, *Endliches Schicksaal*, appears to be somewhat less complicated, today's viewers may well have some doubts upon reading the author's prophetic declaration: «And finally one more allegory for which, since it speaks for itself, no commentary is necessary»[9]…

PK

2.4.3 Napoleon's Body

«Yes the great Napoleon / Is a big chameleon»,[1] goes the rhyming song line for which Desorgues – the cabaret singer and composer of the refrain – was to pay a steep price: confinement for life in a lunatic asylum. Yet the author was right, because indeed Bonaparte was undergoing a whole series of physical changes, both intentional (his hairdo, his attire) and unintentional (a thickening of his face and body).

Around 1800, people were in the habit of scrutinising faces encountered in life or in paintings with an eye to analysing physiognomic details. Writings such as the Zurich clergyman Johann Caspar Lavater's work – published between 1775 and 1778 – *Physiognomische Fragmente zur Beförderung der Menschenkenntnis und Menschenliebe*, enjoyed success throughout Europe. This grand survey, more theologically than scientifically oriented, comforted a whole stratum of cultivated European readers in their belief that physical characteristics reflect either a person's flaws, or his/her moral and intellectual qualities.

Lavater denounces caricature for its occasional excesses but, at the same time, he points out its potential as a magnifying lens («Caricature is a magnifying glass for duller eyes»). Actually, for Napoleon's enemies, such lenses were superfluous given the despot's strongly marked features: «He is conspicuously ugly, a fat, puffy and brown face, together with a corpulent body – short and without any waistline – and big round eyes that roll about ever so weirdly; his facial expression is hard, he looks like the incarnation of success.»[2] Physiognomists would be hard put indeed to decipher Napoleon's real personality solely from all the faces appearing in the caricatures on the subject. Almost each draughtsman constructed his own version by availing himself of often very tendentious source material, whether medals, engravings, or paintings. To get some idea of this, one need only to go through the Arenenberg collection prints concentrating on the Emperor's face. Taken out of context, the different versions involve irregularities that render them unrecognisable. In superimposition the facial features blur, with the exception of a pronounced or aquiline nose, a pointed chin and a severe little mouth. These satiric engravings confirm – paradoxically enough – Stendhal's remark in his *Vie de Napoléon*: «*Portraits of Napoleon*: Almost all the ones I have seen of him are caricatures.»

Distinctive national features also played a role in all the physiognomic variations. It took deliberate blindness for the

Tale allegorie, parodiche o no, pongono pochi problemi di «lettura» rispetto alle stampe molto criptiche pubblicate dalla casa berlinese Henschel dopo il successo fenomenale del *Triumph des Jahres 1813* (cfr. p. 61). Quelle di F. W. Rosmäsler figlio intitolate *Cerberus, Davoust's Abschied von Hamburg* e *Endliches Schicksaal*[7] si sforzano, in effetti, di sovrapporre gli enigmi visivi, con un continuo rincorrersi di giochi ottici (il profilo di Napoleone appare nella coda di un cerbero che lo raffigura), giochi calligrafici (le lettere che formano il nome del generale Vandamme, per esempio, disegnano la zampa del cane), attributi ed emblemi (catene, fulmini) nonché giochi di parole (come nella didascalia che sfrutta l'omofonia di *Napoleon* e *Chamäleon*).

Decifrare questi autentici rebus senza le molte scritte, senza la didascalia e soprattutto senza la lunga descrizione pubblicata con la stampa[8] sarebbe estremamente arduo. Benché l'ultima delle tre incisioni suddette appaia meno complicata, osservandola oggi non si può non pensare, nonostante tutto, al commento sibillino dell'autore: «Infine ecco un'altra allegoria che parla da sola, quindi non richiede alcun commento»[9]…

PK

2.4.3 Il corpo di Napoleone

«Sì, il gran Napoleone / È un gran camaleonte»:[1] due versi che costarono molto cari allo *chansonnier* Desorgues, rinchiuso a vita in manicomio perché autore di questo ritornello. Eppure egli aveva ragione, perché la fisionomia di Buonaparte subì tutta una serie di cambiamenti volontari (pettinatura, abbigliamento) e involontari (enfiagione del viso e del corpo).

Verso il 1800 lo spettatore non può fare a meno di scrutare con l'occhio del fisiognomo i volti incontrati in natura e in pittura. *Physiognomische Fragmente zur Beförderung der Menschenkenntnis und der Menschenliebe*, opera del pastore protestante zurighese Johann Caspar Lavater, esce fra il 1775 e il 1778; *summa* teologica più che scientifica, il testo conosce un successo europeo e conforta il pubblico colto nell'idea che le caratteristiche fisiche siano espressione di difetti o qualità morali e intellettuali.

Lavater condanna le caricature per i loro eccessi, ma nello stesso tempo ritiene che servano come «lenti d'ingrandimento per occhi piuttosto stupidi» (Carricatur ist ein Vergrösserungsglass für blödere Augen). Ora, per i nemici di Napoleone, simili lenti sono rese inutili dai tratti sufficientemente spiccati del despota: «È vistosamente brutto, col volto grosso, gonfio e bruno; è corpulento, basso e del tutto privo di linea; i grandi occhi tondi si muovono in modo sinistro, i tratti esprimono durezza, l'aspetto è l'incarnazione del successo.»[2] Per il fisiognomo, tuttavia, sarebbe un rompicapo cercare di dimostrare la personalità autentica di Napoleone attraverso le sue sole figure caricaturali. Quasi ogni disegnatore si crea il suo personaggio a partire da documenti – medaglie, incisioni o dipinti – spesso molto tendenziosi; per rendersene conto, basta percorrere le stampe della collezione di Arenenberg concentrandosi sul viso dell'imperatore. Staccate da ogni contesto, qui le facce diventano irriconoscibili nelle loro irregolarità; sovrapposte, disegnano una fisionomia vaga in cui risaltano un naso marcato o aquilino, un mento a punta e una piccola bocca severa. Queste incisioni satiriche confermano, paradossalmente, l'appunto della *Vie de Napoléon* stendhaliana: «*Ritratti di Napoleone*. Quasi tutti quelli che ho visto di lui sono caricature.»

Sammlung von Arenenberg auf das Gesicht des Kaisers hin anschaut. Aus ihrem Kontext genommen, sind diese Gesichter mit all ihren Abweichungen nicht mehr zu identifizieren. Übereinandergelegt, ergeben sie eine verschwommene Physiognomie, aus der eine gebogene oder Adlernase, ein spitzes Kinn und ein kleiner, strenger Mund hervorstechen. Die satirischen Stiche bestätigen (paradoxerweise) die Feststellung, die Stendhal in seiner *Vie de Napoléon* notierte: «*Napoleon-Bildnisse.* Fast alle, die ich von ihm sah, sind Karikaturen.»

Nationale Eigenheiten trugen ebenfalls zu diesen physiognomischen Abweichungen bei. Um *Boney* als unveränderlichen Typ zu verankern, stellten sich die englischen Karikaturisten blind. Während ihre französischen und deutschen Kollegen die Beleibtheit des alternden und abgesetzten Kaisers hervorhoben, blieben die Engländer auf den mageren Typ fixiert, der eigentlich auf die ausgehungerten Sansculotten zurückgeht. Dennoch war Napoleons Embonpoint auch jenseits des Ärmelkanals bekannt. Die Briten, die ihn auf St. Helena leibhaftig zu Gesicht bekamen, waren höchst erstaunt über den Unterschied zwischen Bild und Realität; einer von ihnen, Basil Hall, berichtet: «Ich war erstaunt, eine so grosse Differenz zwischen Bonaparte und den Porträts oder Büsten zu finden, die ich von ihm gesehen hatte. Sein Gesicht war breiter und quadratischer als in diesen Bildern. Seine Fettleibigkeit, die man für übermässig hielt, war überhaupt nicht zu festzustellen.»[3]

Als Napoleons Stern zu sinken begann, stürzten sich die Karikaturisten auf den Körper des Kaisers, den sie entkleideten,[4] entstellten oder zerstückelten.[5] So kommt Napoleon erfroren, ohne Nase, Ohren und Finger, aus Russland zurück, zum Entsetzen seiner Familie und des Hofes. «David pinxit», fügt George Cruikshank ironisch hinzu und attackiert so das offizielle Bild des «Helden».[6] Die Lächerlichkeit der klassischen Würde des neuen Alexander ist Thema eines Blattes, das zeigt, wie Napoleon Stunden beim Schauspieler Talma nimmt. Mit einem Stab in der Hand, in groteskem *contraposto* verdreht, versucht der Kaiser die charakteristische Pose eines männlichen Aktes einzunehmen.[7]

Bald zeigt man ihn rasiert,[8] bald behaart wie ein Affe.[9] Häufig ziehen ihm die Karikaturisten die Hose herunter; schamlos lässt er sich von seinem kriecherischen Gefolge aufs Hinterteil küssen,[10] oder er wird ausgepeitscht[11] bzw. dient als «Pauke Europas».[12] Von der Pornographie wechseln die Zeichner zur Skatologie. Der Kaiser wird auf den Topf gesetzt: «Dieser B… mag noch so beteuern, es ist kein Veilchen»,[13] erklärt Feldmarschall Blücher, der das Geschehen überwacht. Die Erklärung für den Stich *La Crise salutaire*, der im Frühjahr 1814 erschien, bringt eine Reihe von Wortspielen. Der erkrankte Kaiser erklärt, er hätte «Blutbäder» genommen, während sein Arzt (vielleicht Ludwig XVIII.) ihm den Ratschlag gibt, zum «alten Regime» zurückzukehren und alles zu «evakuieren». «Seit Moskau mache ich nichts anderes», ruft der Kaiser aus. «Um so besser, alles muss heraus», antwortet der Arzt. Napoleon gehorcht, indem er sich allseits entleert.[14]

Die Gewalt und die Leidenschaft dieser Karikaturen zeugen von den politischen Ängsten und Hassgefühlen, die Napoleon erzeugte. Doch selbst wenn es der Satire leicht fällt, eine Person wie den Kaiser zu diskreditieren, ist es doch sehr viel schwieriger, sich ihrer physisch zu entledigen, wie ein deutscher «volkstümlicher Wunsch» von 1808 indirekt andeutet:
«Auf allen Gassen hängt sein Bild wohl hundertmal,
Am Posthaus, an der Bank und fast bei allen Brücken
Und jeder Biedre kann den Wunsch nicht unterdrücken:
Hinge dort doch das Original!»[15]

PK

chaque dessinateur s'est fabriqué son personnage à partir de documents – médailles, gravures ou peintures – souvent très tendancieuses. Pour s'en rendre compte, il suffit de parcourir les estampes de la collection d'Arenenberg en se concentrant sur le visage de l'Empereur. Détachés de tout contexte, ces faciès deviennent méconnaissables dans leurs irrégularités. Superposés, ils dessinent une physionomie floue d'où ressortent un nez marqué ou aquilin, un menton en pointe et une petite bouche sévère. Ces gravures satiriques confirment (paradoxalement) la note de Stendhal dans sa *Vie de Napoléon*: «*Portraits de Napoléon.* Presque tous ceux que j'ai vus de lui sont des caricatures».

Les particularités nationales ont aussi contribué à ces variations physionomiques. Pour que le type de *Boney* demeure, les caricaturistes anglais ont fait montre d'une volontaire cécité. Alors que leurs collègues français et allemands ont volontiers souligné le caractère ventru de l'empereur vieillissant et déchu, les Anglais sont restés fixés sur cette maigreur, autrefois associée aux faméliques sans-culottes. L'embonpoint de Napoléon était pourtant chose connue de l'autre côté du Channel. D'ailleurs, les Britanniques qui le rencontrent en chair et en os à Sainte-Hélène n'en finissent pas de s'étonner de l'écart entre les représentations et la réalité du personnage: «Je fus étonnée de trouver une si grande différence entre Bonaparte et les portraits ou bustes que j'avais vus de lui. Son visage était plus large et plus carré que dans aucune de ces images. Sa corpulence, qu'on disait excessive, n'était nullement remarquable», constate l'un d'eux.[3]

Au moment de son déclin, la satire s'acharne sur le corps de l'Empereur, le dénudant,[4] le défigurant, le mettant en pièce.[5] Ainsi, Napoléon revient de Russie gelé, privé de nez, d'oreilles et de doigts, sous les yeux horrifiés de sa famille et de la cour. «David pinxit», ajoute ironiquement George Cruikshank qui s'attaque à l'image officielle du «héros».[6] La dérision de la dignité classique du nouvel Alexandre devient le thème d'une planche qui le montre en train de prendre des cours de maintien avec l'acteur Talma. Bâton en main, tordu dans un *contraposto* des plus grotesques, l'Empereur essaie d'imiter la pose caratéristique des modèles d'académie.[7]

Le voilà encore tantôt rasé,[8] tantôt poilu comme un singe.[9] Souvent, les caricaturistes déculottent Napoléon qui se fait impudiquement baiser le postérieur par son entourage servile,[10] indignement fouetter,[11] ou battre lorsqu'il sert de «grosse caisse de l'Europe».[12] Ailleurs, les dessinateurs glissent du registre pornographique dans le scatologique. L'Empereur est mis sur le pot: «Ce B… a beau dire ce n'est pas de la violette», remarque le général Blücher qui surveille la chose.[13] Le commentaire de la gravure intitulée *La Crise salutaire*, parue au printemps 1814 n'en finit pas de jouer sur les mots: Napoléon, malade, déclare avoir pris des «bains de sang», tandis que son médecin (peut-être Louis XVIII) lui conseille de revenir à l'«ancien régime» et d'«évacuer». «Je n'ai fait qu'évacuer depuis Moscou», s'écrie l'Empereur; «tant mieux il faut tout rendre», répond le docteur. Napoléon obtempère puisqu'il défèque et vomit tout à la fois.[14]

La violence et l'acharnement de cette iconographie donnent la mesure des craintes et des haines politiques suscitées par le personnage. Toutefois, s'il est possible de discréditer par la caricature un personnage tel Napoléon, il s'avère plus difficile de l'éliminer physiquement, ainsi que le reconnaît implicitement un vœu populaire allemand de 1808:
«Dans toutes les ruelles, son portrait cent fois est suspendu
A la poste, à la banque et sur chaque pont
Et l'honnête homme ne peut réprimer une malédiction:
Si seulement c'était l'original que l'on avait pendu.»[15]

PK

English caricaturists to keep the *Boney* figure going. Thus, while their French and German counterparts happily indulged in underscoring the aging and fallen Emperor's pot-bellied aspect, the English remained steadfastly loyal to the thinness that was once the trademark characteristic of the scrawny radical Republicans or «sansculottes». Certainly his stoutness was no secret to the people across the Channel, although those who came upon him in the flesh, on the island of Saint Helena, were unfailingly amazed at the gap between his portrait and reality: «I was astonished to find such a great difference between Bonaparte and the portraits or busts that I had seen of him. His face was wider and squarer than in any of those images. His corpulence, said to be excessive, was not at all remarkable.»[3]

During the decline of Napoleon, the satirists let loose on the Emperor's body, which they stripped naked,[4] disfigured, or tore to pieces.[5] We thus have Napoleon returning from Russia in a frozen state, deprived of his nose, ears and fingers, to the great horror of his family and court. «David pinxit», George Cruikshank ironically affixes to a work, attacking the official «hero» image.[6] Mocking the classical dignity of a would-be Alexander the Great is the theme central to a plate showing Napoleon taking a posture course with the actor Talma: holding a staff in one hand and twisted into an utterly grotesque *contraposto*, the Emperor is shown striving to strike a pose characteristic of the Academy models.[7]

Or again, we see him either shaved, at the barber shop[8] or as hairy as a monkey.[9] Often the caricaturists showed him with his trousers turned down, either shamelessly being kissed on the rear by his servile entourage,[10] or else in the demeaning posture of someone being either whipped,[11] or – when depicted as «Europe's big drum»[12] – beaten. Other works run the gamut from the pornographic register to the scatological. The Emperor is made to sit on a chamber pot: «This B... can say what he likes, it doesn't smell of violets», is General Blücher's comment as he observes the scene.[13] The commentary on the engraving entitled *La Crise salutaire*, published in spring 1814, is one long play on words: Napoleon on his sick bed declares that he has taken «blood baths», while his physician (perhaps Louis XVIII) advises him to return to his «former regime» and «evacuate». «I've done nothing but evacuate since Moscow,» the Emperor cries out. «All the better, it should all be brought back [up], is the doctor's reply. Napoleon complies, defecating and vomiting in one and the same breath.[14]

The violence and relentless fury of this iconography give the full measure of the political fears and hatreds his person aroused. Nonetheless, if such a person as Napoleon could be discredited by being caricatured, eliminating him physically was quite another story, as the wish expressed in a popular German poem of 1808 implicitly asserts:
«In every alley his picture hangs at least hundredfold,
On the post office, bank and almost all the bridges,
And every honest citizen cannot help wishing:
If only that were the original hanging there.»[15]

PK

2.4.4 The Giant, the Dwarf and the Child

By any standards whatsoever, the personage in question is outstanding, a fact exploited by caricaturists from the very start. Starting in 1797, we have a work by Isaac Cruikshank – *French Bugabo Frightening the Royal Commander* – showing Bonaparte astride a dragon in the process of vomiting forth

2.4.4 *Der Riese, der Zwerg und das Kind*

Unbestreitbar steht die Person ausserhalb aller Normen, und die Karikaturisten hoben dieses Faktum von Anfang an immer wieder hervor. Isaac Cruikshank zeigt 1797 in *French Bugabo Frightening the Royal Commander* Napoleon auf einem Drachen reitend, der ganze Armeen ausspeit.[1] Die Hypertrophie ist eine der am weitesten verbreiteten visuellen Metaphern. Die hierarchische und symbolische Perspektive, die im Namen der Schicklichkeit lange aus den Schönen Künsten verbannt war, setzt sich in der satirischen Graphik kraftvoll in Szene, zumal sich diese an den Konventionen der religiösen Ikonographie des Mittelalters und an Volksblättern orientiert.

Die Karikatur führt erneut eine Art «Kratylismus» der Sprache und des Bildes ein.[2] Darstellungen und Wirklichkeit bilden eine Einheit: Ein natürliches, unentbehrliches Band verknüpft und erklärt sie. So ist ein grossgewachsener Mann nicht unbedingt ein grosser Mann: J.-J. Grandville, der viel Gespür für Wortspiele hatte, sollte sich dieser Unterscheidung bedienen, um die Riesengrösse von Karl X. herabzusetzen und seiner republikanischen Bewunderung für den kleinen und doch so grossen Kaiser Ausdruck zu geben.[3]

Ob Napoleon nun riesig oder zwergenhaft erscheint, er ist eine Figur der Extreme. Bald gleicht er einem Menschenfresser, der seine in Kriegen dezimierten Soldaten verschlingt, bald einem Titan, der mit seinen Beinen Meere und Flüsse überspannt, die eroberten Länder beherrscht oder Elba und St. Helena verbindet, als wäre er der Koloss von Rhodos.[4] Seine riesige Erscheinung wirkt zwar bedrohlich, doch auch grotesk und lächerlich. Einige Karikaturen, die ihn beispielsweise nach seiner Rückkehr von Elba darstellen, verbinden in geschickter Weise Schrecken und Lächerlichkeit.[5]

In England lassen sich die Karikaturisten von Jonathan Swifts *Gulliver's Travels* (1726) anregen und stellen den Winzling Gulliver alias Napoleon dem ehrfurchtgebietenden König von Brobdingnag, Georg III., gegenüber.[6] Die Verkleinerung des Kaisers liegt vor allem den Engländern am Herzen, die damit die drohende Gefahr einer französischen Invasion zu bannen suchen. Im deutschen Nachdruck eines englischen Blattes von 1803, das den Titel *Resolutions in Case of an Invasion* trägt, muss Napoleon unter den Händen der Vertreter verschiedener Berufe (Schneider, Barbier, Ballmeister,…) leiden.[7] Nach 1814 wird er mehr und mehr zum Spielzeug der Generäle Wellington oder Blücher.[8] In einer typischen Karikatur von Johann Michael Voltz ist Feldmarschall Blücher dabei, den französischen Kaiser mit dem Zeigefinger hinwegzuschnippen: «Ein Männlein kam aus Corsica / Und meinte, gross zu werden […]» kommentiert die gereimte Bildlegende.[9]

Riese und Zwerg gehören in den Bereich des Märchens, während Napoleons Gleichsetzung mit einem Kind in die zeitgenössische Sozialwelt verweist. Eine englische Karikatur zeigt das kaiserliche Kind, dessen englische Ambitionen zunichte gemacht wurden, vor dem Schaufenster des Stichhändlers Fores betteln: «Bitte, Mr. Bull, geben Sie mir ein paar Spielsachen, es darf ruhig das kleine Ding dort in der Ecke sein», fleht es einen eindrucksvollen britischen Soldaten an, der es davonjagt.[10]

Zu Beginn des 19. Jahrhunderts wird der Idealvorstellung der kindlichen Unschuld ein abwertendes Bild des unvernünftigen Alters, das jeder Mensch zu durchlaufen hat, entgegengesetzt. Kennzeichnenderweise stellt man Napoleon als spielendes Kind dar, sobald man ihn aus dem Machtspiel verdrängt hat.[11] So zerbricht er beispielsweise sein Holzpferd am Grenzstein von Leipzig, während die Sonne der Verbündeten

2.4.4 *Le géant, le gnome et l'enfant*

Indiscutablement, le personnage est hors norme, et les caricaturistes ne se sont pas privés de souligner le fait depuis le début. Dès 1797, dans *French Bugabo Frightening the Royal Commander*, Isaac Cruikshank montre Bonaparte chevauchant un dragon qui vomit des armées.[1] L'hypertrophie est l'une des métaphores visuelles les plus universelles. Le retour à une perspective hiérarchique et symbolique, longtemps bannie des beaux-arts au nom des convenances, resurgit avec force dans l'estampe satirique qui s'aligne sur les conventions de l'iconographie religieuse médiévale et de la gravure populaire.

La caricature réinstaure une sorte de «cratylisme» du langage et de l'image.[2] Représentations et réalité font corps: un lien naturel, nécessaire les unit et les explique. Ainsi, un homme grand n'est pas nécessairement un grand homme: J.-J. Grandville, si sensible au pouvoir des jeux de mots, s'emparera de cette distinction pour dénigrer la taille de girafe de Charles X et témoigner de son admiration républicaine envers l'Empereur, petit et pourtant si grand.[3]

Napoléon, qu'il soit gigantesque ou minuscule, est une figure des extrêmes. Tantôt son apparence évoque de celle de l'ogre dévorant les soldats décimés par ses guerres, et celle du Titan enjambant mers et fleuves, campé sur ses territoires conquis ou sur les îles d'Elbe et de Sainte-Hélène, tel un colosse de Rhodes.[4] Son gigantisme menace certes, mais il apparaît également grotesque et dérisoire. Certaines représentations de son retour de l'île d'Elbe, par exemple, combinent savamment l'horreur et le ridicule.[5]

En Angleterre, les *Gulliver's Travels* de Jonathan Swift (1726) inspirent les caricaturistes qui confrontent le minuscule Gulliver, alias Napoléon, à l'imposant roi de Brobdingnag, Georges III.[6] La miniaturisation de l'Empereur est avant tout le fait des Anglais qui conjurent ainsi les craintes d'une invasion française. Dans la copie allemande d'une planche de 1803 intitulée *Resolutions in Case of an Invasion* Napoléon souffre entre les mains des représentants de diverses professions (tailleur, barbier, maître de danse,…).[7] Après 1810, il figure de plus en plus comme jouet manipulé par les généraux Wellington ou Blücher.[8] Dans une planche caractéristique de Johann Michael Voltz Blücher s'apprête à éjecter le petit Empereur français d'une simple chiquenaude: «Un petit homme arriva de Corse / Et espérait devenir grand […]», commente la légende en vers.[9]

Le géant et le gnome appartiennent au registre de la fable monstrueuse, tandis que l'assimilation de Napoléon à l'enfance ressortit du répertoire social contemporain. Une caricature anglaise le montre frustré de ses ambitions anglaises, pleurnichant devant la vitrine du marchand d'estampes Fores: «S'il vous plaît, Monsieur Bull, donnez-moi un jouet, même si ce n'est que ce tout petit là dans le coin», implore-t-il un imposant soldat britannique qui l'envoie promener.[10]

Au début du XIXe siècle, l'éloge de la pureté enfantine est contrebalancé par une vision plus négative de cet âge de déraison, sorte de parenthèse dans la vie de l'homme. Significativement, c'est à partir du moment où Napoléon est mis hors jeu qu'on le dépeint jouant comme un gamin.[11] Le voilà cassant son cheval de bois sur la borne de Leipzig face au soleil montant des puissances alliées[12] qu'il essaie vainement de bombarder depuis Sainte-Hélène, monté sur un cheval de bois.[13] La représentation confirme de manière humiliante l'étymologie latine du mot français. Un *infans* ne parle pas: c'est une manière de priver Napoléon du droit à la parole et de souligner la déchéance de quelqu'un qui avait le pouvoir de transformer ses mots en faits réels.

PK

Wer sein Kind liebhat, der züchtigt es

The King of Brobdingnag and Gulliver

armies.¹ Exaggeration is one of the most universal visual metaphors. The hierarchic and symbolic perspective that had for some time been shunned by the fine arts now returned in full force in satiric prints, obeying conventions long before established in Medieval religious iconography and popular engravings.

Caricature instituted a sort of language and image «Cratylism».² That is to say, representations and reality are as one: a natural and necessary link unites and explains them. In that line of thought, a big man is not necessarily a great man. J.-J. Grandville, an artist particularly sensitive to the power of word plays, is one of those who took up this distinction, notably to denigrate the giraffe-like proportions of Charles X and, by the same token, testify to his great republican admiration for the Emperor, a small but great man.³

To literally take the measure of a figure of such extremes as Napoleon – be he giant or dwarf – imposes itself. Here he is presented in the form of an ogre devouring troops decimated by his wars; there we see a titan striding across seas and rivers; or still again, with the bearing of the Colossus of Rhodes, he is shown staking out his conquered territories or planted on the island of Elba or of Saint Helena.⁴ His gigantic proportions have something threatening about them to be sure, but at the same time he is made to appear grotesque and derisory. Some of the works featuring his return from the island of Elba, for example, skilfully combine horror with ridicule.⁵

In England, Jonathan Swift's *Gulliver's Travels* (1726) served as a source of inspiration to caricaturists. The latter took to setting up confrontations between the tiny Gulliver, alias Napoleon, and the imposing Brobdingnag king, George III.⁶ Most especially the English were prone to miniaturising the Emperor, thus exorcising their fears of a French invasion. In a German copy of an 1803 plate entitled *Resolutions in Case of an Invasion*, Napoleon is made to suffer in the hands of various professions (tailor, barber, ballet master…).⁷ Works as of 1814 increasingly present him as a toy of Generals Wellington or Blücher.⁸ In a plate typical of the work of Johann Michael Voltz, Blücher is on the point of throwing the French emperor out with but a snap of his fingers: «A little man from Corsica came / to grow big was his aim […]» the caption, written in verse, comments.⁹

stampa satirica, che si allinea alle convenzioni dell'iconografia religiosa medievale e dell'incisione popolare.

La caricatura reinstaura una sorta di «cratilismo» del linguaggio e dell'immagine.² Rappresentazione e realtà fanno causa comune, unite e spiegate da un legame naturale. Ecco quindi che un *homme grand* (uomo alto) non necessariamente è un *grand homme*: J.-J. Grandville, così sensibile al potere dei giochi di parole, approfitta della distinzione per denigrare l'altissimo Carlo X e professarsi ammiratore repubblicano dell'imperatore, basso di statura eppure così grande.³

Napoleone, gigantesco o minuscolo che sia, è una figura degli estremi. Talvolta la sua immagine evoca quella dell'orco che divora i soldati decimati dalle sue guerre, o quella del titano che scavalca mari e fiumi, accampato come un colosso di Rodi sui territori conquistati o sulle isole d'Elba e di Sant'Elena.⁴ Il suo gigantismo è minaccioso, certo, ma appare anche risibile e grottesco; certe rappresentazioni del suo ritorno dall'Elba, ad esempio, combinano sapientemente l'orrido e il ridicolo.⁵

In Inghilterra il romanzo di Jonathan Swift *Gulliver's Travels* (1726) ispira i caricaturisti, che confrontano il minuscolo Gulliver (Napoleone) con l'imponente re di Brobdingnag (Giorgio III);⁶ la miniaturizzazione dell'imperatore fa soprattutto al caso degli inglesi, che così scongiurano i timori di un'invasione francese. Nella copia tedesca della stampa inglese *Resolutions in Case of an Invasion* (1803), Napoleone è un omiciattolo maltrattato da esponenti di varie professioni (sarto, barbiere, cocchiere ecc.);⁷ dopo il 1814 appare, sempre più spesso, come un giocattolo in mano ai generali Wellington o Blücher.⁸ In una stampa caratteristica di Johann Michael Voltz, Blücher sta per lanciar via con un semplice buffetto il minuscolo imperatore francese; la didascalia in versi spiega che «un omino giunse dalla Corsica / e pensò di diventare grande».⁹

Gigante e gnomo appartengono al registro della favola mostruosa, mentre associare il personaggio all'infanzia rientra nel repertorio sociale coevo. Una caricatura inglese mostra un Napoleone frustrato nelle sue ambizioni inglesi, piagnucolante davanti alla vetrina del mercante di stampe Fores; l'imponente soldato britannico che egli implora: «La prego, signor Bull, mi lasci prendere qualche balocco, magari anche solo quello piccolo nell'angolo!», lo scaccia stizzito.¹⁰

am Himmel aufsteigt,¹² die er vom Rücken seines Holzpferdes in St. Helena aus vergeblich zu bombardieren sucht.¹³ Die Darstellung bestätigt auf demütigende Weise die lateinische Bedeutung des französischen Wortes *enfant*: Ein *infans* spricht nicht; damit entzieht man Napoleon das Recht auf Sprache und unterstreicht das Scheitern eines Mannes, dem es gegeben war, seine Worte in Taten umzusetzen. PK

2.4.5 Die satirische Menagerie

Die Tierkarikatur beruht auf dem Prinzip des Syllogismus: Da der Fuchs als schlau und diebisch gilt, hat jede Person, die diesem Vierfüsser gleichgesetzt wird oder ihm ähnlich sieht, dieselben Eigenschaften – oder dieselben Fehler.

Die englischen Karikaturisten sind Europameister, wenn es darum geht, Napoleon in ein Tier zu verwandeln. Unzählige Blätter haben Titel, die mit Ausdrücken beginnen wie *The Corsican Ass, The Corsican Blood-Hound*,¹ *The Corsican Crocodile, The Corsican Fox*,² *The Corsican Locust*,³ *The Corsican Mad Dog*,⁴ *The Corsican Monkey, The Corsican Moth, The Corsican Spider, The Corsican Tiger*⁵ usw. Man könnte dieses Bestiarium noch um den feigen Hasen erweitern; ein ausgezeichneter französischer Stich von 1815 zeigt den Kaiser, der in St. Helena auf einem Denkmal die Inschrift anbringt: «Napoleon ergibt sich, doch stirbt nicht», während ein flüchtender Hase von den Worten begleitet wird: «Er rettete sich / aus Ägypten / aus Spanien / aus Moskau / aus Leipzig / aus Waterloo».⁶ Auf dem Blatt *Départ pour l'île d'Elbe* wird in einem Schild, als Kommentar zum gezeigten Ereignis, auf die Fabel des Frosches hingewiesen, der ebenso gross wie ein Ochse sein will.⁷ Eher selten wird Napoleon als Adler,⁸ das Symbol seiner Herrschaft, dargestellt, da man vermutlich Verwechslungen mit dem edlen Wappentier Preussens und Österreichs vermeiden wollte. Ist dies dennoch der Fall, erscheint das kaiserliche Tier nicht als stolzer Raubvogel, sondern in Gefangenschaft, von seinen Feinden zur Schau gestellt oder gerupft.⁹

Fleischfressende Tiere sind in diesem satirischen Bestiarium in der Überzahl. Vor allem der Tiger hat es den Karikaturisten angetan. In *Le tyran démasqué* (1815) enthüllt ein Genius des liliengeschmückten Frankreich die wahre Natur des Tyrannen, indem er unter dem menschlichen Gesicht das Fell eines Raubtiers zum Vorschein bringt.¹⁰ Zur gleichen Zeit tragen mehrere Pamphlete Titel wie *Buonaparte démasqué* oder *Napoléon ou le Corse dévoilé*¹¹ usw.

Die mit Napoleon verknüpfte Menagerie veranschaulicht die Verfahrensweisen der zeitgenössischen Karikatur. Gleich wie die Darstellungen von Ungeheuern, in denen menschliche und tierische Züge miteinander vermischt sind,¹² beziehen sich die Geschöpfe dieses satirischen Zoos auf die Tradition der Fabel und der Heraldik, deren Wurzeln in der religiösen Ikonographie, den mittelalterlichen Bestiarien und den physiognomischen Abhandlungen gründen.¹³ Diese Karikaturen sind der Schauplatz für eine Art Tierkomödie der Nationen. England ist durch einen Stier,¹⁴ eine Bulldogge oder einen Löwen symbolisiert, Holland gelegentlich durch einen Frosch, Russland durch einen Bär¹⁵ oder manchmal durch einen zweiköpfigen Adler in der Art des österreichischen Wappentiers.

Anders gesagt, ist diese satirische Zoologie nicht nur durch Mehrdeutigkeit¹⁶ – der Adler kann ebenso raubgierig wie edelmütig sein –, sondern auch durch Mehrwertigkeit gekennzeichnet: Derselbe Vogel dient den drei verbündeten Nationen Preussen, Österreich und Russland als Attribut.

La ménagerie de la rue impériale

2.4.5 La ménagerie caricaturale

La caricature animale repose sur le principe du syllogisme: puisque le renard est réputé rusé et voleur, toute personne associée à ce quadrupède ou lui ressemblant jouit des mêmes qualités… ou des mêmes défauts.

Les caricaturistes anglais sont les champions européens de l'animalisation napoléonienne. Quantité de planches ont des titres qui débutent par les mots *The Corsican Ass, The Corsican Blood-Hound*,¹ *The Corsican Crocodile, The Corsican Fox*,² *The Corsican Locust*,³ *The Corsican Mad Dog*,⁴ *The Corsican Monkey, The Corsican Moth, The Corsican Spider, The Corsican Tiger*,⁵ etc. On pourrait élargir le répertoire au lièvre fuyard, dans l'excellente gravure française de 1815 qui montre l'Empereur à Sainte-Hélène en train d'écrire sur un monument «Napoléon se rend mais ne meurt pas», tandis qu'un lièvre court sous les inscriptions suivantes: «Il se sauva / d'Egypte / d'Espagne / de Moscou / de Leipsic / du Mont St. Jean».⁶ Une représentation du *Départ pour l'île d'Elbe* commente l'événement en rappelant, dans un blason, la fable de la grenouille qui veut être aussi grande que le bœuf.⁷ Napoléon se présente moins souvent sous les traits du volatile emblématique de son régime, l'aigle,⁸ probablement pour éviter toute confusion avec les nobles animaux héraldiques de la Prusse et de l'Autriche. Si tel est néanmoins le cas, la bête impériale fait moins figure de rapace dominateur que d'oiseau captif, exhibé ou plumé par ses ennemis.⁹

Les espèces sanguinaires prédominent à l'intérieur de cette zoologie caricaturale. Le tigre, en particulier, revient fréquemment sous le crayon et la plume des satiristes. Dans *Le tyran démasqué* (1815), un génie de la France fleurdelysé dévoile la vraie nature du personnage en mettant à nu, sous l'enveloppe humaine de son faciès, le pelage d'un fauve.¹⁰ A la même époque, plusieurs pamphlets ont pour titre *Buonaparte démasqué, Napoléon ou le Corse dévoilé*,¹¹ etc.

La galerie de bêtes associées à Napoléon illustre parfaitement les usages de la caricature contemporaine. Parallèlement aux figurations monstrueuses qui mélangent traits humains et animaux,¹² les créatures de cette ménagerie satirique se réfèrent à la tradition fabulaire et au répertoire héraldique qui plongent leurs racines dans l'iconographie religieuse, dans les bestiaires médiévaux et dans les traités de physiognomonie.¹³

Giants and gnomes belong to the realm of monster tales, whereas likening Napoleon to a child figure falls in line with the contemporary social repertoire. An English cartoon presents him as a child sniffling in front of the print dealer Fores' shopwindow: «Pray Mr Bull, let me have some of the Toys if 'tis only that little one in the corner», he implores an impressive British soldier who sends him packing.[10]

At the start of the nineteenth century, admiration for childhood innocence was counterbalanced by a more negative view of that period where reason is lacking, a parenthetical moment in the life of a man. It is significant that it was just when he was being shunted to the side that Napoleon began being represented as a child figure.[11] One plate depicts him breaking his wooden horse over the Leipzig milepost, with the rising sun of the allies ahead.[12] Another has him seated on a wooden horse, using the allies as a target he attempts to bombard from the island of Saint Helena.[13] The manner in which he is represented is a humiliating confirmation of the Latin etymology of the French «enfant»: an *infans* cannot speak. Thus Napoleon is deprived of speech, underscoring the decline of a figure who once had the power to transform his words into acts.

PK

2.4.5 *The Satirical Menagerie*

Animal caricatures are based on the principle of the syllogism: since foxes are reputed to be cunning and thievish, any person compared with this animal or resembling it possesses the same traits of character, or defects.

The English caricaturists were the European champions of Napoleonic animalisation. Countless plates were printed under headings mentioning *The Corsican Ass, The Corsican Blood-Hound,*[1] *The Corsican Crocodile, The Corsican Fox,*[2] *The Corsican Locust,*[3] *The Corsican Mad Dog,*[4] *The Corsican Monkey, The Corsican Moth, The Corsican Spider, The Corsican Tiger,*[5] etc. The list could be extended to include the runaway hare featured in an excellent 1815 engraving: we see the Emperor on the island of Saint Helena, in the process of inscribing a monument with the words, «Napoleon surrenders but does not die», while a hare runs under the wording, «He ran away / from Egypt / from Spain / from Moscow / from Leipsic / from Mont St. Jean».[6] *Départ pour l'île d'Elbe* comments on the title event using a blazon to depict the fable of the frog who wanted to become as big as an ox.[7] Napoleon is somewhat less frequently shown as the winged creature emblematic of his regime, the eagle,[8] probably to avoid any confusion with the noble animals in the heraldry belonging to Prussia and Austria. In those cases where works do take up this symbol, the imperial beast is not so much a dominating bird of prey as a captive bird on exhibit or being plucked by his enemies.[9]

The sanguinary species of animals take up the major portion of the caricatural zoological repertoire. Tigers were particularly in favour, both verbally and visually, with the satirists. In *Le tyran démasqué* (1815), a Royalist genius reveals the figure's real nature by laying bare a wild beast's fur under the human envelope of appearances.[10] During the same period, several tracts in the same spirit appeared entitled: *Buonaparte démasqué, Napoléon ou le Corse dévoilé,*[11] etc.

The gallery of animals associated with Napoleon well illustrates the customs in caricature of the times. In parallel to the monstrous representations intermingling human and animal traits,[12] the creatures comprising this satiric menagerie are

All'inizio dell'Ottocento l'elogio della purezza infantile è controbilanciato da un giudizio più negativo su un'infanzia che ancora non ragiona, sorta di parentesi nella vita dell'essere umano; fatto significativo, Napoleone appare intento a giocare come un bimbo solo da quando è già messo fuori causa.[11] Eccolo rompere il suo cavallo di legno sul cippo confinario di Lipsia, di fronte al sole nascente delle potenze alleate:[12] quelle stesse potenze che egli cerca invano, ancora su un cavallo di legno, di bombardare da Sant'Elena.[13] L'immagine conferma in modo umiliante che «infanzia» deriva dal latino *infans* (colui che non parla): è un mezzo per privare Napoleone del diritto di parola, sottolineando la decadenza di colui che un tempo poteva davvero trasformare le parole in fatti.

PK

2.4.5 *Il serraglio caricaturale*

La caricatura animale riposa sul principio del sillogismo: poiché la volpe è nota come astuta e come ladra, ogni persona che le somigli o le venga associata possiede le stesse qualità… o gli stessi difetti.

I caricaturisti inglesi sono i campioni europei dell'animalizzazione di Napoleone, che nei titoli di parecchie stampe è definito *The Corsican Ass, The Corsican Blood-Hound,*[1] *The Corsican Crocodile, The Corsican Fox,*[2] *The Corsican Locust,*[3] *The Corsican Mad Dog,*[4] *The Corsican Monkey, The Corsican Moth, The Corsican Spider, The Corsican Tiger,*[5] ecc. Si potrebbe allargare il repertorio alla lepre in fuga, nell'eccellente incisione francese del 1815 che mostra l'imperatore a Sant'Elena intento a scrivere su un monumento «Napoleone si arrende e non muore», mentre una lepre corre sotto le iscrizioni «Si mise in salvo / dall'Egitto / dalla Spagna / da Mosca / da Lipsia / da Waterloo».[6] Una rappresentazione della partenza per l'isola d'Elba commenta l'evento ricordando, in uno stemma, la favola della rana che voleva essere grande come il bue.[7] Napoleone assume più di rado i tratti dell'aquila, uccello emblematico del suo regime,[8] probabilmente per evitare confusioni coi nobili animali araldici della Prussia e dell'Austria; in tal caso, però, più che un rapace dominatore l'aquila sembra un uccello prigioniero, esibito o spennato dai nemici.[9]

In questa zoologia caricaturale predominano le specie sanguinarie; penna e matita degli autori satirici, in particolare, disegnano spesso la tigre. In *Le tyran démasqué* (1815) un genio gigliato della Francia svela la vera natura del personaggio, scoprendo sotto l'involucro umano del suo aspetto il pelame di una belva;[10] nello stesso periodo, del resto, vari libelli recano titoli come *Buonaparte démasqué* o *Napoléon ou le Corse dévoilé*.[11]

La galleria di animali associati a Napoleone illustra perfettamente le usanze della caricatura di allora. Parallelamente alle raffigurazioni mostruose che mescolano tratti umani e animaleschi,[12] le creature di questo serraglio satirico si rifanno alla tradizione favolistica e al repertorio araldico, derivanti a loro volta dall'iconografia religiosa, dai bestiari medievali e dai trattati di fisiognomica.[13] Queste stampe diventano teatro di una sorta di commedia animale delle nazioni: l'Inghilterra è rappresentata da un toro,[14] un bulldog o un leone, l'Olanda talvolta da una rana, la Russia da un orso[15] e a volte, come l'Austria, da un'aquila bicefala.

In altri termini, questa zoologia caricaturale si caratterizza non solo per la sua *polisemia*,[16] con l'aquila che appare sia rapace sia nobile, ma anche per la sua *polivalenza*, perché un unico uccello funge da attributo delle tre nazioni alleate Prussia, Austria e Russia: come dire che occorrono iscrizioni

Inschriften und Bildlegenden sind also nötig, will man Fehlinterpretationen und Missverständnisse ausschliessen.

Die Menagerie zählt zweifellos zu den interessantesten Themenkreisen der Karikatur und gewann an Bedeutung, als der Pariser Jardin des Plantes in den 1790er Jahren in ein naturhistorisches Museum umgewandelt und mit einer Menagerie (1793) ergänzt wurde. Dennoch haben einige Karikaturen den Wanderzoo der Jahrmärkte zum Schauplatz. In *A Rare Acquisition to the Royal Menagerie* steckt Napoleon nach der Niederlage von Waterloo in einem Käfig und ist dem Spott und Hohn der Bevölkerung ausgesetzt.[17] *La ménagerie de la rue impériale* zeigt den Despoten als wilden Tiger, umgeben von Tieren, die seine früheren Höflinge darstellen, darunter Joseph Bonaparte als spanische Katze und der ehemalige Senatspräsident Cambacérès als Schwein (seine Homosexualität und Esslust waren allgemein bekannt).[18] Die Wildheit des Tyrannen ist das Hauptthema des Stiches *Das neue Elba* von Voltz. Der Zeichner stellt Napoleon als Mensch dar, doch ausgestattet mit Tierkrallen und eingesperrt in einen Käfig, der zwischen zwei weiteren Käfigen mit einem Leopard und einer Hyäne steht.[19] Diese Menagerie erinnert an eine englische Karikatur von 1814, deren Bildlegende die ganze Bestialität des Menschenfressers zusammenfasst: «Dieses überraschende Tier wurde von John Bull und seinen Verbündeten gefangen. Es besitzt die Schlauheit des Fuchses, die Raubgier des Wolfs, die blutdurstige Natur der Hyäne [sic], die zarten Gefühle des Krokodils und die Halsstarrigkeit des Esels.»[20] PK

2.4.6 Der Teufel, die Hölle und der Tod

Aufgrund der seit 1813 immer schwerer lastenden Konskriptionen[1] verbreitete sich ein hetzerisches Gerücht in den ländlichen französischen Gebieten, das Napoleon mit einem Kinderfresser[2] und ganz allgemein mit dem Antichrist[3] gleichsetzte. Der bestehende bäuerliche Aberglaube wurde vermutlich von den Verleumdungen genährt, die die «Chevaliers de la Foi», eine Art royalistischer Freimaurerorden, verbreiteten. Die Karikaturisten griffen diese Idee bereitwillig auf, die aus dem Kaiser den Lieblingssohn des Teufels[4] machte. Hier erscheint die überweltliche Bedeutung der Kriege des Empire, das als Abkömmling der Republik verstanden wurde.[5] Die Royalisten hatten den Sturz der französischen Monarchie nie hingenommen. In ihren Augen war die Revolution ein Ereignis, in dem es den dunklen Kräften gelungen war, an die Oberfläche zu drängen. Napoleon war der bewaffnete Arm dieser Kräfte; in den Karikaturen war er von den Personifikationen der Zwietracht, des Todes und des Elends[6] umgeben, mit denen er Konversation pflegte. Die überweltliche Bedeutung des antinapoleonischen ideologischen Kampfes trat besonders deutlich in einem Stich zutage, der zeigte, wie der Herzog von Enghien Napoleon im Traum erschien.[7] Im Jenseits wurde der Kampf um die Weltherrschaft von Gott und Teufel genauso erbittert geführt wie auf der Erde.

Mit einem Bock,[8] dem Tier der Apokalypse,[9] einem Tiger oder einer Katze,[10] der Verkörperung der Nacht, verbunden, ritt Napoleon auf einem Pferdeskelett[11] oder einem Hippogryph, und schleuderte Blitze, ein regelrechter Gott des Krieges und des Todes. Sein Denkmal war eine Totenstele, auf der ein Galgen stand,[12] oder ein Berg von Schädeln getöteter Soldaten.[13] Als teuflische Person beschrieben, wurde der Kaiser, Sohn Beelzebubs, in Deutschland sogar mittels öffentlicher Anschläge und Steckbriefe[14] gesucht.

Ces gravures deviennent le théâtre d'une sorte de comédie animale des nations. L'Angleterre est symbolisée par un bœuf,[14] un bouledogue ou un lion, la Hollande parfois par une grenouille, la Russie par un ours,[15] quelquefois par un aigle à deux têtes comme l'Autriche.

En d'autres termes, cette zoologie caricaturale se caractérise non seulement par sa *polysémie*,[16] l'aigle se montrant aussi bien rapace que noble, mais encore par sa *polyvalence*, car le même volatile sert d'attribut aux trois nations alliées: la Prusse, l'Autriche et la Russie. Autant dire que les inscriptions et les légendes des gravures sont nécessaires pour lever certaines ambiguïtés de lecture.

Le motif de la ménagerie compte sans doute au nombre des plus intéressants. Il connaît une vogue certaine à partir des années 1790, à une époque où le Jardin des Plantes parisien devient le Muséum d'histoire naturelle, alors que se crée une ménagerie (1793). Plusieurs gravures sur ce thème plantent néanmoins leurs tréteaux dans l'univers forain des ménageries itinérantes. *A Rare Acquisition to the Royal Menagerie* montre un Napoléon mis en cage après Waterloo, confronté aux sarcasmes et à la vindicte de la population.[17] Dans *La ménagerie de la rue impériale*, le despote, transformé en tigre furieux, est entouré par les bêtes formant son ancienne cour, parmi lesquelles son frère Joseph en chat d'Espagne, et Cambacérès, ancien président du Sénat, en cochon (son homosexualité et sa gourmandise étaient de notoriété publique).[18] La férocité du tyran est l'objet même de la gravure *Das neue Elba*. Le dessinateur Voltz met en cage un Napoléon aux traits humains mais aux mains griffues, placé entre un léopard et une hyène.[19] Cette juxtaposition n'est pas sans évoquer une caricature anglaise de 1814, dont la légende résume toute la bestialité du dévoreur d'armées: «Ce curieux animal a été capturé par John Bull et ses alliés. Il possède la ruse du renard, la rapacité du loup, la soif de sang de la hyène, les tendres sentiments du crocodile, et l'obstination de l'âne.»[20] PK

2.4.6 Le Diable, les Enfers et la Mort

A partir de l'année 1813, en raison des conscriptions toujours plus lourdes,[1] un bruit courut dans les campagnes françaises, qui assimilait Napoléon à un Ogre[2] et plus largement à l'Antéchrist.[3] Les superstitions paysannes avaient sans doute été ralayées en cela par les fausses nouvelles que diffusaient les Chevaliers de la Foi, sorte de franc-maçonnerie royaliste. Les caricaturistes ne manquèrent pas de s'emparer de cette idée qui faisait de l'Empereur le fils préféré du diable.[4] C'est ici qu'apparaît pleinement la signification cosmique des guerres de l'Empire, considéré comme l'héritier de la République.[5] Les Royalistes en effet n'avaient jamais admis la destruction de la Monarchie française et la Révolution avait été perçue par eux comme un événement qui avait permis aux forces obscures de se révéler. Napoléon en était le bras armé, suivi qu'il était dans la caricature par la Discorde, par la Mort et par la Misère,[6] avec lesquelles il dialoguait. Le sens cosmique de la lutte idéologique anti-napoléonienne devait apparaître en particulier dans une gravure montrant le duc d'Enghien se révélant en rêve à Napoléon.[7] Le combat était aussi rude dans l'au-delà que sur la terre, entre Dieu et le diable, pour la possession du monde.

Assimilé à un bouc,[8] à la bête de l'Apocalypse,[9] voire à un tigre ou à un chat,[10] animal de la nuit, Napoléon se révélait sur un cheval squelettique[11] ou sur un hyppogriffe, brandissant les foudres, véritable dieu de la Guerre et de la Mort. Son

taken from traditional fables and heraldic insignia rooted in religious iconography, Medieval bestiaries, and treatises on physiognomy.[13] The engravings became a theatre for a kind of animal comedy of nations. England was symbolised by a bull,[14] a bulldog or a lion, Holland sometimes by a frog, Russia by a bear[15] or, at times, a two-headed eagle as in Austria.

In other words, this caricatural zoology is not only characterised by *polysemy*[16] – for instance in the different meanings of the eagle, as rapacious as it is noble – but by *polyvalence* also, since that same feathered creature serves as an attribute of three ally nations: Prussia, Austria, and Russia. Hence it seems quite clear that the inscriptions and captions on the works were altogether necessary to avoid misunderstandings.

The menagerie motif is among the most interesting. It became quite the fashion as of the 1790s, just when the Jardin des Plantes in Paris was transformed into a museum of natural history, which soon (1793) included a menagerie. Several engravings around this motif were nevertheless staged in the boisterous atmosphere of travelling menageries. In *A Rare Acquisition to the Royal Menagerie*, Napoleon is displayed in a cage after Waterloo, in front of jeering crowds.[17] Transformed into a tiger in *La ménagerie de la rue impériale*, he is surrounded by animals constituting his former court, including his brother Joseph as a cat from Spain, and Cambacérès, former Senate president, as a pig (he was notorious for his homosexuality and greed).[18] The tyrant's ferocity was in itself the object of the engraving *Das neue Elba*, where the draughtsman Voltz cages a Napoleon with human features but clawed hands, placed between a leopard and a hyena.[19] This particular juxtaposition is reminiscent of an English caricature done in 1814. The latter work's caption succinctly conveys all the bestiality of this army-devouring figure: «This surprising animal was taken by John Bull and his Allies. He possesses the cunning of the fox, the rapacity of the wolf, the bloodthirsty nater [sic] of the hyæna, the tender feelings of the crocodile, and the obstinacy of the ass.»[20]   PK

2.4.6   *The Devil, Hell, and Death*

Starting in 1813, in view of the ever greater number of conscripts,[1] a rumour began spreading that likened Napoleon to an ogre[2] and, in a larger sense, to an Antichrist.[3] The superstitions of the peasantry had no doubt been abetted by false tidings spread by the «Chevaliers de la Foi», a kind of Royalist freemasonry. Cartoonists seized upon the idea of presenting the Emperor as the favorite son of the devil,[4] a theme in fact disclosing the cosmic implications of wars conducted in the name of an Empire claiming itself heir of the Republic.[5] In effect, the Royalists had never come to terms with the destruction of the French monarchy; to them, the Revolution represented an event that had unleashed occult forces. Napoleon, envisioned as the armed prong of that evil, was depicted in cartoons as trailing – and conversing with – Discord, Death, and Misery.[6] The cosmic significance of the ideological combat against Napoleon is particularly well illustrated in an engraving where the Duke of Enghien is revealed to Napoleon in a dream:[7] the battle between God and the Devil for possession of the world is shown to be as fierce in the Beyond as on earth.

From likening Napoleon to a goat,[8] akin to the Apocalyptic scapegoat,[9] or to night animals such as tiger or cat,[10] the cartoons went on to portray Napoleon astride a scrawny horse[11] or a hippogriff, brandishing strokes of lightning, in the role

e didascalie per risolvere certe ambiguità di lettura delle stampe.

Il motivo del serraglio, senza dubbio fra i più interessanti, è sicuramente in voga a partire dall'ultima decade del Settecento, epoca in cui il Jardin des Plantes parigino diventa museo di storia naturale e viene allestito uno zoo (1793); varie stampe su questo tema insediano la scena nel mondo fieristico dei serragli itineranti. *A Rare Acquisition to the Royal Menagerie* mostra un Napoleone messo in gabbia dopo Waterloo, costretto a subire i sarcasmi e la vendetta della popolazione.[17] In *La ménagerie de la rue impériale* il despota, trasformato in tigre furiosa, è circondato dagli animali che un tempo formavano la sua corte, fra cui un gatto spagnolo (suo fratello Giuseppe) e un maiale (l'ex presidente del Senato Cambacérès, notoriamente crapulone e omosessuale).[18] La ferocia del tiranno è l'oggetto stesso dell'incisione *Das neue Elba*: il disegnatore, Voltz, mette in gabbia un Napoleone che ha tratti umani ma mani con artigli, posto fra un leopardo e una iena.[19] La giustapposizione non può non evocare una caricatura inglese del 1814, la cui didascalia riassume tutta la bestialità del divoratore di eserciti: «Questo animale sorprendente fu catturato da John Bull e dai suoi alleati. Possiede l'astuzia della volpe, la rapacità del lupo, la natura sanguinaria della iena, i sentimenti teneri del coccodrillo e l'ostinazione dell'asino.»[20]   PK

2.4.6   *Il diavolo, l'inferno e la morte*

Fin dal 1813, a causa delle coscrizioni sempre più pesanti,[1] nelle campagne francesi si spande una diceria che assimila Napoleone a un orco[2] e, più in generale, all'Anticristo;[3] a questo tipo di superstizioni contadine si agganciano poi, senza dubbio, le notizie false diffuse dalla società segreta monarchica dei Cavalieri della Fede. I caricaturisti adottano volentieri l'idea per cui l'imperatore sarebbe il figlio prediletto del demonio[4]: proprio qui appare pienamente il significato cosmico delle guerre dell'Impero, considerato l'erede della Repubblica.[5] Infatti i realisti, che mai hanno ammesso la soppressione della monarchia francese, vedono nella Rivoluzione un episodio che ha scoperchiato le forze del male; Napoleone, seguito in caricatura dalla Discordia, dalla Morte e dalla Miseria[6] (che dialogano con lui), di queste forze è appunto il braccio armato. Il senso cosmico della lotta ideologica antinapoleonica emerge, in particolare, nell'incisione in cui il duca d'Enghien appare in sogno all'imperatore[7]: lo scontro fra Dio e il diavolo per il possesso del mondo è aspro nell'aldilà così come sulla terra.

Assimilato a un caprone[8] (la bestia dell'Apocalisse[9]) e perfino a una tigre o a un gatto[10] (animale della notte), Napoleone si rivela su un cavallo scheletrico[11] o su un ippogrifo, brandendo fulmini come un vero dio della guerra e della morte; il suo monumento è un pilastro funebre sovrastato da un patibolo[12] o da un cumulo di teschi di soldati uccisi.[13] L'imperatore è descritto come un personaggio diabolico; in Germania vengono perfino affissi «avvisi di ricerca» in cui è definito figlio del demonio.[14]

Figura duplice, Napoleone nasconde i suoi veri tratti demoniaci sotto una maschera umana.[15] Lo scontro cosmico di cui sopra si sintetizza nella sua persona: in una caricatura di grande successo internazionale, *Triumph des Jahres 1813*, il suo corpo diventa il campo di battaglia dell'Europa, con la mano di Dio che tesse la tela della disfatta di Lipsia.[16]

In questo campo Napoleone è attaccato dai caricaturisti come dai libellisti. Ernst Moritz Arndt scrive in *Chants de*

Seine echt dämonischen Züge verbarg der doppelzüngige Napoleon unter einer menschlichen Maske.[15] In ihm verkörperte sich der kosmische Kampf, wie die international verbreitete Karikatur *Triumph des Jahres 1813* erkennen lässt, in der der Körper des Kaisers zum Ort der Völkerschlacht wurde, während die Hand Gottes den Stoff seiner Niederlage bei Leipzig webte.[16]

In dieser Hinsicht wurde Napoleon von Karikaturisten wie von Pamphletisten angegriffen. In seinen *Liedern für Teutsche* (1813) rief Ernst Moritz Arndt aus: «Zu den Waffen! Zu den Waffen! Zur Hölle mit den wälschen Affen!» und versuchte, «Napoleons Verehrern» die Augen zu öffnen: «O Klang, o Traum von Schlangen und von Dolchen, Wo List und Trug und Satan sich zerbalgen! Fort mit dem Lichterlöscher zu den Molchen! Fort mit dem Freiheitsmörder zu dem Galgen!» Laut der Aussage von Johann Joseph von Görres, dem Autor des kämpferischen *Rheinischen Merkur*, ritt Napoleon auf einem «schwarzen Hippogryph»; sein Symbol war die dreifache Sechs, das Zeichen des Tiers der Apokalypse. Gegen dieses Ungeheuer, den Kaiser der Franzosen, veröffentlichten die Spanier einen Katechismus, der die öffentliche Meinung aufrütteln sollte. Darin wurde Napoleon als teuflische, unmenschliche Doppelnatur beschrieben, die man in der Karikatur überall, insbesondere in England und in Deutschland, wiederfand.

Diese ganze Ikonographie beruhte zu einem grossen Teil auf dem Geist der in England und Deutschland weitverbreiteten Romantik. Den Auswüchsen des Rationalismus, in dessen Zeichen das Zeitalter der Aufklärung gestanden war, setzten die europäischen Völker den natürlichen Instinkt und die Suche nach dem Sakralen entgegen. Das napoleonische Empire, das man als Erbe der Ideologie des vorhergehenden Jahrhunderts verstand – eine Ideologie, die zu Revolution und Krieg geführt hatte,[17] – wurde zum bevorzugten Angriffsziel der neuen Denkweise, die um 1800 in Erscheinung trat.

Bis ins letzte Extrem weiterentwickelt, wurde diese kosmische Konzeption der antinapoleonischen Kriege von illuministischen Schriftstellern, zum Beispiel von Jean-Baptiste Pérès, Bibliothekar der Stadt Agen, aufgegriffen. Mit Hilfe von Scheinargumenten gelang es ihnen zu beweisen, dass Napoleon nichts anderes als ein Meteor gewesen war, der zum Umsturz der Weltordnung auf die Erde kam (*Comme quoi Napoléon n'a jamais existé*, 1827).

Nach dem Zusammenbruch des Empire musste Napoleon allerdings im Höllenfeuer Busse tun,[18] und sei es nur, weil es ihm nicht gelungen war, das Zerstörungswerk, das ihm sein Meister Satan aufgetragen hatte,[19] zu vollenden.   JB

2.4.7 *Visionen und Bildprojektionen*

Träume, Visionen und Bildprojektionen werden vor allem seit den 1790er Jahren in das Repertoire der Karikaturisten aufgenommen. Manche Künstler, wie Thomas Rowlandson, zitieren mit besonderer Vorliebe das berühmte Bild von Johann Heinrich Füssli, *The Nightmare* (1781);[1] so zeigt uns zum Beispiel eine Karikatur, wie ein dicker Holländer auf Napoleons Brust sitzt, eine Anspielung auf die Erhebung des besetzten Landes am 16. November 1813.[2]

Mit Hilfe der Traumwelt kann der Satiriker in seinem Werk auf eine Fülle vergangener, gegenwärtiger und zukünftiger Bilder anspielen. Beruhen die Träume auf Erinnerungen, die den Schlafenden wie Gewissensbisse bedrängen, so haben sie in

monument était un pilier funèbre surmonté d'une potence,[12] ou bien un monceau de crânes de soldats tués.[13] Décrit comme un personnage diabolique, on alla en Allemagne jusqu'à placarder des avis de recherche de l'Empereur,[14] fils du Diable.

Figure double, Napoléon cachait ses véritables traits démoniaques sous un masque humain.[15] En lui se synthétisait ce combat cosmique, ainsi que le révèle la caricature internationalisée, intitulée *Triumph des Jahres 1813*, où le corps de l'Empereur devenait le champ de bataille de l'Europe, la main de Dieu tissant la toile de sa défaite à Leipzig.[16]

Napoléon fit l'objet, en ce domaine, des attaques aussi bien des pamphlétaires que des caricaturistes. Ernst Moritz Arndt, dans ses *Chants de guerre* (1814), écrivait: «Aux Armes! Aux armes! Tirez l'épée… Vengeance! Vengeance! Car Satan est venu, il s'est vêtu de chair et de sang, il veut être le maître de la terre». Monté sur un «noir hypogriffe» selon les termes de Johann Joseph von Görres, auteur du très virulent *Rheinische Merkur*, Napoléon avait pour symbole le chiffre 666, celui de la Bête de l'Apocalypse. C'est contre elle, contre l'Empereur des Français, que les Espagnols éditèrent un cathéchisme destiné à mobiliser les esprits. On y décrivait Napoléon comme une nature double, diabolique et inhumaine, qui se retrouve partout dans la caricature, particulièrement en Angleterre et en Allemagne.

A toute cette iconographie, l'esprit romantique qui régnait alors en Europe, particulièrement en Allemagne et en Angleterre, n'était pas étranger. A l'excès de rationalisme qui avait caractérisé le siècle des Lumières, les peuples européens avaient opposé l'instinct naturel et la recherche du sacré. L'Empire napoléonien, qui apparaissait comme l'héritier de l'idéologie du siècle précédent, idéologie qui avait abouti à la Révolution et à la guerre,[17] fit ainsi les frais de cette nouvelle mentalité apparue autour de 1800.

Poussée à sa dernière extrémité, cette conception cosmique des guerres anti-napoléoniennes fut récupérée par les écrivains illuministes, qui comme Jean-Baptiste Pérès, bibliothécaire de la ville d'Agen, parvinrent à force d'arguments spécieux à prouver que Napoléon n'avait été qu'un météore solaire venu renverser l'ordre du monde (*Comme quoi Napoléon n'a jamais existé*, 1827).

Pourtant finalement, à la chute de l'Empire, Napoléon alla brûler aux Enfers,[18] sans doute pour n'avoir pas réussi pleinement l'œuvre de destruction dont l'avait chargé son maître Satan.[19]   JB

2.4.7 *Visions et projections*

Rêves, visions et projections s'intègrent au répertoire des caricaturistes principalement depuis les années 1790. Certains artistes, dont Thomas Rowlandson, aiment à citer le fameux tableau de Johann Heinrich Füssli, *The Nightmare* (Le cauchemar, 1781),[1] par exemple dans cette caricature qui montre l'Empereur oppressé par un gros Hollandais, allusion au soulèvement du pays conquis, le 16 novembre 1813.[2]

Le mode onirique permet au satiriste de convoquer dans sa gravure une foule d'images passées, présentes et futures. Si les rêves sont faits de souvenirs qui assaillent le dormeur comme autant de remords, ils ont également une valeur prophétique dans l'onirologie traditionnelle, qui connaît un renouveau à l'époque romantique.

Les songes, ces visions, fonctionnent comme autant d'images à l'intérieur de l'image. Napoléon, halluciné et terrifié, est envahi par les fantômes des hommes qu'il a tués, par

of the true god of War and Death. His monument was envisioned as a funerary pillar topped by a gallows,[12] or else as a pile of skulls from all the soldiers killed.[13] The characterisation of Napoleon as a diabolic figure went so far, in Germany, as to inspire «Wanted» posters for the Emperor,[14] son of the Devil.

In his two-faced role, Napoleon was seen hiding his real features as a fiend beneath a human mask.[15] The emperor figure came to represent a synthesis of the battle's cosmic dimensions, as personified in the cartoon of international scope entitled *Triumph des Jahres 1813*: the Emperor's body has been transformed into the European battleground, with the spiderish hand of God spinning out the web where Napoleon was caught at Leipzig.[16]

Not only cartoons, but tracts too were drawn up against Napoleon in this spirit. Thus Ernst Moritz Arndt, in his work *Chants de guerre* (1814), wrote: «To arms! To arms! Unsheath your sword… Vengeance! Vengeance! For Satan has arrived, he is dressed in flesh and blood, he seeks mastery of the world.» Johann Joseph von Görres, author of the virulent *Rheinische Merkur*, described Napoleon astride a «black hippogriff». The Emperor was labelled with the number 666, symbolising the beast of the Apocalypse. It was this image of the Emperor of France that inspired the Spanish to publish a catechism invoking the spirits. Their publication describes Napoleon as a two-faced individual of diabolical and inhuman dimensions, an image that was cropping up in all the cartoons of the day, especially in England and Germany.

Another factor of influence on this iconographic panoply was the romantic spirit governing Europe. The celebration of natural instinct, and the search for the sacred, were being invoked by European countries to counter the excessively rationalist mentality of the Enlightenment. The Napoleonic Empire appeared as heir to the latter eighteenth-century ideology, an ideology that had developed into the Revolution and war.[17] Hence the new mentality, emerging around 1800, easily lumped together the Empire and the very ideology it sought to replace.

Taken to its farthest limits, this cosmic dimension of the wars against Napoleon was taken up by the «Illuminati». Writers such as Jean-Baptiste Pérès, municipal librarian for the city of Agen, resorted to sophistic arguments to prove that Napoleon had been nothing but a meteor from the sun come to turn world order on its head (*Comme quoi Napoléon n'a jamais existé*, 1827).

Be that as it may however, once the Empire fell, Napoleon would be sent to burn in Hell,[18] no doubt condemned there for having failed to fully accomplish the destruction he had been ordered to carry out by Satan.[19]

JB

2.4.7 *Visions and Projections*

Increasingly from the 1790s, caricaturists began integrating dreams, visions, and projections into their cartoons. For example, certain artists, Thomas Rowlandson among others, enjoyed quoting Johann Heinrich Füssli's famous painting *The Nightmare* (1781).[1] The resulting caricature shows the Emperor being crushed on his bed by a heavy Dutchman, an allusion to the 16 November 1813 uprising by the latter's conquered country.[2]

Resorting to dreams was a way for satirists to people their engravings with a multitude of images out of the past, present, and future. Dreams sometimes take the form of memories assailing sleepers as would remorse, but in traditional dream

Laterna Magica

guerre (1814): «All'armi! All'armi! Sguainate la spada… Vendetta! Vendetta! Perché Satana è venuto, si è vestito di carne e di sangue, vuol essere il signore della terra.» A cavallo del «nero ippogrifo» citato da Johann Joseph von Görres, autore del violentissimo *Rheinische Merkur*, Napoleone ha per simbolo il numero 666, come la bestia dell'Apocalisse. Per mobilitare gli animi contro quella bestia, contro l'imperatore dei francesi, gli spagnoli pubblicano un catechismo che descrive Napoleone come un essere ipocrita, diabolico e inumano: la stessa descrizione che si ritrova nelle caricature dappertutto, ma specialmente in Germania e in Inghilterra.

A tutta questa iconografia non è estraneo lo spirito romantico che domina allora in Europa e in particolare nei due paesi ora citati. All'eccesso razionalista che ha caratterizzato il secolo dei lumi, i popoli europei ora oppongono l'istinto naturale e la ricerca del sacro; l'Impero napoleonico, visto come erede di quell'ideologia settecentesca che è sfociata nella Rivoluzione e nella guerra,[17] fa quindi le spese della nuova mentalità comparsa intorno al 1800.

Spinta all'estremo, questa concezione cosmica delle guerre antinapoleoniche è recuperata dagli scrittori illuministi: Jean-Baptiste Pérès, bibliotecario della città di Agen, a forza di argomenti speciosi riesce a dimostrare che l'imperatore è stato solo una meteora solare, venuta a sovvertire l'ordine del mondo (*Comme quoi Napoléon n'a jamais existé*, 1827).

Caduto l'Impero, però, Napoleone finirà nel fuoco dell'inferno,[18] senza dubbio per non aver saputo portare a buon fine l'opera distruttiva commissionatagli dal suo signore, Satana.[19]

JB

2.4.7 *Visioni e proiezioni*

Sogni, visioni e proiezioni entrano nel repertorio dei caricaturisti soprattutto a partire dall'ultima decade del Settecento. Certi artisti, fra cui Thomas Rowlandson, amano citare un celebre quadro di Johann Heinrich Füssli, *The Nightmare* (L'incubo, 1781):[1] così fa, per esempio, la caricatura che mostra Napoleone schiacciato da un grosso olandese, allusione al sollevamento dell'Olanda contro il conquistatore francese (16 novembre 1813).[2]

der herkömmlichen Traumdeutung, die zur Zeit der Romantik einen neuen Aufschwung erfährt, auch Wahrsagefunktion.

Als Visionen funktionieren die Träume wie Bilder in einem Bild. Vor Schrecken erstarrt, wird Napoleon von den Gespenstern der Menschen, die durch ihn den Tod fanden, von den glanzvollen Figuren seiner Feinde und von verschiedenen teuflischen Gestalten gefangen gesetzt, die ihn zu sich ins Schattenreich zu zerren versuchen. Diese Szene zeigen zwei in Arenenberg aufbewahrte englische Karikaturen: *A Little Man's Night's Comforts, or Boney's Visions* von 1803, die teilweise in *Bony's Visions or a Great little Man's Night Comforts* von 1811 wiederaufgenommen wird.[3] In der ersten Zeichnung füllen die unmittelbaren Ursachen der Schreckensvisionen das kaiserliche Schlafzimmer. Auf dem Boden, auf seinem Tisch und in seiner Hand finden sich zahlreiche Papiere, die der Ursprung seines Englandhasses sind. Links im Vordergrund bekräftigen zerrissene Zeitungen und vor allem zerknüllte Blätter mit Karikaturen, die den «Litle [sic] Boney» darstellen, die im 18. Jahrhundert bestätigte These, der zufolge die Nachtvisionen einzig die Erlebnisse des Vortages in verfremdeter Weise reproduzieren. Die Lektüre der englischen Pamphlete erzeugte folglich die Erscheinungen, die Napoleon bedrängen: subtile Verwandlung und Hintergründigkeit der Karikatur und ihres bildlichen oder bilderzeugenden Vermögens.[4]

Die aus Wolken auftauchenden Nachtvisionen erinnern an die Vorführungen der Laterna magica, der Etienne Gaspard Robertson kurz nach der Französischen Revolution zu neuer Beliebtheit verholfen hatte. Ist es reiner Zufall, dass solche Veranstaltungen im Kapuzinerkloster stattfanden, einem der Pariser Zentren für die Karikatur jener Zeit?[5] Jedenfalls wurde dieser Ort von all jenen aufgesucht, die groteske und phantastische Aufführungen in einer jahrmarktähnlichen Atmosphäre sehen wollten. Mit Hilfe einer Laterne, eines beweglichen «fantascope», projizierte Robertson dämonische Szenen auf Rauchschwaden, die den Nebelwolken um die in der Graphik dargestellten Träume glichen.[6] Ein deutsches Blatt von 1814 zeigt im übrigen Chronos, die Verkörperung der Zeit, ein geflügelter Greis, der gemäss der allegorischen Überlieferung eine Sense schwingt.[7] In diesem Bild hält der Patriarch zudem anstatt der Sanduhr eine Laterna magica in der Rechten; das Schattenbild zeigt Napoleon, der sich in erniedrigender Weise mit blossem Hinterteil in die Brennesseln gesetzt hat. Hier wird die Bildprojektion nicht nur zum Instrument einer Prophezeiung, sondern sie könnte auch als eine Art Metapher der Karikatur selbst verstanden werden. PK

2.4.8 *Symbolische Welt- und Landkarten*

In der religiösen Ikonographie symbolisiert die geometrische Perfektion der Kugel seit langem die geistige und weltliche Macht.[1] Die himmlische Herrschaft Gottes oder des thronenden Christus diente dazu, die Legitimität der irdischen Reiche zu bekräftigen und ihre Dauer zu bestätigen. Die Kugel ist jedoch auch mit einer seit dem Mittelalter weitverbreiteten allegorischen Figur verbunden: Fortuna steht auf einer Kugel, die auf die Unbeständigkeit menschlichen Tuns hinweist.[2] Die Kugel kann also Ewigkeit und Beständigkeit, aber auch Wechselhaftigkeit und Bewegung symbolisieren, sie kann die kosmische Vollendung oder die geographische Realität unserer Welt darstellen.

Die Karikaturisten machten sich diese semantischen Mehrdeutigkeiten zunutze, um mit der Grösse von Akteuren und

les figures resplendissantes de ses ennemis, et par diverses créatures diaboliques qui semblent vouloir l'entraîner avec elles dans le royaume des ombres. Tel est le cas de deux caricatures anglaises conservées à Arenenberg: *A Little Man's Night's Comforts, or Boney's Visions* de 1803, en partie repris dans *Bony's Visions or a Great little Man's Night Comforts* en 1811.[3] Dans la première, les causes immédiates des visions horrifiques de l'Empereur jonchent sa chambre à coucher. Sur le sol, sur sa table, dans ses mains se trouvent nombre de papiers à l'origine de son anglophobie. Au premier plan à gauche, la présence de journaux déchirés, et surtout de feuilles de caricatures froissées représentant «Litle [sic] Boney» accrédite la thèse rationaliste, réaffirmée au XVIIIe siècle, selon laquelle les visions nocturnes ne font que reproduire, de manière déformée, les expériences de la veille. La lecture des pamphlets anglais a donc engendré les apparitions qui assaillent Napoléon: subtile alchimie, et mise en abîme de la caricature et de son pouvoir imageant ou *imaginant*.[4]

Ces visions nocturnes, qui émergent de nuées, ne sont pas sans évoquer les spectacles de lanterne magique, mis au goût du jour par Etienne Gaspard Robertson au lendemain de la Révolution française. Est-ce pure coïncidence si de tels spectacles se déroulent dans le couvent des Capucins, l'un des centres parisiens de la caricature à la même époque?[5] Quoi qu'il en soit, ce lieu accueille tous ceux qui viennent consommer des représentations grotesques et imaginaires, dans une ambiance très foraine. Robertson, à l'aide d'une lanterne, d'un «fantascope» articulé, projette des scènes démoniaques sur des écrans de fumée semblables aux nuées entourant les rêves figurés en gravure.[6] Une estampe allemande de 1814 met d'ailleurs en scène la personnification du Temps, vieillard ailé, armé d'une faux comme le veut la tradition iconographique.[7] Dans cette gravure, le patriarche brandit aussi une «Laterna magica» qui projette l'image dégradante de Napoléon, fesses nues accroupi dans les orties. Ici, la projection lumineuse devient non seulement l'instrument d'une révélation prophétique, mais encore elle pourrait être lue comme une sorte de métaphore de la caricature même. PK

2.4.8 *Mappemondes et cartes symboliques*

Dans l'iconographie religieuse, la perfection géométrique de la sphère symbolise de longue date le pouvoir spirituel et temporel.[1] La royauté céleste de Dieu ou du Christ en majesté fut utilisée pour asseoir la légitimité des royaumes terrestres et confirmer leur pérennité. Or, la figure de la sphère est aussi associée à une personnification allégorique extrêmement répandue depuis le moyen âge. Il s'agit de la Fortune, debout sur une boule qui souligne l'instabilité des entreprises humaines.[2] La sphère peut ainsi symboliser l'éternité ou la stabilité, la versatilité ou le mouvement, et représenter la perfection cosmique ou la réalité géographique de notre monde.

Les caricaturistes ne se sont pas privés de jouer sur ces ambiguïtés sémantiques et sur la grandeur respective des acteurs et des globes qui apparaissent sous la forme habituelle des mappemondes, ou qui servent de terrain d'action à Napoléon et ses opposants. Les gravures les plus célèbres reprenant le motif sont l'œuvre de James Gillray. En 1798, *Fighting for the Dunghill* montre Bonaparte en train de se faire boxer par Jack Tar, l'équivalent maritime de John Bull.[3] Ce dernier met le pied sur l'île de Malte qui vient de se soulever contre les Français, avec l'appui des Anglais. L'artiste ne laisse guère de doutes sur l'issue du combat car Bonaparte, famélique et saignant du

theory, which was coming back into fashion with the Romantic Movement, they also possess prophetic attributes.

Dreams then, those discerning visions, operated as images within the image. A hallucinating and terrified Napoleon is assailed by the ghosts of the men he has killed, by the dazzling figures of his enemies, and by various diabolical creatures who seem to be pulling him down with them into the realm of the shades. This can be seen in two of the English caricatures belonging to the Arenenberg collection: *A Little Man's Night's Comforts, or Boney's Visions* of 1803, and *Bony's Visions or a Great little Man's Night Comforts*, a work of 1811 that in part takes up the same theme.[3] In the first of these works, the direct causes of the Emperor's horrific visions are strewn around his bedroom: on the floor, on the table, in his hands are to be found a number of documents representing the source of his Anglophobia. To the forefront on the left, ripped newspapers and, above all, crumpled sheets of cartoons depicting «Litle [sic] Boney», lend substance to the rationalist claim, reaffirmed in the eighteenth century, that nocturnal visions are but a deformed reproduction of yesterday's experience. Hence, by reading the English tracts, Napoleon calls forth the spectres come to haunt him: a subtle alchemical process, a sort of metonymy of caricature itself and its power to fuel the imagination.[4]

Such nocturnal visions, emerging from billowing clouds, bring to mind the magic lantern, a medium rendered popular by Etienne Gaspard Robertson, just after the French Revolution. It is perhaps no coincidence that the magic lantern productions were staged in the Capuchin convent, one of the centres for caricature in Paris.[5] Be that as it may, the site attracted all those who enjoyed productions featuring the grotesque and the imaginary. The general atmosphere was that of a fairground. With the help of a lantern, an articulated «fantascope», Robertson would project fiendish scenes onto smoke screens very similar to the billowing clouds encircling the dreams depicted in engravings.[6] An 1814 German print portrays Time in the person of a winged old man bearing a scythe, as in the traditional iconographic manner.[7] In this engraving, the patriarch brandishes a «Laterna magica» that projects a degrading image of a bare-buttocked Napoleon squatting in the nettles. In this case, the light projection not only serves the purpose of a prophetic revelation, but could further be interpreted as a kind of metaphor for caricature itself.

PK

2.4.8 *Planispheres and Symbolic Maps*

From time immemorial, in religious iconography, the geometric perfection of a sphere has symbolised temporal and spiritual power.[1] The celestial royalty of God, or of Christ in all His majesty, was invoked to establish the legitimacy of earthly kingdoms and confirm their continuity. Also, however, the sphere figure is associated with an allegoric personification widely accepted since the Middle Ages, namely that of Fortune, shown holding his balance on a ball to illustrate the instability of human undertakings.[2] The sphere can also symbolise eternity or stability, versatility or movement; it can represent the perfection of the cosmos or the geographic reality of our world.

Caricaturists did not fail to take advantage of this figure's many semantic ambiguities. Nor did they hesitate to exploit the respective sizes of the actors and globes, which they presented in the familiar planisphere style or as backdrops for

Il modo onirico consente all'incisore di convocare nella stampa satirica una folla d'immagini passate, presenti e future. I sogni sono fatti sì di ricordi, che assalgono il dormiente come altrettanti rimorsi; nell'onirologia tradizionale, tornata in auge nell'epoca romantica, hanno però anche un valore profetico.

I sogni sono visioni, funzionano come altrettante immagini all'interno dell'immagine. L'imperatore, allucinato e atterrito, è assalito dai fantasmi degli uomini che ha ucciso, dalle figure fulgide dei suoi nemici, da varie creature diaboliche che sembrano volerlo trascinare con loro nel regno delle ombre. Tale è il caso di *A Little Man's Night's Comforts, or Boney's Visions* (1803), opera in parte ripresa da un'altra caricatura inglese conservata ad Arenenberg, *Bony's Visions or a Great little Man's Night Comforts* (1811).[3] Nella prima le cause immediate delle visioni orrende di Napoleone sono sparse nella sua camera: per terra, sul tavolo e nella mano del protagonista appaiono parecchie carte da cui dipende la sua anglofobia. In primo piano a sinistra la presenza di giornali strappati, e soprattutto di caricature sgualcite rappresentanti «Litle [sic] Boney», accredita la tesi razionalistica, riaffermata nel Settecento, secondo cui le visioni notturne riprodurrebbero semplicemente, deformandole, le esperienze della veglia. Le apparizioni che assalgono l'imperatore, quindi, sono dovute alla lettura dei libelli inglesi: sottile alchimia, quindi, e duplicazione (in finestra prospettica) della caricatura e del suo potere immaginativo o *immaginante*.[4]

Queste visioni notturne emergenti da nubi evocano certamente gli spettacoli di lanterna magica, rimessi in voga da Etienne Gaspard Robertson all'indomani della Rivoluzione francese. È pura coincidenza se tali spettacoli si svolgono nel convento dei cappuccini, a quell'epoca uno dei centri parigini della caricatura?[5] Certo è che in quel convento si può assistere a rappresentazioni grottesche e immaginarie, in un ambiente molto «da fiera»; con l'aiuto di una lanterna (un *phantascope* articolato), Robertson proietta scene demoniache su schermi di fumo, simili alle nubi che circondano i sogni nelle stampe.[6] In un'incisione tedesca del 1814, d'altronde, il Tempo appare, nel solco della tradizione iconografica,[7] come un vecchio alato ed armato di falce; il vegliardo brandisce però anche una lanterna magica che proietta un'immagine degradante di Napoleone, accosciato col deretano nudo nelle ortiche. Qui la proiezione luminosa, oltre a divenire strumento di rivelazione profetica, si potrebbe leggere come una sorta di metafora della caricatura stessa.

PK

2.4.8 *Mappamondi e carte simboliche*

Da molto tempo, nell'iconografia religiosa, la perfezione geometrica della sfera simboleggia il potere spirituale e temporale:[1] la regalità celeste di Dio o del Cristo in maestà serve a consolidare la legittimità dei reami terrestri e a confermarne la perennità. La figura della sfera, tuttavia, è anche associata a una personificazione allegorica estremamente diffusa sin dal Medioevo: la Fortuna, ritta su una palla per sottolineare l'instabilità delle imprese umane.[2] La sfera può quindi simboleggiare l'eterno o la stabilità, l'effimero o il movimento, e rappresentare la perfezione cosmica o la realtà geografica terrestre.

I caricaturisti non rinunciano a giocare su queste ambiguità semantiche e sulle dimensioni rispettive degli attori e dei globi, che appaiono sotto la forma consueta dei mappamondi o servono da campo d'azione per Napoleone e i suoi nemici;

Globen zu spielen, die unter der gewohnten Form der Weltkarten erscheinen oder als Schauplatz für die Kämpfe zwischen Napoleon und seinen Gegnern dienen. Die berühmtesten Stiche, die dieses Motiv aufnehmen, wurden von James Gillray geschaffen. *Fighting for the Dunghill* (1798) zeigt Bonaparte im Boxkampf mit Jack Tar, dem John Bull der Meere.[3] Letzterer setzt seinen Fuss auf die Insel Malta, die sich soeben mit Unterstützung der Engländer gegen die Franzosen erhoben hat. Der Künstler lässt keinen Zweifel über den Ausgang des Kampfes, denn der ausgehungerte und aus der Nase blutende Bonaparte musste in der Seeschlacht von Abukir eine Niederlage durch Nelson einstecken. Er trägt im übrigen den Abdruck des Schlages seines siegreichen Gegners auf dem Bauch und scheint nach hinten zu fallen. *The Plumb-Pudding in Danger* (16. Februar 1805), eine weitere klassische Karikatur, zeigt Pitt und Napoleon bei Tisch: Mit grossen Messern teilen sie sich die Welt; mit begehrlichem Blick schneidet sich der eine ein Kolonialreich, der andere Europa ab.

Ab 1813 deuten die Globen das Ende und die Vergeblichkeit der Welteroberungsgelüste Napoleons an. In *Eitles Bestreben – Endlicher Lohn* bemüht sich der Kaiser, einen Thron zu erreichen, der auf dem von Atlas auf seinen Schultern getragenen Erdball steht. Doch die Sprossen der Leiter zerbrechen, und Napoleon stürzt auf einen Tisch, auf dem das die Universalmonarchie symbolisierende Kartenhaus ins Rutschen gerät.[4] «Helft, die grosse Kugel erdrückt mich!» ruft der vor einer brennenden Welt fliehende Kaiser aus; der Erdball quillt über vor bewaffneten Völkern, und Gottes Auge blickt auf die Szene herab.[5] Man denkt hier unweigerlich an Pierre-Paul Prud'hons berühmtes Gemälde *La Justice et la Vengeance divine poursuivant le Crime* (Die Gerechtigkeit und die göttliche Rache verfolgen das Verbrechen, 1808). Doch die Karikatur ist wohl eher von den unzähligen Höllenstürzen der apokalyptischen Ikonographie angeregt, wie auch ein anderes Blatt, das mit dem Titel versehen ist: *Der Himmel entriss mir die Welt, meine Reise geht in die Hölle*.[6]

Ähnlich wie die Globen dienen die Landkarten dazu, die Niederlagen und Territorialverluste des französischen Kaiserreiches zu veranschaulichen. So strauchelt Napoleon über eine Europakarte[7] und verliert dabei die Karte Frankreichs, nachdem er jene Polens, Spaniens, Italiens, der Schweiz und Hollands bereits hat fallen lassen.[8] Er stürzt nach hinten, als er die Karte der Insel Elba vermisst («Quelle chute!» ruft er aus).[9] Die Moral der Geschichte wird unmissverständlich von einem Stich verkündet, der den von einem zweiköpfigen Adler, dem Wappentier der Alliierten, in die Lüfte entführten Kaiser zeigt. Während seiner Himmelfahrt, die eher eine Entführung ist,[10] lässt er Kartenstücke fallen und blickt erzürnt auf ein winziges Stück Papier, das die Insel Elba zeigt.[11] Der Bildtitel kommentiert: «Wer zuviel anfängt, verzettelt sich!…» PK

2.4.9 *Gesellschafts- und Kartenspiele*

Seit dem Holzschnitt mit der Darstellung *Das Neue Kartenspiel «Flüsslis»* von 1514/1515, das die europäischen Mächte in einem neuartigen Spiel[1] um einen Tisch vereint, bedient sich die Bildsatire der Spielmetapher, um die Verhandlungen und Konflikte der Nationen darzustellen.

Kartenhäuser und Seifenblasen verweisen auf das gleiche Thema der Vergänglichkeit, das zu erkennen gibt, wie gefährdet und flüchtig menschliches Denken und Tun ist. Ein russischer Soldat, der Napoleons Kartenhaus durch sein Blasen

nez, vient de se faire «enfoncer» par Nelson à Aboukir. Il porte d'ailleurs la marque de son vainqueur sur le ventre, et semble sur le point de basculer en arrière. *The Plumb-Pudding in Danger* (16 février 1805), autre classique du genre, présente Pitt et Napoléon attablés, qui se partagent le monde avec de grands couteaux, l'un se taillant une zone d'influence coloniale, l'autre découpant l'Europe, l'œil avide.

A partir de 1813, les globes terrestres sont utilisés pour signifier la fin des ambitions mondiales de Napoléon et sa vanité. Dans *Eitles Bestreben – Endlicher Lohn*, l'Empereur s'efforce d'atteindre un trône, posé sur le monde que porte Atlas sur ses épaules. Les barres de son échelle se cassent, le précipitent vers une table sur laquelle repose le château de cartes figurant la monarchie universelle.[4] «A l'aide, la grosse sphère m'écrase!», s'écrie le général en fuite devant un monde en feu, grouillant de peuples en armes, sous l'œil de Dieu.[5] On ne peut s'empêcher de penser ici à la célèbre toile de Pierre-Paul Prud'hon, *La Justice et la Vengeance divine poursuivant le Crime* (1808). Le sujet s'inspire plus vraisemblablement des innombrables chutes dans les enfers de l'iconographie apocalyptique, comme dans cette autre planche intitulée: *Der Himmel entriss mir die Welt, meine Reise geht in die Hölle*.[6]

Parallèlement aux globes, les cartes permettent de visualiser les défaites et les pertes territoriales de l'Empire français. Voici Napoléon trébuchant sur la carte de l'Europe,[7] en train de perdre celle de la France après avoir lâché la Pologne, l'Espagne, l'Italie, la Suisse et la Hollande.[8] Il tombe à la renverse en mesurant le plan de l'île d'Elbe («Quelle chute», s'écrie-t-il).[9] La morale de l'histoire apparaît clairement dans une gravure qui montre l'Empereur emporté dans les airs par un aigle à deux têtes, emblème des Alliés. Au cours de son ascension (ou plutôt de son rapt)[10] il laisse choir des fragments de cartes et regarde, l'air courroucé, un minuscule papier sur lequel est dessiné l'île d'Elbe.[11] «Qui trop embrasse, mal étreint!…», résume la légende. PK

2.4.9 *Spectacles et jeux*

Depuis la feuille volante intitulée *Das Neue Kartenspiel «Flüsslis»*, gravure de 1514/1515 qui met en scène les nations européennes attablées autour d'un nouveau jeu de cartes, le flux,[1] l'imagerie satirique s'est emparée de la métaphore ludique pour visualiser les tractations et les conflits des nations.

Châteaux de carte et bulles de savon dérivent d'un thème identique: celui de la vanité, qui révèle combien les entreprises humaines sont fragiles et transitoires. Un soldat russe, en soufflant le château de cartes de Napoléon, résume l'échec et l'inanité de la campagne moscovite.[2] L'Empereur gonfle des bulles qui évoquent ses rêves de domination européenne:[3] un motif qui l'infantilise car le jeu, en peinture comme en gravure, appartient aux plaisirs du jeune âge. Ce thème renvoie plus particulièrement à l'iconographie de la mort: *Est homo bulla*, l'homme est une bulle dit un proverbe latin repris par Erasme, qui connaît une certaine fortune dans la Hollande du XVIIe siècle.[4]

Parmi les jeux d'équilibre ou d'adresse, le *tapecu* ou *tapecul*[5] appartient au même registre vulgaire que le *pet-en-gueule* ou *pète-en-gueule*,[6] passe-temps populaire au cours duquel deux individus, se tenant debout tête-bêche, roulent sur une tierce personne accroupie, pour inverser leur position. Dans le cas présent, Napoléon se redresse, libérant la personnification de la France du poids de Louis XVIII, à son retour de

the combats between Napoleon and his enemies. The most famous engravings built around this motif are those by James Gillray. His 1798 *Fighting for the Dunghill* shows Bonaparte being boxed by Jack Tar, the maritime equivalent of John Bull.[3] The latter is seen setting foot on the island of Malta, which – with the support of the British – has just risen up against the French. The artist leaves no doubt as to the battle's outcome, for he presents a scrawny and bloody-nosed Napoleon who has just been «rammed into» by Nelson at Aboukir. Napoleon even shows the mark his conqueror made to his stomach, and looks as if he is about to topple over backwards. Another classic of the kind, *The Plumb-Pudding in Danger* (16 February 1805), features Pitt and Napoleon seated at a table and applying big knives to the task of dividing the world, one carving himself a zone of colonial influence and the other greedily dividing up Europe.

From 1813, the globe was used to represent the end of Napoleon's world-wide ambitions and enormous vanity. In *Eitles Bestreben – Endlicher Lohn*, the Emperor is depicted climbing to attain a throne that has been set onto a globe that Atlas bears on his shoulders. The ladder rungs break, catapulting Napoleon towards a table laid out with a card castle representing universal monarchy.[4] «Help, the big sphere is crushing me!», the general screams as he flees a world on fire and teeming with people up in arms, under the gaze of God.[5] This work unfailingly brings to mind Pierre-Paul Prud'hon's famous painting *La Justice et la Vengeance divine poursuivant le Crime* (Justice and Divine Revenge Pursuing Crime, 1808). More probably, however, the work was inspired by the countless descents into Hell that abound in apocalyptic iconography, such as in another plate captioned: *Der Himmel entriss mir die Welt, meine Reise geht in die Hölle*.[6]

In parallel to globes, maps provided a means of visualising the defeats and loss of territory suffered by the French Empire. Here we see Napoleon tripping over a map of Europe,[7] while letting go of the map of France, and already having lost Poland, Spain, Italy, Switzerland, and Holland.[8] He falls backwards while measuring the map of the island of Elba («What a fall,» he cries out).[9] The morality of the story comes through very clearly in an engraving where the Emperor is carried off to the skies by a two-headed eagle, the emblem of the allies. During his ascent (more aptly, his abduction),[10] he lets pieces of maps float down, concentrating with a fury upon a tiny scrap in his hands on which the island of Elba has been drawn.[11] The caption makes the point: «Biting off more than one can chew!»
PK

A Game of Cribbage or Boney's Last Shuffle

2.4.9 *Shows and Games*

1514/1515 saw the publication of a broadsheet entitled *Das Neue Kartenspiel «Flüsslis»* – an engraving that staged the European nations playing at a new card game.[1] Ever since then, satiric imagery has resorted to using games metaphorically to give visual form to negotiations and conflicts between nations.

Card castles and soap bubbles describe the same theme, namely that of vanity, revealing the fragility and fleeting nature of everything undertaken by man. A Russian soldier has only to be seen in the process of blowing down Napoleon's card castle to summarise the failure and futility of the Moscow campaign.[2] Or the Emperor is depicted blowing bubbles, evoking his dreams of dominating Europe.[3] The motif conveys the idea of childishness, because games, in both

zusammenstürzen lässt, besiegelt das Scheitern und die Sinnlosigkeit des Russlandfeldzuges.[2] Der Kaiser lässt Seifenblasen aufsteigen, die seine europäischen Herrschaftsträume versinnbildlichen:[3] ein Motiv, das ihn zum Kind macht, da dieses Spiel in Malerei und Graphik zu den Vergnügungen der Jüngsten gehört. Das Thema verweist zudem auf die Ikonographie des Todes: *Est homo bulla*, der Mensch ist eine Blase, sagt ein lateinisches Sprichwort, das Erasmus von Rotterdam wiederaufgriff und das im Holland des 17. Jahrhunderts eine gewisse Verbreitung fand.[4]

Zu den volkstümlichen Gleichgewichts- oder Geschicklichkeitsspielen gehören das «tapecu» oder «tape-cul»[5] und das «pète-en-gueule» oder «pet-en-gueule»,[6] bei dem sich zwei Individuen Kopf bei Fuss halten und über eine kauernde dritte Person rollen, um sich in umgekehrter Position wiederzufinden. Im vorliegenden Fall richtet sich Napoleon bei seiner Rückkehr von Elba auf und befreit das personifizierte Frankreich vom Gewicht Ludwigs XVIII. Andere, etwas würdigere Darstellungen verteidigen entweder den Kaiser, indem sie das Bild der Schaukel[7] oder des Blindekuhspiels[8] zu Hilfe nehmen, oder sie greifen ihn an und stellen ihn beispielsweise in die Mitte des Spiels «Bäumchen-wechsle-dich».[9] Da er jedoch gerade auf dem Nachttopf sitzt, kann er ganz offensichtlich nicht den Platz eines der vier anderen Spieler (die verbündeten Generäle) einnehmen, die gemäss den Spielregeln von einer Ecke zur nächsten (die vier Ecken der Erde) laufen.

Andere Spielübungen verwandeln den abgesetzten Kaiser in ein Spielzeug, das den Einfällen seiner Bezwinger ausgeliefert ist. Gelegentlich muss er Seil springen,[10] doch häufiger verwenden die Alliierten ihn als Kreisel,[11] als Diavolo[12] (Doppeltrichter, den man mit Hilfe einer zwischen zwei Stecken gespannten Schnur in die Höhe wirft) oder als Federball,[13] der von ihren Schlägern hin und her getrieben wird (im Französischen bedeutet «volant» bzw. Federball auch einen willenlosen, leicht manipulierbaren Menschen).

Die visuelle Metapher des Kartenspiels ist komplexer und anspielungsreicher zugleich. In der englischen Karikatur *Political Quadrille* (1808) spielen England, Russland, Österreich und Preussen Karten, während Napoleon und ein Spanier handgemein werden («Betrüger, gib mir meinen König zurück!» ruft der zweite). Neben ihnen stürzt der Papst zu Boden, und ein Holländer beginnt sich zu erheben (im wörtlichen und übertragenen Sinn).[14] Haben Spielregeln hier noch eine Bedeutung? Allem Anschein nach ja, denn im Französischen hiess dieses Spiel (was für ein Zufall!) *Le médiateur*: der Vermittler. Um zu gewinnen, musste man «sechs Stiche machen, doch mit Hilfe des Königs, der sich gegen eine andere Karte austauschen liess».[15]

Die französische Karikatur *La bouillotte*[16] bezieht sich auf ein Kartenspiel, das am Ende des 18. Jahrhunderts in den vom Direktorium besetzten Salons des Palais du Luxembourg erfunden wurde.[17] Die Darstellung befolgt gewissenhaft sämtliche Spielregeln. Zunächst müssen die Spieler die Höhe der Bank, des Betrags, den jeder vor sich hinzulegen hat, und des Spieleinsatzes festlegen. Im vorliegenden Fall sitzen die Vertreter der vier Alliierten mit Ludwig XVIII. am Spieltisch. Ihre Einsätze tragen die Namen «Italien», «Polen», «Preussen Sachsen» und «Belgien». Auf der rechten Seite ist Wellington am Ausspielen («Ich mache das Spiel», sagt er), während der französische König erklärt: «Ich bin bankrott» – ein Anzeichen, dass die Alliierten sich für die Spielvariante mit Bankrott entschieden haben. Wenn einer der Spieler kein Geld mehr in seiner Bank hat, ist er zahlungsunfähig und muss seinen Platz einem neuen Teilnehmer abtreten, in diesem Fall Napoleon, der von der Insel Elba zurückkehrt.

l'île d'Elbe. D'autres gravures, un peu moins indignes, soit prennent la défense de l'Empereur en exploitant l'image de la balançoire,[7] du colin-maillard,[8] soit l'attaquent en le plaçant, par exemple, au centre du jeu des quatre-coins.[9] Déféquant dans un pot de chambre, il ne peut, de toute évidence, s'emparer de la position de l'un des quatre joueurs (les généraux alliés) qui, selon la règle du jeu, se déplacent d'un coin à l'autre (les quatre coins du globe).

D'autres exercices ludiques transforment l'ex-Empereur en un jouet livré au bon plaisir de ses vainqueurs. Ces derniers le font parfois sauter à la corde.[10] Plus fréquemment, ils l'utilisent comme sabot[11] (une sorte de toupie que l'on fait tourner en la fouettant), comme diable[12] (ce double cône que l'on projette en l'air au moyen d'un fil tendu entre deux baguettes) ou comme volant,[13] ballotté entre les raquettes des alliés: un «volant», en français, caractérise également un homme sans volonté et manipulable.

La métaphore visuelle des jeux de carte est à la fois plus complexe et plus allusive. Dans la caricature anglaise intitulée *Political Quadrille* (1808) l'Angleterre, la Russie, l'Autriche et la Prusse jouent aux cartes, tandis que Napoléon et un Espagnol en viennent aux mains («tricheur, rends-moi mon roi», s'écrie le second). A ses côtés, le pape tombe à terre et un Hollandais décide de se lever – de se «soulever», littéralement.[14] Les règles jouent-elles un rôle en l'occurrence? Tout porte à le croire. En effet, en français le jeu s'appelait (quelle coïncidence!) *le médiateur*. Il consistait «dans l'obligation de faire six levées [de cartes], mais avec le secours du roi, qui était donné en échange d'une autre carte»…[15]

La charge française intitulée *La bouillotte*[16] s'inspire du nom d'un jeu de carte inventé à la fin du XVIIIe siècle, dans les salons du palais du Luxembourg occupés par le Directoire.[17] La gravure suit scrupuleusement les règles du jeu. Il s'agit d'abord pour les joueurs de fixer le taux de la *cave*, c'est-à-dire de la somme que chaque participant doit mettre devant lui, et le *prix du jeu* – la mise initiale. Dans la caricature en question, les figures des quatre alliés, attablés avec Louis XVIII, avancent leur mise légendée «Italie», «Pologne», «Prusse Saxe» et «Belgique». A droite, Wellington est en position de force («Je fais le jeu», dit-il), tandis que le roi de France déclare: «me voilà décavé» – preuve que les alliés jouent à une variante appelée la *bouillotte au décavé*. En effet, lorsque l'un des joueurs n'a plus d'argent, lorsqu'il a perdu sa *cave*, il doit céder la place à un rentrant – en l'occurrence Napoléon de retour de l'île d'Elbe.

La situation est inverse de celle représentée dans la caricature de George Humphrey gravée par George Cruikshank, qui montre l'Empereur jouant au *cribbage*, un jeu de carte anglais, avec le prince régent Georges IV.[18] Le premier abat un huit de trèfle avec inquiétude, tandis que le second annonce «XVIII» en posant la figure d'un roi, Louis XVIII. La gravure s'intitule *Boney's Last Shuffle*: la dernière donne.   PK

2.4.10 *Détournements de mots et d'images*

Rares sont les caricatures sur Napoléon qui ne sont pas assorties de textes. Les mots se glissent à l'intérieur de l'image pour désigner des objets ou des personnes, tandis que des phylactères ou des «bulles» renferment les paroles des acteurs. Le texte s'impose également en dehors du cadre de la représentation. Il est le plus souvent gravé à l'envers sur la même plaque de cuivre, par des artisans spécialisés. En quelque sorte, les lettres servent à la fois de cadre ou de socle formel aux figures,

painting and engraving, were considered child's play. This theme reverts more particularly to the iconography of death: *Est homo bulla* – man is a bubble – declares a Latin proverb that was taken up again by Erasmus and later became fairly widespread in seventeenth-century Holland.[4]

Among the games of balance or skill, bang-bottom on the seesaw (the French «tape-cul»)[5] belongs to the same vulgar register as fart-to-your-face (the French «pète-en-gueule»),[6] a popular pastime where two individuals stand head to foot before rolling over a third person crouched before them, after which their respective head-to-foot positions are reversed. In the work under consideration, Napoleon, upon his return from Elba, is set upright, thus liberating the personification of France of the weight of Louis XVIII. Other engravings, a bit less shameful, either take up the Emperor's defence – availing themselves of the image of the swing[7] or blindman's bluff[8] – or else attack him by, for example, placing him in the middle of the four-corners game:[9] while defecating on a chamber pot, he obviously is not in a position to replace one of the other four players (the allied generals) who, in accordance with the game rules, move from one corner to the next (the four corners of the globe).

Other play themes transform the ex-Emperor into a toy for his conquerors to dispose of as they please. Sometimes he is made to jump rope.[10] More frequently, he is used as a spinning top,[11] as a diabolo[12] (a double-coned toy that is whirled along a string strung between two sticks) or as a shuttlecock[13] being bounced back and forth between the rackets held by the allies. Moreover, the French term for shuttlecock is «volant», which can also mean lacking willpower and hence easy to manipulate.

The visual metaphor of card games is both more complex and more allusive. In the English caricature *Political Quadrille* (1808), England, Russia, Austria, and Prussia are all seated at two tables, while Napoleon and a Spanish man are engaged in a fist fight («Cheater, give my king back to me», the latter exclaims). By his side, the Pope has fallen to the ground, and a Dutchman decides to get up – literally, to create an «uprising».[14] Do the game rules apply here? There is good reason to believe so. For the game in French is called (what a coincidence!) *Le médiateur* (the mediator), and it consists in «the obligation to take six tricks, but with the king's assistance, and the king is dealt in exchange for another card»…[15]

The title of a French cartoon – *La bouillotte*[16] – was inspired by a card game invented at the end of the eighteenth century in the salons of the Luxembourg Palace, occupied at the time by the Directory.[17] The engraving follows the game rules to a T. Players are first expected to decide the rates for the pool (the French *cave*), that is the amount constituting each player's game purse, and the game price (the French *prix du jeu*), that is the initial stake. In this caricature, the figures of the four allies, seated at the table with Louis XVIII, put up stakes marked «Italy», «Poland», «Saxony Prussia», and «Belgium». To the right, Wellington holds the strong seat («The game is up to me,» he declares), while the King of France retorts, «I have lost my purse» (the French «me voilà décavé» refers to his being deprived of the *cave*), proving that the allies were playing a variation on the game called *bouillotte au décavé*. In this variation, when one of the players has no money left – that is he has lost his *cave* (or emptied his purse) – he must give up his place to someone who gets back into the game, in this case Napoleon upon his return from the island of Elba.

The reverse situation is represented in George Cruikshank's engraving of a caricature by George Humphrey, where the Emperor is shown playing *cribbage* with the Regent Prince

2.4.9 *Spettacoli e giochi*

A partire dal foglio volante intitolato *Das Neue Kartenspiel «Flüsslis»*, incisione del 1514/1515 che rappresenta le nazioni europee a tavola intorno a un nuovo gioco di carte (il *Flüssli*),[1] le stampe satiriche si appropriano la metafora ludica per visualizzare i negoziati e i conflitti fra nazioni.

Castelli di carte e bolle di sapone derivano da un tema identico: quello della vanità, che rivela quanto le imprese umane siano fragili ed effimere. Un soldato russo soffia via il castello di carte costruito da Napoleone, riassumendo così il fallimento e l'inutilità della campagna di Russia.[2] L'imperatore soffia bolle di sapone che ricordano i suoi sogni di dominazione europea:[3] un soggetto che lo infantilizza, perché il gioco è considerato – dai pittori come dagli incisori – un piacere puerile. Questo tema rinvia più particolarmente all'iconografia della morte: il proverbio latino *Est homo bulla* (L'uomo è una bolla), ripreso da Erasmo, ha una certa fortuna nell'Olanda del Seicento.[4]

Fra i giochi d'equilibrio o di destrezza, il *tapecu* o *tape-cul*[5] appartiene allo stesso registro volgare del *pet-en-gueule* o *pète-en-gueule*,[6] passatempo popolare in cui due persone, stando testa–piedi, rotolano su una terza persona accosciata, per poi invertire la propria posizione; nel nostro caso Napoleone si raddrizza, al suo ritorno dall'isola d'Elba, liberando la personificazione della Francia dal peso di Luigi XVIII. Altre stampe, un po' meno indegne, difendono l'imperatore sfruttando l'immagine dell'altalena[7] o della mosca cieca,[8] oppure lo attaccano ponendolo, per esempio, al centro del gioco dei quattro cantoni:[9] Napoleone defeca in un vaso da notte, quindi ovviamente non può conquistare la posizione di uno dei quattro giocatori (i generali alleati), che in base alle regole del gioco si spostano da un angolo all'altro (i quattro angoli del globo).

In altri esercizi ludici l'ex imperatore diventa un giocattolo in balia dei suoi vincitori, che talvolta lo fanno saltare alla corda,[10] ma più spesso lo usano come paleo[11] (tipo di trottola che si fa ruotare con una sferza), come diabolo[12] (doppio cono proiettato in aria grazie a un filo teso fra due bacchette) o come volano,[13] sballottato fra le racchette degli alleati: ma la parola francese per «volano» *(volant)* caratterizza anche un uomo abulico e manipolabile.

La metafora visiva dei giochi di carte è più complessa e contemporaneamente più allusiva. Nella caricatura inglese *Political Quadrille*, risalente al 1808, Inghilterra, Russia, Austria e Prussia giocano a carte, mentre Napoleone viene alle mani con uno spagnolo che lo definisce furfante e gli ingiunge di rendergli il re. Accanto a lui il papa cade a terra, mentre un olandese decide di alzarsi (anzi di «sollevarsi»);[14] tutto porta a credere che in questo caso le regole svolgano un ruolo ben preciso. In francese infatti, guarda caso (!), il gioco si chiamava «il mediatore» *(le médiateur)*; consisteva «nell'obbligo di fare sei levate [di carte], ma con l'aiuto del re, che era dato in cambio di un'altra carta»…[15]

La caricatura francese intitolata *La bouillotte*[16] si ispira al nome di un gioco di carte inventato a fine Settecento nelle sale del Palais du Luxembourg (occupate dal direttorio),[17] rispecchiando scrupolosamente le regole del gioco. I partecipanti devono anzitutto fissare la *cave* (cioè la posta in denaro che ognuno mette davanti a sé) e il *prix du jeu* (la puntata iniziale); nella caricatura le figure dei quattro alleati, seduti a un tavolo con Luigi XVIII, presentano puntate con le scritte «Italia», «Polonia», «Prussia Sassonia» e «Belgio». Wellington, sulla destra, è in posizione di forza («Faccio il gioco»), mentre il re di Francia si dichiara *décavé*, dimostrando quindi che il

Umgekehrt ist die Situation in der von George Cruikshank für den Verleger George Humphrey gestochenen Karikatur, die den Kaiser bei einem Kartenspiel namens *cribbage* mit dem Prinzregenten Georg IV. zeigt.[18] Napoleon spielt besorgt eine Treff-Acht aus, während der Prinzregent «XVIII» ankündigt und die Karte eines Königs (Ludwig XVIII.) auf den Tisch legt. Der Stich trägt den Titel *Boney's Last Shuffle*: die letzte Runde.

PK

2.4.10 *Umdeutungen von Wörtern und Bildern*

Es gibt nur wenige napoleonische Karikaturen, die nicht von Texten begleitet wären. Die Wörter dringen ins Bild ein, um Personen oder Gegenstände zu bezeichnen, während Schriftbänder oder Sprechblasen Aussagen der Akteure enthalten. Der Text markiert auch ausserhalb des Bildes seine Präsenz. Meistens wird er von spezialisierten Stechern spiegelverkehrt auf die Kupferplatte graviert. Die Buchstaben dienen sozusagen als Rahmen oder Sockel für Figuren, als Umrahmung oder Verständnishilfe. Die Signatur des Künstlers und des Stechers, die Adresse des Verlegers und das Erscheinungsdatum oder die Angabe über die Hinterlegung des Stiches sind neutrale, sachbezogene, gelegentlich aber auch satirische Informationen.[1]

Auf jeden Fall muss der Betrachter der Karikatur sich auch als Leser betätigen. Er kann weder auf den Titel noch auf die Erklärung des Stiches verzichten, da der Künstler häufig durch das besondere Verhältnis von Text und Bild komische oder satirische Wirkungen schafft. Mit anderen Worten, hat die Bildlegende selten eine rein beschreibende oder literarische Funktion. Umgekehrt ist das Bild fast nie auf die schlichte Illustration einer geschriebenen Idee eingeschränkt.

Die Bedeutung von Lessings *Laokoon*, der 1766 erschien, ist bekannt. Die unzählige Male wiederaufgelegte und übersetzte Abhandlung bezieht die Gegenposition zur allzu berühmten Horazischen Erkenntnis *ut pictura poesis*. Wie Lessing ausführt, gibt es grundsätzliche Unterschiede zwischen dem (zeitlichen, analytischen und abstrakten) Diskurs und dem (räumlichen, synthetischen und konkreten) Bild. Die Karikatur ergreift gerne Partei für Lessing, indem sie die behauptete Selbständigkeit der Sprach- und Bildbotschaft ins Absurde zieht.

Eine beliebte Technik besteht darin, einen bestimmten Ausdruck wörtlich zu verstehen. Die Karikatur nimmt die Metaphern bei ihren Buchstaben, um zu beweisen, dass zwischen der Substanz der ins Bild gesetzten Sprache und den Eigenschaften des Bildes Unterschiede bestehen. Eine französische Karikatur, die vermutlich Ende 1813 entstand, ist mit der Bildlegende versehen: «Ich stehe auf Dornen, verliere die Orientierung, bewege mich nur mit halber Kraft und weiss nicht recht, auf welchem Bein stehen.»[2] Diese vier Redensarten, die in verschiedenen Bildern Ratlosigkeit ausdrücken, werden im Bild *wörtlich* verstanden: Napoleon steht auf Dornen, lässt nach den Karten Hollands, Italiens, Spaniens und Polens auch die Frankreichkarte fallen, versucht, einen einzigen auf seiner Schulter befestigten Flügel in Bewegung zu setzen, während der andere auf dem Boden liegt, und weiss nicht recht, auf welchem Bein stehen. In einem deutschen Stich aus der gleichen Zeit läuft Napoleons kleiner Sohn, der König von Rom, seinem kaiserlichen Vater entgegen und ruft aus: «Vater wo bist du?» «In der Tinte», antwortet der Vater, der in einem Tintenfass sitzt.[3] Wie bereits dargestellt,[4] werden gelegentlich die phonemischen und semantischen Bestandteile der Namen

Napoléon véritable Grand Maître de l'ordre de l'Eteignoir

et d'encadrement ou d'aide pour leur compréhension. La signature de l'artiste, du graveur, l'adresse de l'éditeur et la date de parution ou l'indication du dépôt de l'estampe apportent des informations neutres, factuelles, et parfois satiriques.[1]

Dans chaque cas, le spectateur de la caricature devient aussi lecteur. Il ne peut se passer ni du titre, ni du commentaire de la planche. Car c'est précisément au moyen du jeu entre image et texte que l'artiste produit des effets comiques et satiriques. Autrement dit, la légende assume rarement un rôle purement descriptif et littéral. Inversement, l'image ne se réduit presque jamais à la simple illustration d'une idée écrite.

On connaît l'importance du *Laokoon* de Lessing, ce texte paru en 1766. De nombreuses fois réédité et traduit, il prend le contre-pied de l'adage horacien, le trop fameux *ut pictura poesis*. L'auteur souligne tout ce qui sépare le discours (temporel, analytique et abstrait), de l'image (spatiale, synthétique, concrète). La caricature prend ainsi volontiers parti pour Lessing en démontrant, par l'absurde, l'indépendance des messages linguistiques et iconiques.

L'une des techniques consiste à prendre des expressions au pied de la lettre. La caricature «littéralise» les métaphores pour démontrer que la substance du langage imagé diffère des propriétés de l'image. Prenons l'exemple d'une charge française, datant probablement de la fin 1813, qui a pour légende: «Je suis sur les Epines, je perds la carte, je ne bats que d'une aile, je ne sais sur quel pied danser».[2] La gravure met *littéralement* en scène Napoléon dansant sur des épines, lâchant la carte de la France après celles de la Hollande, de l'Italie, de l'Espagne et de la Pologne, et en train de battre d'une aile fixée sur son épaule tandis que l'autre gît au sol. Dans une gravure allemande de la même époque, le roi de Rome se précipite vers son auguste papa en s'écriant: «Père, où est-tu?». Et l'intéressé, plongé dans une noire bouteille, de lui répondre: «in der Tinte» – autrement dit, «dans le pétrin».[3] Comme nous l'avons vu,[4] les composantes phoniques et sémantiques du nom même de Napoléon ou de Bonaparte sont parfois littéralement mises en image. Les variations sur le mot «bone» (os en anglais) ont fait la joie des caricaturistes d'Outre-Manche.[5]

Dans le même registre, l'illustration de certains jeux de mots aboutit à des résultats pour le moins surprenants. La gravure légendée *Serrement de nez (Serment de Ney)* s'en prend au ralliement opportuniste du maréchal Ney à l'Em-

George IV.[18] Napoleon anxiously lays down the 8 of clubs while the Regent Prince declares «XVIII» and lays down the face of a king, Louis XVIII. The engraving title speaks for itself: *Boney's Last Shuffle*.   PK

2.4.10 Diverted Words and Images

Very few Napoleon cartoons are free of text. Words are slipped inside the image to designate objects or persons, while the phylacteries or «balloons» feature the lines spoken by the cartoon actors. Text is also to be found outside the image proper, most frequently engraved backwards on the same copper plate by specialised artisans. One could say the letters serve at once as a frame or formal base to the figures, and as a framework or aid to their understanding. The artist's signature, that of the engraver, the publisher's address and the date of publication, or an indication as to where the print was copyright registered, represent neutral, factual, and occasionally satirical data.[1]

In every instance, viewing a caricature also involves reading it, for the title and the plate commentary belong to its comprehension. Indeed, the very play between image and text is what enables the artist to achieve a comic and satiric effect. In other words, the captions rarely play a purely descriptive and literal role. Conversely, the image hardly ever can be reduced to the simple illustration of a written idea.

Lessing's frequently republished and widely translated text *Laokoon*, first published in 1766, is a significant work that takes the opposite view to Horace's all-too-famous *ut pictura poesis*. Lessing emphasises the features that distinguish discourse (temporal, analytic, and abstract) from imagery (spatial, synthetic, and concrete). Caricature works in line with Lessing's thinking because, using the absurd, it demonstrates the independence of respectively linguistic and iconic messages.

One cartoon technique is to take verbal expressions literally, to «literalise» metaphors and thus demonstrate that the substance of language differs from the properties belonging to the image. If we take as an example a French cartoon, probably dating from end 1813, we find the caption: «I am on thorns, I have but one wing to flap and know not on which foot to dance.»[2] The engraving itself depicts these words *literally* (in French, «to be on thorns» is to feel anxiety, «to flap a wing» is to be in a shaky state, «not to know on which foot to dance» implies indecision). Napoleon dances on thorns, looses hold of the map of France after having let go of Holland, Italy, Spain, and Poland, and flaps one wing attached to his shoulder, while the other wing lies on the ground. A German engraving from the same period has the King of Rome running towards his august father and crying out: «Father, where are you?». The Father, plunged into a black bottle, answers «in the ink»,[3] a German expression for being «in a pickle». As already mentioned,[4] at times the caricaturists used literal visual illustrations of the phonic and semantic components of Napoleon or Bonaparte; the English in particular delighted in the many variations the word «bone» had to offer.[5]

Along the same line of thought, a few word plays incited some rather surprising graphic results. Thus the engraving captioned *Serrement de nez (Serment de Ney)* – which translates as «Pressing of the Nose (Ney's Oath)» – represents Ney's opportunist rallying to Napoleon's cause during the Hundred Days.[6] Ney is depicted on his knees, with his nose

Bonaparte und Napoleon wörtlich ins Bild gesetzt. Variationen über das Wort «bone» (Knochen) sind das besondere Vergnügen der englischen Karikaturisten.[5]

Die Illustration bestimmter Wortspiele kann zu den überraschendsten Ergebnissen führen. Der *Serrement de nez (Serment de Ney)* untertitelte Stich, dessen Legende eine eingeklemmte Nase mit Neys Eid in Verbindung bringt, attackiert das opportunistische Verhalten des Marschalls, der sich während der Hundert Tage Napoleon anschloss.[6] Der Marschall kniet auf dem Boden, seine Nase ist in Napoleons Hinterteil eingeklemmt, das er umarmt. Sein Ausruf: «Ich schwöre, dass es hier nach Veilchen riecht» spielt darauf an, dass Napoleon im Augenblick der Veilchenblüte von Elba zurückkommen würde. Eine weitere französische Karikatur von 1815, die den Titel *Dieu soit loué! le Diable l'emporte!* trägt, spielt mit alltäglichen Redensarten und dem Doppelsinn des Wortes «diable» (Teufel), das hier das Diavolospiel meint.[7] Wie das Bild zeigt, ist es nicht der Teufel, der Napoleon holt, sondern Wellington wirft ihn in die Luft. *La bonne charge!!* lautet der mehrdeutige Titel einer französischen Karikatur, die Ludwig XVIII. und seine Anhänger, mit Löschhütchen (Kennzeichen der Reaktionäre) bedeckt, auf der Flucht vor dem zurückkehrenden Napoleon zeigt.[8] Sie schleppen zwar eine grosse Anzahl Diamanten mit sich, doch spielt der Titel nicht nur auf diese Bürde an, sondern auch auf den übertragenen Sinn von «charge», das gleichfalls Karikatur bedeuten kann.

Die Karikatur deutet jedoch nicht nur Texte um, sondern zitiert und parodiert auch Bilder.[9] So zeigt der französische Stich *De Bas en haut, ou le Titan nouveau*,[10] wie Napoleon Religion, Menschlichkeit, Ehre und Gerechtigkeit mit Füssen tritt. Seine Beinstellung und die Bewegung seines Körpers erinnern an den *Sprung Tells aus dem Schiff* (1780–1790), einen Stich von Carl Gottlieb Guttenberg nach einem Gemälde von Füssli, oder an John Flaxmans Stich mit der Darstellung des Prometheus, gegen den Jupiter Blitze schleudert. Die Karikatur bezieht sich kaum auf den symbolischen Gehalt von Füsslis Bild, es sei denn, man setzt Tell wie Napoleon mit einem Königsmörder gleich. Ein weiterer französischer Stich aus der gleichen Zeit präsentiert den Kaiser als gestikulierenden Ganymed, der vom zweiköpfigen Adler der verbündeten Nationen entführt wird.[11] Das Blatt ist höchstwahrscheinlich von Rembrandts leicht groteskem Bild (1635, Gemäldegalerie Dresden) angeregt, das den schönen trojanischen Jüngling der Legende als schreiendes Wickelkind zeigt: eine beleidigende Gleichsetzung.

Parodie und Zitat[12] sind erprobte Techniken der Bildsatire seit dem Hans Holbein zugeschriebenen Stich (1522), der Martin Luther als *Hercules Germanicus* darstellt, nach dem Vorbild der antiken Skulpturengruppe des trojanischen Priesters Laokoon und seiner Söhne.[13] Diese Sekundärtechnik, die mit ironischen Anspielungen auf ikonographische Vorlagen und Traditionen arbeitet, ist eine der typischen Verfahrensweisen der Karikatur.

Der im Sommer 1815 veröffentlichte französische Stich *Napoléon Véritable Grand Maître de l'ordre de l'eteignoir*[14] ist ein schönes Beispiel für den meisterlichen Einsatz der satirischen Umkehrungstechnik. Napoleon ist in einen hermelingefütterten Purpurmantel gehüllt und trägt den Lorbeerkranz auf dem Haupt. Das im Profil dargestellte Gesicht ist nicht karikiert. Feierliche Haltung und Physiognomie folgen vermutlich dem von David gemalten Kaiserbildnis in dem Monumentalgemälde *Serment de l'armée fait à l'Empereur après la distribution des Aigles au Champ-de-Mars le 5 décembre 1804*[15] (Der Eid der Armee auf den Kaiser nach der Verteilung der Adler auf dem Marsfeld am 5. Dezember 1804).

pereur, lors des Cent-Jours.[6] Ledit maréchal est représenté à genoux, le nez coincé par les impériales fesses auxquelles il donne l'accolade en disant: «je jure que ça sent la violette», allusion à l'idée selon laquelle Napoléon reviendrait de son exil à l'île d'Elbe au moment de leur floraison. Une autre caricature française de 1815, titrée *Dieu soit loué! le Diable l'emporte!* joue sur des locutions banales et sur le double sens du mot «diable», pris ici au sens particulier du jeu.[7] En effet, ce n'est pas Satan qui emporte Napoléon, mais Wellington qui l'envoie dans les airs. *La bonne charge!!*, commente ironiquement une gravure française représentant Louis XVIII et ses acolytes coiffés d'éteignoirs (attribut des réactionnaires), en train de fuire lors du retour de Napoléon.[8] Ils transportent en effet un lourd butin de diamants, mais ce n'est pas à ce poids que le titre fait allusion, mais à la «charge» même, synonyme de caricature en France.

La caricature non seulement détourne l'écrit mais aussi parodie et cite des images.[9] Par exemple, la planche française intitulée *De Bas en haut, ou le Titan nouveau*[10] montre Napoléon foulant d'un pied la religion, l'humanité, l'honneur et la justice, les jambes écartées, le corps tendu dans un mouvement inspiré soit de la gravure *Der Sprung Tells aus dem Schiff* (Saut de Tell, 1780–1790) de Carl Gottlieb Guttenberg, d'après une toile de Füssli, soit encore de la gravure de John Flaxman représentant Prométhée foudroyé par Jupiter. La charge ne reprend guère le contenu symbolique de l'œuvre du peintre suisse, si ce n'est le fait que Tell peut être assimilable, comme Napoléon, à un régicide. Une autre estampe française de la même époque figure l'Empereur en Ganymède gesticulant, emporté par l'aigle à double tête des nations alliées.[11] La charge fait très certainement allusion à la toile quelque peu grotesque de Rembrandt (1635, Dresde) qui transforme le bel adolescent troyen de la légende en gros poupon crisant: un parallélisme fort désobligeant.

La parodie ou la citation[12] sont des techniques courantes de la satire par l'image, depuis la gravure attribuée à Hans Holbein, qui figure Luther en *Hercules Germanicus* (1522), sur le modèle de la statue antique mettant en scène le prêtre troyen Laocoon et ses enfants.[13] Ce travail second, allusif ou ironique sur les modèles et les traditions iconographiques est l'un des traits caractéristiques du genre caricatural.

Le procédé de l'inversion satirique est subtilement mis en œuvre dans la gravure française intitulée *Napoléon Véritable Grand Maître de l'ordre de l'eteignoir*, parue en été 1815.[14] L'Empereur, en manteau de pourpre et de fourrure d'hermine et le front ceint de lauriers, n'a pas le visage caricaturé. De profil, dans une position hiératique, sa physionomie pastiche vraisemblablement le portrait peint par David dans le *Serment de l'armée fait à l'Empereur après la distribution des Aigles au Champ-de-Mars le 5 décembre 1804*.[15] Mais en lieu et place des emblèmes du pouvoir, il tient l'anse en forme de serpent d'un éteignoir surmonté d'une personnification de la Mort victorieuse, avec lequel il s'apprête à opprimer des allégories du Commerce (Mercure), de l'Agriculture (Cérès?), des Arts (Apollon) et de l'Industrie (Vulcain?). Comble de l'ironie, le décor en spirale de l'éteignoir est une véritable parodie de la colonne Vendôme.

PK

2.4.11 *Les serviteurs de l'Empire*

Bien que la caricature s'attaqua prioritairement à celui sur lequel reposait l'édifice impérial, à 95% au moins, quelques pièces isolées s'en prirent également à certains des serviteurs

pinched between the Imperial buttocks, which he embraces while declaring, «I swear, it smells of violets», alluding to the idea that Napoleon would be returning from his Elba exile when the violets were in bloom. Another French caricature of 1815, entitled *Dieu soit loué! le Diable l'emporte!* makes a play on two commonplace expressions and on the double meaning of the word «diable» (devil). In this case, the latter is taken in reference to the children's game of diabolo (formerly «diable»):[7] it is not Satan who carries off Napoleon but Wellington who whirls him into the air. *La bonne charge!!* is the ironic exclamation on another French caricature, where Louis XVIII and his followers – wearing candle snuffers (an attribute of reactionaries) as head-dress – are shown fleeing the return of Napoleon.[8] In effect, they are transporting a heavy diamond booty, but the «charge» of the caption refers as well to the word's alternative meaning in French, which is «cartoon».

Caricature not only diverts writing, but parodies and quotes images.[9] Thus, in the French plate entitled *De Bas en haut, ou le Titan nouveau*,[10] Napoleon is pictured trampling religion, humanity, honour and justice. His position – legs apart, body stretched taut – brings to mind either the engraving by Carl Gottlieb Guttenberg *Sprung Tells aus dem Schiff* (Tell's Jump, 1780–1790), after a painting by Füssli, or else an engraving by John Flaxman showing Prometheus being struck down by Jupiter. The cartoon in question hardly reverts at all to the symbolic content of the Swiss painter's work, lest it be that, like Napoleon, Tell can be linked to a regicide of sorts. Another contemporary French engraving represents the Emperor as Ganymede, who gesticulates as he is carried off by the two-headed eagle of the allied nations.[11] The cartoon is quite certainly an allusion to the somewhat grotesque painting by Rembrandt (1635, Dresden) transforming the myth's handsome Trojan youth into a chubby and raging child figure: a far from flattering parallel.

Parody and quotation[12] are common techniques in visual satire, harking back to an engraving attributed to Hans Holbein. This work shows Luther as *Hercules Germanicus* (1522), modelled on a sculpture from antiquity representing the Trojan priest Laocoon and his children.[13] The idea of taking up secondary sources, using allusion and irony to handle iconographic models and traditions, is a trademark feature of caricature.

The French engraving *Napoléon Véritable Grand Maître de l'ordre de l'eteignoir* (summer 1815)[14] subtly applies the technique of satiric inversion. The Emperor, featured here in a purple and ermine fur coat and his head bedecked in laurel, reveals a normal uncaricatured face. In profile, in a hieratic pose, his appearance is quite certainly a pastiche on a portrait of Napoleon painted by David: *Serment de l'armée fait à l'Empereur après la distribution des Aigles au Champ-de-Mars le 5 décembre 1804*[15] (The Army Taking Oath). As a substitute for the emblems of power, however, he holds the snake-shaped handle of a candle snuffer, topped by the personification of Death Victorious, with which he is on the point of oppressing (snuffing out) the allegories of Commerce (Mercury), Agriculture (Ceres?), the Arts (Apollo), and Industry (Vulcan?). The height of irony is to be found in the spiral-shaped decoration on the snuffer, an outright parody of the Vendôme column.

PK

Anstelle der Insignien der kaiserlichen Macht hält Napoleon jedoch den schlangenförmigen Henkel eines Löschhutes, der von der Figur des siegreichen Todes bekrönt ist. Er ist dabei, ihn über die Allegorien des Handels (Merkur), der Landwirtschaft (Ceres?), der Künste (Apollo) und der Industrie (Vulkan?) zu stülpen. Um die Ironie auf die Spitze zu treiben, ist die spiralförmige Dekoration des Löschhutes eine Parodie der Vendômesäule.   PK

2.4.11 Die Diener des Kaiserreiches

Obwohl die Karikatur fast ausschliesslich die Figur des Kaisers attackierte, gibt es ein paar wenige Werke, die sich auf einige Diener Napoleons beziehen, die man für Schergen, skrupellose Karrieristen und schamlose Nutzniesser hielt. England gab den Weg vor. So zeigte Gillray in seiner meisterhaften Darstellung des Krönungsumzuges[1] die Brüder[2] und Schwestern[3] Napoleons, Kaiserin Joséphine,[4] Talleyrand mit seinem Klumpfuss und Fouché, den Polizeiminister und zynischen Erben der Revolution. Daneben gab es Karikaturen von Cambacérès,[5] Erzkanzler des Reiches, bekannt für seine Gourmandise und Homosexualität, was Wasser auf die Mühlen jener leitete, die der Überzeugung waren, Revolution und Empire wären auf widernatürliche Ideen gegründet.[6] Hier kam ein wichtiger Gedanke des antinapoleonischen Kampfes ins Spiel, dem zufolge das damalige Frankreich die auf Gott gegründeten Grundwerte in ihr Gegenteil verkehrt hätte, indem es an ihre Stelle das säkularisierte Menschentum setzte.

Cambacérès war zusammen mit Talleyrand das am heftigsten beschossene Ziel der Karikaturisten. Der erste wurde vor allem in Frankreich, der zweite in England attackiert,[7] wo man ihm vorwarf, ein aus der Kirche ausgetretener Bischof zu sein.

Die karikierten Personen können in zwei Gruppen unterteilt werden: auf der einen Seite die Mitglieder der kaiserlichen Familie, auf der anderen einige Diener des Régimes, die nicht unbedingt zu den berühmtesten zählen mussten.

Zur ersten Gruppe gehören neben den bereits erwähnten Hauptfiguren die Mutter des Kaisers, Letizia Ramolino, der man in einer einzigen Karikatur begegnet,[8] und vor allem der König von Rom,[9] Sohn von Napoleon und Marie-Louise. Als Erzherzogin von Österreich, die Kaiserin der Franzosen geworden war, kam Napoleons zweite Gemahlin in den Karikaturen ungeschoren davon.[10] Der zukünftige Herzog von Reichstadt[11] jedoch entging trotz seines Kindesalters nicht der Kritik. Entweder sah man in ihm einen potentiellen Nachahmer seines Vaters, der versuchte, das Empire wiederherzustellen, oder man stellte ihn, was noch härter war, als naiven Knäbling hin, den man umerzog, um ihn darauf vorzubereiten, seinen «Papa» zu verleugnen oder zu hängen.[12]

Zur zweiten Gruppe gehört neben den bereits Genannten der berühmteste aller Marschälle, Ney, aus dem die Karikaturisten einen faden Höfling machten.[13] Die heftigsten Angriffe auf die französischen Heerführer[14] kamen aus Deutschland. Das ehemalige Heilige Römische Reich Deutscher Nation hatte unter der Besatzung durch die Revolutionstruppen und kaiserlichen Armeen besonders stark zu leiden. Marschall Davout, Gouverneur von Hamburg, war für seine Plünderungswut berüchtigt,[15] während der für seine Härte bekannte General Vandamme, der Verlierer von Kulm 1813, als Kriegsgefangener der Russen ein gutes Ziel für die Karikaturisten abgab.[16]

de Napoléon, considérés comme ses sbires, arrivistes sans scrupules, calculateurs sans vergogne. Ce fut l'Angleterre qui traça la voie. Gillray en particulier, dans cette œuvre magistrale qu'est le défilé du Sacre,[1] montra les frères[2] et les sœurs[3] de l'Empereur, l'impératrice Joséphine,[4] Talleyrand, renommé pour son pied-bot, Fouché, ministre de la Police, cynique héritier des révolutionnaires, etc. Mais on représenta également Cambacérès,[5] archichancelier de l'Empire, réputé pour sa gourmandise et son homosexualité, ce qui amenait de l'eau au moulin de ceux qui pensaient que Révolution et Empire étaient fondés sur des idées contre-nature.[6] C'est là qu'intervient cette conception de la lutte anti-napoléonienne selon laquelle la France de cette époque avait inversé les valeurs du monde, fondées sur Dieu, pour leur substituer l'humanité.

Cambacérès fut ainsi, avec Talleyrand, la figure la plus critiquée par les caricaturistes. Mais alors qu'il fut surtout attaqué par la France, Talleyrand fit l'objet avant tout des satires britanniques.[7] On lui reprochait d'être un évêque défroqué.

En fait, deux groupes peuvent être dégagés dans cet ensemble: les membres de la famille impériale, et quelques serviteurs du régime, pas nécessairement d'ailleurs parmi les plus célèbres.

Dans le premier groupe, dont nous avons vu les principales figures, il convient d'ajouter Madame Mère, Letizia Ramolino, que l'on rencontre dans une unique caricature,[8] et surtout le petit Roi de Rome,[9] fils de Napoléon et de Marie-Louise. Celle-ci, archiduchesse d'Autriche devenue impératrice des Français, fut ménagée en revanche par les caricaturistes.[10] Le futur duc de Reichstadt,[11] malgré son jeune âge, n'échappa pas à la critique, qui en fit soit un potentiel suiveur de son père, tentant de reconstituer l'Empire, soit, ce qui était extrêmement dur, un naïf bambin, que l'on rééduquait en le préparant à pendre, à renier son «papa».[12]

Dans le second groupe, si le maréchal Ney, célèbre entre tous les maréchaux, dut subir la vindicte des caricaturistes, qui en firent un plat courtisan,[13] ce fut en Allemagne qu'on rencontra les attaques les plus vives contre des militaires français.[14] Mais il est vrai que le territoire de l'ex-Saint-Empire Romain Germanique eut à subir l'occupation des révolutionnaires, puis des armées impériales. Le maréchal Davout, gouverneur de Hambourg, fut stigmatisé pour ses rapines,[15] tandis que le général Vandamme, le vaincu de Kulm en 1813, célèbre pour la dureté de son caractère, faisait les beaux jours des caricaturistes alors qu'il était prisonnier des Russes.[16]

Plus généralement, les serviteurs de l'Empire furent érigés en types humains, tel ce Sénateur cousu d'or,[17] que Napoléon faisait taire comme ses soldats[18] au moyen de décorations, de titres, ou d'espèces sonnantes et trébuchantes.

Il ne faudrait pas passer sous silence un groupe de caricatures purement anglaises, œuvres de Gillray, ami et admirateur du ministre William Pitt. Gillray mit son burin acerbe au service de la lutte anti-napoléonienne, en attaquant, autour de 1803/1804, les hommes du gouvernement qui avaient signé le traité d'Amiens avec la France de Bonaparte, tels que lord Addington,[19] lord Hawkesbury[20] et Charles James Fox.[21] Sans être des alliés objectifs de Napoléon, ces hommes étaient assimilés par Gillray à des traîtres qui mettaient l'Angleterre en péril en ruinant son commerce.

Tout comme pour les personnages précédents, ils étaient sans cesse critiqués dans le dessein de les déconsidérer et de mobiliser les esprits, par personnes interposées, contre Napoléon.   JB

2.4.11 The Stewards of the Empire

While period caricature focussed at least ninety-five percent on the person at the base of the imperial edifice, a small remaining percent also targeted some of the stewards in Napoleon's service as henchmen, ruthless social climbers, and shameless schemers. England set the tone, in particular with Gillray's masterful work on the Coronation parade,[1] showing amongst others the Emperor's brothers[2] and sisters,[3] the Empress Joséphine,[4] the clubfooted Talleyrand, and the Minister of Police Fouché – cynical heir of the revolutionaries. Together with these, Gillray also depicted Cambacérès,[5] the Empire's Archchancellor, known to the people for his greed and homosexuality – a bent stoking the opinions of those already convinced that the Revolution and Empire were based on ideas contrary to nature.[6] This was the crux of the trend of thought guiding the fight against Napoleon: the idea that France had set its values on their head, replacing man for God as their basis.

Cartoonists most severely attacked Cambacérès, together with Talleyrand, but while the former was pursued especially by France, the latter was more often handled by British satirists,[7] who blamed him for being a defrocked bishop.

In this category of caricatural motifs, two target groups can be defined: the actual members of the imperial family, and several – though not necessarily the most famous – stewards of the regime.

The first group, comprised of those mentioned above, also includes Napoleon's mother, Letizia Ramolino, depicted in but a single caricature[8] and, more especially, the little King of Rome,[9] son of Napoleon and Marie-Louise. Interestingly enough, the satirists spared Marie-Louise,[10] Archduchess of Austria, who became Empress of France (1810). But the future Duke of Reichstadt[11] or Napoleon II, despite his young age, rapidly inspired their criticism. He was either portrayed as potentially following in his father's footsteps and trying to reconstitute the Empire, or else, in harsh fashion, as a naive child being reeducated to hang, that is to deny, his father.[12]

In the second group, Marshal Ney, the most famous of the marshals of France, was victimised by the French caricaturists, who turned him into a pure sycophant.[13] It was in Germany, however, that the attacks against the French military commanders were the strongest.[14] This certainly touches on the fact that the territory of the ex-Germanic Holy Roman Empire had suffered occupation, first by the Revolutionaries and then by the Imperial armies. Marshal Davout, named governor of Hamburg, was stigmatised for his plundering,[15] while General Vandamme, defeated at Kulm in 1813 and known for his pitiless nature, was the delight of the cartoonists upon becoming a prisoner of the Russians.[16]

More generally, the stewards of the Empire were portrayed with all their human frailties, such as the depiction of a certain very wealthy senator[17] whose silence Napoleon purchased as he did his soldiers:[18] by offering him decorations, titles or payment in coin of the realm.

Another group of caricatures, purely British, belongs to this overview, namely the œuvre of Gillray, friend and admirer of the British Minister William Pitt. Gillray pressed his caustic burin into the service of the anti-Napoleonic cause by attacking, around 1803/1804, the government officials who had signed the Treaty of Amiens with Napoleonic France: such men as Lord Addington,[19] Lord Hawkesbury,[20] and Charles James Fox.[21] Although these men could not objectively be termed Napoleon's allies, Gillray went even further,

L'ex Sénateur

da quell'opera magistrale di Gillray che è la sfilata dell'incoronazione,[1] con i fratelli[2] e le sorelle[3] dell'imperatore, l'imperatrice Giuseppina,[4] Talleyrand (noto per il piede deforme), il ministro della polizia Fouché (cinico erede dei rivoluzionari) ecc.; altri autori rappresentano l'arcicancelliere imperiale Cambacérès,[5] notoriamente crapulone e omosessuale. Quest'ultimo particolare tira acqua al mulino di chi pensa che Rivoluzione e Impero si fondino su idee contro natura[6]; al che si rifà la concezione antinapoleonica secondo cui la Francia coeva avrebbe ribaltato i valori del mondo, fondati su Dio, sostituendoli con quelli dell'umanità.

Cambacérès è quindi, con Talleyrand, la figura più bersagliata dai caricaturisti[7]; mentre però il primo subisce attacchi soprattutto in Francia, il secondo – accusato di essere un vescovo spretato – è oggetto soprattutto delle satire britanniche.

Nell'insieme dei personaggi rappresentati si distinguono, di fatto, due gruppi: da un lato i membri della famiglia imperiale, dall'altro alcuni servitori del regime (non necessariamente fra i più celebri).

Alle figure già accennate del primo gruppo si può aggiungere la madre dell'imperatore, Letizia Ramolino, che compare in una sola caricatura,[8] e soprattutto il piccolo re di Roma,[9] figlio di Napoleone e di Maria Luisa. Quest'ultima, arciduchessa d'Austria divenuta imperatrice dei francesi, è risparmiata dai caricaturisti[10]; non così, nonostante la giovane età, il futuro duca di Reichstadt,[11] visto o come un potenziale seguace del padre, mirante a ricostituire l'Impero, oppure – particolare davvero spietato – come bambino ingenuo «rieducato» a impiccare e rinnegare il suo «papà».[12]

Quanto al secondo gruppo, la vendetta dei caricaturisti colpisce il più celebre di tutti i marescialli, Ney, abbassandolo a insulso cortigiano.[13] Ma gli attacchi più vivaci a militari francesi provengono dalla Germania[14]; va ricordato, del resto, che l'ex Sacro Romano Impero aveva dovuto subire l'occupazione prima dei rivoluzionari, poi degli eserciti imperiali. Il maresciallo Davout, governatore di Amburgo, viene bollato per le sue rapine[15]; il generale Vandamme, sconfitto nel 1813 a Kulm (Chełmno, in Polonia) e celebre per la sua durezza di carattere, diventa zimbello dei caricaturisti quando è prigioniero dei russi.[16]

Più in generale, i servitori dell'Impero vengono trasformati in figure rappresentative: è il caso del senatore ricchissimo

Daneben gab es die namenlosen Staatsdiener, die zu Typen stilisiert wurden, wie der goldbetresste Senator,[17] dem Napoleon wie seinen Soldaten[18] mit Auszeichnungen, Titeln und grosszügigen Geldgaben den Mund stopfte.

Erwähnenswert ist schliesslich eine Gruppe rein englischer Karikaturen, die von Gillray, einem Freund und Bewunderer des Ministers William Pitt, geschaffen wurden. Gillray stellte seinen spitzen Stichel in den Dienst des Kampfes gegen Napoleon, indem er um 1803/1804 die Regierungsvertreter attackierte, die mit dem bonapartistischen Frankreich den Frieden von Amiens unterzeichnet hatten, zum Beispiel Lord Addington,[19] Lord Hawkesbury[20] und Charles James Fox.[21] Ohne tatsächlich zu den Verbündeten Napoleons zu zählen, wurden diese Männer von Gillray zu Verrätern gestempelt, die England durch den Ruin seines Handels an den Rand des Abgrunds trieben.

Wie alle übrigen hier erwähnten Personen, wurden sie ständig kritisiert, um sie in Verruf zu bringen und die öffentliche Meinung durch Mittelspersonen gegen Napoleon aufzubringen. JB

2.4.12 Napoleon und England

Die englischen Karikaturen gehören zu den ältesten Werken des ganzen Korpus. Sie beschäftigten sich bereits mit Napoleon, als er in den Jahren 1797/1798 noch General Bonaparte war. Die Karikaturisten attackierten den Ägyptenfeldzug,[1] doch verwandelte sich ihr Kampf gegen die französische Revolution in politischer und ideologischer Hinsicht allmählich in jenen gegen den Kaiser. Für die englische Karikatur blieb Napoleon stets der General Bonaparte, Erbe der Republik, Usurpator auf dem französischen Thron. Im Unterschied zu anderen Ländern behielt Napoleon in England stets seine Generalsuniform,[2] während in Frankreich oder Deutschland die Darstellung des Kaisers dem offziellen Bild folgte. Ausnahmsweise wurde er in seiner Uniform als Oberst der Gardegrenadiere dargestellt, zum Beispiel in Rowlandsons Karikatur *Head Runner of Runaways, from Leipzic Fair*.[3] Das Blatt war jedoch für eine internationale Verbreitung bestimmt. Ausgehend von einer deutschen Urform, gab es je eine französische, italienische und englische Fassung.

Als aufgeregter, nervöser Zwerg und wahrer Chauvinist war Napoleon in England vor allem durch seine Gestik und seine mit Flüchen reich gespickte Sprache gekennzeichnet.[4] Der Kaiser blieb für die Engländer ein Militär, dem die vornehme Gesinnung eines Herrschers völlig abging. Er war klein, feige,[5] hinterlistig, verderbt und diebisch.[6] Alle Laster und Fehler der Welt schienen in seiner Person vereint. Vom Teufel beraten, war er selbst der Anstifter der britischen Pazifisten, zum Beispiel von Fox, der hinter dem Frieden von Amiens stand. Fox, der in der Karikatur als Verräter hingestellt wurde, war vor allem die Zielscheibe von Gillray, einem grossen Bewunderer von Pitt,[7] der ein entschiedener Gegner der Revolution und des Empire war. Die englischen Karikaturisten scheuten sich nicht, die eigene Regierung genauso heftig anzugreifen wie Napoleon. Der Grund dazu waren die demokratischen Verhältnisse, die England zu Beginn des 19. Jahrhunderts als einzigen Staat in Europa auszeichneten, da die britische Monarchie durch ein Parlament kontrolliert wurde. Deshalb erschien Bonaparte, vor allem in den kritischen Jahren 1803/1804, als die Gefahr einer französischen Invasion in Grossbritannien drohte, in der Karikatur als eine zwar unumgängliche, doch eher nebensächliche Figur, da sich die

2.4.12 Napoléon et l'Angleterre

La caricature anglaise est chronologiquement la plus ancienne de tout le corpus. Elle s'attaqua à Napoléon, alors qu'il n'était encore que le général Bonaparte, dès les années 1797/1798. C'est qu'elle lutta contre lui en Egypte,[1] mais sourtout, elle glissa insensiblement, sur le plan politique et idéologique, de son combat contre la Révolution française à celui qu'elle mena ensuite contre l'Empereur. Celui-ci, dans le discours caricatural anglais, demeura toujours le général Bonaparte, héritier de la République, usurpateur du trône français. A l'inverse des autres pays d'Europe, Napoléon conserva son uniforme de général,[2] alors qu'en France ou en Allemagne, la figure de l'Empereur fut celle fixée par l'iconographie officielle. Rares sont en effet les cas où il fut représenté avec son uniforme de colonel de la Garde, comme dans la caricature de Rowlandson, *Head Runner of Runaways, from Leipzic Fair*.[3] Mais cette planche était destinée à l'exportation, et fut de fait transcrite aussi bien en allemand, qu'en français ou en italien.

Nain excité et nerveux, véritable va-t-en-guerre, Napoléon est caractérisé en Angleterre avant tout par ses gesticulations et son langage, émaillé de jurons.[4] L'Empereur reste et demeure pour les Anglais, un militaire qui n'a rien de la noblesse d'un souverain. Il est petit, lâche,[5] fourbe, pervers, voleur.[6] Tous les défauts du monde semblent s'être réunis sur sa personne. Inspiré par le diable, il est lui-même l'inspirateur des pacifistes britanniques comme Fox, principal instigateur de la Paix d'Amiens. Considéré comme un traître dans la caricature, celui-ci fit surtout les frais du burin acéré de Gillray, grand admirateur de Pitt,[7] énergique opposant à la Révolution et à l'Empire. Car la caricature anglaise présente ceci de particulier, c'est qu'elle n'hésita pas à attaquer son propre gouvernement aussi vivement que Napoléon. Cette démarche s'explique dans le contexte démocratique de l'Angleterre du début du XIXe siècle, seul Etat d'Europe dont la monarchie fût tempérée par un Parlement. Dans ces conditions, surtout dans les années critiques de 1803/1804, au moment du probable débarquement français en Grande-Bretagne, Bonaparte n'apparaît que comme une figure secondaire, bien qu'essentielle, dans la caricature, où le débat est essentiellement axé sur la politique interieure de l'Angleterre. Toutefois, le Premier Consul reste à l'affût des faiblesses britanniques, dont il cherche à profiter pour la réduire en esclavage, comme il le proclame bien haut.[8]

D'Angleterre vinrent tous les thèmes qui feront plus tard le succès de la caricature à travers l'Europe. Le nain provient du mythe littéraire de Gulliver, mis en avant par Gillray.[9] Plus tard, lorsque l'Empire s'effondrera, on verra apparaître les jeux, jeu de volant, corde à sauter, tambour sur lequel un militaire bat la charge, jeu des quatre coins, etc., prototypes que tous les caricaturistes reprendront sur le continent. On assiste d'ailleurs à partir de 1813/1814, à une certaine simplification de la caricature anglaise, jusqu'alors fort élaborée, mais difficilement compréhensible pour un étranger.

De Grande-Bretagne également provient le thème du Napoléon affamé,[10] mangeur de nations, qui se transformera plus tard en ogre et s'identifiera avec le fils du diable. La dimension cosmique des guerres de libération apparaîtra alors dans des caricatures comme *A View of the Grand Triumphal Pillar*, composition dans laquelle la Mort possède pour attributs, une pique surmontée d'un bonnet phrygien et une guillotine, le tout couronné d'une potence.[11]

Les rapports entre Napoléon et l'Angleterre ne se limitent cependant pas à la caricature britannique, et la France en particulier a souvent représenté celui qui symbolisait alors le royaume, Wellington. D'une certaine façon, on peut dire que

A view of the Grand Triomphal Pillar

considering them as traitors who endangered their country by incurring its commercial ruin.

Gillray's goal, like that of the rest of the caricaturists who attacked the stewards of the Empire, was to keep up a steady stream of criticism so as to discredit the people targeted, and thus sway public opinion against Napoleon.   JB

2.4.12 Napoleon and England

Chronologically, English cartoons are the earliest in the body of caricatures in question. English satirists targeted Napoleon before he was anything more than General Bonaparte, beginning in 1797/1798. They started out attacking him with respect to his Egyptian campaign[1] but, politically and ideologically, they gradually and imperceptibly went from warring against the French Revolution to opposing the Emperor himself. In English cartoons, Napoleon remained General Bonaparte, inheritor of the Republic and usurper of the French throne. Moreover, in contrast to the rest of Europe, in England Napoleon continued to be portrayed in the uniform of a general[2] whereas, in France and Germany, he was represented as an Emperor conforming to his official iconography. Only exceptionally did he appear in the rank of colonel, as for instance in Rowlandson's *Head Runner of Runaways, from Leipzic Fair*.[3] Rowlandson's plate was destined for export and hence was transcribed from a German original into French, Italian, and English versions.

It was his typical gesturing and language, the latter strewn with swear words,[4] that the English satirists seized upon to portray such an excited and nervous midget and warmonger. To the English, the Emperor still remained – and would continue to remain – a military man lacking any of the nobility of a sovereign. They saw him as small, cowardly,[5] treacherous, depraved, and thieving.[6] Indeed, all the faults of mankind seemed to have been united in this one person. His inspiration was said to come from the devil, just as he himself was said to have inspired such British pacifists as Fox, main instigator of the infamous Treaty of Amiens. Fox was treated as a traitor by English caricaturists, especially in biting works by Gillray, who was a great admirer of that vehement enemy of the

che Napoleone mette a tacere,[17] come fa coi suoi soldati,[18] per mezzo di decorazioni, titoli oppure moneta sonante.

Non va dimenticato, infine, un gruppo di caricature tutto inglese perché eseguito da Gillray, amico e ammiratore del ministro William Pitt. Il suo bulino virulento contribuisce alla lotta antinapoleonica attaccando, intorno al 1803/1804, i membri del governo britannico che hanno firmato il trattato di Amiens con la Francia bonapartista, quali lord Addington,[19] lord Hawkesbury[20] e Charles James Fox[21]: benché oggettivamente non alleati di Napoleone, costoro sono assimilati da Gillray a traditori che mettono in pericolo l'Inghilterra rovinandone gli scambi commerciali. Come i personaggi precedenti, anche loro vengono criticati di continuo; lo scopo è screditarli e mobilitare gli animi, per interposta persona, contro l'imperatore francese.   JB

2.4.12 Napoleone e l'Inghilterra

La caricatura inglese, cronologicamente la più antica dell'intero corpus, comincia a bersagliare Napoleone quando questi è ancora semplicemente il generale Bonaparte (1797/1798). Oltre ad attaccarlo in Egitto,[1] essa soprattutto scivola insensibilmente, sul piano politico e ideologico, dalla lotta antirivoluzionaria a quella successiva antiimperiale: nel discorso caricaturale inglese Napoleone resta sempre il generale, erede della Repubblica e usurpatore del trono francese. Diversamente che in altri paesi europei come Francia e Germania, ove la sua figura è quella fissata dall'iconografia ufficiale, in Inghilterra egli conserva l'uniforme di generale[2] e solo di rado è rappresentato in quella di colonnello della guardia, come in *Head Runner of Runaways, from Leipzic Fair*[3]; quest'opera di Rowlandson, però, è destinata all'esportazione e viene quindi trascritta in francese, italiano e inglese a partire da un prototipo in tedesco.

Il Napoleone dei britannici – nano eccitato e nervoso, autentico guerrafondaio – è caratterizzato anzitutto da gesti scomposti e da un linguaggio infiorato d'imprecazioni[4]: in Inghilterra l'imperatore è e rimane un militare, che non ha nulla della nobiltà di un sovrano. Piccolo, vile,[5] impostore, perverso e ladro,[6] egli sembra riunire in sé tutti i difetti del mondo; ispirato dal diavolo, a sua volta ispira pacifisti britannici come Fox. Con quest'ultimo – principale istigatore della pace di Amiens, quindi rappresentato in caricatura come un traditore – se la prende soprattutto il bulino mordace di Gillray, grande ammiratore di quel Pitt[7] che si oppone energicamente alla Rivoluzione e al regime napoleonico: i caricaturisti inglesi, in effetti, hanno la caratteristica di attaccare con lo stesso vigore sia Napoleone sia il proprio governo. Il fatto si spiega nel contesto democratico dell'Inghilterra d'inizio Ottocento, unico Stato europeo in cui la monarchia sia mitigata da un parlamento; in queste condizioni – soprattutto negli anni critici in cui sembra probabile uno sbarco francese in Gran Bretagna (1803 e 1804) – Bonaparte, benché figura essenziale, in fondo ha importanza secondaria, perché la caricatura gravita soprattutto sulla politica interna britannica. Sempre pronto a spiare le debolezze dell'Inghilterra, peraltro, il primo console cerca di approfittarne – e lo proclama a gran voce[8] – per ridurre il paese in schiavitù.

Nascono in Inghilterra parecchi temi che faranno poi il successo della caricatura in tutta Europa. Il nano proviene dal mito letterario di Gulliver, sfruttato da Gillray[9]; più tardi, quando l'Impero crollerà, altri motivi inglesi poi ripresi dai caricaturisti europei (specialmente francesi) saranno i giochi,

öffentliche Diskussion vor allem auf innenpolitische Fragen konzentrierte. Dennoch ist der Erste Konsul ständig auf der Lauer nach britischen Schwächen, die er auszunutzen sucht, um England zu unterjochen, wie er es lauthals verkündet.[8]

Viele Themen, die später die Karikaturisten aller europäischen Länder mit viel Erfolg behandelten, sind in England entstanden. Das von Gillray entwickelte Motiv des Zwerges ging aus dem literarischen Mythos von Gulliver hervor.[9] Als das Empire bereits im Niedergang begriffen war, tauchten die Spiele auf: Federballspiel, Seilspringen, Trommel, die von einem Militär geschlagen wird, «Bäumchen-wechsle-dich»-Spiel usw., Vorlagen, die von den Karikaturisten auf dem Kontinent, vor allem in Frankreich, mit Vergnügen übernommen wurden. Von 1813/1814 fand die englische Karikatur, die zuvor für einen Ausländer eher schwierig zu verstehen gewesen war, zu einfacheren Formen.

Englischen Ursprungs ist ebenfalls das Motiv des hungrigen Napoleon,[10] der ganze Völker verschlingt und zum Menschenfresser und Sohn des Teufels wird. Die überweltliche Dimension der Befreiungskriege tritt in Karikaturen in Erscheinung wie *A View of the Grand Triumphal Pillar*, eine Komposition, in der die Figur des Todes als Attribute einen Spiess, auf dem eine phrygische Mütze (Jakobinermütze) sitzt, eine Guillotine und einen Galgen hat.[11]

Die Beziehungen zwischen Napoleon und England beschränkten sich jedoch nicht auf die britische Karikatur. In Frankreich tauchte häufig die Figur von Wellington auf, der damals das Britische Reich symbolisierte. Zwischen 1800 und 1815 wechselte die antinapoleonische Karikatur in gewisser Weise von einem politischen zu einem militärischen Gegenüber. Wellington ist der absolute Held, der Napoleon gefangen setzt. Er verhandelt nicht mehr mit ihm, wie dies Pitt tat, er versucht nicht, das angefangene Kartenspiel zu gewinnen, sondern er kämpft um den Sieg und schlägt den Kaiser vernichtend bei Waterloo.

Bei der Untersuchung aller Karikaturen, die sich mit dem Verhältnis zwischen Napoleon und England beschäftigen, fällt auf, dass König Georg III. häufig fehlt.[12] Abgesehen von den Jahren 1803/1804, wurde das Land selten von ihm repräsentiert, sondern meist von englischen Heerführern, wie Admiral Nelson und vor allem, am Ende des Empire, General Wellington.[13] Viel öfter stellten jedoch allegorische Figuren England dar, wie der Stier, der Löwe und vor allem John Bull. JB

2.4.13 Der Russlandfeldzug

Zu den Lieblingsthemen der Karikaturisten, die sich direkt auf das Empire bezogen, gehörte der Russlandfeldzug. Mit diesem schmachvollen Rückzug wurde die Legende des unbesiegbaren Heerführers[1] zerstört, die sich aufgrund der unaufhörlichen militärischen Erfolge Napoleons seit 1796 gebildet hatte. Ohne ihre allegorische Methode grundsätzlich zu verändern, passten sie die Karikaturisten auf das Desaster der Grossen Armee an. So wurde die Kälte unter dem Stichel der Graveure, vor allem in England, zu einer Art Schreckensgespenst, das den Kaiser erstarren liess und ihn seiner Eroberungen beraubte.[2] Zum erstenmal tauchte das Motiv des Rasiermessers auf,[3] das 1813–1815 in Frankreich und Deutschland weite Verbreitung fand.[4] Dieses Motiv bedeutete, dass Napoleon sein übermässig gewachsenes Kopf- und Barthaar – seine Eroberungen – bald verlieren sollte, bezog sich aber auch auf den Ausdruck «être né coiffé», das heisst, als

la caricature anti-napoléonienne, entre 1800 et 1815, est passé d'un face à face politique à un face à face militaire. Wellington est le héros absolu, celui qui fait prisonnier Napoléon. Il ne discute plus avec lui comme le faisait encore Pitt, il ne tente plus non plus de gagner la partie de cartes commencée, il combat pour la victoire, et balaie l'Empereur définitivement à Waterloo.

Dans tout le corpus des caricatures posant la question des relations entre Napoléon et l'Angleterre, on remarquera que le roi George III est souvent absent.[12] Sauf en 1803/1804, son pays est généralement représenté, non par le roi, mais par ses militaires tels l'amiral Nelson et, particulièrement à la fin de l'Empire, le général Wellington.[13] Il arrive en revanche très souvent que l'Angleterre soit symbolisé par sa représentation allégorique, le taureau, le lion ou avant tout John Bull. JB

2.4.13 La campagne de Russie

Parmi les thèmes qui retinrent l'attention des caricaturistes, la campagne de Russie fut l'un de ceux qui firent le plus directement référence à un événement de l'Empire. C'est qu'elle brisa d'un coup la légende de l'homme invincible[1] que les victoires successives de Napoléon, depuis 1796, avaient forgées dans les esprits. Pourtant, sans changer fondamentalement sa méthode allégorique, la caricature l'adapta à ce désastre de la Grande Armée. Ainsi, le froid devint sous le burin des graveurs, particulièrement en Angleterre, une sorte de monstre d'épouvante qui gelait et dépouillait l'Empereur de ses conquêtes.[2] Pour la première fois, le motif du rasoir apparaissait,[3] qui allait être diffusé aussi bien en France qu'en Allemagne, de 1813 à 1815.[4] L'idée du rasoir signifiait que les cheveux et la barbe de Napoléon ayant poussé de façon démesurée – image de ses conquêtes –, il allait bientôt en être dépouillé. Mais le thème explicitait aussi l'expression «être né coiffé», c'est-à-dire chanceux et béni des dieux.[5] Dépouillé de ses cheveux, Napoléon redevenait un homme du commun. Pour la première fois aussi, l'Europe soufflait le chaud et le froid sur Napoléon, qui ne savait quel parti prendre entre la rigueur du climat russe et la chaleur du soleil espagnol.[6] Ainsi apparaissaient les prémices du déchirement de l'Empire, qui allait bientôt se transformer en équilibre instable[7] puis en saut que Napoléon effectuait entre Madrid et Moscou pour s'effondrer à Fontainebleau[8] où il allait abdiquer le 6 avril 1814. Toute la thématique de la propagande anti-napoléonienne internationale des années 1813 à 1815 se mettait ainsi en place dès la campagne de Russie.

La «lâcheté» de Napoléon fut également un motif de prédilection. L'Empereur, ayant en effet été informé du complot du général Malet à Paris,[9] avait pris la décision de quitter l'armée de manière anticipée le 5 décembre 1812.[10] Cet abandon, s'ajoutant à celui qu'avait connu l'armée d'Egypte en 1799,[11] fut transformé en désertion.[12] Poursuivi par l'Ours russe,[13] motif issu de la fable, Napoléon fut ainsi assimilé à un lâche, thème qui là encore fera fortune à Leipzig[14] et à Waterloo.[15]

Par contraste, la figure du paysan russe sortit grandie de la débâcle française. Moujik ou cosaque, le soldat russe devint le symbole du patriotisme et de l'héroïsme,[16] observant un miniscule Napoléon, qu'il s'amusait aussi à faire danser ou sauter,[17] motif appelé également à un grand développement à la fin de l'Empire.[18] L'idée du nain observé à la lunette provenait de Gillray, qui en 1803 avait montré le roi George III d'Angleterre, pseudo-souverain de Brobdingnag, regardant Bonaparte/Gulliver.[19] Le roman de Jonathan Swift était ainsi appelé à un développement pour le moins inattendu.

Revolution and Empire, Pitt.[7] It is a distinguishing feature of English caricature that it was just as likely to attack its home government as Napoleon. This approach derives its logic from the fact that England, in the beginning of the nineteenth century, was the only European state to boast a monarchy tempered by a parliament. In this context then, and especially in the critical years 1803/1804 when a French landing on British territory seemed most imminent, Bonaparte appears as a secondary figure in English cartoons, since public debate at the time was focussed on internal political controversy. However, he continued to be portrayed in the role of someone on the lookout for such British weaknesses as could be used to enslave their land, a goal he never stopped proclaiming openly.[8]

England was the land of origin for a number of themes that would later spread successfully to the cartoons produced in other countries: for instance, the midget derived from Gulliver and popularised by Gillray.[9] Once the Empire was in the throes of collapsing, other motifs – card and parlour games, shuttlecock, jump rope, army drummers sounding the charge, and many more – served as prototypes taken up by all the Continental satirists, especially France. Moreover, from 1813/1814, the somewhat elaborately conceived English cartoons began being simplified to render them more intelligible to a foreign public.

Other themes stemming from Great Britain include that of a starving Napoleon,[10] devourer of nations, later to become an ogre, if not the very son of the devil. The cosmic dimensions of wars of liberation began being highlighted in cartoons such as *A View of the Grand Triumphal Pillar*, where Death is accoutred with a lance topped by a Phrygian cap (Jacobin cap) and with a guillotine; figure and attributes are crowned by a gallows.[11]

The relations between Napoleon and England provided material to other satirists besides the British. The figure deemed – especially in France – most representative of Great Britain was Wellington. Generally speaking, one might say that between 1800 and 1815 anti-Napoleonic caricature evolved from a political vein to a military one. To the English, Wellington was a total hero: the man who made a prisoner of Napoleon. The man who no longer negotiated with Napoleon over the issue of a battle, in the fashion still followed by Pitt, and who fought for more than winning the card game in hand. The man who sought victory, and swept the Emperor away for good at Waterloo.

Interestingly, in the entire body of cartoons dealing with the relations between Napoleon and England, King George III shows up most infrequently.[12] Except in 1803 and 1804, the country was more often represented by the English military, in the persons of Admiral Nelson or, more often – notably towards the end of the Empire – General Wellington.[13] On the other hand, very frequently England was represented allegorically as a bull, a lion and, above all, John Bull. JB

2.4.13 The Russian Campaign

Of all the themes to which caricaturists devoted their talent, it was Napoleon's Russian campaign that represented the most direct reference to an event contemporary with the Empire. The event itself made a mockery of the legend of the invincible warrior,[1] an image forged in the public mind by Napoleon's successive victories since 1796. Yet it took no great change in their allegoric approach for cartoonists to apply themselves

il volano, il salto della corda, il tamburo su cui un militare batte la carica, i quattro cantoni ecc. A partire dal 1813/1814, però, la caricatura inglese, prima molto elaborata ma difficilmente comprensibile per gli stranieri, tende a semplificarsi.

Sempre dalla Gran Bretagna proviene il tema del Napoleone affamato,[10] mangiatore di nazioni, che poi si trasforma in orco ed è assimilato al figlio del demonio. La dimensione cosmica delle guerre di liberazione appare allora in caricature come *A View of the Grand Triumphal Pillar*, composizione in cui la Morte ha per attributi una picca sovrastata da un berretto frigio (giacobino) e una ghigliottina, il tutto coronato da una forca.[11]

Ma i rapporti fra Napoleone e l'Inghilterra non si limitano alla caricatura britannica: in particolare gli autori francesi rappresentano spesso Wellington, che in quel periodo simboleggia il Regno Unito. In certo modo si può dire che la caricatura antinapoleonica passi, fra il 1800 e il 1815, dal confronto politico al confronto militare: Wellington – l'eroe assoluto, colui che fa prigioniero Napoleone – non discute più di sopraffarlo (diversamente da Pitt) né tenta più di vincere la partita di carte incominciata, ma combatte per il successo e spazza definitivamente l'imperatore a Waterloo.

Nell'intera serie di caricature che pongono il problema dei rapporti fra Napoleone e l'Inghilterra, spesso si nota che Giorgio III è assente.[12] Salvo che nel 1803 e nel 1804, in genere il suo paese è rappresentato non dal re ma da militari (come l'ammiraglio Nelson o, particolarmente alla fine dell'Impero, il generale Wellington[13]); molto spesso, in compenso, è simboleggiato dalla figura allegorica Britannia, dal toro, dal leone e soprattutto da John Bull. JB

2.4.13 La campagna di Russia

Fra i temi che attirano l'attenzione dei caricaturisti, la campagna di Russia è uno di quelli più legati direttamente a un evento storico d'epoca imperiale; il suo interesse sta nel fatto che spezza di colpo la leggenda del Napoleone invincibile,[1] scolpita negli animi dalla serie di vittorie iniziata nel 1796. La caricatura, senza cambiare fondamentalmente il proprio metodo allegorico, lo adatta al disastro della Grande Armata: il Freddo, ad esempio, sotto il bulino degli incisori (specialmente inglesi) diventa una sorta di mostro spaventoso, che congela l'imperatore e lo spoglia delle sue conquiste.[2] Compare per la prima volta,[3] inoltre, un tema che dal 1813 fino al 1815 si diffonde sia in Francia sia in Germania: quello del rasoio che taglia la barba e i capelli di Napoleone,[4] cresciuti smisuratamente in quanto simboli dei territori conquistati. Ma il rasoio consente anche di esplicitare la locuzione francese *être né coiffé* (di significato analogo a quella italiana «essere nato con la camicia»):[5] spogliato della sua *coiffure*, Napoleone non è più il fortunello benedetto dagli dei ma torna un uomo come gli altri. Sempre per la prima volta, l'Europa soffia il caldo e il freddo su Napoleone, indeciso sul da farsi tra il rigore del clima russo e il calore del sole spagnolo[6]: sono i prodromi della lacerazione dell'Impero, ben presto destinata a trasformarsi in equilibrio instabile[7] e poi nel «salto» napoleonico fra Madrid e Mosca, col crollo finale dell'abdicazione di Fontainebleau[8] (6 aprile 1814). La campagna di Russia, insomma, è il segnale d'avvio per tutti i temi lanciati dalla propaganda antinapoleonica internazionale nel periodo 1813–1815.

Altro tema favorito è la «viltà» dell'imperatore. In effetti Napoleone, informato del complotto ordito dal generale Malet

Glückskind und Liebling der Götter geboren zu sein.[5] Ohne sein Haar wurde Napoleon wieder zu einem gewöhnlichen Menschen. Zum erstenmal blies dem Kaiser in Europa nicht nur ein heisser, sondern auch ein kalter Wind entgegen, so dass Napoleon, eingezwängt zwischen der Strenge des russischen Klimas und der Hitze der spanischen Sonne,[6] keinen Rat mehr wusste. So tauchten die ersten Anzeichen für das Auseinanderbrechen des Empire auf. Das Reich geriet ins Schlingern.[7] Napoleon musste zwischen Madrid und Moskau einen gewaltigen Sprung wagen, bevor er in Fontainebleau,[8] wo er am 6. April 1814 abdanken sollte, zusammenbrach. Die ganze Thematik der internationalen antinapoleonischen Propaganda der Jahre 1813–1815 bildete sich während des Russlandfeldzuges heraus.

Ein weiteres bevorzugtes Thema war Napoleons «Feigheit». Als der Kaiser über das Komplott des Generals Malet in Paris[9] informiert wurde, beschloss er, die Armee am 5. Dezember 1812 vorzeitig zu verlassen.[10] Dieser Reissaus, der zu jenem des Ägyptenfeldzuges 1799[11] hinzukam, wurde als Desertion hingestellt.[12] Vom russischen Bären verfolgt[13] – ein der Fabel entlehntes Motiv –, ergreift der Kaiser die Flucht und gibt sich als Feigling zu erkennen, ein Thema, das in Leipzig[14] und Waterloo[15] neue Aktualität gewann.

Im Gegensatz dazu ging die Figur des russischen Bauern aus dem französischen Debakel gestärkt hervor. Ob Muschik oder Kosak, der russische Soldat wurde zum Symbol für Vaterlandsliebe und Heldentum.[16] Seiner neuen Grösse entsprechend, blickte er auf einen winzigen Napoleon hinab, den er zu seinem Vergnügen tanzen oder springen liess,[17] ein Motiv, das am Ende des Empire immer wieder variiert und weiterentwickelt wurde.[18] Die Idee des durch das Fernrohr betrachteten Zwerges stammte von Gillray: In einer Zeichnung von 1803 hatte er König Georg III. von England als fiktiven Herrscher von Brobdingnag, gezeigt, der Bonaparte/Gulliver betrachtet.[19] So erfuhr Jonathan Swifts Roman eine überraschende Umdeutung.

Der Russlandfeldzug war eine weitere Gelegenheit, Napoleons Generäle zu attackieren, vor allem Murat[20] und Vandamme,[21] die für ihren Hochmut und ihre Verachtung gegenüber den Einwohnern der besetzten Länder bekannt waren.

Die schreckliche Kälte des russischen Winters, die den französischen Soldaten auf dem Rückzug Elend und Tod brachte, wurde bedauerlicherweise ebenfalls zum Gegenstand der Satire.[22] Dieser Aspekt der Karikatur, durch den die Grenzen der Politik oder Ideologie überschritten wurden, liess den Kampf, in dem sich Europa gegen das französische Reich verbündet hatte, nicht gerade in besserem Licht erscheinen. Doch vielleicht sind in einem totalen Krieg, wie ihn die Alliierten gegen Napoleon führten, alle Mittel recht.

Als Schlüsselperiode für den antinapoleonischen Kampf war der Russlandfeldzug der Ursprung der meisten Themen der Karikaturisten, die sich von 1813 an und vor allem 1814/1815 eigenständig entwickelten, ob das nun der springende Kaiser,[23] das Rasiermesser[24] oder die Feigheit[25] war. JB

2.4.14 *Die Alliierten*

Als unerwarteter Verbündeter war «General Frost» möglicherweise eine der ersten Darstellungen der Alliierten in der Karikatur,[1] der in allegorischer Überhöhung zum Symbol der französischen Niederlage in Russland wurde. Trotz seiner Ungeheuerlichkeit setzte man ihn mit der göttlichen Vorsehung gleich, durch deren Eingriff Europa sich von seinem

Du bas en haut ou le titan nouveau

La campagne de Russie offrit encore l'occasion de s'attaquer aux généraux de Napoléon, Murat[20] et Vandamme[21] en particulier, réputés pour leur superbe et pour leur mépris envers les populations des pays occupés.

Malheureusement, le froid terrible de l'hiver russe qui provoqua la misère effroyable des soldats français en retraite, fit aussi le jeu de la satire.[22] Cet aspect de la caricature qui sortait des strictes limites de la politique ou de l'idéologie, ne grandissait évidemment pas le combat entamé par l'Europe coalisée contre l'Empire français. Mais dans une guerre totale telle que l'était celle des Alliés contre Napoléon, tous les moyens n'étaient-ils pas bons?

Période-clef dans la lutte anti-napoléonienne, la campagne de Russie fut le lieu de création de la plupart des thèmes de la caricature, thèmes qui furent développés chacun dans leur direction à partir de 1813, et surtout en 1814/1815. Ce fut le cas en particulier du saut impérial,[23] du rasoir[24] ou de la lâcheté.[25] JB

2.4.14 *Les Alliés*

Allié inattendu, le «général Froid» fut peut-être l'une des premières représentations des Alliés dans la caricature.[1] Figure allégorique, il était le symbole de la déroute française en Russie. Bien que monstrueux, il fut assimilé à la providence divine venue délivrée l'Europe de son tyran. Il ne survécut pas à la campagne de Russie et fut très vite remplacé par des personnages réels, généraux et soldats.

La conception des Alliés dans la caricature est peut-être l'un des thèmes iconographiques les moins riches de tout le corpus. Mais peut-être est-ce précisément parce qu'il n'est pas caricaturé et n'est pas caricaturable? Les Alliés sont avant tout caractérisés par leur action guerrière envers Napoléon. Cette action est quelquefois passive, comme certains soldats allemands refusant en 1813 de servir l'Empereur, mais le plus souvent, elle se traduit en jeu, jeu de volant, de corde à sauter, des quatre coins, etc., dont Napoléon est toujours la victime.[2]

Il est possible de distinguer trois groupes dans l'ensemble des représentations des Alliés. Soit nous avons affaire à des

to the Grande Armée's disaster: the cold suffered by the troops was transformed, especially in England, into a horror monster who froze the Emperor and stripped him of his conquests.[2] The razor motif appeared for the first time[3] and became widespread in both France and Germany from 1813 to 1815:[4] Napoleon's over-long hair and stubble were seen as representing all his conquests, of which he would soon be stripped by the razor. More explicitly still, the motif alludes to the French expression «être né coiffé», literally to be born with one's hair brushed or the English equivalent, to be born under a lucky star.[5] Stripped of his hair, Napoleon reverted to the status of a commonplace person. This was the start in Europe of alternating cold and hot treatments on Napoleon: the latter hardly knew where he stood, between the harshly cold climate of Russia and the warmth of the Spanish sun.[6] Thus the first signs of the breakup of the Empire were making themselves felt. Soon these signs would become concrete, emerging in the form of a destabilisation[7] that would force Napoleon into a giant leap from Madrid to Moscow and, finally, into his abdication at Fontainebleau[8] on 6 April 1814. Clearly, the set of themes that went into international anti-Napoleonic propaganda in the period from 1813 to 1815 found its initial inspiration with the Russian campaign.

Napoleon's «cowardice» was also a favourite motif. Indeed, once he had heard of General Malet's conspiracy in Paris,[9] the Emperor decided to take leave of the army earlier than foreseen, on 5 December 1812.[10] This decision, together with the abandon of the army in Egypt in 1799,[11] was transformed into desertion.[12] Fleeing the legendary Russian bear,[13] Napoleon was thus likened to a coward, a theme that would meet with renewed success upon the defeats of Leipzig[14] and Waterloo.[15]

The opposite effect occurred with respect to the Russian peasant figure, which emerged ennobled from the 1812 French fiasco. Whether Muzhik or Cossack, the Russian soldier became a symbol of patriotism and heroism,[16] a figure that either stood in contemplation of a dwarfed Napoleon or forced the latter to dance and jump.[17] This motif would reappear in force during the last years of the Empire.[18] The idea of a midget as seen at the end of a spyglass was one of Gillray's inspirations: in 1803, he produced an image of Britain's King George III as the pseudo-sovereign of Brobdingnag who looks upon Bonaparte/Gulliver,[19] providing an unexpected twist to Jonathan Swift's 1726 novel.

The Russian campaign also fueled criticism of Napoleon's generals, in particular Murat[20] and Vandamme,[21] who were known for their arrogance and their contempt of the population in occupied lands.

An unfortunate coincidence would have it that the bitter cold suffered by the retreating French troops was a motif lending itself well to satire.[22] This aspect of caricature, falling as it did beyond the generally accepted political or ideological boundaries, certainly did nothing to dignify the combat undertaken by the European coalition against the French Empire. But in a war as total as theirs, they would stop at nothing.

The Russian campaign, a key period in the battle against Napoleon, gave rise to the major portion of the cartoon themes that would later – from 1813, and even more so in 1814/1815 – each develop in its own direction. This holds true in particular for the motifs of the imperial leap,[23] the razor,[24] and cowardice.[25]

JB

a Parigi,[9] decise di lasciare l'esercito in anticipo (il 5 dicembre 1812)[10]; questa partenza, unita a quella dall'Egitto (1799),[11] viene trasformata in diserzione.[12] Inseguito dall'orso russo[13] (motivo preso dalla favola), l'imperatore è assimilato a un vile; lo stesso tema torna in auge anche dopo le sconfitte di Lipsia[14] e Waterloo.[15]

Dalla disfatta francese, per contrasto, esce ingrandita la figura del contadino russo: divenuto un simbolo di patriottismo e di eroismo,[16] il soldato russo – mugic o cosacco che sia – osserva un Napoleone minuscolo e si diverte perfino a farlo ballare o saltare.[17] Anche quest'ultimo tema si diffonde molto alla fine dell'Impero,[18] ma l'idea del nano osservato col cannocchiale proviene da Gillray: nel 1803, sviluppando il romanzo di Jonathan Swift in modo perlomeno inatteso, Gillray rappresenta il re inglese Giorgio III, nelle vesti del sovrano di Brobdingnag, intento a guardare un Bonaparte/Gulliver.[19]

La campagna di Russia offre l'occasione di attaccare anche i generali di Napoleone: segnatamente Murat[20] e Vandamme,[21] noti per la superbia e il disprezzo verso le popolazioni dei paesi occupati.

Purtroppo la satira sfrutta anche il freddo terribile dell'inverno russo, causa di sofferenze spaventose per i soldati francesi in ritirata.[22] Questo aspetto della caricatura, che travalica gli stretti limiti della politica o dell'ideologia, evidentemente non torna a onore della lotta intrapresa dall'Europa coalizzata contro l'Impero francese; in una guerra totale come quella degli alleati, d'altronde, tutti i mezzi non erano leciti?

Periodo-chiave della lotta antinapoleonica, la campagna di Russia ispira la maggior parte dei temi caricaturali che vengono sviluppati, ognuno per proprio conto, nel 1813 e soprattutto nei due anni successivi: in particolare quelli del salto imperiale,[23] del rasoio[24] e della viltà.[25]

JB

2.4.14 *Gli alleati*

Alleato inatteso, il «generale Inverno» è forse uno dei primi alleati che appaiano in una caricatura.[1] Simbolo della disfatta francese in Russia, questa figura allegorica è mostruosa ma viene assimilata alla Provvidenza divina, venuta a liberare l'Europa dal tiranno; dopo la campagna di Russia, comunque, è ben presto sostituita da personaggi reali, generali e soldati.

Fra i temi iconografici dell'intero corpus di caricature, la rappresentazione degli alleati è forse uno dei meno ricchi: forse proprio perché tale tema non è caricaturato né caricaturabile? Gli alleati sono contraddistinti, anzitutto, dalla loro azione bellica contro Napoleone: un'azione talvolta passiva (come quella di certi soldati tedeschi, che nel 1813 rifiutano di servire l'imperatore), ma per lo più tradotta in un gioco – volano, salto della corda, quattro cantoni ecc. – la cui vittima è costantemente Napoleone.[2]

Nelle rappresentazioni degli alleati possiamo distinguere tre gruppi: figure di soldati (russi, prussiani, austriaci, inglesi),[3] sovrani di Stati europei[4] (lo zar Alessandro I,[5] il re Federico Guglielmo III,[6] l'imperatore Francesco I[7] e il re Giorgio III[8]), allegorie vere e proprie (l'orso russo[9] o la figura del freddo e del gelo, il toro di John Bull[10] ecc.). In quest'ultimo caso si tocca un altro tema prediletto dai caricaturisti, quello del bestiario e della favola.

Nei primi due gruppi le figure possono essere intercambiabili: il cosacco[11] – talvolta rappresentato da un semplice mugic russo[12] – appare spesso a fianco del generale Wellington[13] o del feldmaresciallo Blücher,[14] rispettivamente sostituti dei re d'Inghilterra e di Prussia.

Tyrannen zu befreien vermochte. Allerdings überlebte er den Russlandfeldzug nicht und wurde rasch durch reale Personen, Generäle und Soldaten, ersetzt.

Das Bild der Verbündeten in der Karikatur ist wohl einer der unergiebigsten Aspekte des ganzen Materials, vielleicht weil sie gar nicht zu karikieren waren. Die Alliierten sind hauptsächlich durch ihre Kriegführung gegen Napoleon gekennzeichnet. Dabei kann es sich auch um passiven Widerstand handeln, wie die deutschen Soldaten, die sich 1813 weigern, dem Kaiser zu dienen. Doch meistens geht es um ein Spiel: Ob Federballspiel, Seilspringen oder das «Bäumchen-wechsle-dich»-Spiel, das Opfer ist stets Napoleon.[2]

Die Darstellungen der Verbündeten lassen sich in drei Gruppen einordnen. Entweder haben wir es mit russischen, preussischen, österreichischen und englischen Soldaten[3] oder mit den Herrschern der europäischen Mächte,[4] wie Zar Alexander I.,[5] König Friedrich Wilhelm III.,[6] Kaiser Franz I.[7] und König Georg III.,[8] zu tun, oder es handelt sich um Allegorien der Verbündeten: der russische Bär,[9] die Figur der Kälte oder des Frostes, der Stier John Bulls[10] und andere. Im letztgenannten Fall berühren wir die Tier- und Fabelwelt, die zu den Lieblingsthemen der Karikaturisten gehört.

Die Figuren der beiden ersten Gruppen können miteinander vermischt werden. Oft steht ein Kosak neben General Wellington[11] als Vertreter des Königs von England oder neben Feldmarschall Blücher[12] als Vertreter des preussischen Königs. Gelegentlich hat der Kosak[13] die Züge eines einfachen russischen Muschik.[14]

Ein Sonderfall innerhalb der Alliierten-Darstellungen ist die Figur des spanischen Kämpfers, der zu den ersten gehört, die Napoleon ernsthaft Widerstand leisteten. Er erscheint gewöhnlich wie ein Schauspieler des «siglo de oro»,[15] des Goldenen Zeitalters. Den Degen mit Brio schwingend, scheint der spanische Maurentöter sich über den Tyrannen lächerlich zu machen, der versucht, ihn niederzuringen. Von Nationalstolz beseelt, verspottet er den Kaiser. Das gesamte Repertoire von Gemeinplätzen wird hier eingesetzt, vor allem von den Engländern, um Spanien zu symbolisieren. So wird Napoleon von einem Stier in einer Stierkampfarena zu Boden geworfen.[16]

In der Darstellung ihrer Staatsführer waren die Engländer am erfindungsreichsten. In den Jahren 1803/1804, als Bonaparte an die Eroberung Englands dachte, tauchten die Minister häufig in Karikaturen auf. Lord Addington,[17] Premierminister nach Pitt,[18] und Fox[19] waren die bevorzugte Zielscheibe von Gillray. In seinen Augen hatten sie sich mit der Unterzeichnung des Friedens von Amiens schuldig gemacht, ein wahrer Verrat an England, als man die imperialistischen Absichten des Ersten Konsul bereits öffentlich anprangerte. Die englische Karikatur, die in Europa lange allein auf weiter Flur war, bemühte sich auch, die öffentliche Meinung gegen die revolutionäre Subversion zu mobilisieren, in deren Nachfolge Napoleon stand.[20] Das ist jedoch ein anderes Thema, das sich direkt auf England bezieht, und weniger antinapoleonischer als allgemein politischer Natur ist.

Als die Alliierten 1814 Paris besetzt hielten, traten sie auch in einigen französischen Karikaturen auf, die eher sozialkritisch als politisch geprägt waren. Am häufigsten stellte man russische Soldaten in eleganten Uniformen dar, die jungen Pariserinnen den Hof machten. Vom antinapoleonischen Kampf war in diesen Blättern nichts mehr zu spüren. JB

The Spanish Bullfight or the Corsican Matador in Danger

soldats, russes, prussiens, autrichiens et anglais,[3] soit nous avons affaire aux souverains des puissances de l'Europe,[4] le tzar Alexandre Ier,[5] le roi Frédéric-Guillaume III,[6] l'empereur François I[er][7] et le roi George III,[8] soit encore nous rencontrons de véritables allégories des Alliés: l'ours russe[9] ou la figure du froid et du gel, le taureau de John Bull,[10] etc. Dans ce dernier cas, nous recoupons le bestiaire et la fable, qui sont l'un des thèmes de prédilection des caricaturistes.

Au sein des deux premiers groupes, les figures peuvent être interchangeables, et l'on trouve souvent le cosaque aux côtés du général Wellington,[11] substitut du roi d'Angleterre, ou du feld-maréchal Blücher,[12] substitut du roi de Prusse. Le cosaque[13] lui-même est parfois représenté sous les traits d'un simple moujik russe.[14]

Isolé de l'ensemble des représentations des Alliés, la figure du combattant espagnol, premier véritable résistant à Napoléon, apparaît généralement sous les traits d'un personnage de théâtre du Siècle d'Or.[15] Maniant l'épée avec brio, le matamore espagnol semble se rire du tyran qui tente de le briser, et se drape dans son honneur national pour se moquer de lui. Tout le répertoire des lieux communs est ici utilisé, particulièrement par les Anglais, pour symboliser l'Espagne. C'est ainsi que Napoléon est renversé par un taureau dans une arène.[16]

Ce sont en fait les Britanniques qui se sont montrés les plus prolixes quant aux représentations de leurs gouvernants. Il n'est pas rare en effet dans les années 1803 et 1804, au moment où Bonaparte songeait à envahir l'Angleterre, de voir les ministres caricaturés. Lord Addington,[17] premier ministre après Pitt[18] et Fox,[19] en particulier, ont aiguisé le burin de Gillray, qui s'acharna sur eux. A ses yeux, ils furent coupables d'avoir signé la Paix d'Amiens, véritable trahison de l'Angleterre, alors qu'on dénonçait déjà les visées impérialistes du Premier Consul. C'est que la caricature anglaise, longtemps solitaire en Europe, visait aussi à mobiliser les esprits contre la subversion révolutionnaire dont Napoléon était l'héritier.[20] Mais nous pénétrons là dans un autre aspect de la caricature, spécifique à l'Angleterre plus politique que proprement antinapoléonien.

En 1814 cependant, la France produisit plusieurs caricatures sur le thème des Alliés, qui occupaient alors Paris. Gravures sociales plutôt que politiques, elles représentaient le

2.4.14 The Allies

The «General Frost», an unforeseen ally, was probably one of the first representations of the allies to appear in cartoons.[1] This allegorical figure, summarising the rout of the French in Russia, may have been monstrous but, to the allies, it represented divine fate come to free Europe of a tyrant. Lasting but the duration of the Russian campaign, it was rapidly replaced by the figures of real generals and soldiers.

The ideas conceived to portray the allies were among the least imaginative in the history of Napoleonic iconography. So much so, that one wonders whether or not they lent themselves to caricature at all? In any case, they were most often portrayed as themselves, in the process of carrying out acts of war against Napoleon. Sometimes these were acts of passive resistance – for instance, when German soldiers are shown balking at their departure to join the Emperor in 1813 – but mostly, they appeared in the process of victimising Napoleon by forcing him into games: shuttlecock, jump rope, four-corners, etc.[2]

Representations of the allies can be divided into three groups of protagonists: soldiers – Russian, Prussian, Austrian, and English – constitute the first group;[3] the European sovereigns[4] – the Tsar Alexander I,[5] King Frederick William III,[6] Emperor Francis I,[7] and King George III[8] another group; finally, a third group encompasses actual allegories: the Russian bear,[9] the figure symbolising the freezing cold, the bull for John Bull,[10] and others. This third group includes the real and imaginary animals found in bestiaries and fables, a favourite among the motifs taken up by the caricaturists of the day.

Some of the figures in the first two groups are interchangeable: you will find a Cossack set beside General Wellington,[11] who stands for the King of England, or Field Marshal Blücher,[12] standing for the King of Prussia. And the Cossack[13] himself may be portrayed as a simple Russian muzhik[14] (peasant).

Seen separately from the rest of the representations of the allies, the figure of the Spanish combatant, the first to effectively offer resistance to Napoleon, is generally represented as a character out of the Siècle d'Or[15] theater. An excellent swordsman, the Spanish bully is shown laughing off the tyrant who seeks to topple him, or draped in national honour to ridicule that tyrant. All the most commonplace allegories were applied to Spain, especially by the English: thus we have Napoleon being knocked down by a bull in an arena.[16]

The British waxed most prolific in representing their own government officials. In 1803/1804, when Bonaparte was planning to invade the country, cartoons of their various ministers appeared frequently. Most especially Lord Addington,[17] prime minister after Pitt,[18] and Fox[19] were attacked by Gillray, who felt they had betrayed the country by signing the Treaty of Amiens at a time when the First Consul's imperialist designs were coming to light. In this connection, it is interesting to note that for quite some time English satirists, long alone in this, had been seeking to arouse opinion against the revolutionary subversion inherited by Napoleon.[20] This however touches on another aspect of caricature characteristic of British cartoons, and is far more of a general political nature than specifically anti-Napoleonic.

Nonetheless, in 1814, France produced several cartoons on the theme of the allies who, at the time, were occupying the country. The resulting engravings, more social than political, most often portrayed the Russian soldiers in their elegant uniforms and courting the young Parisian ladies. No longer any sign here of combat against Napoleon. JB

Isolata dalle rappresentazioni degli alleati, la figura del combattente spagnolo – primo vero esponente della resistenza a Napoleone – in genere appare come personaggio teatrale del *Siglo de oro*.[15] Di fronte al tiranno che tenta di abbatterlo, lo smargiasso spagnolo sembra infischiarsene, maneggia la spada con brio e si ammanta del suo onore nazionale per deriderlo. Tutto il repertorio dei luoghi comuni è utilizzato, particolarmente dagli inglesi, per simboleggiare la Spagna: Napoleone, ad esempio, viene rovesciato da un toro nell'arena.[16]

I più prolissi nel rappresentare i propri governanti sono i britannici: negli anni 1803 e 1804, quando Bonaparte progetta di invadere l'Inghilterra, non è raro vedere caricaturati i ministri inglesi. In particolare Fox[17] e lord Addington,[18] primo ministro dopo Pitt,[19] stuzzicano il bulino di Gillray, che si accanisce su di loro accusandoli di aver firmato la pace di Amiens, vero tradimento dell'Inghilterra, quando già si erano scoperte le mire imperialistiche del primo console. Il fatto è che la caricatura inglese, per molto tempo unica in Europa, punta anche a mobilitare gli animi contro la sovversione rivoluzionaria di cui è erede Napoleone[20]; quest'ultimo aspetto della caricatura, più politico che propriamente antinapoleonico, si riscontra specificamente in Inghilterra.

Nel 1814, tuttavia, la Francia produce varie caricature sul tema degli alleati, che allora occupano Parigi; opere più sociali che politiche, in cui è scomparsa ogni idea di lotta antinapoleonica, esse rappresentano per lo più soldati russi nelle loro uniformi eleganti, intenti a corteggiare giovani parigine. JB

2.4.15 La caduta dell'Impero

Si tratta di un tema multiforme ma con un unico filo conduttore: l'espulsione di Napoleone prima dai regni europei e poi – secondo atto della distruzione di quella che i tedeschi chiamano «monarchia universale» – dalla Francia.

Nel complesso delle caricature su questo tema, conviene distinguere tre gruppi:
– l'espulsione propriamente detta, in senso sia reale sia figurato;
– la fuga di Napoleone;
– il sottotema dell'equilibrio.

Il primo gruppo comprende caricature come quelle dei cosacchi che col cannone «sparano» l'imperatore fuori della Russia,[1] o gli alleati che scopando la carta geografica dell'Europa spazzano una «polvere» costituita da Napoleone e dai suoi soldati.[2] Visto in senso figurato, il tema è più interessante perché sfrutta una sorta di allegoria popolare: il gioco dei quattro cantoni, in particolare, consente la messa in disparte di Napoleone, mentre ogni sovrano d'Europa riprende il proprio posto.[3] Spinta all'estremo, l'idea porta talvolta a caricature scatologiche, in cui Napoleone vomita o evacua i territori abusivamente conquistati[4]; in questo senso, costantemente passivo, egli diviene un balocco degli alleati, che lo radono,[5] giocano con lui al volano[6] o alla trottola[7] o battono sul suo corpo come fosse una grancassa.[8] In altre caricature, però, Napoleone ha un ruolo attivo: gioca alle bolle di sapone (assistendo così alla perdita dell'Impero, che svanisce nell'aria),[9] oppure fuma la pipa dopo aver cessato di *priser* (gioco di parole su *prise*, «presa di tabacco» ma anche «conquista»).[10]

Secondo una visione più cosmica degli eventi (legata anche al fatto che questa è l'epoca del romanticismo, soprattutto in Germania e in Inghilterra), Napoleone viene semplicemente «mandato al diavolo».[11] In questo campo, senza dubbio, gli autori inglesi sono i più violenti: varie caricature mostrano che

2.4.15 Der Zusammenbruch des Reiches

Die Einheit dieser komplexen Thematik wird durch Napoleons Exil sichergestellt. Der abgesetzte Kaiser musste zunächst die europäischen Länder, anschliessend Frankreich verlassen, die zweite Phase in der Zerstörung der Universalmonarchie, wie die Deutschen sagten.

Je nach dem besonderen Aspekt, den die Karikaturen behandeln, lassen sie sich in mehrere Gruppen einordnen:
– die eigentliche Vertreibung im direkten und übertragenen Sinn;
– die Flucht Napoleons;
– das Sonderthema des Gleichgewichts.

Die erste Gruppe umfasst Karikaturen wie die Kosaken, die den Kaiser aus Russland hinauswerfen, indem sie ihn aus einer Kanone schiessen,[1] oder die Alliierten, die die Europakarte putzen und den Staub, den Napoleon und seine Soldaten bilden, fortfegen.[2] Im übertragenen Sinn ist das Thema ergiebiger, da es eine Art volkstümlicher Allegorie einsetzt, zum Beispiel das Spiel «Bäumchen-wechsle-dich», bei dem der Kaiser ausscheiden muss und jeder europäische Herrscher seinen alten Platz wiedereinnimmt.[3] Ins Extrem gesteigert, führt dies zu bisweilen skatologischen Karikaturen, in denen Napoleon seine übermässigen Eroberungen erbricht oder ausscheidet.[4] In diesem stets passiven Sinn wird er zum Spielzeug der Verbündeten, die ihm die Haare abschneiden,[5] mit ihm Federball[6] oder Kreisel[7] spielen oder ihn als Trommel benützen.[8] Ist er selbst aktiv dargestellt, spielt er mit Seifenblasen,[9] die wie die Bestandteile seines Reiches in die Luft entschweben. Auf dem Doppelsinn von «prise» (Eroberung, aber auch eine Portion Tabak) beruht eine Darstellung, auf der er, statt eine Prise zu nehmen, Pfeife raucht.[10]

In einem weiter gefassten Sinn, der die ganze Welt miteinbezieht – man darf nicht vergessen, dass zu jener Zeit, vor allem in England und Deutschland, die Romantik blüht –, wird Napoleon schlicht «zum Teufel geschickt».[11] In dieser Hinsicht gehen die Engländer zweifellos am weitesten. Zahlreiche Karikaturen zeigen, dass die einzige Strafe, die der Usurpator verdient hat, der Galgen ist, der auf alle Strassenräuber wartet.[12]

Eine zweite Gruppe von Karikaturen wird durch Blätter gebildet, die Napoleon nach seiner Vertreibung auf der Flucht zeigen. Gelegentlich wird der Kaiser im Sinne der Tierfabel oder -allegorie als Bluthund gezeigt, der vor dem russischen Bären flieht,[13] oder als Angsthase, der seinen Verfolgern hakenschlagend zu entkommen sucht.[14] In diesem Fall ist er erneut der Feigling, der sich aus Ägypten absetzte und bereits von den Pamphletisten angeprangert worden war. Die gleiche Reaktion zeigte er in Russland, bei Leipzig und in Waterloo.[15] In diese Gruppe gehört auch die Reihe der Karikaturen über den *Rheinischen Courier*,[16] die in englischen, deutschen, italienischen und französischen Varianten erschienen. Das englische Werk, das Rowlandson 1814 geschaffen hatte, setzte Napoleon mit einem Hasen in Szene,[17] der aus den kontinentalen Fassungen verschwand.

Die dritte Gruppe wird von Karikaturen vor allem französischer Herkunft gebildet, die den Themen des Gleichgewichts, des grossen Sprunges und des Stelzengehens gewidmet sind und in verschiedenen Varianten zwischen 1813 und 1815 erschienen.

Am Anfang stand das Auseinanderbrechen des Empire: Napoleon kann sich nicht mehr entscheiden zwischen dem russischen Eiswürfel, den ihm ein Kosak reicht, und dem Getränk, das ihm ein spanischer Partisan anbietet.[18] In der Folge wird der Kaiser in der Gestalt eines Hundes von einem plus souvent des soldats russes dans leurs élégants uniformes, courtisant de jeunes parisiennes. Toute idée de combat antinapoléonien avait ici disparu.

JB

2.4.15 La chute de l'Empire

C'est là un thème multiple dans la forme, dont l'unité est à rechercher dans l'expulsion de Napoléon, d'abord hors des royaumes européens, ensuite hors de France, second temps de la destruction de la monarchie universelle, comme disaient les Allemands.

Dans l'ensemble des caricatures ayant trait à ce thème, il convient de distinguer plusieurs groupes:
– l'expulsion proprement dite, prise soit au sens réel du terme, soit au sens figuré;
– la fuite de Napoléon;
– le sous-thème de l'équilibre.

La première section comprend des caricatures telles que les cosaques expédiant l'Empereur hors de Russie en tirant au canon,[1] ou les Alliés balayant la carte de l'Europe, nettoyage donnant lieu à l'expulsion des poussières que sont Napoléon et ses soldats.[2] Considéré au sens figuré, le thème est plus intéressant puisqu'il utilise une sorte d'allégorie populaire, dont le jeu des quatre coins en particulier permet la mise à l'écart de l'Empereur, chaque souverain d'Europe reprenant ainsi sa place.[3] Poussé à l'extrême, cela donne des caricatures parfois scatologiques, où Napoléon vomit ou expulse ses conquêtes abusives.[4] En ce sens, toujours passif, il devient le jouet des Alliés, qui le rasent,[5] jouent au volant[6] ou au sabot[7] avec lui ou bien encore tapent sur sa personne devenue grosse caisse.[8] Actif au contraire dans d'autres caricatures, il joue lui-même aux bulles de savon,[9] et assiste ainsi à la perte de son empire, qui disparaît dans les airs, de même lorsqu'il fume la pipe, ayant cessé de «priser», jeu de mots sur le terme conquête.[10]

Selon une vision plus cosmique des événements – il ne faut pas oublier que le romantisme règne à cette époque, particulièrement en Angleterre et en Allemagne – Napoléon est plus simplement «envoyé au diable».[11] En ce domaine, la Grande-Bretagne fut sans doute la plus violente. Nombre de caricatures en effet montrent que le seul châtiment mérité par l'usurpateur était la potence, le châtiment des brigands de grand chemin.[12]

L'expulsion de Napoléon entraînait nécessairement sa fuite. Celle-ci a donné lieu à tout un ensemble de caricatures, qui forment le deuxième groupe, ci-dessus mentionné. Là, l'Empereur est quelquefois assimilé à un animal, et entre ainsi dans le domaine de la fable, allégorie animale. Il est soit le chien sanguinaire (bloodhound) que chasse l'ours russe,[13] soit le lièvre peureux qui tente d'échapper à ses poursuivants.[14] Dans ce dernier cas, Napoléon redevient le lâche qui avait fui d'Egypte et que les pamphlétaires avaient déjà dénoncé. Le fait se renouvela en Russie, puis à Leipzig, enfin à Waterloo.[15] A cette section doit être intégrée la série de caricatures sur le *courier du Rhin*,[16] dont des exemplaires anglais, allemands, italiens ou français sont connus. La version anglaise, œuvre de Rowlandson, parut en 1814 et mettait Napoléon en parallèle avec un lièvre.[17] Cet animal fut supprimé dans les variantes continentales.

Le troisième groupe que nous avons dégagé concerne une iconographie particulière, surtout spécifique à la France. Elle se fonde sur l'équilibre, le grand saut et les échasses. Le motif a pu varier de 1813 à 1815.

2.4.15 The Fall of the Empire

The overall unity of this theme, which would be developed along several different lines, comes from the idea of Napoleon's expulsion, first from the European kingdoms and then, in what the Germans termed a second stage of the destruction of universal monarchy, from France.

The ensemble of caricatures dealing with this theme falls into three categories:
– the expulsion itself, taken either literally or figuratively;
– Napoleon's flight;
– the underlying motif of an equilibrium.

The group dealing with Napoleon's expulsion includes such scenes as the Cossacks sending the Emperor out of Russia by shooting him in a cannon,[1] or the allies sweeping the map of Europe clean of dust specks representing Napoleon and his soldiers.[2] Taken figuratively, the theme is more interesting because it is depicted with the help of popular allegories. In one work, for instance, the cartoonist uses the four-corners game to shunt the Emperor to the sidelines, allowing each European sovereign to regain his rightful seat.[3] Taken to extremes, such allegories develop into scatological satires showing Napoleon as he vomits forth or expulses his abusive conquests.[4] In a passive sense he becomes a toy of the allies, who shave him,[5] use him as a shuttlecock[6] or top[7] or, transforming him into a drum, beat down on him.[8] Napoleon is shown more actively participating in the fall of the Empire when he blows soap bubbles,[9] thus allowing the Empire to dissolve in thin air. Or else we see him smoking a pipe and no longer snuffing[10] (the French word for snuffing is «priser», a pun on the term «prise» for conquest).

In a more cosmic vision of the times – for it must be remembered that Romanticism was very much in vogue then, especially in England and Germany – Napoleon was simply left to «go to the devil».[11] Great Britain adopted this approach with more vehemence than others: many of their cartoons send the usurper to the gallows, a punishment reserved for the highway-men.[12]

Napoleon's expulsion necessarily instigated his flight, the second line of development followed by cartoons dealing with the fall of the Empire. Here the Emperor is at times compared to animals and thus linked to fables, which are in fact animal allegories. Hence he is depicted as a bloodhound pursuited by the Russian bear,[13] or as a frightened hare seeking to escape those chasing him.[14] In the latter posture, Napoleon is once again portrayed with the cowardice that inspired him to flee Egypt, and which lampoonists had already taken up. The same attitude recurred in Russia, then at Leipzig and, finally, at Waterloo.[15] This category of works includes a series of cartoons on the «Rhine courier»,[16] known in various versions put out by respectively the English, Germans, Italians, and French. The English version, which is by Rowlandson and was published in 1814, draws a parallel between Napoleon and a hare,[17] an animal which does not appear in the Continental variations on this theme.

The third line of development focusses on specific iconographic elements – equilibrium, leap, and stilts – to which the French in particular resorted. Variations on these motifs appeared between 1813 and 1815:

Around 1813, cartoons focussed on the split within the Empire, with Napoleon obliged to choose between an ice block being offered him by a Russian Cossack and a drink proffered by a Spanish partisan.[18] Subsequently, the Emperor is transformed into a dog, ordered by his trainer to jump through a hoop: the great leap from Fontainebleau to the

Le sabot corse en pleine déroute

l'unico castigo meritato dall'usurpatore è quello dei briganti di strada, cioè la forca.[12]

L'espulsione di Napoleone comporta necessariamente la sua fuga. Nel secondo dei tre gruppi citati di caricature, l'imperatore è talvolta assimilato a un animale, entrando quindi nel campo allegorico della favola: è il bracco (*bloodhound*, cioè «cane sanguinario») cacciato dall'orso russo,[13] la lepre paurosa che tenta di sfuggire agli inseguitori.[14] In quest'ultimo caso, Napoleone torna a essere il fuggiasco della campagna d'Egitto, colui che perciò vari libelli hanno già accusato di viltà: la sua fuga si rinnova in Russia, poi a Lipsia e infine a Waterloo.[15] In questa categoria rientra la serie di caricature sul «corriere renano»,[16] di cui si conoscono esemplari inglesi, tedeschi, italiani e francesi; la versione inglese di Rowlandson (1814) associa Napoleone a una lepre,[17] ma l'animale scompare nelle varianti continentali.

Il terzo gruppo riguarda un'iconografia particolare, soprattutto francese, basata sull'equilibrio, sul «gran balzo» e sui trampoli: un motivo che subisce variazioni dal 1813 al 1815.

In origine il tema è quello della lacerazione dell'Impero: Napoleone non può scegliere fra il ghiaccio e l'amaro che gli vengono offerti, rispettivamente, da un cosacco e da un partigiano spagnolo.[18] In seguito l'imperatore, trasformato in cane, è costretto da un domatore a passare per un cerchio, spiccando il gran salto[19] da Fontainebleau all'isola d'Elba[20]; più tardi ancora il balzo si compie dall'Elba a Parigi,[21] poi da Waterloo a Sant'Elena,[22] e al limite diventa una sorta di decollo in cui Napoleone, con l'aiuto del diavolo, ritrova il suo trono nel 1815.[23] Questo equilibrio instabile, questo gran balzo di Napoleone mostra l'instabilità del suo regime[24] e – sorta di compendio degli eventi – suggerisce l'accelerazione della storia nel momento in cui cade l'Impero; il Napoleone dominatore ripiomba così nella realtà che col suo concetto universale di sovranità ha voluto violare, quella degli Stati.   JB

2.4.16 I Cento Giorni

I Cento Giorni del 1815, ultimo soprassalto dell'Impero, danno lo spunto per rinnovare parzialmente l'iconografia antinapoleonica. Al rinnovamento provvedono soprattutto i

Tierbändiger gezwungen, durch einen Reif zu springen und den grossen Sprung von Fontainebleau auf die Insel Elba zu wagen.[19] Später führt der Sprung von Elba nach Paris[20] und schliesslich von Waterloo nach St. Helena.[21] Ins Extrem gesteigert, wird dieser Sprung[22] zu einer Art Flug, mit dem Napoleon, vom Teufel unterstützt, 1815 seinen Thron wiederfindet.[23] Dieses Gleichgewicht, der vom Kaiser ausgeführte grosse Sprung, zeigt die Instabilität des Regimes.[24] Er verkürzt die Ereignisse und deutet die Beschleunigung der Geschichte während des Zusammenbruches des Empire an. Der Weltenherrscher Napoleon stürzt in den Alltag der Staaten ab, die er durch seine Universalherrschaft hatte überhöhen wollen.

JB

2.4.16 Die Hundert Tage

Während der Hundert Tage, der allerletzten Phase des Empire im Jahre 1815, konnte sich die antinapoleonische Ikonographie teilweise nochmals erneuern, vor allem in Frankreich. Auch wenn die preussischen Truppen in der Schlacht bei Waterloo eine entscheidende Rolle spielten, war Deutschland von Napoleons Rückkehr nur wenig betroffen,[1] da die Grosse Armee kein deutsches Territorium mehr betrat.

Einige Aspekte kennzeichnen die Produktion der Hundert Tage. Den einen könnte man unter das Stichwort «Meteor»[2] stellen: Napoleon zieht von Elba nach St. Helena, mit einem kleinen Zwischenhalt in Frankreich, der in die endgültige Niederlage führt. Das Motiv des Teufelsfluges oder -sprunges,[3] das Napoleon in einer ungewissen, apokalyptischen Vision der Geschichte mit Ludwig XVIII. zusammenbringt,[4] wurde von den britischen Karikaturisten bevorzugt, desgleichen das Sujet des Kartenspiels,[5] des Dialoges zwischen zwei verschiedenen politischen Auffassungen. Das letztere stand dem Geist der ab Juli 1815 veröffentlichten französischen Karikaturen der Hundert Tage näher. Zwischen März und Juni waren dagegen von den gleichen Graveuren gestochene antiroyalistische Karikaturen erschienen. Die Zukunft ist alles andere als gewiss…

Die französischen Karikaturen lassen sich in drei Gruppen einordnen. In der ersten Gruppe, die mit der englischen Karikatur verwandt ist, werden Napoleon und Ludwig XVIII. einander gegenübergestellt.[6] Die beiden französischen Herrscher, der legitime König und der Usurpator, kämpfen um die Macht.[7] Im Mittelpunkt steht das Motiv des Kerzenlöschers: Ludwig XVIII. versucht das Licht der Aufklärung des 18. Jahrhunderts («les Lumières») zu löschen, während Napoleon den Kopf aufrichtet und den Löscher umwerfen wird.[8] Dies führt uns mitten in die damalige politische Debatte, an der die Karikaturisten sich mit grösserer Heftigkeit als 1814 beteiligten. Dabei gingen die Napoleonfeinde recht unzimperlich mit den Royalisten um, den Emigranten der Revolution, die mit dem König nach Gent geflohen waren.[9]

Die Karikaturen der zweiten, politisch geprägten Gruppe greifen die institutionellen Neuerungen Napoleons an, die sich in den Zusätzen zu den Verfassungen des Empire zumindest oberflächlich volksfreundlicher gaben. Hatte die französische Karikatur bisher das Volk verschont, scheute man sich während der Hundert Tage nicht, die Annäherung zwischen dem Kaiser und den Sansculotten der Pariser Vorstädte zu zeigen.[10] Man beschwor das Gespenst einer Rückkehr zum Terror und zur Herrschaft der «Canaille» herauf.[11] Das Champ de Mai vom 1. Juni 1815 bot Gelegenheit für heftige Attacken

Originellement, il concerne le déchirement de l'Empire, Napoléon ne pouvant choisir entre le glaçon russe que lui tend un cosaque et la boisson que lui offre le partisan espagnol.[18] Par la suite, l'Empereur, sous forme de chien, est forcé par un dompteur de passer par un cerceau, en faisant le grand saut de Fontainebleau à l'Ile d'Elbe.[19] Plus tard encore, le saut s'effectue de l'Ile d'Elbe à Paris,[20] puis de Waterloo à Sainte-Hélène.[21] Poussé à l'extrême, cette enjambée[22] devient une sorte d'envol où Napoléon, aidé en cela par le diable, retrouve son trône en 1815.[23] Cet équilibre, ce grand saut effectué par Napoléon, montre l'instabilité du régime.[24] Il est comme un raccourci des événements, une suggestion de l'accélération de l'Histoire au moment de la chute de l'Empire. Dominateur, Napoléon retombe ainsi dans la réalité des états, qu'il avait voulu transgresser par sa conception universelle de la souveraineté.

JB

2.4.16 Les Cent-Jours

Les Cent-Jours, ultime sursaut de l'Empire en 1815, fournit l'occasion de renouveler en partie l'iconographie anti-napoléonienne. Si l'Allemagne fut peu concernée par le retour de Napoléon,[1] son territoire n'étant plus envahi par la Grande Armée, et, malgré la participation décisive de l'armée prussienne à la bataille de Waterloo, ce furent surtout les Français qui innovèrent dans le domaine de la caricature.

Deux grands aspects se dégagèrent de la production durant les Cent-Jours: un aspect que l'on pourrait qualifier de «météorique»,[2] Napoléon passant de l'Ile d'Elbe à Sainte-Hélène, après un court arrêt en France, soldé par sa défaite. Le thème de l'envol diabolique, du saut démoniaque,[3] mettant Napoléon en balance avec Louis XVIII dans une vision apocalyptique,[4] incertaine de l'Histoire, fut avant tout le fait des caricaturistes britanniques, de même que le thème du jeu de cartes,[5] dialogue entre deux conceptions de la politique. Celui-ci cependant se rapproche plus de l'esprit de la caricature française des Cent-Jours, publiée d'ailleurs à partir de juillet 1815. Elle avait en effet été relayée entre mars et juin par la caricature anti-royaliste, qui fut le fait des mêmes graveurs. Incertitude de l'avenir oblige…

En France, trois groupes peuvent être dégagés. Le premier groupe se rapproche de la caricature anglaise en ce sens qu'il met Napoléon en balance avec Louis XVIII.[6] Les deux souverains de la France, le roi légitime et l'usurpateur luttent pour la suprématie.[7] Le thème de l'éteignoir, fondamental, se trouve ici au centre du débat: Louis XVIII tente d'éteindre les Lumières du XVIIIe siècle, tandis que Napoléon redresse la tête et soulève l'éteignoir.[8] Ceci nous entraîne véritablement vers la politique, dans laquelle les caricaturistes se débattirent alors avec violence, beaucoup plus qu'en 1814. Mais même les anti-napoléoniens ne furent pas tendres avec les Royalistes, les émigrés de la Révolution, dont on stigmatisa la lâcheté. Car en effet, tous s'enfuirent, suivant le roi à Gand.[9]

Le deuxième groupe, très politique, attaqua les innovations institutionnelles de Napoléon, qui dans l'Acte additionnel aux Constitutions de l'Empire, se rapprochait du peuple, du moins en surface. Alors que la caricature française avait jusque-là ménagé le peuple, durant les Cent-Jours on ne se priva pas de montrer le rapprochement de l'Empereur avec les sans-culottes des faubourgs de Paris.[10] On brandit le spectre d'un retour de la Terreur et du règne de la «canaille».[11] Le Champ de Mai du 1er juin 1815 donna lieu à de violentes

island of Elba.[19] Still later, the leap must be made between the island of Elba and Paris,[20] then from Waterloo to the island of Saint Helena.[21] Taken to extremes, this leap[22] becomes a kind of takeoff point allowing Napoleon, with the Devil's help, to regain his throne in 1815.[23] Napoleon's great leap is an act of balance and as such underscores the instability of the regime.[24] It represents a shortcut in the development of events, as if history had accelerated during the Empire's collapse. No longer in a dominating position, Napoleon is forced to land in the reality of individual countries, a reality he had sought to transgress with his concept of universal sovereignty. JB

2.4.16 *The Hundred Days*

The Hundred Days, the Empire's last gasp of breath in 1815, partially rekindled the anti-Napoleonic iconography. Not that Napoleon's return was of any concern to Germany,[1] since there was no further invasion of their land by the Grande Armée. Nor would the Prussians make much of the event, despite the fact that their intervention in the battle of Waterloo would be the turning point in that battle. In point of fact, it was the French who were the most inspired to create satirical innovations during this ephemeral period.

Cartoon production during the Hundred Days developed along two main lines. One group of caricatures took up the «meteor-like»[2] nature of Napoleon's transition from Elba to Saint Helena, after a short stopover in France, and ending in his defeat. The British satirists in particular played upon his diabolic takeoff, his demoniac leap,[3] showing Napoleon hanging in balance with Louis XVIII: an apocalyptic and most uncertain vision of History.[4] It was also the British who developed the second theme: card games,[5] envisioned as a dialogue between two political outlooks. The latter motif comes closer to the spirit of French cartoons produced during the Hundred Days: these began being published in July 1815, since from March to June of that year it was the anti-Royalist caricatures – done by the same engravers – that had taken centre stage: these were times making it difficult to know from where the next winds would blow…

In France, the caricatures fell into three groups. The first group was akin to British cartoons, with Napoleon balanced against Louis XVIII.[6] The context here was that of a battle for supremacy between the two sovereigns of France – the legitimate king and a usurper.[7] The motif of the candle snuffer, a basic element of the caricatures of the time, was at the heart of the debate: Louis XVIII attempts to snuff out the Enlightenment «lights» (the French use the term «lumières» for both lights and Enlightenment) while Napoleon, emerging from under the snuffer, tries to lift his head and, in doing so, lifts up the snuffer.[8] This cartoon reflects the political infighting carried out by the satirists more ferociously than in 1814: even those fighting against Napoleon had little sympathy for the Royalists, those «emigrants» of the Revolution, stigmatised for their cowardice. Indeed, they had all fled, except for the King at Gand.[9]

The second and very political group of caricatures attacked the institutional innovations established by Napoleon in several acts liberalising the Empire constitutions. These were meant as a show of solidarity, if superficial, with the people of the nation. French cartoonists until then had never exercised their satire against the people, but during the Hundred Days, they gave full vent to such mockery. Their cartoons, depicting the Emperor's reconciliation with the sans-culottes (radical francesi; la Germania, nonostante il contributo decisivo delle truppe prussiane a Waterloo, non è più invasa dalla Grande Armata e quindi è toccata poco dal ritorno dell'imperatore.[1]

Nelle caricature risalenti ai Cento Giorni spiccano alcuni filoni, uno dei quali si potrebbe definire «meteorico»[2]: il passaggio dell'imperatore dall'isola d'Elba a Sant'Elena, dopo la breve sosta in Francia e l'ultima sconfitta. Il tema del volo diabolico, del salto demoniaco[3] che mette Napoleone in equilibrio con Luigi XVIII, in una visione apocalittica[4] e incerta della storia, conviene soprattutto ai caricaturisti britannici, così come quello del gioco di carte,[5] dialogo fra due concezioni della politica. Quest'ultimo tema, tuttavia, si avvicina di più allo spirito delle caricature eseguite in Francia nei Cento Giorni, ma pubblicate a partire dal luglio 1815: fra marzo e giugno gli stessi incisori, incerti sul proprio avvenire, le sostituiscono con caricature antimonarchiche…

In Francia possiamo distinguere tre gruppi di opere. Il primo si avvicina alla caricatura inglese, perché mette in equilibrio Napoleone con Luigi XVIII[6]: i due sovrani di Francia – il re legittimo e l'usurpatore – lottano per la supremazia.[7] Al centro della disputa c'è il tema fondamentale dello spegnitoio, con cui Luigi XVIII tenta di spegnere i lumi del Settecento. Napoleone raddrizza il capo e solleva lo spegnitoio[8]; la scena ci porta davvero verso la politica, in cui i caricaturisti dei Cento Giorni si dibattono con violenza molto più che nel 1814. Ma neppure gli antinapoleonici sono teneri con i monarchici, gli «emigrati della Rivoluzione» bollati per la loro viltà: tutti costoro, in effetti, sono fuggiti col re a Gand.[9]

Il secondo gruppo, molto politico, attacca le innovazioni istituzionali di Napoleone, che almeno in superficie, nell'«Atto addizionale alle Costituzioni dell'Impero», si avvicina al popolo. La caricatura francese, che prima risparmiava i ceti popolari, nei Cento Giorni non rinuncia a mostrare l'avvicinamento fra imperatore e sanculotti dei sobborghi parigini,[10] agitando lo spettro di un ritorno del Terrore e del regno della «canaglia».[11] Il Campo di Maggio del 1° giugno 1815 dà lo spunto per violenti attacchi, contro i federati in generale e il maresciallo Ney in particolare.[12]

Il terzo gruppo, infine, concerne la guerra col suo corteo di miserie e di morti dovute a Napoleone,[13] e quindi la battaglia di Waterloo (detta della Belle-Alliance o di Mont-Saint-Jean)[14]: il duca di Wellington – evidenziato come vincitore dappertutto, ancor più del generale Blücher – abbatte Napoleone,[15] lo rade definitivamente,[16] gli fa ballare la «danza inglese».[17]

Ma se l'imperatore decaduto passa, prefetti e sindaci rimangono.[18] In un certo senso, anche se Napoleone scompare dalla scena politica, la sua opera amministrativa resterà e darà alla Francia il suo aspetto attuale. JB

2.4.17 *Gli esilî di Napoleone*

Il doppio esilio di Napoleone provoca la collera e l'ironia dei libellisti monarchici: nel 1815 esce in Francia una commedia intitolata *Buonaparte ou l'abus de l'abdication*.

Il tema va diviso in due sezioni: la cattività ed i viaggi di Napoleone verso l'esilio da una parte e la prigionia insulare d'altra parte.

La prima sezione è relativamente più ricca della seconda, perché consente ai vincitori di sfogare il rancore contro il vinto. La figura di Napoleone è messa in gabbia,[1] esposta ai sarcasmi delle megere (particolarmente in Inghilterra), legata alla corda[2] e poi impiccata; talvolta è rappresentata la *Northumberland*, nave che trasporta il prigioniero a Sant'Elena.[3] Questo insieme

gegen die Verbündeten im allgemeinen und Marschall Ney im besonderen.[12]

Die dritte Gruppe steht im Zeichen der von Napoleon ausgelösten Rückkehr des Krieges, in dessen Schlepptau erneut Elend und Tod das Volk heimsuchen.[13] Hauptthema ist die Schlacht von Waterloo (auch Schlacht der Belle-Alliance oder vom Mont-Saint-Jean genannt).[14] Der Herzog von Wellington wird mehr als Feldmarschall Blücher als Bezwinger Napoleons in den Vordergrund gerückt. Er wirft ihn zu Boden,[15] schneidet ihm die Haare,[16] lässt ihn eine «Anglaise» tanzen.[17]

War der abgesetzte Kaiser wie ein Meteor erschienen und wieder verschwunden, so blieben seine Beamten, die Präfekten und Bürgermeister.[18] Selbst wenn Napoleon vollständig von der politischen Szene entfernt wurde, ist sein administratives Werk erhalten und bestimmt bis heute das Bild des französischen Staates.

JB

2.4.17 Napoleons doppeltes Exil

Das zweifache Exil war ein ideales Thema für den Zorn und die Ironie der royalistischen Pamphletisten. 1815 erschien in Frankreich eine Komödie mit dem Titel *Buonaparte ou l'abus de l'abdication.*

Die Karikaturen, die dem Exil gewidmet sind, bilden zwei Gruppen. Die erste befasst sich mit der Gefangennahme und Napoleons Reisen ins Exil, die zweite mit seinem Inseldasein als Gefangener.

Die erste Gruppe ist reicher bestückt als die zweite, da hier der Zorn der Napoleonbezwinger freien Lauf fand. Der Kaiser steckt in einem Käfig,[1] den Beschimpfungen der bösen Weiber ausgeliefert – eine in England beliebte Szene –, er wird in Fesseln gelegt,[2] bevor man ihn zum Galgen führt. Gelegentlich ist das Schiff *Northumberland* dargestellt, das Napoleon nach St. Helena brachte.[3] Diese Gruppe von überwiegend englischen Karikaturen steht am Ende des langen Kampfes, den die Alliierten gegen den Usurpator führten. Dies mag den Ausbruch der Gewalt angesichts des Sieges erklären.

Die zweite Gruppe hat einen stärkeren Bezug zur Allegorie, was sie reizvoller erscheinen lässt. Zwei Untergruppen lassen sich unterscheiden. In der ersten ist Napoleon in symbolischer Gestalt auf Elba oder St. Helena dargestellt, zum Beispiel als neuer Prometheus, dessen Eingeweide als Strafe für die begangenen Untaten von einem Adler zerrissen werden,[4] oder als Robinson Crusoe, den es als Schiffbrüchigen auf eine einsame Insel verschlug,[5] nach der Romanfigur von Daniel Defoe.

Die Karikaturen der zweiten Untergruppe beschäftigen sich prosaischer mit Napoleons Alltag auf St. Helena und stellen dabei einen besonderen, schwer verständlichen Aspekt in den Vordergrund: die Ratten, die auf der Insel leben.[6] Die Tierfabel hatte bereits eine wichtige Rolle in den allegorischen Karikaturen gespielt, in denen eine Katze oder ein Tiger Napoleon darstellten,[7] wenn es nicht der Marschall Ney war.[8] Obwohl dieser Typ vor allem von den deutschen Karikaturisten geschaffen wurde, soll der Ursprung des Rattenmotivs nach gewissen Quellen auf das *Mémorial de Sainte-Hélène* zurückgehen. Laut diesem Werk waren die Ratten so frech, bis in Napoleons Wohnräume in Longwood House vorzudringen, was damals die Geister bewegte. Allerdings wurde das *Mémorial* erst 1823, zwei Jahre nach dem Tod des Kaisers, veröffentlicht, so dass es den Karikaturisten 1815 nicht vorgelegen haben kann. Das Rätsel bleibt also weiter bestehen.

Jedenfalls erfüllten die Ratten in den Karikaturen verschiedene Funktionen. Entweder fliehen sie, wenn sie Napoleon zu

republicans) of the Parisian outlying districts,[10] hinted at the spectres of another Reign of Terror and the «rabble» as looming ahead.[11] The 1 June 1815 Champ de Mai gave rise to violent attacks against the Confederates in general, and against Marshal Ney more particularly.[12]

Finally, the last group has to do with the war, with all the misery and death Napoleon was heaping upon the country[13] and hence, with the battle of Waterloo (referred to as the Belle-Alliance or Mont-Saint-Jean).[14] The Emperor's conqueror, the Duke of Wellington, takes more of the limelight than even Blücher: it is he who actually brings Napoleon down,[15] shaves him a last time,[16] obliges him to dance «l'anglaise»[17] i.e. to the tune of the English.

However, the dethroned Emperor's visit to France was brief, while the prefects and mayors remained.[18] Thus it can be said that, despite his elimination from the political scene, Napoleon's administrative contributions stayed on and are reflected in our image of the country still today.   JB

2.4.17 Napoleon's Exiles

Napoleon twice exiled: how this exacerbated the ire and irony of the Royalist lampoonists! Hence the 1815 French comedy entitled *Buonaparte ou l'abus de l'abdication*.

The exile theme can be divided into two sections: Napoleon's captivity and his trips to the sites of exile and Napoleon as an insular prisoner.
Because it afforded Napoleon's conquerors room to vent their rancour, the first period was relatively richer than the second. In this group of cartoons, we see Napoleon caged,[1] the butt – especially in England – of the mockery of shrews, or else with a rope around his neck[2] prior to being hanged. Sometimes, the vessel *Northumberland*, which brought Napoleon to Saint Helena is depicted.[3] As the last in a long line of works combatting Napoleon, their violence in the face of imminent victory is altogether understandable. Moreover, this was above all a British phenomenon.

The second group, a great deal more allegorical and hence more interesting, developed in two directions. Some of the cartoonists in this group set about imagining Napoleon, in symbolic fashion, on the islands where he landed, first Elba and, subsequently, Saint Helena. In payment for the ravages committed, he is depicted as a new Prometheus having his innards torn to pieces by an eagle;[4] or else he is likened to Daniel Defoe's hero Robinson Crusoe, a lost and lonely figure on a deserted island.[5]

The other direction taken in this second group was to concentrate on Napoleon's everyday life on Saint Helena. Fables play a major role in these works, where Napoleon – or at times, Marshal Ney,[6] although this direction was followed mostly by the Germans – was turned into a cat or tiger.[7] Many are based on the very special and somewhat incomprehensible motif of the rats inhabiting the island,[8] a motif that some sources trace to the *Mémorial de Saint-Hélène*. In this latter work, there is mention of rats so bold as to infiltrate themselves all the way into Napoleon's Longwood House apartment, a scenario that apparently left a deep impression on the public. However, the *Mémorial* was only published in 1823, two years after the Emperor's death, so that it could not possibly have served as source material to cartoonists in 1815. The mystery lingers.

Be that as it may, these rats were cast in different roles. In some cases they are seen fleeing Napoleon's approach[9] or, on

Alte Liebe rostet nicht oder Beschäftigung des grossen Mannes auf der kleinen Ratten-Insel Sankt Helena

di caricature giunge al termine della lunga lotta alleata contro l'usurpatore; la vittoria ottenuta, perciò, scatena la violenza degli artisti (soprattutto inglesi).

La seconda sezione, molto più allegorica e quindi più interessante, si può dividere in due gruppi. Nel primo i caricaturisti immaginano simbolicamente Napoleone sull'isola d'Elba e a Sant'Elena; l'ex imperatore è un nuovo Prometeo che paga i suoi misfatti facendosi strappare le viscere da un'aquila,[4] oppure è assimilato a una figura solitaria su un'isola deserta,[5] il Robinson Crusoe del romanzo di Daniel Defoe.

Il secondo gruppo racconta più prosaicamente la vita di Napoleone a Sant'Elena, sfruttando un tema particolarissimo e difficilmente comprensibile: quello dei topi che popolano l'isola.[6] In queste caricature allegoriche la favola svolge in pieno il suo ruolo: Napoleone diventa un gatto o una tigre,[7] quando a farlo non è il maresciallo Ney.[8] Benché gli artisti siano soprattutto tedeschi, stando a certe fonti il tema risalirebbe al *Mémorial de Sainte-Hélène*: l'opera racconta appunto di certi topi tanto audaci da penetrare anche nell'alloggio di Napoleone a Longwood House, particolare che avrebbe colpito i lettori. Ma il *Mémorial* sarà pubblicato solo nel 1823, due anni dopo la morte dell'imperatore; poiché i caricaturisti non potevano conoscerlo nel 1815, l'enigma rimane.

I topi, comunque sia, in questo gruppo di caricature interpretano parti diverse, potendo fuggire alla vista del nuovo inquilino,[9] invadere totalmente il territorio di un Napoleone neutralizzato (e diventare suoi servi),[10] o ancora essere arruolati da lui in un nuovo esercito[11]; in quest'ultimo caso l'ex imperatore propone loro una nuova Costituzione del 1816,[12] proiezione futura di un Campo di Maggio come quello parigino del 1815.

Il sovrano decaduto, eterno guerriero, non sempre è passivo: talvolta sogna, secondo i caricaturisti, di ripartire alla conquista del mondo col suo esercito di topi, puntando stavolta sull'Australia (Botany Bay), sulla Cina e sul Giappone.[13] *Alte Liebe rostet nicht*:[14] il primo amore non si scorda mai...   JB

Gesicht bekommen,⁹ oder der Kaiser bildet mit ihnen eine neue Armee¹⁰ oder schlägt ihnen 1816 eine neue Verfassung vor,¹¹ nach dem Vorbild des Pariser Champ de Mai von 1815. Ein paar Karikaturen zeigen, wie die Ratten den Besitz eines entmachteten Napoleon vollständig in Beschlag genommen haben und seine Diener spielen.¹²

Der Kaiser selbst, ständig von Kampfgeist erfüllt, bleibt nicht immer passiv, sondern träumt laut manchen Karikaturen von einer neuen Eroberung der Welt mit Hilfe seines Rattenheers. Botany Bay (Australien), China und Japan sind die neuen Ziele des abgesetzten Herrschers.¹³ *Alte Liebe rostet nicht!*¹⁴

JB

envahissent totalement le domaine d'un Napoléon neutralisé dont ils deviennent les serviteurs.¹²

L'Empereur lui-même, éternel guerrier, n'est pas toujours passif, et rêve quelquefois, selon les caricaturistes, de repartir à la conquête du monde, avec son armée de rats. Ce sont alors Botany Bay (Australie), Chine et Japon qui sont visés par le souverain déchu.¹³ *Alte Liebe rostet nicht.*¹⁴ Vieil Amour ne rouille pas.

JB

the contrary, being enrolled by the Emperor in a new army.[10] In the latter instance, we see them being offered a new constitution in 1816:[11] a projection into the future of a new Champ de Mai of the same nature as the one held in Paris in 1815. Or again, we see them taking over the realm of a neutralised Napoleon and becoming the stewards of the latter.[12]

The Emperor himself, that eternal warrior, does not always assume a passive stance; at times he dreams of taking off again to reconquer the world with his troops of rats. In that dream, the dethroned sovereign targets Botany Bay (Australia), China, Japan[13]... *Alte Liebe rostet nicht*:[14] Once a conqueror, always a conqueror! JB

Katalog

Catalogue

the contrary, being enrolled by the Emperor in a new army.[10] In the latter instance, we see them being offered a new constitution in 1816:[11] a projection into the future of a new Champ de Mai of the same nature as the one held in Paris in 1815. Or again, we see them taking over the realm of a neutralised Napoleon and becoming the stewards of the latter.[12]

The Emperor himself, that eternal warrior, does not always assume a passive stance; at times he dreams of taking off again to reconquer the world with his troops of rats. In that dream, the dethroned sovereign targets Botany Bay (Australia), China, Japan[13]... *Alte Liebe rostet nicht*:[14] Once a conqueror, always a conqueror! JB

Katalog

Catalogue

Catalogue

Catalogo

Genese der Arenenberger Karikaturensammlung und Herkunft der Graphiken

Hans Peter Mathis

Genèse de la collection de caricatures d'Arenenberg et provenance des gravures

Hans Peter Mathis

Die Leidenschaft, Graphikblätter zu sammeln und das Kupferstichkabinett zu äufnen, hat auf Arenenberg Tradition. Bereits die Herzogin von Staint-Leu, Tochter der Kaiserin Joséphine und Stieftochter Napoleons I., die von 1817 bis 1837 auf Arenenberg im Exil lebte, umgab sich mit Graphikblättern: Sie sammelte Portraits, Landschaftsdarstellungen, Genres und in ihren letzten Lebensjahren auch Karikaturen. Verschiedene Zeichnungen aus ihrer Hand wurden gestochen oder radiert, darunter mehrere Ansichten der Schlösser von Saint-Leu und Arenenberg. Die meisten Graphikblätter liess die ehemalige Königin von Holland einbinden, um sie zu ordnen und zu schützen, so auch ihre Karikaturen. Verschiedene Jahrgänge der Zeitschrift *LA CARICATURE politique, morale, littéraire et scénique* ab 1832 sind in vier Bände eingebunden, die mit roten Maroquinrücken versehen und dem Monogramm H verziert sind. Unnötig zu sagen, dass es sich vor allem um Karikaturen gegen Louis Philippe und sein Regime handelt; viele stammen aus der Hand des jungen Honoré Daumier und sind handkoloriert.

Es ist das Verdienst von Bruno Meyer, Museumsdirektor von 1957 bis 1988, die Karikaturen-Sammeltätigkeit auf Arenenberg wieder aufgenommen und dem Hause zu einer stattlichen Sammlung verholfen zu haben. Als Historiker hatte er früh erkannt, dass selbst an einer Gedenkstätte für die Familie Bonaparte nicht nur die Sonnenseiten der napoleonischen Geschichte aufgezeigt werden sollen, sondern auch die kritischen, aufrührerischen. So nahm er im Jahre 1980 die Gelegenheit wahr, aus dem Nachlass von Otto Mauerhofer in Langnau, einem passionierten Napoleonsammler, eine bedeutende Sammlung von Karikaturen über Napoleon zu kaufen. Wegen seiner guten Beziehungen zu Arenenberg hatte der Sammler Mauerhofer dem Museum ein Vorkaufsrecht ein-

A Arenenberg, la passion pour la collection d'estampes est une tradition. La duchesse de Saint-Leu elle-même, fille de l'impératrice Joséphine et belle-fille de Napoléon Ier, qui vécut en exil à Arenenberg de 1817 à 1837, s'entoura de gravures: elle collectionna des portraits, des paysages, des tableaux de genres, et à la fin de sa vie, des caricatures également. Certains dessins exécutés de sa main furent gravés au burin ou à l'eau-forte, parmi lesquels des vues des châteaux de Saint-Leu et d'Arenenberg. L'ancienne reine de Hollande fit relier la plupart de ces gravures, afin de les classer et de les protéger. Elle agit de même pour les caricatures. A partir de 1832, différentes années de la revue *LA CARICATURE politique, morale, littéraire et scénique*, furent reliées en quatre volumes, revêtues d'un dos en maroquin rouge et ornées du monogramme H. Inutile de préciser qu'il s'agit avant tout de caricatures fustigeant Louis-Philippe et son régime; nombre d'entre elles ont été réalisées par le jeune Honoré Daumier et sont coloriées à la main.

C'est à Bruno Meyer, directeur du musée d'Arenenberg de 1957 à 1988, que revient le mérite d'avoir recommencé à réunir des caricatures et fourni à la maison l'imposante collection dont elle peut se prévaloir aujourd'hui. En tant qu'historien, il a très vite reconnu la nécessité de ne pas présenter uniquement le côté riant de l'histoire napoléonienne, mais également ses aspects sombres et séditieux; et cela, même dans un lieu conçu à la mémoire de la famille Bonaparte. En 1980, il saisit l'occasion de racheter une importante collection de caricatures de Napoléon provenant de la succession d'Otto Mauerhofer à Langnau. En raison de ses bonnes relations avec Arenenberg, ce collectionneur passionné avait octroyé au musée un droit de préemption. A sa mort, Meyer fit usage de ce droit malgré une certaine précarité financière.

Genesis of the Arenenberg Cartoon Collection and Origin of the Prints

Hans Peter Mathis

A passion for collecting graphic art and enlarging the print cabinet is a tradition at Arenenberg: as early as in the nineteenth century, the Duchess of Saint-Leu, daughter of Empress Joséphine and stepdaughter to Napoleon I, took to collecting graphic art during her exile at Arenenberg from 1817 to 1837. She collected portraits, landscapes, genre pictures, and, towards the end of her life, cartoons too. Several drawings done by the Duchess, among which various views of the Saint-Leu and Arenenberg castles, were etched or engraved. The former Queen of Holland had most of the prints bound, to arrange them in order and provide protection, and this included satirical prints as well. Several annual series of the periodical *LA CARICATURE politique, morale, littéraire et scénique* from 1832 form two volumes bound in red morocco and adorned with the monogram H. Obviously, for the most part these satirised Louis Philippe's reign; many were the work of the young Honoré Daumier and were coloured by hand.

Bruno Meyer, the Arenenberg Museum director from 1957 to 1988, has the great merit of having reactivated cartoon collecting, thus endowing the institution with a major collection. As a historian, he realised that, even in what constitutes a memorial to the Bonaparte family, it is not only the sunny side of the Napoleonic picture that is of interest to the public, but also those aspects of his life inspiring criticism and rebellion. In this spirit then, in 1980, Meyer took advantage of the occasion to buy a major collection of Napoleonic cartoons, using funds from the bequest of Otto Mauerhofer of Langnau, an avid collector of Napoleonica. Mauerhofer's excellent ties with Arenenberg inspired him to grant the museum pre-emptive rights for the purchase of his collection, an option that Meyer – although short of funds – was able to exercise after the collector's death. The 680 prints obtained through this

François Gérard, Charles Ferdinand de Bourbon-Artois, Duc de Berry

Daniel Woge, Grossherzog Friedrich Franz I. von Mecklenburg und seine Familie, 1788

geräumt, das Meyer trotz Geldknappheit nach dessen Tod wahrnahm. Die 680 Blätter aus dem Besitz des Sammlers bilden heute noch den Grundstock der Arenenberger Bestände. Die wichtigsten sind 1954 in einer kleinen Leih-Ausstellung im Schloss Arenenberg gezeigt worden.

Der Nachlass Mauerhofers besteht aus zwei historischen Sammlungen, die ihrerseits von grossem Interesse sind. Zwei Alben mit dem Wappen der Bourbon-France stammen aus dem Besitz des Herzogs von Berry, ein grosses Los aus dem Museum des Grossherzogs Friedrich Franz I. von Mecklenburg im Schloss von Schwerin.

Beide hatten gute Gründe, die oft bissigen Pamphlete gegen Napoleon zu sammeln und sich an ihnen zu freuen: Der Herzog von Berry als Mitglied der Familie Bourbon, die Napoleon immerhin ihres Thrones beraubt hatte, der Mecklenburger wegen der üblen Traktierung durch den Kaiser. Als der Korse sich 1806 auf dem Vormarsch durch Deutschland befand, stellte sich ihm der Mecklenburger General Blücher zwar in den Weg, musste vor den französischen Generälen Bernadotte, Murat und Soult bei Ratekau aber kapitulieren. Nicht nur Blücher, auch Friedrich Franz I. zog sich zurück und ging im Januar 1807 ins damals dänische Altona ins Exil. Als er nach dem Frieden von Tilsit noch im gleichen Jahr ins geplünderte Schwerin zurückkam, zwang ihn Napoleon 1808, dem Rheinbund beizutreten. Mecklenburg musste für den napoleonischen Feldzug nach Russland Truppen stellen, von denen nur wenige zurückkehrten. Die Unterdrückung hatte erst nach diesem Feldzug ein Ende, als die französischen Truppen schrittweise Mecklenburg verlassen mussten, verfolgt von russischen Kosaken und den eigenen Truppen.

1815 gelang es dem Grossherzog, alles von Napoleon konfiszierte Kulturgut an Bildern, Figuren und Sèvres-Porzellan – mit Ausnahme eines Bildes von Michelangelo – wieder nach Schwerin zurückzubringen. Doch mochte ihm die Unterbringung der Bilder, Graphiken und Büsten im Schweriner Schloss nicht mehr gefallen, das jahrzehntelang als fürstliche Kunstkammer gedient hatte. Er liess die Kunstwerke ins nahe gelegene Schloss Ludwigslust bringen, wo sie bis zur Eröffnung der Staatlichen Museen Schwerin ausgestellt waren. 1927 verkaufte der damalige Direktor des Museums den grössten Bestand an Napoleonkarikaturen, um andere Werke erstehen zu können. Nur einige Blätter mit einem direkten

Les 680 gravures ainsi acquises forment aujourd'hui encore la base de la collection d'Arenenberg. Les plus importantes d'entre elles avaient été présentées en 1954 lors d'une petite exposition organisée au château d'Arenenberg.

La succession de Mauerhofer émane de deux collections historiques, elles-mêmes d'un grand intérêt. Deux albums aux armes des Bourbon-France proviennent des biens du duc de Berry, et un lot important est issu du musée du grand-duc Frédéric-François Ier de Mecklembourg au château de Schwerin.

Tous deux avaient de bonnes raisons de collectionner des pamphlets contre Napoléon et de s'en divertir: le duc de Berry en tant que membre de la famille Bourbon à qui Napoléon avait ravi le trône, et le grand-duc de Mecklembourg en raison du funeste martyre infligé à son pays par l'Empereur. Lorsqu'en 1806, le Corse marcha sur l'Allemagne, le général Blücher se mit en travers de son chemin, mais dut capituler à Ratekau face aux généraux français Bernadotte, Murat et Soult. Blücher ne fut pas le seul à s'incliner, Frédéric-François Ier dut également se retirer et, en janvier 1807, il s'exila à Altona, qui à cette époque faisait encore partie du Danemark. La même année, suite à la paix de Tilsit, il rentra à Schwerin et y trouva une ville dévastée. En 1808, Napoléon le contraint à adhérer à la Confédération du Rhin. Le Mecklembourg dut fournir des troupes pour la campagne de Russie, dont peu revinrent au pays. Cet asservissement ne cessa qu'à la fin de la campagne, lorsque les Français durent quitter le Mecklembourg, poursuivis par les cosaques et ses troupes.

En 1815, le grand-duc parvint à ramener à Schwerin tous les trésors artistiques, tableaux, sculptures et porcelaines de Sèvres, confisqués par Napoléon, à l'exception d'un tableau de Michel-Ange. Mais il n'accueillit pas les tableaux, estampes et bustes en son château de Schwerin qui pendant des décennies avait servi de galerie d'art princière. Il fit déposer les œuvres au château voisin de Ludwigslust, où elle furent exposées jusqu'à la création des Staatliche Museen Schwerin. En 1927, le directeur du musée vendit la plupart des caricatures napoléoniennes, afin d'acquérir d'autres œuvres. Seules quelques gravures ayant attrait au Mecklembourg demeurèrent dans la capitale. Cette vente fut confiée à la maison berlinoise de vente aux enchères Hollstein & Puppel, qui réagit aux critiques des amateurs d'art de Schwerin par une prise de

Theodor Schloepke, Ansicht der Bildergalerie im Schloss Schwerin, 1845

Karikaturen-Alben des Charles Ferdinand de Bourbon-Artois, Duc de Berry

purchase still constitute the foundation of the Arenenberg holdings. The collection's most important works went on display at a small exhibition at the Arenenberg Castle in 1954.

Mauerhofer's holdings comprised two historic collections that are of great interest: one consists of two albums, bearing the coat of arms of the French Bourbons, formerly the property of the Duke of Berry; another represents an impressive auction lot received from the Grand Duke Frederick Francis I of Mecklenburg Museum at the Schwerin Castle.

Both collectors had good reason to collect and enjoy the often bitter lampoons against Napoleon: the Duke of Berry as a Bourbon family member whose throne had, after all, been claimed by Napoleon; and the Grand Duke of Mecklenburg for the suffering caused by the Emperor. The train of events leading to that suffering began in 1806 when Napoleon's troops, who were advancing on Germany, encountered Mecklenburg's General Blücher. In the face of the French generals Bernadotte, Murat, and Soult, the latter was forced to capitulate at Ratekau. Not only Blücher, but Frederick Francis I too was obliged to retreat and, in January 1807, he went into exile to Altona, which at that time was Danish. Upon returning to ransacked Schwerin after the treaties of Tilsit, the Grand Duke was forced by Napoleon in 1808 to join the Confederation of the Rhine. In that context, he was obliged to furnish troops for the Napoleonic military campaign against Russia, and these were almost entirely decimated. Napoleon's surrender only occurred when the campaign came to an end, at which point the French began leaving Mecklenburg, pursued by the Russian cossacks and their own conscripted troops.

In 1815, the Grand Duke succeeded in bringing back to Schwerin all the cultural riches confiscated by Napoleon: paintings, figures and Sèvres porcelain pieces; the only exception was a painting by Michelangelo. However, he no longer wished to place all these treasures – the paintings, engravings, and busts – in the Schwerin Castle that had, over decades, served as a ducal gallery. Instead, he had them set up at the nearby Ludwigslust Castle, where they remained on display until the creation of the Staatliche Museen Schwerin. In 1927, the museum director of the time sold the major share of the institution's Napoleon cartoons in order to purchase other works. Only a few prints closely connected to Mecklenburg history remained in the capital. The sale was entrusted

mostra del 1954 – costituiscono il nucleo principale del fondo di Arenenberg.

Il lascito di Mauerhofer comprende due collezioni storiche, ognuna di grande interesse. Due album con lo stemma dei Borboni di Francia provengono dal patrimonio del duca di Berry, un grosso lotto dal museo del granduca Federico Francesco I di Mecklenburgo (nel castello di Schwerin).

Sia il duca sia il granduca avevano buoni motivi per collezionare con piacere libelli spesso pungenti contro Napoleone: il primo in quanto membro di quei Borboni cui Napoleone in fondo aveva sottratto il trono, il secondo perché trattato male dall'imperatore. Quando quest'ultimo nel 1806 stava avanzando in Germania, il generale mecklenburghese Blücher gli si fece incontro, ma a Ratekau dovette arrendersi davanti ai generali francesi Bernadotte, Murat e Soult; Federico Francesco I, ritiratosi anche lui, nel gennaio 1807 andò in esilio ad Altona, allora danese. Già nello stesso anno, dopo la pace di Tilsit, egli fece ritorno in una Schwerin saccheggiata, ma nel 1808 fu costretto da Napoleone ad aderire alla Confederazione del Reno; dovette quindi fornirgli soldati per la campagna di Russia, ove soltanto pochi sopravvissero. Il suo vassallaggio ebbe fine solo dopo quella spedizione: l'esercito francese, inseguito dai cosacchi russi e da truppe dello stesso Mecklenburgo, gradualmente dové lasciare la regione.

Nel 1815 il granduca riuscì a riportare a Schwerin (salvo un quadro di Michelangelo) tutti gli oggetti d'arte – quadri, busti, porcellane di Sèvres – che gli erano stati confiscati da Napoleone. Non volle più, però, che quelle opere ritornassero al castello di Schwerin, che da decenni ospitava quei tesori; le fece quindi trasferire al vicino castello Ludwigslust, in cui rimasero esposte fino all'apertura degli Staatliche Museen Schwerin. Nel 1927 l'allora direttore di questi musei vendé la maggior parte delle caricature su Napoleone, per poter acquistare altre opere; solo alcune stampe con diretti riferimenti al Mecklenburgo restarono nella capitale. Della vendita fu incaricata la casa d'aste berlinese Hollstein & Puppel, che, criticata da intenditori d'arte di Schwerin, con un'energica presa di posizione reagì sottolineando la scarsa importanza delle stampe (non soltanto caricature) messe all'asta; purtroppo però la Hollstein & Puppel non esiste più, e neppure l'archivio del museo di Schwerin ha più notizie sugli acquirenti della collezione. La storia della raccolta granducale, per-

Wappen Bourbon-Artois auf dem Karikaturen-Album I des Charles Ferdinand de Bourbon-Artois, Duc de Berry

Wappen Faucigny-Lucigne auf dem Karikaturen-Album II des Charles Ferdinand de Bourbon-Artois, Duc de Berry

Mecklenburger Bezug blieben in der Hauptstadt. Mit dem Verkauf wurde das Berliner Auktionshaus Hollstein & Puppel betraut, das auf die Kritik von Schweriner Kunstverständigen mit einer geharnischten Stellungnahme und einem Hinweis auf die Bedeutungslosigkeit der ausgeschriebenen Blätter (nicht nur der Karikaturen) reagierte. Leider existiert das Auktionshaus nicht mehr, und auch das Archiv des Museums in Schwerin gibt keine Auskunft über den Verbleib der Sammlung. Deshalb wird hier die Geschichte der grossherzoglichen Sammlung unterbrochen, und man hörte erst wieder von ihr, als die Kunsthandlung August Klipstein in Bern das Los 1947 versteigerte.

Im Herbst 1947 hatte die Kunsthandlung in Bern Mauerhofer darauf aufmerksam gemacht, dass ein Los von Napoleon-Karikaturen zur Versteigerung gelange. Im Katalog XLV der Firma finden wir unter dem Los 248 das Angebot von «Ca 305 Blatt Karikaturen auf Napoleon I. und seine Zeit, meist aus den Jahren um 1810–1815. Fol. bis 8°. Gr.-Fol.-Mappe». Der Kommentar bezeichnet die Sammlung als: «Einzigartige Sammlung deutscher, französischer und englischer Napoleonkarikaturen, zum grössten Teil prachtvoll altkoloriert und tadellos erhalten. Enthält z.T. sehr seltene Blätter von Gillray, Schadow und aus den Verlagen von Bance, Boydel, Campe, Genty, Martinet, Riedel, Tausch u.a. In dieser Reichhaltigkeit sehr selten. Aus der Sammlung der Grossherzöge von Mecklenburg-Schwerin.» Mauerhofer nahm an der Versteigerung teil und erwarb das Los für 880 Franken. Beinahe hätte er es an den Zürcher Kunsthändler Laube verloren, der die Karikaturen offensichtlich für einen Kunden erwerben wollte, wie Mauerhofer in einem Brief an Jakob Hugentobler, den damaligen Schlossverwalter auf Arenenberg, vermerkt. Nachforschungen bei der Nachfolgegalerie Kornfeld in Bern haben ergeben, dass das Los von Robert von Hirsch aus Basel nach Bern eingeliefert wurde, dessen Archiv über die Herkunft der Blätter aber keine Auskunft gibt. So besteht eine Wissenslücke über den Verbleib der Blätter zwischen der Versteigerung in Berlin und dem Erwerb durch von Hirsch.

Beachtenswert ist auch die Geschichte der beiden Alben aus dem Besitz von Charles Ferdinand de Bourbon-Artois (1778–1820), Duc de Berry. Er war der Urenkel des französischen Königs Louis XV, der Neffe von Louis XVI und der Sohn von Charles X, der von 1824 bis 1830 als französischer König

position énergique et un commentaire sur l'insignifiance des estampes (pas uniquement des caricatures) mises à l'encan. Malheureusement, cette maison n'existe plus et les archives du musée à Schwerin ne donnent aucune indication quant au destin de la collection. L'histoire de la collection grand-ducale s'interrompt ici, pour reprendre en 1947, lorsque le magasin d'objets d'art August Klipstein à Berne fut chargé de vendre le lot de caricatures aux enchères.

En automne 1947 Klipstein en informa Mauerhofer. Dans le catalogue XLV du négociant, on trouve sous le lot n° 248 l'offre suivante: «Env. 305 gravures de Napoléon Ier et de son époque, pour la plupart des années 1810–1815. Format in folio à in octo. Cartable grand format» Le commentaire décrit le lot comme: «Une collection unique de caricatures napoléoniennes allemandes, françaises et anglaises, pour la plupart aux splendides couleurs d'origine et parfaitement conservées. Contient en partie des gravures très rares de Gillray, Schadow et la marque des éditeurs Bance, Boydel, Campe, Genty, Martinet, Riedel, Tausch et autres. D'une rare richesse. De la collection des grands-ducs de Mecklembourg-Schwerin.» Mauerhofer prit part aux enchères et acquit le lot pour la somme de 880 francs. Il faillit les abandonner au marchand d'art zurichois Laube, qui voulait apparemment acquérir ces caricatures pour l'un de ses clients, ainsi que l'évoque Mauerhofer dans une lettre à Jakob Hugentobler, ancien régisseur du château d'Arenenberg. Des recherches menées auprès de la galerie Kornfeld à Berne, successeur de Klipstein, ont montré que le lot avait été fourni par Robert von Hirsch de Bâle. Malheureusement, ses archives ne fournissent aucun renseignement sur la provenance des gravures. Ainsi ne connaît-on pas la destinée de ces gravures entre la vente aux enchères de Berlin et leur acquisition par von Hirsch.

L'histoire des deux albums ayant appartenus à Charles Ferdinand de Bourbon-Artois (1778–1820), duc de Berry est également digne d'attention. Il était l'arrière-petit-fils de Louis XV, le neveu de Louis XVI et le fils de Charles X qui régna sur la France de 1824 à 1830. Après la défaite de Napoléon à Waterloo, il fit relier une partie des caricatures en sa possession en un grand album de cuir brun, qu'il orna des armes des Bourbon au milieu et de son monogramme CF dans les coins. Le blason est en outre décoré des ordres du Saint-Esprit et de Saint-Georges. Après la mort du duc de

Karikaturen-Album I des Charles Ferdinand de Bourbon-Artois, Duc de Berry

to the Berlin auction house Hollstein & Puppel who, when faced with criticism from the city's art connoisseurs, reacted strongly, issuing a sharply-worded bulletin to underscore the worthlessness of the graphic works (not only cartoons) up for sale. Unfortunately, the auction house in question no longer exists; nor do the Schwerin Museum archives contain any information as to what became of the collection. This will explain why the history of the Grand Duke's collection is interrupted at this point, and only reemerges when a lot is put up for auction by the August Klipstein art dealer's shop of Berne in 1947.

In autumn of 1947, the Klipstein art shop informed Mauerhofer that a lot consisting of Napoleonic caricatures was to be auctioned. The dealer's auction Catalogue XLV lists as Lot 248: «about 305 satirical prints on Napoleon I and his time, mostly from the years around 1810–1815. Folio to 8°. Large folio portfolio». The accompanying description reads: «A unique collection of German, French, and English caricatures of Napoleon, for the most part beautifully coloured and in perfect condition. Includes in part very rare prints by Gillray, Schadow, and from publishers such as Bance, Boydel, Campe, Genty, Martinet, Riedel, and Tausch. Of a rare richness. From the Collection of the Grand Duke of Mecklenburg-Schwerin.» Mauerhofer participated in the auction and acquired the lot for Frs. 880. He was almost outbidded by the Zurich art dealer Laube, who apparently was bidding on behalf of a customer, as Mauerhofer explained in a letter to Jakob Hugentobler, the administrator of the Arenenberg Castle at the time. Investigation at the Kornfeld Gallery of Berne, successor to Klipstein, revealed that the lot was delivered by Robert von Hirsch from Basle to Berne, although the latter's archives furnish no data on the origin of the prints. Hence, there exists a gap in the information available on this consignment between its auction in Berlin and its acquisition through von Hirsch.

The story of the two albums once belonging to Charles Ferdinand de Bourbon-Artois (1778–1820), the Duke of Berry is also worth setting forth. The Duke of Berry was the great grandson of King Louis XV, the nephew of Louis XVI, and the son of Charles X (1757–1836), who reigned over France from 1824 to 1830. In all probability, the Duke, after Napoleon's defeat at Waterloo, had part of his cartoon holdings

ciò, s'interrompe qui; se ne sentì riparlare solo nel 1947, a Berna, quando il lotto fu messo all'asta dal negozio di oggetti d'arte August Klipstein.

Nell'autunno di quell'anno la casa bernese avvisò Mauerhofer che era giunta una partita di caricature napoleoniche: nel suo catalogo aziendale XLV troviamo offerti all'asta, come lotto 248, «circa 305 fogli di caricature su Napoleone I e su i suoi tempi, per lo più degli anni 1810–1815, da in-folio a in-ottavo, cartella di grande formato». Il commento definisce la raccolta in questi termini: «Collezione unica di caricature napoleoniche tedesche, francesi e inglesi, in massima parte con splendidi colori antichi e in perfetto stato di conservazione. Contiene fra l'altro fogli molto rari di Gillray, Schadow e delle edizioni Bance, Boydel, Campe, Genty, Martinet, Riedel, Tausch ecc. Rarissima per il gran numero di opere. Proveniente dalla collezione dei granduchi di Mecklenburgo-Schwerin.» Mauerhofer partecipò all'asta e si aggiudicò il lotto per 880 franchi svizzeri; per poco, però, non fu preceduto dal commerciante d'arte zurighese Laube, che a quanto pare – come nota lo stesso Mauerhofer in una lettera a Jakob Hugentobler, allora amministratore del castello di Arenenberg – voleva procedere all'acquisto per conto di un cliente. Da ricerche presso la galleria bernese Kornfeld, succeduta al negozio Klipstein, risulta che la partita era stata inviata a Berna da Robert von Hirsch, di Basilea, il cui archivio però non dice nulla sull'origine dei fogli. Resta, pertanto, un vuoto di notizie sul periodo intercorso fra la vendita all'asta berlinese e l'acquisto ad opera di von Hirsch.

Interessante è anche la storia dei due album appartenuti a Carlo Ferdinando di Borbone-Artois (1778–1820), duca di Berry, pronipote del re francese Luigi XV, nipote di Luigi XVI e figlio di Carlo X (re di Francia dal 1824 al 1830). Probabilmente dopo la sconfitta di Napoleone a Waterloo, egli fece rilegare una parte del suo fondo di caricature in un grosso album di cuoio marrone, abbellito al centro dallo stemma «de Bourbon» (adorno a sua volta degli ordini dello Spirito Santo e di S. Giorgio) e agli angoli dal suo monogramma «CF». Un'altra parte della sua collezione di circa 350 caricature passò, probabilmente dopo la sua morte, a sua figlia Charlotte-Marie-Augustine (1808–1886), contessa d'Yssoudun; quest'ultima, che nel 1823 sposò Ferdinand-Marie-Victor-Amédée de Lucigne, conte di Faucigny-Lucigne, in seguito

regierte. Der Bourbone liess wohl nach Napoleons Niederlage bei Waterloo einen Teil seiner Karikaturenbestände in ein grosses Album aus braunem Leder einbinden, das er mit dem Wappen *de Bourbon* als Milieu und seinen Monogrammen CF in den Ecken schmückte. Dieses Wappen ist zusätzlich mit dem Orden du Saint-Esprit und dem Georgsorden verziert. Ein weiterer Teil der etwa 350 Karikaturen zählenden Sammlung ging wohl nach dem Tode des Duc de Berry in den Besitz seiner Tochter Charlotte-Marie-Augustine (1808–1886), comtesse d'Yssoudun über, welche sich 1823 mit Ferdinand-Marie-Victor-Amédée de Lucigne, comte de Faucigny-Lucigne, verheiratete. Sie liess nach ihrer Heirat den zweiten Teil der Karikaturen in einen ähnlichen Lederband binden, den sie in den Ecken mit demselben Monogramm ihres Vaters, im Milieu aber mit dem Wappen der Faucigny-Lucigne schmücken liess. Beide Bände weisen dieselbe Dimension von 37,5 × 52,5 cm auf; Band I enthält 159 Karikaturenblätter, Band II deren 167.

Leider ist auch bei diesen Bänden unklar, welchen Weg sie bis zur Sammlung von Mauerhofer durchschritten haben. In seiner Korrespondenz mit Hugentobler finden wir den Hinweis, dass Unbekannte dem Sammler die beiden Alben angeboten hätten, die aus einer deutsch-französischen Versteigerung stammten. Intensive Nachforschungen, auch meiner französischen Freunde aus Rueil-Malmaison, haben die Auktion noch nicht identifizieren können. So liegt auch bei den beiden Berry-Bänden ein Teil ihrer Geschichte im Dunkeln.

Mauerhofer aber gelang es, innert kurzer Zeit eine bedeutende Sammlung von Karikaturen über Napoleon aufzubauen, die den Vorzug hat, sowohl französische, deutsche und englische Karikaturen in einer ausgewogenen Verteilung als auch die wichtigsten und rarsten Blätter zu beinhalten.

Berry, l'autre partie des 350 estampes que comptait la collection entra en possession de sa fille Charlotte-Marie-Augustine (1808–1886), comtesse d'Yssoudun, laquelle épousa en 1823 Ferdinand-Marie-Victor-Amédée de Lucigne, comte de Faucigny-Lucigne. Après son mariage, elle fit relier la seconde partie des caricatures en un album de cuir semblable, qu'elle décora dans les coins du monogramme de son père, mais au milieu des armes des Faucigny-Lucigne. Les deux volumes ont la même dimension de 37,5 × 52,5 cm; le volume I contient 159 caricatures, et le volume II 167.

Malheureusement, le chemin emprunté par ces deux recueils jusqu'à la collection de Mauerhofer, demeure peu clair. Dans sa correspondance avec Hugentobler, il indique que des inconnus lui ont proposé les deux volumes, qui provenaient d'une vente aux enchères franco-allemande. Malgré des recherches intensives, également de la part de mes amis français de Rueil-Malmaison, il n'a pas été possible d'identifier la vente aux enchères. Ainsi, une partie de l'histoire des deux volumes des de Berry reste dans l'ombre.

Il n'en reste pas moins que Mauerhofer est parvenu à rassembler en peu de temps, une collection significative de caricatures napoléoniennes, qui a l'avantage de contenir des illustrations françaises, anglaises et allemandes dans une proportion équilibrée, ainsi que les gravures les plus importantes et les plus rares.

Stammtafel der Bourbonen 1715 – 1883

```
LOUIS XV  *1710  König von Frankreich und Navarra 1715–1774
  └─ LOUIS  1729–1765  Kronprinz
       └─ LOUIS XVI  *1754  König von Frankreich und Navarra 1774–1792, hingerichtet 1793
            │    └─ LOUIS JOSEPH  1781–1789  Kronprinz
            │    └─ LOUIS CHARLES  1785–1795  Kronprinz («Louis XVII»)
            └─ LOUIS XVIII  *1755  Graf von Provence, König von Frankreich 1814–1815/1815–1824
            └─ CHARLES X  *1757  Graf von Artois, König von Frankreich 1824–1830
                 └─ CHARLES FERDINAND  1778–1820  Herzog von Berry
                 │    └─ CHARLOTTE-MARIE-AUGUSTINE  1808–1886  Gräfin von Yssoudun
                 └─ LOUIS ANTOINE  1775–1844  Herzog von Angoulême
                      └─ HENRI CHARLES FERDINAND  1820–1883  Graf von Chambord
                      │    └─ 1883 Linie Bourbon-Frankreich erloschen
                      └─ LOUISE  1819–1864  Regentin von Parma 1854–1860
```

bound into a large, brown leather album, adorning the center of its cover with the Bourbon coat of arms and inscribing the Duke's initials, CF, in the corners. This coat of arms is further enriched by the Order of the Holy Spirit and a St. George's Cross. After the Duke of Berry's death, the other portion of the collection's some 350 caricatures no doubt fell into the possession of his daughter, Charlotte-Marie-Augustine (1808–1886), the Countess of Yssoudun, who became the wife of Ferdinand-Marie-Victor-Amédée de Lucigne, the Count of Faucigny-Lucigne, in 1823. The Countess had this second part of the cartoon prints bound in a similar album, decorating the cover in the corners with the same monogram as her father's but adorning it in the centre with the Faucigny-Lucigne coat of arms. Both volumes are of the same dimensions – 37,5 × 52,5 cm; Vol. I contains 159 prints, and Vol. II, 167.

Again, unfortunately, we have no way of knowing how the two albums reached the Mauerhofer collection. The latter's correspondence with Hugentobler comments that strangers offered the collector both albums, which were said to come from a French-German auction. Intensive investigation, even by my French friends in Rueil-Malmaison, has failed to produce the name of an auction. Thus a part of the history of these two albums likewise remains a mystery.

However, Mauerhofer rapidly assembled a significant collection of Napoleonic satirical prints, a collection that has the advantages both of striking a balance between the French, German, and English prints, and of incorporating some of the most important and rarest prints to be had.

fece rilegare questa seconda parte in un analogo volume di cuoio, apponendovi agli angoli lo stesso monogramma del padre, ma al centro lo stemma dei Faucigny-Lucigne. Entrambi i volumi presentano le stesse dimensioni (37,5 × 52,5 cm); il primo contiene 159 caricature, il secondo 167.

Anche in questo caso, purtroppo, non è chiaro per quali vie i due volumi siano pervenuti alla collezione di Mauerhofer; stando alla sua corrispondenza con Hugentobler, entrambi gli album, provenienti da un'asta franco-tedesca, gli erano stati offerti da ignoti. Nonostante ricerche approfondite (anche da parte dei miei amici francesi di Rueil-Malmaison), l'asta in questione non è stata ancora identificata; anche la storia dei due volumi borbonici, insomma, resta parzialmente oscura.

Mauerhofer, in ogni caso, è riuscito in breve tempo a mettere insieme una collezione notevole di caricature napoleoniche, che ha il pregio di contenere non solo opere francesi, tedesche e inglesi in proporzione equilibrata, ma anche esemplari importantissimi e rarissimi.

Stammtafel der Bonaparte 1746–1873

CHARLES BONAPARTE 1746–1785 —— verheiratet mit —— LETIZIA RAMOLINO 1749–1836

└─ JOSEPH 1768–1844 König von Neapel 1806–1808, König von Spanien 1808–1813

└─ NAPOLÉON Ier 1769–1821 Konsul 1799, Kaiser der Franzosen 1804–1814/1815

    └─ 1796–1809 verheiratet mit —— JOSÉPHINE DE BEAUHARNAIS 1763–1814

                                                                            aus 1. Ehe └─ EUGÈNE DE BEAUHARNAIS 1781–1824 Vizekönig von Italien

    └─ 1810 verheiratet mit —— MARIE-LOUISE VON ÖSTERREICH
                                   1791–1847
                                   Kaiserin der Franzosen 1810–1814

                                  └─ NAPOLÉON FRANÇOIS JOSEPH
                                      1811–1832 («Napoléon II»)
                                      König von Rom 1811–1814

└─ LUCIEN 1775–1840   Herzog von Reichstadt 1818–1832

└─ ELISA 1777–1820

└─ LOUIS 1778–1846 König von Holland 1806–1810

    └─ verheiratet mit ─────────────────────── HORTENSE DE BEAUHARNAIS 1783–1837
                                                                              Königin von Holland 1806–1810

                                                                               └─ NAPOLÉON CHARLES 1802–1807

                                                                               └─ NAPOLÉON LOUIS 1804–1832

                                                                               └─ LOUIS NAPOLÉON 1808–1873 («Napoléon III»)
                                                                                      Kaiser der Franzosen 1852–1870

└─ PAULINE 1780–1825

└─ CAROLINE 1782–1839 Königin von Neapel 1808–1815

    └─ verheiratet mit —— JOACHIM MURAT 1767–1815 König von Neapel 1808–1815

└─ JÉRÔME 1784–1860 König von Westfalen 1807–1814

Katalog der Arenenberger Napoleon-Karikaturen

Philipp Gafner

Der Katalog stellt die Arenenberger Sammlung von Karikaturen über Napoleon I. in Bild und Wort vor. Die 441 Blätter (einschliesslich der Doubletten) sind grösstenteils altkolorierte Radierungen. Sie entstanden in England, Frankreich und den deutschen Ländern (sowie im Fall von Kat. Nr. 160 in Spanien) zwischen 1797 (als General Bonaparte im Italienfeldzug europäische Bedeutung erlangte) und dem Tod des Kaisers im Jahr 1821 (und im Fall der retrospektiven Karikatur Kat. Nr. 79 darüber hinaus). In 435 verschiedenen Bildern werden die Gestalt und Persönlichkeit des Korsen charakterisiert oder seine Politik und deren direkte Auswirkungen behandelt. Es handelt sich sowohl um eigentliche Karikaturen (darunter fallen auch Vexierbilder), die mit zeichnerischen Mitteln die Wirklichkeit verzerren und überspitzen, als auch um Bildsatiren, bei denen die satirische Absicht erst in der Koppelung von Bild und Text zu erkennen ist.

1. Ordnung

Die 435 Katalognummern sind nach mehreren, hierarchisch abgestuften Kriterien geordnet.

In erster Linie sind sie nach Ursprungsländern (vgl. S. 100/102) gruppiert. Auf diese Weise werden die markanten nationalen Eigenheiten in der Napoleonkarikatur fassbar. Ausserdem treten so die individuellen Leistungen und Merkmale innerhalb der künstlerischen Tradition und der Entwicklung der Karikatur im jeweiligen Land ans Licht. England steht am Anfang, hat sich seine Karikatur doch am frühesten des Korsen bemächtigt und besticht sie durch die bei weitem reifste satirische Bildsprache. Auf die englischen folgen die

Catalogue des caricatures de Napoléon au château d'Arenenberg

Philipp Gafner

Le catalogue présente en images et en textes la collection de caricatures de Napoléon Ier conservée à Arenenberg. Les 441 gravures (y compris les doubles) sont pour la plupart des eaux-fortes aux couleurs d'origine. Elles ont été réalisées en Angleterre, en France et dans les pays germaniques (ainsi qu'en Espagne, dans le cas du n°. cat. 160) entre 1797 (pendant la campagne d'Italie, où le général Bonaparte acquit sa réputation européenne) et la mort de l'Empereur en 1821 (voire plus tard, comme dans le cas de la caricature rétrospective n°. cat. 79). 435 images différentes, de contenu satirique, décrivent la silhouette et la personnalité du Corse ou traitent de sa politique et de ses conséquences directes. Il s'agit aussi bien de véritables caricatures (parmi lesquelles on trouve également des devinettes) qui, par le moyen du dessin défigurent ou exagèrent la réalité, que d'images satiriques où l'ironie s'exprime par l'association entre l'image et le texte.

1. Ordonnance

Le catalogue classe les 435 caricatures selon plusieurs critères d'ordre hiérarchique.

Celles-ci sont tout d'abord groupées en fonction de leur pays d'origine (cf. p. 100/102), afin de mettre en valeur les caractéristiques nationales particulières de la caricature napoléonienne. Ce procédé permet en outre de faire ressortir les prestations et les caractéristiques individuelles au sein de la tradition artistique, ainsi que de l'évolution du genre de la caricature dans chaque pays. Le catalogue s'ouvre sur les œuvres provenant d'Angleterre, vu que ses caricaturistes furent les premiers à s'emparer du Corse et séduisirent par un langage

Catalogue of the Arenenberg Napoleon Cartoons

Philipp Gafner

This catalogue presents, in both words and images, the Arenenberg Collection of caricatures on Napoleon I. The 441 prints (including doublets) are mostly etchings featuring early colouring. Originating in England, France, and the Germanic countries (and, for cat. no. 160, in Spain), they were created between 1797 (when General Bonaparte began to play a significant role throughout Europe due to his Italian military campaign) and the Emperor's death in 1821 (and, for the retrospective cat. no. 79, even later). Many of these 435 different prints satirise the Corsican's physical traits and personality; others focus on the policies he pursued and the direct effects thereof. Some of the cartoons, including those in the form of picture puzzles, are caricatures in the true sense of the word, meaning that their very draughtsmanship serves to distort and exaggerate reality; others are pictorial satires, making their point through a combination of drawing and text.

1. Order of Presentation

The catalogue's order of presentation is governed by several hierarchical criteria.

The 435 works are firstly grouped according to countries of origin (cf. p. 101/103), in order to underscore the distinctively national characteristics displayed by the cartoons on Napoleon. Moreover, proceeding in this fashion has allowed us to pay tribute to the individual achievements and features within each country's artistic tradition and development of caricature as an artistic category. England stands at the start, since it was the first country to latch onto the Corsican as an object of derision, displaying by far the most mature satirical comment

Catalogo delle caricature napoleoniche di Arenenberg

Philipp Gafner

Il catalogo presenta e commenta la collezione di caricature su Napoleone I conservata ad Arenenberg: un totale – doppioni compresi – di 441 stampe (in massima parte acqueforti colorate) provenienti dall'Inghilterra, dalla Francia o dall'area germanica (ma dalla Spagna nel caso del n° cat. 160). Risalenti al periodo compreso fra il 1797 (quando la campagna d'Italia rese noto in Europa l'allora generale Bonaparte) e il 1821, anno della sua morte (tranne per il n° cat. 79, caricatura retrospettiva posteriore), queste 435 opere diverse di contenuto satirico caratterizzano la figura e la personalità del còrso o descrivono la sua politica e le relative conseguenze dirette; si tratta sia di caricature vere e proprie (comprese le figure-rebus), in cui la realtà è distorta o esagerata con mezzi grafici, sia di satire illustrate, in cui solo l'abbinamento fra immagine e testo rende palese l'intento satirico.

1. Ordinamento

I 435 numeri di catalogo sono ordinati in base a criteri diversi, graduati gerarchicamente.

Il criterio principale, quello dei paesi di provenienza (cfr. p. 101/103), permette di cogliere i tratti nazionali più vistosi delle caricature napoleoniche; evidenzia le prestazioni e peculiarità individuali, inoltre, nella tradizione artistica e nell'evoluzione del genere caricaturale all'interno del singolo paese. All'inizio vengono le caricature inglesi, sia perché sono state le prime ad affrontare il personaggio Bonaparte, sia perché seducono l'osservatore col messaggio satirico di gran lunga più maturo; seguono poi quelle francesi e infine le caricature provenienti dall'area tedesca.

französischen Karikaturen und schliesslich diejenigen der deutschen Länder.

Jede dieser drei Hauptgruppen gliedert sich aus drucktechnischen Gründen in farbig reproduzierte und in schwarzweiss abgebildete Werke. Beide Teile folgen der Chronologie der historischen Ereignisse.

Die Feinordnung derjenigen Karikaturen, die dasselbe Ereignis zum Thema haben, erfolgt bei den grösstenteils datierten englischen Werken nach dem Datum der Veröffentlichung.

In gewissen Fällen wird die chronologische Abfolge durchbrochen. Das geschieht vor allem durch Zusammenstellungen nach Bildfolgen oder Künstlern, seltener nach Themen oder Motiven.

2. Abbildungen

Jedes Bild ist in vollem Umfang wiedergegeben. Die Qualität seiner Zeichnung oder Kolorierung, die inhaltliche (historische, ideologische oder psychologische) Aussagekraft, die Seltenheit sowie der Detailreichtum sind die Kriterien dafür, ob es entweder farbig und in grösserem oder schwarzweiss und in kleinerem Massstab reproduziert ist.

3. Beschriftungen, Vermerke und Kommentar

Die Abbildung wird ergänzt durch die Beschriftungen und Vermerke auf dem Blatt, durch kunsthistorische, technische und Massangaben sowie durch einen Kommentar. Dies geschieht nach untenstehender Abfolge.
1. Bildtitel (Originalschreibweise)
2. Beschriftungen (Originalschreibweise)
3. Zeichner/Stecher (ev. Signatur), Entstehungsjahr (bei undatierten Blättern) sowie (falls bekannt, aber auf dem Blatt nicht vermerkt) Verleger, Datum der Veröffentlichung, Verlagsort
4. ev. Verleger und/oder Verlagsadresse und/oder Datierung
5. ev. weitere Vermerke wie Nummer (bei Bildfolgen) und/oder Hinweise des Verlegers und/oder Verkaufspreis
6. graphische Technik(en)
7. Masse der Druckplatte und (in Klammern) Masse des Blattes
8. sammlungsgeschichtliche Herkunft (ev. Stempel und seine Plazierung auf dem Blatt)
9. Inventarnummer des Napoleon-Museums Arenenberg
10. Titel in moderner Sprache und Schreibweise bzw. in Übersetzung
11. Beschreibung und Kommentar
12. Literaturnachweis in Kürzeln

Erläuterungen
Folgende Regeln sind zu beachten:
Kursivsetzungen unter 1.–5. bedeuten, dass die betreffenden Textteile der Karikatur entnommen sind.
Eckige Klammern [ ] kennzeichnen Anmerkungen und Ergänzungen des Verfassers (vgl. die Fälle unter 1. und 2.).
Punkte in eckigen Klammern […] markieren Auslassungen von Originaltext.

Zu 1.
Der Bildtitel respektiert die Originalschreibweise der Karikatur in Orthographie, Interpunktion, Gross-/Kleinschreibung,

illustré satirique de loin le plus développé. Les caricatures anglaises sont suivies des françaises et de celles des pays germaniques.

Pour des raisons d'impression, chacun de ces trois groupes est divisé en deux sections, l'une présentant les gravures reproduites en couleur et l'autre celles reproduites en noir et blanc. Ces deux sections suivent la chronologie des événements historiques.

Enfin, les caricatures anglaises, datées pour la plupart, ayant comme sujet le même événement sont classées selon la date de publication.

Dans certains cas, l'ordre chronologique est interrompu afin de permettre des regroupements par suites d'images, auteur ou, plus rarement, par thèmes ou motifs.

2. Illustrations

Chaque gravure est reproduite dans sa totalité. La qualité du dessin ou de la coloration, la puissance évocatrice de son contenu (historique, idéologique ou psychologique), la rareté, ainsi que la richesse des détails sont les critères ayant présidé au choix d'imprimer les gravures en couleur et en grand format, ou en noir et blanc et en petit format.

3. Inscriptions, remarques et commentaire

Les illustrations sont complétées par les inscriptions et remarques se trouvant sur la gravure, par des données artistiques et techniques, par des indications de format, ainsi que par un commentaire. Ces données sont soumises à l'ordonnance suivante:
1. titre (graphie originale)
2. inscriptions (graphie originale)
3. dessinateur/graveur (év. signature), année d'exécution (pour les gravures non datées) ainsi que (lorsqu'ils sont connus mais ne paraissent pas sur la gravure) l'éditeur, la date et le lieu de parution
4. év. l'éditeur et/ou l'adresse de la maison d'édition et/ou la date
5. év. d'autres mentions comme le numéro (lors de séries d'illustrations) et/ou des indications provenant de l'éditeur et/ou le prix de vente
6. technique(s) graphique(s)
7. mesure de la cuvette et (entre parenthèses) mesure de la feuille
8. collection historique d'où provient la gravure (év. cachet et son emplacement sur la gravure)
9. numéro d'inventaire du Musée Napoléon d'Arenenberg
10. titre respectivement en langue et graphie moderne et en traduction
11. description et commentaire
12. bibliographie en abrégé.

Précisions
Restez attentifs aux règles suivantes:
Les inscriptions *en italique* sous 1.–5. signifient des emprunts au texte se trouvant sur la gravure.
Les parenthèses carrées [ ] caractérisent les remarques et ajouts de l'auteur (cf. sous 1. et 2.)
Les points entre parenthèses carrées […] indiquent que des parties du texte original ont été abandonnées.

in its images. The English cartoons are followed by the French and those from the Germanic countries.

Underlying these three major groupings by country of origin is a historically chronological sequence where, for printing reasons, the works reproduced in colour appear first and then those in black-and-white.

When dealing with the same historic event, the English cartoons, mostly dated, are further subdivided in accordance with the date of publication.

In appropriate cases, this historical chronology is interrupted, primarily when works are grouped together on the basis of series of pictures or artists, and more rarely on the basis of themes or motifs.

2. Illustrations

Each cartoon is reproduced in its entirety. The quality of a work's draughtsmanship or colouring, its expressivity (historically, ideologically or psychologically), its rarity, and the wealth of detail included all served as criteria in deciding which to reproduce in colour and large-scale format, and which in black-and-white and on a smaller scale.

3. Captions, Comments and Commentary

The illustrations are complemented by captions and comments found on the prints, by art historical, technical and size indications, as well as commentaries. These are provided in the following sequence:
1. The title (in its original form)
2. Captions (in their original form)
3. Draughtsman/engraver (possibly signature), year of origin (for undated prints) and (if known, but not indicated on the print) the publisher's name, together with the publication date and site
4. Publisher's imprint (name and/or address) and/or publication date as stamped on print
5. If available, further remarks such as the work's sequence number (when part of a series), and/or notes by the publisher, and/or the original sales price
6. Graphic technique(s)
7. Printing plate measurements and (in parentheses) print measurements
8. The work's provenance (possibly a stamp with its positioning)
9. The work's inventory number in the Arenenberg Collection
10. Title in modern speech and spelling respectively translated
11. Description and commentary
12. Abridged bibliographical notice

Explanatory Notes
The following rules govern the information provided:
Information in italics under 1. through 5. reproduces text parts taken from the cartoon.
Information in square brackets [ ] reproduces remarks and complementary information provided by the author (cf. explanations for 1. and 2.).
Dots surrounded by square brackets [...] indicate passages of the original text that have been omitted.

Ognuno di questi tre gruppi principali è diviso, per motivi tecnici di stampa, in due parti (riproduzioni a colori e riproduzioni in bianco e nero); entrambe le parti rispettano la cronologia degli eventi storici.

Nel caso delle opere inglesi (che in genere sono datate), le caricature riguardanti uno stesso evento sono ordinate progressivamente per data di pubblicazione.

In certi casi la sequenza cronologica è interrotta, soprattutto da raggruppamenti per serie consecutive o per artisti (più raramente per temi o motivi).

2. Illustrazioni

Ogni stampa è presentata per intero. La scelta del sistema di riproduzione (a colori o in bianco e nero, in formato maggiore o minore) è dettata dai seguenti criteri: qualità del disegno o della colorazione, pregnanza del contenuto sul piano storico, ideologico o psicologico, rarità e ricchezza di particolari.

3. Scritte, indicazioni e commento

Ogni illustrazione è completata dalle scritte e annotazioni presenti sul foglio, da dati storico-artistici, tecnici e dimensionali nonché da un commento, in questa successione:
1. titolo dell'opera (nella grafia originale)
2. scritte (nella grafia originale)
3. disegnatore/incisore (firma ev.), anno di esecuzione (per fogli non datati) nonché (se noti ma non indicati sul foglio) editore, data e luogo di pubblicazione
4. editore e/o sede della casa editrice e/o datazione ev.
5. altre indicazioni ev., come numero d'ordine (per stampe «a puntate») e/o avvisi dell'editore e/o prezzo di vendita
6. tecnica o tecniche grafiche
7. dimensioni della lastra d'incisione e (fra parentesi) dimensioni del foglio stampato
8. collezione di provenienza (ev. stampo e sua posizione sul foglio)
9. numero d'inventario del Museo napoleonico di Arenenberg
10. titolo in grafia moderna o in traduzione
11. descrizione e commento
12. riferimenti bibliografici (in sigle).

Spiegazioni
Vanno tenute presenti queste regole:
Il *corsivo* ai punti 1–5 significa che i testi corrispondenti compaiono nella caricatura stessa.
Le parentesi quadre [ ] indicano annotazioni e integrazioni dell'autore (cfr. i casi ai punti 1 e 2).
I puntini fra parentesi quadre [...] segnalano *omissis* di testo originale.

Punto 1
Il titolo rispetta la grafia originale della caricatura (ortografia, interpunzione, maiuscole o minuscole, esponenti o deponenti, segni speciali o di separazione, abbreviazioni), ma non tiene conto di caratteristiche come corsivi, neretti, sottolineature, spaziature insolite o mancanti fra parole o lettere e prima o dopo segni d'interpunzione.

Hoch-/Tiefstellung, Trenn- und Sonderzeichen sowie Abkürzungen. Nicht berücksichtigt sind Auszeichnungen wie Kursivdruck, Fettdruck und Unterstreichungen, ebensowenig unübliche oder fehlende Spazien zwischen Wörtern, zwischen Buchstaben sowie vor und nach Satzzeichen.

Eckige Klammern kennzeichnen bei titellosen Bildern
– einen Hilfsnamen (in Normalschrift), der sich aus der übrigen Beschriftung (in Originalschreibweise) bzw. dem Bildinhalt ableitet oder in der Fachliteratur gebräuchlich ist,
– oder den Bildtitel (in Kursivsetzung), wie er auf sonstigen Exemplaren derselben Karikatur erscheint.

Zu 2.
Es gelten grundsätzlich dieselben Regeln wie bei 1. Spazien innerhalb eines Wortes entsprechen Trennungen im Originaltext. Teile von Wörtern oder Texten in eckigen Klammern sind im Original nicht oder schwer lesbar, können aber zumindest mit grosser Wahrscheinlichkeit ergänzt werden.

Die Bildbeschriftungen bzw. -texte folgen in der Regel der Hierarchie
a) ausserhalb des Bildfeldes stehende Textteile
b) innerhalb des Bildfeldes auftretende Textteile

Bei ersteren markieren ein einfacher Schrägstrich / das Zeilen- oder Versende und ein doppelter Schrägstrich // das Absatz-, Spalten- oder Strophenende im Originaltext.

Bei letzteren trennen Schrägstriche / einzelne Beschriftungen (z.B. von Gegenständen) oder Texte (z.B. in Sprechblasen) voneinander ab.

Grundsätzlich entscheidet die Plazierung der Textteile im Bildfeld über deren Abfolge: Sie werden im Uhrzeigersinn, beginnend oben links, wiedergegeben. Zahlreiche Ausnahmen von dieser Regel sind nötig geworden, um – beispielsweise bei Gesprächssituationen – der von der Bildanlage vorgegebenen Abfolgelogik der Textteile nicht zu widersprechen.

Die Plazierung der Textteile im Bildfeld ist in aller Regel mit Abkürzungen z.B. «o.l.», «u.M.» (siehe Abkürzungsverzeichnis) angegeben.

Zu 3.
Der Zeichner oder/und der Stecher erscheint/erscheinen
– in Normalschrift, wenn er/sie bekannt ist/sind,
– oder in Kursivsetzung mit der Angabe «sign.» (siehe Abkürzungsverzeichnis) und der Plazierung auf dem Blatt (und nötigenfalls mit seinem/ihren ausgeschriebenen Namen in runden Klammern), wenn er/sie signiert hat/haben.
Dieser Angabe folgen – soweit sie nicht auf dem Blatt selbst vermerkt sind – das Entstehungsdatum des Blattes, gegebenenfalls der Autor der Erstfassung (z.B. «nach Johann Michael Voltz») sowie, falls bekannt, der Verleger mit dem Publikationsjahr und dem Verlagsort (z.B. «bei Friedrich Campe, 1813, Nürnberg»). Folgt bei einer französischen Karikatur auf das Datum die Angabe «DL», so handelt es sich um den Tag der Hinterlegung des Blattes (dépôt légal) bei der staatlichen Zensurbehörde (Direction générale de l'Imprimerie et de la Librairie), vgl. S. 96/98. Ist diese Angabe durch einen Namen ergänzt, handelt es sich um die archivisch fassbare Person, welche die Karikatur hinterlegt hat (z.B. «DL durch Bernot»). Oft trägt schon das Blatt selbst den Vermerk «déposé».

Zu 4.
Falls das Blatt den Verleger, die Verlagsadresse und das Publikationsdatum nennt, erscheinen sie in Kursivsetzung mit vorangestelltem «bez.» oder «bez. dat.» (siehe Abkürzungsverzeichnis) und der Angabe ihrer Plazierung auf dem Blatt.

A propos de 1.
Le titre respecte la graphie originale de la caricature en ce qui concerne l'orthographe, la ponctuation, les majuscules et minuscules, les exposants, les tirets, les signes spéciaux et les abréviations. Les mises en évidence comme les caractères italiques, gras ou les soulignages n'ont pas été observés, de même que les espaces inhabituels ou manquants entre les mots, les lettres, ainsi qu'avant ou après les signes de ponctuation.

En ce qui concerne les gravures sans titre, les parenthèses carrées indiquent
– soit un nom d'appoint (en caractères normaux) dérivant du contenu de l'image, voire de l'inscription restante (reproduite selon la graphie originale), ou le nom usuel dans la littérature spécialisée,
– soit le titre (en italique) tel qu'il apparaît sur d'autres exemplaires de la même caricature.

A propos de 2.
Les mêmes règles s'appliquent que pour 1. Les espaces à l'intérieur d'un mot correspondent aux séparations du texte original. Les parties de mots ou de texte entre parenthèses carrées ne sont pas ou difficilement lisibles sur l'original, mais peuvent être transcrites avec la plus grande vraisemblance.

Les inscriptions ou les textes de la gravure suivent généralement la hiérarchie suivante:
a) les parties de texte figurant hors du champ de l'image
b) les parties de texte figurant à l'intérieur du champ de l'image

En ce qui concerne les premières, la barre de fraction simple / signale la fin d'une ligne ou d'un vers, et la double barre // la fin d'un paragraphe, d'une colonne ou d'une strophe dans le texte original.

En ce qui concerne les secondes, la barre de fraction simple / sépare les inscriptions isolées (sur un objet par ex.) ou les textes (dans des bulles par ex.), les uns des autres.

Généralement, l'emplacement des parties de texte dans le champ de l'image, décide de leur ordre: elles sont reproduites dans le sens des aiguilles d'une montre, à partir d'en haut à gauche. De nombreuses exceptions à cette règle ont été nécessaires, afin – dans les situations de dialogue par ex. – de ne pas contredire la suite logique des parties de texte telle qu'elle est donnée par l'aménagement de l'image.

L'emplacement des parties de texte dans le champ de l'image est indiqué par des abréviations – par ex. «o.l.», «u.M.» (voir index des abréviations).

A propos de 3.
Le dessinateur ou/et le graveur apparaît/aissent
– soit dans leur graphie normale lorsqu'il/ils est/sont connu/s
– soit, lorsqu'il/ils a/ont signé, en italique avec l'indication «sign.» (voir index des abréviations) et avec l'emplacement de la signature sur la gravure (et si nécessaire avec son/leur nom en toutes lettres entre parenthèses rondes).
Suivent – pour autant qu'ils ne soient pas mentionnés sur la gravure elle-même – la date d'exécution de la gravure et, le cas échéant, l'auteur de son archétype (par ex. «nach Johann Michael Voltz»), ainsi que, s'il est connu, l'éditeur, la date et le lieu de publication (par ex. «bei Friedrich Campe, 1813, Nürnberg»). En ce qui concerne les caricatures françaises, la date peut être suivie de l'indication «DL»; il s'agit ici du jour du dépôt légal de la gravure auprès des autorités de censure (Direction générale de l'Imprimerie et de la Librairie), cf. p. 96. Si cette indication est complétée par un nom, il s'agit de la

With respect to 1.
The cartoon title matches the original writing on the cartoon as to spelling, punctuation, upper- and lowercasing, super- and subscript, hyphens and special characters, and abbreviations. It does not match typographical distinctions such as italic and boldface printing and underlining; nor does it repeat unusual or missing spacing between words, letters, or before or after punctuation marks.

Untitled works have been given titles in square brackets (in standard typeface), such as suggested by the rest of the cartoon's caption in its original form or by its subject matter; it might also be the title by which it commonly goes in specialized literature. An italicized title within square brackets corresponds with the title found for other versions of the same cartoon.

With respect to 2.
Basically, the same rules as under 1. above apply. Spacing within a word corresponds to separations in the original text. Parts of words or text enclosed in square brackets represent illegible or hard to read excerpts from the original that have been completed as seems most probable.

The picture captions, respectively texts, are provided in the following order of priority:
a) text parts outside the picture field
b) texts within the picture field

Under a) and with respect to the original text, single oblique strokes / indicate the end of a line or verse; double oblique strokes //, the end of the paragraph, column, or stanza.

Under b) and with respect to the original text, single oblique strokes separate individual captions (e.g. for various objects) or texts (e.g. in various speech balloons).

Basically, it is the positioning of the various text parts in the picture field that decides the clockwise (starting top left) order in which they are reproduced. Exceptions to this rule became necessary when this appeared to contradict the sense of the text parts according to the event being depicted, for instance the order in which different figures speak.

The positioning of the text parts in the pictorial field is mostly indicated by abbreviations, for instance, «o.l.» for top left, «u.M.» for bottom center (see list of abbreviations).

With respect to 3.
Where known despite the lack of signature(s), the name(s) of the draughtsman and/or engraver is/are given in standard typeface; for signed works, it/they is/are given in italics preceded by the indication «sign.» (see list of abbreviations) and the signature's (s') positioning on the print (and, if necessary, the name(s) is/are spelled out in parentheses). These indications are followed by – to the extent they are not mentioned on the print itself – the print's date of origin, possibly the name of the author of the original that served as model (e.g. «nach Johann Michael Voltz») together with, if known, the name of the publisher and the year and site of publication (e.g. «bei Friedrich Campe, 1813, Nürnberg»). Where the date is followed by «DL» in French cartoons, reference is made to the date the work was registered (dépôt légal) with the national censorship board (Direction générale de l'Imprimerie et de la Librairie), cf. p. 97/99. Should the latter indication be completed by a name, reference is made to the person who is listed in the archives as depositor (e.g. «DL durch Bernot»). In many cases, the prints themselves are inscribed with the mention «déposé».

Nelle opere prive di titolo, le parentesi quadre indicano:
– un titolo sostitutivo (in tondo), tratto dalle altre scritte (in grafia originale) o dal messaggio iconografico, oppure di uso comune fra gli specialisti,
– o il titolo (in corsivo) che appare su altri esemplari della stessa caricatura.

Punto 2
Valgono in linea di massima le stesse regole del punto 1. Gli spazi all'interno di una parola corrispondono a separazioni nel testo originale. Le parti di parola o di testo fra parentesi quadre sono illeggibili o poco leggibili nell'originale, ma almeno altamente probabili.

Le didascalie e le altre scritte seguono di norma questa gerarchia:
a) testi esterni all'illustrazione vera e propria
b) testi interni all'illustrazione

Nel primo caso la sbarra obliqua semplice / indica la fine della riga o del verso nel testo originale, quella doppia // la fine del paragrafo, della colonna o della strofa.

Nel secondo caso la sbarra obliqua / separa le singole scritte (poste per es. su oggetti) o i singoli testi (per es. frasi pronunciate dai personaggi).

In linea di massima la sequenza dei testi rispetta la loro posizione nell'immagine: viene resa cioè in senso orario, a partire dall'alto e da sinistra. In molti casi si è dovuto fare eccezione alla regola, ad es. in situazioni di dialogo, per non contraddire la logica sequenziale delle parti di testo presentate dall'immagine.

Di norma la posizione delle parti di testo nell'immagine è indicata con abbreviazioni come «o.l.» o «u.M.» (cfr. il relativo elenco).

Punto 3
Il disegnatore e/o l'incisore compare/compaiono
– in tondo, ove si tratti di persone note,
– o in corsivo con l'indicazione «sign.» (cfr. elenco abbreviazioni) e con la posizione sul foglio (se necessario con il nome o i nomi per esteso, in parentesi tonde), ove l'opera sia firmata.

A questo dato seguono – a meno che compaiano già nel foglio stesso – la data di esecuzione della caricatura, eventualmente l'autore dell'originale su cui si basa l'opera (per es. «nach Johann Michael Voltz») nonché, se noto, l'editore con l'anno e il luogo di pubblicazione (per es. «bei Friedrich Campe, 1813, Nürnberg»). Nel caso delle caricature francesi, l'eventuale sigla «DL» posposta alla data indica il giorno del deposito legale presso l'autorità statale di censura (Direction générale de l'Imprimerie et de la Librairie): cfr. p. 97. L'eventuale nome posposto alla sigla indica la persona che dagli archivi risulta aver depositato la caricatura (per es. «DL durch Bernot»). In molti casi già il foglio stesso reca l'indicazione «déposé» (depositato).

Punto 4
L'editore, la sede e la data di pubblicazione, se menzionati dal foglio, sono riportati in corsivo e preceduti da «bez.» o «bez.dat.» (cfr. elenco abbreviazioni), con la loro posizione sul foglio.

Punto 7
Le dimensioni (altezza × larghezza) della lastra utilizzata per l'incisione e quelle (fra parentesi tonde) del foglio stampato sono date in millimetri. Le parentesi quadre indicano dimensioni non accertabili con esattezza (in genere perché il foglio è

Zu 7.
Die Masse (Höhe × Breite) der verwendeten Druckplatte sowie in runden Klammern diejenigen des originalen Blattes sind in Millimetern angegeben. Eine Masszahl in eckigen Klammern bedeutet, dass diese nicht exakt ermittelt werden kann (meist weil das Blatt leicht angeschnitten oder in ein Album eingebunden ist). Falls ein Mass nicht einmal geschätzt werden kann, steht nur «Höhe» bzw. «Breite» oder sogar «n.best.» (siehe Abkürzungsverzeichnis).

Zu 8.
Betreffend Herkunft und Sammlungsgeschichte der Blätter siehe die Erörterungen S.148ff. Falls sich nicht feststellen lässt, woher ein Blatt stammt, schreibt der Katalog «Herkunft unbekannt».

Einige Blätter weisen – meist an der linken unteren Ecke – eine eingeprägte Biene auf («Prägestempel mit Biene im Rund»), deren Bedeutung ungeklärt bleiben muss.

Zu 12.
Die Erwähnung der jeweiligen Karikatur in der Fachliteratur («Lit.:», siehe Abkürzungsverzeichnis) wird in Kürzeln nachgewiesen. Berücksichtigt sind Darstellungen der Karikatur über Napoleon (Ash, Br, Cl, Da, Fi92, GC, Sche, Schu), der Karikatur seiner Epoche (Cha, De, La, Wr) und bedeutsamer Motive in der Karikatur (Fi94), ferner Kataloge zu Karikaturenausstellungen über Napoleon (Kat.BB, Kat.H85, Kat.RM) und seine Epoche (Kat.H83, Kat.H86, Kat.T) und nicht zuletzt die Kataloge bedeutender Karikaturensammlungen (BM, BN). Unbeachtet bleiben Werke und Kataloge zur allgemeinen und länderspezifischen Karikaturgeschichte.

Kennt die verwendete Literatur von einer Karikatur mehrere Varianten oder Fassungen (verschiedene Druckplatten), ist einzig diejenige verzeichnet, die in der Arenenberger Sammlung vorliegt. Verschiedene Zustände einer Karikatur (Abdrucke der Druckplatte in verschiedenen Stadien ihres Bearbeitungsprozesses) sind hingegen angegeben.

«Lit.:–» besagt, dass die Karikatur in der verwendeten Literatur nicht vorkommt.

4. Bibliographische Abkürzungen (vgl. Bibliographie S.650f.)

Ash	Ashton 1884.
BM	British Museum: *Catalogue of Political and Personal Satires, Preserved in the Department of Prints and Drawings in the British Museum.*
BN	Bibliothèque Nationale: *Un siècle d'histoire de France par l'estampe 1770–1871. Collection de Vinck. Inventaire analytique.*
Br	Broadley 1911.
Cha	Champfleury 1874.
Cl	Clerc 1985.
Da	Dayot 1902.
De	Derozier 1976.
Fi92	Fischer 1992.
Fi94	Fischer 1994.
GC	Grand-Carteret 1895.
Kat.BB	Katalog Boulogne-Billancourt 1975: *Napoléon. Caricatures et dessins humoristiques de 1800 à nos jours.*
Kat.H83	Katalog Hannover 1983: *George Cruikshank 1792–1878. Karikaturen zur englischen und europäischen

personne qui a déposé la caricature, et dont on retrouve la trace dans les archives (par ex. «DL durch Bernot»). Souvent la gravure elle-même porte la mention «déposé».

A propos de 4.
Lorsque la gravure nomme l'éditeur, l'adresse de la maison d'édition et la date de parution, ces indications apparaissent en italique, précédées de «bez.» ou «bez.dat.» (voir index des abréviations) et l'indication de leur emplacement sur la gravure.

A propos de 7.
Les dimensions (hauteur x largeur) de la cuvette, ainsi que celles de la feuille (entre parenthèses rondes) sont données en millimètres. Une dimension entre parenthèses carrées signifie que celle-ci n'a pu être mesurée avec exactitude (le plus souvent parce que la feuille a été légèrement entamée ou reliée en album). Lorsqu'une dimension n'a même pas pu être estimée, ne figure que «Höhe» (hauteur) ou «Breite» (largeur), ou même «n.best.» (voir index des abréviations).

A propos de 8.
En ce qui concerne la provenance et la destinée des gravures, voir les discussions p.148sqq. Pour le cas où la provenance d'une gravure n'a pu être déterminée, le catalogue mentionne «Herkunft unbekannt» (provenance inconnue).

Certaines feuilles présentent une abeille empreinte («Prägestempel mit Biene im Rund») – la plupart du temps dans le coin inférieur gauche – dont la signification doit rester inexpliquée.

A propos de 12.
Les références bibliographiques («Lit.:» voir index des abréviations) seront indiquées en abréviations. Sont prises en considération les publications traitant des caricatures de Napoléon (Ash, Br, Cl, Da, Fi92, GC, Sche, Schu), des caricatures de son époque en général (Cha, De, La, Wr), et des motifs significatifs de la caricature (Fi94). Sont également pris en considération des catalogues d'exposition de caricatures traitant de Napoléon (cat.BB, cat.H85, cat.RM) et de son époque (cat.H83, cat.H86, cat.T), et enfin les catalogues de collections importantes de caricatures (BM, BN). Par contre, les ouvrages et catalogues traitant de l'histoire de la caricature en général, ou spécifique à un pays, seront laissés de côté.

Lorsque la littérature utilisée connaît plusieurs variantes ou versions d'une même caricature (plusieurs plaques), seule celle de la collection d'Arenenberg est mentionnée. En revanche, les différents états d'une caricature (tirages aux différents stades du processus d'élaboration) sont donnés.

«Lit.:–» signifie que la caricature n'apparaît pas dans la bibliographie utilisée.

4. Sigles bibliographiques
  (signification, voir bibliographie p.650sq.)

Ash	Ashton 1884.
BM	British Museum: *Catalogue of Political and Personal Satires, Preserved in the Department of Prints and Drawings in the British Museum.*
BN	Bibliothèque Nationale: *Un siècle d'histoire de France par l'estampe 1770–1871. Collection de Vinck. Inventaire analytique.*
Br	Broadley 1911.

With respect to 4.
Should a print bear the publisher's name and address, and the publication date, these are indicated in italics and preceded by «bez.» or «bez. dat.» (see list of abbreviations), with mention of its positioning on the print.

With respect to 7.
The size – height × width – of the printing plate used and, in parentheses, that of the print, are provided in millimetres. Measurements within square brackets indicate that they could not be determined exactly (mostly because the print was partly cut away or else bound in an album). If one or the other measurement is impossible to estimate, only «Höhe» (height) or respectively «Breite» (width) is given and, in some cases, there is only the mention «n.best.» (see list of abbreviations).

With respect to 8.
Regarding the origin and provenance of the prints, see remarks p. 149 ff. Prints for which it has been impossible to trace an origin are marked «Herkunft unbekannt» (origin unknown).

A few prints feature – mostly in the lower left corner – an embossed stamp representing a bee («Prägestempel mit Biene im Rund») whose significance has remained elusive.

With respect to 12.
Mentions of a print in specialized literature («Lit.:»: see list of abbreviations) are provided in the form of an abridged bibliography. The literature consulted encompasses caricature as applied to Napoleon (Ash, Br, Cl, DA, Fi92, GC, Sche, Schu) and to his times (Cha, De, La, Wr), and a major motif (Fi94) of such cartoons; also included are exhibition catalogues for various exhibitions of cartoons on Napoleon (cat. BB, cat. H85, cat. RM) and his era (cat. H83, cat. H86, cat. T), together with major collection catalogues (BM, BN). Source material omitted from consideration are books and catalogues dealing with the history of caricature in general or by country.

Should the reference literature indicate the existence of several variants or versions (different printing plates) of a single cartoon, allusion is made only to the print featured by the Arenenberg Collection. On the other hand, the various states of a cartoon (printing plate proofs in various stages of the working process) are indicated.

«Lit.:» followed by «–» means that a particular cartoon is not mentioned in any of the bibliographic reference sources.

4. Bibliographic Abbreviations (key, see Bibliography p. 650 f.)

Ash	Ashton 1884.
BM	British Museum: *Catalogue of Political and Personal Satires, Preserved in the Department of Prints and Drawings in the British Museum.*
BN	Bibliothèque Nationale: *Un siècle d'histoire de France par l'estampe 1770–1871. Collection de Vinck. Inventaire analytique.*
Br	Broadley 1911.
cat. BB	Catalogue Boulogne-Billancourt 1975: *Napoléon. Caricatures et dessins humoristiques de 1800 à nos jours.*
cat. H83	Catalogue Hannover 1983: *George Cruikshank 1792–1878. Karikaturen zur englischen und europäischen Politik und Gesellschaft im ersten Viertel des 19. Jahrhunderts.*

stato leggermente tagliato ai bordi o rilegato in un album); se della larghezza, dell'altezza o di entrambe le dimensioni non è possibile neppure una stima, compare rispettivamente solo l'altezza («Höhe»), solo la larghezza («Breite») oppure l'indicazione «n.best.» (cfr. elenco abbreviazioni).

Punto 8
Sulla provenienza delle stampe e sulla storia delle relative raccolte, cfr. le delucidazioni a p. 149 sgg. Se l'origine del foglio è ignota, il catalogo reca l'indicazione «Herkunft unbekannt» (provenienza sconosciuta).

In qualche caso appare il riferimento a una punzonatura circolare raffigurante un'ape, di significato per ora non chiaro, posta in genere all'angolo inferiore sinistro («Prägestempel mit Biene im Rund»).

Punto 12
Le menzioni (in sigle) della singola caricatura nella bibliografia sull'argomento («Lit.:», cfr. elenco abbreviazioni) riguardano opere relative a caricature su Napoleone (Ash, Br, Cl, Da, Fi92, GC, Sche, Schu), a caricature della sua epoca (Cha, De, La, Wr) e a motivi caricaturali significativi (Fi94), ma anche cataloghi delle mostre di caricature su Napoleone (cat. BB, cat. H85, cat. RM) e sulla sua epoca (cat. H83, cat. H86, cat. T) nonché cataloghi di collezioni importanti di caricature (BM, BN). Non tengono conto, invece, di opere e cataloghi sulla storia delle caricature in generale o nei vari paesi.

Se la bibliografia utilizzata registra più varianti o versioni di una caricatura (dovute all'uso di più lastre d'incisione), il rinvio riguarda solo la variante o versione presente nella collezione di Arenenberg; vengono indicate, viceversa, le differenze dovute alla stampa di un'unica lastra in stadi diversi del processo di preparazione.

«Lit.: –» indica che la caricatura non compare nella bibliografia utilizzata.

4. Sigle bibliografiche (cfr. Bibliografia, p. 650 sg.)

Ash	Ashton 1884.
BM	British Museum: *Catalogue of Political and Personal Satires, Preserved in the Department of Prints and Drawings in the British Museum.*
BN	Bibliothèque Nationale: *Un siècle d'histoire de France par l'estampe 1770–1871. Collection de Vinck. Inventaire analytique.*
Br	Broadley 1911.
cat. BB	Katalog Boulogne-Billancourt 1975: *Napoléon. Caricatures et dessins humoristiques de 1800 à nos jours.*
cat. H83	Katalog Hannover 1983: *George Cruikshank 1792–1878. Karikaturen zur englischen und europäischen Politik und Gesellschaft im ersten Viertel des 19. Jahrhunderts.*
cat. H85	Katalog Hannover 1985: *«Die Kehrseite der Medaille»: Napoleon-Karikaturen aus Deutschland, Frankreich und England.*
cat. H86	Katalog Hannover 1986: *James Gillray 1757–1815. Meisterwerke der Karikatur.*
cat. RM	Katalog Rueil-Malmaison 1996: *L'Anti-Napoléon. Caricatures et satires du Consulat à l'Empire.*
cat. T	Katalog Toronto 1989: *Face à Face. French and English Caricatures of the French Revolution and its Aftermath.*

	Politik und Gesellschaft im ersten Viertel des 19. Jahrhunderts.
Kat. H85	Katalog Hannover 1985: «*Die Kehrseite der Medaille*»: *Napoleon-Karikaturen aus Deutschland, Frankreich und England.*
Kat. H86	Katalog Hannover 1986: *James Gillray 1757–1815. Meisterwerke der Karikatur.*
Kat. RM	Katalog Rueil-Malmaison 1996: *L'Anti-Napoléon. Caricatures et satires du Consulat à l'Empire.*
Kat. T	Katalog Toronto 1989: *Face à Face. French and English Caricatures of the French Revolution and its Aftermath.*
La	Lammel 1992.
Sche	Scheffler 1995.
Schu	Schulze 1916.
Wr	Wright 1904.

Bei Sammlungs- und Ausstellungskatalogen sowie den durchnumerierten Übersichtswerken Cl, GC und Sche wird die blosse Kennummer zitiert [Cl 137], gegebenenfalls davor die Bandnummer mit römischer Zahl [BN V 9462] oder der betreffende Anhang [Br II App. D 156] angegeben; auf Abbildungen und Tafeln wird hingewiesen, falls das Werk selektiv bebildert ist (BN, GC, Kat. BB, Kat. RM, Kat. T), jedoch nicht, wenn es (nahezu) jede Katalognummer (schwarzweiss oder farbig) abbildet (Cl, Kat. H83, Kat. H85, Kat. H86, Sche).

Bei der übrigen Literatur verweist die Seitenzahl [S. 777 / S. 777 f. / S. 777 ff.] auf die Erwähnung(en) der Karikatur im Text; eine Abbildung oder Tafel an derselben Stelle wird in Klammern verzeichnet [S. 777 (Abb.) / S. 777 (Tf.)]. Falls die Karikatur nur abgebildet, aber nicht besprochen ist, steht: Abb. S. 777 / Tf. S. 777. Wird sie an einer Stelle abgebildet und an einer anderen besprochen, lautet dies: Abb. S. 777, 888 / Tf. S. 777, 888. Kommt schliesslich eine Karikatur als Abbildung, im Text und auch im Anhang vor, so heisst es: Br I Abb. S. 777, 888, II App. A 999. Bei den Anhängen in Br II steht die Kennummer der Karikatur und nicht die Seite, auf der diese genannt ist.

5. Allgemeine Abkürzungen

Abb.	Abbildung
Anm.	Anmerkung
App.	Appendix (Anhang)
Bd./Bde.	Band/Bände
bez.	bezeichnet (vom Verleger)
bez. dat.	bezeichnet und datiert (vom Verleger)
dat.	datiert
del[ineavit]	gezeichnet von
Det.	Detailabbildung
DL	Hinterlegung bei der Zensurbehörde
f / fe / fec / fecit	entworfen und gestochen/radiert von
f.	und folgende Seite
ff.	und folgende Seiten
Fabb.	Farbabbildung
Ftf.	Farbtafel
inv / inven[it]	entworfen von
Kap.	Kapitel
Kat. Nr.	Katalog-Nummer
Kat. Nrn.	Katalog-Nummern
l.	links
Lit.	Literatur
M.	Mitte

cat. BB	Catalogue Boulogne-Billancourt 1975: *Napoléon. Caricatures et dessins humoristiques de 1800 à nos jours.*
cat. H83	Catalogue Hanovre 1983: *George Cruikshank 1792–1878. Karikaturen zur englischen und europäischen Politik und Gesellschaft im ersten Viertel des 19. Jahrhunderts.*
cat. H85	Catalogue Hanovre 1985: «*Die Kehrseite der Medaille:*» *Napoleon-Karikaturen aus Deutschland, Frankreich und England.*
cat. H86	Catalogue Hanovre 1986: *James Gillray 1757–1815. Meisterwerke der Karikatur.*
cat. RM	Catalogue Rueil-Malmaison 1996: *L'Anti-Napoléon. Caricatures et satires du Consulat à l'Empire.*
cat. T	Catalogue Toronto 1989: *Face à Face. French and English Caricatures of the French Revolution and its Aftermath.*
Cha	Champfleury 1874.
Cl	Clerc 1985.
Da	Dayot 1902.
De	Derozier 1976.
Fi 92	Fischer 1992.
Fi 94	Fischer 1994.
GC	Grand-Carteret 1895.
La	Lammel 1992.
Sche	Scheffler 1995.
Schu	Schulze 1916.
Wr	Wright 1904.

En ce qui concerne les catalogues d'exposition et de collection, ainsi que les ouvrages synoptiques numérotés à la file Cl, GC et Sche, on mentionnera simplement le numéro de la caricature [Cl 137] précédé, le cas échéant, du numéro du volume en chiffres romains [BN V 9462] ou de l'appendice correspondant [Br II app. D 156]; on renverra aux figures et planches lorsqu'un catalogue présente une illustration sélective des caricatures (BN, GC, cat. BB, cat. RM, cat. T); au cas où un catalogue illustre toutes les caricatures (en noir et blanc et/ou en couleurs), le lieu des figures et planches ne sera pas indiqué (Cl, cat. H83, cat. H85, cat. H86, Sche).

Quant aux autres publications, la page [p. 777 / p. 777 sq. / p. 777 sqq.] renverra à la mention de la caricature dans le texte courant, suivie, entre parenthèses, de l'indication de la figure ou planche, s'il y en a à la même page [p. 777 (fig.) / p. 777 (pl.)]. Si la caricature se trouve illustrée, mais pas discutée à une page, l'indication de la figure ou planche précédera la page [fig. p. 777 / pl. p. 777]. Lorsque la caricature est illustrée dans un lieu et discutée dans un autre, elle sera citée ainsi: fig. p. 777, 888 / pl. p. 777, 888. Dans les cas où elle est donnée, et en illustration et – ailleurs – en texte ainsi qu'en appendice, on écrira par exemple comme suit: Br I fig. p. 777, 888, II app. A 999. Pour les appendices dans Br II, on donnera le numéro de la caricature et non pas la page [app. A 999 = caricature numéro 999 de l'appendice A].

5. Abréviations

Abb.	fig.	figure
Anm.	n.	note
App.	app.	appendice
Bd./Bde.		volume/volumes
bez.		signé (par la maison d'édition)
bez. dat.		signé et daté (par la maison d'édition)

cat. H85	Catalogue Hannover 1985: «*Die Kehrseite der Medaille*»: *Napoleon-Karikaturen aus Deutschland, Frankreich und England*.
cat. H86	Catalogue Hannover 1986: *James Gillray 1757–1815. Meisterwerke der Karikatur*.
cat. RM	Catalogue Rueil-Malmaison 1996: *L'Anti-Napoléon. Caricatures et satires du Consulat à l'Empire*.
cat. T	Catalogue Toronto 1989: *Face à Face. French and English Caricatures of the French Revolution and its Aftermath*.
Cha	Champfleury 1874.
Cl	Clerc 1985.
Da	Dayot 1902.
De	Derozier 1976.
Fi92	Fischer 1992.
Fi94	Fischer 1994.
GC	Grand-Carteret 1895.
La	Lammel 1992.
Sche	Scheffler 1995.
Schu	Schulze 1916.
Wr	Wright 1904.

Collection and exhibition catalogues, as well as numbered general surveys Cl, GC, and Sche are indicated by their respective reference number only [Cl 137], and are, if applicable, preceded by a volume number in Roman numerals [BN V 9462] or a reference to the respective appendix [Br II App. D 156]; figures and plates are indicated when featured selectively (BN, GC, cat. BB, cat. RM, cat. T), but not with respect to publications covering every (or nearly every) catalogue number in white-and-black or colour (Cl, cat. H83, cat. H85, cat. H.86, Sche).

The remaining bibliographic reference sources indicate specific text allusions to a cartoon by page number [p. 777 / p. 777 f. / p. 777 ff.], while figures or plates on the same page as the text allusion are indicated in parentheses [p. 777 (ill.) / p. 777 (Pl.)]. Cartoons reproduced without being mentioned in the text are indicated as: ill. p. 777 / Pl. p. 777. Cartoons reproduced elsewhere than the site of a text allusion are indicated as: ill. p. 777, 888 / Pl. p. 777, 888. And finally, in cases where the cartoon is reproduced at some point in a publication, is referred to somewhere else in that text and again in the appendix, the indication is: Br I ill. p. 777, 888, II App. A 999. Kindly note that for the appendix in Br II, the cartoon reference number is provided, rather than the page number where it is mentioned.

5. General Abbreviations

The following abbreviations are used in the catalogue:

Abb.	ill.	illustration
Anm.	fn.	footnote
App.		appendix
Bd./Bde.		volume/volumes
bez.		signed (by publisher)
bez. dat.		signed and dated (by publisher)
dat.		dated
del[ineavit]		drawn by
Det.		figure detail
DL		dépôt légal (deposition at the censorship board)
f / fe / fec / fecit		designed and engraved/etched by
f.		and following page
ff.		and following pages

Cha	Champfleury 1874.
Cl	Clerc 1985.
Da	Dayot 1902.
De	Derozier 1976.
Fi92	Fischer 1992.
Fi94	Fischer 1994.
GC	Grand-Carteret 1895.
La	Lammel 1992.
Sche	Scheffler 1995.
Schu	Schulze 1916.
Wr	Wright 1904.

Per cataloghi di collezioni o di mostre e per le opere sinottiche interamente numerate (Cl, GC e Sche) viene citato il solo numero di riferimento [Cl 137], eventualmente preceduto da un numero romano indicante il volume [BN V 9462] o dalla relativa appendice [Br II app. D 156]. Alle tavole e illustrazioni si fa rinvio se l'opera è illustrata selettivamente (BN, GC, cat. BB, cat. RM, cat. T), ma non se reca illustrazioni (in bianco e nero o a colori) per tutti o quasi tutti i numeri di catalogo (Cl, cat. H83, cat. H85, cat. H86, Sche).

Per le altre fonti bibliografiche il numero di pagina [p. 777 / p. 777 sg. / p. 777 sgg.] rinvia alla menzione o alle menzioni della caricatura nel testo; l'illustrazione o la tavola sulla stessa pagina viene indicata fra parentesi [p. 777 (ill.) / p. 777 (tav.)]. Alle caricature soltanto illustrate ma non trattate nel testo si fa rinvio così: ill. p. 777 / tav. p. 777. Quando invece l'illustrazione e il testo corrispondente sono su pagine diverse, l'indicazione è la seguente: ill. p. 777, 888 / tav. p. 777, 888. Se infine una caricatura compare sia come illustrazione sia nel testo sia nell'appendice, il rinvio si presenta così: Br I ill. p. 777, 888, II app. A 999. Per le appendici in Br II viene indicato il numero di riferimento della caricatura, non quello della pagina in cui l'opera è citata.

5. Abbreviazioni

Abb.	ill.	illustrazione
Anm.	n.	nota
App.	app.	appendice (allegato)
bez.		firmato (dall'editore)
bez. dat.		firmato e datato (dall'editore)
Bd./Bde.		volume/volumi
del[ineavit]		disegnato da
dat.		datato
Det.		particolare
DL		deposito legale presso l'autorità censoria
f.	sg.	e pagina seguente
ff.	sgg.	e pagine seguenti
Fabb.		figura o illustrazione a colori
f / fe / fec / fecit		ideato e inciso da
Ftf.		tavola a colori
inv / inven[it]		ideato da
Kap.		capitolo
Kat. Nr.	n° cat.	numero di catalogo
Kat. Nrn.	nⁱ cat.	numeri di catalogo
l.	s.	a sinistra
Lit.		bibliografia
M.		al centro
M. l.		al centro a sinistra
M. r.		al centro a destra
n.		a, verso

M. l.		Mitte links
M. r.		Mitte rechts
n.		nach
n. best.		nicht bestimmbar (Masse)
o.		oben
o. l.		oben links
o. M.		oben Mitte
o. r.		oben rechts
pinx / pinxit		gemalt von
r.		rechts
S.		Seite/Seiten
sc / sculp[sit]		gestochen/radiert von
sign.		signiert (vom Zeichner/Stecher)
sign. dat.		signiert und datiert (vom Zeichner/Stecher)
Tf.		Tafel
u.		unten
u. l.		unten links
u. M.		unten Mitte
u. r.		unten rechts
v.		von
var.		Variante (der publizierten Karikatur)
vgl.		vergleiche

dat.		daté
del[ineavit]		dessiné par
Det.		figure ou illustration d'un détail
DL		dépôt légal
f / fe / fec / fecit		a fait (conçu et gravé)
f.	sq.	et page suivante
ff.	sqq.	et pages suivantes
Fabb.		figure ou illustration en couleur
Ftf.		planche en couleur
inv / inven		a inventé, conçu
Kap.		chapitre
Kat. Nr.	n°. cat.	numéro de catalogue
Kat. Nrn.	n°s. cat.	numéros de catalogue
l.	g.	à gauche
Lit.		bibliographie
M.		centre
M. l.		centre gauche
M. r.		centre droit
n.		à
n. best.		non mesurable
o.		en haut
o. l.		haut gauche
o. M.		haut centre
o. r.		haut droite
pinx / pinxit		a peint
r.	d.	à droite
S.	p.	page/pages
sc / sculp[sit]		gravé par
sign.		signé (par le dessinateur/graveur)
sign.dat.		signé et daté (par le dessinateur/graveur)
Tf.	pl.	planche
u.		en bas
u. l.		bas gauche
u. M.		bas centre
u. r.		bas droite
v.		de
var.		variante (de la caricature publiée)
vgl.	cf.	voir, se référer à

Fabb.		colour figure
Ftf.		colour plate
inv / inven[it]		conceived by
Kap.		chapter
Kat. Nr.	cat.no.	catalogue number
Kat. Nrn.	cat.nos.	catalogue numbers
l.		to the left
Lit.		bibliographic reference source(s)
M.		centre
M. l.		centre left
M. r.		centre right
n.		to
n. best.		unknown (size)
o.		top
o. l.		top left
o. M.		top centre
o. r.		top right
pinx / pinxit		painted by
r.		to the right
S.	p.	page/pages
sc / sculp[sit]		engraved/etched by (know but not signed)
sign.		signed (by draughtsman/engraver)
sign. dat.		signed and dated (by draughtsman/engraver)
Tf.	Pl.	plate
u.		bottom
u. l.		bottom left
u. M.		bottom centre
u. r.		bottom right
v.		from
var.		variant (of a cartoon published in this work)
vgl.	cf.	confer, compare

n. best.		(dimensioni) non accertabili
o.		in alto
o. l.		in alto a sinistra
o. M.		in alto al centro
o. r.		in alto a destra
pinx / pinxit		dipinto da
r.	d.	a destra
S.	p.	pagina/pagine
sc / sculp[sit]		inciso da
sign.		firmato (dal disegnatore/incisore)
sign. dat.		firmato e datato (dal disegnatore/incisore)
Tf.	tav.	tavola
u.		in basso
u. l.		in basso a sinistra
u. M.		in basso al centro
u. r.		in basso a destra
v.		da
var.		variante (della caricatura pubblicata)
vgl.	cfr.	vedi, confronta

Englische Karikaturen

Caricatures anglaises

English Cartoons

Caricature inglesi

Historische Themen		Kat. Nrn.	Thèmes historiques		nos. cat.
1798	Abukir	1–5	1798	Aboukir	1–5
1799	Staatsstreich	6–7	1799	Coup d'État	6–7
1802	Amiens	8	1802	Amiens	8
1803	General Toussaint	84	1803	Général Toussaint	84
1803/1804	Invasion von England	9–22/80–82	1803/1804	Invasion d'Angleterre	9–22/80–82
1804	Kaisertum	23/83	1804	L'Empire	23/83
	Nationale Kontraste	24		Contrastes nationaux	24
1805	Ulm	85	1805	Ulm	85
1805	Trafalgar	25	1805	Trafalgar	25
1806	Invasion von England	26–27	1806	Invasion d'Angleterre	26–27
	Aussenpolitik	28		Affaires étrangères	28
	Englischer Wahlkampf	29		Elections anglaises	29
1807	Polenfeldzug	86	1807	Campagne de Pologne	86
	Tilsit und die Folgen	30, 32/87–88		Tilsit et ses conséquences	30, 32/87–88
	Kopenhagen	31		Copenhague	31
1808	Indienpläne	33	1808	Projets aux Indes	33
	Krieg in Spanien	34–39/89–95		Guerre d'Espagne	34–39/89–95
	Europas Auflehnung	40		Soulèvement européen	40
	Napoleons Wesen	96–97		Nature de Napoléon	96–97
	Sintra	41/99		Sintra	41/99
1806–1812	Englands Isolation	98	1806–1812	L'Angleterre isolée	98
1809	Englands Radikale	42	1809	Les radicaux anglais	42
	Europas Auflehnung	100		Soulèvement européen	100
1810	Nationale Kontraste	101	1810	Contrastes nationaux	101
	Marie-Louise	43		Marie-Louise	43
1811	Der König von Rom	102	1811	Le roi de Rome	102
	Alptraum	103		Cauchemar	103
1812/1813	Russlandfeldzug	44–54/104–122	1812/1813	Campagne de Russie	44–54/104–122
1813	Papst Pius VII.	55–57	1813	Le pape Pie VII	55–57
	General Duroc	123		Général Duroc	123
	Spanien	124		Espagne	124
	Aufstand Hollands	58		Soulèvement hollandais	58
	Leipzig und die Folgen	59–60/125–128		Leipzig et ses conséquences	59–60/125–128
1814	Börsenskandal	61	1814	Scandale boursier	61
	Frankreichfeldzug	129–130		Campagne de France	129–130
	Erste Abdankung	62, 65–67/131–134		Première abdication	62, 65–67/131–134
	Erste Restauration	63		Première Restauration	63
	Verbannung	64/135–137, 139		Bannissement	64/135–137, 139
1814/1815	Elba	68–71/138, 140–141	1814/1815	L'île d'Elbe	68–71/138, 140–141
1815	Rückkehr aus Elba	72–74/142–143, 145	1815	Retour de l'île d'Elbe	72–74/142–143, 145
	Die Hundert Tage	75–76/144		Les Cent-Jours	75–76/144
	Waterloo	77/146–147, 149		Waterloo	77/146–147, 149
	Zweite Restauration	78/148		Seconde Restauration	78/148
	Gefangenschaft	150–152		Captivité	150–152
1815–1821	Sankt Helena	153–155	1815–1821	Sainte-Hélène	153–155
1828?	Napoleon als Warner	79	1828?	Napoléon l'avertisseur	79

Historical Themes — cat. nos.

1798	Aboukir Bay	1–5
1799	Coup d'état	6–7
1802	Amiens	8
1803	General Toussaint	84
1803/1804	Invasion of England	9–22 / 80–82
1804	The Empire	23 / 83
	National contrasts	24
1805	Ulm	85
1805	Trafalgar	25
1806	Invasion of England	26–27
	Foreign affairs	28
	Elections in Britain	29
1807	Polish campaign	86
	Tilsit and consequences	30, 32 / 87–88
	Copenhagen	31
1808	Plans in India	33
	War in Spain	34–39 / 89–95
	Europe uprising	40
	Napoleon's character	96–97
	Sintra	41 / 99
1806–1812	Britain isolated	98
1809	The radicals in Britain	42
	Europe uprising	100
1810	National contrasts	101
	Marie-Louise	43
1811	The King of Rome	102
	Nightmare	103
1812/1813	Russian campaign	44–54 / 104–122
1813	Pope Pius VII	55–57
	General Duroc	123
	Spain	124
	The Netherlands uprising	58
	Leipzig and consequences	59–60 / 125–128
1814	Stock exchange scandal	61
	French campaign	129–130
	First abdication	62, 65–67 / 131–134
	First restoration	63
	Banishment	64 / 135–137, 139
1814/1815	Elba	68–71 / 138, 140–141
1815	Return from Elba	72–74 / 142–143, 145
	The Hundred Days	75–76 / 144
	Waterloo	77 / 146–147, 149
	Second restoration	78 / 148
	Captivity	150–152
1815–1821	Saint Helena	153–155
1828?	Warner Napoleon	79

Temi storici — n' cat.

1798	Abukir	1–5
1799	Colpo di Stato	6–7
1802	Amiens	8
1803	Generale Toussaint	84
1803/1804	Sbarco in Inghilterra	9–22 / 80–82
1804	Impero	23 / 83
	Contrasti nazionali	24
1805	Ulma	85
1805	Trafalgar	25
1806	Sbarco in Inghilterra	26–27
	Politica estera	28
	Elezioni inglesi	29
1807	Campagna di Pologna	86
	Tilsit e le conseguenze	30, 32 / 87–88
	Copenaghen	31
1808	Progetti in India	33
	Guerra di Spagna	34–39 / 89–95
	Sollevazione europea	40
	Natura di Napoleone	96–97
	Cintra	41 / 99
1806–1812	L'Inghilterra isolata	98
1809	I radicali inglesi	42
	Sollevazione europea	100
1810	Contrasti nazionali	101
	Maria Luisa	43
1811	Il re di Roma	102
	Incubo	103
1812/1813	Campagna di Russia	44–54 / 104–122
1813	Il papa Pio VII	55–57
	Generale Duroc	123
	Spagna	124
	Sollevazione olandese	58
	Lipsia e le conseguenze	59–60 / 125–128
1814	Scandalo alla borsa	61
	Campagna in Francia	129–130
	Prima abdicazione	62, 65–67 / 131–134
	Prima Restaurazione	63
	Espulsione	64 / 135–137, 139
1814/1815	L'isola d'Elba	68–71 / 138, 140–141
1815	Ritorno dall'isola d'Elba	72–74 / 142–143, 145
	Cento Giorni	75–76 / 144
	Waterloo	77 / 146–147, 149
	Seconda abdicazione	78 / 148
	Prigionia	150–152
1815–1821	Sant'Elena	153–155
1828?	Napoleone ammonitore	79

1

Fighting for the DUNGHILL : – or – Jack Tar settl'ing BUONAPARTE.
o. l. *Britannia Rules the W[aves]*
u. r. *NELSON / TURK / RUSSIA / MALTA*
u. M. *MEDITERRANEAN / AFRICA / EUROPE*
u. l. *ENGLAND / IRELAND*
sign. u. l. *J.^{s} Gillray inv.^{t} & f.^{t}*
bez. dat. u. r. *Pub^d Nov.th 20.th 1798 – by H Humphrey St Jamess Street*
Radierung, koloriert
[264]×366 mm (267×370 mm)
Sammlung Herzog von Berry
1980.270.

Der Kampf um den Misthaufen oder Jack Tar bringt Bonaparte zur Ruhe
Auf dem Erdball sitzen Jack Tar, Sinnbild der britischen Seemacht, und Bonaparte. Sie tragen einen Boxkampf um die Vorherrschaft in der Welt aus. Der korpulente Brite hockt auf seinen Mutterinseln, einen Fuss auf Malta abstellend; er hat dem Revolutionär aus Haut und Knochen, aus dessen Nase Blut spritzt, einen solchen Hieb in die Magengrube – bezeichnet mit «Nelson» – verpasst, dass dessen auf die Türkei abgestütztes Knie wankt. Gleich wird die Jammergestalt das Gleichgewicht verlieren. Gillrays kraftvolle Bildidee kostet die Genugtuung über Admiral Nelsons Vernichtung der französischen Flotte bei Abukir aus. Als Befehlshaber der Englandarmee unternahm Bonaparte 1798 die Expedition nach Ägypten mit dem Ziel, das uneinnehmbare Grossbritannien indirekt anzugreifen, um dessen Vormacht im Mittelmeer zu brechen und schliesslich in Indien die Revolte gegen die Engländer zu entscheiden. Auf der Überfahrt nahmen die Franzosen im Juni die Insel Malta ein, eroberten bis Ende Juli Unterägypten, wurden dann aber von Nelsons Schlag getroffen. Darauf erhob sich Malta im September mit britischer Unterstützung.

Combat pour le tas de fumier ou Jack Tar réglant ses comptes avec Bonaparte
Jack Tar, symbole de la puissance maritime britannique, et Bonaparte sont assis sur le globe terrestre. Ils se livrent un match de boxe pour la domination du monde. Le corpulent Britannique se tient sur ses îles d'origines, un pied posé sur Malte; il a frappé le révolutionnaire dans le creux de l'estomac – qui porte l'inscription «Nelson»; Bonaparte n'a plus que la peau sur les os et de son nez jaillit le sang; le coup est tel que son genou arc-bouté sur la Turquie flageole. Le pauvre bougre perd l'équilibre. Le vigoureux dessin de Gillray exprime sa satisfaction à propos de l'anéantissement de la flotte française par l'amiral Nelson, à Aboukir. En tant que commandant de l'armée d'Angleterre, Bonaparte entreprit l'expédition d'Egypte en 1798, avec pour objectif d'attaquer indirectement l'inexpugnable Grande-Bretagne, de briser son hégémonie en Méditerranée et de décider les Indes à se révolter contre les Anglais. Pendant la traversée, les Français s'emparèrent de l'île de Malte, conquirent l'Egypte inférieure en fin juillet, avant d'être battus par Nelson. En septembre, avec l'appui des Britanniques, Malte se souleva.

Fighting for Dunghill or Jack Tar Settling Bonaparte
Seated on a globe, Jack Tar (British naval power) and Bonaparte are engaged in a boxing match over world supremacy. The obese Briton squats on his native islands and has one foot set on Malta. The scrawny and bloody-nosed Revolutionary has received such a punch in the belly – the mark «Nelson» remains – that he totters on the knee propped on Turkey, and is about to lose his balance. Gillray's powerful imagery shows the extent to which the British savoured Nelson's defeat of the French fleet at Abukir. As commander of the troops against England, Bonaparte undertook an expedition to Egypt in 1798; by indirectly targeting the inconquerable British, he planned to assail their supremacy over the Mediterranean sea and strike a decisive blow on behalf of the revolt against the English in India. Crossing over, in June the French conquered Malta and, until end July, lower Egypt, only to then meet defeat in Nelson's hands. The uprising that would take place thereupon (September) in Malta would have the support of the British.

Zuffa per il letamaio, ovvero Jack Tar che sistema Bonaparte
Jack Tar (simbolo della potenza navale britannica) e Bonaparte, entrambi a cavalcioni sul globo terrestre, fanno a pugni per la supremazia mondiale. Seduto sul proprio arcipelago e con un piede su Malta, il grosso britannico ha assestato al rivoluzionario scheletrito un tal pugno nella cavità dello stomaco (indicata con «Nelson») da fargli vacillare il ginocchio, appoggiato sulla Turchia; ben presto il suo pietoso antagonista, che perde già sangue dal naso, perderà anche l'equilibrio. In quest'opera vigorosa di Gillray si sente in pieno la soddisfazione per la mossa riuscita dell'ammiraglio Nelson, che ad Abukir ha distrutto la flotta francese. Comandando le truppe da opporre a un'inespugnabile Gran Bretagna, nel 1798 Bonaparte intraprese la campagna d'Egitto per attaccare gli inglesi indirettamente, spezzarne il predominio nel Mediterraneo e infine decidere in India la rivolta antibritannica; già in giugno, durante la traversata, i francesi s'impadronirono dell'isola di Malta. Entro la fine di luglio il basso Egitto era occupato, ma poi giunse il contraccolpo dell'intervento di Nelson; Malta, con l'aiuto britannico, si sollevò nel settembre successivo.

Lit.: Ash S. 61; BM VII 9268; Br I S. 122 f., II App. A 339; GC 9 (Abb.); Kat. H86 115; Wr S. 525 (Abb.).

2

Extirpation of the Plagues of Egypt; – Destruction of Revolutionary Crocodiles; – or – The British Hero cleansing e/y Mouth of e/y Nile.
o. r. *BRITISH OAK.*
sign. u. r. *J.^{s} G.^{y} inv & fec^t* (James Gillray)
bez. dat. u. l. *Pub.^{d} Octr 6.th 1798. by H. Humphrey. 27 St Jamess Street*
Radierung
267×[367] mm (415×574 mm)
Herkunft unbekannt
1980.460. c.

Ausmerzung der Ägyptischen Plagen: Vernichtung der revolutionären Krokodile oder der britische Held säubert die Nilmündung
Frei nach 2. Mose 7–11 reinigt Admiral Nelson die Nilmündung von den zehn ägyptischen Plagen. Seine Hakenhand hält fünf Krokodile, die Symboltiere Ägyptens, am Angelhaken. Fünf weitere erschlägt er mit der britischen Eichenkeule. Dahinter scheint eines mit offenem Maul zu explodieren, andere fliehen nilaufwärts. Die Pyramiden von Gizeh und die Stadt im Hintergrund spielen auf Bonapartes Landsieg über die Mamelucken («Schlacht bei den Pyramiden») und seinen Einzug in Kairo 1798 an. Im August folgte der grosse Rückschlag: Nelson besiegte vor Abukir Vizeadmiral Villeneuves Flotte vernichtend und «säuberte» damit die Küste von den Franzosen. Obwohl nicht gleichzeitig herausgegeben, sind Gillrays vier Karikaturen zum britischen Seesieg (Kat. Nrn. 2–5) später auch auf die Vorder- und Rückseite eines einzigen Blattes abgedruckt worden, wie das Arenenberger Exemplar beweist.

Eradication des plaies d'Egypte: Destruction des crocodiles révolutionnaires ou le héros britannique nettoyant l'embouchure du Nil
Comme dans l'Exode 7–11, l'amiral Nelson purge l'embouchure du Nil des dix plaies d'Egypte. Le crochet remplaçant sa main manquante tient cinq crocodiles – animaux symboliques en Egypte – au bout d'un hameçon. Il en assomme cinq autres à l'aide de la massue de chêne britannique. Derrière lui, un reptile semble exploser, la gueule ouverte, d'autres encore fuient en amont du Nil. Les pyramides de Gizeh, et la ville à l'arrière-plan font allusion à la victoire de Bonaparte sur les mamelouks («bataille des pyramides») et à son entrée au Caire en 1798. En août, eut lieu le grand revers: devant Aboukir, Nelson anéantit la flotte du vice-amiral Villeneuve et «nettoya» ainsi la côte de la présence française. Bien que n'ayant pas été éditées en même temps, les quatre caricatures de Gillray concernant la victoire maritime britannique (n°. cat. 2–5) furent réimprimées ultérieurement au recto et au verso d'une même feuille, comme le prouve l'exemplaire d'Arenenberg.

Extermination of the Plagues of Egypt: Destruction of the Revolutionary Crocodiles or the British Hero Cleansing the Mouth of the Nile
In a free adaptation of II. Moses 7–11, Admiral Nelson is shown clearing the mouth of the Nile of the ten Egyptian plagues. With his hook hand he holds five crocodiles – Egypt's emblem animal – on fish hooks, while whacking five more with the British oak club. Behind, another one with open jaws is on the point of exploding, while still more are fleeing upstream. The Giza pyramids and city in the background allude to Bonaparte's victory over the Mamluks («Battle of the Pyramids») and his march on Cairo in 1798. August brought a major setback: at Abukir, Nelson defeated Vice-Admiral Villeneuve's fleet and thus «cleared out» the French from that coast. Although published at different times, Gillray's four cartoons on the British sea victory (cat. nos. 2–5) would appear again subsequently on the front and back sides of a single print, as the example from the Arenenberg collection testifies.

Estirpamento delle piaghe d'Egitto: distruzione di coccodrilli rivoluzionari, ovvero l'eroe britannico che risciacqua la foce del Nilo
Liberamente ispirato ai cap. VII–XI dell'*Esodo*, l'ammiraglio Nelson ripulisce la foce del Nilo dalle dieci piaghe d'Egitto: con l'uncino del moncone tiene all'amo sette coccodrilli, simboli del paese nilotico, e vari altri ne uccide con la clava di quercia britannica. Dietro c'è un coccodrillo a bocca aperta che sembra esplodere, mentre altri fuggono risalendo il fiume; le piramidi di Giza e la città sullo sfondo alludono alla vittoria terrestre di Bonaparte sui mamelucchi («battaglia delle piramidi») e al suo ingresso al Cairo. L'agosto di quell'anno (il 1798) portò un grave contraccolpo: Nelson ottenne ad Abukir una vittoria schiacciante sulla flotta del viceammiraglio Villeneuve, «ripulendo» la costa dai francesi. Benché non pubblicate contemporaneamente, in seguito le quattro caricature di Gillray sulla vittoria navale britannica (n^i cat. 2–5) furono riprodotte sul recto e sul verso di un unico foglio, come dimostra l'esemplare di Arenenberg.

Lit.: Ash S. 56 f.; BM VII 9250; BN IV 7388; Br I S. 120, II App. A 331; Wr S. 523.

Fighting for the DUNGHILL:— or —Jack Tar settling BUONAPARTE

Extirpation of the Plagues of Egypt;—Destruction of Revolutionary Crocodiles;—or—The British Hero cleansing ye Mouth of ye Nile

Der Kampf um den Misthaufen oder Jack Tar bringt Bonaparte zur Ruhe

Combat pour le tas de fumier ou Jack Tar réglant ses comptes avec Bonaparte

Fighting for Dunghill or Jack Tar Settling Bonaparte

Zuffa per il letamaio, ovvero Jack Tar che sistema Bonaparte

Ausmerzung der Ägyptischen Plagen: Vernichtung der revolutionären Krokodile oder der britische Held säubert die Nilmündung

Eradication des plaies d'Egypte: Destruction des crocodiles révolutionnaires ou le héros britannique nettoyant l'embouchure du Nil

Extermination of the Plagues of Egypt: Destruction of the Revolutionary Crocodiles or the British Hero Cleansing the Mouth of the Nile

Estirpamento delle piaghe d'Egitto: distruzione di coccodrilli rivoluzionari, ovvero l'eroe britannico che risciacqua la foce del Nilo

3
JOHN BULL taking a Luncheon: – or – British Cooks, cramming Old Grumble-Gizzard, with Bonne-Chére.
o. l. *Oh, Curse his Guts, he'll take a chop at Us, next / BUONAPARTE in EGYPT / Nelson / What! more Frigasees? – why you sons o' bitches, you, where do'ye think I shall find room to stow all you bring in? –*
o. r. *DESERT à la WARREN / à la Gardener / à la BRIDPORT / à la Vincent / SOUP and BOUILLI. / Fricando à la HOWE / Fricassée à la NELSON / DUTCH Cheese* [zweimal] *à la DUNCAN /*
u. r. *List of French Ships- Taken Burnt & destroy['d]*
u. M. *True British Stout.*
sign. u. l. *J.^{s} Gillray inv^t & fec.^{t}*
bez. dat. u. r. *Publishd Octr 24.th 1798. by H. Humphrey S^t. James's Street.*
Radierung
269 × 367 mm (415 × 574 mm)
Herkunft unbekannt
1980.460.d.

John Bull beim Mittagsmahl oder britische Köche stopfen den alten Brummbären mit gutem Essen voll
Der dicke John Bull sitzt vor dem reich gedeckten Mittagstisch und verspeist Schiffe und Kanonen. Die Verkörperung der englischen Nation entstammt John Arbuthnots Satire «Law is a Bottomless Pitt» (1712) und ist der Typ des stämmigen, hypertonischen Landmannes. Ihm servieren die Admiräle Warren, Gardner, Howe, Bridport, Saint Vincent, Duncan und zuvorderst Nelson (Porträts) ihre Spezialgerichte in Form von Schiffen. Vor dem Tisch steht ein Krug britischen Dunkelbiers, mit dem John Bull die Happen herunterspülen wird. Er bringt fast keinen Bissen mehr hinunter und fährt seine Köche an, ihn nicht so vollzustopfen. Hinter ihm hängt Nelsons Hut an der Wand und verdeckt den Stich «Bonaparte in Ägypten». Durch ein Fenster sieht man die franzosenfreundlichen Politiker und Gegner von Nelsons Mission, Fox und Sheridan, in wilder Flucht, denn sie halten sich für die nächsten Opfer John Bulls. Die Karikatur lässt die Erfolge der britischen Marine in den vergangenen Jahren Revue passieren und im Sieg von Abukir gipfeln.

John Bull prenant son repas ou cuisiniers britanniques gavant ce bon vieux gosier râleur de bonne chère
Le gros John Bull est assis devant une table richement garnie et mange des bateaux et des canons. Le symbole de la nation anglaise trouve son origine dans la satire de John Arbuthnot «Law is a Bottomless Pitt» (1712), et représente le type même du paysan robuste et hypertonique. Les amiraux Warren, Gardner, Howe, Bridport, Saint Vincent, Duncan et surtout Nelson (portraits) lui servent des plats spéciaux sous forme de navires. Au pied de la table se trouve une chopine de bière brune anglaise, que John Bull utilisera pour faire descendre le contenu de sa bouche. Il ne peut plus avaler une bouchée et fâché, il demande à ses cuisiniers de ne plus le gaver. Derrière lui, le chapeau de Nelson est suspendu au mur, masquant la gravure «Bonaparte en Egypte». Par une fenêtre, on aperçoit les politiciens Fox et Sheridan – favorables à la France et adversaires de la mission de Nelson – qui fuient à toutes jambes; ils craignent d'être les prochaines victimes de John Bull. La caricature passe en revue les succès de la marine britannique durant les années précédentes, succès qui culminent avec la victoire d'Aboukir.

John Bull Having Luncheon or British Cooks Cramming Old Grumble-Gizzard with Good Food
An obese John Bull digs in at a lavish luncheon of ships and cannons. As the incarnation of the English nation, the John Bull figure derives from John Arbuthnot's satire «Law is a Bottomless Pitt» (1712). Stocky and hypertonic, he represents the typical British countryman. Here, Admirals Warren, Gardner, Howe, Bridport, Saint Vincent, Duncan and, up front, Nelson (portraits), each serve him their specialties in the form of ships. A pitcher of British dark beer in front of the table is for John Bull to wash down his bite of food afterwards. He can hardly get another morsel down and snaps at his cooks not to stuff him any fuller. Nelson's hat hangs behind him, hiding the print «Bonaparte in Egypt». Through the window we catch a glimpse of opponents to Nelson's mission, the pro-France politicians Fox and Sheridan; they are fleeing out of fear of becoming Bull's next victims. The cartoon passes the British navy's victories over the last few years in review, culminating in the British triumph at Abukir.

John Bull che pranza, ovvero cuochi britannici che rimpinzano il vecchio stomaco brontolone con un lauto pasto
Il grasso John Bull, seduto a una tavola riccamente imbandita, si rimpinza di navi e cannoni. Questo simbolo della nazione inglese, derivato dalla satira di John Arbuthnot *Law is a Bottomless Pitt* (1712), è il tipico contadino robusto e sanguigno; gli ammiragli – coi volti riconoscibili di Warren, Gardner, Howe, Bridport, Saint Vincent, Duncan e Nelson (in primo piano) – gli servono i loro piatti speciali a base di navi. Davanti al tavolo c'è una brocca di birra scura britannica, utile aiuto per ingurgitare quei bocconi; ma John Bull, che ormai non ce la fa più, ingiunge ai cuochi di non rimpinzarlo. Dietro di lui, sulla parete, il cappello di Nelson copre la stampa «Bonaparte in Egitto»; dalla finestra si vedono fuggire all'impazzata i politici antinelsoniani e filofrancesi Mission, Fox e Sheridan, convinti di essere loro le prossime vittime di John Bull. La caricatura passa in rassegna i successi navali britannici degli ultimi anni, facendoli culminare nella vittoria di Abukir.

Lit.: Ash S. 58; BM VII 9257; Br I S. 121, II App. A 501; Cha Tf. S. 243; Kat. H86 113; Wr S. 524 (Abb.).

John Bull beim Mittagsmahl oder britische Köche stopfen den alten Brummbären mit gutem Essen voll

John Bull prenant son repas ou cuisiniers britanniques gavant ce bon vieux gosier râleur de bonne chère

John Bull Having Luncheon or British Cooks Cramming Old Grumble-Gizzard with Good Food

John Bull che pranza, ovvero cuochi britannici che rimpinzano il vecchio stomaco brontolone con un lauto pasto

4
BUONAPARTE, hearing of Nelson's Victory, swears by his Sword, to Extirpate the English from off the Earth.
darunter See, Buonaparte's Speech to the French Army at Cairo; publish'd by authority of the Directory, in Volney's Letters.
o.l. «What? our Fleet captur'd & destroy'd, by the Slaves of Britain? – «by my Sword & by holy Mahomet I swear, eternal Vengeance! – yes, – «When I have subjected Egypt, subdued the Arabs, the Druses & the Maronites; – «become master of Syria, – turn'd the great River Euphrates, & saild upon it through «the sandy Desarts; compel'd to my asistance, the Bedouins, Tuscomans, Kurds, «Armenians, & Persians; form'd a Million of Cavalry, & pass'd them upon Rafts «six or seven Hundred Miles over the Bosphorus, – I shall enter Constantinople – «– Now I enter the Theatre of Europe, – I establish the Republic of Greece, «I raise Poland from its ruins, I make Prussia bend e/y knee to France; – «I chain up the Russian Bear; – I cut the Head from e/y Imperial Eagle; – «I drive the ferocious English from the Archipelago. I hunt them «from the Mediterranean, – & blot them out from the catalogue of «Nations! – Then shall the conquer'd Earth sue for Peace, «& an Obelisk be erected at Constantinople, inscribed, «To Buanoparte, Conquerer of the World, & extirpater of the ENGLISH NATION.» / EGALITÈ
u.l. les Dépêches / NELSONS Victory over the Fleets of the Republic.
sign. u. M. (im Bild) J.^{s} Gillray inv^{rt} f.^{t}
bez. dat. u.l. Pub.^{d} Decr 8.th 1798.
by H Humphrey 27 St James Street
Radierung
353 × 268 mm (415 × 574 mm)
Herkunft unbekannt
1980.460.a.

Als Bonaparte von Nelsons Sieg hört, schwört er bei seinem Schwert, die Engländer auszurotten
Ein Kurier mit Depeschen unter dem Arm ist vom Kamel gestiegen und erschrickt ab Bonapartes Raserei, als dieser erfährt, dass all seine Schiffe vor Abukir zerstört oder gekapert worden sind. Vor einem Zelt zieht der Revolutionsgeneral sein blutiges Schwert mit der Aufschrift «Egalité», zertritt mit dem Fuss die fatale Nachricht und schwört mit hassverzerrtem Gesicht den Engländern Vergeltung. Im langen Monolog stellt ihn Gillray als grössenwahnsinnigen Welteroberer bloss, der sich erst nach der (utopischen) Unterwerfung des Orients und Europas getrauen werde, die englische Nation anzugreifen. Den lächerlichen Wüterich charakterisieren die in den Gürtel gesteckten Dolche und Pistolen sowie der osmanische Halbmond auf dem Hut als mohammedanischen Banditen. Napoleon gab sich beim Einzug in Alexandria (2. Juli 1798) tatsächlich als Bewunderer und Beschützer des Islam aus.

Bonaparte, informé de la victoire de Nelson, jure sur son sabre d'éliminer les Anglais
Un courrier, des dépêches sous le bras, est descendu de chameau; il est effrayé par la colère de Bonaparte lorsque celui-ci apprend que tous ses navires ont été détruits ou saisis devant Aboukir. Debout devant une tente, le général de la Révolution tire son épée sanglante portant l'inscription «Egalité», piétine la fatale nouvelle et – le visage convulsé de haine – jure de prendre sa revanche sur l'Angleterre. Dans ce long monologue, Gillray le présente comme un conquérant mégalomane, qui n'osera attaquer la nation anglaise qu'après l'assujettissement (utopique) de l'Orient et de l'Europe. Ce ridicule fou furieux est caractérisé par le poignard et le pistolet enfoncés dans sa ceinture, ainsi que par le croissant ottoman fiché sur son chapeau à l'image des bandits musulmans. Lors de son entrée à Alexandrie, (le 2 juillet 1798) Napoléon s'était présenté comme un admirateur et un protecteur de l'Islam.

Bonaparte Hearing of Nelson's Victory Swears by His Sword to Exterminate the English
A courier carrying dispatches has stepped down from his camel, only to bear the brunt of Bonaparte's wrath upon hearing that all his ships at Abukir were either destroyed or captured. Standing before a tent, the Revolutionary general pulls out his bloody sword – inscribed with «Egalité», stomps upon the fatal news with his feet and swears, his face contorted with rage, to get his revenge on the English. Gillray furnishes him with a monologue that reveals him as a megalomaniac world conqueror, one who sees himself first accomplishing the (utopic) subjection of the Orient and Europe, before undertaking an attack on the English. Just what a ruthless tyrant he is, is illustrated by the dagger and pistols hidden in his belt, and by the Ottoman half-moon on his hat, branding him as a Mohammedan bandit. Upon taking Alexandria (July 2, 1798), he actually did pose as an admirer and protector of Islam.

Bonaparte, udendo la notizia della vittoria di Nelson, giura sulla sua spada di estirpare gli inglesi dalla terra
Un corriere sceso da cammello, con dispacci sotto braccio, guarda impaurito Bonaparte, che reagisce con furore alla notizia della distruzione o cattura di tutte le sue navi ad Abukir; davanti a una tenda, il generale della Rivoluzione sguaina la sciabola insanguinata con la scritta «Uguaglianza», calpesta il dispaccio fatale e col volto sfigurato dall'odio giura vendetta agli inglesi. Il lungo monologo aggiunto da Gillray lo rivela un megalomane conquistatore del mondo, che solo dopo il trionfo (utopico) sull'Oriente e sull'Europa oserà attaccare la nazione inglese. A caratterizzarlo come tiranno ridicolo e bandito maomettano provvedono le armi infilate nella cintura (pugnale e pistola) e la mezzaluna turca sul cappello; al suo ingresso in Alessandria (2 luglio 1798), in effetti Bonaparte si atteggiò ad ammiratore e protettore dell'islam.

Lit.: Ash S. 62; BM VII 9278; Br I S. 123f., II App. A 154; GC 10 (Abb.); Kat. RM 6 (Abb.).

Als Bonaparte von Nelsons Sieg hört, schwört er bei seinem Schwert, die Engländer auszurotten

Bonaparte, informé de la victoire de Nelson, jure sur son sabre d'éliminer les Anglais

Bonaparte Hearing of Nelson's Victory Swears by His Sword to Exterminate the English

Bonaparte, udendo la notizia della vittoria di Nelson, giura sulla sua spada di estirpare gli inglesi dalla terra

"What? our Fleet capturd & destroyd, by the Slaves of Britain? —
"by my Sword & by holy Mahomet I swear, eternal Vengeance! — yes,
"when I have subjected Egypt, subdued the Arabs, the Druses & the Maronites;
"become master of Syria, — turn'd the great River Euphrates, & saild upon it through
"the sandy Desarts; compell'd to my assistance the Bedouins, Tuscomans, Kurds,
"Armenians, & Persians; form'd a Million of Cavalry, & pass'd them upon Rafts
"six or seven Hundred Miles over the Bosphorus, — I shall enter Constantinople. —
"— Now I enter the Theatre of Europe, I establish the Republic of Greece,
"I raise Poland from its ruins, I make Prussia bend y knee to France; —
"I chain up the Russian Bear; — I cut the Head from y Imperial Eagle; —
"I drive the ferocious English from the Archipelago — I hunt them
"from the Mediterranean, — & blot them out from the catalogue of
"Nations! — Then shall the conquer'd Earth sue for Peace,
"& an Obelisk be erected at Constantinople, inscribed,
"'To Buonaparte, Conquerer of the World,
"& extirpater of the
ENGLISH NATION.'"

BUONAPARTE, hearing of Nelson's Victory, swears by his Sword, to Extirpate the English from off the Earth.
See, Buonapartes Speech to the French Army at Cairo; publish'd by authority of the Directory, in Volney's Letters.

5
The HERO of the NILE.
im Wappenschild *£ 2000 p.r Ann.*
im Spruchband *PALMAM QUI MERUIT FERAT.*
u. r. *L'EPÉE DE L'AMIRAL DE LA GRANDE NATION*
sign. u. l. *J.s Gillray del. & fec.t*
bez. dat. u. M. *Pub.d Dec.r 1.st 1798. by H. Humphrey N.o 27. S.t James's Street.*
Radierung
353 × 247 mm (415 × 574 mm)
Herkunft unbekannt
1980.460.b.

Der Held des Nils
Lord Nelson, den «Helden vom Nil», feiert Gillray hier nicht ohne Ironie. Der einäugige und einarmige Sieger von Abukir präsentiert sich auf das Schwert des unterlegenen französischen Flottenkommandanten gestützt. Der fächerartige Federbusch auf dem Dreispitz ziert auch die Adelskrone in Nelsons Wappen. John Bull und der britische Löwe halten den Wappenschild und den Palmwedel des Sieges und stehen auf dem Schriftband mit der Devise «Die Palme trage, wer sie verdient hat». Nelsons Tat sicherte Grossbritannien die Vormacht im Mittelmeer und die Herrschaft über die Kolonien in Indien. Die britische Krone überhäufte den Admiral mit Pensionen und verlieh ihm den Titel eines «Barons vom Nil», worauf das satirische Wappen anspielt: oben Schiff, Palme und Festung, unten zwei Geldsäckel.

Le héros du Nil
Non sans ironie, Gillray célèbre ici le lord Nelson, le «héros du Nil». Le vainqueur d'Aboukir, borgne et manchot, se présente appuyé sur l'épée du commandant de la flotte française vaincue. Le panache en forme d'éventail décorant le tricorne, orne également la couronne nobiliaire dans les armoiries de Nelson. John Bull et le lion britannique arborent le blason et la palme du vainqueur; ils se tiennent sur un ruban où s'inscrit la devise suivante: «Porte la palme, celui qui l'a gagnée». L'action de Nelson assura à la Grande-Bretagne la suprématie en Méditerranée et la domination des colonies des Indes. La couronne britannique submergea l'amiral de pensions et lui octroya le titre de «baron du Nil», récompenses auxquelles les armoiries satiriques font allusion: en haut le bateau, la palme et la forteresse, en bas deux bourses d'argent.

The Hero of the Nile
Gillray's celebration of Lord Nelson, the «hero of the Nile», is not without an ironical twist. He presents the one-eyed and one-armed victor at Abukir leaning upon the sword of the defeated French naval commander, and the fan-shaped plume on his tricorne has its counterpart in the coronet on Nelson's coat of arms. On the latter, John Bull and the British lion, who are holding the palm frond of victory, stand over the motto «Palmam Qui Meruit Ferat» (Let him carry the palm frond who has earned it). Nelson's accomplishment granted the British hegemony over the Mediterranean Sea and control of the colonies in India. The King showered Nelson with pensions and conferred the title of «Baron of the Nile» on him – a motif this work picks up in the satirical coat of arms: ship, palm frond, and fortress on top, two moneybags below.

L'eroe del Nilo
Gillray celebra qui lord Nelson, non senza ironia, come «l'eroe del Nilo»: il vincitore di Abukir, monocolo e privo di un braccio, appare appoggiato alla sciabola dell'ammiraglio francese sconfitto. Il pennacchio a ventaglio sul tricorno adorna anche la corona nobiliare sovrastante lo stemma di Nelson; John Bull e il leone britannico, ritti sul cartiglio col motto latino «Porti la palma chi l'ha meritata», reggono lo scudo e i rami di palma della vittoria. Avendo assicurato alla Gran Bretagna il predominio sul Mediterraneo e la signoria sulle colonie indiane, Nelson fu colmato di pensioni dalla Corona britannica e insignito del titolo di «barone del Nilo». Di qui l'allusione dello stemma satirico: nave, palma e fortezza in alto, due sacchetti d'oro in basso.

Lit.: BM VII 9269.

6
BUONAPARTÉ leaving EGYPT.
darunter *For an illustration of the above, see, the Intercepted Letters from the Republican General Kleber, to the French Directory, / respecting the Courage, Honor & Patriotic-Views, of – «the Deserter of the Army of Egypt.»*
u. l *50.000 / […]00000 / 10,000000*
James Gillray
bez. dat. u. r. *Publish'd March 8th 1800 – by H. Humphrey No 27. St. James's Street London*
Radierung, koloriert
365 × 260 mm (480 × 295 mm)
Sammlung Herzog von Berry
1980.259.

Bonaparte verlässt Ägypten
Vom Trompetenschall des Ruhms ironisch begleitet, stiehlt sich Bonaparte aus Ägypten davon. Zwei Generäle warten mit der Kriegsbeute in einem Beiboot auf ihn, das ein gekrönter Januskopf ziert – Napoleons zwei Gesichter. Auf die empörte Horde seiner Soldaten zurückschielend, weist er in die Wolken, wo schon Szepter und Krone (!) das Faszienbündel der Republik überlagern. Sie symbolisieren seine hohen Ziele in Frankreich. Mit dieser Aussicht lässt Bonaparte seine von den übermächtigen Osmanen bedrohten Truppen zurück. Nach der Eroberung Ägyptens zog Bonaparte im Februar 1799 nach Syrien dem heranziehenden osmanischen Heer entgegen. Die erfolglose Belagerung von Saint-Jean-d'Acre zwang ihn zur Rückkehr ins Nildelta. Dort erfuhr er von den anarchischen Zuständen in Frankreich, worauf er seine Armee unter die Führung von General Kléber stellte und heimlich abreiste. Kléber blieb zunächst Herr der Lage, fiel aber einem Mordanschlag zum Opfer. 1801 kapitulierten die Franzosen.

Bonaparte quittant l'Egypte
Ironiquement escorté par les trompettes de la gloire, Bonaparte quitte l'Egypte à la dérobée. Dans un canot orné d'une tête de Janus couronnée représentant les deux visages de Napoléon, deux généraux l'attendent avec le butin de guerre. Louchant derrière lui, en direction de ses hordes de soldats indignés, il montre les nuages où l'on voit, recouvrant le faisceau de verges républicain, un sceptre et une couronne (!), symboles de son ambition suprême en France. Dans cette perspective, Bonaparte abandonne ses troupes menacées par les trop puissants Ottomans. Après avoir conquis l'Egypte, Bonaparte marcha sur la Syrie, en février 1799, à la rencontre de l'armée ottomane. Mais le siège infructueux de Saint-Jean-d'Acre le contraignit à se replier vers le delta du Nil. Là, il apprit que l'anarchie régnait en France; alors, il confia son armée au général Kléber afin de quitter secrètement le pays. Kléber resta maître des lieux, avant de succomber victime d'un attentat. Les Français capitulèrent en 1801.

Bonaparte Leaving Egypt
Ironically accompanied by the trumpets of glory, Napoleon slinks away from Egypt. Two generals, war booty in hand, stand wait for him in a dinghy adorned with a crowned Janus head – the two-faced Napoleon. With a sidelong glance at the shocked troops left behind, he points up at the clouds where, already, sceptre and crown (!) are superimposed on the Republic's fasces. They symbolize the height of his ambitions in France, and it is with this outlook that he takes leave of his men, by then blockaded by the all-powerful Ottomans. In February 1799, after conquering Egypt, Napoleon set out for Syria to oppose the oncoming Ottomans. His unsuccessful siege of Saint-Jean-d'Acre forced him to retreat to the Nile delta. There he received news of the anarchic situation in France, inspiring him to entrust his troops to General Kléber and steal off. Kléber remained in command, but would later fall victim to assassination. The French would capitulate in 1801.

Bonaparte in partenza dall'Egitto
Ironicamente accompagnato dallo squillo di tromba della Gloria, Bonaparte abbandona furtivo l'Egitto; due generali lo aspettano col bottino di guerra in una scialuppa ornata da un Giano coronato, simbolo della sua doppiezza. Dando un'ultima sbirciata all'orda furente dei suoi soldati, egli indica le nuvole, ove scettro e corona (!) coprono già il fascio littorio della Repubblica: i simboli delle sue mire ambiziose in Francia lo inducono ad abbandonare le truppe, minacciate dalla superiorità dei turchi. Nel febbraio 1799, dopo la conquista dell'Egitto, Bonaparte passò in Siria contro l'esercito ottomano che si avvicinava, ma fu costretto dall'assedio fallito di San Giovanni d'Acri a tornare nel delta del Nilo; qui, informato dell'anarchia che regnava in patria, affidò il comando al generale Kléber e s'imbarcò segretamente per la Francia. Kléber dapprima dominò la situazione, ma poi cadde vittima di un attentato; nel 1801 i francesi si arresero.

Lit.: Ash S. 89f. (Abb.); BM VII 9523; BN IV 7389; Br I S. 134, II App. A 157; GC 20 (Abb.).

Der Held des Nils

Le héros du Nil

The Hero of the Nile

L'eroe del Nilo

Bonaparte verlässt Ägypten

Bonaparte quittant l'Egypte

Bonaparte Leaving Egypt

Bonaparte in partenza dall'Egitto

7
DEMOCRACY; – or – a Sketch of the Life of BUONAPARTE.
1. Bild *DEMOCRATIC INNOCENCE.*
The young Buonaparte, & his wretched Relatives, in their native / Poverty, while Free Booters in the Island of Corsica. –
2. Bild *DEMOCRATIC HUMILITY.*
Buonaparte, when a boy, receiv'd thro' the King's bounty / into the Ecole Militaire at Paris. –
3. Bild *DEMOCRATIC GRATITUDE.*
Buonaparte, heading the Regicide Banditti which had / dethron'd & Murder'd the Monarch, whose bounty had foster'd him
4. Bild *DEMOCRATIC RELIGION.*
Buonaparte turning Turk at Cairo for Interest, after / swearing on the Sacrament to support ye Catholic Faith –
5. Bild *DEMOCRATIC COURAGE.*
Buonaparte deserting his Army in Egypt, for fear of / ye Turks; after boasting that he would extirpate them all –
6. Bild *DEMOCRATIC HONOR.*
Buonaparte, overturning the French Republic which had / employ'd him, & intrusted him with the chief Command.
7. Bild *DEMOCRATIC GLORY.*
Buonaparte, as Grand Consul of France, receiving the / adulations of Jacobin Sycophants & Parasites. –
8. Bild *DEMOCRATIC CONSOLATIONS*
Buonaparte on his Couch, surrounded by the Ghosts of the / Murder'd,- ye Dangers which threaten his Usurpation, / and all the Horrors of Final Retribution.
sign. u. l. *J.s Gillray, inv.t & fec.t*
bez. dat. u. r. *Publish'd May 12th. 1800. by H. Humphrey, No. 27. St. James's Street London.*
Radierung, koloriert
302 × 455 mm (355 × [510] mm)
Sammlung Herzog von Berry 1980.249.

Demokratie oder ein Abriss von Bonapartes Leben
Acht Szenen – jede eine vollwertige Satire – deuten Bonapartes Lebensstationen. Es sind bissige Fallstudien über sittliche Grundwerte, wie der «Demokrat» Bonaparte diese versteht und der Welt vorlebt. Unschuld: Die arme Familie Bonaparte lebt auf Korsika von der Piraterei. Demut: Ergeben nimmt der Knabe vom König die Zulassung an die Militärschule von Paris entgegen (1784). Dankbarkeit: Er revanchiert sich mit der Niederschlagung royalistischer Aufstände in Toulon (1793) und Paris (1795). Religion: Aus politischem Kalkül tritt der Katholik in Ägypten (angeblich) zum Islam über (1798). Mut: Nach dem Schwur, die Türken auszurotten, desertiert er aus Furcht vor ihnen in Ägypten (1799). Ehre: Bonaparte stürzt das Direktorium, dem er seinen Aufstieg verdankt (1799). Ruhm: Wie ein Monarch empfängt der Erste Konsul die Huldigungen der jakobinischen Denunzianten und Parasiten, die nun in den Staatsorganen sitzen. Trost: Dem Usurpator droht im Traum Tod und Vergeltung für seine Morde.

Démocratie ou esquisse de la vie de Bonaparte
Huit scènes – dont chacune est une satire digne d'intérêt – montrent autant d'étapes de la vie de Bonaparte. Ce sont des études de cas caustiques sur les valeurs morales et sur la manière dont le «démocrate» Bonaparte comprend celles-ci, ainsi que sur sa vie antérieure. Innocence: la pauvre famille Bonaparte vit de la piraterie en Corse. Humilité: dévoué, le jeune garçon accepte du Roi l'autorisation d'entrer à l'Ecole militaire de Paris (1784). Gratitude: il prend sa revanche en écrasant les insurrections royalistes de Toulon (1793) et de Paris (1795). Foi: en Egypte, par calcul politique, le catholique se convertit (soi-disant) à l'Islam (1798). Courage: après avoir fait serment d'exterminer les Turcs, il déserte en Egypte parce qu'il en a peur (1799). Honneur: Bonaparte renverse le Directoire auquel il doit son ascension (1799). Gloire: tel un monarque, le premier consul reçoit les hommages des mouchards et des parasites jacobins, qui siègent maintenant au sein des organes de l'Etat. Consolation: en rêve, la mort et la vengeance menacent l'usurpateur pour ses crimes.

Democracy or A Sketch of the Life of Bonaparte
Eight scenes in the life of Bonaparte, each a satire in its own right: caustic case studies using traditional moral principles as understood and exemplified by the «Democrat» Napoleon. Innocence: Bonaparte's poverty-stricken family living as pirates on Corsica. Humility: the devoted youth accepts the King's offer to attend the Paris Military Academy (1784). Gratitude: avenging his King, he quells the Royalist uprisings in Toulon (1793) and Paris (1795). Religion: for political reasons, in Egypt the Catholic Bonaparte (ostensibly) converts to Islam (1798). Courage: fear of the Turks he had sworn to wipe out drives Bonaparte to desert his army in Egypt (1799). Honour: Bonaparte overturns the same Directory that enabled his uprise (1799). Glory: the First Consul receives, like a monarch, the tributes of the Jacobin informers and parasites, now sitting in Government. Consolation: the usurper being threatened in his dreams with death and revenge for the murders committed.

Democrazia, ovvero schizzo della vita di Bonaparte
Le tappe della vita di Bonaparte sono illustrate da otto scene, ognuna delle quali è una satira completa: otto quadretti mordaci su valori etici fondamentali, così come li intende e li vive di fronte al mondo il loro «democratico» protagonista. Innocenza: in Corsica la povera famiglia Bonaparte vive di pirateria. Umiltà: per bontà del re, l'umile ragazzo còrso è ammesso alla scuola militare di Parigi (1784). Gratitudine: Bonaparte si prende la rivincita stroncando sollevamenti monarchici a Tolone (1793) e a Parigi (1795). Religione: al Cairo, per calcolo politico, dal cattolicesimo pare che passi all'islamismo (1798). Coraggio: in Egitto abbandona l'esercito per paura dei turchi (1799), dopo aver giurato di estirparli tutti. Onore: rovescia il direttorio, cui deve la sua carriera (1799). Gloria: divenuto primo console, è adulato come un monarca da delatori e parassiti giacobini, che ora siedono negli organi statali. Consolazione: in sogno l'usurpatore è minacciato di morte e vendetta per i suoi delitti.

Lit.: Ash Det. S. 14, 17, 49, 100; BM VII 9534; Br I S. 134 f., II App. A 266; GC 21 (Abb.); Kat. H86 123.

Demokratie oder ein Abriss von Bonapartes Leben

Démocratie ou esquisse de la vie de Bonaparte

Democracy or A Sketch of the Life of Bonaparte

Democrazia, ovvero schizzo della vita di Bonaparte

8
A TRIP to PARIS or IOHN BULL and his SPOUSE invited to the Honors of the SITTING!!
o. l. *Indeed Mr Bull I am quite charmed with you – there is something so easy and polite in Your manners.*
o. M. *Come – come Mounseer Bonnyparty thats all gammon d'ye see –. D – n me if I know any more about politeness than a Cow does of a new shilling!!*
o. r. *For shame Mr Bull – what will the Jontleman think of your Blarney about Gammon and Cows, and Bodder, and Nonsense, by S^t. Patrick, I must send You to Kilkenny to larn good breeding.*
sign. u. l. *W S scp^t.* (Charles Ansell)
bez. dat. u. l. *Pub^d May 14th 1802 by SW Fores 50 Piccadilly – Folios of Caracatures lent out for the Evening*
Radierung, koloriert
253 × 365 mm (260 × 377 mm)
Sammlung Herzog von Berry
1980.311.

Eine Reise nach Paris oder John Bull und seine Gattin haben die Ehre eines Staatsbesuchs
Weltmännisch heisst Bonaparte das korpulente Ehepaar Bull, die symbolischen Vertreter Englands und Irlands, in Paris willkommen. Seinen Schmeicheleien begegnet der bäuerische John Bull mit den Wortspielen «Bonny-party» (Bonaparte wird zu «nette Gesellschaft») und «gammon» (Doppelbedeutung: «Schwindel, Humbug» oder «Speckseite»). Es gehe England nicht um einen Höflichkeitsbesuch, meint Bull. Die darob empörte Gattin fährt ihm derb übers Maul und meint, er müsse erst noch gutes Benehmen lernen. Nach zehn Kriegsjahren profilierte sich Bonaparte 1802 mit dem Vertrag von Amiens als Friedensstifter und gewann so Zeit für seine innenpolitischen Pläne. Grossbritannien, seit 1801 alleiniger Gegner Frankreichs, blieb keine Wahl: Schulden und Aufstände verunmöglichten die Fortsetzung des Krieges.

Voyage à Paris ou John Bull et son épouse conviés à l'honneur d'une visite d'état
Mondain, Bonaparte souhaite la bienvenue à Paris aux corpulents époux Bull, représentants symboliques de l'Angleterre et de l'Irlande. Le rustique John Bull accueille ses flatteries par les jeux de mots «Bonny-party» (Bonaparte devient «bonne société») et «gammon» (double sens: «balivernes, bobards» ou «quartier de lard fumé»). John Bull laisse entendre qu'il ne s'agit pas, pour l'Angleterre, d'une visite de politesse. Son épouse, indignée, lui coupe la parole: qu'il commence par apprendre les bonnes manières! En 1802, après dix années de guerre, Bonaparte se profila comme l'initiateur de la paix grâce au traité d'Amiens, gagnant ainsi du temps pour ses projets de politique intérieure. La Grande-Bretagne, unique adversaire de la France depuis 1801, n'avait plus le choix: dettes et insurrections rendaient impossible la poursuite de la guerre.

A Trip to Paris or John Bull and His Spouse on a State Visite
Bonaparte adopts a man-of-the-world profile to welcome the heavyset Bull couple – representing England and Ireland – to Paris. John Bull answers his flatteries with puns on Bonaparte as «bonny-party», and «gammon» for both bacon side and deceit. Bull admits he is not visiting out of politeness, inciting his shocked wife to ram into him over his lack of manners. After ten year of war, in 1802 Bonaparte was acclaimed as a man of peace because of the Treaty of Amiens, winning him time to carry through his domestic policies. Great Britain, since 1801 the only European country continuing to oppose France, had little choice: debts and uprisings made taking the war initiative an impossibility.

Viaggio a Parigi, ovvero John Bull e consorte invitati all'onore di una visita ufficiale
Con fare da uomo di mondo, Bonaparte dà il benvenuto a Parigi ai corpulenti coniugi Bull, rappresentanti simbolici dell'Inghilterra e dell'Irlanda. Alle sue cerimonie il rozzo John Bull risponde coi giochi di parole *Bonny-party* (che trasforma «Bonaparte» in «bella compagnia») e *gammon* («sciocchezze» ma anche «quarto di maiale»), spiegando che all'Inghilterra non interessano le visite di cortesia; sua moglie, irritata, lo rimprovera aspramente e dice che deve ancora imparare le buone maniere. Col trattato di Amiens (1802), dopo dieci anni di guerra Bonaparte si evidenziò come uomo di pace, guadagnando così tempo per i suoi progetti di politica interna; la Gran Bretagna – dal 1801 rimasta l'unica avversaria dei francesi, ma impossibilitata da debiti e rivolte a proseguire le ostilità – fu costretta ad accettare.

Lit.: Ash S. 119; BM VIII 9864; Br I S. 155, II App. A 851; GC 31.

9
Little!! Ships!! or Iohn Bull, very Inquisitive
o. l. *I. asc Pardon for Coming in with my hat on without Knocking – but hearing a nation thumping in your Workshop – thought I I may as well step up stairs. And see what the youngster is about.*
o. r. *Dont be alarm'd Johnny – I am only Making a few little ships, for my Own Private amusement*
anonym (Roberts?), 1803
bez. u. l. *Pub.^{hd} By P Robetrts* [sic] *28 Mibbdl* [sic] *Row* (Roberts Middle Row Holborn)
Radierung, koloriert
n. best. (266 × 345 mm)
Sammlung Herzog von Berry
1980.305.

Kleine Schiffe oder John Bull will es wissen
Neugierig tritt John Bull mit dem Wanderstock in Bonapartes Werkstatt und entschuldigt sich, er habe nur schauen wollen, was das «Jüngelchen» gerade tue. Bonaparte schnitzt an einem Tisch Schiffe; die fertigen stapeln sich in einem Korb. Er beruhigt den Besucher, er mache zum eigenen Vergnügen bloss ein paar Schiffchen. Der Witz steckt in Bulls misstrauischem Gesicht und Bonapartes unschuldig-harmlosem Blick, vor allem aber im gegenseitigen Beschwindeln: Weder Besuch noch Bastelei geschehen ohne Hintergedanken. Solange aber der kindliche Franzose glaubt, England durchschaue sein Tun nicht, braucht sich Bull keine ernsten Sorgen zu machen: Bonapartes Invasionsrüstung wird ihm nicht entgehen. In der Tat nahm der Erste Konsul die Vergrösserung der Marine in Angriff; doch kam ihm der britische Kriegserklärung vom Mai 1803 zuvor.

Petits navires ou John Bull très inquisiteur
John Bull, son bâton de pèlerin à la main, surgit dans l'atelier de Bonaparte; il s'excuse, il veut seulement savoir ce que fait le «gamin». Assis à sa table, Bonaparte sculpte des navires qui s'entassent dans une corbeille. Il rassure son visiteur: il fabrique juste quelques petits bateaux pour son plaisir. L'ironie est présente dans le visage méfiant de John Bull et dans le regard innocent et inoffensif de Bonaparte, mais surtout dans l'hypocrisie qui prévaut de part et d'autre: ni la visite, ni le bricolage ne sont dépourvus d'arrière-pensées. Tant que le candide Français croit que l'Angleterre n'observe pas ses agissements, Bull n'a aucun souci sérieux à se faire: les préparatifs d'invasion de Bonaparte ne se dirigeront pas contre lui. Dans les faits, le premier consul entreprit d'agrandir sa marine; mais la déclaration de guerre des Britanniques, en mai 1803, le prit de court.

Little Ships or an Inquisitive John Bull
An inquisitive John Bull, hiking stick in hand, intrudes upon Bonaparte's workshop with the lame excuse that he was just there for a glance at what the "youngster" was up to. Bonaparte, who sits at a table cutting out ships and stacking them into a basket, assures the visitor he is just tinkering around with a few little ships. The humour of the cartoon lies in their expression – the distrust on Bull's face, and Bonaparte's guileless and harmless air – and, above all, in the reciprocity of their lies, since neither visit nor tinkering are at all innocent. But as long as the childish Frenchman can be made to believe the British do not see through his ploy, Bull need not worry: Bonaparte's invasion preparations will not escape him. In fact, the First Consul was in the process of enlarging the navy, but the British declaration of war in May 1803 would head off his invasion.

Piccole... «navi», ovvero un John Bull molto indiscreto
Un John Bull curioso, col bastone da passeggio, si scusa di essere salito nell'atelier di Bonaparte: è entrato soltanto a vedere che cosa stia facendo il "giovanotto". Bonaparte – seduto al tavolo intagliando navi che, una volta terminate, finiscono in un cesto – tranquillizza il visitatore: sta costruendo solo qualche navicella per proprio piacere privato. La comicità consiste nel volto diffidente dell'uno e nel candido sguardo innocente dell'altro, ma soprattutto nel loro ingannarsi reciprocamente: né la visita né il bricolage sono scevri di secondi fini. Finché però Bonaparte crede puerilmente che l'Inghilterra non penetri le sue intenzioni, John Bull non ha motivi seri di preoccupazione: i preparativi d'invasione francesi non gli sfuggiranno. In effetti il primo console iniziò a potenziare la flotta; i britannici, però, dichiararono guerra prima di lui (maggio 1803).

Lit.: Ash S. 162; BM VIII 9995; Br I S. 163, II App. A 547; GC 78.

Eine Reise nach Paris oder John Bull und seine Gattin haben die Ehre eines Staatsbesuchs

Voyage à Paris ou John Bull et son épouse conviés à l'honneur d'une visite d'état

A Trip to Paris or John Bull and His Spouse on a State Visite

Viaggio a Parigi, ovvero John Bull e consorte invitati all'onore di una visita ufficiale

Kleine Schiffe oder John Bull will es wissen

Petits navires ou John Bull très inquisiteur

Little Ships or an Inquisitive John Bull

Piccole… «navi», ovvero un John Bull molto indiscreto

10

Physical Aid, – or – Britannia recover'd from a Trance: – also the Patriotic Courage of Sherry Andrew; & a peep thro' the Fog –
o.l. *Doctors & Ministers of disgrace defend me! / Do not be alarm'd my dear Lady! – the Buggabo's (the Honest Genlemen, I mean) are avowedly directed to Colonial service! – – they can have nothing to do Here – my Lady! – nothing to do with Us! – do take a Sniff or two, to raise your Spirits, and try to stand, if it is only upon One Leg! / GUN-POWDER / Yes my Lady, you must try to stand up, or we shall never be able to «March to Paris».*
o.M. *Dear me, – what can be the reason of the Old Lady being awak'd in such a Fright? – I declare I can't see any thing of the Buggabo's – !*
o.r. *Let 'em come! – dam'me!!! – where are the French Buggabo's? single handed I'd beat forty of 'em!!! dam'me I'd pay 'em like Renter Shares, – sconce off their half Crowns!!! – muld them out of their Benefits, & come e/y Drury Lane Slang over 'em! – / ABUSE ENVY BOUNCING PUFFING DETRACTION STOLEN JESTS MALEVOLANCE STALE WIT*
M.l. *DRAMATIC-LOYALTY. / Ways and Means to get a Living*
u.M. *TREATY of PEACE*
James Gillray
bez. dat. o.r. *Pub.^{d} March 14th. 1803. by H. Humphrey. 27. St James's Street*
o.r. Nummer 275
Radierung, koloriert
n. best. (267 × 370 mm)
Sammlung Herzog von Berry
1980.280.

Ärztliche Hilfe oder Britannia von der Trance erholt – der patriotische Mut von Sherry Andrew und ein Blick durch den Nebel
Angesichts der von Bonaparte angeführten Kanalüberquerung erwacht Britannia die Arme verwerfend aus ihrer Ohnmacht und überträgt Shakespeares Wort «Angels and ministers of [dis]grace defend us!» (Hamlet, I, IV 39) auf Premierminister Addington (der «Doktor»), der sie mit einem Riechfläschchen voll Schiesspulver zu beleben versucht, und auf Aussenminister Hawkesbury. Der Beistand der beiden in Ungnade (engl. «disgrace») fallenden Friedenspolitiker kann Grossbritannien in dieser Lage nicht auf die Beine bringen. Daneben reagieren die eine Annäherung an Frankreich suchenden Führer der Reformpartei widersprüchlich. Der Bühnenautor Sheridan, den Gillray fortan als Clown zeigt, hat einen patriotischen Theaterauftritt; doch dreht sich seine Politik nur um die Geldbörse. Seinem Parteifreund Fox im Hintergrund bleibt der Ernst der Lage verborgen: Sein Hut verdeckt ihm die Sicht. Erledigt liegt der Friedensvertrag von Amiens (1802) auf der Erde.

Assistance médicale ou Britannia se remettant d'une syncope – le courage patriotique de Sherry Andrew et un regard à travers le brouillard
Bonaparte traverse le canal de la Manche, et Britannia se réveille de son évanouissement. Elle écarte les bras et lance au premier ministre Addington (le «docteur») et au ministre des affaires étrangères Hawkesbury la réplique de Shakespeare: «Angels and ministers of [dis]grace defend us!» (Hamlet, I, IV 39). Addington tente de la ranimer à l'aide d'un flacon rempli de poudre à canon. Mais l'assistance des deux politiciens pacifistes, tombés en disgrâce, ne suffit pas à remettre la Grande-Bretagne sur pieds. En outre, les dirigeants du parti réformiste qui recherchent un rapprochement avec la France, réagissent de manière contradictoire. L'auteur dramatique Sheridan, que Gillray représente dorénavant sous les traits d'un clown, fait une entrée en scène patriotique; mais toute sa politique tourne autour du porte-monnaie. Le sérieux de la situation reste dissimulé aux regards de Fox, son compagnon de parti: son chapeau lui masque la vue. Le traité de paix d'Amiens (1802) gît, en souffrance, sur le sol.

Physical Aid or Britannia Recovered from a Trance; The Patriotic Courage of Sherry Andrew and a Peep Through the Fog
In the face of Bonaparte's announced English Channel crossing, a hand-wringing Britannia awakens from a fainting spell. She addresses Shakespeare's imploration («Angels and ministers of [dis]grace defend us!»; Hamlet, I, IV 39) to Prime Minister («Doctor») Addington – who seeks to revive her with gunpowder (smelling salts) – and Foreign Secretary Hawkesbury. Assistance lent by two doves fallen into disfavour is useless here. Moreover, the leaders of the Reform Party advocating reconciliation with France react in contradictory fashion. The playwright Sheridan, henceforth portrayed by Gillray as a clown, makes a patriotic [stage] entrance, although his politics are shaped by base economic interests alone. His Party friend Fox, in the background, is oblivious to the gravity of the hour, which his hat hides from him. The finished off Treaty of Amiens (1802) lies at their feet.

Aiuto fisico o Britannia tornata in sé da una trance: ma anche il coraggio patriottico di Sherry Andrew, e una sbirciata attraverso la nebbia
Poiché la spedizione guidata da Bonaparte sta solcando la Manica, Britannia si ridesta a braccia spalancate dal deliquio e lancia il motto scespiriano «Angels and ministers of [dis]grace defend us!» (Hamlet, I, IV 39) all'indirizzo del «dottore» (il primo ministro Addington, che cerca di rianimarla facendole fiutare una boccetta di polvere da sparo) e del ministro degli esteri, Hawkesbury; in questa situazione, tuttavia, la presenza dei due politici pacifisti (e ormai in disgrazia) non può risollevare la nazione. Accanto a loro i capi del partito delle riforme, che cercano un avvicinamento con la Francia, reagiscono in modo contrastante: Sheridan – autore di opere teatrali, d'ora in poi raffigurato da Gillray in veste di pagliaccio – recita una scena patriottica, ma la sua politica verte soltanto sulla sua borsa; il suo amico di partito sullo sfondo, Fox, non coglie la gravità della situazione perché il cappello gli impedisce di vedere. A terra giace, senza più valore, il trattato di pace firmato ad Amiens nel 1802.

Lit.: Ash S. 127 f. (Det.); BM VIII 9972; Br I S. 160, II App. A 696; GC 44; Kat. H86 143; Wr S. 591 f. (Det.).

Ärztliche Hilfe oder Britannia von der Trance erholt – der patriotische Mut von Sherry Andrew und ein Blick durch den Nebel

Assistance médicale ou Britannia se remettant d'une syncope – le courage patriotique de Sherry Andrew et un regard à travers le brouillard

Physical Aid or Britannia Recovered from a Trance; The Patriotic Courage of Sherry Andrew and a Peep Through the Fog

Aiuto fisico o Britannia tornata in sé da una trance: ma anche il coraggio patriottico di Sherry Andrew, e una sbirciata attraverso la nebbia

FRENCH INVASION or BUONAPARTÉ Landing in Great-Britain.

11
FRENCH INVASION, – or' –
BUONAPARTÉ Landing in Great Britain.
James Gillray
bez. dat. o. r. *Publishd June 10th 1803 by H. Humphrey 27 St – James's Street – London*
Radierung, koloriert
290 × 690 mm (335 × 785 mm)
Sammlung Herzog von Berry
1980.273.

Französische Invasion oder Bonaparte landet in Grossbritannien
Das markante Breitformat bietet ein Panorama dessen, was Bonapartes Soldaten im Falle einer Invasion in England zustossen würde. Kaum gelandet, machen die französische Armee und ihr Befehlshaber schon mit der britischen Abwehr Bekanntschaft. Eine Handvoll Artilleristen genügt hier, um ein Massaker anzurichten und die Franzosen in panische Flucht zu schlagen. In seiner Todesangst verliert Napoleon Säbel und Hut. Ab 1799 steigerte eine Militärreform die Effizienz und Motivation der regulären Armee des Vereinigten Königreichs, verkleinerte allerdings 1803 den Truppenbestand. Dafür erlangte die Miliz angesichts der Invasionspläne Napoleons eine eminente Bedeutung. Der englische Patriotismus bot 1802 rund 51 000 und im folgenden Jahr weitere 25 000 Freiwillige zur Verteidigung der Inseln auf.

L'invasion française ou Bonaparte débarquant en Grande-Bretagne
Le format, tout en largeur, propose un panorama de ce qui arriverait aux soldats de Bonaparte s'ils envahissaient la Grande-Bretagne. A peine débarquée, l'armée française et son commandant font la connaissance de la défense armée britannique. Une poignée d'artilleurs suffit à provoquer un massacre et à mettre les Français en déroute. Dans son affolement, Napoléon perd son sabre et son chapeau. A partir de 1799, une réforme militaire accrût l'efficacité et la motivation de l'armée régulière du Royaume-Uni; toutefois, elle réduisit le nombre de soldats en 1803. C'est pourquoi, au vu des projets d'invasion de Napoléon, la milice acquit une importance extrême. Le patriotisme anglais rassembla environ 51 000 volontaires pour la défense de l'île en 1802; l'année suivante, ils furent 25 000 de plus.

French Invasion or Bonaparte Landing in Great Britain
The striking breadthwise format here offers a broad view of what awaits Bonaparte's soldiers should they invade England. No sooner will the French troops and their commanders have set foot there, then they shall meet up with the British defence: nor will it take many gunners to achieve a massacre that will have them fleeing in panic. Indeed, in his fear of death, Napoleon is depicted abandoning sabre and hat. The military reforms begun in 1799 had bettered the efficiency and motivation of the United Kingdom's regular troops, even if their total number was reduced in 1803. Their reduction lent all the more significance to the militia; in the face of Napoleon's invasion plans, English

patriotism yielded 51 000 volunteers for the Islands' defence in 1802, and a further 25 000 the following year.

Invasione francese, ovvero sbarco di Bonaparte in Gran Bretagna
Questa stampa di formato eccezionale offre una visione panoramica di ciò che accadrebbe ai soldati di Bonaparte se invadessero l'Inghilterra: non appena sbarcati, l'esercito francese e il suo comandante farebbero già conoscenza con le difese britanniche. Qui un pugno di artiglieri è sufficiente per compiere stragi e far fuggire i francesi in preda al panico; Bonaparte, terrorizzato, perde la sciabola e il cappello. La riforma militare iniziata nel 1799 migliorò l'efficienza e la motivazione dell'esercito regolare britannico, ma nel 1803 ridusse l'effettivo delle truppe. In vista dei piani napoleonici d'invasione, per contro, assunse particolare importanza la milizia: nel 1802 circa 51 000 patrioti inglesi si offrirono volontari per la difesa dell'arcipelago, l'anno successivo altri 25 000.

Lit.: Ash S. 141; BM VIII 10008; Br I S. 176, II App. A 366; GC 69.

Französische Invasion oder Bonaparte landet in Grossbritannien

L'invasion française ou Bonaparte débarquant en Grande-Bretagne

French Invasion or Bonaparte Landing in Great Britain

Invasione francese, ovvero sbarco di Bonaparte in Gran Bretagna

12

The KING of BROBDINGNAG, and GULLIVER.
darunter – *Vide. Swift's Gulliver: Voyage to Brobdingnag.*
o. M. *«My little friend Grildrig, you have made a most admirable «panegyric upon Yourself and Country, but from what I can «gather from your own relation & the answers I have with «much pains wringed & extorted from you, I cannot but con- «-clude you to be, one of the most pernicious, little – odious – « – reptile's, that nature ever suffer'd to crawl upon the surface of the Earth»* –
James Gillray
bez. dat. u. M. *Pub.^{d} June 26th 1803 – by H. Humphrey 27' St Jamess Street*
Radierung und Aquatinta, koloriert
358 × 257 mm (480 × 346 mm)
Sammlung Herzog von Berry 1980.271.

Der König von Brobdingnag und Gulliver
Die literarische Bildsatire – eine der bekanntesten Karikaturen Gillrays – erfuhr unzählige Nachdrucke. Das Verfahren von Schrumpfung und Überdimensionierung wird hier paradigmatisch angewendet. Jonathan Swifts «Gulliver's Travels» (1726) dienen dazu, Bonapartes Wesen aus englischer Sicht zu deuten. George III. mustert als König des Gigantenreiches Brobdingnag den säbelrasselnden Zwerg Gulliver auf seiner Handfläche durchs Fernglas. Er kommt zum Schluss, dass es sich bei Bonaparte – trotz der Lobreden auf sich und sein Land – um eines «der schädlichsten kleinen, widerlichen Reptilien» handle, «welchen die Natur je auf der Erdoberfläche herumzukriechen erlaubte». Bonapartes kleine Statur – im Widerspruch zu seinen masslosen Ambitionen – zu verulken, hatten bereits englische Pamphlete und «Kinderverse» vorweggenommen, so dass die bildliche Umsetzung des Pygmäenthemas in der Luft lag.

Le roi de Brobdingnag et Gulliver
Cette satire littéraire – l'une des caricatures les plus connues de Gillray – inspira d'innombrables contrefaçons. Le procédé de rétrécissement et de surdimensionnement est utilisé de manière pragmatique. «Gulliver's Travels» de Jonathan Swift (1726) servent ici à expliquer le point de vue des Anglais sur la personne de Bonaparte. George III, sous les traits du roi de Brobdingnag, examine à travers une lorgnette le nain Gulliver posé sur sa main. Ce dernier l'incite à la guerre. Le roi arrive à la conclusion qu'il s'agit du «petit reptile le plus pernicieux et le plus odieux à qui la nature ait jamais permis de ramper sur la surface de la terre», et ce malgré les éloges prononcées sur lui-même et sur son pays. Les pamphlets et les comptines anglaises avaient déjà tourné en dérision la petite stature de Bonaparte – en contradiction avec ses ambitions démesurées. De ce fait, la transposition imagée du thème du pygmée flottait déjà dans l'air.

The King of Brobdingnag and Gulliver
This literary cartoon, among Gillray's best known, appeared in countless reprints. The device of shrinking figures or making them larger-than-life is used paradigmatically here. Swift's «Gulliver's Travels» (1726) serve the satirist to portray Bonaparte from an English point of view. George III, in the role of king of the realm of giants Brobdingnag, submits the sabre-rattling midget on the palm of his hand to the scrutiny of a spyglass. The king comes to the conclusion that, despite all the praise Bonaparte and his land may have received, what now appears is the most hateful of creatures ever «to crawl upon the surface of the Earth». English lampoons and «children's rhymes» had already seized upon Bonaparte's short stature – by contrast to the size of his ambitions – in their verbal satires, so that the visual version of the pygmy theme was nothing new.

Il Re di Brobdingnag e Gulliver
Questa stampa satirica di matrice letteraria – una delle più note di Gillray, riprodotta innumerevoli volte – usa la miniaturizzazione e l'ingrandimento in modo paradigmatico: l'opera di Jonathan Swift *Gulliver's Travels* (1726) serve a illustrare la natura di Bonaparte nell'ottica inglese. Giorgio III, visto qui come sovrano del Regno dei giganti (Brobdingnag), tiene sul palmo della mano un Gulliver-Bonaparte dalla sciabola minacciosa; osservandolo al cannocchiale, egli conclude che il nano, pur avendo intessuto un panegirico su di sé e sul suo paese, è «uno dei rettili più nocivi, piccoli e odiosi cui la natura abbia mai permesso di strisciare sulla superficie terrestre». La traduzione iconografica del tema del pigmeo, del resto, era già nell'aria: a canzonare la bassa statura di Bonaparte (in contrasto con le sue ambizioni smisurate) provvedevano da tempo vari libelli e poesie burlesche inglesi.

Lit.: Ash S. 146 (Det.); BM VIII 10019; BN IV 7647; Br I S. 176 f., II App. A 522; Cha S. 241, Abb. S. 254; Da S. 70; GC 74 (Abb.); Kat. H85 49; Kat. H86 147; Kat. RM 96 [nur Abb.]; Kat. T S. 27 (Anm. 29); Wr Frontispiz, S. 596 (Det.).

13

A LITTLE MAN'S NIGHT'S COMFORTS, OR BONEY'S VISIONS.
o. l. *Invasion of England. / 50.000 Soldiers Sacrificed. / Ghost of the 3800 murdered Turks on the Sand Hills of Syria. / Revenge / Infernal Machine*
o. M. *Killed in the attempt or Murdered by my own Soldiers.*
o. r. *Poison / The surrender of Ajacio offered to England in 1793. & refused by them. / Malta. / Aux Armes, aux armes.*
u. r. *England / Plan of Invasion to England. / Plan for the Annihilation of English Commerc[e] Capital & Credit. / Decree of Arrest of all the English in France / Article from the Moniteur to entice the English to stay in France. Promisin^g them Protection. / Means of Conquest hitherto Succesful / Laudanum*
u. l. *580 Sick Soldiers Poisoned in the Sir Robert Wilson's History of the British Expedition to Egypt. / Cobbet / Pelletier / CARIC[ATU]RES / LITTLE BONEY / ST / NEWS PAPER / Massacre at Paris 18 Vendimiaire / Hospital of Jaffa. / Revenge is near*
sign. u. l. *TL$^{t.}$* [Ligatur] *B. fecit* (Leutnant B.?)
dat. u. r. *Pub.^{d} 14 July 1803.*
Radierung, koloriert
290 × 372 mm (307 × 438 mm)
Sammlung Herzog von Berry 1980.203.

Eines kleinen Mannes gemütliche Nächte oder Boneys Erscheinungen
Ein dilettierender Zeichner schildert Bonapartes nächtliche Visionen: Das Massaker des Pariser Royalistenaufstandes (1795), die Erschiessung von türkischen Gefangenen und die Vergiftung von Pestkranken bei Jaffa (1799), deren Opfer im Jenseits nach Rache dürsten. Ebenso quälen Bonaparte die Anklagen, skrupellos Soldaten geopfert zu haben, und die stets drohende Gefahr, durch Meuchelmord, Gift, ein Attentat oder die eigene Armee beseitigt zu werden. Im Schlaf aufgeschreckt, ruft er zu den Waffen, in Händen hält er die Landkarten von Malta (vgl. Kat. Nr. 158) sowie von England, der nächsten Eroberung. Auf dem Nachttisch liegen die Pläne dazu. Schmähschriften des Engländers Cobbett (vgl. Kat. Nr. 42), des Franzosen Peltier, die Geschichte der Ägyptenexpedition aus englischer Sicht sowie Karikaturen über «Little Boney» sind auf dem Teppich verstreut. Das Thema kehrt später mehrmals wieder.

Le confort nocturne d'un petit homme ou les visions de Boney
Un dessinateur dilettante dépeint les visions nocturnes de Bonaparte: le massacre des insurgés royalistes de Paris (1795), l'exécution de prisonniers turcs et l'extermination des malades de la peste à Jaffa (1799); toutes ces victimes réclament vengeance dans l'au-delà. Bonaparte est également tourmenté par l'accusation d'avoir sacrifié sans scrupules ses soldats, ainsi que par la menace incessante d'être assassiné, empoisonné ou éliminé par un attentat ou par sa propre armée. Epouvanté, il se réveille et lance un appel aux armes; il tient dans ses mains les cartes de Malte (cf. n°. cat. 158) et de l'Angleterre, sa prochaine conquête. Sur sa table de nuit gisent ses plans de campagne. Des pamphlets de l'Anglais Cobbett (cf. n° cat. 42) et du Français Peltier, l'histoire de l'expédition en Egypte vue par les Anglais ainsi que des caricatures du «Little Boney» sont éparpillés sur le sol. Ce sujet sera encore évoqué plusieurs fois par la suite.

A Little Man's Night's Comforts or Boney's Visions
A dilettante draughtsman portrays Bonaparte's nightmares here: with visions of the massacre against the Paris Royalist uprising (1795), the execution of Turkish prisoners, and the poisoning of the plague victims at Jaffa (1799), Bonaparte fears the afterlife thirst for revenge of the victims. He also suffers accusations for having unscrupulously sacrificed soldiers, and trembles at the thought of being done away with by an assassin, poisoning, a conspiracy, or mutinous troops. Startled in his sleep, he calls his men to arms, clutching in one hand the map of Malta (cf. cat. no. 158) and in the other that of the coming conquest of England (according to the plans on the night table). The rug is strewn with lampoons by the English Cobbett (cf. cat. no. 42) and the French Peltier, together with a history of the Egyptian campaign as seen by the British, and various cartoons featuring «Little Boney». This theme would reappear several times at later dates.

Conforti notturni di un piccoletto, ovvero visioni di Boney
Un disegnatore dilettante illustra le visioni notturne di Bonaparte: il massacro dei ribelli monarchici a Parigi (1795), la fucilazione dei prigionieri turchi e l'avvelenamento degli appestati di Giaffa (1799), con le vittime che nell'aldilà hanno sete di vendetta. Bonaparte è tormentato anche dall'accusa di aver sacrificato senza scrupoli i soldati e dal rischio continuo di essere assassinato o avvelenato da attentatori o dalle sue truppe. Sobbalzando per l'incubo, egli chiama alle armi e tiene in mano le carte geografiche di Malta (cfr. n° cat. 158) e dell'Inghilterra; i piani per invadere quest'ultima appaiono sul comodino. Sul tappeto sono sparsi i libelli dell'inglese Cobbett (cfr. n° cat. 42) e del francese Peltier, la storia della campagna d'Egitto (vista dai britannici) e caricature del «Little Boney». Lo stesso tema ritornerà in varie opere posteriori.

Lit.: Br I S. 179 f., II App. A 544.

Der König von Brobdingnag und Gulliver

Le roi de Brobdingnag et Gulliver

The King of Brobdingnag and Gulliver

Il Re di Brobdingnag e Gulliver

Eines kleinen Mannes gemütliche Nächte oder Boneys Erscheinungen

Le confort nocturne d'un petit homme ou les visions de Boney

A Little Man's Night's Comforts or Boney's Visions

Conforti notturni di un piccoletto, ovvero visioni di Boney

14

*Death of the CORSICAN-FOX. –
Scene the last, of the Royal-Hunt.*
o. M. *Tally-ho! – Tally-ho! – ho – ho! ho!*
o. r. *Tally ho*
u. r. S.ʳ *VINCENT / SYDNEYS*[...] */ GARDNER / NELSON / CORNWALI[Z]*
sign. u. M. (im Bild) *J.ˢ Gillray. inv & fci*ᵗ
bez. dat. u. r. *Pub.ᵈ July 20ᵗʰ. 1803. by H. Humphrey. S.ᵗ James's Street.*
Radierung und Aquatinta
260 × 360 mm (575 × 420 mm)
Herkunft unbekannt
1980.245.a.

Tod des korsischen Fuchses – letzter Akt der königlichen Jagd
Am Ende der königlichen Treibjagd steigt George III. am Waldrand vom Pferd und hält den zappelnden Fuchs mit Bonapartes Gesicht in die Höhe. Mit dem Jagdruf lenkt er die Gesellschaft zu sich. Das «Tally-ho» (Halali) ist zweideutig: Es fordert die Jäger zugleich auf, auch des Aussenministers Talleyrand habhaft zu werden. Des Königs nach der Beute lechzende Hunde tragen auf Halsbändern die Namen der Admiräle Saint Vincent, Nelson, Sydney Smith, Gardner und Cornwallis. Das Blatt bezieht sich auf die Invasion Englands, deren Vorbereitung an den Küsten Hollands und Frankreichs im Sommer 1803 in vollem Gang war. Napoleon als gejagter Fuchs oder Hund wurde ein bevorzugtes Motiv der antinapoleonischen Tiermetaphorik. Direkte Nachfolge fand das Blatt 1814 anlässlich der Abdankung in Fontainebleau (Kat. Nr. 66) und nach Waterloo (Br I S. 387, II App. A 262).

Mort du renard corse – dernière scène de la chasse royale
Fin de la battue royale, à la lisière de la forêt: le roi George III descend de cheval; il exhibe un renard frétillant qui a le visage de Bonaparte. Poussant le cri du chasseur, il rameute la compagnie. Son «taïaut» (en angl.: tally-ho) possède une double signification: il invite en même temps les chasseurs à s'emparer du ministre français des affaires étrangères, Talleyrand. Les chiens du roi, avides de butin, portent sur leurs colliers les noms des amiraux Saint Vincent, Nelson, Sydney Smith, Gardner et Cornwallis. La gravure se réfère à l'invasion de l'Angleterre qui, en été 1803, se préparait sur les côtes de France et de Hollande. L'allégorie du renard traqué – ou du chien – était l'un des motifs préférés de l'imagerie animalière antinapoléonienne. Le motif de cette gravure sera repris en 1814, lors de l'abdication à Fontainebleau (n° cat. 66) et après Waterloo (Br I p. 387, II app. A 262).

Death of the Corsican Fox – Scene the Last of the Royal Hunt
Come to the end of his royal hunt, George III steps down from his horse at wood's edge and holds up a thrashing fox bearing Bonaparte's face. He calls for attention by letting out a hunting cry of «Tally-ho», thus at the same time warning the rest of the hunters that Foreign Secretary Talleyrand remains at bay. The collars on his straining dogs are inscribed with the names of Admirals Saint Vincent, Nelson, Sydney Smith, Gardner, and Cornwallis. The cartoon refers to the invasion of England, which was in full preparation along the coasts of Holland and France during the summer of 1803. Napoleon as a hunted fox or dog would become one of the most popular animal metaphors of anti-Napoleonic propaganda. Direct descendants of this print would appear in 1814 after Napoleon's first abdication at Fontainebleau (cat. no. 66) and again after Waterloo (Br I p. 387, II App. A 262).

Morte della volpe còrsa – scena ultima della caccia regale
Fine della battuta di caccia: re Giorgio III, sceso da cavallo al margine del bosco, brandisce in alto una volpe che si dibatte e che ha il volto di Bonaparte. Oltre che noto richiamo venatorio, il grido «Tally-ho» è un'esortazione ai cacciatori perché catturino anche il ministro degli esteri Talleyrand; i cani regali, bramosi di preda, recano sui collari i nomi degli ammiragli Saint Vincent, Nelson, Sydney Smith, Gardner e Cornwallis. La stampa si riferisce all'invasione dell'Inghilterra, di cui in quel periodo (estate 1803) fervevano i preparativi sulle coste olandesi e francesi. Il motivo della volpe o del cane cacciato diverrà molto popolare nelle metafore zoomorfe antinapoleoniche; a questa stampa si collegheranno direttamente altre caricature, sia per l'abdicazione del 1814 a Fontainebleau (n° cat. 66) sia dopo Waterloo (Br I p. 387, II app. A 262).

Lit.: Ash S. 157 f. (Det.); BM VIII 10039; Br I S. 181, II App. A 261; GC 82 (Abb.); Kat. RM 26 (Abb.); Wr S. 598.

15

The Hand-Writing upon the Wall. –
o. l. *MENE MENE, TEKEL, UPHARSIN*
o. M. *VIVE LE ROI / DESPOTISM*
u. r. *MARASCHIN*[...] */ PRUNE MONSIEUR / Oh de Roast Beef of Old England*
u. M. *BANK OF ENGLAND. / S.ᵗ JAMESS*
u. l. *Tower de Londres / Maidstone / Pomme d'A*[*miens?*]
sign. u. l. *J.ˢ Gillray. inv*ᵗ *& f*ᵗ
bez. dat. u. r. *Pub.ᵈ Aug.ᵗ 24ᵗʰ. 1803. by J.ˢ Gillray. 27. S.ᵗ James's Street London.*
Radierung und Aquatinta
260 × 360 mm (575 × 420 mm)
Herkunft unbekannt
1980.245.b.

Die Schrift an der Wand
Gillrays Meisterwerk travestiert Belsazars Gastmahl (Daniel 5). Hochmütig, ungläubig und masslos wie der babylonische König sitzt Bonaparte streng bewacht mit dem Hof zu Tisch. Josephine – bei den Briten stets fettleibig – säuft sich voll, was hinter ihr die drei Schwägerinnen schadenfroh mitansehen. Gierig macht sich die Tischrunde über Wahrzeichen und Oberhäupter Britanniens sowie die «Äpfel von Amiens» (vgl. Kat. Nr. 158) her. Als das rätselhafte Menetekel an der Wand erscheint, erschrickt Bonaparte. Gott hält die Waage des Gerichts über ihn; des Frevlers Herrschaft wird für zu leicht befunden: Von einer Schale fallen die Symbole des Despotismus, auf der anderen bewährt sich die Krone des legitimen Königs. Sich an Englands Gütern zu vergreifen, würde offensichtlich Bonapartes Ende bedeuten.

La menace prophétique sur le mur
Ce chef-d'œuvre de Gillray parodie le banquet de Balthazar (Daniel 5). Orgueilleux, incroyant et excessif à l'instar du roi de Babylone, Bonaparte est assis à table avec sa cour. Il est sous bonne garde. Joséphine – les britanniques la représentent toujours obèse – s'enivre; ses belles-sœurs, placées derrière elle, s'en réjouissent avec malice. Avides, les convives se jettent sur les emblèmes et sur les chefs de la Grande-Bretagne, ainsi que sur les «pommes d'Amiens» (cf. n° cat. 158). Lorsque l'énigmatique avertissement apparaît sur le mur, Bonaparte prend peur. Dieu tient au-dessus de sa tête la balance du jugement; le règne du bandit est trop léger: de l'un des plateaux tombent les symboles du despotisme; sur l'autre se tient bien droite la couronne du roi légitime. S'attaquer aux biens de l'Angleterre signifierait la fin de Bonaparte.

The Handwriting Upon the Wall
Gillray's masterpiece parodies Belshazzar's banquet (Book of Daniel 5). As haughty, unbelieving, and excessive as the King of Babylon, a heavily guarded Bonaparte sits at table with his court. Josephine – whom the British always portrayed as obese – guzzles it down, to the gloating delight of her three sisters-in-law. Gluttonously, the diners dig into their dishes of symbols and heads of British dignitaries, as well as «apples from Amiens» (cf. cat. no. 158). The puzzling handwriting on the wall, a prophecy of doom, gives Bonaparte a fright. God holds the scales of justice over his head; the reign of a transgressor weighs too light: one scale pan tips out symbols of despotism, while the other is weighed down by the crown of the legitimate king. Any assault to English property would clearly entail the demise of Bonaparte.

La mano che scrive sulla parete
Questo capolavoro di Gillray fa la parodia del banchetto biblico di Baltassar (Dan.V): borioso, miscredente e intemperante come il re babilonese, Bonaparte siede con la corte a tavola, ben protetto dalla guardia. Giuseppina – sempre obesa per gli inglesi – sbevazza a più non posso, osservata con gioia maligna dalle tre cognate; i commensali si gettano avidi su emblemi e statisti britannici nonché sulle «mele di Amiens» (cfr. n° cat. 158). La comparsa delle parole misteriose sulla parete spaventa Bonaparte, sovrastato da una bilancia del giudizio divino in cui il suo potere di furfante pesa troppo poco: da uno dei due piatti cadono i simboli del dispotismo, mentre sull'altro rimane salda la corona del re legittimo. Impadronirsi dei beni inglesi significherebbe, evidentemente, la fine del primo console.

Lit.: Ash S. 189 (Det.); BM VIII 10072; BN IV 7716; Br I S. 188 f., II App. A 423; Cl Ftf. III S. 100; Da S. 70 f.; GC 94 (Abb.); Kat. H86 148; Wr S. 602 (Tf.).

Tod des korsischen Fuchses – letzter Akt der königlichen Jagd

Mort du renard corse – dernière scène de la chasse royale

Death of the Corsican Fox – Scene the Last of the Royal Hunt

Morte della volpe còrsa – scena ultima della caccia regale

Die Schrift an der Wand

La menace prophétique sur le mur

The Handwriting Upon the Wall

La mano che scrive sulla parete

16
BUONAPARTÈ, 48 Hours after Landing!
dahinter – *Vide. John Bulls Homestroke, Armed-en-Masse.*
o. *This is to give information for the benifit of all Jacobin Adventurers, that Policies are now / open'd at L'loyd's – where the depositer of one Guinea is entitled a Hundred if the / Corsican Cut-throat is Alive 48 Hours after Landing on the British Coast –*
M.r. *Ha! my little Boney! – what do'st think of Johnny Bull now? – Plunder Old England! hay? – make French Slaves of us all! hay? – ravish all our Wives & Daughters! hay – O Lord help that silly Head! – to think that Johnny Bull would ever suffer those Lanthorn Jaws to become King of Old England's Roast-Beef & Plumpudding!*
u.r. *BRITONS STRIKE HOME*
sign. u.l. *J.ˢ Gillray des. & fec.ᵗ*
bez. dat. o.M. *Pub.ᵈ July 26ᵗʰ 1803 – by H - Humphrey Sᵗ James's Street London*
Radierung
360 × 257 mm (575 × 420 mm)
Herkunft unbekannt
1980.245.c.

Bonaparte, 48 Stunden nach der Landung
Zur Abschreckung der «jakobinischen Abenteurer» ruft Gillray seine Landsleute auf, bei Lloyd's eine Versicherung mit hundertfachem Gewinn darauf abzuschliessen, dass Bonaparte die Landung seiner Truppen in Britannien keine zwei Tage überleben werde. Die makabere Illustration der Wette ruft die Französische Revolution und ihre Bildwelt in Erinnerung, die Gillray selber mit ähnlichen Motiven bekämpft hatte, um die aufgebrachte Volksmasse zu geisseln. Er warnt, die Briten seien gegen einen äusseren Feind zum selben Blutrausch fähig. John Bull, der die Pike mit Bonapartes Haupt trägt, ist hier einer der zahllosen freiwilligen Verteidiger Grossbritanniens im Jahr 1803. Eichenlaub auf dem Hut symbolisiert seine Stärke, die Losung «Briten tun ihre Wirkung» seine Siegesgewissheit. Er zählt die potentiellen Greueltaten der Franzosen in England auf und verspottet zugleich die knochigen Hungerleider, sie würden nie seine Herren.

Bonaparte, 48 heures après son débarquement
Afin de dissuader «les aventuriers jacobins», Gillray invite ses compatriotes à contracter une assurance à cent contre un auprès de la Lloyd's, et à parier sur le fait que Bonaparte ne survivra pas deux jours au débarquement de ses troupes en Grande-Bretagne. La macabre illustration du pari rappelle la Révolution française et son imagerie, que Gillray lui-même avait combattue avec les mêmes motifs afin de fustiger la masse populaire indignée. Il lance un avertissement: les Britanniques peuvent également se montrer assoiffés du sang de leurs ennemis extérieurs. John Bull, qui porte la pique avec la tête de Napoléon, incarne ici l'un des innombrables défenseurs de la Grande-Bretagne s'étant portés volontaires en 1803. Les feuilles de chênes sur son chapeau symbolisent sa puissance, la devise «les Britanniques font leur effet», la certitude de la victoire. Il recense les atrocités potentielles des Français en Angleterre et se moque en même temps de ces crève-la-faims décharnés qui ne seront jamais ses maîtres.

Bonaparte, 48 Hours after Landing
To scare off the «Jacobin adventurers», Gillray summons his countrymen to register a wager with Lloyd's at odds one-to-a hundred on the survival of Bonaparte's troops more than forty-eight hours after landing on British soil. This macabre illustration is reminiscent of the French Revolution and its imagery: motifs such as Gillray himself was wont to use in chastisement of the angry masses. Here he warns that the British would be just as bloodthirsty against a foreign enemy. John Bull, flaunting a pike topped by Bonaparte's head, represents one of the countless volunteers willing to defend their homeland in 1803. The oak leaves on John Bull's hat symbolise his strength; the motto «Britons Strike Home», his certainty of victory. He enumerates the potential atrocities the French would inflict on the English, and at the same time derides the bony starvelings who could never become his masters.

Bonaparte, 48 ore dopo lo sbarco
Per scoraggiare gli «avventurieri giacobini», Gillray invita i connazionali a firmare una polizza Lloyd che assicura un guadagno del centuplo se Bonaparte sarà ancora vivo due giorni dopo lo sbarco in Gran Bretagna. La macabra illustrazione della scommessa ricorda l'immaginario collettivo della Rivoluzione francese, contro cui proprio Gillray ha già usato temi analoghi per stigmatizzare le masse esasperate: nei confronti di un nemico esterno – questo il suo monito – gli inglesi possono provare la stessa furia sanguinaria. Qui John Bull, che regge il bidente con la testa di Bonaparte, è uno qualsiasi dei moltissimi volontari pronti a difendere la Gran Bretagna nel 1803; il fogliame di quercia sul cappello simboleggia la sua forza, il motto «I britannici colpiscono nel segno» la sua certezza di vincere. Egli enumera le atrocità che i francesi potrebbero compiere in Inghilterra e li schernisce: morti di fame come sono, non diverranno mai suoi re.

Lit.: Ash S. 171 (Det.); BM VIII 10041; Br I S. 181 f., II App. A 153; Da S. 69 (Abb.); GC 83 (Abb.); Kat. RM 53 (Abb.); Wr S. 598.

17
JOHN-BULL, offering Little BONEY fair play.
o.r. *I'm a'com'ing! – I'm a'com'ing!!! / vive la LIBERTA'*
o.l. *You're a'com'ing'? – You be d – n'd! – If you mean to invade us – why make such a rout? – I say, Little Boney – why dont you come out? – yes, d – n' ye, why don't you come out?*
sign. u.r. [...] *Gillray iNV & fec.ᵗ*. (James Gillray)
bez. dat. u.l. *Pub.ᵈ August 2ᵈ 1803 by H Humphrey Sᵗ. Jamess Street*
Radierung
208 × 260 mm (575 × 420 mm)
Herkunft unbekannt
1980.245.d.

John Bull bietet Klein-Boney Fairplay an
Ende Sommer 1803 erreichte die Furcht der Briten vor einer Invasion den Höhepunkt; die Karikaturisten hatten Hochkunjunktur. Ihre Abwehrhaltung und ihr Appell an alle Kräfte der Nation steigerten sich in Gillrays Fall zur offenen Herausforderung des Gegners. Beidseits des Kanals stehen sich zwei von Kanonen strotzende Festungen gegenüber. Auf französischer Seite sind die Boote zum Übersetzen der Armee bereit. Bonaparte steckt sein Köpfchen mit dem Riesenhut über die Zinnen und droht (schon seit Wochen), demnächst anzugreifen. Bis zu den Knien im Wasser, verhöhnt der stämmige Seemann John Bull das leere Kriegsgeschrei. Bonaparte solle nur kommen, er traue sich ja nicht aus der sicheren Festung. In Wirklichkeit war die Rollen- und Machtverteilung umgekehrt: Bonaparte provozierte mit seinem Aufmarsch im Heerlager von Boulogne und seinen Seemanövern, während sich England in die Defensive verschanzte.

John Bull, lançant un défi loyal au petit Boney
A la fin de l'été 1803, la peur d'une invasion avait atteint son comble chez les Britanniques; les caricaturistes vivaient une période faste. Leur attitude de refus et leurs appels à toutes les forces de la nation culminèrent, dans le cas de Gillray, en un défi ouvert lancé à l'ennemi. Des deux côtés du canal, deux forteresses hérissées de canons se font face. Du côté français, les navires sont prêts à faire passer l'armée sur l'autre rive. Bonaparte sort sa petite tête coiffée d'un énorme chapeau par dessus les créneaux et menace (depuis des semaines déjà) de passer bientôt à l'attaque. John Bull en marin costaud, dans l'eau jusqu'aux genoux, se gausse de son cri de guerre dénué de signification. Bonaparte peut bien venir, lui qui n'ose quitter la sécurité de sa place forte. En réalité, la répartition des rôles et des forces était inverse: Bonaparte provoquait en rassemblant son armée dans le camp de Boulogne et en menant diverses manœuvres maritimes, alors que la Grande-Bretagne se barricadait sur la défensive.

John Bull Offering Little Boney Fair Play
With British fear of an invasion coming to a peak at summer's end in 1803, the art of caricature flourished. The satirists' defensiveness and appeal to patriotism went so far, in Gillray's case, as to openly provoke the enemy. Here Gillray has set two well-armed fortresses on opposite sides of the canal. On the French side, boats stand ready to carry the troops over: Bonaparte's little head and enormous hat stick out from the battlements, as he threatens (for weeks now) to soon attack. Standing knee-deep in water, the sailor John Bull pokes fun at his empty threats. In fact, the roles and balance of power were exactly the opposite: it was Bonaparte who took the offensive by marching on the army headquarters at Boulogne, while England remained entrenched in a defensive position.

John Bull propone al piccolo Boney uno scontro leale
Alla fine dell'estate 1803, in Gran Bretagna il timore di un'invasione era al culmine. I caricaturisti lavoravano sodo, la loro volontà di resistere e il loro appello a tutte le forze del paese si trasformarono, nel caso di Gillray, in sfida aperta al nemico. Sulle due rive della Manica si fronteggiano due fortezze colme di cannoni; sotto quella francese le barche sono pronte a traghettare le truppe. Dai merli spuntano la piccola testa e il cappello enorme di Bonaparte, che minaccia (come fa da settimane) di attaccare fra poco. In acqua fino alle ginocchia, il robusto marinaio John Bull si fa beffe di quelle inutili grida di guerra: venga pure Bonaparte, che non osa uscire dal suo riparo sicuro! In realtà i ruoli e i rapporti di forza erano invertiti: mentre il generale francese agiva in modo provocatorio schierando le truppe nel campo di Boulogne e compiendo manovre navali, l'Inghlterra era trincerata nella difensiva.

Lit.: Ash S. 176; BM VIII 10048; Br I S. 184, II App. A 494; GC 88; Wr S. 599 (Det.).

Bonaparte, 48 Stunden nach der Landung

Bonaparte, 48 heures après son débarquement

Bonaparte, 48 Hours after Landing

Bonaparte, 48 ore dopo lo sbarco

John Bull bietet Klein-Boney Fairplay an

John Bull, lançant un défi loyal au petit Boney

John Bull Offering Little Boney Fair Play

John Bull propone al piccolo Boney uno scontro leale

18

LEAP FROG
o. l. *He has left the Swiss and Italian a Mile behind – and as for me he has knock'd my hat off and broken my pipe – pretty encouragement this to play at Leap Frog.*
o. M. *By St Jago – my back is almost broken / Keep down your head Master Hanoverian my next leap shall be over John Bull –*
u. r. *Why did I submit to this*
o. r. *I'll be d – d if you do Master Corsican.*
sign. u. l. *Drawn by Raymond. Esqr*
sign. u. r. *Etc^d by Roberts*
bez. dat. u. M. *Pub^d by T Tegg 111 Cheapside Jan^{ry}* (Juni 1803?)
(eradiert u. l. *London Pub^d by Roberts Middle row Holborn*)
o. l. Nummer *285*
Radierung, koloriert
[268]×349 mm (270×400 mm)
Sammlung Herzog von Berry
1980.312.

Bockspringen
Klein-Bonaparte spielt Bockspringen mit den europäischen Nationen. Mühelos hat er die Rücken des jammernden Hollands (mit zerbrochener Pfeife) sowie von Spanien (im typischen Gewand des Don), das über Rückenschmerzen klagt, gebeugt. Er springt jetzt über Hannover, das schon bereut, worauf es sich eingelassen hat. Als nächstes, so kündigt er an, sei England an der Reihe. John Bull denkt nicht daran, seinen Rücken krumm zu machen: Grimmig und aufrecht trotzt er dem munteren Springer. Das Blatt bringt die unnachgiebige, wehrhafte Haltung Grossbritanniens im Jahre 1803 gegenüber der französischen Expansionspolitik zum Ausdruck. Die Schweiz, Italien und Holland waren Frankreichs Verbündete und Vasallen. Hannover, dessen Kurfürst der König von England war, besetzte Bonaparte im Juni 1803. Wie ernst es ihm zu diesem Zeitpunkt mit der in Britannien befürchteten Invasion war, ist unklar. Jedenfalls stellt diese das Hauptthema der englischen Karikatur in jenem Jahr dar.

Saute-mouton
Le petit Bonaparte joue à saute-mouton avec les nations européennes. Il a courbé sans peine le dos de la pitoyable Hollande (qui a brisé sa pipe), ainsi que celui de l'Espagne (en habit de don), qui se plaint de maux de dos. Il saute maintenant sur le Hanovre; celui-ci regrette déjà de s'être laissé entraîner dans le jeu. Ensuite, ce sera le tour de l'Angleterre, annonce-t-il. John Bull n'entend pas ployer l'échine: debout et en colère, il tient tête au fringant sauteur. La gravure exprime l'attitude intransigeante et défensive de la Grande-Bretagne à l'égard de la politique expansionniste de la France, en 1803. La Suisse, l'Italie et la Hollande étaient devenues les alliées, voire les vassales de la France. En juin 1803, Napoléon occupa le Hanovre, dont le roi d'Angleterre était prince électeur. Envisageait-il sérieusement l'invasion que craignait la Grande-Bretagne? Ce n'est pas clair. Toutefois, ce fut le sujet principal des caricatures anglaises de cette année-là.

Leapfrog
Playing leapfrog with the European nations, the child-Napoleon has effortlessly cleared the bent figures of respectively Holland (whose pipe he has broken) and Spain (in typical Don costume, and claiming back pain). As he tackles Hanover, who already regrets having joined the game, he announces that England is next in line. But John Bull wouldn't think of bending his back: stiffly erect, he fiercely defies the lively jumper. The cartoon conveys Britain's intransigence and defenciveness in 1803, in the face of French expansionism. At the time, Switzerland, Italy, and Holland were allies, or vassals of France. Hanover, whose elector was the King of England, would be subjected to Bonaparte's occupation forces in June 1803. How seriously Napoleon was contemplating the invasion of Great Britain at that time is not clear, but the possibility in itself served as main theme in English cartoons of that year.

Gioco della cavallina
Il piccolo Bonaparte gioca al salto della cavallina con le nazioni europee. Dopo aver piegato facilmente il dorso all'Olanda (che brontola e ha la pipa rotta) e alla Spagna (che si lamenta per il mal di schiena, nel tipico costume degli alti notabili spagnoli), ora salta sopra l'Annover (che già si pente di essersi prestato al gioco) e annuncia che il prossimo balzo sarà sull'Inghilterra; ma John Bull, che non pensa affatto a curvarsi sotto il vispo saltatore, resta diritto e lo sfida con aria truce. La stampa esprime l'atteggiamento agguerrito e inflessibile assunto allora dalla Gran Bretagna nei confronti della politica espansionistica francese. Nel 1803 Svizzera, Italia e Olanda erano alleate o vassalle della Francia; Hannover, il cui principe elettore era il re d'Inghilterra, fu occupata da Bonaparte nel mese di giugno. Non è chiaro quanto fosse serio allora il temuto progetto d'invadere la Gran Bretagna; certo è però che fu quello, nel 1803, il tema favorito delle caricature inglesi.

Lit.: Ash S. 125; BM VIII 10023; Br I S. 159, II App. A 532; GC 41.

19

John Bull guarding the Toy-Shop, – or Boney Crying for some more play things
o. l. *India House / Fores Carac[a]turist to [t]h[e] First Consu[l] / The Trea-[s]ury*
o. M. *S^t. James's / Bank / Costom House / Tower / I tell you – you shant touch one of them – so blubber away and be d – d*
o. r. *Pray Mr Bull let me have some of the Toys if 'tis only that little one in the corner.*
sign. u. r. *J. B.* (John Cawse oder Temple West)
bez. dat. u. l. *Pub,^{d} Octr 29. 1803 by S W. Fores Piccadilly N° 50*
u. r. Verlagsvermerk *Folios of Caracatures lent out for the Evening*
Radierung, koloriert
250×350 mm (268×373 mm)
Sammlung Herzog von Berry
1980.310.

John Bull bewacht den Spielzeugladen oder Boney plärrt nach mehr Spielsachen
Vor dem umzäunten Aushang des Verlags von Samuel William Fores mit der ironischen Aufschrift «Fores – Karikaturist des Ersten Konsuls» pflanzt sich ein grimmiger, uniformierter John Bull auf. Er bewacht die in Stichen ausgestellten Zentren der britischen Herrschaft und Prosperität und fährt Klein-Bonaparte an, ja die Finger davon zu lassen. Dieser wischt sich die Tränen mit einem grossen Taschentuch ab und bittet vergebens darum, wenigstens eine der ersehnten Spielsachen zu erhalten: die Bank von England. Der Bildschöpfer impliziert, Britanniens Macht und Reichtum seien mit dem politischen Gewicht und geistigen Reichtum der englischen Karikaturen vergleichbar. Denn jedwelcher Art von Satire gegen ihn liess der Erste Konsul nachjagen und unterbinden. Gleichzeitig diente die Karikatur ihrem Verleger als Reklame. Vor die Schaufenster gewisser Londoner Karikaturenhändler drängten sich damals jeden Tag die Leute, um am aktuellsten Spott teilzuhaben.

John Bull veillant sur le magasin de jouets ou Boney pleurant pour quelques joujoux supplémentaires
Devant l'enseigne clôturée de la maison d'édition de Samuel William Fores, portant l'inscription ironique «Fores – caricaturiste du premier consul», est campé un John Bull furibond. Il porte l'uniforme, et monte la garde devant les centres de l'empire et de la prospérité britanniques, présentés sous forme de gravures. Il rabroue le petit Bonaparte, et lui intime d'ôter ses pattes de là. Celui-ci essuie ses larmes à l'aide d'un grand mouchoir et le prie, en vain, de lui donner au moins l'un des jouets tant désirés: la banque d'Angleterre. Le graveur dit implicitement que la puissance et l'opulence de la Grande-Bretagne sont comparables au poids politique et à la richesse spirituelle de la caricature anglaise. Car le premier consul poursuivait et censurait toute satire à son encontre. En même temps, la caricature servait de publicité à son éditeur. A cette époque, les gens se pressaient quotidiennement devant les vitrines de certains marchands londoniens de caricatures, afin de participer aux moqueries les plus récentes.

John Bull Guarding the Toy Shop, or Boney Crying for Some More Playthings
A fierce and uniformed John Bull stands guard before the enclosed notice board of the Samuel William Fores publishing house, where the lettering ironically proclaims «Fores – Caricaturist to the First Consul». He is guarding the centres of British government and wealth as displayed in prints, and challenges the little Bonaparte to lay but a single finger on any one of them. Bonaparte, wiping away his tears with a large handkerchief, pleads in vain to obtain a just one of the enticing toys: the Bank of England. In this work, the cartoon artist has drawn a parallel between Britain's power and riches, and the political weight and intellectual wealth of English cartoons. For the slightest satire whatsoever directed against the First Consul was immediately pursued and put to end. At the same time, cartoons served their publishers as publicity: certain London cartoon dealer shopwindows attracted great crowds come to keep up on the latest lampoons.

John Bull a guardia del negozio di giocattoli, ovvero Boney in lacrime per averne qualcun altro
Davanti alla vetrina recintata della casa editrice di Samuel William Fores, su cui appare la scritta ironica «Fores – caricaturista del primo console», è piantato un truce John Bull in uniforme, che sorveglia i centri della potenza e prosperità britannica (rappresentati da incisioni) e ordina in malo modo al piccolo Bonaparte di piangere altrove; quest'ultimo, che si asciuga le lacrime con un gran fazzoletto, chiede invano di poter avere almeno uno dei balocchi desiderati, cioè la Banca d'Inghilterra. La stampa implica che il potere e la ricchezza del paese siano paragonabili al peso politico e alla ricchezza intellettuale delle caricature inglesi; il primo console, infatti, fece cacciare e impedire ogni tipo di satira antibonapartista. L'opera però, nello stesso tempo, fa anche pubblicità all'editore: nella Londra di quei tempi, ogni giorno la gente si accalcava davanti alle vetrine di certi mercanti di stampe, proprio per gustare le caricature più attuali.

Lit.: Ash S. 218; BM VIII 10118; Br I S. 53, 203, II App. A 485; GC 121.

Bockspringen

Saute-mouton

Leapfrog

Gioco della cavallina

John Bull bewacht den Spielzeugladen oder Boney plärrt nach mehr Spielsachen

John Bull veillant sur le magasin de jouets ou Boney pleurant pour quelques joujoux supplémentaires

John Bull Guarding the Toy Shop, or Boney Crying for Some More Playthings

John Bull a guardia del negozio di giocattoli, ovvero Boney in lacrime per averne qualcun altro

20

The Kitchen below or BELZEBUB going to Supper.
o. l. *L'ARMÉE D' ANGLETERRE. / Brimstone*
o. r. *CROCODILE SOUP / Mahomedan Gravy*
u. r. *A THE ISM / CUP OF FRENCH FAITH / Taleyrand. / SAL INFERN[AL] / SANG des Swisses / SANG des ANGLAIS / SANG des Holland[ais] / FAVORITE FRENCH WINES / INVASION of Great Britain a Catch – to be per=formd after Supper – with a full Chorus of his Highness's Band / ROBESPIERE MARAT*
u. l. *Avarice / Perjury / Ingratitude / Devestatesy / Envy / Cruelty / Bread[…] [R]aith / Blood / Blasphemy / Treachery / Murder / Assassination of Captive Swiss / Murdering 1500 Women at Toulon / Destruction of S.t Domingo / Massacre of 3800 Turks of Jaffa / Fine [S]wo / Exter[mination] / Poisoning 580 wounded French Soldiers / FUEL for Everlasting Flames*
sign. u. l. *J.s Gillray del.* (C. Starcke sculp.)
1803, in der Zeitschrift «London und Paris» (Bd. 12), Weimar
o. r. Tafeln *N.o XIX.XX.*
Radierung, koloriert
n. best. (270×360 mm)
u. r. Stempel Museum Schwerin 1980.150.

Teufels Küche oder Beelzebub richtet sein Nachtmahl
Diese Bearbeitung von Gillrays «The Corsican Pest» vom Oktober 1803 (BM VIII 10107; Br I S. 200f., II App. A 230) zeigt an Bonapartes Stelle den gallischen Hahn mit Jakobinermütze und Faszienbündel. In Teufels Küche hängt hinten Bonapartes «Englandarmee» am Balken aufgeknüpft, während vorne geflügelte Teufelchen auf Säcken voll «Brennmaterial für das Höllenfeuer» (Bonapartes Schandtaten) hocken; sie stecken mit zugehaltener Nase Frösche an den Spiess und Nattern in die Bratpfanne (Frankreichs Revolutionäre). Andere rupfen den Hahn oder begiessen ihn mit Schwefel. Der Teufel selbst (mit Jakobinermütze und Trikolore) thront auf einem Guillotinesessel, unter dem die Schädel von Robespierre und Marat liegen, und hält am Bratspiess den Hahn übers Feuer, der seine Notdurft auf eine Platte fallenlässt. Hinter Beelzebubs Rücken werden Spezialgerichte vom Ägyptenfeldzug aufgetragen, ist Tranchierbesteck («Talleyrand»), «Höllensalz» und der Kelch der französischen Gottlosigkeit auf einem Tischchen bereit; daneben wird das Blut europäischer Völker als «Frankreichs Lieblingsweine» gekühlt. Davor offenbart ein Notenblatt die politische Motivation der Karikatur: die seit der Revolution geplante Invasion Englands. Die gottlosen, revolutionären Verbrecher wünscht das Bild zu Ihresgleichen – in die Hölle.

La cuisine souterraine ou Belzébuth se préparant à dîner
Cette adaptation de «The Corsican Pest» dessinée par Gillray en octobre 1803 (BM VIII 10107; Br I p. 200 sq., II app. A 230) remplace Bonaparte par le coq gaulois avec le bonnet jacobin et le faisceau de verges. Dans la cuisine du diable, à l'arrière, clouée à une poutre, pend «l'armée d'Angleterre» de Bonaparte; alors que, devant, de petits démons ailés sont assis sur des sacs pleins de «combustible pour les flammes éternelles» (forfaits de Bonaparte); tout en se bouchant le nez, ils enfilent des grenouilles sur une brochette et mettent des vipères dans une poêle (révolutionnaires français). D'autres diablotins plument le coq, ou l'arrosent de soufre. Le maître des ténèbres, quant à lui, (avec le bonnet jacobin et le drapeau tricolore) trône sur un siège en forme de guillotine, sous lequel gisent les crânes de Robespierre et de Marat; il tient le coq au-dessus du feu, sur une brochette; l'animal se soulage sur une assiette. Dans le dos de Belzébuth, sont servis les plats spéciaux de la campagne d'Egypte; sur une petite table se tiennent prêts le service à découper («Talleyrand»), le «sel de l'enfer» et le calice de l'impiété française. A côté, le sang des peuples européens, «les vins préférés de la France», a été mis à rafraîchir. Devant, une feuille recouverte d'inscriptions révèle la motivation politique de la caricature: l'invasion de l'Angleterre prévue depuis la Révolution française. L'illustration voue les assassins révolutionnaires, ces impies, aux flammes de l'enfer.

The Kitchen Below or Beelzebub Going to Supper
This adaptation of Gillray's «The Corsican Pest» of October 1803 (BM VIII 10107; Br I p. 200 f., II App. A 230) substitutes the Gallic cock – with a Jacobin cap and a fasces – for Bonaparte. Here in the devil's kitchen, Bonaparte's «England army» has been strung up on a beam to the rear while, to the fore, little winged devils crouch on sacks of fuel (Bonaparte's ignominious deeds) for eternal hell. Holding their noses, they add frogs to the spit and adders to the frying pan (France's revolutionaries); others fleece the cock or pour sulphur over it. The devil himself (sporting a Jacobin cap and tricolor) is enthroned on a guillotine chair under which lie the skulls of Robespierre and Marat: he holds the cock, in the process of relieving itself onto a platter, on a spit over the fire. Behind this Beelzebub's back, specialties from the Egyptian campaign are being served; a small table already bears the carving utensils («Talleyrand»), «infernal salt», and the goblet of French ungodliness. Beside the table, bottles of the blood of the European nations – «favorite French wines» – are being cooled. A sheet in the forefront reveals the cartoon's political motivation: the invasion of England that has been in the making ever since the Revolution. The cartoon wishes the same fate as it depicts on the unbelieving and revolutionary sinners: to roast in hell with others of their breed.

La cucina sotterranea, ovvero Belzebù che va a cena
In questa elaborazione di un'opera di Gillray dell'ottobre 1803, *The Corsican Pest* (BM VIII 10107; Br I p. 200 sg., II app. A 230), al posto di Bonaparte appare un gallo (simbolo dei francesi) con berretto frigio e fascio littorio. Nella cucina del diavolo, sullo sfondo sono impiccati a una trave i francesi dell'«armata d'Inghilterra», mentre in primo piano diavoletti alati, accovacciati su sacchi di «combustibile per fuoco eterno» (le scelleratezze di Bonaparte), turandosi il naso infilano allo spiedo o mettono in pentola rane e bisce (i rivoluzionari francesi); altri diavoli spennano il gallo o lo cospargono di zolfo. Belzebù, troneggiante con tricolore e berretto frigio su una poltrona-ghigliottina sotto cui giacciono i teschi di Robespierre e Marat, con lo spiedo tiene sul fuoco il gallo, che compie i suoi bisogni sopra un piatto. A destra vengono portate specialità culinarie della spedizione in Egitto; davanti a un tavolino – ove sono pronti la forchetta e il trinciante («Talleyrand»), il «sale infernale» e il calice dell'empietà francese – si raffreddano i «vini francesi preferiti» (bottiglie contenenti sangue di popoli europei). Un foglio sul pavimento rivela la motivazione politica dell'opera: l'invasione dell'Inghilterra, progettata fin dall'epoca della Rivoluzione. L'augurio del caricaturista è che anche i rivoluzionari, empi e criminali come sono, finiscano all'inferno.

Lit.: BM VIII 10108; BN IV 7667; Cha S. 295.

The Kitchen below or BELZEBUB going to Supper.

Teufels Küche oder Beelzebub richtet sein Nachtmahl

La cuisine souterraine ou Belzébuth se préparant à dîner

The Kitchen Below or Beelzebub Going to Supper

La cucina sotterranea, ovvero Belzebù che va a cena

21

Destruction of the French Gun-Boats – or – Little Boney & his Friend Talley in high Glee.
o. l. *TALLEYRAND'S plan for INVADING Great Britain.*
o. M. *O my dear Talley, what a glorious sight! – we've work'd up Johnny Bull into a fine passion! – my good Fortune never leaves me! – I shall now get rid of a hundred Thousand French Cut-Throats whom I was so afraid of! – O my dear Talley, this beats the Egyptian Poisoning hollow! – Bravo, Johnny! – pepper'em, Johnny!*
James Gillray
bez. dat. o. r. *Pub^d Nov' 22.^{d} 1803 by H Humphrey 27 St James's Street London*
Radierung und Aquatinta, koloriert
247 × 368 mm (335 × 478 mm)
Sammlung Herzog von Berry
1980.264.

Die Zerstörung der französischen Kanonenboote oder Klein-Boney und sein Freund Talley im Erfolgsrausch
Auf Talleyrands Schulter, den die Mitra auf dem Zweispitz als ehemaligen Bischof ausweist, hockt Klein-Bonaparte. Er blickt durch Talleyrands gerollten Invasionsplan von der Festung von Boulogne (mit Piratenflagge) hinunter. Verrückt vor Freude verfolgt der Kriegstreiber und Verräter, wie im Ärmelkanal Britanniens Kriegsschiffe die leichte Flotille vernichten, welche seine Truppen übersetzen sollte. Seine Absicht hat sich erfüllt, unter dem Vorwand, die Britischen Inseln zu erobern, seine eigenen Soldaten – wie vordem in Ägypten – in den Tod zu schicken. Hunderttausend seiner Landsleute ist er aufs Mal endlich los, denn die Revolutionäre von einst sind eine ständige Gefahr für seine Diktatur. Von Anfang an hielt Talleyrand die Invasion für eine aussichtslose Schlächterei. Deshalb eignet er sich hier ausgezeichnet als Vater des unterstellten teuflischen Hintergedankens.

Destruction des canonnières françaises ou le petit Boney et son ami Talley au comble de l'allégresse
Talleyrand porte par-dessus son bicorne une mitre faisant référence à son ancienne fonction d'évêque. Sur son épaule, est assis le petit Bonaparte. Ils se trouvent sur la forteresse de Boulogne (avec le drapeau pirate), Bonaparte regarde vers le bas, à travers le plan d'invasion de Talleyrand. Fou de joie, le traître et fauteur de guerre observe comment, dans la Manche, les bâtiments de guerre anglais anéantissent la légère flottille française, qui devait conduire ses troupes sur l'autre rive. Son dessein s'accomplit: envoyer ses propres soldats à la mort – comme autrefois en Egypte – sous prétexte de conquérir les îles britanniques. Il est enfin débarrassé d'une centaine de milliers de ses compatriotes, car les révolutionnaires d'autrefois représentent un danger permanent pour sa dictature. Talleyrand a toujours considéré cette invasion comme une boucherie inutile. C'est pourquoi, il convient parfaitement ici au rôle de père spirituel de cette arrière-pensée diabolique.

Destruction of the French Gunboats or Little Boney and His Friend Talley in High Glee
Talleyrand, whose mitre-adorned cocked hat identifies him as a former bishop, bears the child-Bonaparte on his shoulders. A rolled copy of Talleyrand's invasion plan allows Bonaparte to gaze down upon the foot of the Boulogne stronghold (topped by a pirate flag). Gleefully the warmonger and traitor looks on as the British warships destroy the lightweight flotilla transporting French troops. His goal has been achieved: pretending to send his men over to conquer the British, he has instead – as in Egypt – sent them to their death, thus ridding himself of a good one hundred thousand revolutionaries of former days who had become a threat to his dictatorship. From the start Talleyround considered the invasion a useless butchery, making him all the more suitable in the role of father to such a devilish ulterior motive.

Distruzione delle cannoniere francesi, ovvero il piccolo Boney e il suo amico Talley molto allegri
Dall'alto della fortezza di Boulogne, su cui sventola una bandiera pirata, il piccolo Bonaparte – seduto sulle spalle di Talleyrand, che in quanto ex vescovo ha una mitra sul bicorno – usa a mo' di cannocchiale un rotolo di carta, cioè il piano d'invasione preparato dal ministro: ebbro di gioia, il guerrafondaio traditore osserva come nel canale della Manica le navi da guerra britanniche distruggano la leggera flottiglia che doveva traghettare le sue truppe. Si realizza anche qui, come in Egitto, il suo proposito di mandare a morte i soldati francesi, stavolta col pretesto di conquistare la Gran Bretagna: un mezzo per liberarsi definitivamente e in un colpo solo di centomila connazionali ex rivoluzionari, che rappresentano un pericolo costante per la sua dittatura. Talleyrand, che fin dall'inizio ritenne l'invasione un inutile macello, qui si presta ottimamente come ideatore del diabolico secondo fine attribuito a Bonaparte.

Lit.: Ash S. 223 f.; BM VIII 10125; BN IV 7669; Br I S. 204 f., II App. A 271; GC 124 (Abb.); Kat. RM 9 (Abb.).

22

BRITANNIA between DEATH and the DOCTOR'S, –
dahinter «*Death may decide, when Doctor's desagree.*» –
o. l. *Constitutional Restorative*
M. l. *Composing Draft / Art of Restoring Health*
u. l. *Whig Pills*
u. M. *Republican Balsam.*
M. r. *Georgi[us] Rex*
u. r. *Prescription […] Adding-ton*
sign. u. l. *J.^{s} Gillray inv.*
20. Mai 1804, bei H. Humphrey
o. r. *N°. II* oder *11* aus einer Folge
Radierung und Aquatinta
175 × 220 mm (182 × 230 mm)
u. l. Prägestempel mit Biene im Rund
Sammlung Herzog von Berry
1980.257.

Britannia zwischen Tod und Ärzten
Die Ärzte der kranken Britannia streiten um die Therapie. Pitt, mit einer Abhandlung über die Heilkunst in der Tasche und dem Stärkungsmittel der Verfassungsmonarchie in der Hand, bezwingt seine Rivalen: Addington wollte der Patientin ein Schlafmittel verabreichen und wird nun zur Tür hinaus getreten. Fox versucht es mit der Lotterie der «Whig-Pillen» und dem «republikanischen Balsam»; ihm wird das Maul gestopft. Der Streit begünstigt Britannias Tod, der in der Gestalt Bonapartes von hinten heranschleicht, den Medikamententisch umstösst und seine Lanze gegen die Wehrlose aufzieht. Nachdem Addingtons Kompromisspolitik mit Frankreich versagt hatte, konnte Pitt im Mai 1804 ein neues Kabinett bilden, dessen Verteidigungsdispositiv heftig angefochten wurde. Dass Pitt sich durchsetzte – was Gillray hier propagiert – bildete die Grundlage des erfolgreichen Widerstandes gegen Napoleon.

Britannia entre la mort et les médecins
Au chevet de Britannia malade, les médecins se disputent à propos de la thérapie à appliquer. Pitt, avec dans sa poche un traité de médecine et dans sa main, un reconstituant pour la monarchie constitutionnelle, mate ses rivaux. Addington veut administrer un somnifère à la patiente et est mis à la porte. Fox essaie de la soigner au moyen des «pilules Whig» et du «baume républicain»; Pitt lui cloue le bec. La dispute tourne à l'avantage de la mort qui, sous les traits de Bonaparte, avance à pas de loup; elle renverse les médicaments et lève sa lance sur la malade sans défense. En mai 1804, après avoir refusé la politique de compromis avec la France prônée par Addington, Pitt put former un nouveau cabinet, dont le dispositif de défense fut violemment contesté. La détermination de Pitt – c'est ce que laisse entendre ici Gillray – a constitué le fondement d'une fructueuse résistance à Napoléon.

Britannia Between Death and The Doctors
Britannia is not well, and the doctors disagree as to what therapy best suits the case. Pitt – a treatise on remedies in his pocket and a tonic in his hand – has managed to impose his will over his rivals, Addington and Fox. The former wanted to prescribe sleeping pills and is being booted out the door; the latter, who wished to gamble on «Whig pills» and «Republican Balsam», has his jaws jammed by Pitt's foot. Their argument is hastening the arrival of Death who, wearing Bonaparte's features, slinks into the scene from behind, upsetting the night table covered with medicines and aiming his lance at the defenceless patient. The failure of Addington's policy of compromise with France, enabled Pitt, in May 1804, to unite a new cabinet advocating defense measures that were severely contested. The fact that he was able to set them through – as Gillray confirms here – made them a cornerstone for England's successful stand against Napoleon.

Britannia fra la Morte e i dottori
Britannia è ammalata e i medici litigano sulla terapia: Pitt, con in tasca un trattato sull'arte medica e in mano il ricostituente della monarchia costituzionale, sconfigge i suoi rivali Addington e Fox. Il primo dei due, che intendeva somministrare alla paziente un sonnifero, è spinto a calci fuori della porta, mentre al secondo, che vorrebbe tentare con le «pillole Whig» e il «balsamo repubblicano», viene chiusa la bocca; il litigio favorisce la Morte (di Britannia), che con l'aspetto di Bonaparte s'insinua dallo sfondo, rovescia il tavolo dei farmaci e leva la lancia contro la paziente indifesa. Fallita la linea di compromesso con la Francia perseguita da Addington, nel maggio 1804 Pitt poté formare un nuovo gabinetto, il cui dispositivo di difesa fu vivacemente contestato; a sua vittoria, qui pubblicizzata da Gillray, costituì la base dell'efficace resistenza opposta in seguito a Napoleone.

Lit.: BM VIII 10244; Br I S. 214 f., II App. A 126; Kat. RM 73 (Abb.); Wr S. 607.

Die Zerstörung der französischen Kanonenboote oder Klein-Boney und sein Freund Talley im Erfolgsrausch

Destruction des canonnières françaises ou le petit Boney et son ami Talley au comble de l'allégresse

Destruction of the French Gunboats or Little Boney and His Friend Talley in High Glee

Distruzione delle cannoniere francesi, ovvero il piccolo Boney e il suo amico Talley molto allegri

Britannia zwischen Tod und Ärzten

Britannia entre la mort et les médecins

Britannia Between Death and The Doctors

Britannia fra la Morte e i dottori

23
The Grand Coronation-Procession, of NAPOLEONE the 1.st Emperor of France, from the Church of Notre-Dame, Decr 2.^{d} 1804.
o.M. redeunt SATANIA regna. Jam nova progenies cœlo demittitur alto!
o.l./o.r. diverse Wörter und Sätze u. (v.r.n.l.) *His Imperial Highness – Prince Louis-=Buonaparte Marbœuf High Constable of the Empire. / The Three Imperial Graces. viz. Thier Imp. High.^{s} Princess Borghese, Princess Louis, (cher amie of e/y Emperor,) & Princess Joseph -Bonaparte – / Madame Talleyrand (ci devant M^{rs}. Halhead the Prophetess) conducting the Heir Apparent in e/y Path of Glory. / Talleyrand-Perigord. – – Prime Minister & King at Arms bearing the Emperors Geneology. / His Holiness Pope PIUS VII. – conducted by his old Faithful Friend; – Cardinal Fesch, offering the Incense / His Imperial Majesty NAPOLEONE e/y 1st. & the Empress Josephine. / Ladies of Honor, (ci-devant Poissardes) – – Train Bearers to e/y Empress / Puissant Continental-Powers, Train Bearers to the Emperor. / Bertheir, Bernadotte, Augerou – & all the brave Train of Republican-Generals, marching in the Procession –, / Senator Fouchè, Intendant General of e/y Police, bearing the Sword of Justice – – / Garde d' Honneur", finishing the Procession.*
sign. u.r. J^s. Gillray inv^t. & fec^t
bez. dat. o.r. London, Publish'd Jany 1.st 1805, by H. Humphrey, 27 S^t. James's Street.
Radierung, koloriert
237 × 772 mm (296 × 830 mm)
Sammlung Herzog von Berry
1980.276.

Die grosse Krönungsprozession Napoleons des Ersten Kaisers von Frankreich aus der Notre-Dame am 2. Dezember 1804
Im friesartigen Gegenstück zu den offiziellen Krönungsbildern wimmelt es von (über hundert!) burlesken Figuren und von bissigen Anspielungen. Die Prozession wird unten satirisch erläutert; sie beginnt rechts mit Napoleons (angeblich ausserehelich gezeugtem) Bruder Louis. Dann folgen die lasziven Grazien Pauline (Napoleons Schwester), Hortense (seine Schwägerin und angebliche Geliebte) und die Frau von Bruder Joseph; danach das Ehepaar Talleyrand (sie von dubiosem Ruf, er ein alter Krüppel mit Klumpfuss) mit Erbprinz und kaiserlichem Spottstammbaum; Napoleons Onkel, Kardinal Faesch, mit Weihrauchfass; der gebeugte, furchtsame Papst Pius VII. (geführt vom Teufelchen als Messdiener); die fette Josephine (mit Marktweibern als Ehrendamen) und das Operettenkaiserchen Napoleon (dessen Mantel die besiegten Nationen Spanien, Österreich und Holland tragen); zwei Reihen hochnäsiger Marschälle; der dicke Polizeiminister Fouché mit blutigem Gerechtigkeitsschwert und Meucheldolch; schliesslich die Ehrengarde aus Gesindel mit Kerkergerät und einer Standarte mit Guillotine. Etliche Flaggen offenbaren Napoleons Unwesen. Den Baldachin zieren parodierte Verse aus Vergil (Bucolica IV, 6) und denunzieren den Kaiser als Antichrist. Aller Pomp und Adel wird hier Posse und Blendwerk des der Revolution entsprungenen kriminellen und martialischen Regimes.

La procession du grand couronnement de Napoléon 1er empereur de France partant de Notre-Dame le 2 décembre 1804
Faisant pendant aux illustrations officielles du couronnement, cette fresque fourmille de (plus de cent!) personnages burlesques et d'allusions ironiques. Au-dessous, la procession est commentée de manière satirique; elle commence à droite par Louis, le frère de Napoléon (soi-disant conçu dans l'illégitimité). Il est suivi de trois grâces lascives: Pauline (sœur de Napoléon), Hortense (sa belle-sœur et prétendue maîtresse) et la femme de son frère Joseph; viennent ensuite les époux Talleyrand (elle de réputation douteuse, et lui un vieil infirme au pied bot) avec le prince héritier et une satire de l'arbre généalogique impérial; l'oncle de Napoléon, le cardinal Fesch, avec un encensoir; le Pape Pie VII, courbé et craintif (guidé par un diablotin en guise de servant de messe); la grosse Joséphine (avec des marchandes pour dames d'honneurs) et le petit empereur d'opérette Napoléon (dont l'Espagne, l'Autriche et la Hollande vaincues portent la traîne); deux rangées de maréchaux à l'air hautain; le ministre de la police Fouché portant le glaive de la justice et un poignard ruisselant de sang, symbolisant les lâches assassinats perpétrés par le régime; enfin les gardes d'honneur vêtus tels des canailles avec les instruments de torture et un étendard arborant une guillotine. Divers drapeaux révèlent les méfaits de Napoléon. Des vers parodiant Virgile (Bucoliques IV, 6) ornent le baldaquin et dénoncent l'empereur comme étant l'Antéchrist. La pompe et la noblesse sont ici transformées en farce et en trompe-l'œil. On y voit un régime criminel et martial, issu de la Révolution.

The Grand Coronation Procession of Napoleon the 1st Emperor of France from the Church of Notre-Dame on December 2nd 1804
A frieze-like counterpart to the official coronation portraits, this work teems with (over one hundred!) burlesque figures and corrosive allusions. The satirical descriptive caption begins to the right with Napoleon's (apparently illegitimate) brother Louis, followed by the lascivious Graces Pauline (Napoleon's sister), Hortense (his sister-in-law and alleged mistress) and his brother Joseph's wife. Then comes the Talleyrand couple – wife (of dubious repute) and husband (a clubfooted cripple), with their heir apparent and farcical imperial genealogy. Continuing, Cardinal Faesch, Napoleon's uncle, bearing incense; the fearsome Pope Pius VII (led by a little devil as acolyte); the obese Josephine (with fishwives as her ladies-in-waiting). Still further along, the operatic little Emperor, Napoleon (with fallen Spain, Austria and Holland as train-bearers); two rows of snooty-nosed marshals; the heavyset Minister of Police Fouché bearing a bloody sword of justice and a murder dagger; and finally, the guards of honour comprised of the rabble complete with prison gear and a standard despicting the guillotine. A number of banners display Napoleon's evil deeds. The baldachins feature a parody of Vergil's poetry (Bucolica IV, 6) and denounce the Emperor as an Antichrist. All the pomp and nobility of the occasion are transformed here into the buffoonery and bedazzlement of a criminal and martial regime born of the Revolution.

La grande processione dell'incoronazione di Napoleone I imperatore di Francia, dalla chiesa di Notre-Dame, il 2 dicembre 1804
Sorta di fregio contrapposto all'iconografia ufficiale dell'incoronazione, questa stampa brulica di figure burlesche (oltre cento!) e di allusioni caustiche. La processione, spiegata satiricamente in basso, comincia a destra con Luigi, fratello (presunto illegittimo) di Napoleone, e continua con le tre Grazie lascive: Paolina (sorella di Napoleone), Ortensia (sua cognata e presunta amante) e la moglie di suo fratello Giuseppe. Seguono i due Talleyrand (lei di dubbia reputazione, lui vecchio storpio dal piede deforme), con il principe ereditario e un ridicolo albero genealogico imperiale; il cardinale Fesch, zio di Napoleone, con turibolo; papa Pio VII (pauroso, ricurvo, guidato da un chierichetto-diavoletto); la grassa Giuseppina (con pescivendole come dame d'onore) e Napoleone, piccolo imperatore da operetta il cui mantello è tenuto dai tre Stati sconfitti (Spagna, Austria e Olanda); due file di marescialli impettiti; il grasso ministro Fouché, con la spada insanguinata della giustizia e un pugnale da sicario; infine la guardia d'onore, canaglia con attrezzi da carceriere e uno stendardo che raffigura la ghigliottina. Alcuni vessilli mostrano i misfatti di Napoleone; il baldacchino è ornato da una parodia di versi virgiliani (*Bucoliche* IV, 6), che denuncia l'imperatore come l'Anticristo. Ogni pompa e nobiltà è mutata in farsa, in inganno del regime criminale e guerresco nato dalla Rivoluzione.

Lit.: Ash S. 243 ff.; BM VIII 10362; Br I S. 225 ff., App. A 407; Cl Ftf. V S. 102; Da S. 136 ff. (Det.); Kat. RM 83 (Abb.); Kat. T 33; Wr S. 613.

Die grosse Krönungsprozession Napoleons des Ersten Kaisers von Frankreich aus der Notre-Dame am 2. Dezember 1804

La procession du grand couronnement de Napoléon 1ᵉʳ empereur de France partant de Notre-Dame le 2 décembre 1804

The Grand Coronation Procession of Napoleon the 1ˢᵗ Emperor of France from the Church of Notre-Dame on December 2ⁿᵈ 1804

La grande processione dell'incoronazione di Napoleone I imperatore di Francia, dalla chiesa di Notre-Dame, il 2 dicembre 1804

24
NATIONAL Contrasts or BULKY and BONEY
o. r. *Horrors*
u. r. *Envy / Cruelty*
u. M. *IOHN BULL*
sign. u. r. *Etch^d by Roberts*
(David Roberts)
bez. u. l. *Pub^d by Roberts middle row Holborn London*
1804
o. r. *Nummer 269.*
Radierung, koloriert
[258]×352 mm (263×390 mm)
Sammlung Herzog von Berry
1980.303.

Nationale Gegensätze oder Bulky und Boney
Seit der Französischen Revolution stellen die «Nationalen Gegensätze» zwischen England und Frankreich ein Lieblingsthema der englischen Karikaturisten dar. In der vorliegenden Variation des Themas beansprucht der genusssüchtige englische Dickwanst (Bulky) mit seiner Bulldogge («John Bull») drei Viertel des Bildfeldes; er schwelgt im Überfluss von Tabak, Bier, Fleisch, Punch und Geld (Füllhorn). Gegenüber sitzt das hagere Männchen Bonaparte (Boney) mit dem riesigen Hut und grollt missgünstig. Den Habenichts umschwirren die dämonischen Fratzen des Neides, der Grausamkeit und der Schrecken. Einmal mehr sieht die englische Karikatur in ihm nur den Sohn der Revolution, deren Ernte blinde Gewalt, Sittenzerfall und bittere Armut sind, während eine Monarchie nach britischem Muster lauter Glück und Wohlergehen zeitigt.

Contrastes nationaux ou Bulky et Boney
Depuis la Révolution française, les «contrastes nationaux» entre l'Angleterre et la France constituent le sujet favori des caricaturistes anglais. Dans la présente variation de ce thème, l'Anglais pansu et jouisseur (Bulky) occupe, avec son bouledogue («John Bull»), les trois quarts du champ de l'image; il se grise de tabac, de bière, de viande, de punch et d'argent (corne d'abondance) à foison. Assis face à lui, un Bonaparte petit et osseux (jeu de mots avec Boney) se comporte en maugréant. Les figures grimaçantes et démoniaques de l'envie, de la cruauté et de l'épouvante entourent le pauvre diable. Une fois de plus, la caricature anglaise voit en lui le fils d'une Révolution qui ne récolte que violence aveugle, dépravation et pauvreté amère, alors que la monarchie selon le modèle anglais génère bonheur et prospérité.

National Contrast or Bulky and Boney
Ever since the French Revolution, «national contrasts» between England and France had become a favourite theme among English satirists. The present variation on the theme allots three-quarters of the image space to the hedonist English heavyweight and his bulldog («John Bull»). He is depicted wallowing in a glut of tobacco, beer, meat, punch, and a cornucopia overflowing with coins. Opposite sits resentfully the skinny little Bonaparte wearing an enormous cocked hat. As a have-not, he is surrounded by demonically grimacing faces expressing envy, cruelty, and fright. Once again, English cartoonists saw Bonaparte strictly as the son of a Revolution with blind force, moral decline, and extreme poverty as his legacy. Monarchy patterned after the British, by contrast, supposedly brought nothing but good fortune and well being.

Contrasti nazionali, ovvero Bulky e Boney
Quello dei «contrasti nazionali» tra Inghilterra e Francia è un motivo prediletto dai caricaturisti britannici fin dall'epoca della Rivoluzione francese. In questa «variazione sul tema» i tre quarti dell'immagine sono occupati dall'inglese (col bulldog «John Bull»): un trippone epicureo (Bulky), sommerso da una dovizia di tabacco, birra, carne, punch e denaro (cornucopia). Bonaparte, ometto smilzo e con un cappello enorme, gli siede di fronte adirato; intorno al poveraccio svolazzano i ceffi demoniaci dell'Invidia, della Crudeltà e degli Orrori. Ancora una volta la caricatura inglese vede in lui solo il figlio di una Rivoluzione che porta cieca violenza, decadimento di costumi e miseria nera, mentre una monarchia sul modello inglese crea soltanto felicità e benessere.

Lit.: Br II App. A 637.

25
IOHN BULL Exchanging NEWS with the CONTINENT.
o. l. *VIENNA / News for the French People / Journal de L Empire Arche-Duke Charles Dead with fatigue / MONITEUR Separte Peace with the Emperor / Journal de Paris Fabrications Falsehoods / GAZETTE de FRANCE English Fleet dispers'd. / Journal de Spectacle l'Opera England Invaded / Publicite The Combin'd Fleets sent in pursuit / Bulletin* [siebenmal] */ Memorial Anti-Britaniqu[e] Kill'd 20-000 Austrians.. 20 more kill'd them.*
u. l. *FALSEHOOD*
o. M. *Total Defeat of the Combin'd Fleets of France and Spain*
o. r. *BRITAN-IA. RULES the MA[IN] / TRAFALGAR LONDON GAZETE EXTROARDINARY*
u. r. *TRUTH*
sign. u. l. *Woodward del,^{t}*
bez. dat. u. r. *Pub,^{d} Decem^r 11th 1805 by SW Fores N^o, 50 Piccadilly – – Folios of Caricatures lent out for the Evening*
Radierung, koloriert
[238×361 mm] (250×370 mm)
Sammlung Herzog von Berry
1980.287.

John Bull tauscht Neuigkeiten mit dem Kontinent aus
Vom Felsen der Falschheit herab lässt Napoleon durch seine Presseorgane Falschmeldungen verbreiten: Erschöpfungstod des Erzherzogs Karl, Separatfriede mit Österreich, Einmarsch in England, Aufsplitterung und Verfolgung der englischen Flotte und enorme österreichische Kriegsverluste. Von der Insel der Wahrheit antwortet John Bull – die Devise «Britannia beherrscht die hohe See» ziert seinen Zeitungsverkäuferhut – mit der Meldung der «totalen Niederlage der vereinigten Flotten von Frankreich und Spanien» bei Trafalgar (1805). Die Seeschlacht ist im Bildhintergrund noch im Gange. Wenige Tage nach Napoleons Sieg bei Ulm (vgl. Kat. Nr. 85) brachte Admiral Nelson Frankreich den fatalsten Rückschlag jener Jahre bei. Damit fehlten die für eine Invasion Englands notwendigen Schiffe, die das bei Boulogne zu diesem Zweck versammelte Heer übersetzen sollten. Die Hiobsbotschaft erreichte Napoleon Mitte November, drei Tage nach seinem Einmarsch in Wien.

John Bull échange des nouvelles avec le continent
Depuis les falaises du Mensonge, Napoléon fait répandre de fausses nouvelles par ses organes de presse: mort par épuisement de l'archiduc Charles, paix séparée avec l'Autriche, entrée des troupes françaises en Angleterre, morcellement et déroute de la flotte anglaise et pertes énormes du côté de l'Autriche. En face, John Bull se tient debout sur l'île de la vérité. La devise «Britannia domine la haute mer» orne son chapeau de vendeur de journaux. Il répond en annonçant «la défaite totale des flottes alliées de France et d'Espagne» à Trafalgar (1805). A l'arrière-plan, la bataille navale continue. Peu de jours après la victoire de Napoléon à Ulm (cf. n^o cat. 85), l'amiral Nelson infligea à la France le revers le plus fatal de ces années-là. A la suite de quoi, les bateaux nécessaires à l'invasion de l'Angleterre – ils devaient embarquer l'armée rassemblée à Boulogne dans ce but – firent défaut. Napoléon apprit la désastreuse nouvelle à la mi-novembre, trois jours après son entrée à Vienne.

John Bull Exchanging News With the Continent
Installed on the cliffs of Falsehood, Napoleon has his press organs send off false dispatches: the Archduke Charles dead with fatigue, separate peace signed with Austria, the invasion of England, the breakup and dispersion of the English fleet, enormous war losses in Austria. John Bull stands on the island of Truth – «Britannia rules the Main» is the motto adorning his newspaper boy's cap – and announces «the total defeat of the combined fleets of France and Spain» at Trafalgar (1805) – a sea battle still going on in the background. Just days after Napoleon's victory at Ulm (cf. cat. no. 85), Admiral Nelson inflicted the most serious setback of the period on France. His attack ensured that there would be too few ships to carry over the French troops assembled at Boulogne for the invasion of England. The bad news would reach Napoleon mid-November, three days after having entered Vienna.

John Bull scambia notizie con il continente
Dall'alto della roccia della Falsità, Napoleone fa diffondere ai suoi organi di stampa notizie false: morte dell'arciduca Carlo per affaticamento, pace separata con l'Austria, invasione dell'Inghilterra, distruzione e inseguimento della flotta inglese, perdite elevatissime fra gli austriaci. John Bull, col cappello da giornalaio ornato dal motto «Britannia domina l'oceano», dall'isola della Verità replica annunciando la «totale sconfitta delle flotte riunite di Francia e di Spagna» a Trafalgar (1805); sullo sfondo la battaglia navale è ancora in corso. Pochi giorni dopo la vittoria di Napoleone a Ulma (cfr. n^o cat. 85), l'ammiraglio Nelson inflisse alla Francia il colpo più grave di quegli anni, distruggendole le navi con cui l'esercito radunato a Boulogne doveva salpare per invadere l'Inghilterra; l'infausta notizia raggiunse Napoleone a metà novembre, tre giorni dopo il suo ingresso a Vienna.

Lit.: Ash S. 262 f.; BM VIII 10441; Br I S. 235, II App. A 483; GC 158.

NATIONAL Contrasts or BULKY and BONEY

JOHN BULL Exchanging NEWS with the CONTINENT

Nationale Gegensätze oder Bulky und Boney

Contrastes nationaux ou Bulky et Boney

National Contrast or Bulky and Boney

Contrasti nazionali, ovvero Bulky e Boney

John Bull tauscht Neuigkeiten mit dem Kontinent aus

John Bull échange des nouvelles avec le continent

John Bull Exchanging News With the Continent

John Bull scambia notizie con il continente

26
Pacific-Overtures, – or – a Flight from S.t CLOUD'S – «over the Water to Charley.»
dahinter – *a new Dramatic Peace now Rehearsing.*
o. l. *G.e III.d whom God long preserve / IN TEG RI TY / Very amusing Terms indeed! – and might do vastly well with some of the new-made little Gingerbread Kings – but WE are not in the habits of giving up either «Ships or Commerce, or Colonies.» merely because little Boney is in a pet to have them!!!*
o. r. *There's my Term's / TERMS OF PEACE Acknowledge me as Emperor Dismantle Your Fleet. Reduce your Army – Abandon Malta & Gibraltar. Renounce all Continental Connection. Your Colonies I will take at a Valuation. Engage to pay to the Great Nation for 7 Years annually £ 1.000.000. and place in my Hands as Hostages the Princess Charlotte of Wales, with Ten of y.e late Administration whom I shall name. – / ARMY OF SCOTLAN[D] / ARMY OF IRELAN[D] / ARMY OF ENGLAND* / diverse Schriftstücke
u. r. *Remember my Friend your Oath. – «Our Politicks are the Same.»* / diverse Schriftstücke
u. l. *Non sibi sed Patriae vixit. / Shaksp[eare] I know You all* / diverse Schriftstücke und Beschriftungen
sign. u. l. *J.s Gillray fecit.*
bez. dat. u. r. *Pub.d April 5th. 1806, by H. Humphrey S.t James' Street*
Radierung, koloriert
298 × 388 mm (330 × 432 mm)
Sammlung Herzog von Berry
1980.247.

Friedensouvertüren oder ein Flug von Saint-Cloud «übers Wasser zu Charley»
Auf der Bühne der britischen Politik werden «Friedensouvertüren», ein «neues dramatisches Stück» (Gleichlaut von «peace» und «piece»), geübt. Den Orchestergraben nimmt das neue Kabinett Grenville ein, doch jeder Musiker spielt nach anderen Noten. Auf der Bühne tritt George III. vor seine Loge, um als Kriegsherr zur See (Anker und Säbel) durch das Opernglas – eine Anspielung an den «Gulliver» (Kat. Nr. 12) – das Friedensangebot zu lesen, welches ihm sein Widerpart Napoleon unterbreitet. Hinter dem König zeigt das Standbild der Integrität den verstorbenen Minister Pitt; hinter Napoleon, der auf einer Wolke (engl. «cloud») von Saint-Cloud herangeschwebt ist, sieht man Minister Talleyrand als verschlagenen Ex-Bischof, den Autor der dreisten Vertragsartikel, für welche George III. nur Spott übrig hat. Talleyrand kauert auf einem Füllhorn, aus dem «Wohltaten» des Friedens kullern. Hinter ihm mahnt der separatistische Ire O'Connor Minister Fox an dessen Kollaborationseid. Im Hintergrund demonstriert ein Flaggschiff Englands Seemacht und stehen die Skelette von Napoleons Invasionsarmee. In den Logen sitzen Prominente diverser Couleur, wie ihre Programmhefte belegen.

Ouvertures pacifiques ou fuite de Saint-Cloud «par dessus les eaux vers Charley»
Sur la scène politique britannique, se jouent des «ouvertures pacifiques», une «nouvelle pièce dramatique» (homonymie entre «peace» et «piece»). La fosse d'orchestre accueille le nouveau cabinet de Grenville, mais chaque musicien joue selon une partition différente. Sur la scène, George III apparaît devant sa loge; en tant que maître de la guerre sur mer (ancre et sabre), il lit au travers de sa lorgnette de théâtre – une allusion au «Gulliver» (n°. cat. 12) – l'offre de paix que lui soumet son adversaire, Napoléon. Derrière le roi, une statue représente le regretté ministre Pitt; derrière Napoléon, lequel se tient comme suspendu sur un nuage («cloud» en anglais) venant de Saint-Cloud, on voit le ministre Talleyrand tel un ex-évêque matois. Il est l'auteur des insolents articles du traité, que George III tourne en dérision. Talleyrand est agenouillé sur une corne d'abondance, d'où dégringolent les «bienfaits» de la paix. Derrière lui, le séparatiste irlandais O'Connor rappelle au ministre Fox sa promesse de collaboration. A l'arrière-plan, un vaisseau amiral incarne la puissance maritime de l'Angleterre; on aperçoit également les squelettes de l'armée d'invasion napoléonienne. Dans les loges sont assis des notables de diverses tendances, comme le prouvent leurs programmes.

Pacific Overtures or A Flight from St. Cloud's «Over the Water to Charley»
On the British political stage, «Pacific Overtures […] a new dramatic peace»/piece [sic!] is being rehearsed. The orchestra pit holds Grenville's new cabinet, although each musician is following a different score. George III, appearing in front of his box in the role of a naval (note the anchor and sabre) commander, gazes through opera glasses – an allusion to «Gulliver» (cat. no. 12) – at the peace offer submitted by his adversary Napoleon. Behind the King, stands the statue of the epitome of integrity in the person of the deceased Prime Minister Pitt; behind Napoleon, who has floated in on a cloud from Saint-Cloud [sic!], Foreign Secretary Talleyrand appears as a sly defrocked bishop, the author of the brazen treaty for which George III has only scorn. Talleyrand is squatting on top of a cornucopia that spills forth the «blessings» of peace. Behind him, the separatist Ire O'Connor reminds Foreign Secretary Fox of his collaboration. In the background, a flagship demonstrates England's seapower, next to the skeleton of Napoleon's invasion troops. The boxes seat dignitaries of various political hues, as their theatre programs prove.

Ouvertures di pace, ovvero fuga da Saint-Cloud «sul mare verso Charley»
Sulla scena della politica britannica si sta provando il «nuovo pezzo drammatico» – *piece*, scritto però come il suo omofono *peace* (pace) – «Ouvertures di pace». La fossa dell'orchestra è occupata dal nuovo gabinetto Grenville, ma ogni musicista suona per proprio conto; Giorgio III – davanti al palco reale, con àncora e sciabola perché comandante in capo della flotta – legge con un cannocchiale da teatro (allusione al «Gulliver» di cui al n° cat. 12) l'offerta di pace sottopostagli dalla controparte (Napoleone). Dietro il re, la statua dell'Integrità mostra il defunto ministro britannico Pitt; dietro Napoleone, giunto da Saint-Cloud su una nuvola (*cloud* in inglese), appare Talleyrand nei panni di uno scaltro ex vescovo. Il ministro francese, autore di clausole insolenti che Giorgio III può solo schernire, è accoccolato su una cornucopia da cui rotolano i «benefici» della pace; alle sue spalle l'irlandese separatista O'Connor ricorda al ministro Fox il suo giuramento di collaborazione. Sullo sfondo, oltre a una nave ammiraglia che dimostra la potenza della flotta inglese, si vedono gli scheletri dell'esercito napoleonico destinato all'invasione; nei palchi siedono notabili di varie tendenze politiche, attestate dai loro programmi.

Lit.: Ash S. 266 f. (Det.); BM VIII 10549; Br I S. 241 ff., II App. A 677; GC 163 (Abb.); Kat. H86 162; Kat. RM 104 (Abb.); Wr S. 615.

Friedensouvertüren oder ein Flug von Saint-Cloud «übers Wasser zu Charley»

Ouvertures pacifiques ou fuite de Saint-Cloud «par dessus les eaux vers Charley»

Pacific Overtures or A Flight from St. Cloud's «Over the Water to Charley»

Ouvertures di pace, ovvero fuga da Saint-Cloud «sul mare verso Charley»

27
COMFORT'S of a BED of ROSES;
dahinter – vide. Charley's elucidation
of Lord C-stl-r-gh's Speech! – A
Nightly Scene near Cleveland Row.
o. M. Awake, arise, or be for ever
fall'n! / O[H]E SARA SARA /
PRUSSIA
o. r. HORRORS OF INVASION
u. r. Pour Subjuguer le Monde /
JOHN-BULL / List of the [...]
Broad-Bottom Administ[ration]
Citizen Volp[...] Lord Pogy Bett
Armstead Doctor Clysterpipe Miss
Petty
u. M. INTEMPERANCE DROSY,
DISSOLUTION
u. l. VOLUNTEER ROS[ES] /
COALITION ROSES / FRE[N]CH
ROSES / Emancipation Roses / India
Roses
sign. u. l. J. Gillray inv. & fec-t
bez. dat. o. l.: Pub.d April 21.st 1806.
by H. Humphrey, 27 St. James's Street.
o. r. Nummer 316
Radierung, koloriert
n. best. (273 × 361 mm)
Sammlung Herzog von Berry
1980.268.

Die Behaglichkeit eines Bettes aus Rosen
Englands Aussenminister Fox schläft im Ehebett. Die Bettkappe (Jakobinermütze) gleitet vom Kopf, der preussische Adler umschwirrt ihn mit Krächzen, und am Kragen fassen ihn der Geist von William Pitt sowie der säbelrasselnde Napoleon. Im Traum sieht Fox das Schreckensbild der französischen Invasion und eine Kanone, mit der Napoleon die Welt unterjochen will. Pitts Geist mahnt ihn, sich zu erheben, bevor es für immer zu spät sei. Am Bettende bellt die symbolische Bulldogge Englands den Eindringling an und pisst auf die Kabinettsliste. Eine grässliche Todesgestalt mit abgelaufener Sanduhr kriecht unter dem Bett hervor und kündet das Ende des lasterhaften Schläfers an. Premierminister Pitts Tod im Januar 1806 ermöglichte ein breit abgestütztes Kabinett aus diversen Lagern («Broad-Bottom»). In einer Rede lobte Lord Castlereagh die Politik des Kabinetts Pitt, dem er angehört hatte, und behauptete, es habe ein «Bett aus Rosen» hinterlassen. Darauf erwiderte Fox, er spüre mehr Dornen als Rosen. Heikel war vor allem Englands aussenpolitische Lage: Napoleon hatte nach dem Grosserfolg von Austerlitz den Kontinent praktisch in der Hand. Fox starb noch im selben Jahr wie sein Erzrivale Pitt.

Le confort d'un lit de roses
Fox, ministre des affaires étrangères de l'Angleterre, repose dans le lit conjugal. Son bonnet de nuit (toque jacobine) glisse de sa tête et l'aigle prussienne volette autour de lui en criant. Le fantôme de William Pitt et Napoléon le saisissent par le collet. Ce dernier lui fait un chantage à la guerre. Fox voit en songe la terrible scène de l'invasion française et le canon avec lequel Napoléon veut asservir le monde. L'esprit de Pitt l'exhorte à se lever avant qu'il soit trop tard. Au pied du lit, le bouledogue symbole de l'Angleterre aboie l'intrus et pisse sur la liste du cabinet. Une hideuse allégorie de la mort surgit de dessous le lit et annonce la fin du dormeur dépravé: elle brandit un sablier dont le sable s'est écoulé. La mort du premier ministre Pitt en janvier 1806 permit la formation d'un cabinet largement soutenu et de diverses tendances («Broad-Bottom»). Dans un discours, Lord Castlereagh glorifia la politique du cabinet Pitt dont il avait fait partie, en prétendant que celui-ci avait légué «un lit de roses». Ce à quoi Fox répliqua qu'il sentait plus d'épines que de roses. La position de l'Angleterre était particulièrement délicate en ce qui concerne sa politique extérieure: depuis la victoire d'Austerlitz, Napoléon était presque maître de l'Europe. Fox mourut la même année que Pitt, son grand rival.

Comforts of a Bed of Roses
England's Foreign Secretary Fox lies in his marriage bed: his nightcap (of the Jacobin sort) is slipping off his head, while the Prussian eagle whirs and caws about and the ghost of Pitt and a sabre-rattling Napoleon grab him at the collar. The horrible vision of the French invasion comes to him, as well as a cannon Napoleon wants to use to subjugate the world. Pitt's ghost urges him to rise before it is too late. At the foot of the bed, England's symbolic bulldog barks at the intruder, while at the same time he pisses on the list of cabinet members. A gruesome Death figure, with an expired hourglass, creeps out from under the bed to announce the corrupt sleeper's end. Pitt's death in January 1806 made it possible to unite a politically diversified «Broad-Bottom» cabinet. In a speech praising the former Pitt cabinet, of which he had been a member, Lord Castlereagh declared they had left a «bed of roses» behind. To this Fox retorted that the thorns were making themselves more felt than the roses. England's foreign affairs policy was the trickiest aspect: after his resounding success at Austerlitz, Napoleon had control of just about the whole Continent. Fox would die the same year as his arch-rival Pitt.

Conforti di un letto di rose
Mentre Fox, ministro degli esteri britannico, dorme nel letto coniugale, gli scivola dal capo la cuffia da notte – un berretto frigio, emblema dei giacobini – e gli svolazza intorno gracchiando l'aquila prussiana; lo spirito di William Pitt e un minaccioso Napoleone, frattanto, gli tirano il bavero. In sogno Fox vede l'immagine terrificante dell'invasione francese e un cannone con cui Napoleone vuole soggiogare il mondo; lo spirito di Pitt lo esorta ad alzarsi prima che sia davvero troppo tardi. All'estremità del letto il bulldog John Bull, simbolo dell'Inghilterra, abbaia contro l'invasore e minge sulla lista dei ministri; un'orrida immagine di morte (con clessidra quasi vuota) esce strisciando da sotto il letto, annunciando la fine del dormiente depravato. La morte del primo ministro Pitt (gennaio 1806) consentì la formazione di un «gabinetto delle vaste intese» (*Broad-Bottom*); quando Lord Castlereagh elogiò in un discorso la politica del governo precedente (di cui era stato membro), dicendo che esso aveva lasciato «un letto di rose», Fox affermò di vedere più spine che rose. La situazione inglese era delicata soprattutto in fatto di politica estera: dopo la grande vittoria di Austerlitz, in pratica Napoleone aveva in mano il continente. Anche Fox, come il suo grande rivale Pitt, morì nel 1806.

Lit.: Ash S. 268f.; BM VIII 10558; Br I S. 244f., II App. A 185; GC 165 (Abb.); Wr S. 615.

COMFORTS of a BED of ROSES;— vide. Charley's elucidation of Lord C_stl_r_gh's Speech!— A Nightly Scene near Cleveland Row.

Die Behaglichkeit eines Bettes aus Rosen

Le confort d'un lit de roses

Comforts of a Bed of Roses

Conforti di un letto di rose

28
- *News from Calabria! – Capture of Buenos-Ayres,! – i.e. – the Comforts of an Imperial Déjeuné at S^t. Cloud's.*
o.l. *VIVE LE DIEU NAPOLEONE / Le Victoire de Marengo David pinx / «Out on ye Owl! – noting but song of Death?*
o.M. *la Prise de Buenos Ayres / DEFAITE de l'ARMÉE FRANCOIS en CALABRIA*
o.r. *Le Victoire de Ulm David pinx / SPAIN in DESPAIR for the loss of her COLONIES / Swedish. Defiance. – CHARLES e/y XII Redivivus. / Suspicions of the new Confeder[ate] States of e/y Rhine / Switzerland cursing the French Yoke / ITALY shaking off her CHAINS / La Vendée again in Motion / Portugal True to the last Gasp. / SICILY Firing like Ætna / DENMARK waiting for an Opportunity / TURKEY Invoking MAHOMET. / PRUSSIA rousing from the Trance of Death*
u.r. *S^t. Petersburg Refusal to Ratify the Frenc.. Treaty / HOLLAND Starving! & ripe for a Revolt – / All Germany Rising & Arming en Masse.*
u.M. *Termes de Paix Inadmissible C.J. Fox. / Projet pour PA[...] BE[...] / Negoti[a]tion pour la Paix / Cabinet de Lor Loderdale / Prélimina[...] [...] PAIX /*
u.l. *THE MONITEUR Projet pour Subjuger le Monde*
sign. u.l. *J^s Gillray inv' & fec'-*
bez. dat. u.r. *Pub.^d Septr 13th 1806 – by H. Humphrey – 27. S^t. Jamess Street London*
Radierung und Aquatinta, koloriert
246 × 350 mm (343 × [478] mm)
Sammlung Herzog von Berry
1980.300.

Neuigkeiten aus Kalabrien! Einnahme von Buenos Aires! – Die Gemütlichkeit eines kaiserlichen Frühstücks in Saint-Cloud
Vor dem erschreckten Hof spielt sich einer der berüchtigten Wutausbrüche des Kaisers ab. Opfer ist der klumpfüssige Talleyrand, den Napoleon am Ohr packt und mit einem Pokal in Globusform traktiert. Daraus ergiesst sich irgendeine Flüssigkeit in den Schoss seiner dicken Gattin. Dabei wirft er den Frühstückstisch um. Die Verantwortung für die Niederlagen in Süditalien und Südamerika, die Talleyrand ihm meldet, muss der Aussenminister allein übernehmen. An der Wand hängen Siegesgemälde besserer Tage. Im Vordergrund liegen neben der Kassette des britischen Botschafters Akten über erfolglose Friedensgespräche. Von rechts drängen die Personifikationen abhängiger Völker heran und bringen üble Neuigkeiten: Aufstände, Hungerrevolten, Gebietsverluste, Bündnisbrüche, Komplotte. Gillray übertreibt Napoleons Lage masslos, dessen Macht Ende 1806 eigentlich dem Höhepunkt zustrebte.

Nouvelles de Calabre! Prise de Buenos Aires! – Les agréments d'un déjeuner impérial à Saint-Cloud
La cour, effarée, assiste à l'un des accès de fureur les plus retentissants de l'empereur. La victime en est Talleyrand, avec son pied bot. Napoléon saisit le ministre des affaires étrangères à l'oreille et le menace au moyen d'une coupe en forme de globe. Le liquide qu'elle contient gicle sur les jupes de l'impératrice, sa grasse épouse. Dans sa colère, il renverse la table du petit déjeuner. Talleyrand doit assumer seul la responsabilité des défaites essuyées en Italie et en Amérique du Sud. Des tableaux représentant les batailles des jours meilleurs sont suspendus au mur. Au premier plan, à côté de la cassette de l'ambassadeur de Grande-Bretagne, gisent les actes d'infructueuses négociations de paix. A droite, se pressent les personnifications des peuples assujettis. Ils apportent de mauvaises nouvelles: insurrections, révoltes provoquées par la faim, pertes de territoires, alliances rompues, complots. Gillray exagère démesurément la situation de Napoléon: à la fin de 1806, la puissance de celui-ci atteignit son comble.

News from Calabria! Capture of Buenos Aires! – The Comforts of an Imperial Déjeuner at St. Cloud's
An alarmed court is being subjected to one of the Emperor's notorious temper tantrums. The object of his ire is the clubfooted Talleyrand. Napoleon grabs him by the ear and is about to deal him a blow with a globe-shaped vessel – which spills out its liquid contents onto obese Josephine's lap – while at the same time he topples the breakfast table. He holds Foreign Secretary Talleyrand solely responsible for the defeats suffered in southern Italy and South America. The walls are covered with paintings of victories from better days. Several files on unsuccessful peace talks lie in the foreground, next to the British diplomat's box case. Crowding in from the right, the personifications of various dependent peoples bring more bad news: uprisings, bread riots, territorial losses, dissolved alliances, conspiracies. Gillray grossly exaggerated Napoleon's situation which, by end 1806, was in fact reaching a zenith.

Nuove dalla Calabria! Cattura di Buenos Aires! – Conforti di una colazione imperiale a Saint-Cloud
Di fronte alla corte atterrita, l'imperatore ha uno dei suoi famigerati accessi d'ira; ne è vittima Talleyrand (col piede deforme), preso per l'orecchio da Napoleone e malmenato con una coppa a forma di globo, da cui cade un liquido in grembo alla grassa imperatrice. Il tavolo della colazione si rovescia; la responsabilità delle sconfitte nell'Italia meridionale e in Sudamerica, annunciate da Talleyrand, ricade sul solo ministro degli esteri. I quadri di vittoria alla parete ricordano giorni migliori, e in primo piano, accanto al bauletto dell'ambasciatore britannico, appaiono documenti relativi a colloqui di pace falliti; da destra incalzano le personificazioni dei popoli soggetti, portatrici di cattive notizie (sollevamenti, rivolte di affamati, perdite di territori, violazioni di alleanze, complotti). Gillray esagera enormemente la situazione: alla fine del 1806, di fatto, il potere di Napoleone era quasi al suo culmine.

Lit.: Ash S. 271f. (Det.); BM VIII 10599; Br I S. 249f., II App. A 654; GC 172 (Abb.); Wr S. 617.

News from Calabria! Capture of Buenos Ayres! – i.e. the Comforts of an Imperial Déjeuné at S.t Clouds

Neuigkeiten aus Kalabrien! Einnahme von Buenos Aires! – Die Gemütlichkeit eines kaiserlichen Frühstücks in Saint-Cloud

Nouvelles de Calabre! Prise de Buenos Aires! – Les agréments d'un déjeuner impérial à Saint-Cloud

News from Calabria! Capture of Buenos Aires! – The Comforts of an Imperial Déjeuner at St. Cloud's

Nuove dalla Calabria! Cattura di Buenos Aires! – Conforti di una colazione imperiale a Saint-Cloud

29
POSTING to the ELECTION.
dahinter – *a Scene on the Road to Brentford. Nov.ʳ 1806*
o. l. *LOYALTY / HOOD / LOYALTY AND INDEPENDENCE for Ever / State of the Polt. Melt. Byny Burdet / RULE BRITANNIA and the BANK for Ever! / SHEE[L]LAY / Independence for Ever! no Mob Laws. / Integrity & e/y Monied Interest*
o. r. *The Good Old Wig Block / OLD WIGS for ever / The good Old WHIG Interest for Ever / LIBERTY and EQUALITY!!!! No Placemen in Parliament No Property Taxes! No Bastilles! Liberty for Ever! / POLITICAL REGISTER W. Cobbett / Inflammatory Letters*
u. r. *Life of Oliver Cromwell / Rights of MAN / No Tax Carts! Burdet for Ever / BURDET / P. Moore*
u. l. *IMPEACHMENT Marquiss Wellesley / NECK of NOTHING a New Coalition / Subscription MALT & HOPS from e/y Whitbread Brewery. / PAUL & Plumper / BURDET / Burdet for Ever*
sign. u. l. *J.ˢ Gillray inv. & fec.ᵗ*
bez. dat. u. r. *Pub.ᵈ Dec.ʳ 1.ˢᵗ 1806. by H. Humphrey. 27 S.ᵗ James's Street London.*
Radierung, koloriert
215 × 613 mm (270 × [740] mm)
Sammlung Herzog von Berry
1980.304.

Das Rennen zu den Wahlen – eine Szene auf der Strasse nach Brentford im November 1806
Kandidaten und Parteifreunde machen sich auf nach Brentford zur Parlamentswahl, was in ein Wettrennen ausartet. Je zwei Mannschaften im Vorder- und im Hintergrund stellen die Protagonisten des Wahlkampfs, ihre politische Gesinnung, Parolen und Wählerschaft vor. Zuvorderst trampeln die Kandidaten von Westminster (Sheridan, Hood) auf ihrem Bierbrauergaul die zerlumpte Klientel der Republikaner platt. Rechts folgt der radikale Flügel der Whigs (v. l. n. r. Burdett, Tooke, Bosville, Cobbett) mit republikanischen Parolen. Auf die Esel ihres Karrens, der im Dreck festzustecken droht, peitscht ihr geistiger Vater Napoleon ein. Im Hintergrund fahren die Konkurrenten in Kutschen zur Wahl: Der Bankier Mellish, sein Kutscher Grenville und seine Anhänger (v. l. n. r. Buckingham, Temple, Castlereagh) geloben Königstreue und Unabhängigkeit. Castlereagh hält heimlich die Zügel des nächsten Gespanns mit Byng, dem Freund des toten Whig-Führers Fox, dessen Porträtkopf den Kutschbock ziert. Einmal mehr schwärzt Gillray die Republikaner als Kollaborateure Napoleons an.

En voiture pour l'élection – scène sur la route de Brentford en novembre 1806
Candidats et partisans partent pour Brentford afin de participer à l'élection du Parlement. L'expédition dégénère en course de vitesse. Les protagonistes de la lutte électorale présentent leurs opinions politiques, leurs mots d'ordre et leur électorat aux groupes de personnes présentes à l'avant et à l'arrière-plan. Venant d'abord, les candidats de Westminster (Sheridan, Hood) perchés sur leur canasson, écrasent la clientèle déguenillée des Républicains. A droite suit l'aile radicale whig (de g. à d. Burdett, Tooke, Bosville, Cobbett) avec des devises républicaines; leur carriole menace de s'enliser dans la gadoue; à califourchon sur l'un des ânes tirant la voiture, leur père spirituel Napoléon brandit son fouet. A l'arrière-plan, les concurrents se rendent à l'élection en fiacre: le banquier Mellish, son cocher Grenville et ses partisans (de g. à d. Buckingham, Temple, Castlereagh) font vœu d'indépendance et de fidélité au roi. Castlereagh tient discrètement les rennes de l'attelage suivant; celui-ci emmène Byng, l'ami de Fox – le leader whig décédé – dont le portrait orne le siège du cocher. Une fois de plus, Gillray noircit les Républicains en les présentant comme des collaborateurs de Napoléon.

The Race to the Election – a Scene on the Road to Brentford in November 1806
Party candidates and followers on their way to the parliamentary elections at Brentford race it out here (respectively foreground and background). Each party presents their election candidates, political opinions, slogans, and electorates. Right up front, the Westminster candidates (Sheridan, Hood) trample the ragged Republicans under the hoofs of their beer-barreled draught horse. To the right comes the radical wing of the Whigs (from left to right: Burdett, Tooke, Bosville, Cobbett), crying out republican slogans. Astride one of the donkeys harnessed to their cart – which is becoming mired in the mud – their spiritual father Napoleon flails the horses. In the background, their opponents are travelling by coach: the banker Mellish, his coachman Grenville and his followers (from left to right: Buckingham, Temple, Castlereagh) who swear their loyalty to the king and independence. Castlereagh secretly holds the reins of the next team of horses, together with Byng, a friend of the deceased Whig leader Fox (whose portrait head adorns the coach box). In this cartoon, Gillray once again tarnishes the Republican reputation by accusing them of collaborating with Napoleon.

In fretta verso l'elezione – scena sulla strada per Brentford nel novembre 1806
Candidati e amici di partito si avviano verso Brentford per l'elezione del Parlamento, ma il viaggio degenera in gara di velocità. Quattro squadre – due in primo piano, due sullo sfondo – presentano gli attori della lotta elettorale con le idee politiche, gli slogan e i sostenitori rispettivi. Davanti a tutti, su un ronzino da birraio, i candidati di Westminster (Sheridan, Hood) calpestano la clientela cenciosa dei repubblicani; a destra li segue l'ala radicale dei liberali (da sinistra a destra Burdett, Tooke, Bosville e Cobbett), che lancia slogan repubblicani. A frustare gli asini del loro carro, che minaccia d'impantanarsi, provvede il loro padre spirituale: Napoleone. Sullo sfondo corrono in carrozza all'elezione i loro concorrenti, ossia il banchiere Mellish, con Grenville (cocchiere) e i suoi seguaci (da sinistra a destra Buckingham, Temple, Castlereagh), che promettono fedeltà al re e indipendenza; Castlereagh tiene segretamente le redini della carrozza successiva (con Byng, amico del defunto leader liberale Fox, il cui ritratto adorna la cassetta). Anche qui come altrove, Gillray denigra i repubblicani come collaborazionisti di Napoleone.

Lit.: BM VIII 10614; Br I S. 252 f., II App. A 724; Wr S. 618 f. (Det.).

POSTING to the ELECTION. _ a Scene on the Road to Brentford, Nov.r 1806. _

Das Rennen zu den Wahlen – eine Szene auf der Strasse nach Brentford im November 1806

En voiture pour l'élection – scène sur la route de Brentford en novembre 1806

The Race to the Election – a Scene on the Road to Brentford in November 1806

In fretta verso l'elezione – scena sulla strada per Brentford nel novembre 1806

30
AN IMPERIAL BONNE BOUCHE or the Dinner at Tilsit.
o. l. *My Dear Brother you dont eat – What is the matter with you? – see what a hearty meal our other beloved Cousin, and brother is making from the crumbs that fall from the table. / Continental Slices*
o. r. *How the deuce Brother, am I to eat when you keep every thing to your self.*
M. r. *Kaya[n]*
M. l. *Austerlitz Biscuit / Friedland Pye / Eylau Custard*
u. l. *Prussian Cake* [zweimal]
Charles Ansell
bez. dat. u. r. *Pub,^d July 1807 by Walker N,^o 7 Cornhill –*
Radierung, koloriert
248 × 350 mm (300 × 450 mm)
Sammlung Herzog von Berry
1980.313.

Ein kaiserlicher Happen oder das Mahl in Tilsit
Umgeben von seiner Garde sitzt der kleine Napoleon mit Alexander I. zu Tisch. Als Ausdruck seines rohen Wesens hockt er auf einer Kriegstrommel; ein Säbel ersetzt das Messer. Heisshungrig langt er zu, führt eine weitere Scheibe des Kontinents zum Mund und wird gleich das «Austerlitz-Biskuit», den «Friedland-Kuchen» und die «Eylau-Sauce» in Angriff nehmen. Seinen Tischgenossen fragt er, weshalb er nicht tüchtig zugreife wie der Preusse, der gedemütigt vor dem Tisch kniet und sich von den Krümeln des «preussischen Kuchens» ernährt. Der Zar, der vor einem leeren Teller sitzt und einzig Cayennepfeffer in Reichweite hat, fragt zurück, wie er essen solle, da Napoleon ja alles für sich behalte. Österreichs, Russlands und Preussens vernichtende Niederlagen bei Austerlitz, Jena und Auerstedt sowie Friedland – Eylau war eher ein blutiges Patt – liessen Napoleon freie Hand auf dem Kontinent, den er fortwährend umgestaltete. Der Friede von Tilsit im Juli 1807 teilte Europa in Interessensphären zwischen Frankreich und Russland auf und zwar vor allem auf Kosten von Preussen.

Gourmandise impériale ou le dîner de Tilsit
Entouré de sa garde, le petit Napoléon partage sa table avec Alexandre Ier. Montrant ainsi la rudesse de son caractère, il est assis sur un tambour de guerre; un sabre remplace son couteau. Affamé, il s'approvisionne copieusement; il porte à la bouche un nouveau morceau du continent, et s'attaque au «biscuit Austerlitz», à la «tourte Friedland» et à la «sauce Eylau». Il demande pourquoi son compagnon ne fait pas comme la Prusse; agenouillée en toute humilité devant la table, celle-ci se nourrit des miettes du «gâteau prussien». Le tsar, assis devant une assiette vide, du poivre de Cayenne à portée de main, demande à son tour comment il pourrait manger, puisque Napoléon garde tout pour lui. Les défaites de l'Autriche, de la Russie et de la Prusse à Austerlitz, Jena, Auerstedt et Friedland – Eylau a été un pat sanglant – laissèrent les mains libres à Napoléon, qui ne cessa de remodeler le continent. La paix de Tilsit en juillet 1807 divisa l'Europe en sphères d'intérêt entre la France et la Russie, et cela au détriment de la Prusse.

An Imperial Titbit or the Dinner at Tilsit
Surrounded by his guards, the little Napoleon – revealing his uncouthness by sitting at table on a drum and using a sabre in lieu of a knife – shares a meal with Alexander I. Voracious, he helps himself to the dishes, biting into yet another slice of the Continent, with an eye already on the «Austerlitz Biscuit», «Friedland Pie», and «Eylau Custard». He inquires of his table partner why he doesn't dig in with the same relish as Prussia, who submissively kneels before the table to gather up crumbs of the «Prussian Cake». The Tsar, who sits before an empty plate with only Cayenne pepper within reach, retorts that he cannot do so since Napoleon is keeping everything to himself. After the ruinous defeats inflicted upon the Austrians, (Austerlitz), Russians (Eylau – more of a bloody stalemate, and then Friedland), and Prussians (the twin battles of Jena and Auerstedt), Napoleon had free rein on the Continent, which he was constantly rearranging. The Treaty of Tilsit in July 1807 divided Europe into spheres of interest between France and Russia, to the detriment of Prussia in particular.

Leccornia imperiale, ovvero la cena di Tilsit
A tavola con Alessandro I, il piccolo Napoleone – circondato dalla sua guardia e appollaiato su un tamburo militare (indice di grossolanità) – si serve avidamente e porta alla bocca un'altra «fetta di continente»; usando la sciabola invece del coltello, fra poco comincerà il «biscotto di Austerlitz», la «crostata di Friedland» e la «crema di Eylau». Al suo commensale egli domanda perché non si serva ben bene come il prussiano, che, umiliato e in ginocchio, mangia le briciole della «torta prussiana» caduta; lo zar, che ha davanti un piatto vuoto e è in grado di raggiungere solo la pepiera, domanda a sua volta come può mangiare se l'altro tiene tutto per sé. Mentre la strage di Eylau si risolse piuttosto in un pareggio, le vittorie schiaccianti su Austria, Russia e Prussia ad Austerlitz, Jena, Auerstedt e Friedland diedero carta bianca a Napoleone, sempre intento a rimodellare il continente; la pace di Tilsit (luglio 1807) divise l'Europa in sfere d'interesse tra Francia e Russia, a spese soprattutto della Prussia.

Lit.: Ash S. 281 f.; BM VIII 10751; Br I S. 259 f., II App. A 448; GC 182.

Ein kaiserlicher Happen oder das Mahl in Tilsit

Gourmandise impériale ou le diner de Tilsit

An Imperial Titbit or the Dinner at Tilsit

Leccornia imperiale, ovvero la cena di Tilsit

31
British Tars, towing the Danish Fleet into Harbour; – the Broadbottom-Leviathan trying to swamp Billy's old-Boat, & the little Corsican tottering on the Clouds of Ambition –
o. l. COPENHAGEN / POLAND
o. M. GERMANY / *Projet pour Subjuger la Mer.* / PRUSSIA.
o. r. ITALY / HOLLAND / *The Good Old Royal George / Sheerness Harbour / Rule Britannia! – Britannia Rules the Waves!!*
u. r. *the BILLY PITT*
u. l. ENVY / DETRACTION / OPPOSITION CLAMOUR
sign. u. l. *J.ˢ Gillray inv & fec.ᵗ*
bez. dat. o. M. *Publish'd Oct.ʳ 1.ˢᵗ 1807. by H. Humphrey, 27 S.ᵗ, James's Street.*
Radierung, koloriert
247 × 350 mm (340 × 477 mm)
Sammlung Herzog von Berry
1980.314.

Britische Seeleute schleppen die dänische Flotte in den Hafen; der «Broad-Bottom»-Leviathan versucht, Billys altes Boot zu überschwemmen, und der kleine Korse taumelt auf den Wolken der Ehrsucht
Im Sinne des verstorbenen William Pitt ziehen in dem auf ihn getauften Ruderboot die britischen Minister Canning, Castlereagh und Hawkesbury die gekaperte dänische Flotte in den Hafen von Sheerness. Ein Meeresungeheuer mit den Köpfen der Ex-Minister Grenville, Howick und Saint Vincent – deren zusammengewürfeltes «Kabinett aller Talente» 1807 scheiterte – versucht mit Neid, Verleumdung und Widerstand die erfolgreiche Crew zu versenken. Rechts auf der Klippe sitzt John Bull vor der englischen Kneipe, die der Union Jack und ein Schild mit dem Bildnis Georges III. schmückt. Er stimmt jubelnd das Kampflied «Rule Britannia» an: Seine Seeherrschaft hat sich wiederum gegen Napoleon durchgesetzt. Dieser stürzt am Himmel von der «Wolke der Ehrsucht» und verliert seinen Plan zur Bezwingung der See. Unterhalb ist der Kontinent, den er in Brand gesteckt hat, und die in Flammen aufgehende dänische Hauptstadt zu sehen. Das neutrale Dänemark trat nach dem französisch-russischen Frieden von Tilsit unter Druck der Kontinentalsperre bei und riegelte die Ostsee gegen die Briten ab. Daraufhin bombardierte die britische Flotte im September 1807 Kopenhagen.

Loups de mer britanniques hâlant la flotte danoise dans le port; le «Broad-Bottom» Léviathan tentant de submerger le vieux bateau de Billy et le petit Corse trébuchant sur les nuages de l'ambition
Conformément aux intentions du regretté William Pitt, les ministres britanniques Canning, Castlereagh et Hawkesbury – assis dans une embarcation à son nom – tirent la flotte danoise dans le port de Sheerness. Un monstre marin à trois têtes – représentant les anciens ministres Grenville, Howick et Saint Vincent, dont le «cabinet de tous les talents» échoua en 1807 – tente par la jalousie, la calomnie et la résistance, de couler l'équipe victorieuse. A droite, assis sur une falaise, John Bull boit une bière devant la taverne anglaise; celle-ci arbore l'Union Jack et un écriteau à l'effigie de George III. Jubilant, il entonne le chant de guerre «Rule Britannia»: une fois de plus, sa puissance maritime a eu raison de Napoléon. Ce dernier tombe des «nuages de l'ambition» et en perd son plan de domination de la mer. En dessous, on aperçoit le continent auquel il a mis le feu, et la capitale danoise qui se consume. Après la paix franco-russe de Tilsit, le neutre Danemark adhéra sous la pression au Blocus continental, et ferma l'accès de la mer Baltique aux Anglais. Sur ce, la flotte britannique bombarda Copenhague, en septembre 1807.

British Tars Towing the Danish Fleet into Harbour; the Broad-Bottom Leviathan Trying to Swamp Billy's Old Boat and the Little Corsican Tottering on the Clouds of Ambition
It is in the name of William Pitt – and so their rowboat is christened – that the ministers Canning, Castlereagh and Hawkesbury are tugging the captured Danish fleet into Sheerness Harbour. A sea monster with the heads of the ministers Grenville, Howick and Saint Vincent – members of the ill-fated 1807 «Broad-Bottom» cabinet – is attempting to sink the successful crew with «Envy, Detraction, Opposition Clamour». Sitting with beer in hand on the cliff to the right, before an English pub that boasts the Union Jack and a sign with George III's portrait, John Bull heartily launches into «Rule Britannia». His mastery of the seas has once again triumphed over Napoleon who, in the heavens, totters on the cloud «ambition», losing his plan to subdue the seas in the process. Below him lies the Continent to which he set fire and the Danish capital, still in flames. After the Treaty of Tilsit, Denmark, who was forced into join the Continental System, cut off the British from the Baltic Sea, provoking them into shelling Copenhagen in 1807.

Marinai inglesi trainano in porto la Flotta danese; il leviatano «Broad-Bottom» cerca di affondare la vecchia barca di Billy, e il piccolo còrso traballa sulle nubi dell'ambizione
All'insegna del defunto William Pitt (sulla scialuppa che porta il suo nome), i ministri britannici Canning, Castlereagh e Hawkesbury trainano nel porto di Sheerness la flotta danese catturata; un mostro marino con le teste degli ex ministri Grenville, Howick e Saint Vincent – il cui gabinetto composito o «delle vaste intese» aveva fatto fiasco nel 1807 – cerca con l'invidia, la diffamazione e l'opposizione virulenta di affondare quel nuovo governo efficiente. Sullo scoglio a destra, davanti alla taverna inglese (ornata dalla bandiera britannica e da un'insegna col ritratto di Giorgio III), siede con un bicchiere di birra John Bull, che intona esultante il canto di battaglia *Rule Britannia*: la sua superiorità navale si è imposta ancora contro Napoleone. Quest'ultimo, in cielo, cade dalla «nube dell'ambizione» e perde il suo «progetto per soggiogare il mare»; sotto di lui appaiono il continente che ha incendiato e la capitale danese, anch'essa in fiamme. La neutrale Danimarca, costretta dopo la pace franco-russa di Tilsit ad aderire al blocco continentale, sbarrò ai britannici l'accesso al Baltico; nel settembre 1807, perciò, la flotta inglese cannoneggiò Copenaghen.

Lit.: BM VIII 10762; Br I S. 262, II App. A 136.

Britische Seeleute schleppen die dänische Flotte in den Hafen; der «Broad-Bottom»-Leviathan versucht, Billys altes Boot zu überschwemmen, und der kleine Korse taumelt auf den Wolken der Ehrsucht

Loups de mer britanniques hâlant la flotte danoise dans le port; le «Broad-Bottom» Léviathan tentant de submerger le vieux bateau de Billy et le petit Corse trébuchant sur les nuages de l'ambition

British Tars Towing the Danish Fleet into Harbour; the Broad-Bottom Leviathan Trying to Swamp Billy's Old Boat and the Little Corsican Tottering on the Clouds of Ambition

Marinai inglesi trainano in porto la Flotta danese; il leviatano «Broad-Bottom» cerca di affondare la vecchia barca di Billy, e il piccolo còrso traballa sulle nubi dell'ambizione

32
PHAETON alarm'd! –
daneben sechs Verszeilen in zwei Spalten «*Now all the horrors of the heav'ns he spies, / «And monstrous shadows of prodigious size, / «That, deck'd with stars, lie scatter'd o'er the skies. // «Th'astonish'd youth, where e'er his eyes could turn, / «Beheld the universe around him burn! / «The world was in a blaze!»* – See, *Ovid's Metamorphoses.*
o. l. *THE SUN OF ANTI-JACO-BINISM / Pisces / Small Beer / Aquarius / Sangradórius*
o. r. *ASTREA / Herculanean Club / PYTHON / Aquila / Erin go Brach / Emancipa*[*tion*] */ SCORPIO / BROADBOTTOMISM*
u. r. *Silenus / Cancer / Ursa Major / Pluto / Petersburg / RUSSIAN EMPIRE / Persia / VAR*[...]
u. l. *Norway / Sweden / Denmark / POLAND / Turkey / GERMANY / ITALY / BRIT*[*AIN*] */ FRANCE / SPAIN / Portugal / ATLANTIC OCEAN / AMERICA / Neptune / Sagittarius / LIBRA-BRitannicus / COPENHAGEN / Leo Britannicus*
sign. u. l. *J.ˢ Gillray, inv,¹ & fec,¹*
bez. dat. o. M. *London, Publish'd March 22", 1808 – by H. Humphrey. 27. S.ᵗ James's Street.*
Radierung, koloriert
342 × 374 mm (350 × 435 mm)
Sammlung Herzog von Berry
1980.158.

Der aufgeschreckte Phaethon
Während Napoleon die Erde in Brand steckt und auf dem «Grossen Bären» Russlands gegen Österreichs Doppeladler reitet, braust am Firmament der britischen Politik die feindliche Sonne des Anti-Jakobinismus heran. Verfolgt vom britischen Löwen und gezogen von vier Rossen (Minister Hawkesbury, Perceval, Castlereagh, Eldon), überrollt der Sonnenwagen die britische Gerechtigkeitswaage «Kopenhagen» (Bombardierung der Stadt 1807); er droht, nächstens von seiner Bahn abzukommen, weil der durch Napoleons übles Treiben aufgeschreckte Phaeton (Aussenminister Canning) sein Kabinett zuwenig im Zaum hält. Für die Regierung ist die Konstellation bedrohlich; alle Sternzeichen bäumen sich auf: Die Opposition unter Petty, Whitbread, Addington und Erskine will diese Sonne auslöschen; als Pisces (Fische) pisst sie, und als Wassermann schüttet sie Bier aus, sie spritzt mit dem Klistier des Quacksalbers, und als Jungfrau spuckt sie. Auch das republikanische Adlerchen spuckt, während der Silen Sheridan mit Weinflaschen bewaffnet ist. Am gefährlichsten werden der vielköpfige Skorpion des Ex-Kabinetts (Broad-Bottom) und der anstürmende irische Stier, der am Schwanz einen Kessel mit der Gleichstellung der Katholiken zieht. Am unteren Bildrand beweint der (tote) apollonische Sänger Pitt in Versen des Ovid (unten) die Lage, während sich sein ebenfalls verstorbener Rivale Fox als Pluto ins Fäustchen lacht.

Phaéton est alarmé
Tandis que Napoléon met le feu à la terre et se lance – sur la «Grande Ourse» russe – contre l'aigle à deux têtes autrichienne, un soleil hostile anti-jacobin approche rapidement au firmament de la politique britannique. Poursuivi par le lion britannique et tiré par quatre chevaux célestes (les ministres Hawkesbury, Perceval, Castlereagh et Eldon), le char solaire roule sur la balance de la justice britannique, dénommée «Copenhague» (bombardement de la ville en 1807). Ce char risque d'être sous peu dévié de sa trajectoire, étant donné que Phaéton (Canning, ministre des affaires étrangères) – effrayé par les agissements de Napoléon – ne contrôle pas suffisamment son cabinet. La constellation est dangereuse pour le gouvernement: tous les signes du zodiaque se cabrent. L'opposition, sous la conduite de Petty, Whitbread, Addington et Erskine, veut éteindre le soleil: comme «pisces» (Poissons), elle pisse de la bière et – comme Verseau – elle en déverse; dans la peau d'un charlatan, elle fait gicler une seringue à clystère et, en tant que Vierge, elle s'efforce de cracher. La petite aigle républicaine crache lui aussi, tandis que le silène Sheridan est armé de bouteilles de vin. Le Scorpion à plusieurs têtes de l'ex-cabinet (Broad-Bottom) et le taureau irlandais – qui accourt, en traînant derrière lui une casserole attachée à la queue, symbolisant l'émancipation des catholiques – sont les plus dangereux. Au bord inférieur de l'estampe, on voit le chanteur (mort) apollinien Pitt en train de pleurer sur la situation, en récitant des vers d'Ovide, pendant que son rival (également mort) Fox – en Pluto – rit dans sa barbe.

Phaeton Alarmed
Napoleon has set the world ablaze. Astride Russia's «Great Bear» [Big Dipper], he is out to confront Austria's double eagle. Meanwhile, the inimical sun of anti-Jacobinism roars through the celestial quarters of British politics, a British lion chasing it from behind, and four steeds (ministers Hawkesbury, Perceval, Castlereagh, Eldon) harnessed to the fore. Crunching the British scales of justice «Copenhagen» (bombarded in 1807) under wheel, the sun chariot is about to fall off the track: Napoleon's evil deeds have so alarmed Phaeton (Foreign Secretary Canning) that he has trouble reining in his cabinet. The constellations are menacing: all the signs of the Zodiac are rebelling – that is the opposition, under Petty, Whitbread, Addington and Erskine, seeks to extinguish this sun. As Pisces, the opposition pees down on it; as Aquarius, it pours down beer; it sprays from the charlatan's enema and, as virgin, spits down. The Republican little eagle spits as well, while the silenus Sheridan is armed with wine bottles. Most dangerous of all are the many-headed scorpion of the disbanded cabinet («Broad-Bottom») and the charging Irish bull with, attached to its tail, a pot for holding the Catholics on a par with everyone else. Bottom left, the (now dead) Apollonian singer Pitt bemoans the situation in lines by Ovid (below), while his rival Fox, also deceased, here (bottom right) is transformed into Pluto who laughs up his sleeve.

Fetonte in allarme
Mentre Napoleone incendia il mondo e cavalca sull'«Orsa Maggiore» della Russia contro l'aquila bicipite dell'Austria, nel firmamento della politica inglese si avvicina sfrecciando il sole ostile dell'antigiacobinismo. Inseguita dal leone britannico e trainata da ministri-destrieri (Hawkesbury, Perceval, Castlereagh, Eldon), la quadriga del sole travolge la bilancia della giustizia britannica (che reca il nome di Copenaghen, cannoneggiata nel 1807); fra poco il carro rischia di uscire dall'orbita perché Fetonte (il ministro degli esteri Canning), atterrito dalle attività ostili di Napoleone, non tiene abbastanza a freno i membri del suo gabinetto. Il governo è in una situazione minacciosa: l'intero zodiaco è in rivolta. L'opposizione di Petty, Whitbread, Addington ed Erskine vuole spegnere il sole mingendo (Pesci, *Pisces* in inglese e latino), versando birra (Acquario), schizzando un clistere da mediconzolo o infine sputando (Vergine); anche l'aquilotto repubblicano sputa, mentre Sileno (Sheridan) è armato di bottiglie di vino. I più pericolosi sono lo Scorpione multicefalo del gabinetto precedente (il *Broad-Bottom* o «governo delle vaste intese») e il toro irlandese; quest'ultimo si lancia all'attacco trascinando con la coda un calderone, che rappresenta l'emancipazione dei cattolici. In basso un Apollo cantore (il defunto Pitt) deplora la situazione con versi di Ovidio, mentre il suo rivale Plutone (Fox, pure defunto) se la ride.

Lit.: BM VIII 10972; Br I S. 289, II App. A 693; Wr S. 628.

Der aufgeschreckte Phaethon

Phaéton est alarmé

Phaeton Alarmed

Fetonte in allarme

33
BONEY BOTHERED or an Unexpected Meeting
o. l. *Begár Monsieur Jean Bull again! Vat' – you know I was come here!*
o. r. *To be sure I did – for all your Humbug deceptions I smoked your intentions and have brought my Oak Twig with me, so now you may go back again / Secret Intellig ence*
u. r. *EAST-INDIES BENGAL / THE TIGHT LITTLE ISLAND*
u. l. *Plan of Operations in the Eas Indies […] / FRANCE*
Charles Ansell
bez. dat. u. r. *London Pub,^{d} July 9th 1808 by Tho,^{s} Tegg 111 Cheapside*
Radierung, koloriert
350 × 248 mm (370 × 260 mm)
Sammlung Herzog von Berry
1980.294.

Der belästigte Boney oder ein unerwartetes Treffen
Wieder stehen sich «Boney» und John Bull im Interessenkonflikt gegenüber, diesmal nicht in Europa (noch sichtbar am unteren Bildrand), sondern in Ostindien. Nach Feldzügen durch Europa und Kleinasien hat Klein-Napoleon jetzt seinen grossen Säbel (mit dem Operationsplan darauf), als Brücke über den Ozean gelegt. Wie John Bull ragt er aus einer Erdspalte im Globus heraus. Überrascht erkennt er, dass Grossbritannien – gewarnt durch die Geheimdienst-Akten in der Westentasche und gewappnet mit der typischen Eichenkeule – auch in dieser Weltgegend allpräsent und kampfbereit ist. Wohin ihn seine Expansionsgelüste auch führen, überall behindern ihn berechtigte britische Interessen und weisen ihn in die Schranken. Unmissverständlich fordert ihn sein ewiger Widersacher auf, sich sofort wieder davonzumachen. Die britische Vormacht auf dem indischen Subkontinent war 1805 etabliert. Ab 1807 beabsichtigte Napoleon nochmals, Frankreichs alte Handelsplätze wiederzugewinnen. Da der persische Schah einer französischen Expedition auf dem Landweg die Unterstützung entzog, blieb der Indienfeldzug ein Wunschtraum.

Boney a des ennuis ou la rencontre inattendue
«Boney» et John Bull se retrouvent à nouveau face à face dans un conflit d'intérêts, cette fois-ci non pas en Europe (encore visible en bas à gauche), mais dans les Indes orientales. Après des campagnes à travers l'Europe et l'Asie mineure, le petit Napoléon a placé maintenant son grand sabre (surmonté du plan des opérations) – en guise de pont – sur l'océan. Comme John Bull, Napoléon émerge d'une crevasse dans le globe terrestre. L'empereur découvre avec étonnement que la Grande-Bretagne – avertie par des documents des services secrets dépassant de la poche de la veste et équipée de la traditionnelle massue de chêne – est omniprésente et prête au combat aussi dans cette région du monde. Quels que soient les endroits où le mènent ses désirs d'expansion, Napoléon est partout gêné et rappelé à l'ordre par des intérêts légitimes britanniques. Son éternel adversaire le somme sans équivoque à rebrousser chemin immédiatement. L'hégémonie britannique sur le sous-continent indien était établie dès 1805. En 1807, Napoléon envisagea, une fois encore, de reconquérir les anciens marchés de la France. Etant donné que le shah de Perse retira son soutien à une expédition française par voie terrestre, la campagne d'Inde resta une chimère.

Boney Bothered or an Unexpected Meeting
«Boney» and John Bull are again suffering a conflict of interests, but this time over the East Indies rather than Europe (along cartoon's bottom edge). After his military campaigns across Europe and Asia Minor, child-Napoleon has now laid down his big sabre clear across the Ocean. Both men rise out of a fissure in the globe, and Boney is astounded to see that even in this new world context, John Bull remains omnipresent and fit for the fray: a copy of a secret service report (see his vest pocket) has warned him of Boney's intentions and he is armed with the perennial oak club. Wherever Boney's expansionist drive leads him, the British oppose their legitimate claims and impose their limits. To all appearances, Boney's eternal adversary is now ordering him to pull out here as well. The British established their supremacy over the Indian subcontinent in 1805 but, beginning in 1807, Napoleon set out to repossess France's former trading centres. When a Persian shah withdrew his support of the French overland expedition, Napoleon's Indian hopes were dashed.

Boney seccato, ovvero un incontro inatteso
Dall'Europa, ancora visibile in basso, il conflitto d'interessi fra «Boney» e John Bull si è spostato nelle Indie orientali. Dopo spedizioni in Europa e nell'Asia minore, il piccolo Napoleone – che come John Bull fuoriesce da una spaccatura del globo – ha sistemato a mo' di ponte sull'oceano la sua grossa sciabola, su cui appare il piano delle operazioni; scopre però con sorpresa che la Gran Bretagna – armata della sua tipica mazza di quercia, e messa sull'avviso dai documenti dei servizi segreti (nella tasca della giacca) – è onnipresente e pronta alla lotta anche in questa regione del mondo. Ovunque diriga le sue mire espansionistiche, Napoleone è ostacolato e rintuzzato dai legittimi interessi inglesi; il suo eterno nemico lo invita in termini inequivocabili a filarsela. Benché nel subcontinente indiano il predominio britannico fosse già acquisito nel 1805, a partire dal 1807 Napoleone coltivò ancora l'idea di riconquistare le vecchie piazze commerciali della Francia; poiché però lo scià di Persia non volle appoggiare il passaggio dei francesi per via di terra, la spedizione in India rimase un sogno nel cassetto.

Lit.: Ash S. 288 (Det.); BM VIII 10995; Br I S. 291f., II App. A 91; Da S. 141; GC 197; Kat. H85 53.

Der belästigte Boney oder ein unerwartetes Treffen

Boney a des ennuis ou la rencontre inattendue

Boney Bothered or an Unexpected Meeting

Boney seccato, ovvero un incontro inatteso

BONEY BOTHERED or an Unexpected Meeting

34
The SPANISH-BULL-FIGHT, – or – the CORSICAN-MATADOR in Danger –
über dem Bildfeld *The Spanish Bull is so remarkable for Spirit, that unless the Matador strikes him Dead at the First Blow, the Bull is sure to destroy him.» – Vide Barretti's Travels*
o. l. *Vin de BRAZI[L] / ALEX.' the GREAT*
o. r. *Polar Star / The BULL for EXCOM--MUNICATING the Corsican USURPER / ALGIERS M. THEATRE ROYALE DE L'EUROPE.*
u. r. *Plan pour Assujettir le Monde / Prussian Bull Beef / Dutch Bull Beef / Danish Bull Beef*
senkrecht der Bildrahmung entlang *Wounded Bulls bellowing for help*
u. l. *CORSICAN CHAIN / Coronatione de Joseph Boanaparte Rex Espagnol – Gibraltar […] Nap*
sign. u. l. *J. Gillray des – & fecit*
bez. dat. u. r. *Publishd July 11th 1808. by H. Humphrey S.t James's Street*
Radierung, koloriert
255 × 357 mm (330 × [477] mm)
Sammlung Herzog von Berry
1980.157.

Der spanische Stierkampf oder der korsische Matador in Gefahr
Gillrays Karikatur orakelt, dass das charakterfeste Spanien Napoleon ein Ende bereiten werde, ausser er besiege es auf Anhieb. Im «königlichen Theater von Europa» wohnen England, Preussen, Portugal, Russland, Österreich, Schweden, der Vatikan, die Türkei und Algerien mit Freude einem Stierkampf zwischen Spanien und Frankreich bei: Der spanische Stier hat die Ketten des Eindringlings zerrissen, den aufgezwungenen König Joseph erledigt, bepisst ihn noch und schleudert den blutenden Napoleon mit seinem zerbrochenen Säbel in die Luft. Dabei verliert dieser seinen Welteroberungsplan, dem Preussen, Holland und Dänemark zum Opfer gefallen sind: die erlegten Stiere sind nur noch als Rindfleisch zu gebrauchen. Ein Wortspiel assoziiert die Bullen mit der päpstlichen Bannbulle, die den Usurpator (erst 1809!) nach der Besetzung des Kirchenstaates traf und die Deportation des Papstes bewirkte. Die krasse Allegorie offenbart die Fehlspekulation, die Napoleon mit dem Krieg in Spanien anstellte. In Spanien zirkulierte eine identische Karikatur mit spanischem Text (Br II S. 165, 402, App. F B69).

La corrida espagnole ou le matador corse en danger
La caricature de Gillray prophétise que l'Espagne – ferme de caractère – triomphera de Napoléon, à moins que celui-ci ne réussisse à la vaincre du premier coup. L'Angleterre, la Prusse, le Portugal, la Russie, l'Autriche, la Suède, le Vatican, la Turquie et l'Algérie assistent, au «Théâtre royal de l'Europe», à une course de taureaux opposant l'Espagne à la France. Le taureau espagnol a déchiré les chaînes posées par l'intrus, s'est débarrassé du roi Joseph imposé par la force, pisse sur lui au passage et lance en l'air Napoléon ensanglanté tenant un sabre cassé. A cette occasion, l'empereur perd son plan pour assujettir le monde, plan dont les Prussiens, les Hollandais et les Danois ont été des victimes: les taureaux tués ne peuvent plus être utilisés que comme viande de bœuf. Un jeu de mots associe les taureaux («Prussian Bull Beef», «Dutch Bull Beef» et «Danish Bull Beef») avec la bulle d'excommunication papale («Bull for Excommunicating») ayant frappé l'usurpateur après l'occupation de l'Etat du Vatican (seulement en 1809!) et ayant provoqué la déportation du pape. Cette allégorie éloquente fait référence à la mauvaise spéculation opérée par Napoléon avec la guerre en Espagne. Une caricature identique, accompagnée d'un texte en espagnol, a aussi circulé, à l'époque, en Espagne (Br II p. 165, 402, app. F B69).

The Spanish Bullfight or, the Corsican Matador in Danger
Gillray's cartoon predicts that strong-willed Spain will bring about Napoleon's demise, unless Napoleon strikes him dead at first blow. In the «Théâtre Royale» of the European nations, those gleefully witnessing the bullfight between Spain and France are England, Prussia, Portugal, Russia, Austria, Sweden, the Vatican, Turkey, and Algeria. The Spanish bull has sundered the chain linking him to the intruder; he has finished off Joseph, unwilling King – even pees on him – and flings a bloody Napoleon and his broken sword in the air. In the battle, Napoleon has lost his plan to conquer the world – a plan that already has claimed as victims Prussia, Holland, and Denmark, all three of whom are portrayed as exhausted bulls no longer of any use other than beef meat. A pun is meant between the bulls and the papal bull excommunicating the usurper (not until 1809!) after the occupation of the Papal State and the Pope's arrest. This crass cartoon reveals how wrongly Napoleon calculated the reactions of the Spanish upon being attacked. An identical cartoon in Spanish was working its way across Spain at the time (Br II p. 165, 402, App. F B69).

La corrida spagnola o il matador còrso in pericolo
Questa caricatura di Gillray predice che Napoleone sarà distrutto dal coraggio della Spagna, a meno che non vinca al primo colpo. Nel «teatro reale europeo» Inghilterra, Prussia, Portogallo, Russia, Austria, Svezia, Santa Sede, Turchia e Algeria assistono con gioia a una corrida tra Spagna e Francia: il toro spagnolo, che ha strappato la catena dell'invasore e liquidato il re impostogli (Giuseppe Bonaparte, su cui per giunta minge), scaglia in alto un Napoleone sanguinante e con la sciabola spezzata. Quest'ultimo lascia cadere il suo «piano per assoggettare il mondo», che ha già fatto tre vittime: i tori abbattuti della Prussia, dell'Olanda e della Danimarca sono già ridotti a carne da macello. Un gioco di parole associa il toro (*bull* in inglese) con la bolla papale (*bull*) di scomunica che solo nel 1809 (!) colpirà l'usurpatore, dopo l'occupazione dello Stato della Chiesa, e provocherà la deportazione del pontefice. L'opera è un'allegoria evidente dell'errore di valutazione compiuto da Napoleone nella penisola iberica; una caricatura identica ma con testo in spagnolo circolava in Spagna (Br II p. 165, 402, app. F B69).

Lit.: Ash S. 289 (Det.); BM VIII 10997; BN IV 8359; Br I S. 270 f., II App. A 814; Da S. 140; De II S. 559 f., III S. 168; GC 199.

Der spanische Stierkampf oder der korsische Matador in Gefahr

La corrida espagnole ou le matador corse en danger

The Spanish Bullfight or, the Corsican Matador in Danger

La corrida spagnola o il matador còrso in pericolo

35
Apotheosis of the CORSICAN-PHOENIX.
u.r. «When the Phoenix is tired of Life, he builds a Nest upon the Mountains, and setting / it on Fire by the wasting of his own Wings – he perishes Himself in the Flames! – / – and from the smoke of his Ashes arises a new Phoenix to illuminate the World!!! – / – Vide The New Spanish Encyclopaedia. Edit. 1808
o.M. PEACE ON EARTH / CORDON D'HONOR
u.M. PORTUGAL / SPAIN / FRANCE Germany ITALY TURKEY Corsica Sicily MOROCCO ALGIERS AFRICA / PYRENEAN MOUNTAINS
sign. u. l. J^s Gillray inv.^{t} & fec^t-
bez. dat. o. l. Publishd-August 2^d. 1808 – by H. Humphrey 27 S^t. James's Street
Radierung, koloriert
360×264 mm ([475]×346 mm)
Sammlung Herzog von Berry
1980.156.

Apotheose des korsischen Phönix
Die Kraft und Qualität dieser «Vergöttlichung» beruht auf der strengen Bildregie. Felsen und Nebelbänke verlegen das mythologische Geschehen auf die Pyrenäenspitzen. Im Nest aus Gewehren und Bajonetten geht der lebensmüde Sagenvogel Phönix mit Napoleons Kopf in den Flammen des von ihm entzündeten Weltenbrands unter. Kaum sind ihm seine Insignien entglitten, als auf der Rauchsäule, aber im Sonnenglanz, die zu neuem Leben erweckte Taube des Weltfriedens schon erscheint. Zur Erläuterung unterlegt Gillray der Allegorie einen ebenso allegorischen Text. Er zitiert aus der fiktiven spanischen Enzyklopädie von 1808. Die «Encyclopédie» war eine Frucht der französischen Aufklärung und im feudalklerikalen Spanien undenkbar; erst 1848 erschien ein spanisches Werk dieser Art. Der Zusammenprall dieser gegensätzlichen Ideologien Frankreichs und Spaniens verurteilte Napoleons Einmarsch von 1808 zum Scheitern. Indem er höhnt, Napoleon richte im Spanienkrieg seine politische Existenz zugrunde – was Frieden bedeuten würde –, wagt Gillray in diesem politischen Spätwerk eine im Kern richtige Voraussage.

Apothéose du phénix corse
La force et la qualité de cette «déification» repose sur une mise en image rigoureuse. Des rochers et des bancs de brouillard transportent les événements mythologiques sur les sommets des Pyrénées. Le phénix – oiseau mythique las de vivre –, placé dans un nid fait de fusils et de baïonnettes et ayant la tête de Napoléon, périt dans les flammes de l'incendie mondial qu'il a lui-même déclenché. A peine a-t-il perdu ses insignes qu'apparaît déjà – au-dessus de la colonne de fumée, dans la splendeur du soleil – la colombe de la paix mondiale renaissant pour une nouvelle vie. En guise d'explication de l'allégorie, Gillray a formulé un texte tout aussi allégorique. Il cite une fictive «Encyclopédie espagnole» de 1808. L'«Encyclopédie» a été un fruit du siècle des lumières français, travail impensable dans l'Espagne féodale et cléricale. C'est seulement en 1848 que parut une œuvre de ce genre. Le choc des idéologies opposées française et espagnole a voué à l'échec l'entrée des troupes de Napoléon en 1808. Affirmant, d'un ton plein de dérision, que Napoléon anéantit son existence politique à travers la guerre d'Espagne – ce qui aboutirait à la paix –, Gillray ose faire, avec cette œuvre politique tardive, un pronostic s'étant avéré juste pour l'essentiel.

Apotheosis of the Corsican Phoenix
Strict pictorial organisation lends a particular forcefulness to this «deification»: cliffs and cloud banks have been built up to shift the mythological event to the top of a Pyrenean peak. There, in a nest of rifles and bayonets, the world-weary, legendary Phoenix with the head of Napoleon is being consumed by the flames of a world set ablaze by Napoleon himself. Hardly have his insignia slipped away than appears – at the pinnacle of the pillar of smoke yet bathed in sunlight – the dove of world peace, who awakens to new life. The explanatory text by Gillray is as allegorical as the image itself, quoting from a fictional «Spanish Encyclopedia» of the year 1808. Encyclopedias, fruit of the French Enlightenment, were totally unheard of in feudal and clerical Spain (where it would take until 1848 for a comparable publication to appear). The ideological gulf between France and Spain doomed Napoleon's 1808 invasion from the start. In mocking Napoleon for instigating his own political downfall by attacking Spain, and thus hastening the advent of peace, Gillray in fact was presaging what would come to be.

Apoteosi della fenice còrsa
Il vigore e il livello qualitativo di questa «apoteosi» dipendono da una composizione rigorosa, che grazie a rocce e banchi di nebbia trasporta l'evento mitologico sulle cime pirenaiche. Stanca di vivere, la leggendaria fenice con la testa di Napoleone si uccide dando fuoco al mondo, cioè al proprio nido di fucili e baionette; non appena essa perde le insegne, sopra la colonna di fumo ecco apparire in pieno sole, chiamata a nuova vita, la colomba della pace universale. Per spiegare l'allegoria, Gillray aggiunge in basso una citazione – anch'essa allegorica – da un'«enciclopedia spagnola» del 1808, peraltro fittizia: frutto dell'illuminismo francese, l'*Enciclopedia* era impensabile nella Spagna clerico-feudale (ove un'opera del genere sarebbe apparsa solo nel 1848), e proprio lo scontro fra ideologie contrapposte come quelle spagnola e francese fece fallire l'invasione napoleonica del 1808. Schernendo un Napoleone che con la campagna di Spagna si autodistrugge politicamente (e crea quindi le premesse per la pace), in quest'opera tarda Gillray formula una previsione politica fondamentalmente corretta.

Lit.: Ash S. 291; BM VIII 11007; BN IV 8364; Br I S. 292f., II App. A 22; De II S. 572f., III S. 174; GC 204.

Apotheose des korsischen Phönix

Apothéose du phénix corse

Apotheosis of the Corsican Phoenix

Apoteosi della fenice còrsa

Apothevsis of the CORSICAN-PHŒNIX.

"When the Phœnix is tired of Life, he builds a Nest upon the Mountains, and setting it on Fire by the wafting of his own Wings — he perishes Himself in the Flames — and from the smoke of his Ashes arises a new Phœnix to illuminate the World."
— *Vide The New Spanish Encyclopedia.*

36
SPANISH-PATRIOTS attacking the FRENCH-BANDITTI. – Loyal Britons lending a lift! –
o. l. *LIBERTY LOYALTY / LIBERTE / VICTOIRE ESPAGNOL / La Sainte Vierge / Vive le Roi FERDINAND VII*
o. r. *La Mort ou la Victoire* [zweimal] / *Vive le le Roi Joseph / La Mort ou la Victoire / Dup*[ont] […]
u. r. *G R / INVINCIBLE LEGION*
u. l. *British Gunpowder*
sign. u. l. *J^s Gillray inv.^{t} & fec.^{t}*
bez. dat. o. M. *Publishd August 15th 1808 – by H. Humphrey 27 S^t. James's Street*
Radierung, koloriert
274 × 390 mm (335 × [480] mm)
Sammlung Herzog von Berry
1980.165.

Spanische Patrioten greifen die französischen Banditen an – mit Unterstützung der loyalen Briten!
Im gebirgigen Baskenland, wohin König Joseph im August 1808 floh, kämpfen englische Truppen mit spanischen Geistlichen und Freischärlern Seite an Seite. Die bislang «unbesiegbaren Legionen» Napoleons werden vom patriotischen Widerstand abgemetzelt: Im nationalen Blutrausch unterstützen Bürgertum, Mönche, Bischöfe und Nonnen eigene und englische Soldaten mittels Dolchen und englischem Schiesspulver. Rechts oben flüchten sich die «französischen Räuber» – mit dem Flaggenspruch «Tod oder Sieg» – in Panik über die Pyrenäen. Wer treibt den Befreiungskampf an und hätte unter französischem Joch am meisten zu verlieren? – Die Kirche: Mit der Flagge der hl. Jungfrau und unter dem Befehl eines Bischofs zieht man in den Kampf. Der Felsen links trägt Zeichen der verteidigten Werte «Freiheit», «Loyalität» zur legitimen Dynastie und – zuoberst – Katholizismus. Das Blatt führt die Greuel vor Augen, die in diesem Krieg auf beiden Seiten begangen wurden, den Hass und die Hingabe der spanischen Bevölkerung im Kampf gegen die Invasoren. Einem fremden, aufgezwungenen Verfassungsstaat zogen die Spanier selbst Inquisition und Repression vor.

Les patriotes espagnols attaquent les brigands français – avec l'aide des Britanniques loyaux!
Dans la région montagneuse du Pays Basque où s'est enfui le roi Joseph en août 1808, des troupes anglaises luttent aux côtes d'ecclésiastiques et de francs-tireurs espagnols. Les légions de Napoléon, «invincibles» jusque-là, se font anéantir par la résistance patriotique. Pris d'une ivresse sanguinaire nationale, la bourgeoisie, des moines, des évêques et des religieuses soutiennent leurs propres soldats et les soldats anglais à l'aide de poignards et de poudre anglaise. En haut à droite, les «bandits français» – paniqués – s'enfuient par-dessus les Pyrénées, en portant un drapeau où est inscrite la devise «Mort ou victoire». Qui pousse à lutter pour la libération et aurait à perdre le plus sous le joug français? – L'Eglise: on part au combat en portant un drapeau à l'effigie de la Sainte Vierge, sous les ordres d'un évêque. Le rocher, sur le côté gauche, est bardé de signes symbolisant les valeurs à défendre, comme la «liberté» ou la «loyauté» à l'égard de la dynastie légitime; tout en haut, on distingue un signe qui représente le catholicisme. La gravure rend compte des atrocités commises par les deux camps dans cette guerre, ainsi que de la haine et de la passion manifestées par la population espagnole dans sa lutte contre les envahisseurs. Les Espagnols ont montré que l'inquisition et la répression étaient pour eux un moindre mal qu'un Etat constitutionnel imposé de l'extérieur.

Spanish Patriots Attacking the French Bandits – Loyal Britons Lending a Lift!
The mountainous Basque provinces to which King Joseph fled in August 1808 are the backdrop for the battle engaged by the English troops side by side with Spanish ecclesiastics and guerillas. Napoleon's long «undefeatable legions» are being decimated by the patriotic resistance forces. The bloodthirsty bourgeoisie, monks, bishops, and nuns, all lend support – daggers and English gunpowder – to their own and the English soldiers. Towards the top, to the right, the «French bandits» – whose standard is inscribed «Death or Victory» – are fleeing over the Pyrenees in total panic. The fight for independence was goaded on by those who had the most to gain by lifting the yoke of the French, namely the Church. Thus, it is under a banner of the holy Virgin and the command of a bishop that the crowd has joined the battle. The cliff to the left bears the symbols of the values being defended: «Liberty [and] Loyalty» … to the legitimate dynasty and, above all, to Catholicism. In powerful graphic terms this print conveys all the horror this war inflicted on both sides, all the hate and devotion to their cause of the Spanish people against the invaders. To the Spanish, anything – even the Inquisition and political repression – was preferable to a foreign and forcibly constitutional state.

Patrioti spagnoli attaccano i banditi francesi – Britannici leali danno una mano
Nei montagnosi Paesi Baschi, ove è fuggito re Giuseppe nell'agosto 1808, truppe inglesi combattono fianco a fianco con ecclesiastici e volontari spagnoli. Quella che prima era la «legione invincibile» di Napoleone è massacrata dalla resistenza patriottica: nella furia sanguinaria nazionale borghesi, monaci, vescovi e suore aiutano i propri combattenti e quelli inglesi con pugnali e polvere da sparo britannica. In alto a destra i «banditi francesi», in preda al panico, fuggono sui Pirenei recando sullo stendardo il motto «Morte o vittoria». Chi incita alla guerra di liberazione, e chi avrebbe più da perdere sotto il giogo francese? La Chiesa: si va a combattere col vessillo della S. Vergine e agli ordini di un vescovo. La roccia a sinistra reca le insegne dei valori difesi: la «libertà», la «lealtà» (alla dinastia legittima) e – più in alto di tutti – il cattolicesimo. La stampa illustra le atrocità che durante il conflitto furono commesse da entrambe le parti, l'odio e la dedizione del popolo spagnolo nella lotta all'invasore: a un regime straniero coatto gli spagnoli preferivano perfino l'Inquisizione e la repressione.

Lit.: BM VIII 11010; BN IV 8366; Br II App. A 888; De II S. 562f., III S. 170.

SPANISH-PATRIOTS attacking the FRENCH-BANDITTI. — Loyal Britons lending a lift!

Spanische Patrioten greifen die französischen Banditen an – mit Unterstützung der loyalen Briten!

Les patriotes espagnols attaquent les brigands français – avec l'aide des Britanniques loyaux!

Spanish Patriots Attacking the French Bandits – Loyal Britons Lending a Lift!

Patrioti spagnoli attaccano i banditi francesi – Britannici leali danno una mano

37
POLITICAL QUADRILLE –
the GAME UP
o. l. *What! What, a dust, eh? so much the better – Boney got the worst of the game, I must lend a hand / If I don't take advantage of the present opportunity I shall indeed be a prussian Cake / Now is the time to rub off the rust of Tilsit*
o. M. *I tell you you are a Scoundrel, and if you do not restore my king whom you have stolen from the other table and reinstate Ponto – by the honor of a spanish Patriot I will strangle you, / Dont be so boisterous I only borrow'd him, merely to make up the pack*
o. r. *Ah! Ah, the game has taken a different turn from what I expected, I must not be idle / Donder and Blixens I be quite tire'd of de game Yaw! Yaw now is de time for me to rise.*
u. l. HEART OF OAK
Charles Ansell
bez. dat. u. r. *Pub,ᵈ August 1808 by Walker Nº 7 Cornhill*
u. r. *Plate 2ᵈ.*
Radierung, koloriert
n. best. (315 × 385 mm)
Herkunft unbekannt
1980.147.

Das politische Kartenspiel – Die Partie ist aus
An zwei Tischen sitzen Europas Nationen beim Kartenspiel. Da packt der Spanier Napoleon am Kragen, der dabei den Papst zu Boden stösst. Der spanische Patriot schwört, den Falschspieler zu erwürgen, falls dieser seinen gestohlenen König nicht wieder ins Spiel bringt und den Pontifex auf den Apostolischen Stuhl zurücksetzt. Napoleon beschwichtigt, er habe den König bloss geborgt, um seine Karten zu vervollständigen. Sofort wittern die Mitspieler ihre Chance: George III. verfolgt den Vorfall durch das Fernglas (vgl. Kat. Nr. 12) und kommt Spanien mit seiner Eichenkeule zu Hilfe. Zar Alexander zieht den Degen, um ihn vom Rost von Tilsit zu reinigen. Friedrich Wilhelm III. lüftet seine Augenbinde – er muss handeln, um nicht als Feigling dazustehen. Erfreut greift Franz I. zu Hut und Waffen. Auch das bonapartistisch regierte Holland hält die Zeit für reif, sich gegen Napoleon zu erheben. Im Februar 1808 besetzte Napoleon Rom und gliederte den Kirchenstaat seinem Königreich Italien an. In Bayonne zwang er Anfang Mai König Karl IV. und Kronprinz Ferdinand, Spaniens Thron zu entsagen. Ansell löst hier die Handlung seiner gleichnamigen Karikatur von 1806 (Br I S. 251 f., II App. A 719) auf: Das Spielglück hat sich von Napoleon abgewendet.

Quadrille politique – fin de partie
Les nations européennes, jouant aux cartes, sont assises à deux tables. Tout à coup, l'Espagnol saisit Napoléon au collet, poussant le pape par terre. Le patriote espagnol jure d'étrangler le tricheur, si celui-ci ne remet pas en jeu le roi volé et s'il refuse de replacer le souverain pontife sur son siège. Napoléon apaise la situation en précisant qu'il a simplement emprunté le roi, dans le but de compléter ses cartes. Les adversaires flairent tout de suite leur chance: Georges III suit l'incident avec des jumelles (cf. nº cat. 12) et vient en aide à l'Espagne avec sa massue de chêne. Le tsar Alexandre tire son épée, afin d'ôter la rouille de Tilsit. Frédéric-Guillaume III enlève son bandeau – il doit agir pour ne pas passer pour un lâche. François Iᵉʳ saisit joyeusement son chapeau et son arme. La Hollande, sous domination bonapartiste, trouve aussi qu'il est temps de se révolter contre Napoléon. En février 1808, Napoléon occupa Rome et incorpora l'Etat du Vatican dans son royaume d'Italie. Début mai, à Bayonne, il força le roi Charles IV et le prince héritier Ferdinand à renoncer au trône d'Espagne. Ansell donne ici la solution au problème posé par sa caricature de 1806 portant le même titre (Br I p. 251 sq., II app. A 719): la chance au jeu s'est détournée de Napoléon.

Political Quadrille – The Game Up
The nations of Europe are seated at two card tables. The Spanish player, collaring Napoleon and, by the same token, toppling the Pope, swears he will strangle the cheater unless the King is returned and the Pope restored to the Apostolic See. In a gesture of appeasement, Napoleon declares he was only borrowing the King from the Pope to complete the pack. The rest of the players sense an opportunity: George III, following the scene through spyglasses (cf. cat. no. 12), lends succor the Spaniard with his oak club. The Tsar Alexander unsheathes his sword to wipe it clean of the Tilsit rust. Frederick William III lifts his eye bandage – he must get on with his act so as not to appear cowardly. Francis I joyously reaches up towards hat and weapon. Even Holland, under the kingship of a Bonaparte, felt the moment was ripe for an uprising. In February 1808 Napoleon took over Rome, annexing the Papal State to the kingdom of Italy. And in Bayonne in early May, he forced Charles IV and crown prince Ferdinand to abdicate from the Spanish throne. This is the point at which Ansell winds up a story first broached in his 1806 cartoon under the same title (Br I p. 251 f., II App. A 719). For Napoleon, the game was up.

Quadriglia Politica – la gara finita
Sedute a due tavoli, le nazioni europee giocano a carte. Napoleone, che spinge a terra il papa, è preso per il collo da un patriota spagnolo, che lo chiama furfante e giura di strangolarlo se non restituirà il re rubato e non reinsedierà il pontefice sul trono della Santa Sede; nel tentativo di calmarlo, l'aggredito dice che ha preso il re soltanto in prestito, per completare le carte. Gli altri giocatori fiutano subito la buona occasione: Giorgio III osserva l'incidente al cannocchiale (cfr. nº cat. 12) e viene in aiuto alla Spagna con la sua clava di quercia; lo zar Alessandro sguaina la spada per ripulirla dalla ruggine di Tilsit; Federico Guglielmo III solleva la benda dall'occhio e dice di dover agire, per non far la figura del vile; Francesco I, esultante, afferra il cappello e la spada; anche l'Olanda ritiene giunto il momento di «alzarsi», cioè di sollevarsi contro il governo bonapartista. Nel febbraio 1808 Napoleone occupò Roma e annetté lo Stato della Chiesa al proprio Regno d'Italia; a Baiona, poi, all'inizio di maggio costrinse re Carlo IV e il principe ereditario Ferdinando a rinunciare al trono spagnolo. Qui Ansell scioglie la trama di una sua caricatura omonima del 1806 (Br I p. 251 sg., II app. A 719): la fortuna al gioco ha abbandonato Napoleone.

Lit.: Ash S. 222 f.; BM VIII 11015; Br I S. 275, II App. A 720; De II S. 554 f., III S. 166; GC 203.

Das politische Kartenspiel – Die Partie ist aus

Quadrille politique – fin de partie

Political Quadrille – The Game Up

Quadriglia Politica – la gara finita

38
IOHN BULL amongst the SPANIARDS. or Boney decently Provided for.
o. *My Good Friends here I am amongst you – you must know I am not over fond of any kind of Foreignneers, – but as you mean to dish Boney – out of pure love and charity – I have brought you something to help you on. – here is a cask of British Spirits. – another of Razor Blades – Two Undertakers – a Grave Digger, and a little Coffin – what can you wish for more ?*
u.l. *BRITISH SPIRITS*
u.M. *RAZOR BLADES / NAPOLEON by the gra[ce] o God depart[ed] this Life*
Charles Williams
bez. dat. u. r. *Pub,ᵈ July 1808 by Walker Nº 7 Cornhill.*
Radierung, koloriert
n. best. (250 × 350 mm)
u. l. Prägestempel mit Biene im Rund
Sammlung Herzog von Berry 1980.285.

John Bull unter den Spaniern oder Boney gut aufgehoben
Wie Theaterstatisten umstehen spanische Edelleute John Bull, der auf einem Fass eine (selbstironische) Rede hält. Obwohl er kein Freund von Ausländern sei, habe er «aus purer Nächstenliebe» ihnen – da sie ja Napoleon erledigen wollen – etwas zur Unterstützung mitgebracht: britischen Kampfgeist, Rasierklingen und ein Kindersärglein auf Napoleons Namen; dazu das nötige Personal – zwei Leichenbestatter und einen Totengräber. Natürlich ging es Grossbritannien zuerst um die eigene Haut, in der es sich nach der Errichtung der napoleonischen Kontinentalsperre nicht mehr wohl fühlen konnte. Napoleons Macht und Expansion in der Welt aufzuhalten und zu brechen war Bedingung für das Überleben der Nation. Deshalb entsandte die britische Regierung im September 1808 10 000 Soldaten unter Wellesley auf die iberische Halbinsel.

John Bull chez les Espagnols ou Boney convenablement servi
A l'instar de figurants, des gentilshommes espagnols entourent John Bull, qui debout sur un tonneau prononce un discours ironique sur lui-même. Bien qu'il ne soit pas un ami des étrangers, il leur aurait apporté, «par pur amour du prochain» – étant donné qu'ils veulent se débarrasser de Napoléon –, différentes choses pour les soutenir: de l'esprit combatif, des lames de rasoir et un petit cercueil d'enfant portant le nom de Napoléon; ensemble complété par le personnel nécessaire, à savoir deux porteurs de cercueil et un fossoyeur. Evidemment, il s'agissait d'abord de tirer la Grande-Bretagne de sa position inconfortable du fait du blocus continental. Stopper et briser le pouvoir de Napoléon et son expansion dans le monde était une condition pour la survie de la nation. C'est pourquoi, en septembre 1808, sous le commandement de Wellesley, le gouvernement britannique envoya 10 000 soldats dans la Péninsule ibérique.

John Bull Amongst the Spaniards, or Boney Decently Provided For
Spanish nobles stand around like theater extras while John Bull holds forth from a barrel top. With an ironical twist at his own expense, he declares that, while no friend of foreigners, «love and charity» have inspired him – since they want to finish off Napoleon – to bring along some support: British war spirit, razor blades, a children's coffin inscribed with Napoleon's name, together with the necessary accomplices, namely undertakers and grave digger. Obviously, the British nation was interested in saving its own skin, in the face of the Continental blockade; their very survival depended on putting a stop to, and destroying, Napoleon's power and worldwide expansion. This would lead them, in September 1808, to send 10 000 soldiers under Wellesley to the Iberian peninsula.

John Bull fra gli spagnoli, ovvero un servizio decoroso per Boney
Simili a comparse teatrali, nobili spagnoli ascoltano il discorso (autoironico) di John Bull, che sta ritto su un barile. Anche se non ama molto gli stranieri, «per puro amore e carità» egli intende dare una mano a chi vuole liquidare Napoleone; per questo ha portato spirito (guerriero) britannico, lame di rasoio, una minuscola bara col nome dell'imperatore e il personale necessario (due agenti di pompe funebri e un becchino). Naturalmente la Gran Bretagna badava anzitutto ai propri interessi, messi in pericolo dal blocco continentale; poiché fermare l'espansione francese nel mondo e infrangere il potere napoleonico era indispensabile per la sua sopravvivenza, nel settembre 1808 Londra inviò nella penisola iberica 10 000 soldati al comando di Wellesley.

Lit.: BM VIII 11005; Br II App. A 472.

39
THE SPANISH BULL brokeloose or JOSEPHS Flight out of SPAIN. –
o. l. *PATRIOTISM*
o. r. *TO BAYONNE*
u. r. *Joseph Iˢᵗ REX Espagnol / Spanish Regalia / Dollars / Gold / Church Plate / LIBERTY* [zweimal]
u. l. *LIBERTY* [zweimal] */ Don Bull / CORSI[CAN] CHAIN / John Bull / G, III.ᵈ REX*
Charles Williams
bez. dat. u. r. *Pubᵈ Septem,ʳ 1808 by Walker Nº, 7 Cornhill.*
Radierung, koloriert
270 × 370 mm (340 × [475] mm)
Sammlung Herzog von Berry 1980.162.

Der ausgebrochene spanische Stier oder Josephs Flucht aus Spanien
Aus Madrid (links hinten) vertreiben die beiden nach Freiheit schnaubenden Stiere Englands (John Bull), der einen Korb voller Waffen trägt, sowie Spaniens (Don Bull), der sich von den «korsischen Ketten» losgerissen hat, den Usurpator Joseph Bonaparte. Als spanischer Edelmann peitscht dieser auf seinen Maulesel ein, der die Beute an spanischem Gold und Kirchengut schleppt, und verliert dabei die Krone. Er flieht nach Bayonne, wohin ihm die Armee mit seiner Flagge und dem Kronschatz vorauseilt. Auf dem Hügel im Hintergrund schwenken die Grossmächte (in derselben Reihenfolge wie in Kat. Nr. 34) jubelnd ihre Hüte. Am Himmel verscheucht die Sonne der Vaterlandsliebe dunkle Gewitterwolken, die Blitz und Regen auf die Franzosen niedersenden. General Duponts fatale Niederlage bei Bailén trieb Ende Juli 1808 König Joseph in die Flucht. Im August betrat ein britisches Heer Portugal und brachte bis 1813 die iberische Halbinsel in seine Gewalt. Spaniens patriotische Guerilla und Englands Unterstützung entschieden den Unabhängigkeitskrieg.

Le taureau espagnol en liberté ou la fuite hors d'Espagne de Joseph
Soufflant bruyamment leur désir de liberté, le taureau d'Angleterre (John Bull) – qui porte une corbeille remplie d'armes – et le taureau d'Espagne (Don Bull) – qui s'est arraché aux «chaînes corses» – chassent l'usurpateur Joseph Bonaparte de Madrid (qu'on distingue au fond à gauche). Vêtu tel un gentilhomme espagnol, Joseph cravache son mulet, qui transporte l'or et les biens ecclésiastiques volés, et perd à cette occasion la couronne. Il s'enfuit vers Bayonne, ville en direction de laquelle se précipite – devant lui – l'armée arborant son drapeau et emportant le trésor de la couronne. Sur la colline à l'arrière-plan, les grandes puissances (placées dans le même ordre que dans le nº cat. 34) agitent leurs chapeaux en poussant des cris d'allégresse. Dans le ciel, un soleil – symbolisant l'amour de la patrie – chasse des nuages sombres d'orage, qui font descendre des éclairs et de la pluie sur les Français. La défaite fatale du général Dupont près de Baylén poussa le roi Joseph, fin juillet 1808, à s'échapper. En août, une armée britannique débarqua au Portugal et lutta, jusqu'en 1813, pour réussir à faire passer la péninsule Ibérique sous son contrôle. La guérilla patriotique espagnole et le soutien britannique furent décisifs dans la guerre d'indépendance.

The Spanish Bull Broke Loose or Joseph's Flight Out of Spain
Two bulls snorting «Liberty» – respectively John Bull (carrying a basket full of weapons) and Don Bull (for Spain; torn loose from his Corsican chain) – head out from Madrid (at left, to rear) and are driving away the usurper Joseph Bonaparte. In the guise of a Spanish nobleman, Joseph flails his mule – heavily laden with gold and church treasures – onwards, losing his crown in the process. He is fleeing to Bayonne, preceded by his army bearing the standards and royal treasure. Standing on a hill in the background, the major powers (in the same order as in cat. no. 34) rejoice by waving their hats. In the skies, the sun of patriotism is chasing away the dark storm clouds that pour thunder and rain down upon the Frenchman. The fatal defeat of General Dupont at Bailén drove King Joseph into flight at the end of July 1808. In August, English forces entered Portugal, bringing the Iberian peninsula under their control until 1813. Both the patriotism of Spain's guerilla forces and the valuable support of the British were decisive factors in driving out the French.

Il toro spagnolo liberatosi, ovvero fuga di Giuseppe dalla Spagna
Sbuffando libertà dalla narici, il toro inglese (John Bull, con una cesta piena d'armi) e quello spagnolo (Don Bull, che si è liberato dalla «catena còrsa»), scacciano da Madrid (in basso a sinistra) l'usurpatore Giuseppe Bonaparte. Quest'ultimo, nei panni di un nobile spagnolo, perde la corona e fugge verso Baiona frustando il suo mulo, che porta via dalla Spagna l'oro e gli averi ecclesiastici rubati: lo precede l'esercito, con il suo stendardo e il tesoro della Corona. Sull'altura dello sfondo, esultanti, agitano cappelli le grandi potenze (nello stesso ordine del nº cat. 34); in cielo il sole del patriottismo scaccia le scure nubi temporalesche, da cui pioggia e saette cadono sui francesi. Alla fine del luglio 1808 la fatale sconfitta del generale Dupont a Bailén costrinse re Giuseppe alla fuga; in agosto sbarcò in Portogallo un esercito britannico. Entro il 1813 l'intera penisola iberica era tornata libera; il successo della guerra d'indipendenza fu dovuto sia ai patrioti-guerriglieri spagnoli sia all'aiuto militare inglese.

Lit.: BM VIII 11022; De II S. 567 f., III S. 172.

John Bull unter den Spaniern oder Boney gut aufgehoben

John Bull chez les Espagnols ou Boney convenablement servi

John Bull Amongst the Spaniards, or Boney Decently Provided For

John Bull fra gli spagnoli, ovvero un servizio decoroso per Boney

Der ausgebrochene spanische Stier oder Josephs Flucht aus Spanien

Le taureau espagnol en liberté ou la fuite hors d'Espagne de Joseph

The Spanish Bull Broke Loose or Joseph's Flight Out of Spain

Il toro spagnolo liberatosi, ovvero fuga di Giuseppe dalla Spagna

40
THE VALLEY OF THE SHADOW OF DEATH.
o.l. *Dreadful Descent of e/y Roman Meteor. / Remember JUNOT / Remember DUPONT*
o.M. *The Turkish New Moon Rising in Blood / French Influence / British Influence*
o.r. *The Spirit of Charles e/y XII. – The Imperial Eagle emerging from a Cloud. / GERMAN-EAGLE*
u.r. *RUSSIAN-BEAR. / Prussian Scare-Crow attempting to Fly.: – American Rattle-Snake shaking his Tail. –*
u.M. *LETHEAN-DITCH / Dutch-Frogs spitting out their spite. –*
u.l. *The Rhenish Confederation of starved Rats, crawling out of the Mud. – / Sicilian Terrier / LEO BRITANNICUS / Rex Joseph / DITCH of STYX / TRUE-ROYAL SPANISH-BREED / Portuguese Wolf*
sign. u.l. *J:s Gillray inv.t & f.t*
bez. dat. u.r. *Publish'd Sept.r 24.th 1808 by H. Humphrey 27 S.t James's Street London.*
Radierung, koloriert
264 × 392 mm (330 × [430] mm)
Sammlung Herzog von Berry
1980.168.

Das vom Tod überschattete Tal
In seiner wohl letzten Napoleonkarikatur vergleicht Gillray die aktuelle Lage des Welteroberers mit einem Gang durch die Unterwelt. Auf dem schmalen Grat zwischen den Flüssen Lethe und Styx schreitet Napoleon mit blankem Säbel und dem russischen Bären an der Kette vorwärts. Plötzlich bedrängen ihn allseits furchtbare Gegner: Der Tod in spanischer Tracht mit Sanduhr und Lanze sprengt auf einem Maulesel heran, der britische Löwe setzt zum Sprung an, und der portugiesische Wolf wie der sizilianische Terrier, beide von ihren Ketten befreit, lechzen nach dem Eindringling. Aus dem Strom des Vergessens (Lethe) kriechen die Ratten des Rheinbunds, die Frösche Hollands und Amerikas Klapperschlange. Im Styx ertrinkt Joseph Bonaparte, König von Spanien, während die geschlagenen Befehlshaber Junot und Dupont ihren Kaiser vor dem spanischen Debakel warnen. Der Papst schleudert Blitze, der britische Einfluss auf den türkischen Halbmond nimmt zu, Schweden findet zur alten Grösse der Zeit Karls XII. zurück, die Adler Österreichs und Preussens schreien drohend… Den Aufstand gegen sein Kontinentalsystem wird Napoleon kaum überleben.

La vallée de l'ombre de la mort
A travers, sans doute, sa dernière caricature sur Napoléon, Gillray compare la situation actuelle du conquérant du monde à une marche aux enfers. Avançant sur une crête étroite entre le Léthé et le Styx – fleuves des enfers –, Napoléon, suivi par l'ours russe attaché à une chaîne, tient à la main son sabre tiré. Soudainement, il est menacé de toutes parts par des ennemis horribles: la Mort en costume espagnol, portant un sablier et une lance, fait irruption sur un mulet; le lion britannique s'apprête à sauter sur lui; le loup portugais et le terrier sicilien, tous deux détachés de leurs chaînes, brûlent d'attraper l'intrus. Les rats de la Confédération du Rhin, les grenouilles hollandaises et le serpent à sonnettes américain sortent du fleuve de l'oubli (le Léthé). Joseph Bonaparte, roi d'Espagne, se noie dans le Styx, tandis que les commandants battus Junot et Dupont préviennent leur empereur de la débâcle espagnole. Le pape envoie des éclairs, l'influence britannique sur le croissant turc s'accroît, la Suède retrouve la grandeur de l'époque de Charles XII, les aigles d'Autriche et de Prusse crient de manière menaçante… Napoléon aura du mal à survivre à la révolte contre son système continental.

The Valley of the Shadow of Death
In what may well have been his last Napoleon cartoon, Gillray compares the world conqueror's actual position to a journey in the underworld. Napoleon advances along a narrow ridge between the Lethe and Styx rivers; he holds a naked sabre in one hand, and pulls along a chained Russian bear with the other. Suddenly horrendous assailants besiege him from all sides: Death in Spanish uniform, bearing an hourglass and lance, leaps forward on a mule; the British lion crouches for a pounce; and the Portuguese wolf and Sicilian terrier – both freed from their chains – pant in pursuit of the invader. From the river of oblivion (Lethe) scamper forth the rats of the Confederation of the Rhine, Holland's frogs, and America's rattlesnake. Joseph Bonaparte, King of Spain, is drowning in the Styx, while the defeated commanders Junot and Dupont warn their Emperor of the Spanish fiasco. The Pope hurls down lightning, the British influence on the Turkish half-moon is waxing, Sweden has rediscovered its grandeur from the days of Charles XII's reign, the Austrian and Prussian eagles are shrilly threatening… Napoleon would scarcely survive the uprising against his Continental System.

La valle dell'ombra della morte
In quella che probabilmente è la sua ultima caricatura napoleonica, Gillray paragona la situazione attuale del conquistatore del mondo a una discesa negli inferi. Su una stretta lingua di terra fra il Lete e lo Stige, Napoleone incede con la sciabola sguainata e con l'orso russo alla catena, ma di colpo lo incalzano da tutte le parti tremendi avversari: la Morte – a dorso di mulo, in abito spagnolo, con clessidra e lancia – si avvicina al galoppo; il leone britannico è pronto al balzo; il lupo portoghese e il terrier siciliano – entrambi liberi dalla catena – stanno per addentare l'intruso. Dalla palude dell'oblio (Lete) escono i ratti della Confederazione del Reno, le rane olandesi e il serpente a sonagli americano; nello Stige annega Giuseppe Bonaparte, re di Spagna, mentre i comandanti sconfitti Junot e Dupont ricordano al loro imperatore la disfatta in territorio iberico. Il papa scaglia fulmini, l'influenza britannica sulla mezzaluna turca è in aumento, la Svezia torna all'antica grandezza dei tempi di Carlo XII, le aquile austriaca e prussiana lanciano gridi minacciosi: difficilmente Napoleone potrà sopravvivere alla rivolta contro il suo «sistema continentale».

Lit.: Ash S. 294 f. (Det.); BM VIII 11031; BN IV 8369; Br I S. 295 f., II App. A 862; Cl Ftf. VII S. 103; Da S. 141; De II S. 593 f., III S. 183; GC 213.

Das vom Tod überschattete Tal

La vallée de l'ombre de la mort

The Valley of the Shadow of Death

La valle dell'ombra della morte

41

The Loyal Address! – or – the Procession of the Hampshire-Hogs from Botley to St James's
dahinter *vide Cobbett's Weekly Political Register – Octr 4th 1808 –*
o.l. *The Botley Patriot & his Hogs for ever! no Chevaliers du bain / Given up to Junot. All the Plunder All the Horses. All the Arms. O Diable! Diable / DUC D'ABRANTES! RATIFYING e/y CONVENTION*
o.M. *LOYAL-PETITION of e/y NOBLE and truely INDEPENDENT-Hogs of HAMPSHIRE, Humbly shewing, that the Convention with Junot, was a cursed Humbug upon Old--England! – & that the Three damn'd Convention-Signers ought to be Hanged Drawn & Quarterd without Judge or Jury*
o.r. *Triumph in PORtugal – a new – CATCH: to be Sung by the Hampshire Hogs – to the Tune of – Three Jolly Boys all in a Row / SIR HUGH / SIR ARTHUR / SIR HARRY*
u.r. *To the Free and Indepen.^t Hogs of Hampsh[ire] / Evening Post / Cobbetts Register State of the Army & NAVY / Cobbetts Register Letter to the Duke of York – / Cobbetts Register Ignoran[ce] of the Admiralty / Cobbett[s] Politica[l] Registe[r] Ignoran[ce] of the Ministry / Cobbett[s] Regist[er] Ignoranc[e] of the British Command[er] / […] Regist.*
u.M. *COBBET[TS] POLITICAL Regist. / POLITICAL HOG THROUGH / Letter to Sir R.^d Phillips*
u.l. *PIGS-MEAT*
sign. u.l. *J.^s Gillray inv.^t & fec.^t*
bez. dat. o.l. *Pub.^d October 20th 1808 – by H Humphrey 27 St Jamess Street –*
Radierung, koloriert
247×389 mm (338×[475] mm)
Sammlung Herzog von Berry
1980.461.

Die loyale Petition oder der Protestzug der Hampshire-Schweine von Botley zum St. James-Palast
Eine Fahne stellt die Unterzeichnung der Konvention von Sintra (vgl. Kat. Nr. 99) durch General Junot, Herzog von Abrantès, – wofür ihm englische Generäle den Hintern küssen – dar: Die britischen Militärs liessen die besiegten Franzosen mit Sack und Pack abziehen. Die für den «verfluchten Schwindel gegen England» Verantwortlichen, Sir Hugh Dalrymple, Sir Arthur Wellesley (der spätere Wellington) und Sir Harry Burrard hängen als Puppen an Galgen. Eine Petition im Vordergrund will, dass sie «ohne Richter oder Gericht gehängt, geschleift und geviertelt» werden. Das Blatt verhöhnt die Ausschlachtung des Skandals durch die Opposition. Im Triumph zieht der radikale Publizist Cobbett (vgl. Kat. Nr. 42) aus der Grafschaft Hampshire zum Londoner St. James-Palast, wo er dem König die von Windham (als Jakobiner) aufgerollte «loyale Petition» überreichen will. Vier Schweine, vom Parteigenossen Bosville mit Münzen gefüttert und von Burdett mit der Peitsche angetrieben, ziehen den Wagen, und (v.l.n.r.) Addington, Grey und Grenville (als Metzger) stossen ihn. Hinterher marschieren aufrechte republikanische Schweine in Hoftracht und werden vom Hündchen «Evening Post» verbellt. Vom Wagen gleiten Cobbetts Hetzartikel. Applaudierende Volksmassen begleiten den (nie abgehaltenen) Protestmarsch, darunter auch Cobbetts politische Feinde Sheridan, Lauderdale und Petty (v.l.n.r.) als Metzger, die nur darauf warten, die «Hampshire Hogs» (Schweinerasse) auf die Schlachtbank zu führen.

La pétition loyale ou la procession des verrats du Hampshire de Botley au palais de St-James
Un drapeau représente la signature de la convention de Sintra (cf. n°. cat. 99) par le général Junot, duc d'Abrantès, remercié pour cet acte par des généraux anglais qui baisent son derrière: les militaires britanniques ont laissé les Français se retirer avec armes et bagages. Les responsables de la «tromperie maudite aux dépens de l'Angleterre» – Sir Hugh Dalrymple, Sir Arthur Wellesley (le futur duc de Wellington) et Sir Harry Burrard – sont pendus comme des marionettes à des potences. Au premier plan, une pétition réclame qu'ils soient «pendus, traînés par terre et coupés en quatre sans juges ni tribunal». L'estampe tourne en dérision l'exploitation du scandale par l'opposition. Le publiciste radical Cobbett (cf. n°. cat. 42) passe triomphalement du comté du Hampshire au palais londonien de St-James, où il entend remettre au roi la «pétition loyale» déroulée par Windham (en jacobin). Quatre cochons, nourris de pièces de monnaie par le camarade de parti Bosville et cravachés par Burdett, tirent le chariot, tandis qu'Addington, Grey et Grenville (en bouchers; de g. à d.) le poussent. Des cochons républicains en costumes de cour suivent debout, pendant qu'un petit chien – nommé «Evening Post» – aboie contre eux. Les articles incendiaires de Cobbett tombent du chariot. Des masses de gens en train d'applaudir accompagnent la marche de protestation (qui n'eut jamais lieu). Parmi eux: Sheridan, Lauderdale et Petty représentés en bouchers (de g. à d.), ennemis politiques de Cobbett, qui s'impatientent de pouvoir mener les «Hampshire Hogs» (race de cochon) à la boucherie.

The Loyal Petition or the Procession of the Hampshire Hogs from Botley to St. James's
A banner presents the signing of the Convention of Sintra (cf. cat. no. 99) by General Junot, Duke of Abrantès – for which the British generals kiss his ass: an allusion to the fact that the British military allowed the French to withdraw bag and baggage. Those responsible for the «cursed Humbug upon Old-England» – Sir Hugh Dalrymple, Sir Arthur Wellesley (later Wellington), and Sir Harry Burrard – hang in effigy from the gallows. The «loyal petition» in the foreground calls for the signers to be «Hanged Drawn & Quarterd without Judge or Jury». The print, which derides the capital made of this scandal by the Opposition, features the radical journalist Cobbett (cf. cat. no. 42) on his way from Hampshire County to St. James Palace in London, where he intends to transmit the petition (drawn up by the Jacobinist Windham) to the King. The four pigs drawing the wagon are being fed coins by party member Bosville and forced ahead under the whip of Burdett. Pushing the wagon from behind are (l. to r.) Addington, Grey, and Grenville (as butcher), who in turn are followed by upright Republican pigs in court dress, while the small dog «Evening Post» eggs them all on. Cobbett's smear sheets are slipping out from the carriage. The mob applauding this (never actually staged) protest march includes Cobbett's political foes (l. to r.) Sheridan, Lauderdale, and Petty in butcher guise, who cannot wait to lead the «Hampshire Hogs» to the slaughter.

La petizione leale, ovvero i maiali «Hampshire» in processione da Botley a St. James
Una bandiera rappresenta il generale Junot, duca d'Abrantès, che firma la convenzione di Cintra (cfr. n° cat. 99) e perciò viene baciato sul deretano da generali inglesi: l'esercito britannico, infatti, lasciò che i francesi sconfitti tornassero in patria con armi e bagagli. I responsabili della «maledetta frode contro l'Inghilterra» – Sir Hugh Dalrymple, Sir Arthur Wellesley (il futuro Wellington) e Sir Harry Burrard – pendono come pupazzi da patiboli; la petizione in primo piano chiede che vengano «impiccati, trascinati e squartati senza giudice o giuria». L'opera sbeffeggia il modo in cui l'opposizione sfruttò lo scandalo: da Botley (nella contea Hampshire) il pubblicista radicale Cobbett (cfr. n° cat. 42) si reca in trionfo al palazzo londinese di St. James, per consegnare al re la «petizione leale» tenuta da Windham (con berretto giacobino). Quattro maiali, foraggiati con monete dall'altro radicale Bosville e incitati a frustate da Burdett, tirano il carro; a spingerlo provvedono (da s. a d.) Addington, Grey e Grenville (nei panni di un macellaio). Dietro di loro marciano, ritti su due zampe, vari cinghiali repubblicani in abito da corte, contro cui abbaia il giornalecagnolino *Evening Post*; dal carro scivolano a terra gli articoli sobillatori di Cobbett. La folla plaudente che accompagna la marcia di protesta (mai tenuta) comprende anche tre avversari politici di Cobbett: Sheridan, Lauderdale e Petty (da s. a d.) appaiono come macellai pronti a fare a pezzi i maiali (di razza Hampshire).

Lit.: BM VIII 11047.

The Loyal Address! — or — the Procession of the Hampshire-Hogs from Botley to St. James's

Die loyale Petition oder der Protestzug der Hampshire-Schweine von Botley zum St. James-Palast

La pétition loyale ou la procession des verrats du Hampshire de Botley au palais de St-James

The Loyal Petition or the Procession of the Hampshire Hogs from Botley to St. James's

La petizione leale, ovvero i maiali «Hampshire» in processione da Botley a St. James

42
The Life of WILLIAM-COBBETT, – written by himself.
darunter *Plate 7ᵗʰ – […] – thus exalted in glory & popularity I found myself on the point of beccoming the greatest Man in the World, except that Idol of my thoughts, that object of my Adorations, his Royal & Imperial Majesty NAPOLEONE. – Vide my own Memoirs in the Political Register – 1809 –*
o. l. *DESPPARD / Huzza! – Huzza! / French Brandy*
o. M. *NAPOLEONE LE GRAND / CORDON [of] HONOR / Botley Grog / Huzza*
o. r. *Damnation to the House of Brunswick / Robesspiere / Huzza*
u. r. *BOTLEY ALE / Cott[…] / DIABLES / THE NAPOLE-ONE Spirits / Basque Roads / Court Martial / NAPOLEAN WINE / Whit-bread's Small Beer.*
u. l. *Botley Ale / Charges / again[st] the Duke of York / Reform / Mʳˢ. Clarke / Plan for a new Conventi on – / Botley Ale / FreNCH […]*
sign. u. l. *Jˢ. Gillray inv' & fec'*
bez. dat. u. M. *London Publishd Sept. 29ᵗʰ. 1809 – by H. Humphrey. 27. Sᵗ James's Street –*
o. l. *Nᵒ. 7* aus der Folge
Radierung, koloriert
283 × 218 mm ([480] × 300 mm)
Sammlung Herzog von Berry
1980.172.

Das Leben von William Cobbett – eine Autobiographie
Tafel 7 aus der Folge «The Life of William Cobbett» über den Publizisten und Populisten – Gillrays letzte politische Arbeit – bezichtigt Cobbett und seine Parteigenossen der Verehrung Napoleons und der Revolution. Beim Saufgelage bei Cobbett laben sich die Radikalen (v. l. n. r.) Burdett, Bosville, Folkestone, Clifford und Horne Tooke (mit Krücke) an Teufelskuchen und berauschen sich an Bier, «Napoleon-Wein», und «Geist Napoleons». Sie erheben wie ihr Gastgeber (ganz rechts) das Glas auf die Verdammung des Hauses der Prinzessin von Wales und auf das Wohl des Republikanismus, dessen Ikonen (der 1803 gehängte Hochverräter Despard, Napoleon und Robespierre) an der Wand prangen. Burdett schwingt die Freiheitsmütze der Jakobiner, Bosville trägt in der Tasche den «Plan für eine neue Vereinbarung» (mit Napoleon?). Die Rückenfigur, wohl Admiral Cochrane (1809 wegen eigenmächtigen Vorgehens gegen die französische Flotte verurteilt), tritt auf eine Akte des Kriegsgerichts. Am Boden erbricht sich der ruinierte Wardle über den Entwurf zur Parlamentsreform und die Akten seines Korruptionsprozesses gegen den Herzog von York. Ihn faucht Mrs. Clarke als Katze an; sie hatte einen der Regierungsskandale ausgelöst, die 1809 der radikalen Opposition zur Wählergunst verhalfen.

La vie de William Cobbett écrite par lui-même
La planche nᵒ 7 de la série «The Life of William Cobbett» consacrée à ce publiciste populiste – la dernière œuvre politique de Gillray – accuse Cobbett et ses camarades de parti de vénérer Napoléon et la révolution. Lors d'une beuverie chez Cobbett, les radicaux (de g. à dr.) Burdett, Bosville, Folkstone, Clifford et Horne Tooke (équipé d'une béquille) savourent un gâteau diabolique et s'enivrent de bière, de «vin napoléonien» et d'«eaux-de-vie napoléoniennes». Ils lèvent leur verre, comme leur hôte (tout à droite), à la condamnation de la maison de la princesse de Galles et au développement du républicanisme, dont les icônes (Despard – reconnu coupable de haute trahison et pendu en 1803 –, Napoléon et Robespierre) brillent au mur de tout leur éclat. Burdett agite le bonnet de la liberté des Jacobins et un «Plan pour un nouvel accord» (avec Napoléon?) dépasse de la poche de Bosville. Le personnage que l'on voit de dos – vraisemblablement l'amiral Cochrane (condamné en 1809 pour avoir agi de sa propre autorité contre la flotte française) – piétine un acte du tribunal de guerre. Wardle, ruiné et couché par terre, vomit sur le projet de réforme du Parlement et sur les actes de son procès pour corruption contre le duc d'York. Madame Clarke, représentée par une chatte, souffle contre Wardle; elle déclencha l'un des scandales gouvernementaux ayant valu – en 1809 – à l'opposition radicale la faveur des électeurs.

The Life of William Cobbett – Written By himself
Plate 7 of the series on William Cobbett, publisher and populist, and the last of the political cartoons by Gillray: Cobbett and his fellow party members are accused here of honouring Napoleon and the Revolution. At a drinking bout hosted by Cobbett, the Radicals (l. to r.) Burdett, Bosville, Folkestone, Clifford, and Horne Tooke (with crutch) are feasting on devil's food cake and getting drunk on beer, «Napoleon wine», and distilled «Napoleon spirits». Following their host (far right), all lift their glasses to the damnation of the dynasty of the princess of Wales and the health of the Republicans, whose icons (the traitor Despard who was hanged in 1803, Napoleon, and Robespierre) adorn the wall. Burdett wears the Jacobin liberty cap; Bosville's pocket bulges with a «Plan for a new Convention» (with Napoleon?). The figure seen from the back is most certainly Admiral Cochrane (condemned in 1809 for unauthorised acts against the French fleet), who steps on a court-martial trial record. The ruined Wardle lies on the floor, vomiting over the parliamentary reform bill and the file of his corruption lawsuit against the Duke of York. The latter's mistress, Mrs. Clarke, is incarnated by a cat who spits her contempt upon Wardle: it was she who had triggered one of the governmental scandals that helped the Radical opposition win the 1809 elections.

La vita di William Cobbett, scritta da lui
La settima tavola della serie sulla vita del pubblicista e populista William Cobbett, ultima opera politica di Gillray, accusa lui e i suoi compagni di partito di venerare Napoleone e la Rivoluzione. I radicali – da destra a sinistra Burdett, Bosville, Folkestone, Clifford e Horne Tooke (con stampella) – gozzovigliano in casa di Cobbett, mangiando dolci «del diavolo» e ubriacandosi di birra, «vino Napoleone» e «spirito di Napoleone»; come il loro anfitrione (sulla destra), alzano il bicchiere alla dannazione della casa della principessa di Galles e alla salute del repubblicanesimo, i cui simboli – Despard (impiccato per alto tradimento nel 1803), Napoleone e Robespierre – fanno bella mostra di sé alla parete. Burdett agita il berretto giacobino della libertà, Bosville ha in tasca il «piano di una nuova convenzione» (con Napoleone?); la figura di spalle (certo l'ammiraglio Cochrane, condannato nel 1809 per aver agito di sua iniziativa contro la flotta francese) calpesta un documento della corte marziale. Sul pavimento Wardle, rovinato, vomita sul progetto di riforma del Parlamento e sugli atti del suo processo per corruzione al duca di York; la gatta che gli soffia contro è signora Clarke, causa di uno degli scandali di governo che nel 1809 procurarono all'opposizione radicale il favore degli elettori.

Lit.: BM VIII 11378; Br II App. A 539; Wr S. 629.

Das Leben von William Cobbett – eine Autobiographie

La vie de William Cobbett écrite par lui-même

The Life of William Cobbett – Written By himself

La vita di William Cobbett, scritta da lui

The Life of WILLIAM-COBBETT., _written by himself._
London Publish'd Sept 29 1809 by H. Humphrey, 27 St James's Street

Plate 7th.

I did not look behind me till I got to St. Omer's; but this being still too near the scene of my detection, I fled to America. there, I offered to become a Spy for my most gracious Sovereign, this being scornfully rejected, I contented myself with Plundering & Libelling the Yankees, for which I was fined 5000 dollars, and kicked out of the Country! — Seven years had elapsed since I absconded from England, so I thought that my exploits there, might be forgotten, and ventured to return. — I set up the Crown and Mitre, under cover of which, I abused the Church and State, very comfortably. — my Loyalty being thus established, I accepted from the Doctor (so I always call the Right Honble Henry Ld. Visct. Sidmouth) £4000, which was to be expended in printing & dispersing a pamphlet against the "Hell Fire Yell of Reform!" — with this money I paid my debts, I purchased a pretty bit of Land at Botley, and sat quietly down to enjoy the the fruits of my honest industry. — A thousand applications have been made to me, to refund or account for some part of this enormous Sum, — but, blast my Eyes! I will see the Doctor damned, and all such Fools as the Doctor, before I open my mouth on the Subject! — At Botley my natural-bent returned, but upon a larger scale; for being now, Lord of the Manor of Botley, & in the receipt of Five Thousand pounds a year from the sale of my Weekly Register, therefore not caring a single God damn for Public Opinion, I reacted the peccadilloes of my youth, & with maturer mischief, began by sowing dissentions thro' the whole County, I kicked the Sick & the Infirm Labourer into the Street, I oppress'd the poor, I sent the Aged to hell! — damned the Eyes of my Parish Apprentices before they were opened in a morning, and being nobly supported by a loyal-band of Reformers, I renewed in our Orgies, my old-favourite Toast of "Damnation to the House of Brunswick" — thus exalted in glory & popularity I found myself on the point of becoming the greatest Man in the World, except that Idol of my thoughts, that object of my Adorations, his Royal & Imperial Majesty NAPOLEONE. —

Vide — my own Memoirs in the Political Register — 1809 —

43

BONEY and his NEW WIFE, or a Quarrell about – Nothing.!! darunter Dialog *Husband, What makes you so sulky this morning, My Dear? Wife, «Nothing» – Husband, What is the matter with you» / Wife «Nothing» – Husband, you were in a very good Humour last Night, pray what have I done to offend you? – Wife. «You / have done Nothing – thats the reason –*
anonym
bez. dat. u. l. *Published by T Tegg 111 Cheapside: Aug 16 – 1810*
Radierung, koloriert
n. best. (242 × 345 mm)
u. l. Prägestempel mit Biene im Rund
Sammlung Herzog von Berry 1980.295.

Boney und seine neue Gattin oder ein Streit um... nichts!
Im Privatgemach sitzt das frischvermählte Kaiserpaar am Frühstückstisch. Marie-Louise blickt im Negligé mit Krönchen und verschränkten Armen schmollend zu Boden. Napoleon im Morgenmantel und mit Schlafmütze fragt nach der Ursache ihrer Missstimmung und was er denn getan habe. «Nichts», antwortet sie mehrmals lakonisch. Die Lösung ist einfach und schlüpfrig: Gerade dass Napoleon nichts getan hat, kränkt die (28 Jahre jüngere) Gattin nach der Hochzeitsnacht... Der Ehe mit der Generalswitwe Joséphine de Beauharnais war kein Thronerbe erwachsen. 1809 erwirkte Napoleon deshalb die Scheidung, und entschied sich aus politischem Kalkül für Erzherzogin Marie-Louise. Im April 1810 wurde die Ehe geschlossen, die Frankreich und Österreich einander auf Kosten Grossbritanniens annäherte. Dessen Karikaturisten schlachteten das Thema aus; Broadley hält diese Satiren für «zu unanständig zum Beschreiben». Das vorliegende Blatt unterstellt Napoleon, es liege bloss an ihm, dass er kinderlos ist.

Boney et sa nouvelle femme ou une querelle pour... rien!
Le couple impérial fraîchement marié est assis à la table du petit déjeuner dans ses appartements privés. Vêtue d'un négligé décoré de petites couronnes, les bras croisés et faisant la moue, Marie-Louise a le regard baissé. Napoléon, en robe de chambre et coiffé d'un bonnet de nuit, lui demande pourquoi elle est de mauvaise humeur et ce qu'il a bien pu faire pour qu'elle soit dans cet état. «Rien», répond-elle plusieurs fois laconiquement. La solution est simple et délicate: justement, Napoléon a vexé son épouse (plus jeune de 28 ans) en n'ayant rien fait pendant la nuit de noces. Le mariage avec Joséphine de Beauharnais, veuve d'un général, n'avait pas donné d'héritier du trône. C'est pourquoi, en 1809, Napoléon obtint le divorce et se décida, par calcul politique, pour l'archiduchesse Marie-Louise. Le mariage, qui a rapproché la France et l'Autriche au détriment de la Grande-Bretagne, fut conclu en avril 1810. Les caricaturistes ne se sont pas privés d'exploiter ce thème. Broadley juge ces satires «trop inconvenantes pour les décrire». La présente estampe suggère que c'est par sa faute que Napoléon est sans enfants.

Boney and His New Wife or a Quarrel About... Nothing!
The newly-married couple sit at breakfast in their boudoir; Marie-Louise, attired in a negligee and with a little crown on her head, crosses her arms and gazes to the floor, sulking. When Napoleon inquires of her what is causing her discontent, she tersely and repeatedly replies «nothing». The real answer is as simple as it is risqué: it is the very fact that Napoleon has done «nothing» that offends his (28 years younger than he) wife, after their wedding night... With no heir forthcoming from his union with General Beauharnais' widow Josephine, Napoleon obtained a divorce in 1809. For political reasons his next choice was the Archduchess Marie-Louise. Their marriage was concluded in April 1810, reconciling France with Austria at Great Britain's expense. English satirists enjoyed exploiting this theme, although Broadley declared their cartoons on the subject «too indecent for comment». This print insinuates that the fault for his childlessness lies entirely with himself.

Boney e la sua nuova moglie, ovvero un litigio sul... nulla!
Fresca di nozze, la coppia imperiale fa colazione nei suoi appartamenti. Maria Luisa, in négligé e con coroncina, guarda a terra imbronciata e con le braccia conserte; Napoleone, in abito da mattino e con cuffia, le domanda in che cosa l'ha offesa e perché è di malumore, ma ottiene più volte la risposta laconica «Nulla». La soluzione è semplice e lubrica: la moglie, che ha ventotto anni meno di lui, è mortificata proprio dal fatto che nella notte di nozze Napoleone non ha concluso nulla... Poiché dal matrimonio con Giuseppina, vedova del generale de Beauharnais, non erano nati eredi al trono, nel 1809 Napoleone ottenne il divorzio e decise, per calcolo politico, di sposare l'arciduchessa Maria Luisa: le nozze, celebrate nell'aprile 1810, avvicinarono la Francia e l'Austria a scapito della Gran Bretagna. Il soggetto fu sfruttato dai caricaturisti inglesi, con satire che Broadley ritiene «troppo indecenti da descrivere»; in questo caso la sterilità della coppia imperiale viene attribuita al solo Napoleone.

Lit.: Br II App. A 79.

44

GENERAL FROST Shaveing Little BONEY
o. l. *Pray-Brother- General – have Mercy, dont overwhelm me with your hoary element, you have so niped me, that my very teeth chatler O^h dear – I am quite chop fallen. / Russian Steel*
o. M. *Polar- Star / Mountain^s of Ice / North*
o. r. *North East – Snow and Sleet / Invade My Country indeed – I'll Shave – Freeze – and Bury you in Snow – You little Mankey.*
u. r. *Petersbourg / Riga*
u. l. *Moscow*
sign. u. r. *E – ⊕* (William Elmes)
bez. dat. u. r. *Dec^t 1. 1812 Publ^d by Thos Tegg N° 111 Cheapside London*
o. r. Nummer *181*
u. l. *Price one Shilling Coloured*
Radierung, koloriert
350 × 248 mm (447 × 275 mm)
Sammlung Herzog von Berry 1980.175.

General Frost rasiert Klein-Boney
Elmes verwendet kurz nach seiner ersten Gestaltung des Themas (Kat. Nr. 104) die Personifikation des russischen Winters wieder und verbindet sie mit dem inskünftig beliebten Motiv der Rasur. Zähneklappernd bittet der im Schnee steckende Napoleon «General Frost», ihn nicht weiter mit dem «weissen Element» zu peinigen. Die eisstrotzende Bestie trägt den Polarstern auf dem Kopf und bläst Eiswinde aus der Nase. Sie beharrt darauf, zur Vergeltung der Invasion den kleinen «Affen» (Symbol für die Revolutionäre) zu barbieren, einzufrieren und unter der Schneedecke zu begraben. Schon setzt sie das tödliche Rasiermesser an. Symbolisiert General Frosts Oberkörper das mörderische Klima, so besitzt die Gestalt einen Bärenunterleib, der mit den Tatzen die französischen Eindringlinge im Schnee zerdrückt. Im Hintergrund steht Moskau in Flammen, während über St. Petersburg und Riga noch immer stolz die zaristische Flagge weht. Der Untergang der Grossen Armee in Russland ist märchenartig geschildert.

Le général Hiver rase le petit Boney
Peu après avoir illustré le sujet pour la première fois (cf. n°. cat. 104), Elmes réutilise l'allégorie de l'hiver russe et l'associe au motif désormais populaire du rasage. Claquant des dents, de la neige jusqu'aux genoux, Napoléon supplie le «général Hiver» de cesser de le tourmenter avec cet «élément blanc». L'obstinée bête féroce est coiffée de l'étoile polaire et projette un vent glacial par le nez. Elle persiste dans sa volonté de raser le petit «singe» (symbole des révolutionnaires), de le congeler et de l'enterrer dans la neige; elle veut punir l'invasion et brandit déjà le mortel coupe-chou. Si le haut du corps du général Hiver symbolise le climat meurtrier, le graveur lui a attribué des pattes d'ours. De ses griffes, il écrase les envahisseurs français dans la neige. A l'arrière-plan, on voit Moscou en flammes, alors que le drapeau du tsar flotte fièrement au-dessus de Saint-Pétersbourg et Riga. La débâcle de la Grande Armée en Russie est retracée à la manière d'une légende.

General Frost Shaving Little Boney
Just shortly after Elmes first created this personification of the Russian winter (cat. no. 104), he resorted to the theme again, in combination with the henceforth popular motif of the shaving session. Stuck in the snow, a teeth-chattering Napoleon implores «General Frost» to stop overwhelming him with his «hoary element». Brimming with ice, Jack Frost features the Pole Star atop his head, and blows out icy winds. The monstrous figure insists upon avenging the little monkey's (symbol of the revolutionaries) invasion of Russia by shaving and freezing him and burying him in the snow: the deadly razor is about to come down on Napoleon. While the figure's upper part symbolises the murderous climate of Russia, the lower half is the body of a bear who squashes the French intruders into the snow with his paws. In the background, Moscow in flames; St. Petersburg and Riga proudly continue to fly the Tsarist flag. Elmes gives a particularly masterful description of the Grande Armée's downfull in Russia in this work.

Il generale Gelo rade il piccolo Boney
Poco dopo aver trattato l'argomento (n° cat. 104), Elmes riutilizza la personificazione dell'inverno russo unendola a un motivo che più tardi diverrà popolarissimo: quello della rasatura. Napoleone, coi piedi nella neve, batte i denti e supplica il «generale Gelo» di non tormentarlo più col suo «elemento bianco». La belva, che soffia venti gelidi dalle narici e sul capo ha un monte di ghiaccio sovrastato dalla stella polare, come vendetta per l'invasione intende assolutamente radere la piccola «scimmia» (simbolo dei rivoluzionari), congelarla e seppellirla nella neve; il rasoio mortale è già pronto. Mentre la parte superiore del generale Gelo simboleggia il clima micidiale, le sue zampe orsine schiacciano nella neve gli invasori francesi; sullo sfondo Mosca è in fiamme, ma su San Pietroburgo e su Riga sventola ancora orgogliosa il vessillo zarista. Il tracollo della Grande Armata in Russia è qui descritto in termini favolistici.

Lit.: Ash S. 331 f. (Det.); BM IX 11917; Br I S. 313, II App. A 386; GC 237; Kat. BB 15 (Abb.); Kat. H85 55; Kat. RM 131 (Abb.); Kat. T S. 28.

Boney und seine neue Gattin oder ein Streit um… nichts!

Boney et sa nouvelle femme ou une querelle pour… rien!

Boney and His New Wife or a Quarrel About… Nothing!

Boney e la sua nuova moglie, ovvero un litigio sul… nulla!

General Frost rasiert Klein-Boney

Le général Hiver rase le petit Boney

General Frost Shaving Little Boney

Il generale Gelo rade il piccolo Boney

45

Count Vicenza on his Travels from Krasnoi to Paris
o.l. *My Gaurdian Angel so you do but protect me d – n the Army*
o.r. *Don't be Alarmed Boney I'll escort to Paris but can't save your Army*
anonym, Ende 1812
Radierung, koloriert
n. best. (230 × 336 mm)
Sammlung Herzog von Berry
1980.297.

Graf Vicenza auf seiner Reise von Krasnoje nach Paris

Ausnahmsweise trägt dieses englische Blatt weder eine Signatur noch eine Angabe des Verlegers oder des Erscheinungsdatums. In einem Schlitten, dessen Zugpferd ein geflügelter Teufel mit Jakobinermütze reitet und mit einer Peitsche aus Schlangen antreibt, sitzt ein Pfeife rauchendes Teufelchen, ein Reisender mit Stiefeln, Pelzmantel und -mütze und zuhinterst ein weiterer Teufel. Mit Schnurrbart und Bart getarnt flieht Napoleon unter dem Namen «Graf Vicenza» an der sich zurückziehenden Grossen Armee vorbei heimwärts. Den Anblick des Elends im Hintergrund erspart ihm eine Wand aus Rauch, die aus der Pfeife des Teufelchens hochsteigt. Den um sein Leben bangenden Kaiser geleitet der Teufel nach Paris; seine Truppen kann er aber nicht retten. Die «verdammte» Armee kümmert den selbstsüchtigen Feigling und Deserteur auch gar nicht. Es ist historisch belegt, dass Napoleon nie Reue oder Schuld auf sich genommen hat (Presser S. 758). In der Obhut seines «Schutzengels» und in Begleitung von Höllenwesen wird Napoleon – wie so oft – selbst zum Teufel.

Le comte Vicenza en voyage de Krasnoïe à Paris

Exceptionnellement, cette gravure anglaise ne comporte ni signature, ni indication de l'éditeur, ni date de parution. Dans un traîneau, dont le cheval est monté par un démon ailé portant le bonnet jacobin et agitant un fouet munis de serpents, sont assis un diablotin fumant la pipe, un voyageur chaussé de bottes et vêtu d'un manteau et d'un bonnet de fourrure, ainsi qu'un deuxième diable. Sous le nom de «comte Vicenza», dissimulé derrière une barbe et une moustache, Napoléon s'enfuit; il passe à côté de la Grande Armée en train d'opérer sa retraite. Les volutes de fumée s'élevant de la pipe du diablotin lui épargne la vision de la détresse qui règne à l'arrière-plan. Le diable escorte jusqu'à Paris l'empereur qui tremble pour sa vie, mais ne peut sauver ses troupes. Égoïste, le lâche déserteur se soucie guère de cette «damnée» armée. Il a été prouvé historiquement que Napoléon n'a jamais admis sa culpabilité, ni exprimé de repentir (Presser p. 758). Sous la garde de ses «anges gardiens» et en compagnie d'êtres infernaux, Napoléon se transforme – comme si souvent – en démon.

Count Vicenza on his Travels from Krasnoje to Paris

This work is an exception to the rule in that it is unsigned and bears no indication of the publisher or date of publication. A winged devil with a Jacobin cap sits astride a draught-horse which he eggs on with a whip of snakes. To the fore of the sledge, sits a little pipe-smoking devil, a traveler clad in a fur cap and coat and, to the rear, another – larger-sized – devil. The passenger is Napoleon, disguised with a mustache and beard; under an alias – «Count Vicenza» – he is fleeing past his Grande Armée: a cloud of smoke from the little devil's pipe spares him the sight of their misery. Fearing for his life, the Emperor hopes to reach Paris; this the devil who accompanies him pledges to accomplish, stipulating however that nothing can be done to save Napoleon's troops. But the «damn» army is not of the slightest concern to the self-seeking coward and deserter: it is a historically confirmed fact that Napoleon never felt any regrets or guilt (Presser, p. 758). Under the protection of his «guardian angel», and accompanied by hell's creatures, Napoleon himself is once again transformed into a devil.

Il conte Vicenza nei suoi viaggi da Krasnoje a Parigi

In questa stampa inglese, eccezionalmente non firmata né datata e senza indicazione dell'editore, un diavolo alato e con berretto frigio cavalca un cavallo che traina una slitta, spronandolo con una frusta di serpenti; sulla slitta, fra un diavoletto che fuma la pipa e un altro diavolo, appare un viaggiatore stivalato, con giaccone e copricapo di pelliccia. Sotto lo pseudonimo «conte Vicenza» e camuffato da barba e baffi, Napoleone fugge in patria precedendo la Grande Armata che si ritira; una cortina di fumo, emessa dalla pipa del diavoletto, gli risparmia la vista delle sofferenze sullo sfondo. L'imperatore, che teme per la sua vita, è condotto a Parigi da un demonio, che non può salvare le sue truppe; disertore vile ed egoista, del resto, non si preoccupa del suo esercito «maledetto». È storicamente provato che Napoleone non mostrò mai rimorsi o sensi di colpa (Presser p. 758). Protetto dal suo «angelo custode» e accompagnato da altri esseri infernali, anche qui come in molte altre stampe lui stesso diventa un demonio.

Lit.: Br II App. A 246.

46

Для куріозу ребятишкамъ бирюлекъ принесъ. [Zum Spass hat er den Kinderchen Stäbchen (Anm.: für das sogenannte Stäbchenspiel) mitgebracht.] / *A RUSSIAN BOOR returning from his FIELD SPORTS.*
sign. u. r. *Etched by G. Cruikshank* davor *Copied from an Original Russian Print*
bez. dat. o. r. (im Bild) *Pub^d by H. Humphrey St James's Str^t 8th Jany 1813*
Radierung, koloriert
217 × 270 mm (243 × 345 mm)
Sammlung Herzog von Berry
1980.195.

Die Rückkehr eines russischen Bauern von seiner Vergnügung im Freien

Ebenfalls auf einer russischen Karikatur (Br II App. G 40) basiert diese zynische Schilderung der Heimkehr eines russischen Bauern vom sportlichen Vergnügen. Ausgerüstet mit einer in den Gurt gesteckten Axt und einem Tornister, kehrt der mit seinem Tagewerk zufriedene Milizsoldat zusammen mit seinem barfüssigen Söhnchen ins Dorf zurück. Er grinst schadenfroh, hat er doch zwei puppenhafte französische Soldaten aufs Bajonett gespiesst; vom Gewehrlauf hängen drei weitere wie Marionetten herunter. Sein Sohn hat mitgeholfen und reitet auf einer französischen Standarte als Steckenpferd. Offensichtlich ist es für einen Russen ein Kinderspiel, die entkräfteten Reste der Grossen Armee zu erledigen. Das Blatt ruft geradezu zum Widerstand auf. In den Jahren 1812 und 1813 waren die russischen Karikaturisten unerhört produktiv und förderten mit ihren Werken das russische Nationalbewusstsein nachhaltig. Das Motiv kommt auch auf englischen Krügen vor (Br I S. 316 Anm. 2, II Abb. r. S. 260).

Un paysan russe rentrant des sports des champs

La présente description cynique d'un paysan russe, rentrant chez lui après des loisirs sportifs, se fonde aussi sur une caricature russe (Br II app. G 40). Muni d'un havresac, une hache passée dans la ceinture, un soldat de milice retourne dans son village, satisfait de sa journée. Il est accompagné de son jeune fils, qui va pieds nus. Le père ricane malicieusement, car il a piqué deux soldats français, semblables à des poupées, sur sa baïonnette; à la manière de marionnettes, trois autres pendent au canon du fusil. Son fils l'a aidé: en guise de dada, il chevauche un étendard français. Apparemment, liquider les restes épuisés de la Grande Armée est, pour un Russe, un jeu d'enfant. L'estampe constitue un véritable appel à la résistance. Dans les années 1812 et 1813, les caricaturistes russes furent fabuleusement productifs et promurent durablement, à travers leurs œuvres, la conscience nationale russe. Le motif figure également sur des cruches anglaises (Br I p. 316 n. 2, II fig. d. p. 260).

A Russian Boor Returning from His Field Sports

This cynical scene showing a homeward bound Russian peasant returning from his «field sports» is also based on a Russian cartoon (Br II App. G 40). Equipped with an ax hanging from his belt and a knapsack, this militiaman returning to the village with his little son is satisfied with the outcome of his day job. He wears a malicious grin at the thought of the two doll-like French soldiers speared through on his bayonet, with three more hanging like puppets from his rifle barrel. His son lent him assistance and now rides a French standard as a hobbyhorse. Obviously, it is but a child's game for a Russian to finish off the enfeebled remnants of the Great Army. Indeed, this work is meant as a call for resistance. During the years 1812 and 1813, Russian cartoonists were extraordinarily productive, and their works encouraged a strong sense of national identity among their fellow countrymen. The same motif is to be found as well on English «gallon jugs» (Br I p. 316 fn. 2, II ill. r. p. 260).

Contadino russo di ritorno dai suoi passatempi da campo

Anche questa illustrazione cinica del ritorno di un contadino russo dai suoi «passatempi da campo» si basa su una caricatura russa (Br II app. G 40). Equipaggiato di uno zaino e di un'accetta infilata alla cintura, il soldato della milizia è soddisfatto del lavoro compiuto e torna al villaggio col figlioletto scalzo; il suo volto esprime gioia maligna per i due soldati-fantoccio francesi infilzati sulla baionetta, accanto ad altri tre che pendono come burattini dalla canna del fucile. Il fanciullo, che ha dato una mano anche lui, usa a mo' di cavalluccio uno stendardo francese: evidentemente per i russi è un gioco da ragazzi liquidare i resti spossati della Grande Armata. L'opera è un vero e proprio appello alla resistenza; negli anni 1812 e 1813 i caricaturisti russi lavorarono come non mai, e le loro opere promossero in modo durevole la coscienza nazionale russa. Il soggetto appare anche in brocche inglesi (Br I p. 316 n. 2, II ill. d. p. 260).

Lit.: BM IX 11996; Br I S. 316 f., II App. A 776.

Graf Vicenza auf seiner Reise von Krasnoje nach Paris

Le comte Vicenza en voyage de Krasnoïe à Paris

Count Vicenza on his Travels from Krasnoje to Paris

Il conte Vicenza nei suoi viaggi da Krasnoje a Parigi

Die Rückkehr eines russischen Bauern von seiner Vergnügung im Freien

Un paysan russe rentrant des sports des champs

A Russian Boor Returning from His Field Sports

Contadino russo di ritorno dai suoi passatempi da campo

47
The HERO'S RETURN.
darunter Vierzeiler *Dishonest with lopp'd arms the man appears / Spoil'd of his nose, and shorten'd oh his ears – / She scarcely knew him, striving to disown / His blotted form, and blushing to be known. Dryden's Virgil. Book Six*
o.l. *Les Doights du pied de l'Empereur Bo[...] / Les Doights de l'Empereur Napole[on] / Les Oreilles de l'Emper[eur] Napoleon*
u.M. *Le Nez de L'Empereur Napoleon*
u.l. *Coffre Pour la Bijoutère Russe.*
sign. u.l. DAVID pinxit – Etched by G. Cruikshank
bez. dat. u. r. Pub^d by H. Humphrey S^t. James's S^t. Feby. 22^d 1813
Radierung, koloriert
300×400 mm (345×487 mm)
Sammlung Herzog von Berry
1980.185.

Des Helden Heimkehr und Verdienst
Satirisch begleitet von Versen aus Vergils Aeneis enthüllt das Bild das «klassische» Schicksal, das den «Helden» Napoleon ereilt hat. Bei dessen Heimkehr aus Russland offenbart es sich der kaiserlichen Familie im Boudoir. Klassisch ist auch die Komposition, deshalb täuscht die Signatur die Autorschaft von Jacques Louis David vor: Der Hofmaler verherrlichte den Kaiser in klassizistischen Idealbildern. Vor diesem Hintergrund wirkt das kraftlose, hagere Wrack Napoleon, von seinen einst aus Ägypten mitgeführten Mamelucken gestützt, umso lächerlicher. Ohne Nase, Ohren und mit eingebundenen Händen und Füssen kehrt der Kaiser zur Gattin heim, die in Ohnmacht zu fallen droht. Sein Söhnchen mit Gouvernante schreit vor Angst, Schwestern und Mutter schauen kummervoll oder verwundert. Statt reicher Beute, für die vorne links Schmuckkoffer bereitstehen, tragen die Diener dem Herrn seine im russischen Winter abgefrorenen Glieder in Spiritusflaschen auf Samtkissen hinterher. Den Einfall der lädierten Nase Napoleons hatte auf andere Weise auch der russische Karikaturist Terebeneff (Br II S.180f., App. G 30). Cruikshanks Karikatur bezeugt den Einfluss, den Gillrays parodistischer Stil auf seinen «Nachfolger» ausübte.

Le retour et le mérit du héros
Satiriquement accompagnée de vers de l'Enéide de Virgile, l'illustration dévoile le destin «classique» qui a frappé le «héros» Napoléon. Lors de son retour de Russie, son sort est révélé à la famille impériale réunie dans le boudoir. La composition est également classique; d'ailleurs, la signature attribue la paternité de l'œuvre à Jacques Louis David: le peintre de la cour glorifiait l'empereur au moyen de tableaux de style néoclassique. Dans ce contexte, Napoléon semble d'autant plus ridicule. Telle une épave, épuisé et amaigri, il est soutenu par les mamelouks qu'il avait autrefois amenés d'Egypte. Sans nez, sans oreilles, les mains et les pieds bandés, l'empereur revient auprès de son épouse, qui manque s'évanouir. Son fils hurle de peur; ses sœurs et sa mère regardent attristées ou surprises. Au lieu du riche butin pour lequel on a préparé les coffres à bijoux qui se trouvent au premier plan à gauche, les serviteurs portent dans des bouteilles à alcool posées sur des coussins de velours, les membres de leur maître, gelés par l'hiver russe. Le caricaturiste russe Terebenev eut également, mais d'une autre manière, l'idée d'écorcher le nez de Napoléon (Br II p.180 sq., app. G 30). La caricature de Cruikshank témoigne de l'influence que le style parodique de Gillray exerça sur son «successeur».

The Hero's Return
Satirically accompanied by lines from Vergil's Aeneid, this cartoon reveals the «classical» fate that befell the «hero» Napoleon who, upon his return from Russia, opens his heart to the imperial family in their boudoir. The work's composition is classical as well, which explains the simulacrum of Jacques Louis David's signature: as painter to the court, David was known for his classicist idealizations exalting the Emperor. The setting renders the gaunt wreck of a man Napoleon has become, leaning for support on a Mamluk brought along from Egypt, all the more ridiculous. Bereft of nose and ears, and with his hands and feet swathed in bandages, the Emperor has returned home to his wife who is on the point of fainting. His little son screams out in fright while sorrow and astonishment can be seen in the looks of his sisters and mother. Instead of bringing in the rich booty for the treasure chests to the fore and left, Napoleon's servants present – in bottles of spirits on velvet cushions – the frozen limbs he lost to the Russian winter. The idea of Napoleon's damaged nose was also handled, if differently, by the Russian cartoonist Terebeneff (Br II p.180f., App. G 30). This version, by Cruikshank, shows the influence that Gillray's parodistic style exerted on his «successors».

Il ritorno [e il compenso] dell'eroe
Accompagnata satiricamente da versi dell'*Eneide* virgiliana, la stampa rivela il destino «classico» abbattutosi sull'«eroe» Napoleone: destino che si manifesta nel *boudoir* alla famiglia del sovrano, quando questi ritorna dalla Russia. Classica è anche la composizione, che quindi la firma (falsa) attribuisce a Jacques Louis David: il pittore di corte, in effetti, celebrava l'imperatore con dipinti di un classicismo idealizzante. Tanto più ridicolo, in simile contesto, appare l'esausto e macilento Napoleone, rottame umano sostenuto da quei mamelucchi che aveva portato con sé dall'Egitto: senza naso, senza orecchie, con le mani e i piedi fasciati, il monarca di ritorno si presenta alla consorte, che rischia di cadere in deliquio. Il figlioletto urla di paura in braccio alla governante, mentre le sorelle e la madre del monarca guardano afflitte o stupite; invece del ricco bottino che doveva riempire di gioielli i bauletti dell'angolo sinistro, i servitori del seguito portano su cuscini di velluto, in bottiglie di spirito, gli organi congelati che l'imperatore ha perso nell'inverno russo. L'idea del naso rovinato di Napoleone appare, in forma diversa, anche nel caricaturista russo Terebeneff (Br II p.180 sg., app. G 30). L'opera testimonia l'influsso dello stile parodistico di Gillray sul suo «successore» Cruikshank.

Lit.: Ash S.340; BM IX 12012; Br I Tf. S.314, 320f., II App. A 434; GC 243.

DAVID pinxit — Etched by G. Cruikshank

The HERO'S RETURN.

Dishonest with lopp'd arms the man appears
Spoil'd of his nose, and shorten'd of his ears.
She scarcely knew him, striving to disown
His blotted form, and blushing to be known. — Dryden's Virgil. Book Six

Pubd. by H. Humphrey St. James's St.
Feb.y 22d 1813

Des Helden Heimkehr und Verdienst

Le retour et le mérit du héros

The Hero's Return

Il ritorno [e il compenso] dell'eroe

48
Anticipation for BONEY or, A Court Martial on the Cowardly Deserter from the GRAND ARMY!
o.l. *Crispin for ever / Liberty Liberty away with him / Aye, Aye, he has butcher'd Millions*
o.M. *Well, you are found Guilty of Cowardly deserting from the Grand army, & by repairing here, with your Cobbling defence, you have done a d – d bad job for yourself, & as your time waxes near its end, I would have you prepare your sole for your Last – so off with his head Mr Butcher.*
o.r. *Emperor Crispin for ever / off with his head / O, dear, o dear, do not kill me! Cut off my Tail if you please! but, spare, O spare my head / Ah, D – n you we'll cut off your head & your Tail too! / Where's my husband Wretch / Where s my Father*
u.r. *wheres my – dady*
u.l. *Napoleon Bounapart found Guilty of Desert.*
sign. u.r. *Etched by G. C^k –* (George Cruikshank)
bez. dat. u.l. *Pub^d March 6th 1813 by S Knight 3 Sweetings Alley Royal Exchange*
Radierung, koloriert
248 × 352 mm (272 × 433 mm)
Sammlung Herzog von Berry
1980.208.

Vorweggenommen: Über Boney, den feigen Deserteur der Grossen Armee, wird Kriegsgericht gehalten
Frankreichs republikanischer Pöbel verurteilt den ohne die Armee aus Russland heimgekehrten Napoleon. Auf dem Richterstuhl, vor dessen Podest ein Schädel die Macht dieses «Kriegsgerichts» über Leben und Tod symbolisiert, sitzt ein armseliger Schuster, dem zwei Gerichtsschreiber mit weissen Perücken assistieren. Er spricht den Kaiser, der sich durch seine «zusammengeschusterte» Verteidigung selber ans Messer geliefert habe, der feigen Fahnenflucht schuldig. Indem er ihn auffordert, seine «Sohle» (engl. «sole» gleichlautend wie «soul»: Seele) für den «Leisten» (engl. «last»: Leisten bzw. Tod) vorzubereiten, verurteilt er ihn zum Tod durch das Beil. Der rohe Metzgergeselle mit Wetzstahl und Richtbeil hält die Jammerfigur an einem Seil fest. Napoleon fleht, man möge ihm irgendwas, nur nicht den Kopf abschneiden… Die wütende Menge im Hintergrund bekräftigt das Urteil, brüllt nach Freiheit und lässt den Richter «Crispin» (hl. Crispinus: Patron der Schuster) hochleben. Cruikshank wagt die Voraussage, dass die Kräfte der Revolution, die Napoleons Aufstieg ermöglichten, dem Kaiser am Ende den Prozess machen und revolutionärer Terror das Kaisertum ablösen werden.

Vision d'avenir pour Boney ou le lâche déserteur de la Grande Armée devant une cour martiale
La lie républicaine de France condamne Napoléon démuni de son armée à son retour de Russie. Sur le siège du juge est assis un misérable savetier, assisté de deux greffiers en perruques blanches; au pied de l'estrade, une tête de mort symbolise le pouvoir de vie et de mort de ce «tribunal militaire». Il déclare l'empereur coupable de couardise, et lui dit que par sa défense «rapiécée» il s'est livré lui-même au bourreau. Tout en lui recommandant de «mettre en forme» sa «semelle», c.-à-d. de préparer son âme pour le dernier voyage (double sens des mots anglais), il le condamne à mort par décapitation. Le rude compagnon boucher porte l'affiloir et la hache du bourreau; il tient le pauvre hère fermement attaché à une corde. Napoléon implore qu'on lui tranche n'importe quoi sauf la tête… A l'arrière-plan, la foule en colère confirme le jugement, hurle à la liberté et acclame le juge «Crispin» (St. Crispinus: patron des savetiers). Cruikshank ose la prédiction que les forces de la Révolution qui ont permis l'ascension de Napoléon, le mèneront à sa perte et que la terreur révolutionnaire prendra la relève de l'Empire.

Anticipation for Boney or a Court Martial on the Cowardly Deserter from the Grand Army
France's Republican mob condemns Napoleon for coming home from Russia without the army: a wretched shoemaker sits in judgement, with a skull at the foot of his podium to symbolize the court martial's power of life and death. Assisted by two white-wigged clerks, the judge rebukes Napoleon for his «cobbling defence» with which he did himself a bad turn, and finds him «guilty of cowardly deserting from the Grand Army.» He suggests, furthermore, that Napoleon prepare his «sole» (sic!) for the «last (journey)», condemned as he is to have his head chopped off. The brutal journeyman butcher, equipped with a whetsteel and executioner's axe, holds the pitiful victim tightly by rope, while the latter pleads «cut off my tail […] but spare my head.» The angry mob in the background fully endorses the judgement: they scream for liberty and cheer on the Judge Crispin (alluding to Saint Crispin, the patron saint of shoemakers). Cruikshank dared to predict that the revolutionary forces that swept Napoleon into place would end up bringing him to court and that the revolutionary fervour would take over imperial rule!

Anticipo per Boney, ovvero una corte marziale per il codardo disertore della Grande Armata
Il popolaccio repubblicano francese condanna Napoleone, ritornato dalla Russia senza esercito; sul seggio del giudice, davanti al cui podio un teschio simboleggia il potere di vita e di morte che spetta alla «corte marziale», siede un sordido calzolaio. Assistito da due cancellieri in parrucca bianca, egli dichiara reo di codardia il disertore, che con la sua difesa «rattoppata» a mo' di calzatura si è consegnato da solo al carnefice, lo invita a preparare la sua «suola» (*sole*, omofono di *soul* [«anima»]) per la «forma della scarpa» (*last*, che sta anche per «morte») e lo condanna alla decapitazione. Il rozzo macellaio, con ferro per affilare e mannaia, immobilizza con una corda il povero Napoleone, che supplica di non tagliargli la testa; sullo sfondo la folla furibonda conferma il verdetto, chiede libertà a gran voce e lancia urla di evviva all'indirizzo del giudice «Crispin» (come S. Crispino, patrono dei calzolai). Qui Cruikshank non si perita di predire che le forze rivoluzionarie, dopo aver consentito l'ascesa di Napoleone, finiranno col processarlo e sostituiranno al regime imperiale il Terrore.

Lit.: Ash S. 342f.; BM IX 12023; Br II S. 51, App. A 17; Kat. H83 12.

Vorweggenommen: Über Boney, den feigen Deserteur der Grossen Armee, wird Kriegsgericht gehalten

Vision d'avenir pour Boney ou le lâche déserteur de la Grande Armée devant une cour martiale

Anticipation for Boney or a Court Martial on the Cowardly Deserter from the Grand Army

Anticipo per Boney, ovvero una corte marziale per il codardo disertore della Grande Armata

49
French Conscripts for the Years 1820, 21, 22, 23, 24 & 25. Marching to join the Grand Army.
o. l. *To Russia / over the Hills & far away / LEIGEON of HONOR*
o. l. *Come along my pretty little Heros, I will lead you to the Horrible Climate. there you shall see the Dancing Bears & play at snow balls & you shall get all the nice Sugar plumbs & if you behave yourselfs like good Children you may perhaps get a pair of pretty wooden legs & your heads coverd with nice patches of Glory / NB / I vant to do home to my mam=me / Peep bo*
sign. u. r. *G Cruikshank f^t*
bez. dat. u. r. *Pub^d by S Knight Sweetings Ally R^l Exchange – March 18th 1813*
Radierung, koloriert
248 × 350 mm (283 × 435 mm)
Sammlung Herzog von Berry
1980.188.

Französische Dienstpflichtige der Jahre 1820–1825 auf dem Marsch zur Grossen Armee
Cruikshanks früheste Karikatur auf die Massenaushebungen von 1813 macht sich mit genialer Komik über eine eigentlich traurige Tatsache lustig: Kinder ziehen in den Krieg. Ein Kriegsinvalider auf Holzbeinen, dem eine Hand, ein Auge und die Nase fehlt, rekrutiert «niedliche, kleine Helden», indem er sie mit einer Bombenstimmung, Tanzbären, Schneeballschlachten und Zuckerrosinen lockt und «den braven Kindern» ein hübsches Paar Stelzen sowie ein ruhmbedecktes Haupt in Aussicht stellt. In Wahrheit werden sie dem schrecklichen Klima, den Bären und den Schneestürmen Russlands ausgesetzt sein, werden Bleikugeln abbekommen und bestenfalls mit Holzbeinen und Augenklappen davonkommen. Im Hintergrund marschiert ein Kindertrupp, angeführt von einem Möchtegern-General, wohin ein Galgen mit Skelett weist; schon fliegen Aasvögel herbei. Im Vordergrund spielen Knirpse mit übergrossen Waffen und Uniformstücken. Der frisch eingekleidete Miniaturinfanterist links vorne schreit auf, weil ihn das Gewicht von Uniform und Gewehr gleich umwerfen wird. Ein Lausbub pinkelt dem Krüppel frech ans Holzbein, während einer heim zur Mama möchte. Als schon auf dem Marsch nach Moskau fast die ganze Grosse Armee (500 000 Mann), in Russland ihr Leben liess, bot Napoleon die Jahrgänge 1813 und 1814 vorzeitig auf. Die Karikatur führt diese Praxis ins Absurde.

Conscrits français pour les années 1820–1825 en route pour rejoindre la Grande Armée
Avec un sens génial du comique, la première caricature de Cruikshank sur la levée générale de 1813 se rit d'une triste réalité: la mobilisation des enfants. Un invalide de guerre monté sur jambes de bois, borgne, manchot et sans nez, recrute «de mignons petits héros». Il les séduit en parlant d'une ambiance sensationnelle, d'ours qui dansent, de batailles de boules de neige et de balles en sucre; il promet aux «braves» une belle paire d'échasses et une tête couronnée de gloire. En réalité, ils seront exposés à la dureté du climat, aux ours et aux tempêtes de neige de Russie; ils recevront des balles de plomb et, au meilleur des cas, ils reviendront borgnes et infirmes. A l'arrière-plan marche une troupe d'enfants emmenée par un aspirant général, dans la direction indiquée par un gibet où pend un squelette; ils sont déjà cernés par les charognards. Au premier plan, des gamins jouent avec des armes trop grandes pour eux et des reliques d'uniformes. Tout devant à gauche, un fantassin miniature s'exclame que le poids de l'uniforme et de l'arme va le renverser. Un galopin pisse effrontément sur la jambe de bois de l'estropié, pendant qu'un autre veut rentrer chez sa maman. Alors que presque tous les soldats de la Grande Armée (500 000 hommes) avaient péri lors de la marche sur Moscou, Napoléon leva prématurément les classes 1813 et 1814. La caricature témoigne de cette pratique, jusqu'à l'absurde.

French Conscripts for the Years 1820–1825 marching to Join the Grand Army
Cruikshank's earliest cartoon on the 1813 conscription of the masses brilliantly derides what was in fact a sad state of affairs, namely the children's draft. Here a war cripple on wooden legs and missing a hand, an eye, and his nose, is jovially recruiting «cute little heroes» with enticements such as «dancing bears and play at snow balls and […] sugar plums», not to mention «pretty wooden legs» and «nice patches of glory» upon their heads. What they would in fact encounter was the dreadful climate, bears, and blizzards of Russia with, as their reward, lead bullets or, at best, peg legs and eye patches. A children's troop marches in the background, led by a would-be general in the direction indicated by a gallows complete with a hanging corpse; the vultures are already in sight. Little lads are playing with oversize weapons and uniform parts in the foreground: one freshly uniformed miniature infantry soldier (at left) cries out because the weight of his uniform and weapon will soon make him topple over. Another rascal brazenly pees on the cripple's wooden leg, while still another wants home to mama. At a time when almost the entire Grande Armée (500 000 men) had already lost their lives during the march on Moscow, Napoleon had no qualms about recruiting new conscripts ahead of time for the years 1813 and 1814: this work takes his audacity to the limits of the absurd.

Coscritti francesi per gli anni 1820–1825, in marcia per unirsi alla Grande Armata
La prima caricatura di Cruikshank sulle coscrizioni di massa del 1813 scherza con comicità geniale sul fatto, in sé triste, dei ragazzi che vanno alla guerra. Un militare mutilato (monocolo e senza naso, con gambe di legno e una mano sola) recluta «piccoli eroi carini» prospettando loro un'atmosfera di festa, orsi danzanti, battaglie a palle di neve, zuccherini e, per quelli che «faranno i bravi», magari un bel paio di trampoli e «belle bende di gloria» sul capo; in realtà dovranno affrontare un clima orribile, bufere di neve e orsi russi, riceveranno confetti di piombo e nel caso migliore se la caveranno con moncherini e senza un occhio. Sullo sfondo una truppa di bambini, al comando di un generale in erba, marcia nella direzione indicata da una forca (con scheletro appeso); già giungono in volo uccelli che si nutrono di cadaveri. In primo piano altri nanerottoli giocano con armi e parti d'uniforme gigantesche; il fante in miniatura sulla sinistra, equipaggiato di fresco, urla perché il peso della divisa e del fucile sta per rovesciarlo, mentre un monello minge sfacciatamente sulla gamba di legno del mutilato e un altro vuole tornare dalla mamma. Avendo perso già nella marcia su Mosca quasi tutta la Grande Armata (500 000 uomini), Napoleone ordinò la leva anticipata delle classi 1813 e 1814; la caricatura porta questa pratica all'assurdo.

Lit.: BM IX 13486; Br I S. 333f., II App. A 360; Kat. H85 58.

Französische Dienstpflichtige der Jahre 1820–1825 auf dem Marsch zur Grossen Armee

Conscrits français pour les années 1820–1825 en route pour rejoindre la Grande Armée

French Conscripts for the Years 1820–1825 marching to Join the Grand Army

Coscritti francesi per gli anni 1820–1825, in marcia per unirsi alla Grande Armata

50
NAP REVIEWING the GRAND ARMY or the Conquest of Russia Anticipated.
dahinter Plate 2
o. M. *With this Army will I crush those Russian Savages, and make all Nations tremble at my Wrath!!*
o. r. *Parbleu vid dis Armée we vil conquer de Heaven!!! / And de Hell too, dat we may send dere de dam Anglois*
Charles Williams
bez. dat. u. r. *Pub,^{d} April 1813 by Thos Tegg N° 111 Cheapside*
Radierung, koloriert
248 × 348 mm (272 × 440 mm)
Sammlung Herzog von Berry 1980.206.

Napoleons Inspektion der Grossen Armee oder die vorweggenommene Eroberung von Russland
Schadenfroh blickt der Karikaturist zurück auf Napoleons masslose russischen Pläne. Gefolgt von zwei Marschällen und zwei Mamelucken, inspiziert Napoleon die grösste bis dahin aufgestellte Streitmacht. Er zweifelt keinen Moment an seiner Unterwerfung Russlands. Vom Anspruch der Französischen Revolution, die Völker zu befreien und zu zivilisieren, ist nichts übriggeblieben: Die «russischen Wilden» will Napoleon «zermalmen». Grössenwahn ist ansteckend: Begeistert meinen zwei Generäle, selbst Himmel und Hölle könne dieses Heer einnehmen. In letztere würden dann die Engländer verstossen. England in die Knie zu zwingen, war das Fernziel der Invasion in Russland, wo die wirtschaftlich fatale Kontinentalsperre ab 1811 umgangen wurde. Das Kompositionsmuster der Karikatur folgt der Gattung des Schlachtengemäldes; das Bild verulkt die napoleonische Bildpropaganda, indem es einen Sieg vorwegnimmt, der keiner wurde. Das Blatt erschien als zweites aus Williams' achtfolgiger Reihe «Russian Campaign».

Napoléon passant la Grande Armée en revue ou anticipation de la conquête de la Russie
Avec malice, le caricaturiste jette un regard rétrospectif sur les projets démesurés de Napoléon en Russie. Suivi par deux maréchaux et deux mamelouks, Napoléon inspecte la plus grande armée jamais levée jusque-là. À aucun moment, il ne doute de sa victoire. Des prétentions de la Révolution française – libérer et civiliser les peuples – il ne reste rien: Napoléon veut anéantir ces «sauvages russes». Sa mégalomanie est contagieuse: enthousiasmés, deux généraux pensent que cette armée serait capable de conquérir le ciel; et même l'enfer, où l'on pourrait précipiter les Anglais. Mettre l'Angleterre à genoux: tel était le but ultime de l'invasion de la Russie, qui s'était retirée du blocus continental en 1811. Dans sa composition, la caricature imite le genre des tableaux de batailles; l'illustration tourne en dérision la propagande picturale napoléonienne, en ceci qu'elle anticipe une victoire qui n'eut pas lieu. Cette gravure est la deuxième de la série «Russian Campaign» de Williams, qui en comporte huit.

Napoleon Reviewing the Grand Army or The Conquest of Russia Anticipated
The cartoonist casts a gloating backward glance at Napoleon's totally immoderate Russian plans. The Emperor, followed by two marshals and two Mamluks, is inspecting the largest force ever assembled. He feels altogether confident about his coming victory over Russia: no trace here of the claim occasioned by the French Revolution, to the effect that nations are to be freed and civilised. Napoleon wants to «crush those Russian savages». Delusions of grandeur are contagious: two generals comment that these troops could take both heaven and hell, and that the English might well end up in the latter. Indeed, bringing England to its knees was the long-range goal for invading Russia, where the commercially disastrous Continental blockade had been evaded since 1811. In its composition, this work falls into the battle scene category of paintings and, as such, it pokes fun at the Napoleonic propaganda of the day, since here the victory being anticipated amounted to a defeat. It is the second in Williams's «Russian Campaign» series of eight.

Napoleone passa in rassegna la Grande Armata, ovvero la conquista anticipata della Russia
L'occhio del caricaturista ritorna con gioia maligna al passato, quando Napoleone faceva piani smisurati di conquista della Russia: seguito da due marescialli e da due mamelucchi, l'imperatore passa in rassegna l'esercito più grande mai schierato finora, senza dubitare minimamente che la Russia verrà soggiogata. Se la Rivoluzione francese intendeva liberare e civilizzare i popoli, di quella pretesa non resta più nulla: Napoleone vuole «annientare i selvaggi russi». La megalomania è contagiosa: due generali entusiasti dicono che con quell'esercito conquisteranno anche il cielo e l'inferno. In quest'ultimo, poi, si potranno spedire gli inglesi: l'invasione della Russia – ove dal 1811 il blocco continentale, economicamente devastante, veniva aggirato – aveva lo scopo indiretto di mettere in ginocchio la Gran Bretagna. Il modello compositivo dell'opera, seconda della serie di otto caricature *Russian Campaign*, segue il genere dei dipinti di battaglia; Williams qui sbeffeggia la propaganda iconografica di Napoleone, anticipando una vittoria mai avvenuta.

Lit.: Ash S. 343; BM IX 12035; Br I S. 324, II App. A 600; GC 248.

51
NAP'S HEROES or a Specimen of French Mercy and Moderation
dahinter *Russian Camp,^{n} Plate 3.*
unter dem Bildfeld r. *«O dire Ambition! what infernal power / «Unchain'd thee from thy native depth of Hell, / «To stalk the earth with thy destructive train. / «Murder and Lust! to waste domestic peace / «And every heart felt joy. –*
o. M. *Ah Diable! vat you no part vid your Wife pour accomodé Mon Officier / By gar Ma chere you go with me you shall be French Duchesse / God and My King revenge my Death!!*
o. r. *Parbleu Camrade we begin vel. ven we get to Moscow our fortune be made / Eh bien notre grand Empereur. was promise us great deal plunder*
Charles Williams
bez. dat. u. l. *Pub,^{d} May. 1813 by Thos Tegg 111 Cheapside*
dahinter *Price 1 s Color'd.*
Radierung, koloriert
245 × 350 mm (274 × 442 mm)
Sammlung Herzog von Berry 1980.179.

Napoleons Helden oder ein Muster französischer Barmherzigkeit und Mässigung
Mit den an Zivilisten begangenen Greueln beschäftigt sich das dritte Blatt der Serie «Russian Campaign» (vgl. Kat. Nrn. 50, 119). Mordbrennerei, Plünderung und Notzucht beherrschen die Szene, als französische Truppen eine Stadt einnehmen. Sie fallen über die Bevölkerung her, treiben die verzweifelten Menschen zusammen, die teils in ihrer Kirche Zuflucht suchen, teils schon vorher niedergemacht werden. Rechts durchwühlt ein Soldat ein Haus und reicht die Wertsachen einem Kameraden aus dem Fenster. Im Vordergrund haben zwei Franzosen einen Bauern niedergemetzelt, um ihm ein paar Münzen abzunehmen. Links packt einer freudestrahlend eine fliehende junge Frau am Haar und bedroht sie mit dem Säbel. Unzimperlich ist auch die Mittelszene: Weil sich ein Russe zur Wehr setzt, als ein Offizier höhnend seine Gattin fortschleppen will, rammt ihm dessen Untergebener das Bayonett in den Bauch. So sieht laut Bildtitel «Erbarmen und Mässigung» von «Napoleons Helden» aus.

Les héros de «Nap» ou un échantillon de la compassion et de la modération françaises
La troisième gravure de la série «Russian Campaign» (cf. n^{os} cat. 50, 119) traite des atrocités perpétrées à l'égard des civils. Lorsque les troupes françaises prennent une ville, les incendies volontaires, les pillages et les viols occupent le devant de la scène. Les soldats de Napoléon fondent sur la population et rassemblent les habitants aux abois, qui cherchent refuge dans leur église. Certains sont massacrés avant d'y être parvenus. À droite, un soldat farfouille dans une maison et, par la fenêtre, tend les objets de valeur à un camarade. Au premier plan, deux Français ont tué un paysan afin de lui voler quelques sous. À gauche, un soudard réjoui saisit une jeune femme par les cheveux et la menace de son sabre. Le milieu de la scène est également cruel: un officier veut emmener une femme de force; son mari tente de s'interposer, mais un soldat lui plante sa baïonnette dans le ventre. Voilà à quoi ressemblent «la compassion et la modération» des «héros de Napoléon», évoquées dans le titre.

Nap's Heroes or a Specimen of French Mercy and Moderation
The horrors to which the civilian populations were subjected furnished the material for this, the third cartoon in the «Russian campaign» series (cf. cat. nos. 50, 119). French troops invading a city meant murder and arson, plunder, and rape. They would overcome the population and, as shown here, drive together the desperate people – some seeking refuge in churches and others slaughtered before they could get any further. To the right, a soldier rummaging through one of the houses hands down the precious loot to a waiting comrade. In the foreground, two French soldiers have slaughtered a peasant to relieve him of his small change. To the left, another soldier joyfully catches hold of a fleeing young woman by the hair, threatening her with a sabre. The centre scene is equally crude: because a Russian has dared stand up for his wife, whom a French officer scornfully intends to cart off, the officer's subordinate rams him in the belly with a bayonet. This then is the depiction of, as the title indicates, «French mercy and moderation».

Gli eroi di Nap, ovvero un saggio di misericordia e moderazione francese
Nel terzo foglio della serie *Russian Campaign* (cfr. n^1 cat. 50, 119) dominano la scena le atrocità contro i civili – stragi incendiarie, saccheggi, stupri – commesse dai francesi quando conquistano città: la truppa assale e raduna a forza gli abitanti disperati, di cui alcuni sono subito uccisi e altri cercano rifugio in chiesa. A destra un soldato, entrato a perquisire una casa, dalla finestra passa a un commilitone gli oggetti di valore; in primo piano altri due hanno trucidato un contadino per sottrargli le sue poche monete, mentre a sinistra un francese, ebbro di gioia, afferra per la chioma una giovane in fuga e la minaccia con la sciabola. Anche la scena centrale è feroce: poiché un russo cerca d'impedire che sua moglie venga trascinata via dal beffardo ufficiale francese, un subalterno di quest'ultimo lo sventra con la baionetta. Sarebbe questa, stando al titolo, la «misericordia e moderazione» degli «eroi di Napoleone».

Lit.: Br I S. 324, II App. A 962.

Napoleons Inspektion der Grossen Armee oder die vorweggenommene Eroberung von Russland

Napoléon passant la Grande Armée en revue ou anticipation de la conquête de la Russie

Napoleon Reviewing the Grand Army or The Conquest of Russia Anticipated

Napoleone passa in rassegna la Grande Armata, ovvero la conquista anticipata della Russia

Napoleons Helden oder ein Muster französischer Barmherzigkeit und Mässigung

Les héros de «Nap» ou un échantillon de la compassion et de la modération françaises

Nap's Heroes or a Specimen of French Mercy and Moderation

Gli eroi di Nap, ovvero un saggio di misericordia e moderazione francese

52

Вотъ ивилы тройчатки ипригодились убирать да укладывать / Ну Мусье! Полно вздрягивать! – [Da taugt auch noch die dreizackige Mistgabel, um aufzuräumen und aufzuladen. Nun, Monsieur, genug gezittert!] / *A RUSSIAN PEASANT LOADING A DUNG CART.* über dem Bildfeld *Крестьянинъ Иванъ Долбила / Постой Мусье, не вдругъ пройдешь! здѣсь хоть мужички да – Руские.* [Der Bauer Ivan Dolbila (der durch beständige Schläge Aushöhlende): Steh still, Monsieur, so schnell kommst du nicht durch! Da sind noch wenn auch Bäuerchen – aber russische.]
sign. u. r. *Etched by G. Cruikshank* bez. dat. u. l. *Pub.^{d} March 1st 1813 by H. Humphrey St James's Street* – u. l. *Copied from a Russian Print*
Radierung, koloriert
247 × 350 mm (296 × 483 mm)
Sammlung Herzog von Berry
1980.189.

Ein russischer Bauer belädt einen Mistkarren

Den russischen Bauern und sein Söhnchen, die vom Feld zurückkehren (Kat. Nr. 46), trifft man nun beim Beladen des Mistkarrens. Der Knabe auf dem Ackergaul sieht sich um, ob der Vater bald bereit ist, um den Mist auf den Hof im Hintergrund zu fahren. Dieser lädt gerade das nächste «Miststück» auf die Gabel, indem er diese einem Offizier kraftvoll in den Unterleib stösst. Der Franzose hält noch den Degen in der Rechten, schreit auf und wird gleich auf dem Karren landen, auf dem die Leichen kreuz und quer übereinander liegen. Links flieht im Hintergrund eine Truppe Soldaten. Die Bildaussage lebt vom Gegensatz zwischen den komischen, hageren Soldaten und dem im klassischen Heldenmotiv inszenierten Widerständler. Die russische Vorlage, die Cruikshank inspiriert hat, erschien im Januar 1813 (Br II App. G 43).

Un paysan russe chargeant une charrette à fumier

On rencontre ici un paysan russe et son jeune fils (cf. n°. cat. 46), rentrant des champs, en train de charger la charrette à fumier. Le garçon montant le cheval de labour regarde si le père est bientôt prêt à transporter le fumier à la ferme, visible à l'arrière-plan. Le fermier est justement occupé à charger le prochain «fumier» sur sa fourche, en enfonçant celle-ci vigoureusement dans le bas-ventre d'un officier. Le Français tient encore l'épée à la main droite et pousse un cri; il est sur le point d'atterrir sur la charrette où s'entassent pêle-mêle des cadavres. A gauche, à l'arrière-plan, une troupe de soldats se sauve. Le message de l'image s'appuie sur le contraste entre les soldats maigres et comiques et le résistant, mis en scène conformément au motif classique du héros. Le modèle russe ayant inspiré Cruikshank parut en janvier 1813 (Br II app. G 43).

A Russian Peasant Loading a Dung Cart

The Russian peasant and his little son, who are on their way homewards from the fields (cf. cat. no. 46), are in the process here of loading a dung cart. The youngster on the farm horse looks back at his father, to see if he will soon be ready to have the dung driven to the farmstead in the background. Just about to lift up the next «piece of dung», the father has vehemently shoved his pitchfork into the belly of a French officer who, still holding a sword in his right hand, screams as he is about to land on the cart atop the pile of crisscrossed corpses. A troop of soldiers can be seen fleeing in the background to the left. The forcefulness of this work derives from the contrast between the comically portrayed scrawny soldiers and the classically heroic stance of the resistor. The Russian model that served as inspiration to Cruikshank appeared in January 1813 (Br II App. G 43).

Contadino russo che carica un carro di letame

Il contadino russo e il suo figlioletto (cfr. n° cat. 46), di ritorno dai campi, ora stanno caricando il carro del letame. Il fanciullo, in groppa al cavallo da tiro, si volta a vedere se il padre è quasi pronto a riportare il carro nella fattoria (sullo sfondo); l'uomo sta appunto caricando l'ultimo «pezzo di letame», un ufficiale a cui infila con forza il tridente nel ventre. Il francese urlante, che ha ancora la spada nella destra, fra poco finirà su un carro colmo di cadaveri ammucchiati in disordine; sullo sfondo a sinistra si distingue una truppa di soldati in fuga. Il messaggio caricaturale vive del contrasto fra il comico soldato scarno e il contadino in posa classica da eroe. L'originale che ispirò Cruikshank risale al gennaio 1813 (Br II app. G 43).

Lit.: BM IX 12015; Br II App. A 777.

53

RUSSIANS TEACHING BONEY TO DANCE. über dem Bildfeld *Не удалось тебѣ нась переладить на свою погудку: Попляши же Босурмань, нашу дудку!* / *If you trespass on our grounds; you must dance to our tunes.* –
sign. u. r. *Etched by G. Cruikshank* – darüber – *copied from a Russian print* bez. dat. u. l. *Pub^d May 18th 1813 by H. Humphrey St James's Street* –
Radierung, koloriert
252 × 355 mm (305 × 484 mm)
Sammlung Herzog von Berry
1980.204.

Die Russen bringen Boney das Tanzen bei

Cruikshank lehnt sich hier an Terebeneffs Karikaturen «Die Tanzstunde» (Br II Tf. S. 175, 176, App. G 8) von 1812 und «Der Tanzmeister» (Br II S. 171 Anm. 1, 172, App. G 7) vom Januar 1813 an. In einer Landschaft spielt ein russischer Bauer mit einer Schalmei zum Tanz auf. Rechts knallt sein Kamerad mit der Knute und zwingt den kleinen, angstvoll gestikulierenden Napoleon den Kasatschok zu üben. Die Bildaussage findet sich im russischen Satz des «Tanzmeisters»: «Es ist dir nicht gelungen, uns nach deiner Pfeife tanzen zu lassen: Tanze also, Ausländer, nach unserer.» Das Kosakentanz-Motiv erfreute sich europaweit grosser Beliebtheit: Vom russischen Original sind aus Deutschland (1813) eine Kopie (Sche Abb. S. 200) und vier Versionen (Sche 2.9–2.9.3) – teils zweisprachig – sowie aus Italien (1814) eine Nachgestaltung («Il ballerino più ricco»; Br II S. 160, App. F A38) bekannt.

Russes apprenant à Boney à danser

Cruikshank s'inspire ici de deux caricatures de Terebenev: l'une est intitulée «La leçon de danse» et date de 1812 (Br II pl. p. 175, 176, app. G 8); l'autre, créée en janvier 1813, a pour titre «Le professeur de danse» (Br II p. 171 n. 1, 172, app. G 7). Situé dans un paysage, un paysan joue des airs de danse sur un chalumeau. A droite, son camarade fait claquer le knout et force le petit Napoléon, qui gesticule peureusement, à s'exercer au kasatchok. Le message de l'image s'exprime à travers la phrase en russe que prononce le «professeur de danse»: «Tu n'a pas réussi à nous faire obéir à ta baguette: danse alors, étranger, à la nôtre.» Le motif de la danse cosaque jouit d'une grande popularité au plan européen: on connaît une copie (Sche fig. p. 200) et quatre versions (Sche 2.9.–2.9.3.) – réalisées en Allemagne (1813) et certaines bilingues – qui se fondent sur l'original russe; par ailleurs, il existe une reproduction («Il ballerino più ricco»; Br II p. 160, app. F A 38) réalisée en Italie (1814).

Russians Teaching Boney to Dance

Cruikshank took inspiration for this work from Terebeneff's cartoons «The Dancing Lesson» (Br II Pl. p. 175, 176, App. G 8) of 1812 and «The Dancing Master» (Br II p. 171 fn. 1, 172, App. G 7) of January 1813. In a scenic setting, a Russian peasant plays a dance tune on a shawm while, to the right, his comrade cracks a knout to oblige the small and frightened Napoleon to do the kazachok. The work's point comes across in the comment made in Russian by the dancing master: «You couldn't make us dance to your tune; so, foreigner, dance to ours.» The kazachok motif became very popular throughout Europe: in Germany (1813), the Russian original inspired one copy (Sche ill. p. 200) and four versions (Sche 2.9–2.9.3) – part of them in two languages; in Italy (1814), a partly reinterpreted version appeared («Il ballerino più ricco», Br II p. 160, App. F A38).

Lezione russa di ballo per Boney

Cruikshank qui si rifà a due caricature di Terebeneff sull'«ora della danza» (Br II tav. p. 175, 176, app. G 8) e sul «maestro di ballo» (Br II p. 171 n. I, 172 app. G 7), rispettivamente del 1812 e del gennaio 1813. Su uno sfondo di paesaggio, un contadino russo suona un ballabile su una zampogna; a destra il suo compagno fa schioccare lo staffile e costringe Napoleone – piccolo, pauroso e gesticolante – a ballare come un cosacco. Il messaggio dell'opera è contenuto nella frase in russo del «maestro di ballo»: «Non sei riuscito a farci ballare col tuo piffero: allora balla, straniero, con il nostro.» Il tema della danza cosacca divenne popolarissimo su scala europea: dell'originale russo sono note una copia (Sche ill. p. 200) e quattro versioni (Sche 2.9–2.9.3) in Germania, certe bilingui e tutte del 1813, nonché un'imitazione del 1814 in Italia (Il ballerino più ricco: Br II p. 160, app. F A38).

Lit.: BM IX 12046; Br I S. 323, II S. 171 Anm. 1, App. A 778.

Ein russischer Bauer belädt einen Mistkarren

Un paysan russe chargeant une charrette à fumier

A Russian Peasant Loading a Dung Cart

Contadino russo che carica un carro di letame

Die Russen bringen Boney das Tanzen bei

Russes apprenant à Boney à danser

Russians Teaching Boney to Dance

Lezione russa di ballo per Boney

54

Смотръ француzкимъ войскамъ на обратномъ ихъ походѣ чрезъ Смоленскъ. – / «Хотя одеты некрасиво да тепло: а это славное дѣло!» / Гамбурск корресп. gazette du Dep. des Bouches de l'Elbe, 1812. N. 180. письмо изъ Варшавы отъ 14. нояб. [Französische Truppenschau auf dem Rückwärtsfeldzug durch Smolensk. – «Sie sind zwar nicht schön, aber warm gekleidet. Das ist eine ruhmvolle Sache!» – Hamburger Korrespondent der Gazette du Département des Bouches de l'Elbe, 1812, Nr. 180; Brief aus Warschau vom 14. November.]
unter dem Bildfeld REVIEW of the FRENCH TROOPS on their returning March through SMOLENSKO. / – «Altho their Dress is not gaudy it is warm & that is the principle thing!» / Vide – the Hamburg Correspondenten for 1812 – N⁰ 180 – 14ᵗʰ March – – o. l. 8796 / NAPOLEON
M. r. N [zweimal]
sign. u. l. G. Cruikshank sculp.ᵗ
bez. dat. u. M. Pub.ᵈ May 27ᵗʰ 1813 by H. Humphrey Sᵗ James's Strᵗ –
Radierung, koloriert
254 × 360 mm (300 × 480 mm)
Sammlung Herzog von Berry 1980.196.

Inspektion der französischen Truppen auf dem Rückmarsch durch Smolensk
Obschon zweisprachig, geht dieses Blatt wohl nicht auf ein russisches Original zurück, da der Vermerk «Copied from a Russian Print» fehlt. Dick steht der Zwerg Napoleon auf einer Steinplatte und hält auf dem Rückmarsch durch Smolensk eine «Truppenschau» ab. Mit Hilfe einer Leiter ist er vom Pferd gestiegen, das nur dank der Schlittschuhe vorankommt. Generäle mit teils grimmigen, teils erstaunten Blicken mustern ebenfalls den ausgehungerten und frierenden Überrest der Grossen Armee. Im Stroh- oder im Frauenrock, mit Fässchen oder Korb haben sich die Männer beholfen. Sie sind barfuss, in Pantoffeln, im Damenschuh oder besitzen noch einen Stiefel – eine tragikomische Schicksalsgemeinschaft, die an ein Irrenhaus erinnert. Vom Soldaten bis zum Marschall spricht ein einziger Vorwurf aus dem Kontrast zwischen der Korpulenz des Kaisers und der Knochendürre der Krieger. Doch wird das Feldzeichen mit dem Adler und Napoleons Namen noch hochgehalten. Die satirische Spitze bietet das Textzitat unter dem Titel: «Wozu prunkvolle Kleidung? Hauptsache, sie wärmt!» Über 560 000 Soldaten aus 20 Nationen hatten sich im Juni 1812 nach Russland ergossen. Fahnenflucht, Krankheit, Strapazen, Hunger und Kälte liessen bis zum November nur wenige am Leben. «In Smolensk hat Napoleon noch einmal versucht, Ordnung in das Chaos zu bringen.» (Presser S. 753). Bloss 15 000 Bewaffnete konnten Mitte Dezember Russland hinter sich lassen.

Revue des troupes françaises lors de leur retraite de Smolensk
Bien que bilingue, la présente estampe ne s'appuie sans doute pas sur un original russe, étant donné que la précision «Copied from a Russian print» fait défaut. Représenté en nabot, un Napoléon corpulent se tient debout sur une plaque de pierre et «passe ses troupes en revue», à l'occasion de la retraite de Smolensk. Se servant d'une échelle, il est descendu de son cheval, qui ne peut avancer que parce qu'il porte des patins. Des généraux, aux regards tantôt furieux, tantôt étonnés, inspectent également les restes affamés et grelottants de la Grande Armée. Les hommes se sont tirés d'affaire en mettant des habits de paille ou des vêtements de femme, et en se coiffant de petits tonneaux ou de corbeilles. Ils sont soit pieds nus, soit en pantoufles, soit en chaussures de femme, soit encore chaussés d'une seule botte; évoquant un asile d'aliénés, ils forment une communauté de destin tragicomique. Tous – du soldat au maréchal – semblent faire de graves reproches à Napoléon, révélés à travers le contraste entre la corpulence de l'empereur et l'extrême maigreur des guerriers. Surmonté de l'aigle et portant l'inscription du nom de l'empereur, l'étendard de campagne est cependant toujours tenu levé. Le texte cité sous le titre contient la pointe satirique: «A quoi bon des habits de parade? L'essentiel est qu'ils donnent chaud!» Plus de 560 000 soldats de vingt nations différentes se répandirent en Russie en juin 1812. Conséquement aux désertions, aux maladies, aux peines subies, à la faim et au froid, seul un petit nombre d'entre eux étaient encore en vie en novembre. «A Smolensk, Napoléon essaya encore une fois de mettre de l'ordre dans le chaos.» (Presser, p. 753) Seuls 15 000 militaires armés purent quitter la Russie à la mi-décembre.

Review of the French Troops on Their Returning March through Smolensk
Although the text is in two languages, this work apparently is not derived from a Russian original, since the notation «copied from a Russian Print» is missing. The stout little midget Napoleon stands on a stone plate holding a «review of his troops» on their retreat through Smolensk. He has descended from his horse – which can only make any headway using ice skates – with the help of a ladder. The starved and freezing remains of the Great Army are being inspected as well by generals bearing ill-tempered or else astonished expressions. The troop members make do by wearing straw or women's jackets, with small barrels or baskets on their heads. Some are barefoot, others wear slippers, women's shoes, or a single leftover boot: they form a tragicomic community of fate, reminiscent of a lunatic asylum. From soldiers to the marshal, one and the same reproach springs forth: the contrast between the Emperor's corpulence and the skin-and-bones state of the warriors. Nevertheless, the battle standard topped by an eagle and inscribed with Napoleon's name continues to be held high. The satirical effect of this piece reaches its zenith in the text under the title that praises as «the principle thing» the troop's «warm» attire! Over 560 000 soldiers from some 20 nations had flowed into Russia in June 1812: desertion, illness, strain, hunger, and cold would leave but few alive by November. «In Smolensk, Napoleon tried once again to impose order on the chaos.» (Presser p. 753). Mid-December, only 15 000 troop members were able to leave Russia behind.

Rassegna delle truppe francesi in ritirata attraverso Smolensk
Benché bilingue, l'opera probabilmente non si rifà a un originale russo, perché manca l'appunto «Copiato da una stampa russa». Il grasso nano Napoleone, ritto su una lastra di pietra, a Smolensk passa in rassegna la «truppa» in ritirata; con l'aiuto di una scaletta è sceso dal cavallo, che riesce ad avanzare solo grazie a pattini da neve. Anche alcuni generali squadrano con occhi truci o stupiti i superstiti della Grande Armata, quasi morti di fame e di freddo. Quegli uomini accomunati dalla sventura, che hanno rimediato gonnellini di paglia o sottane, come copricapo hanno barilotti o ceste; in pantofole, con scarpe da donna o uno stivale solo, appaiono una banda tragicomica che ricorda un manicomio. Dal soldato al maresciallo, con la loro magrezza tutti costituiscono un rimprovero per la corpulenza dell'imperatore; eppure lo stendardo con l'aquila e il nome di Napoleone è ancora alto. La satira culmina nella citazione sotto il titolo: «I loro abiti non sono sfarzosi, ma la cosa principale è che siano caldi!» Nel giugno 1812 si riversarono in Russia oltre 560 000 soldati di venti nazioni; in novembre, a causa di diserzioni, malattie, strapazzi, fame e freddo, i sopravvissuti erano pochi. «Napoleone cercò ancora una volta, a Smolensk, di portare ordine nel caos» (Presser p. 753); a metà dicembre solo 15 000 uomini armati poterono lasciare il territorio russo.

Lit.: BM IX 12051; BN IV 8784; Br II App. A 758; GC 251 (Abb.); Kat. H85 60.

Inspektion der französischen Truppen auf dem Rückmarsch durch Smolensk

Revue des troupes françaises lors de leur retraite de Smolensk

Review of the French Troops on Their Returning March through Smolensk

Rassegna delle truppe francesi in ritirata attraverso Smolensk

55

The OATH of ALLEGIANCE TO the Infant KING Of ROME
o. r. *OATH OF ALLEGIANCE*
sign. u. l. *W^m E^s.* (William Elmes)
bez. dat. u. l. *Pub^d Janu^y 12 1813 by Thos Tegg – N° III Cheapside London.*
u. r. *Price One Shilling Coloured*
o. r. Nummer *185*
Radierung, koloriert
247 × 350 mm (272 × 440 mm)
Sammlung Herzog von Berry
1980.181.

Der Treueid auf den Kindkönig von Rom

Im übervollen Thronsaal wohnen freudige Untertanen und entsetzte Bischöfe einem unglaublichen Geschehen bei. Auf dem Doppelthron sitzen Marie-Louise, die stolz auf ihren Sprössling hinweist, und Napoleon, der in Siegerpose dahockt und einen Eidestext hält. Vor ihnen reitet der zweijährige König von Rom auf einer enormen Tiara, gegen die ein Hund pisst, schwingt eine Rätsche und hält dem Papst einen gewaltigen Säbel vor die Nase. Den Säbel küsst das auf den Stufen kniende Kirchenoberhaupt und schwört damit dem unmündigen Herrn über den Kirchenstaat die Treue. Dabei zerbricht ihm symbolhaft das päpstliche Vortragekreuz in der Hand. Arg verhöhnt werden hier Napoleon, dessen Arroganz nichts heilig ist, wie auch Papst Pius VII., dem wegen seiner später widerrufenen Einwilligung ins «Konkordat von Fontainebleau» (19. Januar 1813) – zu Unrecht – sklavische Willfährigkeit vorgeworfen wird.

Le serment d'allégance prêté à l'enfant, Roi de Rome

Dans la salle du trône bondée des sujets manifestant leur joie et des évêques en effroi assistent à un événement incroyable. Marie-Louise, assise sur le trône impérial, désigne son fils d'un geste fier tandis que Napoléon arbore une pose de vainqueur, un acte de serment à la main. Le Roi de Rome, âgé de deux ans, est juché sur une énorme tiare, contre laquelle un chien est en train d'uriner, une crécelle dans une main et un immense sabre dans l'autre qu'il pointe vers le nez du pape. Ce dernier est à genoux sur les marches menant au trône et embrasse le sabre, geste par lequel il prête serment d'allégance au seigneur mineur. Symboliquement, la crosse se casse alors en deux dans sa main. L'auteur ridiculise ici Napoléon, arrogant à un point tel que rien ne lui est sacré, ainsi que le pape Pie VII auquel l'on reprocha – à tort – une soumission absolue pour avoir donné son accord au «Concordat de Fontainebleau» (19 janvier 1813), accord révoqué plus tard d'ailleurs.

The Oath of Allegiance to the Infant King of Rome

In the overcrowded throne room, gleeful subjects and dismayed bishops observe an incredible event. On the double throne sit Marie-Louise, pointing proudly at her son, and Napoleon, sprawled in victorious pose, the text of an oath in his hand. Before them the two-year-old king of Rome, riding on an enormous tiara against which a dog is urinating, swings a ratchet and pokes a mighty sabre under the pope's nose. The pope, kneeling on the steps to the throne, kisses the sabre, thus swearing allegiance to the infant ruler of the ecclesiastical state. Symbolically enough, the papal cross has broken in his hand. This cartoon ruthlessly ridicules the arrogant Napoleon, to whom nothing is sacred, and Pope Pius VII, who was unfairly accused of grovelling when he assented to the later retracted «Concordat of Fontainebleau» (19 January 1813).

Il giuramento di fedeltà all'infante re di Roma

Nella sala del trono, strapiena, sudditi esultanti e vescovi delusi assistono a un evento straordinario. Sul doppio trono siedono Maria Luisa, che indica orgogliosa il suo rampollo, e uno scomposto Napoleone vincitore, che tiene in mano un testo di giuramento. Davanti a loro un bimbo di due anni – il re di Roma – cavalca un'enorme tiara (contro cui minge un cane), agita una raganella e regge un'imponente sciabola davanti al naso del papa. In ginocchio sui gradini che salgono al trono, il pontefice bacia la sciabola e giura quindi fedeltà al signore minorenne dello Stato della Chiesa; la croce papale, frattanto, simbolicamente gli si spezza in mano. L'immagine sbeffeggia ferocemente sia Napoleone, tanto arrogante da non rispettare nessuno, sia papa Pio VII, ingiustamente accusato di compiacenza servile per il suo consenso, in seguito disdetto, al «concordato di Fontainebleau» (19 gennaio 1813).

Lit.: BM IX 11998; BN IV 8596; Br I S. 332 (Tf.), II App. A 665; Kat. BB 9 (Abb.).

56

The MERRY THOUGHT or, The CATHOLIC QUESTION Resolved.
o. l. *By S^t. Patrick my honies if it cracks we shall lose our Faiths Defender, but. We shall get the Pope again. & those two Gentlemen could never agree very well together / A long pull & a Strong pull & a pull alltogather / This is the third & last time of asking*
o. M. *DEFENDER of the FAITH / CATHOLIC PROTESTANT*
o. r. *Pull away pull away the Church is in Danger / Long live Old George our King*
u. r. *FOX Book of My […]*
u. M. *Concordat Pope & Bounapart / BIBLE / «and upon this Rock I will build my Church» &c &c St. Mat. Chap XVI ver 18*
sign. u. r. *G. Cruik. sculp* (George Cruikshank)
bez. dat. u. l. *Pub^d March 1st 1813 by J Johnston 98 Cheapside*
Radierung, koloriert
245 × 350 mm (277 × 440 mm)
Sammlung Herzog von Berry
1980.183.

Der Gabelknochen oder der glückliche Einfall: die Lösung der katholischen Frage

Napoleon reitet zusammen mit einem Teufelchen und seinem Söhnchen, welches das Konkordat mit dem Papst hält, auf dem Rücken von Pius VII. heran. Davor spielt sich das Kräftemessen ab zwischen den irischen Katholiken, welche die Gleichberechtigung ihres Glaubens fordern, und den englischen Protestanten. Mit aller Gewalt ziehen beide Parteien an einem riesigen Gabelbein, auf dessen Scheitel der Kopf von König George III. als «Verteidiger des Glaubens» sitzt. Auf der englischen Seite liegt auf einem Felsen – dem Symbol Petri (Mat. 16, 18) und des Papsttums – ein Kissen mit der Bibel und der britischen Krone darauf. Falls das Gabelbein bricht – meint der Ire links –, verliert Britannien seinen König und bekommt dafür den Papst zurück. Die Engländer zählen hingegen ganz auf den alten Monarchen, der als Feind des 1813 mit Napoleon über ein neues Konkordat verhandelnden Papstes den anglikanischen Glauben stützt. Um die katholische Frage wurde im britischen Volk und Parlament seit 1807 heftig und emotional gestritten.

Une agréable pensée ou la fourchette: la solution apportée à la question du catholicisme

Napoléon approche à cheval sur le dos de Pie VII avec, à ses côtés, un diablotin et son fils qui brandit le concordat entre le pape et son père. Devant eux, les protestants anglais mesurent leur force à celle des catholiques irlandais qui exigent l'égalité sur le plan confessionnel. De toutes leurs forces, ils tirent à eux une énorme fourchette (d'oiseau), avec au sommet la tête du roi Georges III qui détient le rôle de «défenseur de la foi». Du côté des Anglais, un coussin avec la Bible et la couronne anglaise reposant sur un roc évoquent saint Pierre (Matthieu 16, 18) et la papauté. Si la fourchette devait se casser, pense l'Irlandais à gauche, la Grande-Bretagne perdrait son roi mais regagnerait le pape. Les Anglais par contre comptent entièrement sur leur vieux monarque, ennemi du pape (qui négociait un nouvel accord avec Napoléon en 1813) et fervent défenseur de l'église anglicane. Depuis 1807, le peuple et le Parlement britanniques eurent des débats vifs et émotionels au sujet du catholicisme.

The Merry Thought or The Catholic Question Resolved

Napoleon, his infant son, holding the concordat with the pope, and an imp are riding on Pius VII's back. Before them the Irish Catholics, demanding equality for their faith, engaged in a test of strength with the English Protestants. Both sides are pulling with all their might on a huge wishbone crowned by the head of George III. On the English side, a rock – symbol of Peter (Matt. 16. 18) and the papacy – bears a cushion with the Bible and the British crown. The Irishman on the left holds that if the bone cracks, Britain will lose its king and get back the Pope. The English, for their part, are counting on the old monarch: an enemy of the pope who negotiated a new concordat with Napoleon in 1813, he is the defender of the Anglican faith. The Catholic question had been a source of violent popular and parliamentary controversy in Britain since 1807.

L'osso del desiderio, ovvero la questione cattolica risolta

Napoleone cavalca sul dorso di Pio VII con un diavoletto e col figliolo, che tiene in mano il concordato con il papa. In primo piano è in atto una gara di forza tra i cattolici irlandesi, che chiedono parità di diritti per la loro fede, e i protestanti inglesi: le due parti tirano a più non posso i rebbi di una forcella gigantesca, al cui vertice si erge la testa del «difensore della fede», re Giorgio III. Dalla parte inglese giace su un masso, come simbolo di Pietro (Mt. XVI, 18) e del papato, un cuscino sovrastato dalla Bibbia e dalla corona britannica. Se la forcella si spezza – dice l'irlandese a sinistra – la Gran Bretagna perderà il suo re e in compenso riavrà il papa; gli inglesi invece hanno piena fiducia nel vecchio monarca, patrono della fede anglicana perché nemico del pontefice (che nel 1813 stava trattando con Napoleone per un nuovo concordato). Dal 1807 la questione cattolica era oggetto di dibattiti accesi e passionali nel popolo e nel parlamento britannici.

Lit.: BM IX 12016.

Der Treueid auf den Kindkönig von Rom

Le serment d'allégeance prêté à l'enfant, Roi de Rome

The Oath of Allegiance to the Infant King of Rome

Il giuramento di fedeltà all'infante re di Roma

Der Gabelknochen oder der glückliche Einfall: die Lösung der katholischen Frage

Une agréable pensée ou la fourchette: la solution apportée à la question du catholicisme

The Merry Thought or The Catholic Question Resolved

L'osso del desiderio, ovvero la questione cattolica risolta

57

The Trip-hell Alliance –
o.l. *I'm in a Devil of a scrape between you both we had better forgive each other & make a Triple alliance against England & all the World*
o.M. *Kiss his Holiness's toe friend Boney to shew your sincerity. & carry your sins to my account*
o.r. *You have sold your-self to the Devil. & trod upon the Cross, you have worship'd Mahomet, & even the Polish Jews have Forsaken you – Now forsooth! you would Liberate me to give you Absolution.!!!*
u.M. *Concord at*
sign. u. r. *G. Cruikshank fec!.*
bez. dat. u. l. *Pub.^{d} March 11th 1813 by S Knight 3 Sweetings Alley R.^{l} Exchange*
Radierung, koloriert
250 × 352 mm (280 × 438 mm)
Sammlung Herzog von Berrry
1980.182.

Die höllische Dreierallianz
Noch bösartiger als Elmes (Kat. Nr. 55) erweist sich Cruikshank in der Beurteilung des «Konkordates von Fontainebleau». Er vertauscht die Rollen und Machtverhältnisse der Protagonisten: Nur der Teufel selbst kann Kaiser und Papst noch zusammenführen. Napoleon ist in der Klemme zwischen dem Leibhaftigen und dem Stellvertreter Gottes; mit beiden verbinden ihn Pakte, weswegen er eine versöhnliche Dreierallianz «gegen England und die ganze Welt» vorschlägt. Damit der Papst einwilligt und der Teufel Napoleons Sünden auf sich nimmt, muss dieser allerdings den päpstlichen Zeh küssen. Der Papst liegt auf dem gescheiterten Konkordat von 1802 und leiert die Todsünden des Kaisers herunter. Zuerst muss Napoleon ihn (seinen Gefangenen seit 1809) aber freilassen, bevor dieser ihm die Absolution erteilt. Im Hintergrund erscheint der Dreierpakt als dreiköpfiger Höllenhund.

L'alliance à trois conclue en enfer
Cruikshank condamne le «Concordat de Fontainebleau» encore plus sévèrement qu'Elmes (n°. cat. 55). Il inverse les rôles des protagonistes: seul le diable est encore capable de réunir l'empereur et le pape. Napoléon se trouve dans une situation embarrassante, des pactes le liant au représentant de Dieu et au diable. C'est pourquoi il propose une alliance à trois «contre l'Angleterre et le monde entier». Pour que le pape y consente et que le diable prenne sur lui les péchés de Napoléon, ce dernier est obligé de baiser l'orteil du pape. Le pape est couché sur le concordat échoué de 1802 et psalmodie les péchés mortels de Napoléon. Mais avant de recevoir l'absolution, Napoléon est forcé de relâcher celui qui est (depuis 1809) son prisonnier. A l'arrière-plan, l'alliance à trois apparaît sous la forme de Cerbère.

The Trip-hell Alliance
Cruikshank's judgement of the «Concordat of Fontainebleau» is even more scathing than Elmes' (cat. no. 55). Exchanging the protagonists' roles, he inverts the power structure: only the Devil can still bring together the emperor and the pope. Napoleon is trapped between Old Nick and the Vicar of Christ; having made pacts with both, he suggests a conciliatory triple alliance «against England & all the World». But to induce the pope to agree and the devil to shoulder his sins, the emperor will have to kiss the papal toe. Lying on the failed concordat of 1802, the pope reels off the emperor's mortal sins. He will grant absolution only once Napoleon (who has held him captive since 1809) has freed him. In the background: the triple alliance as a three-headed hound of hell.

La triplice alleanza infernale
Cruikshank si mostra ancor più velenoso di Elmes (n° cat. 55) nel giudicare il «concordato di Fontainebleau», scambiando le parti e i rapporti di potere fra gli attori: solo il diavolo in persona può riconciliare ancora l'imperatore e il papa. Napoleone, stretto nella morsa dei suoi patti col demonio e col rappresentante di Dio, propone un accordo di conciliazione a tre «contro l'Inghilterra e tutto il mondo». Perché il pontefice acconsenta e il diavolo assuma su di sé i peccati dell'imperatore, quest'ultimo deve baciare il dito del piede al papa (che è sdraiato sul concordato del 1802 e snocciola i peccati mortali di Napoleone); prima di ricevere l'assoluzione, però, deve liberare lo stesso pontefice, suo prigioniero dal 1809. La triplice alleanza appare sullo sfondo come un cerbero a tre teste.

Lit.: Br I S. 332 f., II App. A 852.

58

DUTCH NIGHT-MARE / OF THE FRATERNAL HUG RETURNED WITH A DUTCH SQUEEZE
o.l. *ORANGE BOVEN*
Thomas Rowlandson, 29. November 1813, bei Rudolph Ackermann, London
Radierung, koloriert
335 × 247 mm (400 × 287 mm)
Sammlung Herzog von Berry
1980.316.

Holländischer Alpdruck: Eine brüderliche Umarmung wird mit einer holländischen Umklammerung erwidert
In seinem Bett wird der Franzosenkaiser von einem Alpdruck gequält. Mit geballten Fäusten, verkrampften Füssen, zusammengebissenen Zähnen und hochrotem Gesicht ringt er um Atem und versucht vergebens, sich vom Holländer mit dem kennzeichnenden konischen Hut zu befreien, der gelassen auf seiner Brust sitzt. Dieser bläst ihm den Pfeifenrauch ins Gesicht, nimmt mit den Beinen Napoleons Hals in die Klemme und lässt dabei mit dem Ruf «Oranje boven» (hoch Oranien!) seinen neuen Herrn, Wilhelm-Friedrich von Oranien, hochleben. Als Bettpfosten stehen zwei grosse Rutenbündel – ein Freiheitszeichen der Französischen Revolution – auf der Seite des befreiten Holländers. Im November 1813 riefen die Holländer, die sich nach Leipzig gegen Napoleons Fremdherrschaft erhoben, den Sohn ihres letzten Statthalters aus dem Exil zurück; er wurde souveräner Fürst und 1815 als Wilhelm I. niederländischer König.

Un cauchemar hollandais: Une étreinte fraternelle ripostée par un enlacement hollandais
Dans son lit, l'empereur des Français est saisi d'un horrible cauchemar. Les poings fermés, les pieds crispés, les dents serrées et le visage écarlate il cherche en vain de se défaire du Hollandais au chapeau caractéristique (conique), qui est calmement assis sur sa poitrine et l'empêche de respirer. Il lui souffle la fumée de sa pipe au visage et lui enserre le cou de ses jambes en acclamant son nouveau seigneur, Guillaume Frédéric d'Orange: «Orange boven» (vive Orange!). Deux grands faisceaux – symboles de liberté de la Révolution Française – forment le pied du lit. Les Hollandais, qui, après Leipzig, s'étaient révoltés contre la domination étrangère de Napoléon, firent, en novembre 1813, rentrer d'exil le fils de leur dernier gouverneur; il devint prince souverain et, en 1815, roi néerlandais sous le nom de Guillaume Ier.

Dutch Night-Mare: the Fraternal Hug Returned with a Dutch Squeeze
The French emperor is in bed weighed down by a night-mare. Fists clenched, teeth gritted, face flushed, he gasps for breath and tries vainly to rid himself of the Dutchman (characterised by the hat) sitting placidly on his chest. Blowing pipe-smoke into his face, his legs clamped round Napoleon's neck, he proclaims «Oranje boven» – long live his new ruler, William Frederick of Orange. On the liberated Dutchman's side, fasces – symbol of freedom of the French Revolution – serve as bedposts. In November 1813 the Dutch, who had risen up against Napoleon's rule after Leipzig, summoned the son of their last governor from exile; he became sovereign prince and in 1815 William I, King of the Netherlands.

Incubo olandese: dell'abbraccio fraterno ricambiato con una stretta olandese
Pugno chiuso, piedi contratti, denti serrati e volto paonazzo, l'imperatore francese è a letto in preda a un incubo, lotta per respirare e cerca invano di liberarsi dell'uomo seduto tranquillamente sul suo petto. Costui, riconoscibile come olandese per il cappello conico, gli soffia in volto il fumo della pipa, gli stringe il collo fra le gambe e lancia un «Viva Orange!» all'indirizzo del suo nuovo signore, Guglielmo Federico d'Orange. Dalla parte dell'olandese liberato si ergono a mo' di colonnine del letto due grandi fasci littorî, simboli di libertà adottati dalla Rivoluzione francese. Nel novembre 1813, dopo la battaglia di Lipsia, gli olandesi si ribellarono alla dominazione straniera di Napoleone e richiamarono dall'esilio il figlio del loro ultimo *statolder*, che divenne principe sovrano e nel 1815 fu incoronato re d'Olanda col nome di Guglielmo I.

Lit.: Ash S. 354; BM IX 12105; BN IV 8842; Br I S. 342, II App. A 295; GC 266.

Die höllische Dreierallianz

L'alliance à trois conclue en enfer

The Trip-hell Alliance

La triplice alleanza infernale

Holländischer Alpdruck: Eine brüderliche Umarmung wird mit einer holländischen Umklammerung erwidert

Un cauchemar hollandais: Une étreinte fraternelle ripostée par un enlacement hollandais

Dutch Night-Mare: the Fraternal Hug Returned with a Dutch Squeeze

Incubo olandese: dell'abbraccio fraterno ricambiato con una stretta olandese

59

FRIENDS & FOES – UP HE GOES – Sending the Corsican Munchausen to S.t Cloud's
o. l. *O Misericordé / POLAR STAR*
Thomas Rowlandson
bez. dat. u. r. *Pub.d December 12th. 1813 by R. Ackermann N.o 101 Strand*
Radierung, koloriert
248×345 mm (254×353 mm)
Sammlung Herzog von Berry
1980.277.

Freunde und Feinde – hoch mit ihm – schicken den korsischen Münchhausen nach Saint-Cloud
Ob Feinde oder (ehemalige) Freunde – alle Nationen schleudern gemeinsam den besiegten Franzosenkaiser auf einem Tuch in die Höhe und spedieren ihn durch die Luft nach Hause. Am 9. November 1813 traf Napoleon im Palast von Saint-Cloud ein. Dort war er genau vierzehn Jahre früher mittels Staatsstreich an die Macht gelangt und war am 18. Mai 1804 das Kaiserreich ausgerufen worden. «St. Cloud's» – englisch ausgesprochen – besagt, dass die amüsierten Mitspieler ihn in die Wolken wünschen. Im Kreis stehen vorne Holland, England und Spanien sowie hinten (v. l. n. r.) das osmanische Reich, der Vatikan, der «Polarstern» Schweden, dann wohl die Herrscher Österreichs, Russlands und Bayerns, schliesslich Preussen, vielleicht Hannover sowie Württemberg. Alle sehen im gefürchteten Tyrannen bloss noch einen Lügner und Hochstapler, wie ihn die Literatur im «Münchhausen» (englisch 1785) kennt.

Amis et ennemis – haut dans les airs il finit – le Munchhausen corse est envoyé à Saint-Cloud
Ennemis ou (anciens) amis – toutes les nations ont uni leurs forces pour expédier l'empereur français vaincu chez lui, en le lançant en l'air sur un drap. Le 9 novembre 1813 Napoléon arriva au palais de Saint-Cloud où il était parvenu au pouvoir quatorze ans plus tôt, à la suite d'un coup d'Etat, et d'où avait été proclamé l'Empire le 18 mai 1804. «St. Cloud's» – prononcé en anglais – manifeste le désir des camarades de jeu amusés de le voir disparaître dans les nuages. Sont réunis autour du drap, à l'avant, la Hollande, l'Angleterre et l'Espagne, et à l'arrière (de g. à d.) l'empire ottoman, le Vatican, la Suède («l'étoile polaire»), puis probablement les souverains d'Autriche, de Russie et de Bavière, et enfin la Prusse, peut-être Hanovre et le Wurttemberg. Tous ne voient en ce tyran redouté plus qu'un menteur et un imposteur à la manière du personnage romanesque de «Münchhausen» (anglais 1785).

Friends and Foes – up He Goes – Sending the Corsican Munchausen to St. Cloud's
Whether (former) friend or foe – the nations have come together to send the conquered emperor up to the clouds – St. Cloud's – to rid themselves of him. On 9 November 1813, Napoleon arrived at the Palace of Saint-Cloud, where he had seized power fourteen years earlier and proclaimed the Empire on 18 May 1804. In the front half of the circle: Holland, England and Spain; in back (l. to r.) the Osman Empire, the Vatican, the «Polar Star» of Sweden, probably the rulers of Austria, Russia and Bavaria, Prussia, perhaps Hanover and Württemberg. For them all, the feared tyrant is now a mere mountebank, a typical «Munchausen» (publ. in English in 1785).

Amici e nemici – Ed eccolo su – Invio del Münchausen còrso a Saint-Cloud
Tutte le nazioni, nemiche o (ex) amiche che siano, sbalzano in alto con un tappeto l'imperatore francese sconfitto, rispedendolo in volo a casa sua. Il 9 novembre 1813 Napoleone giunse al palazzo di Saint-Cloud, ove esattamente quattordici anni prima era salito al potere con un colpo di Stato e il 18 maggio 1804 era stato proclamato imperatore; ma *St. Cloud's*, pronunciato all'inglese, indica che gli allegri compagni di gioco vogliono spedirlo fra le nuvole (*clouds*). In primo piano appaiono l'Olanda, l'Inghilterra e la Spagna; sullo sfondo (da s. a d.) il Regno ottomano, lo Stato della Chiesa e la «stella polare» Svezia, poi probabilmente i sovrani austriaco, russo e bavarese, infine la Prussia, forse l'Annover e il Württemberg. Nel temuto tiranno tutti vedono ormai soltanto un mentitore, un imbroglione come il barone Münchausen della letteratura (noto in inglese dal 1785).

Lit.: Ash S. 360; BM IX 12117; BN IV 8847; Br I S. 345, II App. A 373; Cha Tf. S. 293, 297 f.; Cl Ftf. XV S. 111; Kat. BB 55 (Tf.); GC 275.

60

HEAD RUNNER OF RUNAWAYS, / FROM LEIPZIC FAIR.
o. l. *MAYNZ / Carolus Magnus*
o. r. *BRA BANT / Bhersufer / ITALY / HOLLAND / SEWITSZERLA[ND] / RHEIN BUND / HANSTAT DEPARTEMENT*
u. r. *POLAND / JUNGE GARDE / ALTE GARDE*
Thomas Rowlandson
bez. dat. u. r. *Pub.d March 2 1814 by R. Ackermann N.o 101 Strand*
Radierung, koloriert
350×245 mm (480×300 mm)
Sammlung Herzog von Berry
1980.318.

Der Spitzenläufer der Ausreisser von der Leipziger Messe
Dass hier die ursprüngliche deutsche Gestaltung des Themas (Kat. Nr. 383) als Vorbild verwendet wurde, offenbaren Einzelheiten wie die Böschung und die Festung am rechten Bildrand, aber auch die Tragriemen des Tornisters – alles Elemente, die der französischen Fassung (Kat. Nr. 164) des «Rheinischen Kuriers» fremd sind. Selbst die deutsche Beschriftung der Soldatenstiche sowie einiger Landkarten konnte sich halten. Dafür lässt Rowlandson den Strauch links unten weg, fügt einen Hasen hinzu, der mit Napoleon um die Wette läuft, und stellt diesen als Dickwanst dar. Diese Änderungen stempeln den eiligen Boten, vollends zum Hasenfuss und Deserteur. Was in der Urfassung implizit angelegt war, wandelte sich nun zur prononcierten Anklage: Die Briten sahen im Feldherrn stets den selbstsüchtigen und skrupellosen Eigennützler, der seine Soldaten hungern lässt und in den Tod schickt, selber aber immer fetter wird und in lebensbedrohlichen Lagen davonläuft.

Le coureur en tête des fugitifs de la foire de Leipzig
Le fait que cette caricature se base sur le modèle original allemand (n.o cat. 383) se manifeste dans la reprise d'éléments comme le talus et le fort à droite sur l'image, ainsi que dans les sangles du sac – tous des détails qui ne figurent pas dans la variante française (n.o cat. 164) du «courrier du Rhin». Même les inscriptions en allemand sur les gravures de soldats et quelques cartes géographiques ont été maintenues. Rowlandson a par contre supprimé le buisson en bas à gauche, mais rajouté un lapin qui lutte de vitesse avec un Napoléon pansu. Ces changements indiquent que le courrier pressé est traité de parfait lâche et déserteur. Ce qui n'était exprimé qu'implicitement dans la version originale, s'est transformé ici en une accusation sans équivoque: les Anglais considéraient Napoléon comme un égoïste sans scrupules qui laissait mourir de faim ses soldats, tout en devenant lui-même de plus en plus gras, et qui fuyait les situations menaçantes.

The Head Runner of Runaways from Leipzig Fair
Various details indicate that this cartoon was modelled on the German version (cat. no. 383): for example, the embankment and fortress at the right edge of the picture, or the straps of the rucksack – all elements alien to the French treatment of the Rhine Messenger (cat. no. 164). Even the German spelling on the military engravings and some of the maps was preserved. But Rowlandson omitted the bush at the bottom left and added a hare trying to outrun the here corpulent Napoleon. These alterations identify the hurrying messenger as a cowardly deserter. The implicit message of the original is here transformed into an explicit accusation: the British viewed the military leader as an unscrupulous, egocentric opportunist who let his soldiers starve and sent them to their deaths while he himself grew ever fatter and fled from perilous situations.

Capocorriere dei fuggiaschi dalla fiera di Lipsia
La derivazione dal modello originale tedesco (n.o cat. 383) appare evidente da particolari come la scarpata e la fortezza sulla destra, ma anche dagli spallacci dello zaino: tutti elementi estranei, viceversa, alla versione francese (n.o cat. 164) del «corriere renano». Restano in tedesco perfino i nomi dei due corpi di guardia e di alcune carte geografiche, ma sparisce il cespuglio dell'angolo inferiore sinistro; Rowlandson, inoltre, presenta Napoleone come panciuto e in gara con una lepre, bollando quindi in pieno la fretta del corriere come quella di un codardo e un disertore. Ciò che nella versione originale era soltanto implicito, qui diventa un'accusa precisa: per i britannici Napoleone è sempre un arrivista egoista e senza scrupoli, che affama e manda alla morte i suoi soldati… ma personalmente ingrassa sempre più e si dà alla fuga se la sua vita è in pericolo.

Lit.: Ash S. 354 f. (Det.); BM IX 12192; BN IV 8848; Br I S. 349, II App. A 431; GC 284; Kat. BB 24 (Tf.); Kat. RM unter 15.

Freunde und Feinde – hoch mit ihm – schicken den korsischen Münchhausen nach Saint-Cloud

Amis et ennemis – haut dans les airs il finit – le Munchhausen corse est envoyé à Saint-Cloud

Friends and Foes – up He Goes – Sending the Corsican Munchausen to St. Cloud's

Amici e nemici – Ed eccolo su – Invio del Münchausen còrso a Saint-Cloud

Der Spitzenläufer der Ausreisser von der Leipziger Messe

Le coureur en tête des fugitifs de la foire de Leipzig

The Head Runner of Runaways from Leipzig Fair

Capocorriere dei fuggiaschi dalla fiera di Lipsia

61

*Represesentation of e/y Gull Trap – &
e/y principal Actors in e/y New Farce
call'd e/y Hoax! – lately perform'd
with great Eclat on e/y S – k' X – ge*
o.l. DISPATCHES / Northf[leet] /
to GREEN. Stre^t / EXTRAORDI-
NARY NEWS!!!! A FRENCH Officer of high RANK! & distinction!
decronated! with Laurels! & the
White Cockade! Just arrived!! from
e/y Continent Bringing the Glorious
Tidings of the certain DEATH – of
!!!Bounaparte!!! – !!!! & the hoisting
of e/y white Flag at Paris &C &c &c
o.r. COCK a doodle doo / SUB =
COMM / Consols OMNIUM / motion on Princess of Wales / Here's
Ballast my Boys / why d – me Jack
this is as neat a Trick as throwing
the Ships Books overboard
u.r. £ 200000000 / 500000 / col^l De
Humbug alias Jack in the Green /
Huzza [sechsmal]
u.l. Ods [L]ookers! but, this be Glorifying News for Old England indeed!!!
/ A D – d Lie / Oh! by gar I am Kill'd
again
sign. u.l. *G. H inv^t.* (George Humphrey)
G Cruikshank fec^t
bez. dat. u.r. Pub^d April 6th 1814 by
H Humphrey – St James's Street
Radierung, koloriert
253 × 358 mm (285 × 445 mm)
Sammlung Herzog von Berry
1980.319.

*Darstellung der «Möwenfalle» und der
Hauptdarsteller im neuen Schwank
«Der Schwindel» – neulich mit grossem
Eklat an der Börse aufgeführt*
Szenisch und inhaltlich hochkomplex
ist die burleske Karikatur über einen
englischen Börsenskandal des Jahres
1814. Ein Brett ist als Wippe über
die von Möwen («gull»: Möwe oder
Narr) umschwirrte Londoner Börse
en miniature gelegt. Vom oberen
Ende der Wippe feuert der Offizier
und Politiker Lord Cochrane eine als
«verdammte Lüge» bezeichnete Kugel
auf Napoleon am unteren Ende ab
und wirft ihn um: Im Februar 1814
gab in Dover ein britischer Oberst
vor, aus Frankreich zu kommen, wo
Napoleon gefallen und Paris in alliierter Hand sei (Rauchwolke oben links).
Darauf eilte er im Wagen nach London
zu Cochrane (im Hintergrund links;
die Flasche auf dem Verdeck spielt
auf den «Bottle Conjuror» an, Britanniens grossen Betrugsfall im 18. Jahrhundert). Diese Nachricht nutzte
Cochrane an der Börse geschickt
aus. Als sie als Falschmeldung aufflog,
er vom Börsenrat (oben rechts) angeklagt und meineidig wurde, landete
er am Pranger (im Bild Cochranes
Fussblock). Den Börsengewinn
schleppt ein britischer Seemann in
Säcken auf sein Schiff (Mittelgrund
rechts).

*Représentation d'un «piège à mouettes»
et des acteurs principaux dans la nouvelle farce «L'escroquerie» représentée
l'autre jour à la Bourse avec grand éclat*
Cette caricature burlesque est particulièrement complexe quant à la mise
en scène et au contenu. Elle évoque
un scandale boursier qui eut lieu en
Angleterre en 1814. Une planche, en
guise de balançoire, est posée sur
la Bourse de Londres miniaturisée.
Le bâtiment est cerné de mouettes
(«gull»: mouette ou dupe). Du sommet de la bascule, l'officier et politicien Lord Cochrane tire un boulet
– portant l'inscription «damné mensonge» – sur Napoléon qui se trouve
à l'autre extrémité, et le renverse:
en février 1814, à Douvres, un colonel britannique prétendit arriver de
France; il proclama que Napoléon
était tombé et que Paris se trouvait
aux mains des alliés (nuages de fumée en haut à gauche). Sur ce, il se
rendit à Londres en voiture pour ren-
contrer Cochrane (à l'arrière-plan,
à gauche; la bouteille sur le toit fait
allusion au «bottle conjuror», grande
trahison du XVIIIème siècle britannique). Cochrane utilisa adroitement
cette nouvelle pour spéculer en
Bourse. Lorsqu'elle s'avéra fausse, le
comité de la Bourse (en haut, à droite)
l'accusa et le mit au pilori (sur l'image,
l'entrave qui enserre ses jambes). Les
sacs contenant les gains boursiers
sont emportés par un marin anglais,
qui les charge sur son bateau (au
milieu, à droite).

*A Representation of the Gull Trap and
the Principal Actors in the New Farce
Called «Hoax», Lately Performed
with Great Eclat at the Royal Stock
Exchange*
Both the staging and the contents
are highly complex in this burlesque
piece on the English stock exchange
scandal of 1814. A plank serves as a
seesaw balanced on a scale model of
the London stock exchange which is,
fittingly, surrounded by gulls [sic!].
Seated at the high end, the military
officer and politician Lord Cochrane
fires a bullet marked «hoax» on Napoleon, knocking him over from the
low end. The allusion is to an event
in February 1814, when a British colonel in Dover, just back from France,
claimed Napoleon had been killed
and Paris was in the hands of the
allies (as inscribed in the banks of
clouds upper left). Thereupon he
took a coach (in the background, all
the way to the left: the enormous
bottle on the coach roof is a play on
the «Bottle conjuror», Britain's 18th-
century great fraud) in all haste to
London to announce the news to
Cochrane who, in turn, skillfully used
the news to accomplish certain stock
transactions. When the sham was exposed, Cochrane stood accused of
perjury and landed on the pillory (see
his leg rest here). The winnings on the
stock exchange are being carted off in
sacks to his vessel by a British sailor
(center right).

*Rappresentazione della «trappola per
gabbiani» e dei principali attori della
nuova farsa «Il tiro mancino», eseguita di recente con grande sfarzo alla
Borsa Valori*
Molto complessa per composizione
e contenuti, questa caricatura burlesca inglese si riferisce a uno scandalo
borsistico del 1814. Sulla minuscola
Borsa di Londra, intorno a cui svolazzano gabbiani (*gulls*, che sta anche
per «gonzi»), è posta un'altalena; dalla
cima dell'asse l'ufficiale e politico Lord
Cochrane spara su Napoleone una
palla di cannone («maledetta bugia»),
ribaltandolo dall'estremità inferiore.
A Dover, nel febbraio di quell'anno,
un colonnello britannico asserì di essere tornato da una Francia in cui,
caduto Napoleone, Parigi era in
mano alleata (nuvole di fumo in alto
a sinistra), poi si affrettò in carrozza
verso Londra (sullo sfondo a sinistra;
la bottiglia sopra il mantice allude
al «Bottle conjuror», grande caso di
truffa avvenuto nel Settecento in
Gran Bretagna). Cochrane, avvisato
dal colonnello, nella Borsa Valori
sfruttò abilmente la notizia; quando
questa risultò infondata, fu denun-
ciato dalla commissione di Borsa (in
alto a destra), spergiurò e finì alla
berlina. Nell'immagine la berlina gli
blocca le gambe; intanto un marinaio
britannico (in secondo piano a destra)
carica sulla sua nave, chiusi in sacchi,
i profitti ottenuti.

Lit.: BM IX 12212; Br I S. 350 Anm. 2,
II App. A 751.

Darstellung der «Möwenfalle» und der Hauptdarsteller im neuen Schwank «Der Schwindel» – neulich mit grossem Eklat an der Börse aufgeführt

Représentation d'un «piège à mouettes» et des acteurs principaux dans la nouvelle farce «L'escroquerie» représentée l'autre jour à la Bourse avec grand éclat

A Representation of the Gull Trap and the Principal Actors in the New Farce Called «Hoax», Lately Performed with Great Eclat at the Royal Stock Exchange

Rappresentazione della «trappola per gabbiani» e dei principali attori della nuova farsa «Il tiro mancino», eseguita di recente con grande sfarzo alla Borsa Valori

62
The Corsican Whipping Top in full Spin!!!
o. l. *O! my poor Brother Nap oh oh! O! / KNOUT*
o. r. *United Netherlands*
u. r. *Hollands / Germany / SPAIN & Portugal*
u. l. *Italy / Swissl[a^d]*
sign. u. r. – *G.H inv^t.* (George Humphrey) *G Cruikshank fec!*
bez. dat. u. l. *Pub^d April 11th 1814 by – H Humphrey St James's Str^t*
Radierung, koloriert
250 × 355 mm (305 × 490 mm)
Sammlung Herzog von Berry
1980.260.

Der korsische Kreisel in volle Drehung gepeitscht
Die englische Urfassung des französischen Nachdrucks Kat. Nr. 216 behandelt die Einnahme von Paris am 31. März 1814. Der korsische Kreisel wird von den alliierten Invasoren (v. l. n. r. Blücher, Alexander I., Franz I. und Wellington) geschlagen. Blücher hat Hut und Uniformrock ausgezogen, um leidenschaftlicher peitschen zu können, während Bernadotte, der schwedische Kronprinz und ehemalige Marschall Napoleons, sich im Hintergrund hält. Der trikolore Kreisel endet im Brustbild des besiegten Feldherrn, der verzweifelt schreit. Federn seines Hutes, sein zerbrochenes Szepter und der Reichsapfel liegen herum; Arme und Beine – Teile des Kaiserreiches – liegen abgetrennt am Boden verstreut. Rechts hinten steht der frischernannte Souverän der Niederlande und hält triumphierend einen Stiefel («Holland») Napoleons empor. Im Hintergrund links verlassen Kaiserin Marie-Louise und der König von Rom in der Kutsche eilends die Hauptstadt (29. März 1814). Der Teufel selbst hat Joseph Bonaparte (ehemals spanischer König und bis zum 30. März Verteidiger von Paris) geholt und trägt ihn durch die Lüfte fort. Joseph blickt auf die Szene zurück und beklagt seinen «armen Bruder Nap». Das Kinderspiel ist eine Metapher für den Zerfall des Kaiserreiches und für Napoleons politische Isolation.

La toupie corse fouettée en pleine rotation
La version originale anglaise de la reproduction française n°. cat. 216 traite de la prise de Paris, le 31 mars 1814. La toupie corse est battue par les envahisseurs alliés (de g. à d. Blücher, Alexandre Ier, François Ier et Wellington). Blücher a ôté son chapeau et sa veste d'uniforme afin de fouetter avec plus d'ardeur, alors que Bernadotte, le prince héritier de Suède et ancien maréchal de Napoléon se tient en retrait. La toupie tricolore représente le buste du commandant en chef qui, désespéré, crie. Les plumes de son chapeau, son sceptre brisé et le globe impérial gisent autour de lui; les bras et les jambes – parties de l'Empire – sont éparpillées au sol. Derrière à droite, se tient le souverain récemment élu des Pays-Bas; triomphant, il brandit une botte de Napoléon («la Hollande»). Derrière à gauche, dans une calèche, l'impératrice Marie-Louise et le roi de Rome quittent en hâte la capitale (29 mars 1814). Le diable en personne enlève Joseph Bonaparte (ancien roi d'Espagne et jusqu'au 30 mars, défenseur de Paris) l'emportant dans les airs. Joseph regarde la scène et plaint son «pauvre frère de Nap». Ce jeu puéril est ici une métaphore de l'effondrement de l'Empire et de l'isolement politique de Napoléon.

The Corsican Whipping Top in Full Spin
This English original of the French reprint cat. no. 216 deals with the occupation of Paris on 31 March 1814. The Corsican spinning top is being whipped by the allied invaders (l. to r. Blücher, Alexander I, Francis I, and Wellington); Blücher has even taken off his hat and uniform jacket to lash out more vehemently, while the Swedish Crown Prince and former Napoleonic marshal Bernadotte keeps to the background. The tricolour top ends up in the head-and-shoulders portrait of the defeated general, who cries out in despair. Feathers from his hat, his broken sceptre, and the imperial orb lie scattered about; arms and legs – parts of the Empire – are strewn on the ground. To the rear and right, the newly appointed sovereign of the Netherlands triumphantly holds up one of Napoleon's boots («Holland»). To the rear and left, the Empress Marie-Louise and the King of Rome can be seen hastily fleeing the capital in a carriage (29 March 1814). The devil in person has come fetch Joseph Bonaparte (the former Spanish king and, until March 30th, in charge of defending Paris) and carries him off in the skies. Joseph looks back at the scene and pities his «poor brother Nap». The children's game is a metaphor for the downfall of the Empire and for Napoleon's political isolation.

La trottola còrsa in piena rotazione
L'originale inglese della copia francese n° cat. 216 si riferisce alla presa di Parigi (31 marzo 1814): gli invasori alleati – da sinistra a destra Blücher (che si è tolto cappello e giubba per poter frustare con più vigore), Alessandro I, Francesco I e Wellington – fanno ruotare la «trottola còrsa», mentre Bernadotte (principe ereditario svedese ed ex maresciallo di Napoleone) rimane a guardare. La trottola (tricolore) termina nel busto del condottiero sconfitto, che urla disperatamente; piume del suo cappello, lo scettro spezzato e il globo imperiale giacciono sparsi tutt'intorno, fra monconi di braccia e di gambe (parti dell'Impero). Sullo sfondo, a destra il neoproclamato sovrano olandese alza trionfante uno stivale di Napoleone («Olanda»), a sinistra l'imperatrice Maria Luisa e il re di Roma si affrettano a fuggire in carrozza dalla capitale (29 marzo 1814). Il diavolo in persona porta via in volo Giuseppe Bonaparte; l'ex re di Spagna, che fino al 30 marzo ha difeso Parigi, si volge a guardare la scena e compiange il «povero fratello Nap». Il gioco della trottola indica metaforicamente il crollo dell'Impero e l'isolamento politico di Napoleone.

Lit.: BM IX 12218; BN IV 8979; Br I S. 351, II App. A 239; Kat. BB 59; Kat. H83 26; Kat. H85 65.

The Corsican Whipping Top in full Spin !!!

Der korsische Kreisel in volle Drehung gepeitscht

La toupie corse fouettée en pleine rotation

The Corsican Whipping Top in Full Spin

La trottola còrsa in piena rotazione

63
NEEDS MUST WHEN THE DEVIL DRIVES.
o. l. *MOSCOW / Come Boney no Grumbling Forge these Fleurs de Lis / Had I served my God with half the Zeal as I have served you my Friend, he would not have forsaken me thus*
o. r. *Master tis sad work to be thus Tormented!*
u. r. *Come you Thief Bertrand Blow the Bellows*
sign. u. l. *Mayhew Fec^t.*
1814
u. r. *P^l. 2*
Radierung, koloriert
n. best. (248×350 mm)
Sammlung Herzog von Berry
1980.290.

Not bricht Eisen
Am Rand einer Höhle (Hölle?) schmiedet Napoleon auf dem auf eine Trommel gestellten Amboss eiserne Bourbonenlilien. Solche liegen auch auf der Esse. Napoleons Beine umwindet eine Schlange und zerfleischt ein Greif. Ein gewappnetes Teufelchen feuert ein Kanönchen auf den ärmlichen Schmied ab, der mit verzerrtem Gesicht klagt, Freund Satan lasse ihn im Stich, dem er doch mit allem Eifer gedient habe. In der Luft schwebt als Drache Ludwig XVIII. mit Krone, Lilienbanner und Napoleons ablaufender Sanduhr und zwingt den Ex-Kaiser zum Schmieden. Im Hintergrund steht Moskau in Flammen, umtanzen Teufel (vgl. Kat. Nr. 75) den von einer Schlange umwundenen Galgen und hält General Bonaparte, Erbe und Vollender der Revolution, das blutige Haupt Ludwigs XVI. in die Höhe: Sinnbilder für Zerstörung, Todsünde und Verbrechen. Rechts der Esse nötigen ein Äffchen mit Speer und ein bissiger Greif General Bertrand, Napoleons Exilbegleiter, den Blasebalg zu betätigen. Übel und Laster symbolisierende Tiere sowie Waffen und Knochen bezeichnen das Reich von Tod und Teufel. Die «Lilienschmiede» deutet Napoleons Abdankung im April 1814 und die Rückkehr der Bourbonen an die Macht als Folge einer perversen Herrschaft.

Nécessité n'a pas de loi
Aux abords d'une caverne (l'enfer?), sur une enclume posée au-dessus d'un tambour, Napoléon forge un lis bourbonien. D'autres lis jonchent la cheminée. Un serpent entoure la jambe de Napoléon et un griffon lui déchire les mollets. A l'aide d'un petit canon, un diablotin armé fait feu sur le misérable forgeron; celui-ci, le visage décomposé, se plaint de ce que son ami Satan le laisse dans l'embarras, lui qui l'a servi avec tant de zèle. Louis XVIII, qui a pris la forme d'un dragon, flotte dans l'air; il porte la couronne, la bannière fleurdelisée et le sablier de Napoléon, dont le temps est écoulé, et contraint l'empereur à forger. A l'arrière-plan, on aperçoit Moscou en flammes; des diables dansent (cf. n°. cat. 75) autour d'un gibet enlacé par un serpent; le général Bonaparte brandit la tête ensanglantée de Louis XVI: allégorie de la destruction, du péché mortel et du crime. A droite de l'âtre, un petit singe tenant une lance et un griffon hargneux contraignent le général Bertrand, compagnon d'exil de Napoléon, à actionner le soufflet. Les animaux symboliques du mal et du vice, ainsi que les armes et les os, incarnent le règne de la mort et du démon. La «forge des lis» interprète l'abdication de Napoléon en avril 1814 et le retour des Bourbons au pouvoir, comme la conséquence d'un règne pervers.

Needs Must When the Devil Drives
Driven by the devil, Napoleon works at the edge of a grotto (perhaps the hole of hell?) where, on an anvil set atop a drum, he is forging iron Bourbon lilies (some are already lying on the chimney). A snake encircles one of his legs, and a griffin tears into the flesh of the other. To the left, an armed miniature devil fires volleys from a miniature cannon at the wretched smith who, with a contorted face, complains about being forsaken by Satan despite the zeal he had put into serving him. Up in the air, Louis XVIII flies past in the form of a dragon who wears a crown and carries an hourglass where time is running out for Napoleon, as well as a flag with the «fleurs de lis» pattern: he commands the ex-Emperor to accomplish his job at the forge. In the background, Moscow can be seen consumed by flames, as can a circle of devils (cat. no. 75) dancing around a snake-entwined gallows, and General Bonaparte – hero and executor of the Revolution – holding up the bloody head of Louis XVI. These background scenes represent symbols of destitution, deadly sins, and crimes. To the right of the chimney, a little monkey with a spear and a vicious griffin urge General Bertrand, Napoleon's companion-in-exile, to use the bellows. Evil – and vice-symbolising animals, together with weapons and bones, all indicate the realm of the dead and the devil. The «lily forging» represents Napoleon's abdication in April 1814, and the return to power of the Bourbons as a consequence of the regime's perversity.

Contro la forza ragion non vale
All'ingresso di una grotta (l'inferno?), Napoleone forgia gigli borbonici di ferro sopra un'incudine posata su un tamburo; altri gigli si notano nella fucina. Una gamba dell'imperatore è cinta da un serpente, l'altra dilaniata da un grifone; un diavoletto stemmato spara con un cannoncino sul povero fabbro, che col viso stravolto si lamenta di essere stato abbandonato dall'amico Satana, da lui servito con tanto zelo. Un Luigi XVIII librato in aria a mo' di drago (con corona, vessillo gigliato e la clessidra di Napoleone giunta quasi al termine) costringe l'ex monarca a lavorare. Sullo sfondo appaiono simboli di distruzione, peccato mortale e delitto: davanti a Mosca in fiamme, un serpente si avvolge intorno a una forca circondata da diavoli danzanti (cfr. n° cat. 75), mentre il generale Bonaparte, erede e continuatore della Rivoluzione, brandisce la testa sanguinante di Luigi XVI. A destra della fucina, una scimmietta armata d'asta e un grifone mordace obbligano il generale Bertrand, accompagnatore di Napoleone in esilio, ad azionare il mantice; il regno della morte e del diavolo è contraddistinto da armi, ossa e simboli animali del male e dei vizi. La «fucina dei gigli» interpreta come conseguenze di un potere perverso l'abdicazione di Napoleone (aprile 1814) e il ritorno dei Borboni al potere.

Lit.: –

NEEDS MUST WHEN THE DEVIL DRIVES.

Not bricht Eisen

Nécessité n'a pas de loi

Needs Must When the Devil Drives

Contro la forza ragion non vale

64
A GRAND Manœuvre! or, The Rogues march to the Island of Elba.
o. l. VIVENT LES BOURBONS / VIVE LOUIS XVIII / à bas le Tyran / down with the Tyrant / vive Louis / He was whip'd & he w drum'd He w drum'd out of the Reg.ᵗ If ever he is a Soldier – again The Devil may be his Sergeant / VIVE LOUIS / There he goes!!!
o. r. By gar Papa I have made von grand Manœuvre in your Pocket!! / VIVENT LES BOURBONS
u. r. vive Louis XVIII / à bas le Tyran
u. l. Allied BROOM / Done at Fontainebleau
sign. u. M. G Cruikshank fec.ᵗ
bez. dat. u. r. Pubᵈ April 13ᵗʰ 1814 by T. Tegg N°. III Cheapside
o. r. Nummer 325
Radierung, koloriert
250 × 353 mm (285 × 440 mm)
Sammlung Herzog von Berry 1980.321.

Grossmanöver oder der Schurkenzug nach Elba
Vorne liegen Napoleons Insignien neben der Abdankungsurkunde im Staub. Dahinter führen die einstigen Untertanen und jetzigen Anhänger Ludwigs XVIII. musizierend den erledigten Kaiser unter Flüchen zur Küste, wo ihn der Teufel in einem Boot erwartet. Auf der Insel Elba im Hintergrund symbolisiert ein Galgen mit einem Delinquenten und einem leeren Strick für Napoleon dessen Lebensende; dahinter lodert das Höllenfeuer. Den weinenden Kaiser, auf dessen Kopf ein Teufelchen fiedelt, zerren zwei Gassenjungen am Strick vorwärts – der betrogene Republikaner mit Jakobinermütze und der Royalist mit weissen Bändern und Lorbeer auf dem Hut. Zugleich stösst ihn der klumpfüssige Talleyrand mit jenem Besen voran, mit dem die Alliierten ganz Europa von den Franzosen reingekehrt haben. Napoleon steckt in kaputten Stiefeln mit nach vorne gedrehten Sporen, wie er auch den Uniformrock in der Art einer Zwangsjacke verkehrtherum trägt. Aus der Rocktasche guckt sein Söhnchen mit einer Rätsche und triumphiert, es habe eben ein «grosses Manöver» gemacht. Vaters «grosses Manöver» begeistert Frauen und Kinder, welche die Bourbonenfahne schwenken und den Tyrannen mit Ratten, Knochen und Eiern bewerfen. Seine Reise nach Elba glich bis Orange einem Triumphzug; dann war er den Übergriffen der hasserfüllten Bevölkerung ausgesetzt. Hatte Talleyrand längst ein Frankreich nach Napoleon ersonnen und mit den Alliierten paktiert, so bildete er beim Sturz des Kaisers eine Übergangsregierung.

Une grande manœuvre ou la marche des escrocs vers l'île d'Elbe
Au premier plan, les insignes de Napoléon gisent dans la poussière, à côté de l'acte d'abdication. Derrière, ses anciens sujets, et actuels partisans de Louis XVIII, conduisent l'empereur déchu – en musique et sous les quolibets – vers la côte où un démon l'attend dans un bateau. A l'arrière-plan, sur l'île d'Elbe, un gibet où pendent un délinquant et une corde vide signifie à Napoléon la fin de son existence; derrière s'élèvent les flammes de l'enfer. Deux gamins des rues traînent au bout d'une corde l'empereur en larmes; sur la tête de celui-ci un diablotin joue du violon. Le premier voyou personnifie le républicain trahi, avec le bonnet jacobin, et le second le royaliste, avec un chapeau orné de rubans blancs et de lauriers. Talleyrand – au pied bot – le pousse avec le balai grâce auquel les alliés ont nettoyé l'Europe des Français. Napoléon est chaussé de bottes déchirées, les éperons tournés vers l'avant; il porte une redingote enfilée à l'envers à la manière d'une camisole de force. De sa poche jaillit son fils triomphant, une crécelle à la main: il a accompli «une grande manœuvre». La «grande manœuvre» de son père enthousiasme les femmes et les enfants qui agitent le drapeau des Bourbons et lancent des rats, des os et des œufs au tyran. Jusqu'à Orange, son voyage vers Elbe prit des allures de cortège triomphal; puis, il fut exposé aux assauts d'une population haineuse. Talleyrand avait depuis longtemps imaginé la France de l'après-Napoléon et pactisé avec les alliés; il forma un gouvernement provisoire à la chute de l'empereur.

A Grand Maneuver or the Rogues' March to the Island of Elba
Forced to abandon his insignia and certificate of abdication to the dust (in the foreground, to the left), the exhausted ex-Emperor is being led in music to the coast by cursing former subjects and present followers of Louis XVIII. There the Devil awaits him in a boat, to take him to the island of Elba depicted in the background: a gallows featuring a hanged offender and an empty noose for Napoleon symbolises the fate awaiting him, not to mention the hellfire that burns behind. The culprit, upon whose head a tiny devil fiddles away, sheds tears when the rope around his neck is pulled forward by two urchins – a deceived Republican with a Jacobin cap, and a Royalist with white bands and laurel to his hat. At the same time he receives a push in the butt from the clubfooted Talleyrand who wields the broom that served the allies to sweep Europe clean of the French. Napoleon wears torn boots with the spurs turned towards the front, just as his uniform tunic is on backwards like a straitjacket. His little son protrudes from his coattail pocket mischievously proclaiming to have «made a grand maneuver in your pocket». His father's grand maneuver has women and children in a frenzy as they wave Bourbon flags and bombard the tyrant with rats, bones, and eggs. Until Orange, his trip had resembled a triumphal procession; from there on, however, it deteriorated, exposing Napoleon to the excesses of the hate-filled crowds. Upon Napoleon's fall, Talleyrand – who had long since been wheeling and dealing for a post-Napoleonic France – took charge of forming a transition government.

Grande manovra, ovvero la marcia dei furfanti verso l'isola d'Elba
In primo piano, accanto all'atto d'abdicazione, giacciono nella polvere le insegne imperiali; dietro di esse gli ex sudditi di Napoleone, ora fautori di Luigi XVIII, sonando e imprecando conducono l'imperatore caduto verso la costa, ove il diavolo lo attende in una barca. Nell'isola d'Elba (sullo sfondo) la fine dell'imperatore è simboleggiata da una forca (con un delinquente e un cappio vuoto per Napoleone), dietro cui arde il fuoco dell'inferno. Due discoli – il repubblicano ingannato (con berretto frigio) e il realista (con nastri bianchi e alloro sul cappello) – trascinano con la corda l'ex monarca piangente, sul cui capo suona il violino un diavoletto; intanto Talleyrand (riconoscibile dal piede deforme) lo spinge avanti con la «scopa alleata», che ha ripulito l'intera Europa dai francesi. Napoleone indossa stivali squarciati, con speroni rivolti in avanti, e un'uniforme anch'essa rovesciata, a mo' di camicia di forza; dalla tasca della giubba spunta il piccolo re di Roma, che brandendo una raganella dice trionfante di avere appena compiuto una «grande manovra». La «grande manovra» di suo padre entusiasma donne e bambini, che sventolano la bandiera borbonica e bersagliano il tiranno con topi, ossi e uova: fino a Orange, in effetti, il viaggio di Napoleone verso l'Elba fu simile a un corteo trionfale, ma poi l'ex sovrano restò esposto agli attacchi di una popolazione esasperata. Talleyrand, che da tempo pensava a una Francia postnapoleonica e patteggiava con gli alleati, alla caduta dell'Impero formò un governo di transizione.

Lit.: Ash S. 381; BM IX 12221; Br I S. 354, II App. A 410; GC 297; Kat. H83 18; Wr S. 634.

Grossmanöver oder der Schurkenzug nach Elba

Une grande manœuvre ou la marche des escrocs vers l'île d'Elbe

A Grand Maneuver or the Rogues' March to the Island of Elba

Grande manovra, ovvero la marcia dei furfanti verso l'isola d'Elba

65
A FRIENDLY VISIT.
o.l. *Stop Thief / I'll be with you in a Crack*
o.M. *Master Boney the Favour of your Company is requested.*
o.r. *GENUINE JAFFA POISON*
u.r. *OPIUM / PERHAPS you woud prefer Drowning / DIAMONDS / HOSPITAL CHEST*
u.M. *MILITARY CHEST*
u.l. *CAMP STOOLE / COMPOSING DRAUGHT*
Thomas Rowlandson
bez. dat. u.r. *Pub^d April 16th 1814 by Thos Tegg N° III Cheapside*
o.r. eradierte Nummer 38[7]
Radierung, koloriert
[250] × 350 mm (252 × 360 mm)
Sammlung Herzog von Berry
1980.301.

Freundschaftlicher Besuch
Als er auf dem «Feldstuhl» seinen gestörten Darm entleert, erhält Napoleon freundschaftlichen Besuch. Der Teufel hält ihm den Galgenstrick vors Gesicht und ersucht um die «Gunst seiner Gesellschaft»: Der abgedankte Kaiser soll am Galgen enden, bevor er in die Hölle fährt. Auf dem Tisch, unter dem zwei Kisten und eine Schatulle voll Diamanten stehen, sind Dolch, Pistolen, Axt, Opium und «echtes Jaffa-Gift» (dazu Kat. Nr. 97), an dem ein Teufelchen nippt, bereit – alles von Napoleon oft und gern benützte Mittel, die er jetzt für seinen eigenen Abgang in Erwägung zieht. Hut, Säbel und Krone liegen sinnlos am Boden. Weil er nichts mehr zu verlieren hat, hat er zwar nicht zum Gift, so doch zum Schlafmittel gegriffen, das aber offenbar nur Durchfall bewirkt. Napoleon muss rasch aufspringen, seine Hose anziehen, um dem Teufel zu gehorchen. An der Flucht wird sein Bruder Joseph vom Tod gehindert, der bereits zum Strick greift. Der Usurpator der spanischen Krone entgeht seinem Schicksal nicht. Mit der Verteidigung von Paris beauftragt, verliess er zusammen mit der Kaiserin Marie-Louise am 30. März 1814 die Hauptstadt. Napoleon hingegen misslang in der Nacht auf den 12. April ein Selbstmordversuch.

Une visite amicale
Alors qu'il se trouve sur le «trône», en train de vider ses intestins dérangés, Napoléon reçoit une visite amicale. Le diable brandit sous son nez une corde de gibet et sollicite «l'honneur de sa compagnie»: l'empereur déchu doit mourir sur la potence, avant de finir en enfer. Sous la table reposent deux caisses et un coffret rempli de diamants; au-dessus, un poignard, des pistolets, une hache, de l'opium et du «véritable poison de Jaffa» (voir à ce sujet n°. cat. 97) qu'un diablotin sirote, se tiennent prêts à l'emploi. Ce sont tous des expédients auxquels Napoléon a eu volontiers recours. Aujourd'hui, il les prend en considération pour son propre départ. Au sol, un chapeau, un sabre et une couronne gisent, inutiles. Parce qu'il n'a plus rien à perdre, il s'est servi non de poison, mais de somnifères, dont le seul effet a été une diarrhée. Napoléon doit se lever d'un bond et enfiler ses pantalons, afin d'obéir au diable. La mort empêche son frère Joseph de fuir; elle l'étrangle. L'usurpateur du trône d'Espagne n'échappe pas à son destin. Chargé de la défense de Paris, il abandonna la capitale le 30 mars 1814, en compagnie de l'impératrice Marie-Louise. Napoléon, pour sa part, fit une tentative manquée de suicide, dans la nuit du 12 avril.

A Friendly Visit
«A friendly visit» interrupts Napoleon as he relieves his tormented bowels on a «camp stool». Dangling a hangman's noose before his face, the devil requests «the favour of [his] company». The retired Emperor is scheduled for the gallows prior to traveling to hell. A table – with two chests and a casket full of diamonds underneath – bears a dagger, pistols, an axe, opium, and «genuine Jaffa poison» (see cat. no. 97) which a little devil sips: all means to which Napoleon had often eagerly resorted and which he now considers for his own departure. His hat, sabre, and crown lie uselessly on the floor and, with nothing left to lose, he decides on a barbiturate over poison, apparently provoking merely intestinal discomfort. He is obliged to spring up and pull on his trousers to obey the devil. Meanwhile, Death has collared Napoleon's brother Joseph in mid-flight, and already reaches for the noose. The usurper of the Spanish crown would not escape his fate. He was entrusted with the defence of Paris: on March 30, 1814, Paris fell to the allies, obliging him and the Empress Marie-Louise to flee to safety. Napoleon, on the other hand, would fail at a suicide attempt on April 12th.

Visita amichevole
Intento a svuotare le viscere infiammate sulla «sedia da campo», Napoleone riceve la visita amichevole del diavolo, che chiede «il favore della sua compagnia» tenendogli un capestro davanti al volto: l'imperatore che ha appena abdicato deve salire sul patibolo prima di partire per l'inferno. Sul tavolo, sotto cui appaiono due casse e uno scrigno pieno di diamanti, sono pronti pugnale, pistole, mannaia, oppio e «puro veleno di Giaffa» (cfr. n° cat. 97), assaggiato da un diavoletto: tutti mezzi usati spesso e volentieri da Napoleone, che ora li prende in considerazione in vista del suicidio. Cappello, sciabola e corona giacciono inutili al suolo. Non avendo più nulla da perdere, l'ex monarca ha assunto non il veleno ma un sonnifero, che però gli ha provocato, a quanto pare, soltanto diarrea; per ubbidire al diavolo deve balzare rapidamente in piedi e infilarsi i pantaloni. Suo fratello Giuseppe cerca di fuggire ma è trattenuto dalla Morte, che già allunga una mano verso il capestro: l'usurpatore della corona spagnola non sfugge al suo destino. Incaricato di difendere Parigi, Giuseppe lasciò la capitale il 30 marzo 1814 con l'imperatrice Maria Luisa; Napoleone, invece, nella notte del 12 aprile tentò inutilmente il suicidio.

Lit.: Br I S. 355 f., II App. A 372.

A FRIENDLY VISIT.

Freundschaftlicher Besuch

Une visite amicale

A Friendly Visit

Visita amichevole

66
COMING IN AT THE DEATH OF THE CORSICAN FOX.
dahinter *Scene the Last,*
o. l. *BLUCHER*
u. r. *WELLINGTO[N] / SWARTSENBERG / KUTUSO[FF] / D'YORK / ROW[L] / CROWN PRINCE*
Thomas Rowlandson
bez. dat. u. r. *Pub.ᵈ April 12. 1814 by R..Ackermann 101 Strand*
Radierung, koloriert
n. best. (245×349 mm)
Sammlung Herzog von Berry 1980.296.

Zusammentreffen beim Tod des korsischen Fuchses
Elf Jahre nach Gillrays grossartigem Blatt (Kat. Nr. 14) gestaltete Rowlandson das Thema der Jagd auf den «korsischen Fuchs» aus Anlass der Abdankung Napoleons nach. Anstelle von George III. hat sich hier der preussische Oberbefehlshaber Blücher vom Pferd geschwungen, packt das Füchslein mit Napoleons Kopf (eine genaue Kopie nach Gillray) am Hals und ruft die Jagdgenossen herbei. Mit erhobenen Säbeln galoppieren rechts (im Hintergrund eine brennende Stadt) zwei gekrönte Häupter heran, wohl Preussens König und Österreichs Kaiser. Vierzehn lechzende Hunde gieren nach der langersehnten Beute. Es sind alliierte Feldherren; fünf sind auf dem Halsband benannt: Wellington, Schwarzenberg, Kutusow, York von Wartenburg und Schwedens Kronprinz Bernadotte. Ein weiterer beschrifteter Jagdhund steht vielleicht für Kapitän Josias Rowley, der im März 1814 La Spezia eingenommen hat (vgl. BM).

Participer à la mort du renard corse
Onze ans après la formidable gravure de Gillray (n°. cat. 14), Rowlandson réillustra le thème de la chasse au «renard corse», à l'occasion de l'abdication de Napoléon. A la place de George III, on voit le commandant prussien Blücher qui a sauté à bas de son cheval, et qui empoigne à la gorge un petit renard avec la tête de Napoléon (une copie exacte de la version de Gillray); il bat le rappel de ses compagnons de chasse. A droite, le sabre levé, deux têtes couronnées s'approchent en galopant (à l'arrière-plan, une ville brûle). Il s'agit du roi de Prusse et de l'empereur d'Autriche. Quatorze chiens convoitent avidement la proie longtemps désirée. Ce sont les généraux alliés; cinq d'entre eux portent leur nom inscrit sur leur collier: Wellington, Schwarzenberg, Koutouzov, York von Wartenbourg et Bernadotte, prince héritier de Suède. Un sixième chien de chasse représente peut-être le capitaine Josias Rowley, qui prit La Spezia en mars 1814 (cf. BM).

Coming in at the Death of the Corsican Fox
Eleven years subsequent to Gillray's magnificent piece on the theme of the hunt for the «Corsican fox» (cat. no. 14), Rowlandson took it up again upon the occasion of Napoleon's abdication. Instead of George III, here it is the Prussian Commander-in-Chief Blücher who steps down from his horse, grasping the little fox with Napoleon's head (an exact replica of Gillray's portrayal) by the neck and calling out to his fellow hunters. Two crowned sovereigns – probably the King of Prussia and Austria's Emperor – come galloping in to the right (in the background, a burning city), while fourteen drooling hunting dogs strain to attain their long-awaited prey. The pack members are allied generals, five of whom are named on their collars (Wellington, Schwarzenberg, Kutusov, York von Wartenburg, and Sweden's Crown Prince Bernadotte), and a sixth who bears what is probably the name Captain Josias Rowley, known for his capture of La Spezia in March 1814 (cf. BM).

Pronti per la morte della volpe còrsa
Undici anni dopo la magnifica stampa di Gillray (n° cat. 14), Rowlandson riprende il tema della caccia alla «volpe còrsa» in occasione dell'abdicazione di Napoleone. Giorgio III qui è sostituito dal comandante in capo prussiano, Blücher, che balza di sella, afferra per il collo la piccola volpe con la testa di Napoleone (copia fedele da Gillray) e chiama gli altri cacciatori. Sullo sfondo brucia una città; da destra giungono al galoppo, brandendo la sciabola, due teste coronate (probabilmente il re di Prussia e l'imperatore austriaco), mentre quattordici cani, simboli di comandanti alleati, stanno per gettarsi avidamente sulla preda tanto a lungo agognata. Cinque di loro sono riconoscibili dal nome sul collare: Wellington, Schwarzenberg, Kutuzov, York di Wartenburg e il principe ereditario svedese Bernadotte. Il nome di un sesto sta forse per il capitano Josias Rowley, che nel marzo 1814 aveva preso La Spezia (cfr. BM).

Lit.: Ash S. 381; BM IX 12220; Br I S. 351 f., II App. A 186; GC 296; Kat. BB 35 (Abb.); Kat. RM unter 26; Kat. T S. 29 (Anm. 32).

67
BONEY TURNED MORALIST.
u. l. *WHAT I WAS, / T[H]ULLERIES.*
o. l. *A CRUEL TYRANT*
u. M. *WHAT I AM, / Brief History of my Life which I intend to Publish*
o. M. *A SNIVELLING WRETCH*
u. r. *WHAT I OUGHT TO BE.*
o. r. *HUNG FOR A FOOL.*
sign. u. l. *Rowlandson del.*
bez. dat. u. l. *Pubᵈ May 1.ˢᵗ 1814 by R Ackermann N° 101 Strand*
Radierung, koloriert
260×363 mm (300×483 mm)
Sammlung Herzog von Berry 1980.324.

Boney – zum Moralisten geworden
Drei Figuren, vom Meer in einem Bildraum zusammengeführt, präsentieren Napoleons Vergangenheit, Gegenwart und Sühne. Figur und Kommentar knüpfen an die Tradition der Emblematik an. Links präsentiert sich der Tyrann im Krönungsornat mit der Krone Italiens; im Hintergrund prunkt der Tuilerienpalast. Zu Füssen des Kaisers symbolisieren Kronen, Szepter, Bischofsstab und Mitra, die Insignien der unterjochten Autoritäten und seine Zwangsherrschaft. Im Zentrum sitzt der besiegte Feldherr, den Säbel zu Füssen, auf einem von Vögeln umschwirrten Felsen im Meer (Elba) und heult ins Taschentuch. Laut Inschrift beabsichtigt er, eine kurze Lebensbeichte zu veröffentlichen. Die dritte Szene zeigt das Ende, das er verdient hätte: Der Narr mit Eselsohren hängt wegen seines Universalherrscher-Wahns am Galgen; sein Zweispitz liegt umgekehrt darunter. Der Titel spottet, «Boney» werde am Ende philosophisch: Der gewissenlose Gewalttäter wandelt sich durch Entmachtung und Verbannung zum Moralisten, der die Folgen seiner früheren Taten nur mit dem Tode sühnen kann.

Boney devenu moraliste
Les trois personnages réunis dans cette image incarnent le passé, le présent et l'avenir de Napoléon. Figures et commentaires se rattachent à la tradition emblématique. A gauche, le tyran est présenté dans ses vêtements d'apparat et coiffé de la couronne d'Italie; à l'arrière-plan, se profile le pompeux palais des Tuileries. Aux pieds de l'empereur, la couronne et le sceptre, ainsi que la crosse et la mitre épiscopales symbolisent les insignes des autorités assujetties et son règne tyrannique. Au centre, le généralissime vaincu est assis sur un rocher cerné de volatiles (Elbe); son sabre gît à ses pieds; il pleure dans son mouchoir. L'inscription révèle son projet de publier une brève biographie de sa vie. La troisième scène montre la fin qu'il mérite: le bouffon aux oreilles d'âne a été pendu pour son délire mégalomane de domination du monde; son bicorne repose au sol, tourné à l'envers. Le titre se moque de «Boney» qui vers la fin devient philosophe: suite à sa destitution et à son bannissement, le tyran sans scrupules se transforme en moraliste qui ne pourra expier les conséquences de ses actes que par la mort.

Boney Turned into a Moralist
The sea unites three figures into a single pictorial presentation of Napoleon's past, present, and penance. The figures and text pick up the thread of all that is emblematic of his life. Thus, to the left, we have the tyrant in his royal garb with the crown of Italy upon his head. The Tuileries palace can be seen in all its splendour to the rear and, at the figure's feet lie the symbols of the authorities he subjugated and his tyranny: a sceptre, a crosier, and a mitre. The middle figure is that of the defeated general with his sabre at his feet. On a rocky island (Elba) surrounded by birds, he sheds tears into a handkerchief and plans, according to the accompanying text, to publish a «Brief History of My Life». The third figure has him ending up as he would have deserved: a donkey-eared fool hanging from the gallows because of his delusions of universal grandeur. Under his feet, his (most emblematic of all) cocked hat. The title satirically asserts «Boney Turned Moralist», as if his loss of power and exile had made a moralist of such an unscrupulous and violently criminal individual, one whose former deeds could only be atoned through death.

Boney divenuto moralista
Tre figure su un unico sfondo marino presentano il passato, il presente e il castigo di Napoleone; immagine e commento si rifanno alla tradizione simbologica. A sinistra, davanti allo sfarzoso palazzo delle Tuileries, il monarca appare in abito ufficiale da incoronazione (con la corona d'Italia); a terra davanti a lui le corone, gli scettri, il pastorale e la mitra simboleggiano le insegne delle autorità soggiogate e il suo dispotismo. Al centro, su uno scoglio circondato dal mare e dagli uccelli (l'Elba), il condottiero sconfitto siede con la sciabola ai piedi, piangendo nel fazzoletto; secondo la scritta, è sua intenzione pubblicare una breve autobiografia. La terza scena mostra la fine che Napoleone si meriterebbe per la sua smania di dominio universale: un buffone con le orecchie d'asino pende da una forca, sotto cui gicace il suo bicorno rovesciato. Stando al titolo beffardo, «Boney» si è fatto filosofo: l'esautorazione e l'esilio hanno trasformato il criminale senza scrupoli in un moralista che solo con la morte può espiare le conseguenze dei suoi atti.

Lit.: Ash S. 389 Anm. 1 (Det.); BM IX 12252; BN V 9374; Br I S. 361, II App. A 107; Kat. H85 70.

COMING IN AT THE DEATH OF THE CORSICAN FOX. *Scene the Last.*

Zusammentreffen beim Tod des korsischen Fuchses

Participer à la mort du renard corse

Coming in at the Death of the Corsican Fox

Pronti per la morte della volpe còrsa

A CRUEL TYRANT   A SNIVELLING WRETCH   HUNG FOR A FOOL.

WHAT I WAS,   WHAT I AM,   WHAT I OUGHT TO BE.

BONEY TURNED MORALIST.

Boney – zum Moralisten geworden

Boney devenu moraliste

Boney Turned into a Moralist

Boney divenuto moralista

68
Otium cum dignitate, or a View of ELBA.
o. l. *I wish I could Set the Chimney on Fire / Josephine –*
o. r. *Bertrand*
u. r. *Jerôme Admi[ral] of the Fle[et]*
u. M. *Fotifi[cations] / Life & Advent.⁵ of Robin CRUSO / MAP of FRANCE / Signed Napoleon*
u. l. *Spain & the Ind[ies] / Bull[e]t[i]n / Moscow / Camp in Russia*
sign. u. l. *G Cruikshank fec,ᵗ*
bez. dat. o. M. *SATIRIST. MAY 1ˢᵗ.* 1813 [sic!]; Mai 1814
Radierung, koloriert
208 × 368 mm (225 × 398 mm)
Sammlung Herzog von Berry
1980.262.

Musse in Würde oder ein Blick auf Elba
Von Einheimischen begafft, sitzt Jérôme Bonaparte, einst «Admiral der Flotte», auf einem Korb und flickt ein Fischernetz vor der Hütte. Den Eingang bewacht eine Spielzeugkanone. Im Innern rollt eine dicke Köchin Teig aus und schäkert mit dem zerlumpten General Bertrand (Name auf Schriftrolle), der ihr seine Gefühle offenbart und dem am Kamin hokkenden Napoleon Hörner aufsetzt. Ein Stich über ihr weist sie als Ex-Kaiserin Joséphine aus. Mit Jakobinermütze und Pfeife, zerlumpt, barfüssig, unrasiert und missmutig, feuert Napoleon ein. Als Brennstoff dienen Kriegsakten sowie ein mit dem Säbel (bei Moskau) durchbohrter Globus und als Nahrung Knochen. An die Kaminwand lehnt eine Richtaxt; darüber sind Dolch und Guillotine gekritzelt und hängen zwei Fischchen. Um Napoleon liegen eine kaputte Karte von Frankreich, ein alter Vertrag und der Roman «Robinson Crusoe» (vgl. Kat. Nr. 232). Neben ihm beäugt sein Bruder Joseph im spanischen Kostüm verdutzt eine leere Flasche. Der Demütigung und Armut der Bonaparte in der Verbannung stellt der Bildtitel das altrömische Ideal eines würdigen Alters nach einem erfüllten öffentlichen Leben gegenüber. Weder Joseph noch Jérôme teilten in Wahrheit des Bruders Exil auf Elba, dafür die Schwester Pauline und General Bertrand. Auch die geschiedene Gattin Joséphine besuchte Elba nicht; sie starb noch im Monat seines Exilantritts. Das Blatt erschien 1814 in der 14. Nummer der Londoner Zeitschrift «The Satirist».

Otium cum dignitate ou une vue d'Elbe
Sous l'œil rond des indigènes, Jérôme Bonaparte, autrefois «amiral de la flotte», se tient assis sur une corbeille devant la cabane et raccommode un filet de pêche. Un canon jouet garde l'entrée. A l'intérieur, une grosse cuisinière étend de la pâte et badine avec le général Bertrand déguenillé (nom sur le rouleau d'écriture); celui-ci lui ouvre son cœur, cocufiant ainsi Napoléon accroupi devant la cheminée. Au-dessus de la tête de la femme, une gravure démontre sa qualité d'impératrice. Napoléon, portant le bonnet jacobin, la pipe à la bouche, les vêtements en lambeaux, pieds nus, mal rasé et d'humeur chagrine, attise le feu. Des actes de guerres ainsi qu'un globe terrestre transpercé d'un sabre (à la hauteur de Moscou) servent de combustible; dans le chaudron, en guise de nourriture, cuisent des os. Une hache de bourreau est appuyée contre le mur de la cheminée; au-dessus apparaissent des gribouillis de gibet et de guillotine, ainsi que deux petits poissons suspendus. Autour de Napoléon gisent une carte de France, un vieux traité et le roman «Robinson Crusoé» (cf. n°. cat. 232). A côté de lui, son frère Joseph en costume espagnol contemple d'un air ébahi une bouteille vide. L'humiliation et la misère des Bonaparte en exil contredit le titre, qui évoque l'idéal romain d'une vieillesse respectable après une vie publique bien remplie. En réalité, ni Joseph, ni Jérôme ne partagèrent le sort de Napoléon à Elbe, contrairement à sa sœur Pauline et au général Bertrand; Joséphine, dont il avait divorcé, ne vint jamais dans l'île; elle mourut le mois même de son départ en exil. L'estampe parut en 1814, dans le numéro 14 du magazine anglais «The Satirist».

Otium cum dignitate or a View of Elba
The natives of Elba stand gawking at Jerome Bonaparte, the former «Admiral of the fleet», now reduced to mending a fishing net before a hut whose entryway is protected by a toy cannon. Inside, a stout cook – identified as ex-Empress Josephine in the engraving overhead – rolls out her dough and flirts with the ragged General Bertrand (the name on the scroll): the latter makes no secret of his amorous inclinations, thus cuckolding Napoleon, who crouches before the fireplace. The ex-Emperor wears a Jacobin cap and smokes a pipe: his clothes are in tatters, and he himself is barefoot, unshaved, and disgruntled. He sullenly stokes the fire, using war files and a globe pierced (at Moscow) by a sabre as fuel for cooking the bones that are to serve as food. An executioner's axe leans against the chimney wall with, overhead, a scribbled dagger and gallows, and two fish hanging from a nail. A torn map of France clutters the ground around Napoleon, as do an old contract and a volume of «Robinson Crusoe» (cf. cat. no. 232). Meanwhile, his brother Joseph, standing beside him attired as a Spaniard, gazes dully at an empty bottle. The exiled Bonaparte's humiliation and poverty is contrasted by the work's title – an old Roman saying praising a dignified old age after a public life of fulfilment. In actual fact, neither Joseph nor Jerome shared Napoleon's exile on Elba, although his sister Pauline and General Bertrand did. Nor did his divorced wife Josephine visit Elba (she died one month after his arrival there). The cartoon was published in 1814 in issue 14 of the London periodical «The Satirist».

Otium cum dignitate, ovvero veduta dell'Elba
Sotto gli sguardi sorpresi degli autoctoni, l'ex «ammiraglio della flotta» Gerolamo Bonaparte siede su un cesto, davanti a una capanna il cui ingresso è sorvegliato da un cannone-giocattolo, rabberciando una rete da pesca. All'interno una cuoca obesa, che dalla stampa sovrastante risulta essere l'ex imperatrice Giuseppina, spiana la pasta e celia con un generale cencioso; quest'ultimo, indicato dalla pergamena come Bertrand, dichiarandole i suoi sentimenti rende cornuto Napoleone. Seduto al camino, l'ex monarca – con berretto frigio e pipa, lacero, scalzo, non rasato e di malumore – ravviva la fiamma su cui cuoce il cibo (ossa); come combustibili usa documenti bellici e un mappamondo, perforato da una sciabola all'altezza di Mosca. Dal muro del camino (con pugnale e ghigliottina incisi) pendono due pesciolini; al muro è appoggiata una mannaia. Intorno a Napoleone giacciono una carta rovinata della Francia, un vecchio trattato e il romanzo *Robinson Crusoe* (cfr. n° cat. 232); accanto a lui suo fratello Giuseppe, in costume spagnolo, adocchia sconcertato una bottiglia vuota. All'umiliazione e alla miseria dei Bonaparte in esilio il titolo contrappone l'antico ideale romano della vecchiaia dignitosa dopo un'intensa vita pubblica. All'Elba, in realtà, l'esule Napoleone fu seguito dalla sorella Paolina e dal generale Bertrand, ma non dai fratelli Giuseppe e Gerolamo; sull'isola non giunse mai neppure Giuseppina, che anzi morì nel primo mese di esilio dell'ex marito. La stampa uscì nel 1814 sul quattordicesimo numero della rivista londinese *The Satirist*.

Lit.: Ash S. 388; BM IX 12255; Br I S. 359 f., II App. A 675; GC 313.

Musse in Würde oder ein Blick auf Elba

Otium cum dignitate ou une vue d'Elbe

Otium cum dignitate or a View of Elba

Otium cum dignitate, ovvero veduta dell'Elba

69
PEACE & PLENTY or good News for JOHN BULL!!!
o. l. *Here's The Prince Regent & his Allies! / Huzza! with all my Heart & may we never want better Friends*
o. r. *The OLD Constitution New Revived by JOHN BULL. / They are all coming down Johnny / Mutton 4^d lb / Porter $_2$ 3^d POT^s / 9^d*
u. r. *Burgundy 2^d/- / Sherry*
u. M. *4^d lb - / Fren[ch] wine 1/6*
sign. u. r. *G. H. inv^t* (George Humphrey) *Etched by G Cruikshank*
bez. dat. u. l. *Pub^d May 25 1814 by H Humphrey St James's Street*
Radierung, koloriert
274 × 380 mm (333 × 487 mm)
Sammlung Herzog von Berry
1980.326.

Friede und Fülle oder gute Neuigkeiten für John Bull
Neben einem Gasthaus unter einer Eiche mit dem Schild «Zur alten, von John Bull wiederbelebten Verfassung» sind der Engländer und Ludwig XVIII. an einem reich gedeckten Tisch. Im lilienübersäten Frack auf einem Polsterhocker erhebt der König das Glas auf den englischen Prinzregenten und seine Verbündeten. Die Hand auf der Brust, tut es ihm John Bull mit breitem Lächeln gleich und fügt hinzu: «Mögen wir niemals bessere Freunde nötig haben!». Die Tafel bietet ihnen französischen Wein (links), ein Rippenstück (Mitte), Bratkartoffeln und einen Plumpudding (rechts). Auf einer Hühnerleiter, die vom Gasthausfenster zum Tisch herunterreicht, marschieren ein Laib Brot, ein Bierkrug und ein grinsendes Lammkotelett, was der aus dem Fenster lehnende Prinzregent und Wirt John Bull ankündet: Nach Kriegsende stehen die Nahrungsmittel wieder reichlicher zur Verfügung, und die Preise fallen. Neben dem Tisch stehen ein Korb voll Früchte und Gemüse auf einem Bierfass und ein Becken, in dem Sherry und Burgunder gekühlt wird; Essensreste und eine Tonpfeife liegen unter dem Tisch. Im Mittelgrund links repräsentieren ein pflügender Bauer, ein sein Boot löschender Seemann und ein Fischer auf einem Segelboot den neuen Wohlstand. «Friede und Überfluss» bringt der Sieg über Napoleon, welcher im Hintergrund trübselig auf seiner Insel hockt. Am 20. April 1814 dankte Ludwig XVIII. in London den Briten für die Restauration der französischen Monarchie.

Paix et opulence ou bonnes nouvelles pour John Bull
A côté d'une auberge, sous un chêne portant l'écriteau «A la vieille Constitution ravivée par John Bull», l'Anglais et le roi Louis XVIII sont assis devant une table richement garnie. Vêtu d'un frac parsemé de lis et installé sur un tabouret rembourré, le roi lève son verre au prince régent et à ses alliés. La main sur le cœur, souriant, John Bull lui rend la pareille en ajoutant: «Puissions-nous ne jamais désirer de meilleurs amis!». Au menu, il y a du vin français (à gauche), une entrecôte (milieu), un plumpudding et des pommes de terre sautées (à droite). Sur une échelle de poulailler, reliant la fenêtre de l'auberge à la table, marchent une tranche de pain, une chope de bière et une côtelette d'agneau ricanante, denrées que le prince régent et maître des lieux, penché à la fenêtre, annonce à John Bull: une fois la guerre finie, la nourriture est à nouveau abondante, et les prix chutent. A côté de la table, on aperçoit une corbeille remplie de fruits et de légumes, posée sur un tonneau de bière, ainsi qu'un bassinet dans lequel on a mis du sherry et du bourgogne à rafraîchir; des restes de victuailles et une pipe en terre gisent sous la table. A gauche au milieu, un paysan laboure, un marin décharge son bateau et un pêcheur mène sa barque; ils incarnent le retour de la prospérité. La victoire sur Napoléon procure «paix et opulence». A l'arrière-plan, l'empereur déchu se tient assis sur son île, mélancolique. Le 20 avril 1814, à Londres, Louis XVIII remercia les Anglais pour la Restauration de la monarchie française.

Peace and Plentifulness or Good News for John Bull
An Englishman and Louis XVIII are enjoying a hearty meal at a table set under an oak tree next to a wayside inn and under a sign reading «The Old Constitution New Revised by John Bull». In his lily-patterned tailcoat, the King raises his glass to the health of the English Prince Regent and his allies. With his hand to his breast, a broadly smiling John Bull returns his cheer, adding, «May we never want better friends.» On the menu are French wine (left), rib roast (centre), plum pudding, and fried potatoes (right). Joining the table top along a chicken ladder from the inn, come a loaf of bread, a mug of beer, and a grinning lambchop, as announced to John Bull by the Prince Regent, who is the innkeeper. Upon the end of the war, food again became more plentiful, and prices fell; this abundance shows in the basket brimming over with fruits and vegetables next to the table (atop a beer barrel), together with a basin where burgundy and sherry are being cooled. Meal leftovers and a clay pipe lie under the table. In the middle ground (left), a farmer ploughing his fields, a mariner cleaning his boat, and a fisherman on a sailboat all denote the land's newfound well-being. «Peace and plenty» have come as a result of having defeated Napoleon, who is shown here crouching miserably on his island (background). On 20 April 1814, Louis XVIII officially expressed his gratitude to the British for the restoration of the French monarchy.

Pace e abbondanza, ovvero buone notizie per John Bull
Sotto una quercia, presso un'osteria con la scritta «La vecchia Costituzione ripristinata da John Bull», c'è una tavola riccamente imbandita per l'inglese e per Luigi XVIII. Il re, che siede su uno sgabello imbottito e indossa un frac trapunto di gigli, brinda al principe reggente britannico e ai suoi alleati; John Bull, con la mano sul cuore e un ampio sorriso, lo imita con l'augurio «E che mai possiamo avere bisogno di amici migliori!». La mensa offre loro vino francese (a sinistra), una costata (al centro), patate fritte e *plum pudding* (a destra). Su una scaletta da galline, posta tra la finestra della locanda e la tavola, scendono tre prodotti alimentari «semoventi» (una pagnotta, un boccale di birra e una sogghignante cotoletta d'agnello), confermando quanto annuncia a John Bull il principe reggente (l'oste che si sporge dalla finestra): ora che la guerra è finita, i cibi tornano abbondanti e i prezzi calano. Sulla destra appaiono un barile di birra, sovrastato da un cesto di frutta e verdura, e un catino per tenere al fresco lo sherry e il borgogna; sotto la tavola giacciono resti del pasto e una pipa di terracotta. In secondo piano a sinistra, il nuovo benessere è rappresentato dall'aratore, dal marinaio che sbarca un carico e dal pescatore sulla barca a vela: «pace e abbondanza» sono i frutti della vittoria su Napoleone, mestamente seduto nella sua isola (sullo sfondo). A Londra, il 20 aprile 1814, Luigi XVIII ringraziò i britannici per la restaurazione della monarchia francese.

Lit.: BM IX 12265; Br II App. A 684.

Friede und Fülle oder gute Neuigkeiten für John Bull

Paix et opulence ou bonnes nouvelles pour John Bull

Peace and Plentifulness or Good News for John Bull

Pace e abbondanza, ovvero buone notizie per John Bull

70

A SIDE DISH for the CITY OF LONDON FEAST. June 18th, 1814.
o.r. *BONEY DISH'ED. / Huzza! Huzza! why here's a Dish Beats Turtle, Venson, Fowl or Fish Laud the Caterers to the skies, And thus you'll praise our Brave Allies.*
u.r. *BLUCHERS carving Knife*
u.l. *BRAVE ALLIES ENGLAN[D]*
anonym, Juni 1814
bez. u. M. *Pub. by M'Cleary 32. Nassau Street* – (Dublin)
Radierung, koloriert
237 × 330 mm (263 × 392 mm)
Herkunft unbekannt
1980.243.

Ein Spezialgericht für das Londoner Stadtfest am 18. Juni 1814
Im Vorjahr des Endkampfes um Europa auf dem Schlachtfeld von Waterloo feierte London den alliierten Sieg über Napoleon am 18. Juni 1814 in einem Volksfest in der Guildhall. Auf dem Tisch steht ein grosser Bierhumpen mit dem Londoner Stadtwappen, einem Spruchband auf England und seine tapferen Verbündeten sowie einem Symbol der Allianz (vier ineinandergreifende Hände umgeben von der sich in den Schwanz beissenden Schlange, Symbol des Gleichgewichts und der Wiederholung). Aus dem Schaum ragt die Büste des Engländers, John Bull, der begeistert den Hut schwenkt. In einem Vierzeiler preist er die wackeren Alliierten, denn sie haben Grossbritannien ein Mahl bereitet, «das Schildkröte, Wildbret, Geflügel und Fisch übertrifft». Auf einer Anrichteplatte mit dem Stadtwappen liegt der mit Spiessen zusammengehaltene Napoleon mit angezogenen Beinen auf dem Rücken. Vor diesem «Nebengericht» des Festschmauses liegt Feldmarschall Blüchers scharfer Säbel zum Tranchieren des Bratens bereit.

Hors d'œuvre pour la fête de la ville de Londres, le 18 juin 1814
Une année avant la bataille de Waterloo qui mit fin à la guerre en Europe, Londres fêta la victoire alliée sur Napoléon par une grande fête populaire qui eut lieu dans la Guildhall, le 18 juin 1814. Sur la table repose une immense chope de bière; celle-ci arbore les armes de la ville de Londres, une banderole portant le nom de l'Angleterre et mentionnant ses «braves alliés», ainsi qu'un symbole de l'alliance (quatre mains emboîtées les unes dans les autres, entourées d'un serpent se mordant la queue, symbole de l'équilibre et du renouvellement). De la mousse surgit le buste de l'Anglais, John Bull, qui agite son chapeau d'enthousiasme. Dans un quatrain, il loue ses braves alliés pour avoir préparé à la Grande-Bretagne un repas qui «surpasse la tortue, la venaison, la volaille et le poisson». Dans un plat aux armes de la ville, Napoléon est couché sur le dos, transpercé d'épieux et les jambes ramenées à hauteur de l'abdomen. Devant ce «hors d'œuvre» apparaît le sabre tranchant du feld-maréchal Blücher, prêt à découper le rôti.

A Side Dish for the City of London Feast on June 18th 1814
In the year previous to the final battle over Europe on the Waterloo battlefield, London celebrated the allied victory over Napoleon on 18 June 1814 with a festival at the guild hall. Pictured here to mark the occasion is an oversize beer tankard inscribed with the coat of arms for the city of London, with a banderole in honour of England and its brave allies, and with the symbol of the alliance – four clasped hands surrounded by a snake biting its tail (symbolising equilibrium and repetition). Rising up from the beer foam, England's John Bull enthusiastically waves his hat and, in a quatrain, praises the stout-hearted allies for having prepared a meal for Great Britain that «beats turtle, venison, fowl or fish». Napoleon lies skewered on his back atop a serving dish inscribed with the city's coat of arms. As a «side dish for the city of London feast», he is thus easily accessible for carving by Field Marshal Blücher's whetted sabre, which lies beside the dish.

Portata supplementare per la festa della città di Londra, il 18 giugno 1814
Il 18 giugno 1814 – un anno prima della battaglia di Waterloo, ultimo scontro per la liberazione dell'Europa – Londra celebrò con una festa popolare nella Guildhall la vittoria della coalizione su Napoleone. Sulla tavola appare una grande caraffa di birra con lo stemma della città, un motto sull'Inghilterra e sui suoi valorosi alleati nonché un emblema dell'alleanza (quattro mani intrecciate e cinte da un serpente che si morde la coda, simbolo di ripetizione e di equilibrio). L'inglese tipico – John Bull, che emerge a mezzo busto dalla spuma della birra – agita entusiasta il cappello e in una quartina loda i prodi alleati per aver servito alla Gran Bretagna una specialità «che supera tartaruga, selvaggina, pollame o pesce». Su un piatto di portata con lo stemma londinese appare Napoleone a gambe rattrappite, infilzato da tre spiedi che lo tengono fermo sul dorso; davanti alla «portata supplementare» del banchetto, la sciabola affilata del feldmaresciallo Blücher è pronta ad affettare l'arrosto.

Lit.: Br I S. 365, Tf. S. 366, II App. A 805.

71

AN ALTERCATION CONCERNING R – L WIVES, &c.
o.l. *Get away from my sight, thou valiant Prince! Thy money hath caused my ruin! it hath been the cause off my exile! likewise of losing my R – l Wife!!!* –
o.r. *Be consoled, Boney! you are a fortunate Man to get rid of a R – l wife. I cannot get rid of Mine!*
u.r. *England*
u.l. *Elba*
sign. u.l. *Lewis Marks del.t*
1814 / Frühjahr 1815
Radierung, koloriert; Typographie
242 × 338 mm (275 × 418 mm)
Sammlung Herzog von Berry
1980.306.

Eine Auseinandersetzung betreffend «königliche» Gattinnen
Über das Meer (mit zwei britischen Schiffen) hinweg haben Napoleon und der britische Prinzregent eine Auseinandersetzung. Mit geballten Fäusten wettert der Kaiser von Elba aus, der «tapfere Prinz» soll ihm aus den Augen gehen, dessen Geld seinen Sturz (mittels Finanzierung der Koalition) bewirkt und ihn um seine Ehefrau gebracht habe. Der grossköpfige, bucklige, grotesk deformierte Prinzregent im Frack tröstet von England aus den Exilanten: Napoleon habe Glück, seine Gattin losgeworden zu sein; er selbst könne sich seine eigene nicht vom Hals schaffen. Kaiserin Marie-Louise folgte Napoleon nicht nach Elba, sondern vergass am Wiener Hof ihren Gatten nach und nach. Hingegen führte der Prinzregent einen Scheidungsprozess gegen seine Ehefrau, die lebenslustige Caroline von Braunschweig, der ihn unpopulär machte. Mit ironischer Dezenz charakterisieren die Monarchen ihre Gattinnen, welche sie «R – l wives» nennen, was zunächst an «royal» (königlich) denken, aber etwas ganz anderes – z. B. «rascal» (nichtswürdig) – erwarten lässt.

Une altercation concernant les épouses «royales»
Par-dessus la mer (où croisent deux navires anglais), Napoléon et le prince régent britannique se querellent. Debout sur l'île, les poings serrés, l'empereur d'Elbe tonne: le «valeureux prince» doit sortir de sa vue, son argent a provoqué sa chute (il a financé la coalition) et il l'a privé de son épouse. De l'Angleterre où il se trouve, le prince régent grotesquement déformé, avec une grosse tête et une bosse dans le dos, console l'exilé: Napoléon a bien de la chance d'être débarrassé de sa femme; lui-même ne parvient pas à se défaire de la sienne. L'impératrice Marie-Louise ne suivit pas Napoléon à Elbe, mais se réfugia à la cour de Vienne, où elle l'oublia peu à peu. Le prince régent quant à lui, entama une procédure de divorce à l'encontre de son épouse, la pétulante Caroline von Braunschweig, un acte qui le rendit impopulaire. Les monarques dépeignent leurs femmes avec décence, mais non sans ironie. Ils les nomment «R-l wives», une abréviation que l'on peut dans un premier temps interpréter par «royal», mais qui laisse entendre tout autre chose, par exemple «rascal» (infâme).

An Altercation Concerning «Royal» Wives
An argument is going on clear across the sea – where two British vessels sail – between Napoleon and the British Prince Regent. From the island, the Emperor of Elba rants and raves to emphasize that the «valiant Prince» should «get away from [his] sight», since it is the British financial support to the coalition that cost him both the war and his wife. The big-headed, hunchbacked, and grossly deformed Prince Regent in tails consoles the exile from the shores of England: indeed, how lucky Napoleon is to have gotten rid of his wife, while he himself has been unable to do as much. In effect, Empress Marie-Louise did not follow her husband to Elba and gradually drove him out of her memory in her years at the Vienna court. On the other hand, the Prince Regent instigated divorce proceedings against his vivacious wife Caroline von Braunschweig, who was endangering his popularity. Ironically decent, both monarchs refer to their «R-L» wives, leaving it up to the viewer whether «royal» or something like «rascal» for instance were meant.

Un alterco a proposito di «regali» consorti
Separati dal mare (in cui appaiono due navi inglesi), Napoleone e il principe reggente britannico stanno litigando. Coi pugni serrati, dall'isola l'imperatore d'Elba urla di sparire al «valoroso principe», che col proprio denaro (cioè finanziando la coalizione) gli ha fatto perdere il potere e per giunta anche la moglie. Dall'Inghilterra il suo antagonista in frac – grottescamente deformato, gobbo e col testone – lo consola: Napoleone ha avuto la fortuna di liberarsi della consorte, mentre lui non può sbarazzarsi della propria. Sull'isola d'Elba l'imperatore non fu seguito da Maria Luisa, che alla corte di Vienna finì col dimenticarlo; il principe reggente inglese, invece, si rese impopolare intentando una causa di divorzio contro la moglie (l'allegra Carolina di Brunswick). Con ironica discrezione ognuno dei due monarchi affibbia alla sua consorte l'aggettivo r...l, che di prim'acchito fa pensare a *royal* («regale»), ma di fatto suggerisce qualcosa di ben diverso (per esempio *rascal*, cioè «birbona»).

Lit.: –

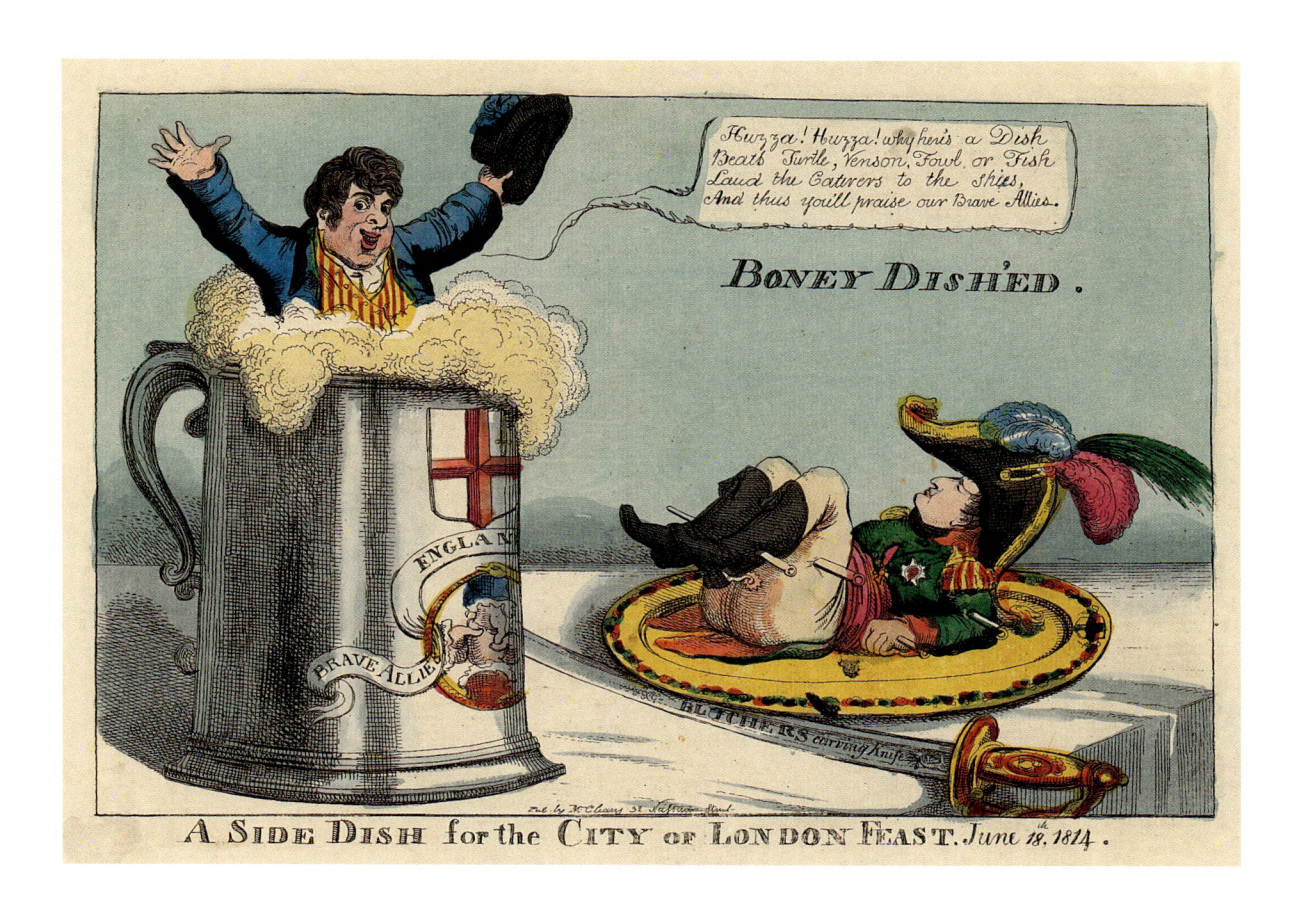

Ein Spezialgericht für das Londoner Stadtfest am 18. Juni 1814

Hors d'œuvre pour la fête de la ville de Londres, le 18 juin 1814

A Side Dish for the City of London Feast on June 18th 1814

Portata supplementare per la festa della città di Londra, il 18 giugno 1814

Eine Auseinandersetzung betreffend «königliche» Gattinnen

Une altercation concernant les épouses «royales»

An Altercation Concerning Royal Wives

Un alterco a proposito di «regali» consorti

72

THE FLIGHT of BONAPARTE FROM HELL-BAY.
Thomas Rowlandson
bez. dat. u. r. *Pub^d april 7. 1815 by R. Ackermann N 101 Strand*
Radierung und Aquatinta, koloriert
362×260 mm (486×300 mm)
Sammlung Herzog von Berry
1980.317.

Bonapartes Flucht aus Hell-Bay
Auf seinem mit Eule und Schlangen verzierten Thron bläst der Teufel im Morgenmantel und mit Schlafmütze (?) aus einer Tonpfeife Seifenblasen. Schadenfroh grinst er und schaut zusammen mit den beiden um das Höllenfeuer lagernden Gehilfen zu, wie Napoleon auf einer grossen Seifenblase aufwärts aus dem felsigen Höllenschlund schwebt: Er verliert nächstens das Gleichgewicht, so verzweifelt brüllt und fuchtelt er mit dem Säbel, um zwei fliegende, feuerspeiende Drachen abzuwehren. Die Teufel haben ihren Höllenspass an seinem Kampf. Während der linke seinem Herrn die Schale mit dem Seifenwasser reicht, breitet der rechte seine Arme mit den Krallenklauen aus, um Napoleon aufzufangen, falls dieser stürzt. Das verbildlichte Wortspiel «Hell-Bay» (Höllenöffnung) für «Elba» (vgl. Kat. Nr. 137) deutet Napoleons Rückkehr aus der Verbannung als Laune des Teufels, die kaum gut enden kann: Früher oder später muss Napoleon sowieso in die Hölle zurück, wo er herstammt.

Bonaparte fuyant Hell-Bay
Assis sur un trône orné de serpents et d'une chouette, le diable forme des bulles de savon en soufflant dans une pipe en terre; il porte une robe de chambre et un bonnet de nuit (?). Il ricane avec malice et, imité par ses deux aides installés autour du feu de l'enfer, il regarde Napoléon quitter l'abîme des ténèbres en flottant sur une grosse bulle de savon: ce dernier est sur le point de perdre l'équilibre; désespéré, il vocifère et agite son sabre afin de repousser deux dragons ailés qui crachent du feu. Les démons se divertissent de son combat. Alors que le diable de gauche présente à son maître le bol contenant l'eau savonneuse, celui de droite étend une main griffue afin de recueillir Napoléon s'il tombe. Le jeu de mot évocateur «Hell-Bay» (baie de l'enfer) pour «Elbe» (cf. n°. cat. 137) explique le retour d'exil de l'empereur par une lubie du démon dont l'issue ne peut être favorable: tôt ou tard, Napoléon devra retourner en enfer, d'où il est issu.

The Flight of Bonaparte From Hell-Bay
An owl and snakes decorate the throne where the Devil, in a housecoat and nightcap (?), sits blowing soap bubbles with a clay pipe. Together with his two assistants resting by the hellfire, he sneers at the sight of Napoleon being carried upwards out of the jaws of hell by a giant soap bubble: the latter is about to lose his balance as he roars and wildly gesticulates with his sabre to fend off two flying, fire-spitting dragons. The devils are having themselves a hell of a time watching his struggle: the one to the left holds out a bowl of soapwater to his master, while the one to the right spreads out his arms with the clawed paws to catch Napoleon should he fall. The illustrated pun of «Hell-Bay» for «Elba» (cf. cat. no. 137) attributes Napoleon's return from exile to a whim of the devil precluding any happy ending: sooner or later Napoleon is bound to end up in hell, since that is where he came from.

La fuga di Bonaparte da Hell-Bay
Su un trono abbellito da una civetta e due serpenti, il diavolo – in veste da camera e cuffia da notte (?) – soffia bolle di sapone da una pipa di terracotta. Sogghignando con gioia maligna insieme ai due aiutanti, accovacciati presso il fuoco dell'inferno, egli osserva come Napoleone, ritto su una grossa bolla, dall'abisso roccioso si libri verso l'alto ma stia per perdere l'equilibrio, tanto disperatamente urla e agita la sciabola per difendersi da due draghi volanti che sputano fuoco. La lotta infernale diverte i tre diavoli; mentre quello al centro porge al suo signore la ciotola di saponata, quello di destra spalanca una mano artigliata per afferrare Napoleone se questi dovesse cadere. Col suo gioco di parole fra «Hell-Bay» (baia dell'inferno) ed «Elba» (cfr. n° cat. 137), la caricatura indica che il ritorno dell'esule dall'Elba è un capriccio diabolico, certo destinato a brutta fine: prima o poi Napoleone dovrà tornare comunque al suo luogo d'origine, l'inferno.

Lit.: Ash S. 402f. (Det.); BM IX 12526; Br I S. 371f., II App. A 348; GC 339 (Abb.); Kat. BB 47.

73

The CORSICAN'S last Trip, under the Guidance of his good Angel
u. l. *Elba*
u. r. *TALLY*
sign. u. r. (im Bild) *G. C^k Sculp* (George Cruikshank)
bez. dat. u. r. *Pub^d by H. Humphrey S^t. James's S^{tr} – April. 16. 1815 –*
Radierung, koloriert
222×276 mm (246×348 mm)
Sammlung Herzog von Berry
1980.332.

Des Korsen letzte Reise unter der Führung seines Schutzengels
Ähnlich wie bei Kat. Nr. 142 gelingt hier Napoleon mit Teufels Hilfe die Rückkehr an die Macht. Ein weiter Schritt (vgl. Kat. Nr. 249) genügt dem Feldherrn, um von der kleinen Felseninsel Elba auf das Festland zu gelangen, wo Frankreichs Lilienthron mit Krone und Szepter unbesetzt bereitsteht. Der fliegende Teufel (mit grässlich grinsender Fratze, Schlangenhaar und gepfeiltem Schwanz) hält Napoleon um die Taille, damit er beim Balanceakt nicht ins Meer stürzt, und heisst ihn, Platz zu nehmen. Dem Kaiser fliegt sein Wappentier, der gekrönte Adler, voraus; er fällt über die auf der Lehne des Thrones sitzende wehrlose Friedenstaube her. Unter diesem verbellt «Tally» (Talleyrand) als harmloses Wachhündchen sein ehemaliges Herrchen. Der einstige Minister des Kaiserreiches und spätere Wegbereiter der Restauration vertrat 1814 und 1815 das bourbonische Frankreich auf dem Wiener Kongress. Der Bildtitel prophezeit, dass die zweite Machtergreifung – trotz der Führung durch den «Schutzengel» – die letzte Reise des Korsen sein wird.

Le dernier voyage du Corse sous la conduite de son ange gardien
Comme dans le n°. cat. 142, Napoléon reprend le pouvoir grâce au soutien du démon. Un grand pas (cf. n°. cat. 249) suffit au généralissime pour passer de la petite île d'Elbe à la terre ferme. Le trône de France fleurdelisé, où reposent la couronne et le sceptre, attend inoccupé. Un diable ailé (le visage grimaçant horriblement, des serpents en guise de chevelure et la queue fourchue) tient Napoléon par la taille afin que dans son saut il ne tombe à la mer, et le convie à prendre place. L'animal héraldique de l'empereur, l'aigle couronnée, vole au-devant de lui; le rapace fond sur la colombe de la paix, assise sans défense sur le dossier du trône; au-dessous de celui-ci «Tally» (Talleyrand) tel un chien de garde inoffensif aboie son ancien maître. L'ex-ministre de l'Empire, devenu ensuite pionnier de la Restauration, représenta en 1814 et en 1815 la France bourbonienne au congrès de Vienne. Le titre prophétise que cette seconde prise de pouvoir sera le dernier voyage du Corse, malgré la protection de son «ange gardien».

The Corsican's Last Trip under the Guidance of His Guardian Angel
In similar fashion as in cat. no. 142, Napoleon returns to power here with the help of the devil. Just one wide step (cf. cat. no. 249) separates the rocky island of Elba from the mainland, where the French lily-throne, with crown and sceptre, awaits unoccupied. The winged devil – sporting a ghoulish grin, snake hair, and a forked tail – grips Napoleon by the waist, to keep him from falling into the sea during this balance act, and invites him to take place on the throne. The Emperor's heraldic crowned eagle has flown on ahead and is attacking the defenceless peace dove perched on the back of the throne. Meanwhile, from underneath, «Tally» (Talleyrand) – become a harmless watchdog – barks out at his former master: once Foreign Secretary to the Empire, and subsequently among the initiators of the restoration, Talleyrand served as Bourbon France's representative to the Vienna Congress in 1814 and 1815. The title is meant to be prophetic: this second seizure of power, his «guardian angel» notwithstanding, is bound to be «the Corsican's last trip».

L'ultimo viaggio del còrso, sotto la guida del suo angelo custode
Come nel n° cat. 142, anche qui Napoleone torna al potere grazie all'aiuto del demonio: un unico passo (cfr. n°. cat. 249) gli basta per raggiungere dallo scoglio dell'Elba la terraferma, ove lo aspetta con corona e scettro un trono gigliato vacante. Il diavolo (anguicrinito, con ceffo orrendamente sogghignante e coda a punta di freccia) vola stringendo alla vita l'esule, perché non cada in mare durante la manovra, e gli fa segno di prendere posto; l'animale araldico dell'imperatore (l'aquila coronata) lo precede piombando sulla colomba della pace, indifesa sullo schienale del trono. Sotto quest'ultimo un innocuo cagnolino da guardia abbaia al ritorno dell'ex padrone: è «Tally», cioè quel Talleyrand che, già ministro dell'Impero, preparò la Restaurazione e nel 1814/1815 rappresentò la Francia borbonica al congresso di Vienna. La didascalia profetizza che Napoleone, benché guidato dal suo «angelo custode», tornando al potere abbia compiuto il suo ultimo viaggio.

Lit.: Ash S. 404 (Abb.); BM IX 12530; BN V 9411; Br I S. 372 [Titel und Datum falsch], II App. A 240; GC 346 (Abb.).

Bonapartes Flucht aus Hell-Bay

Bonaparte fuyant Hell-Bay

The Flight of Bonaparte From Hell-Bay

La fuga di Bonaparte da Hell-Bay

Des Korsen letzte Reise unter der Führung seines Schutzengels

Le dernier voyage du Corse sous la conduite de son ange gardien

The Corsican's Last Trip under the Guidance of His Guardian Angel

L'ultimo viaggio del còrso, sotto la guida del suo angelo custode

74
*A VIEW of the GRAND / TRIUM-
PHAL PILLAR*
darunter To be Erected on the Spot
where Corporal Violet, alias Napoleon landed in France on returning /
from Elba the 3ᵈ of March 1815 in the
department of La Var after a retirement of Ten Months. –
o. l. *Ha! ha! you are Mercy are you
but I'll have no Mercy – So There you
good for nothing jade take that for
persuading the allied Sovereigns to
send me to Elba – so take that! that
& that!!!*
o. M. *VIVE N L'Empreur*
o. r. [*Peace*] *with Prussia / Proposals
for PEACE with Sweeden / Proposals
for Peace with England / Proposals
TO AUSTRIA / an address to the
ARMY & People of FRANCE*
u. r. *Decree for abolishing the Slave
Trade throughout France & her Colonies / NEW Constitution / Proposals
for Peace with Russia &c &c*
u. M. *BIBLE / N / MURDER Plunder Ambition Deceit VANITY*
sign. u. l. *G. H invᵗ* (George Humphrey)
sign. u. r. *Etchᵈ. by G. Cruikshank*
bez. dat. u. M. (im Bild) *Pubᵈ by
H. Humphrey S.ᵗ James's Sᵗʳ May 12ᵗʰ
1815*
Radierung, koloriert
410 × 250 mm (490 × 305 mm)
Sammlung Herzog von Berry
1980.329.

*Eine Ansicht der grossen Triumph-
säule*
An der Küste, wo Napoleon 1815
nach zehnmonatigem Exil Frankreich
betrat, erhebt sich ein makabres Denkmal als Warnung an die Franzosen.
Veilchen, Kröten und Giftschlangen
umgeben das Fundament aus den
Quadern «Mord», «Raub», «Ehrsucht»,
«List» und «Eitelkeit» – den Grundlagen der napoleonischen Herrschaft.
Es trägt den mit Schädeln verzierten
Sockel aus einer von vier Kanonen
umgebenen Kriegstrommel. Darauf
steht der auf die Guillotine gestützte
Knochenmann, hält den mannshohen
Todespfeil mit einer Jakobinermütze
darauf und tritt auf die Bibel. Blut-
triefende Dolche bilden seine Krone.
Auf der Platte darüber peitscht Napoleon eine an den Galgen gefesselte
Frauengestalt aus. Der Text weist sie
als Allegorie der Gnade, ihre Attribute
(Schwert, Waage und Augenbinde)
aber als Gerechtigkeit und Lilienschild
und -szepter daneben als Personifikation Frankreichs aus. Der Unmensch
rächt sich am «nichtsnützigen Weibs-
bild» für seine (viel zu gnädige) Verbannung. Den Galgen zieren die
Adlerstandarte und ein Füllhorn, aus
dem Napoleons Friedensangebote
und Versprechungen (Abschaffung des
Sklavenhandels, Verfassungsreform)
flattern. Am Horizont ist links Elba
als Fels mit Galgen zu erkennen. Der
Spottname «Corporal Violet» stammt
daher, dass Napoleon bei den Soldaten lange als «petit caporal», als einer
von ihnen, und 1815 beim Volk als
«Père la Violette» (vgl. Kat. Nr. 353)
galt.

Vue de la grande colonne triomphale
Sur la côte française, où Napoléon
débarqua en 1815 après dix mois
d'exil, se dresse un monument macabre servant d'avertissement aux
Français. Des violettes, des crapauds
et des serpents venimeux entourent
la base de la colonne, où apparaissent
les mots «meurtre», «rapine», «ambition», «ruse» et «vanité» – les fondements du règne napoléonien. Puis
vient le socle, orné de crânes et formé
d'un tambour de guerre environné par
quatre canons. Au-dessus se dresse
un squelette appuyé sur une guillotine; il tient une immense flèche surmontée du bonnet jacobin, un pied
posé sur la Bible. Sa couronne est
constituée de poignards dégoulinant
de sang. Il supporte un plateau sur
lequel on voit Napoléon fouetter
une figure de femme ligotée à une
potence. Le texte la désigne comme
une allégorie de la clémence, mais
ses attributs (le glaive, la balance et
le bandeau pour les yeux) sont ceux
de la justice, alors que l'écusson fleurdelisé et le sceptre en font une personnification de la France. La brute
se venge sur cette «créature de rien»
de son (bien trop indulgent) exil. Des
étendards aux aigles impériales et une
corne d'abondance d'où s'envolent
les offres de paix et les promesses de
Napoléon (abolition de la traite des
esclaves, réforme de la constitution)
ornent le gibet. A l'horizon, on reconnaît Elbe représentée par un rocher
surmonté d'une potence. Le sobriquet
«Corporal Violet» vient de ce que Napoléon a longtemps été familièrement
surnommé «petit caporal» par les soldats, et dès 1815 «Père la Violette» par
le peuple (cf. n°. cat. 353).

A View of the Grand Triumphal Pillar
On the coast where Napoleon set
foot in France in 1815, after a ten-
month exile, a macabre monument
has been set up to warn off the
French. Violets, toads, and poisonous
snakes surround the monument's
foundation, built of squared stones
marked «murder», «plunder», «ambition», «deceit», and «vanity» – the very
base stones of Napoleon's dominion.
Upon this foundation rests a skull-
adorned pedestal bearing a war drum
surrounded by four cannons. On a
platform above this, Death leans
against a gallows and holds a man-
size arrow of death topped by a Jacobin cap; one foot is set on the Bible,
and blood-dripping daggers constitute his crown. The next layer shows
Napoleon whipping a female figure
attached to a gallows: according to
the text, she is meant as an allegory
for Mercy, but her attributes – sword,
blance, and blindfold – identify her as
Justice, while the sceptre and lily-sign
bring to mind the personification of
France. The monster takes revenge
on this figure, to him a «good for
nothing jade» – for having sent him
into (all too merciful) exile. The gallows are decorated with eagle standards and a cornucopia out of which
flutter Napoleon's peace offers and
promises (abolishment of slave trade,
constitutional reform). On the horizon to the left, Elba – a rocky island
with a gallows – can be seen. The
derisive «Corporal Violet» below the
title derives from the comradely pet
name long attributed to Napoleon
by his soldiers – «petit caporal» (little
corporal) – and that of «Père la violette» (Father Violet; cf. cat. no. 353)
given him by the people in 1815.

Veduta del grande pilastro trionfale
Sulla costa francese, ove nel 1815
Napoleone sbarcò dopo dieci mesi
d'esilio, sorge un monumento maca-
bro come monito ai suoi connazionali. Violette, rospi e serpi velenose
circondano la base, formata dai qua-
droni «assassinio», «saccheggio»,
«ambizione», «inganno» e «vanità»
(basi del potere napoleonico). Sopra
lo zoccolo, adorno di teschi e costituito da un tamburo militare circondato da quattro cannoni, si erge
uno scheletro che, appoggiato a una
ghigliottina, calpesta la Bibbia e regge
la lunga freccia della morte, incappuc-
ciata da un berretto frigio; la corona
sul teschio è formata da pugnali san-
guinolenti. Sulla lastra sovrastante,
Napoleone frusta una figura femminile legata a una forca, che dal testo
risulta essere l'allegoria della misericordia; spada, bilancia e benda sugli
occhi mostrano però che si tratta
della Giustizia, mentre altri attributi
(stemma e scettro gigliati) la indicano come personificazione della
Francia. Il bruto si vendica su quella
«megera buona a nulla» per la condanna (troppo misericordiosa) che
gli è stata inflitta: l'esilio. La forca è
abbellita da un'aquila legionaria e
da una cornucopia, da cui scendono
svolazzando le offerte di pace e le
promesse di Napoleone (abolizione
del commercio di schiavi, riforma
costituzionale); l'isola d'Elba appare
a sinistra, all'orizzonte, come uno
scoglio con patibolo. La didascalia
chiama l'esule «Corporal Violet»: un
misto di «piccolo caporale» (nomignolo di Napoleone a lungo usato
dai soldati francesi per indicarlo
come uno di loro) e di *Père la Violette*,
soprannome datogli dal popolo nel
1815 (cfr. n° cat. 353).

Lit.: BM IX 12541A; Br I S. 372 f.,
II App. A 865; GC 328 (Abb.);
Kat. H83 22.

Eine Ansicht der grossen Triumphsäule

Vue de la grande colonne triomphale

A View of the Grand Triumphal Pillar

Veduta del grande pilastro trionfale

A VIEW of the GRAND
TRIUMPHAL PILLAR

To be Erected on the Spot where Corporal Violet, alias Napoleon landed, in France on returning from Elba the 5 of March 1815 in the department of La Var after a retirement of Ten Months.

75
HELL HOUNDS RALLYING ROUND THE IDOL OF FRANCE.
o.l. *SAVARY / VANDAMME / FOUCHÉ / DAVOUST*
o.M. *CAULINCOURT*
o.r. *HE DESERVES A CROWN OF PITCH / NEY / LE FEBRE*
u.l. *English Goods*
Thomas Rowlandson
bez. dat. u.M. *Pub.ᵈ April 8. 1815 by R. Ackermann Nº 101. Strand.*
Radierung, koloriert
260 × 360 mm (300 × 485 mm)
Sammlung Herzog von Berry
1980.330.

Höllenhunde scharen sich um Frankreichs Idol
Vor einer brennenden Stadt (rechts) und in Brand gesteckten «englischen Waren» (links; dazu Kat. Nr. 209) umtanzen «Höllenhunde» (Menschenoberkörper und -fratzen mit tierischen Unterleiben) das «Idol Frankreichs»: die auf abgeschlagenen Menschenköpfen errichtete Büste Napoleons mit dem Galgenstrick. Zu dessen Verehrung tragen zwei geflügelte Teufelchen einen brennenden Kranz herbei, denn Napoleon «verdient eine Krone aus Pech». Die freudige Dienerschar hat sich versammelt, um die Rückkehr des Bösen zu feiern, dessen Werk die Kadaver und Leichenteile im Vordergrund krass veranschaulichen. Jeder Teufel gibt sich mittels Sprechblase als eine Persönlichkeit der Hundert Tage zu erkennen: Aussenminister Caulaincourt, Kriegsminister Davout, Polizeiminister Fouché, General Lefebvre (-Desnouettes), Marschall Ney, Polizeiinspektor Savary (ein Drahtzieher der Flucht aus Elba) und General Vandamme.

Suppôts de Satan battant le rappel autour de l'idole de la France
Devant une ville en flammes (à droite) et des «marchandises anglaises» en train de brûler (à gauche; à ce sujet nº. cat. 209), des «suppôts de Satan» (représentés par des figures grimaçantes, au torse humain et aux pattes d'animaux) dansent autour de «l'idole de la France»: le buste de Napoléon la corde au cou, érigé sur un monceau de têtes humaines. En guise d'hommage, deux diablotins ailés portent un diadème enflammé, parce que Napoléon «mérite une couronne de poix». La joyeuse bande de serviteurs s'est rassemblée afin de fêter le retour du méchant, dont l'œuvre est crûment illustrée par les cadavres et les membres arrachés au premier plan. Des bulles désignent chaque démon comme un membre des Cent-Jours: le ministre des affaires étrangères Caulaincourt, le ministre de la guerre Davout, le ministre de la police Fouché, le général Lefebvre (-Desnouettes), le maréchal Ney, l'inspecteur de police Savary (l'un des organisateurs de la fuite d'Elbe) et le général Vandamme.

Hell Hounds Rallying Round the Idol of France
A city in flames (right) and «English goods» set ablaze (left, see cat. no. 209) serve as background to this scene showing «hell hounds» (human upper bodies and grimacing faces, and animal bottom halves) dancing around the «idol of France»: a bust of Napoleon with a hangman's noose around his neck and set upon a pile of chopped-off heads. Two winged little devils fly in with a burning wreath in his honour, since Napoleon «deserves a crown of pitch». This joyous group of attendants has gathered together to celebrate the return of Evil: the corpses and body limbs in the foreground are crassly illustrative of his accomplishments. Speech balloons identify each devil as a figure from the One Hundred Days period: Foreign Secretary Caulaincourt, Minister of War Davout, Minister of Police Fouché, General Lefebvre (-Desnouettes), Marshal Ney, Inspector of Police Savary (one of the power brokers of Napoleon's escape from Elba) and General Vandamme.

Cani infernali a raccolta intorno all'idolo della Francia
Davanti a una città incendiata (a destra) e a «merci inglesi» in fiamme (a sinistra; cfr. nº cat. 209), i «cani infernali» (con busto e ceffo umani ma il resto del corpo animalesco) ballano intorno all'«idolo della Francia»: un busto di Napoleone con capestro, sopra uno zoccolo di teste umane mozzate. Due diavoletti alati recano in suo onore una corona, anch'essa in fiamme, perché l'imperatore «merita una corona di pece»; la lieta brigata dei servi si è raccolta per festeggiare il ritorno del malvagio, la cui opera è illustrata crudamente dai cadaveri interi o mutilati in primo piano. Grazie a scritte-fumetto, tutti i diavoli sono riconoscibili come personaggi dei Cento Giorni: Caulaincourt, Davout e Fouché (rispettivamente ministri degli esteri, della guerra e della polizia), il generale Lefebvre (-Desnouettes), il maresciallo Ney, l'ispettore della polizia Savary (che fu tra gli ispiratori della fuga dall'Elba) e il generale Vandamme.

Lit.: Ash S. 403; BM IX 12527; BN V 9409; Br I S. 378, II App. A 433; Cl Ftf. XIV S. 110; GC 340 (Abb.).

76
THE CORSICAN AND HIS BLOOD HOUNDS AT THE WINDOW OF THE THUILLERIES LOOKING OVER PARIS.
u.M. *MORE HORRORS DEATH AND DESTRUCTION.*
Thomas Rowlandson
bez. dat. u.M. *Pubᵈ April 16th 1815 by. R. Ackermann Nº. 101 Strand*
Radierung, koloriert
247 × 347 mm (300 × 490 mm)
Sammlung Herzog von Berry
1980.331.

Der Korse und seine Bluthunde überschauen Paris vom Fenster der Tuilerien aus
Umgeben von seinen treuen Generälen, überblickt der dick gewordene Kaiser vom Balkon des Tuilerienpalastes aus die Hauptstadt. Noch «mehr Schrecken, Tod und Verderben» verbreiten während der Hundert Tage «der Korse und seine Bluthunde» in denen man Davout, Lefebvre, Ney und Vandamme erkennen wollte (vgl. Kat. Nr. 75, BM und Kat. BB). Kumpanenhaft legt der grausig lachende Teufel seine Arme über die Schultern Napoleons und dessen Nächsten (Ney?). Auf dem Balkongeländer liegen Beil, Dolch und Pistolen zum Morden bereit und sitzt der Knochenmann mit dem Todespfeil in der Hand. Seinem Willensvollstrecker zuredend, zeigt er auf den Pariser Pöbel, der wie zur Zeit der Revolution im Blutrausch die Köpfe seiner Opfer auf Piken durch die Strassen führt. Die Karikatur suggeriert, Napoleons Machtergreifung löse Bürgerkriegszustände aus, die in der Jagd nach den Anhängern der vertriebenen Bourbonen gipfeln. Die «Nahaufnahme» der Szene steigert noch die Drastik der Bildaussage.

Le Corse et ses limiers à la fenêtre des Tuileries observant Paris
Entouré de ses fidèles généraux, le corpulent empereur regarde la capitale depuis le balcon du palais des Tuileries. Pendant les Cent-Jours, «le Corse et ses limiers» – ces derniers ayant été identifiés comme Davout, Lefebvre, Ney et Vandamme (cf. nº. cat. 75, BM et cat. BB) – répandent encore plus «d'horreurs, de mort et de destruction». Familier, le diable entoure de ses bras les épaules de Napoléon et de son compagnon le plus proche (Ney?). Un couperet, un poignard et des pistolets prêts à tuer gisent sur le parapet, où est assis un squelette; celui-ci tient dans sa main la flèche de la mort. Conversant avec l'exécuteur de ses volontés, il désigne le bas peuple de Paris, ivre de sang comme au temps de la révolution, défile dans les rues en brandissant les têtes de ses ennemis au bout d'une pique. La caricature suggère que la prise du pouvoir par Napoléon déclencherait une guerre civile culminant dans la chasse aux partisans des Bourbons destitués. La perspective en «gros-plan» renforce encore la brutalité du message délivré par l'image.

The Corsican and His Bloodhounds at the Window of the Tuileries Looking over Paris
The by now stout figure of Napoleon, surrounded by his loyal generals, is depicted looking out at Paris from the Tuileries palace balcony. Still «more horror, death and destruction» are being spread during the Hundred Days (March 1 to June 22) by the «Corsican and his bloodhounds»: Davout, Lefebvre, Ney, and Vandamme are meant to be recognised here (cf. cat. no. 75, BM and cat. BB). In comradely fashion, the gruesomely laughing devil has put his arms around Napoleon and the man next to him (Ney?). The balustrade railing bears a hatchet, dagger, and pistols ready for murder; it also serves as a bench to Death, who holds a death arrow and, urging along his executor, points out the Parisian mobs. Just as during the Revolution, in their thirst for blood the people carry the heads of their sacrificial victims on pikes through the streets. The idea here is that Napoleon's seizure of power has fueled the makings of a civil war, culminating in the chase after followers of the expulsed Bourbons. The close-up effect achieved in this work lends it added dramatic impact.

Il còrso e i suoi bracchi guardano Parigi dalla finestra delle Tuileries
Attorniato dai suoi fedeli generali, forse riconoscibili come Davout, Lefebvre, Ney e Vandamme (cfr. nº cat. 75, BM e cat. BB), l'ormai grasso imperatore guarda la capitale dal balcone delle Tuileries: durante i Cento Giorni «il còrso e i suoi bracchi» (*bloodhounds*, termine che in inglese evoca il sangue [*blood*]) seminano «altri orrori, morte e distruzione». Con una risata orribile da complice, il diavolo circonda con le braccia le spalle di Napoleone e del suo vicino (Ney?); seduto sul parapetto (ove una scure, un pugnale e pistole sono pronte all'assassinio), lo scheletro con la freccia della morte mostra all'esecutore dei suoi ordini il popolaccio parigino ebbro di sangue, che come ai tempi della Rivoluzione porta in giro per la città, infilzate su picche, le teste delle vittime. La caricatura suggerisce che Napoleone, prendendo il potere, provochi una situazione di guerra civile culminante nella caccia ai fautori dei Borboni in fuga; il messaggio è reso ancor più drastico dalla tecnica della «ripresa in primo piano».

Lit.: Ash S. 404; BM IX 12529; Br I S. 379, II App. A 213; GC 342 (Abb.); Kat. BB 51 (Abb.).

HELL HOUNDS RALLYING ROUND THE IDOL OF FRANCE.

Höllenhunde scharen sich um Frankreichs Idol

Suppôts de Satan battant le rappel autour de l'idole de la France

Hell Hounds Rallying Round the Idol of France

Cani infernali a raccolta intorno all'idolo della Francia

THE CORSICAN AND HIS BLOOD HOUNDS AT THE WINDOW OF THE THUILLERIES LOOKING OVER PARIS.

Der Korse und seine Bluthunde überschauen Paris vom Fenster der Tuilerien aus

Le Corse et ses limiers à la fenêtre des Tuileries observant Paris

The Corsican and His Bloodhounds at the Window of the Tuileries Looking over Paris

Il còrso e i suoi bracchi guardano Parigi dalla finestra delle Tuileries

77
An Eruption of Mount Vesuvius; And the Anticipated Effects of the WATERLOO Storm –
darunter zwei Vierzeiler
l. *Dark low'rs the Sky; the clouded air / Portends the dire, approaching shock; / Rapine exults, & grim Despair / Laughs wildly from his barren rock:*
r. *But soon shall Peace; from darkness breaking / Smile brightly o'er our glorious Isle; / And soon indignant Thunder waking / From France shall tear a yoke so vile!*
u. r. *Naples / To the right Owner*
u. l. *The Good City of Paris*
sign. u. l. *Etch^d. by G. Cruikshank* – (im Bild) *G H inv^t* (George Humphrey)
bez. dat. u. r. *Pu^d by H. Humphrey 27 St James's St June 17. 1815.*
Radierung, koloriert
262 × 366 mm (305 × 488 mm)
Sammlung Herzog von Berry 1980.334.

Ein Ausbruch des Vesuvs und die vorweggenommenen Auswirkungen des Sturms von Waterloo
Im Vordergrund tobt der «Waterloo-Sturm»: Von Blitzen getroffen, liegt die französische Armee am Boden, eben fällt auch Napoleon vom Pferd. Denn aus Gewitterwolken, über denen die Friedenstaube im Sonnenglanz schwebt, schleudern die Büsten (v. l. n. r.) von Blücher, Lord Liverpool (Englands Premierminister), Kaiser Franz und Zar Alexander Blitz und Donner nieder; Ludwig XVIII. (zuunterst) speit einen Wasserstrahl auf seinen Widersacher hinab. Als Zukunftsvision geht im Hintergrund links «die gute Stadt Paris» in Flammen auf. Die rechte Bildhälfte zeigt dagegen die «vorgängigen Wirkungen» der französischen Niederlage: Am Fusse des ausbrechenden Vesuvs liegt Neapel; in der Meeresbucht davor ankern siegreiche Schiffe, welche die britische über der französischen Flagge hissen. Der Vulkan speit Joachim Murat und seine Gattin Caroline Bonaparte – gefolgt von Ratten (Wortspiel mit «Murat» und engl. «rat») – Richtung Napoleon aus, während Krone und Szepter des Königreichs Neapel Ferdinand IV., dem «rechtmässigen Eigentümer», zufliegen. Anfang Mai 1815 war Marschall Murat, König von Neapel, besiegt und nach Frankreich vertrieben, Italien somit schon vor Napoleons Fall «befreit» worden. Diesen Fall prophezeit die Karikatur am Vortag der Schlacht von Waterloo (18. Juni). Die Druckplatte wurde dreimal verwendet: Im ersten Zustand spricht der Titel von «*approaching* Storm». Nach Waterloo entstanden zunächst Abzüge ohne «approaching» und schliesslich eine Überarbeitung mit den Worten «*Waterloo* Storm». Das Ende des napoleonischen Italien wird als Folge der Schwäche des Kaiserreiches und als Vorzeichen eines Endkampfes gedeutet, der «ein so niederträchtiges Joch von Frankreich fortreissen» und «den Frieden über unserer ruhmreichen Insel [England] strahlend lächeln» lassen wird.

Eruption du mont Vésuve et les effets anticipés de l'orage de Waterloo
A premier plan, «l'orage de Waterloo» éclate: assaillie par les éclairs, l'armée française gît à terre; Napoléon tombe du cheval. Engoncés dans les nuages – au-dessus desquels, dans un soleil éclatant, vole la colombe de la paix – les bustes de Blücher, de Lord Liverpool (premier ministre anglais), de l'empereur François et du tsar Alexandre (de g. à d.) lancent des éclairs et font retentir le tonnerre; au-dessous, Louis XVIII crache un jet d'eau sur son ennemi. A l'arrière-plan, telle une vision d'avenir, «la bonne ville de Paris» est la proie des flammes. La moitié droite de l'image, par contre, montre les «effets anticipés» de la défaite française: au pied du Vésuve en irruption, se trouve Naples; dans la baie, sont ancrés des bateaux victorieux hissant le drapeau anglais sur le drapeau français. Le volcan rejette Joachim Murat et son épouse Caroline Bonaparte – suivis de rats (jeu de mot entre «Murat» et «rat») – en direction de Napoléon, pendant que le trône et le sceptre du royaume de Naples tombent dans les bras de Ferdinand IV, leur «propriétaire légitime». Au début mai 1815, le maréchal Murat, roi de Naples, fut vaincu et expulsé vers la France; l'Italie fut ainsi «libérée» avant la chute de Napoléon, que la caricature prophétise la veille de la bataille de Waterloo (18 juin). La planche à imprimer fut utilisée trois fois: dans la première version, le titre évoque un «*approaching* Storm» (orage s'approchant). Après Waterloo, des tirages parurent sans «approaching», puis enfin sortit une variante avec les mots «*Waterloo* storm». La fin de l'Italie napoléonienne est interprétée comme une conséquence de la faiblesse de l'Empire et comme un signe avant-coureur de la bataille finale qui «extirpera de France un joug si vil» et «fera sourire une paix rayonnante sur notre glorieuse île» (l'Angleterre).

An Eruption of Mount Vesuvius and the Anticipated Effects of the Waterloo Storm
The Waterloo storm rages in the foreground of the scene here: the French army has been struck down by lightning and lies grounded; Napoleon himself has just fallen off his horse. For it is from out of the storm clouds, over which the dust of peace glimmers in the sun, that the busts of (l. to r.) Blücher, Lord Liverpool (England's Prime Minister), Emperor Francis, and Tsar Alexander are hurling down thunder and lightning; Louis XVIII (at the bottom of the group) spits a jet of water down onto his adversary. A vision of the future – «the good city of Paris» ablaze – is depicted in the background to the left, while the right half of the picture contrasts with the «anticipated effects» of the French downfall: at the foot of the erupting Vesuvius lies Naples, while in the bay before it, victorious vessels come to anchor, hoisting British flages over the French ones. The volcano spews forth Joachim Murat (Mu-rat) and his wife Caroline Bonaparte, followed by rats [sic!], in Napoleon's direction, while crowns and sceptres of the Kingdom of Naples rain down on its «rightful owner», Ferdinand IV. Early in May 1815, Marshal Murat, King of Naples, was defeated and driven to France, thus «liberating» Italy ahead of Napoleon's defeat – a defeat prophesied by this cartoon on the day before the battle of Waterloo (June 18). The plate for this work served three times: a first state mentioned «approaching storm» as its title; after Waterloo, prints were published that left out «approaching» and, finally, the title was redone to read «Waterloo Storm». The end of Napoleonic Italy was considered as revelatory of the Empire's weakness, and a portent of a final battle which «from France shall tear a yoke so vile», so that «soon shall Peace […] smile brightly o'er our glorious Isle.»

Eruzione del Vesuvio e gli effetti anticipati della tempesta di Waterloo
In primo piano infuria la «tempesta di Waterloo»: i soldati francesi giacciono a terra, colpiti da saette, e anche Napoleone cade da cavallo. A scagliare su di loro tuoni e fulmini – da nubi temporalesche su cui si libra in pieno sole la colomba della pace – sono, da sinistra a destra, i busti di Blücher, di Lord Liverpool (primo ministro inglese), dell'imperatore Francesco e dello zar Alessandro; Luigi XVIII (sotto i quattro) sputa un getto d'acqua contro il suo rivale. Sullo sfondo a sinistra si distingue, a mo' di visione futura, la «buona città di Parigi» in preda alle fiamme; a destra, viceversa, appaiono gli «effetti anticipati» della disfatta francese. Ai piedi del Vesuvio in eruzione si stende Napoli; nella baia antistante sono alla fonda navi vittoriose, che issano la bandiera britannica su quella francese. Il vulcano vomita Gioacchino Murat e sua moglie Carolina Bonaparte, seguiti da ratti (gioco di parole tra l'inglese *rat* e *Murat*), in direzione di Napoleone; corona e scettro del Regno di Napoli, invece, volano verso il loro «proprietario legittimo», Ferdinando IV. All'inizio del maggio 1815 il maresciallo Murat, re di Napoli sconfitto, dovette riparare in Francia; l'Italia era stata «liberata», perciò, già prima del crollo di Napoleone (profetizzato dalla caricatura il 17 giugno, vigilia della battaglia di Waterloo). La lastra fu utilizzata tre volte: il titolo originale parlava di *approaching storm* (cioè di tempesta «in arrivo»), le stampe successive uscirono senza *approaching* e infine fu aggiunta la parola *Waterloo*. L'opera interpreta la fine dell'Italia napoleonica come conseguenza della debolezza dell'Impero e come prodromo dello scontro conclusivo, che «strapperà il giogo tanto abbietto» dalla Francia e renderà il sorriso luminoso della pace alla «nostra isola gloriosa» (la Gran Bretagna).

Lit.: BM IX 12555 [zweiter Zustand]; BN IV 8199 [dritter Zustand]; Br I 384 f. (Tf.) [erster Zustand], II App. A 312; GC 348 (Abb.) [erster Zustand]; Kat. H83 21 [dritter Zustand].

Ein Ausbruch des Vesuvs und die vorweggenommenen Auswirkungen des Sturms von Waterloo

Eruption du mont Vésuve et les effets anticipés de l'orage de Waterloo

An Eruption of Mount Vesuvius and the Anticipated Effects of the Waterloo Storm

Eruzione del Vesuvio e gli effetti anticipati della tempesta di Waterloo

78
Return of the Paris Diligence – or – Boney rode over –
o. l. *vive le Roi vive le Roi – / vive l'Empereur / L XVIII*
o. M. *vive le Roi! vive le Roi*
o. r. *To Paris*
u. r. *G R* [viermal] */ vive l'Empereur*
u. l. *vive l'Empereur* [zweimal] */ Les Lis – from Brussels to Paris*
sign. u. l. *G H inv^t* (George Humphrey)
sign. u. r. *Etch^d by G Cruikshank.*
bez. dat. u. r. *Pub^d Septr. 6th 1815 by H Humphrey 27 St James's Street* –
Radierung, koloriert
237 × 415 mm (305 × 485 mm)
Sammlung Herzog von Berry 1980.338.

Rückfahrt der Pariser Postkutsche oder Boney wird überfahren
Im Hintergrund weht noch die Trikolore über den Befestigungen, doch vorne rast die Pariser Postkutsche heimwärts und bringt die Bourbonen zurück. Den Vierspänner lenken die Kutscher Wellington und Blücher, die Zugpferde reiten zwei britische Dragoner mit der Unionsflagge und der Standarte des Prinzregenten (hinten) sowie zwei preussische Soldaten mit dem Doppeladler (!) (vorne). Mit dem Lilienbanner und König Ludwigs Initialen ist die bemannte Miniaturfestung auf dem Wagendach beflaggt. Im Wagen mit der Aufschrift «Die Lilien – von Brüssel nach Paris» sitzen (v. l. n. r.) Ludwig XVIII., ein Mönch, ein Bischof, Talleyrand sowie bekümmerte Gestalten. Im offenen Teil der Kutsche sitzen (v. l. n. r.) Kaiser Franz, Zar Alexander, König Friedrich Wilhelm von Preussen und Hollands Personifikation und lassen, wie die Kutscher, Ludwig XVIII. hochleben. Preussische und englische Infanterie marschiert hinter dem Wagen in Frankreich ein. Links vorne spiesst ein Brite mit dem Bayonett einen Soldaten Napoleons (mit Jakobinermütze) auf, der noch «Es lebe der Kaiser» haucht. Ihren Kaiser haben auch einige der Kadaver und Köpfe im Vordergrund auf den Lippen. Am Boden zerstört, wird die kaiserliche Armee samt Kanone und Standarte von der alliierten Kutsche überrollt. Den Kaiser selbst trampelt eines der Pferde nieder. Die Bildmetapher gibt das Eiltempo der Ereignisse wieder: Von Waterloo bis zur Rückkehr des Königs vergingen 20 Tage.

Retour de la diligence de Paris ou Boney écrasé
A l'arrière-plan, le drapeau tricolore flotte encore; mais au premier plan, on voit la diligence de Paris revenir à fond de train en ramenant les Bourbon. La voiture à quatre chevaux est conduite par les cochers Wellington et Blücher, et l'attelage est monté par deux dragons anglais arborant le pavillon britannique et l'étendard du prince régent (derrière), ainsi que par deux soldats prussiens portant l'aigle à deux têtes (!) (devant). La forteresse miniature posée sur le toit de la voiture est ornée de la bannière fleurdelisée et des initiales du roi Louis. A l'intérieur de la diligence, portant l'inscription «Les lis – de Bruxelles à Paris», sont assis (de g. à d.) Louis XVIII, un moine, un évêque, Talleyrand ainsi que des personnages à la mine soucieuse. Dans la partie ouverte du fiacre se tiennent (de g. à d.) l'empereur François, le tsar Alexandre, le roi Frédéric-Guillaume de Prusse et une personnification de la Hollande. A l'instar des cochers, ils acclament Louis XVIII. Derrière la voiture, les infanteries prussienne et anglaise entrent en France. Devant à gauche, un Britannique transperce de sa baïonnette un soldat de Napoléon (avec le bonnet jacobin), qui murmure encore «Vive l'empereur». Au tout premier plan, certains cadavres et têtes coupées soufflent également le nom de l'empereur. L'armée impériale vaincue avec ses canons et ses étendards, jonche le sol; elle est écrasée par la diligence alliée. L'empereur lui-même est piétiné par l'un des chevaux. La métaphore illustrée ici restitue la rapidité de l'événement: 20 jours s'écoulèrent entre Waterloo et le retour du roi.

Return of the Paris Stage-Coach or Boney Rode Over
Although the tricolour still flies over the fortification in the background, in the foreground the Paris diligence races along homewards, bringing back the Bourbons. The four-in-hand is being driven by the coachmen Wellington and Blücher, while two British dragoons (to the rear) – with the Union flag and the standard of the Prince Regent – sit astride the draught horses, as do two Prussian soldiers (to the front) with the double eagle (!). The manned miniature fortress on the coach roof flies the lily banner and King Louis' initials. The coach, inscribed «the Lilies – from Brussels to Paris», houses (l. to r.) Louis XVIII, a monk, a bishop, Talleyrand, and several anxious figures. In the coach's open air compartment are seated (l. to r.) Emperor Francis, Tsar Alexander, King Frederick William of Prussia, and the personification of Holland – like the coachmen, they all give three cheers for Louis XVIII. Prussian and English infantry soldiers march into France behind the coach. To the fore and left, a Briton thrusts his bayonet into one of Napoleon's soldiers (with a Jacobin cap) – in his last gasp, the poor fellow lets out «Long live the Emperor», words remaining as well on the lips of several of the corpses and heads in the foreground. Swept to the ground, the imperial army, complete with cannons and standards, is being run over by the allied coaches. The Emperor himself is being trampled by one of the horses. The pictorial metaphor translates the rapid tempo of events: from Waterloo to the King's return took twenty days.

Ritorno della diligenza per Parigi, ovvero Boney travolto
Sulle fortificazioni dello sfondo sventola ancora il tricolore, ma in primo piano la diligenza corre verso Parigi e riporta i Borboni. I quattro cavalli, guidati dai cocchieri Wellington e Blücher, sono affidati a due dragoni inglesi (dietro, con il vessillo britannico e quello del principe reggente) e a due soldati prussiani (davanti, con l'aquila bicipite [!]); sul tetto della carrozza, la guarnigione del forte in miniatura reca il vessillo gigliato e le iniziali di re Luigi. Nella diligenza (con la scritta «I gigli – da Bruxelles a Parigi») siedono da sinistra a destra Luigi XVIII, un monaco, un vescovo, Talleyrand e altre persone preoccupate; nella parte scoperta si distinguono da sinistra a destra l'imperatore Francesco, lo zar Alessandro, re Federico Guglielmo di Prussia e la personificazione dell'Olanda, che si uniscono ai cocchieri nel grido «Viva il re!». Dietro la carrozza, fanti prussiani e britannici invadono la Francia; a sinistra un inglese infilza con la baionetta un soldato napoleonico (con berretto frigio) che mormora ancora «Viva l'imperatore!», come fa anche qualche cadavere e testa in primo piano. L'esercito imperiale, che giace distrutto (cannoni e bandiera compresi), è travolto dalla carrozza alleata; Napoleone stesso è calpestato da uno dei cavalli. La metafora rende il ritmo rapido degli avvenimenti: da Waterloo al ritorno del re trascorsero soltanto venti giorni.

Lit.: BM IX 12609; Br I S. 390 f., II App. A 757; Kat. H83 37.

Rückfahrt der Pariser Postkutsche oder Boney wird überfahren

Retour de la diligence de Paris ou Boney écrasé

Return of the Paris Stage-Coach or Boney Rode Over

Ritorno della diligenza per Parigi, ovvero Boney travolto

79
AN ALLEGORY
o.l. *Europe look well to this / beware of the Kelmuc*
o.M. *WAR* [zweimal]
sign. u. l. [gebeugter Herr im Frack mit Zylinder und Stock] *Esq D[i]el* 1828(?)
bez. u. r. *Pub by T. M*c*. lean 26 Haymarket*
Radierung, koloriert
n. best. (242×355 mm)
Herkunft unbekannt
1980.154.

Eine Allegorie
Hoch über einer Landschaft mit auf die Bevölkerung losgaloppierenden Kosaken fliegt unter Kriegsgeschrei Russlands gekrönter Doppeladler mit den Kroninsignien in den Fängen. Säbelschwingend reitet ihn der junge Zar Nikolaus I. (seit 1825). Auf dem Sattel ist der drachentötende hl. Georg aus dem Herzschild des Zarenwappens dargestellt. Der Adler wirft einen Fangkäfig über den Truthahn («turkey»), Sinnbild der Türkei («Turkey») in der englischen Karikatur. In den Wolken erscheint Napoleons Büste im Schattenriss: Russlands verblichener Widersacher ermahnt Europa, gut hinzuschauen und sich vor dem Expansionsstreben des «Mongolen» («Kelmuc») in Acht zu nehmen. Die Führungsrolle des Zarenreiches in den europäischen Befreiungskriegen mündete in eine Vormachtstellung, welche die britischen Interessen bedrohte. So blieben 1815 Grossbritannien, das Osmanische Reich (Türkei) und der Vatikan als einzige europäische Staaten der vom Zaren entworfenen Heiligen Allianz (antiliberale, religiös fundierte Staats- und Gesellschaftsordnung der Mächte) fern. Die verschlüsselt signierte, undatierte Karikatur geisselt wahrscheinlich den von Grossbritannien misstrauisch verfolgten Krieg Russlands gegen das Osmanische Reich der Jahre 1828 und 1829.

Une allégorie
Portant les insignes de la couronne dans ses griffes et poussant des cris de guerre, l'aigle couronnée de la Russie – à deux têtes – vole haut dans les airs, au-dessus d'un paysage où des cosaques galoppent en direction de la population. Brandissant son sabre, le jeune tsar Nicolas Ier (depuis 1825) monte l'aigle. Saint Georges tuant le dragon, qui figure sur l'écusson des armoiries du tsar, est représenté sur la selle. L'aigle jette une cage de chasse pour animaux sur un dindon («turkey»), symbole de la Turquie («Turkey») dans la caricature anglaise. Dans les nuages apparaît le buste de Napoléon, sous forme de silhouette: l'ennemi défraîchi de la Russie incite l'Europe à observer l'évolution des choses avec vigilance et à faire très attention à la politique expansionniste du «Mongol» («Kelmuc»). Le rôle de puissance dirigeante, assumée par l'empire tsariste dans les guerres de libération européennes, mena à une prépondérance telle qu'elle menaça les intérêts britanniques. Ainsi, en 1815, les seuls Etats européens à ne pas faire partie de la Sainte-Alliance – conçue par le tsar (Etats et ordres sociaux antilibéraux et fondés sur des principes religieux) – furent la Grande-Bretagne, l'Empire ottoman (Turquie) et le Vatican. Signée de manière cryptée et non datée, la caricature fustige probablement la guerre – suivie avec suspicion par la Grande-Bretagne – que mena la Russie contre l'Empire ottoman, durant les années 1828 et 1829.

An Allegory
High over a landscape where the Cossacks can be seen galloping towards the population, flies – under war cry – the crowned double eagle of Russia, with one claw clenching the royal insignia. Riding the eagle is the young sabre-swinging Tsar Nicolas I (since 1825), sitting astride a saddle depicting the dragon-killing Saint George portrayed from the heart shield of the tsarist coat of arms. The eagle flings a cage trap over the «turkey», symbol of the nation by that name in English satire. A silhouette of Napoleon's bust appears in the clouds: Russia's deceased adversary exhorts Europe to keep a sharp eye out and to beware of the expansionist aims of the «Mongol» (Kalmyc). The role of leader which the tsarist empire played during the European wars of independence led to a hegemony representing a threat to British interests. Thus, in 1815, Great Britain, the Ottoman Empire (Turkey), and the Vatican were the only European nations to remain outside the Holy Alliance drawn up by the Tsar (conceived as an anti-liberal national and social order of the powers based on religion). This cartoon, featuring an encrypted signature and left undated, most probably targets Russia's 1828–1829 war against the Ottoman Empire, which the British viewed with distrust.

Allegoria
L'aquila bicipite russa, coronata e con le insegne zariste fra gli artigli, sorvola fra grida di guerra un paesaggio in cui cosacchi al galoppo si avventano sulla popolazione. La cavalca, roteando la sciabola, il giovane zar Nicola I (sul trono dal 1825); sulla sella è raffigurato un S. Giorgio che uccide il drago, preso dal «cuore» araldico zarista. L'aquila getta una gabbia sul tacchino (in inglese *turkey*), che nelle caricature inglesi è simbolo della Turchia (*Turkey*). Fra le nuvole si delinea il profilo del busto di Napoleone: il defunto nemico della Russia ammonisce l'Europa di badare bene alle mire espansionistiche del «calmucco», cioè del «mongolo». Il ruolo notevole avuto dall'Impero russo nelle guerre di liberazione europee sfociò in una posizione di predominio, che minacciava gli interessi britannici; nel 1815, perciò, Regno Unito, Impero ottomano (Turchia) e Stato della Chiesa furono gli unici paesi europei a non accettare la Santa Alleanza proposta dallo zar, ordinamento politico e sociale delle potenze su base religiosa e antiliberale. La caricatura (non datata, con firma cifrata) stigmatizza probabilmente la guerra della Russia alla Turchia (1828–1829), che era seguita con diffidenza in Gran Bretagna.

Lit.: –

AN ALLEGORY

Eine Allegorie
Une allégorie
An Allegory
Allegoria

80
French Volunteers, marching to the Conquest of Great Britain.
u.M. *Dedicated by an Eye-Witness to the Volunteers of Great Britain.*
sign. u.l. *C.L.S* – (Charles Loraine Smith?; James Gillray fec.)
bez. dat. u.r. – *London, Pub.ᵈ Octr 25ᵗʰ 1803. by H. Humphrey 27 Sᵗ. Jamess Street*
Radierung, koloriert
218 × 604 mm (244 × 674 mm)
Sammlung Herzog von Berry
1980.272.

Französische Freiwillige auf dem Eroberungsmarsch gegen Grossbritannien
Eine Handvoll brandmagerer, barfüssiger armer Teufel, die Kinder der französischen Revolution, werden in Halseisen und Handschellen an einer Eisenkette von einem französischen Offizier zur Eroberung Grossbritanniens abgeführt. Die Schwächsten stecken in einem Korb auf einem Esel oder werden auf einem Wägelchen mitgezogen. Nur einer findet noch die Kraft, eine Prise Schnupftabak einzunehmen – eine Lieblingsbeschäftigung der Revolutionäre in der englischen Karikatur. Schon schwirren die Krähen heran: Sie wittern den Leichenschmaus. Das bissige Blatt drückt aus, dass dem französischen Volk nach mehr als zehn Kriegsjahren (seit 1792) ein Eroberungszug nach England widerstrebte.

Volontaires français marchant à la conquête de la Grande-Bretagne
Une poignée de pauvres diables squelettiques et pieds nus, les enfants de la Révolution française, sont entraînés par un officier français à la conquête de la Grande-Bretagne. Ils sont menottés et enchaînés les uns aux autres, un carcan autour du cou. Les plus faibles sont transportés à dos d'âne dans un panier, ou sont tirés sur une charrette. Un seul d'entre eux a encore la force de priser du tabac – l'une des occupations favorites des révolutionnaires dans la caricature anglaise. Les corneilles arrivent déjà: elles flairent l'odeur du cadavre. Cette gravure caustique exprime la répugnance du peuple français à se lancer, après dix années de guerre (depuis 1792), dans une campagne de conquête de l'Angleterre.

French Volunteers Marching to the Conquest of Great Britain
A handful of bone-thin and barefooted poor devils, the children of the French Revolution, are being led to the conquest of Great Britain, attached to a French officer's iron chain by iron collars and handcuffs. The weakest have been packed off into a basket borne by a donkey, or stretched out to be pulled by cart. A single one of them still has the strength to take a pinch of snuff, a recreational habit frequently attributed to revolutionaries in British cartoons. Crows buzz about in anticipation of a corpse. The caustic cartoon expresses the reluctance felt by the French people, after ten years' conflict (since 1792), to pursue the conquest of England.

Volontari francesi in marcia per conquistare la Gran Bretagna
Un ufficiale francese conduce alla conquista della Gran Bretagna un pugno di poveri diavoli, scalzi e scheletriti: sono i figli della Rivoluzione francese, ammanettati e incatenati per il collo. I più deboli sono stipati in un cesto su un asino o trasportati su un carretto, e solo uno ha ancora la forza di fiutare una presa di tabacco (attività tipica dei rivoluzionari nelle caricature inglesi); già sopraggiungono in volo le cornacchie, che pregustano un banchetto di cadaveri. Questa stampa mordace intende dimostrare che il popolo francese, in guerra dal 1792 (cioè da oltre un decennio), era restio a una spedizione di conquista dell'Inghilterra.

Lit.: Ash S. 217f.; BM VIII 10117; Br II App. A 370; Kat. RM 57; Wr S. 603f.

81
Selling the Skin before the Bear is caught – or cutting up the Bull before he is Killed.
o.l. *Me will taKe so much as ever me can get / & me will taKe all de rest.*
o.M. *I shall taKe the Middle part because it contains the Heart & Vitals, Talley you may taKe the Head because you have been accustomed to taKe the Bull by the Horns,*
o.r. *When these Mounseers have settled their plan, I will just rouse the Bull & then see who will be cut up first. / BR ITISH VA LOR / Alarm Post*
Isaac Cruikshank, 21. Dezember 1803
o.r. *Nº. XXIV.* aus einer Folge
Radierung
[178 × 224 mm] (193 × 230 mm)
u.r. Stempel Museum Schwerin
1980.151.

Die Bärenhaut verkaufen, bevor man den Bären hat, oder den Stier zerlegen, bevor er geschlachtet ist
Die allegorische Bildsatire von Isaac Cruikshank, dem Vater des Meisterkarikaturisten George, setzt ein bekanntes Sprichwort ins Bild um. Statt um ein Bärenfell geht es aber um das Fleisch des britischen Mastbullen – John Bull ist die Verkörperung des typischen Engländers (vgl. Kat. Nr. 3). Vom Festland aus betrachten ihn der kleine Bonaparte und seine Gehilfen und teilen die Fleischstücke im voraus unter sich auf. Aussenminister Talleyrand – in England spöttisch «Talley» genannt – steht der Kopf des Stiers zu: er ist geübt, Grossbritannien (diplomatisch) bei den Hörnern zu packen. Die Rechnung scheint nicht aufzugehen: Hinter dem schlafenden Tier steht die gewappnete Britannia, um die Warnglocke zu ziehen und die britische Tapferkeit zu wecken. Dahinter ankern Kriegsschiffe.

Vendre la peau de l'ours avant de l'avoir pris, ou dépecer le taureau avant de l'avoir tué
La satire allégorique d'Isaac Cruikshank – père de George, grand maître de la caricature – met en image un proverbe célèbre. Le graveur a remplacé la peau de l'ours par la viande du taureau britannique – John Bull symbolise l'Anglais typique (cf. nº. cat. 3). Depuis le continent, le petit Bonaparte et ses aides le détaillent et déjà se partagent les morceaux de l'animal. Le ministre des affaires étrangères, Talleyrand – surnommé ironiquement «Talley» en Angleterre – reçoit la tête du taureau: il est habitué à prendre (diplomatiquement parlant) la Grande-Bretagne par les cornes. Mais le calcul semble prématuré: derrière l'animal endormi se tient une Britannia armée, prête à sonner l'alarme et à réveiller la bravoure britannique. A l'arrière-plan, sont ancrés des bateaux de guerre.

Selling the Skin Before the Bear is Caught or Cutting Up the Bull Before He is Killed
In this allegorical cartoon by Isaac Cruikshank, father of master cartoonist George, the bearskin in the famous proverb has been replaced by bull meat, in reference of course to John Bull (cf. cat. no. 3). Confronting the animal from the shores of the Continent, short little Bonaparte and his helpers are prematurely discussing how the meat is to be divided amongst them. «Talley», as Foreign Secretary Talleyrand was derisively nicknamed, deserves the steer's head, since he is used to «taking the bull by the horns», diplomatically speaking. The men seem incapable of coming to an equitable agreement: behind the dozing bull stands armed Britannia, ready to pull the alarm gong and awaken British valour. Warships are at anchor in the background.

Vendere la pelle dell'orso prima di prenderlo, ovvero fare a pezzi il toro prima di ucciderlo
Questa satira allegorica di Isaac Cruikshank, padre del grande caricaturista George, illustra il noto proverbio sulla pelle dell'orso, sostituen-

"My little friend Grildrig, you have made a most admirable panegyric upon Yourself and Country, but from what I can gather from your own relation & the answers I have, with much pains wringed & extorted from you, I cannot but conclude you to be, one of the most pernicious, little odious reptiles, that nature ever suffer'd to crawl upon the surface of the Earth..."

The KING of BROBDINGNAG, and GULLIVER.
Vid. Swifts Gulliver: Voyage to Brobdingnag.

---

dole però la carne da ingrasso del toro (*bull*) britannico: John Bull è la personificazione del tipico inglese (cfr. n° cat. 3). Dal continente il piccolo Bonaparte e i suoi aiutanti osservano il toro, dividendosene i pezzi in anticipo; il ministro degli esteri, Talleyrand (detto sarcasticamente «Talley» in Inghilterra), ha diritto alla testa del toro perché è già avvezzo a prendere la Gran Bretagna (diplomaticamente) per le corna. Ma il conto non sembra tornare: dietro il toro dormiente si erge una Britannia armata, pronta a suonare la campana d'allarme e ridestare il valore britannico. In ultimo piano, alla fonda, si distinguono navi da guerra.

Lit.: Ash S. 224; BM VIII 10133; Br II App. A 801; GC 129.

82
The KING of BROBDINGNAG, and GULLIVER.
Text siehe Kat. Nr. 12
anonym, 1803, nach James Gillray
o.r. *N°. XII.* aus einer Folge
Radierung und Aquatinta
n. best. (225 × 180 mm)
u.r. Stempel Museum Schwerin 1980.146.

Der König von Brobdingnag und Gulliver
Es handelt sich bei diesem bedeutend kleineren Format wahrscheinlich um einen Nachdruck der Urfassung von Gillray. Broadley weist darauf hin, dass die Bildidee wohl von einem Offizier namens Thomas Bradyll stamme und Gillray nur die ausführende Hand gewesen sei. Das Motiv des Fernrohrs, durch welches Bonaparte betrachtet wird, machte in ganz Europa Furore und taucht in diversen Bildszenen wieder auf. 1813 erschien eine deutsche Karikatur, in welcher der grosse Zar den Zwerg mustert (vgl. Kat. Nr. 318).

Le roi de Brobdingnag, et Gulliver
Ce format significativement plus petit est probablement une copie de la version originale de Gillray. Selon Broadley, l'idée de cette illustration viendrait d'un officier du nom de Thomas Bradyll, et Gillray n'en aurait été que l'exécutant. Le motif de la longue-vue, à travers laquelle Bonaparte est observé, faisait fureur dans toute l'Europe et apparaissait dans diverses scènes illustrées. Une caricature allemande, parue en 1813, montre le grand tsar examinant le nain (n°. cat. 318).

The King of Brobdingnag, and Gulliver
This work's notably smaller format most certainly makes it a reprint of Gillray's original plate. Broadley points out that, although executed by Gillray, the pictorial concept for this piece came from an officer named Thomas Bradyll. All the rage in Europe at the time, the spyglass motif – used here to observe Bonaparte – reappears in several different cartoons. A German version with the giant Tsar scrutinizing the midget (cf. cat. no. 318) would appear in 1813.

Il Re di Brobdingnag e Gulliver
Di formato notevolmente più piccolo, probabilmente questa stampa è una riproduzione della versione originale di Gillray. Secondo Broadley il soggetto fu probabilmente ideato da un ufficiale di nome Thomas Bradyll; Gillray l'avrebbe soltanto eseguito. Il motivo del cannocchiale con cui osservare Bonaparte fece furore in tutta Europa, comparendo anche in stampe con scene diverse; nel 1813 uscì una caricatura tedesca in cui a guardare il nano era il grande zar (cfr. n° cat. 318).

Lit.: vgl. Kat. Nr. XXX; ausser: BN IV 7648; Kat. RM 96 [falsche Abb.].

83
A NEW FRENCH PHANTASMAGORIA.
o.l. *Bless me what comes here – its time to put on my large spectacles, and tuck up my trowsers. Why surely it cant be – it is Bonny too for all that why what game be'st thee at now ? – acting a play mayhap what hast thee got on thy head there? – always at some new freak or other*
o.r. *What my Old Friend Mr Bull – dont you know me.*
anonym (Thomas Rowlandson?)
dat. u.r. *1803*; frühestens Mai 1804
Radierung, koloriert
275 × 298 mm (282 × 314 mm)
Sammlung Herzog von Berry 1980.289.

Ein neues französisches Blendwerk
John Bull im Seemannsgewand traut seinen Augen nicht und setzt seine enorme Brille auf: Vor ihm steht «Boney» im vollen Krönungsornat und fragt, ob er ihn denn nicht kenne. Der Engländer erkennt ihn zwar, glaubt aber, dieser treibe ein Spiel mit ihm, probe eine Theaterrolle oder habe wieder irgendeine Grille. Ein nahezu unangefochtener Senatsbeschluss verlieh im Frühling 1804 dem Ersten Konsul, dessen Amt 1802 auf Lebenszeit verlängert worden war, den Kaisertitel. In einem (manipulierten) Plebiszit durften die Franzosen bloss darüber befinden, ob das Kaisertum erblich sein sollte. Das überwältigende Ergebnis erlaubte dem Senat, Bonaparte «auf Wunsch des Volkes» am 18. Mai die Krone anzutragen.

Une nouvelle fantasmagorie française
John Bull en habits de marin n'en croit pas ses yeux et chausse d'énormes lunettes: devant lui se tient «Boney» portant les attributs du couronnement, qui lui demande s'il ne le connaît pas. L'Anglais le reconnaît, mais croit qu'il joue, qu'il répète un rôle théâtral ou qu'il a une nouvelle lubie. Au printemps 1804, une décision quasiment incontestée du Sénat décerna le

titre d'empereur au premier consul, dont la fonction avait été prolongée à vie en 1802. Lors d'un plébiscite (manipulé) les Français durent se prononcer sur le caractère héréditaire de l'empire. Le résultat fut impressionnant et permit au Sénat d'offrir la couronne à Bonaparte le 18 mai, «conformément aux désirs du peuple».

A New French Illusion
John Bull, in the guise of a sailor, can hardly believe his eyes. Yet even with his enormous spectacles on his nose, it is «Boney» he sees, dressed in full coronation attire and pleading to be recognized. The Briton can only imagine that Bonaparte must be up to something again, acting out a theatre role or some whim. In 1804, an almost unanimous vote of Senate granted the First Consul, whose term had been lengthened to life in 1802, the title of Emperor. A (rigged) plebiscite had granted the French the right only to decide whether the imperial title should be hereditary: the overwhelming results enabled the Senate to grant the crown to Bonaparte «according to the people's wish» on 18 May.

Una nuova fantasmagoria francese
John Bull, in panni da marinaio, non crede ai suoi occhi e inforca un gran paio d'occhiali: davanti a lui c'è un «Boney» in pompa magna e coronato, che gli chiede se non lo conosce. L'inglese l'ha riconosciuto sì, ma crede che Napoleone giochi con lui, provi una parte teatrale o sia di nuovo in vena di ghiribizzi. Nella primavera del 1804 una delibera quasi incontestata del Senato concesse al primo console, il cui mandato nel 1802 era stato prolungato a vita, il titolo imperiale; un plebiscito (manipolato) lasciò decidere ai francesi solo se la carica d'imperatore dovesse essere ereditaria. Il risultato schiacciante consentì al Senato, il 18 maggio, di offrire a Bonaparte la corona «per desiderio del popolo».

Lit.: Ash S. 236; BM VIII 10059; Br I S. 215f., II App. A 648; GC 136.

84
BONEY'S INQUISITION.
Another Specimen of his Humanity on the Person of Madame TOUSSAINT
o.l. *Oh Justice! Oh Humanity, Oh Decitfull Villain, in vain you try to blot the Character of the English t'is their Mgnanimity which harrasses your Dastard Soul.*
o.M *eh' Diable! why you no Confess Noting*
o.r. *This is Luxury, Jaffa, Acre, Toulon, and D'Enghein was nothing to it. Slave those pincers are not half hot, save those nails for my Cabinet, and if she dies, we can make a Confession for her.*
Charles Ansell
bez. dat. u.l. *Pub.^{d} Oct.' 25th 1804 by S W Fores 50 Piccadilly*
Verlagsvermerk u.M. *Folios of Caracatures lent out for the Evening*
Radierung, koloriert
[249]×353 mm (250×358 mm)
u.r. Prägestempel mit Biene im Rund
Sammlung Herzog von Berry
1980.286.

Boneys Inquisition: ein weiteres Muster seiner Menschlichkeit, am Beispiel der Person von Madame Toussaint
Mit glühenden Zangen quälen vier Folterknechte eine nackte Schwarze, die auf eine Bank gefesselt ist. Statt ein Geständnis abzulegen, beschwört sie trotzig die Grossmut der Engländer und bezichtigt den Schurken Bonaparte der Feigheit und Falschheit. Dieser thront im Hintergrund wie ein Inquisitor und trägt eine halbmondförmige Krone auf dem Haupt, die auf seinen angeblichen Übertritt zum Islam in Ägypten anspielt. Er ergötzt sich an der Folter, die seine Untaten in Toulon (1793), Jaffa, Saint-Jean-d'Acre (1799) und am Herzog von Enghien (1804) noch übertrifft. Falls sein Folteropfer stirbt, wird er selber dessen Geständnis zusammenlügen. Die Witwe steht hier stellvertretend für ihren Mann: Napoleon missfielen Macht und Ansehen des Schwarzenführers Toussaint-Louverture, des «Schwarzen Napoleons», in Santo Domingo. Eine Militärexpedition auf die Insel (1802) entfachte einen Rassenkrieg und endete mit dem Verlust dieser französischen Kolonie. 1803 starb General Toussaint in Frankreich unter miserablen Haftbedingungen.

L'inquisition de Boney: un autre échantillon de son humanité sur la personne de Madame Toussaint
Quatre tortionnaires, armés de pinces incandescentes, soumettent une Noire dénudée à la question. Elle est ligotée à un banc. Au lieu d'avouer, elle évoque la grandeur d'âme des Anglais et accuse Bonaparte de scélératesse, de lâcheté et de duplicité. Celui-ci trône à l'arrière-plan tel un inquisiteur; il porte une couronne en forme de croissant de lune, évoquant sa prétendue conversion à l'Islam en Egypte. Il s'amuse de ce supplice qui surpasse ses forfaits à Toulon (1793), Jaffa, Saint-Jean-d'Acre (1799) et son crime monstrueux à l'encontre du duc d'Enghien (1804). Au cas où sa victime viendrait à mourir sous la torture, il inventera lui-même des aveux. Ici, la veuve remplace son époux: la puissance et le prestige du dirigeant noir de Saint-Domingue, Toussaint-Louverture, – le «Napoléon noir» – déplurent à Napoléon. Une expédition militaire dans l'île (1802) déclencha une guerre raciale et s'acheva avec la perte de cette colonie française. Le général Toussaint mourut en 1803 en France, dans des conditions de détention misérables.

Boney's Inquisition: Another Specimen of His Humanity on the Person of Madame Toussaint
Red-hot tongs are being applied to a naked black woman bound to a bench. Instead of confessing, she defiantly appeals to the Briton's magnanimity and accuses the rogue Bonaparte of cowardice and duplicity. Sitting on his throne in the background, much

like an inquisitor, Bonaparte wears a half-moon shaped crown alluding to his alleged conversion to Islam in Egypt. He is enjoying the torture scene, which outstrips his deeds in Toulon (1793) and in Jaffa and Saint-Jean-D'Acre (1799), and even his treatment of the Duc d'Enghien (1804). Should the torture victim succumb, Bonaparte is prepared to supply the lies to draw up her confession. The victim in this work is the widow of the black leader Toussaint-Louverture (Santo Domingo's «black Napoleon»), whose power and physique incurred Napoleon's displeasure (and who would die in 1803 in France, victim of dreadful prison conditions). A military expedition to the island (1802) sparked a racial war, ending in the loss of the French colony.

L'Inquisizione di Boney: un altro saggio della sua umanità nella persona di Madame Toussaint
Quattro carnefici con tenaglie arroventate torturano una negra nuda, legata a una panca, che invece di confessare evoca caparbiamente la magnanimità degli inglesi e accusa di viltà e falsità il furfante Bonaparte. Quest'ultimo, che troneggia sullo sfondo a mo' d'inquisitore e con una corona a forma di mezzaluna (allusione alla sua presunta conversione all'islamismo nella campagna d'Egitto), gode di quella tortura, che supera perfino i suoi misfatti di Tolone (1793), Giaffa e San Giovanni d'Acri (1799) nonché l'esecuzione del duca d'Enghien (1804); se la torturata morrà, provvederà lui stesso a redigere la sua falsa confessione. Qui la vedova rappresenta il marito, quel Toussaint-Louverture (detto «Napoleone nero» perché condottiero dei negri) che a Santo Domingo aveva acquisito un potere e un prestigio non graditi a Napoleone. Nel 1802 una spedizione militare francese sull'isola scatenò una guerra razziale, terminata con la perdita della colonia; il generale Toussaint, incarcerato in condizioni pietose, morì in Francia nel 1803.

Lit.: Ash S. 239; BM VIII 10280; Br I S. 223f., II App. A 112; GC 146.

85
The Surrender of Ulm – or. – Buonapartè & Gen.! Mack, coming to a right Understanding, – / intended as a specimen of French Victories – i:e – Conquering without Bloodshed.!!!
o. r. *There's your Price! – There's Ten Millions! – Twenty!! – it is not in my Army alone, that my rescources of Conquering consists!! – I hate Victory obtain'd by effusion of Blood! / Vive l'Empereur Napoleon / Vive Buonapart / la Victoire ou la Mort*
o. M. *– and so do I too! – what signifies Fighting when we can settle it in a Safer way!!!*
u. l. *Articles to be deliver'd up – 1 Field Marshall 8 Generals in Chief 7 Lieu^t Generals 36 Thousand Soldiers – 80 Pieces of Cannon 50 Stand of Col[ours] 100000 Pounds of Pouder 4000 Cannon Ball*
u. M. *Keys of Ulm*
u. r. *20 Million Livres / 10 Million Livres / Million Livres*
sign. u. M. *J.^{s} Gillray inv & f-*
bez. dat. o. r. *Publishd Nov – 6th. 1805 – by H. Humphrey [27 S^t. James's Street]*
Radierung, koloriert
n. best. (238 × 348 mm)
Sammlung Herzog von Berry 1980.256.

Die Übergabe von Ulm oder Bonaparte und General Mack gelangen zu einem Einvernehmen – ein Muster französischer Siege, d.h. Erobern ohne Blutvergiessen
Vor den Befestigungen von Ulm legen General Mack und seine Offiziere unterwüfig Degen, Flagge, Stadtschlüssel sowie die Urkunde, welche die Abtretung von Truppen und Waffen als Friedenspreis nennt, dem Winzling Napoleon zu Füssen. Dieser sitzt auf einer Trommel und bietet den Besiegten Geldsäcke an für die kampflose Übergabe der Stadt. Mack nimmt den Handel an; Sicherheit geht ihm über Ehre und Auftrag. Napoleon preist die Bestechung als Mittel zum Sieg und gibt vor, Blutvergiessen zu verabscheuen (was die Losung «Sieg oder Tod» im Hintergrund dementiert). Auf dem Marsch nach Wien schlug die Grosse Armee die Donauarmee Mitte Oktober 1805 bei Ulm. Erst lehnte Oberbefehlshaber Mack die Kapitulation ab, um Verstärkung abzuwarten. Wenig später verhandelte er dennoch mit Napoleon und ergab sich. Frankreichs Siegesbeute war beträchtlich. Wegen mutwilliger Kapitulation verbüsste der Österreicher später Kerkerhaft.

La reddition d'Ulm ou Bonaparte et le général Mack parviennent à s'entendre – compris comme un échantillon des victoires françaises – combattre sans verser le sang
Devant les remparts d'Ulm, le général Mack et ses officiers déposent humblement leurs épées, leur drapeau et les clés de leur ville, ainsi que l'acte mentionnant la cession des troupes et des armes en guise de prix de la paix, aux pieds du nain Napoléon. Celui-ci est assis sur un tambour et offre aux vaincus des sacs d'argent pour la reddition sans combat de la ville. Mack accepte le marché; sa sécurité passe avant son honneur et sa mission. Napoléon rend gloire à la corruption comme un moyen de vaincre et prétend détester les effusions de sang (ce que la devise «vaincre ou mourir» dément). En marchant sur Vienne, la Grande Armée battit à Ulm l'armée du Danube, à la mi-octobre 1805. Le commandant en chef Mack commença par refuser de capituler, dans l'attente de renforts. Peu après pourtant, il négocia avec Napoléon et se rendit. Le butin acquis par la France fut considérable. Plus tard, en raison de cette capitulation délibérée, l'Autrichien subit une peine d'emprisonnement.

The Surrender of Ulm, or Bonaparte and General Mack Coming to a Right Understanding – Intended as a Specimen of French Victories i.e. Conquering without Bloodshed
The battlements of Ulm serve as background to a scene where Gen-

eral Mack and his officers meekly lay at the midget Napoleon's feet their swords, flags, city key, and the document specifying the transfer of troops and weapons as the price of peace. Seated on a drum, Napoleon offers them sacks of money for giving up their city without a fight, a bargain Mack accepts: safety over honour and mission. Napoleon extols bribery as a means to victory and claims to abhor bloodshed (as disclaimed by the motto «Victory or Death» in the background). On their way to Vienna, in mid-October 1805, the Grande Armée attacked the Donau troops at Ulm. At first, Commander-in-Chief Mack refused to surrender since he was expecting reinforcements; shortly thereafter, he ended up negotiating with Napoleon and surrendering. The French spoils of war were considerable. The Austrian commander would subsequently be sentenced to prison for wilful capitulation.

La resa di Ulma, ovvero Bonaparte e il generale Mack che giungono a un giusto accordo, inteso come saggio delle vittorie francesi: cioè conquista senza spargimento di sangue
Davanti alle mura di Ulma, il generale Mack e i suoi ufficiali posano umilmente le spade, la bandiera, le chiavi della città e un documento (indicante la cessione di truppe e di armi come prezzo per la pace) ai piedi del minuscolo Napoleone, che, seduto su un tamburo, gli offre sacchi d'oro per la resa pacifica della città. Lo sconfitto accetta lo scambio, perché preferisce la sicurezza all'onore e agli ordini ricevuti; Napoleone, che elogia la corruzione come mezzo di vittoria, pretende di odiare lo spargimento di sangue... ma è smentito dal motto «Vittoria o morte» sullo sfondo. Durante la marcia verso Vienna, a metà ottobre del 1805, la Grande Armata sconfisse presso Ulma l'armata danubiana; il comandante di quest'ultima, Mack, dapprima rifiutò la capitolazione perché attendeva rinforzi, ma poco dopo trattò con Napoleone e si arrese. Il bottino francese fu considerevole; in seguito il generale austriaco fu condannato al carcere per resa intenzionale.

Lit.: Ash S. 260f.; BM VIII 10437; BN IV 80119; Br I S. 233f., II App. A 831; GC 155 (Abb.); Kat. H86 158.

86
BONEY and his ARMY in WINTER QUARTERS.
o.l. *STATE PRISON / PRISONERS OF WAR / Hush abye! Hush abye! take it all quietly – you'll soon find yourself as Snug as a Bug in a Rugg.*
o.M. *Oh D – n the Bug. I wish I had never seen it. my Dear Talley – dont tell my faithfull subjects the true state of my Situation – any thing but the truth my Dear Tally. Oh this cursed Russian Bear how close he hug me*
o.r. *Leave me alone for a Bulletin / 4.000 Prisoners 3000 Frowned 12 Eagles taken 12.000 Killed*
M.r. *FOR PARIS GRAND BULLETIN The august Emperor of the great Nation informs his faithfull and beloved subjects, that having performed Wonders on the banks of the Bug. he has now closed a glorious campaign for the season, and retired with Ease and Comfort into Winter Quarters*
u.M. *HIC Jacet – Snug – in the Bug several thousand of the Great Nation / THE BUG / THE VISTULA*
Charles Ansell, März 1807
bez. u.r. mit Bleistift *Walker Knight*
Radierung, koloriert
245 × 350 mm (280 × 434 mm)
Sammlung Herzog von Berry 1980.178.

Boney und seine Armee im Winterquartier
Vor einem Staatsgefängnis wiegt der russische Bär Napoleon wie ein Kleinkind in den Schlaf und meint: «Du wirst bald so behaglich versorgt sein wie eine Wanze in der Bettdecke» (Kalauer in Englisch). Die «behaglichen» Winterquartiere entpuppen sich im Hintergrund als Biwaks im Schnee. Vorne steht Minister Talleyrand mit einem Bein in der Weichsel. Sie fliesst hinten mit dem Fluss Bug zusammen, aus dem eine Grabtafel für «mehrere Tausend der Grossen Nation» ragt und den Napoleon verflucht. Er fleht Talleyrand an, der Heimat nicht die Wahrheit über seine Notlage zu berichten. Kräftig stösst dieser in eine Ruhmestrompete, welche die hohen Verluste verbläst, und schreibt nach Paris ein glorreiches Bulletin, das von Lügen strotzt. Ende 1806 versank die von den Siegen über Preussen erschöpfte Grosse Armee beinahe im polnischen Morast. An Weichsel und Bug wurden die Russen zurückgedrängt, doch endete der Feldzug im ergebnislosen Gemetzel von Eylau.

Boney et son armée dans leurs quartiers d'hiver
Devant une prison d'Etat, l'ours russe berce Napoléon comme un enfant, et pense: «Bientôt, tu seras aussi confortablement installé qu'une punaise dans des draps de lit» (calembour en anglais). Les «confortables» quartiers d'hiver se découpent à l'arrière-plan: il s'agit de bivouacs dans la neige. A l'avant se tient le ministre Talleyrand, un pied dans la Vistule. Celle-ci coule à l'unisson avec le fleuve Bug, duquel s'élève une plaque funéraire dédiée à «plusieurs milliers de la grande nation» et que Napoléon maudit. Il implore Talleyrand de cacher à la France sa situation désespérée. Celui-ci souffle violemment dans une trompette qui dissimule l'ampleur réelle des pertes, en même temps qu'il écrit à Paris un glorieux bulletin, regorgeant de mensonges. En fin 1806, la Grande Armée épuisée par ses victoires sur la Prusse, manqua de s'enliser dans le bourbier polonais. A la hauteur de la Vistule et du Bug, les Russes furent refoulés; mais la campagne prit fin avec le vain carnage d'Eylau.

Boney and His Army in Winter Quarters
Before a state prison, the Russian bear rocks Napoleon to sleep with the lullaby "You'll soon be snug as a bug.". The „snug" army winter quarters stand out in the background as an encampment in the snow. In the foreground, Talleyrand has one foot in the Vistula, which in turn flows into the Bug River and from

which arises a tombstone commemorating the «Great Nation's Thousands of Dead», butt of Napoleon's curse. Complying with Napoleon's beseech to hide the true military situation from their homeland, Talleyrand at once vehemently blows out a trumpet song of glory that eclipses the heavy toll of casualties, and writes Paris a glorious report brimming with lies. End 1806, the Great Army – extenuated by their victory over Prussia – almost sunk in the Polish morass. The Russians were in fact repelled at the Vistula and Bug rivers, but Napoleon's campaign would end up in the useless slaughter of the battle of Eylau.

Boney e il suo esercito nei quartieri invernali
Davanti a una prigione statale, l'orso russo culla Napoleone come un bimbo, dicendogli con un gioco di parole che fra poco starà comodo e al calduccio (letteralmente «comodo come una cimice nel tappeto»); i «comodi» quartieri invernali si rivelano, sullo sfondo, bivacchi nella neve. In primo piano c'è il ministro Talleyrand con una gamba nella Vistola; il fiume scende a confluire nel Bug («cimice» in inglese), da cui spunta una lapide per «parecchie migliaia [di caduti] della grande nazione». Napoleone, che maledice il Bug, supplica Talleyrand di non dire ai sudditi la verità sulla sua brutta situazione; l'interpellato soffia energicamente in una tromba araldica che annuncia le forti perdite subite, ma per Parigi scrive un bollettino trionfale colmo di bugie. Alla fine del 1806 la Grande Armata, spossata dalle vittorie sulla Prussia, rischiò di sprofondare nel pantano polacco; alla Vistola e al Bug i russi furono respinti, ma la campagna terminò con l'inutile macello di Eylau.

Lit.: Ash S. 278; BM VIII 10710; BN IV 8303; Br I S. 258, II App. A 76; GC 178 (Abb).

87
TOM THUMB and the GIANT or a Forced March to Franckfort.
dahinter *Kings are his Centinels, Vide Sheridans Speech.*
darunter *A Letter from Stralsund states that Buonaparte on his journey to Paris, sent a Courier to the King of Wi – g with Orders for him to proceed to Franckfort on the Maine and the latter would meet him there / accordingly*
o.l. *On Sir – to Franckfort – and there await my coming.*
o.r. *Well I am going as fast as I can pretty work this for a Man of my Importance!! was it for this you put a Crown upon my head,*
Charles Williams
bez. dat. u. r. *Pub^d Octr 1807 by Walker N^o, 7 Cornhill*
Radierung, koloriert
248×353 mm (277×424 mm)
Sammlung Herzog von Berry 1980.307.

Däumling und der Riese oder ein erzwungener Gang nach Frankfurt
Die Bildkomik besteht in der Umkehr von Körpergrösse und Macht: Der allmächtige Däumling Napoleon hat einen königlichen Giganten völlig in der Hand. Der Untertitel zitiert den englischen Politiker Sheridan und trifft den Kern der Bildaussage: «Könige sind seine Schildwache.» Darunter erläutert eine Zeile das tagespolitische Ereignis, das den Karikaturisten inspiriert hat: Auf der Heimreise von Tilsit soll Napoleon den König von Württemberg angewiesen haben, sich nach Frankfurt am Main zu begeben und ihn zu erwarten. Der hagere Winzling (ohne karikiertes Gesicht) auf dem Paradepferd zwingt mit dem Säbel den Dickwanst, sich vorwärts zu schleppen. Dieser geht so schnell, wie es seine (Ge)wichtigkeit zulässt, und fragt verzweifelt, ob ihn Napoleon bloss dafür zum König gemacht habe. Nachdem Kurfürst Friedrich in Paris zum König erhoben worden war, gehörte Württemberg 1806 zum neugeschaffenen Rheinbund. In Wahrheit hielt sich Napoleon 1807 nur einen Tag in Frankfurt auf und empfing niemanden. Offenbar trägt das Arenenberger Blatt als einzig bekanntes Exemplar eine Datierung, denn die Fachliteratur weist das Bild ins Jahr 1813 («Frankfurter Erklärung»).

Tom Pouce et le géant ou marche forcée vers Francfort
Le comique de l'image réside dans l'opposition entre taille physique et pouvoir: le poucet Napoléon tient le royal géant entièrement sous sa coupe. Le sous-titre cite le politicien anglais Sheridan et touche au cœur même du message de l'illustration: «Les rois sont ses sentinelles». En dessous, une phrase commente l'événement politique qui a inspiré le caricaturiste: pendant son voyage de retour de Tilsit, Napoléon aurait donné au roi du Wurtemberg l'ordre de se rendre à Francfort-sur-le-Main et de l'y attendre. Le chétif petit bonhomme (dont le visage n'a pas été caricaturé), juché sur son cheval de parade, contraint au moyen de son sabre le roi pansu à se traîner devant lui. Celui-ci va aussi vite que son embonpoint le lui permet et demande, désespéré, si c'est pour cela que Napoléon l'a fait roi. Après le couronnement à Paris du prince électeur Frédéric, le Wurtemberg entra en 1806 dans la jeune confédération du Rhin. En réalité, Napoléon ne s'arrêta en 1807 qu'un jour à Francfort et n'y reçut personne. Apparemment, la gravure d'Arenenberg est le seul exemplaire connu à être daté, car la littérature spécialisée la situe en 1813 («Déclaration de Francfort»).

Tom Thumb and the Giant or a Forced March to Frankfurt
The humour here derives from reversing body size and power: the almighty if thumb-sized Napoleon holds the royal giant fully in check. The subtitle quotes the English politician Sheridan and underscores the point of the cartoon: «Kings are his sentinels.» Beneath comes a line describing the political event of the day that triggered the cartoon: on his return trip from Tilsit, Napoleon allegedly instructed the King of Württemberg to go to Frankfurt-am-Main and await him there. The skinny midget (with his true-to-life face) on a show horse swings a sabre to hurry along his potbellied victim: the latter – who wonders aloud if he was crowned king to this purpose – is going as fast as his weight, both literally and politically, allows. After the elector Frederick was crowned King in Paris, in 1806 Württemberg joined the newly created Confederation of the Rhine. In actual fact, in 1807 Napoleon made but a 24-hour stay in Frankfurt, meeting no one. Apparently, the Arenenberg print is the only known example of this work to carry a date, since the specialised literature dates it to 1813 (referring to the «Frankfurter Erklärung»).

Pollicino e il gigante, ovvero marcia forzata verso Francoforte
La comicità dell'immagine consiste nell'inversione fra statura e potere: un re gigantesco è completamente succubo dell'onnipotente Pollicino-Napoleone. Il sottotitolo, che cita il politico inglese Sheridan, centra il nocciolo del messaggio: «I re sono le sue sentinelle.» La didascalia sottostante chiarisce l'evento politico coevo che ha ispirato il caricaturista: tornando in patria da Tilsit, Napoleone avrebbe avvisato il re del Württemberg di recarsi a Francoforte sul Meno di aspettarlo. In sella al cavallo da parata, il secco omuncolo (col volto non caricaturato) costringe con la sciabola il grassone ad avanzare; quest'ultimo, che si trascina alla velocità massima concessagli dal suo peso (politico…), domanda disperato se Napoleone l'abbia fatto re solo per questo. Nel 1806, dopo che a Parigi il principe elettore Federico era stato nominato re, il Württemberg fu annesso alla neofondata Confederazione del Reno;

nel 1807, in realtà, Napoleone si fermò a Francoforte un giorno solo e senza ricevere nessuno. Gli specialisti attribuiscono l'opera al 1813 («dichiarazione di Francoforte»); la stampa di Arenenberg, perciò, sembra l'unico esemplare datato.

Lit.: Ash S. 348; BM IX 12101;
Br I S. 341, II App. A 846; GC 258.

88
DOCTOR BONEY – bringing the Powers to Pot, or IOHN BULL and his Friends rather Shy.
o. l. THE LAST STAGE OF HUMILIATION / Aye you may well stare, there is a Pot preparing for you!
o. r. Don't be shy Gentlemen – I have just three pots to spare, and I am sure they will suit you. / Avast heaving you little lubber, do you think I dont know you for all your great wig – take care Master Doctor we dont bring you to pot!!
u. r. Map of the BRAZIL'S
u. l. DUTC[H] POT / PRUSSIAN POT / TREATY OF TI[LSI]T / Sweedish Pot / RUSSIA[N] POT / Brazil Pot / English Pot / AUSTR[IAN] POT / POPIST POT / LEGION OF HONOR [zweimal]
Charles Ansell
bez. dat. u. r. Pub,^{d} March 1808 by Walker Cornhill
Radierung, koloriert
255 × 358 mm (278 × 437 mm)
Sammlung Herzog von Berry
1980.261.

Doktor Boney setzt die Mächte auf den Topf oder John Bull und seine Freunde sind eher misstrauisch
Ins Feld der Skatologie führt Napoleon in Rokokotracht als Arzt aus der französischen Komödie. Er bittet England und dessen Verbündete Schweden und Brasilien höflich in sein Hospital – «das letzte Stadium der Erniedrigung» –, wo drei Nachttöpfe für sie bereit stehen. Hier hat er bereits die Nationen des Kontinents auf den Topf gesetzt, die sich vor Schmerzen den Bauch halten und entleeren. Von hinten tritt ein neuer Patient hinzu, der osmanische Sultan. Er erschrickt ob der Durchfallepidemie, doch wird bald auch ein Topf für ihn bereitstehen. Der Auslöser der Seuchenwelle liegt am Boden: der Friedensvertrag von Tilsit. Die drei Eintretenden erkennen in Doktor Boney die Ursache der Übelkeit und nicht deren Heilung. Sie fordern ihn auf, die Behandlung abzubrechen, falls sie ihm nicht selber widerfahren soll. Mit dem Tilsiter Frieden stand 1807 Europa unter Napoleons Diktat. Einzig Grossbritannien und Schweden, seit 1803 verbündet, hatten sich dem französischen Zugriff entzogen. Als es Portugal ablehnte, sich dem Kontinentalsystem anzuschliessen, marschierten im November die Franzosen ein. Die Königsfamilie entkam in die Kronkolonie Brasilien.

Le docteur Boney met les pouvoirs sur des pots de chambre ou John Bull et ses amis plutôt gênés
Tel un médecin de comédie, Napoléon en costume rococo nous emmène dans le domaine de la scatologie. Poliment, il prie l'Angleterre et ses alliés, la Suède et le Brésil, d'entrer dans son hôpital – «le dernier stade de l'humiliation» – où trois pots de chambre les attendent. Il a déjà installé les nations du continent, qui se tiennent le ventre de douleur et se vident. Derrière surgit un nouveau patient, le sultan ottoman. Il prend peur devant l'épidémie diarrhéique, mais bientôt un pot sera également prêt à l'accueillir. L'agent pathogène se trouve sur le sol: il s'agit du traité de Tilsit. Les trois nouveaux arrivants reconnaissent dans le docteur Boney la cause et non le guérisseur de ces coliques. Ils le somment de rompre le traitement, s'il ne veut pas le subir lui-même. En 1807, suite à la paix de Tilsit, l'Europe se retrouva sous la dictée de Napoléon. Seules la Grande-Bretagne et la Suède, alliées depuis 1803, avaient échappé à la mainmise de la France. En novembre, lorsque le Portugal refusa d'intégrer le système continental, les troupes françaises entrèrent dans le pays. La famille royale trouva refuge au Brésil, colonie de la Couronne.

Doctor Boney Bringing the Powers to Pot or John Bull and His Friends Rather Shy
In a scatological vein, this cartoon features Napoleon as a doctor costumed in the Rococo style popular in French comedy. He politely invites England and its allies Sweden and Brazil into his hospital («the last stage of humiliation»), where three chamber pots await them. Here the Continental nations he already has seated on pots rub and empty their painful bellies. The new patient arriving to their rear, the Ottoman Sultan, is startled to walk in on an epidemic of dysentery, but soon will have a pot of his own. The epidemic's trigger factor lies at their feet: the Treaty of Tilsit. The three newcomers, who recognise Doctor Boney as the source rather than the cure of the illness, exhort him to discontinue the treatment lest he catch the disease himself. The 1807 Tilsit agreement subjected Europe – with the exception of Great Britain and Sweden, its ally since 1803 – to Napoleon's dictatorship. When Portugal refused to join the Continental system, they invited a French invasion in November; the royal family escaped to the crown colony of Brazil.

Il dottor Boney che porta le potenze sul vaso, ovvero John Bull e i suoi amici piuttosto timidi
Un Napoleone scatologico in costume rococò, a mo' di dottore della commedia francese, invita cortesemente l'Inghilterra e i suoi alleati (Svezia e Brasile) nel proprio ambulatorio («l'ultimo stadio dell'umiliazione»), ove li aspettano tre vasi da notte; su altri vasi ha già fatto sedere le nazioni del continente, che defecano stringendosi il ventre dal dolore. Da dietro giunge un nuovo paziente (il sultano turco), spaventato da quell'epidemia di diarrea; fra poco ci sarà un vaso anche per lui. Per terra c'è l'agente scatenante del contagio, il trattato di pace firmato a Tilsit; i tre nuovi arrivati, che riconoscono nel dottor Boney la causa e non il rimedio del male, lo esortano a troncare la cura, che potrebbero infliggere anche a lui. Con la pace di Tilsit, nel

1807 l'Europa accettò il diktat napoleonico; solo Gran Bretagna e Svezia, alleate dal 1803, sfuggirono alla morsa francese. Il Portogallo, avendo rifiutato di aderire al «sistema continentale», in novembre fu invaso dai francesi; la famiglia reale si rifugiò in Brasile, colonia della Corona portoghese.

Lit.: BM VIII 10970; BN IV 8353; Br II App. A 285; Kat. BB 7.

89
THE CORSICAN ROPE DANCER. with the Humours of John Bull, (as Clown)
o. l. Here Master Bull! look here! here's balance of Power for you / APP[...] POWOWER / Republican Pipes / Russia / Prussia / Italy / Switzer land / Spain / West phalia / Austria / Holland
o. r. Very fine indeed! but I wonder Boney you would have any thing to do with a Rope – it is rather ominous, besides those Bladders may burst, and after all your capering you may crack your Crown at last. come come I see what your at! – but don't think to crack my crown with the ends of your Pole / Craft / [HONNY SOIT QUI] MAL Y PENSE
u. r. [DIEU ET] MON DROIT / ROCK of HONOR and STABILITY.
u. l. LOOSE SOIL / USurpation / Tree of Liberty / Path to the Summit / Rock of Ambition / Force / I must Set
sign. u. l. Woodward del^t
bez. dat. u. r. Pub,^{d} June 6th 1808. by Tho,^{s} Tegg. 111 Cheapside.
Radierung, koloriert
n. best. (245×345 mm)
Sammlung Herzog von Berry 1980.284.

Der korsische Seiltänzer mit den Spässen vom Clown John Bull
«Boney» und John Bull machen Zirkus: Auf dem «Felsen der Ehre und Stabilität» steht der Engländer als Clown mit Wappen und Devisen seines Königs auf der Brust und weicht Napoleons Balancierstange aus, um nicht die «Krone» zu verlieren. Den schwereren Part spielt der gekrönte Korse, dessen politischem Hochseilakt John Bull ein schlimmes Ende voraussagt: Napoleons Schweinsblasen würden platzen und seine Kapriolen ihn um die Krone bringen. Der Seiltänzer balanciert auf der Nase Tonpfeifen und acht volle Schweinsblasen mit den Namen der besiegten Nationen. Mit einer langen Stange, die in den Gewichten «Stärke» und «Geschicklichkeit» enden, hält er noch das Gleichgewicht. Doch das Hochseil ist an den in lockerem Grund steckenden, dürren Pflöcken der Tyrannei, der Usurpation und am dünnen Bäumchen der Freiheit befestigt. Zudem ist am Horizont die «Sonne von Austerlitz», die ihm bislang den «Pfad zum Gipfel» des «Felsens der Ehrsucht» erleuchtet hat, am Untergehen. Die (verfrühte) Voraussage vom Fall der napoleonischen Weltherrschaft wird hier in ein artistisches Spektakel gekleidet.

Le funambule corse et les blagues du clown John Bull
«Boney» et John Bull font du cirque: l'Anglais se tient debout – représenté en clown – sur le «rocher de l'honneur et de la stabilité», arborant le blason et la devise de son roi sur la poitrine, et évite le balancier de Napoléon pour ne pas perdre la «couronne». La partie difficile est jouée par le Corse couronné, dont le numéro de funambule politique se conclura, selon John Bull, par une issue fatale: les vessies de porc de Napoléon éclateront et ses cabrioles le priveront de sa couronne. Le danseur de corde tient en équilibre, sur son nez, des pipes en terre et huit vessies de porc pleines, sur lesquelles sont inscrits les noms des nations vaincues. Grâce à une longue barre – à laquelle sont accrochés, aux deux bouts, des poids portant les inscriptions «force» et «adresse» –, il arrive encore à se maintenir en équilibre. Mais la corde est attachée à deux piquets secs – symbolisant la «tyrannie» et l'«usurpation» – plantés dans de la terre meuble et à un petit arbre mince, représentant la liberté. De plus, le «soleil d'Austerlitz», qui a éclairé jusque-là le «chemin du sommet» sur le «rocher de l'avidité d'honneurs», se couche à l'horizon. La prévision (prématurée) de la fin de la suprématie napoléonienne sur le monde est figurée ici par un spectacle artistique.

The Corsican Rope Dancer and the Humours of the Clown John Bull
Playing circus with «Boney», John Bull stands on the «Rock of Honour and Stability» in the guise of a clown, with his King's coat of arms on his chest. He must dodge Napoleon's balancing pole to avoid losing the «crown». The hardest role falls to the crowned Corsican, whose political tightrope act is bound to end badly, are we to believe John Bull: Napoleon's pig bladders will surely burst and his capers will «crack his crown». On his nose, the tightrope artist is balancing clay pipes and eight full pig bladders, each bearing the name of a defeated nation. Using a long pole weighted at each end by respectively «strength» and «skill», he still manages to keep his balance. But beware: the rope is fastened to a scrawny stake of tyranny and usurpation driven into loose soil and attached to the slender little «tree of liberty». Moreover, the «sun of Austerlitz» – that so long now has lit his «path to the summit» along the «Rock of ambition» – is setting. This artistic spectacle serves as foil for a (premature) prediction of the fall of Napoleon's world dominion.

Il funambolo còrso, con gli umori di John Bull come clown
La scena è circense: sulla «roccia dell'onore e della stabilità» il clown inglese John Bull, con stemma e motti del suo re sul petto, per non perdere la «corona» scansa il bilanciere di colui che compie il numero più difficile (il funambolo còrso), predicendo una brutta fine a quell'esibizione d'alto equilibrismo: se le vesciche dovessero scoppiare, con le sue capriole Napoleone potrebbe perdere la corona. L'imperatore francese tiene in equilibrio sul naso pipe di terracotta e otto vesciche gonfie, recanti i nomi delle nazioni sconfitte; per bilanciarsi usa una lunga pertica che termina coi pesi «forza» e «destrezza». Ma la fune è fissata ai pali secchi della tirannide e dell'usurpazione (conficcati su

90
THE CORSICAN TIGER AT BAY.
o.l. *Patriotic Greyhounds / Corsican Tiger*
o.r. *IOHN BULL / There was a little Man And he had a little gun. And his Bullets were made of lead D – n me but we'll manage him amongst us. / Russian Bear & Austrian Eagle / Now Brother Bruin is the time to break our chains*
u.r. *It will be my turn to have a slap at him next / Dutch Frog / ROYAL GREYHOUNDS*
u.l. *PATRIOTIC GREYHOUNDS*
Thomas Rowlandson
bez. dat. u.M. *Pub.^{d} July 8th 1808 by R. Ackermann N 101 Strand.*
Radierung, koloriert
257 × 362 mm (300 × [475] mm)
Sammlung Herzog von Berry
1980.169.

Der korsische Tiger in grosser Bedrängnis
Der korsische Tiger (oder Leopard) mit Napoleons Kopf drückt mit den Krallen die königlich-spanischen Windhunde zu Boden. Von hinten überrascht ihn der Angriff einer patriotischen Hundemeute. Die Bedrängnis der Raubkatze machen sich feindliche und besiegte Nationen zunutze: Von seiner Steilküste aus zielt John Bull, das passende englische Wiegenlied auf den Lippen, mit dem Gewehr auf das Untier. Seine Zuversicht, im Bund der Nationen Napoleon zu überwinden, teilt der (dreiköpfige!) Adler Österreichs, der Meister Petz (Russland) auffordert, die gemeinsamen Ketten jetzt zu sprengen. Im Vordergrund hält auch der Pfeife rauchende Frosch Hollands die Zeit der Vergeltung für nahe. Um England mit wirtschaftlichen Mitteln zu bezwingen, musste Napoleon seine Kontinentalsperre auch in Spanien durchsetzen. Deshalb und um das desolate Königreich von absolutistischer und klerikaler Repression zu «befreien», setzte er die Königsfamilie ab und marschierte ein. Die Fehleinschätzung von Land und Volks-charakter führte zum Desaster: Spaniens Patriotismus erhob sich zur Guerilla und obsiegte mit britischer Hilfe. In London entstand auch eine Version des Blattes mit spanischem Text, die den Aufstand schüren sollte (Br II Tf. S. 162, 165, App. F B70; vgl. De II S. 703 f., III S. 222).

Le tigre corse aux abois
Le tigre (ou léopard) corse, qui a la tête de Napoléon, terrasse les lévriers royaux espagnols avec ses griffes. Il est surpris par derrière par l'attaque d'une meute de chiens patriotiques. Des nations ennemies et vaincues profitent de la menace pesant sur la bête de proie: depuis sa falaise, John Bull vise le monstre avec son fusil, en chantant une berceuse anglaise correspondante. Son espoir de pouvoir triompher de Napoléon grâce à une alliance de nations est partagé par l'aigle d'Autriche (à trois têtes!), qui incite l'ours Martin (Russie) à rompre leur chaîne commune. Située au premier plan, la grenouille hollandaise, qui fume la pipe, juge que l'heure de la revanche est proche. Pour vaincre l'Angleterre par des moyens économiques, il fallut que Napoléon impose son blocus continental également en Espagne. Pour cette raison et afin de «libérer» le royaume délabré de la répression absolutiste et cléricale, il destitua la famille royale et envahit le pays. La fausse appréciation du pays et du caractère de son peuple mena au désastre: le patriotisme espagnol s'érigea en guérilla et l'emporta avec l'aide britannique. A Londres, une version de l'estampe accompagnée d'un texte en espagnol, censée atiser la révolte, a aussi été réalisée (Br II pl. p. 162, 165, app. F B70; cf. De II p. 703 sq., III p. 222).

The Corsican Tiger at Bay
The Corsican tiger (or leopard) with the head of Napoleon, has tackled the royal Spanish greyhounds with its claws. An attack from the rear by a patriotic dog pack has taken him by surprise, and his distress affords several enemy and defeated lands a welcome opportunity: standing atop his steep coast, John Bull, humming an appropriate lullaby, takes aim at the monster with his rifle; his confidence that an alliance of nations will overcome Napoleon is shared by Austria's (three-headed!) eagle, who orders Master Petz (Russia) to break their joint chain on the spot. In the foreground, even Holland's pipe-smoking frog feels the time is ripe for reprisals. In order to be economically effective against England, Napoleon's Continental blockade had to be forced upon Spain as well. It was to this end, and to «liberate» that wretched kingdom from absolutism and ecclesiastical repression, that Napoleon disposed of the royal family and invaded the land. His misjudgment of its people led to disaster: Spain's patriotism grew into a resistance force that, thanks to the support of the British as well, would triumph over his forces. A Spanish version of this cartoon, intended to encourage the uprising on site, was also published in London. (Br II Pl. p. 162, 165, App. F B70; cf. De II p. 703 f., III p. 222).

La tigre còrsa costretta a difendersi
La tigre (o pantera) còrsa con la testa di Napoleone schiaccia a terra con gli artigli i levrieri reali di Spagna, ma una muta di cani patriottici spagnoli l'attacca da dietro di sopresa. La brutta situazione della belva è sfruttata da paesi nemici e sconfitti: John Bull, cantando dalla sua falesia una ninnananna inglese *ad hoc*, spara alla tigre col fucile; la sua fiducia che l'alleanza fra nazioni finisca col vincere Napoleone è condivisa dall'aquila (tricipite!) dell'Austria, che esorta l'orso russo a spezzare adesso le catene comuni; in primo piano anche la rana olandese, intenta a fumare la pipa, ritiene vicino il momento della vendetta. Volendo piegare l'Inghilterra con mezzi economici, Napoleone

terreno sciolto) e al sottile alberello della libertà; all'orizzonte, inoltre, sta calando quel «sole di Austerlitz» che finora ha illuminato il «sentiero per la vetta» della «roccia dell'ambizione». Con la metafora circense, quindi, la stampa predice (prematuramente) il crollo della monarchia universale di Napoleone.

Lit.: Br I S. 290 f., II App. A 232.

91

THE DISAPOINTED KING of SPAIN – or the downfall of the Mucheron King Joe Bonaparte darunter *late Pettifogging Attorneys Clerk! Between two stools the Breech comes to the Ground.*
o.l. *To Sicily*
u.l. *NAPLES*
o.M. *Oh Napy. Napy-begar you have made me lose both de Crowns,*
o.r. *Your Crowns, you lubber?? you had better sheer off Quickly or you'll lose your Head too / Ferdinand VII.th*
u.r. *SPAIN*
sign. u.l. *Cruikshanks del* (Isaac und George Cruikshank)
bez. dat. u.r. *Published at Ackermanns Repository of Arts 101 Strand Jul 19 1808*
Radierung, koloriert
257 × 360 mm (300 × [470] mm)
Sammlung Herzog von Berry 1980.163.

Der enttäuschte König von Spanien oder der Sturz des politischen Leichtgewichts König Joe Bonaparte
Am Tag der entscheidenden Schlacht von Bailén bzw. am Vortag der Ankunft König Josephs I. in Madrid erschien in London die Karikatur von Vater und Sohn Cruikshank. Der Text schilt Joseph einen Handlanger seines Bruders Napoleon und ein politisches Leichtgewicht. Im Bild setzt sich Joseph damit zwischen zwei Stühle, dass er den Thron von Neapel aufgibt, um die kostbarere spanische Krone anzunehmen. Im Gewand des spanischen Edelmannes fällt er auf den Hintern und wirft, verzweifelt gestikulierend, seinem Bruder vor, er habe ihn um beide Kronen gebracht: Diejenige von Neapel entschwindet nach dem bourbonischen Sizilien, die spanische fliegt dem legitimen bourbonischen Kronprinzen zu. Ein grimmiger britischer Seemann rät Joseph, sich besser davonzustehlen, um nicht noch seinen Kopf zu verlieren. Die Hiobsbotschaft aus Bailén veranlasste Joseph, seit wenigen Tagen in Amt und Würden, am 1. August 1808 Madrid voreilig zu räumen und nach Burgos zu fliehen.

Le roi d'Espagne déçu ou la chute du minuscule roi Joe Bonaparte
La caricature de Cruikshank père et fils a paru – à Londres – le jour de la bataille décisive de Baylén, respectivement la veille de l'arrivée du roi Joseph Ier à Madrid. Le texte reproche à Joseph d'être un homme de main de son frère Napoléon et le présente comme un poids plume politique. En abandonnant le trône de Naples pour accepter le précieux trône espagnol, Joseph s'est placé entre deux chaises. Vêtu tel un gentilhomme d'Espagne, il tombe sur son séant et, gesticulant de manière désespérée, il accuse son frère de lui avoir fait perdre les deux couronnes: celle de Naples disparaît en direction de la Sicile bourbonienne, celle d'Espagne vole vers le prince héritier bourbonien légitime. Un marin britannique hargneux conseille à Joseph de prendre la fuite pour éviter de perdre – en plus – sa tête. La nouvelle désastreuse en provenance de Baylén incita Joseph – en fonction depuis peu – à quitter Madrid précipitamment, le 1er août 1808, pour s'enfuir à Burgos.

The Disappointed King of Spain or the Downfall of the Mucheron King Joe Bonaparte
On the day of the decisive battle of Bailén, that is the day before King Joseph I's arrival in Madrid, this cartoon by the Cruikshanks, father and son, appeared in London. The text scolds Joseph for being a dogbody to his brother Napoleon and a political lightweight. In this scene he sits between two stools, thereby giving up the throne of Naples in seeking to take on the precious Spanish crown. Attired as a Spanish nobleman, he falls on his butt and accuses his brother of making him lose both crowns: the one for Naples is flying off to Bourbon Spain, while the one for Spain is on its way to the legitimate Bourbon crown prince. A grim British sailor in the rear advises Joseph to «sheer off» before he loses his head on top of it all. The bad news from Bailén prompted Joseph, holding his rank since but a few days, to clear out of Madrid on 1 August 1808 with all due haste, and flee to Burgos.

Il re di Spagna deluso o il crollo del re moscerino Peppino Bonaparte
In quest'opera dei due Cruikshank (padre e figlio), pubblicata a Londra il giorno dello scontro decisivo di Bailén (vigilia dell'arrivo di Giuseppe I a Madrid), il testo accusa il re «moscerino» di essere un accolito di suo fratello Napoleone. Giuseppe, nei panni di un nobile spagnolo, rinuncia al trono di Napoli per assumere la corona di Spagna, più preziosa, ma così facendo «cade fra due sgabelli» (cioè spreca ambedue le occasioni); piombato sul deretano, gesticola disperato e rinfaccia al fratello di avergli fatto perdere entrambe le corone (che volano via, rispettivamente, verso la Sicilia dei Borboni e verso il principe ereditario legittimo). Un truce marinaio britannico consiglia a Giuseppe di prendere il largo, se non vuole perdere anche la testa. La notizia infausta della sconfitta di Bailén indusse il re, da pochi giorni in carica, a fuggire precipitosamente da Madrid (1° agosto 1808) e raggiungere Burgos.

Lit.: BM VIII 11001; BN IV 8363; Br I S. 272, II App. A 282; De II S. 582 f., III S. 178.

doveva imporre il blocco continentale anche in Spagna; per tale motivo, e anche per «liberare» quel paese desolato dalla repressione assolutistica e clericale, egli depose la famiglia reale e invase la penisola iberica. La sua valutazione sbagliata della Spagna e del carattere spagnolo, però, ebbe effetti disastrosi: i patrioti locali si diedero alla guerriglia e con l'aiuto degli inglesi ebbero la meglio. A Londra la stessa stampa fu pubblicata anche con testo spagnolo, per attizzare la rivolta (Br II tav. p. 162, 165, app. F B 70; cfr. De II p. 703 sg., III p. 222).

Lit.: Ash S. 287 f.; BM VIII 10994; Br I S. 269 f., II App. A 235; GC 196 (Abb.); Kat. BB 37 (Abb.); De II S. 545, III S. 163 A.

92
THE BEAST AS DESCRIBED IN THE REVELATIONS. Chap. 13. / RESEMBLING NAPOLEAN BUONAPARTE.
o. l. HOLLAND / DENMARK / PRUSSIA / RUSSIA / NAPLES / AUSTRIA
o. M. True Patriotism shall thus subdue The monstrous beast, and quell the rage of War!!!
o. r. TRUE SPANISH TOLEDO / SPANISH PATRIOTISM ASTURIAS / St PETERS ROME / MADRID / CATALONIA
u. r. *Admiral Purvis* / CORDOVA / SPAIN / CADIS / HOPE
u. l. CROWN OF SPAIN / PORTUGAL / FRANCE / France / 666 / CORSICA
sign. dat. u. l. *G. S. Farnham 1808* (Rowlandson sculp.)
bez. dat. u. l. *Pub^d July 22nd 1808 by R. Ackermann N° 101 Strand*
Radierung, koloriert
260 × 360 mm (298 × [467] mm)
Sammlung Herzog von Berry 1980.166.

Das Biest, so beschrieben in der Offenbarung, Kapitel 13: Ähnlichkeit mit Napoleon Bonaparte
Spaniens «wahrer Patriotismus» in Hosen aus Cordoba-Leder, gewappnet mit einem Degen aus Toledo und einem Schutzschild (Katalonien) sowie bekrönt mit der Mitra des hl. Petrus (Papsttum), erhebt den Arm (Asturien) gegen das Apokalyptische Tier und zertritt mit dem Fuss (Cadiz) den schlangenartigen Drachen, Symbol Satans (Off. 12, 9). Das pantherähnliche Tier aus der Offenbarung ist dem Meer (Korsika) entstiegen (Off. 13, 1), besitzt sieben Köpfe – der verwundete gleicht Napoleon – und zehn (von diesem usurpierte) Kronen: «Und der Drache gab ihm seine Kraft und seinen Thron und grosse Macht» (Off. 13, 2). Doch hier verliert das feuerspeiende Ungeheuer die Kronen Spaniens, Portugals und Frankreichs an die Allegorie der Hoffnung. Napoleons Identifizierung mit dem prophezeiten Antichrist schlug sich damals in Zahlenspielereien nieder: Die unter dem Bildtitel vorgeführte Addition der Zahlen, die man nach dem System (A bis K = 1 bis 10, L = 20, M = 30 etc.) aus dem Namen «Napolean [sic!] Buonaparte» ermittelt, ergibt «666» – die «Zahl des Tieres» (Off. 13, 18). 42 Monate dauere dessen Macht (Off. 13, 5) – von Napoleons Krönung (2. Dezember 1804) an bis einen Monat nach dem Madrider Aufstand vom 2. Mai 1808! Der Hinweis auf die jüngsten Ereignisse (Erhebung Madrids und Asturiens, spanische Seeblockade von Cadiz) untermauert diese Wunschvorstellung.

L'Antéchrist tel que décrit dans l'Apocalypse (chap. 13) ressemblant à Napoléon Bonaparte
Le «vrai patriotisme» espagnol – qui se présente dans des pantalons de cuir de Cordoue, armé d'une épée de Tolède et d'un bouclier catalan ainsi que couronné de la mitre de St-Pierre (papauté) –, lève le bras (Asturies) pour se protéger contre la bête apocalyptique et piétine (Cadix) le dragon en forme de serpent, symbole de Satan (Apocalypse – 12, 9). La bête de l'Apocalypse, revêtant la forme d'une panthère, est sortie de la mer (Corse) (Apocalypse – 13, 1); elle possède sept têtes – la tête blessée ressemblant à Napoléon – et dix couronnes (usurpées par ce dernier): «Et le dragon lui donna sa force et son trône et un grand pouvoir.» (Apocalypse – 13, 2) Mais en l'occurence le monstre qui crache le feu perd les couronnes espagnole, portugaise et française aux dépens d'une allégorie de l'espérance. L'identification de Napoléon avec l'Antéchrist prophétisé s'est traduite, à l'époque, par des jeux de lettres et de chiffres. Présentée sous le titre de l'estampe, une addition – où sont additionnés des nombres déterminés par un système (A à K = 1 à 10, L = 20, M = 30, etc.) à partir du nom «Napolean [sic!] Buonaparte» – donne pour résultat «666», le «nombre de la bête» (Apocalypse – 13, 18). Son pouvoir durerait 42 mois (Apocalypse – 13, 5): du couronnement de Napoléon (le 2 décembre 1804) au mois suivant les révoltes de Madrid du 2 mai 1808! La référence aux événements les plus récents (soulèvements de Madrid et des Asturies, blocus maritime espagnol de Cadix) met ce souhait en relief.

The Beast as Described in the Revelations, Chap. 13. Resembling Napoleon Bonaparte
Spain's «true patriotism» takes a stand, attired in Cordoba-leather pants and armed with a Toledo sword and a shield (Catalonia); he is crowned with St. Peter's (popedom) mitre. Thus he confronts the apocalyptic beast, raising an aggressive arm (Asturias) while crushing (Cadiz) out the serpent/dragon – symbol of Satan (Revelation 12, 9) – with his foot. The pantherlike beast out of Revelation has risen from the sea (Corsica, Revelation 13, 1): it has seven heads – including the partially severed head of Napoleon – and ten crowns usurped from them: «and the dragon gave him his power, and his seat, and great authority» (Revelation 13, 2). Yet in this case, the fire-spitting monster is losing the crowns of Spain, Portugal, and France to the allegory of Hope. The popular belief identifying Napoleon with the prophesied Antichrist was adapted at the time to numerical games: thus the numerical additions supplied under the title are based on the system (A to K = 1 to 10, L = 20, M = 30, etc) as applied to the name «Napolean [sic!] Buonaparte»; they come to «666», «the number of the beast» (Revelation 13, 18), whose rule is said to continue «forty and two months» (Revelation 13, 5), from the crowning of Napoleon (2 December 1804) until one month after the Madrid uprising of 2 May 1808! Allusion to the most recent events (the Madrid uprising and the Asturian naval blockade at Cadiz) serves to corroborate wishful thinking here.

La bestia descritta nell'Apocalisse (cap. 13), somigliante a Napoleone Bonaparte
Il «vero patriottismo» spagnolo – che come armi ha una sciabola di Toledo e lo scudo «Catalogna», indossa calzoni in cuoio di Cordova e è coronato dalla mitra di S. Pietro (il papato) – alza il braccio (le Asturie) contro la bestia dell'Apocalisse e schiaccia col piede (Cadice) il drago-serpente, simbolo di Satana (Ap. XII, 9). Proprio come nell'Apocalisse, la bestia-leopardo (Ap. XIII, 1), sorta dal mare (Corsica), possiede sette teste (di cui quella ferita assomiglia a Napoleone) e dieci corone (usurpate da lui): «E le diede il drago la sua potenza e il suo trono e grande autorità» (Ap. XIII, 2). Il mostro sputafuoco, però, qui sta perdendo le corone di Spagna, Portogallo e Francia, che finiscono all'allegoria della speranza. L'identificazione di Napoleone con l'Anticristo della profezia si rifletteva, a quei tempi, in giochi numerici: sotto il titolo della stampa, la somma dei numeri ottenuti dal nome «Napolean [sic!] Buonaparte» (in base al sistema «A ... K = 1 ... 10, L = 20, M = 30 ecc.») risulta 666, cioè il «numero della bestia» (Ap. XIII, 18). Il suo potere, poi, dovrebbe durare 42 mesi (Ap. XIII, 5), cioè dall'incoronazione di Napoleone (2 dicembre 1804) fino a un mese dopo la rivolta di Madrid (2 maggio 1808)! A confermare questo calcolo ideale provvedono i richiami agli eventi recentissimi: sollevamento di Madrid e delle Asturie, blocco navale spagnolo di Cadice.

Lit.: BM VIII 11004; Br II S. 226f., App. A 46; De II S. 543f., III S. 162; GC 202.

93
THIEVES!! ROBBING READY FURNISHED LODGINGS. SCENE MADRID
darunter BURGLARY AND ROBBERY!!! – Whereas on the night of the 20th of July last, a numerous gang of French and Italian banditti burglariously broke into the Royal Palace of the City of Madrid, / where they concealed themselves until the 27th of the said month, and then secretly departed, laden with immense booty, having stolen from thence all the plate, and every portable article of value, taking the / road to France; all patriotic Spaniards are hereby requested to be aiding and assisting in the apprehension of all or any of the said robbers; and whoever apprehends all or any of them, shall receive the thanks / and blessings of every person in Europe. / The said banditti were headed by a ferocious ruffian of the following description: – He is about five feet seven inches high, of a meagre, squalid aspect, saffron coloured complexion. He was, when he / escaped, habited in a Royal robe, which he is known to have stolen from the King's wardrobe at Naples. He is a brother of the noted thief who has committed numberless robberies all over Europe, murdered / millions of the humen race, and who was lately at Bayonne, where it is supposed, he tarried for the purpose of receiving the stolen goods which his brother was to bring from Spain.
o.l. Take your choise SON / Take this / Poison / Diable / Church Plate / Where shall I Fly; how shall I cross that Lake! Good Mr Devil save me. / Road to FRANCE / alias to Ruin / Reward of Merit / Spanish Wool and Sundries taken from the Palace late my Lodgings
o.r. Brethren / Joseph Ist.. REX. / IHS / Dollars / Im Citizen Moses who Stole Louis's Diamond / GOLD / IHS
u.r. Just Heaven Revenge our Cause
u.l. CHEAP BLANKETS / Sly Bag / LAKE of BLOOD

anonym
bez. dat. u. r. Pub.^{d} Aug' 1808 by Walker N°. 7 Cornhill
Radierung, koloriert; Typographie
[240]×347 mm (275×[415] mm)
Sammlung Herzog von Berry 1980.164.

Diebe! Das Ausrauben möblierter Unterkünfte. Szene: Madrid
Der illustrierte Steckbrief ruft alle Spanier zur Ergreifung des «grausamen Schurken» Joseph Bonaparte und seiner Räuberbande auf, die am 20. Juli 1808 in den Madrider Königspalast eingedrungen und wenige Tage später mit Geld und Kirchenschätzen nach Frankreich heimgekehrt sind. Signalement des Anführers (vgl. Kat. Nr. 353): ca. 170 cm gross, mager, schmutzig, gelber Teint, trägt eine aus Neapel entwendete Königsrobe; Bruder des europaweit tätigen Diebs und Massenmörders, der die spanische Beute schon erwartet. Im Bild fällt König Joseph eben die Krone vom Haupt; er hat aber eine zweite ergaunert. Den Weg «nach Frankreich bzw. in den Ruin» weist ihm der Galgen. Ein See von Blut verhindert seine Flucht; deshalb erfleht er Rettung vom Teufel, der «seinem Sohn» (vgl. Kat. Nr. 366) Pistole, Galgen, Schlinge und Gift als letzte Wahl anbietet. Die Banditen verlassen den kirchenähnlichen Palast, schwer beladen und begleitet von ihren höllischen «Mitbrüdern». Ihre Gewehrsalven mähen das spanische Volk – Mann, Frau und Kind – nieder; sterbend schwört es Rache: Täter und Opfer stehen in der kunstlosen Zeichnung für Satanswerk und göttliche Vergeltung.

Brigands pillant des demeures meublées à Madrid
Le mandat d'arrêt illustré appelle tous les Espagnols à capturer la «crapule cruelle» Joseph Bonaparte et sa bande de brigands, qui ont pénétré à l'intérieur du palais royal le 20 juillet 1808 et qui, quelques jours plus tard, sont rentrés en France en emportant de l'argent et des trésors ecclésiastiques. Signalement du chef de la bande (cf. n°. cat. 353): mesure environ 1,70 m, maigre, sale, teint jaune, porte un habit de roi volé à Naples; frère du brigand commettant des hécatombes à l'échelle européenne, qui attend déjà le butin espagnol. Le roi Joseph est en train de perdre sa couronne, mais il en a déjà escroqué une autre. La potence lui indique le chemin «vers la France respectivement vers la ruine». Un lac de sang l'empêche de prendre la fuite; c'est pourquoi il implore le secours du diable, qui propose à «son fils» (cf. n°. cat. 366) un pistolet, une potence, un nœud coulant et du poison comme dernier recours. Les bandits quittent le palais ressemblant à une église, lourdement chargés et accompagnés de leurs «frères» de l'enfer. Leurs salves de fusils fauchent le peuple espagnol: homme, femme et enfant. Mourant, le peuple jure vengeance. Le malfaiteur et la victime représentent – dans ce dessin dénué d'art – l'œuvre satanique et la réaction divine.

Thieves! Robbing Ready-Furnished Lodgings. Scene: Madrid
This illustrated «wanted» circular calls upon all Spaniards to aid in the capture of the «ferocious ruffian» Joseph Bonaparte and his gang of thieves, wanted for having, on 20 July 1808, broken into the royal palace and left the premises several days later «laden with immense booty» to be taken back to France. The gang's leader – described (cf. cat. no. 353) in unflattering terms as 1.7 m tall, skinny, dirty, and of sallow complexion and attired in a king's robe stolen from Naples – is identified as the brother of a robber and mass murderer known throughout Europe and who already awaits the Spanish booty. We see King Joseph's crown slipping off his head here (however, he holds a second one swindled from someone). The gallows indicates «the road to France alias to ruin», but a sea of blood stops his flight. In desperation, he implores help from the devil, who offers his «son» (cf. cat. no. 366) a last choice between pistol, gallows, noose, and poison. The heavily burdened bandits who, accompanied by their devilish «brethren», are abandoning the church-like palace, loosen volleys of gunfire upon the crowds – men, women, and children. In their dying breath, the Spanish people call out for revenge. In this simply depicted scene, offenders and victims stand for the work of Satan and divine retaliation.

Ladri! Furto in alloggi ben ammobiliati. Scena: Madrid
Il mandato di cattura chiama tutti gli spagnoli ad acciuffare il «bandito» Giuseppe Bonaparte e la sua banda di predoni, penetrati il 20 luglio 1808 nel Palazzo Reale di Madrid, che pochi giorni dopo tornano in Francia carichi di denaro e di tesori della Chiesa. Il capobanda (cfr. n° cat. 353) è descritto così: alto circa 170 cm, magro, sudicio, di carnagione color zafferano; con un manto rubato al re di Napoli; fratello di un ladro e massacratore attivo in tutta Europa, che è già in attesa del bottino spagnolo. Nell'immagine, artisticamente sciatta, Giuseppe Bonaparte ha appena perso la corona dal capo ma ne ha già rubata un'altra; il patibolo indica la «via della Francia, cioè della rovina». Poiché un lago di sangue gli sbarra la fuga, il re chiede salvezza al diavolo; questi offre al «figlio» (cfr. n° cat. 366) un'ultima scelta fra pistola, patibolo, cappio e veleno. Dal palazzo, simile a una chiesa, i banditi escono stracarichi di bottino e accompagnati dai loro «fratelli» infernali, abbattendo a fucilate un uomo, una donna e un bambino; vittima di quell'opera di Satana, il popolo spagnolo morente invoca la vendetta divina sui carnefici.

Lit.: BM VIII 11012; Br II App. A 835.

94
SPANISH-FLIES or Boney takeing an imoderate Dose.
daneben *Cantharides, or Spanish Flies – in too large a Dose brings on Faintings – Giddyness / Raving – Madness and Death. Vide Lewis Dispensatory*
o. l. *Morbleu – how faint and giddy I am, these Flies used to be of great service to me. but I am afraid this incautious use of them, will cause a mortification. unless Doctor Tally can relieve me – / Pass of the Pyrrenees route to Bayonne / Joseph 1st REX*
u. r. *MADRID*
u. M. *DECREES of the Junta at BAYONNE / [Joseph] Bonaparté Rex Espagnol*
Charles Williams
bez. dat. u. r. *Pub^d Augt 1808 by Walker 7 Cornhill*
Radierung
n. best. (245 × 350 mm)
u. l. Prägestempel mit Biene im Rund
Sammlung Herzog von Berry 1980.265.

Spanische Fliegen oder Boney nimmt eine Überdosis
Ein Schwarm spanischer Fliegen fällt über Napoleon her, der mit Hut und Säbel um sich schlägt, und vertreibt ihn aus Madrid. Der Kaiser klagt über Kraftlosigkeit und Schwindel. Obschon diese Insekten ihm bisher gute Dienste geleistet haben (vgl. unten), befürchtet er jetzt eine Nekrose bzw. Demütigung (Doppelsinn von «mortification»), wenn Talleyrand ihn nicht von der Plage befreien könne. Im Hintergrund fliehen Joseph I. und die französischen Truppen über die Pyrenäen nach Bayonne. Den Grund für die nationale Volkserhebung gegen den Eindringling nennt die Aktenrolle am Boden: der in Bayonne von Napoleon erzwungene Thronverzicht des spanischen Kronprinzen und die Ernennung Joseph Bonapartes zum neuen König (7. Juli 1808). Der Kommentar unter dem Bildfeld, nach einem Heilmittelverzeichnis von 1795, weist auf die zweite Bedeutungsebene der Fliegen hin: Napoleon soll Unmengen des aus der spanischen Fliege gewonnenen Aphrodisiakums eingenommen haben. Jetzt nützt das Wundermittel nichts mehr; (politische) Impotenz ist die Folge und kann laut Text in Wahnsinn und Tod enden.

Les mouches d'Espagne ou Boney en prend trop
Un essaim de mouches espagnoles se rue sur Napoléon – qui se défend à coups de sabre et de chapeau – et le chasse de Madrid. L'empereur se plaint de faiblesses et d'étourdissements. Bien que ces insectes lui aient rendu de bons services jusqu'à présent (voir plus bas), il craint maintenant une «mortification» au cas où Talleyrand n'arriverait pas à le libérer de sa torture. A l'arrière-plan, on voit Joseph Ier et les troupes françaises en train de fuir à travers les Pyrénées en direction de Bayonne. Par terre, au premier plan, un rouleau d'actes indique la raison du soulèvement national contre l'intrus: la renonciation au trône du prince héritier espagnol obtenue de force par Napoléon à Bayonne et la nomination de Joseph Bonaparte comme roi (7 juillet 1808). Se basant sur un répertoire de remèdes datant de 1795, le commentaire sous l'estampe se réfère à une signification au second degré des mouches: Napoléon aurait absorbé d'énormes quantités d'un aphrodisiaque à base de mouches d'Espagne. Maintenant, le remède universel ne sert plus à rien; la conséquence en est l'impuissance (politique) et peut, selon le texte, mener à la folie et à la mort.

Spanish Flies or Boney Taking an Immoderate Dose
A swarm of Spanish flies is attacking Napoleon – who flails at them with hat and sabre – and driving him away from Madrid. The Emperor complains of faintness and giddiness, remarking that although previously of use to him (cf. below), the flies now threaten to provoke necrosis, even mortification (both physical deadening and spiritual shame), unless Talleyrand can rid him of them. In the background, Joseph I and the French troops have taken to their heels and are heading across the Pyrenees for Bayonne. The reason for the uprising, as inscribed on the scrolled document on the floor, is that Napoleon has forced the Spanish crown prince to renounce his title to the throne and installed Joseph Bonaparte as King of Spain (7 July 1808). The image caption, fashioned after a 1795 medicament label, lists the side effects and alludes to the Spanish fly in a second sense (for the poisonous extract used as an aphrodisiac): Napoleon must have taken vast amounts of the aphrodisiac won from the flies, and the wonder drug can do nothing against the effects. (Political) impotence is the consequence and, as the label indicates, can go so far as «madness and death».

Mosche spagnole, ovvero Boney che assume una dose eccessiva
Uno sciame di mosche spagnole attacca Napoleone e lo caccia da Madrid; l'imperatore, che tira fendenti col cappello e con la sciabola, lamenta fiacchezza e capogiri. Benché finora quegli insetti gli siano stati molto utili (vedi sotto), ora egli teme una *mortification* («umiliazione», ma anche «cancrena»), a meno che Talleyrand non riesca a liberarlo; sullo sfondo, Giuseppe I e le truppe francesi fuggono sui Pirenei verso Baiona. Il documento arrotolato a terra spiega il perché del sollevamento popolare spagnolo contro l'invasore: Napoleone ha costretto il principe ereditario spagnolo a rinunciare alla corona, nominando Giuseppe Bonaparte nuovo re (Baiona, 7 luglio 1808). La didascalia accanto al titolo, tratta da una farmacopea del 1795, indica la doppia valenza semantica delle mosche: Napoleone deve avere assunto una quantità eccessiva di cantaridina, afrodisiaco estratto dalle cantaridi o «mosche spagnole» (*Spanish flies*). Ora il farmaco miracoloso non serve più a nulla: le conseguenze sono l'impotenza (politica) nonché, stando al testo, la pazzia e la morte.

Lit.: BM VIII 11016; BN IV 8365; Br II App. A 817; Cl Ftf. IX S. 105; De II S. 561, III S. 169; Kat. BB 13 (Tf.); Kat. T S. 28 (Anm.).

95
A SPANISH PASS-PORT TO
FRANCE!!
o.l. TO FRANCE
o.M. *Votre tres homble Serviteur Monsieur*
o.r. *Va-ten Cocquin*
sign. u.l. *Woodward Del*
sign. u.r. *Rowlandson fe*
bez. dat. u. M. *Pub.^{d} Sepr 12. 1808 by R Ackermann N 101 Strand*
Radierung, koloriert
256 × 340 mm (220 × [415] mm)
Sammlung Herzog von Berry
1980.161.

Ein spanischer Pass für Frankreich
Eindeutiger geht es nicht: Der spanische Edelmann setzt den unterwürfigen Joseph Bonaparte mit einem Fusstritt und einer Beschimpfung ausser Landes. Der unerwünschte Monarch muss sich hier mit der Rolle des gezüchtigten Dieners aus einer Komödie des Ancien Régime abfinden, in der er die passende Replik findet. Die Karikatur spiegelt eine Wunschvorstellung: Obschon im Juli 1808 aus Madrid geflohen, wurde Joseph im August als König bestätigt; er verliess die Hauptstadt erst 1813 nach der Schlacht von Vitoria endgültig. 1814 dankte er auf Druck Napoleons ab. Die Komposition und Handlung der Karikatur greift Rowlandson im April 1814 wieder auf (Br I S. 356 f., II App. A 3). Dort tritt der klumpfüssige und seine Krücke schwingende Talleyrand Napoleon nach der Unterzeichnung der Abdankungsurkunde aus dem Land in Richtung Elba.

Un passeport espagnol pour la France
C'est on ne saurait plus clair: le gentilhomme espagnol boute l'humble Joseph Bonaparte hors du pays, en lui donnant un coup de pied et en l'insultant. Le monarque indésirable doit se contenter ici du rôle de serviteur châtié d'une comédie d'Ancien Régime – rôle dans lequel il trouve une réplique adaptée. La caricature est le reflet d'un souhait: alors qu'il s'est enfui de Madrid en juillet 1808, Joseph a été confirmé comme roi en août; ce n'est qu'en 1813 – après la bataille de Vitoria – qu'il a définitivement quitté la capitale. Il abdique en 1814, sous la pression de Napoléon. La composition et l'action de la caricature sont reprises par Rowlandson en avril 1814 (Br I p. 356 sq., II app. A 3). Là, c'est Talleyrand – piedbot brandissant ses béquilles – qui boute Napoléon hors du pays, en direction de l'île d'Elbe, après la signature de l'acte d'abdication.

A Spanish Passport to France
Nothing could be clearer: the Spanish nobleman is sending the obsequious Joseph Bonaparte out of the country with a kick in the butt and an insult. The unwanted monarch is relegated to the role of modest servant in an Ancien Regime comedy; his rejoinder reflects his status. The cartoon mirrors wishful thinking: although by July 1808 he already had fled Madrid, Joseph was confirmed as king in August, and would not leave the capital for good until 1813, after the battle of Vitoria. In 1814, under pressure from Napoleon, he would abdicate. Rowlandson would take up the same composition and plot in his cartoon of April 1814 (Br I p. 356 ff, II App. A 3): after the signing of a deed of abdication, the clubfooted and crutch-swinging Talleyrand kicks Napoleon out of the country towards Elba.

Passaporto spagnolo per la Francia
Più chiaro non si può: con un calcio e un insulto, il nobile spagnolo scaccia dalla Spagna un ossequioso Giuseppe Bonaparte, re indesiderato che, dichiarandosi «servo umilissimo», si rassegna a impersonare il tipico domestico punito della commedia settecentesca. In realtà la caricatura esprime semplicemente un desiderio: Giuseppe, fuggito da Madrid nel luglio 1808, in agosto fu confermato sul trono e lasciò definitivamente la capitale solo nel 1813, dopo la battaglia di Vitoria (per poi abdicare, su pressione di Napoleone, l'anno successivo). Rowlandson riprenderà la composizione e il soggetto in una caricatura dell'aprile 1814 (Br I p. 356 sg., II app. A 3), ove un Talleyrand dal piede deforme, brandendo la stampella, scaccia dalla Francia verso l'isola d'Elba un Napoleone che ha appena abdicato.

Lit.: BM VIII 11026; BN IV 8399; Br II App. A 820; De II S. 591, III S. 181.

96
THE PROGRESS OF THE EMPEROR NAPOLEON.
v.o.l.n.u.r. *A Ragged Headed – Corsican Peasant. / Studying mischief at the Royal Military Acadimy at Paris / An humble Ensign in a Republican Corps. requesting a situation in the British Army. / A determined Atheistical Republican General ordering his men to fire on the Parisians Vollies of grape shot. / A Turk' at Grand Cairo / A Runaway from Egypt / A Devout Catholic / An Emperor on a Throne of iniquities O Temporá O Mores / MURDERS. Duke D' Enghem Prisoners at Jaffa Palm Captn Williams Pichegreu Cahon Toussaint &c &.. Robberies innumerable*
Thomas Rowlandson (Woodward del.?)
bez. dat. u. M. *Pub.^{d} Novr 19 1808 by Thos Tegg N° III Cheapside.*
o.l. Nummer 63
Radierung, koloriert
244 × 348 mm (252 × 383 mm)
Sammlung Herzog von Berry
1980.302.

Der Aufstieg des Kaisers Napoleon
Zwei Register zeigen in acht Figuren Napoleons Aufstieg zum Kaisertum. Aufgewachsen als zerlumpter Bauernsohn (1), studiert er Unheil an der Militärakademie von Paris (2) und sucht als republikanischer Fähnrich um eine Stellung im britischen Heer nach (3). Als General der Repubik ist er überzeugter Atheist und lässt auf die Pariser Bevölkerung feuern (4). Später bekennt er sich in Kairo zum Islam (5), läuft aus Ägypten davon (6), schlüpft in die Rolle des devoten Katholiken (7) und setzt sich auf den Thron der Ungerechtigkeit und Schande (8), den er mittels politischer Morde erklommen hat. Die Briten sahen in ihm nur den Erben einer perversen Revolution – opportunistisch, skrupellos, ungläubig, feige, falsch, ehrsüchtig. Diesen Lasterkatalog wandten sie zu seiner Diskreditierung an. Mit Halbwahrheiten (5,7) und Erfindungen (1,3), aber auch realer Taten

wegen geisselt ihn das Blatt: Blutbad des Pariser Royalistenaufstandes, Erschiessung von Gefangenen in Jaffa, heimliches Verlassen Ägyptens, Konkordat mit dem Papst, Todesfälle von Toussaint, d'Enghien, Pichegru, Kapitän Wright und Verleger Palm.

La carrière de l'empereur Napoléon
Deux séries montrent en huit images, l'ascension de Napoléon vers l'empire. Fils de paysan, il grandit en guenilles (1), il apprend la méchanceté à l'Académie militaire de Paris (2), puis, enseigne républicain, il recherche une situation au sein de l'armée britannique (3). En tant que général de la République, c'est un athée convaincu qui fait tirer sur le peuple de Paris (4). Plus tard, au Caire, il se convertit à l'Islam (5). Puis, il s'enfuit d'Egypte (6), se glisse dans la peau du catholique dévot (7) avant de s'asseoir sur le trône de l'injustice et de l'ignominie (8), atteint grâce à ses crimes politiques. Les Britanniques voyaient en lui l'héritier d'une révolution perverse – opportuniste, sans scrupules, incroyant, lâche, faux, ambitieux. Ce catalogue de vices servait à le discréditer. Au moyen de semi-vérités (5,7) et d'inventions (1,3), mais aussi de faits réels, la gravure fustige Napoléon: bain de sang de l'insurrection royaliste de Paris, exécution des prisonniers à Jaffa, départ secret d'Egypte, concordat avec le pape, mort de Toussaint, d'Enghien, de Pichegru, du capitaine Wright et de l'éditeur Palm.

The Ascent of the Emperor Napoleon
In this cartoon sequence we follow Napoleon's «progress» towards the title of emperor. The ragged son of a peasant family (1), he studied mischief at the Paris Military Academy (2) and, as an ensign in the Republican Corps, sought to join the British army (3). As a Republican general, he was a confirmed atheist who ordered his men to open fire on the Parisian mobs (4). Later, he converted to Islam in Cairo (5), fled Egypt (6), and slipped into the role of a devout Catholic (7). Finally, he is seated on the «throne of iniquities» and disgrace (8), a position achieved through political assassination. To the British, Napoleon was but the heir of a perverse Revolution, an opportunistic, unscrupulous, unbelieving, cowardly, duplicitous, and overambitious individual. That list of vices provided inspiration to those seeking to discredit him, and this work resorts not only to half-truths (5,7) and inventions (1,3) but real facts as well: the bloodbath instigated by the Parisian Royalist uprising, the shooting of prisoners at Jaffa, the secret flight from Egypt, the Concordat with Pope Pius VII, the deaths of Toussaint, d'Enghien, Pichegru, Captain Wright, and the publisher Palm.

Il progresso dell'imperatore Napoleone
Due strisce mostrano, in otto figure, l'ascesa di Napoleone verso la carica imperiale. Cresciuto come cencioso figlio di contadini (1), egli studia «malizia» all'Accademia militare di Parigi (2) e poi, come alfiere repubblicano, cerca un posto nell'esercito britannico (3); generale della Repubblica, è un ateo convinto e ordina di sparare sul popolo parigino (4). Al Cairo si converte all'islamismo (5), ma dopo la fuga dall'Egitto (6) diventa un devoto cattolico (7) e si siede sul trono delle iniquità (8), raggiunto grazie a delitti politici. Nell'imperatore francese i britannici vedevano solo l'erede di una rivoluzione perversa, con una serie di vizi che servivano per screditarlo: opportunista, senza scrupoli, miscredente, vile, impostore e ambizioso. La stampa stigmatizza Napoleone con mezze verità (5,7) e particolari inventati (1,3), ma anche ricordando fatti veri: carneficina dei rivoltosi monarchici di Parigi, fucilazione dei prigionieri di Giaffa, partenza in segreto dall'Egitto, concordato col papa, morte di Toussaint, del duca d'Enghien, di Pichegru, del capitano Wright e dell'editore Palm.

Lit.: Ash S. 300f.; BM VIII 11053; Br I S. 297, II App. A 734; GC 219.

97
EXPLANATION of the Arms and Supporters of NAPOLEON BONAPARTE the self created Emperor, / alias the Corsican, and now the CURSE OF EUROPE.
darunter *The crest represents the world, which, England and Sweden excepted, is set on fire every where by the incendiary Corsican; his bloody / actions and designs are expressed by the bloody hand and dagger reaching towards Spain. Tyranny, Hypocrisy, Barbarity and Villany are / his standards, which are distinguishable through the smoke and the fire, and have nearly enveloped the whole Globe. / HIS SUPPORTERS ARE:*
l. *THE FRENCH DEVIL. / Or le diable boiteux, formerly / a nobleman and a priest; any / body may easily guess that he / and Talleyrand are one and the / same creature; by the hourglass / he indicates however, that time / is running away and that Boney's / downfall is fast approaching. / The gallic cock destroying reli-/gion is the emblem.*
r. *THE CORSICAN DEVIL. / Who, being intoxicated with / unbounded ambition, wears an / iron crown, ornamented with / thorns; he cuts down the cap / of liberty, because tyranny is his / idol. The serpent and the hyena / are very proper emblems of his / infamous character and conduct.*
M. *Description of the Arms divided into eight Quarters.*
in zwei Spalten
l. *I. / The mushroom on a dunghill denotes his descent, / or origin of family. The crocodile expresses his trea-/cherous transactions in Egypt, his apostacy and his / cowardly desertion from his army. The bloody hand, / the guillotines, and the black heart can only belong to / such a monster. / II. / Represents the shooting of 800 defenceless turkish / prisoners, near the town of Jaffa, ordered very coolly / by the monster Boney. / III. / Shows the poisoning his own sick soldiers in*

EXPLANATION of the Arms and Supporters of NAPOLEON BONAPARTE the self created Emperor, alias the Corsican, and now the CURSE OF EUROPE.

the / hospital at Jaffa by his express orders. / IV. / Exhibits a scene never known before in the civili-/zed world. The foul murder (for it cannot be called / any thing else, though Boney excuses it by his mock / court-martial) of the Duke d'Enghien.
r. V. / Here the monster compels the Pope to come to / Paris and to assist to a blasphemous coronation, where / Boney stands upon no ceremony with the Holy Father. / Boney puts on the iron crown himself with one hand, / whilst the other hand is employed in robbing the / catholic church of its head. / VI. / Exhibits another shocking scene; the truly english / patriot, Captain Wright is put to death, by a slow and / refined torture, because he will not be a traitor to his / king and country. / VII. / Here we behold the massacre of the defenceless / citizens of Madrid on the 2nd. of May 1808. / VIII. / Represents the imprisonment of King Ferdinand the / 7th. because he will not renounce the crown of Spain, / nor marry Boney's niece.
o. l. *BARBARITY*
o. M. *HYPOCRISY* / *England*
o. r. *TYRANNY* / *Sweden* / *VILLANY*
u. r. (v. l. n. r.) *HOLY FATHER* / *GERMANY* / *Russia* / *Prussia Poland* / *Swissd Denmark*
u. Schriftband *As a roaring lion, and a ranging bear: so is a wicked ruler over the poor people.*
darunter M. *Proverbs, Chap. XXVIII. Verse 15.*
anonym, 1808
bez. u. M. *PRINTED BY J. B. G. VOGEL, 13, POLAND STREET, OXFORD STREET, LONDON.*
Radierung und Aquatinta, koloriert; Typographie
n. best. ([470] × 300 mm)
Sammlung Herzog von Berry 1980.167.

Erläuterung von Wappen und Schildhaltern Napoleon Bonapartes, des selbsternannten Kaisers alias des Korsen und gegenwärtigen Fluchs von Europa
Die heraldische Bildsatire basiert auf einem Blatt von 1807 (BM VIII 10706; Br II S. 235f., App. A 174) und diente als Vorlage einer englischen (BM IX 12235; Br II S. 239f., App. A 330) wie einer französischen Kopie von 1814 (Kat. Nr. 197). Sie zeigt und kommentiert das Spottwappen des «Korsen und Fluches von Europa». Der brennende Erdball als Helmzier ist ausser England und Schweden von Trikoloren namens «Barbarei», «Tyrannei», «Heuchelei» und «Schurkerei» beherrscht. Passend lautet die Devise unter dem Wappenschild: «Ein knurrender Löwe, ein gieriger Bär ist ein gottloser Herrscher für ein armes Volk.» (Sprüche 28, 15). Schildhalter sind links «der französische» oder «hinkende Teufel» Talleyrand, «einst adelig und geistlich», mit Napoleons ablaufendem Stundenglas und dem auf das Kruzifix (Kirche) einpickenden gallischen Hahn; rechts der ehrsüchtige «korsische Teufel» selbst mit Schlange, Dreizack, dornenbesetzter Eisenkrone (Usurpator) und Dolch beim Fällen der Freiheitsmütze. Vor diesem hält eine «Hyäne» Bänder mit den Namen unterdrückter Mächte in der Schnauze. Der gespaltene und dreimal geteilte Schild zeigt Napoleons Verbrechen (erst l., dann r.):
1. Napoleons Wesenssymbole (Pilz auf Misthaufen: niedrige Herkunft; Krokodil: Verrat in Ägypten; Hand mit Dolchen: Meuchelmord; Guillotine: politische Justiz; schwarzes Herz: Verworfenheit). 2. Hinrichtung türkischer Gefangener (Jaffa, 1799). 3. Vergiftung eigener Soldaten (Jaffa, 1799). 4. Mord am Herzog von Enghien (1804). 5. Selbstkrönung im Beisein des Papstes (1804). 6. Tod von Kapitän Wright im Kerker (1804). 7. Madrider Massaker (1808). 8. Inhaftierung des spanischen Thronfolgers (1808).

Explication des armes et des tenants de Napoléon Bonaparte, empereur autoproclamé, alias le Corse, et à présent la malédiction de l'Europe
Cette satire de type héraldique se fonde sur une image de 1807 (BM VIII 10706; Br II p. 235 sq., app. A 174); elle servit de modèle à une copie anglaise (BM IX 12235; Br II p. 239 sq., app. A 330) et à une française, datée de 1814 (cf. n°. cat. 197). L'image montre et commente le blason satirique de la «malédiction» pesant sur l'Europe. Le cimier est constitué d'un globe terrestre en flammes où – à l'exception de l'Angleterre et de la Suède – tout est dominé par des drapeaux tricolores nommés «barbarie», «tyrannie», «hypocrisie» et «infamie». La devise sous l'écu armorial va tout à fait dans ce sens: «Un lion qui rugit, un ours qui rôde est un souverain foncièrement mauvais pour un peuple pauvre.» (Proverbes 28, 15) L'un des tenants est Talleyrand (à gauche), le «diable français» ou «diable boiteux», «autrefois noble et homme d'Eglise»; il porte à la main le sablier de Napoléon, dont le sable s'écoule, et se trouve en compagnie du coq gaulois, qui donne des coups de bec au crucifix (Eglise). L'autre tenant est le «diable corse» avide d'honneurs lui-même (à droite); munie d'un trident, entourée d'un serpent et coiffée d'une couronne de fer ornée d'épines (usurpateur), cette figure abat le bonnet de la liberté au moyen d'un poignard. Aux pieds de celle-ci, une «hyène» tient dans la gueule des calicots portant l'inscription de noms de puissances opprimées. Contre-fascé, l'écusson illustre les crimes de Napoléon (d'abord à g., puis à d.): 1. les symboles du caractère de Napoléon (champignon sur un tas de fumier: bassesse de son origine; crocodile: attitude traîtresse en Egypte; main tenant un poignard: assassin; guillotine: justice politique; cœur noir: abjection) – 2. exécution de prisonniers turcs (Jaffa, 1799) – 3. empoisonnement de ses propres soldats (Jaffa, 1799) – 4. meurtre du duc d'Enghien (1804) – 5. Napoléon se couronnant lui-même en présence du pape (1804) – 6. mort du capitaine Wright en prison (1804) – 7. massacres madrilènes (1808) – 8. emprisonnement du successeur au trône espagnol (1808).

Explanation of the Arms and Supporters of Napoleon Bonaparte, the Self-Created Emperor, Alias the Corsican, and Now the Curse of Europe
This satirically-handled heraldic image is based on an 1807 cartoon (BM VIII 10706; Br II p. 235f., App. A 174); it served as model in 1814 to both an English (BM IX 12235; Br II p. 239f., App. A 330) and a French copy (cat. no. 197). The mock coat of arms belongs to the «Corsican curse of Europe». The blazing globe serving as crest is, with the exception of England and Sweden, ruled by tricolour standards labelled «Tyranny, Hypocrisy, Barbarity and Villa[i]ny». The motto underneath, quoted from Proverbs 28, 15 («As a roaring lion, and a ranging bear: so is a wicked ruler over the poor people»), is most fitting. The shield is being held up by, to the left, «the French devil, or le diable boiteux» (the limping devil), namely Talleyrand, «formerly a nobleman and a priest», who holds up an hourglass to show that Napoleon's time has run out. At his feet, the Gallic cock picks at a crucifix (religion). The shield is upheld to the right by the ambitious «Corsican devil» himself – replete with a serpent, a trident, a thorn-ornamented iron crown (usurper), and dagger – who is cutting down the cap of liberty. The «hyena» at his feet holds in his jaws strips with the names of oppressed powers. The shield, split into two columns of four images each, depicts Napoleon's crimes, namely: (first left then right) 1. keys to Napoleon's character (a mushroom on a dunghill for his humble origins, a crocodile for his treachery in Egypt, a hand with a

dagger for his assassinations, a guillotine for his political justice, a black heart for his depravity); 2. execution of the Turkish prisoners (Jaffa, 1799); 3. poisoning of his own soldiers (Jaffa, 1799); 4. murder of the Duke of Enghien (1804); 5. self-coronation in the presence of the Pope (1804); 6. death of Captain Wright in prison (1804); 7. massacre of the citizens of Madrid (1808); 8. imprisonment of the successor to the Spanish throne (1808).

Spiegazione delle armi e dei supporti araldici di Napoleone Bonaparte, l'imperatore autoincoronatosi, alias il còrso e ora maledizione dell'Europa
Questa caricatura araldica – basata su una stampa del 1807 (BM VIII 10706; Br II p. 235 sg., app. A 174), ma a sua volta modello di una copia inglese (BM IX 12235; Br II p. 239 sg., app. A 330) e di una francese del 1814 (n° cat. 197) – mostra e commenta lo stemma beffardo del còrso (*Corsican*) che è la «maledizione» (*curse*) dell'Europa. Il cimiero è un globo terrestre in fiamme (tranne Inghilterra e Svezia) e dominato dai tricolori «barbarie», «tirannia», «ipocrisia» e «scelleratezza», cui ben si adatta il motto biblico sotto lo stemma: «Leone ruggente e orso famelico è il principe empio sopra il popolo povero» (*Pro.* XXVIII, 15). Il supporto destro (a sinistra per l'osservatore) è il «diavolo francese» o «diavolo zoppo» Talleyrand, «un tempo nobile e prete», con la clessidra di Napoleone (con tempo quasi scaduto) e il gallo, simbolo francese, che dà beccate al crocifisso (la Chiesa). Quello sinistro (a destra per l'osservatore) è l'ambizioso «diavolo còrso» in persona, con serpente, tridente, corona ferrea tempestata di spine (simbolo di usurpazione) e pugnale che abbatte il berretto della libertà; la «iena» ai suoi piedi tiene nelle fauci vari nastri con nomi di paesi oppressi. Gli otto quarti dello stemma (partito e spaccato di tre) illustrano i misfatti di Napoleone. Sulla sinistra compaiono, dall'alto al basso: 1) simboli della sua natura (fungo su mucchio di letame = basse origini; coccodrillo = tradimento in Egitto; mano con pugnali = assassinio; ghigliottina = esecuzioni politiche; cuore nero = abbiezione); 2) fucilazione di prigionieri turchi (Giaffa, 1799); 3) avvelenamento dei suoi soldati (Giaffa, 1799); 4) assassinio del duca d'Enghien (1804). Queste, invece, le scene sulla destra: 5) autoincoronazione in presenza del papa (1804); 6) morte del capitano Wright in carcere (1804); 7) massacro di Madrid (1808); 8) incarceramento del successore al trono di Spagna (1808).

Lit.: Ash S. 335 ff.; BM VIII 11057; Br II S. 236 ff., App. A 329; GC 234.

98
THE HEAD OF THE FAMILY IN GOOD HUMOUR.
o.l. *Ships – Colonies and Commerce*
o.M. *Dont make such a riot you little noisy Brats, all your bustle to me is no more than a storm in a Chamber pot.*
o.r. *Let him beware of Denmark / Spanish Fury overtake him*
u.r. *Austria will never Pardon him. / Beware of Prussia / Let him tremble at the name of America /*
u.l. *Ill eternally smoke him / Russian Vengeance attend John Bull*
sign. u.l. *Woodward Del*
sign. u.r. *Rowlandson scul*
15. Januar 1809
bez. u.M. *by Thomas Tegg N° III Cheapside*
o.r. Nummer *131*
Radierung, koloriert
n. best. (355 × 250 mm)
u.l. Prägestempel mit Biene im Rund
Sammlung Herzog von Berry
1980.279.

Das Familienoberhaupt in guter Laune
John Bull präsentiert sich unbescheiden als Haupt der europäischen Völker. Souverän verhöhnt er die Drohungen und Flüche der ungebärdigen Winzlinge ringsum, die ihm nichts anhaben können. Napoleon fordert von England sogar Schiffe, Kolonien und die Handelsvormacht. Grossbritanniens, Österreichs, Russlands und Schwedens 1805 geschlossene Dritte Koalition gegen Frankreich war inzwischen durch Napoleons Erfolge auf dem Kontinent auseinandergebrochen. Das ab 1806 durch die Kontinentalsperre wirtschaftlich isolierte Grossbritannien stand nun allein unbesiegt Frankreichs Vormacht gegenüber und griff 1808 ins kontinentale Kriegsgeschehen ein. Seine politische Isolation endete erst 1812, als es mit Russland und Schweden Frieden schloss.

Le chef de famille est de bonne humeur
John Bull se présente – sans aucune modestie – comme le chef des peuples européens. Souverainement, il se moque des menaces et malédictions proférées par les nains récalcitrants qui l'entourent et qui ne peuvent rien lui faire. Napoléon exige même de l'Angleterre des navires, des colonies et la prépondérance commerciale. La troisième coalition contre la France, formée en 1805 entre la Grande-Bretagne, l'Autriche, la Russie et la Suède, avait éclaté entre-temps, suite aux succès de Napoléon sur le continent. La Grande-Bretagne, économiquement isolée à partir de 1806 par le blocus continental, était dès lors la seule puissance invaincue face à la prédominance de la France et intervint dans la guerre continentale dès 1808. Son isolement politique prit fin seulement en 1812, au moment où elle conclut la paix avec la Russie et la Suède.

The Head of the Family in Good Humour
John Bull most unmodestly poses as head of the European peoples here and, in full control, derides the threats and curses of the midgets who surround him without being able to get at him. Napoleon even orders ships, colonies, and trade from England. Thanks to Napoleon's victories on the Continent, the 1805 Third Coalition against France – allying Great Britain, Austria, Russia, and Sweden – had fallen apart. After the Continental blockade was imposed in 1806, England stood up to France' supremacy on her own and, in 1808, intervened in the war on the Continent. England's political isolation would last until the country's alliance with Russia and Sweden in 1812.

Il capofamiglia di buonumore
John Bull, che si presenta senza modestia come capo dei popoli europei, guarda con superiorità alle minacce e imprecazioni dei minuscoli ribelli circostanti, che comunque non possono nuocergli; Napoleone vuole dall'Inghilterra perfino «navi, colonie

99
THE CONVENTION of CINTRA, a Portuguese Gambol for the Amusement of IOHN BULL.
1. Bild *This is the City of Lisbon.*
2. Bild *This is the Gold, that lay in the City of Lisbon.*
3. Bild *These are the French who took the Gold, that lay in the City of Lisbon.*
4. Bild *This is Sir Arthur (whose Valour and skill, began so well, but ended so ill) who beat the French, [...]*
5. Bild *This is the Convention that Nobody owns, that saved old Junots Baggage and Bones, altho Sir Arthur [...] had beaten the French [...]*
6. Bild *These are the Ships that carried the spoil, that the French had plundered with so much toil, after the Convention which nobody owns, [...]*
7. Bild *This is John Bull, in great dismay, at the sight of the Ships, which carried away, the gold and the silver and all the spoil, the French had plundered [...]*
sign. u. l. Woodward del,
bez. dat. u. r. London Pub,^{d} Feby 3,^{d} 1809 by Tho,^{s} Tegg 111 Cheapside.
Radierung, koloriert
245×350 mm (280×[430] mm)
Sammlung Herzog von Berry 1980.159.

Die Konvention von Sintra, ein portugiesisches Spiel zur Erheiterung von John Bull
Im Bilderbogen erzählen satirische Kinderverse die Geschichte, wie es zur Konvention von Sintra kam, die John Bull so verärgert. Die historischen Ereignisse zeugen von der Naivität der britischen Heeresleitung, zu der die Form der Karikatur bestens passt. Der Okkupation Portugals durch General Junot, der französischen Invasion Spaniens und der Thronbesteigung durch Joseph Bonaparte konnte England nicht tatenlos zusehen. Ein britisches Korps unter Sir Arthur Wellesley (später Herzog von Wellington) landete in Portugal und schlug Junot bei Vimeiro schwer. Dem Erfolg folgte die Farce: Mittels Intrigen wurde Wellesley durch Sir Hugh Dalrymple ersetzt. Statt den britischen Vorstoss voranzutreiben, unterschrieb dieser am 30. August 1808 einen ihm von Junot in der Not angebotenen Waffenstillstand, dank dem die Franzosen bewaffnet(!) heimziehen durften. Die Empörung der Öffentlichkeit wälzte das Ministerium auf die Militärs ab: Dalrymple erntete des Königs Missfallen.

La convention de Sintra: une gambade portugaise pour amuser John Bull
La feuille d'images est accompagnée de vers enfantins satiriques qui racontent l'aventure ayant abouti à la convention de Sintra, qui énerve tant John Bull. Les événements historiques témoignent de la naïveté du commandement de l'armée britannique à laquelle la forme de la caricature est tout à fait adaptée. L'Angleterre ne pouvait pas rester inactive face l'occupation du Portugal par le général Junot, l'invasion française en Espagne et l'accession au trône de Joseph Bonaparte. Un corps britannique, dirigé par Sir Arthur Wellesley (le futur duc de Wellington), débarqua au Portugal et battit sévèrement Junot près de Vimeiro. Ce succès fut suivi d'une farce: grâce à des intringues, Wellesley fut remplacé par Sir Hugh Dalrymple. Au lieu de poursuivre la brusque poussée britannique, celui-ci signa, le 30 août 1808, un armistice proposé par nécessité par Junot, permettant aux Français de rentrer armés (!). L'indignation du public fut détournée par le ministère sur les militaires: Dalrymple subit le mécontentement du roi.

The Convention of Sintra, a Portuguese Gambol for the Amusement of John Bull
In this pictorial broadsheet, satirical nursery rhymes narrate how the Convention of Sintra, so angering John Bull, came to be. The historical facts reflect the naiveness of the British army command, a subject lending itself particularly well to satire. General Junot's occupation of Portugal, the French invasion of Spain, and Joseph Bonaparte's accession to the throne were all deeds the English could hardly accept as mere onlookers. A British corps under Sir Arthur Wellesley (later Duke of Wellington) landed in Portugal and hit Junot hard at Vimeiro. His success was followed up by a farce: after much intriguing, Wellesley was replaced by Sir Hugh Dalrymple. The latter, instead of pushing ahead with the British advance, signed an armistice proposed by Junot out of distress. The convention, dating August 30, 1808, allowed the French to retreat fully armed (!). In the face of the public outcry, the Ministry shoved the blame onto the military, and it was Dalrymple who bore the brunt of the king's displeasure.

La convenzione di Cintra, capriola portoghese per divertire John Bull
La serie di vignette illustra, con una cantilena satirica infantile, come si è giunti a quella convenzione di Cintra che tanto irrita John Bull: gli eventi storici dimostrano l'ingenuità del comando militare britannico, cui ben si addice la forma della caricatura. Di fronte all'occupazione del Portogallo da parte del generale Junot, all'invasione francese della Spagna e alla salita al trono di Giuseppe Bonaparte, l'Inghilterra non poteva restare passiva: truppe britanniche comandate da Sir Arthur Wellesley (il futuro duca di Wellington) sbarcarono in Portogallo e inflissero a Junot la grave sconfitta di Vimeiro. Alla vittoria, però, seguì la farsa quando, in seguito a intrighi, Wellesley fu sostituito da Sir Hugh Dalrymple: questi, invece di proseguire l'avanzata inglese, il 30 agosto 1808 firmò l'armistizio offertogli da un Junot in difficoltà, armistizio che consentiva ai francesi di tornare in patria con le armi (!). Il ministero della guerra scaricò sui militari lo sdegno dell'opinione pubblica: Dalrymple fu riprovato dal re.

Lit.: BM VIII 11215; Br I S. 279, II App. A 206.

e commercio». La terza coalizione antifrancese stretta nel 1805 fra Gran Bretagna, Austria, Russia e Svezia si era sciolta in seguito ai successi europei di Napoleone; la Gran Bretagna, unica potenza non sconfitta a contrastare il predominio francese, dal 1806 era isolata economicamente a causa del blocco continentale. Nel 1808 i britannici intervennero negli eventi bellici europei; il loro isolamento politico terminò solo nel 1812, grazie alla pace con russi e svedesi.

Lit.: BM VIII 11213; Br I S. 297 f., II App. A 429; Wr S. 631 (Det.).

100
THE RISING SUN; / OR, / A VIEW OF THE CONTINENT.
o. l. *Awake thou Sluggard ere the fatal blow is struck and thou and thine execrable ally sink to eternal oblivion.* / SWEDEN / Turkey Meat / SPAIN AND PORTUGAL
o. r. *This Rising Sun has set me upon thorns.* / POLAND / DENMARK / *Tyrant I defy thee and thy Cursed Crew* / AUSTRIA / *Fiddle diddle Fiddle diddle dee dee The Mouse has Married the humble Bee – and I am Emperor of the Moon* / PRUSSIA
u. r. *GENUINE HOLLANDS*
u. l. *BONEYS PROMISES* / *MEMORY OF THE CROWN OF NAPLES*
unter dem Bildfeld gedrucktes Gedicht in vier Spalten
Just as the RISING-SUN dispels / The gloom of night to bless us with new day, / So genuine Patriotism expels / Vindictive Tyrants from despotic sway. / Thus SPAIN, the source of patriotic worth / (A RISING-SUN of Freedom to the Earth) / Invites the Captive Nations to forego / The Yoke and crush their sanguinary Foe. / Why then ye Nations will ye not embrace / The proferr'd Freedom smiling in your face –? / Why dilli-dally when to sink or rise! // Rests with yourselves – dare ye contemn the prize – / Is Freedom nothing worth, that for her sake / Ye dare not e'en one gen'-rous effort make? / Alas! infatuated Monarchs see, / What is, and what your Fate must ever be. / SPAIN is a SUN arising to illume / The threefold horrors of your future doom, / While she on Fredom's golden wings shall tow'r, / The Arbitress of continental pow'r. / RUSSIA'S a Bear amid impending woes, / Rock'd by the insidious Tyrant to repose. // SWEDEN'S a Warrior of distinguished worth, / Sweden hath giv'n to many heroes birth. / AUSTRIA'S a Phœnix rising renovated, / Whose genial warmth with SPAIN incorporated / Longer disdains to crouch at the fell shrines / Of USURPATION and the foulest crimes. / PRUSSIA, poor Prussia with straight-jacket on / And crown of Straw, proves what delays have done. / DENMARK too half extinguish'd shows / The fruits of leaguing with Old England's Foes. // And HOLLAND, drowsy Holland dreams / Of aggrandizement, potent Kings and Queens. / While POLAND a mere shadow in the rear / (As proof of something once existant there) / Yields to the yoke, nor dares its shackles break, / Lest by so doing she her Freedom stake. / Poor silly mortals, will ye ever bow / To the dread shrine of Tyranny and Woe; / Or by co-operation overwhelm / The Scourge of Nations, and resume the Helm.
sign. u. l. *G-Sauler-Farnham (Rowlandson sculp.)*
bez. dat. u. r. *Pub.ᵈ August 28* [1809] *by R. Ackermann N 101 Strand* (Bild)
bez. u. M. *Published by R. ACKERMANN, 101, Strand, London* (Gedicht)
Radierung, koloriert; Typographie 246×350 mm (345×[472] mm)
Sammlung Herzog von Berry 1980.171.

Die aufgehende Sonne oder ein Blick auf den Kontinent
Die Karikatur ist zusammen mit einer erläuternden Ode auf Spaniens Freiheitsliebe auf einem Blatt abgedruckt. Der Blick auf Europa zeigt Napoleon inmitten der von ihm eliminierten oder kontrollierten Mächte. Über Spanien und Portugal geht indes die Sonne der Freiheit auf. Auf Dornen sitzend und auf den Säbel gestützt, wiegt Napoleon sein russisches Bärchen in den Schlaf, dem er das Maul mit Versprechen zugebunden und Truthahnfleisch («Turkey Meat»: Russland befindet sich 1806–1812 mit der Türkei im Krieg) vorgesetzt hat. Holland hockt auf dem Tabakfass und träumt unter König Louis Bonaparte von besseren Zeiten. Polen ist – als von Napoleon geschaffenes Herzogtum Warschau – ein Schatten seiner selbst, Dänemarks Freiheit durch die Allianz mit Napoleon (1807) unter einem grossen Löschhut erstickt und Preussen – den toten Adler neben sich – übergeschnappt; es singt in der Zwangsjacke selig ein Kinderliedchen. Vorne links liegt Marschall Murats Königreich Neapel unter einem Mahnmal begraben. Einzig Österreich – das bei Aspern (22. Mai 1809) Napoleon erstmals besiegte – und Schweden – mit Säbel und Freiheitshut daran, Russland aufzuwecken – fordern Napoleon heraus. Das Blatt offenbart, wie es den Verbündeten von Englands Feind ergeht, und ruft alle Völker zum Widerstand nach spanischem Vorbild auf.

Le soleil levant ou une vue du continent
La caricature est accompagnée, en-dessous, d'une ode à l'amour de la liberté espagnol. Une vue d'ensemble de l'Europe met en scène Napoléon au milieu des puissances éliminées ou contrôlées par lui. Mais, au-dessus de l'Espagne et du Portugal, le soleil de la liberté est en train de se lever. Assis sur des épines et s'appuyant sur son sabre, Napoléon berce l'ourson russe, auquel il a cloué le bec avec des promesses et en lui présentant de la viande de dinde («turkey meat»: la Russie est en guerre avec la Turquie entre 1806 et 1812). La Hollande est assise sur un tonneau de tabac et rêve de temps meilleurs sous Louis Bonaparte. La Pologne, sous forme de duché de Varsovie créé par Napoléon, constitue une ombre d'elle-même. La liberté du Danemark est étouffée par l'alliance avec Napoléon (1807) sous un grand éteignoir. La Prusse – l'aigle morte à ses côtés – est devenue folle: portant une camisole de force, elle chante, transportée de béatitude, une comptine. En bas à gauche, on aperçoit un monument où est enterré le royaume de Naples du maréchal Murat. Seules l'Autriche – qui a battu Napoléon une première fois près d'Aspern (le 22 mai 1809) – et la Suède – qui, le sabre tiré et coiffée du chapeau de la liberté, est en train de réveiller la Russie – lancent un défi à Napoléon. La gravure révèle ce qui arrive aux alliés de l'ennemi des Anglais et appellent tous les peuples à résister à l'exemple des Espagnols.

The Rising Sun or a View of the Continent
Cartoon and an explanatory ode to Spain's love of liberty appear jointly in this work. Europe is depicted with Napoleon at the centre of all the lands he has either eliminated or controls. Nevertheless, the sun of liberty is rising over Spain and Portugal. Sitting on thorns and leaning on his sabre, Napoleon rocks his little Russian bear to sleep, having tied up his jaws with promises and tempted him with turkey meat (Russo-Turkish war 1806–1812). Holland, seated on a barrel of tobacco, dreams of better times of the past under King Louis Bonaparte. Poland – as the duchy of Warsaw carved by Napoleon – is but a shadow of itself. Denmark's liberty, acquired by alliance to France in 1807, is being smothered under a candle snuffer dunce cap. Meanwhile, Prussia, its dead eagle at its feet, has lost its mind and thus, ensconced in a straitjacket, blissfully intones a children's song. Front left, Marshal Murat's kingdom of Naples lies buried under a memorial stone. Only Austria – who at first was victorious over Napoleon (at Aspern, 22 May 1809) – and Sweden, boasting a freedom hat and brandishing a sabre to awaken Russia, present any sort of challenge to Napoleon. The print reveals how the allies of England's enemy were faring, and exhorts the masses to follow Spain's example and offer resistance.

Il sole nascente o veduta del continente
La caricatura è stampata su uno stesso foglio insieme a un'ode espli-

cativa sull'amore spagnolo per la libertà. La veduta dell'Europa mostra Napoleone fra le potenze da lui eliminate o tenute sotto controllo; sulla Spagna e sul Portogallo, però, sorge il sole della libertà. Seduto su spine e appoggiato alla sciabola, l'imperatore francese ninna il suo orsetto russo, cui ha legato la bocca con promesse e dato carne di «tacchino» (*Turkey*, che sta anche per «Turchia»: negli anni 1806–1812 la Russia è in guerra con l'Impero ottomano). L'Olanda, seduta scompostamente su un barile di tabacco, sotto re Luigi Bonaparte sogna tempi migliori; la Polonia, trasformata da Napoleone in ducato di Varsavia, è solo l'ombra di se stessa; la Danimarca, alleatasi con Napoleone nel 1807, ha perso la sua libertà sotto un grosso spegnitoio; la Prussia impazzita, in camicia di forza e accanto alla sua aquila morta, canta beata una filastrocca. A sinistra, sepolto sotto un monumento, giace quel Regno di Napoli che ora è in mano al maresciallo Murat; a sfidare Napoleone sono solo l'Austria – che ad Aspern ha inflitto a Napoleone la prima sconfitta (22 maggio 1809) – e una Svezia con la sciabola e il cappello della libertà, intenta a destare la Russia. Illustrando la situazione di chi si è alleato col nemico dell'Inghilterra, la caricatura chiama tutti i popoli a seguire l'esempio della resistenza spagnola.

Lit.: Ash S. 303f.; BM VIII 11358; Br I S. 293f., II App. A 764.

101
· MEATEY · PART · · BONE · PART ·
sign. dat. u. r. *Drawn Etched & Pub 5th Apr!. 1810 by W Heath*
Radierung, koloriert
n. best. (240×335 mm)
u. l. Prägestempel mit Biene im Rund
Sammlung Herzog von Berry 1980.269.

Fleischiges – Knochiges
Die Gegenüberstellung der britischen Völlerei und der französischen Hungerleiderei in zwei Teilbildern wird begleitet von einem Wortspiel mit dem Namen Bonaparte. Den «Fleischteil» («meatey part») verkörpert links eine fette Köchin, die ein saftiges Stück Schinken aufträgt und einen riesigen Plumpudding bereithält. Damit will sie Napoleon (rechts) klarmachen, was er bei seiner dauernden Kriege wegen entgehen lässt: Ihm kommt nur der «Knochenteil» («bone part») zu. Zwar sitzt er im prunkvoll ausgestatteten Feldherrenzelt, hat aber nichts zu beissen ausser ein paar Fröschen (Symbol für Frankreichs Revolutionäre), die er auf der Militärtrommel (mit Piratenschädelmotiv) mit seinem Säbel zerteilt. Häuslicher Wohlstand kontrastiert mit martialischem Pomp, der die nationale Armut überdeckt. Der Wirtschaftskrieg der beiden Nationen (Kontinentalsperre), die sich wie Hund und Katze (im Bild) vertragen, bildet den aktuellen Hintergrund der Karikatur.

Côté viande, côté os
L'opposition entre l'abondance britannique et la misère française, mise en évidence par le titre, est soulignée par un jeu de mots sur le nom de Bonaparte. Le «côté viande» («meatey part») est incarné par une énorme cuisinière portant un juteux morceau de jambon et tenant prêt un pudding. Elle veut démontrer à Napoléon ce qu'il perd avec ses guerres incessantes: il doit se contenter du «côté os» («bone part»). Certes, il est assis dans une tente de commandant luxueusement aménagée, mais il n'a rien à se mettre sous la dent, sinon quelques grenouilles (symbole des révolutionnaires français), qu' il découpe à l'aide de son sabre sur son tambour militaire (orné de la tête de mort des pirates). Le bien-être domestique contraste avec la pompe martiale qui masque la pauvreté nationale. La guerre économique entre les deux pays (blocus continental), qui s'entendent comme chien et chat (sur l'image), forme le contexte de la caricature.

Meaty Part – Bone Part
The graphic confrontation between British gluttony and French starvation in this work is accompanied by a pun on the name Bonaparte. Thus we have a «meaty part» – as embodied by a fat cook who serves a juicy piece of ham and reserves an enormous plum pudding for dessert – to make clear to Napoleon all he is missing because of his drawn-out war. For all he gets is … the «bone part»! Although he sits in a luxuriously appointed officer's tent, he has nothing better to bite into than a couple of little frogs (symbolising the French revolutionaries); these he attacks on a military drum (featuring a pirate skull and crossbones motif) with his sabre. Domestic prosperity is made to contrast with martial pomp serving as a front for national poverty. The commercial war between the two nations (the Continental blockade) had them behaving like cat-and-dog; their illustration as such in this work rendered it all the more topical.

A chi la carne, a chi l'osso
Al contrasto fra Inghilterra satolla e Francia affamata le due immagini aggiungono un gioco di parole sul nome «Bonaparte». A sinistra la «parte carnea» (*meatey part*) è personificata da una cuoca obesa, che serve un magnifico pezzo di prosciutto e ha già pronto un *plum pudding*: lo scopo è far capire a Napoleone (sulla destra) di che cosa si stia privando con le sue continue guerre. A Bonaparte spetta solo la «parte ossea» (*bone part*): benché seduto in una lussuosa tenda da generale, Napoleone non ha nulla da mangiare salvo qualche rana (simbolo dei rivoluzionari francesi), che egli taglia con la sciabola sopra un tamburo militare (adorno di un teschio pirata). Il benessere domestico dell'Inghilterra contrasta con lo sfarzo bellico che nasconde la povertà della Francia; retroscena coevo della caricatura è la guerra economica (blocco continentale) fra i due paesi, che si comportano reciprocamente come il cane e il gatto delle immagini.

Lit.: Br I S. 301; II App. A 567; GC 223 (Abb.).

NURSING THE SPAWN OF A TYRANT, / OR FRENCHMEN SICK OF THE BREED.

102
NURSING THE SPAWN OF A TYRANT, / OR FRENCHMEN SICK OF THE BREED.
o. M. *There's no Condition sure so curst as mine Day and Night to dandle such a Dragon – The little Angry Cur snarls while it feeds – See how the Blood is settled in his Scarecrow Face – what brutal mischief sits upon his Brow – Rage and Vengeance sparkle in his Cheeks – the very spawn and spit of its Tyrant Father – Nay now I look again he is the very Picture of his Grandfather the Devil*
u. l. *Send him to his Grand Pappa as quick as possible / COMPOSING DRAUGHT*
Thomas Rowlandson
bez. dat. u. M. *Pub^d April 14th 1811 by Thos Tegg N° III Cheapside*
o. l. Nummer 68
Radierung, koloriert
350 × 246 mm (443 × 275 mm)
Herkunft unbekannt
1980.244. (Doublette 1980.248.)

Den «Laich» eines Tyrannen hegen, oder die Franzosen sind der Brut überdrüssig
Vor dem Vorhang, hinter dem Napoleon entsetzt hervoräugt, verflucht Marie-Louise auf dem Sofa ihr Schicksal und ihr Kind. Gegen den tobenden König von Rom muss sie sich ihres Lebens erwehren; seine Erbanlagen kommen schon voll zur Geltung: Er bedroht seine Mutter mit einem Dolch. Stuhl und Breinapf sind umgekippt. Furchtsam ducken sich hinter dem Sofa Talleyrand als exkommunizierter Bischof und eine andere Gestalt. Er reicht der Mutter einen «Schlaftrunk», um den Wüterich junior «zu seinem Grossvater zu schicken». Gemeint ist der Teufel (vgl. Kat. Nr. 366), dessen Kennzeichen die Mutter am Kind erkennt: Knurren, Brutalität, Bosheit, Raserei, Rachsucht… – das wahre Abbild seines tyrannischen Vaters. Das französische Volk wird Napoleons II. bald überdrüssig sein, meint der Bildtitel. Deshalb will ihn Talleyrand unverzüglich aus dem Weg räumen. Napoleons skeptischer Blick gilt hier wohl dem ehemaligen Aussenminister, der ab 1807 ein politisches Doppelspiel führte und ein Frankreich ohne Napoleon vorbereitete.

L'allaitement de la progéniture d'un tyran ou le ras-le-bol des Français
Devant le rideau derrière lequel Napoléon observe la scène, Marie-Louise, assise sur un sofa, maudit son sort et son enfant. Elle doit se défendre contre le roi de Rome déchaîné, dont les dispositions héréditaires déploient déjà tous leurs effets: il menace sa mère avec un poignard. La chaise et le bol de bouillie sont tombés. Talleyrand – représenté comme évêque excommunié – et un autre personnage s'accroupissent peureusement derrière le sofa. Il tend une «potion soporifique» à la mère pour que le fou furieux junior soit «envoyé chez son grandpère». Il s'agit là du diable (cf. n°. cat. 366), dont les signes distinctifs sont reconnus chez l'enfant par la mère: ronchonnement, brutalité, méchanceté, rage, esprit vindicatif, etc. – le véritable portrait de son père tyrannique. Le titre de la gravure signifie que le peuple français finira bientôt par se lasser de Napoléon II. C'est pourquoi Talleyrand souhaite l'éliminer dès que possible. Le regard sceptique de Napoléon concerne sans doute l'ancien ministre des affaires étrangères, qui joua un double jeu politique à partir de 1807 et prépara une France débarrassée de l'empereur.

Nursing the Spawn of a Tyrant or Frenchmen Sick of the Breed
A horrified Napoleon peeks out from behind the curtain upon Marie-Louise, who curses her fate and her child. She has to fight for her life against the raging King of Rome; his hereditary disposition is rapidly making itself felt in the extreme: he threatens his mother with a dagger; baby chair and porridge bowl have flown to the floor. Talleyrand, as an excommunicated bishop (together with another figure) ducks behind the sofa, raising a cup of sleeping draught to send Hothead Junior «to his Grand Pappa». By this is meant the devil (cf. cat. no. 366), whose features the mother recognises in her snarling, brutal, mischievous, raging, and revengeful infant: «the very spawn and spit of its Tyrant Father». The title points out that the French are «sick of the breed», which is why Talleyrand seeks to put Napoleon II immediately out of the picture. Napoleon's look of scepticism is no doubt directed against the Foreign Secretary, since as of 1807 Talleyrand had taken to playing a two-faced political role, planning a France divested of Napoleon.

Poppata del rampollo di un tiranno, ovvero i francesi stufi della schiatta
Mentre Napoleone spia sgomento da dietro una tenda, sul sofà Maria Luisa maledice la sua sorte e il figlioletto: un Napoleone II furioso, specchio già fedele delle sue predisposizioni ereditarie, che minaccia la madre col pugnale, dopo aver rovesciato la sedia e la tazza della pappa. Dietro il sofà si rannicchiano due personaggi impauriti, uno dei quali – Talleyrand, nei panni di vescovo scomunicato – porge alla donna una «pozione calmante» per mandare il piccolo sanguinario «da suo nonno»: vero ritratto del tiranno suo padre, il bimbo infatti è nipote del diavolo (cfr. n° cat. 366), di cui Maria Luisa riconosce le caratteristiche (ringhi, brutalità, cattiveria, rabbia, vendicatività…). Poiché fra poco, stando al titolo, i francesi saranno stufi del re di Roma, Talleyrand vuole eliminarlo senza indugio; probabilmente lo sguardo scettico dell'imperatore è diretto appunto all'ex ministro degli esteri, che dal 1807 conduceva un doppio gioco politico e preparava una Francia senza Napoleone.

Lit.: Ash S. 321 f. (Det.); BM IX 11721; Br I Tf. S. 298, 303, II App. A 663; GC 228.

103
Bony's Visions or a Great little Man's Night Comforts
o. l. *Wretch I leave thee for ever / Duroc, Savary, Roustan, aux armes aux armes. / I am Palm / I am Toussaint / I am one of your own Soldiers poisoned in the Hospitals in Egypt. / We are the Turkish Prisoners murdered at Jaffa. / I am D'Enghien the blood of your King / Remember Cap.ᵗ Wright / I am Pichegru / I am George*
o. r. *Napolean, lo! Britannia still enjoys the blessings of her Constitution – Surrounded by Liberty, Commerce, and Plenty, supported by her heroes – and attended, by public felicity, she defies thy machinations! – / G III REX*
u. r. *Wellington / Graham / Beresford*
u. l. *Morning Post Courier Peltier Ambigu Satirist Gilray's Caricatures &c. &c. &c. / Dear Image of my darling Nap. Suck milk of Hell instead of pap.*
sign. u. l. *The Caricaturist General fecit*; anonym
bez. dat. u. r. *Published for the Satirist Sept.ʳ 1.ˢᵗ 1811*
Radierung und Aquatinta in Rötelton
Höhe 203 mm (215×352 mm)
u. l. Prägestempel mit Biene im Rund
Sammlung Herzog von Berry
1980.292.

Boney's Erscheinungen oder eines grossen kleinen Mannes nächtliche Behaglichkeit
Unter Umkehrung des Titels von Kat. Nr. 13 kommen hier phantastische Tierwesen, Napoleons Sarg mit Symboltieren und die kaiserliche Familie ins Spiel. Der oft verwendete Katalog der Untaten Napoleons (vgl. Kat. Nr. 96) wird hier um George Cadoudal und Kapitän Wright erweitert. 1804 flog eine bedeutende royalistische Verschwörung um Cadoudal und die Generäle Pichegru und Moreau auf: Cadoudal endete auf der Guillotine, Pichegru starb in Haft (vgl. Kat. Nr. 202), Moreau entkam nach Amerika und fiel auf alliierter Seite in der Schlacht von Dresden (1813). Dasselbe dubiose Ende wie Pichegru ereilte 1805 auch den Engländer Wright, der die Verschwörer nach Frankreich übergesetzt hatte. Die Ermordeten, Teufelchen und der preussische Adler erscheinen dem Kaiser im Traum. Er fährt aus dem Ehebett auf, greift zum Dolch und ruft die Vertrauten Duroc, Savary und Roustam zu Hilfe. Vorne säugt der Teufel den König von Rom mit «Höllenmilch». Eine Höllengestalt entrollt eine Liste mit den Namen englischer Agitatoren gegen Napoleon. Rechts führt ein Putto dem Usurpator die Vorzüge der britischen Monarchie vor Augen: Staatsverfassung, Freiheit, Handel und Überfluss stehen auf einem Podest mit den Namen der in Spanien erfolgreichen Generäle Beresford, Graham und Wellington.

Les visions de Boney ou les réconforts nocturnes d'un grand petit homme
Sous le titre inversé du n°. cat. 13, sont mis en scène des animaux fantastiques, le cercueil de Napoléon – sur lequel figurent des animaux symboliques – et la famille impériale. Le catalogue, souvent utilisé, des atrocités commises par Napoléon (cf. n°. cat. 96) est ici enrichi du sort réservé à Georges Cadoudal et au capitaine Wright. En 1804, on dévoila une importante conspiration royaliste ourdie par Cadoudal et les généraux Pichegru et Moreau: Cadoudal finit à la guillotine, Pichegru mourut en détention (cf. n°. cat. 202), Moreau réussit à s'enfuir en Amérique et mourut – aux côtés des Alliés – lors de la bataille de Dresde (1813). En 1805, l'Anglais Wright, qui avait conduit les conjurés en France, subit la même fin douteuse que Pichegru. Les assassinés, des diablotins et l'aigle prussienne apparaissent dans les rêves de l'empereur. Celui-ci se réveille en sursaut dans le lit conjugal, prend son poignard et appelle au secours les confidents Duroc, Savary et Roustam. Au premier plan, le diable donne à boire du «lait infernal» au roi de Rome. Une figure diabolique déroule une liste indiquant des noms d'agitateurs anglais opposés à Napoléon. A droite, un putto présente à l'usurpateur les avantages de la monarchie britannique: sur une estrade – où sont inscrits les noms de Beresford, Graham et Wellington, généraux victorieux en Espagne –, on aperçoit des représentations d'une constitution d'Etat, de la liberté, du commerce et de l'abondance.

Boney's Visions or a Great Little Man's Night Comforts
Inverting the title to cat. no. 13, this cartoon brings into play imaginary creatures, Napoleon's coffin with symbolic animals, and the imperial family. Expanding on the frequently applied panoply of Napoleonic atrocities (cf. cat. no. 96), this work alludes to the George Cadoudal and Captain Wright affairs. In 1804, a major Royalist conspiracy, involving Cadoudal and the Generals Pichegru and Moreau, was exposed: Cadoudal ended up on the guillotine and Pichegru died in custody (cf. cat. no. 202). Meanwhile, Moreau escaped to America, and would be killed taking sides with the allies at the battle of Dresden (1813). The same dubious end as in Pichegru's case would befall the Englishman Wright, for having ferried the conspirator to France. Assassination victims, little devils, and the Prussian eagle haunt the Emperor's dreams. We see him jumping up from his marriage bed, reaching for his dagger, and calling the trusted Duroc, Savary, and Roustam to his help. In the foreground, the devil is nursing the King of Rome with «the milk of hell». A diabolical figure unscrolls a list of the names of English political agitators against Napoleon while, to the right, a putto presents the usurper with the advantages of the British monarchy: «a Constitution [...] Liberty, Commerce and Plenty». These hold centre stage atop stairs inscribed with the names of generals victorious in Spain (Beresford, Graham, and Wellington).

Visioni di Boney, ovvero conforti notturni di un grande piccoletto
La stampa, che ha titolo invertito rispetto al n° cat. 13, presenta una fauna fantastica, la bara di Napoleone (con animali simbolici) e la famiglia imperiale; all'elenco ricorrente delle vittime napoleoniche (cfr. n° cat. 96), inoltre, aggiunge i nomi di Georges Cadoudal e del capitano Wright. Nel 1804 fu sventata un'importante congiura realista, raggruppata intorno a Cadoudal e ai due generali Pichegru e Moreau; mentre quest'ultimo fuggì in America e cadde poi nelle file alleate a Dresda (1813), Cadoudal venne ghigliottinato, Pichegru morì in carcere (cfr. n° cat. 202) e la stessa sorte misteriosa colpì nel 1805 l'inglese Wright, che aveva trasportato in Francia i congiurati. L'imperatore – che vede in sogno le sue vittime, vari diavoletti e l'aquila prussiana – balza di soprassalto dal letto matrimoniale, afferra il pugnale e chiama in aiuto i fidi Duroc, Savary e Roustam; a sinistra il diavolo allatta il re di Roma con «latte d'inferno». Una figura infernale srotola un elenco di agitatori inglesi antinapoleonici, mentre a destra un putto mostra all'usurpatore i vantaggi della monarchia britannica: su un podio coi nomi di generali vittoriosi in Spagna (Beresford, Graham e Wellington) si ergono la Costituzione, la Libertà, il Commercio e l'Abbondanza.

Lit.: BM IX 11736; Br I S. 304, II App. A 122.

104
JACK FROST attacking BONY in Russia.
o. l. What – Master Bony – have I caught you at last He-teach you Russian fare – take that and that as a relis and degest it. / Snow-ball [zweimal] / Northern lights [zweimal]
o. r. By gare – Monsieur Frost this is a much colder Reception than I expected I never experianced such a pelting before – I find I must take care of my Nose as well as my Toes – Pray forgive me this time and I swear by – – St Dennis, never to enter your-=dominion again. / Snow ball
u. r. Emp^r Alexander / Northern blast / Moscow
u. l. Petersbourgh / Northern Bear Ham / Cossacks
sign. u. l. Des^d – by E – (William Elmes)
bez. dat. u. r. Publised Novem^r 7th 1812 by Thos Tegg N° III Cheapside.
o. r. Nummer 179
Radierung, koloriert
248×350 mm (278×440 mm)
Sammlung Herzog von Berry 1980.173.

Väterchen Frost greift Boney in Russland an
Auf einem Bären reitend, dessen Atem den Eiswind darstellt, überfällt die Kälte – eine alte, nackte, ausgezehrte Schreckgestalt mit wirrem Haar, Bart, Schlittschuhen und dem Nordlicht als Augen – den frierenden Napoleon auf dem Rückzug und bewirft ihn mit Schneebällen. Die kältegewohnten, Pfeife rauchenden Kosaken schauen nach ihm, und Zar Alexander steht angriffsbereit mit seinem Heer in Sankt Petersburg, während die Grosse Armee im abgebrannten Moskau festsitzt und sich notdürftig an einem Feuer wärmt. Der Eindringling hat noch nie einen solch strengen Winter erlebt. Dies eine Mal – so Napoleon – möge ihm doch vergeben sein; bei Saint Denis (Patron des französischen Königtums!) schwört er, nie wieder Jack Frosts Herrschaftsgebiet zu betreten. Die russische Ausweichtaktik, sowie die Strategie der «verbrannten Erde», und die vom Zaren absichtlich verschleppten Verhandlungen zwangen Napoleon in die Knie. Zu einer allfälligen Entscheidungsschlacht in St. Petersburg war die Grande Armée nicht mehr fähig: Am 13. Oktober 1812 brach ein früher Winter an, der zusammen mit den Kosakenangriffen die Streitmacht nahezu auslöschte.

Bonhomme Hiver attaquant Boney en Russie
Chevauchant un ours dont le souffle figure le vent du nord, le Froid – un vieux spectre maigre et nu, les cheveux et la barbe en désordre, des patins au pieds et l'aurore boréale en guise d'yeux – agresse à coups de boules de neige un Napoléon frigorifié qui bat en retraite. Des Cosaques, habitués au froid, fument la pipe et l'observent. A Saint-Pétersbourg, le tsar Alexandre et son armée sont prêts à l'attaque, tandis que la Grande Armée reste assise dans Moscou détruite par les flammes et se réchauffe à un feu de fortune. L'intrus n'avait jamais vécu un hiver aussi rigoureux. Il demande pardon et jure par Saint Denis (patron de la royauté française!) de ne plus jamais pénétrer dans le territoire dominé par Bonhomme Hiver. La tactique d'évitement des Russes, leur stratégie de «la terre brûlée», ainsi que la mauvaise volonté évidente du tsar à faire avancer les négociations, eurent raison de Napoléon. La Grande Armée n'était plus en mesure de livrer une bataille décisive à Saint-Pétersbourg: le 13 octobre 1812 commença un hiver précoce qui, joint aux attaques des Cosaques, anéantit les forces armées françaises.

Jack Frost Attacking Boney in Russia
Riding a bear who breathes out icy winds, Jack Frost is depicted here as an old, naked, cadaverous horror figure with dishevelled hair, a beard, skates, and the Northern Lights as eyes. He overtakes Napoleon during the latter's retreat and bombards him with snowballs, while pipe-smoking Cossacks altogether at ease in the cold weather stand by observing the scene. In Saint Petersburg, Tsar Alexander and his troops are ready to attack, while the Grande Armée sits stuck in burnt down Moscow, barely able to warm themselves over a fire. The intruder has never before experienced such a severe winter. «Forgive me this time,» he implores, swearing «by St. Denis» (the patron saint of the French monarchy) «never to enter your dominion again.» The Russian dodge-technique and their «scorched earth» strategy, together with the Tsar's deliberate protraction of the negotiations, have brought Napoleon to his knees. His Grande Armée was no longer capable of dealing a decisive blow in Saint Petersburg. October 13th 1812 saw the onslaught of an early winter which, together with the Cossack attacks, just about wiped out Napoleon's military force.

Jack Frost attacca Boney in Russia
Un Napoleone intirizzito e in ritirata è aggredito da un vecchio nudo e scheletrico a cavallo di un orso (il cui fiato rappresenta il vento glaciale), con pattini da ghiaccio, barba e capelli arruffati nonché occhi definiti «aurore boreali»: il simbolo orrendo del gelo (*frost*), che lo bersaglia con palle di neve. I cosacchi, avvezzi al freddo, guardano e fumano la pipa, mentre a San Pietroburgo lo zar Alessandro e il suo esercito sono pronti all'attacco; la Grande Armata, ferma a Mosca, si riscalda alla bell'e meglio grazie al fuoco che ha distrutto la città. L'invasore, che mai ha sperimentato un inverno così rigido, per quest'unica volta vorrebbe essere perdonato… e giura su S. Dionigi, patrono del Regno (!) francese, di non mettere mai più piede nelle terre di Jack Frost. La tattica russa di ripiegamento, la strategia della «terra bruciata» e la lentezza intenzionale dello zar nelle trattative misero in ginocchio Napoleone; il suo esercito, quasi distrutto da un inverno iniziato in anticipo (13 ottobre 1812) e dagli attacchi cosacchi, non era più in grado di affrontare un eventuale scontro decisivo a San Pietroburgo.

Lit.: Ash S. 331; BM IX 11918; BN IV 8790; Br I S. 313f., II App. A 469; GC 233 (Abb.).

105
POLISH DIET, with FRENCH Desert.
o.l. *How do you like Benningsen Baisting – – Master Bony – and your Frogs. / Our situation may be fun for you – Mr Bear – but Death to us*
o.r. *I'll Roast – Beast – Dish – and Devour you, he Smoaks Brothe Bruin – an other turn and he is done. / Corsican Broth / Russia Iron / Benningsen^s baisting^s*
u.r. *Russia duck / Ice Cream / Russian Sauce*
u.M. *sop – for Cossacks / French Capers*
u.l. *Bears grease / Westphielea ham*
sign. u.l. E^s ⊕ (William Elmes)
bez. dat. u.r. *Pub^d Decem^r 8. 1812 by Thos Tegg N° III Cheapside – London.*
o.r. Nummer *182*
u.l. *Price one Shilling Coloured*
Radierung, koloriert
250 × 348 mm (278 × 440 mm)
Sammlung Herzog von Berry 1980.174.

Polnische Diät mit französischem Nachtisch
Der einäugige Koch, Generalfeldmarschall Kutusow, steht am Herd, droht Napoleon mit dem Fleischklopfer und übergiesst seinen Widersacher, den der russische Bär am Spiess dreht, mit «Bennigsen-Marinade». Ein Becken fängt den heruntertropfenden Saft «für die Kosaken» auf. Auf dem Feuer brodelt «korsische Kraftbrühe», und links springen Frösche (Frankreichs Revolutionäre) aus einer Bratpfanne in die Flammen. Im Vordergrund stehen «Bärenfett», «französische Kapern/Kapriolen», «russische Sauce» und «Eiscreme» für ein üppiges Mahl bereit. Die Szene von derber Komik bedeutet für Napoleon und seine Soldaten den Tod in Russland. Denn Kutusow hat grossen Appetit: Noch einmal gewendet, sei der Braten gar, den er sogleich anrichten und verzehren werde. Unter Kutusow, dem russischen «Helden des Vaterlandes», errang der 1807 in Polen unterlegene General Bennigsen am 18. Oktober 1812 bei Moskau einen Sieg über Marschall Murat. Der «Westfalen-Schinken» des Bären verweist auf Jérôme Bonaparte, König von Westfalen, der als Kommandant des rechten Flügels der Grossen Armee versagte und desertierte. Der Bildtitel spielt mit doppelsinnigen (homonymen) Wörtern und deutet Napoleons Rückzug aus Russland als gerechte Strafe für die «Befreiung» Polens.

Diète polonaise avec dessert français
Le cuisinier borgne – le commandant Kutusov – s'est mis aux fourneaux; il menace Napoléon du battoir à viande et verse une «marinade façon Bennigsen» sur son adversaire, cuisiné à la broche, que fait tourner l'ours russe. Une bassine recueille le jus qui dégoutte, réservé «pour les cosaques». Un «consommé corse» bouillonne sur le feu, tandis qu'à gauche des grenouilles (révolutionnaires français) sautent de la poêle dans les flammes. De la «graisse d'ours», des «câpres/cabrioles françaises», une «sauce russe» et de la «crème glacée» – prévues pour un repas copieux – sont tenues prêtes au premier plan. D'un comique grossier, cette scène signifie pour Napoléon et ses soldats la mort en Russie. Car Kutusov a un grand appétit: tourné une dernière fois, le rôti devrait être assez cuit d'un instant à l'autre, de telle sorte qu'il ne faille plus que mettre la dernière main au repas, le servir et le consommer. Sous les ordres de Kutusov, «héros de la patrie» russe, le général Bennigsen – battu en 1807 en Pologne – remporta une victoire sur le maréchal Murat, le 18 octobre 1812, près de Moscou. Le «jambon de Westphalie» de l'ours fait allusion à Jérôme Bonaparte, roi de Westphalie: commandant de l'aile droite de la Grande Armée, il échoua et déserta. Le titre de l'image joue avec des mots à double sens (homonymes) et interprète la retraite napoléonienne de Russie comme une juste punition pour la «libération» de la Pologne.

Polish Diet with French Des(s)ert
The one-eyed cook, Field Marshal Kutuzov, stands before the (chimney) stove threatening his adversary Napoleon with the meat mallet and basting him – while he is being turned on the spit by the Russian bear – with «Bennigsen's basting». A basin catches the drippings «for the cossacks», and a «Corsican broth» simmers over the fire. To the left, frogs (France's revolutionaries) jump out of the pan into the flames. In the foreground are the makings of a succulent meal: «bear's grease», «French capers» [sic!], «Russian sauce», and «ice cream». The coarsely humorous scene signifies death in Russia for Napoleon and his soldiers, for Kutuzov has a huge appetite. Only one more turn on the spit, he says, and the roast will be ready for him to immediately dress and devour. Under Kutuzov, the «Fatherland hero», General Bennigsen who suffered defeat in Poland in 1807 – achieved a victory over Marshal Murat near Moscow on 18 October 1812. The bear's «Westphalia ham» alludes to Jerôme Bonaparte, King of Westphalia, who as commander of the Grande Armée's right wing failed and deserted. The work's title represents a play on the homonymic implications of «diet» and «desert», signifying that Napoleon's retreat from Russia was just punishment for his «liberation» of Poland.

Dieta polacca con dessert francese
Il titolo, che gioca sul doppio senso (culinario e politico) di «dieta polacca», interpreta la ritirata napoleonica dalla Russia come giusta punizione (*desert*) per la «liberazione» della Polonia. Napoleone è infilzato su uno spiedo, che l'orso russo provvede a far girare; accanto al camino un cuoco monocolo (il generale feldmaresciallo Kutuzov) minaccia il nemico col pestacarne e gli versa sopra una «marinata di Bennigsen». Il sugo che gocciola dallo spiedo è raccolto in un recipiente «per i cosacchi»; sul fuoco bolle un «brodo còrso». A sinistra alcune rane (i rivoluzionari francesi) saltano da una padella nelle fiamme; in primo piano sono pronti a completare il ricco pasto «grasso di orso», «capperi [o capriole] francesi», «salsa russa» e «gelato». Di comicità grossolana, la scena sta a indicare la prossima morte in Russia di Napoleone e dei suoi soldati, perché il cuoco ha un appetito gagliardo: ancora un altro giro di spiedo e l'arrosto sarà cotto, subito servito e divorato. Il 18 ottobre 1812 il generale Bennigsen, sconfitto nel 1807 in Polonia, agli ordini di Kutuzov («eroe della patria» per i russi) batté presso Mosca il maresciallo Murat. Il «prosciutto di Vestfalia» sulla coscia dell'orso allude a Gerolamo Bonaparte, re di Vestfalia, che come comandante dell'ala destra della Grande Armata non ebbe successo (e abbandonò le sue truppe).

Lit.: Ash S. 332; BM IX 11919; BN IV 8786; Br I S. 314, II App. A 707; GC 238.

106
Boney Hatching a Bulletin or Snug Winter Quarters!!! –
o. l. *By Gar he is almost lost!! / Vat de devil shall Ve say in de Bulletin?*
o. r. *Say!!!! why Say We have got into Comfortable Winter Quarters, and the Weather is very fine & will last 8 days longer. say we have got plenty of Soup Meagre plenty of Minced Meat – Grilld Bears fine Eating – driving Cut-us-off to the Devil Say we shall be at home at Xmas to dinner – give me love to darling – don't let John Bull know that I have been Cow poxed – tell a good lie about the Cossacks D. – e it tell any thing but the Truth*
u. r. *ViVE LA' EMP[...]NAPOL[...]*
sign. u. r. *G C^k del* (George Cruikshank)
bez. dat. u. l. *Published Decr 1812 by Walker & Knight Sweetings Alley Royal Exchange*
Radierung, koloriert
247 × 347 mm (277 × 440 mm)
Sammlung Herzog von Berry
1980.176.

Boney ersinnt ein Bulletin oder behagliche Winterquartiere
In diesem Meisterstück der grotesken Überzeichnung thematisiert Cruikshank die Verfälschung der Wirklichkeit in Napoleons Heeresbulletins. Am 19. Oktober 1812 verliess sein Heer das abgebrannte Moskau, um Vorräte und Winterquartiere zu finden. Der hereinbrechende Winter setzte der bereits geschwächten Grande Armée enorm zu. Doch die Heimat brauchte Erfolgsmeldungen, um das Regime zu stützen. Optimistisch sprach das 27. Bulletin von schönem Wetter und der Einquartierung der Truppen; «faux comme un bulletin» wurde damals zur Redewendung. In der Karikatur liegt die ganze Armee unter der Schneedecke begraben, nur Standarten, Bajonette und Jakobinermützen ragen heraus. Von Napoleon ist bloss sein riesiger Hut und sein angstverzerrtes Gesicht zu sehen. Ein Kurier auf Schneeschuhen kommt herbei und erschrickt. Halb freigekämpft hat sich ein Dragoner, der den Kaiser fragt, was er im Bulletin mitteilen soll: Komfort, gute Ernährung, baldige Heimkehr und Sieg über Kutusow – irgendwas, bloss nicht die Wahrheit, antwortet dieser. In «Cool Summer Quarters» (BM IX 12086) schuf Cruikshank im Oktober 1813 das Gegenstück zu diesem Blatt.

Boney concoctant un bulletin ou de confortables quartiers d'hiver
Dans ce chef-d'œuvre du dessin grotesque, Cruikshank traite de la falsification de la vérité dans les communiqués de Napoléon. Le 19 octobre 1812, l'armée française abandonna Moscou détruite par les flammes, à la recherche de provisions et de quartiers d'hiver. La Grande Armée, épuisée, fut durement éprouvée par le froid. Mais la patrie attendait qu'on lui annonce des succès: il s'agissait de soutenir le régime. Optimiste, le vingt-septième bulletin parlait du beau temps et du cantonnement des troupes; «faux comme un bulletin» disait une formule de l'époque. Dans la caricature, l'armée au complet est enterrée sous la neige, seuls dépassent les étendards, les baïonnettes et les bonnets révolutionnaires. De Napoléon, on ne voit que l'immense chapeau et le visage défiguré par l'angoisse. Un courrier monté sur raquettes s'approche et prend peur. Un dragon, qui s'est à moitié dégagé, demande à l'empereur ce qu'il doit écrire dans le bulletin: confort, nourriture excellente, retour imminent à la maison et victoire sur Koutouzov, tout sauf la vérité, répond celui-ci. En octobre 1813, dans «Cool Summer Quarters» (BM IX 12086), Cruikshank créa le pendant de cette gravure.

Boney Hatching a Bulletin or Snug Winter Quarters
In this masterfully exaggerated depiction, Cruikshank highlights the distortion of truth in Napoleon's military bulletins. On 19 October 1812, the Grande Armée had left a burnt down Moscow in quest of supplies and winter quarters. The onslaught of winter pressed hard upon the already weakened troops, but the homeland was in need of notices of success in order to continue upholding the regime. Thus the 27th Bulletin optimistically informed of the good weather and the billeting of the soldiers: «faux comme un bulletin» (as untrue as a bulletin) became a figure of speech of the times. The cartoon shows the whole army buried under snow, with only their standards, bayonets, and Jacobin caps rising out. All that is visible of Napoleon is his outsized hat and his face – contorted with fear. The scene gives a fright to a courier arriving on snowshoes. A dragoon, having half-freed himself from the snow, asks the Emperor what to announce in the bulletin: say we are comfortable, well fed, will soon be coming home, and have won over Kutuzov – say anything but the truth. «Cool Summer Quarters» (BM IX 12086), a work Cruikshank would publish in October 1813, constitutes a pendant to this piece.

Boney cova un bollettino, ovvero i comodi quartieri invernali
In questo capolavoro di montatura grottesca, Cruikshank affronta la falsificazione della realtà nei bollettini di guerra napoleonici. Il 19 ottobre 1812 i francesi abbandonarono Mosca, ridotta in cenere, per cercare altrove provviste e quartieri invernali; il loro esercito, già logoro, fu provato enormemente dall'arrivo dell'inverno. Poiché in patria, però, occorrevano buone notizie a sostegno del regime, il bollettino n° 27 parlò ottimisticamente di bel tempo e acquartieramenti di truppe; in Francia divenne allora proverbiale l'espressione «falso come un bollettino». Nella caricatura la Grande Armata appare sepolta nel manto nevoso, da cui spuntano solo stendardi, baionette e berretti frigi; di Napoleone non si vedono che il gigantesco copricapo e la smorfia di paura. Un corriere su sci rudimentali si avvicina e guarda spaventato, mentre un dragone, liberatosi a metà dalla neve, domanda che cosa scrivere nel bollettino; l'imperatore risponde di menzionare gli acquartieramenti comodi, il vitto buono, il rapido ritorno a casa, la vittoria su Kutuzov e «qualsiasi cosa fuorché la verità». A questa stampa Cruikshank si rifece più tardi (ottobre 1813) nell'opera *Cool Summer Quarters* (BM IX 12086).

Lit.: Ash S. 332 f.; BM IX 11920; BN IV 8788; Br I S. 314, II App. A 96; Cl Ftf. XII S. 108; GC 235 (Abb.); Kat. BB 16; Kat. H85 56.

107
COSSACKS, FLYING to ANNOY.
dahinter *vide Bonaparte's 28th Bulletin,*
darunter *Dedicated to Napoleon the Great, by his Non Allie John Bull.*
anonym
bez. dat. u. l. *Pub.^{d} Jany 1. 1813 by S Knight, late Walker & Knight, N° 3 Sweetings Alley Roy.^{l} Exch,^{e}.*
u. l. *Plate 2,*
Radierung, koloriert
237×358 mm (282×[425] mm)
Sammlung Herzog von Berry
1980.201.

Kosakentaktik: Überraschung und Zermürbung
Die Satire verwendet keine karikaturistischen Gestaltungselemente; sie kommt einzig durch die Widmung «Napoleon dem Grossen – von seinem Nichtverbündeten John Bull» in Verbindung mit dem Titel zum Ausdruck. Ein russischer Befehlshaber – vielleicht General Platow – schickt seine Kosaken zum überraschenden Geplänkel mit den (hier nicht dargestellten) erschöpften französischen Truppen aus. Ungestüm zogen die furchterregenden Lanzenreiter los, um den Rückzug des Feindes zu stören und diesen aufzureiben. Das Blatt nimmt Bezug auf das 28. Bulletin der Grossen Armee (22. November 1812): «Seit dem Gefecht von Malojaroslavec [24.–25. Oktober 1812] hatte die Vorhut den Feind nicht zu Gesicht bekommen, abgesehen von den Kosaken, die wie die Araber um die Flanken streichen und Reitkünste vollführen, um uns einzuschüchtern.»

Des Cosaques voltigeant pour inquiéter
La satire n'utilise aucun des éléments de mise en scène chers aux caricaturistes; elle est uniquement exprimée par la relation entre le titre et la dédicace «pour Napoléon le Grand – par son non-allié, John Bull». Un commandant russe – peut-être le général Platov – envoie ses Cosaques tendre des escarmouches aux troupes françaises épuisées (elles ne sont pas représentées ici). Les terribles et fougueux lanciers se ruent en avant, afin de perturber la retraite de l'ennemi, et anéantir ce dernier. La gravure se réfère au vingt-huitième bulletin de la Grande Armée (22 novembre 1812): «Depuis le combat de Maloïaroslavetz [24–25 octobre 1812], l'avant-garde n'avait point vu l'ennemi, si ce n'est pas les Cosaques, qui, comme les Arabes, rôdent sur les flancs et voltigent pour inquiéter.»

Cossacks Flying to Annoy
The satire in this work does not derive from the cartoon itself but solely from the title dedication «To Napoleon the Great, by his non-ally John Bull». The image thus dedicated shows a Russian commander – perhaps General Platov – sending his Cossacks on a surprise skirmish against the extenuated French troops (not portrayed here). The terrifying uhlans struck out vehemently at the enemy to harass and exhaust them during their retreat. The work refers to the 28th Bulletin of the Grande Armée (22 November 1812): «Since the battle of Maloyaroslavec [24–25 October 1812], the vanguard had not caught sight of the enemy, except for the Cossacks who, like the Arabs, lurk around the troop flanks performing their acrobatics in order to stir up trouble.»

Cosacchi che volteggiano per infastidire
In mancanza di elementi compositivi caricaturali, il messaggio satirico appare solo grazie alla dedica che segue il titolo («A Napoleone il Grande, dal suo non-alleato John Bull»). Un comandante russo (forse il generale Platov) invia i cosacchi a compiere rapidi attacchi di sorpresa contro le truppe francesi esauste (qui non rappresentate); armati di lance, i terribili cavalleggeri si avviano impetuosi a logorare il nemico disturbandone la ritirata. La stampa si riferisce al bollettino n° 28 della Grande Armata (22 novembre 1812): «Dallo scontro di Malojaroslavec [24–25 ottobre 1812] l'avanguardia non aveva mai visto nemici salvo i cosacchi, che come gli arabi si aggirano sui fianchi e volteggiano per infastidire.»

Lit.: Br I S. 314 f., II App. A 243.

108
COSACK MODE of ATTACK.
darunter *Drawn after Nature and Dedicated to Napoleon the Great.*
anonym
bez. dat. u. l. *Pub,^{d} Jany 1st 1813 by S Knight, late Walker & Knight N° 3 Sweetings Alley Roy,^{l} Exch.^{e}*
u. r. *Plate. 1.*
Radierung, koloriert
232×355 mm (277×435 mm)
Sammlung Herzog von Berry
1980.177.

Angriffstaktik der Kosaken
Wie die Tafel 2 (Kat. Nr. 107) behandelt das Blatt die Kosakenangriffe, die Napoleons verendendem Heer auf dem Rückmarsch aus Moskau die letzte Hoffnung nahmen. Hier wird die sehr effiziente Taktik der leichten Reitertruppen demonstriert. Blitzartig und aus dem Hinterhalt preschten sie geduckt heran und überraschten den Feind (hier Garde-Jäger zu Pferd oder Elite-Husaren). Wenig Angriffsfläche bietend, trafen sie den Feind, der hier nur mit dem Säbel (für den Nahkampf) ausgerüstet ist, mit ihren Langspiessen und Faustfeuerwaffen aus sicherer Distanz. Die satirische Färbung erhält das Blatt durch die Widmung eines «Augenzeugen» (unter dem Titel): «Napoleon dem Grossen».

Attaque à la mode cosaque
A l'instar de la planche 2 (n^o. cat. 107), la gravure illustre les attaques des Cosaques qui ôtèrent tout espoir à l'armée napoléonienne, moribonde, lors de la retraite de Moscou. La cavalerie légère démontra alors l'efficacité de sa tactique. Rapides comme l'éclair, les Cosaques se tenaient en embuscade et surprenaient l'ennemi (ici chasseurs à cheval ou hussards d'élite). Offrant peu de surface d'attaque et gardant une certaine distance, ils frappaient l'adversaire – lequel n'était armé que de son seul sabre dans la perspective de combats rapprochés – avec leurs lances et leurs armes de poing. La dédicace d'un

«témoin oculaire» (en sous-titre) à «Napoléon le Grand» confère à la gravure sa coloration satirique.

Cossack Mode of Attack
Just like Plate 2 (cat. no. 107), this cartoon deals with the Cossack attacks that were squelching the very last hopes of Napoleon's perishing troops in their retreat from Moscow. In the particularly efficient light cavalry tactic being depicted, the attacker, first lying in ambush, appears swift as lightning to surprise the enemy (in this case, Rifle Guards on horse, or Elite-Hussars) who, armed with only a sabre (for close combat), can be assailed easily at a distance with long lances and handguns. The satirical note derives from the caption mention «drawn after nature and dedicated to Napoleon the Great».

Attacco alla cosacca
Come la tavola 2 (n° cat. 107), l'immagine mostra l'efficacissima tattica cosacca che durante la ritirata di Russia distrusse le ultime speranze di una Grande Armata moribonda: imboscate fulminee di cavalleggeri che, lanciati al galoppo e appiattiti, offrivano scarsa superficie d'attacco ai nemici (qui cacciatori della guardia a cavallo o ussari scelti, armati solo di sciabole per lo scontro ravvicinato), colpendoli da distanza sicura con lunghe lance o con pistole. La stampa è resa satirica dal fatto che l'artista, sedicente testimone degli eventi, la dedica a «Napoleone il Grande».

Lit.: –

109
Specimen of RUSSIAN Chopping BLOCKS
unter dem Bildfeld Многоли Вась? аль всђ ужь! – Такђ Къстати идосталь дорубить чтобъ / впредь не тревожили [Gibt es noch viele von euch? Es sind ja schon alle! – So hat er sie im übrigen vollständig zusammengeschlagen, damit sie in Zukunft nicht mehr stören.] / *So you'r the last! says this brave honest Man, Now Nap return to Russia if you can*[*!*]
sign. u. r. *Etched by G. Cruikshank* darüber *Copied from an Original Russian Print*
bez. dat. u. r. (im Bild) *Pub^d by H. Humphrey St James's Str^t Jany 8th 1813*
Radierung, koloriert
218 × 268 mm (247 × 353 mm)
Sammlung Herzog von Berry 1980.191.

Wie ein Russe Holzklötze (Dummköpfe) spaltet
Aufgrund einer russischen Karikatur vom November 1812 (Br II App. G 45) gestaltet, belegt das Blatt den regen und raschen Austausch zwischen dem Zarenreich und dem Vereinigten Königreich. Mehrere russische Spottblätter wurden in jenem Winter in England kopiert oder nachgestaltet und in propagandistischer wie kommerzieller Absicht verbreitet; George Cruikshank spielte eine Hauptrolle: Sechs seiner Arbeiten verdanken sich russischen Vorlagen (Kat. Nrn. 46, 52–53, 109, 117, 121). Sie haben – außer Kat. Nr. 117 – den russischen Widerstand gegen den französischen Eindringling zum Thema und preisen im Modell des Landmannes die Stärke und körperliche wie charakterliche Überlegenheit der russischen Nation. Karikiert wird der Franzose, während sich der bärtige Russe in seiner typischen Tracht tapfer, schlau und unzimperlich zur Wehr setzt. Im vorliegenden Fall zieht ein bäuerischer Milizsoldat seine blutige Axt auf, um auch den letzten französischen Soldaten zu erschlagen. Sein Opfer, ein Offizier in löchriger Uniform, kniet über zwei Kameraden mit offenem Schädel und versucht, den überraschenden Hieb mit der zerbrochenen Adlerstandarte abzuwehren: Auch dieser «Klotz/Dummkopf» (engl. «block») wird gespalten. (Zum Motiv vgl. Kat. Nr. 122)

Spécimen de billots russes
Conçue sur la base d'une caricature russe de novembre 1812 (Br II app. G 45), l'estampe constitue une preuve des échanges intenses et rapides entre la Russie tsariste et le Royaume-Uni. Au cours de cet hiver, plusieurs images satiriques furent copiées ou recomposées en Angleterre et diffusées à des fins aussi bien de propagande que commerciales. George Cruikshank joua un rôle-clef: six de ses travaux s'appuient sur des modèles russes (cf. n°s: cat. 46, 52–53, 109, 117, 121). A l'exception du n°. cat. 117, ces caricatures ont pour thème la résistance russe contre l'intrus français et glorifient, à travers l'idéal du cultivateur, la force et la supériorité – physique et de caractère – de la nation russe. Tandis que le Français est présenté sous des traits caricaturés, le Russe, portant la barbe, apparaît dans son costume typique, en train de se défendre avec bravoure, ruse et dureté. En l'occurrence, un soldat de milice lève sa hache ensanglantée afin d'assommer encore le dernier des militaires français. Un officier, vêtu d'un uniforme troué, est la victime; il s'est agenouillé au-dessus de deux camarades au crâne ouvert, et essaye de parer le surprenant coup russe à l'aide d'un étendard brisé, surmonté d'une aigle: ce «billot/saligaud» (angl. «block») sera lui aussi fendu. (A propos du motif, cf. n°. cat. 122)

Specimen of Russian Chopping Blocks
Instigated by a Russian cartoon of November 1812 (Br II App. G 45), this work bears witness to the rapidity and liveliness of the exchange of ideas between the Tsarist empire and the United Kingdom. A number of Russian satirical pieces were copied or imitated in England in the winter of 1812/1813, and distributed to both propaganda and commercial ends. George Cruikshank played a leading role in this connection: six of his cartoons are based on Russian models (cat. nos. 46, 52–53, 109, 117, 121). With the exception of cat. no. 117, their subject matter is the Russian resistance against the French intruder, with a particular fondness for the countryman as a model of the Russian nation's strength, its physical and mental superiority. It was the Frenchman whom they turned in derision, whereas the bearded boor was portrayed in typical native costume – a brave, clever, and rough figure seeking to defend himself and his country. In the present work, a peasant militiaman has raised his bloody ax to slay the last French soldier. His victim, an officer in tattered uniform, kneels over two of his comrades whose skulls have been shattered and endeavours, using a broken eagle standard, to ward off the surprise blow. But this «blockhead» as well will be chopped down (with regard to this motif, cf. cat. no. 122).

Esemplare di russo che taglia ceppi
La composizione, che si rifà a una stampa russa del novembre 1812 (Br II app. G 45), attesta la fittezza e rapidità degli scambi fra l'Impero russo e il Regno Unito. In quell'inverno varie caricature russe furono copiate o imitate in Inghilterra e diffuse a scopo sia propagandistico sia commerciale; seguono modelli russi, soprattutto, sei opere di George Cruikshank (n¹ cat. 46, 52–53, 109, 117, 121), dedicate – salvo il n° cat. 117 – alla resistenza russa contro gli invasori francesi. Nella figura del contadino queste stampe elogiano la forza e la superiorità fisica e morale del popolo russo; il francese ha tratti caricaturali, mentre il suo nemico – barbuto e nel

costume tipico – si difende con valore, in modo astuto e senza mezzi termini. Qui un contadino della milizia alza l'accetta sanguinolenta per abbattere anche l'ultimo francese (un ufficiale con la divisa a buchi, in ginocchio su due commilitoni dal cranio spaccato), che cerca di parare il colpo inatteso con uno stendardo imperiale spezzato: anche quel *block* («ceppo» o «testa dura») sta per essere tagliato… Sul soggetto, cfr. n° cat. 122.

Lit.: BM IX 11995; Br I S. 316, II S. 171 Anm. 1, App. A 823.

110
Murat REVIEWING the GRAND ARMY!!!!!! –
o. *If I be not asham'd of my Soldiers I'll be D – d. by Gar they are truly Miserable! the very scum of the Earth: the Refuse of Mankind the Sweepings of Hospitals & Workhouses! Dunghill Cocks, not fit to Carry guts to a Bear!! Wretches with Hearts in their bellies no bigger then pins heads Slaves as ragged as Lazarus – there isn't half an inch of Shirt amongst them all! Zounds the Russians will think I have unloaded all the Gibbets, & prest the dead bodies, but however the Crows & the Cossacks will soon put an end to them*
u.l. *Boney Part*
sign. u. l. *G. Cruik fec.t* (George Cruikshank)
bez. dat. u. r. *Pubd Jan.y 1813 by Walker & Knight Sweetings Ally Royal Exchange*
Radierung, koloriert
253×357 mm (280×435 mm)
Sammlung Herzog von Berry 1980.180.

Murat inspiziert die Grosse Armee
Unüberbietbar lächerlich ist der aus allen Truppengattungen zusammengewürfelte Haufen komischer Jammergestalten, der – auf einem Glied besammelt – die Grosse Armee darstellt. Der inspizierende Marschall Murat sitzt auf einem Klappergestell von Pferd, dessen Hinterteil mit «Boney Part» (vgl. Kat. Nr. 101) beschriftet ist und somit klarstellt, wer dieser «Streitmacht» seinen Stempel aufgedrückt hat. Der Befehlshaber drückt seine Scham über diese Truppe aus: Den Abschaum der Menschheit, den Kehrricht aus Siechen- und Armenhäusern, herzlose Schurken, Sklaven in Lumpen, nennt er sie und meint, die Russen müssten denken, er habe sämtliches Galgenfleisch abgehängt und die Kadaver zum Kriegsdienst gezwungen. Er tröstet sich damit, dass die Krähen und die Kosaken diesen bald ein Ende bereiten werden. Obgleich der Rückzug der Grossen Armee, welche Napoleon unter Murats Kommando stellte und am 5. Dezember 1812 verliess, den Anstoss zur Karikatur gab, zielt hier Cruikshank in seiner Beurteilung der französischen Soldaten viel tiefer. Er deutet ihr Elend letztlich aus dem Wesen des Franzosen, der – so will es die britische Bildpropaganda – ein sitten- und ehrloser, unbändiger und ungläubiger Triebmensch sei – kurz: ein Revolutionär.

Murat passant la Grande armée en revue
La bande de pauvres diables hétéroclites représentant la Grande Armée, est particulièrement grotesque. Ils sont alignés sur un rang, chacun étant issu d'une arme différente. Le maréchal Murat fait son inspection hissé sur un cheval; l'arrière-train de celui-ci porte l'inscription «Boney Part» (cf. n°. cat. 101), désignant clairement le personnage qui a marqué cette «armée» de son empreinte. Le commandant exprime la honte qu'il ressent devant la troupe: rebut de l'humanité, détritus des hospices et des asiles de pauvres, misérables sans cœur, esclaves en haillons, dit-il, les Russes doivent penser qu'il a dépendu le gibier de potence et contraint les cadavres à servir à la guerre. Ce qui le console, c'est que les Cosaques et les corneilles auront bientôt fait de les décimer. Bien que la retraite de la Grande Armée, dont Napoléon confia le commandement à Murat et qu'il abandonna le 5 décembre 1812, ait inspiré la caricature, Cruikshank vise plus loin. Il interprète l'état misérable de l'armée par la nature même du Français qui – comme le voulait la propagande illustrée britannique – est un être instinctif, immoral et infâme, indomptable et incroyant, bref: un révolutionnaire.

Murat Reviewing the Grande Armée
This work depicts a bunch of funny-looking and miserable wretches scrounged from all branches of the military and standing in rank, where they represent a Grande Armée at the height of ridicule. Reviewing them, Marshal Murat sits astride a bag of bones clearly stamped «Boney Part» on the rear (cf. cat. no. 101), leaving no doubt as to whose seal is apposed to this «military force». The commander expresses his shame over the troops: «the very scum of the earth […] the sweepings of hospitals and workhouses», heartless rogues and ragged slaves. Surely, Murat opines, the Russians must think he «unloaded all the gibbets» and pressed the corpses into military service. His only solace is that the crows and Cossacks will no doubt soon finish them off. Although the cartoon was inspired by the retreat of the Grande Armée (such as Napoleon had entrusted it to Murat's command, and which he fled on 5 December 1812), this portrait of the French soldiers in fact touches upon a deeper level of criticism. To Cruikshank, the state of the French army had to do with the very nature of the French who, according to British cartoon propaganda, were an immoral, dishonourable, unruly, and unbelieving carnal people or, in short, revolutionaries at heart.

Murat passa in rassegna la Grande Armata
Con comicità insuperabile, la Grande Armata è rappresentata da un'unica fila raccogliticcia di personaggi pietosi e ridicoli, esponenti di tutte le armi. Murat, che li passa in rassegna, cavalca una brenna scheletrita sul cui posteriore appare la scritta «Boney Part» (cfr. n° cat. 101), marchio evidente di colui che ha approntato quell'«esercito»; il maresciallo esprime la propria vergogna per soldati che definisce feccia dell'umanità, rifiuti di ospizi e di ospedali, canaglie senza cuore e schiavi straccioni. Stando alle sue parole, i russi penseranno che ha staccato dalle forche tutti i corpi degli impiccati e li ha costretti al

servizio militare; per sua consolazione, però, corvi e cosacchi non tarderanno a finire una simile truppa. Benché spunto della caricatura sia la ritirata della Grande Armata (che Napoleone abbandonò il 5 dicembre 1812, affidandola al comando di Murat), qui Cruikshank esprime sulle truppe napoleoniche un giudizio ben più incisivo, attribuendo le loro disgrazie, in ultima analisi, alla natura gallica: nelle stampe inglesi di propaganda il francese è tipicamente passionale, scostumato, disonesto, indisciplinato e miscredente, insomma rivoluzionario.

Lit.: BM IX 12002; Br II App. A 587.

111
THE NARROW ESCAPE, or, BONEY·S,· GRAND LEAP, «a la GRIMALDI!! –
darunter «*No sooner had Napoleon alighted, & / entred a miserable house for refreshment, then a party of Cossacks rushed in after him.- Never was Miss Platoff so near Matrimony !!! / Had not the Emperor been very alert at Vaulting, and leapt through the Window, with the nimbleness of an Harlequin, while his faithfull / followers were ffighting for his life, there would. probably. have been an end at once to that Grand Bubble, the French Empire.»* –
o.r. *THE HOLE in the WALL ? By Jimmy Yumps f[r]om – – the Dunghill. Good accomodation for Travellers NB Hot Baths &c*
sign. u.r. *G Cruikshank fec^t*
bez. dat. u.r. *Pub^d by S Knight Sweetings Alley J*[an]. *1813*
Radierung, koloriert
252×355 mm (275×432 mm)
Sammlung Herzog von Berry 1980.194.

Knapp entronnen: Boneys grosser Sprung «à la Grimaldi»
Das Bildgeschehen erläutert der Beitext unter dem Titel. Er zitiert aus einem Zeitungsbericht vom Januar 1813: Napoleon soll auf der Rückkehr von Moskau verkleidet in einer Gaststätte abgestiegen sein, wo er um ein Haar den Kosaken in die Hände fiel. Nur ein Sprung aus dem Fenster rettete ihn. Der Zwischenfall lässt sich historisch nicht belegen. Unwahrscheinlich war er nicht: Die überall und stets überraschend angreifenden Kosaken verfolgten die französischen Truppen während des Rückzuges aus Russland. Der Kaiser selbst geriet mehr als einmal in ihre unmittelbare Nähe: «Es bleibt ein unlösbares Problem, wie Napoleon hat entkommen können.» (Presser S. 755). Die Ausgestaltung der Szene ist köstlich: Zum Erstaunen der Sau am linken Bildrand springt der Winzling mit der Gewandtheit und Eleganz des damals gefeierten englischen Komödianten Joseph Grimaldi aus dem Fenster..., um in einem Nachttopf zu landen! Noch nie – so höhnt der Text – war die Hochzeit von Platows Tochter so nahe: Der russische General hatte demjenigen seine Tochter versprochen, der ihm Napoleons Haupt überbringe. Rechts im Bild überwältigen Kosaken die französische Schildwache und dringen mordend ins Wirtshaus ein, dessen Schild «gute Unterkunft für Reisende» und «heisse Bäder» verspricht. Der Name der Gaststätte unterstreicht deren Schäbigkeit und ist einer damaligen Londoner Wirtschaft entlehnt.

L'échappée belle ou le grand saut «à la Grimaldi» de Boney
Le texte sous le titre commente la scène reproduite par l'image. Il cite une nouvelle publiée en janvier 1813: en rentrant de Moscou, Napoléon déguisé serait descendu dans une auberge, où il aurait manqué de tomber entre les mains des Cosaques. Afin de sauver sa vie, il sauta par la fenêtre. L'incident n'a pas été historiquement prouvé. Mais il n'est pas invraisemblable: les Cosaques poursuivirent les Français pendant toute la retraite de Russie, les agressant systématiquement par surprise. L'empereur lui-même se trouva plus d'une fois dans leur voisinage immédiat: «La manière dont Napoléon s'en est sorti, demeure un problème insoluble.» (Presser, p. 755). L'arrangement de la scène est savoureux: au grand étonnement du cochon, à gauche de l'image, le gnome saute par la fenêtre avec la légèreté et l'élégance du célèbre comédien anglais, Joseph Grimaldi... pour atterrir dans un pot de chambre! Jamais encore – ironise le texte – le mariage de la fille de Platov n'avait été aussi imminent: le général russe avait promis sa fille à quiconque lui remettrait la tête de Napoléon. A droite, des Cosaques s'emparent du garde français et, tentant de l'assassiner, pénètrent dans l'auberge dont l'enseigne promet un «bon gîte pour les voyageurs» et des «bains chauds». Le nom de l'établissement souligne sa médiocrité, et a été emprunté à un bistrot londonien de l'époque.

The Narrow Escape or, Boney's Grand Leap «à la Grimaldi»
The text accompanying this work chronicles the actions being portrayed, and is quoted from a newspaper report of January 1813. As the story goes, Napoleon had, in disguise, stopped of at an inn, where he had very nearly fallen into the hands of the Cossacks. Only by leaping out the window did he escape them. The incident, which cannot be historically corroborated, is not all that unlikely. The assaulting Cossacks, who had a way of showing up by surprise just about anywhere, followed the French troops during their retreat from Russia; more than once, the Emperor in person had landed somewhere in their direct vicinity: «One insoluble problem remains, and that is how Napoleon could have gotten away» (Presser, p. 755). The scene is presented in delightful detail: to the obvious astonishment of the pig at the left edge of the image, the midget leaps – with the agility and elegance of the at-the-time particularly popular actor Joseph Grimaldi – out the window... only to land in a chamber pot! Never had Platoff's daughter come so close to matrimony, the text comments, since the Russian general had promised his daughter to whoever delivered Napoleon's head to him. To the right, Cossacks have overpowered the French sentry and are murderously shoving themselves into the inn, whose sign promises «Good Accomodation for Travellers» and «Hot Baths». The inn's name, which underscores its shabbiness, is taken from an establishment in London at the time.

112

La fuga miracolosa, ovvero il gran salto di Boney alla Grimaldi
L'immagine è spiegata dal testo aggiunto al titolo, che cita una cronaca giornalistica del gennaio 1813: Napoleone, travestito, durante il ritorno da Mosca si sarebbe fermato in una locanda, ove per un soffio sarebbe sfuggito a una banda di cosacchi gettandosi da una finestra. L'episodio, storicamente non documentato, non è però improbabile. In Russia l'esercito francese in ritirata era inseguito da cosacchi che lo attaccavano dappertutto, sempre di sorpresa, e più di una volta finirono a brevissima distanza anche dall'imperatore; per Presser (p. 755) «resta un problema insolubile come Napoleone sia potuto sfuggire». La composizione della scena è squisita: con sorpresa della scrofa in basso a sinistra, il nanerottolo balza dalla finestra con la destrezza e l'eleganza dell'allora celebre commediante inglese Joseph Grimaldi…, per finire su un vaso da notte! Mai, stando alle parole beffarde del testo, sono state così vicine le nozze della figlia di Platov: il generale russo aveva promesso in sposa la giovane a chi gli avesse portato la testa di Napoleone. A destra i cosacchi, sopraffatta la guardia del corpo francese, la trucidano e penetrano nella stamberga, su cui una scritta promette «buoni alloggi per viaggiatori» e «bagni caldi». Il nome del tugurio, che ne sottolinea lo squallore, è preso da un'osteria londinese dell'epoca.

Lit.: Ash S. 335; BM IX 12001; BN IV 8831; Br II App. A 634; GC 239.

An ARCH design. Intended for; / BONEYS TRIUMPHAL ENTRY INTO PARIS!!!
o. l. *Northren Blast / Dunghill Cock*
o. M. *HE that fights & RUNS AWAY May live to fight another day But he that's in the Battle Slain will never rise – to fight again.*
o. r. *He Comes He Comes the Hero Comes / Where has he left all his Knights & Squires.?!!!!*
u. r. *All Hail brother Quixote*
u. l. *He mounted my Horse & now he has turned his back upon me / We'll dance over e'm / BULL*
sign. u. l. *G C^k* (George Cruikshank)
bez. dat. u. r. *Pub^d Jany 1813 by J Johnston 96 Cheapside*
Radierung, koloriert
368 × 252 mm ([480] × 300 mm)
Sammlung Herzog von Berry 1980.199.

Ein Triumphbogen-Entwurf für Boneys Einzug in Paris
Vielleicht angeregt von einer russischen Karikatur (Br II S. 181, App. G 48), entwarf Cruikshank diesen Triumphbogen für den aus Russland heimkehrenden Kaiser. Ein mächtiger Torbau wird bekrönt von einem Dreiecksgiebel, in dessen Feld der gallische Hahn und ein Giftpilz auf einem Misthaufen dargestellt sind. Darüber hängt an den Füssen die Allegorie des kaiserlichen Ruhmes (vgl. Kat. Nr. 121) vom Galgen. Noch immer verkündet sie mit der Trompete die Ankunft des «Helden»: Durch den Torbogen reitet der vom «Nordsturm» gezeichnete Kaiser auf der Schindmähre des Todes in die Stadt ein. Der gekrönte Tod sitzt Rücken an Rücken mit Napoleon und spottet, dieser habe die Zügel der Vernichtung an sich gerissen, wende sich aber jetzt von ihm ab, da es ums eigene Leben geht. Links tanzen der russische Bär und die englische Bulldogge, denen ein Fiedler mit Schnurrbart (Blücher?) aufspielt. Rechts wünscht der Phantast Don Quijote seinem «Bruder» Napoleon alles Gute, während der realistische Sancho Pansa die Frage stellt, wo dieser all seine Ritter und Knappen gelassen habe… Vom Giebel hängt eine Draperie mit Versen, die den Deserteur, der sein Leben für weitere Kämpfe rettet, dem sterbenden Helden gegenüberstellt: Verhaltensweisen, von denen die erste für Napoleon und die zweite für seine Grosse Armee gelten.

Esquisse d'arc pour l'entrée triomphale de Boney à Paris
Peut-être stimulé par une caricature russe (Br II p. 181, app. G 48), Cruikshank dessina cet arc de triomphe pour l'empereur, de retour de Russie. La porte monumentale est couronnée par un fronton triangulaire, dans la travée duquel sont représentés le coq gaulois, ainsi qu'un champignon vénéneux plongeant ses racines dans un tas de fumier. Au-dessus, l'allégorie de la gloire impériale (cf. n° cat. 121) est suspendue par les pieds à une potence. Elle continue à sonner la trompette, proclamant l'arrivée du «héros»: à travers l'arceau, l'empereur éprouvé par le «vent du nord», entre dans la ville chevauchant la haridelle de la mort. La mort couronnée est assise dos à dos avec Napoléon et remarque en ricanant que celui-ci s'est emparé des rênes de la destruction, mais qu'il se détourne d'elle maintenant qu'il s'agit de sa propre vie. A gauche dansent l'ours russe et le bouledogue anglais, entraînés par un violoniste moustachu (Blücher?). A droite, le chimérique Don Quichotte présente ses meilleurs vœux à son «frère», alors que Sancho Pança, réaliste, demande où il a abandonné ses chevaliers et ses écuyers… Une tenture, suspendue au gibet, recèle des vers mettant face à face le déserteur qui sauve sa vie pour engager d'autres batailles, et les héros morts au combat: le premier désignant Napoléon et les seconds sa Grande Armée.

An Arch Design Intended for Boney's Triumphal Entry into Paris
Perhaps Cruikshank took inspiration from a Russian cartoon (Br II p. 181, App. G 48) for this triumphal arch in honour of the Emperor upon his return from Russia. The massive gate construction is crowned by a pediment featuring a Gallic cock and a toadstool planted on a manure heap. Above, the allegory for imperial glory (cf. cat. no. 121) hangs by its feet from a gallows, still proclaiming the «hero's» return by blowing a trumpet. Marked by the «northern blast», Napoleon rides under the archway on Death's nag and back-to-back with the crown-bearing Death figure himself. The latter pokes fun at him for having taken up the reins of destruction but, now that his own life is at stake, «he has turned his back upon me». At left, the Russian bear dances with the English bulldog, for whom a mustached musician (Blücher?) has struck up a tune. To the right, the impractical idealist Don Quixotte wishes his «brother» Napoleon all the best, while the more down-to-earth Sancho Panza inquires where Napoleon has left all his knights and squires. A drapery hanging from the pediment is inscribed to the effect that deserters – ie. Napoleon – «live to fight another day», while those «in the battle slain» – meaning the Grande Armée – «will never rise to fight again».

Progetto di un arco destinato all'entrata trionfale di Boney a Parigi
Forse stimolato da una caricatura russa (Br II p. 181, app. G 48), Cruikshank disegnò quest'arco di trionfo per il ritorno dell'imperatore da Mosca. Su una porta possente sorge un timpano triangolare, al cui interno si distinguono il gallo (simbolo francese) e un fungo velenoso su un mucchio di letame; appesa per i piedi a una forca sopra il timpano, l'allegoria della fama imperiale (cfr. n° cat. 121) dà ancora fiato al suo strumento annunciando l'arrivo dell'«eroe». Dall'arco

LITTLE BONY Sneaking into PARIS — With a white Feathe in 'his tail.

113
LITTLE BONY Sneaking into PARIS – With a white Feathe in 'his tail.
o. l. *Rap – Rap – Rap – Who comes there.. what midnight disturbers are you. «Alias – who» – Alias the Divil» you mean.*
o. r. *It's only Count Vincen" – Alias – Little Bony. the Imperial Fugitive – returned from Victory.» / hist – is that the Croaking of Frogs I hear – I, mistake – its' only the Sycophant Lads in Paris – hurra -ing at my unexpected and precipate return. thank my Luckey Stars – I have got out of the clutches of them Damd' Cossack Curs" – or I should have – – been food for Bears – long before this time.*
u. r. *A Russian Cur – Bow – wow – wow.*
sign. u. l. *Wm E^s Delin – Scul$^-$* – (William Elmes)
bez. dat. u. M. *London Pub^d – by Thos Tegg N° III Cheapside Janu^y – 12 1813.*
u. r. *Price One Shillin Coloured.*
Radierung, koloriert
248×350 mm (276×444 mm)
Sammlung Herzog von Berry 1980.197.

Klein-Boney schleicht sich in Paris ein – mit einer weissen Feder im Hintern
Eilig erreicht Napoleon mit Feder, Krönchen und Ölzweig auf dem riesigen Zweispitz das Stadttor von Paris. Zwischen seinen Waffenrockschössen lugt eine lange, weisse Feder hervor. Mit der Handlaterne leuchtet er den Nachtwächter hinter dem Gitter des Oberlichtes an, der den Kaiser und seinen Begleiter für Nachtruhestörer hält, nachdem ihn General Caulaincourt mit dem Türklopfer geweckt hat. Die Torwache schläft in ihrem Häuschen. Caulaincourt gibt Napoleon als «Graf Vincen" [vgl. Kat. Nr. 45] alias Klein-Bony, den vom Sieg zurückgekehrten kaiserlichen Flüchtling» zu erkennen. Er meine wohl den Teufel, kontert der Nachtwächter. Napoleon selbst glaubt Froschgequake zu hören, merkt aber sogleich, dass «es nur die Kriecher in Paris sind, die seine unerwartete und übereilte Heimkehr bejubeln». Neben ihm hüpft ein Frosch mit, das britische Symbol für die französischen Revolutionäre, und ein russischer Köter folgt ihm. Der «Heimschleicher» dankt seinen Glückssternen, dass er «den Klauen der verdammten Kosakenbrut» entkommen ist. Die weisse Feder verbildlicht die Redensart «to show the white feather» (feige sein, sich vor etwas drücken) und brandmarkt Napoleon als Hasenfuss. Um Mitternacht des 18. Dezembers 1812 in Paris eingetroffen, nahm der Kaiser am übernächsten Tag die Ehrerbietung der Räte entgegen.

Le petit Boney se faufilant dans Paris, une plume blanche en guise de queue
Napoléon, portant un gigantesque bicorne orné d'une plume, d'une petite couronne et d'un rameau d'olivier, atteint en hâte la porte de Paris. Entre les pans de sa tunique surgit une longue plume blanche. Au moyen de sa lanterne, il éclaire le veilleur de nuit se trouvant derrière la grille du vasistas; celui-ci, que le général Caulincourt vient de réveiller en frappant le heurtoir, prend Napoléon et son compagnon pour des agitateurs nocturnes. Le garde assigné à la porte de la ville dort dans sa guérite. Caulincourt présente Napoléon comme le «comte Vincen" [cf. n°. cat. 45] alias Petit-Bony, fugitif impérial revenant de sa victoire». Il veut dire le diable, riposte le veilleur de nuit. Pour sa part, Napoléon croit entendre coasser des grenouilles, mais très vite il note que «ce ne sont que ses adulateurs parisiens qui acclament son retour impromptu et précipité.» A ses côtés sautille une grenouille, symbole britannique des révolutionnaires français. Il est suivi par un cabot russe. Le furtif revenant remercie sa bonne étoile pour avoir échappé aux «griffes de ces damnées brutes de Cosaques». La plume blanche illustre le dicton «to show the white feather» (être lâche, éviter adroitement quelque chose), et stigmatise la couardise de Napoléon. Arrivé à Paris le 18 décembre 1812 à minuit, l'empereur reçut les témoignages de respect des conseils le surlendemain.

Little Boney Sneaking into Paris with a White Feather in His Tail
Napoleon – featuring a bicorne adorned with a feather, a small crown, and an olive branch – hurriedly arrives at his destination, namely the Paris city gate. A long, white feather hangs out between his coattails. He holds up a lantern to shed light on the night watchman behind the fanlight bars; the latter, ever since hearing the door knocker being used by General Caulaincourt, is convinced that «midnight disturbers» are involved. Oblivious to the din, the sentry is fast asleep in his little portico. Calincourt announces Napoleon as «Count Vincen" [cf. cat. no. 45] – alias Little Bony, the imperial fugitive – returned from victory», which the watchman counters with «alias the devil, you mean». Napoleon himself thinks he hears frogs croaking, then realizes it is «only the syncophant lads in Paris» celebrating his return. A frog – the British symbol for the French revolutionaries – hops along beside him, while a cur follows behind (the sneaky Napoleon is just in the process of thanking his lucky star for having escaped «the clutches of them damned Cossack curs»!). The white feather graphically translates «to show the white feather», ie. to chicken out, and brands Napoleon as a coward. Arriving in Paris at midnight on 18 December 1812, within forty-eight hours he was accepting the respects paid him by the government.

Il piccolo Boney entra furtivo a Parigi ... con penna bianca a mo' di coda
Napoleone – con pennacchio, coroncina e rametto d'ulivo sull'enorme bicorno, nonché una lunga penna

di trionfo entra in città, sulla brenna della Morte, un Napoleone contraddistinto da una «raffica del Nord»; la Morte coronata, seduta dietro di lui, lo sbeffeggia perché è salito sul suo cavallo (cioè ha voluto i massacri) ma adesso le volge le spalle (per salvarsi la vita). A sinistra ballano l'orso russo e il bulldog inglese, accompagnati da un violinista baffuto (Blücher?); a destra il visionario don Chisciotte augura ogni bene al suo «fratello» Napoleone, mentre Sancio Panza, realisticamente, domanda ove siano rimasti tutti i cavalieri e scudieri del sovrano ... Sul drappeggio fissato al timpano, quattro versi mettono a confronto chi diserta per combattere in altre occasioni (ossia Napoleone) con chi muore in battaglia da eroe (la sua Grande Armata).

Lit.: Br I S. 317f., II App. A 24; Kat. BB 49 (Abb.).

bianca che gli spunta dalle falde della giubba – giunge di corsa alla porta di Parigi, ove illumina col lanternino, dietro le sbarre della sovrapporta, il guardiano di notte; quest'ultimo, destato con colpi di picchiotto dal generale Caulaincourt, crede che gli intrusi siano due disturbatori della quiete notturna. La sentinella, frattanto, dorme nella garitta. Caulaincourt indica Napoleone come «conte Vincen" [cfr. n° cat. 45], alias il piccolo Boney, fuggiasco imperiale ritornato dalla vittoria»; «Alias il diavolo», replica il guardiano. L'imperatore crede di udire gracidii di rane, ma subito capisce trattarsi dei «ragazzi sicofanti di Parigi, che esultano al mio ritorno inatteso e affrettato». Accanto a lui saltella una rana (in Inghilterra simbolo dei rivoluzionari francesi), mentre alle sue spalle c'è un cagnaccio russo; il sovrano che torna furtivo ringrazia la sua buona stella per essere sfuggito «alle grinfie di quei dannati botoli cosacchi». La penna bianca traduce visivamente la locuzione inglese *to show the white feather* («mostrare la penna bianca», cioè «essere codardo, svignarsela»), bollando Napoleone come un vile. Entrato in Parigi alla mezzanotte del 18 dicembre 1812, due giorni dopo l'imperatore ricevé l'omaggio delle Camere.

Lit.: BM IX 11997; Br I S. 317, II App. A 542.

114

BONAPARTE adressing the Legislative Body.
o. «*I myself entered Russia. the Russian armies could not stand before our armies. the French arms were constantly victorious.* – «*a swarm of Tartars turned their – – parricidal hands against the finest provinces of that vast Empire which they had been called to defend.* – «*But the excessive and premature rigour of the winter brought down a heavy calamity upon my army – in a few nights I saw every thing change.* – «*the misfortunes produced by rigour of hoar frosts, have been made apparent in all their extent, – I experienced great losses – they would have broken my heart, if under such circumstances I could have been accessible to any other sentiments than those of the interest, – the glory, – and the future prosperity of my people.* – «*I have signed with the Pope a Concordat, which terminates all the differences that unfortunately had arisen in the Church.* – *The French dynasty – reigns, – and will reign in Spain.* – *I am satisfied with all my allies.* – *I will abandon none of them.* – *The Russians shall return into their frightful climate.*
sign. u. l. *W^m E – Del.^t – f,'* (William Elmes)
bez. dat. u. M. *London Pub^d Febr^y 24 1813 – by Thos Tegg – N° III Cheapside*
u. r. *Price One Shilling Coloured.*
o. r. Nummer *189*
Radierung, koloriert
348 × 248 mm (443 × 275 mm)
Sammlung Herzog von Berry 1980.193.

Bonapartes Rede vor der Gesetzgebenden Körperschaft
Der Saal der Gesetzgebenden Körperschaft ist übervoll von Volk – darunter auch einige Bischöfe –, die Fratzen drücken Verzweiflung, Erstaunen und Schadenfreude aus. Im Vordergrund steht auf dem Thronpodest der Kaiser in monumentaler Grösse. Über der in Russland zerschlissenen Uniform mit den löchrigen Stiefeln und einem enormen Krummsäbel trägt er den Hermelinmantel sowie die Krone. Den Blick effektvoll zu Boden gerichtet, trocknet er mit dem Taschentuch seine Tränen und legt die Rechte zum Zeichen der Aufrichtigkeit auf den Ehrenlegionsorden an der Brust. Er rechtfertigt vor den Abgeordneten das Scheitern in Russland: Am 15. Februar 1813 hielt Napoleon seine Rede, die hier gekürzt (Striche bedeuten Auslassungen), aber fast identisch nach dem Wortlaut der englischen Presse wiedergegeben ist. Er spricht zudem vom Konkordat von Fontainebleau (25. Januar 1813), worin er sich mit dem (gefangenen) Papst über die Stellung der Kirche einigen wollte.

Bonaparte s'adressant au Corps législatif
La salle du Corps législatif déborde de spectateurs, parmi lesquels quelques évêques. Leurs visages grimaçants expriment le désespoir, l'étonnement et la joie maligne. Au premier plan, l'empereur, doté d'une taille monumentale, est debout sur l'estrade du trône. Conséquence de la campagne de Russie, son uniforme est en lambeaux et ses bottes trouées; il porte un énorme sabre recourbé et arbore le manteau d'hermine et la couronne. Théâtral, le regard dirigé vers le sol, il sèche ses larmes avec un mouchoir et, en signe de loyauté, pose sa main droite sur la décoration de la Légion d'honneur qui pend à sa poitrine. Devant les députés, il tente de justifier son échec en Russie. Le 15 février 1813, Napoléon prononça un discours qui est résumé ici. Bien que raccourci (les tirets correspondent aux omissions), le libellé de la caricature reproduit assez fidèlement les mots utilisés à l'époque par la presse anglaise. Napoléon évoque, en outre, le concordat de Fontainebleau (25 janvier 1813) sur la position de l'Eglise, qu'il voulait signer avec le Pape (prisonnier).

Bonaparte Addressing the Legislative Body
A vast crowd with a scattering of bishops – the whole lot of them with their faces contorted into a range of expressions covering despair, astonishment, and glee – have taken over the «legislative body» room. An oversized Emperor stands on the throne podium in the forefront; contrasting with his uniform torn to pieces in Russia, his boots in tatters, and his enormous scimitar, he wears an ermine cape and a crown. With dramatically downcast eyes, he applies a handkerchief to his tears while taking his right hand to his breast to swear sincerity on the Legion of Honour order. His speech on 15 February 1813 sought to justify his failure in Russia to the delegates: the shortened version quoted in this work (dashes indicate omissions) is almost identical with what appeared in the English press. He also referred to the Fontainebleau Concordat (on 25 January 1813), where he had sought to come to terms with the Pope (under arrest at the time) over the church's position.

Bonaparte si rivolge al Corpo legislativo
Nella sala del Corpo legislativo, strapiena di persone fra cui anche alcuni vescovi, le smorfie esprimono disperazione, stupore e anche gioia maligna. In primo piano, sul podio del trono, un Napoleone di statura monumentale – con l'uniforme ridotta a brandelli in Russia, stivali squarciati, un'enorme scimitarra, il manto d'ermellino e la corona – ha lo sguardo significativamente rivolto verso terra; asciugandosi le lacrime col fazzoletto e tenendo la destra, in segno di sincerità, sull'ordine della Legion d'onore appuntato sul petto, egli giustifica di fronte ai deputati il fiasco della campagna di Russia. Il discorso del 15 febbraio 1813 è abbreviato (con *omissis* indicati da trattini) ma quasi identico al testo pubblicato dai giornali inglesi; inoltre accenna al «concordato di

Fontainebleau» del 25 gennaio 1813 precedente, in cui Napoleone aveva voluto accordarsi con il papa (suo prigioniero) sulla posizione della Chiesa.

Lit.: Ash S. 341f.; BM IX 12014; Br I S. 333, II App. A 59; GC 244.

115
The CORSICAN BLOOD-HOUND, beset by the BEARS of Russia.
o. l. *Pushon my lads – no grumbling – Kepp scent of him – no sucking of Paws – this winter – here is food for the Bears in all the Russias.*
o. M. *«What a horrible climate» – my only chance to escape the clutches of those monstrous Canables, is by taking to my heels – once more – I shall never be able to shake off this d–^{d} old Kettle. – trailing at my – – – 'till my Tail drops off.*
u. r. *From – Moskow*
u. l. *MOSKOW Tin-Kettle / Horror. / Death / Moskow – Annihilation. / Mortality. / Destruction. / Frost. / Famine.* [zweimal] / *Oppression.*
William Elmes
bez. dat. u. l. *Pub^d Mar^h 7th 1813 by Thos Tegg, III Cheapside London.*
u. r. *Price One Shilling Coloured*
o. r. Nummer *191*
Radierung, koloriert
248×350 mm (275×443 mm)
Sammlung Herzog von Berry 1980.192.

Der korsische Bluthund, von den Bären Russlands bedrängt
Erschien Napoleon 1808 bei Rowlandson als von einem Rudel Windhunde bedrängter Tiger (Kat. Nr. 90), ist es jetzt ein Bluthund, dem Napoleons Kopf und pompöser Zweispitz aufgesetzt wird. Er hat sich von der Kette, nämlich von Moskau – das im Hintergrund brennt – losgerissen. Zu spät, denn die Fröste und Schneestürme holen ihn ein. Um sein Leben laufend, wendet er den Kopf nach den Verfolgern um, den Bären Russlands, die ihm näherkommen. Der «Leitbär» ermutigt die anderen, dieser Winter biete für die Bären aller russischer Länder Nahrung, und meint damit die vielen Erfrorenen in der Schneelandschaft. Der Bluthund klagt über das «fürchterliche Klima» – ein Zitat aus Napoleons Rede vom 15. Februar 1813 vor dem Corps Législatif (vgl. Kat. Nr. 114). Er sieht einmal mehr seine einzige Überlebenschance in der Flucht. An seinem Schwanz ist ein kaputter Blechkessel angebunden, aus dem wie aus der Büchse der Pandora Tod und Verderben purzeln. Seine Aufschrift lässt erkennen, dass Napoleons Einmarsch in Moskau den Untergang der Grande Armée einleitete. Napoleon, der Bluthund, muss einsehen, dass seine Schuld erst mit seiner Entmachtung getilgt ist.

Le limier corse assailli par les ours de Russie
En 1808, Rowlandson a représenté Napoléon sous les traits d'un tigre poursuivi par une meute de lévriers (cf. n°. cat. 90). Ici, il le transforme en limier (lit. «buveur de sang»). Il a le visage de l'empereur et arbore un pompeux bicorne. Il a cassé sa chaîne, et s'est enfui de Moscou – qui brûle à l'arrière-plan. Trop tard, car le gel et les tempêtes de neige le rattrapent. Courant pour sauver sa vie, il tourne la tête en direction de ses poursuivants, les ours de Russie, qui se rapprochent. Le «meneur» encourage les autres: cet hiver-ci offre de quoi manger aux ours de toutes les Russies. Il fait allusion aux nombreux cadavres gelés, dispersés dans le paysage de neige. Le limier se plaint du «terrible climat» – une citation extraite du discours de Napoléon, le 15 février 1813 devant le Corps législatif (cf. n°. cat. 114). Une fois de plus, il voit dans la fuite sa seule chance de survie. A sa queue est attachée une casserole de fer-blanc, d'où la mort et la ruine dégringolent comme de la jarre de Pandore. L'inscription laisse entendre que l'entrée des troupes napoléoniennes dans Moscou a marqué le début de la déroute de la Grande Armée. Napoléon, le limier, doit admettre que seule sa destitution effacera sa faute.

The Corsican Bloodhound Beset by the Bears of Russia
Rowlandson's 1808 version of Napoleon as a tiger harassed by a pack of greyhounds (cat. no. 90), is replaced here by a bloodhound bearing Napoleon's head and pompous bicorne and being pursued by Russian bears. He has managed to tear loose from his chain, that is Moscow – which burns in the background – but too late, for frost and snowstorms are overtaking him. Running for his life, he looks back at his ever closer assailants, whom the «lead bear» motivates with the thought that this winter would offer enough food to feed all the bears in Russia, referring to all the frozen corpses in the snow. The bloodhound complains of the «frightful climate», quoting Napoleon's speech to the Corps Legislatif on 15 February 1813 (cf. cat. no. 114). Once again, the only way out for him appears to be flight. A broken tin-kettle attached to his tail spurts forth – like Pandora's box – destruction and death; labelled Moscow, it indicates that Napoleon's march on that city initiated the downfall of his Grande Armée. Napoleon, the bloodhound, must understand that only his loss of power can at all redeem his guilt.

Il bracco còrso incalzato dagli orsi di Russia
Se in Rowlandson, nel 1808, il monarca appariva come una tigre incalzata da una muta di levrieri (n° cat. 90), qui a essere inseguito è un bracco con la testa e il pomposo bicorno di Napoleone: liberatosi troppo tardi dalla catena (cioè da Mosca, che brucia sullo sfondo) ma raggiunto dal gelo e da tormente, il cane corre per sfuggire alla morte e volge lo sguardo agli orsi russi ormai vicini. Il capo degli inseguitori incoraggia i compagni dicendo che quest'inverno gli orsi di tutte le Russie hanno cibo da mangiare (i molti cadaveri congelati nella neve); il bracco, che deplora il «clima orribile» (citazione dal discorso napoleonico del 15 febbraio 1813 al Corpo legislativo: cfr. n° cat. 114), ancora una volta vede l'unica

possibilità di salvezza nella fuga. Dal bricco di latta rotto che è legato alla sua coda fuoriescono, come da un vaso di Pandora, morte e rovina; la scritta sul recipiente fa capire che il tracollo della Grande Armata è dovuto all'invasione francese di Mosca. Napoleone, cane di una razza che in inglese (*bloodhound*) evoca il sangue (*blood*), deve riconoscere che le sue colpe saranno cancellate solo quando perderà il potere.

Lit.: BM IX 12024; BN IV 8792; Br II App. A 217; GC 247 (Abb.); Kat. BB 34 (Abb.); Kat. H85 57.

116
THE WAGS OF PARIS, or DOWN-FALL OF NAP. THE GREAT.
darunter *But the circumstance said to have annoy'd the Emperor most was, Some Wags of Paris taking Dogs, and for sev'ral nights together, / tied Tin Kettles to their tails & labels round their necks, with the words «Run away from Moscow» & giving them liberty they ran with / volocity & fury in various directions to the great Entertainment of the Parisians Courier. March 1.st, 1813:*
o.l. *Sire be Pacified. All the Dogs in Paris shall be tried by a Military Commission for a Conspiracy against your Sacred Majesty. all John Bulls, Bull-Dogs, shall be Destroyd! Pomeranian, Danish, Mastiffs, & all but your Majesty's own breed, BLOOD HOUNDS!!*
o.r. *Sacre Dieu!! Plot Anglois!! D – n'd Dogs & Bitches,!! not a Dog in Paris but shall feell my Vengeance!! Shoot! Hang! them all!! Not the Empress's Favorite shall escape. D – nd John Bull, D – nd Russian Bears, not content with hunting Me from the frightfull Climate but sends Mad Dogs to Hunt Me in my own Capital!!!*
u. *Run away from Moscow* [dreimal]
anonym
bez. dat. u. M. *Pub^d, March 6th 1813 by S. Knight Sweetings Alley Cornhill London.*
Radierung, koloriert
242 × 347 mm (278 × 437 mm)
Sammlung Herzog von Berry 1980.190.

Die Pariser Spassvögel oder der Niedergang Napoleons des Grossen
Die Notiz aus «The Courier» vom 1. März 1813 unterhalb des Titels meldet, dass ein bissiger Streich einiger Pariser Napoleon zweieinhalb Monate nach der Rückkehr aus Russland sehr erzürnt habe: Nächtelang sollen aufgeschreckte Hunde zum Spass der Leute grossen Lärm in den Strassen der Hauptstadt verursacht haben. Man hatte ihnen Blechkessel an den Schwanz und ein Etikett mit der Aufschrift «Aus Moskau fortgelaufen» um den Hals gebunden. In einem Staat, der jede Art von Kritik gegen das Regime rigoros unterdrückte, gab das Vorkommnis natürlich zu denken: Der Karikaturist wertet im Bildtitel den Streich als Vorzeichen von Napoleons Niedergang. Das Bild zeigt die Hunde und belustigte Passanten. Im Vordergrund schwört der Kaiser ausser sich vor Wut, alle Hunde in Paris zu erschiessen und zu erhängen. General Hulin, der Stadtgouverneur, beruhigt ihn, er werde sie alle – ausser des «Kaisers eigener Brut», der Bluthunde (vgl. Kat. Nr. 76) – von einer Militärkommission wegen Verschwörung aburteilen lassen. Damit erinnert er an den von ihm geleiteten Ausschuss, der 1804 den (ebenso unschuldigen) Herzog von Enghien zum Tod verurteilte.

Les farceurs de Paris ou chute de Napoléon le Grand
Au-dessous du titre, on peut lire une notice dans «The Courier» datée du 1er mars 1813. Celle-ci annonce que, deux mois et demi après son retour de Russie, de mauvais plaisants provoquèrent la colère de Napoléon: pendant des nuits entières, et à la grande joie des Parisiens, des chiens affolés causèrent un immense vacarme dans les rues. On avait attaché des casseroles en fer-blanc à leur queue et noué une étiquette avec l'inscription «échappé de Moscou» autour de leur cou. Dans un Etat qui réprimait sévèrement toute critique à l'encontre du régime, cet incident donnait à réfléchir: dans le titre, le caricaturiste juge la plaisanterie comme un signe avant-coureur de la décadence de Napoléon. L'image montre les chiens entourés de badauds hilares. Au premier plan, l'empereur hors de lui jure de fusiller et de pendre tous les chiens de Paris. Le général Hulin, gouverneur de la ville, le tranquillise: à l'exception de «la propre race de l'empereur», les limiers «buveurs de sang» (cf. n°. cat. 76), il allait tous les faire passer en jugement devant une commission militaire pour conspiration. Une allusion au comité qu'il dirigea et qui condamna à mort le duc d'Enghien (également innocent).

The Wags of Paris, or Downfall of Napoleon the Great
A news report that appeared on 1 March 1813 in «The Courier» is quoted under the title of this piece, in reference to a vicious prank pulled by certain «wags of Paris». Two and a half month after Napoleon's return from Russia, startled dogs set loose in the city streets for several nights. They were said to have great din in the capital: tin cans had been attached to their tails, and a label marked «runaway from Moscow» to their necks. In a city where the censorship had been notoriously tight, the incident of course made people think. In his title to the piece, the cartoonist considers the event a first sign of the «downfall of Nap. the Great». To the fore of the dogs and amused passersby, the Emperor gives full vent to his anger, swearing to shoot and hang all the dogs in Paris – to which the city governor, General Hulin, replies to appease him that all but Napoleon's «own breed, blood hounds» (cf. cat. no. 76) will be tried for conspiracy by a military commission. This promise brings to mind the commission directed by Napoleon in 1804 and that condemned the (equally innocent) Duc d'Enghien to death.

I buontemponi di Parigi, ovvero tracollo di Napoleone il Grande
La nota sotto il titolo (*The Courier*, 1° marzo 1813) annuncia che Napoleone, due mesi e mezzi dopo il ritorno dalla Russia, si è irritato molto per lo scherzo mordace di alcuni parigini: cani spaventati avrebbero divertito la gente, per notti intere, correndo per le strade della capitale con barattoli legati alla coda e recando al

117
Ausserordentliche französische Reitpost von Moscau nach Paris – / French post Extraordinary from Moscow to Paris –
über dem Bildfeld Чрезвычаиная француэкая лочта вь Ларижь.
o.l. *He is Coming, the Great Emperor is Coming / Er kom͞t der Grosse*
o.M. *Mit Ruhm geb'ich das Fersen geld!!!*
o.r. *La Grande Nation / Tout a Dessein / seht da!. see! see! /* [Text in Russisch] *erbarmt Euch nehmt uns mit For Gods sake take us with you*
u.r. *Courage meine Herrn! Courage Gentlemen! / Provisions from Moscow*
u.l. *Le Courier Extraordinaire de l'Em[pereur] [Na]poleon*
sign. u.r. *Etched by G. Cruikshank* darüber *Copied from a Russian Print*
bez. dat. u.l. *Pub.ᵈ March 26ᵗʰ 1813 by H. Humphrey Sᵗ James's Sᵗ London*
Radierung, koloriert
248 × 352 mm (302 × 487 mm)
Sammlung Herzog von Berry 1980.186.

Ausserordentliche französische Reitpost von Moskau nach Paris
Auf einem geflügelten Esel reiten Kaiser Napoleon und vier ausgewählte Militärs unter der wehenden Fahne der «Grossen Nation» durch die Luft heimwärts. Diese Eilpost ziehen zwei gekrönte Adler (mit Ehrenlegion!), die von Ruhmestrompeten blasenden, kleinen Kavalleristen geritten werden. An den Schwanz des Reittiers klammern sich ein Husar (oben) und ein Pole (unten), um ebenfalls dem russischen Winter zu entkommen. In dem am Eselsschwanz angebundenen Korb spricht eine Frau den beiden Mut zu und bietet ihnen zwei Knochen, die letzten «Vorräte aus Moskau», als Wegzehrung an. Die Knochen lassen sich auch als Hinweis auf den sicheren Tod von Hunderttausenden verstehen, die nicht mitreisen dürfen. Napoleon hält ein Adlerszepter und ein Schriftstück mit den Worten «alles mit Absicht» in den Händen, um vorzutäuschen, dass er sein Reich und die Ereignisse im Griff hat. Die vier Militärs mögen die wenigen Überlebenden der einzelnen Heeresklassen darstellen; sie halten Kanönchen in der Hand: Nur weniges konnte aus Russland gerettet werden. Die fröhlich-komische «Reitpost» macht sich über Napoleons schmachvolle Heimkehr und betrügerischen Zweckoptimismus lustig.

Courrier à cheval français exceptionnel de Moscou à Paris
Sous le drapeau déployé de la «Grande Nation», l'empereur Napoléon et quatre militaires choisis chevauchent un âne ailé, dans les airs, en direction de leur pays. Ce courrier exprès est tiré par deux aigles couronnées (décorées de la Légion d'honneur!), montées par de petits cavaliers jouant glorieusement de la trompette. Un hussard (en haut) et un Polonais (en bas) se cramponnent à la queue de l'animal de selle pour, eux aussi, échapper à l'hiver russe. Dans la corbeille attachée à la queue de l'âne, une femme encourage ces deux personnages et leur offre deux os – les dernières «provisions de Moscou» – en guise de provisions de voyage. Les os peuvent aussi faire référence à la mort certaine de centaines de milliers d'hommes, qui ne peuvent pas participer au voyage. Napoléon tient d'une main un sceptre surmonté d'une aigle et, de l'autre, un document portant l'inscription «tout à dessein», pour feindre de contrôler la situation de son Empire. Les quatres militaires symbolisent sans doute les rares survivants des différentes classes; ils tiennent de petits canons à la main: très peu de choses, en effet, purent être sauvées et ramenées de Russie. Le «courrier à cheval», joyeux et comique, se moque de la retraite et rentrée ignominieuses de Napoléon, ainsi que de son optimisme de façade.

French Post Extraordinary from Moscow to Paris
Emperor Napoleon and four chosen members of the military ride a winged donkey homewards in the sky, under the flying banner of the «Great Nation». This «post extraordinary» is being pulled by two crowned eagles (with Legions of Honour!) bearing miniature cavalrymen blowing glory on trumpets. A hussar (top) and a Pole (bottom) have latched on to the donkey's tail, hoping they too will escape the Russian winter. A woman standing in the basket attached to the donkey's tail bids them «courage» and holds out two bones to them, the last «provisions from Moscow» for their nourishment during the journey. The bones can also be interpreted as alluding to the certainty of death for those hundreds of thousands unable to make the journey. Napoleon brandishes a sceptre with an eagle, and a piece of writing that reads «everything on purpose» – a manner of feigning that he has his empire and the events of the day in hand. It is likely that the four members of the military represent the few survivors of the several army corps; they clasp little cannons in their hands, for scant arms could be salvaged from Russia. The joyful-comical «post» makes fun of Napoleons disgraceful return home and the deceit of his calculated optimism.

Posta equestre francese straordinaria da Mosca a Parigi
Napoleone e quattro militari scelti tornano in patria volando su un asino alato, sotto la bandiera sventolante della «grande nazione»; l'«espresso» è tirato da due aquile coronate (con Legion d'onore!), montate da due soldati di cavalleria che suonano trombe araldiche. Alla sua coda si aggrappano un ussaro (sopra) e un polacco (sotto), per sfuggire anche loro all'inverno russo; nel cesto legato alla coda una donna li incoraggia e offre loro, come cibo per il viaggio, le ul-

collo la scritta «Scappato da Mosca». Per uno Stato in cui qualsiasi tipo di critica al regime veniva severamente repressa, naturalmente l'episodio era inquietante; il titolo interpreta la burla come segno premonitore della caduta di Napoleone. L'immagine mostra i cani e vari passanti divertiti; in primo piano l'imperatore, fuori di sé dalla rabbia, giura di far fucilare e impiccare tutti i cani di Parigi. Il generale Hulin, governatore della città, cerca di calmarlo dicendo che tutti – salvo quelli della «razza di Sua Maestà», i bracchi (cfr. n° cat. 76) – saranno processati per cospirazione da una commissione militare: allusione al comitato, diretto appunto da Hulin, che nel 1804 condannò a morte un altro innocente (il duca d'Enghien).

Lit.: Ash S. 342; BM IX 12022; Br II App. A 867; GC 245.

118
Boney tir'd of War's Alarms, Flies for Safety to his darlings Arms –
o. l. *A ~~Don~~ ^{Dam[n]d} COSSACK / Nursey has Papa Cowed the Russians as the English Cowed us / No your Majesty the Russians fought like Bulls & their Nobility proved Staunch Patriots / Come to my arms my Hero, & tell me all the Secrets of your Glorious Campaign*
o. r. *My Reputation is gone for ever – I must plead for Peace – "Infandum Regina jubes renovare dolorem / Take him to Bed my Lady & Thaw him, I am almost petrified in helping him to escape from his Army; I shall expect him to say his prayers to me every Night! –*
u. r. *Bowwoowoo*
u. l. *Pour Dinner Roast Eagles Nag Soup Fricase of Rats Grande Pi[v]e de Cheval Plenty of Ice Snow Ball Gunpowder Frillers*
sign. u. l. *G C^k* (George Cruikshank)
bez. dat. u. r. *Pub^d by Walker & Knight Sweetings Alley Royal Ex. Jany 1813 –*
Radierung, koloriert
248 × 352 mm (280 × 435 mm)
Sammlung Herzog von Berry
1980.187.

time «provviste da Mosca» (due ossi, simbolo anche delle centinaia di migliaia di uomini che non potendo tornare vanno incontro a morte certa). Napoleone brandisce uno scettro (con aquila) e la scritta «Tutto ha il suo disegno», per fingere di tenere l'Impero e gli eventi sotto controllo; i quattro militari, che forse rappresentano i pochi superstiti delle varie specialità, hanno in mano cannoncini (lo scarso materiale che si riuscì a salvare in Russia). Nella sua allegra comicità, la «posta equestre» ridicolizza il ritorno ignominioso di Napoleone e il suo ingannevole ottimismo di facciata.

Lit.: BM IX 12025; Br II App. A 368; Sche S. 17 (Abb.).

Des Kriegsgeschreis müde, flieht Boney in die schützenden Arme seines Lieblings
Mit meisterlichem Sarkasmus wird Napoleons unvermittelte Rückkehr aus Russland und die zerschlagenen Hoffnungen der französischen Nation geschildert. Der Teufel persönlich bürdet sich hier die Last auf, den arg zugerichteten Kaiser in den Schoss der Familie heimzutragen. In den Tuilerien stürzt die Gattin ihrem «Helden» entgegen und will seine neuesten Ruhmestaten erfahren. Resigniert erklärt er, sein Ruf sei für immer zerstört, er müsse jetzt um Frieden betteln und es schmerze ihn, darüber zu sprechen (Vers aus Aeneis II, 3). Der Teufel empfiehlt, den halb erfrorenen Deserteur ins Bett zu legen und aufzutauen; für seine Hilfe erwartet er von ihm ein allabendliches Dankgebet. Der Szene wohnen zwei Hofdamen sowie der König von Rom bei, den eine Amme wickelt. Auf die Frage des Kleinkindes, ob Papa die Russen ebenso eingeschüchtert habe wie die Engländer ihn, antwortet die Amme, dass die Russen im Gegenteil als edelmütige Patrioten wie die Bullen (Engländer) gekämpft haben. Passend zeigt das Gemälde über dem Kamin einen Don-Kosaken, wobei das Wort «Don» mit «Damn'd» überkritzelt worden ist. Links vorne studiert ein uniformierter Affe mit Jakobinermütze und Fiedel (der Franzose schlechthin) eine Menukarte mit «russischen» Speisen: gebratene Legionsadler, Rattenfrikassee, Pferdefleisch (vgl. Kat. Nr. 317), viel Eis und andere Notzehrung.

Boney, fatigué des alarmes de la guerre, vole dans les bras de sa tendre épouse
Le brusque retour de Russie de Napoléon et les espoirs brisés de la nation française sont évoqués ici de manière magistralement sarcastique. Le diable en personne se charge de ramener dans le giron familial l'empereur fortement éprouvé. Aux Tuileries, l'épouse se précipite à la rencontre de son «héros»; elle le questionne sur ses actes de gloire les plus récents. Résigné, il explique que sa réputation est détruite pour toujours, et qu'il doit mendier la paix et qu'il souffre d'en parler (Enéide II, 3). Le diable recommande de coucher le déserteur à moitié gelé et de le réchauffer; pour son aide, il attend de Napoléon une prière de remerciement quotidienne. Deux dames de la cour assistent à la scène; de même que le roi de Rome, langé par une nurse. A la question de l'enfant qui demande si son «papa a dompté les Russes comme les Anglais l'ont dompté», la nurse répond que non, les Russes se sont battus comme des taureaux (bulls: Anglais) en bons patriotes qu'ils sont. Opportunément, le tableau suspendu au-dessus de la cheminée montre un don cosaque, mais le mot «don» a été raturé et remplacé par «damn'd». En bas à gauche, un singe en uniforme coiffé du bonnet jacobin et assis sur un violon (allégorie du Français), étudie une carte de menus contenant des mets «russes»: aigle impériale rôtie, fricassée de rats, viande de cheval (cf. n°. cat. 317), beaucoup de glace et autres vivres de fortune.

Boney Tired of War's Alarms Flies for Safety to his Darling's Arms
Powerful sarcasm marks this image of Napoleon's sudden return from Russia and the ensuing collapse of the French nation's hopes. The devil in person has burdened himself with bringing the badly battered Emperor to the very lap of his family. In the Tuileries, Napoleon's wife rushes over to her «hero» to hear about his latest deeds of glory. Resigned, he replies that his fame is forever devastated, that he is reduced to begging for peace, and that he finds the whole thing painful to speak about (see Aeneid II, 3). The devil's advice is to put the frozen deserter to bed to unthaw, reminding all concerned that he expects nightly prayers of gratitude by the Emperor. Two ladies-in-waiting are present at the scene, as is the King of Rome – being diapered by a nurse. In reply to the infant's question whether his father «cowed the Russians as the English cowed us», the nurse retorts that to the contrary, being staunch patriots, the Russians fought like bulls (the English). Fittingly, the painting over the chimney portrays a Don Cossack, with the «Don» crossed out and replaced by («Damn'd»). To the fore and left, a monkey in uniform and a Jacobin cap, and with a fiddle (the epitome of the Frenchman), studies a menu of «Russian» specialties. roasted legion eagle, rat stew, horse meat (cf. cat. no. 317), and much ice and other emergency fare.

Stanco di allarmi di guerra, Boney vola a rifugiarsi nelle braccia della sua cara

Il ritorno immediato di Napoleone dalla Russia e le speranze della nazione francese andate in fumo sono illustrati con sarcasmo magistrale: il diavolo in persona si accolla l'onere di riportare in seno alla famiglia il malconcio imperatore. Alle Tuileries la consorte si precipita incontro al suo «eroe», chiedendogli di dirle i segreti della sua campagna gloriosa; Napoleone risponde rassegnato che la propria fama è distrutta per sempre, che adesso deve implorare la pace e che parlarne lo tormenta (verso dell'*Eneide*, II, 3). Il diavolo, che consiglia di mettere a letto il disertore e «scongelarlo», ora si aspetta ogni sera preghiere di ringraziamento per averlo aiutato. Alla scena assistono due dame di corte e il re di Roma, fasciato da una bambinaia; quando il piccolo domanda se papà ha spaventato i russi come gli inglesi hanno fatto coi francesi, la donna risponde che i russi, al contrario, hanno combattuto patriotticamente e generosamente come tori (*like bulls*), cioè come inglesi. Il quadro sopra il camino mostra opportunamente un cosacco del Don, sotto cui la parola Don è stata biffata e sostituita da *damned* («maledetto»). In basso a sinistra, una scimmia in uniforme con berretto frigio e violino – simbolo del francese tipico – studia una lista di vivande «russe»: aquile (legionarie) arrosto, fricassea di topi, carne di cavallo (cfr. n° cat. 317), molto ghiaccio e altre cibarie d'emergenza.

Lit.: Br I S. 318 f., II App. A 105; GC 240 (Abb.); Kat. H83 9.

119
NAP OMNIPOTENT or the Acme of Arrogance and Presumption
dahinter *Vide Russian Campaign. Plate 4*
daneben r. «Who knows himself a Braggart, / «Let him fear this; for it will come to pass, / «That every Braggart shall be found an Ass.
o. M. If The dictates of humanity will not prevail We must take the chance of War ! but remember Man proposes, but God disposes. / T'is false no man proposes to me, and I dispose of events, your Master has Offended. me and I hurl him from his Throne
o. r. Ma foi c'est dire un peu trop! t'is say great deal
Charles Williams
bez. dat. u. l. *Pub,ᵈ May 1813 by Thoˢ Tegg 111 Cheapside*
dahinter *Price 1 s colored* –
o. r. Nummer *198*
Radierung, koloriert
249 × 352 mm (278 × 442 mm)
Sammlung Herzog von Berry 1980.298.

Napoleon der Allmächtige oder der Gipfel von Arroganz und Anmassung
Napoleon verhandelt im Feldherrenzelt mit dem Feind. Hinter ihm erschrecken zwei Marschälle, als der russische Unterhändler himmelwärts zeigt und nach dem gescheiterten Friedensgespräch zu bedenken gibt, dass «der Mensch denkt, und Gott lenkt». Davon will der gottlose, aus seinem Sessel geschnellte Korse auf dem «Gipfel der Anmassung» nichts wissen: Niemand anderer denke für ihn, und er selber lenke die Geschehnisse. Soviel Vermessenheit halten selbst seine Adjutanten rechts am Tisch für ein starkes Stück. Napoleon will den Krieg, um den Zaren wegen einer Beleidigung (welcher?) zu entthronen. Links unterhalten sich ein Offizier und ein Parlamentär angeregt. Während beim Londoner Exemplar dieser Karikatur wohl aufgrund der Kolorierung von preussischen Offizieren die Rede ist (vgl. BM), handelt es sich hier um Unterhändler in grünen Uniformen, also um Russen. Als Blatt 4 der Folge «Russian Campaign» erschienen, muss die fiktive Szene vor dem Einmarsch in Moskau spielen, den Blatt 5 behandelt. In Wahrheit war es der Zar, der – nach Moskau – Napoleons Verhandlungsangebote strikt ausschlug.

Napoléon omnipotent ou le comble de l'arrogance et de la présomption
Dans sa tente de général en chef, Napoléon négocie avec l'ennemi. Derrière lui, deux maréchaux prennent peur lorsque l'émissaire russe pointe son doigt vers le ciel et fait remarquer, suite à l'échec des discussions de paix, que «l'homme propose et Dieu dispose». Mais le Corse, au «comble de l'arrogance», bondit de son siège et ne veut rien savoir: personne ne pense pour lui, et il dispose lui-même des événements. Une telle présomption heurte même ses adjudants assis à table, à droite de l'image. Napoléon veut la guerre afin de détrôner le tsar qui l'a offensé (de quelle manière?). A gauche, un officier et un parlementaire discutent avec animation. Alors que dans l'exemplaire londonien de cette caricature – si l'on se fonde sur les couleurs utilisées – il s'agit d'officiers prussiens (cf. BM), ici l'image présente des négociateurs en uniformes verts, c'est-à-dire des Russes. Parue en tant que planche 4 de la série «Russian Campaign», cette scène fictive doit se dérouler avant l'entrée des troupes françaises à Moscou, dont traitera la planche 5. En réalité, c'est le tsar qui – après Moscou – repoussa formellement les offres de négociation de Napoléon.

Napoleon Omnipotent or the Acme of Arrogance and Presumption
Napoleon is excitedly negotiating with the enemy in the officers' tent. Two marshals to his rear are shocked to see the Russian negotiator point heavenwards as a comment on the unsuccessful outcome of their talks, to the effect that «man proposes but God disposes». This causes the godless Corsican at «the acme of arrogance» to bound up and retort that «no man proposes to me, and I dispose of events». Such presumptuousness is somewhat beyond the pale even for his aides-de-camp, who stand to the right of the table. Napoleon wants war in order to depose the Tsar because of some insult (one wonders what?). To the left, an officer and a member of parliament are engaged in a heated discussion. Because of its colouring, the London version of this cartoon brought Prussian officers to mind (cf. BM), but the negotiators wear green uniforms here, identifying them as Russian. The work was the fourth to appear in the «Russian Campaign» series, dating the imaginary scene prior to Napoleon's entry into Moscow, which is handled in print five. In actual fact, it was the Tsar who, after Moscow, strictly ruled out Napoleon's peace proposal.

Napoleone onnipotente, ovvero il colmo dell'arroganza e della presunzione
Nella tenda imperiale Napoleone sta trattando col nemico. I due marescialli dietro di lui paiono spaventati quando il negoziatore russo, fallito il colloquio di pace, punta il dito verso il cielo ricordando che «l'uomo propone, Dio dispone»; ma il monito non garba al suo empio interlocutore, balzato su dalla poltrona. Al «colmo dell'arroganza» egli dichiara che nessuno gli propone nulla, e che è lui a disporre degli eventi; una tale presunzione sembra troppa perfino agli aiutanti (presso il tavolo a destra). Napoleone vuole la guerra per detronizzare lo zar, che a suo dire (ma quando?) l'ha offeso. Sulla sinistra un ufficiale e un parlamentare discutono animatamente; mentre quelli nell'esemplare londinese dell'opera sono ritenuti (probabilmente a causa del colore) ufficiali prussiani (cfr. BM), qui i negoziatori hanno uniformi

verdi, quindi sono russi. La caricatura, quarta della serie *Russian Campaign*, descrive un episodio senz'altro anteriore all'invasione di Mosca (rappresentata nella quinta) ma fittizio: dopo Mosca, in realtà, fu lo zar a respingere rigorosamente le offerte di trattativa francesi.

Lit.: BM IX 12048; Br I S. 324, II App. A 599.

120
BONEY'S CAVALRY – a Ruse de Guerre or Bayes's troop in French pay.
dahinter *As War is Boney's Hobby, then, / Why not on Hobbies mount his men.*
o. l. *Attention! Strut; look big; and make your Hobbies prance; We'll make the foe believe there's Cavalry in France.*
o. r. *Eh' bien Jeneral vat you tink of dis Ruse de Guerre, dey vill make de Cossak run má foi! / Oui Sire! tis very good trick indeed! / Very good horse for de Russia Campaign they no mind the cold nor de hunger*
Charles Williams
bez. dat. u. l. *Pub.^{d} May 4.th 1813 by Thos Tegg, 111 Cheapside*.
dahinter *price 1/ shill^g color'd*.
o. r. Nummer *192*
Radierung, koloriert
246 × 350 mm (270 × 458 mm)
Sammlung Herzog von Berry 1980.198. (Doublette 1980.299.)

Boneys Reiterei – eine Kriegslist oder Bayes Truppen in französischem Solddienst
Zufrieden betrachtet Napoleon die Einübung einer Kriegslist, die er gegen die Kosaken ersonnen hat: Ein Offizier drillt seine Mannschaft, die auf Steckenpferden anstelle von Pferden ihre Säbel präsentiert. Jeder steht in einer Pferdeattrappe. Diese sollen dem Feind vorgaukeln, Frankreichs Heer besitze noch eine Reiterei. Wie der General ganz rechts bemerkt, sind die Holzpferde für den Feldzug in Russland speziell geeignet, denn Kälte und Hunger können ihnen nichts anhaben. Im Hintergrund breitet sich Napoleons Hereslager in der Ebene aus. Der Vers unterhalb des Bildfeldes resümiert die Satire: Da ja Napoleons Steckenpferd das Kriegsspiel ist, warum sollten seine Soldaten nicht Steckenpferde reiten? Für den Engländer liegt der Vergleich mit den Truppen von Bayes nahe, der Hauptfigur in George Villiers Buckinghams Burleske «The Rehearsal» (1672), in der eine Schlacht zwischen Fusssoldaten und Steckenpferden stattfindet. Die Reiterei litt im Russlandfeldzug am schwersten unter dem Klima und dem Mangel an Vorräten, verlor sie doch täglich Hunderte von Pferden.

La cavalerie de Boney. Une ruse de guerre ou la troupe de Bayes à la solde des Français.
Satisfait, Napoléon contemple la mise au point du stratagème militaire qu'il a imaginé pour lutter contre les Cosaques: un officier entraîne ses hommes; ceux-ci, engoncés dans des chevaux factices, présentent leurs sabres. Ils sont censés faire croire à l'ennemi que l'armée française possède encore une cavalerie. Comme le remarque le général tout à droite de l'illustration, les chevaux de bois sont particulièrement adaptés à la campagne de Russie, car ils ne sentent ni le froid et ni la faim. A l'arrière-plan, le camp militaire de Napoléon s'étale dans la plaine. Le vers inscrit à côté du titre résume la satire: la guerre étant le dada de Napoléon, pourquoi ses soldats ne devraient-ils pas chevaucher des dadas? Pour les Anglais, la comparaison avec les troupes de Bayes est évidente. Bayes est le personnage principal de la comédie burlesque de George Villiers Buckingham «The Rehearsal» (1672), dans laquelle se déroule une bataille entre des fantassins et des chevaux factices. La cavalerie fut durement éprouvée par le climat et la pénurie de vivres; des centaines de chevaux mouraient quotidiennement.

Boney's Cavalry – A Ruse de Guerre or Bayes's Troop in French Pay
Napoleon looks on with satisfaction at a practice session for a ruse of war he has invented against the Cossacks: an officer drills his men, who present their sabres astride hobby horses rather than real ones. Each of the men stands on a dummy horse meant to delude the enemy into thinking the French army still possessed a cavalry. As the general altogether to the right remarks, wooden horses are particularly appropriate for the Russian campaign since they are immune to cold and hunger. Napoleon's military camp stretches out across the plains in the background. The poem accompanying this cartoon summarizes its satirical purport: «As war is Boney's hobby, then, why not on hobbies mount his men.» The English appreciated the title's allusion to the troops under Bayes, the main protagonist in George Villiers Buckingham's burlesk «The Rehearsal» (1672), presenting a battle between hobby horses and the infantry. The French cavalry suffered the most from the climate and lack of supplies during the Russian campaign, losing hundreds of horses daily.

La cavalleria di Boney: uno stratagemma, ovvero la truppa di Bayes al soldo francese
Napoleone osserva soddisfatto le prove di uno stratagemma che ha escogitato contro i cosacchi: addestrati da un ufficiale, gli uomini presentano le sciabole cavalcando cavalli di legno. Questi ultimi, simulando l'apparenza degli animali veri, dovrebbero far credere al nemico che i francesi posseggano ancora una cavalleria; come nota il generale all'estrema destra, si prestano particolarmente bene alla spedizione russa perché non soffrono né il freddo né la fame. Nella pianura sullo sfondo si stende l'accampamento della Grande Armata. La satira è riassunta dal distico accanto al titolo: visto che la guerra è il gioco preferito di Napoleone, perché non far salire i suoi soldati su cavalli-giocattolo? Per gli inglesi appariva spontaneo il paragone con le truppe di Bayes, protagonista della farsa di George Villiers Buckingham *The Rehearsal* (1672), che descrive una battaglia tra fanti e cavallucci di legno. Nella campagna di Russia la cavalleria fu l'arma più colpita dai rigori del clima e dalla mancanza di provviste, perdendo ogni giorno centinaia di cavalli.

Lit.: BM IX 12044; Br II App. A 109.

121

*Наполеонова слава – NAPO-
LEONS FAME.*
über dem Bildfeld *Попалась въ
просакъ! Рукой солдатъ штыкомъ
снялъ съ нее маску. Козакъ на-
гайкою всѣ вѣши ся лавровыхъ
охлесталъ, Вавила / Морозъ и
громкую трубу замкнулъ снѣгомь!*
[Er (der Ruhm) ist hereingefallen!
Mit dem Bajonett hat der Soldat ihm
die Maske heruntergeholt. Der Kosak
hat mit der Nagajka (Peitsche) den
Lorbeerkranz gepeitscht, und Basil
Frost hat ihm (dem Ruhm) die laute
Trompete mit Schnee zugestopft!] /
*Buonaparte's Fame overpower'd &
destroyed by the Russian Army and
Peasantry.*
sign. u. r. *Etched by G. Cruikshank*
darüber *Copied from a Russian Print*
bez. dat. u. l. *Pub^d May 18th 1813 by
H. Humphrey – St-James's Str.^{t}* –
Radierung, koloriert
250 × 355 mm (300 × 455 mm)
Sammlung Herzog von Berry
1980.200.

Napoleons Ruhm
Wie bei Napoleons Kosakentanz
(Kat. Nr. 53) benützt Cruikshank hier
eine Arbeit von Terebeneff (Br II
S. 171 f. [Anm. 1], App. G 27) vom Januar 1813. Das Blatt ist in kyrillischer
und lateinischer Schrift betextet. Die
Szene verbildlicht das Ende des napoleonischen Ruhms. Mitten in Schnee
und Eis steht auf einem Haufen
menschlicher Gebeine die geflügelte
Fama mit Trompete und im Gewand
mit den kaiserlichen Bienen; sie hat
bislang der Welt die Siege (Lorbeerkranz) des Kaisers verkündet. Die drei
massgeblichen Kräfte des Widerstands
gegen die französischen Invasoren in
Russland – die Kosaken, das reguläre
Heer und die Bauernpartisanen – ent-
larven und vernichten sie jetzt: Ein
Kosake zerpeitscht ihren Lorbeer, und
ein Infanterist hebt ihr mit der Bajo-
nettspitze die anmutige Siegesmaske
vom Gesicht. Darunter kommt die
Höllenfratze mit Schlangenhaar zum
Vorschein, wozu auch der Schlangen-
schwanz passt. Als dritter im Bund
findet ein Landmann seinen Spass
daran, die Trompete mit Schneebällen
zuzustopfen. Der russische Text kommentiert das Geschehen.

La renommée de Napoléon
Comme dans le cas de la danse
cosaque de Napoléon (cf. n°. cat. 53),
Cruikshank utilise ici un travail
de Terebenev de janvier 1813 (Br II
p. 171 sq. [n. 1], app. G 27). L'estampe
est accompagnée de textes en caractères cyrilliques et latins. La scène
symbolise la fin de la gloire napoléonienne. Portant un vêtement orné
d'abeilles impériales et tenant une
trompette à la main, la renommée
ailée se tient debout sur un tas d'ossements humains, au beau milieu de
la neige et de la glace; jusque-là, elle
a toujours annoncé au monde les victoires (couronne de laurier) de l'empereur. Les trois forces russes déter-
minantes dans la résistance contre les
envahisseurs français – les cosaques,
l'armée régulière et les partisans
paysans – démasquent la renommée
et la détruisent: pendant qu'un cosaque donne des coups de fouet sur
ses feuilles de laurier, un fantassin, à
l'aide de la pointe de sa baïonnette,
lui arrache le masque gracieux de la
victoire. Sous le masque apparaît une
figure démoniaque, coiffée de serpents; sa queue de serpent étant bien
adaptée à son être. Le paysan et troisième résistant, s'amuse à boucher la
trompette de boules de neige. Le texte
en russe commente les événements.

Napoleon's Fame
As he did for his cartoon featuring
Napoleon's Cossack dance (cat. no. 53),
Cruikshank based this piece on a
work by Terebeneff (Br II p. 171 f.
[fn. 1], App. G 27) dated January 1813.
The text is written in both Cyrillic
and Latin letters, and the scene illustrates the end of Napoleonic fame.
The winged personification of fame
– who appears blowing on a trumpet and dressed in an imperial bee-
patterned garment – stands in the
middle of the snow, atop a pile of
human relics: up until now, she has
been proclaiming the Emperor's
victories (laurel wreath) to the world
at large. The three leading powers
opposing Russia's French invaders,
namely the Cossacks, the regular
army troops, and the peasant partisans, unmask and destroy her here:
one Cossack whips her laurel wreath
to shreds, and an infantryman uses
his bayonet tip to lift off the charming victory mask from her face, revealing a hellish grimace with snakes
as hair that matches her serpent
tail. The third member of the trio, a
farmer, enjoys stuffing her trumpet
with snowballs. The Russian text
comments the scene.

La fama di Napoleone
Come nella «danza cosacca» di Napoleone (n° cat. 53), anche qui Cruikshank utilizza un'opera di Terebeneff
(Br II p. 171 sg. [n. 1], app. G 27), del
gennaio 1813; i testi sono in alfabe-
tico cirillico e latino. La scena, ambien-
tata fra nevi e ghiacci, rappresenta
la fine della Fama napoleonica (figura
alata con tromba araldica e veste
adorna di api imperiali, ritta su un
mucchietto di ossa umane), che finora ha annunciato al mondo le vittorie dell'imperatore (simboleggiate
dalla corona d'alloro): ora le tre forze
decisive della resistenza russa all'invasione francese – i cosacchi, l'esercito
regolare e la milizia contadina – la
smascherano e l'annientano. Mentre
il cosacco le distrugge a colpi di frusta l'alloro, con la punta della baionetta il fante le solleva dal volto la
maschera avvenente della vittoria,
rivelando un ceffo diabolico anguicrinito cui ben si adatta la coda di serpente; il loro compagno contadino,
dal canto suo, si diverte a turare la
tromba con palle di neve. Il testo in
russo commenta quanto accade.

Lit.: BM IX 12045; Br I S. 323,
II S. 171 Anm. 1, App. A 632.

122

*Крестьянинъ увозитъ у францу-
зовъ пушку въ Руской лагерь,
между тѣмъ какъ – / они, оста-
вивши оную на полѣ, бросились
въ деревню за контрибуцію.*
[Ein Bauer führte eine den Franzosen
entwendete Kanone ins russische
Lager weg, während sie (die Franzosen), nachdem sie diese auf dem
Felde zurückgelassen hatten, ins Dorf
stürzten, um die Kriegssteuer ein-
zutreiben.]
unter dem Bildfeld *A Peasant carrying
off a French Cannon into the Russian
camp whilst the enemy had left it /
– to go Marauding in the Village –*
sign. u. r. *G. Cruikshank sculp*
bez. dat. u. M. *Pub^d. by H. Humphrey
St James's Str^t June 8th 1813*
Radierung, koloriert
252 × 355 mm (273 × 487 mm)
Sammlung Herzog von Berry
1980.207.

*Ein Bauer entwendet eine von plün-
dernden Franzosen zurückgelassene
Kanone*
Vor einem Dorf bringt ein Bauer eine
französische Kanone mit vier Pferden
eilig in ein russisches Feldlager. Der
Feind hat sie unbewacht stehenlassen,
um das Dorf zu plündern. Die undis-
ziplinierten, raffgierigen Franzosen
haben sich dabei verrechnet, denn sie
verlieren nebst dem Kriegsmaterial
ihr Leben: Im Mittelgrund rechts erschlägt ein Bauer zwei Soldaten mit
der Axt; auf ihn zielt im Zentrum
ein Schütze, neben dem ein Kamerad
verwundet am Boden liegt und ein
anderer mit dem Säbel in der Hand
davonläuft. Eine Gruppe Artilleristen
fällt eben mit gezückten Säbeln ins
Dorf ein und wird von den Bewoh-
nern mit Mistgabeln und einer Keule
überwältigt. Mit Kraft, List und Todes-
verachtung dem Feind trotzen bis
zum Sieg – das ist die Botschaft des
satirischen Propagandablattes, das
zwar zweisprachig beschriftet, aber
wahrscheinlich ohne russische Vorlage entstanden ist (kein Vermerk im
Gegensatz zu Kat. Nrn. 46, 52–53,

A Peasant carrying off a French Cannon into the Russian camp whilst the enemy had left it to go Marauding in the Village

DRAMATIC EFFECT or the Death of Gen.¹ Duroc

109, 117, 121). Denkbar ist hingegen, dass es zur Verbreitung in Russland bestimmt war. Den Feind als Schwächling und Dummkopf darzustellen ist die hier angewendete psychologische Strategie, welche die englischen Karikaturisten spätestens seit Napoleons drohender Invasion (1803–1805) beherrschten.

Un paysan emmenant, vers le camp russe, un canon français, abandonné par l'ennemi pour aller à la maraude au village
A l'entrée d'un village, un paysan conduit en hâte un canon français, tiré par quatre chevaux, en direction d'un camp militaire russe. Pour marauder au village, l'ennemi l'a laissé derrière lui sans surveillance. Indisciplinés et cupides, les Français se sont trompés – ce faisant – dans leur calcul: outre leur matériel de guerre, ils perdent aussi la vie. A droite, au milieu de l'image, un paysan russe tue deux des leurs à coups de hache. Au centre, un tireur français vise le Russe; l'un de ses camarades pillards, blessé, est couché à terre à ses côtés. Un autre militaire français se sauve, le sabre à la main. Sabre au clair, un groupe d'artilleurs vient de faire irruption dans le village; à l'aide d'une massue et de fourches à fumier, les habitants maîtrisent les intrus. Tenir tête à l'ennemi – avec énergie, ruse et mépris de la mort – jusqu'à la victoire: tel est le message de l'estampe de propagande satirique. Celle-ci est certes bilingue, mais fut sans doute réalisée sans modèle russe (pas de mention d'origine, contrairement au n°⁵ cat. 46, 52–53, 109, 117, 121). On peut penser qu'elle fut destinée à être diffusée en Russie. La représentation de l'ennemi comme faible et arriéré fait office ici de stratégie psychologique appliquée; au plus tard depuis la menace d'une invasion de Napoléon (1803–1805), les caricaturistes anglais maîtrisèrent la psychologie appliquée.

A Peasant Carrying Off a French Cannon into the Russian Camp
Spurring on his four horses as he passes in front of a village, a peasant rushes to bring a French cannon into a Russian military camp. The enemy had left it standing unguarded to go off and plunder the village. The undisciplined and greedy French miscalculated the consequences, for they will lose not only their war material but their lives. In the middleground to the right, a peasant has slain two soldiers with an ax: a marksman who aims at him in the image centre stands next to a wounded comrade who has been grounded and to another one who, with sabre in hand, is running off. A group of artillery soldiers with drawn sabres has just reached the village and is being overpowered by the inhabitants, who counterattack with dung pitchforks and a club. To defy the enemy through strength, cunning, and contempt of death, and this until victory: so goes the message conveyed by this satirical propaganda piece. And although the text is in two languages, it most probably was not based on a Russian model (since, contrary to cat. nos. 46, 52–53, 109, 117, 121, there is no notation that it is a copy). On the other hand, it is conceivable that the work was created for purposes of distribution in Russia. Indeed, since the threat of Napoleon's invasion (1803–1805) at the latest, the English had become past masters at the psychologically inspired tactic of depicting the enemy as a weakling and dumbhead.

Un contadino sottrae un cannone che i francesi hanno abbandonato per saccheggiare un villagio
Un contadino si affretta a portare nel campo militare russo un cannone francese trainato da quattro cavalli, rimasto senza sorveglianza perché il nemico sta saccheggiando il villaggio sullo sfondo. Avidi di rapine e indisciplinati, i francesi hanno sbagliato i loro calcoli: perderanno non solo il materiale bellico ma anche la vita. In secondo piano a destra, infatti, due soldati sono abbattuti con l'accetta da un altro contadino, su cui sta per fare fuoco un fuciliere (al centro); accanto a quest'ultimo giace un compagno ferito, mentre un altro fugge con la sciabola in mano. Un gruppo di artiglieri attacca il villaggio con le sciabole sguainate, ma viene sopraffatto da abitanti armati di forconi e clave. Resistere al nemico con la forza, l'astuzia e il disprezzo della morte fino alla vittoria: questo il messaggio di una caricatura di propaganda che ha sì un titolo bilingue, ma probabilmente non si rifà a un originale russo (perché priva dell'annotazione apposita, diversamente dai n¹ cat. 46, 52–53, 109, 117, 121); si può pensare, viceversa, che fosse destinata alla diffusione in Russia. La strategia psicologica qui applicata, consistente nel dipingere il nemico come un debole e uno sciocco, era ben nota ai caricaturisti inglesi almeno fin dalla minaccia di un'invasione napoleonica del Regno Unito (1803–1805).

Lit.: BM IX 12060; Br II App. A 687.

123
DRAMATIC EFFECT or the Death of Gen.¹ Duroc.
dahinter *vide French Bulletin.*
darunter *Duroc, «My whole life has been consecrated to your service, nor do I regret its loss, but for the use it still might have been of to you!» Buonaparte. «Duroc! «there is / a life to come; it ¹ˢ there you are going to wait for me, and where we shall one day meet again!» Duroc. «Yes Sire! but that will not be these thirty years, when you will have / triumphed over your enimies, and realised all the hopes of your country, I have lived an honest man; I have nothing to reproach myself with, ah! Sire! go away this sight gives you pain- B,ᵉ «Farewell then my friend.*
Charles Williams
bez. dat. u. r. *London Pub,ᵈ June 9.ᵗʰ 1813 by W.ᵐ Holland N° II Cockspur Street*
Radierung, koloriert
248 × 324 mm (276 × 433 mm)
Sammlung Herzog von Berry
1980.202.

Theatereffekt oder der Tod des Generals Duroc
In einem Zelt liegt General Duroc auf dem Sterbebett und richtet pathetische Worte an seinen Kaiser. Dieser hat zum Abschied Durocs Hand ergriffen und wendet im Schmerz sein verdecktes Gesicht ab. Ein Adjutant tröstet ihn, während ein Offizier am Kopfende des Bettes harrt und ein weiterer auf dem Tisch eine Arznei zubereitet. Rechts erscheint ein Mameluck als Pferdeführer und dahinter ein Feldlager. Am 22. Mai 1813 bei Görlitz tödlich verwundet, erlebte General Duroc noch den Besuch des Kaisers. Der Dialog zitiert aus dem Bericht des «Moniteur» vom 30. Mai. Als Ersten Adjutanten, loyalen Soldaten und gewandten Unterhändler schätzte Napoleon Duroc hoch. Bar aller graphischen Verzeichnung erhält das Blatt im Titel und in der endlos hohen Zeltwand den Charakter eines sentimentalen Bühnenstücks und wird so zur Satire.

L'effet dramatique ou la mort du général Duroc
Dans une tente, le général Duroc est étendu sur son lit de mort et adresse des paroles pathétiques à son empereur qui, déchiré par le chagrin, lui tient la main, le visage détourné et caché derrière son autre main. Un adjudant le console, tandis qu'un officier se tient à son chevet et un autre prépare un remède sur une table. A droite l'on aperçoit un Mamelouk, conduisant un cheval, avec à l'arrière-plan un camp. Le général Duroc reçut encore la visite de l'Empereur après avoir été mortellement blessé à Görlitz le 22 mai 1813. Le dialogue est extrait du reportage du *Moniteur* du 30 mai. Napoléon estimait très haut le premier adjudant, le soldat loyal et négociateur habile que fut Duroc. Le titre et la toile sans fin accordent à cette gravure dépourvue de toute inscription la valeur d'une pièce de théâtre sentimentale, la transformant ainsi en une satire.

Dramatic Effect or the Death of General Duroc
The dying General Duroc addresses pathetic words to the German emperor, who has grasped Duroc's hand in farewell and turned away in grief. An adjutant comforts him, while an officer keeps vigil at the head of the bed and another prepares medicine on a table. To the right, a Mameluke with horse, in the background a camp. Fatally wounded at Görlitz on 22 May 1813, General Duroc lived long enough to receive a visit from the German emperor. The dialogue is quoted from an account in the *Moniteur* of 30 May. Napoleon valued Duroc as a loyal soldier and skilled negotiator. The cartoon derives its satire, not from graphic distortion, but from the title and the theatrical sentimentality created by the lofty tent.

Effetto drammatico, ovvero la morte del generale Duroc
Sotto una tenda, sostenuto da un compagno, giace sul letto di morte il generale Duroc, che rivolge al suo imperatore parole toccanti di fedeltà e di altruismo. Napoleone, che si congeda da lui stringendogli la mano, per il dolore si copre il volto e lo distoglie; un aiutante lo consola, mentre un ufficiale resta alla testiera del letto e un altro, presso il tavolo, prepara un farmaco. In primo piano, su una sedia, armi e uniforme ricordano la gloria militare del morente; a destra, dietro un mamelucco che conduce un cavallo, si intravede un campo di battaglia. Ferito a Görlitz (22 maggio 1813), prima di morire il generale Duroc rivide davvero l'imperatore, che lo apprezzava molto come primo aiutante, soldato leale e negoziatore capace; il dialogo è tratto dal resoconto apparso sul *Moniteur* del 30 maggio. Priva di qualsiasi distorsione grafica, la composizione diventa satirica perché, grazie al titolo e all'altissima tenda-sipario, si presenta come stucchevole scena teatrale.

Lit.: BM IX 12061.

124
NAP AND HIS FRIENDS IN THEIR GLORY.
o. M. *Come Gentlemen – 'here is Success to Plunder and Masacre*
o. r. [*vue*] *of Malmaison*
u. r. *champang*[*er*]
unter dem Bildfeld Dialog in vier Spalten
Nap / These Spaniards are temble rogues / They will not submit to my fetters / With patience so gracefully worn / Nay sought for by Nations their betters / But let us return to the charge / And no longer with lenity treat them / Once get them to lay down their arms / And Ill warrant brave boys we shall beat them. // Death / Brother Boney well never despair / A trusty good friend I have found you / Kill plunder and burn and destroy / And deal desolation around you / Then gaily lets push round the glass / Well sing and well riot and revel / And I m sure we shall have on our side / Our very good friend here the Devel // The Devel / Believe my friend Death you are right / Although Im an ugly old fellow / When mischief is getting afloat / O then I am jolly and mellow / As soon as these Spaniards are crush'd / Again will be merry and sing Sirs / And that we well quickly accomplish / And Joey here he shall be King Sirs // Don Joey / Excuse me from lending my aid / You may jointly persue them and spike them. / But lately Ive seen them – and own / If I speak the plain truth I dont like them / They Liberty cherish so dear / That they constantly make [*t*]*her their guide O / Who pleases may make themselves King / But may I be d – d if I do –*
Thomas Rowlandson
bez. dat. u. l. *Pub^d October 1st 1813 by R Ackermann N° 101 Strand*
Radierung, koloriert
275×346 mm (295×368 mm)
Sammlung Herzog von Berry
1980.293.

Napoleon und seine Freunde in ihrem Glanz
Vor drapierten Vorhängen stossen die um einen Tisch sitzenden (v. l. n. r.) Joseph Bonaparte, der Teufel, Napoleon und der Tod auf den Erfolg von Plünderei und Massaker an. Ein Bild an der Wand zeigt, wie Napoleon vor Schloss Malmaison (Kaiserin Josephines Wohnsitz) den Pakt mit dem Teufel schliesst. Als einziger ist Ex-König Joseph missgestimmt, hat er doch jüngst seine Ansprüche auf Spanien aufgeben müssen (durch Wellingtons entscheidenden Sieg bei Vitoria 1813). Im liedartigen Begleittext verflucht Napoleon die Spanier, hofft aber noch immer, sie zu unterjochen. Tod und Teufel pflichten ihm bei und freuen sich auf künftige Greueltaten. Joseph wollen sie wieder in die Herrschaft einsetzen, doch er lehnt dankend ab: Von den freiheitsliebenden Spaniern hat er genug und überlässt das Königreich wem auch immer. Diese späteste Karikatur zum nutzlosen Krieg in Spanien sieht einmal mehr in Napoleon den Verbündeten von Tod und Teufel.

Napoléon et ses glorieux amis
Devant des rideaux drapés, Joseph Bonaparte, le diable, Napoléon et la mort (de g. à d.), sont assis autour d'une table. Ils trinquent au succès des pillages et massacres. Un tableau accroché au mur montre comment Napoléon – devant le château de Malmaison (résidence de l'impératrice Joséphine) – conclut un pacte avec le diable. Seul l'ex-roi Joseph est de mauvaise humeur, étant donné qu'il a dû récemment renoncer à ses prétentions au trône espagnol (suite à la victoire décisive de Wellesley près de Vitoria 1813). Dans le texte sous forme de chanson qui accompagne l'image, Napoléon maudit les Espagnols, mais espère toujours les assujettir. La mort et le diable sont d'accord avec lui et se réjouissent de commettre de nouvelles atrocités. Ils veulent réintroniser Joseph, mais celui-ci refuse poliment:

il en a assez de l'amour de la liberté des Espagnols et laisse le royaume à qui veut bien s'y intéresser. Cette caricature, la plus tardive sur la guerre inutile en Espagne, voit dans Napoléon – une fois de plus – un allié de la mort et du diable.

Napoleon and His Friends in Their Glory
Glasses to the success of plunder and massacre are being lifted at a table of four – (l. to r.) Joseph Bonaparte, the devil, Napoleon, and Death. A wall painting portrays Napoleon making his pact with the devil before the Malmaison Castle (Empress Josephine's residence). Only ex-King Joseph strikes a morose note, since he has just recently been forced (by Wellesley's decisive victory at Vitoria 1813) to give up his claims to the Spanish throne. In the singsong commentary to this cartoon, Napoleon curses the Spanish, yet retains hope of subjugating them. Death and Devil concur with him, and look forward to future acts of horror. They want to return the crown to Joseph: the latter turns down their offer with all due gratitude. He has had his fill of the liberty-lusting Spanish and is happy to leave the kingdom to whomever it will please. This cartoon over the useless war in Spain once again casts Napoleon in the role of ally to death and devil.

Napoleone e i suoi amici nella gloria
Quattro commensali (da s. a d. Giuseppe Bonaparte, il diavolo, Napoleone e la Morte) brindano al successo di saccheggi e massacri; il quadro alla parete, fra tende drappeggiate, mostra il patto fra Napoleone e il diavolo davanti al castello della Malmaison (residenza dell'imperatrice Giuseppina). L'unico di malumore è l'ex re Giuseppe: in seguito al successo decisivo ottenuto da Wellesley a Vitoria (1813), di recente ha dovuto rinunciare alle sue pretese sulla Spagna. Nella didascalia in versi Napoleone se la prende con gli spagnoli, ma spera ancora di poterli assoggettare; la Morte e il diavolo, che concordano con lui, non vedono l'ora di future atrocità. Giuseppe, che il diavolo vorrebbe di nuovo sul trono spagnolo, si scusa ma rifiuta: stufo di un popolo tanto amante della libertà, preferisce lasciare il regno a chicchessia. Opera molto tarda sull'inutile guerra di Spagna, questa stampa vede ancora una volta in Napoleone l'alleato del demonio e della Morte.

Lit.: Ash S. 295 f. (Det.); BM VIII 11038; BN IV 8398; Br I S. 281 f. [falscher Titel], II App. A 594; De II S. 588 ff., III S. 180; GC 216.

125
CATERER'S – BONEY DISH'D – – a Bonne Bouche. for Europe.
o. l. *We must reduce the quantity of irritating articles, before we can produce it as a finish'd dish. what say you Stewardt of the feast!! / I agree with your Highness' John Bull prefers moderation / oh dear! dear I hope thou won't Dish the poor old King of Saxony / William Tell,, never invented a better dish, I hope we shall have a taste of it! / By the god of Love that is better dish den Maccaroni / It is rather too highly season'd, for any taste, but French.*
o. r. *And I think Brother of Russia they will admire the Garnish! / Donder and Blikens. dat dish will please Mine Vrow / I think Brother of Austria, this dish will be relis'h'd by all Europe / Pray let Wurtemburg join in that Dish / And Bavaria, if you please*
u. M. *Macdonald / Marmont / REGNIER / Soult*
u. l. *Subsid / DROIT ET MON DIEU*
anonym, 10. November 1813
bez. u. r. *Pub^d by Le Petit Capel S^t*
Radierung, koloriert
n. best. (243 × 355 mm)
u. l. Prägestempel mit Biene im Rund
Sammlung Herzog von Berry 1980. 278.

Delikatessenhändler richten an: Boney als feiner Happen für Europa
Auf einer Platte, auf welcher er und seine gefesselten Marschälle zum Festschmaus für die Sieger von Leipzig angerichtet sind, fleht Napoleon um Gnade. Um den Tisch sitzen die «Lieferanten» des Mahls (v. l. n. r.) Prinz Bernadotte von Schweden, der preussische König, Kaiser Franz I., Zar Alexander I.) und in Rückenansicht als Geldgeber, mit einem Beutel voller Subsidien, der englische Prinzregent. Den äusseren Kreis bilden ihre Tafelgäste, die befreiten Völker Europas in ihren Trachten (v. l. n. r.): Italien lobt das Mahl, die Schweiz erhofft sich einen Anteil, Holland ist begeistert, die von Napoleon zu Königreichen erhobenen Württemberg und Bayern laden sich gleich selbst ein. Links fleht der reuige Sachse unter Tränen darum, das Schicksal seines Gönners Napoleon nicht teilen zu müssen. Den Alliierten mundet die Festspeise, nur dem Preussen ist sie zu würzig, und Schweden wie England bemängeln «störende Beigaben», womit sie die letzten Abwehrkräfte Frankreichs oder aber die Unstimmigkeiten in der Koalition Ende 1813 meinen könnten.

Chez les traiteurs – Boney servi sur un plat formant une bonne bouche pour l'Europe
Napoléon, servi sur un plat avec ses maréchaux ligotés, demande grâce aux «fournisseurs» de ce banquet réunis autour de la table qui ne sont autre que les vainqueurs de Leipzig (de g. à d. le prince Bernadotte de Suède, le roi des Prusses, l'empereur François Ier, le tsar Alexandre Ier) et, de dos, avec une bourse remplie de subsides sur ses genoux, le prince régent anglais qui a financé le festin. Leurs hôtes, les pays libérés d'Europe reconnaissables à leurs costumes, forment le cercle extérieur de la tablée (de g. à d.): l'Italie fait l'éloge du repas, la Suisse espère en recevoir une part, la Hollande est enthousiasmée; le Wurtemberg et la Bavière, que Napoléon a élevés au rang de royaumes, s'invitent d'eux-mêmes. A gauche, le Saxe repentant et pleurant à chaudes larmes demande de ne pas devoir subir le même sort que son protecteur Napoléon. Le repas de fête est au goût des alliés, seul le Prussien le trouve trop épicé, et la Suède ainsi que l'Angleterre critiquent les «garnitures gênantes», qui pourraient être les dernières forces défensives françaises ou alors les dissensions au sein de la coalition vers la fin 1813.

Boney Dished at the Caterers' – a titbit for Europe
On a platter, amidst his marshals, who have been trussed and served

up to the victors of Leipzig, Napoleon pleads for mercy. Around the table sit the «suppliers» of the banquet (l. to r. Prince Bernadotte of Sweden, the Prussian king, Emperor Franz I, Tsar Alexander I) and, from behind, as the financier with a purse full of subsidies, the English prince regent. The outer circle is composed of their guests, the liberated peoples of Europe in national costume: (l. to r.) Italy praises the meal, Switzerland hopes for its share, Holland is enthusiastic, Württemberg and Bavaria, made kingdoms by Napoleon, have invited themselves. On the left, the remorseful Saxon pleads tearfully to be spared his patron's fate. Though the allies are enjoying the dish, the Prussian finds it too spicy, and both Sweden and England complain of «irritating articles» that have been added – perhaps an allusion to France's last defences or to the dissension among the coalition at the end of 1813.

Il Bonaparte da banchetto è servito – Una leccornia per l'Europa
«Servito» su un piatto coi suoi marescialli ammanettati, a mo' di banchetto per i vincitori di Lipsia, Napoleone invoca grazia. Seduti a tavola sono i «fornitori» del pasto (da s. a d. il principe Bernadotte di Svezia, il re di Prussia, l'imperatore Francesco I e lo zar Alessandro I); il finanziatore (il principe reggente inglese) appare di spalle, con una borsa piena di sussidi. Il cerchio esterno dei convitati è formato dai popoli d'Europa ora liberi, ognuno nel proprio costume: da sinistra a destra l'Italia loda il pasto, la Svizzera spera di poterlo gustare, l'Olanda è entusiasta, il Württemberg e la Baviera (elevati a regni da Napoleone) si autoinvitano spontaneamente. A sinistra il sassone, piangendo pentito, supplica di non fare la fine del suo protettore Napoleone. Benché il banchetto piaccia agli alleati, la Prussia lo trova troppo piccante; Svezia e Inghilterra, invece, lamentano la presenza di «articoli irritanti» (le ultime forze difensive francesi, o forse i dissensi presenti nella coalizione alla fine del 1813?).

Lit.: Ash S. 351f.; Br I S. 339f., II App. A 170; GC 260.

126
THE CORSICAN. MAD DOG or the Hopefull Situation of the Destroyer of the Human Speice darunter W*Pitt in Reply to one of the Jacobinucal Speaches made by the Opposition respecting the Futility of this Country,,,Prophetically Asserted / The Energies of this Country will one Day Afford an Example for all other Nations to Emulate & be roused by the Energies of their Own to Assert & / and Secure their Independance behold Ye Jacobines & […]nder & perish Despisers*
o. l. *HOLLAND*
o. r. *Conscripts / TET[TEN]BORN / ROAD to FRAN[CE] / for Boney*
u. r. *HOLLA[ND] / ITALY / SPAIN / ROME / FRANCE / HONOR*
u. M. *ROAD to HOLLAND*
William Heath
bez. dat. u. r. *Pub Nov 16 1813 by Fores 50 Picadilli*
Radierung, koloriert
n. best. (257×361 mm)
u. l. Prägestempel mit Biene im Rund
Sammlung Herzog von Berry 1980.283.

Der tollwütige Hund aus Korsika oder die hoffnungsvolle Lage des Zerstörers der Menschheit
Die europäischen Völker setzen dem tollwütigen korsischen Hund nach, der Richtung Frankreich in sein Verderben (Galgen) rennt. Auf der Flucht verliert er die Königreiche Spanien, Holland, Italien, Rom, Frankreich und als nächstes seine Ehre (Orden). Von der Seite nähert sich ihm in Zivil General Tettenborn (Führer der Kosaken-Späher) mit einer Mistgabel. Im Hintergrund folgen jugendliche Rekruten, die ein Kosak angreift, dem Beispiel ihres Kaisers. Vorn zielt ein Holländer aus der sicheren Deckung eines Fasses mit der Pistole auf den Gejagten. Unter den mit Säbeln und Lanzen bewaffneten Jägern erkennt man (v. r. n. l.) einen österreichischen Husaren, einen Kosaken, vielleicht den Preussen Blücher, weiter hinten den Kopf von Bernadotte sowie einen Spanier, der auf Napoleon zeigt. Dessen «hoffnungsvolle Lage» Ende 1813 wird im Text als Erfolg der britischen Aufopferung und Beharrlichkeit gewertet.

Le chien enragé corse ou la situation pleine d'espoir du destructeur du genre humain
Les nations européennes poursuivent le chien enragé corse qui court à sa perte en direction de la France (potence). En fuyant il perd les royaumes d'Espagne, de Hollande, d'Italie, de Rome, la France et enfin son honneur (insigne). Le général Tettenborn (commandant des éclaireurs cosaques) habillé en civil s'approche de lui, une fourche à la main. A l'arrière-plan, un cosaque attaque des jeunes recrues qui suivent l'exemple de leur empereur. A l'avant un Hollandais, à l'abri derrière un tonneau, vise le chien chassé avec son pistolet. Parmi les chasseurs armés de sabres et de lances l'on peut reconnaître (de d. à g.) un hussard autrichien, un cosaque, peut-être le Prussien Blücher, plus loin à l'arrière à la tête de Bernadotte, ainsi qu'un Espagnol qui montre Napoléon du doigt. La «situation pleine d'espoir» dans laquelle il se trouve vers la fin 1813 est jugée, dans le texte, comme résultant du dévouement et de la persévérance britanniques.

The Corsican Mad Dog or the Hopefull Situation of the Destroyer of the Human Species
The European peoples are chasing the rabid Corsican dog, who is running towards France and his ruin (gallows). On his flight he loses the kingdoms of Spain, Holland, Italy, Rome, France and his honour (medal). From the side approaches General Tettenborn (leader of the cossack patrol, out of uniform) with a pitchfork. In the background, young recruits follow their emperor's example and attack a cossack. In front a Dutch-

man, safely behind a barrel, aims a pistol at the fleeing emperor. The hunters, armed with sabres and lances, include (l. to r.) an Austrian hussar, a cossack, perhaps the Prussian Blücher, and further back the head of Bernadotte and a Spaniard pointing at Napoleon. The text interprets his «Hopefull Situation» in late 1813 as the triumph of British sacrifice and tenacity.

Il cane còrso rabbioso o la situazione disperata del distruttore della specie umana
I popoli europei inseguono il cane còrso rabbioso; quest'ultimo, fuggendo verso la Francia e la propria rovina (il patibolo), perde i regni di Spagna, Olanda e Italia, Roma, la Francia e infine il suo onore (cioè l'ordine della Legion d'onore). Dal fianco, in abiti borghesi e brandendo un forcone, gli si avvicina il generale Tettenborn, capo dei ricognitori cosacchi; sullo sfondo giovani reclute, incalzate da un cosacco, seguono l'esempio del loro imperatore, che in primo piano un olandese, ben protetto da una botte, prende di mira con la pistola. Fra i cacciatori, armati di sciabole e lance, da destra a sinistra si riconoscono un ussaro austriaco, un cosacco, forse il prussiano Blücher, la testa di Bernadotte (sullo sfondo) e uno spagnolo (che indica Napoleone). Stando alla didascalia, la «situazione disperata» del fuggiasco alla fine del 1813 sarebbe dovuta allo spirito di sacrificio e alla perseveranza dei britannici.

Lit.: BM IX 12100; Br I S. 325f., II App. A 226.

127
MOCK AUCTION OR BONEY SELLING STOLEN GOODS.
o.l. *I suppose daddy will put us up for sale. / Speedily will be sold the Thirteen CANTONS OF SWITSERLAND*
o.M. *What no bidding for the Crown of Spain Then take the other crowns and lump them into one lot –*
o.r. *That a CROWN! It's not worth half a Crown.*
u.M. *UNITED PROVINCES*
u.l. *SAXONY / KINGDOM OF WESTPHALIA / KINGDOM of PRUSSIA / LOT OF USELESS EAGLES / KINGDOM OF BAVARIA / LOT 2 Twenty flags the property of the Empress –*
Thomas Rowlandson
bez. dat. u. r. Pub^d. *December 25$^{[th]}$. 1813 by R.. Ackermann N° 101 Strand*
Radierung, koloriert
248 × 348 mm (253 × 356 mm)
Sammlung Herzog von Berry 1980.246.

Scheinauktion oder Boney verkauft gestohlene Ware
An einer Auktion versucht Napoleon, die gestohlenen Kronen seines zerfallenden Grossreiches zu verhökern: Neben dem Auktionatorspult liegen ein Bündel «nutzloser Adler» (Feldzeichen der napoleonischen Legionen), «Zwanzig Fahnen – der Besitz der Kaiserin» (Regentin im Jahr 1813), die Besitzesurkunden der (mit Frankreich verbündeten) Königreiche Bayern, Sachsen und Westfalen sowie Preussens und der niederländischen Provinzen, ausserdem drei Kronen (darunter jene Österreichs) und die Tiara (Papst seit 1809 in Haft). Auf zwei Holzbänken sitzen sich vier missmutige oder empörte französische Veteranen (Mitte hinten) und sechs europäische Mächte (v.l.n.r.: Holland mit Pfeife, der spanische Edelmann, Britanniens Seemann, ein preussischer Husar, der dicke König von Württemberg und der weissbärtige Osmane) gegenüber. Schützend legt der Engländer den Arm auf Hollands Schulter und zeigt spöttisch auf Napoleon. Dieser versteigert eben die spanische Krone, die ein französischer Offizier (Berthier?) emporhält, bevor die «dreizehn [alten] Kantone der Schweiz» an der Reihe sind. Die bisher von Joseph Bonaparte getragene Krone, höhnt der Spanier, sei «keinen halben Taler» («half a Crown») wert. Links hinten trägt Marie-Louise den König von Rom (mit Affenkopf) auf dem Arm, der fürchtet, der Vater wolle auch sie beide verkaufen.

Vente aux enchères factice ou Boney bradant des objets volés
Napoléon tente de vendre aux enchères les couronnes volées de son Empire en décomposition: à côté du pupitre du commissaire-priseur reposent un faisceau «d'aigles inutiles» (insigne des légions napoléoniennes), «vingt drapeaux, propriété de l'impératrice» (régente pendant l'année 1813), et les actes de propriété des royaumes (alliés à la France) de Bavière, de Saxe, de Westphalie, ainsi que de la Prusse et des provinces des Pays-Bas. On y voit également trois couronnes (dont celle d'Autriche) et la tiare (le Pape est en détention depuis 1809). Sur deux bancs de bois sont assis quatre vétérans français, maussades ou révoltés (au milieu, derrière) et six puissances européennes (de g. à d.: la Hollande avec la pipe, le gentilhomme espagnol, le marin britannique, le hussard prussien, le gros roi de Wurtemberg et l'Ottoman à barbe blanche) leur font face. Protecteur, l'Anglais a posé son bras sur l'épaule de la Hollande, et désigne Napoléon d'un air moqueur. Celui-ci est justement en train de vendre la couronne d'Espagne, qu'un officier français (Berthier?) brandit. Ensuite viendra le tour des «treize [vieux] cantons de la Suisse». La couronne portée jusqu'alors par Joseph Bonaparte, dit l'Espagnol d'un ton sarcastique, ne vaut pas un «demi-thaler» («half a crown»). Derrière à gauche, Marie-Louise porte le roi de Rome (avec une tête de singe) dans ses bras; celui-ci craint que son père ne veuille également les vendre tous les deux.

Mock Auction or Boney Selling Stolen Goods
Napoleon has set up an auction to cash in on the stolen crowns of his collapsing greater kingdom. Thus, we have a bundle of «useless eagles» (battle standard of the French legions) lying at the foot of the auctioneer's podium, «twenty flags, the property of the Empress» (regent during 1813), the title deeds of the kingdoms of Bavaria, Saxony, and Westphalia, as well as of Prussia and the United Provinces (Netherlands); and, moreover, three crowns (including Austria's), and the tiara (Pope under arrest since 1809). Four disgruntled French veterans are seated on a wooden bench (center rear) opposite six European powers – namely, from left to right, the Dutch pipe smoker, the Spanish nobleman, the Prussian hussar, the stout King of Württemberg, and the white-bearded Ottoman figure. England, pointing derisively at Napoleon, has laid a protective arm around Holland's shoulder. Meanwhile, Napoleon is in the process of auctioning off the Spanish crown, which a French officer (Berthier?) holds up, before going on to «the thirteen [original] cantons of Switzerland». The crown worn until then by Joseph Bonaparte is the object of the Spaniard's scoffing: «not worth half a crown,» is his remark. To the left, in the background, Marie-Louise holds the King of Rome (with a monkey face), who frets that «daddy» might well «put us up for sale».

Asta fasulla, ovvero Boney che vende beni rubati
Napoleone cerca di vendere all'asta le corone rubate del suo impero in sfacelo: a terra, presso il podio del banditore, appaiono una «partita di aquile inutili» (insegne militari delle

The Political game of Faro
1813
London, by Smith N.° 60 Cheapside

128
The Political game of Faro / 1813
M. *Hony s[oit]*
anonym, 1814(?)
bez. u. r. *London, by Smith N.° 60. Cheapside*
Radierung und Aquatinta
260 × 306 mm (275 × 319 mm)
u. r. Stempel Museum Schwerin 1980.459.

Das politische Pharospiel von 1813
Die Bildidee – Pharo war ein beliebtes Kartenspiel – geht auf eine gleichnamige Karikatur zurück, die 1799 bei André(?) Basset in Paris herauskam (Br II S. 37, App. D 126): Diese zeigt das durch Bonapartes unerwartete Rückkehr aus Ägypten durchkreuzte Spiel der europäischen Fürsten. Die vorliegende Umdeutung beleuchtet nun das Spiel der Mächte nach Leipzig. Im nächtlichen Raum gruppieren sich vierzehn numerierte Mitspieler (die Legende fehlt) um einen mit einer Landkarte bedeckten Tisch und «pokern» mit Karten und Geldsäcken um Europa: vorne drei unbenennbare Zivilisten; links die Verbündeten (v. l. n. r.) Kaiser Franz (6), Zar Alexander (1), Friedrich Wilhelm von Preussen (7) und stehend Prinz Bernadotte (11); rechts deren Gegner Napoleon (2) mit leeren Geldbeuteln inmitten seiner sorgenvollen Generäle und Berater (3–5, 10); hinten, mit der jüdischen Kappe, wohl der Frankfurter Banquier Amschel Rothschild, der Financier der Koalition. Zur Tür herein und ins Spiel kommt unvermittelt der Graf von Provence (mit dem Hosenbandorden); die Koalition gegen Napoleon setzte ihn im April 1814 als Ludwig XVIII. auf den französischen Thron.

La partie de pharaon politique en 1813
L'idée se trouvant à la base de l'estampe – le pharaon est un jeu de cartes populaire à l'époque – remonte à une caricature portant le même titre, parue en 1799 chez André (?) Basset à Paris (Br II p. 37, app. D 126); on y distingue les princes européens jouant une partie de pharaon, brusquement contrecarrée par le retour d'Egypte de Bonaparte. La présente réinterprétation éclaire le jeu des puissances dirigeantes après Leipzig. Il fait nuit et quatorze joueurs numérotés (la légende fait défaut) se groupent dans une pièce, autour d'une table couverte d'une carte géographique. Se servant de cartes et de sacs d'argent, ils misent sur l'Europe. Trois civils, non-identifiables, sont assis devant; à gauche, on reconnaît les Alliés (de g. à d.): l'empereur François (6), le tsar Alexandre (1), Frédéric-Guillaume de Prusse (7) et – se tenant debout – le prince Bernadotte (11); à droite, on identifie leurs adversaires: Napoléon (2), placé devant des sacs d'argent vides, au milieu de ses généraux et conseillers visiblement soucieux (3–5, 10); assis derrière la grande table, le personnage portant une calotte juive représente sans doute le banquier Amschel Rothschild de Francfort, le financier de la coalition. Brusquement, le comte de Provence (portant l'ordre de la Jarretière) entre par la porte pour prendre part au jeu; sous le nom de Louis XVIII, la coalition contre Napoléon l'installa sur le trône français en avril 1814.

The Political Game of Faro in 1813
This cartoon on the popular card game of faro was inspired by a work published under almost the same title (without «1813» of course) by André(?) Basset in Paris in 1799 (Br II p. 37, App. D 126). The subject matter of the original was a game between the European princes as thwarted by Bonaparte's unexpected return from Egypt. Here the theme has been reinterpreted to the game taking place between the powers after Leipzig. The room, lit up in the darkness of night, contains fourteen numbered players (the relevant caption is missing) who have gathered around a table covered by a map to «play poker» over parts of Europe with cards and sacks of money. To the fore, three unknown civilians can be recognised; to the left, the allies (l. to r.) Emperor Francis (6), Tsar Alexander (1), Frederick William of Prussia (7), and – standing – Prince Bernadotte (11); to the right, their adversary Napoleon (2) with empty money bags and in the midst of his troubled generals and counsilors (3–5, 10); the figure to the rear, with a Jewish cap, may well be the Frankfurt banker Amschel Rothschild, the financier backing the coalition in real life. Coming in suddenly through the door to join their game is the Count of Provence (wearing the Order of the Garter): he who, in April 1814, would be enthroned in France as Louis XVIII by the coalition against Napoleon.

Il gioco politico del «faraone» nel 1813
Il tema del «faraone» (gioco di carte allora diffuso) risale a una caricatura omonima del 1799, pubblicata a Parigi da André(?) Basset (Br II p. 37, app. D 126), in cui il gioco dei regnanti europei era sventato dal ritorno inatteso di Bonaparte dall'Egitto; quello rappresentato qui, invece, è il gioco delle potenze dopo Lipsia. La scena è notturna; intorno a un tavolo coperto da una carta geografica, quattordici giocatori numerati (manca però la didascalia) «giocano a poker» sull'Europa, con carte e sacchetti di denaro. In primo piano appaiono tre civili non identificabili, a sinistra gli alleati: nell'ordine l'imperatore Francesco (6), lo zar Alessandro (1), Federico Guglielmo di Prussia (7) e, in piedi, il principe Bernadotte (11). Sulla destra c'è il loro rivale rimasto senza soldi, Napoleone (2), fra i suoi generali e consiglieri preoccupati (3–5, 10); l'uomo sullo sfondo, con cappa da ebreo, probabilmente è il banchiere di Francoforte che finanzia la coalizione, Amschel Rothschild. Dalla porta entra direttamente a giocare il conte di Provenza (con l'ordine della Giarrettiera): colui che l'alleanza antinapoleonica, nell'aprile 1814, insediò sul trono francese come Luigi XVIII.

legioni napoleoniche), «venti bandiere di proprietà dell'imperatrice» (che era reggente nell'anno 1813), i titoli di proprietà dei regni di Baviera, Sassonia e Vestfalia (alleati della Francia) nonché della Prussia e delle province olandesi, tre corone (fra cui quella dell'Austria) e la tiara (simbolo del papa, prigioniero dal 1809). Su due panche di legno contrapposte siedono, di malumore o sdegnati, quattro veterani francesi (al centro sullo sfondo) e sei paesi europei (da s. a d. l'olandese con la pipa, il nobile spagnolo, il marinaio britannico, l'ussaro prussiano, il grasso re del Württemberg e il turco con la barba bianca); con un braccio protettore sulla spalla dell'olandese, l'inglese indica beffardamente Napoleone. Quest'ultimo cerca di vendere la corona spagnola, tenuta in alto da un ufficiale francese (Berthier?); fra poco toccherà ai «tredici [antichi] cantoni della Svizzera». La corona portata finora da Giuseppe Bonaparte – così motteggia lo spagnolo – non vale un soldo («una mezza corona»). Tenuto in braccio all'estrema sinistra da Maria Luisa, il re di Roma (con testa scimmiesca) teme che papà voglia vendere anche la moglie e il figlio…

Lit.: Ash S. 363; BM IX 12123; Br II App. A 573; GC 278.

Lit.: –

129
ALEXANDER
u. *The Unicorn & Lion alludes to the active part England has Taken in crushing the Corsican Tyrant, the Saddlecloth is a torn French / Ensign, the body of the Figure is entwined round with Laurels to Commemorate the late glorious Victorys obtain'd over the Usurper, the Epaulette is a / Russian Bear Trampling on a French Imperial Eagle, the Star is represented by the Sun, the hat Russian Eagle holding in his mouth a Branch of Palm which alludes to the Approaching P[eace]*
o. l. PEACE / A [viermal]
o. r. WAR
u. M. N
sign. u. r. *Drawn & Etched by W Heath*
bez. dat. u. l. *Pub March 4 1814 by R. Akerman Strand*
Radierung, koloriert
203 × 323 mm (280 × 425 mm)
Sammlung Herzog von Berry
1980.252.

Alexander
Das allegorische Puzzle – inspiriert vom «Leichenkopf» (Kat. Nr. 340) – stellt der unterlegenen Macht des Bösen (Kat. Nr. 130) die siegreiche Friedensallianz gegenüber. Das Blatt stammt aus einer dreiteiligen Folge, die Bernadotte (BM IX 13489), den Zaren und Napoleon darstellen. Hier reitet Zar Alexander I. auf einem Mischwesen aus Einhorn (vorne) und Löwe (hinten), den Schildhaltern des englischen Königswappens. Es steht für die kriegsentscheidende Rolle Grossbritanniens. Als Sattel dient eine zerfetzte französische Fahne, Alexanders Oberkörper umwindet Lorbeer als Zeichen des alliierten Sieges in Frankreich. Als Ordensstern glänzt die Sonne auf seiner Brust, seine Epauletten zeigen den russischen Bären, der den napoleonischen Adler überwältigt. Den Hut bildet der russische Adler, der als Bote des nahen Friedens einen Palmwedel im Schnabel hält. Das Mittel, das den Frieden herbeiführt, ist der Krieg, den der Zar – Jupiter gleich – in Form eines Blitzbündels lenkt. Mit der anderen Hand führt er ein Feldzeichen, das aus dem russischen Doppeladler über einer Siegesfahne mit des Zaren Monogramm in den Ecken sowie der Trikolore besteht.

Alexandre
Ce puzzle allégorique – inspiré de «tête de mort» (n°. cat. 340) – oppose la puissance vaincue du mal (n° cat. 130) à la victorieuse alliance de paix. Cette gravure provient d'une série en trois parties représentant Bernadotte (BM IX 13489), le tsar et Napoléon. Ici le tsar Alexandre Ier chevauche un être hybride, mi-licorne (devant) et mi-lion (derrière), le porte-écu des armes royales anglaises. Il symbolise le rôle déterminant de l'Angleterre dans l'issue de la guerre; sa selle est un drapeau français lacéré. Le torse d'Alexandre est ceint de lauriers, signe de la victoire alliée en France. Le soleil étincelle sur sa poitrine en guise de médaille, ses épaulettes montrent l'ours russe, qui terrasse l'aigle napoléonienne. L'aigle russe, qui tient une palme dans son bec comme un message de paix, forme son chapeau. Le moyen qui ramènera la paix, c'est la guerre, que le tsar – tel Jupiter – mène sous la forme d'un faisceau d'éclairs. Dans l'autre main, il brandit une bannière constituée de l'aigle impériale russe à deux têtes au-dessus du pavillon de la victoire contenant le monogramme du tsar dans un coin et du drapeau tricolore.

Alexander
This allegorical puzzle – inspired by «The Skull» (cat. no. 340) – contrasts the defeated power of evil (cat. no. 130) with the victorious peace alliance. As part of a three-piece series depicting Marshal Bernadotte (BM IX 13489), the Tsar, and Napoleon, this work in particular shows Tsar Alexander I astride a hybrid creature – part unicorn, part lion (the two shield bearers of the English royal coat of arms) – symbolising England's «active part […] in crushing the Corsican tyrant.» The torn French flag serves as saddle, and laurel entwines the Tsar to signify the allied victory in France. A sun gleams on his breast as a military decoration, his epaulets feature the Russian bear overpowering the Napoleonic eagle. His hat is in the form of a Russian eagle which, appearing as a harbinger of «approaching peace», bears a palm frond. Peace is earned through war: thus the Tsar – like Jupiter – holds a bundle of lightning strokes marked «war». His other hand holds a battle standard with a double eagle at its top, then a victory flag with the Tsar's monogram on its four corners and the tricolour.

Alessandro
Ispirato alla «testa di cadaveri» del n° cat. 340, questo *puzzle* allegorico contrappone la potenza sconfitta del malvagio (n° cat. 130) all'alleanza di pace vittoriosa; l'opera proviene da un terzetto di caricature che rappresentano Bernadotte (BM IX 13489), lo zar Alessandro I e Napoleone. Qui lo zar cavalca una chimera – davanti unicorno e dietro leone, come i due scudieri dello stemma reale inglese – che simboleggia il ruolo britannico, decisivo per le sorti del conflitto; la sella è una bandiera francese lacerata. Sul busto di Alessandro s'intrecciano foglie d'alloro, simboli della vittoria alleata in Francia; l'onorificenza sul petto è il sole, la spallina è l'orso russo che sopraffà l'aquila napoleonica. Il cappello è formato dall'aquila russa, che col rametto di palma nel rostro annuncia la pace vicina; quest'ultima sarà portata dalla guerra, fascio di saette che lo zar dirige a mo' di Giove. Con la destra Alessandro regge un'insegna militare costituita dal tricolore (in basso) e da un vessillo di vittoria (col monogramma dello zar negli angoli), sovrastato dall'aquila russa bicipite.

Lit.: Br II App. A 6.

130
BUONAPARTE
u. *The Horse represents Ambition leading on the Fiend «whose body is 'encompass^d by an / Enormous Serpent, the wither'd hand and Arm grasping the broken Sword alludes to / The Feeble effort made by Buonaparte to oppose the Conquering arms of the Allies; a Crown / Encircles his brows form'd of Daggers and Poison Cups alludes to murdering his own Soldiers / The Thighs are form'd of the Skeletons of the Massacred hosts, the boot a Deamon his guardian Genuis*
o. l. POWER [zweimal] / Pois[on] / MURD[ER]
u. r. FRANCE
u. l. AMBITION / ENGLAND / ALLIES
sign. u. l. *Drawn & Etched by W Heath*
bez. dat. u. r. *London Pub March 6th 1814 by Ackermann Strand*
Radierung, koloriert
248 × 350 mm (278 × 434 mm)
Sammlung Herzog von Berry
1980.263.

Bonaparte
Ein Gegenstück zum Reiterbild des Zaren (Kat. Nr. 129) stellt Napoleon als teuflische Ausgeburt dar, die auf dem Flügelross der Ehrsucht über den Erdball reitet. Er trägt eine Krone aus Giftbechern und Dolchen (Mord an den eigenen Soldaten). Seinen Rumpf umwindet die Schlange des Teufels (gezackter Schwanz). Auf Napoleons Stiefel, der in Kerkerketten statt in Steigbügel greift, ist ein Teufel dargestellt. Den Oberschenkel bilden die Gerippe der gemetzelten Feinde, und die Epauletten sind Bündel aus bluttriefenden Dolchen. Anstelle des Kreuzes der Ehrenlegion trägt der Unmensch ein Piraten-Emblem. Des Feldherrn verdorrter, kraftloser Arm führt ein zerbrochenes, zweischneidiges Schwert. Es symbolisiert seine «schwachen Anstrengungen» gegen die in Frankreich einmarschierte Koalition. Ihr Sieg stand in Tat und Wahrheit lange in Frage (Napoleons Siege von 1814

bei Champaubert, Montmirail und Montereau). Das Flügelross schnaubt Feuer, zeigt eine Zunge mit gezacktem Ende und besitzt züngelnde Giftschlangen als Mähne.

Bonaparte
Voici le pendant de l'illustration du tsar à cheval (n°. cat. 129). Ce dessin présente Napoléon comme un suppôt de Satan parcourant le globe terrestre sur un cheval ailé symbole de l'ambition. L'empereur porte une couronne ornée de poignards et de coupes remplies de poison (meurtre de ses propres soldats). Son torse est ceint du serpent du diable (queue fourchue). Sur sa botte, enfoncée dans une chaîne de geôle plutôt que dans un étrier, apparaît un démon. Les squelettes de ses ennemis massacrés forment sa cuisse, et ses épaulettes sont constituées de faisceaux de poignards sanguinolents. En lieu et place de la croix de la Légion d'honneur, le monstre arbore l'emblème de la piraterie. Son bras desséché et affaibli brandit une épée brisée en deux lames. Elle symbolise ses «faibles efforts» contre les troupes de la coalition qui sont entrées en France. Dans les faits, la victoire des alliés fut longtemps remise en question (victoires napoléoniennes de Champaubert, Montmirail et Montereau en 1814). Le cheval ailé souffle du feu, montre une langue fourchue et possède en guise de crinière des serpents venimeux dardant leur langue.

Bonaparte
As a counterpart to the equestrian tsar piece (cat. no. 129), Napoleon is shown here as a devilish monstrosity riding across the globe on a winged horse (the allegory for ambitiousness). The crown he wears is made of poison cups and daggers (alluding to the murder of his own soldiers), and his torso is encircled by a devil's snake (see its forked tail). Napoleon's boot, reaching for a prison cuff instead of a stirrup, represents a devil, his thigh is made of the «skeletons of the massacred hosts», and his epaulets are bundles of blood-dripping daggers. The monster replaces the Legion of Honour cross with a pirate emblem. His «withered hand and arm» grasping a broken double-edged sword allude to his «feeble effort […] to oppose the conquering arms of the allies». In point of fact, the coalition that invaded France first encountered certain difficulties (notably, Napoleon's 1814 victories at Champaubert, Montmirail, and Montereau) before they were able to boast victory. The winged horse snorts flames, shows a forked tongue, and features a mane of tongue-darting poisonous snakes.

Bonaparte
Sorta di *pendant* all'immagine equestre dello zar (n° cat. 129), Napoleone appare come un essere infernale che sorvola il globo terrestre sul destriero alato dell'Ambizione. La corona è formata da calici di veleno e da pugnali (allusione all'assassinio dei suoi soldati), il tronco è cinto dal serpente del demonio (con coda a punta di freccia); sullo stivale, infilato non in una staffa ma in una catena da prigioniero, è rappresentato un diavolo. La coscia è composta da scheletri di nemici massacrati, le spalline sono fasci di pugnali che stillano sangue; invece della croce della Legion d'onore il mostro porta un emblema pirata. Brandendo una spada spezzata in due, il braccio esile e avvizzito del condottiero simboleggia i suoi «deboli sforzi» contro la coalizione entrata in Francia, anche se in realtà la vittoria degli alleati rimase a lungo in forse (manovre di Champaubert, Montmirail e Montereau). A punta di freccia è anche la lingua del destriero, che sbuffa fiamme dalle nari e ha una criniera di guizzanti serpi velenose.

Lit.: BM IX 12195; Br II App. A 148; Kat. BB 80.

131
IMPEARIAL, / BOMB, OR · NAP · THE · GREAT · IN · A · / HOBBLE,
William Heath, April 1814
bez. u. M. *Pub,ᵈ by S. Knight 3. Sweetings Alley, Cornhill*
Radierung, koloriert
288×210 mm (430×293 mm)
Sammlung Herzog von Berry 1980.250.

Kaiserliche Bombe oder Napoleon der Grosse in der Patsche
Im Zentrum der Detonation wird der kleine «Napoleon der Grosse» mit angstverzerrtem Gesicht von der Druckwelle einer Bombe hochgerissen. Sein Zweispitz fliegt weg, Flammen schiessen hinter ihm auf, Bombensplitter umschwirren ihn, dunkle Rauchwolken umgeben ihn; aus den beiden obersten Wolken schauen zwei Gesichter – wahrscheinlich Ludwig XVI. und Ludwig XVIII. – auf ihn herab, weitere Profile zeigt das Gewölk auf der Höhe der Hände und Füsse. Wie der Titel besagt, steht die Bombe für die Patsche, in der sich der Kaiser im April 1814 angesichts der alliierten Einnahme von Paris und seiner eigenen militärischen Ohnmacht befindet. Was auf seinen Sturz folgen wird, zeichnet sich bereits ab: die Rückkehr der Bourbonen auf den französischen Thron.

Bombe impériale, ou Napoléon le Grand dans le pétrin
Au centre de la détonation, le petit «Napoléon le Grand» est projeté dans les airs par l'onde de choc d'une bombe. Son visage est convulsé par la peur. Son bicorne s'envole, des flammes jaillissent dans son dos, des éclats de bombe tourbillonnent autour de lui, de sombres volutes de fumées l'environnent; des nuages supérieurs, deux visages regardent dans sa direction – vraisemblablement Louis XVI et Louis XVIII. Les nuages se trouvant à l'extrémité de ses pieds et de ses mains montrent d'autres profils. Comme le mentionne le titre, la bombe représente le pétrin dans lequel se trouve l'empereur en avril 1814, du fait de la prise de Paris par les alliés et de sa propre impuissance militaire. Ce qui suivra sa chute se dessine déjà: le retour des Bourbons sur le trône de France.

Imperial Bomb or Napoleon the Great in a Hobble
The child-figure «Napoleon the Great» contorts his face with fear in the wake of a bomb blast: his cocked hat flies off his head, flames burst up behind him, bomb fragments whizz by, and dark clouds of smoke surround him from all sides. Two faces – quite probably Louis XVI and Louis XVIII – look down upon him from the top clouds, as do other faces hidden in the clouds at the levels of respectively his hands and feet. As the title explains, the bomb stands for the Emperor's messy situation in April 1814 in the face of the allied occupation of Paris, and his own military impotence. What would follow his overthrow can be seen emerging in this work: the return of the Bourbons to the throne of France.

Bomba imperiale, ovvero Napoleone il Grande nei pasticci
Al centro dello scoppio il piccolo «Napoleone il Grande», col volto distorto dalla paura, perde il bicorno e è scagliato in aria dall'onda d'urto di una bomba; intorno a lui divampano fiamme, volano schegge e si alzano scure nuvole di fumo. Dalle due nuvole più alte lo guardano due volti (probabilmente Luigi XVI e Luigi XVIII); altri profili appaiono all'altezza delle mani e dei piedi. La bomba, come dice il titolo, indica la brutta situazione in cui si trova l'imperatore – impotente sul piano militare, con Parigi in mano agli alleati – nell'aprile del 1814. Comincia già a delinearsi ciò che avverrà dopo la sua caduta: il ritorno dei Borboni sul trono francese.

Lit.: BM IX 12224; Br II App. A 447.

132
THE·ALLIES. entering PARIS and
Downfall of Tyranney
o. r. *Les Burbons / Bourbons / A bas le
Tyran / Vivent les Burbons / Vivent les
bons Alliés / vive Alexandre / Vive
L'Empereur ALEXANDRE*
M. r. *Alexandre*
William Heath
bez. dat. u. r. *Pub April 20 1814 by
S W Fores 50 Picadilli*
Radierung, koloriert
n. best. (230 × 326 mm)
u. l. Prägestempel mit Biene im Rund
(auf dem Unterlageblatt der Karikatur)
Sammlung Herzog von Berry
1980.282.

*Einmarsch der Alliierten in Paris und
Sturz der Tyrannei*
Am Tag des Abschieds Napoleons
von der Garde in Fontainebleau, kam
das bescheidene Blatt über den Einzug der alliierten Souveräne in Paris
(31. März 1814) heraus. Gefolgt von
Kosaken galoppieren Zar Alexander
und Feldmarschall Blücher – als
Haudegen mit blankem Säbel – auf
eine Schar Pariser Bürger zu; diese
schwenken Hüte mit Bändern im
bourbonischen Weiss und lassen den
Zaren hochleben. Im Hintergrund
begrüsst die kriegsmüde Bevölkerung
die Friedensbringer begeistert: Napoleons Standbild wird vom Sockel
gerissen. Auf einem Turm weht über
einer anderen Fahne der russische
Doppeladler. Die Hintergrundsszene
widerspiegelt die Demontage von
Denis Antoine Chaudets Kaiserstatue
(1810) auf der «Säule der Grossen
Armee» der Place Vendôme am 8. April
1814. Ohne Zuneigung für das alte
Königshaus liess das französische Volk
die bourbonische Restauration über
sich ergehen: Jedes Regime war ihm
recht, wenn es nur Frieden brachte.

*Les alliés entrant dans Paris ou chute
de la tyrannie*
Cette modeste gravure sur l'entrée
des souverains alliés dans Paris
(31 mars 1814) fut publiée le jour
même des adieux de Napoléon à
la garde à Fontainebleau. Suivis
par des cosaques, le tsar Alexandre
et le feld-maréchal Blücher – tel un
vieux soudard au sabre dénudé –
galopent en direction d'un groupe
de citoyens parisiens; ceux-ci agitent des chapeaux avec des rubans
blancs (couleur des Bourbons) et
poussent des vivats en l'honneur du
tsar. A l'arrière-plan, la population
lasse de la guerre salue avec enthousiasme les messagers de la paix: la
statue de Napoléon est arrachée de
son socle. Au sommet d'une tour
flotte, au-dessus d'un autre drapeau,
l'aigle impériale russe à deux têtes.
La scène à l'arrière-plan reproduit
le démontage de la statue de l'empereur sculptée par Denis Antoine
Chaudet (1810), qu'on enleva de la
«colonne de la Grande Armée» sur la
place Vendôme, le 8 avril 1814. Bien
qu'il n'éprouvât aucune inclination
particulière pour l'ancienne maison
royale, le peuple français accepta la
Restauration avec résignation: tout
régime était bon du moment qu'il
amenait la paix.

*The Allies Entering Paris and the
Downfall of Tyranny*
On the day Napoleon took leave of
the Guards at Fontainebleau, this
modest piece on the arrival of the
allied sovereigns in Paris (31 March
1814) was published. It presents
Tsar Alexander and Field Marshal
Blücher as veteran troopers with
their shiny sabres unsheathed as they
ride towards a crowd of Parisians.
The city's inhabitants wave hats decorated with white bands in honour
of the Bourbons, and cheer the Tsar.
In the background, the war-weary
people welcome the freedom bearers
and, in their enthusiasm, tear down
Napoleon's statue from its pedestal.
The Russian double eagle flies over
another flag atop a tower. This background scene reproduces the removal on 8 April 1814 of the sculptor
Denis Antoine Chaudet's statue of
the Emperor (1810) from the column
honouring the «Grande Armée» on
Place Vendôme. Lacking any particular
attachment to the old royal dynasty,
the French people submitted to the
Bourbon restoration in the same spirit
as they would have to any regime
promising freedom.

*Ingresso degli alleati a Parigi e caduta
della tirannide*
Questa stampa modesta sull'ingresso
dei sovrani alleati a Parigi (31 marzo
1814) fu pubblicata il giorno in cui
Napoleone si congedò dalla sua
Guardia a Fontainebleau. Seguiti da
cosacchi, Alessandro I e il feldmaresciallo Blücher (in posa guerriera, con
la sciabola sguainata) si avvicinano
al galoppo a una schiera di borghesi
parigini, che agitano cappelli con
nastri bianchi (borbonici) e lanciano
grida d'evviva all'indirizzo dello zar.
Sullo sfondo la popolazione, stanca
di guerre, accoglie entusiasticamente
i portatori della pace, strappando
dallo zoccolo la statua di Napoleone;
su una torre sventola, sopra un'altra
bandiera, l'aquila bicipite russa. La
scena di fondo si riferisce alla statua
imperiale per la «colonna della Grande
Armata» nella Place Vendôme, statua
eseguita nel 1810 da Denis Antoine
Chaudet e smontata appunto l'8 aprile
1814. Senza provare simpatia per la
vecchia casa regnante, il popolo francese subì pazientemente la Restaurazione borbonica: qualsiasi regime gli
era gradito purché portasse la pace.

Lit.: BM IX 12228; Br II App. A 13.

133
A GAME at CRIBBAGE or
BONEY'S LAST SHUFFLE –
o. l. *Eight*
o. r. *XVIII!!!*
M. r. D^s *of O / L · XVIII / A / B / S*
sign. u. l. *G H inv^t.* (George
Humphrey) *G. Cruikshank sculp.*
bez. dat. u. r. *Pub^d. June 6th 1814 by
H Humphrey St James's Street*
Radierung, koloriert
214 × 277 mm (244 × 352 mm)
Sammlung Herzog von Berry
1980.328.

*Eine Partie Cribbage oder Boney
hat ausgespielt*
Der zwerghafte Napoleon und
der rundliche englische Prinzregent
(später George IV.) spielen an einem
Tisch Karten. Während den Kaiser
die Guillotine, der Dolch und die
Jakobinermütze an und auf seinem
Sessel als Kind der Revolution kennzeichnen, adeln das Königswappen
und die drei weissen Federn des Prinzen von Wales den rechten Fauteuil.
Hinter diesem hat sich die englische
Bulldogge plaziert. Das entscheidende Spiel der Hauptkontrahenten
geht in die letzte Runde: Napoleon
hält noch ein As und einen König in
der Hand und legt nervös und überrascht die Schaufel-Acht. Dagegen
verfügt der Prinzregent noch über
mehrere Trümpfe: Karten mit den
Figuren A für Zar Alexander, B für
Feldmarschall Blücher und S für den
Oberbefehlshaber der Koalition, General Schwarzenberg. Die Kartenbank
zeigt die Herzdame, hier die Herzogin von Oldenburg, die Schwester
des Zaren. Sie weilte von März bis
Juni 1814 in England. Der Brite spielt
eben den Herzkönig mit der Figur
Ludwigs XVIII. aus und schlägt somit Napoleon. Die Karikatur kam am
Tag heraus, da die alliierten Fürsten
in England ankamen, und fasst den
Untergang des Kaiserreiches und die
Wiedererrichtung des Königtums in
eine schlichte und witzige Metapher.

Jeu de cribbage ou la dernière donnée de Boney
Un minuscule Napoléon et un prince régent grassouillet (futur George IV) jouent aux cartes. Alors que sur le siège de gauche, la guillotine, le poignard et le bonnet jacobin désignent l'empereur comme fils de la Révolution, les armes royales et les trois plumes blanches du prince de Galles ornent le fauteuil de droite, derrière lequel repose le bouledogue anglais. Le jeu décisif entre les deux adversaires touche à sa fin: Napoléon détient un as et un roi. Nerveux et étonné, il avance le huit de pique. Le prince régent, par contre, dispose de plusieurs atouts: des cartes avec les figures A pour le tsar Alexandre, B pour le feld-maréchal Blücher et S pour le commandant en chef de la coalition, le général Schwarzenberg. Sur la banque, on aperçoit la dame de cœur, ici la duchesse d'Oldenburg, sœur du tsar. Cette dernière séjourna en Angleterre de mars à juin 1814. Le Britannique joue le roi de cœur (Louis XVIII) et bat Napoléon. Cette caricature fut publiée alors que les princes alliés arrivaient en Angleterre; elle dépeint la chute de l'Empire et la restauration de la royauté en une métaphore simple et plaisante.

A Game of Cribbage or Boney's Last Shuffle
The gnome-like Napoleon and the podgy Prince Regent (the future George IV) are engaged in a game of cribbage. The guillotine, dagger, and Jacobin cap featured on his chair identify the child of the revolution to the left, whereas the royal coat of arms and three white feathers of the Prince of Wales ennoble the chair to the right, behind which the English bulldog has elected to lie. The opponents have started the last round of the decisive game: Napoleon still holds an ace and king in his hand. Nervous and surprised, he lies down the eight of spades, whereas the Prince Regent still holds several trump cards, marked respectively A for Tsar Alexander, B for Field Marshal Blücher, and S for the commander-in-chief of the coalition, General Schwarzenberg. The card pack shows the queen of hearts, in this case the Duchess of Oldenburg, the Tsar's sister, who spent from March to June 1814 in England. The Briton has just played the king of hearts, bearing the face of Louis XVIII, thus beating Napoleon. This cartoon, which appeared on the very day the allied rulers came to England, captures the restoration of the monarchy in an effectively simple and witty metaphor.

Gara di cribbage, ovvero Boney rimescola l'ultima volta
L'uno minuscolo e l'altro rotondetto, Napoleone e il principe reggente inglese (il futuro Giorgio IV) siedono a un tavolo e giocano a carte; mentre ghigliottina, pugnale e berretto frigio sullo schienale della sedia indicano il primo come figlio della Rivoluzione, la poltrona destra – dietro a cui si è sistemato il bulldog inglese – è abbellita dallo stemma reale e dalle tre penne bianche del principe di Galles. Il gioco decisivo dei principali antagonisti è giunto alle ultime mosse: Napoleone, che ha ancora in mano un asso e un re, posa con aria nervosa e stupita l'otto di picche, mentre il principe reggente dispone ancora di ottime carte (con A per lo zar Alessandro, B per il feldmaresciallo Blücher e S per il comandante in capo della coalizione, generale Schwarzenberg). Il banco mostra la donna di cuori (la duchessa d'Oldemburgo, sorella dello zar, che dal marzo al giugno 1814 soggiornò in Inghilterra); il principe sconfigge Napoleone giocando il re di cuori (con la figura di Luigi XVIII). Pubblicata il giorno in cui i sovrani alleati sbarcarono in Inghilterra, la caricatura rende con metafora semplice e arguta il crollo dell'Impero francese e il ripristino della monarchia.

Lit.: BM IX 12277; Br I S. 365, II App. A 383; GC 319 (Abb.).

134
THE TYRANT OF THE CONTINENT IS FALLEN, EUROPE IS FREE, ENGLAND REJOICES.
darunter *Empire and Victory be all forsaken, To Plagues Poverty Disgrace & Shame, Strip me of all my Dignities and Crowns Take O Take your Sceptres back – Spare me but Life*. o.M. *Thou'rt doom'd to Pain, at which the Damn'd will tremble And take their own for Joys*. – Thomas Rowlandson
bez. dat. u. r. *Pub.ᵈ May 1. 1814 by R Ackermann N°. 101 Strand*
Radierung, koloriert
250×353 mm (303×480 mm)
Sammlung Herzog von Berry 1980.325.

Der Tyrann des Kontinents ist gestürzt, Europa ist frei, England freut sich
Die «eschatologische» Karikatur erinnert vom Thema her an Gillrays «The Hand-Writing upon the Wall» (Kat. Nr. 15). Wie dort beendet Gott die Tyrannis Napoleons. Der Thronsessel samt Kissen liegt umgestürzt; hinuntergefallen sind Krone und Szepter. Unter dem Teppich, auf dem der Sessel stand, kriecht der Teufel hervor: Auf dessen Beistand gründete gewissermassen Napoleons Thron. Nun fordert der Höllenfürst seinen Tribut, indem er ihn am Schenkel packt und festhält. Zu Napoleons Füssen liegen die gestohlenen Kronen rechtmässiger Monarchen sowie Prunkgerät. Dem entmachteten, zum Himmel blickenden und fuchtelnden Kaiser fällt der Zweispitz vom Haupt. Dort hat sich die unheilvolle Wolkendecke aufgerissen, und der Arm Gottes mit dem Flammenschwert erscheint. Der gefallene Tyrann winselt, Reich und Sieg gegen Qualen, Armut, Schande und Scham einzutauschen, all seine Würden abzulegen, wenn ihm nur das blosse Leben geschenkt werde: Selbst in dieser Lage ist der Unedle zu feige, den Tod als einzig ehrbare Konsequenz zu wählen! Gottes Richtspruch ist furchtbar: Er verflucht Napoleon zu Qualen, welche die in der Hölle Verdammten erzittern und ihnen ihre eigenen als Freuden erscheinen lassen. Das Pathos erinnert an ein Theaterfinale und parodiert wohl auch den englischen Siegesenthusiasmus.

Le tyran du continent est tombé, l'Europe est libérée, l'Angleterre s'en réjouit
Cette caricature «eschatologique» rappelle l'illustration de Gillray «The Hand-Writing upon the Wall» (cf. n°. cat. 15), dont elle reprend le thème. Ici également, c'est Dieu qui met fin à la tyrannie napoléonienne. Le trône gît renversé; la couronne et le sceptre sont tombés. Le diable sort en rampant de dessous le tapis sur lequel est étendu le fauteuil: c'est en quelque sorte avec le concours du démon que Napoléon a érigé son trône. Aujourd'hui, le prince des ténèbres réclame son tribut; il agrippe fermement le despote à la cuisse. Aux pieds de Napoléon reposent les couronnes volées aux monarques légitimes, ainsi que divers objets de luxe. L'empereur destitué gesticule et perd son bicorne; il lève les yeux au ciel, où le voile funeste des nuages se déchire laissant apparaître le bras de Dieu, armé d'une épée de feu. Le tyran déchu gémit et demande à échanger son empire et ses victoires contre le martyre, la pauvreté, la disgrâce et la honte. Il promet de renoncer à tous les honneurs, pourvu qu'on lui laisse la vie sauve. Même dans cette situation, l'ignoble personnage est trop lâche pour choisir la mort comme unique issue honorable! Le jugement de Dieu est terrible: il maudit Napoléon et le voue à des tourments à faire frémir les damnés en enfer. Ici, le pathos rappelle une chute théâtrale et parodie l'enthousiasme des Anglais devant la victoire.

The Tyrant of the Continent has Fallen, Europe is Free, England Rejoices
The theme in this «eschatological» cartoon is reminiscent of Gillray's

«The Hand-Writing upon the Wall» (cat. no. 15): here, as there, it is God who puts an end to Napoleon's tyranny. The plushly cushioned throne has been overturned, crown and sceptre sent spinning. From under the rug upon which the throne stood, the devil creeps out and clings to Napoleon's thighs to claim his due, since it was no doubt the prince of hell's support that helped establish Napoleon's reign. At the Emperor's feet lie the stolen crowns of Europe's rightful monarchs and various attributes of imperial pageantry. Bereft of power, the Emperor gesticulates upwards at the heavens, causing his bicorne to fall off his head. In a gap in the threatening clouds, the arm of God with a flaming sword appears. The fallen tyrant whines that he would give his Empire and victory for «plagues, poverty, disgrace, and shame» if only his life be spared. Even at this point, the vile protagonist is too cowardly to choose death as the only honourable outlet! God's judgement is terrible, dooming Napoleon to pain such as will make the damned tremble and «take their own for joys». The pathos of this work resembles a theatrical climax and is no doubt meant as well as a parody of the English enthusiasm in times of victory.

Il tiranno del continente è caduto, l'Europa è libera, l'Inghilterra esulta
Questa caricatura «escatologica» ricorda, per il soggetto, quella di Gillray *The Hand-Writing upon the Wall* (n° cat. 15): anche qui a far cessare la tirannia napoleonica provvede Dio stesso. Scettro e corona sono caduti, poltrona e cuscini del trono giacciono rovesciati; dal tappeto che era sotto la poltrona striscia fuori quel diavolo sul cui aiuto si basava, in un certo senso, il trono del monarca (un diavolo che ora esige il suo tributo, afferrando il tiranno per la gamba e tenendolo fermo). Ai piedi di Napoleone si notano le corone sottratte ai sovrani legittimi e arredi preziosi; l'imperatore esautorato, che gesticola e ha perso il bicorno, guarda in alto, ove si è dissolta la cappa fatale di nubi e appare il braccio divino con la spada di fuoco. Il tiranno caduto, piagnucolante, pur di aver salva la vita scambierebbe impero e vittorie con castighi, povertà, disonore e vergogna, rinunciando a tutte le sue cariche: ignobile com'è, perfino in questa situazione è troppo vile per scegliere la morte come unica soluzione onorevole! Il verdetto divino è tremendo: Napoleone è condannato a tormenti la cui vista farà tremare i dannati dell'inferno, convinti che le loro pene, al confronto, siano gioie. Il pathos ricorda un finale teatrale e volge in parodia, probabilmente, anche l'entusiasmo di vittoria degli inglesi.

Lit.: Ash S. 387f.; BM IX 12253; BN IV 9022; Br I S. 361, II App. A 857; GC 312; Kat. BB 46; Kat. H85 69.

135
BLOODY BONEY THE CARCASS BUTCHER LEFT OF TRADE AND RETIRING TO SCARECROW ISLAND.
o. l. *Be Gar you Cocquin now I shall drive my Old Friends and bonne Customers de English Vive Le Roi ét le Poste Royale / BATON MARECHALE*
o. M. *FOOLS CAP*
o. r. *ROAD TO ELBA / we Long to pick your Bones*
u. r. *Island of Elba / CORSICAN DOG / BAG OF BROWN BREAD.*
Thomas Rowlandson
bez. dat. u. l. *Pub.ᵈ 12 April 1814 by Tho.ˢ Tegg N°. III Cheapside*
o. r. Nummer 323
Radierung, koloriert
250×352 mm (280×440 mm)
Sammlung Herzog von Berry
1980.320.

Der verfluchte Boney zieht sich als pensionierter Kadavermetzger auf die Vogelscheuchen-Insel zurück
Auf dem Esel reiten der ärmlich gekleidete Napoleon mit Narrenkappe und Marie-Louise auf die Küste zu. Ihnen trabt der König von Rom mit Kinderhaube und Spielzeugschwert auf einem korsischen Hund (vgl. Kat. Nr. 126) voraus und weist mit einer Gerte auf die Insel Elba, die am Horizont auftaucht. Das Söhnchen wendet sich lamentierend zum Vater um. Dieser fährt beim Anblick der ungastlichen «Vogelscheucheninsel» erschreckt zusammen und macht sich mit seinem Sack voll Schwarzbrot, seiner einzigen Habe, auf ein karges Exilleben gefasst. Sein grobes Weib schlägt derweil brüllend mit ihrem «Marschallinnenstab» auf das Reittier ein. Dem «Kadavfleischer», der sich «aus dem Gewerbe in den Ruhestand zurückzieht», weist ein Galgen den Weg; herbeifliegende Raben freuen sich auf seine Leiche. Links hinten jagt ein grobschlächtiger Postillon mit Peitsche den «Schurken» Napoleon davon, denn er fährt nunmehr für seine «alten Freunde und guten Kunden, die Engländer», und lässt König Ludwig hochleben. Nach Napoleons Abdankung überrannten englische Reisende Frankreich förmlich. Im Ritt der «unheiligen Familie» ins Exil klingt das christliche Bildmotiv der Flucht nach Ägypten an.

Boney le sanglant, boucher de cadavres, quittant son commerce pour prendre sa retraite dans l'île épouvantail
Juchés sur un âne, Napoléon et Marie-Louise se dirigent vers la côte. L'empereur est pauvrement vêtu et porte un bonnet de bouffon. Le roi de Rome, coiffé d'un petit béguin, trotte devant eux sur un chien corse (cf. n°. cat. 126); il pointe une baguette en direction de l'île d'Elbe qui émerge à l'horizon. Gémissant, l'enfant se tourne vers son père. Au spectacle de l'île «épouvantail», si inhospitalière, Napoléon tressaille de peur; avec un sac de pain noir pour seul bien, il sait qu'un exil misérable l'attend. En vociférant, sa rude épouse frappe leur monture avec son «bâton de maréchale». Une potence indique la route au «boucher de cadavres» «quittant son commerce pour prendre sa retraite»; des corbeaux volettent autour du gibet, attendant sa mort. Derrière à gauche, un grossier postillon, le fouet à la main, chasse ce «coquin» de Napoléon: désormais, il roule pour ses «vieux amis et bons clients les Anglais»; il pousse un vivat en l'honneur du roi Louis. Après l'abdication de Napoléon, les voyageurs anglais submergèrent littéralement la France. La chevauchée de la «maudite famille» en exil rappelle le motif chrétien de la fuite en Egypte.

Bloody Boney: the Carcass Butcher Gone to Pension Retires to Scarecrow Island
Napoleon – poorly clad and wearing a fool's cap – and Marie-Louise are riding a donkey on their way to the coast. Astride a Corsican dog (cf. cat. no. 126), the King of Rome, wearing a children's bonnet and

sporting a toy sword, trots ahead of them; with his riding crop, he points out the Island of Elba emerging on the horizon. He sheds a most discontented look back at his father, while Napoleon himself winces at the sight of the inhospitable «scarecrow island» ahead; with a «bag of brown bread» as his sole possession, he is bracing himself for the frugality of a life in exile. Meanwhile, his coarse wife thrashes their mount with her «marshal's baton». A gallows indicates his way to the «butcher's carcass» who has «left of trade» and seeks retirement; already, the ravens look forward to his corpse. An uncouth stagecoach driver to their rear (left) chases away the rogue («coquin») Napoleon, since from now on he «shall drive» his «old friends and good customers the English,» adding a cheer in honour of King Louis. Indeed, after Napoleon's abdication, English travelers literally overran France. This «unholy family» ride into exile brings to mind the Christian pictorial motif of the flight to Egypt.

Boney il sanguinario, macellaio di carcasse, lascia il commercio e si ritira sull'isola Spaventapasseri
Un asino porta verso la costa Napoleone (vestito miseramente, con berretto da buffone) e Maria Luisa; davanti a loro, con cuffia infantile e spada-giocattolo, trotterella su un cane còrso (cfr. n° cat. 126) il re di Roma, indicando con una bacchetta l'isola d'Elba all'orizzonte. Il bimbo si volge lamentoso verso il padre, che, spaventato alla vista dell'inospitale «isola Spaventapasseri», col suo unico avere – un sacco di pane nero – si prepara alla dura vita dell'esilio; intanto la rozza moglie, furibonda, sferza il somaro col suo «bastone di marescialla». Sulla strada del «macellaio di carcasse» che «si ritira dal commercio» c'è una forca, a cui i corvi si avvicinano in volo pregustando già il cadavere. Sullo sfondo a sinistra, un grossolano postiglione scaccia con la frusta il «furfante», dicendo che d'ora in poi lavorerà per i suoi «vecchi amici e buoni clienti inglesi» e lanciando un evviva a re Luigi: dopo l'abdicazione di Napoleone, in effetti, la Francia fu letteralmente invasa da viaggiatori inglesi. La cavalcata dell'«empia famiglia» verso l'esilio rieccheggia il motivo iconografico cristiano della fuga in Egitto.

Lit.: Ash S. 381; BM IX 12219; Br I S. 354, II App. A 54; GC 294; Wr S. 634.

136
THE ROGUES MARCH.
beidseits der Vierzeiler
l. *From fickle Fortune's gamesome lap / What various titles flow*
r. *The Emperor of Conj[u]rors, Nap / The King of Beggars Joe!*
o. l. *REJOICIE O YE KINGS VIVE LE ROI / Now we are met a Jolly Set in spite of Wind or Weather / COWARD and THIEF*
o. r. *Napolean, Late Emperor of the French King of Italy Protecter of the Confederation of the Rhine, Grand Arbiter of the fate of Nations &c &c &c but now by the permission of the Allied Sovereigns, Exile in the Isle of Elba an Outcast from Society a fugitive a Vagabond. Yet this is the conceited Mortal who said, I have never been seduced by prosperity Adversity will not be able to overcome me – / TRANSPORTED FOR LIFE*
u. M. *EXECRATION*
u. l. *DETESTATION*
Thomas Rowlandson
bez. dat. u. M. *Pub^d April 15,. 1814 by Thos Tegg N° III Cheapside*
o. r. Nummer 321
Radierung, koloriert
n. best. (251 × 350 mm)
Sammlung Herzog von Berry 1980.275.

Der Zug der Schurken
Vom würdevollen Feldmarschall Blücher werden Napoleon und sein Bruder Joseph in Handschellen vor einer Reihe Militärtambouren abgeführt, die den «Marsch der Schurken» musikalisch untermalen. Blücher hält Napoleon am Halsstrick fest und trägt eine Tafel. Darauf werden des Kaisers Titel genannt, die ein sarkastischer Zusatz beendet (vgl. Bildtext). Napoleon hat einen Tornister und eine Narrenkappe mit der Aufschrift «deportiert auf Lebenszeit» an und besitzt lange Eselsohren. Joseph trägt einen Zweispitz mit weisser Kokarde, worauf «Feigling und Dieb» steht. Ihnen beissen Allegorien der Abscheu in Waden und Hintern. Links oben reichen sich die Monarchen Europas und der Papst die Hände zum Freudentanz um die Flagge mit dem Doppeladler Russlands oder Österreichs und um das weisse Lilienbanner des französischen Königs. Unter dem Bildfeld schildern Verse das gaukelhafte Schicksal, das den Brüdern die Titel «Kaiser der Taschenspieler» bzw. «König der Bettler» verliehen hat.

La marche des escrocs
Napoléon et son frère Joseph, menottes aux poings, sont emmenés par le digne feld-maréchal Blücher. Ils passent devant une rangée de tambours militaires, qui interprètent la «marche des escrocs». Blücher tire Napoléon par une corde attachée au cou de ce dernier et tient une pancarte mentionnant les titres de l'empereur; la liste se termine par un commentaire sarcastique (voit texte de l'illustration). Napoléon porte un sac d'écolier et un bonnet de bouffon avec l'inscription «déporté à vie»; il est affublé de longues oreilles d'âne. Joseph est coiffé d'un bicorne, orné de la cocarde blanche, où l'on peut lire «lâche et voleur». Des allégories de la haine les mordent au mollet et à la fesse. En haut à gauche, les monarques européens et le Pape se tiennent les mains et dansent de joie autour du drapeau arborant l'aigle impériale à deux têtes – russe ou autrichienne – et de la bannière blanche fleurdelisée, emblème de la royauté française. Au-dessous du champ de l'image, des vers décrivent le destin fantasmagorique des deux frères qui leur a valu le titre «d'empereur des prestidigitateurs» et de «roi des mendiants».

The Rogues' March
Field Marshal Blücher summons all his dignity to lead off Napoleon and his brother Joseph (in handcuffs) past a row of military drummers; these musically underscore «The Rogues' March». Blücher, who holds his prisoner tightly by a neck rope, flourishes a notice board listing Napoleon's im-

perial titles and ending on a highly sarcastic note (see text). Napoleon himself, to whom long donkey ears have been attributed, carries a backpack and a fool's cap inscribed «transported for life». Joseph wears a cocked hat boasting a white cockade and labelling him a «coward and thief». Both are subjected to bites – respectively in the calf and the butt – by allegories for the people's «execration» and «detestation». In the upper left corner of the image, the monarchs of Europe and the Pope join hands to perform a joy dance around a flag featuring Russia's (or Austria's) double eagle and the white banner of lilies belonging to the French monarchy. A verse beneath the image explains that the two brothers each owe their title – Napoleon as «Emperor of Conjurers» and Joseph as «King of Beggars» – to «fickle fortune».

La marcia dei furfanti
In manette, davanti a una schiera di tamburini che danno il sottofondo musicale alla «marcia dei furfanti», Napoleone (tenuto al capestro, con lo zaino) e suo fratello Giuseppe sono portati via dal solenne feldmaresciallo Blücher, che reca un cartello con l'elenco dei titoli imperiali (e un'aggiunta sarcastica: cfr. la didascalia). L'ex monarca indossa un berretto da buffone con le parole «deportato a vita» e ha lunghe orecchie d'asino, Giuseppe porta un bicorno con la coccarda bianca e la scritta «vile e ladro»; polpacci e natiche dei due sono morsi da allegorie dell'esecrazione. In alto a sinistra i sovrani europei e il pontefice ballano uniti un allegro girotondo, intorno alla bandiera con l'aquila bicipite (russa o austriaca) e al bianco vessillo gigliato del re francese. La quartina ai due lati del titolo accenna allo scherzo della sorte che ha conferito ai due fratelli, rispettivamente, i titoli di «imperatore degli illusionisti» e di «re dei mendicanti».

Lit.: Ash S. 382 (Det.); BM IX 12222; Br I S. 355, II App. A 767; GC 298; Wr S. 634.

137
The HELL^{EL} BARONIAN Emperor going to take possession of his new Territory –
o.l. *Oh! D – n these Cossacks*
sign. u. l. *G H inv!* (George Humphrey) *G Cruikshank fec^t*
bez. dat. u. r. *Pub^d April 23^d 1814 by H Humphrey St James's S^t*
Radierung, koloriert
218 × 277 mm (242 × 350 mm)
Sammlung Herzog von Berry 1980.323.

Der Höllenbaron und Kaiser von Elba nimmt sein neues Herrschaftsgebiet in Besitz
Der zerlumpte Napoleon mit pompösem Zweispitz hält sich, in Ketten gelegt, in einer Art Vogelkäfig auf Rädern aufrecht. Er verflucht die Kosaken: Ein solcher führt den verschlossenen Käfigwagen weg; den stolz grinsenden Russen eskortieren Kameraden. Das Ziel des Reiterzuges wird am rechten Bildrand sichtbar, wo sich auf einem umbrandeten Inselchen der Galgen erhebt, der dem Gefangenen angewünscht wird. Im Scheitel des Käfigs erinnern des Kaisers zerbrochene Insignien an die glorreiche Vergangenheit, bekrönt von einer russischen Knute, an der Napoleons Reitersporen hängen. Anlässlich der Abdankung wählte Napoleon selber Elba zu seinem Exilsitz. Der Vertrag von Fontainebleau (11. April 1814) anerkannte seine Besitz- und Herrschaftsrechte über die Insel sowie seinen Kaisertitel und sicherte ihm zwei Millionen Francs Jahresrente zu. Nicht der Preusse oder die Franzosen (vgl. Kat. Nrn. 136, 64), sondern jetzt der Russe fahren ihn ins Exil. Der Kalauer im Titel wandelt den Kaiser von Elba, der «auszieht», sein neues Herrschaftsgebiet in Besitz zu nehmen, in einen «Höllenbaron» ab: Das Inselchen muss für diesen Teufel die Hölle sein.

L'empereur d'Elbe et baron de l'enfer s'en va prendre possession de son nouveau territoire
Un Napoléon déguenillé et coiffé d'un pompeux bicorne se tient debout, enchaîné, dans une sorte de cage à oiseaux montée sur roues. Il maudit les cosaques: l'un d'entre eux tire la cage, fermée au moyen d'un gros cadenas. Des camarades escortent le Russe qui ricane avec fierté; le but de ce convoi se profile à droite de l'image: sur une petite île assaillie par les vagues, se dresse une potence destinée au prisonnier. Au sommet de la cage, les insignes brisés de l'empereur rappellent son glorieux passé; ils sont surmontés par un knout russe, auquel ont été suspendus les éperons de Napoléon. Lors de son abdication, Napoléon choisit lui-même Elbe comme lieu d'exil. L'accord de Fontainebleau (11 avril 1814) lui octroya la souveraineté de l'île d'Elbe, lui conserva son titre d'empereur et lui assura deux millions de francs de rente annuelle. Ici, ce ne sont ni les Prussiens, ni les Français (cf. n^{os} cat. 136, 64) qui l'emmènent en exil, mais les Russes. Le calembour dans le titre transforme l'empereur d'Elbe – qui «s'en va» afin de prendre possession de son nouveau territoire – en «baron de l'enfer»: l'île d'Elbe sera l'enfer de ce démon.

The Hell's Baron and Emperor of Elba Taking Possession of his New Territory
In ragged attire yet with a pompous cocked hat, Napoleon stands chained to a sort of birdcage on wheels. He curses the Cossacks, such as the proudly grinning Russian who is driving him off, escorted by others of the sort. The group is headed for the foam-encircled little island all the way to the right, where the gallows wished upon the prisoner awaits him. The Emperor's broken insignia atop the cage speak of his glorious past; they are now crowned by a Russian

knout, from which Napoleon's riding spurs dangle. Upon abdicating, Napoleon himself chose Elba as his site of exile. Under the Fontainebleau agreement of 11 April 1814, the allies gave him that island as a sovereign principality, allowed him to retain his imperial title, and granted him an annual pension of two million francs. Here, it is neither the Prussians nor the French (cf. cat. nos. 136 and 64), but a Russian who drives him into exile. The title ironically refers to the «new territory» of which Napoleon is «to take possession» as that is to be hell to this devil.

L'imperatore dell'Elba [barone dell'inferno] va a prendere possesso del suo nuovo territorio
Un Napoleone dall'elegante bicorno ma cencioso e incatenato, ritto in una sorta di gabbia mobile e chiusa col lucchetto, maledice la sua scorta di cosacchi, uno dei quali lo traina con ghigno orgoglioso. La meta del corteo, all'estrema destra, è un'isoletta battuta dalle onde, su cui sorge la forca augurata al prigioniero; in cima alla gabbia le insegne imperiali spezzate, sormontate da uno staffile russo da cui pendono i suoi speroni di cavaliere, ricordano il passato glorioso di Napoleone. Quest'ultimo, quando abdicò, scelse personalmente l'Elba come luogo d'esilio; il trattato di Fontainebleau (11 aprile 1814) gli riconobbe i diritti di possesso e signoria sull'isola nonché il titolo d'imperatore, garantendogli una rendita annuale di due milioni di franchi. Qui l'ex monarca è condotto in esilio non da un prussiano o dai francesi (cfr. n.i cat. 136 e 64) ma da un russo. Il gioco di parole nel titolo trasforma in «barone dell'inferno» l'imperatore dell'Elba che va a prendere possesso del suo nuovo territorio: per un diavolo come lui l'isoletta dev'essere l'inferno…

Lit.: Ash S. 326; BM IX 12231; Br I S. 358, Tf. S. 359, II App. A 300; GC 306 (Abb.); Kat. H85 67.

138
BROKEN GINGERBREAD –
o. l. *Buy my Image! Here's my nice little Gingerbread Emperor & Kings Retail & for Exportation!…*
u. r. *Tiddy – DOLL Gingerbread Baker. NB Removed from Paris*
u. l. *VIVENT LES Bourbons / The Kings Head New Revived*
sign. u. l. *GH inv.t* (George Humphrey) *G Cruikshank fec.t*
bez. dat. u. r. *Pub.d April 21th 1814 by H. Humphrey St James's Street*
Radierung, koloriert
218 × 278 mm (245 × 347 mm)
Sammlung Herzog von Berry 1980.322.

Zerbrochene Lebkuchen
Cruikshank bringt Gillrays Bilderzählung «Tiddy-Doll, the great French-Gingerbread-Baker» (BM VIII 10518; Br I S. 239f., II App. A 843) von 1806 zum Abschluss: Hatte «Puppenwinzling» damals alle Hände voll zu tun, um mit Aussenminister Talleyrand in dem mit den Oberhäuptern des alten Europas geschürten Ofen unzählige neue Lebkuchenkönige zu backen, so kann er nun bloss noch die Reste seiner Produktion zu Markte tragen. Einsam versucht er, die beschädigten Fürstenfiguren, die er auf einem Brett auf dem Kopf trägt, «im Einzel- und im Exporthandel» abzusetzen. Lauthals bietet er auf der öden Insel Elba die «hübschen kleinen Lebkuchenkaiser und -könige» feil – seine Ebenbilder, bedeutet doch «Gingerbread» auch Pomp, Flitter, Kitsch. Im Hintergrund stellt eine lotterige Strohhütte sein Geschäft dar, vor dem ein Teekessel und ein Miststock zu sehen sind. Im Laden stehen weitere Figuren, darüber hängt ein Schild mit dem Vermerk «NB Von Paris weggezogen». Jenseits des Meeres, an der französischen Küste, spielt die Wirtschaft «zum wiedererweckten Königshaupt» auf die Enthauptung Ludwigs XVI. (21. Januar 1793) und die kürzliche Machtübernahme durch Ludwig XVIII. an. Davor umtanzen Franzosen die weisse Fahne mit den Lilien der Bourbonen aus Freude über die Rückkehr ihres alten Königshauses. Napoleons Exil und der Bankrott seiner Familienherrschaft werden meisterlich mit Spott überschüttet.

Pain d'épice cassé
Cruikshank conclut ici le récit illustré par Gillray en 1806, «Tiddy-Doll, the great French-Gingerbread-Baker» (BM VIII 10518; Br I, p. 239 sq., II app. A 843): si le «nain poupée» avait autrefois les mains entièrement occupées à faire cuire – aidé par le ministre des affaires étrangères Talleyrand – d'innombrables rois en pain d'épice dans un four attisé par les chefs de l'ancienne Europe, désormais il ne lui reste plus qu'à emmener au marché les restes de sa production. Solitaire, il essaie de «vendre au détail et d'exporter» les figures princières endommagées qu'il porte sur un plateau au-dessus de sa tête. Parcourant l'île d'Elbe déserte, il propose ses «mignons petits empereurs et rois en pain d'épice» – ses égaux; «Gingerbread» signifie également clinquant, de mauvais goût. A l'arrière-plan, une masure en paille délabrée représente son commerce, devant lequel on voit une théière et un tas de fumier. A l'intérieur du magasin apparaissent d'autres figurines, surmontées d'une pancarte avec l'inscription: «NB, a déménagé de Paris». De l'autre côté de la mer, sur la rive française, le café «A la tête de roi ressuscitée» fait allusion à la décapitation de Louis XVI (21 janvier 1793) et à la récente accession au pouvoir de Louis XVIII. Devant la pinte, des Français dansent de joie autour de la bannière blanche fleurdelisée des Bourbons, saluant ainsi le retour de l'ancienne maison royale. L'exil de Napoléon et la déroute de sa famille sont traités avec une ironie magistrale.

Broken Gingerbread
With this piece, Cruikshank brings Gillray's 1806 pictorial recital «Tiddy-Doll, the great French-Gingerbread-Baker» (BM VIII 10518; Br I p. 239f., II App. A 843) to a conclusion. In former times, Gillray's baker had his hands full baking, together with Foreign Secretary Talleyrand, countless new gingerbread kings in an oven stoked by the former European heads of state. But now he has become a puppet slip of a man with only leftovers of his production to peddle: the lonely baker offers the damaged royal figures he carries on a tray on top of his head «retail and for exportation». On the bleak island of Elba he loudly hawks his «nice little Gingerbread Emperor and Kings» – in fact, the spitting image of himself in the pomp, glitter, and kitsch of a lavish gingerbred production. The straw hut in the background, before which stand a kettle and a dunghill, serves as baker's shop. Several more gingerbread figures can be seen there, under a sign reading «NB. Removed from Paris». Across the sea, on the French coast, the inn «The King's Head Revived» alludes to the beheading of Louis XVI (21 January 1793) and the recent return to the throne of Louis XVIII. French citizens can be seen joyously dancing around the white flag with the Bourbon lilies, in celebration of that dynasty's reinstatement. Napoleon's exile and family bankruptcy are handled with masterful satire here.

Panpepato rotto
Cruikshank qui porta a compimento la storia raccontata da Gillray, nel 1806, in *Tiddy-Doll, the great French-Gingerbread-Baker* (BM VIII 10518; Br I p. 239 sg., II app. A 843): al «fornarino» che allora, insieme al ministro degli esteri Talleyrand, era indaffaratissimo a cuocere nel forno (attizzato coi sovrani della vecchia Europa) innumerevoli re di panpepato, ora non resta che cercare di vendere i resti della produzione. Rimasto solo, egli tenta di «smerciare al dettaglio» o «esportare» le figure danneggiate di regnanti che trasporta sulla testa con

DRUMMING OUT of the FRENCH ARMY!!!

un'asse: in un'isola d'Elba deserta offre a squarciagola i suoi «piccoli graziosi imperatori e re di panpepato» (simili a lui, perché *gingerbread* significa «panpepato» ma anche «ciarpame vistoso, kitsch»). Sullo sfondo un tugurio di paglia rappresenta la sua bottega, davanti a cui appaiono una teiera e un mucchio di letame; all'interno vi sono altre figure, sovrastate da un cartello con la scritta «N.B.: trasferito da Parigi». Oltremare, sulla costa francese, l'osteria della «Testa regale resuscitata» allude alla decapitazione di Luigi XVI (21 gennaio 1793) e al recente reinsediamento di Luigi XVIII; davanti al locale, esultanti per il ritorno della vecchia dinastia, vari francesi ballano intorno al vessillo bianco gigliato dei Borboni. L'esilio di Napoleone e il tracollo della sua famiglia di regnanti diventano oggetto di una canzonatura magistrale.

Lit.: Ash S. 386 (Det.); BM IX 12230; Br I S. 357f. (Tf.), II App. A 141; GC 395; Kat. H85 66.

139
DRUMMING OUT of the FRENCH ARMY!!!
Charles Williams
bez. dat. u. r. *Pub^d June 1814 by W Holland N° 11 Cockspur Street*
Radierung, koloriert
252×352 mm (278×410 mm)
Herkunft unbekannt
1980.149.

Ausschluss aus der französischen Armee
Wie in Cruikshanks «Old Blucher Beating the Corsican Drum» (BM IX 12214; Br I S. 351, II App. A 667) vom April 1814 ergeht es Napoleon hier: In eine Trommel der Grossen Armee gepfercht, die sich Feldmarschall Blücher vorgehängt hat, zappelt, schreit und hält sich Napoleon den Kopf. Denn der siegreiche Preusse schlägt ihn mit dem Paukenschlegel auf den Kopf und peitscht ihm zugleich mit der Rute (vgl. Kat. Nr. 338) den blossen Hintern wund. Als Tambour und Wegbereiter, den ein Pfeifer in der bourbonischen Uniform begleitet, schreitet Blücher dem Heer des französischen Königs voran. Unter dem weissen Lilienbanner steht es in Achtungstellung und repräsentiert den neuen Machthaber im Land. Rechts neben Blücher schreiten die einträchtigen Siegermächte Russland (links) und Preussen (rechts als Husar) mit blankem Säbel Arm in Arm mit. Sie schauen befriedigt zu, wie Blücher den einstigen Bezwinger Europas schimpflich aus der Armee ausstösst. Das Motiv der Trommel fand nach Waterloo auch in Frankreich Aufnahme (vgl. Kat. Nr. 286).

Expulsion de l'armée française, au son du tambour
Comme dans la caricature de Cruikshank «Old Blucher Beating the Corsican Drum» (BM IX 12214; Br I p. 351, II app. A 667) réalisée en avril 1814, Napoléon passe un mauvais quart d'heure: fourré dans un tambour de la Grande Armée, que le feld-maréchal Blücher a suspendu à son cou, Napoléon gigote, crie et se tient la tête. Le Prussien victorieux le frappe sur le chef avec une mailloche et le fesse à l'aide de verges (cf. n°. cat. 338). Tambour et avant-garde tout à la fois, accompagné d'un flûtiste en uniforme bourbon, Blücher entraîne dans sa marche l'armée du roi de France. Sous la bannière fleurdelisée, elle se tient au garde à vous et représente le nouveau souverain du pays. A la droite de Blücher, la Russie (à gauche) et la Prusse (à droite, en hussar) victorieuses marchent bras dessus bras dessous, le sabre nu. Elles observent, réjouies, la manière ignominieuse dont Blücher expulse de l'armée l'ancien triomphateur de l'Europe. Après Waterloo, le motif du tambour fut très apprécié en France également (cf. n°. cat. 286).

Drumming Out of the French Army
Napoleon undergoes the same fate here as in Cruikshank's «Old Blucher Beating the Corsican Drum» (BM IX 12214; Br I p. 351, II App. A 667) of April 1814: he has been stuffed into a Grande Armée drum which hangs from Field Marshal Blücher's neck. He struggles, screams, and clasps his head while the victorious Prussian hits him over the head with a kettledrum stick and whips his bare buttocks raw with a switch (cf. cat. no. 338). As drummer and trailblazer, accompanied by a piper dressed in a Bourbon uniform, Blücher strides in front of the French King's army, which stands at attention under the banner of lilies, representing the land's new ruler. The concordant victors – Russia (left) and Prussia (right, as hussar) with a shiny sabre – walk arm in arm to the right of Blücher, and enjoy observing the humiliating expulsion the latter is inflicting upon Europe's former conqueror. The drum motif would find favour in France as well after Waterloo (cf. cat. no. 286).

Espulsione dall'esercito francese a rullo di tamburo
La scena è analoga a quella di *Old Blucher Beating the Corsican Drum* (BM IX 12214, Br I p. 351, II app. A 667), opera di Cruikshank dell'aprile 1814. Stipato in una grancassa della Grande Armata che è appesa al collo del feldmaresciallo Blücher, Napoleone si dibatte, urla e si tiene il capo: il prussiano vittorioso, infatti, glielo batte con una mazza da tamburo, frustandogli contemporaneamente a sangue (con un fascio di sterpi: cfr. n° cat. 338) il deretano nudo. Blücher – tamburino e battistrada, accompagnato da un flautista in uniforme borbonica – incede davanti all'esercito del re francese; sotto il bianco vessillo gigliato tutti sono sull'attenti, segno che il paese ha cambiato padrone. Affiancati al feldmaresciallo, in primo piano incedono concordi a braccetto, con la lama sguainata, le potenze vincitrici Russia (a sinistra) e Prussia (a destra, in divisa da ussaro), che guardano soddisfatte come Blücher espella ignominiosamente dall'esercito l'ex vincitore dell'Europa. Dopo Waterloo il tema del tamburo fu ripreso anche in Francia (cfr. n° cat. 286).

Lit.: Ash S. 391; BM IX 12274; Br I S. 365, II App. A 291; GC 317 (Abb.); Kat. H85 74; Kat. RM 121.

140

BONEY at ELBA or a Madman's Amusement.
dahinter «*So high he's mounted in his airy Throne, / «That now the wind is got into his Head, / «And turns his brain to Frenzy. – Dryden*
o.l. *ELBA BABEL / Ah Diable Mai you was burn Le Matereiel, you burn your playtings*
o.r. *Now these fellows shall know what the Conqueror of the World can do Corporal! D – you Sir! don't you blow up the Bridge t'ill I order you / He will frighten all the fish and burn my boat I'll be off in time*
u.r. *Grant of the Senate 6,000,000 of […] / Project to Invade the Moon and […]*
u.l. *Sweden / Austria / Prussia / Russia*
Charles Williams
bez. dat. u.r. *Pub.ᵈ April 20,ᵗʰ 1814 by S W Fores Nº 50 Piccadilly.*
Radierung, koloriert
248×350 mm (250×368 mm)
Sammlung Herzog von Berry
1980.309.

Boney auf Elba oder die Spielereien eines Verrückten
Am Strand von Elba lebt der Exilant seine Obsession: Krieg den Alliierten. Im Wahn trägt Napoleon ein langes Tuch als Hermelin und seine Insignien, alles aus Stroh. Er zündet eine Kanone aus Stroh, die in Flammen und Rauch aufgeht. Damit will er auf die in einer Reihe aufgepflanzten Strohpuppen feuern: Russland, Preussen, Österreich und Schweden (v.l.n.r.). In geistiger Umnachtung droht Napoleon den Strohpuppen, sie würden sehen, wozu der Welteroberer fähig sei, und ermahnt den Korporal neben sich, die fiktive Brücke nicht vor seinem Befehl zu sprengen. Damit ist auf die Leipziger Brücke (Kat. Nr. 329) und die Völkerschlacht angespielt, die Napoleon hier den Verstand gekostet haben. Vorne rechts liegen Schriftstücke als Belege seines Wahnsinns (Senatszuschuss von sechs Millionen und Invasion des Mondes). Das infantile Kriegsspiel versucht der Korporal mit dem Hinweis aufzuhalten, der Kaiser verbrenne ja seine Spielsachen. Im Hintergrund flüchtet ein Fischer in sein Boot. Hinter den Felsmassen der Insel erhebt sich der Turm von «Elba Babel» und erklärt frei nach 1. Mose 11, 1–9 Napoleons geistige Verfassung damit, dass dieser zu hoch hinaus wollte und von Gott verwirrt worden ist. Diese Deutung unterstreicht das Zitat von John Dryden unterhalb des Bildes.

Boney à Elbe ou l'amusement d'un fou
Sur la plage d'Elbe, l'exilé vit son obsession: la guerre contre les alliés. Plongé dans un monde d'illusion, Napoléon porte un long drap en guise de manteau d'hermine, ainsi que ses insignes, tous en paille. Il met le feu à un canon de paille, qui part en flammes et en fumée. Il veut tirer sur une rangée de mannequins également en paille: la Russie, la Prusse, l'Autriche et la Suède (de g. à d.). Dans son aliénation, il menace les pantins: ils verront de quoi est capable le conquérant du monde; il exhorte le caporal qui se trouve près de lui, à ne pas faire sauter le pont fictif sans son ordre. Il est fait allusion, ici, au pont de Leipzig (nº. cat. 329) et à la bataille des nations qui coûtent à Napoléon sa raison. Devant à droite, des écrits prouvent sa folie (subvention du Sénat de six millions et invasion de la lune). Le caporal essaye de stopper ce jeu puéril en signalant à l'empereur qu'il brûle ses jouets. A l'arrière-plan, un pêcheur fuit vers son bateau. Derrière la masse rocheuse de l'île se dresse la tour «d'Elbe Babel», qui explique selon la Genèse 11, 1–9, l'état psychique de Napoléon: celui-ci a voulu s'élever trop haut et Dieu a perturbé sa raison. La citation de John Dryden inscrite en dessous de l'illustration, souligne cette interprétation.

Boney at Elba or a Madman's Amusement
On Elba, the exile is living out his obsession, namely war against the allies. In his madness, he wears a long cloth in the manner of an ermine cape, together with straw insignias. He sets fire to a straw cannon that goes up in flames, intending to target the row of straw dummies he has planted in the ground: (l. to r.) Russia, Prussia, Austria, and Sweden. In his mentally deranged state, he threatens that they «shall know what the Conqueror of the World can do», at which point he warns the corporal standing next to him not to blow up the imaginary bridge before receiving the order to do so. The allusion here is to the Leipzig bridge (cf. cat. no. 329) and the «Battle of the Nations», the event satirically portrayed as having cost Napoleon his sanity. Evidence of his lunacy (a Senate grant of six million and a moon project) lie to the right in the foreground. The corporal attempts to put a stop to this childish warplay by reminding the Emperor that he is burning his toys. In the background, a fisherman flees to his boat. To the rear of the island cliffs, the «Elba Babel» tower stretches upwards as a metaphor for Napoleon's state of mind: in a free interpretation of the Bible (1. Moses 11, 1–9), he rose too high and so his head was thrown into confusion by God – a comparison confirmed in the lines by John Dryden quoted under the image.

Boney all'Elba, ovvero divertimenti di un pazzo
Sulla spiaggia dell'isola d'Elba l'esule sfoga la sua idea fissa di fare guerra agli alleati: un Napoleone allucinato – con lungo panno a mo' d'ermellino e insegne imperiali di paglia – dà fuoco a un cannone (anch'esso di paglia), che finisce in fumo e fiamme. Con quel cannone vorrebbe sparare ai quattro pupazzi di paglia allineati, che rappresentano (da s. a d.) la Russia, la Prussia, l'Austria e la Svezia: ora vedranno di che cosa è capace il conquistatore del mondo! L'ex monarca, mentalmente ottenebrato, ordina al caporale accanto a lui di non far saltare, prima di un suo ordine, un ponte (inesistente): allusione al ponte di Lipsia (cfr. nº cat. 329) e alla «battaglia delle nazioni», che hanno fatto perdere a Napoleone il ben dell'intelletto. In primo piano a destra appaiono documenti che comprovano la sua pazzia: sovvenzione del Senato (sei milioni), piano d'invasione della luna. Il caporale cerca d'interrompere il gioco infantile, dicendo che così l'imperatore brucerà i suoi balocchi militari; sullo sfondo un pescatore fugge verso la propria barca. Oltre le rocce dell'isola si leva la torre di «Elba-Babele», richiamo biblico (*Gn.* XI, 1–9) per indicare che Napoleone è voluto salire troppo in alto e che Dio gli ha tolto la ragione; il concetto è sottolineato dalla citazione di John Dryden accanto al titolo.

Lit.: Ash S. 384 (Det.); BM IX 12229; Br I S. 357, II App. A 87; GC 303; Kat. BB 63.

141
THE CORSICAN LOCUST.

o.l. *As sure as I'm alive, that Corsican Locust, smells my Roast Beef, and plum pudding / Bless me how comfortable these people live*
o.r. *Or perhaps, my Jewel, t'is a pittatie or two you want – but the divil a halfpeth do you get from me-! / Or perhaps the Cheel'd would like a little o my scotch Broth – but Sandy is too cunning for that-!*
u.l. *BEST VIRGINIA*
Temple West
erstveröffentlicht im September 1803
bez. dat. u.r. *Pub,ᵈ May 1ˢᵗ 1814 by Willᵐ Holland Nº 11 Cockspur St.ᵗ*
Radierung, koloriert
250×352 mm (270×400 mm)
Herkunft unbekannt
1980.152.

Die korsische Heuschrecke
Unter einer Eiche hält das Vereinigte Königreich ein Picknick ab. An den Baum gelehnt, hat der feiste Engländer John Bull einen Teller mit einer Tranche Roastbeef vor sich und neben sich einen Humpen voll Starkbier, eine Tonpfeife sowie einen Beutel besten Virginia-Tabaks. Vor ihm liegen auf Platten ein Rindsrückenstück und ein Pudding. Bescheidener ernährt sich der Ire Paddy in der Bildmitte, der einen Haufen Kartoffeln mitgebracht hat. Zwischen den Beinen des Schotten Sandy, mit Kilt und schulterlangem Haar rechts im Bild, steht eine Suppenschüssel. Der Hagere löffelt aus einer Schale seine schottische Fleischbrühe; neben ihm liegt ein kleines Horn. Die Mahlzeit wird von einer Heuschrecke mit Bonapartes Kopf und Hut gestört. Missgünstig schaut sie auf die Tafelnden. Das Oberhaupt der selbstverschuldet Hunger leidenden «Revolutionäre» will als Schmarotzertier am britischen Wohlstand teilhaben. Die Bildaussage widerspiegelt das beliebte Thema der nationalen Gegensätze zwischen dem reichen Grossbritannien und dem mausarmen Frankreich (vgl. Kat. Nrn. 24, 101). Erstmals zur Zeit der geplanten Invasion Britanniens erschienen, wurde die Karikatur als «Nachruf» auf den verbannten Kaiser neu aufgelegt: Sie spielt auf die Kargheit der Insel Elba an, in deren «Genuss» Napoleon nun kam.

Le criquet corse
Sous un chêne, le Royaume-Uni pique-nique. Adossé à l'arbre, le gros Anglais John Bull est assis devant une assiette contenant une tranche de rosbif; à côté de lui sont posées une chope remplie de bière brune, une pipe en terre et une blague du meilleur «Virginia». Devant lui, un morceau de bœuf et un pudding trônent sur un plat. Le repas de l'Irlandais Paddy, au milieu, est plus frugal: il se contente d'un tas de pommes de terre. A droite, le maigre Ecossais Sandy, portant le kilt et les cheveux jusqu'aux épaules, a posé une soupière entre ses genoux. Il mange à la cuillère son consommé écossais à la viande; près de lui gît un petit cor. Le repas est interrompu par un criquet avec la tête et le chapeau de Bonaparte. Malveillant, il regarde les banqueteurs. Tel un parasite, le commandant des «révolutionnaires» affamés veut prendre part à l'opulence britannique. Le propos de l'image reflète le sujet, fort apprécié par les contemporains, du contraste entre la pauvre France et la riche Grande-Bretagne (cf. nᵒˢ cat. 24, 101). Parue pour la première fois à l'époque du projet d'invasion de la Grande-Bretagne, la caricature fut rééditée en guise de «dernier adieu» à l'empereur banni: elle fait allusion à l'exiguïté de l'île d'Elbe, dont «jouit» maintenant l'empereur Napoléon.

The Corsican Locust
The United Kingdom is holding a picnic under an oak tree. Leaning against the tree trunk, the stout Englishman John Bull enjoys a slice of roast beef before a platter with the entire roast and a pudding; beside him, a tankard of strong beer and a clay pipe together with his trusty «Best Virginia» tobacco packet. Far more modestly, Paddy the Irishman dines on the potatoes he has brought along. The gauntest of them, the Scotchman Sandy, who boasts a kilt and shoulder-length hair, sips on beef broth from the soup tureen set between his legs; a horn lies next to him. Suddenly a locust, with Bonaparte's head and hat, comes to disturb their meal. Gazing down at them malevolently, this head of the starving (if through their own fault) «revolutionaries» would like to share in British prosperity in parasite fashion. The cartoon reflects the popular theme of national contrasts between the wealthy British and the poor-as-church mice French (cf. cat. nos. 24 and 101); it first appeared when the invasion of Great Britain was in the planning stage, but a new version was published as an «obituary» of the exiled Emperor who, by then, was enjoying the «delights» of the utterly barren island of Elba.

La locusta còrsa
Picnic del Regno Unito: appoggiato a una quercia, il grosso inglese (John Bull) siede presso un piatto con fetta di roastbeef, un boccale pieno di birra forte, una pipa di terracotta e un sacchetto del miglior tabacco di Virginia; davanti a sé, in altri due piatti, ha un grosso pezzo di manzo e un *plum pudding*. Al centro, più modestamente, l'irlandese (Paddy) si è portato un mucchio di patate; sulla destra – con capelli fino alle spalle e gonnellino, presso un piccolo corno – il magro scozzese (Sandy) tiene fra le gambe una zuppiera e beve col cucchiaio da una ciotola il brodo tipico della sua terra. Il pasto dei tre è disturbato da una locusta con la testa e il cappello di Bonaparte, che li guarda invidiosa: il capo dei «rivoluzionari», affamati per loro colpa, da buon parassita vuole avere la sua parte del benessere britannico. Il messaggio dell'opera riflette il tema popolare dei contrasti nazionali fra un ricco Regno Unito e una Francia pitocca (cfr. nⁱ cat. 24 e 101). Pubblicata per la prima volta all'epoca del progetto d'invasione della Gran Bretagna, la caricatura fu ristampata – a mo' di «necrologio» dell'imperatore in esilio – come allusione alla povertà dell'isola d'Elba, di cui ora poteva «godere» Napoleone.

Lit.: BM VIII 10092; Br I Tf. S. 93, 194 f., II App. A 224; GC 105.

142
Escape of Buonaparte from Elba.
darunter *Buonaparte sailed from Elba with all his guards, chiefly Poles Neopolitans, and Piedmontese, between 12 and 1300 in number and landed on / the 3ᵈ of March 1815 in the Department of La Var in France after a retirement of ten Months, Entered Paris on the 20ᵗʰ of the same Month / attended by a Guard of only 20 Dragoons & quietly took possession of the Thuilleries declaring the Government of Louis the 18ᵗʰ at an end!!! / It has been said of this Adventurous & Daring Corsican «that if all the world was possess'd by Napoleon Buonᵃparte, Buonᵃparte would quarrel with Napoleon & Napoleon with Buonᵃparte*
u. l. *Elba*
o. l. *Why D--n me I shall be as busy as a Bee*
u. M. *stop him*
o. r. *Here I come my Lads, I'll set you to work again / Farewell to Europe! / Congress*
u. r. *take this to Bonaparte / Come along my Boy!!*
anonym, Frühling 1815, nach George Cruikshank
bez. u. r. *Pub. by Sidebotham Nassau S.ᵗ* (Dublin)
Radierung, koloriert
240×357 mm (245×395 mm)
Herkunft unbekannt
1980.148.

Bonapartes Flucht von Elba
Auf dem fliegenden Teufel mit zwei Körben voll Soldaten, Waffen und Trikoloren reitet Napoleon von Elba in Richtung Kontinent. Die Felseninsel (links) trägt eine Hütte, einen Galgen und drei Figuren, die Napoleon verwundert nachschauen. Der fiedelnde und tanzende Tod folgt Napoleon auf einem Pferdeskelett (vgl. Kat. Nr. 278); auf dem Meer segelt ein Schiff hinterher, um den Ausbrecher aufzuhalten. Napoleon schwenkt Säbel und Hut zum Gruss an seine Armee, die ihn an der Küste erwartet; er verspricht, sie wieder in den Einsatz zu schicken. Im Hintergrund tagt der Wiener Kongress vor einem Zelt; vier gekrönte Häupter schlafen ahnungslos am Tisch, während der wendige Talleyrand einem Boten ein Schreiben an Napoleon überreicht. Darüber entfliegt der Friedensengel mit dem Lorbeerzweig und klagt «Lebe wohl Europa!». Mit Teufels Hilfe wird Napoleon den Kontinent erneut mit Krieg und Tod überziehen. Der Beitext schildert die Umstände seiner Landung und verspottet seine Streitlust. Die Karikatur kopiert ein von Cruikshank illustriertes Flugblatt (BM IX 12518; Br I S. 370f., II App. A 313), das der Dubliner Verleger McCleary – seitenverkehrt und ohne Text – ebenfalls nachgedruckt hat (Br II App. A 314; GC 327 [Abb.]).

Bonaparte fuyant Elbe
Napoléon quitte Elbe pour le continent; il chevauche un démon volant qui porte deux corbeilles remplies de soldats, d'armes et de drapeaux tricolores. Sur l'île rocheuse (à gauche), on voit une cabane, une potence et trois personnages ébahis, qui suivent Napoléon du regard. La mort montée sur un squelette de cheval (cf. n°. cat. 278) accompagne l'empereur en dansant et en jouant du violon. Sur la mer, un navire les poursuit dans l'espoir d'arrêter le fugitif. Napoléon brandit son sabre et son chapeau pour saluer son armée, qui l'attend sur la côte; il promet de renvoyer ses soldats au travail. A l'arrière-plan, le congrès de Vienne délibère devant une tente; quatre têtes couronnées somnolent autour de la table sans se douter de rien, tandis que l'opportuniste Talleyrand tend à un messager une lettre adressée à Napoléon. Au-dessus, un ange tenant une branche de laurier s'envole et se lamente: «Adieu Europe!». Aidé par le diable, Napoléon s'apprête une fois de plus à répandre la guerre et la mort sur le continent. Le commentaire détaille les circonstances de son débarquement et se moque de son esprit querelleur. Cette caricature copie un libelle illustré par Cruikshank (BM IX 12518; Br I p. 370 sq., II App. A 313), que l'éditeur McCleary de Dublin a reproduit – inversé latéralement et sans texte (Br II app. A 314; GC 327 [fig.]).

Escape of Bonaparte from Elba
Napoleon rides across from Elba to the Continent on a flying devil bearing two basketfuls of soldiers, arms, and tricolours. On the rocky island he has left behind, we see a hut, a gallows, and three figures who peer after him in astonishment. Death – fiddling and dancing away – pursues him in the skies astride a horse skeleton (cf. cat. no. 278) while, on water, a sailboat seeks to ward him off. Napoleon flourishes his sword and hat at his army awaiting him on the shore, promising to put them back into action. In the background, the Vienna Congress is in session at a table set before a tent: four crowned heads seated there enjoy the sleep of the innocents, while the fickle Talleyrand hands a messenger a note for Napoleon. The angel of freedom, bearing a branch of laurel, flies away wailing «Farewell Europe» since, with the help of the devil, Napoleon is again about to cover the Continent with war and death. The accompanying text describes the details of his landing and mocks his belligerence. The cartoon is a copy of an illustrated broadsheet by Cruikshank (BM IX 12518; Br I p. 370f., II App. A 313), which was also reprinted – back to front and without text – by the Dublin publisher McCleary (Br II app. A 314; GC 327 [ill.]).

Evasione di Bonaparte dall'Elba
Trasportato dal diavolo (che reca anche due cesti pieni di soldati, armi e tricolori), Napoleone vola verso il continente dallo scoglio dell'Elba (a sinistra), su cui si distinguono una capanna, una forca e tre astanti stupiti; la Morte lo segue su uno scheletro di cavallo (cfr. n° cat. 278), ballando e sonando il violino. Inseguito sul mare da una nave che vorrebbe intercettarlo, l'evaso agita la sciabola e il cappello per salutare i suoi soldati in attesa sulla costa, promettendo di rimetterli «al lavoro». Una tenda sullo sfondo ospita il congresso di Vienna: mentre quattro teste coronate dormono senza sospetti sulle sedie, Talleyrand è sveglio e consegna a un messo una lettera per Napoleone. In cielo l'angelo della pace vola via col rametto d'alloro, lanciando un lamentoso «Addio all'Europa!»: con l'aiuto del diavolo, Napoleone tornerà a riempirà il continente di guerre e di morti. La didascalia descrive le circostanze dello sbarco, schernendo la litigiosità del monarca. L'opera riprende un volantino illustrato da Cruikshank (BM IX 12518; Br I p. 370 sg., II app. A 313), che fu copiato – a lati invertiti e senza testo – anche da McCleary, editore di Dublino (Br II app. A 314; GC 327 [ill.]).

Lit.: –

143
BONAPARTE Entering PARIS"
dahinter *March 20th, 1815 Attended
by Genl Bertrand & another Officer
Escorted by only 20 Dragoons,
Louis 18th, precipitately fled at / his
approach – Napoleon left Elba to
invade France & traversed upwards
of 300 Miles in that Country without
encountering the smallest opposition
from the King's troops but on the
contrary he was every / where received by the Military with unanimous
acclamations of «Vive l'Empereur»!!* –
o. l. *VIVE L'EMPERUR*
sign. u. l. *Des^d & Pub: by J Sidebotham
37 Nassau S^t* (Dublin)
April 1815
Radierung, koloriert
237×343 mm (280×424 mm)
Herkunft unbekannt
1980.153.

Bonapartes Einzug in Paris
Im mit Kaiseradlern und Lorbeerkränzen dekorierten Wagen zieht Kaiser Napoleon unter dem Jubel der Menge am 20. März 1815 in Paris ein, begleitet von seinem Exilgefährten General Bertrand, einem Offizier und einem Geleit von «bloss 20 Dragonern». Im Bildkommentar kommt das Erstaunen darüber zum Ausdruck, wie leicht es Napoleon gemacht wurde, Frankreich auf seine Seite zu bringen und ohne Blutvergiessen im Triumphzug die Hauptstadt zu gewinnen: Die vom König gegen den «Abenteurer» und seine wenigen hundert Soldaten ausgesandten Truppen unterlagen dem Charisma des Kaisers; Ludwig XVIII. selbst floh in der Nacht vor Napoleons Ankunft. Das Zeitbild des in Dublin und London tätigen Zeichners und Verlegers J. Sidebotham offenbart in den beiden Revolutionären mit Jakobinermütze, welche die Zugpferde reiten, sowie in Napoleons Verneigung vor dem einfachen Volk seinen satirischen Charakter: Die Herrschaft der Hundert Tage verdankte sich hauptsächlich der Armee und der Unterschicht.

Bonaparte entre dans Paris
Paris, le 20 mars 1815: dans une voiture ornée d'aigles impériales et de couronnes de laurier, l'empereur Napoléon fait son entrée sous les acclamations de la foule. Il est escorté par son compagnon d'exil, le général Bertrand, ainsi que par un officier et une troupe de «20 dragons seulement». Le commentaire souligne l'étonnante facilité avec laquelle Napoléon mit la France de son côté et regagna la capitale en triomphe, sans verser le sang: les troupes levées par le roi – contre «l'aventurier» et ses quelques centaines de soldats – succombèrent au charisme de l'empereur. Louis XVIII, quant à lui, prit la fuite la nuit même de l'arrivée de Napoléon. Ce tableau de mœurs de l'éditeur et dessinateur J. Sidebotham, établi à Londres et à Dublin, révèle son caractère satirique dans les deux révolutionnaires au bonnet jacobin juchés sur des chevaux de trait, ainsi que dans la révérence que Napoléon adresse au petit peuple: le règne des Cent-Jours fut possible grâce à l'armée et aux couches populaires surtout.

Bonaparte Entering Paris
On March 20, 1815, the crowds of Paris gave a jubilant welcome to the returning Emperor Napoleon, shown here – together with his companion-in-exile General Bertrand, another officer, and an escort of "only 20 Dragoons" – in a carriage decorated with imperial eagles and laurel wreaths. The text to this cartoon expresses astonishment over how easily Napoleon swung the French back over to his side, reaching the capital in triumph without having shed a single drop of blood. This was due to the fact that the troops sent by the King against the «adventurer» and his few hundred men fell under Napoleon's charm. Louis XVIII himself fled the night before Napoleon's arrival. This depiction of the times created by the draughtsman and publisher J. Sidebotham, with offices in Dublin and London, reveals its satirical intent in the two Jacobin-capped revolutionaries astride the draught horses and in Napoleon's bow to the crowds, for it was indeed the army and the lower classes who made the Hundred Days reign possible.

Ingresso di Bonaparte a Parigi
In una carrozza decorata da aquile imperiali e corone d'alloro, il 20 marzo 1815 Napoleone entra in Parigi, tra la folla esultante, accompagnato dal generale Bertrand (suo compagno d'esilio), da un ufficiale e da una scorta di «soli venti dragoni». La didascalia esprime stupore per la facilità con cui l'esule ritornato riuscì a portare dalla sua parte l'intera Francia e, senza spargimenti di sangue, raggiungere in trionfo la capitale: le truppe governative inviate contro le poche centinaia di soldati dell'«avventuriero» soggiacquero al carisma di quest'ultimo, re Luigi XVIII fuggì la notte prima dell'arrivo di Napoleone. Benché descrittiva, questa stampa di J. Sidebotham – editore e disegnatore attivo a Londra e a Dublino – rivela il suo carattere satirico nei due rivoluzionari (con berretto frigio) che guidano i cavalli, ma anche nell'inchino di Napoleone davanti al popolino: i Cento Giorni furono dovuti soprattutto all'esercito e ai bassi ceti.

Lit.: Br II App. A 62.

144
A· REVIEW· of the NEW, GRAND, ARMY,
darüber Bildlegende *Capt of Starved Banditty from the Alps, A'd'Camp',, The Aghast Emperor & his two Friends & Pillars of the State,, Butcher from Elba· Genralissimo, Forse, meat Balls for the Lads of Paris*
Legende über dem Bildfeld *Deamon of War Presideing over the Tyrant*
o. l. *BOUNDLES AMBITION / PLUN[D]ER*
o. r. *We, Come, to REDRES:S GRIEVANCES*
u. r. *vive la Empre[..] .. / vive la Bou[n]*
William Heath, März–Mai 1815
o. r. Nummer 351
Radierung, koloriert
247×349 mm (260×378 mm)
Sammlung Herzog von Berry
1980.315.

Eine Parade der neuen Grossen Armee
Im Zentrum steht gebieterisch der kleinwüchsige Kriegsherr Napoleon und deutet auf die am rechten unteren Bildrand Kanonenkugeln «für die Kerle von Paris». Zu seiner Rechten steht mit Pistole, Dolch und breitem Hut der schnurrbärtige «Hauptmann der verhungerten Banditen aus den Alpen» (der in Italien operierende Marschall Murat?), und hält eine Stange mit leerem Geldbeutel und der Inschrift «Beute». Zur Linken Napoleons streckt ein fratzenhafter «Schlächter von Elba», der Generalissimus der «neuen Grossen Armee», sein blutiges Messer in die Höhe und hält einen Galgenstrick in der Hand. Im Rücken der drei Protagonisten türmen sich von Blitzen erhellte Wolkenbänke, aus denen Tod und Teufel als «Freunde und Stützen des Staates» dem Kaiser über die Schulter schauen und ihm die Befehle einzuflüstern scheinen. Überragt werden sie von der mächtigen Halbfigur des «Kriegsdämons», der «den Tyrannen beherrscht». Die Schreckgestalt mit flatterndem Haar und geschupptem Oberkörper weist auf den Schriftzug

"grenzenlose Ehrsucht" – Napoleons Triebfeder. Im Widerspruch dazu steht seine von der Guillotine bekrönte Trikolore mit der Aufschrift «Wir kommen Missstände beseitigen». Beobachtet wird die Figurengruppe von den Truppen im Hintergrund, die links wohlausgerüstet und rechts schäbig – mit zerfetzter Standarte und Heugabeln zujubelnd – und zusammengewürfelt sind.

Revue de la nouvelle Grande Armée
Au centre se dresse, impérieux, le petit commandant en chef Napoléon; il montre du doigt les boulets de canons (en bas, à droite) destinés aux «gars de Paris». A sa droite, se tient le capitaine moustachu «des bandits affamés des Alpes» (le maréchal Murat, opérant en Italie?), avec un pistolet, un poignard et un grand chapeau; il porte une hampe arborant l'inscription «butin», avec une bourse vide. A gauche de Napoléon, un grotesque «boucher d'Elbe», le généralissime de la «nouvelle Grande Armée», lève un couteau sanglant et tient une corde de gibet. Dans le dos des trois protagonistes, des bancs de nuages traversés d'éclairs s'amoncellent, d'où surgissent la mort et le diable, les «amis et piliers de l'Etat», qui regardent l'empereur par-dessus son épaule; ils semblent lui souffler des ordres. Ils sont surplombés par le buste puissant du «démon de la guerre», qui «domine le tyran». Le monstre aux cheveux flottants et au torse écailleux désigne le paraphe «ambition sans limites» – le mobile de Napoléon. En contradiction avec cette allusion, son drapeau tricolore couronné d'une guillotine porte l'inscription «nous venons redresser les torts». Le groupe de personnages est observé par les troupes à l'arrière-plan; celles-ci sont bien armées à gauche et pitoyables à droite: ces dernières acclament l'empereur en brandissant des fourches à foin et des étendards déchirés.

A Review of the New Grand Army
The midget-like commander Napoleon stands imperiously at the centre of this work, pointing at the cannon balls («meat balls») intended «for the lads of Paris». Standing to his right: the mustached «Captain of Starved Banditry from the Alps» (Marshal Murat of the Italian campaign?), decked out with a pistol, dagger, and a wide hat. He holds up a pole with an empty purse marked «plunder». To Napoleon's left: the grotesque «butcher from Elba», the Generalissimo of «the new, great, army», holding high his bloody knife in one hand and, in the other, a hangman's noose. In the background behind the three figures, bursts of lightning pierce the banks of storm clouds while Death and the Devil – «friends and pillars of state» – peek over his shoulders as if to whisper orders into his ears. Towering above them, the «demon of war presiding over the tyrant» – a terrifying half-figure with fluttering hair and a scaled torso – points with his right hand at the handwritten designation «boundless ambition», the driving force behind Napoleon's conduct. A contradictory flagpole in his left hand, topped by a guillotine, features the tricolour inscribed «We came to redress grievances.» The scene is being observed by troops to the rear: a well-armed group to the left and an entirely shabby one (cheering with tattered standards and pitchforks) to the right, all of whom have been lumped together.

Rassegna della nuova Grande Armata
Al centro, con fare imperioso, il piccolo comandante Napoleone indica le palle di cannone (sull'angolo inferiore destro) per i «ragazzi di Parigi». A sinistra – con pistola, pugnale e ampio cappello – il baffuto «capitano di banditi delle Alpi morti di fame» (il maresciallo Murat, che operava in Italia?) regge un'asta con un borsello vuoto e la scritta «bottino»; a destra un «macellaio dell'Elba» – il generalissimo della «nuova Grande Armata», col volto distorto in una smorfia – brandisce un coltello sanguinoloso e tiene in mano un capestro. Dietro i tre si addensano banchi di nubi rischiarati da lampi, fra cui il diavolo e la Morte («amici e pilastri dello Stato») guardano da dietro l'imperatore o sembrano bisbigliargli ordini; sopra di loro si erge possente il busto del «demone di guerra» che «domina il tiranno». L'orrenda figura, con chioma ondeggiante e corpo squamoso, indica con la destra la scritta «ambizione sconfinata» (molla motrice di Napoleone); una scritta ben diversa («Veniamo a raddrizzare i torti») orna il tricolore alla sua sinistra, coronato da una ghigliottina. Il gruppo di figure è osservato dalle truppe sullo sfondo, che a sinistra sono ben equipaggiate; quelle a destra, malconce e raccogliticce (con stendardo lacero), acclamano alzando forconi.

Lit.: Ash S. 401; BM IX 12548; Br II App. A 759; GC 332 (Abb.).

145
Boney's Fate or Old BLUCHER Preparing.
o.M. *I will quiet him! if I catch him D.... me I'll hang him!!*
u.l. *Blucher Nap has broke lose and at his trick again, go and quiet him. Frederick*
sign. u. r. C W (Charles Williams)
bez. dat. u. M. *London Pub^d, March 20th, 1815 by J Johnson 98 Cheapsid*
Radierung, koloriert
353 × 250 mm (485 × 300 mm)
Sammlung Herzog von Berry
1980.258.

Boneys Schicksal oder der alte Blücher rüstet sich
Der schnurrbärtige Feldmarschall Blücher mit Schlafmütze und in Pantoffeln hat sich vom Ruhebett erhoben und zieht Pfeife rauchend die Reitstiefel an. Auf einem Tisch daneben steht sein Zweispitz und liegen Degen und Taschenuhr sowie ein Döschen. Davor hängt sein Uniformrock über einen Stuhl herab; am Boden liegen die Reitsporen. Der Grund für den Aufbruch ist das von König Friedrich Wilhelm III. erhaltene Schreiben am Boden. Es meldet Napoleons Ausbruch aus Elba und befiehlt Blücher, den Erzfeind «zur Ruhe zu bringen». Der Feldherr schwört sich fluchend, den Störenfried zu hängen. Der energische «Marschall Vorwärts» war mit dem Frankreichfeldzug auch bei den Briten populär geworden: 1814 vom Prinzregenten eingeladen, erntete er in England begeisterten Jubel und erhielt die Ehrendoktorwürde der Universität Oxford.

Le destin de Boney ou le vieux Blücher se préparant
Le feld-maréchal Blücher, moustachu, en bonnet de nuit et en pantoufles, vient de se lever; il fume la pipe et enfile ses bottes de cavalier. A côté de lui, sur une table, reposent son bicorne, son épée, sa montre de gousset ainsi qu'une petite boîte. Sa tunique pend au dos d'une chaise; sur

Boney's Fate or Old Blücher Preparing.

le sol gisent ses éperons. Au premier plan, par terre, on aperçoit la cause de ces préparatifs de départ: une lettre du roi Frédéric-Guillaume III annonçant que Napoléon s'est évadé de l'île d'Elbe et ordonnant à Blücher de «calmer» l'ennemi mortel. Le général peste et se promet de pendre ce fâcheux. Suite à la campagne de France, l'énergique «maréchal En Avant» devint populaire également auprès des Anglais: invité en 1814 par le prince régent, il fut acclamé avec enthousiasme et reçut le titre de docteur honoris causa de l'Université d'Oxford.

Boney's Fate or Old Blücher Preparing
Here we see a mustached Field Marshal Blücher, in nightcap and slippers, getting up from bed: he has already slipped a pipe into his mouth and is pulling up his riding boots. The table nearby bears his cocked hat, dagger, pocket watch, and a small box. Further details include his uniform tunic flung over the back of a chair, and his riding spurs on the floor. His awakening was provoked by a message sent by King Frederick William III and lying at his feet: it announces Napoleon's escape from Elba, and exhorts Blücher to «go and quiet him». To this the general replies by swearing to himself not only to quiet him, but to catch and then hang him. With his participation in the French campaign, the energetic «Marshal Forward» became popular with the British as well. Hence he was invited to England by the Prince Regent in 1814, where he was enthusiastically acclaimed by the people and awarded an honorary doctorate by the University of Oxford.

La sorte di Boney, ovvero il vecchio Blücher si prepara
Il baffuto Blücher, in berretta da notte e pantofole, si è alzato dal letto, fuma la pipa e si infila gli stivaloni. Sul vicino tavolo appaiono il bicorno, la spada, l'orologio da tasca e uno scatolino; gli speroni sono a terra, presso la sedia cui è appesa la giubba dell'uniforme. A fare alzare il feldmaresciallo è il messaggio sul pavimento, in cui re Federico Guglielmo III gli annuncia la fuga di Napoleone dall'Elba e gli ordina di «calmare» il nemico giurato; Blücher giura fra sé, imprecando, che lo «calmerà» impiccandolo. Con la campagna di Francia, l'energico «maresciallo Avanti» era divenuto popolare anche in Gran Bretagna: invitato dal principe reggente, nel 1814 era stato accolto entusiasticamente dagli inglesi esultanti e a Oxford aveva ricevuto il dottorato *honoris causa*.

Lit.: Br I S. 375, II App. A 111.

146
R. ACKERMANN'S TRANSPARENCY ON THE VICTORY OF WATERLOO.
Thomas Rowlandson, Juni 1815
bez. u. M. *Pub. at R. Ackermann's 101 Strand*.
Radierung, koloriert; Typographie
225 × 340 mm (285 × 435 mm)
Sammlung Herzog von Berry
1980.254.

R. Ackermanns Transparent auf den Sieg von Waterloo
Schal und einfallslos wirkt Rowlandsons «Transparent» auf den alliierten Sieg von Waterloo (im Gegensatz zum Leuchtbild auf Leipzig: «The Two Kings of Terror»; BM IX 12093; Br I S. 338, II App. A 854). Im Zentrum hat Napoleon seinen Säbel und die Zügel seines Schimmels verloren. Vom Büchsenschuss Feldmarschall Blüchers getroffen, verwirft der Kaiser schreiend die Arme und verliert seine Krone. Von links greift General Wellington an. Am Himmel suchen vom Schuss aufgeschreckte Vögel das Weite, und auf dem Schlachtfeld werden im Rauch skizzenhafte Reiter verfolgt. Die Nachricht aus Waterloo traf am 20. Juni 1815 in London ein und wurde zwei Tage später bekanntgegeben. An der Festbeleuchtung der Stadt am 23./24. Juni beteiligte sich der renommierte Verleger Ackermann mit einer gasbeleuchteten, transparenten Karikatur in seinem Schaufenster.

Le transparent de R. Ackermann sur la victoire de Waterloo
Le «transparent» de Rowlandson illustrant la victoire alliée à Waterloo paraît fade et dénué d'imagination (contrairement à celui consacré à Leipzig: «The Two Kings of Terror»; BM IX 12093; Br I p. 338, II app. A 854). Au centre, Napoléon a égaré son sabre et lâché les rênes de son cheval blanc. Atteint par le coup de fusil du feld-maréchal Blücher, l'empereur écarte les bras en criant et perd sa couronne. A gauche, le général Wellington passe à l'attaque. Des oiseaux s'enfuient à tire-d'aile, effrayés par la détonation. Et sur le champ de bataille, des cavaliers – légèrement masqués par un nuage de fumée – sont pourchassés. La nouvelle de la victoire de Waterloo parvint à Londres le 20 juin 1815, et fut publiée deux jours plus tard. Le célèbre éditeur Ackermann prit part à l'illumination de la ville, le 23 et 24 juin, en affichant dans sa vitrine une caricature transparente éclairée au gaz.

R. Ackermann's Transparency on the Victory of Waterloo
By comparison with the «transparency» on Leipzig, «The Two Kings of Terror» (BM IX 12093; Br I p. 338, II App. A 854), this transparent work by Rowlandson on the allied victory of Waterloo comes across as somewhat flat and unimaginative. At the image's centre, we see Napoleon in the distressing position of having lost his sabre and the reins to his white steed. Hit by gunshot fired by Field Marshal Blücher, he throws up his arms screaming, losing his crown in the process. General Wellington is attacking from the left. Even the birds have been startled into flying off and, on the battleground, various riders are sketchily portrayed being pursued behind a screen of smoke. News of the battle of Waterloo reached London on 20 June 1815, and was proclaimed officially two days later. The publisher Ackermann participated in the festive city illuminations on June 23 and 24 by displaying a transparent work backlit by gaslight in his show window.

Trasparente di R. Ackermann sulla vittoria di Waterloo
Il «trasparente» di Rowlandson sulla vittoria alleata di Waterloo appare – diversamente da quello su Lipsia (*The Two Kings of Terror*; BM IX 12093; Br I p. 338, II app. A 854) – scialbo e privo di fantasia. Al centro un Napoleone senza più sciabola

né redini, in groppa al suo cavallo bianco, è colpito dallo sparo del feldmaresciallo Blücher, spalanca le braccia urlando e perde la corona, mentre da sinistra giunge all'attacco il generale Wellington; nel cielo, spaventati dallo sparo, gli uccelli volano via dal campo di battaglia, ove Rowlandson ha schizzato cavalieri in fuga. La notizia di Waterloo, giunta a Londra il 20 giugno 1815, fu resa nota due giorni dopo, e nella notte fra il 23 e il 24 la città venne illuminata a festa; il celebre editore Ackermann partecipò alla manifestazione esponendo nella sua vetrina una caricatura trasparente, illuminata a gas.

Lit.: Ash S. 410f.; BM IX 12561; Br I S. 387, II App. A 1; GC S. 53 (Abb.).

147
Monkeys Allowance more kicks than Dumplings
darunter *a Farce Performd with Great Eclat at the National Theatre in the Netherlands*
o.l. *N° 1 Master Boney with his fol der lol le I buffet away on the Plain Sir / N 2 and Ill assist your worships Fist with all my Might and Main Sir / N° 3 and Ill have a Thump although he's so plump*
o.r. *N° 4 and we"ll make Such a woundy racket / N° 5 we'll ramp we ll Swear*
o.l. *N 6 we'll Tear / N 7 Oh Rare / N° 8 I warant we'll Pepper his Jacket*
William Heath, Juni 1815
Radierung, koloriert
223 × 300 mm (280 × 428 mm)
Sammlung Herzog von Berry 1980.253.

Des Affen Anteil – mehr Tritte als Zückerchen
Am rechten Bildrand schaut der Gastgeber Holland – das Pummelchen mit kegelförmigem Hut und Pfeife im Mund – zufrieden der «mit allgemeinem Beifall im Nationaltheater in den Niederlanden aufgeführten Posse» zu: Bei Waterloo erstatten die Alliierten dem mit auf den Rücken gebundenen Händen wehrlosen kleinen Napoleon mittels Fusstritten seinen Anteil. Sie kommentieren ihre Vergeltung in Reimen, welche eine Arie (Nr. 8 aus dem 3. Akt) der für Wellingtons Vater komponierten Opera buffa «Midas» des Dubliners Kane O'Hara parodieren. Rechts von Napoleon führt Wellington den durchnumerierten «Chor» an; ihm antwortet Friedrich Wilhelm von Preussen (hinter Napoleon). Links des Misshandelten spielt Blücher auf dessen Beleibtheit an. Kaiser Franz (hinter Wellington) will ein endloses Spektakel machen – nämlich «Toben und Fluchen», wie Holland meint. In Blüchers Rücken neigt sich Zar Alexander vor, um am Opfer zu zerren, was Schwedens Kronprinz Bernadotte (ganz links) begeistert begrüsst. Schliesslich darf auch der bei Napoleons Rückkehr geflohene Ludwig XVIII. (vorne links), der an Krücken geht und mit dem Gichtfuss symbolisch einen Fusstritt versucht, seinen Senf dazugeben.

Rente de singe – plus de coups que de pâtée
A droite, en marge de l'illustration, l'hôte de service – la Hollande, représentée sous les traits d'un petit bonhomme grassouillet coiffé d'un chapeau conique et fumant la pipe – assiste satisfait à «la farce jouée avec grand éclat au théâtre national des Pays-Bas»: à Waterloo, les alliés rendent les honneurs à coups de pieds au petit Napoléon sans défense; celui-ci a les mains liées dans le dos. Ils commentent leur vengeance au moyen de rimes parodiant un air de l'opéra bouffe «Midas» (n° 8, troisième acte), composé par l'Irlandais Kane O'Hara pour le père de Wellington. A la droite de Napoléon, Wellington emmène le «chœur» numéroté à la file; Frédéric-Guillaume de Prusse (derrière Napoléon) lui répond. A gauche du malheureux, Blücher fait allusion à l'embonpoint de celui-ci. L'empereur François (derrière Wellington) veut présenter un spectacle effrayant – «tapage et imprécations», comme dit la Hollande. Dans le dos de Blücher, le tsar Alexandre se penche en avant et vise la victime, un geste que le prince héritier de Suède Bernadotte salue avec enthousiasme. Enfin, on voit Louis XVIII (devant à gauche) qui avait été chassé par le retour de Napoléon; il marche à l'aide de béquilles et tente d'ajouter son grain de sel en lançant, de sa jambe de goutteux, un coup de pied symbolique.

Monkey's Allowance More Kicks than Dumplings
To the right in this scene, the host Holland – the pipe-smoking chubby little figure with a cone-shaped hat – enjoys watching «a farce performed with great éclat at the National Theatre in the Netherlands». In this rendition of Waterloo, the allies give the defenceless – his hands are tied behind his back – little Napoleon his due for the battle of Waterloo by awarding him kicks; they justify this retaliation in verses parodying an aria (no. 8, Act III) taken from a comic opera – «Midas» – composed for Wellington's father by the Dubliner Kane O'Hara. To Napoleon's right, Wellington leads the orderly numbered «chorus», thus eliciting a reply from Frederick William of Prussia (to Napoleon's rear). Blücher (to the left of the target figure) declares he'll «have a thump although he's so plump», while the Emperor Francis (behind Wellington) wants to make a «woundy racket» or, as Holland terms it, «to ramp and swear». Behind Blücher's back, Tsar Alexander leans forward as if to tug at the victim, a measure enthusiastically approved by Crown Prince Bernadotte (to the left). And, finally, Louis XVIII, who had fled upon Napoleon's return, can have his say in the matter as well: appearing on crutches, he attempts to give him a symbolic kick with his gout-infested foot.

La razione della scimmia: più calci che bocconcini
A destra un'Olanda grassottella, con cappello a cono e pipa in bocca, guarda contenta la «farsa eseguita con grande sfarzo al teatro nazionale nei Paesi Bassi»: presso Waterloo gli alleati assestano a un Napoleone piccolo e inerme, con le mani legate dietro la schiena, la debita dose di calci nel sedere. La loro vendetta è commentata in versi che parodiano l'ottava aria del terz'atto di *Midas*, opera buffa composta dal dublinese Kane O'Hara per il padre di Wellington. A destra di Napoleone, Wellington stesso dirige il «coro» numerato; gli risponde (seminascosto dal povero protagonista) Federico Guglielmo di Prussia. Blücher (a sinistra di Napoleone) richiama l'attenzione sulla pinguedine della vit-

tima; l'imperatore Francesco (dietro Wellington) vuole fare un baccano tremendo («smaniare e imprecare», come dice l'Olanda). Alle spalle di Blücher, lo zar Alessandro si china in avanti per infierire, suscitando l'entusiasmo del principe ereditario svedese Bernadotte (all'estrema sinistra); ora anche Luigi XVIII, fuggito all'inizio dei Cento Giorni (a sinistra in primo piano, con le stampelle), può intervenire accennando – nonostante la gotta – una simbolica pedata.

Lit.: Ash S. 410; BM IX 12559; Br I S. 387, II App. A 580; GC 347.

148
The Ballace of Power!!!
unter dem Bildfeld Vierzeiler
It appears very clear, that by Boney's Decree – / He conceives from their bondage all slaves should be free; / Take the Hint then, all Frenchmen from the Tyrant who Reigns / And united, burst forth from your Slavery & Chains! –
o. r. *LIBERTY*
u. r. *Justice PIETY TRUTH / we shall soon see whose got most weight / RUSSIA PRUSSIA AUSTRIA SWEEDEN HOLLAND ENGLAND / ENGLAND*
u. l. *Plunder / FRANCE / PARIS in a blaze / Sin Death & the Devil / DECREE for the Abolition of the SLAVE TRADE*
sign. u. l. *G H· Del·* (George Humphrey); William Heath fec.
bez. dat. u. r. *Pub 25 June 1815 by S Knight Sweetings Ally Cornhill*
Radierung, koloriert
352 × 250 mm (408 × 264 mm)
Sammlung Herzog von Berry
1980.333.

Die Waage der Macht
Aus Gewitterwolken ragt Gottes Arm mit der symbolischen Balkenwaage (vgl. Kat. Nr. 15). In der rechten, schwereren Waagschale steht Ludwig XVIII. mit dem französischen Lilienschild und die auf seine Schulter gestützten Allegorien der Wahrheit (mit nacktem Oberkörper und Spiegel) und der Gerechtigkeit (mit Schwert und einer Waage: in einer Waagschale ruhen Szepter und Krone, von der anderen fallen Kerkerketten und die Jakobinermütze). Darüber sitzt die Friedenstaube auf dem Waagbalken. Diese Schale der «Gerechtigkeit, Gottesfurcht und Wahrheit», wird vom Gewicht der verbündeten Staaten (Inschriften) nach unten gezogen. Auf die linke, leichtere Waagschale von «Sünde, Tod und Teufel», an der das Gewicht des «Raubs» und eine Eisenkette hängen, fahren Blitze nieder. In der Schale befinden sich der Tod (mit Pfeil und Kanonenkugeln), der Teufel (mit Schlangenhaaren) und Napoleon (mit Schlangenleib und Dolch), um dessen Hals ein «Dekret zur Abschaffung des Sklavenhandels» hängt. Im Hintergrund kommt im rechten Bildteil die Sonne der Freiheit aus einer Wolke, und an der englischen Küste preist John Bull das Übergewicht der Alliierten. Links des von Schiffen befahrenen Ärmelkanals steht hingegen am Horizont Paris in Flammen. Das Spottgedicht fordert die Franzosen auf, Napoleons Erlass gegen die Sklaverei (29. März 1815) in die Tat umzusetzen, indem sie sich selbst vom Tyrannenjoch befreien.

La balance du pouvoir
Le ciel est orageux. Le bras de Dieu surgit des nuages, il porte une balance symbolique (cf. n°. cat. 15). Dans le bassin droite de la balance, le plus lourd, se tient Louis XVIII avec l'écu de France fleurdelisé et, appuyées à son épaule, les deux allégories de la vérité (le buste dénudé et tenant un miroir) et de la justice (avec le glaive et la balance: dans l'un des bassins reposent le sceptre et la couronne, de l'autre tombent le bonnet jacobin et des chaînes de cachot). Au-dessus est assise la colombe de la paix. Ce bassin «de la justice, de la piété et de la vérité» est alourdi par le poids des Etats alliés (inscriptions). Des éclairs assaillent le bassin de gauche, le plus léger – désigné comme celui «du péché, de la mort et du démon»; des chaînes de fer et le poids de la «rapine» y sont suspendus. Dans le bassin, on aperçoit la mort (avec une flèche et des boulets de canon), le diable (avec des serpents en guise de chevelure) et Napoléon (avec un corps de reptile et un poignard); à son cou pend un «décret pour l'abolition de la traite des esclaves». A l'arrière-plan, sur la partie droite de l'illustration, le soleil de la liberté jaillit d'un nuage; sur la côte anglaise, John Bull acclame la supériorité des alliés. A l'horizon, à gauche du canal de la Manche où croisent des navires, apparaît Paris en flammes. Le poème satirique demande aux Français de traduire en actes l'édit de Napoléon contre l'esclavage (29 mars 1815), en se libérant eux-mêmes du joug du tyran.

The Balance of Power
Piercing through the storm clouds, God's arm holds out a symbolic beam scale (cf. cat. no. 15). Its heavier tray, to the right, holds Louis XVIII with the French lily emblem and, leaning against his shoulders, the allegories for respectively Truth (naked torso and mirror) and Justice (sword and scales: one tray bears a sceptre and crown, and prison chains and Jacobin caps spill out from the other). This tray – marked «Justice, Piety, Truth» – is topped by a dove of peace perched on the scale beam; it is weighted down by the allied states (as listed). The left and lighter tray, which is labelled «Sin, Death and the Devil», and is weighted down by plunder, brims over with an iron chain; lightning strikes down upon it. Death is portrayed with his arrow and cannon balls, the Devil with snake hair, and Napoleon (hanging as a snake body and holding a dagger) with «a decree for the abolition of the slave trade» around his neck. In the background to the right, the sun of freedom peeks out from behind a cloud; on the English coast, John Bull is praising the excess weight lending predominance to the allies. By way of contrast, along the horizon to the left of the English Channel spotted with sailing vessels, we see Paris in flames. The satiric verse exhorts Frenchmen to take advantage of the promised freedom from bondage for slaves (29 March 1815) to free themselves from their bondage to the reigning tyrant.

La bilancia del potere
Da nubi temporalesche spunta il braccio di Dio con la simbolica bilancia (cfr. n° cat. 15). Nel piatto di destra

(«giustizia, timor di Dio e verità»), più pesante perché tirato verso il basso da un peso coi nomi degli Stati alleati, stanno Luigi XVIII (con scudo gigliato francese) e, appoggiate alle sue spalle, la Verità (a busto nudo, con specchio) e la Giustizia (con la spada e una bilancia più piccola, un piattello della quale reca lo scettro e la corona, mentre dall'altro cadono catene da prigioniero e un berretto frigio). Il piatto di sinistra («peccato, morte e diavolo»), da cui pendono una grossa catena e il peso del «saccheggio», è più leggero e preso di mira dai fulmini; al suo interno appaiono la Morte (con freccia e palle di cannone), il diavolo (anguicrinito) e Napoleone (con corpo di serpente, un pugnale e al collo un «decreto per l'abolizione del commercio di schiavi»). Sullo sfondo, a destra spunta da una nube il sole della libertà, mentre sulla costa inglese John Bull decanta il peso superiore degli alleati; a sinistra, oltre una Manica solcata da navi, appare invece all'orizzonte Parigi in fiamme. La poesiola beffarda invita i francesi a tradurre in pratica il decreto napoleonico contro la schiavitù (29 marzo 1815) liberandosi dal giogo del tiranno.

Lit.: BM IX 12558; Br II App. A 37.

149
Boney in a Stew!! –
o.l. *He ought not to grumble since we have given him, such a warm Reception.*
o.M. *Begar I do'nt like dis warm Situation.*
o.r. *He was, discontented, with a Cold Recep-tion; and he is displeased with a warm, one; D – n him he is never content.*
u.M. *WATERLOO*
sign. u.l. *Marks Del.* (Lewis Marks)
Juni/Juli 1815
bez. u.r. *Pub^d. by S Knight Sweeting Alley*
Radierung, koloriert; Typographie
246×350 mm (280×436 mm)
Sammlung Herzog von Berry
1980.255.

Boney im Eintopf
Gestalterisch anspruchsloser, bedient sich Marks' Karikatur der gleichen Metapher für das Ende von Napoleons Kaiserreich wie die Kat. Nrn. 171 und 186: Napoleon (oder sein Heer) wird von den Siegermächten gekocht oder gebacken. Im vorliegenden Fall präsentieren Feldmarschall Blücher (links) und General Wellington (rechts) einen dampfenden Kessel. Auf den von französischen Adlerstandarten genährten Flammen von Waterloo schmort ein Eintopf mit Napoleon als Fleischeinlage. Der geschlagene Feldherr ragt zur Hälfte aus dem Dampf und protestiert lautstark gegen seine «warme Lage». Die beiden «Köche» kalauern über den «warmen Empfang», den sie ihm in Belgien bereitet haben und über den kalten in Russland drei Jahre zuvor (Kat. Nrn. 44, 104). Zu Napoleons Dilemma zwischen Hitze und Kälte vgl. Kat. Nr. 370.

Boney à la casserole
Dénuée d'originalité, la caricature de Marks recourt à la même métaphore que les n^{os}. cat. 171 et 186, pour dépeindre la fin de l'Empire: Napoléon ou son armée sont cuits (ou rôtis) par les vainqueurs. Dans le cas présent, le feld-maréchal Blücher (à gauche) et le général Wellington (à droite) montrent un chaudron fumant de vapeur. Sur les flammes de Waterloo, nourries par les étendards français aux aigles impériales, frémit un bouillon dans lequel Napoléon fait office de viande. Le généralissime vaincu se dresse au-dessus de la vapeur et proteste à haute voix contre sa «chaude situation». Les deux «cuisiniers» font des calembours à propos de la «chaleureuse réception» qu'ils lui ont réservée en Belgique et de l'accueil «glacial» qu'il a reçu en Russie trois ans auparavant (n^{os} cat. 44, 104). En ce qui concerne le dilemme de Napoléon, qui doit choisir entre le chaud et le froid, cf. n°. cat. 370.

Boney in a Stew
This cartoon by Lewis Mark is a rather more modest composition than those of cat. nos. 171 and 186 presenting the same metaphor to represent the end of Napoleon's imperial reign, namely: Napoleon (or his army) being cooked by the victorious powers. Here, Field Marshal Blücher (left) and General Wellington (right) accomplish the job using a steam cauldron. Over a fire fueled by the French eagle standards of Waterloo, simmers a stew whose meat content is no other than Napoleon. The defeated general rises up halfway out of the steam to stridently protest against his «warm situation» – a pun in turn taken up by the two cooks who joke over his discontent «with a cold reception» – alluding to Russia three years ago (cat. nos. 44 and 104) – and his displeasure «with a warm one», that is, of course, Belgium. With respect to Napoleon's dilemma between hot and cold, see cat. no. 370.

Boney nello stufato
Senza pretese sul piano compositivo, questa caricatura di Marks sfrutta per la fine dell'Impero francese la stessa metafora dei nⁱ cat. 171 e 186: Napoleone (o il suo esercito) lessato o cotto al forno dalle potenze vincitrici. Qui il feldmaresciallo Blücher (a sinistra) e il generale Wellington (a destra) presentano un calderone fumante: sulle fiamme di Waterloo, alimentate da aquile legionarie francesi, sta cuocendo uno stufato in cui la carne è quella di Napoleone. L'imperatore sconfitto, che spunta a metà dal vapore, protesta vivamente contro la sua «situazione calda»; i due «cuochi» si scambiano facezie sulla «calda accoglienza» che gli hanno preparato in Belgio e su quella «fredda» riservatagli dai russi tre anni prima (cfr. nⁱ cat. 44 e 104). Sul dilemma di Napoleone tra il caldo e il freddo, cfr. n° cat. 370.

Lit.: BN V 9590; Br I Ftf. S. 386, 388, II App. A 97; GC 349 (Abb.).

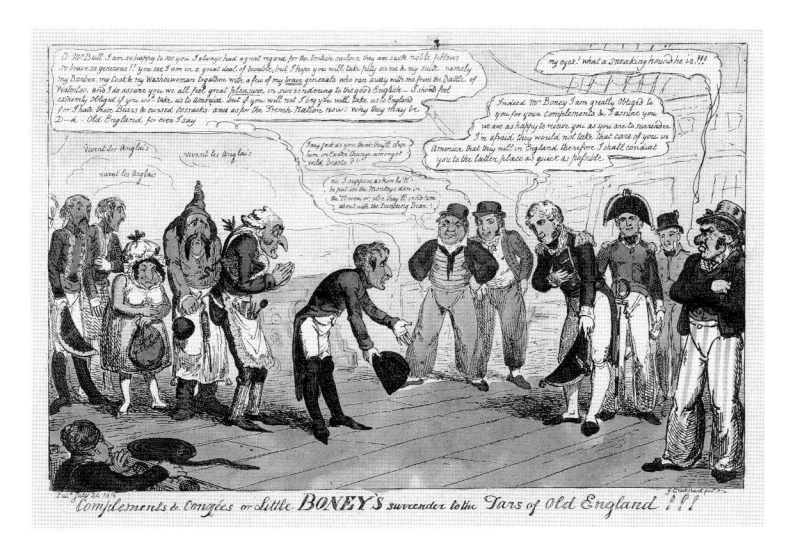

150
Complements & Congées or Little BONEY'S surrender to the Tars of Old England!!!
o.l. O M.' Bull I am so happy to see you I always had a great regard for the British sailors, they are such noble fellows so brave so generous!! you see I am in a great deal of trouble, but I hope you will take pity on me & my suite. namely my Barber, my Cook & my Washerwoman together with a few of my brave generals who ran away with me from the Battle of Waterloo, and I do assure you we all feel great pleasure in surrendering to the good English – I should feel extremly obliged if you wo^d take us to America – but if you will not I beg you will take us to England for I hate those Bears & cursed Cossacks. and as for the French Nation now: why they may be D – d – Old England for ever I say / vivent les Anglais [dreimal]
o.M. I say Jack do you think they'll clap him in Exeter' Change amongst wild Beasts?!! / no. I suppose as how he'll be put in the Monkeys den in the Tower. or, else they'll send him about with the Danceing Bear!
o.r. Indeed M.' Boney I am greatly Obliged to you for your Complements & I assure you we are as happy to receive you as you are to surrender I'm afraid they would not take that care of you in America that they will in England therefore I shall conduct you to the latter place as quick as possible / my eyes! what a Sneaking hound he is!!!
u.l. le Linge de l' Empereur
sign. u. r. G. Cruikshank fec^t
dat. u. l. Pub^d July 24 1815
bei J. Johnston, Cheapside (London)
Radierung, koloriert
250×350 mm (302×487 mm)
Sammlung Herzog von Berry
1980.335.

Schmeicheleien und Verbeugungen, oder Klein-Boney ergibt sich den Seeleuten des guten alten Englands
Unterwürfig, mit Tränen in den Augen betritt Napoleon mit seinen Begleitern – einem Barbier, einem Koch, einer Waschfrau mit «des Kaisers Wäsche» und den «tapferen Generälen» Bertrand, Montholon und Gourgaud – das britische Schiff «Bellerophon». Er ergibt sich mit «grossem Vergnügen» den Engländern, die sein Gefolge hochleben lässt, überhäuft Kapitän Maitland und seine Mannschaft mit Schmeicheleien und drückt seine Wertschätzung der englischen Nation gegenüber aus. Die französische Nation könne der Teufel holen. Er bittet, nach Amerika oder England mitgenommen und nur ja nicht den Russen ausgeliefert zu werden. Die Komplimente gibt Maitland diplomatisch, aber hochironisch zurück und versichert, ihn schnellstmöglich nach England zu bringen, da man sich in Amerika weniger «seiner annehmen» würde. Nur die Matrosen reden Klartext; sie vertreten die Stimme des englischen Volkes. Schadenfroh rätseln sie, ob man Napoleon zu den wilden Tieren sperren (vgl. Kat. Nr. 424), in den Affenkäfig im Tower werfen oder gar mit Tanzbären zusammen herumreisen lassen werde (vgl. Kat. Nr. 151). Der Seemann ganz rechts entsetzt sich über Napoleons Kriecherei. In Wirklichkeit verlief die Einschiffung am 15. Juli 1815 ohne jede Ehrerbietung. Mit den Worten «Ich stelle mich unter den Schutz Eures Fürsten und Eurer Gesetze» drückte Napoleon damals den Wunsch nach einem Asyl in England aus, auf den man nicht eintrat.

Compliments et révérences ou la reddition du petit Boney aux loups de mer de la vieille Angleterre
Soumis, les yeux pleins de larmes, Napoléon monte sur le navire anglais «Bellerophon»; il est accompagné d'un barbier, d'un cuisinier, d'une lavandière portant le «linge de l'empereur», ainsi que des «braves généraux» Bertrand, Montholon et Gourgaud. Il se rend avec «grand plaisir» aux Anglais, que sa suite acclame; il couvre de flatteries le capitaine Maitland et son équipage et exprime son admiration pour la nation anglaise. La nation française peut aller au diable. Il demande qu'on le livre aux Américains ou aux Britanniques, mais surtout pas aux Russes. Le capitaine Maitland réplique avec diplomatie, mais non sans une mordante ironie, et lui promet de l'emmener au plus vite en Angleterre, parce que l'Amérique ne saurait pas «prendre soin de lui». Seuls les matelots s'expriment avec franchise; ils font entendre la voix du peuple anglais. Malicieux, ils se demandent si l'on va enfermer l'empereur avec les bêtes sauvages (cf. n°. cat. 424), l'enfermer dans la cage aux singes de la Tour de Londres ou l'envoyer parmi les ours dansants (cf. n°. cat. 151). Le marin tout à droite s'indigne de la servilité de Napoléon. En réalité, l'embarquement se déroula le 15 juillet 1815, sans le moindre témoignage de respect. «Je suis venu me placer sous la protection de votre prince et de vos lois.» C'est avec ces mots que Napoléon exprima son désir de trouver asile en Angleterre, vœu sur lequel on n'entra pas en matière.

Compliments and Reverences or Little Boney's Surrender to the Tars of Old England
With teary eyes and obsequious manners, Napoleon has just embarked on the British ship «Bellerophon», accompanied by a barber, a cook, a washerwoman (carrying «the Emperor's laundry»), and the «brave generals» Bertrand, Montholon, and Gourgaud. He surrenders to the English «with great pleasure» – «Long live the English» he even cheers – and smothers Captain Maitland and his crew with flatteries, declaring how highly he holds the English in esteem. As to the French: they «may be damned!» He requests refuge in America or England, anywhere but – God forbid – Russia. Maitland returns his compliments diplomatically but highly ironically, assuring him that he will be taken to England as soon as possible, since America would «not be of care to you». Only the sailors speak out their minds, thus representing the English people. They gloat while speculating whether Napoleon is to be caged «amongst wild beasts» (cf. cat. no. 424), put in with the monkeys in the Tower, or even sent about «with the dancing bear» (cf. cat. no. 151). The sailor all the way to the right is appalled at his toadying. In actual fact, Napoleon's embarcation on 15 July 1815 took place without the least show of deference. «I have come to place myself under the protection of your Prince and your laws» were the words Napoleon used in the hopes of being exiled to England, an option that never came into question.

Complimenti e cerimonie, ovvero resa di Little Boney ai marinai della vecchia Inghilterra
Accompagnato da un barbiere, un cuoco, una lavandaia (con la «biancheria dell'imperatore») e i «valorosi generali» Bertrand, Montholon e Gourgaud, un Napoleone ossequioso e con le lacrime agli occhi sale sulla nave britannica *Bellerophon* e si consegna con «grande piacere» agli inglesi, al cui indirizzo il suo seguito lancia grida d'evviva. Ricolmando di complimenti il capitano Maitland e il suo equipaggio, egli esprime apprezzamento per la nazione inglese, manda al diavolo la Francia e chiede di essere portato in America o in Inghilterra ma non consegnato ai russi; Maitland ricambia i complimenti con diplomazia ma con fine ironia, assicurando che lo porterà al più presto in Inghilterra… perché l'America non si prenderebbe «altrettanta cura» di lui. Solo

151
A RARE ACQUISITION TO THE ROYAL MENAGERIE.
dahinter *A Present from Waterloo by / Marshalls Wellington & Blucher.*
o. l. *Just Caught a Ferocius Animal never Exhibited before in this Country commonly call'd the Corsican Tyger or Man destroyer to be seen for a short time for Two Pence a Piece / I am DOCTOR [L]EAKE at your Service*
o. r. *Once more my Dear Megg of Wapping We have got him under the Hatches and shiver my Timbers the only way to secure him is to send him to Dock Head. / BELLEREPH[ON] / I'll Dock Head and Dock Tail him – Ill cutt off his Ears Ill cut of his – – – I'll make a Singing Bird of him – / Mort de ma Vie – Dat be one Cossack in Petticoats She will soon skin and Bone-me*
u. r. *BULL D[OG]*
Thomas Rowlandson
bez. dat. u. l. *Pub.d July 28th. 1815 by R. Ackermann. No. 101 Strand* –
Radierung, koloriert
247 × 350 mm (303 × 475 mm)
Sammlung Herzog von Berry
1980.251. (Doublette 1980.308.)

Eine seltene Erwerbung für die königliche Menagerie
Am 15. Juli 1815 ging Napoleon an Bord der «Bellerophon» – und war damit in der Hand der Briten. Deshalb wird er hier mit Narrenkappe im auf einen Eselskarren geladenen Vogelkäfig präsentiert. Diese «seltene Bereicherung für die königliche Tierschau» ist ein Geschenk der Heerführer Wellington und Blücher aus Waterloo. Jetzt wird das «nie zuvor in diesem Land ausgestellte wilde Tier, gewöhnlich der Korsische Tiger oder Menschenvernichter genannt», vom Schausteller (links) dem Publikum vorgeführt. Neben ihm stösst ein Junge ins Horn, um die Leute aufmerksam zu machen. Die Umstehenden reagieren unterschiedlich: Manche glotzen, wenige lachen, die meisten drücken Abscheu oder Hass aus; die Kinder zeigen Napoleon die Zunge oder wollen ihn bewerfen. Die Bulldogge Englands verbellt ihn, und der auf der «Bellerophon» dienende Seemann (Inschrift Hut) will ihn endgültig verwahren – in Dock-Head (Hinrichtungsstätte für Piraten). Mit einem Wortspiel bringt die Frau ganz rechts ihren Hass zum Ausdruck: Sie will dem Tier mit der Schere Kopf und Schwanz stutzen («Dock Head and Dock Tail») und aus ihm einen harmlosen Singvogel machen.

Une acquisition rare pour la ménagerie royale
Le 15 juillet 1815, Napoléon monta à bord du «Bellerophon» et se retrouva prisonnier des Britanniques. C'est pourquoi il est présenté ici coiffé d'un bonnet de bouffon et enfermé dans une cage à oiseaux tirée par un attelage d'ânes. Cette «acquisition rare pour la ménagerie royale» est un cadeau des généraux Wellington et Blücher après Waterloo. Le «sauvage animal, jamais exposé auparavant dans ce pays, communément appelé le tigre corse ou le destructeur d'hommes» est présenté au public par un forain (à gauche). A côté de lui, un jeune homme souffle dans un cor pour attirer l'attention de la foule. Les badauds ont diverses réactions: certains ouvrent de grands yeux, d'autres rient, la plupart expriment le dégoût ou la haine. Les enfants tirent la langue à Napoléon ou font mine de lui jeter quelque objet à la tête. Le bouledogue d'Angleterre l'aboie, et le marin servant sur le «Bellerophon» (inscription sur son chapeau) veut l'envoyer sans retour à Dock-Head (lieu d'exécution des pirates). Une femme (à droite) manifeste sa haine par un jeu de mots: à l'aide de ses ciseaux, elle aimerait lui raccourcir la tête et la queue («Dock Head and Dock Tail») afin de le transformer en oiseau chanteur inoffensif.

A Rare Acquisition to the Royal Menagerie
When Napoleon set foot on the «Bellerophon» on 15 July 1815, he in effect turned himself over to the British. The event inspired a depiction of him wearing a fool's cap and confined to a cage atop a donkey cart. This «rare acquisition to the royal menagerie» – a gift of Marshals Wellington and Blücher from Waterloo – is being presented by a showman (left) as a «ferocious animal never exhibited before in this country […] called the Corsican tiger or man destroyer», while a boy next to him calls attention to the event by blowing on a horn. The curious onlookers react diversely: some gloat, a few laugh, and most show disgust and hate. The children stick out their tongues at him or seek to pelt him. The English bulldog barks at him, and a sailor belonging to the «Bellerophon» crew (as his hat is inscribed) opines «the only way to secure him is to send him to dock head», meaning the execution site for pirates. A woman all the way to the right expands on this pun : «I'll dock head and dock tail him» and thus turn him into a mere «singing bird».

Acquisto raro per il serraglio reale
Poiché il 15 luglio 1815 Napoleone salì a bordo della nave *Bellerophon*, consegnandosi agli inglesi, questa stampa lo mostra col berretto da buffone in un carro-voliera trainato da somari: l'«acquisto raro per il serraglio reale» è un dono di Wellington e Blücher (i due comandanti militari di Waterloo), che ora l'espositore (a sinistra) può presentare al pubblico come «animale feroce mai esibito in questo paese, detto comunemente tigre còrsa o distruttore di uomini». All'estrema sinistra un giovane suona il corno per richiamare l'attenzione degli astanti, che reagiscono in modi diversi: qualcuno fa tanto d'occhi, pochi ridono, molti esprimono odio o ribrezzo, i bimbi mostrano la lingua al prigio-

i marinai, che rappresentano la voce del popolo inglese, parlano chiaro e si domandano con gioia maligna se Napoleone verrà rinchiuso con le belve (cfr. n° cat. 424), assegnato alla gabbia delle scimmie nella Torre di Londra o magari portato in giro insieme all'orso ballerino (cfr. n° cat. 151); quello all'estrema destra è sconcertato dal servilismo dell'ex monarca. Il 15 luglio 1815, in realtà, al nuovo imbarcato non vennero resi neppure gli onori; con le parole «Sono venuto a pormi sotto la protezione del vostro principe e delle vostre leggi», Napoleone espresse il desiderio (poi non esaudito) di venire accolto in Inghilterra.

Lit.: Ash S. 413f. (Det.); BM IX 12579; Br II S. 1f., App. A 189; GC 354.

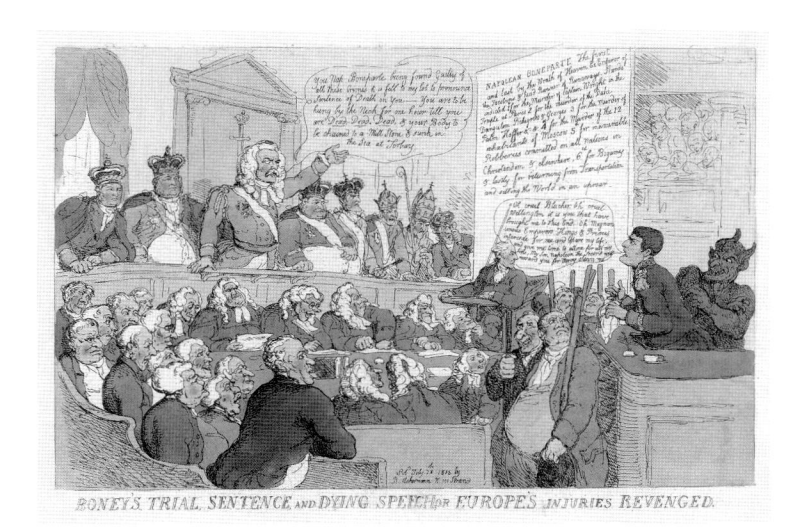

niero o vogliono promuoverlo a bersaglio. Il bulldog dell'Inghilterra gli abbaia contro, mentre il marinaio della *Bellerophon* (con scritta sul cappello) intende metterlo al sicuro definitivamente… a Dock-Head (ove venivano giustiziati i pirati). La donna all'estrema destra sfoga il suo odio per Napoleone in un gioco di parole: con le forbici vuole «mozzargli la testa e la coda» (*dock head and dock tail him*), riducendolo a uccello canoro inoffensivo.

Lit.: Br II S. 3, App. A 745; GC 355.

152
BONEY'S TRIAL, SENTENCE, AND DYING SPEECH; OR EUROPE'S INJURIES REVENGED.
o. M. *You Nap Boneparte being found Guilty of all these Crimes it is fell to my lot to pronounce Sentence of Death on You – You are to be hung by the Neck for one hour till you are Dead, Dead. Dead, & your Body to be chained to a Mill Stone & sunk in the Sea at Torbay*
o. r. *NAPOLEAN BONEPARTE The first and last by the Wrath of Heaven Ex Emperor of the Jacobins & head Runner of Runaways. Stands indicted 1st for the Murder of Captain Wright in the Temple at Paris 2^{d} for the murder of the Duke Dangulem Pichegrew & Georges 3 for the Murder of Palm Hoffer &. &. 4th for the Murder of the 12 inhabitants of Moscow 5th for inumerable Robberies committed on all Nations in Christendom & elsewhere, 6th for Bigamy & lastly for returning from Transportation and setting the World in an uproar – / «Oh cruel Blucher, Oh' cruel Wellington it is you that have brought me to this End. Oh Magnan imous Emperors Kings & Princes intercede for me and spare my life; and give me time to attone for all my Sins, My Son Napoleon the Second will reward you for Mercy. shewn me*
Thomas Rowlandson
bez. dat. u. M. *Pub^{d} July. 28th 1815 by R. Ackermann N° 101 Strand*
Radierung, koloriert
248×348 mm (295×480 mm)
Sammlung Herzog von Berry
1980.336.

Boneys Prozess, Urteil und letzte Worte oder Europas Verletzungen sind gerächt
Nach seiner zweiten Abdankung wird Napoleon – wenn auch bloss in der Karikatur – vor Gericht gestellt: Umringt vom Publikum, das auch die Galerie im Hintergrund füllt, nimmt er auf der Anklagebank sein Urteil entgegen. Das hohe Gericht setzt sich aus den Souveränen Europas und dem Papst zusammen; den Vorsitz hat Blücher, der «den Ex-Kaiser der Jakobiner und Frontläufer der Deserteure» (vgl. Kat. Nr. 60) aller Verbrechen für schuldig erklärt, welche die Anklagetafel rechts im Bild nennt: Morde (an Wright, vgl. Kat. Nr. 97; «Angoulême» – irrtümlich für «Enghien» –, vgl. Kat. Nr. 201; Pichegru und Georges Cadoudal, vgl. Kat. Nr. 103; Palm und Hofer, vgl. Kat. Nr. 319; usw.), internationale Raubzüge, Bigamie, Rückkehr aus der Verbannung und Bruch des Weltfriedens. Dafür soll er gehängt und bei Torbay (wo er am 7. August 1815 auf das Schiff mit Kurs auf Sankt Helena überführt wurde) sein Körper im Meer versenkt werden. Weinerlich bezichtigt der Verurteilte, hinter dem der Teufel als Verteidiger steht, Blücher und Wellington der Grausamkeit und fleht den «grossmütigen» Fürsten um Gnade an, die ihnen sein Sohn, «Napoleon der Zweite», vergelten werde. Blücher hatte damals versprochen, Napoleon zu erschiessen (Presser S. 809).

Procès, condamnation et dernières paroles de Boney ou les blessures de l'Europe vengées
Après sa seconde abdication, Napoléon passe en jugement – dans la caricature uniquement. Entouré du public, qui occupe également la galerie à l'arrière-plan, il se retrouve sur le banc des accusés. Ce tribunal de grande instance se compose des souverains européens et du Pape; la présidence en est assurée par Blücher, qui déclare «l'ancien empereur des jacobins et meneur des déserteurs» (cf. n°. cat. 60) coupable de tous les crimes énumérés par le tableau d'accusation à droite de l'image: de meurtres (de Wright, cf. n°. cat. 97; «d'Angoulême» – mis par erreur pour «d'Enghien» –, cf. n°. cat. 201; de Pichegru et de Georges Cadoudal, cf. n°. cat. 103; de Palm et de Hofer, cf. n°. cat. 319; etc.), de razzias, de bigamie, de retour d'exil et de violation de la paix mondiale. Pour ces crimes, il sera pendu et son corps immergé à Torbay (où il fut embarqué le 7 août 1815 dans un bateau faisant route pour Sainte-Hélène). Le condamné, derrière lequel se tient le diable en guise de défenseur, pleurniche et accuse Blücher et Wellington de cruauté; il implore la clémence des «magnanimes» princes, que son fils «Napoléon le Second» saura récompenser pour leur pitié. A l'époque, Blücher promit ouvertement de fusiller Napoléon (Presser p. 809).

Boney's Trial, Sentence and Dying Speech or Europe's Injuries Revenged
After abdicating a second time round, Napoleon stands in the dock, if only in this cartoon: in a packed courtroom – even the back galleries are full – he now hears his sentence. The high court consists of Europe's sovereigns and the Pope, with Blücher as court president. The latter declares the «Ex-Emperor of the Jacobins and head runner of runaways» (cf. cat. no. 60) guilty of all the crimes listed on the panel to the right: murder (of Wright, cf. cat. no. 97; «Angoulême» – mistaken spelling for «Enghien», cf. cat. no. 201; Pichegru and Georges Cadoudal, cf. cat. no. 103; Palm and Hofer, cf. cat. no. 319, etc.), robbery, bigamy, returning from exile, and shattering world peace. For these crimes he is sentenced to the gallows and his body is to be «sunk in the sea at Torbay» where, on 7 August 1815, he was transported by ship to Saint Helena. Tearfully, the accused, whose defender the Devil stands behind him, reproaches Blücher and Wellington for their cruelty, and implores mercy of the «magnanimous Emperors, Kings and Princes», promising they will be rewarded by his son «Napoleon the Second». At the time, Blücher apparently swore to shoot Napoleon (Presser, p. 809).

153

Processo, sentenza e ultimo discorso di Napoleone, ovvero i danni all'Europa vendicati
Anche se solo in caricatura, dopo la seconda abdicazione Napoleone finisce sotto processo; sul banco degli accusati, circondato da un pubblico che riempie anche il loggione sullo sfondo, egli ascolta il verdetto dell'alta corte, composta dai sovrani europei e dal pontefice. Il presidente del tribunale, Blücher, dichiara l'«ex imperatore dei giacobini e capocorriere dei disertori» (cfr. n° cat. 60) colpevole di tutti i reati attribuitigli dal pannello sulla destra: assassinio di Wright (cfr. n° cat. 97), del duca d'Angoulême (erroneo per «d'Enghien», cfr. n° cat. 201), di Pichegru e di Georges Cadoudal (cfr. n° cat. 103), di Palm e di Hofer (cfr. n° cat. 319) ecc., razzie internazionali, bigamia, ritorno dall'esilio e rottura della pace mondiale. Per tali reati egli sarà impiccato; il suo corpo verrà gettato a mare presso Torbay (ove il 7 agosto 1815, in realtà, Napoleone fu trasbordato sulla nave diretta a Sant'Elena). Il condannato piagnucolante, dietro cui appare come difensore il diavolo, accusa di crudeltà Blücher e Wellington, implorando la pietà di quei sovrani «magnanimi» e dicendo che suo figlio, «Napoleone II», saprà ricompensarla. Blücher, a quanto sembra, aveva promesso di far fucilare lo sconfitto (Presser p. 809).

Lit.: Ash S. 419f.; BM IX 12580; BN V 9745; Br II S. 3f., App. A 119.

BONEY'S meditations on the Island of St Helena – – or – / The Devil addressing the SUN.
dahinter *Paradise Lost Book IV*, o.l. *To thee I call – But with no friendly voice, & add thy name – G – P – R^t.!. to tell thee how I hate thy beams, that bring to my remembrance from what state I fell &ct*
o.r. *Alexander / Fred^k William / Francis / William Ist of Orange / Wellington / Blucher. / Hill / Beresford / Anglesea / […] lo!*
sign. u.r. *GH inv^t* (George Humphrey) *G Cruikshank fec^t*
bez. dat. u.l. *Pub^d. August 1815 by H Humphrey St James's S^{tr}*
Radierung, koloriert
365×265 mm (488×302 mm)
Sammlung Herzog von Berry 1980.337.

Boney meditiert auf der Insel Sankt Helena oder der Teufel wendet sich an die Sonne
Napoleon im Exil mit dem Schicksal hadern zu lassen, liebten die englischen Karikaturisten schon 1814. Wie der Koloss von Rhodos steht er auf den Felsen der Bucht von Jamestown – allerdings als geflügelter Teufel mit Bocksfüssen, Hörnern, Zweispitz, kaputtem Waffenrock und trikolorem Schultertuch. Vor Gewitterwolken hebt er den finsteren Blick zur Sonne und schwört in Miltons Versen dem siegreichen Feind feuerspeiend ewigen Hass: Ihre Strahlen mit den Namen der alliierten Fürsten und der Heerführer von Waterloo erinnern ihn an seinen Sturz. Die Sonnenscheibe ist ein mit den drei weissen Federn des Kronprinzen verziertes Medaillon des britischen Prinzregenten George, der vor allem finanziell zum Sturz des Kaisers beigetragen hat. Titel und Bildidee sind einem Werk Gillrays von 1782 (BM V 6012) entlehnt. Nicht verwechselt werden darf das Blatt mit Lewis Marks' sehr ähnlicher Karikatur (Ash S. 428; BM IX 12611; Br II App. A 324; GC 359).

Les méditations de Boney sur l'île de Sainte-Hélène ou le diable s'adressant au soleil
En 1814 déjà, les caricaturistes anglais aimaient représenter Napoléon en exil, aux prises avec son destin. A l'instar du colosse de Rhodes, il se tient debout sur les rochers de la baie de Jamestown, tel un diable ailé et cornu, avec des pieds de bouc, un bicorne, une tunique déchirée et une cape tricolore. Debout devant des nuages lourds d'orage, il lève un regard sombre vers le soleil; empruntant les vers de Milton, il jure dans un trait de feu une haine éternelle envers ses ennemis victorieux: les rayons du soleil comportant les noms des princes alliés et du chef de l'armée de Waterloo, lui rappellent sa chute. Le globe solaire ne fait qu'un avec le médaillon, orné des trois plumes blanches de l'héritier de la couronne – du prince régent britannique George qui a contribué, financièrement surtout, au renversement de l'empereur. Le titre et l'idée de l'illustration sont empruntés à une œuvre de Gillray datant de 1782 (BM V 6012). Cette gravure ne doit pas être confondue avec celle très ressemblante de Lewis Mark (Ash p. 428; BM IX 12611; Br II app. A 324; GC 359).

Boney's Meditations on the Island of Saint Helena or the Devil Addressing the Sun
The theme of the exiled Napoleon quarreling with his fate became popular with English caricaturists beginning in 1814. Standing like the colossus of Rhodes on the cliffs forming the Jamestown Bay, he is portrayed as a winged devil with goat-feet, horns, a bicorne, torn tunic, and tricolour scarf. Starkly cut out against dark storm clouds, he casts a sinister look at the sun, quoting Milton to swear eternal hate at his victorious enemy: «How I hate thy beams, that bring to my remembrance from what state I fell,» he spurts forth in a flame of fire. The sun's rays bear the names of the allied leaders and army commanders at Waterloo; the disk itself is a medallion decorated with the three white feathers of the crown prince and bearing the portrait of the British Prince Regent George, who contributed to the Emperor's fall primarily through his financial support to the allies. The work's title and idea are borrowed from a 1782 work by Gillray (BM V 6012) and should not be confused with a most similar cartoon by Lewis Marks (Ash p. 428; BM IX 12611; Br II App. A 324; GC 359).

Meditazioni di Boney nell'isola di Sant'Elena, ovvero il diavolo che si rivolge al sole
Fin dal 1814 un tema favorito dei caricaturisti inglesi era Napoleone in esilio che alterca col proprio destino. Qui l'ex monarca è raffigurato come un colosso di Rodi ritto sulle rocce della baia di Jamestown, ma in veste di diavolo alato (con piedi e corna di caprone, bicorno, giubba lacera e mantellina tricolore). Su uno sfondo di nubi temporalesche, Napoleone alza lo sguardo torvo verso il sole, sputa fuoco e con versi di Milton giura odio eterno al nemico vittorioso, i cui raggi (coi nomi dei sovrani alleati e dei comandanti di Waterloo) gli ricordano la sua caduta. Il disco solare, su cui spiccano le tre penne bianche del principe ereditario, è un medaglione del reggente britannico Giorgio, che contribuì soprattutto finanziariamente al crollo di Napoleone. Titolo e soggetto si ispirano a una stampa di Gillray del 1782 (BM V 6012). L'opera non va confusa con una molto simile di Lewis Marks (Ash p. 428; BM IX 12611; Br II app. A 324; GC 359).

Lit.: Ash Abb. S. 429; BM IX 12593; Br II S. 6f., Tf. S. 10, App. A 114; Kat. H83 24.

154

NAPOLEON. / WHAT HE WAS. // WHAT HE IS.
u. l. *France Italy Holland Denmark Prussia Spain Austria Russia / St. Cloud / Times Was*
u. r. *Times Past / St. Helena.*
sign. u. l. *Marks fec!.* (Lewis Marks)
bez. u. r. *Pub!. by S. Knight*
1816
Radierung, koloriert
193 × 241 mm (222 × 300 mm)
Sammlung Herzog von Berry
1980.266.

Napoleon: Was er war, was er ist
Das zweigeteilte Bildfeld trennt Napoleons Figur in der Mitte durch: Im Palast von Saint-Cloud weist vom Thronsessel aus der bekrönte Kaiser in Galauniform und Reitstiefeln mit dem Szepter auf einen beschrifteten Globus, den Fuss auf einem Schädel; daneben liegt ein Kartenzirkel am Boden. Die rechte Bildhälfte präsentiert den grimmigen Verbannten in zerschlissener Uniform auf dem Felsen von Sankt Helena, von Vögeln umflogen, von einer Gewitterwolke bedroht und von britischen Schiffen überwacht. Was er war – der skrupellose Weltherrscher im Glanz seines Prunkes – und was er ist – der armselige Gefangene in der steinigen Einsamkeit – veranschaulicht eine einzige Figur. Vgl. Kat. Nr. 67.

Napoléon: Ce qu'il était, ce qu'il est
L'illustration est séparée en deux champs, qui partagent le personnage de Napoléon par le milieu: dans son palais de Saint-Cloud, assis sur un trône, en tenue d'apparat et portant des bottes de cavalier, l'empereur désigne de son sceptre un globe terrestre recouvert d'inscriptions géographiques; son pied repose sur un crâne en guise d'escabeau à côté duquel gît un compas. La moitié droite de l'image présente l'exilé en colère, assis sur les falaises de Sainte-Hélène et vêtu d'un uniforme en lambeaux; des oiseaux volettent autour de lui et l'orage menace; des navires anglais le surveillent. Une figure unique illustre à la fois ce qu'il était – le maître du monde, sans scrupules, dans l'éclat de sa gloire – et ce qu'il est – un misérable prisonnier, solitaire et environné de rochers. Cf. n°. cat. 67.

Napoleon – What He Was, What He Is
Napoleon is divided down the middle into «what he was, what he is». On the left side, enthroned at the Saint Cloud palace, he wears a crown, a gala uniform, and riding boots, and holds a sceptre to a globe inscribed with the countries under his dominion. On the floor, next to the skull he uses as a footstool, lie dividers. His right half is an enraged exile, with a uniform in tatters; he is seated on the rocks of Saint Helena, in a setting comprised of birds, a threatening storm cloud, and a British warship that has him under surveillance. Thus one and the same figure encompasses the unscrupulous world conqueror in all the glory and splendour that once were his, and the pathetic prisoner on the cliffs of St. Helena that he has now become. Cf. cat. no. 67.

Napoleone com'era e com'è
L'immagine è divisa in due in corrispondenza della figura di Napoleone. Nella metà sinistra l'imperatore (con corona, uniforme di gala e stivaloni) siede in trono nel palazzo di Saint-Cloud, usando un teschio come sgabello e indicando con lo scettro un mappamondo con nomi di paesi, accanto a un compasso da geografo; la parte destra mostra un esule truce e in divisa logora sulle rocce di Sant'Elena, sotto uccelli svolazzanti e minacciose nubi temporalesche, sorvegliato da navi britanniche. Un'unica figura riassume così il passato e il presente di Napoleone: il monarca universale senza scrupoli, circondato dallo sfarzo, ora è un povero prigioniero che vive isolato fra i sassi. Cfr. n° cat. 67.

Lit.: Kat. BB 62.

155

THE DEATH of BUONAPARTE. / the 5th of May 1821
o. l. *Please to take a snuff, before you go to the other woreld*
o. r. *Waterlo / Pray, let my Son know the Nature of my illness / To be sure, I shalldo so / God dam! – he dies!!!*
u. M. *moskou*
anonym, 1821
bez. u. M. *London Published by Smit. Strand n° 11*
Radierung, koloriert
230 × 286 mm (248 × 303 mm)
Sammlung Herzog von Berry
1980.267.

Bonapartes Tod am 5. Mai 1821
Sechs Exilgefährten umstehen das Sterbe-Feldbett, auf dem Napoleon liegt. Er lässt einen Arm kraftlos hängen, legt die Hand auf den Unterleib, und haucht, sein Sohn solle das Wesen seiner Krankheit erfahren. Dies sichert ihm der an seiner Seite sitzende Leibarzt Antommarchi zu und streckt ihm eine Flasche mit dem Etikett «Waterloo» entgegen. Vor dem Bett befinden sich auf dem Tischchen ein erloschenes Nachtlicht, eine mit «Moskau» etikettierte Medizin und ein Löffel. Am Kopfende vergräbt eine Frau ihr Gesicht im Taschentuch, während wohl ihr Gatte, General Bertrand, beim Eintritt des Todes flucht. Am Bettfuss hält ein Offizier eine offene Tabakdose und bittet Napoleon, ein letztes Mal zu schnupfen. Dazu greift ein hinter dem Stuhl des Arztes stehender Mann (General Montholon?) mit Begleiter in die Dose. An der Wand hängt der Kaiseradler mit dem Kopf nach unten. Der ungeübte Zeichner treibt mit dem sterbenden Erzfeind Spott: In der englischen Karikatur bezeichnet das Tabakschnupfen den revolutionären Pöbel. Napoleons letzter Wille und die Arzneien deuten die Niederlagen in Russland und bei Waterloo als politische Todesursachen. Am 5. Mai 1821 starb Napoleon wahrscheinlich an Magenkrebs. Gerüchte, Montholon habe ihn vergiftet, klingen wohl im Motiv der Tabakprise an.

La mort de Bonaparte le 5 mai 1821
Six compagnons d'exil entourent le lit de mort de Napoléon. Epuisé, celui-ci laisse pendre un bras, pose une main sur son abdomen, et demande dans un souffle que l'on informe son fils de la nature de son mal. Son médecin personnel Antommarchi le lui promet et lui tend un flacon avec l'étiquette «Waterloo». Devant le lit, sur une petite table, se trouvent une veilleuse éteinte, un médicament étiqueté «Moscou» et une cuillère. Derrière le malade, une femme enfouit son visage dans un mouchoir, tandis que son époux, le général Bertrand, se met à pester au moment de la mort. Au pied du lit, un officier tient une tabatière et propose à Napoléon de priser une dernière fois. L'homme qui se tient debout derrière la chaise du médecin (le général Montholon?) plonge la main dans la boîte. Au mur, l'aigle impériale pend la tête en bas. Le maladroit dessinateur tourne en dérision l'ennemi moribond: dans la caricature anglaise, la prise de tabac symbolise la populace révolutionnaire. Les médicaments, ainsi que La dernière volonté de Napoléon, désignent les défaites de Russie et de Waterloo comme les causes politiques du décès. Napoléon mourut le 5 mai 1821, vraisemblablement d'un cancer de l'estomac. Certaines rumeurs prétendirent que Montholon l'avait empoisonné: voilà encore une autre signification du motif de la prise de tabac.

The Death of Bonaparte on 5 May 1821
Six of his companions-in-exile surround Napoleon on his deathbed. His arm dangles weakly and he applies a hand to his stomach. His whispered wish is that his son be advised of his illness, which his personal physician Antommarchi pledges to do. The latter holds out a bottle labelled «Waterloo» to him, and the little table by the bed bears a remedy labelled «Moscow» and a spoon. At the head

of the camp bed, a woman buries her face in a handkerchief while a man, probably her husband, General Bertrand, curses the arrival of death. At the foot of the bed, an officer holds out an open tobacco box, imploring Napoleon to take a last snuff. Thereupon, a man (General Montholon?) with an attendant, both standing behind the doctor's chair, reaches out to the box. A picture on the wall shows the imperial eagle uspide down. The unskilled draughtsman took a derisory approach to this portrait of the dying arch-enemy: in the English caricature, tobacco snuffing symbolized the revolutionary mob. Napoleon's last will and the medicines indicate that his defeats in Russia and at Waterloo triggered his death. He died on 5 May 1821, in all probability from stomach cancer. The tobacco-snuffing motif intentionally echoes rumors that he was poisoned by Montholon.

La morte di Bonaparte il 5 maggio 1821
Sei compagni d'esilio circondano il letto da campo su cui giace Napoleone. Col braccio sinistro cascante senza forze e la mano destra sull'addome, il morente chiede che sia comunicata a suo figlio la natura della malattia; il medico personale Antommarchi, seduto al suo fianco, glielo promette e gli porge una bottiglia con l'etichetta «Waterloo». Sul tavolino davanti al letto appaiono un lume spento, un farmaco con la scritta «Mosca» e un cucchiaio; a destra una donna nasconde il volto nel fazzoletto, mentre colui che probabilmente è suo marito (il generale Bertrand) sottolinea con imprecazioni il momento del decesso. Ai piedi del letto un ufficiale presenta una tabacchiera aperta e invita Napoleone a un'ultima fiutata, mentre uno dei due uomini in piedi dietro il medico (il generale Montholon?) allunga una mano verso la tabacchiera; alla parete c'è un'aquila imperiale appesa a testa in giù. Il disegnatore, poco esperto, celia sulla morte del nemico giurato: tipico delle caricature inglesi è che a fiutare tabacco sia la marmaglia rivoluzionaria. L'ultimo desiderio e i farmaci di Napoleone indicano come cause politiche della morte le sconfitte subite in Russia e a Waterloo. Napoleone morì il 5 maggio 1821, probabilmente di cancro allo stomaco; il tema della presa di tabacco allude alla diceria secondo cui Montholon l'avrebbe avvelenato.

Lit.: –

Französische Karikaturen

Caricatures françaises

French Cartoons

Caricature francesi

Historische Themen		Kat. Nrn.	Thèmes historiques		n^{os}. cat.
1797	Campoformio	156	1797	Campoformio	156
1800	Attentat	200	1800	Attentat	200
1801	Zweiter Italienfeldzug	157	1801	Seconde campagne d'Italie	157
1803	Krieg mit England	158	1803	Guerre avec l'Angleterre	158
1804	Der Herzog von Enghien	201	1804	Le duc d'Enghien	201
	General Pichegru	202		Général Pichegru	202
1806–1808	Aufteilung Europas	159	1806–1808	Partage de l'Europe	159
1808–1813	Krieg in Spanien	160	1808–1813	Guerre d'Espagne	160
1812	Putschversuch	161	1812	Coup d'État manqué	161
	Rückkehr aus Russland	203		Retour de Russie	203
1813	Leipzig und die Folgen	162–164	1813	Leipzig et ses conséquences	162–164
1813/1814	Massenaushebungen	204–208	1813/1814	Levées en masse	204–208
1814	Frankreichfeldzug	165–168	1814	Campagne de France	165–168
	Fall des Kaiserreiches	169–171/209–216		Chute de l'Empire	169–171/209–216
	Erste Abdankung	217, 228–229		Première abdication	217, 228–229
	Erste Restauration	218–220		Première Restauration	218–220
	Verbannung	221–226		Bannissement	221–226
	Der König von Rom	227		Le roi de Rome	227
1814/1815	Elba	230–235	1814/1815	L'île d'Elbe	230–235
1814	Die Alliierten pro	172–173	1814	Les Alliés pro	172–173
	Marschall Marmont pro	236		Maréchal Marmont pro	236
	Pariser Vertrag pro	237		Traité de Paris pro	237
	Marschall Augereau pro	238		Maréchal Augereau pro	238
	Rolle der Presse pro	239		Le rôle de la presse pro	239
1815	Rückkehr aus Elba pro	174–180/240–265	1815	Retour de l'île d'Elbe pro	174–180/240–265
	Zweite Restauration pro	181/266		Seconde Restauration pro	181/266
	Rückkehr aus Elba	182/267–269		Retour de l'île d'Elbe	182/267–269
	Die Hundert Tage	183–184/270–276		Les Cent-Jours	183–184/270–276
	Belgienfeldzug	277–278		Campagne de Belgique	277–278
	Waterloo	185–188/279–288, 292		Waterloo	185–188/279–288, 292
	Zweite Abdankung	289–290		Seconde abdication	289–290
	Gefangenschaft	189–194/291, 293–301		Captivité	189–194/291, 293–301
1815–1821	Sankt Helena	195/302–311	1815–1821	Sainte-Hélène	195/302–311
	Charakterisierungen	196–199/312–316		Caractérisations	196–199/312–316

pro = pronapoleonische Karikatur(en)

pro = caricature(s) pronapoléonienne(s)

Historical Themes cat. nos.

1797	Campoformio	156
1800	Time bomb attack	200
1801	Second Italian campaign	157
1803	War with Britain	158
1804	The Duke of Enghien	201
	General Pichegru	202
1806–1808	Partition of Europe	159
1808–1813	War in Spain	160
1812	Attempted coup d'état	161
	Retreat from Russia	203
1813	Leipzig and consequences	162–164
1813/1814	Mass enlistings	204–208
1814	French campaign	165–168
	Fall of the Empire	169–171/209–216
	First abdication	217, 228–229
	First restoration	218–220
	Banishment	221–226
	The King of Rome	227
1814/1815	Elba	230–235
1814	The Allies pro	172–173
	Marshal Marmont pro	236
	Treaty of Paris pro	237
	Marshal Augereau pro	238
	Role of the press pro	239
1815	Return from Elba pro	174–180/240–265
	Second restoration pro	181/266
	Return from Elba	182/267–269
	The Hundred Days	183–184/270–276
	Belgian campaign	277–278
	Waterloo	185–188/279–288, 292
	Second abdication	289–290
	Captivity	189–194/291, 293–301
1815–1821	Saint Helena	195/302–311
	Characterizations	196–199/312–316

pro = pro-Napoleonic cartoon(s)

Temi storici nⁱ cat.

1797	Campoformio	156
1800	Attentato	200
1801	Seconda campagna d'Italia	157
1803	Guerra coll'Inghilterra	158
1804	Il duca d'Enghien	201
	Generale Pichegru	202
1806–1808	Spartizione dell'Europa	159
1808–1813	Guerra di Spagna	160
1812	Colpo di Stato mancato	161
	Ritorno dalla Russia	203
1813	Lipsia e le conseguenze	162–164
1813/1814	Leve in massa	204–208
1814	Campagna di Francia	165–168
	Crollo dell'Impero	169–171/209–216
	Prima abdicazione	217, 228–229
	Prima Restaurazione	218–220
	Espulsione	221–226
	Il re di Roma	227
1814/1815	L'isola d'Elba	230–235
1814	Gli alleati pro	172–173
	Maresciallo Marmont pro	236
	Trattato di Parigi pro	237
	Maresciallo Augereau pro	238
	La parte della stampa pro	239
1815	Ritorno dall'isola d'Elba pro	174–180/240–265
	Seconda Restaurazione pro	181/266
	Ritorno dall'isola d'Elba	182/267–269
	Cento Giorni	183–184/270–276
	Campagna di Belgio	277–278
	Waterloo	185–188/279–288, 292
	Seconda abdicazione	289–290
	Prigionia	189–194/291, 293–301
1815–1821	Sant'Elena	195/302–311
	Caratterizzazioni	196–199/312–316

pro = caricatura/e filonapoleonica/che

156

[Vûe du Château S.t Formido et Udine]
u.l. *Vûe du Château S.t Formido et Udine dans les quelle / le traité de Paix fu conclu entre la République Francaise / et S.M. jmpérial. dans cette vûe se trouve, Comme Médiateur / le Portrait du Général Buonapart*
u.r. *Prospect des Schlosses S.r Formido und Udine, / in Welchen der Friede zwischen S.r. M. dem Röm: / Keiser und der Französichen Républik geschlosen Wurde / in diesen Prospect ist dass Bildniss des G.le Buonaparte / als Friedensvermittler angebract:*
sign. u.r. *Dupuis officier fe*
Ende 1797/1798
Radierung
190 × 212 mm (208 × 271 mm)
Herkunft unbekannt
1980.132.

Ansicht von Schloss Sankt Formido und Udine

Dieses Vexierbild (vgl. Kat. Nr. 359) beinhaltet den Kopf von General Bonaparte. Eingebettet in die von Figuren belebte Stadtansicht von Udine, erhebt sich das liegende Haupt als mächtiger Burghügel, dessen Feste die Nase bildet. Das ummauerte Bauwerk im Vordergrund, das Bonapartes Ohr darstellt, sowie das Gewässer, an dem es liegt, sind Zugaben der Phantasie des Radierers – offenbar ein kunstfertiger französischer Offizier. Das Blatt feiert den Eroberer Italiens als Stifter des Friedens von Campoformio, zu dem er im Namen des Direktoriums den deutschen Kaiser Franz II. im Oktober 1797 zwang. Campoformio bedeutete den Abschluss des Ersten Italienfeldzuges und regelte die territorialen Verhältnisse: Franz II. anerkannte die Annexion des linken Rheinufers sowie die Schaffung der Ligurischen und Cisalpinischen Republik, trat Belgien und die Lombardei ab und erhielt dafür Venedig und dessen Besitzungen Friaul, Istrien und Dalmatien.

Vue du Château Saint-Formido et Udine

Cette illustration sous forme d'énigme (cf. n°. cat. 359) contient la tête du général Bonaparte. Encastrée dans une vue de la ville d'Udine, animée de silhouettes, la tête se dresse telle une puissante colline fortifiée dont les bâtiments forment le nez. L'édifice entouré de murs au premier plan, représentant l'oreille de Bonaparte, ainsi que les eaux dans lesquelles il baigne, sont dus à l'imagination du graveur – de toute évidence un talentueux officier français. L'estampe célèbre le conquérant de l'Italie en tant qu'initiateur de la paix de Campoformio, imposée au nom du directoire à l'empereur d'Allemagne François II, en octobre 1797. Campoformio marqua la fin de la première campagne d'Italie et régla les questions territoriales: François II reconnut l'annexion de la rive gauche du Rhin ainsi que la création des Républiques ligure et cisalpine, se retira de Belgique et de Lombardie; en contrepartie, il reçut la Vénétie et ses propriétés, le Frioul, l'Istrie et la Dalmatie.

View of the St. Formido Castle and Udine

This puzzle picture (cf. cat. no. 359) contains General Bonaparte's reclining head embedded in a view of Udine and arising as a mighty castle, with a citadel forming the nose. The walled construction in the foreground, representing Bonaparte's ear, and the water on which it lies, were imaginary creations of the engraver – apparently an artistically inclined French officer. The work extols Italy's conqueror for the Campoformio treaty, which the German Emperor Francis II had been obliged to sign in October 1797. Under this treaty, representing the conclusion of the first Italian campaign, Francis II recognized the annexation of the left bank of the Rhine and the establishment of the Ligurian and Cisalpine Republics; he ceded Belgium and Lombardy, receiving in return Venice and its territories of Friuli, Istria and Dalmatia.

Veduta del castello di San Formido e di Udine

In questa figura-rebus (cfr. n° cat. 359) si distingue la testa giacente del generale Bonaparte, inserita a mo' di possente collina in una veduta di Udine animata da figure. La fortezza sulla cima forma il naso, la cinta muraria in primo piano l'orecchio; sia la cinta sia il vicino laghetto sono opera di fantasia dell'incisore, apparentemente un ufficiale francese esperto di bulino. La stampa celebra il conquistatore dell'Italia, che a nome del direttorio ha costretto l'imperatore tedesco Francesco II alla pace di Campoformio (ottobre 1797). Quel trattato, che segnava la fine della prima campagna d'Italia, regolava le condizioni territoriali: Francesco II, oltre a riconoscere l'annessione della riva sinistra del Reno e la creazione delle repubbliche ligure e cisalpina, cedeva il Belgio e la Lombardia in cambio di Venezia e dei possedimenti veneziani in Friuli, Istria e Dalmazia.

Lit.: –

157

Qui trop embrasse mal étreint.
o.l. *THIONVILLE*
u.r. *Italie / Hongrie / Autriche / Boheme / Coalition*
u.l. *Frontiere du Royaume de Naples.*
anonym, 1801
bez. u.l. *A Paris chez Martinet rue du Coq.*
Radierung, koloriert
281 × 203 mm (297 × 207 mm)
u.r. Stempel Museum Schwerin
1980.224.

Wer zuviel anfängt, verzettelt sich

In dieser Allegorie berücksichtigt Kaiser Franz II. das Sprichwort nicht, wonach derjenige, der zuviel unternimmt, nichts zu Ende bringt. Der Habsburger steht unsicher auf Kugeln – seinen Territorien Österreich, Ungarn, Böhmen und Italien. Er hält sich am Schilfrohr der Zweiten Koalition gegen Frankreich fest und versucht, die befestigte Stadt Thionville zu erklimmen, wo ihn ein französischer Soldat verhöhnt. Gleich wird ihm am Fusse der Festung General Murat Italien entziehen, auf dem sein Standbein ruht. Vorn schliesst eine Brüstung als Grenze zum Königreich Neapel die Szene ab. Aus der Brüstung wächst ein Lorbeer. Auf Bonapartes Italienfeldzug von 1800 musste der deutsche Kaiser die Waffen strecken. Im folgenden Jahr dehnte Bonapartes Schwager Murat die französische Macht bis an die Grenzen des Königreichs Neapel aus. Der Karikaturist vermengt die erfolglose Belagerung von Thionville (1792) mit dem erneuten Scheitern Franz' II. am Rhein und in Italien. Das Sprichwort taucht 1814 wiederum als Bildtitel auf (Kat. Nr. 221).

Qui trop embrasse mal étreint

Dans cette allégorie, l'empereur François II ne respecte pas l'adage qui veut que celui qui entreprend trop à la fois, ne parvient à rien. Le Habsbourg se tient en équilibre précaire sur des boules qui représentent ses territoires: l'Autriche, la Hongrie, la Bohème et l'Italie. Il s'agrippe au roseau de la deuxième coalition contre la France et tente d'escalader les fortifications de Thionville, où un soldat français se moque de lui. Aux pieds de la forteresse, le général Murat retire l'Italie, sur laquelle repose sa jambe d'appui. Au premier plan, un parapet tenant lieu de frontière avec le royaume de Naples et sur lequel croît un laurier, clôt la scène. Lors de la campagne d'Italie de Bonaparte en 1800, l'empereur allemand dut déposer les armes. L'année suivante, Murat – le beau-frère de Bonaparte – étendit la puissance de la France jusqu'aux frontières du royaume de Naples. Le caricaturiste amalgame ici le siège infructueux de Thionville (1792) et le nouvel échec de François II sur le Rhin et en Italie. Ce proverbe réapparaît comme titre en 1814 (n°. cat. 221).

Biting Off More Than One Can Chew

In this allegory, the Emperor Francis II pays no heed to the famous proverb. Standing unsteadily on spheres bearing the names of his territories – Austria, Hungary, Bohemia and Italy – he clutches a reed to hold on to the Second Coalition against France, while reaching out and up at the fortified city of Thionville. Behind the fortress, a French soldier derides his efforts. General Murat is on the point of pulling Italy out from under his feet. In the forefront, a balustrade, into which laurel has dug its roots, demarcates the boundary with the kingdom of Naples. The German Emperor was forced to surrender during Bonaparte's Italian campaign in 1800. The following year Bonaparte's brother-in-law, Murat, expanded French dominion right up to the frontiers of the kingdom of Naples. The satirist mixes up the unsuccessful siege of Thionville (1792) with Francis II's renewed defeat of the Rhine lands and Italy. The proverb would crop up again as a cartoon title in 1814 (cat. no. 221).

Chi troppo abbraccia, nulla stringe

In questa stampa allegorica l'imperatore Francesco II non tiene conto del noto proverbio per cui chi troppo vuole nulla stringe: in equilibrio instabile su sfere che rappresentano i suoi territori (Austria, Ungheria, Boemia, Italia), si regge alla canna della seconda coalizione antifrancese e cerca di scalare le mura fortificate di Thionville, da cui un soldato francese lo deride. Sotto la fortezza il generale Murat sta per togliergli il suo sostegno principale, cioè l'Italia; in primo piano la scena è chiusa da un muretto (la frontiera del Regno di Napoli), su cui cresce l'alloro. La campagna d'Italia del 1800 costrinse il sovrano asburgico a deporre le armi; l'anno successivo Murat, cognato di Bonaparte, estese il dominio francese sino ai confini del Regno di Napoli. Il caricaturista mescola l'assedio fallito di Thionville (1792) col nuovo scacco subito da Francesco II sul Reno e in Italia. Lo stesso proverbio darà il titolo a un'altra stampa nel 1814 (n° cat. 221).

Lit.: –

Ansicht von Schloss Sankt Formido und Udine

Vue du Château Saint-Formido et Udine

View of the St. Formido Castle and Udine

Veduta del castello di San Formido e di Udine

Wer zuviel anfängt, verzettelt sich

Qui trop embrasse mal étreint

Biting Off More Than One Can Chew

Chi troppo abbraccia, nulla stringe

158

LA BROUILLE, en 1803.
o. M. *Hanovre*
u. r. *Malthe Méditerranée*
u. M. *Traité d'Amiens*
anonym, 1803(?)
Radierung, koloriert
222×282 mm (255×294 mm)
u. r. Stempel Museum Schwerin
1980.130.

Verkracht, 1803
Unter den zwei Zechgenossen ist Streit ausgebrochen: Der französische Soldat hat den Säbel gezückt, während der feiste John Bull (Verkörperung der britischen Nation) mit Bier und Schinken rücklings zu Boden gefallen ist und mit dem zerbrochenen Schiffsruder (Attribut der Seemacht) dreinschlagen will. Sein Fuss tritt auf den Vertrag von Amiens, in der Hand hält er die Karte von Malta; diejenige von Hannover hat ihm der Franzose entrissen. Im Hintergrund hängt die Darstellung eines den englischen Leoparden (Wappentier seit 1195) überwältigenden Löwen (Symbol der Kraft); daneben vertritt der Truthahn auf dem Fass den englischen König: Das französische Wort «dindon» (Truthahn) spielt an auf Molières Bühnenfigur George Dandin (Tölpel) und wurde in Frankreich zum Spottnamen für George III. Mit der britischen Kriegserklärung im Mai 1803 endete nach nur einem Jahr der Friede von Amiens: England hatte das besetzte Malta nicht geräumt und auch Bonaparte sich nicht an den Vertrag gehalten. Im Juni eroberte General Mortier Hannover, das Stammfürstentum von König George III.

La brouille en 1803
Les compagnons de la dive bouteille ont commencé à se disputer: le soldat français a tiré son sabre, tandis que John Bull (personnage replet incarnant la nation britannique) est tombé à terre, sur le dos, avec sa bière et son jambon. Il se tient prêt à frapper à l'aide d'une rame brisée (attribut de la puissance maritime). Tenant la carte de Malte à la main, John Bull piétine le traité d'Amiens. Le Français lui a arraché la carte du Hanovre. Une représentation d'un lion (symbole de la force), qui est en train de dominer le léopard anglais (animal héraldique depuis 1195), est accrochée au mur à l'arrière-plan. A proximité, perché sur un tonneau, un dindon représente le roi d'Angleterre: l'oiseau de basse-cour constitue une allusion à George Dandin, personnage de théâtre de Molière, dont le nom devint le sobriquet français de George III. La déclaration de guerre britannique de mai 1803 mit fin à la paix d'Amiens, signée seulement un an auparavant. L'Angleterre n'avait pas évacué l'île de Malte occupée et Bonaparte, de son côté, n'avait pas respecté non plus le traité de paix. En juin, le général Mortier conquit le Hanovre, la principauté d'origine du roi George III.

The Quarrel in 1803
The two boon companions who are the protagonists of this cartoon have fallen into a quarrel: the French soldier has drawn his sabre, while the plump John Bull (personifying the British nation) – falling backwards to the ground with his beer and ham – threatens to strike with a broken boat oar (symbolising maritime power). Bull's feet trample the Treaty of Amiens; in his hand he holds the map of Malta: the one of Hannover has been torn out of his hand by the Frenchman. In the background, a picture of the English leopard (the nation's heraldic animal since 1195) overwhelmed by the lion (symbol of strength) is to be seen with, next to it, a turkey standing on a barrel, representing the English king. In the latter connection, the allusion is to Molière's stage character George Dandin (phonetic play on the French «dindon» for «turkey», an oaf in French as in English), which had become a derisive nickname in France for George III. The peace of Amiens came to an end after barely a year when England declared war in May 1803: England had not evacuated occupied Malta, and Bonaparte as well had violated the treaty. In June, General Mortier conquered Hannover, King George III's ancestral principality.

Lo screzio nel 1803
Fra due compagni d'osteria è scoppiato un litigio: il soldato francese ha estratto la sciabola, mentre il grasso John Bull (simbolo della nazione britannica), caduto all'indietro con birra e prosciutto, vorrebbe colpirlo con un remo (attributo di potenza navale), che però si è spezzato. L'inglese calpesta il trattato di Amiens e tiene in mano la carta geografica di Malta, mentre il francese gli ha strappato quella dell'Annover; al muro è appesa la figura di un leone (simbolo di forza) che sopraffà un leopardo (animale araldico britannico dal 1195). Sulla botte a destra, il tacchino (*dindon*) rappresenta il re inglese: in Francia infatti *dindon*, ricordando il George Dandin di Molière (personaggio di babbeo), fungeva da soprannome di Giorgio III. La pace di Amiens, durata solo un anno, terminò con la dichiarazione di guerra britannica del maggio 1803: l'Inghilterra non aveva evacuato Malta come promesso, ma neppure Bonaparte si era attenuto ai patti. In giugno il generale Mortier conquistò l'Annover, possesso dinastico di re Giorgio III.

Lit.: BN IV 7605.

159

Le Jeu des quatre Coins / ou / Les cinq Freres.
auf dem Globus (v. l. n. r.) *ESPAGNE / Madrid / FRANCE / Paris / Ajaccio / Bastia / ITALIE / Florence / AUTRICHE / Po / TURQUIE*
Jean Baptiste Gauthier l'aîné, 1808 (?)
Radierung mit Punktiermanier und Roulette, koloriert
[223]×263 mm (230×267 mm)
u. r. Stempel Museum Schwerin
1980.109.

Das «Bäumchen-wechsle-dich»-Spiel oder die fünf Brüder
Ein beliebtes Kinderspiel der Epoche («Bäumchen-wechsle-dich») wird ins Politische gewendet. Auf dem europäischen Teil der Erdwölbung umstehen Joseph, Louis und Jérôme Bonaparte und ihr Schwager Joachim Murat den Spielleiter Napoleon. Nach seinem Willen wechseln sie ihre Standorte auf dem Globus: Joseph bestieg 1806 den Thron von Neapel, den er 1808 gegen den spanischen eintauschte, wodurch der neapolitanische für Murat – seit 1806 Grossherzog von Berg – frei wurde. Ebenfalls 1806 setzte Napoleon seinem Bruder Louis Hollands Krone auf, welche dieser 1810 niederlegte. Im Jahr 1807 erhielt Jérôme das Königreich Westfalen aus den Händen des Kaisers. Eine stetige Neuordnung Europas und Umbesetzung der unterworfenen Länder war von 1806 an im Gang. Den bitteren Ausgang des Spiels illustriert Kat. Nr. 187.

Le jeu des quatre coins ou les cinq frères
Un jeu d'enfant, populaire à l'époque, est utilisé ici à des fins politiques. Debout sur la partie européenne du globe terrestre, Joseph, Louis, Jérôme Bonaparte et leur beau-frère Joachim Murat entourent Napoléon, l'organisateur du jeu. En fonction des instructions de ce dernier, ceux-ci changent de position sur la Terre. En 1806, Joseph monta sur le trône de Naples, qu'il échangea en 1808 contre celui d'Espagne, ce qui libéra le trône napolitain pour Murat, grand-duc de Berg depuis 1806. Toujours en 1806, Napoléon fit accéder son frère Louis à la couronne hollandaise, à laquelle ce dernier renonça en 1810. En 1807, Jérôme reçut, des mains de l'empereur, le royaume de Westphalie. A partir de 1806, on assista à une constante réorganisation de l'Europe et continuelle redistribution des pays assujettis. Le n° cat. 187 illustre l'issue amère du jeu.

The Four-Corners Game or the Five Brothers
A popular period children's game – a variation on musical chairs – serves as a political metaphor in this work. The European dome of the globe is peopled by Joseph, Louis, and Jerôme Bonaparte, and their brother-in-law Joachim Murat: these encircle the leader of the game, Napoleon, who instructs them where to change places on the globe. The allusion is to how Joseph acquired the throne of Naples in 1806, only to change for Spain in 1808, a state of affairs that in turn left the Neapolitan post free for Murat (Grand Duke of Berg since 1806). Also, in 1806, Napoleon set his brother Louis on Holland's throne, from which the latter abdicated in 1810. In 1807, he bestowed the kingdom of Westphalia on his brother Jerome. All in all, since 1806 a constant reorganisation of Europe and reshuffling of the conquered lands had been going on. The game's bitter end is illustrated in cartoon no. 187.

Il gioco dei quattro cantoni, ovvero i cinque fratelli
Il gioco infantile dei quattro cantoni, allora molto diffuso, assume qui significato politico. Napoleone, ritto sulla parte europea della crosta terrestre, dirige i giocatori: a un suo ordine i fratelli Giuseppe, Luigi e Gerolamo Bonaparte nonché il loro cognato Gioacchino Murat si scambiano le rispettive posizioni. Giuseppe, salito sul trono napoletano nel 1806, lo lasciò nel 1808 per quello spagnolo, consentendo così a Murat (dal 1806 granduca di Berg) di diventare re di Napoli; sempre nel 1806 Napoleone conferì la corona d'Olanda al fratello Luigi, che la depose nel 1810. Gerolamo, a sua volta, nel 1807 ricevé dalle mani dell'imperatore la corona di Vestfalia; dal 1806, insomma, l'Europa era soggetta a continui riassestamenti politici e mutamenti di sovrani. La brutta fine del gioco è illustrata dal n° cat. 187.

Lit.: BN IV 8143; Br II S. 49, App. D 127; Cl 9; vgl. Kat. RM 119.

LA BROUILLE, en 1803.

Verkracht, 1803

La brouille en 1803

The Quarrel in 1803

Lo screzio nel 1803

Le Jeu des quatre Coins ou Les cinq Frères.

Das «Bäumchen-wechsle-dich»-Spiel oder die fünf Brüder

Le jeu des quatre coins ou les cinq frères

The Four-Corners Game or the Five Brothers

Il gioco dei quattro cantoni, ovvero i cinque fratelli

160
LO QUE SON LOS FRANCESES.
o.M. *Soy el Corzo que he subido al alto puesto en que me hallo sacrificando carneros franceses.*
u.l. *1 / 2 / 3 / 4*
u.r. *5 / 6 / 7 / 8*
unter dem Bildfeld zweispaltige Legende
l. *1. Josefina. / 2. Napoleon. / 3. Monsey. / 4. Lanes.*
r. *5. Victor. / 6. Dupont. / 7. Ney. / 8. Murat.*
dazwischen zweispaltiges Gedicht
Contra España enviastes tus soldados, / ¡O Corzo capataz de vandoleros. / Tu los marcaste alla, por ser carneros, / Y ya tornan de apui bien desmochados. // La perita de España enamoróte: / De codíń de codán salió Pepillo. / Toma, vuelve por mas, infame pillo, / Bucherato Arlequín, ladron Juifote.
anonym, 1808–1811 (?)
Radierung, koloriert
189 × 276 mm (260 × 354 mm)
Herkunft unbekannt
1980.451.

Was die Franzosen sind
In einer Landschaft mit Stadtvedute stehen ein Rehbock («corzo») mit Gesicht und Hut des Korsen («corso») auf Schädeln und daneben Kaiserin Josephine als Ziege. Der korsische Rehbock opfert eine Herde Schafe mit Menschengesichtern und Militärmützen, indem er sie in einen Fluss peitscht. Das Spottgedicht darunter fordert Napoleon selbstbewusst heraus und wirft dem «Schurken», «Räuber» und «Harlekin» den Verschleiss seiner Soldaten im Spanienkrieg vor. Diabolisches klingt wohl auch in der Bocksgestalt an. Als Schlachttiere nennt die Bildlegende die Marschälle Lannes (siegte 1808 in Tudela und 1809 in Saragossa), Moncey (siegte bei Lerín und unterlag 1808 vor Valencia), Murat (bis Juni 1808 Oberbefehlshaber in Spanien), Ney (kommandierte bis 1811 in Nordspanien), Victor (kämpfte 1807–1811 in Spanien) und General Dupont (kapitulierte Ende Juli 1808 bei Bailén, wurde degradiert und eingekerkert). Dass nur Befehlshaber auftreten, die sich am Anfang des Spanienkrieges hervortaten, gibt einen Hinweis auf die Entstehungszeit des Blattes. Seine Vorlage ist die französische Karikatur «L'An-pire des Gaules» aus der Konsulatszeit, die Bonapartes Machtstreben verspottet. Dort nehmen Truthähne (frz. «dindons» = Geprellte) den Platz der Schafe ein.

Voilà ce que sont les Français
Dans un paysage où l'on aperçoit une ville à l'horizon, un chevreuil («corzo») – qui a le visage et porte le chapeau du Corse («corso») – se tient debout sur des crânes, à côté de l'impératrice Joséphine représentée par une chèvre. Le chevreuil corse sacrifie un troupeau de moutons – à visage humain et coiffés de chapeaux militaires –, en les précipitant dans un fleuve à coups de fouet. Dessous, un poème satirique défie Napoléon avec vigueur, reprochant à la «crapule», au «bandit» et à l'«arlequin» de gaspiller ses soldats dans la guerre d'Espagne. Le bouc a quelque chose de diabolique. La légende de la gravure traite de bêtes de boucherie les maréchaux Lannes (vainqueur en 1808 à Tudela et en 1809 à Saragosse), Moncey (vainqueur près de Lerín et perdant près de Valence), Murat (commandant en chef en Espagne jusqu'en juin 1808), Ney (commandant dans le nord de l'Espagne jusqu'en 1811) et Victor (qui servit en Espagne de 1807 à 1811), ainsi que le général Dupont (qui capitula fin juillet 1808 près de Baylén et fut dégradé et incarcéré). Seuls des commandants ayant été en vedette au début de la guerre d'Espagne sont mis en scène ici, ce qui donne un indice sur l'époque de réalisation de l'estampe. Elle a pour modèle la caricature française intitulée «L'An-pire des Gaules», datant de l'époque du Consulat, qui se moque des aspirations à la puissance de Bonaparte. Là, ce sont des «dindons» qui prennent la place des moutons.

What the French Are
In a countryside with a cityscape (vedute) in the background, a roebuck («corzo») with the face and hat of the Corsican («corso»), stands on skulls, with Josephine (the nanny goat) by his side. The Corsican roebuck is in the process of sacrificing a herd of sheep featuring human faces and military caps, spurring them into a river. The accompanying satirical poem confidently challenges Napoleon, rebuking the «scoundrel», «robber,» and «buffoon» for wearing out his soldiers with the Spanish war. Certainly a diabolical note is also evoked by the goat figure. The animals being led to slaughter are listed in the cartoon caption as Marshals Lannes (victory at Tudela in 1808, and at Saragossa in 1809), Moncey (victory at Lerín, defeated just outside Valencia in 1808), Murat (commander-in-chief in Spain until June 1808), Ney (commanded in Northern Spain until 1811), Victor (fought in Spain from 1807 to 1811), and General Dupont (who capitulated at Bailén end July 1808, was demoted and incarcerated). The fact that only commanders who distinguished themselves at the outset of the Spanish campaign are listed is an indication as to the work's date of origin. The cartoon is based on a French work from the Consulate period – «L'An-pire des Gaules» – which, resorting to turkeys (the French «dindon», ie. victims of a swindle) instead of sheep, mocked Bonaparte for his megalomania.

Ciò che sono i francesi
In un paesaggio con veduta di città, vicino alla capra Giuseppina, si erge sui teschi un capriolo (*corzo* in spagnolo) con il viso e il cappello del còrso (*corso*), che a colpi di frusta spinge nel fiume (cioè al sacrificio) un gregge di pecore con volti umani e copricapi militari. La poesia beffarda sottostante sfida orgogliosamente Napoleone, rinfacciando al «furfante», «arlecchino» e «ladro» di aver logorato i suoi soldati nella guerra di Spagna; il suo aspetto di caprone, inoltre, va considerato probabilmente un connotato diabolico. Come bestie da macello la didascalia nomina i marescialli Lannes (vincitore a Tudela nel 1808 e a Saragozza nel 1809), Moncey (vincitore a Lerín, sconfitto nel 1808 a Valenza), Murat (fino al giugno 1808 comandante in capo della campagna di Spagna), Ney (comandante nella Spagna settentrionale fino al 1811) e Victor (che combatté in Spagna dal 1807 al 1811) nonché il generale Dupont (che a fine luglio 1808 capitolò a Bailén, fu degradato e incarcerato). La presenza solo di comandanti distintisi all'inizio della guerra di Spagna è un indizio per la datazione dell'opera, che ne ricalca un'altra risalente al Consolato: la caricatura francese *L'An-pire des Gaules*, che sbeffeggia il potere di Bonaparte sostituendo alle pecore i tacchini (in francese *dindons*, che sta anche per «babbei»).

Lit.: De II S. 688 f.; Kat. RM 58 (Abb.).

LO QUE SON LOS FRANCESES.

Soy el Corzo que he subido al alto puesto en que me hallo sacrificando carneros franceses.

1. Josefina.	Contra España enviastes tus soldados,	La perla de España enamoróte:	5. Victor.
2. Napoleon.	O Corzo, capataz de vandoleros,	De cochín de cochín salió Pepillo,	6. Dupont.
3. Monsey.	Tu los mandaste allá, por ser carneros,	Toma, vuelve, por un infame, pillo,	7. Ney.
4. Lanes.	Ya tornan de aquí bien desmochados	Buchera tu Arlequín, ladron Insulte.	8. Murat.

Was die Franzosen sind

Voilà ce que sont les Français

What the French Are

Ciò che sono i francesi

161
*LES TOURS DE FORCE. /
en 1812.*
o. M. *MAISON DE FORCE DU
[...] LA SEINE / 1.* [mit Tinte beigefügt] / 2
o. r. *Il y a de quoi rire, Çavarie tous les Jours. / 4. / 5. / 6.* [Ziffern mit Tinte beigefügt]
u. l. *3.* [mit Tinte beigefügt] / *a M'... / BOUFFE LA BALLE / 2.* [mit Tinte beigefügt]
unter dem Titel handschriftlicher Kommentar in Tinte
En 1812. Les braves généraux 4. Mallet. 5. Làhorie & 6. Guidal ~~ont~~ / conçurent le noble dessein de renverser le Gouvernement de Buonaparte, ils / firent faire les tours de force ci=dessus à l'ExMinistre de la police Savarry. / à l'ex Gouverneur de Paris Hulin. °2. & à l'ex préfet de police Pasquier. 3
anonym, 1814/1815
sign. u. r. *G.....*
u. l. *Déposé à la Direction de l'Imprimerie Royale.*
Radierung, koloriert
312 × 256 mm (367 × 274 mm)
u. r. Stempel Museum Schwerin 1980.63.

Die Kraftakte im Jahr 1812
Vor dem Zuchthaus des Departements Seine in Paris geben Gaukler ihre Kraftstücke zum Besten. Der später beigefügte Kommentar unterhalb des Titels und die nachträgliche Numerierung der Figuren identifizieren die Artisten: Der Pariser Polizeipräfekt Pasquier (3) stemmt die Hände und Füsse gegen den Boden und den Bauch nach oben. Darauf ist ein Kissen (?) und ein Brett gebunden, auf dem breitbeinig Polizeiminister Savary steht. Untermalt wird der Kraftakt von den Generälen Malet (4), Lahorie (5) und Guidal (6) mit Flagge, Klarinette und Trommel. Die Flagge wirbt für die Darbietung, über die man alle Tage lachen könne. Links tanzt als Clown General Hulin, der Gouverneur von Paris, und schlägt Kastagnetten. Er trägt einen Kochlöffel an der Seite und hat eine Kugel im Mund, worauf sich die Aufschrift seines Schulterbandes bezieht: «Friss die Kugel.» Diesen Spitznamen gab das Volk Hulin, als ihm 1812 ein Pistolenschuss den Kiefer zertrümmerte. Der Schütze war Malet und der Anlass ein Staatsstreich während Napoleons Abwesenheit in Russland. Aufgrund der Falschmeldung, der Kaiser sei gefallen, und eines gefälschten Senatsbeschlusses verhafteten die drei Republikaner Malet, Lahorie und Guidal die Polizeichefs Savary und Pasquier und bekamen Paris mühelos in ihre Gewalt, bis der skeptische Hulin das Komplott aufdeckte. Die Karikatur enstand während der Restauration und gibt die kaiserlichen Amtsträger der Lächerlichkeit preis.

Les tours de force en 1812
Devant la prison du département de la Seine, à Paris, des bateleurs présentent leurs tours de force. Ajoutés ultérieurement, le commentaire sous le titre et la numérotation des figures identifient les artistes: Pasquier (3), préfet de police de Paris, les mains et les pieds appuyés sur le sol, bombe le ventre vers le ciel. Un coussin (?) et une planche, fixés au ventre du préfet, constituent la plate-forme où Savary, ministre de la police, se tient debout, jambes écartées. Utilisant une clarinette, un tambour et un drapeau, les généraux Malet (4), Lahorie (5) et Guidal (6) donnent un fond musical à ce tour de force. Le pavillon fait de la publicité pour le spectacle, précisant qu' «qu'il y a de quoi rire (...) tous les jours». A gauche, le général Hulin, gouverneur de Paris – représenté en clown –, danse et joue des castagnettes. Il porte une cuillère en bois sur le côté et a une balle dans la bouche, ce à quoi fait allusion l'inscription sur son écharpe: «Bouffe la balle.» Ce sobriquet lui fut donné par le peuple, lorsqu'en 1812 un coup de pistolet – tiré par Malet – fracassa la mâchoire du gouverneur, à l'occasion d'un coup d'Etat fomenté en l'absence de Napoléon, durant la campagne de Russie. Sur la base d'une fausse nouvelle concernant la mort de Napoléon et une décision sénatoriale contrefaite, les trois républicains Malet, Lahorie et Guidal arrêtèrent Savary et Pasquier, les chefs de la police, et réussirent à contrôler Paris sans peine, jusqu'à moment où Hulin découvrit le complot. La caricature fut créée durant la Restauration et tourne en ridicule les hauts responsables impériaux.

Amazing Feats in 1812
These tumblers, who are putting on their best show in front of the Seine department prison house, are identified in a text added somewhat later under the work's title. Thus, it is the Parisian police prefect Pasquier (3) who contorts backwards so that his hands and feet touch ground and his belly, facing the sky and equipped with a cushion (?) under a plank, bears the standing figure of the Minister of Police Savary. The strong-act is being livened up by Generals Malet (4), Lahorie (5), and Guidal (6), bearing respectively a flag, clarinette, and drum. The flag boasts a performance affording something new to laugh about everyday. To the left, the governor of Paris, General Hulin, attired as a clown, dances while clicking castanets; he wears a kitchen ladle attached to his belt and holds a ball in his mouth – an attribute linked to the words «Bouffe la balle» (gobble up the bullet) inscribed on his shoulder sash. The nickname was given him by the people in reference to a bullet that shattered his jaw in 1812. The marksman in that incident was Malet, upon the occasion of a coup d'état while Napoleon was off in Russia. A false rumour to the effect that Napoleon had been killed, together with a falsified Senate resolution, allowed the three Republicans (Malet, Lahorie, and Guidal) to place the heads of police Savary and Pasquier under arrest and effortlessly take control of Paris. However, the skeptical Hulin uncovered the plot. The cartoon originated during the Restoration and portrays the imperial office bearer in a ridiculous light.

I giochi di forza nel 1812
A Parigi, davanti alla prigione del Dipartimento della Senna, alcuni giocolieri presentano giochi di forza; a identificare i personaggi provvedono la didascalia sotto il titolo (aggiunta successivamente) e la numerazione delle figure (anch'essa posteriore). Pasquier, prefetto della polizia parigina (3), punta mani e piedi al suolo inarcando in alto il ventre, su cui il ministro della polizia, Savary, sta ritto a gambe larghe sopra un'asse e un cuscino (?). L'esercizio è accompagnato con clarino e tamburo dai generali Lahorie (5) e Guidal (6); la bandiera del generale Malet (4) reclamizza lo spettacolo, affermando che diverte e che varia tutti i giorni. A sinistra un clown balla e agita nacchere: è il generale Hulin, governatore di Parigi, che ha sul fianco un mestolo, in bocca una palla e sul petto una fascia con la scritta *Bouffe la balle* («Pappa-la-palla»), soprannome affibbiatogli dal popolo da quando un proiettile di pistola gli aveva fracassato la mascella (1812). A sparare era stato Malet, durante il colpo di Stato compiuto in assenza dell'imperatore: sfruttando la notizia inventata della morte di Napoleone e un decreto falsificato del Senato, i tre repubblicani Malet, Lahorie e Guidal avevano arrestato Savary e Pasquier, responsabili della polizia, e si erano tranquillamente impadroniti di Parigi, finché lo scettico Hulin aveva scoperto il complotto. La caricatura, risalente alla Restaurazione, ridicolizza gli alti funzionari dell'Impero.

Lit.: –

Die Kraftakte im Jahr 1812

Les tours de force en 1812

Amazing Feats in 1812

I giochi di forza nel 1812

MAISON DE FORCE DU ... LA SEINE

Il y a de quoi rire, Çavarie tous les Jours.

BOUFFE LA BALLE

à Mr

LES TOURS DE FORCE.
en 1812.

Déposé à la Direction de l'Imprimerie Royale.

En 1812 Les braves généraux Mallet, Lahorie & Guidal conçurent le noble dessein de renverser le gouvernement de Buonaparte, ils firent faire les tours de force ci-dessus à l'Ex Ministre de la police Savarry. à l'ex Gouverneur de Paris Hulin.2. & à l'ex préfet de police Pasquier.3

162
LE CHÈF DE LA GRANDE NATION DANS UNE TRISTE POSITION.
o.l. *ajustez bien la tête, Messieurs et nous aurons bientôt fait / au diable M.' Buonaparte la main de la justice vas enfin vous mettre votre bonnet de nuit*
o.M. *ETEIGNOIR DES ALLIÉS*
o.r. *par dieu sa tête ressemblera bientôt a du plomp = pudding / je lui ferai sonner quelques boules de neige au crane / je lui enverrai toutes mes oranges engros / orange*
u.r. *orange* [dreimal]
u.M. *Baton magique*
anonym, Ende 1813/1814, nach George Cruikshank
Radierung, koloriert
270 × 325 mm (282 × 362 mm)
u.r. Stempel Museum Schwerin 1980.83.

Das Oberhaupt der Grossen Nation in misslicher Lage
Ob das Blatt – auch unter dem Titel «L'Eteignoir des Alliés» erschienen – eine genaue französische Kopie nach Cruikshanks Karikatur vom Dezember 1813 oder eine eigenhändige Zweitversion zur Verbreitung in Frankreich ist, bleibt eine offene Frage. Der zu einer wilden Fratze verzeichnete Napoleon befindet sich hier in einer ausweglosen Lage, sein «Zauber»-Marschallstab liegt zerbrochen am Boden. Rings herum stehen voller Genugtuung die Repräsentanten der Siegermächte von Leipzig (v.l.n.r. Wellington, Franz I., Bernadotte, Alexander I.) sowie das Pummelchen Holland mit Hut und Pfeife. Es feuert aus einer Kanone Orangen – Wilhelm Friedrich von Oranien kehrte im November 1813 als Regent in die Niederlande zurück – auf den grossköpfigen Winzling ab. Sogleich wird auch die Hand Gottes mit dem «alliierten Löschhut» des Kaisers Leben wie eine Kerze auslöschen.

Le chef de la Grande Nation dans une triste position
La question quant à l'origine de cette caricature, qui a également paru sous le titre «L'Eteignoir des Alliés», reste sans réponse. Est-ce une copie conforme de la caricature de Cruikshank de décembre 1813 ou une variante établie indépendemment pour sa propagation en France? Napoléon au visage défiguré par une grimace farouche se trouve dans une situation sans issue, sa baguette «magique» de maréchal cassée en deux devant lui. Il est entouré des représentants alliés, issus victorieux de la bataille de Leipzig (de g. à d. Wellington, François Ier, Bernadotte, Alexandre Ier), ainsi que de la grassouillette Hollande avec chapeau et pipe, qui pointe un canon sur le petit homme à la grande tête et le bombarde d'oranges (Guillaume Frédéric d'Orange retourna aux Pays-Bas en novembre 1813 à titre de régent). La main même de Dieu s'apprête à éteindre la vie de l'empereur au moyen de «l'éteignoir des alliés».

The Ruler of the Grande Nation in a Sad Position
Whether this piece – also published as «L'Eteignoir des Alliés» – is an exact French copy of Cruikshank's cartoon of December 1813 or an independent version for dissemination in France remains an open question. The grimacing, gesticulating Napoleon is in a hopeless position, his magic marshal's baton lying broken on the ground. Around him stand the gloating representatives of the victorious forces of Leipzig (l. to r. Wellington, Franz I, Bernadotte, Alexander I) plus portly Holland with hat and pipe. The latter is firing oranges at the big-headed runt, an allusion to William Frederick of Orange, who returned to the Netherlands as regent in November 1813. Soon the hand of God will take the «allies' snuffer» and extinguish the emperor's life.

Il capo della grande nazione in una triste posizione
Non è chiaro se la stampa, pubblicata anche col titolo *L'Eteignoir des Alliés*, sia una copia francese fedele della caricatura di Cruikshank (dicembre 1813) o una seconda versione dello stesso autore per il pubblico francese. Napoleone, distorto a omiciattolo con testa enorme e una smorfia feroce, vi appare senza via di scampo, con la «bacchetta magica» (il bastone da maresciallo) spezzata al suolo. Lo circondano, più che soddisfatti, i rappresentanti delle potenze vincitrici di Lipsia (da s. a d. Wellington, Francesco I, Bernadotte, Alessandro I) e un'Olanda paffutella con cappello e pipa, che lo cannoneggia con arance (*oranges*): da novembre 1813, infatti, Guglielmo Federico d'Orange è di nuovo nei Paesi Bassi come reggente. Anche la mano di Dio, con lo «spegnitoio alleato», sta per spegnere come una candela la vita dell'imperatore.

Lit.: Ash S. 362; BM IX 12120A; BN IV 8985; Br II App. D 373; Cl 19; Da Abb. S. 256; Fi94 S. 37f. (Abb.); GC 269 (Abb.); Kat. RM 50 (Abb.).

163
LE GEAI DÉPOUILLÉ DE SES PLUMES EMPRUNTÉES
o.l. *ESPAGNE / BOHEME*
o.M. *AUTRICHE*
o.r. *POLOGNE*
u.r. *RUSSIE / SUEDE*
u.l. *PRUSSE*
anonym, Frühjahr 1814
Radierung, koloriert
268 × 326 mm (276 × 335 mm)
u.r. Stempel Museum Schwerin 1980.210.

Der seiner fremden Federn beraubte Eichelhäher
Am 10. November 1813 publizierte der Londoner Verleger Knight eine Karikatur unbekannter Hand, die seitenverkehrt, in kleinerem Format und mit verändertem Hintergrund in Frankreich kopiert wurde. Frei nach La Fontaines «Le Geai paré des plumes du Paon» (Fabeln IV, 9) empfängt hier der armselige Eichelhäher mit Napoleons Gesicht, der sich fremdes Gut angeeignet hat, vor den Toren einer Stadt seinen verdienten Lohn. Mächtige Adler mit den Kronen der Koalitionsmächte Preussen, Österreich und Schweden (mit dem Marschallstab von Bernadotte) sowie der russische Doppeladler rupfen ihm den falschen Federn aus, reissen ihm den Orden der Ehrenlegion vom Hals und die Krone vom Kopf. In die Höhe entschweben die geflügelten Kronen Spaniens, Böhmens und Polens. In Leipzig gewannen die alten Monarchien die Übermacht über den illegitimen Beherrscher Europas, der nun Schlag auf Schlag die usurpierten Reiche verlor.

Le geai dépouillé de ses plumes empruntées
Le 10 novembre 1813 l'éditeur londonien Knight publia une caricature anonyme, dont une version inversée, de plus petit format et avec un fond modifié, parut en France. Cette caricature, librement interprétée d'après «Le Geai paré des plumes du Paon» de La Fontaine (Fables IV, 9), illustre un geai misérable, pourvu de la tête de Napoléon, qui, pour s'être approprié les biens d'autrui, subit un juste châtiment devant les portes d'une ville. De majestueuses aigles couronnées, symboles des puissances alliées, la Prusse, l'Autriche et la Suède (avec la baguette de maréchal de Bernadotte), ainsi que l'aigle impériale russe le dépouillent de ses fausses plumes, lui arrachant de son cou et de sa tête l'insigne de la Légion d'honneur et sa couronne. Les couronnes ailées de l'Espagne, de la Bohème et de la Pologne s'envolent à l'horizon. A Leipzig, les anciennes monarchies regagnèrent la suprématie sur le souverain illégitime de l'Europe qui perdit alors coup sur coup les territoires usurpés.

The Jay Deprived of His Strange Feathers
On 10 November 1813, Knight in London published an anonymous cartoon that was copied in reverse, with a different background, in France. In allusion to La Fontaine's «jay who decked himself in peacock's plumes» (Fables IV, 9), the pitiful jay with Napoleon's face receives his just deserts before the gates of a city for seizing illicit goods. Mighty eagles in the crowns of the coalition powers of Prussia, Austria and Sweden (with the marshal's baton of Bernadotte), and the Russian double eagle are plucking out his false feathers, tearing the medal of the Legion of Honour from his neck and snatching the crown from his head. Above float the winged crowns of Spain, Bohemia and Poland. In Leipzig the old monarchies gained the upper hand over the illegitimate ruler of Europe, who, at one fell swoop, lost the empires he had usurped.

La ghiandaia spogliata delle sue false piume
Il 10 novembre 1813 l'editore londinese Knight pubblicò una caricatura anonima che in Francia fu copiata in formato più piccolo, con lati invertiti e modifiche allo sfondo. Lo spunto è tratto liberamente dalla favola di La Fontaine *Le Geai paré des plumes du Paon* (*Fables* IV, 9): la povera ghiandaia col volto di Napoleone, che si è appropriata beni altrui, riceve il meritato compenso davanti alle porte di una città. L'aquila russa a due teste e altre aquile possenti con le corone delle potenze coalizzate – Prussia, Austria, Svezia (col bastone da maresciallo di Bernadotte) – le strappano dal corpo, dal collo e dal capo le false piume, l'ordine della Legion d'onore e la corona; in alto volano via tranquillamente le corone alate di Spagna, Boemia e Polonia. A Lipsia il dominatore illegittimo dell'Europa era stato sconfitto dalle vecchie monarchie, che ora gli strappavano colpo su colpo i reami usurpati.

Lit.: BN IV 8839; Br II 2.Tf. S. 46, 52, App. D 185; Cl 43; Kat. RM 91 (Abb.).

LE CHÈF DE LA GRANDE NATION DANS UNE TRISTE POSITION.

Das Oberhaupt der Grossen Nation in misslicher Lage

Le chef de la Grande Nation dans une triste position

The Ruler of the Grande Nation in a Sad Position

Il capo della grande nazione in una triste posizione

LE GEAI DÉPOUILLÉ DE SES PLUMES EMPRUNTÉES

Der seiner fremden Federn beraubte Eichelhäher

Le geai dépouillé de ses plumes empruntées

The Jay Deprived of His Strange Feathers

La ghiandaia spogliata delle sue false piume

164

Le courier du Rhin. / perd tout en revenant de la foire de Leipsig.
o. l. *Mayence / Charlemagne*
o. r. *B. du Rhin / ITALIE / DÉPARTEMENTS ANSÉATIQUES / SUISSE / CONFÉDÉRATION DU RHIN / HOLLANDE*
u. r. *POLOGNE / Jeune garde / Vieille garde*
anonym, Ende 1813/1814
Radierung, koloriert
240 × 170 mm (272 × 192 mm)
u. r. Stempel Museum Schwerin 1980.103.

Der Rheinkurier verliert alles auf dem Heimweg von der Leipziger Messe
Die französische Version des berühmten «Rheinischen Couriers» (Kat. Nrn. 336, 383), die von der Urfassung des Jahres 1813 (Sche 3.55) ausgeht, vereinfacht die Bildgestaltung insofern, als rechts der Busch am Rheinufer wie auch die Festung in der Ferne wegfallen und die Ansicht von Mainz auf die kennzeichnendsten Bauten der Stadt reduziert ist. Hier wirkt die Figur statischer und symbolhafter. Die geschlossene Karte Brabants im Tornister bleibt unbeschriftet. Mit dem jungen Strauch links unten könnte Lorbeer gemeint sein: eine Vorahnung der Siege Napoleons in Frankreich gegen die Koalition von Januar bis März 1814? Clercs Meinung, das Blatt beziehe sich direkt auf Rowlandsons Bildfassung (Kat. Nr. 60) vom 2. März ist unbegründet und wird von der Literatur nicht geteilt.

Le courier du Rhin perd tout en revenant de la foire de Leipzig
La version française du célèbre «Rheinischer Courier» (nos. cat. 336, 383) se base sur l'édition originale de 1813 (Sche 3.55) tout en la simplifiant: le buisson à droite, sur la rive du Rhin, ainsi que la fortification à l'horizon, ont été supprimés et la vue sur Mayence réduite aux bâtiments les plus caractéristiques. Le personnage paraît plus statique et symbolique. La carte du Brabant, rangée dans le sac à dos, ne porte aucune inscription. Le petit arbuste en bas à gauche pourrait être un laurier: un pressentiment des victoires remportées par Napoléon en France contre la coalition de janvier à mars 1814? L'opinion soutenue par Clerc selon laquelle la présente caricature se rapporterait directement à la version illustrée de Rowlandson (n°. cat. 60) du 2 mars est infondée et n'est pas partagée dans les ouvrages critiques.

The Rhine Messenger Looses Everything Coming Back from Leipzig Fair
The French version of the famous «Rheinischer Courier» (cat. nos. 336 and 383), based on an original from the year 1813 (Sche 3.55), simplifies the design by eliminating the bush on the riverbank and the fortress in the distance, and reducing the view of Mainz to the city's landmark buildings. The figure is more static and symbolic. The rolled-up map of Brabant in the knapsack is unmarked. The small shrub at the bottom left might be laurel: is it a premonition of Napoleon's victory over the coalition in France between January and March 1814? Clerc's view that the cartoon alludes directly to Rowlandson's picture (cat. no. 60) of 2 March is unfounded and not shared by other relevant literature.

Il corriere del Reno perde tutto tornando dalla fiera di Lipsia
La versione francese del celebre *Rheinischer Courier* (n¹ cat. 336e 383), derivata dalla prima versione del 1813 (Sche 3.55), semplifica la composizione sopprimendo la boscaglia in riva al Reno e la fortezza sullo sfondo, ma anche riducendo la veduta di Magonza agli edifici cittadini più caratteristici. La figura appare più statica e più simbolica; la carta geografica chiusa del Brabante (nello zaino) non reca scritte. Il piccolo cespuglio all'angolo inferiore sinistro potrebbe essere di alloro: forse un presentimento delle sconfitte che Napoleone infliggerà alla coalizione in Francia (gennaio–marzo 1814)? Clerc ritiene che la stampa si rifaccia direttamente alla versione di Rowlandson del 2 marzo (n° cat. 60); si tratta però di un'opinione immotivata, non condivisa dagli studiosi.

Lit.: BM IX 12192A; BN IV 8849; Br II App. D 64; Cl 14; Kat. RM 15.

165

Buonaparte au Bain.
darunter *Le Tyran de la france, dans une baignoire de Cristal fait couler tour à tour le sang et les larmes des français, il se plait a nager au milieu. / L'ange du nord vient consoler la france et lui rend les lis et l'Olivier de la paix.*
anonym, Frühjahr 1814
Radierung, koloriert
272 × 364 mm (284 × 373 mm)
u. r. Stempel Museum Schwerin 1980.211.

Bonaparte im Bad
Unter dem Eindruck der Verluste des ausgezehrten Frankreich von 1814 entstand diese klassizistische Allegorie als Anklage gegen den Unmenschen und Tyrannen Napoleon. Eine Badewanne aus Kristall, vor der das Zeremonialschwert liegt, ist von Napoleons Krönungsmantel umhüllt. Am Fussende ist die Kaiserkrone auf dem Wannenrand plaziert, am Kopfende wandelt sich die Wandung in den Hermelinmantel der Personifikation des königstreuen Frankreich. Mantel und eine Art Reichsglobus der «France» sind mit Lilien übersät. Im Bad sitzt der nackte Kaiser und dreht die Wasserhähne auf, wodurch aus dem Herzen des französischen Volkes Blut und Tränen sprudeln. Die Allegorie Frankreichs hebt flehend einen Arm und blickt zu einem Putto, der ihren Schmerz mit den Lilien des französischen Königtums und dem Ölzweig des Friedens lindert. Dieser «Engel des Nordens» muss Grossbritannien symbolisieren, das die Rückkehr der Bourbonen auf den Thron durchsetzte. Der Kaiser wird als Gewaltherrscher und Peiniger seines Volkes empfunden, dessen Regime dem wahren Wesen der Nation – Royalismus und Frieden – widerspricht.

Bonaparte au bain
Cette allégorie classiciste fut créée sous l'effet des pertes subies par la France de 1814, vidée de ses forces; elle se veut une accusation portée contre le tyran monstrueux Napoléon. Une baignoire en cristal, devant laquelle est posée l'épée de cérémonie, est enveloppée du manteau du couronnement de Napoléon. La couronne impériale se trouve sur le bord de la baignoire, du côté des pieds; du côté de la tête, la paroi de la baignoire se transmue en manteau d'hermine, porté par une personnification de la France royaliste. Le manteau et le globe (?) de la «France» sont parsemés de lis. L'empereur nu est assis dans le bain et ouvre les robinets à eau, qui font jaillir – du cœur du peuple français – des flots de sang et de larmes. En cherchant instamment à trouver grâce, l'allégorie de la France lève un bras et regarde vers un putto, qui atténue sa douleur à l'aide des lis de la royauté française et du rameau d'olivier de la paix. Cet «ange du nord» symbolise vraisemblablement la Grande-Bretagne, qui réussit à imposer le retour des Bourbons sur le trône. L'empereur est considéré comme un tyran tortionnaire qui opprime son peuple, le régime imposé aux Français étant vu comme une contradiction par rapport à la vraie nature de la nation, favorable au royalisme et à la paix.

Bonaparte Taking His Bath
This classicist-style allegory, targeting the monster and tyrant Napoleon, mirrors the people's feelings at the time over the losses that, by 1814, had drained France of its resources. We see a crystal bathtub sheathed in Napoleon's coronation cloak; the ceremonial sword lies on the floor in front of it. The imperial crown is set on the foot end edge of the tub; at the head end, the tub wall in the ermine mantle turns into the personification of Royalist France. Both the mantle and the globe (?) of «France» are strewn with lilies. The naked Emperor sits in his bath and turns on the water faucets, making blood and tears flow from the heart of the French people. The allegorical figure of France imploringly lifts her arm and gazes at a putto, who soothes her pain with the lilies of the French kingdom and the olive branch of peace. This «angel from the North» must symbolise Great Britain, who pushed through the return of the Bourbons to the French throne. The Emperor is portrayed as a despot and tormentor of his people, the perpetrator of a regime in contradiction with the real spirit of the nation – that is, royalism and peace.

Bonaparte al bagno
Colpito dalle perdite che la Francia estenuata dovette subire nel 1814, l'autore di quest'allegoria classicistica accusa Napoleone di essere un mostro e un tiranno. La vasca da bagno in cristallo, davanti a cui giace la spada da cerimonia, è rivestita dal manto dell'incoronazione, che all'estremità sinistra è sormontato dalla corona imperiale; a destra il rivestimento si trasforma però nel manto d'ermellino (gigliato) di una personificazione della Francia monarchica, che stringe una specie di globo (anch'esso gigliato). Mentre l'imperatore, nudo nella vasca, aprendo i rubinetti fa sgorgare lacrime e sangue dal cuore del suo popolo, la Francia alza implorante un braccio verso un putto, che lenisce il suo dolore coi gigli della monarchia francese e col ramo d'ulivo della pace; il putto, «angelo del Nord», simboleggia probabilmente quella Gran Bretagna cui si deve il ritorno dei Borboni. L'imperatore è visto come un despota e persecutore dei francesi; il regime di Napoleone contrasta con la vera natura della nazione, che è pacifica e monarchica.

Lit.: Br II S. 53, App. D 36; Cl 63; Kat. T 42.

Der Rheinkurier verliert alles auf dem Heimweg von der Leipziger Messe

Le courier du Rhin perd tout en revenant de la foire de Leipzig

The Rhine Messenger Looses Everything Coming Back from Leipzig Fair

Il corriere del Reno perde tutto tornando dalla fiera di Lipsia

Bonaparte im Bad

Bonaparte au bain

Bonaparte Taking His Bath

Bonaparte al bagno

166
Le Matériel perdu.
[dahinter handschriftlich hinzugefügt *après la bataille de Leipzig*]
u. *Ah! Le Diable de Marais.*
[dahinter handschriftlich hinzugefügt *–(Maret)–*]
anonym, Ende 1813/1814 oder 1815
Radierung, koloriert
215 × 266 mm (246 × 300 mm)
u. r. Stempel Museum Schwerin
1980.219.

Das verlorene Material
Ein zweispänniger Wagen kommt vom Weg ab, Hinterräder und Deichsel brechen, und das Fahrzeug kippt in einen Sumpf mit Schilf und Fröschen. Um Hilfe schreiend, fällt ein Herr im Kostüm des Ancien Régime zusammen mit Weinflaschen, Geldsäcken und Münzen aus der Kutsche; nur ein im Wagen aufgehängtes Huhn bleibt am Ort. Verzweifelt peitscht der enorme Reitstiefel tragende Kutscher (mit Porträtzügen?) auf die scheuenden Pferde ein, um das Gefährt noch zu retten. Zwei Bleistiftnotizen verraten, dass die Bildlegende ein Wortspiel auf Napoleons Vertrauten Maret (Gleichklang mit franz. «marais»: Sumpf) sei und sich die Szene nach der Niederlage von Leipzig abspielen solle: Beim Rückzug der Franzosen gingen ein ganzes Armeekorps und 200 Kanonen verloren. Staatssekretär Maret war 1811 Aussenminister geworden, musste das Amt aber im November 1813 abtreten, weil er in Frankreich für das Scheitern der Friedensverhandlungen von Prag (Mai–August 1813) verantwortlich gemacht wurde, das zur «Völkerschlacht» führte. Das Bild selbst weist jedoch in eine andere Richtung: Der steinreiche, genussgierige Aristokrat mit dem livrierten Kutscher im (revolutionären) Sumpf (vgl. Kat. Nr. 183) repräsentiert womöglich die 1815 von Napoleons zweiter Machtergreifung in die Flucht geschlagenen Royalisten.

Le matériel perdu
Une voiture attelée à deux chevaux quitte la route; les roues arrière et le timon se cassent et le véhicule bascule dans un marais, habité par des grenouilles, où poussent des roseaux. Criant au secours, un monsieur en costume d'Ancien Régime tombe du carrosse, en même temps que des bouteilles de vin, des sacs d'argent et des pièces de monnaie; seule une poule, suspendue dans la voiture, reste en place. Portant d'énormes bottes d'équitation, le cocher (avec des traits de caractère?) cravache désespérément les chevaux effarouchés, pour tenter de sauver encore le véhicule. Deux notes au crayon révèlent que la légende de l'image doit constituer un jeu de mots avec le nom d'un confident de Napoléon – à savoir Maret – et que la scène est censée se dérouler après la défaite de Leipzig: lors de la retraite des Français, ces derniers perdirent un corps d'armée complet ainsi que 200 canons. En 1811, le secrétaire d'Etat Maret devint ministre des affaires étrangères; mais, en novembre 1813, il dut abandonner cette fonction, étant donné qu'on le rendit responsable en France de l'échec des négociations de paix de Prague (mai–août 1813), échec qui mena à la «bataille des nations». En revanche, l'estampe elle-même suggère une autre interprétation: on a affaire à un aristocrate, accompagné de son cocher en livrée; richissime, avide de jouissance, il est plongé dans le marais (révolutionnaire) (cf. n°. cat. 183) et représente peut-être les royalistes chassés par Napoléon en 1815, lors de sa seconde prise du pouvoir.

The Lost Material
A two-horse carriage has gone off track: its two rear wheels and shaft break, and it topples over into a swamp with reeds and frogs. Shouting for help, a man dressed in the fashion of the Ancien Régime falls out of the carriage, together with several wine bottles, sacks of money, and loose coins; all that is left inside the carriage is a chicken hung there. The despairing coach driver, who wears outsize riding boots (and presents portrait features?), lashes out at his shying horses with the whip, striving to save the carriage. Two pencilled annotations disclose that the caption is a play on words alluding to Napoleon's trusted Maret (French: homonymy of «marais» – swamp and Maret), and that the scene takes place after the defeat suffered by Napoleon at Leipzig. During their retreat from Leipzig, the French had lost an entire army corps and 200 cannons. Secretary of State Maret had become Foreign Secretary in 1811, but was obliged to step down from office in November 1813 because public opinion held him responsible for the failure of the peace negotiations of Prague (May–August 1813), leading to the «Battle of the Nations» at Leipzig. The image itself however pleads a different interpretation: the immensely rich and pleasure-loving aristocrat with a coach driver in livery landing in a (revolutionary) swamp (cf. cat. no. 183) possibly represents the Royalists sent into flight by Napoleon's second takeover in 1815.

Il materiale perduto
Una carrozza a due cavalli esce di strada; ruote posteriori e timone si rompono, il veicolo si ribalta e finisce in una palude (in francese *marais*), tra canne e rane. Invocando aiuto, un uomo in abiti dell'Ancien Régime cade in acqua con tutto il carico (bottiglie di vino, sacchi di denaro e monete), tranne un pollo appeso al tetto; il cocchiere, raffigurato con stivali enormi (e lineamenti che ricordano un ritratto?), per riportare in salvo la carrozza frusta disperatamente i cavalli impauriti. Due appunti a matita rivelano che la didascalia doveva essere un gioco di parole su un confidente di Napoleone (Maret, pronunciato come *marais*), e che la scena doveva svolgersi dopo la sconfitta di Lipsia: in quell'occasione i francesi, ritirandosi, persero un intero corpo d'armata e duecento cannoni. Maret, segretario di Stato, divenne ministro degli esteri nel 1811; poiché in Francia era ritenuto responsabile del fallimento delle trattative di pace a Praga (maggio–agosto 1813), fallimento che poi portò alla «battaglia delle nazioni», dovette lasciare la carica nel novembre successivo. La caricatura in sé, tuttavia, fa pensare a qualcos'altro: ricchissimo, epicureo e con cocchiere in livrea, l'aristocratico che cade nella palude (simbolo rivoluzionario: cfr. n° cat. 183) potrebbe forse rappresentare i monarchici in fuga nel 1815, dopo il ritorno di Napoleone al potere.

Lit.: –

Le Matériel perdu. après la bataille de Leipzig

Ah! Le Diable de Marais.

Das verlorene Material

Le matériel perdu

The Lost Material

Il materiale perduto

167
L'Olive de la Paix envain lui fut offerte, / Il suit l'Ambition qui le mène à sa perte.
sign. u. l. *Maleuvre del et sculp.*
20 Juli 1814 (DL)
bez. u. r. *A Paris, chez Martinet, Libraire, rue du Coq, N°. 15.*
Radierung, koloriert
244 × [368] mm (256 × 370 mm)
u. r. Stempel Museum Schwerin 1980.45.

*Des Friedens Ölzweig ward vergeblich ihm gereicht,
Er folgt der Ehrsucht, die ihn ins Verderben treibt.*
Napoleon am Scheideweg: Links weist, auf einer Wolke stehend, die Friedensgöttin mit Ölzweig, Füllhorn und Opferstier auf eine blühende Landschaft mit reifem Korn, prachtvoller Stadt und Tempelfront hin, in der eine Schafherde weidet und ein Reigen getanzt wird; ganz links spielt ein Bienenstock auf Napoleons Wappentier an und mag hier ein Symbol des Frühlings, aber auch des idealen Staates sein. Rechts fordert ihn eine Kriegsgottheit auf zweispännigem Streitwagen auf, ihr in eine dürre, leichenübersäte Winterlandschaft mit Biwaks, brennenden Gebäuden und einer Stadt zu folgen. Rechts steht eine Kanone mit Kugeln bereit. In der Mitte weist Napoleon mit einer Handbewegung Pax zurück und wendet sich eiligen Schrittes der Kriegsvision und damit – laut dem kommentierten Vers – der Befriedigung seiner Ehrsucht und seinem Untergang zu. Die allegorische Komposition konnte erst nach Napoleons Entmachtung der Zensur vorlegt werden, entstand aber früher; doch fällt es schwer, zu entscheiden, ob sie sich eher auf den Russlandfeldzug (vgl. Br) oder auf den Frankreichfeldzug im Frühjahr 1814 (mutwilliges Scheitern des Kongresses von Châtillon; vgl. BM) bezieht.

*L'olive de la paix en vain lui fut offerte,
Il suit l'ambition qui le mène à sa perte.*
Napoléon est à la croisée des chemins. A gauche, debout sur un nuage – identifiée par un rameau d'olivier, une corne d'abondance et un taureau offert en sacrifice –, la déesse de la Paix montre du doigt un paysage fleuri où les blés sont beaux; on y distingue une ville magnifique, la façade d'un temple, un troupeau de moutons qui pâture et des personnages qui font la ronde. Tout à gauche, une ruche fait allusion à l'animal héraldique de Napoléon et symbolise sans doute ici le printemps, de même que l'Etat idéal. A droite, une divinité de la guerre – juchée sur un char de guerre attelé de deux chevaux –, lui demande de la suivre en direction d'un paysage d'hiver désertique, parsemé de cadavres, où se dressent des bivouacs et brûlent des bâtiments à l'entrée d'une ville. Tout à droite, un canon et des boulets sont tenus prêts. Au milieu de l'image, Napoléon repousse Pax d'un geste de la main. A pas précipités, il se dirige vers la vision de la guerre et, par conséquent (selon les vers commentés), la satisfaction de sa soif de gloire et la déchéance. Cette composition allégorique ne put être soumise à la censure qu'après la destitution de Napoléon, mais sa création date d'avant celle-ci. Il paraît cependant difficile de savoir si elle se réfère à la campagne de Russie (cf. Br) ou plutôt à la campagne de France, au printemps 1814 (échec provoqué à dessein du congrès de Châtillon; cf. BM).

*The Olive Branch of Peace Was Extended in Vain,
He Preferred the Ambition that Would Be his Bane.*
Napoleon is at a crossroads: to the left, the Goddess of Peace, standing on a cloud, offers an olive branch, a cornucopia, and a sacrificial bull; she gestures towards a blossoming landscape featuring ripe corn, a handsome city, and a temple: here a troop of sheep grazes peacefully, and a joyous round dance is being celebrated. The beehive all the way to the left is a play on Napoleon's heraldic animal: it may symbolise spring, but also the ideal state. To the right, a war god driving a war chariot drawn by two horses invites him to a barren winter landscape strewn with corpses; the land houses bivouacs and, in the background, a city. All the way to the right a cannon with cannon balls is depicted. At the image centre, Napoleon rejects Peace and hurries off towards the battle scene vision, thus – as the title verse makes clear – satisfying the ambition that would be his downfall. This allegorical composition would only pass censorship once Napoleon fell out of power, but it originated prior to his downfall. It remains difficult to gauge whether it alludes to the Russian campaign (cf. Br) or the spring 1814 French campaign (i.e. the wanton breakdown of the Châtillon negotiations; cf. BM).

*L'ulivo della pace invan gli venne offerto;
Seguendo l'ambizione, egli si rovinò.*
Napoleone è a un bivio. A sinistra, su una nuvola, la dea della pace (con ramo d'ulivo, cornucopia e toro sacrificale) indica un florido paesaggio con messi mature, città splendida, facciata di tempio, gregge al pascolo e persone che ballano in tondo; all'angolo sinistro un'arnia allude alle api, animali araldici dell'imperatore, e forse qui simboleggia la primavera ma anche lo Stato ideale. A destra una divinità della guerra ingiunge a Napoleone di salire su una biga da combattimento, per seguirla in un paesaggio invernale brullo e cosparso di cadaveri, con bivacchi, edifici in fiamme e una città; all'angolo destro è pronto un cannone con proiettili. Al centro l'imperatore respinge la Pace con un cenno e si affretta verso la Guerra; in tal modo, stando al distico del titolo, soddisfa la sua ambizione e va incontro alla rovina. Questa stampa allegorica, presentata alla censura solo dopo l'esautorazione di Napoleone, fu però eseguita prima; è difficile stabilire, tuttavia, se si riferisca alla spedizione in Russia (cfr. Br) o alla campagna condotta in Francia nella primavera 1814 (fallimento deliberato del congresso di Châtillon; cfr. BM).

Lit.: BM IX 12240; Br II Tf. S. 44, 50, App. D 245; Cl 17.

*L'Olive de la Paix en vain lui fut offerte,
Il suit l'Ambition qui le mène à sa perte.*

*Des Friedens Ölzweig ward vergeblich ihm gereicht,
Er folgt der Ehrsucht, die ihn ins Verderben treibt.*

*L'olive de la paix en vain lui fut offerte,
Il suit l'ambition qui le mène à sa perte.*

*The Olive Branch of Peace Was Extended in Vain,
He Preferred the Ambition that Would Be his Bane.*

*L'ulivo della pace invan gli venne offerto;
Seguendo l'ambizione, egli si rovinò.*

168

Nouvelle FARCE qui a été representé a PARIS avec éclat, acteur principal le ROI de ROME?????
darunter *Belle estampes representant Le marmot roi de Rome agé de trois ans monté sur son dada passant en revue les troupes françaises. / dedié aux soldats de la grande armée.*
o.l. *Vive l'Empereur* [dreimal] */ Voyez mon fils les légions qui ont conquis l'Europe et voyez celles qui doivent recommencer cette besogne comme Alexandre je pleurais de n'avoir pas un autre Europe a Conquerir S'etait un fou il aurait du faire comme moi il se Serait épargné bien des larmes.. passé les troupes en revue dites leur que je vais les conduire a la gloire comme j'ai conduit leurs peres; dites leur qu'ils doivent se battre pour vous et votre papa / qu'on me ramene chez ma mère j'ai envie de faire. / Bouillie pour S.M.*
o.r. *Legion d'honneur* [viermal]
u.l. *Serviettes pour Sa Majesté [I]mperiale*
anonym (George Cruikshank?), Frühjahr 1814
Radierung, koloriert
270 × 325 mm (285 × 370 mm)
u.r. Stempel Museum Schwerin 1980.79.

Neuer Schwank mit dem König von Rom als Hauptdarsteller – in Paris mit Eklat aufgeführt
Nahezu identisch mit Cruikshanks «Delusion, a New Farce» (Br II App. A 265; Kat. H83 10; Kat. H85 62) vom 8. Dezember 1813 (rückdatiert?), handelt die Karikatur vom «dreijährigen König von Rom»: Am dritten Geburtstag (20. März 1814) nahm laut dem kaiserlichen Presseorgan «Le Moniteur» der Thronerbe seine erste Truppenparade ab. Früh gealterte Kindersoldaten und vom Krieg gezeichnete Veteranen, die mit der Ehrenlegion zum Schweigen gebracht worden sind, bilden die Junge und die Alte Garde. Unter allgemeinem Jubel präsentiert der sichtlich sorgenvolle und vergrämte Kaiser «die Legionen, die Europa erobert haben» und «jene, die diese Arbeit von neuem beginnen müssen». Anders als Alexander dem Grossen, werde ihm die Gelegenheit zum Kriegführen nie fehlen, lässt der ironische Text Napoleon sagen. Sein Werk will er im Sohn fortgeführt und vollendet wissen. Dieser hat, mit der komischen Krone von Rom (mit Tiara!) auf dem Holzpferd sitzend, bloss den Wunsch, zu Mama zurückgebracht und auf den Topf gesetzt zu werden. Ein Mameluk trägt ihm Windeln und Süppchen nach. Um den Thron zu sichern, hatte 1813 der im Felde stehende Kaiser die Regentschaft seiner Gattin übertragen. Die Truppenparade fand eine Woche vor dem alliierten Einmarsch in Paris statt; sie sollte den Thronanspruch des Königs von Rom unterstreichen und seine Befehlsgewalt über das Heer im Todesfall des Vaters demonstrieren.

Nouvelle farce qui a été représentée à Paris avec éclat, acteur principal le roi de Rome
Quasiment identique à l'image de Cruikshanks intitulée «Delusion, a New Farce» (Br II app. A 265; cat. H83 10; cat. H85 62) du 8 décembre 1813 (antidatée?), la présente caricature traite du «roi de Rome âgé de trois ans»: lors de son troisième anniversaire (20 mars 1814), l'héritier du trône passa les troupes en revue, pour la première fois, selon l'organe de presse imperial «Le Moniteur». La jeune garde est formée de soldats-enfants précocement vieillis, tandis que la vieille garde est composée de vétérans marqués par la guerre, bâillonnés à l'aide d'ordres de la Légion d'honneur. Provoquant l'allégresse générale, l'empereur – visiblement plein de soucis et rongé de chagrins – présente «les légions qui ont conquis l'Europe» et «celles qui doivent recommencer cette besogne». Le texte d'accompagnement ironique fait dire à Napoléon que – contrairement à Alexandre le Grand – l'occasion pour faire la guerre ne lui fera sûrement jamais défaut. Il souhaite avoir la certitude que son œuvre soit poursuivie et accomplie par son fils. Portant une curieuse couronne de Rome (comportant une tiare!) et «assis sur son dada», le garçon a pour seul souhait d'être ramené chez sa mère et mis sur son pot. Un mamelouk le suit avec sa bouillie et ses couches. En 1813 – en vue de protéger le trône –, l'empereur, engagé en campagne, avait attribué la régence à son épouse. La revue militaire eut lieu une semaine avant l'entrée des Alliés dans Paris; elle était censée mettre en lumière la prétention au trône du roi de Rome ainsi que la perspective du transfert du commandement sur l'armée à l'héritier, en cas de décès du père.

A New Farce Brilliantly Performed in Paris with the King of Rome as Main Character
Almost identical with Cruikshank's «Delusion, a New Farce» (Br II App. A 265; cat. H83 10; cat. H85 62) of 8 December 1813 (antedated?), this cartoon presents «the three-year-old King of Rome» who, according to the imperial news organ «Le Moniteur», is heir to the throne. On his third birthday (20 March 1814), he undertook his first troop review. Depicted as object of his inspection are children who have aged before their time, forming the Young Guard, with war-marked veterans who comprise the Old Guard and whose lips have been sealed with legion of honour decorations and sundry other military orders. The evidently anxiety-ridden and careworn Emperor presents the jubilating crowd with «the legions who conquered Europe» and «those who must start over again». The text ironically allows Napoleon to note that, as was not the case for Alexander the Great, occasions for war would remain ever available to him. It is his fond hope for his work to be taken over and brought to completion by his son. The latter, boasting a comical crown (complete with tiara!), sits astride a wooden horse with but one thought in mind: returning to mama, who can put him back on the potty. A Mamluk follows behind bearing diapers and porridge. In order to ensure the throne, in 1813 the Emperor, away on the battlefields at the time, vested his wife with the regency. The troop review took place a week before the allied invasion of Paris; it was intended to underscore the King of Rome's claim to the throne and his authority over the army in case of his father's death.

Nuova farsa rappresentata fastosamente a Parigi, protagonista il re di Roma
La caricatura, quasi identica a un'opera di Cruikshank (retrodatata?) dell'8 dicembre 1813 (*Delusion, a New Farce*: Br II app. A 265; cat. H83 10; cat. H85 62), ha per protagonista il «re di Roma, marmocchio di tre anni»: questi infatti, stando all'organo di stampa imperiale *Le Moniteur*, nel giorno del terzo compleanno (20 marzo 1814) presenziò alla sua prima parata militare. Soldati-bambini precocemente invecchiati e veterani segnati dalle guerre, messi a tacere dalla Legion d'onore, formano rispettivamente la Giovane e la Vecchia Guardia. Nel giubilo generale il monarca, visibilmente afflitto e preoccupato, presenta «le legioni che hanno conquistato l'Europa» e «quelle che devono riaccingersi a tale bisogna»; diversamente che ad Alessandro Magno (così il testo ironico fa dire a Napoleone), a lui non mancherà mai l'occasione di far guerra. L'imperatore vorrebbe che la propria opera fosse proseguita e portata a termine dall'erede al trono, ma quest'ultimo, che cavalca un cavalluccio di legno e ha sul capo una buffa corona di Roma (con tiara!), desidera solo essere riportato dalla mamma e messo sull'orinale; dietro di lui un mamelucco tiene pronti la pappa e i pannolini. Nel 1813 Napoleone, impegnato in guerra, per assicurare il trono aveva affidato la reggenza alla moglie; la parata militare, svoltasi una settimana prima che gli alleati entrassero in Parigi, doveva sottolineare le pretese ereditarie del re di Roma, dimostrando la sua autorità sull'esercito in caso di morte del padre.

Lit.: BM IX 12178; BN IV 8595; Br II App. D 375; Cl 30; GC 283 (Abb.); Kat. BB unter Nr. 8; Kat. RM 105 (Abb.).

Nouvelle FARCE qui a été representé a PARIS avec éclat, acteur principal le ROI de ROME ?????

Belle estampe representant le marmot roi de Rome agé de trois ans monté sur son dada passant en revue les troupes françaises. dedié aux soldats de la grande armée.

Neuer Schwank mit dem König von Rom als Hauptdarsteller – in Paris mit Eklat aufgeführt

Nouvelle farce qui a été représentée à Paris avec éclat, acteur principal le roi de Rome

A New Farce Brilliantly Performed in Paris with the King of Rome as Main Character

Nuova farsa rappresentata fastosamente a Parigi, protagonista il re di Roma

169
L'ex Sénateur.
unter dem Bildfeld *Manière de voir sous Bonaparte.*
o. l. *Traitemens. 36000 francs*
o. r. *La Levée Des Trois Cent Mille hommes*
u. l. *20 FRAN[C]*
Recette De 1813. Récapitulation
Traitemens	36000 f^r
Senatorerie	200000
Places a faire	
Acorder	110000
Décorations	12000
Conscription	900000
Projet de Levé^e en Masse	100000
Retour du Bâton	200000
Total	7480000

anonym, 1814
Radierung, koloriert
257 × 174 mm (275 × 183 mm)
u. r. Stempel Museum Schwerin 1980.15.

Der Ex-Senator
Inszeniert wie ein Repräsentationsbildnis, besticht die qualitätvolle Allegorie des Ex-Senators durch die schonungslose Blosslegung der Korruption im Staatsapparat des Kaiserreichs: Auf einem bienenverzierten Teppich sitzt er in Gala am Arbeitstisch; soeben hat er die Akte vom 12. November 1813 zur Aushebung von 300 000 Soldaten unterzeichnet. Mit seiner letzten Massenrekrutierung verlor der Senat sein restliches Ansehen beim Volk. Der hohe Herr mit der Ehrenlegion verschränkt die Arme und hält einen Goldbeutel mit seinem Gehalt von 36 000 Francs in der Hand. An die auf ihn blickende Marmorbüste des Kaisers binden ihn Ketten aus Goldstücken und machen klar, welcher Natur seine Loyalität zu Napoleon ist. Den Senator machen Münzen auf Augen, Ohren und Mund blind und taubstumm. Zu seinen Füssen liegen seine Einnahmenbücher; eines verzeichnet seine Einkünfte während des Jahres 1813: Gehalt, «Sénatoreries» (Einkünfte aus den nationalen Domänen), Einnahmen aus der Vergabe von Beamtenposten, aus Ordensverleihungen sowie aus Massenrekrutierungen, ferner die Dotation als Marschall – insgesamt fast 7,5 Millionen Francs! Da der Marschallstab erwähnt ist, muss es sich hier um einen der vier Honorarmarschälle des Kaiserreichs (Kellermann, Lefebvre, Pérignon, Sérurier) handeln.

L'ex-sénateur
Mise en scène à l'instar d'un portrait officiel, l'allégorie de l'ex-sénateur – d'une qualité exceptionnelle – séduit par ses révélations sans ménagements sur la corruption au sein de l'appareil étatique de l'Empire: sur un tapis décoré d'abeilles, le personnage est assis à sa table de travail, en tenue de gala; il vient de signer l'acte du 12 novembre 1813 concernant l'enrôlement de 300 000 soldats. A travers sa décision sur la dernière levée en masse, le Sénat perdit le peu de considération qui lui restait encore auprès du peuple. Le grand homme, décoré de la Légion d'honneur, croise les bras et tient à la main un petit sac d'or contenant 36 000 francs. Il est attaché par des chaînes – faites de pièces d'or – au buste de marbre de l'empereur en train de le regarder, les pièces mettant à jour la nature de sa loyauté à l'égard de Napoléon. Le sénateur est rendu aveugle et sourd-muet par des pièces placées sur ses yeux, ses oreilles et sa bouche. Ses livres de recettes sont posés à ses pieds; l'un d'entre eux fait état de ses rentrées durant l'année 1813: «traitements», «sénatoreries» (recettes provenant des domaines nationaux), recettes venant de l'attribution de postes pour fonctionnaires et de décorations ainsi que de levées en masse et, enfin, dotation à titre de maréchal – au total presque 7,5 millions de francs! Vu la mention du bâton de maréchal, il doit s'agir ici de l'un des quatre maréchaux d'Empire honoraires (Kellermann, Lefebvre, Pérignon et Sérurier).

The Ex-Senator
Staged as if it were a representational portrait, this excellent allegory of an ex-Senator derives its impact by exposing the imperial state machinery. The sitter, portrayed at a desk set upon a bee-patterned rug, has just signed the decree of 12 November 1813 to draft another 300 000 soldiers. It is a fact that with its last conscription decree, the Senate had lost all credit in the eyes of the people. In this cartoon, the high-ranking official, boasting a Legion of Honour order, folds his arms, clasping a gold bag containing 36 000 francs in his hand. A chain of gold pieces binds him to the noble bust of the Emperor that looks down upon him, leaving no doubt as to the sort of loyalty that has been inspired. Gold coins seal his eyes, ears, and mouth, rendering him blind, deaf, and dumb. His receipt books lie at his feet; one indicates his revenue for the year 1813: income, «Senatoreries» (revenue from national domains), takings from awarding civil service positions, distributing medals and mass conscription and, still further, donations from a marshal – a total of almost 7,5 million francs! The fact that allusion is made to the marshal's baton gives reason to believe that one of the honorary imperial marshals (Kellermann, Lefebvre, Pérignon, or Sérurier) is meant.

L'ex senatore
Allegoria di alto livello qualitativo e strutturata come un ritratto ufficiale, l'opera seduce perché mette a nudo senza riguardi la corruzione dell'*establishment* imperiale. L'ex senatore, insignito della Legion d'onore, siede a braccia conserte e in pompa magna a una scrivania, dopo aver firmato l'atto del 12 novembre 1813 sulla leva di 300 000 soldati (l'ultima coscrizione di massa, che cancellò nel popolo ogni residuo di stima per il Senato); in mano ha un borsello col suo appannaggio di 36 000 franchi. Al busto marmoreo imperiale che lo guarda è legato da catene di monete d'oro, che chiariscono la natura della sua fedeltà a Napoleone; altre monete sugli occhi, sulle orecchie e sulla bocca lo rendono cieco e sordomuto. Sul tappeto (adorno d'api) compaiono i registri delle sue entrate, fra cui quello relativo al 1813: stipendi, dotazioni senatoriali (introiti di proprietà nazionali), concessioni di posti di funzionario, conferimenti di decorazioni, leve in massa e dotazione di maresciallo gli fruttano, in totale, quasi 7,5 milioni di franchi! Poiché è citato il bastone da maresciallo, deve trattarsi di uno dei quattro marescialli onorari dell'Impero (Kellermann, Lefebvre, Pérignon, Sérurier).

Lit.: BN IV 8872; Br II App. D 101; Cl 21; Kat. RM 62.

L'ex Sénateur.

Manière de voir sous Bonaparte.

Recette De 1813.	Récapitulation
Traitement	36000 f
Senatorerie	200000
Places à faire	
Occorder	110000
Décorations	12000
Conscription	900000
Projet de Levée en Masse	100000
Retour du Bâton	200000
Total	1480000

Der Ex-Senator

L'ex-sénateur

The Ex-Senator

L'ex senatore

170

La Chute du Titan moderne.
r. auf der Landkarte *EUROPE / SUÈDE / Stokolm / RUSSIE / S Petersbourg / MOSCOU / PRUSSE / Berlin / MER BALTIQUE / DANEMARCK / Copenhague / ECOSSE / ANGLETERRE / Londres / IRLANDE / Paris / AUTRICHE / Vienne / Pô Fl. /* u. M. *FRANCE*
anonym, Frühling 1814
Radierung, koloriert
231 × 326 mm (242 × 340 mm)
u. r. Stempel Museum Schwerin 1980.6.

Der Sturz des modernen Titanen
Napoleon stürzt vom scheuenden Pferd. Kopf voran fällt er zusammen mit dem Kaiser-Adler auf eine an einem fest verwurzelten Baum angebundene Karte Europas. Sie zeigt samt Hauptstädten die wichtigsten Staaten, mit denen Napoleon im Krieg lag. Der Kaiser und Feldherr landet auf Frankreich, auf das er sich mit einer Hand abstützt, verliert dabei die Königskrone von Italien und packt die französische Kaiserkrone mit der anderen Hand, bevor sie auf den Boden fällt. Dass Frankreich hervorgehoben wird und die Kaiserkrone noch nicht im Staube liegt, berechtigt zur Annahme, dass der Karikaturist den Ausgang des alliierten Einfalls in Frankreich zwar voraussah, Napoleon aber im Zeitpunkt des Erscheinens noch nicht abgedankt hatte. Am 6. April 1814 verzichtete Napoleon auf die Throne von Frankreich und Italien. Die unkarikierende, allegorische Darstellungsweise verleiht dem Sturz dieses «modernen Titanen» Tragik.

La chute du titan moderne
Napoléon tombe d'un cheval qui s'effarouche. En même temps que l'aigle impériale, tête la première, il dégringole sur une carte d'Europe, attachée à un arbre solidement enraciné. Cette carte montre les principaux Etats – et leur capitale – auxquels Napoléon a fait la guerre. Perdant la couronne de roi d'Italie, l'empereur et grand capitaine atterrit en France, pays sur lequel il s'appuie d'une main, tandis qu'il saisit, de l'autre main, la couronne d'empereur des Français, juste avant qu'elle ne tombe à terre. La mise en relief de la France et le fait que la couronne impériale ne soit pas encore réduite en poussière donnent à penser que le caricaturiste prévoyait, certes, l'issue de l'invasion alliée en France, mais que Napoléon – au moment de la parution – n'avait pas encore abdiqué. Le 6 avril 1814, Napoléon renonça aux trônes de France et d'Italie. Le mode de représentation non caricatural et allégorique confère une dimension tragique à la chute du «titan moderne».

The Fall of the Modern Titan
Napoleon has fallen from his shying steed: together with the imperial eagle, he lands headfirst onto a map of Europe fastened to a strongly rooted tree and showing a number of capital cities of the main powers with which he was at war. The Emperor/General's point of arrival is France, where he props himself with his right hand, losing the Italian royal crown in the process. With his other hand he holds on to the French imperial crown, to keep it from falling to the ground. By focusing on France and keeping the imperial crown out of the dust, the cartoon substantiates the assumption that, although the cartoonist already foresaw the outcome of the allied invasion of France, at the time of its publication, Napoleon had not yet abdicated. He renounced his rights to both the French and Italian thrones on 6 April 1814: the fall of this «modern tyrant» takes on a tragic dimension in this work's un-caricatural and allegoric presentation of it.

La caduta del titano moderno
Il cavallo si adombra e Napoleone cade a testa in giù, insieme all'aquila imperiale, sopra una carta geografica europea; su quest'ultima, fissata a un albero dalle solide radici, appaiono i principali paesi con cui il monarca è stato in guerra e le rispettive capitali. Il condottiero finisce sulla Francia, a cui si appoggia con la mano destra, ma perde la corona di re d'Italia; con l'altra mano afferra la corona imperiale francese, prima che anch'essa cada al suolo. Poiché la Francia è evidenziata e la sua corona non giace ancora nella polvere, si può ipotizzare che l'autore prevedesse sì l'esito dell'invasione alleata, ma che in quel momento Napoleone non avesse ancora abdicato, rinunciando ai troni di Francia e d'Italia (6 aprile 1814). Il tipo di rappresentazione, allegorico e non caricaturale, conferisce tragicità alla caduta del «titano moderno».

Lit.: BM IX 12238; BN IV 9003; Br II S. 53, App. D 103; Cl 38.

171

LE FOUR DES ALLIÉS OU LE CORSE PRÈS A ÊTRE CUIT
o. l. *Scavez vous bien Woronsoff que ces gonds ont besoin d'un peu d'huile russe / enfournez donc Blucher*
o. M. *tirez donc francois vous nous faites attendre / au meurtre! au meurtre! / FOUR DES ALLIÉS*
o. r. *cette porte est dure je ne scais pas si je pourrai l'ouvrir / enfournez le tout ensemble Messieurs / Borbeaux*
anonym, April/Mai 1814, nach George Cruikshank
Radierung, koloriert
272 × 326 mm (284 × 360 mm)
u. r. Stempel Museum Schwerin 1980.67.

Die Backstube der Alliierten oder der ofenfertige Korse
Diese französische Kopie der am 1. April 1814 erschienenen Karikatur von Cruikshank (BM IX 12206; Br I S. 350 f., II App. A 9) stellt die Koalitionsmächte als Bäcker dar. Das sitzende Pummelchen Hollands nährt das Feuer mit Adlerstandarten und unterhält es mit dem Blasebalg. Auf einer Ofenschaufel schieben Kronprinz Bernadotte, General Woronzow und Feldmarschall Blücher (v. l. n. r.) den auf einen Teller gebundenen, Zeter und Mordio schreienden Napoleon in den Ofen, wo ihn der Tod (Schädel) erwartet. Die Ofentür habe russisches Öl nötig, bemerkt der Schwede, und der Preusse treibt den zögerlichen Kaiser Franz an: Die österreichische «Windfahne» (mit Wetterhahn auf dem Hut) hat Mühe, die schwere Tür des «alliierten Ofens» (mit Todesemblem) zu öffnen. Franz I. stand im Verdacht, seinen Schwiegersohn Napoleon schonen zu wollen. Rechts neben ihm wartet Wellington darauf, die nächste «Backware» nachzuschieben – Bordeaux. Am 12. März 1814 zogen die Engländer in die darbende Hafenstadt ein; Ende des Monats kapitulierte Paris: Das Kaiserreich war am Ende.

Le four des alliés ou le Corse prêt à être cuit
Cette copie française de la caricature de Cruikshank parue le 1er avril 1814 (BM IX 12206; Br I p. 350 sq., II app. A 9) décrit les Etats coalisés comme des pâtissiers. La Hollande, personnifiée par un nabot grassouillet assis, nourrit le feu à l'aide d'aigles impériales et l'entretient avec un soufflet. Le prince héritier Bernadotte, le général Voronsov et le feld-maréchal Blücher (de g. à d.) glissent dans le four une pile sur laquelle est ligoté un Napoléon qui proteste avec véhémence. A l'intérieur, c'est la mort qui l'attend (crâne). La porte du four a besoin d'huile russe, note le Suédois, et le Prussien active l'empereur François qui atermoie: la «girouette» autrichienne (un coq au chapeau) a de la peine à ouvrir la lourde porte du «four des alliés» (avec l'emblème de la mort). On soupçonna François Ier d'avoir voulu ménager son gendre Napoléon. A sa droite, Wellington attend avant d'enfourner la prochaine «pâtisserie» – Bordeaux. Le 12 mars 1814, les Anglais entrèrent dans la ville portuaire exsangue; à la fin du mois, Paris capitula: l'Empire sombrait.

The Allies' Oven or the Corsican Ready to Be Cooked
In this French copy of Cruikshank's cartoon published on 1 April 1814 (BM IX 12206; Br I p. 350 f., II App. A 9), the coalition allies are depicted as bakers working. Podgy little Holland feeds the fire with eagle standards and keeps it going with a bellows. Crown Prince Bernadotte, General Voronsov, and Field Marshal Blücher (l. to r.) are shoving Napoleon, bound to a platter and screaming blue murder, onto an oven shovel and into the oven, where death (skull) awaits him. The Swedish sovereign comments that the oven door could use some Russian lubricant, and the Prussian urges the hesitant Emperor Francis on; the Austrian «wind vane» (with a weathercock atop his bicorne) is having trouble opening the door to the «allied oven» (with death emblem), a reference to the fact that he was suspected of wanting to spare his son-in-law Napoleon. Wellington stands waiting to his right, ready to send in the next «bake-wares», namely Bordeaux. On 12 March 1814 the English invaded that poverty-stricken seaport, and by the end of the month Paris capitulated, bringing the Empire to its end.

Il forno degli alleati, ovvero il còrso pronto alla cottura
Questa copia francese della caricatura di Cruikshank pubblicata il 1° aprile 1814 (BM IX 12206; Br I p. 350 sg., II app. A 9) rappresenta le potenze della coalizione come fornai. L'Olanda, paffutella, aziona il mantice e alimenta il fuoco con aquile legionarie; intanto il principe ereditario Bernadotte, il generale Voroncov e il feldmaresciallo Blücher (da s. a d.) posano con una lunga pala Napoleone, legato su un piatto e invocante aiuto a squarciagola, nel «forno degli alleati» (col simbolo della morte), in cui lo aspetta un teschio (la sua fine). Mentre lo svedese osserva che i cardini del forno hanno bisogno di olio russo, il prussiano incita l'esitante Francesco I, che stenta ad aprire il pesante usciolo: l'imperatore austriaco, qui rappresentato come «banderuola» (con galletto segnatempo sul cappello), era infatti sospettato di voler proteggere il genero Napoleone. Wellington, sulla destra, aspetta la prossima «infornata»: Bordeaux. Nella città della Garonna, estenuata, gli inglesi entrarono il 12 marzo 1814; alla fine del mese capitolò Parigi, segnando la fine dell'Impero.

Lit.: BM IX 12206A; Br II S. 54, App. D 6; Cl 119 [falsche Datierung]; Da Abb. S. 260; GC 291 (Abb.); Kat. RM 38.

Der Sturz des modernen Titanen

La chute du titan moderne

The Fall of the Modern Titan

La caduta del titano moderno

Die Backstube der Alliierten oder der ofenfertige Korse

Le four des alliés ou le Corse prêt à être cuit

The Allies' Oven or the Corsican Ready to Be Cooked

Il forno degli alleati, ovvero il còrso pronto alla cottura

172

LES HAUTS ALLIÉS Partant pour
la guerre de France.
u.l. Mayence / Liège
u.M. Saxe
u.r. Italie / POLOGNE
anonym, Frühjahr 1814
u.l. Skorpion [Stechermarke?]
Radierung, koloriert
205×308 mm (260×355 mm)
u.r. Stempel Museum Schwerin
1980.37.

Die Hohen Alliierten ziehen in den Krieg nach Frankreich

Mit dem Einmarsch der Alliierten in Frankreich setzte eine rege Kriegspropaganda ein, die sich in der französischen Karikatur spiegelt: Die Souveräne Preussens, Österreichs und Russlands haben ihre Tornister gepackt, ihre Musketen geschultert und wollen losziehen, als sie von fünf Hunden angefallen werden. Es sind Mainz, Lüttich und Sachsen, welche Preussen am Waffenrock und am Perückenzopf zerren, sowie Italien, das Österreich an der Wade packt, und schliesslich Polen, welches sich ins Gesäss des Zaren verbeisst. Ein weiteres, namenloses Hündchen verbellt Kaiser Franz. Die Monarchen schreien vor Schmerz auf und gestikulieren; der Preusse gerät aus dem Gleichgewicht. Jeder Hund stürzt sich auf diejenige Siegermacht, welche sich nach dem Sieg über Napoleon das jeweilige Territorium angliedern wollte. Das Blatt illustriert also die Probleme der Koalition an der Wende zum Jahr 1814 und suggeriert, dass viele bisher französisch dominierte Territorien keine Freude an ihren «Befreiern» hatten.

Les hauts Alliés partant pour la guerre de France

L'entrée des Alliés en France provoqua une intense propagande de guerre, que reflète la caricature française. Les souverains de Prusse, d'Autriche et de Russie ont fait leur paquetage, mis leur mousquet sur l'épaule et – au moment où ils veulent se mettre en route – se font attaquer par cinq chiens. Mayence, Liège et la Saxe tirent sur la tunique et la perruque à queue de la Prusse; l'Italie saisit l'Autriche au mollet; et, enfin, la Pologne n'arrive plus à démordre du derrière du tsar. Un autre petit chien, anonyme celui-là, aboye contre l'empereur François. Les monarques poussent des cris de douleur et gesticulent, le Prussien perdant l'équilibre. Chaque chien fonce sur la puissance victorieuse ayant eu l'intention de s'emparer – après la victoire sur Napoléon – des territoires convoités dans les différents cas de figure. L'estampe illustre par conséquent les problèmes de la coalition vers la fin de l'année 1813; elle suggère que dans nombre de territoires – dominés jusque-là par la France – la joie de voir arriver les «libérateurs» ne fut pas extraordinaire.

Departure of the Supreme Allies for the War in France

The allied invasion of France triggered vivid war propaganda that is mirrored in French cartoons. Here the sovereigns of Prussia, Austria, and Russia have filled their field packs, shouldered their muskets, and are set to go. At the moment of their departure, five dogs attack them: Mainz, Liège, and Saxony tug at Prussia's tunic and wig braid, while Italy grabs Austria by the leg calf, and Poland keeps grimly at the Tsar's buttocks. Another – nameless – little dog barks at Emperor Francis. The monarchs cry out in pain and gesticulate madly; the Prussian even loses his balance. Each dog attacks the victorious power planning, after Napoleon's defeat, to annex the territory they will have freed. The cartoon graphically illustrates the problems suffered by the coalition early in 1814: obviously, many territories under French dominion at that point were not very enthusiastic over their «liberators».

Gli alti alleati in partenza per la guerra di Francia

L'invasione alleata della Francia diede il via a un'intensa propaganda militare, che si riflette in questa caricatura francese. Con gli zaini pronti e i moschetti in spalla i sovrani di Prussia, Austria e Russia stanno per partire, ma sono aggrediti dai cani: Magonza, Liegi e la Sassonia tirano la Prussia per la giubba e per la treccia della parrucca, l'Italia morsica l'Austria al polpaccio, la Polonia addenta il deretano dello zar e un altro cagnolino (anonimo) abbaia contro l'imperatore austriaco. I monarchi urlano di dolore e gesticolano; quello prussiano perde l'equilibrio. Ogni cane attacca la potenza che dopo la vittoria su Napoleone intendeva annettersi il rispettivo territorio; l'opera illustra quindi i problemi della coalizione sul finire del 1813, suggerendo che molti dei territori soggetti alla Francia non vedessero con gioia i loro «liberatori».

Lit.: BN IV 8896; Br II S. 51f., App.D 163.

173

L'Entré d'une partie des Alliés à Paris.
o.r. BARRIÈRE DE PANTIN / Bultin de La grande Armee
anonym, 31. August 1814 (DL)
Radierung, koloriert
298×422 mm (327×450 mm)
u.r. Stempel Museum Schwerin
1980.142.

Der Einzug eines Teils der Alliierten in Paris

Dunkelhäutige Kosaken marschieren durch die Schranke von Pantin (Vorort; «pantin» heisst Hampelmann) in Paris ein. Sie tragen Auszeichnungen und eine weisse Armbinde (Anspielung auf die weisse Flagge der bald zurückkehrenden Bourbonen?) und sind mit einer überlangen Lanze, einer Muskete oder einer Peitsche bewaffnet. Mit ausgehungerten Pferden, einem vollen Heuwagen, erbeuteten Haustieren und verschiedenen Gütern kommen sie an. Störche(?), Symbole von Glück und Wohlstand, fliegen aus der Stadt hinaus. Am 31. März 1814 zogen die Armeen der Koalition in die Hauptstadt ein. Offensichtlich machten die fremdländischen Krieger einen starken Eindruck auf die Pariser Bevölkerung, denn bald erschienen Serien von Soldaten- und Sittenbildern über die Besetzer. Die vorliegende Karikatur macht sich über ihr Aussehen sowie ihr unmilitärisches Erscheinungsbild lächerlich und klagt sie der Plünderei an.

L'entrée d'une partie des Alliés à Paris

Des cosaques basanés entrent dans Paris par la «barrière de Pantin» (faubourg parisien; «pantin» signifiant entre autres «marionnette»). Ils portent des décorations et un brassard blanc (allusion au drapeau blanc des Bourbons revenant bientôt en France?). Arrivant avec des chevaux affamés, un chariot à foin plein, des animaux domestiques capturés et des biens divers, ils sont armés d'une lance énorme, d'un mousquet ou d'une cravache. Des cigognes(?), symbole du bonheur et de la prospérité, s'envolent hors de la ville. Le 31 mars 1814, les armées de la coalition entrèrent dans la capitale. Visiblement, les guerriers étrangers impressionnèrent fortement la population parisienne, car on assista très vite à l'apparition de séries d'images sur les soldats et sur les mœurs des puissances d'occupation. Les accusant de commettre des mises à sac, la présente caricature se moque de leur aspect extérieur et de leurs apparences non militaires.

Entry to Paris of a Part of the Allies

Dark-skinned Cossacks are entering Paris through the «Pantin Gate» («pantin» is at once a suburb of Paris and the term for puppet). They wear their military distinctions and white armbands (in an allusion to the white flag of the soon-to-return Bourbons?); they are armed with overly long lances, a musket or a riding crop. They arrive with half-starved horses, a wagon full of hay, several captured domestic animals, and a variety of goods. Storks(?), the symbol of good luck and well-being, can be seen flying away from the city. On 31 March 1814, the coalition armies pulled into the capital. To all evidence, the foreign warriors made a deep impression on the Parisian people, for in no time at all a series of cartoons on the occupation troops and their customs appeared. The present work ridicules their appearance and unmilitary look; moreover, it accuses them of plunder.

L'ingresso di una parte degli alleati a Parigi

Armati di lance lunghissime, moschetti e fruste, cosacchi dalla pelle scura entrano in Parigi dalla barriera di Pantin (sobborgo il cui nome sta per «burattino»); insigniti di onorificenze, sul braccio hanno una benda bianca (allusione alla bandiera bianca dei Borboni che stanno per tornare?). Con loro vi sono cavalli quasi morti di fame, un carro di fieno, animali da cortile catturati e varie merci; intanto le cicogne(?), simbolo di felicità e di benessere, escono in volo dalla città. Entrate nella capitale il 31 marzo 1814, evidentemente le truppe straniere della coalizione impressionarono molto i parigini, figurando ben presto in parecchie caricature militari e di genere. Qui gli occupanti vengono ridicolizzati per l'aspetto strano e poco militare, ma anche accusati di saccheggio.

Lit.: BN IV 8931.

Die Hohen Alliierten ziehen in den Krieg nach Frankreich

Les hauts Alliés partant pour la guerre de France

Departure of the Supreme Allies for the War in France

Gli alti alleati in partenza per la guerra di Francia

Der Einzug eines Teils der Alliierten in Paris

L'entrée d'une partie des Alliés à Paris

Entry to Paris of a Part of the Allies

L'ingresso di una parte degli alleati a Parigi

174

Violettes / du 20 Mars 1815.
sign. u. M. *Canu fecit*
(Jean Dominique Etienne Canu)
27. März 1815 (DL)
bez. u. r. *A Paris, rue S:t Jacques N:o 29*
u. l. *Déposée à la Direction générale*
Punktiermanier und Radierung, koloriert
[129]×95 mm (130×103 mm)
u. r. Stempel Museum Schwerin 1980.9.

Veilchen vom 20. März 1815
Der politischen Modeblume des Frühjahres 1815 (vgl. Br II S. 88 ff.) ist dieses Vexierbild gewidmet. Das Veilchenblatt oben rechts bildet den Hut, darunter erscheint Napoleons Profil. Gegenüber zeichnet sich am linken Rand die Gesichtslinie von Kaiserin Marie-Louise ab, die Napoleon anschaut; ihr vierjähriger Sohn wird weiter unten, in der Bildmitte, sichtbar (Profil nach rechts). In London unter dem Titel «Corporal Violet» mehrmals nachgestaltet (Br II App. A 209–212; BM IX 12512–12513), fand der Veilchenstrauss schliesslich Eingang in Cruikshanks Karikatur «The Pedigree of Corporal Violet» (BM IX 12551; Br II App. A 688; Kat. H83 23). Solche «Silhouettensträusse» feierten des Kaisers Rückkehr an die Macht. Das «Journal de Paris» machte am 31. März auf sie aufmerksam. Vor seiner Abreise ins Exil soll Napoleon prophezeit haben, zur Veilchenblüte wieder in Frankreich zu sein. Daher wurde das Veilchen von den Bonapartisten getragen, und die Frage «Lieben Sie das Veilchen?» diente ihnen als Losung, auf die man sich mit der Antwort «Es wird im Frühjahr wiederkehren» zu erkennen gab.

Violettes du 20 mars 1815
Cette devinette est consacrée à la fleur en vogue au printemps 1815 (cf. Br II p. 88 sqq.). La feuille de violette en haut à droite forme le chapeau de Napoléon, dont le profil apparaît au-dessous. Face à lui, sur le bord gauche, se dessine le visage de l'impératrice Marie-Louise, que Napoléon regarde; leur fils de quatre ans se trouve plus bas, au milieu de la gravure (profil tourné vers la droite). Représenté à maintes reprises à Londres sous le titre «Corporal Violet» (Br II app. A 209–212; BM IX 12512–12513), le bouquet de violette eut finalement les faveurs de la caricature de Cruikshank «The Pedigree of Corporal Violet» (BM IX 12551; Br II app. A 688; cat. H83 23). Ces bouquets dissimulant des silhouettes fêtaient le retour de l'empereur au pouvoir. Le 31 mars, le «Journal de Paris» les signala à l'attention publique. Avant son départ en exil, Napoléon aurait prédit qu'il reviendrait en France au temps des violettes. Dès lors, cette fleur fut portée par les Bonapartistes et la question «aimez-vous la violette?» servit de mot de ralliement auquel pour se faire reconnaître, on répondait par «elle reparaîtra au printemps».

Violets of 20 March 1815
This puzzle picture is dedicated to the flower that was politically fashionable in the spring of 1815 (cf. Br II p. 88ff). The violet leaf to the upper right forms the hat for the profile of Napoleon appearing below it. Napoleon gazes at the Empress Marie-Louise whose face appears opposite to the left of the image; while his four-year old son can be detected somewhat below at the centre of the image (profile turned right). This bouquet of violets appeared in different versions in London under the title «Corporal Violet» (Br II App. A 209–212; BM IX 12512–12513) before finding its way into Cruikshank's cartoon «The Pedigree of Corporal Violet» (BM IX 12551; Br II App. A 688; cat. H83 23). Such «silhouette bouquets» celebrated the Emperor's return to power and were announced in the «Journal de Paris» on March 31. Prior to leaving for exile, Napoleon is said to have prophesied that he would be back in France by the time the violets came back into bloom. This will explain why violets were worn by the Bonapartists; the question «Do you like the violet?» served as a password, eliciting the reply «It will reappear in the spring».

Viole del 20 marzo 1815
Questa figura-rebus è dedicata al «fiore politico» in voga nella primavera del 1815 (cfr. Br II p. 88 sgg.). La foglia di viola in alto a destra forma il cappello sopra il profilo di Napoleone; di fronte, sul margine sinistro, si delinea il volto dell'imperatrice Maria Luisa, che guarda il marito; quello del loro figlio di quattro anni, rivolto a destra, è visibile al centro più sotto. Il tema del mazzetto di viole, sfruttato da parecchie stampe londinesi col titolo *Corporal Violet* (Br II app. A 209–212; BM IX 12512–12513), si ritrova poi anche nella caricatura di Cruikshank *The Pedigree of Corporal Violet* (BM IX 12551; Br II app. A 688; cat. H83 23); simili «mazzetti di profili», segnalati il 31 marzo dal *Journal de Paris*, festeggiavano il ritorno dell'imperatore al potere. Si diceva che Napoleone, prima di partire per l'esilio, avesse profetizzato il suo rientro in Francia con la fioritura delle viole; i bonapartisti perciò portavano la viola, a mo' di parola d'ordine domandavano «Vi piace la viola?» e si facevano riconoscere rispondendo «Tornerà in primavera».

Lit.: Ash S. 394; BM IX 12511; BN V 9398; Br II S. 91, App. D 354; Da Abb. S. 296 oben [anderer Titel].

175

Rose. / Compagne de la Violettes. – / du 20 Mars 1815. –
sign. u. M. *Canu.* (Jean Dominique Etienne Canu)
März/April 1815
bez. u. r. *A Paris rue S:t Jacques N:o 29.*
u. l. *Déposée.*
Punktiermanier und Radierung, koloriert
148×98 mm (150×105 mm)
u. r. Stempel Museum Schwerin 1980.11.

Rose, Gefährtin des Veilchens vom 20. März 1815
Zum Veilchenstrauss mit den Profilen von Napoleon, Marie-Louise und ihrem Sohn (Kat. Nr. 174) schuf Canu ein (anti)bourbonisches Gegenstück mit Ludwig XVIII., dem Grafen von Artois und der Herzogin von Angoulême im Lilienstrauss («Le Lis le 10 mai 1815»; BN V 9399). Er vollendete Vexierbild-Reihe mit dem vorliegenden Rosenzweig: Die grosse, offene Rose trägt im Zentrum das Brustbild der Kaiserin. In der geschlossenen Blüte sitzt die Büste ihres Sohnes, des Königs von Rom. Zwischen beiden zeichnet sich am linken Rand der offenen Rose das Profil des Kaisers ab. Die Wahl der Rose für das allegorische Blumenstück scheint keinen politischen Hintergrund zu haben; der Kaiserin gebührt die «Königin unter den Blumen». Der Titel bestätigt, dass Canus Veilchenstrauss und Rosenzweig aufeinander zu beziehen sind. Tatsache ist, dass die kaiserliche Familie – anders als im Bild – nach Napoleons erster Abdankung (1814) nie mehr zusammenfand.

Rose, compagne de la violette du 20 mars 1815
En représentant Louis XVIII, le comte d'Artois et la duchesse d'Angoulême à l'intérieur d'un bouquet de lis («Le Lis le 10 mai 1815»; BN V 9399), Canu créa le pendant (anti-)bourbonien du bouquet de violettes contenant les profils de Napoléon, de Marie-Louise et de leur fils (n:o cat. 174). Il acheva sa série de devinettes par une branche de rosier: la grande fleur, ouverte, renferme le buste de l'impératrice. Dans la rose en bouton, apparaît le portrait de son fils, le roi de Rome. Entre les deux, sur le bord droit de la rose ouverte se dessine le profil de l'empereur. Le choix de la rose comme motif allégorique semble ne cacher aucune arrière-pensée politique; la «reine des fleurs» convenait à l'impératrice. Le titre confirme que le bouquet de violettes et la branche de rosier vont ensemble. Dans les faits – contrairement à ce qui est représenté dans l'illustration – la famille impériale ne fut plus jamais réunie après la première abdication de Napoléon (1814).

Rose, the Companion to the Violet of 20 March 1815
Canu's bouquet of violets with the profiles of Napoleon, Marie-Louise, and her son (cat. no. 174) elicited an anti-Bourbon counter-piece by the same engraver, in the form of a bouquet of lilies featuring Louis XVIII, the Count of Artois, and the Duchess of Angoulême («Le Lis le 10 mai 1815», BN V 9399). He completed his series of puzzle pictures with this rose branch: the large, open rose contains a head-and-shoulders portrait of the Empress at its centre. The bust of her son, the King of Rome, is placed in the closed bud. Between the two, to the left edge of the open rose, the profile of the Emperor emerges. The choice of a rose for this allegoric floral piece does not appear to be politically motivated; «the queen of flowers» belongs by right to the Empress. The title confirms the existence of a relationship between Canu's rose branch and his bouquet of violets. But contrary to the image, the fact of the matter is that the imperial family never was reunited once Napoleon had abdicated (1814).

Rosa, compagna della viola del 20 marzo 1815
Come *pendant* (anti)borbonico del mazzetto di viole coi tre profili della famiglia imperiale (n:o cat. 174), Canu raffigurò Luigi XVIII, il conte d'Artois e la duchessa d'Angoulême in un fascio di gigli (*Le Lis le 10 mai 1815*: BN V 9399), per poi concludere la sua serie di figure-rebus con questo rametto di rose. Il grande fiore aperto reca al centro il busto dell'imperatrice, il bocciolo quello del re di Roma; nello spazio centrale, fra la moglie e il figlioletto, si delinea sotto una foglia il profilo di Napoleone. La scelta della rosa come fiore allegorico non sembra rispondere a secondi fini politici: è giusto che l'imperatrice sia la «regina dei fiori». Il titolo conferma che mazzetto di viole e rametto di rose si richiamano a vicenda; diversamente dall'auspicio di Canu, tuttavia, dopo la prima abdicazione di Napoleone (1814) la famiglia imperiale non si riunì mai più.

Lit.: –

Veilchen vom 20. März 1815

Violettes du 20 mars 1815

Violets of 20 March 1815

Viole del 20 marzo 1815

Rose, Gefährtin des Veilchens vom 20. März 1815

Rose, compagne de la violette du 20 mars 1815

Rose, the Companion to the Violet of 20 March 1815

Rosa, compagna della viola del 20 marzo 1815

176

IL EST ARRIVÉ, SAUVONS NOUS.
o.l. *CALAIS*
o.r. *DOUVRES / À la Barque, à la barque 4.ͪ la douzaine.*
u.l. *Conduite à tenir pour rétablir la dime, les droits féodaux ou allumer la guerre civile*
anonym, 4. April 1815 (DL durch Moreau)
bez. u. M. *A Paris, chez tous les Marchands de Nouveautés.*
Radierung, koloriert
[265] × 320 mm (276 × 350 mm)
u.r. Stempel Museum Schwerin 1980.91.

Er ist angekommen, bringen wir uns in Sicherheit!
Napoleons Rückkehr trieb die royalistischen Heimkehrer von 1814 wieder ins Exil: In Calais drängen sich die grotesken Gestalten – Adelige, Geistliche, Militärs und Bürger – verzweifelt in eine Barke. Im Hintergrund stehen rechts vor Hafengebäuden ihre Diener, von denen sie sich in einachsigen Wagen hierher bringen liessen; links davon sind die Küste bei Dover und davor Emigrantenboote zu sehen. Die Insassen charakterisiert einerseits der Hasenkopf am Rumpfende des Bootes, andererseits die auf dem Kai liegengebliebene Schriftrolle: Sie lehrt, wie man den Zehnten und die Feudalrechte wiedereinführt «oder den Bürgerkrieg entzündet», und bezichtigt die Royalisten dieser Vergehen. Deren Folgen demonstriert das Bild. Neben dem Boot verkörpert eine Fischverkäuferin mit einem Henkelkorb voller Austern und einem Tragkorb auf dem Rücken das französische Volk; sie bietet die Austern bzw. Flüchtlinge (franz. «huître» bedeutet auch «dumme Person») für vier Sous pro Dutzend feil: Mehr sind sie im Kaiserreich nicht wert.

Il est arrivé, sauvons-nous!
Le retour de Napoléon jette à nouveau sur les routes de l'exil, les royalistes rentrés en France en 1814: à Calais, divers personnages grotesques – nobles, ecclésiastiques, militaires et bourgeois – se précipitent, désespérés, dans une barque. A l'arrière-plan, à droite, devant les bâtiments du port, apparaissent les domestiques qui les ont conduits jusque-là en voiture à deux roues; à gauche, on aperçoit la côte de Douvres et, devant, les bateaux des émigrants. Les voyageurs sont caractérisés, d'une part, par la tête de lapin à la proue du bateau, et d'autre part, par le rouleau gisant sur le quai: il enseigne comment rétablir la dîme et les droits féodaux ou «allumer la guerre civile», et accuse les royalistes de cette faute. L'illustration en décrit les conséquences. A côté du bateau, une poissonnière – portant un panier plein d'huîtres au bras et une corbeille sur le dos – incarne le peuple français; elle vend les huîtres, c.-à-d. les réfugiés («huîtres» au sens de personne stupide) à quatre sous la douzaine: l'Empire rétabli, ces personnages ne valent guère plus que cela.

He Has Arrived, Let's Be Off!
Napoleon's return drove the 1814 Royalist homecomers back into exile. Here we see a group of grotesque personages – noblemen, clergy, military men, and citizens – despairingly embarking in Calais for departure. In front of the port buildings in the background (right), are their servants who brought them to the port in single-axle coaches; left thereof, the coast of Dover and the emigration boats. Those embarking are characterised on the one hand by the rabbit head (the equivalent of the English «scaredy-cat») to be seen at the bark's stern, and on the other by the scroll left behind on the wharf stipulating how the tithe and feudal rights are to be reinstated at the risk of «instigating a civil war», an offence for which the Royalists are to be held responsible. The consequences of this offence can be seen in the present image. Standing next to the bark, a fishwife with baskets personifies the French people: she offers the oysters, that is the runaways (the French «huîtres» also means stupid people), at four shillings a dozen: they are worth no more in the French Empire.

È arrivato, scappiamo!
Il ritorno di Napoleone significò un nuovo esilio per i monarchici rientrati in Francia nel 1814; qui i realisti – nobili, ecclesiastici, militari, borghesi – sono personaggi grotteschi che si accalcano disperati in una barca. In secondo piano a destra si distinguono, davanti a fabbricati portuali, i calessini con cui i servitori li hanno portato a Calais; verso il centro appare la costa di Dover, cui si avvicinano scialuppe di emigranti. I passeggeri sono caratterizzati dalla testa di lepre all'estremità dello scafo e dalla pergamena rimasta sul molo, che insegna come ristabilire le decime e i diritti feudali «o scatenare la guerra civile»: tacciando di queste colpe i realisti, la scena mostra appunto le loro conseguenze. Accanto alla barca, una pescivendola con gerla sulle spalle e canestro d'ostriche in mano, figura-simbolo del popolo francese, offre ostriche (*huîtres*, che sta anche per «babbei») a quattro soldi la dozzina: nell'Impero francese quei fuggiaschi non valgono di più.

Lit.: BN V 9462; Br II App. D 156.

177

JE REPRENDS MON BONNET ET JE TE LAISSE TA CALOTTE.
u.l. *HONI SOIT Q[UI MAL Y PENSE]*
anonym, 12. Mai 1815 (DL durch Mlle Letaille)
u.r. *Déposé à la D.^{on}*
Radierung und Punktiermanier, koloriert
191 × 244 mm (203 × 256 mm)
u.r. Stempel Museum Schwerin 1980.106.

Ich nehme meine Mütze wieder zurück und lasse dir dein Käppchen
Zwei feiste Kinder zanken sich: Links fuchtelt Ludwig XVIII. (mit Priesterkäppchen, einem Fantasieorden mit Lilie und dem englischen Hosenbandorden) mit den Armen; denn der pausbäckige Napoleon (mit Zweispitz und Ehrenlegionsorden) hat ihm die Krone vom Kopf gerissen und stösst ihn von sich. Aus Elba heimgekehrt, nimmt er «seine Mütze wieder» und überlässt dem wehrlosen König die Priesterkappe. Ludwigs Klerikalismus und Papstfreundlichkeit widersprachen der Haltung der Französischen Revolution und des Kaiserreichs und trugen zur Unbeliebtheit der neuen Monarchie bei. Napoleons zweite Machtübernahme als Kindergezänk darzustellen und sich durch den Gegensatz von Frömmelei und Gewalttätigkeit über beide Seiten lustig zu machen, darin besteht die Satire des zeichnerisch hervorragenden Blattes.

Je reprends mon bonnet et je te laisse ta calotte
Deux marmots grassouillets se chamaillent: à gauche, Louis XVIII (portant la calotte ecclésiastique, le ruban à fleur de lis d'un ordre fantaisiste et l'ordre anglais de la Jarretière) agite les bras; car, un Napoléon joufflu (arborant bicorne et croix de la Légion d'honneur) vient de lui arracher la couronne de la tête et le repousse. De retour de l'île d'Elbe, celui-ci «reprend son bonnet» et laisse au roi sans défense sa calotte. Le cléricalisme et le papisme de Louis contrastaient avec la position de la Révolution et de l'Empire, et contribuèrent à l'impopularité de la nouvelle monarchie. Illustrer la seconde prise de pouvoir de Napoléon par une querelle entre gamins et se moquer des deux protagonistes en opposant la bigoterie de l'un à la brutalité de l'autre: telle est la satire de cette gravure remarquable du point du vue du dessin.

I'll Take Back My Hat and Leave You Your Skullcap
Two tubby children are squabbling: to the left, Louis XVIII (with a skullcap, fanciful Order with a lily, and an English Order of the Garter) waves his arms wildly, while the chubby-cheeked Napoleon (with bicorne and Legion of Honour) has torn the crown away from the King and is shoving him away. Now that he has returned from Elba, he takes «his hat» back, leaving the helpless King with a priest's skullcap. Louis' clericalism and loyalty to the Pope was at odds with the goals of the French Revolution and the Empire and thus contributed to the new monarchy's unpopularity. The satire in this outstanding piece derives from making a children's squabble of Napoleon's second takeover, with pietism and brutality contrasted to the point of turning both into objects of derision.

Riprendo la mia cuffia e ti lascio il tuo zucchetto
Due bambini corpacciuti stanno litigando: a sinistra Luigi XVIII – con zucchetto, onorificenza di fantasia (giglio) e ordine britannico della Giarrettiera – si dimena, perché a destra un Napoleone paffutello (con bicorno e ordine della Legion d'onore) gli ha strappato la corona dal capo e lo respinge. Ritornato dall'isola d'Elba, l'imperatore «riprende la sua cuffia» e lascia al rivale inerme il copricapo ecclesiastico: il clericalismo e il papismo di Luigi, lontani dall'atteggiamento della Rivoluzione francese e dell'Impero, avevano contribuito all'impopolarità del nuovo regime monarchico. Rappresentando come rissa infantile il ritorno dell'esule al potere, questa stampa ottimamente disegnata risulta satirica perché sbeffeggia le due parti, l'una bigotta e l'altra prepotente.

Lit.: Br II S. 63, App. D 173; Cl 84.

Er ist angekommen, bringen wir uns in Sicherheit!

Il est arrivé, sauvons-nous!

He Has Arrived, Let's Be Off!

È arrivato, scappiamo!

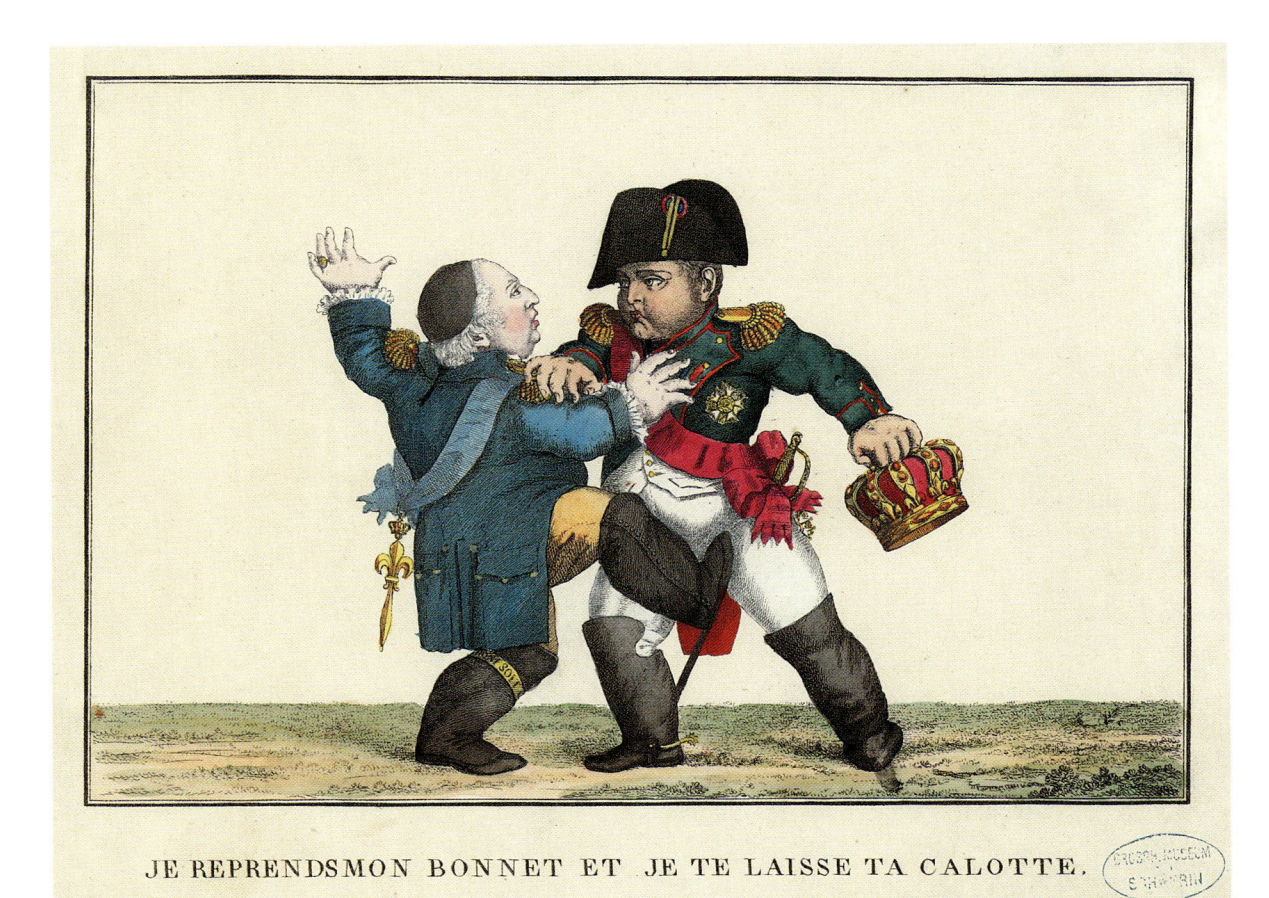

Ich nehme meine Mütze wieder zurück und lasse dir dein Käppchen

Je reprends mon bonnet et je te laisse ta calotte

I'll Take Back My Hat and Leave You Your Skullcap

Riprendo la mia cuffia e ti lascio il tuo zucchetto

178
GLORIEUX RÈGNE DE 19 ANS. // COMME IL GOUVERNE DEPUIS 15 ANS.
o. l. *Malvoisie*
u. l. *Oubli du passé. / Liberté de la Presse. / [...]RE CONSTITUTIONNELLE / Crème de Barbad[e] / Marasquin / Eau d'Or.*
o. r. *Mise en liberté du duc d'Angoulême.*
u. r. *Liberté des Cultes. / DÉCRETS Impériaux. Abolition de la traite des Nègres Liberté du Commerce. / CONSTITUTION Assemblée du Champ de Mai / Liberté de la Presse. / CODE NAPOLÉON*
anonym, 5. Juni 1815 (DL durch Choizeau)
Radierung, koloriert
268 × 350 mm (284 × 376 mm)
u. r. Stempel Museum Schwerin
1980.452.

19jährige Glanzherrschaft – Wie Er seit 15 Jahren regiert
In zwei Bildern werden die Herrscher Ludwig XVIII. und Napoleon verglichen: Der König (links) «herrscht» theoretisch seit 19 Jahren (vom Tod des Kronprinzen 1795 an), während der Kaiser seit 15 Jahren (Staatsstreich von 1799) tatsächlich «regiert». Der Bourbone sitzt an einem seinem Bauch angepassten hufeisenförmigen Tisch, der mit Speisen beladen ist; daneben stehen Spirituosen. Sein Mundschenk (Marschall Ney?) serviert eine Flasche Wein und weist ihn auf einen besonderen Leckerbissen (ausserhalb des Bildes) hin. Genusssucht, Müssiggang und die Missachtung der liberalen Grundsätze seines Königtums bestimmen seine Herrschaft: Seine Füsse ruhen auf der «Charte» (Verfassung), der «Pressefreiheit» und dem «Vergessen der Vergangenheit» (Wille zur Vergebung und Aussöhnung). Dagegen begnügt sich Napoleon mit einem Ei und einem Glas Wein, hat das Tintenfass auf dem Tischchen vor sich und den Gänsekiel in der Hand: Auch beim Essen arbeitet der Staatslenker weiter. Er hat die Kultus- und Pressefreiheit unterschrieben, Dekrete zur «Abschaffung des Negerhandels» und zur Handelsfreiheit erlassen, die Verfassung liberalisiert (bekräftigt auf dem Maifeld vom 1. Juni 1815) sowie den «Code Napoléon» (Zivilgesetz) verfasst. Sein Diener (Ney?) amtet als Bote, der die eben angeordnete Freilassung des Herzogs von Angoulême (veröffentlicht am 12. April 1815) weiterleitet.

Glorieux règne de 19 ans – Comme il gouverne depuis 15 ans
Ces deux images comparent les monarques Napoléon et Louis XVIII: le roi (à gauche) «règne» théoriquement depuis 19 ans (mort de l'héritier de la couronne en 1795), alors que l'empereur «gouverne» effectivement depuis 15 ans (coup d'état de 1799). Le Bourbon est assis devant une table en forme de fer à cheval, adaptée à son ventre proéminent, et recouverte de nourriture; par terre, à côté de la table, se trouvent des spiritueux. Son échanson (le maréchal Ney?) lui sert une bouteille de vin en désignant un mets particulièrement délicat (à l'extérieur de l'image). La recherche du plaisir, l'oisiveté et le mépris des fondements libéraux caractérisent son règne: ses pieds foulent la «Charte» (constitution) la «liberté de la presse» et «l'oubli du passé» (volonté de pardon et de réconciliation). En revanche, Napoléon se contente d'un œuf et d'un verre de vin; il tient une plume d'oie à la main et devant lui, sur la petite table, repose un encrier: le chef de l'Etat travaille même en mangeant. Il a approuvé la liberté de la presse et des cultes, édicté un décret pour l'«abolition de la traite des nègres» et pour la «liberté du commerce», libéralisé la constitution (confirmée par le Champ de Mai du 1er juin 1815), et rédigé le «Code Napoléon» (Code civil). Son domestique (Ney?) fait office de messager: il est chargé de transmettre l'ordre de «mise en liberté du duc d'Angoulême» (promulgué le 12 avril 1815).

Glorious 19-Year Reign – How He Has Been Governing for 15 Years
Two separate images set up a comparison between the rulers Louis XVIII and Napoleon. The King (left) theoretically has «reigned» for 19 years (since the death of the Crown Prince in 1795), while the Emperor has actually «governed» for 15 years (since the coup d'état of 1799). The Bourbon figure sits at a heavily laden horseshoe (to accommodate his belly) table, with various liquors at his feet. His cupbearer (Marshal Ney?) pours wine out of a bottle and points out some delicacy (beyond the image). His reign is characterised by pleasure-seeking, laziness, and disdain for the liberal foundations of his monarchy: the «Charter» (constitution), «freedom of press», and «forgetting the past» (in favour of pardon and reconciliation) all serve as footrest. By contrast, Napoleon contents himself with an egg and a glass of wine; an inkwell stands on the table before him and he holds a goose quill in his hand, for this governor works on even while eating. He has granted freedom of worship and of the press, and drawn up the decrees to «abolish Negro slavery» and grant commercial liberty; he has liberalised the Constitution (pledged on the Champ de mai of 1 June 1815), and drawn up the «Code Napoléon» (civil code). His servant (Ney?) acts as messenger who will transmit the order for the release of the Duke of Angoulême (rendered official on 12 April 1815) which Napoleon has just finished signing.

Diciannove anni di regno glorioso – Come governa da quindici anni
Due immagini propongono un confronto fra sovrani: a sinistra un Luigi XVIII che «regna» teoricamente da diciannove anni, cioè dalla morte del principe ereditario (1795), a destra un Napoleone che «governa» da quindici (dal colpo di Stato del 1799). Il Borbone siede a una mensa di forma adattata al suo ventre (a ferro di cavallo, coperta di cibi), accanto a diversi liquori; il suo coppiere (il maresciallo Ney?) gli serve una bottiglia di malvasia indicandogli una leccornia particolare (fuori quadro). Luigi, sovrano ozioso e avido di piaceri, disprezza i principî liberali: i suoi piedi posano sulla «Carta costituzionale», sulla «libertà di stampa» e sull'«oblio del passato» (il desiderio di perdono e riconciliazione). Napoleone si accontenta di un uovo e un bicchiere di vino, sul piccolo tavolo davanti a sé ha un calamaio e in mano una penna d'oca: lo statista lavora anche durante i pasti. Oltre a firmare decreti per la libertà di culto, di stampa e di commercio nonché per l'«abolizione della tratta dei negri», l'imperatore ha liberalizzato la Costituzione (convalidata nel Campo di Maggio del 1º giugno 1815) e redatto il «Code Napoléon» (codice civile). Il suo servitore (ancora Ney?) funge da corriere, recapitando l'ordine imperiale di liberazione del duca d'Angoulême (pubblicato il 12 aprile 1815).

Lit.: BN V 9498; Br II Tf. S. 64, 66 f., App. D 141.

GLORIEUX RÈGNE DE 19 ANS. COMME IL GOUVERNE DEPUIS 15 ANS.

19jährige Glanzherrschaft – Wie Er seit 15 Jahren regiert

Glorieux règne de 19 ans – Comme il gouverne depuis 15 ans

Glorious 19-Year Reign – How He Has Been Governing for 15 Years

Diciannove anni di regno glorioso – Come governa da quindici anni

179
LA BOUILLOTTE.
o. l. *Je suis rentrant. / me Voila décavé. / Je suis las du jeu: / italie*
o. M. *Je tremble pour cette partie. / pologne*
o. r. *je fais mon tout. / Prusse Saxe / je fais le jeu. / Belgique*
Jean Baptiste Gauthier?, 7. Juni 1815 (DL durch Gauthier)
Radierung, koloriert
Höhe 213 mm (236 × 284 mm)
u. r. Stempel Museum Schwerin 1980.220.

Das Bouillotte-Poker
Eine Woche vor Waterloo im «Journal de Paris» (10. Juni 1815) angekündet, kommentiert die Karikatur den Machtwechsel in Frankreich und den Wiener Kongress. Hinter dem frontal sitzenden Ludwig XVIII., der ausgespielt hat, steht der aus Elba zurückgekehrte Napoleon, der dessen Platz am politischen Spieltisch einnehmen will. Um eine Öllampe sitzen (v. l. n. r.): Franz I., der auf seinen Einsatz Italien weist und des Spiels müde ist; Alexander I., der Polen ausgespielt hat und um die Partie zittert; Friedrich Wilhelm III., der alles – Preussen und Sachsen – setzt; schliesslich der siegesgewisse Wellington, der Belgien ins Spiel wirft und die besten Karten in der Hand hält. Dass sich Grossbritannien auf dem Schlachtfeld und am Verhandlungstisch durchsetzen werde, ahnte der Karikaturist: England vereitelte, dass Russland ganz Polen und Preussen ganz Sachsen schluckten, während Österreich auf Belgien verzichtete (das mit der Republik der niederländischen Provinzen zum Königreich der Niederlande vereinigt wurde) und dafür Venetien und die Lombardei erhielt.

La bouillotte
Une semaine avant Waterloo, la caricature annoncée par le «Journal de Paris» (10 juin 1815), commente le changement de pouvoir en France et le congrès de Vienne. Louis XVIII est assis de front et vient de jouer. Derrière lui, se tient Napoléon qui rentre de l'île d'Elbe et qui veut prendre la place du roi à la table de jeu politique. Autour d'une lampe à huile sont assis (de g. à d.) François Ier qui désigne sa mise – l'Italie – et se déclare las du jeu, Alexandre Ier qui a joué la Pologne et qui tremble pour la partie, Frédéric-Guillaume III qui pose tout – la Prusse et la Saxe – et finalement Wellington, certain de l'emporter, qui jette la Belgique sur la table et garde ses meilleurs atouts en main. Le caricaturiste pressentait que la Grande-Bretagne s'imposerait sur le champ de bataille et autour de la table des négociations: l'Angleterre déjoua les visées de la Russie qui voulait engloutir la Pologne tout entière et de la Prusse qui entendait avaler la Saxe; de son côté, l'Autriche renonça à la Belgique (elle fut unie à la République des Provinces-Unies qui devint le Royaume des Pays-Bas) et reçut la Vénétie et la Lombardie en contrepartie.

The Poker of Bouillotte
This cartoon, which comments the French change of power and the Vienna Congress, was annnounced in the «Journal de Paris» one week before Waterloo (10 June 1815). Behind the frontally seated Louis XVIII, who has finished his game, stands Napoleon – in the meantime returned from Elba – who wants to take the King's place at the political game table. Sitting around the oil lamp are (l. to r.) Francis I, who points at his stake in the game, Italy, and makes no secret of the fact that he is tired of playing; Alexander I, who has played Poland and now trembles to see how the game will turn out; Frederick William III, who stakes everything, that is Prussia and Saxony; and, finally, Wellington, certain of victory, has thrown Belgium into the game and holds the best cards. Indeed, the cartoonist suspected that Great Britain would be successful both in battle and at the negotiating table: it was England who hindered Russia from swallowing all of Poland and Prussia from swallowing all of Saxony; meanwhile, Austria relinquished Belgium (which, together with the United Provinces, was transformed into the Kingdom of the Netherlands), receiving Venetia and Lombardy in compensation.

Il poker della «bouillotte»
Annunciata sul *Journal de Paris* il 10 giugno 1815 (una settimana prima di Waterloo), la caricatura si riferisce al cambiamento di regime in Francia e al congresso di Vienna. Luigi XVIII (seduto di fronte) ha perso l'intera puntata; dietro di lui Napoleone, tornato dall'isola d'Elba, vuole prendere posto al tavolo da gioco della politica. Questi i giocatori, seduti intorno a una lampada a olio (da s. a d.): Francesco I, che è stanco di giocare e indica la propria posta (l'Italia); Alessandro I, che ha puntato la Polonia e trema per l'esito della partita; Federico Guglielmo III, che punta tutti i suoi averi (Prussia e Sassonia); infine Wellington, sicuro di vincere, che punta il Belgio e ha in mano le carte migliori. Il caricaturista immaginava già che la Gran Bretagna si sarebbe imposta sia in battaglia sia al tavolo delle trattative: Londra, in effetti, impedì alla Russia e alla Prussia di annettersi in un sol boccone, rispettivamente, la Polonia e la Sassonia. L'Austria, dal canto suo, rinunciò al Belgio (che con la Repubblica delle province olandesi divenne il Regno dei Paesi Bassi); ottenne però, in compenso, il Veneto e la Lombardia.

Lit.: BN V 9522; Br II S. 62 f. (Tf.), App. D 124.

LA BOUILLOTTE.

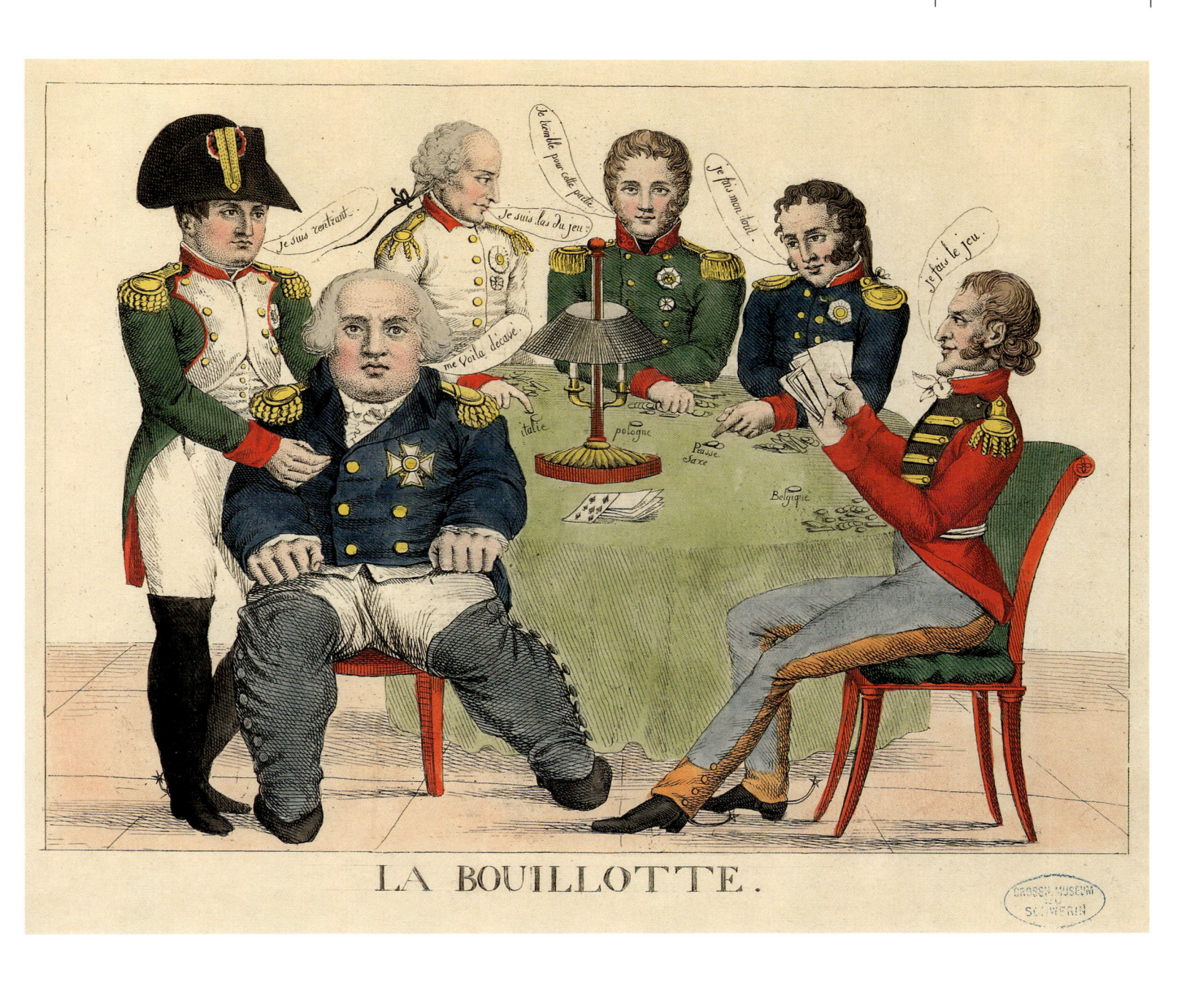

Das Bouillotte-Poker

La bouillotte

The Poker of Bouillotte

Il poker della «bouillotte»

180
LE REVENANT.
o.l. *Moyens de faire revenir un grand homme Dixmes. Droits Féodeaux. Légion d'Honeur avilie. &ª. &.. / Après 20 années d'un règne paisible pourriez vous craindre – – un nouveau débarque!..*
o.M. *Rassurez vous!.. je reviens pour le bonheur des Français!..*
u.r. *M.M^{rs}. de B^{as}.. et de M... chassez moi ce Fantôme!... / Honny so[it]*
o.r. *Ah! Sire nous ne sommes pas sorciers!.... / Ce n'est pas un Revenant bon pour nous!...*
Saint-Phal?, 21. Juni 1815 (DL durch Choizeau)
bez. u. M. *A Paris, chez tous les Marchands de Nouveautés.*
Radierung, koloriert
255 × 325 mm (268 × 332 mm)
u.r. Stempel Museum Schwerin 1980.58.

Das Gespenst
Das Blatt zeigt die von vielen erträumte Rückkehr Napoleons als Schreckensvision Ludwigs XVIII.: Ein Grenadier der kaiserlichen Garde und Ehrenlegionär hält mahnend ein offenes Heft, das die untrüglichen «Mittel, um einen grossen Mann zur Rückkehr zu bewegen» nennt, dem König und seinen Ministern vor Augen: Wiedereinführung des Zehnten und der Feudalrechte sowie Verunglimpfung der Ehrenlegion. Der Gardegrenadier (Sinnbild der Tapferkeit und Kaisertreue der Armee) zieht mit einem Stock einen Kreis auf den Boden, in dem der «Wiederkehrer» auf einer Wolke als bleiches Schemen erscheint; dieses versichert, es komme, um den Franzosen das Glück zu bringen. Überwältigt von der Erscheinung ist der König (mit Hosenband- und Heiliggeistorden) auf den Hintern gefallen und fordert Blacas (in Hoftracht mit Löschhutorden) und den «abbé» Montesquiou (als Abt mit Weihwedel) auf, das Phantom zu vertreiben. Sie seien keine Zauberer, antworten die machtlosen Minister mit Schrecken. Der Gardist verhöhnt sie, weil sie «nach 20 Jahren friedlicher Herrschaft» (vgl. Kat. Nr. 178) einen Neuankömmling fürchten müssen. Neben ihm steckt auf einem Kerzenleuchter ein Löschhut, welcher wohl die Royalisten zusätzlich als freiheitsfeindlich und reaktionär brandmarkt.

Le revenant
Cette gravure dépeint le retour de Napoléon, rêvé par beaucoup, comme le cauchemar de Louis XVIII: un grenadier de la garde impériale, et membre de la Légion d'honneur, brandit d'un air menaçant, devant les yeux du roi et de ses ministres, un cahier ouvert; celui-ci énumère les «moyens de faire revenir un grand homme»: réintroduction de la dîme et des droits féodaux, et dénigrement de la Légion d'honneur. Le grenadier (allégorie de la bravoure et de la fidélité de l'armée à l'empereur) dessine au sol, à l'aide d'un bâton, un cercle d'où s'élève un nuage sur lequel «le revenant» surgit tel un fantôme livide; celui-ci affirme qu'il revient pour «le bonheur des Français». Terrassé par l'apparition, le roi (arborant les ordres de la Jarretière et du Saint-Esprit) est tombé sur son derrière et demande à Blacas (en costume de cour décoré de l'ordre de l'Eteignoir) et à l'abbé Montesquiou (portant l'aspersoir) de «chasser ce fantôme». Les ministres, impuissants et effrayés, répondent qu'ils ne sont pas sorciers. Le grenadier se moque d'eux, parce qu'après «vingt ans de règne paisible» (cf. n°. cat. 178) ils craignent un nouveau venu. A côté de lui, repose un chandelier recouvert d'un éteignoir; celui-ci stigmatise les royalistes en tant que réactionnaires et ennemis de la liberté.

The Revenant
Many people may have dreamt of Napoleon's return, but here this is depicted as Louis XVIII's nighmare vision: an Imperial Guard grenadier decorated with the Legion of Honour strikes an admonitory air as he holds up an open notebook to the King and his ministers, which lists «the means to convince a great man to return»: reinstate the tithe and feudal rights, and defile the Legion of Honour. The Guard grenadier (symbol of bravery and the army's loyalty to the Emperor) draws a circle on the ground with a stick: the «revenant» appears there on a cloud in the guise of a phantom, and claims he has come to bestow good fortune upon the French people. Overcome by the apparition, the King (with the Orders of the Garter and of the Holy Ghost) has fallen down on his rear. He exhorts Blacas (in court attire and with an Order of the Candle Snuffer) and the «abbé» (priest, here in an abbot's attire) Montesquiou (with an aspergillum) to chase the phantom away. The reply of the frightened and helpless ministers is that they are no wizards. The member of the Guard makes fun of them since «after 20 years of peaceful reign» (cf. cat. no. 178), they must fear a newcomer; he stands before a snuffer set upon a candlestick which, moreover, may stigmatise the King and his men as reactionaries and enemies of liberty.

Il resuscitato
La stampa mostra il sogno di molti (il ritorno di Napoleone) come un incubo di Luigi XVIII. Davanti al re e ai suoi ministri un granatiere della Guardia imperiale, decorato con la Legion d'onore, mostra a mo' di monito un quaderno aperto che cita i mezzi inconfondibili «per fare tornare un grand'uomo»: ripristino delle decime e dei diritti feudali, svilimento della Legion d'onore. Con un'asta il soldato – simbolo di un esercito valoroso e fedele all'imperatore – traccia sul suolo un cerchio in cui appare, su una nuvola, la pallida larva del *revenant* («fantasma», ma anche «colui che ritorna»); questi assicura di essere rientrato in patria per la felicità dei francesi. Sconvolto dall'apparizione e caduto sul deretano, il re (con gli ordini della Giarrettiera e dello Spirito Santo) ingiunge a Blacas (in abiti di corte, con l'ordine dello spegnitoio) e all'abate Montesquiou (con aspersorio) di scacciare lo spettro; ma i due ministri, impotenti e atterriti, rispondono di non essere stregoni. Il granatiere li deride perché «dopo vent'anni di regno pacifico» (cfr. n° cat. 178) hanno ancora «paura di un nuovo venuto» (*nouveau débarqué*, cioè «neosbarcato»); il candeliere accanto a lui, coperto da uno spegnitoio, bolla ulteriormente i monarchici come reazionari e nemici della libertà.

Lit.: BN V 9431; Br II App. D 143.

LE REVENANT.

Das Gespenst

Le revenant

The Revenant

Il resuscitato

181
Mats de cocagne.
v. o. n. u. *Couronne de France. / ouf! Mes amis, enfin je la tiens; mais soutenez moi la tête me tourne – / Goddem! C'est pour la seconde fois n'y revenez plus. / Quoique le fardeau soit bien lourd…. mais on me la paiera bien! / Je n'y suis que pour la gloire……. et la Pologne! / Finis donc, petit drôle, tu ne vois pas que si je les lâche, ils me tomberont tous sur le dos – ! – / Grand papa! Si tu les lâchais; cela me ferait bien rire!* u. l. *J'y suis pourtant monté deux fois tout seul!*
anonym, Herbst 1815
Tinte mit Feder, Aquarell
n. best. (385×305 mm)
u. r. Stempel Museum Schwerin
1980.70.

Klettermast
Sich ans Ende eines eingeseiften Mastes gehängte Preise zu erklettern war früher eine Jahrmarktsbelustigung. Hier geht es um die Krone von Frankreich: Mit Hilfe der Alliierten erreicht der dicke Ludwig XVIII. mühsam das Ziel. Er sitzt auf dem Kopf von Wellington, der flucht, dies sei das zweite und letzte Mal, dass er den Bourbonen an die Spitze bringe. Ihn selber stützt Friedrich Wilhelm, der die Last auf sich nimmt, weil man ihn gut dafür bezahlt (territoriale Entschädigungen am Wiener Kongress). Unter dem Preussen stemmt sich der Zar nach oben; er gibt vor, es um des Ruhmes willen zu tun, doch hat er Eigeninteressen: Er will sich Polen einverleiben (vgl. Kat. Nr. 172). Das Gewicht aller lastet auf Kaiser Franz, der am Fuss des Mastes steht. Ihn zerrt der König von Rom (mit Steckenpferd) am Rockschoss; er hätte seinen Spass daran, wenn Grossvater die Mannschaft fallen liesse. Doch dann, weiss Franz, werden alle auf seinen Rücken stürzen. Den Mast hochblickend, spottet daneben Napoleon, er sei zweimal ganz allein hinaufgelangt. Auch die Zweite Restauration war das Werk der Koalition, nicht das Verdienst der Bourbonen. Die Bildidee spann Cruikshank im Oktober 1815 weiter (BM IX 12614; Br II S. 12f., App. A 550; Kat. H83 38).

Mât de cocagne
Tenter de saisir un prix suspendu au sommet d'un mât enduit de savon était un jeu pratiqué autrefois dans les foires. Ici, la récompense est la couronne de France: aidé par les alliés, le gros roi Louis XVIII atteint péniblement son objectif. Il est assis sur la tête de Wellington, qui jure que c'est la seconde et la dernière fois qu'il installe le Bourbon au sommet. Il est lui-même soutenu par Frédéric-Guillaume, qui accepte de porter ce poids parce qu'il sera bien payé pour cela (compensation territoriale lors du congrès de Vienne). En dessous du Prussien, le tsar se hisse vers le haut; il prétend qu'il le fait pour la gloire, mais il y trouve quand même un intérêt personnel: l'annexion de la Pologne (cf. n.° cat. 172). Le poids de tous ces personnages repose sur l'empereur François qui se tient au pied du mât. Le roi de Rome, à dada sur un cheval de bois, est pendu à ses basques: si grand-papa lâchait le groupe, cela l'amuserait beaucoup. Mais François craint que ses alliés ne lui tombent tous sur le dos. Observant la scène, Napoléon ironise: lui au moins, il est «monté deux fois tout seul». La Seconde Restauration fut également l'œuvre de la coalition, et non le mérite des Bourbons. En octobre 1815, Cruikshank reprit l'idée de cette illustration. (BM IX 12614; Br II p. 12 sq., app. A 550; cat. H83 38).

The Greasy Pole
Hoisting oneself to the top of a soap-covered pole to reach the prize at its tip was once a popular fairground attraction. In this work, the French crown is at stake. With the help of the allies, stout Louis XVIII has laboriously attained his goal. He is seated atop Wellington's head, who swears this is the second and last time that he brings the Bourbon to the top. He himself is supported by Prussia's Frederick William, who accepts the burden because he's being well paid to do so (territorial compensations awarded at the Vienna Congress). Next underneath comes the Tsar who is hoisting his way up for the sake of glory, although out of self-interest too: he wants to annex Poland (cf. cat. no. 172). The weight of all the climbers falls upon Emperor Francis, who stands at the foot of the pole: the little King of Rome, on a hobby horse, tugs at his grand-daddy's coattail because it would be such fun if he let them all fall down. But grand-daddy Francis is no fool – he knows they would all land on his back. Looking upwards at the pole, Napoleon jeers that he already climbed to the top two times all by himself. The second restoration also was the work of the coalition rather than anything for which the Bourbons could be credited. Cruikshank would develop on this work's theme in October 1815 (BM IX 12614; Br II p. 12f., App. A 550; cat. H83 38).

Albero della cuccagna
Nelle fiere dell'epoca, uno dei divertimenti consisteva nell'arrampicarsi su un palo insaponato per cogliere i premi appesi in cima; qui il premio – la corona di Francia – è raggiunto a fatica dal grasso Luigi XVIII, grazie all'aiuto degli alleati. Wellington, che ha il Borbone sulla testa, impreca: è la seconda e ultima volta che lo porta fin lassù. Sotto l'inglese c'è Federico Guglielmo di Prussia, che accetta il «fardello» perché è stato pagato bene (con gli indennizzi territoriali decisi al congresso di Vienna); più sotto ancora, lo zar ammette di agire per la gloria ma anche nel proprio interesse (l'annessione della Polonia: cfr. n° cat. 172). In basso l'imperatore austriaco regge tutto il peso, ma il re di Roma (con cavalluccio di legno) lo tira indietro per la falda della giubba: come gli piacerebbe che il nonno mollasse tutto! Francesco I sa, però, che non può farlo: l'intera squadra gli cadrebbe sulla schiena. Napoleone, poco distante, guarda all'insù e dice beffardo che lui, su quel palo, è salito due volte da solo; in effetti anche la seconda Restaurazione fu opera della coalizione, non merito dei Borboni. Il tema di questa caricatura fu approfondito da Cruikshank nell'ottobre 1815 (BM IX 12614; Br II p. 12 sg., app. A 550; cat. H83 38).

Lit.: Br II S. 81, App. D 150/151.

Klettermast

Mât de cocagne

The Greasy Pole

Albero della cuccagna

Mât de cocagne.

Couronne de France.

ouf! Mon ami, enfin je la tiens; mais
soutenez moi la tête me tourne —

Goddem! c'est pour la seconde fois
n'y revenez plus.

Quoique le fardeau soit bien lourd....
mais on me le paiera bien!

Je n'y suis que pour la gloire........
et la Pologne!

J'y suis pourtant
monté deux fois
tout seul!

finis donc, petit drôle, tu ne vois pas
que si je les lâche, ils me tomberont
tous sur le dos___!

Grand papa! si tu les lâchais,
cela me ferait bien rire!

182

Entrée triomphante des oiseaux de proies dans la Capitale, / Le 20 Mars 1815.
o.l. *Le v'la, com'j'alons boire com'y va nous en donner / Nous, nous avons trois francs / Combien as tu pour crier si fort? / J'ai deux francs. / Nous vollerons tout par tout avec lui / Ou peut on être mieux*
u.l. *Je ne cris plus.*
o.r. *Oui car st' honnèteté q' j'étions obligée de garder nous pese bin lourd / J'alons pourtant être libre v'la notre ami, Fanchon. / C'est l'heure de rentrer chez soi fermons notre porte / Viens chose l'on donne 15ˢ.*
u.r. *Vive l'empereur*
Pétion, 29. Juli 1815 (DL durch Pétion)
dat. u.r. *Comparaison du 8 Juillet 1815.*
Radierung, koloriert
262 × 385 mm (270 × 394 mm)
u.r. Stempel Museum Schwerin 1980.88.

Triumphaler Einzug der Raubvögel in die Hauptstadt am 20. März 1815
Im Wagen mit dem Kaiseradler als Kutscher fährt Napoleon in Paris ein (20. März 1815). Zwei Eulen (Symboltiere der finsteren Mächte) reiten die Zugpferde, und zwei weitere krallen sich – wie sonst die Pagen – hinten ans Verdeck. Durch die Luft schwirren Höllenwesen. Die Heimkehrer bejubelt eine Gruppe von mit langen Haken (?) bewaffneten Föderierten (vgl. Kat. Nr. 273), die dafür bezahlt werden. Einer fragt sein Nebenan, wieviel er kriege, dass er so brülle; ein anderer erhofft sich von Napoleon Geld zum Versaufen, und der vorderste frohlockt: «Mit ihm [Napoleon] werden wir überall alles stehlen.» Beim Anblick der Gleichgesinnten fühlt sich der Usurpator wohl: «Wo kann es einem besser gehen!» Rechts laufen drei Gassenjungen auf das Gefährt zu, um sich mit Hochrufen 15 Sous zu verdienen. Im Hintergrund zieht sich ein rechtschaffener Bürger schleunigst in die schützenden vier Wände zurück und verschliesst die Türe: Er wird während der Hundert Tage kaum an der Politik teilhaben. Vor seinem Haus begrüssen drei leichtlebige Frauen (nach der sittlichen Ersten Restauration) die wiedererlangte Freiheit: Die «Anständigkeit, die zu wahren wir verpflichtet gewesen sind, lastet schwer auf uns.» Die Royalisten verteufeln hier das wiedererweckte Kaiserreich als Herrschaft der Profiteure, des Diebespacks und der Sittenlosen.

Entrée triomphante des oiseaux de proie dans la capitale, le 20 mars 1815
Roulant dans une voiture où l'aigle impériale remplit la fonction de cocher, Napoléon entre dans Paris (20 mars 1815). Deux hiboux (symbolisant les forces du mal) montent les chevaux de trait; deux autres s'accrochent à l'arrière au toit du véhicule, à l'instar de pages. Des êtres infernaux fendent l'air en sifflant. Ceux qui rentrent sont acclamés par un groupe de fédérés (cf. n°. cat. 273) armés de longues piques (?), payés pour manifester publiquement leur enthousiasme. L'un des fédérés demande à un autre combien d'argent on lui donne «pour crier si fort»; un troisième espère recevoir de Napoléon des sous pour aller boire, tandis que celui situé en tête dit en exultant: «Nous volerons tout partout avec lui [Napoléon].» A la vue de tout ce monde, défendant apparemment les mêmes opinions que lui, l'usurpateur se sent à l'aise: «Où peut-on être mieux!» A droite, trois gamins accourent vers la voiture dans le but de gagner quinze sous en poussant des vivats. A l'arrière-plan, un homme honorable se retire le plus vite possible entre ses quatre murs, censés le protéger contre des dangers éventuels: pendant les Cent-Jours, il ne prendra guère part à la politique. Devant la maison de cet homme, trois femmes légères (après les critères moraux plutôt stricts de la Restauration) saluent la liberté recouvrée: l'«honnèteté que nous étions obligées de garder nous pèse bien lourd.» En l'occurrence, les royalistes diabolisent l'Empire ressuscité comme un règne de profiteurs, de voleurs et de gens immoraux.

The Birds of Prey Entering the Capital in Triumph on 20 March 1815
An imperial eagle serves as coachman to drive Napoleon to Paris (20 March 1815). Two owls (symbol of the evil spirits) are mounted on the draughthorses, and two more cling to the roof at the coach's rear in the manner of pageboys. Hell's creatures whir through the air. The homecomers are being celebrated by a group of confederates (cf. cat. no. 273) armed with long hooks (?) who have been paid to do so. One asks his neighbour how much he is getting for bellowing; another hopes to go on a drinking binge with Napoleon's money, and the lead figure exults: «With him [Napoleon], we'll be stealing everything all over the place.» The sight of his followers is a balm to the usurper's soul: «Where could it be better!» he rejoices. To the right, three street urchins are running towards the carriage to earn some 15 shillings by adding their cheers. In the background, an upright citizen seeks the protection of his four walls just as fast as he can, closing the door behind him: here is someone who will scarcely participate in the political highlights of the Hundred Days. In front of his house, three easygoing women (in the moral light of the First Restoration) welcome the liberty they shall once again enjoy: the «Decency we have been obliged to uphold is a heavy load on us». Here the Royalists are decrying the resuscitated Empire as the rule of profiteers, robbers, and the dissolute.

Entrata trionfante degli uccelli da preda nella capitale, il 20 marzo 1815
Il 20 marzo 1815 Napoleone entra in Parigi su un calesse guidato dall'aquila imperiale. Due civette (simboli animali di potenze delle tenebre) sono appollaiate sui cavalli; altre due, a mo' di paggi, si aggrappano da dietro al tetto del veicolo, mentre in aria svolazzano esseri infernali. Il ritorno è accolto con giubilo da un gruppo (prezzolato) di federati (cfr. n° 273), armati di lunghi uncini (?); uno di loro domanda al suo vicino quanto ha ricevuto per urlare così forte, un altro pregusta una bevuta col denaro che gli darà Napoleone. Quello di testa esulta: «Con lui [Napoleone] ruberemo tutto dappertutto.» Alla vista di persone affini a lui, l'usurpatore si sente a suo agio («Dove si può stare meglio!»); a destra tre giovinastri corrono verso il calesse, per guadagnare quindici soldi a suon d'evviva. Sullo sfondo un onesto borghese si rifugia in tutta fretta nella sua dimora e ne chiude la porta: durante i Cento Giorni parteciperà ben poco alla politica. Davanti alla casa, tre donne leggere salutano la libertà riconquistata (dopo il moralismo della prima Restaurazione): «L'onestà che eravamo costrette a conservare ci pesa moltissimo.» In questa stampa i monarchici demonizzano l'Impero ripristinato come un regime di approfittatori, ladri e depravati.

Lit.: BN V 9468; Br II App. D 346; Cl 86.

Entrée triomphante des oiseaux de proies dans la Capitale,
Le 20 Mars 1815.

Comparaison du 8 Juillet 1815.

Triumphaler Einzug der Raubvögel in die Hauptstadt am 20. März 1815

Entrée triomphante des oiseaux de proie dans la capitale, le 20 mars 1815

The Birds of Prey Entering the Capital in Triumph on 20 March 1815

Entrata trionfante degli uccelli da preda nella capitale, il 20 marzo 1815

183
Et l'on revient toujours / A ses premiers amours.
Pierre Marie Bassompierre Gaston,
3. August 1815 (DL durch Gaston)
Radierung, koloriert
247 × 140 mm (256 × 148 mm)
u. r. Stempel Museum Schwerin
1980.96.

Alte Liebe rostet nicht
Napoleon schreitet vom Thron herunter in einen Sumpf mit Fröschen. Sumpf wie Thron entwachsen der Strasse. Der Kaiser verbirgt die Krone hinter dem Rücken und blickt grimmig zur jakobinischen Freiheitsmütze auf der Spitze der Pike hoch, auf die er sich stützt. Dieses Symbol der Französischen Revolution ragt aus dem Sumpf empor. Daneben steht ein Holzschemel, auf den sich der Kaiser zu bewegt. So kehrt er symbolisch zur Revolution zurück, der er seinen kometenhaften Aufstieg verdankt. Nach dem Staatsstreich distanzierte er sich mehr und mehr von seinen Wurzeln: Er schuf einen neuen Thron und einen neuen Adel und unterdrückte diktatorisch das revolutionäre Erbe. Als 1815 die neue Bourbonenherrschaft einen Rückfall in vorrevolutionäre Verhältnisse befürchten liess, nutzte Napoleon dies für seine Rückkehr: Eine liberalere Verfassung und (theoretisch) mehr Volksrechte stützten seine Macht nun besonders auf die unteren Volksschichten ab (vgl. Kat. Nr. 272). Diese sind im Sumpf – Frösche stehen in der (englischen) Karikatur oft für die Revolutionäre – zu erkennen. Das Gesicht verrät, dass Napoleon nicht gern daran denkt, wem er seine neue Herrschaft verdankt: «Ich will nicht König eines rebellischen Pöbels sein», soll er gesagt haben. Die Karikatur (am 7. August im «Journal de Paris» erwähnt) greift auf Leonhard Schlemmers Blatt «Alte Liebe rostet nicht» vom Mai 1815 (Sche 5.6) zurück.

Et l'on revient toujours à ses premiers amours
Napoléon descend d'un trône et met un pied dans un marais habité par des grenouilles. La rue est le terrain où se développe le marais et d'où sort le trône. L'empereur cache sa couronne derrière le dos et regarde, l'air furibond, le bonnet phrygien posé sur la pointe d'une pique, qui lui sert d'appui. Ce symbole de la Révolution française émergeant du marécage. Napoléon semble se diriger vers un escabeau posé à proximité. Au plan symbolique, il revient à la Révolution, fondement de sa fulgurante ascension. Après le coup d'Etat, Napoléon se distança de plus en plus de ses racines: il créa un nouveau trône et une nouvelle noblesse et réprima l'héritage révolutionnaire de façon dictatorial. Lorsqu'en 1815 le nouveau règne bourbonien fit craindre un retour à la période prérévolutionnaire, il se servit de cette situation pour organiser son retour: une constitution libérale et (théoriquement) plus de droits populaires appuyèrent alors son pouvoir sur les couches inférieures du peuple (cf. nº. cat. 272). Ces dernières se manifestent ici à travers le marécage: dans la caricature (anglaise), les grenouilles représentent de manière fréquente les forces révolutionnaires. L'expression du visage de Napoléon révèle qu'il ne s'avoue pas avec plaisir à qui il doit son nouveau règne: «Je ne veux pas être le roi d'une jacquerie», aurait-il affirmé. La présente caricature (mentionnée le 7 août par le «Journal de Paris») se réfère à l'estampe de Leonhard Schlemmer de mai 1815, intitulée «Alte Liebe rostet nicht» (Sche 5.6.).

An Old Flame Never Dies
Napoleon steps down from his throne onto a marsh with frogs; both marsh and throne have grown out from the street. Hiding the crown behind his back, the Emperor grimly gazes up at the Jacobin liberty cap atop the pike he is leaning on. Next to this symbol of the French Revolution, which rises upwards out of the marsh, stands a wooden stool, towards which the Emperor is moving in a symbolic return to the Revolution that propelled his meteoric ascension. After the coup d'état, Napoleon had gradually distanced himself from his roots, forging a new throne and a new nobility, and dictatorially suppressing all that was inherited from the Revolution. When, in 1815, the new Bourbon reign threatened to relapse into a pre-Revolutionary context, Napoleon seized upon the occasion to make his return, offering a liberal constitution and (theoretically) more liberties to the people, thus building up his ascendancy more than ever on the lower classes of society (cf. cat. no. 272). These classes are represented in the marshland: in the (English) cartoons of the day, frogs were often used to symbolise French revolutionaries. The expression on Napoleon's face reveals how loathe he was to acknowledge the identity of his new supporters; he is known to have said: «I do not want to be the king of a peasants' revolt.» This work, mentioned in the «Journal de Paris» on 7 August, was inspired by Leonhard Schlemmer's cartoon «Alte Liebe rostet nicht» of May 1815 (Sche 5.6).

E si ritorna sempre ai primi amori
Dal trono Napoleone scende in uno stagno popolato da rane; sia il trono sia lo stagno sembrano «cresciuti dalla strada». Nascondendo una corona dietro la schiena, l'imperatore volge uno sguardo truce al berretto libertario dei giacobini, infilato sulla picca a cui si appoggia (simbolo della Rivoluzione francese). Accanto allo stagno c'è la nuova meta, un semplice sgabello: il sovrano ritorna simbolicamente a quella Rivoluzione cui deve la sua fulminea ascesa. Dopo il colpo di Stato, Napoleone si era distanziato sempre più dalle sue radici: oltre a creare un nuovo trono e una nuova nobiltà, aveva represso da dittatore l'eredità rivoluzionaria. Nel 1815, quando il regime borbonico fece temere una ricaduta in condizioni prerivoluzionarie, l'esule ne approfittò per tornare e per ristabilire – grazie a una Costituzione più liberale e all'estensione (teorica) dei diritti popolari – un potere ora sostenuto soprattutto dai ceti bassi (cfr. nº cat. 272). Questi ultimi sono riconoscibili nello stagno: spesso, nelle caricature (inglesi), i rivoluzionari sono simboleggiati da rane. Il volto rivela che il monarca non ricorda volentieri coloro cui deve il suo nuovo regime: pare dicesse, infatti, di non voler essere «re di una *jacquerie*». Menzionata il 7 agosto dal *Journal de Paris*, la stampa si ricollega a quella di Leonhard Schlemmer *Alte Liebe rostet nicht*, del maggio precedente (Sche 5.6).

Lit.: BN V 9541; Br II S. 70, App. D 110; Cl 128; Kat. RM 47 (Abb.).

Alte Liebe rostet nicht

Et l'on revient toujours à ses premiers amours

An Old Flame Never Dies

E si ritorna sempre ai primi amori

*Et l'on revient toujours
A ses premiers amours.*

184

DERNIER EFFORT DU NAIN JAUNE / POUR SOUTENIR NICOLAS.
u. r. *Au plus offrant.*
Desalles, 3. August 1815 (DL durch Desalles)
u. r. *Déposé.*
Radierung, koloriert
265 × 202 mm (300 × 230 mm)
u. r. Stempel Museum Schwerin 1980.135.

Letzte Anstrengung des Gelben Zwerges zur Unterstützung von Nikolaus
Unter dem ordinären Vornamen Nicolas (vgl. Kat. Nr. 190) erscheint hier Napoleon steif und passiv wie eine Gliederpuppe. Er steht, den Degen in der Rechten, schwankend auf einem Bein. Ein mongolischer Zwerg mit Spitzhut und gelbem Narrenkostüm versucht, ihn vor dem Umkippen zu bewahren. Dieser «letzte Stützversuch» bezieht sich auf die Niederlage bei Waterloo (18. Juni 1815), die das politische Ende des Kaisers bedeutete. «Le Nain Jaune» ist der Name eines Kartenspieles und einer satirischen Pariser Zeitung (vgl. Kat. Nr. 314), die von Dezember 1814 bis Juli 1815 erschien. Da sie sich offen zum Kaiser bekannte, galt sie den Royalisten als «gekauft»: Im Gurt des Zwergs steckt ein Gänsekiel, der dem «Meistbietenden» dient. Nach Napoleons Abdankung wurde die Zeitung unterdrückt und kam 1816 in Brüssel heraus (siehe BN V 9051). Das Erscheinen der Karikatur wurde am 7. August 1815 im «Journal de Paris» angezeigt.

Dernier effort du Nain Jaune pour soutenir Nicolas
Portant le prénom ordinaire Nicolas (cf. n°. cat. 190), Napoléon a ici l'apparence d'une marionnette raide et passive. L'épée à la main droite, il se tient – chancelant – en équilibre sur une jambe. Coiffé d'un chapeau pointu et vêtu d'un costume de bouffon jaune, un nain mongole tente d'empêcher que l'empereur ne perde l'équilibre. Ce «dernier effort pour [le] soutenir» se réfère à la défaite de Waterloo (18 juin 1815), qui signifia la fin de la carrière politique de Napoléon. «Le Nain Jaune» est le nom d'un jeu de carte, ainsi que d'un journal satirique parisien (cf. n°. cat. 314), ayant paru de décembre 1814 à juillet 1815. Etant donné que ce journal prenait ouvertement position pour l'empereur, les royalistes le considérèrent comme «acheté»: servant «au plus offrant», une plume d'oie – dont le tuyau est taillé en pointe – se trouve glissée dans la ceinture du nain. Après l'abdication de Napoléon, «Le Nain Jaune» fut réprimé; en 1816, il parut à Bruxelles (cf. BN V 9051). La parution de la caricature fut annoncée le 7 août 1815 dans le «Journal de Paris».

The Yellow Dwarf's Last Attempt at Upholding Nicolas
Under the commonplace name of Nicolas (cf. cat. no. 190), Napoleon appears to be as stiff and passive as a jointed doll. He stands with his sword drawn and tottering on a single leg. A Mongolian dwarf with a steeplehat and a yellow jester's costume is attempting to keep him from toppling: this «last attempt at upholding» the Emperor refers to his defeat at Waterloo (18 June 1815), signifying the end of his dominion. «Le Nain Jaune» is the name of a card game and of a satirical Parisian newspaper (cf. cat. no. 314), published from December 1814 to July 1815. Since the paper often sided with the Emperor, it was considered to be «sold out» by the Royalists: thus the dwarf pictured wears a goose-quill in his belt to serve the highest bidder. After Napoleon's abdication, the newspaper was prohibited (it would be published in Brussels in 1816: see BN V 9051). The cartoon's publication was announced in the «Journal de Paris» on 7 August 1815.

Ultimo sforzo del Nano Giallo per sostenere Nicolas
Napoleone, qui col soprannome volgare di Nicolas (cfr. n° cat. 190), appare rigido e passivo come una marionetta, con la spada nella destra e traballante su una gamba. Un nano mongolo, con cappello a punta e costume giallo da buffone, cerca di evitargli una caduta; quest'ultimo «sforzo per sostenerlo» si riferisce alla sconfitta di Waterloo (18 giugno 1815), che segnò la fine politica dell'imperatore. *Le Nain Jaune* è un gioco delle carte, ma è anche il nome di una rivista satirica parigina pubblicata dal dicembre 1814 al luglio 1815 (cfr. n° cat. 314). Poiché quel foglio era apertamente filoimperiale, i realisti lo consideravano «comprato»: nella cintura del nano è infilata una penna d'oca «per il miglior offerente». Dopo l'abdicazione di Napoleone, la rivista subì repressioni e nel 1816 uscì a Bruxelles (cfr. BN V 9051). La comparsa della caricatura fu annunciata dal *Journal de Paris* il 7 agosto 1815.

Lit.: BN V 9529; Br II Tf. S. 69, 71f., App. D 195; Cl 121; Fi 94 S. 62 (Abb.); Kat. RM 4 (Abb.).

185

SACRIFICE DE NAPOLÉON BUONAPARTE. (18 Juin 1815)
o. r. *Je te sacrifie encore tout cela !!.... / Tu y viendras aussi.*
Louis, 20. September 1815 (DL durch Louis)
bez. u. l. *Se Vend chez Genty, Rue S.*ᵗ *Jacques, N°. 14.*
u. r. *Déposé au Bureau des Estampes.*
Radierung, koloriert
238 × 305 mm (250 × 318 mm)
u. r. Stempel Museum Schwerin 1980.48.

Napoleon Bonapartes Opfer am 18. Juni 1815
Kompositionell und motivisch ist die Karikatur die Zwillingsschwester von Kat. Nr. 278: Napoleon hoch zu Ross im Bildzentrum, ein Baumstrunk als Vanitassymbol sowie eine Todesallegorie bilden den Kern der Aussage. Auf dem Schlachtross galoppiert der Feldherr über die Ebene von Waterloo. Im Hintergrund kämpfen im Rauch der Kanonen französische Infanteristen in Linie unter dem Kommando eines berittenen Offiziers gegen die englische Kavallerie. Mit der Hand weist Napoleon auf das Kampfgeschehen und wendet den Kopf zurück: Hinter ihm hockt der Tod mit der Sense und begleitet auf der Geige das Massensterben. Im Widerspruch zum Titel opferte sich Napoleon am 18. Juni 1815 nicht selbst. Vielmehr verspricht er hier dem Knochenmann alle seine Soldaten. Dass es des Feldherrn letztes Blutopfer sein wird, stellt der Tod klar: «Auch du wirst mitkommen.» Der Titel ruft Napoleons Rede auf dem Maifeld (1. Juni 1815) in Erinnerung, als dieser verkündete, er werde sich für Frankreich opfern.

Sacrifice de Napoléon Bonaparte le 18 juin 1815
Du point de vue de sa composition et de ses motifs, la présente caricature constitue la «jumelle» du n°. cat. 278: la figure de l'empereur – juché sur un cheval –, au centre de l'image, un tronc d'arbre censé symboliser la vanité ainsi qu'une allégorie de la mort expriment le cœur du message. Parcourant la plaine de Waterloo, le grand guerrier galope sur un cheval de bataille. A l'arrière-plan, dans la fumée des canons, des fantassins français combattant en ligne la cavalerie anglaise; ils sont placés sous le commandement d'un officier à cheval. Napoléon désigne de la main les combats en cours et jette un regard en arrière: la mort, munie de la faux, a pris place derrière lui et donne, à l'aide d'un violon, un fond musical aux massacres. Contrairement à ce que le titre laisse entendre, Napoléon ne se sacrifia pas lui-même, le 18 juin 1815. Il promet plutôt ici tous ses soldats à la mort, personnifiée par un squelette. Elle annonce que ce sera là le dernier sacrifice fait par le grand capitaine: «Tu y viendras aussi.» Le titre rappelle le discours de Napoléon au champ de mai (1ᵉʳ juin 1815), lorsque l'empereur promit de se sacrifier pour la France.

Napoleon Bonaparte Sacrifices Himself on 18 June 1815
The composition and motif of this cartoon make of it a twin sister to cat. no. 278: the core of the work depicts Napoleon high atop his steed in the centre of the image, a tree trunk serving as a vanitas symbol, and Death in allegory. On his battle horse, the general is galloping across the plain at Waterloo. In the smoke of gunfire in the background, the aligned troops of the French infantry, under the command of a mounted officer, are fighting the English cavalry. Napoleon points at the event with a sweep of his hand, while looking back at Death who, crouched behind him, fiddles a tune to accompany the mass death. In contradiction with the title, on 18 June 1815 Napoleon did not sacrifice his person; far more, here he promises Death all his soldiers. This, Death makes quite clear, will be the last blood Napoleon sacrifices: «You will come along as well.» The title brings to mind Napoleon's «Champ de mai» speech (1 June 1815), when he pledged to sacrifice himself for France.

Sacrificio di Napoleone Bonaparte, il 18 giugno 1815
Sul piano tematico e compositivo, questa caricatura è la gemella del n° cat. 278: il nucleo del messaggio è costituito dalla figura centrale di Napoleone su un cavallo da battaglia, dall'allegoria della morte e da un albero spezzato (simbolo di caducità). Il condottiero galoppa per la pianura di Waterloo; nel fumo dei cannoni sullo sfondo, fanti francesi allineati combattono, al comando di un ufficiale a cavallo, contro cavalieri inglesi. Indicando gli eventi bellici, l'imperatore volge il capo allo scheletro con la falce, che siede dietro di lui e accompagna la carneficina col violino. Diversamente da quanto dice il titolo, il 18 giugno 1815 Napoleone non s'immolò affatto; qui, anzi, egli promette alla Morte tutto il proprio esercito. Che stavolta si tratti delle ultime vittime, appare chiaro dalla risposta dello scheletro: «Verrai anche tu.» Il titolo rieccheggia il discorso del Campo di Maggio (1° giugno 1815), in cui Napoleone annunciò che si sarebbe sacrificato per la Francia.

Lit.: BM IX 12562; BN V 9576; Br II Tf. S. 70, 72, App. D 294; Cl 115; Fi 92 S. 340, Abb. S. 342; Kat. RM 76.

DERNIER EFFORT DU NAIN JAUNE POUR SOUTENIR NICOLAS.

Letzte Anstrengung des Gelben Zwerges zur Unterstützung von Nikolaus

Dernier effort du Nain Jaune pour soutenir Nicolas

The Yellow Dwarf's Last Attempt at Upholding Nicolas

Ultimo sforzo del Nano Giallo per sostenere Nicolas

SACRIFICE DE NAPOLÉON BUONAPARTE. (18 Juin 1815)

Napoleon Bonapartes Opfer am 18. Juni 1815

Sacrifice de Napoléon Bonaparte le 18 juin 1815

Napoleon Bonaparte Sacrifices Himself on 18 June 1815

Sacrificio di Napoleone Bonaparte, il 18 giugno 1815

186
LA DERNIERE CUVÉE ·
o. l. *Mon cher Welington je commence a écumer j'espere que vous me Seconderez.*
o. r. *mon ami Blucher je suis pret a vous Suivre mais Surtout travaille fort cette nuit*
anonym, Juni 1815, nach George Cruikshank?
dat. u. l. *a Londre 1815.*
Radierung, koloriert
270 × 325 mm (285 × 360 mm)
u. r. Stempel Museum Schwerin 1980.64.

Das letzte Becken voll
Vor dem lodernden Höllenschlund (hinten rechts) wird die französische Armee in einem eingefeuerten Steinbecken gesotten. Blücher (links) und Wellington (rechts, mit dem Orden vom Goldenen Vlies!) schäumen mit langen Siebkellen die Brühe ab. Blücher hat einen Kavalleristen auf der Kelle und beginnt, seine Wut auszulassen (Doppelsinn von franz. «écumer»: (ab)schäumen bzw. schäumen vor Wut); er zählt dabei auf Wellingtons Beistand. Dieser ist bereit, ihm zu folgen, aber vor allem arbeitet er «hart heute nacht»; ihm rutscht ein Soldat von der Kelle, dessen Beine von dem auf dem Beckenrand hockenden Zerberus verschlungen werden. Im Siedebecken sterben Soldaten oder versuchen zu entkommen; zwei (unterhalb der rechten Kelle) scheinen sich zu unterhalten; ausserdem schwimmen trikolore Kokarden und eine Adlerstandarte obenauf. Die rücklings fallende Figur unter Wellingtons Händen mag Napoleon darstellen (laut BM). Die Karikatur behandelt dessen Endniederlage bei Waterloo. Dass laut Dialog der Preusse den Anfang macht und der Engländer nachzieht, kann sich jedoch nicht auf die Endschlacht (18. Juni 1815), sondern muss sich auf die ersten Kampfhandlungen der Preussen am 15. Juni und Wellingtons Ballbesuch am selben Abend oder aber auf die preussische Zerschlagung des französischen Rückzugs beziehen. Als Vorlage diente die gleichnamige englische Karikatur (daher der Vermerk «zu London 1815») vom 20. Juni 1815 (Br II App. A 531), die wohl von Cruikshank stammt (vgl. die im Stil und Motiv verwandte Kat. Nr. 171).

La dernière cuvée
Devant les bouches de l'enfer d'où s'échappent des flammes (derrière à droite), l'armée française est mise à bouillir dans un bassin de pierre. Blücher (à gauche) et Wellington (à droite, arborant l'ordre de la Toison d'or!) écument le bouillon à l'aide de longues passoires. Blücher a attrapé un cavalier et laisse éclater sa colère (double sens du verbe «écumer»); il compte sur le secours de Wellington. Celui-ci est prêt à le suivre, mais surtout il «travaille fort cette nuit»; un soldat, dont la jambe sert de pâture au cerbère accroupi au bord du bassin, glisse de son écumoire. A l'intérieur du bassin bouillonnant, des soldats meurent ou tentent de s'échapper; deux d'entre eux (en dessous de l'écumoire de droite) semblent en pleine conversation; en outre, des cocardes tricolores et une aigle surnagent. Le personnage qui tombe sur le dos, au-dessous de Wellington, représenterait Napoléon (selon BM). La caricature traite de sa défaite finale à Waterloo. Etant donné que, selon le dialogue, le Prussien commence et l'Anglais suit, il ne peut toutefois pas s'agir de la bataille finale (18 juin 1815), mais des premières actions militaires des Prussiens, le 15 juin, et de la présence de Wellington à un bal le soir même; ou encore de l'anéantissement par les Prussiens de la retraite française. La caricature anglaise du même nom, publiée le 20 juin 1815 (Br II app. A 531) – exécutée probablement par Cruikshank (cf. n°. cat. 171, apparentée par le motif et par le style) – a servi de modèle à cette illustration (d'où la mention «à Londres 1815»).

The Last Vatful
Before a blazing abyss (rear right), the French army is being boiled in a stone basin atop a kindled fire: Blücher (left) and Wellington (right, with the Order of the Golden Fleece!) are removing the scum [sic!] from the broth with long strainer scoops. In the process, Blücher has come up with a cavalryman and begins to vent his rage (from the French «écumer», both to skim and to foam with rage); he comments that he is counting on Wellington's assistance. Wellington consents to follow him but opines that he first must work hard this very night. The legs of the soldier on his scoop have slipped off and are being gobbled up by a Cerberus squatting on the basin edge; other soldiers in the boiling basin have either died or are still attempting to escape; two (under the right scoop) look as if they are conversing. In addition, tricolour cockades and an eagle standard swim on the broth's surface. The figure toppling backwards at Wellington's hands might well be Napoleon (according to BM), with whose defeat at Waterloo the cartoon is indeed concerned. However, since the dialogue has the Prussian starting the skimming, and the Briton following suit, it seems unlikely that this work represents the final battle of 18 June 1815. Rather, this leads us to believe the allusion is to the first combats of the Prussians on June 15 and Wellington's visit to the ball the same evening, or else to the Prussian breakup of the French retreat. An English cartoon under the same title of 20 June 1815 (Br II App. A 531), probably by Cruikshank (cf. the stylistically and thematically similar cat. no. 171), served as model to this piece (hence the annotation «in London 1815»).

L'ultima cuvée
Davanti alla bocca fiammeggiante dell'inferno (sullo sfondo a destra), l'esercito francese viene bollito in una sorta di piscina, sotto cui è acceso il fuoco; Blücher (a sinistra) e Wellington (a destra, con l'ordine del Toson d'oro!) si danno da fare attorno al brodo con lunghe schiumarole. Il prussiano, che ha appena ripescato un soldato di cavalleria, comincia a «schiumare» (in senso letterale, ma anche «di rabbia») e spera nell'appoggio del britannico, che è pronto a seguirlo ma soprattutto lavora «sodo questa notte»; dalla schiumarola di Wellington scivola un soldato, le cui gambe sono ingoiate dal Cerbero appollaiato sul bordo della piscina. Nel brodo i soldati muoiono o cercano di sfuggire (ma due, sotto la schiumarola destra, sembrano divertirsi); vi galleggiano, inoltre, coccarde tricolori e un'aquila legionaria. La figura che cade all'indietro sotto le mani di Wellington potrebbe rappresentare Napoleone (secondo BM), la cui disfatta finale a Waterloo sembra il tema della caricatura; il fatto però che nel dialogo il prussiano «comincia», mentre l'inglese «segue», indica che non può trattarsi dell'ultima battaglia (18 giugno 1815) ma dei primi scontri ingaggiati dai prussiani il 15 giugno (quando Wellington la sera si recò a un ballo), oppure della strage compiuta dai prussiani sui francesi in ritirata. L'opera si rifà all'omonima caricatura inglese del 20 giugno 1815 (Br II app. A 531), probabilmente di Cruikshank (cfr. il n° cat. 171, affine per stile e soggetto); di qui la nota «a Londra 1815».

Lit.: BM IX 12573; BN V 9597; Br II App. D 374; GC 351 (Abb.).

LA DERNIÈRE CUVÉE.

Das letzte Becken voll

La dernière cuvée

The Last Vatful

L'ultima cuvée

187
Bon à part / ou / le jeu des Quatre coins
o. l. *ce B…….. a beau dire ce n'est là de la Violette / ton cas est Mauvais*
o. M. *Après avoir été Maître des 4 coins du globe je n'en puis trouver un pour reposer ma tête*
o. r. *Cette foi ci tu y es pour tout de bon…. / qui compte Sans Son hote compte deux fois….*
u. M. *Contribution Extraor[…] de 100 millions / Conscription leve[é en] ma[sse] / impots dou[…]*
Jean Baptiste Gauthier l'aîné, 5. September 1815 (DL)
Radierung, koloriert
212 × 320 mm (220 × 330 mm)
u. r. Stempel Museum Schwerin 1980.125.

Bonaparte ganz für sich oder das «Bäumchen-wechsle-dich»-Spiel
Im Gegensatz zum Jahre 1808 (vgl. Kat. Nr. 159) hat Napoleon nun das (Kinder-)Spiel nicht mehr in der Hand: Bei Waterloo von der Koalition geschlagen, ist er am Ende seiner Macht. Obschon er dem Bildtitel zufolge «ganz für sich» (franz. «bon à part»: Wortspiel auf Bonaparte) sein sollte – nämlich auf dem stillen Örtchen (franz. «petit coin») –, verrichtet er sein Geschäft in der Mitte der Szene. In den vier Ecken (franz. «quatre coins») umzingeln ihn die Siegermächte, die ihn «auf den Topf gesetzt» haben (vgl. Kat. Nr. 88): Österreich (links) und Russland (rechts) halten sich (vor Bollwerken) im Hintergrund; vorne lehnt Blücher (links) Pfeife rauchend an eine auf Napoleon gerichtete Kanone; gegenüber moralisiert der andere Held von Waterloo, der Herzog von Wellington, über Napoleons Lage: «Er hat die Rechnung ohne den Wirt gemacht.» Auch der Russe urteilt: «Diesmal haben wir dich ein für alle Mal», und der Österreicher bemerkt: «Dein Fall steht schlecht.» Auf Kaisers Notdurft spielt hingegen der Preusse an, der findet, Napoleon habe nichts mit dem Veilchen gemein (vgl. Kat. Nr. 270): Das «Veilchen» (der populäre Übername des Rückkehrers aus Elba) hält zerknirscht die Dokumente seiner verlorenen Macht (Kontributionen, Steuern, Massenaushebung) in Händen; der frühere Herr über die vier Weltgegenden (franz. «4 coins du globe») findet keinen Winkel mehr, um sein müdes «Haupt» auszuruhen.

Bon à part ou le jeu des quatre coins
Contrairement à l'année 1808 (cfr. n°. cat. 159), Napoléon ne domine à présent plus le jeu (d'enfant): battu par la coalition près de Waterloo, il est arrivé à la fin de son règne. Bien qu'en principe – selon le titre – «bon à part» (jeu de mots avec Bonaparte), c'est-à-dire retiré tranquillement au petit coin, il est en fait obligé de «faire sa commission» en plein milieu de la scène. Il est cerné, aux quatre coins, par les puissances victorieuses, qui l'ont «mis sur le pot» (cfr. n°. cat. 88). L'Autriche (gauche) et la Russie (droit) restent en arrière-fond (devant des bastions); au premier plan, Blücher (gauche) – fumant la pipe – s'adosse à un canon dirigé contre Napoléon, tandis que l'autre héros de Waterloo, le duc de Wellington (droit), moralise sur la situation de Napoléon: «Qui compte sans son hote, compte deux fois.» Le Russe donne également son jugement: «Cette fois-ci, tu y es pour tout de bon.» Et l'Autrichien de préciser: «Ton cas est mauvais.» Le Prussien, en revanche, fait allusion à la «commission» de l'empereur: il trouve que Napoléon n'a rien de commun avec la violette (cf. n°. cat. 270). L'air contrit, la «violette» (surnom populaire de Napoléon après son retour de l'île d'Elbe) tient en mains des papiers qui évoquent sa puissance perdue (contributions, impôts, levées en masse): l'ancien maître des «quatre coins du globe» ne trouve plus aucun coin tranquille pour reposer sa «tête» fatiguée.

Keeping to Himself or the Four Corners Game
Contrary to the situation in 1808 (cf. cat. no. 159), Napoleon no longer has the (chilren's) game in hand: he is at the end of his power now that the allies conquered him at Waterloo. Even though he should keep, as the title goes, «to himself» (the French term allows a play between «bon à part» and Bonaparte), that is in the loo (the French «little corner»), he is relieving himself in the centre of the scene. He is surrounded in the four-cornered space by the allies who «set him on the potty» (cf. cat. no. 88): Austria (l.), and Russia (r.) stand in the background (before bulwarks); to the fore, Blücher (l.) smokes a pipe, relaxing against a cannon pointed in Napoleon's direction; across from him, the other Waterloo hero, the Duke of Wellington, moralises over Napoleon's situation, commenting that he who fails to reckon with the host, gets to pay the bill twice. The Russian opines: «This time we caught you once and for all.» The Austrian adds: «Your case looks bad.» The Prussian makes a play on the Emperor's call of nature, saying that what he smells has nothing to do with violets (cf. cat. no. 270): the «violette» (affectionate nickname for the exile returning from Elba) clenches the documents of his lost power (contributions, taxes, mass conscriptions); the former master of the «four corners of the globe» despairs of now finding a single place to rest his head.

Buon a parte, ovvero il gioco dei quattro cantoni
Diversamente che nel 1808 (cfr. n° cat. 159), ora Napoleone non ha più le redini del «gioco»: sconfitto dalla coalizione a Waterloo, è giunto al termine del suo potere. Anche se stando al titolo dovrebbe star «bene [o buono] in disparte» (*bon à part*, gioco di parole su «Bonaparte»), ossia in quel posticino (in francese *petit coin*), qui è intento a fare i suoi bisogni al centro della scena; ai «quattro cantoni» (*quatre coins*) lo accerchiano le potenze vincitrici, che l'hanno «messo sul vaso» (cfr. n° cat. 88). Austria e Russia si tengono sullo sfondo, rispettivamente a sinistra e a destra (davanti a bastioni); in primo piano a sinistra, Blücher fuma la pipa e si appoggia a un cannone puntato su Napoleone, mentre di fronte a lui l'altro eroe di Waterloo, il duca di Wellington, moraleggia sulla situazione di chi ha fatto i conti «senza l'oste». Sentenziano anche il russo («Stavolta sei preso per sempre») e l'austriaco («Il tuo è un brutto caso»), mentre il prussiano fa osservare che quello emesso del defecatore non è affatto profumo di viola (cfr. n° cat. 270). Colui che al ritorno dall'Elba era stato soprannominato *Violette* dal popolo… ora tiene in mano, contrito, i documenti del suo potere perduto (contribuzioni, imposte, leva in massa): l'ex dominatore dei quattro angoli del globo (*4 coins du globe*) non trova più un angolo (*coin*) su cui posare il «capo» stanco.

Lit.: BM IX 12586; unter BN IV 8143; Br II S. 77, App. D 128; Cl 111; Fi 92 S. 351, Abb. S. 353; Kat. BB 57 (Tf.); Kat. H85 36; Kat. RM 118 (Abb.).

Bonaparte ganz für sich oder das «Bäumchen-wechsle-dich»-Spiel

Bon à part ou le jeu des quatre coins

Keeping to Himself or the Four Corners Game

Buon a parte, ovvero il gioco dei quattro cantoni

188

VOILÀ CE QUE-C'EST QUE
D'AVOIR DU CŒUR.
o.l. *Napoléon Se rend et ne meurt pas*
M.l. *Il se Sauva*
u.l. (v.l.n.r.) *d'égipte / d'Espagne / De Moscou / De Leipsic / du Mont S.t Jean*
Henri Gérard Fontallard, 22. September 1815 (DL)
u.r. *Déposé à la D.on*
Radierung, koloriert
285 × 210 mm (298 × 221 mm)
u.l. Stempel Museum Schwerin
1980.22.

So geht es, wenn man Ehrgefühl hat
Im Ausfallschritt schreibt der dickliche Napoleon mit pathetischer Miene «Napoleon ergibt sich und stirbt nicht» (vgl. Kat. Nr. 298) auf den Sockel seiner Ruhmessäule (gemeint ist die Colonne Vendôme). Die Hand auf dem Herzen bekräftigt die Aufrichtigkeit der Aussage und unterstreicht den Bildtitel. Mit dem Ruf «Die Garde stirbt und ergibt sich nicht» soll General Cambronne die kaiserliche Elitetruppe bei Waterloo in den Tod geschickt haben. Dass Napoleon selbst sich umgekehrt verhält, offenbart seine Falschheit und Feigheit; dass seine Degenscheide leer ist, kennzeichnet den Ehrlosen ebenso wie die Lorbeerkränze des Sockels mit den Inschriften: «Er rettete sich... von Ägypten, von Spanien, von Moskau, von Leipzig, von Waterloo» (vgl. Kat. Nr. 280). Unterhalb dieser Liste militärischer Katastrophen stempelt der sprichwörtliche Angsthase das Monument vollends zur Schandsäule. Das Bild parodiert die kaiserliche Propaganda und Selbstdarstellung.

Voilà ce que c'est que d'avoir du cœur
L'air pathétique, ayant fait un grand pas en avant, un Napoléon corpulent écrit, sur le socle d'une colonne de gloire (référence à la colonne Vendôme), les mots suivants: «Napoléon se rend et ne meurt pas.» (cf. n°. cat. 298) Sa main gauche, posée sur le cœur, est censée renforcer la sincérité du message et mettre en relief le titre de l'image. Lors de la bataille de Waterloo, criant «La garde meurt et ne se rend pas», le général Cambronne aurait envoyé la troupe d'élite impériale à la mort. Napoléon, quant à lui, se comporte de façon inverse, ce qui révèle sa fausseté et sa lâcheté. L'infamie du personnage se manifeste tout autant par le truchement de son fourreau de sabre vide que par les inscriptions sur le socle, ceintes de lauriers: «Il se sauva... d'Egypte, d'Espagne, de Moscou, de Leipzig, du Mont-Saint-Jean (Waterloo)» (cf. n°. cat. 280). Sous cette liste de catastrophes militaires, un lapin – symbole animalier de la couardise – identifie définitivement le monument comme une colonne de la honte. Voilà ce qui s'appelle «avoir du cœur (du courage)», raille le titre de l'image, parodiant la propagande et imagerie impériales.

That's What Comes of Having a Heart
The stout Napoleon has a pathetic look as he strides up to the column in his honour (by reference to the Vendôme Column) and inscribes the pedestal with the words «Napoleon surrenders and does not die» (cf. cat. no. 298). The hand held to his breast would confirm the sincerity of his declaration; it also underscores the work's title. General Cambronne is said to have proclaimed «The Guard dies and does not surrender» as he gave the command sending the soldiers of the imperial elite troop to their death at Waterloo. That Napoleon himself chooses to act just the opposite reveals his duplicity and cowardice; his empty dagger sheath testifies that he is without honour, as do the pedestal's laurel-wreathed inscriptions naming the battles he escaped from: Egypt, Spain, Moscow, Leipzig, Waterloo (cf. cat. no. 280). The proverbial hare (the equivalent of our «scaredy-cat») engraved underneath that list makes of this column one erected in shame rather than in honour of Napoleon. The cartoon is a parody of imperial propaganda and the image of himself Napoleon sought to propagate.

Ecco che cosa vuol dire avere cuore
Con aria patetica, in posizione d'affondo, il grassoccio Napoleone scrive sullo zoccolo della sua «colonna della gloria» (s'intende la colonna Vendôme) le parole «Napoleone si arrende e non muore» (cfr. n° cat. 298); la mano sul cuore rafforza la sincerità del messaggio e sottolinea il titolo dell'opera. Pare che il generale Cambronne, a Waterloo, mandasse alla morte le truppe scelte imperiali con il grido «La Guardia muore e non si arrende»; qui Napoleone, comportandosi in maniera opposta, si dimostra falso e vile. A contraddistinguerlo come uomo senza onore, inoltre, provvedono il fodero vuoto della spada e le corone d'alloro sullo zoccolo, che cingono le parole «Si mise in salvo... dall'Egitto, dalla Spagna, da Mosca, da Lipsia, da Waterloo» (cfr. n° cat. 280); sotto questo elenco di disastri militari, la classica lepre impaurita bolla definitivamente il monumento come colonna della vergogna. L'allusione del titolo al «cuore» (coraggio) è una parodia beffarda del modo in cui Napoleone faceva propaganda e presentava la sua immagine.

Lit.: Br II Tf. S. 70, 72 f., App. D 332; Cl 116; Fi 92 S. 338, Abb. S. 339.

189

LE JEU DU LAPIN.
o.M. *A vous le Lapin.*
o.r. *A quel sauce me metterons t'ils*
o.l. *Je vais le mettre en cage.*
anonym, Juli 1815, bei Jean Baptiste Genty, Paris
u.r. *Déposé au Bureau des Estampes.*
Radierung, koloriert
242 × 355 mm (270 × 412 mm)
Sammlung Herzog von Berry
1980.240.

Das Karnickel-Spiel
In einem einst beliebten Jahrmarktsspiel, bei dem es einen Braten zu gewinnen gab, gelingt Wellington ein Meisterwurf: Auf der Erde liegt ein Brett mit neun Holzstangen, über deren mittlere er einen Ring (zwei weitere hält er in der Hand) wirft. Daher spricht ihm «Marianne» (mit Jakobinermütze) als Verkörperung Frankreichs den Siegespreis zu: In einem grossen Korb – daneben Karotten und ein Kohlkopf – hockt das «Karnickel» Napoleon. Ohne weiteres liefert Frankreich es – wie die Spielregeln vorsehen – dem Sieger von Waterloo aus. Der dicke Angsthase reflektiert über sein Schicksal: «An welcher Sosse werden sie [England und Frankreich] mich anrichten?» Doch beabsichtigt Wellington, ihn bloss «in den Käfig [Sankt Helena] zu setzen».

Le jeu du lapin
Jouant à un jeu forain populaire à l'époque – où l'on peut gagner un rôti –, Wellington réussit un coup de maître. Une planche, sur laquelle sont fixés neuf bâtons de bois, est posée sur le sol; le Britannique arrive à lancer un anneau de telle sorte que celui-ci tombe pile sur le bâton du milieu (il tient encore deux autres anneaux à la main). C'est pourquoi «Marianne» (coiffée d'un bonnet phrygien), en tant qu'incarnation de la France, lui attribue le prix du vainqueur: dans une grande corbeille, entourée de carottes et de choux, a pris place le «lapin» Napoléon. Comme prévu par les règles du jeu, la France le livre sans autre au vainqueur de Waterloo. Le gros lapin peureux réfléchit sur son sort: «A quelle sauce me mettront-ils [l'Angleterre et la France]?» Mais Wellington a seulement l'intention de le «mettre en cage [Sainte-Hélène]».

The Rabbit Game
In a formerly popular fairground game, where a roast could be won, Wellington has masterfully succeeded his throw: on the ground lies a board with nine wooden pegs, and he has landed his ring on the one in the middle (he holds two more rings in his hand). This incites «Marianne» (wearing a Jacobin cap), as the personification of France, to reward him with the prize: in a large basket – with carrots and cabbage set down beside it – squats the «rabbit» (*trans. note:* by reference to our «scaredy-cat») Napoleon. Without further ado, France turns the prize over – in accordance with the game rules – to the winner of Waterloo. The fat rabbit muses over his fate: «in what sauce will they [France and England] roast me?» No worry, for Wellington's intention is only to set him «in the cage [Saint Helena]».

Il gioco del coniglio
In un gioco molto diffuso nelle fiere dell'epoca, che consentiva di vincere un arrosto, Wellington compie un lancio magistrale: riesce a infilare uno dei suoi tre anelli sull'asticella centrale e più alta delle nove che spuntano da un'asse. «Marianne» – simbolo della Francia, con berretto frigio – gli assegna quindi il premio in palio, accovacciato in un grosso cesto (accanto a un cavolo e a carote): come previsto dalle regole del gioco, il paese consegna subito il «coniglio» Napoleone al vincitore di Waterloo. Il grasso roditore pauroso riflette sul proprio destino: «In che salsa mi metteranno [l'Inghilterra e la Francia]?»; Wellington, però, ha solo intenzione di «metterlo in gabbia» (a Sant'Elena).

Lit.: BM IX 12583; BN V 9594; Br II S. 75 (Tf.), App. D 129; Cl 149; Fi 92 S. 340, Abb. S. 341; Kat. H85 40.

VOILÀ CE QUE-C'EST QUE D'AVOIR DU CŒUR.

So geht es, wenn man Ehrgefühl hat

Voilà ce que c'est que d'avoir du cœur

That's What Comes of Having a Heart

Ecco che cosa vuol dire avere cuore

LE JEU DU LAPIN.

Das Karnickel-Spiel

Le jeu du lapin

The Rabbit Game

Il gioco del coniglio

190

Nicolas dansant L'Anglaise!
anonym, Sommer 1815
Radierung, koloriert
244 × 160 mm (287 × 195 mm)
u. r. Stempel Museum Schwerin
1980.105.

Nikolaus tanzt die Anglaise

Umrahmt vom Theatervorhang muss der Verlierer von Waterloo auf der Bühne «nach Englands Pfeife tanzen». Der feiste Engländer im roten Uniformrock schlägt im Orchstergraben den Takt, dem links der hagere Österreicher (Franz I.) auf der Bassgeige und rechts der Russe mit Federbusch (Alexander I.) auf der Geige folgen; ganz rechts bläst der Preusse mit Landwehrmütze (Friedrich Wilhelm III.) ein Blasinstrument. «Nicolas» spreizt die Beine und steht auf den Stiefelabsätzen. Er wirkt steif wie ein Hampelmann, hat eine Hand auf dem Rücken und in der anderen einen Stock. Frontal zum Betrachter «tanzt» er eine «Anglaise», einen damals populären Kontertanz. Als Bühnenbild dient die Ansicht der Felseninsel Sankt Helena. Napoleons ordinären Spottnamen erläuterte die Satirezeitschrift «Le Nain Jaune» am 15. Mai 1815: «Seit einiger Zeit gehört es in den Salons der Bourbonen-Anhänger zum guten Ton, Bonaparte nur mit dem Namen Nikolaus zu bezeichnen. Diese Herren […] ahnen gewiss nicht im geringsten, dass dieses Wort ‹Nikolaus› vom Griechischen […] kommt und ‹Sieger durch das Volk› bedeutet.» Zum erzwungenen Tanz vgl. Kat. Nrn. 193, 293; zur Anglaise vgl. Kat. Nr. 294.

Nicolas dansant l'Anglaise

Encadré par le rideau d'une scène de théâtre, le perdant de la bataille de Waterloo doit «obéir à la baguette anglaise». Vêtu d'une tunique rouge, un Anglais replet bat la mesure dans la fosse d'orchestre. Il est accompagné – à gauche, à la contrebasse – par un Autrichien maigre (François Ier) et – à droite, au violon – par un Russe portant un plumet (Alexandre Ier); tout à droite, un Prussien, coiffé d'un bonnet de landwehr (Frédéric-Guillaume III), joue d'un instrument à vent. «Nicolas» écarte les jambes et se tient debout sur les talons de ses bottes. Raide comme un pantin, il a mis une main derrière le dos et tient un bâton dans l'autre. Face au spectateur, il exécute une «Anglaise», contredanse populaire à l'époque. Une vue de l'île rocheuse de Sainte-Hélène sert de décor. Voici les explications données le 15 mai 1815 par le journal satirique «Le Nain Jaune» à propos du sobriquet vulgaire de Napoléon: «Depuis quelque temps, il est de bon ton, dans les salons bourbonistes, de ne désigner Bonaparte que sous le nom de Nicolas. Ces messieurs […] sont loin de soupçonner sans doute que ce mot ‹Nicolas›, qui vient du grec […], veut dire ‹vainqueur par le peuple›.» A propos du thème de la danse forcée, cf. n^{os} cat. 193, 293; à propos de l'Anglaise, cf. n^o cat. 294.

Nicolas Dances the «Anglaise»

Framed by stage curtains, the Waterloo loser is obliged to «to dance to England's tune» on stage. The stout English officer in the orchestra pit is giving the beat to the gaunt Austrian (Francis I) with a bass fiddle (left), and the Russian with a horsetail (Alexander I) who plays the violin (right); far right, the Prussian with a Home Guard cap (Frederick William III) blows away at a wind instrument. «Nicolas» has spread his legs apart and stands on the heels of his boots: the effect is of a stiff puppet, with one hand behind his back and a cane in the other. He is presented frontally, dancing the «Anglaise», a popular contredanse of the period. A view of the rocky island of Saint Helena serves as backdrop. The derisive vulgar name designating Napoleon is explained in the satirical review «Le Nain Jaune» of 15 May 1815: «Since some time it has been good taste, in the salons of the Bourbonists, to designate Bonaparte exclusively by the name of Nicolas. These gentlemen […] no doubt are far from imagining that the word ‹Nicolas›, deriving from the Greek […], means ‹victor through the people›.» With regard to forced dance, cf. cat. nos. 193, 293; as to the «anglaise», cf. cat. no. 294.

Nicolas balla la danza inglese

Su un palco con tanto di sipario, lo sconfitto di Waterloo deve lasciarsi «comandare a bacchetta». Nella fossa dell'orchestra, il grasso britannico (con giubba militare rossa) batte il tempo; contrabbasso, violino e strumento a fiato sono suonati rispettivamente dal magro austriaco (Francesco I, a sinistra), dal russo con pennacchio (Alessandro, a destra) e dal prussiano con cappello della milizia (Federico Guglielmo III, all'estrema destra). «Nicolas» – a gambe aperte, rigido come un fantoccio sui tacchi degli stivali, con la destra dietro la schiena e nella sinistra un bastoncino – «balla» in posizione frontale una contraddanza allora popolare (l'«inglese»); il fondale è una veduta dello scoglio di Sant'Elena. Il soprannome volgare di Napoleone è spiegato dalla rivista satirica *Le Nain Jaune* (15 maggio 1815): «Da qualche tempo è di *bon ton*, nei salotti filoborbonici, designare Bonaparte solo col nome di Nicolas. Quei signori […] senza dubbio sono lontani dal sospettare che la parola ‹Nicolas›, di origine greca […], significa ‹vincitore per mezzo del popolo›.» Sulla danza coatta, cfr. n^i cat. 193 e 293; sulla danza «inglese», cfr. n^o cat. 294.

Lit.: BM IX 12603; BN V 9361; Br II Anm. S. 77, App. D 100; Cl 158.

191

Le Jour de Barbe.
o. M. *Il voulait nous faire la queue mais nous lui lavons la tête.*
Levachez, 6. August 1815 (DL durch Levachez)
Radierung und Aquatinta, koloriert
260 × 297 mm (277 × 300 mm)
u. r. Stempel Museum Schwerin
1980.36.

Der Barbiertag

Diese Variation des im Sommer 1815 besonders beliebten Barbier- und Friseur-Themas (vgl. Kat. Nrn. 282, 296, 330, 331; vgl. BM IX 12577; siehe Br II S. 74 f.) präsentiert Napoleons «Barbiertag» – im übertragenen Sinn den Tag der Vergeltung bei Waterloo. Der Kaiser sitzt vor einem mit den Adlern verzierten Toilettenmöbel, einer Art Sekretär mit Spiegel, Waschkrug und -becken sowie Gefässen für die Körperpflege, auf dessen Arbeitsfläche Rasiergerät liegt. Sein Spiegelbild betrachtend, wetzt er das Rasiermesser – im politischen Sinn arbeitet er also selbst an seinem Sturz mit. Von hinten legt ihm Wellington die Hand auf die Schulter, fährt ihm mit dem nassen Schwamm über die Haare und kommentiert: «Er wollte uns hereinlegen («faire la queue»; vgl. Kat. Nr. 255), aber wir ‹waschen ihm den Kopf› («laver la tête»).»

Le jour de barbe

Cette variation sur le thème du barbier – ou du coiffeur – particulièrement prisé pendant l'été 1815 (cf. n^{os} cat. 282, 296, 330, 331; cf. BM IX 12577; voir Br II p. 74 sq.) présente «le jour de barbe» de Napoléon – au sens figuré, le jour de la revanche de Waterloo. L'empereur est assis devant une coiffeuse ornée d'aigles, un genre de secrétaire avec miroir, broc, cuvette et divers récipients pour les soins du corps, sur la tablette duquel se trouvent les instruments nécessaires au rasage. Tout en contemplant son reflet dans le miroir, il affûte le rasoir – au sens politique, il prépare lui-même sa chute. Placé derrière lui, Wellington pose une main sur son épaule et de l'autre lui frotte les cheveux avec une éponge humide. Il commente: «Il voulait nous faire la queue (nous rouler), mais nous lui lavons la tête.»

Shaving Day

This version of the barber and hairdresser theme so popular in the summer of 1815 (cf. cat. nos. 282, 296, 330, 331; cf. BM IX 12577; see Br II p. 74 f.) presents Napoleon's «shaving day», in a figurative sense for the day of reprisal at Waterloo. The Emperor is sitting in front of a dressing table topped with an eagle right and left – a sort of secretary equipped with a mirror, a wash-pitcher and -basin, and various body treatment containers. The actual shaving equipment lies ready on the work surface. Casting an eye at his image in the mirror, Napoleon is sharpening the shaving blade or, politically transposed, is contributing to his own downfall. From behind, Wellington lies a hand on his shoulder, rubbing his hair with a wet sponge and commenting: «He wanted to "put our hair in a tail" [take us for a ride], «but we washed his head» [gave him a dressing down].

Il giorno della rasatura

Questa variazione sul tema della barba e dei capelli, particolarmente popolare nell'estate del 1815 (cfr. n^i cat. 282, 296, 330, 331, nonché BM IX 12577 e Br II p. 74 sg.), illustra il «giorno della rasatura» per Napoleone, cioè, in senso trasposto, il giorno della vendetta di Waterloo. L'imperatore siede davanti a un mobile da toeletta decorato con aquile (sorta di *secrétaire* con specchio, brocca, bacinella e scatolette di cosmetici), sulla cui ribalta appaiono strumenti da barbiere. Osservandosi allo specchio, egli affila il rasoio (cioè, in senso politico, lavora di persona alla propria caduta); Wellington, dietro di lui, gli posa una mano sulla spalla, gli passa la spugna bagnata sui capelli e commenta: «Voleva farci il codino [cioè ‹gabbarci›], ma noi gli diamo una lavata di capo.»

Lit.: BM IX 12576; BN V unter 9599; Br II S. 74, Tf. S. 75, App. D 309; Cl 142; Kat. H85 39.

Nikolaus tanzt die Anglaise

Nicolas dansant l'Anglaise

Nicolas Dances the «Anglaise»

Nicolas balla la danza inglese

Der Barbiertag

Le jour de barbe

Shaving Day

Il giorno della rasatura

192
Acte additionnel aux folies du héros, ou la chute du grand petit homme.
o. l. *C'est à quoi nous nous attendions / L'on voit bien qu'il n'est pas Français*
o. M. *God dam qu'il est petit*
o. r. *Capitaine la grace que je vous demande c'est la vie sauve.*
u. r. *la dinastie Napoléoniene à régnez et régneras sur les Espagnes / La Maison d'Autriche à cessez de régner / Je suis le dieu de la Guerre.*
Levachez, 2. September 1815
(DL durch Levachez)
Radierung und Aquatinta, koloriert
Höhe 248 mm (260×320 mm)
u. r. Stempel Museum Schwerin
1980.72.

Zusatzakt zu den Torheiten des Helden oder der Sturz des grossen kleinen Mannes
Das verweinte Taschentuch in der Hand, tritt der kleine Napoleon, um sein Leben wimmernd, an Bord der «Bellerophon» vor drei britische Offiziere. Aus der Rocktasche ragen Dokumente früherer Machtansprüche (auf Spanien und Portugal) und Eroberungen (Ende von Österreichs Herrschaft über Italien) sowie ein Zeugnis von Grössenwahn («Ich bin der Kriegsgott»); nun liegt der legendäre Hut vor dem abgedankten Kaiser am Boden. Das Schauspiel von Ehr- und Würdelosigkeit verwundert die Engländer nicht; es beweist ihnen, wie (charakterlich) klein Napoleon wirklich ist und dass kein echter Franzose vor ihnen steht (vgl. Kat. Nr. 150). In Wahrheit wurde Napoleon vom Kapitän der «Bellerophon» an der Abfahrt nach Amerika gehindert und mit der Aussicht auf ein Asyl in England auf dessen Schiff gelockt (vgl. Kat. Nr. 295). Im Titel versteht sich die «Zusatztorheit», sich den Briten zu stellen, als Seitenhieb auf den «Acte additionnel», die scheinliberale Verfassungsreform der Hundert Tage.

Acte additionnel aux folies du héros ou la chute du grand petit homme
Gémissant pour qu'on lui laisse la vie et tenant à la main un mouchoir rempli de larmes, un Napoléon de petite taille fait face à trois officiers britanniques, à bord du «Bellerophon». De la poche de son habit dépassent des documents illustrant des pouvoirs réclamés dans le passé (sur l'Espagne et le Portugal), des conquêtes faites autrefois (fin du règne de l'Autriche sur l'Italie) ainsi qu'un papier prouvant sa mégalomanie («Je suis le dieu de la guerre»). A présent, le légendaire bicorne traîne par terre, aux pieds de l'empereur déchu. Le spectacle de son manque d'honneur et de dignité ne surprend pas les Anglais; cette démonstration leur prouve jusqu'à quel point Napoléon est vraiment petit (sur le plan de son caractère) et qu'ils n'ont pas affaire ici à un vrai Français (cf. n°. cat. 150). En réalité, Napoléon fut empêché par le capitaine du «Bellerophon» de partir en Amérique; on attira l'empereur sur ce bateau en lui faisant miroiter la perspective d'un asile en Angleterre (cf. n°. cat. 295). Soulignée par le titre de l'image, la «folie additionnelle» – se constituer prisonnier auprès des Britanniques – est à interpréter comme une allusion à l'«acte additionnel», la réforme pseudolibérale des Cent-Jours.

Addendum to the Follies of the Hero or the Downfall of the Great Little Man
Holding a tear-soaked handkerchief, the little Napoleon has embarked on the «Bellerophon» to plead for his life before three British officers. Documents citing his former claims to power (over Spain and Portugal) and conquests (the end of Austria's rule over Italy), as well as a certificate of delusions of grandeur («I am the god of war»), jut out from his jacket pocket; now the ex-Emperor's legendary hat lies on the floor. The latter's disgraceful and shameless act comes as no surprise to the officers; his attitude merely confirms his smallness of character – no true Frenchman he! (Cf. cat. no. 150). In historical fact, Napoleon was kept from leaving for America by the captain of the «Bellerophon», who had lured him onto his vessel with the possibility of finding asylum in England (cf. cat. no. 295). The added folly to which the title refers, namely the act of turning himself over to the British, is termed «addendum» in a passing shot at the pseudo-liberal constitutional reform («Acte additionnel») drawn up by Napoleon for the Hundred Days.

Atto addizionale alle follie dell'eroe, ovvero la caduta del grande ometto
A bordo della *Bellerophon* il piccolo ex imperatore si presenta a tre ufficiali britannici, implorando salva la vita e con in mano un fazzoletto zuppo di lacrime. Dalla tasca della giubba gli spuntano vecchi documenti di rivendicazioni (su Spagna e Portogallo) e di conquiste (fine della signoria austriaca sull'Italia) nonché un attestato di megalomania («Io sono il dio della guerra»); il suo leggendario cappello, però, giace sul ponte. Quel comportamento privo di onore e dignità non stupisce gli inglesi, ma dimostra loro quanto Napoleone sia davvero basso (di carattere) e che davanti a loro non c'è un vero francese (cfr. n° cat. 150). Il capitano della *Bellerophon*, in realtà, impedì all'ex monarca di salpare per l'America e lo attirò sulla sua nave prospettandogli l'asilo in Inghilterra (cfr. n° cat. 295). Il titolo, che indica come un'ulteriore follia l'autoconsegna di Napoleone ai britannici, è inteso come una stoccata all'«Atto addizionale alle Costituzioni dell'Impero», riforma pseudoliberale varata durante i Cento Giorni.

Lit.: BM IX 12589; BN V 9737; Br II S. 76 (Tf.), App. D 2; Cl 143; GC 352 (Abb.); Kat. H85 43.

Acte additionnel aux folies du héros, ou la chute du grand petit homme.

Zusatzakt zu den Torheiten des Helden oder der Sturz des grossen kleinen Mannes

Acte additionnel aux folies du héros ou la chute du grand petit homme

Addendum to the Follies of the Hero or the Downfall of the Great Little Man

Atto addizionale alle follie dell'eroe, ovvero la caduta del grande ometto

193

LE TIGRE ENCHAINÉ
o. l. *Saute pour le Roi!….. / MM.rs les Démons laissez moi donc…*
o. r. *Non tu dansera tu sauteras…. / Nous sommes payés pour te faire danser.*
Louis, 11. September 1815 (DL)
bez. u. l. *Se vend chez Genty, Rue S.t Jacques, N.o 14.*
u. r. *Déposé au Bureau des Estampes.*
Radierung, koloriert
212 × 316 mm (230 × 326 mm)
u. r. Stempel Museum Schwerin 1980.117.

Der Tiger in Ketten
Wie ein Tanzbär steht der blutrünstige «Tiger» (hier ein Leopard) mit Napoleons Kopf und Hut auf den Hinterpfoten. Am Strand hält ihn ein Brite (Wellington?) an der Eisenkette in seiner Gewalt und knallt mit der Peitsche, damit das bei Waterloo eingefangene Raubtier Sprünge für den (im Gegensatz zu Kat. Nr. 222 wohl englischen) König vollführe. Daneben spielt eine Zirkuskapelle auf: ein Klarinettist in russischer und ein Trommler in preussischer Uniform. Das Untier fleht seine «Quälgeister» an, ihm dies zu erlassen. Doch diesmal gibt es kein Entrinnen: «Nein, du wirst tanzen, du wirst springen…» insistieren die Alliierten, denn sie sind dafür bezahlt: Hauptsächlich Grossbritannien finanzierte den alliierten Kampf gegen Napoleon. Der Tigersprung wird auf der Verbannungsinsel enden, die hinten aus dem Meer ragt; ein britisches Schiff hält sich zur Überfahrt bereit. Das Bild kombiniert die bekannten Motive Tiger, Zirkussprung, Tanz sowie Spottmusik (dazu Kat. Nrn. 139, 161, 352).

Le tigre enchaîné
A la manière d'un ours savant, le «tigre» (ici un léopard) sanguinaire – ayant la tête de Napoléon et portant son chapeau – se tient debout sur les pattes de derrière. La scène se passe en bord de mer. Un Britannique (Wellington?) maintient le fauve en son pouvoir, en le tenant par une chaîne de fer; il fait claquer le fouet afin que la bête féroce – capturée près de Waterloo – exécute des sauts en l'honneur du roi (ici sans doute anglais, contrairement au n.o cat. 222). A proximité, une musique de cirque joue des airs de danse; elle est composée d'un clarinettiste en uniforme russe et d'un timbalier en uniforme prussien. Le monstre implore ses «démons» de le laisser tranquille. Mais, cette fois-ci, aucune fuite n'est possible: «Non, tu danseras, tu sauteras…», insistent les Alliés, car ils sont payés pour le faire danser. La lutte contre Napoléon fut principalement financée par la Grande-Bretagne. Le saut du tigre se terminera dans l'île du bannissement, qui émerge de la mer à l'arrrière-plan; un bateau britannique se tient prêt pour la traversée. L'image combine des motifs bien connus: le tigre, le saut de l'animal de cirque, la danse et la musique railleuse (cf., à ce propos, les n.os cat. 139, 161, 352).

The Chained Tiger
The bloodthirsty «tiger» (a leopard here) with Napoleon's head and hat is standing on his rear paws in the stance of a circus bear. On the beach that serves as setting, a Briton (Wellington?) holds him tightly by a chain and cracks a whip, to make the beast of prey captured at Waterloo do leaps for the (contrary to cat. no. 222, most probably English) King. They are accompanied by circus musicians: a clarinettist in Russian uniform and a drummer in Prussian uniform. The monster entreats his «demons» to let him off, but this time there shall be no escape: «No, you shall dance, you shall leap…» the allies insist, for that is what they are paid for. In the main, it was Great Britain who financed the allied battle against Napoleon. The tiger leap will land on the island of exile, to be seen rising from the sea in the background. A British ship stands prepared for the crossing. The image combines the popular motifs of tiger, circus leap, dance, and satirical musicians (cf. cat. nos. 139, 161 and 352).

La tigre incatenata
Sulla spiaggia la «tigre» sanguinaria (qui però un leopardo), che ha il volto e il cappello di Napoleone, sta ritta sulle zampe posteriori a mo' di orso ballerino. Un britannico (Wellington?), che la tiene in sua balìa grazie a una catena, fa schioccare la frusta: la belva catturata a Waterloo deve saltare per il re (qui certo quello inglese, diversamente che nel n.o cat. 222). Alla musica provvedono due musicisti da circo, l'uno (in uniforme russa) con clarinetto, l'altro (in divisa prussiana) con grancassa; la tigre implora i «demoni» di evitargli quel supplizio, ma stavolta non ha via di scampo. «No, ballerai e salterai», insistono i due, che si dichiarano pagati per farlo: in effetti la lotta alleata contro Napoleone fu finanziata soprattutto dalla Gran Bretagna. Il salto della tigre finirà nell'isola dell'esilio, che emerge sullo sfondo; una nave britannica è pronta a salpare. La caricatura combina più temi ben noti: tigre, salto da circo, ballo e musica beffarda (cfr. n.i cat. 139, 161 e 352).

Lit.: BM IX 12565; BN V 9800; Br II S. 76 f., Tf. S. 79, App. D 46; Cl 112; Kat. BB 38 (Tf.); Kat. RM 29 (Abb.).

194

Voila le Bouquet
unter dem Bildfeld *L'Entrée Triomphante du Père la Violette. / ou le Bouquet de Waterloo.*
o. l. *S.t Hélene. / Tu te cache, Joseph, tu ne sent donc plus la Violette*
o. M. *comme ce ci sent la Violette / God-dem quel Saut!*
o. r. *Le Northumberland*
u. l. *Mon frère, la Violette de Mars est flétrie.*
Delbarre, 26. September 1815
(DL durch Delbarre)
u. r. *Dépsé &c.*
Radierung, koloriert
270 × 365 mm (282 × 383 mm)
u. r. Stempel Museum Schwerin 1980.65.

Schlussbouquet
«Der triumphale Einzug von Vater Veilchen» spielt sich im Hafen von Sankt Helena ab: Neben der geankerten «Northumberland» steigt ein britischer Offizier (Wellington?) mit den Worten «Gottverdammt, welch ein Sprung / Narr» (Gleichlaut von franz. «saut» und «sot») aus dem Beiboot. Er trägt beidhändig «den Blumenstrauss von Waterloo» an Land – ein Gebinde aus Riesenveilchen und der Figur Napoleons mittendrin. Im Hintergrund ist als einziges Gebäude eine alte, ungastliche Burg (vgl. Kat. Nr. 359) zu sehen; am Kai nimmt einzig eine Ratte (vgl. Kat. Nr. 356) Notiz vom Geschehen, während eine zweite bereits auf Napoleons Hut sitzt und feststellt, dass es hier stark nach Veilchen duftet. Napoleon schaut zu seinem Bruder nieder, dessen Oberkörper vorne links aus einer Felsspalte ragt, und wirft ihm vor: «Du versteckst dich, Joseph; du kannst also das Veilchen nicht mehr riechen.» Kein Wunder, denn «das Märzenveilchen ist verblüht». Nach den Hundert Tagen liess sich Joseph in den Vereinigten Staaten nieder. Das Veilchen symbolisiert Napoleons Rückkehr an die Macht im Frühling 1815 (vgl. Kat. Nr. 174), die mit Waterloo endgültig zerbrach.

Voilà le bouquet
«L'entrée triomphante du Père la Violette» se déroule dans le port de Sainte-Hélène. A côté du «Northumberland», un officier britannique (Wellington?) sort d'un canot en prononçant ces mots: «God-dem, quel saut» (homonymie entre «sot» et «saut»). Des deux mains, il débarque le «bouquet de Waterloo», formé de gigantesques violettes enveloppant le personnage de Napoléon. A l'arrière-plan, unique bâtiment de l'île, apparaît un vieux fort inhospitalier (cf. n.o cat. 359); sur le quai, un rat (cf. n.o cat. 356) est le seul témoin de l'événement, alors qu'un deuxième rongeur a déjà grimpé sur le chapeau de Napoléon pour constater que «ceci sent la violette». Napoléon regarde son frère, dont le torse surgit d'une fissure du rocher, et lui reproche: «Tu te caches Joseph, tu ne sens plus la violette.» Pas étonnant, dès lors, que «la violette de mars» soit «flétrie». Après les Cent-Jours, Joseph s'établit aux Etats-Unis. La violette symbolise le retour au pouvoir de Napoléon, au printemps 1815 (cf. n.o cat. 174), qui prit définitivement fin avec Waterloo.

Here's the Bouquet
The «triumphant» arrival of «Father Violet» is taking place in the harbour of Saint Helena: appearing next to the «Northumberland», which is anchored there, a British officer (Wellington?) steps out of a dinghy and comments: «Goddamn, what a leap!» (which in French is a homophonous play on «saut» for leap and «sot» for fool). It takes both arms for him to carry the huge «Waterloo bouquet» over to land: a bunch of giant violets with the Napoleon figure in its centre. The only building to be seen in the background is an old and inhospitable castle (cf. cat. no. 359). On the wharf, a mere rat (cf. cat. no. 356) takes note of the event, with another one already sitting atop Napoleon's hat and declaring how strongly it smells of violets. Napoleon looks down at his brother – whose bust rises up from a rock crevice (foreground left) – and accuses him: «So you are hiding, Joseph: that means you can no longer smell the Violet.» No wonder, for «the Violet of March has withered». After the Hundred Days, Joseph settled in the United States. The violet became the symbol for Napoleon's return to power in spring 1815 (cf. cat. no. 174), which finally ended with Waterloo.

Ecco il mazzo di fiori
Nel porto di Sant'Elena, ove la nave *Northumberland* è all'ancora, ha luogo «l'arrivo trionfale del *Père la Violette*»: un ufficiale inglese (Wellington?), che sbarca dalla scialuppa esclamando «Dannazione, che salto!» (gioco di parole fra *saut* [«salto»] e il suo omofono *sot* [«sciocco»]), con entrambe le mani porta a terra «il mazzo di fiori di Waterloo» (un fascio di viole giganti, che circondano la figura di Napoleone). L'unico edificio sullo sfondo è una vecchia rocca inospitale (cfr. n.o cat. 359); sul molo soltanto un topo (cfr. n.o cat. 356) nota quanto accade, mentre un altro è già balzato sul cappello dell'ex monarca e constata che c'è un forte profumo di viole. Napoleone, guardando il busto che spunta da una fessura fra le rocce (in basso a sinistra), dall'alto lo rimprovera: "Ti nascondi, Giuseppe, quindi non senti più la viola." Come risponde il fratello dell'ex sovrano, in effetti, «la viola di marzo» – simbolo del ritorno di Napoleone al potere nella primavera del 1815 (cfr. n.o cat. 174) – «è appassita» (con la disfatta definitiva di Waterloo). Dopo i Cento Giorni, Giuseppe Bonaparte si stabilì negli Stati Uniti.

Lit.: BM IX 12605; BN V 9756; Br II Tf. S. 94, 95, App. D 34; Cl 172; Fi 92 S. 356, Abb. S. 357; Kat. H85 45.

Der Tiger in Ketten
Le tigre enchaîné
The Chained Tiger
La tigre incatenata

Schlussbouquet
Voilà le bouquet
Here's the Bouquet
Ecco il mazzo di fiori

195

Le Nouveau Robinson de l'Isle S.ᵗᵉ Hélène, anonym, Frühling 1816
u.r. *Déposé à la D.ᵒⁿ de la Lib.ⁱᵉ*
Radierung, koloriert
232 × 177 mm (257 × 200 mm)
u.r. Stempel Museum Schwerin
1980.4.

Der neue Robinson der Insel Sankt Helena
Trat im Jahr 1814 der nach Elba verbannte Kaiser schon in der Gestalt des Robinson Crusoe auf (Kat. Nr. 232), so ist hier der «neue Robinson» für immer in seine vom Schicksal bestimmte Rolle geschlüpft. Resigniert hängt Napoleon im Fellkleid, mit Waffen und Werkzeugen ausgerüstet, unter einer Palme trüben Gedanken nach. Vor dem Meer und fernen Bergen stützt er sein Gesäss auf eine zum Betrachter gerichtete Kanone ab, bei der Kugeln auf der Erde liegen und ein Pulverfass steht. Zu Napoleons Füssen liegt der vom Kaiseradler bekrönte Sonnenschirm. In leibhafter Gestalt krallt sich das napoleonische Wappentier in die linke Schulter seines Meisters, hält den anderen Fang angriffslustig in die Luft und wendet den Kopf mit halb geöffnetem Schnabel Napoleon zu: Will es ihn zu einer zweiten Flucht aus der Verbannung und erneuten Machtergreifung überreden? Zur Komposition vgl. Kat. Nr. 426.

Le nouveau Robinson de l'île Sainte-Hélène
En 1814 déjà, l'empereur exilé à Elbe avait été représenté sous les traits de Robinson Crusoe (n°. cat. 232). Ici, le «nouveau Robinson» se coule à jamais dans le rôle que le destin lui a dévolu. Vêtu de peau et armé d'un fusil et d'outils, Napoléon se tient sous un palmier. Il broie du noir. Dans son dos apparaît la mer et de lointaines montagnes; il a posé son postérieur sur un canon dirigé vers le spectateur, et auprès duquel gisent des boulets et une barrique de poudre. Aux pieds de l'empereur repose un parasol couronné de l'aigle impériale. Egalement représenté en chair et en os, l'animal héraldique de Napoléon agrippe l'épaule gauche de son maître d'une patte et tient l'autre serre en l'air dans une posture agressive. Le bec à moitié ouvert, il tourne la tête en direction de Napoléon: veut-il le persuader de tenter une seconde évasion et une nouvelle prise de pouvoir? En ce qui concerne la composition, cf. n°. cat. 426.

The New Robinson on the Island of Saint Helena
Already in 1814, when he was in exile on the island of Elba, the Emperor was cast as Robinson Crusoe (cat. no. 232); here he is permanently cast in the «new» Robinson role that is his destiny. Wearing a coat of animal hide and armed with weapons and work tools, he sits under a palm tree and resignedly indulges in dismal thoughts. With the sea and far-off mountains as a backdrop, he has seated himself on a cannon directed at the viewer; some cannon balls and a powder keg are nearby. At his feet is a sun umbrella topped by the imperial eagle. A living model of the same heraldic animal has clutched his master by the left shoulder, belligerently waving one claw in the air and turning its head – with its half opened beak – back at Napoleon, as if, perhaps, seeking to convince him to attempt to flee banishment a second time and again seize power. With regard to this work's composition, see cat. no. 426.

Il nuovo Robinson dell'isola di Sant'Elena
Se già nel 1814 l'imperatore esule all'isola d'Elba appariva nei panni di Robinson Crusoe (n° cat. 232), qui il «nuovo Robinson» si cala per sempre nella parte assegnatagli dal destino: in abito di pelliccia, equipaggiato di armi e di attrezzi, un Napoleone rassegnato rimugina pensieri foschi sotto una palma, davanti a un mare cui fanno sfondo le montagne. Alle sue spalle c'è un cannone puntato sull'osservatore, con palle e un barile di polvere; ai suoi piedi appare un parasole coronato dall'aquila araldica imperiale. Un'altra aquila in carne e ossa posa una zampa sulla spalla sinistra del padrone, alza aggressivamente l'altra e si rivolge a lui col rostro semiaperto: forse vuole convincerlo di nuovo a fuggire dall'esilio e a riprendere il potere? Su questo tipo di composizione, cfr. il n° cat. 426.

Lit.: BM IX 12708; Br II S. 81f., App. D 239; Cl 177; Kat. BB 65.

196

LE TYRAN DÉMASQUÉ
Jean Baptiste Gauthier l'aîné, 1814
(DL 9. August 1815 durch Gauthier)
Radierung, koloriert
290 × 225 mm (298 × 227 mm)
u.r. Stempel Museum Schwerin
1980.108.

Der entlarvte Tyrann
Dem schwankenden Kaiser hält die Personifikation Frankreichs die Fackel der Wahrheit vors Gesicht und schindet sein Haupt: Es entpuppt sich als Maske, unter der ein Tigerkopf zum Vorschein kommt. Frankreich trägt einen Lilienmantel (vgl. Kat. Nrn. 165, 198, 274), denn es ist königstreu. So wird Napoleons wahres Gesicht durch das wiedererrichtete Königtum der Bourbonen aller Welt offenbart: Verstellung und Falschheit, Blutgier und Tyrannei – die bare Abscheulichkeit. Die Tigermetapher findet sich ausserdem in den Kat. Nrn. 90, 193, 228, 229, 306, 360, 361.

Le tyran démasqué
La personnification de la France brandit le flambeau de la vérité devant le visage de l'empereur chancelant; dans le même temps, elle écorche sa tête: celle-ci s'avère être un masque sous lequel apparaît une tête de tigre. La France porte un manteau parsemé de lis (cf. n°ˢ. cat. 165, 198, 274), car elle est royaliste. Ainsi, grâce à la restauration de la royauté des Bourbons, le vrai visage de Napoléon se révèle au monde entier: dissimulation et fausseté, tendance sanguinaire et tyrannie, en bref l'abomination pure. La métaphore du tigre est également utilisée par les n°ˢ. cat. 90, 193, 228, 229, 306, 360, 361.

The Unmasked Tyrant
The Emperor staggers when the personification of France holds the torch of truth before his face and flays his skin, which turns out to be a mask hiding the tiger head that is thus brought to light. France wears a lily-patterned cloak (cf. cat. nos. 165, 198 and 274), for the land is loyal to the King. Hence, it is the reinstated Bourbon monarchy that reveals Napoleon's real face to the world at large: dissimulation and duplicity, bloodthirst and tyranny – pure odiousness. The tiger metaphor crops up as well in cat. nos. 90, 193, 228, 229, 306, 360 and 361.

Il tiranno smascherato
Tenendo la fiaccola della verità davanti al volto dell'imperatore vacillante, la personificazione della Francia lo scortica; la pelle del capo risulta allora una maschera, sotto cui emerge una testa di tigre. La Francia indossa un manto gigliato (cfr. nⁱ cat. 165, 198 e 274), perché è fedele al re; il vero volto di Napoleone – finzione e menzogna, sete di sangue e tirannia, insomma il colmo dell'orrore – è quindi rivelato al mondo intero dal ritorno della monarchia borbonica. La metafora della tigre compare anche nei nⁱ cat. 90, 193, 228, 229, 306, 360 e 361.

Lit.: BN IV 9012; Br II Frontispiz, S. 55, App. D 349; Cl 131; Kat. BB 39 (Tf.); Kat. RM 31 (Abb.).

Der neue Robinson der Insel Sankt Helena

Le nouveau Robinson de l'île Sainte-Hélène

The New Robinson on the Island of Saint Helena

Il nuovo Robinson dell'isola di Sant'Elena

Der entlarvte Tyrann

Le tyran démasqué

The Unmasked Tyrant

Il tiranno smascherato

197
EXPLICATION DES ARMES DE BUONAPARTE
darunter *Le timbre représente le monde qui à l'exception de l'Angleterre et de la Suède est mis en feu par le Corse incendiaire; ses actions et ses projets sangui-/naires sont désignés par la main et l'épée rougies de sang qui sont dirigées sur l'Espagne. La tyrannie, l'hypocrisie, la barbarie, la bassesse sont ses étendards / qui sont remarquables par la fumée et le feu et ont presqu'entierement enveloppé le globe terrestre. La Mort tenant un sablier pour indiquer le peù de temps qu'il / a à faire pénitence de ses péchés. l'Aigle cherchant vainement à abattre à coups de bec le Crucifix est le symbole de l'impiété du Corse. Satan portant une couronne / de fer ornée d'épines coupant la tête de la liberté, et accompagné d'un serpent et d'une Hyenne, attributs du regne sanguinaire de l'Empereur Corse. / * Un champignon qui croit sur du fumier désigne la bassesse de son origine. Le Crocodile exprime ses négociations perfides en Egypte, son apostasie, sa lâche / désertion. La main sanglante, la guillotine, et ce cœur noir ne peuvent appartenir qu'à un tel monstre.*
o. l. *BARBARIE*
o. M. *HYPOCRISIE*
o. r. *TYRAÑIE / BASSESSE*
achtteiliger Wappenschild
l. *Voyez l'Explication ci dessous.* / Massacre des C.^{ens} de Paris, 13. Vend. An 4. / Massacre de 800. Prisonniers turcs. / Empoisonnement des Pestiférés à Jaffa.*
r. *Meurtre du duc d'Enghien. / Buonaparte se place la couronne sur la tête / Strangulation du général Pichegru. / Emprisonnen.^{t} de Ferdinand VII.*
u. r. (v. r. n. l.) *Egypte. / Espagne. / Moscow. / Leipsig. / Dresde. / Erfurth. /*
u. Schriftband *Leo rugiens, et ursus esuriens, princeps impius super populum pauperem*
darunter M. *Lib. proverb. Ch. XXVIII. verset 15.*
anonym, April/Mai 1814
Radierung, koloriert
355 × 260 mm ([450] × 295 mm)
Sammlung Herzog von Berry
1980.170.

Erläuterung des Wappens von Bonaparte
Diese Kopie von Kat. Nr. 97 weicht vom Vorbild ab: Die Schildhalter versinnbildlichen hier nicht Talleyrand und Napoleon, sondern stellen links den Tod mit dem Kaiseradler (anstelle des Gallischen Hahns) und rechts Satan dar. Die Bänder im Maul der «Hyäne» erinnern an Napoleons grosse Misserfolge (Ägypten, Spanien, Moskau, Leipzig) sowie an Erfurt («Fürstentag» 1808) und Dresden (Schlachtensieg 1813). Die Devise aus dem Buch der Sprüche ist lateinisch. Auf dem Globus fehlt die Nennung Englands und Schwedens. Die Schildgevierte besitzen Bildlegenden und zeigen zum Teil andere Greuel: Zwischen Bild 1 und 2 des Originals wird der im Blut ertränkte Pariser Royalistenaufstand von 1795 eingeschoben; Bild 7 übernimmt die Szene vom originalen Bild 6, deutet sie aber zur Erdrosselung von General Pichegru um; Bild 7 des Originals entfällt.

Explication des armes de Bonaparte
Cette copie du n°. cat. 97 diffère du modèle: les tenants ne symbolisent pas Talleyrand et Napoléon, mais représentent la mort (à gauche) – en compagnie de l'aigle impériale (à la place du coq gaulois) – et Satan (à droite). Les calicots dans la gueule de l'«hyène» évoquent les grandes défaites de Napoléon (Egypte, Espagne, Moscou, Leipzig) et ce qui se passa à Erfurt («journée des princes», 1808) et à Dresde (victoire militaire, 1813). Tirée du livre des Proverbes, la devise est citée en latin. L'Angleterre et la Suède ne sont pas mentionnées sur le globe. Les partitions de l'écusson sont accompagnées de légendes et mettent en partie en image des atrocités différentes: entre les numéros 1 et 2 de l'original est intercalée la révolte royaliste parisienne de 1795, noyée dans le sang; le numéro 7 reprend la scène du numéro 6 de l'original, en la réinterprétant comme l'étranglement du général Pichegru; le numéro 7 de l'original est supprimé.

Explanation of the Arms of Bonaparte
This copy of cat. no. 97 diverges from its model: rather than symbolising Talleyrand and Napoleon, the shield holders here represent, to the left, Death with the imperial eagle (instead of the Gallic cock) and, to the right, Satan. The strips in the jaws of the «hyena» allude to Napoleon's major setbacks (Egypt, Spain, Moscow, Leipzig), and to Erfurt (1808, renewal of the Franco-Russian alliance in the presence of all the princes of the Rhine Confederation: «Day of the Princes») and Dresden (1813, victory over the allies). The quotation from Proverbs is given in Latin. England and Sweden are not named on the globe. The shield quarters bear captions, and in part show other horrors: between image 1 and 2 of the original, the bloody 1795 Royalist uprising in Paris has been inserted; image 7 takes over the scene featured in image 6 of the original, but transforms it to depict the strangulation of General Pichegru; image 7 of the original has been dropped out.

Spiegazione delle armi di Bonaparte
Questa copia del n° cat. 97 presenta parecchie variazioni rispetto all'originale. Il supporto araldico destro (a sinistra per l'osservatore) non simboleggia Talleyrand ma la Morte, con l'aquila imperiale invece del gallo francese; quello sinistro (a destra per l'osservatore) rappresenta non l'imperatore ma Satana. I nastri nelle fauci della «iena» evocano i grandi insuccessi di Napoleone (Egitto, Spagna, Mosca, Lipsia) nonché Erfurt («giorno dei principi», 1808) e Dresda (battaglia vittoriosa del 1813). Il motto tratto dai *Proverbi* è in latino; sul globo mancano i nomi dell'Inghilterra e della Svezia. Gli otto quarti dello scudo presentano didascalie e in qualche caso illustrano altri misfatti: fra le scene 1 e 2 dell'originale è inserita la repressione sanguinosa della rivolta realista di Parigi (1795); la scena 7 è ripresa dalla 6 dell'originale, ma si riferisce allo strangolamento del generale Pichegru; la scena 7 dell'originale scompare.

Lit.: BM IX 12235 A; Cl 41.

Erläuterung des Wappens von Bonaparte

Explication des armes de Bonaparte

Explanation of the Arms of Bonaparte

Spiegazione delle armi di Bonaparte

Leo rugiens, et ursus esuriens, princeps impius super populum pauperem

Lib. proverb. Ch. XXVIII. verset 15.

EXPLICATION DES ARMES DE BUONAPARTE

Le timbre représente le monde qui à l'exception de l'Angleterre et de la Suède est mis en feu par le Corse incendiaire; ses actions et ses projets sanguinaires sont désignés par la main et l'épée rougies de sang qui sont dirigées sur l'Espagne. La tyrannie, l'hypocrisie, la barbarie, la bassesse sont ses étendards qui sont remarquables par la fumée et le feu et ont presqu'entièrement enveloppé le globe terrestre. La Mort tenant un sablier pour indiquer le peu de temps qu'il a à faire pénitence de ses péchés. L'Aigle cherchant vainement à abattre à coups de bec le Crucifix est le symbole de l'impiété du Corse. Satan portant une couronne de fer ornée d'épines coupant la tête de la liberté, et accompagné d'un serpent et d'une Hyenne, attributs du regne sanguinaire de l'Empereur Corse.

* Un champignon qui croit sur du fumier désigne la bassesse de son origine. Le Crocodile exprime ses négociations perfides en Egypte, son apostasie, sa lâche désertion. La main sanglante, la guillotine, et ce cœur noir ne peuvent appartenir qu'à un tel monstre.

198

Le Genie de la France renversant le Grand Eteignoir Impérial.
im Mittelgrund v.l.n.r. *Treize Vendemiaire / Egypte / Espagne / Moskou / Leipsic*
im Vordergrund v.l.n.r. *Bataille de Mont St Jean / Nouveau Subsides / Nouvelle Armée / Dons volontaires forcés / Douze Millions / Conscription 1815. 1816 1817. / Federation Bretonne / Agriculture / Gardes Nationales / Géneraux Francais / Education / Federation Parisienne / Industrie / Beaux Arts / Vieille Garde / Liberté Public / Comm. Manuf.^{re}*
Pierre Audouin, 4. August 1815
(DL durch Audouin)
bez. u. r. *A Paris, chez les M^{ds}. de Nouveautés.*
u. l. *Déposé à la Direction*
Radierung, koloriert
n. best. (250 × 350 mm)
u. l. Prägestempel mit Biene im Rund
Sammlung Herzog von Berry
1980.237.

Frankreichs Genius stösst den grossen kaiserlichen Löschhut um
Vor Bergen mit Gewitterwolken fliessen am Meeresstrand Blutströme aus fünf Löschhüten, die für Napoleons schlimmste Schlächtereien stehen: Niederschlagung des Royalistenaufstandes von 1795, Ägyptenfeldzug, Spanienkrieg, Russlandfeldzug, Schlacht von Leipzig. Sie vereinigen sich und versickern im Vordergrund unter Napoleons Fuss; ringsum liegen Akten neuer Untaten und des Blutbades von Waterloo. Der Diktator versucht eben, die militärischen, materiellen und geistigen Ressourcen und Leistungen Frankreichs unter seinem mächtigen Löschhut zu ersticken, als ihn aus den Wolken Blitze treffen. Frankreichs Genius (geflügelter nackter Jüngling) stösst den Löschhut um und hält eine Rispe weisser Lilien als Sinnbild der Bourbonen hoch. Hinter ihm symbolisieren Merkurstab, Ähre, Skulptur und Früchtekorb das Aufblühen von Handel, Landwirtschaft, Kunst und Wohlstand. Rechts hinten segelt ein Schiff unter heiterem Himmel; zuvorderst lüftet die Sitzfigur des französischen Königtums (Lilienmantel) ihren Trauerflor und erwacht zu neuem Leben. Mit steifer Allegorik verurteilt das kunstreiche Blatt Napoleon, die Nation geknechtet, ausgeblutet und ruiniert zu haben, und verspricht sich von der neuen Monarchie Frankreichs friedvolles Gedeihen. Zu Napoleons Löschhut vgl. Kat. Nr. 314.

Le génie de la France renversant le grand éteignoir impérial
Au pied de montagnes entourées de nuages d'orage, des flots de sang coulent sur le rivage; ils sortent de cinq éteignoirs qui symbolisent les pires carnages napoléoniens: la répression de la révolte royaliste de 1795, la campagne d'Egypte, la guerre d'Espagne, la campagne de Russie et la bataille de Leipzig. Les différents flots se réunissent et se perdent en s'infiltrant au premier plan, sous le pied de Napoléon; tout autour traînent des actes attestant de nouveaux crimes et du bain de sang de Waterloo. Le dictateur est en train de tenter d'étouffer – à l'aide d'un éteignoir géant – les ressources militaires, matérielles et spirituelles et les exploits de la France, lorsque des foudres jaillissent des nuages et s'abattent sur lui. Le génie de la France (un adolescent nu et ailé) renverse l'éteignoir et brandit une panicule de lis blancs en tant que symbole des Bourbons. Derrière lui, un caducée, un épi, une sculpture et une corbeille de fruits symbolisent le développement du commerce, de l'agriculture, de l'art et de la prospérité. A droite, en arrière-fond, un bateau navigue sous un ciel serein; au tout premier plan, la figure assise, représentant la royauté française (manteau orné de lis), soulève son voile de crêpe et s'éveille pour une nouvelle vie. Réalisée artistement, l'estampe accuse Napoléon – par le truchement d'un allégorisme rigide – d'avoir asservi, saigné à blanc et ruiné la nation; elle attend de la nouvelle monarchie française qu'elle provoque un essor pacifique. A propos de l'éteignoir de Napoléon, cf. n^o. cat. 314.

The Spirit of France Overturns the Great Imperial Candle Snuffer
In front of mountains under thunderclouds, five streams of blood flow onto the beach from five candle snuffers standing for Napoleon's worst slaughters: the suppression of the Royalist insurrection of 1795, the Egyptian military campaign, the war in Spain, the Russian campaign, and the battle of Leipzig. They unite and ooze on in the foreground under Napoleon's foot; all around lie files on new misdeeds and the Waterloo bloodbath. The dictator is trying to suffocate the military, material and spiritual resources and accomplishments of France under his enormous snuffer, just as lightning from the clouds strikes him. The spirit of France (a winged, naked youth) overturns the snuffer and holds up a cluster of white lilies as symbol of the Bourbons. Behind him, a staff, a cereal spike, a sculpture, and a basket of fruit symbolise the blossoming of Commerce, Agriculture, the Arts, and Prosperity. To the right in the background, a ship sails under a clear sky. In the foreground, the sitting figure of the French monarchy (symbolised by her fleur-de-lis cape) raises her crêpe and awakens to new life. The stiffly presented allegorical elements of this most artistic work condemn Napoleon for having enslaved, bled to death, and ruined the nation, and harbours great hopes for the peaceful success of France's new monarchy. Concerning the candle snuffer cf. cat. no. 314.

Il genio della Francia rovescia il grande spegnitoio imperiale
Sulla spiaggia del mare, davanti a monti con nubi temporalesche, scorrono rivoli di sangue provenienti da cinque spegnitoi, simboli delle peggiori stragi napoleoniche: repressione della rivolta realista del 1795, campagna d'Egitto, guerra di Spagna, campagna di Russia e battaglia di Lipsia. In primo piano i rivoli si riuniscono e percolano nel terreno, accanto al piede dell'imperatore; tutt'intorno sono sparsi i documenti di nuovi misfatti e della carneficina di Waterloo. Il dittatore sta cercando di soffocare sotto il suo enorme spegnitoio le attività materiali e le risorse intellettuali del paese, quando dalle nubi lo colpiscono saette; il genio della Francia (un giovane nudo alato) rovescia lo spegnitoio e tiene in alto un racemo di gigli bianchi, simbolo dei Borboni. Il caduceo, le spighe, la scultura e il cesto di frutta dietro di lui simboleggiano la fioritura dei commerci, dell'agricoltura, delle arti e del benessere; sulla destra, ove in alto una nave veleggia sotto il cielo sereno, in basso la figura seduta del Regno francese (con manto gigliato) scosta il suo velo di lutto e risorge a nuova vita. La stampa, artisticamente riuscita, condanna con mezzi rigidamente allegorici un Napoleone che ha oppresso, dissanguato e rovinato la nazione; dalla nuova monarchia, inoltre, si ripromette una Francia prospera e pacifica. Sullo spegnitoio di Napoleone, cfr. n° cat. 314.

Lit.: BN V 9667; Br II S. 99 (Tf.), App. D 133; Cl 141; Fi 94 S. 48 ff., Ftf. S. 72.

Le Génie de la France renversant le Grand Éteignoir Impérial.

Déposé à la Direction — A Paris, chez les M.ds de Nouveautés.

Frankreichs Genius stösst den grossen kaiserlichen Löschhut um

Le génie de la France renversant le grand éteignoir impérial

The Spirit of France Overturns the Great Imperial Candle Snuffer

Il genio della Francia rovescia il grande spegnitoio imperiale

199
Le Nec plus ultra du Cannibalisme.
o. l. *je foudroye tout ce qui me résiste. / une fois sacré rien ne le fut pour moi.*
o. r. *Glaive du despotisme. / hache Révolutionnaire / sous le nom de liberté je les tiens dans les fers*
M. l. *villes réduites en cendres / je le soutiens sur le Trône / Empoissonnement des blessés français à S.ᵗ Jean d'Acre en Egypte. / Assassinat de Kleber. / S.ᵗ Roch 18 brumaire An VIII. / Expultion du Géné.ˡ Moreau / Exils / Proscriptions / Fusillades / Trône de cadavres des victimes assassinées, sacrifiées dans les campagnes brulantes d'Espagne et dans les déserts glacés de la Russie.*
M. r. *mont s.ᵗ Jean*
u. l. *Duc d'Enghien. / Constitutions de l'Empire. / fleuve de sang. / Marche-pied du Trône.*
u. r. *Pichegru.*
Louis François Charon, 24. August 1815 (DL durch Charon)
u. l. *Deposée à la Direction*
Radierung, koloriert
317 × 238 mm (345 × 250 mm)
u. r. Stempel Museum Schwerin
1980.86.

Der Gipfel des Kannibalismus
Im Hintergrund schleudert der Kaiseradler vernichtende Blitze: Links werden Städte zu Asche; rechts tobt das Gemetzel von Waterloo. Davor thront Kaiser Napoleon im Hermelin mit der Axt der Revolution, mit Krummsäbel und Turban des östlichen Despoten (er soll 1798 in Kairo zum Islam übergetreten sein) und mit einer Trikolore, die eine Jakobinermütze in Ketten und die Devise «Im Namen der Freiheit halte ich sie in eisernen Fesseln» zeigt. Als Thronsessel dient ein mordgieriger Leopard – Marschall Ney? (vgl. Kat. Nr. 302) –, der auf einem Leichenberg am Rand des «Blutstroms» steht: Der Herzog von Enghien (vgl. Kat. Nr. 201), General Pichegru (vgl. Kat. Nr. 202) und weitere Opfer von Willkür und Kriegswut bilden die Thronstufen. Schriften zu Füssen, in der Rocktasche und auf dem Mantel Napoleons nennen dessen Verbrechen. Statt auf Schemeln ruhen seine Füsse auf der Tiara, dem päpstlichen Kreuz und der Staatsverfassung: «Einmal gekrönt, war mir nichts mehr heilig», spricht der Unmensch. Diese wohl schärfste bildliche Abrechnung wendet Ingres' Porträt von Napoleon auf dem Kaiserthron (1806) ins Negative und fasst alle Anklagepunkte der antinapoleonischen Propaganda zusammen.

Le nec plus ultra du cannibalisme
A l'arrière-plan, l'aigle fait tomber des foudres destructrices: à gauche, des villes sont réduites en cendres; à droite, le carnage de Waterloo fait rage. L'empereur Napoléon trône devant ce décor; portant un manteau d'hermine, il est muni de la hache révolutionnaire, d'un sabre, d'un turban de despote oriental (en 1798, au Caire, il se serait converti à l'Islam) et d'un drapeau tricolore. Sur ce dernier apparaissent un bonnet phrygien – entouré d'une chaîne – ainsi que la devise «Sous le nom de liberté, je les tiens dans les fers». Un léopard sanguinaire (le maréchal Ney? [cf. n°. cat. 302]), servant de trône, se tient debout sur une montagne de cadavres, à proximité d'un «fleuve de sang». Le duc d'Enghien (cf. n°. cat. 201), le général Pichegru (cf. n°. cat. 202) et d'autres victimes du règne de l'arbitraire et de la rage guerrière remplissent la fonction de marchepied du trône. Les écrits qui traînent aux pieds de Napoléon, les papiers qui dépassent de la poche de son habit et les inscriptions que porte son manteau mentionnent les crimes de l'empereur. Au lieu d'avoir posé ses pieds sur des escabeaux, il les a mis sur la tiare, la croix papale et la constitution de l'Empire: «Une fois sacré, rien ne le fut pour moi», affirme le monstre. Le présent règlement de comptes, sans doute le plus virulent qui soit sous forme de caricature, tourne en message négatif le portrait de Napoléon sur son trône impérial par Ingres (1806). L'estampe synthétise presque tous les axes principaux de la propagande antinapoléonienne.

The Height of Cannibalism
In the background of this work, the imperial eagle flings out destructive lightning bolts: the cities to the left are being reduced to ashes while, to the right, the slaughter of Waterloo rages. In the foreground of the scene, the Emperor Napoleon sits enthroned wearing his ermine mantle and holding the axe of the Revolution; he also features a scimitar and the turban of the Eastern despots (he allegedly converted to Islam in Cairo in 1798), together with a pike topped by the tricolour decorated with a chain-encircled Jacobin cap and inscribed with the motto «In the name of freedom I keep them in irons». A bloodthirsty leopard – Marshal Ney? (cf. cat. no. 302) – standing atop a pile of corpses at the edge of the «stream of blood», serves as a throne; the Duke of Enghien (cf. cat. no. 201), General Pichegru (cf. cat. no. 202), and other victims of despotism and martial rage constitute the steps leading up to the throne. Writings at his feet, in his coat pocket, and on his mantle designate his various crimes. In lieu of a footrest, he uses the tiara, the papal cross and the national constitution, graphically illustrating the monster's own (in this work) words that «once crowned, nothing was any longer sacred to me». This particularly biting caricatural requital represents a negative version of Ingres' portrait of Napoleon on the imperial throne (1806), combining in one almost all the anti-Napoleonic propaganda accusations.

Il non plus ultra del cannibalismo
Sullo sfondo l'aquila imperiale scaglia saette distruttrici: a sinistra bruciano città, a destra infuria la strage di Waterloo. In secondo piano troneggia Napoleone nel suo manto imperiale d'ermellino, esibendo un'accetta della Rivoluzione ma anche una scimitarra e un turbante da despota orientale, simboli della sua presunta conversione all'islamismo durante il soggiorno al Cairo (1798); nel tricolore appare, sotto il motto «In nome della libertà li tengo ai ferri», un berretto frigio cinto da catena. Il leopardo sanguinario che sostiene il sovrano (forse il maresciallo Ney: cfr. n° cat. 302) sormonta un mucchio di cadaveri: a fungere da gradini del trono, sulla riva del «fiume di sangue», sono i corpi del duca d'Enghien (cfr. n° cat. 201), del generale Pichegru (cfr. n° cat. 202) e di altre vittime dell'arbitrio e del furore bellico. Ai piedi dell'imperatore, nella giubba e nel manto appaiono carte che nominano i suoi delitti. Gli stivali non poggiano su sgabelli ma sulla tiara, sulla croce papale e sulla Costituzione: stando alle parole del mostro, «una volta consacrato io, nulla è stato sacro per me». Controparte negativa del ritratto di Napoleone sul trono imperiale, dipinto da Ingres (1806), questa stampa è probabilmente la resa dei conti più caustica nei confronti dell'ex monarca, riassumendo tutti i punti d'accusa della propaganda antinapoleonica.

Lit.: BN IV 7809; Br II Ftf. S. 72, 73, App. D 237; Cl 133; Fi 92 S. 363 f., Abb. S. 365; Kat. BB 53 (Tf.); Kat. H 85 44; Kat. RM 28 (Abb.).

Der Gipfel des Kannibalismus

Le nec plus ultra du cannibalisme

The Height of Cannibalism

Il non plus ultra del cannibalismo

Le Nec plus ultra du Cannibalisme.

Déposée à la Direction

200
La Machine infernale.
darunter unleserbare Bleistiftnotiz
o. r. *RUE NICAISE*
anonym, 1801, nach einem Stich von Bonnefoy
o. r. *PL 87 I*
Radierung
n. best. (218×285 mm)
Herkunft unbekannt
1980.144.

Die Höllenmaschine
Der anspruchslose Nachdruck zeigt eine Strassenecke mit Namensschild, einen finstern Gesellen mit Dolch, der ein Pulverfass entzündet – das genügte, um den Zeitgenossen das Attentat in Erinnerung zu rufen: Kurz nach der Durchfahrt des Ersten Konsuls detonierte am Heiligen Abend 1800 ein Sprengsatz in der Rue Saint-Nicaise. Die auf einen Karren geladene «Höllenmaschine» forderte zwei Todesopfer und grossen Sachschaden. Verdächtigt wurden zunächst jakobinische «Anarchisten» – eine willkommene Gelegenheit, die Kritiker aus dem linken Lager, die Revolutionäre von einst, auszuschalten. Als die Ermittlungen den Verdacht entkräfteten, beharrte Napoleon auf der Deportation von 130 Jakobinern. Schliesslich wurden zwei Royalisten hingerichtet.

La machine infernale
Cette contrefaçon sans prétention montre le coin d'une rue – avec une plaque indicatrice – où un ténébreux compagnon armé d'un poignard met le feu à un tonneau de poudre. Pour les contemporains, cette image évoquait un attentat bien précis: la veille de Noël 1800, peu après le passage du premier consul, une explosion retentit rue Saint-Nicaise. La «machine infernale» posée sur un chariot fit deux morts et causa de nombreux dégâts matériels. On suspecta d'abord les «anarchistes» jacobins – une occasion inespérée d'éliminer les opposants de gauche, les révolutionnaires de la première heure. Les investigations infirmèrent ces soupçons, mais Napoléon persista dans sa volonté de déporter 130 jacobins. Finalement deux royalistes furent exécutés.

The Infernal Machine
This modest reprint staged on a nameplate-bearing street corner portrays a shady fellow clasping a dagger in one hand and using the other to set fire to a powder keg. It took no more to remind contemporaries of a recent assassination attempt: on Christmas' Eve 1800, just after the First Consul's passage on rue Saint-Nicaise, an explosion went off. The «infernal machine» loaded on a cart killed two and wreaked heavy property damage. The first to be suspected were the Jacobin «anarchists» – a splendid excuse to eliminate left critics of the regime, those former revolutionaries. Although the investigation tended to clear those suspected by Napoleon, he persisted in his decision to deport 130 Jacobins. In the end two Royalists were executed.

La macchina infernale
Questa stampa modesta mostra l'angolo di una via con la scritta «Rue Nicaise» e un brutto ceffo armato di pugnale, che dà fuoco a un barile di polvere: quanto basta per ricordare al pubblico dell'epoca l'«attentato della macchina infernale», avvenuto in rue Saint-Nicaise la vigilia di Natale del 1800. Poco dopo il passaggio del primo console nella via, scoppiò una carica esplosiva sistemata su un carro; l'attentato provocò due morti e forti danni materiali. I primi sospetti caddero su «anarchici» giacobini: una buona occasione per liquidare i critici di sinistra, cioè i rivoluzionari di qualche anno prima. Anche se poi i sospetti furono confutati dagli accertamenti, Bonaparte insisté per far deportare 130 giacobini; alla fine due monarchici furono giustiziati.

Lit.: [vgl. BN IV 7554, Tf. XIII S. 229.]

201
COLIN COURT
o. l. *mon doux maitre je tiens la victime*
o. r. *TERRITOIRE FRANÇAIS*
u. r. *PONT DE KEHL.*
anonym, September 1804
u. r. *D. à la direction g.ˡ.*
Radierung, koloriert
233×244 mm (255×270 mm)
u. M. Stempel Museum Schwerin
1980.84.

Colin läuft
Ein bissiges Wortspiel um den Gleichlaut des Titels «Colin court» (Colin – ein damals eher vulgärer Vorname – rennt) mit General Caulincourt machte dem damaligen Betrachter sofort verständlich, worum es im schlichten Bild geht. Der seinem «Meister» hörige Scherge verschleppt hier auf Napoleons Geheiss ein unschuldiges Opferlamm über die Rheinbrücke von Kehl auf französischen Boden. Dabei handelte es sich um den Herzog von Enghien, einen jungen Bourbonen. Unter dem Vorwand seiner Beteiligung an einer Verschwörung zur Wiedereinsetzung des Königtums, wurde er aus badischem Hoheitsgebiet entführt, im Kurzverfahren abgeurteilt und im März 1804 in aller Heimlichkeit füsiliert. Die Untat entfesselte einen Sturm der Empörung in Europa und entzauberte in Frankreich bei vielen das Bild des «Revolutionshelden» Bonaparte. Am 27. September 1804 kündigte das «Journal de Paris» die Karikatur an, was angesichts der unverblümten Anklage des Bildes erstaunt.

Colin court
Homonymie sarcastique entre le titre «Colin court» (prénom considéré comme plutôt vulgaire) et le général Caulincourt; l'observateur de l'époque comprenait immédiatement de quoi il retournait. Obéissant à Napoléon, son «maître», le sbire Caulincourt traîne un agneau innocent sur le pont du Rhin, de Kehl vers le territoire français. L'agneau incarne le duc d'Enghien, un jeune Bourbon. Sous prétexte de sa participation à un complot visant au rétablissement de la monarchie, il fut enlevé en territoire badois, jugé selon une procédure sommaire et en mars 1804, fusillé dans le plus grand secret. Ce crime atroce souleva une tempête d'indignation en Europe. En France, il ternit l'image de «héros de la Révolution» attribuée à Bonaparte. Le 27 septembre 1804, le «Journal de Paris» annonça la parution de cette caricature; fait étonnant, car celle-ci formule une accusation à peine déguisée.

Colin Runs
This caustic pun on the title («Colin» – a rather vulgar first name, and «court» – runs) and the homophonic General «Caulincourt», was certainly not lost on contemporary readers. At Napoleon's behest, the obedient henchman depicted in this falsely ingenuous scene drags an innocent sacrificial lamb over the Rhine River bridge in Kehl on to French territory. The allusion is to the Duc d'Enghien, a young Bourbon who, under pretext of his having participated in a plot to reinstate the monarchy, was abducted from the Baden territory, condemned by abbreviated trial and executed in all secrecy in March 1804. This foul deed provoked an outcry throughout Europe; in France especially, for many it destroyed the image of Bonaparte as a «hero of the Revolution». Astonishingly enough for such an outspoken accusation, the cartoon was published in the «Journal de Paris» on 27 September 1804.

Colin court
Il senso di questa stampa modesta era chiarito immediatamente, al pubblico dell'epoca, dal pungente gioco di parole sull'omofonia tra *Colin court* («Colin [nome piuttosto volgare] corre») e il generale Caulincourt: uno sgherro che per ordine

di Napoleone, suo *maître* («padrone» o «maestro»), dal ponte di Kehl sul Reno trascina in territorio francese un agnello sacrificale innocente. La vittima era il duca d'Enghien, giovane rampollo dei Borboni; accusato ingiustamente di aver preso parte a una congiura per il ripristino della monarchia, egli fu rapito dal territorio del Baden, condannato in un processo-lampo e fucilato in gran segreto nel marzo 1804. In Europa il misfatto scatenò un'ondata d'indignazione, in Francia ruppe l'incanto per molti che prima vedevano in Bonaparte «l'eroe della Rivoluzione». Poiché il messaggio della caricatura è palesemente accusatorio, sorprende che il 27 settembre 1804 essa sia stata annunciata sul *Journal de Paris*.

Lit.: BN IV 7801; Br II App. D 45; Cl 4; Kat. RM 128 (Abb.).

202
[*Pichegru Ex-General,*]
Se do[*nnant la Mort, le 16 Germinal de l'An 12. dans la Prison du Temple ou il était Déten*]*u comme Chef de /* [*Complot*] [...] [*B*]*onaparte.*
anonym, 1804
Radierung, koloriert
353 × 242 mm (430 × 290 mm)
Stempel Museum Schwerin
[auf der Rückseite]
1980.209.

Ex-General Pichegru
Leider fehlt das untere Drittel des Blattes mit dem ganzen Beitext. Die Bildaussage selbst ist schlicht: In einer Gefängniszelle erdrosselte sich ein Häftling mit einem Knebel und einem Halstuch. Gemeint ist der dubiose Tod von General Pichegru. Der einstige Mathematiklehrer an der Militärschule in Brienne – wo er Bonapartes Weg kreuzte – unterwarf 1794 als Befehlshaber der Nordarmee Holland und kommandierte danach die Pariser Nationalgarde. Wegen damals geknüpfter Kontakte zur royalistischen Opposition, die aus dem Ausland auf den Sturz der Republik hinarbeitete, wurde er auf dem Gipfel seiner Laufbahn in die Strafkolonie Guyana deportiert. Entkommen schloss er sich einem Komplott gegen Bonaparte an. Verraten und im Februar 1804 inhaftiert, fand man ihn am 6. April erwürgt in seiner Zelle. Dem Gerücht, er habe ihn zum Schweigen gebracht, wirkte Bonaparte mit einer Untersuchung entgegen, die Selbstmord als Todesursache ergab.

L'ex-général Pichegru
Malheureusement, il manque le tiers inférieur de la gravure contenant le texte en son entier. Le message est simple: dans une cellule de prison, un détenu se garrotte à l'aide d'un bâton et d'un foulard. On fait allusion ici à la mort douteuse du général Pichegru. L'ancien professeur de mathématiques de l'Ecole militaire de Brienne – où il croisa le chemin de Bonaparte – conquit la Hollande en 1794 en tant que chef de l'armée du Nord. Plus tard, il prit la tête de la Garde nationale de Paris. Au sommet de sa carrière, en raison de ses liens étroits avec l'opposition royaliste qui œuvrait depuis l'étranger au renversement de la République, il fut déporté en Guyane. Ayant réussi à s'échapper, il se rallia à un complot contre Bonaparte. Trahi, puis arrêté en février 1804, il fut retrouvé étranglé dans sa cellule le 6 avril. Bonaparte combattit la rumeur l'accusant d'avoir réduit le général au silence, en ouvrant une enquête qui conclut à un suicide.

The Ex-General Pichegru
Unfortunately, the bottom third of this cartoon – the full commentary – is missing. The picture itself is clear enough: a prisoner is strangling himself in his cell with a bar and scarf. The allusion is to General Pichegru and the dubious circumstances of his death. The former mathematics teacher at the Brienne Military School – where he and Bonaparte crossed paths – Pichegru was given command of the Army of the North in Holland in 1794 and, later, that of the Paris National Guard. His contacts at the time with the Royalist opposition operating from abroad to overthrow the Republic provoked his deportation at the peak of his career to the penal colony of Guyana. Upon escaping, he joined a conspiracy against Bonaparte. Betrayal led to his arrest in February 1804. On 6 April of the same year he was found strangled in his cell. Rumours that his silencing was at Napoleon's behest resulted in an investigation claiming suicide as the cause of death.

L'ex generale Pichegru
Purtroppo manca il terzo inferiore del foglio con l'intero testo esplicativo; l'immagine, mostrando semplicemente un carcerato che si strangola con un listello e un fazzoletto, illustra la morte poco chiara del generale Pichegru. Questi, ex docente di matematica alla scuola militare di Brienne (ove la sua strada si era incrociata con quella di Bonaparte), guidando l'armata del Nord sottomise l'Olanda (1794), poi comandò la guardia nazionale parigina. Per i contatti avuti allora con l'opposizione monarchica che dall'estero agiva per far cadere la Repubblica, quando era al vertice della carriera fu deportato nella colonia penale della Guiana, ma evase e si unì a un complotto contro il primo console; tradito e incarcerato nel febbraio 1804, il 6 aprile fu trovato strangolato nella sua cella. Bonaparte, per contrastare la voce che sarebbe stato lui a farlo tacere, ordinò un'inchiesta; quest'ultima spiegò la morte come suicidio.

Lit.: BN IV 7744.

203

COUR MARTIALE ASSEMBLÉE POUR JUGER UN DÉSERTEUR DELA / GRANDE ARMÉE

o. M. *L'on vous a trouvé coupable d'avoir honteusement Deserté de La grande armée ce n'est pas avec vos contes que vous pourrez vous tirer de la' vous êtes dans un très mauvais cas votre derniere heure est venue recommandez votre âme a dieu ainsi Mr Le Boucher abattez La tête / il a massacré des millions de personnes qu'on abatte sa tete*

o. r. *Dieu vous damne nous vous couperons tête et queue / mon dieu! mon dieu ne me tuez pas coupez ma queue S.V. P. mais l'ami sauvez ma tête / ou est mon epoux miserable*

u. l. *Buonaparte Convaincu du crime de Desertion*

anonym, April 1813–1814, nach George Cruikshank
Radierung, koloriert
270 × 325 mm (285 × 340 mm)
u. r. Stempel Museum Schwerin 1980.54.

Kriegsgerichtstag zur Aburteilung eines Deserteurs der Grossen Armee
Bei der verkleinerten Kopie des englischen Originals vom 6. März 1813 (Kat. Nr. 48) fehlen die meisten Hintergrundsfiguren, und der französische Text weicht vom englischen Wortlaut leicht ab. Deshalb liegt hier kaum eine für die Verbreitung in Frankreich geschaffene Zweitfassung aus London vor. Nach seiner fluchtartigen Rückkehr von der Katastrophe in Russland wird Napoleon als eine um ihr Leben winselnde Jammergestalt vor Gericht gestellt. Trotz seiner Ausflüchte wird er für schuldig befunden, «schmählich die grosse Armee verlassen zu haben». Im nächsten Moment wird er, vom Henker an einem Strick um den Hals gehalten, unter einem enormen Richtbeil mit dem Leben bezahlen. Der Republikaner aus dem Volk im Hintergrund klagt ihn an, Millionen von Menschen massakriert zu haben, und fordert ebenfalls seinen Kopf, während die Furie rechts von ihm wissen will, wo ihr Ehemann geblieben sei. Napoleons Rückkehr ohne Armee wurde nicht bloss in Grossbritannien als Fahnenflucht verstanden. In Frankreich war man des Kriegs und der Opfer überdrüssig, ohne es aussprechen zu dürfen. Die Satire legt Napoleons Charakter und Verbrechen bloss und weist zugleich auf die Gefahr eines Rückfalls in den revolutionären Volksterror hin.

Cour martiale – Assemblée pour juger un déserteur de la Grande Armée
Sur cette copie réduite de l'original anglais du 6 mars 1813 (cf. nº. cat. 48), la plupart des figures de l'arrière-plan manquent et le texte en français diffère légèrement de celui en anglais. Par conséquent, il ne s'agit sans doute pas d'une seconde version réalisée à Londres en vue d'une diffusion en France. Représenté en figure pitoyable pleurnichant pour qu'on lui laisse la vie, Napoléon est traduit en justice, après son retour précipité consécutif à la catastrophe de la campagne de Russie. Malgré les échappatoires avancées, il est reconnu «coupable d'avoir honteusement déserté la Grande Armée». Tenu par un bourreau – à l'aide d'une corde fixée autour du cou –, il doit payer de sa vie, d'un instant à l'autre, sous une hache énorme. En arrière-fond, un républicain issu du peuple l'accuse d'avoir «massacré des millions de personnes» et réclame lui aussi sa tête, tandis que la furie à sa gauche veut savoir où se trouve son pauvre époux. Le retour de Napoléon sans son armée fut interprété – pas seulement en Grande-Bretagne – comme une désertion. En France, on était dégoûté de la guerre et des victimes, sans être autorisé à exprimer ces sentiments. L'image satirique révèle les traits de caractère et les crimes de Napoléon, tout en mettant en exergue les dangers d'un retour à la terreur révolutionnaire de type populaire.

Trial by Court-Martial to Judge a Deserter from the Grande Armee
In this smaller-format French copy of the 6 March 1813 English original (cat. no. 48), most of the background figures are missing, and the French text differs slightly from the English. This will explain why this is hardly a London reprint of for distribution in France. After his precipitate return from the Russian fiasco, Napoleon is pictured here as a whining and miserable wretch being brought to trial. Despite his excuses, he is found guilty of having «shamefully deserted the Grande Armee» and, held fast by a rope, he is now to pay for his crime under the executioner's axe. A Republican who steps forth from the crowd in the background and accuses him of having massacred millions of people, also cries «off with his head», while a Fury to his right inquires of the whereabouts of her husband. The English were not the only people to consider Napoleon's return without his army as desertion. In France, the people had had their full of war and war victims, but were not free to proclaim their opinion. This satirical piece manages to express Napoleon's character and crimes while, at the same time, it warns of the danger of a return to revolutionary terror tactics.

Corte marziale riunita per giudicare un disertore della Grande Armata
In questa copia rimpicciolita dell'originale britannico datato 6 marzo 1813 (nº cat. 48), mancano quasi tutte le figure di fondo e il testo francese varia leggermente rispetto a quello inglese; è poco probabile, perciò, che si tratti di una variante londinese destinata a essere diffusa in Francia. Tornato come un fuggiasco dal disastro subito in Russia, il povero monarca implora la corte giudicante di risparmiargli la vita, ma per quanto blateri è dichiarato colpevole «di diserzione ignominiosa dalla Grande Armata»; il boia, che lo tiene fermo con una corda al collo, fra poco gli taglierà la testa con un'enorme mannaia. Il popolano repubblicano sullo sfondo accusa Napoleone di aver massacrato milioni di persone, quindi chiede anche lui che sia decapitato; la megera sulla destra, invece, domanda dove sia il suo povero marito. Il ritorno del condottiero senza esercito fu ritenuto una diserzione non soltanto in Gran Bretagna; anche i francesi, pur non potendolo affermare pubblicamente, erano stanchi di guerre e di vittime. Oltre a mettere a nudo carattere e misfatti di Napoleone, questa stampa satirica indica il pericolo di una ricaduta nel Terrore rivoluzionario.

Lit.: BM IX 12023A; BN IV 8793; Br II S. 50f., App. D 65; Cl 11; GC 246 (Abb.); Kat. RM 46 (Abb.).

Le grand Dardanus et ses Capitaines de recrutement

204
Le grand Dardanus et ses Capitaines de recrutement.
o. l. ANTINOÜS / ADRIEN
anonym, 1813/1814(?)
bez. u. l. *A Paris, chez Martinet, Rue du Coq S.t Honoré.*
u. r. *Dépose à la Direction gén.le*
Radierung, koloriert
Höhe 251 mm (266×302 mm)
u. r. Stempel Museum Schwerin 1980.61.

Der grosse Dardanus und seine Aushebungsoffiziere
Hier werden alle drei «Schwachstellen» von Napoleons Erzkanzler aufs Korn genommen: Homosexualität, Völlerei und die Bereitschaft zu wiederholten Massenaushebungen. Mit einem Umhang bedeckt, posiert Cambacérès nackt mit einer Riesengabel als Szepter auf dem Podest vor dem mit Bratrost, Gabel und Löffel sowie Schnecken oder Kothaufen geschmückten «Thron» (Latrinensitz mit Nachttopf darunter). Er verfolgt die taktile Musterung eines schlanken Jünglings durch seinen fettleibigen Gehilfen d'Aigrefeuille (auf einem Schemel und mit Wetzstahl unter dem Arm). Daneben scheint sich an einem Tischchen mit Tuch, Trommelschlegel und Helm der andere Vertraute Cambacérès', der hagere Villevieille, die Finger nach dem Rekruten zu lecken, auf dessen Beine sein Bratspiess zeigt. Den antikisierenden Innenraum schliesst hinten eine Arkade, auf deren Säulen die Büsten von Kaiser Hadrian und dessen Liebling Antinous einen zusätzlichen Hinweis auf die angebliche Homosexualität des genusssüchtigen «Dardanus» (lasterhafter römischer Präfekt in Südgallien, der Heimat von Cambacérès) und seiner «Aushebungsoffiziere» geben. Cambacérès bewegte im Auftrag des Kaisers den französischen Senat mehrmals zur Bewilligung neuer Truppenaushebungen (vgl. Kat. Nr. 206).

Le grand Dardanus et ses capitaines de recrutement
La présente estampe prend pour cible les trois «points faibles» de l'archichancelier de Napoléon: l'homosexualité, la gloutonnerie et la tendance à faire procéder à des levées en masse répétées. Couvert par une cape, Cambacérès pose nu sur une estrade. Devant un «trône» (siège de latrines au-dessus d'un vase de nuit) décoré d'un gril, d'une fourchette et d'une cuillère – ainsi que d'escargots ou de tas de crotte –, il tient d'une main une fourchette géante en guise de sceptre. Il surveille la palpation d'un svelte adolescent, effectuée par son aide obèse d'Aigrefeuille (qui est juché sur un tabouret et a un affiloir sous le bras). Montrant les jambes de cette recrue avec une broche à rôtir, le personnage placé tout prêt semble s'en lécher les doigts; il s'agit de Villevieille, autre confident de Cambacérès, qui, frappant par sa grande maigreur, se tient debout devant une petite table – couverte d'une nappe – où sont posés des baguettes de tambour et un casque. L'intérieur, imité de l'Antiquité, est fermé dans le fond par des arcades; les bustes de l'empereur Hadrien et de son favori Antinoüs, placés sur ses colonnes, donnent une précision supplémentaire sur la soi-disant homosexualité du «Dardanus» avide de plaisirs (préfet romain vicieux de la Gaule méridionale) et de ses «capitaines de recrutement». Sur demande de l'empereur, Cambacérès incita le Sénat français à plusieurs reprises à autoriser de nouvelles levées (cf. n.º cat. 206).

The Great Dardanus and the Recruitment Captains
The satirist lays into all three of the Napoleonic Archchancellor's «weakpoints»: homosexuality, gluttony, and a disposition for repeated mass conscriptions. Partially masked by a drape, Cambacérès, who poses as a nude with a great fork as sceptre, stands on a podium featuring a «throne» (in fact, a toilet seat with a chamber pot underneath) decorated with a roast, fork, and spoon, as well as snails or a dungheap. His gaze is on a slender recruit whom his pot-bellied assistant d'Aigrefeuille (on a foot stool, and with a whetsteel under his arm) is inspecting in altogether tactile fashion. Beside them, at a little table with a cloth, a drum stick, and a helmet, Cambacérès's other twisted helper, the gaunt Villevieille, seems to lick a finger at the thought of the recruit to whose legs he points with a spit. The room – in the manner of antiquity – is finished off by an arcade to the rear; its columns bear busts of Emperor Hadrian and his favourite, Antinoüs, providing still another clue as to the alleged homosexuality of the sybaritic «Dardanus» (the dissolute Roman prefect of South Gaul, homeland of Cambacérès) and his «conscription officers». Empowered by the Emperor, Cambacérès repeatedly got the French Senate to authorise new military drafts (cf. cat. no. 206).

Il grande Dardano e i suoi capitani di reclutamento
L'opera prende di mira i tre «punti deboli» dell'arcicancelliere di Napoleone: l'omosessualità, l'ingordigia e il facile ricorso alle coscrizioni di massa. Seminudo (coperto solo da un mantello) e con un'enorme forchetta a mo' di scettro, Cambacérès è ritto sul podio davanti a un «trono» (seggetta con vaso da notte) adorno di graticola, forchetta, cucchiaio e chiocciole (o mucchietti di sterco); da lì osserva come il suo grasso aiutante d'Aigrefeuille (su uno sgabello, con ferro per affilare sotto il braccio) compia un «esame tattile» su uno snello giovanotto. Dietro il vicino tavolino (con drappo, mazza da tamburo ed elmo), l'altro fido di Cambacérès – il magro Villevieille – punta uno spiedo verso le gambe della recluta, al cui pensiero sembra leccarsi le dita. La scena, anticheggiante, è chiusa in fondo da un'arcata; sulle colonne i busti dell'imperatore Adriano e del suo amante Antinoo alludono ulteriormente alla presunta omosessualità dei due «capitani di reclutamento» e del loro superiore, avido di piaceri e quindi assimilato al romano Dardano (prefetto vizioso della Gallia meridionale, patria appunto di Cambacérès). Su incarico dell'imperatore, l'arcicancelliere indusse più volte il Senato francese ad autorizzare nuove coscrizioni (cfr. n.º cat. 206).

Lit.: BN V 9315.

205
Le Carnaval de 1814, / ou / Le macaroni Impérial.
o.l. Billet d'Hopital / Feuille de Rou[te] / Réforme / Ils chiquent! moi je fume!.... un Louis me sauverait
o.M. Je la Goberai, c'est sûr!.... / 1813 / 1808 / 1809 / Conscription de 1811 / an 13
o.r. G.^{e} N.^{ale} mobile, sédentaire / Conscription de 1815. / 1806 1810 / Conscrition 1814 / 1807 / an 8 / 1812 / an 9. an 10 / tout ça file tout ça file en même temps!…
u.r. France / CORSE / Contribution Extra[ordinaire] / Contribu[tion] Ordinair[e]
anonym, Ende 1813/Anfang 1814
Radierung, koloriert
222 × 286 mm (240 × 293 mm)
u.r. Stempel Museum Schwerin 1980.110.

Der Karneval von 1814 oder der kaiserliche Makkaronifresser
Am Karneval von 1814 treten Napoleon als Harlekin und Cambacérès wohl als «Capitan Spaventa» auf und kleiden ihr Spiel um Geld und Menschenleben in die Commedia dell'arte. Der als Gourmand bekannte Erzkanzler bereitet seinem Herrn eine Platte Makkaroni, die aus vergangenen und zukünftigen Massenrekrutierungen besteht. Napoleon versichert, er werde die ganze Platte verschlingen. Er sitzt an einem mit der Karte Europas bedeckten Tisch und schiebt seinem Minister Münzen zu, auf die dieser fordernd zeigt. Darunter quellen Goldsäcke hervor, welche für die ordentlichen und die Sondersteuern stehen. Hinter Napoleon steht ein Kriegskrüppel. Er hat einen Fuss verloren, und aus seiner Tasche hängen ein Lazarettzettel, eine Reisebewilligung und die Ausmusterung. Nur sein Kragen und die grossen Rockknöpfe verbinden ihn noch mit der Commedia dell'arte (Pierrot). Eine Pfeife im Mund, «raucht» er vor Wut, da er zusieht, wie die Machthaber «priemen», d.h. (auf Kosten des Volkes) schlemmen. Bloss ein «Louis» – gemeint ist sowohl die Münze wie der spätere Ludwig XVIII. – kann ihn retten. Zu Napoleons Heisshunger vgl. Kat. Nr. 206.

Le carnaval de 1814 ou le macaroni impérial
A l'occasion du carnaval de 1814, Napoléon se présente en arlequin et Cambacérès, vraisemblablement, en «Capitan Spaventa». Ils transposent ainsi leurs jeux, où il est question d'argent et de vies humaines, à la commedia dell'arte. Connu pour sa gourmandise, l'archichancelier prépare à son maître un plat de macaronis, composé de levées en masse déjà mises en œuvre et de levées encore à venir. Napoléon se propose de tout manger. Il est assis à une table, couverte par la carte d'Europe, et pousse des pièces de monnaie en direction de son ministre – pièces que ce dernier réclame en les montrant du doigt. Sous la table, on aperçoit des sacs d'or, symbolisant les impôts ordinaires et extraordinaires. Derrière l'empereur, un mutilé de guerre se tient debout. Il a perdu un pied et – de sa poche – dépassent un «billet d'hôpital», une «feuille de route» et une attestation concernant sa «réforme». Seuls son col et les gros boutons de son habit le rattachent encore à la commedia dell'arte (Pierrot). Une pipe à la bouche, il «fume» pour faire passer sa colère, étant donné que les dirigeants «chiquent», c'est-à-dire qu'ils se dédommagent sur le dos d'autrui. Seul un «louis» peut le sauver: à savoir une pièce, tout autant – sans doute – que le futur Louis XVIII. A propos des grandes faims de Napoléon, cf. le n°. cat. 206.

The Carnival of 1814 or the Imperial Macaroni
At the carnival of 1814, Napoleon and Cambacérès – costumed respectively as a harlequin and «Capitan Spaventa» – disguise their play on money and human lives as «commedia dell'arte». The Archchancellor, notorious for his gourmandising, has prepared a macaroni dish for his master, composed of past and future mass conscriptions, a platter Napoleon claims he will gobble up in the full. At a table covered with a map of Europe, he sits and shoves over a pile of coins (at which the minister greedily points). Under the table, sacks of gold burst forth with funds contributed by the masses to fulfill the «ordinary» and «extraordinary» fiscal demands made on them. The war cripple standing behind Napoleon has lost a foot; a military hospital slip, a travel permit, and a discharge certificate hang from his pocket. His collar and large tunic buttons are the only remaining links with the commedia dell'arte (Pierrot). He clenches a pipe and fumes – in both senses of the word – over the fact that the power-holders chew tobacco or, in the French double sense of the word, stuff themselves at the expense of others. Only a «Louis» could come to his rescue: an allusion no doubt not only to the louisdor, but to the later Louis XVIII. With respect to Napoleon's ravenous appetite, cf. cat. no. 206.

Il carnevale del 1814, ovvero i maccheroni imperiali
Nel carnevale del 1814, Napoleone e Cambacérès appaiono nei panni di Arlecchino e probabilmente di Capitan Spaventa: il loro gioco sul denaro e sulla vita umana si trasforma in commedia dell'arte. L'arcicancelliere, noto come crapulone, serve al suo sovrano un piatto di «maccheroni» composto da coscrizioni di massa (passate e future). Napoleone, seduto a una mensa ricoperta dalla carta dell'Europa, assicura che inghiottirà tutto e spinge un mucchietto di monete verso il ministro, che fa segno di volerle; sotto la tavola spuntano i sacchi d'oro delle contribuzioni ordinarie e straordinarie. Dietro il sovrano c'è un invalido di guerra, privo di un piede, dalla cui tasca pendono un foglio d'ospedale, l'esonero e la bassa di passaggio; solo il colletto e i grossi bottoni della giubba evocano ancora in lui la commedia dell'arte. Con la pipa in bocca, questo Pierrot «fuma» di rabbia vedendo come i due potenti «mastichino tabacco», cioè gozzoviglino a spese altrui; per salvarlo basterebbe un «luigi» (inteso come moneta, ma anche come il futuro re Luigi XVIII). Sull'ingordigia di Napoleone, cfr. n° cat. 206.

Lit.: BN IV 8879; Br II Tf. S. 48, 52f, App. D 43; Cl 26; Kat. RM 110.

206
Le Minotaure Corse
o.l. *IX Bulletin de la grande*
u.M. *120,000 h.* / *Levée de
3000,000 hommes*
u.l. *Sénat Conserv[ateur]*
Claude Marie Dubuffe, 14. Juni 1814
Radierung, koloriert
n. best. (360×470 mm)
u.r. Stempel Museum Schwerin
1980.141.

Der korsische Minotaurus
In dieser krassesten Darstellung Napoleons als «Menschenfresser» kreuzen sich Mythologie und Skatologie. Der Fettwanst Cambacérès serviert als Kellner mit Hermesflügeln am Kopf dem korsischen Ungeheuer immer neue Heerscharen. Er handelt nach dem Beschluss des von ihm beherrschten «(staats)bewahrenden Senats» (Sénat conservateur), der ihm gleich aus der Rocktasche fallen wird: Dem neuen Minotaurus reicht er eine Platte mit Soldaten; diese marschieren in Linien im Pulverrauch in Napoleons Maul, während Cambacérès Nachschub bereithält. Zwischen Ernährer und Vielfrass stapeln sich leere Platten mit den Zahlen der am 7. Oktober und 12. November 1813 Einberufenen. Auf seinen Degen hat Napoleon zur Rechtfertigung der Massenaushebungen glorreiche Heeresbulletins aufgespiesst. Kauernd verschlingt der Unmensch die Jugend seines Reichs und scheisst dafür Stück um Stück neue Monarchen aus dem blanken Hintern: ein drastischer Ausdruck für die Menschenopfer, welche seine Eroberungszüge gekostet haben, und ein Bildmotiv, das in der Karikatur Schule machen wird.

Le Minotaure corse
Cette représentation de Napoléon en «ogre» – la plus crue de toutes – combine la mythologie et la scatologie. Le serveur ventripotent Cambacérès, ayant des ailes d'Hermès sur la tête, apporte sans arrêt au monstre corse de nouvelles unités militaires. Il agit en vertu d'une décision – sur le point de tomber de la poche de son habit – prise par le «Sénat conservateur», qu'il domine. Cambacérès tend au nouveau Minotaure un plat rempli de soldats, qui marchent en rang – dans de la fumée de poudre – en direction de la bouche de Napoléon, tandis que le serveur lui tient prêts des renforts. Entre le nourricier et le glouton, des plats vides s'empilent; ils portent l'inscription du nombre d'appelés du 7 octobre et du 12 novembre 1813. En guise de justification des levées en masse, Napoléon a piqué sur son sabre des bulletins militaires glorieux. Accroupi, le monstre dévore la jeunesse de son Empire et – le derrière dénudé – il défèque, en expulsant à la place, un à un, de nouveaux monarques: c'est une mise en évidence très rude des sacrifices humains qu'ont entraînés les guerres de conquête, représentant un motif qui fit école dans la caricature.

The Corsican Minotaur
This most crude staging of Napoleon as a «man-eater» combines mythology with scatology. Cambacérès – a tub of lard with Hermes wings sprouting forth from his head – takes up the role of a waiter who serves the Corsican monster legion after legion. His action takes place subsequent to the resolution passed by the «Sénat conservateur» under his control and which spills forth from his tunic pocket. He serves the new Minotaur a platter of soldiers who, amid swirls of gunsmoke, march straight into Napoleon's jaws, while Cambacérès readies the next lot. Stacked between the food-provider and the glutton are empty platters bearing the number of conscripts called to arms on 7 October and 12 November 1813. With his sword, Napoleon has speared glorious military bulletins justifying the mass conscriptions. In crouching position, the brute devours the youth of his Empire, and shits from his bared bottom one monarch after another in their stead. This is a drastic expression indeed of the human sacrifice his policy of conquests cost the country, and a pictorial motif that set a precedent in caricature.

Il Minotauro còrso
In questa caricatura estremamente cruda del Napoleone «cannibale» si fondono mitologia e scatologia. Il grassone Cambacérès, cameriere con alette di Mercurio sul capo, serve truppe sempre nuove al mostro còrso, in base al decreto del «Senato conservatore» (dominato appunto dall'arcicancelliere) che gli sta cadendo dalla tasca della giubba. Fra nugoli di polvere i soldati marciano in fila, sul piatto, verso la bocca del nuovo Minotauro; nel frattempo Cambacérès prepara ulteriori «infornate». Fra il cameriere e l'orco si accumulano i piatti vuoti degli effettivi chiamati alle armi il 7 ottobre e il 12 novembre 1813; per giustificare quelle leve in massa, Napoleone ha infilzato sulla spada gloriosi bollettini di guerra. Accoccolato col deretano nudo, il mostro inghiotte i giovani del suo impero... ma in compenso defeca, l'uno dopo l'altro, nuovi re: un modo drastico per indicare le vite umane sacrificate alle sue campagne di conquista, ma anche un soggetto che fra i caricaturisti farà scuola.

Lit.: BN IV 8878; Br II S. 51,
App. D 59; Cl 72 [mit Signatur und Datierung].

207
LA FIN DU MONDE.
o.l. *Pour fonder le Grand Empire Ext[e]rminon[s] tous les hommes.*
M. *MAchi avel*
anonym, Frühjahr 1814
u.l. *Nº 5* aus einer Folge
u.r. *D: à la direction g!.*
Radierung, koloriert
283×324 mm (305×350 mm)
u.r. Stempel Museum Schwerin
1980.39.

Der Weltuntergang
Mit dem Schwert des Krieges, dem Dolch des Meuchelmordes, den Ketten des Kerkers, der Sense des Todes sowie der Brandfackel und dem Giftbecher rückt Napoleon der Menschheit zu Leibe. Männer wie Frauen kommen im Feuer der Kanonen, der Bomben und der Brandschatzung ums Leben. Sein Programm steht auf seiner Fahne: Die Errichtung des Kaiserreiches gründet auf der Vernichtung aller Menschen. In der Rocktasche trägt er den «Machiavelli», der für eine jeder ethischen Grundlage entbehrende Machtpolitik steht. Wie der Herr, so der Diener. Im Hintergrund führt der dicke Erzkanzler Cambacérès vor, wie man dem Menschengeschlecht sonst noch ein Ende bereitet: Indem man sich nicht fortpflanzt und die übrigen Männer in den Krieg schickt. Drei wehklagenden jungen Frauen kehrt der angeblich homosexuelle Truppenausheber den Rücken zu, denn gegen die Schönheit und die Tränen der Einsamen ist er gefeit. So brandmarkt das Kampfbild in Napoleons Politik und in Cambacérès' Neigung und Tun ein widernatürliches Herrschaftssystem. Eine andere Karikatur auf Napoleon und Cambacérès mit derselben Aussage trägt denselben Titel (vgl. BN V 9322).

La fin du monde
Napoléon accule l'humanité avec le glaive, le poignard de l'assassinat, les chaînes du cachot, la faux de la Mort ainsi que le brandon et la timbale à

poison. Hommes comme femmes perdent la vie dans le feu des canons, des bombes et des pillages. Le programme est inscrit en toutes lettres sur le drapeau: la fondation du «Grand Empire» repose sur l'extermination de «tous les hommes». Dans la poche de son habit, il porte le «Machiavel», symbole d'une realpolitik dénuée de tout fondement éthique. Tel maître, tel valet. En arrière-fond, le corpulent archichancelier Cambacérès démontre comment on peut mettre fin au genre humain selon une autre méthode: en renonçant à se reproduire et en envoyant tous les autres hommes à la guerre. Le recruteur soi-disant homosexuel tourne le dos à trois jeunes femmes en train de se lamenter, car il est immunisé contre la beauté et les larmes de ces esseulées. De la sorte, la présente image d'une lutte menée au moyen de la politique napoléonienne ainsi qu'à travers l'inclination et le comportement de Cambacérès a pour fonction de stigmatiser un système de règne pervers. Il existe encore une autre caricature mettant en scène Napoléon et Cambacérès; elle véhicule le même message et porte exactement le même titre (cf. BN V 9322).

The End of the World
Napoleon tackles his fellow men with the war sword, the assassination dagger, the prison chains, the Death's scythe, as well as the firebrand and the poison cup. Men and women lose their lives to the fire of cannons, to bombs, and to pillage. His motto is inscribed on his flag: the imperial kingdom is to be built upon the extermination of all of mankind. A copy of «Machiavelli» – the ethical underpinnings indispensable to power politics – peeks out from his tunic pocket: Like master, like servant. In the background, the portly Archchancellor Cambacérès declaims another way of ending humanity, namely by avoiding further propagation of the human race and sending the remaining men to war. The allegedly homosexual head of army conscriptions has turned his back on the three young and lamenting young women, immune to the beauty and tears of the forlorn. Thus this battle image brands both Napoleon's politics and Cambacérès's inclinations and conduct as an unnatural system of domination. Another cartoon on Napoleon and Cambacérès with an identical message exists under the same title (cf. BN V 9322).

La fine del mondo
Napoleone incalza l'umanità con la spada della guerra, il pugnale dell'assassinio, le catene del carcere, la falce della morte, la torcia incendiaria e la coppa del veleno; maschi e femmine perdono la vita nel fuoco dei cannoni, delle bombe e degli incendi. Il programma del monarca è scritto nel suo vessillo («Per fondare il grande impero, sterminiamo tutti gli uomini»); nella tasca della sua giubba c'è un «Machiavelli», simbolo di una politica del potere priva di qualsiasi base etica. Tale il padrone, tale il servo: sullo sfondo il grasso arcicancelliere Cambacérès presenta un'altra modalità di sterminio del genere umano, che consiste nel non riprodursi e nel mandare in guerra gli altri maschi. Il reclutatore di truppe, presunto omosessuale, volge le spalle alle tre giovani gementi, perché è insensibile alla bellezza e alle lacrime delle donne rimaste sole; nella politica di Napoleone come nelle tendenze e negli atti di Cambacérès, insomma, questa stampa polemica stigmatizza un sistema di potere che è contro natura. Lo stesso titolo ha un'altra caricatura con identici personaggi e identico messaggio (cfr. BN V 9322).

Lit.: BN IV 9321; Br II S. 53, App. D 98; Cl 27.

208
l'Ogre Dévorateur du Genre humain
o. l. *GUERRE D'ESPAGNE CAMPAGNE DE MOSCOU*
u. r. *DEPOT DE CONSCRIT / Levée en masse / Réclam[ati]on*
u. l. *Pétition / Impo[ts] forces / PRISON / Je soutiens ma Mere*
anonym, 1814/1815
Radierung, koloriert
[234 × 180 mm] (238 × 185 mm)
u. r. Stempel Museum Schwerin
1980.123.

Der Menschenfresser
In Spanien und Russland verschliss Napoleon seine Truppen. Am Himmel hält der Kaiseradler (mit Donnerkeil) eine Fahne im Schnabel, welche diese beiden Auswüchse in Erinnerung rufen. Aus dem Mund des Menschenfressers ragen noch Hand und Fuss des letzten Opfers. Doch schon packt er zwei weitere Jünglinge, die um ihr Leben flehen, beim Haarschopf. Nachdem die Väter gefallen sind, kommt jetzt mittels Massenrekrutierungen Frankreichs Jugend an die Reihe. Der Feldherr (im weiten Mantel mit Stehkragen) tritt die Einsprachen und Bittgesuche der Ausgehobenen, die ihre Mutter ernähren müssen, mit Füssen. Aus den Taschen von Napoleons Waffenrock ragen Schriftstücke: rechts eine Massenaushebung, links eine Notsteuer. Den Jünglingen droht das Ausgehobenenlager (hinten rechts) oder das Gefängnis (hinten links). Krass geisselt das Bild den Despoten und seine menschenverachtende Kriegs- und Verwaltungsmaschinerie.

L'ogre dévorateur du genre humain
Napoléon usa ses troupes en Espagne et en Russie. L'aigle impériale, visible dans le ciel (avec le carreau de la foudre), tient dans le bec un drapeau rappelant ces deux excès. Une main et un pied de la dernière victime dépassent encore de la bouche de l'ogre. Mais déjà, il saisit aux cheveux deux autres adolescents, qui le supplient de leur laisser la vie. Après la mort des pères sur les champs de bataille, c'est à présent – à travers des levées en masse – le tour de la jeunesse française de se faire enrôler. Le grand capitaine (portant un large manteau muni d'un col montant) piétine les protestations et requêtes d'enrôlés étant obligés de nourrir leur mère. Différents documents dépassent des poches de la tunique de Napoléon: à droite, c'est un papier concernant une levée en masse; à gauche, il s'agit d'un écrit sur des «impôts forcés». Les adolescents ne disposent que de deux perspectives: le camp destiné aux recrutés (au fond, à droite) ou la prison (au fond, à gauche). L'image fustige sévèrement le despotique contempteur de l'humanité et sa machinerie guerrière et administrative.

The Ogre who Devours the Human Race
Napoleon wore his troops out in Spain and Russia: the flag in the beak of the imperial eagle (with a thunderbolt) reminds of these excesses. The hand and foot of his last victim still hang out from the man-eater's mouth, yet he already has seized two more youths by the hair, impervious to their pleas to be spared. Now that the fathers have all been killed off, it is their sons – the youth of France – who are up for conscription. The general (in wide coat and stand-up collar) tramples underfoot the objections and petitions of the conscripts, who claim they must provide for their mothers. Certain documents peek out from his tunic pockets: to the right, a conscription notice, to the left an emergency tax levy. The youths are threatened by either the military barracks (to the rear right) or prison (rear left). The despot and his man-scorning war and administrative policies come across as particularly base in this cartoon.

L'orco divoratore del genere umano
Poiché in Spagna e in Russia il sovrano ha fatto decimare le sue truppe,

Voila comme l'Ambition perd l'Homme:
Qui veut trop avoir n'a rien.

nel cielo l'aquila imperiale (con fascio di saette) tiene nel rostro un vessillo che ricorda quei due episodi atroci. Anche se dalla bocca dell'orco emergono ancora la mano e il piede dell'ultima vittima, egli sta già afferrando per le chiome altri due giovinetti che implorano grazia: caduti i padri, ora tocca ai figli dei francesi essere reclutati in massa. Napoleone (con colletto rigido e un ampio mantello) calpesta ricorsi e petizioni dei chiamati alle armi che devono sostentare le madri; dalle tasche della giubba gli spuntano due documenti (a destra una leva in massa, a sinistra un'imposta forzosa). Dietro ai giovani incombe la minaccia del carcere normale (a sinistra) o di quello per coscritti (a destra). La caricatura stigmatizza aspramente il tiranno e la sua macchina bellico-amministrativa disumana.

Lit.: BN IV 8877; Cl 24; Fi 94 S. 134 (Abb.); Kat. RM 32 (Abb.).

209
Voila comme l'Ambition perd l'Homme: / Qui veut trop avoir n'a rien.
o.l. *Le poids est trop lourd, il faut que je succombe. / Italie / Vestphalie / Pologne. / Suisse*
o.r. *Espagne / Conf. du Rhin / Holande / Plans de Campagne / France / L'envie le conseille de troubler l'Univers.*
u.r. *Consc". L.e de 3000 / Agriculture anéantie. / Conscription depuis 25 jusqu'à 32 / et depuis 40 jusqu'à 50 / Brûlement des Marchandises Anglaises*
u.l *Fermetures des Ateliers.*
anonym, 1814
Radierung, koloriert
205 × 143 mm (230 × 163 mm)
u.r. Stempel Museum Schwerin 1980.23.

So richtet der Ehrgeiz den Menschen zugrunde: Wer zuviel haben will, geht leer aus
Der Niedergang des Kaisers und der Ruin des ganzen Landes werden sprichwörtlich auf einen Nenner gebracht. Ehrsucht und Neid treiben die napoleonische Herrschaft an, die im Verderben enden muss. Standbildhaft steht der Feldherr mit seinen Insignien sowie den Karten der eroberten Länder und geplanter Feldzüge beladen da. Frankreichs Karte ist aufgerollt: Dank der jüngsten Aushebung (jene vom 12. November 1813?) ist der Widerstand auf Heimatboden gewährleistet. Zu Napoleons «Ruhm» ragt rechts eine Säule empor, die ihn bezichtigt, aus Neid das Universum aus der Bahn zu werfen, und die Landwirtschaft Frankreichs vernichtet zu haben; der verlassene Pflug verbildlicht es. Die niederen Motive des Zerstörers symbolisiert die weibliche Rachegottheit mit Fackeln und Schlangenhaupt hinter ihm. Demnächst entgleiten dem überladenen Bezwinger Europas all seine Eroberungen. Vor ihm liegen wirtschaftsschädigende Verordnungen (z.B. Verbrennung ins Land gelangter englischer Güter) am Boden. Zudem veranschaulichen Papiere sowie die Abschiedsszene im Hintergrund die Erhöhung des Wehrpflichtalters auf 50 Jahre.

Voilà comme l'ambition perd l'homme – Qui veut trop avoir n'a rien
La chute de l'empereur et la ruine complète du pays sont présentées comme inextricablement liées. L'envie et la soif d'honneur constituent les forces motrices du règne napoléonien, inévitablement entraîné à sa perte. Telle une statue, le grand capitaine se tient debout; il est décoré de ses insignes et chargé de cartes géographiques des pays conquis et de «plans de campagne». La carte de France est déroulée: la dernière levée (celle du 12 novembre 1813?) a permis de garantir la résistance sur le sol national. A droite se dresse une colonne à la «gloire» de Napoléon; les inscriptions qu'elle porte l'accusent d'avoir anéanti l'agriculture française – plainte mise en image au moyen d'une charrue abandonnée – et d'être guidé par «l'envie [qui] le conseille de troubler l'univers». Placée derrière lui, la divinité féminine de la vengeance symbolise – à travers des torches et une tête coiffée de serpents – les motifs méprisables du destructeur. Surchargé, le vainqueur de l'Europe est sur le point de perdre toutes ses conquêtes. Différentes ordonnances, qui ont pour effet d'entraver l'économie (exemple: «brûlement des marchandises anglaises» entrant dans le pays), traînent par terre devant l'empereur. Enfin, certains papiers, de même que la scène d'adieux à l'arrière-plan, illustrent le relèvement à 50 ans de l'âge pour la conscription.

Pride Goes Before a Fall: Gluttony Loses All
The downfall of the Emperor and the ruin of the whole land is brought down to a common denominator here: that of pride and envy, at once driving and dooming Napoleon's supremacy to ruination. Like a statue, the general stands laden with his insignia and maps of the conquered lands and planned campaigns. The map of France is already rolled up: thanks to the most recent conscription (12 November 1813?), homefront resistance is guaranteed. To the right, a column rises high, in celebration of Napoleon's «glory»: in fact, accusing him of destabilising the universe out of envy, and of devastating the French farm lands (as attested by the abandoned plough). Behind Napoleon, the avenging goddess – with torchlights and a head of snakes – symbolises the destructor's base motives. Before long, all his conquests will have slipped out from the conqueror of Europe's arms. Various commercially disastrous decrees (eg. for burning English wares landed in France) lie at his feet, as does a decree extending to fifty the age limit for compulsory military service, a decision to which the farewell scene in the background also testifies.

Ecco come l'ambizione rovina l'uomo: chi troppo vuole, nulla stringe
Il proverbio riduce a un unico denominatore il tramonto del monarca e il disastro dell'intero paese: mosso dall'ambizione e dall'invidia, il potere napoleonico è destinato alla rovina. Il condottiero appare in piedi, statuario, carico delle sue insegne, di carte dei paesi conquistati e di progetti militari, con la carta della Francia srotolata: grazie all'ultima coscrizione (quella del 12 novembre 1813?), la resistenza su suolo francese è garantita. A «gloria» di Napoleone, sulla destra si erge una colonna che lo accusa di sconvolgere l'universo, per invidia, e di avere distrutto l'agricoltura francese (come mostra l'aratro abbandonato); i bassi moventi del distruttore sono simboleggiati dalla divinità femminile della vendetta, anguicrinita e recante due torce. Davanti al dominatore dell'Europa, troppo carico e

Autant en emporte le vent.

quindi in procinto di perdere tutte le conquiste, giacciono al suolo decreti funesti per l'economia (come l'ordine di bruciare le merci inglesi giunte sul continente); altre carte e la scena d'addio sullo sfondo, inoltre, si riferiscono alla proroga del servizio militare fino all'età di cinquant'anni.

Lit.: BN IV 9016; Br II App. D 336; Cl 75.

210
Autant en emporte le vent.
v. u. n. o. *Europe / Espagne / Rome / Naple / Hollande / Suisse / Toscane*
anonym, Frühling 1814
Radierung, koloriert
160 × 132 mm (175 × 140 mm)
u. r. Stempel Museum Schwerin 1980.217.

Vom Winde verweht
Vater Napoleons Seifenblasen erfreuen den kleinen König von Rom. Er versucht vergebens, nach derjenigen zu greifen, welche mit seiner Herrschaft bezeichnet ist. Derweil bläst der auf einem Fauteuil mit Greifenkopf-Armlehnen sitzende Kaiser aus seiner Tonpfeife als letzte Blase «Europa» – die Synthese aller beschriebenen und namenlosen Kugeln seiner eroberten Territorien. Bald wird auch sie aufsteigen und zerplatzen. Ungeschickterweise verschüttet Napoleon das Seifenwasser – aus ist es mit dem Spiel. Die Bildmetapher für Napoleons utopische Weltherrschaftsambitionen existiert in zwei französischen Versionen des deutschen Originals (vgl. Kat. Nr. 343). Die sprichwörtliche Redewendung im Bildtitel unterstreicht die Vergänglichkeitssymbolik, die der Seifenblase anhaftet. Denselben Titel trägt eine völlig andere Bildkomposition mit ähnlicher Aussage (Kat. Nr. 211).

Autant en emporte le vent
Les bulles de savon du père Napoléon enchantent le petit roi de Rome. Le garçon essaye en vain d'attraper celle qui est désignée en référence à son règne. Pendant ce temps, assis sur un fauteuil aux accoudoirs en forme de têtes de griffon, l'empereur souffle – à l'aide d'une pipe en terre – une dernière bulle, appelée «Europe»; la synthèse de toutes les boules, avec ou sans nom, correspondant à ses territoires conquis. Bientôt, cette ultime bulle aussi va s'élever et éclater. D'un geste maladroit, Napoléon renverse l'eau savonneuse: le jeu se termine ainsi de manière abrupte. La présente métaphore, qui se réfère aux ambitions utopiques de Napoléon concernant la domination qu'il espère exercer sur le monde, est utilisée par deux versions françaises de l'original allemand (cf. n°. cat. 343). Le dicton servant de titre à l'image souligne la symbolique de l'éphémère qu'évoquent les bulles de savon. Il existe, par ailleurs, une image composée de façon complètement différente qui porte le même titre et véhicule un message similaire (cf. n°. cat. 211).

Gone With the Wind
Father Napoleon's soap bubbles delight the little King of Rome: in vain, he attempts to latch onto the one marked his dominion. Meanwhile, the Emperor – who sits on a chair with griffin-head armrests – is blowing out a last bubble from his clay pipe: «Europe», the synthesis of all the labelled and nameless balls representing his conquered territories. Soon, this bubble as well will rise and burst. Clumsily, Napoleon spills the soapwater; the game is over. There are two French versions of the German original (cf. cat. no. 343) of this pictorial motif. The proverb of the title is meant to underscore the work's symbolic translation of fleeting time, such as is inherent in soap bubbles. The same title was applied to an entirely different pictorial composition to express a similar idea (cf. cat. no. 211).

Solo parole al vento
Contento per le bolle di sapone paterne, il figlioletto di Napoleone cerca invano di afferrare la «propria» (quella col nome «Roma»); su una poltrona con braccioli a testa di grifone, intanto, suo padre soffia l'«Europa» da una pipa di terracotta. L'ultima bolla, sintesi di tutte quelle (anche anonime) che rappresentano le conquiste del monarca, sta per volare in alto e per scoppiare; il gioco è finito perché l'imperatore, maldestro, rovescia la saponata. Questa metafora visiva delle ambiziose utopie napoleoniche di conquista del mondo compare in due versioni francesi dell'originale tedesco (cfr. n° cat. 343). La locuzione proverbiale del titolo sottolinea la caducità già implicita nelle bolle di sapone; lo stesso titolo appare in una stampa del tutto diversa, ma con messaggio analogo (n° cat. 211).

Lit.: BN IV 9007; Br II App. D 364; Cl 53; Kat. RM 116.

211
autant en emporte le vent.
o.l. *Vent du nord / Autriche / Prusse / Russie*
o.r. *decret du Sénat / conscription de 1815 / levée en mas[se] / Marengo / [Ale]xandrie / Vienne / [M]adrid / Berlin / Moscou*
anonym, März 1814 (?)
Radierung und Roulette, teilkoloriert
207×313 mm (227×325 mm)
u.r. Stempel Museum Schwerin
1980.71.

Vom Winde verweht
Ein pausbäckiger Knabenkopf als «Nordwind» (Grossbritannien) zwingt mit den Böen «Österreich», «Preussen» und «Russland» Napoleons Pferd in die Knie: Der Kaiser fällt aus dem Sattel und verliert Hut, Kroninsignien und Schriftstücke, die der Sturm davonträgt. Die Akten bestehen aus einem Senatsdekret, der Einberufung der im Jahre 1815 Dienstpflichtigen (Herbst 1813), der Massenaushebung sowie Napoleons Siegesruhm von Alexandria, Marengo, Wien, Berlin, Madrid und Moskau. Doch all dies hilft ihm nichts mehr; denn der Feind stand Anfang 1814 in Frankreich. Nach und nach entglitt das Kriegsgeschehen Napoleons Kontrolle: Ende März hob ihn die alliierte Übermacht aus dem Sattel. Das qualitätvolle Blatt wird motivisch als Gegenbild zu Jacques Louis Davids «Bonaparte passant les Alpes au Grand-Saint-Bernard» (1801) gedeutet (Fig92). Die Jahreszahl im Bild verleitet, die Karikatur auf Waterloo zu beziehen (vgl. Fig92, Kat.H85). Zum Bildtitel vgl. Kat.Nr. 210.

Autant en emporte le vent
Le vent du nord, sous les traits d'un bambin joufflu (Grande-Bretagne), soufflu trois rafales, l'Autriche, la Prusse et la Russie, en direction du cheval de Napoléon qu'il contraint à mettre genoux en terre: l'empereur est projeté dans l'air; il perd son chapeau, les insignes de la couronne et divers documents que la tempête emporte au loin. Ces actes concernent un décret du Sénat, la conscription de 1815 (automne 1813), la levée en masse, ainsi que les victoires de Napoléon à Alexandrie, Marengo, Vienne, Berlin, Madrid et Moscou. Mais ils ne lui sont d'aucun secours. Au début 1814, l'ennemi se trouvait en France, et les événements de la guerre échappaient de plus en plus au contrôle de Napoléon: fin mars, la supériorité numérique des alliés le désarçonna. Du point de vue du motif, cette gravure de grande qualité est considérée comme le pendant du tableau de Jacques Louis David «Bonaparte passant les Alpes au Grand-Saint-Bernard» (1801) (Fig92). La date figurant sur l'illustration suggère que la caricature a été exécutée à l'époque de Waterloo (cf. Fig92, cat.H85). En ce qui concerne le titre, cf n°. cat. 210.

Gone With the Wind
Napoleon's horse buckles at the knees at the impact of the chubby-cheeked «north wind's» (Great Britain) gusts (representing Austria, Prussia, and Russia). This makes the Emperor fall from the saddle and lose his hat, regalia, and documents, all of which are scattered by the storm. The documents comprise a senatorial decree, the call-up orders (in the fall of 1813) for those coming of military age in the year 1815, the mass conscription, and a list of Napoleon's military victories at Alexandria, Marengo, Vienna, Berlin, Madrid, and Moscow. These victories and decrees were to no avail, since the enemy was to be found in France at the beginning of 1814. Gradually, the war events began escaping Napoleon's hands and, end March, allied superiority drove him from the saddle. This graphically expressive work's motif is considered a counter-piece to Jacques Louis David's 1801 «Bonaparte passant les Alpes au Grand-Saint-Bernard» (Fig92). The year in the image leads one to mistakenly infer an allusion to Waterloo (cf. Fig92, cat.H85). With regard to the work's title, see cat.no. 210.

Solo parole al vento
Una testa di fanciullo dalle guance paffute (il «vento del Nord», cioè la Gran Bretagna) costringe in ginocchio – con le raffiche «Austria», «Prussia» e «Russia» – il cavallo di Napoleone. Cadendo di sella, l'imperatore perde il cappello, le insegne della Corona e alcuni documenti, che la bufera soffia via: decreto del Senato, chiamata di leva della classe 1815 (autunno 1813), coscrizione di massa, trionfi napoleonici di Alessandria, Marengo, Vienna, Berlino, Madrid e Mosca. Tutto inutile, perché all'inizio del 1814 il nemico era già in Francia; perso gradualmente il controllo degli eventi bellici, alla fine di marzo Napoleone fu «sbalzato di sella» dalla superiorità alleata. Sul piano tematico la caricatura, di alto livello qualitativo, è interpretata come *pendant* di un quadro dipinto da Jacques Louis David nel 1801, *Bonaparte passant les Alpes au Grand-Saint-Bernard* (Fig92). L'anno che compare nella caricatura può far pensare a Waterloo (cfr. Fig92, cat.H85). Sul titolo dell'opera, cfr. n°cat. 210.

Lit.: BM IX 12201; BN IV 8986; Br II App. D 364; Cl 74; Fig92 S. 340, Abb. S. 343, 344; Kat.H85 35.

212
.. son nom paraitra, dans la Race future, / Aux plus cruels tyrans une cruelle injure.
u.l. *Grace à lui on pense encore à nous / L'Ami du Peuple / Journées [des] 2 et 3 7.bre / Liste des […]tinés / Noyades de Nantes*
o.l. *C'est lui qui l'emporte*
u.r. *Soutenez moi donc / Levée en masse / Espagne / Moscou*
o.r. *Il nous entraine / Sauve qui peut*
anonym, Frühling 1814
Radierung, koloriert
240×300 mm (245×310 mm)
u.r. Stempel Museum Schwerin
1980.38.

Sein Name wird hinfort bei Kind und Kindeskind
Den grausamsten Tyrannen ein bös' Schmachwort sein.
Mit Versen aus Racines «Britannicus» (5. Akt, 6. Szene) wird Napoleon als Gipfel der Grausamkeit gebrandmarkt. Die Zeit (Chronos) wägt von einer Wolke herab Frankreichs schlimmste Tyrannen: Auf der linken Waagschale steht Robespierre und ist umgeben von den Verbrechen der Revolution (Massaker im September 1792, Liste der Guillotinierten, Ertränkungen in Nantes ab November 1793). Er zeigt auf Napoleon in der rechten Waagschale und spricht: «Er übertrifft mich.» Selbst die aus dem Höllenschlund ragenden Revolutionäre (darunter Marat mit seiner Zeitung «L'Ami du Peuple» und Carrier) sowie der Teufel, welche die Waagschale nach unten ziehen, wiegen Napoleons Taten nicht auf. Denn seine Blutschuld (Massenaushebung, Spanienkrieg, Russlandfeldzug) wiegt so schwer, dass seine Waagschale auf den Meeresspiegel sinkt. Er ruft seinen Bruder Joseph und zwei Marschälle an der Steilküste (rechts) zu Hilfe. Aus Angst, selbst nach unten gezogen zu werden, besinnen sich diese jedoch anders: «Rette sich, wer kann.» Im Hintergrund charakterisiert eine Windmühle die drei Opportunisten (vgl. Kat.Nr. 281) oder

bezeichnet die Mühlen von Montmartre (vgl. Kat. Nr. 237): Von dort aus verteidigte Marschall Marmont zusammen mit Joseph und den Marschällen Mortier und Moncey Paris und kapitulierte am 30. März 1814. Dass Napoleon das blutige Revolutionserbe fortsetze, verkündet der Teufel ganz links: «Dank ihm denkt man noch an uns.»

*Son nom paraîtra dans la race future
Aux plus cruels tyrans une cruelle injure.*
Le titre, qui reprend les vers du «Britannicus» de Racine (acte 5, scène 6), stigmatise Napoléon et le présente comme le comble de la cruauté. Le temps (dieu Chronos) jaillit d'un nuage et, au moyen d'une balance, pèse les pires tyrans de la France: sur le plateau de droite se tient Robespierre environné par les crimes de la Révolution (massacre de septembre 1792, liste des guillotinés, noyades de Nantes dès novembre 1793). Il indique du doigt Napoléon, debout sur l'autre plateau, et clame: «C'est lui qui l'emporte». Ni le démon, ni les révolutionnaires, qui se dressent hors des bouches de l'enfer (dont Marat avec son journal «L'Ami du Peuple» et Carrier) et tirent le plateau vers le bas, ne parviennent à contrebalancer les méfaits de Napoléon. Car ses crimes (levées en masse, guerre d'Espagne, campagne de Russie) pèsent si lourd que son plateau sombre vers la surface de la mer. Il appelle à l'aide son frère Joseph et deux maréchaux (sur la falaise, à droite). Craignant d'être eux-mêmes entraînés, ils raisonnent autrement: «Sauve qui peut». A l'arrière-plan, un moulin à vent caractérise les trois opportunistes (cf. n°. cat. 281) ou rappelle les moulins de Montmartre (cf. n°. cat. 237): c'est à cet endroit que le Maréchal Marmont tenta, avec Joseph et les deux maréchaux Mortier et Moncey, d'assurer la défense de Paris. Il capitula le 30 mars 1814. Le diable, tout à gauche, clame que Napoléon poursuit l'œuvre de la Révolution: «Grâce à lui, on pense encore à nous.»

*His name will appear, among the future race,
As if a cruel insult to the cruelest of tyrants.*
The quotation from Racine's «Britannicus» (Act 5, Scene 6) serves to depict Napoleon as the epitome of horror. From the clouds, Father Time (Chronos) weighs France's worst tyrants: Robespierre on the left scale, surrounded by crimes of the Revolution (the massacres of September 1792, a list of those guillotined, the drownings in Nantes as of November 1793), points to Napoleon – standing on the right scale – and remarks: «He surpasses me». Even the revolutionaries rising from the jaws of hell (including Marat with his newspaper «L'Ami du Peuple» and Carrier) as well as the devil, all of whom are pulling the scale downwards, cannot outweigh Napoleon's deeds. For his bloodguilt (conscription of the masses, Spanish war, Russian campaign) weighs so heavy that the scale on which he stands is sinking onto sea level. This elicits a cry for help to his brother Joseph and two marshals standing on the steep coast (right) but they, out of fear of being drawn down themselves, have another version in mind: «Sauve qui peut». A windmill in the background either characterises the three opportunists (cf. cat. no. 281), or else alludes to the windmills of Montmartre (cf. cat. no. 237), from where Marshal Marmont, together with Joseph and Marshals Mortier and Moncey, sought to defend Paris and finally capitulated on 30 March 1814. The fact that Napoleon continued the legacy bequeathed by the sanguineous Revolution is commented by the devil (all the way to the left): «It is thanks to him that people still remember us».

*Il suo nome parrà, nella razza futura,
A' più crudei tiranni una crudel ingiuria.*
I versi del *Britannico* di Racine (atto V, scena 6) stigmatizzano Napoleone come l'apice della crudeltà. Dall'alto di una nuvola il Tempo (il dio Crono) pesa sulla bilancia i peggiori tiranni della Francia; dal piatto sinistro Robespierre, circondato dai crimini della Rivoluzione (massacri del settembre 1792, lista dei ghigliottinati, annegamenti di Nantes a partire dal novembre 1793), indica Napoleone (sul piatto destro) e dice «Vince lui». Perfino i rivoluzionari – fra cui Carrier e Marat (col suo giornale *L'Ami du Peuple*) – e il diavolo, che dagli abissi infernali tirano il piatto di Robespierre verso il basso, non riescono a controbilanciare i misfatti di Napoleone: coscrizioni di massa, guerra di Spagna e campagna di Russia sono costate tanto sangue che il piatto destro, più pesante, scende al livello del mare. Napoleone chiama in aiuto il fratello Giuseppe e due marescialli (sulla costa ripida a destra), che però, temendo di essere tirati giù anche loro, cambiano idea («Si salvi chi può»). Il mulino a vento sullo sfondo caratterizza i tre come opportunisti (cfr. n° cat. 281) o allude ai mulini di Montmartre (cfr. n° cat. 237): da lì, infatti, il maresciallo Marmont difese Parigi (con Giuseppe e coi marescialli Mortier e Moncey), per poi capitolare il 30 marzo 1814. Il diavolo all'estrema sinistra annuncia che il retaggio sanguinoso della Rivoluzione continua con Napoleone: «Grazie a lui si pensa ancora a noi.»

Lit.: BN IV 8995; Br II S. 75, App. D 300; Cl 47.

213
Camarades je vais chercher du renfort.
u. l. *BARRIERE CLICHY*
[am unteren Blattrand handschriftlich hinzugefügt *Joseph Napoleon à la barrière de Clichy*]
anonym, April (?) 1814
Radierung, koloriert
270 × 325 mm (302 × 452 mm)
Sammlung Herzog von Berry
1980.241.

Kameraden, ich werde Verstärkung holen
Durch die Schranke von Clichy (Vorort von Paris) rücken zwei Reihen Grenadiere gegen die (nicht sichtbaren) Alliierten vor. Angsterfüllt galoppiert ein General und Ehrenlegionär in die Gegenrichtung, um «Verstärkung zu holen»; dabei verliert er Hut und Degen. Seine Flucht wird im nächsten Moment aufgehalten. Ein Mann aus dem Volk spannt ein Seil an zwei Rollen hoch, die beidseits der Strasse an einem Galgen befestigt sind: In dieser Sperre wird der Deserteur hängenbleiben. Trotz der handschriftlichen Notiz am Blattrand handelt es sich nicht um Joseph Bonaparte, sondern um den Staatsrat Regnaud de Saint-Jean-d'Angély. Als Kommandant einer Legion der Nationalgarde wagte er am 30. März 1814 einen Ausfall, kehrte aber überstürzt in die Stadt zurück, was ihm den Ruf des Feiglings eintrug (siehe BN IV 8921). Ausserdem erscheint auf seiner Brust das Ordenskreuz mit dem Buchstaben R. Die Botschaft der Karikatur: Wie der Herr, so der Diener – ein Ebenbild der Feigheit Napoleons.

Camarades, je vais chercher du renfort
Franchissant la barrière de Clichy (faubourg de Paris), deux rangées de grenadiers avancent vers les Alliés (non visibles). Eperdu, un général et membre de la Légion d'honneur galope dans la direction opposée afin d'aller «chercher du renfort»; ce faisant, il perd son chapeau et son épée. Sa fuite sera bientôt stoppée. Un homme du peuple tend une corde

montée sur deux poulies fixées à des gibets se trouvant de chaque côté de la rue: le déserteur sera étranglé par ce barrage. Contrairement à ce qu'affirme la notice écrite à la main sur le bord de la gravure, il ne s'agit pas de Joseph Bonaparte, mais du conseiller d'Etat Régnaud de Saint-Jean-d'Angély. Commandant d'une légion de la Garde nationale, il tenta une sortie le 30 mars (1814) mais, affolé, il recula à l'intérieur de la cité, ce qui lui valut une réputation de lâche (voir BN IV 8921). D'autre part, la croix décorant sa poitrine porte la lettre R. Message de la caricature: tel maître, tel valet – un portrait de la couardise de Napoléon.

Comrades, I Shall Seek Reinforcements
Two rows of grenadiers are passing through the gates of Clichy (suburb of Paris) against the (not visible) allies. A horseman who is a general decorated with the Legion of Honour fearfully rides off in the opposite direction to «seek reinforcements». The very next moment, having lost his hat and sabre in flight, he is stopped on the spot. Some civilian has strung a rope across two pulleys linked to gallows on either side of the way, and this trap is the death of the deserter. Despite the handwritten margin notice, the personage depicted is not Joseph Bonaparte. The cartoon alludes to the Councillor of State Regnaud de Saint-Jean-d'Angély who, on 30 March 1814, dared – while commanding a legion of the National Guard – organise a sally, only to return overhastily back to the city, thus earning himself a reputation as a coward (see BN IV 8921). Another clue lies on the cross of the figure's Order, which is marked with the letter R. The work's message is: as master, so servant, meaning Regnaud is the image of Napoleon's cowardice.

Camerati, vado a cercare rinforzi
Due file di granatieri avanzano contro gli alleati (non visibili) dalla barriera del sobborgo parigino di Clichy; un generale atterrito, membro della Legion d'onore, galoppa in direzione opposta per «cercare rinforzi», perdendo il cappello e la spada. Ma la sua fuga sta per terminare: grazie a due carrucole, un popolano tira la corda sistemata fra due forche ai due lati della strada, e in quell'ostacolo il disertore resterà bloccato (impiccato). Nonostante l'appunto manoscritto sul bordo inferiore del foglio, non si tratta di Giuseppe Bonaparte ma del consigliere di Stato Regnaud de Saint-Jean-d'Angély (la cui R iniziale appare nella croce dell'onorificenza): comandante di una legione della guardia nazionale, il 30 marzo 1814 egli tentò una sortita ma tornò precipitosamente in città, acquistando fama di vigliacco (cfr. BN IV 8921). Il messaggio della caricatura è che il servo somiglia al padrone: Regnaud, cioè, è un codardo come Napoleone.

Lit.: BN IV 8920; Br II App. D 52; Cl 31.

214
Je suis sur les Epines.
unter dem Bildfeld *Je perds la Carte, je ne bats que d'une aîle, / Je ne sais sur quel pied danser.*
o. l. THEATRE Aujourd'hui 30 Mars 1814 les Evenements imprevus le Tartuffe / la derniere representation du Valet-Maitre le Tyran corrigé / la Revanche forcée / THEATRE le Tyran domestique les caprices de la fortune
u. r. Carte de France / Pologne / Italie / Espagne / Suisse / Hollande
anonym, Mai 1814
Radierung, koloriert
204 × 148 mm (271 × 208 mm)
Sammlung Herzog von Berry 1980.233. (Doublette: 1980.13.)

Ich bin auf Dornen
Das geistreiche Blatt verbildlicht von Napoleon angeblich gern benutzte Redensarten: «être sur les épines» (in einer kniffligen Lage sein), «ne battre que d'une aile» (mit halber Kraft funktionieren), «ne pas savoir sur quel pied danser» (nicht wissen, wie sich verhalten) und «perdre la carte» (im Hintertreffen sein). Die letzte Wendung visualisieren die Landkarten der vom Kaiserreich abgefallenen Nationen und jene Frankreichs, die zerrissen zu Boden fällt, und von der Napoleon bloss noch ein Stück hält. Er steht leicht schwankend auf Dornengeäst. Aus seinem Rücken wächst ein Flügel, der zweite liegt abgefallen auf der Erde. Der Kaiser betrachtet eine Mauer, die mit Theateranzeigen beklebt ist; diese datieren vom 30. März 1814 – dem Beginn der Übergabe von Paris an den Feind – und beurteilen das politische Geschehen. Einige beziehen sich auf die «unvorhergesehenen Ereignisse», andere geben die Haltung und Empfindung der Bevölkerung wieder («Tartuffe» als berechnender Scheinheiliger, u. a.) und charakterisieren den Kaiser («der gezüchtigte Tyrann», «der Haustyrann» bzw. «der gezähmte Tyrann», etc.) am Vorabend seiner Entmachtung. Das «Journal de Paris» vom 11. Mai 1814 kündigte diese Karikatur an und beschrieb sie ausführlich.

Je suis sur les épines
La présente estampe, pleine d'esprit, met en image des locutions que Napoléon aurait volontiers utilisées: être sur les épines, ne battre que d'une aile, ne pas savoir sur quel pied danser et perdre la carte. Cette dernière expression est visualisée par les cartes des nations ayant fait défection à l'Empire, ainsi qu'à travers une carte de France déchirée – tombant à terre – dont Napoléon ne tient plus qu'un petit bout à la main. Légèrement chancelant, il est debout sur des branchages épineux. Une aile pousse sur son dos; une deuxième aile s'en est déjà détachée et traîne au sol. L'empereur regarde un mur où sont collées des affiches de théâtre; elles sont datées du 30 mars 1814 – le début de la reddition de Paris à l'ennemi – et commentent les événements politiques. Certaines se réfèrent à des «évènements imprévus»; d'autres expriment les attitudes et les sentiments de la population («Tartuffe», etc.) et caractérisent l'empereur («tyran corrigé», «tyran domestique» respectivement «domestiqué», etc.) à la veille de sa destitution. Le «Journal de Paris» du 11 mai 1814 annonça la caricature en la décrivant en détail.

I Am on Pins and Needles
This clever cartoon pictorially translates several of Napoleon's allegedly favourite expressions: «je suis sur des épines», i.e. I am on pins and needles; «je ne bats que d'une aile», i.e. I am but a shadow of my former self; «je ne sais sur quel pied danser», i.e. I do not know how to behave; and «je perds la carte», i.e. I am at a disadvantage. The maps he is losing in the last expression are of lands formerly belonging to the Empire or France: they fall to the ground in tatters, and Napoleon is left with but a scrap of them. He stands tottering on the thorn branches, with a wing growing out of his back (a second one has fallen to the ground). His eyes are on a wall plastered with theatre

LE VOLANT CORSE OU UN JOLI JOUJOU POUR LES ALLIÉS.

posters dating from 30 March 1814, the day he surrendered Paris to his enemies, and commenting on the political turn of events. Several of them refer to «unforeseen happenings»; others reflect the attitude and feelings of the people (billing «Tartuffe» as a calculating hypocrite, amongst others) and describing the Emperor («the punished tyrant», «domestic tyrant», «tamed tyrant», etc.) on the eve of his loss of power. On 11 May 1814, the «Journal de Paris» announced this cartoon, describing it in full detail.

Sono sulle spine
Questa caricatura ingegnosa traduce visivamente alcune locuzioni che Napoleone sembra usasse volentieri: «essere sulle spine», «battere un'ala sola» (cioè trovarsi a mal partito), «non sapere su che piede ballare» (essere indeciso) e «perdere la carta» (trovarsi in svantaggio). A visualizzare la quarta espressione provvedono le carte geografiche di nazioni perse dall'Impero e quella della Francia, lacerata, che cade al suolo lasciando in mano a Napoleone solo un lembo. L'imperatore – lievemente vacillante su stoloni spinosi, con un'ala sola sul dorso (mentre l'altra, staccata, è caduta) – osserva su un muro manifesti teatrali datati 30 marzo 1814 (inizio della consegna di Parigi al nemico); tali manifesti esprimono giudizi sugli avvenimenti politici, parlando di «eventi imprevisti», riflettendo atteggiamenti e sentimenti popolari (con «Tartufo» nel senso dell'ipocrita calcolatore) o definendo il monarca alla vigilia della sua esautorazione («il tiranno punito», «il tiranno domestico [o addomesticato]»). La caricatura fu annunciata e descritta per esteso dal *Journal de Paris* dell'11 maggio 1814.

Lit.: BN IV 9017; Br II App. D 170; Cl 20 var.

215
LE VOLANT CORSE OU UN JOLI JOUJOU POUR LES ALLIÉS.
o. l. *Bravo Schwartzenberg entretenez le jeu Dieu me damne je vous Le renverrai*
o. r. *le voila! quoi Blucher ce joujou etait autrefois très lourd mais dieu me damne S'il n'est pas a present plus Leger qu'une = = plume*
u. M. *PARIS*
anonym, Mai 1814, nach George Cruikshank
Radierung, koloriert
270 × 325 mm (280 × 355 mm)
u. r. Stempel Museum Schwerin 1980.78.

Der korsische Federball oder ein hübsches Spielzeug für die Alliierten
Die Karikatur kopiert in kleinerem Format die am 10. April 1814 in London erschienene gleichnamige Arbeit von Cruikshank (BM IX 12217; Br I S. 351 f., II App. A 233). Sie wird auch (wie Kat. Nr. 216) als eigenhändige Version für die propagandistische Verbreitung in Frankreich angesprochen (BN, GC). Der Korse, dessen Joch lange auf Europa lastete, wird als Federball zum Zeitvertreib seiner Gegner: Spottend spielen ihn vor den Toren von Paris (mit Doppeladlern beflaggt) die Feldmarschälle Blücher (links) und Schwarzenberg (rechts) einander mit dem Schläger zu. Aufgrund ihrer Uneinigkeit rückten sie im Frühjahr 1814 getrennt nach Paris vor; dadurch konnte sie Napoleon einzeln und abwechslungsweise angreifen und zunächst auch aufhalten. Vom 20. März an setzten sich jedoch die truppenstärkeren Alliierten durch und beendeten das militärische Hin-und-Her mit der Einnahme von Paris. Das alliierte Federballspiel taucht in einer anderen französischen (Br II Taf. S. 51, 55, App. D 311; Cl 45) und, umgemünzt auf Waterloo, in der deutschen Karikatur Kat. Nr. 421 wieder auf.

Le volant corse ou un joli joujou pour les alliés
Cette caricature copie, dans un format plus petit, une illustration de Cruikshank portant le même titre et publiée à Londres le 10 avril 1814 (BM IX 12217; Br I p. 351 sq., II app. A 233). Elle est également considérée (ainsi que le n°. cat. 216) comme une version réalisée par Cruikshank lui-même et destinée à la diffusion de la propagande britannique en France (BN, GC). Devant les portes de Paris (pavoisées d'aigles à deux têtes), le Corse – dont le joug a longtemps pesé sur l'Europe – est transformé en volant: moqueurs, le feld-maréchal Blücher (à gauche) et Schwarzenberg (à droite) se le renvoient. Au printemps 1814, en raison de leur dissentiment, ils marchèrent séparément sur Paris; ainsi, Napoléon put-il les attaquer isolément en alternance et, dans un premier temps, les contenir. A partir du 20 mars, les alliés dont les troupes avaient été renforcées, parvinrent à s'imposer et mirent un terme au va-et-vient militaire par la prise de Paris. Le motif du jeu de volant réapparaît dans une autre satire française (Br II pl. p. 51, 55, app. D 311; Cl 45) et, transposé à Waterloo, dans la caricature allemande n°. cat. 421.

The Corsican Shuttlecock or a Pretty Plaything for the Allies
This cartoon is a French smaller format copy of an identically entitled work by Cruikshank published in London on 10 April 1814 (BM IX 12217; Br I p. 351 f., II App. A 233). By some authors it is said (as in the case of cat. no. 216) to be a version with French lettering, made by Cruikshank himself in order to be spread in France for propaganda purposes (BN, GC). The Corsican, who for many years had imposed his yoke on Europe, serves here as a shuttlecock: before the gates of Paris (flying double eagles), Field Marshals Blücher (left) and Schwarzenberg (right) enjoy sending him back and forth. Due to the disunity between the two, they advanced on Paris separately in 1814, allowing Napoleon to tackle them one at a time and alternately and thus to check their progress for a time. As of 20 March however, the larger troops of the allies did pull through, ending the political to-and-fro with the occupation of Paris. The game of badminton by the allies reappears in another French work (Br II Pl. p. 51, 55, App. D 311; Cl 45) and, recoined to refer to Waterloo, in the German work cat. no. 421.

Il volano còrso, ovvero un bel balocco per gli alleati
Questa caricatura riproduce, in formato ridotto, l'opera di Cruikshank con lo stesso titolo pubblicata a Londra il 10 aprile 1814 (BM IX 12217; Br I p. 351 sg., II app. A 233); è considerata però, come il n° cat. 216, anche una versione dello stesso autore destinata alla propaganda in Francia (BN, GC). Il còrso, il cui giogo ha oppresso per anni l'Europa, è divenuto il trastullo dei suoi avversari: davanti alle porte di Parigi (pavesate con aquile bicipiti), i feldmarescialli Blücher (a sinistra) e Schwarzenberg (a destra) se lo rinviano a vicenda, beffardi, colpendolo con racchette da volano. Nei primi mesi del 1814 i due comandanti, essendo in disaccordo, avanzarono su Parigi in formazioni separate, quindi Napoleone poté attaccarli alternativamente, riuscendo dapprima a fermarli; dal 20 marzo, però, la coalizione impose la sua superiorità numerica, terminando quel tiramolla militare con la presa di Parigi. Il gioco del volano fra alleati compare in un'altra stampa francese (Br II tav. p. 51, 55, app. D 311; Cl 45) nonché, riadattato per Waterloo, in una caricatura tedesca (n° cat. 421).

Lit.: BM IX 12217A; BN IV 8910 [widerspricht BN V 9591]; Br II S. 55, App. D 62; Cl 28; GC 295 (Abb.); Kat. RM 117 (Abb.).

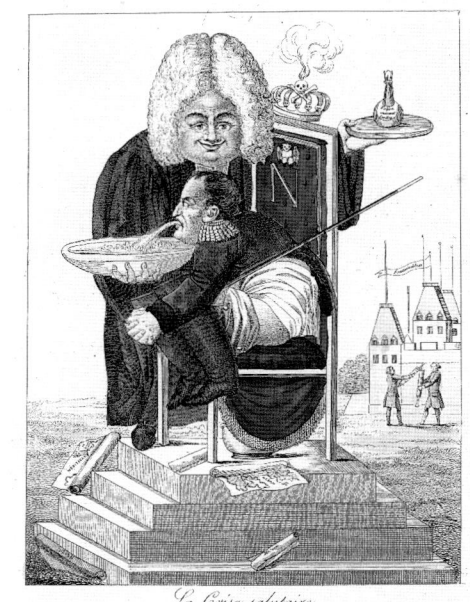

216
LE SABOT CORSE EN PLEINE
DÉROUTE
o.r. *ah mon cher frere de naples*
u.r. *italie Suisse*
u.l. *portugal esp[agne] / france / Hollande / hollande*
anonym, 1814, nach George Cruikshank
Radierung, koloriert
270×325 mm (280×342 mm)
u.r. Stempel Museum Schwerin 1980.69. (Doublette: 1980.49.)

Der korsische Kreisel ausser Rand und Band
Es handelt sich hier um die seitenverkehrte Kopie der englischen Karikatur Kat. Nr. 62. Im Wort «sabot» klingt Napoleons Spottname «nabot» (Knirps) an.

Le sabot corse en pleine déroute
Il s'agit en l'occurrence de la copie – aux côtés inversés – de la caricature anglaise correspondant au n°. cat. 62, «sabot» faisant penser à «nabot», sobriquet de Napoléon.

The Corsican Top is Put to Rout
This cartoon is a laterally inverted copy of the English piece cat. no. 62. The title term «sabot» (top) is a homonymic play on the popular derisive nickname for Napoleon, «nabot» (midget).

La trottola còrsa in piena disfatta
In questa copia a lati invertiti di un originale inglese (n° cat. 62), la parola *sabot* («paleo, trottola») richiama il soprannome napoleonico *nabot* («nanerottolo»).

Lit.: BM IX 12218A; BN IV 8980; Br II App. D 370; Cl 29; Da Abb. S. 261; GC 288 (Abb.); Kat. RM 120.

217
La Crise salutaire.
darunter Dialog *Buonaparte. Docteur voyez dans quel état je me trouve j'ai pris des bains de sang, j'ai fait des / levées en masse et rien ne m'a réussi…..quel régime suivre?….toujours le régime actuel n'est-ce pas! / le Docteur. Non….non il faut revenir à l'ancien régime. B…. De grace donnez moi quelque prise de conscrits / vous me sauverez. le D. Vous vous sauverez sans cela, vous en avez trop pris… Evacuez c'est votre dernière / ressource! B. Ah Docteur! je n'ai fait qu'évacuer depuis Moscow jusqu'à Paris! le D. tant mieux il faut / tout rendre.*
o.r. *Potion suivant l'ordon / Fontainebleau*
u.M. *OCÉAN / Moscow*
u.l. *CARTE DE FRANCE MÉDITERANE / SUISE*
anonym, Frühling 1814
Radierung, koloriert
268×190 mm (280×204 mm)
u.r. Stempel Museum Schwerin 1980.102.

Die heilsame Krise
Auf einem Podest besetzt Napoleon einen Toilettenthron mit Nachttopf; eine Krone mit Totenschädel bildet dessen Abschluss. Erbrechen und Durchfall quälen den Feldherrn. Ein übergrosser Arzt aus der französischen Komödie hält ihm ein Becken vor den Mund und möchte ihm einen Trank verabreichen. Der Dialog zwischen Patient und Arzt ist allegorisch, denn die Therapie ist durchaus politisch: Trotz Blutbädern und Massenaushebungen befindet sich Napoleon in einer kläglichen Verfassung. Dennoch will er mit der bisherigen Diät (Wortspiel: franz. «régime» = Diät oder Regierungsform) weiterfahren. Der Doktor rät hingegen zur früheren Diät, dem «Ancien Régime» (Staatsform vor 1789). Napoleon bittet aber um eine Prise Rekruten. Er habe schon zuviel davon zu sich genommen, lautet die Antwort, er könne sich nur selber retten, indem er seinen Magen leere, d.h. die eroberten Gebiete räume. Napoleon erwidert, er habe doch von Moskau bis Paris nichts anderes getan. Um so besser, meint der Doktor, denn er müsse alles von sich geben (vgl. die auf dem Podest verstreuten Landkarten). Im Hintergrund erhebt sich das Schloss Fontainebleau, wo der Kaiser abdankte. Davor kreuzen zwei Männer in Kostümen des Ancien Régime ihre riesigen Klistiere, mit denen sie das letzte aus Napoleon herausholen werden. So versinnbildlicht Skatologie eine gescheiterte Eroberungspolitik.

La crise salutaire
En haut d'une estrade, Napoléon est installé sur un trône «de toilette», sous lequel est placé un vase de nuit et dont le dossier est surmonté d'une couronne ornée d'une tête de mort. Le grand capitaine souffre de vomissements et de diarrhée. Un médecin colossal – personnage tiré de la comédie française – tient une bassine devant sa bouche et aimerait lui administrer une potion. Le dialogue entre le patient et le médecin est d'ordre allégorique, car la thérapie est entièrement politique: malgré des «bains de sang» et des «levées en masse», Napoléon se trouve dans un triste état, ce qui ne l'empêche pas de souhaiter continuer à suivre ce «régime». Le docteur, en revanche, lui conseille de suivre l'«Ancien Régime» (forme de gouvernement avant 1789). Malgré cela, le patient réclame une nouvelle «prise de circonscrits». Il reçoit comme réponse qu'il en a déjà trop avalé et qu'il ne lui reste plus qu'à se sauver lui-même: en vidant son estomac, autrement dit en évacuant les territoires conquis. Napoléon rétorque qu'il n'a justement – entre Moscou et Paris – fait qu'abandonner des terres. «Tant mieux», estime le docteur, étant donné qu'il est obligé de tout rendre (cf. les cartes géographiques disséminées sur l'estrade). A l'arrière-plan, on reconnaît le château de Fontainebleau, lieu où Napoléon abdiqua. Devant le château, deux hommes en costumes d'Ancien Régime croisent des clystères géants, qui doivent leur servir à tirer de lui le maximum. La dimension scatologique est utilisée pour symboliser une politique de conquête ratée.

The Salutary Crisis
Vomiting and diarrhea affect Napoleon as he sits on a toilet throne equipped with a chamber pot and a skull-topped crown. An oversize doctor in French comedy style holds a basin before his mouth and awaits a chance to administer him a drink. The dialogue between the two is allegoric since the therapy discussed is entirely political: despite bloodbaths and mass conscriptions, Napoleon is in miserable shape. Nonetheless, he intends to continue the «régime» (diet!) he has followed to date. The doctor prones a return to the former diet (the «Ancien Regime» before 1789). Napoleon in turn requests a dose of recruits, something the doctor feels he has already overindulged in. All he can do, the physician advises, is to save himself through an empty stomach – in other words, by evacuating the conquered territories. That, Napoleon retorts, is all he's been doing from Moscow to Paris! All the better, comes the reply, since he should give everything back (cf. the maps strewn upon the podium). The Fontainebleau Castle in the background, where the Emperor abdicated, serves as a setting to two «Ancien Regime» figures who cross giant-size enemas with which they plan to evacuate the last of Napoleon's inner contents: a scatologically symbolic illustration of a failed policy to conquer the world.

La crisi salutare
Napoleone, tormentato da vomito e diarrea, occupa un trono-seggetta con vaso da notte, alto su un podio e terminante in una corona sovrastata da un teschio; un medico enorme, tipico della commedia francese, gli regge un

Le Départ et le Retour.

bacile davanti alla bocca e vorrebbe somministrargli una pozione. Il dialogo fra i due è allegorico: la terapia è puramente politica. Il paziente, in condizioni pietose nonostante «bagni di sangue» e coscrizioni di massa, vuole comunque continuare la dieta (il «regime») attuale; il medico, invece, gli consiglia di tornare alla dieta precedente (l'«Ancien Régime», forma di governo anteriore al 1789). Quando Napoleone chiede qualche «presa» di coscritti, il medico dice che ne ha già «presi troppi»: l'unico mezzo per salvarsi è «evacuare», cioè sgombrare i territori conquistati. «Non ho fatto che evacuare da Mosca a Parigi!», replica il paziente; «Tanto meglio», conferma il dottore, «bisogna rimettere [*rendre*, cioè «vomitare» ma anche «restituire»] tutto» (cfr. le carte geografiche sparse sul podio). Sullo sfondo, davanti al castello di Fontainebleau (sede dell'abdicazione), due uomini in abiti dell'Ancien Régime incrociano due enormi apparecchi da clistere, con cui vogliono svuotare del tutto le viscere di Napoleone: la scatologia diventa simbolo, così, della politica fallita di conquista.

Lit.: BM IX 12239; BN IV 8983; Br II S. 53, App. D 296; Cl 54; Kat. RM 136.

218
Le Départ et le Retour.
Elie, April/Mai 1814
Radierung, koloriert
[243] × 141 mm (247 × 149 mm)
u. r. Stempel Museum Schwerin 1980.5.

Abreise und Rückkehr
Ein edler, nach der Mode des Ancien Régime gekleideter Ludwig XVIII. (mit Orden vom Heiligen Geist) tritt auf den Plan. Er steht auf einigen Blumen, darunter Veilchen und sogar Lilien (!), und hält in der gesenkten linken Hand den Zweispitz mit der weissen Kokarde, in der Rechten dagegen einen Lorbeerzweig und drei blühende weisse Lilien (Symbol des bourbonischen Königtums). Milde, Ruhe und Würde, die er ausstrahlt, stehen in schärfstem Kontrast zu dem hinter ihm auf Stelzen davoneilenden Napoleon. Hasserfüllt blickt dieser auf den neuen König zurück, eine Giftschlange zwischen den Zähnen und drei weitere in der rechten Faust. Die Schlangen rücken ihn in die Nähe einer Rache- oder Unterweltgottheit. Nach 24 Jahren im englischen Exil landete Ludwig XVIII. im April 1814 in der Heimat; Napoleon begab sich am 20. April ins Exil. Am selben Tag kündigte das «Journal de Paris» das Erscheinen der Karikatur an. In einer sonst identischen Fassung (vgl. Cl) bricht Napoleons rechte Stelze.

Le départ et le retour
Louis XVIII, représenté en noble habillé à la mode de l'Ancien Régime (et portant un ordre du Saint-Esprit), entre en scène. Il marche sur différentes fleurs, dont des violettes et même des lys (!). A la main gauche, il tient le bicorne orné d'une cocarde blanche, tandis qu'il porte, dans l'autre main, un rameau de laurier et trois lis en fleur (symbole de la royauté bourbonienne). La clémence, le calme et la dignité qu'il respire contrastent très vivement avec l'attitude de Napoléon, s'en allant à la hâte – derrière Louis XVIII – sur des échasses. Rempli de haine, un serpent venimeux entre les dents et trois autres de ces reptiles dans son poing droit, Napoléon jette un regard en arrière sur le nouveau roi. Les serpents le rapprochent d'une divinité de la vengeance ou des enfers. Après 24 années passées en exil en Angleterre, Louis XVIII rentra dans son pays en avril 1814, tandis que Napoléon se rendit en exil le 20 avril. Ce même jour, le «Journal de Paris» annonça la parution de la caricature. Il existe une autre version de celle-ci, tout à fait identique (cf. Cl), sauf que l'échasse droite de Napoléon est en train de se casser.

The Departure and the Return
A noble Louis XVIII, attired in the fashion of the Ancien Regime and boasting the Order of the Holy Ghost, faces the viewer. His feet squelch a few flowers, including violets and even lilies (!). His lowered left hand holds the bicorne with the white cockade, whereas his right hand holds high a branch of laurel and three blooming white lilies (symbol of the Bourbon kingdom). The King radiates benevolence, peace, and dignity, in stark contrast to Napoleon who rushes away behind him on stilts. The fugitive casts a hateful glance back at the new King; he clenches a poisonous snake between his teeth and grasps three more in his fist, all of which make something of an avenging or underworld deity of him. After being exiled in England for twenty-four years, Louis XVIII landed in his homeland in April 1814; on 20 April, Napoleon left for exile. On that same day, the «Journal de Paris» announced this cartoon's publication. In another otherwise identical version (cf. Cl), Napoleon's right stilt breaks.

La partenza e il ritorno
In primo piano un nobile Luigi XVIII, vestito alla moda dell'Ancien Régime e con l'ordine dello Spirito Santo, incede sopra alcuni fiori, tra cui violette e perfino gigli (!); nella mano sinistra (abbassata) tiene il bicorno con coccarda bianca, nella destra un rametto d'alloro e tre gigli bianchi, simbolo della dinastia borbonica. La mitezza, tranquillità e dignità irradiata dal nuovo sovrano è in stridente contrasto con l'aspetto del suo predecessore, che da dietro lo guarda con odio fuggendo sui trampoli: un Napoleone che le quattro serpi velenose – una fra i denti, tre nel pugno destro – assimilano a una divinità infernale o della vendetta. Esule in Inghilterra da ventiquattro anni, nell'aprile 1814 Luigi XVIII sbarcò su suolo francese; il giorno 20 fu Napoleone a partire in esilio, e nella stessa data il *Journal de Paris* annunciò la pubblicazione della caricatura. In un'altra versione, identica per tutto il resto (cfr. Cl), il trampolo destro di Napoleone si spezza.

Lit.: BN V 9148; Br II S. 56, App. D 74; Cl 60var; Kat. H85 28.

219

Du Bas en haut, ou le Titan nouveau.
darüber l. *NÉANT*
      M. *LE FER ET LE FEU*
        r. *NÉANT*
o. l. [*Albion*]
u. r. *Religion / humanité / honneur. / justice*
Elie, April/Mai 1814
u. M. *Déposé à la Bibliothèque Royale*
Radierung, koloriert
243 × 333 mm (265 × 343 mm)
u. r. Stempel Museum Schwerin 1980.40.

Von unten nach oben oder der neue Titan
Aus Wolken ragt die Weltkugel; aus ihnen steigt Napoleon im Ausfallschritt zum Scheitel des Globus empor. Seinen Weg markieren Gebeine und Tierknochen sowie auflodernde Brände. Den Fuss setzt er auf beschriftete Papiere und zertritt Religion, Menschlichkeit, Ehre und Gerechtigkeit. In der Linken hält der Feldherr Dolch und Fackel, die Rechte fasst eine Eisenkette, welche das Erdenrund umspannt: Mord und Tod verbreitet er über die Erde, die er in Ketten gelegt hat. Dass diese plötzlich reissen, bewirkt seinen Absturz ins «Nichts», wo er herkommt. Der Regenbogen über dem Globus verheisst eine segensreiche Zukunft nach der Despotie des «neuen Titanen». Als Symbol von Gottes Bund mit den Menschen verbindet er ein englisches Schiff mit dem Louvre. Auf dem Bogen gleiten fünf Bourbonenlilien – Brüder und Neffen des enthaupteten Königs Ludwig XVI. – aus dem Exil auf den heimischen Thron hinüber. Die Allegorie verbildlicht den Sturz des Tyrannen und die gottgewollte Rückkehr des rechtmässigen Königshauses. Die Vorgeschichte vom Spanienkrieg bis zur Abdankung erzählt das Pendant «Du haut en bas … ou les causes et les effets» (BM IX 12241; Br II Tf. S. 48, 53 f., App. D 120).

Du bas en haut ou le titan nouveau
Le globe terrestre émerge d'une couche de nuages; sortant de ceux-ci, Napoléon monte – en faisant un énorme pas – vers le sommet du globe. Son chemin est bordé d'ossements humains, d'os d'animaux et de feux qui flambent. L'un de ses pieds est posé sur différents papiers; il piétine ainsi la religion, l'humanité, l'honneur et la justice. A la main gauche, le grand capitaine tient un poignard et une torche; avec l'autre main, il saisit une chaîne de fer entourant la machine ronde. Il répand le meurtre et la mort sur la Terre, qu'il a enchaînée. La soudaine rupture des fers provoque sa chute dans le «néant», son lieu de provenance. L'arc-en-ciel au-dessus du globe promet un futur meilleur, pour les temps venant après le despotisme du «titan nouveau»; symbole de l'alliance de Dieu avec les hommes, il relie un bateau anglais au Louvre. Situés sur l'arc-en-ciel, cinq lys bourboniens – frères et neveux du roi décapité Louis XVI – passent de l'exil au trône de leur pays. L'allégorie met en image la chute du tyran et le retour – voulu par Dieu – de la maison royale légitime. Les événements antérieurs – de la guerre d'Espagne à l'abdication –, sont thématisés par le pendant de la présente estampe, intitulé «Du haut en bas … ou les causes et les effets» (BM IX 12241; Br II pl. p. 48, 53 sq., app. D 120).

From Bottom to Top or the New Titan
Napoleon takes a lunging step towards the summit of a globe that projects out from the storm clouds. His path is strewn with mortal remains and animal bones, as well as flaring fires. One foot steps on written documents, thus crushing religion, humaneness, honour, and justice underfoot. In his left hand, the general holds a dagger and torch; his right hand grabs an iron chain that spans the globe: he spreads murder and death across the world that he has enchained. The fact that the chains now suddelnly break instigates his fall into «nothingness», from whence he came. A rainbow above the globe promises a future full of blessings to follow upon the «new titan's» despotism; spanning the skies from an English ship across to the Louvre, it symbolises God's link with mankind. Five Bourbon lilies – the brothers and nephews of the beheaded King Louis XVI – slide along the rainbow in their return trip from exile to the homeland throne. This allegory illustrates the tyrant's fall and the divinely ordained return of the legitimate royal dynasty. Prior history – from the Spanish war until Napoleon's abdication – is the subject of a companion piece to this work «Du haut en bas … ou les causes et les effets» (BM IX 12241; Br II Pl. p. 48, 53 f., App. D 120).

Dal basso all'alto, ovvero il nuovo titano
Dalle nuvole che circondano il globo terrestre, Napoleone compie una sorta di affondo verso la calotta polare; il suo passaggio è segnato da teschi umani, ossa equine e vampe d'incendi. Il condottiero, che con un piede calpesta le carte della religione, dell'umanità, dell'onore e della giustizia, stringe nella mano sinistra un pugnale e una torcia, nella destra una catena tesa intorno al mondo: sparge morte e assassinio, cioè, su un pianeta che è suo prigioniero. Lo spezzarsi improvviso della catena, però, lo fa precipitare nel «nulla» da cui proviene; l'arcobaleno sopra il globo, simbolo del patto di Dio con l'umanità, promette un futuro prospero dopo il dispotismo del «nuovo titano», congiungendo una nave inglese con il Louvre. Cinque gigli borbonici – i fratelli e nipoti del re decapitato Luigi XVI – scivolano sull'iride, dall'esilio, verso il trono patrio: l'allegoria rappresenta il crollo del tiranno e il ritorno, per volere divino, della casa reale legittima. Una caricatura omologa (*Du haut en bas … ou les causes et les effets*) illustra il periodo storico precedente, dalla guerra di Spagna fino all'abdicazione (BM IX 12241; Br II tav. p. 48, 53 sg., app. D 120).

Lit.: BM IX 12242; Br II S. 75, Tf. S. 76, App. D 240; Cl 56.

LE SONGE.

……il est un Dieu vengeur!

Qui trop embrasse, mal étreint!…

220
LE SONGE.
u. M. …… *il est un Dieu vengeur!*
o. l. *d'ENGHIEN*
anonym, 1814 (1815?)
Radierung, koloriert
220 × 157 mm (235 × 185 mm)
u. r. Stempel Museum Schwerin
1980.137.

Der Traum
Höchstwahrscheinlich anlässlich der Ersten Restauration entstanden, deutet die royalistische Bildsatire den Sturz des napoleonischen Regimes als Rache Gottes und die Rückkehr der Bourbonen als göttlichen Willen. Napoleon hat den Kopf auf den toten Kaiseradler gelegt und träumt auf einem Haufen aus Schädeln und Knochen. Er wehrt mit der Hand die Vision ab, die ihm im Glanze des Gottessymbols auf einer Gewitterwolke erscheint. Auf dieser steht der 1804 ermordete Herzog von Enghien als gottgesandter Ritter; er weist mit der Hand auf das göttliche Licht, das ihn erhöht und legitimiert. Die Gottesvision folgt einem traditionellen Kompositionsschema, das in drei Registern die himmlische, die vermittelnde und die irdische Sphäre verbindet (vgl. Kat. RM).

Le songe
Très vraisemblablement créée durant la première Restauration, cette image satirique royaliste interprète la chute du régime napoléonien comme une vengeance de Dieu et le retour des Bourbons comme une expression de la volonté divine. Napoléon a posé sa tête sur l'aigle impériale morte et fait des rêves, allongé sur un tas de crânes et d'os. D'un geste de la main, il cherche à éloigner la vision qui – placée sur un nuage d'orage – lui apparaît dans la splendeur du symbole divin. C'est le duc d'Enghien assassiné en 1804 qui se tient debout sur ce nuage, comme chevalier envoyé par Dieu; il montre du doigt la lumière céleste, qui le rehausse et le légitime. Cette vision divine se conforme à un schéma de composition traditionnel, reliant – à travers trois registres – les sphères céleste, intermédiaire et terrestre (cf. cat. RM).

The Dream
In all probability, this cartoon originated upon the occasion of the First Restoration: it explains the fall of the Napoleonic regime as God's revenge, and the return of the Bourbons as God's will. Napoleon has laid down his head on the dead imperial eagle; he dreams away on a pile of skulls and bones. With one hand he wards off the vision that sparkles as a symbol of God in the heart of a thundercloud: that of the murdered (1804) Duke of Enghien – here a god-sent knight – who points to the godly light that ennobles and legitimises him. This vision of God is presented in the form of a traditional compositional theme: three registers to portray in turn the heavenly, the intermediate, and the earthly spheres (see cat. RM).

Il sogno
Questa caricatura monarchica, eseguita con tutta probabilità durante la prima Restaurazione, interpreta il crollo del regime napoleonico e il ritorno dei Borboni come segni di una vendetta voluta da Dio. Addormentato su un mucchio di teschi e di ossa, col capo posato sull'aquila imperiale morta, il monarca respinge con la mano la visione onirica che gli appare, su una nuvola temporalesca, nello splendore del simbolo divino: il duca d'Enghien, fucilato nel 1804, a mo' di cavaliere celeste fa un cenno verso la luce sublime che lo innalza e lo legittima. La visione soprannaturale segue uno schema compositivo tradizionale, che fonde in tre registri le sfere celeste, intermedia e terrestre (cfr. cat. RM).

Lit.: Br II S. 83, App. D 92; Cl 48; Kat. RM 70.

221
Qui trop embrasse, mal étreint!….
o. l. *Conscription*
o. r. *Elbe I^{le}*
u. r. *ESPAGNE Oviedo Madrid Tolède Sarragosse Barcelonne Seville Valence Cadix Grenade / PORTUGAL Douro R. Lisbonne R. Tago Evora*
u. l. *ITALIE Reggio Tarente Bari Salerne Naples Termole Capoue Rome Sienne Florence Rimini Parme Bologne Plaisance Milan / Etats de Venise Venise / CORSE Bastia / Piémont Turin / Suisse Grisons / ALLEMAGNE Conféderation du Rhin Mayence Bavie Dusseldorf Wurtemberg G^d. Duché de Berg Munster Westp[halie] Holl[ande] Amster[dam] La Hay[e] Pays bas / FRANCE Cambray Troyes Rouen Orléans Dijon Seine R. Paris Tours Loire R. Grenoble Nantes La Rochelle Garonne R. Bordeaux Toulouse Marseille Navarre*
anonym, Frühling 1814
Radierung, koloriert
Breite 235 mm (314 × 243 mm)
Herkunft unbekannt
1980.143.

Wer zuviel anfängt, verzettelt sich
Der mächtige, emblematische Doppeladler hat Napoleon an den Schultern gepackt und trägt den Zappelnden auf die Insel Elba, wie das Blatt in seiner rechten Hand verdeutlicht. Aus der Rocktasche ragt eine Akte über Truppenaushebungen, und das zerbrochene Schwert mit Adlerknauf stürzt erdwärts. Stücke von Landkarten sind dem Feldherrn aus der Tasche gefallen, die sich im Fallen entrollen: Sie zeigen die Teilstaaten des Kaiserreichs. Darunter erscheint der Erdball übersät mit Leichen und Pferdekadavern, Knochen und Schädeln, dem Preis der napoleonischen Kriege. Napoleons Macht ist gebrochen, seine Eroberungen sind verloren; ihm bleibt nur das kleine Elba, wohin ihn die Alliierten verbannt haben. Das Blatt besticht durch die Monumentalität des Adlermotivs und ist die bekannteste von mehreren Bildvariationen zum französischen Sprichwort (vgl. Kat. Nr. 157).

Qui trop embrasse, mal étreint
Enorme et emblématique, l'aigle à deux têtes a saisi Napoléon par les épaules et transporte le frétillant empereur vers l'île d'Elbe, comme précisé sur la feuille qu'il tient à la main droite. Un acte concernant des levées dépasse de la poche de son habit, son épée brisée – au pommeau en forme d'aigle – tombant en direction de Terre. Plusieurs parties de cartes géographiques ont glissé de la poche du grand capitaine et sont en train de se dérouler: elles montrent les différents Etats dont l'Empire est composé. Au-dessous de l'empereur apparaît le globe terrestre, parsemé de cadavres d'hommes et d'animaux, d'os et de crânes – prix à payer pour les guerres napoléoniennes. Le pouvoir de Napoléon est brisé, il a perdu ses conquêtes; il ne lui reste que la petite île d'Elbe où les Alliés le bannissent. L'estampe séduit par le caractère monumental du motif de l'aigle; elle constitue la plus connue des variations mettant en image le proverbe utilisé ici comme titre (cf. n°. cat. 157).

Biting Off More Than One Can Chew
The mighty, emblematic double eagle has grabbed hold of Napoleon by the shoulders, to carry him off to the island of Elba, as the map in the thrashing figure's right hand makes clear. A file on army conscriptions sticks out from the pocket of his tunic, and his broken sword with an eagle pommel is falling to the ground. Pieces of maps have spilled out from the general's pocket: they unroll as they fall, revealing countries belonging to the Empire. Below, the globe appears littered with corpses and horse bodies, bones and skulls, the price of the Napoleonic wars. Napoleon's power has been shattered and

Saute pour le Roi.

his conquests lost. All he has left is the tiny island of Elba, to which he has been exiled by the allies. This work makes its impact through its monumental presentation of the eagle motif: it is the best known of the pictorial variations on this particular French proverb (cf. cat. no. 157).

Chi troppo abbraccia nulla stringe
Ghermito per le spalle da una possente, emblematica aquila bicipite, Napoleone si dibatte ma, come indica il foglio nella sua mano destra, è trasportato sull'isola d'Elba. Dalla tasca della giubba gli spunta un decreto di coscrizione; la spada (con pomo a forma d'aquila) precipita infranta. Lembi di carte geografiche, caduti anch'essi dalla tasca dell'ex monarca, si srotolano mostrando gli stati che costituivano il suo impero; il globo terrestre sottostante appare disseminato dei corpi umani ed equini, delle ossa e dei teschi che sono il prezzo delle guerre napoleoniche. L'imperatore perde il potere e vede svanire le proprie conquiste; gli resta soltanto la piccola Elba in cui l'hanno bandito gli alleati. Questa stampa, che seduce per la monumentalità del motivo aquilino, è la più nota di una serie di caricature gravitanti sullo stesso proverbio (cfr. n° cat. 157).

Lit.: BM IX 12246; BN IV 9004; Br II S. 55 f. (Tf.), App. D 149; Cl 59.

222
Saute pour le Roi.
o. r. *Fontainebleau*
u. l. *Île d'Elbe*
anonym, April (?) 1814
u. l. *Déposée*
Radierung, koloriert
164 × 206 mm (182 × 228 mm)
u. r. Stempel Museum Schwerin 1980.139.

Spring für den König
Ein riesenhafter französischer Royalist spielt Dompteur. Zu seinen Füssen erkennt man Trommel und Flöte, und in den Händen hält er eine Peitsche und einen Reif. Durch diesen muss ein zottiges Hündchen mit Napoleons Gesicht, Hut und Uniformrock springen. Am rechten Bildrand erhebt sich das Miniaturdorf Fontainebleau, links im Bild sind jenseits des Wassers die Miniaturbefestigungen der Insel Elba zu sehen. Der Royalist befiehlt dem gestürzten Diktator, für den König in einem Sprung von Fontainebleau direkt an den Verbannungsort Elba zu gelangen. Am selben Tag (6. April 1814), an dem Napoleon seine Abdankung unterschrieb, ernannte der Senat den neuen König. Der Kaiser – dieser Titel blieb ihm erhalten – verliess am 20. April Fontainebleau und erreichte am 3. Mai die Insel Elba, sein neues Fürstentum.

Saute pour le roi
Un royaliste français géant joue au dompteur. A ses pieds, on distingue un tambour et une flûte; dans les mains, il tient une chambrière et un cerceau. Celui-ci doit être traversé par un petit chien velu ayant le visage de Napoléon et portant le chapeau et le haut de l'uniforme de l'empereur. Fontainebleau, représenté en village en miniature, est visible au bord droit de l'image; les fortifications en miniature de l'île d'Elba se dressent du côté opposé, au-delà des eaux. Le royaliste ordonne au dictateur destitué de sauter en une seule fois – «pour le roi» – directement dans l'île, son lieu de bannissement. Le jour même de la signature de l'abdication (le 6 avril 1814), le Sénat nomma le nouveau roi. L'empereur – titre que Napoléon put conserver – quitta Fontainebleau le 20 avril et atteignit l'île d'Elbe – sa nouvelle principauté – le 3 mai.

Jump for the King
An enormous French Royalist acts as an animal tamer: the familiar drum and flute lie at his feet, and in his hands he holds a whip and a hoop. A straggly little dog with Napoleon's face, hat, and tunic, is expected to jump through the hoop. To the right edge of the image, the miniature village of Fontainebleau can be seen, while to the left the miniature fortress of the island of Elba is depicted. The Royalist's order to the fallen dictator is for him to make a single leap on behalf of the King, directly from Fontainebleau to the exile site of Elba. The same day (6 April 1814) that Napoleon signed his abdication, the Senate proclaimed the new King. The Emperor – who retained his title as such – left Fontainebleau on 20 April, arriving at his new principality, the island of Elba, on 3 May.

Salta per il re
Un gigantesco realista francese, ai cui piedi si distinguono un tamburo e un flauto, è un domatore con tanto di frusta e di cerchio; attraverso quest'ultimo deve saltare un cagnolino peloso che ha il volto, il cappello e la giubba di Napoleone. A destra sorge il villaggio in miniatura di Fontainebleau; a sinistra appaiono, oltre una distesa d'acqua, le minuscole fortificazioni dell'isola d'Elba. Il monarchico ordina al dittatore caduto di «saltare per il re»… direttamente da Fontainebleau al luogo del suo esilio. Il giorno stesso della prima abdicazione (6 aprile 1814), il Senato nominò il nuovo re; Napoleone, autorizzato a conservare il titolo d'imperatore, il 20 aprile lasciò Fontainebleau e il 3 maggio raggiunse l'Elba, suo nuovo principato.

Lit.: BM IX 12245; BN IV 8982; Br II App. D 199; Cl 58.

223
LE DÉPART.
unter dem Bild Vierzeiler in zwei Spalten
l. *J'ai trop longtems chanceler, / F**** le camp turlurette*
r. *Vite et tôt faut s'en aller / Turlurette, ma tante turlurette.*
anonym, 17. April 1815 (DL durch Goustusval)
Radierung, koloriert
218 × 282 mm (230 × 290 mm)
u. r. Stempel Museum Schwerin 1980.104.

Die Abreise
Napoleon schreitet mit seinem Stellvertreter, dem «wankenden/wankelmütigen» (chanceler) Erzkanzler (archi-chancelier) Cambacérès, zum Reisewagen, der sie ausser Landes bringen wird. Das Verdeck ist mit Delikatessen und Wein für den Feinschmecker Cambacérès (vgl. Kat. Nrn. 107, 204) beladen. Ein Kutscher in eng anliegenden Hosen – eine Anspielung auf Cambacérès' angebliche Homosexualität? (vgl. Kat. Nrn. 204, 207) – spannt an. Der Erzkanzler trägt Perücke und Kleidung des Ancien Régime sowie Degen, Schirm und Ehrenlegionskreuz. Dem Kaiser (mit Ordensband) pisst zum Abschied ein Hündchen beinahe ans Bein. Rechts hinten verkörpert ein Palast die verlorene Macht und den einstigen Reichtum der Verbannten; links hinten vergegenwärtigt ein Zeltlager die alliierte Belagerung von Paris im März 1814. Der Vierzeiler wünscht «Tante Turlurette» (Spottname auf den «weibischen» Kanzler) ins Pfefferland. Die Karikatur auf den Zusammenbruch des Kaiserreichs im April 1814 wurde drei Tage vor Napoleons Wiedereinzug in Paris der Zensurbehörde vorgelegt; Cambacérès übte damals kein politisches Amt mehr aus.

Le départ
Napoléon chemine en compagnie de son second, le «chancelant» archi-chancelier Cambacérès, en direction

LE DÉPART.

J'ai trop longtems chanceler, | *Viens et toi, faut s'en aller*
F... le camp turlurette. | *Turlurette, ma tante turlurette.*

Ah! Papa, tu t'es fait bien du mal...

du cabriolet qui doit les emmener hors du pays. Le pont supérieur est chargé de mets délicats et de vin destinés à la gourmandise de Cambacérès (cf. nos. cat. 107, 204). Un cocher en pantalons collants – une allusion à l'homosexualité supposée de Cambacérès? (cf. nos. cat. 204, 207) – attelle les chevaux. L'archichancelier porte la perruque et les vêtements de l'Ancien Régime, ainsi qu'une épée, un parapluie et la croix de la Légion d'honneur. En guise d'adieu, un chien pisse tout près de la jambe de Napoléon (qui arbore le ruban). Derrière à droite, un palais symbolise la puissance et la richesse disparues des bannis; derrière à gauche, un campement rappelle le siège de Paris par les alliés en mars 1814. Le quatrain voue «tante turlurette» (sobriquet du chancelier «efféminé») aux gémonies. Cette caricature retraçant l'effondrement de l'Empire en avril 1814 fut remise au Dépôt légal trois jours avant le retour de Napoléon à Paris. A l'époque, Cambacérès n'exerçait plus aucune fonction.

The Departure
Napoleon and his deputy, the «archichancelier» – a triple play on the word «chanceler», covering Cambacérès' title and the traits unsteadiness and fickleness – are on their way to the travel coach that is to take them abroad. The coach roof is bedecked with delicacies and wines for the epicurean Cambacérès (cf. cat. nos. 107 and 204). The coachman, who wears tight pants (perhaps alluding to Cambacérès' alleged homosexuality? [cf. cat. nos. 204 and 207]), is harnessing the horses. The Archchancellor wears the whig and dress of the Ancien Regime; he also sports a sword, umbrella, and Legion of Honour cross. A little dog barely misses pissing on the leg of the Emperor (with an Order sash). The palace in the background to the right embodies the exiles' lost power and former wealth, while to the left a tent camp brings to mind the allied occupation of Paris in March 1814. The quatrain would send «Tante Turlurette» (in derisive allusion to the chancellor's femininity) off to the moon. This cartoon dealing with the collapse of the Empire in April 1814 was submitted to the censorship board three days before Napoleon's return to Paris: at that time, Cambacérès was no longer in office.

La partenza
Napoleone e il suo sostituto Cambacérès, arcicancelliere (*archi-chancelier*) che ha la caratteristica di *chanceler* («barcollare» ed «esitare»), si avvicinano al calesse che li porterà fuori dal paese. Il tetto del veicolo è carico di vino e leccornie per il buongustaio Cambacérès (cfr. ni cat. 107 e 204), che porta parrucca e abiti dell'Ancien Régime ed esibisce spada, ombrello e croce della Legion d'onore; un cocchiere in pantaloni attillati – allusione alla presunta omosessualità dell'arcicancelliere? (cfr. ni cat. 204 e 207) – attacca i cavalli. Un cagnolino saluta l'imperatore (con nastro-onorificenza) mingendogli quasi sulla gamba; sullo sfondo, il palazzo a destra simboleggia il potere perduto e l'antica ricchezza degli esuli, l'accampamento a sinistra l'assedio alleato di Parigi (marzo 1814). La quartina ingiunge a «zia Turlurette» (soprannome dell'«effeminato» cancelliere) di togliersi di mezzo. Questa caricatura sul crollo dell'Impero nell'aprile 1814 fu presentata alla censura tre giorni prima che Napoleone rientrasse in Parigi; a quei tempi Cambacérès non esercitava più cariche politiche.

Lit.: BN IV 8988; Br II App. D 70; Cl 51.

224
Ah! Papa, tu t'es fait bien du mal....
o. M. (v.l.n.r.) PLAN de L'ILE D'ELBE Corse MER MÉDITERRANÉE Porto-Ferrajo Porto-Longone
u. r. *Quelle Chute!*
anonym, April/Mai 1814
Radierung, koloriert
202 × [252] mm (215 × 252 mm)
u. r. Stempel Museum Schwerin 1980.17.

Ach! Papa, du hast dir sehr weh getan...
Der Sturz des Kaisers wird an seinem Körper nachvollzogen: Bei der Vermessung der Insel Elba anhand der Karte (mit falschem Massstab) an der Wand fällt der einen Messzirkel benutzende Napoleon auf den Rücken; er gesteht sich die Tragweite seines Sturzes ein. Der Hut fällt vom Kopf, und der angehängte Degen bricht entzwei. Erschreckt tritt der kleine König von Rom hinzu und heult in sein Taschentuch, weil sich der Vater weh getan hat. Neben dem Sohn liegt ein Diabolospiel (vgl. Kat. Nr. 297) am Boden. Mit dem Vater hat auch der Sohn als Thronerbe ausgespielt... Am 11. April 1814 sicherten die alliierten Mächte Napoleon die souveränen Rechte über die Insel zu, eine gute Woche darauf brach er ins Exil auf.

Ah! Papa, tu t'es fait bien du mal...
La présente estampe fait vivre la chute de l'empereur par le truchement de son corps: mesurant l'île d'Elbe sur une carte fixée au mur (comportant une fausse échelle), Napoléon, qui utilise un compas de mesure, tombe sur le dos. Il est pleinement conscient de la portée de sa chute. Son chapeau tombe de sa tête; son épée, attachée sur le côté, se brise en deux. Effrayé, le petit roi de Rome s'approche et – comme son père s'est fait mal – pleure dans son mouchoir. Près du garçon, un diabolo (cf. n°. cat. 297) traîne par terre: c'est qu'avec le père, le fils – lui aussi –, comme héritier du trône, arrive en fin de partie... Le 11 avril 1814, les puissances alliées garantirent à Napoléon les droits de souveraineté sur l'île; une bonne semaine plus tard, il se rendit en exil.

Oh Papa, How You Have Hurt Yourself...
The Emperor's fall is being bodily re-enacted here: in measuring the island of Elba (by a wrong yardstick) on the map on the wall, Napoleon, who uses dividers, falls over backwards and is forced to admit to himself the full extent of his tumble. His hat has been knocked off his head, and his suspended sword cut in two. His startled son, the little King of Rome, comes running towards him and sobs in his handkerchief over his father's pain. A diabolo toy (cf. cat. no. 297) lies on the floor beside him: together with his father, the son as well has played himself out of a throne... On 11 April 1814 Napoleon was granted sovereignty over the island of Elba by the allies, and a good week thereafter he set off on his exile.

Ah, papà, ti sei fatto tanto male...
La caduta dell'imperatore è anche fisica: misurando col compasso l'isola d'Elba sulla carta (a scala falsa) appesa alla parete, Napoleone precipita sul dorso, riconoscendo la portata del suo crollo. Mentre il cappello gli cade dal capo, la spada infilata alla vita si spezza in due; il piccolo re di Roma, che sopraggiunge spaventato, piange nel fazzoletto perché papà si è fatto male. A terra vicino a lui c'è un gioco del diabolo (cfr. n° cat. 297): insieme al padre, anche il figlio ha smesso di giocare come erede al trono... L'11 aprile 1814 le potenze alleate garantirono a Napoleone la sovranità sull'Elba; circa una settimana dopo, l'ex monarca partì per l'esilio.

Lit.: BM IX 12243; BN IV 9006; Br II S. 54, App. D 102; Cl 50.

225
Départ pour l'Ile d'Elbe
o. l. *Egypte / Île d'Elbe / Prise d'Espagne*
o. M. *NAPOLEON IER. Empereur des Français ROI D'ITALIE Protecteur de la Confédération du Rhin Médiateur de la Confédération Suisse*
o. r. *Moscou*
u. r. *LA CHÉTIVE PÉCORE s'enfla si bien, quelle creva*
anonym, Mai 1814
u. l. *Déposé à la Direction de l'Imprimerie et de la Librairie*
Radierung mit Punktiermanier, koloriert
230 × 275 mm (247 × 282 mm)
u. r. Stempel Museum Schwerin 1980.113.

Abreise nach Elba
Gedankenverloren schreitet Napoleon die Meeresküste entlang, führt Zeigefinger und Daumen an die Wange und hält mit der linken eine Glocke in die Höhe. Er läutet seine Herrschaft aus; der Wind trägt seinen Krönungsmantel fort, von dem die kaiserlichen Bienen wegfliegen. Auch den Lorbeerkranz bläst es ihm vom Kopf; die Scheide ist leer, der Degen zerbrochen am Boden. Auf Napoleons Haupt lodert die Flamme seines Genies, sein «feu sacré». Über dem Rauch entschwebt der Adler mit der französischen und italienischen Krone. Im Rauch erscheinen rechts Napoleons Titel, links hingegen die «Einnahme Spaniens». Am Horizont versinnbildlichen Ägyptens Pyramiden und der brennende Kreml den ersten und den schwersten Fehlschlag Napoleons und geben die Ursache seiner Verbannung (Festung von Elba) an. Im Mittelgrund rechts lenkt Napoleon den eskortierten Pferdeschlitten von Moskau heimwärts. Im Wappenschild (rechts unten) wird La Fontaines «La Grenouille qui se veut faire aussi grosse que le bœuf» (Fabeln I, 3) umgesetzt (zum Ausgang der Fabel siehe Bildtext oben): Napoleon scheitert an seinem Bestreben, die Grossen dieser Welt nachzuahmen, ja zu übertreffen.

Départ pour l'île d'Elbe
Perdu dans ses pensées, Napoléon longe la côte, l'index et le pouce de la main droite posés sur la joue et levant une cloche de l'autre main. Il sonne la fin de son règne. Le vent emporte son manteau du couronnement – d'où s'échappent les abeilles impériales –, tandis que la couronne de laurier lui est soufflé de la tête. Son fourreau est vide, l'épée – tombée à terre – est cassée. La flamme de son génie – de son feu sacré – s'élève sur sa tête. Au-dessus de la fumée, l'aigle s'éloigne lentement, en emportant les couronnes française et italienne. Dans la fumée, du côté droit, on voit apparaître les titres de Napoléon, tandis que se signale, à l'opposé, la «prise d'Espagne». A l'horizon, les pyramides d'Egypte et le Kremlin en flammes symbolisent, respectivement, le premier et le plus grave des échecs de Napoléon; ils mettent en avant la cause de son bannissement (forteresse d'Elbe). Au milieu de l'image, à droite, Napoléon dirige un traîneau – tiré par des chevaux et escorté – de Moscou en direction de la France. Le blason (au premier plan, à droite) constitue une transposition de «La Grenouille qui se veut faire aussi grosse que le bœuf» de La Fontaine (Fables I, 3) (à propos de l'issue de la fable, cf. le texte d'accompagnement ci-dessus): Napoléon échoue dans sa tentative d'imiter, voire de surpasser, les grands de ce monde.

Departure for the Island of Elba
Lost in his thoughts, Napoleon paces the sea coast, lying index finger and thumb to his cheek while holding up a bell in his left hand. He is proclaiming his dominion, while at the same time the wind carries away his coronation mantle, from which the imperial bees in turn fly off; it also blows away the laurel wreath from his head. His scabbard lies empty, a broken dagger next to it on the floor. A flame of genius (the French «feu sacré») rises from his head and, over its smoke, an eagle flies off with the French and Italian crowns. The smoke is inscribed to the right with all of Napoleon's titles; to the left, the conquest of Spain is mentioned. The Egyptian pyramids and Kremlin burning on the horizon symbolise respectively Napoleon's first failure and the weightiest one, while the Elba fortress reminds of his exile. In the middleground to the right, Napoleon is depicted driving the escorted horse-sleigh back from Moscow. The coat of arms (bottom right) converts La Fontaine's «La Grenouille qui se veut faire aussi grosse que le bœuf» (Fables I, 3): for the outcome to this fable, see image text. The allusion is to Napoleon's having failed in his attempt to copy, even outdo, the big powers of the world.

Partenza per l'isola d'Elba
Napoleone incede assorto lungo la costa, con l'indice e il pollice destro sulla guancia, agitando con la sinistra una campanella che annuncia la fine del suo potere. Il vento gli strappa la corona d'alloro e il manto dell'incoronazione, da cui si allontanano in volo le api imperiali; il fodero della spada è vuoto, la lama è spezzata al suolo. Sul capo dell'imperatore arde la fiamma del suo genio (il «fuoco sacro»); sopra il fumo si dilegua l'aquila con le corone di Francia e d'Italia. Nel fumo appaiono a destra i titoli del sovrano, ma a sinistra la «presa della Spagna»; all'orizzonte le piramidi egiziane e il Cremlino in fiamme simboleggiano la prima e l'ultima mossa sbagliata di Napoleone, chiarendo la causa del suo esilio (indicato dal forte dell'Elba). Sulla destra, in secondo piano il monarca guida la slitta a cavalli (con scorta) durante il ritorno da Mosca, mentre in basso lo stemma rappresenta la favola di La Fontaine *La Grenouille qui se veut faire aussi grosse que le bœuf* (*Fables* I, 3): come la rana che scoppia, Napoleone si è sforzato inutilmente d'imitare – anzi di superare – i grandi della terra.

Lit.: BM IX 12244; BN IV 8993; Br II S. 56, App. D 71; Cl 55; Kat. H85 25; Kat. RM 90.

Voyage à l'Ile d'Elbe

226
Voyage à l'Ile d'Elbe.
o. l. *Conscriptio Militaire*
o. r. *Levée en masse*
anonym, Sommer 1814
Radierung, koloriert
[210] × 163 mm (224 × 178 mm)
u. r. Stempel Museum Schwerin
1980.216.

Reise zur Insel Elba
Auf dem grossen – hier mit Zügel und Steigbügeln angeschirrten – Adler, dem Wappentier des Kaiserreichs, reitet der Feldherr mit einem langen Degen an der Seite durch die Luft nach Elba. An den Krallenspitzen des Vogels hängen jeweils die Königskrone von Italien und die französische Kaiserkrone herab, die einstigen Insignien des napoleonischen Imperiums. Rund um Napoleons Büste fliegen auch die kaiserlichen Bienen mit ins Exil. Der Kaiser führt die Akten über seine zahllosen Massenaushebungen und Militäreinberufungen unter dem linken Arm und in der rechten Hand mit. Die Rekrutierungswellen, die Hunderttausende auf Europas Schlachtfelder führten, sowie die militärischen Siege zur Legitimation der kaiserlichen Herrschaft erschienen den Zeitgenossen geradezu als das Markenzeichen des Regimes.

Voyage à l'île d'Elbe
Juché sur l'animal héraldique de l'Empire – l'aigle, ici de taille énorme et harnachée d'une bride et d'étriers –, le grand capitaine chevauche dans les airs en direction de l'île d'Elbe, une longue épée attachée sur le côté. Dans les serres de l'oiseau – pendues à l'une des griffes de chaque côté –, les couronnes de roi d'Italie et d'empereur français représentent les bagages, à titre d'anciens insignes de l'hégémonie napoléonienne. Volant autour du buste de Napoléon, les abeilles impériales participent elles aussi au voyage vers l'exil. Sous le bras gauche et dans la main droite, l'empereur emporte les actes concernant ses innombrables levées en masse et autres recrutements. Les différentes vagues de recrutement, qui amenèrent des centaines de milliers d'enrôlés sur les champs de bataille européens, ainsi que les victoires militaires utilisées à des fins de légitimation du pouvoir impérial, furent carrément considérées par les contemporains comme des éléments constitutifs du régime.

Journey to the Island of Elba
The general, with a long sword dangling at his side, sits astride an enormous eagle – the imperial heraldic animal – equipped with reins and stirrups, as he flies through the air to Elba. Hanging from the bird claws are the former insignia of the Napoleonic Empire: the royal crown of Italy and the imperial crown of France. Imperial bees fly around Napoleon's upper body, accompanying him into exile. Under his left arm and in his right hand, the Emperor takes along the files on his countless mass conscriptions and calls to arms. Indeed, wave after wave of recruitments had sent hundreds of thousands to the battlefields of Europe. These, together with the military victories carried out to legitimise French imperial dominion, seemed like the hallmarks of Napoleon's regime to his contemporaries.

Viaggio all'isola d'Elba
Con una lunga spada al fianco, il condottiero vola verso l'Elba sulla grande aquila araldica imperiale, qui bardata di redini e staffe, che appese agli artigli trasporta (una per zampa) le corone di re d'Italia e d'imperatore francese, ex insegne della potenza napoleonica. Anche le api imperiali (intorno al busto) lo seguono in volo nell'esilio; sotto il braccio sinistro e nella mano destra dell'ex monarca appaiono gli atti delle sue innumerevoli coscrizioni e leve in massa. I contemporanei di Napoleone consideravano veri e propri emblemi del suo regime sia le ondate di reclutamenti, che portarono centinaia di migliaia di uomini sui campi di battaglia europei, sia le vittorie militari volte a legittimare il potere imperiale.

Lit.: BN IV 8991; Br II S. 56, App. D 357.

227
C'est la Cravate a papa
Y. V. Lacroix, Sommer 1814
(DL 26. Juli 1815)
Radierung, koloriert
225 × 172 mm (272 × 205 mm)
u. r. Stempel Museum Schwerin
1980.98.

Das ist Papas Krawatte
In Uniform erklärt der König von Rom dem Betrachter «Das ist Papas Krawatte», und hält ein langes, am Boden aufgerolltes Seil mit dem zu einer Schlinge geknüpften Ende vor eine Herme; sie stellt Napoleon mit Esels- oder Spitzohren dar. In Abwesenheit des Exilanten von Elba kommt das Söhnchen zum Schluss, der Vater verdiene den Galgen. Die Ohren verteufeln den gestürzten Tyrannen Europas oder machen ihn zum Esel der Geschichte. Nach Napoleons Sturz holte Franz I. von Österreich seine Tochter Marie-Louise mit ihrem Sohn nach Wien zurück; dort waren sie unter Kontrolle. Der potentielle Erbe des französischen Kaiserreiches wurde – so glaubte man lange – in Wien seiner französischen Wurzeln beraubt und seinem Vater entfremdet. Die Karikatur treibt die Folgen dieser Umerziehung auf die Spitze.

C'est la cravate à papa
Le roi de Rome, en uniforme, explique au spectateur qu'il peut voir la «cravate à papa»: il tient – devant un hermès – une longue corde, enroulée sur le sol, dont l'extrémité forme un nœud coulant. La tête, surmontant une gaine, représente Napoléon, qui a des oreilles d'âne ou pointues. En l'absence de l'exilé installé à Elbe, le jeune fils arrive à la conclusion que son père mérite la potence. Les oreilles diabolisent le tyran de l'Europe détrôné, ou le transforme en âne de l'Histoire. Après la chute de Napoléon, François Ier d'Autriche ramena sa fille Marie-Louise et son fils à Vienne, où un contrôle put être exercé sur eux. On crut long-

C'est la Cravate a papa

LA MÉNAGERIE DE LA RUE DIPÉRIALE.

temps qu'on y priva l'héritier potentiel de l'Empire français de ses racines françaises, qu'on le distança de son père. Cette caricature pousse les conséquences de cette rééducation à l'extrême.

Papa's Tie
The uniformed King of Rome explains to viewers that this is «Papa's tie». He holds a long rope coiled on the floor; its top end forms a noose for the herm depicting Napoleon with pointed donkey ears. In the exile's absence from Elba, his son has come to the conclusion that his father deserves the gallows. His pointed ears can be said to lend a devilish spirit to the fallen tyrant of Europe, or to make a donkey of him historically. After Napoleon's fall, Francis I of Austria fetched back his daughter Marie-Louise and her son to Vienna, where they could be kept under control. Rumour long had it that the potential heir to the French Empire was being robbed of his French roots and alienated from his father by his stay in Vienna. This cartoon carries the alleged effects of his reeducation to the furthest limits.

È la cravatta di papà
Spiegando all'osservatore che si tratta della «cravatta di papà», il re di Roma in uniforme tiene una lunga corda – arrotolata al suolo, con l'estremità a forma di serpente – davanti a un'erma di Napoleone: in assenza dell'imperatore (esule all'Elba), il bimbo è giunto alla conclusione che suo padre meriti la forca. Le orecchie dell'erma, a punta o asinine, assimilano l'ex tiranno dell'Europa a un diavolo oppure all'asino della storia. Caduto Napoleone, Francesco I d'Austria fece venire la figlia Maria Luisa e il nipotino a Vienna, ove poteva controllarli. Per molto tempo si è creduto che in Austria l'erede potenziale dell'impero napoleonico venisse spogliato delle sue radici francesi e reso estraneo al padre; la caricatura spinge questa presunta rieducazione alle estreme conseguenze.

Lit.: BN IV 8597; Br II Tf. S. 58, 60, App. D 251; Cl 36; Kat. RM 55 (Abb.).

228
LA MÉNAGERIE DE LA RUE IMPÉRIALE.
o. M. *Entrez, Messieurs, entrez voir ma curieuse Collection – Vous remarquerez N°. 1. / Un Tigre de la grande espèce; cet animal d'une férocité sans pareille, s'était évadé de l'Isle de Corse, des Millions / d'individus devinrent ses victimes; mais après avoir perdu ses forces dans les plaines de la Champagne il est venu / se faire prendre dans la forêt de Fontainebleau, – Vous pouvez en approcher: il est maintenant hors d'etat de nuire / Vous verrez N°. 2. le Matou ou Chat d'Espagne, à queu de lièvre, dont il a toute la poltronnerie. / Vous verrez aussi N°. 3. un petit Satyre amené des Montagnes de la Westphalie. / Dans le rang inférieur vous apperceverez un Pourceau du Gomore, dont les Gouts sont très bizarres; / il vit en bonne intelligence avec un Chien de basse-cour, aimant comme lui la bonne chair, et / mangeant à la même Auge. / Vous trouverez ensuite un Grand Singe noir, Escamoteur et bon Comédien, qui jadis aima tendrement / le Tigre. il a longtems été l'Orateur de la troupe, mais il a perdu la parole, vous le reconnoîtrez a / sa queu rappée. / Je vous montrerai après un grand nombre d'Animaux rares par leur voracité, Subtilité &c. des Chattes / divertissantes par cent petites gentillesses, culbutes et tours de passe-passe, quantité de Coucous et de / Perroquets mangeant dans la main, et qui avant d'être dans la mue, repétaient docilement tout ce / qu on leur sifflait – Un gros Oiseau de Paradis rouge, grand prédicateur. / Les Exercices de l'Ane savant, surnommé Bouffe-la-balle, sont suspendus à cause d'une violente / contusion qu'il a reçue à la machoire.* [dahinter handschriftlich hinzugefügt] *– Hulin –*
o. r. *Mandement de L'archev-vêque de Paris / Pour et Contre Comedie*
M. l. *N°. 2 Collier Russe N°. 1.*
M. r. *Ceinture Anglaise / N°. 3 La Levée des Bans offre un utile et Salutaire Exercice*
u. r. *Traites sur le Tresor / d'Aigrefeuille* [handschriftlich hinzugefügt] */ Càmbacères* [handschriftlich hinzugefügt]
Alexis François Boyenval, 1814
(DL 29. August 1815)
Radierung, teilkoloriert
316 × 232 mm (327 × 240 mm)
u. r. Stempel Museum Schwerin 1980.124.

Die Tierschau der Kaiserstrasse
Ein Höhepunkt der politischen Tiersatire: Als Schausteller befreit ein Kosak (?) bourbonische Friedenstauben aus einem Käfig (Vincennes?). Mit der Knute weist er auf den brüllenden, von Russland und England angeketteten Tiger mit Napoleons Kopf. Ein Plakat erläutert die kaiserliche Fauna: den Menschenfresser aus Korsika; Spaniens Kater (König Joseph Bonaparte) mit dem Schwanz eines (Angst-)Hasen; den Satyr aus den Bergen Westfalens (König Jérôme); das «Schwein von Gomorrha» (der homosexuelle Gourmand Cambacérès) mit seinem dicken, ebenfalls Kot fressenden Hofhund (d'Aigrefeuille); den gelehrten Affen: Trickspieler, guter Komödiant und lange der «Redner der Truppe» (Talleyrand?), dessen Schwanz aus dem Holzverschlag guckt; den predigenden Paradiesvogel (Erzbischof Maury); den Esel mit bandagiertem Kiefer (Hulin, vgl. Kat. Nr. 161); schmeichelnde Katzen und alles nachsingende Vögel. Dass von den Schlachtfeldern der Champagne und der Abdankung in Fontainebleau die Rede ist, datiert das Blatt ins Jahr 1814. Zur Menagerie vgl. Kat. Nrn. 151, 424. Das Thema taucht zuerst 1803 in England auf («Pidcock's Grand Menagerie», BM VIII 10077; Zweitfassung von 1814: «Cruce Dignus, The Grand Menagerie», BM IX 12267).

La ménagerie de la rue impériale
Voici un point culminant de la satire politico-animalière: un cosaque (?), se présentant en forain, libère des

colombes bourbonnes d'une cage (Vincennes?). Utilisant un knout, il désigne un tigre à tête de Napoléon, qui rauque et est enchaîné par la Russie et l'Angleterre. Une affiche donne des explications détaillées sur la faune impériale: l'ogre de Corse; le matou d'Espagne (roi Joseph Bonaparte), qui a la queue d'un lapin (symbole de la peur); le satyre des montagnes de Westphalie (roi Jérôme); le pourceau de Gomorrhe (le gourmand homosexuel Cambacérès), en compagnie de son gros chien de basse-cour qui mange, comme lui, des excréments (d'Aigrefeuille); le grand singe, «escamoteur et bon comédien qui (…) a longtemps été l'orateur de la troupe» (Talleyrand?), dont la queue dépasse du réduit de bois; l'oiseau du paradis, «grand prédicateur» (archevêque Maury); l'âne à la mâchoire bandée (Hulin, cf. n°. cat. 161); des chattes «divertissantes par cent petites gentillesses» et des oiseaux répétant docilement tout ce qu'on leur siffle. Comme il est question, sur cette affiche, des champs de bataille de la Champagne et de l'abdication de l'empereur à Fontainebleau, on peut dater l'estampe de l'année 1814. A propos de la ménagerie, cf. les n°s. cat. 151 et 424; le thème apparaît pour la première fois en 1803, en Angleterre («Pidcock's Grand Menagerie», BM VIII 10077; seconde version, datée de 1814: «Cruce Dignus, The Grand Menagerie», BM IX 12267).

The Imperial Street Menagerie
In this work, a highpoint in animal satire, a showman (a Cossack?) frees Bourbon peace doves from their cage (Vincennes?). With his whip, he points at the roaring tiger with Napoleon's head and chained by Russia and England. A sign lists the imperial fauna: the man-eater from Corsica; the tomcat from Spain (King Joseph Bonaparte) with the tail of a hare (the French equivalent of our scaredy-cat); the satyr from the Westphalia mountains (King Jerome); the "pig from Gomorrah" (the homosexual gourmandising Cambacérès) with his fat and also dung-eating farmyard dog (d'Aigrefeuille); the big monkey: the conjurer, good comedian and, for a long period the «troupe's orator» (Talleyrand?), whose tail peeks out from under the wooden shed; a preaching bird of paradise (Archbishop Maury); a donkey with bandaged jaws (Hulin, cf. cat. no. 161); flattering cats, and parrot birds. The text allusion to the battlefields of Champagne and the abdication at Fontainebleau dates the work to 1814. With regard to the menagerie theme, cf. cat. nos. 151 and 424. The motif first cropped up in England, in 1803 («Pidcock's Grand Menagerie», BM VIII 10077; a second version appeared in 1814: «Cruce Dignus, The Grand Menagerie», BM IX 12267).

Il serraglio della rue Impériale
Apogeo della satira politica animale: liberando da una gabbia (Vincennes?) tortore della pace borboniche, un espositore (cosacco?) indica con lo staffile la tigre ruggente col volto di Napoleone, incatenata dalla Russia e dall'Inghilterra. Un manifesto enumera i vari rappresentanti della fauna imperiale: la belva còrsa divoratrice di uomini; il gatto di Spagna (re Giuseppe Bonaparte), con coda di lepre (cioè pavido come un coniglio); il satiro dei monti della Vestfalia (re Gerolamo); il «porcello di Gomorra» (l'ingordo omosessuale Cambacérès) e il suo grosso «cane di bassa corte» (d'Aigrefeuille), entrambi coprofagi; lo scimmione ex illusionista, buon commediante e a lungo «oratore della truppa» (Talleyrand?), la cui coda spunta da un usciolo scorrevole; l'«uccello del paradiso» predicatore (l'arcivescovo Maury); l'asino dalla mascella bendata (Hulin, cfr. n° cat. 161); gatte mellifue e uccelli capaci di ripetere qualsiasi cosa. L'accenno ai campi di battaglia della Champagne e all'abdicazione di Fontainebleau consente di datare l'opera al 1814. Il tema del serraglio (cfr. n¹ cat. 151 e 424) compare per la prima volta in una caricatura inglese del 1803 (*Pidcock's Grand Menagerie*: BM VIII 10077), pubblicata in una seconda versione nel 1814 (*Cruce Dignus, The Grand Menagerie*: BM IX 12267).

Lit.: Br II S.78f., App.D 222; Kat.RM 108 (Abb.).

229
Le Gros THOMAS habile Opérateur, arrachant les dents au fameux Tigre trouvé dans la fôret de Fontainebleau, / tandis que Jocrisse lui coupe les griffes avec des cizeaux.
o.l. *Il ne fera plus de mal, j'en réponds bien. / en voilà encore une*
anonym
bez. dat. u. r. *Déposé à la Direct.ᵒⁿ générale de l'imprimerie le 1ᵉʳ. 7.ᵇʳᵉ 1814*
Radierung, koloriert
216 × 291 mm (231 × 294 mm)
u.r. Stempel Museum Schwerin 1980.226.

Der geschickte Chirurg «Gros Thomas» zieht dem berühmten, im Wald von Fontainebleau aufgefundenen Tiger die Zähne, während Jocrisse ihm mit der Schere die Krallen schneidet
Auf einer Schaubühne wird ein auf einen Sessel gebundener Leopard (!) öffentlich unschädlich gemacht: Ein korpulenter Quacksalber im Barockgewand zieht der Raubkatze sämtliche Zähne. Neben ihm steht ein Arzneischränkchen mit Fläschchen und Pülverchen, auf das eine Libelle gespiesst ist. Vor dem Dickwanst kniet Jocrisse, die traditionelle Bühnenfigur des Naivlings, zeigt dem Tier die Zunge und schneidet ihm die Krallen. Aus seinem Hinterkopf ragen zwei Drähte mit je einem Schmetterling am Ende; auch den Dreispitz des Zähneziehers ziert ein grosser Schmetterling (Sinnbild für die Flatterhaftigkeit der Franzosen?). Eine johlende Volksmenge mit grotesken Fratzen wohnt der Zähmung des «im Wald von Fontainebleau» (dem Ort von Napoleons Abdankung am 6. April 1814) «gefundenen berüchtigten Tigers» bei. Links hinten hält ein Schreihals eine Stange mit einer Art Käfig, an dem tote Mäuse herabhängen und den Pfauenfedern bekrönen. Napoleon als blutrünstige Raubkatze darzustellen, pflegten besonders französische Karikaturisten (z.B. Kat. Nr. 196), doch ist das Motiv auch in England bekannt (Kat. Nr. 90).

Le gros Thomas habile opérateur, arrachant les dents au fameux tigre trouvé dans la forêt de Fontainebleau, tandis que Jocrisse lui coupe les griffes avec des ciseaux
Sur une scène, un léopard (!) attaché à un fauteuil est publiquement mis hors d'état de nuire: un charlatan corpulent, en costume baroque, arrache toutes les dents au fauve. Une armoire à pharmacie, sur laquelle est piquée une libellule, est posée tout prêt; elle contient des petits flacons et des remèdes divers en poudre. Personnage de théâtre traditionnel correspondant au naïf, Jocrisse – à genoux devant le ventru – tire la langue à l'animal et lui coupe les griffes. Deux fils, avec des papillons attachés à leurs extrémités, sortent de l'occiput de ce personnage; le tricorne de l'arracheur de dents est aussi décoré d'un grand papillon (symbole de la légèreté d'esprit des Français?). Poussant des hurlements, une foule de gens du peuple aux figures grimaçantes assiste à l'apprivoisement du «fameux tigre trouvé dans la forêt de Fontainebleau» (lieu où Napoléon abdiqua le 6 avril 1814). A l'arrière-plan, à gauche, un brailleur tient – au moyen d'un grand bâton – une sorte de cage décorée de plumes de paon, à laquelle sont accrochées des souris mortes. Les caricaturistes français surtout (cf., par exemple, n°. cat. 196) eurent une prédilection pour la représentation de Napoléon en fauve sanguinaire, mais ce motif était également répandu en Angleterre (cf. n°. cat. 90).

The Fat Thomas, a Skilled Operator, Pulling Out the Teeth of the Famous Tiger Found in the Forest of Fontainebleau, While Jocrisse Cuts its Claws with Scissors
Upon a stage, a leopard (!) tied to a chair is publicly being rendered harmless. A stout charlatan in a baroque robe is pulling out all the beast of prey's teeth. Next to him, a medicine cabinet full of little bottles and powders is topped by a speared dragonfly. Jocrisse, the traditional stage figure of a simpleton, sticks his tongue out at the animal and cuts its claws. Two wires stick out from behind his head: each has a butterfly at its end. The tooth-puller's tricorne also features a large butterfly (standing for the fickleness of the French?). A bawling crowd with grotesquely contorted faces witnesses the taming of «the famous tiger found in the forest of Fontainebleau» (the site of Napoleon's abdication on 6 April 1814). To the rear and left, a loudmouth holds a pole with a sort of cage from which dead mice dangle, and which is crowned by peacock feathers. French caricaturists in particular enjoyed portraying Napoleon as a bloodthirsty wildcat (e.g. cat. no. 196), but the motif was also familiar to the English (cat. no. 90).

Il grosso Thomas, abile chirurgo, strappa i denti alla famosa tigre trovata nella foresta di Fontainebleau, mentre Jocrisse le taglia gli artigli con le cesoie
Un leopardo (!), legato a una poltrona sopra un palco, viene reso pubblicamente inoffensivo. Accanto a un armadietto con flaconcini e scatolette di farmaci (in cima al quale è infilzata una libellula), un medicastro corpulento in costume barocco gli strappa l'intera dentatura; in ginocchio davanti al grassone c'è Jocrisse (personaggio del teatro tradizionale, simbolo dello sciocco), che mostrando la lingua alla belva le taglia gli artigli. Dall'occipite del «manicure» spuntano due fili, ognuno terminante con una farfalla (simbolo della volubilità francese?); un grosso lepidottero adorna anche il tricorno del «dentista». All'addomesticamento della «famosa tigre trovata nella foresta di Fontainebleau» (ove Napoleone abdicò il 6 aprile 1814) assiste una folla urlante, con ceffi grotteschi; in secondo piano a sinistra, uno degli esagitati regge una pertica con una sorta di gabbia da cui pendono topi morti, coronata da penne di pavone. A rappresentare Napoleone come belva sanguinaria furono soprattutto i caricaturisti francesi (per esempio nel n° cat. 196); il tema, peraltro, è noto anche in Inghilterra (n° cat. 90).

Lit.: –

230
Je ne puis m'écarter d'avantage.
o.r. *C'est ma très grande faute / [kopfständig] Acte de Contrition.*
u.M. *ILE D' ELBE* (v.l.n.r.)
C. S. Andrea / T. di Pomonte / C. del Pino / P.ta dell Eufola / Porto Ferraio / Salines / P.ta di Vadamorta / Porto Lungone / C. Topi
anonym, 1. Juli 1814 (DL durch Mme Vuillemain)
Radierung, koloriert
184 × 128 mm (187 × 139 mm)
u.r. Stempel Museum Schwerin
1980.14.

Ich kann mich nicht weiter ausdehnen
In seiner typischen Pose steht der monumentale Napoleon breitbeinig auf den äusseren Zungen der Insel Elba und liest reuevoll sein «Mea Culpa» vor. Die Insel ist reliefiert und topographisch bezeichnet. Dass das Kaiserreich des einstigen Gebieters über Europa auf ein Inselchen zusammengeschrumpft ist, anerkennt dieser als seinen eigenen grossen Fehler. Die Expansionsmöglichkeit des Eroberers von gestern kennt nunmehr engste Grenzen: Weiter kann er seine Beine nicht spreizen.

Je ne puis m'écarter davantage
Prenant une pose qui lui est familière, un Napoléon monumental se tient debout sur les langues de terre extérieures de l'île d'Elbe, les jambes écartées. D'un cœur contrit, il dit son «mea-culpa». Identifiée par des indications topographiques, l'île est représentée en relief. L'ancien maître de l'Europe reconnaît que c'est sa très grande faute si son empire d'antan a fondu au point de n'être plus qu'une petite île. Les possibilités d'expansion du conquérant d'hier butent à présent sur des limites très étroites: il ne peut pas «écarter d'avantage» les jambes.

I Cannot Spread My Legs Any Further Apart
Having adopted his most typical pose, a monumental Napoleon straddles

le Sire=Conscrit dans l'Ile d'Elbe.

Déposé à la direction.

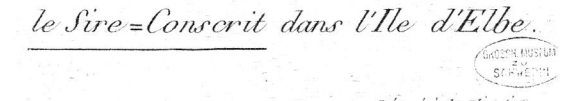

the outermost points of the island of Elba, contritely reading out his mea culpa. Napoleon admits that it is his own big fault («c'est ma grande faute») that, once lord of Europe, his domain has now shrivelled down to this small island, shown here in topographic relief. The expansionist aims of yesterday's conqueror have been sorely reduced: he cannot spread his legs any further apart.

Non posso allargarmi di più
Un Napoleone monumentale sta ritto a gambe aperte, nella sua caratteristica, sulle propaggini esterne dell'isola d'Elba (con indicazioni orografiche e toponomastiche), leggendo pentito un *mea culpa*: riconosce come suo grandissimo errore, cioè, il fatto che il suo ex impero europeo si sia ridotto a un'isoletta. Il conquistatore di un tempo ora ha margini di espansione ridottissimi: più di così non può divaricarsi…

Lit.: BN V 9368; Cl 66.

231
le Sire=Conscrit dans l'Ile d'Elbe.
u. l. *ah! Maman queu guignon j'amene Le 18 / n.° 18*
o. r. *Console toi mon fils tu as un remplaçant*
anonym, 16. Juli 1814 (DL)
u. r. *Déposé à la direction.*
Radierung, koloriert
210 × 165 mm (220 × 185 mm)
u. r. Stempel Museum Schwerin
1980.3.

Die auf Elba eingeengte Majestät als Rekrut
An einem Tisch sitzen die Halbfiguren Napoleon und seine Mutter Letizia. Er trägt die Uniform, eine weisse Kokarde mit der Nummer 18, einen mit Bienen verzierten Tornister am Rücken und ein Gewehr. Sie erscheint in der Hoftracht des Empire; das Medaillon an ihrem Halsband zeigt ihre Töchter Elisa, Pauline und Caroline, im Diadem erscheinen die gekrönten Häupter ihrer Söhne Napoleon, Joseph, Lucien, Louis und Jérôme. Napleon klagt über sein Pech, das Los Nr. 18 gezogen zu haben. Nachdem seine Massenrekrutierungen Frankreichs junge Männer eingezogen haben, muss die «Majestät als Einberufener» («Sire conscrit») Abschied nehmen, um auf Elba «räumlich umrissen» («circonscrit») zu leben. Unter Napoleon entschied das Los, wer pro Jahrgang ins Militär einberufen wurde. Wer – wie hier Napoleon – eine schlechte Nummer zog, musste marschieren oder gegen Entgelt einen Ersatz («remplaçant») stellen. Neben dem Wortspiel im Titel, spielt der Karikaturist mit Zahlen (vgl. Kat. Nr. 133): Am 18. Brumaire des Jahres VIII (9. November 1799) an die Macht gelangt, wird Napoleon das Los zuteil, vom Bourbonen Ludwig, dem 18. seines Namens, ersetzt zu werden. Sein «Pech» besteht darin, durch seine Kriege Ludwig «herbeizuführen» («j'amène le 18») und somit indirekt selbst Opfer seiner Massenaushebungen zu werden. Die Zensurbehörde gab diese Karikatur nicht zur Verbreitung frei.

Le sire conscrit dans l'île d'Elba
Napoléon et sa mère Letizia, représentés en buste, sont assis à une table. Lui, en uniforme et portant un fusil, a sur le bicorne une cocarde blanche indiquant le numéro 18 et un havresac décoré d'abeilles sur le dos; elle apparaît en costume de cour à la mode de l'Empire. Le médaillon, suspendu à son cou par un collier, montre ses filles Elisa, Pauline et Caroline; le diadème présente les têtes couronnées de ses fils Napoléon, Joseph, Lucien, Louis et Jérôme. Napoléon se plaint de sa malchance d'avoir tiré le lot n° 18. Après ses levées en masse ayant enrôlé les jeunes hommes de France, il doit à présent prendre congé comme «sire conscrit» et aller vivre dans l'île d'Elba, en adoptant un mode de vie de «circonscrit». Sous Napoléon, le recrutement militaire se fit par classes et par tirage au sort. Celui qui – comme ici l'empereur – tirait un mauvais numéro, devait soit partir en campagne, soit présenter – moyennant rémunération – un «remplaçant». Parallèlement au jeu de mots qu'exprime le titre, le caricaturiste joue avec les chiffres (cf. n.° cat. 133). Arrivé au pouvoir le 18 Brumaire de l'an VIII (9 novembre 1799), Napoléon subit le sort d'être remplacé par le Bourbon Louis – le 18ᵉ portant ce nom. Sa malchance consiste à faire venir Louis par ses guerres («j'amène le 18») et donc – indirectement – à devenir lui-même une victime des levées en masse. La censure empêcha la diffusion de cette caricature.

Sire the Conscript or Sire Confined to the Island of Elba
Napoleon and his mother Laetitia are shown in discussion at a table: he wears his uniform, a white cockade bearing the number eighteen, and a bee-patterned field pack, and carries a rifle. His mother is in full court regalia: the medallion hanging from her necklace features the portraits of her daughters Elisa, Pauline, and Caroline, while her diadem displays the crowned heads of her sons Napoleon, Joseph, Lucien, Louis, and Jerome. Napoleon is complaining about his bad luck in drawing lot 18. His conscription of the masses has enrolled all the young French men available, so that he himself – Sire, the Conscript – must take leave to go live «in confinement» on Elba (the homonym in French for «Sire Conscrit» is «circonscrit», meaning confined). During Napoleon's reign, each year's crop of draftees was determined by lottery. Whoever, in this case, he himself, drew an unlucky number had to join the army or pay someone to replace him. Beside's the title's word play, there is a play on numbers (cf. cat. no. 133): having established the Consulate on the 18 Brumaire of the year VIII (9 November 1799), Napoleon draws lot number 18, which coincides with the Bourbon King Louis XVIII, thus his substitute. His «bad luck» is that through his wars he has in fact «brought about» the return of Louis XVIII («j'amène le 18») and thus, indirectly, become a victim of his own draft measures. This is a cartoon the board of censors refused to release for distribution.

Il sire coscritto nell'isola d'Elba
Seduto a un tavolo con la madre, Napoleone porta l'uniforme, una coccarda bianca col numero 18, uno zaino adorno d'api e un fucile. Letizia, in abito di corte in stile Impero, esibisce sulla collana un medaglione con le figlie Elisa, Paolina e Carolina; sul suo diadema, invece, compaiono le teste coronate dei figli maschi (Napoleone, Giuseppe, Luciano, Luigi e Gerolamo). L'imperatore si lamenta per la sfortuna di avere estratto il numero 18: ora che le sue leve in massa hanno chiamato sotto le armi i giovani francesi, il «sire coscritto» deve andarsene a vivere «circoscritto» nell'isola d'Elba. Sotto Napoleone era la sorte a scegliere gli arruolati effettivi nell'ambito di una certa

Le Robinson de l'Ile d'Elbe

232
Le Robinson de l'Ile d'Elbe.
o.l. I*er* BAN
M.r. *Espagne. / Moscou. / Jaffa. / Levée en masse. / [Cons]cription / Vincennes.*
Jacques Louis Constant Lecerf,
16. Juli 1814 (DL)
Radierung, koloriert
n. best. (305 × 237 mm)
u. r. Stempel Museum Schwerin 1980.127.

Der Robinson der Insel Elba
Erneut (vgl. Kat. Nr. 12) wird eine Figur der (englischen) Weltliteratur travestiert: Ein französischer Karikaturist griff 1814 Robinson Crusoe aus Daniel Defoes Roman (1719) auf; die Bildidee übernahmen die italienische (Br II App. F 41) und im folgenden Jahr die deutsche Karikatur (Kat. Nr. 426; nach dessen Vorbild Kat. Nr. 195). Robinson ist hier der Verbannte in voller Kriegsmontur. Schriftstücke im Korb erinnern an Napoleons Kapitalfehler und Verbrechen: Spanien, Moskau, Vergiftung von Pestkranken in Jaffa, Massenaushebungen, Erschiessung des Herzogs von Enghien. Sein Sonnenschirm trägt die Farben der Trikolore, der Adler bildet die Spitze; die Aufschrift, kann «1. Ausweisung» oder auch «1. Heerbann» heissen. Als Szepter dient ihm eine Säge mit zwei Kaiseradlern und der Gerechtigkeitshand. Auf Napoleons Axt wartet ein Geier auf den nächsten Leichenschmaus. Im Hintergrund trägt Robinsons schwarzer Gefährte Freitag über den Lendenschurz Waffenrock, Zweispitz und Krummsäbel und scheint sich fassungslos an den Kopf zu greifen. Diese Karikatur wurde von der Zensurbehörde nicht freigegeben. Am 20. Mai 1814 wies das «Journal des Arts» auf eine neue Spotterzählung über Napoleon mit demselben Titel wie die vorliegende Karikatur hin (vgl. BN).

Le robinson de l'île d'Elbe
Une fois encore (cf. n°. cat. 12), on travestit ici une figure de la littérature mondiale (anglaise): en 1814, un caricaturiste français reprit le personnage de Robinson Crusoé, tiré du roman de Daniel Defoe (1719); idée imitée par la caricature italienne (Br II app. F 41) et – l'année suivante – par la caricature allemande (n°. cat. 426; modèle: n°. cat. 195). Robinson est en l'occurrence le banni, portant l'uniforme et muni de tout son équipement de guerre. Dépassant de la corbeille, les papiers rappellent les grandes erreurs et les crimes de Napoléon: l'Espagne, Moscou, l'empoisonnement de pestiférés à Jaffa, les levées en masse, l'exécution du duc d'Enghien. Portant l'inscription «1er ban» (convocation militaire des vassaux, respectivement exil imposé par proclamation), le parasol a les couleurs du drapeau tricolore et sa pointe est constituée de l'aigle. Ayant la forme d'une main de justice, une scie ornée de deux aigles impériales lui sert de sceptre. Perché sur la hache de Napoléon, un vautour attend son prochain repas d'enterrement. A l'arrière-plan, Vendredi, compagnon noir de Robinson, porte une tunique par-dessus son pagne, un bicorne et un sabre; décontenancé, il fait un geste de la main droite qui exprime clairement son incompréhension envers ce spectacle. La publication de la présente image ne fut pas autorisée par la censure. Le 20 mai 1814, le «Journal des Arts» signala un nouveau récit satirique sur Napoléon, portant le même titre que cette caricature (cf. BN).

The Island-of-Elba Robinson
A figure of world (English) literature is again (cf. cat. no. 12) being parodied here. In 1814, a French satirist took up Daniel Defoe's Robinson Crusoe (of the book by that title, 1719). The motif crops up again in works by Italian cartoonists (Br II App. F 41) and, the following year, in several by German authors (cat. no. 426 and, after that model, cat. no. 195). Robinson is depicted as an exile in full war attire. Documents in the basket on his back remind of Napoleon's main faults and crimes: Spain, Moscow, the poisoning of plague victims in Jaffa, mass conscriptions, the execution of the Duke of Enghien. His sunshade is tricoloured and topped by an eagle: it is inscribed with «1er ban», to be read either as «expulsion» or «call to arms» («arrière-ban»). A saw with two imperial eagles and the hand of justice serve him as sceptre. A vulture perched atop his axe awaits the next corpse upon which to feast. In the background, Robinson's negro companion, Friday, boasts a tunic over his loincloth, a bicorne, and a scimitar; his hand raised towards his head seems to express perplexity. This work did not pass the censorship. On 20 May 1814, the «Journal des Arts» announced a new satirical narrative of Napoleon under the same title as the present work (cf. BN).

Il Robinson dell'isola d'Elba
Come nel n° cat. 12, anche qui viene travestita una figura della letteratura inglese (e universale). Nel 1814 un caricaturista francese riprese il personaggio del *Robinson Crusoe* di Daniel Defoe (1719); il soggetto fu imitato in Italia (Br II app. F 41) e l'anno dopo in Germania (n° cat. 426; per l'originale cfr. n° cat. 195). Qui Robinson è un Napoleone esule in pieno assetto di guerra, con un canestro di documenti che rievocano suoi delitti o errori capitali: Spagna, Mosca, avvelenamento degli appestati di Giaffa, coscrizioni di massa, fucilazione del duca d'Enghien. Il parasole (tricolore, con puntale a forma d'aquila) reca la scritta *premier ban*, cioè «primo bando (d'esilio)» o «prima chiamata alle armi»; lo scettro è una sega con due aquile imperiali e la mano della giustizia. Sull'accetta è appollaiato un avvoltoio, in attesa

classe d'età: chi estraeva un numero sfortunato, come fa in questo caso il monarca, doveva partire militare o trovarsi (a pagamento) un sostituto (*remplaçant*). Il gioco di parole nel titolo è completato da un gioco numerico (cfr. n° cat. 133): a Napoleone, salito al potere il 18 brumaio dell'anno VIII (9 novembre 1799), tocca in sorte come sostituto il diciottesimo Luigi di Borbone. La «sfortuna» consiste nel fatto che proprio Napoleone, con le sue guerre, l'ha «fatto venire» (*j'amène le 18*): lui stesso, perciò, indirettamente è vittima delle sue coscrizioni di massa. La pubblicazione dell'opera non fu autorizzata dalla censura.

Lit.: BM IX 12308; BN IV 9360; Br II S. 59, App. D 312; Cl 68.

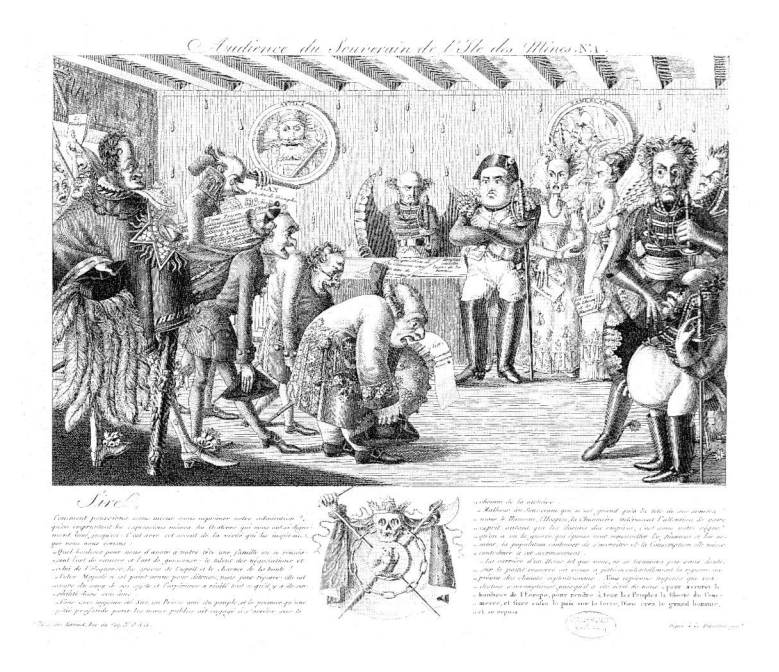

del prossimo banchetto di cadaveri; sullo sfondo Venerdì – il compagno nero di Robinson, con perizoma e giubba, bicorno e scimitarra – sembra toccarsi il capo, sconcertato. L'opera non fu autorizzata dalla censura; il 20 maggio 1814 il *Journal des Arts* segnalò un nuovo racconto satirico su Napoleone con lo stesso titolo (cfr. BN).

Lit.: BM IX 12250; BN V 9371; Br II S. 56 (Ftf.), App. D 95; Cl 67; Kat. RM 92 (Abb.).

233
Audience du Souverain de l'Ile des Mines,
dahinter N°. 1.
o.l. *Le Véridique / TOUT POUR MOI!.. / Plan d'une Prison d'Etat / Hopital militaire / Temple de la Victoire / Dépôt de Mendicité / PLAN d'un Arc de Triomphe. / ATTILA*.
o.M. *Réquisition de 30 Chevaux sous le titre de don volon.^{re} / Senatus consulte. Levée de 30 hommes*.
o.r. *TAMERLAN. / La Vestale. / Le Mercure. / Les Jeux de l'Amour et du Hasard*
u.M. *Sire, Comment pourrions nous* * unter dem Bildfeld zweispaltiger Text*
Sire, / Comment pourrions nous mieux vous exprimer notre admiration, / qu'en empruntant les expressions mêmes des Orateurs qui vous ont si digne-/ment loué jusqu'ici. C'est avec cet accent de la vérité qui les inspirait, / que nous nous écrions: / «Quel bonheur pour nous d'avoir à notre tête une famille ou se réunis-/sent l'art de vaincre et l'art de gouverner; le talent des négociations et / «celui de l'éloquence, les graces de l'esprit et le charme de la bonté! / «Votre Majesté n'est point venue pour détruire, mais pour réparer; elle est / «avare du sang de ses sujets et l'expérience a révélé tout ce qu'il y a de sen-/«sibilité dans son âme. / «Vous avez toujours été Sire, un Prince ami du peuple, et le premier qu'une / «pitié profonde pour les maux publics ait engagé à s'arrêter sur le / / «chemin de la victoire. / «Malheur au Souverain qui n'est grand qu'à la tête de ses armées! / «mais le Hameau, l'Hospice, la Chaumière intéressent l'attention de votre / «esprit, autant que les destins des empires, c'est sous votre règne / «qu'on a vu la guerre, qui épuise tout, renouveller les finances et les ar-/«mées; la population continuer de s'accroître et la Conscription elle-même / «contribuer à cet accroissement. / «La carrière d'un Héros tel que vous, ne se terminera pas sans doute, / «sur le
point resserré où vous a jetté accidentellement la rigueur im-/»prévue des climats septentrionaux. Nous espérons toujours que vos / «destins s'accompliront, puis qu'il a été écrit de vous «pour assurer le / bonheur de l'Europe, pour rendre à tous les Peuples la liberté du Com-/merce, et fixer enfin la paix sur la terre, Dieu créa le grand homme, / «et se reposa.
anonym, 1814
bez. u.l. *A Paris, chez Martinet, Rue du Coq, N°. 13 et 15*.
u.r. *Déposé à la Direction gén.^{le}*
Radierung; Typographie
298 × 365 mm (310 × 376 mm)
u.r. Stempel Museum Schwerin 1980.89.

Audienz beim Herrscher über die Mineninsel
Der neue Herr über die «Mineninsel» Elba hält Audienz. Pomp und Hofetikette verkommen im Exil zur Farce. Er empfängt er die buckelnden Honoratioren der Insel, Spottfiguren mit grotesken Köpfen: den Bürgermeister Traditi, den Arzt Lapi, den Vikar Arrighi, den Architekten Bargilli (mit Plänen für öffentliche Bauten zur Ehre des Kaisers und zur Unterdrückung des Volkes) sowie Pons de l'Héraut, den Direktor der Erzgruben (vgl. BN V 9365). Am linken Bildrand hindert ein Soldat eine Royalistin (mit ihrer Zeitung «Le Véridique» in der Hand) am Eintreten. Davor steht eine dünnbeinige Gestalt mit Marschallstab. Hinter einem Tisch voll lachhafter Verfügungen hält ein General (Drouot, Gouverneur von Elba?) einen riesigen Zweispitz; davor pflanzt sich Napoleon auf. Neben ihm unterhalten sich seine Mutter Letizia (das Libretto der 1807 der Kaiserin Josephine von Gaspare Spontini gewidmeten Oper «La Vestale» und die Kulturzeitschrift «Le Mercure» in der Hand) und seine Schwester Pauline – sie hält Marivaux' Komödie «Le Jeu de l'amour et du hasard». Ganz rechts die Generäle des neuen Hofes (darunter Cambronne und Bertrand?).
An der Wand hängen die Bildnisse der grausamen Eroberer Attila und Tamerlan (Timur-Leng) als Vorbilder Napoleons. Die Delegation überreicht ihrem neuen Herrn eine (ironische) Ehrbezeugung, die unter dem Bild in zwei Spalten abgedruckt ist. Zwischen diesen charakterisiert ein Prunkwappen Napoleons Herrschaft: Szepter mit dolchhaltender Gerechtigkeitshand, Axt, Eisenkette, gekrönter Schädel, Eule (Totenvogel). Am Tag seiner Landung (4. Mai 1814) hielt der Kaiser grosse Audienz. Tags darauf inspizierte er die Befestigungen der Insel und einen Tag später die Eisenminen.

Audience du souverain de l'île des mines
Le nouveau maître de l'île «des mines», l'île d'Elbe, accorde des audiences. En exil, la pompe et l'étiquette se transforment en simple farce. Il reçoit de rampantes notabilités insulaires, figures caricaturales aux visages grotesques: le maire Traditi, le docteur Lapi, le vicaire Arrighi, l'architecte Bargilli (ayant apporté des plans de construction concernant des bâtiments publics pour honorer l'empereur et pour opprimer le peuple), ainsi que le directeur des mines Pons de l'Héraut (cf. BN V 9365). Au bord gauche de l'image, un soldat empêche une royaliste (ayant un exemplaire du journal «Le Véridique» à la main) de franchir la porte d'entrée. Tout à côté, on aperçoit un personnage aux jambes grêles, muni d'un bâton de maréchal. Derrière une table couverte d'ordres ridicules, un général (Drouot, gouverneur d'Elbe?) tient un bicorne géant, Napoléon s'étant planté devant cette table. A ses côtés, sa mère Letizia (le livret de l'opéra «La Vestale», dédiée en 1807 à l'impératrice Joséphine par Gaspare Spontini, et la revue culturelle «Le Mercure» à la main) et sa sœur Pauline (tenant «Le Jeu de l'amour et du hasard», comédie de Marivaux) sont engagées dans une conversation.

Les généraux de la nouvelle cour (dont Cambronne et Bertrand?) se trouvent tout à droite. Les portraits des cruels conquérants Attila et Tamerlan (Timour-Leng) sont accrochés au mur, en tant que modèles de Napoléon. La délégation remet à son nouveau maître un écrit (ironique), qui – imprimé en deux colonnes sous l'image – manifeste son respect pour lui. Entre les colonnes du texte, des armoiries fastueuses caractérisent le règne de Napoléon: une main de justice tenant un poignard, une hache, une chaîne de fer, un crâne couronné, un hibou (oiseau de la mort). Le jour de son débarquement (4 mai 1814), l'empereur accorda une grande audience. Le lendemain, il inspecta les fortifications de l'île et le surlendemain, les mines de fer.

The Sovereign of Mine Island Gives an Audience
The new master of the «mine island»- Elba holds audience: in exile, pomp and court etiquette take a farcical turn. The local dignitaries being received are stoop-shouldered objects of derision with grotesque faces: the mayor Traditi, the physician Lapi, the vicar Arrighi, the architect Bargilli (with the plans for public buildings in honour of the Emperor and for the oppression of the masses), and Pons de l'Héraut, Director of Mines (cf. BN V 9365). At the piece's left edge, a soldier keeps a woman Royalist (holding her newspaper «Le Véridique» in her hand) from entering. Before her stands a skinny-legged figure with a marshal's baton. Behind a table featuring various ludicrous decrees, a general (Drouot, governor of Elba?) holds an enormous bicorne; Napoleon has planted himself in front of the table. Next to him stand his mother Laetitia (the libretto of the opera «La Vestale», dedicated in 1807 to the empress Josephine by Gaspare Spontini, and the cultural magazine «Le Mercure» in her hand) and his sister Pauline (holding Marivaux's comedy «Le Jeu de l'amour et du hasard»). All the way to the right: the new court generals (including Cambronne and Bertrand?). Portraits of the terror-striking conquerors serving as model to Napoleon – Attila and Tamerlane (or Timur) – hang on the walls. The delegation has submitted an (ironic) honorary testimony to their new master, as printed in two columns under the image. In the centre of the text, a pompous coat-of-arms represents Napoleon's reign: a sceptre with a dagger-holding hand of justice, an axe, an iron chain, a crowned skull, an owl (bird of death). On the day he landed – 4 May 1814 – Napoleon actually did grant a large audience; the next day he inspected the island's fortifications and, on 6 May, its iron mines.

Udienza del sovrano dell'isola delle miniere
Il nuovo signore dell'Elba, «isola delle miniere», tiene udienza; nell'esilio, però, pompa ed etichetta di corte finiscono in farsa. Napoleone riceve i notabili locali, pietose figure ingobbite e con teste grottesche: il sindaco Traditi, il medico Lapi, il vicario Arrighi, l'architetto Bargilli (con progetti di edifici pubblici per onorare l'imperatore e reprimere il popolo) e il direttore delle miniere, Pons de l'Héraut (cfr. BN V 9365). All'estrema sinistra un soldato impedisce l'ingresso a una monarchica che mostra il giornale *Le Véridique*; davanti a loro c'è un personaggio dalle gambe esili e col bastone di maresciallo. Dietro un tavolo colmo di ridicole ordinanze, un generale (Drouot, governatore dell'Elba?) regge un enorme bicorno; più a destra appaiono un rigido Napoleone, sua madre Letizia (con in mano il libretto dell'opera *La Vestale* di Gaspare Spontini, dedicata nel 1807 all'imperatrice Giuseppina, e la rivista culturale *Le Mercure*), sua sorella Paolina (con la commedia di Marivaux *Le Jeu de l'amour et du hasard*) e infine i generali della nuova corte (fra cui Cambronne e Bertrand?). Alla parete sono appesi due ritratti: Attila e Tamerlano, conquistatori feroci e quindi modelli di Napoleone. L'attestato (ironico) d'omaggio che la delegazione consegna al nuovo sovrano è riprodotto in basso, su due colonne, intorno a uno stemma fastoso che caratterizza il potere napoleonico: scettro con mano della giustizia (che stringe un pugnale), mannaia, catena, teschio coronato e una lugubre civetta. Il giorno del suo sbarco (4 maggio 1814), l'imperatore tenne una grande udienza; l'indomani ispezionò le fortificazioni dell'isola, il giorno 6 visitò le miniere di ferro.

Lit.: BN V 9365; Br II App. D 19; Cl 69.

234
Revue générale à l'Île d'Elbe.
o.l. 2 / 3 / I
M.r. 4 / 5
u.M. 6
seitlich des Titels l. *1. Grand Maréchal, g.ᵈ Ecuyer &c. &c. / 2. Grenadiers. / 3. Eclaireurs.*
r. *4. Voltigeurs. / 5. Artillerie. / 6. Train.*
anonym, 1814/Anfang 1815
Radierung, koloriert
288 × [250] mm (253 × 400 mm)
u. r. Stempel Museum Schwerin 1980.62.

Generalparade auf der Insel Elba
Vor den Bergen von Elba und einer Hafenfestung, wo Schiffe Salutschüsse abfeuern, steht der verbannte Kaiser. Trotz der wenigen, jedoch in fünf Gattungen (Grenadiere, Erkunder, Plänkler, Artillerie, Train) eingeteilten Soldaten hält er eine Truppenschau ab. Ein Pudel zieht ein Wägelchen, und zwei Hunde sind vor eine kleine Kanone gespannt. Die ganze Truppe sieht drollig-bizarren Marionetten ähnlich und wirkt höchst lächerlich. Neben Napoleon nimmt der mit dem Ehrentitel überhäufte General Bertrand («Grossmarschall, Grossstallmeister») seinen pompösen Zweispitz ab und erweist seinem Kaiser die Referenz. Vor diesem schlägt ein jugendlicher Tambour den Defilierenden den Takt. Blosse Satire? «Oft musterte [der Kaiser] nach dem Mittagsmahl seine kleine Armee. Er forderte die grösste Regelmässigkeit beim Exerzieren und in den Manövern; [...].» (vgl. BN)

Revue générale à l'île d'Elbe
L'empereur banni se trouve devant les montagnes d'Elbe et les fortifications d'un port, où des bateaux tirent des salves d'honneur. Malgré le faible nombre de soldats, tout de même divisés en cinq armes (grenadiers, éclaireurs, voltigeurs, artillerie, train), les différentes «unités» sont passées en revue. Un caniche tire une carriole et deux chiens sont attelés à un petit canon. Toute cette

troupe ressemble à des marionnettes amusantes et bizarres et dégage une impression éminemment risible. A côté de Napoléon, le général Bertrand – comblé du titre honorifique de «grand maréchal – grand écuyer» – soulève son pompeux bicorne et fait la révérence à son empereur. Devant ce dernier, un jeune tambour bat la mesure pour ceux qui défilent. Une simple satire? «Souvent, après déjeuner, il [l'empereur] passait la revue de sa petite armée. Il exigeait la plus grande régularité dans les exercices et dans les manœuvres; [...].» (cf. BN)

General Review on the Island of Elba
Before the mountains of Elba and the island's fortified port – where ships give off gun salutes – the exiled Emperor is passing his troops in review. Despite their small number, they have been divided into five categories – the grenadiers, scouts, light infantrymen, gunners, and train. A poodle draws a little wagon, and two other dogs a small cannon. Comprised of figures resembling cutely bizarre puppets, the whole troop seems highly ridiculous. Next to Napoleon, General Bertrand – overladen with titles of honour («Grand Marshal», «Grand Equerry») – removes his pompous bicorne and presents his credentials to the Emperor. Before him, a young drummer sets the rhythm for the paraders. Is this work mere satire or, as accounts would have us believe («Often, after luncheon, he [the Emperor] would hold a review of his little army. He demanded strict regularity in the exercises and maneuvers; [...]»: cf. BN), a reflection of the true state of affairs?

Rassegna generale all'isola d'Elba
Davanti ai monti dell'Elba e al forte di un porto (in cui navi sparano salve di saluto), l'imperatore in esilio passa in rassegna i suoi soldati, che sono pochi ma suddivisi in cinque specialità (granatieri, esploratori, volteggiatori, artiglieri, salmeristi). Un barboncino traina un minuscolo carro, altri due cani sono attaccati a un piccolo cannone; l'intera truppa ricorda uno strano gruppo di buffe marionette, con effetto altamente ridicolo. Accanto a Napoleone il generale Bertrand, carico di titoli onorifici («gran maresciallo», «grande scudiero»), si toglie il pomposo bicorno e riverisce il suo imperatore, davanti a cui un giovane tamburino batte il tempo della sfilata. Soltanto satira? «Spesso, dopo colazione, [l'imperatore] passava in rassegna il suo piccolo esercito, esigendo la massima regolarità negli esercizi e nelle manovre; [...].» (cfr. BN)

Lit.: BN V 9362; Cl 71.

235
Le Commencement et la Fin.
auf dem Kostüm
u. r. *Corse / Buonaparte / Elêve à l'Ecole Militaire / C^{en}. sans culotte. / Capit. d'Artillerie / G.^{al} de la 17.e division 13. Vend. / G.^{al} de l'armée d'Italie.*
u. l. *Bonaparte Ier. Consul. / Consul à vie / G.^{al} de l'armée d'Egypte / Restaurateur / Pacificateur*
o. M. *P.^{dt} de la Répub. Italienne*
o. r. *Napoléon / Emp. des Français. / Roi d'Italie. / Protecteur de la Conféd. du Rhin.*
o. l. *Napoléon le Grand / Méd. de la suisse / Bourgeois de l'Ile d'Elba*
anonym, 1814/1815
Radierung, koloriert
252 × 177 mm (280 × 195 mm)
u. r. Stempel Museum Schwerin 1980.20.

Anfang und Ende
Vom Boot aus betritt Napoleon die Insel Elba vor einer befestigten Stadt. Zur Begrüssung lüftet er den Bürgerhut mit weisser Kokarde. Als Harlekin gekleidet, trägt er dennoch einen Reitstiefel. Die zweifarbigen Rauten des Kostüms sind mit seinen Titeln und Würden «vom Anfang bis zum Ende» (vom Korsen bis zum «Bürger von Elba») beschriftet. In der Rechten führt er eine weisse Flagge mit drei goldenen Kaiser-Bienen. Am 4. Mai 1814 ging Napoleon in Portoferraio an Land, wo die neue Fahne des Kaisers von Elba gehisst wurde: weiss mit drei Bienen auf orangem Schrägbalken. Die weisse Flagge im Bild ähnelt der bourbonischen, deren drei goldene Lilien aber umgekehrt (2 oben, 1 unten) angeordnet sind. Das Ende seiner Karriere bringt ihn an den Anfang zurück: 1793 wanderte er als politischer Flüchtling mit seinen Familienangehörigen von Korsika nach Frankreich aus, wo er 1789 als Offizier den Eid auf den König geschworen hatte. Jetzt kehrt er als Verbannter und Hanswurst auf Korsikas Nachbarinsel Elba zurück.

Le commencement et la fin
Napoléon débarque dans l'île d'Elbe devant une ville fortifiée. En guise de salut, il soulève un chapeau de bourgeois orné d'une cocarde blanche. Il est habillé en arlequin, tout en portant une botte d'équitation. Sur les losanges bicolores de son costume, on peut lire quels ont été ses charges et ses titres, du «commencement» (comme Corse) à la «fin» (comme «bourgeois d'Elbe»). Dans la main droite, il tient un pavillon blanc où figurent trois abeilles d'or impériales. Le 4 mai 1814, Napoléon débarqua à Portoferraio où on hissa le nouveau drapeau de l'empereur d'Elbe: trois abeilles sur fond blanc et bande orange. Le pavillon dessiné ici ressemble à celui des Bourbons, les trois lys d'or étant, par contre, disposés à l'envers (2 en haut, 1 en bas). La fin de carrière de l'empereur le ramène à ses débuts. En 1793, il émigra avec sa famille – comme réfugié politique – de Corse en France, où il avait prêté serment d'obéissance au roi – en 1789, comme officier. A présent, il retourne dans l'île d'Elbe, voisine de la Corse, dans le rôle de banni et de bouffon.

The Beginning and the End
Directly from his row boat, Napoleon sets foot on the island of Elba, before a fortified city. He waves his top hat with a white cockade in greeting. Dressed as a harlequin, he nevertheless wears a single riding boot. The two-coloured lozenges of his costume are filled in with his titles and ranks from «the beginning» to «the end» (from Corsica to a «citizen of Elba»). His right hand holds a white banner with three golden imperial bees. On 4 May 1814, Napoleon set foot on land at Portoferraio, where the Emperor's new flag was hoisted: white with three bees on orange diagonal bands – almost a replica of the Bourbon flag except that the golden lilies of the Bourbons appear two on top and one at the bottom. The end of his career has brought him back to

his starting point: in 1793, he set out as a political refugee with his family members from Corsica to France where, as an officer, he swore allegiance to the King of France in 1789. Now it is as an exile and buffoon that he returns to the island neighbouring Corsica, namely Elba.

L'inizio e la fine
Dalla sua barca Napoleone posa il piede sull'isola d'Elba, davanti a una città fortificata, agitando in segno di saluto il cappello borghese con coccarda bianca. L'ex monarca indossa un costume da arlecchino sui cui rombi bicolori appaiono i suoi titoli o le sue cariche «dall'inizio alla fine» (da còrso a «cittadino dell'Elba»), ma ha una gamba infilata in uno stivale; nella mano destra regge uno stendardo bianco con tre api napoleoniche dorate. Il 4 maggio 1814 l'esule sbarcò a Portoferraio, ove fu issata la nuova bandiera imperiale dell'Elba (bianca con banda diagonale arancione recante tre api); il vessillo bianco nell'immagine assomiglia a quello borbonico, i cui tre gigli d'oro, però, hanno disposizione inversa (due in alto, uno in basso). La fine della sua carriera riporta Napoleone al punto di partenza: il profugo politico che nel 1793 si era trasferito coi familiari in Francia (ove nel 1789, come ufficiale, aveva prestato giuramento al re)… ora torna da esule e buffone in un'isoletta vicina alla Corsica.

Lit.: BM IX 12249; BN V 9353; Br II App. D 23; Cl 64; Kat. H85 26.

236
GEUSAR.
o. l. *Je jure de vous vendre Paris.* [kopfständig]
o. r. *Je jure de défendre Paris*
anonym, Frühling 1814
Radierung, koloriert
n. best. (215 × 274 mm)
u. r. Stempel Museum Schwerin 1980.232.

GEUSAR
Die Besonderheit der zeichnerisch anspruchslosen Karikatur liegt im Worträtsel des Titels und in der zwiespältigen Doppelfigur im Zentrum. Das Anagramm GEUSAR identifiziert diese: Marschall Marmont, «duc de RAGUSE». Autokratisch wie «CÉSAR», begeht Marmont hier eine folgenschwere Tat: Einerseits schwört er in der rechten Bildhälfte Napoleon (mit seinen Gardegrenadieren) die Treue; er verspricht von Montmartre (Windmühle) aus, Paris (im Hintergrund) zu verteidigen. Andererseits bekrönt in der linken Bildhälfte statt der Trikolore ein weisser, bourbonischer Federstutz den Hut des januskröpfigen Marschalls: Hier schwört dieser für Geld aus den Händen des Befehlshabers der russischen Armee, Paris den Alliierten auszuliefern. Im Hintergrund prophezeien brennende Häuser den Untergang der Stadt. Unter militärischem Druck handelte Marmont mit der Koalition die Kapitulation (31. März 1814) der Hauptstadt aus, um ihre Erstürmung und ein Blutbad unter der Bevölkerung zu verhindern; er ergab sich am 5. April. Die kaisertreue Karikatur geisselt diesen «Verrat» scharf, der Napoleon zur Abdankung (4./6. April) zwang. Im Volksmund soll sich damals das Wort «raguser» als Synonym für «verraten» durchgesetzt haben.

GEUSAR
La particularité de cette caricature, sans prétentions au point de vue du dessin, réside dans l'énigme du titre et dans la double figure ambivalente au centre de l'image. L'anagramme «GEUSAR» permet d'identifier le personnage: il s'agit du maréchal Marmont, duc de «RAGUSE». A la manière autocratique de «CÉSAR», Marmont commet ici un acte lourd de conséquences. D'un côté, dans la partie droite de l'image, il jure fidélité à Napoléon (accompagnés de ses grenadiers de la garde); à Montmartre (moulin à vent), il promet de défendre Paris (visible à l'arrière-plan). D'un autre côté, dans la partie gauche de l'image, le chapeau du maréchal à tête de Janus est surmonté – à la place d'un drapeau tricolore – d'un plumet blanc bourbonien; ici le militaire de haut rang jure de «vendre Paris» aux Alliés contre de l'argent qui lui est donné par le commandant de l'armée russe. A l'arrière-plan, des maisons en flammes prophétisent la chute de la ville. Sous pression militaire, Marmont négocia avec les puissances coalisées la capitulation de la capitale (31 mars 1814), afin d'empêcher sa prise d'assaut et d'éviter un carnage à la population. Le 5 avril, il se rendit. Fidèle à l'empereur, la caricature fustige sévèrement cette «trahison», qui força Napoléon à abdiquer (4/6 avril): le verbe «raguser» s'étant imposé à l'époque, dans le langage populaire, comme synonyme de «trahir».

GEUSAR
The peculiarity of this graphically modest piece lies in the enigma of its title, and in the ambiguous figure at the centre of the image. The anagram GEUSAR applies to this figure: Marshal Marmont, the duke of RAGUSE. As autocratic as «CÉSAR», Marmont commits a deed of grave consequence. On the one hand, he swears allegiance to Napoleon (standing before his grenadiers to the right): from Montmartre (the windmill), he promises to defend Paris (background) against the allies. Yet, on the other hand, on his left side, the Janus-faced marshal's hat is topped by a white Bourbon plume instead of the tricolour one. This side of him accepts money from the commander-in-chief of the Russian army, in return for his pledge to deliver Paris to the allies. In the background, burning houses foretell the city's downfall. Under military pressure, Marmont negotiated the capital's capitulation (31 March 1814) to the coalition, in order to spare the city an assault and bloodbath. He surrendered on 5 April. This pro-Napoleonic cartoon strongly condemns Marmont's «betrayal», which obliged Napoleon to abdicate (April 4/6). Apparently, the term «raguser» was popularised at the time to mean «to betray».

GEUSAR
Modesta sul piano del disegno, la stampa è caratterizzata dall'enigma del titolo e dall'ambivalenza del personaggio centrale bifronte, che l'anagramma GEUSAR identifica come il maresciallo Marmont, duca di Ragusa (RAGUSE). Con un'iniziativa individuale degna di Cesare (CÉSAR), costui compie un atto gravido di conseguenze: la sua «metà destra» promette fedeltà a Napoleone (davanti ai granatieri della Guardia), giurando da Montmartre (mulino a vento) di difendere Parigi (sullo sfondo). Frattanto l'altra metà, che sul cappello non porta il tricolore ma il pennacchio bianco dei Borboni, giura invece di consegnare la capitale alla coalizione, in cambio del denaro che ha ricevuto dal comandante in capo dell'esercito russo (a sinistra); le case in fiamme sullo sfondo profetizzano la rovina della città. Incalzato militarmente, il 31 marzo 1814 Marmont trattò con gli alleati la capitolazione di Parigi, per impedire una conquista a mano armata e un bagno di sangue fra i civili; si arrese il 5 aprile successivo. Qui il caricaturista, filonapoleonico, sferza aspramente il «tradimento» che costrinse l'imperatore ad abdicare (4/6 aprile); pare che in quel periodo si diffondesse nel popolo, col significato di «tradire», il verbo *raguser*.

Lit.: BN IV 8924; Br II App. D 140.

237

Le Marché conclu, ou la Capitulation.
u. M. *5 Millions placés sur la Banque de Londres. / Capitulation, 30 Mars, 1814. Art. 1er. Art. 2.*
u. r. *Guinées / Roubles*
anonym, April (?) 1814
Radierung, koloriert
230 × 325 mm (255 × 345 mm)
u. r. Stempel Museum Schwerin 1980.75.

Der abgeschlossene Handel oder die Kapitulation
Vor einer Säulenarchitektur und dem Hügel von Montmartre mit Windmühlen stehen fünf Figuren um einen verhüllten Tisch. Am linken Ende verfassen ein Fuchs mit dem Kopf und dem Klumpfuss von Talleyrand sowie eine Katze mit dem Kopf von Marschall Marmont den zweiten bzw. ersten Artikel des Kapitulationsvertrages vom 30. Mai (nicht März!) 1814. Rechts stehen drei Vertreter der Siegermächte mit grinsenden Fratzen. Vorne rechts hält der Russe (mit preussischer Landwehrmütze!) einen Sack voller Rubel bereit. Hinter ihm drückt der Brite zwei Säcke voller Guinees gegen die Brust und stellt einen dritten auf den Tisch. Zuhinterst zeigt der Preusse mit dem Finger auf einen Sack mit fünf Millionen Francs, die «auf der Bank von London angelegt» sind und auf die Marmont die Pfote legt. Der «abgeschlossene Handel» zwischen den Vertretern Frankreichs und der Koalition unterstellt Barzahlungen, um erstere gefügig zu machen. Die Karikatur wendet sich ebenso gegen den «schlauen Fuchs» und die «falsche Katze» wie gegen die hochmütigen Alliierten. Der gerissene Talleyrand hatte seit Jahren mit dem Feind in Kontakt gestanden. Er bildete im April 1814 unter alliiertem Schutz eine Übergangsregierung und bereitete die Rückkehr der Bourbonen vor. Marmont war zuvor mit der Verteidigung von Paris beauftragt; seine Truppen standen in Montmartre. Mit seiner Kapitulation am 31. März (vgl. Kat. Nr. 236) war das Kaiserreich verloren. Deshalb ist der «Pariser Vertrag» im Bild vordatiert und unterzeichnet ihn Marmont mit. Der Vertragstext stammte von Talleyrand.

Le marché conclu ou la capitulation
Devant une colonne, cinq personnages se tiennent debout autour d'une table recouverte d'une nappe. A l'arrière-plan se dessine la colline de Montmartre, parsemée de moulins à vent. A gauche de la table, un renard avec le visage et le pied bot de Talleyrand, ainsi qu'un chat avec la tête du maréchal Marmont, rédigent respectivement les articles second et premier de la capitulation du 30 mai (et non mars!) 1814. A droite, trois représentants des puissances victorieuses grimacent et ricanent. Devant, le Russe (avec la casquette de la landwehr prussienne!) tient prêt un sac rempli de roubles. Derrière lui, le Britannique serre contre sa poitrine deux bourses pleines de guinées, et en pose une troisième sur la table. Le dernier compère, le Prussien, indique du doigt une escarcelle contenant cinq millions de francs «placés sur la Banque de Londres», et sur laquelle Marmont a mis la patte. Le «marché conclu» entre les émissaires de la France et de la coalition suppose un paiement en espèces pour faire plier les premiers. La caricature fustige aussi bien la «rouerie du renard» et la «fourberie du chat» que l'orgueil des alliés. Le rusé Talleyrand était en contact avec l'ennemi depuis des années. En avril 1814, il forma un gouvernement provisoire sous la protection des alliés, et prépara le retour des Bourbons. Marmont fut d'abord chargé de la défense de Paris; ses troupes stationnaient à Montmartre. Suite à sa capitulation du 31 mars (cf. n°. cat. 236), l'Empire s'effondra. C'est la raison pour laquelle, le «traité de Paris» est ici antidaté et cosigné par Marmont. Le texte de l'accord était l'œuvre de Talleyrand.

A Clinched Deal or the Capitulation
Before a columned construction and the hill of Montmartre with windmills, five figures crowd around a covered table. At its left end, a fox with Talleyrand's head and clubfoot, and a cat with Marshal Marmont's head, are composing respectively the second and the first articles of the capitulation treaty of 30 May (not March, as in the text!) 1814. To the right, three representatives of the victorious powers wear wide sneers across their faces: the Russian officer in the foreground (sporting a Prussian «landwehr» cap!) holds a sack of rubles ready. Next to him, the British officer hugs two sacks of guineas to his breast, while setting a third one down on the table. To the rear, the Prussian officer points at a sack of five million francs «placed on the Bank of London», and upon which Marmont lies his paw. Here, the «clinched deal» between the representatives of France and the coalition involves cash payments to render the former submissive. The cartoon is as much in criticism of the «shrewd fox» and «false cat», as of the haughty coalition members. For years already, the cunning Talleyrand had been in contact with the enemy; in April 1814, under allied protection, he created a transitional government and prepared the way for the return of the Bourbons. Marmont had previously been entrusted by Napoleon with defending Paris down from the hill of Montmartre: his capitulation on 31 March (cf. cat. no. 236) spelled the loss of the Empire. This explains why the «Paris treaty» in the image is antedated, and why Marmont is among those signing. The treaty text was drawn up by Talleyrand.

Affare fatto, ovvero la capitolazione
Davanti a un colonnato e ai mulini a vento del colle di Montmartre, cinque personaggi sono riuniti intorno a un tavolo ricoperto. A sinistra una volpe (con la testa e il piede deforme di Talleyrand) e un gatto (col volto del maresciallo Marmont) stendono i primi due articoli del trattato di resa firmato il 30 maggio (non marzo!) del 1814; la scena è osservata da tre ceffi ghignanti che rappresentano le potenze vincitrici. All'estrema destra il russo (con copricapo della milizia territoriale prussiana!) ha pronto un sacchetto di rubli; dietro di lui il britannico, che ne stringe al petto altri due di ghinee, ne posa un quarto sul tavolo. Al centro il prussiano indica un quinto sacchetto con cinque milioni di franchi «investiti nella Banca di Londra», su cui Marmont posa la zampa. L'«affare fatto» fra gli esponenti della Francia e quelli della coalizione suggerisce che i primi siano stati resi arrendevoli da somme in contanti: la caricatura attacca sia la «volpe astuta» e il «gatto bugiardo» sia gli arroganti alleati. In contatto col nemico già da anni, nell'aprile 1814 lo scaltro Talleyrand formò (sotto protezione alleata) un governo di transizione, preparando il ritorno dei Borboni; Marmont, che con le sue truppe (di stanza a Montmartre) era stato incaricato di difendere Parigi, si arrese il 31 marzo (cfr. n° cat. 236), segnando la fine dell'Impero. Nella caricatura, perciò, il «trattato di Parigi» è antidatato e Marmont figura tra i firmatari; il testo dell'accordo fu steso però da Talleyrand.

Lit.: BM IX 12237; BN IV 8925.

238
Le Baiser de Judas.
o.l. *OGRO MARÉCHAL*
M.r. *N*
anonym, 1814
Radierung, koloriert
242×326 mm (254×338 mm)
u.r. Stempel Museum Schwerin 1980.453.

Der Judaskuss
Vor einer «maréchalerie» (Hufschmiede) macht der abgedankte Kaiser auf der Reise nach Elba Halt, um die Pferde zu wechseln. Der mit dessen Initiale verzierte Reisewagen rechts wird gegen die Kutsche, die links angefahren kommt, ausgetauscht. Möglicherweise verbildlichen die sich kreuzenden Fahrzeuge den Abgang Napoleons und die Ankunft Ludwigs XVIII. Die Schmiede trägt eine Aufschrift, die – auf Französisch buchstabiert – die Hauptperson der Szene beim Namen nennt: Marschall Augereau. Napoleons Waffengefährte hatte zu Beginn des Jahres 1814 den Auftrag verfehlt, den Südosten Frankreichs gegen die alliierten Invasionstruppen zu verteidigen; im März geschlagen, räumte er die Stadt Lyon, was ihm als Verrat angelastet wurde. Am 24. April 1814 traf er Napoleon bei Valence ein letztes Mal: Hier gibt er seinem einstigen Meister (in Rückenansicht) den Judaskuss. Durch sein Verhalten hat der «Hufschmied» («maréchal-ferrant») zur Verbannung des Kaisers beigetragen.

Le baiser de Judas
Voyageant à destination de l'île d'Elbe, l'empereur détrôné s'arrête devant une maréchalerie pour changer de chevaux. Le carrosse de droite, décoré de l'initiale de Napoléon, est échangé contre celui arrivant de la gauche. Probablement que les véhicules qui se croisent symbolisent le départ du banni et l'arrivée de Louis XVIII. L'atelier porte une inscription qui – si on l'épelle – nomme le protagoniste de la scène: le maréchal Augereau. Début 1814, le compagnon d'armes de Napoléon avait échoué dans sa mission de défendre le sud-est de la France contre les troupes d'invasion alliées; battu en mars, il évacua la ville de Lyon, ce qui lui fut reproché comme une trahison. Le 24 avril 1814, il rencontra l'empereur une dernière fois près de Valence: ici il donne à son ancien maître (que l'on voit de dos) le «baiser de Judas». A travers son comportement, le «maréchal-ferrant» a contribué au bannissement de l'empereur.

The Kiss of Judas
On his way to Elba, the Emperor – having abdicated – stops off at a blacksmith's to change horses. The coach to the right, which bears his initials, is to be replaced by the one just arriving, to the left. Possibly, this exchange represents Napoleon's exit from the scene and the arrival of Louis XVIII. The blacksmith's shop sign phonetically spells out, in French, the main protagonist: Marshal Augereau. Early in 1814, Napoleon's comrade-in-arms had failed to fulfill his mission to defend southeastern France against the invasion by the allied troops. Defeated in March, he evacuated the city of Lyons, an act considered a betrayal. His last encounter with Napoleon took place at Valence on 24 April 1814: he is shown here giving his former master (seen from the back) the kiss of Judas. The «blacksmith's» attitude is as if to contribute to the Emperor's journey into exile.

Il bacio di Giuda
Diretto all'Elba dopo l'abdicazione, Napoleone si ferma a cambiare i cavalli davanti a una bottega di maniscalco (*maréchalerie*). La carrozza sulla destra, adorna della sua iniziale, è sostituita da quella che sopraggiunge a sinistra: forse le due vetture che s'incrociano simboleggiano la partenza dell'imperatore e l'arrivo di Luigi XVIII. La scritta della bottega, compitata in francese, precisa il protagonista della scena: quel maresciallo Augereau, compagno d'armi dell'imperatore, che all'inizio del 1814 non era riuscito a difendere la Francia sudorientale dalle truppe d'invasione alleate. Sconfitto nel mese di marzo, il maresciallo abbandonò la città di Lione (e fu quindi ritenuto un traditore); il 24 aprile egli incontrò per l'ultima volta Napoleone presso Valence. Qui Augereau dà all'ex maestro (visto di spalle) il bacio di Giuda; col suo comportamento il «maniscalco» (*maréchal-ferrant*) contribuisce all'esilio dell'imperatore.

Lit.: Br II S. 55, App. D 193.

239
Le Coup de pied de l'Ane.
o.l. *Respect au malheur / Retournez à vos chardons vile canaille / Le pauvre Sire n' a ni dents ni griffes / PAMPHLETS DIATRIDE SATIRES EPIGRAM. MES*
o.r. *Tu n' es qu' un Lion pour rire*
anonym, 1814/1815
bez. u.r. *A Paris, chez Martinet, Rue du Coq S.t Honoré.*
u.l. *Déposé à la Direction*
Radierung und Aquatinta, koloriert
n. best. (240×335 mm)
u.r. Stempel Museum Schwerin 1980.32.

Der Fusstritt des Esels
Diese geistreiche pronapoleonische Karikatur geht mit der kritischen Presse ins Gericht, die beim Zusammenbruch des Kaiserreiches aus dem Boden schoss und den Kaiser angriff. In der Gestalt des wehrlosen, alten Löwen erhält Napoleon Fusstritte von den Eseln – bislang seine dümmsten, unterwürfigsten Untertanen – sowie Spott und Hohn. Dabei fällt ihm die Krone vom Haupt. Diese Umsetzung von La Fontaines «Le Lion devenu vieux» (Fabeln, III, 14) wird durch Zusätze aktualisiert. Im Hintergrund fordert Napoleon Respekt in seinem Unglück; daneben beobachtet ein hoher Militär das böse Spiel der Tiere, und zwei Kaisertreue knallen mit Peitschen, um den Eselspöbel zurückzutreiben. Ihre Gesinnung tragen die Langohren in den Wetterfahnen und Löschhütchen auf ihren Köpfen zur Schau. Dem liegenden Esel sind zusätzlich Karikaturen um den Hals gehängt, die wohl die Rückkehr der (ebenfalls Löschhüte tragenden) Bourbonen aus dem Exil verspotten. Gegen 1814 kam der satirische «Orden der Wetterfahne» in Mode, den Zeitungen und Flugblätter Personen des öffentlichen Lebens verliehen, die durch ihren Opportunismus auffielen (vgl. Cha S. 302 ff.). Einiges älter ist der Löschhut (vgl. Kat. Nr. 314), der schon während der Revolution die Gegner des

Le coup de pied de l'âne
La présente caricature – pronapoléonienne et pleine d'esprit – attaque la presse à tendance critique. Une telle presse se développa de façon fulgurante lors de la chute de l'Empire et prit l'empereur pour cible. Représenté en vieux lion sans défense, il reçoit des coups de pied assénés par des ânes – jusque-là ses sujets les plus stupides et soumis – et fait l'objet de toutes sortes de moqueries et railleries. La couronne est en train de tomber de sa tête. Cette transposition de la fable «Le Lion devenu vieux» de La Fontaine (Fables III, 14) est actualisée par des adjonctions. Napoléon, que l'on reconnaît à l'arrière-plan, réclame du respect dans son malheur; à côté de lui, un militaire de haut rang observe les mauvais traitements que les bêtes infligent à l'empereur; deux militaires fidèles font claquer le fouet pour repousser les grossiers animaux. Les points de vue des bourriques se manifestent par le truchement de girouettes et d'éteignoirs placés en évidence sur leur tête. L'âne couché porte, en plus, des caricatures autour du cou: elles semblent se moquer du retour des Bourbons de leur exil (affublés eux aussi d'éteignoirs). Vers 1814, le satirique «ordre de la Girouette» devint à la mode. Cet ordre fut décerné – par des journaux et des tracts – à des personnalités de la vie publique se faisant remarquer par leur opportunisme (cf. Cha p. 302 sqq.). L'éteignoir (cf. n°. cat. 314) est par contre nettement plus ancien. Il caractérisa – déjà pendant la Révolution – les adversaires de la «lumière» (philosophie des Lumières et liberté) (cf. Fi94).

The Kick of the Donkey
This witty pro-Napoleonic caricature deals severely with the violently anti-Napoleonic press which flourished upon the collapse of the Empire. Depicted here in the form of a defenceless old lion, Napoleon is being kicked by donkeys – until now the dumbest and most subservient of his subjects, whose disdain and mockery make the crown fall off his head. This adaptation of La Fontaine's «Le Lion devenu vieux» (Fables III, 14) was updated by the additon of several elements. In the background, in his misfortune Napoleon demands respect; next to him, a high-ranking military figure observes the animal's wicked play, and two soldiers loyal to the Emperor crack their whips in an effort to drive the donkey-people back. The donkeys' mentality comes across in the weather vanes and candle snuffers on their heads. The reclining donkey has a piece of satire around his neck as well: no doubt deriding the return of the Bourbons – who also sport candle snuffers – from exile. Around 1814, the satirical «Order of the Weathercock» came into fashion, awarded by newspapers and broadsheets to public figures notorious for their opportunistic conduct (cf. Cha p. 302 ff.). The candle snuffer motif (cf. cat. no. 314) is somewhat older: already during the Revolution, it served to symbolise opposition to light (enlightenment and freedom) (see Fi94).

Il calcio dell'asino
Filonapoleonica e arguta, la caricatura se la prende coi giornali critici che al crollo del regime spuntarono come funghi per attaccare l'ex monarca. Vecchio leone indifeso, l'imperatore riceve i calci e i dileggi sprezzanti degli asini (gli ex sudditi più sciocchi e più servili); dal capo, intanto, gli cade la corona. Si tratta di una trasposizione della favola di La Fontaine *Le Lion devenu vieux* (*Fables* III, 14), aggiornata però con qualche aggiunta. Sullo sfondo Napoleone chiede rispetto per la sua disgrazia; accanto a lui un alto ufficiale osserva il gioco malvagio delle canaglie, che due soldati fedeli cercano di scacciare con schiocchi di frusta. L'atteggiamento degli asini è illustrato dalle banderuole e dal piccolo spegnitoio che hanno sul capo; il somaro sdraiato, inoltre, reca al collo caricature che probabilmente schermiscono il ritorno dall'esilio dei Borboni (anche loro dotati di spegnitoi). Intorno al 1814 venne di moda l'«ordine della banderuola», satiricamente conferito da giornali e volantini a esponenti pubblici evidenziatisi per il loro opportunismo (cfr. Cha p. 302 sgg.); lo spegnitoio (cfr. n° cat. 314), invece, già durante la Rivoluzione indicava gli avversari della «luce», cioè dell'illuminismo e della libertà (cfr. Fi94).

Lit.: Br II S. 81, App. D 17.

240
Le Printemps ou le retour de la Violette.
o. r. *Aux Braves.*
anonym, 24. März 1815 (DL durch Meyer)
Radierung, koloriert
237×318 mm (250×340 mm)
u. r. Stempel Museum Schwerin 1980.34.

Der Frühling oder die Wiederkehr des Veilchens
Vor der aufgehenden Sonne ist Napoleons Schiff (mit dem Kaiseradler auf dem Mast) in Frankreich gelandet. Nun überfliegen der gekrönte Adler (Napoleon) mit Eichenlaub und Lorbeer in den Fängen und dem Ehrenlegionskreuz «für die Standhaften» (d. h. die Kaisertreuen; siehe Schriftband) im Schnabel und sein Junges («l'Aiglon»; mit Veilchen im Schnabel) das Land. Ein Schwarm von Bienen (kaiserliche Wappentiere) fliegt voraus. Mit ihnen kehrt der Frühling wieder: Granatapfelbäume (franz. grenadiers) als Symbole der Kaisergarde (Grenadiere) tragen bereits Früchte, und die Veilchen, Symbole des heimkehrenden Kaisers, breiten sich aus. Höchste Zeit für die Royalisten – Gänse, Truthähne (franz. dindons: Dummköpfe), Frösche und Schlangen – Richtung Ärmelkanal zu flüchten und sich nach England (links) abzusetzen. Dabei zertrampeln sie sogar die bourbonischen Lilien.

Le printemps ou le retour de la violette
Au soleil levant, le bateau de Napoléon (arborant l'aigle impériale sur son mât) vient d'accoster en France. L'aigle couronné (Napoléon) avec dans ses serres des feuilles de chêne et de laurier, et dans son bec la croix de la Légion d'honneur dédiée «Aux Braves» (c.-à-d. les fidèles de l'empereur; voir ruban), accompagné de son petit («l'Aiglon» portant des violettes dans son bec) survolent le pays. Un essaim d'abeilles les précède. Ils annoncent le retour du printemps:

Le Printemps ou le retour de la Violette

Ils se réuniront à la Violette

les arbres à grenades (grenadiers), personnifiant la garde de l'empereur, sont déjà couverts de fruits, et les violettes, symbolisant le retour de Napoléon, déploient leurs pétales. Pour les royalistes – oies, dindons (ignorants et imbéciles), grenouilles et serpents – il est grand temps de fuir en direction du canal de la Manche afin de se mettre à l'abri en Angleterre (à gauche). Ce faisant, ils piétinent même les lys bourboniens.

Spring or the Return of the Violet
Napoleon's ship (with the imperial eagle atop its mast) has landed in France at sunrise. Now the imperial eagle (Napoleon) – with oak leaves and laurel in its clutches and, in its beak, the Legion of Honour cross «for the brave» (meaning those true to the Emperor, see inscription on ribbon) – flies overhead, together with its young one («l'Aiglon» with violets in its beak). They are preceded by a swarm of bees (an imperial heraldic animal), confirming the arrival of spring. Indeed, the pomegranate trees («grenadiers») – symbol of the imperial Guard (Grenadiers) – already bear fruit, and violets – symbol of the Emperor's return – abound. It is high time for the Royalists – geese, turkeys (in both senses), frogs, and snakes – to flee towards the Channel and go settle in England (left). In their flight, they even trample the Bourbon lilies.

La primavera, ovvero il ritorno della viola
Davanti al sole che sorge, la nave dell'esule (con l'aquila imperiale sull'albero) ha raggiunto la Francia. Ora il paese è sorvolato dall'aquila coronata (Napoleone) e dall'aquilotto (*l'Aiglon*); mentre il figlio ha viole nel becco, il padre stringe fra gli artigli fogliame di quercia e d'alloro, nel rostro una croce della Legion d'onore e un nastro con la scritta «Per i prodi» (i bonapartisti). Insieme ai due, preceduti in volo da uno sciame di api (gli animali araldici imperiali), ritorna la primavera: mentre si moltiplicano le viole (simbolo dell'imperatore rientrato in patria), i melograni (*grenadiers*, come i granatieri della guardia imperiale) portano già frutti. Per i realisti – rane, bisce, oche e tacchini (*dindons*, che sta anche per «babbei») – è proprio ora di fuggire verso la Manica, calpestando anche i gigli borbonici (!), e di riparare in Inghilterra (a sinistra).

Lit.: BN V 9405; Br II S. 90 (Tf.), App. D 318.

241
Ils se réuniront à la Violette
Jacques Marchand?, März/April 1815
bez. u. l. *A Paris chez J. Marchand, rue S. Jacques N°. 30.*
u. r. *Déposé à la direc.*$^{on.}$
Radierung, koloriert
141 × 120 mm (150 × 129 mm)
u. r. Stempel Museum Schwerin 1980.10.

Sie werden sich wieder mit dem Veilchen vereinigen
Im Vexierbild kommt die Erwartung zum Ausdruck, dass Napoleons Gattin und Sohn im Frühling 1815 nach Frankreich zurückkehren und als Familie mit dem Kaiser zusammenleben werden. Wie beim Rosenzweig von Canu (Kat. Nr. 174) steht eine offene Blüte für die Mutter; ihr Profil bildet der rechte Rand von Blüte und Blatt. Eine noch geschlossene Rosenblüte zeichnet links den Gesichtsumriss des Sohnes. Der Bildtitel deutet an, dass der allegorische Rosenzweig und das Veilchen (Symbol des an die Macht zurückgelangten Kaisers) zusammengehören. So versteckt wie die Dargestellten ist die politische Botschaft, die sich dem Uneingeweihten nicht einmal im Titel offenbart.

Ils se réuniront à la violette
Cette devinette exprime l'espoir que l'épouse de Napoléon et son fils reviennent en France au printemps 1815, et que la famille soit réunie autour de l'empereur. A l'instar de la branche de rosier de Canu (cf. n°. cat. 174), une fleur ouverte représente la mère, dont le profil est formé par le bord droit de la rose et d'une feuille. La rose en bouton esquisse le contour du visage du fils. Le titre laisse entendre que cette branche de rosier allégorique et la violette (symbole de l'empereur revenu au pouvoir) ne font qu'une. Le message politique est aussi caché que les figures représentées: même le titre ne le dévoile pas aux non-initiés.

They Will Reunite With the Violet
This puzzle picture evokes the expectation that Napoleon's wife and son would return to France in the spring of 1815 to be reunited with the Emperor as a family. In the same fashion as in Canu's *Rose Branch* (cat. no. 174), an open blossom stands for the mother: her profile consists of the right edge of the blossom and leaf. A still closed rosebud to the left reveals the son's profile. Although the work's title insinates that the allegoric rose branch and the violet (symbol of the Emperor's return to power) belong together, the work's political message is as cryptic as the profiles since the title offers no help at all to the uninitiated.

Si riuniranno alla viola
Questa figura-rebus esprime l'attesa che nella primavera del 1815 la moglie e il figlio di Napoleone tornino in Francia per riformare con lui una famiglia. Anche qui, come nel rametto di rose eseguito da Canu (n° cat. 174), il fiore aperto sta per Maria Luisa, il cui profilo è delineato da un petalo e da foglie sulla destra; l'altro fiore, non sbocciato, disegna a sinistra il volto del bambino. Il titolo, secondo cui il rametto di rose allegorico si riunirà alla viola (simbolo dell'imperatore tornato al potere), è allusivo; per i non iniziati, il messaggio politico dell'opera resta nascosto come i personaggi.

Lit.: –

242

Le Lys et la Violette.
u. M. Vierzeiler *J'admire, de ce Lys, l'orgueil et la défaite! / On voit l'élite des guerriers, / Lui préférer la simple Violette / Qui croît à l'ombre des Lauriers!*
anonym, 20. April 1815 (DL durch Le Cœur)
bez. u. r. *A Paris chez Martinet, Rue du Coq.*
Radierung, koloriert
205 × 278 mm (228 × 298 mm)
u. r. Stempel Museum Schwerin 1980.218.

Lilie und Veilchen
Ein Grenadier der kaiserlichen Garde kniet vor einem Lorbeerbaum, in dessen Schatten er sich ein Veilchensträusschen pflückt. Er hat sich von einem umgeworfenen Topf mit prächtigen Lilien abgewendet. Unterhalb des Bildes drückt ein satirischer Vierzeiler zwar dessen Bewunderung für den Stolz und die Niederlage der Lilie (Bourbonen) aus; doch ziehe die militärische Elite der Lilie das einfache, im Schatten des Lorbeers (Sieges) spriessende Veilchen (Napoleon) vor. Der spöttische Unterton des bonapartistischen Blattes trifft die Bourbonen, deren Ohnmacht und Flucht beschämten. Die stolze Lilie hatte einen schlechten Stand in der Armee, die sich im März 1815 für das schlichte Veilchen entschied: Denn dieses war an den Siegen der vergangenen zwanzig Kriegsjahre gewachsen. Zum Veilchen vgl. Kat. Nr. 174.

Le lys et la violette
Un grenadier de la garde impériale s'agenouille devant un laurier; dans l'ombre de celui-ci, le soldat cueille un bouquet de violettes. Il s'est détourné d'un pot renversé contenant de somptueux lys. Au-dessous de l'image, un quatrain satirique exprime son admiration pour la fierté et la défaite du lys (Bourbons) auquel, toutefois, l'élite des guerriers préfère la simple violette (Napoléon) qui croît à l'ombre du laurier (victoire). Le ton ironique de cette gravure bonapartiste est dirigé contre les Bourbons humiliés par leur impuissance et leur fuite. Le lys orgueilleux jouissait d'une mauvaise réputation dans l'armée qui, en mars 1815, choisit la modeste violette: car celle-ci avait poussé sur les victoires des dernières vingt années de guerre. En ce qui concerne la violette, cf. n°. cat. 174.

The Lily and the Violet
A grenadier of the Imperial Guard is kneeling on the ground before a laurel tree; in the shade of the tree, he picks himself a bouquet of violets, turning away from a tumbled pot with splendid lilies. Though the satirical quatrain beneath the image refers to his admiration for the pride and defeat of the lilies (Bourbons), the military elite do prefer the simple violet (Napoleon) sprouting in the shade of laurel (victory). The sarcastic undertone of this Bonapartist cartoon targets the Bourbons for their shameful powerlessness and flight. The proud lily was not well considered in the army: in March 1815 the troops threw their lot in with the simple violet, which had been sprouting forth over the last twenty years of war by means of its victories. With regard to the violet, see cat. no. 174.

Il giglio e la viola
Un granatiere della Guardia imperiale s'inginocchia davanti a un albero d'alloro, sotto cui coglie un mazzetto di viole; volge le spalle, così, agli splendidi gigli di un vaso rovesciato. Nella quartina satirica sottostante, egli dichiara di ammirare l'orgoglio e la sconfitta del giglio (la casa borbonica), cui però «l'élite dei guerrieri» preferisce «la semplice viola» (Napoleone), «che cresce all'ombra dell'alloro» (la vittoria). Il tono beffardo di quest'opera filoimperiale è diretto contro i Borboni, la cui fuga impotente appariva vergognosa: il giglio superbo era malvisto dall'esercito, che nel marzo 1815 scelse invece il semplice fiore napoleonico cresciuto su vent'anni di vittorie. Sulla viola, cfr. n° cat. 174.

Lit.: BN V 9397; Br II S. 90, App. D 204.

243

ARRIVÉE DE L'ILE D'ELBE.
u. *Le Retour des Guerriers français ou Comme on fait son lit on se couche.*
anonym, 15. April 1815 (DL durch Delaunay)
Radierung, koloriert
190 × 248 mm (224 × 263 mm)
u. r. Stempel Museum Schwerin 1980.145.

Von der Insel Elba kommend
Wie man sich bettet, so liegt man: Die mit Napoleon aus Elba heimkehrenden Grenadiere (und ganz links ein Sappeur) der Kaisergarde tragen eroberte Standarten sowie Lorbeerzweige nach Frankreich zurück und betten sich symbolisch darauf. Am rechten Bildrand treibt ein Baumstrunk neue (Lorbeer-)Blätter: Des Kaisers Rückkehr bringt Ruhm und Ehre über die (von den Alliierten den Bourbonen überantwortete) Nation. Die Gardegrenadiere wurden zum Symbol des glorreichen Kaiserreichs; sie unterlagen ein einziges Mal – in der Schlacht von Waterloo.

Arrivée de l'île d'Elbe
Comme on fait son lit on se couche: les grenadiers de la garde impériale (et tout à gauche un sapeur) accompagnant Napoléon lors de son retour de l'île d'Elbe, ramènent en France les étendards conquis ainsi que des branches de lauriers, et s'y étendent symboliquement. Sur le bord droit de l'image, un tronc d'arbre porte de jeunes pousses (de laurier): la réapparition de l'empereur rend son prestige et son honneur à la nation (livrée aux Bourbons par les Alliés). Les grenadiers de la garde incarnaient la gloire de l'Empire; ils n'eurent le dessous qu'une seule fois: lors de la bataille de Waterloo.

Arriving From The Island of Elba
As you make your bed, so you must lie on it: the grenadiers (and, at far left, a sapper) returning from Elba with Napoleon are bringing home captured standards and branches of

LE DÉJEÛNER IMPERIAL,
ou Gare le Reveil du Grenadier françois

laurel which, symbolically, serve them as bedding. To the image's right a tree trunk sprouts new (laurel) leaves: the Emperor's return brings glory and honour over the entire nation (entrusted by the allies to the Bourbons). The Grenadier Guard became a symbol of the glorious Empire; the only time the corps vanquished was at the battle of Waterloo.

Arrivo dall'isola d'Elba
I granatieri (e all'estrema sinistra un geniere) della Guardia imperiale, tornati dall'isola d'Elba con Napoleone, riportano in Francia fronde d'alloro e stendardi conquistati, poi vi si coricano sopra: stando alla didascalia, infatti, «come si fa il letto ci si corica» (cioè si raccoglie ciò che si semina). Sul margine destro, un tronco d'albero spezzato getta nuove foglie (d'alloro): il ritorno dell'imperatore porta gloria e onore alla nazione, consegnata dagli alleati ai Borboni. I granatieri della Guardia divennero un simbolo di gloria dell'Impero; furono sconfitti una volta sola, nella battaglia di Waterloo.

Lit.: BN V 9478.

244
LE DÉJEÛNER IMPERIAL, / ou Gare le Reveil du Grenadier françois.
o. l. *L'Enemi, Sire!*
anonym, März 1815
bez. u. r. *Chez Martinet Libraire, Rue du Coq.*
Radierung, koloriert
209 × 314 mm (267 × 352 mm)
u. r. Stempel Museum Schwerin 1980.33.

Das kaiserliche Frühstück oder wehe, wenn der französische Grenadier erwacht
In Paradeuniform auf einem prächtigen Hocker sitzend, nimmt Napoleon an einem Tischchen sein Frühstück ein. Soeben ist ein gleichfalls mit der Ehrenlegion dekorierter Marschall (wahrscheinlich Ney) vom Pferd gestiegen, um ihn auf den anrückenden Feind hinzuweisen: Im Mittelgrund marschieren Infanteristen in Linie, denen vier Befehlshaber (die vier Koalitionsmächte?) voranschreiten, unter dem Banner des Doppeladlers gegen Frankreich; im Hintergrund galoppieren Kosaken heran. Der Kaiser reagiert gelassen; er weiss, dass kein Grund zur Sorge besteht: Rechts am Boden schläft ein Grenadier der Kaisergarde in voller Montur auf seinem Tornister – wehe dem Feind, wenn der tapfere Franzose aufwacht!

Le déjeuner impérial ou gare au réveil du grenadier français
En uniforme d'apparat, assis sur un luxueux tabouret, Napoléon prend son petit déjeuner. Un maréchal, également décoré de la Légion d'honneur (vraisemblablement Ney), vient de descendre de cheval afin de lui signaler l'arrivée de l'ennemi: au second plan, sous la bannière de l'aigle à deux têtes, des fantassins marchent en rangs sur la France, emmenés par quatre commandants (les quatre puissances ennemies?); à l'arrière-plan, des cosaques arrivent en galopant. L'empereur réagit avec sang-froid; il sait qu'il n'y a pas lieu de s'inquiéter: à droite, couché à même le sol, un grenadier de la garde impériale dort tout harnaché sur son sac – gare à l'ennemi lorsque le valeureux Français se réveillera!

The Imperial Breakfast or Beware of the French Grenadier's Awakening
Napoleon is enjoying breakfast, dressed in his parade uniform and seated on a magnificent stool. At that very moment, a marshal decorated with the Legion of Honour (probably Ney) has stepped down from his horse to warn him of the enemy's approach. In the middle ground of the image, infantry soldiers are marching in rows behind four commanders (the four coalition powers?): they carry the flag of the double eagle against France. In the background, Cossacks can be seen galloping in parallel to them. The Emperor remains totally unruffled, for he rests assured he has no cause for worry: to the right, an Imperial Guard grenadier in full uniform lies sleeping on his field pack – and woe to the enemy should the brave Frenchman awaken!

La colazione imperiale, ovvero attenti al risveglio del granatiere francese
In uniforme da parata, seduto a un tavolino su un magnifico sgabello, Napoleone fa colazione. Un maresciallo, decorato anche lui con la Legion d'onore (probabilmente Ney), è appena sceso di sella per segnalargli l'avvicinarsi del nemico: in secondo piano marciano contro la Francia fanti inquadrati sotto il vessillo dell'aquila bicipite, preceduti da quattro comandanti (le quattro potenze della coalizione?), mentre sullo sfondo giungono al galoppo cavalieri cosacchi. L'imperatore reagisce con calma, sapendo che non c'è motivo di preoccuparsi: a destra, sdraiato sul suo zaino e in divisa completa, dorme un granatiere della Guardia imperiale. Guai al nemico, quando il prode francese si risveglia!

Lit.: Br II App. D 177.

245
LE MÉTÉORE DU MOIS DE MARS.
daneben l. *1. Ciel il est échappé. / 2. Quel coup.*
r. *3. J'en frémis. / 4. Nous sommes perdus. / 5. Je n'y vois plus.*
o. r. 5 / 1 / 4 / 3
u. r. 2
anonym, März/April 1815
u. M. *A Paris, chez tous les Marchands de Nouveautés.*
Radierung, koloriert
Höhe 252 mm (286 × 380 mm)
u. r. Stempel Museum Schwerin 1980.92.

Der Meteor des Monats März
Über einem Küstenstrich mit drei mit der Trikolore beflaggten Schiffen steigt der Kaiseradler mit dem Lorbeerzweig im Schnabel und dem Blitzbündel in den Fängen auf. Sein Ruhmesglanz blendet und erschreckt fünf Kürassiere, die ein griechisches Kreuz auf dem Brustpanzer tragen. Händeringend oder die Augen bedeckend, versuchen sie, sich vor dem Himmelszeichen zu schützen, und wanken bzw. fallen um. Jeder kommentiert seine Notlage. Welke bourbonische Lilien umgeben sie, während sich links unten Veilchenpölsterchen als Boten des Frühlings und der Rückkehr Napoleons ausbreiten. Die Landung und Machtübernahme des verbannten Kaisers im März 1815 gewinnen in diesem künstlerisch wenig ansprechenden Propagandabild die Evidenz und Unausweichlichkeit einer Naturgewalt, der sich keine Streitmacht zu widersetzen vermag. Das Blatt beinhaltet ein Vexierbild: Schwinge, Hals und Lorbeerzweig des Adlers umreissen Napoleons bekränzten Kopf.

Le météore du mois de mars
L'aigle impériale, portant une branche de laurier dans le bec et un faisceau d'éclairs dans les serres, s'élève au-dessus du littoral où croisent trois navires pavoisés de drapeaux tricolores. L'éclat de sa gloire éblouit et

effraye cinq cuirassiers arborant la croix grecque sur leur plastron. Se tordant les mains ou se couvrant les yeux, ils tentent de se protéger de l'apparition céleste; ils chancellent respectivement tombent. Chacun d'entre eux commente sa situation désespérée. Ils sont entourés de lis bourboniens fanés, alors qu'en bas, à gauche, des boutons de violettes se déploient annonçant le printemps et le retour de Napoléon. Dans cette illustration de propagande, peu convaincante du point de vue artistique, le débarquement et la prise de pouvoir en mars 1815 par l'empereur banni sont présentés comme la volonté inéluctable d'une puissance naturelle, ne souffrant l'opposition d'aucune force armée. La gravure contient une devinette: l'aile, le cou et la branche de laurier esquissent la tête couronnée de Napoléon.

The Meteor of the Month of March
The imperial eagle – with a laurel branch in his beak and lightning bolts in his claws – has risen above a strip of coast showing three ships flying the tricolour. The blaze of fame the eagle emits dazzles and frightens five cuirassiers who wear the Greek cross on their breastplates. Reacting to this sign from heaven by wringing their hands or covering their eyes, they reel or even fall down to the ground. Each of them comments on his plight. Wilted Bourbon lilies surround them, while at bottom left the spreading cushions of violets provide a reference to spring and Napoleon's return in March 1815. Somewhat lacking artistically, this propaganda image presents the exiled Emperor's arrival and political takeover with the evidence and inevitability of a force of nature, which no army would be capable of turning back. The work contains a puzzle picture in that the eagle's right wing, its neck and the laurel branch provide the outline of Napoleon's wreathed head.

La meteora del mese di marzo
L'aquila imperiale, con rametto d'alloro nel rostro e fascio di saette negli artigli, sorvola un tratto di costa in cui si distinguono tre navi pavesate di tricolori. Il suo splendore glorioso acceca e spaventa cinque corazzieri, sul cui petto spicca una croce greca; agitando le mani o coprendosi gli occhi, tutti cercano di proteggersi dall'apparizione celeste, vacillano o cadono e commentano la propria brutta situazione. Accanto a loro vi sono gigli borbonici appassiti; all'angolo sinistro si espandono invece pulvinuli di viole, messaggere della primavera e del ritorno di Napoleone. In questa stampa propagandistica, poco riuscita sul piano artistico, lo sbarco dell'esule e il suo ritorno sul trono imperiale (marzo 1815) acquistano l'evidenza e l'ineluttabilità di una forza della natura che nessun esercito può contrastare. Nell'aquila si distingue una figura-rebus: l'ala, il collo e il rametto d'alloro formano la testa coronata di Napoleone.

Lit.: Br II S. 91, App. D 223.

246
LES PRÉFETS ET LES MAIRES L'ONT REGARDÉ PASSER.
anonym, Frühling 1815
bez. u. M. *A Paris, chez tous les Marchands de Nouveautés.*
Radierung, koloriert
Höhe 222 mm (237×346 mm)
u. r. Stempel Museum Schwerin 1980.56.

Die Präfekten und die Bürgermeister haben ihn vorbeiziehen sehen
An der Küste stehen drei Magistraten, gefolgt von einigen Soldaten mit geschulterten Gewehren, wie angewurzelt: Auf einer Wolke, die auf einem knienden Amtsträger lastet, zieht Napoleon vorüber. Der Rückkehrer aus Elba steht gebieterisch auf dem vom Kaiseradler (mit Krone und Blitzebündel) gezogenen Triumphwagen der Siegesgöttin (mit Lorbeerzweigen). Staunend blicken die Präfekte und Bürgermeister – einer steckt den Säbel in die Scheide zurück – ihrem einstigen Herrn nach, zu dessen Inhaftierung sie losgezogen sind. Die von Paris ernannten Exekutivbeamten standen als «préfets» den Departementen und als «maires» den Gemeinden alleine vor und vertraten die Zentralregierung, der sie strikt unterstellt waren. Im März 1815 erlagen, wie die Armee und die Bevölkerung, auch die (inzwischen königlichen) Beamten erneut dem Charisma des Kaisers.

Les préfets et les maires l'ont regardé passer
Sur la côte, se tiennent trois magistrats suivis de quelques soldats tenant leurs fusils à l'épaule; ils sont comme pétrifiés: sur un nuage, supporté par un serviteur de l'Etat agenouillé, Napoléon passe devant leurs yeux. L'empereur de retour d'Elbe se dresse impérieux sur le char triomphal de la déesse de la victoire (tenant une branche de laurier), tiré par l'aigle impériale (portant une couronne et un faisceau d'éclairs). Interdits, les préfets et les maires – l'un d'entre eux rengaine son sabre – regardent leur ancien maître, alors même qu'ils ont été mobilisés pour l'emprisonner. Ces fonctionnaires exécuteurs, nommés par Paris, dirigeaient en tant que «préfets» les départements et en tant que «maires», les communes; ils représentaient le gouvernement central auquel ils étaient étroitement subordonnés. En mars 1815, à l'instar de l'armée et du peuple, les fonctionnaires (devenus entre-temps royaux) succombèrent une fois encore au charisme de Napoléon.

The Prefects and Mayors Watched Him Pass By
Standing on the coast as if rooted to the spot are three magistrates, followed by several soldiers whose rifles loom up. Atop a cloud opposite them, which weights down upon a kneeling office-bearer, Napoleon passes by on his return from Elba: he stands imperiously on the goddess of Victory's (bearing laurel) chariot which is pulled by the crowned imperial eagle whose claws bear bolts of lightning. The prefects and mayors – one slips his sabre back into its sheath – watch the passing of their former ruler with astonishment, since it was precisely to take him into custody that they had set forth. The Paris-appointed executive officials alone served as «préfets» of the «départements» and as «maires» of the «communes»; they were strictly under the authority of the central government which they represented. In March of 1815 these, in the meantime royal, officials – just like the army and the people – again fell under the spell cast by the Emperor.

Prefetti e sindaci l'hanno visto passare
Un gruppetto di esponenti politici, seguito da soldati col fucile a spall'arm, si ferma come pietrificato in riva al mare: un Napoleone imperioso sta passando – sul cocchio trionfale della Vittoria (con rametti d'alloro), trainato dall'aquila imperiale (con corona

Nous rentrons chez nous.

e fascio di saette) – sopra una nuvola che schiaccia un funzionario inginocchiato. Prefetti e sindaci guardano stupiti l'ex monarca di ritorno dall'isola d'Elba, che erano venuti ad arrestare; uno di loro ripone la sciabola nel fodero. Responsabili rispettivamente dei dipartimenti e dei comuni, *préfets* e *maires* erano nominati da Parigi e rappresentavano il potere centrale, cui restavano rigidamente sottoposti; divenuti funzionari del re, nel marzo 1815 essi soggiacquero ancora – così come il popolo e l'esercito – al carisma dell'imperatore.

Lit.: Br II App. D 266.

247
Nous rentrons chez nous.
o.l. *Honneur aux Braves.*
u.l. *Hôtel Impérial des Invalides.*
anonym, 15. April 1815 (DL durch Meyer)
Radierung, koloriert
230 × 315 mm (252 × 340 mm)
u.r. Stempel Museum Schwerin 1980.35.

Wir kehren nach Hause zurück
Der gekrönte Kaiseradler mit dem Ehrenlegionskreuz um die Brust, dem Lorbeerzweig im Schnabel und den Worten «Ehre den Wackeren» weist einer Gruppe von invaliden Kriegsveteranen (mit Kokarde und Lorbeer am Hut) den Weg zurück ins Pariser Hôtel des Invalides; davor sitzen zwei ihrer Kameraden auf einer Bank vor einem Lorbeerbusch. In der Ersten Restauration (1814) wurden 1100 Invalide aus den napoleonischen Feldzügen als Ausländer des Landes verwiesen und 1500 französische Kriegskrüppel mit spärlichen Pensionen nach Hause geschickt. Das in den Jahren 1671–1674 errichtete Kriegsversehrtenheim diente Napoleon verschiedentlich als Schauplatz militärischer Zeremonien (Verleihung der Ehrenlegion, Beisetzung der Herzen verdienter Krieger). Des Kaisers sterbliche Überreste wurden 1840 feierlich im Invalidendom bestattet, dessen Südfassade hier dargestellt ist.

Nous rentrons chez nous
L'aigle impériale couronnée, avec la Légion d'honneur autour du cou, une branche de laurier dans le bec et proclamant «honneur aux braves», survole un groupe de vétérans de guerre (arborant cocardes et laurier au chapeau), et lui indique la direction de l'hôtel parisien des Invalides. Devant un buisson de laurier, sur un banc, sont assis deux de leurs camarades. Lors de la première Restauration (1814), 1100 invalides revenant des campagnes napoléoniennes furent considérés comme étrangers et expulsés du pays; 1500 estropiés de guerre furent renvoyés chez eux avec une maigre pension. A diverses reprises, Napoléon se servit de ce foyer pour mutilés de guerre, érigé en 1671–1674, comme scène de cérémonies militaires (remise de la Légion d'honneur, inhumation des cœurs des soldats méritants). En 1840, les cendres de l'empereur furent solennellement déposées sous la coupole des Invalides, dont la façade sud est représentée ici.

Returning Home
The crowned imperial eagle with a Legion of Honour cross dangling from his breast, a branch of laurel in his beak, and the words «Honour to the Brave» is conducting a group of disabled war veterans (featuring cockades and laurel on their hats) back to the Hôtel des Invalides (military hospital for disabled veterans) in Paris. Two of their comrades are seated in front of a laurel bush on a bench before the establishment. During the first Restoration (1814), 1100 disabled veterans from Napoleon's campaigns were deported from the country as foreigners, and 1500 French war cripples were sent home with the meagrest of pensions. The hospital for war invalids was built in 1671–1674: Napoleon used it as a showplace for various military ceremonies (awarding Legions of Honour, laying to rest the hearts of deserving warriors). The Emperor's mortal remains were ceremoniously buried there in 1840. Here we see the building's south facade.

Stiamo tornando a casa
L'aquila imperiale incoronata (con croce della Legion d'onore sul petto, rametto d'alloro nel rostro e le parole «Onore ai prodi») indica a un gruppo d'invalidi (veterani di guerra, con coccarda e alloro sul cappello) la via del ritorno a Parigi, ove davanti all'Hôtel des Invalides li attendono su una panchina, accanto a un cespuglio d'alloro, due loro compagni. Nel 1814, durante la prima Restaurazione, 1100 invalidi delle campagne napoleoniche vennero espulsi dal paese come stranieri; altri 1500, di nazionalità francese, furono mandati a casa con pensioni esigue. L'ospizio parigino degli invalidi di guerra, risalente agli anni 1671–1674, servì a Napoleone come teatro di varie cerimonie militari (conferimento della Legion d'onore, sepoltura dei cuori di soldati benemeriti); nel 1840 anche i resti mortali dell'imperatore furono inumati solennemente nell'edificio, di cui qui è rappresentata la facciata meridionale.

Lit.: BN V 9476; Br II App. D 359.

248

Efforts Impuissans des grands maîtres de l'Ordre Royal de l'Eteignoir.
o.l. *Honneur Patrie et Liberté*
o.M. *Vous n'éteindréz jamais celle-la. / Ulm, Austerlitz, Jena, Eylau, Friedland, Tudella, Eckmülh, Essling, Wagram, Smolensk, Moscowa, Lutzen, Vurtchen, Montmirail.*
o.r. *Porto Ferrajo.*
M.l. *Je ne pourrai jamais l'atteindre. / Je sens que je glisse [!] / Je suis témoin que personne ne sortit des rangs …*
M.r. *Mes Bouquins sont trop plats. / Il me faudrait la Croix et la Banière / Go dem [!] qu'il est haut*
u.r. *Colège de 2 preux Chevaliers / Taverne Anglaise / Charte Constitutionelle / Inquisition Clergé droits Féodaux.*
u.l. *tabac de virginie. / J'ai été louée 35000 f.ˢ pour 6 mois. quel pas j'allais faire [!]*
anonym, März – Juni 1815
u.M. *Déposé à la dire[c]*ᵒⁿ.
Radierung, koloriert
237 × 291 mm (266 × 312 mm)
u.r. Stempel Museum Schwerin 1980.42.

Nutzlose Anstrengungen der Grossmeister des Königlichen Ordens vom Löschhut
Als nackter Genius fliegt Napoleon von Elba (im Hintergrund) aufs Festland herüber. Dabei präsentiert er die Ruhmesliste seiner Schlachtensiege und spricht, auf die Trikolore mit der Losung «Ehre, Vaterland und Freiheit» und dem Kaiseradler im Lorbeerkranz weisend: «Niemals werdet ihr diese da auslöschen.» Von der Erde her versuchen die Bourbonen, das Feuer auf seinem Haupt mit Löschhüten zu ersticken. Rechts unten steht der Herzog von Angoulême halb auf einer Leiter, halb auf dem Dach einer «englischen Taverne» und flucht, Napoleon sei zu hoch für ihn. Neben ihm stellt sich die strenggläubige Herzogin von Angoulême ebenso erfolglos auf die Zehenspitzen. Auf Folianten (Anspielungen auf die feudalistische und die klerikale Reaktion sowie auf die Verfassung der neuen Monarchie) hat sich der dicke Büchernarr Ludwig XVIII. postiert; er erkennt, dass die Bücher seiner Herrschaft zuwenig Stoff bieten, um es mit Napoleon aufzunehmen. Links vollführt sein Bruder, der Graf von Artois, auf dem sich aufbäumenden Pferd einen heiklen Balanceakt. Auf einer Knienden stehend, weiss der dickliche Herzog von Berry, dass er den Kaiser nie erreichen wird. Eine Dose mit Virginia-Tabak vor der Frau erinnert an Berrys Affäre (1814) mit der Tänzerin Virginie Oreille (vgl. BN V 9485). Die Bourbonen tragen den «Königlichen Orden vom Löschhut», der sie zu Feinden von Aufklärung und Freiheit stempelt (vgl. Kat. Nr. 314).

Efforts impuissants des grands maîtres de l'ordre royal de l'éteignoir
Tel un génie nu, Napoléon s'envole d'Elbe (à l'arrière-plan) en direction de la terre ferme. En même temps, il présente la liste glorieuse de ses victoires militaires et, indiquant le drapeau tricolore – avec la devise «honneur, patrie et liberté» et l'aigle impériale au centre de la couronne de laurier – il dit: «Vous n'éteindrez jamais celle-là». Au sol, les Bourbons tentent d'étouffer à l'aide d'éteignoirs le feu qui brûle sur sa tête. En bas à droite, le duc d'Angoulême, un pied sur une échelle l'autre sur le toit d'une «taverne anglaise», peste: l'empereur est trop haut pour lui. A côté, l'orthodoxe duchesse d'Angoulême se dresse sur la pointe des pieds, sans plus de succès. Louis XVIII en gros bibliomane s'est posté sur des in-folio (allusion à la réaction féodaliste et cléricaliste, ainsi qu'à la constitution de la nouvelle monarchie); il reconnaît que les bouquins de son règne offrent trop peu d'épaisseur pour rivaliser avec Napoléon. A gauche, son frère, le comte d'Artois se tient en équilibre périlleux sur le dos d'un cheval qui se cabre. Debout sur une femme agenouillée, le gros duc de Berry sait qu'il n'atteindra jamais l'empereur. Une boîte de tabac de Virginie est posée devant la jeune femme et rappelle la liaison entre le duc de Berry (1814) et la danseuse Virginie Oreille (cf. BN V 9485). Les Bourbons arborent «l'ordre royal de l'Eteignoir» qui les désigne comme les ennemis des Lumières et de la liberté (cf. nº cat 314).

Useless Endeavours by the Grand Masters of the Royal Order of the Candle Snuffer
In the guise of a naked genius, Napoleon flies from Elba (in the background) to the Continent, flourishing the glorious list of his battle victories. Presenting the tricolour, he points to its inscription «Honour, Country, and Liberty» and the imperial eagle in a laurel wreath, and claims: «These you will never snuff out.» Standing at ground level, the Bourbons are endeavouring to extinguish the flames on his head with snuffers. To the right at the bottom, the Duke of Angoulême – standing half on a ladder and half on the roof of an «English tavern» – curses over the fact that Napoleon is too high for him. Next to him, the Duchess of Angoulême, a devout believer, is equally unsuccessful though standing on the points of her toes. The stout bibliomaniac Louis XVIII has climbed upon several large tomes – alluding to to the feudal and clerical reaction and to the new monarchy's constitution – only to realise that they offer his reign too little material to serve as a match to Napoleon. To the left, the King's brother, the Count of Artois, is performing an impossibly awkward balance act on a rearing horse. Likewise, the Duke of Berry, having climbed atop a kneeling maiden, must admit that he will never reach the Emperor. A box of Virginia tobacco in front of the maiden alludes to Berry's affair (1814) with the dancer Virginia Oreille (cf. BN V 9485). The Bourbons all display the «Royal Order of the Candle Snuffer», thus labelling themselves enemies of the Enlightenment and of liberty (cf. cat. no. 314).

Sforzi impotenti dei gran maestri del regio ordine dello spegnitoio
Napoleone, rappresentato come genio nudo, vola dall'Elba (sullo sfondo) verso il continente, presentando l'elenco glorioso delle sue vittorie in battaglia, reggendo il tricolore – con il motto «Onore, patria e libertà» e la corona d'alloro intorno all'aquila imperiale – e dicendo «Quella non ve la spegnerete mai»; sotto di lui i Borboni, armati di spegnitoi, cercano di soffocare la fiamma che gli arde sul capo. Sulla destra il duca d'Angoulême – ritto in parte su una scala a pioli, in parte sul tetto di una «taverna inglese» – impreca perché Napoleone è troppo in alto; accanto a lui la bacchettona duchessa d'Angoulême si alza invano anche lei sulle punte dei piedi. Il grasso bibliomane Luigi XVIII è salito su grossi volumi (indicanti la reazione feudalistico-clericale e la «Carta costituzionale» della nuova monarchia), ma riconosce che non gli bastano per tenere testa a Napoleone; più a sinistra il conte d'Artois, suo fratello, stenta a reggersi in equilibrio sul cavallo che si è impennato. Ritto sul dorso di una donna inginocchiata, il grassoccio duca di Berry sa che non raggiungerà mai l'imperatore; davanti alla donna, una scatola di tabacco della Virginia ricorda la relazione avuta da Berry, nel 1814, con la ballerina Virginie Oreille (cfr. BN V 9485). I Borboni portano il «regio ordine dello spegnitoio», che li bolla come nemici dell'illuminismo e della libertà (cfr. nº cat. 314).

Lit.: Br II S. 98, App. D 122.

249
L'ENJAMBÉE IMPÉRIALE.
o. l. *PARIS / HONNEUR ET PATRIE.*
o. r. *ILE D'ELBE*
u. r. *Faisons lui une petite guerre! / Donnez lui des Calottes. / Cette homme fera son chemin*
u. l. *Envoyons les Gardes de la porte pour le mettre déhors. / Faisons nos paquets.*
Saint-Phal, 10. April 1815 (DL durch Moreau)
bez. u. M. *A Paris, chez tous les Marchands de Nouveautés.*
Radierung, koloriert
[267] × 310 mm (270 × 320 mm)
u. r. Stempel Museum Schwerin
1980.73.

Der kaiserliche Schritt
Der Riese Napoleon vollbringt eine wahrhaft kaiserliche Leistung: Mit einem Schritt kehrt er von der Insel Elba nach Paris zurück. Seine Ankunft beobachtet vom Balkon im Vordergrund aus die bourbonische Königsfamilie mit Fernrohren (v. l. n. r.): Der Herzog von Angoulême (mit Paket) rät zum Aufbruch ins Exil. Sein Vater, der Graf von Artois, will die Torwachen dem Eindringling entgegenschicken. Artois' Bruder, König Ludwig XVIII., kommt zum Schluss: «Dieser Mann macht seinen Weg.» In bourbonisches Weiss gekleidet, schlägt die frömmlerische Herzogin von Angoulême vor, ihm Priesterkäppchen bzw. Ohrfeigen (Doppelbedeutung von franz. «calottes») zu verpassen. Schliesslich glaubt der dicke Herzog von Berry, dem Usurpator sei mit einem kleinen Krieg beizukommen. Berry wie Angoulême tragen zum Zeichen ihrer ultrareaktionären Gesinnung einen Löschhut auf dem Kopf. Heimlich bereitete Napoleon auf Elba seine Rückkehr vor und landete am 1. März 1815 in Südfrankreich. Armee und Volk schlugen sich auf seine Seite: Ohne namhaften Widerstand zog er am 20. März triumphal in der Hauptstadt ein, die Ludwig XVIII. fluchtartig verlassen hatte. Das Motiv des «kaiserlichen Schrittes» geht auf eine obszöne französische Karikatur gegen Katharina II. von Russland (1792) und auf eine gegen den fliehenden Ludwig XVI. (1791) zurück.

L'enjambée impériale
Le géant Napoléon accomplit un exploit vraiment impérial: en une seule enjambée, il rentre de l'île d'Elbe à Paris. Du balcon, au premier plan, la famille royale des Bourbons observe son arrivée à l'aide de longues-vues: (de g. à d.) le duc d'Angoulême (un paquet sous le bras) conseille de partir en exil. Son père, le comte d'Artois, veut appeler les gardes de la porte afin qu'ils mettent l'intrus dehors. Le frère du comte, le roi Louis XVIII, conclut: «Cet homme fera son chemin.» Vêtue du blanc bourbonien, la dévote duchesse d'Angoulême propose de lui donner «des calottes» (double sens: coiffure ecclésiastique ou gifle). Et enfin, le gros duc de Berry, offre d'en venir à bout au moyen d'une petite guerre. Berry comme Angoulême portent un éteignoir sur la tête en signe de leurs opinions ultra-réactionnaires. Napoléon prépara son retour en secret et débarqua dans le sud de la France le 1er mars 1815. L'armée et le peuple se rangèrent à ses côtés: sans avoir rencontré de véritable opposition, le 20 mars, il fit une entrée triomphale dans la capitale que Louis XVIII avait quittée précipitamment. Le motif de «l'enjambée impériale» remonte à une caricature française obscène contre Catherine II de Russie (1792) et à une autre illustration critiquant la fuite de Louis XVI (1791).

The Imperial Stride
A giant Napoleon is accomplishing a truly imperial feat: in one stride he covers the distance from the island of Elba back to Paris, observed through spyglasses by the royal Bourbon family (foreground balcony): (l. to r.) the Duke of Angoulême (with package) suggests they depart into exile; his father, the Count of Artois, would rather send the gatekeepers out against the intruder. The Count's brother, King Louis XVIII, concludes that «this man will make his way». Meanwhile, the devout Duchess of Angoulême, clad in Bourbon white, proposes handing him skullcaps, that is a couple of slaps in the face (from the double meaning of the French term «calotte»). Finally, the stout Duke of Berry feels it would take a little war to get the better of the man. Both Angoulême and Berry wear a snuffer as head gear, in sign of their ultra-reactionary political stance. On Elba, Napoleon had been planning secretly for his return: he landed in the South of France on 1 March 1815. From then on, the army and people rapidly swung to his side and it was without encountering any resistance worth mentioning that on 20 March he triumphantly entered the country's capital, from which Louis XVIII had already fled with the greatest of haste. The motif of «the imperial stride» harks back to an obscene French cartoon against Catherine II of Russia (1792), and to one criticising Louis XVI's flight (1791).

La falcata imperiale
Il gigante Napoleone compie un'impresa davvero imperiale, tornando d'un sol passo dall'isola d'Elba a Parigi; sul balcone in primo piano, il suo arrivo è osservato con cannocchiali dalla famiglia reale borbonica. A sinistra il duca d'Angoulême (con pacco pronto) consiglia di partire per l'esilio; accanto a lui suo padre, conte d'Artois, contro l'intruso vorrebbe inviare i guardaportone. Al centro re Luigi XVIII, fratello del conte, conclude che «quell'uomo farà la sua strada», mentre la bacchettona duchessa d'Angoulême (in abito bianco borbonico) propone di dargli *calottes*, cioè «zucchetti» o «scappellotti»; sulla destra, infine, il grasso duca di Berry – che come quello d'Angoulême, in segno di atteggiamento ultra-reazionario, ha sul capo uno spegnitoio – suggerisce «una guerricciola» contro l'usurpatore. Dopo preparativi segreti sull'isola d'Elba, Napoleone sbarcò nella Francia meridionale il 1° marzo 1815; poiché popolo ed esercito si schierarono dalla sua parte, non incontrò forti resistenze e il giorno 20 entrò trionfalmente in Parigi, da cui Luigi XVIII si era affrettato a fuggire. Il tema della «falcata imperiale» risale a una caricatura oscena francese su Caterina II di Russia (1792) e a un'altra stampa sulla fuga di Luigi XVI (1791).

Lit.: BN V 9408; Br II Tf. S. 60, 61 f., App. D 181; Fi 94 S. 52 f., Ftf. S. 75; Kat. BB 26 (Abb.).

LA BONNE CHARGE!!

250
LA BONNE CHARGE!!
o. M. *DIAMANS et JOYAUX DE LA COURONNE.*
o. r. *LES BRILLANS LES PLUS PURS SONT L'ECLAT DE TA GLOIRE!*
Saint-Phal?, 8. April 1815 (DL durch Moreau)
bez. u. M. *A Paris, chez tous les Marchands de Nouveautés.*
Radierung, koloriert
260×338 mm (282×355 mm)
u. r. Stempel Museum Schwerin 1980.94.

Die gute Ladung
Auf der Flucht vor Napoleon bringen die Bourbonen die Diamanten und Juwelen der Krone in einer Truhe ausser Landes: Unter der auf zwei Tragstangen ruhenden Last stöhnen (v. l. n. r.) der Graf von Artois und sein Bruder Ludwig XVIII., gefolgt von den grösser gewachsenen Söhnen des Grafen (Herzog von Berry und Herzog von Angoulême). Alle sind stark karikiert und mit Orden dekoriert; die Söhne tragen Löschhüte auf dem Kopf (vgl. Kat. Nr. 249), während ihr Vater seinen Löschhut über den Wanderstock gestülpt hat. Die Szene antwortet auf eine am 29. März 1815 in «Le Moniteur» abgedruckte königliche Verordnung: Der staatliche Schatzmeister habe dem Schatzmeister des Königshauses alle Kronjuwelen (Gesamtwert: mehr als 14 Millionen Francs) auszuhändigen. Deklariert als die sterblichen Überreste von Ludwig XVI. und Marie Antoinette, wurde der Schatz in einem Gepäckwagen abtransportiert. Im Hintergrund rechts bekrönt die Siegesgöttin eine mit dem Ehrenlegionskreuz dekorierte und lorbeerbekränzte Büste Napoleons im Strahlenkranz. Ein Schriftband preist den kaiserlichen Ruhmesglanz als Frankreichs «reinste Brillanten». Der Bildtitel spielt mit dem mehrdeutigen Wort «charge»: Es lässt sich auf das Motiv («die gute Ladung») wie auf die satirische Qualität der Darstellung («die gute Karikatur») beziehen.

La bonne charge
Suite à l'évasion de Napoléon, les Bourbons emportent à l'étranger les «diamants et joyaux de la couronne», dissimulés dans un coffre: sous le fardeau reposant sur deux perches, le comte d'Artois et son frère Louis XVIII, suivis par les deux grands fils du comte (le duc de Berry et le duc d'Angoulême) (de g. à d.) gémissent. Les quatre personnages sont fortement caricaturés et décorés d'ordres divers; les fils sont coiffés d'éteignoirs (cf. n°. cat. 249), alors que leur père a posé cet objet sur son bâton de pèlerin. Cette scène répond à un décret royal publié le 29 mars 1815 dans «Le Moniteur». Le trésorier de l'Etat devait remettre tous les bijoux de la couronne (valeur globale: plus de 14 millions de francs) au trésorier de la maison royale. Déclaré comme étant les dépouilles mortelles de Louis XVI et Marie-Antoinette, le trésor fut emmené dans un fourgon à bagages. A l'arrière-plan, à droite, la déesse de la victoire nimbe de lumière un buste de Napoléon décoré de la Légion d'honneur et couronné de laurier. Un ruban loue l'éclat de la gloire impériale qu'il désigne comme «les brillants les plus purs» de la France. Le titre joue sur l'ambiguïté du mot «charge»: il se réfère aussi bien au motif de l'illustration (le bon fardeau) qu'à la qualité satirique de la description (la bonne caricature).

Well Charged
In their flight at the news of Napoleon's return, the Bourbons are dispatching the crown diamonds and jewels abroad. The chest is being carried by means of two poles supported by the groaning (l. to r.) Count of Artois and his brother Ludwig XVIII, followed by the now considerably taller sons of the Count (the Dukes of Berry and of Angoulême). All are grotesquely distorted and decorated with Orders; the sons bear snuffers on their heads (cf. cat. no. 249), whereas their father has put his over his walking stick. The scene is meant as a reply to the royal decree proclaimed on 29 March 1815 in «Le Moniteur», whereby the state treasurer was to hand over all the crown jewels (a total value of over 14 million francs) to the treasurer of the royal house. In point of fact, the treasure – declared as the mortal remains of Louis XVI and Marie-Antoinette – was carted off in a luggage coach. In the background to the right, Victory is crowning with laurel a bust of Napoleon decorated with the Legion of Honour cross and featuring a halo. An inscription extols the imperial blaze of fame as «purest diamonds». The French title to this work affords a play on the word «charge», which in French means both a load and – alluding to the quality of the work's sarcasm – a cartoon.

Il buon carico
I Borboni in fuga davanti a Napoleone portano fuori di Francia, fissato a due pertiche, un forziere con i diamanti e i gioielli della Corona. I malconci portatori – tutti molto caricaturali, decorati di onorificenze – sono, da sinistra a destra, il conte d'Artois, suo fratello Luigi XVIII e i duchi di Berry e d'Angoulême (ora più alti del conte loro padre). I due giovani portano sul capo lo spegnitoio (cfr. n° cat. 249); il conte, invece, ha sistemato il proprio sul bordone. La scena corrisponde a una regia ordinanza pubblicata da *Le Moniteur* il 29 marzo 1815, in base a cui il tesoriere dello Stato doveva consegnare a quello della casa reale tutti i gioielli della Corona (valore complessivo: oltre 14 milioni di franchi francesi): il prezioso carico, fatto passare per i resti mortali di Luigi XVI e di Maria Antonietta, fu portato via su una carrozza per bagagli. Sullo sfondo a destra, la dea della vittoria (a petto nudo, alata, con ramo di palma in mano) tiene una corona d'alloro sopra un busto di Napoleone (in uniforme, con onorificenza sullo zoccolo), che è circondato da un'aureola di raggi luminosi; una scritta aerea celebra lo splendore della gloria imperiale come «i brillanti più puri» di Francia. Il titolo gioca su un'ambivalenza semantica: *la bonne charge* può riferirsi sia al soggetto dell'immagine («il buon carico») sia al livello qualitativo della satira («la buona caricatura»).

Lit.: BN V 9442; Br II App. D 144.

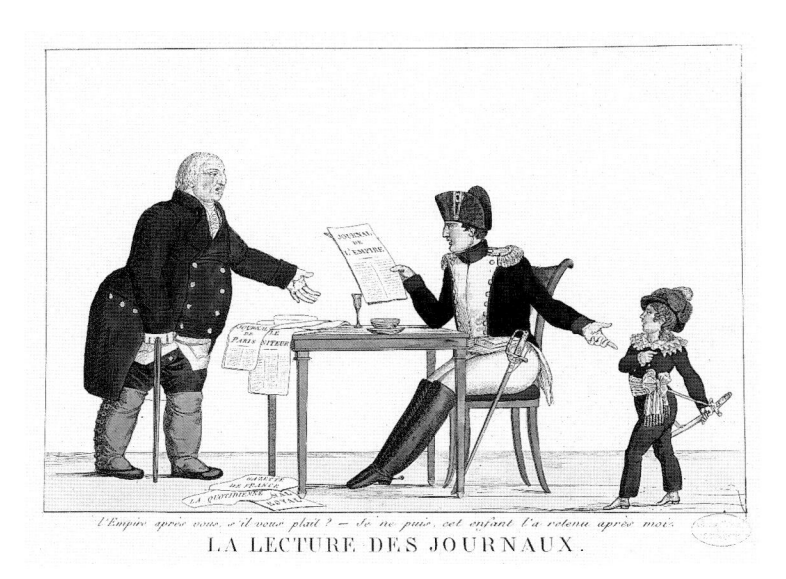

251
LA LECTURE DES JOURNAUX.
darüber *l'Empire après vous, s'il vous plaît? – Je ne puis, cet enfant l'a retenu après moi.*
o. M. *JOURNAL DE L'EMPIRE*
u. l. *JOURNAL DE PARIS / LE [MO]NITEUR / GAZETTE DE FRANCE / LA QUOTIDIENNE / [JOUR]NAL ROYAL*
anonym, 19. April 1815 (DL), bei Martinet, Paris
Radierung, koloriert
222×300 mm (243×322 mm)
u. r. Stempel Museum Schwerin 1980.90.

Die Zeitungslektüre
Der gichtkranke Ludwig XVIII. (mit den typischen Gamaschen) tritt am Krückstock an Napoleons Frühstückstisch. Der Kaiser liest die Tageszeitungen, von denen einige zu Boden gefallen sind (darunter das «Journal Royal»), während die regimekonformen Pressestimmen auf dem Tisch liegen. Er hält das «Journal de l'Empire» in der Hand; der gestürzte Bourbone bittet, ihm das Blatt nach der Lektüre weiterzureichen. Höflich lehnt Napoleon ab, da nach ihm das «Empire» seinem Sohn, dem Thronerben, zustehe. Der Doppelsinn des Wortes, das hier zugleich die Zeitung und das Kaiserreich bezeichnet, macht die Pointe der Karikatur aus: Frankreich soll über Napoleons Herrschaft hinaus in der Hand des rechtmässigen Hauses Bonaparte bleiben.

La lecture des journaux
Un Louis XVIII souffrant de goutte (il en porte les guêtres caractéristiques et s'appuie sur une béquille) surgit devant la table du petit déjeuner de Napoléon. L'empereur lit les quotidiens; certains d'entre eux gisent sur le sol (parmi lesquels le «Journal Royal»), alors que les organes de presse favorables au régime se trouvent sur la table. Il tient le «Journal de l'Empire» dans la main; le Bourbon déchu lui demande de lui passer le journal après lecture. Poliment, Napoléon décline, arguant que «l'Empire» revient à son fils, l'héritier du trône. Le double sens du mot, qui désigne ici aussi bien le journal que l'empire lui-même, confère toute son ironie à la caricature: à la fin du règne de Napoléon, la France devra rester entre les mains légitimes de la maison Bonaparte.

Reading the Newspapers
The gout-suffering Louis XVIII (wearing his typical gaiters) enters on his walking stick to join Napoleon at the breakfast table. The Emperor is reading the dailies: several of them have fallen to the floor (including the «Journal Royal») and others – loyal to the regime – are strewn on top of the table. Napoleon has gotten ahold of the «Journal l'Empire», which the fallen Bourbon king asks him to kindly pass over once he's through reading it. Napoleon politely refuses, since it is his son, heir to the throne, who is entitled to the «Empire». The word's double meaning – the newspaper and the imperial kingdom – makes the cartoon's point: beyond Napoleon's reign, France is expected to remain in the legitimate hands of the Bonapartes.

La lettura dei giornali
Il gottoso Luigi XVIII (con le tipiche uose, appoggiato a una stampella) si avvicina al tavolino di Napoleone, che facendo colazione legge i quotidiani. Alcuni giornali (fra cui il *Journal Royal*) sono finiti a terra; restano sul tavolo quelli fedeli al regime. Il Borbone caduto chiede al rivale, che ha in mano il *Journal de l'Empire*, di passarlo a lui quando avrà terminato la lettura; l'interpellato cortesemente rifiuta, perché si è già prenotato suo figlio. L'effetto caricaturale è dato dal fatto che *l'Empire* è il nome abbreviato del giornale, ma significa anche «l'Impero»: finito il potere di Napoleone, la Francia deve restare in mano al Bonaparte che è l'erede legittimo al trono.

Lit.: BN V 9449; Br II App. D 280.

252
UNE VISITE DE L'ILE D'ELBE, OU L'EMBARRAS DE LA TOILETTE
o. r. *Depart de la S^{te}. Famille. / Ai-je encore le tems de mettre mes guêtres?*
o. M. *non il aimera mieux vous voir en bas.*
anonym, 28. April 1815 (DL durch Delaunay)
Radierung, koloriert
192×145 mm (229×165 mm)
u. r. Stempel Museum Schwerin 1980.223.

Ein Besuch aus Elba oder «Kleidersorgen»
Am offenen Fenster sitzt Ludwig XVIII. und steht der Graf von Artois. Sie sehen Napoleon, dem der Kaiseradler vorausfliegt, auf einem Schimmel heranreiten: Es ist höchste Zeit, sich auf den Weg ins Exil zu machen, wie das Gemälde mit der «Abreise der hl. Familie» an der Wand unterstreicht. Der König im Hofkostüm des Ancien Régime (mit Epauletten, Stern und Band des Ordens vom Hl. Geist) fragt seinen Bruder, ob er noch die Zeit habe, seine Gamaschen anzuziehen. In Uniform und mit demselben Orden dekoriert, verneint der Generalstatthalter des Königreichs: Napoleon werde ihn lieber «in Strümpfen» bzw. «unten» (am Ende) sehen (Doppelsinn von franz. «en bas»). Am Vorabend der Ankunft Napoleons floh Ludwig aus Furcht, dessen Geisel zu werden. Wegen eines schweren Gichtleidens musste der früh gealterte Monarch Gamaschen tragen, welche die Karikaturisten zu seinem Wahrzeichen erkoren.

Une visite de l'île d'Elbe ou l'embarras de la toilette
Louis XVIII est assis devant la fenêtre ouverte en compagnie du comte d'Artois. Ils aperçoivent Napoléon qui approche, monté sur un cheval blanc et précédé de l'aigle impériale: il est grand temps de se préparer à l'exil, comme le souligne le tableau suspendu au mur et illustrant le «Départ de la S^{te}. Famille». Le roi en habit de cour de l'Ancien Régime (avec les épaulettes, l'étoile et le ruban de l'ordre du Saint-Esprit) demande à son frère s'il a le temps d'enfiler ses guêtres. Le lieutenant général du royaume, en uniforme et décoré du même ordre, répond par la négative: Napoléon préférerait le voir «en bas» (l'expression joue sur l'homonymie et peut signifier tout aussi bien «en chaussettes» qu' «à la fin»). La veille de l'arrivée de Napoléon, Louis XVIII s'enfuit craignant de devenir son otage. Le roi vieilli prématurément et souffrant de goutte devait porter des guêtres. Les caricaturistes firent de cet attribut l'emblème du roi.

A Visit from the Island of Elba or a Dress Dilemma
Together with the Count of Artois standing next to him, Louis XVIII sits at an open window contemplating the arrival of Napoleon mounted on a white steed and preceded above by the imperial eagle. It is high time for them to be off in exile, as the painting on the wall – «Departure of the Holy Family» – makes all too clear. The King is dressed in the court attire of the Ancien Régime (with epaulets, as well as the star and the sash of the Order of the Holy Ghost), but asks his brother whether he still has time to add his gaiters. The Count – his brother and General Governer of the kingdom – replies Napoleon would rather see him «in stockings» (that is «en bas», which in French also means «at the bottom», i.e. at the end). On the eve of Napoleon's arrival, the king took flight to avoid becoming the Emperor's hostage. Aged early in life, the monarch was bedeviled by gout pains, which obliged him to wear the famous gaiters considered emblematic by the cartoonists of the day.

Visita dall'isola d'Elba, ovvero l'imbarazzo della toeletta
Dalla finestra aperta Luigi XVIII (seduto) e il conte d'Artois (in piedi)

le jeu du Pétengueule Royal Sur la France

vedono Napoleone avvicinarsi su un cavallo bianco, preceduto in volo dall'aquila imperiale: è proprio ora di partire per l'esilio, come sottolinea il quadro alla parete («Partenza della Sacra Famiglia»). Il re, nel costume di corte dell'Ancien Régime (con spalline, stella e fascia dell'ordine dello Spirito Santo) domanda al fratello se gli resti ancora il tempo di calzare le uose. Il governatore generale del Regno, in uniforme e con identiche decorazioni, dice di no: Napoleone preferirà vedere Luigi *en bas* («in calze» oppure «in basso»). Come segno distintivo del Borbone (che fuggì la vigilia dell'arrivo del rivale, per timore di diventarne ostaggio), i caricaturisti scelsero le uose: il re, precocemente invecchiato, era costretto a indossarle perché molto malato di gotta.

Lit.: BN V 9430; Br II App. D 356(?).

253
le jeu du Petengueule Royal Sur la France
u. l. *il ny a que vous pour m'oter ce poid de dessus mes épaules*
o. l. *vous en voila debarrassée Car me voila en pied*
o. r. *je pirouette*
anonym, Frühling 1815
bez. u. l. [LA]HU[L]
Radierung, koloriert
n. best. (252 × 201 mm)
u. r. Stempel Museum Schwerin 1980.228.

Das königliche «Furz-ins-Maul»-Spiel auf Frankreichs Rücken
Eine «königliche» Variante des derben Spiels «pet-en-gueule» (wörtlich: «Furz-ins-Maul») führen hier Napoleon und Ludwig XVIII. vor: Der dicke König sitzt auf der knienden Personifikation Frankreichs, welche Ähren (Fruchtbarkeitssymbol) im Haar trägt. Die ausgezehrte Frau wendet den Blick zu Napoleon hoch, von dem sie die Erlösung vom Schwergewicht auf ihren Schultern erhofft. Der neben ihr Stehende packt zu, fasst den König am Rücken und hebt ihn Hals über Kopf auf. Ludwig XVIII. klammert sich so an Napoleon, dass jeder den Kopf am Hinterteil des anderen hat. Der König verliert bei diesem «Spiel» die Krone und kommentiert seine Lage: Sie versinnbildlicht die Instabilität und Umkehrbarkeit seiner Herrschaft. Der Kaiser beruhigt «La France», sie sei nun von der Last des Bourbonen befreit, der sie in ihre demütigende Haltung gezwungen hat. Der einstige Fasnachtsbrauch, der hier zum Spiel der Machtverhältnisse umgedeutet wird, geht auf eine Bruderschaft in Dijon zurück (vgl. Kat. RM). Pflegen ihn Herrscher, so gemahnt er an die mittelalterliche Allegorie des Glücksrades.

Le jeu du pet-en-gueule royal sur la France
Napoléon et Louis XVIII s'adonnent à une variante «royale» du jeu grivois de «pet-en-gueule». Le gros monarque s'appuie sur une personnification de la France portant des épis dans les cheveux (symbole de la fertilité). La misérable femme tourne son regard vers Napoléon: elle espère qu'il la soulagera de cette charge pesant sur ses épaules. Celui-ci, debout à côté d'elle, se met à l'œuvre, saisit le roi par le dos et le soulève cul pardessus tête. Louis XVIII s'agrippe à Napoléon de telle manière que chacun se retrouve avec le visage à la hauteur du derrière de l'autre. A ce «jeu», le monarque perd sa couronne et commente sa situation: elle symbolise l'instabilité et la réversibilité de son règne. L'empereur tranquillise «La France», elle est maintenant débarrassée du poids du Bourbon qui l'a réduite à cette posture humiliante. Cette ancienne coutume carnavalesque, qui sert ici à la représentation du jeu de pouvoir, tire son origine d'une confrérie de Dijon (cf. cat. RM). Ici, du fait que des souverains s'y livrent, elle rappelle l'allégorie médiévale de la roue de la fortune.

The Royal Game of Fart-to-Your-Face Over France
Napoleon and Louis XVIII are engaged in a «royal» variation of the uncouth game «pet-en-gueule» (literally, «fart to your face»). The stout King is sitting on the kneeling personification of France, who wears wheat ears in her hair (symbol of fruitfulness). The miserable woman looks up at Napoleon, as if imploring him to release her from the heavy weight on her shoulders. Standing next to her, he knuckles down to the task, grabbing the King's back and lifting him up head over heels. Louis XVIII clutches Napoleon so tightly that each ends up with his head at the other's rear. The King comments on his situation – the «game» has sent his crown spinning – as symbolising the instability and reversibility of his reign. The Emperor is most reassuring: «la France» would now be freed of the burden of the Bourbon which had put her in such a humiliating position. Reinterpreted here as a play of power, this game – once reserved to carnivals – harks back to a brotherhood in Dijon (cf. cat. RM). As a play between rulers it reminds of the medieval allegory of the wheel of fortune.

Il gioco del «pet-en-gueule» regale sulla Francia
Napoleone e Luigi XVIII si esibiscono in una variante «regale» di un gioco grossolano: il *pet-en-gueule* (letteralmente "peto in bocca"). Il grasso re siede sulla Francia inginocchiata, miserabile figura femminile con spighe nei capelli (simbolo di fertilità), che alza uno sguardo di speranza verso Napoleone: solo lui potrà toglierle quel peso dalle spalle. L'imperatore interviene, afferra il rivale per il dorso e in un attimo lo solleva; poiché il Borbone si aggrappa a lui, ognuno ha la testa sul posteriore dell'altro. Durante il «gioco» Luigi perde la corona, simbolo – come commenta lui stesso – dell'instabilità e reversibilità del suo potere; Napoleone tranquillizza la Francia, ormai alleggerita di una dinastia che l'ha costretta a umiliarsi. L'antico gioco carnevalesco del *pet-en-gueule* risale a una confraternita di Digione (cfr. cat. RM); qui praticato da regnanti, simboleggia gli alti e bassi del potere richiamando l'allegoria medievale della ruota della Fortuna.

Lit.: Br II App. D 125; Kat. RM 112.

254
Le vainqueur. / Le vain cu.
[kopfständig zueinander]
anonym, Frühling 1815
Radierung, teilkoloriert
123 × 78 mm (230 × 155 mm)
u. r. Stempel Museum Schwerin
1980.133.

Der Sieger – Der Verarschte
Satirische Doppelköpfe, die – um 180 Grad gedreht – je ein anderes Porträt zeigen, sind in den Jahren 1814–1815 mehrfach entstanden. Napoleons Rückkehr und die Herrschaft der Hundert Tage gaben den Anstoss zur vorliegenden Schöpfung. Auf der einen Seite präsentiert sich das kaiserliche Gesicht im Profil nach rechts mit dunklen Haaren; der Zweispitz kennzeichnet den Träger: «Der Sieger» steht darunter zu lesen. Auf der anderen Seite blickt Ludwig XVIII. mit weissem Haar und Adlernase nach links. Er trägt den flachen Hut der Geistlichkeit; die weisse Kokarde verdeutlicht wie die Lilie hinter der Bildunterschrift, wer gemeint ist. Napoleons Widerpart ist «Der Besiegte» (oder gar «le vain cul» – «der dünkelhafte Arsch»), der kurz vor dessen Ankunft in Paris nach Gent flüchtete. Ludwigs Priesterhut verrät seine romtreue Gesinnung (vgl. die Doppelköpfe der papstfeindlichen Bildpropaganda der Reformationszeit). Obwohl das Blatt gegen die Bourbonen und für den Kaiser Partei ergreift (entgegen Kat. RM), bringt es eine Doppelnatur zum Ausdruck, die im März 1815 eklatant zum Vorschein kam: das royalistische und das bonapartistische Frankreich.

Le vainqueur – Le vaincu
Les années 1814–1815 virent paraître plusieurs exemplaires de ces doubles têtes satiriques qui, retournées à 180°, révèlent un deuxième portrait. Le retour de Napoléon et le règne des Cent-Jours inspirèrent la gravure présente. D'un côté, apparaît le profil de l'empereur: il regarde vers la droite et ses cheveux sont foncés; le personnage est caractérisé par son bicorne: dessous, on peut lire «Le vainqueur». De l'autre côté, Louis XVIII regarde vers la gauche: il a les cheveux blancs et un nez aquilin. Il porte le chapeau plat du clergé; la cocarde blanche dévoile son identité, de même que le lis suivant l'inscription. L'adversaire de Napoléon est «Le vaincu» (ou plutôt «le vain cul»), qui s'enfuit à Gand peu avant le retour de l'empereur. Le couvre-chef de Louis trahit sa fidélité à Rome (cf. les doubles têtes de la propagande antipapiste à l'époque de la Réforme). Bien que la gravure prenne le parti de l'empereur contre les Bourbons (contrairement à cat. RM), elle exprime une dualité qui se révéla de manière éclatante en mars 1815: la France bonapartiste et la France royaliste.

The Winner – The Loser
The idea of satirical double-heads which, when turned 180 degrees, show separate portraits, appeared upon several occasions during the years 1814–1815. The present work was inspired by Napoleon's return and his Hundred Days reign. The side that is up is designated «The Winner»: a dark-haired profile of the Emperor facing right and rendered familiar through the bicorne. Turned upside down, there appears a white-haired and eagle-nosed Louis XVIII, with the flat hat of the clergy: his white cockade as well as the lily following the caption leave no doubt as to who is portrayed. «The Loser» (or, from the French «vain cul», the self-imbued ass) fled to Ghent just shortly before Napoleon's arrival. His priest hat underscores his loyalty to Rome (cf. the double heads of the anti-papal imagery that developed during the Reformation). Although this work would speak against the Bourbons and in favour of the Emperor (contrary to what is affirmed in cat. RM), it expresses a certain duality that sprang vividly to fore in March 1815: France as both Royalist and Bonapartist.

Il vincitore – Il vinto
Risalgono al periodo 1814–1815 varie caricature in cui una sola testa, capovolgibile, è in grado di rappresentare due personaggi diversi; in questo caso lo spunto è dato dal ritorno di Napoleone a Parigi e dal regime dei Cento Giorni. Da un lato appare il profilo del viso imperiale, rivolto a destra e coi capelli scuri; sotto la figura, contraddistinta dal bicorno, c'è la scritta «Il vincitore». Una volta rovesciato, però, il personaggio – ora rivolto a sinistra, con naso aquilino e capelli bianchi – si trasforma in Luigi XVIII, come mostrano la coccarda bianca sul piatto copricapo ecclesiastico e il giglio accanto al nuovo titolo. Fuggito a Gand poco prima dell'arrivo di Napoleone a Parigi, Luigi è definito *le vaincu* («il vinto») o perfino *le vain cul* («il culo vanesio»); il suo cappello da prete lo rivela come papista (cfr. le «teste doppie» delle immagini antipapiste durante la Riforma). Pur prendendo posizione contro i Borboni e per l'imperatore (diversamente da quanto afferma cat. RM), l'opera esprime la divisione della Francia in monarchici e bonapartisti, emersa in modo clamoroso nel marzo 1815.

Lit.: Kat. RM 142 (Abb.).

255
[*Il lui fait la Queue.*]
u. l. HONI SOIT
Pierre Marie Bassompierre Gaston ?, 18. Mai 1815 (DL durch Mlle Letaille)
Radierung, koloriert
230 × 164 mm (237 × 174 mm)
u. r. Stempel Museum Schwerin
1980.242.

Er bindet ihm den Zopf
Die qualitätvolle Bildsatire ist nicht leicht zu deuten: In einer offenen Galerie sitzt Ludwig XVIII. im Profil auf einem reich verzierten Sessel. Zur Uniform trägt er die typischen Gamaschen, den Hosenbandorden (eine Anspielung an seine Verbundenheit mit dem «Erzfeind» England), ein Ordenskreuz und ein Schulterband mit einem Lilienorden. Vertieft in eine Schriftrolle (die Charte?), merkt er nicht, dass Napoleon aus Elba zurück ist: Der Kaiser steht hinter ihm in Reitstiefeln, mit Paradedegen und vollem Ordensschmuck der Ehrenlegion; seinem Rivalen knotet er mit einem Band das Haar zu einem Zopf («queue») zusammen, der Haartracht des Adels im Ancien Régime: Er stempelt ihn zum Reaktionär. Obschon Ludwig das Ende des Bandes mit einem Finger festhält, sieht es aus, als wolle sein «Friseur» ihm «einen Strick drehen» (vgl. Br). Beim Arenenberger Exemplar fehlt der erhellende Bildtitel: «Faire la queue à quelqu'un» meint jemanden hintergehen oder bestehlen. In diesem Sinn steht das Bildgeschehen für Napoleons zweite Machtergreifung Ende März 1815. Dass dem König hier der Acte additionnel (liberaler Zusatz zur Verfassung) um den Hals gebunden wird (vgl. Cl), hat zwar für sich, dass Napoleon während der Hundert Tage die Charte von 1814 (Ludwigs Staatsverfassung) durch freiheitliche Gesetze ausstach, ist aber bei genauem Hinsehen wenig plausibel.

Il lui fait la queue
La présente satire – un travail de qualité – n'est pas facile à interpréter:

dans une galerie ouverte, Louis XVIII, vu de profil, est assis sur un fauteuil richement sculpté. Il porte l'uniforme, avec les jambières caractéristiques, l'ordre de la Jarretière (une allusion à son attachement à l'Angleterre, l'«ennemi mortel»), une croix, et une écharpe où est attaché un ordre en forme de fleur de lis. Plongé dans un rouleau d'écriture (la charte?), il ne remarque pas que Napoléon est revenu d'Elbe. Muni de l'épée de parade, portant des bottes d'équitation ainsi que l'ensemble de ses décorations de la Légion d'honneur, l'empereur se tient debout derrière le roi. Napoléon prend ses cheveux et, à l'aide d'un ruban, lui fait une queue – la coiffure typique de la noblesse d'Ancien Régime –, le qualifiant ainsi de réactionnaire. Bien que Louis retienne d'un doigt le bout du ruban, on a l'impression que son «coiffeur» semble avoir des intentions tout autres que de simplement coiffer le monarque (cf. Br). Dans le cas de l'exemplaire d'Arenenberg, le titre éclairant de l'image fait défaut: faire la queue à quelqu'un signifie le duper ou le voler. Dans ce sens, les événements mis en image évoquent la seconde prise du pouvoir par Napoléon, à la fin mars 1815. D'un côté, le fait que Napoléon ait éclipsé la charte de 1814 de Louis (constitution de l'Empire) pendant les Cent-Jours – à travers des lois libérales – pourrait faire penser que l'on met ici l'acte additionnel (adjonction libérale à la constitution) autour du cou du roi (cf. Cl); mais, d'un autre côté, à y regarder de près, cette interprétation ne paraît que peu plausible.

He is Making Him a Braid
This graphically refined satirical work is not easy to decipher: Louis XVIII, seen in profile, sits in an open gallery on a richly carved armchair. His uniform comprises his typical gaiters, the Order of the Garter (an allusion to his connection with the archenemy England), the cross of another Order, and a sash with an (imaginary) Order of the Lily. He is engrossed in a scroll (the Charter?) and thus does not notice that Napoleon has returned from Elba. The Emperor stands behind him in riding boots, with his parade sword and full stock of Legion of Honour orders; he is doing his rival's hair into a braid («queue») with a ribbon, which is the hairstyle worn by the nobles of the Ancien Régime and thus stigmatises the King as a reactionary. Although Louis holds the ribbon end with one finger, it looks like his «hairdresser» wants to put the noose around his neck (cf. Br). The illuminating title «Il lui fait la queue» is missing on the Arenenberg print of this work. The expression «faire la queue à quelqu'un» means to deceive or rob someone. In this sense, the event depicted represents Napoleon's second takeover end March 1815. The opinion that the «Acte additionnel» (Napoleon's liberal amendment to the Constitution) is being put around the King's neck here (cf. Cl) gains plausibility through the historical fact that Napoleon, during his Hundred Days reign, replaced Louis' 1814 Charter (constitution) with his own liberal laws. Upon closer inspection, however, the image forbids the connection with the «Acte additionnel».

Gli fa il codino
La caricatura, di buon livello qualitativo, non è facile da interpretare. Luigi XVIII – visto di profilo in una loggia, su una poltrona riccamente intagliata – indossa sull'uniforme le tipiche uose, l'ordine della Giarrettiera (allusione ai suoi legami col «nemico mortale» inglese), un'onorificenza e una fascia con un ordine gigliato; assorto nella lettura di una pergamena (la sua «Carta costituzionale»?), egli non nota che Napoleone (in stivaloni, con spada da parata e tutti gli addobbi della Legion d'onore) è tornato dall'Elba e ora, dietro di lui, con un nastro gli annoda i capelli nel tipico codino (*queue*) dei nobili dell'Ancien Régime, bollandolo quindi come reazionario. Benché Luigi tenga con un dito l'estremità del nastro, sembra che il «parrucchiere» voglia allestire un capestro (cfr. Br). Nell'esemplare di Arenenberg manca il titolo, che è chiarificatore: poiché *faire la queue* a qualcuno significa «gabbarlo, abbindolarlo», in questo senso l'opera rappresenterebbe il ritorno di Napoleone al potere (fine marzo 1815). L'ipotesi (cfr. Cl) che al collo del re sia legato l'«Atto addizionale» (aggiunta liberale alla Costituzione) sarebbe suffragata dal fatto che Napoleone nei Cento Giorni sostituì con leggi liberali la Carta varata da Luigi nel 1814; a un esame approfondito, però, pare poco plausibile.

Lit.: Br II App. D 233; Cl 91.

256
LE COLIN – MAILLARD
o. M. *TARIF DES PLACES SOUS LE GOUVERNEMENT DE BLACAS.*
Pair de France . . . . 10,000.
Lieutenant Général . . . . 8,000.
Maréchal de Camp . . . . 5,000.
Capitaine de Vaisseau . . . . . . 5,000.
Préfet . . . . 2,400.
Sous Préfet . . . . 1,200.
Le tout en francs et au comptant. / Vous avez triché vous n'avez pas crié casse-cou.
o. r. *Ah mon Dieu Casse-cou Casse-cou!! / Vite vite Ce sont les dernieres / Je voudrois une Préfecture suivant le tarif.*
u. r. *SAC DE SOUS PRÉFET / Projets d'Inquisition. / CODE CIVIL A REFAIRE*
u. M. *CHARTE CONSTITUTIONNELLE.*
Saint-Phal?, 10. Mai 1815 (DL durch Choizeau)
bez. u. M. *A Paris, chez tous les Marchands de Nouveautés.*
Radierung, koloriert
245×328 mm (264×346 mm)
u. r. Stempel Museum Schwerin
1980.93.

Blindekuh
Ratlosigkeit, Korruption, Verfassungsbruch und Klerikalismus wirft das Blatt dem Königtum vor. Ludwig XVIII. (in Uniform und mit dem Orden vom Heiligen Geist) spielt mit den Vertrauten Montesquiou (Priester) und Blacas (Militär) Blindekuh; dabei stösst er an Napoleons Standbild, wodurch er das Lilienszepter zerbricht und die Krone verliert. Er wirft den Mitspielern vor, ihn nicht vor dem Rückkehrer gewarnt zu haben. Zu spät alarmiert ihn der entsetzte Innenminister, dem die Gerechtigkeitshand (Zeichen der königlichen Gerichtshoheit) in der Hand zerbricht; ein Dolch und ein Plan zur Wiedereinführung der Inquisition kennzeichnen den Kleriker. Sein Fuss ruht auf dem Code civil (Zivilgesetzbuch von 1804), den er neuschreiben will. Hinter ihm

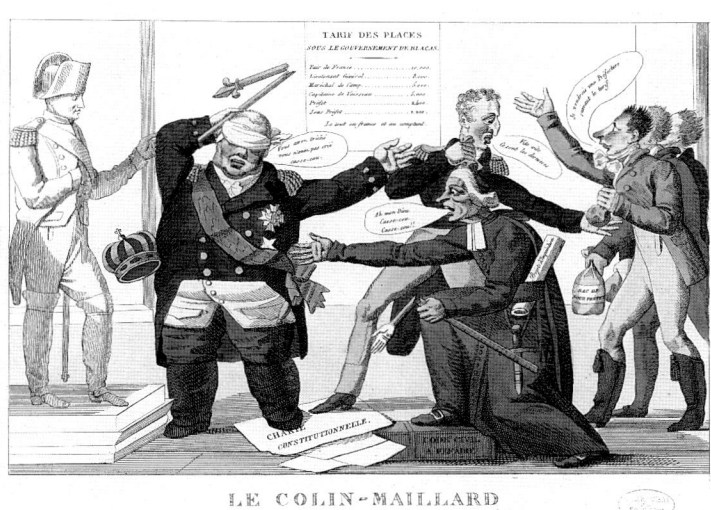

nimmt der Minister des königlichen Haushaltes eilig noch die Gelder von drei Zivilisten entgegen, die sich Präfekturen erkaufen: An der Wand hängt der Tarif der Ehrentitel, militärischen Ränge und Staatsämter, womit die Regierung ein einträgliches Geschäft betreibt. Blacas wie der König treten auf die «Charte» (im Juni 1814 beeidigte Staatsverfassung). Das Blindekuhspiel wird zur Metapher für die neue Monarchie: Ludwig handelt blind, unsicher und hat schlechte Ratgeber – was Napoleon wieder an die Macht verhilft.

Le colin-maillard
Désarroi, corruption, violation de la constitution et cléricalisme: tels sont les reproches adressés à la royauté par cette gravure. Louis XVIII (en uniforme et décoré de l'ordre du Saint-Esprit) joue à colin-maillard avec ses intimes, Montesquiou (le prêtre) et Blacas (le militaire); ce faisant, il heurte la statue de Napoléon, brise son sceptre en forme de lis et perd sa couronne. Il reproche à ses compagnons de jeu de ne l'avoir pas prévenu de la présence de l'intrus. Le ministre de l'Intérieur lance l'alarme trop tard; il tient une main de la justice (symbole de la souveraineté judiciaire du roi) brisée et l'effroi se lit sur son visage. Un poignard et un plan pour la réintroduction de l'Inquisition caractérisent l'ecclésiastique, dont le pied repose sur le Code civil (1804) qu'il veut réécrire. Derrière lui, le ministre du budget royal prend en hâte l'argent de trois civils qui s'achètent des préfectures: au mur est publié le tarif des titres honorifiques, rangs militaires et fonctions publiques, dont le gouvernement fait un commerce lucratif. Blacas et le roi marchent sur la Charte (acte constitutionnel de la Restauration, à laquelle il fut prêté serment en juin 1814). Le jeu de colin-maillard est ici une métaphore de la nouvelle monarchie: Louis agit de manière aveugle, incertaine, et est entouré de mauvais conseillers – ce qui favorise la seconde accession au pouvoir de Napoléon.

Blindman's Bluff
This work criticises the monarchy for muddling, corruption, constitutional breaches, and clericalism. In playing blindman's bluff with his confidants Montesquiou (priest) and Blacas (member of the military), Louis XVIII (uniformed and sporting the Order of the Holy Ghost) bumps into the sculpture of Napoleon, breaking its lily-tipped sceptre and knocking off its crown. He rebukes his fellow players for not having warned him of the Emperor's return. The horrified Home Secretary, in whose hand the hand of justice (symbol of royal jurisdiction) has broken, alerts him too late. A dagger and a plan to reinstate the Inquisition serve as trademarks to the clergyman, who has a foot set upon the «Code civil» (1804 civil code), which he wants to rewrite. The royal household's minister who stands behind him has just enough time to still accept the gold of three civilians seeking to purchase prefectures: a wall board lists the rates for the government's lucrative business of selling titles of honour, military rankings, and offices of state. Both Blacas and the King tread upon the «Charter» (the national constitution pledged by Louis XVIII in June 1814). The game in this cartoon serves as a metaphor for the new monarchy: Louis acts blindly, lacks assurance, and has bad advisors – all of which favour Napoleon's return to power.

La mosca cieca
L'opera rinfaccia al reame borbonico incapacità, corruzione, violazione della «Carta costituzionale» e clericalismo. Giocando a mosca cieca coi fidi Montesquiou (prete) e Blacas (militare), Luigi XVIII (in uniforme e con l'ordine dello Spirito Santo) colpisce la statua di Napoleone, che gli spezza lo scettro gigliato e gli fa cadere la corona. Ai compagni di gioco, perciò, il re rimprovera di non averlo avvisato del pericolo; troppo tardi gli giunge, in effetti, l'allarme inorridito del ministro dell'interno (cui si rompe in mano la «mano della giustizia», segno dell'autorità giuridica regia). Montesquiou – ecclesiastico contraddistinto da un pugnale e da progetti di una nuova Inquisizione – ha un piede appoggiato sul codice civile del 1804, che vorrebbe riscrivere. Dietro di lui, il ministro del regio bilancio si affretta a prendere in consegna il denaro di tre civili, acquirenti di prefetture: sulla parete spicca infatti il tariffario dei titoli onorifici, gradi militari e cariche statali con cui il governo si assicurava ricchi introiti. Sia Blacas sia il re calpestano la «Carta costituzionale» varata solennemente nel giugno 1814. La mosca cieca diventa una metafora della nuova monarchia: al ritorno di Napoleone sul trono contribuisce il fatto che Luigi agisce alla cieca, in modo incerto, e ha cattivi consiglieri.

Lit.: BN V 9432; Br II S. 62, App. D 29.

257
[Le Major de Cugnac et les Jésuites stupéfaits]
o.l. *Charge de la cavalerie Royale du duc de B.. / Le Major de Cugnac Je vais le tuer Ou le ramener en cage*
o.M. *Avant Garde de l'inquisition on nous a àppelés trop-tard. / Jésuites stupéfaits*
o.r. *allégresse du peuple des invalides / Je ne veux que la paix.*
u.r. *Chœur des dames c'est ce qui nons console*
u.l. *passe-port de LONDRE. pour Paris bon pour un an.*
anonym, Frühling 1815
u.M. *Déposé à la Direction.*
Radierung, koloriert
263×396 mm (270×400 mm)
u.r. Stempel Museum Schwerin
1980.43.

Der Major von Cugnac und die entsetzten Jesuiten
In waldiger Gegend geht ein «Sturmangriff der königlichen Kavallerie des Herzogs von Berry» vor sich: Während der Lorbeer haltende Napoleon mit seinen Generälen und der Kaisergarde von rechts einmarschiert, fliehen im Hintergrund links die Reiter. Der Kaiser «will nur den Frieden», wofür er den «Jubel des Volks der Invaliden» erntet, das seinen Weg säumt. Im Vordergrund verdrückt sich bestürzt eine Gruppe bewaffneter Jesuiten mit einer Prozessionsfahne. Diese bezeichnet sie als «Avantgarde der Inquisition», welche überzeugt ist, zu spät gerufen worden zu sein; denn sie hätte Napoleons Rückkehr zu verhindern gewusst. Angeführt wird die kirchliche Kampftruppe vom (nicht näher bekannten) Major von Cugnac, der seinen Degen schwingt und schwört, den Usurpator unschädlich zu machen. Aller Hass und Fanatismus hilft nichts: Dem 1814 aus dem Exil heimgekehrten Adel und Klerus blieb im Jahr 1815 nur die Flucht ins Ausland übrig, was der abgelaufene «Reisepass von London nach Paris, gültig für ein Jahr» (in Cugnacs Hand) satirisch unterstreicht. Doch auch

der heuchlerische Kaiser und sein treues Volk von Kriegskrüppeln sind hier Gegenstand der Kritik.

Le major de Cugnac et les jésuites stupéfaits
Aux abords d'une contrée boisée, on assiste à la «charge de la cavalerie royale du duc de Berry»: alors qu'à droite Napoléon, portant une branche de laurier, avance suivi de ses généraux et de la garde impériale, à l'arrière-plan à gauche, la cavalerie s'enfuit. L'empereur «ne veut que la paix», ce pourquoi il récolte «l'allégresse du peuple des invalides» qui borde son chemin. Au premier plan, des jésuites armés s'esquivent, consternés, emportant leur bannière de procession. Celle-ci les désigne comme «l'avant-garde de l'inquisition», laquelle est persuadée d'avoir été appelée trop tard; car elle aurait su empêcher le retour de Napoléon. La troupe de combattants ecclésiastiques est emmenée par le major de Cugnac (difficile à identifier) qui brandit son épée et jure de neutraliser l'usurpateur. Mais cette haine et ce fanatisme sont sans effet: à la noblesse et au clergé, rentrés en 1814 de leur exil, ne restait plus l'année suivante que la fuite à l'étranger, ce que souligne satiriquement le «passeport de Londres pour Paris, valable un an», périmé, que Cugnac tient dans sa main. Mais l'hypocrite empereur et son peuple fidèle de mutilés de guerre sont également en butte à la critique du caricaturiste.

The Major of Cugnac and the Astounded Jesuits
In a wooded area, a «charge of the Duke of Berry's Royal Cavalry» is taking place: from the right, Napoleon, holding a laurel branch, advances with the Imperial Guard and his generals; meanwhile, in the background to the left, the Royal riders can be seen fleeing the site. The Emperor comes «only in the name of peace», thus earning «the joyous acclaim of the crowd of invalids» who line his pathway. In the foreground, a group of armed Jesuits are slinking away in dismay: inscribed as the «avantgarde of the Inquisition» on their processional banner, they feel certain they could have impeded Napoleon's return if only they had been called to the scene earlier. The ecclesiastical battle group is led by the (little known) Major of Cugnac, who waves his sword and swears to render the usurper harmless. Despite all the hate and fanaticism, within a year, the nobles and clergy who had returned from exile in 1814 had no choice but to flee abroad again in 1815. This state of affairs is satirically underscored here by a «London to Paris travel pass, valid one year» (in Cugnac's hand). Yet the work also presents the Emperor and his loyal cripples of war in a critical light.

Il maggiore de Cugnac e i gesuiti stupefatti
In una zona boscosa è in atto una «carica della regia cavalleria del duca di Berry»: mentre da destra giunge a passo di marcia la guardia imperiale, preceduta da Napoleone (con l'alloro in mano) e dai suoi generali, a sinistra i cavalieri regi si danno alla fuga. L'imperatore vuole «soltanto la pace», suscitando l'«allegria del popolo degli invalidi» che fa ala al suo cammino. In primo piano se la svignano sgomenti alcuni gesuiti armati, che uno stendardo da processione definisce «avanguardia dell'Inquisizione»: avrebbero saputo sì impedire il ritorno dell'esule, ma sostengono di essere stati «chiamati troppo tardi». I guerrieri della Chiesa sono guidati da un «maggiore de Cugnac» (peraltro ignoto), che brandendo la spada giura di rendere inoffensivo l'usurpatore. Ma l'odio e il fanatismo sono inutili: i nobili e il clero, rientrati nel 1814 dall'esilio, nel 1815 non possono far altro che fuggire all'estero, come sottolinea satiricamente il «passaporto da Londra per Parigi valido un anno» (quindi scaduto) nella mano di Cugnac. La caricatura, tuttavia, critica anche l'ipocrisia dell'imperatore e il suo popolo fedele d'invalidi di guerra.

Lit.: –

258
SAUVE QUI PEUT… / OU LA RIPAILLE INTERROMPUE.
u.r. MALAG[A] / restitution des biens des Emig[rés]
anonym, 10. April 1815 (DL durch Le Comte)
bez. u. r. A Paris Chez Martinet rue du Coq. S!. Honore N° 13 & 15
Radierung, koloriert
230×291 mm (245×302 mm)
u.r. Stempel Museum Schwerin 1980.51.

Rette sich wer kann… oder die jäh unterbrochene Schlemmerei
Frankreichs Aristokraten, die seit der Revolution im Exil gelebt hatten, kehrten mit der Thronbesteigung von König Ludwig XVIII. in ihre Heimat zurück. Physiognomisch und anatomisch verformt und überzeichnet, reagieren hier fünf Adelige auf Napoleons Landung in Frankreich: An der Küste haben sie eine feudale, weissgedeckte Tafel aufgestellt und mit Köstlichkeiten bestückt (Kleinvögel, Flaschen, Früchte), als sie von heranrückenden Gardegrenadieren mit der Trikolore und dem Blitze schleudernden Kaiseradler überrascht werden. Fluchtartig verlassen sie ihr Schlemmermahl; doch kommen sie noch dazu, Weinflaschen und Proviant einzustecken und eine schwere Geldtruhe (den Staatsschatz?) fortzuschleppen. Der feisten Rückenfigur ragt ausserdem eine Verordnung über «die Rückerstattung der Güter der Emigrierten» aus den Rocktaschen. Ein zu Boden gefallener Hut, ein umgeworfener Stuhl und eine vom Tisch gefallene Flasche unterstreichen die Eile der royalistischen Schmarotzer, die sich mit ihrem König im März 1815 wieder ins Ausland in Sicherheit brachten.

Sauve qui peut… ou la ripaille interrompue
Les aristocrates français, qui avaient vécu en exil depuis la Révolution, rentrèrent au pays à l'avènement du roi Louis XVIII. Cinq nobles, dont la physionomie et l'anatomie ont été

m.ᵈ m.ᵐᵉ de Géniecourt

déformées par le dessinateur, réagissent ici au débarquement de Napoléon en France: sur la côte, ils ont installé une table somptueuse, nappée de blanc et recouverte de mets succulents (volailles, bouteilles et fruits), lorsqu'ils sont surpris par des grenadiers de la garde arborant le drapeau tricolore et par l'aigle impériale qui lance des éclairs. Dans leur fuite, ils abandonnent leur festin; pourtant, ils parviennent encore à empocher des bouteilles et des provisions et à emporter un lourd coffre rempli d'argent (le trésor de l'Etat?). En outre, un décret concernant «la restitution des biens des émigrés» surgit de la poche de l'habit du gros personnage de dos. Un chapeau gisant sur le sol, une chaise renversée et une bouteille tombée de la table soulignent la hâte des pique-assiettes royalistes qui, en mars 1815, se réfugièrent une fois de plus à l'étranger, en compagnie de leur roi.

Run For Your Life or the Interrupted Feast
France's aristocratic classes, who had been living in exile since the Revolution, rejoined their homeland when Louis XVIII was enthroned. Here, we see five noblemen – whose facial figures and anatomy are caricaturally deformed – reacting to Napoleon's landing in France. On the French coast, they had set up a feudal table with a white tablecloth and a spread of delicacies (small birds, bottles, fruits). Surprised by the arrival of the grenadier Guard bearing the tricolour and preceded by the Imperial eagle flinging out bolts of lightning, they flee their gourmet meal in all haste. They do find time to carry off some wine bottles and provisions, and to carry off a heavy coin chest (national treasure?). Moreover, the frock pocket of the stout figure seen from the back displays a decree ordering «the reimbursement of the goods of the exiled». A hat that has fallen to the ground, an overturned chair, and a bottle fallen from the table emphasize the haste with which the Royalist parasites left in March 1815, together with the King, for the safety of other shores.

Si salvi chi può…, ovvero bisboccia interrotta
Gli aristocratici francesi, vissuti in esilio fin dall'epoca della Rivoluzione, con l'ascesa di Luigi XVIII al trono tornarono in patria. Qui cinque nobili, resi caricaturali da tratti anatomici e fisionomici distorti, hanno preparato in riva al mare una tavola feudale, coperta da una tovaglia bianca e colma di prelibatezze (uccelletti, bevande, frutta), ma vengono sorpresi dall'arrivo di granatieri della Guardia (con tricolore) e dall'aquila imperiale che scaglia saette. Allo sbarco di Napoleone in Francia essi reagiscono abbandonando in tutta fretta il pasto lucilliano, ma fanno in tempo a nascondere vino e provviste e a portare via un pesante forziere (il tesoro dello Stato?); il grassone di spalle, inoltre, reca nella tasca della giubba un'ordinanza sulla «restituzione dei beni agli emigrati». Il cappello per terra, la sedia rovesciata e la bottiglia caduta dalla tavola sottolineano la fretta con cui i parassiti monarchici, nel marzo 1815, si rifugiarono di nuovo all'estero insieme al loro re.

Lit.: BN V 9421; Br II S. 61, App. D 298.

259
m.ʳ et m.ᵐᵉ de Géniecourt
o.l. *Au Nom de vos Aïeux n'exposés pas votre noble Sang! envoyés –y le compagnon de vos Exploits / Pourquoi me Retenir*
o.r. *Moi je n'ai Jamais tué que des Hanetons / nouveaux Bienfaits Du Roi*
anonym, 28. April 1815 (DL durch Bernot)
bez. u. l. · *Chez Martinet rue du Coq*
Radierung, koloriert
281 × 353 mm (287 × 358 mm)
u.r. Stempel Museum Schwerin
1980.55.

Herr und Frau von Schwachkopf
An der offenen Tür, durch die Napoleon und die ihm zujubelnde Armee zu sehen sind, spielt sich ein häusliches Drama ab: Der hagere Herr von «Schwachkopf» in Uniform (weisse Kokarde, Orden, adelige Kniehose, dazu Ringelsocken) zieht beim Anblick Napoleons ungeübt den Degen. Ihm wirft sich die Gattin in den Weg und fleht «im Namen [seiner] Ahnen», er dürfe sein edles Blut nicht in Gefahr bringen, sondern solle den «Gefährten [seiner] Waffentaten» in den Kampf schicken: Der jugendliche Page im Rücken des Gatten erwidert erschreckt, er habe immer nur Maikäfer getötet. Im Hintergrund steht ein Kerzenleuchter mit aufgesetztem Löschhut (Symbol der royalistischen Reaktion) auf einem Tisch und verhindert, dass zwei Schriftrollen mit «neuen Wohltaten des Königs» (Adelsprivilegien) und mit dem Stammbaum des Hauses zu Boden gleiten. Auf den Stammbaum pisst ein Hündchen. Géni(e)court ist in der antiroyalistischen Karikatur der Prototyp des einfältigen, degenerierten Aristokraten.

M. et Mme de Géniecourt
Sur le seuil de la porte ouverte, à travers laquelle on aperçoit Napoléon ovationné par son armée, se joue un drame domestique: à la vue de l'empereur, le maigre Monsieur «de Géniecourt» en uniforme (cocarde blanche, ordre, noble culotte serrée aux genoux et bas rayés) tire son épée; mais il manque d'exercice. Sa femme se jette à ses pieds et l'implore «au nom de [ses] aïeux» de ne pas mettre son noble sang en danger, et d'envoyer plutôt au combat «les compagnons de [ses] exploits»: dans le dos du mari, un jeune page terrifié riposte qu'il n'a «jamais tué que des hannetons». A l'arrière-plan, sur une table, se dresse un chandelier recouvert d'un éteignoir (symbole de la réaction royaliste); il empêche que deux rouleaux comportant les «nouveaux bienfaits du roi» et l'arbre généalogique de la maison, ne tombent à terre. Un petit chien pisse sur l'arbre généalogique. Dans la caricature antiroyaliste, Géni(e)court représente le prototype de l'aristocrate stupide et dégénéré.

Mr and Mrs of Dimwit
A domestic drama takes place at the doorway to Napoleon and his cheering troops outside in the background. The gaunt and uniformed (white cockade, order, aristocratic breeches mismatched with stockings with ringlets) Mr. of «Dimwit» («géniecourt» = short on genius) is clumsily unsheathing his sword at the sight of Napoleon. His wife has thrown himself at his feet to plead «in the name of [his] forefathers» that he spare the shedding of noble blood and send his «comrade in arms» to battle in his stead. This elicits a frightened reply from the young page to the effect that all he's ever killed up till now is maybugs. The candlestick set on the table in the background has been topped by a snuffer (symbol of the Royalist reaction); it is keeping two scrolls – a listing «the King's latest benefits» (privileges granted to the nobility) and a family tree of the Géniecourts – from slipping down. A little dog pisses on the family tree. Géni(e)court is, in anti-Royalist cartoons, the prototype of the simple-minded, degenerated aristocratic class.

Il signore e la signora de Géniecourt
Presso la porta aperta, da cui si vedono Napoleone e il suo esercito esultante, è in atto un dramma familiare. Alla vista dell'imperatore, il magro «signor di Genioscarso» in uniforme (con coccarda bianca, onorificenza, brache nobiliari alla cavallerizza e calze ad anelli) estrae goffamente la spada; sua moglie gli si getta davanti, supplicandolo «nel nome dei vostri antenati» di non esporre il suo nobile sangue al pericolo, ma d'inviare a combattere in sua vece «il compagno delle vostre gesta». Il giovane paggio alle spalle del marito replica allora, spaventato, che finora ha ucciso soltanto maggiolini. Sul tavolo a destra, un candeliere coperto da uno spegnitoio (simbolo della reazione monarchica) impedisce che scivolino a terra due pergamene con i «nuovi beneficî del re» (privilegi nobiliari) e l'albero genealogico della famiglia; su quest'ultimo sta mingendo un cagnolino. Nelle caricature antirealiste, Géni(e)court è il prototipo dell'aristocratico sempliciotto e degenerato.

Lit.: BN V 9217; Br II App. D 231.

260
Le Primtems de 1815.
o. l. *Officiers français nourissant les Abeilles. / Je reviens à vous. La France sera encore la 1ere Nation du monde*
o. M. *Va, va, arrose il y a 25 ans que le terroir de France ne vaut plus rien pour les lys.*
o. r. *Plus de Dîme! Consummatum est / Et les Droits féodeaux?.. C'est mort. / On leur donnera en place des giroflées à 5…*
Jean Baptiste Gauthier l'aîné?, 31. Mai 1815 (DL durch Gauthier)
bez. u. l. *Déposé à la D^{on} gén.^{le}*
Radierung, koloriert
238 × 337 mm (265 × 367 mm)
u. r. Stempel Museum Schwerin 1980.44.

Frühling 1815
Vier Kaisertreue (im Vordergrund) stehen drei Vertretern der Alten Ordnung (im Hintergrund) gegenüber: Links zerpflücken zwei kaiserliche Offiziere Veilchenblüten, um die Bienen zu nähren, die das Bienenhaus umschwirren. Die kaiserlichen Wappentiere werden von einem Lorbeerbusch überragt, auf dem der Kaiseradler Napoleons Rückkehr verkörpert. In der Mitte verspottet eine Marktfrau die Bemühungen der Royalisten: Schon seit 25 Jahren sei Frankreich kein geeigneter Boden mehr für die Lilien. Denn der Geistliche und die beiden ebenfalls verzeichneten Adeligen in ihren lächerlichen Uniformen und weissen Kokarden giessen vergeblich einen welken Lilienstock. Sie stellen entsetzt fest, dass die Zeit der Naturalabgabe an die Kirche und der feudalen Rechte des Adels endgültig vorbei sind. Rechts vorne wünscht ein Pfeife rauchender, wütender (franz. «fumer»: rauchen bzw. eine Wut haben) Kavallerieoffizier den Levkojenzüchtern Nelken – d. h. Ohrfeigen («giroflées à 5…»). Mit Napoleons zweiter Machtergreifung im März 1815 überwinden Volk und Armee (zwischenzeitlich) die Stützen der mit Ludwig XVIII. wiedereingesetzten Feudalordnung.

Le printemps de 1815
Quatre fidèles de Napoléon (au premier plan) et trois représentants de l'Ancien Régime (à l'arrière-plan) se font face: à gauche, deux officiers de l'empereur effeuillent des violettes afin de nourrir les abeilles qui bourdonnent autour de la ruche. Les insectes héraldiques de l'empereur sont surplombés par un laurier, sur lequel s'est posé l'aigle impériale personnifiant le retour de Napoléon. Au milieu, une marchande se moque des efforts des royalistes: cela fait «vingt-cinq ans que le terroir de France ne vaut plus rien pour les lys». Car, l'ecclésiastique et les deux nobles, arborant la cocarde blanche et revêtus d'uniformes grotesques, arrosent en vain une plante de lys fanés. Ils constatent indignés que la dîme ecclésiastique et les droits féodaux de la noblesse appartiennent définitivement au passé. Devant à droite, un officier de la cavalerie en colère et fumant la pipe (double sens: fumer de colère) souhaite des «giroflées à 5…» (gifles) aux trois jardiniers. Suite à la seconde prise de pouvoir par Napoléon en mars 1815, le peuple et l'armée déboulonnèrent les piliers de l'ordre féodal réinstauré par Louis XVIII.

Spring 1815
Four figures loyal to the Emperor (foreground) stand opposite three representatives of the Ancien Régime (background): the two imperial officers to the left are pulling off the petals of violets in order to feed the bees swarming out from the beehive. These imperial heraldic insects are surmounted by a laurel bush, on which the imperial eagle personifies Napoleon's return. In the centre of the image, a market woman derides the Royalists for their efforts: for 25 years now France has lacked the right soil for growing lilies. Her allusion is to the two ridiculously uniformed (and with white cockades) nobles and the clergyman (depicted to the same grotesque effect as they are) who are vainly watering a wilted lily plant. In their conversation, they comment aghast that tithes to the church and feudal rights of the nobility have fallen out of current use. In the foreground to the right, an enraged, pipe-smoking (literally and smoldering with rage) cavalry officer wishes the lily growers instead «gillyflowers» (from the French play on «giroflées» for gillyflowers and «giroflées à 5…» for boxes on the ears). When Napoleon took up the reins of power the second time in March 1815, the masses and the army (in the interim) overcame the mainstays of the feudal system reinstored by Louis XVIII.

La primavera del 1815
Ai quattro fedeli dell'imperatore (in primo piano) sono contrapposti tre esponenti dell'Ancien Régime (sullo sfondo). A sinistra due ufficiali napoleonici sfogliano viole, per nutrire le api che svolazzano intorno all'alveare; sopra gli animali araldici dell'esule spunta un cespuglio d'alloro, su cui l'aquila imperiale simboleggia il suo ritorno. Al centro una popolana deride gli sforzi dei realisti: già da venticinque anni la Francia non è più un terreno adatto per i gigli… Infatti l'ecclesiastico e i due nobili con coccarda bianca, resi caricaturali come lui da uniformi ridicole, innaffiano invano una pianta di giglio avvizzita, constatando sgomenti che sono finiti per sempre i tempi delle decime ecclesiastiche e dei diritti della nobiltà feudale. Sull'angolo inferiore destro un ufficiale di cavalleria, che fuma infuriato la pipa (*fumer* significa «fumare» ma anche «essere furente»), augura ai tre non gigli ma violacciocche (*giroflées*, che con l'aggiunta *à cinq* [*feuilles*] sta per «sonori ceffoni»). Col ritorno di Napoleone al potere, nel marzo 1815 il popolo e l'esercito ebbero la meglio – provvisoriamente – sui pilastri dell'ordinamento feudale restaurato da Luigi XVIII.

Lit.: BN V 9479; Br II S. 90 f., App. D 319.

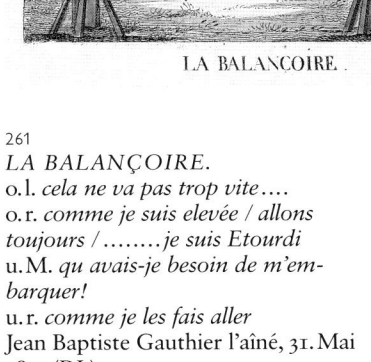

LA BALANÇOIRE.

LE TAPECU.

261
LA BALANÇOIRE.
o.l. *cela ne va pas trop vite....*
o.r. *comme je suis elevée / allons toujours / ....je suis Etourdi*
u.M. *qu avais-je besoin de m'embarquer!*
u.r. *comme je les fais aller*
Jean Baptiste Gauthier l'aîné, 31. Mai 1815 (DL)
Radierung, koloriert
310×240 mm (332×252 mm)
u.r. Stempel Museum Schwerin 1980.60.

Die Schaukel
Die Alliierten sind Napoleon ins Netz gegangen: In einer Schiffsschaukel, wie sie auf Jahrmärkten anzutreffen war, schwingt der an die Macht zurückgekehrte Kaiser seine Feinde immer höher hinauf, indem er kräftig am Seil zieht. In der Schaukel steht zuhinterst der Zar; er hält sich an den Aufhängeseilen fest und überragt im Augenblick alle: «Wie bin ich erhoben!» Russlands eminente Bedeutung bei der Zerschlagung des napoleonischen Europa kommt hier wohl zum Ausdruck. Vor Alexander sitzt benommen Kaiser Franz. Auf den Rändern der Schaukel steht der preussische König, als ob er die Schaukel in Schwung halten wollte, und scheint die Fahrt zu geniessen. Hingegen fragt sich zuvorderst König Ludwig, warum er sich auf das Spiel (der Politik) eingelassen habe. Stoisch steht indes ganz links Wellington, blickt von den anderen weg und findet, es gehe nicht zu schnell, womit wohl die politischen Entwicklungen jener Tage gemeint sind. Doch die aktive Rolle spielt Napoleon. Er überraschte die Koalition, als sie am Wiener Kongress die Neuordnung Europas aushandelte.

La balançoire
Les alliés sont pris dans les filets de Napoléon: sur une balançoire en forme de bateau comme on en trouvait dans les foires, l'empereur de retour au pouvoir fait osciller ses ennemis toujours plus haut, en tirant sur une corde. Le tsar (tout à l'arrière) se tient fermement aux cordes de suspension et, pour l'instant, surplombe les autres: «Comme je suis élevé!». La gravure exprime ainsi le rôle prédominant de la Russie dans la destruction de l'Europe napoléonienne. Devant le tsar est assis l'empereur François, étourdi. Le roi de Prusse est debout sur les bords de la balançoire comme s'il voulait maintenir l'engin en mouvement; il semble s'amuser. Par contre, le roi Louis, assis au premier plan, se demande pourquoi il s'est laissé entraîner dans le jeu (politique). Tout à gauche, stoïque, Wellington regarde dans la direction opposée; il estime que «cela ne va pas trop vite», faisant allusion aux développements politiques de l'époque. Mais c'est Napoléon qui joue le rôle actif. Pendant le congrès de Vienne, il prit la coalition de court alors même qu'elle négociait le nouvel ordre européen.

The Swing
His allied foes have allowed Napoleon to entrap them: pulling sharply on the rope, the Emperor – since returned to power – is swinging them ever higher in a swing-boat similar to those to be seen at fairs in fomer times. The Tsar stands all the way to the rear and holds on to the suspension ropes; presently towering above the others, he comments, «How elevated I am!» The allusion may be to Russia's major significance in shattering Napoleonic Europe. A stunned Emperor Francis sits in front of Alexander. Standing on the swing's edges, the Prussian King looks as if he were enjoying the ride and trying to keep the swing going. Quite to the contrary, King Louis (foremost) asks himself why he let himself in for this game (of politics). Whereas Wellington, all the way to the left, stoically looks away from the others; to his taste, things are not going all that rapidly, no doubt in reference to the political events of the day. Yet it is Napoleon who takes action; he surprised the coalition while it was negotiating Europe's rearrangement at the Vienna Congress.

La barca-altalena
Gli alleati sono caduti nella rete di Napoleone; tirando con forza la corda, l'imperatore tornato al potere solleva sempre più in alto i suoi nemici, in una barca-altalena delle fiere di quei tempi. Dietro a tutti lo zar Alessandro, che in questo momento sovrasta i compagni, si aggrappa ai tiranti dell'altalena esclamando «Come sono in alto!» (probabile accenno alla parte essenziale avuta dalla Russia nello smembramento dell'Europa napoleonica); davanti a lui siede l'imperatore Francesco, stordito, mentre il re di Prussia, ritto sui bordi della barca come per tenere in moto l'altalena, sembra gustare la corsa. In basso, viceversa, re Luigi si domanda che bisogno aveva d'imbarcarsi (nel gioco della politica); sulla sinistra, infine, Wellington guarda stoicamente in direzione opposta agli altri e osserva che la velocità non è eccessiva (riferendosi probabilmente agli sviluppi politici di quei giorni). L'unico attivo, però, è Napoleone: fu lui a sorprendere la coalizione, che al congresso di Vienna stava discutendo il futuro assetto dell'Europa.

Lit.: BM IX 12521; BN IV 8064; Br II Tf. S. 64, 67, App. D 325; Kat. H85 31; Kat. RM 113 (Abb.).

262
LE TAPECU.
o.l. *Vos forces sont elles épuisees…*
M.l. *non! mais Relevez Moi.*
o.l. *Quelle triste Position /…..nous y resterons.*
o.r. *allez les aider.*
M.r. *Ces messieurs il parait ne Connaissent pas le jeu.*
Jean Baptiste Gauthier l'aîné, 31. Mai 1815 (DL)
u.r. *Déposé a la d.^{on} G.^{ale}*
Radierung, koloriert
284×405 mm (288×423 mm)
u.r. Stempel Museum Schwerin 1980.59.

Die Wippe
Die Karikaturisten griffen das Motiv der Wippe oder Schaukel gerne auf (vgl. Kat. Nrn. 261, 264), um das Auf-und-Ab im politischen Kräftespiel des Jahres 1815 zu verbildlichen. Hier hat Napoleon nach der Machtergreifung ein solches Gewicht, dass er allein alle Alliierten auf der Wippe hochgehen lässt. Überrascht klagt Kaiser Franz in der Mitte über die «traurige Lage» der Koalition, während König Friedrich Wilhelm (links) Ludwig XVIII. fragt, ob seine Kräfte erschöpft seien: Der dicke Bourbone ist auf den Hintern gefallen und hält das gerissene Seil in den Händen, an welchem er von der Wippe hing, um seine Verbündeten am Boden zu halten. Nun bittet er darum, wieder aufgerichtet zu werden. Dass sie festsitzen, bemerkt auch der Zar (rechts) und klammert sich an den Haltegriff der Wippe. Offensichtlich kennen seine Rivalen das Kinderspiel nicht, spottet Napoleon. Doch entgeht ihm, dass im Hintergrund Wellington einem Kosaken, dem Inbegriff der russischen Streitmacht, britisches Gold zahlt, damit er den bedrängten Monarchen zu Hilfe eilt…

Le tapecul
Les caricaturistes utilisaient volontiers le motif de la bascule ou de la balançoire (cf. n°^{s}. cat. 261, 264) pour dépeindre les hauts et les bas du

bras de fer politique de l'année 1815. Ici, après son accession au pouvoir, Napoléon a pris un tel poids qu'à lui seul, il parvient à soulever tous les alliés. Surpris, l'empereur François (au centre) se plaint de «la triste position» de la coalition, pendant que le roi Frédéric-Guillaume (à gauche) demande à Louis XVIII si ses forces sont épuisées: le gros Bourbon est tombé sur son derrière et tient entre ses mains la corde rompue au moyen de laquelle il tentait de maintenir ses alliés au sol. Il demande à être relevé. Le tsar aussi (à droite) remarque qu'ils sont coincés et se cramponne à la poignée de la bascule. Apparemment, ses rivaux ne connaissent pas le jeu, raille Napoléon. Mais il ne voit pas, à l'arrière-plan, Wellington qui donne de l'or britannique à un cosaque, incarnation de la puissance militaire russe, afin qu'il se hâte au secours du roi déchu.

The Seasaw
Cartoonists often availed themselves of the seesaw or swing motif (cf. cat. nos. 261 and 264) to graphically express the political play of forces during 1815. In this version, Napoleon has become such a heavyweight since taking power that he outweighs all the allies combined. Surprised to find himself in the air, Emperor Francis (middle) complains over the coalition's «sorry position», while King Frederick William (left) asks Louis XVIII whether his forces are depleted. The stout Bourbon has toppled to his buttocks; he holds on to the torn rope from which he was hanging onto the seesaw in an endeavour to hold his allies down on firm ground. Now he asks that they pick him back up. The Tsar (right) clenches the seesaw handle, all too aware that they are stuck. Napoleon makes fun of his rivals for being unfamiliar with the children's game; he has not noticed what is transpiring in the background, where Wellington is paying a Cossack (the personification of the Russian troops) British gold to rapidly come to the rescue of the distressed monarchs.

L'altalena
I caricaturisti ricorrevano volentieri al tema dell'altalena (cfr. nⁱ cat. 261 e 264) per simboleggiare le alterne vicende dei giochi di forza politici nel 1815. Qui Napoleone, tornato al potere, ha un tale peso che basta da solo a sollevare tutti gli alleati sul lato opposto dell'asse; l'imperatore Francesco (quello dei tre che sta in mezzo) deplora la loro «triste posizione», mentre re Federico Guglielmo (più a sinistra) domanda a Luigi XVIII, caduto sul posteriore, se abbia esaurito le forze. Tenendo in mano la corda spezzata con cui cercava, appeso all'asse, di aiutare gli alleati, in effetti il grasso Borbone chiede che lo risollevino; anche lo zar (a destra degli altri) osserva che i tre rimarranno bloccati e si aggrappa alla maniglia dell'altalena. Napoleone scherza sul fatto che i rivali, a quanto pare, non conoscono quel gioco; non nota però che Wellington, sullo sfondo, dà denaro britannico a un cosacco (simbolo dell'esercito russo), perché accorra in aiuto dei sovrani in pericolo…

Lit.: BN IV 8065; Br II S. 65 f., App. D 304.

263
LE DESTIN DE LA FRANCE.
o.l. *C'est lui qui régale!.. c'est moi qui paye!… / Nous ne sommes pas de poids!… / Je lui cherche une querelle d'Allemand / Mort de ma vie nous entrerons!…*
o.M. *Qu'on se batte, qu'on se déchire… je reste dans mon Gand!.. / Canons de l'Eglise. / Pretexte de Guerre. / Chateau-briant*
o.r. *Entrez!.. mais vous n'en sortirez pas!….*
u.r. *HONNEUR PATRIE*
u.l. *100,000 / 100,000*
Saint-Phal?, Mai 1815
bez. u. M. *A Paris, chez tous les Marchand de Nouveautés.*
Radierung, koloriert
[242]×395 mm (268×407 mm)
u.r. Stempel Museum Schwerin 1980.77.

Frankreichs Schicksal
Über dem Ärmelkanal hängt eine Balkenwaage: In der rechten Schale wiegen Frankreichs Ehre (Grosskreuz der Ehrenlegion) und Napoleons Degen (Armee) schwerer als alle Koalitionsmächte in der linken. Hier klammern sich König Friedrich Wilhelm, Kaiser Franz und Zar Alexander ängstlich aneinander, als Blitze vom Himmel niederfahren, und stellen fest, dass sie kein Gewicht haben. Dies meinen sie mit Drohungen wettmachen zu können, worauf sie Napoleon vom Ufer aus provoziert: Sie sollen nur in Frankreich eindringen, doch werden sie nicht mehr hinausgelangen. Vor seinen Verbündeten sitzt der kirchentreue Büchernarr Ludwig XVIII. in einem Handschuh (franz. «gant») und hält Lilien und mit «Kirchenbestimmungen» bzw. «-kanonen», «Kriegsvorwand» bzw. «-tragödie» («prétexte» im Sinn von lat. «fabula praetexta») sowie «Chateaubriand» (der Schriftsteller begleitete ihn ins Exil) bezeichnete Schriftrollen. Er lässt die anderen kämpfen und bleibt im sicheren Exil in Gent (franz. «Gand»). Vergebens beschwert Wellington von England aus die alliierte Waagschale mit Goldsäcken (Grossbritannien trug die Hauptlast der Koalition). Er schimpft, Ludwig teile (Apanagen) aus, und er bezahle.

Le destin de la France
Une balance à fléau est suspendue au-dessus du canal de la Manche: sur le plateau de droite, la renommée de la France (grande croix de la Légion d'honneur) et l'épée de Napoléon (l'armée) pèsent plus lourd que toutes les puissances de la coalition réunies à gauche. Là, alors que des éclairs tombent du ciel, le roi Frédéric-Guillaume, l'empereur François et le tsar Alexandre se cramponnent peureusement les uns aux autres et constatent qu'ils ne font pas le poids. Ils pensent pouvoir compenser leur faiblesse par des menaces; sur quoi, de la rive où il se trouve, Napoléon les provoque: ils peuvent bien entrer en France, mais ils n'en ressortiront pas. Louis XVIII, en bibliomane bigot, est assis dans un «gant» devant ses alliés; il tient des lis et des rouleaux portant les inscriptions «canons de l'Eglise» (double sens de canon), «prétextes de guerre» (prétexte du latin «fabula praetexta», c.-à-d. tragédie), ainsi que «Chateaubriand» (l'écrivain l'accompagna dans son exil). Se réfugiant à «Gand», il laisse les autres se battre. De l'Angleterre où il se trouve, Wellington tente vainement d'alourdir le plateau de la coalition en y ajoutant des sacs d'or (la Grande-Bretagne assuma la plus grande part de la charge financière de la coalition). Il peste: Louis «régale» (à l'aide d'apanages), mais c'est lui qui «paie».

France's Destiny
A large Legion of Honour cross (France's honour) and Napoleon's sword (army) are weighing down the right scale of a balance hung across the English Channel: the coalition powers to the left cannot outweigh them. This realisation makes the latter three – King Frederick William,

Emperor Francis, and Tsar Alexander – cling together in fright as lightning rains down on them. They seek to compensate their lack of weight with threats, whereupon Napoleon provokes them from the shore, challenging them to enter France by force and he would see to it that they never got back out. The popish and bibliomaniac Louis XVIII sits in front of his allies in a glove (that is, in Ghent – from the French play on «gant» for glove and its homophone); he holds a bouquet of lilies, together with scrolls concerning «ecclesiastical can(n)ons», a pretext for war (or its homophone in literary French, «a tragedy of war», from the latin «fabula praetexta»), and «Chateaubriand» (the writer who accompanied him in exile). He is content to let the others do the fighting while he remains in safety in Ghent. From the coast of England where he stands, Wellington attempts in vain to load down the scale with sacks of gold (Great Britain bore the brunt of the coalition war expenses) and grumbles over the fact that Louis deals out (the appanages) while he himself pays.

Il destino della Francia
Sopra il canale della Manica pende una bilancia, sul cui piatto destro la spada di Napoleone (l'esercito) e la gran croce della Legion d'onore (l'onore della Francia) pesano più che tutte le potenze alleate. Sul piatto sinistro, mentre fulmini scendono dal cielo, re Federico Guglielmo, l'imperatore Francesco e lo zar Alessandro si aggrappano paurosi l'uno all'altro, constatando di non avere peso e cercando di rifarsi con minacce; dalla costa, provocatorio, Napoleone replica che possono sì entrare in Francia, ma non ne usciranno mai più. Davanti ai tre alleati, il bibliomane Luigi XVIII siede in un guanto (*gant*, omofono di *Gand*), cioè resta nel suo esilio sicuro di Gand e lascia combattere gli altri; ligio al papato com'è, oltre a fiori di giglio stringe la pergamena *canons de l'Eglise* («canoni ecclesiastici» o «cannoni della Chiesa»), insieme a un *prétexte de guerre* («pretesto di guerra» o «tragedia bellica», nel senso latino di [*fabula*] *praetexta*) e a «Chateaubriand» (lo scrittore che lo accompagna nell'esilio). Dalla costa inglese Wellington cerca invano di appesantire con sacchi d'oro il piatto alleato, adirandosi perché, mentre lui paga, Luigi distribuisce appannaggi: il peso maggiore della coalizione, in effetti, gravava sulla Gran Bretagna.

Lit.: Br II S. 69f., App. D 86.

264
La Bascule
anonym, 5. Juni 1815 (DL durch Vauthier)
u.l. *dep. a la Direc. de l'imprimerie*.
Radierung, koloriert
272×320 mm (290×338 mm)
u.r. Stempel Museum Schwerin 1980.212.

Die Wippe
Erst zwei Wochen vor Waterloo der kaiserlichen Zensurbehörde vorgelegt, stellt das Blatt die Entmachtung Ludwigs XVIII. durch Napoleon im März 1815 allegorisch dar. Der Kaiser steht ruhig im Strahlenkranz oben auf einer Wippe, die vom dicken, reich dekorierten König in den typischen Gamaschen und mit dem Löschhut auf dem Kopf (Symbol der Feinde von Aufklärung und Freiheit) niedergedrückt wird. Schon werfen ihn aber die Blitze rücklings zu Boden, welche der über der Wippe schwebende gekrönte Kaiseradler in den Fängen hält: Die mächtige Ausstrahlung des Heimkehrers fegt den übergewichtigen Popanz im Nu vom Thron.

La bascule
Présentée à la censure napoléonienne deux semaines seulement avant Waterloo, cette gravure allégorique illustre la déchéance de Louis XVIII suite au retour de Napoléon en mars 1815. Nimbé de lumière et l'air serein, l'empereur se tient debout sur une bascule, soulevé par le poids du gros roi, richement décoré, portant des guêtres et un éteignoir en guise de chapeau (symbole des ennemis des Lumières et de la liberté). Mais déjà celui-ci est projeté à terre, sur le dos, par les éclairs que l'aigle impériale couronnée surmontant la balançoire, tient dans ses serres: le puissant rayonnement de l'empereur balaie du trône la marionnette obèse.

The Seesaw
This cartoon, submitted to the imperial censorship board only two weeks before Waterloo, allegorically presents Napoleon depriving Louis XVIII of his political power in March 1815. The Emperor, surrounded by a halo, calmly stands on the high end of the seesaw, which is weighted down at the other end by a stout and richly decorated King wearing his typical gaiters, and with a snuffer (symbol of the enemies of Enlightenment and liberty) as headgear. Yet lightning – in the claws of the imperial eagle hovering above – is already throwing the King over backwards: the powerful personality radiated by the homecomer will have swept the pompous and overweight monarch from the throne in a flash.

L'altalena
Presentata alla censura imperiale solo due settimane prima di Waterloo, l'opera raffigura allegoricamente l'esautorazione di Luigi XVIII ad opera di Napoleone (marzo 1815). L'imperatore (con aureola raggiata) si erge tranquillo su un'altalena; il lato opposto dell'asse è abbassato dal grasso re carico di onorificenze, con le tipiche uose e con lo spegnitoio sul capo (simbolo di ostilità all'illuminismo e alla libertà del popolo). Ma sopra l'altalena si libra l'aquila imperiale coronata, che scagliando fulmini dagli artigli fa ruzzolare Luigi all'indietro: col possente splendore che irradia, l'esule tornato in patria spazza in un attimo dal trono quel fantoccio obeso.

Lit.: BN V 9447; Br II App. D 299.

le Crépuscule

265
le Crépuscule
o. l. *charte constitutionelle*
u. r. *champ de mai*
sign. u. l. *JVL* [Ligatur] (Y. V. Lacroix)
Juni 1815, bei Galliard, Paris
Radierung, koloriert
363 × 248 mm (365 × 250 mm)
u. r. Stempel Museum Schwerin
1980.68.

Die Dämmerung
Zwei Figuren und ein Alltagsgegenstand symbolisieren die französische Geschichte von Juni 1814 bis Juni 1815. Die Dämmerung eines neuen Morgens bricht an, als Napoleon Frankreich zurückgewinnt: Er kriecht unter einem gewaltigen Löschhut hervor und bringt den «Lichttöter» ins Wanken. So wird sein Licht aufs neue erstrahlen und bedeutet die «Götterdämmerung» für die regierenden Bourbonen. Ludwig XVIII. sitzt seit der Wiedererrichtung der Monarchie in unbequemer Lage auf der Spitze des Löschhutes: Er hat die unfreiheitliche Alte Ordnung teilweise wiederhergestellt und sich dadurch beim Volk diskreditiert. Während ihn Napoleons plötzliches Auftauchen aus dem Gleichgewicht bringt, stiehlt ihm der Kaiseradler die Krone. Der stürzende Monarch verliert die «Charte constitutionnelle» (liberal gefärbter Erlass mit Verfassungscharakter als Grundlage der neuen Monarchie). Die beiden Rivalen blicken sich an, und Napoleon zeigt provokativ auf ein Schriftstück mit der Aufschrift «Maifeld»: Am 1. Juni 1815 inszenierte er seine Zusatzakte zur Verfassung im sogenannten «Maifeld», «einer Mischung aus Verfassungsfeier, Truppenparade und Einschwörung des Volkes auf den Kaiser» (Fi94 S. 64). Der demokratischere Anstrich seiner revidierten Verfassung sticht hier die bourbonische Charte aus (vgl. Kat. Nr. 256); Napoleon hat Volk und Armee (Schwert neben ihm) auf seiner Seite.

Le crépuscule
Deux personnages et un objet ordinaire symbolisent l'histoire de la France de juin 1814 à juin 1815. L'aube d'un jour nouveau point au moment où Napoléon regagne la France: il sort en rampant de sous un gigantesque éteignoir et fait vaciller le «l'éteigneur». Ainsi son éclat pourra-t-il à nouveau resplendir, signifiant le «crépuscule» des Bourbons au pouvoir. Depuis la restauration de la monarchie, Louis XVIII est assis dans une position inconfortable, au sommet de l'éteignoir: il a réinstauré en partie l'Ancien Régime, antilibéral, se discréditant auprès du peuple. Alors que la soudaine apparition de Napoléon lui fait perdre l'équilibre, l'aigle impériale lui vole sa couronne. Dans sa chute, le souverain perd la «Charte constitutionnelle» (acte à caractère constitutionnel, teinté de libéralisme, qui servit de fondement à la nouvelle monarchie). Les deux rivaux se regardent et d'un air provocant, Napoléon désigne un document écrit portant l'inscription «Champ de Mai». Le 1er juin 1815, il mit en scène ses actes additionnels aux constitutions de l'Empire en une manifestation baptisée Champ de mai, «un mélange de fête constitutionnelle, de parade militaire et de prestation de serment du peuple à l'empereur» (Fi94 p. 64). L'apparence démocratique de sa constitution révisée éclipse ici la Charte bourbonienne (cf. n°. cat. 256); Napoléon bénéficie du soutien du peuple et de l'armée (l'épée gisant à côté de lui.)

Twilight
The two figures and an everyday object depicted in this cartoon symbolise the historical train of events that took place in France between June 1814 and June 1815. The dawn of a new day is meant to break through when Napoleon again takes over France: he crawls out from under a giant snuffer and thus makes the «light extinguisher» totter. After this, the «twilight of the gods» for the reigning Bourbons, Napoleon's light would shine on a new page of history. Since ascending the throne, Louis XVIII had been perched uncomfortably at the the point of the candle snuffer: as a result of having partly reinstated the feudal rights of the Ancien Regime, he had lost much of his popularity with the masses. While Napoleon's sudden rise puts him off-balance, the imperial eagle flies off with his crown. In his fall, the monarch loses his «Charte constitutionnelle» (a liberally tinged edict drawn up like a constitution and serving as platform to the new monarchy). The two rivals look at each other, and Napoleon provocatively points to a document headed «Champ de mai». In effect, on 1 June 1815, Napoleon staged his constitutional amendment at the so-called «Champ de mai»: «a mixture between a constitutional celebration, a military parade, and a swearing-in ceremony» (Fi94 p. 64). This works indicates that the democratic tone of his revised constitution outstripped the Bourbon chart (cf. cat. no. 256), winning the people and the army (the sword lying next to him on the floor) over to his side.

Il crepuscolo
Due figure e un oggetto d'uso quotidiano simboleggiano la storia francese dal giugno 1814 al giugno 1815. È il crepuscolo di un nuovo mattino quando Napoleone si riprende la Francia, strisciando fuori da un enorme spegnitoio e rovesciando così l'«ammazzalumi»; torna a brillare la luce napoleonica, che funge da «crepuscolo degli dei» per la casa regnante borbonica. Luigi XVIII siede scomodamente sulla punta dello spegnitoio fin dal ripristino della monarchia: restaurando in parte l'illiberale Ancien Régime, si è screditato presso il popolo. Mentre l'improvvisa comparsa del rivale gli fa perdere l'equilibrio, l'aquila imperiale gli ruba la corona; cadendo, inoltre, il re perde la «Carta costituzionale» (decreto vagamente liberale e con carattere di statuto, fondamento della nuova monarchia). I due avversari si guardano; Napoleone indica provocatoriamente un documento con la scritta «Campo di Maggio». Il 1° giugno 1815, infatti, egli inaugurò il suo «Atto addizionale alle Costituzioni dell'Impero» nel cosiddetto Campo di Maggio, «un misto di festa della Costituzione, parata di truppe e giuramento del popolo all'imperatore» (Fi94 p. 64). Qui la sua revisione costituzionale, teoricamente più democratica, sostituisce la carta borbonica (cfr. n° cat. 256); Napoleone ha dalla propria parte il popolo e l'esercito, simboleggiato dalla spada accanto a lui.

Lit.: Br II S. 98f., App. D 348; Fi94 S. 63f., Ftf. S. 77; Kat. H85 29.

Il revient plus puissant que jamais

266
Il revient plus puissant que jamais
o. r. *francais ralliez vous a l'eteignoir*.
u. l. *PROCLAMATION FRAN-CAIS / PROCLAM / PROCLA MATION / FRANCAIS / PROCL*
Ernest Jaime, 1838; nach Bournisien?, 10. Mai 1815 (DL durch Bournisien)
o. r. *PL 107. o*. [aus: Jaime, Ernest: *Le Musée de la Caricature*, Bd. 2, Paris: Delloye, 1838]
Radierung, koloriert
[216 × 278 mm] (230 × 284 mm)
Herkunft unbekannt
1980.221.

Er kehrt zurück, mächtiger denn je
Die seitenverkehrte und verkleinerte Kopie einer Karikatur vom Frühling 1815 nimmt den Einzug Ludwigs XVIII. in Paris am 8. Juli vorweg. Der kugelbäuchige König ist «mächtiger» (gewichtiger) denn je: Auf einem Sessel thronend, wird die schwere Last von vier gebeugten Koalitionsvertretern (v. l. n. r. England, Preussen, Russland, Österreich) auf Musketen und Lanzen heimwärts getragen. Den Weg ebnen ihm seine Proklamationen an die Franzosen, und es leuchtet (éclairer) ihm ein Kosak als Erkunder (éclaireur) mit einem Kerzenleuchter. Ludwig fordert sein Volk auf, sich um den Löschhut zu scharen. Das hochsymbolische Gerät aus der Alltagswelt kennzeichnet die reaktionäre, die freiheitlichen Errungenschaften der Französischen Revolution ablehnende Haltung der Bourbonen (vgl. Kat. Nrn. 248, 265). Dabei hatte der König aus dem Exil der Nation erklärt (15. April 1815), alles tilgen zu wollen, was die Franzosen von ihm entfremden könnte. In Wahrheit kam er politisch und moralisch geschwächt an die Macht zurück. Zur Unterstützung durch die Alliierten vgl. Kat. Nr. 181.

Il revient plus puissant que jamais
Cette copie, réduite et inversée latéralement, d'une caricature parue au printemps 1815, anticipe le retour de Louis XVIII à Paris le 8 juillet. Le roi affublé d'un ventre proéminent est plus «puissant» (gros) que jamais: trônant sur un siège, la lourde charge est portée sur des lances et des mousquets par quatre représentants de la coalition (de g. à d. l'Angleterre, la Prusse, la Russie, l'Autriche). Le dos courbé, ils ramènent le roi chez lui. Ses proclamations aux Français lui ouvrent la voie, et un cosaque éclaire le chemin au moyen d'un chandelier. Le monarque invite la population à se rallier à son éteignoir. Ce très symbolique ustensile des jours anciens caractérise l'attitude réactionnaire des Bourbons, qui refusent les conquêtes libérales de la Révolution (cf. n°s. cat. 248 et 265). Pourtant, de son exil, le roi avait déclaré (le 15 avril 1815) vouloir supprimer tout ce qui pouvait le rendre impopulaire auprès des Français. En réalité, il revint au pouvoir affaibli moralement et politiquement. En ce qui concerne le soutien des alliés cf. n°. cat. 181.

He Returns More Powerful Than Ever
This laterally inverted and reduced copy of a spring 1815 cartoon anticipates Louis XVIII's arrival in Paris on 8 July. The round-bellied King is depicted as «more powerful» (i.e. weightier) than ever. Seated on a throne, he weighs down four bent coalition members – l. to r. England, Prussia, Russia, Austria – who carry him home using their muskets and lances. His way is smoothed by the proclamations he made to the French people, and is lit by a candlestick-bearing Cossack who acts as scout (the French «éclaireur», a play on «éclairer» meaning to light) to the group. Louis exhorts his people to rally round the candle snuffer, that highly symbolic instrument taken from everyday life to represent the reactionary convictions of the Bourbons (cf. cat. nos. 248 and 265) in rejecting all that was accomplished for freedom by the French Revolution. Their attitude belied the King's proclaimed intention to the nation (on 15 April 1815, during his exile) to expunge all and anything that might keep the French people at odds with him. In actual fact, it was a politically and morally weakened King who returned to power. With regard to allied support, cf. cat. no. 181.

Ritorna più possente che mai
Copia rimpicciolita e a lati invertiti di una caricatura della primavera 1815, la stampa anticipa l'arrivo a Parigi – l'8 luglio successivo – di un re Luigi XVIII panciuto, «più possente» (più pesante) che mai. Il gravoso carico, troneggiante in una poltrona appoggiata su lance e moschetti, è portato in patria da quattro esponenti piegati della coalizione (da s. a d. Inghilterra, Prussia, Russia, Austria); ad aprirgli la strada provvedono i suoi proclami ai francesi e un esploratore (*éclaireur*) cosacco, che fa luce (*éclaire*) con un candeliere. Luigi esorta il suo popolo a «unirsi allo spegnitoio»: attrezzo d'uso quotidiano ma altamente simbolico, indicante l'ostilità reazionaria dei Borboni alle libertà acquisite con la Rivoluzione (cfr. n.i cat. 248 e 265). Eppure il 15 aprile 1815, dall'esilio, il re aveva dichiarato alla nazione di voler sopprimere tutto ciò che potesse renderlo alieno ai francesi; in realtà, quando tornò al potere, era indebolito sul piano politico e morale. Sul sostegno dato a Luigi dagli alleati, cfr. n° cat. 181.

Lit.: BM IX 12588; BN V 9647 [Original]; Br II App. D 157 [Original].

267
Porté par la liberté, il est reçu avec enthousiasme par le peuple et l'armée.
darunter N.ª *Le peuple est représenté dans l'etat de misére où l'avait réduit la tyrannie de Louis XVIII / Il a le bonnet d'affranchi signe de sa délivrance*.
o. l. leere Sprechblase [laut BN *Je m'en déferai quand je voudrai / Je le mennerai où je voudrai / POLICE*
o. M. *Vive L'Empereur!!*
o. r. *allons aux varietés / Français!!! la patrie est mena[cée] [d]u plus grand des / THEATRE DE[S] VARIETES JOCRISSE changé de Condition / DES AR[MES] & du Courage / Parisiens!! Celui qui fit penda[nt]*
u. l. *Régime de 93 / acte additionnel / Sénatus Consultes / prisons d'Etat*
sign. u. l. *Lelarge*
21. Juni 1815 (DL)
Radierung, koloriert
228 × 290 mm (240 × 297 mm)
u. r. Stempel Museum Schwerin
1980.114.

Von der Freiheit getragen, wird er von Volk und Armee mit Begeisterung empfangen
Auf der Allegorie der Freiheit mit der Pike und den Schriften des Terrorregimes von 1793 reitet Napoleon aus Elba heran. Er versucht, die Volksfreiheit mit den Zügeln «Staatsgefängnisse», «Senatsbeschlüsse», «Polizei» sowie der liberalen Zusatzakte zur Staatsverfassung (22. April 1815) im Zaum zu halten. Doch meint die Freiheit selbstsicher: «Ich werde ihn hinführen, wohin ich will.» Napoleon denkt hingegen über sie (auf dem Arenenberger Blatt fehlend): «Ich werde mich ihrer entledigen, wann ich will.» Hand in Hand gehen ein Grenadier und ein Kleinbürger mit Jakobinermütze – stellvertretend für Armee und Föderation (siehe Kat. Nr. 271) – unter Hochrufen auf den Kaiser zu. Ihnen wendet rechts ein Grossbürger den Rücken zu und sucht Zerstreuung; er studiert an der Mauer ein Theaterplakat: «Jocrisse [Einfaltspinsel in der franz. Komödie]

Porté par la liberté, il est reçu avec enthousiasme par le peuple et l'armée

in verändertem Stand». Es verdeckt zur Hälfte einen patriotischen Aufruf zum Widerstand. Die politisch passive Bourgeoisie wird ebenso verspottet, wie der Tyrann Napoleon angeklagt wird, das Volk zu hintergehen, indem er sich freiheitlich gibt, was den Terror der Revolutionsjahre neu entfachen könnte. Das zweideutige Notabene unter dem Titel merkt an, Ludwig XVIII. habe das Volk ins Elend geführt; jetzt trage es die Mütze der Befreiung. Sollte es – wörtlich genommen – das royalistische Propagandabild für die kaiserliche Polizei entschärfen (vgl. Cl und BN)?

Porté par la liberté, il est reçu avec enthousiasme par le peuple et l'armée
Venant d'Elbe, Napoléon s'approche, juché sur une allégorie de la liberté, qui est équipée d'une pique et apporte les écrits du régime de terreur de 1793. Il tente de maîtriser la liberté du peuple, en tenant fermement les rênes qui symbolisent, respectivement, les «prisons d'Etat», les «décisions du Sénat», la «police» ainsi que l'acte additionnel libéral (22 avril 1815) de la constitution de l'Empire. Mais, l'air assuré, la liberté affirme: «Je le mènerai où je voudrai.» Napoléon pense cependant tout autre chose au sujet de la liberté (texte manquant sur l'image d'Arenenberg): «Je m'en déferai quand je voudrai.» Un grenadier et un petit bourgeois, coiffé d'un bonnet phrygien – symbolisant l'armée et la Fédération (cf. n°. cat. 271) –, marchent main dans la main vers l'empereur, en poussant des vivats en son honneur. A droite, un grand bourgeois leur tourne le dos et cherche à se distraire; il examine une affiche de théâtre collée sur un mur, cachée en partie par un appel patriotique à la résistance: «Jocrisse [type de benêt se laissant mener, dans la comédie française] change de condition». La bourgeoisie, politiquement passive, est tournée en dérision, tandis que le tyran Napoléon est accusé de tromper le peuple, en se montrant libéral, ce qui comporterait le risque de provoquer un retour de la terreur des années révolutionnaires. Placé sous le titre, le nota bene ambigu indique que Louis XVIII a plongé le peuple dans la misère et que ce dernier porte à présent le «bonnet d'affranchi». Ce sous-titre, pris au sens littéral, devait-il atténuer l'image de la police impériale dans la propagande royaliste (cf. Cl et BN)?

Carried by Liberty, He is Enthusiastically Welcomed by the People and the Army
Napoleon arrives from Elba astride the allegorical figure of Liberty, who carries a pike and the writings of the Reign of Terror. The Emperor is attempting to hold in check the liberty of the people with the reins «national prisons» and «Senatorial decrees», «Police», and the «Acte additionnel aux constitutions de l'Empire» (liberal supplementary act to the constitution of the Empire, 22 April 1815). But Liberty has its own opinion: «I'll lead him wherever I want.» Napoleon thinks to the contrary (missing on the Arenenberg print): «I'll get rid of her whenever I want to.» Coming towards them are, hand in hand, a grenadier and a commoner sporting a Jacobin cap – representing respectively the army and the federation (see cat. no. 271) – who cheer the Emperor. To the right, behind this pair, a patrician turns his back to them and seeks distraction: he is studying a theater poster on the wall announcing «Jocrisse [a French comedy simpleton] Changed of Condition». The poster half covers another that is a patriotic call for resistance. Thus this work pokes fun as much at the politically passive bourgeoisie as at the tyrant Napoleon for betraying his people, which could rekindle the terrorism of the Revolutionary period. The ambiguous nota bene under the title comments that Louis XVIII had imposed misery on the people, who now wore the cap of liberation. Was this – if taken literally – meant to neutralise this piece of Royalist propaganda in the eyes of the imperial police (see Cl and BN)?

Portato dalla Libertà, è accolto con entusiasmo dal popolo e dall'esercito
Napoleone giunge dall'isola d'Elba a cavallo della Libertà (con la picca e gli scritti del «regime del '93», cioè del Terrore): cerca quindi di tenere a freno il popolo con le briglie «prigioni di Stato», «deliberazioni del Senato» e «polizia» nonché con l'«Atto addizionale alle Costituzioni dell'Impero» (22 aprile 1815). La Libertà, sicura di sé, dice «Lo porterò dove vorrò»; l'imperatore, viceversa, riferendosi a lei pensa (ma le parole mancano nella stampa di Arenenberg) «Me ne sbarazzerò quando vorrò». Mano nella mano, un granatiere (simbolo dell'esercito) e un piccolo borghese con berretto frigio (simbolo dei federati, cfr. n° cat. 271) vanno incontro a Napoleone con grida d'evviva; a destra un esponente dell'alta borghesia volge le spalle e cerca di distrarsi studiando il manifesto teatrale sul muro («Jocrisse [figura del babbeo nella commedia francese] cambia condizione»), che nasconde per metà un appello patriottico alla resistenza. La caricatura, perciò, da un lato deride la borghesia politicamente passiva, dall'altro accusa il tiranno di gabbare il popolo fingendosi libertario, col pericolo di dare il via a un nuovo Terrore. L'ambigua nota sotto il titolo osserva che il popolo, ridotto in miseria da Luigi XVIII, ora porta il berretto della libertà: commento che forse, se preso alla lettera, agli occhi della polizia imperiale doveva «rendere innocua» questa stampa di propaganda realista (cfr. Cl e BN)?

Lit.: BN V 9538; Br II S. 70, App. D 201; Cl 85; Fi 94 S. 61 (Abb.).

268
ARRIVÉE DE NICOLAS BUONAPARTE / aux tuilleries le 20 Mars 1815
o. M. *Français je veux à [...] Napoléon*
o. r. *jai dans ma poche une trêve de 20 ans avec les Puissances. Brave Garde nationale et vous aussi bon peuple vous aurez part à mes bienfaits. / Nous Suiveront toujours notre Empereur / Ah? le Grand homme / Vive Lempereur*
u. r. *RÉCOMPENSE MILITAIRE*
u. M. *je fait patte d Velours*
o. l. *Nous n'la Goberons pas Nicolas / ah quelle Gosse / l'as beau caliner ça n'prendra pas / Mon pauvre Cadet tu vas donc filer / ça fait brosse j'sommes com' lui j'crains L'feu*
Jean Baptiste Gauthier l'aîné, 26. August 1815 (DL durch Gauthier)
Radierung, koloriert
230 × 360 mm (260 × 377 mm)
u. r. Stempel Museum Schwerin
1980.41.

Ankunft von Nikolaus Bonaparte in den Tuilerien am 20. März 1815
Vor dem Tuilerienpalast verkündet Napoleon der «wackeren Nationalgarde» (kommunale Miliztruppe) und dem «guten Volk» eine zwanzigjährige Waffenruhe und verheisst ihnen Segnungen. Gleichzeitig dementiert der Lügner seine Worte, indem er auf eine Kiste mit «militärischen Auszeichnungen» hinter ihm zeigt: Sie enthält Holzbeine und Krücken. Daneben versichern ihm Allegorien des Todes und des Elends, dass sie ihrem Kaiser immer folgen werden; zwei (bezahlte) Anhänger bejubeln «den grossen Mann». Auf der linken Seite lehnen fünf Personen aus dem Volk die ihnen vor die Nase gehaltene Proklamation ab, weil sie den Heuchler durchschauen: «Wir glauben sie nicht, Nicolas» (vgl. Kat. Nr. 190), «Welch ein Kind!» und «Kannst sie noch so kosen, das verfängt nicht», lauten die Urteile. Ganz links glaubt eine Frau, schon Abschied nehmen zu müssen: «Mein armes Brüderchen, du wirst also in den Krieg ziehen.»

ARRIVÉE DE NICOLAS BUONAPARTE
aux tuileries le 20 mars 1815

Aber wie Napoleon, so wird auch er rechtzeitig davonlaufen: »Das macht nichts. Ich bin wie er, ich fürchte das Feuer.« In der Bildmitte verkörpert die Katze (Sinnbild von Grausamkeit und Hinterlist) Napoleons Charakter; sie zeigt sich von der angenehmen Seite: «Ich mache Samtpfoten.»

Arrivée de Nicolas Bonaparte aux Tuileries le 20 mars 1815
Devant le palais des Tuileries, Napoléon annonce une trêve à la «brave garde nationale» (milices communales) et au «bon peuple»; elle est censée durer une vingtaine d'années et procurer à tous de nombreux bienfaits. Mais, simultanément, l'imposteur dément ses propres paroles, en montrant du doigt une caisse de «décorations militaires», posée derrière lui: elle contient des jambes de bois et des béquilles. Placées derrière celle-ci, les allégories de la mort et de la misère assurent qu'elles suivront toujours leur empereur, tandis que deux partisans (payés) acclament «le grand homme». A gauche, cinq représentants issus du peuple refusent la proclamation tenue sous leur nez, car ils devinent les plans secrets de l'hypocrite personnage. «Nous ne la goberons pas, Nicolas» (cf. n°. cat. 190), «Ah, quel gosse!» et «(Tu) as beau câliner, ça ne prendra pas»: voilà les jugements du peuple. Tout à gauche, une femme donne l'impression de devoir déjà prendre congé d'un frère: «Mon pauvre cadet, tu vas donc filer (partir à la guerre).» Mais – à la manière de Napoléon («je crains le feu») –, ce frère compte lui aussi se sauver à temps. Au centre de l'image, un chat (symbole de la cruauté et de la perfidie) incarne le caractère de Napoléon; le félin se montre, en l'occurrence, sous un aspect agréable: «Je fait patte de velours.»

The Arrival of Nicolas Bonaparte at the Tuileries on 20 March 1815
Napoleon stands before the Tuileries palace to proclaim to his «brave National Guard» (municipal militia) and the «good people» that he has concluded a twenty-year truce, and to promise them his good blessings. By his actions the liar disclaims his words, for he points to a chest marked «military rewards» that is filled with wooden legs and crutches. The allegorical figures of Death and Misery standing next to the chest promise they will always follow the Emperor, while two (paid) supporters acclaim the «great man». To the left, five persons from the common folk reject the proclamation he flaunts at them; they are not duped by his hypocritical ways: «We don't believe you, Nicolas» (cf. cat. no. 190), «What a kid!», and «No matter what terms of endearment, we will not be taken in», are the opinions expressed. All the way to the left, a woman even thinks she must already say farewell: «My poor little brother, so now you must be off to war.» But the would-be conscript will run away in time, just as Napoleon was in the habit of doing. «It doesn't matter,» he answers, «I'm just like him, I'm afraid of fire.» To the centre of the image, a cat – symbol of cruelty and deceit – embodies Napoleon's character; all sweetness and light, it claims «I have drawn in my claws».

Arrivo di Nicolas Bonaparte alle Tuileries, il 20 marzo 1815
Davanti al palazzo delle Tuileries, Napoleone annuncia una tregua ventennale alla «prode guardia nazionale» (milizia comunale) e al «buon popolo» francese, promettendo loro beneficî; smentisce quelle parole bugiarde, però, indicando alle sue spalle una cassa di «ricompense militari» che contiene gambe di legno e stampelle. Accanto a lui le allegorie della morte e della miseria assicurano che seguiranno sempre il loro imperatore; due sostenitori (prezzolati) salutano con giubilo il «grand'uomo». Sulla sinistra cinque popolani respingono il proclama messo loro di fronte, perché indovinano l'ipocrita: «Non la beviamo, Nicolas!» (cfr. n° cat. 190), «Che bambino!», «Hai un bel fare carezze, non attacca». La donna più a sinistra crede già di dover salutare un parente («Povero fratellino, allora stai per partire»), ma l'uomo, come Napoleone, sa che fuggirà per tempo («Non fa nulla; io sono come lui, ho paura del fuoco»). Il carattere dell'imperatore è rappresentato dal gatto al centro, simbolo di crudeltà e di astuzia, che si mostra dal lato gradevole («Ritiro gli artigli»).

Lit.: BN V 9469; Br II S. 63, App. D 14; Cl 87.

269
Sujèt allégorique.
darunter *Bonaparte fuit de l'ile d'Elbe et ramène à sa suite la discorde, la guerre, et la misère; la mort qui le précède / se livre à l'allégresse.*
u. M. *Liberté publique / Traités de paix / Lois / foi. / Indépendance des Nations / droit des peuples*
Y. V. Lacroix, 23. September 1815 (DL durch Dubois)
Radierung und Punktmanier, koloriert
264 × 354 mm (277 × 377 mm)
u. r. Stempel Museum Schwerin 1980.80.

Allegorie
An der Küste des von Schiffen befahrenen Meeres fällt Napoleon mit gezücktem Degen und vorwärts weisendem Zeigefinger, von allegorischen Figuren begleitet, in Frankreich ein. Die Zwietracht (brennende Fackel, Schlangenhaupt), der hybride Krieg (Schwert, Schild, römischer Helm) sowie das Elend (verzweifelte Frau in Lumpen) folgen ihrem Schutzherrn, der mit fanatischem Blick auf sie zurückschaut und dabei Schriftstücke zertritt: öffentliche Freiheit, Friedensverträge, Gesetze, Glaube, Unabhängigkeit der Nationen und Völkerrecht. Allen voran marschiert der lachende Tod mit der Fiedel und einem Blumenkranz auf dem Schädel; er freut sich schon über die Ausbeute des nächsten Krieges. Dadurch klingt das Totentanz-Thema in der friesartigen Komposition an. Zwietracht, Krieg, Elend, vor allem aber Tod bringt der aus dem Exil geflohene Kaiser über sein Land und ganz Europa.

Sujet allégorique
Accompagné par des figures allégoriques et sabre au clair, Napoléon fait irruption en France; il l'aborde par la côte d'une mer où naviguent des bateaux et montre – avec son index – la direction à prendre. La discorde (flambeau qui brûle, tête coiffée de serpents), la guerre hybride (épée, bouclier, casque romain) et la mi-

Sujet allégorique
Bonaparte fuit de l'île d'Elbe et ramène à sa suite la discorde, la guerre, et la misère, la mort qui le précède se livre à l'allégresse.

Serrement de nez (Serment de ney)
je jure que ça Sent la violette

sère (femme desespérée en haillons) suivent leur protecteur. Ce dernier jette un regard fanatique en arrière sur ces personnages, tout en piétinant des documents sur la liberté publique, les traités de paix, les lois, la foi, l'indépendance des nations et le droit des peuples. Une couronne de fleurs posée sur le crâne, la mort précède tout le monde en riant et jouant du violon; elle se réjouit d'avance à la pensée de ce que lui apportera la prochaine guerre. A travers une composition en forme de frise, le thème de la danse macabre se trouve ainsi évoqué. L'empereur, évadé de son exil, répand – dans son pays et dans toute l'Europe – la discorde, la guerre et la misère; ainsi que, surtout, la mort.

Allegoric
On the coast of a sea traveled by several ships, Napoleon invades France: his sword is drawn and his outstretched arm points forwards. The allegoric figures of Discord (flaming torch and snake-haired head), hybrid War (sword, shield, Roman helmet), and Misery (despairing woman in rags) follow their protector, who casts a fanatical gaze back in their direction, while trodding upon several torn documents: public liberty, peace treaties, laws, faith, independence and law of nations. Death – a laughing figure with fiddle and a flower wreath around his skull – leads the group; he already looks forward to the next war's yield: hence the death dance theme imbuing the frieze-like composition. Discord, War, Misery, and above all Death, are what the Emperor, returning from exile, has come to spread across the nation and all of Europe.

Soggetto allegorico
Sulla costa di un mare solcato da navi, Napoleone irrompe in Francia con l'indice puntato avanti e brandendo la spada. Tre figure allegoriche – la Discordia (con torcia accesa e testa anguicrinita), la Guerra (ermafrodita con gladio, scudo ed elmo romano), e la Miseria (donna cenciosa e disperata) – seguono il loro patrono, che voltandosi getta loro uno sguardo fanatico e calpesta varie carte (libertà pubblica, trattati di pace, leggi, fede, indipendenza delle nazioni, diritto dei popoli). Davanti a tutti marcia ridendo la Morte (con corona di fiori sul teschio), che suona il violino e pregusta già il bottino della prossima guerra; la composizione, distesa a mo' di fregio, richiama quindi il tema della danza macabra. Tornato dall'esilio, l'imperatore porta al suo paese e all'intero continente discordia, guerra, miseria e soprattutto morte.

Lit.: BN V 9406; Br II S. 68 f., App. D 3; Cl 78; Kat. RM 77 (Abb.).

270
Serrement de nez (Serment de ney)
unter dem Bild *je jure que ça Sent la violette*
o. l. *champ-de-mai*
Y. V. Lacroix, 27. Juli 1815 (DL durch Lacroix)
Radierung, koloriert
Höhe 240 mm (250 × 173 mm)
u. r. Stempel Museum Schwerin 1980.129.

Nasenklemmen (Neys Eid)
Von der Skatologie und einem geistvollen Wortspiel lebt die «anrüchige» Karikatur über Marschall Neys Treueid anlässlich des Maifeldes (1. Juni 1815). Auf dem Schemel-Podest im Rokokostil (von dem er die Bourbonen im März gestossen hat) steht der Kaiser gebieterisch und hält eine Standarte mit der Aufschrift «Maifeld» und einem kümmerlichen Kaiseradler. Er hat seinen Hintern vor dem am Boden knienden Marschall entblösst; Ney drückt seine Nase zwischen die kaiserlichen Hinterbacken («serrement de nez» von franz. «serrer»: drücken, pressen) und leistet mit pathetischer Geste den Eid («serment de Ney»), dass es nach Veilchen rieche. Zwei Monate früher hatte er König Ludwig XVIII. versprochen, Napoleon in einem Eisenkäfig herbeizuschaffen, und schon gelobte er dem zurückgekehrten Kaiser wieder die Treue. Was er im Bild zu riechen schwört, kann nicht sein und überführt den schamlosen Opportunisten des Meineids. Am Geruch des «Veilchens» (liebevoller Übername von Napoleon, der 1814 gesagt haben soll, er werde zur nächsten Veilchenblüte aus Elba zurücksein) (an)erkennt er seinen alten Herrn und Meister. Die Anklage der Charakterlosigkeit trifft mit dem Marschall zugleich den Grossteil der militärischen Elite, der sich 1815 wieder dem Kaiser anschloss (vgl. Kat. Nr. 354). Am Tag nach dem Maifeld erhielt Ney die Pairswürde. Nach der Restauration der Bourbonen wurde er Ende 1815 wegen Hochverrates hingerichtet.

Serrement de nez (serment de Ney)
Cette inconvenante caricature sur le serment de fidélité du maréchal Ney, prêté au Champ de mai (1er juin 1815), se fonde sur la scatologie et un jeu de mots plein d'esprit. L'air majestueux, Napoléon s'est placé sur un escabeau de style rococo (d'où il a chassé les Bourbons en mars) et tient un étendard, surmonté d'une aigle impériale misérable, qui porte l'inscription «Champ de mai». Il a dénudé son derrière devant le maréchal, agenouillé à terre; Ney «serre» son nez entre les fesses impériales et fait le «serment de Ney», accompagné d'un geste pathétique: il jure que «ça sent la violette». Deux mois plus tôt, Ney avait promis au roi Louis XVIII de lui amener Napoléon dans une cage de fer. Présentement, il fait à nouveau un vœu de fidélité à l'empereur revenu d'Elbe. Ce qu'il jure sentir ici est impossible, ce qui convainc l'opportuniste éhonté de parjure. L'odeur de la «violette» (surnom affectueux de Napoléon, qui aurait dit en 1814 qu'il chercherait à être de retour d'Elbe à l'occasion de la prochaine floraison des violettes) lui permet de reconnaître (identifier et admettre pour chef) son ancien maître. L'accusation du manque de caractère concerne le maréchal Ney tout autant qu'une grande partie de l'élite militaire, qui se rangea de nouveau – en 1815 – du côté de l'empereur (cf. n° cat. 354). Le jour suivant le Champ de mai, Ney reçut la pairie. Après la restauration des Bourbons, il fut exécuté, fin 1815, pour haute trahison.

Pressing the Nose (Ney's Oath)
Scatology and sharp play on words animates this «smelly» cartoon over Marshal Ney's loyalty oath on the occasion of the «Champ de mai» (issuing of the liberal constitution, 1 June 1815). On a podium in the rococo style reminiscent of the Bourbons, whom Napoleon had dethroned in March, the Emperor takes an overbearing stance and holds up a

ah mon dieu papa comme / tu es Rempli de poux } *mon Fils / ce Son des Fédérés*

271
ah mon dieu papa comme / tu es Rempli de poux // mon Fils / ce Son des Fédérés
Y. V. Lacroix, 26. Juli 1815 (DL durch Lacroix)
u. r. *deposè*
Radierung, koloriert
234 × 179 mm (261 × 197 mm)
u. r. Stempel Museum Schwerin 1980.8.

Ach mein Gott, Papa, du bist voller Läuse – Mein Sohn, das sind Verbündete
Angeekelt zeigt der vierjährige König von Rom (der 1815 nicht mehr in Frankreich lebte) mit dem Finger auf die Läuse, die Napoleons rechten Rockärmel bedecken. Lächelnd belehrt der Vater den naiven Knaben: «Mein Sohn, das sind Föderierte.» Als die patriotische Begeisterung bei Napoleons Rückkehr bald einem landesweiten Propagandakrieg der Ideologien Platz machte, schlossen sich Bonapartisten und Republikaner vom April 1815 an zu Föderationen zusammen. Diese hatten die «aufklärende» Meinungsbildung und die Wahrung der Autorität von Regierung und Verwaltung zum Ziel und kämpften mit der Devise «Vaterland, Freiheit, Kaiser» gegen Unordnung und Verunsicherung durch die Monarchisten. Die Bewegung erfasste vor allem das Kleinbürgertum. Daher verschrien die Gegner die Föderierten als revolutionären Pöbel und Abschaum der Gesellschaft und prophezeiten die Wiederkehr des Terrors von 1793.

Ah, mon Dieu, papa, comme tu es rempli de poux – Mon fils, ce sont des fédérés
Dégoûté, le roi de Rome, âgé de quatre ans (il ne vivait plus en France en 1815), montre du doigt les poux couvrant la manche droite de l'habit de Napoléon. Souriant, le père donne une leçon au petit garçon naïf: «Mon fils, ce sont des fédérés.» Lorsque l'enthousiasme patriotique provoqué par le retour de l'empereur céda rapidement la place à de vives querelles idéologiques à l'échelle du pays tout entier, les bonapartistes et les républicains se réunirent – dès avril 1815 – au sein de fédérations. Celles-ci eurent pour objectif de favoriser l'éclosion d'opinions favorables au «progrès» et de maintenir l'autorité du gouvernement et de l'administration; en vertu de la devise «Patrie, liberté, empereur», elles luttèrent contre le désordre et l'insécurité répandus par les monarchistes. Ces mouvements mobilisèrent avant tout la petite bourgeoisie. C'est pourquoi leurs adversaires, qui prophétisèrent le retour de la terreur de 1793, décrièrent les fédérés comme issus du bas peuple révolutionnaire, assimilable au rebut de la société.

My Goodness, Papa, You're Full of Lice – My Son, these are Confederates
The four-year-old King of Rome (who no longer lived in France by 1815) points disgustedly at the lice on Napoleon's right jacket sleeve. Chuckling, the father informs his naive son that «these are confederates». The patriotic enthusiasm over Napoleon's return soon set off a countrywide propaganda war on the ideological scene, prompting Bonapartists and Republicans to form federations as of April 1815. These groups shared as their goals the dissemination of an «enlightened» outlook and respect for the authority of the government and administration; under the motto «Fatherland, Freedom, Emperor», they fought against the anarchy and instability fostered by the monarchists. The movement attracted above all members of the lower middle class, granting its enemies a pretext to brand its advocates as a revolutionary mob and the scum of society, and to predict the return of the 1793 Reign of Terror.

Ah mio Dio, papà, come sei pieno di pidocchi – Figlio mio, sono federati
Il re di Roma (che nel 1815 aveva quattro anni e non viveva più in Francia)

---

standard inscribed «Champ de mai» and topped with a paltry imperial eagle. He has bared his posterior to the kneeling marshal, who presses his nose between the imperial buttocks («serrement de nez» from «serrer», to press), pathetically swearing («serment de Ney» from «serment», oath) that it smells of violets. Just two months earlier, he had promised King Louis XVIII to bring back Napoleon in an iron cage, but he lost no time in turning loyal to the returned Emperor. What he swears to smell here cannot be true and convicts this shameless opportunist of perjury. He recognises (in both senses of the word) his former ruler and master by the smell of «la Violette» (affectionate nickname for Napoleon who is said to have declared, in 1814, that he would be back from Elba when the violets would next blossom). This accusation of lack of character held true as well for most of the military elite, who again turned loyal to the Emperor in 1815 (cf. cat. no. 354). Ney was made a peer the day after the Champ de mai. End 1815, after the Bourbon restoration, he was executed for high treason.

Stretta di naso (giuramento di Ney)
Questa caricatura indecente, scatologica e basata su un ingegnoso gioco di parole, si riferisce al giuramento di fedeltà compiuto dal maresciallo Ney in occasione del Campo di Maggio (1° giugno 1815). Napoleone, ritto su un podio-poggiapiedi in stile rococò (da cui in marzo ha scacciato i Borboni), regge imperiosamente uno stendardo con la scritta «Campo di Maggio» e una stentata aquila imperiale; dietro il suo deretano nudo è inginocchiato Ney. Stringendo il naso fra le natiche imperiali, costui giura con gesto solenne che profumano di viola; ma in francese *serment de Ney* («giuramento di Ney») si pronuncia esattamente come *serrement de nez* («stretta di naso»)! Il maresciallo, che due mesi prima aveva promesso a re Luigi XVIII di portargli Napoleone in una gabbia di ferro, adesso promette di nuovo fedeltà all'imperatore ritornato; col suo giuramento inverosimile di sentire profumo di viola (*Violette* era il soprannome affettuoso dato a Napoleone, che nel 1814 avrebbe promesso di tornare dall'esilio alla prossima fioritura delle viole), egli non solo (ri)conosce il suo ex signore e maestro ma si dimostra anche un opportunista spudorato e uno spergiuro. L'accusa di aver cambiato bandiera colpisce non solo Ney ma anche la maggior parte dei quadri militari che nel 1815 passarono di nuovo dalla parte dell'imperatore (cfr. n° cat. 354). Il giorno dopo il Campo di Maggio, il maresciallo fu nominato fra i Pari di Francia; dopo la Restaurazione borbonica, alla fine del 1815 fu giustiziato per alto tradimento.

Lit.: BN V 9396; Br II App. D 236; Cl 94; Kat. RM 124.

les Trois Fédérés

indica schifato i pidocchi che coprono la manica della giubba paterna; Napoleone, sorridendo, informa l'ingenuo figlioletto che si tratta di federati. Dall'aprile 1815, quando all'entusiasmo patriottico per il ritorno dell'esule si sostituì una guerra di propaganda fra ideologie su scala nazionale, bonapartisti e repubblicani si riunirono in federazioni; questi sodalizi, miranti a diffondere idee «illuministe» e a garantire l'autorità del governo e dell'amministrazione, lottavano col motto «Patria, libertà, imperatore» contro il disordine e l'insicurezza di matrice monarchica. Il movimento si estese soprattutto alla piccola borghesia; gli avversari dei federati, perciò, li diffamavano come marmaglia rivoluzionaria e feccia della società, profetizzando un nuovo Terrore come quello del 1793.

Lit.: BN V 9535; Br II S. 70, App. D 351; Cl 92.

272
les Trois Fédérés
o. l. *vive legalité*
o. r. *vive la liberté*
Y. V. Lacroix, 26. Juli 1815 (DL durch Lacroix)
Radierung, koloriert
230 × 193 mm (250 × 210 mm)
u. r. Stempel Museum Schwerin 1980.120.

Die drei Föderierten
Zwei Föderierte (vgl. Kat. Nr. 271) mit leeren Taschen, löcheriger Weste und verflickter Hose lassen weinselig Gleichheit und Freiheit hochleben und üben Brüderlichkeit: Sie greifen ihrem Saufkumpan Napoleon unter die Arme, der Becher und Flasche in den Händen hält, aber kein Wort mehr hervorbringt. Krass verunglimpft die antinapoleonische Propaganda hier den Kaiser als «König des aufständischen Pöbels» («roi de la jacquerie»), zu dem er keinesfalls werden wollte. Er weigerte sich deshalb, die Föderierten – ausser im Notfall – zu bewaffnen (vgl. Kat. Nr. 273), obschon sie dies zur Sicherung von Paris und zur Abschreckung der subversiven Kreise forderten. Wenngleich es seine fragile Diktatur gestärkt hätte, sträubte er sich gegen ein enges Bündnis mit der Strasse.

Les trois fédérés
Deux fédérés (cf. n°. cat. 271), aux poches vides, gilets troués et pantalons rapiécés, crient «Vive l'égalité» et «Vive la liberté». Ils sont dans la vigne du Seigneur et pratiquent la fraternité: ils soutiennent leur compagnon Napoléon de la dive bouteille, qui tient une bouteille et un gobelet dans les mains, mais n'arrive plus à dire un seul mot. La propagande antinapoléonienne dénigre ici crûment l'empereur: elle le présente comme un «roi de la jacquerie». Napoléon n'eut aucune ambition de ce genre et se refusa par conséquent – sauf en cas d'urgence – à armer les fédérés, malgré leur souhait d'avoir des armes (cf. n°. cat. 273) pour assurer la protection de Paris et pour intimider les milieux subversifs. En dépit de la perspective d'un renforcement de sa dictature fragile, l'empereur s'opposa à une alliance étroite avec la rue.

The Three Confederates
Two confederates (cf. cat. no. 271) with empty pockets, jackets full of holes, and patched trousers tipsily cheer equality and liberty, and practice fraternity: they have latched on to their drinking mate Napoleon by the arms. The latter holds a beaker and wine bottle but cannot bring himself to say a word. This anti-Napoleonic piece coarsely denigrates the Emperor as «a king of the Jacquerie» (peasant revolt), which is exactly what he sought to avoid being at all cost. That is why he refused to arm the confederates (cf. cat. no. 273) except for emergencies, although they clamoured for weapons to secure Paris and intimidate subversive groups. Even if it could have strengthened his dictatorship, Napoleon resisted too close an alliance with the street masses.

I tre federati
Due federati (cfr. n° cat. 271) con tasche vuote, giacche bucate e calzoni rattoppati lanciano grida avvinazzate («Viva l'uguaglianza!», «Viva la libertà!») e prendono fraternamente sottobraccio il loro compagno di bevute: un Napoleone che ha in mano bicchiere e bottiglia, ma che non spiccica parola. Qui crudamente denigrato dalla propaganda antinapoleonica come «re della marmaglia ribelle» (*roi de la jacquerie*), in realtà l'imperatore non volle affatto essere tale e quindi rifiutò, salvo in caso d'emergenza, di distribuire armi ai federati (cfr. n° cat. 273), che invece le chiedevano per garantire la sicurezza di Parigi e impaurire gli ambienti sovversivi; si oppone, cioè, a quell'alleanza stretta con la plebaglia che pure avrebbe rafforzato la sua fragile dittatura.

Lit.: BN V 9536; Br II S. 71, App. D 333; Cl 93; Kat. RM 44.

273
une Parade.
o. r. *VIVE L'EMPÉREUR / VOUS SEREZ LES ECLAIREURS……*
Glaudin, 14. September 1815
(DL durch Glaudin)
Radierung, koloriert
270 × 295 mm (285 × 368 mm)
u. r. Stempel Museum Schwerin
1980.81.

Eine Parade
In Rückenansicht nimmt Napoleon die Parade der Pariser Föderation (vgl. Kat. Nr. 271) ab: zerlumptes, zusammengewürfeltes Strassenpack, das teils mit Lanze oder Säbel, teils nur mit Hacken – um die eine ist der Rest einer zerfetzten Trikolore geknotet –, zersprungenen Laternen und mit Knochen oder Aas gefüllten Tragbütten ausgerüstet sind. Der vorderste Föderierte bringt ein Hoch auf den Kaiser aus, der den Trupp ausgerechnet zur Erkundung bestimmt. Am 14. Mai 1815 liess Napoleon die Föderierten vorbeimarschieren, was eine Augenzeugin mit den Worten (vgl. BN) beschrieb: «Die Parade der Föderierten […] machte auf mich einen jämmerlichen Eindruck. Diese Ansammlung […] kam voll […] grölender Begeisterung daher, die ebenso eine Bedrohung für die Ordnung wie eine Verteidigung für das Kaiserreich schien. Zwischen diesen unordentlichen Banden und der bewundernswerten Disziplin der Truppen herrschte ein Kontrast, der Traurigkeit hervorrief.»

Une parade
Vu de dos, Napoléon passe en revue la Fédération de Paris (cf. n°. cat. 271): un ramassis de gens en haillons, équipés soit d'une lance ou d'un sabre, soit seulement d'une pioche; portant des lanternes cassées et des hottes remplies d'os et de charognes. A l'une de leurs pioches est noué ce qui reste d'un drapeau tricolore déchiré. Chargeant ce détachement (précisément) de tâches de reconnaissance, le fédéré placé en tête pousse un vivat en l'honneur de l'empereur. Le 14 mai 1815, Napoléon passa les fédérés en revue, scène décrite de la manière suivante par un témoin oculaire (cf. BN): «La revue des fédérés […] produisit sur moi un effet déplorable. Ce rassemblement […] arriva plein […] d'un enthousiasme hurleur, qui semblait autant une menace pour l'ordre qu'une défense pour l'Empire. Il y avait entre ces bandes en désordre et l'admirable discipline des troupes un contraste qui inspirait de la tristesse.»

A Parade
Napoleon, seen from the back, is holding a review of the Parisian federation (cf. cat. no. 271). Standing before him is a ragged street gang somehow thrown together, and in part armed with lances or sabres or in some case hoes – one hoe shows a shred of the torn tricolour knotted at its top. Some carry broken lanterns, others bring along bags filled with bones or rotting carcasses. The confederate in the lead gives a cheer for the Emperor who has designated their group (of all people) to go on a reconnaissance mission. On 14 May 1815, Napoleon had the confederates go on parade, an event described by an eye witness in the following terms: «The parade of the confederates […] made a terrible impression on me. This gathering […] arriving […] with a screaming enthusiasm that seemed as much a threat to order as a defence of the empire. The contrast between those disorderly gangs and the marvelous discipline of the troops was saddening.»

Una parata
Napoleone, visto di spalle, presenzia alla parata dei federati parigini (cfr. n° cat. 271), plebaglia raccogliticcia di straccioni armati di lance, sciabole o anche solo zappe (su una delle quali è annodato un residuo di straccio tricolore), con lanterne rotte e gerle piene di ossa o carogne; il federato di testa lancia un evviva all'indirizzo dell'imperatore, che destina il drappello… a compiti di esplorazione. Il 14 maggio 1815 Napoleone fece sfilare i federati, che furono descritti da una testimone oculare con queste parole (cfr. BN): «La rassegna […] produsse in me un effetto deplorevole. Quell'assembramento […] giunse pieno […] di un entusiasmo urlante che sembrava una minaccia per l'ordine quanto una difesa per l'Impero. Fra quelle bande in disordine e l'ammirevole disciplina delle truppe c'era un contrasto che ispirava tristezza.»

Lit.: BN V 9537; Br II App. D 252; Cl 96.

274
La France Outragée.
unter dem Bild *Le cruel rit des pleurs qu'il fait verser.*
Pierre Marie Bassompierre Gaston, 30. August 1815 (DL durch Gaston)
Radierung, koloriert
216 × 270 mm (261 × 365 mm)
Sammlung Herzog von Berry
1980.238.

Zutiefst verletztes Frankreich
Mit verschränkten Armen und sadistischem Lächeln schaut der dicke Napoleon befriedigt auf die bittere Tränen vergiessende Allegorie Frankreichs herab, die in Ketten auf dem Stroh liegt. Ihr monarchistisches Wesen drückt der mit Lilien verbrämte Mantel aus. Die Komposition folgt Pierre-Paul Prud'hons «L'Allégorie sur l'amour» (1793 von Jacques-Louis Copia gestochen), woher auch der Untertitel entlehnt ist. Napoleons zweite Machtergreifung im März 1815 verletzt hier das Innerste der Nation – eine ungeheure Schande. Das Blatt entstand, als Napoleon bereits auf dem Weg nach Sankt Helena war, und erschien zusammen mit seiner Fortsetzung «La France Vengée» (Das gerächte Frankreich: BN V 9807; Cl 123).

La France outragée
Les bras croisés et un sourire sadique aux lèvres, un Napoléon corpulent baisse son regard, avec satisfaction, sur une allégorie de la France, enchaînée et couchée sur la paille, versant des larmes amères. Sa nature monarchique s'exprime à travers son manteau garni de lys. La composition s'inspire de «L'allégorie sur l'amour» de Pierre-Paul Prud'hon (gravée en 1793 par Jacques-Louis Copia); le sous-titre étant également emprunté à ce travail. La seconde prise du pouvoir par Napoléon (mars 1815) blesse ici le cœur même de la nation: une infamie énorme. L'estampe fut créée lorsque Napoléon faisait déjà route vers Sainte-Hélène; elle parut en même temps que sa suite, intitulée «La France Vengée» (BN V 9807; Cl 123).

France Greatly Offended
With his arms crossed and sadistic laughter on his lips, plump Napoleon looks on with satisfaction at the bitter tears being shed by the allegory of France, who lies in chains on straw. Her royal nature comes across because of the lily-patterned cape. The work's composition was inspired by Pierre-Paul Prud'hon's «L'Allégorie sur l'amour» (engraved in 1793 by Jacques-Louis Copia), which is also the source of the sub-title. Napoleon's second seizure of power in March 1815 is shown here as having wounded the nation to its core – a monstrous disgrace. The cartoon was created when Napoleon was already on his way to Saint Helena, and appeared together with its sequel, «La France Vengée» (France is Avenged: BN V 9807; Cl 123).

La Francia oltraggiata
A braccia conserte, con un sorriso sadico di soddisfazione, il grasso Napoleone guarda dall'alto l'allegoria della Francia monarchica (con drappo guarnito di gigli), che è incatenata sulla paglia e piange amaramente: il ritorno dell'imperatore al potere (marzo 1815) è visto qui come un'enorme infamia, che ferisce nell'intimo il paese. La composizione segue il dipinto di Pierre-Paul Prud'hon *L'Allégorie sur l'amour* (inciso nel 1793 da Jacques-Louis Copia), ricalcandone anche il sottotitolo; eseguita quando Napoleone era già in viaggio per Sant'Elena, la stampa fu pubblicata insieme a una successiva «Francia vendicata» (*La France Vengée*, BN V 9807; Cl 123).

Lit.: BN V 9806; Br II App. D 116; Cl 98; Kat. RM 39.

275
La Consultation.
o. r. *cher cousin, comment trouvez-vous mon état?*
o. M. *sire il ne peut pas durer votre M. a une trop mauvaise constitution.*
u. r. *Acte additonnel aux Constitutions de l'Empire.*
Frédéric Dubois, 18. August 1815 (DL durch Dubois)
u. r. *Déposé*
Radierung, koloriert
n. best. (302 × 204 mm)
u. r. Stempel Museum Schwerin 1980.131.

Die Konsultation
Die Schwäche der Herrschaft der Hundert Tage findet hier in einer medizinischen Metapher (vgl. Kat. Nr. 217) und in Wortspielen ihren Ausdruck. In der Rolle des Arztes fühlt Cambacérès seinem Patienten Napoleon den Puls. Der Kaiser (mit Ritter- und Grosskreuz der Ehrenlegion) sitzt kraftlos mit ins Genick gefallenem Kopf auf einem mit Kaiserbienen verzierten Lehnstuhl, so dass die Krone vom lorbeerbekränzten Haupt rutscht. Er lässt den linken Arm hängen, dessen Zeigefinger auf die am Boden liegende Zusatzakte zur Staatsverfassung weist. Der Kranke fragt: «Lieber Vetter, wie finden Sie meinen Zustand / Staat?» (Doppelsinn von franz. «état»). Der ehemalige Erzkanzler urteilt: «Sire, er kann nicht von Dauer sein, Ihre Majestät hat eine zu schlechte Verfassung.» (Doppelsinn von franz. «constitution»: Körper- bzw. Staatsverfassung) Die Herrschaft des Kaisers sollte durch liberale, «demokratische» Zugeständnisse auf eine breitere Basis gestellt werden: Die neue Verfassung, der Ende April 1815 veröffentlichte «Acte additonnel aux constitutions de l'Empire», rief zwei Parlamentskammern (Chambre des Pairs / Chambre des Représentants) ins Leben. Cambacérès, der sich 1815 von der Politik fernhielt, wird vom Kaiser «Cousin» genannt – eine Ehre, die der Staatsspitze und den Marschällen zukam.

La consultation
La faiblesse du règne des Cent-Jours trouve ici son expression dans une métaphore médicale (cf. n° cat. 217) et dans des jeux de mots. Cambacérès, dans le rôle d'un docteur, tâte le pouls de Napoléon, son patient. Affaibli, l'empereur (portant la croix de chevalier et la grand-croix de la Légion d'honneur) est assis sur un fauteuil décoré d'abeilles impériales. Comme sa tête laurée est tombée en arrière, la couronne dégringole. Il laisse pendre son bras gauche, dont l'index attire l'attention sur l'acte additionnel de la constitution de l'Empire, qui traîne par terre. Le malade demande: «Cher cousin, comment trouvez-vous mon état/Etat?» L'ancien archichancelier répond: «Sire, il ne peut pas durer, votre Majesté a une trop mauvaise constitution (physique/de l'Empire).» Par le truchement de concessions libérales et «démocratiques», le règne de l'empereur était censé s'appuyer sur une base plus large: la nouvelle constitution, l'«acte additionnel aux constitutions de l'Empire» publié fin avril 1815, créa deux chambres parlementaires (Chambre des Pairs, Chambre des Représentants). Cambacérès, qui s'abstint de faire de la politique en 1815, est appelé «cousin» par l'empereur, honneur réservé à l'époque aux grands personnages à la tête de l'Empire et aux maréchaux.

The Consultation
Wordplays and a medical metaphor (cf. cat. no. 217) serve to express the weakness of the Hundred Days rule in this piece. In his role as doctor, Cambécères is taking his patient Napoleon's pulse. The Emperor (wearing the dcorations of the Legion of Honour) sits feebly with his laureated head fallen back, on an imperial bee-patterned armchair, losing his crown in the process. His left arm hangs down and points at the additional act for a revised constitution. The patient asks: «Dear cousin, what do you think of my state?» (in both senses of the word). The former Archchancellor replies: «Sire, it cannot last, Your Majesty has too bad a constitution» (in both senses of the word). The Empire sought consolidation at the time by making liberal, «democratic» concessions. The new constitution, the «Acte additionnel aux constitutions de l'Empire» voted end April 1815, called two chambers of parliament (Chambre des Pairs/ Chambre des Respréntants) into being. Cambacérès, politically inactive since 1815, is called «cousin» by the Emperor, an honour reserved to leading statesmen and marshals.

La consultazione
La debolezza del regime dei Cento Giorni è espressa da una metafora medica (cfr. n° cat. 217) e da giochi di parole. Il «medico» Cambacérès tasta il polso a Napoleone (con croce di cavaliere e gran croce della Legion d'onore), che siede su una poltrona adorna di api imperiali. Senza forze, il paziente ha il capo cinto da una ghirlanda d'alloro ma reclinato all'indietro, quindi perde la corona; indicando col braccio sinistro cascante l'«Atto addizionale alle Costituzioni dell'Impero» (che giace a terra), egli domanda al «caro cugino» come trovi il suo «stato» (in due sensi: stato di salute e Stato politico). L'ex arcicancelliere sentenzia: «Sire, non può durare; Vostra Maestà ha una costituzione [anche qui in senso medico e politico] troppo debole.» Il regime imperiale doveva disporre di basi più ampie grazie a condizioni liberali, «democratiche»: il nuovo Atto addizionale, pubblicato a fine aprile 1815, istituì le due Camere parlamentari dei Pari e dei Rappresentanti. Cambacérès, che nel 1815 stava lontano dalla politica, è chiamato «cugino» dall'imperatore: un onore riservato ai vertici dello Stato e ai marescialli.

Lit.: BN V 9527; Br II S. 69, App. D 58; Cl 88; Kat. H85 32; Kat. RM 137 (Abb.).

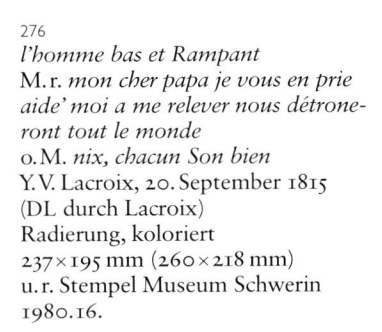

276
l'homme bas et Rampant
M. r. *mon cher papa je vous en prie aide' moi a me relever nous détroneront tout le monde*
o. M. *nix, chacun Son bien*
Y. V. Lacroix, 20. September 1815 (DL durch Lacroix)
Radierung, koloriert
237 × 195 mm (260 × 218 mm)
u. r. Stempel Museum Schwerin 1980.16.

Der niedere, kriecherische Mensch
Napoleon ist am Boden: Seine schwache Herrschaft stützt sich vor allem auf die niederen Schichten der Gesellschaft. Wie ein umgefallenes Kind bittet er den «lieben Papa», ihm aufzuhelfen, denn gemeinsam würden sie die ganze Welt vom Thron stürzen. Davon will sein Schwiegervater, Kaiser Franz I., nichts wissen: «Jedem das Seine.» Damit sagt er, Napoleon sei selber schuld an seiner erbärmlichen Lage. Im Gegenteil: Er besiegelt noch dessen Niedergang, indem er ihm den Säbel abgenommen hat, und verhöhnt ihn, indem er ihm die lange Nase macht. Am 24. Mai 1815 berichtete die «Leipziger Zeitung», Napoleon habe dem Wiener Hof vorgeschlagen, seiner Gattin Marie-Louise von Österreich für ihren Sohn die Regentschaft in Frankreich zu übertragen.

L'homme bas et rampant
Napoléon est à terre: son règne chancelant s'appuye avant tout sur les basses couches de la société. Comme un enfant qui vient de tomber, il prie le «cher papa» de l'aider à se relever, car ensemble, prétend-il, ils détrôneraient sûrement le monde entier. L'empereur François Iᵉʳ, le beau-père de Napoléon, ne veut pas entendre parler d'un tel projet et lui rétorque: «(A) chacun son bien.» Il veut dire par là que l'empereur déchu s'est lui-même mis dans sa piteuse situation. François Iᵉʳ scelle même sa chute, en lui prenant son sabre; et il le raille, en lui faisant un pied de nez. Le 24 mai 1815, la «Leipziger Zeitung» rapporta que Napoléon aurait proposé à la cour de Vienne de confier la régence de la France à son épouse Marie-Louise d'Autriche, en faveur du fils.

The Lowly and Grovelling Man
Napoleon has landed on the floor: his weak rule is based in the main on the lower classes. Like a fallen child, he asks his «dear father» to help him up, so that together they can dethrone the whole world. His father-in-law, Emperor Francis I, wants nothing to do with this: «To each his own,» he says, meaning that Napoleon himself brought on his piteous position. On the contrary, Francis I confirms Napoleon's fall by taking away his sabre and thumbing his nose at him. In an article of 24 May 1815 in the «Leipziger Zeitung», Napoleon reportedly suggested to the Vienna court that the regency in France be assigned to his wife Marie-Louise of Austria, on behalf of her son, still a minor.

L'uomo basso e strisciante
Napoleone è a terra: il suo debole potere si regge soprattutto sui ceti bassi della società. Come un bimbo caduto, egli prega il «caro papà» (l'imperatore Francesco I, suo suocero) di aiutarlo a rialzarsi: insieme detronizzeranno il mondo intero. Ma l'interpellato non ne vuole sapere e getta sul genero la colpa della sua brutta situazione («A ciascuno il suo»); suggella il suo crollo e lo deride, inoltre, togliendogli la sciabola e facendo maramao. Il 24 maggio 1815 il giornale tedesco *Leipziger Zeitung* riferì che Napoleone aveva proposto alla corte viennese di nominare reggente di Francia, in sostituzione del figlioletto, la moglie Maria Luisa d'Austria.

Lit.: BN V 9588; Br II S. 70, App. D 212; Cl 137; Kat. H85 34.

277
LE PATÉ INDIGESTE
o. l. *j'ai une faim du Diable / je le crois bien rassis.*
o. M. *ils n'auront pas d'indigestion*
o. r. *Messieurs je fournirai le vin / attaquons tous ensemble*
u. r. *j'en aurai les miettes*
anonym, April 1815
Radierung mit Roulette, koloriert
n. best. (241 × 292 mm)
u. r. Stempel Museum Schwerin 1980.230.

Die unverdauliche Pastete
Am Wiener Kongress machen sich die Siegermächte mit Messer und Gabel daran, Napoleons Kaiserreich – eine «Pastete» in Form einer Festung – zu verspeisen: Friedrich Wilhelm von Preussen (ganz links) hat einen Bärenhunger (da er sich nicht ganz Sachsen einverleiben konnte; vgl. Kat. Nr. 179). Ihm zugewandt weist Zar Alexander (links) mit dem Messer entweder auf den Prinzregenten von England, den er (nach der Beilegung des Konflikts mit Russland und Preussen?; vgl. Kat. Nr. 179) für «beruhigt» oder «sehr besonnen» hält; oder er meint die Pastete, die wohl «sehr altbacken» sei. George von England (rechts) kündigt an, den Wein zum Festschmaus zu liefern, und Kaiser Franz von Österreich (ganz rechts) fordert alle auf, endlich zuzulangen. Unterdessen wagt sich Napoleon aus der Pastete, doch ahnt er: «Sie werden keine Magenverstimmung haben» – sie werden ihn besiegen. Unter dem Tisch liegt der gestürzte Ludwig XVIII. auf dem Rücken und ist zuversichtlich, dass die Krümel (Frankreich) des Mahls am Ende wieder ihm zufallen werden.

Le pâté indigeste
Lors du congrès de Vienne, les puissances victorieuses, fourchettes et couteaux à la main, s'apprêtent à dévorer l'Empire napoléonien – un «pâté» sous forme de forteresse: Frédéric-Guillaume de Prusse (tout à gauche) a une faim du diable (étant donné qu'il n'a pas pu annexer toute la Saxe; cf. n°. cat. 179). Le tsar Alexandre se tourne vers lui en disant qu'il le croit «bien rassis» (double sens): son couteau désigne à la fois le prince régent d'Angleterre qu'il considère comme «très pondéré» (après le règlement du conflit avec la Russie et la Prusse?; cf n°. cat. 179), et le pâté qui serait «rance». George d'Angleterre (à droite) déclare qu'il fournira le vin du banquet, et l'empereur François d'Autriche (tout à droite) demande que l'on se serve enfin. Au milieu de la table, Napoléon se hasarde hors du pâté et prédit qu'ils «n'auront pas d'indigestion» – ils le vaincront. Sous la table, Louis XVIII est tombé sur le dos; il est persuadé que finalement les miettes (la France) du repas lui reviendront.

The Indigestible Pork Pie
At the Congress of Vienna, the victorious powers are about to pitch into Napoleon's Empire, a «pâté» in the shape of a fort. Frederick William of Prussia (far left) is as hungry as a bear (since he was not able to ingest, i.e. annex, all of Saxony – cf. cat. no. 179). Turning in his direction, Tsar Alexander (left) points with his knife either at England's Prince Regent, whom he considers (after England's, Austria's, and France's conflict with Russia and Prussia had finally been amicably settled? cf. cat. no. 179) «reassured» or «very sober-minded»; or else at the pork pie which, in the alternative meaning of «rassis», must be «quite stale». George of England (right) offers to supply the wine for the banquet, and Emperor Francis of Austria (far right) exhorts everyone to start helping themselves. Meanwhile Napoleon dares rise up from the pork pie, though he suspects «they will not get an indigestion» since they will overcome him. The fallen Louis XVIII lies on his back under the table, confident that crumbs (France) of the meal will fall his way once all is said and done.

Départ pour l'Armée

Il paté indigesto
Al congresso di Vienna le potenze vincitrici si accingono, con forchetta e coltello, a mangiare l'Impero francese (un paté a forma di fortezza). A sinistra Federico Guglielmo di Prussia ha una «fame del diavolo» (perché non si è potuto annettere l'intera Sassonia: cfr. n° cat. 179); lo zar Alessandro, vicino a lui, gli indica col coltello o il principe reggente inglese – che giudica «ben calmato» o «ben assennato» (dopo la sistemazione del conflitto con Russia e Prussia?: cfr. n° cat. 179) – oppure il paté, che in tal caso sarebbe «ben raffermo». Giorgio d'Inghilterra, più a destra, annuncia che fornirà personalmente il vino del banchetto; l'imperatore Francesco d'Austria, infine, esorta ad «attaccare tutti insieme». Nel frattempo Napoleone si arrischia a uscire dal paté, ma sospetta già che «non faranno indigestione», cioè che sarà vinto; Luigi XVIII, sdraiato sul dorso sotto la tavola, conta di ricevere le briciole che cadranno dalla mensa (ossia la Francia).

Lit.: BM IX 12519; Br II S. 67, App. D 183.

278
Départ pour l'Armée.
o. r. *Je vais Combatre mes Ennemis!! Levée de 500,000. hommes*
anonym, 12. Juni 1815 (DL)
Radierung, koloriert
255×360 mm (263×370 mm)
u. r. Stempel Museum Schwerin 1980.82.

Auf zur Armee
Vor einem kahlen Baum galoppiert Napoleon auf einem Pferdeskelett in den Krieg. Wie Jupiter hält er das Blitzbündel seiner Zerstörungsgewalt und ausserdem die Verfügung einer Massenaushebung von 500 000 Mann in Händen. Hinter ihm hockt ein ausgezehrter Kaiseradler. Baum, Adler und Pferd sind Abbilder von Elend und Tod. Nur die reichverzierte Schabracke zeugt noch von ruhmreichen Zeiten. Doch der Kaiser will nicht wahrhaben, dass sein Ende besiegelt, seine Ressourcen erschöpft und das Land für Siege zu schwach sind. Kampfwütig bricht der notorische Kriegsherr auf und überfordert damit auch sich selbst: Politik, Verwaltung, Heer, Propaganda – alles ist in seiner Hand, so dass er die Zügel mit den Zähnen halten muss. Zum letzten Mal fegt dieses Schreckgespenst von Krieg und Tod über Europa hinweg. Am Tag der Hinterlegung des Blattes (dem letzten Datum, unter dem das Dépôt légal Karikaturen verzeichnet) folgte Napoleon seinem Heer nach Belgien, um den Vormarsch der alliierten Armeen aufzuhalten; eine Woche später verlor er bei Waterloo seine letzte Schlacht. Die im Bild genannte Zahl ist unwahrscheinlich: Napoleon befehligte auf dem Belgienfeldzug rund 125 000 Mann. Sie entspricht hingegen den letzten beiden vom Senat beschlossenen Aushebungen (Oktober/November 1813); daher ist die Karikatur möglicherweise zu Beginn des Frankreichfeldzuges (1814) entstanden und 1815, in ähnlichen politischen Verhältnissen, neu aufgelegt der Behörde abgeliefert worden (vgl. BN).

Départ pour l'armée
Passant devant un arbre nu, Napoléon part à la guerre en galopant sur un squelette de cheval. A la manière de Jupiter, il tient à la main le faisceau enflammé, représentant sa force de destruction; et brandit l'ordre pour une levée en masse de 500 000 hommes. Assise derrière l'empereur, une aigle impériale exténuée l'accompagne. L'arbre, l'aigle et le cheval constituent des reflets de la misère et de la mort. Seule la chabraque, richement décorée, témoigne encore de temps glorieux. Mais l'empereur ne veut pas admettre que sa chute est scellée, que ses ressources sont épuisées et que le pays est trop faible pour remporter des victoires. Plein de combativité, le grand guerrier notoire se met en route et se surmène aussi lui-même de cette façon; la politique, l'administration, l'armée, la propagande: tout est placé entre ses mains, au point qu'il est obligé de tenir les rênes entre les dents. Ce spectre de la guerre et de la mort passe ici une dernière fois par-dessus l'Europe. Le jour du dépôt de l'estampe (le dernier jour où le dépôt légal enregistra des caricatures), Napoléon suivit son armée en Belgique, dans le but d'arrêter la progression des troupes alliées. Une semaine plus tard, il perdit sa dernière bataille près de Waterloo. Le chiffre articulé par l'image paraît peu vraisemblable: lors de la campagne de Belgique, Napoléon commanda environ 125 000 hommes; il correspond cependant aux deux dernières levées décidées par le Sénat (octobre/novembre 1813). Par conséquent, la caricature fut sans doute réalisée au début de la campagne de France (1814) et présentée aux autorités en 1815, en tant que réédition effectuée dans des circonstances politiques similaires (cf. BN).

Departing for the Army
Upon a skeletal horse, Napoleon gallops past a leafless tree, on his way to war. Like Jupiter, he holds up a bundle of lightning bolts, representing his power of destruction, as well as, in his other hand, the decree for a mass conscription of 500 000 men. An emaciated imperial eagle squats on the rear of the horse. The depicted tree, eagle, and horse symbolise misery and death. Only the richly adorned caparison reminds of past glory. Yet the Emperor refuses to believe that his end has been confirmed, that his resources are exhausted, and that the nation no longer has the strength to battle. The notorious warmonger sets out on the warpath, overtaxing his own self too in the process. For everything is in his hands – politics, administration, army, propaganda – obliging him to hold the reins with his teeth. This would be the last time this spectre would sweep war and death across Europe. The day this work was filed (the last date inventoried by the censor's list) found Napoleon following his army in the direction of Belgium, in the hopes of halting the allied advance. A week later he lost his last battle, at Waterloo. The figure named in the image text is unrealistic: on the Belgian battlefield, Napoleon had around 125 000 men under his command. The figure 500 000 does however correspond with the last two call-ups decided by the Senate (October/November 1813), so that the cartoon possibly was created at the start of the 1814 allied campaign in France, and was later (1815), under similar political conditions, submitted to the authorities as a reprint (cf. BN).

Partenza per l'esercito
Davanti a un albero spoglio, Napoleone galoppa verso la guerra su uno scheletro di cavallo. Nella destra tiene, a mo' di Giove, il fascio di fulmini del suo potere distruttivo, nella sinistra il decreto per una coscrizione di massa (500 000 uomini); dietro di lui è appollaiata un'aquila imperiale scarnita, simbolo anch'essa (come l'albero e il cavallo) di miseria e di morte.

Solo la gualdrappa riccamente adorna testimonia ancora un passato glorioso, ma il famigerato guerrafondaio non vuole ammettere che la fine è segnata, le risorse sono esaurite e il paese è troppo logoro per vincere; per l'ultima volta l'Europa sarà spazzata da quel fantasma orrendo di guerra e di morte. Il cavaliere si avvia con piglio bellicoso, ma pretende troppo perfino da se stesso: avendo tutto nelle sue mani (politica, amministrazione, esercito, propaganda), è costretto a tenere le redini coi denti.
Il giorno in cui l'opera fu depositata (ultimo giorno in cui il «Dépôt légal» registra caricature), Napoleone seguì l'esercito in Belgio per fermare l'avanzata alleata; una settimana dopo perse a Waterloo la sua ultima battaglia. Il numero che appare nell'immagine è inverosimile (in Belgio l'imperatore comandava 125 000 uomini), ma corrisponde alle ultime due coscrizioni decise dal Senato (ottobre/novembre 1813); la caricatura, perciò, potrebbe risalire all'inizio della campagna di Francia (1814) ed essere stata presentata all'autorità nel 1815, in condizioni politiche analoghe, sotto forma di ristampa (cfr. BN).

Lit.: BN IV 8881; Br II S. 70, App. D 72; Cl 97; Kat. RM 75 (Abb.).

279
Ils viennent se bruler à la Chandelle.
u.l. *Chambre basse* [unter dem Bildfeld] / *Borie de St Vincent* / *nous mourons sur nos Chaises* / *Leipsic* / *fe.^{lx} Lepelletier* / *Mouton Duvernes* / *Sibué* / *cambon* / *Lafayette* / *Chambre haute*
o.l. *Regnault* / *Merlin de Douay* / *La bëdoyeu* / *Dumolar* / *Manuel*
o.r. *Garat* / *Çavarie* / *yenne hortence* / *Discour aux deux Chambres* .... *Indépendence* .... *Libé*[*ra*]*lité* .... [...] *Liberté*
u.r. *Mont St Jean* / *Mort* / *Egypte* / *Espagne* / *Moskou*
Elie, 1. August 1815 (DL durch Elie)
u.M. *Déposés à la Direction Générale.*
Radierung, koloriert
350 × 275 mm (365 × 285 mm)
u.r. Stempel Museum Schwerin 1980.74.

Sie werden sich am Kerzenlicht verbrennen
Selbstsicher steht Napoleon auf dem Mont-Saint-Jean bei Waterloo. Seinen «Ruhmeshügel» bedecken Schädel, Knochen, eine Grabtafel sowie eine Sphinx, zerbrochene Säulen («Säulen des Herkules»?), brennende Zwiebeltürme (Kreml) und eine zerstörte Brücke – Sinnbilder für die Niederlagen in Ägypten, Spanien, Russland und Leipzig. In Händen hält er seine flammende Rede vor den Parlamentskammern (7. Juni 1815), die «Unabhängigkeit», «liberale Gesinnung» und «Freiheit» versprach, sowie eine Fackel; diese umschwirren Köpfchen mit Fledermausflügeln und Namensbeischriften. Napoleons Glanz hat für sie trotz allem kaum an Strahl- und Anziehungskraft eingebüsst: Aus der Felsenhöhle der Pairs- («chambre haute») und der Deputiertenkammer («chambre basse») fliegen weitere Fledermäuse heran – z.B. links oben eine geflügelte Nase («nez»: Marschall Ney); andere bleiben nach der Devise «Wir sterben (noch) auf unseren Sesseln» abwartend in Sicherheit. An der Spitze der Kammern ist General La Fayette zu erkennen: Nach Waterloo rief er (21. Juni 1815) die Kammern zur Machtübernahme und den Kaiser zur Abdankung auf. Hinter Napoleon lockt eine Fledermaus mit Hängebrüsten – die «Hyäne» Hortense («yenne» statt «reine»); bei ihr, seiner Stieftochter, (1806–1810 Königin von Holland) in Malmaison verbrachte jener nach der Abdankung wenige Tage. An der Fackel verbrennen all jene Günstlinge und Profiteure, die sich bis zuletzt vom Kaiser blenden liessen.

Ils viennent se brûler à la chandelle
L'air assuré, Napoléon se tient debout en haut du Mont Saint-Jean, près de Waterloo. La «colline de la gloire» est recouverte de crânes, d'os, d'une plaque tombale et d'un sphinx, de colonnes brisées («colonnes d'Hercule»?), de clochers bulbeux en flammes (Kremlin) et d'un pont démoli – symboles des défaites en Egypte, en Espagne, en Russie et à Leipzig. L'empereur tient à la main son discours passionné tenu devant les chambres du Parlement (7 juin 1815) – qui promit l'indépendance, la libéralité et la liberté –, et brandit une chauve-souris. Tout autour de celle-ci volent des têtes, pourvues d'ailes de chauve-souris et identifiées par des noms. Pour elles, l'éclat de Napoléon n'a – malgré tout – presque rien perdu de sa force de rayonnement et d'attraction: ainsi, d'autres chauves-souris sortent toujours de la grotte des pairs (Chambre haute) et des députés (Chambre basse) et s'approchent, en même temps qu'un nez (maréchal Ney) ailé (en haut, à gauche). En vertu de la devise «Nous mourons (encore) sur nos chaises», d'autres acteurs préfèrent encore attendre et rester en sécurité. A la tête des Chambres, on reconnaît le général La Fayette: après la bataille de Waterloo, il appela celles-ci à prendre le pouvoir (le 21 juin 1815) et réclama l'abdication de l'empereur. Une chauve-souris à la poitrine pendante, placée derrière Napoléon, cherche à faire du charme: il s'agit de l'«hyène» (reine) Hortense, sa belle-fille (reine de Hollande de 1806 à 1810). Après son abdication, il passa quelques jours chez elle, à Malmaison. Tous ceux, parmi les favoris et profiteurs, qui se sont laissés éblouir par Napoléon jusqu'au bout «viennent se brûler [ici] à la chandelle».

They Come Burn Themselves Against the Candle
Self-assuredly, Napoleon stands on Waterloo's Mont-Saint-Jean: the «hill of his glory» is covered with skulls, bones, a gravestone as well as a sphinx, broken pillars («the columns of Hercules?»), burning onion towers (Kremlin), and a destroyed bridge. These symbolize his defeats in Egypt, Spain, Russia, and Leipzig. In one hand he holds his fiery speech before the chambers of Parliament (7 June 1815), where he promised «independence», «liberalism», and «liberty»; in his other hand, a torch attracts little winged heads sporting bat wings and annotated with names. For these creatures, Napoleon's radiance and attraction have, despite all, lost little of their force. From the cavern of the chamber of nobles («chambre haute») and the chamber of deputies («chambre basse») more bats emerge – for instance, the winged nose («nez» for nose = Marshal Ney) upper left. Others, under the motto «We shall (still) die in our seats», wait out the time in safety. At the head of the chambers, General La Fayette can be recognised: it is he who, after Waterloo, called upon the chambers to seize power and upon the Emperor to abdicate (21 June 1815). Behind Napoleon, a bat with a sagging bosom seeks to entice: the «hyena» (for the «reine» / queen) Hortense, who was Napoleon's stepdaughter (Queen of Holland 1806–1810) and at whose place he spent several days after abdicating. The torch burns all the minions and profiteers who allowed themselves to bask in the Emperor's dazzle to the very end.

LE CÉSAR DE 1815.

Je suis venu, J'ai vu,... J'ai fui.

Vengono a bruciarsi alla fiaccola
Napoleone è ritto, sicuro di sé, sul suo «colle della gloria»: il Mont-Saint-Jean di Waterloo, su cui sono sparsi teschi, ossa, una lastra sepolcrale, una sfinge, colonne spezzate (le colonne d'Ercole?), torri in fiamme con tetto a bulbo (il Cremlino) e un ponte distrutto, ovvero i simboli delle sconfitte subite in Egitto, in Spagna, in Russia e a Lipsia. Nella mano sinistra ha il suo focoso discorso del 7 giugno 1815 ai parlamentari (che promette «indipendenza», «principî liberali» e «libertà»), nella destra una fiaccola intorno a cui svolazzano, con ali di pipistrello, piccole teste contrassegnate da nomi: per loro la fiamma di Napoleone, nonostante tutto, ha perso ben poco della sua luce e forza d'attrazione. Dall'antro roccioso delle due assemblee legislative («Chambre haute» e «Chambre basse») si avvicinano altri pipistrelli, fra cui (in alto a sinistra) un naso (*nez*, cioè il maresciallo Ney); altri ancora attendono al sicuro, fedeli al motto «Moriamo sulle nostre sedie». In cima alle Camere si riconosce il generale La Fayette, che il 21 giugno 1815 (dopo Waterloo) incitò i parlamentari a prendere il potere e l'imperatore ad abdicare. Accanto a Napoleone, il pipistrello con poppe cascanti è Ortensia, qui definita non «regina» (*reine*) ma «iena» (*yenne*): dopo l'abdicazione l'ex sovrano trascorse pochi giorni alla Malmaison presso la figliastra, regina d'Olanda dal 1806 al 1810. Sulla fiaccola vanno a bruciarsi tutti i favoriti e approfittatori che fino all'ultimo si lasciarono accecare dal monarca.

Lit.: BM IX 12569; BN V 9577; Br II S. 72, App. D 330; Cl 101; Fi 94 S. 130 ff. (Tf.).

280
LE CÉSAR DE 1815.
unter dem Bildfeld *Je suis venu, J'ai vu,... J'ai fui.*
o.l. *il S'est Sauvé de l'Egypte, de Madrid, de Moscou, de leipsic, de Mont-S^t jean.*
u.r. *vite 'a PARIS.*
Pierre Joseph Moithey, 1. August 1815 (DL durch Moithey)
Radierung, koloriert
Höhe 197 mm (210 × 250 mm)
u.r. Stempel Museum Schwerin 1980.134.

Der Cäsar von 1815
Auf dem reglosen Schlachtfeld von Waterloo macht sich Napoleon davon; er hat die Devise «Rasch nach Paris» in der Hand und eine zerbrochene Stange (Standarte?) mit einem herabhängenden Kaiseradler geschultert: Seine Macht ist gebrochen. Wie der napoleonische Herrscherkult und seine Symbole (Adler, Lorbeerkranz usw.) streben auch die Worte unter dem Bild dem Vorbild der römischen Antike nach: Napoleon zitiert Cäsar («veni, vidi, vici»), allerdings auf seine Lage und sein Format abgewandelt: «Ich kam, sah... und floh.» Die Feigheit dessen, der skrupellos Hunderttausende in den Tod geschickt hat, überrascht nicht mehr: Die Schriftrolle der Trompete blasenden Ruhmesallegorie auf der Wolke (links) zeugt von den früheren Fahnenfluchten des Kaisers (Ägypten, Madrid, Moskau, Leipzig) und schliesst mit seiner Flucht nach der Schlacht von Waterloo ab (vgl. Kat. Nr. 188). Napoleons Eilmarsch nach Paris mit dem zerbrochenen Adler ist «die satirische Verkehrung des vol d'aigle» (franz. «vol d'aigle»: schlagartige Rückkehr aus Elba) (Fi 92).

Le César de 1815
Napoléon quitte en grande hâte le champ de bataille inerte de Waterloo. Il porte à la main la devise «Vite à Paris» et a jeté sur l'épaule un bâton (étendard?) cassé, d'où pend une aigle impériale: son pouvoir est brisé. Dans le style du culte impérial napoléonien et de ses symboles (aigle, couronne de laurier, etc.), le texte sous l'image s'efforce également de se référer aux modèles de l'Antiquité romaine: Napoléon cite César («veni, vidi, vici»), mais en adaptant la citation à sa situation et à son format, en affirmant: «Je suis venu, j'ai vu et... j'ai fui.» La couardise de ce personnage ayant envoyé à la mort – sans scrupules – des centaines de milliers de personnes ne surprend plus: le rouleau d'écriture tenu par l'allégorie de la gloire (à gauche), qui joue de la trompette sur un nuage, témoigne des précédentes désertions de l'empereur (Egypte, Madrid, Moscou, Leipzig) et conclut sur sa fuite après la défaite de Waterloo (cf. n° cat. 188). La marche forcée de Napoléon vers Paris – en compagnie de son aigle brisée – constitue une «transformation satirique du vol d'aigle en son contraire» (retour éclair d'Elba) (Fi 92).

The 1815 Caesar
Napoleon is stealing off from the dead battlefield of Waterloo; he carries the motto «Swiftly to Paris» in his hand and, on his shoulder, he bears a broken pole (standard?) with an eagle hanging upside down from its top end: his dominion has been broken. Just as the cult of Napoleon as a sovereign and the emblems associated with him, so the words below this picture seek to emulate Roman Antiquity: Napoleon quotes Caesar («veni, vidi, vici»), although in a version adapted to his situation and stature: «I came, saw... and fled». The cowardice of he who had sent hundreds of thousands to their death no longer comes as a surprise: the scroll held down by the trumpet-blowing allegorical figure of Glory on a cloud (left), lists the Emperor's earlier sites of desertion: Egypt, Madrid, Moscow, Leipzig, ending with the battle of Waterloo (cf. cat. no. 188). Napoleon's headlong escape to Paris with the broken eagle is «the satirical reversal of the ‹vol d'aigle›» (the «vol d'aigle» being his precipitate return to France from Elba) (Fi 92).

Il Cesare del 1815
Napoleone se la svigna dal campo inanimato di Waterloo, tenendo in mano il motto «Presto a Parigi» e a spall'arm un'asta rotta (stendardo?) con un'aquila imperiale a testa in giù: il suo potere è spezzato. Come il culto napoleonico della personalità e i relativi simboli (aquila, corona d'alloro ecc.), anche la didascalia cerca d'imitare il modello della Roma antica: Napoleone cita il *Veni, vidi, vici* cesariano, adattandolo però alla sua posizione e statura militare («Venni, vidi... e fuggii»). La viltà di chi ha mandato senza scrupoli alla morte centinaia di migliaia di uomini non sorprende più: la Gloria, che su una nuvola a sinistra suona la tromba araldica, mostra una pergamena attestante le fughe precedenti dell'imperatore (dall'Egitto, da Madrid, da Mosca, da Lipsia) e terminante appunto con la fuga dopo la battaglia di Waterloo (cfr. n° cat. 188). La marcia di Napoleone verso Parigi con l'aquila spezzata è «il ribaltamento satirico del *vol d'aigle* [il ‹volo d'aquila›, cioè il fulmineo ritorno dall'Elba]» (Fi 92).

Lit.: BN V 9578; Br II S. 75, App. D 39; Cl 100; Fi 92 S. 335, Abb. S. 337, 338.

281
BUONAPARTE au Mont s.t Jean, fait usage de son talisment ordinaire.
o. M. *Papa Lache, lache les couroir de ta cuirasse et jette la a terre tu courrera plus fort.*
o. l. *L'aimable Enfant il ce sert des mêmes mots dont je caresse mes Officiers et mes Généreaux*
u. M. *le Lache! il nous abbandonne*
anonym, 14. August 1815 (DL durch Genty), bei Jean Baptiste Genty, Paris
Radierung mit Roulette, koloriert
207×292 mm (272×304 mm)
u. r. Stempel Museum Schwerin 1980.12.

Bonaparte macht bei Mont-Saint-Jean von seinem gewöhnlichen Talisman Gebrauch
Feigheit und Fahnenflucht sind ein Gemeinplatz des «schwarzen» Napoleon-Mythos, der besonders in den Waterloo-Karikaturen auftritt. Mit der Entscheidungsschlacht bricht die pronapoleonische Bildsatire ab. Als Kürassier ohne Pferd läuft Napoleon hier vom Schlachtfeld davon. Säbel und Orden liegen am Boden. Der Deserteur wendet den Blick zurück auf seinen Spross, der ihm nacheilt. Dieser hält dem Vater dessen «gewöhnlichen Talisman» entgegen: eine Spielzeugwindmühle, Symbol von Eigennutz und Opportunismus. Er rät dem Fliehenden, den Brustpanzer abzuwerfen; dabei nennt er ihn wie aus Versehen einen Feigling (Wortspiel mit franz. «lâche»: «lass los!» bzw. «feige»): Aus dem volksnahen «Père la Violette» vom Frühling (vgl. Kat. Nr. 353) ist hier ein «Papa lâche» (feiger Papa) geworden. Napoleon fällt auf, dass sein Sohn dieselben Worte gebraucht, mit denen er selber seine Offiziere hätschelt. Im Hintergrund leistet die arg dezimierte Kaisergarde gegen die englischen Reiter letzten Widerstand, obschon die Fahnenflucht des Kaisers bemerkt wird. Am 18. Juni 1815 unterlag Napoleons Heer in der Schlacht von Waterloo (franz. Mont-Saint-Jean) gegen England und Preussen endgültig. Bei den Franzosen zeichnete sich damals einzig die Alte Garde durch einen geordneten Rückzug aus.

Bonaparte au Mont-Saint-Jean fait usage de son talisman ordinaire
La lâcheté et la désertion constituent des lieux communs du mythe négatif de Napoléon, très fréquent dans les caricatures relatives à la défaite de Waterloo. Cette bataille décisive mit fin à la production d'images satiriques pronapoléoniennes. Représenté en cuirassier sans cheval, Napoléon fuit le champ de bataille. Son sabre et sa décoration traînent par terre. Le déserteur jette un regard en arrière sur son rejeton, qui lui court après. Ce dernier tend au père son «talisman ordinaire»: un moulin miniature, symbole de l'égoïsme et de l'opportunisme. Il conseille au fuyard de jeter sa cuirasse, en le traitant – en apparence par mégarde – de lâche: le populaire «Père la Violette» du printemps (cf. n°. cat. 353) devient, de la sorte, un «papa lâche» («Papa lâche, lâche les courroies de ta cuirasse»). Napoléon constate que son fils se sert des mêmes mots qu'il utilise, lui, pour flatter ses officiers. A l'arrière-plan, la garde impériale, très décimée, oppose encore de la résistance à des cavaliers anglais, bien que l'on remarque, dans ses rangs, la désertion de l'empereur. Le 18 juin 1815, l'armée napoléonienne fut définitivement battue lors de la bataille de Waterloo (dite du Mont Saint-Jean, en français) contre l'Angleterre et la Prusse. Chez les Français, seule la vieille garde s'illustra, dans ces circonstances, par une retraite ordonnée.

Bonaparte at Mont-Saint-Jean, Making Use of His Ordinary Talisman
In the «blackened» Napoleonic myth characterising especially cartoons dealing with Waterloo, the Emperor's cowardice and habit of deserting became a cliché. With the decisive battle of Waterloo, pro-Napoleonic works were discontinued. Here Napoleon, as a cuirassier bereft of his mount and having lost his sabre and Order (lying on the ground), is – typically – fleeing the battlefield. The deserter looks back at his scion, who hurries after him brandishing his father's «ordinary talisman», which is a toy windmill, symbol of self-interest and opportunism. The son suggests that his father divest himself of his breastplate, which in the French version is – as if inadvertently – to call him a coward (from the French «lâcher» = to let go, and «lâche» = coward). The satirist plays upon the popular nickname attributed to Napoleon in the spring (cf. cat. no. 353) «Père la Violette», which now becomes «Papa lâche» (Papa let go / Papa coward). Napoleon notices that his son's words are the same he himself used to mollycoddle his officers. In the background, the badly decimated Imperial Guard makes its final stand against the English riders, although the Emperor's desertion has not gone unobserved. On 18 June 1815, Napoleon's troops were finally defeated by the English and Prussians at the battle of Waterloo (the French Mont-Saint-Jean). After the battle, only the Old Guard distinguished itself by making an orderly retreat.

Bonaparte, al Mont-Saint-Jean, fa uso del suo talismano ordinario
Viltà e diserzione sono un luogo comune del «mito negativo» di Napoleone, presente specialmente nelle stampe satiriche su Waterloo: con lo scontro decisivo, in effetti, le caricature filonapoleoniche scomparvero. Qui l'imperatore, corazziere senza cavallo, fugge dal campo di battaglia lasciando a terra la sciabola e l'onorificenza; il suo sguardo è rivolto al figlioletto, che gli corre dietro tendendogli il suo «talismano ordinario» (un minuscolo mulino a vento, simbolo di egoismo e opportunismo). Il piccolo consiglia al padre disertore di gettare via la corazza, ma quasi inavvertitamente lo definisce un vile: il *Père la Violette* della primavera (cfr. n° cat. 353) è divenuto un *Papa Lâche* («papà lascia andare, molla!», ma anche «papà vigliacco»). Napoleone osserva che le parole del figlio sono le stesse che usa lui per blandire i suoi ufficiali… Sullo sfondo la Guardia imperiale, fortemente decimata, pur notando la fuga del sovrano oppone l'ultima resistenza ai cavalieri inglesi. Il 18 giugno 1815 l'esercito napoleonico fu sconfitto definitivamente dalle truppe britanniche e prussiane nella battaglia di Waterloo (in francese Mont-Saint-Jean); tra i francesi solo la Vecchia Guardia si distinse ritirandosi in buon ordine.

Lit.: BM IX 12567; BN V 9580; Br II S. 75, App. D 35; Cl 105; Fi92 S. 335, Abb. S. 336.

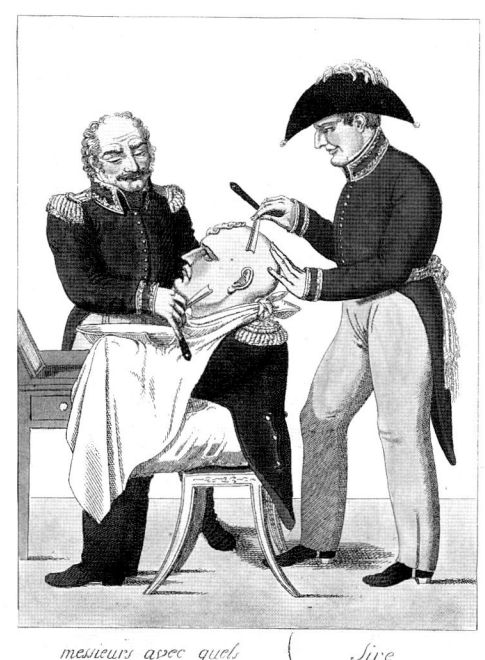

messieurs avec quels / Rasoirs me faite vous la barbe // Sire / Rasoir anglais

282
messieurs avec quels / Rasoirs me faite vous la barbe // Sire / Rasoir anglais
Y. V. Lacroix, 31. Juli 1815 (DL durch Lacroix)
Radierung, koloriert
247 × 180 mm (277 × 197 mm)
u. r. Stempel Museum Schwerin
1980.126.

Meine Herren, mit welchen Rasiermessern barbieren Sie mich? – Sire, mit englischen
Im Gegensatz zu den deutschen Barbierstuben-Darstellungen im Zuge der Schlacht von Leipzig (Kat. Nrn. 330, 331) wird hier Napoleons Kopf nach Waterloo ratzekahl rasiert: Jetzt hat er nicht bloss eine schwere Niederlage hinnehmen müssen, sondern ein für alle Mal jede Macht verloren. Mit leidender Miene sitzt der dickliche Ex-Kaiser mit umgebundenem Tuch neben dem Frisiertisch und hält die Schale. Ihm rasieren links der Preusse Blücher die Wange und rechts der Brite Wellington den Schädel. Der Dialog hebt die entscheidende Rolle Grossbritanniens im Krieg gegen Napoleon und besonders in der Schlacht von Waterloo hervor. Und dass jetzt Napoleon nur noch Spott erntet, kommt schon im Bildthema zum Ausdruck: «faire la barbe à quelqu'un» (jemanden rasieren) heisst auch jemanden verhöhnen.

Messieurs, avec quel rasoir me faites-vous la barbe? – Sire, avec des anglais
Contrairement aux illustrations allemandes de salons de coiffure réalisées dans le contexte de la bataille de Leipzig (nos cat. 330, 331), ici c'est la tête de Napoléon que l'on rase de près après Waterloo: non seulement, il a dû essuyer une sévère défaite, mais il a perdu son pouvoir une fois pour toute. La mine souffrante, le gros empereur déchu est assis à côté d'une coiffeuse, une serviette nouée autour du cou; il tient la cuvette. Le Prussien Blücher lui rase la joue, et le Britannique Wellington, le crâne. Le dialogue met en évidence le rôle décisif de la Grande-Bretagne dans la guerre contre Napoléon, et particulièrement pendant la bataille de Waterloo. Le thème de l'illustration souligne que dorénavant Napoléon ne récolte plus que railleries: «faire la barbe à quelqu'un» signifie tourner une personne en dérision.

Gentlemen, with What Razors Are You Shaving Me? – Sire, with English ones
Contrary to the German barbershop scenes that appeared after the battle of Leipzig (cat. nos. 330 and 331), in this work after Waterloo, Napoleon is being shaved totally bald: more than a mere defeat, now he has lost his power once and for all. The plumpish ex-Emperor holds a basin while sitting – with a suffering expression and a towel around his neck – on the stool next to the dressing table. His cheek is being shaved to the left by the Prussian Blücher and his head to the right by the British Wellington. Their dialogue highlights Great Britain's decisive role in the war against Napoleon, especially at the battle of Waterloo. The fact that by now Napoleon can reap only derision comes through in the cartoon's theme, since «faire la barbe à quelqu'un» (to shave someone) means to mock someone.

Signori, con che rasoi mi radete? – Sire, con rasoi inglesi
Diversamente che nelle rappresentazioni tedesche della «barbieria» apparse dopo la battaglia di Lipsia (n¹ cat. 330 e 331), qui siamo a Waterloo e Napoleone subisce un taglio «completo» di barba e capelli: non si tratta solo di una severa sconfitta, ma della perdita definitiva del potere. L'ex monarca – grassoccio, dall'aria sofferente, con accappatoio legato al collo – siede accanto al tavolino da barbiere, reggendo la bacinella; il prussiano Blücher (a sinistra) e il britannico Wellington (a destra) gli radono rispettivamente la guancia e il cuoio capelluto. Il dialogo sottolinea il ruolo decisivo della Gran Bretagna nella guerra contro l'Impero francese e soprattutto nella battaglia di Waterloo, ma indica anche che ora Napoleone è oggetto soltanto di beffe: *faire la barbe à quelqu'un*, infatti, significa «radere» qualcuno ma anche «sconfiggerlo e deriderlo».

Lit.: BM IX 12575; BN V 9598; Br II S. 74, App. D 307 [späterer Zustand]; Cl 140; Kat. RM 133.

283
– l'écolier Battant la Retraite devant Son maître
o. r. *que diable faite vous donc vous battez la défaite*
o. l. *ma foi Sauve qui peu[t]*.
Y. V. Lacroix, 7. August 1815 (DL durch Lacroix)
u. r. *deposé*
Radierung, koloriert
240 × 203 mm (268 × 224 mm)
u. r. Stempel Museum Schwerin
1980.19.

Der Schüler trommelt zum Rückzug vor seinem Meister
Auf dem Schlachtfeld, wo Kanonenkugeln und ein Säbel herumliegen, bemerkt der reich dekorierte Sieger Wellington gelassen und mit spöttischem Lächeln: «Was zum Teufel tun Sie denn? Sie signalisieren ja die Niederlage.» Der dicke, kindliche Napoleon läuft trommelnd im Eilschritt davon: «Gewiss! Rette sich, wer kann!» Als Tambour hat der militärische Anfänger («écolier») bei Waterloo seinen Meister gefunden und desertiert. Die Karikatur spielt die Motive der Feigheit, der Kleinwüchsigkeit sowie der Beleibtheit des Kaisers (welche in der damaligen Versorgungsnot nicht bloss belustigend gewirkt hat) aus. Zugleich schlägt sie den Napoleon-Mythos mit dessen eigenen Waffen: Der Heerführer, der 1796 von seinen Soldaten zum «petit caporal», zu Ihresgleichen, ernannt worden sein soll, wird hier zum – charakterlich – «kleinen Unteroffizier»: ehrlos und nichtswürdig.

L'écolier battant la retraite devant son maître
Sur le champ de bataille, où gisent des boulets de canons et un sabre, le vainqueur Wellington, richement décoré, impassible et un sourire ironique aux lèvres, remarque: «Que diable faites-vous donc? Vous battez la défaite.» Napoléon, sous les traits d'un enfant grassouillet, détale tout en frappant le tambour: «Ma foi! Sauve qui peut!» «L'écolier» militaire

a trouvé son maître à Waterloo et il déserte. La caricature joue sur la lâcheté, la petite taille et l'embonpoint de l'empereur (corpulence qui, lors de la précédente disette, a été du plus mauvais effet). Dans le même temps, elle abat le mythe de Napoléon avec les propres armes de celui-ci: le chef de l'armée qui, en 1796, aurait été appelé par ses soldats «petit caporal», surnom affectueux qui le faisait passer pour l'un des leurs, est devenu ici un «petit sous-officier»: infâme et vil.

The Schoolboy Sounds the Retreat Before His Master
On a battlefield strewn with cannon balls and a sabre, with a sneering smile the generously decorated victor Wellington remarks to Napoleon: «What the devil are you doing? You're sounding the defeat!» Fleeing the scene with all due haste, the drumming stout and childlike Napoleon retorts: «Indeed!. Every man for himself.» As a drummer, the military beginner («écolier») has found his master at Waterloo and therefore now deserts. This work focusses on the Emperor's cowardice, his short stature, and his obesity – the latter as biting as humourous, given the hard times of his day. At the same time the cartoon attacks the Napoleonic myth with the latter's own weapons: the military commander named in a comradely spirit by his soldiers as «petit caporal» in 1796 is portrayed here as a «little corporal» with respect to his character, that is as someone lacking honour and worth.

Lo scolaro che batte la ritirata davanti al maestro
Sul campo di battaglia (con palle di cannone e una sciabola), il vincitore Wellington, riccamente decorato, osserva tranquillo e con sorriso beffardo: «Ma che diavolo fate? Battete la ritirata…» Napoleone, grasso e dai tratti infantili, se ne va di corsa suonando il tamburo («In fede mia, si salvi chi può!»): a Waterloo il militare alle prime armi (tamburino) ha trovato il suo «maestro» e ora diventa disertore. La caricatura gioca sulla viltà e sulla bassa statura del sovrano nonché sulla sua ciccia (che in quel periodo di scarsi rifornimenti non doveva apparire solo divertente), ma scalza anche il mito di Napoleone con le sue stesse armi. Il generale che nel 1796 avrebbe ricevuto dalla truppa il soprannome di «piccolo caporale» (soldato fra i soldati)… qui diventa tale ma sul piano del carattere: spregevole e infame.

Lit.: BN V 9581; Br II S.73, App. D 302; Cl 104.

284
origine de l'etouffoir impérial
o.l. *mon cher ami cet homme la Respire de votre côté*
o.r. *Reposé vous Sur moi mon ami Son affaire est faite*
o.M. *ah messieurs ne m'etouffé pa Sauvez moi la vie*
Y.V. Lacroix, 14. August 1815 (DL durch Lacroix)
u.r. *deposé*
Radierung, koloriert
235 × 310 mm (255 × 332 mm)
u.r. Stempel Museum Schwerin 1980.85.

Ursprung des kaiserlichen Ascheneimers
Die Generäle Blücher (links) und Wellington (rechts), drücken den Deckel auf einen hohen Metalleimer. In diesem steckt Napoleon und streckt Kopf und Hände heraus; verzweifelt fleht er um sein Leben. Blücher weist Wellington darauf hin, dass auf dessen Seite «der Mann da» noch Luft kriege; Wellington beruhigt ihn, Napoleons Sache sei sowieso am Ende: Sie ersticken (franz. «étouffer») den Kaiser wie glühende Kohle in einem Ascheneimer (franz. «étouffoir»). Mit anderen Worten: Sie kehren ihn in den Abfalleimer der Geschichte. Das gewaltsame Auslöschen erinnert an den Löschhut (vgl. den «éteignoir des alliés» in Kat. Nr. 162), das von den Bonapartisten wie den Royalisten gegeneinander eingesetzte Symbol des politischen Obskurantismus (vgl. Kat. Nr. 314). Im Bild geht es jedoch nicht um Frankreichs innere ideologische Machtkämpfe; hier bestimmen die Siegermächte, dass Napoleon endgültig zu verschwinden hat (Kat.RM). Wie im Dialog anklingt, waren sie aber geteilter Meinung über Napoleons Schicksal: Blücher wollte den Kaiser an der Hinrichtungsstätte des Herzogs von Enghien (vgl. Kat. Nr. 201) erschiessen lassen, während Wellington in dieser Frage auf alliiertem Einvernehmen bestand.

Origine de l'étouffoir impérial
Les généraux Blücher (à gauche) et Wellington (à droite) appuyent sur le couvercle d'un grand seau métallique. Napoléon est bloqué à l'intérieur; seules sa tête et ses mains dépassent encore. Il les supplie désespérément de le laisser en vie. Blücher signale à Wellington que «cet homme» peut toujours – du côté de l'Anglais – aspirer de l'air; Wellington le rassure, en lui précisant que – de toute façon – l'«affaire» de l'empereur «est faite»: ces militaires de haut rang sont sur le point d'étouffer Napoléon comme des charbons ardents dans un étouffoir. Ils le mettent, en d'autres termes, dans la poubelle de l'histoire. Cette extinction par la force fait référence à l'éteignoir (cf. l'«éteignoir des Alliés» du n°. cat. 162), le symbole de l'obscurantisme politique utilisé par les bonapartistes contre les royalistes, et vice-versa (cf. n°. cat. 314). Cependant, la présente image ne traite pas de luttes idéologiques pour le pouvoir internes à la France; ce sont, en l'occurrence, les puissances victorieuses qui décident de faire disparaître Napoléon (cat.RM). Comme le dialogue le laisse transparaître, ces dernières n'eurent pas le même avis à propos du sort à réserver à Napoléon: Blücher souhaita faire fusiller l'empereur sur le lieu d'exécution du duc d'Enghien (cf. n°. cat. 201), tandis que Wellington insista pour qu'on se mette d'accord au préalable entre Alliés.

Origin of the Imperial Ash-Bin
Generals Blücher (left) and Wellington (right) are pressing down on the lid of a tall metal bin housing Napoleon who, shoving his head and hands over the top, desperately pleads for his life. Blücher points out to Wellington that on the latter's side, «that man can still get air», but Wellington assures him that Napoleon's cause is lost in any case: they are smothering (the French «étouffer») the Emperor as they would live coals in a damper (the French «étouffoir»); in other words, they are relegating him to the ash-bin of his-

tory. The violent extinction brings to mind the candle snuffer (cf. the «éteignoir des alliés» in cat. no. 162), the symbol established by Bonapartists and Royalists alike, each accusing the other of political obscurantism (cf. cat.no. 314). In this work, however, it is not a matter of France's domestic ideological struggles but rather, of the victorious powers' decision that Napoleon must finally be made to disappear (cat.RM). As the dialogue insinuates, the two disagreed as to Napoleon's fate: Blücher wanted to have the Emperor shot at the Duke of Enghien's execution site (cf. cat. no. 201), while Wellington insisted upon obtaining agreement on Napoleon's fate from the allies.

Origine del braciere imperiale
I generali Blücher (a sinistra) e Wellington (a destra) premono il coperchio di un bidone metallico contenente un Napoleone disperato, che tendendo la testa e le mani chiede salva la vita. Il prussiano segnala che dal lato dell'inglese «quell'uomo» respira ancora, ma Wellington lo tranquillizza: Napoleone è ormai spacciato. I due lo stanno per soffocare (*étouffer*), così come si soffoca il carbone ardente in un braciere (*étouffoir*): in altre parole, lo gettano nel secchio dei rifiuti della storia. Lo spegnimento a viva forza ricorda lo spegnitoio (cfr. l'«éteignoir des alliés» nel n° cat. 162), simbolo di oscurantismo politico usato dai bonapartisti contro i monarchici e viceversa (cfr. n° cat. 314). La caricatura, tuttavia, non si riferisce alle lotte ideologiche intestine per il potere in Francia; qui sono le potenze vincitrici a stabilire che Napoleone deve sparire definitivamente (cat.RM). Come fa capire il dialogo, non c'era però unità di vedute sulla sorte da riservare a Napoleone: Blücher voleva farlo fucilare dov'era stato giustiziato il duca d'Enghien (cfr. n° cat. 201), Wellington su questo punto insisteva per una decisione comune degli alleati.

Lit.: BM IX 12582; BN V 9596; Br II App. D 246; Cl 106; Kat. RM 52 (Abb.).

285
Le Sauteur impérial – / grand faiseur de tours
o.l. *mon petit camarade le Saut périlleux / messieurs ce jeu la me déplait c'est le dernier tour que je vous fait*
o.r. *Sire Saute pour le Roi*
Y. V. Lacroix, 17. August 1815 (DL durch Lacroix)
u.r. *deposé*
Radierung, koloriert
185×298 mm (203×318 mm)
u.r. Stempel Museum Schwerin 1980.118.

Der kaiserliche Seilspringer macht viele Sprünge
Blücher (links, ohne Hut) und Wellington (rechts) lassen Napoleon Seil springen. Das Dickerchen hält seine Hose fest und empört sich: «Meine Herren, dieses Spiel missfällt mir. Das ist der letzte Durchgang, den ich für Sie mache.» Die Sieger von Waterloo denken nicht daran, ihren Spass zu beenden. Mit spöttischem Grinsen verlangen sie sogar den Salto mortale von ihm und dass er zum Ergötzen von Ludwig XVIII. springt (vgl. Kat. Nr. 222). Einmal mehr ist hier Napoleon völlig in der Hand seiner Bezwinger. Der «Streichespieler» hat ihnen lange genug – mit der Flucht aus Elba jedoch zum letzten Mal – das Seil über den Kopf geworfen; jetzt muss er selbst darüberspringen. Möglicherweise wird der kaiserliche «Windbeutel» (franz. «sauteur» im übertragenen Sinn) beim Spiel sterben (franz. «faire le grand saut»)… In Wirklichkeit geriet der Kaiser nie in Blüchers oder Wellingtons Hand; erst mit der Einschiffung auf dem Kreuzer «Bellerophon» (15. Juli 1815) wurde er ein Gefangener Grossbritanniens (vgl. Kat. Nr. 295). Das Blatt knüpft an die niederländische Karikatur «Napoleon, touwtje springende» (Br II App. H 59) von 1814 an.

Le sauteur impérial, grand faiseur de tours
Blücher (à gauche, sans chapeau) et Wellington (à droite) font sauter Napoléon à la corde. Celui-ci, sous les traits d'un petit personnage grassouillet, tient ses pantalons et s'indigne: «Messieurs, ce jeu-là me déplaît. C'est le dernier tour que je vous fais.» Les vainqueurs de Waterloo n'entendent pas cesser la plaisanterie. Avec un ricanement moqueur, ils exigent qu'il exécute le saut périlleux pour le plaisir de Louis XVIII (cf. n°. cat. 222). Une fois de plus, Napoléon est à la merci de ses triomphateurs. Le «faiseur de tours» les a assez longtemps fait marcher sur la corde raide – la dernière fois, en s'évadant d'Elbe; maintenant, son tour est venu de sauter par-dessus celle-ci. Le cas échéant, le «hâbleur» impérial («sauteur» au sens figuré) laissera sa vie à ce jeu («faire le grand saut»). En réalité, l'empereur ne tomba jamais entre les mains de Blücher ou de Wellington; ce n'est que lors de son embarquement sur le croiseur «Bellerophon» (15 juillet 1815) qu'il fut fait prisonnier des Anglais (cf. n°. cat. 295). Cette gravure est apparentée à la caricature néerlandaise «Napoleon, touwtje springende» (Br II app. H 59) réalisée en 1814.

The Imperial Jumper, Grand Prankster
Blücher (left, without hat) and Wellington (right) are making Napoleon jump rope. The chubby little figure is holding his pants up while waxing indignant: «Gentlemen, this game displeases me. This is my last turn for you.» But the Waterloo victors have no intention of letting him stop: jeeringly, they even order him to take a breakneck leap to the amusement of Louis XVIII (cf. cat. no. 222). Once again, Napoleon is portrayed as fully at the mercy of his conquerors: often enough in the past, the «prankster» had them jumping at his command and now it is their turn to make him jump. Possibly, the «braggart»

La grosse caisse de L'europe

286
La grosse caisse de L'europe
Y.V. Lacroix, 17. August 1815 (DL)
Radierung, koloriert
232 × 158 mm (237 × 163 mm)
u.r. Stempel Museum Schwerin 1980.115.

Die grosse Trommel Europas
Die Bildidee entstammt der Kat. Nr. 139 oder Cruikshanks «Old Blucher beating the Corsican Big Drum» vom April 1814 (BM IX 12214; Br I S. 351, II App. A 667). Mit Schlegel und Rute traktiert ein junger britischer Soldat den Kopf bzw. das Gesäss des zu einer breiten Trommel deformierten Napoleon, die er vorgehängt hat: Vorn wie hinten abgeflacht und mit den Armen die Knie an die Brust drückend, hat der Kaiser beinahe Zylinderform. Seit dem Russlandfeldzug steckte Napoleon mehr und mehr Rückschläge ein: Die unterdrückten Völker schlugen nach dem Befreiungsschlag von Leipzig zurück. Bis zum Paukenschlag von Waterloo, worauf sich die Karikatur bezieht, war er gewissermassen der Prügelknabe Europas, was hier schlagend ins Bild gesetzt wird.

La grosse caisse de l'Europe
Cette illustration s'est inspirée du n°. cat. 139 ou «Old Blucher beating the Corsican Big Drum» de Cruikshank parue avril 1814 (BM IX 12214; Br I p. 351, II app. A 667). Armé d'une mailloche et de verges, un jeune soldat britannique porte autour du cou Napoléon transformé en timbale, dont il martyrise la tête et le postérieur. Aplatis devant comme derrière, les bras et les genoux repliés à hauteur de poitrine, l'empereur prend une forme presque cylindrique. Depuis la campagne de Russie, Napoléon accumula les échecs: après la bataille de libération de Leipzig, les peuples opprimés se soulevèrent. Jusqu'au coup de grâce de Waterloo, auquel la caricature se réfère, il devint le bouc émissaire de l'Europe, ce que cette allégorie illustre de manière frappante.

Europe's Big Drum
The idea behind this image derives from cat. no. 139, or Cruikshank's «Old Blucher Beating the Corsican Big Drum» of April 1814 (BM IX 12214; Br I p. 351, II App. A 667). Using a drumstick and rod, a young British soldier is maltreating the head and buttocks of Napoleon as transformed into a bass drum hanging around the soldier's neck. The deformed Napoleon has been flattened at the front and rear and is pressing his knees against his chest with his arms, taking nigh to cylindrical shape. Since the Russian campaign Napoleon had to put up with ever more setbacks, since the oppressed peoples of Europe began striking back after inflicting such a major defeat on Napoleon at Leipzig. Until the final beat of the drum (beating) at Waterloo, to which this piece alludes, he was somewhat of a whipping boy to the nations of Europe, a state of affairs resoundingly conveyed by this image.

La grancassa dell'Europa
Lo spunto è preso dal n° cat. 139 o da una stampa di Cruikshank dell'aprile 1814 (*Old Blucher beating the Corsican Big Drum*: BM IX 12214; Br I p. 351, II app. A 667). Un giovane soldato britannico «suona», rispettivamente con mazza da tamburo e spazzola di verghe, la testa e il deretano appiattiti dell'ampia «grancassa» che ha appesa al collo: un Napoleone deformato, che stringendosi al petto le gambe con le braccia ha quasi assunto una forma cilindrica. Fin dalla campagna di Russia l'imperatore andò sempre più incassando contraccolpi; i popoli repressi, ormai liberati dalla battaglia di Lipsia, gli si voltarono contro e fecero di lui, in un certo senso, il capro espiatorio dell'Europa. La caricatura, che si riferisce al «colpo finale» di Waterloo, illustra in modo eloquente la situazione di Napoleone.

(in the figurative sense of the French «sauteur») will fall to death by jumping (the French «faire le grand saut»)… In reality, the Emperor never fell into Blücher's or Wellington's hands; it was only by embarking on the cruiser «Bellerophon» (15 July 1815) that he was made captive by the British (cf. cat. no. 295). This cartoon links up with the 1814 Dutch work «Napoleon, touwtje springende» (Br II App. H 59).

Il saltatore imperiale, grande autore di tiri mancini
Blücher (a sinistra, senza cappello) e Wellington (a destra) costringono al salto della corda un Napoleone grassottello, che si tiene i pantaloni ed esclama irritato: «Signori, questo gioco non mi piace. È l'ultimo giro [*tour*] che faccio per voi.» Ma i trionfatori di Waterloo non pensano di por fine allo spasso: con ghigno beffardo, anzi, gli chiedono di fare un salto mortale e divertire così re Luigi XVIII (cfr. n° cat. 222). Ancora una volta Napoleone è in completa balia dei suoi vincitori; dopo tutti i tiri mancini (*tours*) con cui li ha tenuti sulla corda (ultimo dei quali, però, sarà la fuga dall'isola d'Elba), ora tocca a lui saltarle sopra. Forse nel «salto mortale» il *sauteur* («acrobata» ma anche «fanfarone») perderà la vita… In realtà l'imperatore non cadde mai nelle mani di Blücher o Wellington; solo imbarcandosi sulla nave da guerra *Bellerophon* (15 luglio 1815) divenne prigioniero dei britannici (cfr. n° cat. 295). L'opera si rifà a una caricatura olandese del 1814 (*Napoleon, touwtje springende*, Br II app. H 59).

Lit.: BM IX 12574 [ohne Untertitel und DL]; BN V 9601; Br II Taf. S. 72, 73 f., App. D 180 [ohne Untertitel und DL]; Cl 107 [ohne Untertitel und DL]; Fi 92 S. 329, Abb. S. 332 [vgl. Cl]; Kat. H85 37; Kat. RM 115 (Abb.).

Lit.: BM IX 12571; BN V 9595; Br II Tf. S. 72, 73 f., App. D 25; Cl 73; Kat. H85 41; Kat. RM 122 (Abb.).

287

Cinquième et dernier tour de passe-passe, / ou, le Grand Escamoteur Escamoté.
o. l. *Bellerophon / Mont S.t Jean Disparais*
u. M. *LeipSic Rien*
u. r. *MosKou Rien / Espagne Rien / Egypte Rien / Ile S.t helene*
Elie, 11. August 1815 (DL durch Elie)
u. M. *Déposé à la Direction Générale*
Radierung, koloriert
[390 × 248 mm] (398 × 255 mm)
u. r. Stempel Museum Schwerin
1980.50.

Fünftes und letztes Taschenspielerstück oder der weggezauberte grosse Taschenspieler
Auf dem Meer segelt die «Bellerophon» (das Schiff brachte Napoleon im Juli 1815 an die englische Küste) nach rechts auf den Felsen von Sankt Helena zu. Davor steht am Strand ein Falttisch mit einer Fransendecke. An ihm hält Wellington im Zaubererkostüm einen Becher und will damit den auf dem Tisch weglaufenden Zwerg Napoleon einfangen. Vier Becher, aussen bezeichnet mit «Ägypten», «Spanien», «Moskau» und «Leipzig» und innen mit «nichts», liegen vor ihm. Mit ihnen hat der Taschenspieler erfolglos versucht, den Zwerg zum Verschwinden zu bringen. Den Becher «Spanien» hält er noch in der Hand: Wellington vertrieb 1813 Napoleons Truppen von der Iberischen Halbinsel. Die Aufschriften «Mont-Saint-Jean» (Waterloo) und «verschwinde» auf dem letzten Becher verdeutlichen das Gelingen des Zaubertricks. Bislang war Napoleon selbst der «Grosse [politische] Taschenspieler», der viermal durch Flucht entwischte. Jetzt wird er ausgetrickst und verschwindet endgültig von der Bildfläche in die Gefangenschaft.

Cinquième et dernier tour de passe-passe ou le grand escamoteur escamoté
En mer, le «Bellerophon» (bateau ayant transporté Napoléon en juin 1815 vers la côte anglaise) fait voile de gauche à droite, en direction des rochers de Sainte-Hélène. Une table pliante, couverte d'une nappe à franges, se trouve sur le rivage. Debout, en costume de magicien – derrière la table dépliée –, Wellington tient une timbale à la main et cherche à capturer Napoléon, représenté en nabot en train de se sauver. Sur le plateau de table se trouvent quatre autres timbales, désignées respectivement – à l'extérieur – par les inscriptions «Egypte», «Espagne», «Moscou» et «Leipzig» et – à l'intérieur – par la précision «rien». Avec elles, le prestidigitateur a essayé en vain de faire disparaître le nain. D'une main, il touche encore celle portant l'inscription «Espagne»: en 1813, Wellington chassa les troupes napoléoniennes de la péninsule Ibérique. Marquées sur la cinquième et dernière timbale, les inscriptions «Mont Saint-Jean» (Waterloo) et «disparais» mettent en évidence la réussite du tour de prestidigitation. Jusque-là, c'est Napoléon qui fut le «grand escamoteur» (politique), réussissant à s'échapper à quatre reprises. Mais, cette fois-ci, l'empereur se fait attraper: en tant que prisonnier, il disparaît à jamais de la circulation.

The Fifth and Last Sleight of Hand or the Conjurer Gets Conjured Away
In the background, we see to the left the man-of-war «Bellerophon» (which brought Napoleon to the English coast in July 1815) heading towards the cliffs (right) of Saint Helena. On the beach in the foreground, a folding table with a fringed tablecloth has been set up; here Wellington, dressed as a magician, tries to catch the dwarf Napoleon – who is running away from him on the table top – with a beaker. Four other beakers, designated on the outside as «Egypt», «Spain», «Moscow», and «Leipzig», and marked on the inside with «nothing», represent the futility of the magician's attempts until now to make the dwarf disappear. He still holds the «Spain» beaker in his hand: in 1813, Wellington chased Napoleon's troops off the Iberian Peninsula. The last beaker – designated «Mont-Saint-Jean» (Waterloo) and marked «disappear» – clearly testifies to the trick's final success. Until now Napoleon himself had been the «Great [political] Magician», repeating his «disappearing act» four times by fleeing. But now he has been out-tricked and disappears from the picture (figuratively and literally!) into captivity.

Quinto e ultimo gioco di prestigio, ovvero il grande illusionista fatto sparire
Mentre al largo la nave *Bellerophon* (che nel luglio 1815 portò Napoleone sulla costa inglese) veleggia verso lo scoglio di Sant'Elena (a destra), sulla spiaggia un Wellington in costume da illusionista, dietro un tavolo pieghevole, cerca con un bicchiere-bossolo di catturare il nano Napoleone in fuga. Sul drappo frangiato che copre il tavolo, altri quattro bossoli recano all'esterno le parole «Egitto», «Spagna», «Mosca» e «Lipsia» (e all'interno la scritta «Nulla»): sono i mezzi con cui il prestigiatore ha cercato invano di far sparire il nano. Wellington, che nel 1813 scacciò le truppe francesi dalla penisola iberica, ha ancora in mano la «Spagna»; sull'ultimo bossolo le parole «Mont-Saint-Jean» (Waterloo) e «Sparisci» spiegano che il gioco di prestigio sta per riuscire. Finora il «grande illusionista» politico era stato Napoleone, sfuggito quattro volte alla cattura; neutralizzato e prigioniero, adesso l'ex monarca esce di scena definitivamente.

Lit.: BM IX 12602; BN V 9736; Br II S. 76, App. D 109; Cl 156; Fi 92 S. 354, Abb. S. 355; Kat. H85 42.

288

L'ambition et la Gourmandise Contemplant leurs Victimes
o. l. *Carte de la lune*
u. l. (v. l. n. r.) *Madrid / Moscou / Vienne / Mont S.t Jean*
Sauvé, 19. September 1815 (DL durch Sauvé)
Radierung, koloriert
261 × 212 mm (292 × 235 mm)
u. r. Stempel Museum Schwerin
1980.107.

Ehrsucht und Schlemmerei betrachten ihre Opfer
Einmal mehr werden Napoleon und Cambacérès (ab 1799 2. Konsul nach Bonaparte, dessen Vertrauter und seit 1804 Erzkanzler) als masslose Sünder gebrandmarkt (vgl. Kat. Nr. 207): Sie verkörpern Ehrsucht und Schlemmerei. Mit der Karte des Mondes, seiner nächsten Eroberung, in der Hand steht der Kaiser resolut inmitten von Miniaturbauten, welche die Schauplätze seiner Misserfolge darstellen: Madrid, Moskau, Wien (Kongress?) und Mont-Saint-Jean (Waterloo). Neben ihm blickt der vorrevolutionär gekleidete Cambacérès, eine Gabel in der Hand, auf die Delikatessen ringsum; in seiner Rocktasche steckt eine Flasche Wein und unter dem Arm ein Geflügel. Im Kontrast der beiden Laster liegt der Witz: Das eine stellt eine Gefahr für die Welt dar; das andere ist harmlos, aber in Hungerzeiten hässlich. Doch beide charakterisieren das Regime. Der Vorwurf der Ehrsucht durchzieht die meisten Karikaturen gegen Napoleon; die Genusssucht kennzeichnet Cambacérès auf den meisten der rund 50 Spottbilder (vgl. Kat. Nrn. 204, 223), die sich in den Jahren 1814 und 1815 gegen ihn richteten.

L'ambition et la gourmandise contemplant leurs victimes
Une fois encore, on stigmatise Napoléon et Cambacérès (qui fut, dès 1799, deuxième consul après Bonaparte, confident de l'empereur et, à partir de 1804, archichancelier), en les dé-

L'ambition et la Gourmandise Contemplant leurs Victimes

Grand néttoyage pour la rentrée du Roi.

peignant comme des pécheurs immodérés (cf. n°. cat. 207): ils incarnent la soif d'honneurs et la gloutonnerie. Tenant à la main une carte de la lune – sa prochaine conquête –, Napoléon se tient debout, l'air résolu, au milieu de constructions miniatures représentant les théâtres de ses défaites: Madrid, Moscou, Vienne (congrès?) et Mont-Saint-Jean (Waterloo). A ses côtés, une fourchette à la main, Cambacérès – en costume prérévolutionnaire – regarde les choses délicates à manger qui se trouvent à ses pieds; une bouteille de vin dépasse d'une poche de son habit, tandis qu'une volaille est coincée sous l'un de ses bras. Le trait d'esprit réside dans le contraste entre les deux vices mis en évidence: l'un constitue un danger pour le monde; l'autre est inoffensif, mais détestable en temps de famine. Cependant, ce sont les deux réunis qui caractérisent le régime. La plupart des caricatures contre Napoléon lui reprochent d'être avide d'honneurs; une avidité de glouton individualise Cambacérès sur la majorité des quelque 50 images satiriques (cf. n°s. cat. 204, 223) réalisées contre l'archichancelier durant les années 1814 et 1815.

Ambition and Gluttony Contemplating Their Victims
Once again, Napoleon and Cambacérès (from 1799, 2nd consul after Bonaparte, the latter's confidante and, since 1804, archchancellor) are branded as unbridled sinners (cf. cat. no. 207): they personify «ambition and gluttony». Holding a map of the moon, his next conquest project, in his hand, the Emperor staunchly stands in the middle of miniature buildings representing the showplaces of his failures: Madrid, Moscow, Vienna (congress?), and Mont-Saint-Jean (Waterloo). Cambacérès, who stands next to him holding a fork, is dressed in pre-Revolutionary attire and gazes out at the delicacies by which he is surrounded; a bottle of wine sticks out from his coat pocket, and a fowl from under his arm. The point of the cartoon is the contrast between the two vices: one represents a danger for the world at large; the other is harmless but, in times of hunger, hateful. Yet both are characteristic of the regime. Ambitiousness as a vice is criticised in almost all of the anti-Napoleonic cartoons as a whole, whereas sybaritism is a hallmark of Cambacérès in most of the approximately 50 cartoons (cf. cat. nos. 204 and 223) that appeared against the latter during the years 1814 and 1815.

L'ambizione e l'ingordigia contemplano le loro vittime
Ancora una volta Napoleone e Cambacérès – dal 1799 secondo console con Bonaparte, suo uomo di fiducia e dal 1804 arcicancelliere – sono bollati per l'enormità dei loro vizi (cfr. n° cat. 207), diventando simboli di ambizione e d'ingordigia. L'imperatore (con in mano la carta della luna, sua prossima conquista) è ritto con piglio risoluto fra edifici in miniatura, che rappresentano i teatri dei suoi insuccessi: Madrid, Mosca, Vienna (perché sede del congresso?), e Mont-Saint-Jean (Waterloo). Accanto a lui Cambacérès, in abiti dell'Ancien Régime e con forchetta in mano, dà uno sguardo alle leccornie che lo circondano; nella tasca della giubba ha una bottiglia di vino, sotto braccio un volatile. L'arguzia sta nel contrasto fra i due vizi: l'uno è un pericolo per il mondo e l'altro è innocuo (anche se odioso in tempi di carestia), ma entrambi caratterizzano il regime. L'accusa di ambizione ricompare nella maggior parte delle caricature antinapoleoniche; quella d'ingordigia contraddistingue quasi tutte quelle – una cinquantina – dedicate a Cambacérès negli anni 1814 e 1815 (cfr. nⁱ cat. 204 e 223).

Lit.: BN V 9589; Br II App. D 7; Cl 114; Fi 92 S. 349 ff. (Abb.).

289
Grand néttoyage pour la rentrée du Roi.
Alexandre Blondeau, 14. September 1815 (DL durch Blondeau)
Radierung, koloriert
252 × 345 mm (267 × 382 mm)
u. r. Stempel Museum Schwerin 1980.30.

Grossreinemachen für die Rückkehr des Königs
Nahe einer Kanalisationsöffnung finden drei Pariser Strassenkehrer den ausgedienten Kaiser auf dem groben Kopfsteinpflaster im Dreck liegen. Neben ihm steht ein Nachttopf (?) voller Veilchen (populäres Symbol für die Rückkehr aus Elba), um den herum verwelkte Blüten verstreut sind. Zwei der Männer laden den «Unrat» auf ihre Schaufeln, um ihn in den Kehrichtwagen zu kehren: Das Pflaster der Hauptstadt muss sauber sein für die Rückkehr des Königs. Nach der vernichtenden Niederlage von Waterloo dankte Napoleon am 22. Juni 1815 endgültig ab; zwei Tage später hatte er Paris zu verlassen: Die provisorische Regierung wollte den «Kaiser der Strasse» rasch loswerden. Am 8. Juli zog Ludwig XVIII. feierlich in die Hauptstadt ein.

Grand nettoyage pour la rentrée du roi
A proximité d'une bouche d'égout, trois balayeurs parisiens trouvent l'empereur allongé sur de gros pavés inégaux, parmi les ordures; ayant visiblement fait son temps. Un pot de chambre (?), rempli de violettes (symbole populaire du retour d'Elbe), est posé à côté de lui, des fleurs fanées étant éparpillées tout autour. Deux des boueurs ramassent la «saleté» avec leurs pelles, pour la jeter sur une charrette en vue du retour du roi, les pavés de la capitale doivent être propres. Suite à l'écrasante défaite de Waterloo, Napoléon abdiqua – le 22 juin 1815 – de manière définitive. Deux jours après cette date, il dut quitter Paris: le gouvernement provisoire souhaita rapidement se débarrasser de cet «empereur de la rue». Le 8 juillet, Louis XVIII fit solennellement son entrée dans la capitale.

A Thorough Cleanup for the King's Return
On the rough-hewn cobblestones near a sewer hole, three Parisian street sweepers have discovered the obsolete Emperor lying in the dirt. Next to him sits a chamber pot (?) full of violets (a popular symbol for Napoleon's return from Elba), and surrounded by a scattering of wilted blossoms. Two of the men load the «refuse» onto their shovels to dispose of him in the rubbish wagon, for the city pavements must be clean for the King's return. After his devastating defeat at Waterloo, Napoleon definitively abdicated on 22 June 1815; two days later he had to leave Paris. The transitional government had been anxious to get rid of the «Street Emperor» and, on 8 July, Louis XVIII was festively welcomed back to the capital.

Grandi pulizie per il rientro del re
Vicino a una paratoia di fognatura, tre netturbini di Parigi trovano l'ex imperatore giacente nella melma; vicino a lui c'è un vaso da notte (?) pieno di viole (simbolo popolare dell'esule tornato dall'Elba), intorno a cui sono sparsi fiori appassiti. Due degli uomini sollevano l'«immondizia» con le pale, per rovesciarla nel carro dei rifiuti: il grossolano acciottolato cittadino va ripulito per il rientro del re. Dopo la completa disfatta di Waterloo, il 22 giugno 1815 Napoleone abdicò definitivamente e due giorni dopo lasciò Parigi: il governo provvisorio aveva fretta di sbarazzarsi dell'«imperatore della strada». Luigi XVIII entrò solennemente nella capitale l'8 luglio successivo.

Lit.: BN V 9095; Br II S. 76, App. D 322; Cl 129.

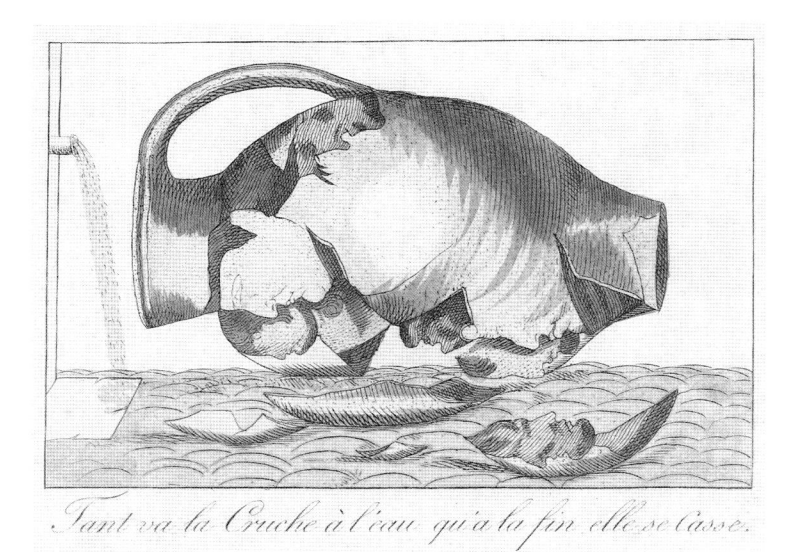

Tant va la Cruche à l'eau qu'a la fin elle se Casse.

290
Tant va la Cruche à l'eau qu'a la fin elle se Casse.
Pierre Marie Bassompierre Gaston,
16. September 1815 (DL durch Gaston)
Radierung, koloriert
116 × 185 mm (130 × 195 mm)
u. r. Stempel Museum Schwerin
1980.215.

Der Krug geht so lange zum Wasser, bis er bricht
Den endgültigen Sturz des napoleonischen Regimes im Juni 1815 thematisiert das einfach gestaltete Vexierbild, indem es ein geläufiges Sprichwort visuell umsetzt (vgl. Kat. Nr. 403). Auf dem Kopfsteinpflaster(?) liegt vor einer angedeuteten Wasserstelle ein grosser Krug mit zerbrochener Wandung. Vier Bruchstücke liegen davor: Im vordersten erscheint zweimal Napoleons Profil. Unterhalb vom Hals des Kruges ist sogar die linke Gesichtshälfte des Kaisers zu erkennen und davor das Köpfchen seines Sohnes. Am Henkelansatz beginnt die Silhouette von Erzkanzler Cambacérès mit markantem Kinn und buschigen Augenbrauen. Oberhalb des Fusses blicken zwei gestaffelte Gesichter nach unten; ihre Stirn führt zur Nase eines achten, gegenläufigen Profils, das ebenfalls nach unten schaut. Broadley will darin Joseph Bonaparte erkennen; andere halten die Silhouetten für eine physiognomische Rückschau auf Napoleons Leben vom General bis zum Kaiser (Kat. BB).

Tant va la cruche à l'eau qu'à la fin elle se casse
Composée de manière simple, cette devinette thématise la chute définitive du régime napoléonien en juin 1815, en visualisant un proverbe courant (cf. n°. cat. 403). Une grande cruche, dont la paroi est brisée, est posée sur de gros pavés inégaux(?), devant un point d'eau esquissé à traits rudimentaires. Devant la cruche, quatre débris traînent à terre; celui de droite, au tout premier plan, fait apparaître deux profils de Napoléon. En dessous du col du récipient, on peut même reconnaître la partie gauche de l'empereur et – juste devant lui – la petite tête de son fils. A la base de l'anse commence la silhouette de l'archichancelier Cambacérès, caractérisé par un menton très spécial ainsi que des sourcils broussailleux. Au-dessus du pied de la cruche, deux visages – décalés l'un par rapport à l'autre – regardent vers le sol. Leur front monte vers le nez d'un huitième profil, ébauché en sens contraire, dont le regard est également tourné vers le sol; Broadley croit pouvoir y reconnaître la tête de Joseph Bonaparte. D'autres commentateurs considèrent les silhouettes plutôt comme une rétrospective physionomique de la vie de Napoléon, du général à l'empereur (cat. BB).

By Dint of Fetching Water, the Jug Will Break
The ultimate fall of the Napoleon regime in June 1815 is the subject of this simply designed puzzle picture translating a common proverb into visual terms (cf. cat. no. 403). In front of what is indicated as a watering place, a large jug with broken sides lies on the cobble-stone pavement(?). Four broken off pieces lie to the front: in the piece to the fore, Napoleon's profile appears twice. Under the neck of the jug, the left side of the face of the Emperor can even be recognised and, in front of it, the little head of his son. At the start of the handle, the outline of Archchancellor Cambacérès begins – with his prominent chin and bushy eyebrows. Above the foot of the jug two staggered faces look down, and their forehead leads to the nose of an eighth profile upside-down to them, that also gazes downwards and in which Broadley sees Joseph Bonaparte. Others consider the outlines as a physiognomic retrospective of Napoleon's life from General to Emperor (cat. BB).

Tanto va la brocca all'acqua che alla fine si spezza
Semplice sul piano compositivo, questa figura-rebus rappresenta la caduta definitiva del regime napoleonico (giugno 1815) visualizzando il noto proverbio francese del titolo, analogo all'italiano «Tanto va la secchia al pozzo che ci lascia il manico» (cfr. n° cat. 403). Davanti a una fontanella seminascosta giacciono sull'acciottolato(?) una grossa brocca rotta e quattro cocci, di cui quello in primo piano mostra due profili di Napoleone. Sotto il collo del recipiente si distingue perfino la parte sinistra del volto dell'imperatore, dietro la piccola testa di suo figlio; dall'attaccatura del manico parte il profilo dell'arcicancelliere Cambacérès, con mento pronunciato e sopracciglia cespugliose. Nella parte bassa della brocca appaiono due volti paralleli che guardano in giù; accanto alle loro fronti c'è il naso di un ottavo profilo (rovesciato), rivolto anch'esso verso il basso, in cui Broadley crede di riconoscere Giuseppe Bonaparte. Secondo altri autori, i vari volti sono una retrospettiva fisiognomica della vita di Napoleone, da generale a imperatore (cat. BB).

Lit.: Br II S. 60, App. D 33; Cl 124; Kat. BB 75 (Abb.); Kat. RM 130 (Abb.).

291
Tenez le bien.
M. *Encore une fois…. lachez moi!*
Pierre Marie Bassompierre Gaston,
27. September 1815 (DL)
Radierung, koloriert
265 × 214 mm (275 × 227 mm)
u. r. Stempel Museum Schwerin
1980.18. (Doublette: 1980.235.)

Haltet ihn fest!
Mit zerbrochenem Schwert(?) auf der Erde kniend, wendet Napoleon das Gesicht weinend Wellington zu und fleht wiederholt, losgelassen zu werden. Der Sieger von Waterloo hat den gestürzten Kaiser am Ohr gepackt, drückt ihn mit dem Knie an der Taille nieder und droht mit dem Säbel. Die schlichte Bildmetapher steht nicht nur für den alliierten Endsieg in Belgien, sondern vor allem für Napoleons britische Gefangenschaft (ab 15. Juli 1815); sie gibt dessen Empörung über das Los, das ihm die britische Regierung bestimmt hat (Sankt Helena), dem Hohngelächter preis.

Tenez-le bien!
Napoléon est agenouillé au sol auprès de son épée brisée(?). La larme à l'œil, il tourne son visage vers Wellington et l'implore de le lâcher. Le vainqueur de Waterloo a saisi l'empereur par l'oreille, il le maintient à terre avec son genou et le menace de son sabre. Cette modeste métaphore ne se réfère pas uniquement à la victoire finale des alliés en Belgique, mais surtout à l'incarcération de Napoléon par les Britanniques (à partir du 15 juillet 1815); elle tourne en dérision l'indignation de l'ex-empereur envers le sort que le gouvernement britannique lui a réservé (Sainte-Hélène).

Hold On to Him!
Kneeling on the ground, having dropped his broken sword(?), Napoleon turns his sobbing face towards Wellington, whom he repeatedly implores to let go of him. Wellington, the victor of Waterloo, has grasped

the fallen Emperor by the ear and, having kneed him down, is threatening him with his sabre. This simple visual metaphor does not only stand for the final allied victory in Belgium, but as well – indeed, especially – for Napoleon's British captivity (from 15 July 1815 on). It shows how his indignation over the lot assigned him by the British (Saint Helena) exposes him to scorn and derision.

Tenetelo bene!
Caduto ginocchioni con la spada (?) spezzata, Napoleone volge piangendo il viso verso Wellington e lo supplica ripetutamente di lasciarlo andare; il vincitore di Waterloo, che l'ha afferrato per un orecchio, gli preme il ginocchio sulla vita e lo minaccia con la sciabola. Nella sua semplicità, la caricatura simboleggia non soltanto la vittoria finale degli alleati in Belgio, ma anche e soprattutto il fatto che l'ex monarca era prigioniero degli inglesi (dal 15 luglio 1815); si fa beffe, inoltre, della sua irritazione contro la sorte assegnatagli dal governo britannico (la prigionia a Sant'Elena).

Lit.: BM IX 12584; Br II S. 77, Tf. S. 79, App. D 166; Cl 125.

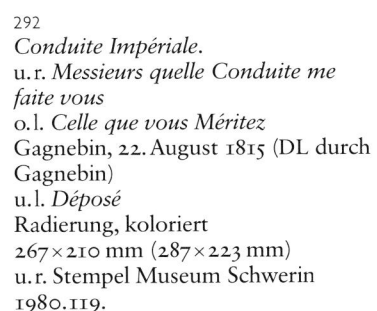

292
Conduite Impériale.
u. r. *Messieurs quelle Conduite me faite vous*
o. l. *Celle que vous Méritez*
Gagnebin, 22. August 1815 (DL durch Gagnebin)
u. l. *Déposé*
Radierung, koloriert
267 × 210 mm (287 × 223 mm)
u. r. Stempel Museum Schwerin 1980.119.

Kaiserliches Geleit
Körperstrafen bis hin zum Totschlag waren beliebte Metaphern für Napoleons Bezwingung (vgl. Kat. Nrn. 62, 139, 147, 216, 284, 286, 323, 338, 380, 422). Hier erhält der Fliehende von den Siegern bei Waterloo das Geleit, «das [er] verdient». Blücher (rechts) drischt mit dem Reisigbesen mit aller Kraft auf den Wehrlosen ein, der keine Waffe mehr trägt. Wellington (links) stösst ihn mit der Ofenschaufel (vgl. Kat. Nr. 171) in die Grube (rechts unten). Der geschlagene Feldherr weiss noch nicht, was ihm bevorsteht: «Meine Herren, welches Geleit geben Sie mir?» Offensichtlich das letzte! Es geht hier aber auch um das «kaiserliche Verhalten» (Doppelsinn von franz. «conduite»): Er flieht – was die auffälligen Sporen des Reiters ohne Pferd und das Laufmotiv der Figur belegen –, anstatt wie ein Grossteil seiner Garde bei Waterloo ehrenvoll zu fallen.

Conduite impériale
La métaphore du châtiment corporel pouvant conduire à la mort était très prisée pour exprimer la soumission de Napoléon (cf. nos cat. 62, 139, 147, 216, 284, 286, 323, 338, 380, 422). Ici, le fuyard reçoit des vainqueurs de Waterloo le traitement «qu'il mérite». Au moyen d'un balai de bouleau, Blücher (à droite) frappe de toutes ses forces l'empereur désarmé. Wellington (à gauche) le pousse dans la fosse (en bas, à droite) à l'aide d'une pelle de boulanger (cf. nos cat. 171). Le commandant en chef ne sait pas encore ce qui l'attend: «Messieurs, quelle conduite me faites-vous?» La dernière, apparemment! Mais la «conduite impériale» est également en cause ici (double sens de «conduite»): il prend la fuite – ce que prouvent les éperons du cavalier sans cheval et le motif du personnage qui court – au lieu de mourir avec les honneurs sur le champ de bataille de Waterloo comme la majeure partie de sa garde.

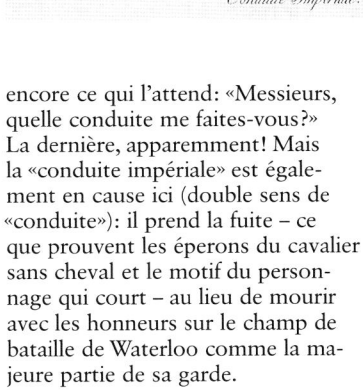

Imperial Escort
Corporal punishments going so far as manslaughter were popular metaphors for Napoleon's final defeat (cf. cat. nos. 62, 139, 147, 216, 284, 286, 323, 338, 380, 422). Here, the fleeing Emperor has been provided by the Waterloo victors with the escort he «deserves». Blücher (right) vehemently thrashes the defenceless victim with a birch broom, while Wellington (left) shoves him into a pit (bottom right) with the coal shovel (cf. cat. no. 171). The vanquished commander does not yet know what lies ahead and therefore inquires, «Gentlemen, what [sort of] escort are you giving me?». Obviously, his last! The point here also has to do with the «imperial conduct» (double meaning of «conduite»): he is fleeing – as corroborated by his showy riding spurs and running stance – instead of honourably dying in battle, as did the majority of his Guard at Waterloo.

Condotta imperiale
I castighi corporali terminanti anche con la morte della vittima erano metafore molto diffuse della neutralizzazione di Napoleone (cfr. n.i cat. 62, 139, 147, 216, 284, 286, 323, 338, 380, 422). Qui l'imperatore, fuggendo indifeso (senza più armi) dai vincitori di Waterloo, riceve la «condotta» (cioè la scorta) «che si merita»: Blücher (a destra) sta per assestargli a tutta forza una scopata, Wellington (a sinistra) lo spinge con una pala da forno (cfr. n° cat. 171) nella fossa (in basso a destra). Il condottiero sconfitto non sa ancora che la «scorta», a quanto pare, sarà l'ultima: «Signori, che condotta mi fate?» La «condotta», però, si presta anche a un doppio senso sul «comportamento» dell'imperatore: egli fugge (come attestato dalla posizione tipica della corsa, ma anche dai vistosi speroni di cavaliere appiedato), invece di cadere gloriosamente sul campo come fa gran parte della Guardia a Waterloo.

Lit.: BM IX 12568; BN V 9600; Br II App. D 178; Cl 109; Kat. RM 127.

293

La danse Impériale.
o. M. *Ah! Vous avez beau crier Il faut que vous la dansiez. / Finissez de grace la danse me lasse*
Gagnebin, 11. September 1815
(DL durch Gagnebin)
u. r. *Déposé*
Radierung, koloriert
230 × 212 mm (288 × 237 mm)
u. r. Stempel Museum Schwerin
1980.101. (Doublette: 1980.234.)

Der kaiserliche Tanz
Schadenfroh zwingt der Feldmarschall Wellington Napoleon zum Tanzen. Er schwingt drohend einen Knüppel und hält sein Opfer an einer doppelten Kette fest, die in einer um Napoleons Kopf gelegten Kette endet. Diesen bedeckt wohl eine Pelzhaube mit Ohren, die aus dem Ex-Kaiser Wellingtons Tanzbär macht. Mit gequältem Gesicht und gefalteten Händen fleht Napoleon um Gnade: Er mag nicht mehr. Aber sein Dompteur hat kein Erbarmen und lässt ihn zu Ende hüpfen. Der unfreiwillige Tanz (vgl. Kat. Nrn. 53, 190, 193, 323) verbildlicht Napoleons völlige Ohnmacht, nachdem er sich in britische Hand begeben hat.

La danse impériale
D'un air malicieux, le feld-maréchal Wellington oblige Napoléon à danser. Menaçant, il brandit un gourdin et tient fermement sa victime au bout d'une double chaîne enroulée autour de la tête de Napoléon. L'ex-empereur est coiffé d'un bonnet de peau orné d'oreilles, qui fait de lui l'ours dansant de Wellington. Le visage tourmenté et les mains jointes, Napoléon demande grâce: il n'en peut plus. Mais son dompteur n'a aucune pitié et continue à le faire sautiller. La danse forcée (cf. n°s. cat. 53, 190, 193, 323) illustre la totale impuissance de Napoléon après sa reddition aux Anglais.

The Imperial Dance
Field Marshal Wellington is maliciously obliging Napoleon to dance, threatening him with a club and holding on to him by means of a double chain ending connected to a chain around Napoleon's head. His victim's head is covered by some kind of a fur cap with ears, making Wellington's dancing bear out of the ex-Emperor who, his face contorted and hands folded, pleads for mercy: he cannot go on any longer. But his tamer has no pity and makes him jump till the end. This involuntary dance (cf. cat. nos. 53, 190, 193, 323) pictorially translates Napoleon's total powerlessness once he had turned himself over to the British.

La danza imperiale
Con gioia maligna il feldmaresciallo Wellington costringe Napoleone a ballare, tenendolo per una catena doppia e brandendo minacciosamente un randello. Sulla testa del malcapitato, cinta da un giro di catena e probabilmente coperta da un berretto di pelliccia, spuntano due orecchie da orso ballerino; l'ex sovrano, con volto sofferente e a mani giunte, non vuole continuare e implora grazia, ma il «domatore» è spietato e gli ordina di proseguire. La danza coatta (cfr. n¹ cat. 53, 190, 193, 323) simboleggia la completa impotenza di Napoleone da quando si è consegnato all'Inghilterra.

Lit.: BM IX 12570; BN V 9801; Br II S. 76, App. D 179; Cl 145.

294

Le Départ Du Petit Caporal.
o. l. *Sire, Je jous les folies D'Espagne, accompagnées de la Russe, suivi d'une Allemande, et je finis par l'Anglaise.*
o. r. *Ma dernière folie me fait Battre la retraite aux Isles.*
u. r. *Papa, On oublie la Walse.*
Delbarre, 5. September 1815 (DL)
u. r. *Déposé &t:*
Radierung, koloriert
Höhe 260 mm (277 × 383 mm)
u. r. Stempel Museum Schwerin
1980.47.

Die Abreise des kleinen Korporals
Am Horizont geht schon das Schiff unter vollen Segeln, das Napoleon in die Gefangenschaft führen wird. Noch spielt aber vor einem Hauseingang an der Küste der runde, vorrevolutionär gekleidete Cambacérès mit den markanten Brauen seinem Meister zum Abschied auf der Geige verschiedene Tänze: die «Folies [Verrücktheiten] d'Espagne», gefolgt von einer «Russe», einer «Allemande» und einer «Anglaise» – eine musikalische Revue der Misserfolge Napoleons von 1808 bis 1815. Auf das Schiff blickend, rührt der «kleine Korporal» die Trommel, denn seine «letzte Torheit», die Niederlage von Waterloo, zwingt ihn, «zum Rückzug auf die Inseln» zu trommeln (vgl. Kat. Nr. 283): Napoleon ersuchte im Juli 1815 (vergeblich) um Asyl auf den Britischen Inseln (vgl. Kat. Nr. 295). Rechts von ihm guckt sein Spross, der vierjährige König von Rom, – er lebte seit 1814 mit der Mutter am Wiener Hof – hinter einem verdorrten Baum hervor und mahnt den Vater, den Walzer, d. h. die Siegermacht Österreich bzw. den «tanzenden» Wiener Kongress, nicht zu vergessen. Den Übernamen «petit caporal» erhielt Bonaparte einer Legende zufolge 1796 von seinen Soldaten anlässlich der glänzenden Siege in Italien; nun tritt der besiegte Feldherr und entmachtete Kaiser, gleichsam zum «kleinen Unteroffizier» degradiert, von der politischen Bühne ab.

Le départ du petit caporal
A l'horizon, le bateau qui emmènera Napoléon vers sa prison apparaît déjà, toutes voiles dehors. Mais sur le seuil de la maison, un Cambacérès grassouillet, arborant d'énormes sourcils et vêtu selon la mode de l'Ancien Régime, continue à jouer différentes danses d'adieu pour son maître: les «folies d'Espagne», suivies d'une «russe», d'une «allemande» et d'une «anglaise» – une revue musicale des échecs de Napoléon entre 1808 et 1815. Contemplant le bateau, le «petit caporal» bat le tambour, car sa «dernière folie», la défaite de Waterloo, le contraint à «battre la retraite aux îles» (cf. n°. cat. 283): en juillet 1815, l'empereur demanda (en vain) l'asile à la Grande-Bretagne (cf. n°. cat. 295). A sa droite, son fils de quatre ans, le roi de Rome – qui depuis 1814 vécut à la cour de Vienne avec sa mère – surgit de derrière un arbre desséché et exhorte son père à ne pas oublier «la valse», c.-à-d. la puissance victorieuse autrichienne et le congrès «dansant» de Vienne. Selon la légende, Bonaparte reçut de la part de ses soldats le surnom de «petit caporal» en 1796, à l'occasion de ses brillantes victoires en Italie; aujourd'hui, le commandant vaincu et empereur déchu, se retire de la scène politique après avoir été dégradé au rang de «petit sous-officier».

The «Petit Caporal's» Departure
All sails to the wind, the ship that is to take Napoleon into captivity can be seen on the horizon. Yet, before a house entrance on the coast, there is still time for the rotund Cambacérès – with his bushy eyebrows and pre-revolutionary attire – to play some farewell dances on the violin for his master: the «follies of Spain», followed by respectively a Russian, a German, and an English jig, in short a musical revue of Napoleon's flops from 1808 to 1815. Gazing out at the ship, the «little corporal» beats his drum, since his «last folly», the defeat at Waterloo,

Enfin Bonaparte met à éxecution
Son projèt de Descente en Angleterre

295
*Enfin Bonaparte met à éxécution /
Son projèt de Descente en Angleterre*
Frédéric Dubois, 2. September 1815
(DL durch Dubois)
u. r. *Déposé.*
Radierung, koloriert
[304]×198 mm (308×206 mm)
u. r. Stempel Museum Schwerin
1980.97.

Endlich führt Napoleon seinen Plan zur Invasion Englands aus
Im Beiboot an der englischen Küste gelandet, treibt Wellington mit gezogenem Säbel und strengem Blick den dicklichen Napoleon vorwärts und weist ihm die Richtung. Die verschränkten Arme aneinandergekettet, stapft der Besiegte mit qualvollem, gesenktem Gesicht vorwärts. Nach der Abdankung verlangte Napoleon die Bereitstellung zweier Fregatten: Man hatte ihm geraten, nach Amerika zu gehen. In Rochefort wartete er auf die erbetenen Passierscheine, doch wurden sie ihm verweigert. Obschon die Engländer den Hafen sperrten, drängte ihn die Übergangsregierung, sich einzuschiffen. Er begab sich auf ein britisches Kriegsschiff (vgl. Kat. Nr. 150) und bat in einem Brief den Prinzregenten um Gastrecht in England; eine Antwort blieb aus. Von Frankreich segelte das Schiff mit Namen «Bellerophon» Ende Juli 1815 vor die englische Küste, wo Napoleon jedoch nicht an Land gehen durfte. Tage später eröffnete ihm die Regierung, dass er auf die «Northumberland» umsteigen müsse (vgl. Kat. Nr. 299) und unverzüglich nach Sankt Helena in die Gefangenschaft geführt werde. Vor diesem Hintergrund wirkt die Karikatur bitterböse: Zwölf Jahre zuvor hatte Napoleon die Invasion der Britischen Inseln vorbereitet. Nun betrat er endlich England – als Gefangener.

Enfin Bonaparte met à exécution son projet de descente en Angleterre
Débarquant d'un canot sur la côte anglaise, Wellington – sabre au clair, le regard sévère et montrant la direction à prendre – fait avancer un Napoléon corpulent. Les bras croisés et enchaînés, le visage baissé et marqué par la douleur, le vaincu marche à pas lourds. Après son abdication, Napoléon réclama la mise à disposition de deux frégates: on lui avait conseillé de se rendre en Amérique. A Rochefort, il attendit les laissez-passer demandés, mais on les lui refusa. Malgré le blocage du port par les Anglais, le gouvernement de transition le poussa à s'embarquer. Il monta alors sur un bateau de guerre britannique (cf. n°. cat. 150) et pria le prince régent par lettre de lui accorder l'hospitalité en Angleterre; il ne reçut pas de réponse. Quittant la France fin juillet 1815, le bateau appelé «Bellerophon» fit voile vers la côte anglaise, où Napoléon n'obtint cependant pas l'autorisation de descendre à terre. Quelques jours plus tard, le gouvernement apprit à l'empereur qu'il devait changer de bateau (cf. n°. cat. 299) et – à bord du «Northumberland» – se laisser immédiatement transporter en captivité, dans l'île de Sainte-Hélène. Eu égard à ce contexte, la caricature se veut plus que méchante: douze ans plus tôt, Napoléon avait préparé l'invasion des îles Britanniques. A présent, il entra enfin en Angleterre – comme prisonnier.

At Last Napoleon Carries Out His Plan to Travel to England
Napoleon and Wellington having just stepped out of the dinghy onto English soil, the English Field Marshal Wellington unsheaths his sword and severely directs the stout Napoleon forward. The conquered Emperor's crossed arms have been chained together; he trudges along with a tormented expression and a bent head. After abdicating, Napoleon had requested that two frigates be positioned for his departure: he had been advised to head for America. In Rochefort, he was awaiting the obliges him to «sound the retreat to the isles» (cf. cat. no. 283): in July 1815, Napoleon sought (in vain) asylum on the British Isles (cf. cat. no. 295). To his right, his offspring, the four-year-old King of Rome (who had been living with his mother at the Vienna court since 1814) peeks out from behind a withered tree to remind his father not to forget the waltz, the victor Austria, in particular the «dancing» Vienna Congress. Legend has it that Napoleon was attributed the nickname «petit caporal» by his soldiers in 1796 upon the occasion of the brilliant victories in Italy. Here the vanquished commander and dethroned Emperor steps off the political stage virtually demoted to a «little corporal».

La partenza del piccolo caporale
Mentre all'orizzonte è già in arrivo a vele spiegate la nave per l'esilio, sulla soglia di una casa della costa il grasso Cambacérès – in abiti dell'Ancien Régime, con vistose sopracciglia – si congeda dal suo sire eseguendo al violino varie danze, rassegna musicale degli insuccessi di Napoleone dal 1808 al 1815: le «follie di Spagna» (*Folies d'Espagne*), seguite da una danza «russa», una tedesca («allemanda») e una «inglese». Guardando la nave, il «piccolo caporale» suona il tamburo perché la sua «ultima follia» (la sconfitta di Waterloo) lo costringe a «battere la ritirata alle Isole» (cfr. n° cat. 283): nel luglio 1815, in effetti, l'ex monarca chiese invano asilo nell'arcipelago britannico (cfr. n° cat. 295). Sulla destra il suo figlioletto di quattro anni, quel re di Roma che dal 1814 viveva alla corte di Vienna con la madre, fa capolino da dietro un albero secco e ricorda al padre di non dimenticare il «valzer», cioè l'Austria vincitrice o il «balletto» del congresso di Vienna. Napoleone, stando a una diceria, era stato soprannominato «piccolo caporale» dai suoi soldati durante le brillanti vittorie in Italia (1796); ora l'imperatore esautorato e generale battuto è degradato, per così dire, a un «piccolo caporale» che si ritira dalla scena politica.

Lit.: BN IV 8992; Br II Anm. S. 77, App. D 73; Cl 136.

LE COUP DE PEIGNE,
ou
La Toilette avant le départ pour S.te Hélène

requested permits, but these were refused him. Although the English already were blocking the port, the transitional government urged him to embark. He gave himself over to a British ship of war (cf. cat. no. 150) and, in a letter to the Regent Prince, requested British hospitality: no answer was forthcoming. Leaving France end July 1815, the ship – named «Bellerophon» – sailed in front of the British coast, where Napoleon lacked permission to land. Several days later, the government ordered him to transfer to the «Northumberland» (cf. cat. no. 299) and head directly for captivity on the island of Saint Helena. In that context, the satirist gives vent to his wrath: twelve years earlier, Napoleon had prepared the invasion of the British Isles, and now, at last setting foot in England, he was doing so as a prisoner.

Finalmente Bonaparte mette in atto il suo progetto di sbarco in Inghilterra
Sbarcato da una scialuppa sulla costa inglese, Wellington (con la sciabola sguainata e lo sguardo severo) spinge avanti il grassoccio Napoleone, indicandogli la strada; lo sconfitto incede col volto curvo e addolorato, a braccia conserte (in catene). Dopo l'abdicazione, avendo ricevuto il consiglio di andare in America, Napoleone chiese che gli fossero approntate due fregate; a Rochefort attese i lasciapassare richiesti, che però gli furono negati. Benché gli inglesi sbarrassero il porto, il governo di transizione lo sollecitò a imbarcarsi; egli allora salì sulla nave da guerra britannica *Bellerophon* (cfr. n° cat. 150), chiedendo in una lettera al principe reggente, rimasta poi senza risposta, di concedergli asilo in Inghilterra. Dalla Francia, alla fine del luglio 1815, la nave raggiunse la costa inglese, ove però a Napoleone non fu concesso di sbarcare; qualche giorno dopo, Londra gli comunicò che doveva trasbordare sulla *Northumberland* (cfr. n° cat. 299) e partire immediatamente per Sant'Elena. In questo senso la caricatura è impietosa: colui che dodici anni prima aveva preparato l'invasione dell'arcipelago britannico… ora finalmente sbarca sì in Inghilterra, ma da prigioniero.

Lit.: BM IX 12595; BN V 9751; Br II S. 77f., Tf. S. 81, App. D 76; Cl 154; Kat. H85 46; Kat. RM 148 (Abb.).

296
LE COUP DE PEIGNE, / ou / La Toilette avant le départ pour S.te Hélène.
o. r. *L'on te disait né coëffé, cependant tu viens encore de recevoir un fameux coup de peigne?… / Bul[letin] / Bull[etin] / Bulletin. de*
o. l. *J'en conviens; je suis un homme rasé!!………….mais après m'avoir fait la barbe, tout défrisé que je suis je ne veux pas être passé au fer.*
Saint-Phal, 5. September 1815 (DL durch Saint-Phal)
bez. u. l. *A Paris chez tous les M.ds de Nouveautés*
u. r. *Déposé au Bureau des Estampes.*
Radierung, koloriert
275 × 205 mm (310 × 220 mm)
u. r. Stempel Museum Schwerin 1980.2.

Herausgeputzt oder die Toilette vor der Abreise nach Sankt Helena
In seiner typischen Pose sitzt Napoleon, den Zweispitz in der Hand, an der Küste Englands. Die eine Hand auf dessen Schulter gelegt und in der anderen eine Brennschere haltend, wird ihn Wellington gleich für die bevorstehende Deportation (Schiff im Hintergrund rechts) schniegeln. Napoleons Haar ist mit den zusammengerollten Bulletins seiner einstigen Siege zu Büscheln gewickelt, aus denen der Friseur Locken formen wird. Das Gespräch der beiden Männer spielt mit doppeldeutigen Redensarten: «Man sagte, du seist gekämmt geboren [vom Glück verwöhnt], doch bist du nicht eben nochmals grossartig herausgeputzt worden [hast du nicht eben gehörig was abgekriegt]?», fragt der Brite. Napoleon antwortet: «Ich gebe zu, ich bin ein glattrasierter [gebrochener] Mann! Aber nachdem man mich rasiert [verhöhnt] hat, will ich, so durcheinander wie mein Haar ist [so gequält wie ich bin], nicht noch mit der Brennschere zurechtgemacht [in Ketten gelegt] werden.» Im übertragenen Sinn besagt der Titel, dass Grossbritannien dem bei Waterloo gelungenen Werk der Säuberung Europas vom napoleonischen Regime (vgl. Kat. Nr. 423) «den letzten Schliff gibt» («donner un coup de peigne à quelque chose»), indem es den Kaiser ans Ende der Welt verbannt.

Le coup de peigne ou la toilette avant le départ pour Sainte-Hélène
Sur la côte d'Angleterre, Napoléon est assis dans sa posture coutumière, le bicorne à la main. Wellington, une main sur son épaule et l'autre tenant un fer à friser, s'apprête à le bichonner avant sa déportation (bateau à l'arrière-plan à droite). Les cheveux de Napoléon sont enroulés dans des papillotes formées à partir des bulletins de ses anciennes victoires; le coiffeur en fera des boucles. Le dialogue entre les deux hommes a une double signification: «L'on te disait né coiffé [chanceux], cependant tu viens encore de recevoir un fameux coup de peigne [ne viens-tu pas d'être corrigé d'importance]?», demande le Britannique. Napoléon répond: «J'en conviens, je suis un homme rasé [brisé]! Mais après m'avoir fait la barbe [bafoué], tout défrisé que je suis [désappointé], je ne veux pas passer au fer [être emprisonné].» Au sens figuré, le titre laisse entendre qu'en exilant l'empereur à l'autre bout du monde, la Grande-Bretagne a donné le dernier «coup de peigne» à l'œuvre de nettoyage accomplie avec succès à Waterloo, et qui a débarrassé l'Europe du régime napoléonien (cf. n°. cat. 423).

The Finishing Touch to a Hairdo, or Getting Ready for the Departure to Saint Helena
Napoleon sits on the coast of England in a typical pose, his bicorne in hand. Wellington, who has set one hand upon Napoleon's shoulder and holds curling tongs in the other, wants to smarten him up for his impending deportation (vessel to the right in the background). To make it curly, he has done Napoleon's hair

Dieu soit loué! le Diable l'emporte!

into tufts rolled with army bulletins on his former victories. The conversation between the two harbours several wordplays: «They say you were born with your hair well done [under a lucky star], but didn't you just got a full job done on your hair again?» [take a beating], the Briton inquires. To which Napoleon replies, «I admit, I am a shaved [broken] man! But after being shaved [mocked], no matter how uncombed my hair is [how tormented I am], I don't want the curling tongs used on me [to be put in irons].» Figuratively speaking, the title signifies that Great Britain is putting «the finishing touch» to the job accomplished at Waterloo of sweeping Europe clean of the Napoleonic regime (cf. cat. no. 423) by banishing the Emperor to the end of the world.

Il colpo di pettine, ovvero la toeletta prima della partenza per Sant'Elena
Napoleone siede nella sua posa tipica, col bicorno in mano, sulla costa inglese. Wellington, che ha un calamistro nella mano destra e gli posa la sinistra sulla spalla, sta per sistemargli la capigliatura in vista della deportazione imminente (simboleggiata dalla nave a destra sullo sfondo). I capelli dell'ex monarca, avvolti in vecchi bollettini di vittoria arrotolati, formano ciuffetti che il «parrucchiere» ora ha intenzione di arricciare. Il colloquio fra i due uomini gioca su vari doppi sensi: «Si diceva che tu fossi nato pettinato [*coiffé*, cioè ‹con la camicia, fortunato›], eppure poco fa hai ricevuto ancora un gran colpo di pettine?», domanda il britannico, e Napoleone risponde: «Lo ammetto, sono un uomo rasato [finito], ma poiché mi è stata fatta la barba [sono stato vinto e sbeffeggiato], per quanto senza più pettinatura [contrariato]… non voglio essere passato al ferro [cioè ‹trattato col calamistro›, ma anche ‹messo in catene›].» In senso trasposto il titolo indica che la Gran Bretagna, confinando l'ex monarca in capo al mondo, dà «l'ultimo tocco» (*coup de peigne*) all'operazione riuscita a Waterloo: il regime napoleonico in Europa è liquidato definitivamente (cfr. n° cat. 423).

Lit.: BM IX 12596; BN V 9752; Br II S. 74 f., App. D 50; Cl 144.

297
Dieu soit loué! le Diable l'emporte!
anonym, 15. September 1815 (DL durch Foucault [Auguste Foucaud?])
Radierung, koloriert
255×210 mm (280×228 mm)
u. r. Stempel Museum Schwerin 1980.116.

Gott sei gelobt! Der Teufel trägt ihn fort!
Der unbekannte Karikaturist legt Wellington in den Mund, was im Sommer 1815 alle Welt denkt. An der Meeresküste steht der dekorierte Sieger von Waterloo in der roten Uniform der Briten und vergnügt sich mit dem «Diabolo»-Spiel (vgl. Kat. Nr. 224): Er hat den Jonglierkörper in die Luft geschleudert, den er mit der Schnur auffangen müsste. Auf diesem reitet der Zwerg Napoleon; er greift sich entsetzt auf den Kopf, von dem der Lorbeerkranz seiner Siege fällt. Das nach dem Teufel (ital. diavolo) benannte Spiel soll den abgedankten Kaiser forttragen auf die am Horizont aus dem Meer ragende Insel Sankt Helena. Napoleon musste Frankreich im Juli 1815 für immer verlassen; er wurde von den Briten deportiert (vgl. Kat. Nr. 295), was das Schiff im Hintergrund verdeutlicht. Das Blatt besitzt in «Le Diable l'emporte / Souhait de la France» vom 16. August ein weniger amüsantes Pendant (BN V 10386; Cl 122).

Dieu soit loué! Le diable l'emporte!
Le caricaturiste inconnu fait dire à Wellington ce que tout le monde pense en été 1815. Portant l'uniforme rouge des Britanniques, le vainqueur décoré de Waterloo est debout au bord de la mer et s'amuse avec un diabolo (cf. n° cat. 224): il a lancé en l'air l'objet qu'il est censé rattraper avec sa ficelle. Le nabot Napoléon chevauche cette sorte de bobine, tout en portant, l'air effaré, une main à sa tête, car il vient de perdre la couronne de laurier symbolisant ses victoires. Dénommé d'après le diable («diavolo» en italien), le jeu a pour but d'emporter l'empereur déchu dans l'île de Sainte-Hélène, qui émerge de la mer à l'horizon. Napoléon dut quitter la France à jamais en juillet 1815; il fut déporté par les Britanniques (cf. n°. cat. 295), fait illustré par le bateau visible à l'arrière-plan. L'estampe a un pendant moins amusant, daté du 16 août; elle est intitulée «Le diable l'emporte / Souhait de la France» (BN V 10386; Cl 122).

God Be Praised! The Devil is Carrying Him Off!
The words put into Wellington's mouth by the unknown author of this piece were on everyone's mind in the summer of 1815. The much decorated victor of Waterloo stands on the coast wearing the red uniform of the British and enjoying a game of «diabolo» (cf. cat. no. 224): he has swung the top into the air and must attempt to catch it on the string. The midget Napoleon sits astride the toy, grabbing his head aghast as his laurel wreath of victory falls away. The game, named after the devil (ital. diavolo) is meant to carry the Emperor off to the island of Saint Helena rising up from the sea in the background. In July 1815, Napoleon was obliged to leave France forever; he was deported by the British (cf. cat. no. 295), as implied by the vessel shown in the background. «Le Diable l'emporte / Souhait de la France» of 16 August represents a somewhat less amusing counterpart (BN V 10386; Cl 122) to this work.

Dio sia lodato: il diavolo lo porta via!
L'anonimo caricaturista fa dire a Wellington ciò che nell'estate del 1815 pensava il mondo intero. In riva al mare il vincitore decorato di Waterloo, nella sua rossa uniforme britannica, si diverte col gioco del «diabolo» (cfr. n° cat. 224), che consiste nell'usare una corda per lanciare e tenere in aria un rocchetto. Ma su quest'ultimo è seduto il nano Napoleone, che si tocca

La Garde meurt et ne se rend pas, mais Buonaparte se rend et ne meurt pas

il capo inorridito perché ha perso la corona d'alloro delle sue vittorie; il «diabolo», evidentemente a mo' di «diavolo», dovrebbe portare l'ex imperatore fino all'isola di Sant'Elena, che spunta dal mare all'orizzonte. Nel luglio 1815 Napoleone dovette lasciare la Francia per sempre; la nave sullo sfondo allude al fatto che fu deportato dagli inglesi (cfr. n° cat. 295). Una caricatura analoga, ma meno divertente, è *Le Diable l'emporte / Souhait de la France*, del 16 agosto (BN V 10386; Cl 122).

Lit.: BM IX 12601; Br II S. 77, App. D 88; Cl 147; Kat. RM 88.

298
La Garde meurt et ne se rend pas, mais Buonaparte se rend et ne meurt pas
o. r. *Puisque la victoire m'abandonne je lui remets ses dons. / Ce cadeau funeste a couté bien des larmes*
u. r. *AFRIQUE s^t heléne*
Malœuvre, 27. September 1815
(DL durch Malœuvre)
u. r. *Déposé*
Radierung, koloriert
250 × 363 mm (263 × 370 mm)
u. r. Stempel Museum Schwerin 1980.46.

Die Garde stirbt und ergibt sich nicht, aber Bonaparte ergibt sich und stirbt nicht
Im Titel brandmarkt die bissige Umkehrung der Worte, die General Cambronne beim letzten Angriff der Garde in der Schlacht von Waterloo gesprochen haben soll (dazu BN V 9556, 9563), Napoleon als gewissenlosen Feigling. Seine Flucht nach der Niederlage findet ihre Fortsetzung, indem er sich den Briten ausliefert (vgl. Kat. Nrn. 150, 192) und dafür auf Sankt Helena interniert wird (vgl. Kat. Nr. 295). Auf dem Deck der «Bellerophon» übergibt der Feldherr, die Hand auf dem Herzen, seinen Degen zum Zeichen der Unterwerfung und spricht ohne Reue: «Da mich die Siegesgöttin verlässt, erstatte ich ihr ihre Gaben zurück.» An einem Tisch unter einem Baldachin nimmt der Herzog von Wellington ernst das «unheilvolle Geschenk» entgegen, das «so viele Tränen gekostet hat»; er weist Napoleon auf der Karte die Insel Sankt Helena zu. Im Hintergrund steht ein britischer Offizier (wohl Maitland, der Kommandant des Schiffes) auf Deck; auf See ankert die «Epervier», deren weisse Parlamentärsflagge bricht und vom Heck fällt: Das Schiff brachte Napoleon zur «Bellerophon».

La garde meurt et ne se rend pas, mais Bonaparte se rend et ne meurt pas
Dans le titre, le renversement ironique des mots qu'aurait prononcés le général Cambronne lors du dernier assaut de la garde à Waterloo (voir BN V 9556, 9563), stigmatise la lâcheté sans scrupules de Napoléon. Sa fuite devant la défaite trouve son prolongement dans sa reddition aux Britanniques (cf. n°s. cat. 150, 192) et dans son internement sur l'île de Sainte-Hélène (cf. n°. cat. 295). Sur le pont du «Bellerophon», le commandant en chef des armées, la main sur le cœur, rend son épée en signe de soumission et affirme sans remords: «Puisque la victoire m'abandonne, je lui remets ses dons.» Assis à une table, sous un baldaquin, le duc de Wellington agrée avec gravité ce «don funeste qui a coûté bien des larmes»; sur une carte, il indique l'île de Sainte-Hélène à Napoléon. A l'arrière-plan apparaît un officier britannique (vraisemblablement Maitland, le commandant du bateau); sur la mer, mouille «l'Epervier» dont le drapeau blanc de parlementaire, brisé, tombe de la poupe: le brick avait conduit Napoléon jusqu'au «Bellerophon».

The Guard Dies but Does Not Surrender, but Bonaparte Surrenders and Does Not Die
In its inversion of the words allegedly cried out by General Cambronne at the last onslaught of the Guard during the battle of Waterloo (see BN V 9556, 9563), the title of this work stigmatizes Napoleon as an unscrupulous coward. His flight upon defeat finds its continuation with his turning himself over to the British (cf. cat. nos. 150 and 192) and being deported to Saint Helena (cf. cat. no. 295). Standing on the deck of the «Bellerophon», Napoleon, holding a hand over his heart, hands over his sword as a sign of surrender, unrepentantly commenting: «Since the goddess of Victory abandons me, I return her gifts.» The Duke of Wellington, seated at a table under a canopy, solemnly accepts the «sinister gift», since it «has cost so many tears». He points out the map of the island of Saint Helena to Napoleon. Standing on deck in the background is a British officer (possibly Maitland, the ship's commander). Out at sea the vessel that brought Napoleon across to the «Belleropon», the «Epervier», is anchored: its white parliamentary flag has broken and is falling away from the stern.

La Guardia muore e non si arrende, ma Bonaparte si arrende e non muore
Il titolo pungente, invertendo le parole che avrebbe detto il generale Cambronne durante l'ultimo attacco della Guardia nella battaglia di Waterloo (cfr. BN V 9556, 9563), stigmatizza Napoleone come un codardo privo di scrupoli; qui la sua fuga dopo la disfatta prosegue con l'autoconsegna agli inglesi (cfr. n^i cat. 150 e 192), che in compenso lo interneranno a Sant'Elena (cfr. n° cat. 295). Sul ponte della *Bellerophon* l'ex sovrano porge la spada in segno di sottomissione, con la mano sul cuore, ma non è pentito: «Poiché la vittoria mi abbandona, le restituisco i suoi doni.» Presso un tavolo coperto da un baldacchino, il duca di Wellington accetta con aria grave quel «dono funesto» che «è costato tante lacrime», indicando a Napoleone sulla carta l'isola del suo esilio. L'ufficiale britannico sul ponte (in secondo piano) probabilmente è Maitland, comandante della nave. Alla fonda si distingue il veliero che ha portato Napoleone sulla *Bellerophon*: l'*Epervier*, la cui bandiera bianca parlamentaria si spezza e cade dalla poppa.

Lit.: BM IX 12600; BN V 9734; Br II S. 77, App. D 155; Cl 148.

Le dernier élan d'un grand homme

299
Le dernier élan d'un grand homme.
M. *attendez donc Sire*
o. l. *Laisse-moi Bertrant*
u. r. *Le Bellérophon*
u. M. *Le Tonnant*
u. l. *Le Nortomberlan / Nortomberlan*
Bournisien, 29. August 1815
(DL durch Bournisien)
Radierung, koloriert
265 × 203 mm (266 × 206 mm)
u. r. Stempel Museum Schwerin
1980.231.

Der letzte Schwung eines grossen Mannes
Schwungvoll springt Napoleon mit Marschallstab und Trikolore von der «Bellerophon» auf die «Northumberland» hinüber; er schlägt das Hilfsangebot der Leiter seines Exilgefährten Bertrand aus. Zum Zweispitz trägt er ein bienenverziertes Mäntelchen und das weisse Kostüm des Scapin (Molières Figur heisst nach dem ital. «scappare»: entwischen). Bertrand trägt als karierter Clown mit Generalshut einen Korb mit den Kroninsignien, von dem der Kaiseradler hängt, am Arm; im Boot liegt der Krönungsmantel. Die naiv gestalteten Meereswellen lassen an eine Bühnenszene denken, wozu auch die Kleider passen: Was sich hier abspielt, ist blosse Komödie. Als Napoleon im Juli 1815 das britische Kriegsschiff «Bellerophon» bestieg, ging er in die Falle: Am 7. August wurde er vor Englands Küste mit der Schaluppe «Tonnant» auf die «Northumberland» gebracht, die ihn und seine Begleiter nach Sankt Helena deportierte. Dabei soll er mit erstaunlicher Gewandtheit auf Deck geklettert sein («Journal de Paris» vom 15. August). Die Kroninsignien führt Bertrand wohl als Erinnerungsstücke mit; oder deuten sie auf einen geplanten Fluchtversuch hin? Zum grossen Sprung oder Schritt vgl. Kat. Nrn. 73, 111, 219, 249 sowie die zeitgleiche Karikatur «Ô! le Grand Sot» (Wortspiel: «sot»: Narr / «saut»: Sprung; BN V 9735; Cl 146).

Le dernier élan d'un grand homme
Muni d'un bâton de maréchal et d'un drapeau tricolore, Napoléon saute avec élan du «Bellerophon» au «Northumberland»; il renonce à se servir de l'échelle, tenue à sa disposition sur un canot par son compagnon d'exil Bertrand. Il porte son bicorne, un petit manteau décoré d'abeilles ainsi que le costume blanc de Scapin (personnage de Molière dont le nom dérive de l'italien «scappare», qui signifie «s'échapper»). Représenté en costume de clown à carreaux, coiffé d'un chapeau de général, Bertrand porte au bras une corbeille, qui contient les insignes de la couronne et d'où pend l'aigle impériale; le manteau du couronnement est posé à côté de lui sur le canot. Dessinées de manière naïve, les vagues de la mer font penser à une scène de théâtre, les habits des deux personnages y étant tout à fait adaptés: ce qui se passe ici est une simple comédie. Lorsqu'en juillet 1815 Napoléon monta sur le navire de guerre britannique «Bellerophon», il tomba dans un piège: le 7 août, devant la côte anglaise, il fut transbordé – au moyen de la chaloupe «Tonnant» – sur le bateau «Northumberland», qui devait le déporter à Sainte-Hélène, en compagnie de ses accompagnateurs. Lors du transbordement, l'empereur aurait grimpé sur le pont avec une agilité étonnante («Journal de Paris» du 15 août). Bertrand emporte, sans doute comme souvenirs, les insignes de la couronne. A moins qu'ils n'indiquent qu'une fuite se trame? A propos du motif du grand saut ou pas, cf. n°s cat. 73, 111, 219, 249, de même que la caricature contemporaine intitulée «Ô! le Grand Sot» (jeu de mots: sot/saut; BN V 9735; Cl 146).

The Last Surge of a Great Man
A lively Napoleon – holding a marshal's baton and a tricolour – leaps across from the «Bellerophon» to the «Northumberland», rejecting the ladder his exile escort Bertrand holds up from the dinghy. Together with his bicorne, Napoleon wears a bee-patterned cape and the white costume belonging to Scapin («Scapin, the Trickster» by Molière, deriving from the Italian «scappare», to slip away). Bertrand sports a checquered clown suit with a general's headpiece and carries over his arm a basket of royal insignia, from which an imperial eagle hangs; the coronation cloak lies in the dinghy. The naively depicted sea waves bring a stage to mind, with which the attires would fit in: in other words, what is going on here is pure comedy. By embarking upon the British warship «Bellerophon» in July 1815, Napoleon had entered a trap. On 7 August, before the coast of England, he was brought by the sloop «Tonnant» for transfer to the «Northumberland», which in turn deported him and his escorts to the island of Saint Helena. The story goes that he climbed aboard with astounding agility («Journal de Paris» of 15 August). Bertrand was bringing along the royal insignia as souvenirs, or do they signify plans to attempt to escape? With regard to the big leap or stride cf. cat. nos. 73, 111, 219 and 249, as well as the contemporary cartoon «Ô! le Grand Sot» (a play between «sot» meaning «fool», and «saut» meaning «leap»; BN V 9735; Cl 146).

L'ultimo slancio di un grand'uomo
Napoleone (con bastone da maresciallo e tricolore) spicca un salto atletico dalla *Bellerophon* alla *Northumberland*, rifiutando la scaletta preparatagli nella scialuppa dal suo compagno d'esilio Bertrand; oltre al bicorno, l'ex imperatore indossa un piccolo manto adorno d'api e il costume bianco di Scapino (personaggio di Molière, con nome derivato dall'italiano «scappare»). Bertrand, in abito a scacchi da clown e con cappello da generale, reca al braccio un cesto con le insegne della Corona, da cui pende l'aquila imperiale; nella scialuppa c'è il manto dell'incoronazione. Le onde marine, col loro disegno naïf, fanno pensare a un fondale di palcoscenico; anche gli abiti, del resto, ricordano che quella rappresentata è soltanto una commedia. Nel luglio 1815, salendo sulla nave militare britannica *Bellerophon*, Napoleone cadde in trappola: il 7 agosto successivo, davanti alla costa inglese, fu trasbordato dalla scialuppa *Tonnant* sulla *Northumberland*, che lo deportò con il suo seguito a Sant'Elena. Stando al *Journal de Paris* del 15 agosto, l'ex monarca si arrampicò a bordo con sorprendente abilità. Probabilmente le insegne imperiali conservate da Bertrand sono semplici souvenirs, o forse alludono a un progetto per tentare la fuga. Sul «gran salto» (o «gran passo»), cfr. i n.i cat. 73, 111, 219 e 249 e una caricatura coeva che gioca sull'omofonia tra *sot* («sciocco») e *saut* («salto»), *Ô! le Grand Sot* (BN V 9735; Cl 146).

Lit.: BM IX 12599; BN V 9750; Br II S. 80, App. D 198; Cl 160 [Variante]; Kat. BB 28 (Tf.); Kat. RM 144 (Abb.).

300

TESTAMENT DE BUONAPARTE.
unter dem Bild dreispaltiger Text
Au nom de qui il appartiendra…..
l. *Je ne lègue point mon âme, car je ne sais pas / trop si j'en ai une ; / Mais je lègue mon patrimoine, tel qu'il était en 1789, / à ma famille, qui se le partagera par portions égales; / Je lègue mon sucre de betteraves aux poitrinaires; / Je lègue mes fédérés à la bonne ville de Paris; / Ma probité aux galériens ;*
M. *Ma parole d'honneur à Ney; / Mes proclamations à Carnot; / Mon humanité aux jacobins; / L'exemple de mes fuites aux généraux / dans le danger; / Mes pistolets à ceux qui savent s'en servir; / Les insectes que j'ai rapportés de l'Egypte*
r. *à mes chambellans./ Mon costume du champ de mai aux loueurs de / dominos pour le carnaval; / Mes fautes d'ortographe à l'institut; / Enfin, je lègue l'honneur de faire mon panégyrique à / M. E***, et je donne en toute propriété mon squélette à / l'école de médecine.*
Pierre Joseph Moithey, 30. August 1815 (DL durch Moithey)
u.l. *Déposé.*
Radierung, koloriert
239 × 285 mm (250 × 295 mm)
u.r. Stempel Museum Schwerin 1980.53.

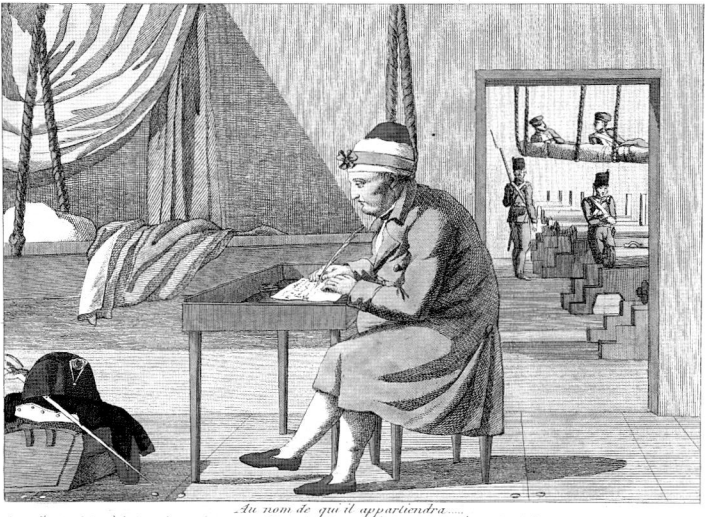

Bonapartes Testament
Auf der Überfahrt nach Sankt Helena schreibt Napoleon in Morgenmantel und trikolorer Schlafhaube sein Testament. Auf einer Truhe liegen Uniform, Hut und Degen. Dahinter sind eine Hängepritsche und der Durchgang zum Kanonenraum, wo zwei Soldaten stehen und zwei Matrosen auf Pritschen liegen, zu sehen. Mit den Worten «Allen kund und zu wissen» hinterlässt Napoleon fünfzehn Legate; er vermacht unter anderem: seine Seele gar nicht, da er nicht recht weiss, ob er eine hat; sein Vermögen von 1789 (mehr ist nicht übrig) seiner (geldgierigen) Familie zu gleichen Teilen; seine Verbündeten (den Pöbel) der guten Stadt Paris; seine Redlichkeit den Galeerensträflingen; sein Ehrenwort dem (meineidigen) Marschall Ney; seine Proklamationen dem Revolutionsführer und Innenminister von 1815, Carnot; seine Menschlichkeit den Jakobinern; seine Fahnenfluchten den Generälen in Gefahr; sein Prunkgewand vom Maifeld (vgl. Kat. Nr. 303) den Kostümverleihern für den Karneval; seine Schreibfehler dem Institut national de France; sein Skelett der Medizinschule; mit seiner Lobrede betraut er Herrn E[tienne] (Akademiemitglied und Redaktor des «Nain Jaune», vgl. Kat. Nr. 314).

Testament de Bonaparte
Lors de la traversée vers Sainte-Hélène, Napoléon écrit son testament, en robe de chambre et coiffé d'un bonnet de nuit tricolore. L'uniforme, le chapeau et le sabre sont déposés sur un bahut. Derrière, on peut apercevoir un châlit suspendu ainsi qu'un passage vers une salle des canons; deux soldats s'y tiennent debout et deux marins se reposent, allongés sur des châlits. Sous le titre «Au nom de qui il appartiendra…», Napoléon fait une quinzaine de legs. Voici ce qu'il cède, entre autres: certainement pas son âme, car il ne sait pas trop s'il en a une; son patrimoine, tel qu'il fut en 1789 (il n'en reste pas plus), qu'il transmet à sa famille (avide d'argent), «qui se le partagera par portions égales»; ses fédérés (le bas peuple), légués à la bonne ville de Paris; sa probité, accordée aux galériens; sa parole d'honneur, donnée au maréchal (parjure) Ney; ses proclamations, qu'il remet à Carnot, leader révolutionnaire et ministre de l'Intérieur de 1815; son humanité, qu'il laisse aux jacobins; l'«exemple de [ses] fuites», aux généraux en danger; son costume d'apparat du champ de mai (cf. n° cat. 303), aux loueurs de costumes de carnaval; ses fautes d'orthographe, à l'Institut de France; son squelette, à l'Ecole de médecine. Enfin, Napoléon confère «l'honneur de faire [son] panégyrique» à Monsieur E[tienne] (membre de l'Académie et rédacteur du «Nain Jaune»; cf. n°. cat. 314).

Bonaparte's Testament
Crossing over to Saint Helena, Napoleon, attired in a dressing gown and a tricolour sleeping cap, is drawing up his testament. His uniform, hat, and sword lie on the chest at his feet. A hanging plank bed appears behind him and, still further to the rear, is the passageway to the gun room where two soldiers stand on guard and two sailors relax on plank beds. «Be it noted that,» he begins, and then continues with fifteen bequests: he does not bequeath his soul, since he is not certain to possess one. He does bequeath his fortune of 1789 (nothing else is left) to his (avaricious) family in equal parts; his allies (the mob) to the good city of Paris; his integrity to the galley-slaves; his word of honour to the (perjurious) Marshal Ney; his proclamations to the former Revolutionary leader and 1815 Minister of the Interior Carnot; his humaneness to the Jacobins; his desertions to generals in danger; his attire for the «Champ de mai» (cf. cat. no. 303) to costume rental companies for carnival; his spelling mistakes to the National Institute of France; his skeleton to the Medicine School. He entrusts Mr. E[tienne] (a member of the Academy and editor of «Le Nain Jaune» = yellow dwarf; cf. cat. no. 314) series with his funereal oration.

Testamento di Bonaparte
Durante la traversata per Sant'Elena, Napoleone (in veste da camera e berretta da notte tricolore) scrive il proprio testamento. Uniforme, cappello e spada sono posati su una cassapanca; sullo sfondo c'è una branda pensile e s'intravede la sala dei cannoni (con due marinai su brande e due soldati). Alla formula iniziale («A tutti gli interessati…») il testatore fa seguire quindici disposizioni, fra cui le seguenti: non lascia l'anima a nessuno (perché non sa se ne abbia una); lascia il suo patrimonio del 1789 (non avendo più altro) alla sua (avida) famiglia, in parti uguali; i suoi federati (la plebaglia) alla «buona città di Parigi»; la sua probità ai galeotti; la sua parola d'onore al maresciallo Ney (spergiuro); i suoi proclami al leader rivoluzionario Carnot, ministro dell'interno nel 1815; la sua umanità ai giacobini; l'esempio delle sue fughe ai generali in pericolo; il suo abito sfarzoso del Campo di Maggio (cfr. n° cat. 303) a chi noleggia costumi carnevaleschi; i suoi errori d'ortografia all'Istituto; il suo scheletro alla scuola di medicina. Quanto all'onore di tessere il suo panegirico, lo lascia al signor E[tienne], membro dell'Accademia e redattore della rivista *Le Nain Jaune* (cfr. n° cat. 314).

Lit.: BN V 9754; Br II S. 80, App. D 37; Cl 161; Da Abb. S. 293; Kat. H85 47.

le général jacot ayant juré qu'on ne l'e^m^menerais pas / vivant a ^S.te^ héléne ce décide enfin a ce coupé^r^ la gorge

301
le général jacot ayant juré qu'on ne l'e^m^menerais pas / vivant a ^S.te^ héléne ce décide enfin a ce coupé^r^ la gorge [*jacot* mit Tinte hinzugefügt]
o. l. S.^te^ héléne / ah mon dieu quel bonheur que ce rasoir ne coupe pas
Y. V. Lacroix, 7. September 1815 (DL)
Radierung, koloriert
225 × 180 mm (242 × 194 mm)
u. r. Stempel Museum Schwerin 1980.111.

Getreu dem Schwur, man werde ihn nicht lebend nach Sankt Helena bringen, beschliesst General «Jacot» endlich, sich die Kehle durchzuschneiden
Auf dem Deck des britischen Kriegsschiffes «Northumberland» (vgl. Kat. Nr. 295) steht der uniformierte Napoleon als Ratte (als Affe laut BM und Br) mit schlotternden Knien labil auf einem Holzstuhl. Er hebt den Kopf, macht mit der Hand den haarigen Hals frei und setzt ein riesiges Rasiermesser an, um sich die Kehle durchzuschneiden. Selbst in der grössten Erniedrigung – im Hintergrund links ist bereits die «Ratteninsel» Sankt Helena zu erkennen – nimmt sich der notorische Feigling nicht das Leben: Er dankt Gott dafür, dass die Klinge stumpf ist. Napoleon protestierte angeblich vor britischen Offiziellen (31. Juli 1815) gegen seine Gefangensetzung mit der Drohung, man werde ihn niemals lebend auf die Südatlantikinsel kriegen: Er ziehe den Tod diesem Exil vor. Der Sinn von «General Jacot» ist unklar («jacot»: Papageienart; «Jacquot»: Klein-Jakob; «jacquot»: umgangssprachlich für Anus; Anspielung auf die Jakobiner; oder gar Anagramm für «cageot»: Korbkäfig bzw. «cachot»: Kerker?).

Le général Jacot ayant juré qu'on ne l'emmènerait pas vivant à Sainte-Hélène se décide enfin à se couper la gorge
A la proue du navire de guerre britannique le «Northumberland» (cf. n°. cat. 295), un rat (un singe selon BM et Br) figurant Napoléon, se tient debout sur une chaise en bois. Il est vêtu d'un uniforme, il chancelle et ses genoux flageolent. Il lève la tête; d'une main il libère sa gorge poilue et, de l'autre, tient l'énorme rasoir au moyen duquel il se tranchera le cou. Même soumis à la plus cuisante des humiliations – à l'arrière-plan apparaît déjà «l'île aux rats», Sainte-Hélène – ce lâche notoire ne s'ôtera pas la vie: il remercie Dieu de ce que le rasoir est émoussé. On prétend que Napoléon protesta devant les officiels britanniques (31 juillet 1815) contre son emprisonnement à Sainte-Hélène, avec la menace qu'il n'atteindrait jamais vivant cette île du sud de l'Atlantique. Le sens de «Général Jacot» n'est pas élucidé («jacot»: perroquet gris cendré; «Jacquot»: diminutif de Jacques; «jacquot»: anus en langage familier; une allusion aux jacobins ou anagramme de «cageot» ou de «cachot»?).

General Jacot, Having Sworn They Would Not Drag Him Alive to Saint Helena, at last Decides to Slit His Throat
A uniformed Napoleon, in the guise of a rat (or of a monkey, according to BM and Br), stands with wobbly knees and in precarious balance on a wooden chair set up on the deck of the British warship «Northumberland» (cf. cat. no. 295). He tilts back his head, frees his hairy neck, and approaches a huge razor blade to slit his throat. No matter how humiliating his situation – in the background to the left, the «rat island» of Saint Helena can be recognised – the notorious coward clings to his life, thanking God that the razor has turned out to be too blunt. The story goes that on 31 July 1815, Napoleon protested to the British officials against being sent into captivity, threatening he would never let himself be dragged to the south Atlantic island alive: rather death than that exile. The significance of «General Jacot» remains unclear («jacot» = a kind of parrot; «Jacquot» = «little Jimmy»; «jacquot» = colloquially denoting the anus; an allusion to the Jacobins; perhaps even an anagram for either «cageot» = crate, wicker cage, or «cachot» = dungeon?).

Il generale Jacot, avendo giurato di non lasciarsi condurre vivo a Sant'Elena, si decide finalmente a tagliarsi la gola
Sul ponte della nave militare britannica *Northumberland* (cfr. n° cat. 295), un Napoleone in uniforme e con corpo di topo (di scimmia secondo BM e Br) si regge in bilico su una sedia. Ginocchia tremolanti e capo alzato, con una mano l'ex sovrano si scopre il collo villoso e con l'altra prepara un enorme rasoio per tagliarsi la gola; codardo com'è, tuttavia, perfino al colmo dell'umiliazione – sullo sfondo a sinistra si distingue già Sant'Elena, l'«isola dei topi» – non si toglie la vita ma ringrazia Dio che il rasoio non tagli. Il 31 luglio 1815 Napoleone protestò invano con ufficiali britannici contro la prigionia, minacciando di non lasciarsi trasportare vivo nell'Atlantico meridionale: preferiva la morte a quell'esilio. Il senso di «generale Jacot» non è chiaro: *jacot/Jacquot/jacquot* significano rispettivamente «cocorito», «Giacomino» (allusione ai giacobini) e nel registro familiare «ano», ma a mo' di anagrammi potrebbero rinviare a *cageot* («gabbia da trasporto») o a *cachot* («prigione»).

Lit.: BM IX 12604; Br II S. 81, App. D 131; Cl 159.

302
entrée triomphante de bonaparte dans Son nouveau royaume
unter dem Bildfeld *les habitants de ^ste^ héléne prennent la fuite à la vue de leur nouveau ^Souverain^*
o. l. habitants de ^ste^ héléne Soyons amis je vous declare peuple libre, je vous donne pour garantie se Serviteur fidèle que j ai avec moi
o. r. qui vive / Sentinelle prenez garde a vous / freres rongeurs aux armes deux traîtres osent S'intro-duir e dan_s_ nos etats
u. M. messieurs nous n avon_s_ pas un instant a perdre que notre conseil S'assemble Sur le cha^m^. pour Savoir comment nou pouron_s_ attacher le gre^lot^
u. r. Comme je vais me remplumer / ney
Y. V. Lacroix, 24. August 1815 (DL)
Radierung, koloriert
Höhe 224 mm (245 × 284 mm)
u. r. Stempel Museum Schwerin 1980.99.

Bonapartes triumphaler Einzug in sein neues Reich
Wie zu seinen Glanzzeiten begrüsst der «Triumphator» mit souveräner Geste seine neuen Untertanen, die Ratten (vgl. Kat. Nr. 356) der Felseninsel Sankt Helena. Mit umgehängter Kalebasse auf seiner Katze reitend, wendet der Gewaltherrscher seinen alten Trick an: Er gibt sich als Volksbefreier aus. Als Garantie für seine freundschaftlichen Absichten weist er auf seinen «treuen Diener» (vgl. Kat. Nr. 270), die Katze, hin; diese hält den Marschallstab mit der Inschrift «Ney» (vgl. Kat. Nr. 199) und die Trikolore in der Pfote und freut sich: «Ich werde wieder auffuttern.» Die Ratten erkennen sofort die wahren Motive des hinterhältigen Tiers – ihres natürlichen Feindes – und seines Herrn: Sie ergreifen die Flucht, um zu beraten, wie man de Katze ein Glöckchen umhängen könne (vgl. La Fontaine, Fabeln II, 2: «Conseil tenu par les rats»). Im Hintergrund sammelt der Kommandant der Ratten-

armee seine «Nagebrüder» zur Verteidigung ihrer Freiheit gegen die beiden «Verräter». Auf dem Hügel lässt eine Ratte den Wachtposten strammstehen, der die Eindringlinge mit dem Zuruf «Wer da?» aufhalten will. Zum Kampf der Ratten und der Katzen vgl. Kat. Nr. 356.

Entrée triomphante de Bonaparte dans son nouveau royaume
Comme à l'apothéose de sa gloire, le «triomphateur» salue ses nouveaux sujets – les rats de l'île rocheuse de Sainte-Hélène (cf. n°. cat. 356) – d'un geste souverain. Portant une calebasse en bandoulière et montant un chat, le despote se sert de sa vieille ruse: il se fait passer pour un libérateur des peuples. En gage de ses intentions amicales, il attire l'attention sur son «serviteur fidèle» (cf. n°. cat. 270), le chat; celui-ci tient à la patte tout à la fois un bâton de maréchal portant l'inscription «Ney» (cf. n°. cat. 199) et le drapeau tricolore, et dit en se réjouissant: «Comme je vais me remplumer.» Les rats saisissent immédiatement les vrais motifs de l'animal sournois – leur ennemi naturel – et de son maître: ils prennent la fuite pour aller délibérer sur la façon dont ils pourraient attacher un grelot à son cou (cf. La Fontaine, Fables II, 2: «Conseil tenu par les rats»). A l'arrière-plan, le commandant de l'armée des rats rallie ses «frères rongeurs» pour défendre leur liberté contre les deux «traîtres». Posté sur la colline, un rat ordonne à une sentinelle de se mettre au garde-à-vous; celle-ci compte arrêter les intrus en criant «Qui vive?». A propos de la lutte entre rats et chats, cf. n°. cat. 356.

Bonaparte's Triumphant Entry into his New Kingdom
Just as in his former days of glory, the «triumphant victor» postures as a sovereign in greeting his new subjects, the rats (cf. cat. no. 356) of the rocky island of Saint Helena. The tyrant rides in with a gourd around his neck, astride a cat, and proceeds to pull his same old trick: he presents himself as the people's liberator. To guarantee his friendly intentions, he points out his «loyal servant» (cf. cat. no. 270) the cat, a mount holding in its paw a marshal's baton inscribed «Ney» (cf. cat. no. 199) and a tricoulour, and rejoicing at the idea of once again being able to «eat its full». The rats immediately recognise the true motives of that perfidious animal – their natural enemy – and its master: they flee to confer elsewhere as to how they can get a little bell around the cat's neck (cf. La Fontaine's «Conseil tenu par les rats», Fables II, 2). In the background, the commander of the rat army is gathering his «gnawing brothers» to defend their freedom against the two «traitors». High upon the mound, a rat commands the sentry – who seeks to stop the intruders with the call «Who goes there»? – to stay at attention. With regard to the battle of the rats and cats, cf. cat. no. 356.

Ingresso trionfale di Bonaparte nel suo nuovo regno
Come ai tempi del suo splendore, il «trionfatore» saluta con gesto sovrano, dall'alto di un gatto, i suoi nuovi sudditi: i topi (cfr. n° cat. 356) dell'isola rocciosa di Sant'Elena. Il tiranno, che porta a tracolla una zucca a fiaschetta, adotta anche qui il vecchio trucco di fingersi liberatore del popolo, indicando come garanzia dei suoi propositi amichevoli il «servitore fedele» (cfr. n° cat. 270) che ha con sé, cioè il gatto che cavalca. Quest'ultimo, che stringe in una zampa il bastone di maresciallo con la scritta «Ney» (cfr. n° cat. 199) e il tricolore, prevede già di potersi «rimpolpare»; ma i topi, riconoscendo subito i veri scopi del perfido felino (loro nemico naturale) e del suo padrone, si danno alla fuga per discutere come «attaccare il sonaglio» al gatto, cioè come prendere l'iniziativa (cfr. il *Conseil tenu par les rats* di La Fontaine [*Fables* II, 2]). Sullo sfondo il comandante del loro esercito chiama alle armi i «fratelli roditori» contro i due «traditori»; quasi in cima all'altura un altro topo mette all'attenti la sentinella, che vorrebbe fermare gli invasori gridando «Chi va là?». Sulla battaglia fra gatti e topi, cfr. n° cat. 356.

Lit.: BM IX 12711; Br II S. 83, App. D 345; Cl 166; Kat. BB 69 (Abb.); Kat. RM 150 (Abb.).

303
Proposition de Constitution aux Habitans de l' Ile S.t Hélène par l'Ex Empereur et Roi.
o. l. *Vous le jurez? / Nous le jurons.*
o. r. *Oui..! oui!...*
u. M. *Champ de Mai 1816.*
Louis, 12. August 1815 (DL durch Louis)
bez. u. M. *A Paris, chez tous les Marchands de Nouveautés.*
u. r. *Déposé à la Direction des Estampes*
Radierung, koloriert
260 × 332 mm (266 × 345 mm)
u. r. Stempel Museum Schwerin 1980.66.

Verfassungsvorlage für die Bewohner der Insel Sankt Helena durch den Ex-Kaiser und Ex-König
Unter Gottes Auge (links oben) hält Napoleon 1816 nach dem Muster des Vorjahres ein «Maifeld» (vgl. Kat. Nr. 265) ab, damit seine neuen Untertanen, die Ratten von Sankt Helena, ihren Treueid auf ihren neuen Souverän und auf die von ihm eingeführte Verfassung leisten. Diese nachträgliche Verulkung der Hundert Tage und ihrer pseudoliberalen Verfassungsreform gipfelt in der erhöht stehenden Gestalt Napoleons mit der langen Nase des Lügners und im lächerlichen Ornat aus Krönungsmantel, ausladender Halskrause und Hut mit übertriebenem Federbusch – eine groteske Mischung aus Hofprunk und Commedia dell'Arte. Mit Ausnahme der beiden Offiziere, die den Eid schwören (dazu BM), und ihrer unter der Trikolore gesammelten Truppe zollen die Ratten ihrem Herrn wenig Achtung: Manche schreien, tollen umher oder unterhalten sich. Rechts sitzt eine Eule mit gespreizten Schwingen (ebenso auf der Trikolore rechts) auf einem spriessenden Baumast und verkündet – ihrer Symbolkraft gemäss – Unheil und die Herrschaft der Finsternis.

Proposition de constitution aux habitants de l'île de Sainte-Hélène par l'ex-empereur et ex-roi
Surveillé par l'œil de Dieu (en haut, à gauche), Napoléon met en scène un «champ de mai» (cf. n°. cat. 265) – en 1816 –, sur le modèle organisé l'année précédente; afin que ses nouveaux sujets, les rats de Sainte-Hélène, puissent prêter serment de fidélité à leur nouveau souverain et à la constitution qu'il a introduite. Cette manière de se moquer a posteriori des Cent-Jours et de la réforme constitutionnelle pseudolibérale de cette période atteint ici son point culminant à travers la figure de l'empereur. Celui-ci se tient debout et a le nez long du menteur. Il est revêtu d'ornements du couronnement ridicules, qui comprennent le manteau du couronnement, une collerette large et un chapeau surmonté d'un énorme panache: mélange grotesque de pompe de la cour et de commedia dell'arte. A l'exception des deux officiers prêtant serment (cf., à ce propos, BM) et de leur troupe rassemblée sous le drapeau tricolore, les rats témoignent peu de respect pour leur maître: certains hurlent, d'autres cabriolent ou se parlent. A droite, un hibou aux ailes écartées est perché sur une branche d'arbre qui bourgeonne (tandis qu'un autre surmonte le drapeau tricolore). Conformément au symbolisme qu'il véhicule, il annonce des malheurs et l'empire des ténèbres.

The Ex-Emperor and Ex-King Proposes a Constitution to the Inhabitants of the Island of Saint Helena
In 1816, under God's eye (see top left), Napoleon is holding a «Champ de mai» along the lines of the preceding year's constitutional oath ceremony by that name (cf. cat. no. 265), for his new subjects – the Saint Helena rats – to swear allegiance to their new sovereign and the Constitution drawn up by him. This belated derisive tribute to the Hundred Days and the pseudo-liberal Constitutional reforms adopted at that time comes to a highpoint with the figure of Napoleon poised atop a mound and endowed with the long nose of a liar, not to mention his ridiculous attire: a coronation mantle, a wide-rimmed neck frill, and an overly plume-adorned hat. The effect is a grotesque combination of court pageantry and commedia dell'arte. With the exception of two officers taking oath (cf. BM), and their troops grouped under the tricolour, the rest of the rats are paying little heed to their master: they are shouting, romping about, or merely conversing. To the right, an owl with widespread wings – it reappears on the tricolour to the right – and perched on a budding tree limb, portends – in keeping with its emblematic significance – disaster and the reign of darkness.

Proposta di Costituzione agli abitanti dell'isola di Sant'Elena, da parte dell'ex imperatore e ex re
Sotto l'occhio di Dio (in alto a sinistra), nel 1816 Napoleone tiene un «Campo di Maggio» analogo a quello dell'anno precedente (cfr. n° cat. 265), affinché i suoi nuovi sudditi – i topi di Sant'Elena – prestino giuramento al nuovo sovrano e alla Costituzione da lui introdotta. Questa canzonatura tardiva dei Cento Giorni e della loro riforma costituzionale pseudo-liberale culmina nella figura sopraelevata del monarca, con naso lungo da bugiardo e in pompa magna ridicola (manto dell'incoronazione, gorgiera sporgente, cappello con pennacchio esagerato), che appare una mescolanza grottesca di sfarzo di corte e commedia dell'arte. Salvo i due ufficiali che giurano (cfr. BM) e la loro truppa, raccolta sotto il tricolore, i topi non mostrano molto rispetto per il monarca: alcuni urlano, conversano o ruzzolano qua e là. Sulla destra due civette con le ali spiegate, appollaiate rispettivamente su un albero germogliante e su un tricolore, con la loro presenza simbolica profetizzano sventura e il dominio delle tenebre.

Lit.: BM IX 12712; BN V 9809; Br II S. 84f., App. D 271; Cl 165; Kat. BB 68 (Abb.); Kat. RM 155 (Abb.).

304
J'AI TOUT PERDU! / jusqu'à ma dernière prise, et maintenant je fumes.
anonym, Juni/Juli 1815(?)
Radierung, koloriert
147 × 184 mm (178 × 208 mm)
u. r. Stempel Museum Schwerin
1980.121.

Ich habe alles verloren bis auf meine letzte Prise, und nun rauche ich
Nach dem Verlust von Thron und Macht und Reichtum bleiben Napoleon nur Spaziergänge in der Wildnis von Sankt Helena (?) und das Rauchen einer langen Deckelpfeife (vgl. Kat. Nr. 309) übrig. Dabei zöge er einen anderen Genuss vor, doch ist die Schnupftabakdose in seiner linken Hand «bis zur letzten Prise» aufgebraucht. Statt der Möglichkeit zu schnupfen (franz. «priser»), findet Napoleon in Gefangenschaft keinen Halt mehr (franz. «ne pas avoir prise»): Er raucht bzw. kocht vor Wut (Doppelsinn von franz. «fumer»). Zudem spielen der Rauch auf Napoleons Schlachten und die Tabakprise auf seine Eroberungen (franz. «prise» bedeutet auch «gewaltsame Einnahme») an, die er nun alle verloren hat (vgl. Kat. RM).

J'ai tout perdu jusqu'à ma dernière prise, et maintenant je fume
Napoléon a perdu son trône, sa puissance et sa fortune. Il ne lui reste plus qu'à se promener dans la nature sauvage de Sainte-Hélène (?) et à fumer une longue pipe à couvercle (cf. n°. cat. 309). Cependant, c'est un autre plaisir qu'il préfère, mais dans sa main gauche sa boîte de tabac à priser est presque vide. Au lieu de pouvoir «priser», Napoléon prisonnier «n'a plus prise»: il «fume» de colère (double sens de fumer). En outre, la fumée fait allusion aux champs de bataille et la prise de tabac à ses conquêtes («prise» signifiant également «capture par la violence»), dont il a été dépossédé (cf. cat. RM).

Le Grand Pêcheur.

I Have Lost Everything Down to My Last Pinch of Snuff, and Now I Am Smoking
Walks in the wilderness of Saint Helena (?) and smoking a long lid pipe (cf. cat. no. 309) are all that remain for Napoleon after losing his throne, power, and fortune. Nevertheless, he would prefer another pleasure, but the snuff box in his left hand is empty «down to the last pinch». Instead of the possibility of snuffing («priser»), in captivity Napoleon finds no more hold («ne pas avoir de prise»), which makes him smoke or, in the double sense of that word in French, fume with rage. Moreover, the smoke serves as an allusion to Napoleon's battles (gunsmoke), and the pinch of snuff («prise») – which in French also means «violent takeover» – to his conquests, all of which he has presently lost (cf. cat. RM).

Ho perso tutto, fino alla mia ultima presa, e adesso fumo
Persi il trono, il potere e la ricchezza, non resta a Napoleone che passeggiare nella natura deserta di Sant'Elena (?) e fumare una lunga pipa a coperchietto (cfr. n°. cat. 309). L'ex monarca preferirebbe dilettarsi diversamente, ma la tabacchiera che ha nella sinistra è vuota «fino all'ultima presa» (*prise*); non potendo fiutare tabacco (*priser*), il prigioniero senza più appigli (*prises*) è costretto a *fumer* («fumare», ma anche «schiumare di rabbia»). Il fumo allude, fra l'altro, alle battaglie di Napoleone; la presa di tabacco ricorda le sue «prese» nel senso di «conquiste militari», ora tutte perdute (cfr. cat. RM).

Lit.: BN V 9367; Br II S. 70, App. D 97; Cl 120; Kat. RM 123.

305
Le Grand Pêcheur.
Pierre Marie Bassompierre Gaston, 4. September 1815 (DL durch Gaston)
Radierung, koloriert
248 × 140 mm (270 × 170 mm)
u. r. Stempel Museum Schwerin 1980.21.

Der grosse Sünder
Auf einer Landzunge von Sankt Helena steht Napoleon, von drei Ratten (vgl. Kat. Nr. 356) umgeben, und schlägt die Zeit mit Fischen tot. Was anbeisst, ist seine eigene Vergangenheit: Am Angelhaken hängt die Leiche des 1804 standrechtlich erschossenen Herzogs von Enghien (vgl. Kat. Nrn. 103, 199, 201, 220). Aus dessen Kopfwunde fliesst Blut und verfärbt das Meerwasser. Im scheinbar harmlosen Angler wird ein teuflischer «Menschenfischer» (in Anlehnung an Mt. 4, 19) erkennbar, der seine Mitwelt kaltblütig den eigenen Interessen opferte. Wort und Bild spielen mit der Lautverwandtschaft von «pécheur» (Sünder) und «pêcheur» (Fischer).

Le grand pêcheur
Sur une langue de terre de Sainte-Hélène, Napoléon entouré de trois rats (cf. n°. cat. 356) tue le temps en pêchant. C'est son propre passé qui mord à l'hameçon: il a pris le cadavre du duc d'Enghien, passé par les armes en 1804 (cf. n°s. cat. 103, 199, 201, 220). De sa blessure à la tête coule du sang qui colore l'eau de la mer. Dans ce pêcheur à la ligne apparemment inoffensif, on reconnaît un diabolique «pêcheur d'homme» (sur le modèle de Mt. 4, 19) qui, de sang-froid, sacrifie ses contemporains à ses propres intérêts. Les mots et l'image jouent sur l'homonymie entre «pécheur» et «pêcheur».

The Great Sinner
Napoleon, standing on a spit of land at the tip of Saint Helena, where he is surrounded by three rats (cf. cat. no. 356), is killing time by fishing. The bite he gets is his own past: he has hooked the corpse of the Duke of Enghien (cf. cat. nos. 103, 199, 201 and 220), executed by court martial in 1804. The blood flowing from the latter's head wound (he had been fusilladed) tinges the sea red. Thus a seemingly innocent fisherman has been transformed into a devilish «fisher of men» (contrary to St. Mathew 4, 19), cold-bloodedly sacrificing his contemporaries to his own interests. Word and image in this piece are a play on the homophonous affinity between «pécheur» (sinner) and «pêcheur» (fisher).

Il grande peccatore
Su una lingua di terra occupata da tre topi (cfr. n° cat. 356), a Sant'Elena l'ex monarca scaccia la noia gettando la lenza, ma trova impigliato all'amo un fantasma del suo passato: il cadavere del duca d'Enghien, fatto fucilare dalla corte marziale nel 1804 (cfr. n¹ cat. 103, 199, 201 e 220), che perdendo sangue da una ferita al capo arrossa l'acqua del mare. Nel pescatore apparentemente innocuo si riconosce, perciò, una variante diabolica del «pescatore di uomini» evangelico (*Mt.* IV, 19), che a sangue freddo ha sacrificato il prossimo nel proprio interesse; titolo e immagine giocano, inoltre, sull'omofonia tra *péche ur* («peccatore») e *pêcheur* («pescatore»).

Lit.: BN IV 7811/7812; Br II S. 84, App. D 154; Cl 168; Da Abb. S. 257.

306
NICOLAS CŒUR DE TIGRE, darunter *Pièce féerie avec changemens à vue, évolutions militaires, marches, / contre-marches, fuite, emprisonnement &c &c ....*
o. l. *IL EST UN DIEU VENGEUR*
o. r. *Pour que je règne encore achéve mon ouvrage, fait périr le reste des humains excepté moi*
u. l. *Nicolas ô mon roi. L'Univers t'abandonne Sur la terre il n'est que moi Qui s'interesse à ta personne /*
ORGUE DE BARBARIE
Airs:
*De la Marseilloise
Ah! ça ira, ça ira
Veillons au salut de l'empire
La Lyonnoise.*
/ *Ils sont passés ces jours de fêtes Ils sont passés il ne reviendront plus* /
AMBITION
Louis François Charon, 11. August 1815 (DL durch Charon)
u. r. *Déposée à la Direction*
Radierung, koloriert
322 × 228 mm (357 × 250 mm)
u. r. Stempel Museum Schwerin 1980.76.

Nikolaus Tigerherz
Der Untertitel travestiert Napoleons Lebensweg, geprägt von Wandelbarkeit, Manövern, militärischen Erfolgen und Niederlagen, Flucht und Haftstrafe, ins Märchen. «Nicolas» (vgl. Kat. Nr. 190), der die Herzlosigkeit und Blutrunst eines Tigers (vgl. besonders Kat. Nrn. 196, 228) besitzt, ist das Negativbild zum edlen «Richard Löwenherz». Er wird im Schlussbild des «Feenstückes» vorgeführt: Sich ans Eisengitter seines von Schiffen bewachten Kerkerturms auf Sankt Helena klammernd, fordert Napoleon zur Vollendung seines Vernichtungswerks an der Menschheit (seine eigene Person ausgenommen!) auf. Zur Ohnmacht verurteilt, will er das Ziel mit Hilfe seines alten Verbündeten Tod verfolgen. Dessen Allegorie und jene der Ehrsucht (Nackte mit Pfauenfedern, Schmetterlingsflügeln und Schlange) stehen jenseits

des Festungsgrabens vor ihm. Doch sie machen sein Spiel nicht mehr mit: Seine guten Tage sind unwiederbringlich vorüber. Freund Hein spielt Napoleon auf dem Leierkasten («orgue de barbarie») ein letztes Mal die Klänge der Barbarei vor – die Hymnen der Revolution und des Kaiserreiches. Er allein hat noch Interesse an dem von aller Welt Verlassenen, weil er ihn bald holen und in die Verdammnis führen will: Ein Dämon mit Schlangenleib hält am Himmel das Spruchband «Es gibt einen rächenden Gott».

Nicolas cœur de tigre
Le sous-titre parodie en conte de fée la carrière de Napoléon, marquée par l'inconstance, les manœuvres, les victoires et défaites militaires, la fuite et l'emprisonnement. Caractérisé par le manque de cœur et les tendances sanguinaires d'un tigre (cf., en particulier, nos. cat. 196 et 228), «Nicolas» (cf. n°. cat. 190) constitue l'image négative du noble «Richard Cœur de Lion». Le tableau final de la «pièce féerie» présente l'empereur de la façon suivante: accroché à la grille de fer de son cachot de Sainte-Hélène, installé dans une tour gardée par différents bateaux, il demande de pouvoir continuer à régner, afin d'achever son «ouvrage», à savoir «faire périr le reste des humains, excepté moi». Réduit à l'impuissance, Napoléon cherche à atteindre ses objectifs avec l'aide de la mort, sa vieille alliée. L'allégorie de celle-ci, de même que celle de la soif d'ambitions (femme nue aux plumes de paon et ailes de papillon brandissant un serpent), sont placées face à lui, au-delà du fossé de la forteresse. Mais elles ne veulent plus jouer à ce jeu: ses «jours de fête» sont irrémédiablement passés. Une dernière fois, la mort lui joue – sur un orgue de barbarie – les mélodies de la barbarie: les hymnes de la Révolution et de l'Empire. La mort seule s'intéresse encore à lui, qui est à présent abandonné de tous, car elle compte bien-

tôt venir le chercher et le mener à la damnation: un démon à corps de serpent tient, dans le ciel, un cartouche portant l'inscription «Il est un dieu vengeur».

Nicolas the Tiger-Hearted
The undertitle of this piece makes a fairytale travesty of Napoleon's life, marked by inconstancy, maneuvers, military successes and defeats, flight, and captivity. «Nicolas» (cf. cat. no. 190), who is characterised by the heartlessness and bloodthirst of a tiger (cf. especially cat. nos. 196 and 228), is the negative of the noble «Richard the Lion-Hearted». He is presented in the final tableau of the «fairy story», clasping the iron grating of the prison tower on Saint Helena, which is guarded by the ships in the background. He is clamouring for the completion of his destruction of mankind (with himself as sole exception, of course). Condemned to powerlessness, he hopes to pursue his goal with the help of his old ally Death. The death figure, and the allegory of Ambition (female nude with peacock feathers, butterfly wings, and snake), stand across the moat from him. However, they are no longer playing along with him: his good days are irretrievably gone. The Grim Reaper plays a last barbaric tune on a street organ (the French «orgue de barbarie») for Napoleon: the hymns of the Revolution and the Empire. Indeed, Death alone is still interested in the man now forsaken by all, for he will soon be coming to get him and send him to damnation. This will explain the demon with a snake body who, from the heavens, flies a banner inscribed: «The god of revenge exists.»

Nicolas Cuor di Tigre
Il sottotitolo trasforma in fiaba il curriculum di Napoleone, caratterizzato da instabilità, manovre, successi e insuccessi militari, fuga e prigionia. «Nicolas» (cfr. n° cat. 190), pendant negativo del nobile «Riccardo Cuor

di Leone», è senza cuore e sanguinario come una tigre (cfr. specialmente n¹ cat. 196 e 228); nell'ultima scena della «fiaba teatrale» lo vediamo aggrapparsi alle sbarre della sua torre-prigione di Sant'Elena, sorvegliata da navi, mentre chiede di completare la propria opera di distruzione dell'umanità (lui solo escluso!). Condannato all'impotenza, egli vuole raggiungere lo scopo con l'aiuto della sua antica alleata: la Morte, che si trova oltre il fossato della rocca insieme all'Ambizione (figura nuda con penne di pavone, ali di farfalla e serpente). Ma le due figure allegoriche non stanno più al gioco: i bei giorni dell'ex monarca sono irreparabilmente finiti. La Morte gli suona per l'ultima volta, sull'organo di Barberia (*Barbarie*, che in francese sta anche per «barbarie»), gli inni della Rivoluzione e dell'Impero; solo lei s'interessa ancora al prigioniero abbandonato da tutti, perché fra poco verrà a prenderlo e lo porterà alla dannazione. In cielo, in effetti, un diavolo con corpo di serpente mostra il motto «C'è un dio vendicatore».

Lit.: BM IX 12572; BN V 9803; Br II S. 83, App. D 242; Cl 164; Kat. BB 52 (Tf. S. 47); Kat. RM 30 (Abb.).

307
JE MANGE UN FAMEUX FROMAGE.
M. *Fromage de S^te. Hélène.*
Henri Gérard Fontallard, 12. September 1815 (DL durch Fontallard)
Radierung, koloriert
254×200 mm (266×210 mm)
u. r. Stempel Museum Schwerin 1980.229.

Ich esse einen berühmten Käse
Vor dem von Schiffen befahrenen Meer hockt Napoleon auf spärlich bewachsenem Felsboden. Mit unsäglicher Leidensmiene beisst er in den kreisrunden (harten) Laib Käse zwischen seinen Beinen. Der «Käse von Sankt Helena» schmeckt ihm offensichtlich nicht: «manger du fromage» bedeutet in der Umgangssprache unzufrieden sein. «Berühmt» ist die fiktive Spezialität der Insel deshalb, weil alle Welt Napoleons Schicksal kennt und die Art, wie er es trägt. Oder mutiert der Grosse Kaiser auf der von Ratten wimmelnden Insel (vgl. Kat. Nr. 356) zum Nagetier? Auf die Karikatur wies das «Journal de Paris» am 15. September 1815 hin.

Je mange un fameux fromage
Tournant le dos à la mer sillonnée de bateaux, Napoléon est accroupi sur un rocher à la végétation rare. Il arbore une mine indiciblement chagrine et mord dans une meule de fromage (dur). Mais apparemment ce fromage de Sainte-Hélène ne lui convient pas: en langage populaire, «manger du fromage» signifie être mécontent. La spécialité fictive de l'île est «fameuse» (délicieuse ou célèbre) parce que tout le monde connaît le sort de Napoléon et la manière dont il le supporte. Le gros empereur est-il en train de se muer en rongeur dans cette île infestée de rats (cf. n°. cat. 356)? Le «Journal de Paris» mentionna cette caricature dans son édition du 15 septembre 1815.

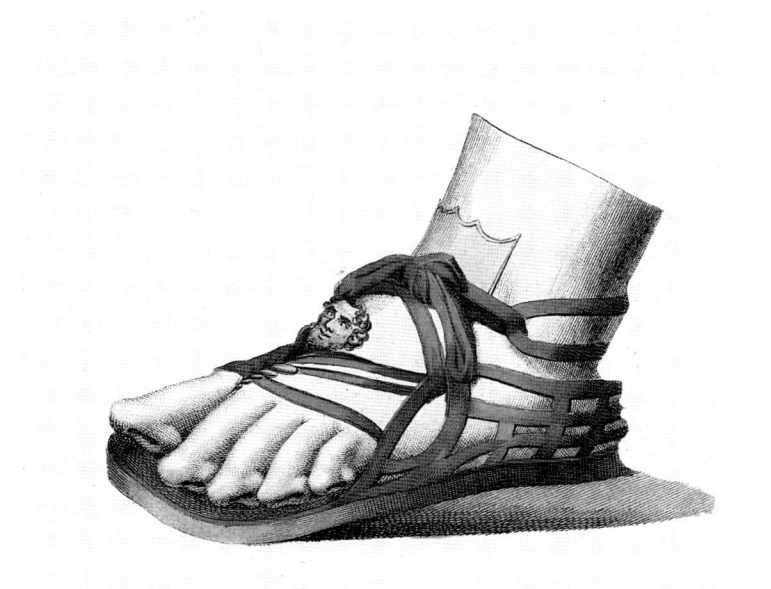

PIED DE L'ERMITE DE L'ILE SAINTE HÉLÈNE.

I Am Eating a Famous Cheese
Ships sail the sea behind him as Napoleon, squatting on an almost barren piece of rocky land and bearing a thoroughly woeful expression, bites into a circular whole (hard) cheese he holds between his legs. The «Saint Helena cheese» obviously is not to his taste: «manger du fromage» is a colloquial expression for being dissatisfied. The island's imaginary specialty is qualified as «famous» because the whole world knew of Napoleon's fate and how he was bearing it. Or else, perhaps the great Emperor, on his island swarming with rats (cf. cat. no. 356) was mutating into a rodent himself? This work was mentioned in the «Journal de Paris» of 15 September 1815.

Mangio un formaggio famoso
Davanti a un mare solcato da navi, Napoleone è accovacciato su un terreno sassoso e con scarsa vegetazione, mordendo con una smorfia d'immensa sofferenza la forma circolare di formaggio (duro) che tiene fra le gambe. Evidentemente quella specialità fittizia di Sant'Elena non gli piace: *manger du fromage* significa, nel registro familiare, «essere scontento». Il formaggio dell'isola è «famoso», perché tutto il mondo conosce la sorte di Napoleone e il suo modo di subirla; o forse il grande sovrano, in quella terra infestata dai topi (cfr. n° cat. 356), sta diventando anche lui un roditore? Il *Journal de Paris* segnalò la caricatura il 15 settembre 1815.

Lit.: BM IX 12709; BN V 9802; Br II S. 84, Tf. S. 85, App. D 48; Cl 167.

308
PIED DE L'ERMITE DE L'ILE SAINTE HÉLÈNE.
Antoine Bevalet, 15. September 1815 (DL durch Bevalet)
Radierung, koloriert
130 × 195 mm (148 × 213 mm)
u. r. Stempel Museum Schwerin
1980.140.

Fuss des Einsiedlers der Insel Sankt Helena
«Wie sinnreich das ist!» rühmte 1816 die Satirezeitschrift «Le Nain Jaune Réfugié» (vgl. BN und Kat. Nr. 314) dieses ebenso schlichte wie raffinierte Blatt. Ein Fuss steckt in einer kompliziert gebänderten Sandale nach antikem Muster, die am Beinansatz zugebunden ist und auf dem Rist eine kleine Faunmaske trägt. Der rechte Rand des Fusses bildet das Profil Napoleons. Anstelle der Zehen ist fünfmal Napoleons Nase zu erkennen. Die Bedeutung des rätselhaften «Nasenfusses» erschliesst sich, indem man ihn ins Französische übersetzt: «avoir un pied de nez» bedeutet missmutig oder beschämt sein, «faire un pied de nez» heisst eine lange Nase machen, verspotten. Beides trifft auf Napoleon zu: Seinen Missmut verbarg der ehemalige Kaiser nicht, der in den Tuilerien, in Schönbrunn und im Kreml residiert hatte und nun auf der entlegenen, felsigen «Ratteninsel» gefangen sass. Sein Los rechtfertigt den Eindruck, dass die Geschichte ihrem einstigen Günstling am Schluss bloss die lange Nase macht (vgl. Kat. RM).

Pied de l'ermite de Sainte-Hélène
«Comme cela est ingénieux!» s'exclama en 1816 le journal satirique «Le Nain Jaune Réfugié» (cf. BN et n° cat. 314) au sujet de cette gravure aussi simple que raffinée. Un pied est chaussé d'une sandale de type antique aux attaches compliquées, arborant un masque de faune sur le devant. Le bord droit du pied forme le profil de Napoléon. Chaque orteil reproduit le nez de l'empereur. La signification de ce «pied de nez» énigmatique est double: «avoir un pied de nez» veut dire être maussade ou honteux, «faire un pied de nez» signifiant se moquer. Les deux définitions s'appliquent à Napoléon: l'ancien empereur ne cache pas sa mauvaise humeur, lui qui a résidé aux Tuileries, à Schönbrunn et au Kremlin, et qui se trouve maintenant prisonnier sur «l'île des rats», un petit bout de terre rocheuse, isolée de tout. D'autre part, son sort justifie l'impression que l'Histoire a fini par jouer un mauvais tour à son ancien favori (cf. cat. RM).

The Foot of the Island-of-Saint-Helena-Hermit
«How clever!» the satirical review «Le Nain Jaune Réfugié» (cf. BN and cat. no. 314) rapturously commented on this at once simple and refined cartoon. We see a foot inserted into a complicated network of straps comprising a sandal in the manner of Antiquity, attached at the start of the leg and featuring a little faun mask on the instep. On its right edge, the foot forms Napoleon's profile and, instead of toes, it features Napoleon's nose repeated by five. The meaning of this baffling «nose-foot» comes through in the translation of the French expressions «avoir un pied de nez», that is to be sullen or abashed, and «faire un pied de nez», meaning to thumb one's nose at, to deride. Both fit Napoleon, for the ex-Emperor made no secret of his discontent – he who had lived in the Tuileries, Schönbrunn, and the Kremlin, and who was now sitting captive on the remote and rocky «rat island». His fate justifies the impression that at the end, history only thumbs its nose at its former favourite (cf. cat. RM).

Piede dell'eremita dell'isola di Sant'Elena
«Com'è ingegnosa!»: così la rivista satirica *Le Nain Jaune Réfugié* (cfr. BN e n° cat. 314) elogiò nel 1816 questa caricatura tanto semplice quanto raffinata, che presenta un piede in un sandalo di foggia antica. Il complesso sistema di legacci, fissato all'altezza della caviglia, reca sul davanti una piccola maschera di fauno; la parte posteriore del piede forma sulla destra il profilo di Napoleone, il cui naso si distingue altre cinque volte nelle cinque dita. L'enigma dello strano «piede di nasi» (*pied de nez*) è svelato dalle locuzioni francesi *avoir un pied de nez* («restare con un palmo di naso») e *faire un pied de nez* («fare marameo»), entrambe adatte al caso di Napoleone: l'ex sovrano avvezzo alle Tuileries, al castello di Schönbrunn o al Cremlino non nascose il suo malumore per dover vivere prigioniero nella lontana, rocciosa «isola dei topi». La sorte toccatagli, d'altro canto, giustificava l'impressione che la storia finisse solo col «fare marameo» a Napoleone, il suo prediletto di un tempo (cfr. cat. RM).

Lit.: BN V 9784; Br II S. 85, Tf. S. 87, App. D 113; Cl 170; Kat. RM 126 (Abb.).

JE FUME EN PLEURANT MES PÉCHÉS

309
JE FUME EN PLEURANT MES PÉCHÉS
u. M. *Mes dernières Reflexions de 1815.*
Louis, 16. September 1815 (DL durch Louis)
bez. u. l. *Se vend à Paris, chez Genty, Rue St Jacques, N°. 14.*
u. r. *Déposé au Bureau des Estampes.*
Radierung, koloriert
345 × 245 mm (365 × 260 mm)
u. r. Stempel Museum Schwerin 1980.31.

Weinend über meine Sünden, rauche ich
Am Meeresufer der von einer Festung (mit verunstalteter britischer Handelsflagge) beherrschten und von Ratten bevölkerten (vgl. Kat. Nr. 356) Insel Sankt Helena sitzt Napoleon, von einem Rattensoldaten bewacht, auf einem begrasten Erdhügel. Im Hintergrund segelt das britische Schiff davon, das den Gefangenen hierher gebracht hat. Tränen der Reue rinnen Napoleon über das Gesicht. Er raucht eine lange Pfeife, deren Kopf aus dem umgekehrten Kaiseradler (als Sinnbild des Sturzes des Kaiserreichs) besteht, und hält ein Blatt Papier mit seinen «letzten Überlegungen von 1815» in der Hand – das Bekenntnis seiner Sünden. Dass er angesichts seiner Lebensbilanz noch rauchen mag, macht den Bildwitz (vgl. Kat. Nr. 304) aus: In Wahrheit bereut er nicht, sondern zürnt (franz. «fumer» im übertragenen Sinn) seinem Schicksal.

Je fume en pleurant mes péchés
Près du rivage de l'île de Sainte-Hélène dominée par une forteresse (où flotte le pavillon déformé des navires marchands britanniques) et peuplée de rats (cf. n^o. cat. 356), Napoléon est assis sur une tertre herbeux. Il est gardé par un rat soldat. A l'arrière-plan s'éloigne le bateau anglais qui a amené le prisonnier. Des larmes de repentir ruissellent sur le visage de l'empereur. Il fume une longue pipe dont le fourneau représente l'aigle impériale retournée (symbole de la chute de l'Empire) et tient à la main une feuille de papier avec ses «dernières réflexions de 1815» – la confession de ses péchés. Le fait qu'il fume après avoir établi le bilan de sa vie, constitue toute l'ironie de l'illustration (cf. n°. cat. 304): en réalité, il ne se repent pas, il est en colère (sens figuré de «fumer») contre son destin.

Taking a Smoke While Lamenting My Sins
A fortress flying a falsified British merchant flag serves as background to Napoleon who, guarded by a rat soldier, sits on a grassy mound on the coast of the rat-infested (cf. cat. no. 356) island of Saint Helena. In the backround as well, the British vessel that brought the captive to the island can be seen sailing off. Rueful tears stream down Napoleon's face, as he smokes a long pipe whose head is made of an upside down eagle (symbol of the Empire's fall), and holds a sheet of paper with his «last thoughts of 1815», namely recognition of his sins. The fact that he still enjoys a smoke in the face of his life's balance sheet is the point of this work (cf. cat. no. 304): in truth, he has no regrets but is smoldering in resentment (transposing the French «fumer») against his fate.

Fumo piangendo i miei peccati
Sulla costa di Sant'Elena, dominata da un forte (con bandiera deturpata della marina mercantile britannica) e abitata da topi (cfr. n° cat. 356), Napoleone siede su una piccola altura erbosa, sorvegliato da un toposentinella; sullo sfondo si allontana la nave inglese che l'ha tradotto sull'isola. Lacrime di pentimento solcano il volto del prigioniero, che fuma una lunga pipa (con fornello costituito da un'aquila rovesciata, simbolo del crollo dell'Impero) e ha in mano un foglio di carta con le sue «ultime riflessioni del 1815» (l'ammissione dei propri peccati). Il fatto che fumi pensando al bilancio della sua vita spiega il messaggio satirico dell'opera (cfr. n° cat. 304): in realtà Napoleone non si pente ma si adira per la sua sorte (significato trasposto del verbo *fumer*).

Lit.: BM IX 12710; BN V 9808; Br II S. 83, App. D 285; Cl 171; Da Abb. S. 288.

310
Le Promethée de l'Isle S^{te}:-Héléne.
darunter *Sur un rocher brûlant, Promethée étendu, / Repaît de son flanc noir un Vautour assidu.*
o. r. *RAGE*
u. r. *Mont St Jean / Gloire / Flambeau de Promethée*
anonym, 27. September 1815
(DL durch Gauthier)
Radierung, koloriert
212 × 267 mm (235 × 282 mm)
u. r. Stempel Museum Schwerin 1980.100.

Der Prometheus der Insel Sankt Helena
Der Mythos von Prometheus eignete sich vorzüglich, um Wesen und Schicksal des verbannten Kaisers zu deuten: Bereits 1813 und 1814 griff Cruikshank das Motiv des an den Felsen Geschmiedeten auf (BM IX 12251, 12299; BN IV 8787). Der listige Frevler gegen die Götter brachte den Menschen das Feuer (die Zivilisation) zurück, wofür diese mit Unheil überhäuft und er qualvoll bestraft wurde: Täglich frass ihm ein Adler die Leber ab. Im Bild ist der Titan Napoleon rücklings an Armen und Beinen auf die «glutheisse» Felseninsel (mit Jamestown) gekettet und schreit auf, als ihm – so die Alexandriner unter dem Titel – «ein unermüdlicher Geier» (Sinnbild der nagenden Wut des Gefangenen oder der Rache Englands?) ins Herz hackt. Der mythische Wohltäter der Menschheit ist hier ein Lichtbringer: Am Strand steht als «Prometheus' Fackel» ein Leuchter mit der Kerze des «Ruhms», die der Löschhut (vgl. Kat. Nr. 314) «Mont-Saint-Jean» (Waterloo) erstickt hat. Vermessene Ruhmsucht oder ruhmvolle Erleuchtung – was wird hier geahndet? Die Doppeldeutigkeit des Prometheus haftet dem Kaiser an. Die Bildsatire (eine der letzten französischen auf Napoleon) zeigt zum einen seine verdiente Strafe; zum anderen ebnet sie Napoleons Märtyrerlegende den Weg.

Le Prométhée de l'île de Sainte-Hélène

Sur un rocher brûlant, Prométhée étendu,
Repaît de son flanc noir un Vautour assidu.

Le Prométhée de l'île de Sainte-Hélène
Le mythe prométhéen convint parfaitement à l'interprétation du caractère et du sort de l'empereur banni : déjà en 1813 et en 1814, Cruikshank utilisa le motif du personnage cloué sur son rocher (BM IX 12251, 12299; BN IV 8787). Rusé, coupable de sacrilèges contre les dieux, Prométhée rapporta aux hommes le feu (la civilisation); cela leur valut d'être accablés de malheurs et lui attira une punition atroce : quotidiennement, un aigle venait lui ronger le foie. L'estampe montre le titan Napoléon, les bras et les jambes enchaînés par derrière «sur un rocher brûlant» de Sainte-Hélène (en face de Jamestown). Il pousse des cris de douleur, car – comme décrit par les alexandrins sous le titre – «un vautour assidu» (symbole de la colère rongeante du prisonnier ou de la vengeance de l'Angleterre?) s'attaque à son cœur à coups de bec. Le bienfaiteur mythique de l'humanité apporte ici la lumière : symbole du «flambeau de Prométhée», un chandelier est posé sur le rivage; celui-ci a reçu la bougie de la «gloire», étouffée par un éteignoir (cf. n°. cat. 314) représentant Mont-Saint-Jean. Soif de gloire présomptueuse ou illumination glorieuse – qu'est-ce qui est réprimé ici? L'ambiguïté prométhéenne est inhérente aux batailles menées par l'empereur. D'un côté, l'image satirique (l'une des dernières images françaises consacrées à Napoléon) thématise la punition qu'il a méritée; d'un autre côté, elle prépare le terrain pour la légende de martyr de Napoléon.

The Prometheus of the Island of Saint Helena
The myth of Prometheus is particularly well suited to portraying the exiled Emperor's nature and fate: already in 1813 and 1814, Cruikshank used the motif of the victim chained to the rocks (BM IX 12251, 12299; BN IV 8787). The wily evildoer against the gods brought fire (civilisation) to mankind, creating havoc everywhere. For this he was agonizingly punished by having an eagle nibble away at his liver daily. In this image, the titan Napoleon is chained by his arms and legs with his back to the the «scorching hot» island offering a view of Jamestown, and screams out as – in the words of the alexandrine under the title – an «unremitting vulture» (symbol of the captive's gnawing rage or of England's vengeance?) pecks at his heart. Mankind's mythical benefactor serves as a bringer-of-light here: on the beach, the «Promethean torch» is represented by a candlestick whose flame of «glory» has been snuffed out by the candle snuffer (cf. cat. no. 314) «Mont-Saint-Jean» (Waterloo). What is being avenged here: the arrogant quest for glory or glorious enlightenment? The ambiguity of Prometheus fits the Emperor to a T. On the one hand, this cartoon (one of the last of the French works on Napoleon) is presented as a well-deserved punishment but, on the other, it can be read as a foretaste of the myth of Napoleon's martyrdom.

Il Prometeo dell'isola di Sant'Elena
Il mito di Prometeo si prestava ottimamente a indicare natura e destino dell'imperatore scacciato: già negli anni 1813–1814 Cruikshank era ricorso al tema del personaggio incatenato alla roccia (BM IX 12251, 12299; BN IV 8787). L'astuto Prometeo, sfidando gli dei, aveva riportato il fuoco (la civiltà) agli uomini, che perciò furono colpiti da sciagure; quanto a lui, per punizione fu tormentato da un'aquila, che ogni giorno gli divorava il fegato. In questa stampa il titano Napoleone giace sul dorso, con braccia e gambe incatenate allo «scoglio infuocato» di Sant'Elena (con Jamestown), e getta un grido quando – stando agli alessandrini sotto il titolo – un «avvoltoio assiduo» (simbolo del furore che lo corrode o della vendetta inglese?) gli becca il cuore. Il mitico benefattore dell'umanità è qui un portatore di luce: sulla spiaggia, a mo' di «fiaccola di Prometeo», c'è un candeliere con la candela della «gloria», spenta però dallo spegnitoio (cfr. n° cat. 314) «Mont-Saint-Jean» (Waterloo). L'imperatore reca in sé l'ambivalenza di Prometeo: qual è qui il reato punito, l'arrogante sete di gloria o l'ispirazione gloriosa? La caricatura, che è fra le ultime eseguite in Francia su Napoleone, da un lato mostra il castigo da lui meritato, dall'altro spiana la via alla leggenda del «martire» còrso.

Lit.: BM IX 12627; Br II Tf. S. 81, 83, App. D 270; Cl 173; Fi 94 S. 43 ff. (Abb.); Kat. RM 95 (Abb.).

311
L'homme rouge arrête les derniers efforts du TYRAN, et la mort / lui montre le seul chemin ouvert pour sortir de son exil.
u. r. *Hauts faits et actions mémorables de Buonaparte*
anonym, Mitte 1815/1816
Radierung, koloriert
260 × 345 mm (268 × 350 mm)
u. r. Stempel Museum Schwerin
1980.52.

Der rote Mann stoppt die letzten Anstrengungen des Tyrannen, und der Tod zeigt diesem den einzigen Ausweg aus dem Exil
Auf einem winzigen Inselchen sitzt Napoleon bewaffnet im Harlekinskostüm (vgl. Kat. Nr. 205) mit einer Schlange als Gürtel auf einem Holzpferd und hält die (satirisch verunstaltete) Flagge seines Fürstentums Elba (vgl. Kat. Nr. 235), die ein Insekt zerfrisst. Er hat einen Strick um den Hals, der am Pferd angemacht ist, und steckt in Fusseisen, welche mit dem Halseisen eines Affen verkettet sind; dieser ist daran, die Heldentaten des Verbannten für die Nachwelt niederzuschreiben. Zu seinen Füssen liegen ein zerbrochener Adler-Schild und eine von einer Schlange umwundene Trikolore im Staub. Napoleon zündet eine Kanone, welche auf die am Himmel erstrahlenden Wappenschilde von Preussen (oben), Spanien (links), Frankreich (Mitte), des englischen Prinzregenten (rechts) und von Russland (unten) gerichtet ist. Doch ein magerer, geflügelter Teufel pisst auf die Lunte und hält eine Sanduhr mit Flügeln in der Hand: Napoleons Zeit ist abgelaufen. Dies verdeutlicht noch der Knochenmann, der in einem Schiffchen (links) unter spanischer Flagge auf die Insel zusteuert. Der Titel bezeichnet den Teufel als «roten Mann» und lokalisiert – wie Napoleons «Sekretär» – die Szene auf Sankt Helena, während die Flagge auf Elba verweist. Mit den «letzten Anstrengungen» sind wahrscheinlich die Hundert Tage gemeint.

L'homme rouge arrête les derniers efforts du tyran et la mort lui montre le seul chemin ouvert pour sortir de son exil

L'homme rouge arrête les derniers efforts du tyran et la mort lui montre le seul chemin ouvert pour sortir de son exil
Sur une île minuscule, Napoléon armé, vêtu du costume d'Arlequin (cf. n°. cat. 205) et arborant un serpent en guise de ceinture, est juché sur un cheval de bois; il tient le drapeau (satiriquement dénaturé) de sa principauté d'Elbe (cf. n°. cat. 235), qu'un insecte dévore. Une corde nouée au cheval, entoure son cou, et ses pieds sont emprisonnés dans des fers reliés par une chaîne au cou d'un singe; celui-ci est en train de coucher par écrit, pour la postérité, les hauts faits de l'exilé. A ses pieds, dans la poussière, gisent un écu brisé, orné de l'aigle, et un drapeau tricolore ceint d'un serpent. Napoléon met le feu à un canon dirigé vers les blasons – qui resplendissent dans les cieux – de la Prusse (en haut), de l'Espagne (à gauche), de la France (au milieu), du prince régent d'Angleterre (à droite) et de la Russie (en bas). Mais un diablotin famélique pisse sur la mèche et tient un sablier ailé dans la main: le temps de Napoléon est écoulé. Ce que confirme le squelette qui approche de l'île dans un petit bateau (à gauche) pavoisé du drapeau espagnol. Le titre désigne le démon comme «l'homme rouge» et localise la scène – à l'instar du «secrétaire de Napoléon» – sur l'île de Sainte-Hélène, alors que le drapeau indique qu'il s'agit d'Elbe. Les «derniers efforts» font vraisemblablement allusion aux Cent-Jours.

The Red Man Puts a Stop to the Tyrant's Last Efforts and Death Shows Him the Only Way Out of Exile
On a tiny island, an armed Napoleon, dressed as an harlequin (cf. cat. no. 205) with a snake as belt, is sitting on a hobby horse and holding the (satirically falsified) flag – at which an insect gnaws away – of his principality Elba (cf. cat. no. 235). He has a rope around his neck that is attached to the horse, and he wears foot irons that are chained to a monkey's neck iron: the latter is engaged in transcribing the heroic deeds of the exiled Emperor for posterity. Napoleon, at whose feet lie a broken eagle shield and a tricolour around which a snake is entwined, has ignited a cannon directed skywards against the shields belonging to respectively Prussia (top), Spain (left), France (middle), the Prince Regent (right), and Russia (bottom). However, a skinny, winged devil pisses on the fuse and holds up an hourglass with wings: Napoleon's time has run out. This comes across as well with the figure of Death, who is heading towards the island on a little embarkation (left) flying the Spanish flag. The title designates the devil as a «red man» and situates the scene, as does Napoleon's monkey «secretary», on the island of Saint Helena, whereas the flag indicates that this is the island of Elba. The «last efforts» of the title are probably intended in reference to the Hundred Days.

L'uomo rosso ferma gli ultimi sforzi del tiranno, e la Morte gli mostra l'unica via libera per uscire dal suo esilio
In una minuscola isoletta un Napoleone armato e in costume da arlecchino (cfr. n° cat. 205), con una serpe a mo' di cintura, siede su un cavallo di legno reggendo la bandiera (satiricamente deturpata) del suo principato dell'Elba (cfr. n° cat. 235), che viene rosa da un insetto. Al collo ha un capestro fissato al cavalluccio, alle caviglie ha i ferri (congiunti da una catena in ferro di una scimmia, che sta scrivendo per i posteri le imprese eroiche dell'esule); sotto di lui giacciono nella polvere un'aquila legionaria spezzata e un tricolore cinto da un serpente. L'ex monarca dà fuoco a un cannone che è puntato sugli stemmi risplendenti, sospesi in aria, della Prussia (sopra), della Spagna (a sinistra), della Francia (al centro), del principe reggente inglese (a destra) e della Russia (sotto). Ma uno scarno diavolo alato (l'«uomo rosso» del titolo) minge sulla miccia e mostra una clessidra alata, segno che il tempo di Napoleone è scaduto; lo conferma la Morte (a sinistra), che si avvicina all'isola su una piccola imbarcazione battente bandiera spagnola. Titolo e scimmia-segretario localizzano la scena a Sant'Elena, mentre la bandiera richiama l'isola d'Elba; gli «ultimi sforzi» del tiranno indicano probabilmente i Cento Giorni.

Lit.: BN V 9373; Br II S. 81, App. D 282; Cl 176; Kat. RM 139 (Abb.).

312
T. donnant une leçon de Grâce et / de Dignité Impériale.
o.r. Talma [handschriftlich hinzugefügt]
Elie, 1814 (?)
Radierung, koloriert
245 × 143 mm (254 × 153 mm)
u.r. Stempel Museum Schwerin 1980.122.

T. erteilt Unterricht in Anmut und kaiserlicher Würde
In Rückenansicht posiert der berühmte Schauspieler der Epoche, François Talma, als römischer Kaiser. Die Pose soll eine Napoleon-Skulptur von Antonio Canova imitieren (Kat. RM). Talma besass einflussreiche Freunde und Bewunderer, darunter Napoleon selbst (seit 1792), mit dem er die Vorliebe für die antike Tragödie und Corneille teilte. Von ihm lernte Napoleon alles über das Theater – hier sogar «Anmut und kaiserliche Würde»: Talmas edle Gestalt und Haltung verkommt beim Kaiser zur grotesken Farce. Aus dem kleinwüchsigen Usurpator wird kein wahrer Kaiser; er bleibt ein lächerlicher Nachäffer hehrer Vorbilder (dazu z.B. Presser S. 350). Ab 1814 verbreiteten die Royalisten, Napoleon habe bei Talma Unterricht genommen, was ihm offenbar schmeichelte: «Wenn Talma mein Lehrer gewesen ist, beweist das nur, dass ich meine Rolle gut ausgefüllt habe.» (vgl. BN)

T. donnant une leçon de grâce et de dignité impériale
François Talma, acteur célèbre à l'époque, pose ici en se présentant de dos, en tant qu'empereur romain. La pose est censée imiter une sculpture de Napoléon par Antonio Canova (cat. RM). Talma avait des amis et admirateurs influents, dont Napoléon lui-même (depuis 1792), avec qui il partagea une prédilection pour la tragédie antique et Corneille. Napoléon apprit de cet artiste tout ce qui concerne le théâtre; et, en l'occurrence, il apprend même la «grâce» et

T. donnant une leçon de Grâce et de Dignité Impériale.

la «dignité impériale», la figure et l'attitude nobles de Talma prenant en revanche, chez l'empereur, la forme d'une farce grotesque. Le petit usurpateur ne parvient pas à devenir un empereur digne de ce nom; il reste un imitateur ridicule de modèles majestueux (à ce propos, cf., par exemple, Presser, p. 350). A partir de 1814, les royalistes prétendirent que Napoléon avait pris des leçons chez Talma, ce qui – visiblement – le flatta: «Si Talma a été mon maître, c'est une preuve que j'ai bien rempli mon rôle.» (cf. BN)

T. Giving a Lesson in Grace and Imperial Dignity
François Talma, a famous actor of the period, is seen from the back posing as a Roman Emperor, along the lines of a sculpture of Napoleon by Antonio Canova (cat. RM). Talma had influential friends and admirers, including Napoleon himself (since 1792), with whom he shared his love for classical tragedy and Corneille. It was he who taught Napoleon everything about theater, including the «grace and imperial dignity» of the title. But Talma's noble figure and pose turned into a ridiculous farce when adopted by the Emperor: the stunted usurper would never become a real Emperor, but remain reduced to aping the more genteel greats of the world (in this connection, see for instance Presser p. 350). Apparently, Napoleon found flattering the rumour propagated by the Royalists since 1814, to the effect that he was taking lessons with Talma, are we to believe his own words: «If Talma has been my teacher, then that is proof that I fulfilled my role well.» (cf. BN)

T. dà una lezione di grazia e di dignità imperiale
Il celebre attore coevo François Talma, visto di spalle, sta in posa da imperatore romano, imitando probabilmente una statua napoleonica del Canova (cat. RM). Fra i suoi amici e ammiratori autorevoli c'era, dal 1792, anche Napoleone; appassionato come lui di tragedie antiche e di Corneille, da Talma il monarca volle imparare tutto sul teatro. In questa «lezione di grazia e dignità imperiale», però, la posa nobile dell'attore diventa farsa grottesca nel sovrano: invece di trasformarsi in imperatore vero, il minuscolo usurpatore scimmiotta ridicolmente i suoi augusti modelli (cfr., ad esempio, Presser p. 350). Quando i realisti, a partire dal 1814, diffusero la voce che Napoleone avesse preso lezioni da Talma, il monarca ne parve lusingato: «Se Talma è stato mio maestro, ciò dimostra che ho recitato bene la mia parte.» (cfr. BN)

Lit.: BN IV 7959 (Tf. XXII); Br II Ftf. S. 45, 50, App. D 326; Cl 178; Kat. RM 3 (Farbumschlag).

313
[Napoléon au long nez]
Pierre Marie Bassompierre Gaston, 21. Juli 1815 (DL durch Gaston)
Radierung und Punktiermanier, koloriert
176 × 130 mm (187 × 162 mm)
u. r. Stempel Museum Schwerin
1980.214.

Napoléon mit der langen Nase
Napoleons Büste (mit Uniform und Hut) wird von einer langen, nach unten gebogenen Nase verunstaltet. Der simple, aber wirkungsvolle satirische Kniff nähert das «offizielle» Bildnis einer Maske aus der italienischen Stegreifkomödie an (vgl. Pantalone oder Pulcinella). Im Französischen bedeuten die Redensarten «faire un long nez» (eine lange Nase ziehen) und «son nez s'allonge» (seine Nase zieht sich in die Länge) sichtlich missmutig, verdrossen sein. Auch dem deutschsprachigen Betrachter ist die Bildaussage klar: Dem Kaiser «sieht man es an der Nase an», wie er sich fühlte, als er Anfang Juli 1815 – nach Waterloo und seiner Abdankung – aus Frankreich «mit langer Nase abziehen musste». Zum Motiv der langen Nase vgl. Kat. Nrn. 303 (dort ist allerdings die «Lügennase» gemeint) und 308 (wo ebenfalls eine französische Redensart visualisiert wird). Bekannt ist auch eine niederländische Fassung der Karikatur (Br II App. H 45).

Napoléon au long nez
Napoléon (portant son uniforme et son chapeau) est représenté en buste. Son visage est déformé par un long nez courbé vers le bas. Cet artifice satirique simple, mais efficace, rapproche le portrait «officiel» d'un masque de la commedia dell'arte italienne (cf. Pantalon et Pulcinella). La forme du nez fait référence aux locutions «faire un long nez» et «son nez s'allonge» (être visiblement de mauvaise humeur); elle évoque l'état psychologique de l'empereur début juillet 1815, lorsque ce dernier – après la défaite de Waterloo et l'abdication – fut obligé de quitter la France. A propos du motif du long nez, cf. n°. cat. 303 (qui concerne, par contre, le «nez du menteur») et 308 (qui visualise aussi une locution). Il existe également une version néerlandaise de la caricature (Br II app. H 45).

Napoleon with a Long Nose
A long, downward-turned nose mars this bust of Napoleon (with uniform and hat). This simple but effective satirical trick turns his «official» portrait into something more like a mask used in Italian comedia dell'arte (cf. Pantalone or Pulcinella). In French, the expressions «faire un long nez» (to make a long nose) and «son nez s'allonge» (his nose is getting longer) mean to be visibly disgruntled, sullen, which sums up what Napoleon must have felt after Waterloo and his abdication. With regard to the long nose motif, see cat. nos. 303 (which, however, alludes to the «liar's nose» as in Pinocchio) and 308 (which also visually translates a French expression). A Dutch version of the cartoon (Br II App. H 45) is known to exist as well.

Napoleone col naso lungo
Il busto di Napoleone (con uniforme e cappello) è deturpato da un lungo naso curvato all'ingiù: questo trucco satirico, semplice ma efficace, avvicina il ritratto «ufficiale» a una maschera della commedia dell'arte italiana (come Pantalone o Pulcinella). L'espressione francese *long nez* («lungo naso») sta a indicare – come il «muso lungo» italiano – stizza evidente, malumore: ciò che doveva provare l'ex monarca all'inizio del luglio 1815, dopo Waterloo e l'abdicazione, quando fu costretto a lasciare la Francia. Sul tema del naso lungo, cfr. il n° cat. 303 (che peraltro intende il naso del bugiardo) e il n° cat. 308 (che visualizza un altro modo di dire francese). Di questa caricatura è nota anche una versione olandese (Br II app. H 45).

Lit.: BN V 9567; Br II S. 60, App. D 235; Cl 152; Kat. BB 60 (Abb.); Kat. RM 23.

314
Napoleon Véritable Grand Maitre de l'ordre de l'eteignoir
anonym, 29. Juli 1815 (DL durch Pétion)
u. l. heraldische Lilie [Stechermarke?]
Radierung, koloriert
280 × 218 mm (288 × 246 mm)
u. r. Stempel Museum Schwerin 1980.136.

Napoleon, der wahre Grossmeister des Löschhut-Ordens
Vom kaisertreuen Satireblatt «Le Nain Jaune» am 5. Januar 1815 «gestiftet» (vgl. Cha S. 330 ff.; Fi 94 S. 55), trat der «Ordre des Chevaliers de l'Eteignoir» («Löschhutorden») in der französischen Karikatur häufig in Erscheinung. Der Löschhut blieb im 19. Jahrhundert ein herausragendes politisches Symbol. Der erdichtete Orden setzte sich am Anfang aus den reaktionären Kräften zusammen; sie standen im Ruf, das «Licht der Freiheit» durch die Wiedererrichtung der Monarchie auslöschen zu wollen. Bald drehte aber die royalistische Propaganda den Spiess um und wandte das Thema auf Napoleon an, der dadurch seinerseits zum «Lichttöter» gestempelt wurde. Wirkungsvoll geschieht dies hier: Im Krönungsornat, dazu die Ordenskette vom Löschhut, steht der Kaiser fast so da, wie ihn Jacques Louis David im Gemälde «Le Serment de l'Armée» von 1810 dargestellt hat. Doch hält er hier einen riesigen Löschhut am Schlangengriff und berührt die Bekrönung des Kegels – sein eigenes Standbild mit Siegesgöttin. Den Kegel ziert ein spiralförmiger Fries mit Szenen aus Napoleons Feldzügen, die Öffnung flankieren zwei Kaiseradler. Darunter sind Frankreichs Glück und Zukunft in Allegorien zu erkennen: Handel (Merkur), Industrie und Kunstfertigkeit (Vulkan), Künste (Apoll) und Landwirtschaft (Ceres). Sie alle will Napoleon mit dem Löschhut ersticken. Zum Instrument der Repression und des Ruins umgedeutet, widerspiegelt der Löschhut Napoleons Ruhmessäule auf der Place Vendôme (1806). Das Blatt stellt den Usurpator als Frankreichs Untergang hin und parodiert die Kunst und Propaganda des Kaiserreiches.

Napoléon véritable Grand Maître de l'ordre de l'Eteignoir
«Créé» le 5 janvier 1815 par le journal satirique pronapoléonien «Le Nain Jaune», l'«Ordre des Chevaliers de l'Eteignoir» (cf. Cha p. 330 sqq.; Fi 94 p. 55) fit de fréquentes apparitions dans la caricature française. Au XIXe siècle, l'éteignoir resta un symbole politique dominant. Inventé de toutes pièces, l'ordre se composa au début des forces réactionnaires; celles-ci eurent la réputation de vouloir éteindre la «lumière de la liberté» par la restauration de la monarchie. Mais la propagande royaliste retourna rapidement le raisonnement et appliqua le thème à Napoléon, qui fut ainsi – lui-même – qualifié de «tueur de la lumière». Voilà ce qui se produit ici de manière spectaculaire: revêtu de ses ornements du couronnement et de la chaîne de l'ordre de l'Eteignoir, l'empereur se présente presque comme sur le tableau de Jacques Louis David de 1810, intitulé «Le Serment de l'Armée». Mais, en l'occurrence, il tient un éteignoir géant par une poignée en forme de serpent et touche la pointe de son cône: une statue de lui-même et de la déesse de la victoire. Le cône est décoré d'une frise en spirale, présentant des scènes de campagnes napoléoniennes, et l'ouverture est flanquée de deux aigles impériales. Au-dessous, on peut reconnaître – à travers différentes allégories – le bonheur et l'avenir de la France: le commerce (Mercure), l'industrie et l'adresse (Vulcain), les arts (Apollon) et l'agriculture (Cérès). Napoléon se propose de les étouffer toutes au moyen de l'éteignoir. Réinterprété comme instrument de la répression et de la ruine, l'éteignoir symbolise la colonne de gloire de Napoléon à la place Vendôme (1806). L'estampe assimile l'usurpateur au naufrage de la France et parodie l'art et la propagande de l'Empire.

Napoleon the True Grand Master of the Order of the Candle Snuffer
«Founded» by the pro-Napoleonic satirical review «Le Nain Jaune» on 5 January 1815, the «Ordre des Chevaliers de l'Eteignoir» (Order of the Knights of the Candle Snuffer; cf. Cha p. 330 ff; Fi 94 p. 55) is a frequent motif in French satire. In the nineteenth century, the candle snuffer was considered far and wide as an outstanding political symbol. The fictitious Order first came into being to decry the reactionaries, who wished to put out «the light of freedom» by reinstating the monarchy. Soon however, it was taken up by the Royalists who, turning the tables, used the theme against Napoleon, in turn branding him as a «killer of light». This is effectively conveyed by the work in question: standing in full coronation attire, including the Order chain of the candle snuffer, he strikes much the same pose as he does in Jacques Louis Davids painting «Le Serment de l'Armée» (1810). However, here he holds an enormous candle snuffer by the snake handle and reaches out to touch the crowned figure at its peak: a small sculpture of himself. The cone is decorated with a spiral-formed frieze showing scenes from Napoleon's military campaigns; two imperial eagles flank the cone's circular opening. The cone harbours France's luck and future in allegory: Commerce (Mercury), Industry and Crafts (Vulcan), the Arts (Apollo), and Agriculture (Ceres): all of whom Napoleon would like to suffocate with the snuffer. Converted into an instrument of repression and ruin, the candle snuffer is a reverse reflection of Napoleon's column of glory on Place Vendôme (1806). The work presents the usurper as the downfall of France, and parodies the art and propaganda of the Empire.

Napoleone, autentico gran maestro dell'ordine dello spegnitoio
L'«Ordre des Chevaliers de l'Eteignoir» («ordine dei cavalieri dello spegnitoio»), «fondato» il 5 gennaio 1815 (cfr. Cha p. 330 sgg., Fi94 p. 55) dalla rivista satirica filonapoleonica *Le Nain Jaune*, compare di frequente nelle caricature francesi; nell'Ottocento lo spegnitoio restò un simbolo politico importante. Quell'onorificenza fittizia fu attribuita dapprima alle forze reazionarie, che avevano fama di volere spegnere i «lumi della libertà» ripristinando la monarchia; ben presto, però, la propaganda realista passò al contrattacco applicando lo spegnitoio a Napoleone e bollandolo così – in questo caso efficacemente – come «soffocatore della luce». In abito da incoronazione (cui è aggiunta la catena dell'ordine citato), qui l'imperatore appare quasi come nel dipinto di Jacques Louis David *Le Serment de l'Armée* (1810), ma con una mano tiene per il manico (serpentiforme) un enorme spegnitoio, con l'altra ne tocca il coronamento (una statuetta del sovrano stesso, con la dea della vittoria). Sotto il cono, adorno di un fregio a spirale con scene delle campagne napoleoniche e recante alla base due aquile imperiali, sono riconoscibili allegorie che mostrano le sorti future della Francia: con quello spegnitoio – che imita la «colonna della gloria» eretta nella Place Vendôme (1806), ma qui è strumento di repressione e rovina – Napoleone vuole soffocare indistintamente i commerci (Mercurio), l'industria e le professioni artigiane (Vulcano), le arti (Apollo) e l'agricoltura (Cerere). Presentando l'usurpatore come la rovina della Francia, la caricatura trasforma quindi in parodia l'arte e la propaganda dell'Impero.

Lit.: Br II S. 99, App. D 234; Cl 81; Fi94 S. 50 f., Ftf. S. 73; Kat. RM 51.

315
la lumiere du XVIIII Siècle / ou l'art declairer les hommes a la manière des tyrans
o. l. *C'est drôle comme la lumiere de cet homme-la ce tourne en fumée. je ni vois deja plus*
o. M. *comme il Sait ce faire entendre*
o. r. *eclairon mon Siecle*
u. r. *traité sur la maniere de battre en retra-ite par Napoléon le grand – vu et revu et considèrablem-ent augmenté par l'auteur depuis la noble retrai- de mont s!. jean œuvre du grand Napoléon*
Y. V. Lacroix, 4. August 1815 (DL durch Lacroix)
Radierung, koloriert
180 × 248 mm (202 × 262 mm)
u. r. Stempel Museum Schwerin 1980.112.

Das «Licht» des 19. Jahrhunderts oder die Kunst, die Menschen nach Tyrannenart aufzuklären
Um «sein Jahrhundert zu erleuchten», zündet der Kaiser einen Mörser, der viel Rauch entwickelt. Ein Artillerist reibt sich die Augen und staunt, wie sich Napoleons Licht in Rauch verwandelt und einem die Sicht nimmt. Sein Kamerad bewundert den Kanonendonnerer: «Und wie er sich Gehör zu verschaffen weiss!» Der selbsternannte Aufklärer (franz. les Lumières: die Aufklärung) «erleuchtet» sein Jahrhundert mit Pulverdampf und bringt seine Mitwelt mit Kanonen statt Geisteskraft zur «Vernunft». Als Hauptwerk präsentiert er den Prachtband «Abhandlung über die Art, wie man zum Rückzug bläst, von Napoleon dem Grossen, gesehen und überprüft und beträchtlich erweitert durch den Autor seit dem edlen Rückzug von Mont-Saint-Jean [Waterloo]». Der «Revolutions-Kaiser» versteht sich hier als Erben der Denker des 18. Jahrhunderts; ihr Gedankengut bereitete die Ideen der Französischen Revolution vor. Doch sein Genie erschöpft sich im Führen von Kriegen, die mit seiner Flucht enden (z. B. Kat. Nrn. 6, 45, 280), wofür die Schlacht bei Waterloo das krönende Beispiel abgibt. Die ideologische Bildsatire über Licht und Dunkel variiert das Löschhut-Thema (vgl. Kat. Nr. 314).

La lumière du XIXe siècle ou l'art d'éclairer les hommes à la manière des tyrans
Pour «éclairer son siècle», l'empereur allume un mortier, qui dégage énormément de fumée. Un artilleur se frotte les yeux et s'étonne de voir la lumière napoléonienne s'en aller en fumée, bouchant la vue à tout le monde. Son camarade est en admiration devant ce personnage qui provoque des canonnades: «Comme il sait se faire entendre!» Le promoteur autoproclamé de la philosophie des lumières «éclaire» son siècle à l'aide de fumée de poudre, faisant entendre «raison» à son entourage au moyen de canons et non de forces intellectuelles. En guise d'œuvre principale, il présente un livre luxueusement relié, portant le titre «Traité sur la manière de battre en retraite, par Napoléon le Grand, vu et revu et considérablement augmenté par l'auteur depuis la noble retraite du Mont-Saint-Jean [Waterloo]». L'«empereur révolutionnaire» se voit ici comme un héritier des penseurs du XVIIIe siècle, dont les systèmes de pensée ont préparé les idées de la Révolution française. Mais son génie s'épuise à force de mener des guerres qui se terminent par sa fuite (par ex. n^o. cat. 6, 45, 280), la bataille de Waterloo représentant, en la matière, l'exemple accompli. Consacrée au thème de la lumière et de l'ombre, cette estampe satirique de type idéologique constitue une variation du motif de l'eteignoir (cf. n^o. cat. 314).

The Light of the 19th Century or the Art of Illuminating Men in the Fashion of a Tyrant
In order to «illuminate his century», the Emperor ignites a mortar that gives off a great deal of smoke. An artilleryman rubs his eyes and expresses his astonishment at how Napoleon's light changes into smoke and keeps him from seeing anything. His comrade is amazed by the master-gunner: «How he knows how to make himself heard!» The self-appointed «enlightener» (the French «lumière» = light, i.e. «le siècle des lumières» = the Enlightenment) «illuminates» his century with gun smoke, winning his contemporaries over to «reason» through canons rather than mental prowess. As the main publication on the subject, he presents an imposing volume with the title: «Treatise on Effecting a Retreat by Napoleon the Great, seen and revised and considerably augmented by the author since his noble retreat of Mont-Saint-Jean [Waterloo]». The «Emperor of the Revolution» sees himself here as heir to the thinkers of the 18th century, for their stock of ideas prepared the ideological context for the French Revolution. However, his genius comes through as a leader of wars that end up with his taking flight (for ex. cat. nos. 6, 45, 280). The ideological satire on light and dark is a variation on the candle snuffer theme (cf. cat. no. 314).

La luce del XIX secolo, ovvero l'arte d'illuminare gli uomini al modo dei tiranni
Per «illuminare il suo secolo», Napoleone dà fuoco a un mortaio che sviluppa molto fumo. Un artigliere si stropiccia gli occhi, sorpreso di come l'imperatore trasformi la luce in fumo e gli impedisca di vedere; il suo compagno si meraviglia per «come sa farsi sentire». Sedicente «illuminista», Napoleone «illumina» l'Ottocento con fumo di polvere da sparo, portando gli uomini alla «ragione» non con la forza dello spirito ma con quella dei cannoni; come sua opera principale esibisce un magnifico «Trattato sul modo di battere in ritirata, di Napoleone il grande, veduto e riveduto e considerevolmente ampliato dall'autore dopo la nobile

Projet de Tombeau.

PASSANT, AH NE PLAINDS PAS MON SORT
SI JE VIVAIS TU SERAIS MORT.

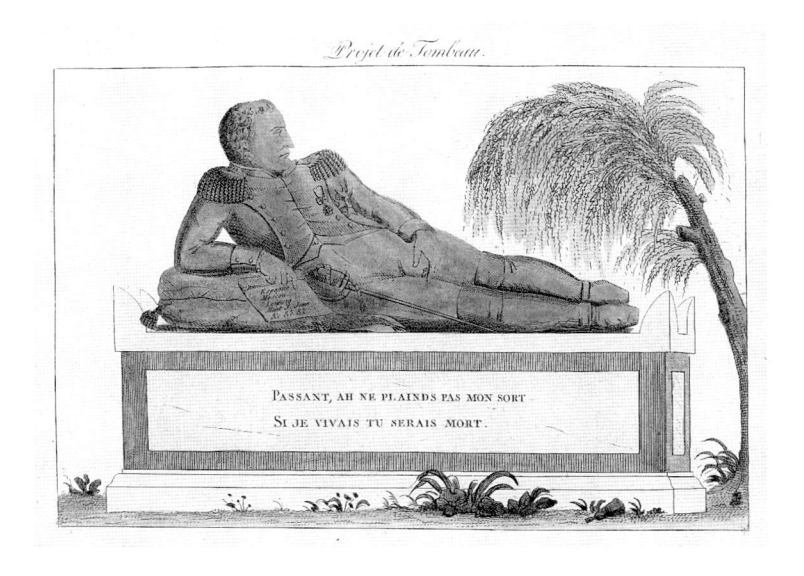

ritirata del Mont-Saint-Jean [Waterloo]». Qui l'«imperatore rivoluzionario» si considera nel solco dei pensatori settecenteschi, i cui principî prepararono le idee della Rivoluzione francese; il suo genio, però, si esaurisce nel condurre guerre che terminano con la sua fuga (per es. n.i cat. 6, 45, 280), esemplificate al meglio dalla battaglia di Waterloo. Questa caricatura ideologica sulla luce e sul buio è una variazione sul tema dello spegnitoio (cfr. n° cat. 314).

Lit.: BN V 9582; Br II S.77, App.D 202; Cl 103; Fi92 S.351, Abb. S.352; Kat.RM 49 (Abb.).

316
Projet de Tombeau.
M.l. *Espagne…. Moscou…… Leipsig….. Mont S. Jean &c &c &c.*
u.M. *PASSANT, AH NE PLAINDS PAS MON SORT / SI JE VIVAIS TU SERAIS MORT.*
Pierre Marie Bassompierre Gaston, 16. August 1815 (DL durch Gaston)
Radierung, koloriert
172×239 mm (190×258 mm)
u.r. Stempel Museum Schwerin 1980.138.

Grabmalentwurf
Unter einem exotischen Baum erhebt sich in der Einöde der Verbannungsinsel Sankt Helena ein antikischer Sarkophag mit der Liegefigur des Kaisers auf dem Deckel. Den Unterarm auf ein Kissen gestützt, weist Napoleon auf eine Schriftrolle mit den Namen seiner grössten Niederlagen: Spanien, Moskau, Leipzig, Waterloo. Die Sarkophagwand ziert der böse Vers: «Beklage nicht, oh Reisender, mein Schicksal; / Lebt' ich, so lägest du im Grabmal.» Napoleons Ruhestätte entwarf der Karikaturist zwar fast sechs Jahre zu früh; doch brachte er damit zum Ausdruck, was der im Südatlantik verwahrte Eroberer zeitlebens war: ein Schlächter; und was er gegenwärtig sei: ein von Sympathisanten beklagtes Opfer und dem Wunsch der meisten ensprechend ein abgeschlossenes Kapitel der Geschichte.

Projet de tombeau
Un sarcophage antique, sur le couvercle duquel se trouve la figure couchée de Napoléon, se dresse – sous un arbre exotique – dans ce coin perdu qu'est Sainte-Hélène, île du bannissement. L'avant-bras appuyé sur un coussin, l'empereur montre du doigt un rouleau d'écriture, indiquant les lieux de ses plus grandes défaites: l'Espagne, Moscou, Leipzig, Waterloo. La face antérieure du sarcophage est décorée d'un vers méchant: «Passant, ah, ne plains pas mon sort; / Si je vivais, tu serais mort.» Il est vrai que le caricaturiste conçut cette dernière demeure de Napoléon presque six ans trop tôt. Mais, ce faisant, il décrivit ce que fut, toute sa vie, le conquérant gardé dans l'Atlantique Sud: un bourreau. Cette caricature illustre aussi la situation de l'empereur en fin de parcours: une victime plainte par ses sympathisants, ainsi qu'un chapitre historique clos, conformément au souhait de la plupart de ses contemporains.

Plan for a Tomb
In the wilderness of the Saint Helena island of exile, an antique sarcophagus with the reclining figure of the Emperor on its cover is set under an exotic tree. In the hand of the arm he rests on a cushion, Napoleon holds a scroll listing the names of his most searing defeats: Spain, Moscow, Leipzig, Waterloo. The wall of the tomb is inscribed with the wicked words: «Oh you who pass, my fate do not rue / Were I not dead, then it would be you.» Although the satirist had designed Napoleon's resting place almost six years too early, he did thereby convey what the conqueror confined to the south Atlantic had come – and now continued – to represent: at once a martyr lamented by his sympathisers and, corresponding to the wish of the majority, a closed chapter in history.

Progetto di tomba
Sotto un albero esotico, nella solitudine dell'isola di Sant'Elena, appare un sarcofago di forme anticheggianti; il coperchio è sovrastato dalla figura giacente dell'imperatore in esilio. Col braccio appoggiato a un cuscino, Napoleone indica una pergamena che reca i nomi delle sue maggiori sconfitte: Spagna, Mosca, Lipsia e Waterloo. La parete del sepolcro è abbellita da un distico maligno: «Passante, non compianger la mia sorte: / S'io fossi vivo, tu saresti morto.» Il caricaturista qui anticipa di sei anni il decesso dell'ex monarca, esprimendo ciò che il conquistatore relegato a Sant'Elena è stato in vita e ciò che è divenuto: prima massacratore, oggi vittima compianta dai suoi simpatizzanti ma anche – come desiderano i più – capitolo chiuso della storia.

Lit.: BN V 10390; Br II S.85, App.D 78; Cl 132.

Deutsche Karikaturen

Caricatures allemandes

German Cartoons

Caricature tedesche

Historische Themen		Kat. Nrn.
1812	Russlandfeldzug	317–318/368–374
1813	Befreiung Deutschlands	319–323/375–377
	General Vandamme	324–325
	Leipzig	326–333/378–382
	und die Folgen	334–344/383–392
1813/1814	Frankreichfeldzug	393–400
1814	Erste Abdankung	345–348/401–406
	Abreise nach Elba	349–351
	Landung auf Elba	352
	Marschall Davout	407
	Die Berliner Quadriga	408–410
1814/1815	Elba	411–415
1815	Rückkehr aus Elba	353–355/416–417
	Marschall Murat	418
	Waterloo	419–423
	Zweite Abdankung	424
1815–1821	Sankt Helena	356–359/425–428
	Charakterisierungen	360–361/429–431
	Verteufelungen	362–367/432–434
	Die kaiserliche Familie im Rückblick	435

Thèmes historiques		nos. cat.
1812	Campagne de Russie	317–318/368–374
1813	Libération de l'Allemagne	319–323/375–377
	Général Vandamme	324–325
	Leipzig	326–333/378–382
	et ses conséquences	334–344/383–392
1813/1814	Campagne de France	393–400
1814	Première abdication	345–348/401–406
	Départ pour l'île d'Elbe	349–351
	Arrivée à l'île d'Elbe	352
	Maréchal Davout	407
	Le quadrige de Berlin	408–410
1814/1815	L'île d'Elbe	411–415
1815	Retour de l'île d'Elbe	353–355/416–417
	Maréchal Murat	418
	Waterloo	419–423
	Seconde abdication	424
1815–1821	Sainte-Hélène	356–359/425–428
	Caractérisations	360–361/429–431
	Napoléon et le Diable	362–367/432–434
	La famille impériale en rétrospective	435

Historical Themes		cat. nos.
1812	Russian campaign	317–318/368–374
1813	Liberation of Germany	319–323/375–377
	General Vandamme	324–325
	Leipzig	326–333/378–382
	and consequences	334–344/383–392
1813/1814	French campaign	393–400
1814	First abdication	345–348/401–406
	Departure for Elba	349–351
	Landing on Elba	352
	Marshal Davout	407
	The Berlin Quadriga	408–410
1814/1815	Elba	411–415
1815	Return from Elba	353–355/416–417
	Marshal Murat	418
	Waterloo	419–423
	Second abdication	424
1815–1821	Saint Helena	356–359/425–428
	Characterizations	360–361/429–431
	Napoleon and the Devil	362–367/432–434
	The imperial family in retrospect	435

Temi storici		n' cat.
1812	Campagna di Russia	317–318/368–374
1813	Liberazione della Germania	319–323/375–377
	Generale Vandamme	324–325
	Lipsia	326–333/378–382
	e le conseguenze	334–344/383–392
1813/1814	Campagna di Francia	393–400
1814	Prima abdicazione	345–348/401–406
	Partenza per l'isola d'Elba	349–351
	Sbarco nell'isola d'Elba	352
	Maresciallo Davout	407
	La quadriga di Berlino	408–410
1814/1815	L'isola d'Elba	411–415
1815	Ritorno dall'isola d'Elba	353–355/416–417
	Maresciallo Murat	418
	Waterloo	419–423
	Seconda abdicazione	424
1815–1821	Sant'Elena	356–359/425–428
	Caratterizzazioni	360–361/429–431
	Napoleone e il Diavolo	362–367/432–434
	La famiglia imperiale in retrospettivo	435

317

[Le déjeuner à la fourchette]
u. (v.l.n.r.) *les grands désirs frustrès / les braves chasseurs appretant un déjeuner à la fourchétte / bravoure de Machoire / le chevalier tranchant / le dèdain des préjugés*
Johann Gottfried Schadow,
April 1813, bei Caspar Weiss, Berlin
bez. u. r. *à paris chez Blaise imprimeur*
Radierung, koloriert
Höhe 205 mm (256 × 433 mm)
Herkunft unbekannt
1980.87.

Das Gabelfrühstück
In einer öden Winterlandschaft halten sich ausgehungerte französische Soldaten mit einem «Gabelfrühstück» am Leben. Sie verzehren rohes Pferdefleisch oder braten einen Hund und zwei Ratten am Bajonett über dem Feuer, in dem ein Wagenrad liegt. Noch in der Not hält ganz rechts einer an seinen Vorurteilen fest: Er verachtet den «schneidigen Ritter», welcher sein Reittier schlachtet. Pferdekadaver und Kanonen säumen den aussichtslosen Rückmarsch der Grossen Armee im mörderischen Winter Russlands. Am unteren Bildrand kommentieren Sarkasmen das Elend, in dem die grossen Sehnsüchte der Invasoren enden. Aufschlüsse über die Entstehung der Karikatur – sie wurde auch ohne Schrift und Kolorierung aufgelegt – sowie ihres Gegenstücks mit Napoleons Flucht («La retraite de la renommée», Sche 2.27), geben Schadows Schreibkalender und Tagebuch: «Die französischen Truppen im Elend darzustellen konnte nach dem Leben genommen werden, und es geriethen einige satyrische Blätter. […]» (Schu S. II*) Ironischerweise sind die beiden Karikaturen französisch beschriftet und mit einem fingierten Druckvermerk (siehe oben) versehen worden.

Le déjeuner à la fourchette
Dans un paysage hivernal désertique, des soldats français affamés se maintiennent en vie en prenant un «déjeuner à la fourchette». Ils ingurgitent de la viande de cheval crue ou font griller un chien et deux rats, fixés sur une baïonnette, au-dessus d'un feu alimenté par une roue de voiture. Tout à droite, un militaire toujours dans la détresse n'abandonne pas ses préjugés: il méprise le «chevalier tranchant», qui abat son animal de selle. Des cadavres de chevaux et des canons bordent le chemin de la vaine retraite de la Grande Armée, au cours de l'hiver russe meurtrier. Au bord inférieur de l'estampe, des sarcasmes commentent la misère dans laquelle finissent les grandes ambitions des envahisseurs. Des indications sur l'origine de cette caricature – qui fut également éditée sans commentaires et sans coloriage –, de même que sur la caricature complémentaire thématisant la fuite de Napoléon («La retraite de la renommée», Sche 2.27), peuvent être trouvées dans l'agenda et dans le journal de Schadow: «La mise en scène des troupes françaises plongées dans la misère a pu s'effectuer sur la base d'informations prises sur le vif, et différentes estampes satiriques ont été réalisées. […]» (Schu S. II*) Ironiquement, les deux caricatures sont accompagnées de commentaires en français et d'une note fictive concernant l'imprimeur (cf. plus haut).

Breakfast on Forks
Starving French soldiers have concocted a «breakfast on forks» to stay alive in the desolate winter setting: they are consuming raw horsemeat or, with bayonets as a spit, roasting a dog and two rats over a fire fueled by a wagon wheel. A figure all the way to the right has not yet given in to his hunger and scoffs at the cavalier who has slaughtered his own horse. Horse corpses and cannons lined the pathway of the Grande Armée's desperate retreat during Russia's murderous winter. Sarcastic remarks at the bottom margin of the work mock the misery that is the final outcome of the invader's great ambitions. Explanations as to the origin of the cartoon – which also appeared without wording or colour – and the work's pendant showing Napoleon's flight («La retraite de la renommée», Sche 2.27) are provided by Schadow's agenda and diary: «The French troops in all their misery could be taken from life, instigating several satirical broadsheets […]». (Schu p. II*) Ironically, both cartoons are written in French and feature a fake imprint (see above).

Colazione alla forchetta
In un desolato paesaggio invernale, soldati francesi affamati sopravvivono con una «colazione alla forchetta», cioè mangiando carne equina cruda o bruciando una ruota di carro e arrostendovi sopra, infilati su baionette, un cane e due topi; il soldato all'estrema destra, fedele ai suoi pregiudizi anche in piena carestia, disprezza il cavaliere che fa a pezzi il suo cavallo. La ritirata senza speranze della Grande Armata nel micidiale inverno russo è tappezzata di cavalli morti e di cannoni; i sarcasmi presso il margine inferiore commentano la fine miseranda delle speranze degli invasori. La caricatura fu stampata anche senza scritte e senza colori; notizie sulla sua genesi e su quella di un'opera simile con la fuga di Napoleone (*La retraite de la renommée*, Sche 2.27) appaiono nell'agenda e nel diario di Schadow (Schu p. II*): «La miseria delle truppe francesi poté venire ritratta dal vero, e ne risultarono alcuni fogli satirici. […]» Particolare ironico, entrambe le caricature presentano scritte in francese e un'indicazione fittizia di stampa (vedi sopra).

Lit.: Sche 2.26; Schu Ftf. 2*, S. II*.

318

Sic transit gloria mundi!
u. *Zu mir, nach Russland, kamest du / Erschrecklich gross hinein; / Doch auf dem Heimweg nach Paris / Wie wurdest du so klein!*
anonym, 1813
Radierung, koloriert
n. best. (146 × 107 mm)
u. r. Stempel Museum Schwerin
1980.440.

Sic transit gloria mundi!
Wie schnell der Ruhm vergeht, erfährt Napoleon auf dem Rückzug aus Russland. Jetzt ist er in der Hand des Zaren. Das noch immer kämpferische Gebaren des Kaisers, der auf seine «normale» Körper- und militärische Bedeutungsgrösse reduziert erscheint, betrachtet Alexander I. durch ein Fernglas. Auf einem Stuhl sitzend, kommentiert er seine Beobachtungen im Vierzeiler unterhalb des Bildfeldes. Die Bildsatire ist eine aktualisierte Fassung von Gillrays erfolgreicher Gulliver-Karikatur (Kat. Nr. 12), welche 1803 in der deutschen Zeitschrift «London und Paris» nachgedruckt wurde. Bekannt sind vier Varianten des vorliegenden Blattes, wobei eine den Zaren durch einen Kosaken ersetzt sowie Titel und Beitext austauscht (Sche 2.5).

Sic transit gloria mundi!
Comme la gloire passe vite: voilà ce que Napoléon apprend lors de la retraite de Russie. Il est à présent placé entre les mains du tsar. Se servant d'une lunette d'approche, Alexandre Ier regarde l'empereur qui – tout en montrant toujours un comportement combatif – lui apparaît réduit à sa taille et à son importance militaire «normales». Assis sur une chaise, il commente ses observations dans un quatrain sous l'image satirique. Celle-ci constitue une version actualisée de la caricature à succès de Gillray consacrée à Gulliver (cf. n°. cat. 12), réimprimée en 1803 dans la revue allemande «London und Paris». On connaît quatre variantes de la présente estampe, dont l'une remplace le tsar par un cosaque et inverse le titre et le texte d'accompagnement (Sche 2.5).

Sic transit gloria mundi!
How quickly glory passes, as Napoleon learned upon his retreat from Russia. Now he is in Tsar Alexander I's hand: the latter peers at him through a spyglass, noting the still combative stance of a figure whose «normal» physical and military significance appears reduced. Sitting on a chair, the Tsar comments on what he observes in a quatrain beneath the image. The satirical image itself is an updated version of Gillray's very popular Gulliver cartoon (cat. no. 12), which was reprinted in the German revue «London und Paris» in 1803. There are four known versions of this particular piece, one of which substitutes a Cossack for the Tsar and interchanges the title and verse (Sche 2.5).

Sic transit gloria mundi!
Napoleone impara nella ritirata di Russia quanto sia effimera la gloria: in posa sempre battagliera, ma ridotto alla sua statura fisica e militare «normale», è tenuto in mano dallo zar Alessandro I, che su una sedia lo scruta con un cannocchiale e nella quartina sottostante commenta quanto ha visto. Della caricatura – versione aggiornata del notissimo Napoleone-Gulliver di Gillray (n° cat. 12), riprodotto nel 1803 sul periodico tedesco *London und Paris* – sono note quattro varianti, di cui una sostituisce allo zar un cosacco e scambia fra loro il titolo e la didascalia (Sche 2.5).

Lit.: Br II App. E 61a; Kat. H85 2; Kat. RM 2 (Abb.); Sche 2.4.

Das Gabelfrühstück

Le déjeuner à la fourchette

Breakfast on Forks

Colazione alla forchetta

Sic transit gloria mundi!

319
Der Universalmonarch
o. r. *Dresdner Brücke / Rheinbunds Schutz*
u. r. *NeuChatell*
u. M. *Moskauer Friede / Europ[a] / Tilsiter Friede 1807 / Luneviller Frie[de] 1801. / Ulmer Friede 1805 / Friese / Palm / Enghien / Schulz / Felgentreu / v. Berger / Hofer / Pichegru / Touss. Louv. / Schmit / Wedel / Waiss / Wedel / Gabin / Schill / Russl[ands] Preussens Oestereichs Spaniens Hollands Schweitz Italiens Tirols Schlacht Opfer*
u. l. *Preussische Contri[butionen] / Dömanen gelder / Oestereichisch[e] Contribution[en] 80,0000000 Thl: / Hessischer Schatz / 10000 Pupille Geld Warsch[au] / Thränen*
anonym, 1814
bez. dat. u. r. *pub. Octob: 21. 1813 bÿ Boydel in London. Pall Mal*
Radierung und Aquatinta, koloriert
200 × 268 mm (216 × 275 mm)
u. r. Stempel Museum Schwerin 1980.417.

Der Universalmonarch
Zu diesem lebendigeren Vorbild für die strenge Komposition von Johann Michael Voltz (Kat. Nr. 375) wurde ein erläuterndes Gedicht verkauft. Es dichtet dem Kaiser mit seinen universellen Herrschaftsansprüchen ein gelbes Gesicht an (vgl. Kat. Nr. 353) und geisselt besonders seine raffgierigen Kollaborateure. Die «rächenden Adler» der Koalition gegen Frankreich symbolisieren als blitzeschleudernde Göttertiere auch die himmlische Gerechtigkeit, die sich in Napoleons Sturz erfüllt. Der Kaiser sitzt auf einem wackeligen Thron aus Schädeln, welche die Namen (siehe oben) mehr oder minder bekannter Opfer des Regimes tragen. Schriftstücke auf dem Thron nennen wichtige Friedensabkommen Napoleons sowie die seinetwegen ausgebluteten Nationen. Im Hintergrund sind die im März 1813 gesprengte Dresdner Brücke und zwei brennende Städte zu erkennen. Der Vermerk am Bildrand täuscht den Verlagsort London vor.

Le monarque universel
Cet ouvrage servit de modèle à la composition plus austère de Johann Michael Voltz (n°. cat. 375) et fut accompagné d'un commentaire moulé dans une poésie. L'Empereur prétendant au pouvoir universel y est peint avec un visage jaune (cf. n°. cat. 353), ses collaborateurs y sont sévèrement fustigés pour leur rapacité. Les «aigles vengeurs» de la coalition contre la France symbolisent également, en leur qualité d'animaux divins projetant des éclairs, la justice divine qui s'accomplit à travers la chute de Napoléon. L'Empereur est assis sur un trône branlant fait de crânes qui portent les noms (cf. en haut) de victimes plus ou moins connues du régime. Des documents sur le trône citent d'importants traités conclus par Napoléon, de même que les nations qu'il a saignées. A l'arrière-plan l'on reconnaît le pont de Dresde, détruit en mars 1813, et deux villes en flammes. L'annotation trompeuse au bord de l'image donne comme lieu de publication la ville de Londres.

The Universal Monarch
This lively model for Johann Michael Voltz's austere composition (cat. no. 375) was sold with an explanatory poem describing the power-hungry emperor as yellow-faced (cf. cat. no. 353) and singling out his greedy collaborators for ridicule. The «avenging eagles» of the anti-French coalition are hurling lightning bolts, thus also symbolising divine justice being done through Napoleon's fall. The emperor's shaky throne is made of skulls bearing the names (see above) of notable and not so notable victims of his regime. The documents on the throne mention some of Napoleon's important peace treaties and the nations he devastated. In the background: Dresden Bridge, blown up in March 1813, and two burning cities. The mark at the bottom right is meant to suggest London as the place of publication.

Il monarca universale
Più vivace della rigida composizione di Johann Michael Voltz a cui servì da modello (n° cat. 375), questa stampa fu venduta con una poesia esplicativa, che attribuiva un «volto giallo» all'imperatore assetato di dominio universale (cfr. n° cat. 353) e bollava soprattutto l'avidità dei suoi collaboratori. Le «aquile vindici» della coalizione antifrancese simboleggiano, in quanto divinità animali che scagliano fulmini, anche la giustizia divina che si compie con la caduta di Napoleone. L'imperatore siede su un trono vacillante di teschi, che recano i nomi di vittime più o meno note (cfr. sopra) del regime. Altre scritte sul trono indicano trattati di pace importanti firmati da Napoleone e le nazioni dissanguate per causa sua; sullo sfondo si riconoscono il ponte di Dresda, fatto saltare nel marzo 1813, e due città incendiate. L'annotazione sul margine spaccia Londra per il luogo di edizione.

Lit.: Br II Ftf. S. 112, 118f., App. E 124; Kat. RM 20; Sche 3.91 (Ftf. XXXII).

320
Commencement du Finale
o. M. *H N*
u. l. *HONISOIT / Gun Powder / Allegro*
Johann Gottfried Schadow, Dezember 1813, bei Caspar Weiss, Berlin
bez. u. r. *à Paris chez Jeronimo Furioso*
Umrissradierung, koloriert
260 × [380] mm (280 × 382 mm)
u. r. Stempel Museum Schwerin 1980.57.

Anfang des Finale
Im Orchestergraben spielen die Sieger von Leipzig Napoleon das «Finale der neuen grossen Helden-Oper» vor, wie der Titel eines später publizierten Beiblattes (vgl. Sche 3.2.1) es nennt. Auf einem Pulverfass als Hinweis auf die britische Unterstützung sitzend schlägt Zar Alexander mit einem Kanonenmodell den Takt des Allegro, in dessen Tempo es mit Napoleon zu Ende geht. Kaiser Franz I. spielt die Geige, der Kronprinz von Schweden bläst die Flöte, und König Friedrich Wilhelm III. streicht das Cello. Im Bildzentrum horcht Napoleon nachdenklich der Sprache dieser Musik. Auf der Bühne sind die Souveräne des Rheinbundes aus der Rolle gefallen und verschwinden verlegen in den Kulissen. Denn zuhinterst galoppiert General Wellington siegreich aus Spanien heran. Ein Drache entführt Westfalens König, Jérôme Bonaparte, – auf den der Verlagsvermerk («Jeronimo Furioso») anspielt – in die Hölle. Die von Frankreich abfallenden Fürsten nennt das Beiblatt alle beim Namen. Unter der Bühne schreibt Hollands früherer König Louis Bonaparte, während sein Bruder Joseph – wie sein biblischer Namensvetter – zur Flucht (aus Spanien) aufbricht.

Commencement du Finale
L'orchestre formé par les vainqueurs de Leipzig joue à Napoléon le «Finale du nouveau grand opéra héroïque», comme l'intitule une annexe publiée plus tard (cf. Sche 3.2.1). Le tsar Alexandre assis sur un tonneau de poudre, indice du soutien britannique, bat la mesure de l'allegro au moyen d'un modèle de canon, au rythme duquel Napoléon s'approche de sa fin. L'empereur François Ier joue du violon, le prince héritier de Suède de la flûte et le roi Frédéric Guillaume III du violoncelle. Au centre de la gravure, Napoléon écoute attentivement le langage de la musique. Sur scène, les souverains de la confédération du Rhin sont sortis de leur rôle et s'esquivent, gênés, dans les coulisses. Car à l'arrière arrive au galop le général Wellington qui a remporté une éclatante victoire en Espagne. Un dragon enlève Jérôme Bonaparte, le roi de Westphalie, – auquel fait allusion la notice de l'éditeur («Jeronimo Furioso») – pour le mener en enfer. L'annexe désigne par leur nom tous les princes qui se sont séparés de la France. Sous la scène, l'ancien roi de Hollande Louis Bonaparte est en train d'écrire tandis que son frère Joseph – tout comme son homonyme de la Bible – s'apprête à fuir (d'Espagne).

The Finale Commences
In the orchestra pit, the victors of Leipzig are playing Napoleon the «finale of the great new heroic opera», as the title of a later supplement notes (cf. Sche 3.2.1.). Seated on a powder keg, an allusion to Britain's support, Tsar Alexander beats time with a model cannon. It is an Allegro, the tempo of Napoleon's decline. The instrumentalists are Emperor Franz I (violin), the crown prince of Sweden (flute) and King Frederick William III (cello). In the centre, Napoleon pensively takes in the message of the music. On stage the sovereigns of the Confederation of the Rhine have abandoned their parts and are embarrassedly making for the wings because behind them General Wellington is galloping up fresh from his victory in Spain. The publisher's imprint – «Jeronimo Furioso» – refers to the dragon abducting the king of Westphalia, Jérôme Bonaparte, to hell. The princes deserting France are named in the supplement. Below stage, Holland's former king, Louis Bonaparte, is writing as his brother Joseph – like the eponymous biblical figure – prepares to flee (from Spain).

Inizio del Finale
Nella fossa dell'orchestra i vincitori di Lipsia eseguono per Napoleone il «Finale della nuova grande opera eroica», come recita il titolo di un supplemento posteriore (cfr. Sche 3.2.1). Seduto su un barile di polvere inglese (allusione all'aiuto britannico), lo zar Alessandro batte con un modellino di cannone il tempo dell'allegro che distruggerà Napoleone. L'imperatore Francesco I suona il violino, il principe ereditario svedese il flauto e re Federico Guglielmo III il violoncello; Napoleone, al centro, ascolta meditabondo quel linguaggio musicale. Sul palco, imbarazzati per la brutta figura fatta, i sovrani della Confederazione del Reno si dirigono verso le quinte, perché dal fondo si avvicina al galoppo dalla Spagna il generale Wellington vincitore; il supplemento nomina uno a uno tutti i principi che decidono di separarsi dalla Francia. Un drago porta via verso l'inferno il re della Vestfalia, Gerolamo Bonaparte (cui allude lo pseudonimo editoriale «Jeronimo Furioso»); sotto il palco è intento a scrivere l'ex re d'Olanda, Luigi Bonaparte, mentre suo fratello Giuseppe – come l'omonimo personaggio biblico – sta per darsi alla fuga (dalla Spagna).

Lit.: BM IX 12549; Br II Tf. S. 110, 117f., App. E 16; La Fabb. 85, S. 431; Sche 3.2 (Ftf. X).

Der Universalmonarch

Le monarque universel

The Universal Monarch

Il monarca universale

Anfang des Finale

Commencement du Finale

The Finale Commences

Inizio del Finale

321
Der Kronen-Flicker.
o. M. *Ich habe mit meiner genug zu thun.*
anonym, 1813
Radierung, koloriert
182 × 216 mm (218 × 260 mm)
Herkunft unbekannt
1980.389.

Der Kronenflicker
Der Kesselflicker Napoleon sitzt an seinem von Adlern getragenen Werktisch. Zu seinen Füssen stellen Eimer und Kelle seine Arbeit dar. Gerade mit der kniffligen Reparatur seiner eigenen rissigen Krone beschäftigt, reagiert er unwirsch auf die Anliegen seiner Brüder Jérôme und Joseph, die mit ihren zerbrochenen Kronen von Westfalen bzw. Spanien angerannt kommen. Rechts heult der eine wie ein Kind über den Verlust seiner Krone, während der andere seinen «Kronschrott» lamentierend Napoleon vor die Nase hält. Beide haben – Stiefel und Ordensband sind beschädigt – als Landesfürsten von Bruders Gnaden einiges abbekommen. Der Gegensatz zwischen Napoleons Beruf und dem Material, mit dem er sich aus Ehrgeiz beschäftigt, mag auf die geringe Herkunft des Usurpators und seines Clans anspielen.

Le raccommodeur de couronnes
Napoléon, le chaudronnier, est assis à son établi supporté par des aigles. A ses pieds, un seau et une louche représentent son travail. Il réagit sèchement lorsque ses frères Jérôme et Joseph arrivent avec leurs couronnes brisées de Westphalie, resp. d'Espagne, et interrompent son travail délicat, qui consiste à réparer sa propre couronne fissurée. A droite, l'un pleurniche comme un enfant à la perte de sa couronne tandis que l'autre, tout en se lamentant, tend à Napoléon les débris de la sienne. Tous les deux ont subi des pertes – les bottes et le ruban sont abîmés – en tant que princes régents par la grâce de leur frère. Le contraste entre le métier de Napoléon et le matériel dont il se sert par ambition pourrait faire allusion aux origines roturières de l'usurpateur et de son clan.

The Crown-mender
Napoleon is a tinker sitting at a worktable supported by eagles. At his feet a pail and ladle indicate the nature of his work. He has begun the intricate task of repairing his own cracked crown and reacts brusquely to his brothers Jérôme and Joseph, who have come running in with their own broken crowns (of Westphalia and Spain). The figure on the right is weeping like a baby over the loss of his crown, while the other is peevishly displaying the «rubbishy crown» to Napoleon. As the damaged boots and sash indicate, both princes have been hurt. The clash between Napoleon's occupation and the material his ambition has led him to deal with may be an allusion to the non-aristocratic blood of the usurper and his clan.

L'aggiustacorone
Napoleone è seduto a un deschetto sorretto da aquile, fra vari utensili che lo qualificano come conciabrocche. Preso dall'arduo compito di riparare la propria corona crepata, egli reagisce in malo modo alle richieste dei suoi fratelli Gerolamo e Giuseppe, giunti di corsa dalla Vestfalia e dalla Spagna con altre corone spezzate. Mentre a destra l'uno geme come un bambino per la perdita subita, l'altro avvicina implorante a Napoleone una corona ridotta a rottame; entrambi, come suggeriscono gli stivali e il nastrino danneggiati, in quanto principi regnanti hanno già avuto la loro parte di onori grazie al fratello. Forse il contrasto fra il mestiere di conciabrocche e ciò che l'ambizione fa riparare a Napoleone (la corona) allude ai natali non nobili dell'usurpatore e del suo clan.

Lit.: La Fabb. 49, S. 421; Sche 3.70.

322
[*Wollt ihr alle mich verlassen?*]
o. l. *Les Plaisanteries du Royaume de Westphalie sont fini*
o. M. *Wollt ihr alle mich verlassen?*
o. r. *Siehst du den aus Norden nicht?*
anonym, 1813
Radierung, koloriert
169 × 219 mm (196 × 236 mm)
u. r. Stempel Museum Schwerin
1980.368.

Wollt ihr alle mich verlassen?
In einer Hügellandschaft steht auf einem Podest ein einstürzender Thron, auf dem sich Napoleon kaum halten kann. In die Runde blickend fragt er die Umstehenden erstaunt, ob sie ihn plötzlich verlassen wollen. Die sechs ratlosen, um ihren Förderer und Beschützer gescharten Monarchen stehlen sich nach und nach davon; denn von hinten greift der Kosak aus dem russischen Norden an, vor dem sie sich in Sicherheit bringen wollen. Alle Könige weisen denselben Gesichtstyp auf; nur derjenige ganz links, der schon seine Krone eingebüsst hat und dem Königreich Westfalen nachtrauert, ist mit Jérôme Bonaparte zu identifizieren. Während des Deutschen Befreiungskrieges fielen 1813 die von Napoleon ernannten und abhängigen Fürsten Schlag auf Schlag vom Kaiserreich ab: Bayern, Sachsen, Westfalen, Württemberg, Spanien und Neapel.

Voulez-vous tous me quitter?
Dans un paysage vallonné, Napoléon arrive à peine à se tenir sur son trône qui s'effondre, placé sur un podium. Etonné, il demande aux personnes présentes si elles veulent tout à coup le quitter. Les six monarques perplexes rassemblés autour de leur promoteur et protecteur s'esquivent les uns après les autres, car ils veulent se mettre à l'abri du cosaque russe («l'homme du nord») qui attaque de l'arrière. Tous les rois ont le même type de visage; seul celui tout à gauche, qui a déjà perdu sa couronne et pleure la perte du royaume de Westphalie, peut être identifié: Jérôme Bonaparte. En 1813, au cours de la guerre de libération allemande, les princes nommés par et dépendant de Napoléon se détachèrent l'un après l'autre de l'Empire: la Bavière, la Saxe, la Westphalie, le Wurttemberg, l'Espagne et Naples.

Do You All Want to Leave Me?
Napoleon can hardly hold onto the throne collapsing beneath him in the hilly landscape. Looking round, he asks if everyone assembled there wants to leave him. The six perplexed monarchs that were gathered round their patron and protector are gradually stealing away because the cossack from the Russian north is attacking from the rear and they want to save themselves. All of the kings display the same facial type; only the one at the very left, who has already forfeited his crown and mourns the loss of the kingdom of Westphalia, can be identified – as Jérôme Bonaparte. During the German War of Liberation in 1813, the princes who had been elevated to their station by Napoleon abandoned the empire one by one: Bavaria, Saxony, Westphalia, Württemberg, Spain and Naples.

Volete tutti abbandonarmi?
Alto su un podio in un paesaggio collinare, un trono sta crollando; Napoleone, che ormai non vi si può più reggere, domanda stupito agli astanti se intendano andarsene anche loro. I sei monarchi disorientati, allineati intorno al loro patrono e protettore, l'uno dopo l'altro se la svignano, per sfuggire all'attacco dell'«uomo del Nord» (il cosacco russo); tutti presentano lo stesso tipo di volto, salvo il primo da sinistra (identificabile con Gerolamo Bonaparte, che ha già perso la corona e rimpiange il Regno di Vestfalia). Nel 1813, durante la guerra di liberazione tedesca, i territori i cui principi erano stati nominati e controllati da Napoleone si separarono dall'Impero francese in quest'ordine: Baviera, Sassonia, Vestfalia, Württemberg, Spagna, Napoli.

Lit.: Sche 3.73.

Der Kronenflicker

Le raccommodeur de couronnes

The Crown-mender

L'aggiustacorone

Wollt ihr alle mich verlassen?

Voulez-vous tous me quitter?

Do You All Want to Leave Me?

Volete tutti abbandonarmi?

323
[Beschlossene Sache]
1. Bild *Mit meiner Scheere will ich ihn modernisiren*
2. Bild *Mein scharfes Messer soll ihn glatt barbiren*
3. Bild *Nein, nein im Mörser will ich ihn Kuranzen*
4. Bild *Wart, wart, nach meiner Peitsche sollst du tanzen.*
5. Bild *Jch trink in einen Zug das kleine Wesen / No: 19*
6. Bild *Mir sey.'s zum fetten Bissen auserlesen*
anonym, 1813, nach Temple West
Radierung, koloriert
Breite 287 mm (234 × 314 mm)
Herkunft unbekannt
1980.360.

Beschlossene Sache
Napoleons «sechs Plagen» zeugen in drastischer Weise vom Hass und Vergeltungsdurst, welche das unter französischer Herrschaft zu einem Nationalbewusstsein findende Deutschland dem militärisch geschwächten Kaiser gegenüber hegte. In sechs Bildern widerfahren dem Winzling mit dem Zweispitz demütigende oder zerstörerische Behandlungen durch einen Schneider, Barbier, Apotheker, Schuster oder Kutscher, einen Gastwirt sowie durch einen Vielfrass. Der Zeichenstil dieser getreuen deutschen Kopie verrät den englischen Ursprung. Temple Wests «Resolutions in Case of an Invasion!!» vom August 1803 sollte die britische Abwehrbereitschaft gegen eine französische Invasion illustrieren und schüren. Die deutsche Fassung wurde 1813 angeblich auch in Holland verbreitet.

Affaire conclue
Les «six fléaux» de Napoléon témoignent de manière drastique de la haine et de la soif de vengeance qu'éprouvait le peuple allemand, fortifié dans sa conscience nationale sous la domination française envers l'empereur militairement affaibli. En six images, l'homme en miniature, coiffé d'un bicorne, subit des châtiments humiliants ou meurtriers, que lui infligent tour à tour un tailleur, un barbier, un apothicaire, un cordonnier ou un cocher, un aubergiste et un glouton. Le style graphique de cette copie conforme allemande ne laisse aucun doute quant à son origine anglaise. La caricature, titrée «Resolutions in Case of an Invasion!!», de Temple West, datant d'août 1803, servait à illustrer et attiser la résistance britannique contre une invasion par les Français. La version allemande aurait également été répandue en Hollande en 1813.

The Matter Is Settled
Napoleon's «six plagues» dramatically highlight Germany's vengeful hatred of the militarily weakened French emperor as the country's own national identity burgeoned under French rule. In the six pictures a tailor, a barber, an apothecary, a shoemaker or coachman, a landlord and a glutton rain indignities and disaster on tiny Napoleon. The style of this faithful German copy reveals its English origins. Temple West's «Resolutions in Case of an Invasion!!» (August 1803) was intended to illustrate and promote Britain's readiness to defend itself against a French invasion. The German version is said to have also been disseminated in Holland in 1813.

Cosa decisa
Le «sei piaghe di Napoleone» sono una testimonianza drastica dell'odio e della sete di rivalsa che la Germania, scoprendo sotto la dominazione francese una coscienza nazionale, provava per l'imperatore indebolito sul piano militare: nei sei riquadri l'ometto col bicorno sta per essere umiliato o distrutto da un sarto, un barbiere, un farmacista, un calzolaio o cocchiere, un oste e un ghiottone. Lo stile rivela che il disegno è copia tedesca fedele di un originale inglese dell'agosto 1803: l'opera di Temple West *Resolutions in Case of an Invasion!!*, destinata a illustrare e fomentare il desiderio britannico di resistere a un'eventuale invasione francese. Pare che nel 1813 la versione tedesca fosse diffusa anche in Olanda.

Lit.: BN IV 9036; Br II App. E 106; La Fabb. 58, S. 421; Sche 3.10.

324
Vandamme
darunter *Dem Galgen ist er zwar entgangen / Doch nur – um Zobel in Sibirien zu fangen*
anonym, 1813/1814
bez. u. r. *zu finden in Teplitz bey Tausch*
Radierung und Aquatinta, koloriert
n. best. (200 × 243 mm)
u. r. Stempel Museum Schwerin
1980.403.

Vandamme
Durch einen Kosaken mit Knute zum Zobelfang angetrieben, ergibt sich «der Kaiserl. Königl. Französische Divisions-General Vandamme» – so der volle Bildtitel der Urfassung, die der vorliegenden, bei Scheffler nicht aufgeführten Variante zugrunde liegt – in sein Schicksal. Dass dieses mindestens so hart ist wie der Tod durch den Strang, legt der satirische Zweizeiler nahe. Bei der Niederlage von Kulm (30. August 1813) gefangengesetzt, wurde der seines üblen Charakters wegen berüchtigte General nach Russland verbracht und kehrte im Juli 1814 in die Heimat zurück. In Deutschland hatte er sich derart verhasst gemacht, dass man ihm die Deportation nach Sibirien wünschte und ihm nachsagte, er sei einst zum Tode verurteilt, dann aber begnadigt worden.

Vandamme
«Le général de division du royaume et de l'empire français Vandamme» – tel est le titre complet de l'édition originale sur laquelle se base la variante ci-contre (qui n'est pas mentionnée dans le catalogue de Scheffler) –, poussé à coups de fouet à la chasse aux zibelines par un cosaque, s'abandonne à son triste sort. Un sort qui est au moins aussi dur que la mort par pendaison, ainsi le révèle le distique satirique. Vandamme, redouté pour son mauvais caractère, fut déporté en Russie après son arrestation lors de la défaite de Kulm (30 août 1813) et retourna dans sa patrie en juillet 1814. Il s'était rendu tellement odieux en Allemagne qu'on lui souhaita la déportation en Sibérie et dit de lui qu'il avait été jadis condamné à mort, puis gracié.

Vandamme
Forced by a whip-wielding cossack to trap sable, «the imperial, royal French Divisional General Vandamme» – as the full title of the original, upon which the present variant (not listed by Scheffler) reads – accepts his fate. To judge by the satirical couplet, that fate is at least as harsh as death by hanging. Captured at the defeat of Kulm (30 August 1813), the general notorious for his bad character was taken to Russia, returning home in July 1814. So great was the Germans' loathing for him that they wished he would be deported to Siberia; he was rumoured once to have been condemned to death and then pardoned.

Vandamme
Costretto da un cosacco con lo staffile a catturare zibellini, il «generale di divisione regioimperiale francese Vandamme» – questo il titolo completo dell'originale su cui si basa la presente variante, non citata da Scheffler – si rassegna alla sua sorte: una sorte che, come suggerisce il distico satirico, non è meno dura della morte sul patibolo. Vandamme fu fatto prigioniero il 30 agosto 1813 nella sconfitta di Kulm; tradotto in Russia, tornò in patria nel luglio 1814. Noto per il suo cattivo carattere, in Germania si era fatto tanto odiare che gli veniva augurata la deportazione in Siberia; fra i tedeschi circolava la voce, inoltre, che già una volta fosse stato graziato dalla condanna a morte.

Lit.: Sche 3.16var.

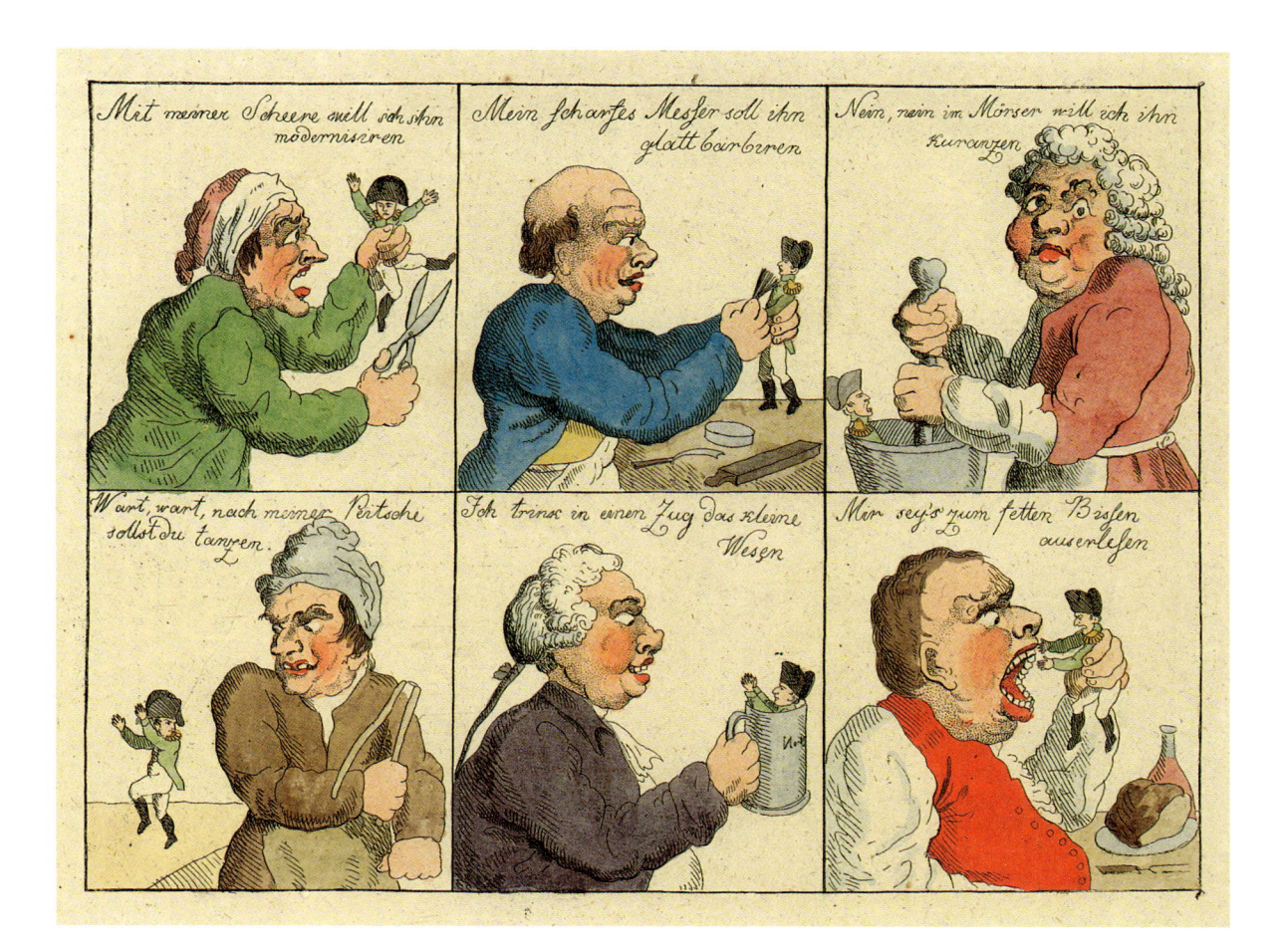

Beschlossene Sache
Affaire conclue
The Matter Is Settled
Cosa decisa

Vandamme

325
General Vandamme auf dem Zobelfang in Sibirien, / hat das grosse Vergnügen seinen alten Waffenbruder ankommen zu sehen!
u.M. *Landkarte mit Lübek Hamburg Bremen Magdeburg Berlin Dresden Culm Töplitz Prag*
Johann Michael Voltz, 1814,
bei Friedrich Campe, Nürnberg
Radierung, koloriert
184 × 216 mm (205 × 234 mm)
Herkunft unbekannt
1980.424.

General Vandamme auf dem Zobelfang in Sibirien hat das grosse Vergnügen, seinen alten Waffenbruder ankommen zu sehen.
Aus einer Blockhütte in der Weite des verschneiten Sibiriens tritt Vandamme, um seine Zobelfalle zu inspizieren. An der Aussenwand hängen eine Landkarte von Deutschland, die Stationen seiner Laufbahn in Erinnerung ruft, sowie zwei Zobel. Im Hintergrund naht Gesellschaft: Napoleon – mit schamvoll verdecktem Gesicht – wird von zwei Kosaken im Hundeschlitten hergebracht. Offensichtlich ist er wie sein General in russische Gefangenschaft geraten. Das sarkastische Wunschdenken von Voltz nimmt hier Napoleons Exil vorweg, indem es ihn am fiktiven Sibirienaufenthalt des «Zobelfängers» teilhaben lässt. Seinen Waffenbruder sah Vandamme in Wirklichkeit erst während der Hundert Tage wieder.

Le général Vandamme à la chasse aux zibelines en Sibérie a le grand plaisir de voir arriver son vieux frère d'armes.
Vandamme sort d'un blockhaus, dans un paysage infini de la Sibérie enneigée, pour inspecter son piège à zibelines. A la façade sont accrochées une carte de l'Allemagne, rappelant les stations de sa carrière, ainsi que deux zibelines. De l'arrière s'approche un groupe de personnes: Napoléon – le visage caché de honte –, installé sur un traîneau tiré par des chiens, et deux cosaques. Il semble avoir été fait prisonnier par les Russes, tout comme son général. Le désir sarcastique de Voltz anticipe en quelque sorte l'exil de Napoléon en le faisant participer au séjour fictif en Sibérie du «chasseur de zibelines». En réalité, Vandamme ne retrouva son frère d'armes que pendant les Cent-Jours.

General Vandamme Trapping Sable in Siberia Has the Great Pleasure of Seeing His Old Comrade in Arms Arrive.
Vandamme steps out of a log cabin in the snowy wastes of Siberia to inspect his sable trap. On the outside wall hang a map of Germany, recalling the stations of his career, and two sable. In the background, company approaches: Napoleon – covering his face in shame – is being brought there by two cossacks in a dog-sled. Evidently he has, like his general, fallen into Russian captivity. Voltz's sarcastic daydream prefigures Napoleon's exile by letting him join the «sable trapper» on his fictional stay in Siberia. In reality, Vandamme only saw his comrade in arms again during the Hundred Days.

Il generale Vandamme, a caccia di zibellini in Siberia, ha il grande piacere di veder giungere il suo vecchio compagno d'armi.
Vandamme esce da una capanna di tronchi, spersa nelle nevi della Siberia, per ispezionare la sua trappola per zibellini; alla parete esterna sono appesi due degli animali catturati e una carta geografica della Germania, che ricorda le tappe della sua carriera di generale. Sullo sfondo si avvicina qualcuno: evidentemente anche l'imperatore, col volto coperto per la vergogna e accompagnato su una slitta da due cosacchi, è stato fatto prigioniero. Qui la fantasia di Voltz anticipa l'esilio di Napoleone, cui augura sarcasticamente di condividere il soggiorno siberiano (anch'esso fittizio) dell'«acchiappazibellini»; Vandamme, in realtà, rivide Napoleone solo durante i Cento Giorni.

Lit.: BN IV 8798; Br II App. E 43; Kat. RM 60; Sche 3.17.

326
Befehlen Eure Majestät 100000 alte Garden?
Christian Gottfried Heinrich Geissler, Leipzig, 1813
Radierung, koloriert
n. best. (211 × 166 mm)
Sammlung Herzog von Berry
1980.346.

Befehlen Ihre Majestät 100 000 Alte Garden?
In einiger Entfernung von Leipzig, dessen Silhouette noch zu erkennen ist, hat Napoleon seinen Faltsessel vor der Ruine einer Kirche aufgestellt und steht im grauen Mantel am wärmenden Feuer. Von rechts tritt ein grösserer Mann mit Pelzmütze zu ihm. Er bietet dem Feldherrn, dessen Truppenbestand arg geschrumpft ist, Soldatenbilder in grosser Zahl zum Ersatz an. Im Stichehändler wollte man den Leipziger Graveur Geissler wiedererkennen. Der raffinierte Kniff, sich selber ins Bild zu setzen, erlaubt dem Karikaturisten, der verhassten Zielscheibe des Spotts furchtlos entgegenzutreten und ihr persönlich den Hohn und die Schadenfreude des deutschen Volkes zu überbringen. Nach dem Tod Hunderttausender in Russland konnte der Kaiser weniger als 160 000 Mann aufs Leipziger Schlachtfeld schicken, denen bald das Doppelte an alliierten Soldaten gegenüberstand, was die Entscheidung brachte.

Sa Majesté commande-t-elle 100 000 vieux gardes?
Devant les ruines d'une église, à quelque distance de Leipzig, dont la silhouette apparaît au loin, Napoléon a installé son pliant et se réchauffe près d'un feu, emmitouflé dans un manteau gris. De la droite s'approche un homme de grande taille, coiffé d'une toque de fourrure. Il offre à Napoléon un grand nombre d'images de soldats en compensation des fortes pertes qu'a subies son armée. A l'époque, l'on crut reconnaître sous les traits du marchand de gravures le graveur Geissler lui-même. L'astuce raffinée de la part du caricaturiste, de se placer lui-même dans l'image, lui permet d'affronter sa cible sans crainte et de lui faire part personnellement des reproches et de la joie maligne du peuple allemand. Après avoir perdu des centaines de milliers d'hommes en Russie, l'Empereur ne put en envoyer plus de 160 000 sur le champ de bataille de Leipzig. Ils furent bientôt mis hors de combat par les troupes alliées dont l'effectif les dépassait au moins du double.

Does Your Majesty Command 100 000 Old Guards?
Some distance from Leipzig, the silhouette of which can be recognised in the background, Napoleon has set up his folding chair before the ruins of an old church. Dressed in his greatcoat, he is warming himself by the fire when a man in a fur hat approaches. The merchant, identified at the time as the Leipzig engraver Geissler, offers the general, whose troops have been badly decimated, pictures of soldiers to compensate his losses. The clever device of putting himself into the picture gives the cartoonist an opportunity to stand up fearlessly to the reviled butt of his jokes and to convey personally the contempt and derision of the German nation. After hundreds of thousands had died in Russia, the emperor had less than 160,000 men to send to battle in Leipzig. Soon confronted with twice as many allied soldiers, their defeat was inevitable.

Vostra Maestà comanda 100 000 vecchie guardie?
A una certa distanza da Lipsia, il cui profilo si riconosce ancora, Napoleone ha posto la sua sedia pieghevole davanti a una chiesa in rovina e si scalda al fuoco nel suo pastrano grigio. Sulla destra un uomo più alto e col berretto di pelliccia gli offre, al posto delle truppe decimate, figurine di soldati a profusione; in questo mercante di incisioni qualcuno ha voluto riconoscere Geissler, incisore di Lipsia. Grazie al trucco raffinato di autoinserirsi nell'immagine, il caricaturista può affrontare senza paura l'odiato bersaglio della beffa, presentandogli di persona il dileggio e la gioia maligna dei tedeschi. Avendo perso centinaia di migliaia di uomini in Russia, Napoleone poté schierarne a Lipsia meno di 160 000; decisivo per le sorti della battaglia fu proprio il fatto che i soldati alleati erano quasi il doppio.

Lit.: La Fabb. 74, S. 425; Sche 3.6; Schu Ftf. 4*, S. IV*.

General Vandamme auf dem Zobelfang in Sibirien hat das grosse Vergnügen, seinen alten Waffenbruder ankommen zu sehen.

Le général Vandamme à la chasse aux zibelines en Sibérie a le grand plaisir de voir arriver son vieux frère d'armes.

General Vandamme Trapping Sable in Siberia Has the Great Pleasure of Seeing His Old Comrade in Arms Arrive.

Il generale Vandamme, a caccia di zibellini in Siberia, ha il grande piacere di veder giungere il suo vecchio compagno d'armi.

Befehlen Ihre Majestät 100 000 Alte Garden?

Sa Majésté commande-t-elle 100 000 vieux gardes?

Does Your Majesty Command 100 000 Old Guards?

Vostra Maestà comanda 100 000 vecchie guardie?

327
Schlacht beÿ Leipzig.
davor *N⁰ 1. / Mich wirst du niemals wiederseh'n, / Weil Alle hier für Einen steh'n! / N⁰ 2. / Zu mir darfst du nicht wiederkehren / Das wird dich Marschall Vorwärts lehren!*
dahinter *N⁰ 3. / Verödet hast du meine Länder; / Fluch dir, du grosser Weltumwender!! / N⁰ 4. / Umsonst bezeichnet hier dein Finger! / Aus ist es mit dem Weldtbezwinger!*
o.M. *Da sitzest du mit kalten Mordgesicht Erzittre vor dem ewigen Gericht / Meine Legionen Werden dich belohnen*
o.r. *Hier unter diesen hellen lichten Galgen Möcht ich mich gern mit jenem Helden balgen! / Restauration*
u.M. *Karte von der Mark Brandenburg N⁰ 1. / Karte von Schlesien N⁰ 2. / Karte von der Lausitz N⁰ 3. / Karte von Sachsen N⁰ 4*
anonym, 1813/1814
Radierung und Aquatinta, koloriert
256 × [323] mm (266 × 324 mm)
u.r. Stempel Museum Schwerin
1980.414.

Schlacht bei Leipzig
Vor Leipzig tobt der Reiterkampf. Auf dem Erdhügel davor thront Napoleon, die Karte von Sachsen auf den Knien, und zeigt mit dem Finger auf die Stadt. Zu Füssen liegen die Landkarten aufgegebener deutscher Gebiete. Sie kommen unterhalb des Bildes selbst zu Wort («Marschall Vorwärts» ist der Preusse Blücher). Noch hat Napoleon Sachsen in der Hand, doch mit der Niederlage wird ihm auch diese Karte entgleiten. Der Feldherr blickt fragend zum Engel mit dem Palmzweig, der den Schlächter an das Jüngste Gericht mahnt. Hinter Napoleon steht der Teufel und versichert ihn des Lohnes in der Hölle. Rechts steht der Tod mit der Sense und fordert den «Helden» heraus – jetzt ist der Schlächter selber an der Reihe. Unter einem Weidenbaum erkennt man in der Ferne den erhöhten Richtplatz mit dem Rad, in dessen Nähe Napoleon am 14. Oktober 1813 sein Lager aufschlug.

La bataille de Leipzig
Devant les portes de Leipzig, des cavaliers livrent un combat acharné. Napoléon trône sur la colline en face, la carte de Saxe sur les genoux, et pointe son doigt sur la ville. A ses pieds sont étalées les cartes des régions d'Allemagne qu'il a dû abandonner et qui prennent elles-mêmes la parole au bas de la gravure («le maréchal en avant» représente ici le Prussien Blücher). Encore détient-il la Saxe qui va, elle aussi, lui échapper après la défaite. Napoléon interroge du regard l'ange à la palme qui l'exhorte de garder en mémoire le Jugement dernier. Derrière lui se tient le diable qui lui promet des récompenses en enfer et, à sa droite, la mort munie d'une faux, qui lance un défi au «héros»: c'est au tour du boucher. Sous un saule, l'on reconnaît au loin, surélevé, le lieu du supplice avec la roue près duquel Napoléon installa son camp le 14 octobre 1813.

Battle of Leipzig
A cavalry battle rages near Leipzig. On a mound nearby thrones Napoleon, pointing to the city on a map of Saxony. At his feet, the maps of German regions he has relinquished. They voice their views below the picture («Marshall forward» is the Prussian Blücher). For the moment Napoleon still dominates Saxony, but when he is defeated, this map too will slip from his grasp. He looks questioningly at the angel with a palm, who is reminding the butcher of the Last Judgement. Behind Napoleon stands the Devil, assuring him of the rewards of hell. At his right, Death challenges the «hero». Now it is the butcher's own turn. The space under the willow affords a view of the raised place of execution, with wheel, near which Napoleon set up camp on 14 October 1813.

Battaglia di Lipsia
Davanti a Lipsia infuria la battaglia fra uomini a cavallo; Napoleone, troneggiante sul globo terrestre, indica col dito la città nella carta della Sassonia sulle sue ginocchia. Ai suoi piedi appaiono altre carte di territori tedeschi lasciati al nemico, a ognuno dei quali corrisponde un distico rimato nella didascalia (il «maresciallo Avanti» del secondo è il prussiano Blücher). L'imperatore – che ha ancora in mano la Sassonia, destinata però a sfuggirgli anch'essa con la sconfitta – rivolge uno sguardo interrogativo all'angelo col rametto di palma, che esorta il sanguinario a temere il giudizio universale; il diavolo, viceversa, gli promette di compensarlo nell'inferno. A destra lo scheletro con la falce sfida l'«eroe»: adesso tocca a lui lottare con la Morte. Sullo sfondo, sotto un salice, si distingue un patibolo rialzato, con la ruota del supplizio: è il luogo nei cui pressi si accampò Napoleone il 14 ottobre 1813.

Lit.: Br II Tf. S. 106, 115, App. E 3; Sche 3.35.

328
Der 19.ᵗᵉ October. / Leipzig.
anonym, 1813
Radierung, koloriert
183 × 229 mm (217 × 258 mm)
Herkunft unbekannt
1980.430.

Der 19. Oktober. Leipzig.
Zwei russische Kosaken schlagen eine Anzahl französischer Offiziere in die Flucht, welche grosse Augen machen und teils ihre misshandelte Nase halten. Im Hintergrund wird ihr Verhalten erklärt: Ein Russe packt sein Opfer an der Nase und dreht sie um. Dass die Gepeinigten unter Schmerzen das Weite suchen, kommentiert der dekorierte Kosak im Vordergrund damit, dass er ihnen eine lange Nase macht und dabei noch die Zunge zeigt. Der Witz des Spottbildes, das den Sieg über die Franzosen bei Leipzig als Kinderspiel hinstellt, besteht in der Visualisierung von mehreren sprichwörtlichen Redensarten über die Nase.

Le 19 octobre. Leipzig.
Deux cosaques russes mettent en fuite des officiers français qui écarquillent les yeux et dont certains se tiennent leur nez maltraité. Leur comportement est expliqué au fond: Un russe attrappe sa victime par le nez et le tourne. En guise de commentaire, un cosaque décoré de médailles, au premier plan, fait le long nez et tire la langue aux officiers maltraités qui se sauvent dans la douleur. La farce de cette caricature, représentant la victoire de Leipzig sur les Français comme un jeu d'enfant, consiste dans la visualisation de plusieurs locutions proverbiales sur le nez.

The 19th of October. Leipzig.
Two Russian cossacks have put a number of French officers to flight. Some of the astonished Frenchmen are holding their noses, which the Russian in the background has tweaked. That the wounded French are beating a retreat is clear from the way the decorated cossack in front is thumbing his nose at them and sticking out his tongue. The humour of this satirical piece, which depicts the victory over the French at Leipzig as child's play, lies in the visualisation of several sayings about noses.

Il 19 ottobre. Lipsia.
Due cosacchi russi mettono in fuga un certo numero di ufficiali francesi, che sgranano gli occhi e in qualche caso si tengono il naso malconcio (gesto spiegato sullo sfondo, ove un russo afferra il naso della vittima e lo torce); la fuga dolorosa dei malcapitati è commentata, in primo piano, da un cosacco decorato che fa un palmo di naso e per giunta mostra la lingua. La comicità beffarda della scena, che presenta la vittoria di Lipsia sui francesi come un gioco da ragazzi, consiste nel suo visualizzare più locuzioni proverbiali contenenti la parola «naso».

Lit.: La Fabb. 81, S. 422; Sche 3.21; Schu Tf. 14, S. IV*.

Schlacht bei Leipzig

La bataille de Leipzig

Battle of Leipzig

Battaglia di Lipsia

Der 19. Oktober. Leipzig.

Le 19 octobre. Leipzig.

The 19th of October. Leipzig.

Il 19 ottobre. Lipsia.

329

[Hasenhetze]
u. in drei Spalten
l. *Es war einst ein gewalt'ger Held, / So sich der Grosse nannte; / Bei Leipzig nahm er's Fersengeld / Als – eine Brück' verbrannte.*
M. *Auch gab's ein unbezwinglich Heer, / Unendlich aufgeblasen; / Doch sieh, ein Cosak knallte sehr, / Da wurden's – lauter Haasen.*
r. *Drob lacht nun wohl die ganze Welt, / Freut sich der Dinge Wende. / Das Grosse Reich der Haasen fällt, / Der Spas hat jetzt ein Ende!*
Johann Michael Voltz, 1814,
bei Friedrich Campe, Nürnberg
Radierung, koloriert
182 × 214 mm (208 × 239 mm)
u. r. Stempel Museum Schwerin
1980.422.

Hasenhetze
Von rechts hinten prescht ein Kosak mit einer Knute heran und schlägt eine Schar von Hasen in französischen Uniformen in die Flucht. Über einen Hügel und einen Baumstamm hetzt er die «Angsthasen» nach links, d.h. nach Westen: im Zentrum Napoleon in den grünen Uniformrock, links in der Pelzjacke der Husaren Marschall Murat (?). Ein Hase schultert das Gewehr, ein anderer trägt die weisse Fahne, deren krönender Adler den Siegeslorbeer verliert und deren Farbe die Kapitulation ankündigt. Bis auf einen haben sich die übrigen Hasen ihrer Waffen entledigt. Diese liegen neben einer Schleuse, welche den Fluss Elster andeutet, der wegen der vorzeitigen Sprengung der einzigen Brücke einem Teil der Grande Armée bei der Flucht aus Leipzig zum Verhängnis wurde. Auf diese fatale Panne spielt der Text an und verhöhnt die Franzosen als Feiglinge, deren Reich nun zerfalle.

La chasse aux lièvres
De l'arrière droite, un cosaque avec un knout arrive au galop et met en fuite une troupe de lièvres français. Il chasse cette bande de lâches – au milieu Napoléon en uniforme vert, à gauche le maréchal Murat (?) vêtu d'une veste en fourrure comme la portent les hussards – par-dessus une colline et un tronc d'arbre vers la gauche, c.à.d. vers l'ouest. Un lièvre épaule son fusil, un autre brandit un drapeau blanc, surmonté d'une aigle perdant les lauriers de la victoire, annonciateur de la capitulation. Les autres lièvres, à l'exception d'un seul, se sont débarrassés de leurs armes. Ils les ont laissées à côté d'une écluse faisant allusion à l'Elster dont l'unique pont fut par erreur prématurément détruit, ce qui entraîna la déroute d'une partie de la Grande Armée fuyant Leipzig. Le texte relate cette panne fatale et traite les Français, dont l'Empire est en train de se désagréger, de lâches.

Hare-hunt
A knout-wielding cossack at the back is chasing a troop of hares in French uniforms away, driving the «scared rabbits» to the left, i.e. the west. In the centre, Napoleon in a green uniform; on the left, in a fur jacket, Murat (?), marshal of the hussars. One hare is shouldering a rifle, another is carrying the white flag of capitulation; the eagle crowning the staff is losing its victory laurel. All but one of the remaining hares have abandoned their weapons. The latter now lie next to a lock, suggesting the Elster. Because the only bridge across it had been blown up too early, this river spelt disaster for part of the Great Army on its retreat from Leipzig. The text makes allusion to this fatal mistake and mocks the French as cowards whose empire is in a state of collapse.

Caccia alle lepri
Da destra, sullo sfondo, un cosacco con lo staffile si avvicina al galoppo e caccia una schiera di lepri in divisa francese; superando una collina e un tronco, gli animali – simbolo di codardia in tedesco, come i conigli in italiano – fuggono verso sinistra, cioè verso ovest. La lepre al centro con l'uniforme verde è Napoleone, quella a sinistra con la giubba di pelliccia degli ussari è forse il maresciallo Murat. Una loro compagna reca in spalla il fucile; un'altra porta la bandiera, in cui il colore bianco preannuncia la resa e l'aquila sul puntale perde l'alloro della vittoria. Tutte le lepri tranne una si sono sbarazzate delle armi, che giacciono presso una chiusa; quest'ultima allude al fiume Elster, che durante la fuga da Lipsia riuscì fatale a parte della Grande Armata perché l'unico ponte rimasto fu fatto saltare troppo presto. La didascalia accenna appunto a quell'episodio disastroso, deridendo poi i francesi come codardi il cui impero si disgrega.

Lit.: Kat. RM 12 (Abb.); Sche 3.53; Schu Ftf. 6*, S. IV*.

330

Die Leipziger Barbierstube
o. l. *Leipzig*
o. M. *Leipzig / Kulm / Dennewitz / Hanau / Katzbach / [gros] Beeren*
anonym, 1813
Radierung und Aquatinta, koloriert
199 × 190 mm (210 × 197 mm)
u. r. Stempel Museum Schwerin
1980.400.

Die Leipziger Barbierstube
Mit dieser Bildsatire erschien in Deutschland erstmals das Motiv der alliierten Barbierstube, das in London Anfang Februar 1813 mit dem «Imperial Shaving Shop» (Br II App. A 455) debütiert hatte. Drei Uniformierte und ein Zivilist – wohl ein Bote – stehen für die Siegermächte und barbieren den verkrampft dasitzenden Napoleon. Links hat ein Infanterist soeben mit dem Rasiermesser den Schaumfleck «Leipzig» wegrasiert. Der Bote reicht die Rasierschale, während ein preussischer Landwehrsoldat den Kaiser mit Hut fasst und dessen Kinnpartie einseift. Hinter diesem schärft ein Kosak eine Klinge am Streichriemen, den er um dessen Hals gelegt hat. Die kaiserliche Wange blutet von der gründlichen Rasur, und eine blutbefleckte Serviette, die in den Uniformkragen gesteckt ist, zeigt eine Landkarte mit den Schauplätzen einiger Schlachten der Monate August bis Oktober 1813. Vgl. «Pariser Carneval von 1814» (Kat. Nr. 341).

La boutique de barbier de Leipzig
Avec cette gravure satirique apparaît pour la première fois en Allemagne le motif de la boutique de barbier alliée, qui vit le jour à Londres début février 1813 avec le «Imperial Shaving Shop» (Br II app. A 455). Trois hommes en uniforme et un en civil – probablement un messager –, représentants les forces alliées victorieuses, rasent un Napoléon crispé. A gauche, un fantassin vient de lui raser la tache de mousse «Leipzig». Le messager tend le plat à barbe tandis qu'un soldat de Landwehr prussien saisit l'Empereur par le chapeau et lui savonne le menton. Derrière lui, un cosaque affûte une lame au cuir à rasoir, pendu à son cou. Le rasage de très près fait saigner la joue de l'Empereur, et la serviette, tachée de sang et retenue par le col de son uniforme, représente une carte avec les lieux de quelques batailles d'août à octobre 1813. Cf. «Pariser Carneval von 1814» (n°. cat. 341).

The Leipzig Shaving Shop
This is the first appearance in Germany of the allied shaving shop motif first seen in the «Imperial Shaving Shop» published in London in early February 1813 (Br II App. A 455). Three soldiers and one civilian – probably a messenger –, representing the victorious powers, are shaving the tensely seated Napoleon. The infantryman on the left has just shaved away the bit of lather that was «Leipzig». The messenger holds the shaving basin as the Prussian Landwehr soldier, gripping the emperor by the hat, lathers his chin. The cossack is sharpening a blade on a strop he has placed round Napoleon's neck. The imperial cheek is bleeding from his close shave, and a bloodstained towel stuck into the collar of his uniform shows a map with the sites of various battles between August and October 1813. Cf. «Pariser Carneval von 1814» (cat. no. 341).

La barbieria di Lipsia
Con questa stampa satirica esordisce anche in Germania il tema del negozio di barbiere, comparso a Londra per la prima volta all'inizio di febbraio del 1813 (*Imperial Shaving Shop*, Br II app. A 455). Tre uomini in divisa e uno in borghese (probabilmente un corriere), che rappresentano le potenze vincitrici, radono un Napoleone nervosamente seduto. A sinistra un fante gli ha appena tolto col rasoio un po' di schiuma dal nome «Leipzig»; il corriere porge una ciotola da barbiere, mentre un milite prussiano afferra l'imperatore per il cappello e gli insapona il mento. Sulla destra un cosacco affila una lama sulla coramella che gli ha posto intorno al collo. La guancia di Napoleone sanguina per l'energica rasatura; una salvietta macchiata di sangue, infilata nel colletto dell'uniforme, presenta una carta geografica coi nomi di alcune battaglie dei mesi agosto–ottobre 1813. Cfr. «Pariser Carneval von 1814» (n° cat. 341).

Lit.: Br II App. E 68; Kat. BB 21; Sche 3.26.5.

1813 | 535

Hasenhetze

La chasse aux lièvres

Hare-hunt

Caccia alle lepri

Es war einst ein gewaltiger Held,
So sich der Große nannte;
Bei Leipzig nahm er Börsengold
Als — eine Brück verbrannte.

Auch gab's ein unbezwinglich Heer,
Unendlich aufgeblasen;
Doch sieh, ein Cosak knallte sehr,
Da wurden's — lauter Haasen.

Drob lacht nun wohl die ganze Welt,
Freut sich der Dinge Wende.
Das Große Reich der Haasen fällt,
Der Spaß hat jetzt ein Ende!

Die Leipziger Barbierstube

La boutique de barbier de Leipzig

The Leipzig Shaving Shop

La barbieria di Lipsia

Die Leipziger Barbierstube

331

Die neue Europaeische Barbierstube
o. r. *Mailand / Holland / 1813*
u. r. *Braband / Culm / die Katzbach / Leipzig / Dennewitz*
u. l. *1812*
anonym, 1813
Radierung, koloriert
167 × 140 mm (182 × 166 mm)
u. r. Stempel Museum Schwerin
1980.361.

Die neue europäische Barbierstube
Diese nach der «Leipziger Barbierstube» (Kat. Nr. 330) gestaltete Adaption des in Deutschland besonders populären Themas bezieht sich auf die militärischen Ereignisse Ende 1813 in Oberitalien, Holland und Belgien. Nachdem der Zar – links im Bild ein Rasierbecken mit der Jahrzahl 1812 und eine Seife haltend – den Invasor Russlands kräftig «eingeseift» hat, besorgen seine Bündnispartner nun den Rest der Rasur. Kaiser Franz drückt seinen Schwiegersohn auf einen Stuhl nieder, damit ihn Friedrich Wilhelm von Preussen an der Nase packen und ihm Strich um Strich die Eroberungen Holland, Mailand und Brabant abrasieren kann, die er auf einer hüftlangen Serviette abwischt. Dort erkennt man auch die Namen von Napoleons Niederlagen in Sachsen. Von des Preussen Schulter hängt eine Uniformkordel, welche die Form eines Galgenstricks bildet. Ein gleichnamiges Blatt schuf Johann Michael Voltz im folgenden Jahr für Friedrich Campe in Nürnberg. Eine dieser beiden Karikaturen liess der Polizeipräfekt Le Coq im Dezember 1813 bei sämtlichen Berliner Händlern beschlagnahmen und verbrennen.

La nouvelle boutique de barbier européenne
Ce sujet particulièrement populaire en Allemagne est une adaption de la «Leipziger Barbierstube» (n°. cat. 330) et se réfère aux événements militaires de fin 1813 en Italie du Nord, Hollande et Belgique. Le tsar – à gauche sur l'image, tenant un plat à barbe daté 1812 et un savon – ayant terminé de bien savonner l'incurseur de la Russie, a cédé sa place à ses partenaires alliés qui terminent le rasage. L'empereur François maintient son gendre sur la chaise afin que Frédéric Guillaume de Prusse puisse lui saisir le nez et lui raser ses conquêtes – la Hollande, Milan et le Brabant – les unes après les autres et les essuyer ensuite à sa serviette. On y reconnaît également les noms des villes de Saxe qui ont conduit Napoléon à la défaite. Un cordon pendant de l'épaule de l'allié prusse a pris la forme d'une corde de potence. Une gravure du même titre fut créée l'année suivante par Johann Michael Voltz pour les éditions Friedrich Campe à Nuremberg. En décembre 1813, le préfet de police Le Coq fit saisir l'une de ces deux caricatures auprès de tous les marchands à Berlin et ordonna qu'on les brûle.

The New European Shaving Shop
This adaptation of a motif very popular in Germany, here modelled on the «Die neue Europaeische Barbierstube» (cat. no. 330), alludes to the military events that took place in Northern Italy, Holland and Belgium at the end of 1813. The Tsar – on the left, with soap and shaving basin marked 1812 – has «softened up» the invader properly; now the Tsar's allies can get down to shaving him. Emperor Francis is holding his son-in-law down so Frederick William of Prussia, who has taken him by the nose, can shave away the conquests of Holland, Milan and Brabant, which he wipes off on a hip-length towel also bearing the names of Napoleon's defeats in Saxony. The braid hanging from the shoulder of the Prussian's uniform is shaped like a noose. Johann Michael Voltz drew a piece of the same name for Friedrich Campe in Nuremberg the following year. In December 1813 Police Prefect Le Coq had one of these two cartoons seized from all sales outlets in Berlin and burnt.

La nuova barbieria europea
Questo adattamento della «Leipziger Barbierstube» (n° cat. 330), soggetto particolarmente amato dai tedeschi, si riferisce agli eventi militari di fine 1813 nell'Italia settentrionale, in Olanda ed in Belgio. Lo zar, che a sinistra regge un pezzo di sapone e una ciotola da barbiere con l'anno 1812, ha già «insaponato» ben bene l'invasore della Russia; tocca ora agli altri membri della coalizione completare la rasatura. Poiché Napoleone è schiacciato sulla sedia da suo genero (l'imperatore Francesco), Federico Guglielmo di Prussia può afferrarlo per il naso e radergli via via le terre conquistate (l'Olanda, Milano e il Brabante), che spalma poi su una lunga mantellina accanto ai nomi delle sconfitte napoleoniche in Sassonia; dalle spalle del prussiano pende un cordone d'uniforme che sembra formare un capestro. Johann Michael Voltz eseguì una caricatura con lo stesso titolo per Friedrich Campe, editore a Norimberga; nel dicembre del 1813 il prefetto di polizia Le Coq sequestrò presso tutti i commercianti berlinesi gli esemplari di una delle due opere, che poi fece dare alle fiamme.

Lit.: Kat. RM 132; Sche 3.27.2; Schu S. IV* unter Nr. 18.

332

Steckenreiterey.
darunter *Hopp, hopp Schimmel! verliere doch nicht den Schweif, / wegen der Sonne dort!* / Nummer 27.
aus einer Folge
o. l. *Despotie / Tyrannei*
u. r. *Alleinherschaft*
u. M. *Leipzig*
u. l. *A I F II FW III C J*
anonym, 1813/1814
Radierung, koloriert
190 × 155 mm (239 × 190 mm)
Sammlung Herzog von Berry
1980.354.

Steckenreiterei
Im hübschen Medaillon präsentiert sich die feine Zeichnung auf Napoleons Sturz vom Steckenpferd. Des Kaisers Alleinherrschaft – Steckenpferd und kindische Utopie zugleich –, die er mit dem straffen Zügel der Tyrannei und Despotie ausübt, zerbricht im Licht der aufgehenden Sonne der Koalition am Grenz- und Stolperstein Leipzig. Rechts ist eine zerstörte, rauchende Stadt; links trägt die alles überstrahlende Sonne die Initialen von Zar Alexander I., Österreichs Kaiser Franz I. (der ehemalige deutsche Kaiser Franz II.), König Friedrich Wilhelm III. und von Kronprinz Carl Johann, dem früheren französischen Marschall Bernadotte. Sie parodiert gewissermassen Napoleons (untergehende) «Sonne von Austerlitz», Symbol der «Dreikaiserschlacht» vom Jahre 1805, in der sich die französische Vormacht auf dem Kontinent bestätigte.

A dada
Un joli médaillon encadre le dessin aux traits fins représentant la chute de Napoléon de son dada. Le pouvoir absolu de l'Empereur – tout à la fois dada et utopie enfantine – qu'il exerce en tenant fermement les rênes de la tyrannie et du despotisme, se brise à la lumière du soleil levant de la coalition ainsi que sur la borne et pierre d'achoppement qu'est Leipzig. A droite, l'on distingue une ville détruite de laquelle s'élève une fumée épaisse; le soleil rayonnant, à gauche, porte les initiales du tsar Alexandre Ier, de l'empereur d'Autriche François Ier (l'ex-empereur d'Allemagne François II.), du roi Frédéric Guillaume III et du prince héritier Carl Johann, l'ancien maréchal français Bernadotte. Le soleil est en quelque sorte une parodie du «soleil d'Austerlitz» (couchant) qui fut le symbole de la bataille des «Trois-Empereurs» (1805) et de par-là celui de la suprématie française sur le continent.

Hobby-horse Riding
A charming medallion contains a delicate drawing of Napoleon falling from a hobby-horse. The emperor's autocracy – both hobby-horse and utopia – had been exercised with the tight reins of tyranny and despotism. Now, in the light of the rising sun of the coalition, it must topple, tripping over the milestone of Leipzig. On the right, a smouldering city; on the left, the radiant sun bearing the initials of Tsar Alexander I, the Austrian Emperor Francis I (the former German Emperor Francis II), King Frederick William III and Crown Prince Carl Johann, the former French marshal Bernadotte. It is a kind of parody on Napoleon's (setting) «sun of Austerlitz», symbol of the great victory that confirmed French domination of Europe in 1805.

A cavalluccio
Il grazioso medaglione presenta, finemente disegnata, la caduta di Napoleone dal cavallo di legno. L'utopia della sovranità assoluta, esercitata dall'imperatore con le briglie della tirannide e del dispotismo, è un balocco che si spezza quando il cavaliere, abbagliato dal sole nascente della coalizione, inciampa nel cippo confinario di Lipsia. Sulla destra appare una città fumante, distrutta; il sole sfolgorante sulla sinistra reca le iniziali dello zar Alessandro I, dell'imperatore austriaco Francesco I (l'ex imperatore germanico Francesco II), di re Federico Guglielmo III e del principe ereditario Carl Johann (l'ex maresciallo francese Bernadotte). Si tratta, in un certo senso, di una parodia del «sole di Austerlitz» napoleonico (non nascente ma calante), simbolo di quella «battaglia dei tre imperatori» che nel 1805 aveva confermato il predominio francese in Europa.

Lit.: BN IV 8852; La Fabb. 46, S. 421; Schu Tf. 21 links, S. V*; Sche 3.45.

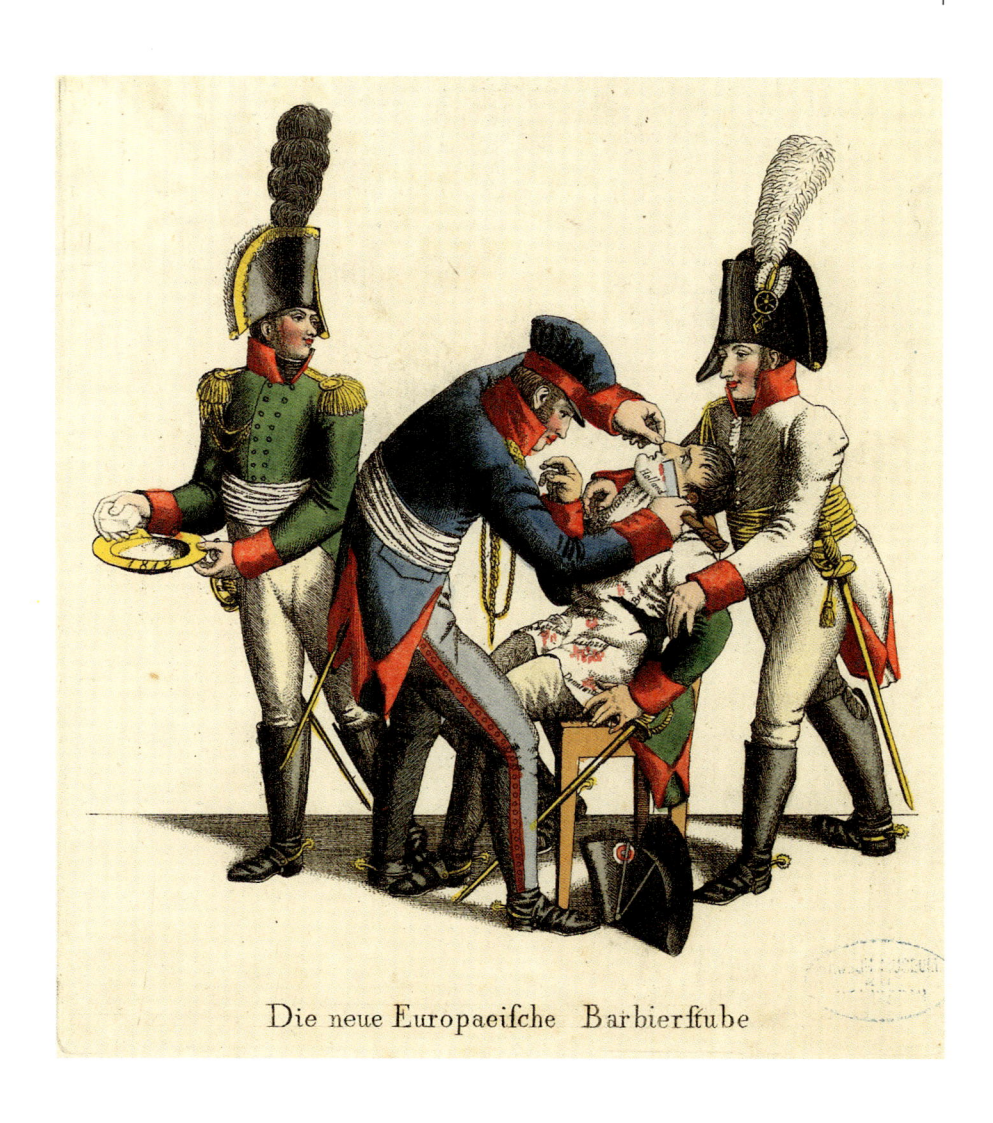

Die neue europäische Barbierstube

La nouvelle boutique de barbier européenne

The New European Shaving Shop

La nuova barbieria europea

Die neue Europaeifche Barbierstube

Steckenreiterei

A dada

Hobby-horse Riding

A cavalluccio

Steckenreiterey.
Hopp, hopp Schimmel! verliere doch nicht den Schweif, wegen der Sonne dort!

333
Der Huth.
darunter *Ein Huth allhier ein Haupt bedeckt: / Alle sollten werden darunter gesteckt. / Für alle war er eine schwere Last / Drum weg mit ihm, weil er keinem passt! / Nummer 28.*
aus einer Folge
u. r. *F II*
anonym, 1813/1814
Radierung, koloriert
193 × 167 mm (250 × 194 mm)
Sammlung Herzog von Berry
1980.352.

Der Hut
Napoleons typischer Zweispitz mit der Trikolore nimmt den Hauptteil des Bildrunds ein und bedeckt das ausgesparte Profil des Kaisers nach links. Ein preussischer und ein russischer (links) sowie ein schwedischer und ein österreichischer Soldat (rechts) – die Repräsentanten der Koalition – gehen daran, dieses Monstrum, das schwer auf Europa lastet, umzukippen. Den Hintergrund nimmt die Stadtansicht von Leipzig ein mit der Richtstätte vor den Toren.

Le chapeau
Le typique bicorne à cocarde tricolore de Napoléon occupe la plus grande partie du médaillon et couvre le profil de l'Empereur qui se dessine vers la gauche. Des soldats, un prussien et un russe (gauche) ainsi qu'un suédois et un autrichien (droite) – les représentants de la coalition – s'apprêtent à renverser ce monstre qui pèse lourd sur l'Europe. Une vue de Leipzig avec son lieu de supplice occupe le fond du médaillon.

The Hat
Napoleon's typical bicorne with the colours of France takes up much of the picture and covers the outline profile of the emperor (facing left). A Prussian and a Russian soldier on the left and a Swedish and an Austrian soldier on the right – representatives of the coalition – are about to topple the monster that weighs so heavily on Europe. In the background, the city of Leipzig with a place of execution before its gates.

Il cappello
Il tipico bicorno napoleonico col tricolore occupa la parte principale del medaglione, sovrastando a sinistra il profilo trasparente dell'imperatore; quattro soldati in rappresentanza della coalizione (Prussia e Russia a sinistra, Svezia e Austria a destra) si accingono a rovesciare quel mostro pesante che opprime l'Europa. Sullo sfondo, dietro un patibolo, appare la città di Lipsia.

Lit.: BN IV 8853; Sche 3.47; Schu Tf. 21 rechts, S.V*.

334
Diesen Bock habe ich in Russland geschossen, / aber in Deutschland bleibe ich mit ihm im Dreck stecken
anonym, 1813/1814
Radierung, koloriert
191 × 155 mm (224 × 180 mm)
u. r. Stempel Museum Schwerin
1980.445.

Diesen Bock habe ich in Russland geschossen, aber in Deutschland bleibe ich mit ihm im Dreck stecken
Das Motiv des vom Jäger Napoleon geschossenen Bockes hatte in den Jahren 1813 und 1814 in Deutschland grossen Erfolg und erreichte sogar Holland (Br II App. H 36) und Italien (Br II App. F 39), obwohl dort die Redensarten, von denen das Bild ausgeht, kaum verstanden wurden. Im Schlamm langsam einsinkend, kommt Napoleon kaum noch vorwärts. Vor der Kälte schützen ihn Fäustlinge und das Fell eines kapitalen Bockes, das er mit gekreuzten Armen über die Schultern gezogen hat und festhält. Das Überbleibsel aus Russland wärmt den Heimreisenden, doch spielt diese zweite Haut auch auf den Teufel in Bocksgestalt an, der in etlichen Karikaturen als Napoleons Begleiter oder Alter Ego in Erscheinung tritt. «Einen Bock schiessen» und «im Dreck stecken bleiben» lässt der Karikaturist den bei Leipzig geschlagenen Feldherrn, um dessen fatalen Irrtum, 1812 in Russland einzumarschieren, als Ursache der aussichtslosen Lage des Kaisers auf dem Deutschlandfeldzug zu deuten.

Ce bouc, je l'ai tiré en Russie, mais en Allemagne avec lui je m'enfonce dans la boue
Le motif du bouc tiré par le chasseur Napoléon eut un immense succès en Allemagne dans les années 1813 et 1814 et atteignit même la Hollande (Br II app. H 36) et l'Italie (Br II app. F 39), bien que les locutions qui sont à l'origine de la gravure n'y furent guère comprises (einen Bock schiessen = rater son coup). Napoléon n'avance presque plus, il s'enfonce de plus en plus dans la boue. Des mitaines et la peau d'un superbe bouc, qu'il serre autour de ses épaules, le protègent du froid. Ce qui lui est resté de Russie le réchauffe à son retour, mais cette deuxième peau fait également allusion au diable représenté par un bouc qui, sur quelques caricatures, apparaît comme son compagnon ou son alter ego. Le caricaturiste fait «einen Bock schiessen» (c.à.d. rater son coup) au général vaincu à Leipzig et le laisse «im Dreck stecken» (c.à.d. dans une situation inextricable) pour démontrer l'erreur fatale qu'était l'invasion de la Russie en 1812 et qui, selon lui, serait à l'origine du désastre de la campagne d'Allemagne.

I Shot this Goat in Russia, but in Germany We Are Mired Down
The motif of Napoleon the hunter shooting a goat was very successful in Germany in 1813 and 1814 and even travelled as far as Holland (Br II App. H 36) and Italy (Br II App. F 39), although the idiom behind the picture was not understood there (in German, «shooting the goat» means to blunder). Bogged down in the morass, Napoleon can hardly move forward. Mittens and a goat-skin pulled tightly over his shoulders protect him from the cold. The remnants of Russia warm him on his way home; but this second skin is also an allusion to the Devil in the guise of a goat, a frequent companion or alter ego of Napoleon's in cartoons. Here the cartoonist suggests that the Russian campaign of 1812 was the emperor's fatal mistake and the ultimate reason for his defeat at Leipzig.

Questo caprone l'ho ucciso in Russia, ma in Germania c'impantaniamo insieme
Negli anni 1813 e 1814 il tema del caprone ucciso dal cacciatore Napoleone ebbe grande successo in Germania, raggiungendo perfino l'Olanda (Br II app. H 36) e l'Italia (Br II app. F 39), benché lì i modi di dire su cui si basava non fossero trasparenti come per i popoli tedeschi. Napoleone, affondando lentamente nella melma, ormai non riesce più a procedere; per proteggersi dal freddo, oltre a indossare muffole, con le braccia incrociate trattiene sulle spalle la pelliccia di un bel caprone ucciso. Questa seconda pelle, residuo della campagna di Russia, scalda sì il fuggiasco ma allude anche a un'altra figura di caprone: quella del diavolo, che in certe caricature appare come accompagnatore o *alter ego* di Napoleone. Presentando il condottiero che «uccide un caprone» e «s'impantana» (locuzioni che in tedesco stanno per «prendere un granchio» e «finire nei guai»), il caricaturista indica il fatale errore del 1812 (l'invasione della Russia) come causa della situazione disperata in cui Napoleone, sconfitto a Lipsia, viene ora a trovarsi in Germania.

Lit.: Kat. RM 86; Sche 3.41 (Ftf. XXII).

Der Hut

Le chapeau

The Hat

Il cappello

Diesen Bock habe ich in Russland geschossen, aber in Deutschland bleibe ich mit ihm im Dreck stecken

Ce bouc, je l'ai tiré en Russie, mais en Allemagne avec lui je m'enfonce dans la boue

I Shot this Goat in Russia, but in Germany We Are Mired Down

Questo caprone l'ho ucciso in Russia, ma in Germania c'impantaniamo insieme

335

Trauriges Bild der Französischen Retirade in Thüringen
darunter *Man fragt sich, ist dies der grosse Heerführer, vor dem bis jetzt ganz Europa zitterte? / «Vide 23ᵉ Bulletin des Kronprinzen von Schweden»*
Johann Michael Voltz, 1813, nach John Augustus Atkinson, bei Friedrich Campe, Nürnberg
o. r. *N° 579ᵃ*
Radierung, koloriert
180 × [252] mm (198 × 254 mm)
u. r. Stempel Museum Schwerin
1980.372.

Trauriges Bild des französischen Rückzugs in Thüringen
Der Zeichner dieses Blattes verzichtet auf jede Überzeichnung, Verzerrung oder Übersteigerung. Allein das beigefügte Zitat aus einem Bulletin des einstigen napoleonischen Marschalls und damaligen schwedischen Kronprinzen Bernadotte bringt die Ironie ins Spiel, die es rechtfertigt, von einer Bildsatire zu sprechen. Die verlustreiche Schlacht von Leipzig endete mit der Einkesselung der Franzosen und deren behindertem Rückzug. Napoleon sammelte die Reste seines Heeres in Erfurt und marschierte am 26. Oktober 1813 durch den Thüringer Wald. Der endlose Zug der 70 000 Mann, ihren Hunger und die Niedergeschlagenheit des Feldherrn sowie des Generalstabs schildert das qualitativ hochstehende Blatt im Kompositionsmuster des Historienbildes.

La triste image de la retraite des Français en Thuringe
L'auteur de cette feuille renonce à toute inscription, déformation ou exagération. Seule la citation au-dessous de l'image, provenant d'un bulletin du prince héritier Bernadotte, ancien maréchal de Napoléon, fait ressortir l'ironie de l'illustration qui justifie de la classer parmi les satires. La bataille sanglante de Leipzig se termina par l'encerclement des Français et leur retraite pénible. Napoléon rallia les restes de son armée à Erfurt et ouvrit la marche à travers la forêt de Thuringe le 26 octobre 1813. Le défilé interminable des 70 000 hommes, leur faim, ainsi que la fatigue et le désespoir du commandant et de son état-major, tout cela est représenté sur cette image de qualité supérieure, exécutée à la manière d'un tableau historique.

Dismal Picture of the French Retreat in Thuringia
Forgoing any form of pictorial distortion or exaggeration, this piece derives its right to be designated satire purely from the irony of the accompanying quotation from a bulletin of the former Napoleonic marshal and then Swedish crown prince Bernadotte. The battle of Leipzig incurred heavy losses and ended with the French encircled, their retreat impeded. Napoleon mustered the rest of his army at Erfurt and marched them through the Thuringian Forest on 26 October 1813. The finequality drawing, its composition patterned on historical painting, shows the endless train of 70 000 hungry men and the despondency of their military leader and his general staff.

Scena mesta della ritirata francese in Turingia
Qui il disegnatore rinuncia a ogni eccesso, deformazione o distorsione; l'ironia, grazie a cui si può parlare di satira, sta solo nella citazione da un bollettino di Bernadotte, ex maresciallo napoleonico e ora principe della corona svedese. Dopo la sanguinosa battaglia di Lipsia, i francesi si trovarono in una sacca che ne ostacolò la ritirata; raccolti a Erfurt i resti dell'esercito, il 26 ottobre 1813 Napoleone marciò attraverso la Selva turingia. Di livello qualitativo elevato, l'acquaforte usa moduli compositivi del quadro di soggetto storico per descrivere la colonna interminabile dei 70 000 uomini, la loro fame e lo scoramento del condottiero e del suo stato maggiore generale.

Lit.: Br II S. 114, App. E 110; Sche unter 4.1.1.

336

DER RHEINISCHE COURIER / verliehrt auf der Heimreise von der Leipziger Messe alles.
o. l. *Maynz / Carolus Magnus*
o. r. *Brab[ant] / Elsas[s] / Italien / Holland / Lothringen / Schweiz / Hanseat[ische] Departemente Rheinufer / Rhein Bund*
u. r. *Polen / Junge Garde / Alte Garde*
anonym, 1814
Radierung, koloriert
125 × 94 mm (134 × 99 mm)
Herkunft unbekannt
1980.365.

Der rheinische Kurier verliert auf der Heimreise von der Leipziger Messe alles
Der deutsche «Rheinische Courier» ist der Urtyp der nachmaligen französischen (Kat. Nr. 164), englischen (Kat. Nr. 60) und italienischen (Br II App. F 18 und 37) Versionen des Themas und erlebte in Deutschland mehrere Variationen und Nachdrucke. Eine davon schuf der fleissige Johann Michael Voltz im Jahr 1814 für den Nürnberger Verleger Friedrich Campe. Im Arenenberger Exemplar haben wir eine der Versionen, welche der Urtyp von 1813 (Sche 3.55) in Deutschland nach sich zog. Da hier die schon aus dem Tornister gefallene Karte Lothringens (preussischer Einmarsch im Januar 1814) hinzugefügt wurde, kann es erst 1814 entstanden sein. Abweichend von der Urfassung nennt die Karte im Tornister das Elsass anstelle des Rheinufers, erscheinen die geographischen Namen nicht in Versalien – dafür die zweite Titelzeile in Kursivschrift – und antwortet dem Strauch unten links ein zweiter am Rheinbord. Die vorliegende Variante findet sich in Schefflers Typenkatalog nicht verzeichnet.

Le courrier du Rhin perd tout en revenant de la foire de Leipzig
Le «courrier du Rhin» allemand est l'archétype des versions subséquentes françaises (n°. cat. 164), anglaises (n°. cat. 60) et italiennes (Br II app. F 18 et 37) et connut en Allemagne plusieurs variantes et réimpressions. L'une fut créée en 1814 par Johann Michael Voltz pour l'éditeur Friedrich Campe à Nuremberg. L'exemplaire d'Arenenberg est l'une des versions inspirées par l'archétype de 1813 en Allemagne (Sche 3.55). Vu le rajout de la carte de la Lorraine (invasion des Prussiens en janvier 1814) qui s'échappe déjà de son havresac, cette caricature ne peut avoir été conçue qu'en 1814. Autres différences avec l'original: sur la carte dans le havresac est inscrit le nom de l'Alsace à la place de celui de la rive du Rhin, les noms géographiques ne sont pas écrits en majuscules – la deuxième ligne du titre est par contre rédigée en lettres cursives – et le buisson au bas gauche de la caricature trouve sa réplique au bord du Rhin. La variante ci-contre n'est pas mentionnée dans le catalogue de Scheffler.

The Rhine Messenger Loses Everything on His Way Home from the Leipzig Fair
The German «Rhine Messenger» is the source of later French (cat. no. 164), English (cat. no. 60) and Italian (Br II App. F 18 and 37) versions of the subject. Its German variants and reprints included one by the diligent Johann Michael Voltz, for Friedrich Campe in Nuremberg in 1814. The Arenenberg copy is one of the German versions inspired by the typological original (Sche 3.55) of 1813. As it adds the map of Lothringia (entered by Prussian troops in January 1814), already falling out of the rucksack, it cannot be earlier than 1814. Further divergences from the original: the map in the rucksack names Alsace, not the bank of the Rhine; the geographical names are not uppercased, but the second line is always in italics; and the bush at the bottom left has a counterpart on the bank of the Rhine. The variant shown here does not figure in Scheffler's catalogue of types.

Il corriere renano perde tutto tornando dalla fiera di Lipsia
Al «corriere renano» tedesco, capostipite delle varianti posteriori francesi (n° cat. 164), inglesi (n° cat. 60) e italiane (Br II app. F 18 e 37), seguirono parecchie versioni e riproduzioni in Germania; una di esse fu realizzata nel 1814 per Friedrich Campe, editore a Norimberga, dall'attivissimo Johann Michael Voltz. L'esemplare di Arenenberg, una delle versioni tedesche derivate dal capostipite del 1813 (Sche 3.55), non può essere anteriore al 1814: fra le carte cadute dallo zaino, infatti, appare anche quella della Lorena, invasa dalle truppe prussiane nel gennaio 1814. Rispetto all'originale, qui la carta nello zaino non indica la riva del Reno ma l'Alsazia, i nomi geografici non sono in lettere maiuscole, la seconda riga del titolo è in corsivo e al cespuglio dell'angolo inferiore sinistro ne corrisponde un secondo in riva al fiume. Questa variante non è compresa nel catalogo di Scheffler.

Lit.: BN IV 8850; Br II S. 121f., App. E 18; Sche 3.55var.

Trauriges Bild des französischen Rückzugs in Thüringen

La triste image de la retraite des Français en Thuringe

Dismal Picture of the French Retreat in Thuringia

Scena mesta della ritirata francese in Turingia

Der rheinische Kurier verliert auf der Heimreise von der Leipziger Messe alles

Le courrier du Rhin perd tout en revenant de la foire de Leipzig

The Rhine Messenger Loses Everything on His Way Home from the Leipzig Fair

Il corriere renano perde tutto tornando dalla fiera di Lipsia

337

Charlemagne II vainqueur / dans la course. [unterhalb des Bildes auf blauem Unterlageblatt]
o. r. *Contribut. Requisition Expropriat. Saisies Recettes*
anonym, 1813
Bleistift und Aquarell; Feder mit Tinte [Schrift]
Zeichnung: 159 × 244 mm
Unterlageblatt: 188 × 278 mm
u. r. Stempel Museum Schwerin 1980.222.

Karl der Grosse II. – Sieger im Laufen
Nach der Niederlage von Leipzig zog Napoleon sein Heer über den Rhein zurück. Die qualitätvolle Handzeichnung stellt ihn als Hasenfuss in Todesangst dar, wie er mit Siebenmeilenstiefeln über eine Ebene davonhetzt und zum Sprung über den Rhein ansetzt. Diesen personifiziert der Flussgott im Schilf, auf dem wohl Schwedens Kronprinz Bernadotte, einst französischer Marschall, sitzt und sich in dessen Haar festkrallt. Der Alliierte weigerte sich nämlich, Napoleons Truppen bis in ihre Heimat zu verfolgen. Gejagt wird der kaiserliche Hase, der Mohrrüben sowie eingezogene Gelder unter dem Arm hält und Lorbeer, Krone und Goldmünzen verliert, von drei Alliierten mit Peitschen (in der Mitte Alexander I.). Weiter hinten folgen Kaiser Franz I. mit einer Rute (vgl. Kat. Nr. 338), Feldmarschall Blücher und andere Verfolger. Zuhinterst preschen Kosaken heran und sind eine Kanone, ein totes Pferd, Ruinen und eine brennende Stadt zu sehen. Napoleons Greifenpanzer, der ihn als römischen Imperator zeigt, wie auch der Bildtitel wirken doppelt lächerlich angesichts seines Verhaltens. Die Wiedergeburt Karls des Grossen, als die sich Napoleon gerne darstellte, bleibt auch auf der Flucht unbestrittener Sieger… im Laufen.

Charlemagne II vainqueur dans la course
Après la défaite de Leipzig, Napoléon et son armée se retirèrent au-delà du Rhin. Ce dessin de bonne qualité le représente en fuyard chaussé de bottes de sept lieues, qui, dans les affres de la mort, s'apprête à sauter par-dessus le Rhin. Le dieu du fleuve dans les roseaux – personnification du Rhin – semble porter sur ses épaules le prince héritier Bernadotte de Suède, ancien maréchal français, qui s'accroche à ses cheveux. Car l'allié refusait de poursuivre les troupes de Napoléon jusque dans leur patrie. Le lièvre impérial tient sous le bras des carottes ainsi que de l'argent confisqué et perd laurier, couronne et pièces d'or; il est chassé par trois alliés munis de fouets (au milieu Alexandre Ier). Ils sont suivis de l'empereur François Ier avec une verge (cf. n°. cat. 338), du feld-maréchal Blücher et d'autres poursuivants. Tout au fond l'on perçoit des cosaques s'approchant au galop ainsi qu'un canon, un cheval mort, des ruines et une ville en flammes. La cuirasse de Napoléon, qui le présente en empereur romain, tout comme le titre de la gravure, paraissent doublement ridicules, compte tenu de son comportement. Le deuxième Charlemagne, pour lequel Napoléon aimait être pris, reste lui aussi incontestablement invincible… à la course.

Charlemagne II Winner of the Race
After his defeat at Leipzig, Napoleon retreated across the Rhine with his troops. This fine drawing shows him as a coward fleeing for his life. He has bolted across a plain and now takes a leap across the Rhine, personified by the river god in the reeds. On the god's shoulders, clutching his hair, probably Sweden's crown prince Bernadotte, who had once been a French marshal. The allies refused to pursue Napoleon's forces all the way home. Three allies with whips (in the centre, Alexander I) are chasing the imperial rabbit, who has carrots and plundered wealth under his arm. He has lost his crown and laurel wreath, and coins are spilling from his bag. Further back, Emperor Francis I with a switch (cf. cat. no. 338), Field Marshal Blücher and other pursuers. In the rear, cossacks are galloping up; in the background, a cannon, a dead horse, ruins and a burning city. Napoleon's faintheartedness makes a total mockery of the insignia of a Roman emperor and the title of the picture. Even as he flees, the reincarnation of Charlemagne, as Napoleon styled himself, remains the unquestioned champion… in running.

Carlomagno II vincitore nella corsa
Sconfitto a Lipsia, Napoleone ritirò l'esercito oltre il Reno; il disegno, di notevole livello qualitativo, lo mostra come un codardo atterrito in rapida fuga nella pianura, mentre coi lunghi stivali compie un gran balzo verso la riva opposta. Il Reno è personificato dalla divinità fluviale nel canneto, ai cui capelli si aggrappa probabilmente il principe ereditario svedese: l'ex maresciallo napoleonico Bernadotte, infatti, rifiutò d'inseguire le truppe imperiali fino in Francia. Il «coniglio» Napoleone, che stringe qualche carota (ma anche i tributi riscossi) e perde l'alloro, la corona e le monete d'oro, è incalzato da tre alleati con lo staffile (tra cui, al centro, Alessandro I); dietro, fra gli altri inseguitori, si riconoscono l'imperatore Francesco I col fascio di sterpi (cfr. n° cat. 338) e il feldmaresciallo Blücher. Sullo sfondo, ove si avvicinano cosacchi al galoppo, appaiono un cannone, un cavallo morto, rovine e una città in fiamme. Il titolo dell'opera e la lorica da *imperator* rendono doppiamente ridicolo il comportamento del fuggiasco: quel Napoleone che amava presentarsi come il «nuovo Carlomagno» rimane, anche durante la fuga, indiscusso vincitore… nella corsa.

Lit.: –

338

Wer sein Kind lieb hat, der züchtiget es.
anonym, 1813
Bleistift, Feder mit Tinte, Aquarell; Schrift mit schwarzer Tinte
Bildfeld: 268 × 174 mm
Blatt: 290 × 184 mm
u. r. Stempel Museum Schwerin 1980.433.

Wer sein Kind liebhat, der züchtigt es
Vor einem Fensterausblick, der eine vom Krieg verwüstete Landschaft in Flammen zeigt, sitzt Kaiser Franz I. von Österreich auf dem Thronsessel. Mit einer Reisigrute haut er seinem Schwiegersohn Napoleon den blossen Hintern blutig. Der kleine Kaiser krallt sich vor Schmerz in Schwiegervaters Oberschenkel fest, das Blut steigt ihm ins Gesicht, und die Augen quellen hervor. Vergebens strampelt er, wobei ihm die gestohlenen Kronen Europas aus der Rocktasche kullern. Die feinen Züge Franz' I. sind wohl nach einem damals gängigen Porträt gezeichnet, während Napoleons ausdrucksstarkes Gesicht meisterhaft karikiert ist und den Brennpunkt der Szene und ihrer Satire bildet. Hilfloser und erniedrigender wurde der Besiegte von Leipzig nie vorgeführt. Die Überwindung des Tyrannen wird vom Völkerkonflikt zur Familienangelegenheit bagatellisiert. Endlich nimmt Franz I. seine erzieherische Pflicht wahr, das europäische Enfant terrible in die Schranken zu weisen. Zeichenstil, Kolorit, Physiognomie und Mimik sind eng verwandt mit Kat. Nr. 337. Beide Blätter müssen vom gleichen Künstler stammen.

Qui aime bien son enfant le châtie bien
L'empereur François Ier d'Autriche est assis sur le trône devant une fenêtre qui laisse entrevoir un paysage en flammes, dévasté par la guerre. Il a baissé la culotte à son gendre, Napoléon, et lui fouette les fesses jusqu'au sang. Le petit empereur, fou de douleur, se cramponne aux cuisses de son beau-père, le sang lui monte au visage et les yeux lui sortent presque de la tête. Il se débat vainement tandis que les couronnes d'Europe volées tombent de la poche de son habit. Les traits élégants de François Ier sont probablement dessinés d'après un portrait en vogue à l'époque, alors que le visage expressif de Napoléon, centre de la scène et de sa satire, est un chef-d'œuvre de la caricature. Jamais encore le vaincu de Leipzig fut représenté dans une position plus humiliante et désespérée. Le triomphe sur le tyran est minimisé: le conflit entre nations devient une affaire de famille. Enfin François Ier prend conscience de ses responsabilités éducatives et remet l'enfant terrible d'Europe à sa place en lui donnant une leçon. Le style de dessin, le coloris, la physionomie et la mimique sont très proches du n°. cat. 337. Les deux illustrations proviennent donc du même artiste.

To Love One's Child is to Chastise it
In front of a window overlooking a wartorn landscape in flames sits Emperor Francis I of Austria on his throne. He has taken his son-in-law, Napoleon, over his knee and is beating him bloody with a switch. The little emperor is clutching his father-in-law's thigh in pain. The blood has rushed to his head and his eyes are bulging. As he struggles vainly, the stolen crowns of Europe tumble from his pocket. The delicate features of Francis I are probably taken from a well-known portrait, while Napoleon's intense face is a masterful caricature and forms the focus of the scene and the satire. Never was the vanquished emperor shown in a more helpless, more humiliating position. Efforts to defeat the tyrant have been relegated from international conflict to family matter. Finally Francis I is taking his familial obligations seriously and putting Europe's *enfant terrible* in his place. The similarities to cat. no. 337 in terms of drawing style, colouring, physiognomy and body language suggest that the two cartoons are by the same artist.

Chi vuol bene a suo figlio lo castiga
L'imperatore Francesco I d'Austria, in trono davanti a una finestra che dà su un paesaggio in fiamme devastato dalla guerra, frusta a sangue con un fascio di sterpi il deretano nudo di suo genero; il piccolo Napoleone, col volto congestionato e gli occhi fuori dalle orbite, si aggrappa per il dolore alla coscia del suocero e sgambetta inutilmente, lasciandosi rotolare dalla tasca le corone rubate all'Europa. I fini lineamenti di Francesco I ricalcano certo un ritratto allora molto noto, ma il volto espressivo di Napoleone è una caricatura magistrale, che forma il punto focale della scena e del suo contenuto satirico: mai lo sconfitto di Lipsia fu presentato in modo più goffo e più umiliante. Da conflitto fra nazioni, la vittoria sul tiranno è banalizzata a questione di famiglia: finalmente Francesco I compie il suo dovere di educatore, rimettendo al suo posto l'*enfant terrible* dei popoli europei. Stile del disegno, colore, fisionomia e mimica richiamano da vicino un'altra stampa (n° cat. 337), che dev'essere dello stesso autore.

Lit.: –

Karl der Grosse II. – Sieger im Laufen

Charlemagne II vainqueur dans la course

Charlemagne II Winner of the Race

Carlomagno II vincitore nella corsa

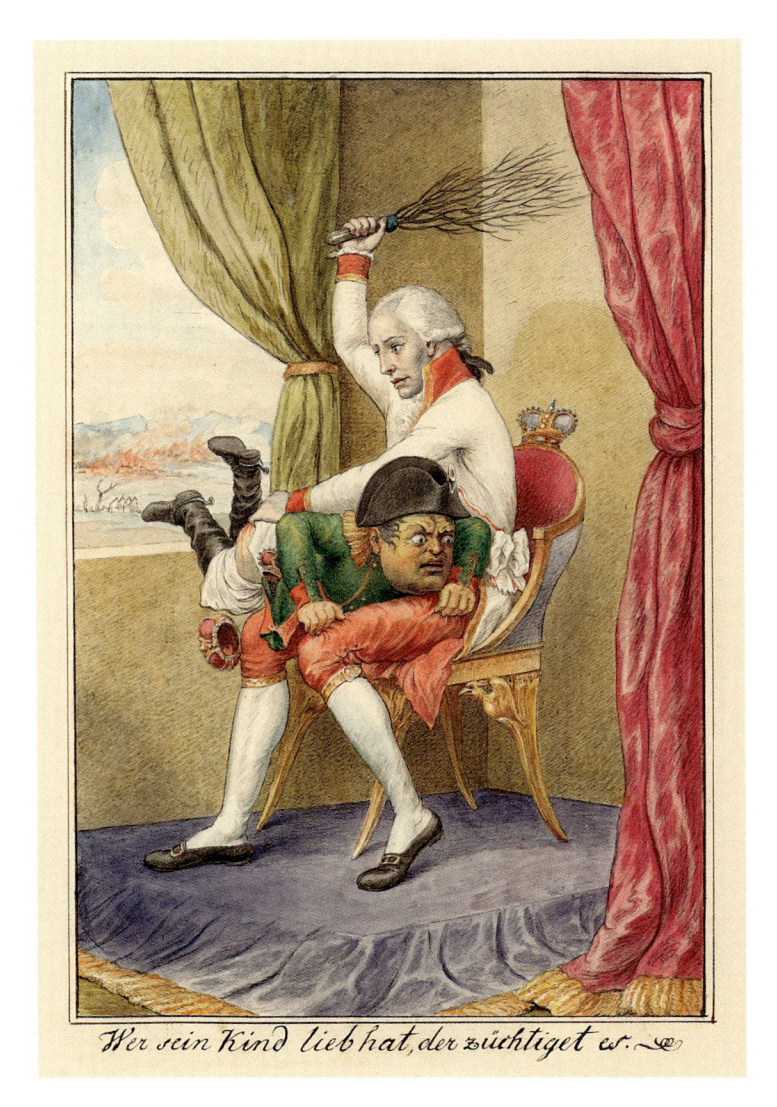

Wer sein Kind liebhat, der züchtigt es

Qui aime bien son enfant le châtie bien

To Love One's Child is to Chastise it

Chi vuol bene a suo figlio lo castiga

339

Das grosse Schlachthaus.
darunter Nummer 22. aus einer Folge
o.l. *Spanien 350,000 Mann.* / *Deutschland 900,000.* / *Russland 400,000.*
o.M. *Italien 500,000 Stück.*
o.r. *Egypten 50,000,* / *St Domingo 55000.* / *Senatus Consult. 380,000 Conscri – birte zur Disposition des ,,,,,,,,*
u.l. *Praefectur.* / *Conscription.*
anonym, 1813/1814
Radierung, koloriert
179 × 229 mm (218 × 263 mm)
Herkunft unbekannt
1980.447.

Das grosse Schlachthaus
Wie die spanische Karikatur Kat. Nr. 160 deutet das Blatt die zu Hunderttausenden in die napoleonischen Kriege geschickten Soldaten als Opferlämmer eines blutrünstigen Regimes. Vom Präfekten links mit der Peitsche zusammengetrieben, werden die frischen Tiere (mit Tschako) an einem Strick vom Schlächter Napoleon (mit Schürze und Metzgermesser) zum Schlachthaus geführt. Was sie dort erwartet, stellen die Blutlachen an den sechs Eingängen, die aufgehängten Hammelfelle, sowie die über den Pforten angebrachten Schrifttafeln klar. Letztere beziffern die Menschenleben, welche Napoleon vom Italienfeldzug bis zum deutschen Befreiungskrieg auf dem Gewissen hat: mehr als zwei Millionen. Auf der Wand ganz rechts ist die neueste Massenaushebung des Diktators (380 000 Mann) angeschlagen. Die letzte Rekrutierungswelle des französischen Senats vom 12. November 1813 belief sich effektiv auf 300 000 Mann.

Le grand abattoir
De même que la caricature espagnole n°. cat. 160, cette illustration considère les soldats envoyés à la guerre comme les innocentes victimes du régime napoléonien sanguinaire. A gauche, le préfet avec son fouet rassemble les bêtes fraîches (avec shako) que le boucher, Napoléon (avec tablier et couteau), tire par une corde pour les mener à l'abattoir. Ce qui les attend est annoncé par les flaques de sang devant les six entrées, par les peaux suspendues ainsi que les écriteaux fixés au-dessus des portes. Ces derniers indiquent le nombre de vies que Napoléon a sacrifiées depuis le début de la campagne d'Italie jusqu'à la guerre de libération allemande: plus de deux millions. Sur le mur tout à droite est affichée la dernière levée en masse du dictateur (380 000 hommes). La dernière vague de recrutement du sénat français du 12 novembre 1813 s'éleva en effet à 300 000 hommes.

The Great Slaughterhouse
Like cat. no. 160, a Spanish cartoon, this piece alludes to the hundreds of thousands of soldiers sent to war for Napoleon as the sacrificial lambs of a bloodthirsty regime. Herded together by a prefect (left) with a whip, the animals, in shakos, are led to the slaughterhouse by the butcher Napoleon (with apron and knife). What awaits them is clear from the pools of blood at the entrances, the lambskins on the wall, and the signs above the doors. The latter tabulate the number of lives Napoleon has on his conscience, from the Italian campaign to the German War of Liberation: more than two million. On the wall at the far right, an announcement of the dictator's latest mass conscription plan (380 000 men). This final wave of recruitment, approved by the French Senate on 12 November 1813, ultimately involved 300 000 men.

Il grande macello
Così come la caricatura spagnola (n° cat. 160), questa stampa allude alle centinaia di migliaia di soldati inviati a morire nelle guerre napoleoniche, vittime innocenti di un regime sanguinario: riuniti dal prefetto con la frusta, i teneri agnelli (col chepì) sono trascinati dalla fune di Napoleone (con grembiale e coltello da macellaio) verso il mattatoio. Ciò che li aspetta è chiarito dalle pozze di sangue ai sei ingressi, dalle pelli d'animale appese e dalle scritte sovrastanti; queste ultime quantificano in oltre due milioni le vite umane che ha sulla coscienza Napoleone, dalla campagna d'Italia alla guerra di liberazione tedesca. Sulla parete all'estrema destra è indicata l'ultima leva di massa del dittatore (380 000 coscritti); in realtà l'ultima ondata di reclutamenti, ordinata dal senato francese (12 novembre 1813), si riferiva a 300 000 uomini.

Lit.: Sche 7.6.

340

Triumph des Jahres 1813. / *Den Deutschen zum Neuenjahr 1814.*
Inschriften (v. u. l. n. o. r.) *Höchst* / *Hanau* / *Ehrfort* / *Rhein Fl.* / *Weser Fl.* / *Elbe Fl.* / *Oder Fl.* / *Gr. Beeren* / *Denewitz* / *Leipzig* / *Lützen* / *Culm* / *Heinau* / *Katzbach* / *Weichsel Fl.* / *[E]* / *R* / *P.* / *[S]* / *O*
Gebrüder Henschel, Dezember 1813, Berlin
Radierung und Punktiermanier, koloriert
n. best. (110 × 90 mm)
dazu erklärendes Beiblatt *Wahre* / *Abbildung des Eroberers*
mit Text von 21 Zeilen *Der Hut ist Preussens Adler, welcher mit seinen* / *Krallen den Grossen gepackt hat und ihm* / *nicht mehr loslässt.* / *Das Gesicht bilden einige Leichen von denen* / *Hunderttausenden, welche seine Ruhmsucht* / *opferte.* / *Der Kragen ist der grosse Blutstrom, welcher für seinen* / *Ehrgeiz so lange fliessen musste.* / *Der Rock ist ein Stück der Landcharte des aufge-/lösten Rheinbundes. An allen darauf zu le-/senden Orten verlohr er Schlachten. Das ro-/the Bändchen bedürfte des erklärenden Ortes* / *wol nicht mehr.* / *Der grosse Ehrenlegionsorden ist ein Spin-/nengewebe, dessen Fäden über den ganzen Rheinbund ausgespannt waren; allein in der* / *Epaulette ist die mächtige Gotteshand ausgestreckt,* / *welche das Gewebe zerreisst, womit Deutsch-/land umgarnt war und die Kreuzspinne ver-/nichtet, die da ihren Sitz hatte, wo ein Herz* / *seyn sollte!* –
Typographie
125 × 110 mm
Herkunft unbekannt
1980.363.a.b.

Triumph des Jahres 1813 – Den Deutschen zum neuen Jahr 1814
«A cosmopolitan caricature» nannte Broadley diese erfolgreichste und meistkopierte Bildsatire über Napoleon I., die in über 23 deutschen Fassungen bekannt ist, und in England, Frankreich, Holland, Italien, Portugal, Russland und Spanien nachgedruckt wurde. Den Berliner Stechern und Verlegern Friedrich, Moritz und Wilhelm Henschel gelang mit der scharfen Anklage der grosse Wurf: 20 000 Abzüge – in den «Berlinischen Nachrichten» vom 9. Dezember 1813 angekündigt – sollen in Berlin innerhalb einer Woche abgesetzt worden sein. Dem Brustbild nach links standen die populären Napoleonbildnisse von Heinrich Anton Dähling und von Gottfried Arnold Lehmann aus dem Jahre 1806 Pate. Format und Bildtitel geben es als Neujahrskarte aus, mit welcher sich die Deutschen zum Sieg über Napoleon und zu einer besseren Zukunft beglückwünschten.

Le triomphe de l'an 1813 – Aux Allemands pour le Nouvel An 1814
«A cosmopolitan caricature», ainsi Broadley caractérisait-il cette satire illustrée sur Napoléon Ier qui fut la plus réussie et la plus imitée. Elle est en effet connue dans 23 versions allemandes et fut réimprimée en Angleterre, en France, en Hollande, en Italie, au Portugal, en Russie et en Espagne. 20 000 exemplaires de cette accusation accablante, créée par les graveurs et éditeurs berlinois Friedrich, Moritz et Wilhelm Henschel, annoncés dans les «Berlinische Nachrichten» le 9 décembre 1813, auraient été vendus à Berlin en l'espace d'une semaine. Les portraits de Napoléon, réalisés par Heinrich Anton Dähling et Gottfried Arnold Lehmann en 1807, servaient de modèle. Le format, tout comme le titre d'illustration, lui donnent l'aspect typique d'une carte de vœux de Nouvel An que les Allemands s'envoyèrent pour se féliciter de la victoire sur Napoléon et se souhaiter un meilleur avenir.

Triumph of the Year 1813 – To the Germans for the New Year of 1814
«A cosmopolitan caricature» was Broadley's comment on this, the most successful, most often copied pictorial satire on Napoleon I. Known in over twenty-three German versions, it was also reprinted in England, France, Holland, Italy, Portugal, Russia and Spain. The sharply accusatory piece was an overwhelming success for the Berlin engravers and publishers Friedrich, Moritz and Wilhelm Henschel: 20 000 copies – advertised in the «Berlinische Nachrichten» of 9 December 1813 – are said to have been sold in Berlin within a single week. The left-facing profile recalls the popular portraits of Napoleon by Heinrich Anton Dähling and Gottfried Arnold Lehmann (1806). The format and title suggest a New Year's card for Germans to congratulate themselves on their victory over Napoleon and the prospects of a better future.

Trionfo dell'anno 1813 – Ai tedeschi per il capodanno 1814
Broadley definì «caricatura cosmopolita» questa immagine satirica di Napoleone I (la più diffusa e la più copiata, nota in oltre 23 versioni tedesche e riprodotta abusivamente in Inghilterra, Francia, Olanda, Italia, Portogallo, Russia e Spagna). Quell'aspro atto d'accusa fu un autentico successo per gli incisori-editori berlinesi Friedrich, Moritz e Wilhelm Henschel: pare che in una settimana se ne vendessero a Berlino 20 000 esemplari, annunciati nelle *Berlinische Nachrichten* del 9 dicembre 1813. All'origine del busto volto alla sinistra stavano i notissimi ritratti napoleonici eseguiti nel 1806 da Heinrich Anton Dähling e Gottfried Anton Lehmann. Formato e didascalia indicano che in Germania l'opera doveva fungere da biglietto augurale per l'anno nuovo (con felicitazioni per la vittoria su Napoleone).

Lit.: Br II S. 107, 122, 242 ff., App. E 123; Sche 3.48 (Ftf. XXVI); Schu S.V*.

Das grosse Schlachthaus

Le grand abattoir

The Great Slaughterhouse

Il grande macello

*Triumph des Jahres 1813 –
Den Deutschen zum neuen
Jahr 1814*

*Le triomphe de l'an 1813 –
Aux Allemands pour le
Nouvel An 1814*

*Triumph of the Year 1813 –
To the Germans for the
New Year of 1814*

*Trionfo dell'anno 1813 –
Ai tedeschi per il capodanno
1814*

Wahre Abbildung des Eroberers.

Der Hut ist Preußens Adler, welcher mit seinen Krallen den Großen gepackt hat und ihn nicht mehr losläßt.

Das Gesicht bilden einige Leichen von denen Hunderttausenden, welche seine Ruhmsucht opferte.

Der Kragen ist der große Blutstrom, welcher für seinen Ehrgeiz so lange fließen mußte.

Der Rock ist ein Stück der Landcharte des aufgelösten Rheinbundes. An allen darauf zu lesenden Orten verlohr er Schlachten. Das rothe Bändchen bedürfte des erklärenden Ortes wol nicht mehr.

Der große Ehrenlegionsorden ist ein Spinnengewebe, dessen Fäden über den ganzen Rheinbund ausgespannt waren; allein in der

Epaulette ist die mächtige Gotteshand ausgestreckt, welche das Gewebe zerreißt, womit Deutschland umgarnt war und die Kreuzspinne vernichtet, die da ihren Sitz hatte, wo ein Herz seyn sollte! —

341

Pariser Carneval von 1814.
unter dem Bildfeld *1 So verfliegen alle meine Plane 2 ich bin fertig 3 ich suche alles was ich verloren habe 4. das war glatt 5. so gehet alles rückwärts 6 ich beisse eine harte Nuss / 7. ich habe in den Wind gebauet 8. den Bock hab' ich geschossen 9. so hab' ich mich erhöhet 10 ich sitze in der Tinte 11. ich habe die Karre in Dreck geführt.*
u. r. *6000 2000 10000*
u. l. *Leipzig*
anonym, 1814
Radierung, koloriert
174×262 mm (195×265 mm)
u. r. Stempel Museum Schwerin
1980.402.

Pariser Karneval von 1814
In einem bewegten Bilderbogen lässt der unbekannte Stecher hier einige der populärsten Napoleonkarikaturen (Kat. Nrn. 343, 330, 388, 374, 371, 378, 395, 334, 319, 387, 386) der vergangenen Monate Revue passieren – ein gern angewandter Kniff der Karikaturisten. Von den «Seifenblasen» und der «Leipziger Barbierstube» über den «Krebsreiter», den «Nussknacker» und den «Universalmonarchen» bis zum «Napoleon in der Tinte» und der «Karre im Dreck» reihen sich elf Napoleons zwanglos aneinander. Das Pariser Karnevalstreiben von 1814 wird in der Gestalt des besiegten Herrschers zusammengefasst. Jeder Figur entspricht unter dem Bildfeld ein Satz, der Situation und Handlung kommentiert.

Le carnaval parisien de 1814
Le graveur inconnu a réuni dans cette série d'images quelques-unes des caricatures les plus populaires contre Napoléon (n°: cat. 343, 330, 388, 374, 371, 378, 395, 334, 319, 387, 386), réalisées au cours des mois précédents – un procédé très apprécié de la part des caricaturistes. Des «Bulles de savon» et de la «Boutique de barbier de Leipzig» en passant par «L'écrevisse», le «Casse-noix» et le «Monarque universel» jusqu'au «Napoléon dans l'encre» et «Le char dans la boue», onze Napoléons y sont alignés sans façon. Les divertissements du carnaval parisien de 1814 sont représentés à travers le personnage du souverain vaincu. A chaque figure correspond un commentaire d'une phrase situé au bas du recueil d'images.

Paris Carnival of 1814
The unknown engraver provides a lively sampling of the most popular Napoleon cartoons of recent months (cat. nos. 343, 330, 388, 374, 371, 378, 395, 334, 319, 387, 386) – a well-known cartoonist's ploy. From «Soap Bubbles» and the «Leipzig Shaving Shop» to the «Crabrider», «Nutcracker», «Universal Monarch», «Napoleon in the Ink» and «Wheelbarrow in the Mud», eleven Napoleons are arrayed alongside one another. The revelry of the Paris Carnival of 1814 is summed up in the figure of the defeated ruler. The text below the pictures offers a brief comment on each scene.

Carnevale parigino del 1814
Con un trucco cui i caricaturisti ricorrono volentieri, l'anonimo autore di questa composizione movimentata passa in rassegna varie caricature napoleoniche fra le più diffuse dei mesi precedenti (n¹ cat. 343, 330, 388, 374, 371, 378, 395, 334, 319, 387, 386). Undici Napoleoni, disinvoltamente allineati l'uno accanto all'altro, appaiono in altrettante situazioni: fra bolle di sapone, nella barbieria di Lipsia o a cavallo di un gambero, come schiaccianoci o come monarca universale, «nell'inchiostro» o con la carriola impantanata ecc. Il carnevale parigino del 1814 è qui riassunto nel personaggio del dominatore sconfitto; ognuna delle undici situazioni è commentata, sotto la composizione, da una frase.

Lit.: La Fabb. 56, S. 421; Sche 3.126.

342

[Die Schrumpfkur]
v. o. M. n. u. r. *[Brab]and Holland Dan zig, Dresden, Stettin*
u. r. *Holland / Pohlen / Spanien / Sachsen / Wirtenberg*
u. M. *Italien / Beiern*
u. l. *Westphalen / Grosherzogthum Franckfurth / Norwegen*
anonym, Frühjahr 1814
Radierung, koloriert
220×[191] mm (267×194 mm)
Herkunft unbekannt
1980.419.

Die Schrumpfkur
Auf einer Landkarte von Europa, welche die vom napoleonischen Joch befreiten Staaten in phantastischer Anordnung zeigt, stehen vier Soldaten in den Uniformen der Siegermächte von Leipzig. Ihre Füsse haben sie auf die Länder gesetzt, denen ihr Interesse gilt: der Schwede auf Norwegen, der Preusse auf Westfalen, der Österreicher erneut auf Italien und der Russe auf Polen. Sie stemmen sich gegen den Magen des Riesen Napoleon, bis dieser einen Schwall von Ländern und Städten erbricht. Sein Leib im grauen Feldherrenmantel schrumpft, während in seinem plastisch wirkenden Warzengesicht die schielenden Augen aus den Höhlen treten. Der misshandelte Riese wird sich nicht mehr lange auf den schwachen Beinen halten.

La cure de retrécissement
Quatre soldats portant les uniformes des puissances victorieuses de la bataille de Leipzig, se tiennent sur une carte de l'Europe qui représente les Etats libérés du joug napoléonien dans un ordre tout à fait fantaisiste. Ils ont chacun posé les pieds sur le pays qui les intéresse: le Suédois sur la Norvège, le Prussien sur la Westphalie, l'Autrichien à nouveau sur l'Italie et le Russe sur la Pologne. Ils s'appuient contre l'estomac du géant Napoléon jusqu'à ce que celui-ci vomisse un flot de pays et de villes. Son corps en uniforme gris de général rétrécit à mesure que dans son visage vérolé ses yeux sortent des orbites. Le géant malmené ne se tiendra certes plus longtemps sur ses jambes affaiblies.

The Shrinking Cure
Four soldiers in the uniforms of the victorious forces of Leipzig are arranged on a map of Europe showing the states freed from Napoleon's yoke. They have planted their feet on the countries in which they have an interest: the Swede on Norway, the Prussian on Westphalia, the Austria on Italy once again and the Russian on Poland. Pushing hard against the colossal Napoleon's stomach, they are forcing him to vomit up a stream of countries and cities. The greatcoated body is shrinking as the squinting eyes bulge out of the realistic, wartcovered face. The mishandled giant will not be able to stand on his weak legs for much longer.

La cura dimagrante
Su una carta dell'Europa, che dispone in modo immaginario gli stati liberati dal giogo napoleonico, stanno quattro soldati con le uniformi delle potenze vittoriose a Lipsia. Ognuno tiene i piedi sul paese che gli interessa (lo svedese sulla Norvegia, il prussiano sulla Vestfalia, l'austriaco di nuovo sull'Italia, il russo sulla Polonia); appoggiandosi tutti con forza allo stomaco del gigante Napoleone, i quattro gli fanno vomitar un fiotto di territori e città. Il corpo del condottiero si restringe nel pastrano grigio, mentre sul volto verrucoso, disegnato plasticamente, gli occhi strabici sembrano uscire dalle orbite; le deboli gambe non reggeranno ancora a lungo il colosso così maltrattato.

Lit.: La Fabb. 55, S. 421; Sche 3.99 (Ftf. XXXVIII); Schu Tf. 35, S.VII*.

Pariser Karneval von 1814

Le carnaval parisien de 1814

Paris Carnival of 1814

Carnevale parigino del 1814

Die Schrumpfkur

La cure de rétrécissement

The Shrinking Cure

La cura dimagrante

343

Ach, Papa, welche schöne Seifenblasen hast Du gemacht!
v.u.n.o. *Das grosse Reich / Rom / Spanien / Italien / Warschau / Holland / Westphalen / Piombino.*
anonym, 1814
Radierung, koloriert
n. best. (163 × 136 mm)
Sammlung Herzog von Berry
1980.345. (Doublette: 1980.405.)

Ach, Papa, welche schönen Seifenblasen hast Du gemacht!
Auf einem Hocker im Stil Louis XVI – daneben der kaiserliche Zweispitz – sitzt Vater Napoleon und bläst aus einer Tonpfeife Seifenblasen. Sein Söhnchen, von Geburt an König von Rom, trägt bereits eine Generalsuniform und freut sich kindlich an den schillernden, schwebenden Kugeln. In den Seifenblasen erscheinen die Namen eroberter Gebiete. Die Seifenblase, ein altes Vanitas-Symbol, bedeutet den Verlust derselben, auch des Königreiches Rom (über dem Kopf des Kindes), auf welches der Vater hinweist. Die Schale mit dem Seifenwasser ist umgekippt: Weitere Eroberungen sind nunmehr unmöglich. Die Bildidee geht auf eine Karikatur von Iwan Iwanowitsch Terebeneff aus dem Jahr 1813 zurück.

Ah papa, les belles bulles de savon que tu as faites!
Napoléon, assis sur un tabouret de style Louis XVI – le bicorne impérial par terre derrière lui – fait des bulles de savon avec une pipe en argile. Son fils, déjà Roi de Rome à sa naissance, porte l'uniforme de général et manifeste la joie enfantine qu'il éprouve à la vue de ces bulles scintillantes s'élevant vers le ciel. Dans les bulles, symboles de l'éphémère, apparaissent les noms des conquêtes de l'Empire qui, une fois les bulles crevées, seront perdues. Parmi celles-ci figure aussi le royaume de Rome, conquête encore récente (au-dessus de la tête de l'enfant), sur lequel le père pointe son doigt. Le bol de savon s'est renversé: d'autres conquêtes ne sont dorénavant plus possibles. Cette représentation se base sur une caricature d'Ivan Ivanowitch Terebenev de 1813.

Oh, Papa, What Lovely Soap Bubbles You've Blown!
Papa Napoleon sits on a Louis XVI-style stool – the imperial bicorne beside him – blowing soap bubbles with a clay pipe. His little son, king of Rome since birth and already wearing the uniform of a general, is taking childish pleasure in the iridescent floating spheres displaying the names of conquered territories. The soap bubble, an old symbol of vanity, stands for the impending loss of those territories, including the young kingdom of Rome (above the child's head), to which the father is pointing. The bowl of suds has tipped over, making further conquests impossible. This idea goes back to a cartoon by Ivan Ivanovitch Terebeneff of 1813.

Ah, papà, che belle bolle di sapone hai fatto!
Su uno sgabello in stile Luigi XVI, presso cui giace a terra il bicorno imperiale, papà Napoleone soffia bolle di sapone da una pipa di terracotta; il suo figlioletto, re di Roma dalla nascita e già in uniforme di generale, saluta con gioia infantile le sfere iridescenti sospese, su cui appaiono i nomi dei territori conquistati. Simbolo antico di caducità, la bolla di sapone sta a indicare la perdita prossima di tali territori (ivi compreso l'ancor giovane Regno di Roma, indicato dal padre sulla testa del bimbo); la bacinella di saponata è rovesciata, perché altre conquiste sono ormai impossibili. Il soggetto riprende una caricatura di Ivan Ivanovič Terebeneff (1813).

Lit.: BN IV 9009; Br II App. E 6; Sche 3.1.7; Schu Tf. 38, S.VII*f.

344

[Laterna Magica]
u.l. *Laterna Magica*
u.r. *Hier zeigt die Zeit im Schattenspiel: / Napoleon den Grossen; / Wie er von seiner Höhe fiel, / In Nesseln, mit dem Blossen.*
anonym, 1814
Radierung, koloriert
143 × 167 mm (162 × 192 mm)
u.r. Stempel Museum Schwerin
1980.429.

Laterna Magica
Der geflügelte Greis Chronos mit Sense – die Personifikation der Zeit – hält statt der üblichen Sanduhr eine Laterna Magica in der Hand. Damit wirft er ein ovales Lichtbild an die Wand. Es zeigt den grossen Feldherrn Napoleon mit blossem Hintern, wie er in den Nesseln sitzend mit dem Schwert droht und gleichzeitig mit der Friedenspalme winkt. Doch liegt die Wahl zwischen Krieg und Frieden nicht mehr bei ihm. Denn er hat sich durch die Niederlage in Leipzig und den darauffolgenden Einmarsch der Koalitionsarmeen in Frankreich (Ende Dezember 1813) endgültig in die Nesseln gesetzt. Ein Vierzeiler erläutert die Bildszene.

Laterna Magica
Chronos, le vieillard ailé à la faux – la personnification du temps – tient à la main à la place du traditionnel sablier une laterna magica à l'aide de laquelle il projette une image ovale contre le mur. Y est représenté le grand général Napoléon assis dans les orties, les fesses nues, d'un côté brandissant son épée et de l'autre agitant la palme de la paix. Le choix entre la guerre et la paix ne dépend toutefois plus de lui, car la défaite de Leipzig et l'arrivée des armées coalisées en France (à la fin décembre 1813) l'ont définitivement plongé dans une situation embarrassante. Un quatrain commente la scène.

Laterna Magica
Winged Chronos with scythe – the personification of time – has a Laterna Magica rather than an hourglass in his hand. The oval picture projected onto the wall shows Napoleon with naked rump sitting in a patch of nettles, brandishing his sword as he waves the palm of peace. But the choice between war and peace is no longer his. Through his defeat in Leipzig and the coalition armies' subsequent entry into France (end of December 1813) he has sat himself into the nettles for good. A quatrain comments the scene.

Laterna magica
Il vecchio alato con la falce – Crono, personificazione del tempo – tiene in mano non la solita clessidra ma una lanterna magica, che proietta sulla parete un'immagine ovale. Il gran condottiero Napoleone, seduto col deretano nudo nelle ortiche, vi appare intento contemporaneamente a brandire la spada e ad agitare la palma della pace; ma scegliere fra guerra e pace non spetta più a lui, perché la sconfitta di Lipsia e la successiva invasione alleata del suolo francese (fine dicembre 1813) l'hanno messo definitivamente «nelle ortiche» (*in Nesseln*, cioè «nei guai»). La scena è spiegata anche da una quartina.

Lit.: La Fabb. 45, S. 421; Sche 3.121.

Ach, Papa, welche schönen Seifenblasen hast Du gemacht!

Ah papa, les belles bulles de savon que tu as faites!

Oh, Papa, What Lovely Soap Bubbles You've Blown!

Ah, papà, che belle bolle di sapone hai fatto!

Laterna Magica

Laterna Magica

Laterna Magica

Laterna magica

345
Wurst wieder Wurst; eine Höflichkeit ist der andern wehrt.
u. r. *Paris*
anonym, 1814
Radierung, koloriert
133 × 204 mm (152 × 224 mm)
u. r. Stempel Museum Schwerin
1980.373.

Wurst wider Wurst: Eine Höflichkeit ist die andere wert
Ausserhalb von Paris begegnet Napoleon einem Kosaken. Er hebt den Arm wie zur Begrüssung oder Zurückweisung, doch hat man hier bloss die stereotype Figur vor sich, die so oft auf den deutschen Blättern vorkommt (vgl. Kat. Nr. 395). Der Russe überreicht dem Kaiser eine grosse Wurst und revanchiert sich mit der sprichwörtlichen Redensart «Wurst wider Wurst» (etwa: «Wie du mir, so ich dir») für den französischen Einmarsch in Moskau. Am 31. März 1814 zogen die alliierten Fürsten und ihre Streitmacht in der französischen Hauptstadt ein, was Napoleons Fall besiegelte. Den Gegenbesuch des Kosaken stellt bereits eine Karikatur des Russen Iwan Iwanowitsch Terebeneff dar, in der Napoleon eine Visitenkarte, mit dem Aufdruck «Moskau» entgegennimmt.

Echange de politesses
En dehors de Paris, Napoléon croise un cosaque. L'empereur lève le bras comme pour le saluer – ou pour le renvoyer –, mais on a affaire ici uniquement à la figure stéréotypée si fréquemment utilisée par les estampes allemandes de l'époque (cf. n°. cat. 395). Le Russe lui remet une grande saucisse, prenant ainsi sa revanche de l'entrée des Français dans Moscou: par le biais du dicton allemand «une saucisse contre une saucisse» («Wurst wider Wurst»), utilisé dans le titre original (traduisible par «rendre à quelqu'un la monnaie de sa pièce»). Le 31 mars 1814, les princes et forces armées alliés entrèrent dans la capitale française, rendant inévitable et définitive la chute de Napoléon. La visite faite en retour par un cosaque avait déjà été mise en image précédemment par une caricature du Russe Ivan Ivanovitch Terebenev, où Napoléon reçoit une carte de visite portant l'inscription «Moscou».

Sausage for Sausage or One Good Turn Deserves Another
Somewhere outside Paris, Napoleon has encountered a Cossack. He raises an arm as if either to salute or reject the Russian, although – as is so often the case with the German cartoons (cf. cat. no. 395) – we can but guess from the stereotyped figure depicted. The Russian offers up a large sausage and, by quoting the proverbial expression «sausage for sausage» (our «tit for tat»), takes his revenge for the French invasion of Moscow. On 31 March 1814, the allied sovereigns and their troops made their entry into the French capital, thus confirming Napoleon's fall. A cartoon by the Russian satirist Ivan Ivanovich Terebeneff presents the Cossack's return visit and has Napoleon accepting a calling card stamped «Moscow».

Salsiccia per salsiccia: una cortesia vale l'altra
Napoleone, che incontra un cosacco fuori Parigi, alza il braccio come in segno di saluto o di rifiuto (ma in realtà nella posa stereotipata tanto frequente nelle caricature tedesche: cfr. n° cat. 395); porgendogli una grossa salsiccia, il russo si vendica dell'invasione francese di Mosca con la locuzione proverbiale tedesca «salsiccia per salsiccia» (cioè «pan per focaccia»). Il 31 marzo 1814, in effetti, l'ingresso dei prìncipi alleati e delle loro truppe a Parigi suggellò il crollo di Napoleone. La visita restituita dal cosacco appare già in una caricatura del russo Ivan Ivanovič Terebeneff, in cui Napoleone riceve un biglietto da visita con la scritta «Mosca».

Lit.: Sche 3.80.

346
Unverhoffter Besuch.
o. l. *Guten Tag Camerad, wo ist der Herr Papa?*
M. l. *Vater komm! der Popanz frisst mich!*
o. r. *Still, still Söhnchen, sonst frisst er mich auch!*
anonym, 1814
Radierung, koloriert
180 × 220 mm (219 × 263 mm)
Herkunft unbekannt
1980.381.

Unverhoffter Besuch
Napoleons Feigheit, seine eigene Haut um jeden Preis zu retten, steht im Zentrum der Bildaussage. Durch die halbgeöffnete Türe dringt ein Kosak mit der Lanze in der Hand ins Privatgemach des Königs von Rom ein. Er fragt den Kleinen, der mit offenen Hosen auf einem thronartig verzierten Nachtstuhl sitzt, wo der Vater sei. Als dessen Ebenbild beginnt der kleine Napoleon vor Angst zu heulen und ruft den Vater zu Hilfe. Seit Russland frierend, bleibt der in einem Umhang Vermummte aber lieber hinter dem mit dem Kaiseradler geschmückten Ofen verborgen; er fordert seinen Sohn auf, still zu sein, damit sie nicht beide «gefressen» würden. In Wirklichkeit weilte Napoleon beim alliierten Einmarsch in Paris im Schloss von Fontainebleau, und seine Familie war auf dem Weg nach Blois. Ende Januar 1814 hatte er seinen dreijährigen Sohn zum letzten Mal gesehen, der nach des Vaters Abdankung mit der Mutter, Marie-Louise von Österreich, am Wiener Hof lebte.

Visite inopinée
La couardise de Napoléon – sauver sa peau coûte que coûte – constitue le thème principal de cette caricature. Un cosaque, une lance à la main, pénètre dans les appartements privés du roi de Rome par une porte entrouverte. Il demande au petit, assis le pantalon ouvert sur une chaise percée, décorée en forme de trône, où se trouve le père. Fait à l'image de ce dernier, le petit Napoléon commence à pleurer de peur et appelle son papa au secours. Mais papa, ayant froid depuis ses mésaventures russes, préfère – enveloppé dans une cape – rester caché derrière un poêle, orné de l'aigle impérial; l'empereur demande à son fils de se taire pour éviter qu'ils ne se fassent «dévorer» les deux. En réalité, lors de l'entrée alliée dans Paris, Napoléon séjournait au château de Fontainebleau, et sa famille était en route pour Blois. Fin janvier 1814, il avait vu son fils – alors âgé de trois ans – pour la dernière fois. Après l'abdication de l'empereur, son fils vécut à la cour de Vienne avec sa mère, Marie-Louise d'Autriche.

An Unexpected Visit
This cartoon asserts Napoleon's cowardice, the fact that he was out to save his own skin at any price. We see a Cossack pushing his way through the half-open door into the King of Rome's private quarters. He asks the little one – who sits with his pants down on a throne-like decorated nightstool – of his father's whereabouts. As the latter's spitting image, little Napoleon begins to howl in fear, calling out to his father for help. Still shivering from cold from the Russian campaign, the father, draped in a curtain and best hidden behind a furnace adorned with the imperial eagle, exhorts his son to keep quiet, lest they both be «gobbled up». In actual fact, during the allied invasion of Paris, Napoleon was staying at the Fontainebleau Castle, while his family was underway for Blois. End January 1814 was the last time he saw the three-year old son who, after his father's abdication, would go live with his mother, Marie-Louise of Austria, at the royal court of Vienna.

Visita inattesa
Messaggio centrale dell'immagine è la viltà di Napoleone, che vuole salvarsi la pelle a ogni costo. Dalla porta semiaperta un cosacco con la lancia in mano penetra nell'appartamento del re di Roma, che siede coi calzoni aperti su una seggetta addobbata a mo' di trono, e gli domanda dove sia il suo papà. Il bimbo, che è il ritratto del padre, comincia a strillare di paura e chiama in aiuto Napoleone; ma quest'ultimo, assiderato dal periodo in Russia e intabarrato, preferisce restare nascosto dietro la stufa (decorata con l'aquila imperiale), zittendo il piccolo per non venire «mangiato» anche lui. Quando gli alleati entrarono in Parigi, in realtà l'imperatore restò al castello di Fontainebleau e la sua famiglia era in viaggio per Blois; alla fine del gennaio 1814 Napoleone aveva visto per l'ultima volta il figlioletto di tre anni, che dopo l'abdicazione del padre visse con la madre, Maria Luisa d'Austria, alla corte viennese.

Lit.: Sche 3.78.

*Wurst wider Wurst:
Eine Höflichkeit ist die
andere wert*

Echange de politesses

*Sausage for Sausage or
One Good Turn Deserves
Another*

*Salsiccia per salsiccia:
una cortesia vale l'altra*

Unverhoffter Besuch

Visite inopinée

An Unexpected Visit

Visita inattesa

347
Der grosse Adler / in der gewaltsamen Mauser.
anonym, 1814
Radierung, koloriert
199 × 253 mm (248 × 302 mm)
Sammlung Herzog von Berry
1980.357.

Der grosse Adler in der gewaltsamen Mauser
Johlend vor Freude sind die Siegermächte von 1814 im Kreis um ein Podest mit einem Vogelkäfig versammelt. Preussen, Russland, Schweden, Grossbritannien und Österreich (v.l.n.r.) machen sich einen Spass daraus, den Adler mit Napoleons Gardejäger-Uniform und Zweispitz durch die Gitterstäbe hindurch zu rupfen. Die «gewaltsame Mauser», die den gefangenen Wappenvogel flugunfähig macht, verbildlicht Napoleons Entmachtung und das Ende seines Kaiserreichs. Dass ihnen der Raubvogel im folgenden Jahr mit dem «Vol de l'Aigle» von Elba nach Paris wieder gefährlich werden wird, ahnen hier die vergnügten Alliierten nicht.

La grande aigle en mue forcée
Hurlant de joie, les puissances victorieuses de 1814 encerclent une cage d'oiseau, placée sur un socle. La Prusse, la Russie, la Suède, la Grande-Bretagne et l'Autriche (de g. à d.) s'amusent à plumer, à travers les barreaux, une aigle portant l'uniforme de chasseur de la garde et le bicorne de Napoléon. La «mue forcée» – qui enlève à l'oiseau héraldique capturé la capacité de voler – illustre la destitution de Napoléon et la fin de l'Empire. Les joyeux Alliés ne s'attendent pas ici à ce que l'oiseau rapace redevienne dangereux pour eux l'année suivante à travers le «Vol de l'Aigle» d'Elbe à Paris.

The Big Eagle, a Forcible Plucking
The victorious powers of 1814 are joyfully howling as they encircle the birdcage: the (l. to r.) Prussian, Russian, Swedish, British, and Austrian soldiers are making a game of plucking the caged bird – an eagle dressed in Napoleon's Guards rifleman uniform and cocked hat – through the cage bars. This «forcible plucking», rendering the captured heraldic bird incapable of flight, graphically represents Napoleon's loss of his political rights and the end of his imperial regime. Little did the amused allies know that the next year, this bird of prey would do his «Vol de l'Aigle» from Elba to Paris and thus once again become a threat.

La grande aquila nella trappola coatta
Le potenze vincitrici del 1814 (da s. a d. Prussia, Russia, Svezia, Gran Bretagna e Austria) urlano di gioia intorno a un podio con una gabbia: attraverso le sbarre si divertono a spennare l'aquila, che ha l'uniforme di cacciatore della Guardia e il bicorno indossati da Napoleone. La «trappola coatta», che impedisce di volare all'uccello araldico catturato, simboleggia l'esautorazione di Napoleone e la fine del suo impero; gli alleati divertiti non immaginano ancora che nel 1815 il rapace ritornerà pericoloso, col suo «volo d'aquila» dall'Elba a Parigi.

Lit.: BN V 9507; Br II Tf. S. 122, 129, App. E 46; La Fabb. 42, S. 421; Sche 3.19; Schu Tf. 36, S.VII*.

348
Das Lied vom Ende.
o.l. *Helft, die grosse Kugel erdrückt mich!*
u.r. *MORTVVS EST. / 1814*
anonym, 1814
Radierung, koloriert
183 × 213 mm (216 × 260 mm)
Sammlung Herzog von Berry
1980.353.

Das Lied vom Ende
Vor einem leichenübersäten Landstrich mit einer brennenden Stadt rollt die grosse Weltkugel, bedeckt von einer dichten Menschenmasse in Aufruhr, auf den rennenden Kaiser zu. Feuer und Rauchwolken, aus denen Blitze auf den Fliehenden niederfahren, umgeben den Globus, den von hinten das göttliche Licht des Dreifaltigkeitssymbols bescheint. Napoleons Hand ist das mit drei Lilien verzierte Steuerruder der Macht entglitten, das rechtmässig den Bourbonen zukommt. Sogleich stürzt er in den Abgrund, der vor ihm klafft. Die Endzeitstimmung unterstreichen am rechten Bildrand Symbole der Vergänglichkeit: der zerfallene Grabstein, der von Knochen umfriedete Totenschädel, die zerbrochene Sanduhr sowie die von einer Schlange (Sinnbild von Vergehen und Erneuerung) umgebene Jahrzahl 1814. Napoleon verwirft die Hände, schreit um Hilfe und stolpert über Gebeine seiner Kriegsopfer. Die Bildallegorie interpretiert den Sturz des martialischen Usurpators, gegen den sich die ganze Welt auflehnt, als Werk der Gerechtigkeit Gottes.

Le chant final
Devant un paysage parsemé de cadavres avec une ville en flammes à l'arrière-plan, un grand globe terrestre – recouvert d'une masse compacte d'hommes en révolte – roule en direction de l'empereur qui s'enfuit. Eclairé par derrière par la lumière divine que dispense le symbole de la Trinité, le globe est entouré de feux et de nuages de fumée, d'où descendent des foudres qui s'abattent sur Napoléon. Le gouvernail du pouvoir, orné de trois fleurs de lys – revenant de droit aux Bourbons –, vient de glisser de ses mains. Il tombe aussitôt dans un abîme s'ouvrant devant lui. Au bord droit de l'image, l'atmosphère de fin des temps est soulignée par des symboles de la fugacité: la pierre tombale délabrée, la tête de mort clôturée par des os, le sablier cassé ainsi que l'inscription de l'année 1814 entourée d'un serpent (symbole de l'éphémère et du renouveau). Napoléon gesticule avec ses mains, crie au secours et trébuche sur des ossements de ses victimes de guerre. La présente allégorie interprète la chute de l'usurpateur martial – contre lequel se soulève le monde entier – comme une œuvre de la justice divine.

Song About the End
Set before a corpse-strewn tract of land with a city in flames, a huge globe covered by a thick mass of humans rolls towards the fleeing Emperor. The globe is surrrounded by fire and clouds of smoke – from where lightning strikes down at the fugitive – and is lit from behind by the godly light of the Holy Trinity symbol. A rudder adorned with three lilies, and rightfully belonging to the Bourbons, has slipped from Napoleon's hand, causing his immediate fall into the abyss yawning at his feet. Symbols of the past, depicted to the right, underscore the work's eschatological mood: the gravestone in ruins, the bones surrounding a skull, the shattered sandglass, and the digits for the year 1814 as surrounded by a snake, symbol of the passage of time and renewal. Napoleon throws up his hands, screams for help, and stumbles over the bones of his war victims. This pictorial allegory interprets the fall of the martial usurper – who had awakened the wrath of the entire world – as an act of godly justice.

Il canto della fine
Un grosso globo terrestre, ricoperto da fitte masse di uomini in rivolta, rotola contro l'imperatore, che fugge in una zona cosparsa di cadaveri, davanti a una città in fiamme. Il retro del globo, circondato da fuoco e da nuvole di fumo che scagliano fulmini sul fuggitivo, è illuminato dalla luce divina del simbolo della Trinità; Napoleone, che si è lasciato sfuggire il timone trigliato del potere legittimo borbonico, sta per precipitare nell'abisso che gli si spalanca davanti. L'atmosfera della fine è sottolineata dai simboli di caducità sulla destra: la lapide in rovina, il teschio in un recinto d'ossa, la clessidra spezzata e l'anno 1814 circondato da un serpente (simbolo di morte e di rinnovamento). Napoleone, a braccia alzate, invoca aiuto e incespica su ossa di vittime delle sue guerre. Questa stampa allegorica interpreta come opera della giustizia divina la caduta del guerriero usurpatore, contro cui tutto il mondo si ribella.

Lit.: La Fabb. 101, S. 422; Sche 3.98.

Der grosse Adler in der gewaltsamen Mauser

La grande aigle en mue forcée

The Big Eagle, a Forcible Plucking

La grande aquila nella trappola coatta

Das Lied vom Ende

Le chant final

Song About the End

Il canto della fine

349

[Das Vergissmeinnicht vom Njemen]
u. l. *Lass' diese Blume Dir zum Angedenken, / Auf Nimmerwiedersehen schenken.*
u. r. *«Behalte sie[;] Erinnerung / «Für Kind und Kindeskind hab' ich genug»*
anonym, 1814
Radierung, koloriert
173 × 216 mm (202 × 240 mm)
u. r. Stempel Museum Schwerin
1980.398.

Das Vergissmeinnicht von der Memel
In der mit Kat. Nr. 345 fast identischen Szene überreicht der in Paris (im Hintergrund) stationierte Russe dem gestürzten Kaiser ein Sträusschen Vergissmeinnicht. Napoleon naht und scheint zu grüssen. Im Augenblick seiner Abreise nach Elba erhält er sarkastische Blumen zum Nimmerwiedersehen: Sie sollen den Verbannten zeitlebens an den Russlandfeldzug sowie das Eindringen der Russen und ihrer Verbündeten in Frankreich mahnen. Napoleon weist den Strauss mit den Worten zurück, auch ohne ihn werde Russland noch seinen fernsten Nachkommen im Gedächtnis haften. Das beliebte Vergissmeinnicht-Motiv findet sich auch auf einer Porzellantasse aus der Manufaktur Fürstenberg (siehe Sche.).

Le ne m'oubliez pas du Niémen
Dans cette scène quasi identique au n°. cat. 345, un Russe stationné à Paris (la ville est visible en arrière-fond) remet à l'empereur déchu un petit bouquet de ne m'oubliez pas. Napoléon s'approche et semble saluer. Au moment de son départ pour l'île d'Elbe, il reçoit des fleurs sarcastiques en guise d'adieu pour toujours: elles sont censées rappeler au banni, sa vie durant, la campagne de Russie ainsi que l'invasion des Russes et de leurs coalisés en France. Napoléon refuse le bouquet, précisant que même sans celui-ci la Russie restera gravée dans la mémoire de ses descendants les plus lointains. Jouissant d'une grande popularité, le motif du ne m'oubliez pas se trouve également sur une tasse en porcelaine de la manufacture de Fürstenberg (cf. Sche.).

The Forget-Me-Not from the Niemen
The scene here is almost identical to that of cat. no. 345: a Russian stationed in Paris (in the background) is handing over a bouquet of forget-me-nots to the fallen Emperor. The latter comes closer and seems to extend a greeting. At the moment of his departure for Elba, he receives this bouquet in honour of «never to be seen again»: the forget-me-nots are meant to remind the exiled Emperor for the rest of his life of the Russian campaign, as well as of the invasion of France by Russia and the other allies. Napoleon refuses the bouquet, explaining that even without it, Russia would remain in the memory of his remotest descendants. The popular forget-me-not motif also appeared on a porcelain cup brought out by the Fürstenburg manufactory (see Sche).

Il nontiscordardimé del Niemen
La scena è quasi identica a quella del n° cat. 345: il russo dislocato a Parigi (sullo sfondo) porge all'ex imperatore in partenza per l'esilio dell'Elba (che si avvicina e sembra fare un gesto di saluto) un mazzetto di nontiscordardimé, invitandolo a non farsi vedere mai più. Per tutta la vita quei fiori sarcastici gli ricorderanno sia la campagna di Russia sia l'invasione russa e alleata del suolo francese; il monarca, però, li respinge dicendo che perfino i suoi più lontani discendenti ricorderanno la Russia, anche senza fiori. Il motivo popolare del nontiscordardimé compare anche su una tazza di porcellana della manifattura di Fürstenberg (cfr. Sche.)

Lit.: Sche 4.6.4.

350

Napoleon und das Vergissmeinnicht.
darunter *Wie Napoleon nach der Insel Elba eingeschifft wurde, da tratt ein Cosak aus dem sichern Geleit, das ihm die hohen verbündeten Monarchen angedeihen liessen, hervor u. sprach: «Grosser Kaiser, nimm doch auch den Bock mit, / den du in Russland geschossen hast und verschmähe nicht das Vergissmeinnicht welches ich dir überreiche. Zwar bedarfst du seiner nicht, denn in deiner künftigen Einsamkeit wirst du ohne diess wol an uns denken; doch / möge es dir statt eines Siegeszeichens aus dem letzten Feldzuge dienen!» Unwillig sahen Ihre Majestät den Spas an, doch der Bock folgte getreulich dem Herrn auf die Insel, wo es nun auch an Vergissmeinnicht Überfluss geben soll.*
Johann Michael Voltz, 1814,
bei Friedrich Campe, Nürnberg
Radierung, koloriert
183 × 259 mm (209 × 277 mm)
u. r. Stempel Museum Schwerin
1980.392.

Napoleon und das Vergissmeinnicht
Im Hafen warten zwei Marineoffiziere und zwei Matrosen in einem Beiboot auf Napoleon, um ihn zur Fregatte mit Kurs auf Elba zu rudern. Der uniformierte Kaiser betritt eben die Planke, welche von der mit Gepäck verstellten Kaimauer ins Boot führt. Da hält ihn ein Kosak aus dem dreiköpfigen alliierten Geleit auf und gibt ihm ein Vergissmeinnicht und einen Ziegenbock mit auf die Reise. In der Einsamkeit des Exils soll ihn die Blume an den alliierten Endsieg erinnern und das Tier an den Bock, den er mit dem Einmarsch in Russland geschossen hat (vgl. Kat. Nr. 334). Daneben weist der preussische Soldat auf eine nicht identifizierbare Landkarte. Mit einem Lorbeerzweig im Maul folgt der Bock seinem neuen Herrn hinterher. Der Unmut über den groben Scherz steht dem Kaiser ins Gesicht geschrieben und setzt dem Spott der fiktiven Episode die Krone auf.

Napoléon et le ne m'oubliez pas
Dans un port, deux officiers de marine et deux matelots – prêts à se mettre à ramer – attendent Napoléon sur un canot pour l'emmener à la frégate qui doit faire route pour l'île d'Elbe. L'empereur en uniforme vient de monter sur la planche permettant de passer du mur de quai, encombré de bagages, à ce petit bateau. C'est alors qu'un cosaque, qui fait partie d'une escorte alliée composée de trois militaires, le retient et lui offre – pour voyager avec lui – un ne m'oubliez pas et un bouc. Dans la solitude de l'exil, la fleur doit le faire penser à la victoire finale des Alliés et l'animal (bouc, all. «Bock») est censé lui rappeler la bévue qu'il a commise (all. «einen ‹Bock› schiessen») en entrant en Russie (cf. n°. cat. 334). Derrière le cavalier russe, un soldat prussien montre une carte géographique non identifiable. Le bouc suit son nouveau maître, un rameau de laurier dans la gueule. La mauvaise humeur que provoque chez l'empereur cette plaisanterie grossière se lit aisément sur son visage et son expression souligne la raillerie de cet épisode fictif.

Napoleon and the Forget-Me-Not
Two naval officers and two sailors await Napoleon in a dinghy, in order to row him over to a frigate headed for Elba. The uniformed Emperor has just set foot on the plank leading from the baggage-strewn wharf to the dinghy. A Cossack belonging to his 3-man escort stops him to offer a forget-me-not and a billy-goat for the trip. In the solitude of his exile, Napoleon is to be reminded of the allies' final victory by the forget-me-not, while the billy-goat alludes to the blunder (a play on the German term to shoot a goat, meaning to commit a blunder) of his march into Russia (cf. cat. no. 334). A Prussian soldier next to the Cossack is pointing to an unidentifiable map while the goat, with a branch of laurel in his snout, follows his new master. Napoleon's irritation at the crude joke is written across his face, adding the crowning touch to this imaginary incident.

Napoleone e il nontiscordardimé
Due ufficiali di marina e due marinai aspettano su una scialuppa Napoleone, per traghettarlo dal porto alla fregata per l'isola d'Elba. Dal molo, sparso di bagagli alla rinfusa, l'imperatore in uniforme mette piede sull'asse che porta alla barca, quando uno dei tre soldati alleati di scorta (il cosacco) lo ferma per dargli un nontiscordardimé e un caprone: nel viaggio e nella solitudine dell'esilio il fiore gli ricorderà la vittoria finale alleata, l'animale evocherà il «caprone ucciso» (cioè il granchio preso da Napoleone con l'invasione della Russia: cfr. n° cat. 334). Il vicino soldato prussiano indica una carta geografica non identificabile; l'animale segue il suo nuovo padrone tenendo in bocca un rametto d'alloro. La beffa (mai avvenuta) è evidenziata ulteriormente dal volto del monarca, che appare indispettito da quello scherzo grossolano.

Lit.: BN IV 9002; Br II S. 130, App. E 79; Sche 4.6.2.

Das Vergissmeinnicht von der Memel

Le ne m'oubliez pas du Niémen

The Forget-Me-Not from the Niemen

Il nontiscordardimé del Niemen

Napoleon und das Vergissmeinnicht

Napoléon et le ne m'oubliez pas

Napoleon and the Forget-Me-Not

Napoleone e il nontiscordardimé

351

Buonaparte's Einschiffung nach der Insel Elba, zu St. Rapheau am 28ten April 1814.
darunter *Eben als er in den Kahn steigen wollte, fasste ihn ein Cosack bey dem Rock und überreichte ihn ein Vergiss=/mein nicht mit der Bitte, es auf seine Insel zu pflanzen und dabey des Jahrs 1812 oefters zu gedenken.*
anonym, 1814
bez. u. M. *Wöhrd an Nirnberg bei C Riedel.* (Conrad Riedel)
Radierung, koloriert
172 × [225] mm (187 × 225 mm)
u. r. Stempel Museum Schwerin
1980.397.

Bonapartes Einschiffung nach Elba, in Saint-Raphaël am 28. April 1814
In Saint-Raphaël bestieg Napoleon am 28. April 1814 die englische Fregatte «Undaunted», die ihn nach Elba brachte. Von Riedel in Nürnberg verlegt und möglicherweise auch radiert, schildert das Blatt den Moment, in dem der Kaiser den französischen Boden verlässt und das Beiboot des Schiffes im Hintergrund besteigen will. Den Kai bevölkern links vier Offiziere in den Uniformen Russlands, Preussens, Österreichs und der königlichen französischen Armee, rechts fünf Vertreter der Truppen des zerfallenen französischen Kaiserreichs (darunter ein Mameluck). In Rückenansicht steht Napoleon in der Bildmitte und schaut über die rechte Schulter zurück, da ihn ein Kosak am Rockschoss zieht und ihm ein Vergissmeinnicht überreicht. Mit der boshaften Bitte, er möge es auf der Insel pflanzen, will er beim Besiegten das Andenken an das fatale Jahr des Russlandfeldzugs für immer wachhalten.

L'embarquement de Bonaparte à Saint-Raphaël pour l'île d'Elbe le 18 avril 1814
Napoléon fut embarqué sur une frégate anglaise appelée «Undaunted» (inébranlable), à Saint-Raphaël, le 28 avril 1814, et transporté dans l'île d'Elbe. Editée et probablement aussi gravée à l'eau-forte par Riedel à Nuremberg, cette estampe décrit le moment où l'empereur quitte le sol français et s'apprête à monter sur le canot du bateau situé en arrière-fond. Le quai est rempli, du côté gauche, de quatre officiers portant les uniformes de la Russie, de la Prusse, de l'Autriche et de l'armée royale française et, du côté droit, de cinq représentants des troupes de l'Empire français disloqué (dont un mamelouk). Napoléon est représenté de dos, au milieu de l'image; il regarde en arrière, par-dessus son épaule droite, parce qu'un cosaque le retient par le pan de son habit et lui tend un ne m'oubliez pas. En le priant avec méchanceté de le planter dans l'île, le cavalier russe cherche à maintenir vivant à jamais, chez le vaincu, le souvenir de l'année fatale de la campagne de Russie.

Bonaparte Embarking for Elba, at Saint Raphael, on 28 April 1814
At Saint Raphael, on 28 April 1814, Napoleon embarked for Elba on the English frigate «Undaunted». Published – and perhaps engraved – by Riedel in Nuremburg, this cartoon captures the moment when the Emperor was leaving French soil to embark on the background vessel's dinghy. Pictured on the wharf are, to the left, four officers in the uniforms of respectively Russia, Prussia, Austria, and the royal French army; to the right, five representatives of the defeated imperial troops (including a Mamluk). Seen from the rear, Napoleon stands at the centre of the image and looks back over his right shoulder at a Cossack pulling at his coat-tail and proffering a forget-me-not. The latter's offer is accompanied by the malicious request that the flower be planted on the island, allowing it to serve the defeated emperor as a constant reminder of the fatal year of his Russian campaign.

Imbarco di Bonaparte per l'isola d'Elba a Saint-Raphaël, il 28 aprile 1814
Il 28 aprile 1814, a Saint-Raphaël, Napoleone salì sulla fregata inglese *Undaunted*, che lo portò all'isola d'Elba. Pubblicata e forse anche incisa all'acquaforte dall'editore Riedel di Norimberga, l'opera illustra il momento in cui l'imperatore lascia il suolo francese e sta per salire sulla scialuppa della nave sullo sfondo; sul molo appaiono a sinistra quattro ufficiali con le uniformi della Russia, della Prussia, dell'Austria e dell'armata reale francese, a destra cinque militari in rappresentanza dell'impero crollato (fra cui un mamelucco). Napoleone, al centro e di spalle, si volge indietro verso destra, perché un cosacco lo tira per la falda della giubba e gli porge un nontiscordardimé, con la preghiera maligna di trapiantarlo nell'isola: un mezzo per ricordare di continuo allo sconfitto l'anno fatale della ritirata di Russia.

Lit.: Sche 4.6.1.

352

Einzug Napoleons auf der Insel Elba, año 1814.
anonym, 1814, nach Conrad Riedel
bez. u. M. *Wörd an Nirnberg bei C Riedel.*
Radierung, koloriert
176 × 215 mm (188 × 222 mm)
u. r. Stempel Museum Schwerin
1980.410.

Einzug Napoleons auf der Insel Elba anno 1814
Das Blatt ist ein getreuer Nachdruck einer Karikatur des Nürnberger Stechers Riedel, allerdings mit anderem Titel und mit fehlerhaft kopierter Angabe des Verlegers. Die englische Fregatte «Undaunted» (im Hintergrund) erreichte Elba am 3. Mai 1814. Anderntags betrat Napoleon sein neues Reich unter Salutschüssen und Begeisterungsstürmen der Bevölkerung. Davon ist hier wenig zu spüren: Napoleon hat das Beiboot verlassen und schreitet, einen runden Hut mit der weissen Kokarde der Bourbonen auf dem Kopf und den Degen in der Hand, Richtung Stadt; die Hafenanlage erscheint rechts. Ihm folgen ein preussischer, russischer, österreichischer und ein ehemals kaiserlicher Offizier sowie sein Leibdiener, der Mameluck Ali. Spöttisch zeigt der Russe mit dem Finger auf den Winzling, dem zwei Fiedler und zwei Pfeifer tänzelnd vorausgehen und den Einzug des Häufchens ironisch untermalen. Einer aus dem Gefolge trägt die (satirisch abgewandelte) Fahne des Inselfürstentums (vgl. Kat. Nr. 235): weiss mit drei goldenen Bienen auf blauem Feld. Der feierliche Einzug des neuen Herrn der Insel verkommt zur blanken Parodie.

L'entrée de Napoléon dans l'île d'Elbe en 1814
La présente estampe constitue une fidèle reproduction d'une caricature de Riedel, le graveur de Nuremberg, avec cependant un titre différent et une indication incorrectement copiée au sujet de l'éditeur. La frégate anglaise «Undaunted», visible en arrière-fond, atteignit l'île d'Elbe le 3 mai 1814. Le jour suivant, Napoléon entra dans son nouvel Empire, au son de salves d'honneur et sous les applaudissements de la population. Ici, on ne ressent pas grand-chose de ce faste: coiffé d'un chapeau rond auquel est fixée la cocarde blanche des Bourbons, l'épée à la main, Napoléon vient de quitter le canot et marche en direction de la ville, les installations portuaires apparaissant du côté droit. Il est suivi par des officiers prussien, russe et autrichien et un officier de l'ancien Empire, ainsi que par son garde du corps, le mamelouk Ali. D'un air railleur, le Russe montre du doigt le nain précédé de deux violonistes et de deux fifres en train de sautiller, donnant ironiquement un fond musical à l'arrivée de la poignée d'hommes. L'un d'eux, qui fait partie de la suite, porte le drapeau (satiriquement varié) de la principauté insulaire (cf. n°. cat. 235): trois abeilles dorées placées dans un rectangle bleu, sur fond blanc. L'entrée solennelle du nouveau maître de l'île se transforme en parodie pure.

Napoleon's Arrival on the Island of Elba in 1814
This cartoon is a faithful reprint of a caricature by the Nuremburg engraver Riedel, although under a different title and with an incorrectly copied publisher's reference. The English frigate «Undaunted» (in the background) reached Elba on 3 May 1814 and, the next day, Napoleon set foot on his new kingdom, accompanied by cannon salvoes and the enthusiasm of local inhabitants. None of this transpires here: Napoleon has left the dinghy. Bedecked in a round hat with the white cockade of the Bourbons and a sword in his hand, he sets out for town – the dock appears to the right. He is followed by a Prussian, a Russian, an Austrian, and a former imperial officer, as well as by his body guard, the Mamluk Ali. Jeeringly, the Russian points a finger at the wee mite Napoleon, who is gaily preceded by two fiddlers and two pipers, affording ironic contrast to his miserable expression. One of the people in his suite carries a satirically modified banner of the island principality (cf. cat. no. 235): white with three golden bees on a blue field. The formal arrival of the master of the island has degenerated into sheer parody.

Arrivo di Napoleone sull'isola d'Elba, nell'anno 1814
L'opera riproduce fedelmente una caricatura di Riedel, incisore di Norimberga, ma cambiando il titolo e copiando erroneamente l'indicazione dell'editore. La fregata inglese *Undaunted* (sullo sfondo) raggiunse l'isola d'Elba il 3 maggio 1814; il giorno successivo Napoleone mise piede nel suo nuovo regno, fra le salve di saluto e l'esultanza della popolazione. Di tanto entusiasmo qui si vede poco: il monarca, che porta un cappello tondo con la coccarda bianca dei Borboni e ha la spada in mano, è sceso dalla scialuppa e incede verso la città, il cui porto appare sulla destra. Lo seguono vari ufficiali (prussiano, russo, austriaco, ex imperiale) e il mamelucco Alì, suo cameriere particolare; il russo indica beffardo il re nanerottolo, preceduto da due violinisti e da due flautisti ballonzolanti che accompagnano ironicamente l'arrivo del gruppetto. Un membro del seguito regge il vessillo (modificato in senso satirico) del principato insulare (cfr. n° cat. 235), bianco con tre api dorate in campo blu: l'ingresso solenne del nuovo signore dell'Elba è qui ridotto a schietta parodia.

Lit.: BN V 9351; Sche 4.8.1.

Bonapartes Einschiffung nach Elba, in Saint-Raphaël am 28. April 1814

L'embarquement de Bonaparte à Saint-Raphaël pour l'île d'Elbe le 18 avril 1814

Bonaparte Embarking for Elba, at Saint Raphael, on 28 April 1814

Imbarco di Bonaparte per l'isola d'Elba a Saint-Raphaël, il 28 aprile 1814

Einzug Napoleons auf der Insel Elba anno 1814

L'entrée de Napoléon dans l'île d'Elbe en 1814

Napoleon's Arrival on the Island of Elba in 1814

Arrivo di Napoleone sull'isola d'Elba, nell'anno 1814

353

An die teutsche Nation.
darunter ganzseitiger Text *Steckbrief hinter Nicolaus Bonaparte, genannt Napoleon, auch Père la / violette, Prinz L'emballe etc. etc. von Teufels Gnaden. // Der genannte Delinquent, nachdem er in toller Verzweiflung aus seinem Gefängniss (der Insel Elba) / entsprungen, ist von allen Europäischen Souverains für vogelfrei erklärt. Da nun an Habhaftwerdung / dieses gefährlichen Menschen viel, sehr viel gelegen ist, so werden alle Civil= und Militairbehörden hiermit / auf's dringendste ersucht, diesen Steckbrief nicht nur auf das beste zu verbreiten, sondern sich auch seiner / Person zu bemächtigen zu suchen. Der erste Präsident setzt das Signalement nicht nur schriftlich, sondern / auch bildlich hieher, um jeden braven teutschen Mann die Mittel zu erleichtern, diesen armen Sünder lebendig / oder todt zu fangen, in welchem letztern Falle sein Kopf einbalsamirt, und herumreisenden Männern, die für / Geld wilde Thiere sehen lassen, pachtweise übergeben werden soll; damit er, ein Gegenstand des Abscheues, / als eine ewige Warnung für die Teutschen und abschreckendes Exempel für ähnliche Verbrechen dienen möge. // SIGNALEMENT: // Klein von Statur, untersetzt / und von starken Knochenbau. / Das Gesicht rund, und / alle Züge von Gerechtigkeit, / Mitleid und Erbarmen rein / hinweggeschwollen, und auf=/gedunsen. Dagegen finster, / stieres, blutverlangendes, klei=/nes schwarzes und blitzendes / Auge, gebogne Nase, höhnisch / aufgeworfnen Mund, dickes // Kinn, schwarzes und strup=/pigtes Haar. Die Gesichts=/farbe blasgrünlich = braun. Auch ist er besonders an sei=/nen unstäten Wesen kennbar, / indem er bald rasst, tobt und / wüthet, bald wieder eine augenblickliche Ruhe zeigt, / in welcher er gewöhnlich, / diese hier angegebene Stel=/lung annimmt. // Wem nun das unaussprechliche Glück beschieden, diesen Auswurf der Menschheit, diesen Nic. Bo=/naparte zu bekommen, der hat auf den dritten Theil der gewiss reichen Einnahme von dem aufzunehmenden / Schaugelde, gerechten Anspruch, und wird ihm hiemit solches gesetzlich zugesagt. Die beiden ersten Theile / dieser Summe, sollen zum Besten der Unglücklichen, die durch ihn zu Krüppel, Wittwen und Waisen / geworden sind, verwendet werden. – Ausserdem aber wird diesen Glücklichen, das süsse Gefühl, / hohe Gefühl, der Trockner zahlloser Thränen, der Erhalter von Strömen kostbaren teutschen Blutes, / gewiss die weit reellere Belohnung sein. Im Dankgefühl geretteter Väter und Söhne, in der Freuden=/thräne ihrer Weiber und Kinder, Brüder und Schwestern wird sein Name glänzen für und für. // Der Präsident des Tugendbundes / in Teutschland.*

anonym, 1815
Radierung, koloriert; Typographie
170 × 102 mm (302 × 202 mm)
u. r. Stempel Museum Schwerin
1980.436.

An die deutsche Nation
Napoleons Flucht aus Elba beantworteten die Alliierten Mitte März 1815 mit einer Deklaration, in der sie Napoleon für vogelfrei erklärten. Darauf basiert der satirische Steckbrief in Frakturschrift, der den Gesuchten als Ganzfigur abbildet. Steckbriefe waren damals häufig in den Zeitungen abgedruckt und ein alltäglicher Anblick. Zuerst werden Napoleons Spott- und Übernamen aufgezählt: Nicolaus (Nicolas: unadeliger Vorname und vorgeblicher Taufname Bonapartes), Père la violette (populärer Übername des Exilrückkehrers und «Volksvaters»; vgl. Kat. Nr. 174), Prinz L'emballe (von frz. «emballer»: einpacken; Schimpfname auf den Kunsträuber). Untertitel und Signalement gleichen ihn dem Teufel an. Gefühllos, finster, höhnisch, gierig, unstet wird der Unmensch beschrieben, der mit aufgedunsenem, dunklem, grünlichem Gesicht in ruhiger Haltung mit verschränkten Armen dasteht. Die Darstellung greift das verbreitete Porträt von Heinrich Anton Dähling (1806) auf. Der Steckbrief setzt Napoleons heimliche Abreise aus Elba dem Entwischen eines «Delinquenten» aus dem Gefängnis gleich. Er appelliert an «jeden braven teutschen Mann», «diesen Auswurf der Menschheit» lebendig oder tot zu fangen zu helfen, um ihn «als eine ewige Warnung für die Teutschen und abschreckendes Exempel für ähnliche Verbrechen» wie ein wildes Tier (vgl. Kat. Nrn. 151, 228, 424) herumzuzeigen. Unterzeichner der nationalistischen Schrift ist angeblich der Präsident des (1808 in Preussen ins Leben gerufenen und wegen franzosenfeindlicher Haltung 1809 verbotenen) «Tugendbundes», der auf Napoleons Festnahme hofft, um «Ströme kostbaren teutschen Blutes» zu retten.

A la nation allemande
Les Alliés réagirent à l'évasion de Napoléon de l'île d'Elbe, à la mi-mars 1815, par une déclaration le mettant hors la loi. Le mandat d'arrêt satirique, rédigé en écriture gothique, qui représente en pied le personnage recherché, trouve son fondement dans cette déclaration. Des mandats d'arrêt – présentant les personnes recherchées sous leurs traits les plus courants – étaient fréquemment publiés, à l'époque, dans les journaux. D'abord, on indique les sobriquets et surnoms de Napoléon: «Nicolaus» (Nicolas: prénom non noble et prétendu nom de baptême de Bonaparte), «Père la violette» (surnom populaire de Bonaparte revenu en métropole en «Père du peuple», cf. n°. cat. 174), Prince «L'emballe» (nom injurieux donné au voleur d'œuvres d'art). Le sous-titre et le signalement le comparent au diable. La brute est décrite comme dépourvue de sensibilité, ténébreuse, méprisante, rapace et instable; le visage boursouflé, sombre et verdâtre, les bras croisés, elle se présente ici debout, dans une attitude calme. La représentation se réfère au portrait bien connu de Heinrich Anton Dähling (1806). Le mandat d'arrêt assimile le départ secret de Napoléon de l'île d'Elbe à l'évasion d'un «délinquant» de sa prison. Il appelle «chaque Allemand honnête» à aider à arrêter – mort ou vif – «ce rebut de l'humanité», en vue de l'exposer publiquement à l'instar d'une bête sauvage, «en guise d'avertissement éternel pour les Allemands et d'exemple à ne pas suivre en égard à des crimes similaires» (cf. n°s. cat. 151, 228, 424). Le signataire du texte nationaliste est soi-disant le président du «Tugendbund» («Groupement pour les vertus» fondé en 1808 en Prusse et interdit en 1809 pour attitudes antifrançaises), qui espère vivement que l'on arrête Napoléon pour sauver «des flux de sang allemand précieux».

To the German Nation
Mid-March 1815, the allies replied to Napoleon's flight from Elba by declaring him an outlaw, inspiring this satirical warrant of apprehension in Gothic writing and presenting a full-figure portrait of the culprit. Such warrants generally were published in the local newspapers and were a common sight. In the first place, this warrant lists Napoleon's nicknames and pseudonyms: Nicolas (an unnoble first name and Bonaparte's purported Christian name), Père la violette – a popular pseudonym for the exiled Emperor upon his comeback, and as «the people's father» (cf. cat. no. 174), Prince L'emballe – from the French «emballer», meaning to wrap up, a derogatory allusion to his art plundering. The subtitles and description compare Napoleon to the devil: a gloomy, scornful, greedy, and shifty monster who, with a bloated, dark, and greenish face, is portrayed calmly standing there with his arms crossed. This depiction takes up an at the time well-known portrait by Heinrich Anton Dähling (1806). The warrant compares Napoleon's secret departure from Elba to a «delinquent's» escape from prison. It urges «every good German man» to help capture this «scum of humanity» dead or alive, in order to make of him «a permanent warning to the Germans and a forbidding example to those who would follow suit» by showing him around like a wild beast (cf. cat. nos. 151, 228 and 424). The signature on this nationalist document is allegedly that of the president of the «Tugendbund» (association of the virtuous: created in Prussia in 1808 and banned because of its anti-French orientation in 1809), in the hopes that Napoleon's capture would save «streams of precious German blood».

Alla nazione tedesca
Alla fuga di Napoleone dall'Elba gli alleati risposero, a metà del marzo 1815, con una dichiarazione di messa al bando; di qui l'origine di questo mandato di cattura satirico in caratteri gotici e con la figura intera del ricercato, come in moltissimi avvisi dell'epoca (spesso pubblicati dai giornali). Dapprima sono elencati i vari soprannomi beffardi di Napoleone: «Nicolaus» (da Nicolas, prenome plebeo e preteso nome di battesimo di Bonaparte), «Père la violette» (soprannome popolare del «padre del popolo» tornato dall'esilio: cfr. n° cat. 174), «principe L'emballe» (dal francese *emballer*, «imballare», nome ingiurioso per il ladro di tanti oggetti d'arte). Assimilato al diavolo nel sottotitolo e nei dati segnaletici, il ricercato è descritto come un bruto privo di sentimenti, cupo, sprezzante, avido e instabile, che quando è tranquillo sta a braccia conserte col volto congestionato, scuro e verdastro; la figura si rifà al noto ritratto eseguito da Heinrich Anton Dähling nel 1806. Il manifesto paragona la partenza segreta dall'isola d'Elba all'evasione di un «delinquente» incarcerato, chiamando «ogni uomo tedesco dabbene» a contribuire perché «quel rifiuto dell'umanità» sia catturato vivo o morto, così da venire esibito a mo' di animale feroce (cfr. n' cat. 151, 228 e 424) «quale monito eterno ai tedeschi ed esempio salutare per analoghi delitti». Come firmatario di questo testo nazionalistico è indicato il presidente del *Tugendbund* (la «Lega virtuosa», fondata in Prussia nel 1808 ma già vietata nel 1809 perché ostile ai francesi), che spera nella cattura di Napoleone per risparmiare «fiumi di prezioso sangue tedesco».

Lit.: Kat. H85 21; Kat. RM 1; Sche 5.11 (Ftf. L).

An die teutsche Nation.

Steckbrief hinter Nicolaus Bonaparte, genannt Napoleon, auch Père la violette, Prinz L'emballe ꝛc. ꝛc. von Teufels Gnaden.

Der genannte Delinquent, nachdem er in toller Verzweiflung aus seinem Gefängniß (der Insel Elba) entsprungen, ist von allen Europäischen Souverains für vogelfrei erklärt. Da nun an Habhaftwerdung dieses gefährlichen Menschen viel, sehr viel gelegen ist, so werden alle Civil- und Militairbehörden hiermit auf's dringendste ersucht, diesen Steckbrief nicht nur auf das beste zu verbreiten, sondern sich auch seiner Person zu bemächtigen zu suchen. Der erste Präsident setzt das Signalement nicht nur schriftlich, sondern auch bildlich hieher, um jeden braven teutschen Mann die Mittel zu erleichtern, diesen armen Sünder lebendig oder todt zu fangen, in welchem letztern Falle sein Kopf einbalsamirt, und herumreisenden Männern, die für Geld wilde Thiere sehen lassen, pachtweise übergeben werden soll; damit er, ein Gegenstand des Abscheues, als eine ewige Warnung für die Teutschen und abschreckendes Exempel für ähnliche Verbrechen dienen möge.

SIGNALEMENT:

Klein von Statur, untersetzt und von starken Knochenbau. Das Gesicht rund, und alle Züge von Gerechtigkeit, Mitleid und Erbarmen rein hinweggeschwollen, und aufgedunsten. Dagegen finster, stieres, blutverlangendes, kleines schwarzes und blitzendes Auge, gebogne Nase, höhnisch aufgeworfnen Mund, dickes Kinn, schwarzes und struppigtes Haar. Die Gesichtsfarbe blasgrünlich-braun. Auch ist er besonders an seinen unfläten Wesen kennbar, indem er bald rast, tobt und wüthet, bald wieder eine augenblickliche Ruhe zeigt, in welcher er gewöhnlich, diese hier angegebene Stellung annimmt.

Wem nun das unaussprechliche Glück beschieden, diesen Auswurf der Menschheit, diesen Nic. Bonaparte zu bekommen, der hat auf den dritten Theil der gewiß reichen Einnahme von dem aufzunehmenden Schaugelde, gerechten Anspruch, und wird ihm hiemit solches gesetzlich zugesagt. Die beiden ersten Theile dieser Summe, sollen zum Besten der Unglücklichen, die durch ihn zu Krüppel, Wittwen und Waisen geworden sind, verwendet werden. — Ausserdem aber wird diesen Glücklichen, das süße unbeschreiblich hohe Gefühl, der Trockner zahlloser Thränen, der Erhalter von Strömen kostbaren teutschen Blutes, gewiß die weit reellere Belohnung sein. Im Dankgefühl geretteter Väter und Söhne, in der Freudenthräne ihrer Weiber und Kinder, Brüder und Schwestern wird sein Name glänzen für und für.

Der Präsident des Tugendbundes
in Teutschland.

An die deutsche Nation
A la nation allemande
To the German Nation
Alla nazione tedesca

354

Französische Treue.
u. l. *Paris am 19ᵗᵉⁿ März 1815. / Wir schwören unverbrüchliche Treue unserm guten König Ludwig dem Ersehnten! / Mit unserm letzten Blutstropfen wollen wir ihn und seinen Thron vertheidigen! –*
u. r. *Paris am 20ᵗᵉⁿ März 1815. / Es lebe der Kaiser! – Fort mit den Bourbons!*
Johann Michael Voltz, 1815,
bei Friedrich Campe, Nürnberg
Radierung, koloriert
185 × 256 mm (214 × 275 mm)
u. r. Stempel Museum Schwerin
1980.432.

Französische Treue
In zwei Bildfeldern wird die – als typisch französischen Wesenszug hingestellte – Treu- und Charakterlosigkeit der Armeespitze geschildert. Am Vortag der Ankunft Napoleons in Paris geloben die Generäle «König Ludwig dem Ersehnten» (unter einem Thronbaldachin mit Bourbonenwappen), den Degen präsentierend, die Treue bis in den Tod. Am 20. März 1815 eilen sie bereits dem in Paris einziehenden Kaiser auf der Strasse entgegen, werfen sich jubelnd vor ihm nieder und verwünschen nun die Bourbonen. Kaum hatte der Verbannte am 1. März bei Cannes französischen Boden betreten, schickte der König die Armee aus, um ihn aufzuhalten und festzunehmen. Als sie ihrem einstigen Befehlshaber gegenüberstanden, verweigerten die meisten Truppen den Gehorsam und liefen über, worauf die Armeespitze nachzog.

Fidélité à la française
Les deux scènes successives de l'estampe dépeignent l'infidélité et le manque de caractère – présentés comme des traits typiquement français – des hauts responsables de l'armée. La veille de l'arrivée de Napoléon à Paris, les généraux – en présentant l'épée – jurent fidélité jusqu'à la mort au «roi Louis le Bienvenu tant attendu» (debout sous un baldaquin de trône décoré des armoiries des Bourbons). Le 20 mars 1815, dans les rues, ils courent déjà à la rencontre de l'empereur entrant dans Paris, se jettent à ses pieds en poussant des cris de joie et maudissent les Bourbons. A peine le banni avait-il foulé le sol français près de Cannes, le 1ᵉʳ mars, que le roi envoya l'armée pour le retenir et l'arrêter. Lorsqu'elle se trouva en face de son ancien chef, la plupart des troupes refusèrent d'obéir et désertèrent, la tête de l'armée suivant ensuite le mouvement général.

French Loyalty
Two separate images combine to illustrate the army leaders' lack of loyalty and principles, character traits represented as essentially French. On the day before Napoleon's arrival in Paris, the generals swear allegiance unto death and raise their swords to «King Louis the Desired» (Louis XVIII, restored to the French throne by the allies in 1814), shown here on March 19, 1815, under the throne baldachin with the Bourbon coat of arms. The very next day (March 20), they scurry to welcome the incoming Emperor, throwing themselves jubilantly at his feet and cursing the Bourbons. Hardly had the exiled Emperor again set foot on French soil (Cannes, March 1), then the King sent out his army to stop and arrest him. Upon encountering their former commander-in-chief, most of the soldiers refused to obey and instead changed sides again, whereupon their officers followed suit.

Fedeltà francese
Due quadri successivi illustrano, presentandole come caratteristiche francesi, l'infedeltà e la mancanza di carattere degli alti comandi militari. La vigilia dell'arrivo di Napoleone a Parigi, i generali presentano la spada e giurano fedeltà fino alla morte a «re Luigi il Desiderato» (sotto un baldacchino regale con lo stemma borbonico); già il 20 marzo 1815, però, si affrettano incontro all'imperatore nelle strade della capitale, gettandosi esultanti davanti a lui e urlando contro i Borboni. L'esule aveva appena messo piede nella Francia continentale (a Cannes, il 1° marzo), quando il re inviò l'esercito per fermarlo e catturarlo; di fronte all'ex comandante in capo, tuttavia, la maggior parte delle truppe rifiutò di obbedire e passò a Napoleone, seguita poi dai generali.

Lit.: BN V 9467; Br II S. 134, App. E 38; Sche 5.5.

355

[*Der Kuss des Marschalls Ney*]
u. *Der Kuss des saubern Marschalls Neÿ, / Versichert Jeden heil'ge Treu. / Ihm lohnt dafür auch süsse Beute; / Deñ – Gold haschet Er auf jeder Seite.*
o. r. *225 000*
anonym, 1815
Radierung, koloriert
114 × [152] mm (120 × 152 mm)
u. r. Stempel Museum Schwerin
1980.434.

Der Kuss des Marschalls Ney
Im Kostüm des Ancien Régime mit «Lilien-Ordenskreuz» vor Ludwig XVIII. kniend, küsst der doppelköpfige Marschall Ney gleichzeitig die Hand seines Königs und den Hintern Napoleons. Mit der Rechten zieht er für seine «treuen» Dienste einen Goldbeutel mit 225 000 (Louisdor?) aus Ludwigs Rocktasche, mit der Linken hält er ihm einen Spiegel vor, auf den der König billigend deutet: Napoleon in einem Eisenkäfig – so wie der Marschall den aus Elba Entflohenen abzuführen versprach (vgl. Kat. Nr. 137). Neys zweites Gesicht schaut nach links und küsst den entblössten Po des an die Macht zurückgekehrten Kaisers, welcher eine merkwürdige Haltung einnimmt. Der Vierzeiler unter dem Bild deutet Neys «sauberes» Verhalten als infamen Treueid auf zwei Herren und Rivalen gleichzeitig. Der Beweggrund des Charakterlumpen ist einzig der finanzielle Vorteil. Neys Kuss auf den kaiserlichen Hintern leitet sich wohl von der französischen Karikatur Kat. Nr. 270 ab.

Le baiser du maréchal Ney
En costume d'Ancien Régime, portant la croix de l'«ordre des Fleurs de lys» et agenouillé devant Louis XVIII, le maréchal Ney – à double tête – baise en même temps la main de son roi et le derrière de Napoléon. Avec sa main droite, il tire – pour ses «fidèles» services – un sac de 225 000 (louis d'or?) de la poche de l'habit du roi; avec sa main gauche, il lui tend un miroir que Louis montre du doigt avec satisfaction: on y voit Napoléon enfermé dans une cage de fer – comme le maréchal a promis de mener en prison l'évadé de l'île d'Elbe (cf. n°. cat. 137). Le second visage de Ney regarde vers la gauche et baise les fesses dénudées de l'empereur revenu au pouvoir, qui adopte une drôle de position. Le quatrain en dessous de l'image interprète le comportement «honnête» de Ney comme un serment de fidélité infâme à deux maîtres différents et en plus rivaux. La recherche du seul profit financier explique le comportement du triste sire. Le baiser de Ney sur le derrière impérial est sans doute dérivé de la caricature française correspondant au n°. cat. 270.

Marshal Ney's Kiss
Wearing his Ancien Régime uniform with the «Order-of-the-Lily cross», the double-headed (two-faced) Marshal Ney kneels before Louis XVIII, kissing at once the latter's hand and Napoleon's posterior. His right hand grabs a gold sack with 225 000 (Louisdor?) from the king's frock coat pocket, in reward of his «loyal» services, while the left one holds up a mirror at which the King points approvingly: Napoleon in an iron cage, just as the Marshal had promised to deliver the fugitive of Elba (cf. cat. no. 137). Ney's second face looks left and kisses the bared buttocks of the Emperor, who has recaptured his power status and here takes on a strange position. The quatrain below the image construes Ney's «upright» behaviour as an infamous oath of allegiance to two masters and rivals at once; the scoundrel's motivation is purely economic. Ney's kiss to the imperial posterior most probably derives from the French cartoon cat. no. 270.

Il bacio del maresciallo Ney
Un maresciallo Ney bicefalo – in ginocchio e nel costume dell'Ancien Régime, con la croce dell'«Ordine del Giglio» – bacia contemporaneamente la mano di re Luigi XVIII e il deretano di Napoleone. Mentre con la destra, per i suoi «fedeli» servigi, prende dalla tasca della veste di Luigi un sacchetto contenente 225 000 (luigi d'oro?), con la sinistra gli regge davanti uno specchio (indicato con approvazione dal re), che mostra Napoleone in una gabbia di ferro: proprio come lo stesso Ney aveva promesso di riportarlo, dopo la fuga dell'esule dall'Elba (cfr. n°cat. 137). Il suo secondo volto, però, guarda a sinistra e bacia il posteriore nudo dell'imperatore tornato al potere (che assume una posa strana). La quartina sottostante interpreta la condotta «onesta» del maresciallo come un doppio, infame giuramento di fedeltà a due sovrani rivali: un comportamento canagliesco, dettato solo da convenienza finanziaria. Il bacio di Ney al deretano imperiale deriva probabilmente da una caricatura francese (n°cat. 270).

Lit.: –

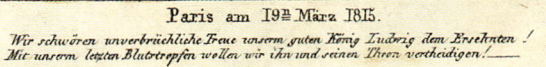

Französische Treue

Fidélité à la française

French Loyalty

Fedeltà francese

Der Kuss des Marschalls Ney

Le baiser du maréchal Ney

Marshal Ney's Kiss

Il bacio del maresciallo Ney

356

Die grösste Heldenthat des neunzehnden Iahrhunderts / oder / Eroberung der Insel S.t Helena.
Johann Michael Voltz?, 1815
Radierung, koloriert
184 × 258 mm (238 × 347 mm)
Herkunft unbekannt
1980.420.

Die grösste Heldentat des 19. Jahrhunderts oder Eroberung der Insel Sankt Helena
Als satirische Krönung seiner Laufbahn nimmt der Welteroberer die Insel Sankt Helena ein. Er stürmt (mit Beinprothese?) auf dem Ziegenbock – Symbol des Teufels – mit erhobenem Degen über Tote, Sterbende und eine defekte Kanone hinweg und führt eine Katzenarmee, Gardegrenadiere mit Trikoloren, an. Vorne rechts erlegt eine «zivile» Katze eine Ratte, und das ganze feindliche Heer besteht – so will es das besonders in Frankreich verbreitete Fabelmotiv – aus Ratten. Trotz ihrer Überzahl fliehen Artillerie, Infanterie und Kavalerie der Tierchen in Panik vor den mordlustigen, grausamen Raubtieren. Pulverdampf steigt vor dem Meer auf, wo ein Schiff vor Anker liegt. Berichte über die Rattenplage auf der Exilinsel lieferten der Karikatur reiche Nahrung (vgl. Kat. Nrn. 194, 302, 303, 307, 309, 356–358, 425–428): Die Ratte wurde Sinnbild von Sankt Helena (vgl. Kat. Nr. 425).

La plus grande action héroïque du XIXe siècle ou la conquête de l'île de Sainte-Hélène
En guise de couronnement satirique de sa carrière, le conquérant s'empare de l'île de Sainte-Hélène. Sur un bouc – symbole du diable –, il s'élance (avec une prothèse pour amputation de la jambe?), sabre levé, par-dessus des morts, des mourants et un canon endommagé. Napoléon dirige une armée de chats: des grenadiers de la garde portant des drapeaux tricolores. Au premier plan, à droite, un chat «en civil» tue un rat; toute l'armée ennemie – conformément au motif de fables surtout répandu en France – étant composée de rats. Malgré leur supériorité numérique, l'artillerie, l'infanterie et la cavalerie des petites bêtes, saisies de panique, fuient devant les bêtes de proie sanguinaires et cruelles. Devant la mer – où un bateau se trouve au mouillage –, s'élève de la fumée de poudre. Pour la caricature, les informations sur le fléau que constituaient les rats dans l'île d'exil ont représenté une riche matière première (cf. n^{os} cat. 194, 302, 303, 307, 309, 356–358, 425–428); le rat est devenu, par leur intermédiaire, le symbole de l'île de Sainte-Hélène (cf. n^o cat. 425).

The Greatest Heroic Deed of the Nineteenth Century or The Conquest of the Island of Saint Helena
As the satirical crowning point of his career, the world conqueror captures the island of Saint Helena. He storms onwards (with a wooden leg?) – astride a billygoat, symbol of the devil, and sword held high – over the dead, the dying, and a damaged cannon, commanding an army of cats (the tricoulour Grenadier Guards). To the fore and right, a «civil» cat is finishing off a rat; the whole enemy army consists of rats, as in the fable motif particularly popular in France. Despite their numerical superiority, the artillery, infantry, and cavalry of little animals are fleeing in panic from the bloodthirsty beasts of prey. Gun smoke rises from the sea, where a ship lies at anchor. Reports of the island's rat-infested shores were a major source of inspiration for the cartoons of the day (cf. cat. nos. 194, 302, 303, 307, 309, 356–358, 425–428): the rat became the emblem of Saint Helena (cf. cat. no. 425).

Il massimo atto eroico del diciannovesimo secolo, ovvero la conquista dell'isola di Sant'Elena
A coronamento satirico della sua carriera, il conquistatore del mondo invade l'isola di Sant'Elena: a cavallo di un caprone (simbolo del diavolo), con la spada sguainata (e una gamba di legno?) si lancia all'attacco su morti, feriti e un cannone rotto, conducendo un esercito di gatti (con tricolori e uniformi di granatieri della Guardia). Sull'angolo inferiore destro un gatto «in borghese» elimina un topo; come vuole un tema favolistico particolarmente diffuso in Francia, l'intero esercito nemico è composto da topi. Benché in soprannumero, i minuscoli artiglieri, fanti e cavalieri fuggono terrorizzati di fronte a quei predatori feroci e sanguinari; dal mare, ove una nave è alla fonda, sale fumo di polvere da sparo. Le notizie sul flagello dei topi presenti nell'isola fornirono abbondanti spunti ai caricaturisti (cfr. n^1 cat. 194, 302, 303, 307, 309, 356–358, 425–428): il topo divenne così il simbolo di Sant'Elena (cfr. n^o cat. 425).

Lit.: BN V 9812; Br II S. 138, App. E 77; Kat. BB 67 (Abb.); Kat. RM 152 (Abb.); La Fabb. 105, S. 434; Sche 6.2 (Ftf. LV).

357

Alte Liebe rostet nicht / oder / Beschäftigung des grossen Mannes auf der kleinen Ratten=Insel Sanct Helena. o. r. *Vivre libre ou – Courir!*
M. *Mort aux Chats* [zweimal]
Johann Michael Voltz, Mitte 1815, bei Friedrich Campe, Nürnberg
Radierung, koloriert
183 × 257 mm (239 × 355 mm)
Herkunft unbekannt
1980.421.

Alte Liebe rostet nicht oder Beschäftigung des grossen Mannes auf der kleinen Ratteninsel Sankt Helena
Getreu dem Sprichwort kann es der frühere Welteroberer nicht lassen: Selbst in der Verbannung auf der «kleinen Ratteninsel» unterliegt er dem Zwang, Krieg zu führen, obgleich er nur ein Heer aus Ratten zur Verfügung hat. An diesen soll auf der spärlich bevölkerten Insel Sankt Helena kein Mangel bestanden haben. Im Vorder- wie im Hintergrund sind die Zelte der Mannschaft aufgestellt. Vor dem Kommandozelt mit dem satirischen Leitsatz «Frei leben oder laufen» auf der Flagge lässt Napoleon mit gezogenem Säbel die Artillerie, die Infanterie und die Kavallerie unter dem Motto «Tod den Katzen» auf ihren Fahnen im Karree vorrücken; die vordere Reihe feuert schon auf den unsichtbaren Feind. Ist mit den Katzen bloss der natürliche Feind der Ratten oder Napoleons Mordlust – in Kat. Nr. 356 besiegt er die Ratten mit einem Katzenheer – gemeint? Das deutsche Motiv der «Rattenarmee» fand auch in Frankreich und England Gefallen. So wurde Voltz' Karikatur 1816 bei Rudolph Ackermann in London in grösserem Format neu aufgelegt (BN V 9813; Br II S. 10, App. A 868).

On revient toujours à ses premières amours ou les occupations du grand homme dans la petite île des rats de Sainte-Hélène
Confirmant le proverbe contenu dans le titre, l'ancien conquérant ne peut pas faire autrement: même banni dans la «petite île des rats», il est soumis à l'obsession de devoir faire la guerre, bien qu'il n'ait à sa disposition qu'une armée de rats. Il ne semblait pas en manquer, en effet, dans l'île peu peuplée de Sainte-Hélène. Au premier plan comme à l'arrière-plan, on distingue les tentes des troupes. Devant la tente de commandement – surmontée d'un drapeau portant l'inscription du principe satirique «Vivre libre ou courir» – Napoléon, le sabre au clair, fait avancer l'artillerie, l'infanterie et la cavalerie en carré, au nom de la devise «Mort aux chats». Le rang avant de rats tire déjà sur l'ennemi invisible. Les chats symbolisent-ils uniquement l'ennemi naturel des rats ou les instincts sanguinaires de Napoléon (le n^o cat. 356 montre comment il vainc les rats avec une armée de chats)? Le motif allemand de l'«armée de rats» se répandit aussi en France et en Angleterre. Ainsi, la caricature de Voltz fut rééditée en 1816 chez Rudolph Ackermann à Londres, dans un format un peu plus grand (BN V 9813; Br II p. 10, app. A 868).

An Old Flame Never Dies, or The Occupations of the Big Man on the Little Rat-Island Saint Helena
Confirming the old adage, the former world conqueror simply cannot leave off: even in exile, on the «little rat-island», he feels compelled to carry out war, be it only with rats at his disposal. According to accounts of the day, that was one thing the sparsely populated island of Saint Helena had plenty of! Troop tents have been set up in the foreground and background: in front of the commando tent, whose banner satirically reads «Vivre libre ou – Courir!» (Live free or flee), Napoleon – his sabre drawn – has the artillery, the infantry and the cavalry (whose banner motto is «Death to the Cats») carry out maneuvers in the square. The front line is already firing at the invisible enemy. Are the cats meant to represent simply the natural enemy of rats or, rather, Napoleon's bloodthirst (in cat. no. 356, he defeats the rats with an army of cats)? The German motif of the «army of rats» also became popular in France and England. Thus a larger-format version of this work by Voltz would subsequently (1816) be published by Rudolph Ackermann of London (BN V 9813; Br II p. 10, App. A 868).

Il primo amore non si scorda mai…, ovvero occupazioni del grand'uomo a Sant'Elena, piccola isola dei topi
L'ex conquistatore è davvero fedele al proverbio del titolo: perfino nell'esilio nella «piccola isola dei topi» cede ancora alla sua pulsione di guerrafondaio, anche se adesso ha a disposizione solo un esercito di topi (che a Sant'Elena, poco popolata, pare non mancassero). In primo piano e sullo sfondo sono piantate le tende della truppa; sul vessillo della tenda di comando spicca il motto satirico «Vivere libero o correre!». Napoleone, a sciabola sguainata, fa avanzare in quadrato artiglieria, fanteria e cavalleria (con bandiere che recitano «Morte ai gatti»); la prima fila spara già sull'invisibile nemico. Non si sa se i gatti rappresentino solo i nemici naturali dei topi oppure la sete di sangue dell'imperatore (che nel n^o cat. 356 sconfigge i topi con un esercito di gatti), ma certo è che il motivo tedesco dell'«armata dei topi» piacque anche al pubblico francese e inglese: nel 1816, per esempio, la caricatura di Voltz fu riprodotta in formato più grande dall'editore londinese Rudolph Ackermann (BN V 9813; Br II p. 10, app. A 868).

Lit.: BN V 9814; Br II S. 138, App. E 97; Kat. RM 154 (Abb.); Sche 6.3.

Die grösste Heldentat des 19. Jahrhunderts oder Eroberung der Insel Sankt Helena

La plus grande action héroïque du XIXᵉ siècle ou la conquête de l'île de Sainte-Hélène

The Greatest Heroic Deed of the Nineteenth Century or The Conquest of the Island of Saint Helena

Il massimo atto eroico del diciannovesimo secolo, ovvero la conquista dell'isola di Sant'Elena

Die gröfste Heldenthat des neunzehnden Jahrhunderts
oder
Eroberung der Insel Sᵗ. Helena.

Alte Liebe rostet nicht oder Beschäftigung des grossen Mannes auf der kleinen Ratteninsel Sankt Helena

On revient toujours à ses premières amours ou les occupations du grand homme dans la petite île des rats de Sainte-Hélène

An Old Flame Never Dies, or The Occupations of the Big Man on the Little Rat-Island Saint Helena

Il primo amore non si scorda mai…, ovvero occupazioni del grand'uomo a Sant'Elena, piccola isola dei topi

Alte Liebe rostet nicht
oder
Beschäftigung des grofsen Mannes auf der kleinen Ratten-Insel Sanct Helena.

358

Des grossen Mannes kleine Hofhaltung auf der glückseligen Insel.
o. r. *Artiste imperial*
u. r. *Plane Botany Bay China Diebsinseln Japan / Nap II. / Nap: III. / Nap: Grosse / Nap IV. / N V.*
u. l. *St. Helenische[r] Moniteur oder Gespräche im Reiche der Todten.*
Johann Michael Voltz, Mitte 1815, bei Friedrich Campe, Nürnberg
Radierung, koloriert
186 × 260 mm (240 × 330 mm)
Herkunft unbekannt
1980.379.

Des grossen Mannes kleine Hofhaltung auf der glückseligen Insel
Wiederum bezeichnen Ratten den Ort der Handlung: Sankt Helena. Als Urbevölkerung der «glückseligen» Exilinsel bilden sie auch den Hofstaat des einsamen Ex-Kaisers. Mit gekreuzten Beinen im mit Ziegenköpfen verzierten Lehnstuhl sitzend, lässt sich Napoleon von den dienstfertigen Tierchen auf Stelzen rasieren und kämmen. Daneben malt der Hofkünstler. Eine Offiziersratte mit gestiefelten Stelzen liest die nach dem Pariser «Moniteur» benannte Hofzeitung vor, die den Verbannten für tot erklärt. Dass dem nicht so ist, beweisen die neuen Eroberungspläne, welche Napoleon während der Morgentoilette durchsieht. Schon bringen ihm zwei Kammerdiener die Reitstiefel, während sich eine Ratte an seinem Pantoffel zu schaffen macht. Im Hintergrund zernagt ein Tier seinen beschädigten Stammbaum, der ausser dem «Grossen Napoleon» die Napoleone II bis V (die zu Königswürden gelangte Brüder und Schwager Murat) aufführt. In der Gardegrenadier-Uniform steht die Ratte ganz links Wache.

La petite cour du grand homme dans l'île bienheureuse
Une fois encore, ce sont des rats qui désignent le lieu de l'action: Sainte-Hélène. La cour de l'ex-empereur solitaire est constituée de la population autochtone de l'île d'exil «bienheureuse». Assis dans un fauteuil décoré de têtes de chèvre, les jambes croisées, Napoléon se laisse raser et peigner par les petites bêtes serviables, marchant sur des échasses. Tout à côté, un artiste de la cour est en train de peindre. Un rat ayant le grade d'officier et se servant d'échasses bottées donne lecture du journal de la cour; dans ce journal, dont le nom se réfère au «Moniteur» parisien, on déclare le banni mort. Les nouveaux plans de conquête, que Napoléon étudie durant sa toilette matinale, prouvent qu'il n'en est rien. Deux valets de chambre lui apportent déjà les bottes d'équitation, tandis que l'un des rats s'affaire à lui enlever une pantoufle. En arrière-fond, une bête ronge son arbre généalogique endommagé, qui mentionne – à part le «Grand Napoléon» – Napoléon II, III, IV et V (frères investis de la dignité de roi et le beau-frère Murat). Placé tout à gauche, le rat en uniforme de grenadier de la garde est en faction.

The Big Man's Little Household on the Blissful Island
In a turnabout, it is the rats in this cartoon who define the setting: Saint Helena. As the «blissful» island's aboriginal population, they also constitute the lonely ex-Emperor's household. Sitting with crossed legs in an armchair adorned with goat heads, Napoleon allows the willing little animals on stilts to shave and comb him. The court artist paints nearby. An officer rat, with booted stilts, reads the renowned court paper, the Parisian «Moniteur», where the exile has been declared dead. That this is not so is proved by the new battle plans Napoleon looks through during his morning toilet. Two valets are already bringing him his riding boots, while another rat works on his slipper. In the background, still another gnaws on his damaged family tree, which presents, besides the «great Napoleon», the Napoleons II to V (his brothers and his brother-in-law Murat who attained royal stature). Attired in the Grenadier Guards uniform, another rat patrols all the way to the left.

La piccola corte del grand'uomo nell'isola beata
Il luogo dell'azione (Sant'Elena) è di nuovo indicato dai topi, primi abitanti di quell'isola «beata» e quindi cortigiani dell'ex imperatore nel suo esilio solitario. Seduto a gambe accavallate in una poltrona adorna di teste caprine, Napoleone si fa radere e pettinare dalle sue bestiole premurose, salite su trampoli; accanto a loro l'«artista imperiale» dipinge. Un topo-ufficiale coi trampoli coperti da stivali legge ad alta voce il giornale di corte, che si chiama *Moniteur* (come quello parigino) e definisce Sant'Elena «regno dei morti»; che la realtà sia diversa, però, è dimostrato dai nuovi piani di conquista sfogliati dall'esule durante la toeletta mattutina. Due topi-camerieri gli portano già gli stivali da cavallerizzo, mentre un terzo si dà da fare con la ciabatta e un quarto rosicchia un albero genealogico rovinato, che al «Napoleone il Grande» affianca altri quattro Napoleoni (i fratelli dell'imperatore, divenuti re, e suo cognato Murat); all'estrema sinistra c'è un topo-sentinella con l'uniforme di granatiere della Guardia.

Lit.: BN V 9815; Br II S. 138, App. E 69; Kat. BB 72 (Tf.); vgl. Kat. RM 134; La Fabb. 106, S. 433; Sche 6.7; Schu Tf. 44, S. VIII*.

359

Das fürchterliche Raubnest oder die Ruine der grossen Kaiserburg des Universalmonarchen
am linken Blattrand [senkrecht zum Titel] *Ah c'est Monsieur Nicolas!* –
anonym, 1815, nach Johann Michael Voltz
Radierung, koloriert
178 × [226] mm (183 × 236 mm)
Herkunft unbekannt
1980.367.

Das fürchterliche Raubnest oder die Ruine der grossen Kaiserburg des Universalmonarchen
Das Vexierbild (vgl. Kat. Nr. 156) ist der leicht verkleinerte Nachdruck einer bei Friedrich Campe in Nürnberg erschienenen Bildsatire von Voltz (BN V 9804; Br II Tf. S. 135, 137 f., App. E 31). In waldiger Hügellandschaft erhebt sich auf einem Felssporn eine Burgruine. Ihr Zugang bildet links eine hohe Steinbrücke, von der zwei Soldaten zu einem Kameraden hinunterblicken. In der Bildmitte führt eine Holztür über eine Geheimtreppe ins «fürchterliche Raubnest». Vor sie kehren sieben schwer beladene Soldaten vom Brandschatzen aus dem nahen, im Hintergrund in Flammen stehenden Dorf zurück. Sie stellen offenbar den Rest von Napoleons Grosser Armee dar, treiben als Raubritter noch immer ihr Unwesen und hausen in der «Kaiserburg des Universalmonarchen». Das Symbol des Kaiserreichs ist aber inzwischen zur Ruine zerfallen. Dreht man das Blatt um 90° nach links, ist der frühere Herr der Burg, von dessen Geist sie weiterhin beseelt ist, als Profilkopf im Gemäuer zu erkennen – Nicolas (Napoleons vulgarisierender Spitzname; vgl. Kat. Nr. 190).

Le terrible nid de proies ou la ruine du grand château fort impérial du monarque universel
Cette devinette (cf. n°. cat. 156) constitue une reproduction légèrement réduite d'une image satirique de Voltz parue chez Friedrich Campe à Nuremberg (BN V 9804; Br II pl. p. 135, 137 sq., app. E 31). Dans un paysage de collines boisé, on voit se dresser la ruine d'un château fort sur un éperon rocheux. A gauche, un haut pont de pierre – d'où deux soldats regardent un de leurs camarades placé au-dessous – permet d'y accéder. Au milieu de l'image, une porte en bois mène, par un escalier secret, au «terrible nid de proies». Sept soldats lourdement chargés retournent à cette porte après avoir pillé le village voisin – à présent en flammes – que l'on distingue à l'arrière-plan. Ils représentent apparemment le reste de la Grande Armée de Napoléon. Ils continuent à semer des troubles comme chevaliers pillards et vivent au «château fort impérial du monarque universel». Mais le symbole de l'Empire est tombé en ruine entre-temps. Si on tourne l'image de 90 degrés vers la gauche, on peut découvrir – sous la forme d'un profil d'une tête nichée dans les ruines – l'ancien maître du château fort dont l'esprit anime toujours les lieux: Nicolas (surnom vulgarisateur de Napoléon cf. n°. cat. 190).

The Dreadful Bird-of-Prey Nest or The Ruins of the Universal Monarch's Great Imperial Fortress
This puzzle picture (cf. cat. no. 156) is a slightly smaller version of a cartoon by Voltz published by Friedrich Campe in Nuremberg (BN V 9804; Br II pl. p. 135, 137 f., App. E 31). A fortress in ruin arises on the spur-shaped cliff of a wooded, hilly landscape. Access is afforded by a high stone bridge to the left, from which two soldiers look down at a comrade. At the image's centre, a wooden door opens onto a hidden staircase leading into the «dreadful bird-of-prey nest». Seven returning soldiers have arrived before the entry door, heavily loaded with booty from the nearby town, now in flames. They obviously represent what is left of Napoleon's Grande Armée – robber knights who continue to carry out their evil deeds and are housed in the «universal monarch's imperial fortress». This abode, symbol of the Empire, has fallen into ruin in the meantime. If the image is turned by 90 degrees to the left, the profile of the former ruler of the town, whose spirit continues to inhabit the place, can be recognised: Nicolas (the popularised nickname for Napoleon; cf. cat. no. 190).

Il pauroso nido di ruberie o la rocca imperiale in rovina del monarca universale
Questa figura-rebus (cfr. n° cat. 156) è la riproduzione lievemente rimpicciolita di un'opera di Voltz, pubblicata da Friedrich Campe a Norimberga (BN V 9804; Br II tav. p. 135, 137 sg., app. E 31). Su uno sperone roccioso fra alture boscose si erge una rocca in rovina; dall'alto ponte d'accesso in pietra (a sinistra), due soldati guardano il compagno sottostante. Al centro, ove una porta di legno conduce attraverso una scala segreta al «pauroso nido di ruberie», sette soldati stracarichi di bottino tornano al castello dal villaggio vicino, visibile in fiamme sullo sfondo: resti probabili della Grande Armata napoleonica, quei predoni continuano ancora le loro malefatte e alloggiano nella «rocca imperiale del monarca universale», che però nel frattempo è caduta in rovina. Ruotando il foglio a sinistra di 90°, si riconosce nei ruderi il profilo dell'ex castellano Nicolas (nomignolo piuttosto volgare di Napoleone: cfr. n° cat. 190), il cui spirito anima ancora la rocca.

Lit.: Sche 6.11.2.

Des grossen Mannes kleine Hofhaltung auf der glückseligen Insel

La petite cour du grand homme dans l'île bienheureuse

The Big Man's Little Household on the Blissful Island

La piccola corte del grand'uomo nell'isola beata

Das fürchterliche Raubnest oder die Ruine der grossen Kaiserburg des Universalmonarchen

Le terrible nid de proies ou la ruine du grand château fort impérial du monarque universel

The Dreadful Bird-of-Prey Nest or The Ruins of the Universal Monarch's Great Imperial Fortress

Il pauroso nido di ruberie o la rocca imperiale in rovina del monarca universale

360
Der grosse Todtengräber.
u. r. *Enghien*
u. l. *Pius VII.*
Johann Michael Voltz, 1814,
bei Friedrich Campe, Nürnberg
Radierung, koloriert
199 × 155 mm (213 × 172 mm)
u. r. Stempel Museum Schwerin
1980.427.

Der grosse Totengräber
Als Totengräber auf den Spaten gestützt, sitzt Napoleon inmitten eines Friedhofs auf einem aus den Schädeln seiner Opfer errichteten Grabmal. Dieses bedeckt die Haut der geschundenen Justitia, auf deren Waage er tritt. Die Blitze des göttlichen Zorns fahren vom Himmel herab, und vier Rachegöttinnen, teils mit Schlangen, bedrängen den Massenmörder in der Stunde der Vergeltung. Die eine hält ihm im Spiegel eine brennende Stadt, Sinnbild seines Zerstörungswerkes, vor Augen. Rechts nähert sich neben dem Grabkreuz des Herzogs von Enghien (vgl. Kat. Nr. 201) der Sensenmann im Lilienmantel und kündigt die Ankunft der Bourbonen und Napoleons Ende an. Dem Totengräber reicht ein Knochenmann von hinten den Hut zum letzten Gang. Daneben bezichtigen ihn Geldsack und Messkelch sowie vorne links das umgeworfene Grabkreuz Papst Pius' VII der Schändung von Glaube und Kirche. Am Fusse und links des Grabmals erheben sich die in Ketten gelegten Völker aus dem politischen Todesschlaf und greifen zum Schwert. Im Vordergrund fällt eine Hyäne über eine Leiche her (vgl. Kat. Nr. 424), und ein Tiger verschlingt seine Jungtiere: Inbegriffe von Perfidie und Perversion.

Le grand fossoyeur
S'appuyant sur une bêche, dans le rôle d'un fossoyeur, Napoléon est assis au milieu d'un cimetière, sur un tombeau construit avec les crânes de ses victimes. Ce tombeau couvre le corps de la Justice maltraitée et l'empereur met un pied sur sa balance. Les foudres de la colère divine tombent du ciel. Quatre déesses de la vengeance, accompagnées par endroits de serpents, assaillent le massacreur; c'est l'heure de la revanche. L'une d'elles présente un miroir devant ses yeux: celui-ci reflète une ville en flammes, symbole de son œuvre de destruction. A droite, à côté de la croix tombale du duc d'Enghien (cf. n°. cat. 201), la mort approche; portant un manteau parsemé de lys, elle annonce l'arrivée des Bourbons et la fin de Napoléon. De l'arrière, un squelette personnifiant la mort tend au fossoyeur le chapeau pour la dernière marche. En outre, un sac d'argent et un calice, de même que la croix tombale renversée du pape Pie VII (à gauche, au premier plan), l'accusent de violer la foi et l'Eglise. Aux pieds de l'empereur et à gauche du tombeau, les peuples mis aux fers se réveillent du sommeil politique des morts et tirent l'épée. Au premier plan, une hyène se jette sur un cadavre (cf. n°. cat. 424), et un tigre dévore ses petits: incarnations de la perfidie et de la perversion.

The Great Grave-Digger
As a grave-digger leaning on his shovel, Napoleon sits in the middle of a cemetery on a tomb built of the skulls of his victims, and covered with the skin of flayed Justitia, on whose scale he steps. The wrath of the gods sends strokes of lightning shooting from the skies, and four Furies, some with snakes, harry the mass murderer in his hour of reckoning: one holds up a mirror to him showing a burning city, symbol of all his destruction. To the right, the Great Reaper in a cloak of lilies nears the grave cross of the Duke of Enghien (cf. cat. no. 201), proclaiming the arrival of the Bourbons and Napoleon's end. A skeleton (Death) to his rear passes him a hat for his last walk. Sacks of gold and a chalice lying nearby, as well as the knocked down tomb cross of Pope Pius VII to the fore and left, all accuse him of profaning religion and churches. At his feet, and to the left of the tomb, the enchained peoples arise from their political death sleep and reach for their swords. In the foreground, a hyena sets upon a corpse (cf. cat. no. 424), while a tiger devours its cubs: acts embodying perfidy and perversion.

Il grande becchino
In mezzo a un cimitero, come un becchino appoggiato alla vanga, Napoleone siede su un monumento eretto coi teschi delle sue vittime e coperto dalla pelle scuoiata della Giustizia, di cui calpesta la bilancia. Mentre dal cielo scendono i fulmini dell'ira divina, quattro divinità della vendetta (con serpenti) incalzano il carnefice nell'ora del contrappasso; una di loro gli mostra nello specchio una città in fiamme, simbolo della sua opera di distruzione. A destra, accanto alla croce sepolcrale del duca d'Enghien (cfr. n° cat. 201), si avvicina la Morte in un manto gigliato, annunciando l'arrivo dei Borboni e la fine di Napoleone. Da dietro, uno scheletro allunga al becchino il cappello per la sepoltura; il sacco di denaro e il calice lì accanto, come pure la croce sepolcrale abbattuta di papa Pio VII (in primo piano a sinistra), accusano l'imperatore di oltraggio alla fede e alla Chiesa. Mentre ai piedi del monumento e alla sua sinistra i popoli in catene si sollevano dal loro sonno politico mortale e afferrano la spada, in primo piano appaiono – quintessenza di perfidia e perversione – una iena che si avventa su un cadavere (cfr. n° cat. 424) e una tigre che ingoia i suoi piccoli.

Lit.: Br II S. 129, App. E 48; Da Abb. S. 257; Sche 7.3; Schu Tf. 40, S.VIII*.

361
[Das Mausoleum]
r. zehnzeiliges Gedicht *Zuerst müsst Ihr von hunderttausend Schädlen / Von ihm erwürgten Edlen / Ein starkes Denkmal bauen: / In dessen Mitte – gross in Stein gehauen / Der gröste Tiger mit gekröntem Haupt: / In seinen Klaun ein Mensch nach dem sein / Blutdurst schnaubt / Rings um die Knochenwand in grauenvol=/lem Kreis / Lasst dann von Wittwen Mark und aus=/gepresstem Schweis / Zehntausend düstre Lampen brennen – / So wird die Nachwelt ihn – auch ohne / Inschrift nennen*
anonym, 1814
Radierung, koloriert
n. best. (132 × 171 mm)
Sammlung Herzog von Berry
1980.348.

Das Mausoleum
Ein schreinartiger Bau mit Rundgiebel dient als Beinhaus für die Schädel der Opfer aus den napoleonischen Kriegen – darunter ein Offizier mit dem Kreuz der Ehrenlegion als Sinnbild nichtiger Ruhmsucht. Überall brennen Totenlichter. Das Giebelfeld füllen Knochenwirbel aus. Darüber hockt eine die Zähne bleckende steinerne Raubkatze, die sich in eine blutige Leiche krallt. Auf der Krone des Untiers ragt das Kreuz der Ehrenlegion. Der beigegebene Text erläutert den Aufbau des grauenvollen Grabmals. Die Beschreibung steigert die Drastik der makabren Darstellung. Sie bezeichnet die Opfer als «Edle», nennt als Brennstoff der «düstren Lampen» Mark und Schweiss der Kriegswitwen und erhebt den in Stein gehauenen «grössten Tiger» zum Symbol des Blutdursts. Auch ohne Worte wird laut Text die Nachwelt erkennen, wessen Denkmal hier vor ihr steht. Der Graphik liegt das Gedicht «Das Mausoleum» von August von Kotzebue zugrunde.

Le mausolée
Une construction en forme de reliquaire, surmontée d'un pignon rond, sert d'ossuaire aux crânes des victimes des guerres napoléoniennes. Parmi ces victimes, un officier porte la croix de la Légion d'honneur, symbolisant la vaine avidité de gloire. Partout brûlent des lumières funéraires. Le tympan est rempli de vertèbres. Au-dessus, un fauve de pierre est assis, montre les dents et tient un cadavre sanglant dans ses griffes. La croix de la Légion d'honneur se dresse sur la couronne de ce monstre. Le texte d'accompagnement explique la structure de ce tombeau horrible. La description intensifie encore le caractère rude de la représentation macabre. Elle qualifie les victimes de «nobles» et indique que le combustible des «lumières sombres» est fait de la moelle et de la sueur des veuves de guerre. Le «plus grand tigre», taillé dans la pierre, est élevé au rang de symbole de la férocité. La postérité reconnaîtra même sans explications – selon ce commentaire – à qui est dédié le présent monument. La gravure se fonde sur un poème d'August von Kotzebue intitulé «Le mausolée».

The Mausoleum
A shrine-like construction with a rounded pediment serves as ossuary for the skulls of victims of the Napoleonic wars with, at the bottom, that of an officer wearing the Legion of Honour – thus symbolising the vanity of glory. Death-watch candles blaze out from all sides. Bone vertebrae fill the tympanum. Perched atop the construction, a stone wildcat with bared teeth digs its claws into a bloody corpse; the monster's crown is topped by the cross of the Legion of Honour. The accompanying text explains – in terms that heighten the graphic vividness of the macabre presentation – how the horrendous monument was built up: the victims are termed «nobles», the fuel for the «gloomy lanterns» is the marrow and sweat of war widows; and the stone-hewn «biggest tiger» is turned into the symbol for bloodlust. Even without words, the text assures us, the afterworld will recognize for whom this monument has been erected. The work is based on a poem under the same title by August von Kotzebue.

Il mausoleo
Un edificio-reliquiario con frontone curvo ospita i teschi dei caduti nelle guerre napoleoniche, fra cui quello di un ufficiale con la croce della Legion d'onore (simbolo di effimera sete di gloria); tutt'intorno ardono lampade sepolcrali. Sopra il frontone (riempito di vertebre) è rannicchiato un grosso felino in pietra, che digrigna i denti e affonda gli artigli in un cadavere sanguinolento; sulla corona della belva spunta la croce della Legion d'onore. Il testo a fianco descrive la struttura dell'orrendo monumento, accentuando la drasticità macabra dell'immagine: definisce «nobili» le vittime, indica come combustibile delle «tetre lampade» il midollo e il sudore delle vedove di guerra, eleva a simbolo della sete di sangue la «tigre massima» scolpita nella pietra. Sempre stando al testo, anche senza parole i posteri capiranno chi rappresenta il monumento. La composizione si basa su una poesia di August von Kotzebue (*Das Mausoleum*).

Lit.: Kat. H85 19; Sche 7.5.

Der grosse Totengräber

Le grand fossoyeur

The Great Grave-Digger

Il grande becchino

Der grosse Todtengräber.

Das Mausoleum

Le mausolée

The Mausoleum

Il mausoleo

362

[Das Idol der Franzosen]
o. l. *Juch hé, heute ist der 15ᵗᵉ August! heute ist Festtag!*
o. M. *Er verdient den Kranz*
u. l. *Englische Waaren*
anonym, 1815, nach Thomas Rowlandson
Radierung, koloriert
175 × 210 mm (211 × 247 mm)
Herkunft unbekannt
1980.446.

Das Idol der Franzosen
Auf einem Schlachtfeld mit Sterbenden, Toten, Leichenteilen und Kriegsgerät umtanzen sechs Teufel mit den Kopfbedeckungen verschiedener Waffengattungen jubelnd ihr Idol: Napoleons Riesenbüste (vgl. Kat. Nr. 393) mit dem Strick um den Hals steht auf einem Sockel aus abgeschlagenen Häuptern. Ein auf einem Bock durch die Luft heranreitendes Teufelchen stösst ins Horn, während zwei geflügelte Genossen einen brennenden Kranz herbeitragen, um die Büste zu ehren. Anlass des Freudentanzes ist der 15. August, Napoleons Geburtstag. Ausser den Kriegsgreueln vergegenwärtigen im Hintergrund die in Brand gesteckte Stadt (rechts) und die von sechs Soldaten angezündeten «englischen Waren» (links) das Lebenswerk des Jubilars. Im Dekret von Trianon ordnete Napoleon 1810 an, sämtliche trotz der Kontinentalsperre auf den Kontinent gelangten englischen Waren zu verbrennen. Das Blatt ist die deutsche Kopie einer Karikatur von Rowlandson (Kat. Nr. 75) in kleinerem Format.

L'idole des Français
Sur un champ de bataille où l'on découvre des mourants, des morts, des parties de cadavres et du matériel de guerre, six diables – portant des coiffures de différentes armes – dansent autour de leur idole en poussant des cris de joie. Un buste géant de Napoléon (cf. n°. cat. 393) – une corde autour du cou – est placé sur un socle de têtes coupées. Approchant dans les airs sur le dos d'un bouc, un diablotin sonne du cor, tandis que deux de ses compagnons ailés apportent une couronne de flammes pour honorer le buste. L'occasion pour la danse d'allégresse est le 15 août, l'anniversaire de Napoléon. Outre les atrocités de la guerre, ce sont, en arrière-fond, la ville incendiée (à droite) et les «marchandises anglaises» mises en feu (à gauche) qui rappellent à la mémoire l'œuvre du protagoniste célèbrant le jour de sa naissance. A travers le décret de Trianon, Napoléon ordonna, en 1810, de brûler l'ensemble des marchandises anglaises arrivées sur le continent malgré le blocus continental. L'estampe constitue la copie allemande d'une caricature de Rowlandson (cf. n°. cat. 75) en format plus petit.

The Idol of the French
On a battlefield strewn with the dying, the dead, limbs, and war equipment, six devils, each wearing the headdress of a particular military corps, dance joyously around their idol: a giant bust of Napoleon (cf. cat. no. 393) with a rope around his neck, set on a base made of severed heads. A little devil astride a goat rides through the air blowing on his horn, while two winged associates fly in with a blazing wreath to bestow on the bust. The joyous occasion marks Napoleon's birthday, August 15: in addition to the more obvious war atrocities, the piece brings to mind still further aspects of the celebrated personage's lifework, as attested by the city set afire in the background (to the right), and the «English wares» that have been ignited by six soldiers (to the left). In his Trianon Decree of 1810, Napoleon had ordered – and this despite the Continental embargo on English wares – that those English wares that had reached the Continent be burned. This cartoon is a smaller German version of a caricature by Rowlandson (cat. no. 75).

L'idolo dei francesi
Su un campo di battaglia con morenti, morti, parti di cadaveri e materiale bellico, sei diavoli con copricapi di varie armi ballano esultanti intorno al loro idolo: il busto gigantesco di Napoleone (cfr. n° cat. 393), col capestro intorno al collo ritto su uno zoccolo di teste recise. In aria un diavoletto cavalca un caprone, soffiando nel corno, mentre due suoi compagni alati si avvicinano con una corona in fiamme per onorare il busto: tutti festeggiano la ricorrenza del 15 agosto, giorno genetliaco di Napoleone. A ricordare il curriculum del festeggiato provvedono, oltre alle atrocità belliche, la città in fiamme sullo sfondo (a destra) e le «merci inglesi» incendiate da sei soldati (a sinistra): nel 1810, col decreto di Trianon, Napoleone aveva ordinato che ogni prodotto inglese giunto sul continente nonostante il blocco venisse bruciato. La stampa è una copia tedesca, in formato minore, di una caricatura di Rowlandson (n° cat. 75).

Lit.: Fi92 S. 368 ff. (Abb.); La Fabb. 64, S. 421 f.; Sche 7.4.

363

[Lass mir nur noch eine einzige Schlacht gewinnen]
u. [*Lass mir*] *nur noch eine einzige Schlacht gewinnen.* / [*Da erwiderte der T:*] *Du hast deine Rolle ausgespielt. Ich* [...]
anonym, 1815
Radierung, koloriert
143 × 102 mm (164 × 127 mm)
u. r. Stempel Museum Schwerin
1980.435.

Lass mich nur noch eine einzige Schlacht gewinnen!
Jenseits eines Flusses mit Brücke und Segelboot tobt im Hintergrund eine in Pulverdampf gehüllte Schlacht. Davor hält auf einer Wiese der Teufel in Bocksgestalt Napoleon am Hals mit einem Strick fest. Der besiegte Kaiser fleht im Kniefall und mit gefalteten Händen um eine letzte Chance: Eine einzige Schlacht will er noch gewinnen. Doch diesmal bereitet der Teufel seinem Favoriten das Ende. Mit der Niederlage bei Waterloo ist die Rolle ausgespielt, zu der das Böse Napoleon auf Erden auserkoren hat. Jetzt gehört er der Hölle. Der Dialog wurde im nachhinein ins Bild eingefügt und geht stellenweise in der Kolorierung unter; er bricht am Satzanfang ab.

Laisse-moi gagner encore une toute dernière bataille!
A l'arrière-plan, de l'autre côté d'un fleuve enjambé par un pont où circule un bateau à voiles, une bataille – enveloppée de fumée de poudre – fait rage. Devant ce décor, dans un pré, le diable représenté en bouc tient Napoléon à l'aide d'une corde passée autour de son cou. Les mains jointes et à genoux, l'empereur vaincu implore une dernière chance: il aimerait gagner encore une ultime bataille. Mais cette fois-ci, le diable prépare la fin de son favori: la défaite près de Waterloo signifie la fin du rôle – sur terre – pour lequel le mal a élu Napoléon; à présent, ce dernier appartient à l'enfer. Le dialogue a été inséré postérieurement dans l'image et est partiellement recouvert par le coloriage (du côté du début des phrases).

Let Me Win Just One More Battle!
Beyond a river with a bridge and sailboat, a gunsmoke-hidden battle rages in the background. The foreground scene shows the devil as a goat figure, holding Napoleon by the neck with a rope. The defeated Emperor on his knees and with clasped hands pleads for a last chance to win just one more battle. Yet this time the Devil is preparing his favourite's end: by his defeat at Waterloo, Napoleon has outlived the roll for which he was destined on earth. Now he belongs to hell. The dialogue was added to the image subsequently and at times is blurred by the colours; thus, it breaks off at the start of a sentence.

Lasciami vincere un'ultima battaglia!
Oltre il fiume sullo sfondo (con ponte e barca a vela), il fumo degli spari nasconde una battaglia; il diavolo, raffigurato come caprone, sul prato antistante tiene stretto con una fune il collo dell'imperatore sconfitto. Quest'ultimo, genuflesso e a mani giunte, invoca un'ultima possibilità di vincere ancora in battaglia, ma stavolta il Maligno prepara la sua fine: con la sconfitta di Waterloo cessa la parte che aveva assegnato sulla terra al proprio favorito, ora destinato all'inferno. Il dialogo, inserito successivamente nell'immagine e in qualche punto coperto dal colore, s'interrompe all'inizio della frase.

Lit.: Sche 5.14.

Das Idol der Franzosen

L'idole des Français

The Idol of the French

L'idolo dei francesi

Lass mich nur noch eine einzige Schlacht gewinnen!

Laisse-moi gagner encore une toute dernière bataille!

Let Me Win Just One More Battle!

Lasciami vincere un'ultima battaglia!

364
[Napoleons Höllenfahrt]
o. M. *Da bring ich ihn.*
o. r. *Der wird uns erst die Hölle heiss machen.*
u. l. *Herr gedenke unserer, wenn Du in Deinem Reiche bist.*
anonym, 1815
Radierung, koloriert
178 × 210 mm (217 × 264 mm)
Herkunft unbekannt
1980.428.

Napoleons Höllenfahrt
In den von Flammen umspielten Höllenschlund – ein Tiermaul mit Reisszähnen, Nase und Schnauzhaaren – reitet Napoleon auf einem gehörnten Teufel mit Kuhschwanz, Bocksfuss und Hühnerklaue. «Da bringe ich ihn» ruft der Teufel den drei Marschällen zu, die bereits im Höllenfeuer auf ihren Herrn warten; dieser wird ihnen alsbald «die Hölle heiss machen». Sie sind Napoleon vorausgegangen: 1815 kamen Berthier, Brune, Murat und Ney ums Leben; Lannes war schon 1809, Bessières und Poniatowski waren 1813 gefallen. Vor dem Höllenschlund bitten fünf weitere Marschälle mit einem Bibelwort (Luk. 23, 42) um baldige Aufnahme ins Höllenreich. Das Bild macht die Marschälle des Kaiserreichs zu den Teufelsdienern des «Antichrists». Den biographischen Hintergrund für die Höllenfahrt bildet Napoleons Deportation nach Sankt Helena.

La descente aux enfers de Napoléon
Sur le dos d'un diable cornu – ayant une queue de taureau, un pied de bouc et une patte de coq –, Napoléon s'élance dans le gouffre de l'enfer entouré de flammes, représenté par une gueule garnie de canines et surmontée d'un nez et de moustaches. «Le voilà», crie le diable aux trois maréchaux, qui attendent déjà leur maître dans le feu de l'enfer; nouveau-venu qui commencera pour de bon à leur faire «prendre une suée ‹d'enfer›». Ces maréchaux ont précédé Napoléon. Berthier, Brune, Murat et Ney périrent en 1815; Lannes perdit la vie déjà en 1809, Bessières et Poniatowski moururent à la guerre en 1813. Devant le gouffre de l'enfer, à travers une parole tirée de la Bible (Luc 23, 42), cinq autres maréchaux demandent à être bientôt admis à leur tour au royaume des enfers. La présente image fait des maréchaux d'Empire des serviteurs diaboliques de l'«antéchrist». L'arrière-plan biographique de la descente aux enfers est constitué par la déportation de Napoléon à Sainte-Hélène.

Napoleon's Descent into Hell
Napoleon, on a horned devil with a cow tail, goat's foot, and chicken claw, is riding in the flame-encircled abyss – the jaws of a beast with fangs, nose, and walrus whiskers. «I'm bringing him in,» the devil cries out at the three marshals who, already in hell's fire, await their master and will soon «give him hell». The three preceded Napoleon: in 1815, Berthier, Brune, Murat, and Ney lost their lives; Lannes had already lost his in 1809, and Bessières and Poniatowski died in 1813. Five other marshals call out to him in biblical terms: «Lord, remember me when Thou comest into Thy kingdom» (Luke 23, 42), praying to soon be taken into the kingdom of hell. The cartoon makes the marshals the devil's helpers to the «Antichrist». The biographical basis for the Descent into Hell is Napoleon's deportation to Saint Helena.

Viaggio di Napoleone all'inferno
Nella bocca fiammeggiante dell'inferno (un muso animale con canini, naso e vibrisse), Napoleone cavalca un diavolo cornuto (con coda di mucca, zampa di caprone e zampa di gallina), che grida «Ora lo porto» a tre marescialli; questi ultimi, già nel fuoco in attesa del loro signore, rispondono «Adesso ci scalderà l'inferno». I tre hanno preceduto Napoleone: dopo Lannes, Bessières e Poniatowski (caduti il primo nel 1809, gli altri due nel 1813), Berthier, Brune, Murat e Ney morirono nel 1815. In primo piano altri cinque marescialli chiedono con un versetto evangelico (*Lc.* XXIII, 42) di non restare troppo a lungo fuori del regno infernale. La stampa trasforma i marescialli dell'Impero in servi satanici dell'«Anticristo»; lo spunto biografico del «viaggio all'inferno» è costituito dalla deportazione di Napoleone a Sant'Elena.

Lit.: Br II App. E 84; La Fabb. 65, S. 422; Sche 7.28.

365
Sie haben alles gethan was ich an Jhrer Stelle / hätte thun können.
u. M. *Telle graf*
anonym, 1814
Radierung mit Roulette, koloriert
166 × 129 mm (201 × 151 mm)
Sammlung Herzog von Berry
1980.343.

Sie haben alles getan, was ich an Ihrer Stelle hätte tun können
Am felsigen Hölleneingang heisst der gehörnte Teufel mit Spitzohren, Bocksbein, Hühnerklaue und Kuhschwanz Napoleon willkommen. Er schüttelt ihm die Hand, fasst ihn bei der Schulter und drückt seine Genugtuung über Napoleons teuflisches Lebenswerk aus: Er selbst hätte nicht mehr an Übel vollbringen können. Im Hintergrund gucken drei Büsten aus dem Flammenmeer. Die eine fährt beim Anblick Napoleons erschreckt zusammen, die andere zeigt auf ein Papier mit der Aufschrift «Telegraph» und ruft Napoleon etwas zu. Sie meint den 1813 verstorbenen Redaktor Dr. Karl Julius Lange und seine napoleonfreundliche Berliner Zeitung (1806–1808). Am Himmel leuchtet die Erdkugel, die vom Rand des Bildrunds angeschnitten wird.

Vous avez fait tout ce que j'aurais pu faire à votre place
A l'entrée rocheuse de l'enfer, le diable – qui a les oreilles pointues, une jambe de bouc, une patte de coq et une queue de taureau – souhaite la bienvenue à Napoléon. Il lui serre la main, le saisit par l'épaule et exprime sa satisfaction au sujet de l'œuvre diabolique accomplie par l'empereur: lui-même n'aurait pas pu faire plus de mal. A l'arrière-plan, trois bustes dépassent de la mer de flammes. L'un d'eux tressaille de frayeur à la vue de Napoléon. Un autre montre un papier où est inscrit le mot «Telegraph» et lui crie quelque chose: ce buste évoque le rédacteur Karl Julius Lange, mort en 1813, et son journal berlinois pronapoléonien (1806–1808). Amputé par la forme ronde de l'estampe, le globe terrestre luit dans le ciel.

You Did Everything the Way I Would Have Done it in Your Place
Standing at the craggy entranceway to hell, the horned devil – with pointed ears, one goat leg, one chicken claw, and a cow's tail – extends his welcome to Napoleon. He shakes the latter's hand, pats him on the shoulder and expresses his satisfaction over his devilish life's work: he himself could not have accomplished more evil. Three busts peep up and out from the sea of flames in the background: one recoils at the sight of Napoleon, another points to a paper inscribed «Telegraph»: the allusion is to the death in 1813 of the publisher Dr. Karl Julius Lange and his pro-Napoleonic Berlin newspaper (1806–1808). In the sky, a globe edged by the border of the image circle shines down on the scene.

Avete fatto tutto ciò che al Vostro posto avrei potuto fare io
Fra le rocce d'accesso all'inferno il diavolo – con corna, orecchie a punta, zampa di caprone, zampa di gallina e coda di mucca – dà il benvenuto a Napoleone stringendogli la mano, toccandogli la spalla ed esprimendogli la sua soddisfazione: con la sua vita diabolica, il nuovo arrivato non avrebbe potuto compiere più mali del diavolo in persona. Dei tre busti che osservano la scena dal mare di fiamme sullo sfondo, uno atterrisce alla vista di Napoleone e un altro gli grida qualcosa, mostrando una carta; la scritta «Telegraph» sta a indicare il dottor Karl Julius Lange, redattore morto nel 1813, e il suo giornale berlinese filonapoleonico (1806–1808). In cielo brilla il globo terrestre, mutilato leggermente dal bordo circolare della stampa.

Lit.: Sche 7.20.1.

Napoleons Höllenfahrt

La descente aux enfers de Napoléon

Napoleon's Descent into Hell

Viaggio di Napoleone all'inferno

Sie haben alles getan, was ich an Ihrer Stelle hätte tun können

Vous avez fait tout ce que j'aurais pu faire à votre place

You Did Everything the Way I Would Have Done it in Your Place

Avete fatto tutto ciò che al Vostro posto avrei potuto fare io

366

Das ist mein lieber Sohn an dem ich Wohlgefallen habe
anonym, 1813/1814
Radierung, koloriert
n. best. (112 × 89 mm)
u. r. Stempel Museum Schwerin
1980.443.

Das ist mein lieber Sohn, an dem ich Wohlgefallen habe
In der Direktheit und Knappheit der Aussage liegt die Schlagkraft des Bildes. Wie Maria mit dem Jesuskind sitzt der Teufel mit feurigen Augen, Bocksbart und -hörnern, Pferdefüssen und Kuhschwanz auf dem Boden; er hält das in ein trikolores Band eingewickelte Kind mit Napoleons Kopf im Arm sowie ein Kreuz der Ehrenlegion als Spielzeug in der Hand. «Vater» und «Sohn» blicken sich liebevoll an; der Teufel gebraucht die Worte aus Markus 1, 11, welche Gottvater nach der Taufe Christi sprach. Napoleon ist eine Ausgeburt der Hölle, der prophezeite Antichrist: «Dies ist der Irrlehrer und der Widerchrist.» (2. Joh. 7) Von der enormen Wirkung und Verbreitung der Bildidee zeugen allein in Deutschland 13 Fassungen sowie Nachgestaltungen in Frankreich («Le petit homme rouge berçant son fils»: Br II App. D 208; Cl 35), England («The Devil's Darling»: BM IX 12196; Br II App. A 276), Holland (Br II App. H 13) und Schweden (Br II App. I B23).

Voici mon fils bien-aimé qui me procure de la satisfaction
La force de l'image réside dans le caractère direct et concis de son message. Les yeux enflammés, ayant une barbe et des cornes de bouc, des pieds de cheval et une queue de taureau, à l'instar de Marie avec l'enfant. Il porte l'enfant – emmailloté d'une bande tricolore et ayant la tête de Napoléon – dans ses bras et tient dans sa main une croix de la Légion d'honneur en guise de jouet. Le «père» et l'«enfant» se regardent affectueusement; le diable utilise des paroles bibliques (Marc 1, 11) prononcées par Dieu le Père après le baptême du Christ. Napoléon est un suppôt de Satan, l'antéchrist prophétisé: «C'est l'ennemi du Christ venant prêcher une religion hostile à la sienne.» (2 – Jean, 7) L'effet extraordinaire et la large diffusion de l'idée véhiculée par l'estampe sont attestés par l'existence – rien qu'en Allemagne – de 13 versions différentes, ainsi que de travaux réalisés d'après ce modèle en France («Le petit homme rouge berçant son fils»: Br II app. D 208; Cl 35), en Angleterre («The Devil's Darling»: BM IX 12196; Br II app. A 276), en Hollande (Br II app. H 13) et en Suède (Br II app. I B23).

Thou Art My Beloved Son, in Whom I Am Well Pleased
This work derives its forcefulness from its directness and sparseness: a devil – with fiery eyes, a goat's beard and horns, horse hooves and a cow tail – sits like the Virgin Mary cradling the baby Jesus. Here the infant is wrapped in tricolour swaddling-clothes and has Napoleon's head. Dangling from the devil's hand as well, a Legion of Honour cross as a toy. «Father» and «son» look lovingly at each other, and the devil speaks out the title text of St. Mark 1, 11 (spoken by the Lord upon the baptism of his son Jesus). Napoleon is a spawn of the devil, the prophesied Antichrist according to 2. John 7: «This is the deceiver and the Antichrist.» The extent of this work's impact and popularity is attested by the existence of 13 versions in Germany alone, together with versions in France («Le petit homme rouge berçant son fils»: Br II App. D 208; Cl 35), England («The Devil's Darling»: BM IX 12196; Br II App. A 276), Holland (Br II App. H 13), and Sweden (Br II App. I B23).

Questo è il mio figlio diletto, nel quale mi sono compiaciuto
La potenza dell'immagine sta nell'immediatezza e concisione del messaggio. Il diavolo – seduto a terra come una Madonna con bambino, ma con occhi di brace, barba e corna di caprone, zampe di cavallo e coda di mucca – tiene in braccio un piccolo Napoleone avvolto in fasce tricolori; in mano, a mo' di giocattolo, ha una croce della Legion d'onore. «Padre e figlio» si guardano teneramente; il diavolo usa le parole dette da Dio padre nel Vangelo (*Mr.* I, 11) dopo il battesimo di Cristo. Napoleone è un figlio dell'inferno, l'Anticristo della profezia (2 *Gv.*, 7): «Questo è il seduttore e l'Anticristo.» L'effetto e la diffusione enormi di questo tema caricaturale sono attestati dalle sue tredici versioni nella sola Germania, riprese anche in Francia (*Le petit homme rouge berçant son fils*: Br II app. D 208; Cl 35), Inghilterra (*The Devil's Darling*: BM IX 12196; Br II app. A 276), Olanda (Br II app. H 13) e Svezia (Br II app. I B23).

Lit.: Br II S. 123, App. E 23; Kat. RM 89; Sche 7.19.6.

367

[Die Lebenstreppe Napoleons]
v. u. l. n. u. r. *Corsischer Knabe. / Militair Schüler. / Glücksritter zu Paris. / General. / Herrscher. / Grossherrscher. / Abschied aus Spanien. / Schlittenfahrt aus Moscau. / Lebewohl! aus Deutschland. / Ende.*
u. M. *Fortdauer nach dem Tode.*
anonym, 1813/1814
u. M. Nummer 26. aus einer Folge
Radierung, koloriert
188 × 320 mm (213 × 345 mm)
Herkunft unbekannt
1980.423.

Die Lebenstreppe Napoleons
In zehn Stationen – das Motiv der zehn Lebensalter hat antike Wurzeln – wird Napoleons Laufbahn als Treppe dargestellt. Die Lebenstreppe stammt aus der deutschen Graphik des 16. und war bis ins 19. Jahrhundert hinein populär. Neu ist hier, dass die Treppe eine individuelle Vita schildert. Vom Knaben in Korsika über den «Glücksritter in Paris» – eine Anspielung auf seine opportunistische Haltung in den Revolutionsjahren – bis zum «Grossherrscher» über Europa sehen wir Bonaparte aufsteigen. Mit dem Debakel in Spanien, der Flucht aus Moskau und dem «Rausschmiss» aus Deutschland eilt Napoleon dem Ende entgegen, wo ihn der Karikaturist an den Galgen wünscht. Ein wohlverdientes Nachleben wird ihm im Höllenfeuer zuteil. Spätere Gestaltungen seiner «Stufenjahre» zeigen unter der Treppe den Verbannten auf der Insel Elba (Kat. Nrn. 411, 412).

L'escalier de vie de Napoléon
La carrière de Napoléon est représentée par un escalier à dix marches, c.à.d. dix stations (le motif des dix âges remonte à l'antiquité). L'escalier de vie provient de l'art graphique allemand du 16e siècle et est resté populaire jusqu'au 19e siècle. Ce qui est nouveau ici, c'est que l'escalier retrace la vie d'un individu. Nous voyons Bonaparte accéder à la plus haute marche, ascension qui commence par son enfance en Corse, en passant par «l'aventurier à Paris» – une allusion à la politique d'opportuniste qu'il exerce tout au long de la révolution –, pour terminer en «grand souverain» qui règne sur l'Europe. La débâcle en Espagne marque le début de sa descente, suivie par la fuite de Moscou et l'expulsion d'Allemagne, marquent la fin de Napoléon que le caricaturiste souhaite voir finir au gibet. En enfer une seconde vie bien méritée l'attend. Des variantes ultérieures de l'escalier de vie représentent en-dessous de celui-ci le proscrit sur l'île d'Elbe (n°s. cat. 411 et 412).

Napoléon's Staircase of Life
Napoleon's career is presented as a staircase with ten steps (the motif of the ten ages of man has its roots in antiquity). The staircase of life appeared in German graphic art in the sixteenth century and remained popular until into the nineteenth. What is new here is that it depicts an individual life. We see the rise of Bonaparte, from his boyhood in Corsica to the «Adventurer in Paris» – an allusion to his opportunism during the revolutionary years – and finally the «Great Ruler» of Europe. With the debacle in Spain, the retreat from Moscow and his «Expulsion» from Germany, Napoleon hastens towards his end, where the cartoonist wishes him the gallows. A richly deserved afterlife in hell awaits him. In later versions the area under the stairs shows him in exile on Elba (cat. nos. 411 and 412).

La «scala della vita» di Napoleone
In dieci tappe, sulla falsariga antica delle dieci età dell'uomo, la carriera di Napoleone è rappresentata come scala. Il tema della «scala della vita», risalente a illustratori tedeschi del Cinquecento, restò in auge fino al XIX secolo; qui la novità sta nel fatto che è applicata a un'esistenza individuale. Il ragazzo còrso, poi «cavaliere fortunato a Parigi» (allusione al suo atteggiamento opportunistico negli anni rivoluzionari), salendo di gradino in gradino diventa «gran sovrano» dell'Europa; il tracollo in Spagna, la fuga da Mosca e la cacciata dalla Germania lo fanno precipitare verso la fine – la forca, nei desideri del caricaturista – e verso un aldilà meritato nelle fiamme dell'inferno. Altre immagini posteriori dei suoi «anni a gradini» mostrano, sotto la scala, un Napoleone confinato nell'isola d'Elba (n¹ cat. 411 e 412).

Lit.: Kat. RM 65 (Abb.) [falsche Inv. Nr.]; La Fabb. 41, S. 421; Sche 7.27; Schu Ftf. 9*, S. VII*.

Das ist mein lieber Sohn, an dem ich Wohlgefallen habe

Voici mon fils bien-aimé qui me procure de la satisfaction

Thou Art My Beloved Son, in Whom I Am Well Pleased

Questo è il mio figlio diletto, nel quale mi sono compiaciuto

Die Lebenstreppe Napoleons

L'escalier de vie de Napoléon

Napoleon's Staircase of Life

La «scala della vita» di Napoleone

368
Freiwilliger Rückzug der grossen französischen Armée.
darunter *Soldaten! Freunde!! Franzosen!!! Wider Gott, Natur und Barbarei, kañ Ich, könt Ihr nicht kämpfen. Den Überrest meiner / Armée soll mein vielgeliebter Schwager der König von Neapel in die Winter=Quartiere führen. Freundschaftlich gesiñte Völker, / welche wir befreit und glücklich gemacht haben, werden Euch mit Liebe empfangen, u mit Wohlthaten überhäufen. / (Aus dem letzten Tagesbefehl Napoleons an seine Armée.)*
anonym, Frühjahr 1813
Radierung und Aquatinta, koloriert
250 × 352 mm (257 × 367 mm)
u. r. Stempel Museum Schwerin
1980.458. (Doublette: 1980.415.)

Freiwilliger Rückzug der grossen französischen Armee
In einer öden Winterlandschaft mit einer zerstörten Stadt am Horizont kämpfen in Lumpen gehüllte Soldaten der Grossen Armee gegen Kälte, Hunger und Erschöpfung. Im Hintergrund haben sie Verwundete, Kranke oder Entkräftete sowie Kanonen zurückgelassen und schleppen sich mit etwas Gepäck und Beute weiter. Ihre Waffen lassen sie liegen, und ganz links teilen einige an einer Feuerstelle ein Pferd unter sich auf. Auf einem Klappergaul sitzend, den man am Zügel weiterzerren muss, nagt ein General an einem Pferdeknochen. Aus dem Korb an seinem Pferd ragt eine gestohlene Marienfigur. Er hält einen wappenverzierten Nachttopf mit der einen Hand; darunter liegt das berüchtigte 29. Bulletin, das am 3. Dezember 1812 die Katastrophe des Rückzugs offenlegte. Der Kaiser selbst fährt weiter hinten in einem Schlitten mit. Angesichts des Leidens wirkt das dem Bild beigefügte Zitat aus Napoleons Tagesbefehl sehr zynisch. Die Bildsatire wurde in den «Berlinischen Nachrichten» vom 8. April 1813 als Kupferstich zu 12 Groschen nebst erläuternden Knittelversen angeboten. Ihre Komposition ist von einer in Wien erschienenen Radierung Johann Adam Kleins aus dem gleichen Jahr (Sche Abb. 23 S. 207) inspiriert.

Retraite volontaire de la Grande Armée française
Dans un paysage hivernal désertique, où on aperçoit à l'horizon une ville démolie, des soldats de la Grande Armée – couverts de haillons – luttent contre le froid, la faim et l'épuisement. Des canons et des blessés, malades ou affaiblis, que les soldats ont laissé derrière eux, se trouvent à l'arrière-plan. Traînant de modestes bagages et proies et abandonnant leurs armes, ils poursuivent péniblement leur route. Tout à gauche, autour d'un feu, quelques-uns d'entre eux partagent un cheval. Assis sur une haridelle boiteuse – qui n'avance que si on la tire par la bride –, un général ronge un os de cheval. Une madone volée dépasse de la corbeille attachée à ce cheval fatigué. Avec l'une de ses mains, le haut militaire tient un vase de nuit orné d'armoiries. De mauvaise réputation – étant donné qu'il dévoila, le 3 décembre 1812, la catastrophe de la retraite de Russie –, le 29° bulletin militaire se trouve en dessous. L'empereur lui-même suit derrière en traîneau. Vu les souffrances subies, la citation qui acccompagne l'image, tirée de l'ordre du jour de Napoléon, paraît plus que cynique. Cette image satirique a été proposée dans le journal «Berlinische Nachrichten» du 8 avril 1813, pour le prix de douze sous, comme gravure sur cuivre, accompagnée de vers interprétatifs à quatre temps forts rimant deux à deux. Sa composition est inspirée par une eau-forte de Johann Adam Klein parue la même année (Sche fig. 23 p. 207) à Vienne.

Voluntary Retreat of the Great French Army
In a desolate winter setting, with a city in ruins on the horizon, the soldiers of the Grande Armée, clad in tatters, are fighting cold, hunger, and exhaustion. They have left the wounded, the sick, or the enfeebled, as well as their cannons, in the background: it is all they can do to drag themselves onwards with their scant luggage and booty. Their weapons have been dropped to the ground and, at a fire all the way to the left, a few of them are dividing up a horse among themselves. Astride a hack who has to be urged on by the reins, a general gnaws on a bone; a stolen Madonna tips out from the saddle basket. With his other hand he holds a chamber pot adorned with a coat of arms and, underneath, the notorious 29. Bulletin in which the catastrophic retreat was reported on 3 December 1812. The Emperor himself follows on a sledge. In view of the suffering, the accompanying quotation from Napoleon's order of the day strikes a very cynical note. The cartoon was advertised in the «Berlinische Nachrichten» of 8 April 1813 as a copperplate print for 12 «groschen», along with the explanatory rhyming couplets. The piece was inspired by an engraving of the same year by Johann Adam Klein, published in Vienna (Sche pl. 23 p. 207).

Ritirata volontaria della Grande Armata francese
In un paesaggio invernale desolato e con una città distrutta all'orizzonte, soldati della Grande Armata vestiti di stracci lottano contro freddo, fame e spossatezza, trascinandosi avanti con resti di bagaglio e di bottino dopo aver abbandonato sullo sfondo i feriti, i malati e i debilitati. Le armi vengono lasciate a terra, e intorno al fuoco sulla sinistra alcuni si spartiscono un cavallo. In groppa a un ronzino scheletrico, che va tirato avanti con le redini, un generale rosicchia un osso equino; dal cesto del suo cavallo spunta una Madonna rubata. In una mano il generale ha un vaso da notte stemmato, sotto cui appare il bollettino n° 29 del 3 dicembre 1812 (tristemente famoso perché annunciava il disastro della ritirata); sul retro, in una slitta, c'è l'imperatore in persona. Di fronte a tante sofferenze, la citazione dall'ordine del giorno napoleonico appare molto cinica. Nel giornale *Berlinische Nachrichten* dell'8 aprile 1813 l'immagine era offerta come calcografia, con tetrametri rimati esplicativi, al prezzo di 12 grossi. La composizione si ispira a un'acquaforte di Johann Adam Klein, uscita a Vienna nello stesso anno (Sche ill. 23 p. 207).

Lit.: Br II Tf. S. 101, 110f., App. E 130; Sche 2.22; Schu Ftf. 1*, S. II*.

369
[Die verkleideten Franzosen]
u. *Ach lieber Herr Kosak! untersuchen sie uns, wir sind keine Türken, / wir sind nur verkleidete Franzosen.*
anonym, 1813?
Radierung, koloriert
189×163 mm (214×176 mm)
Herkunft unbekannt
1980.399.

Die verkleideten Franzosen
Auf einem Stück Wiese greift ein Kosak zwei bärtige Soldaten in orientalischer Uniform auf. Der eine hat seine Pistole abgelegt und kniet mit leerer Säbelscheide flehend am Boden; der andere hat ergeben seinen Turban abgenommen. Sie bitten den Russen, sie zu untersuchen, denn sie seien keine Türken, sondern Franzosen. Dadurch liefern sich die Dummköpfe aber ans Messer. Seit 1806 hatte Russland mit den Osmanen im Krieg gelegen. Die bevorstehende französische Invasion zwang den Zaren zum Friedensschluss von Bukarest (28. Mai 1812) mit der Türkei. So hatte er freie Hand, als Napoleon im Juni 1812 den Grenzfluss Njemen (Memel) überschritt. Möglicherweise sind mit den beiden «Türken» Mamelucken gemeint, deren farbenprächtige Uniformen der «Verkleidung» im Bild ähnlich sahen. Rund hundert dieser islamischen Krieger führte Napoleon aus dem Ägyptenfeldzug nach Frankreich mit, wo sie beeindruckten und im Heer sehr geachtet waren. Sie kämpften auch im Russlandfeldzug mit.

Les Français déguisés
Dans un coin de pré, un cosaque appréhende deux soldats barbus en uniforme oriental. Implorant la grâce et agenouillé par terre, l'un a déposé son pistolet et vidé le fourreau de son sabre, tandis que l'autre a enlevé son turban avec dévouement. Ils prient le Russe de les contrôler, lui précisant qu'ils ne sont pas Turcs, mais Français. Mais, ce faisant, les deux nigauds se livrent au bourreau. A partir de 1806, la Russie fut en guerre avec les Ottomans. L'imminence de l'invasion française obligea le tsar à conclure avec la Turquie le traité de paix de Bucarest (28 mai 1812). Il eut ainsi les mains libres lorsque Napoléon traversa – en juin 1812 – le Niémen, le fleuve frontalier. Probablement que les deux «Turcs» évoquent des mamelouks, dont l'uniforme aux couleurs somptueuses ressemblait au «déguisement» présenté ici. En rentrant de la campagne d'Egypte, Napoléon ramena une centaine de ces guerriers islamiques en France, où ils firent grande impression. Très estimés dans l'armée, ils participèrent à la campagne de Russie.

The Disguised Frenchmen
Two bearded soldiers in Oriental attire have been stopped by a Cossack: one has set down his pistol and emptied his sabre scabbard – he kneels imploringly on the ground. The other has taken off his turban, in a gesture of submission. They implore the Russian to search them, since they are not Turks but both French: a remark that would be the loss of them. For although Russia had been at war with the Ottomans since 1806, the impending French invasion had forced the Tsar to conclude the peace treaty of Bucharest (28 May 1812) with the Turks, freeing his hands to meet Napoleon upon his crossing of the Niemen River in June 1812. Possibly Mamluks are meant by the two Turks, as their colourful attire suggests. Napoleon had brought over some one hundred of these Islamic warriors from the Egyptian campaign to France, where they made a big impression and were highly respected by the army. Mamluks also fought for the French during the Russian campaign.

I francesi travestiti
Su uno spiazzo erboso, un cosacco cattura due soldati barbuti in uniformi orientali: l'uno supplichevole e in ginocchio, con la pistola a terra e il fodero della sciabola vuoto, l'altro col turbante rispettosamente in mano. Entrambi chiedono al russo di perquisirli, perché non sono turchi ma francesi; così facendo, però, scioccamente si consegnano nelle sue mani. Dal 1806 la Russia era in guerra con l'Impero ottomano; l'imminente invasione francese costrinse lo zar alla pace di Bucarest con la Turchia (28 maggio 1812), dandogli libertà d'azione quando Napoleone, al fiume Niemen, varcò la frontiera nel giugno successivo. I due «turchi» vanno forse interpretati come mamelucchi, guerrieri islamici le cui uniformi sgargianti assomigliavano al «travestimento» nell'immagine. Un centinaio di loro seguì Napoleone al suo ritorno dalla campagna d'Egitto, impressionando la Francia; molto rispettati dal resto delle truppe, i mamelucchi combatterono anche nella campagna di Russia.

Lit.: –

370
[Spanisch Bitter – Russisches Eis]
u.l. *Spanier. Befehlen Sie spanisch-Bitter?*
u.r. *Kosack. Befehlen Sie russisches Eis?*
darunter *Antwort. Das letzte ist mir zu kalt, das erste macht zu heiss.*
anonym, 1813
Radierung, koloriert
178×235 mm (180×254 mm)
u.r. Stempel Museum Schwerin
1980.359. (Doublette: 1980.411.)

Spanisch-Bitter – Russisches Eis
Napoleon sitzt im Freien auf einem Feldhocker und gebärdet sich abweisend: Von links reicht ihm ein spanischer Offizier einen Magenbitter, rechts bietet ihm ein winterlich gekleideter Kosak einen Teller mit Eis an. Beide Landesspezialitäten lehnt er ab, denn sie bekommen ihm schlecht. Das lehrten ihn 1812 die Kriege, die er in Russland wie in Spanien führte. In beiden Teilen Europas zog er die Eigenart der Bevölkerung und die Tücken des Klimas zu wenig in Betracht, was zum Verhängnis wurde. Von dieser Karikatur, die sich in Deutschland in vier Versionen verbreitete, entstanden im gleichen Jahr zwei holländische Fassungen (Br II App. H 62, 63).

Amer espagnol – glace russe
Napoléon est assis en plein air sur un escabeau de campagne et adopte une attitude de refus: à sa droite, un officier espagnol lui tend un amer; à sa gauche, un cosaque en habits d'hiver lui propose une assiette de glace. Il refuse les deux spécialités locales, car il les supporte mal. L'empereur put s'en rendre compte en 1812, lorsqu'il fit la guerre simultanément en Russie et en Espagne. Dans les deux parties de l'Europe, il ne sut assez tenir compte du caractère des populations et des spécificités sournoises du climat, ce qui fut fatal. La présente caricature, répandue en Allemagne à travers quatre versions différentes, donna naissance, la même

année, à deux variantes hollandaises (Br II app. H 62, 63).

Spanish Bitters – Russian Ice Cream
Seated on a campstool outdoors, Napoleon takes on a disdainful stance. A Spanish officer to the left offers him a bitter cordial, while a Cossack to his right, dressed in winter attire, proffers a plateful of ice cream. Napoleon refuses both national specialties because they do not agree with him. This is a lesson he learned from his 1812 wars in respectively Russia and Spain: in both lands, he granted too little consideration to the characteristic features of the native populations and each land's climatic idiosyncrasies, an attitude that became his undoing. Four versions of this cartoon spread through Germany and, in the same year, two Dutch versions were published (Br II App. H 62, 63).

Bitter spagnolo – Gelato russo
Napoleone, seduto all'aperto su uno sgabello da campo, fa gesti di rifiuto a un ufficiale spagnolo e a un cosacco in abiti invernali, che ai suoi due lati gli porgono le specialità rispettive (bitter e gelato): entrambe gli fanno male. È la lezione delle guerre da lui condotte in Spagna e in Russia nel 1812: nei due paesi gli è stato fatale non aver considerato abbastanza l'indole della popolazione e le insidie climatiche. Di questa caricatura, che in Germania fu diffusa in quattro versioni, uscirono nello stesso anno anche due versioni olandesi (Br II app. H 62, 63).

Lit.: Br II App. E 117; Sche 2.8.1.

371
[Der Krebsreiter]
l. *Norden / ha ha ha!*
r. *Avance*
anonym, 1813
Radierung, koloriert
125 × 207 mm (143 × 225 mm)
u. r. Stempel Museum Schwerin 1980.396.

Der Krebsreiter
Der siegreiche «Norden» in Gestalt eines russischen Kosaken und der weichende Korse – quasi der unterliegende «Süden» – treffen aufeinander. Im Galopp greift der Reiter höhnend seinen Gegner mit einer Lanze an. Napoleon «krebst» zurück, was den Rückzug aus Russland verbildlicht und die «Avance», den angeblichen Vormarsch der Grossen Armee, dementiert. Er streckt seinem Bedränger drei Zweige entgegen. Sind Ölzweige gemeint, dann steht «Avance» für die vergeblichen Friedensanträge an den Zaren; sind es Lorbeeren, dann spielen sie auf die Siegesbekundungen an, mit denen der in Russland Besiegte seine Untertanen bis zuletzt blendete. Vgl. «Pariser Carneval von 1814» (Kat. Nr. 341).

A cheval sur une écrevisse
Rencontre du «nord» victorieux représenté par un cosaque russe et du Corse reculant – pour ainsi dire le «sud» vaincu. Le cavalier au sourire sarcastique attaque au galop son adversaire avec une lance. Napoléon, juché sur une écrevisse, recule, symbolisant ainsi le retrait de Russie et démentant en même temps la prétendue progression de la Grande Armée. Il tend trois rameaux à son oppresseur: Si ce sont des rameaux d'olivier, «Avance» équivaudrait aux propositions de paix faites au tsar, sans succès; s'ils représentent par contre des rameaux de laurier, ils font allusion à la victoire que le vaincu de Russie proclamait jusqu'à la fin pour éblouir ses sujets. Cf. «Pariser Carneval von 1814» (n° cat. 341).

The Crab-rider
The victorious «North», symbolised by a Russian cossack, and the yielding Corsican – so to speak the defeated «South» – clash. The mocking rider gallops towards his opponent, attacking him with a lance as Napoleon makes his «crabwise retreat» from Russia, giving the lie to «Avance», the purported advance of the Great Army. He extends three branches to his beleaguerer. If they are olive branches, «Avance» stands for the vain offers of peace made to the Tsar; if they are laurels, they refer to his false declarations of victory: though defeated in Russia, he deluded his subjects to the very end. Cf. the «Pariser Carneval von 1814» (cat. no. 341).

Il cavalcagamberi
Il «Nord» vittorioso (un cosacco russo) si scontra, per così dire, con un «Sud» sconfitto (il còrso in ritirata): mentre il cavaliere si getta beffardo all'attacco con una lancia, Napoleone indietreggia come un gambero, simboleggiando la ritirata di Russia e smentendo la pretesa avanzata (*Avance*) del suo esercito. Quanto ai tre rametti che egli porge all'assalitore, se sono di olivo quell'*Avance* rappresenta le proposte di pace invano avanzate allo zar; se sono di alloro, invece, si tratta degli annunci di vittoria con cui Napoleone, sconfitto in Russia, cercò fino all'ultimo di abbagliare i propri sudditi. Cfr. «Pariser Carneval von 1814» (n° cat. 341).

Lit.: Sche 2.7.4.

372
[Flügellahm]
o. l. 2
o. r. 1
u. *1. Willst du noch diesen Adler unterjochen / 2 Ach nein ! Er hat mir die Flügel schon zerbrochen*
anonym, 1813
Radierung, koloriert
205 × 190 mm (218 × 205 mm)
u. r. Stempel Museum Schwerin 1980.378.

Flügellahm
In der Höhe schwebt emblematisch der gekrönte, zweiköpfige Adler, der Schwert und Szepter in den Klauen hält. Auf das Wappentier des Zarenreiches weist unten ein russischer Grenadier mit dem Zeigefinger. Ihm zugewandt steht links der hilflose Napoleon mit gebrochenen Flügeln. Auf die spitze Frage des Russen, ob er den Adler immer noch bezwingen wolle, antwortet er entmutigt mit dem Eingeständnis seiner militärischen Niederlage und Machteinbusse, die ihm der gescheiterte Einmarsch in Russland 1812 bereitet hat.

Paralysé des ailes
Une aigle bicéphale couronnée, une épée et un sceptre entre les griffes, survole la scène. Un grenadier russe indique du doigt l'emblème de l'empire russe. Napoléon impuissant et les ailes brisés, est tourné vers lui. A la question du Russe, s'il désire encore vaincre l'aigle, il répond, découragé, par un aveu de sa défaite militaire et la perte de son pouvoir, due à l'échec de la campagne de Russie de 1812.

Lame-winged
The crowned double eagle hovers overhead, sword and scepter in its talons. Below, a Russian grenadier points at the heraldic symbol of the tsarist empire as lame-winged Napoleon helplessly stands by. Faced with the Russian's caustic question, whether he still intended to vanquish the eagle, Napoleon responds by

1. Willst du noch diesen Adler unterjochen
2. Ach nein! Er hat mir die Flügel schon zerbrochen.

Das Schachspiel

dejectedly admitting the military defeat and loss of power brought on by his failed Russian campaign in 1812.

Con le ali spezzate
In alto si libra emblematicamente l'aquila coronata a due teste, stringendo negli artigli la spada e lo scettro (simbolo araldico dell'impero zarista); in basso a sinistra, di fronte al granatiere russo che la indica col dito, Napoleone appare disorientato e con le ali spezzate. Avvilito dalla domanda pungente del russo «Vuoi ancora soggiogare l'aquila?», egli ammette la sconfitta militare e la perdita di potere per il fallimento della campagna di Russia (1812).

Lit.: Kat. BB 33; Sche 2.32.

373
Das Schachspiel
anonym, 1813/1814
Radierung, koloriert
182 × 157 mm (190 × 173 mm)
u. r. Stempel Museum Schwerin
1980.404.

Das Schachspiel
An einem Spieltisch im Freien messen sich der Zar und Napoleon im Schachspiel – eine Allegorie auf den Russlandfeldzug. Alexander I. macht seinen Zug und setzt den Franzosen schachmatt. Ohne Worte wird dies in einer regen Gebärdensprache deutlich: Der Russe zeigt mit dem Finger resolut auf den Verlierer, der seine Arme verwirft. Der kleine König von Rom streckt den Finger nach seinem Vater aus, als könne er dessen Niederlage nicht fassen. Symbolpflanzen kennzeichnen die Kontrahenten: Links drückt ein schönwüchsiger Rosenstrauch in voller Blüte Adel und Erfolg aus, während das stachelige Distelkraut hinter Napoleon niedere Abkunft und Scheitern symbolisieren. Das Figurenmotiv des Zaren folgt gängigen Darstellungen jener Jahre. In Napoleons Körperhaltung findet man einen Stereotyp wieder, der in der deutschen Karikatur sehr häufig verwendet wurde (vgl. Kat. Nr. 395).

Le jeu d'échecs
Placés autour d'une table de jeu en plein air, Napoléon et le tsar se mesurent en jouant aux échecs: une allégorie de la campagne de Russie. C'est à Alexandre Ier de jouer et il met le Français échec et mat. Cela s'exprime sans mots, dans un langage mimique animé. De manière résolue, le Russe montre le perdant du doigt, ce dernier répondant par de vives gesticulations. Le petit roi de Rome, de son côté, montre du doigt son père, comme s'il ne pouvait pas croire à son échec. Des plantes symboliques situent les adversaires: à gauche, derrière le tsar, un rosier tout en fleurs, qui a admirablement bien poussé, exprime la noblesse et le succès, tandis que le chardon épineux – derrière Napoléon – symbolise la basse extraction et la chute. Le motif de figuration du tsar suit les modèles de représentation courants à l'époque. La position du corps de Napoléon correspond à un stéréotype très répandu dans la caricature allemande (cf. n°. cat. 395).

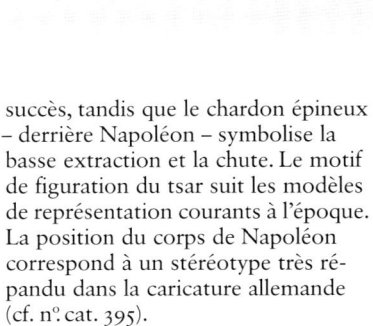

The Chess Game
In an allegory on the Russian campaign, the Tsar and Napoleon confront each other over an outdoor chess board. Alexander I makes a move that checkmates the Frenchman. The characters' gestures bring everything across far better than would words: the Russian is resolutely pointing at the loser, who gesticulates. The little King of Rome points his finger at his father, as if unable to fathom the latter's defeat. Symbolic vegetation identifies the rivals: to the left, a healthy rose bush in full bloom expresses nobility and success while, to the right, and by contrast, the prickly thistleweed behind Napoleon bespeaks lowclass extraction and failure. The Tsar figure is depicted in accordance with the common mode of portrayal of the times, while Napoleon's posture recaptures a stereotype most popular in German satirical imagery (cf. cat. no. 395).

Il gioco degli scacchi
Su un tavolino all'aperto lo zar e Napoleone giocano agli scacchi, simbolo allegorico della campagna di Russia; Alessandro I, compiendo una mossa, dà scacco matto al francese. Lo dimostra, in mancanza di scritte, il vivace linguaggio dei gesti: il russo punta l'indice risoluto sul perdente (che scarta le braccia), mentre il piccolo re di Roma indica suo padre, come se non riuscisse a capirne la sconfitta. Gli avversari sono contraddistinti da piante simboliche: a sinistra un bel cespuglio di rose in piena fioritura esprime nobiltà e successo, mentre il cardo spinoso dietro Napoleone simboleggia umili origini e fallimento. Lo zar è rappresentato come in molte illustrazioni di quegli anni; il portamento di Napoleone mostra uno stereotipo di uso frequentissimo nelle caricature tedesche (cfr. n° cat. 395).

Lit.: Sche 2.3.

374
So weit bin ich gelaufen – nun falle ich.
anonym, 1813
Radierung, koloriert
121 × 154 mm (140 × 171 mm)
u. r. Stempel Museum Schwerin
1980.412.

So weit bin ich gelaufen – nun falle ich
Das satirische Bild stellt Napoleon als Eisläufer mit warmen Handschuhen dar, der nach einigen eleganten Pirouetten hinfällt. Übersetzt heisst das: Nach Feldzügen von Syrien bis Polen begibt er sich mit dem Winterfeldzug in Russland aufs verhängnisvolle Glatteis. Der Karikaturist wandte das starre Figurenmuster an, das ihm zu immer neuen Inszenierungen des Kaisers diente (vgl. Kat. Nr. 395). Vgl. «Pariser Carneval von 1814» (Kat. Nr. 341).

J'ai marché si loin – maintenant je tombe
La gravure satirique représente Napoléon en patineur avec de gros gants chauds chutant après avoir exécuté quelques pirouettes élégantes. Cela signifie: Après les campagnes victorieuses menées de la Syrie jusqu'en Pologne il s'aventure sur le verglas, synonyme de la campagne de Russie qui s'avéra fatale. Le caricaturiste utilise le modèle stéréotypé de Napoléon qui lui servait à mettre en scène son personnage dans des rôles à chaque fois différents (cf. n°. cat. 395). Cf. «Der Pariser Carneval von 1814» (n°. cat. 341).

I've Walked so Far – Now I Fall
This satirical cartoon shows Napoleon as an ice-skater in warm gloves falling over after a few elegant pirouettes. In other words: after campaigns from Syria to Poland, he is venturing onto dangerously thin ice with his winter campaign to Russia. The cartoonist uses the rigid pose that has allowed him to provide ever new scenarios for the emperor (cf. cat. no. 395). Cf. «Pariser Carneval von 1814» (cat. no. 341).

Dopo tanto correre, ora cado
L'imagine satirica mostra un Napoleone schettinatore e con guanti invernali, che disegna eleganti piroette e quindi cade: dopo tante spedizioni vittoriose dalla Siria alla Polonia, la campagna invernale di Russia si dimostra una superficie ghiacciata fatale. La figura rigida dell'imperatore è il solito modello (cfr. n° cat. 395) usato dal caricaturista per molte altre scene. Cfr. «Pariser Carneval von 1814» (n° cat. 341).

Lit.: Sche 2.15.

375
Der neue Universalmonarch / auf dem, zum Wohl der Menschheit errichteten Throne.
o. l. *Russland*
o. M. *Preussen.*
o. r. *Oesterreich*
u. r. *Elbe Flus / Oesterrei[ch] Contribution / Press-freiheit / Domaine[n] Verkäufe / Contin ental Impost / Herab, herab von diesem Thron, Rief Neufchatel er wankt ja schon. Umsonst; den Ruf liess er verhallen – So mag er nun herunter fallen!! –*
u. M. *Egypten / Europa / Presburger Friede / Tilsiter Friede / Rheinische Bundesacte / d'Enghi[en] / Arena / Pichegru / Palm / G / Schill / Toussaint / Wedel / Friese / Felgentreu / Schmit / Hofer / N[a]gris / Démervi[lle] / Gabin / Berger / Weiss / Schulz / Lahorie / Ceracchi / Oldenburger / Bremer / Hamburger / Lübecker / Westphäli[sche] / Holländi[sche] / Schlachtopfer*
u. l. *Wittwen / Thränen / Waisen / Hessischer Schatz / Preussische Contribution*
Johann Michael Voltz, 1814, bei Friedrich Campe, Nürnberg
Radierung, koloriert
188 × 182 mm (203 × 196 mm)
u. r. Stempel Museum Schwerin
1980.370.

Der neue Universalmonarch auf dem zum Wohl der Menschheit errichteten Thron
Am Ufer der Elbe thront der Kaiser auf beschrifteten Totenköpfen, den Opfern seines Regimes. Die auf diesem Blatt (vgl. Kat. Nr. 319) erstmals genannten Arena, Ceracchi und Demerville wurden 1802 als mutmassliche Attentäter hingerichtet. Napoleons Stiefel ruhen auf für Deutschland verhängnisvollen Vertragswerken: Friede von Pressburg und von Tilsit, Gründung des Rheinbundes. Neben dem Kaiser blüht der ironische Lorbeer des gescheiterten Ägyptenfeldzuges. Während die Gehilfen ihm die Tränen der Witwen und Waisen zum Trank reichen, verteilt ein Harlekin Orden und Kronen unter die servil knienden Generäle. Ringsum stehen Fässer und Säcke mit Kriegsbeute. Vor dem Thron warnt bereits Generalstabschef Berthier, Prinz von Neuenburg (Neuchâtel), vor den alliierten Adlern mit ihren Blitzen am Himmel.

Le nouveau monarque universel assis sur le trône érigé pour le salut de l'humanité
Sur la rive de l'Elbe l'Empereur trône sur des têtes de mort, portant le nom des victimes de son régime. Arena, Ceracchi et Demerville, mentionnés pour la première fois sur cette feuille (cf. n°. cat. 319), furent exécutés en 1802 en tant qu'acteurs présumés d'un attentat. Les bottes de Napoléon reposent sur des contrats fatals pour l'Allemagne: la paix de Pressbourg et de Tilsit, la création de la confédération du Rhin. Aux côtés de l'Empereur fleurit le laurier ironique de l'échec de la campagne d'Egypte. Tandis que des aides lui offrent à boire les larmes des veuves et des orphelins, un arlequin distribue des médailles et des couronnes aux généraux, servilement agenouillés devant lui. Tout autour se trouvent des tonneaux et des sacs contenant le butin. Le chef d'état-major Berthier, prince de Neuchâtel, met en garde l'Empereur contre les aigles alliées les menaçant avec des faisceaux d'éclairs.

The New Universal Monarch on the Throne Erected for the Welfare of Mankind
The emperor sits by the Elbe on a throne of skulls of the victims of his regime. Arena, Ceracchi and Demerville, whose names first appear in this cartoon (cf. cat. no. 319), were executed as alleged assassins in 1802. Napoleon's boots rest on treaties calamitous for Germany: the peace of Pressburg and of Tilsit, and the foundation of the Confederation of the Rhine. Next to the emperor, the ironic laurel of the failed Egyptian

campaign. As an attendant serves him orphans' and widows' tears, a harlequin distributes orders and crowns to servile generals. All round stand barrels and sacks of booty. Before the throne, Chief of Staff Berthier, prince of Neuchâtel, warns of the allied eagles with lightning bolts overhead.

Il nuovo monarca universale sul trono eretto per il bene dell'umanità
In riva all'Elba l'imperatore siede su un trono di teschi, che le scritte indicano come appartenuti a vittime del suo regime. Arena, Ceracchi e Demerville, menzionati qui per la prima volta (cfr. n° cat. 319), furono giustiziati nel 1802 come presunti attentatori. Gli stivali di Napoleone riposano su trattati disastrosi per la Germania (le paci di Presburgo e di Tilsit nonché l'atto costitutivo della Confederazione del Reno); accanto all'imperatore verdeggia ironico l'alloro della fallita campagna d'Egitto. Mentre gli aiutanti porgono al monarca coppe contenenti lacrime di vedove e di orfani, un arlecchino distribuisce onorificenze e corone fra generali servilmente inginocchiati; intorno giacciono sacchi e recipienti contenenti il bottino di guerra. Davanti al trono Berthier, principe di Neuchâtel e capo dello stato maggiore generale, mette già in guardia contro le aquile alleate che scagliano fulmini dal cielo.

Lit.: BN IV 8832; Br II S. 119, App. E 94; La Fabb. 48, S. 433; Sche 3.91.1.

376
Hamburgs Knochen Magazin.
darüber *Sold. hier giebt es was zu leben Com.ᵗ ein Centner muss es sein. S.ᵗ da esset euch satt D.ⁱᵉʳ es ist richtig. C.ᵗ willst du furt!*
M. l. *2 port*
o. *von Napoleonshöhe* [dreimal] / *von N H* [16×]
sign. u. r. *R.* (F. W. H. Rosmäsler jun.)
o. r. N° 5. aus der «*Sammlung der witzigsten Zerrbilder welche zu Ehren des Herrn Noch Jemand und Consorten erschienen sind. Iˢᵗᵉˢ Heft, herausgegeben von F. W. Rosmäsler jun. Mit Sechs Kupfern. Hamburg, 1815.* [auf dem Titelblatt des Hefts]
Radierung
106 × 142 mm (120 × 185 mm)
Stempel Museum Schwerin [auf dem Titelblatt des Hefts]
1980.413.f.

Hamburgs Knochenmagazin
Das Blatt aus Rosmäslers Karikaturenheft mit satirischen Kommentaren behandelt ebenso wie Kat. Nr. 407 die napoleonische Regierung unter General Davout in Hamburg. Die Versorgungsnotlage der Hansestadt während des Befreiungskrieges 1813 erforderte offenbar die Verarbeitung von Schlachtabfällen und Knochenresten aus den Gasthäusern zu Knochenmehl und Kraftbrühe. In einem «typisch französischen» Knochenmagazin ist man daran, das kostbare Gut abzuladen, zu zermörsern, vor den Hunden zu schützen und schliesslich die fertige Kraftbrühe in Fässern zu lagern, deren Spottaufschrift den Urheber all dieser Not nennt. Zwei Soldaten mit einem Nahrungsgutschein treten durchs Tor, das den Blick auf einen Richtplatz und einen Schindanger freigibt, woher die Knochen vielleicht stammen…

Le dépôt d'ossements de Hambourg
La feuille, provenant du cahier de caricatures à commentaires satiriques de Rosmäsler, a comme sujet, tout comme n°. cat. 407, le gouvernement napoléonien à Hambourg sous le général Davout. Les difficultés d'approvisionnement, qui touchaient la ville hanséatique tout au long de la guerre de libération de 1813, durent être compensées par un apport de farine d'os et de consommé, provenant de déchets d'animaux de boucherie et de restes d'os des auberges. Dans un dépôt d'ossements «typiquement français» on s'affaire à décharger ces biens précieux, à les broyer et les protéger des chiens, et enfin à stocker le consommé obtenu dans des tonneaux dont l'inscription satirique révèle l'auteur de toute cette misère. Deux soldats avec un bon d'alimentation entrent dans le dépôt par une porte qui s'ouvre sur un lieu de supplice et un dépotoir de cadavres d'animaux d'où proviennent peut-être les os…

Hamburg's Bone Warehouse
Like cat. no. 407, this satirically captioned piece from Rosmäler's booklet of cartoons deals with the Napoleonic government under General Davout in Hamburg. The scarcity of provisions during the 1813 War of Liberation evidently required offal and bones to be collected from inns and made into bone meal and broth. In a «typically French» bone warehouse, the precious goods are being unloaded, ground, protected from dogs and the resulting broth stored in barrels, their derisive labels naming the author of all the hardship. Two soldiers with ration slips are stepping through the doorway beyond which lie a place of execution and a knacker's yard, perhaps the source of the bones…

Magazzino d'ossa ad Amburgo
Tratta dall'album di caricature di Rosmäsler, anche questa stampa con commento satirico si riferisce al governo del generale Davout, insediato da Napoleone ad Amburgo (cfr. n° cat. 407). Pare che durante la guerra di liberazione del 1813, in mancanza di rifornimenti, la città anseatica fosse costretta a trasformare in farina d'ossa e in brodo gli scarti di macellazione e i resti d'osso delle locande. In questo magazzino «tipicamente francese» la preziosa merce viene scaricata, triturata e protetta contro i cani; al termine della lavorazione il brodo finisce nelle botti, su cui una scritta beffarda ricorda che è Napoleone il responsabile dell'intera carestia. Dalla porta entrano due soldati con una tessera annonaria; all'esterno si distinguono un patibolo e uno scorticatoio, da cui forse proviene la materia prima…

Lit.: Sche 3.8.

377
Das übel unterbrochene Frühstück
darunter in zwei Spalten
l. 1 Kourier. Do lest et silbest, Ehr Majesteit! / Wo mi dat erbärmlich geiht. / 2 Bohnenbahrt. O wei! mi armen Coridon, / Dat Messer steiht mi an de Kehle schon. / 3. Drekmühl. O min soite Hamburg! dek büs ick in, / Mit mi ut, i schla de Kopp mi in.
r. 4. Ney. Verflucht! i hef no niks ekregen, / Als dat,worup ek mi thu legen. / 5. Coulaincourt. Dat hahl der Tübel, so en Leben, / Da will ek sachte mi davon begeben. / 6. Verdamt. Adjies Ihr Schraffels! i kreg'n Tullen, / Denn nu gift et niks mehr zu trullen.
o. l. Nantes
o. r. S.t Napoleons Kirche
u. M. All. Armee 1000000 Canonen 4000 und Gold im Ueberfluss / Murat geschlagen / 500000 Mann? 500 Mill. Fr
u. l. 225000 Fr.
anonym, 1813/1814
Radierung, koloriert
192 × 247 mm (201 × 253 mm)
u. r. Stempel Museum Schwerin
1980.448.

Das übel unterbrochene Frühstück
Die Figuren von Napoleon (2), der Generäle Davout, Fürst von Eckmühl (3), Ney (4), Vandamme (6) und von Minister Caulaincourt (5) sind um den Frühstückstisch versammelt. Die mit dem Messer angeschnittene, blutende Weltkugel liegt darauf. Der Kaiser und seine Getreuen verspeisen eben den Erdball, als zwei Hiobsbotschaften sie in Wut und Verzweiflung stürzen. Ein Dokument auf dem Tisch besagt, dass Marschall Murats Reiterei dem Feind unterlegen sei (Liebertwolkwitz, 14. Oktober 1813). Ein zweites, von einem Kurier vorlegt, übertreibt, die Alliierten verfügten über eine Million Mann, 4000 Kanonen sowie unbeschränkte Geldmittel. Der Vergleich mit den auf dem Messer verzeichneten ebenfalls unrealistischen französischen Ressourcen nimmt den Ausgang des bevorstehenden Kräftemessens voraus. In norddeutschem Dialekt drücken die Anwesenden aus, was sie am Ende ihrer Zwangsherrschaft und Raubzüge – Ney hockt auf einem Geldsack – am meisten beschäftigt. Bemerkenswert sind die verballhornten Namen und die Verwendung der Frakturschrift.

Le petit-déjeuner interrompu
Napoléon (2), le général Davout, le prince d'Eckmühl (3), Ney (4), Vandamme (6) et le ministre Caulaincourt (5) sont réunis autour d'un petit-déjeuner: un globe saignant, déjà entamé. L'Empereur et ses fidèles ont à peine commencé à manger que deux nouvelles catastrophiques les plongent dans la rage et le désespoir. La première, annoncée dans le document posé sur la table, est que la cavalerie du maréchal Murat a été vaincue (Liebertwolkwitz, 14 octobre 1813). La deuxième, apportée par un courrier, et qui joue sur l'exagération, est que les alliés disposent d'un million d'hommes, de 4000 canons ainsi que de ressources financières illimitées. La comparaison avec les ressources françaises mentionnées sur le couteau, aussi peu réalistes, anticipe l'issue de la bataille imminente. Les personnes présentes expriment dans le dialecte de l'Allemagne du Nord ce qui les préoccupe le plus au terme de cette tyrannie et de ces pillages – Ney est assis sur une bourse d'argent. A noter les noms travestis et l'utilisation de l'écriture en caractères gothiques.

The Foully Interrupted Breakfast
Napoleon (2), generals Davout, the prince of Eckmühl (3), Ney (4), Vandamme (6) and Minister Caulaincourt (5) are gathered round the breakfast table. On it lies the bleeding globe, missing a slice. The emperor and his loyal followers are devouring the world when two pieces of bad news send them into rage and despair. A document on the table states that Marshal Murat's cavalry has been beaten by the enemy (Liebertwolkwitz, 14 October 1813). A second paper, brought in by a messenger, exaggeratedly asserts that the allies have over one million men, four thousand cannons and unlimited financial means. A comparison with the equally unrealistic French resources noted on the knife foreshadows the result of the forthcoming test of strength. Speaking northern German dialect, the men express their prime concerns as they approach the end of their despotic regime and predatory raids – Ney is sitting on a money-bag. The distortion of the names and the use of Gothic type are particularly interesting.

La colazione interrotta in malo modo
Napoleone (2), il ministro Caulaincourt (5) e tre generali – Ney (4), Vandamme (6) e Davout, principe di Eckmühl (3) – sono riuniti intorno alla tavola della colazione, su cui troneggia un globo terrestre tagliato da un coltello e sanguinante. L'imperatore e i suoi fedeli stanno appunto per mangiare il globo, quando due notizie infauste li lasciano furenti e disperati: un documento sulla tavola dice che le truppe a cavallo del maresciallo Murat sono state sconfitte (Liebertwolkwitz, 14 ottobre 1813), mentre un altro testo, presentato da un corriere, esagera le disponibilità delle forze alleate (un milione di uomini, 4000 cannoni e denaro a profusione). Il confronto con le risorse francesi, indicate sul coltello in termini altrettanto irrealistici, anticipa l'esito dello scontro imminente; i presenti – fra cui Ney, semisdraiato su un sacco d'oro – esprimono in un dialetto tedesco settentrionale ciò che più li preoccupa, ora che il loro dispotismo e le loro scorrerie sono finiti. Notevoli, oltre all'uso dei caratteri gotici, sono i cognomi storpiati.

Lit.: Sche 3.15.

378
[Der Pariser Nussknacker]
o. r. Leipzig
anonym, 1813/1814
Radierung, koloriert
220 × 155 mm (260 × 217 mm)
Herkunft unbekannt
1980.213.

Der Pariser Nussknacker
In der Figur mit dem kleinen Körper und dem grossen Kopf (vgl. Kat. Nr. 342) hat man eine Karikatur im Wortsinn vor sich: eine Verformung und Überspitzung der Wirklichkeit. Dies ist in der deutschen Bildsatire der Zeit nicht die Regel. Auf einem mit Knochen verzierten Sargdeckel steht der Feldherr im grauen Mantel und präsentiert den Degen. Lange Reisszähne (Blutsauger) versuchen die grosse Nuss «Leipzig» zu knacken. Napoleon hat sich schon mehrere Zähne ausgebissen. Er glotzt in verzweifelter Wut auf die Nuss, die sich nicht öffnen lässt. Die plastische und physiognomische Gestaltung des Figürchens beeindruckt. Aus dem Rücken ragt der Hebel, mit dem der Unterkiefer in Gang gesetzt wird. Gedrechselte Nussknacker in Soldatenform waren damals in Deutschland beliebt. Der «Menschenfresser» mit ausgebissenen Zähnen ist eine der gelungensten Einfälle der deutschen Napoleonkarikatur.

Le casse-noix parisien
Le personnage au petit corps et à la grande tête (cf. n°. cat. 342) est une caricature au sens strict du mot: une déformation et un grossissement de la réalité, un procédé qui d'habitude n'est pas appliqué dans la satire illustrée allemande de l'époque. Juché sur le couvercle d'un cercueil décoré de crânes et d'ossements, le général vêtu d'un manteau gris brandit son épée. De longues dents (sangsue) essaient de casser la grosse noix, Leipzig. Napoléon s'est déjà cassé plusieurs dents. Il s'acharne désespérément sur la noix qui ne se laisse pas ouvrir. La qualité plastique et physiognomi-

que du petit personnage est impressionnante. Du dos sort la manette qui met en marche la mâchoire inférieure. Les casse-noix tournés en forme de soldat étaient alors très appréciés en Allemagne. «L'anthropophage» aux dents cassées est l'une des plus remarquables caricatures allemandes de Napoléon.

The Parisian Nutcracker
The small figure with the large head (cf. cat. no. 342) represents a caricature in the literal sense: a distortion and exaggeration of reality. This is unusual for the German pictorial satire of the period. The military leader in his greatcoat stands on a coffin cover decorated with bones and presents his sword. He is trying to crack the great nut of «Leipzig» with his long fangs (blood-suckers), but has already lost a few teeth in the process. In desperate rage, he gawks at the nut that is too tough for him. The figure is impressive for its plasticity and physiognomic definition. A handle to work the jaw protrudes from the back. Turned nutcrackers in the shape of soldiers were popular in Germany at the time. The «man-eater» with broken teeth is one of the cleverest ideas in the history of German Napoleon cartoons.

Lo schiaccianoci parigino
Corpo piccolo e testa grossa (cfr. n° cat. 342) creano una caricatura nel senso vero del termine (deformazione ed esagerazione della realtà), fatto allora piuttosto inconsueto nelle stampe satiriche tedesche. Il condottiero nel pastrano grigio, ritto con la spada sguainata su un coperchio di bara adorno d'ossa, cerca con lunghi canini da vampiro di schiacciare la grossa noce «Lipsia»; essendosi già rotto più di un dente, però, fissa furente e disperato la noce che rifiuta di spezzarsi. Dal dorso gli spunta la leva che consente di muovere la mandibola: gli schiaccianoci ben torniti a forma di soldato erano molto diffusi nella Germania di quei tempi. Lo studio plastico e fisionomico della figurina è davvero notevole; il «cannibale» coi denti spezzati è fra le caricature tedesche di Napoleone più geniali.

Lit.: Br II App. E 100; Cl 16; Fi 94 S. 105 (Abb.); Kat. BB 22; Kat. RM 35 (Abb.); Sche 3.22 (Ftf. XVI); Schu Tf. 12, S. IV*.

379
Das grosse Vogelschiessen zu Leipzig am 19 October 1813.
o.l. *Au Weh! mein Centrum! / Die Herren Schützen. Russland Oestreich Preussen Schweden*
o.r. *hurrah / hurrah / hurrah*
u.r. *Dasch war gut getroffe.*
u.M. *lincke Flügel / Schwanz*
u.l. *Wir werden an das Vogelschiessen dencken! / rechte Flügel*
anonym, 1813
Radierung, koloriert
163 × [210] mm (177 × 241 mm)
Sammlung Herzog von Berry
1980.340.

Das grosse Vogelschiessen in Leipzig am 19. Oktober 1813
Eine jubelnde Volksmenge wohnt vor den Toren von Leipzig dem Preisschiessen der alliierten Mächte um den kleinen Kaiseradler mit Gesicht und Hut Napoleons bei. Vor einem kreuzbekrönten Festzelt stehen vier Soldaten in preussischer, schwedischer, russischer und österreichischer Uniform und quittieren mit Hurrarufen den Meisterschuss des Preussen, der mitten ins Holzvögelchen auf der Stange getroffen hat, wodurch dieses Szepter und Krone verliert und klagend herunterfällt. Auf dem Tisch im Vordergrund liegen die schon weggeschossenen Flügel und der Schwanz des Tieres. Rechts untermalen drei Militärtrompeter und ein Paukist den Triumph der Koalition, während ganz links ein weiterer Soldat einen Salutschuss abfeuert. Neben dem Tisch pisst ein Hund an ein französisches Feldzeichen. Das humorige Blatt wirkt von der Gestaltung wie vom satirischen Gehalt her – trotz des Einfalls, den Schlachtensieg ins Gewand der Volksveranstaltung zu kleiden – platt und anspruchslos.

Le grand tir au vol de Leipzig le 19 octobre 1813
Une foule exubérante de joie assiste devant les portes de Leipzig au concours de tir des puissances alliés, qui a pour cible une petite aigle impériale à l'effigie de Napoléon. Devant la tente surmontée d'une croix se tiennent quatre soldats en uniformes prussien, suédois, russe et autrichien et acclament le coup de maître du soldat prussien par un triple hourra. Il a en effet touché l'oiselet de bois accroché à la perche en plein centre, ce qui lui fait perdre son sceptre et sa couronne et le fait tomber en gémissant. Sur la table se trouvent déjà les ailes et la queue de l'animal. A droite, trois trompettistes militaires ainsi qu'un timbalier accompagnent le triomphe de la coalition en musique; à gauche, un autre soldat tire une salve d'honneur. A côté de la table, un chien pisse sur une enseigne française. Cette gravure amusante en soi paraît plate et sans prétentions, aussi bien par sa réalisation que par son contenu satirique – et ce malgré l'idée d'exprimer la victoire à travers une fête populaire.

The Great Bird-shoot of Leipzig on 19 October 1813
Before the gates of Leipzig, a jubilant crowd watches an allied shooting match. The target: a small imperial eagle with the face and hat of Napoleon. In front of the marquee (with cross on top) stand four soldiers in Prussian, Swedish, Russian and Austrian uniform, cheering the Prussian's winning shot: bull's eye – the wooden bird has been hit and, losing its sceptre and crown, plunges from the pole bewailing its fate. The wings and tail already shot from the bird are on the table in the foreground. On the right, three buglers and a drummer provide the musical accompaniment for the triumph of the coalition, while on the far left a soldier fires a salvo. Next to the table a dog is pissing against a French standard. Despite the novel idea of clothing a battle victory in the garb of popular entertainment, the design and satirical content of this cartoon make it bland and banal.

La grande gara di tiro all'uccello (Lipsia, 19 ottobre 1813)
Davanti alle porte di Lipsia una folla esultante assiste alla gara fra le potenze alleate, che tirano sulla piccola aquila imperiale con il volto e il cappello di Napoleone. Presso un tendone da fiera sormontato da una croce, quattro soldati in uniforme prussiana, svedese, russa e austriaca salutano con grida d'urrà l'ottimo tiro del prussiano: colpita in pieno, la sagoma di legno appesa alla pertica perde lo scettro, perde la corona e cade lamentandosi. Sul tavolo in primo piano giacciono le ali e la coda dell'uccello, già staccate da tiri precedenti. A destra tre soldati trombettieri e un timpanista sottolineano il trionfo della coalizione; a sinistra un altro soldato spara una salva di saluto, mentre accanto al tavolo un cane minge su uno stendardo francese. Nonostante la trovata di trasformare la battaglia vittoriosa in manifestazione popolare, sul piano sia compositivo sia satirico la stampa appare di un umorismo modesto e banale.

Lit.: La Fabb. 79, S. 426; Sche 3.18; Schu Tf. 20, S.V*.

380
[Du willst Teutschlands Herrscher seÿn?]
darunter *1 Du willst Teutschlands Herrscher seÿn? o nein! dass soll nicht seÿn. / 2 Jch stimme mit dir ein. fort! mit ihm übern Rhein. / 3 Schon viel zu lange hausst du hier, Hurrah! ich machs ein End mit dir. / 4 Alles dringet auf mich ein; mon Dieu! ich muss verlohren seÿn. / 5 Jch schreibe Sachen, die gantze Welt soll lachen.*
anonym, 1813/1814
Radierung, koloriert
150 × 190 mm (165 × 212 mm)
u. r. Stempel Museum Schwerin
1980.409.

Du willst Deutschlands Herrscher sein?
Im Kreis der Alliierten, die hier in Gestalt bezifferter Soldaten mit kennzeichnenden Uniformen auftreten, ist man sich einig: Der Eroberer muss aus Deutschland raus. In der Völkerschlacht von Leipzig nahmen die Gegenkräfte endgültig überhand, welche die französische «Befreiung» Europas auf den Plan gerufen hatte. Der «Rausschmiss» aus Deutschland ist hier als eine Abrechnung der Verbündeten mit dem Franzosenkaiser dargestellt. Mit Knute, Gewehrkolben und blosser Faust setzen sie ihm zu dritt übel zu. Da jede Abwehr zwecklos erscheint, ringt Napoleon flehend die Hände, um seine Gegner zu besänftigen. Rechts bringt ein Chronist zur Belustigung der schadenfrohen Mitwelt das Geschehen zu Papier: Die literarische Satire erlebte seit 1812 einen enormen Aufschwung und hatte massgeblichen Anteil an der Auflehnung gegen die Franzosen und der Bildung eines deutschen Nationalbewusstseins.

Tu veux être le maître de l'Allemagne?
Les alliés, représentés ici par des soldats numérotés et caractérisés par leurs uniformes, ont décidé d'un commun accord que le conquérant devait quitter l'Allemagne. Les forces adverses que la «libération» française de l'Europe avait suscitées l'emportèrent définitivement dans la bataille de Leipzig. Les alliés expédiant Napoléon hors de l'Allemagne est représenté comme une revanche prise sur l'Empereur des Français. Les trois soldats s'acharnent sur lui à coups de knout, de crosse et de poing. Toute résistance lui paraissant inutile, Napoléon, les mains croisées, implore ses adversaires de se calmer. A droite, un chroniqueur recueille la scène pour l'amusement de ses contemporains malicieux. A partir de 1812, la satire littéraire connut un essor prodigieux et prit part d'une manière considérable au soulèvement contre les Français et à la naissance d'une conscience nationale allemande.

You Wish to Be Germany's Ruler?
The allies (here as numbered soldiers in identifiable uniforms) all agree: the conqueror must be evicted from Germany. In the Battle of the Nations the opposing forces mobilised by the French «liberation» of Europe finally gained the upper hand. The joint attack on the French emperor – the allies are settling their accounts with knout, rifle butt and bare fists – represents the French rout. Aware of the futility of defending himself, Napoleon wrings his hands pleadingly in an attempt to pacify his foes. On the right, a chronicler is recording the event for the amusement of a gloating world. Literary satire, which had experienced an enormous revival since 1812, was operative in galvanising resistance to the French and fostering the emergence of a German national identity.

Vuoi essere tu il dominatore della Germania?
Gli alleati – in questo caso soldati con le rispettive uniformi tipiche, ognuno contraddistinto da un numero – sono concordi: il conquistatore deve lasciare la Germania. Dopo che a Lipsia la «battaglia delle nazioni» ha segnato la vittoria definitiva delle loro forze contro la «liberazione» francese dell'Europa, la cacciata dalla Germania appare come una resa dei conti nei confronti di Napoleone, incalzato duramente dai tre alleati con lo staffile, il calcio del fucile e il pugno nudo; poiché ogni difesa appare vana, lo sconfitto si torce le mani implorante per placare gli avversari. Il cronista sulla destra scrive gli eventi, per lo spasso e la gioia maligna dei suoi contemporanei: a partire dal 1812, in effetti, la satira letteraria si diffuse enormemente, dando un contributo decisivo alla ribellione antifrancese e alla formazione di una coscienza nazionale tedesca.

Lit.: Sche 3.30.

381
[Du willst Teutschlands Herrscher seyn?]
Text vgl. Kat. Nr. 380
anonym, 1813/1814
Radierung, koloriert
137×[176] mm (166×178 mm)
Herkunft unbekannt
1980.366.

Du willst Deutschlands Herrscher sein?
Dieser Nachdruck von Kat. Nr. 380 unterscheidet sich vom Vorbild nur in der dritten Textzeile (Harrah statt Hurrah), in der Figur des Kürassiers (1), dessen Rockschösse hier die Oberschenkel frei lassen, sowie in der Zeichnung der Gesichter.

Tu veux être le maître de l'Allemagne?
Cette réimpression du n°. cat. 380 ne diffère de l'original que par la troisième ligne du texte (*Harrah* au lieu de *Hurrah*), par la figure du cuirassier (1), dont les pans de l'habit ne couvrent pas les cuisses, et par les traits du visage.

You Wish to Be Germany's Ruler?
This copy of cat. no. 380 diverges very slightly from the original: in line three of the text, the word «Harrah» instead of «Hurrah»; the cuirassier's (1) coattails reveal his thighs; and the facial features differ.

Vuoi essere tu il dominatore della Germania?
Questa riproduzione del n° cat. 380 si distingue dal modello solo per la terza riga del testo (*Harrah* invece di *Hurrah*), per il disegno dei volti e per la figura del corazziere (1), in cui le falde della divisa scoprono le cosce.

Lit.: Sche 3.30.1.

382
Der Landwehr Mann
darunter *Wat kikt Hä denn so leckrich straff / Hä krieht doch nischt von Allen af / Jck loath Em nich mehr uth de Acht / So vähl Hä ohk Manöver macht*
o. l. *N°. 1. Mark Bran denburg / N°. 2. Schlesien / N°. 3. Lausitz / N°. 4. Plan v. Leipzig*
u. l. *1 / Mark Brandenburg den Leckerbissen / Hast Du mit Schaam verlassen müssen. / 3. / Die Lausitz war ganz offenbar / Für Dich ein ungenüsslich Haar*
u. r. *2 / Du dachtest Schlesien geschwinde zu erhaschen / Jedoch die Katzbach hat den Vorsatz ausgewaschen. / 4 / Jn Sachsen wurdest Du besiegt / Drum zeigst Du noch wo Leipzig liegt.*
anonym, 1813/1814
Radierung, koloriert
190×203 mm (204×214 mm)
u. r. Stempel Museum Schwerin
1980.408.

Der Landwehrmann
Napoleon sitzt am Tisch und studiert vier Landkarten. Hinter ihm steht ein Preusse in der Landwehruniform. Die preussische Mobilmachung von 1813 erfasste alle Männer zwischen 18 und 45 Jahren und stellte sie als «Landwehr» dem Berufsheer zur Seite. Der Preusse fasst den Feldherrn an der Schulter und unterbricht dessen Arbeit, indem er ihm in seinem Dialekt die Aussichtslosigkeit weiterer Eroberungspläne auseinanderhält: Er könne noch soviele Manöver machen, er werde keinen deutschen Boden mehr gewinnen, denn Preussen behalte ihn im Auge. Vier Zweizeiler kommentieren die Landkarten und verhöhnen Napoleons Scheitern in allen Teilen Deutschlands, wo er 1813 mehrere Schlachten und alle Territorien verlor. Engültig besiegt wurde er in Sachsen, deshalb weist er mit dem Finger auf den Plan von Leipzig.

L'homme de la Landwehr
Napoléon est assis à une table et étudie quatre cartes géographiques. Derrière lui se tient un Prussien en uniforme de la Landwehr. La mobilisation de 1813 recruta tous les hommes entre 18 et 45 ans et les incorpora à la «Landwehr» afin de seconder l'armée de métier. Le Prussien saisit le général à l'épaule et interrompt son travail en lui expliquant, dans son dialecte, qu'il perd son temps à vouloir étendre ses conquêtes: que malgré toutes ses manœuvres il ne pourrait plus conquérir de sol allemand, car dorénavant les Prussiens ne le perdraient plus de vue. Quatre distiques commentent les cartes et tournent en ridicule Napoléon subissant des échecs dans toutes les régions d'Allemagne. En 1813 il y perdit en effet plusieurs batailles ainsi que tous les territoires. C'est en Saxe qu'il fut définitivement vaincu, raison pour laquelle il pointe son doigt sur le plan de Leipzig.

The Landwehr Man
Napoleon is at a table studying four maps. Behind him stands a Prussian in the uniform of the Landwehr. During the Prussian mobilisation of 1813, all men between eighteen and forty-five were drafted into the «Landwehr» as support troops for the professional army. The Prussian, tapping the general on the shoulder and interrupting his work, explains in dialect the futility of any further plans of conquest: however many manoeuvres Napoleon may carry out, he will gain no more German ground because the Prussians are keeping an eye on him. Four couplets comment the maps and ridicule Napoleon's failure in all parts of Germany, where he lost a number of battles and all his territories in 1813. His final defeat came in Saxony, which is why he is pointing at the map of Leipzig.

L'uomo della milizia
Napoleone, seduto al tavolo, studia quattro carte geografiche; dietro di lui c'è un uomo con l'uniforme della *Landwehr* (la milizia territoriale prussiana comprendente tutti gli uomini dai 18 ai 45 anni, affiancata all'esercito regolare con la mobilitazione del 1813). Afferrando il condottiero per la spalla, il prussiano lo interrompe e gli segnala nel proprio dialetto l'inutilità di ulteriori piani di conquista: per quante manovre possa fare Napoleone, la Prussia lo tiene d'occhio e gli impedirà di strappare altro suolo tedesco. Quattro distici rimati – uno per ogni carta – scherniscono l'imperatore per le sconfitte del 1813 e i territori persi in ogni parte della Germania; il condottiero, battuto definitivamente in Sassonia, indica col dito la mappa di Lipsia.

Lit.: Sche 3.9 (Ftf. XI); Schu Tf. 16, S. IV*.

383
*DER RHEINISCHE COURIER /
verliehrt auf der Heimreise, von der
Leipziger Messe nach Paris, alles.*
o.l. *Maynz / Carolus Magnus*
o.r. *[Brabant] / ITALIEN /
HOLLAND / SCHWEITZ /
RHEIN BUND / HANSEAT
DEPARTEME[NTE]*
u.r. *POLEN / Junge Garde / Alte Garde*
anonym, 1813/1814
Radierung, koloriert
n. best. (110 × 85 mm)
u.r. Stempel Museum Schwerin
1980.425.

Der rheinische Kurier verliert auf der Heimreise von der Leipziger Messe nach Paris alles
Die beliebteste und verbreitetste Karikatur auf das französische Desaster in Leipzig und den Rückzug aus Deutschland stellt Napoleon als Boten dar, wie er am Wanderstab, aber in Reiterstiefeln der Heimat entgegeneilt. Jenseits des Rheins erkennt man die Stadt Mainz, wo er am 1. November 1813 übersetzte. Aus seinem Tornister fallen alle an der schon damals internationalen Leipziger Messe erworbenen Waren. Es sind Stiche der im Vorjahr in Russland und jüngst in Deutschland aufgeriebenen kaiserlichen Gardesoldaten, ausserdem die Landkarten von Polen (im Februar 1813 vom Zaren besetzt), des Rheinbundes und der Hansestädte, der Schweiz und von Holland. Am Herausfallen ist das Königreich Italien, das sich erst nach Napoleons Abdankung offiziell lossagte. Brabant durchquerten die alliierten Truppen Anfang 1814. Vollends lächerlich wirkt der erniedrigte Kaiser im Licht seiner Selbstinszenierung als Wiedergeburt Karls des Grossen («Je suis Charlemagne»), worauf die Sitzfigur am Knaufende des Wanderstabes anspielt.

Le courrier du Rhin perd tout en revenant de la foire de Leipzig
La caricature la plus populaire et plus répandue, suite à la défaite subie par les Français à Leipzig et leur retraite d'Allemagne, représente Napoléon en messager, appuyé sur un bâton mais en bottes de cavalerie, se hâtant vers la patrie. De l'autre côté du Rhin, on aperçoit la ville de Mayence où il parvint le 1er novembre 1813. De son havresac s'échappent tous les documents acquis à la foire de Leipzig, foire de renommée internationale déjà à l'époque. Il s'agit de gravures des gardes impériales tués en Russie en 1812, mais aussi récemment en Allemagne, de cartes de la Pologne (occupée par le tsar en février 1813), de la confédération du Rhin et des villes hanséatiques, de la Suisse et de la Hollande. Le royaume d'Italie, qui ne se désolidarisa officiellement qu'après l'abdication de Napoléon, vient à peine de s'échapper du havresac. Les troupes alliées traversèrent le Brabant au début de 1814. L'empereur, enfin humilié dans son orgueil, se ridiculise lui-même par sa mise en scène, où il s'attribue le rôle de Charlemagne («Je suis Charlemagne») auquel fait allusion l'effigie formant l'embout de son bâton.

The Rhine Messenger Loses Everything on His Way Home to Paris from the Leipzig Fair
The most popular satire on the French disaster at Leipzig and the retreat from Germany shows Napoleon as a messenger hastening home with walking stick but in riding boots. On the opposite bank, the city of Mainz, where he crossed the Rhine on November 1813. All the goods acquired at the already international Leipzig Fair are tumbling out of his rucksack: engravings of imperial soldiers cut down in Russia the previous year and now in Germany, plus maps of Poland (occupied by the Tsar in February 1813), the Confederation of the Rhine and the Hanseatic towns, Switzerland and Holland. The kingdom of Italy, which officially broke with Napoleon only after his abdication, is about to fall out. The allied troops crossed Brabant at the beginning of 1814. Once the self-styled reincarnation of Charlemagne («Je suis Charlemagne»), as the seated figure on the knob recalls, the humiliated emperor is now a mere buffoon.

Il corriere renano perde tutto tornando dalla fiera di Lipsia
La caricatura più popolare e più diffusa sulla disfatta di Lipsia e sulla ritirata francese dalla Germania presenta Napoleone come un corriere che si affretta a ritornare in patria, con il bastone da viandante ma gli stivali da cavaliere. Sulla riva opposta del Reno si riconosce la città di Magonza, ove Napoleone attraversò il fiume il 1° novembre 1813. Dallo zaino cadono tutti gli articoli acquistati alla fiera di Lipsia (già internazionale allora): figurine della Guardia imperiale, massacrata l'anno prima in Russia ed ora anche in Germania, ma anche carte geografiche della Polonia (occupata nel febbraio 1813 dallo zar), della Confederazione del Reno e delle città anseatiche, della Svizzera e dell'Olanda. Sta per cadere anche il Regno d'Italia (che si separerà ufficialmente solo dopo l'abdicazione di Napoleone); quanto al Brabante, le truppe alleate lo attraverseranno all'inizio del 1814. Abituato ad autoincensarsi (*Je suis Charlemagne*), qui l'imperatore appare umiliato e del tutto ridicolo come reincarnazione di Carlomagno, cui allude appunto la figura seduta sul pomo del bordone.

Lit.: Br II S. 121 f., App. E 18;
Kat. RM 16 (Abb.); Sche 3.55.3.

384
Eitles Bestreben – Endlicher Lohn.
u.r. *Ehrgeiz u. Habsucht / Billigkeit u. Recht*
u.l. *Universal Monarchie / Bulletins / Dotations / Decrêts / Proclamations / Diplômes / Dennewitz Culm Katzbach Leipzig Hanau*
anonym, Ende 1813, bei Johann Baptista Schiavonetti, Berlin
Radierung und Aquatinta
337 × 280 mm (342 × 284 mm)
u.r. Stempel Museum Schwerin
1980.457.

Eitles Bestreben – endlicher Lohn
Zur Allegorie auf den Deutschlandfeldzug von 1813 – die Landkarte unten links nennt bedeutende Schlachtorte – schuf Schadow im folgenden Jahr eine Fortsetzung (Kat. Nr. 401). Von Eitelkeit, Ehrgeiz und Habsucht getrieben, strebt Napoleon nach dem Universalthron. Dieser steht auf dem von Atlas getragenen Erdball. Seine Leiter fällt aufs Mal auseinander, und gleich wird er, der zu hoch hinauswollte, herunterstürzen auf ein von Adlern gestütztes Tischchen mit dem Kartenhaus der «Universalmonarchie» (vgl. Kat. Nr. 319). Darunter liegen seine Herrschaftsinstrumente: Siegesbulletins, Verordnungen, Geldschenkungen, Militärproklamationen, Adelsdiplome; darüber spannt sich das Spinnennetz des Despoten (vgl. Kat. Nr. 340). Auf dem Boden liegt eine offene Landkarte, geschmückt mit dem Lorbeer der alliierten Sieger. Am Horizont versinkt die symbolhafte «Sonne von Austerlitz». Über ihr sitzt auf einer Wolkenbank die Gerechtigkeit, hinter ihr reckt sich der Friedensengel (mit dem Palmwedel) herausfordernd dem Weltthron entgegen. Auf Justitias Waage wiegt das Recht schwerer als die üblen Motive Napoleons.

Vains efforts – récompense méritée
L'allégorie de la campagne d'Allemagne de 1813 – la carte en bas à gauche désigne d'importants lieux de bataille – connut, l'année suivante,

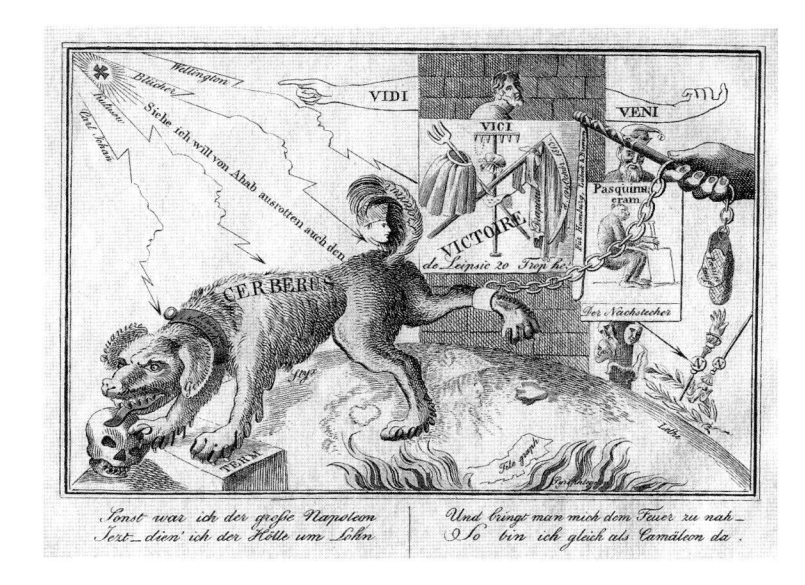

une suite créée par Schadow (n°. cat. 401). Napoléon, animé de vanité, d'orgueil et de cupidité, aspire au trône universel placé sur le globe que porte Atlas. Son échelle se brise et il va tomber sur une petite table, soutenue par des aigles, avec le château de cartes de la «monarchie universelle» (cf. n°. cat. 319). Au-dessous se trouvent les instruments de son pouvoir: des annonces de victoire, des décrets, des dons d'argent, des proclamations militaires, des lettres de noblesse – le tout recouvert par la toile d'araignée du despote (cf. n°. cat. 340). Sur le sol traîne une carte ouverte, ornée du laurier des vainqueurs alliés. A l'horizon se couche l'évocateur «soleil d'Austerlitz». Au-dessus, sur un banc de nuages, est assise la Justice; derrière elle, l'ange de la paix avec la palme s'avance, l'air provocateur, vers le trône terrestre. Dans la ballance de la Justice, le droit pèse plus lourd que les mauvais motifs de Napoléon.

Vain Aspirations – Final Reward
This allegory on the German campaign of 1813 – the map at the bottom left names important battlegrounds – had a sequel, created by Schadow, the following year (cat. no. 401). Driven by vanity, ambition and greed, Napoleon wants to reach the universal throne on the globe carried by Atlas. Suddenly his ladder collapses. Now the man who wanted to rise so high must fall – onto the house of cards of «Universal Monarchy» (cf. cat. no. 319), which stands on a table supported by eagles. Beneath it lie the instruments of his power: victory bulletins, decrees, endowments, military proclamations, patents of nobility; above it stretches the despot's spider web (cf. cat. no. 340). The map on the ground is decorated with the laurel of the victorious allies. The «sun of Austerlitz» is symbolically setting on the horizon. Justice sits on a bank of clouds; behind her, the angel of peace challengingly extends a palm towards the universal throne. On the scales of Justice, right weighs heavier than Napoleon's foul motives.

Inutile sforzo – compenso finale
A continuazione dell'allegoria sulla campagna di Germania (1813), indicata dai nomi di battaglie importanti sulla carta dell'angolo inferiore sinistro, Schadow eseguì un'altra stampa l'anno successivo (n° cat. 401). Spinto da vana ambizione e avidità, Napoleone cerca di raggiungere il trono universale, posto in cima a un globo terestre sorretto da Atlante, ma improvvisamente la sua scaletta cade in pezzi; chi troppo in alto salta… precipita verso un tavolino sostenuto da aquile, ove un castello di carte reca la scritta «monarchia universale» (cfr. n° cat. 319). Sotto il tavolo giacciono gli strumenti di dominio (bollettini di guerra, appannaggi, decreti, proclami militari, diplomi di nobiltà), sovrastati dalla ragnatela del despota (cfr. n° cat. 340); la carta geografica distesa al suolo è abbellita dall'alloro degli alleati vittoriosi. Su un banco di nubi, sopra il simbolico «sole di Austerlitz» che cala all'orizzonte, appare la Giustizia davanti a un angelo della pace, che tende provocatorio un ramo di palma verso il trono universale; sulla bilancia della Giustizia il Diritto è più pesante dell'ambizione e dell'avidità di Napoleone.

Lit.: Br II S. 132, App. E 125; La Fabb. 78, S. 426; Sche 3.93 (Ftf. XXXIV).

385
[Cerberus]
u. in zwei Spalten
l. *Sonst war ich der grosse Napoleon / Jetzt – dien' ich der Hölle um Lohn*
r. *Und bringt man mich dem Feuer zu nah – So bin ich gleich als Camäleon da.*
o.l. Carl Johañ / Kutusow / Blücher / Wellington / Siehe ich will von Ahab ausrotten auch den / Protecteur / VIDI
o.r. VICI VICTOIRE de Leipsic 20 Trop he! Drapeau d. 19ten Octobr. 1813. / VENI / Für Hamburg, Lübeck & Bremen / Pasquinus eram / Pariser kauft
u.r. Der Nachstecher / N / N / Lethe / Pyriphlegeton / Tele graph / Va ndame
u.l. Davoust / Styx / CERBERUS / TERM / Victor / Universal Monarchie / Gendarmerie / Rapp / Daru / Douaniere
F.W.H. Rosmäsler jun., Hamburg, 1815, nach Gebrüder Henschel, Berlin
o.r. N° 2. aus der *Sammlung der witzigsten Zerrbilder welche zu Ehren des Herrn Noch Jemand und Consorten erschienen sind. I*stes *Heft, herausgegeben von F.W. Rosmäsler jun. Mit Sechs Kupfern. Hamburg, 1815.*
[auf dem Titelblatt des Hefts]
Radierung, teilkoloriert
105 × 143 mm (120 × 182 mm)
Stempel Museum Schwerin [auf dem Titelblatt des Hefts]
1980.413.c.

Zerberus
Die symbolhafte Bildsatire ist ohne den Begleittext des Autors nicht zu verstehen. Napoleon hat sich nach Leipzig zum Höllenhund gewandelt. Sein Porträtkopf erscheint im Schwanz und meint den Schutzherrn des (aufgelösten) Rheinbundes. Die Pfoten sind seine Generäle Rapp, Davout, Vandamme, Victor und die blutige Lefze ist Minister Daru. Das Halsband stellt die angestrebte Weltherrschaft dar. Die feinen Ohren sind die gefürchteten Polizei- und Zollorgane. Zerberus steht gleichzeitig vorn auf der Schwelle zur Unterwelt und hinten auf der Erdkugel, wo die Unterweltsflüsse Styx und Lethe fliessen und das Höllenfeuer brennt; denn Napoleons Wüten hat die Welt zur Hölle und zum Ort des Todes gemacht. Er hebt das Bein: «Siehe, ich will von Ahab ausrotten auch den, der an die Wand pisset». (1. Könige 21, 21) Hier ist es Napoleons Ruhmespfeiler mit Cäsars Devise «Ich kam, sah und siegte». Das "Siegen" (VICI) bei Leipzig verhöhnen Frauenkleider – so «mannhaft» ist Napoleon geflohen. Der linke Arm (VIDI) zeigt auf die Blitze von alliierten Generälen (mit ihren Profilen), die den Hund treffen. Der rechte Arm (VENI) winkt die Hand Russlands herbei, die den Hund an der Kette hält und ihm mit der Knute der Vergeltung droht. Hinter dieser ragt der Pfeiler der Torheit auf, wo ein Bild den «Nachstecher» nachäfft, wie er Napoleons Bildnis schafft. Dass sich des Kaisers Teint angeblich bei Kriegspech giftgrün verfärbt haben soll, legt den Vergleich mit einem Chamäleon nahe (Text unten rechts). Der Zerberus war mit Geheimtinte behandelt und änderte einst beim Erhitzen die Farbe.

Cerbère
Cette satire illustrée ne pourrait être comprise sans les textes de l'auteur. Après Leipzig, Napoléon s'est transformé en chien des enfers. Son portrait apparaît dans la queue et fait allusion au protecteur de la confédération du Rhin (dissolue). Les pattes représentent ses généraux – Rapp, Davout, Vandamme, Victor – et la babine sanglante le ministre Daru. Le collier évoque la domination du monde à laquelle il aspire. Les fines oreilles sont les organes de police et le service des douanes tant redoutés. Les pattes avant de Cerbère sont sur le seuil de l'enfer, ses pattes arrières sur le globe terrestre où coulent le Styx et le Léthé, les fleuves des enfers. Car la fureur de Napoléon a transformé la terre en enfer et en lieu de mort.

Il lève la patte: «…[j']arracherai ceux d'Ahab, il n'en demeurera point un qui pisse à la muraille…» (I Rois 21, 21). Il s'agit là de la colonne de gloire portant la devise de César «Je suis venu, j'ai vu et j'ai vaincu». Des vêtements de femme ironisent le «triomphe» (VICI) de Leipzig – c'est ainsi, «en homme courageux», que Napoléon a fui. Le bras gauche (VIDI) montre les éclairs des géneraux alliés (avec leurs profils) qui touchent le chien. Le bras droit fait signe à la main de la Russie, qui tient le chien en chaine, et le menace avec le knout de la vengeance, de s'approcher. La colonne de la folie, surgissant de derrière le globe, affiche l'image du «graveur copieur» en train de créer le portrait de Napoléon. Le caméléon (texte au bas droit) fait allusion au teint de Napoléon qui tournait soi-disant au vert lors de malchance à la guerre. Le chien des enfers était traité à l'encre sympathique et changeait de couleur lorsqu'on le chauffait jadis.

Cerberus
This symbol-laden satire cannot be understood without the author's explanatory text. The rout at Leipzig has turned Napoleon into the hound of hell. His portrait as protector of the (dissolved) Confederation of the Rhine appears in the tail. The paws are his generals: Rapp, Davout, Vandamme, Victor; the bloody lips, Minister Daru. The collar represents the world supremacy he desired. The delicate ears are the feared police and customs organisations. Cerberus has his front paws on the threshold to the underworld and his back ones on the globe, where the rivers of Hades – the Styx and the Lethe – flow and the fires of hell burn: Napoleon's fury has turned the world into hell and a place of death. He lifts his leg: «Behold, I … will cut off from Ahab him that pisseth against the wall» (I Kings 21. 21). Here is the pillar of Napoleon's glory with Caesar's motto: «I came, I saw, I conquered.» Women's clothes mock the «conquest» (VICI) at Leipzig, so «manfully» did Napoleon flee. The left arm (VIDI) points to well-aimed lightning bolts of the allied generals (with their profiles). The right arm (VENI) beckons the hand of Russia, which is holding the dog by a chain and threatening reprisal with its knout. Behind it, the pillar of folly, where a picture shows a «copyist» aping the act of engraving Napoleon's portrait. The emperor's complexion is said to have gone green from military misfortune, as the comparison with a chameleon (text bottom right) suggests. Cerberus was treated with secret ink and only changed colour when heated.

Cerbero
Questa stampa satirica ricca di simboli non sarebbe comprensibile senza il testo aggiunto dall'autore. Dopo Lipsia l'imperatore francese si è trasformato in Cerbero; la coda del cane, posta accanto al suo ritratto, indica Napoleone come protettore della (disciolta) Confederazione del Reno. Le zampe sono i suoi generali Rapp, Davout, Vandamme e Victor, il labbro sanguinolento è il ministro Daru; il collare è l'agognata monarchia universale, le orecchie sono i temibili organi della dogana e della polizia. Cerbero sta con la parte anteriore sulla soglia del Tartaro e con quella posteriore sul globo terrestre, ove brucia il fuoco infernale e appaiono i fiumi dei morti (Stige e Lete): con la sua furia, cioè, Napoleone ha trasformato il mondo in un luogo d'inferno e di morte. Cerbero solleva una zampa, perché Dio «sterminerà dalla casa di Acab chiunque orini contri il muro» (*1 Re* XXI, 21): muro che è il pilastro della gloria di Napoleone, col motto cesariano *Veni, vidi, vici*. A irridere la sua «vittoria» di Lipsia (VICI) provvedono indumenti muliebri, tanto «virile» è stata la fuga dell'imperatore; il braccio sinistro (VIDI) indica fulmini scagliati sul cane da generali alleati (di cui appaiono i profili), mentre quello destro accenna di avvicinarsi (VENI) alla mano della Russia, che tiene il cane alla catena e lo minaccia con lo staffile della vendetta. Sullo sfondo si erge il palo della stoltezza, ove un quadro rappresenta «l'incisore copista» intento a ritrarre Napoleone. L'accenno al camaleonte (nel testo in basso a destra) suggerisce che la sfortuna militare rendesse «verde» l'imperatore; in effetti il cane, trattato con inchiostro invisibile, un tempo cambiava colore se esposto a fonti di calore.

Lit.: BM IX 12318; Sche 3.49.1.

386
[Die Karre im Dreck]
u. *Durch meine Habsucht habe ich die Karre in den Dreck geführt. Diese ernten den Lohn / ihrer Tapferkeit.*
u.M. *Preuss. Contribution / Oestr. Contribution / Hamb. Contribution*
anonym, 1814
Radierung, koloriert
148 × 198 mm (173 × 213 mm)
u.r. Stempel Museum Schwerin
1980.384.

Die Karre im Dreck
Seine Schubkarre hat Napoleon mit prallen Geldsäcken überladen, die ihm die besiegten Preussen, Österreicher und Hamburger jahrelang als Kriegssteuern bezahlen mussten. Deshalb bleibt sie während des Herbstfeldzugs von 1813 im aufgeweichten deutschen Erdreich stecken. Reumütig erklärt Napoleon das Debakel mit seinen habsüchtigen Forderungen an die unterworfenen Völker. Mit dem Finger weist er auf die Nutzniesser seiner Not. Über ihm gleiten die Wappenadler Russlands, Preussens und Österreichs mit dem Lohn ihres Befreiungskampfes, dem blühenden Lorbeer, in ihren Schnäbeln. Die dem Bild zugrunde gelegte Redensart «im Dreck stecken bleiben» fand zuvor schon zu einer visuellen Umsetzung (Kat. Nr. 334). Vgl. «Pariser Carneval von 1814» (Kat. Nr. 341).

Le char dans la boue
Napoléon a surchargé sa brouette de bourses d'argent pleines à craquer, contenant les contributions de guerre versées pendant plusieurs années par les Prussiens, Autrichiens et Hambourgeois vaincus. C'est la raison pour laquelle au cours de la campagne d'automne de 1813 elle reste enfoncée dans la boue allemande. Repenti, Napoléon explique que cet accident résulte de ses revendications avides vis-à-vis des peuples asservis. Du doigt il désigne les profiteurs de sa misère. Au-dessus de lui planent les aigles – figures héraldiques – de la Russie, de la Prusse et de l'Autriche,

tenant dans leurs becs le laurier en fleur, récompense pour leur combat de libération. L'expression «im Dreck stecken bleiben» (= enfoncé dans la boue) dont s'inspire l'image, a préalablement déjà été le sujet d'une transposition visuelle (n°. cat. 334). Cf. «Pariser Carneval des Jahres 1814» (n°. cat. 341).

The Wheelbarrow in the Mud
Napoleon has loaded down his wheelbarrow with bulging money-bags containing years' worth of war taxes collected from Prussia, Austria and Hamburg since their defeat. That is why it has become bogged down in the muddy German soil during the autumn campaign of 1813. Remorsefully Napoleon explains the debacle as a result of his greedy demands on subject nations and points to the beneficiaries of his distress. Above him hover the eagles of Russia, Prussia and Austria, holding the reward for their struggle for liberation, the laurel, in their beaks. This is not the first cartoon to be based on the German idiom that literally means «to be stuck in the mud», in other words, to be in dire straits (cat. no. 334). Cf. «Pariser Carneval von 1814» (cat. no. 341).

La carriola impantanata
La carriola di Napoleone, stracarica di sacchi gonfi d'oro (le contribuzioni di guerra che per anni hanno dovuto versargli i prussiani, austriaci e amburghesi sconfitti), durante la campagna dell'autunno 1813 s'impantana in un suolo tedesco divenuto troppo molle. L'imperatore contrito, che spiega il disastro con la sua avidità nei confronti dei paesi soggiogati, indica col dito chi sfrutta la sua disgrazia: le aquile in volo su di lui (simboli della Russia, della Prussia e dell'Austria), che stringono nel becco l'alloro fiorito (il compenso della loro lotta di liberazione). Il termine «impantanarsi» era già stato reso visivamente in precedenza (n° cat. 334).

Cfr. «Pariser Carneval von 1814» (n° cat. 341).

Lit.: Br II S. 113, App. E 131; La Fabb. 52, S. 421; Sche 3.72.

387
[Napoleon in der Tinte]
o. l. *Vater wo bist du?*
o. r. *in der Tinte*
anonym, 1813
Radierung, koloriert
115 × 181 mm (128 × 184 mm)
u. r. Stempel Museum Schwerin 1980.393.

Napoleon in der Tinte
Diese Bildsatire visualisiert eine sprichwörtliche Redensart, was in der deutschen Napoleonkarikatur sehr häufig vorkommt. «In der Tinte sitzen» heisst in einer misslichen Lage sein. Auf einem Stück Wiese steht ein riesiges Tintenfass, aus dem der Oberkörper des Kaisers guckt. Er macht mit der linken Hand eine Geste und antwortet seinem Söhnchen – mit Bauchbinde und Spitzenkrägchen –, das ihn sucht und nach ihm ruft: «In der Tinte». In der Arenenberger Fassung schaut der Vater merkwürdigerweise vom Sohn weg. Sie weicht im Text geringfügig von einer der bei Scheffler aufgeführten Bildvarianten ab.

Napoléon dans l'encre
Cette gravure satirique visualise une locution proverbiale qui revient souvent dans la caricature allemande contre Napoléon. «In der Tinte sitzen» (= «être dans l'encre») signifie être dans le pétrin, se trouver dans une situation embarrassante. Sur un bout de pré se trouve un encrier duquel surgit le buste de l'empereur. Il fait un geste de la main gauche et répond à son jeune fils (portant une ceinture et un col de dentelles) qui le cherche et l'appelle: «Dans l'encre». Dans la version d'Arenenberg le père, étrangement, détourne le regard de son fils. De par son texte cette version diffère légèrement de l'une des variantes décrite par Scheffler.

Napoleon in the Ink
This pictorial satire visualises an idiom often employed in Napoleon cartoons. To be «in the ink» means to be in an awkward situation. The emperor is up to his waist in a huge inkwell in a meadow. His son, with cummerbund and lace collar, is calling out, «Where are you?» Gesturing with his left hand, Napoleon replies, «In the ink.» In the Arenenberg version the father is, unusually enough, turned away from his son. The text also diverges slightly from the variants listed in Scheffler.

Napoleone nell'inchiostro
Come molte altre caricature tedesche su Napoleone, qui la satira visualizza una locuzione proverbiale: *in der Tinte sitzen* (letteralmente «sedere nell'inchiostro») significa infatti «trovarsi nei guai». L'imperatore, che emerge col busto da un enorme calamaio posto su un praticello, fa un gesto con la sinistra e risponde appunto «Nell'inchiostro» al figlioletto (con fascia ventrale e colletto di pizzo), che lo chiama e gli domanda dove sia. La versione di Arenenberg, in cui stranamente il padre distoglie lo sguardo dal bimbo, è lievemente diversa nel testo rispetto a una variante elencata da Scheffler.

Lit.: Sche 3.42.4var.

388
[Alles perdu!]
o.l. *wadt sucht he den*
o.r. *alles was ich verloren habe*
anonym, 1814
Radierung, koloriert
110 × 158 mm (123 × 165 mm)
u.r. Stempel Museum Schwerin
1980.388.

Alles perdu!
Auf einem Stück Wiese hält Napoleon in bekannter stereotyper Haltung (vgl. Kat. Nr. 395) eine Laterne und blickt zu Boden. Gegenüber stützt sich ein bürgerlicher Deutscher mit Fellmütze auf den Krückstock und fragt, was er denn suche. Antwort: «Alles, was ich verloren habe» – Ehre, Ruhm, Reichtum, Armeen, Territorien. Vgl. «Pariser Carneval von 1814» (Kat. Nr. 341).

Tout perdu!
Sur un bout de pré, Napoléon, dans une pose stéréotypée bien connue (cf. n°. cat. 395), tient à la main une lanterne, le regard baissé. En face de lui, un bourgeois allemand vêtu d'une toque de fourrure lui demande, appuyé sur sa canne, ce qu'il cherche. Réponse: «Tout ce que j'ai perdu» – l'honneur, la gloire, la richesse, les armées, les territoires. Cf. «Pariser Carneval von 1814» (n°. cat. 341).

Everything perdu!
Napoleon is in a meadow, in a well-known, stereotypical pose (cf. cat. no. 395), holding a lantern and looking down. Across from him a German civilian wearing a fur hat leans on his crutch and asks what he is looking for. The answer: «Everything I have lost» – honour, fame, riches, armies, territories. Cf. «Pariser Carneval von 1814» (cat. no. 341).

Tutto perduto!
Napoleone, che appare su uno spiazzo erboso nella nota posa stereotipata (cfr. n°. cat. 395), regge una lanterna scrutando il terreno; di fronte a lui un borghese tedesco, col berretto di pelliccia e appoggiato al bastone, gli domanda che cosa stia cercando. L'imperatore risponde: «Tutto ciò che ho perso» (cioè onore, gloria, ricchezza, eserciti, territori). Cfr. «Pariser Carneval von 1814» (n° cat. 341).

Lit.: Sche 3.111.

389
Triumph des Jahres 1813 / Allen ächten Deutschen gewidmet
Inschriften (v. u. l. n. o. r.) *Höchst / Hanau / Ehrfort / Culm / Lüzen / Leipzig / Denenitz / Gr. Beeren / Katzbach*
anonym, 1813/1814, nach Gebrüder Henschel
Radierung und Punktiermanier, koloriert
113 × 93 mm (154 × 116 mm)
Herkunft unbekannt
1980.369.

Triumph des Jahres 1813. Allen echten Deutschen gewidmet.
Dieses Blatt stammt nicht von den Gebrüdern Henschel (vgl. Kat. Nr. 340), denn die für deren Drucke typischen, fein gezogenen Trennlinien sind nicht vorhanden. Preussens siegreicher Adler sitzt gebieterisch auf Napoleons Haupt. Die Opfer der napoleonischen Kriege bilden das Gesicht des Kaisers. Ihr Blut durchströmt dessen Kragen. Der Rock ist eine deutsche Landkarte, auf der die Niederlagen des Feldherrn genannt sind. Das Spinnennetz der französischen Zwangsherrschaft breitet sich auf ihr aus, wird aber von Gottes Hand zerrissen. Der Kopist übergeht hier die Namen der Flüsse, den Schlachtort Heinau sowie die Fingerringe mit den Initialen der Siegermächte. Dafür unterstreicht er die mystische Bedeutung der Hand Gottes, indem er den Ärmelknopf durch ein strahlendes Gottesauge ersetzt. Die bezüglich des Originals von 1813 abgeänderte zweite Zeile des Titels betont die patriotische Pointe der Bildsatire.

Le triomphe de l'an 1813. Dédié à tous les vrais Allemands.
Cette feuille n'est pas l'œuvre des frères Henschel (cf. n°. cat. 340), car il manque les fines lignes de séparation caractéristiques de leurs imprimés. L'aigle victorieuse de la Prusse, impérieux, trône sur le chef de Napoléon. Les victimes des guerres napoléoniennes forment le visage de l'empereur, leur sang coule à travers son col. L'uniforme est une carte de l'Allemagne sur laquelle sont inscrits les échecs subis par son armée. La toile d'araignée de la tyrannie française, qui s'y tisse, se déchire cependant sous la main de Dieu. Le copiste n'indique ni les noms des fleuves ni le lieu de bataille Heinau et a en outre choisi de ne pas reproduire les bagues portant les initiales des nations victorieuses. Il souligne en revanche, le sens mystique de la main de Dieu, en remplaçant le bouton de manchette par un œil de Dieu rayonnant. La deuxième ligne du titre a été modifiée par rapport à l'original de 1813 et accentue la pointe patriotique de cette gravure satirique.

Triumph of the Year 1813. Dedicated to All Genuine Germans.
This caricature is not by the Henschel brothers (cf. cat. no. 340), for it lacks the thin dividing lines typical of their prints. Prussia's victorious eagle sits haughtily on Napoleon's head. The emperor's face is formed by victims of the Napoleonic wars, their blood flowing down his collar. His uniform is a map of Germany, naming his defeats. The spider web of French despotism spreading over it is being torn by the hand of God. The copyist omits the names of rivers, the battleground of Heinau and the rings bearing the initials of the victorious powers. Instead he underlines the mystical significance of the divine hand by replacing the sleeve button with the radiant eye of God. The second line of the title, which diverges from the original of 1813, emphasises the patriotic message of this pictorial satire.

Trionfo dell'anno 1813. Dedicato a tutti i veri tedeschi.
Questa stampa non è opera dei fratelli Henschel (cfr. n° cat. 340), perché non presenta le fini linee di separazione che contraddistinguono i loro

lavori. Sul capo di Napoleone siede imperiosa l'aquila prussiana vincitrice; il volto dell'imperatore è formato dalle vittime delle guerre napoleoniche, il cui sangue scorre sul colletto. La giubba è una carta geografica tedesca, su cui appaiono le sconfitte del condottiero e si allarga la ragnatela del dispotismo francese, strappata però dalla mano di Dio; il copista ha soppresso i nomi dei fiumi, la battaglia di Heinau e gli anelli con le iniziali delle potenze vittoriose, ma in compenso sottolinea il significato mistico della mano sostituendo al bottone della manica un occhio divino splendente. La seconda parte del titolo, modificata rispetto all'originale del 1813, accentua l'effetto patriottico perseguito dalla satira.

Lit.: BN IV 8864; Br II S. 107, 122, 242 ff., App. E 123; Sche 3.48.11; Schu S.V*.

390
[Triumph des Jahres 1813]
Inschriften (v.u.l.n.o.r.) *ERFURT / Hannau / Hoechst / Culm / Lüten / Leipzig / g: Beren / Katzbach*
anonym, 1814, nach Gebrüder Henschel
Radierung, koloriert
113 × 74 mm (210 × 137 mm)
Herkunft unbekannt
1980.364.

Triumph des Jahres 1813
Die auf eine etwas schmalere Platte als die meisten anderen Fassungen radierte Kopie des «Leichenkopfes» ist künstlerisch eher unbedeutend und lässt die Flüssenamen ebenso wie die Ringe an der Hand Gottes weg. Ausserdem fehlen die Schlachtorte Dennewitz und Heinau, während die Namen Erfurt, Hanau, Gross-Beeren und Lützen in der Schreibweise vom Original von 1813 abweichen. In der Übersicht Schefflers (Sche S. 416 ff.) über die Darstellungsvarianten des Bildes findet sich die vorliegende Fassung nicht aufgeführt.

Le triomphe de l'an 1813
Cette copie de la «tête de mort», gravée sur une plaque légèrement plus étroite que la plupart des autres versions, est plutôt insignifiante du point de vue artistique. Les noms des fleuves aussi bien que les bagues aux doigts de Dieu ont été supprimés. Manquent en outre les lieux de combat Dennewitz et Heinau, tandis que les noms d'Erfurt, Hanau, Gross-Beeren et Lützen diffèrent dans leur orthographe de l'original de 1813. La version ci-contre ne figure pas dans le catalogue, évoquant les variantes de cette caricature, établi par Scheffler (Sche, p. 416 sqq.).

Triumph of the Year 1813
This copy of the «corpse head», engraved on a slightly narrower plate than most other copies, has little artistic significance and omits the names of rivers and the rings on the hand of God. The battlefields of Dennewitz and Heinau are also missing, while the spelling of Erfurt, Hanau, Gross-Beeren and Lützen deviates from the original of 1813. Scheffler's survey of variants of the design (Sche S. 416 ff.) does not list this version.

Trionfo dell'anno 1813
Incisa su una lastra più stretta rispetto alla maggior parte delle altre, questa copia della «testa di cadaveri» è piuttosto trascurabile sul piano artistico. Vi mancano i nomi dei fiumi, gli anelli della mano divina e due luoghi di battaglia (Dennewitz e Heinau); la grafia dei nomi Erfurt, Hanau, Grossbeeren e Lützen è diversa rispetto all'originale del 1813. Questa versione non è compresa fra le varianti elencate da Scheffler (Sche p. 416 sgg.).

Lit.: Br II S. 107, 122, 242 ff., App. E 123; Sche 3.48var; Schu S.V*.

391
Triumph des Jahres 1813. / Den Deutschen zum Neuenjahr 1814.
darunter *Neue erklärende Original= Ausgabe.*
Inschriften (v. u. l. n. o. r.) *Höchst / Hanau / Ehrfort / Rhein Fl. / Weser Fl. / Elbe Fl. / Culm / Lützen / Leipzig / Denewitz / Gr. Beeren / Oder Fl. / Heinau / Katzbach / Weichsel Fl. / GR / HONNY SOI / E / R / P / S / Ö*
Gebrüder Henschel, 1814, Berlin
bez. u. M. *zu haben bei den Verfertigern Gebr. Henschel. Werderstrasse No. 4. in Berlin.*
Radierung und Punktiermanier, koloriert
n. best. (122 × 93 mm)
u. r. Stempel Museum Schwerin
dazu zweisprachiges Beiblatt *Wahre Abbildung des Ero=/berers. // Portrait très-ressemblant du Con-/quérant dévastateur.*
mit Text von 30 bzw. 34 Zeilen
Der Huth stellt den französischen Adler / vor, der mit gieriegen Krallen in den Leichna=/men der Erschlagenen, die gemordete Mensch=/heit fasst, und so, wie auf seinen Lorbeern / ruht. / In diesem scheusslichen Gewebe umklam=/mert er zugleich / Den Kopf des grossen Tyrannen, dessen / Gehirn nur Mord und Vernichtung brütet, / und dessen / Gesicht […] [vgl. Kat. Nr. 340] // *Le Chapeau. Ce qui le forme, est un Aigle / français […]* [vgl. deutscher Text] / *La Tête du monstrueux Tyrant […] / Le Visage […] / Le Collet […] L'habit […] / Quant au Ruban rouge, il faut remarquer que le mot Ehr-/fort qui s'y trouve, est une allusion à la ville / d'Erfurt, et signifie en allemand honneur perdu: / Ehr' [honneur] fort [perdu]. / Le grand ordre de la Légion d'honneur […] / L'épaulette […]*
Typographie
164 × 115 mm
1980.418.a.b.

Triumph des Jahres 1813. Den Deutschen zum neuen Jahr 1814.
Der unerhörte Erfolg des «Leichenkopfes» veranlasste die Gebrüder Henschel, ihre Bildschöpfung (vgl. Kat. Nr. 340) im Jahre 1814 nachzudrucken. Am unteren Blattrand ist jetzt die Urheberschaft der inzwischen rege kopierten Bildidee vermerkt. Ausserdem erscheinen auf dem Ärmelende der Hand Gottes die Devise des britischen Hosenbandordens «Honni soit qui mal y pense» und auf dem Knopf die Ligatur G R für «Georgius Rex» – eine Würdigung der entscheidenden Rolle, die Grossbritannien im Kampf gegen die napoleonische Herrschaft gespielt hat. Das interessante Beiblatt – bei Scheffler nicht erwähnt – erläutert das Bild auf Deutsch und auf Französisch. Es deutet den Hut nicht wie üblich als Preussens Adler, der den Besiegten in den Krallen hält, sondern als Napoleons Kaiseradler und die Leichen, die das Gesicht bilden, als dessen Opfer. Ihr Blut strömt im Kragen, auf dem ein Schiff treibt.

Le triomphe de l'an 1813. Aux Allemands pour le Nouvel An 1814.
Le succès inouï de la «tête de mort» incita les frères Henschel en 1814 à réimprimer leur œuvre (cf. n° cat. 340). Au bord inférieur de la feuille figurent les auteurs de ce motif, depuis sa création, a vu de nombreuses copies se succéder. Sur le bas de la manche du bras de Dieu est inscrite la devise de l'ordre de la Jarretière, «Honni soit qui mal y pense», le bouton portant la ligature G R pour «Georgius Rex» – un hommage au rôle décisif, exercé par la Grande-Bretagne dans la lutte contre le régime napoléonien. Le supplément – pas mentionné par Scheffler – tente une interprétation insolite de la caricature en langue allemande et française. Le chapeau ne représente plus l'aigle de Prusse, tenant le vaincu entre ses griffes, mais l'aigle impériale de Napoléon, les cadavres formant le visage devenant ses victimes. Leur sang coule sur le col, sur lequel flotte un bateau.

Triumph of the Year 1813. To the Germans for the New Year of 1814.
The incredible success of the «corpse head» prompted the Henschel brothers to reprint their design (cf. cat. no. 340) in 1814. The authorship of the meanwhile enthusiastically copied design is now noted at the bottom of the print. The motto of the British Order of the Garter, «Honni soit qui mal y pense», has been added on the sleeve of the divine hand, along with the ligature G R for Georgius Rex – a tribute to Britain's crucial role in the struggle against Napoleonic domination. The interesting accompanying sheet – not mentioned by Scheffler – explains the picture in German and French. The hat is not interpreted the usual way here, as the Prussian eagle gripping the defeated emperor with its talons; instead it is construed as Napoleon's imperial eagle, with the victims' corpses forming his face. A ship drifts on the river of blood streaming round his collar.

Trionfo dell'anno 1813. Ai tedeschi per il capodanno 1814.
Il successo inaudito della «testa di cadaveri» indusse i fratelli Henschel a ristampare l'illustrazione (cf. n° cat. 340) nel 1814. Sul bordo inferiore ora è indicata la paternità dell'opera, che nel frattempo ha trovato molti imitatori; sopra la mano divina, inoltre, appaiono sul polsino il motto dell'ordine britannico della Giarrettiera (*Honni soit qui mal y pense*) e sul bottone il logotipo G R (*Georgius Rex*), come apprezzamento per il ruolo decisivo della Gran Bretagna nella lotta contro la dominazione napoleonica. L'interessante foglio illustrativo, non menzionato da Scheffler, descrive la figura in tedesco e in francese; il copricapo, di solito indicato come l'aquila prussiana che stringe negli artigli lo sconfitto, qui è interpretato invece come l'aquila imperiale di Napoleone. Sul colletto, in cui scorre il sangue dei cadaveri, e sue vittime, che formano il volto, ora appare anche una nave.

Lit.: Br II S. 107, 122, 242 ff., App. E 123; Da S. 254 f.; Kat. RM 66 (Abb.) [falsche Inv. Nr.]; Sche 3.48.6; Schu S.V*.

392
[Die grosse Seifenblase]
M. *Selbstsucht*
auf der Rückseite, im Gegenlicht durchscheinend *Weltherrschaft*
anonym, 1814
Radierung, koloriert
[182]×155 mm (213×180 mm)
Herkunft unbekannt
1980.382.

Die grosse Seifenblase
Eine weitere Gestaltung des Seifenblasen-Themas (vgl. Kat. Nr. 343) zeigt Napoleon, wie er eine Schale hält, die anstelle von Seife mit «Selbstsucht» gefüllt ist. Damit bläst er aus einer langen Tonpfeife eine riesige Seifenblase, die sich – wenn man das Blatt gegen das Licht hält – als die von ihm angestrebte, aber allzu vergängliche Weltherrschaft entpuppt. Interessant sind die Stützen dieses Regimes, auf denen der Kaiser wie auf einem Thron Platz genommen hat. Es sind kniende französische Generäle, welche die Hände zur Anbetung ihrer kollektiven Illusion (Weltherrschaft) falten oder den Kopf in die Arme legen und die Augen vor der Selbstsucht, der Triebfeder der Diktatur ihres Befehlshabers, verschliessen. Eine Variante der Karikatur (Sche 3.1.3) kombiniert diese Darstellung mit jener von Kat. Nr. 387.

La grande bulle de savon
Une autre variante du thème (cf. n°. cat. 343) de la bulle de savon montre Napoléon tenant une jatte remplie «d'égoïsme» au lieu de savon. Il souffle dans une longue pipe en terre cuite, formant une énorme bulle qui – si l'on tient la feuille vers la lumière – s'avère être la domination – hélas éphémère – du monde à laquelle il aspire. Les supports de ce régime sur lesquels l'Empereur a pris place, comme sur un trône, sont des généraux français agenouillés qui ont plié les mains pour prier leur illusion collective (domination du monde) ou posé la tête sur les bras et fermé les yeux devant l'égoïsme, mobile de la dictature, de leur commandant. Une variante de cette caricature (Sche 3.1.3) associe cette représentation avec le n°. cat. 387.

The Great Soap Bubble
A further variation on the soap bubble theme (cf. cat. no. 343) shows Napoleon with a basin of «egotism» rather than suds. He has dipped his clay pipe into it and is blowing a huge soap bubble that – when held against the light – reveals itself to be the all too ephemeral world supremacy he so desires. It is interesting to note the pillars of the regime on which he thrones: they are kneeling French generals, hands folded in worship of their collective illusion (world supremacy), or hands in front of their eyes, protecting themselves from seeing the egotism that is the motor of their commander's dictatorship. A variant of this cartoon (Sche 3.1.3) combines this motif with the one in cat. no. 387.

La grande bolla di sapone
Torna il tema della bolla di sapone (cfr. n° cat. 343): Napoleone, che regge una bacinella piena non di saponata ma di «egoismo», soffia da una lunga pipa di terracotta un'enorme bolla. Tenendo il foglio controluce, si scopre che quest'ultima è la supremazia mondiale (*Weltherrschaft*), perseguita dall'imperatore ma troppo caduca. Interessanti sono i pilastri del regime, che a mo' di trono sorreggono Napoleone: si tratta dei generali francesi inginocchiati, che piegano le mani per adorare la loro illusione collettiva (il dominio sul mondo) o tengono la testa fra le braccia e chiudono gli occhi davanti all'egoismo, forza motrice della dittatura a cui ubbidiscono. Lo stesso tema, combinato con quello del n° cat. 387, appare in un'altra variante (Sche 3.1.3).

Lit.: Sche 3.1.9.

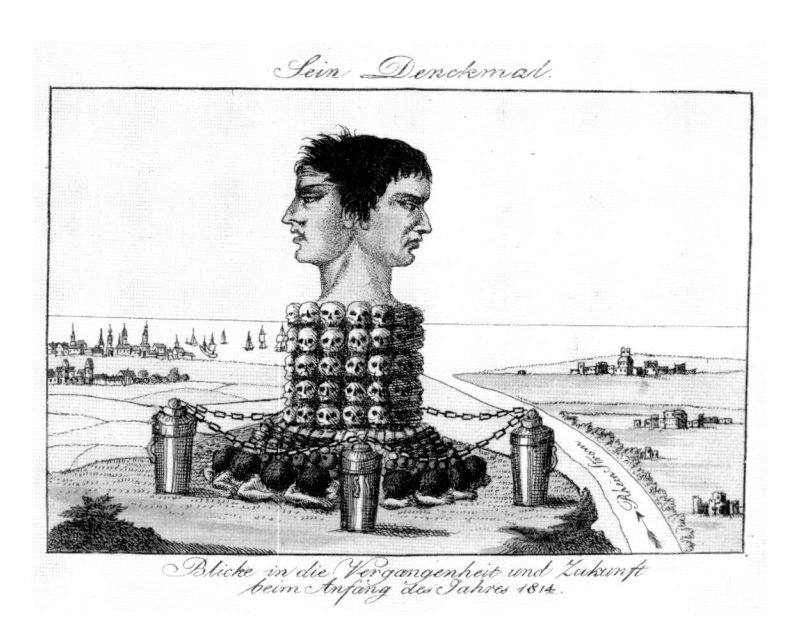

393
Sein Denckmal.
unter dem Bildfeld *Blicke in die Vergangenheit und Zukunft / beim Anfang des Jahres 1814.*
Oberblatt: u.r. *Rhein Strom*
Unterblatt: o.l. *1814* o.r. *1813*
anonym, 1814
Radierung, koloriert; Transparent mit Unterblatt
n.best. (112×145 mm)
Sammlung Herzog von Berry
1980.344.

Sein Denkmal
Am linken Rheinufer erhebt sich Napoleons Denkmal (vgl. Kat. Nrn. 75, 362): ein von in den Boden gerammten Kanonenrohren und Eisenketten umgrenzter Januskopf; er steht auf einem Schädelberg über Gebeinen (?), Kanonenkugeln und liegenden Trauernden oder Unterjochten (vgl. Sche), die ihr Gesicht im Arm verbergen. Das rechte Janusgesicht blickt nachdenklich über den Fluss nach Deutschland, das Napoleon in Trümmern hinter sich gelassen hat. Der Blick des anderen Gesichts schweift über unversehrte französische Land- und Hafenstädte. Das Bild ist zugleich Vor- und Rückschau zum Jahreswechsel 1813. Die Karikatur war als Neujahrskarte (vgl. Kat. Nrn. 340, 391) gedacht, die Deutschland bessere Zeiten, Frankreich aber nichts Gutes verhiess; denn im Gegenlicht offenbart sich auf dem durchscheinenden Unterblatt die Zukunft: Rechts geht die Sonne von 1813 über den wiedererrichteten deutschen Orten unter; in Frankreich dringen Reiterheere ein, die Städte stehen in Flammen, und am schwarzen Himmel geht – rot wie Blut – die Sonne von 1814 auf...

Son monument
Sur la rive gauche du Rhin se dresse le monument de Napoléon (cf. n°⁵ cat. 75 et 362). Il s'agit d'une tête de Janus, entourée de tubes de canons enfoncés dans le sol et reliés par des chaînes en fer. Elle surmonte une colonne formée de crânes, elle-même reposant sur des ossements (?), des boulets de canon et des personnages dans l'affliction ou asservis (cf. Sche) qui enfouissent leurs têtes dans leurs bras. Songeur, le profil de droite observe, au-delà du fleuve, l'Allemagne que Napoléon a abandonnée en ruines. Le regard de l'autre visage erre sur la campagne et les villes portuaires françaises, intactes. A l'occasion du nouvel an 1813, l'illustration (cf. n°⁵ cat. 340 et 391) lorgne à la fois vers le passé et vers l'avenir. La caricature conçue comme une carte de vœux, souhaitait des temps meilleurs à l'Allemagne, mais rien de bon à la France. Car le transparent de dessous dévoile le futur en contre-jour: à droite, le soleil de 1813 décline sur les localités allemandes reconstruites; la France est envahie par des armées de cavaliers, ses villes sont en flammes, et dans le ciel noir se lève – rouge comme le sang – le soleil de 1814...

His Memorial
Napoleon's memorial (cf. cat. nos. 75 and 362) arises from the left bank of the Rhine River in the form of a Janus-faced head, framed on the ground by iron-chained cannon tubes. It is built upon a mound of skulls over bones (?), cannon balls, and prostrate grieving or subjugated figures (cf. Sche) who hide their faces in their arms. The right Janus face gazes pensively over the river towards Germany, which Napoleon left behind in ruins. The other face looks out over French land and seaport towns still intact. The image, which is at once a preview of 1814 and a review of the 1813 turn-of-the-year, was conceived as a New Year's card (cf. cat. nos. 340 and 391) holding out the prospect of better times to Germany, but boding evil for France. Indeed, when examined against the light, the under-picture reveals the future: to the right, the 1813 sun sets over a rebuilt German sites, whereas in France cavalry troops force their way across the country, the cities are aflame, and in a black sky the sun of 1814 – red as blood – is seen arising...

Il suo monumento
Sulla riva sinistra del Reno sorge il monumento di Napoleone (cfr. n¹ cat. 75 e 362), con contorno di catene e di cannoni conficcati nel terreno: una testa bifronte con piedistallo di teschi, su una base formata da ossa (?), palle di cannone e figure giacenti, in lutto o soggiogate (cfr. Sche), che nascondono il volto nel braccio. Con la faccia destra Napoleone guarda meditabondo oltre il fiume, verso quella Germania che ha lasciato in rovine dietro di sé; il volto sinistro, invece, contempla città e porti francesi ancora intatti. L'opera, sottotitolata «Sguardi sul passato e sul futuro all'inizio dell'anno 1814», era concepita come un biglietto di capodanno (cfr. n¹ cat. 340 e 391) augurale per la Germania ma non certo per la Francia. Il foglio inferiore che traspare in controluce, infatti, rivela il futuro: mentre a destra il sole del 1813 tramonta sugli stati tedeschi ricostituiti, a sinistra la Francia è invasa da truppe a cavallo, le città bruciano e nel cielo nero sorge, rosso come il sangue, il sole del 1814...

Lit.: BN IV 8883; Kat. H85 18; Sche 3.62 (Ftf. XXX).

394
Die neueste Politick Napoleons
Oberblatt: o. l. *Coulaincourt*
M. *Trug=Schreiben an die Alliirten*
M. r. *FRIEDE*
u. r. *Freiheit und Gleichheit*
u. l. *Nationalehre / Völkerglück / Thronen=Garantie*
Unterblatt: o. r. *Reaction*
anonym, Frühjahr 1814
Radierung, koloriert; Transparent mit Unterblatt
n. best. (106 × 155 mm)
u. r. Stempel Museum Schwerin 1980.375.

Die neueste Politik Napoleons
Eine scheinbare Friedenspolitik zu verfolgen, um die Koalition zu täuschen und zu treffen, wirft diese Bildsatire mit ihrem bei Gegenlicht durchscheinendem Unterbild dem in Frankreich militärisch bedrängten Kaiser vor. Das Blatt entlarvt zunächst den Ist-Zustand: Napoleon, der eine riesige trikolore Kokarde (Symbol von «Freiheit und Gleichheit») festhält, kniet am Boden und beugt den Oberkörper derart vor, dass sein Leib die Lafette und die Kokarde die Räder einer Kanone darstellen. Als Kanonenrohr hat Caulaincourt eine Schriftrolle auf Napoleons Rücken gelegt, die er mit Kerzenflamme und Siegellack verschliesst bzw. das Schwarzpulver im Rohr entzündet. Aus der Rauchwolke soll der «Friede» resultieren. Hinter Caulaincourt stehen drei Säcke mit dem politischen Pulver, das der Aussenminister in seinem «Trugschreiben an die Alliierten» verschiesst: Künftig «Nationalehre», «Völkerglück» und «Thronengarantie» zu respektieren, ist Frankreichs Angebot für einen Frieden. Leider ist der Friedenswille eine Finte, was schon die Kanone zum Ausdruck bringt. Gegen das Licht gehalten, gibt das Blatt nämlich die Folgen der Trugpolitik preis: Von links beschiesst Napoleon aus einer richtigen Kanone das Eiserne Kreuz der gegnerischen Allianz mit Kugeln, das als «Reaction» Napoleon mit einem Blitz trifft und von der (Sieges-)Sonne beschienen wird. Die letzten Verhandlungen der Kriegsparteien vor der Einnahme von Paris fanden vom 4. bis 17. März 1814 in Châtillon statt. Entgegen Caulaincourts Friedenskurs hielt Napoleon einen militärischen Befreiungsschlag noch für möglich und war zu keinen einschneidenden Gebietsrückgaben bereit.

La nouvelle politique de Napoléon
La présente estampe satirique diaphane à image double reproche à l'empereur – militairement acculé – de mener une politique de paix trompeuse afin de duper la coalition et de la frapper par la suite. Pour commencer, elle dévoile le statu quo: Napoléon, tenant une cocarde tricolore géante (symbole de la «liberté» et de l'«égalité»), est à genoux et penche son buste en avant, de telle sorte que son corps évoque la forme d'un affût et la cocarde les roues d'un canon. En guise de tube de canon, Caulaincourt a posé un rouleau d'écriture sur le dos de Napoléon, rouleau qu'il ferme au moyen de la flamme d'une bougie et de cire à cacheter, ou – respectivement – dont il allume la poudre noire contenue dans le tube. Ce qui résulte du nuage de fumée est censé être la «paix». Derrière Caulaincourt, trois sacs sont posés par terre; ils contiennent la poudre politique que le ministre des affaires étrangères a renfermée dans la «missive trompeuse aux Alliés»: pour rétablir la paix, la France propose de respecter, à l'avenir, l'«honneur national», le «bonheur des peuples» et la «garantie des trônes». Mais, hélas, la volonté de faire la paix constitue une feinte, ce qui s'exprime déjà à travers le canon. Car tenue à contre-jour, l'estampe révèle les effets de cette politique faite pour induire en erreur: de la gauche, Napoléon tire – avec un vrai canon – sur la Croix de fer de l'alliance ennemie, laquelle Croix de fer, éclairée par le soleil (de la victoire), fait tomber en «réaction» une foudre sur Napoléon. Les dernières négociations entre les puissances belligérantes, avant la prise de Paris, eurent lieu du 4 au 17 mars 1814 à Châtillon. Contrairement à Caulaincourt – favorable à la paix –, Napoléon crut encore à la possibilité d'une action de libération militaire et s'opposa à des restitutions massives de territoires.

Napoleon's Latest Policy
This cartoon accuses Napoleon of pretending to follow a peace policy in order to deceive and meet the coalition powers. Held up against the light, it reveals an under-picture of the Emperor's military predicament in France. In the situation that meets the eye, Napoleon, holding a huge tricolour cockade (symbol of «Freedom and Equality») is kneeling down on the ground in a position that allows his stomach to represent a gun body and the cockade … the wheels of a cannon. A scroll placed on his back by Caulincourt serves as the gun barrel: it is being sealed with a candle flame and sealing wax, meaning the black powder is being ignited in the barrel. The resulting cloud of smoke should bring the result «peace». Behind Caulincourt, there are three sacks of the political ammunition fueling the Foreign Secretary's «treacherous writings to the allies»: France's peace offer is to henceforward respect «national tenets», «national wellbeing» and «throne guarantees». Unfortunately, the French peace overture is a feint, as the cannon already makes clear. Held up against the light, the print divulges the consequences of this deceptive policy: Napoleon is shown shooting bullets from a real cannon to the left, aiming at the Iron Cross of the opposing alliance which, «on the rebound», hits back at him in a lightning flash and is shined upon by the sun (of victory). The last negotiations between the war parties before the invasion of Paris took place on 4–17 March 1814 in Châtillon. In opposition to Caulincourt's peace tactics, at the time Napoleon thought a military liberation battle was still possible, and he therefore balked at making any major territorial concessions.

La politica recentissima di Napoleone
Completata da un foglio inferiore che appare in controluce, la caricatura accusa l'imperatore (incalzato militarmente in Francia) di perseguire una fittizia politica di pace, per ingannare la coalizione e per colpirla. L'opera rivela anzitutto la situazione attuale: Napoleone, che stringe un'enorme coccarda tricolore (simbolo di «libertà e uguaglianza»), è inginocchiato a terra e piegato in modo da sembrare l'affusto di un cannone, in cui la coccarda funge da ruota. Caulaincourt, che sul dorso dell'imperatore ha posto a mo' di canna del cannone una pergamena, la sigilla con candela e ceralacca (o dà fuoco alla polvere); dalla nuvola dello sparo dovrebbe risultare la «pace». A sinistra appaiono i tre sacchi della polvere politica con cui il ministro degli esteri carica la sua «lettera ingannatrice agli alleati»: l'offerta di pace francese consiste nel futuro rispetto dell'«onore nazionale», della «felicità dei popoli» e della «garanzia dei troni». Come già indicato dal cannone, però, purtroppo la volontà di pace è finta, perché il foglio in controluce rivela le conseguenze di quella politica mendace: a sinistra Napoleone spara vere palle di cannone sulla croce di ferro dell'alleanza nemica, che come «reazione» lo colpisce con un fulmine ed è illuminata dal sole (della vittoria). Le ultime trattative dei belligeranti prima della presa di Parigi ebbero luogo a Châtillon dal 4 al 17 marzo 1814; diversamente da Caulaincourt (che parlava di pace), Napoleone riteneva ancora possibile liberare il paese militarmente e non era disposto a cospicue restituzioni territoriali.

Lit.: Br II S. 126 f., App. E 95.

395
[Das umgeblasene Kartenhaus]
o. l. *So lange habe ich gebauet, nun bläst du alles um!*
o. r. *Puh*
anonym, 1813
Radierung, koloriert
127 × 170 mm (142 × 173 mm)
u. r. Stempel Museum Schwerin 1980.380.

Das umgeblasene Kartenhaus
An einem Tisch stehen ein Kosak und Napoleon in seiner Chasseur-Uniform. Diese Pose folgt einem stereotypen Figurenmotiv, das auf etlichen deutschen Karikaturen wiederzufinden ist. Offenbar diente es zeichnerisch weniger begabten Karikaturisten dazu, Napoleons Gestalt vielfältig in neue Bildzusammenhänge einzubetten und die stete Nachfrage nach aktuellen Bildsatiren rasch befriedigen zu können (vgl. Sche 1.8). Der Kosak – Sinnbild des Heldentums und des Widerstands der Russen – beugt sich auf den Tisch und bläst respektlos ein Haus aus französischen Spielkarten um. Dessen Erbauer fährt empört zurück und schimpft, er habe so lange an diesem Abbild seines (instabilen) Kaiserreichs gebaut, dass es ein Jammer sei, sein künstliches Gebilde und Lebenswerk im Nu zu zerstören. Vgl. «Pariser Carneval von 1814» (Kat. Nr. 341).

Le château de cartes renversé
A une table se tiennent un cosaque et Napoléon dans son uniforme de chasseur, une pose stéréotypée que l'on retrouve sur plusieurs caricatures allemandes. Des caricaturistes moyennement doués ont ainsi pu intégrer le personnage de Napoléon dans une variété d'images, le redéfinissant à chaque fois, et en même temps satisfaire la demande continuelle d'illustrations satiriques (cf. Sche 1.8). Le cosaque – figure vivante de l'héroïsme et de la résistance russe – se baisse sur la table et, irrespectueusement, souffle un château de cartes français. Son créateur, indigné, recule tout en s'exlamant qu'il fait pitié de voir sa construction artificielle, l'œuvre de sa vie, à laquelle il a tant travaillé, anéantie en un clin d'œil. Le même sujet réapparaît dans le «Pariser Carneval von 1814» (cf. n°. cat. 341).

The Blown-down House of Cards
A Cossack and Napoleon in his infantry uniform are standing at a table. The pose follows a stereotypical motif found in numerous German caricatures. It was evidently a way for less gifted draughtsmen to place the figure of Napoleon in diverse new pictorial contexts, allowing them to satisfy the constant demand for up-to-the-minute pictorial satires (cf. Sche 1.8). The Cossack – symbol of Russian heroism and resistance – is bending over the table, brazenly blowing down a house of French playing cards. The builder recoils, protesting that he has spent so long constructing an image of his unstable empire that it is a pity to destroy the sham and his life's work. The subject recurs in the «Pariser Carneval von 1814» (cat. no. 341).

Il castello di carte soffiato via
A un tavolo stanno un cosacco e un Napoleone nell'uniforme di *chasseur*, in una posa stereotipata frequente nelle caricature tedesche: sfruttando tale posa, evidentemente, i caricaturisti con meno talento per il disegno potevano inserire la figura dell'imperatore in molte situazioni diverse, soddisfacendo rapidamente la continua richiesta di satire aggiornate (cfr. Sche 1.8). Il cosacco, simbolo dell'eroismo e della resistenza russi, si china sul tavolo e con un soffio irrispettoso distrugge il castello di carte francesi, emblema dell'impero instabile creato da Napoleone; quest'ultimo, stizzito, inveisce perché la sua costruzione artificiale, opera di un'intera vita, in un attimo viene distrutta. Lo stesso tema ricomparirà nel «Pariser Carneval von 1814» (n° cat. 341).

Lit.: La Fabb. 39, S. 421; Sche 2.10.1.

396
[Es stürmt von allen Seiten]
o. r. *Der Teufel hänge noch den Mantel nach dem Winde, wenn es von allen Seiten stürmt!*
anonym, 1813/1814
Radierung, koloriert
183 × 215 mm (210 × 262 mm)
Sammlung Herzog von Berry 1980.341. (Doublette: 1980.355.)

Es stürmt von allen Seiten
Aus den Wolken blasen geflügelte Soldatenköpfe, welche die Mützen und Helme verschiedener Truppen der Koalition gegen Frankreich tragen, von allen Seiten auf Napoleon ein. Den Sturmwinden ausgesetzt, versucht der Feldherr seinen Krönungsmantel aus Hermelin festzuhalten. Gerade noch einen Zipfel hält er in der linken Hand, und es besteht kein Zweifel, dass die alliierten Mächte dieses Symbol seines Kaiserstums in Kürze fortwehen werden. Im Versmass kommentiert der Kaiser seine aussichtslose Lage, die selbst der Teufel – sein Vorbild – nicht meistern könnte.

Des tempêtes se lèvent de tous les côtés
De tous les côtés, des têtes de soldats ailées portant bonnets et casques des différentes troupes de la coalition contre la France, soufflent sur Napoléon. Le général ainsi exposé aux bourrasques s'efforce de ne pas laisser s'envoler son manteau impérial en hermine. Il le tient encore juste par un bout, et nul doute que les puissances alliées tarderont à souffler ce symbole de son Empire. En vers, l'Empereur commente la situation dans laquelle il se trouve: elle est telle que le diable lui-même – son modèle – ne pourrait en venir à bout.

The Storm Blows from all Sides
In the clouds, winged soldiers' heads, in the caps and helmets of various members of the coalition against France, are blowing at Napoleon. Exposed to stormy winds from all sides, the general tries to hold onto his ermine coronation robe but can retain only a small corner in his left hand. There is no doubt that the allied forces will soon whip away this symbol of his empire. Speaking in poetic metre, the emperor comments on his hopeless situation – a situation not even his model, the Devil, could master.

Bufera da tutti i lati
Teste di soldati alati fra le nubi, coi copricapi di varie truppe della coalizione antifrancese, soffiano da ogni parte su Napoleone. Colpito dalla bufera, il condottiero cerca di non farsi strappare il manto d'ermellino dell'incoronazione, ma ormai la sua mano sinistra ne trattiene solo un lembo; le potenze alleate non tarderanno certo a soffiargli via anche quel simbolo della sua carica imperiale. Napoleone commenta metricamente la sua situazione senza sbocco, da cui neppure il diavolo (suo modello) saprebbe più uscire.

Lit.: La Fabb. 83, S. 422; Sche 3.29.

397
[Napoleon im Kanonenrohr]
anonym, 1813/1814
Radierung, koloriert
132 × 170 mm (142 × 184 mm)
u. r. Stempel Museum Schwerin
1980.442.

Napoleon im Kanonenrohr
Auf einem Stück Wiese lagert ein schwerer Mörser, aus dessen Mündung der Oberkörper des uniformierten Napoleon mit Hut ragt. Im Figurenmotiv findet man ein geläufiges Stereotyp der deutschen Napoleonkarikatur wieder (vgl. Kat. Nr. 395). Beidseits des Mörsers stehen ein Kosak und ein Fussoldat mit Lunte und Säbel, auf dessen umgehängter Kartusche und dessen Tschako die Initialen FR (Fridericus Rex) prangen. Der Russe deutet mit der einen Hand auf Napoleon, mit der anderen greift er dem Preussen an den Arm und fordert ihn auf, mit seiner Lunte die Ladung zu zünden. Dass Napoleon abgefeuert wird, ist eine schlichte Metapher für die Säuberung Europas vom napoleonischen Regime, welche die Koalitionsarmeen ab Dezember 1813 vorantrieben.

Napoléon dans le canon
Un mortier placé sur un bout de champ renferme un Napoléon, vêtu d'un uniforme et coiffé d'un chapeau, dont on ne discerne que le buste qui dépasse du tube. Le personnage de l'Empereur est une figure stéréotypée que l'on retrouve souvent dans les caricatures allemandes contre Napoléon (cf. n°. cat. 395). Des deux cotés du mortier se tiennent un cosaque et un fantassin arborant une mèche et un sabre. Sur la gargousse de ce dernier – qu'il porte en bandoulière – ainsi que sur son shako brillent les initiales FR (Fridericus Rex). Le Russe pointe son index gauche sur Napoléon tandis que de sa main droite il saisit le bras du Prussien et l'invite à allumer la charge avec sa mèche. L'image de Napoléon tiré à coups de canon n'est qu'une métaphore pour l'épuration de l'Europe du régime napoléonien entreprise par les armées coalisées dès décembre 1813.

Napoleon in a Cannon
A heavy mortar has been mounted in a meadow. Out of its mouth protrudes the torso of Napoleon in uniform and hat. The figure is in a stereotypical pose commonly found in German Napoleon cartoons (cf. cat. no. 395). The mortar is flanked by a Cossack and a foot soldier, the latter holding a match, his shako and cartridge bag bearing the initials FR (Fridericus Rex). The Russian is pointing at Napoleon with one hand and holding the Prussian's arm with the other, instigating him to light the fuse. Firing Napoleon out of a cannon is a simple metaphor for purging Europe of Napoleonic rule, which the coalition armies had been doing with ever greater success since December 1813.

Napoleone nella canna del cannone
Su uno spiazzo erboso appare un pesante mortaio, dalla cui bocca spunta il busto dell'imperatore francese; la sua figura, in uniforme e col cappello, rispecchia uno stereotipo molto diffuso nelle caricature tedesche su Napoleone (cfr. n° cat. 395). Davanti al mortaio c'è un fante con miccia e sciabola; sulla cartuccia appesa e sul colbacco si distinguono le iniziali FR (*Fridericus Rex*). Il cosacco russo sul lato opposto, che con una mano indica Napoleone e con l'altra afferra per un braccio il prussiano, esorta quest'ultimo ad accendere la carica con la miccia. Lo «sparo» di Napoleone è una metafora piuttosto banale di ciò che perseguivano gli eserciti alleati dal dicembre 1813: fare piazza pulita del regime napoleonico in Europa.

Lit.: Kat. RM 146; La Fabb. 75, S. 421; Sche 3.32.

398
Vergeblicher Versuch
darunter «– *Und stampfe ich mit dem Fuss auf den Boden so steigen Legionen hervor!!!* »
u. drei Spalten mit je zwei Vierzeilern
1. / Verdammt! ists doch, als wär mir alle Krafft genommen / Ich stampfe hier wie toll, seit einer Stunde schon / Und immer noch erscheint mir keine Legion / Ja nicht ein Voltigeur will aus dem Boden kommen.
2. / Ach Herr verzagt drum nicht, man kanns nicht immer zwingen / Ich hör die Reuter schon auf ihre Rosse springen / Ich fühle unterm Fuss das Bajonett gespitzt / Das bald viel tausendfach vor unsern Augen blitzt.
3. / O Himmel, ach vergieb, wie liess ich mich berücken / Ich glaubte schon vor mir die Tschacots zu erblicken! / Der kleine Teufel da, der hämisch uns verlacht, / Hat Fliegensch[w]ämme nur für uns dahin gemacht.
4 / Ach mein Johannisberg! wer soll ihn mir beschützen / Was werden künfftig mir die goldnen Trauben nützen / Was kehrt sich der Kosak an meine Excellenz? / Kommt es dahin Adieu, dann arme Corpulenz!
5. / Stampf Sire stampft ia schnell u derb und tüchtig nieder / Ich riech Kosakenluft, mir zittern alle Glieder / Wenn die Kavallerie nicht bald heraus sich bohrt / So jagt uns wahrlich hier der grobe Kantschu fort.
6 / O grosse Majestät, stampf zu, – ich seh was kommen. / Weh uns! Kosacken sind schon übern Rhein geschwommen! / Noch fehlt der erste Kopf zur ersten Legion / Ich dächt am klügsten wärs wir liefen schnell davon!
anonym, 1814
Radierung, koloriert
200 × 245 mm (232 × 297 mm)
Herkunft unbekannt
1980.455.

Vergeblicher Versuch
Der Untertitel gibt vor, Napoleon zu zitieren, welcher hier – wie so oft in der deutschen Karikatur – eine Redensart visualisiert: Er versucht vergeblich, Legionen «aus dem Boden zu stampfen». Seit Ende 1813 wogen die Aushebungen neuer Truppen die Stärke der Koalitionsarmeen nicht mehr auf. Im Bild umstehen den Feldherrn vier seiner Marschälle sowie ein hagerer Mann im langen Mantel (2) – vielleicht der angebliche Kriegsbefürworter Maret (Aussenminister bis November 1813). Schon sieht der eine (6) durchs Fernrohr die Kosaken über den Rhein setzen und rät zur Flucht. Die übrigen klagen in der Not um ihre Güter (4) oder verlieren vor Angst die Nerven (5). Von einem Teufelchen, das unter einem Pilz am linken Bildrand steht, wird der kniende Marschall (3) getäuscht: Er glaubt zuerst, die Fliegenpilze seien die Tschakos aus dem Boden schiessender Soldaten. Für die Benennung der Marschälle fehlen ausreichende Hinweise. Bloss die Erwähnung des Weingutes Johannisberg identifiziert den korpulenten Senior (4) mit Kellermann; ihm übertrug Napoleon 1807 das reiche Majorat am Rhein. Die Karikatur schöpft aus der Anfang 1814 veröffentlichten Posse «Grosse Hofversammlung in Paris», als deren Autor August von Kotzebue galt.

Essai infructueux
Le sous-titre prétend citer Napoléon, qui visualise ici – comme très souvent dans la caricature allemande – une locution: l'empereur essaye – vainement – de «faire surgir» des légions «en frappant le sol du pied» (all. «aus dem Boden stampfen»), c'est-à-dire qu'il tente de faire naître des légions ex nihilo. Depuis fin 1813, les levées ne contrebalancèrent plus la force des armées coalisées. L'image montre le grand capitaine entouré de quatre de ses maréchaux, ainsi que d'un homme maigre portant un long manteau (2): c'est peut-être Maret, qui prétenduement préconisa la guerre (ministre des affaires étrangères jusqu'en novembre 1813). Déjà l'un des personnages (6), en regardant par une lunette d'approche, voit les

Der Grosse Tiran / Dachte in seinem Wahn / Deutschland zu unterjochen

Sie haben sich Gerochen / Der aus Norden kam wieder / und warf ihm Nieder.

cosaques traverser le Rhin et conseille de prendre la fuite. Les autres, dans cette situation de crise, craignent d'être privés de leurs biens (4) ou perdent leurs nerfs sous l'effet de la peur (5). Le maréchal agenouillé (3) se fait tromper par un diablotin, caché sous un champignon, au bord gauche de l'image: le haut militaire croit d'abord que les amanites tue-mouches constituent des shakos de soldats jaillissant du sol. Il manque des indices suffisants pour identifier les maréchaux. Seule la mention du domaine viticole de Johannisberg permet d'affirmer que le senior corpulent (4) représente Kellermann. C'est à lui que Napoléon transmit en 1807 le riche majorat au bord du Rhin. La caricature s'est inspirée de la pièce burlesque «Grosse Hofversammlung in Paris», publiée début 1814 et attribuée à August von Kotzebue.

Vain Attempt
The subtitle to this piece – «And if I stamp the floor with my feet, legions will come forth» – allegedly quotes Napoleon, who here (as so often in German cartoons) lends visual expression to a figure of speech, as he vainly seeks to «stamp forth legions from the floor». Since end 1813, the conscription of new troops could no longer compensate the strength of the coalition armies. Here the commander is surrounded by four of his marshals as well as a rawboned man in a long coat (2), perhaps the pretended war proponent Maret, Foreign Secretary until November 1813. One of them (6), already seeing the Cossacks crossing the Rhine through his spyglass, urges them to flee. The rest of them fear for their goods in their predicament (4), or lose their nerves to fright (5). The kneeling marshal (3) was at first deceived by the little devil standing under a mushroom (left): he thought the toadstools were the shakos (military hats) of soldiers shooting out of the ground. There are too few indications to designate the marshals by name, except for the reference to the Johannisberg vine-growing estate. The latter allows the stout Senior (4) to be identified as Kellermann, upon whom in 1807 Napoleon conferred the rich Rhine entailed estate. The caricature derives from the satirical piece «Great Court Reunion in Paris», allegedly by August von Kotzebue and published at the beginning of 1814.

Tentativo vano
Il sottotitolo pretende di citare Napoleone, che qui – come in molte caricature tedesche – visualizza un modo di dire, cioè batte invano col piede per «fare scaturire dal suolo» le legioni: dalla fine del 1813, di fatto, le coscrizioni francesi non controbilanciavano più gli effettivi della coalizione. L'immagine mostra il condottiero circondato da quattro dei suoi marescialli e da un uomo emaciato in un lungo mantello (2), forse identificabile con Maret (preteso fautore della guerra, ministro degli esteri fino al novembre 1813). Il maresciallo col cannocchiale (6) vede già i cosacchi varcare il Reno e consiglia di fuggire; gli altri lamentano la dura sorte dei loro beni (4) o hanno crisi di paura (5). Il maresciallo in ginocchio (3) è ingannato dal diavoletto che appare sotto i funghi all'estrema sinistra: crede cioè, in un primo tempo, che quei funghi siano caschi di soldati che crescano dal suolo. Per riconoscere i marescialli mancano indizi sufficienti, ma quello anziano e corpulento (4) è identificabile con Kellermann perché nomina il vigneto Johannisberg, ricco maggiorascato sul Reno assegnatogli da Napoleone nel 1807. La caricatura si ispira alla farsa *Grosse Hofversammlung in Paris*, uscita all'inizio del 1814 e ritenuta opera di August von Kotzebue.

Lit.: BN IV 8821; Sche 3.79.

399
[Der grosse Tyrann]
u.l. *Der Grosse Tiran / Dachte in seinem Wahn / Deutschland zu unterjochen*
u.r. *Sie haben sich Gerochen / Der aus Norden kam wieder / und warf ihm Nieder.*
anonym, 1814
Radierung, koloriert
146×204 mm (160×228 mm)
u.r. Stempel Museum Schwerin 1980.395.

Der grosse Tyrann
Ein bärtiger Kosak stürmt mit einer Lanze heran und wirft den puppenhaften Feldherrn um. Die Kosaken, ein Lieblingsmotiv der Karikaturisten, bezeugen die Wertschätzung Russlands im Endkampf gegen Napoleon und die Bewunderung der Westeuropäer für diese rauhen, furchtlosen Krieger aus dem Norden. Das Blatt gehört in die Reihe der meist zweifigurigen Assemblagen, welche die stereotype Figur des Kaisers (vgl. Kat.Nr. 395) – hier wird sie einfach umgekippt – im Bausteinverfahren mit wenigen Bildelementen (z.B. das Stück Wiese) zu einer schlichten Szene addiert. Dadurch entsteht eine Beziehungsarmut unter den Bildteilen: vgl. Kat. Nrn. 341, 345, 349, 372–374, 382, 386–388, 395, 397, 399, 403, 405, 408, 425.

Le grand tyran
Un cosaque barbu s'élance sur le «général-marionnette» et le fait tomber avec sa lance. Les cosaques, l'un des motifs favoris des caricaturistes, expriment l'estime que ces derniers avaient pour la Russie dans le combat final mené contre Napoléon et l'admiration des Européens occidentaux pour ces guerriers sauvages et intrépides venus du Nord. Cette illustration fait partie d'une série d'assemblages – le plus souvent de deux personnages – qui compose, à la manière d'un jeu de plots, une scène toute simple en ajoutant quelques éléments à la figure stéréotypée de l'Empereur (cf. n°. cat. 395) – qui a ici simplement été renversée (p.ex. le bout de pré). Ce système crée, comme cela est le cas pour de nombreuses caricatures allemandes contre Napoléon, une certaine pauvreté dans les rapports entre les différents éléments: n°. cat. cf. texte allemand.

The Great Tyrant
A bearded Cossack storms up to the doll-like general and knocks him down with his lance. German cartoonists often used the Cossack motif as a sign of their respect for Russia in the final struggle against Napoleon and of Western Europe's admiration for these fearless warriors from the north. This piece is one of many assemblages, usually of two figures, which merely juxtaposed the stereotypical figure of the emperor (cf. cat. no. 395) – here tipped over – with a few other pictorial building blocks (e.g. a meadow) to achieve a simple scene. This explains why many German Napoleon cartoons lack an interactive quality: cat. nos. cf. German text.

Il grande tiranno
Un cosacco barbuto si avventa con la lancia sul condottiero, rovesciandolo come un pupazzo. Soggetto molto amato dai caricaturisti tedeschi, il cosacco dimostra l'importanza che essi attribuivano alla Russia nella lotta finale contro Napoleone, ma anche l'ammirazione dell'Europa occidentale per i rudi guerrieri impavidi del Nord. La stampa appartiene alla serie delle composizioni modulari di più figure (in genere due), in cui un imperatore stereotipato – qui semplicemente rovesciato – viene aggiunto a pochi altri elementi (quali lo spiazzo erboso) per formare una scena piuttosto banale (cfr. n° cat. 395); di qui la povertà di riferimenti riscontrabile in molte caricature tedesche: n¹ cat. cfr. testo tedesco.

Lit.: Sche 3.77.

Die glückliche Schroepfcur wegen Verkaeltung.

400
Die glückliche Schroepfcur wegen Verkaeltung.
M.l. *Westphalen / Rhein Bund / Schwe den / Spani en. / Sach. sen. / Hol. land / Preus. sen / Hanse atische Dep / Russ,, land*
o.r. *Frank reich*
anonym, 1814
Radierung, koloriert
n. best. (113 × 160 mm)
Sammlung Herzog von Berry
1980.347.

Die erfolgreiche Schröpfkur gegen Erkältung
Das Blatt gehört in den Bereich der Medizin, wo Napoleon jeweils als Patient auftritt (vgl. Kat. Nrn. 217, 275). Die Koalitionsmächte unterziehen ihn einer Schröpfung wegen einer im russischen Winter zugezogenen Erkältung. Im Lehnstuhl sitzt Napoleon, auf dessen Arm Kaiser Franz I. das grosse Schröpfglas «Frankreich» drückt. Die Vene hat ihm der Uniformierte zur Linken – wohl Zar Alexander I. – mit einer Rasierklinge geöffnet. Ganz rechts steht ein (wohl preussischer) Husar mit einem Öllicht zum Erhitzen des Schröpfglases bereit, während der Offizier zur Rechten von Kaiser Franz mit einem Kerzenleuchter Licht spendet. Links davon trägt ein weissuniformierter Habsburger mit dem Orden vom Goldenen Vlies – wohl Erzherzog Karl, der Bezwinger Napoleons bei Aspern (1809) – die Schale für das Blut heran. Auf dem Tisch nennen neun Schröpfköpfe die bereits vom französischen Kaiserreich abgefallenen Länder. Den mit «Holland» bezeichneten stellt ein Offizier auf die Tischplatte zurück. Es muss sich um Schwedens Kronprinzen Bernadotte als Oberbefehlshaber der Ende 1813 in Holland operierenden alliierten Nordarmee handeln. Die allegorische Schröpfkur verbildlicht den Zusammenbruch des Kaiserreichs vom Rückzug aus Russland bis zur Invasion Frankreichs.

Cure de saignée réussie pour traiter un refroidissement
La gravure se classe dans la thématique médicale où Napoléon apparaît régulièrement comme patient (cf. n^{os} cat 217 et 275). Les puissances coalisées le soumettent à une saignée en raison d'un refroidissement attrapé au cours de l'hiver russe. Napoléon est assis sur un fauteuil et l'empereur François Ier presse sur son bras une grande ventouse appelée «France». Le personnage en uniforme à sa gauche – sans doute le tsar Alexandre Ier – lui a ouvert la veine à l'aide d'une lame de rasoir. Tout à droite, portant une lumière à huile qui sert à chauffer la ventouse, un hussard (probablement prussien) se tient prêt, tandis que l'officier – placé à droite de l'empereur François – dispense de la lumière grâce à un bougeoir. Un Habsbourg en uniforme blanc portant l'ordre de la Toison d'or – vraisemblablement l'archiduc Charles, le vainqueur de Napoléon près d'Aspern (1809) – apporte un récipient pour le sang. Les neuf ventouses placées sur la table désignent les pays qui ont déjà fait défection à l'Empire français. Celle qui est nommée «Hollande» est reposée sur le plateau de la table par un officier. Il s'agit sans doute du prince héritier Bernadotte de Suède, représenté en généralissime de l'armée du nord des Alliés engagée en Hollande fin 1813. La cure de saignée allégorique illustre la ruine de l'Empire, de la retraite de Russie jusqu'à l'invasion de la France.

The Effective Bleeding for a Cold
A cartoon belonging to the realm of medicine, where Napoleon is always depicted as a patient (cf. cat. nos. 217 and 275): the coalition members are submitting Napoleon to a bleeding against the cold he caught from exposure to the Russian winter. Napoleon is seated on a wing-backed chair; Emperor Francis I presses the large bleeding cup «France» onto his arm, a process for which the uniformed figure to the left – probably Tsar Alexander I – has already opened the patient's veins with a razor. All the way to the right, a (probably Prussian) hussar holds ready an oil light to heat the bleeding cup, while the officer standing to Emperor Francis's right provides the light of a candle. To the left, a figure in the white uniform of the Hapsburgs, with the Order of the Golden Fleece – probably Archduke Charles, who defeated Napoleon at Aspern (1809) – holds out the bowl to collect the blood. The table bears nine bleeding cups inscribed with the names of countries already lost to the French Empire: the one labelled «Holland» is being placed back on the table by an officer – no doubt alluding to Swedish Crown Prince Bernadotte (former French marshal) as commander-in-chief of the allied army of the north operating in Holland end 1813. The allegorical bleeding treatment is a graphic illustration of the collapse of the Empire from the French retreat from Russia to the invasion of France.

La cura riuscita dei salassi per l'infreddatura
In questa stampa di argomento medico, ove Napoleone compare ancora una volta come paziente (cfr. n^i cat. 217 e 275), le forze della coalizione lo sottopongono a un salasso contro l'infreddatura lasciatagli dall'inverno russo. Seduto su una poltroncina, Napoleone offre il braccio all'imperatore Francesco I, che gli preme sopra la coppetta «Francia»; ad aprirgli la vena ha provveduto, con una lama di rasoio, il personaggio in uniforme sulla destra (probabilmente lo zar Alessandro I). L'ussaro all'estrema destra (probabilmente prussiano) regge un lume a olio per riscaldare la coppetta, mentre l'ufficiale al centro fa luce con un candeliere; più a sinistra un personaggio nella bianca uniforme asburgica e con l'ordine del Toson d'oro (probabilmente l'arciduca Carlo, vincitore di Napoleone ad Aspern nel 1809) porge la bacinella per il sangue. Le nove coppette sul tavolo recano i nomi dei paesi già sottratti all'Impero francese; l'ufficiale che rimette a posto quella con la scritta «Olanda» dev'essere Bernadotte, principe ereditario di Svezia e comandante in capo dell'armata alleata del Nord, che alla fine del 1813 operava su suolo olandese. La cura dei salassi rappresenta allegoricamente il crollo dell'Impero, dalla ritirata di Russia all'invasione della Francia.

Lit.: Sche 3.105.

401

Finale.
u.r. *Carte von Corsica / Universal / Monarchie*
u.l. *Proclamations / Diplômes / Dotations / Decrêts / Bulletins*
Johann Gottfried Schadow, Februar 1814, bei Johann Baptista Schiavonetti, Berlin
Radierung und Aquatinta
335 × 279 mm (354 × 296 mm)
u.r. Stempel Museum Schwerin 1980.416.

Finale
Der Sturz des Ehrgeizlings von Kat. Nr. 384 ist vollendet: Rings um Atlas liegen die Trümmer des Weltthrones, des Kartentisches und der Leiter zur Weltherrschaft. Das Spinnennetz ist zerrissen, das Kartenhaus eingestürzt, die Diplome und Schriftrollen sind vom Tisch gekullert. Über dem Globus schwebt triumphierend der Friede, Atlas blickt nachdenklich auf die Überreste vergangenen Erdenruhms. Der gefallene Napoleon hat den Zweispitz verloren; er kniet auf der Erde, einen Arm auf einen Stein gestützt, und weist eine Landkarte seiner Geburtsinsel Korsika von sich. Diese hat ein Händler, der mehrere gerollte Karten unter den Arm klemmt, höhnisch vor Napoleon entrollt. In der Tat diskutierten die Verbündeten noch vor dem Einmarsch in Frankreich Napoleons zukünftiges Exil: Ein naheliegender Vorschlag war, ihn auf seine Heimatinsel zurückzuschaffen. Der Sturz, den das Bild vorwegnimmt, mündete am 6. April 1814 in die Abdankung von Fontainebleau.

Finale
La chute de l'ambitieux du n°. cat. 384 est achevée: tout autour d'Atlas, on voit traîner par terre les débris du trône mondial, de la table d'orientation et de l'échelle pour arriver à l'hégémonie mondiale. La toile d'araignée est déchirée, le château de cartes s'est écroulé, les diplômes et rouleaux d'écriture sont tombés de la table. La paix plane triomphalement au-dessus du globe; d'humeur songeuse, Atlas contemple les restes d'une gloire terrestre passée. Napoléon, tombé à terre, a perdu son bicorne; une main appuyée sur une pierre, il est agenouillé et repousse une carte de sa Corse natale. Tenant plusieurs cartes enroulées sous le bras, un commerçant a dédaigneusement déroulé celle-ci devant Napoléon. En effet, avant même leur entrée en France, les coalisés discutèrent sur le futur exil de Napoléon, l'une des propositions – tout à fait naturelle – ayant été de le ramener dans son île natale. Anticipée par cette image, la chute de l'empereur conduisit, le 6 avril 1814, à l'abdication de Fontainebleau.

Finale
The fall of the high-flying Emperor of cat. no. 384 has been completed in this image: the ruins of the world throne, the card table, and the ladder to world dominion lie strewn around Atlas; the spiderweb has been torn, the cardhouse has caved in, diplomas and scrolls have rolled down from the table. Peace hovers triumphantly atop the globe, and Atlas pensively gazes down at the remains of bygone worldly glory. The fallen Napoleon has lost his cocked hat. He is kneeling on the ground with one arm propped on a stone and the other repudiating a map of his native island of Corsica. The map was jeeringly unrolled in his face by a merchant with several scrolled maps clenched underarm. In actual fact, prior to their entry into France, the allies were still debating the site of Napoleon's future exile: an obvious suggestion was to send him back to his native island. Napoleon's fall, as anticipated in this piece, would end in his abdication at Fontainebleau on 6 April 1814.

Finale
Il crollo di chi era troppo ambizioso (cfr. n° cat. 384) è completato: trono sul mondo, tavolo delle carte e scala verso il dominio universale sono a terra, ridotti in pezzi, intorno ad Atlante. La ragnatela è strappata, il castello di carte è caduto, diplomi e pergamene sono rotolati giù dal tavolo; sopra il globo si libra trionfante la Pace, mentre Atlante guarda meditabondo i resti della gloria terrestre passata. Napoleone, che cadendo ha perso il bicorno, in ginocchio e appoggiato a una pietra respinge una carta geografica della Corsica, srotolatagli davanti da un mercante beffardo che ne tiene altre sotto il braccio. Ancor prima di invadere la Francia, in effetti, gli alleati discussero il futuro esilio di Napoleone; una proposta naturale era quella di rispedirlo nella sua isola natale. Il crollo qui anticipato dalla caricatura sfociò, il 6 aprile 1814, nell'abdicazione di Fontainebleau.

Lit.: Sche 3.94 (Ftf. XXXV).

402

[Napoleon im Frühjahr 1814]
o.r. *Habe ich keine Hülfe! / Deine Legionen*
o.l. *und die in Russland erfrornen.*
o.M. *Jch will Dich beschützen*
u.M. Landkarte mit (v. u. n. o.) *Katzbach Gr. Beren Denewitz Leipzig Culm Rhein Hanau Genf Briene Paris*
u.r. *armen Gelder / List / zu [...]*
u.l. *Freiheit. / Gerechtigkeit*
anonym, 1814
Radierung, koloriert
194 × 142 mm (213 × 157 mm)
u.r. Stempel Museum Schwerin 1980.377.

Napoleon im Frühjahr 1814
Die anspruchslose Allegorie präsentiert den thronenden Napoleon mit einer Landkarte. Diese nennt die Schauplätze französischer Niederlagen der Jahre 1813 und 1814 sowie die Städte Genf (Abzug der französischen Truppen und Einzug eidgenössischer im Juni 1814) und Paris. Auf die Hauptstadt, die Ende März 1814 in die Hände der Feinde fiel, weist Napoleon mit dem Finger und fragt sich, ob er denn keine Hilfe mehr erwarten könne. Über ihm schauen aus Wölkchen die Köpfe eines russischen Kosaken (links) und eines preussischen Soldaten (rechts). Sie beantworten die Frage mit dem Hinweis auf die 1812 in Russland erfrorenen Soldaten der Grossen Armee und der im folgenden Jahr in Deutschland aufgeriebenen restlichen Legionen. Eine Eule mit katzenartigem Gesicht, die Vertreterin der finsteren Mächte, fliegt mit einer Perücke in den Fängen herbei; sie will den ratlosen Feldherrn (durch Tarnung?) beschützen. Auf und vor dem Thronpodest liegt ein mit «Freiheit» bezeichneter, angeketteter Löwe und sitzt eine affenähnliche Kreatur, welche eine Kasse mit «Armengeldern» umklammert (Napoleons Raffgier?). Ausserdem liegen Krone, Reichsapfel, Ehrenlegionskreuze, ein Ordensstern, das zerbrochene Schwert der «Gerechtigkeit» sowie das Szepter,

umschlungen von der «List», einer Schlange mit abgetrenntem Schwanz, am Boden herum: Attribute und Tiere, die ihre Symbolkraft in bezug auf Napoleon verloren haben bzw. in ihr Gegenteil gekehrt sind und das Regime negativ kennzeichnen.

Napoléon au printemps 1814
Cette allégorie sans prétention présente Napoléon, étant installé sur un trône, une carte géographique dans les mains. Celle-ci indique les théâtres des défaites françaises des années 1813 et 1814, ainsi que les villes de Genève (départ des troupes françaises et entrée des unités confédérées en juin 1814) et de Paris. Napoléon montre du doigt la capitale, tombée entre les mains des ennemis fin mars 1814, et se demande s'il ne peut vraiment plus espérer qu'on vienne l'aider. Au-dessus de lui, nichées dans de petits nuages, les têtes d'un cosaque russe (à gauche) et d'un soldat prussien (à droite) observent ses faits et gestes. Ils répondent à la question que se pose l'empereur, en évoquant le sort des soldats de la Grande Armée – morts de froid en 1812 en Russie – et celui des dernières légions – anéanties l'année suivante en Allemagne. Représentant les forces des ténèbres, un hibou ayant une tête de chat s'approche en volant, une perruque dans les serres; il entend protéger le grand capitaine (par un camouflage?). Un lion, attaché par une chaîne et nommé la «liberté», est couché à moitié sur l'estrade du trône, en compagnie d'une créature en forme de singe tenant fermement une caisse d'«argent pour les pauvres» (rapacité de Napoléon?). Par ailleurs, on voit traîner par terre la couronne, le globe impérial, des croix de la Légion d'honneur, l'étoile d'un ordre, l'épée cassée de la «justice» ainsi que le sceptre enlacé par la «ruse», un serpent à la queue coupée: attributs et animaux ayant perdu leur force symbolique par rapport à Napoléon ou qui, respectivement, se sont transmués en leur contraire, caractérisant à présent le régime négativement.

Napoleon in Spring 1814
This unpretentious allegory presents Napoleon on a throne, having unrolled a map naming the scenes of French defeats during 1813 and 1814, together with the cities of Geneva (retreat of the French troops and entry of the Swiss in June 1814) and Paris. Napoleon is pointing at the French capital, which fell to the enemy end March 1814, wondering whether no more help is forthcoming. Out of little clouds above, the heads of a Russian Cossack (left) and a Prussian soldier (right) look down upon him, replying to his question by referring to all the soldiers his Grande Armée lost to frost in Russia in 1812, and to the rest of his legions annihilated in Germany the next year. An owl with a cat-like face – the representative of the evil powers – flies by with a wig in its claws, seeking to protect (through camouflage?) the perplex military commander. The lion chained to the throne's podium bears the name «freedom»; a monkey-like creature to the right of the throne grasps a box marked «charity contributions» (Napoleon's greed?). In addition, other objects are strewn across the floor: a crown, an Imperial orb, Legion of Honour crosses, a star-shaped order, the broken sword of «Justice», as well as a sceptre entwined with the «cunning» of a snake with a cut-off tail. These are all attributes and animals who have lost their symbolic power for Napoleon; quite to the contrary, they have, turned into their opposites and become negative features of the regime.

Napoleone nella primavera del 1814
Questa modesta allegoria presenta Napoleone in trono, con una carta geografica che indica, oltre alle sconfitte francesi degli anni 1813 e 1814, le città di Ginevra (da cui le truppe francesi si ritirarono nel giugno 1814, sostituite dai confederati) e Parigi. L'imperatore, che punta il dito sulla capitale (caduta in mano nemica alla fine del marzo precedente), si domanda se nessuno lo possa più aiutare; sulle nuvolette sovrastanti, le teste di un cosacco russo (a sinistra) e di un soldato prussiano (a destra) gli rispondono ricordando le legioni della Grande Armata morte assiderate in Russia nel 1812 e quelle rimanenti, massacrate in Germania nel 1813. Una civetta dal volto felino, simbolo delle potenze oscure, si avvicina in volo con una parrucca fra gli artigli per proteggere (forse camuffandolo?) il condottiero disorientato; appoggiati al piedistallo del trono, appaiono un leone incatenato (indicato come «libertà») e una creatura di aspetto scimmiesco (la rapacità di Napoleone?), che stringe una cassa contenente il «denaro dei poveri». A terra, inoltre, sono sparsi la corona, il globo imperiale, croci della Legion d'onore, un'onorificenza, la spada spezzata della «giustizia» e uno scettro, intorno a cui si attorciglia il serpente dell'«astuzia» (con la coda mozza): tutti attributi napoleonici che hanno perso il loro potere simbolico o si sono mutati nel proprio contrario, caratterizzando negativamente il regime.

Lit.: Sche 3.97.

403
[Der zerbrochene Krug]
o.l. 2
o.r. 1
u.M. *Westphalen / Holland / Italien / Spanien / Schweitz / Paris / Hansestete*
u.r. *1 Da ligt mein Topf / mein ganzses Glück darnieder / das krieg ich nimals wieder.*
u.l. *2 Der Topf geht so lange zu / Wasser bis der Henkel bricht.*
anonym, 1814
Radierung, koloriert
195×155 mm (244×190 mm)
Sammlung Herzog von Berry
1980.350. (Doublette: 1980.383.)

Der zerbrochene Krug
Vor einem Ziehbrunnen beklagt Napoleon (1) den Zerfall seines Grossreiches. Dieser ist in Form eines zerbrochenen Kruges dargestellt. Die Bruchstücke liegen am Boden herum und tragen die Namen verschiedener unterjochter Staaten. Einzig die Hauptstadt des Grand Empire – in Gestalt des Henkels – kann der Kaiser noch halten. Eine alte Frau (2) mit Krückstock steht dem Unachtsamen gegenüber. Sie hebt den Zeigefinger und moralisiert über das Unglück, indem sie das bekannte Sprichwort vom Krug anwendet. Durch die Betonung des Henkels wandelt sie es leicht ab und nimmt den Verlust des letzten Teils des Imperiums, Paris, wo Ende März 1814 die Alliierten einmarschierten und den einstigen Herrn über Europa zur Abdankung zwangen, vorweg. Eine andersartige Umsetzung des Sprichwortes bietet ein späteres französisches Blatt (Kat. Nr. 290).

La cruche cassée
Devant un puits, Napoléon (1) déplore la chute de son Empire, représentée par un pot cassé. Les morceaux traînent par terre et portent les noms de quelques Etats subjugués. Seule la capitale du Grand Empire, l'anse, se trouve encore dans les mains de l'Empereur inattentif. Face à lui, une vieille femme (2), appuyée sur une canne, lève l'index, tout en citant le proverbe de la cruche cassée en

guise de morale. En insistant sur l'anse, elle le modifie légèrement, anticipant la perte de la dernière partie de l'Empire, Paris, où les alliés firent leur entrée à la fin mars 1814 et forcèrent l'ancien maître de l'Europe à abdiquer. Une illustration française ultérieure (n°. cat. 290) propose le proverbe sous une interprétation différente.

The Broken Pitcher
Napoleon (1) stands in front of a well lamenting the disintegration of his empire, represented by a pitcher. The shards on the ground bear the names of several subject states. The capital of the Grand Empire – the handle of the jug – is all the emperor has managed to hold on to. An old woman (2) with a crutch scolds the careless Napoleon. Moralising about his misfortune, he employs the well-known proverb about the pitcher and the well. By mentioning the handle, she modifies it slightly to anticipate the loss of the last part of the empire. In March 1814 the allied troops marched on Paris and forced the former ruler of Europe to abdicate. A different treatment of the proverb is found in a later French cartoon (cat. no. 290).

La brocca in frantumi
Napoleone (1), davanti a un pozzo, deplora la perdita del suo impero, rappresentato da una brocca rotta i cui cocci, sparsi al suolo, recano i nomi di vari stati soggiogati; della brocca gli resta in mano solo il manico, che simboleggia l'ultima parte dell'impero. Di fronte allo sbadato, una vecchia col bastone (2) punta l'indice e moraleggia sul disastro col noto proverbio «Tanto va la secchia al pozzo che ci lascia il manico», anticipando così la perdita di Parigi: alla fine del marzo 1814 gli alleati invaderanno anche la capitale, costringendo l'ex signore dell'Europa ad abdicare. Allo stesso proverbio si rifà, in modo diverso, una stampa francese posteriore (n° cat. 290).

Lit.: La Fabb. 37, S. 421; Sche 3.109.

404
Die Auspfändung
o. l. *Ach! nun schneiden sie ihm auch den Bienenstock! / Die Angst meines Herzens ist gross!*
o. r. *Gieb raus, gieb raus, du schlimmer Gast, Was du von uns gestohlen hast!*
u. r. *Corsica*
u. l. *Der Souffleur / Nun bittet um Pardon*
anonym, 1814
Radierung, koloriert
Breite 232 mm (168×236 mm)
Sammlung Herzog von Berry
1980.349.

Die Pfändung
Rechts stehen die Vertreter Schwedens, Russlands, Preussens und Österreichs (v. l. n. r.) in kennzeichnenden Uniformen um einen Tisch. Der russische und der preussische Soldat zeigen Korsika auf der Landkarte. Neben dieser befinden sich Szepter und Krone Frankreichs auf der Tischseite der Verbündeten. Am linken Tischende fleht auf Rat des unter dem Tisch hervorguckenden «Souffleurs» der vor Angst zitternde Napoleon mit gefalteten Händen um sein Leben. Er trägt über der Uniform den mit Bienen (eines der Wappentiere des Kaiserreichs) übersäten Mantel. Darauf hält der Vertraute hinter ihm die Hand und beklagt, dass die Feinde nach der Rückgewinnung der eroberten Gebiete jetzt auch noch den «Bienenstock schneiden», d. h. den Kaiser und sein Haus der Herrschaft über Frankreich entheben. Das Blatt bezieht sich auf die von den Siegermächten geforderte bedingungslose Abdankung des Kaisers am 6. April 1814. Durch sie verlor Napoleons Sohn, der König von Rom, jeden Thronanspruch.

La saisie
A droite de la table, on aperçoit des représentants de la Suède, de la Russie, de la Prusse et de l'Autriche (de g. à d.), portant leurs uniformes respectifs. Le soldat russe et le soldat prussien montrent la Corse sur une carte. Près de cette carte – du côté allié de la table –, sont posés le sceptre et la couronne de la France. De l'autre côté, sur le conseil du «souffleur» qu'on peut repérer sous la table, Napoléon – tremblant de peur, les mains jointes – implore les coalisés de lui laisser la vie. Par-dessus son uniforme, il porte le manteau impérial parsemé d'abeilles (l'un des animaux héraldiques des Bonaparte). Une main posée sur le manteau de Napoléon, un confident, placé derrière lui, déplore que les ennemis, après la reconquête des territoires assujettis, veuillent «s'attaquer aussi à la ruche», c'est-à-dire priver l'empereur et sa maison du pouvoir en France. L'estampe se réfère à l'abdication inconditionnelle de l'empereur (6 avril 1814) réclamée par les puissances victorieuses. A travers elle, le fils de Napoléon, le roi de Rome, perdit toute prétention au trône.

The Distraint
To the right, at a table, we have the representatives of (l. to r.) Sweden, Russia, Prussia, and Austria, each in their national uniform: the Russian and Prussian soldiers are pointing at Corsica on the map. The sceptre and crown of France are set next to the map on the allies' side of the table. At the table's left end, Napoleon, trembling with fear, folds his hands together and pleads for his life in the terms being whispered to him by the prompter, who peeks out from beneath the table. Draped over his uniform Napoleon wears the bee- (one of the heraldic animals of the Empire) strewn cape. His confidant stands behind and complains about how their enemies, not content to have won back their conquered territories, now are «cutting up the beehive», that is forcing the Emperor and his house to relinquish all dominion over France. The allusion is to the Emperor's unconditional abdication on 6 April 1814, an event that would deprive his son, the King of Rome, of any claim to the throne.

Il sequestro
Dal centro alla destra, intorno a un tavolo, si riconoscono dalle uniformi i rappresentanti di Svezia, Russia, Prussia e Austria. I soldati russo e prussiano indicano la Corsica sulla carta geografica, accanto a cui (sul lato vicino agli alleati) si trovano lo scettro e la corona di Francia; dalla parte opposta, su consiglio del «suggeritore» che fa capolino da sotto il tavolo, un Napoleone tremante di paura e con le mani giunte implora grazia. Sopra l'uniforme egli porta il manto cosparso di api, animali araldici del impero; il suo fido, che da dietro lo afferra per la spalla, lamenta il fatto che i nemici, una volta riprese le zone invase, gli «taglieranno anche l'arnia», cioè sottrarranno all'imperatore e alla sua casa il potere sulla Francia. La stampa si riferisce all'abdicazione incondizionata chiesta a Napoleone dalle potenze vincitrici il 6 aprile 1814: con quell'atto suo figlio (il re di Roma) perdeva ogni diritto al trono.

Lit.: La Fabb. 51, S. 421; Sche 3.108; Schu Tf. 34, S. VII*.

405
Der glückliche Wanderer.
darunter *Ich muss Paris verlassen / Weil mich alle Gute hassen / Ich gehe mit vieler Wehmuth / Das hat Schuld mein Übermuth.*
anonym, 1814
Radierung, koloriert
182 × 122 mm (195 × 141 mm)
u.r. Stempel Museum Schwerin
1980.401.

Der glückliche Wanderer
Die Darstellung Napoleons, wie er zu Fuss nach Elba unterwegs ist, straft den Bildtitel Lügen: Gesenkten Hauptes wischt sich der Wanderer mit einem Taschentuch die Tränen vom Gesicht. Er geht in Uniform an einem einfachen Wanderstab, auf dem Rükken einen Tornister mit einem Paar Stiefel. Im Vierzeiler schüttet der Verbannte sein Herz aus: Der gerechte Hass gegen seine Herrschaft hat ihn aus Paris vertrieben; voller Wehmut sinniert er über das Geschick, das ihm sein Übermut bereitet hat. Das schlichte Bild besteht aus der stereotypen Einzelfigur auf einem Flecken Wiese (vgl. z. B. Kat. Nr. 425).

Le voyageur à pied heureux
La représentation de Napoléon se rendant à pied dans l'île d'Elbe est démentie par le titre de l'image: la tête baissée, le voyageur à pied essuie – à l'aide d'un mouchoir – les larmes de son visage. Il marche en uniforme en se servant d'un simple bâton, un havresac et une paire de bottes sur le dos. Un quatrain sert au banni d'exutoire: une haine justifiée contre son règne l'a chassée de Paris; mélancoliquement, il médite sur le sort que lui a réservé son impétuosité. Cette image d'une grande simplicité est constituée de la figure isolée et stéréotypée, placée sur un bout de pré (cf. par ex. n°. cat. 425).

The Happy Wanderer
This depiction of Napoleon as he winds his way on foot to Elba quite belies the cartoon title, for he has his head bowed, and is wiping away his tears with a handkerchief. He is uniformed, carries a simple hiking stick and, on his back, a knapsack and a pair of boots. He empties out his heart in a quatrain to the effect that the righteous hate against his reign has driven him from Paris; sadly, he broods over the fate awarded him through his wantonness. The image's simplicity – a stereotyped individual figure on a patch of ground – renders it most effective (cf. for ex. cat.no. 425).

Il viandante felice
Il titolo è smentito dalla figura di Napoleone, diretto all'isola d'Elba con un semplice bordone: un viandante in uniforme, con lo zaino e un paio di stivali sulle spalle, che a capo chino si asciuga le lacrime in un fazzoletto. Nella quartina l'esule si sfoga: costretto a lasciare Parigi dal giusto odio contro il suo potere, ora egli medita nostalgicamente sulla sorte riservatagli dalla propria presunzione. L'opera consiste semplicemente nello stereotipo della figura di Napoleone su uno spiazzo erboso (cfr. ad es. n° cat. 425).

Lit.: Sche 4.3.

406
Der Schnelle fus gänger.
darunter *ich hab durch Schnelles lauffen alles jtz Verlohren / und bin so nackt, wie meine Mutter mich gebohren.*
o.l. *Paris / Carolus Magnus*
o.r. *LILLE / MAYNZ / LION / ITALIEN / SCWEIZ / BELGIEN / HOLLAND / LOTTERING*
u.r. *RHEIN BUND / HANSEAT DEPARTEMENT / POLEN / alte und junge Garde*
u.l. *LEBE WOHL NAPOLEON*
anonym, 1814
Radierung
136 × 108 mm (220 × 182 mm)
Herkunft unbekannt
1980.426.

Der schnelle Fussgänger
Der schlechte Druck zeigt eine Neufassung des «Rheinischen Couriers» (Kat. Nr. 383), die mit der Tagespolitik Schritt hält: Der Fliehende hat unterdessen auch Italien, Belgien, Lothringen und Lyon verloren, und die zusammengerollten Karten der Städte Lille und Mainz gucken schon aus dem Tornister heraus. Dass der Kaiser seine Herrschaft niederlegen muss(te), bezeugen die unten am Tornister lose baumelnde Krone und das zerbrochene Szepter auf der Erde. Nur auf dem Wanderstock thront noch immer Karl der Grosse. Unzweideutig macht die Stadtansicht von Paris und das Abschiedswort an Napoleon deutlich, dass die Reise ins Exil führt. Das triste Schicksal des Infanteristen unterstreicht der Zweizeiler unter dem Bildtitel: Mittellos, wie er mit seiner Familie 1793 von Korsika auf das französiche Festland flüchtete, verlässt Napoleon dieses jetzt wieder und kehrt auf die kleine Nachbarin seiner Heimatinsel zurück. Im Spottvers klingt möglicherweise eine Flugschrift mit dem Titel «Bonaparte's Abschiedsworte» an, welche die «Berlinischen Nachrichten» am 24. Mai 1814 veröffentlichten.

Le piéton rapide
Cette image, de mauvaise qualité technique, constitue une nouvelle version – collant parfaitement à l'actualité politique – tirée du journal «Rheinischer Courier» (cf. n°. cat. 383): le fuyard a perdu entre-temps aussi l'Italie, la Belgique, la Lorraine et Lyon, et les plans de ville enroulés de Lille et de Mayence dépassent déjà de son havresac. La couronne pendillant sous le havresac et le sceptre cassé traînant sur le sol attestent que l'empereur a dû abdiquer. Seul Charlemagne trône toujours sur le bâton. La vue de la ville de Paris et les paroles d'adieu adressées à Napoléon mettent en évidence – sans équivoque – que le voyage mène à une terre d'exil. Le triste sort du fantassin est souligné par le distique sous le titre de l'image: dépourvu de ressources – comme quand il fuit la Corse, en 1793, avec sa famille, pour la terre ferme française –, Napoléon quitte à présent cette dernière pour s'installer dans la petite île voisine de son île natale. Le distique rappelle sans doute un tract publié le 24 mai 1814 dans le journal «Berlinische Nachrichten», titré «Les paroles d'adieu de Bonaparte».

The Fast Walker
This print of poor quality represents a new version of the «Rheinische Courier» (cat. no. 383), in keeping with the latest political situation: the fleeing figure has by now lost Italy, Belgium, Lorraine, and Lyons, and the rolled up maps of the cities of Lille and Mainz already peep out from his backpack. The fact that the Emperor had to renounce his dominion is attested by the crown that dangles from the bottom of the backpack, and the broken sceptre on the ground. Only on the hiking stick is Charlemagne still enthroned. The view of the city of Paris and the farewell salutation leave no doubt whatsoever that this is a trip headed for exile. The sad fate of this foot soldier

Davouts Abschied von Hamburg

is accentuated by the two-line verse under the image: destitute, just like in 1793 when he and his family fled to the French mainland from Corsica, he now in turn leaves the mainland and returns to his native island's little neighbour. The satiric text may have some connection to a broadsheet entitled «Bonaparte's Parting Words», published by «Berlinische Nachrichten» on 24 May 1814.

Il pedone veloce
Questa stampa malriuscita è una nuova versione aggiornata del «Rheinischer Courier» (n° cat. 383): il fuggiasco ora ha perso anche l'Italia, il Belgio, la Lorena e Lione, mentre dallo zaino spuntano le carte arrotolate di altre due città (Lilla e Magonza). Che l'imperatore debba (o abbia dovuto) rinunciare al suo potere, è attestato dalla corona ballonzolante sotto lo zaino e dallo scettro spezzato al suolo; solo sul bordone troneggia ancora Carlomagno. La veduta di Parigi e l'addio a Napoleone (in basso a sinistra) chiariscono, inequivocabilmente, che il viaggio è in direzione dell'esilio. Il triste destino del fante è sottolineato dal distico sotto il titolo: senza mezzi come quando dall'isola natale riparò con la famiglia sul continente (1793), ora Napoleone lascia la Francia verso l'Elba, isoletta vicina alla Corsica. Forse i due versi beffardi riecheggiano un volantino sulle «parole d'addio di Bonaparte» (*Bonaparte's Abschiedsworte*), pubblicato sul giornale *Berlinische Nachrichten* il 24 maggio 1814.

Lit.: Sche 4.4.

407
Davoust's Abschied von Hamburg
o. l. *Sterbe=Geheul der Verhungerten und Erfrornen / Seufzer und Flüche der vertriebenen Hamburger. / Hautboisten / Tambour Major / Weg nach der Hölle / Letzter Dienst des Telegraphen / Tücke / Mordgier*
o. M. *Gründel / Ą / Friedensfahne*
o. r. *Abnahme des Comando's. Louis XVIII / Ą GOTT IST MIT UNS. / 24 24 Freundschafts=Bezeugungen der Russen und Hanseaten.*
u. r. *Revision durch Grafen Gerard / Französischer Diebeskasten. 75 Mill. Magasin des Effectes saisies Droits reunis Enregis=trement. N N / 100000 / 1000 / 100000*
u. l. *Blut und Thränen / Denkmal der Mordbrenerei / Galgenstrick / Banck von Hamburg 4–5 Nov. 1813. / Orden / 7 Meilen = Stiefeln / Wiesinger etc: / NAPOLEONS THRON / Vandame / Victor / Rapp / Daru*
sign. u. r. *Rosmäsler in Hamburg*
o. r. *N° 3 aus der Sammlung der witzigsten Zerrbilder welche zu Ehren des Herrn Noch Jemand und Consorten erschienen sind. I*stes *Heft, herausgegeben von F. W. Rosmäsler jun. Mit Sechs Kupfern. Hamburg, 1815.* [auf dem Titelblatt des Hefts]
Radierung und Stichel, teilkoloriert
108 × 144 mm (120 × 192 mm)
Stempel Museum Schwerin [auf dem Titelblatt des Hefts]
1980.413.d.

Davouts Abschied von Hamburg
Die Spottallegorie deutet die Räumung der besetzten Stadt Hamburg am 27. Mai 1814 aus. Nach Napoleons Sturz hatte sich ihr Gouverneur, Marschall Davout, bis zum Befehl Ludwigs XVIII. geweigert, die letzte französische Bastion in Deutschland aufzugeben. Rücksichtslos verfolgte er sowohl Staats- wie Eigeninteressen, was ihm den Hass der Bevölkerung eintrug (vgl. Kat. Nr. 376). Als mordgierige Raubkatze tritt er in Siebenmeilenstiefeln den Heimweg in die Hölle (zum «Telegraphen», vgl. Kat. Nr. 365) an, wo das Rad des Henkers für «Napoleons Thron» steht und von französischen Generälen als Höllenwesen umschwirrt wird. Davout stützt sich auf die Krücken der «Mordbrennerei» und hat zwei Luftballone an den Armen, welche die Seufzer und Flüche der Vertriebenen, Verhungerten und Erfrorenen darstellen. Die konfiszierte Hamburger Bank, der Löffelorden («Löffelbande» = Spottname des Korps Davout, das den Löffel immer mit sich führt, falls es etwas zu essen gibt) und das «Galgenstrick»-Ordensband, an dem er die Beute auf Rädern aus Ehrenlegionsorden nach Hause zieht, charakterisieren ihn. Den «Diebeskasten» zerstört der Blitz der Revision seines Amtsnachfolgers Gérard. Ein Blitz mit dem Profil Ludwigs XVIII. enthebt Davout des Stadtkommandos. Zudem feuern ein Hanseat und ein Russe im Zeichen des Zaren und des Eisernen Kreuzes eine Kanone auf ihn ab.

L'adieu de Davout à Hambourg
Cette allégorie ironique commente l'évacuation de la ville occupée de Hambourg, le 27 mai 1814. Après la chute de Napoléon, le gouverneur de la cité, le maréchal Davout avait refusé de quitter le dernier bastion français en Allemagne, jusqu'à ce que Louis XVIII lui en intime l'ordre. Dénué de scrupules, il servait les intérêts de l'Etat ainsi que les siens, ce qui lui attira la haine du peuple (cf. n°. cat. 376). Tel un chat féroce, chaussé de bottes de sept lieues, il prend la route qui le mènera chez lui, en enfer (en ce qui concerne le «télégraphe», cf. n°. cat. 365), où se trouve la roue du bourreau, le «trône de Napoléon». Celui-ci est cerné par des créatures de l'enfer, incarnant des généraux français. Davout s'appuie sur les béquilles de la «pyromanie»; à ses bras sont attachés deux ballons mentionnant les soupirs et les malédictions des exilés, des affamés et des grelottants. La Banque de Hambourg confisquée, l'ordre de la cuillère (allusion à la «bande de la cuillère», sobriquet du corps militaire de Davout, qui emportait toujours une cuillère avec lui pour le cas où il y aurait à manger) et le ruban de l'ordre des «vauriens» – auquel est accrochés le butin monté sur des roues en forme de croix de la Légion d'honneur – le caractérisent. Mais le «coffre du voleur» est détruit par l'éclair de la révision de son successeur Gérard. Un autre éclair, reproduisant le profil de Louis XVIII, lui enlève le commandement de la cité. En outre, un Hanséate et un Russe, sous le signe du tsar et de la Croix de fer, le bombardent de boulets de canon.

Davout's Farewell to Hamburg
This biting allegory interprets the evacuation of the occupied city of Hamburg on 27 May 1814. After Napoleon's fall, the city's governor – Marshal Davout – refused, until receiving an order from Louis XVIII, to give up the last French bastion in Germany. He pursued national and personal interests with a ruthlessness that earned him the hate of the population (cf. cat. no. 376). Portrayed as a bloodthirsty wildcat decked out in seven-league boots, he sets off on the homeward road to hell (for the «last service of the ‹Telegraph›», cf. cat. no. 365), where the executioner's wheel standing for «Napoleon's throne» is surrounded by whizzing French generals in the role of hell's creatures. Davout supports himself on the crutches of «murder and arson»; the two balloons attached to his arms represent the sighs and curses of the expulsed, the starved, and the frozen. The confiscated Hamburg Bank, the Order of the Spoon («Spoon Band» = the derisive name for Davout's corps, who always carried a spoon with them in case there was anything to eat), and the «gallows bird» medal ribbon used to pull home the booty mounted on wheels made of Legion of Honour medals – all are meant as characteristic of Davout's person. The «robber box» is shattered by the lightning of the revision carried out by his follower

in office, Gérard. A lightning stroke bearing Louis XVIII's profile removes Davout from the command of the city. In addition, two figures – respectively Hanseatic and Russian – fire a cannon at him under the signs of the Tsar and the Iron Cross.

Partenza di Davout da Amburgo
La caricatura sbeffeggia allegoricamente la fine dell'occupazione francese di Amburgo (27 maggio 1814). Davout, governatore della città, dopo la caduta di Napoleone e fino all'ordine di Luigi XVIII si era rifiutato di cedere quell'ultimo bastione francese in Germania, continuando a perseguire senza scrupoli interessi sia francesi sia personali, quindi attirandosi l'odio della popolazione (cfr. n° cat. 376). Qui il maresciallo, dipinto come un felino sanguinario con «stivali delle sette leghe», imbocca la via – indicata dal «telegrafo» (cfr. n° cat. 365) – del ritorno all'inferno, ove accanto alla ruota del carnefice (il «trono di Napoleone») svolazzano creature infernali (generali francesi). Appoggiato alle grucce della «strage incendiaria», Davout reca, legati alle braccia, due palloncini che rappresentano i sospiri e le maledizioni dei profughi e dei morti di fame o di freddo; lo contraddistinguono la banca amburghese confiscata, l'onorificenza del cucchiaio («banda del cucchiaio» era il soprannome del suo corpo d'armata, sempre provvisto di cucchiai perché in cerca di cibo) e la fascia dell'ordine del «capestro». La stessa fascia serve a trainare il bottino, in una «cassa del furto» le cui ruote sono croci della Legione d'onore; la cassa però viene distrutta dal fulmine della «revisione ad opera del conte Gérard» (subentrato in carica a Davout). Un altro fulmine col profilo di Luigi XVIII toglie al maresciallo il comando della città; inoltre un anseatico e un russo, sotto la croce di ferro e il simbolo dello zar, gli sparano contro cannonate.

Lit.: Sche 3.117.

408
[Der Pferdedieb von Berlin]
anonym, 1814
Radierung, koloriert
n. best. (183 × 213 mm)
Stempel Museum Schwerin
[auf der Rückseite]
1980.394.

Der Pferdedieb von Berlin
Auf dem menschenleeren Platz hat der übergrosse Napoleon eine Leiter an das Brandenburger Tor gestellt und holt den vierspännigen Wagen der Friedensgöttin (Johann Gottfried Schadow, 1793) herunter. Am 27. Oktober 1806 marschierte der Bezwinger Preussens durch das Brandenburger Tor in Berlin ein. Zu den Kunstschätzen, die Napoleon nach Paris wegführte, gehörte neben sämtlichen Statuen Friedrichs II. auch Schadows Quadriga. Der Verlust des preussischen Wahrzeichens trug ihm bei den Berlinern die Bezeichnung «Pferdedieb von Berlin» ein und rief patriotische Wehmut hervor. Nach dem Einmarsch der alliierten Truppen in Paris kehrte der Streitwagen 1814 im Jubel nach Berlin zurück – zur Göttin des preussischen Sieges über Napoleon umgedeutet (vgl. Kat. Nrn. 409, 410). Zum Räuber Napoleon vgl. Kat. Nr. 353.

Le voleur de chevaux de Berlin
Sur la place déserte, un Napoléon surdimensionné a posé une échelle contre la porte de Brandebourg. Il s'empare de la voiture à quatre chevaux de la déesse de la paix (Johann Gottfried Schadow, 1793). Le 27 octobre 1806, les vainqueurs de la Prusse entrèrent dans Berlin par la porte de Brandebourg. Parmi les trésors artistiques que Napoléon emmena à Paris se trouvait, outre l'intégralité des statues de Frédéric II, le quadrige de Schadow. La perte de l'emblème prussien lui valut de la part des Berlinois le surnom de «voleur de chevaux de Berlin» et suscita la tristesse des patriotes. En 1814, après l'entrée des troupes alliées à Paris, le char de guerre regagna Berlin dans l'allégresse – lors de la restitution de la déesse, on la réinterpréta en victoire prusse sur Napoléon (cf. n°˙ cat. 409 et 410). A propos du voleur Napoléon, cf. n°. cat. 353.

The Berlin Horse Thief
In the deserted square, an outsized Napoleon has set a ladder against the Brandenburg Gate, in order to take down the four-horse chariot of the Goddess of Peace (Johann Gottfried Schadow, 1793). On 27 October 1806, the conqueror of Prussia walked into Berlin through this gate. The art treasures Napoleon took back with him to Paris included, besides various statues of Frederick II, this quadriga by Schadows. The loss of this Prussian emblem, touching a patriotic soft spot, incited the people of Berlin to label Napoleon «the Berlin horse thief». After the entry into Paris of the allied troops in 1814, the disputed work would return with much rejoicing to Berlin – reinterpreted as the Goddess of Prussia's victory over Napoleon (cf. cat. nos. 409 and 410). For Napoleon as thief, cf. cat. no. 353.

Il ladro di cavalli di Berlino
Sulla piazza vuota un Napoleone ingigantito, che ha appoggiato una scala alla Porta di Brandeburgo, cala a terra la quadriga della dea della pace, eseguita da Johann Gottfried Schadow nel 1793. Il 27 ottobre 1806 il vincitore della Prussia entrò in Berlino dalla celebre porta; i tesori artistici che fece spedire a Parigi comprendevano, oltre a tutte le statue di Federico II, appunto l'opera di Schadow. La confisca di quell'emblema prussiano gli procurò fra i berlinesi il soprannome di «ladro di cavalli di Berlino» e suscitò nostalgie patriottiche; nel 1814, quando le truppe alleate occuparono Parigi, la quadriga – con una dea ora considerata non più della pace ma della vittoria prussiana su Napoleone (cfr. n¹ cat. 409 e 410) – tornò trionfalmente a Berlino. Sul Napoleone predone, cfr. il n° cat. 353.

Lit.: Kat. BB 31; Sche 1.8 (Ftf. III); Schu Tf. 11, S. III*f.

409
Der Wunsch der Berliner / 1814.
u.r. *Maynz*
u.M. *Castel*
u.l. *Nach Berlin*
anonym, 1814
Radierung, koloriert
n. best. (227 × 187 mm)
u.r. Stempel *DIRECTION DES NEUEN LAZARETHS*
u.l. Stempel Museum Schwerin 1980.376.

Der Wunsch der Berliner 1814
Einen Herzenswunsch der Berliner im Jahr 1814 erfüllt dieses Bild: Napoleon bringt das Standbild mit der Siegesgöttin auf dem Streitwagen – 1806 vom Brandenburger Tor heruntergeholt (vgl. Kat. Nr. 408) und nach Paris verschleppt – zurück. Auf dem gekrümmten Rücken trägt der Riese die schwere Last an einem Strick bei Mainz über den aus der Vogelschau und von Norden her dargestellten Rhein nach Berlin. Die Viktoria, Preussens nationales Wahrzeichen, hat ihren Räuber bildlich überwunden und kehrt im Triumph zurück. Das Schicksal der (von Johann Gottfried Schadow entworfenen) Bronzegruppe empfand die Bevölkerung als schwere Demütigung, so dass sie ihren König drängte, die Rückführung voranzutreiben. Die Viktoria (nunmehr mit dem Eisernen Kreuz in der Standarte) wurde am 7. August 1814 zum Zeichen des Sieges über Frankreich unter dem Jubel der Berliner enthüllt. Zum Rundstempel der Direktion des «neuen Lazaretts» siehe Sche.

Le désir des Berlinois en 1814
La présente estampe comble l'un des plus chers désirs des Berlinois en 1814: Napoléon ramène la statue représentant la déesse de la victoire debout sur un char de guerre, descendue en 1806 de la porte de Brandebourg (cf. n°. cat. 408) et déplacée à Paris. Passant le Rhin vu du nord et à vol d'oiseau, le géant porte le grand poids sur son dos courbé, à l'aide d'une

Der Wunsch der Berliner
1814

corde, à travers Mayence, en direction de Berlin. Victoria, le symbole national de la Prusse, a littéralement surpassé celui qui l'a ravie et rentre triomphalement. Le sort subi par le groupe de bronze (conçu par Johann Gottfried Schadow) fut ressenti par la population comme une grave humiliation, de sorte qu'elle força son roi à faire accélérer la restitution. La statue (comportant dorénavant la Croix de fer sur l'étendard) fut dévoilée le 7 août 1814, sous les applaudissements des Berlinois, en signe de victoire sur la France. A propos du tampon rond de la «nouvelle infirmerie», cf. Sche.

The Wish of the Berliners in 1814
The dearest wish of the «Berliners» in 1814 is being fulfilled here: Napoleon is shown returning the statue of the Goddess of Victory on a chariot, a work taken down from the Brandenburg Gates in 1806 (see cat. no. 408) and carried off to Paris. The giant carries the heavy load on his bent back, travelling on a rope from Mainz over a bird's-eye view of the Rhine (from the north) on to Berlin. Victoria, Prussia's national landmark, has pictorially conquered her robber and returns in triumph. The fate of this bronze group (designed by Johann Gottfried Schadow) was experienced as a humiliation by the population, who exhorted their king to speed up its return. Joyously acclaimed by the Berliners, Victoria (from then on included with the Iron Cross on the Prussian banner) was unveiled on 7 August 1814 as a symbol of the victory over France. With respect to the round seal «Directory of the new military hospital», see Sche.

L'augurio dei berlinesi nel 1814
L'augurio dei berlinesi nel 1814 è che Napoleone restituisca la quadriga con la dea della vittoria, sottratta nel 1806 alla Porta di Brandeburgo (cfr. n° cat. 408) e portata a Parigi. Curvo sotto il pesante carico nella zona di Magonza, vista dall'alto e da nord, il gigante attraversa il Reno in direzione di Berlino: la Vittoria, emblema nazionale prussiano, ritorna in trionfo dopo aver domato metaforicamente chi l'ha rapita. Profondamente umiliati dalla confisca del gruppo bronzeo, i berlinesi fece pressioni sul loro re per accelerarne la restituzione; il 7 agosto 1814, in segno di vittoria sulla Francia, l'opera di Johann Gottfried Schadow, (ora con la croce di ferro nello stendardo) fu riesposta a Berlino fra il giubilo della popolazione. Sul timbro del «direzione del nuovo lazzaretto», cfr. Sche.

Lit.: La Abb. 98, S. 422; Sche 3.124 (Ftf. XLIII).

410
Uebermuth nahm sie – Tapferkeit bringt sie zurück
sign. dat. u. r. *D. Berger fec: 1814* (Daniel Berger)
April 1814, bei Achenwall und Comp., Berlin
Radierung und Aquatinta
277 × 386 mm (282 × 393 mm)
u. r. Stempel Museum Schwerin
1980.449.

Übermut nahm sie – Tapferkeit bringt sie zurück
Das Blatt des Berliner Akademieprofessors besticht durch seine sorgfältige und feine Zeichnung. Nicht mit karikaturistischen, sondern mit rein allegorischen Mitteln arbeitet diese Bildsatire auf die Ankunft der zurückgewonnenen Quadriga vom Brandenburger Tor in Berlin am 9. Juni 1814. Den Siegeswagen lenken zwei Kontrahenten; zwei Viergespanne ziehen ihn gleichzeitig in entgegengesetzte Richtungen. Der unterlegene «Kriegsgott» Napoleon peitscht am hinteren Ende des einachsigen Streitwagens auf seine ausgezehrten Schindmähren ein, die entkräftet umfallen: Er will das Siegessymbol nach Paris zurückbringen. Vorne auf dem Wagen führt die bronzene Siegesgöttin mit der preussischen Adlerstandarte ihre Paradepferde souverän auf das Brandenburger Tor zu, um darauf ihren ursprünglichen Standort einzunehmen. Am Strassenrand steht rechts eine jubelnde Bürgerfamilie. Links vom Wagen sehen drei französische Offiziere – der Grenadier am Rand hält ein Feldzeichen mit dem Kaiseradler – bekümmert das Scheitern ihres Herrn und seiner Zugtiere (ein Sinnbild für die französische Streitmacht?) mit an. Empfanden die Berliner den Raub der Quadriga (vgl. Kat. Nr. 408) als Gipfel der französischen Arroganz, so drückte für sie die Repatriierung der Bronzeplastik die eigene Tapferkeit im siegreichen Kampf gegen Napoleon aus.

L'impétuosité l'a emporté – la bravoure l'a rapporté
L'estampe du professeur d'académie berlinois impressionne par son dessin réalisé avec soin et finesse. Thématisant le retour à Berlin, le 9 juin 1814, du quadrige de la porte de Brandebourg, la présente image satirique n'a pas recours à des moyens caricaturaux, mais à des procédés purement allégoriques. Le char de la victoire est dirigé par deux adversaires; deux attelages de quatre chevaux le tirent dans des directions opposées. Situé à l'arrière du char de guerre à essieu unique, Napoléon – «dieu de la guerre» vaincu – cravache ses haridelles exténuées en train de s'écrouler: il veut rapporter le symbole de la victoire à Paris. A l'avant du char, la déesse de la victoire en bronze, qui tient d'une main l'étendard prussien surmonté de l'aigle, mène souverainement ses chevaux de parade en direction de la porte de Brandebourg pour y reprendre sa place initiale. Au bord de l'avenue, on peut découvrir, à droite, une famille bourgeoise poussant des cris de joie. A gauche, trois officiers français observent d'un air chagrin la chute de leur maître et de son attelage (symbolisant l'armée française?); tout à gauche, le grenadier porte un insigne de campagne avec l'aigle impériale. Si les Berlinois ressentirent le vol du quadrige (cf. n°. cat. 408) comme le comble de l'arrogance française, ils vécurent – l'inverse – le retour de la sculpture de bronze comme l'expression de leur bravoure dans la lutte victorieuse contre Napoléon.

Wantonnes Took It Away – Bravery Brought It Back
This work by a Berlin Academy professor is impressive in its painstaking and finely-executed draughtsmanship. The author resorts not to caricature, but to purely allegorical means to satirise the arrival in Berlin, on 9 June 1814, of the Brandenburg Gate quadriga, won back from the French.

The victory chariot is being driven by two rivals: two four-horse teams are pulling it in opposite directions at the same time. The defeated «god of war» Napoleon whips on his exhausted and maltreated team of hacks until these drop in prostration, for he wants to bring this symbol of victory back to Paris. To the front, the bronze Goddess of Victory, bearing the Prussian eagle standard, leads her parade horses sovereignly towards the Brandenburg Gate, where they are to be reinstated in their original site. A jubilant family of the bourgeoisie stands to the right of the street. To the left, three French officers – the grenadier on the edge is holding a battle standard with the imperial eagle – contemplate the downfall of their master and his draught animals (a symbol of the French military power?) with distress. If the Berliners considered the theft of the Quadriga (cf. cat. no. 408) as the height of French arrogance, they took the repatriation of the bronze sculpture as a tribute to their own bravery in their victorious battle against Napoleon.

La boria l'ha presa, il valore la riporta
Quest'opera di Berger, professore d'accademia berlinese, seduce per la finezza e accuratezza del disegno. Il ritorno a Berlino della quadriga della Porta di Brandeburgo (9 giugno 1814) vi è trattato con mezzi non caricaturali ma esclusivamente allegorici: il cocchio ripreso ai francesi è condotto da due rivali e tirato contemporaneamente in direzioni opposte da due quartetti di cavalli. Napoleone, «dio della guerra» sconfitto, dietro l'unico asse frusta le sue brenne scheletrite, che cadono prive di forze, per riportare quel simbolo di vittoria a Parigi; sul davanti, brandendo l'aquila prussiana, la Vittoria bronzea guida tranquillamente i suoi cavalli da parata verso la Porta di Brandeburgo, per riprendervi la sua sede originaria. Sul bordo destro della strada appare una famiglia borghese esultante; a sinistra del cocchio tre ufficiali francesi – fra cui il granatiere presso il bordo, che regge uno stendardo con l'aquila imperiale – assistono afflitti al fiasco del loro monarca e dei suoi cavalli (simbolo dell'esercito francese?). Per i berlinesi, che nel furto della quadriga (cfr. n° cat. 408) avevano visto il culmine dell'arroganza francese, il rimpatrio dell'opera esprimeva il valore della Prussia nella lotta vittoriosa contro Napoleone.

Lit.: Br II S. 131 f. (Anm.), App. E 127; Kat. BB 30; Kat. RM 25; Sche 3.125.

411
Buonapartes Stuffenjahre.
v. u. l. n. u. r. *Knabe auf Corsica. / Schüler zu Brienne. / Lieutenant zu Toulon. / Bürger General zu Arcola. / Erster Consul der Republic. / Kaiser des grossen Reichs. / Abschied von Spanien. / Heimkehr aus Russland. / Flucht aus Deutschland / Sturz in Frankreich.*
o. r. *XXIX. Bulletin*
u. l. *Der Einsiedler auf Elba. / Sic transit gloria mundi. / Kön. Italien / Spanien / Rom / Das grosse Reich / Kön. Holland / Piom bino / Kön. Westpha len*
Johann Michael Voltz (?), 1814
Radierung, koloriert
185 × [250] mm (205 × 250 mm)
u. r. Stempel Museum Schwerin 1980.374.

Bonapartes Stufenjahre
Höchstwahrscheinlich von Voltz geschaffen, fällt die erzählfreudige Lebenstreppe im Vergleich mit Kat. Nrn. 367 und 412 aus der Reihe. Sie besticht durch die von der ersten und der letzten Stufe geöffnete Raumtiefe; die dynamisierte Treppe kommt auf den Betrachter zu. Vom korsischen Knaben, der bereits vom Kriegsspielzeug begeistert ist, über den Militärschüler in Brienne steigt Napoleon auf zum lässig auf den Schreibtisch gestützten Belagerer von Toulon und zum Helden von Arcole (mit der Fahne der Republik). Diese Figur und besonders die beiden folgenden (Konsul und Kaiser) wandeln bekannte Gemälde von Antoine Gros und Jacques Louis David ab. Der Abstieg mit Spanien und Russland kommt den anderen Fassungen des Bildthemas sehr nahe, ist aber dramatisch gestaltet. Auf der Flucht im Schlitten verliert der Kaiser sein berüchtigtes 29. Heeresbulletin (vgl. Kat. Nr. 368). Die «Flucht aus Deutschland» und der «Sturz in Frankreich» sind zur Handlungseinheit zusammengenommen, in der ein Österreicher, ein Kosak, ein Preusse und ein Schwede Napoleon von der letzten Treppenstufe hinunterstossen. Der Sturz endet im Boot (der zehnten Station) mit Kurs auf Elba: Auf dem unter der Treppe hinter einem Felsentor dargestellten Inselchen mit Trauerweide liegt Napoleon mit aufgestütztem Oberkörper. Der Sinnspruch «Sic transit gloria mundi» daneben und die Seifenblasen verlorener Reiche kombinieren zwei ältere Bildthemen (vgl. Kat. Nrn. 318 und 343). Das Exil bedeutet das Ende von Napoleons Illusionen sowie Fazit und Lohn seines Lebens.

Echelons dans la vie de Bonaparte
Probablement créé par Voltz, cet escalier de la vie, donnant nombre de renseignements, se singularise nettement en comparaison avec les nos. cat. 367 et 412. Il séduit par la profondeur que suggèrent le premier et le dernier échelon; l'escalier ainsi dynamisé donne l'impression de se rapprocher du spectateur. Du garçon corse déjà passionné par les jouets guerriers au héros d'Arcole (portant le drapeau républicain), en passant par l'élève de l'école militaire de Brienne et le lieutenant – s'appuyant avec désinvolture sur son bureau – qui assiège Toulon, Napoléon gravit progressivement les échelons. La figure héroïque du pont d'Arcole et surtout les deux personnages suivants (consul et empereur) constituent des variations de tableaux célèbres d'Antoine Gros et de Jacques Louis David. La mise en scène du déclin, amorcé par les mésaventures en Espagne et en Russie, se rapproche beaucoup des autres versions qui traitent le thème de la présente estampe, mais elle prend ici une forme plus dramatique. Durant sa fuite en traîneau, l'empereur perd son 29e bulletin militaire – de mauvaise réputation (cf. n°. cat. 368). La «fuite hors de l'Allemagne» et la «chute en France» constituent une unité d'action où un Autrichien, un cosaque, un Prussien et un Suédois font tomber Napoléon du dernier échelon. La chute se termine sur un bateau (la 10e station) fai-

sant route pour l'île d'Elbe. En fin de parcours, dans un îlot représenté sous l'escalier, derrière une porte rocheuse, Napoléon est couché devant un saule pleureur, la tête appuyée sur une main. La sentence «Sic transit gloria mundi» et les bulles de savon, qui évoquent des empires perdus, combinent deux thèmes déjà traités précédemment (cf. les n°˙ cat. 318 et 343). L'exil symbolise la fin des illusions de Napoléon, de même que l'heure du bilan et la récompense de sa vie.

Bonaparte's Years in Steps
In all probability by Voltz, this highly illustrative series of life steps is in a class of its own by comparison with cat. nos. 367 and 412. The viewer's eye is captivated by the first and last of the steps, since these open out into space and thus dynamically attract attention. Beginning with his youth in Corsica – and already then, he enjoyed war games, the steps go on to Napoleon at military school in Brienne and, from there, show him casually leaning against a desk in the role of besieger of Toulon and hero of Arcole (with the Republic's flag). This figure, and especially the next two (Consul and Emperor), are variations on well-known paintings by Antoine Gros and Jacques Louis David. The decline with losing to Spain and Russia comes very close to other painted depictions of the theme, but is presented more dramatically. While fleeing Russia on a sledge, the Emperor loses his most infamous 29. Army bulletin (cf. cat. no. 368). His «Flight from Germany» and «Fall in France» are thematically grouped, with an Austrian, a Cossack, a Prussian, and a Swede booting him off the last step. His fall ends in a rowboat (tenth station) headed for Elba. And, finally, under the steps and behind the rock arch, we see a little island where Napoleon lies propped up against a willow tree. The motto «Sic transit gloria mundi» by his side and the soap bubbles of lost kingdoms are a combination of two older themes (cf. cat. nos. 318 and 343). Napoleon's exile represents the end of his illusions, as well as the upshot and reward of his life.

Gli anni a gradini di Bonaparte
Questa «scala della vita», con tutta probabilità opera di Voltz, si distingue da quelle dei n¹ cat. 367 e 412 per il gusto della narrazione e per la prospettiva (resa dinamica e seducente dal primo gradino e dall'ultimo, che l'avvicinano all'osservatore). Bambino còrso già entusiasta dei giocattoli di guerra, poi allievo della scuola militare di Brienne, Bonaparte assedia Tolone (stando appoggiato pigramente allo scrittoio) e poi diventa l'eroe di Arcole (col vessillo repubblicano); quest'ultima figura e in particolare le due successive (console e imperatore) arieggiano noti dipinti di Antoine Gros e di Jaques Louis David. Il declino in Spagna e in Russia è molto simile alle altre versioni della «scala», ma è strutturato in maniera drammatica. In fuga su una slitta, l'imperatore perde il suo famigerato bollettino militare n° 29 (cfr. n° cat. 368); la «fuga dalla Germania» e la «caduta in Francia» sono trattate come un unico episodio, in cui un austriaco, un cosacco, un prussiano e uno svedese spingono Napoleone giù dall'ultimo gradino. La caduta termina in una barca (decima stazione) diretta all'Elba; sull'isoletta sotto la scala, dietro un arco roccioso, Napoleone giace sollevato su un braccio presso un salice piangente. Accanto a lui l'aforisma «Sic transit gloria mundi» e le bolle di sapone coi nomi dei regni perduti richiamano contemporaneamente due temi precedenti (cfr. n¹ cat. 318 e 343): l'esilio significa la fine delle illusioni, il bilancio e la ricompensa della vita di Napoleone.

Lit.: BN V 9376; Br II S. 131, App. E 14; Kat. H85 20; Sche 4.1 (Ftf. XLIV).

412
Napoleons=Stuffenjahre.
v. u. l. n. u. r. *Corsischer Knabe / Militair Schüler / Lieutenant / General / Consul / Kaiser / Abschied aus Spanien / Schlittenfahrt aus Moscau / Lebewohl aus Deutschland / Ende*
u. M. *Das grosse Reich / Insel ELBA*
anonym, 1814
Radierung
[191×290 mm] (204×294 mm)
u. l. angeschnittenes Rund eines Prägestempels
Herkunft unbekannt
1980.450.

Napoleons Stufenjahre
Das Blatt unterscheidet sich von Kat. Nr. 411 in der dritten – wo Napoleon in Uniform als «Lieutenant» dargestellt ist – und in den letzten zwei Treppenstufen: Beim «Lebewohl aus Deutschland» erhält Napoleon hier keinen Fusstritt, sondern einen Schubser mit dem Finger, und am «Ende» erwartet ihn kein Galgen. Die Beischriften der fünften und sechsten Stufe lauten hier abweichend «Consul» und «Kaiser». Statt Napoleon in der Höhlung unter der Treppe von Teufeln im Höllenfeuer quälen zu lassen, hat ihn der Karikaturist diesmal ins Exil geschickt. Vor einer Trauerweide wischt er sich die Tränen vom Gesicht, die er über den Verlust seines Weltreiches vergiesst, von dem ihm bloss das Inselchen Elba übrigbleibt (vgl. Kat. Nr. 230).

Echelons dans la vie de Napoléon
Cette estampe se distingue du n°. cat. 411 par le troisième échelon, où Napoléon est représenté en uniforme de «lieutenant», et par les deux derniers échelons: lors des «adieux en Allemagne», il ne reçoit pas ici un coup de pied, mais une poussée du doigt; par ailleurs, ce n'est pas une potence qui l'attend à la «fin». En outre, les explications concernant le cinquième et le sixième échelon («consul» et «empereur») sont différentes. Au lieu de faire torturer Napoléon par des diables dans le feu de l'enfer – dans le creux sous l'escalier –, le caricaturiste l'a envoyé cette fois-ci en exil. Devant un saule pleureur Napoléon essuie son visage trempé de larmes; larmes versées sur la perte de son empire mondial, dont il ne lui reste plus que la petite île d'Elbe (cf. n°. cat. 230).

Napoleon's Life in Steps
This print can be distinguished from cat. no. 411 by the third step – where Napoleon is depicted in uniform as a «lieutenant» – and the last two steps: at the «Farewell from Germany», he does not receive a kick but a shove of the finger, and at the end no gallows await him. The captions for the fifth and sixth steps differ by designating varyingly «Consul» and «Emperor». Instead of leaving Napoleon to be tortured by the devils in hell's fire in the abyss under the steps, the cartoonist has sent him off to exile here. He sits before a weeping willow, wiping the tears from his face, saddened by the loss of his earthly kingdom, of which only the little island of Elba remains (cf. cat. no. 230).

Gli anni a gradini di Napoleone
L'opera si distingue dal n° cat. 411 nel terzo gradino (ove Bonaparte appare in uniforme di «tenente») e negli ultimi due: nell'«addio dalla Germania» il protagonista non riceve un calcio ma una spinta col dito, e alla «fine» non c'è un patibolo ad attenderlo. Cambiano, inoltre, le didascalie del quinto gradino («console») e del sesto («imperatore»); quanto al Napoleone sotto l'arco della scala, qui il caricaturista non lo fa tormentare da diavoli nel fuoco dell'inferno ma lo manda in esilio. Davanti a un salice piangente, il monarca si asciuga le lacrime versate per la perdita del suo regno universale: gli rimane solo l'isoletta dell'Elba (cfr. n°. cat. 230).

Lit.: BN V 9375; Br II App. E 15; Sche 4.1.1.

413
Napol.ⁿˢ Wohnung auf Elba, wie sie ist, und wie sie sein sollte –
auf dem Unterblatt *Neue Dekoration der Ehrenlegion / SEIN LOHN!*
anonym, 1814/1815
Radierung, koloriert; Transparent mit Unterblatt
n. best. (88 × 89 mm)
u. r. Stempel Museum Schwerin 1980.371.

Napoleons Wohnung auf Elba – wie sie ist und wie sie sein sollte
Das Oberblatt zeigt in einfachster Zeichnung ein völlig symmetrisches Doppelhaus mit zwei begiebelten Eingängen über drei Stufen sowie zehn geschlossenen Fenstern. Links steht ein Wachthäuschen, vor dem ein Infanterist mit Gewehr patrouilliert. Laut Titel zeigt das Bild Napoleons Wohnsitz auf Elba (Palazzo dei Mulini in Portoferraio). Hält man das Blatt gegen das Licht, kommt das Unterbild zum Vorschein. Es führt Napoleons «Bleibe» vor Augen, wie sie sich der deutsche Zeitgenosse gewünscht hätte: Anstelle des Wachsoldaten zieht ein Teufelchen an einem langen Seil, das über den Vorderbalken einer Richtstätte gelegt ist. Am Seilende baumelt Napoleon. Auf den äusseren Stützen des Baus sitzt je ein Kaiseradler; zwischen diesen bezeichnet ein Schriftzug mit makaberem Spott den Galgen als «neue Dekoration der Ehrenlegion». Der Sockel der Richtstätte öffnet sich in einem Rundbogen, hinter dem im Oval die Widmung «Sein Lohn!» erscheint. Zu beiden Seiten lodern Flammen aus einem Holzstoss hoch: Napoleon wird gehängt und verbrannt – Strafe für den Verbrecher und Garantie des Höllenfeuers.

La résidence de Napoléon dans l'île d'Elbe – comme elle est et comme elle devrait être
Réalisée dans un style d'une grande simplicité, l'image de dessus montre des maisons jumelles entièrement symétriques, qui comportent, outre une dizaine de fenêtres aux volets fermés, deux entrées différentes – surmontées de pignons – devant lesquelles se situent, de chaque côté, trois marches. A gauche, devant une guérite, un fantassin fait le guet, le fusil sur l'épaule. Selon le titre, l'image présente la résidence de Napoléon dans l'île d'Elbe («Palazzo dei Mulini» à Portoferraio). Si on regarde cette gravure à contre-jour, on voit se dessiner une image de dessous. Cette dernière met sous les yeux du spectateur le «gîte» de Napoléon comme ses contemporains allemands auraient aimé qu'il soit: à la place de la sentinelle, un petit diable tire sur une longue corde, posée sur la poutre avant d'une potence. Napoléon pendille à l'autre bout de la corde. Les supports latéraux de l'instrument de supplice sont surmontés d'aigles impériales. Fixée entre ces supports, une inscription moqueuse et macabre qualifie la potence de «nouvelle décoration de la Légion d'honneur». Le socle de la construction s'ouvre en forme de plein cintre, un ovale faisant apparaître la dédicace «Sa récompense!». De chaque côté, des flammes s'élèvent d'un tas de bois: Napoléon est pendu et brûlé – châtiment infligé au criminel et garantie du feu de l'enfer.

Napoleon's Residence on Elba – As It Is and As It Should Be
The top sheet is a most simple drawing of a totally symmetrical semi-detached house – each half with its gabled entrance over three steps – and ten closed windows. An armed foot soldier patrols before the guard house to the left. The title identifies the image as Napoleon's residence on the island of Elba (Palazzo dei Mulini, Portoferraio) but, held up against the light, a second image appears from underneath: Napoleon's «abode» as wishfully conjured up in the minds of German contemporaries. Instead of the sentry, a little devil is pulling a long rope that lies across the front beam of an execution post, with Napoleon dangling from the rope's end. An imperial eagle sits atop each of the construction's four outer pillars with, between them, a handwritten comment in blackest humour, alluding to the gallows as «the new Legion of Honour decoration». The construction's base opens into an arch, behind which the dedication «his reward!» appears. To both sides, flames blaze up from a woodpile: Napoleon is being hanged and burned – the punishment for criminals and a guarantee of hellfire.

L'alloggio di Napoleone all'Elba, com'è e come dovrebbe essere
Il disegno del foglio superiore, semplicissimo, mostra una casa doppia perfettamente simmetrica, con dieci finestre chiuse e due porte timpanate, precedute da tre gradini; a sinistra si vede una garitta, davanti a cui è di guardia un fante col fucile. Si tratta, stando al titolo, della residenza di Napoleone sull'isola d'Elba (il Palazzo dei Mulini a Portoferraio). Il foglio inferiore, che appare solo in controluce, presenta la «dimora» di Napoleone come la desideravano allora i tedeschi. Al posto della sentinella c'è un diavoletto, che tira una lunga corda posata sulla trave anteriore di un patibolo; all'estremità della corda penzola Napoleone. I due pilastri esterni della costruzione sono sovrastati da due aquile imperiali; fra le aquile una scritta macabra di scherno definisce la forca «nuova decorazione della Legion d'onore». Lo zoccolo del patibolo si apre in un arco a tutto sesto, dietro cui appare un ovale con la dedica «La sua ricompensa!»; ai due lati salgono le fiamme di una catasta. Napoleone è impiccato e bruciato: castigo per il malfattore, ma anche garanzia di fuoco dell'inferno.

Lit.: –

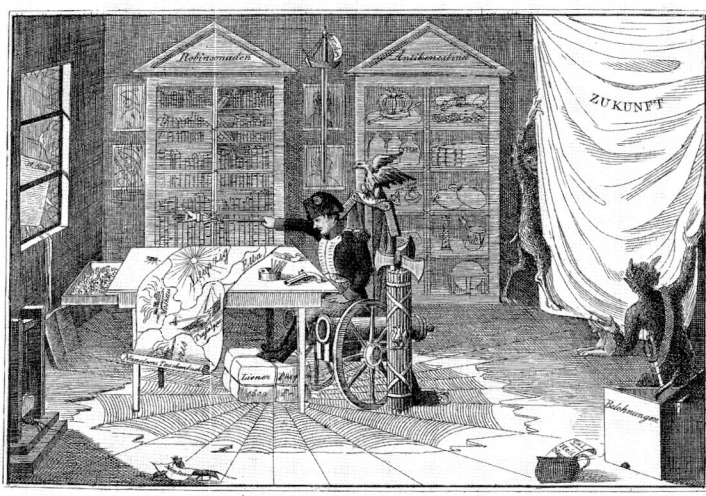

414
Herr Noch Jemand auf Elba
o.l. *31. Bull. / R. / V / Robinsonaden*
o.M. *Usher*
o.r. *Antikencabinet / S Bitt / ZUKUNFT.*
u.r. *Belohnungen / Cal. Heil. Nap[oleon]*
u.l. *Lioner Pasq[il]le 1500 Fr. / Napoleons Taschenbuch / [Pa]ris Trafalgar Moskau Leipzig / Elba / Menteur*
F.W.H. Rosenmäsler jun., Hamburg, 1815
o.r. N°. 4 aus der *Sammlung der witzigsten Zerrbilder welche zu Ehren des Herrn Noch Jemand und Consorten erschienen sind. I*stes *Heft, herausgegeben von F.W. Rosmåsler jun. Mit Sechs Kupfern. Hamburg, 1815.* [auf dem Titelblatt des Hefts]
Radierung, teilkoloriert
107 × 143 mm (120 × 182 mm)
Stempel Museum Schwerin [auf dem Titelblatt des Hefts]
1980.413.e.

Herr Noch-Jemand auf Elba
Zur Erläuterung ihrer komplizierten Allegorik ergänzt ein langatmiges Beiblatt die Bildsatire. Es geht um die undurchschaubaren (Kriegs-)Pläne, die Napoleon im Exil schmiedet, und um seine Zukunft, «der Welt etwaniges zugedachtes Trauerspiel» (Text vgl. Sche). Der «Herr Noch Jemand», August von Kotzebues Spottname für Napoleon (in «Der Flussgott Niemen und Noch Jemand», 1813) thront in seinem Arbeitszimmer auf einer Kanone mit einem Telegraphenmast als Rückenlehne, auf dem der Kaiseradler sitzt; daneben steht als Herrschaftssymbol ein Liktorenbündel. Napoleon studiert am Tisch sein «Taschenbuch», eine Karte mit den Schauplätzen seiner grossen Misserfolge. Vor sich hat er zwei Pistolen und ein Tischfeuerzeug; seine Füsse ruhen auf einem Paket «Lioner Pasquillen» (Schmähschriften aus Lyon; vgl. Sche). Das Szepter («La main de justice»; laut Text «die langfingrige Hand») dient ihm als Fliegenklatsche. Am anderen Tischende steht eine Schublade voller Kreuze der Ehrenlegion offen, dem vom Kaiser so reichlich verliehenen Orden. Tisch und Thron ruhen auf einem Spinnennetz, das sich über das Loch im Fussboden – den Schlund der Hölle! – spannt. Den Kaiser bedroht das Damoklesschwert mit einer Degenglocke in Form des Schiffes, das ihn nach Elba fuhr. Gegenüber ist eine Fensterscheibe notdürftig mit dem 31. Heeresbulletin zugeklebt, durch die Regenwasser auf die Kriegschronik darunter läuft. Die Rückwand des Raumes bedecken Generalsbildnisse und Glasschränke. Der Bücherschrank links enthält «Robinsonaden» (vgl. Kat. Nr. 232), die Vitrine rechts Antiquitäten: Krone und Szepter, die Fellkleidung von der Flucht aus Moskau, drei Flaschen «Spanisch Bitter» (vgl. Kat. Nr. 370), den «Code Napoléon» (Zivilgesetz), die Gerechtigkeitswaage, ein Modell der Vendômesäule usw. Im Vordergrund links nagen Ratten am «Menteur» (Lügner), der verballhornten Regierungszeitung «Le Moniteur»; ganz links läuft eine Ratte unter eine Guillotine. Vorne rechts stehen eine leere Kiste «Belohnungen» und ein Nachttopf mit dem Kalenderblatt des «Heiligen-Napoleon-Tages» darin. Zwei Teufel enthüllen eben die hinter einem Vorhang verborgene Zukunft, die – wie die Sphinx andeutet – Rätsel aufgibt.

Monsieur «Encore quelqu'un» dans l'île d'Elbe
Afin de donner des explications sur son allégorisme complexe, une feuille à part très prolixe complète la présente image satirique. On traite ici des projets (de guerre) impénétrables forgés par Napoléon, banni en exil, ainsi que de l'avenir de l'empereur: «la tragédie esquissée à grands traits qu'est censée vivre le monde» (texte cf. Sche). Monsieur «Encore quelqu'un» – sobriquet donné à Napoléon par August von Kotzebue (dans: «Der Flussgott Niemen und Noch Jemand», 1813) – trône sur un canon, dans son cabinet de travail, un poteau télégraphique surmonté de l'aigle impérial lui servant de dossier. En guise de symbole de son autorité, des faisceaux de licteur sont placés à sa gauche. Assis à table, Napoléon étudie son «livre de poche», une carte montrant les théâtres d'opérations de ses grandes défaites. Deux pistolets et un briquet sont posés devant lui et ses pieds reposent sur un paquet de «pasquins de Lyon» (écrits de caractère satirique; cf. Sche). Le sceptre («la main de justice»; appelé selon le texte «main aux doigts effilés») lui sert de tapette. De l'autre côté de la table, un tiroir ouvert laisse apercevoir quantité de croix de la Légion d'honneur, décorations si largement décernées par l'empereur. La table et le «trône» se trouvent sur une toile d'araignée accrochée au-dessus du trou dans le plancher: le gouffre de l'enfer. L'empereur est menacé par l'épée de Damoclès surmontée d'une cloche, dont la forme correspond à celle du bateau l'ayant transporté dans l'île d'Elbe. En face, une vitre brisée a été sommairement réparée à l'aide du 31e bulletin militaire; elle laisse passer de l'eau de pluie qui coule sur la chronique de guerre. La paroi du fond de la pièce est couverte de portraits de généraux et d'armoires vitrées. La bibliothèque sur la gauche contient des «robinsonnades» (cf. n°. cat. 232), la vitrine sur la droite présente des «antiquités»: couronne et sceptre, uniforme de campagne porté lors de la fuite hors de Moscou, trois bouteilles d'«amer espagnol» (cf. n°. cat. 370), le «Code Napoléon» (code civil), la balance de la justice, un modèle de la colonne Vendôme, etc. Au premier plan, à gauche, des rats rongent le «Menteur», le journal progouvernemental – travesti – «Le Moniteur»; tout à gauche, un rat se place sous une guillotine. Toujours au premier plan, à droite, on identifie une caisse vide qui porte l'inscription «récompenses», ainsi qu'un vase de nuit d'où dépasse la page du calendrier correspondant à la «Saint-Napoléon». Deux diables sont en train de dévoiler l'«avenir»: caché derrière un rideau, il propose des énigmes, comme l'indique le sphinx.

Mr. Just Anyone on Elba
A separate and longwinded accompanying text to this work explains its complicated allegorical implications. The subject is the obscure (war) plans being contrived by Napoleon in exile, as well as his own future, "a tragedy of possibly worldwide dimensions." (text, cf. Sche). «Herr Noch Jemand» (Mr. Just Anyone), August von Kotzebue's satiric name for Napoleon (as coined in «Der Flussgott Niemen und Noch Jemand», 1813), sits enthroned in his workroom on a cannon with a telegraph post as backrest (in turn serving as perch to the imperial eagle); a fasces – symbol of dominion – stands next to him. Napoleon is studying his pocket book, a map with the scenes of his major fiascoes. Set on a table in front of him are two pistols and a table lighter; his feet rest on a package of «Lyons Lampoons» (cf. Sche). A sceptre («la main de justice», referred to in the text as the "greedy hand") serves as fly swatter. A drawer full of Legion of Honour crosses – orders the Emperor was so in the habit of distributing – has been pulled out of the other end of the table. Table and throne sit upon a spiderweb stretched over a hole in the floor: the chasm of hell! The Emperor is threatening the sword of Damocles with a guard in the shape of the ship that sailed him to Elba. Opposite, a window has been scantily patched with the 31. Bulletin, through which rain pours down onto the war chronicle below. The room's back wall is covered with portraits of generals and glass-encased closets. The book closet to the left contains «Robinsonades», cf. cat.no. 232); the one to the right, antiques: a crown and sceptre, the fur outfit from the flight from Moscow, three bottles of

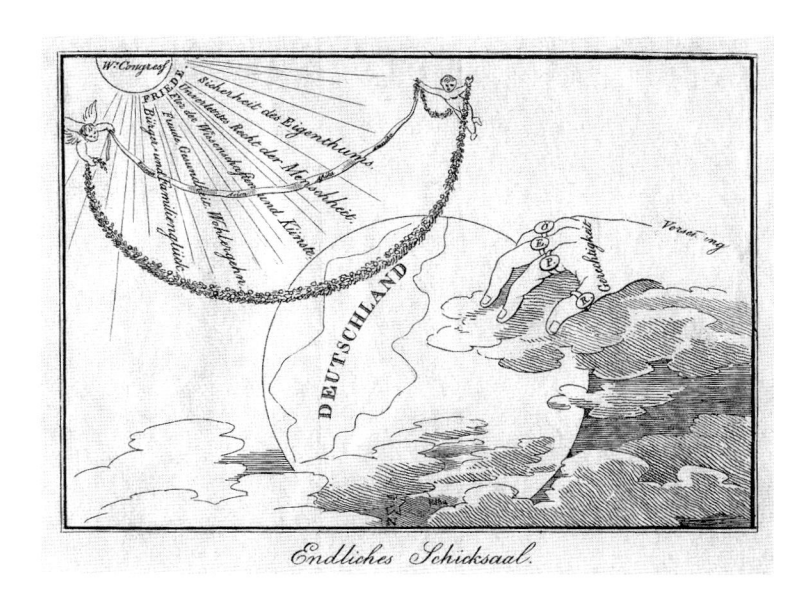

«Spanish Bitters» (cf. cat. no. 370), the «Code Napoléon» (civil code), a scale of justice, a model of the Vendôme Column, and so forth. In the forefront, to the left, rats are gnawing on the «Menteur» (Liar) – the cuckolded government newspaper «Le Moniteur» – while all the way to the left, a rat is headed straight for the guillotine. To the fore and right, we see an empty box marked «Rewards» and a chamber pot stuffed with the «Saint Napoleon's Day» calendar page. Two devils are just in the process of lifting the curtain on the future, which, as the sphinx suggests, remains a mystery.

Il signor Ancora Qualcuno all'Elba
La caricatura è completata da un lungo supplemento che ne spiega la complessa allegoria: si tratta degli impenetrabili piani (di guerra) architettati dall'esule Napoleone e del suo futuro, «possibile tragedia riservata al mondo» (per il testo cfr. Sche). Il «signor Ancora Qualcuno», nomignolo affibbiato a Napoleone da August von Kotzebue (*Der Flussgott Niemen und Noch Jemand*, 1813), troneggia nel suo studio su un cannone che ha per schienale un palo del telegrafo ottico, sovrastato dall'aquila imperiale; vicino a lui c'è un fascio littorio, simbolo del potere. Il monarca studia il suo «libro tascabile» posato sul tavolo (una carta coi teatri dei suoi grandi fallimenti), tenendo davanti a sé due pistole e un accendisigari da tavolo; i suoi piedi poggiano su un pacco di «pasquinate di Lione» (cfr. Sche). Lo scettro o «mano di giustizia» (ma nel testo «mano lesta») gli serve come ammazzamosche; il cassetto aperto all'altro capo del tavolo è pieno di croci della Legion d'onore (onorificenza tanto spesso distribuita dall'imperatore), mentre il tavolo e il trono poggiano su una ragnatela che ricopre un buco del pavimento (le fauci dell'inferno!). Sopra l'imperatore pende una spada di Damocle, la cui coccia ha la forma della nave che l'ha portato all'isola d'Elba; dalla finestra di fronte, riparata alla bell'e meglio col bollettino militare n° 31, l'acqua di pioggia scende a bagnare la cronaca di guerra. La parete di fondo è coperta da ritratti di generali e da vetrine, di cui quella di sinistra contiene «storie d'avventura alla Robinson Crusoe» (cfr. n° cat. 232) e quella di destra oggetti antichi: corona e scettro, l'abito di pelliccia della fuga da Mosca, tre bottiglie di «bitter spagnolo» (cfr. n° cat. 370), il *Code Napoléon* (codice civile), la bilancia della giustizia, un modello della Colonna Vendôme ecc. I topi in primo piano a sinistra rosicchiano il *Menteur* («mentitore»), nome peggiorato del giornale governativo *Le Moniteur*; quello all'estrema sinistra passa sotto una ghigliottina. Sull'angolo destro c'è una cassa vuota di «ricompense» e un vaso da notte col foglio di calendario corrispondente a «S. Napoleone»; due diavoli stanno scostando la tenda di un futuro che, come accennato dalla sfinge, appare misterioso.

Lit.: BM IX 12319; Sche 4.13.

415
Endliches Schicksaal.
o. l. *W.^r Congress / FRIEDE. Sicherheit des Eigenthums. Unverletztes Recht der Menschheit. Flor der Wissenschaften und Künste. Freude, Gesundheit, Wohlergehn. Bürger= und Familienglück. / Europa Asien Afrika Amerika*
o. r. *Vorsehung Gerechtigkeit Ö. E. P. R.*
u. M. *Elba N*
u. l. *DEUTSCHLAND*
sign. u. l. *R.* (F. W. H. Rosmäsler jun.)
o. r. N°. 6. aus der *Sammlung der witzigsten Zerrbilder welche zu Ehren des Herrn Noch Jemand und Consorten erschienen sind. I^{stes} Heft, herausgegeben von F. W. Rosmåsler jun. Mit Sechs Kupfern. Hamburg, 1815.*
[auf dem Titelblatt des Hefts]
Radierung
108 × 143 mm (120 × 191 mm)
Stempel Museum Schwerin [auf dem Titelblatt des Hefts]
1980.413.g.

Endliches Schicksal
Mit diesem Blatt über den Wiener Kongress von 1814, der Deutschlands «endliches Schicksal» bedeuten soll, beschliesst Rosmäsler seine Serie von 6 Bildsatiren über Napoleons Herrschaft (Kat. Nrn. 376, 385, 407, 414, 415, 430/431). In einem separat abgedruckten Beitext hält der Autor die Allegorie für selbstredend und wünscht Deutschland, es möge die Segnungen des Wiener Kongress lange geniessen können. Im Bild erscheint der Kongress am oberen linken Rand als Sonne, deren Strahlen Frieden, Sicherheit, Menschenrecht, Kultur, Wohlfahrt und Glück bringen. Beidseits der Strahlen halten zwei Putten eine Blütengirlande und ein Band, das die vier Erdteile nennt und somit die globale Geltung der Erfolge des Kongresses manifestiert. Sonnenstrahlen wie Girlanden treffen auf Deutschland, den einzigen Fleck auf der Weltkugel. Diese, einst von dunklen Wolken umhüllt, wird durch den Arm der «Vorsehung» und die Hand der «Gerechtigkeit» davon befreit. Die Finger mit den Ringen (vgl. Kat. Nrn. 340, 391) stehen für die siegreichen Verbündeten. Unten auf dem Erdball, von Gewitterwolken verschattet, bezeichnet ein Stern und Napoleons Initiale dessen Verbannungsort Elba. Dass Deutschland nach 22 Kriegsjahren seine Hoffnungen auf den Wiener Kongress gesetzt hat, verwundert nicht.

Sort final
Cette estampe sur le congrès de Vienne de 1814, censée mettre en évidence le «sort temporaire» subi par l'Allemagne, clôt la série de six images satiriques de Rosmäsler sur le règne de Napoléon (n^{os}. cat. 376, 385, 407, 414, 415, 430/431). Un texte d'accompagnement, imprimé à part, considère l'allégorie comme évidente et souhaite à l'Allemange de pouvoir profiter longtemps des bienfaits du congrès de Vienne. Le congrès est représenté en haut à gauche, au bord de l'estampe, sous forme de soleil, dont les rayons apportent la paix, la sécurité, «le droit» de l'homme, la culture, la prospérité et le bonheur. Deux putti, de chaque côté des rayons solaires, tiennent une guirlande de fleurs et un ruban, qui mentionne les quatre continents et souligne ainsi la portée globale des succès du congrès. Les rayons et la guirlande touchent l'Allemagne, seul endroit indiqué sur le globe terrestre. Entouré autrefois de nuages sombres, le globe en est progressivement libéré par le bras de la «providence» et la main de la «justice». Les doigts sur lesquels sont enfilés des anneaux (cf. n^{os}. cat. 340 et 391) symbolisent les Alliés victorieux. Dans la partie inférieure du globe, assombrie par des nuages d'orage, une étoile et l'initiale de Napoléon désignent l'île d'Elbe, son lieu de bannissement. Il n'est guère étonnant que l'Allemangne – après 22 années de guerre – ait placé ses espoirs dans le congrès de Vienne.

Final Destiny
This print on the 1814 Vienna Congress, heralded as Germany's «final destiny», is the last of six on the theme of Napoleon's dominion created by Rosmäsler (cat. nos. 376, 385, 407, 414, 415, 430/431). In a separately printed text expressing his hopes that Germany would enjoy the blessings of the Vienna Congress forever after, he gives his opinion that the piece is self-evident. The Congress at the upper left border, in the form of a sun, radiates peace, security, human rights, culture, welfare, and good luck. On either side of the rays, two putti hold out a garland of flowers and a banner naming four continents, manifesting the worldwide validity of the Congress's success. The rays of sunshine and the garland of flowers touch on Germany, the only spot depicted on the globe: the land is being freed of the dark clouds that once enveloped it by the arm of Providence and the hand of Justice. The ringed fingers (cf. cat. nos. 340 and 391) stand for the victorious allied nations. At the bottom of the globe, obscured by storm clouds, a star and Napoleon's initials mark the former emperor's site of exile, Elba. It comes as no surprise that Germany, after twenty-two years of strife, placed so much hope on the Vienna Congress.

Destino finale
Con quest'opera sul congresso di Vienna del 1814, che dovrebbe significare il «destino finale» della Germania, Rosmäsler chiude la sua serie di sei caricature sul dominio napoleonico (n¹ cat. 376, 385, 407, 414, 415, 430/431). In un testo stampato a parte, ove l'allegoria è definita ovvia, l'autore augura alla Germania di poter godere a lungo delle benedizioni di tale congresso; quest'ultimo appare nell'immagine (in alto a sinistra) come un sole i cui raggi portano pace, sicurezza, diritti umani, cultura, benessere e felicità. Ai suoi lati due putti reggono una ghirlanda di fiori e un nastro che nomina i quattro continenti, chiarendo che i benefici del congresso hanno valore universale. Raggi e ghirlanda toccano la Germania, unica chiazza di terra indicata sul globo; quest'ultimo, prima avvolto da nuvole scure, ne viene liberato dal braccio della «provvidenza» e dalla mano della «giustizia». Le dita con gli anelli (cfr. n¹ cat. 340 e 391) rappresentano le potenze alleate vincitrici; sulla superficie del globo, ombreggiata da nubi temporalesche, una stella e l'iniziale di Napoleone indicano l'isola d'Elba, luogo del suo esilio. Dopo ventidue anni di guerra, non sorprende che la Germania riponesse le sue speranze nel congresso di Vienna.

Lit.: BM IX 12320; Sche 3.123.

416
Buonapartes Landung
o. l. *Verzeihung und Liebe / Russische Armee / Englische Armee*
o. M. *Brennessel und Schierling / Kränze, gewunden bei Jaffa / Liebevolle Umarmung*
o. r. *Östreichische Armee / Preusische Armee*
u. l. *Elba / Meerbusen von Juan / Canes / Verrätherei*
u. M. *Franzosen / Lioneser! / Soldats / Magazin der Proclamation[s] / Aqua tof. für teutsche Fürsten / Kom̄t her meine Kinder ihr wist es das Ich euch Alle liebe*
u. r. *Herr! schicke mich noch einmal nach Hamburg / Davoust / Meineid / Paris / Vendam̄e / Aber mich nicht nach Rostock / Flam̄e des Aufruhrs*
sign. u. r. *R* (F.W. H. Rosmäsler, jun.?)
1815
Radierung, teilkoloriert
[215] × 175 mm (216 × 190 mm)
u. r. Stempel Museum Schwerin 1980.441.

Bonapartes Landung
Das Blatt entspricht im Erzählstil und im satirischen Verfahren Rosmäslers Arbeiten von 1815 (vgl. Kat. Nrn. 385, 407) und weist dieselbe Signatur auf wie die Kat. Nrn. 376 und 415. Es schildert im Hintergrund Napoleons Überfahrt von Elba nach Golf Juan und im Zentrum seinen Vormarsch von Cannes nach Paris. Das grausame und verlogene Wesen des Wiederkehrers offenbart eine Reihe von Merkmalen: dunkle Gesichtsfarbe (vgl. Kat. Nr. 353), Spitzohren und Reisszähne, Brennessel (Schmerz) und Schierling (Gifttod) auf dem Hut, mit Lorbeer(grab)kränzen für die in Jaffa Vergifteten (vgl. Kat. Nr. 97) umwundene Epauletten, zur «liebevolle[n] Umarmung» mit Säbeln offen gehaltene Arme. Die Anker «Verräterei» und «Meineid» an seinen Beinen «verankern» sein Regime erneut in Frankreich. Sein Mord(s)säbel hat ein Sägeblatt als Klinge; darauf ruft ein heuchlerischer Spruch Armee und Volk unter die Trikolore zurück, welche «Verzeihung und Liebe» verheisst, die aber ein Raubkatzenkopf und eine Fledermaus bekrönen. Dem Hinterteil des Ungeheuers entfahren Proklamationen an die Franzosen, die Bewohner von Lyon (triumphaler Massenempfang am 10. März 1815) und die Soldaten des bourbonischen Heeres. In der Rocktasche steckt ein Fläschchen voll Aqua tofana (berüchtigtes Gift) für die deutschen Fürsten. An Napoleons Stiefel klammern sich die verhassten Generäle Davout, der sein Hamburger Kommando zurückwünscht (vgl. Kat. Nr. 407), und Vandamme, der nicht nach Rostock (vgl. Kat. Nr. 324) zurückkehren will. In Frankreich lodert die «Flamme des Aufruhrs», während am Himmel die Gerechtigkeit im Sonnenglanz auf einer Wolke thront, aus der als Blitze die Koalitionsarmeen auf den Heil versprechenden, aber Krieg und Tod bringenden Rückkehrer niederfahren.

Le débarquement de Bonaparte
La présente estampe utilise le même style narratif et le même procédé satirique que les travaux de Rosmäsler réalisés en 1815 (cf. n°s. cat. 385 et 407); en outre, elle présente la même signature que les n°s cat. 376 et 415. A l'arrière-plan, l'image illustre la traversée de Napoléon d'Elbe à la plage du golfe Juan; au centre de l'image, elle met en scène Napoléon en train de marcher de Cannes à Paris. Toute une série de marques distinctives manifestent le caractère cruel et menteur de l'empereur, qui effectue son retour: teint sombre (cf. n°. cat. 353), oreilles pointues et canines, ortie (douleur) et ciguë (empoisonnement) fixées à son chapeau, épaulettes entourées de couronnes de laurier (funéraires) pour les morts empoisonnés à Jaffa (cf. n°. cat. 97), bras maintenus ouverts par des sabres pour les «embrassades». Les ancres attachées à ses jambes, qui symbolisent la «perfidie» et le «parjure», «ancrent» à nouveau son régime en France. Son sabre géant a une lame de scie; il porte une inscrip-

tion hypocrite rappelant l'armée et le peuple sous le drapeau tricolore; drapeau qui, certes, promet le «pardon et l'amour», mais qui, simultanément, est surmonté d'une tête de fauve et d'une chauve-souris. Le derrière du monstre laisse échapper des proclamations aux Français, aux Lyonnais (accueil triomphal du 10 mars 1815 par les habitants de Lyon) et aux soldats de l'armée bourbonienne. Une petite bouteille d'aqua tofana (poison de mauvaise réputation), destinée aux princes allemands, dépasse de la poche de son habit. Deux généraux détestés, Davout – qui voudrait reprendre le commandement sur Hambourg (cf. n°. cat. 407) – et Vandamme – qui aimerait ne pas retourner à Rostock (cf. n°. cat. 324) –, s'accrochent aux bottes de Napoléon. La «flamme du soulèvement» s'élève en France, tandis que la justice trône sur un nuage, dans la splendeur du soleil. Descendant de ce nuage, des foudres – symbolisant les armées coalisées – s'abattent sur Napoléon, qui promet le salut tout en apportant la guerre et la mort.

Bonaparte's Landing
In its narrative style and satirical approach this print corresponds with Rosmäsler's works of 1815 (cf. cat. nos. 385 and 407); it shows the same signature as cat. nos. 376 and 415. Napoleon is depicted crossing from Elba to the Golfe de Juan in the background, and advancing from Cannes to Paris in the centre. A whole series of features underscore the horrid and mendacious character of the Emperor on the comeback: the dark face colour (cf. cat. no. 353), the pointed ears and fangs, the nettle (pain) and hemlock (poison) on his hat, the laurel (tomb) wreaths on his epaulets, in honour of those poisoned in Jaffa (cf. cat. no. 97), the arms spread open for a «loving embrace» with a sabre. The anchors at his legs, marked «treachery» and «perjury», anchor his regime anew in France.

His murder sabre has a saw-toothed blade hypocritically inscribed with a call to the army and the people to come back under the tricolour banner. The latter, although promising «pardon and love», is crowned by a wildcat head and a bat. From behind the monster, proclamations fly off to the French – the inhabitants of Lyons (where he was triumphantly acclaimed by the masses on 10 March 1815) and the soldiers of the Bourbon army. Sticking out from his coattail pocket, there is a bottle of Aqua tofana (a notorious poison) intended for the German princes. Clinging to his boots are the hated General Davout, who wants his Hamburg commando back (cf. cat. no. 407), and Vandamme, who pleads not to have to return to Rostock (cf. cat. no. 324). In France, the «flame of revolt» is ablaze, while in the heavens Justice, enthroned on a cloud, enjoys the brilliance of the sun. The cloud sends the coalition army down in the form of strokes of lightning, targeting the returning Emperor who promises peace, but brings war and death.

Sbarco di Bonaparte
L'opera, che corrisponde per stile narrativo e tipo di satira a quelle di Rosmäsler del 1815 (cfr. n.i cat. 385 e 407), presenta la stessa firma dei n.i cat. 376 e 415. Lo sfondo indica schematicamente la traversata di Napoleone dall'isola d'Elba al Golfe-Juan, il centro la sua avanzata da Cannes a Parigi. La natura crudele e mendace dell'esule tornato appare in una serie di caratteristiche: carnagione scura (cfr. n° cat. 353), orecchie a punta e denti canini, ortica (dolore) e cicuta (veleno) sul cappello, spalline cinte da corone (funebri) d'alloro per gli avvelenati di Giaffa (cfr. n° cat. 97), braccia irrigidite da sciabole in posizione di «tenero abbraccio». Ad «ancorare» di nuovo il regime in Francia provvedono le ancore del «tradimento» e dello «spergiuro» fissate alle gambe; la sciabola gigantesca (terminante in una lama di sega) reca un appello ipocrita al popolo e all'esercito perché tornino sotto il tricolore, che promette «perdono e amore» ma è sovrastato da una testa felina e da un pipistrello. Dalla tasca dei pantaloni il mostro perde proclami ai francesi, agli abitanti di Lione (che gli tributarono un'accoglienza trionfale il 10 marzo 1815) e ai soldati dell'esercito borbonico; in quella della giubba ha una bottiglietta di acqua tofana (celebre veleno) per i principi tedeschi. Allo stivale di Napoleone si aggrappano gli odiati generali Davout, che rivorrebbe il suo comando di Amburgo (cfr. n° cat. 407), e Vandamme, che non vuole tornare a Rostock (cfr. n° cat. 324). Mentre in Francia avvampa la «fiamma della rivolta», in cielo la Giustizia, illuminata dal sole, troneggia su una nuvola; da quest'ultima i fulmini (gli eserciti della coalizione) cadono sull'esule tornato, che promette salvezza ma porta guerra e morte.

Lit.: Kat. RM 21; Sche 5.3.

417
Die grosse Nation hat ihren grossen Kaiser wieder und zieht auf grosse Eroberungen aus.
darunter in zwei Spalten
– *Der grosse Kaiser spricht* –
l. *Ich bin nun wieder unter Euch! / Drum will ich, ihr Getreuen, / Das ganze heil'ge römsche Reich / Abschröpfen und kasteien. / Ihr, Grandtambour und Grandsiffleur, / Und Grandfourier und Grandsappeur, / Marsch, marsch! voran dem Heere!*
r. *Im Doppelschritte nach Berlin! / Füllt dort die leeren Taschen. / Und Euern Schandfleck müsst in Wien / Ihr mit Tokaier waschen! / Dann erst wird dieses grosse Coeur / Durch Gott – und meinen Grandtondeur – / Sich revangirt erachten.*
o. M. *Europa Africa Asien*
o. r. *Zweiter Theil vom Leben des grossen Kaisers Napoleon 1815.*
u. r. *Contri butionen von Nord-Deutsch land. / Contribu tionen von SüdDeutsch land / Die Gross= Eseltreiber des Reichs.*
u. M. *Gross=Scheerer (Tondeur) der Reiche.*
u. l. *Moniteur. / Gross=Receveur. / Bulletins der Grossen Armée / Grand=Tambour de l'Empire. / Grand=Sapeur de l'Empire.*
Johann Michael Voltz, Mitte 1815, nach Johann Gottfried Schadow, bei Friedrich Campe, Nürnberg
Radierung
n. best. (192 × 217 mm)
u. r. Stempel Museum Schwerin
1980.407.

Die Grosse Nation hat ihren grossen Kaiser wieder und bricht zu grossen Eroberungen auf
Die seitenverkehrte und figürlich bereicherte Neufassung von Schadows Blatt «Emparez-vous de Berlin» auf den Frühjahrsfeldzug von 1813 (Sche 3.12) parodiert meisterhaft den Auszug der napoleonischen Armee während der Hundert Tage. Im Hintergrund marschieren Infanterie, Artillerie und Kavallerie vorbei. Auf dem Feldherrenhügel im Mittel-

grund diktiert Napoleon mit der Weltkugel in der Hand einem hageren Adjutanten seine Pläne für den «zweiten Teil» seines Lebens, die Hundert Tage. Zu seiner Rechten hält sich sein Mameluck und Leibwächter bereit, dieses Leben mit dem Krummsäbel zu schützen. Vor dem Hügel defiliert der burleske Generalstab, die Säbel präsentierend, mit Eseln vorüber. In satirischen Versen befiehlt ihm der rachedurstige Kaiser loszuziehen, um das deutsche Reich mit Krieg zu schlagen und finanziell auszupressen: Die Körbe auf den Eseln sind mit Kontributionen zu füllen. Zu diesem Zweck gebietet Napoleon seinen Generälen, Berlin einzunehmen (wie 1806); und nur die Besetzung Wiens (wie 1805) kann sie vom Makel reinwaschen, während seines Exils König Ludwig gedient zu haben. Die Heeresspitze (v. l. n. r. Sappeur, Tambour, Einnehmer, Scherer und Eseltreiber) – besteht aus Charakterkarikaturen, die zum Teil an Porträts denken lassen. Sie wird vom Windhund «Moniteur», der kaisertreuen Pariser Tageszeitung, mit seinen Heeresbulletins begleitet.

La grande Nation a retrouvé son grand Empereur et s'apprête à faire de grandes conquêtes
Thématisant la campagne du printemps 1813 (Sche 3.12), cette nouvelle version de l'estampe de Schadow intitulée «Emparez-vous de Berlin», avec côtés inversés et enrichie de nouvelles figures, parodie – avec un art consommé – le départ de l'armée napoléonienne pendant les Cent-Jours. A l'arrière-plan, on voit défiler l'infanterie, l'artillerie et la cavalerie. Sur la colline des commandants, au milieu de l'image, Napoléon dicte à un adjudant grand et sec, un globe terrestre à la main, ses plans pour la «seconde partie» de sa vie (Cent-Jours). A sa droite, son mamelouk et garde du corps se tient prêt à protéger sa vie avec son sabre. Devant la colline, un burlesque état-major, sabres au clair, défile avec des ânes. A travers des vers satiriques, l'empereur vindicatif lui ordonne de se mettre en marche pour faire la guerre à l'Empire allemand et pour pressurer celui-ci financièrement: les corbeilles portées par les ânes doivent être remplies de «contributions». A cette fin, Napoléon commande à ses généraux de prendre Berlin (comme en 1806); et seule l'occupation de Vienne (comme en 1805) peut laver les militaires de l'opprobre d'avoir servi le roi Louis durant l'exil de l'empereur. En tête de l'armée, on identifie différentes figures caricaturées faisant penser, pour certaines, à des portraits (de g. à d.: un sapeur, un tambour, un receveur, un tondeur et des âniers). Elles sont accompagnées par un lévrier, qui représente le «Moniteur», le quotidien parisien pronapoléonien.

The Great Nation Has Its Emperor Back and Sets Out to Make Great Conquests
This laterally inverted and figuratively enriched revised version of Schadow's print «Emparez-vous de Berlin», depicting the spring 1813 military offensive (Sche 3.12), is a masterful parody of the departure of the Napoleonic army during the Hundred Days. In the background, the infantry, artillery, and cavalry can be seen marching onwards. In the middle distance, on a knoll reserved for the commanders, Napoleon – with a globe in one hand – stands dictating his plans for the «second half» of his life, the Hundred Days, which a haggard aide-de-camp takes down. To Napoleon's right, his bodyguard, a Mamluk, stands ready to defend him with a scimitar. His burlesque general staff parade by in the forefront, presenting their sabres and pulling donkeys. In satirical lines of poetry the revenge-thirsty Emperor orders them to get going in order to bring war to the German kingdom and bleed the country dry financially: the baskets on the donkeys are to be filled with contributions by the Germans. To this end, Napoleon invites the generals to occupy Berlin (as in 1806); and asserts that only the occupation of Vienna (as in 1805) can erase the blot of having rendered their services to King Louis during the Emperor's exile. The commanders in lead (l. to r. trench digger, drummer, collector, shearer, and donkey driver) are caricatures of characters that partly bring to mind portraits; they are accompanied by a greyhound brandishing an army communiqué around his neck and symbolising the Parisian daily loyal to the Emperor, «Le Moniteur».

La grande nazione ha di nuovo il suo grande imperatore e parte per grandi conquiste
Questa nuova versione rovesciata (e arricchita di figure) di *Emparez-vous de Berlin*, opera di Schadow sulla campagna della primavera 1813 (Sche 3.12), è una magistrale parodia della partenza dell'armata napoleonica durante i Cento Giorni. Sull'altura strategica dello sfondo, dietro cui si vedono marciare fanteria, artiglieria e cavalleria, un Napoleone col globo terrestre sottobraccio detta a uno smilzo aiutante i suoi piani per la «seconda parte» della propria vita (i Cento Giorni); accanto a lui il suo mamelucco e guardia del corpo è pronto a difendere quella vita con la scimitarra, mentre sotto l'altura passa con gli asini la sfilata burlesca dello Stato Maggiore, presentando le sciabole. Assetato di vendetta, nella poesia satirica l'imperatore ordina ai generali di partire, per battere i tedeschi militarmente e fiaccarli sul piano finanziario: i cesti sugli asini vanno riempiti di contribuzioni. A tale scopo Napoleone ingiunge allo Stato Maggiore di prendere Berlino (come nel 1806); solo l'occupazione di Vienna (come nel 1805) può lavare i generali dall'onta di aver servito re Luigi durante l'esilio dell'Elba. L'avanguardia, formata da tipi caricaturali che in qualche caso sembrano ritratti (da s. a d. il geniere, il tamburino, l'esattore, il barbiere e l'asinaio), è accompagnata dal levriero «Moniteur» (nome del quotidiano parigino fedele all'imperatore), che reca i bollettini della Grande Armata.

Lit.: Br II App. E 49; Sche 5.13.

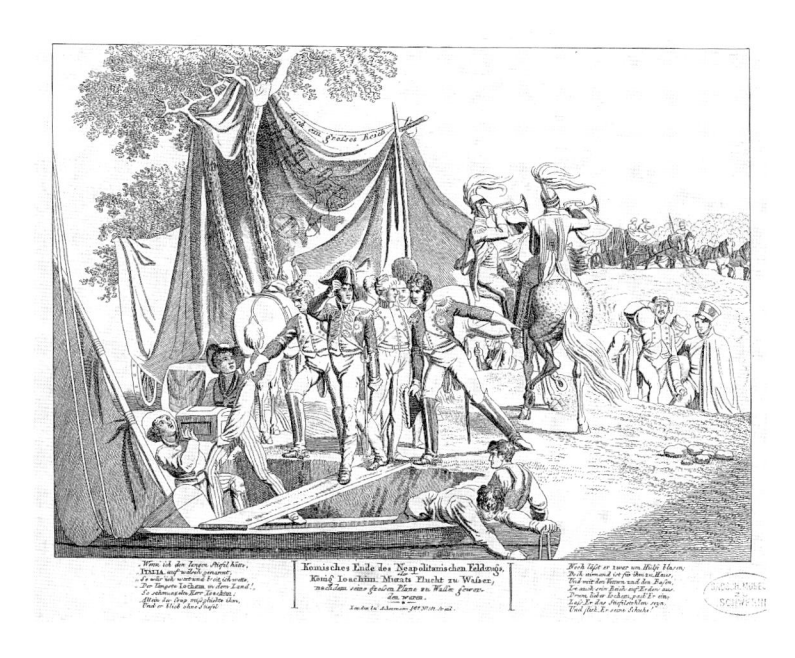

418
Komisches Ende des Neapolitanischen Feldzugs, / oder / König Ioachim Murats Flucht zu Wasser, / nachdem seine grossen Plane zu Wasser gewor=/den waren.
beidseits davon eine Gedichtstrophe
l. «*Wenn ich den langen Stiefel hätte,* / «*ITALIA auf wälsch genannt,* / «*So wär' ich weit und breit, ich wette,* / «*Der längste Iochem in dem Land!*» / *So schmunzelte Herr Ioachim;* / *Allein der Coup missglückte ihm,* / *Und er blieb ohne Stiefel*
r. *Noch lässt er zwar um Hülfe blasen;* / *Doch niemand ist für ihm zu Haus,* / *Und mit den Vettern und den Basen,* / *Ist auch sein Reich auf Erden aus.* / *Drum, lieber Iochem, pack' Er ein;* / *Lass Er das Stiefelstehlen seyn,* / *Und flick Er seine Schuhe!*
o. l. *Auch ein grosses Reich.* / [...] *Mailand Po* [Fl.] *Spezia* [Modena] [...] *Bologna* [Tolentino] *Rom Vieste Capua Neapel* [...] *Reggio* / *ITALIEN*
anonym, Mitte 1815,
bei Friedrich Campe (?), Nürnberg
bez. u. M. *London. bei Ackermann & C° N° 101. Strand.*
Radierung
187 × 258 mm (193 × 265 mm)
u. r. Stempel Museum Schwerin 1980.406.

Komisches Ende des neapolitanischen Feldzugs oder König Joachim Murats Flucht zu Wasser, nachdem seine grossen Pläne zu Wasser geworden waren
Marschall Murat, seit 1808 König von Neapel und Sizilien, wollte nach Napoleons Vorbild «auch ein grosses Reich» gründen, wie auf dem zwischen zwei Bäumen aufgespannten Zelt mit der Landkarte Italiens zu lesen ist. Jetzt greift er sich ratlos an den Kopf: Im Hintergrund ist noch die Kutsche zu sehen, in der er floh; zwei Reiter blasen zum Rückzug, und er selbst besteigt mit zerfetzten Hosen und ohne Stiefel ein Segelboot, auf das zwei Kisten geladen werden. Ein Offizier aus dem Gefolge weist den Besiegten auf die Verletzten hin, die nachfolgen, und fordert ihn wohl auf, seine Soldaten nicht im Stich zu lassen. Als der Wiener Kongress die Bourbonen wieder auf den neapolitanischen Thron setzen wollte, begann Murat im Namen der Unabhängigkeit und Einheit Italiens Anfang 1815 einen Eroberungszug, den die Österreicher bei Tolentino (2. Mai) vereitelten. Ohne die Unterstützung des inzwischen aus Elba zurückgekehrten Napoleon, von dem er sich 1814 abgewendet hatte, blieb Murat nur die Flucht nach Frankreich (21. Mai). Ein Versuch, in Süditalien einzufallen, kostete ihn im Oktober 1815 das Leben.

La fin bizarre de la campagne napolitaine ou la fuite par la mer du roi Joachim Murat après l'échec de ses plans ambitieux tombés à l'eau
A l'exemple de Napoléon, le maréchal Murat, devenu roi de Naples et de Sicile en 1808, a voulu fonder «aussi un grand empire», comme on peut le lire sur la tente fixée à deux arbres où est dessinée une carte de l'Italie. Maintenant, l'air déconcerté, il se gratte la tête. A l'arrière-plan, on aperçoit encore le carrosse dans lequel il a fui; deux cavaliers sonnent la retraite et lui-même, le pantalon déchiré et sans bottes, monte sur un bateau à voiles où on charge deux caisses. Un officier de la suite attire l'attention du vaincu sur les blessés qui suivent; il lui demande sans doute de ne pas abandonner ces soldats à leur sort. Lorsque le congrès de Vienne envisagea de réinstaller les Bourbons sur le trône napolitain, Murat lança, début 1815, une campagne de conquête au nom de l'indépendance et de l'unité de l'Italie, contrecarrée par les Autrichiens près de Tolentino (2 mai). Sans le soutien de Napoléon – revenu entre-temps de l'île d'Elbe, dont il s'était détourné en 1814, Murat ne put plus que se réfugier en France (21 mai). Il tenta un débarquement en Italie du Sud, qui lui coûta la vie en octobre 1815.

A Funny End to the Neapolitan Military Campaign or King Joachim Murat's Flight to Water After All His Grandiose Plans Had Turned to Water
Marshal Murat, King of Naples and Sicily since 1808, wanted to imitate Napoleon by also founding «a large kingdom», as the map of Italy inscribed on the tent set up between two trees makes clear. Hand to head, he is racking his brains: in the background, the coach on which he fled is still visible; two riders sound the retreat; and he himself – with torn pants and shoeless – is embarking on a sailboat on which two chests are being loaded. An officer among his attendants points out the wounded to the defeated King, probably imploring him not to forsake them. When the Vienna Congress sought to reestablish the Bourbons on their Neapolitan throne, Murat had undertaken – early in 1815 and in the name of Italy's independence and unity – a military offensive that was thwarted by the Austrians at Tolentino (May 2). Without Napoleon's support (Napoleon had in the meantime returned from Elba, but Murat had withdrawn his allegiance in 1814), Murat had no alternative but to flee to France (May 21). A subsequent attempt to invade southern Italy would cost Murat his life (October 1815).

Fine buffa della spedizione napoletana, o fuga in acqua di re Gioacchino Murat dopo che i suoi grandi progetti sono andati in fumo
Come si legge sulla tenda, tesa fra due alberi con la carta geografica dell'Italia, anche il maresciallo Murat (dal 1808 re di Napoli e di Sicilia) voleva fondare un «grande regno» sul modello di Napoleone; ora, però, si tocca la testa perplesso. Sullo sfondo si vede ancora la carrozza in cui è fuggito; mentre due cavalieri suonano la ritirata, lui – coi pantaloni laceri e senza stivali – sale su una barca a vela, su cui vengono caricate due casse. Un ufficiale del seguito segnala allo sconfitto i feriti rimasti indietro, chiedendogli probabilmente di non piantare in asso i suoi soldati. Poiché il congresso di Vienna voleva reinsediare i Borboni sul trono di Napoli, all'inizio del 1815 Murat intraprese, in nome dell'indipendenza e dell'unità d'Italia, una spedizione di conquista che il 2 maggio fu sventata dagli austriaci a Tolentino; avendo volto le spalle a Napoleone già nel 1814, però, non ebbe l'appoggio dell'imperatore, nel frattempo tornato dall'Elba. Il 21 maggio, perciò, fu costretto a fuggire in Francia; un tentativo d'invasione della Calabria gli costò la vita nell'ottobre successivo.

Lit.: BN IV 8200.

419

S͏ᵉ Kaiserliche Majestät, Napoleon der Grosse, geruhen den Feldzug zu eröffnen und machen Höchstihre Dispositionen zur Schlacht von la Belle Alliance d: 18. Iuny 1815.
darunter Gedicht in zwei Spalten
l. *Glück auf, Glück auf, Herr Urian, / Zur neuen Musterkarte! / Was Er besitzt, das le'g Er an, / Hochweiser Bonaparte! / Und was Er sonst noch haben will, / Kann Er um einen Pappenstiel / Beim Kaufmann Blücher finden.*
r. *Und für die andern Herren, die / Kauflustig ihn umstehen, / Sind Wellington & Compagnie, / Mit Stöcken schon versehen. / Die Rechnung wird dann schnell gemacht; / Man schreibt Euch von der ganzen Fracht / Den Saldo – auf den Rücken!*
Legende über dem Bildfeld *1. Der Grosse Mann. 2. Davoust. 3. Ney. 4. Hieronimus. 5. Vandamme 6. Staatssecretair. 7. Finanzminister. 8. Alte Garde. 9. Iunge Garde. 10. Schwere Cavallerie 11. Leichte Cavallerie.*
u. M. *Erstes Supplement Blatt zum grossen Reich. Brüssel Antwerpen Amsterdam Maynz Achen Cöln Frankfurt Cassel Würzburg Hamburg*
u. l. *Nachrichten für den Moniteur. / Der Grosse Kaiser und die Grosse Arm[é] an die Grosse Natio[n] über das Grosse Reich / Pro clam. von Laeken*
Johann Michael Voltz, Mitte 1815, nach Johann Gottfried Schadow, bei Friedrich Campe, Nürnberg
Radierung
185 × 255 mm (204 × 264 mm)
u. r. Stempel Museum Schwerin 1980.386.

Seine Kaiserliche Majestät Napoleon der Grosse ist bereit, den Feldzug zu eröffnen, und trifft Vorkehrungen für die Schlacht von Waterloo, den 18. Juni 1815
Auf einer Karte mit Teilen Belgiens, Hollands und Deutschlands steht der Zwerg Napoleon, umringt von seinem buckelnden Generalstab (v. l. n. r. Jérôme Bonaparte, Davoust, Ney, Vandamme) sowie Finanzminister Gaudin (ganz links). Sie prüfen die Lage und bereiten den Belgienfeldzug vor, der in der Niederlage von Waterloo enden wird. Hinter ihnen sind ein Leichter Kavallerist, zwei Gardisten sowie ein Kürassier postiert. An einem Tischchen schreibt Staatssekretär Maret ein hochtrabendes Heeresbulletin. Zu seinen Füssen befinden sich seine Mappe mit den Nachrichten für die Regierungszeitung «Le Moniteur» sowie Petschafte, Briefe und die Proklamation von Laeken (vgl. Kat. Nr. 420). Das Gedicht spottet, «Herr Urian» (Teufel) soll sein Geld ruhig in Eroberungszüge investieren, die Kaufherren Blücher und Wellington werden ihm dann schon die Rechnung präsentieren! Voltz kopiert hier detailgetreu Schadows Karikatur «Le partage du monde» (Sche I.6) von 1813.

Sa Majesté l'empereur Napoléon le Grand daignant entrer en campagne et prenant les dispositions avant la bataille de La Belle-Alliance du 18 juin 1815
Napoléon, représenté en nain, est debout sur une carte géographique montrant des parties de la Belgique, de la Hollande et de l'Allemagne, entouré d'un état-major rampant (de g. à d.: Jérôme Bonaparte, Davoust, Ney, Vandamme) et de Gaudin, ministre des finances (tout à gauche). Ils examinent la situation générale et préparent la campagne de Belgique, qui se terminera par la défaite de Waterloo. Un cavalier léger, deux soldats de la garde ainsi qu'un cuirassier se trouvent postés derrière eux. Assis à une petite table, le secrétaire d'Etat Maret écrit un bulletin militaire emphatique. Par terre, à ses pieds, on voit une serviette – contenant des nouvelles pour le journal progouvernemental «Le Moniteur» –, des cachets, des lettres et la proclamation de Laeken (cf. nᵒ cat. 420). D'un ton plein de dérision, le poème précise que «Monsieur Urian» (le diable) peut tranquillement investir son argent dans des campagnes de conquête, les négociants Blücher et Wellington se chargeront sûrement de lui présenter la facture. Voltz copie ici, jusque dans les détails, la caricature de Schadow de 1813 intitulée «Le partage du monde» (Sche I.6).

His Imperial Majesty Napoleon the Great, Deigning to Open the Military Campaign and Making His Arrangements for the Battle of Belle Alliance on 18 June 1815
Napoleon the midget stands on a map showing parts of Belgium, Holland, and Germany; he is surrounded by his cringing general staff (l. to r.: Jerome Bonaparte, Davout, Ney, Vandamme) and his Minister of Finance Gaudin (far left). They are analysing the situation and preparing a Belgian campaign (which was to end in defeat in Waterloo). Posted behind are various soldiers – one from the light cavalry, two from the Guards, and a cuirassier. Foreign Secretary Maret sits at a little table composing a most pompous war bulletin. Lying at his feet are a briefcase with new items for the official paper «Le Moniteur», as well as seals, letters, and the Laeken Proclamation (cf. cat. no. 420). The poem mockingly encourages «Herr Urian» (the devil) to place his money on the military campaigns – the merchants Blücher and Wellington would surely present him with the bill! This work is a copy by Voltz of the true-to-detail 1813 cartoon «Le partage du monde» by Schadow (Sche I.6).

Sua maestà imperiale Napoleone il Grande si degna d'inaugurare la campagna e detta le sue eccelse disposizioni per la battaglia di La Belle-Alliance, il 18 giugno 1815
Il nano Napoleone (in piedi su una carta con parti del Belgio, dell'Olanda e della Germania), il suo ossequioso Stato Maggiore generale (da s. a d. Gerolamo Bonaparte, Davout, Ney, Vandamme) e il ministro delle finanze Gaudin (ultimo a sinistra) esaminano la situazione e preparano la campagna del Belgio, che terminerà con la sconfitta di Waterloo; dietro appaiono un cavaliere leggero, due membri della Guardia e un corazziere. Al tavolino il segretario di Stato, Maret, scrive un rebonante bollettino militare; ai suoi piedi si distinguono la sua borsa con le notizie per il giornale governativo *Le Moniteur*, sigilli, lettere e il proclama di Laeken (cfr. nᵒ cat. 420). Stando alla poesia satirica, il «signor diavolo» investirà tranquillamente il suo denaro in campagne di conquista, ma i commercianti Blücher e Wellington gliene presenteranno il conto. Voltz qui copia fedelmente la caricatura di Schadow *Le partage du monde* (Sche I.6), risalente al 1813.

Lit.: BN V 9552; Sche 5.16.

Sᵉ Kaiserl. Majestät Napoleon der Grosse auf Höchstdero neuerfundenem Observatorio in der Schlacht von la Belle Alliance d. 18. Iuny 1815.

420
Sᵉ Kaiserl: Majestät Napoleon der Grosse auf Höchstdero neuerfundenem Observatorio in der Schlacht von la Belle / Alliance d: 18. Iuny 1815.
darunter Gedicht in zwei Spalten
l. *Halt' fest, halt fest und wackle nicht, / Du kaiserliche Leiter, / Sonst fällt dein Herr aufs Angesicht; / Und wenn er fällt, so schreit er: / «Ich steige willig von dem Thron, / «Damit mein hoffnungsvoller Sohn / «Mein Weltenreich vollende!»*
r. *Allein obschon die Leiter steht, / So sieht der Herr mit Schrecken / Die Truppen seiner Majestät / In Angst und Nöthen stecken, / Und trotz der Proclamation / Ist Hölland dir, Napoleon, / Sprüchwörtlich nur beschieden!*
o. M. *La Belle Alliance.*
u. r. *Napoleon Kaiser Protector / Proclam. von Laeken*
u. l. *Holland*
anonym, 1815, bei Friedrich Campe, Nürnberg
Radierung
Breite 182 mm (252 × 184 mm)
u. r. Stempel Museum Schwerin 1980.385.

Seine Kaiserliche Majestät Napoleon der Grosse auf Ihrem neuerfundenen Observatorium in der Schlacht von Waterloo, den 18. Juni 1815
Am Rand des Schlachtfeldes von Waterloo (La Belle-Alliance) steht Napoleon auf einer Stehleiter, die drei Sappeure halten. Groteskerweise trägt er eine grosse Brille und hat eine lange Nase. Er erschrickt beim Anblick seiner fliehenden Truppen. Schon galoppieren drei Reiter vorbei; der mittlere meldet gestikulierend die ernste Lage. Vorne links brüten zwei Offiziere ratlos über der Karte von Holland, auf die ein Windhund seine Notdurft verrichtet. Im Mittelgrund steht rechts die Kutsche des Feldherrn für die Flucht bereit. Davor bringt ein die Leiter hochglotzender Adjutant einen Korb voller Schriftstücke Napoleons sowie seine Proklamation von Laeken. Diese sollte eigentlich nach der Schlacht den Sieg auf Schloss Laeken (bei Brüssel) verkünden; sie wurde von den Preussen in der auf der Flucht zurückgelassenen Kutsche des Kaisers gefunden. Zeitungsberichten zufolge verwendete Napoleon bei Waterloo einen mobilen Aussichtsturm aus Holz. Das Gedicht unter dem Bild verhöhnt den Besiegten, der nur für seine eigene Person abdanken und seinem Sohn den Thron erhalten wollte; es höhnt, Napoleon bleibe nun nur die Hölle übrig.

Sa Majesté l'empereur Napoléon le Grand, en haut d'une tour d'observation nouvellement inventée, au cours de la bataille de La Belle-Alliance du 18 juin 1815
Au bord du champ de bataille de Waterloo (La Belle-Alliance), Napoléon se trouve en haut d'une échelle double, tenue par trois pionniers. Grotesquement, il porte une grosse paire de lunettes et a un long nez. Il s'effraie en voyant ses troupes s'enfuir. Trois cavaliers s'approchent déjà au galop; en gesticulant, celui du milieu fait rapport de la situation dangereuse. A gauche, au premier plan, deux officiers désemparés se creusent la tête sur la carte de la Hollande, sur laquelle un lévrier fait ses besoins. A droite, le carrosse du grand capitaine est prêt pour la fuite. L'air complètement ahuri, un adjudant apporte une hotte remplie de documents appartenant à Napoléon ainsi que sa proclamation de Laeken. Normalement, cette proclamation aurait dû – après la bataille – annoncer la victoire au château de Laeken (près de Bruxelles); elle fut trouvée par les Prussiens dans le carrosse de l'empereur, abandonné lors de la fuite. Selon des articles de presse, Napoléon utilisa, près de Waterloo, une tour d'observation mobile en bois. En-dessous de l'image, un poème se moque du vaincu, celui-ci voulant abdiquer uniquement à titre personnel et conserver le trône à son fils. D'un ton plein de dérision, ce texte en vers entrevoit maintenant pour Napoléon une seule perspective: l'enfer.

His Imperial Majesty Napoleon the Great, at His Newly Invented Observatory at the Battle of Belle-Alliance on 18 June 1815
On the fringes of the Waterloo battlefield (La Belle-Alliance), Napoleon stands atop a stepladder being held in place by three trench diggers. Rendered grotesque by glasses and a long nose, he is shocked to see his troops fleeing. Three riders already gallop right past him, and the one in the middle gesticulates as to their serious state. To the fore and left, two officers are helplessly consulting a map of Holland, which is being used by a greyhound to relieve himself. At the middle distance, the military commander's coach stands ready for flight; just in front, a goggle-eyed aide-de-camp has arrived with a basketful of Napoleon's documents and his Laeken Proclamation – a document he intended to read out at the Laeken Castle (near Brussels) to proclaim victory after the battle (it was found in the Emperor's coach, which he abandoned in flight). Newspaper accounts mention he used a movable wooden watch tower at Waterloo. The poem under the image scorns the defeated Emperor for seeking to relinquish only his own rights to the throne and leave the latter to his son; jeeringly, the poem comments that only hell is now left to him.

Sua maestà imperiale Napoleone il Grande sul nuovo osservatorio eccelso nella battaglia di La Belle-Alliance, il 18 giugno 1815
Ritto su uno scaleo tenuto da tre genieri, ai margini del campo di battaglia di Waterloo (La Belle-Alliance), un Napoleone reso grottesco da grandi occhiali e da un lungo naso osserva spaventato la fuga delle sue truppe. Già passano al galoppo tre cavalieri, di cui quello al centro annuncia gesticolando la gravità della situazione; in primo piano a sinistra due ufficiali esaminano perplessi la carta dell'Olanda, su cui un levriero compie i suoi bisogni. A destra, davanti alla carrozza del condottiero pronta per la fuga, un aiutante guarda a bocca aperta lo scaleo, recando un cesto che contiene scritti di Napoleone e il suo proclama di Laeken; quest'ultimo, che dopo la battaglia avrebbe dovuto annunciare la vittoria dal castello di Laeken (presso Bruxelles), fu trovato invece dai prussiani nella carrozza imperiale, abbandonata durante la fuga. A Waterloo, stando a giornali dell'epoca, in effetti l'imperatore utilizzò una torre mobile d'osservazione in legno. La poesiola sotto il titolo schernisce lo sconfitto, che voleva abdicare per sé ma conservare il trono al figlio: a Napoleone – questa la conclusione beffarda – non resta altra terra che l'inferno.

Lit.: BN V 9566; Sche 5.17; vgl. Schu Tf. 42, S. VIII* [seitenverkehrte Zeichnung].

Ein kleines Spiel für zwei grosse Männer.

421
Ein kleines Spiel für zwei grosse Männer.
darunter Gedicht in zwei Spalten
l. *O Wunder! Welch ein Vogel fliegt / So seltsam durch den Himmel? / Es ist ein Greif. Die Klaue liegt. / Im brausenden Getümmel / Rauscht er nicht mehr von Land zu Land; / Ein Fangball in der Helden Hand / Spaziert er durch die Lüfte.*
r. *So jämmerlich wird jede Kraft / Die nur verwüstet, enden! / Ein Spiel der eignen Leidenschaft, / Ein Spiel in fremden Händen, / Verirrt sie sich im Lebensraum, / Und lebt und stirbt im Wahnsinnstraum, / Wo nicht an Rad und Galgen.*
Johann Michael Voltz, Mitte 1815,
bei Friedrich Campe, Nürnberg
Radierung
185 × 259 mm (232 × 372 mm)
Stempel Museum Schwerin
[auf der Rückseite]
1980.456.

Ein kleines Spiel für zwei grosse Männer
Durch eine weite Ebene schlängelt sich ein Fluss an einem Wald mit einem beflaggten Turm vorbei und mündet ins Meer. Am Horizont sind zwei Schiffe und eine Grossstadt zu erkennen. Im Vordergrund spielen die Riesen Blücher (links) und Wellington (rechts) über den Fluss hinweg Federball. Ihr Spielball ist der zappelnde Napoleon. Machtlos fliegt er durch die Luft. Diese Allegorie auf Waterloo deuten zwei Siebenzeiler: Jämmerlich endet jede rein destruktive Kraft; so ergeht es auch Napoleon, der als Opfer seiner eigenen Leidenschaft schliesslich in die Hände der Feinde fällt: Wahnsinn oder Todesstrafe erwarten ihn. Das Bildmotiv verdankt man derselben Karikatur von George Cruikshank aus dem Frühling 1814, welche als Vorlage für Kat. Nr. 215 diente.

Un petit jeu pour deux grands hommes
Un fleuve serpente à travers une vaste plaine le long d'une forêt – d'où émerge une tour surmontée d'un drapeau – et se jette dans la mer. A l'horizon, on distingue deux bateaux et une grande ville. Au premier plan, Blücher (à gauche) et Wellington (à droite) – représentés en géants – jouent au volant par-dessus le fleuve, Napoléon leur servant de volant vivant. Impuissant, il vole à travers les airs. Se référant à Waterloo, cette allégorie est analysée par deux petits poèmes de sept vers: toute force purement destructrice est condamnée à finir de manière lamentable; Napoléon en donne une illustration, lui qui tombe pour finir – comme victime de ses propres passions – entre les mains de ses ennemis. Soit la folie, soit la peine de mort l'attendent à présent. Le motif de cette image est emprunté à la caricature de George Cruikshank du printemps 1814, qui a servi également de modèle au n°. cat. 215.

A Small Game for Two Big Men
A river winds its way past a woods across a wide plain, passing a forest with a beflagged tower, and into the sea. Two ships and a big city can be seen in the background. To the fore, a giant Blücher (left) and Wellington (right) are playing shuttlecock across the river: their shuttle is the fidgety little Napoleon. Powerless, the latter flies through the air, an allegory on Waterloo as verbally described in two seven-line verses: every purely destructive force ends woefully, and such was the case for Napoleon who, as victim of his own passion, ended up in the hands of his enemies. Lunacy or the death penalty awaits him. The pictorial motif is based on the same cartoon created by George Cruikshank in spring 1814, and that served as model to cat. no. 215.

Un giochetto per due grandi uomini
In un'ampia pianura un fiume serpeggia accanto a un bosco e a una torre (con bandiera), per sfociare nel mare; all'orizzonte si distinguono due navi e una grande città. In primo piano giocano al volano, sulle rive opposte del fiume, i giganti Blücher (a sinistra) e Wellington (a destra); il loro volano è Napoleone, che si dibatte impotente ma vola qua e là. Questa allegoria di Waterloo è spiegata da due strofe di sette versi: poiché ogni forza solo distruttiva fa una fine miserevole, anche Napoleone, vittima della sua stessa passione, cade finalmente nelle mani dei nemici, ove lo aspettano la pazzia o la pena capitale. Il tema è preso dalla caricatura eseguita da George Cruikshank nella primavera del 1814, che servì da originale per il n° cat. 215.

Lit.: BN V 9591; Br II S. 136f., App. E 115; Sche 5.19.

422
Ein grosser General und ein kleiner Kaiser.
darunter Gedicht in zwei Spalten
l. *Ein Männlein kam aus Corsica / Und meinte, gross zu werden / Und zu verschlucken, fern und nah, / Die Völker all' auf Erden. / Allein es ward sein Spiritus / Durch eines Mannes Erbsenschuss / Gar jämmerlich getroffen.*
r. *Da kam das Männlein wiederum / Aus Elba hergefahren, / Und lockte in sein Kaiserthum / Von neuen unsre Schaaren. / Da sah ihn gar der grosse Mann / Für einen Daumenreiter an / Und gab ihm – Nasenstüber!*
Johann Michael Voltz, 1815,
bei Friedrich Campe, Nürnberg
Radierung
255 × 187 mm (263 × 198 mm)
u. r. Stempel Museum Schwerin
1980.438.

Ein grosser General und ein kleiner Kaiser
Auf einem Stück Wiese steht der vielfach dekorierte Generalfeldmarschall Blücher in würdevoller Ruhe und betrachtet ernst den Zwerg Napoleon. Auf dem Daumen des Preussen reitend, gestikuliert dieser verzweifelt, denn er erhält im nächsten Augenblick einen Nasenstüber. Das Geschehen symbolisiert den militärischen Todesstoss, den Preussen und Grossbritannien dem kleinwüchsigen Kaiser bei Waterloo versetzten. Die zwei Siebenzeiler unterhalb des Bildfeldes stellen dem grössenwahnsinnigen Zwerg aus Korsika Preussens grossen Mann gegenüber, für den es kinderleicht ist, den «Daumenreiter» zu züchtigen. Dass Blücher auch in England Verehrung genoss, belegt die Vorlage von Voltz – die anonyme Karikatur «A great General & a little Emperor» (Br II App. A 413), die Ende Mai 1814 in London erschien.

Un grand général et un petit empereur
Debout sur un bout de pré, portant de nombreuses décorations et plein de tranquille dignité, le feld-maréchal

Blücher fixe d'un air grave Napoléon – représenté en nain. Dansant sur le pouce du Prussien, l'empereur gesticule désespérément, car il est sur le point de recevoir une chiquenaude sur le nez. Cette scène symbolise le coup mortel militaire donné au nabot par la Prusse et la Grande-Bretagne près de Waterloo. Les deux petits poèmes de sept vers, sous le champ occupé par l'image, opposent le nain mégalomane de Corse et le grand homme de Prusse, pour qui punir le «petit cavalier du pouce» est d'une simplicité enfantine. Le modèle utilisé par Voltz, à savoir la caricature anonyme «A great General & a little Emperor» (Br II app. A 413) parue à Londres fin mai 1814, prouve qu'on a vénéré Blücher en Angleterre aussi.

A Great General and a Small Emperor
On a patch of grass the frequently decorated Field-Marshal Blücher stands in dignified calm and gazes seriously upon the midget Napoleon. The latter, astride the Prussian's thumb, is gesticulating in despair since he is about to receive a fillip on the nose – a gesture symbolising the military deathblow dealt by the Prussians and the British to the runty Emperor at Waterloo. The two seven-line verses under the image have the megalomaniacal gnome of Corsica confronting the great man of Prussia, for whom chastising the little «thumb rider» is but child's play. Blücher was also respected in England, a fact attested by the model for Voltz's work, an anonymous caricature entitled «A great general and a little Emperor» (Br II App. A 413), which had appeared end May 1814 in London.

Un grande generale e un piccolo imperatore
Ritto su una macchia erbosa, il pluri-decorato generale feldmaresciallo Blücher tiene sul pollice Napoleone e l'osserva serio, in silenzio solenne; il nanerottolo gesticola disperato perché sta per ricevere un buffetto sul naso, simbolo della sconfitta mortale di Waterloo inflitta al minuscolo imperatore da Prussia e Gran Bretagna. Le due strofe sottostanti, di sette versi l'una, confrontano il nano còrso megalomane con il grande prussiano, per il quale è facilissimo punire il «Pollicino». Che Blücher fosse ammirato anche in Inghilterra è dimostrato dall'originale su cui si basò Voltz: la caricatura anonima londinese *A great General & a little Emperor* (Br II app. A 413), pubblicata a fine maggio del 1814.

Lit.: BN V 9604; Br II S. 124, App. E 47; Kat. RM 5; La Fabb. 103, S. 433; Sche 5.23 (Ftf. LIII); Schu Tf. 43, S. VIII*.

423
La belle Alliance – Pour balayer la France!
darunter Dialog in zwei Spalten
l. *Der Preusse.* / Hilf, Kamerad, das Krötennest / Zum Land hinaus zu fegen! / Risch, rasch! – Nur einer hält noch fest / Und schlägt mit Stock und Degen; / Drum packe mir den Ehrenmann / Einmal mit Deinem Besen an / Und kehr' ihn – in die Hölle!
r. *Der Engländer.* / God dam! Der Kerl ist federleicht / Und will sich doch nicht fügen! / Geduld! Wenn ihn mein Stiel erreicht, / Soll er zum Teufel fliegen. / Fare well, farewell mit deiner Brut! / Trink' in der Hölle Menschenblut / Mit Beelzebub und – Carnot!
im Bild v. l. n. r. *Torbay / London / Rochefort / Orleans / PARIS / Lyon / Nancy / Brüssel / Maas Fl. / Mühlhausen / Strasburg / Maynz / Rhein Flus / Hüningen / Frankfurt*
Johann Michael Voltz, 1815,
bei Friedrich Campe, Nürnberg
Radierung
186 × 259 mm (240 × 342 mm)
Herkunft unbekannt
1980.437.

Die schöne Allianz – um Frankreich auszukehren
Auf einer Landkarte Mittel- und Nordeuropas mit bedeutsamen Orten des Jahres 1815 stehen zwei riesenhafte Soldaten – ein Engländer und ein Preusse (in Vorder- bzw. Rückenansicht). Sie fegen mit Reisigbesen das napoleonische «Krötennest» von Osten her aus Frankreich hinaus in den Ärmelkanal: Generäle, Marschälle, Könige und Königinnen (Napoleons Brüder und Schwestern), Napoleons Mutter Letizia (mit einem Galgen in der Hand) – das ganze Umfeld des Kaisers. Allein dieser flüchtet nicht, sondern leistet mit Degen und Knüppel lächerlichen Widerstand. Weiter vorne purzeln Militärs im Staub durcheinander. Nach dem Sieg von Waterloo zogen die Alliierten in der hier in Herzform gezeichneten Hauptstadt Paris ein (7. Juli 1815). Eine Woche später vertraute sich Napoleon in Rochefort den Engländern an und bestieg vor der englischen Küste bei Torbay das Schiff, das ihn in die Verbannung führte. Die alliierten Saubermänner im Bild sprechen in Reimen miteinander: Gemeinsam wollen sie das politische Fliegengewicht Napoleon in die Hölle fegen, wo es mit dem Teufel und Innenminister Carnot zusammen trinken soll – Menschenblut natürlich. Der Bildtitel nennt La Belle-Alliance (Waterloo) als Ausgangspunkt des grossen Reinemachens und gibt an, wozu die «schöne Allianz» von Preussen und England zustande kam.

La belle Alliance – pour balayer la France
Deux soldats géants – un Anglais et un Prussien (présenté de face, respectivement de dos) – se tiennent debout sur une carte de l'Europe centrale et septentrionale (montrant des lieux importants durant l'année 1815). A l'aide de balais de brindilles, ils repoussent le «nid de crapauds» napoléonien, de l'est vers la Manche, hors de France: généraux, maréchaux, rois et reines (frères et sœurs de Napoléon), Letizia (mère de Napoléon) tenant une potence à la main; tout l'entourage de l'empereur. Seul lui-même ne fuit pas, mais oppose une résistance ridicule avec une épée et une trique. Un peu plus loin, des militaires tombent pêle-mêle dans la poussière. Après leur victoire près de Waterloo, les Alliés entrèrent dans la capitale française (7 juillet 1815), dessinée ici en forme de cœur. Une semaine plus tard, Napoléon se rendit aux Anglais à Rochefort et monta, devant la côte anglaise, près de Torbay, sur le bateau devant l'emmener dans son lieu de bannissement. Les deux balayeurs alliés, qui introduisent un nouvel ordre, se parlent en vers: ils entendent expédier le poids plume politique en enfer, où il est censé boire

Das neue Elba.

Hier stille sich die Blutbegier,
Die sich erschöpfen sollte!
Gefangen ist das wilde Thier,
Das Welten fressen wollte.
Nun wird's in der Menagerie
Ein ganz geschlachtes, zahmes Vieh,
Das nicht mehr echappiret.

Dann wird es auch herum geführt
Ein Äfflein auf dem Rücken,
Das schlau die Kronen schon berührt
Um sie einst zu zerstücken.
Allein da unten steht ein Mann
Der solche Thiere zähmen kann!
Er heisst: — könnt Ihr's errathen?

– du sang humain naturellement – avec le diable et le ministre de l'intérieur Carnot. Le titre de l'image mentionne Waterloo (La Belle-Alliance) comme point de départ du grand nettoyage et explique dans quel but s'est formée «la belle alliance» entre la Prusse et l'Angleterre.

The Lovely Alliance – To Sweep France Clean
Two enormous soldiers – an Englishman (facing the viewer) and a Russian (seen from behind) – are shown on top of a map of middle and northern Europe (with the major sites of the year 1815). They are sweeping the Napoleonic «toad's nest» from the east away from France into the English Channel: generals, marshals, kings and queens (Napoleon's brothers and sisters), Napoleon's mother Laetitia (with a gallows in her hand) – his entire entourage. He is the only one not to flee, affording ridiculous opposition with a dagger and club. Further ahead, soldiers are tumbling on top of each other in the dust. After their victory at Waterloo, the allies entered Paris (7 July 1815), marked on this map by a heart. One week later, at Rochefort, Napoleon entrusted himself to the custody of the English and embarked from the English coast (at Torbay) on the vessel that would carry him into exile. The allied «clean men» in this image address each other in verse: jointly they want to sweep the political lightweight Napoleon into hell, where he can join the devil and Home Secretary Carnot in a drink of […] human blood, of course! This piece's title names La Belle Alliance (Waterloo) as the starting point for the great cleanup, and states to what purpose the «lovely alliance» of Prussia and England came into being.

La bella alleanza… per spazzare la Francia
Su una carta geografica con località importanti dell'anno 1815, due soldati giganteschi con enormi scope, l'uno inglese (di fronte) e l'altro prussiano (di spalle), spazzano verso ovest, dalla Francia nella Manica, il «nido di vipere» napoleonico: generali, marescialli, re e regine (fratelli e sorelle di Napoleone) nonché la madre dell'imperatore (Letizia, con un patibolo in mano), insomma tutto il suo entourage. Solo Napoleone non fugge, ma con spada e bastone oppone una ridicola resistenza; in primo piano vari militari rotolano l'uno sull'altro nella polvere. Dopo la vittoria di Waterloo, il 7 luglio 1815 gli alleati entrarono nella capitale francese (qui a forma di cuore); a Rochefort, dopo una settimana, Napoleone si consegnò agli inglesi, che in Inghilterra (a Torbay) lo imbarcarono sulla nave diretta a Sant'Elena. Nell'immagine gli spazzini alleati conversano in rima; entrambi vogliono scopare quel nemico leggerissimo all'inferno, ove potrà bere – sangue umano, naturalmente – insieme al diavolo e a Carnot (ministro dell'interno). Il titolo spiega perché si è formata la «bella alleanza» fra Inghilterra e Prussia: per fare completa pulizia a partire da La Belle-Alliance (Waterloo).

Lit.: Br II S. 132 f., App. E 4 [falscher Titel]; La Fabb. 104, S. 434; Sche 5.18 (Ftf. LII).

424
Das neue Elba.
darunter Gedicht in zwei Spalten
l. Hier stille sich die Blutbegier, / Die sich erschöpfen sollte! / Gefangen ist das wilde Thier, / Das Welten fressen wollte. / Nun wird's in der Menagerie / Ein ganz geschlachtes, zahmes Vieh, / Das nicht mehr echappiret.
r. Dann wird es auch herum geführt / Ein Äfflein auf dem Rücken, / Das schlau die Kronen schon berührt / Um sie einst zu zerstücken. / Allein da unten steht ein Mann / Der solche Thiere zähmen kann! / Er heisst – könnt Ihr's errathen?
u.M. *Malmaison*
Johann Michael Voltz, Mitte 1815, bei Friedrich Campe, Nürnberg
Radierung
n. best. (200 × 240 mm)
u. r. Stempel Museum Schwerin 1980.439.

Das neue Elba
Das in den «Berlinischen Nachrichten» am 7. September 1815 besprochene Blatt verspottet Napoleons Lage nach der Abdankung zugunsten seines Sohnes (22. Juni 1815). Napoleon weilte vom 25. bis 29. Juni auf Schloss Malmaison, bevor er ins Exil reiste – diesmal nicht als Inselfürst, sondern als Gefangener Englands. «Malmaison» wird ihm hier wörtlich zur «schlechten Wohnung»: In je einem Käfig zerfetzt er selbst (Mitte) mit Krallen und gierigem Blick eine Weltkugel, reisst eine Hyäne (rechts) ein Schaf, und spielt ein Leopard (links) mit einem Skelett. Stehen die Raubtiere für die Getreuen der Hundert Tage oder spiegeln sie Napoleons Wesen? Über dem Kaiser jongliert im kleinen Käfig ein Äffchen mit Krone und Szepter; es symbolisiert den fragwürdigen Thronanspruch von Napoleons Sohn. Nachdenklich stehen die Oberhäupter von Preussen, Russland und Österreich um die Raubtiere, die ihnen Feldmarschall und Dompteur Blücher (mit Schnurrbart und Eisernem Kreuz) vorführt (vgl. Kat. Nrn. 151, 228). «Das neue Elba» nimmt ein Bildthema aus dem Vorjahr wieder auf (vgl. Kat. Nr. 228).

La nouvelle Elbe
La présente estampe, analysée dans le journal «Berlinische Nachrichten» du 7 septembre 1815, se moque de la situation de Napoléon à la suite de son abdication en faveur de son fils (22 juin 1815). Du 25 au 29 juin, Napoléon séjourna au château de Malmaison, avant de se rendre en exil – cette fois-ci non pas comme prince d'une île, mais en tant que prisonnier des Anglais. «Malmaison» devient ici, littéralement, pour lui, une «mauvaise habitation»: une cage dans laquelle Napoléon lui-même (au milieu), le regard rapace, déchiquette de ses griffes un globe terrestre; une autre cage où une hyène tue un mouton (à droite); et une troisième où un léopard joue avec un squelette (à gauche). Les bêtes de proie représentent-elles les fidèles de la période des Cent-Jours ou reflètent-elles le caractère de Napoléon? Au-dessus de l'empereur, dans la petite cage, un petit singe jongle avec la couronne et le sceptre; il symbolise la prétention au trône équivoque du fils de Napoléon. D'humeur songeuse, les dirigeants de la Prusse, de la Russie et de l'Autriche se trouvent devant les cages des bêtes sauvages, qui leur sont présentées par le feld-maréchal et dompteur Blücher (personnage ayant une moustache et portant la Croix de fer) (cf. n°s. cat. 151 et 228). «La nouvelle Elbe» reprend un thème déjà traité par une estampe de l'année précédente (cf. n°. cat. 228).

The New Elba
This cartoon mocking Napoleon's situation after his abdication in his son's favour on 22 June 1815, appeared in the «Berlinische Nachrichten» on 7 September 1815. Napoleon waited out the time from 25 to 29 June at the Malmaison Castle before leaving for an exile where he no longer could pretend to the title

of island prince, but travelled as a prisoner of England. Thus «Malmaison» in this work literally represents Napoleon's «bad house»: each in their cage, Napoleon is shown in his with a greedy expression as he tears apart the globe with his claws. Meanwhile, in the cage to the right, a hyena tears apart a sheep and, to the left, a leopard plays with a skeleton. Do these beasts of prey stand for those loyal to Napoleon during the Hundred Days period, or are they meant to mirror Napoleon's character? Above the Emperor, a monkey juggles with the crown and sceptre, symbolising Napoleon's son's dubious claims to the throne. The leaders of Prussia, Russia, and Austria pensively stand about eying the beasts being pointed out to them by Field-Marshal and tamer Blücher, who features a mustache and an Iron Cross (cf. cat. nos. 151 and 228). «The New Elba» takes up a pictorial motif from the preceding year (cf. cat. no. 228).

La nuova Elba
La caricatura, discussa nel giornale *Berlinische Nachrichten* del 7 settembre 1815, sbeffeggia la situazione di Napoleone dopo che questi (il 22 giugno 1815) ha abdicato a favore del figlio. La Malmaison – il castello in cui Napoleone restò dal 25 al 29 giugno prima di partire per l'esilio, stavolta non come re di un'isola ma come prigioniero degli inglesi – qui è interpretata alla lettera come «casa cattiva»: mentre nella gabbia al centro lui lacera avidamente con gli artigli un globo terrestre, in quella a destra una iena sbrana una pecora e in quella a sinistra un leopardo gioca con una carcassa. Non si sa se gli animali da preda rappresentino i fedeli dei Cento Giorni o la natura di Napoleone, ma certo la gabbietta soprastante, ove una scimmietta compie giochi di destrezza con corona e scettro, simboleggia la discutibile pretesa di suo figlio al trono; intanto il feldmaresciallo-domatore Blücher (con baffi e croce di ferro) presenta i prigionieri ai capi della Prussia, della Russia e dell'Austria, che osservano meditabondi (cfr. n¹ cat. 151 e 228). Il tema dell'opera risale all'anno precedente (cfr. n° cat. 228).

Lit.: BN V 9730; Br II S. 135, App. E 91; Da Abb. S. 292; Kat. BB 41; Kat. H85 22; Kat. RM 106; La Fabb. 102, S. 433; Sche 5.28.

425
[Hoch zu Ratte]
anonym, 1815
Radierung, koloriert
113 × 173 mm (122 × 188 mm)
u. r. Stempel Museum Schwerin 1980.387.

Hoch zu Ratte
Napoleon «reitet» die Riesenratte – lakonischer lässt es sich nicht sagen, plakativer nicht ins Bild fassen: Er sitzt auf der «Ratteninsel» Sankt Helena fest und versucht, die Zügel im Griff zu behalten. Sein Leben in der Verbannung gestaltete er folgendermassen: «Der öde, leere Trödeltag auf Sankt Helena ist ebenso streng eingeteilt wie der fieberhafte Arbeitstag in Paris: aufstehen nach der Uhr, dann mit äusserster Sorgfalt Toilette machen, ein Morgenritt, ein Bad, die Ankunft des Arztes, der Höflinge, das Frühstück, die Diktier- und Korrespondenzarbeit; nachmittags zuweilen eine Audienz, zuweilen ein Ritt in altem Stil oder ein Spaziergang.» Doch sein Haus «ist ein Viehstall, und nicht einmal ein sehr grosser. Man hatte es in aller Eile für den Gefangenen zurechtgemacht. […] Die Ratten machten sich nachts breit, es wimmelte von Ungeziefer, und ausserdem war es sehr feucht.» (Presser S. 496f.) Zu Bildbau und Figurenmotiv vgl. Kat. Nr. 395.

Juché sur son rat
Napoléon «monte» le rat géant – on ne peut pas le formuler plus laconiquement et le mettre en image plus explicitement: il est bloqué dans l'«île des rats» de Sainte-Hélène et essaye de tenir les rênes. Il a organisé sa vie de banni de la manière suivante: «Une journée ordinaire – monotone et inoccupée – dans l'île de Sainte-Hélène est subdivisée aussi rigoureusement qu'une journée de travail fiévreuse à Paris: lever à une heure bien précise, ensuite toilette faite avec un soin extrême, puis chevauchée matinale, un bain, l'arrivée du médecin, des courtisans, petit déjeuner, travaux de dictée et de correspondance; dans l'après-midi, tantôt une audience, tantôt un tour à cheval de style traditionnel ou une promenade.» Mais sa maison ressemble à «une étable, même pas très spacieuse. On l'avait préparée en toute hâte pour le prisonnier. […] La nuit, les rats se répandaient, tout fourmillait de vermine et, en plus, il faisait très humide.» (Presser, p. 496 sq.). A propos de la construction de l'image et du motif évoqué par la figure, cf. n°. cat. 395.

Riding the Rat
Napoleon «rides» the giant rat: one couldn't put it more concisely or illustrate it more vividly – he is stuck on the «rat island» of Saint Helena and trying to hold on to the reins. He arrranges his life in exile in the following terms: «The dull, empty day of dawdling on Saint Helena is as strictly organised as a feverish workday in Paris: rising by the clock, giving great care to his toilet, a morning ride, a bath, the doctor's arrival, the courtiers, breakfast, dictation and correspondence; on afternoons, sometimes granting an audience, sometimes riding in the old style, or taking a walk.» Yet his house «is a cowshed, not even a very big one. It had been set up in a hurry for the prisoner […] The rats spread out all over the place at night, it was infested with vermin and, besides, it was very damp.» (Presser, p. 496f.) For the pictorial construction and figure motifs cf. cat. no. 395.

A dorso di topo
Il messaggio di questa figura-manifesto – Napoleone «a cavallo» di un topo gigante – non può essere più laconico e immediato: imprigionato a Sant'Elena, «isola dei topi», l'ex imperatore cerca di tenere saldamente le redini. La sua vita di esule era organizzata così (Presser p. 496 sg.): «La lunga giornata vuota e monotona a Sant'Elena è suddivisa rigorosamente

Der neue Robinson auf der einsamen Ratten Insel im Süd=Meere St: Helena genannt.

come quella febbrile di lavoro a Parigi: levata con l'orologio, poi toeletta estremamente accurata, cavalcata mattutina, bagno, arrivo del medico, arrivo dei cortigiani, colazione, attività di dettatura e di corrispondenza; il pomeriggio talvolta un'udienza, talaltra una cavalcata vecchio stile o una passeggiata.» Eppure la casa era «una stalla, e neppure molto ampia. Era stata approntata in tutta fretta per il prigioniero. […] Di notte era percorsa dai topi, brulicava d'insetti nocivi e inoltre era umidissima.» Sulla composizione e sul tema dell'immagine, cfr. n° cat. 395.

Lit.: Sche 6.13 (Ftf. LVIII).

426
Der neue Robinson auf der einsamen Ratten Insel im Süd=Meere / St: Helena genannt.
o. l. *Sub umbra alarum tuarum / Der zweite Theil meines Lebens.*
o. r. *Nap, armer Nap! in einer Schlafhaube? Wo hast du denn deinen pfiffigen Hut gelassen? / Ach, Hut und Degen, Krone und Scepter gingen bei la Belle Alliance verlohren!*
u. l. *Nun lärmts Ding nicht mehr.*
Johann Michael Voltz, Mitte 1815, bei Friedrich Campe, Nürnberg
Radierung, koloriert
259 × 186 mm (299 × 227 mm)
Herkunft unbekannt
1980.431.

Der neue Robinson auf der einsamen Ratteninsel im Südmeer genannt Sankt Helena
Am Horizont entschwindet die «Northumberland», die den Verbannten im Oktober 1815 auf der Südatlantik-Insel absetzte: «Der zweite Teil [s]eines Lebens» begann, wie auf dem Blasebalg (der erste Teil ist «weggeblasen») auf Napoleons Rücken steht. Der Sorge um das tägliche Brot statt um Sieg und Ruhm – die Militärtrommel ist verstummt und dient bloss als Sitz – gilt dieses Leben. Napoleon muss es als Robinson fristen, wozu er Gewehr, Pulverhorn und Axt benötigt. Seine Vergangenheit klingt in den Stiefeln, der Jakobinermütze mit der Kokarde, den Epauletten und dem aus Trikolore und Adlerstandarte gebastelten Schirm mit der Spottaufschrift «Im Schatten deiner Flügel» (Psalm 17,8) nach. Dem rauhen Klima tragen Lederwams und Hose Rechnung. Der Papagei auf dem Ast vermisst Napoleons Markenzeichen, den «pfiffigen Hut»: Bei Waterloo, so klagt «Robinson», verlor er ihn und auch die Kroninsignien. Mit diesen spielen jetzt die Ratten, Napoleons neue Mitbewohner. Sie prägen fortan sein Leben und – entgegen dem Psalmvers – nicht der stolze Adler. Das Robinson-Thema tauchte in Frankreich anlässlich des ersten Exils auf (vgl. Kat. Nr. 232); danach gelangte es nach Deutschland, wo das vorliegende Blatt auf Frankreich zurückwirkte (vgl. Kat. Nr. 195).

Le nouveau robinson dans l'île déserte des rats en mer du Sud, appelée île de Sainte-Hélène
A l'horizon, on voit s'éloigner le «Northumberland», bateau ayant déposé le banni en octobre 1815 dans l'île de l'Atlantique du Sud: «La seconde partie de sa vie» commence, comme précisé sur le soufflet (la première partie de sa vie est «soufflée») accroché au dos de Napoléon. Son existence est désormais consacrée à la recherche du pain quotidien, plutôt qu'à l'obtention de victoires glorieuses: le tambour militaire s'est tu et sert à présent uniquement de siège. Napoléon est condamné à mener une vie de robinson; c'est pourquoi il a besoin d'un fusil, d'une corne de poudre et d'une hache. Son passé est rappelé à travers les bottes, le bonnet phrygien et la cocarde, les épaulettes ainsi que le parapluie – bricolé en utilisant un drapeau tricolore et un étendard décoré de l'aigle – qui porte l'inscription satirique «à l'ombre de tes ailes» (Psaumes 17,8). Le pourpoint de cuir et le pantalon sont adaptés au climat rude. Le perroquet, assis sur la branche, remarque l'absence du signe distinctif de Napoléon: son «chapeau de futé». «Robinson» se plaint de l'avoir perdu près de Waterloo, en même temps que les insignes de la couronne. Maintenant, ce sont les rats – les nouveaux cohabitants de Napoléon – qui s'amusent avec ces derniers. Sa vie est dorénavant marquée par ces petites bêtes, et non – contrairement au verset du psaume cité – par l'aigle et sa fierté. Le thème du robinson fit son apparition en France lors du premier exil (cf. n°. cat. 232); par la suite, il se répandit en Allemagne, d'où la présente image rejaillit sur la France (cf. n°. cat. 195).

The New Robinson on the Lonely Rat Island in the South Seas Named Saint Helena
Having deposited the exiled Emperor on the south Atlantic island in October of 1815, the vessel «Northumberland» is disappearing beyond the horizon. «The second half of his life» could begin – as inscribed on the bellows in his back (now that the first half had already been «blown away»). In this life, the concern of finding daily bread replaces that of seeking victory and glory: the military drum has been silenced and now serves as but a seat. Napoleon has to manage in the same spirit as Robinson, depending on his rifle, powder horn, and an axe. Traces of his past are found in his boots, Jacobin cap with the cockade, his epaulets, and his tricolour umbrella, topped by the imperial eagle and mockingly inscribed «under the shadow of Thy wings» (Psalms 17,8). His leather doublet and pants testify to the harsh weather. A parrot on a limb misses Napoleon's trademark attribute, his «smart hat». «Robinson» complains of losing it at Waterloo, together with the royal insignia that now serve as toys to Napoleon's new fellow inhabitants, the rats. It is the rats who henceforth symbolize his life and not, contrary to the Psalms, the proud eagle. The Robinson theme emerged in France upon the occasion of Napoleon's first exile (cf. cat. no. 232); from there it spread to Germany, where this particular piece reverts back to France (cf. cat. no. 195).

Il nuovo Robinson sulla solitaria isola dei topi nel mare del Sud, detta Sant'Elena
All'orizzonte si dilegua quella *Northumberland* che nell'ottobre 1815 sbarcò l'esule a Sant'Elena, isola dell'Atlantico meridionale: come recita la scritta del mantice che Napoleone ha sul dorso, comincia così la «seconda parte della sua vita» (mentre la prima è stata «soffiata via»). D'ora in poi bisogna badare al pane quoti-

Wie der – dies Jahr in Europa nicht mehr gefeyerte – Napoleons=Tag auf der Insel St Helena festlich begangen wird.

diano, non più alla vittoria e alla gloria: il tamburo militare, ammutolito, serve solo da sedile. Napoleone deve campare alla Robinson Crusoe: ecco perché ha bisogno di accetta, fucile e polvere da sparo. Il suo passato riecheggia solo negli stivali, nel berretto frigio con coccarda, nelle spalline e nell'ombrello (fabbricato con il tricolore e un'aquila legionaria), che reca la scritta biblica beffarda «all'ombra delle tue ali» (*Sal.* XVII, 8); dato il clima inclemente, giubba e calzoni sono in pelle. Il pappagallo sul ramo domanda dove sia finito il segno distintivo di Napoleone, quel «cappello furbo» che il nuovo Robinson lamenta di aver perso a Waterloo con le insegne del potere. Con queste ultime stanno giocando i topi, suoi nuovi coinquilini: contrariamente al versetto del salmo, d'ora in poi la sua esistenza sarà segnata da loro, non dall'aquila superba. Il tema robinsoniano comparve in Francia durante il primo esilio di Napoleone (cfr. n° cat. 232); in seguito passò in Germania, da cui questa caricatura tornò a influire su opere francesi (cfr. n° cat. 195).

Lit.: BN V 9810; Br II S. 138f. (Tf.), App. E 93; Da S. 288f. (Abb.); Kat. BB 64 (Tf.); Kat. H85 23; Kat. RM 93; La Fabb. 107, S. 433; Sche 6.9 (Ftf. LVI); Schu Tf. 46, S. VIII*.

427
Wie der – dies Jahr in Europa nicht mehr gefeyerte – Napoleons=Tag auf der Insel St: Helena / festlich begangen wird.
u.l. *Almanac im péri al de St. Hele ne / Vivre ou Courir / Einführung des Code Napole'on / Code Napo leon / Grosser Monarch dessen Lob nun in bei den Hemis phären wi der halt verniṁ auch meine schwa-che Rat-ten Stim me u.* [...]
Johann Michael Voltz, Mitte 1815, bei Friedrich Campe, Nürnberg
Radierung, koloriert
185 × 259 mm (245 × 349 mm)
Herkunft unbekannt
1980.454.

Wie der dieses Jahr in Europa nicht mehr gefeierte Napoleonstag auf der Insel Sankt Helena festlich begangen wird
Vor einer felsigen Bucht mit englischem Wachtschiff und trikolorem Fesselballon huldigt Sankt Helenas Bevölkerung – alles Ratten – ihrem Herrscher wie früher die Völker Europas. Unter dem Thronbaldachin vor der Residenz Longwood verteilt der dickliche Napoleon ergebenen Untertanen aus dem von einer Katze bewachten Deckelkorb Orden – sein bewährtes Mittel, um die Stützen des Staates gefügig zu machen. Vorne rechts sind, wie die Katze, Höfling und Leibwache in Pariser Hoftracht gekleidet. Vorne links tragen hohe Funktionäre oder Militärs eine Rede auf ihren Monarchen vor, «dessen Lob nun in beiden Hemisphären widerhallt». Staatsdiener bringen die Segnungen der Herrschaft herbei: die «Einführung des Code Napoleon» (Zivilrecht) und den «kaiserlichen Almanach von Sankt Helena» (Staatsjahrbuch). Dahinter hält die Armee mit der Trikolore und der Devise ihres feigen Befehlshabers «leben oder laufen» unter Trommel- und Trompetenspiel sowie Salutschüssen die Parade zu Napoleons Geburtstag (15. August) ab. Das Blatt erschien vor Napoleons Ankunft auf der Insel (17. Oktober 1815).

Comment on célèbre le jour de fête de Napoléon – qui n'est plus respecté en Europe – dans l'île de Sainte-Hélène
En face d'une baie rocheuse où se situent un patrouilleur britannique et un ballon captif tricolore, la population de Sainte-Hélène – composée exclusivement de rats – rend hommage à son maître, comme autrefois les peuples d'Europe. Sous le baldaquin du trône, devant la résidence de Longwood, un Napoléon replet distribue à ses sujets dévoués des ordres tirés d'un panier couvert que garde un chat – un moyen éprouvé pour rendre dociles les piliers de l'Etat. Au premier plan, à droite, on aperçoit un courtisan et le garde du corps, tous deux en costumes de cour parisiens, comme le chat. Toujours au premier plan, du côté opposé, des hauts fonctionnaires ou militaires prononcent un discours en l'honneur de leur monarque, «dont les éloges retentissent maintenant dans les deux hémispères». Des serviteurs de l'Etat apportent les bienfaits du règne: l'«introduction du code Napoléon» (code civil) et l'«almanach impérial de Sainte-Hélène» (annuaire de l'Etat). En vertu de la devise «vivre ou courir» de son commandant couard et en portant le drapeau tricolore, l'armée parade à l'arrière, à l'occasion de l'anniversaire de Napoléon (15 août), au son des trompettes et des tambours ainsi que de salves d'honneur. L'estampe a paru avant l'arrivée de Napoléon dans l'île (17 octobre 1815).

How Napoleon's Day – Although No Longer Celebrated in Europe This Year – Is Festively Commemorated on the Island of Saint Helena
Assembled before a rocky bay with an English guard ship and a tricolour kite balloon, the population of Saint Helena – all rats – pays tribute to their ruler as formerly did the peoples of Europe. Under the Longwood residence throne baldachin, a plump Napoleon is treating his devoted subjects to medals (a proven means for getting pillars of state governments to toe the line) from a lidded basket over which a cat stands guard. In the foreground, to the right, courtier and bodyguard are attired, like the cats, in Parisian court clothes. To the fore and left, high officials or military men are holding forth on their monarch's behalf, «whose praise now resounds in both hemispheres». Civil servants bring along the blessings of the leadership, in the form of an «Introduction to the Napoleon Code» (civil law) and an «Imperial Almanac of Saint Helena» (a state almanac). Behind them, the army, bearing the tricolour banner and the motto of their cowardly commander – «Live or Flee» – parades in honour of Napoleon's birthday (August 15) to the sound of drums and trumpets and the salvoes of gun salutes. This print appeared prior to Napoleon's arrival on the island (October 17, 1815).

Come si celebra solennemente nell'isola di Sant'Elena il giorno di Napoleone, non più festeggiato quest'anno in Europa
Davanti a una baia rocciosa (con nave-vedetta inglese e pallone frenato tricolore), gli abitanti di Sant'Elena (tutti topi) rendono omaggio al loro signore come facevano un tempo i popoli europei. Davanti alla sua dimora di Longwood, sotto il baldacchino del trono, un Napoleone grassoccio distribuisce ai suoi devoti sudditi onorificenze che prende da un paniere (sorvegliato da un gatto): è il suo metodo collaudato per ammansire i pilastri dello Stato. Come il gatto, anche il cortigiano e la guardia del corpo (in primo piano a destra) indossano il costume della corte parigina; alti funzionari o militari (in primo piano a sinistra) tengono un discorso sul loro monarca, «le cui lodi ora risuonano in entrambi gli emisferi». Altri statali recano le benedizioni del potere, cioè l'«introduzione del codice napoleonico» (codice civile) e l'«almanacco imperiale

di Sant'Elena» (annuario di Stato); dietro di loro l'esercito, con il tricolore e il motto del suo vile comandante («Vivere o correre»), compie una parata per il compleanno di Napoleone (15 agosto), fra rulli di tamburo, squilli di trombe e salve di saluto. La caricatura fu pubblicata prima dello sbarco di Napoleone a Sant'Elena, che avvenne il 17 ottobre 1815.

Lit.: Br II S. 138, App. E 80; Sche 6.5; Schu Tf. 45, S. VIII*.

428
Hellenische Weisheit.
darunter *Meine treuen Schüler und Iünger! Bisher habt ihr alle meine Lehren so willig befolgt; merkt nun wohl, was ich euch, vom Throne der Erfahrung herab durch mein eigenes / Beispiel, predigen will: – «Hütet euch, denn die Katzen sind wach und haben uns scharf ins Auge gefasst; auch sind Fallen gestellt, wo man's nicht vermuthen sollte. Also, treue / Iünger, rettet die Ehre des Meisters! Seyd auf eurer Hut und lasst euch nicht fangen!!»*
u. r. (v. l. n. r.) *Hi[er] liegt Cyrus / Hier li[g][.]t Alexander der Grosse / [Hier] liegt Caesar / Hier liegt Tamerlan / Hier liegt Attila / Hier liegt Dschin[gis-Khan]*
anonym, 1815–1819
Radierung, koloriert
182 × 260 mm (245 × 360 mm)
Sammlung Herzog von Berry
1980.358.

Hellenische Weisheit
Die dicke Ratte Napoleon sitzt in der Schnappfalle gefangen, deren Köder ein Szepter mit Krone ist. Ihr Lebensweg ist mit den Grabplatten grosser Eroberer der Geschichte (Kyros, Alexander, Cäsar, Timur Leng, Attila, Dschingis Khan), offenbar seine Vorbilder, gepflastert. Acht gekrönten Ratten hält der durch Schaden kluge Usurpator sein eigenes Beispiel zur Abschreckung vor Augen. Er ruft sie «vom Throne der Erfahrung herab» zur Achtsamkeit vor wachen Katzen und unvermuteten Fallen auf, damit sie nicht wie er enden mögen. Eine zeitlose Ermahnung an die (Möchtegern-)Fürsten, nicht nach fremden Kronen (und Territorien) zu greifen, geht von der Bildsatire aus. Vielleicht ziehen die wenigen anonymen Zuhörer, die dem Verbannten noch bleiben, eine Lehre aus seiner Geschichte…

Sagesse hellénique
Napoléon, représenté en gros rat, est pris dans une ratière dont l'appât est un sceptre surmonté d'une couronne. Sa carrière est pavée de dalles funéraires de grands conquérants, apparemment ses modèles (Cyrus, Alexandre, César, Tamerlan, Attila, Gengis Khan). L'usurpateur, devenu avisé à la suite de désastreuses expériences, se donne en exemple pour dissuader huit rats couronnés. Il les incite à la prudence – «du haut du trône de l'expérience» – face à des chats vigilants et des pièges insoupçonnés, afin qu'ils ne finissent pas comme lui. La présente satire constitue une exhortation intemporelle à l'adresse des princes (ou de ceux qui aspirent à le devenir prince) de ne pas s'emparer de couronnes (ou territoires) étrangers. Peut-être que les rares auditeurs anonymes qui écoutent encore le banni tirent des leçons de son histoire…

Hellenic Wisdom
A bait of sceptre and crown has lured the fat rat Napoleon into a springtrap. His path of life up to this point is paved with marble slabs bearing the names of the greatest conquerors in history (Cyrus, Alexander, Caesar, Timur, Attila, Genghis Khan), obviously his role-models. He holds up his own example of a clever usurper's mishaps as a deterrent to eight crowned rats, summoning them – «from the throne of experience» – to beware of alert cats and unforeseen traps, so as not to end up as he has. The pictorial satire conveys a timeless exhortation to would-be sovereigns not to go after foreign crowns (and territories): perhaps the story will serve as a lesson to the few anonymous listeners left to the exiled former emperor…

Saggezza ellenica
Il grosso topo Napoleone è finito in una trappola la cui esca è uno scettro con corona; per giungervi è passato sulle lapidi di grandi conquistatori della storia (Ciro, Alessandro, Cesare, Tamerlano, Attila, Gengis Khan), apparentemente suoi modelli. Reso saggio dalla disgrazia, l'usurpatore mostra lo spauracchio del proprio esempio a otto topi coronati, esortandoli «dal trono dell'esperienza» a guardarsi dai gatti svegli e dalle trappole inattese, per non finire anche loro come lui. La caricatura contiene un monito perenne ai regnanti (ambiziosi), perché non mettano le mani su corone (e territori) altrui; forse i pochi ascoltatori rimasti accanto all'esule trarranno lezione dalla sua storia…

Lit.: BN V 9816; Br II S. 138; Sche 6.6.

429
Général sans pareil.
zuoberst *Chapeau chargé de Couronnes.*
Brust *Evacuation de l'Egypte, Malte, Portugale, Espagne, Bateaux plats, Russie, Pologne, Prusse, Saxe, Westphalie, Hollande.*
Finger *Moreau. Pichegrue.*
Arm *Duc d Enghin. Commission Militaires et Tribunaux recevant les Ordres.*
Gilet *la Folie. Fabrique de Sire*
Schlinge *Lacet pour Pichegrue.*
Rockschoss 13.*Vendemiaire, Journée de S.ᵗ Cloud, Guerre éternelle à l'Angleterre, Désolation de l'Allemagne, Inquiétude en Italie, Trahison Sur la Famille d'Espagne, Détronisation du Roi des Asturies, Violation des Etats Romains.*
Schriftrollen *Décrets Violés depuis la Journée de S.ᵗ Cloud Jusqu'au Jour de sa déchéance.*
rechtes Bein *Objets d'Arts Pillés chez les differentes Nations.*
linkes Bein *Magasin de denrées Coloniales. Sucre de Beterave.*
Degen *Comete.*
Stiefel *Billets de Banque, Vente des biens Communaux, Cautionnement Arrierés. / Chute du Trône de France et d'Italie. / Conscription et Levée en Masse.*
u.r. *Eguillonnant son système de destruction.*
Johann Michael Voltz, 1814, bei Friedrich Campe, Nürnberg
Radierung, koloriert
297×187 mm (313×208 mm)
u.r. Stempel Museum Schwerin 1980.128. (Doublette: 1980.1.)

General ohnegleichen
Europaweit verbreitet, wurde das raffinierte Blatt lange für ein in etlichen Ländern kopiertes französisches Originalgehalten. Es handelt sich jedoch – ausser in England (siehe Lit.) – um die Abzüge ein und derselben Radierung, die Voltz nach Heinrich Anton Dählings populärem Bildnis des Kaisers (1806) schuf. Indem die Uniform mit Figuren und Inschriften ausgefüllt wurde (vgl. Kat. Nr. 235), entstand gewissermassen ein ironisches Gegenstück zur Vendôme-Säule, dem Pariser Siegesdenkmal mit den Glanztaten der Grossen Armee. Es hält Rückschau auf Napoleons Verbrechen und Misserfolge: Usurpation von Monarchien, Räumung eroberter Gebiete, Beseitigung der Generäle Moreau und Pichegru sowie des Herzogs von Enghien, Aushöhlung der staatlichen Gremien, Einsetzung neuer Monarchien, innen- wie aussenpolitische Missetaten, Raub von Kunstwerken in ganz Europa (z.B. des «Apoll vom Belvedere»), Hortung von Kolonialwaren und Zuckerrüben als Folge der Kontinentalsperre, Finanzmisere, Massenaushebungen, schliesslich Sturz des Kaiserreichs. Als (An-)Sporn des «Zerstörungssystems» ziert eine Schlange die Ferse. Satanisch wie sie ist Napoleons «Flammenschwert», das kometenhaft über Europa hinwegzog.

Général sans pareil
Cette caricature subtile, diffusée dans toute l'Europe, a longtemps été considérée comme un original français copié dans de nombreux pays. Mais il s'agit en fait – à l'exception de l'Angleterre (cf. bibl.) – d'exemplaires d'une seule et même eau-forte créée par Voltz d'après le célèbre portrait de l'empereur par Heinrich Anton Dähling (1806). En plaçant des figures et des inscriptions sur l'uniforme (cf. n°. cat. 235), Voltz a fait naître en quelque sorte un pendant ironique à la colonne Vendôme, le monument commémoratif des exploits de la Grande Armée se trouvant à Paris. Il donne un aperçu rétrospectif des crimes et échecs de Napoléon: usurpation de monarchies, évacuation de territoires conquis, élimination des généraux Moreau et Pichegru et du duc d'Enghien, sapement des instances de l'Etat, mise en place de nouvelles monarchies, méfaits en politique intérieure comme en politique extérieure, appropriation d'objets d'art (exemple: l'«Apollon du Belvédère»), stockage de denrées coloniales et de betteraves sucrières par suite du blocus continental, misère financière, levées en masse et enfin chute de l'Empire. Un éperon fixé à l'un des talons – qui a la forme d'un serpent – sert de stimulant. L'épée de Napoléon – ondulée, évoquant une flamme – est d'ordre satanique comme ce serpent; l'épée justement qui a passé par-dessus l'Europe telle une «comète».

General without Comparison
Throughout Europe, each country thought their prints of this image were taken from a copy of the French original. In fact, with the exception of England (see Lit.), they all came from the same engraving executed by Voltz after Heinrich Anton Dähling's popular depiction of the Emperor (1806). The figures and inscriptions filling out this uniform (cf. cat. no. 235) were no doubt intended as an ironic counterpart to the Vendôme column extolling the glorious accomplishments of the Grande Armée. Here we are presented with Napoleon's offences and fiascos: usurpation of monarchies, evacuation of conquered territories, elimination of Generals Moreau and Pichegru and of the Duke of Enghien, erosion of state bodies, installation of new monarchs, misdeeds carried out in the name of both foreign and domestic policies, theft of works of art from all of Europe (for example, the «Apollo Belevedere»), hoarding of colonial products and sugar beet because of the Continental blockade, financial fiascos, conscription of the masses and, finally, fall of the Empire. To spur the «destructive system», a snake adorns his boot heel: just as satanical as the snake, Napoleon's «flaming sword» had struck across Europe with the speed of a comet.

Generale senza pari
Diffusa in tutta Europa, questa caricatura raffinata fu ritenuta a lungo un originale francese copiato in diversi paesi; si tratta però – salvo che in Inghilterra (vedi bibl.) – delle copie di un'unica acquaforte di Voltz, basata sul noto ritratto napoleonico che Heinrich Anton Dähling eseguì nel 1806. L'uniforme piena di figure e di scritte (cfr. n° cat. 235) – sorta di *pendant* ironico al monumento con le gesta vittoriose della Grande Armata (la colonna Vendôme di Parigi) – passa in rassegna i delitti e gli insuccessi di Napoleone: usurpazione di monarchie, evacuazione di regioni conquistate, eliminazione dei generali Moreau e Pichegru nonché del duca d'Enghien, esautorazione di organi statali, insediamento di nuovi monarchi, misfatti di politica interna e di politica estera, saccheggio di opere d'arte in tutta Europa (come l'*Apollo del Belvedere*), accaparramento di prodotti coloniali e barbabietole da zucchero in seguito al blocco continentale, crisi finanziaria, reclutamenti di massa e infine crollo dell'Impero. Sul calcagno fa bella mostra di sé uno sperone-serpente, che infatti sprona il «sistema di distruzione» napoleonico; altrettanto satanica è la «spada-fiamma» che ha percorso l'Europa come una cometa.

Lit.: BM IX 12606; BN IV 8857; Br II App. D 132, E 42, F A26; Cl 44; Kat. RM 34 (Abb.); Sche 7.10 (Ftf. LX). [englische Fassung: Ash 430f.; Br I Tf. S. 388, 389f. (Anm.), II App. A 388; GC 363.]

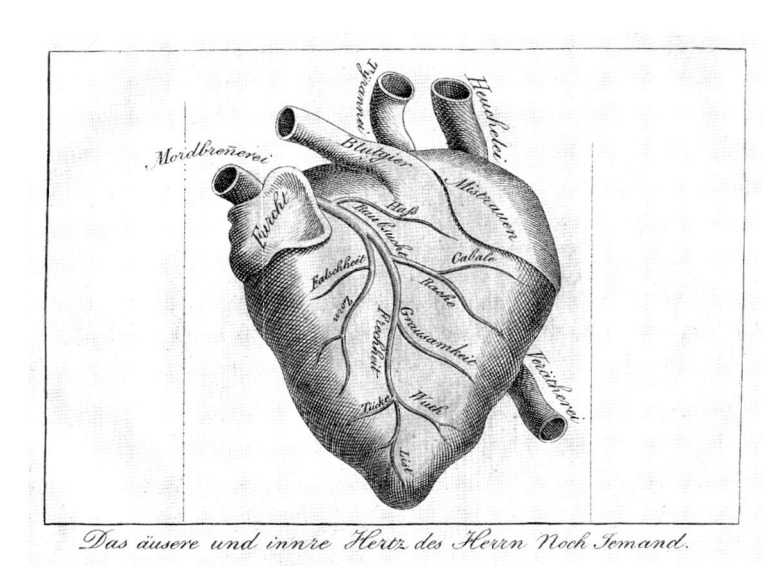

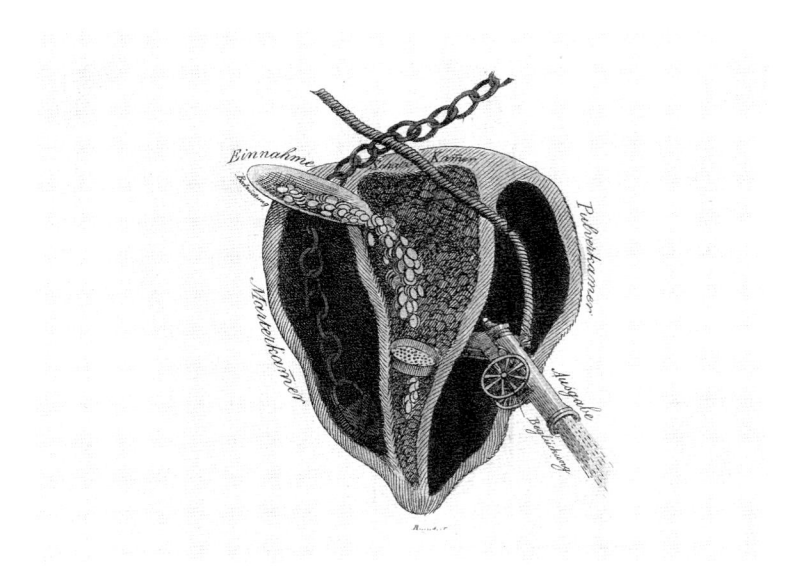

430

Das äusere und innre Hertz des Herrn Noch Jemand.
v. l. n. r. *Mordbrenerei / Furcht / Falschheit / Zorn / Blutgier / Raubsucht / Tücke / Frechheit / Tyrannei / List / Hass / Grausamkeit / Wuth / Rache / Cabale / Mistrauen / Heuchelei / Verätherei*
F. W. H. Rosmäsler jun., Hamburg, 1815
o. r. *N⁰ 1 aus der Sammlung der witzigsten Zerrbilder welche zu Ehren des Herrn Noch Jemand und Consorten erschienen sind. I*^{stes} *Heft, herausgegeben von F. W. Rosmäsler jun. Mit Sechs Kupfern. Hamburg, 1815.*
[auf dem Titelblatt des Hefts]
Radierung und Kupferstich, koloriert
110 × 145 mm (120 × 192 mm)
Stempel Museum Schwerin [auf dem Titelblatt des Hefts]
1980.413.a.

Das äussere Herz des Herrn Noch-Jemand
Napoleons von aussen besehenes Herz ist an den Haupt- und den Herzkranzgefässen sowie am Herzohr mit seinen Wesenszügen beschriftet: Mordbrennerei, Blutgier, Tyrannei, Heuchelei, Misstrauen, Hass, Furcht, Raubsucht, Falschheit, Kabale (Intrige), Rache, Zorn, Frechheit, Grausamkeit, Verräterei, Wut, Tücke und List. Wenn man den seitlichen feinen Linien innerhalb des umrandeten Bildfeldes sowie dem unteren Bildrand entlangschneidet und das Herz hochklappt, dann erscheint darunter das nächste Blatt im Karikaturenheft: die Darstellung desselben, längs aufgeschnittenen Herzens. Die zwei Blätter bilden also eine einzige Bildsatire.

Le cœur extérieur de Monsieur «Encore quelqu'un»
Le cœur de Napoléon, vu de l'extérieur, fait apparaître les vaisseaux principaux et coronaires et l'auricule, désignés par des traits caractéristiques: penchant pour déclencher des incendies, tendances sanguinaires, tyrannie, tartuferie, défiance, haine, peur, soif de rapines, duplicité, intrigue, vengeance, rage, impertinence, cruauté, perfidie, colère, malice et ruse. En découpant l'image le long des lignes latérales finement tracées (à g. et à d.) et le long de son bord inférieur et en relevant ensuite le cœur tel qu'il se présente extérieurement, on découvre l'image suivante du cahier de caricatures: la représentation du cœur coupé longitudinalement. Les deux images forment donc – ensemble – une estampe satirique unique.

The Outer Heart of Mr Just Anyone
Seen from without, Napoleon's heart is inscribed with his characteristic traits on the main and coronary vessels: perpetration of murder and arson, bloodlust, tyranny, hypocrisy, distrust, hate, fear, greed, deceit, cabals (plots), revenge, rage, insolence, cruelty, treachery, wrath, spite, and cunning. Cutting along the fine side lines within the bordered image field, and along the image's bottom border, and then folding the heart upwards, makes the next cartoon appear: a depiction of the same heart cut open lengthwise. Thus prints a and b constitute a single piece.

Il cuore esterno del signor Ancora Qualcuno
L'esterno del cuore di Napoleone reca varie scritte in corrispondenza dei vasi principali e coronarici nonché dell'orecchietta: strage incendiaria, brama di sangue, tirannide, ipocrisia, diffidenza, odio, timore, sete di rapina, falsità, cabala (intrigo), vendetta, ira, insolenza, crudeltà, tradimento, furore, malizia e scaltrezza. Se si incidono le fini linee laterali del campo incorniciato e il margine inferiore, così da sollevare il cuore, sotto quest'ultimo appare la caricatura successiva dell'album: lo stesso cuore sezionato longitudinalmente. I due fogli formano un'unica caricatura.

Lit.: Sche 7.8.

431

[*Das äusere und innre Hertz des Herrn Noch Jemand.*]
u. l. *Marterkamer*
o. l. *Einnahme / Bedrückung*
o. M. *Schatz=Kamer*
o. r. *Pulverkamer*
u. r. *Ausgabe / Beglückung*
F. W. H. Rosmäsler jun., Hamburg, 1815
Folgeblatt von *N⁰ 1* aus der *Sammlung der witzigsten Zerrbilder welche zu Ehren des Herrn Noch Jemand und Consorten erschienen sind. I*^{stes} *Heft, herausgegeben von F. W. Rosmäsler jun. Mit Sechs Kupfern. Hamburg, 1815.* [auf dem Titelblatt des Hefts]
Radierung, koloriert
103 × 80 mm (120 × 192 mm)
Stempel Museum Schwerin [auf der Titelseite des Hefts]
1980.413.b.

Das innere Herz des Herrn Noch-Jemand
Das Herzinnere zeigt, wie Napoleons Terrorregime funktioniert: Durch die Lungenschlagader rollen durch «Bedrückung» (Repression) den Völkern abgepresste Einnahmen als Münzen in die mittlere, die «Schatzkammer». Napoleon besitzt drei Herzkammern: Die linke ist die Folterkammer mit einem Schloss an einer Kette anstelle einer Arterie. Die rechte ist die «Pulverkammer» – das Arsenal, aus der das Geld als Schüsse aus einer Kanone (untere Hohlvene) mit langer Lunte (obere Hohlvene) verpufft. Diese «Ausgabe» geschieht zur «Beglückung» der Völker. Die Physiologie des Staatsorgans ist einfach: Mit Haft und Folter wird unterdrückt und Geld erpresst, an dem sich der Machthaber bereichert (einige Münzen fallen durch ein Sieb und bleiben am Boden der Schatzkammer) und das er für Rüstung und Kriege verwendet.

Le cœur intérieur de Monsieur «Encore quelqu'un»
L'intérieur du cœur dévoile comment fonctionne le régime de terreur de Napoléon. Par l'artère pulmonaire – par le biais du «pressurage» («Bedrückung») des peuples (répression) –, on voit rouler des recettes en forme de pièces de monnaie dans un ventricule moyen, la «salle des trésors». Napoléon possède trois ventricules: celui de gauche correspond à la «salle des tortures», qui contient – à la place d'une artère – un cadenas attaché à une chaîne; celui de droite symbolise la «salle de la poudre», autrement dit l'arsenal d'où fuse l'argent en forme de boulets sortant d'un canon (veine cave inférieure), qui comporte une longue mèche pour la mise à feu (veine cave supérieure). Cette «dépense» s'effectue en faveur du «bonheur» («Beglückung») des peuples. La physiologie de l'organe d'Etat est simple: on opprime et rançonne les peuples par le biais d'emprisonnements et de tortures, dans un double but: leur extorquer de l'argent pour enrichir le maître souverain, quelques pièces passant, en effet, à travers un tamis, et s'amassant au fond de la «salle des trésors»; permettre à ce dernier d'acquérir des armements et de faire la guerre.

The Inner Heart of Mr Just Anyone
The inside of his heart shows how Napoleon's regime of terror works: the contributions extorted from the people, in the form of coins, are forced by «repression» through the pulmonary arteries into the middle heart chamber, the «treasury». Napoleon's heart features three heart chambers (ventricles): the one to the left is the torture chamber, with a lock on a chain replacing the artery; the one to the right is the «powder chamber», an arsenal where the coins are detonated in the form of shots of a cannon (lower vena cava) by a long fuse (upper vena cava). This «emission» is «for the joy» of the people. The physiological workings of the state organ are simple: imprisonment and torture exercise oppression and extort money. The latter enriches whoever is in power (a few coins fall through the sieve and remain on the

treasure vault's floor), who spends it on arms and wars.

Il cuore interno del signor Ancora Qualcuno
L'interno del cuore mostra come funziona il regime di terrore napoleonico: attraverso la vena polmonare, grazie alla (re)pressione, fluiscono nella cavità centrale («erario») i soldi estorti ai popoli. Napoleone possiede tre cavità cardiache; quella sinistra è la «stanza della tortura», con un lucchetto alla catena invece di un'arteria. La cavità destra («stanza delle polveri») è l'arsenale, da cui il denaro fuoriesce sotto forma di cannonate; il cannone (vena cava inferiore), che presenta una lunga miccia (vena cava superiore), con le sue «emissioni» (in tutti i sensi) mira a «rendere felici» i popoli. La fisiologia statal-cardiaca è semplice: con il carcere e la tortura si reprime e si estorce denaro, che arricchisce il dittatore – passando in parte per un colino e restando sul fondo dell'erario – o viene usato per armamenti e guerre.

Lit.: Sche 7.8.

432
Der Himmel entriss mir die Welt, meine Reise geht in die Hölle –
o. l. *EUROPA*
anonym, 1813/1814
Radierung, koloriert
[170] × 228 mm (208 × 243 mm)
Herkunft unbekannt
1980.444.

Der Himmel entriss mir die Welt, meine Reise geht in die Hölle
An Ketten ziehen drei bocksbeinige Teufel mit gehörnten Fratzen (sowie Flügeln beim hintersten und Schlangenhaar beim mittleren) den von Rauchschwaden umgebenen Triumphwagen Napoleons in die Flammen der Hölle hinab. Auf dem Gefährt kniend, verliert der wehklagende Kaiser die Krone sowie die Weltkugel, welche er an einer Kette in seiner Gewalt gehalten hat. Aus Gewitterwolken fahren Gottes Blitze nieder und zerreissen die Fessel des Globus. Zum Motiv des ausser Kontrolle geratenen Globus vgl. Kat. Nr. 348.

Le ciel m'a arraché le monde, mon voyage mène en enfer
Trois diables obstinés, aux figures cornues et grimaçantes (celui de gauche ayant, en plus, des ailes et celui du milieu des cheveux en forme de serpents), tirent le char de triomphe de Napoléon – entouré de gros nuages de fumée – vers le bas, en direction des flammes de l'enfer. Agenouillé sur le véhicule, l'empereur en train de se lamenter perd la couronne et le globe terrestre sur lequel il a exercé son contrôle à l'aide de chaînes. Descendant de nuages d'orage, des foudres divines rompent les attaches du globe. A propos du motif du globe terrestre échappant à une domination, cf. n°. cat. 348.

Heaven Tore the World from Me, My Journey Leads to Hell
Three goat-legged devils with horned and contorted faces (as well as wings for the last of them, and snake hair on the middle one), are pulling Napoleon's victory chariot through the encircling smoke vapours into the flames of hell. During the trip, the wailing Emperor, who kneels against the coach bench, loses his crown and the world globe which he had chained to his power. God's lightning strikes down from the storm clouds and sunders the globe chain. For the theme of the earth globe's escaping control, cf. cat. no. 348.

Il cielo mi ha strappato il mondo, il mio viaggio è diretto all'inferno
Tre ceffi diabolici, cornuti e con zampe di caprone (alato quello di sinistra, anguicrinito quello al centro), trascinano con catene nelle fiamme dell'inferno il carro trionfale di Napoleone, circondato da nuvole di fumo. In ginocchio sul carro, l'imperatore si lamenta e perde sia la corona sia il globo terrestre, che teneva incatenato in suo potere; da nubi temporalesche scendono fulmini divini che strappano le catene del mondo. Sul tema del globo sfuggito al controllo, cfr. n° cat. 348.

Lit.: La Fabb. 66, S. 422; Sche 7.29.

433
[Vom Teufel geholt]
u. Dialog in zwei Spalten
l. *Lass mich, ich verspreche Dir, / Meine Armee ganz dafür, / Bitte Lieber Grospapa, / Ich will gern nach Corsica.*
r. *Nur hier herein Compan Du hast nicht mehr zu wählen, / Du fehlst in meinem Reich, mir noch als Höllenrath, / Denn dass Du es verstehst, die Geister recht zu quälen, / Hast du bewiesen oft, durch manche Höllenthat.*
anonym, 1814
Radierung, koloriert
148 × 162 mm (169 × 213 mm)
Sammlung Herzog von Berry
1980.351.

Vom Teufel geholt
Der Teufel in Bocksgestalt und mit bärtiger Fratze zieht vor einem qualmenden Feuer Napoleon an einem Seil zu sich. Das Opfer sträubt sich mit Händen und Füssen. Im Dialog unterhalb des Bildes verspricht Napoleon seinem teuflischen «Grosspapa» die ganze Armee an seiner Stelle, denn er zieht Korsika der Hölle vor. Doch der Teufel lässt ihm keine Wahl: Durch seine Taten hat sich Napoleon als Quälgeist der Menschheit so bewährt, dass er im «Höllenrat» unentbehrlich ist. Wie schon Kat. Nrn. 401 und 404 erwähnt das unbeholfen gestaltete Blatt Korsika als möglichen Verbannungsort des Kaisers. Napoleons Wahl fiel jedoch auf Elba anstelle der – ihm seit jeher feindlich gesinnten – Heimat. Zum Zeichenstil vgl. Kat. Nr. 434.

Emporté par le diable
Placé devant un feu répandant une épaisse fumée, le diable représenté en bouc avec une figure barbue et grimaçante, tire Napoléon vers lui par une corde. La victime résiste à l'aide des pieds et des mains. Dans le dialogue sous l'image, Napoléon promet – en lieu et place de lui-même – toute son armée à son «grand-papa» diabolique, car il préfère aller en Corse plutôt qu'en enfer. Mais le diable ne lui laisse

pas le choix: Napoléon a tellement fait ses preuves en tant que «cauchemar» de l'humanité qu'il s'est rendu indispensable au «Conseil infernal». Comme déjà dans le cas des n⁰ˢ cat. 401 et 404, cette estampe – dont l'exécution est maladroite – mentionne la Corse comme possible exil de l'empereur. Mais le choix de Napoléon se porta sur l'île d'Elbe, plutôt que sur son île d'origine, traditionnellement hostile à son égard. A propos du style de dessin, cf. le n⁰ cat. 434.

Caught by the Devil
The devil – in goat disguise, with a bearded and grimacing face – is pulling Napoleon by rope towards himself and a smoking fire: the victim resists with all his might. In the dialogue under the image, Napoleon promises his devilish «grandpa» to send his entire army as a substitute for himself, since he prefers Corsica to hell. But the devil leaves him no choice: through his acts, Napoleon has proven himself as such a plague to humanity that he is indispensable to the «hell council». This somewhat awkwardly designed broadsheet suggests, as did cat. nos. 401 and 404, that Corsica could be the Emperor's site of exile. In fact, the final choice was Elba, instead of his most inimically inclined homeland. As to this work's graphic style, cf. cat. no. 434.

Portato via dal diavolo
Su uno sfondo di fuoco e di fumo il diavolo, caprone dal ceffo barbuto, tira a sé con la fune un Napoleone che oppone viva resistenza. Nel dialogo sottostante la vittima promette al suo «nonno» diabolico l'intero esercito al proprio posto: invece che all'inferno, preferirebbe andare in Corsica. Ma il diavolo non gli lascia scelta: con le sue imprese Napoleone si è dimostrato una tale peste dell'umanità da essere divenuto indispensabile nel «Consiglio infernale». Come già i n¹ cat. 401 e 404, anche questa stampa di fattura goffa cita la Corsica come possibile luogo d'esilio dell'ex imperatore; questi però preferì l'Elba alla sua isola natale, che mai gli era stata amica. Sullo stile del disegno, cfr. il n⁰ cat. 434.

Lit.: La Fabb. 59, S. 421; Sche 7.31.5; Schu Tf. 47, S.VIII*.

434
Der gebradenne Noch / jemand
beidseits davon ein Zweizeiler
l. *Da Noch jemand gebraden werd / BeKomm ich schon den Topf voll fett.*
r. *Hätte ers nicht so dumm gemacht / jch Hätte ihn nicht Um gebracht.*
anonym, 1814/1815
Radierung, koloriert
124 × 197 mm (210 × 286 mm)
Sammlung Herzog von Berry
1980.342.

Der gebratene Noch-Jemand
In einer Höhle wird der uniformierte tote Napoleon auf dem Rost im Höllenfeuer gebraten. Von links tritt der Teufel in Bocksgestalt mit einem am Stock geschulterten hohen Topf ins Bild. Voller Vorfreude witzelt er, dass (der einst so hagere Revolutionsgeneral und gegen Ende eher korpulente Kaiser) Napoleon genug Fett liefern wird, um den ganzen Topf zu füllen. Rechts sitzt der Tod, eine lange Tonpfeife rauchend und aus einem Bierkrug trinkend, lässig an einem Tischchen und urteilt, Napoleon habe durch Dummheit seinen Tod selbst verschuldet. Napoleons satirischer Übername «Noch Jemand» (vgl. Kat. Nr. 414) stammt von August von Kotzebue und erlangte grosse Beliebtheit. Die unbeholfene Zeichnung des Blattes verrät dieselbe Hand wie Kat. Nr. 433.

«Encore quelqu'un» qui rôtit
Dans une grotte, le cadavre de Napoléon en uniforme rôtit sur un gril du feu de l'enfer. Venant de la gauche, le diable entre en scène, représenté en bouc et portant sur l'épaule une grosse marmite qu'il fait tenir sur un bâton. Se réjouissant d'avance à la pensée de ce qui va suivre, il plaisante à propos de la quantité de graisse qui se dégagera du corps de Napoléon (général de révolution jadis très sec et empereur plutôt corpulent vers la fin), suffisante pour remplir la marmite toute entière. A droite, la mort, fumant une longue pipe en terre et buvant une chope de bière, est assise avec désinvolture à une petite table et juge que Napoléon a, par bêtise, causé lui-même son décès. Le sobriquet de Napoléon utilisé ici, «Encore quelqu'un» (cf. n⁰ cat. 414), a été inventé par August von Kotzebue et a joui rapidement d'une grande popularité. Le style de dessin maladroit de l'estampe trahit la même main que le n⁰ cat. 433.

The Roasted Just Anyone
In this cartoon, Napoleon's uniformed dead body lies on a grill for roasting over hell's fire. The devil, disguised as a goat, enters the scene from the left and carries a stick on his shoulder bearing a large pot. He cracks a joke about how Napoleon (once a lean Revolutionary general and, towards the end, quite a thickset emperor) will fill his pot full with fat. Death, sitting casually at a little table to the right, smokes a long clay pipe and enjoys a beer; in his opinion, Napoleon brought on his death himself through his stupidity. «Just Anyone», Napoleon's nickname (cf. cat. no. 414), was created by August von Kotzebue and became most popular. The work's awkward draughtsmanship reveals the same hand as cat. no. 433.

Ancora Qualcuno arrostito
In una grotta Napoleone, in uniforme, viene arrostito alla graticola nel fuoco dell'inferno. Il diavolo, caprone faceto che entra da sinistra portando in spalla un pentolone infilato su una pertica, pregusta il fatto che il morto – un tempo generale rivoluzionario emaciato, ma verso la fine imperatore corpulento – fornirà abbastanza grasso da riempire la pentola; a destra la Morte, seduta pigramente a un tavolino con un bicchierone di birra e fumando una lunga pipa di terracotta, esprime il giudizio che a far morire Napoleone sia stata la sua stupidità. Il soprannome satirico «Ancora Qualcuno» (cfr. n⁰ cat. 414), attribuito a Napo-

Råthselhafte Veilchen.
Inhalt. Napoleon. Marie Louise. Herzog von Reichstadt.

leone per la prima volta da August von Kotzebue, divenne molto popolare. Il disegno maldestro tradisce la stessa mano del n° cat. 433.

Lit.: Sche 7.33.

435
Råthselhafte Veilchen.
darunter *Inhalt. Napoleon. Marie Louise. Herzog von Reichstadt.*
anonym, ab 1818, bei Ankele, Reutlingen
Kreidelithographie; Federlithographie [Schrift]
[262 × 243 mm] (355 × 265 mm)
Stempel Museum Schwerin [auf der Rückseite]
1980.362.

Rätselhafte Veilchen
Diese einige Jahre später als das Vorbild entstandene deutsche Variante der «Violettes du 20 Mars 1815» (Kat. Nr. 174) präsentiert einen Topf mit Veilchen. Etliche Blätter ranken um drei Blüten: In der rechten erscheint Napoleons Profil mit Hut, in der linken die Silhouette von Marie-Louise und in der kleinen Blüte zuunterst die Gesichtslinie ihres Sohnes Napoleon, seit 1818 Herzog von Reichstadt. Im Gegensatz zu den französischen Vexierbildern mit Veilchen ist der Bildtitel hier nicht rätselhaft, sondern explizit. Er gibt klar an, was zu suchen ist. Das Blatt war wohl ein humorvolles Andenken an ein überwundenes Übel. Dagegen datiert Broadley die Graphik auf Anfang 1815 und hält sie für ein Werk deutscher Sympathisanten Napoleons. Doch weist die Nennung des Herzogstitels eindeutig in spätere Jahre.

Violettes énigmatiques
Cette variante allemande des «Violettes du 20 mars 1815» (n°. cat. 174), créée plusieurs années après son modèle, présente un pot de violettes. De nombreuses feuilles poussent autour de trois fleurs. Dans la fleur de droite, on voit apparaître le profil de Napoléon, coiffé de son chapeau; dans celle de gauche, on devine la silhouette de Marie-Louise et dans la petite fleur, en bas, on distingue les traits du visage de son fils Napoléon, duc de Reichstadt depuis 1818. Contrairement aux devinettes françaises contenant des violettes, le titre de l'image n'est en l'occurrence pas énigmatique, mais explicite; il indique ici clairement ce que l'on doit chercher. L'estampe fut sans doute un souvenir humoristique d'un mal surmonté. Mais Broadley date la gravure du début de 1815 et la considère comme une œuvre de sympathisants allemands de Napoléon. La mention du titre de duc permet pourtant indubitablement de la situer dans une période historique plus avancée.

Puzzle-Violets
This cartoon, a German version of a French original preceding it by several years – «Violettes du 20 Mars 1815» (cat. no. 174) – presents a pot of violets, with several leaves encircling three blossoms, respectively: to the right, a profile of Napoleon with his famous cocked hat; to the left, the silhouette of Marie-Louise; and, to the bottom and the smallest of the three, the face lines of the latter's son Napoleon, Duke of Reichstadt since 1818. Contrary to the French puzzle pictures with violets, this cartoon's caption leaves nothing to puzzle over, enumerating as it does whom the blossoms conceal. As such, it was no doubt meant to be in humourous remembrance of an evil since overcome. On the other hand, Broadley dates the work to early 1815 and judges it to be an achievement of German Napoleonic sympathizers. Yet the mention of the Duke's title clearly indicates a later date.

Violette enigmatiche
In questa variante tedesca di una caricatura francese risalente a qualche anno prima (*Violettes du 20 mars 1815*, n° cat. 174) appare un vaso con foglie di viola, in mezzo a cui spiccano tre fiori corrispondenti a tre profili: la viola di destra è Napoleone col cappello, quella di sinistra è Maria Luisa e quella piccola in basso è il loro figlio Napoleone, dal 1818 duca di Reichstadt. Diversamente che nelle figure-rebus francesi con viole, qui il titolo non è enigmatico ma esplicito, indicando chiaramente cosa cercare. Probabilmente l'opera era il ricordo umoristico di un «male superato»; Broadley la fa risalire all'inizio del 1815 e l'attribuisce a simpatizzanti tedeschi di Napoleone, ma la scritta «duca di Reichstadt» rinvia inequivocabilmente ad anni successivi.

Lit.: Br II S. 94, 132, App. E 105.

Anhang

Appendice

Appendix

Appendice

Anmerkung zur napoleonischen Ikonographie

Die napoleonische Ikonographie, insbesondere die Malerei, ist bei den Spezialisten der Zeit schon seit langem gut bekannt. Nur wenige während des Empire entstandene Werke waren allerdings Gegenstand einer eingehenden Untersuchung. Die meisten dienten als Abbildungsmaterial für geschichtliche Untersuchungen. Dieser Befund, der heute noch zahlreiche Veröffentlichungen kennzeichnet, gilt besonders für die vier grundlegenden Abhandlungen:
Dayot, Armand: *Napoléon raconté par l'image*, Paris: Hachette 1902.
Lacour-Gayet, Georges: *Napoléon. Sa vie, son œuvre, son temps*, Paris: Hachette 1921.
Bourguignon, Jean: *Napoléon Bonaparte*, 2 Bde., Paris: Les Editions Nationales 1936.
Aubry, Octave: *Napoléon*, Paris: Flammarion 1936.

Die Wiederentdeckung des Klassizismus in den 1970er Jahren brachte der napoleonischen Ikonographie kaum eine Aufwertung, da man sie weiterhin überwiegend als mehr oder weniger naive Bildsprache betrachtete. Zudem legten die Kunsthistoriker mehr Gewicht auf die Neubewertung bestimmter Künstler, wie Jacques Louis David (1748–1825), Jean Peyron (1744–1814), Philippe Auguste Hennequin (1762–1833) oder Charles Meynier (1768–1832) etc., und vernachlässigten darüber die Suche nach weiterem Bildmaterial. Zudem unterschieden die Fachleute kaum zwischen den während des Empire geschaffenen Werken und den Arbeiten, zu denen die Napoleon-Legende später Künstler wie Horace Vernet (1789–1863) und Jean-Baptiste Mauzaisse (1784–1844) sowie am Ende des 19. Jahrhunderts Ernest Meissonier (1815–1891) und Edouard Detaille (1848–1912) anregte. So vermischt zum Beispiel die ausführliche Untersuchung von Jean Tulard, *L'histoire de Napoléon par la peinture* (Paris: Belfond 1991), die beiden Perioden, indem sie sie mit dem Lebenslauf des Kaisers verknüpft. Im Vergleich zu den zuvor zitierten Werken verfährt Tulard zwar umgekehrt, doch steht die eingehende Analyse der zwischen 1800 und 1814 entstandenen Werke und die Untersuchung der Verwaltung der Bildenden Künste und der kaiserlichen Propaganda immer noch aus.

Immerhin bot die vor kurzem veröffentlichte Neuausgabe der Biographie von Dominique Vivant Denon die Gelegenheit zu einem Neubeginn im hier skizzierten Sinn (Lelièvre, Pierre: *Vivant Denon, Homme des Lumières, «Ministre des Arts» de Napoléon*, Paris: Picard 1993). Der näherrückende 200. Jahrestag des napoleonischen Epos wird gewiss Anlass sein, eine allzu lange als Illustration missbrauchte und unterbewertete Kunst mit frischem Blick zu betrachten. JB

Note concernant l'iconographie napoléonienne

L'iconographie napoléonienne, particulièrement les tableaux, est depuis fort longtemps dans la mémoire de tous les spécialistes de la période. Pourtant, très peu des œuvres produites durant l'Empire ont fait l'objet d'études véritables. La plupart a toujours été perçues comme de simples images permettant d'illustrer des ouvrages historiques. Cette conception est le fait en particulier de quatre livres fondamentaux:
Dayot, Armand: *Napoléon raconté par l'image*, Paris: Hachette, 1902.
Lacour-Gayet, Georges: *Napoléon. Sa vie, son œuvre, son temps*, Paris: Hachette, 1921.
Bourguignon, Jean: *Napoléon Bonaparte*, 2 vol., Paris: Les Editions Nationales, 1936.
Aubry, Octave: *Napoléon*, Paris: Flammarion, 1936.

C'est elle qui prévaut aujourd'hui encore dans bien des ouvrages scientifiques et la redécouverte du néo-classicisme, à partir des années 1970 a peu bénéficié à l'iconographie napoléonienne, considérée comme une imagerie plus ou moins naïve. Il est vrai aussi que les historiens d'art se sont plus souciés de réhabiliter certains artistes, comme Jacques Louis David (1748–1825), Jean Peyron (1744–1814), Philippe Auguste Hennequin (1762–1833), Charles Meynier (1768–1832), etc., au détriment d'une recherche iconographique plus vaste. De ce fait, les spécialistes ont peu distingué entre les œuvres réalisées sous l'Empire et celles que la légende napoléonienne a pu inspirer plus tard à Horace Vernet (1789–1863) et à Jean-Baptiste Mauzaisse (1784–1844), ou à la fin du XIXᵉ siècle à Ernest Meissonier (1815–1891) et à Edouard Detaille (1848–1912). C'est ainsi que le vaste ouvrage de Jean Tulard, *L'histoire de Napoléon par la peinture* (Paris: Belfond, 1991), mêle les deux périodes en les reliant par la chronologie impériale. L'inversion de la méthode est complète par rapport aux ouvrages précédemment cités, mais l'analyse des œuvres réalisées entre 1800 et 1814 reste à faire, de même que l'étude de l'administration des Beaux-Arts et de la propagande impériale.

Pourtant, une réédition de la biographie de Dominique Vivant Denon, récemment parue, a permis d'esquisser un tableau en ce sens (Lelièvre, Pierre: *Vivant Denon, Homme des Lumières, «Ministre des Arts» de Napoléon*, Paris: Picard, 1993). Le bicentenaire de l'épopée napoléonienne qui s'annonce, permettra sûrement de regarder d'un œil neuf un art demeuré trop longtemps synonyme d'illustration. JB

Note on Napoleonic Iconography

Napoleonic iconography, especially in painting, has long been known to specialists of the period. Yet very few of the works created during the Empire have in themselves been the object of serious study: they have always been considered as simple images for purposes of illustrating historic studies. This conception of the matter comes through notably in four basic volumes on the question:
Dayot, Armand: *Napoléon raconté par l'image*, Paris: Hachette, 1902.
Lacour-Gayet, Georges: *Napoléon. Sa vie, son œuvre, son temps*, Paris: Hachette, 1921.
Bourguignon, Jean: *Napoléon Bonaparte*, 2 vol., Paris: Les Editions Nationales, 1936.
Aubry, Octave: *Napoléon*, Paris: Flammarion, 1936.

The same conception applies to many of the more recent scientifically researched works. Moreover, the rediscovery of Neo-Classicism, beginning in the 1970ies, has been of little benefit to Napoleonic iconography, which continues to be considered as a – more or less – naive form of imagery. True enough, the main concern of art historians has been to reinstate certain artists, such as Jacques Louis David (1748–1825), Jean Peyron (1744–1814), Philippe Auguste Hennequin (1762–1833), Charles Meynier (1768–1832), etc., relegating iconographic research to the sidelines. As a result, specialists have made little distinction between works originating during the Empire and those the Napoleonic legend inspired subsequently and that were produced by Horace Vernet (1789–1863), Jean-Baptiste Mauzaisse (1784–1844) or, at the end of the nineteenth century, Ernest Meissonier (1815–1891) and Edouard Detaille (1848–1912). Thus Jean Tulard's immense volume *L'histoire de Napoléon par la peinture* (Paris: Belfond, 1991), mixes the two periods together by linking them both to an imperial chronology. The method he uses is a complete reversal of the approach taken by the works listed above, but an analysis of works produced between 1800 and 1814 remains to be done, as does a study of the Fine Arts policy and imperial propaganda for that period.

Nevertheless, a recently published new edition of the biography of Dominique Vivant Denon (Lelièvre, Pierre: *Vivant Denon, Homme des Lumières, «Ministre des Arts» de Napoléon*, Paris: Picard, 1993) makes it possible to visualize that period in its general outlines. The bicentennial of the Napoleonic epic lying ahead will certainly lend itself to casting a fresh look at an art that has – too long now – remained synonymous with mere illustration.

JB

Anmerkungen

2.1 Das Napoleon-Bild: Gleichförmigkeit und Ungleichförmigkeit

1. Übersetzt nach Grand-Carteret 1923, S. 31.
2. Übersetzt nach Dayot 1902, S. 95.
3. Polizeibericht vom 16. Juli und 6. September 1814, übersetzt nach Dayot 1902, S. 95.
4. Übersetzt nach «Le Napoléon du Mont-Blanc», in: *Magasin pittoresque*, 1841, S. 8 (Verfasser des Artikels ist zweifellos der Chefredaktor der Zeitschrift, Edouard Charton, der Töpffer in einer Anmerkung dankt).
5. Zeugnis von Emmanuel de Las Cases, übersetzt nach Dayot 1902, S. 369–370.
6. Vgl. Clerc 1985, S. 17ff., der diese Unterscheidung übernimmt aus: Kantorowicz, Ernst Hans: *The King's Two Bodies*, Princeton: Princeton University Press 1957.
7. Vgl. Dayot 1902, S. 182; Hubert 1992, S. 374–375.
8. Brief von Napoleon an Daru vom 2. Juli 1806, übersetzt nach Wildenstein, Daniel und Guy: *Documents complémentaires au catalogue de l'œuvre de Louis David*, Paris: Fondation Wildenstein 1973, Nr. 1484. Vgl. auch das Kapitel «David et Napoléon», in: *Jacques-Louis David 1748–1825*, Paris: Réunion des musées nationaux 1989.
9. Übersetzt nach dem Zeugnis des früheren David-Schülers und Biographen Etienne-Jean Delécluze, in: *Louis David, son école et son temps*, Paris: Didier 1855 (Nachdruck Paris: Macula 1983), S. 236–237.
10. Übersetzt nach Delécluze 1855, wie Anm. 9, S. 202.
11. Übersetzt nach Dayot 1902, S. 18–19.
12. Masson, Frédéric: *Napoléon chez lui*, Paris: Société d'éditions littéraires et artistiques 1902, S. 95–96.
13. Vgl. ders.: *Le sacre et le couronnement de Napoléon*, Paris: Ollendorf 1908.
14. Übersetzt nach Grand-Carteret 1895, S. 48–49.
15. Nach Fuchs 1904, S. 177.
16. Übersetzt nach Lecestre, Léon (Hg.): *Lettres inédites de Napoléon Ier (An VIII–1815)*, Paris: Plon 1897, S. 176–177.
17. Übersetzt nach *Correspondance de Napoléon Ier*, veröffentlicht auf Veranlassung von Kaiser Napoleon III., Paris: Plon/Dumaine 1863, Bd. 11, S. 287.
18. Übersetzt nach Lecestre 1897, wie Anm. 16, S. 260.
19. Eine Karikatur Gillrays zeigt ihn, wie er in erbärmlicher Weise sein Idol, Napoleon, nachäfft (Kat. Nr. 42).
20. Übersetzt nach Hill 1976, S. XVI.
21. Übersetzt nach Kris, Ernst und Gombrich, Ernst H.: «The Principles of Caricature», in: *British Journal of Medical Psychology*, 1938, S. 319–342; neu in Kris, Ernst: *Psychoanalytic Explorations in Art*, New York: Schocken Books 1964, Kap. 7.
22. Houssaye, Henry: *1814*, Paris: Perrin 1918, S. 578.
23. Der Ausdruck wurde von Kris und Gombrich, wie Anm. 21, geprägt, die ihn für die manieristische italienische Karikatur verwenden.
24. Kat. Nr. 340. Weitere Fassungen: Kat. Nrn. 389, 391.
25. Siehe Kat. Nr. 353.
26. Zeitgenössisches Zeugnis, übersetzt nach Grand-Carteret 1895, S. 50.
27. Sich auf den Herrscherthron zu setzen, wird während der Revolutionen von 1830 und 1848 zu einem Gestus mit grosser politischer Bedeutung, der von den Karikaturisten, darunter Honoré Daumier, dargestellt wurde.
28. Zwischen 1793 und 1800 werden ca. 85 gezählt (nach Jouve 1983, S. 45).
29. Vgl. die Tabellen in Döring 1991, S. 36.
30. Kat. Nr. 95.
31. Kat. Nr. 47.
32. Kat. Nr. 23.
33. Kat. Nr. 22.
34. Kat. Nr. 17.
35. Kat. Nr. 143. Dies gilt auch für David Roberts, einen Verleger, der sich gelegentlich als Stecher betätigte (Kat. Nr. 24).
36. Zum Beispiel Kat. Nr. 100.
37. Übersetzt nach Grand-Carteret 1895, S. 42.
38. Broadley 1911, Bd. 1, S. 65.
39. Um 1800 verdiente ein gutbezahlter Arbeiter 25 Shilling pro Woche (Jouve 1983, S. 44).

Notes

2.1 L'image de Napoléon: conformité et difformité

1. Grand-Carteret 1923, p. 31.
2. Dayot 1902, p. 95.
3. Rapport de police des 16 juillet et 6 septembre 1814, cité dans Dayot 1902, p. 95.
4. «Le Napoléon du Mont-Blanc», *Magasin pittoresque*, 1841, p. 8 (l'article est certainement du directeur du journal, Edouard Charton, qui remercie Töpffer en note).
5. Témoignage d'Emmanuel de Las Cases, cité dans Dayot 1902, p. 369–370.
6. Voir Clerc 1985, p. 17 sqq., qui reprend cette distinction de Kantorowicz, Ernst Hans: *The King's Two Bodies*, Princeton: Princeton University Press, 1957.
7. Dayot fait état des réactions de Bonaparte: «Quant au médaillon, il me paraît fort inférieur, et le défaut de ressemblance ne me permet pas de l'offrir au Directoire exécutif.» (Dayot 1902, p. 182; voir également Hubert 1992, p. 374–375).
8. Lettre de Napoléon à Daru, le 2 juillet 1806, citée dans Wildenstein, Daniel et Guy: *Documents complémentaires au catalogue de l'œuvre de Louis David*, Paris: Fondation Wildenstein, 1973, n° 1484. Voir également le chapitre «David et Napoléon» dans *Jacques-Louis David 1748–1825*, Paris: Réunion des musées nationaux, 1989.
9. Selon le témoignage d'Etienne-Jean Delécluze, biographe et ancien élève de David, dans *Louis David, son école et son temps*, Paris: Didier, 1855 (reprint Paris: Macula, 1983), p. 236–237.
10. Ibid., p. 202.
11. Cité dans Dayot 1902, p. 18–19.
12. Masson, Frédéric: *Napoléon chez lui*, Paris: Société d'éditions littéraires et artistiques, 1902, p. 95–96.
13. Voir id.: *Le sacre et le couronnement de Napoléon*, Paris: Ollendorf, 1908.
14. Grand-Carteret 1895, p. 48–49.
15. Selon Fuchs 1904, p. 177.
16. *Lettres inédites de Napoléon Ier (An VIII–1815)*, publiées par Léon Lecestre, Paris: Plon, 1897, p. 176–177.
17. *Correspondance de Napoléon Ier*, publiée par ordre de l'Empereur Napoléon III, Paris: Plon/Dumaine, 1863, t. 11, p. 287.
18. *Lettres inédites de Napoléon Ier*, cf. n. 16, p. 260.
19. Une caricature de Gillray le montre en train de singer misérablement son idole, Napoléon (n° cat. 42).
20. Traduit d'après Hill 1976, p. XVI.
21. Traduit d'après Kris, Ernst et Gombrich, Ernst H.: «The Principles of Caricature», *British Journal of Medical Psychology*, 1938, p. 319–342; repris dans Kris, Ernst: *Psychoanalytic Explorations in Art*, New York: Schocken Books, 1964, chap. 7.
22. Houssaye, Henry: *1814*, Paris: Perrin, 1918, p. 578.
23. L'expression est de Kris et Gombrich (cf. n. 21) qui l'appliquent à la caricature italienne maniériste.
24. N° cat. 340. Autres versions: n°² cat. 389, 391.
25. Voir n° cat. 353.
26. Témoignage d'époque, cité dans Grand-Carteret 1895, p. 50.
27. S'asseoir sur le trône du souverain devient, lors des révolutions de 1830 et 1848, un geste investi d'une grande charge politique, mis en image par les caricaturistes, dont Honoré Daumier.
28. On en recense environ 85 entre 1793 et 1800 (selon Jouve 1983, p. 45).
29. Voir les courbes dessinées par Döring 1991, p. 36.
30. N° cat. 95.
31. N° cat. 47.
32. N° cat. 23.
33. N° cat. 22.
34. N° cat. 17.
35. N° cat. 143. Tel est aussi le cas de David Roberts, éditeur qui devient graveur à l'occasion (n° cat. 24).
36. Par exemple, n° cat. 100.
37. Cité dans Grand-Carteret 1895, p. 42.
38. Broadley 1911, I, p. 65.
39. Un ouvrier bien payé gagnait 25 shillings par semaine vers 1800 (Jouve 1983, p. 44).

Footnotes

2.1 *The Image of Napoleon: Conformity and Deformity*

1 Translated from Grand-Carteret 1923, p. 31.
2 Translated from Dayot 1902, p. 95.
3 Police report of 16 July and 6 September 1814, translated from Dayot 1902, p. 95.
4 Translated from «Le Napoléon du Mont-Blanc», *Magasin pittoresque*, 1841, p. 8 (the article is undoubtedly by the magazine's director, Edouard Charton, who thanks Töpffer in the footnotes).
5 Declaration by Emmanuel de Las Cases, translated from Dayot 1902, p. 369–370.
6 See Clerc 1985, p. 17ff., who takes up this distinction by Kantorowicz, Ernst Hans: *The King's Two Bodies*, Princeton: Princeton University Press, 1957.
7 See Dayot 1902, p. 182; Hubert 1992, p. 374–375.
8 Letter from Napoléon to Daru, 2 July 1806, translated from Wildenstein, Daniel et Guy: *Documents complémentaires au catalogue de l'œuvre de Louis David*, Paris: Fondation Wildenstein, 1973, no. 1484. See also the chapter «David et Napoléon» in *Jacques-Louis David 1748–1825*, Paris: Réunion des musées nationaux, 1989.
9 According to an account by Etienne-Jean Delécluze, biographer and former pupil of David, translated from *Louis David, son école et son temps*, Paris: Didier, 1855 (reprint Paris: Macula, 1983), p. 236–237.
10 Translated from Ibid., p. 202.
11 Translated from Dayot 1902, p. 18–19.
12 Masson, Frédéric: *Napoléon chez lui*, Paris: Société d'éditions littéraires et artistiques, 1902, p. 95–96.
13 See Id.: *Le sacre et le couronnement de Napoléon*, Paris: Ollendorf, 1908.
14 Translated from Grand-Carteret 1895, p. 48–49.
15 According to Fuchs 1904, p. 177.
16 Translated from *Lettres inédites de Napoléon Ier (An VIII–1815)*, published by Léon Lecestre, Paris: Plon, 1897, p. 176–177.
17 Translated from *Correspondance de Napoléon Ier* published by order of the Emperor Napoleon III, Paris: Plon/Dumaine, 1863, vol. II, p. 287.
18 Translated from *Lettres inédites de Napoléon Ier*, cf. fn. 16, p. 260.
19 A cartoon by Gillray shows him miserably aping his idol, Napoleon (cat. no. 42).
20 Quoted in Hill 1976, p. XVI.
21 Kris, Ernst and Gombrich, Ernst H.: «The Principles of Caricature», *British Journal of Medical Psychology*, 1938, p. 319–342; taken up in Kris, Ernst: *Psychoanalytic Explorations in Art*, New York: Schocken Books, 1964, chapt. 7.
22 Houssaye, Henry: *1814*, Paris: Perrin, 1918, p. 578.
23 The expression is by Kris and Gombrich (cf. fn. 21), who apply it to Italian Mannerist cartoons.
24 Cat. no. 340. Other versions: cat. nos. 389, 391.
25 See cat. no. 353.
26 As declared by a contemporary and translated from Grand-Carteret 1895, p. 50.
27 During the revolutions of 1830 and 1848, sitting on the sovereign's throne came to represent a highly charged political gesture, as illustrated by the caricaturists of the times, such as Honoré Daumier.
28 Their count from 1793 to 1800 came to approximately 85 (according to Jouve 1983, p. 45).
29 See the graph curves drawn by Döring 1991, p. 36.
30 Cat. no. 95.
31 Cat. no. 47.
32 Cat. no. 23.
33 Cat. no. 22.
34 Cat. no. 17.
35 Cat. no. 143. This was also the case for David Roberts, a publisher who upon occasion turned engraver (cat. no. 24).
36 For example, cat. no. 100.
37 Translated from Grand-Carteret 1895, p. 42.
38 Broadley 1911, vol. I., p. 65.
39 A well-paid worker earned 25 shillings a week around 1800 (Jouve 1983, p. 44.).

40 Die meisten Blätter von Elmes tragen diesen Vermerk. Vgl. auch Kat. Nrn. 113–115 usw. In einer Zeit, da die kolorierten Stiche mehr als 1 Shilling kosteten, war dies ein Verkaufsargument; vgl. dazu Richard Godfrey in der Einführung zum Katalog *English Caricature*, 1984, S. 15–16.
41 Atherton 1974, S. 62.
42 Broadley 1911, Bd. 1, S. 74.
43 Der abbé le Blanc stellte in seinen *Lettres […] concernant le gouvernement, la politique et les mœurs des Anglois et des François* (1745) fest, dass die Stiche Hogarths in allen Wohnungen zu finden waren (engl. Übers. von 1717, zit. in Atherton 1974, S. 63).
44 Übersetzt nach Blum 1910, S. 390–391.
45 Übersetzt nach Bachaumont, Louis Petit de: *Mémoires secrets* […], London: Adams 1788, Bd. 2, S. 68–69 und 172–173.
46 Baecque, Antoine de: «Les soldats de papiers. Image et contre-image de la Révolution dans les caricatures anti-émigrés (1791)», in: *L'image de la Révolution française*, unter der Leitung von Michel Vovelle, Paris/ Oxford: Pergamon Press 1990, S. 299.
47 Übersetzt nach Adhémar, Jean: *Imagerie populaire française*, Mailand: Electa 1968, S. 92.
48 Bekanntlich schuf David zwei Arbeiten; übersetzt nach Boime, Albert: «Jacques-Louis David, le discours scatologique de la Révolution française et l'art de la caricature», in: *Politique et polémique*, 1988, S. 69–85. Vgl. auch Baecque 1988, S. 216–217, S. 222 und S. 234.
49 Übersetzt nach Boyer de Nîmes 1792, Bd. 1, S. 9–10. Vgl. Langlois 1988.
50 Übersetzt nach Blum 1919, S. 299.
51 Übersetzt nach Hauterive, Ernest d': *La Police secrète du Premier Empire*, Paris: Perrin 1908, Bd. 1, S. 95.
52 Herding, Klaus: «Diogenes als Bürgerheld», in: *Boreas*, 1982, S. 232–254, neu in ders.: *Im Zeichen der Aufklärung. Studien zur Moderne*, Frankfurt am Main: Fischer 1989.
53 Vgl. die Liste in Clerc 1985, S. 316–319.
54 Kat. Nrn. 162, 168.
55 Übersetzt nach Kotzebue, Auguste de: *Mes souvenirs de Paris en 1804*, Paris 1805, Bd. 1, S. 187.
56 Übersetzt nach Cain, Georges: «Croquis de Guerre», in: *Le Temps*, 4. Nov. 1917.
57 Unter anderen Kat. Nrn. 172, 174, 175, 180, 241, 246, 248, 249, 260–262 usw.
57 b Kat. Nr. 310.
58 Zum Beispiel Kat. Nrn. 168, 186, 215, 216, 317 usw.
59 Zum Beispiel Kat. Nrn. 211, 337.
60 Vgl. das Kapitel über Frankreich in Broadley 1911, Bd. II, S. 25–56, vor allem S. 37 ff. (mit Abb.) sowie Kat. Nrn. 172–173.
61 Vgl. weiter oben, S. 38.
62 Campes Antwort zit. in Lammel 1992, S. 13 (zit. nach Jegel, August: *Friedrich Campe. Das Leben eines deutschen Buchhändlers*, Nürnberg/Bamberg/Passau 1947, S. 28 f.). Über die deutsche Karikatur von der Revolution bis zum Wiener Kongress vgl. auch Grand-Carteret 1885, S. 47 f., und die Einleitung in Scheffler 1995.
63 «Der Fall Clar, oder: Ein ‹scandaleuser Kupferstich› im Jahr 1805», in: Scheffler 1995, S. 24–32. Vgl. auch die Einleitung in Schulze 1916, S. IV f.
64 Döring, in: *Bild als Waffe*, 1984, S. 174; siehe auch Czygan, Paul: *Zur Geschichte der Tagesliteratur während der Freiheitskriege*, Leipzig 1909, Bd. 2, S. 254 f.
65 Grosse Auszüge aus den beiden Artikeln in Scheffler 1995, S. 11–13.
66 Lammel 1992, S. 10.
67 Schulze 1916, S. IV.
68 Diese Gründe bestätigt Scheffler 1995, S. 17.
69 Kat. Nr. 341.
70 «Copied from the Original Berlin Print; of which there was sold in that Capital 20.000 Copies in one Week!» (London, British Museum, Nr. 12204 A).
71 Scheffler 1995, S. 185. Die Autoren haben mehr als zwanzig private und öffentliche Sammlungen ausgewertet. Die Sammlung von Arenenberg, eine der reichsten, was deutsche Blätter betrifft, enthält Karikaturen, die den Autoren unbekannt, teilweise bei Broadley erwähnt und in der Mehrzahl unveröffentlicht sind (Kat. Nrn. 355, 394, 413, 418, 435).
72 Zu den minderwertigen gehören Kat. Nrn. 374, 394, 399, 413 oder 433.
73 Hagen, Karl: *Der Maler Johann Michael Voltz von Nördlingen*, Stuttgart 1863, S. 37; zit. in Scheffler 1995, S. 20.
74 Fuchs 1904, S. 186.
75 Die Inschrift auf dem Giebel des Panthéon lautet: «Den grossen Männern – die dankbare Heimat».
76 Vgl. auch Kat. Nrn. 46, 52–54, 109, 121, 122 usw.
77 «Copied from a Russian Print» (Kat. Nr. 117).
78 Zwischen 1812 und 1814 entstanden Hunderte von russischen Karikaturen; mehrere wurden in Deutschland und England abgesetzt und von Sammlern wie dem Fürstregenten erworben, der in London zehn russische Karikaturen für 1 Pfund 18 kaufte (Peltzer 1985, S. 209 und Kat. Nr. 116).
79 Broadley 1911, Bd. 2, S. 165.

40 La plupart des planches d'Elmes portent cette mention. Voir aussi les nos. cat. 113–115, etc. Il s'agit d'un argument de vente à une époque où les gravures coloriées coûtent plus cher qu'un shilling, selon Richard Godfrey dans l'introduction au catalogue *English Caricature*, 1984, p. 15–16.
41 Atherton 1974, p. 62.
42 Broadley 1911, I, p. 74.
43 L'abbé le Blanc, dans ses *Lettres […] concernant le gouvernement, la politique et les mœurs des Anglois et des François* (1745), notait que les estampes de Hogarth se trouvent dans tous les foyers (traduction anglaise de 1747, citée dans Atherton 1974, p. 63).
44 Selon Blum 1910, p. 390–391.
45 Bachaumont, Louis Petit de: *Mémoires secrets* […], Londres: Adams, 1788, t. 2, p. 68–69 et p. 172–173.
46 Baecque, Antoine de: «Les soldats de papiers. Image et contre-image de la Révolution dans les caricatures anti-émigrés (1791)», *L'image de la Révolution française*, dirigé par Michel Vovelle, Paris/Oxford/etc: Pergamon Press, 1990, p. 299.
47 Adhémar, Jean: *Imagerie populaire française*, Milan: Electa, 1968, p. 92.
48 David, on le sait, exécutera deux planches, voir notamment Boime, Albert: «Jacques-Louis David, le discours scatologique de la Révolution française et l'art de la caricature», *Politique et polémique*, 1988, p. 69–85. Voir également Baecque 1988, p. 216–217, p. 222 et p. 234.
49 Boyer de Nîmes 1792, t. 1, p. 9–10. Voir Langlois 1988.
50 Blum 1919, p. 299.
51 Hauterive, Ernest d': *La Police secrète du Premier Empire*, Paris: Perrin, 1908, t. 1, p. 95.
52 Herding, Klaus: «Diogenes als Bürgerheld», *Boreas*, 1982, p. 232–254 (repris dans id.: *Im Zeichen der Aufklärung. Studien zur Moderne*, Frankfurt am Main: Fischer, 1989).
53 Voir la liste établie dans Clerc 1985, p. 316–319.
54 Nos. cat. 162, 168.
55 Kotzebue, Auguste de: *Mes souvenirs de Paris en 1804*, Paris, 1805, t. 1, p. 187.
56 Selon Cain, Georges: «Croquis de Guerre», *Le Temps*, 4.11.1917.
57 Entre autres nos. cat. 172, 174, 175, 180, 241, 246, 248, 249, 260–262, etc.
57 b No. cat. 310.
58 Par exemple, nos. cat. 168, 186, 215, 216, 317, etc.
59 Par exemple, nos. cat. 211, 337.
60 Voir le chapitre sur la France dans Broadley 1911, II, p. 25–56, surtout p. 37 sqq. (avec fig.), ainsi que nos. cat. 172–173.
61 Voir plus haut, p. 38.
62 Réponse de Campe, citée dans Lammel 1992, p. 13 (repris de Jegel, August: *Friedrich Campe. Das Leben eines deutschen Buchhändlers*, Nürnberg/Bamberg/Passau, 1947, p. 28 sq.). Sur la caricature allemande de la Révolution au Traité de Vienne, voir également Grand-Carteret 1885, p. 47 sq., et le texte introductif de Scheffler 1995.
63 «Der Fall Clar, oder: Ein ‹scandaleuser Kupferstich› im Jahr 1805», dans Scheffler 1995, p. 24–32. Voir également l'introduction de Schulze 1916, p. IV sq.
64 Traduit d'après Döring dans *Bild als Waffe*, 1984, p. 174; voir aussi Czygan, Paul: *Zur Geschichte der Tagesliteratur während der Freiheitskriege*, Leipzig, 1909, vol. 2, p. 254 sq.
65 De larges extraits de ces deux articles figurent dans Scheffler 1995, p. 11–13.
66 Lammel 1992, p. 10.
67 Schulze 1916, p. IV.
68 Le fait est confirmé par Scheffler 1995, p. 17.
69 No. cat. 341.
70 «Copied from the Original Berlin Print; of which there was sold in that Capital 20.000 Copies in one Week!» (London, British Museum, no 12204 A).
71 Scheffler 1995, p. 185. Les auteurs ont puisé dans plus de vingt collections privées et publiques. La collection d'Arenenberg, l'une des plus riches en ce qui concerne l'Allemagne, contient des épreuves inconnues des auteurs, parfois mentionnées par Broadley et le plus souvent inédites (nos. cat. 355, 394, 413, 418, 435).
72 Parmi les pires, voir nos. cat. 374, 394, 399, 413 ou 433.
73 Hagen, Karl: *Der Maler Johann Michael Voltz von Nördlingen*, Stuttgart, 1863, p. 37; traduit d'après Scheffler 1995, p. 20.
74 Traduit d'après Fuchs 1904, p. 186.
75 On lit au fronton du Panthéon: «Aux grands hommes la Patrie reconnaissante».
76 Voir également nos. cat. 46, 52–54, 109, 121, 122, etc.
77 «Copied from a Russian Print» (no. cat. 117).
78 Des centaines de planches russes sont exécutées entre 1812 et 1814, et plusieurs sont reprises, en Allemagne et en Angleterre, acquises par les collectionneurs comme le prince régent, qui, à Londres, fait acheter dix caricatures russes pour 1 livre 18 (Peltzer 1985, p. 209 et no. cat. 116).
79 Broadley 1911, II, p. 165.
80 Voir le chapitre XXIX intitulé «A Cosmopolitan Caricature» dans Broadley 1911, II, p. 242–257.
81 Scheffler 1995, p. 257–263, 416–419.

40 Most of the works by Elmes were marked thus. See also cat. nos. 113–115 etc. This was considered a sales argument at a time when most of the coloured engravings cost more than a shilling, according to Richard Godfrey in an introduction to the catalogue *English Caricature*, 1984, p. 15–16.
41 Atherton 1974, p. 62.
42 Broadley 1911, vol. I, p. 74.
43 Father le Blanc, in his *Lettres [...] concernant le gouvernement, la politique et les mœurs des Anglois et des François* (1745), notes that prints by Hogarth were to be found in all homes (English translation of 1747, quoted in Atherton 1974, p. 63).
44 Translated from Blum 1910, p. 390–391.
45 Translated from Bachaumont, Louis Petit de: *Mémoires secrets [...]*, London: Adams, 1788, vol. 2, p. 68–69 and p. 172–173.
46 Baecque, Antoine de: «Les soldats de papiers. Image et contre-image de la Révolution dans les caricatures anti-émigrés (1791)», *L'image de la Révolution française*, directed by Michel Vovelle, Paris/Oxford, etc.: Pergamon Press, 1990, p. 299.
47 Translated from Adhémar, Jean: *Imagerie populaire française*, Milan: Electa, 1968, p. 92.
48 It is a known fact that David was to execute two plates, see namely Boime, Albert: «Jacques-Louis David, le discours scatologique de la Révolution française et l'art de la caricature», in *Politique et polémique*, 1988, p. 69–85. See also Baecque 1988, p. 216–217, p. 222 and p. 234.
49 Translated from Boyer de Nîmes 1792, vol. 1., p. 9–10. See Langlois 1988.
50 Translated from Blum 1919, p. 299.
51 Translated from Hauterive, Ernest d': *La Police secrète du Premier Empire*, Paris: Perrin, 1908, vol. 1, p. 95.
52 Herding, Klaus: «Diogenes als Bürgerheld», *Boreas*, 1982, p. 232–254 (taken up in *Im Zeichen der Aufklärung. Studien zur Moderne*, Frankfurt am Main: Fischer, 1989).
53 See the list drawn up in Clerc 1985, p. 316–319.
54 Cat. nos. 162, 168.
55 Translated from Kotzebue, Auguste de: *Mes souvenirs de Paris en 1804*, Paris, 1805, vol. 1, p. 187.
56 Translated from Cain, Georges: «Croquis de Guerre», *Le Temps*, 4.11.1917.
57 Amongst others, cat. nos. 172, 174, 175, 180, 241, 246, 248, 249, 260–262 etc.
57 b Cat. no. 310.
58 For example, cat. nos. 168, 186, 215, 216, 317 etc.
59 For example, cat. nos. 211, 337.
60 See the chapter on France in Broadley 1911, vol. II, p. 25–56, and above all p. 37ff. (with ill.) and also cat. nos. 172–173.
61 See above, p. 39.
62 Campe's answer as quoted in Lammel 1992, p. 13 (taken up in Jegel, August: *Friedrich Campe. Das Leben eines Deutschen Buchhändlers*, Nürnberg/Bamberg/Passau, 1947, p. 28f.). On German cartoons from the Revolution until the Treaty of Vienna, see also Grand-Carteret 1885, p. 47f., and the introductory text to Scheffler 1995.
63 «Der Fall Clar, oder: Ein ‹scandaleuser Kupferstich› im Jahr 1805», in Scheffler 1995, p. 24–32. See also the introduction to Schulze 1916, p. IVf.
64 Translated from Döring, in *Bild als Waffe*, 1984, p. 174; see also Czygan, Paul: *Zur Geschichte der Tagesliteratur während der Freiheitskriege*, Leipzig, 1909, vol. 2, p. 254f.
65 Large excerpts of both articles are to be found in Scheffler 1995, p. 11–13.
66 Lammel 1992, p. 10.
67 Schulze 1916, p. IV.
68 A fact confirmed by Scheffler 1995, p. 17.
69 Cat. no. 341.
70 «Copied from the Original Berlin Print; of which there was sold in that Capital 20.000 Copies in one Week!» (London, British Museum, no. 12204A).
71 Scheffler 1995, p. 185. The authors researched over twenty private and public collections. The Arenenberg collection, one of the wealthiest in German works, includes proofs unknown to the authors, sometimes mentioned by Broadley and, more often, unpublished (cat. nos. 355, 394, 413, 418, 435).
72 Among the worst, see cat. nos. 374, 394, 399, 413 or 433.
73 Hagen, Karl: *Der Maler Johann Michel Voltz von Nördlingen*, Stuttgart, 1863, p. 37; translated from Scheffler 1995, p. 20.
74 Translated from Fuchs 1904, p. 186.
75 The inscription on the pediment of the Pantheon reads: «To great men – their grateful country».
76 See also cat. nos. 46, 52–54, 109, 121, 122 etc.
77 Cat. no. 117.
78 Hundreds of Russian plates were executed between 1812 and 1814, and several were reused in Germany and England where they were acquired by collectors such as the Regent Prince in London, who had ten Russian cartoons bought for 1 pound 18 (Peltzer 1985, p. 209 and cat. no. 116).
79 Broadley 1911, vol. II, p. 165.
80 See Chapter XXIX entitled «A Cosmopolitan Caricature», in Broadley 1911, vol. II, p. 242–257.

80 Vgl. das Kapitel XXIX, «A Cosmopolitan Caricature», in: Broadley 1911, Bd. 2, S. 242–257.
81 Scheffler 1995, S. 257–263, S. 416–419.
82 Kat. Nr. 340. Weitere Fassungen: Kat. Nrn. 389, 391.
83 Vgl. die zusammengesetzten Köpfe, die in der Einleitung von James Cuno im Katalog *Politique et polémique*, 1988, abgebildet sind.
84 Vgl. nach Johann Michael Voltz *Général sans pareil* (Kat. Nr. 429), Kat. Nrn. 69, 156, 174, 241, 290, 333, 359, 385. Ein verwandter Vorläufer dieser Landschaften-Figuren in England ist zu finden: 1743 stellte George Bickham den Kopf des Königs Georg II. auf diese Weise dar (Abb. in Döring 1991, S. 285).
85 Pamphlet von 1816, zit. in Tulard 1964, S. 12f. Vgl. Kat. Nr. 92.
86 Bildlegende in Deutsch und Französisch (Kat. Nr. 391).
87 Übersetzt nach Broadley 1911, Bd. 2, S. 247.
88 Wie Anm. 87, S. 253. Gleich lautet die Erklärung einer weiteren Ausgabe der Karikatur, die 1814 bei Henschel in Berlin erschien (Scheffler 1995, Nr. 3.48.6).
89 Broadley 1911, Bd. 2, S. 247.
90 Habermas, Jürgen: *Strukturwandel der Öffentlichkeit. Untersuchungen zu einer Kategorie der bürgerlichen Gesellschaft*. Neuwied/Berlin: Luchterhand 1962.
91 Anonym: «Nachtrag eines Zweyten zu dem Aufsatz über Carricatur […]», in: *Archiv für Künstler und Kunstfreunde*, 1805, zit. in Scheffler 1995, S. 12.
92 Menestrier, Claude François: *L'art des emblèmes* […], Paris 1684.
93 «Der räuberische Adler wird von einer bescheidenen Blume bezwungen.» Bericht des Präfekten des Département Jura an Beugnot vom 26. August 1815, übersetzt nach Houssaye, Henry: *1815*, Paris: Perrin 1920, S. 50.
94 Białostocki, Jan: «Skizze einer Geschichte der beabsichtigten und der interpretierenden Ikonographie», in: Kämmerling, Ekkehard (Hg.), *Bildende Kunst als Zeichensystem*. Band 1: *Ikonographie und Ikonologie, Theorie – Entwicklung – Probleme*, Köln: DuMont 1987, S. 15–63 (erschienen 1973).
95 Herding und Reichardt 1989, S. 33f.
96 Kat. Nrn. 60, 336, 383, 406.
97 Vgl. Fischer 1994. Der Autor hebt die Beliebtheit des Löschhütchen-Motivs rund um das satirische Napoleon-Bild hervor.
98 Kat. Nr. 96. Vgl. auch Kat. Nrn. 7, 97, 99, 197.
99 Kat. Nr. 12.
100 Über Töpffer vgl. das Sammelwerk *Töpffer*, Genf: Skira 1996.
101 Übersetzt nach Kotzebue, Auguste de, wie Anm. 55, Bd. 1, S. 135.
102 Vgl. Sellier, Philippe: *Le mythe du héros*, Paris/Montréal: Bordas 1970. Vgl. auch Tulard 1971.
103 Übersetzt nach Stendhal: «Mémoires sur Napoléon», in: *Œuvres complètes*, Paris: Cercle du bibliophile 1970, Bd. 2, S. 21. Über das Scheitern der «schwarzen Legende» des Kaisers und seiner Heroisierung vgl. Tulard 1964, S. 217f.

2.2 Das offizielle Napoleon-Bild

1 Veröffentlicht im *Moniteur Universel* vom 27. Germinal, in der Folge eines Dekrets des Ersten Konsuls vom 23. Germinal (Paris, A.N., F^{17} 1058, Dossier 14).
2 Zum Wettbewerb vgl. G. und Ch. Ledoux-Lebard: «Les tableaux du concours institué par Bonaparte en 1802 pour célébrer le rétablissement du culte», in: *Archives de l'Art français*, nouvelle période, XXV, 1978, S. 251–262. Siehe auch Benoit, Jérémie: «La peinture allégorique sous le Consulat: structure et politique», in: *Gazette des Beaux-arts*, Februar 1993, S. 80–84.
3 Öl auf Leinwand, H. 0,97; B. 1,30. Neuchâtel, Musée d'Art et d'Histoire.
4 Chérys Skizze ist unbekannt. Ihre Devise lautete: «Die Künste sind für den Menschen, was die Sonnenstrahlen für die Natur sind.»
5 Öl auf Leinwand, H. 1,03; B. 1,35. Malmaison, Musée national du Château, Inv. MM. 40.47.6886.
6 Dies war vor allem der Fall bei dem im Salon von 1798 ausgestellten Bild (Nr. 254) von François Jean-Baptiste Topino-Lebrun *La mort de Caïus Gracchus* (Der Tod des Caius Gracchus – Marseille, Musée des Beaux-Arts), eine Art Allegorie über den Selbstmord von Gracchus Babeuf im Jahre 1796. Babeuf hatte ein Komplott gegen das Direktorium angezettelt, die Verschwörung der Gleichen, die eine Art Präkommunismus anstrebten.
7 Der verschlüsselte Charakter der Allegorie wurde bereits im 18. Jahrhundert kritisiert. In seiner für die Akademie von Parma bestimmten *Iconologie* (1759) stellte Jean-Baptiste Boudard fest: «Was die rein allegorischen Sujets betrifft, habe ich das gleiche Gefühl wie jene, die sie wie Rätsel betrachten.» In seinen *Pensées détachées sur la peinture […]* (1777) sagte Denis Diderot das gleiche: «Die Allegorie ist selten erhaben, doch fast immer kalt und dunkel.»

81 Scheffler 1995, p. 257–263, p. 416–419.
82 Cat. no. 340. Other versions: cat. nos. 389, 391.
83 See the composite heads reproduced in the introduction by James Cuno in the catalogue *Politique et polémique* 1988.
84 See according to Johann Michael Voltz the *Général sans pareil* (cat. no. 429), cat. nos. 69, 156, 174, 241, 290, 333, 359, 385. A close antecedent to these landscape figures is to be found in England. In 1743, George Bickham represented the head of George II in this fashion (reproduced in Döring 1991, p. 285).
85 Satirical tract of 1816, quoted in Tulard 1964, p. 12 f. See cat. no. 92.
86 Commentary in German and French (cat. no. 391).
87 Broadley 1911, vol. II, p. 247.
88 Ibid., p. 253. The same explanation is given for another edition of the plate by Henschel, in Berlin, in 1814 (Scheffler 1995, no. 3.48.6.).
89 Broadley 1911, vol. II, p. 247.
90 Habermas, Jürgen: *Strukturwandel der Öffentlichkeit. Untersuchungen zu einer Kategorie der bürgerlichen Gesellschaft.* Neuwied/Berlin: Luchterhand, 1962.
91 An anonymous article entitled «Nachtrag eines Zweyten zu dem Aufsatz über Carricatur […]», published in *Archiv für Künstler und Kunstfreunde*, 1805, translated from Scheffler 1995, p. 12.
92 Menestrier, Claude François: *L'art des emblèmes* […], Paris, 1684.
93 «The rapacious eagle falls under the humble flower», a report by the prefect of the Jura in Beugnot, on 26 August 1815, translated from Houssaye, Henry: *1815*, Paris: Perron, 1920, p. 50.
94 Białostocki, Jan: «Skizze einer Geschichte der beabsichtigten und der interpretierenden Ikonographie», in *Bildende Kunst als Zeichensystem.* Band 1: *Ikonographie und Ikonologie. Theorien – Entwicklung – Probleme*, edited by Ekkehard Kaemmerling, Köln: DuMont, 1987, p. 15–63 (published in 1973).
95 Herding and Reichardt 1989, p. 33 f.
96 See cat. nos. 60, 336, 383, 406.
97 See Fischer 1994. The author emphasizes the rise of the candle snuffer motif in the satirical image of Napoleon.
98 Cat. no. 96. See also cat. nos. 7, 97, 99, 197.
99 Cat. no. 12.
100 For more on Töpffer, see the recent collective work: *Töpffer*, Geneva: Skira, 1996.
101 Translated from Kotzebue, Auguste de, *op. cit.* (fn. 55), vol. I, p. 135.
102 See Sellier, Philippe: *Le mythe du héros*, Paris/Montréal: Bordas, 1970. See also Tulard 1971.
103 Translated from Stendhal: «Mémoires sur Napoléon», *Œuvres complètes*, Paris: Cercle du bibliophile, 1970, vol. II, p. 21. On the failure of the «légende noire» about the Emperor and his heroic image, see Tulard 1964, p. 217 f.

2.2 *The Official Image of Napoleon*

1 Published in the *Moniteur Universel* of 27 Germinal, and following up on the First Consul's decree dated 23 Germinal (Paris, A.N., F^{17} 1058, dossier 14).
2 On this competition, see G. et Ch. Ledoux-Lebard: «Les tableaux du concours institué par Bonaparte en 1802 pour célébrer le rétablissement du culte», *Archives de l'Art français*, nouvelle période, XXV, 1978, p. 251–262. See also Benoit, Jérémie: «La peinture allégorique sous le Consulat: structure et politique», *Gazette des Beaux-Arts*, February 1993, p. 80–84.
3 Oil on canvas. H. 0,97; L. 1,30. Neuchâtel, Musée d'Art et d'Histoire.
4 Chéry's study is unknown. The work's motto was «The arts are to man as the rays of the sun are to nature.»
5 Oil on canvas. H. 1,03; L. 1,35. Malmaison, Musée national du Château. Inv. MM.40.47.6886.
6 A notable example is the painting by François Jean-Baptiste Topino-Lebrun displayed at the 1798 Salon (no. 254): *La mort de Caïus Gracchus* (The Dead of Caïus Gracchus – Marseille, Musée des Beaux-Arts), which was something like an allegory on Gracchus Babeuf's 1796 suicide. The latter had plotted against the Directory by setting up «la Conjuration des Egaux» (the Conspiracy of Equals), a sort of pre-communism.
7 Eighteenth-century writings had already condemned allegory for its abstrusity. In a work entitled *Iconologie* (1759) and destined for the Parma Academy, Jean-Baptiste Boudard wrote: «With respect to purely allegorical subjects, I share the opinion of those who consider them as enigmas.» Nor did Diderot feel any differently when drawing up in 1777 his *Pensées détachées sur la peinture* […]: «Allegory, rarely sublime, is almost always cold and obscure.»

8 Im Empire beschränkte sich die Allegorie im wesentlichen auf das Münzbild. Kaiserliche Adler, Rostra-Säulen, Kriegstrophäen, allegorische Figuren der Siegesgöttin oder des Herkules hatten die bedeutenden Ereignisse des Regnums zu feiern. Mit Bertrand Andrieu insbesondere, doch auch mit Nicolas Brenet oder Alexis Depaulis erreichte die Numismatik während des Empire eine kaum wieder erreichte Qualität.
9 *Souvenirs du mameluck Ali sur l'Empereur Napoléon*, Paris 1826, S. 28.
10 Anzeige im *Moniteur Universel* vom 10. April 1801.
11 Das Marmorwerk steht in Apsley House in London, die Bronze in der Pinacoteca di Brera in Mailand.
12 Am 5. August 1810 aufgestellt, wurde das Denkmal am 8. April 1814 von den Royalisten gestürzt. Einzig die geflügelte Viktoria, die Napoleon in Händen hielt, hat die Zeiten überdauert (Malmaison, Musée national du Château, Inv. MM. 66-2-1).
12 b 1813; Paris, Musée du Louvre.
13 Übersetzt nach Palluel, André: *Dictionnaire de l'Empereur*, Paris 1969, S. 87.
14 Brief vom 5. März 1808 an die Mitglieder des Institut, übersetzt nach Palluel, wie Anm. 13, S. 88.
15 Das nicht vollendete Gemälde befindet sich im Musée national du château de Versailles. Öl und Bleistift laviert auf Leinwand, H. 4,00; B. 6,60. Inv. MV. 5841.
16 Gros' Bild wird im Musée des Beaux-Arts in Nantes bewahrt. Öl auf Leinwand, H. 1,35; B. 1,95.
17 Öl auf Leinwand, H. 5,32; B. 7,20. Paris, Musée du Louvre, Inv. 5064.
18 Öl auf Leinwand, H. 6,10; B. 9,31. Paris, Musée du Louvre, Inv. 3699. Salon von 1808 (Nr. 144).
19 Öl auf Leinwand, H. 3,94; B. 2,56. Versailles, Musée national du Château, Inv. MV. 5840. Ein ähnliches Bild von Gros mit dem gleichen Sujet wird ebenfalls in Versailles bewahrt (Inv. MV. 1551).
20 Öl auf Leinwand, H. 4,73; B. 5,29. Versailles, Musée national du Château, Inv. MV. 1745. Salon von 1810 (Nr. 339).
21 Öl auf Leinwand, H. 4,73; B. 5,29. Versailles, Musée national du Château, Inv. MV. 1746. Salon von 1812 (Nr. 645).
22 Öl auf Leinwand, H. 3,90; B. 6,21. Versailles, Musée national du Château, Inv. MV. 1546. Salon von 1806 (Nr. 131).
23 Öl auf Leinwand, H. 5,33; B. 8,00. Paris, Musée du Louvre, Inv. 5067.
24 Öl auf Leinwand, H. 3,65; B. 5,00. Versailles, Musée national du Château, Inv. MV. 1498. Salon von 1808 (Nr. 276).
25 Lafittes Zeichnung befindet sich im Cabinet des Estampes der Bibliothèque Nationale in Paris. Vafflards Werk ist verschollen. Das Gemälde Gérards im Musée national du château de Malmaison bewahrt. Öl auf Holz, H. 0,81; B. 0,65. Inv. MM. 92-5-1.
26 Übersetzt nach *Bulletin de la Société des Amis de Malmaison*, 1995, S. 64.
27 Öl auf Leinwand, H. 2,29; B. 2,28. Versailles, Musée national du Château, Inv. MV. 1744.
28 Öl auf Leinwand, unvollendet, H. 3,50; B. 6,40. Versailles, Musée national du Château, Inv. MV. 6347.
29 Übersetzt nach Delécluze, Etienne-Jean: *Louis David, son école et son temps*, Paris: Didier 1855 (Nachdruck Paris: Macula 1983), S. 320.
30 Gipsbüste, H. 0,77; B. 0,43; T. 0,24. Malmaison, Musée national du Château, Inv. MM. 82-3-1.
31 Marmorbüste Napoleons von Bosio: H. 0,58; B. 0,33. Malmaison, Musée national du Château, Inv. MM. 40.47.9776 / H. 0,55; B. 0,34. Versailles, Musée national du Château, Inv. MV. 1519. Marmorbüste von Ruxthiel: H. 0,515; B. 0,280. Malmaison, Musée national du Château, Inv. MM. 94-22-1.
32 Ingres' Bild befindet sich im Museum in Lüttich, jenes von Greuze im Musée national du château de Versailles.
33 Delécluze, wie Anm. 29, S. 201–202. Das unvollendete Werk befindet sich im Musée du Louvre in Paris.
34 Übersetzt nach Delécluze, wie Anm. 29, S. 203.
35 1805 für das Aussenministerium (Talleyrand) in Auftrag gegeben, ist das Porträt bekannt aufgrund der Exemplare, die sich in den Museen von Fontainebleau, Versailles und Malmaison befinden.
36 Öl auf Leinwand, H. 2,60; B. 1,63. Paris, Musée de l'Armée.
37 Öl auf Leinwand, H. 2,04; B. 1,25. Washington, National Gallery, Inv. 1374.
38 Das erste ist durch die Skizze (1805) im Musée des Beaux-Arts in Lille bekannt, das zweite durch das signierte und 1807 datierte Gemälde im Fogg Art Museum in Cambridge (USA).
39 *Bonaparte franchissant les Alpes au Grand-Saint-Bernard* (1801), Öl auf Leinwand, H. 2,60; B. 2,21. Malmaison, Musée national du Château, Inv. MM. 49-7-1.
40 Schloss Charlottenburg in Berlin; Musée national du château de Versailles; Kunsthistorisches Museum Wien.
41 Exemplar im Musée national du château de Versailles. Öl auf Leinwand, H. 2,16; B. 1,56. Inv. MV. 4698.
42 Exemplar im Musée national du château de Versailles. Öl auf Leinwand, H. 2,78; B. 2,06. Inv. MV. 5134.
43 Der Künstler erhielt den Auftrag für 36 Porträts. 1814 hatte Girodet mit Hilfe seiner Werkstatt 26 vollendet. Nur drei sind bekannt: Montargis, Musée Girodet; Minneapolis (USA), Walker Art Center; Privatsammlung.

8 Sous l'Empire, l'allégorie se réfugia essentiellement dans la numismatique. Aigles impériales, colonnes rostrales, trophées militaires, figures allégoriques de la Victoire ou d'Hercule furent ainsi mis à contribution pour célébrer les grands événements du règne. Sous le burin de Bertrand Andrieu en particulier, mais aussi de Nicolas Brenet ou Alexis Depaulis, la numismatique atteignit sous l'Empire à une qualité rarement égalée.
9 *Souvenirs du mameluck Ali sur l'Empereur Napoléon*, Paris, 1826, p. 28.
10 Annonce publiée dans le *Moniteur Universel* du 10 avril 1801.
11 Le marbre est conservé à Londres, Apsley House, le bronze se trouve à la Brera de Milan.
12 Erigée le 5 août 1810, la statue fut déboulonnée par les Royalistes le 8 avril 1814. Seule la Victoire que tenait Napoléon est conservée (Malmaison, Musée national du Château, inv. MM. 66-2-1).
12 b 1813; Paris, Musée du Louvre.
13 Cité par Palluel, André: *Dictionnaire de l'Empereur*, Paris, 1969, p. 87.
14 Lettre du 5 mars 1808 aux membres de l'Institut, cité *ibid.*, p. 88.
15 La toile qui n'est qu'ébauchée, est conservée au Musée national du château de Versailles. Huile, crayon et lavis sur toile. H. 4,00 ; L. 6,60. Inv. MV. 5841.
16 Le tableau de Gros est conservé au Musée des Beaux-Arts de Nantes. Huile sur toile. H. 1,35; L. 1,95.
17 Huile sur toile. H. 5,32; L. 7,20. Paris, Musée du Louvre. Inv. 5064.
18 Huile sur toile. H. 6,10; L. 9,31. Paris, Musée du Louvre. Inv. 3699. Salon de 1808 (n° 144).
19 Huile sur toile. H. 3,94; L. 2,56. Versailles, Musée national du Château. Inv. MV. 5840. Une autre peinture de même sujet, très semblable, due à Gros, est également conservée à Versailles (inv. MV. 1551).
20 Huile sur toile. H. 4,73; L. 5,29. Versailles, Musée national du Château. Inv. MV. 1745. Salon de 1810 (n° 339).
21 Huile sur toile. H. 4,73; L. 5,29. Versailles, Musée national du Château. Inv. MV. 1746. Salon de 1812 (n° 645).
22 Huile sur toile. H. 3,90; L. 6,21. Versailles, Musée national du Château. Inv. MV. 1546. Salon de 1806 (n° 131).
23 Huile sur toile. H. 5,33; L. 8,00. Paris, Musée du Louvre. Inv. 5067.
24 Huile sur toile. H. 3,65; L. 5,00. Versailles, Musée national du Château. Inv. MV. 1498. Salon de 1808 (n° 276).
25 Le dessin de Lafitte est conservé à Paris, Bibliothèque Nationale, Cabinet des Estampes. L'œuvre de Vafflard est perdue. Quant au tableau de Gérard, il est conservé au Musée national du château de Malmaison. Huile sur panneau. H. 0,81; L. 0,65. Inv. MM. 92-5-1.
26 Voir *Bulletin de la Société des Amis de Malmaison*, 1995, p. 64.
27 Huile sur toile. H. 2,29; L. 2,28. Versailles, Musée national du Château. Inv. MV. 1744.
28 Huile sur toile, inachevée. H. 3,50; L. 6,40. Versailles, Musée national du Château. Inv. MV. 6347.
29 Delécluze, Etienne-Jean: *Louis David, son école et son temps*, Paris: Didier, 1855 (Réimpression Paris: Macula, 1983), p. 320.
30 Buste en plâtre. H. 0,77; L. 0,43; P. 0,24. Malmaison, Musée national du Château. Inv. MM. 82-3-1.
31 Buste de Napoléon en marbre par Bosio. H. 0,58; L. 0,33. Malmaison, Musée national du Château. Inv. MM. 40.47.9776 / H. 0,55; L. 0,34. Versailles, Musée national du Château. Inv. MV. 1519. Buste en marbre par Ruxthiel. H. 0,515; L. 0,280. Malmaison, Musée national du Château. Inv. MM. 94-22-1.
32 Le tableau d'Ingres se trouve au musée de Liège, celui de Greuze au Musée national du château de Versailles.
33 Delécluze, *op. cit.*, p. 201–202. L'œuvre, esquissée, est conservée au Musée du Louvre.
34 *Ibid.*, p. 203.
35 Commandé en 1805 pour l'Hôtel du ministre des Relations Extérieures (Talleyrand), le portrait est connu par les exemplaires des musées de Fontainebleau, de Versailles et de Malmaison.
36 Huile sur toile. H. 2,60; L. 1,63. Paris, Musée de l'Armée.
37 Huile sur toile. H. 2,04; L. 1,25. Washington, National Gallery. Inv. 1374.
38 Le premier est connu par l'esquisse du Musée des Beaux-Arts de Lille (1805), le second par le tableau du Fogg Art Museum de Cambridge (U.S.A), signé et daté 1807.
39 *Bonaparte franchissant les Alpes au Grand-Saint-Bernard* (1801). Huile sur toile. H. 2,60; L. 2,21. Malmaison, Musée national du Château. Inv. MM. 49-7-1.
40 Schloss Charlottenburg à Berlin; Musée national du château de Versailles; Kunsthistorisches Museum de Vienne.
41 Exemplaire au Musée national du château de Versailles. Huile sur toile. H. 2,16; L. 1,56. Inv. MV. 4698.
42 Exemplaire au Musée national du château de Versailles. Huile sur toile. H. 2,78; L. 2,06. Inv. MV. 5134.
43 Trente six portraits avaient été commandés à l'artiste. En 1814, avec l'aide de son atelier, Girodet en avait achevé vingt six. Trois seulement sont connus. Montargis, Musée Girodet; Minneapolis (U.S.A.), Walker Art Center; collection particulière.

4.2 Footnotes

8 Under the Empire, allegory was most often to be found in the field of numismatics – coins and commemorative medals. Thus imperial eagles, rostrum columns, military trophies, the allegorical figures of Victory or Hercules – all served to celebrate major political events of the times. During the Empire, and under the hand above all of Bertrand Andrieu, but of others as well – such as Nicolas Brenet and Alexis Depaulis – the field of numismatics attained a rare level of artistic quality.
9 *Souvenirs du mameluck Ali sur l'Empereur Napoléon*, Paris, 1826, p. 28.
10 This announcement was published in the *Moniteur Universel* of 10 April 1801.
11 The marble work is stored at London's Apsley House, while the bronze version is at the Milan Brera.
12 The statue was erected on 5 August 1810, only to be brought down by the Royalists on 8 April 1814. Only the Victory which Napoleon had been holding has been conserved (Malmaison, Musée national du Château, inv. MM.66-2-1).
12 b 1813; Paris, Musée du Louvre.
13 Translated from Palluel, André: *Dictionnaire de l'Empereur*, Paris, 1969, p. 87.
14 Letter dated 5 March 1808 and addressed to the Institute members, translated from *ibid.*, p. 88.
15 The painting, which remained at the outline stage, is stored at the Musée national du château de Versailles. Oil, pencil and wash on canvas. H. 4,00; L. 6,60. Inv. MV.5841.
16 The painting by Gros is stored at the Nantes Musée des Beaux-Arts. Oil on canvas. H. 1,35; L. 1,95.
17 Oil on canvas. H. 5,32; L. 7,20. Paris, Musée du Louvre. Inv. 5064.
18 Oil on canvas. H. 6,10; L. 9,31. Paris, Musée du Louvre. Inv. 3699. Salon of 1808 (no. 144).
19 Oil on canvas. H. 3,94; L. 2,56. Versailles, Musée national du Château. Inv. MV.5840. Another painting on the same subject, and very similar to the one in question, was executed by Gros and is also stored at Versailles (Inv. MV.1551).
20 Oil on canvas. H. 4,73; L. 5,29. Versailles, Musée national du Château. Inv. MV.1745. Salon of 1810 (no. 339).
21 Oil on canvas. H. 4,73; L. 5,29. Versailles, Musée national du Chârteau. Inv. MV.1746. Salon of 1812 (no. 645).
22 Oil on canvas. H. 3,90; L. 6,21. Versailles, Musée national du Château. Inv. MV.1546. Salon of 1806 (no. 131).
23 Oil on canvas. H. 5,33; L. 8,00. Paris, Musée du Louvre. Inv. 5067.
24 Oil on canvas. H. 3,65; L. 5,00. Versailles, Musée national du Château. Inv. MV.1498. Salon of 1808 (no. 276).
25 Lafitte's drawing is stored in Paris, at the Bibliothèque Nationale, Cabinet des Estampes. The Vafflard's work has since disappeared. Gérard's painting is stored at the Musée national du château de Malmaison. Oil on panel. H. 0,81; L. 0,65. Inv. MM.92-5-1.
26 Translated from *Bulletin de la Société des Amis de Malmaison*, 1995, p. 64.
27 Oil on canvas. H. 2,29; L. 2,28. Versailles, Musée national du Château. Inv. MV.1744.
28 Oil on canvas, unfinished. H. 3,50; L. 6,40. Versailles, Musée national du Château. Inv. MV.6347.
29 Translated from Delécluze, Etienne-Jean: *Louis David, son école et son temps*, Paris: Didier, 1855 (Reprint Paris: Macula, 1983), p. 320.
30 Plaster bust. H. 0,77; L. 0,43; B. 0,24. Malmaison, Musée national du Château. Inv. MM.82-3-1.
31 Marble bust of Napoleon by Bosio. H. 0,58; L. 0,33. Malmaison, Musée national du Château. Inv. MM.40.47.9776 / H. 0,55; L. 0,34. Versailles, Musée national du Château. Inv. MV.1519. Marble bust by Ruxthiel. H. 0,515; L. 0,280. Malmaison, Musée national du Château. Inv. MM.94-22-1.
32 The painting by Ingres is at the Liège museum, while the one by Greuze is at the Musée national du château de Versailles.
33 Delécluze, *op. cit.*, p. 201–202. The work, at the sketch stage, is stored at the Musée du Louvre.
34 Translated from *ibid.*, p. 203.
35 Commissioned in 1805 for the Secretary of Foreign Affairs' (Talleyrand) mansion, the portrait is best known for the copies at the Fontainebleau, Versailles and Malmaison museums.
36 Oil on canvas. H. 2,60; L. 1,63. Paris, Musée de l'Armée.
37 Oil on canvas. H. 2,04; L. 1,25. Washington, National Gallery. Inv. 1374.
38 The first of the two is known in the form of a study at the Musée des Beaux-Arts of Lille (1805), and the second by the painting at the Fogg Art Museum of Cambridge (USA), signed and dated 1807.
39 David, *Bonaparte franchissant les Alpes au Grand-Saint-Bernard* (Bonaparte crossing the Alps by way of the Great Saint Bernard – 1801). Oil on canvas. H. 2,60; L. 2,21. Malmaison, Musée national du Château. Inv. MM.49-7-1.
40 Berlin, Schloss Charlottenburg; Versailles, Musée national du Château; Vienna, Kunsthistorisches Museum.
41 One version is at the Musée national du château de Versailles. Oil on canvas. H. 2,16; L. 1,56. Inv. MV.4698.
42 One version is at the Musée national du château de Versailles. Oil on canvas. H. 2,78; L. 2,06. Inv. MV.5134.

4.2 Note

8 Sotto l'Impero l'allegoria si rifugia essenzialmente nella numismatica: aquile imperiali, colonne rostrali, trofei militari, figure allegoriche della Vittoria o di Ercole vengono sfruttate per celebrare i grandi avvenimenti del regime. Sotto il bulino soprattutto di Bertrand Andrieu, ma anche di Nicolas Brenet o Alexis Depaulis, in quel periodo la numismatica raggiunge una qualità raramente uguagliata.
9 *Souvenirs du mameluck Ali sur l'Empereur Napoléon*, Parigi 1826, p. 28.
10 Annuncio pubblicato nel *Moniteur Universel* del 10 aprile 1801.
11 Il marmo è conservato a Londra (Apsley House), il bronzo a Milano (Brera).
12 Eretta il 5 agosto 1810, la statua sarà abbattuta dai realisti l'8 aprile 1814; ne resta solo la Vittoria tenuta da Napoleone (Malmaison, Musée national du Château, inv. MM.66-2-1).
12 b 1813; Parigi, Musée du Louvre.
13 Tradotto secondo André Palluel, *Dictionnaire de l'Empereur*, Parigi 1969, p. 87.
14 Lettera del 5 marzo 1808 ai membri dell'Istituto, tradotto secondo *ibid.*, p. 88.
15 La tela, soltanto abbozzata, è conservata al Musée national du château de Versailles. Olio, matita e lavis su tela, alt. 4,00, largh. 6,60, inv. MV.5841.
16 Il quadro di Gros è conservato al Musée des Beaux-Arts de Nantes. Olio su tela, alt. 1,35, largh. 1,95.
17 Olio su tela, alt. 5,32, largh. 7,20, Parigi, Musée du Louvre, inv. 5064.
18 Olio su tela, alt. 6,10, largh. 9,31, Parigi, Musée du Louvre, inv. 3699. Salone del 1808 (n° 144).
19 Olio su tela, alt. 3,94, largh. 2,56, Versailles, Musée national du Château, inv. MV.5840. Un altro dipinto molto simile sullo stesso tema, opera di Gros, è pure conservato al Musée national du château de Versailles (inv. MV.1551).
20 Olio su tela, alt. 4,73, largh. 5,29, Versailles, Musée national du Château, inv. MV.1745. Salone del 1810 (n° 339).
21 Olio su tela, alt. 4,73, largh. 5,29, Versailles, Musée national du Château, inv. MV.1746. Salone del 1812 (n° 645).
22 Olio su tela, alt. 3,90, largh. 6,21, Versailles, Musée national du Château, inv. MV.1546. Salone del 1806 (n° 131).
23 Olio su tela, alt. 5,33, largh. 8,00, Parigi, Musée du Louvre, inv. 5067.
24 Olio su tela, alt. 3,65, largh. 5,00, Versailles, Musée national du Château, inv. MV.1498. Salone del 1808 (n° 276).
25 Il disegno di Lafitte è conservato a Parigi (Bibliothèque Nationale, Cabinet des Estampes). L'opera di Vafflard è scomparsa; il quadro della Gérard (olio su tavola, alt. 0,81, largh. 0,65) è conservato al Musée national du château de Malmaison (inv. MM.92-5-1).
26 Tradotto secondo *Bulletin de la Société des Amis de Malmaison*, 1995, p. 64.
27 Olio su tela, alt. 2,29, largh. 2,28, Versailles, Musée national du Château, inv. MV.1744.
28 Olio su tela, incompiuto, alt. 3,50, largh. 6,40, Versailles, Musée national du Château, inv. MV.6347.
29 Tradotto secondo Etienne-Jean Delécluze, *Louis David, son école et son temps*, Parigi (Didier) 1855 (Ristampa Parigi [Macula] 1983), p. 320.
30 Busto in gesso, alt. 0,77, largh. 0,43, prof. 0,24, Malmaison, Musée national du Château, inv. MM.82-3-1.
31 Busto marmoreo di Napoleone eseguito da Bosio: alt. 0,58, largh. 0,33, Malmaison, Musée national du Château, inv. MM.40.47.9776 / alt. 0,55, largh. 0,34, Versailles, Musée national du Château, inv. MV.1519. Busto marmoreo eseguito da Ruxthiel: alt. 0,515, largh. 0,280, Malmaison, Musée national du Château, inv. MM.94-22-1.
32 Il quadro di Ingres si trova al museo di Liegi, quello di Greuze al Musée national du château de Versailles.
33 Delécluze, *op. cit.*, p. 201–202. L'opera, solo abbozzata, si trova al Musée du Louvre.
34 Tradotto secondo *ibid.*, p. 203.
35 Ordinato nel 1805 per il palazzo del ministro degli esteri (Talleyrand), il ritratto è noto grazie agli esemplari dei musei di Fontainebleau, Versailles e Malmaison.
36 Olio su tela, alt. 2,60, largh. 1,63, Parigi, Musée de l'Armée.
37 Olio su tela, alt. 2,04, largh. 1,25, Washington, National Gallery, inv. 1374.
38 Il primo è noto grazie allo schizzo del Musée des Beaux-Arts de Lille (1805), il secondo grazie al quadro del Fogg Art Museum di Cambridge (USA), firmato e datato 1807.
39 *Bonaparte franchissant les Alpes au Grand-Saint-Bernard* (Bonaparte che valica le Alpi al Gran San Bernardo – 1801), olio su tela, alt. 2,60, largh. 2,21, Malmaison, Musée national du Château, inv. MM.49-7-1.
40 Berlino, Schloss Charlottenburg; Versailles, Musée national du Château; Vienna, Kunsthistorisches Museum.
41 Esemplare al Musée national du château de Versailles, olio su tela, alt. 2,16, largh. 1,56, inv. MV.4698.
42 Esemplare al Musée national du château de Versailles, olio su tela, alt. 2,78, largh. 2,06, inv. MV.5134.
43 Sui trentasei ritratti ordinatigli, nel 1814 Girodet (con l'aiuto della sua bottega) ne aveva terminati ventisei; ne sono noti solo tre: Montargis, Musée Girodet; Minneapolis (USA), Walker Art Center; collezione privata.

2.3 Die französische Karikatur

1 Dies war nicht für alle der Fall, und das ehemalige Konventmitglied Lazare Carnot wurde während der Hundert Tage Napoleons Innenminister.
2 Fouché wurde allerdings 1810 an der Spitze der Polizei abgelöst von Anne Jean Marie René Savary, Herzog von Rovigo.
3 Paris, A.N., AF IV 1494; übersetzt nach Hauterive, Ernest d': *La Police secrète du Premier Empire*, Paris: Perrin 1908, Bd. 1, Bulletin des 18. Fructidor des Jahres XIII, S. 73.
4 Paris, A.N., AF IV 1495; übersetzt nach *dass.*, 1913, Bd. 2, S. 112.
5 Über diesen Geheimbund vgl. Guillaume de Bertier de Sauvigny, in: Tulard 1989, «Chevaliers de la Foi», S. 417.
6 Ferdinand de Bertier war der Sohn des letzten Intendanten von Paris, Bertier de Sauvigny, der am 22. Juli 1789 ermordet wurde.
7 Die These des freimaurerischen Komplotts wurde entwickelt von Abbé Augustin Barruel: *Abrégé des Mémoires pour servir à l'histoire des Jacobins*, 2 Bde., Hamburg 1798.
8 Paris, A.N., F^{18} 10^A XXI.
9 Paris, A.N., F^{18} 10^A XXII.
10 Paris, A.N., F^{18} VI 1 bis 3 (1810–1816).
11 Kat. Nr. 184.
12 Kat. Nr. 227.
13 Kat. Nr. 232.
14 Paris, A.N., F^{18} VI 3 (1815–1816), fol. 38 recto und 46 verso.
15 Clerc 1985, S. 24–30.
16 Kat. Nr. 272.

2.4 Themen und Motive

Corpus Napoleoni
1 Siehe die «Genese» von Hans Peter Mathis, S. 148 ff.
2 Sämtliche Werke sind in der Bibliographie verzeichnet.

Der Allegorismus
1 Übersetzt nach Kotzebue, Auguste de: *Mes Souvenirs de Paris en 1804*, Bd. 1, Paris 1804, S. 192–193.
2 «[...] um als Universalsprache für alle Nationen zu dienen, muss die Allegorie klar, expressiv und beredsam sein; gehen ihr diese unumgänglichen Eigenschaften ab, ist sie nichts weiter als ein dunkles, deplaciertes, ermüdendes Rätsel, jenen vergleichbar, welche die Ägypter mit einem undurchdringlichen Schleier zu bedecken sich bemühen [...]» (übersetzt nach Gravelot, Hubert François und Cochin, Charles Nicolas: *Iconologie par figures ou Traité complet des allégories, emblèmes, etc. à l'usage des artistes*, Paris: Lattré 1791, S. X–XI [Nachdruck Genf: Minkoff 1972]). Dies war ebenfalls Diderots Meinung in seinen *Pensées détachées sur la peinture [...]* (1777). Zum Problem des Gebrauchs der Allegorie während des Konsulats und Empire vgl. Benoit, Jérémie: La peinture allégorique sous le Consulat: structure et politique, in: *Gazette des Beaux-Arts*, Februar 1993, S. 77–90, und im vorliegenden Band, S. 76 ff.
3 Vgl. weiter oben, S. 62 ff., sowie Herding, Klaus: Codes visuels dans la gravure de la Révolution française, in: *Politique et polémique*, 1988, S. 87–105.
4 Kat. Nr. 269.
5 Kat. Nr. 79. Ein unveröffentlichtes Blatt, das in der Literatur über die napoleonische Karikatur bisher nicht vorkommt. Für die Interpretation dieses rätselhaften Stiches vgl. den Kommentar von Ph. Gafner, S. 286.
6 Kat. Nr. 288.
7 Kat. Nrn. 385, 407, 415.
8 Abb. in Scheffler 1995, S. 265–266.
9 Scheffler 1995, S. 317–318.

Napoleons Körper
1 Übersetzt nach Barbier, Pierre und Vernillart, France: *Histoire de France par les chansons*, Bd. 5 (Napoléon et sa légende), Paris: Gallimard 1958, S. 9.
2 Beschreibung der Oberhofmeisterin Gräfin Voss von 1807, zit. in Scheffler 1995, S. 36.
3 Zeugnis von Basil Hall, übersetzt nach Dayot 1902, S. 284.
4 Kat. Nr. 163.
5 Kat. Nr. 216.

43 The artist had been commissioned to do thirty-six portraits. In 1814, with the help of his atelier, Girodet had produced twenty-six. Only three are known: Montargis, Musée Girodet; Minneapolis (USA), Walker Art Center; private collection.

2.3 The Art of Caricature in France

1 This did not hold true for all of them, and the former National Convention member Lazare Carnot became Napoleon's Home Secretary during the Hundred Days.
2 In 1810, Fouché was nonetheless replaced as head of the police by Anne Jean Marie René Savary, duc de Rovigo.
3 Paris, A.N., AF IV 1494; translated from Hauterive, Ernest d': *La Police secrète du Premier Empire*, Paris: Perrin, 1908, vol. 1, Bulletin du 18 fructidor an XIII, p. 73.
4 Paris, A.N., AF IV 1495; translated from *ibid.*, 1913, vol. 2, p. 112.
5 On this association, see Guillaume de Bertier de Sauvigny in Tulard 1989, «Chevaliers de la Foi», p. 417.
6 Ferdinand de Bertier was the son of the last intendant of Paris, Bertier de Sauvigny, massacred on 22 July 1789.
7 The thesis of a Masonic conspiracy was developed by Father Augustin Barruel in his *Abrégé des Memoires pour servir à l'histoire des Jacobins*, 2 vol., Hamburg, 1798.
8 Paris, A.N., F^{18} 10^A XXI.
9 Paris, A.N., F^{18} 10^A XXII.
10 Paris, A.N., F^{18} VI 1 to 3 (1810–1816).
11 Cat. no. 184.
12 Cat. no. 227.
13 Cat. no. 232.
14 Paris, A.N., F^{18} VI 3 (1815–1816), f° 38 recto and 46 verso.
15 Clerc 1985, p. 24–30.
16 Cat. no. 272.

2.4 Themes and Motifs

Notes on the Corpus Napoleoni
1 See the «genesis» by Hans Peter Mathis, p. 149 ff.
2 All these works are listed in the Bibliography.

Allegorisation
1 Translated from Kotzebue, Auguste de: *Mes souvenirs de Paris en 1804*, vol. 1, Paris, 1804, p. 192–193.
2 «[…] allegory, to serve as a universal language for all nations, should be clear, expressive, eloquent; lacking these indispensable qualities, it can provide but an obscure enigma, uncalled-for, tiring, similar to those that the Egyptians strived to cover with an inscrutable veil […]» (translated from Gravelot, Hubert François and Cochin, Charles Nicolas: *Iconologie par figures ou Traité complet des allégories, emblèmes, etc à l'usage des artistes*, Paris: Lattré, 1791, p. X–XI [reprint Geneva: Minkoff, 1972]) Diderot was of the same mind in his *Pensées détachées sur la peinture […]* (1777). On the question of how allegory was used under the Consulate and Empire, see Benoit, Jérémie: «La peinture allégorique sous le Consulat: structure et politique», *Gazette des Beaux-Arts*, February 1993, p. 77–90, as well as in the present volume, p. 77 ff.
3 See above p. 63 ff., as well as Herding, Klaus: «Codes visuels dans la gravure de la Révolution française», *Politique et polémique*, 1988, p. 87–105.
4 Cat. no. 269.
5 Cat. no. 79. Published for the first time, since it is not to be found in the literature on Napoleonic caricature published to date. On the interpretation of this enigmatic work, see Ph. Gafner's commentary, p. 286.
6 Cat. no. 288.
7 Cat. nos. 385, 407, 415.
8 Reproduced in Scheffler 1995, p. 265–266.
9 Translated from Scheffler 1995, p. 317–318.

Napoleon's body
1 Translated from Barbier, Pierre and Vernillart, France: *Histoire de France par les chansons*, vol. 5 (Napoléon et sa légende), Paris: Gallimard, 1958, p. 9.
2 A description furnished by the Countess Voss in 1807, translated from Scheffler 1995, p. 36.
3 An account by Basil Hall, translated from Dayot 1902, p. 284.
4 Cat. no. 163.
5 Cat. no. 216.
6 Cat. no. 47.

6 Kat. Nr. 47.
7 Kat. Nr. 312. Vgl. auch Kat. Nr. 203, in der Napoleon darum bittet, man möge ihm eher den Schwanz als den Kopf abschneiden...
8 Kat. Nrn. 282, 296, 330, 331.
9 Kat. Nr. 301.
10 Kat. Nrn. 270, 355.
11 Kat. Nrn. 139, 338.
12 Kat. Nrn. 139, 286.
13 Kat. Nr. 187. Das Veilchen spielt auf die Rückkehr des Kaisers von der Insel Elba an, die durch die Veilchenblüte angekündigt wird. Oft wird das Veilchen in Opposition zur Lilie gesetzt, der Wappenblume Frankreichs.
14 Kat. Nr. 217.
15 Scheffler 1995, S. 33.

Der Riese, der Zwerg und das Kind
1 Dieser Stich, der in der Sammlung von Arenenberg fehlt, ist eines der frühesten satirischen Porträts des Generals.
2 *Kratylos* ist einer der Dialoge Platons. Der griechische Philosoph Kratylos, der zur Heraklitischen Schule gehört, verteidigt gegenüber Hermogenes, für den die Benennung der Dinge auf Übereinkunft beruht, die These von der naturgemässen Bezeichnung (insbesondere durch Lautmalerei).
3 In der Sammlung von Arenenberg (Inv. Nr. 1980.26). Die den *Principes de grammaire* (Paris: Bénard um 1830) entnommene Lithographie ist aufgrund ihres späten Datums nicht im Katalog vertreten.
4 Kat. Nrn. 219, 230, 249 (ein pronapoleonischer Stich), 263, 294, 342, 409, 416.
5 Kat. Nr. 416.
6 Kat. Nr. 82. In einer deutschen Fassung von 1813 hat Zar Alexander I. den Platz von Georg III. eingenommen.
7 Kat. Nr. 323.
8 Kat. Nr. 421.
9 Kat. Nr. 422. Nach einer anonymen englischen Karikatur; vgl. Scheffler 1995, Nr. 5.23, und *L'Anti-Napoléon* 1996, Kat. Nr. 5.
10 Kat. Nr. 19.
11 Kat. Nr. 283.
12 Kat. Nr. 332.
13 Kat. Nr. 311.

Die satirische Menagerie
1 Kat. Nr. 115.
2 Kat. Nrn. 14, 66.
3 Kat. Nr. 143.
4 Kat. Nr. 126.
5 Kat. Nrn. 90, 151; vgl. auch Kat. Nr. 193.
6 Kat. Nr. 188; vgl. auch Kat. Nr. 329.
7 Kat. Nr. 225.
8 Kat. Nrn. 240, 347.
9 Kat. Nr. 347.
10 Kat. Nr. 196.
11 Verzeichnet in: Germond de la Vigne, Alfred Léopold Gabriel: *Les pamphlets de la fin de l'Empire, des Cent Jours et de la Restauration*, Paris: Dentu 1879, S. 33. Verschiedene Auszüge in Tulard 1964, S. 45f.
12 Vgl. insbesondere Kat. Nrn. 35, 66, 90, 92, 109, 126, 141, 196, 222, 228.
13 Die beste Übersicht über die Problematik findet man bei Baur, Otto: *Der Mensch-Tier-Vergleich und die Mensch-Tier-Karikatur. Eine ikonographische Studie zur bildenden Kunst des neunzehnten Jahrhunderts*, Diss. phil. (masch.), Köln 1973.
14 Vgl. insbesondere Kat. Nrn. 39, 81.
15 Vgl. zum Beispiel Kat. Nr. 40.
16 Vgl. die zahlreichen Adler in Kat. Nr. 163 und zum Beispiel Kat. Nrn. 221 oder 386.
17 Kat. Nr. 151.
18 Kat. Nr. 228.
19 Kat. Nr. 424.
20 Übersetzt nach Broadley 1911, Bd. 1, S. 362.

Der Teufel, die Hölle und der Tod
1 Kat. Nrn. 49, 169, 198, 205, 206, 208, 209, 211, 278.
2 Kat. Nrn. 75, 76, 197, 199, 319, 339, 340, 360, 362, 375, 378, 389, 390, 391, 393.
3 Kat. Nrn. 23, 45, 57, 73, 75, 118, 124, 142, 144, 148, 152, 153, 306, 353, 362, 364, 365, 385, 429.
4 Kat. Nrn. 93, 102, 366.
5 Kat. Nrn. 20, 183, 212.
6 Kat. Nr. 269.
7 Kat. Nr. 220.
8 Kat. Nrn. 153, 160, 334, 356.
9 Kat. Nr. 92.
10 Kat. Nrn. 193, 196, 199, 228, 229, 302, 306, 356, 361.
11 Kat. Nr. 278.
12 Kat. Nr. 74.
13 Kat. Nrn. 319, 360, 361, 375.

7 N.º cat. 312. Voir également n.º cat. 203, dans lequel Napoléon demande qu'on lui coupe la queue plutôt que la tête...
8 N.ºs cat. 282, 296, 330, 331.
9 N.º cat. 301.
10 N.ºs cat. 270, 355.
11 N.ºs cat. 139, 338.
12 N.ºs cat. 139, 286.
13 N.º cat. 187. La violette fait allusion au retour de l'empereur de l'île d'Elbe, annoncé avec sa floraison. Elle est souvent opposée à la fleur de la monarchie française: le lys.
14 N.º cat. 217.
15 Traduit d'après Scheffler 1995, p. 33.

Le géant, le gnome et l'enfant
1 Cette gravure, qui ne figure pas dans les collections d'Arenenberg, est l'un des premiers portrait-charges du général.
2 *Le Cratyle* est un dialogue platonicien. Cratyle, philosophe grec de l'école d'Héraclite, soutient face à Hermogène, pour qui le langage est conventionnel, la thèse de la dénomination ou de la motivation naturelle (notamment par onomatopées).
3 Dans les collections d'Arenenberg (n.º inv. 1980.26). Cette lithographie extraite des *Principes de grammaire*, Paris: Bénard, vers 1830, est plus tardive, donc hors catalogue.
4 N.ºs cat. 219, 230, 249 (une gravure pronapoléonienne), 263, 294, 342, 409, 416.
5 N.º cat. 416.
6 N.º cat. 82. Dans une version allemande de 1813, le tsar Alexandre I.er prend le rôle du roi Georges III.
7 N.º cat. 323.
8 N.º cat. 421.
9 N.º cat. 422. D'après une caricature anonyme anglaise; voir Scheffler, 1995, n.º 5.23 et *L'Anti-Napoléon* 1996, n.º cat. 5.
10 N.º cat. 19.
11 N.º cat. 283.
12 N.º cat. 332.
13 N.º cat. 311.

La ménagerie caricaturale
1 N.º cat. 115.
2 N.ºs cat. 14, 66.
3 N.º cat. 143.
4 N.º cat. 126.
5 N.ºs cat. 90, 151; voir également n.º cat. 193.
6 N.º cat. 188. Voir également n.º cat. 329.
7 N.º cat. 225.
8 N.ºs cat. 240, 347.
9 N.º cat. 347.
10 N.º cat. 196.
11 Répertorié dans Germond de la Vigne, Alfred Léopold Gabriel: *Les pamphlets de la fin de l'Empire, des Cent Jours et de la Restauration*, Paris: Dentu, 1879, p. 33. Consulter divers extraits de textes dans Tulard 1964, p. 45 sq.
12 Voir notamment n.ºs cat. 35, 66, 90, 92, 109, 126, 141, 196, 222, 228.
13 La meilleure synthèse de la question se trouve dans l'ouvrage de Baur, Otto: *Der Mensch-Tier-Vergleich und die Mensch-Tier-Karikatur. Eine ikonographische Studie zur bildenden Kunst des neunzehnten Jahrhunderts*, Köln, 1973 (thèse dactylographiée).
14 Voir notamment n.ºs cat. 39, 81.
15 Voir par exemple n.º cat. 40.
16 Voir les nombreux aigles de n.º cat. 163, et par exemple n.ºs cat. 221 ou 386.
17 N.º cat. 151.
18 N.º cat. 228.
19 N.º cat. 424.
20 Traduit d'après Broadley 1911, I, p. 362.

Le Diable, les Enfers et la Mort
1 N.ºs cat. 49, 169, 198, 205, 206, 208, 209, 211, 278.
2 N.ºs cat. 75, 76, 197, 199, 319, 339, 340, 360, 362, 375, 378, 389, 390, 391, 393.
3 N.ºs cat. 23, 45, 57, 73, 75, 118, 124, 142, 144, 148, 152, 153, 306, 353, 362, 364, 365, 385, 429.
4 N.ºs cat. 93, 102, 366.
5 N.ºs cat. 20, 183, 212.
6 N.º cat. 269.
7 N.º cat. 220.
8 N.ºs cat. 153, 160, 334, 356.
9 N.º cat. 92.
10 N.ºs cat. 193, 196, 199, 228, 229, 302, 306, 356, 361.
11 N.º cat. 278.
12 N.º cat. 74.
13 N.ºs cat. 319, 360, 361, 375.
14 N.º cat. 353.
15 N.º cat. 196.
16 N.ºs cat. 319, 340, 389.

7 Cat. no. 312. See also cat. no. 203, in which Napoleon asks to have his tail rather than his head severed.
8 Cat. nos. 282, 296, 330, 331.
9 Cat. no. 301.
10 Cat. nos. 270, 355.
11 Cat. nos. 139, 338.
12 Cat. nos. 139, 286.
13 Cat. no. 187. The violets refer to the Emperor's return from the island of Elba, coinciding with their flowering. The modest violet is often contrasted with the floral emblem of the French monarchy, the lily.
14 Cat. no. 217.
15 Translated from Scheffler 1995, p. 33.

The giant, the dwarf and the child
1 This engraving, which does not belong to the Arenenberg collections, is one of the first caricatural portraits of the general.
2 *Cratylus* is the title of a Platonic dialogue. In opposition to Hermogene's argument that the sense of words is established by convention, Cratylus – a Greek philosopher and disciple of Heraclitus – upheld the thesis that word sense is by denomination or natural motivation (namely, by onomatopoeia).
3 In the Arenenberg collections (Inv. no. 1980.26). This lithograph taken from *Principes de grammaire*, Paris: Bénard, around 1830, is later and hence not among those of the catalogue.
4 Cat. nos. 219, 230, 249 (a pro-Napoleonic engraving), 263, 294, 342, 409, 416.
5 Cat. no. 416.
6 Cat. no. 82. In a German version of 1813, the Tsar Alexander I is given the role of King George III.
7 Cat. no. 323.
8 Cat. no. 421.
9 Cat. no. 422. After an anonymous English cartoon; see Scheffler 1995, no. 5.23, and *L'Anti-Napoléon* 1996, cat. no. 5.
10 Cat. no. 19.
11 Cat. no. 283.
12 Cat. no. 332.
13 Cat. no. 311.

The satirical menagerie
1 Cat. no. 115.
2 Cat. nos. 14, 66.
3 Cat. no. 143.
4 Cat. no. 126.
5 Cat. nos. 90, 151; see also cat. no. 193.
6 Cat. no. 188; see also cat. no. 329.
7 Cat. no. 225.
8 Cat. nos. 240, 347.
9 Cat. no. 347.
10 Cat. no. 196.
11 Listed in Germond de la Vigne, Alfred Léopold Gabriel: *Les pamphlets de la fin de l'Empire, des Cent Jours et de la Restauration*, Paris: Dentu, 1879, p. 33. Cf. various text excerpts from Tulard 1964, p. 45f.
12 See notably cat. nos. 35, 66, 90, 92, 109, 126, 141, 196, 222, 228.
13 The best synthesis of the question is to be found in Baur, Otto: *Der Mensch-Tier-Vergleich und die Mensch-Tier-Karikatur. Eine ikonographische Studie zur bildenden Kunst des neunzehnten Jahrhunderts*, Köln, 1973 (typewritten thesis).
14 See notably cat. nos. 39, 81.
15 See for example cat. no. 40.
16 See the numerous eagles of cat. no. 163, and for example cat. nos. 221 or 386.
17 Cat. no. 151.
18 Cat. no. 228.
19 Cat. no. 424.
20 Quoted in Broadley 1911, vol. I, p. 362.

The Devil, Hell, and Death
1 Cat. nos. 49, 169, 198, 205, 206, 208, 209, 211, 278.
2 Cat. nos. 75, 76, 197, 199, 319, 339, 340, 360, 362, 375, 378, 389, 390, 391, 393.
3 Cat. nos. 23, 45, 57, 73, 75, 118, 124, 142, 144, 148, 152, 153, 306, 353, 362, 364, 365, 385, 429.
4 Cat. nos. 93, 102, 366.
5 Cat. nos. 20, 183, 212.
6 Cat. no. 269.
7 Cat. no. 220.
8 Cat. nos. 153, 160, 334, 356.
9 Cat. no. 92.
10 Cat. nos. 193, 196, 199, 228, 229, 302, 306, 356, 361.
11 Cat. no. 278.
12 Cat. no. 74.
13 Cat. nos. 319, 360, 361, 375.
14 Cat. no. 353.
15 Cat. no. 196.

14 Kat. Nr. 353.
15 Kat. Nr. 196.
16 Kat. Nrn. 319, 340, 389.
17 Kat. Nr. 315.
18 Kat. Nrn. 63, 65, 72, 311, 367, 432, 433, 434.
19 Kat. Nr. 365.

Visionen und Bildprojektionen
1 Über die Nachwirkung des Bildes in der Karikatur vgl. Powell, Nicolas: *Fuseli: the Nightmare*, London: Penguin 1973. Über die Ikonographie des Traums um 1800 vgl. Schuster-Schirmer, Ingrid: *Traumbilder von 1770–1900. Von der Traumallegorie zur traumhaften Darstellung*, Diss. phil., Bremen 1975.
2 Kat. Nr. 58.
3 Kat. Nrn. 13, 103. Vgl. auch Kat. Nrn. 7 und 27 (in dem Napoleon den Schlaf des englischen Politikers Charles James Fox stört). Für ein französisches Beispiel vgl. Kat. Nr. 123, für den deutschen Bereich vgl. Scheffler 1995, Nr. 7.1. Das Thema wird auch in den Pamphleten weidlich ausgenutzt; vgl. *Rêve de Bonaparte, le lendemain de l'accouchement de l'impératrice Marie-Louise*, erwähnt in: Germond de la Vigne, Anm. 11 «Die satirische Menagerie», S. 11.
4 In der Karikatur von 1811 (Kat. Nr. 103) entrollt ein Teufelchen ein Blatt, auf dem zu lesen ist: «Morning Post Courier Peltier Ambigu Satirist Gilray's Caricatures, &c., &c.».
5 Vgl. S. 50. Die Pamphlete verwenden ebenfalls dieses Jahrmarktsmotiv, zum Beispiel *La lanterne magique de l'isle d'Elbe* oder *La petite lanterne magique, ou récits des grands événements* von 1814: «Treten Sie näher, meine Damen und Herren, betrachten Sie, was es zu betrachten gibt... Betrachten Sie Dresden, betrachten Sie einen kleinen Feldwebel, den die Stosskraft der französischen Heere zu einem Riesen gemacht hat [...]» (zit. von Germond de la Vigne, wie Anm. 3, S. 9)
6 Über die Laterna magica vgl. Remise, Jac und Pascale und Van de Walle, Régis: *Magie lumineuse du théâtre d'ombres à la lanterne magique*, Paris: Balland 1979; *Laterna magica – Vergnügung, Belehrung, Unterhaltung*, Frankfurt am Main: Historisches Museum 1981; *Lanternes magiques, tableaux transparents*, Paris: Réunion des musées nationaux 1995 (Les dossiers du Musée d'Orsay, Nr. 57).
7 Kat. Nr. 344. Vgl. Junod, Philippe: Allégorie du temps et temps de l'allégorie, in: *Le temps dans la peinture*, La Chaux-de-Fonds: Institut l'homme et le temps 1994, S. 63–73.

Symbolische Welt- und Landkarten
1 Vgl. Schramm, Percy Ernst: *Sphaira, Globus, Reichsapfel. Wanderung und Wandlung eines Herrschaftszeichens von Caesar bis zu Elisabeth II.*, Stuttgart: Hiersemann 1958. Vgl. ebenfalls das Kapitel von Jürgen Döring, in: *Bild als Waffe*, 1984, S. 221f. Globen und Landkarten kommen ebenfalls vor in Kat. Nrn. 68, 159, 205, 342, 402, 414, 419, 423.
2 Über die Ikonographie der Glücksgöttin vgl. *Fortune*, Ausst.-Kat., Lausanne: Musée de l'Elysée 1981. Napoleon selbst nimmt die unsichere Position der Fortuna ein in einem Stich von Thomas Rowlandson, der seinen Aufbruch von der Insel Elba zum Thema hat (Kat. Nr. 72).
3 Kat. Nr. 1. Vgl. Hill 1976, S. 117. Ein «Jack Tar» ist ein alter Seebär. John Bull spielt auf den Stier oder Ochsen («bull») an, ein Tier, das häufig das für seinen Appetit auf Roastbeef bekannte englische Volk versinnbildlicht.
4 Kat. Nr. 384. Vgl. das Gegenstück und die Folge Kat. Nr. 401.
5 Kat. Nr. 348.
6 Kat. Nr. 432.
7 Kat. Nr. 170.
8 Kat. Nr. 214. «Wer zuviel will, besitzt nichts» ist auf einer ähnlichen Karikatur hinzugefügt (Kat. Nr. 209). Vgl. Kat. Nr. 221.
9 Kat. Nr. 224.
10 Vgl. S. 126.
11 Kat. Nr. 221.

Gesellschafts- und Kartenspiele
1 Vgl. Kopp, Peter F.: «‹Flüsslis› – Vom politischen Kartenspiel der Mächte zum Trinkspiel der Muotataler», in: *Zeitschrift für Schweizerische Archäologie und Kunstgeschichte*, 1978, S. 101–107.
2 Kat. Nr. 395.
3 Kat. Nr. 343. Vgl. die Fassungen in Scheffler 1995, Nr. 3.1 bis 3.1.11.
4 Zu diesem Thema vgl. vor allem Janson, Horst W.: The Putto with the Death's Head, in: *The Art Bulletin*, 1937, S. 423–429.
5 Kat. Nr. 262. Vgl. *L'Anti-Napoléon* 1996, Kat. Nr. 112.
6 Kat. Nr. 253.
7 Kat. Nr. 261.
8 Kat. Nr. 256.
9 Kat. Nrn. 159, 187. Vgl. auch das Beispiel des Bockspringens (Kat. Nr. 18).
10 Kat. Nr. 285.
11 Kat. Nrn. 216 (betitelt *Le sabot corse en pleine déroute*, mit dem zusätzlichen Wortspiel *sabot*: Huf, Holzpantine – *nabot*: Zwerg) und 62.
12 Kat. Nr. 297.
13 Kat. Nrn. 215, 412.

17 N° cat. 315.
18 N°s cat. 63, 65, 72, 311, 367, 432, 433, 434.
19 N° cat. 365.

Visions et projections
1 Sur la fortune caricaturale du tableau, voir Powell, Nicolas: *Fuseli: the Nightmare*, London: Penguin, 1973. Sur l'iconographie du rêve autour de 1800, voir Schuster-Schirmer, Ingrid: *Traumbilder von 1770–1900. Von der Traumallegorie zur traumhaften Darstellung*, thèse, Bremen, 1975.
2 N° cat. 58.
3 N°s cat. 13, 103. Voir aussi n°s cat. 7 et 27 (dans lequel Napoléon trouble le sommeil du politicien anglais Charles James Fox). Pour un exemple français voir n° cat. 123, et pour le domaine allemand, voir Scheffler 1995, n° 7.1. Le thème est également exploité par les pamphlets; voir le *Rêve de Bonaparte, le lendemain de l'accouchement de l'impératrice Marie-Louise*, mentionné dans Germond de la Vigne, cf. n. 11 «La ménagerie caricaturale», p. 11.
4 Dans la gravure de 1811 (n° cat. 103), un diablotin déroule un papier sur lequel on lit: «Morning Post Courier Peltier Ambigu Satirist Gilray's Caricatures, &c., &c.».
5 Voir p. 50. Les pamphlets utilisent également ce motif forain, comme *La lanterne magique de l'isle d'Elbe* et *La petite lanterne magique, ou récits des grands événements* en 1814: «Accourez, mesdames et messieurs, vous allez voir ce que vous allez voir... voyez la ville de Dresde; voyez un petit caporal dont la valeur des armées françaises avait fait un géant [...]» (extrait repris de Germond de la Vigne, cf. n. 3, p. 9).
6 Sur la lanterne magique, voir Remise, Jac et Pascale et Van de Walle, Régis: *Magie lumineuse du théâtre d'ombres à la lanterne magique*, Paris: Balland, 1979; *Laterna magica – Vergnügung, Belehrung, Unterhaltung*, Frankfurt: Historisches Museum, 1981; *Lanternes magiques, tableaux transparents*, Paris: Réunion des musées nationaux, 1995 (Les dossiers du Musée d'Orsay, n° 57).
7 N° cat. 344. Voir Junod, Philippe: «Allégorie du temps et temps de l'allégorie», *Le temps dans la peinture*, La Chaux-de-Fonds: Institut l'homme et le temps, 1994, p. 63–73.

Mappemondes et cartes symboliques
1 Voir Schramm, Percy Ernst: *Sphaira, Globus, Reichsapfel. Wanderung und Wandlung eines Herrschaftszeichens von Caesar bis zu Elisabeth II.*, Stuttgart: Hiersemann, 1958. Voir également le chapitre de Jürgen Döring dans *Bild als Waffe*, 1984, p. 221 sq. Des globes et des cartes figurent entre autres dans n°s cat. 68, 159, 205, 342, 402, 414, 419, 423.
2 Sur l'iconographie de la Fortune, voir *Fortune*, Lausanne: Musée de l'Elysée, 1981. Napoléon figure lui-même dans la position instable de la Fortune dans une planche de Rowlandson qui évoque son départ de l'île d'Elbe (n° cat. 72).
3 N° cat. 1. Voir Hill 1976, p. 117. Un «Jack Tar» est un loup de mer. John Bull fait allusion au bœuf («bull»), animal qui représente souvent ce peuple réputé mangeur de roastbeef...
4 N° cat. 384. Voir son pendant et sa suite, n° cat. 401.
5 N° cat. 348.
6 N° cat. 432.
7 N° cat. 170.
8 N° cat. 214. «Qui veut trop avoir n'a rien», ajoute une planche analogue (n° cat. 209). Voir n° cat. 221.
9 N° cat. 224.
10 Voir p. 126.
11 N° cat. 221.

Spectacles et jeux
1 Voir Kopp, Peter F.: «‹Flüssli› – Vom politischen Kartenspiel der Mächte zum Trinkspiel der Muotataler», *Zeitschrift für schweizerische Archäologie und Kunstgeschichte*, 1978, p. 101–107.
2 N° cat. 395.
3 N° cat. 343. Voir les exemples répertoriés dans Scheffler 1995, n°s 3.1 à 3.1.11.
4 Sur le thème, voir notamment Janson, Horst W.: «The Putto with the Death's Head», *The Art Bulletin*, 1937, p. 423–429.
5 N° cat. 262. Voir *L'Anti-Napoléon* 1996, n° cat. 112.
6 N° cat. 253.
7 N° cat. 261.
8 N° cat. 256.
9 N°s cat. 159, 187. Voir également l'exemple du saute-mouton (n° cat. 18).
10 N° cat. 285.
11 N°s cat. 216 (intitulé *Le sabot corse en pleine déroute*, jeu de mot additionnel sur «nabot») et 62.
12 N° cat. 297.
13 N°s cat. 215, 412.
14 N° cat. 37.
15 Voir l'article «médiateur» dans *Grand Dictionnaire du XIXe siècle* de Pierre Larousse.
16 N° cat. 179.

16 Cat. nos. 319, 340, 389.
17 Cat. no. 315.
18 Cat. nos. 63, 65, 72, 311, 367, 432, 433, 434.
19 Cat. no. 365.

Visions and projections
1 The fortune of this painting in caricature is discussed in Powell, Nicolas: *Fuseli: the Nightmare*, London: Penguin, 1973. Dream iconography around 1800 is the subject of a book by Schuster-Schirmer, Ingrid: *Traumbilder von 1770-1900. Von der Traumallegorie zur traumhaften Darstellung*, thesis, Bremen, 1975.
2 Cat. no. 58.
3 Cat. nos. 13, 103. See also cat. nos. 7 and 27 (in which Napoleon disturbs the sleep of the English politician Charles James Fox). For a French example, see cat. no. 123; concerning German production, see Scheffler 1995, no. 7.1. The subject is also used in pamphlets; see the *Rêve de Bonaparte, le lendemain de l'accouchement de l'impératrice Marie-Louise*, mentioned in Germond de la Vigne, cf. fn. 11 «The satirical menagerie», p. 11.
4 In the 1811 engraving (cat. no. 103), an imp unscrolls a paper bearing the words: «Morning Post Courier Peltier Ambigu Satirist Gilray's Caricatures, &c., &c.».
5 See p. 51. The tracts also used this fairground motif, such as *La lanterne magique de l'isle d'Elbe*, and *La petite lanterne magique, ou récits des grands événements* in 1814: «Come one and all, Ladies and Gentlemen, come see what there's to see… see the city of Dresden; see a little corporal whom the French troops turned into a giant […]» (excerpt taken up again in Germond de la Vigne, cf. fn. 3, p. 9).
6 On the magic lantern, see Remise, Jac and Pascale and Van de Walle, Régis: *Magie lumineuse du théâtre des ombres à la lanterne magique*, Paris: Balland, 1979; *Laterna magica – Vergnügung, Belehrung, Unterhaltung*, Frankfurt am Main: Historisches Museum, 1981; *Lanternes magiques, tableaux transparents*, Paris: Réunion des musées nationaux, 1995 (Les dossiers du Musée d'Orsay, no. 57).
7 Cat. no. 344. See Junod, Philippe: «Allégorie du temps et temps de l'allégorie», *Le temps dans la peinture*, La Chaux-de-Fonds: Institut l'homme et le temps, 1994, p. 63–73.

Planispheres and symbolic maps
1 See Schramm, Percy Ernst: *Sphaira, Globus, Reichsapfel. Wanderung und Wandlung eines Herrschaftszeichens von Caesar bis zu Elisabeth II.*, Stuttgart: Hiersemann, 1958. See also the chapter by Jürgen Döring in *Bild als Waffe*, 1984, p. 221f. Globes and maps appear in, among others, cat. nos. 68, 159, 205, 342, 402, 414, 419 and 423.
2 On the iconography of Fortune, see the catalogue *Fortune*, Lausanne: Musée de l'Elysée, 1981. Napoleon himself is shown in the precarious position of Fortune, on a plate by Rowlandson that evokes the former's departure from the island of Elba (cat. no. 72).
3 Cat. no. 1. See Hill 1976, p. 117. A «Jack Tar» is an old salt; John Bull is often very appropriately used to represent the typical Englishman in a land famous for its roastbeef…
4 Cat. no. 384. See its pendant and sequel, cat. no. 401.
5 Cat. no. 348.
6 Cat. no. 432.
7 Cat. no. 170.
8 Cat. no. 214. «He who wants too much has nothing,» a comparable plate adds (cat. no. 209). See cat. no. 221.
9 Cat. no. 224.
10 See p. 127.
11 Cat. no. 221.

Shows and games
1 See Kopp, Peter F.: «'Flüsslis' – Vom politischen Kartenspiel der Mächte zum Trinkspiel der Muotataler», *Zeitschrift für schweizerische Archäologie und Kunstgeschichte*, 1978, p. 101–107.
2 Cat. no. 395.
3 Cat. no. 343. See the examples listed in Scheffler 1995, nos. 3.1. to 3.1.11.
4 On this theme, see notably Janson, Horst W.: «The Putto with the Death's Head», *The Art Bulletin*, 1937, p. 423–429.
5 Cat. no. 262. See *L'Anti-Napoléon* 1996, cat. no. 112.
6 Cat. no. 253.
7 Cat. no. 261.
8 Cat. no. 256.
9 Cat. nos. 159 and 187. See the example of leapfrog as well (cat. no. 18).
10 Cat. no. 285.
11 Cat. nos. 216 (entitled *Le sabot corse en pleine déroute*: an additional play of words comes from rhyming the French «sabot», an archaic word for the toy in question, with «nabot», meaning midget) and 62.
12 Cat. no. 297.
13 Cat. nos. 215, 412.
14 Cat. no. 37.
15 See the article «médiateur» in the Pierre Larousse *Grand Dictionnaire du XIXe siècle*.

14 Kat. Nr. 37.
15 Vgl. den Artikel «médiateur» in *Grand Dictionnaire du XIXe siècle* von Pierre Larousse.
16 Kat. Nr. 179.
17 Vgl. den Artikel «bouillotte» in *Grand Dictionnaire du XIXe siècle* von Pierre Larousse.
18 Kat. Nr. 133.

Umdeutungen von Wörtern und Bildern
1 Vgl. den Vermerk «DAVID pinxit – Etched by G. Cruikshank» (Kat. Nr. 47). Vgl. S. 46.
2 Kat. Nr. 214.
3 Kat. Nr. 387. Vgl. auch *The Trip-hell Alliance* von George Cruikshank (Kat. Nr. 57). Das Wortspiel «dreifach» – «Höllenfahrt» bezieht sich auf das Dreierbündnis zwischen Bonaparte, Teufel und Papst.
4 Vgl. S. 40.
5 Vgl. den kennzeichnenden Gegensatz zwischen dem üppigen Mahl des dicken Engländers und den ärmlichen Gedecken der französischen Hungerleider, Kat. Nr. 101.
6 Kat. Nr. 270. Vgl. auch Kat. Nr. 231.
7 Kat. Nr. 297. Zu den Spielen vgl. S. 120 ff.
8 Kat. Nr. 250.
9 Vgl. auch die Beispiele in *L'Anti-Napoléon* 1996, S. 85–87.
10 Kat. Nr. 219.
11 Kat. Nr. 221.
12 George Cruikshanks berühmter Stich von 1815 (Kat. Nr. 153) ist ein Zitat oder besser eine Hommage an Gillrays Karikatur *Gloria Mundi or The Devil Addressing the Sun* von 1784, die sich ihrerseits auf das vierte Buch von Miltons *Paradise Lost* bezieht.
13 Vgl. insbesondere Döring, Jürgen: Bildzitat und Wortzitat, in: *Bild als Waffe*, 1984, S. 265–267; Busch, Werner: *Nachahmung als bürgerliches Kunstprinzip: ikonographische Zitate bei Hogarth und in seiner Nachfolge* (Studien zur Kunstgeschichte 7), Hildesheim/New York: G. Olms 1977.
14 Kat. Nr. 314.
15 1810; Versailles, Musée national du Château.

Die Diener des Kaiserreiches
1 Kat. Nr. 23.
2 Kat. Nrn. 159, 321, 322. Im Hinblick auf Joseph Bonaparte als König von Spanien sei auf die englischen Karikaturen des Jahres 1808 und auf das Verzeichnis der Personen verwiesen.
3 Kat. Nrn. 15, 28.
4 Kat. Nrn. 15, 28, 68, 160.
5 Kat. Nrn. 204–207, 223, 228, 275, 288, 290, 294.
6 Kat. Nr. 207.
7 Kat. Nrn. 21, 26, 28, 64, 73, 86, 102, 228, 237.
8 Kat. Nr. 231. Mit grosser Wahrscheinlichkeit tritt sie auch – allerdings in untergeordneter Rolle – in Kat. Nrn. 233 und 423 in Erscheinung.
9 Kat. Nrn. 55, 62, 102, 124, 127, 135, 168, 174, 175, 181, 210, 216, 224, 227, 240, 241, 251, 271, 281, 290, 294, 343, 346, 373, 387.
10 Kat. Nrn. 43, 47, 55, 60, 71, 102, 118, 127, 135, 174, 175, 216, 241.
11 Kat. Nr. 435.
12 Kat. Nr. 227.
13 Kat. Nrn. 75, 270, 279, 302, 355, 377, 419.
14 Kat. Nrn. 75, 76, 160, 319, 354, 362, 364, 375, 377, 385, 392, 398, 417, 419, 420.
15 Kat. Nrn. 75, 376, 377, 407, 416, 419.
16 Kat. Nrn. 75, 324, 325, 377, 416, 419.
17 Kat. Nr. 169.
18 Kat. Nr. 168.
19 Kat. Nrn. 10, 22, 32, 41.
20 Kat. Nrn. 10, 31, 32.
21 Kat. Nrn. 3, 10, 22, 26–29, 32.

Napoleon und England
1 Kat. Nrn. 1–6.
2 Ausser in Kat. Nr. 83, wo sich John Bull über den frischgebackenen Kaiser und dessen neue Aufmachung wundert.
3 Kat. Nr. 60.
4 Hervorzuheben sind Kat. Nrn. 4, 28, 119.
5 Kat. Nrn. 6, 7, 21, 60, 96.
6 Kat. Nrn. 6, 93, 127.
7 Kat. Nrn. 22, 26, 27, 31, 32.
8 Kat. Nr. 4.
9 Kat. Nrn. 12, 82.
10 Kat. Nrn. 1, 24, 101.
11 Kat. Nr. 74.
12 Zum englischen König siehe «Die Verbündeten» Anm. 8.
13 Englische Karikaturen: Kat. Nrn. 62, 78, 147, 149, 152. Für die übrigen siehe «Die Verbündeten» Anm. 11.

17 Selon l'article «bouillotte» dans *Grand Dictionnaire du XIXe siècle* de Pierre Larousse.
18 N^o. cat. 133.

Détournements de mots et d'images
1 Voir l'inscription «DAVID pinxit – Etched by G. Cruikshank» (n^o. cat. 47). Voir p. 46.
2 N^o. cat. 214.
3 Littéralement: «dans l'encre» (n^o. cat. 387). Voir également *The Trip-hell Alliance* («La triple alliance» de Bonaparte, de Satan et de la papauté), satire du Concordat par George Cruikshank (n^o. cat. 57).
4 Voir p. 38 sqq.
5 Voir l'opposition typique entre la bonne chère du gras Anglais et les plats répugnants des faméliques français, n^o. cat. 101.
6 N^o. cat. 270. Voir de même n^o. cat. 231.
7 N^o. cat. 297. Sur les jeux, voir p. 120 sqq.
8 N^o. cat. 250.
9 Voir également les exemples choisis dans *L'Anti-Napoléon* 1996, p. 85–87.
10 N^o. cat. 219.
11 N^o. cat. 221.
12 En 1815, la célèbre gravure de George Cruikshank (n^o. cat. 153) cite, ou plutôt rend hommage à la caricature de Gillray, *Gloria Mundi or The Devil Addressing the Sun* de 1784 qui s'inspire du livre IV de *Paradise Lost*, de Milton.
13 Voir notamment «Bildzitat und Wortzitat» de Jürgen Döring dans *Bild als Waffe*, 1984, p. 265–267, et Busch, Werner: *Nachahmung als bürgerliches Kunstprinzip: ikonographische Zitate bei Hogarth und in seiner Nachfolge* (Studien zur Kunstgeschichte 7), Hildesheim/New York: G. Olms, 1977.
14 N^o. cat. 314.
15 1810; Versailles, Musée national du Château.

Les serviteurs de l'Empire
1 N^o. cat. 23.
2 N^{os}. cat. 159, 321, 322. A propos de Joseph Bonaparte occupant la fonction de roi d'Espagne, cf. les caricatures anglaises de l'année 1808 ainsi que l'index des personnes.
3 N^{os}. cat. 15, 28.
4 N^{os}. cat. 15, 28, 68, 160.
5 N^{os}. cat. 204–207, 223, 228, 275, 288, 290, 294.
6 N^o. cat. 207.
7 N^{os}. cat. 21, 26, 28, 64, 73, 86, 102, 228, 237.
8 N^o. cat. 231. Il est très vraisemblable que les n^{os}. cat. 233 et 423 la fassent aussi apparaître, mais seulement dans un rôle subsidiaire.
9 N^{os}. cat. 55, 62, 102, 124, 127, 135, 168, 174, 175, 181, 210, 216, 224, 227, 240, 241, 251, 271, 281, 290, 294, 343, 346, 373, 387.
10 N^{os}. cat. 43, 47, 55, 60, 71, 102, 118, 127, 135, 174, 175, 216, 241.
11 N^o. cat. 435.
12 N^o. cat. 227.
13 N^{os}. cat. 75, 270, 279, 302, 355, 377, 419.
14 N^{os}. cat. 75, 76, 160, 319, 354, 362, 364, 375, 377, 385, 392, 398, 417, 419, 420.
15 N^{os}. cat. 75, 376, 377, 407, 416, 419.
16 N^{os}. cat. 75, 324, 325, 377, 416, 419.
17 N^o. cat. 169.
18 N^o. cat. 168.
19 N^{os}. cat. 10, 22, 32, 41.
20 N^{os}. cat. 10, 31, 32.
21 N^{os}. cat. 3, 10, 22, 26–29, 32.

Napoléon et l'Angleterre
1 N^{os}. cat. 1–6.
2 A l'exception du n^o. cat. 83, où John Bull se montre étonné par le nouvel empereur et son nouvel habillement.
3 N^o. cat. 60.
4 L'on doit mettre en exergue ici les n^{os}. cat. 4, 28, 119.
5 N^{os}. cat. 6, 7, 21, 60, 96.
6 N^{os}. cat. 6, 93, 127.
7 N^{os}. cat. 22, 26, 27, 31, 32.
8 N^o. cat. 4.
9 N^{os}. cat. 12, 82.
10 N^{os}. cat. 1, 24, 101.
11 N^o. cat. 74.
12 A propos du roi d'Angleterre, cf. «Les Alliés», n. 8.
13 Caricatures anglaises: n^{os}. cat. 62, 78, 147, 149 et 152. A propos des autres caricatures, cf. «Les Alliés», n. 11.

La campagne de Russie
1 1 N^{os}. cat. 47, 50, 112, 114, 118, 121, 174, 318, 371, 373.
2 N^{os}. cat. 44, 104.
3 N^o. cat. 44.
4 N^{os}. cat. 191, 282, 330, 331.
5 N^o. cat. 296.
6 N^o. cat. 370.

16 Cat. no. 179.
17 According to the article «bouillotte» in the Pierre Larousse *Grand Dictionnaire du XIXe siècle*.
18 Cat. no. 133.

Diverted words and images
1 See the inscription «DAVID pinxit – Etched by G. Cruikshank» (cat. no. 47). See p. 45.
2 Cat. no. 214.
3 Cat. no. 387. See also *The Trip-hell Alliance* («Triple alliance» of Bonaparte, Satan and the papacy), a satire on the Concordat by George Cruikshank (cat. no. 57).
4 See p. 39 ff.
5 See the typical contrast between the juicy meat of the well-padded English and the revolting dishes of the rawboned French, cat. no. 101.
6 Cat. no. 270. Also see cat. no. 231.
7 Cat. no. 297. On the games, see p. 121 ff.
8 Cat. no. 250.
9 See as well the selected examples in *L'Anti-Napoléon* 1996, p. 85–87.
10 Cat. no. 219.
11 Cat. no. 221.
12 In 1815, the famous engraving by George Cruikshank, (cat. no. 153), quotes, or rather pays tribute to, Gillray's caricature *Gloria Mundi or The Devil Addressing the Sun*, which dates from 1784 and took inspiration from Book IV of Milton's *Paradise Lost*.
13 See notably «Bildzitat und Wortzitat» by Jürgen Döring in *Bild als Waffe*, 1984, p. 265–267, and Busch, Werner: *Nachahmung als bürgerliches Kunstprinzip: ikonographische Zitate bei Hogarth und in seiner Nachfolge* (Studien zur Kunstgeschichte 7), Hildesheim/New York: G. Olms, 1977.
14 Cat. no. 314.
15 1810; Versailles, Musée national du Château.

The Stewards of the Empire
1 Cat. no. 23.
2 Cat. nos. 159, 321, 322. With respect to Joseph Bonaparte as King of Spain, cf. English cartoons of the year 1808 and the list of names.
3 Cat. nos. 15, 28.
4 Cat. nos. 15, 28, 68, 160.
5 Cat. nos. 204–207, 223, 228, 275, 288, 290, 294.
6 Cat. no. 207.
7 Cat. nos. 21, 26, 28, 64, 73, 86, 102, 228, 237.
8 Cat. no. 231. She most probably appears – if in a secondary role – in cat. nos. 233 and 423.
9 Cat. nos. 55, 62, 102, 124, 127, 135, 168, 174, 175, 181, 210, 216, 224, 227, 240, 241, 251, 271, 281, 290, 294, 343, 346, 373, 387.
10 Cat. nos. 43, 47, 55, 60, 71, 102, 118, 127, 135, 174, 175, 216, 241.
11 Cat. no. 435.
12 Cat. no. 227.
13 Cat. nos. 75, 270, 279, 302, 355, 377, 419.
14 Cat. nos. 75, 76, 160, 319, 354, 362, 364, 375, 377, 385, 392, 398, 417, 419, 420.
15 Cat. nos. 75, 376, 377, 407, 416, 419.
16 Cat. nos. 75, 324, 325, 377, 416, 419.
17 Cat. no. 169.
18 Cat. no. 168.
19 Cat. nos. 10, 22, 32, 41.
20 Cat. nos. 10, 31, 32.
21 Cat. nos. 3, 10, 22, 26–29, 32.

Napoleon and England
1 Cat. nos. 1–6.
2 With the exeption of cat. no. 83, where John Bull marvels at how different the Emperor looks fresh out of the oven.
3 Cat. no. 60.
4 In particular cat. nos. 4, 28, 119.
5 Cat. nos. 6, 7, 21, 60, 96.
6 Cat. nos. 6, 93, 127.
7 Cat. nos. 22, 26, 27, 31, 32.
8 Cat. no. 4.
9 Cat. nos. 12, 82.
10 Cat. nos. 1, 24, 101.
11 Cat. no. 74.
12 On the English King, see «The Allies», cf. fn. 8.
13 English cartoons: cat. nos. 62, 78, 147, 149 and 152. For the rest, see «The Allies», cf. fn. 11.

The Russian Campaign
1 Cat. nos. 47, 50, 112, 114, 118, 121, 174, 318, 371, 373.
2 Cat. nos. 44, 104.
3 Cat. no. 44.
4 Cat. nos. 191, 282, 330, 331.
5 Cat. no. 296.
6 Cat. no. 370.

Distorsioni di parole e d'immagini
1 Cfr. l'iscrizione «DAVID pinxit – Etched by G. Cruikshank» (n° cat. 47) nonché p. 47.
2 N° cat. 214.
3 N° cat. 387. Cfr. anche la satira del Concordato *The Trip-hell Alliance* («La triplice alleanza infernale» fra Napoleone, Satana e il papa), opera di George Cruikshank (n° cat. 57).
4 Cfr. p. 39 sgg.
5 Cfr. l'opposizione tipica fra la buona carne del corpulento inglese e i piatti ripugnanti dei francesi affamati nel n° cat. 101.
6 N° cat. 270. Cfr. anche il n° cat. 231.
7 N° cat. 297. Sui giochi, cfr. p. 123 sgg.
8 N° cat. 250.
9 Cfr. anche gli esempi scelti in *L'Anti-Napoléon* 1996, p. 85–87.
10 N° cat. 219.
11 N° cat. 221.
12 Nel 1815 la celebre incisione di George Cruikshank (n° cat. 153) si rifà – o piuttosto rende omaggio – alla caricatura di Gillray *Gloria Mundi or The Devil Addressing the Sun* (1784), ispirata al quarto libro del *Paradise Lost* di Milton.
13 Cfr. in particolare Jürgen Döring, «Bildzitat und Wortzitat», in *Bild als Waffe*, 1984, p. 265–267, e Werner Busch, *Nachahmung als bürgerliches Kunstprinzip: ikonographische Zitate bei Hogarth und in seiner Nachfolge* (Studien zur Kunstgeschichte 7), Hildesheim/New York (G. Olms) 1977.
14 N° cat. 314.
15 1810; Versailles, Musée national du Château.

I servitori dell'Impero
1 N° cat. 23.
2 Nⁱ cat. 159, 321, 322. Su Giuseppe Bonaparte re di Spagna, cfr. le caricature inglesi del 1808 e l'indice dei nomi di persona.
3 Nⁱ cat. 15, 28.
4 Nⁱ cat. 15, 28, 68, 160.
5 Nⁱ cat. 204–207, 223, 228, 275, 288, 290, 294.
6 N° cat. 207.
7 Nⁱ cat. 21, 26, 28, 64, 73, 86, 102, 228, 237.
8 N° cat. 231. Molto probabilmente Letizia compare – peraltro in ruoli secondari – anche nei nⁱ cat. 233 e 423.
9 Nⁱ cat. 55, 62, 102, 124, 127, 135, 168, 174, 175, 181, 210, 216, 224, 227, 240, 241, 251, 271, 281, 290, 294, 343, 346, 373, 387.
10 Nⁱ cat. 43, 47, 55, 60, 71, 102, 118, 127, 135, 174, 175, 216, 241.
11 N° cat. 435.
12 N° cat. 227.
13 Nⁱ cat. 75, 270, 279, 302, 355, 377, 419.
14 Nⁱ cat. 75, 76, 160, 319, 354, 362, 364, 375, 377, 385, 392, 398, 417, 419, 420.
15 Nⁱ cat. 75, 376, 377, 407, 416, 419.
16 Nⁱ cat. 75, 324, 325, 377, 416, 419.
17 N° cat. 169.
18 N° cat. 168.
19 Nⁱ cat. 10, 22, 32, 41.
20 Nⁱ cat. 10, 31, 32.
21 Nⁱ cat. 3, 10, 22, 26–29, 32.

Napoleone e l'Inghilterra
1 Nⁱ cat. 1–6.
2 Salvo nel n° cat. 83, in cui John Bull si stupisce di vedere l'imperatore appena incoronato e in pompa magna.
3 N° cat. 60.
4 Da segnalare sopratutto i nⁱ cat. 4, 28, 119.
5 Nⁱ cat. 6, 7, 21, 60, 96.
6 Nⁱ cat. 6, 93, 127.
7 Nⁱ cat. 22, 26, 27, 31, 32.
8 N° cat. 4.
9 Nⁱ cat. 12, 82.
10 Nⁱ cat. 1, 24, 101.
11 N° cat. 74.
12 Sul re inglese, cfr. «Gli alleati», n. 8.
13 Caricature inglesi: nⁱ cat. 62, 78, 147, 149 e 152. Per le altre, cfr. «Gli alleati», n. 11.

La campagna di Russia
1 Nⁱ cat. 47, 50, 112, 114, 118, 121, 174, 318, 371, 373.
2 Nⁱ cat. 44, 104.
3 N° cat. 44.
4 Nⁱ cat. 191, 282, 330, 331.
5 N° cat. 296.
6 N° cat. 370.
7 Nⁱ cat. 342, 384, 395.
8 Il salto da Madrid a Mosca appare in una caricatura non rappresentata nel corpus di Arenenberg. Sul salto verso Fontainebleau, cfr. il n° cat. 222.
9 N° cat. 161.
10 Nⁱ cat. 45, 117.

Der Russlandfeldzug
1. Kat. Nrn. 47, 50, 112, 114, 118, 121, 174, 318, 371, 373.
2. Kat. Nrn. 44, 104.
3. Kat. Nr. 44.
4. Kat. Nrn. 191, 282, 330, 331.
5. Kat. Nr. 296.
6. Kat. Nr. 370.
7. Kat. Nrn. 342, 384, 395.
8. Den Sprung von Madrid nach Moskau zeigt eine Karikatur, die im Arenenberger Corpus nicht vertreten ist. Zum Sprung nach Fontainebleau siehe Kat. Nr. 222.
9. Kat. Nr. 161.
10. Kat. Nrn. 45, 117.
11. Kat. Nr. 6.
12. Kat. Nrn. 48, 116, 203.
13. Kat. Nr. 115.
14. Kat. Nrn. 60, 126, 164, 329, 336, 337, 383.
15. Kat. Nrn. 188, 280, 281, 283, 298.
16. Kat. Nrn. 46, 52, 53, 107–109, 111, 122, 369.
17. Kat. Nr. 53.
18. Zu Napoleons unfreiwilligem Sprung oder Tanz vgl. Kat. Nrn. 59, 111, 190, 193, 222, 285, 293.
19. Kat. Nrn. 12, 82. Vgl. die deutsche Variante Kat. Nr. 318.
20. Kat. Nr. 110.
21. Kat. Nrn. 324, 325.
22. Kat. Nrn. 54, 106, 110, 120, 317, 368.
23. Kat. Nrn. 219, 299. Siehe auch Anm. 18.
24. Siehe Anm. 4.
25. Siehe Anm. 14 und 15.

Die Verbündeten
1. Kat. Nr. 44.
2. Kat. Nrn. 59, 62, 128, 133, 187, 216, 285, 297, 379, 421.
3. Kat. Nrn. 36, 78, 85, 99, 110, 119, 173, 193, 244, 266, 330, 333, 342, 347, 350–352, 367, 372, 376, 379, 380–382, 396, 397, 402, 404, 411, 412, 423.
4. Zur Gemeinschaft der europäischen (nicht nur alliierten) Herrscher (bzw. Nationen) siehe Kat. Nrn. 28, 34, 37, 39, 59, 78, 88, 98, 125, 127, 136, 152, 153.
5. Kat. Nrn. 30, 34, 37, 62, 77, 78, 88, 104, 125, 128, 129, 132, 147, 162, 172, 179, 181, 187, 190, 216, 261–263, 277, 318, 320, 331, 337, 352, 373, 400, 424.
6. Kat. Nrn. 30, 34, 37, 39, 78, 88, 125, 128, 147, 172, 179, 181, 190, 261–263, 277, 320, 331, 424.
7. Kat. Nrn. 34, 37, 39, 62, 77, 78, 88, 125, 128, 147, 157, 162, 171, 172, 179, 181, 187, 190, 216, 261–263, 276, 277, 320, 331, 337, 338, 400, 424.
8. Kat. Nrn. 12, 14, 26, 31, 34, 37, 39, 56, 82. Im Jahr 1811 übernimmt sein Sohn (der spätere Georg IV.) die Regentschaft: Kat. Nrn. 69, 71, 125, 133, 153, 277.
9. Kat. Nrn. 32, 37, 40, 44, 86, 90, 100, 104, 105, 112, 115.
10. Kat. Nr. 81.
11. Kat. Nrn. 62, 78, 99, 146, 147, 149, 162, 171, 179, 181, 186, 187, 189, 191, 193, 194, 216, 261–263, 282–285, 287, 291–293, 295–298, 320, 385, 421.
12. Kat. Nrn. 62, 66, 77, 78, 112, 126, 132, 136, 139, 145–147, 149, 152, 171, 186, 187, 215, 216, 282, 284, 285, 292, 337, 385, 421, 422, 424.
13. Kat. Nrn. 104, 107, 108, 111, 118, 121, 126, 132, 137, 173, 262, 322, 324, 325, 327–330, 345, 346, 349–351, 369–371, 395, 397, 399, 402, 411.
14. Kat. Nrn. 46, 52, 53, 109, 121, 122.
15. Zum kennzeichnenden Kostüm des Spaniers siehe Kat. Nrn. 18, 36–40, 59, 88, 91–93, 95, 126, 127.
16. Kat. Nr. 34.
17. Siehe «Die Diener des Kaiserreiches» Anm. 19.
18. Kat. Nrn. 22, 26, 27, 31, 32, 126.
19. Siehe «Die Diener des Kaiserreiches» Anm. 21.
20. Zum revolutionären Erbe vgl. Kat. Nrn. 7, 15, 16, 20, 23, 29, 42, 48, 58, 74, 76, 89, 96.

Der Zusammenbruch des Reiches
1. Kat. Nr. 397.
2. Kat. Nr. 423.
3. Kat. Nr. 187.
4. Kat. Nrn. 217, 342.
5. Siehe «Der Russlandfeldzug» Anm. 4.
6. Kat. Nrn. 215, 421.
7. Kat. Nrn. 62, 216.
8. Kat. Nrn. 139, 286.
9. Kat. Nr. 343, ausserdem Kat. Nr. 392.
10. Kat. Nrn. 304, 309.
11. Kat. Nr. 297.
12. Kat. Nrn. 63–65, 67, 74, 93, 112, 126, 135, 137, 142, 152.
13. Siehe «Der Russlandfeldzug» Anm. 13.
14. Kat. Nrn. 329, 337.
15. Siehe «Der Russlandfeldzug» Anm. 11–15.
16. Kat. Nrn. 60, 164, 336, 383, 406.
17. Kat. Nr. 60.

7. N^{os} cat. 342, 384, 395.
8. Le saut de Madrid à Moscou est présenté par une caricature qui n'est pas représentée dans le corpus d'Arenenberg. A propos du saut à Fontainebleau, cf. n° cat. 222.
9. N° cat. 161.
10. N^{os} cat. 45, 117.
11. N° cat. 6.
12. N^{os} cat. 48, 116, 203.
13. N° cat. 115.
14. N^{os} cat. 60, 126, 164, 329, 336, 337, 383.
15. N^{os} cat. 188, 280, 281, 283, 298.
16. N^{os} cat. 46, 52, 53, 107–109, 111, 122, 369.
17. N° cat. 53.
18. A propos du saut ou de la danse involontaires de Napoléon, cf. les n^{os} cat. 59, 111, 190, 193, 222, 285, 293.
19. N^{os} cat. 12, 82. Cf. la variante allemande n° cat. 318.
20. N° cat. 110.
21. N^{os} cat. 324, 325.
22. N^{os} cat. 54, 106, 110, 120, 317, 368.
23. N^{os} cat. 219, 299. Voir aussi n. 18.
24. Voir n. 4.
25. Voir n. 14 et 15.

Les Alliés
1. N° cat. 44.
2. N^{os} cat. 59, 62, 128, 133, 187, 216, 285, 297, 379, 421.
3. N^{os} cat. 36, 78, 85, 99, 110, 119, 173, 193, 244, 266, 330, 333, 342, 347, 350–352, 367, 372, 376, 379–382, 396, 397, 402, 404, 411, 412, 423.
4. A propos de la communauté des dirigeants (respectivement des nations) européens (pas uniquement alliées), cf. n^{os} cat. 28, 34, 37, 39, 59, 78, 88, 98, 125, 127, 136, 152, 153.
5. N^{os} cat. 30, 34, 37, 62, 77, 78, 88, 104, 125, 128, 129, 132, 147, 162, 172, 179, 181, 187, 190, 216, 261–263, 277, 318, 320, 331, 337, 352, 373, 400, 424.
6. N^{os} cat. 30, 34, 37, 39, 78, 88, 125, 128, 147, 172, 179, 181, 190, 261–263, 277, 320, 331, 424.
7. N^{os} cat. 34, 37, 39, 62, 77, 78, 88, 125, 128, 147, 157, 162, 171, 172, 179, 181, 187, 190, 216, 261–263, 276, 277, 320, 331, 337, 338, 400, 424.
8. N^{os} cat. 12, 14, 26, 31, 34, 37, 39, 56, 82. A partir de l'année 1811, c'est son fils (le futur George IV) qui reprend la régence: n^{os} cat. 69, 71, 125, 133, 153, 277.
9. N^{os} cat. 32, 37, 40, 44, 86, 90, 100, 104, 105, 112, 115.
10. N° cat. 81.
11. N^{os} cat. 62, 78, 99, 146, 147, 149, 162, 171, 179, 181, 186, 187, 189, 191, 193, 194, 216, 261–263, 282–285, 287, 291–293, 295–298, 320, 385, 421.
12. N^{os} cat. 62, 66, 77, 78, 112, 126, 132, 136, 139, 145–147, 149, 152, 171, 186, 187, 215, 216, 282, 284, 285, 292, 337, 385, 421, 422, 424.
13. N^{os} cat. 104, 107, 108, 111, 118, 121, 126, 132, 137, 173, 262, 322, 324, 325, 327–330, 345, 346, 349–351, 369–371, 395, 397, 399, 402, 411.
14. N^{os} cat. 46, 52, 53, 109, 121, 122.
15. A propos du costume caractéristique de l'Espagnol, cf. n^{os} cat. 18, 36–40, 59, 88, 91–93, 95, 126, 127.
16. N° cat. 34.
17. Cf. «Les serviteurs de l'Empire», n. 19.
18. N^{os} cat. 22, 26, 27, 31, 32, 126.
19. Cf. «Les serviteurs de l'Empire», n. 21.
20. A propos de l'héritage révolutionnaire, cf. n^{os} cat. 7, 15, 16, 20, 23, 29, 42, 48, 58, 74, 76, 89, 96.

La chute de l'Empire
1. N° cat. 397.
2. N° cat. 423.
3. N° cat. 187.
4. N^{os} cat. 217, 342.
5. Cf. «La campagne de Russie», n. 4.
6. N^{os} cat. 215, 421.
7. N^{os} cat. 62, 216.
8. N^{os} cat. 139, 286.
9. N° cat. 343, outre n° cat. 392.
10. N^{os} cat. 304, 309.
11. N° cat. 297.
12. N^{os} cat. 63–65, 67, 74, 93, 112, 126, 135, 137, 142, 152.
13. Cf. «La campagne de Russie», n. 13.
14. N^{os} cat. 329, 337.
15. Cf. «La campagne de Russie», n. 11–15.
16. N^{os} cat. 60, 164, 336, 383, 406.
17. N° cat. 60.
18. Cf. «La campagne de Russie», n. 6.
19. N° cat. 222.
20. N° cat. 73.
21. N° cat. 194.
22. Cf. la caricature pronapoléonienne n° cat. 249.
23. N° cat. 142.
24. Cf. «La campagne de Russie», n. 7.

7 Cat. nos. 342, 384, 395.
8 The leap from Madrid to Moscow is depicted in a cartoon not represented in the Arenenberg corpus. For the leap to Fontainebleau, see cat. no. 222.
9 Cat. no. 161.
10 Cat. nos. 45, 117.
11 Cat. no. 6.
12 Cat. nos. 48, 116, 203.
13 Cat. no. 115.
14 Cat. nos. 60, 126, 164, 329, 336, 337, 383.
15 Cat. nos. 188, 280, 281, 283, 298.
16 Cat. nos. 46, 52, 53, 107–109, 111, 122, 369.
17 Cat. no. 53.
18 On Napoleon's being forced to leap or dance against his will, cf. cat. nos. 59, 111, 190, 193, 222, 285, 293.
19 Cat. nos. 12, 82. Cf. the German variant, cat. no. 318.
20 Cat. no. 110.
21 Cat. nos. 324, 325.
22 Cat. nos. 54, 106, 110, 120, 317, 368.
23 Cat. nos. 219, 299. Cf. also fn. 18.
24 See fn. 4.
25 See fn. 14 and 15.

The Allies

1 Cat. no. 44.
2 Cat. nos. 59, 62, 128, 133, 187, 216, 285, 297, 379, 421.
3 Cat. nos. 36, 78, 85, 99, 110, 119, 173, 193, 244, 266, 330, 333, 342, 347, 350–352, 367, 372, 376, 379–382, 396, 397, 402, 404, 411, 412, 423.
4 On the alliance between European (not only allied) rulers (respectively nations), see cat. nos. 28, 34, 37, 39, 59, 78, 88, 98, 125, 127, 136, 152, 153.
5 Cat. nos. 30, 34, 37, 62, 77, 78, 88, 104, 125, 128, 129, 132, 147, 162, 172, 179, 181, 187, 190, 216, 261–263, 277, 318, 320, 331, 337, 352, 373, 400, 424.
6 Cat. nos. 30, 34, 37, 39, 78, 88, 125, 128, 147, 172, 179, 181, 190, 261–263, 277, 320, 331, 424.
7 Cat. nos. 34, 37, 39, 62, 77, 78, 88, 125, 128, 147, 157, 162, 171, 172, 179, 181, 187, 190, 216, 261–263, 276, 277, 320, 331, 337, 338, 400, 424.
8 Cat. nos. 12, 14, 26, 31, 34, 37, 39, 56, 82. In 1811, his son (the future George IV) took over the regency: cat. nos. 69, 71, 125, 133, 153, 277.
9 Cat. nos. 32, 37, 40, 44, 86, 90, 100, 104, 105, 112, 115.
10 Cat. no. 81.
11 Cat. nos. 62, 78, 99, 146, 147, 149, 162, 171, 179, 181, 186, 187, 189, 191, 193, 194, 216, 261–263, 282–285, 287, 291–293, 295–298, 320, 385, 421.
12 Cat. nos. 62, 66, 77, 78, 112, 126, 132, 136, 139, 145–147, 149, 152, 171, 186, 187, 215, 216, 282, 284, 285, 292, 337, 385, 421, 422, 424.
13 Cat. nos. 104, 107, 108, 111, 118, 121, 126, 132, 137, 173, 262, 322, 324, 325, 327–330, 345, 346, 349–351, 369–371, 395, 397, 399, 402, 411.
14 Cat. nos. 46, 52, 53, 109, 121, 122.
15 On the spaniard's typical attire, see cat. nos. 18, 36–40, 59, 88, 91–93, 95, 126, 127.
16 Cat. no. 34.
17 See «The stewards of the Empire», fn. 19.
18 Cat. nos. 22, 26, 27, 31, 32, 126.
19 See «The stewards of the Empire», fn. 21.
20 On the revolutionary legacy, cf. cat. nos. 7, 15, 16, 20, 23, 29, 42, 48, 58, 74, 76, 89, 96.

The Fall of the Empire

1 Cat. no. 397.
2 Cat. no. 423.
3 Cat. no. 187.
4 Cat. nos. 217, 342.
5 See «The Russian Campaign», fn. 4.
6 Cat. nos. 215, 421.
7 Cat. nos. 62, 216.
8 Cat. nos. 139, 286.
9 Cat. no. 343 and, in addition, cat. no. 392.
10 Cat. nos. 304, 309.
11 Cat. no. 297.
12 Cat. nos. 63–65, 67, 74, 93, 112, 126, 135, 137, 142, 152.
13 See «The Russian Campaign», fn. 13.
14 Cat. nos. 329, 337.
15 See «The Russian Campaign», fn. 11–15.
16 Cat. nos. 60, 164, 336, 383, 406.
17 Cat. no. 60.
18 See «The Russian Campaign», fn. 6.
19 Cat. no. 222.
20 Cat. no. 73.
21 Cat. no. 194.
22 See the pro-Napoleonic cartoon cat. no. 249.
23 Cat. no. 142.
24 See «The Russian Campaign», fn. 7.

11 N° cat. 6.
12 N.i cat. 48, 116, 203.
13 N° cat. 115.
14 N.i cat. 60, 126, 164, 329, 336, 337, 383.
15 N.i cat. 188, 280, 281, 283, 298.
16 N.i cat. 46, 52, 53, 107–109, 111, 122, 369.
17 N° cat. 53.
18 Sui salti o balli coalti di Napoleone, cfr. i n.i cat. 59, 111, 190, 193, 222, 285, 293.
19 N.i cat. 12, 82. Cfr. il n° cat. 318 (variante tedesca).
20 N° cat. 110.
21 N.i cat. 324, 325.
22 N.i cat. 54, 106, 110, 120, 317, 368.
23 N.i cat. 219, 299. Cfr. anche n. 18.
24 Cfr. n. 4.
25 Cfr. n. 14 e 15.

Gli alleati

1 N° cat. 44.
2 N.i cat. 59, 62, 128, 133, 187, 216, 285, 297, 379, 421.
3 N.i cat. 36, 78, 85, 99, 110, 119, 173, 193, 244, 266, 330, 333, 342, 347, 350–352, 367, 372, 376, 379–382, 396, 397, 402, 404, 411, 412, 423.
4 Sulla comunità dei sovrani o paesi europei (non soltanto alleati), cfr. i n.i cat. 28, 34, 37, 39, 59, 78, 88, 98, 125, 127, 136, 152, 153.
5 N.i cat. 30, 34, 37, 62, 77, 78, 88, 104, 125, 128, 129, 132, 147, 162, 172, 179, 181, 187, 190, 216, 261–263, 277, 318, 320, 331, 337, 352, 373, 400, 424.
6 N.i cat. 30, 34, 37, 39, 78, 88, 125, 128, 147, 172, 179, 181, 190, 261–263, 277, 320, 331, 424.
7 N.i cat. 34, 37, 39, 62, 77, 78, 88, 125, 128, 147, 157, 162, 171, 172, 179, 181, 187, 190, 216, 261–263, 276, 277, 320, 331, 337, 338, 400, 424.
8 N.i cat. 12, 14, 26, 31, 34, 37, 39, 56, 82. Nel 1811 la reggenza venne assunta da suo figlio (il futuro Giorgio IV): n.i cat. 69, 71, 125, 133, 153, 277.
9 N.i cat. 32, 37, 40, 44, 86, 90, 100, 104, 105, 112, 115.
10 N° cat. 81.
11 N.i cat. 104, 107, 108, 111, 118, 121, 126, 132, 137, 173, 262, 322, 324, 325, 327–330, 345, 346, 349–351, 369–371, 395, 397, 399, 402, 411.
12 N.i cat. 46, 52, 53, 109, 121, 122.
13 N.i cat. 62, 78, 99, 146, 147, 149, 162, 171, 179, 181, 186, 187, 189, 191, 193, 194, 216, 261–263, 282–285, 287, 291–293, 295–298, 320, 385, 421.
14 N.i cat. 62, 66, 77, 78, 112, 126, 132, 136, 139, 145–147, 149, 152, 171, 186, 187, 215, 216, 282, 284, 285, 292, 337, 385, 421, 422, 424.
15 Sul costume che caratteriza lo spagnolo, cfr. i n.i cat. 18, 36–40, 59, 88, 91–93, 95, 126, 127.
16 N° cat. 34.
17 Cfr. «I servitori dell'Impero», n. 21.
18 Cfr. «I servitori dell'Impero», n. 19.
19 N.i cat. 22, 26, 27, 31, 32, 126.
20 Sull'eredità rivoluzionaria, cfr. i n.i cat. 7, 15, 16, 20, 23, 29, 42, 48, 58, 74, 76, 89, 96.

La caduta dell'Impero

1 N° cat. 397.
2 N° cat. 423.
3 N° cat. 187.
4 N.i cat. 217, 342.
5 Cfr. «La campagna di Russia», n. 4.
6 N.i cat. 215, 421.
7 N.i cat. 62, 216.
8 N.i cat. 139, 286.
9 N° cat. 343, ma anche n° cat. 392.
10 N.i cat. 304, 309.
11 N° cat. 297.
12 N.i cat. 63–65, 67, 74, 93, 112, 126, 135, 137, 142, 152.
13 Cfr. «La campagna di Russia», n. 13.
14 N.i cat. 329, 337.
15 Cfr. «La campagna di Russia», n. 11–15.
16 N.i cat. 60, 164, 336, 383, 406.
17 N° cat. 60.
18 Cfr. «La campagna di Russia», n. 6.
19 Cfr. la caricatura filonapoleonica n° cat. 249.
20 N° cat. 222.
21 N° cat. 73.
22 N° cat. 194.
23 N° cat. 142.
24 Cfr. «La campagna di Russia», n. 7.

I Cento Giorni

1 N° cat. 441.
2 Cfr. n° cat. 245.
3 N.i cat. 72, 73, 142.
4 N° cat. 148.
5 Cfr. il contributo «Spettacoli e giochi».
6 N.i cat. 263, 264.

18 Siehe «Der Russlandfeldzug» Anm. 6.
19 Kat. Nr. 222.
20 Kat. Nr. 73.
21 Kat. Nr. 194.
22 Vgl. die pronapoleonische Karikatur Kat. Nr. 249.
23 Kat. Nr. 142.
24 Vgl. «Der Russlandfeldzug» Anm. 7.

Die Hundert Tage
1 Kat. Nr. 441.
2 Vgl. Kat. Nr. 245.
3 Kat. Nrn. 72, 73, 142.
4 Kat. Nr. 148.
5 Siehe dazu den Beitrag «Gesellschafts- und Kartenspiele».
6 Kat. Nrn. 263, 264.
7 Kat. Nr. 177.
8 Kat. Nr. 265.
9 Kat. Nrn. 176, 240, 249, 252, 257–259, 263.
10 Kat. Nrn. 182, 183, 267, 271–273.
11 Besonders deutlich in Kat. Nr. 267.
12 Kat. Nr. 270. Siehe auch die deutsche Karikatur Kat. Nr. 355.
13 Kat. Nr. 269. Vgl. Kat. Nr. 278.
14 Kat. Nrn. 188, 198, 199, 279–281, 287, 315.
15 Kat. Nr. 291.
16 Kat. Nr. 191.
17 Kat. Nr. 293. Zur Anglaise siehe ausserdem Kat. Nrn. 190, 193, 294.
18 Kat. Nr. 246.

Napoleons doppeltes Exil
1 Kat. Nrn. 137, 151, 424.
2 Kat. Nrn. 64, 136.
3 Kat. Nrn. 193, 194, 299–301.
4 Kat. Nr. 310.
5 Kat. Nrn. 195, 232, 426.
6 Kat. Nrn. 302, 303, 357, 358, 425–428.
7 Kat. Nrn. 306, 356. Zum Tiger allgemein siehe Kat. Nrn. 193, 196, 228, 229. Zur Katze allgemein siehe Kat. Nr. 268.
8 Kat. Nrn. 199, 302.
9 Kat. Nr. 302.
10 Kat. Nr. 357.
11 Kat. Nr. 303.
12 Kat. Nr. 358.
13 Siehe Anm. 12.
14 Titel der Karikatur Kat. Nr. 357.

Les Cent-Jours
1 N°. cat. 441.
2 Cf. n°. cat. 245.
3 N°s. cat. 72, 73, 142.
4 N°. cat. 148.
5 Cf., à ce propos, l'article «Spectacles et jeux».
6 N°s. cat. 263, 264.
7 N°. cat. 177.
8 N°. cat. 265.
9 N°s. cat. 176, 240, 249, 252, 257–259, 263.
10 N°s. cat. 182, 183, 267, 271–273.
11 Cela est particulièrement net au sujet du n°. cat. 267.
12 N°. cat. 270. Cf. aussi la caricature allemande n°. cat. 355.
13 N°. cat. 269. Cf. n°. cat. 278.
14 N°s. cat. 188, 198, 199, 279–281, 287, 315.
15 N°. cat. 291.
16 N°. cat. 191.
17 N°. cat. 293. Cf. à propos de «l'Anglaise» n°s. cat. 190, 193, 294.
18 N°. cat. 246.

Les exils de Napoléon
1 N°s. cat. 137, 151, 424.
2 N°s. cat. 64, 136.
3 N°s. cat. 193, 194, 299–301.
4 N°. cat. 310.
5 N°s. cat. 195, 232, 426.
6 6 N°s cat. 302, 303, 357, 358, 425–428.
7 N°s. cat. 306, 356. A propos du tigre en général, cf. n°s. cat. 193, 196, 228, 229. A propos du chat en général, cf. n°. cat. 268.
8 N°s. cat. 199, 302.
9 N°. cat. 302.
10 N°. cat. 357.
11 N°. cat. 303.
12 N°. cat. 358.
13 Cf. n. 12.
14 Titre de la caricature n°. cat. 357.

The Hundred Days
1 Cat. no. 441.
2 See cat. no. 245.
3 Cat. nos. 72, 73, 142.
4 Cat. no. 148.
5 In this connection, see «Shows and Games» chapter.
6 Cat. nos. 263, 264.
7 Cat. no. 177.
8 Cat. no. 265.
9 Cat. nos. 176, 240, 249, 252, 257–259, 263.
10 Cat. nos. 182, 183, 267, 271–273.
11 This comes across especially in cat. no. 267.
12 Cat. no. 270. See also the German cartoon cat. no. 355.
13 Cat. no. 269. Cf. cat. no. 278.
14 Cat. nos. 188, 198, 199, 279–281, 287, 315.
15 Cat. no. 291.
16 Cat. no. 191.
17 Cat. no. 293. On the «Anglaise», see also cat. nos. 190, 193, 294.
18 Cat. no. 246.

Napoleon's Exiles
1 Cat. nos. 137, 151, 424.
2 Cat. nos. 64, 136.
3 Cat. nos. 193, 194, 299–301.
4 Cat. no. 310.
5 Cat. nos. 195, 232, 426.
6 Cat. nos. 199, 302.
7 Cat. nos. 306, 356. On the tiger motif in general, see cat. nos. 193, 196, 228, 229. On the cat motif in general, see cat. no. 268.
8 Cat. nos. 302, 303, 357, 358, 425–428.
9 Cat. no. 302.
10 Cat. no. 357.
11 Cat. no. 303.
12 Cat. no. 358.
13 See fn. 12.
14 Cartoon title cat. no. 357.

7 N° cat. 177.
8 N° cat. 265.
9 N^i cat. 176, 240, 249, 252, 257–259, 263.
10 N^i cat. 182, 183, 267, 271–273.
11 Soprattutto nel n° cat. 267.
12 N° cat. 270. Cfr. anche il n° cat. 355 (caricatura tedesca).
13 N° cat. 269. Cfr. n° cat. 278.
14 N^i cat. 188, 198, 199, 279–281, 287, 315.
15 N° cat. 291.
16 N° cat. 191.
17 N° cat. 293. Sulla «danza inglese», cfr. anche i n^i cat. 190, 193, 294.
18 N° cat. 246.

Gli esilî di Napoleone
1 N^i cat. 137, 151, 424.
2 N^i cat. 64, 136.
3 N^i cat. 193, 194, 299–301.
4 N° cat. 310.
5 N^i cat. 195, 232, 426.
6 N^i cat. 302, 303, 357, 358, 425–428.
7 N^i cat. 306 e 356. Sulla tigre in generale, cfr i n^i cat. 193, 196, 228, 229. Sul gatto in generale, cfr. il n° cat. 268.
8 N^i cat. 199, 302.
9 N° cat. 302.
10 N° cat. 358.
11 N° cat. 357.
12 N° cat. 303.
13 Cfr. n. 12.
14 Titolo del n° cat. 357.

Bibliographie
Bibliographie

Adhémar, Jean: *La gravure originale au XVIIIᵉ siècle*, Paris: Somogy, 1963.
L'Anti-Napoléon. Caricatures et satires du Consulat à l'Empire (catalogue d'exposition par Jérémie Benoit), Rueil-Malmaison: Musée national des châteaux de Malmaison et Bois-Préau, 1996.
Ashton, John: *English Caricature and Satire on Napoleon I.*, London: Chatto & Windus, 1884.
Atherton, Herbert M.: *Political Prints in the Age of Hogarth. A Study of the Ideographic Representation of Politics*, Oxford: Clarendon Press, 1974.
Aulard, Alphonse: *Paris sous le Consulat: 9 novembre 1799–17 mai 1804*, 4 vol., Paris: Cerf/Noblet/Quantin, 1903–1909.
Baecque, Antoine de: *La caricature révolutionnaire*, Paris: Presses du CNRS, 1988.
Bild als Waffe. Mittel und Motive der Karikatur in fünf Jahrhunderten (Ausstellungskatalog, hg. v. Gerhard Langemeyer u.a.), München: Prestel, 1984.
Blum, André: L'estampe satirique et la caricature en France au XVIIIᵉ siècle, *Gazette des beaux-arts*, 1910, t. 1, p. 379–392; t. 2, p. 67–87, 108–120, 243–254, 275–292, 403–420, 449–467.
Blum, André: *La caricature révolutionnaire*, Paris: Jouve, 1916.
Blum, André: La caricature politique en France sous le Consulat et l'Empire, *Revue des Etudes Napoléoniennes*, 1919, p. 296–312.
Boyer de Nîmes [Boyer-Brun, Jacques-Marie]: *Histoire des caricatures de la révolte des Français*, 2 t., Paris: Imprimerie du Journal du Peuple, 1792.
Broadley, Alexander, M.: *Napoleon in Caricature 1795–1821*, 2 vol., London/New York: John Lane, 1911.
Bulletin des Lois de L'Empire Français, t. I; t. XV, Paris: Imprimerie impériale, brumaire an XIII; janvier 1812.
Catalogue of Political and Personal Satires, Preserved in the Departement of Prints and Drawings in the British Museum, vol. VII–IX (1793–1819), by Mary Dorothy George, London: British Museum (Oxford University Press), 1942–1949.
Champfleury [Husson, Jules François Félix]: *Histoire de la caricature sous la République, l'Empire et la Restauration*, Paris: Dentu, s.a. [1874].
Clerc, Catherine: *La caricature contre Napoléon*, Paris: Promodis, 1985.
Dayot, Armand: *Napoléon raconté par l'image, d'après les sculpteurs, les graveurs et les peintres*, Paris: Hachette, 1902.
Dayot, Armand: *Napoléon. Illustrations d'après des peintures, sculptures, gravures, objets, etc., du temps*, Paris: Flammarion, 1908.
Derozier, Claudette: *La guerre d'Indépendance espagnole à travers l'estampe (1808–1814)* (thèse présentée devant l'Université de Toulouse-le-Mirail, 1974), 3 t., Lille: Reproduction des thèses / Paris: Champion, 1976.
Döring, Jürgen: *Eine Kunstgeschichte der frühen englischen Karikatur* (Schriften zur Karikatur und kritischen Grafik, Bd. 1), Hildesheim: Gerstenberg, 1991.
«Die Kehrseite der Medaille»: Napoleon-Karikaturen aus Deutschland, Frankreich und England (Ausstellungskatalog, hg. v. Ekkehard Eggs und Hubertus Fischer), Hannover: Institut Français de Hanovre / Wilhelm-Busch-Gesellschaft, 1985.
English Caricature. 1620 to the Present. Caricaturists and Satirists, their Art, their Purpose and Influence (exhibition catalogue), London: Victoria and Albert Museum, 1984.
Face à Face. French and English Caricatures of the French Revolution and its Aftermath (exhibition catalogue by James A. Leith and Andrea Joyce), Toronto: Art Gallery of Ontario, 1989.
Fischer, Hubertus: Waterloo in der europäischen Karikatur, in: Heide N. Rohloff (Hg.): *Napoleon kam nicht nur bis Waterloo. Die Spur des gestürzten Giganten in Literatur und Sprache, Kunst und Karikatur*, Frankfurt am Main: Haag und Herchen, 1992.
Fischer, Hubertus: *Wer löscht das Licht? Europäische Karikatur und Alltagswelt 1790–1990* (Schriften zur Karikatur und kritischen Grafik, Bd. 2), Stuttgart: Hatje, 1994.
Fuchs, Eduard: *Die Karikatur der europäischen Völker vom Altertum bis zur Neuzeit*, Berlin: Hofmann, o. J. [1904].
George Cruikshank 1792–1878. Karikaturen zur englischen und europäischen Politik und Gesellschaft im ersten Viertel des 19. Jahrhunderts (Ausstellungskatalog, hg. v. Herwig Guratzsch), Hannover: Wilhelm-Busch-Gesellschaft / Stuttgart: Hatje, 1983.

Bibliography
Bibliografia

George, Mary Dorothy: *English Political Caricature to 1792: a Study of Opinion and Propaganda*, 2 vol., Oxford: Clarendon Press, 1959.
Grand-Carteret, John: *Les mœurs et la caricature en Allemagne, en Autriche, en Suisse*, Paris: Westhausser, 1885.
Grand-Carteret, John: *Les mœurs et la caricature en France*, Paris: La Librairie illustrée, 1888.
Grand-Carteret, John: *Napoléon en images. Estampes anglaises (Portraits et caricatures)*, Paris: Firmin-Didot, 1895.
Grand-Carteret, John: La légende napoléonienne par l'image vue sous un jour nouveau, *Revue des Etudes Napoléoniennes*, 1923, p. 28–46.
Hauterive, Ernest d': *La Police secrète du Premier Empire*, t. II (1805–1806); t. III (1806–1807), Paris: Librairie académique Perrin, 1913; 1922.
Herding, Klaus und Reichardt, Rolf: *Die Bildpublizistik der Französischen Revolution*, Frankfurt am Main: Suhrkamp, 1989.
Hill, Draper: *Mr Gillray, the Caricaturist*, London: Phaidon, 1965.
Hill, Draper: *The Satirical Etchings of James Gillray*, London: Dover, 1976.
Hubert, Gérard: Portraits sculptés de Napoléon. Esquisse d'une iconographie, *Le progrès des arts réunis 1763–1815. Mythe culturel, des origines de la Révolution à la fin de l'Empire?* (actes du colloque international d'histoire de l'art, recueillis par Daniel Rabreau et Bruno Tollon), Bordeaux/Toulouse: CERCAM, 1992, p. 373–383.
James Gillray. Fashionable Contrasts. 100 Caricatures (exhibition catalogue), London: Phaidon, 1966.
James Gillray 1757–1815. Meisterwerke der Karikatur (Ausstellungskatalog, hg. v. Herwig Guratzsch), Hannover: Wilhelm-Busch-Gesellschaft / Stuttgart: Hatje, 1986.
Jouve, Michel: *L'âge d'or de la caricature anglaise*, Paris: Presses de la Fondation nationale des sciences politiques, 1983.
Lammel, Gisold: *Karikaturen der Goethezeit*, Berlin: Eulenspiegel, 1992.
Lammel, Gisold: *Deutsche Karikaturen. Vom Mittelalter bis heute*, Stuttgart/Weimar: Metzler, 1995.
Langlois, Claude: *La caricature contre-révolutionnaire*, Paris: Presses du CNRS, 1988.
Napoléon. Caricatures et dessins humoristiques de 1800 à nos jours, Paris: Institut de France, Académie des Beaux-Arts / Boulogne-Billancourt: Bibliothèque Marmottan, 1975.
Peltzer, Marina: Imagerie politique et caricature: la graphique politique antinapoléonienne en Russie et ses antécédents pétroviens, *Journal of the Warburg and Courtauld Institutes*, 1985, p. 189–221.
Pilz, Georg: *Geschichte der europäischen Karikatur*, Berlin: VEB Deutscher Verlag, 1980.
Politique et polémique. La caricature française et la Révolution, 1789–1799, Los Angeles: Grunewald Center for the Graphic Arts / Wight Art Gallery / University of California, 1988.
Presser, Jacques: *Napoleon. Das Leben und die Legende*, Zürich: Manesse, 1990.
Scheffler, Sabine und Ernst, unter Mitarbeit von Gerd Unverfehrt. *So zerstieben getraeumte Weltreiche. Napoleon I. in der deutschen Karikatur* (Schriften zur Karikatur und kritischen Grafik, Bd. 3), Stuttgart: Hatje, 1995.
Schulze, Friedrich: *Die deutsche Napoleon-Karikatur. Eine Auswahl und Würdigung der bezeichnendsten Blätter*, Weimar: Gesellschaft der Bibliophilen, 1916.
Tulard, Jean: *L'Anti-Napoléon. La légende noire de l'Empereur*, s.l. [Paris]: Julliard, 1964.
Tulard, Jean: *Le mythe de Napoléon*, Paris: Colin, 1971.
Tulard, Jean (dir.): *Dictionnaire Napoléon*, Paris: Fayard, 1989.
Tulard, Jean (dir.): *L'histoire de Napoléon par la peinture*, Paris: Belfond, 1991.
Un siècle d'histoire de France par l'estampe 1770–1871. Collection de Vinck. Inventaire analytique, t. IV (Napoléon et son temps. Directoire, Consulat, Empire) par Marcel Roux; t. V (La Restauration et les Cent-Jours) par Anne-Marie Rosset, Paris: Bibliothèque Nationale, 1929 (réimpression 1969); 1938.
Wright, Thomas: *Caricature History of the Georges or Annals of the House of Hanover. Compiled from squibs, broadsides, window pictures, lampoons and pictorial caricatures of the time*, London: Chatto & Windus, 1904.

Bildnachweis
Références iconographiques

List of Illustrations
Fonti delle illustrazioni

Arenenberg, Napoleon-Museum   30r, 31l, 38, 46, 47, 49l, 49r, 55l, 55r, 59,
   61, 62, 63, 64, 65, 68, 69, 73, 105, 106, 111l, 111r, 112, 117, 121, 124, 129,
   131, 134, 136, 139, 143, 151r, 152l, 152r, 153, Katalog
   Fontainebleau, Musée National du Château de Fontainebleau   89
Lausanne, Philippe Kaenel   31r
Lille, Palais des Beaux-Arts   34l
London, British Museum   70l, 70r
Münster, Westfälisches Landesmuseum für Kunst und Kulturgeschichte   58
Montergie, Service des Musées   93
Neuchâtel, Musée d'Art et d'Histoire   77l
Paris, Bibliothèque Nationale de France   54
Paris, Musée du Louvre   81, 82
Rueil-Malmaison, Musée National des Châteaux de Malmaison et de
   Bois-Préau   30l, 33l, 33r, 34r, 77r, 85l, 88
Schwerin, Staatliches Museum   150r, 151l
Versailles, Musée National du Château et de Trianon   80, 84, 85r, 150l
Washington, National Gallery of Art   92

Register
Registre

Index
Indici analitici

4.5.1 *Verzeichnis der Zeichner, Stecher und Verleger*
Index des dessinateurs, graveurs et éditeurs
Index of Draughtsmen, Engravers, and Publishers
Disegnatori, incisori, editori

Verwiesen wird auf die Stellen (mit Ausnahme der Einleitung und des Anhangs), an denen die Zeichner, Stecher und Verleger der Arenenberger Karikaturen bzw. ihrer Vorlagen vorkommen. Scheinsignaturen sind mitberücksichtigt.
Adressen in Klammern bezeichnen Geschäftssitze.
Die Angaben fussen auf verschiedenen Quellen (vgl. Bibliographie S. 652); im Zweifelsfall siehe:

Sont indiqués les endroits (à l'exception de l'introduction et de l'appendice) où sont cités les dessinateurs, les graveurs et les éditeurs des caricatures du château d'Arenenberg, resp. des feuilles qui ont servi de modèles pour celles-ci. Les signatures factices sont prises en compte.
Les adresses entre parenthèses désignent des sièges d'entreprises.
Les informations sont tirées de différentes sources (cf. Bibliographie p. 652); en cas de doute, consulter:

The reader is referred to the passages (with the exception of the introduction and appendix) where the names of the draughtsmen, engravers and publishers of the Arenenberg cartoons and/or their graphic models are mentioned. Dummy signatures are also taken into consideration.
An address in brackets indicates place of business.
Information is based on a variety of sources (cf. Bibliography p. 652); in case of doubt see:

Si rimanda alle pagine (ad eccezione dell'introduzione e dell'appendice) in cui si trovono i designatori, gli incisori e gli editori delle caricature di Arenenberg e/o dei modelli grafici che le hanno ispirate. Sono state considerate anche le firme fittizie.
Gli indirizzi tra parentesi si riferiscono a sedi commerciali.
Le indicazioni provengono da diversi fonti (cfr. Bibliografia p. 652); in caso di dubbi vedi:

– für Briten / pour les Anglais / for British names / per i britannici: Broadley; *Catalogue of Political and Personal Satire;* Turner, Jane (ed.): *The Dictionary of Art.* 34 vol., London: Macmillan Publishers / New York: Grove's Dictionaries, 1996.
– für Franzosen / pour les Français / for French names / per i francesi: Clerc; *L'Anti-Napoléon;* Benezit, Emmanuel: *Dictionnaire critique et documentaire des peintres, sculpteurs, dessinateurs et graveurs de tous les temps et de tous les pays [...].* 10 vol., nouvelle édition, Paris: Librairie Gründ, 1976.
– für Deutsche / pour les Allemands / for German names / per i tedeschi: Scheffler; Thieme, Ulrich, Becker, Felix und Vollmer, Hans (Hg.): *Allgemeines Lexikon der bildenden Künstler von der Antike bis zur Gegenwart.* 37 Bde., Leipzig: Wilhelm Engelmann / E. A. Seemann, 1907–1950.

Achenwall & Comp. Verlagshaus in Berlin. 604
Ackermann, Rudolph. 1764–1836. Publisher of prints and illustrated books in London (101 Strand). 47–49, 58, 60, 61, 254, 256, 268, 276, 280, 296–298, 301, 306, 328, 331, 333, 336, 347, 348, 352, 353, 562, 613
Ankele, (J. oder S.) H. Zeichner und Verleger in Reutlingen (?) (D). 627
Ansell, Charles. *1752?. Draughtsman and engraver, especially of horse motives. Signed caricatures from 1798 to 1809. By some authors said to be a pseudonym of → Williams. 44–46, 182, 212, 218, 226, 290, 292, 294
Atkinson, John Augustus. 1775–after 1831. Painter and engraver. From 1784 to 1801 at the Court of Saint Petersburg, thereafter in London. 540
Audouin, Pierre. 1768–1822. Portraitiste à Paris (20, rue de la Michodière) et le peintre de Letizia Bonaparte. 54, 55, 57, 420
B. (Lieutenant?). Possibly → Braddyll.

Basset (l'aîné), André. Fin XVIIIe et 1ère moitié XIXe siècle. Graveur, éditeur et marchand d'estampes à Paris (64, rue Saint-Jacques). 50, 51, 332
Berger, Daniel. 1744–1824. Kupferstecher und Akademieprofessor in Berlin. 604, 605
Bernot. 471
Bevalet, Antoine-Germain. 1779–1850. Peintre de sujets d'histoire naturelle à Paris. Exposa au Salon de Paris de 1812 à 1844. 510
Blaise. Imprimeur à Paris. 522
Blondeau, Alexandre. Début XIXe siècle. Graveur à Paris (9, rue Cassette). 495
Bonnefoy, Jacques. Ou sa veuve. Fin XVIIIe et début XIXe siècle. Graveur au pointillé à Paris. 424
Bournisien. Début XIXe siècle. Nom ou pseudonyme d'un caricaturiste parisien (19, rue de la Jussienne). 477, 503
Boydell, John. 1719–1804. Engraver and printseller in London (Pall Mall). Or his nephew and successor Joshuah. 1752–1817. British painter, draughtsman, illustrator, engraver and publisher. 152, 153, 524
Boyenval, Alexis-François. *1784. Peintre d'histoire et de paysage à Paris. Exposa au Salon de Paris de 1817 à 1852. Elève de → David. 445
Braddyll, Thomas Richmond Gale. 1776–1862. British officer and amateur caricaturist. 188, 289
Campe, Friedrich. 1777–1846. Buchhändler und Verleger in Nürnberg, Begründer des Campe-Verlages. 56–58, 60, 61, 152, 153, 530, 534, 536, 540, 554, 560, 562, 564, 566, 578, 611, 613–618, 620, 621, 623
Canu, Jean-Dominique-Etienne. *1768. Graveur français. Travailla de 1796 à 1816 environ. Elève de → Delaunay. 386, 457
Cawse, John. About 1779–1862. Painter in London. Constant exhibitor at the Royal Academy from 1801 to 1844. 194
Charon, Louis-François. 1783–1831. Graveur et éditeur à Paris de 1815 à 1824 (26, rue Saint-Jean de Beauvais). 422, 508
Choizeau. Ev. Choiseau, P.-L. Fin XVIIIe siècle. Peintre miniaturiste et graveur à l'eau-forte à Paris. 390, 394, 468
Copia, Jacques Louis. 1764–1799. Graveur d'origine allemande à Paris. 483, 484
Cruikshank, George. 1792–1878. Important British caricaturist, printmaker and draughtsman. Son of → Cruikshank, Isaac. 44–47, 54, 55, 57, 62, 63, 70, 71, 108, 109, 122–125, 238, 240, 242, 244, 248, 250, 252, 254, 258, 260, 264, 270, 272, 276, 278, 282, 284, 288, 297, 312, 314–317, 322, 323, 326, 335, 339–341, 344, 351, 354, 370, 378, 382, 386, 396, 404, 426, 436, 437, 493, 511, 616
Cruikshank, Isaac. 1756–1811. British printmaker and draughtsman. 44–46, 109, 110, 288, 297
Dähling, Heinrich Anton. 1773–1850. Maler, Zeichner und Akademieprofessor in Berlin. 544, 558, 623
David, Jacques Louis. 1748–1825. Peintre officiel de la Révolution française et premier peintre à la Cour de Napoléon. 45–47, 240
Delaunay, Robert. 1749–1814. Graveur à Paris. Exposa au Salon de Paris de 1791 à 1812. Ou Delaunay, Aimable. † 1856. Peintre français. Exposa au Salon de Paris de 1831 à 1851. Exécuta un portrait à pied de Bonaparte premier consul. 458, 465
Delbarre. Ev. Delbarre, P.-J. Lithographe et graveur à Paris (206, rue Saint-Honoré). 414, 498
Desalles. Caricaturiste à Paris (14, rue des Petites-Ecuries). 96–98, 402
Dubois, Frédéric. *1760. Miniaturiste, peintre de portraits et graveur à Paris. Exposa de 1795 à 1804 et voyagea en Russie jusqu'en 1812. 479, 484, 499
Dubuffe, Claude Marie. 1790–1874. Peintre, lithographe et dessinateur à Paris. Elève de → David. 429
Dupuis. Officier français ou d'origine française. Ev. Dupuis, Charles. 1752–1807. Ancien officier. Dessinateur et graveur autodidacte à la Cour du Prince électeur de Cologne. 362
Elie. Graveur à Paris (6, rue de Savoie). Ou la veuve Elie. XIXe siècle. Peintre de portraits. Elle figura au Salon de Paris de 1814 à 1824. Elève de Jean-Baptiste Greuze (1725–1805). 439, 487, 494
Elmes, William. British painter and etcher. Worked in London about 1811–1820. 44–49, 51, 236, 252, 254, 310, 311, 318–320
Fontallard, Henri-Gérard. * vers 1798. Graveur à Paris (25, rue Mauconseil). Travailla avec → Desalles. Fils du peintre Jean-François Fontallard (1777–1858). 54, 55, 57, 408, 509
Fores, Samuel William. 1761–1838. Engraver and (pirate) publisher in London (50 Piccadilly). 47–51, 60, 61, 110, 111, 113, 194, 202, 290, 330, 335, 342

Foucault. Ev. Foucaud, Auguste. 1786–1844. Peintre et lithographe français. Exposa au Salon de Paris en 1827, 1837 et 1838.   501
Gagnebin. Caricaturiste à Paris (4, rue de Pontoise).   497, 498
Galliard. Editeur français.   476
Gaston, Pierre Marie Bassompierre. *1786. Peintre d'histoire à Paris (16, rue Notre-Dame-des-Victoires). Professeur à l'Ecole militaire de la Flèche. Exposa au Salon de Paris dès 1812. Elève de → David.   54–57, 96–99, 400, 483, 496, 508, 514, 517
Gauthier (Gautier) (l'aîné), Jean Baptiste. 1780–1820. Graveur, éditeur et caricaturiste de mode à Paris (23, quai de la Vallée ou 23, quai des Augustins).   364, 392, 406, 414, 416, 472, 473, 478, 511
Geissler, Christian Gottfried Heinrich. 1770–1844. Kupferstecher und volkstümlicher Illustrator in Leipzig.   530
Genty, Jean Baptiste. Peintre, puis éditeur, imprimeur et lithographe à Paris (14 ou 16, rue Saint-Jacques). Exposa au Salon de Paris de 1799 à 1802. Elève de → David.   52, 54, 55, 152, 153, 402, 408, 489, 511
Gillray, James. 1757–1815. English draughtsman, engraver and most important caricaturist. Studied at the Royal Academy and worked in London until 1809.   44–49, 60, 61, 68, 70, 71, 118, 120, 121, 128–137, 152, 153, 172, 174, 176, 178, 180, 184, 186, 188, 190, 192, 196, 198, 204, 206, 208, 210, 214, 216, 220, 222, 224, 230, 232, 234, 240, 268, 288, 289, 291, 309, 336, 337, 340, 354, 522
Glaudin. Caricaturiste à Paris (71, rue du Temple).   483
Goustusval. Editeur français.   441
Heath, William. 1795–1840. British painter, draughtsman, etcher and publisher. Pseudonym: Paul Pry.   44–46, 307, 330, 333–335, 345, 348, 349
Henschel, Wilhelm (1781–1865), Moritz und Friedrich. Verleger, Stecher bzw. Zeichner mit Familienfirma in Berlin (Werderstrasse 4).   62, 65–67, 104–107, 544, 588–590
Holland, William. Publisher and printseller in London (11 Cockspur Street).   47–49, 327, 341, 343
Humphrey, George. Designer and publisher in London (27 St. James's Street). Nephew and successor of → Humphrey, Hannah.   47–49, 122–125, 258, 260, 272, 278, 282, 284, 335, 339, 340, 349, 354
Humphrey, Hannah. Publisher and printseller in London (27 St. James's Street). Main publisher and landlady of → Gillray.   46–48, 60, 61, 70, 71, 172, 174, 176, 178, 180, 184, 186, 188, 190, 192, 198, 204, 206, 208, 210, 214, 216, 220, 222, 224, 230, 232, 234, 238, 240, 248, 250, 258, 260, 272, 276, 278, 282, 284, 288, 291, 314, 322, 326, 335, 339, 340, 354
Jaime, Ernest. Pseudonyme de Pierre Joseph Rousseau. Environ 1802–1884. Lithographe et éditeur français.   477
J.B. Pseudonym of either → West or → Cawse.
Johnston, J. Publisher in London (96 and later 98 Cheapside).   252, 317, 346, 351
Klein, Johann Adam. 1792–1875. Zeichner und Kupferstecher in Nürnberg.   574
Knight, S. Publisher in London (3 Sweetings Alley, Cornhill = Royal Exchange), late → Walker & Knight.   47–49, 242, 244, 254, 313, 316, 321, 334, 349, 350, 355, 370
Lacroix, Y.V. Graveur en taille-douce, imprimeur et, après 1815, lithographe à Paris (15, rue Sainte-Croix de la Chaussée d'Antin).   96–99, 444, 476, 479–482, 485, 490–493, 505, 516
Lecerf, Jacques Louis Constant. Graveur au burin de 1815 à 1824 et, après 1820, lithographe à Paris (11, place Saint-André-des-Arts). Exposa au Salon de Paris de 1814.   96–98, 449
Lecœur (Le Cœur), Louis. Environ 1780–après 1800. Graveur français.   458
Le Comte. Ev. Lecomte, Hippolyte. 1781–1857. Peintre français.   470
Lehmann, Gottfried Arnold. Um 1770–nach 1815. Kupferstecher in Berlin.   62, 64, 65, 544
Lelarge. Caricaturiste à Paris (24, rue Féron).   477
Le Petit. Publisher in Dublin (Capel Street).   329
Letaille, Mlle. Editrice française.   388, 467
Levachez, Charles François Gabriel. Environ 1760–1820. Graveur en taille-douce, éditeur et marchand de caricatures à Paris (en 1801, à «Mousseaux près Paris»; en 1804, 6, boulevard des Capucines; 8, barrière de Clichy). Travailla avec son fils.   410, 412
Louis. Caricaturiste français. Travailla plus particulièrement avec l'imprimeur → Genty.   402, 414, 506, 511
McCleary, William. Publisher in Dublin (21, 32 and later 39 Nassau Street). Reproducer of prints published by others.   274, 344
McLean, Thomas. Publisher in London (26 Haymarket).   286
Maleuvre (Malœuvre), Pierre. *1740. Caricaturiste à Paris (9, rue Pierre-Sarrasin). Travailla plus particulièrement avec l'imprimeur → Martinet.   376, 502
Marchand. Ev. Marchand, Jacques. *1769. Editeur, graveur, lithographe et aquarelliste à Paris (30, rue Saint-Jacques).   457
Marks, (John) Lewis. Draughtsman, engraver and printseller in London (Sandy's Row, Artillery Street, Bishopsgate).   44–46, 274, 350, 354, 355
Martinet, Nicolas. 1784–1857. Peintre et libraire à Paris (15, rue du Coq-Saint-Honoré).   52, 54, 55, 152, 153, 362, 376, 427, 450, 455, 458, 459, 465, 470, 471

Mayhew. British amateur caricaturist.   226
Meyer.   456, 461
Moithey, Pierre Joseph (fils). Vers 1815. Graveur en taille-douce et à l'aquatinte à Paris (21, rue Hyacinthe).   54, 55, 57, 488, 504
Moritz, Friedrich. Kupferstecher und Verleger in Berlin.   544
Pétion (Petion). Caricaturiste français.   398, 515
Raymond. Possibly Raymond, John R. Around 1772. British painter, draughtsman and engraver.   194
Riedel, Conrad. Kupferstecher und Kunsthändler in Nürnberg. Tätig um 1809–1826.   152, 153, 556
Roberts, David. 1796–1864?. British caricaturist (and painter?).   202
Roberts, P. Publisher and etcher in London (28 Middle Row, Holborn).   182, 194, 202
Rosmäsler (junior), F.W.H. Kupferstecher und Satiriker in Hamburg. Tätig 1812–1816.   104–107, 579, 585, 602, 608–610, 624
Rowlandson, Thomas. 1756–1827. Painter, aquarellist and, from 1798 to 1815, important caricaturist in London. Studied at the Royal Academy in London as well as at the Academy in Paris.   44–49, 60, 61, 68, 70, 71, 116, 117, 130, 131, 138, 139, 254, 256, 266, 268, 276, 280, 289, 296, 298, 301, 304, 306, 308, 320, 328, 331, 336–338, 347, 348, 352, 353, 372, 568
Saint-Phal. Caricaturiste à Paris (35, rue Mazarine).   463, 464, 468, 474, 500
Sauler (Saulez or Sauley of) Farnham, George. British draughtsman and engraver.   298, 306
Sauvé (Sauve), (Jean-Jacques) Théodore. 1792–1869. Graveur et lithographe à Paris (60, rue de Cléry).   494
Schadow, Johann Gottfried. 1764–1850. Bildhauer, Zeichner und Stecher in Berlin. Zeichnete auch Karikaturen, vor allem für → Weiss.   54, 55, 57, 60–63, 152, 153, 522, 524, 584, 585, 603, 604, 611, 614
Schiavonetti, Johann Baptista. Kunsthändler in Berlin.   584
Schlemmer, Leonhard. *1772. Autodidaktischer Zeichner und Stecher. Tätig 1797–1826 in Nürnberg.   400
Sidebotham, J. Engraver and printseller in Dublin (37 Nassau Street) and London (96 Strand). Copied caricatures from → Rowlandson, → Cruikshank, George, and others. Sometimes said to be identical with → Le Petit.   47–49, 344, 345
Smit. Publisher in London (11 Strand). Perhaps identical with → Smith.   355
Smith. Publisher in London (60 Cheapside).   332
Smith, Charles Loraine. 1751–1835. English horse and hunting painter.   288
Starcke, Carl. Kupferstecher und Radierer in Weimar. Tätig um 1790–1810.   196
Tausch. Verleger in Teplitz (CZ).   528
Tegg, Thomas. 1776–1845. Bookseller and publisher in London (111 Cheapside).   47–49, 194, 218, 236, 246, 252, 264, 266, 295, 301, 304, 305, 308, 310, 311, 318–320, 324, 325, 337, 338
Terebeneff, Iwan Iwanowitsch. 1780–1815. Bildhauer und Graphiker in Sankt Petersburg. Besuchte die dortige Kunstakademie.   240, 248, 326, 548, 550
Vauthier (Votier ou Potier). Caricaturiste à Paris (39, rue de Seine).   475
Vogel, J.B.G. Printer in London (13 Poland Street, Oxford Street).   303
Voltz, Johann Michael. 1784–1858. Maler und Graphiker in Nördlingen (D). Arbeitete u.a. für → Campe.   60, 62, 63, 65, 110, 111, 114, 115, 524, 530, 534, 536, 540, 554, 560, 562, 564, 566, 578, 605, 606, 611, 614, 616–618, 620, 621, 623
Vuillemain, Mme. Caricaturiste ou marchande d'estampes française.   447
Walker. Publisher in London (7 Cornhill).   212, 226, 228, 293, 294, 299, 300
Walker & Knight. Publishers in London (3 Sweetings Alley, Cornhill = Royal Exchange).   292, 312, 313, 315, 323
Weiss, Caspar (Gaspare). Verleger in Berlin.   522, 524
West, Temple. *1750. British draughtsman and engraver.   194, 343, 528
Williams, Charles. 1788–1853. British draughtsman, etcher and printseller.   228, 246, 293, 300, 324, 325, 327, 341, 342, 346
Woodward, George Murgatroyd. 1760?–1809. British caricaturist and draughtsman.   44–47, 68, 71, 202, 295, 301, 304, 305

4.5.2 *Verzeichnis der Orte und Personen*
Index des lieux et des personnes
Index of Sites and Persons
Nomi di luoghi e persone

Die Angaben zu Orten und Personen des deutsch-, französisch-, englisch- sowie italienischsprachigen Raumes erfolgen in der jeweiligen Sprache, alle anderen in Deutsch.
Personen erscheinen in Kursivschrift, mit Ausnahme der Wissenschaftler, Museumskonservatoren, Kunsthändler und Sammler des späten 19. und des 20. Jahrhunderts.
Bei Orten ist in Klammern das betreffende Land mit seinem internationalen Automobilkennzeichen angegeben.

Les indications concernant les lieux ou les personnes des régions linguistiques allemande, française, anglaise et italienne sont rédigées dans la langue respective, toutes les autres en allemand.
Les noms de personnes sont imprimés en caractères italiques, à l'exception des scientifiques, des conservateurs de musées, des marchands d'art et des collectionneurs de la fin du XIXe et du XXe siècle.
Pour les lieux, le pays correspondant est indiqué entre paranthèses à l'aide de la désignation automobile internationale.

Details of sites and persons in the German, French, English and Italian-speaking areas are given in the appropriate language, all others in German.
The names of persons are given in italics, with the exception of academics, museum curators, art dealers, and collectors of the late 19th and 20th centuries.
In the case of site names, the appropriate country is shown in brackets by means of the standard abbreviation used in motor vehicle plates.

Le indicazioni su luoghi e persone dell'area germanofona, francofona, anglofona e italofona sono redatte nella lingua rispettiva, tutte le altre in tedesco.
I nomi delle persone sono in corsivo, ad eccezione di scienziati, responsabili di musei, mercanti d'arte e collezionisti del tardo Ottocento e del Novecento.
Per i luoghi è indicata tra parentesi la sigla automobilistica internazionale dello stato di appartenenza.

Aachen (D). 614
Abrantes, Herzog von → *Junot.*
Abukir (ET), Seeschlacht von (1.–2. August 1798). 18, 19, 120, 121, 172, 174, 176, 178
Addington, Henry, 1st Viscount Sidmouth. 1757–1844. British statesman. 128, 129, 130, 131, 136, 137, 184, 198, 216, 232
Agen (F). 116, 117
Aiglon, l' → *Napoléon II.*
Aigrefeuille, marquis d'. 1745–1818. Procureur général français, gourmet et ami de → *Cambacérès.* 427, 445, 446
Ajaccio (F). 16, 17, 188, 364
Akkon (IL), Belagerung von (19. März – 20. Mai 1799). 18, 19, 178, 290, 291, 422
Alexander der Grosse. 356–323 v. Chr. Makedonischer König und Eroberer. 34–37, 108, 109, 220, 378, 622
Alexander I. Pawlowitsch Romanow-Holstein-Gottorp. 1777–1825. Zar von Russland (seit 1801). 22, 23, 104, 105, 135–137, 212, 226, 260, 282, 284, 310, 329, 330, 332, 333, 335, 336, 348, 349, 354, 370, 392, 410, 473, 474, 475, 485, 486, 522, 524, 536, 542, 577, 597
Alexandria (ET), Einnahme von (2. Juli 1798). 18, 19, 433
Ali, Louis-Etienne Saint-Denis, dit le Mamelouk Aly ou. 1788–1856. Valet de chambre de Napoléon. 556
Altona (D). 150, 151
Alvinzi, Joseph Baron. 1726–1810. Österreichischer General. 18, 19
Amiens (F), traité de paix d' (27 mars 1802). 20, 21, 38, 39, 130, 131, 136, 137, 182, 184, 190, 364
Amsterdam (NL). 440, 614
Andersen, Hans Christian. 1805–1875. Dänischer Schriftsteller. 36, 37
Andrew, Sherry. Probably → *Sheridan.*
Androkles. Um 410 v. Chr. Parteiführer und Demagoge in Athen. 86, 88, 89
Anglesea = Anglesey → *Paget.*
Angoulême, Louis Antoine de Bourbon, duc d'. 1775–1844. 353, 354, 390, 462–464
Angoulême, Marie-Thérèse-Charlotte de Bourbon, duchesse d'. 1778–1851. 94, 95, 386, 462, 463
Antibes (F). 16, 17
Antinous (aus Bithynien). 110–130. Liebling des → *Hadrian.* 427
Antommarchi, Francesco. 1789–1838. Medico còrso di Napoleone a Sant'Elena. 32, 33, 35, 355, 356

Antwerpen (B). 614
Apelles von Kolophon. 2. Hälfte 4. Jh. v. Chr. Griechischer Monumentalmaler. 34, 35
Arbuthnot, John. 1667–1735. Scottish satirist, physician and mathematician. 174
Arcimboldo, Giuseppe. Verso 1527–1593. Pittore milanese alla corte di Praga. 64, 65
Arcole (I), battaglia di (15–17 novembre 1796). 18, 19, 605, 606
Aréna, Joseph. 1771–1802. Officier français d'origine corse, participant à la «conspiration des poignards» contre Napoléon. 578, 579
Arenenberg, Schloss und Napoleon-Museum in Salenstein (CH). 43–46, 48, 50, 51, 56, 57, 60–63, 100–103, 107, 108, 118, 119, 148–153, 156–159, 172, 293, 294, 467, 468, 477, 478
Argenteau, Florimund Mercy d' → *Mercy d'Argenteau.*
Arndt, Ernst Moritz. 1769–1860. Deutscher Dichter, Patriot und Historiker. 115–117
Arrighi. Vicario generale di origine còrso nell'isola d'Elba. 450, 451
Artois, Charles Philippe de Bourbon, comte d'. 1757–1836. Charles X (1824–1830), roi de France. 110, 111, 152, 153, 386, 462–465
Ashton, John → Bibliography, p. 652.
Aspern (A), Schlacht von (franz. bataille d' → Essling) (21.–22. Mai 1809). 22, 23, 306, 307, 462, 597
Athen (GR). 78, 79, 81
Attila. 434–453. König der Hunnen. 450, 451, 622
Aubry, Octave. 630, 631
Auerstedt (D), Schlacht von (14. Oktober 1806). 22, 23, 212
Auerstedt, Herzog von → *Davout.*
Augereau, Charles-Pierre-François, duc de Castiglione. 1757–1816. Maréchal de l'Empire. 20, 21, 200, 360, 455
Austerlitz (CZ), Schlacht von (2. Dezember 1805). 20, 21, 206, 212, 295, 296, 462, 536, 584, 585
Bachaumont, Louis Petit de. 1690–1771. Ecrivain français. 50, 51
Bailén (E), Schlacht von (19. Juni 1808). 22, 23, 228, 297, 366
Bailly, Edme-Louis-Barthélémy. 1760–1819. Préfet français. 78, 80, 81
Bance (l'aîné), Jacques-Louis. 1761–1847. Graveur, caricaturiste, éditeur et marchand d'estampes à Paris. 152, 153
Barcelona (E). 440
Bargilli, Paolo. Architetto nell'isola d'Elba. 450, 451
Bari (I). 440
Barretti = Baretti, Giuseppe Marc Antonio. 1719–1789. Letterato italiano. 220
Basel (CH). 152, 153
Bassano (I), battaglia di (8 settembre 1796). 18, 19
Bassano, duca di → *Maret.*
Bastia (F). 364, 440
Bautzen (D), Schlacht von (20.–21. Mai 1813). 24, 25
Bayonne (F), entrevue, abdication et constitution de (20 avril – 7 juillet 1808). 226, 228, 299, 300
Beauharnais, Alexandre vicomte de. 1760–1794. Général français. 16, 17
Beauharnais, Hortense de. 1783–1837. Reine de Hollande (1806–1810), duchesse de Saint-Leu (1814). 148, 149, 200, 487, 488
Beauharnais, Joséphine de → *Joséphine.*
Beaulieu, Johann Baron von. 1725–1819. Österreichischer General. 18, 19
Belle-Alliance, La → *Waterloo.*
Belluno, duca di → *Victor.*
Benevento, principe di → *Talleyrand-Périgord.*
Bennigsen, Levin August Theophil Graf von. 1735–1826. Russischer General hannoverianischer Abstammung. 22, 23, 84, 85, 311
Benoit, Jérémie → Bibliographie, p. 652.
Beresford, Lord → *Carr.*
Beresina (RUS), Schlacht von der (27.–28. November 1812). 22, 23
Berg und Kleve, Grossherzog von → *Murat.*
Berger, Albrecht Ludwig von. † 1813. Ein Oldenburger Opfer (hingerichtet) der napoleonischen Herrschaft. 524, 578
Berlin (D). 22, 23, 60–65, 84, 85, 152, 153, 382, 433, 521, 522, 524, 530, 536, 544, 570, 584, 585, 590, 598, 603–605, 611, 612
Bern (CH).
Bernadotte, Jean Baptiste Jules. 1763–1844. Maréchal de l'Empire, prince de Pontecorvo (1806). Prince héritier de Suède (1810), puis roi de Suède et de Norvège (1818). 20–23, 150, 151, 200, 260, 268, 329–333, 348, 349, 370, 382, 536, 540, 542, 597
Berry, Charles Ferdinand de Bourbon, duc de. 1778–1820. 48, 50, 51, 54–57, 150–155, 172, 178, 180, 182, 186, 188, 194, 198, 202, 204, 206, 208, 210, 212, 214, 216, 218, 220, 222, 224, 228, 230, 232, 234, 236, 238, 240, 242, 244, 246, 248, 250, 252, 254, 256, 258, 260, 262, 264, 266, 268, 270, 272, 274, 276, 278, 280, 282, 284, 288–301, 303–307, 309–331, 333–340, 342, 345–355, 408, 418, 420, 434, 435, 462–464, 469, 470, 483, 530, 536, 538, 548, 552, 566, 570, 581, 594, 597, 599, 600, 622, 625, 626
Bertarelli, Achille. 62, 63, 65
Berthier, Louis-Alexandre, prince de Neuchâtel et prince de Wagram. 1753–1815. Maréchal de l'Empire et chef d'état-major de la Grande Armée. 20, 21, 84, 85, 200, 331, 332, 524, 570, 578, 579

Bertier, Ferdinand comte de. 1782-1864. Fondateur de l'organisation secrète des Chevaliers de la Foi. 96, 97
Bertrand, Henri-Gatien comte. 1773-1844. Général français. 262, 270, 345, 351, 355, 356, 450-452, 503
Bessières, Jean-Baptiste, duc d'Istrie. 1768-1813. Maréchal de l'Empire. 20, 21, 84, 85, 570
Bewick, Thomas. 1753-1828. British engraver and illustrator. 42, 43
Bickham, George (the younger). † 1758. Early British political caricaturist. 44-46
Bismarck-Schönhausen, Otto Fürst von, Herzog von Lauenburg. 1815-1898. Preussisch-deutscher Staatsmann. 28, 29
Blacas, Pierre-Louis-Jean-Casimir duc de. 1771-1839. Emigré et confident de → Louis XVIII. 394, 468, 469
Blois (F). 550
Blücher von Wahlstatt, Gebhard Leberecht Fürst. 1742-1819. Preussischer Generalfeldmarschall. 24, 25, 108-111, 135-137, 141-143, 150, 151, 260, 268, 274, 282, 284, 317, 318, 330, 331, 335, 336, 338, 339, 341, 346-350, 352-354, 382, 404, 406, 436, 490-493, 532, 542, 585, 614, 616-619
Bologna (I). 440, 613
Bonaparte, Caroline (Maria Nunziata). 1782-1839. Princesse française. Grande-duchesse de Berg et de Clèves (1806), reine des Deux-Siciles (1808), comtesse de Lipona (1814). 282, 448
Bonaparte, Charles. 1746-1785. Avocat au Conseil supérieur de Corse. 16, 17
Bonaparte, Elisa (Maria Anna). 1777-1820. Princesse française. Princesse de Lucques et de Piombino (1805), grande-duchesse de Toscane (1809), comtesse de Compignano (1814). 448
Bonaparte, Jérôme. 1784-1860. Prince français. Roi de Westphalie (1807-1813). 22, 23, 270, 311, 364, 445, 446, 448, 524, 526, 614
Bonaparte, Joseph. 1768-1844. Prince français. Roi de Naples et de Sicile (1806-1808), roi des Espagnes et des Indes (1808-1813). 20-23, 114, 115, 200, 220, 224, 228-230, 260, 266, 270, 297, 299-301, 305, 328, 329, 331, 332, 338, 339, 364, 414, 433-435, 445, 446, 448, 496, 524, 526
Bonaparte, (Maria) Letizia, née Ramolino. 1750-1836. Madame Mère. 16, 17, 128, 129, 448, 450, 451, 617, 618
Bonaparte, Louis. 1778-1846. Prince français. Roi de Hollande (1806-1810), comte de Saint-Leu (1814). 20-23, 200, 306, 364, 448, 524
Bonaparte, Louis Napoléon → Napoléon III.
Bonaparte, Lucien. 1775-1840. Prince de Canino et de Musignano (1814). Prince français (1815). 448
Bonaparte, maison → généalogie p. 155.
Bonaparte, Napoléon → Napoléon Ier.
Bonaparte, Napoléon François Joseph Charles → Napoléon II.
Bonaparte, Pauline (Maria Paoletta). 1780-1825. Princesse française. Princesse Borghèse (1803), princesse et duchesse de Guastalla (1806). 200, 270, 448, 450, 451
Bondy, Monsieur de. Beau-frère de → Le Gentil. Ev. Bondy, Pierre-Marie Taillepied, comte de. 1766-1847. Préfet. 94-96
Bon(e)y. British nickname for Napoleon Bonaparte. 34-40, 48, 49, 51, 108, 109, 118, 119, 188, 189, 192-195, 198, 199, 202-204, 218, 226, 228, 229, 236-238, 242, 243, 248, 249, 254, 262, 266, 268, 269, 274, 284, 285, 289, 290, 292-295, 300, 302, 303, 306, 309-312, 315-319, 323-325, 328-331, 335-338, 342, 346-351, 353, 354
Bordeaux (F). 382, 440
Borghese, principessa → Bonaparte, Pauline.
Borie de Saint-Vincent. Parlementaire français. 487
Borodino (RUS), Schlacht von (franz. bataille de la → Moskova) (7. September 1812). 22, 23, 462
Bosio, François-Joseph. 1768-1845. Sculpteur monégasque. 88, 89
Bosville, William. 1745-1813. British officer, politician and epicurean. 210, 232, 234
Botley (GB). 232-234
Boulogne (F), camp de (1803-1805). 20, 21, 192, 198, 202
Bourbon, maison de → généalogie p. 154
Bourguignon, Jean. 630, 631
Boyer de Nîmes, Jacques-Marie Boyer-Brun, dit. 1764-1794. Auteur français. 50-53 → Bibliographie, p. 652.
Braunschweig-Wolfenbüttel → vgl. Brunswick-Wolfenbüttel.
Braunschweig-Wolfenbüttel, Karl II. Wilhelm Ferdinand Herzog (seit 1780) von. 1735-1806. Preussischer Generalfeldmarschall. 22, 23
Bremen (D). 530, 585
Brentford (GB). 210, 211
Bridport, Viscount → Hood.
Brienne (F). 16, 17, 24, 25, 425, 598, 605, 606
Broadley, Alexander Meyrick → Bibliography, p. 652.
Brune, Guillaume-Marie-Anne. 1763-1815. Maréchal de l'Empire. 570
Brunswick-Wolfenbüttel, Caroline Amelia Augusta of. 1768-1821. Princess of Wales, Queen of England (1820). 258, 274
Bruxelles (B). 284, 402, 614, 615, 617
Buckingham, Duke of → Villiers.
Buenos Aires (RA). 208, 209
Bukarest (R), Friedensvertrag von (28. Mai 1812). 575

Buonaparte → Bonaparte.
Burdett, Sir Francis, 5th Baronet. 1770-1844. British politician. 210, 232, 234
Burgos (E). 297
Burrard, Sir Harry, Baronet. 1755-1813. British general. 232
Byng, John. 1704-1757. British admiral, shot for neglect of duty. 210
Cadiz (E). 298, 440
Cadoudal, Georges. 1771-1804. Ancien chef des chouans bretons et conspirateur royaliste contre Napoléon. 20, 21, 309, 353, 354
Cahon = Calonne, Charles-Alexandre de. 1734-1802. Avocat et homme politique contre-révolutionnaire français. 301
Calais (F). 388
Callet, Antoine-François. 1741-1823. Portraitiste et peintre d'histoire français. 76, 77
Cambacérès, Jean-Jacques-Régis de, duc de Parme. 1753-1824. Second consul, archichancelier de l'Empire. 18, 19, 104, 105, 114, 115, 128, 129, 427-430, 441, 442, 445, 446, 484, 494-496, 498, 499
Cambon, Pierre-Joseph. 1756-1820. Député français. 487
Cambrai (F). 440
Cambronne, Pierre-Jacques-Etienne vicomte. 1770-1842. Général français. 408, 450, 451, 502
Campoformio (I), trattato di (17 ottobre 1797). 18, 19, 360, 362
Canino, principe di → Bonaparte, Lucien.
Cannes (F). 24, 25, 560, 610, 611
Canning, George. 1770-1827. British statesman. 214, 216
Canova, Antonio. 1757-1822. Scultore italiano. 32, 34, 35, 76, 78, 79, 513, 514
Capua (I). 440, 613
Carnot, Lazare. 1753-1823. Ministre français. 504, 617, 618
Caroline → Bonaparte, Caroline.
Carr, William, Lord Beresford of Albuera. 1768-1854. British general. 309, 354
Carrier, Jean-Baptiste. 1756-1794. Conventionnel français. 433, 434
Cäsar. Caius Iulius Caesar. 100-44 v. Chr. Römischer Politiker, Feldherr und Diktator. 36, 37, 488, 585, 586, 622
Castel = Kastel (D). 603
Castiglione (I), battaglia di (5 agosto 1796). 18, 19
Castiglione, duca di → Augereau.
Castlereagh, Viscount → Stewart.
Caulincourt, Armand-Augustin marquis de, duc de Vicence. 1773-1827. Ministre français. 94-96, 238, 239, 280, 318, 319, 424, 580, 593
Çavarie → Savary.
Ceracchi, Guiseppe. 1760-1802. Scultore còrso, partecipante alla «cospirazione dei pugnali» contro Napoleone. 578, 579
Champaubert (F), bataille de (10 février 1814). 24, 25, 334
Chaptal, Jean-Antoine. 1756-1832. Ministre français. 76, 77
Charles X → Artois.
Charlotte, Princess of Wales. Possibly Charlotte Augusta of Hanover, princess. 1796-1817. Daughter of the later → George IV. 204
Chateaubriand, François-René vicomte de. 1768-1848. Ecrivain et homme politique français. 474, 475
Châtillon (F), congrès de (4 février – 17 mars 1814). 376, 593
Chaudet, Antoine-Denis. 1763-1810. Sculpteur et peintre français. 78, 79, 88, 89, 335
Cherasco (I), armistizio di (28 aprile 1796). 18, 19
Chéry, Philippe. 1759-1838. Peintre et écrivain français. 76, 77, 79
Chinard, Joseph. 1756-1813. Sculpteur français. 86, 88, 89
Cintra → Sintra.
Clar, Johann Friedrich August. 1768-1844. Kupferstecher und Radierer in Berlin. 56, 57, 59-61
Clarke, Mary Ann Thompson. 1776-1852. Mistress of the Duke of → York and Albany. 234
Clerc, Catherine → Bibliographie, p. 652.
Clichy (F). 434, 435
Clifford, Henry. 1768-1813. British lawyer and writer. 234
Cobbett, William. 1763-1835. English popular journalist and politician. 38, 39, 188, 210, 232, 234, 235
Cochrane, Thomas, 10th Earl of Dundonald. 1775-1860. British naval officer. 234, 258
Colli Ricci, Luigi Leonardo, marchese di Felizzano. 1757-1809. Generale piemontese. 18, 19
Combe, William. 1741-1823. English writer. 70, 71
Compignano, contessa di → Bonaparte, Elisa.
Conegliano, duca di → Moncey.
Cordoba (E). 298
Corneille, Pierre. 1606-1684. Ecrivain dramatique français. 513, 514
Cornwallis, Charles, 1st Marquess. 1738-1805. British general and statesman. Or Cornwallis, William. 1744-1819. British admiral. 190
Corporal Violet. British nickname for Napoleon. 278
Cromwell, Oliver. 1599-1658. English statesman and commander. 210
Cugnac, major de. 469, 470
Culm → Kulm

Dalmatien, Herzog von → Soult.
Dalrymple, Sir Hew (Hugh) Whiteford. 1750–1830. British general. 232, 305
Danzig (PL). 546
Danzig, Herzog von → Lefebvre.
Dardanus, Claudius Postumus. Anfang 5. Jh. n. Chr. Römischer Präfekt beider Gallien. 427
Daru, Pierre-Antoine-Noël-Bruno comte. 1767–1829. Ministre français. 78, 79, 81, 585, 586, 602
Daumier, Honoré. 1808–1879. Lithographe, peintre et sculpteur français. 148, 149
David, Jacques Louis. 1748–1825. Peintre officiel de la Révolution française et premier peintre à la Cour de Napoléon. 32, 34–37, 45–47, 50–57, 76–81, 83, 86–93, 126, 127, 208, 240, 433, 630, 631
Davidson, Alexander. British jew. Art dealer (about 1781), teacher of English and publicist in Germany. One of his pseudonyms: Dr. Karl Julius Lange (ca. 1793–1813). 570
Davout, Louis-Nicolas, duc d'Auerstedt, prince d'Eckmühl. 1770–1823. Maréchal de l'Empire. 20, 21, 84, 85, 128, 129, 280, 520, 521, 579, 580, 585, 586, 602, 603, 610, 611, 614
Dayot, Armand. 630, 631 → Bibliographie, p. 652.
Debret, Jean-Baptiste. 1768–1848. Peintre français. 82–85
Defoe, Daniel. 1659/1660–1731. English novelist, pamphleteer and journalist. 142, 143, 449
Delacroix, Eugène. 1798–1863. Peintre et graveur français. 96–98
Delécluze, Etienne-Jean. 1781–1863. Peintre et critique d'art français. 86, 87
Demerville, Dominique. 1767–1801. Secrétaire français, participant à la «conspiration des poignards» contre Napoléon. 578, 579
Den Haag (NL). 440
Dennewitz (D), Schlacht von (6. September 1813). 534, 536, 544, 584, 588–590, 598
Denon, Dominique Vivant baron. 1747–1825. Graveur et administrateur français, directeur du musée central des Arts sous l'Empire. 78, 79, 82, 83, 86–90, 92, 93, 630, 631
Desorgues, Théodore. 1750–1808. Poète français. 106, 107
Despard, Edward Marcus. 1751–1803. British colonel, executed for high treason. 234
Detaille, Edouard. 1848–1912. Peintre français. 630, 631
Devosge, Anatole. 1770–1850. Peintre français. 76, 77
Dijon (F). 440, 466
Diogenes von Sinope, der Kyniker. Um 400 – zwischen 328 und 323 v. Chr. Griechischer Philosoph. 52, 53, 96, 97
Dole (F). 68, 69
Douglas, Marquess of → Hamilton.
Dover (GB). 258, 386
Dresden (D). 20, 21, 24, 25, 126, 127, 309, 418, 524, 530, 546
Drouot, Antoine comte. 1774–1847. Général français. 450, 451
Dryden, John. 1631–1700. English poet. 240, 342
Dschesa Pascha. Osmanischer Heerführer. 18, 19
Dschingis Khan. 1155–1227. Eroberer, Herrscher der Mongolen. 622
Dublin (IRL). 274, 344, 345
Ducos, Pierre-Roger. 1747–1816. Directeur, consul, puis sénateur français. 18, 19
Dumolard, Joseph-Vincent. 1766–1819. Député français. 487
Duncan of Camperdown, Adam 1st Viscount. 1731–1804. British admiral. 174
Dupont de l'Etang, Pierre comte. 1765–1840. Général français. 22, 23, 224, 228, 230, 366
Duroc, Géraud-Christophe-Michel, duc de Frioul. 1772–1813. Général français. 309, 327, 328
Düsseldorf (D). 440
Eckmühl (D), Schlacht von (21.–22. April 1809). 22, 23, 462
Eckmühl, Fürst von → Davout.
Elchingen, Herzog von → Ney.
Eldon, Earl of → Scott.
Elisa → Bonaparte, Elisa.
Enghien, Louis-Antoine-Henri de Condé, duc d'. 1772–1804. 20, 21, 74, 75, 94, 95, 114, 115, 290, 291, 301–304, 309, 321, 322, 353, 354, 360, 418, 422, 424, 425, 440, 449, 491, 492, 508, 524, 566, 578, 623
Epinal (F). 72, 73
Erasmus von Rotterdam. 1469–1536. Niederländischer Theologe, Philologe und Humanist. 120, 122, 123
Erfurt (D). 22, 23, 64, 65, 418, 540, 544, 588–590
Erskine, Thomas, 1st Baron. 1750–1823. British statesman. 216
Essling (A) → Aspern.
Essling, Fürst von → Masséna.
Etienne, Charles-Guillaume. 1777–1844. Auteur comique, censeur et journaliste français. Rédacteur du «Journal de l'Empire» et du journal satirique «Le Nain Jaune». 504
Evora (P). 440
Exeter (GB). 351

Eylau (Preussisch-Eylau) (RUS), Schlacht von (8. Februar 1807). 22, 23, 84, 85, 212, 292, 293, 462
Faesch (Fesch), Joseph. 1763–1839. Cardinal et archevêque de Lyon. 200
Faucigny-Lucigne, Ferdinand-Marie-Victor-Amédée de Lucigne, comte de. 1789–1866. 153–155
Felgentreu. Ein Opfer der napoleonischen Herrschaft in Deutschland. 524, 578
Ferdinand VII. Maria Franz von Bourbon. 1784–1833. König von Spanien (1808/seit 1814). 224, 226, 297, 303, 418
Ferdinand IV. 1751–1825. Re di Napoli (1759–1798/1800–1806) e di Sicilia (1759–1816), sul nome di Ferdinando I re delle Due Sicilie (fin dal 1816). 282
Firenze (I). 364, 440
Flaxman, John. 1755–1826. British sculptor, illustrator and designer. 126, 127
Folkestone, Viscount → Pleydell-Bouverie.
Fontainebleau (F). 132–135, 139, 140, 190, 252, 254, 264, 319, 320, 335, 339, 340, 437, 438, 441, 445–447, 550, 598
Fouché, Joseph, duc d'Otrante. 1759–1820. Ministre français de la Police. 38, 39, 52, 53, 94–97, 128, 129, 200, 280
Fox, Charles James. 1749–1806. British statesman. 68, 70, 71, 128–131, 136, 137, 174, 184, 198, 204, 206, 208, 210, 216
François, Pierre-Joseph-Célestin. 1759–1851. Peintre et graveur belge. 76, 77, 79
Frankfurt am Main (D). 293, 294, 332, 614, 617
Franz I. Joseph Karl von Habsburg-Lothringen, Erzherzog von Österreich. 1768–1835. Kaiser von Österreich (seit 1804). 20, 21, 135–137, 226, 260, 282, 284, 329, 330, 332, 348, 349, 354, 362, 370, 382, 384, 392, 396, 410, 444, 445, 473–475, 485, 486, 524, 536, 542, 597
Franz II. Letzter Römisch-deutscher Kaiser (1792–1806) → Franz I.
Frederick Augustus of Hanover → York and Albany.
Friedland (RUS), Schlacht von (14. Juni 1807). 22, 23, 212, 462
Friedrich II. (der Grosse) von Hohenzollern. 1712–1786. König von Preussen (seit 1740). 56, 57, 603
Friedrich Franz I. von Mecklenburg. 1756–1837. Herzog (seit 1785) und Grossherzog (seit 1815) von Mecklenburg. 150, 151
Friedrich I. Wilhelm Karl von Württemberg. 1754–1816. Grossherzog (seit 1797), Kurfürst (seit 1803) und König von Württemberg (1806). 293
Friedrich Wilhelm III. von Hohenzollern. 1770–1840. König von Preussen (seit 1797). 135–137, 226, 332, 346–348, 354, 392, 396, 410, 473–475, 485, 486, 524, 536, 595
Friese = Friesen, Karl Friedrich. † 1814. Ein Gefallener des deutschen Befreiungskampfes. 524, 578
Friuli, duca di → Duroc.
Fuchs, Eduard → Bibliographie, S. 652.
Fürstenberg (D). 554
Füssli, Johann Heinrich. 1741–1825. Vorwiegend in Grossbritannien tätiger Schweizer Maler und Graphiker. 116, 117, 126, 127
Gabin. Une victime du régime napoléonien. 524, 578
Gaeta, duca di → Gaudin.
Garat, Dominique-Joseph comte. 1749–1833. Sénateur français. 487
Gardner of Uttoxeter, Lord Alan, Baron. 1742–1809. British admiral. 174, 190
Gaudin, Martin-Michel-Charles, duc de Gaëte. 1756–1841. Ministre français des Finances. 614
Gautherot, Claude. 1765–1825. Peintre et sculpteur français. 82, 83, 92, 93
Genève (CH). 32, 33, 598, 599
Genova (I). 90, 91
Gent (B). 140, 141, 467, 474, 475
George III William Frederick of Hanover. 1738–1820. King of Great Britain and Ireland (reg. 1760–1811), King of Hanover (since 1814). 68, 70, 71, 110, 111, 132–137, 188, 190, 204, 214, 226, 228, 252, 268, 309, 364
George IV Augustus Frederick of Hanover. 1762–1830. Prince Regent (since 1811), King of Great Britain and Hanover (since 1820). 122, 124, 125, 335, 336, 354, 485, 486, 499, 500, 512, 513
Gérard, François-Pascal-Simon baron. 1770–1837. Peintre français. 88, 90, 91
Gérard, Marguerite. 1761–1837. Graveur français. 84, 85
Gérard, Maurice-Etienne comte. 1773–1852. Général français. 602, 603
Ghezzi, Pier Leone. 1674–1755. Pittore italiano. 41–43
Gibraltar (GB). 204, 220
Girodet-Trioson, Anne-Louis Girodet de Roussy, dit. 1767–1824. Peintre, lithographe et écrivain français. 90–93
Golfe-Juan (F). 24, 25, 610, 611
Gombrich, Ernst. 38–40
Görlitz (D). 327, 328
Görres, Joseph von. 1776–1848. Deutscher Publizist und Gelehrter. 116, 117
Gourgaud, Gaspard. 1783–1852. Général français. 351
Graham, Thomas, Baron Lynedoch of Balgowan. 1748–1843. British general. 309
Grand-Carteret, John → Bibliographie, p. 652.

Grandville, J.-J., Jean Ignace Isidore Gérard, dit. 1803-1847. Dessinateur, illustrateur et caricaturiste français. 110, 111
Granada (E). 440
Grenoble (F). 440
Grenville, William Wyndham, Baron. 1759-1834. British politician. 204, 210, 214, 232
Greuze, Jean-Baptiste. 1725-1805. Peintre français. 88, 89
Grey, Charles 2nd Earl, Viscount Howick. 1764-1845. British politician. 214, 232
Grimaldi, Joseph. 1779-1837. English pantomimist, dancer and actor. 316, 317
Gros, Antoine Jean baron. 1771-1835. Peintre français. 30, 31, 80, 81, 84-87, 605, 606
Grose, Francis. 1731?-1791. British antiquary and draughtsman. 44, 45
Gross-Beeren (D), Schlacht von (23. August 1813). 534, 544, 588-590, 598
Gründel. 602
Guastalla, principessa e duchessa di → Bonaparte, Pauline.
Guérin, Pierre-Narcisse. 1774-1833. Peintre et lithographe français. 84, 85
Guidal, Emmanuel-Maximilien-Joseph. 1765-1812. Général français. 368
Guttenberg, Carl Gottlieb. 1743-1790. Kupferstecher in Wöhrd bei Nürnberg. 126, 127
Habermas, Jürgen. 66, 67
Hadrian. Publius Aelius Hadrianus. 76-138. Römischer Kaiser (seit 117). 427
Hall, Basil. 1788-1844. British naval officer and traveller. 108
Hamburg (D). 56, 57, 59, 128, 129, 250, 530, 579, 580, 585-587, 602, 603, 608-611, 614, 624
Hamilton, Alexander 10th Duke of. Marquess of Douglas. 1767-1852. British statesman. 90, 91
Hanau (D), Schlacht von (30. Oktober 1813). 534, 544, 584, 588-590, 598
Hannover (D). 194, 364
Hatzfeldt-Wildenberg zu Trachenberg, Franz Ludwig Graf, Fürst (seit 1803) von. 1756-1827. Preussischer Generalleutnant und Gesandter. 84, 85
Hawkesbury, Lord → Jenkinson.
Heinau = Haynau (PL). 544, 588-590
Hennequin, Philippe-Auguste. 1762-1833. Peintre, graveur et lithographe français. 80, 81, 630, 631
Herr Noch Jemand. Deutscher Spottname für Napoleon. 579, 585, 602, 608, 609, 624, 625
Hess, David. 1770-1843. Schweizer Zeichner, Stecher und Schriftsteller. 60, 61
Hill, Sir Dudley St. Leger. 1790-1851. British officer. 354
Hirsch, Robert von. 152, 153
Hitler, Adolf. 1889-1945. Nationalsozialistischer Politiker, deutscher Reichskanzler und Diktator. 28, 29
Höchst am Main (D). 544, 588-590
Hofer, Andreas. 1767-1810. Tiroler Freiheitskämpfer (hingerichtet). 22, 23, 353, 354, 524, 578
Hogarth, William. 1697-1764. British painter and engraver. 44-48, 50, 51, 68, 71
Hohenlinden (D), Schlacht von (3. Dezember 1800). 20, 21
Hohenlohe-Ingelfingen, Friedrich Ludwig Fürst von. 1746-1818. Preussischer General. 22, 23
Holbein, Hans (der Jüngere). 1497/98-1543. Deutscher Maler und Zeichner. 126, 127
Hollstein & Puppel. Auktionatoren in Berlin. 150-153
Hood, Alexander, Viscount Bridport. 1727-1814. British admiral. 174, 210
Horne Tooke → Tooke.
Hortense, la reine → Beauharnais, Hortense de.
Houssaye, Henri. 30, 31, 68, 69
Howe, Richard 4th Viscount, Earl. 1726-1799. British admiral. 174
Howick, Viscount → Grey.
Hugentobler, Jakob. 152-155
Hugo, Victor. 1802-1885. Ecrivain français. 28, 29
Hulin, Pierre-Augustin, comte. 1758-1841. Général français. 321, 322, 368, 445, 446
Huningue (F). 617
Ingres, Jean-Auguste-Dominique. 1780-1867. Peintre français. 88-91, 422
Istrien, Herzog von → Bessières.
Jaffa (IL). 18, 19, 30, 31, 188, 196, 266, 290, 291, 301-304, 309, 418, 449, 610, 611
Jamestown (GB). 354
Jena (D), Schlacht von (14. Oktober 1806). 22, 23, 212, 462
Jenkinson, Robert Banks, Lord Hawkesbury, 2nd Earl of Liverpool. 1770-1828. British statesman. 128, 129, 130, 131, 184, 214, 216, 282
Jérôme → Bonaparte, Jérôme.
Jervis, John, Earl of Saint Vincent. 1735-1823. British admiral. 174, 190, 214
Joinville, François Ferdinand Philippe d'Orléans, prince de. 1818-1900. 32, 33

Joseph → Bonaparte, Joseph.
Joséphine. Marie-Joseph-Rose de Tascher de la Pagerie, vicomtesse de Beauharnais. 1763-1814. Impératrice des Français (1804-1809). 16, 17, 22, 23, 84-87, 128, 129, 148, 149, 190, 200, 236, 270, 328, 329, 366, 450, 451
Junot, Andoche, duc d'Abrantès. 1771-1813. Général français. 22, 23, 80, 81, 230, 232, 305
Kairo (ET), Einzug in (24. Juli 1798) 18, 19, 172, 176, 180, 301, 302
Karl der Grosse. 747-814. König der Franken (seit 771 Alleinherrscher) und der Langobarden (seit 774), Römischer Kaiser (seit 800). 256, 372, 540, 584, 601, 602
Karl IV. Pascal Franz von Bourbon. 1748-1819. König von Spanien (1788-1808). 90, 91, 226
Karl Ludwig Johann von Habsburg-Lothringen, Erzherzog von Österreich, Herzog von Teschen, kaiserlicher Prinz. 1771-1847. Österreichischer Oberbefehlshaber. 20-23, 202, 597
Karl XII. von Pfalz-Zweibrücken. 1682-1718. König von Schweden (seit 1697). 208, 230
Karl XIV. Johann. König von Schweden und Norwegen → Bernadotte.
Kassel (Cassel) (D). 614
Katharina II. (die Grosse). Sophie Auguste Friderike Katharina, Prinzessin von Anhalt-Zerbst. 1729-1796. Zarin von Russland (seit 1762). 463
Katzbach (D), Schlacht von der (26. August 1813). 534, 536, 544, 583, 584, 588-590, 598
Kehl (D). 424
Kellermann, François-Etienne-Christophe, duc de Valmy. 1735-1820. Maréchal de l'Empire. 380, 595, 596
Kilkenny (IRL). 182
Kléber, Jean-Baptiste. 1753-1800. Général français. 18, 19, 178, 422
Klipstein, August. Kunsthändler in Bern. 152, 153
Köln (Cöln) (D). 614
Konstantinopel (TR). 176
Kopenhagen (DK), Bombardement und Kapitulation von (7. September 1807). 214, 216, 382
Kornfeld. Kunsthändler in Bern. 152, 153
Kotzebue, August Friedrich Ferdinand von. 1761-1819. Deutscher Dramatiker. 70-72, 103-105, 566, 595, 596, 608, 609, 626, 627
Krasnoje (RUS), Gefechte von (14. August und 17. November 1812). 238, 239
Kris, Ernst. 38-40
Krumau, Herzog von → Schwarzenberg.
Kulm (Culm) (PL), Schlacht von (30. August 1813). 128, 129, 528, 530, 534, 536, 544, 584, 588-590, 598
Kutusow, Michail Illarionowitsch Golenischtschew, Fürst Smolenskij. 1745-1813. Russischer Generalfeldmarschall. 22, 23, 268, 311, 312, 585
Kyros II. (der Grosse). † 529 v. Chr. Begründer und König (seit 559) des persischen Grossreiches. 622
La Bédoyère, Charles-François Huchet de. 1786-1815. Général français. 487
Lacourt-Gayet, Georges. 630, 631
Laeken (B). 614, 615
La Fayette, Marie-Joseph-Paul-Yves-Roch-Gilbert du Motier, marquis de. 1757-1834. Général et homme politique français. 487, 488
Lafitte, Louis. 1770-1828. Peintre et dessinateur français. 84, 85
La Fontaine, Jean de. 1621-1695. Poète français. 370, 443, 455, 456, 505, 506
La Forest (Laforest), Antoine-René-Charles-Mathurin comte de. 1756-1846. Diplomate et conseiller d'Etat français. 56, 57, 59
Lahorie, Victor-Claude-Alexandre Fanneau de. 1766-1812. Général français. 368, 578
Lange, Karl Julius → Davidson.
Langnau im Emmental (CH). 148, 149
Lannes, Jean, duc de Montebello. 1769-1809. Maréchal de l'Empire. 20, 21, 366, 570
Lapi. Medico e commandante della guardia nazionale dell'isola d'Elba. 450, 451
La Rochelle (F). 440
Las Cases, Emmanuel comte de. 1766-1842. Chambellan et secrétaire de Napoléon à Sainte-Hélène. 32, 33
La Spezia (I). 268, 613
Laube. Kunsthändler in Zürich 152, 153
Lauderdale, Earl of → Maitland.
Lavater, Johann Kaspar. 1741-1801. Schweizer Theologe, Philosoph und Schriftsteller. 106, 107
Leake. Doctor. 352
Lebrun, Charles-François, duc de Plaisance. 1739-1824. Consul. Prince et architrésorier de l'Empire. 18, 19
Leclerc, Victoire-Emmanuel. 1772-1802. Général français. 20, 21
Le Coq, Paul Ludwig. 1773-1824. Preussischer Botschaftsrat und Polizeipräfekt von Berlin. 56, 57, 59, 536
Lefebvre, François-Joseph, duc de Dantzig. 1755-1820. Maréchal de l'Empire. 380
Lefebvre-Desnouettes, Charles. 1773-1822. Général français. 280
Lefèvre, Robert. 1756-1830. Peintre français. 90-93

Le Gentil, Jean-Philippe-Guy, marquis de Paroy. 1750-1822. Peintre, graveur et écrivain français.   52–55, 94–96
Leipzig (D), Schlacht von (16.–19. Oktober 1813).   24, 25, 36–39, 56–61, 63, 110, 112, 113, 115–117, 132, 134, 135, 138, 139, 254, 256, 257, 329, 330, 332, 342, 347, 360, 370, 372–374, 408, 418, 420, 487, 488, 490, 493, 494, 517, 520, 521, 524, 530, 532–536, 538, 540, 541, 544, 546, 548, 580–586, 588–590, 598, 608
Lelièvre, Pierre.   630, 631
Leoben (A), Vorfriede von (18. April 1797).   18, 19
Le Peletier d'Aunay, Louis-Honoré-Felix. 1782-1855. Préfet français.   487
Lerín (E).   366
Les Trois-Ilets (F).   16, 17
Lessing, Gotthold Ephraim. 1729-1781. Deutscher Schriftsteller und Kritiker.   124, 125
Letizia → Bonaparte, Letizia.
Lewis, William. 1714-1781. English chemist and physician.   300
Liebertwolkwitz (D), Gefecht von (14. Oktober 1813).   580
Liège (B).   384
Ligny (F), bataille de (16 juin 1815).   24, 25
Lille (F).   601, 602
Lipona, contessa di → Bonaparte, Caroline.
Lissabon (P).   22, 23, 305, 440
Liverpool, Earl of → Jenkinson.
Lodi (I), battaglia di (10 maggio 1796).   18, 19
London (GB).   46, 48–50, 190, 192, 194, 202, 208, 216, 218, 230, 236, 252, 254, 258, 272, 274, 275, 288, 296, 297, 303, 305, 306, 311, 316, 318–322, 332, 333, 345–348, 351, 352, 355, 382, 404, 426, 436, 454, 469, 470, 522, 524, 534, 613, 616, 617
Louis → Bonaparte, Louis.
Louis XIV de Bourbon. 1638-1715. Roi de France et de Navarre (dès 1643).   88, 90, 91
Louis XV de Bourbon. 1710-1774. Roi de France et de Navarre (dès 1715).   152, 153
Louis XVI Auguste de Bourbon. 1754-1793. Roi de France et de Navarre (1774-1791), roi des Français (1791-1792).   152, 153, 262, 334, 340, 341, 439, 463, 464, 548
Louis XVIII Stanislas Xavier de Bourbon, comte de Provence. 1755-1824. Roi de France (1814-1815/dès 1815).   24, 25, 36–39, 54–57, 94, 95, 98, 99, 108, 109, 120, 122–127, 140, 141, 262, 264, 272, 282, 284, 332, 334–338, 340, 341, 344, 345, 348–350, 386, 388, 390, 392, 394, 396, 428, 438, 448, 449, 455, 462–478, 480, 481, 485, 486, 492, 493, 495, 560, 602, 603, 612
Louis-Philippe de Bourbon, duc d'Orléans. 1773-1850. Roi des Français (1830-1848).   48–51, 148, 149
Lübeck (D).   530, 585
Lucca, principessa di → Bonaparte, Elisa.
Lucien → Bonaparte, Lucien.
Lunéville (F), traité de (9 février 1801).   20, 21, 524
Luther, Martin. 1483-1546. Deutscher Theologe und Reformator.   126, 127
Lützen (D), Schlacht von (2. Mai 1813).   24, 25, 462, 544, 588–590
Luxembourg, grand-duc de → Wilhelm I. von Oranien.
Lyon (F).   86, 88, 89, 455, 601, 602, 608–611, 617
Macchiavelli, Niccolò di Bernardo dei. 1469-1527. Scrittore politico e storico italiano.   429
Macdonald, Etienne-Jacques-Joseph-Alexandre, duc de Tarente. 1765-1840. Maréchal de l'Empire.   329
Mack von Leiberich, Karl Baron. 1752-1828. Österreichischer General.   20, 21, 291, 292
Madame Mère → Bonaparte, Letizia.
Madame Toussaint → Toussaint-Louverture.
Madrid (E).   22, 23, 132–135, 228, 297–301, 303, 304, 364, 433, 440, 488
Magdeburg (D).   530
Maidstone (GB).   190
Mainz (D).   256, 372, 384, 440, 540, 584, 601–604, 614, 617
Maitland, James, 8th Earl of Lauderdale. 1759-1839. British politician.   208, 232
Maitland, Sir Frederick Lewis. 1777-1839. British naval officer.   351, 502
Malet, Claude-François de. 1754-1812. Général français.   22, 23, 132–135, 368
Mallet du Pan, Jacques. 1749-1800. Publiciste suisse.   48, 49
Malmaison → Rueil-Malmaison.
Malo-Jaroslavetz (RUS), Schlacht von (24.–25. Oktober 1812).   313
Mantova (I), capitolazione di (2 febbraio 1797).   18, 19
Manuel. Parlementaire français.   487
Marat, Jean-Paul. 1744-1793. Médecin et homme politique français.   196, 433, 434
Marbœuf = Marbeuf, Louis-Charles-René comte de. 1712-1786. Général français. Commandant en chef des troupes françaises en Corse.   200
Marengo (I), battaglia di (14 giugno 1800).   20, 21, 90, 91, 208, 433
Maret, Hugues-Bernard, duc de Bassano. 1763-1839. Secrétaire d'Etat, directeur de cabinet de Napoléon.   374, 595, 596, 614
Marie-Antoinette (Maria Antonia) de Habsbourg-Lorraine, archiduchesse d'Autriche. 1755-1793. Reine de France et de Navarre (1774-1791), reine des Français (1791-1792).   464

Marie-Louise de Habsbourg-Lorraine, archiduchesse d'Autriche. 1791-1847. Impératrice des Français (1810-1814), duchesse de Parme (dès 1814).   22, 23, 128, 129, 236, 252, 260, 266, 274, 308, 331, 332, 337, 338, 386, 444, 445, 485, 550, 627
Marivaux, Pierre Carlet de Chamblain de. 1688-1763. Ecrivain français.   450, 451
Marmont, Auguste-Frédéric-Louis Viesse de, duc de Raguse. 1774-1852. Maréchal de l'Empire.   329, 360, 434, 453, 454
Marseille (F).   440
Marx, Karl Heinrich. 1818-1883. Deutscher Publizist und Politologe.   28, 29
Massa di Carara, duca di → Regnier.
Masséna, André, duc de Rivoli, prince d'Essling, 1758-1817. Maréchal de l'Empire.   20, 21
Mauerhofer, Otto.   148–155
Maury, Jean-Siffrein. 1746-1817. Cardinal, archevêque de Paris.   445, 446
Mauzaisse, Jean-Baptiste. 1784-1844. Peintre français.   630, 631
Meissonier, Ernest. 1815-1891. Peintre français.   630, 631
Mecklenburg, Grossherzog von → Friedrich Franz I. von Mecklenburg.
Melas, Michael Friedrich Benoît. 1729-1806. Österreichischer General.   20, 21
Méliès, Georges. 1861-1938. Cinéaste français.   48, 49, 51
Mellish, William. English banker.   210
Menestrier, Claude-François. 1631-1705. Jésuite et érudit français.   66, 68, 69
Mercy d'Argenteau, Florimund Claudius Graf. † um 1815. Österreichischer General.   18, 19
Merlin de Douai, Philippe-Antoine. 1754-1838. Conseiller d'Etat.   487
Meusel, Johann Georg. 1743-1820. Deutscher Literaturhistoriker und Verleger.   58, 59
Meyer, Bruno.   148–150
Meynier, Charles. 1768-1832. Peintre français.   82, 83, 88, 89, 630, 631
Michelangelo Buonarroti. 1475-1564. Pittore, scultore, architetto e poeta italiano.   150, 151
Milano (I).   18, 19, 62, 65, 78, 79, 440, 536, 613
Milton, John. 1608-1674. English poet and politician.   354
Mirabeau, Honoré Gabriel Riqueti, comte de. 1749-1791. Homme politique français.   78, 80, 81
Modena (I).   613
Molière, Jean-Baptiste Poquelin, dit. 1622-1673. Auteur dramatique français.   364, 503
Moncey, Bon-Adrien Jannot de, duc de Conegliano. 1754-1842. Maréchal de l'Empire.   366, 434
Mondovi (I), battaglia di (21 aprile 1796).   18, 19
Mont-Saint-Jean → Waterloo.
Montebello, duca di → Lannes.
Montenotte (I), battaglia di (12 aprile 1796).   18, 19
Montereau (F), bataille de (18 février 1814).   24, 25, 334
Montesquiou-Fezensac, François-Xavier-Marc-Antoine de, abbé. 1756-1832. Ministre français.   394, 468, 469
Montholon, Charles de. 1783-1853. Général français.   351, 355, 356
Montmirail (F), bataille de (11 février 1814).   24, 25, 334, 462
Moore, Peter. 1753-1828. British politician.   210
Moreau (le jeune), Jean-Michel. 1741-1814. Dessinateur, illustrateur et graveur français.   388, 463, 464
Moreau, Jean-Victor. 1763-1813. Général français.   20, 21, 309, 422, 623
Mornex (F).   32, 33
Mortier, Adolphe-Edouard-Casimir-Joseph, duc de Trévise. 1768-1835. Maréchal de l'Empire.   364, 434
Moskau (RUS), Einzug in/Brand von (14. September 1812/15.–16. September 1812).   22, 23, 108, 109, 112, 113, 132–135, 236, 244, 246, 262, 270, 310–314, 316, 317, 320–322, 324, 325, 353, 355, 356, 382, 408, 418, 420, 430, 433, 437, 438, 443, 449, 487, 488, 494, 495, 517, 524, 550, 606, 608, 609
Moskova, bataille de la → Borodino.
Moskwa, Fürst von der → Ney.
Mouton-Duvernet, Régis-Barthélemy. 1770-1816. Général et député français.   487
Mulhouse (F).   617
Münchhausen, Karl Friedrich Hieronymus Freiherr von. 1720-1797. Deutscher Offizier und Erzähler von unglaublichen Abenteuergeschichten.   256, 257
Münster (D).   440
Murad Bey. Vor 1750-1801. Führer (Bey) der Mamelucken und Machthaber in Ägypten.   18, 19
Murat, Joachim. 1767-1815. Maréchal de l'Empire. Grand-duc de Berg et de Clèves (1806), roi de Naples (1808).   20–23, 38, 39, 84, 85, 134, 135, 150, 151, 282, 306, 307, 311, 315, 316, 345, 346, 362, 364, 366, 520, 521, 534, 564, 570, 580, 613
Musignano, principe di → Bonaparte, Lucien.
Mustafa Pascha. Osmanischer Befehlshaber.   18, 19
Nagris. Ein Opfer der napoleonischen Herrschaft.   578
Nancy (F).   617
Nantes (F).   433, 434, 440, 580

Nap(py). British nickname for Napoleon. 39, 40, 220, 246, 260, 297, 309, 314, 321, 324, 328, 334, 338, 346, 353
Napoléon Ier Bonaparte. 1769-1821. Empereur des Français (1804-1814/1815), roi d'Italie (1805-1814), protecteur de la Confédération du Rhin (1806-1813). 16-25, 28-42, 44-47, 54-93, 96-145, 148-154, 156, 157, 172-174, 176, 178-182, 184, 186-188, 190, 192-194, 196, 198, 200-202, 204, 206, 208, 210, 212, 214, 216, 218, 220, 222, 224, 226, 228, 230, 234, 236, 238, 240, 242, 244, 246-248, 250, 252, 254, 256, 258, 260, 262, 264, 266, 268, 270, 272, 274, 276-278, 280, 282, 284, 286, 288-298, 300-304, 306-356, 362, 364, 366, 368, 370, 372, 374, 376, 378, 380, 382, 386, 388, 390, 392, 394, 396, 398, 400, 402-404, 406-408, 410, 412, 414, 416, 418, 420, 422, 424-453, 455-517, 520-522, 524, 526, 528, 530, 532, 534, 536, 538, 540, 542-544, 546, 548, 550, 552, 554-558, 560, 562, 564, 566, 568, 570-572, 574-627, 630, 631
Napoléon II François Joseph Charles Bonaparte. 1811-1832. Prince impérial. Roi de Rome (1811-1814), duc de Reichstadt (1818). 22, 23, 128, 129, 252, 253, 260, 308, 309, 323, 324, 331, 332, 337, 338, 353, 354, 360, 378, 379, 386, 396, 432, 442, 444, 445, 481, 498, 499, 548, 550, 577, 600, 627
Napoléon III. Louis Napoléon Bonaparte. 1808-1873. Empereur des Français (1852-1870). 28, 29
Napoli (I). 282, 432, 437, 440, 613
Nazareth (IL), Gefecht von (5. April 1799). 80, 81
Nelson, Horatio, Baron of the Nile, Viscount. 1758-1805. British admiral. 18-21, 120, 121, 132, 133, 172, 174, 176, 178, 190, 202
Neuchâtel, prince de → Berthier.
Ney, Michel, duc d'Elchingen, prince de la Moskova. 1769-1815. Maréchal de l'Empire. 20, 21, 128, 129, 141-143, 280, 366, 390, 422, 459, 480, 481, 487, 488, 504-506, 560, 561, 570, 580, 614
Nicolas. Sobriquet royaliste de Napoléon. 32, 35, 402, 403, 410, 411, 478, 479, 508, 509, 558, 564
Nikolaus I. Pawlowitsch Romanow-Holstein-Gottorp. 1796-1855. Zar von Russland (seit 1825). 286
Nürnberg (D). 58, 60, 61, 63, 530, 534, 540, 554, 556, 560, 562, 564, 566, 578, 611, 613-618, 620, 621, 623
O'Connor, Arthur. 1763-1852. Irish republican and revolutionary. Napoleonic general (since 1804). 204
O'Hara, Kane. 1714?-1782. Irish composer and writer of burlesques. 348
Oldenburg, Katharina Pawlowna Romanow-Holstein-Gottorp, Grossfürstin von Russland, Grossherzogin (1809) von. 1788-1819. Königin von Württemberg (seit 1810). 335, 336
Olsufjew. Russischer General. 24, 25
Orange (F). 264
Oreille, Virginie. Ballerine française. Maîtresse du duc de → Berry. 462
Orléans (F). 440, 617
Orléans, duc d' → Louis-Philippe.
Osten, Fabian Wilhelm von der, Fürst von Sacken. 1752-1837. Russischer General. 24, 25
Otranto, duca di → Fouché.
Oviedo (E). 440
Ovid. Publius Ovidius Naso. 43 v. Chr. - 18 n. Chr. Römischer Dichter. 216
Oxford (GB). 346, 347
Paget, Henry William, 1st Marquess of Anglesey. 1768-1854. British commander. 354
Palm, Johann Philipp. 1773?-1806. Buchhändler in Nürnberg (hingerichtet). 301, 302, 309, 353, 354, 524, 578
Palmerston, Viscount → Temple.
Pantin (F). 384
Paris (F). 16-19, 22-25, 32, 33, 50-55, 62, 63, 78, 79, 96, 97, 105, 132, 134-137, 139-142, 145, 180, 182-184, 188, 238, 239, 258, 260, 266, 280-282, 284, 285, 292, 293, 301-303, 317-319, 321, 322, 332, 334, 335, 340, 341, 344, 345, 349, 350, 353, 360, 362, 364, 368, 376, 378, 379, 382, 384-386, 394, 398, 408, 418, 420, 427, 434-438, 440-442, 445, 453-455, 457-461, 463-465, 467-470, 474, 476, 477, 482, 483, 488, 489, 495, 500, 504, 506, 511, 522, 524, 546, 547, 550, 552, 560, 564, 572, 580, 581, 584, 585, 593, 598-605, 608, 610, 611, 617-620, 623
Parma (I). 440
Parma, duca di → Cambacérès.
Parma, duchessa di → Marie-Louise.
Paroy, marquis de → Le Gentil.
Pasquier, Etienne-Denis baron. 1767-1862. Préfet de police, ministre français (1815/1817). 368
Pauline → Bonaparte, Pauline.
Peltier, Jean-Gabriel. 1760-1825. Journaliste et pamphlétaire contrerévolutionnaire français. 188, 309
Perceval, Spencer. 1762-1812. British politician. 216
Percy, Pierre-François baron. 1754-1825. Chirurgien français. 84, 85
Père la Violette → Violette.
Pérès, Jean-Baptiste. † 1840. Avocat et bibliothécaire français. 116, 117
Pérignon, Catherine-Dominique marquis de. 1754-1818. Maréchal et comte de l'Empire, gouverneur. 380
Petit caporal, le. Sobriquet militaire de Napoléon. 72, 73, 278, 498, 499
Petty-Fitzmaurice, Henry, 3rd Marquess of Lansdowne. 1780-1863. British statesman. 216, 232

Peyron, Jean-François-Pierre. 1744-1814. Peintre et graveur français. 630, 631
Phillips, Sir Richard. 1767-1840. English author, bookseller and publisher. 232
Piacenza (I). 440
Piacenza, duca di → Lebrun.
Pichegru, Jean-Charles. 1761-1804. Général et homme politique français, conspirateur royaliste. 20, 21, 301, 302, 309, 353, 354, 360, 418, 422, 425, 524, 578, 623
Pio VII. Luigi Barnabà Chiaramonte. 1742-1823. Papa (fin dal 1800). 22, 23, 200, 252, 566
Piombino (I). 548, 605
Piombino, principessa di → Bonaparte, Elisa.
Pitt (the younger), William. 1759-1806. British statesman. 68, 70, 71, 128-133, 136, 137, 198, 204, 206, 214-216
Platow, Matwei Iwanowitsch Graf. 1751-1818. Russischer General. 313, 316, 317
Pleydell-Bouverie, William, Viscount Folkestone. 1779-1869. British politician. 234
Pond, Arthur. 1705-1758. British painter and engraver. 44, 45
Poniatowski, Joseph Fürst. 1763-1813. Polnischer General und Staatsmann, Marschall des (französischen) Kaiserreichs. 570
Pons de l'Hérault, André. 1772-1858. Officier de marine français, administrateur des mines de l'île d'Elbe. 450, 451
Pontecorvo, principe di → Bernadotte.
Portalis, Joseph Marie comte. 1778-1858. Homme politique français, directeur général de l'Imprimerie et de la Librairie. 96, 97
Porto Longone (I). 442, 447
Portoferraio (I). 442, 447, 452, 453, 462, 607
Prag (CZ). 374, 530
Pressburg (SK), Friede von (26. Dezember 1805). 20, 21, 578, 579
Presser, Jacques → Bibliographie, S. 652.
Prinz L'emballe. Deutscher Spottname für Napoleon. 558
Provence, comte de → Louis XVIII.
Prud'hon, Pierre-Paul. 1758-1823. Peintre français. 82, 83, 120, 121, 483, 484
Purvis. Admiral. 298
Pyrrhus (griech. Pyrrhos). 319-272 v. Chr. Eroberer, König der Molosser (seit 306) in Epirus. Sieg des. 1-663
Quatremère de Quincy, Antoine-Chrysostome. 1755-1849. Critique d'art et homme politique français, secrétaire perpétuel de l'Académie des beaux-arts. 78, 79
Rabener, Gottlieb Wilhelm. 1714-1771. Deutscher Schriftsteller. 56, 57
Racine, Jean. 1639-1699. Auteur dramatique français. 433, 434
Ragusa, Herzog von → Marmont.
Ramey, Claude. 1754-1838. Sculpteur français. 78, 79
Ramolino, Letizia → Bonaparte, Letizia.
Rapp, Jean comte. 1771-1821. Général français, aide de camp de Napoléon, chambellan de Louis XVIII. 585, 586, 602
Ratekau (D). 150, 151
Reggio (I). 440, 613
Regnaud de Saint-Jean-d'Angély, Michel-Louis-Etienne. 1762-1819. Conseiller d'Etat. 434, 435, 487
Regnier, Claude-Ambroise, duc de Massa di Carara. 1746-1814. Ministre français. 329
Reichstadt, Herzog von → Napoléon II.
Reims (F), bataille de (13 mars 1814). 24, 25
Rembrandt Harmensz. van Rijn. 1606-1669. Niederländischer Maler, Zeichner und Radierer. 126, 127
Reutlingen (D). 627
Richard I (Cœur-de-Lion) of Anjou-Plantagenet. 1157-1199. Duke of Aquitaine (since 1169), King of England (since 1189). 508, 509
Riga (LV). 236
Rigaud, Hyacinthe. 1659-1743. Peintre français. 88, 90, 91
Rimini (I). 440
Rivoli (I), battaglia di (14 gennaio 1797). 18, 19
Rivoli, duca di → Masséna.
Robertson, Etienne-Gaspard Robert, dit. 1763-1837. Aéronaute et physicien belge, inventeur de la fantasmagorie. 118, 119
Robespierre, Maximilien-Marie-Isidore de. 1758-1794. Avocat et homme politique français. 16, 17, 78, 80, 81, 196, 234, 433, 434
Rochefort (F). 499, 500, 617, 618
Roehn, Adolphe Eugène Gabriel. 1780-1867. Peintre, graveur et lithographe français. 84, 86, 87
Roi de Rome → Napoléon II.
Roma (I). 38, 226, 298, 432, 440, 548, 605, 613
Rostock (D). 610, 611
Rothschild, Amschel. 1773-1855. Bankier in Frankfurt am Main. Ältester Sohn des Bankgründers Meier Amschel. 332
Rotterdam, Erasmus von → Erasmus von Rotterdam.
Rouen (F). 440
Roustam, Raza. 1782-1845. Mamelouk. Valet de chambre de Napoléon. 309

Rovigo, duca di → Savary.
Rowley, Sir Josias, Baronet. 1765–1842. British rear-admiral. 268
Rudolstadt (D). 58, 60, 61
Rueil-Malmaison (F). 154, 155, 328, 329, 487, 488, 618, 619
Ruxthiel, Henri Joseph. 1775–1837. Sculpteur français. 88, 89
Sacken, Baron → Osten.
Saint Vincent, Earl of → Jervis.
Saint-Cloud (F). 204, 205, 208, 209, 256, 257, 355, 623
Saint-Jean d'Acre → Akkon (IL).
Saint-Leu (F). 148, 149
Saint-Leu, comte de → Bonaparte, Louis.
Saint-Leu, duchesse de → Beauharnais, Hortense de.
Saint-Ours, Jean-Pierre de. 1752–1809. Peintre suisse. 76, 77
Saint-Raphaël (F). 556, 557
Salerno (I). 440
Sankt Petersburg (RUS). 208, 216, 236, 310, 382
Saragossa → Zaragoza.
Savary, Jean-Marie-René, duc de Rovigo. 1774–1833. Ministre français de la Police. 280, 309, 368, 487
Scheffler, Sabine und Ernst → Bibliographie, S. 652.
Schill, Ferdinand von. 1776–1809. Preussischer Offizier (hingerichtet). 22, 23, 524, 578
Schmit = Schmid, Vinzenz Franz Anton. 1758–1799. Landschreiber und «Bauerngeneral» (gefallen) im Schweizer Kanton Uri. 524, 578
Schulz, Karl J.F. †1807. Kämmerer in Kyritz (D) (hingerichtet). 524, 578
Schwarzenberg, Karl Philipp Fürst zu, Herzog von Krumau. 1771–1820. Österreichischer Feldmarschall. 268, 335, 336, 436
Schwerin (D). 150–153, 196, 288, 289, 332, 362, 364, 368, 370, 372, 374, 376, 378, 380, 382, 384, 386, 388, 390, 392, 394, 396, 398, 400, 402, 404, 406, 408, 410, 412, 414, 416, 422, 424–433, 436–517, 522, 524, 526, 528, 532, 534, 536, 538, 540, 542, 546, 548, 550, 554, 556, 558, 560, 566, 568, 572, 574–580, 582–588, 590, 593–596, 598, 601–605, 607–611, 613–616, 618, 619, 623, 624, 627
Scott, John, Baron, 1st Earl of Eldon. 1751–1838. Lord chancellor of England. 216
Senefelder, Alois (Aloysius). 1771–1834. Erfinder der Lithographie (um 1797) in München. 42, 43
Sérent, Monsieur de. Proche parent de → Bondy. 94–96
Sérurier, Jean-Mathieu-Philibert comte. 1742–1819. Maréchal de l'Empire et sénateur. 380
Sevilla (E). 440
Sèvres (F). 32, 34, 35
Shakespeare, William. 1564–1616. English poet and dramatist. 184, 204
Sheerness (GB). 214
Sheridan, Richard Brinsley Butler. 1751–1816. Irish dramatist, orator and politician. 174, 184, 210, 216, 232, 293
Sibuet, Georges. 1767–1828. Jurisconsulte français et représentant à la Chambre des Cent-Jours. 487
Sidmouth, Viscount → Addington.
Siena (I). 440
Sieyès, Emmanuel-Joseph, abbé. 1748–1836. Homme politique français. 18, 19, 78, 80, 81
Sintra (P), Konvention von (30. August 1808). 22, 23, 232, 305
Smith, William Sidney. 1764–1840. British admiral. 18, 19, 190
Smolensk (RUS), Manöver und Einnahme von (16.–18. August 1812). 250, 251, 462
Sommariva, Annibale marchese. 1755–1829. Generale lombardo in servizio austriaco. 78, 79
Soult, Nicolas-Jean-de-Dieu, duc de Dalmatie. 1769–1851. Maréchal de l'Empire, ministre français. 20, 21, 150, 151, 329
Spontini, Gaspare. 1774–1851. Compositore italiano. 450, 451
Stendhal, Henri Beyle, dit. 1783–1842. Ecrivain français. 34–37, 72, 73, 107, 108
Stettin (PL), Einnahme von (30. Oktober 1806). 546
Stewart, Robert, 2nd Marquess of Londonderry, Viscount Castlereagh. 1769–1822. British statesman. 206, 210, 214, 216
Stimmer, Tobias. 1539–1584. Schweizer Maler, Zeichner und Holzschnittmeister. 64, 65
Stockholm (S). 382
Stralsund (D), Blockade und Belagerung von (30. Januar – 29. April 1807). 293
Strasbourg (F). 617
Swift, Jonathan. 1667–1745. Irish-British satirical writer. 110, 111, 132, 134, 135, 188
Talleyrand-Périgord, Charles-Maurice de, prince de Bénévent. 1754–1838. Evêque d'Autun. Homme politique et diplomate français. 128, 129, 190, 196, 198, 199, 200, 204, 208, 264, 276, 284, 288, 289, 292, 293, 300–304, 308, 340, 344, 418, 445, 446, 454
Talma, François-Joseph. 1763–1826. Comédien français. 108, 109, 513, 514
Tamerlan → Timur-Leng.
Taranto (I). 440
Taranto, duca di → Macdonald.

Tascher de la Pagerie, Marie-Joseph-Rose de → Joséphine.
Temple, Henry John, 3rd Viscount Palmerston. 1784–1865. British statesman. 210
Teplitz (Töplitz) (CZ). 528, 530
Termoli (I). 440
Teschen, Herzog von → Karl Ludwig Johann von Habsburg-Lothringen.
Tettenborn, Friedrich Karl Freiherr von. 1778–1845. Deutscher Generalmajor in russischen Diensten. Russischer Gesandter am Wiener Kongress. 330, 331
Thionville (F). 362
Tilsit (RUS), Friede von (7./9. Juli 1807). 22, 23, 104, 105, 150, 151, 212–214, 226, 293, 294, 524, 578, 579
Timur-Leng. 1336–1405. Eroberer, Reichsgründer und Grosskhan der Mongolen (seit 1370). 450, 451, 622
Toledo (E). 298, 440
Tolentino (I), battaglia di (2–4 maggio 1815). 613
Tondu, le. Sobriquet militaire de Napoléon. 36, 37
Tooke, John Horne. 1736–1812. British politician. 210, 234
Töpffer, Rodolphe. 1799–1846. Ecrivain et dessinateur suisse. 31–33, 70, 71, 298
Torbay (GB). 353, 354, 617, 618
Torino (I). 440
Toscana, granduchessa di → Bonaparte, Elisa.
Toulon (F), siège de (1793). 16, 17, 180, 196, 290, 291, 605, 606
Toulouse (F). 440
Tours (F). 440
Toussaint-Louverture, Pierre-Dominique. 1743–1803. Général et homme d'Etat de Haïti. 20, 21, 290, 291, 301, 302, 309, 524, 578
Townshend, George, 4th Viscount and 1st Marquess. 1724–1807. British officer and caricaturist. 44–46
Traditi. Sindaco di Portoferraio. 450, 451
Trafalgar (E), Seeschlacht von (21. Oktober 1805). 20, 21, 202, 608
Treviso, duca di → Mortier.
Trianon (F), décret de (5 août 1810). 568
Troyes (F). 440
Trumbull, John. 1756–1843. American painter, author, architect and diplomat. 78, 80, 81
Tudela (E), Schlacht von (23. November 1808). 366, 462
Tulard, Jean. 630, 631 → Bibliographie, p. 652.
Udine (I). 362, 363
Ulm (D), Gefecht und Einnahme von (15.–20. Oktober 1805). 20, 21, 202, 208, 291, 292, 462, 524
Unseburg, Graf von → Vandamme.
Vafflard, Pierre Antoine Augustin. 1777–1840?. Peintre et lithographe français. 84, 85
Valence (F). 16, 17, 455
Valencia (E). 366, 440
Valmy, duc de → Kellermann.
Vandamme, Dominique-Joseph-René, comte d'Unsebourg. 1770–1830. Général français. 128, 129, 134, 135, 280, 520, 521, 528–531, 580, 585, 586, 602, 610, 611, 614
Venezia (I). 440
Vergil. Publius Vergilius Maro. 70–19 v. Chr. Römischer Epiker. 200, 240
Vernet, Emile-Jean-Horace. 1789–1863. Peintre militaire et lithographe français. 630, 631
Vicenza, duca di → Caulincourt.
Victor, Claude-Victor Perrin, dit, duc de Bellune. 1764–1841. Maréchal de l'Empire, ministre français. 366, 585, 586, 602
Vien (le jeune), Joseph Marie. 1762–1848. Portraitiste et miniaturiste français. 88, 89
Vieste (I). 613
Villeneuve, Pierre-Charles de. 1763–1806. Vice-amiral français. 20, 21, 172
Villevieille. Gourmet français, ami de → Cambacérès. 427
Villiers, George, 2nd Duke of Buckingham. 1628–1687. British statesman and satirical writer. 210, 325
Vimeiro (P), Schlacht von (21. August 1808). 305
Vincennes (F). 445, 446, 449
Violette, la. Sobriquet bonapartiste de Napoléon. 278, 386, 387, 406, 414, 456–458, 480, 481, 558
Vitoria (E), Schlacht von (21. Juni 1813). 24, 25, 301, 328, 329
Voltaire, François Marie Arouet, dit. 1694–1778. Ecrivain et philosophe français. 50, 51
Vurtchen. 462
Wagram (A), Schlacht von (4.–6. Juli 1809). 22, 23, 462
Wagram, Fürst von → Berthier.
Waiss = Waitz, Friedrich S. †1808. Aussenminister von Kurhessen. 524, 578
Wales, Prince of → George IV.
Wales, Princess of → Brunswick-Wolfenbüttel.
Wardle, Gwyllym Lloyd. 1762?–1833. British soldier and politician. 234
Warren, Sir John Borlase, Baronet. 1753–1822. British admiral. 174
Warschau (PL). 250, 524, 548
Wartenburg → Yorck von Wartenburg.

Waterloo (B), Schlacht von (18. Juni 1815).   24, 25, 40, 41, 54, 55, 57,
    112–115, 132–135, 138–143, 152–154, 190, 282–284, 341, 347, 348,
    350–352, 354–356, 360, 392, 402, 404, 406, 408, 410, 414, 420, 422,
    433, 436, 458, 459, 475, 486–502, 511, 512, 514, 516, 517, 520, 521, 568,
    614–618, 620, 621
Wedel, Carl A. von. † 1807. Preussischer Generalmajor (gefallen).   524, 578
Wedel, Heinrich von. † 1813. Preussischer Generalmajor (gefallen).   524, 578
Weimar (D).   58–61, 63
Weiss → Waiss.
*Wellington, Sir Arthur Wellesley, Duke of. 1769–1852. British general and
    statesman.*   24, 25, 110, 111, 122, 123, 126, 127, 130, 132, 133, 135–137,
    141–143, 210, 228, 232, 260, 268, 284, 305, 309, 328, 329, 347–350,
    352–354, 370, 382, 392, 396, 404, 406, 408, 410, 414, 473–475, 490–494,
    496–502, 524, 585, 614, 616
Whitbread, Samuel. 1758–1815. British politician and brewer.   210, 216, 234
Wien (A).   22, 23, 202, 291, 292, 382, 433, 485, 494, 495, 498, 499, 550,
    574, 611, 612
Wiesinger.   602
*Wilhelm I. von Oranien. 1772–1843. König der Vereinigten Niederlande
    (1815–1840), Grossherzog von Luxemburg.*   254, 354, 370
Williams, Captain → Wright.
Wilson, Sir Robert Thomas. 1777–1849. British officer and historiographer.
    188
Windham, William. 1750–1810. British statesman.   232
*Wittgenstein, Ludwig Adolf Peter Fürst. 1769–1843. Deutscher General in
    russischen Diensten.*   24, 25
Woronzow. Michail. 1782–1856. Russischer General.   382
Wright, John Wesley. 1769–1805. British naval officer.   301–304, 309, 353
*Wurmser, Dagobert Sigmund Graf von. 1724–1797. Österreichischer
    Marschall.*   18, 19
*Würtz, Jean (Johann) Wendel, abbé. Vers 1760–1826. Auteur contre-révolu-
    tionnaire à Lyon, de naissance allemande.*   64, 65
Würzburg (D).   614
*Yorck von Wartenburg, Johann David Ludwig, Graf von. 1759–1830.
    Preussischer Generalfeldmarschall.*   268
*York and Albany, Frederick Augustus of Hanover, Duke of. 1763–1827.
    Commander-in-chief of the British army.*   232, 234
*Yssoudun (Issoudun), Charlotte-Marie-Augustine de Bourbon, comtesse d'.
    1808–1886.*   153–155
Zaragoza (E).   366, 440

© Napoleon-Museum Arenenberg
1998

Verlag Neue Zürcher Zeitung, Zürich
ISBN 3-85823-651-9

Gestaltung, Satz und Druck
Wolfau-Druck Rudolf Mühlemann, Weinfelden
Photolithos Reprotechnik Kloten AG, Kloten
Buchbinderei Burkhardt AG, Mönchaltorf